SCHÄFFER

POESCHEL

Finanz und Steuern

Band 4

Abgabenordnung und Finanzgerichtsordnung

von

Rolf Ax

Ltd. Ministerialrat a. D.
Hessisches Ministerium der Finanzen, Wiesbaden

Thomas Große

Rechtsanwalt und Steuerberater
Dozent für die Aus- und Fortbildung von Steuerberatern, Eschwege

Jürgen Melchior

Dipl.-Finanzwirt (FH)
Dozent an der Hochschule für Finanzen, Edenkoben

Anja Lotz

Dipl.-Finanzwirt (FH)
Dozentin an der Hessischen Hochschule für Finanzen und Rechtspflege
in Rotenburg an der Fulda

Dr. Christian Ziegler

Richter am Hessischen Finanzgericht, Kassel
ehem. Dozent an der Hessischen Hochschule für Finanzen und Rechtspflege
in Rotenburg an der Fulda

21. aktualisierte Auflage

2017 Schäffer-Poeschel Verlag Stuttgart

Bearbeiterübersicht:
Große: Kapitel 1, Teile A, B, D, F, H, N, O
Melchior: Kapitel 1, Teile C, E, G, I, K, M, P
Lotz: Kapitel 1, Teile J, L
Ziegler: Kapitel 2

Bibliografische Information der Deutschen Nationalbibliothek
Die Deutsche Nationalbibliothek verzeichnet diese
Publikation in der Deutschen Nationalbibliografie;
detaillierte bibliografische Daten sind im Internet über
< http://dnb.d-nb.de > abrufbar.

Print: ISBN 978-3-7910-3705-9   Bestell-Nr. 20187-0002
ePDF: ISBN 978-3-7910-3706-6   Bestell-Nr. 20187-0151

© 2017 Schäffer-Poeschel Verlag für Wirtschaft · Steuern · Recht GmbH

www.schaeffer-poeschel.de
service@schaeffer-poeschel.de

Umschlagentwurf: Goldener Westen, Berlin
Umschlaggestaltung: Kienle gestaltet, Stuttgart
Satz: primustype Hurler, Notzingen

Printed in Germany
März 2017
Schäffer-Poeschel Verlag Stuttgart
Ein Tochterunternehmen der Haufe Gruppe

Vorwort zur 21. Auflage

Der vorliegende Band dient der systematischen Erarbeitung des steuerlichen und finanzgerichtlichen Verfahrensrechts. Er wendet sich an alle, die sich mit dieser komplexen Rechtsmaterie auseinandersetzen müssen. Insbesondere in der Ausbildung des gehobenen Dienstes der Finanzverwaltung und zur intensiven Vorbereitung auf die Steuerberaterprüfung hat sich der Band seit vielen Jahren bewährt. Er deckt sämtliche prüfungsrelevanten Gebiete der AO (einschließlich des Vollstreckungsrechts und des Steuerstrafrechts) und der FGO ab. Für den Praktiker ist er ein nützliches Nachschlagewerk, das in komprimierter Form gezielte Rechtsinformationen bietet. Ein Paragrafen- und ein Stichwortverzeichnis ermöglichen das schnelle Nachschlagen.

Wie in den Vorauflagen haben wir uns von einem Satz Senecas leiten lassen: Longum iter est per praecepta, breve et efficax per exempla (Lang ist der Weg durch die Vorschriften, kurz und wirksam aber durch Beispiele). Zur Vertiefung des Stoffs haben wir die Darstellung der einzelnen Rechtsbegriffe durch zahlreiche Beispiele aufgelockert und viele Übersichten, Prüfungsschemata und Muster hinzugefügt.

Für die Neuauflage wurde das Werk durchgängig aktualisiert. Es enthält alle Gesetzesänderungen, u. a. durch das Gesetz zur Modernisierung des Besteuerungsverfahrens. Eingearbeitet wurden auch die aktuelle Rechtsprechung, die einschlägigen BMF-Schreiben und die Literaturmeinung.

Unser Mitautor Rolf Ax hat seine Bearbeitungsanteile bereits mit der 19. Auflage in die Hände von zwei Kollegen von der Hessischen Hochschule für Finanzen und Rechtspflege in Rotenburg an der Fulda übergeben. Herr Ax hat das Werk über lange Jahre hinweg entscheidend mitgeprägt. Dafür danken wir ihm besonders.

Danken möchten wir ebenfalls den Kollegen von der Hessischen Hochschule für Finanzen und Rechtspflege in Rotenburg an der Fulda und der Hochschule für Finanzen in Edenkoben für zahlreiche Anregungen, die wir dankbar aufgegriffen haben. Weitere Hinweise nehmen wir gerne entgegen.

Eschwege, Edenkoben, Kassel und
Rotenburg an der Fulda im Januar 2017   Die Verfasser

Inhaltsverzeichnis

Kapitel 1 Die Abgabenordnung

Teil A Grundlagen

Teil B Die Zuständigkeit der Finanzbehörden

Teil C Steuerbegünstigte Zwecke

Teil D Steuergeheimnis

Teil E Steuerschuldrecht

Teil F Die Haftung

Teil H Die Lehre vom Steuerverwaltungsakt

Teil J Festsetzungsverjährung

Teil K Erhebungsverfahren

Teil L Korrektur von Steuerverwaltungsakten

Teil M Außenprüfung

Teil N Das außergerichtliche Rechtsbehelfsverfahren

Teil O Vollstreckung wegen Geldforderungen

Teil P Steuerstraf- und Ordnungswidrigkeitenrecht

Kapitel 2 Die Finanzgerichtsordnung

Teil A Die Finanzgerichtsbarkeit

Teil B   Die Klage

Teil C   Die gerichtliche Entscheidung

Teil D   Rechtsmittel und Wiederaufnahme des Verfahrens

Teil E   Kosten (§§ 135 ff. FGO)

Paragrafenverzeichnis
Die Fundstellen verweisen auf die Seitenzahlen.

Abkürzungsverzeichnis

a. A.	anderer Ansicht
a. a. O.	am angeführten Ort
Abs.	Absatz
Abschn.	Abschnitt
AdV	Aussetzung der Vollziehung
a. E.	am Ende
AEAO	Anwendungserlass zur AO
AEUV	Vertrag über die Arbeitsweise der Europäischen Union
a. F.	alte Fassung
AG	Aktiengesellschaft
AK	Anschaffungskosten
Anm.	Anmerkung
AO	Abgabenordnung
Ap	Außenprüfung
Art.	Artikel
AStBV(St)	Anweisungen für das Straf- und Bußgeldverfahren (Steuern)
AStG	Außensteuergesetz
AZO	Allgemeine Zollordnung
BA	Betriebsausgaben
BAG	Bundesarbeitsgericht
BAT	Bundesangestelltentarif
BB	Der Betriebs-Berater
BBG	Bundesbeamtengesetz
Bd.	Band
BdF	Bundesministerium der Finanzen
BewG	Bewertungsgesetz
BFH	Bundesfinanzhof
BFH-EntlG	BFH-Entlastungsgesetz
BFH/NV	Sammlung amtlich nicht veröffentlichter Entscheidungen des BFH
BGB	Bürgerliches Gesetzbuch
BGBl	Bundesgesetzblatt
BGH	Bundesgerichtshof
BGHZ	Entscheidungen des Bundesgerichtshofs in Zivilsachen
BMF	Bundesfinanzministerium
Bp	Betriebsprüfung
BpO	Betriebsprüfungsordnung
BR-Drucks.	Bundesrats-Drucksache
BSHG	Bundessozialhilfegesetz
BStBl	Bundessteuerblatt
BT	Bundestag
BT-Drucks.	Bundestags-Drucksache
BVerfG	Bundesverfassungsgericht
BVerfGE	Entscheidungen des Bundesverfassungsgerichts (Sammlung)
BVerfGG	Bundesverfassungsgerichtsgesetz
BVerwG	Bundesverwaltungsgericht
BZRG	Bundeszentralregister
bzw.	beziehungsweise
DB	Der Betrieb

d. h.	das heißt
DRiG	Deutsches Richtergesetz
DStR	Deutsches Steuerrecht
DStZ	Deutsche Steuerzeitung
DV	Durchführungsverordnung
EEAO	Einführungserlass zur AO
Ef	Einspruchsführer
EFG	Entscheidungen der Finanzgerichte
EGAO	Einführungsgesetz zur AO
EGGVG	Einführungsgesetz zum Gerichtsverfassungsgesetz
EigZulG	Eigenheimzulagengesetz
EnergieStG	Energiesteuergesetz
ErbSt	Erbschaftsteuer
ErbStG	Erbschaftsteuer- und Schenkungsteuergesetz
ESt	Einkommensteuer
EStDV	Einkommensteuer-Durchführungsverordnung
EStH	Einkommensteuer-Hinweise
EStR	Einkommensteuer-Richtlinien
EuGH	Europäischer Gerichtshof
EW	Einheitswert
EWIV	Europäische wirtschaftliche Interessenvereinigung
FA	Finanzamt
FAGO	Geschäftsordnung für Finanzämter
FG	Finanzgericht
FGO	Finanzgerichtsordnung
FR	Finanzrundschau
FVG	Gesetz über die Finanzverwaltung
G	Gesetz
GA	Goltdammer's Archiv für Strafrecht
GbR	Gesellschaft bürgerlichen Rechts
gem.	gemäß
GewO	Gewerbeordnung
GewSt	Gewerbesteuer
GewStDV	Gewerbesteuer-Durchführungsverordnung
GewStG	Gewerbesteuergesetz
GewStR	Gewerbesteuer-Richtlinien
GG	Grundgesetz
ggf.	gegebenenfalls
GKG	Gerichtskostengesetz
gl. A.	gleicher Ansicht
GmbH	Gesellschaft mit beschränkter Haftung
GmbHG	Gesetz betr. die Gesellschaften mit beschränkter Haftung
GNOFÄ	Grundsätze der Neuordnung der Finanzämter im Besteuerungsverfahren
GoB	Grundsätze ordnungsmäßiger Buchführung
grds.	grundsätzlich
GrESt	Grunderwerbsteuer
GrEStG	Grunderwerbsteuergesetz
GrS	Großer Senat (des BFH)
GrSt	Grundsteuer
GrStG	Grundsteuergesetz
GVBl	Gesetz- und Verordnungsblatt

GVG	Gerichtsverfassungsgesetz
HFR	Höchstrichterliche Finanzrechtsprechung
HGB	Handelsgesetzbuch
HHSp	Hübschmann/Hepp/Spitaler, Abgabenordnung, Finanzgerichtsordnung, Kommentar (Loseblatt)
h. M.	herrschende Meinung
HS	Halbsatz
i. d. F.	in der Fassung
i. d. R.	in der Regel
i. H. v.	in Höhe von
i. S. d.	im Sinne der/des
i. S. v.	im Sinne von
i. V. m.	in Verbindung mit
i. w. S.	im weiteren Sinn
InsO	Insolvenzordnung
InvZulG	Investitionszulagengesetz
JStG	Jahressteuergesetz
KapSt	Kapitalertragsteuer
KBV	Kleinbetragsverordnung
Kfz	Kraftfahrzeug
KfzSt	Kraftfahrzeugsteuer
KG	Kommanditgesellschaft
KiSt	Kirchensteuer
Kj	Kalenderjahr
KO	Konkursordnung
K/O	Klein/Orlopp, AO-Kommentar
KSt	Körperschaftsteuer
KStG	Körperschaftsteuergesetz
KStR	Körperschaftsteuer-Richtlinien
KVStG	Kapitalverkehrsteuergesetz
K/vW	Kühn/von Wedelstädt (Hrsg.), Abgabenordnung und Finanzgerichtsordnung, Kommentar
L + F	Land- und Forstwirtschaft
LfSt	Landesamt für Steuern
LSt	Lohnsteuer
LStDV	Lohnsteuer-Durchführungsverordnung
LStR	Lohnsteuerrichtlinien
m. E.	meines Erachtens
m. w. Nw.	mit weiteren Nachweisen
n. F.	neue Fassung
n. v.	nicht veröffentlicht
NJW	Neue Juristische Wochenschrift (Zeitschrift)
NV	Nichtveranlagung
OECD	Organisation for Economic Cooperation and Development
OECD-MA	OECD-Musterabkommen zur Vermeidung der Doppelbesteuerung
OFD	Oberfinanzdirektion
o. g.	oben genannt
OHG	Offene Handelsgesellschaft
OWiG	Gesetz über Ordnungswidrigkeiten (Ordnungswidrigkeitengesetz)
R	Richtlinie
RA	Rechtsanwalt

RAO	Reichsabgabenordnung
RFH	Reichsfinanzhof
Rspr.	Rechtsprechung
RStBl	Reichssteuerblatt
Rz.	Randziffer
S.	Seite
s.	siehe
SchenkSt	Schenkungsteuer
SGL	Sachgebietsleiter
sog.	sogenannt
StB	Steuerberater
StBp	Die steuerliche Betriebsprüfung (Zeitschrift)
StBv	Steuerbevollmächtigter
StGB	Strafgesetzbuch
StModernG	Gesetz zur Modernisierung des Besteuerungsverfahrens
Stpfl.	Steuerpflichtiger
StPO	Strafprozessordnung
str.	streitig
StraBEG	Gesetz über die strafbefreiende Erklärung - Strafbefreiungserklärungsgesetz
StuW	Steuer und Wirtschaft (Zeitschrift)
Tipke/Kruse	Tipke/Kruse, Kommentar zur Abgabenordnung/Finanzgerichtsordnung (Loseblatt)
Tz.	Textziffer
u. a.	und anderes
u. E.	unseres Erachtens
u. U.	unter Umständen
UR	Umsatzsteuer-Rundschau (Zeitschrift)
USt	Umsatzsteuer
UStDV	Umsatzsteuer-Durchführungsverordnung
UStG	Umsatzsteuergesetz
UStR	Umsatzsteuer-Richtlinien
usw.	und so weiter
VA	Verwaltungsakt
VersSt	Versicherungsteuer
vgl.	vergleiche
VO	Verordnung
VollstrA	Vollstreckungsanweisungen
VollzA	Vollziehungsanweisungen
VSt	Vermögensteuer
VStG	Vermögensteuergesetz
VTB	Veranlagungsteilbezirk
VwGO	Verwaltungsgerichtsordnung
VwVfG	Verwaltungsverfahrensgesetz
VwZG	Verwaltungszustellungsgesetz
wistra	Zeitschrift für Wirtschaft, Steuer, Strafrecht
WoPG	Wohnungsbau-Prämiengesetz
z. B.	zum Beispiel
ZG	Zollgesetz
Ziff.	Ziffer
ZPO	Zivilprozessordnung
z. T.	zum Teil
ZVG	Gesetz über die Zwangsversteigerung und Zwangsverwaltung
z. Z.	zur Zeit

Kapitel 1
Die Abgabenordnung

Teil A Grundlagen

1 Inhalt der AO

Die Abgabenordnung ist ein Steuergesetz, das grundlegende Rechtsnormen für die Besteu- **1**
erung der Bürger enthält. Sie besteht aus über 400 Paragraphen und ist in neun Teile gegliedert.
Die AO ist in sich systematisch aufgebaut und hat folgenden Inhalt:

Der **Erste Teil (Einleitende Vorschriften)** regelt zunächst den Anwendungsbereich der AO.
Danach werden fundamentale steuerliche Begriffe definiert (z. B. Steuer, steuerliche Nebenleistung, Finanzbehörden, Wohnsitz, Geschäftsleitung). Es folgen die Vorschriften über die Zuständigkeit der Finanzbehörden, das Steuergeheimnis und die Haftungsbeschränkung für Amtsträger.

Der **Zweite Teil (Steuerschuldrecht)** bestimmt einleitend, wer Steuerpflichtiger ist und
welche Pflichten seine gesetzlichen Vertreter bzw. Verfügungsberechtigte haben. Das Kernstück
dieses Teils sind allgemeine Vorschriften über die Entstehung von Steueransprüchen (und ähnlichen Ansprüchen) zwischen Finanzbehörde und Steuerbürger, das weitere Schicksal solcher
Ansprüche und deren Erlöschen. Diese Regelungen bilden die Grundlage des materiellen Steuerrechts. Im zweiten Teil finden sich ebenfalls die Bestimmungen über steuerbegünstigte
(gemeinnützige, mildtätige und kirchliche) Zwecke.

Der **Dritte Teil (Allgemeine Verfahrensvorschriften)** enthält die allgemeinsten Vorschriften über das Steuerverwaltungsverfahren. Hier wird normiert, wer überhaupt Beteiligter
am Verfahren ist und wie er sich vertreten lassen kann, welche Personen vom Verfahren ausgeschlossen sind bzw. abgelehnt werden können, welche Besteuerungsgrundsätze gelten und wie
die Finanzbehörde Beweis erheben kann. Außerdem sind hier Fristen, Termine und Wiedereinsetzung in den vorigen Stand, Rechts- und Amtshilfe und insbesondere die grundlegenden
Regelungen über Steuerverwaltungsakte aufgeführt.

Der **Vierte Teil (Durchführung der Besteuerung)** behandelt die Erfassung der Steuerpflichtigen, ihre speziellen Mitwirkungspflichten bezüglich der Buchführung und der Abgabe von
Steuererklärungen und insbesondere die Festsetzung von Steuern durch Steuerbescheide, die
(besondere) Feststellung von Besteuerungsgrundlagen und die Festsetzung von Steuermessbeträgen. Weiter sind hier die Außenprüfung, die Steuerfahndung und die Steueraufsicht aufgenommen.

Der **Fünfte Teil (Erhebungsverfahren)** regelt, wie der Steueranspruch der Finanzbehörde
realisiert wird. Man findet hier Vorschriften über die Fälligkeit, die Zahlung, die Stundung, die
Aufrechnung, den Erlass, die Zahlungsverjährung und die Verzinsung von Ansprüchen aus
dem Steuerschuldverhältnis.

Der **Sechste Teil (Vollstreckung)** bestimmt detailliert, wie die Finanzbehörden Verwaltungsakte, mit denen eine Geldleistung oder ein sonstiges Verhalten vom Steuerpflichtigen
gefordert wird, zwangsweise durchsetzen können.

Der **Siebente Teil (Außergerichtliches Rechtsbehelfsverfahren)** normiert die Rechts-
schutzmöglichkeiten des Steuerpflichtigen, bevor er Klage vor dem Finanzgericht erhebt: Er kann
gegen Steuerbescheide und andere Verwaltungsakte der Finanzbehörde Einspruch einlegen.

Der **Achte Teil (Straf- und Bußgeldvorschriften; Straf- und Bußgeldverfahren)** enthält
das Steuerstrafrecht und die Steuerbußgeldvorschriften und beinhaltet besondere Verfahrensvorschriften zur Verfolgung dieser Delikte.

Im **Neunten Teil** befinden sich die **Schlussvorschriften.**

2   Die AO umfasst – insbesondere im Zweiten Teil – die **Grundlagen des materiellen Steuerrechts,** also allgemeine Rechtsnormen, die das Entstehen, die Veränderung und das Erlöschen von Ansprüchen aus dem Steuerschuldverhältnis betreffen.

3   Im Mittelpunkt der AO steht jedoch das **Steuerverwaltungsverfahren** oder **Besteuerungsverfahren,** insbesondere das Steuerfestsetzungsverfahren. Darauf deutet schon ihr Name hin: Mit »Ordnung« werden traditionell Gesetze bezeichnet, die aus Verfahrensregelungen bestehen (z. B. Strafprozessordnung, Zivilprozessordnung, Finanzgerichtsordnung, Verwaltungsgerichtsordnung etc.). Die AO enthält in erster Linie also **formelles Steuerrecht.** Die Rechtsnormen des formellen Steuerrechts regeln die Durchsetzung der durch das materielle Steuerrecht begründeten Ansprüche aus dem Steuerschuldverhältnis und sonstigen Rechte der Finanzbehörde.

Die AO ist insoweit die Schwester der (allgemeinen) Verwaltungsverfahrensgesetze des Bundes und der Länder.

4   **Übersicht über das allgemeine Besteuerungsverfahren (Einkommensteuerveranlagung)**

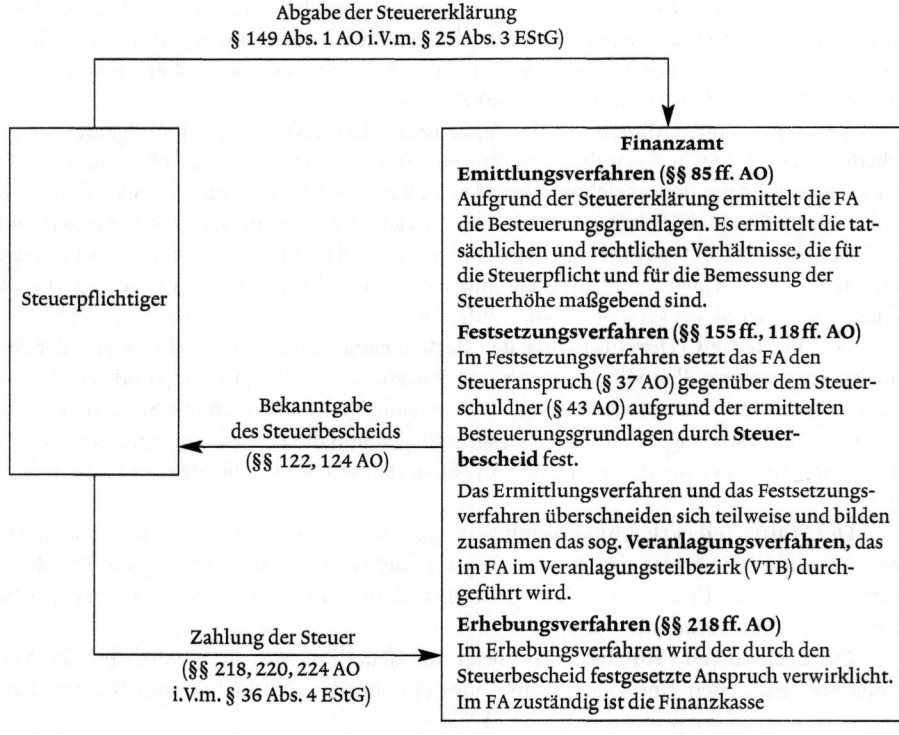

Anmerkung: Die Einkommensteuer ist eine periodische Steuer (Jahressteuer, vgl. § 2 Abs. 7 EStG), d. h. das oben dargestellte Verfahren läuft in jährlichem Turnus ab. Die Einkommensteuer wird jedoch nicht nur einmal jährlich erhoben, sondern laufend: Dies wird gewährleistet durch das **Vorauszahlungsverfahren** (§ 37 EStG i. V. m. § 164 Abs. 1 Satz 2 AO) und bei Arbeitnehmern durch das **Lohnsteuerabzugsverfahren** (§§ 38–42 f. EStG, insbesondere § 41 a

Abs. 1 EStG i. V. m. § 168 AO). Ein ähnliches Verfahren gibt es auch bei der Umsatzsteuer: das **Umsatzsteuer-Voranmeldungsverfahren** (§ 18 UStG i. V. m. § 168 AO).

Die wichtigsten Steuerverwaltungsverfahren der AO

5

Abgabe der Steuererklärung
(§§ 149 ff. AO)
siehe Kapitel G.12 Rz. 1092 ff.

Steuerstraf- und Bußgeldverfahren (§§ 369–412 AO)
Macht der Stpfl. vorsätzlich falsche Angaben, wird ein Steuerstrafverfahren wegen Steuerhinterziehung (§ 370 AO) eingeleitet, bei leichtfertiger Steuerverkürzung (§ 378 AO) ein Bußgeldverfahren.
siehe Kapitel P Rz. 2961 ff.

Zwangsgeldverfahren (§§ 328 ff. AO)
Ein Verwaltungsakt des FA, der auf Vornahme einer Handlung (z. B. Abgabe der Erklärung) oder auf Duldung oder Unterlassung gerichtet ist, kann mit Zwangsmitteln (insbesondere Zwangsgeld) durchgesetzt werden.
siehe Kapitel G.14 Rz. 1111 ff.

Ermittlungsverfahren (§§ 85 ff. AO)
Aufgrund der Steuererklärung ermittelt das FA die Besteuerungsgrundlagen. Es ermittelt die tatsächlichen und rechtlichen Verhältnisse, die für die Steuerpflicht und für die Bemessung der Steuerhöhe maßgebend sind.
Kapitel G.6 Rz. 988 ff.

Außenprüfung (§§ 193 ff. AO)
Die Außenprüfung ist ein besonderes Ermittlungsverfahren. Sie dient der intensiven Ermittlung der steuerlichen Verhältnisse »vor Ort«.
siehe Kapitel M Rz. 2301 ff.

Festsetzungsverfahren (§§ 155 ff. AO)
Im Festsetzungsverfahren setzt das FA den Steueranspruch (§ 37 AO) gegenüber dem Steuerschuldner (§ 43 AO) aufgrund der ermittelten Besteuerungsgrundlagen durch Steuerbescheid (§§ 118 ff., 155 ff. AO) fest.
siehe Kapitel I Rz. 1435 ff.

Feststellungsverfahren
(§§ 179 ff., § 175 Abs. 1 Nr. 1 ff. AO)
Soweit es gesetzlich vorgeschrieben ist (§ 180 AO), werden Besteuerungsgrundlagen (ausnahmsweise) in einembesonderen Verfahren »gesondert« durch Feststellungsbescheid festgestellt. Diese Feststellungen sind für die Steuerfestsetzung (Folgebescheid) bindend (§ 182 Abs. 1 AO).
siehe Kapitel I.3 Rz. 1457 ff.

Bekanngabeverfahren (§§ 122, 124 AO)
Der Steuerbescheid wird gegenüber dem Stpfl. bekanntgegeben.
siehe Kapitel H.7.2 Rz. 1272 ff.

Rechtsbehelfsverfahren (§§ 347 ff. AO)
Fühlt sich der Stpfl. durch einen Steuerbescheid oder einen sonstigen Verwaltungsakt in seinen Rechten verletzt, kann er Einspruch einlegen.
siehe Kapitel N Rz. 2431 ff.

Korrekturverfahren (§§ 129 ff., 164, 165, 172 ff. AO)
Auch außerhalb des Rechtsbehelfsverfahrens besteht die Möglichkeit der Korrektur eines fehlerhaften Verwaltungsaktes. Voraussetzung ist das Eingreifen einer Korrekturvorschrift.
siehe Kapitel L Rz. 1971 ff.

Erhebungsverfahren (§§ 218 ff. AO)
Im Erhebungsverfahren wird der durch den Steuerbescheid festgesetzte Anspruch verwirklicht. Die Steuer wird entrichtet.
siehe Kapitel K Rz. 1781 ff.

Vollstreckungsverfahren wegen Geldforderungen
(§§ 249 ff., §§ 259–327 ff. AO)
Zahlt der Stpfl. nicht, kann in sein Vermögen vollstreckt werden.
siehe Kapitel O Rz. 2771 ff.

Haftungsverfahren (§§ 69 ff., §§ 192, 219 AO)
Wenn eine Haftungsnorm eingreift, kann das FA auch andere Personen als den Steuerschuldner zur Zahlung der Steuerschuld durch Haftungsbescheid heranziehen.
siehe Kapitel F Rz. 750 ff.

2 Bedeutung der AO

6 Die AO ist das »**Steuergrundgesetz**« oder »**Mantelgesetz**« des Steuerrechts. In ihr sind Rechtsnormen zusammengefasst, die für alle oder mehrere Steuerarten Anwendung finden. Die AO gehört daher zum **allgemeinen Steuerrecht**.

7 Dagegen wird das **besondere Steuerrecht** von den Einzelsteuergesetzen (EStG, KStG, UStG, GewStG etc.) gebildet. Diese bestehen aus Rechtsnormen, die jeweils nur für ihre spezielle Steuerart gelten: Die Rechtsnormen des EStG gelten nur für die Einkommensteuer, die des UStG gelten nur für die Umsatzsteuer etc. **Sinn und Zweck der AO** ist es, die Einzelsteuergesetze von allgemeinen Vorschriften zu entlasten, die, gäbe es die AO nicht, in jedem Einzelsteuergesetz wiederholt werden müssten.

> **BEISPIEL**
>
> Nach § 30 Abs. 1 AO haben Amtsträger das Steuergeheimnis zu wahren. § 30 AO gilt für alle Einzelsteuern (z. B. ESt, USt, KSt, GrESt, GewSt etc.). Gäbe es die AO nicht, müsste der Wortlaut des § 30 AO in jedem Einzelsteuergesetz aufgeführt werden. Entsprechendes gilt für fast alle Vorschriften der AO.

8 Darüber hinaus dient die AO der Vereinheitlichung und Systematisierung des deutschen Steuerrechts und damit der Rechtssicherheit. Alle Einzelsteuergesetze werden nach denselben, in der AO niedergelegten Grundsätzen, angewendet. Die AO wirkt dadurch einer zu weitgehenden Verselbstständigung der Einzelnen Steuerarten entgegen. Sie hält das Steuerrecht zusammen.

Die fundamentale Bedeutung der AO zeigt sich letztlich auch darin, dass die Besteuerung der Bürger ohne die AO nicht möglich ist. Jeder Einzelne Steuerfall beruht auf dem Zusammenspiel von Rechtsnormen eines Einzelsteuergesetzes und der AO.

> **BEISPIEL**
>
> G betreibt einen Holzgroßhandel. Im Kalenderjahr 16 erzielt er aus seinem Gewerbebetrieb einen Gewinn in Höhe von 150 000 €.
>
> **LÖSUNG** Wendet man die (materiellen) Rechtsnormen des EStG auf diesen Fall an (§ 1 Abs. 1, § 2 Abs. 1 Nr. 2 und Abs. 2–7, § 15 Abs. 1 Nr. 1, § 10, §§ 32 ff. EStG), so kommt man zu einer bestimmten Einkommensteuerschuld des G, hier z. B. in Höhe von 40 000 €.
>
> Die Rechtsnormen der AO dagegen bestimmen (hier zusammen mit einigen Vorschriften des EStG), auf welche Art und Weise das Finanzamt an das Geld des G kommt: Gem. § 149 Abs. 1 AO i. V. m. § 25 Abs. 3 EStG und § 56 EStDV muss G für 01 eine Einkommensteuererklärung abgeben. Aufgrund der §§ 88 ff. AO ermittelt das Finanzamt die Besteuerungsgrundlagen und setzt gem. §§ 155 ff. AO die Einkommensteuer durch Steuerbescheid fest. Weiter muss G seine Einkommensteuerschuld nur dann nach Maßgabe des § 224 AO bezahlen, wenn die Voraussetzungen der §§ 218 und 220 AO gegeben sind. Zahlt G die ihm gegenüber festgesetzte und fällige Steuer nicht, kann das Finanzamt nach Maßgabe der §§ 249 ff. AO gegen ihn vollstrecken. Hält G die Steuerfestsetzung für zu hoch, kann er Einspruch gegen den Einkommensteuerbescheid 16 einlegen (§§ 347 ff. AO). Siehe dazu auch die beiden Übersichten oben unter Rz. 4 und 5.

3 Geschichte der AO

Vorläufer der heute geltenden AO war die **Reichsabgabenordnung (RAO)**. Diese trat am **9** 23.12.1919 in Kraft. Sie war im Wesentlichen das Werk Enno Beckers (Referent im Reichsfinanzministerium), der den Gesetzesentwurf ohne Vorbild innerhalb eines Jahres schuf. Sinn und Zweck der RAO war schon damals die Vereinheitlichung des Steuerrechts. Die Länder waren zuständig für die Verwaltung der Reichssteuern. Es fehlten jedoch Regelungen über das Besteuerungsverfahren und seine Grundsätze, die im Ganzen Reich galten. Erst die Einführung der RAO sorgte für die gleichmäßige Besteuerung aller Bürger.

Die RAO hatte sich über 60 Jahre hinweg bewährt. Allerdings erließ der Gesetzgeber **10** immer mehr allgemeine Steuerrechtsnormen außerhalb der RAO in besonderen Gesetzen und Verordnungen. Insbesondere um dieser Ausuferung des allgemeinen Steuerrechts entgegenzutreten, wurde die RAO reformiert. Die jetzige AO trat am 01.01.1977 in Kraft (BGBl I 1976, 613).

Das Ziel der Reform, das allgemeine Steuerrecht und das Steuerverfahrensrecht wieder in einem Gesetz zu regeln, wurde im Wesentlichen erreicht. Außerhalb der neuen AO blieben

- das **Gesetz über die Finanzverwaltung (FVG)**, das als Organisationsgesetz auch Teile der Finanzverwaltung betrifft, deren Aufgabe nicht die Erhebung von Steuern ist,
- die **Finanzgerichtsordnung (FGO)**, die angesichts der Bedeutung der rechtsprechenden Gewalt als selbstständiges Gesetz beibehalten wurde,
- das **Steuerberatungsgesetz (StBerG)**, das die Hilfeleistung in Steuersachen und die Berufstätigkeit der Steuerberater behandelt und
- das **Verwaltungszustellungsgesetz (VwZG)**, das die förmliche Bekanntgabe (Zustellung) von Verwaltungsakten auch für solche Behörden regelt, die keine Finanzbehörden sind.

Die umfangreichste Änderung der AO seit 1977 bringt das **Gesetz zur Modernisierung des Besteuerungsverfahrens** vom 18.07.2016 (BGBl I 2016, 1679 ff.) mit sich, das im Wesentlichen ab 01.01.2017 gilt. Es soll insbesondere die AO an die fortschreitende Technisierung und Digitalisierung aller Lebensbereiche anpassen.

Zusammen mit der AO 1977 wurde das **Einführungsgesetz zur Abgabenordnung** **11** **(EGAO)** erlassen (BGBl I 1976, 3341). Es enthält Überleitungs- und Anpassungsvorschriften, insbesondere die Überleitungsregelungen aus Anlass der Herstellung der Einheit Deutschlands (Art. 97 a EGAO) sowie Regelungen über die zeitliche Geltung von Vorschriften bei Änderungen der AO.

Zur Auslegung der AO erging der sog. **Anwendungserlass zur AO (AEAO)**, BMF vom **12** 15.07.1998 BStBl I 1998, 630. Bei diesem Erlass handelt es sich nicht um gesetztes Recht, sondern um interne Verwaltungsanweisungen, die zwar für die Finanzbehörden, nicht aber für Gerichte verbindlich sind (vgl. unten Rz. 48). Der Anwendungserlass ist auch für den Steuerzahler von Interesse: Er enthält – zum Teil durch Beispiele verdeutlichte – Aussagen darüber, wie die Finanzbehörde in Zweifelsfällen bestimmte Sachverhalte beurteilen, bzw. welchen Verfahrensgang sie wählen wird. Der AEAO wird ständig ergänzt und geändert.

4 Anwendungsbereich der AO

4.1 Sachlicher Geltungsbereich

13 Die Rechtsnormen der AO finden Anwendung, soweit dies § 1 AO bestimmt oder ein anderes Gesetz dies anordnet.

4.1.1 Anwendungsbereich (§ 1 AO)

Nach **§ 1 Abs. 1 AO** gilt die AO für alle Steuern einschließlich der Steuervergütungen, die durch Bundesrecht oder Recht der Europäischen Gemeinschaften geregelt sind, soweit sie durch Bundesfinanzbehörden oder durch Landesfinanzbehörden verwaltet werden. Sie gilt auch für Steuererstattungen (§ 37 Abs. 2 AO). Diese sind als Umkehr der Steuerentrichtung durch den Begriff der Steuer in den Anwendungsbereich mit einbezogen (AEAO § 1 Nr. 1). § 1 Abs. 1 Satz 2 stellt klar, dass die AO nur vorbehaltlich des Rechts der Europäischen Gemeinschaften anwendbar ist.

BEISPIEL

Die Einkommensteuer, Körperschaftsteuer und Umsatzsteuer sind Steuern, die durch Bundesgesetze (EStG, KStG, und UStG) geregelt sind. Sie werden von den Landesfinanzbehörden (Finanzämtern) verwaltet (vgl. Art. 108 Abs. 2 GG). Die AO ist also anzuwenden.

Nach **§ 1 Abs. 2 AO** gilt die AO für **Realsteuern** (Grundsteuer und Gewerbesteuer, § 3 Abs. 2 AO), soweit ihre Verwaltung den Gemeinden übertragen worden ist, **nur eingeschränkt:** Die Gewerbesteuer und die Grundsteuer werden – außer in den Stadtstaaten – wie folgt verwaltet: Das Finanzamt ermittelt die Besteuerungsgrundlagen und setzt durch Steuermessbescheid einen Steuermessbetrag fest (§ 184 Abs. 1 AO). Es teilt der Gemeinde den Inhalt des Steuermessbescheides mit (§ 184 Abs. 3 AO). Die Gemeinde setzt aufgrund des Steuermessbetrages und ihres Hebesatzes die Steuer fest. Soweit das Finanzamt die Grund- oder Gewerbesteuer verwaltet, gilt die AO uneingeschränkt nach § 1 Abs. 1 AO. Soweit die Gemeinde tätig wird, gelten nur die in § 1 Abs. 2 Nr. 1–7 AO aufgeführten Teile der AO.

BEISPIEL

Der Gewerbetreibende G will Rechtsbehelf gegen den Gewerbesteuerbescheid der Gemeinde einlegen, mit der Begründung, der gemeindliche Hebesatz sei zu hoch.
LÖSUNG G kann nur dann Einspruch nach § 347 Abs. 1 Nr. 1 AO einlegen, wenn die AO überhaupt gilt. Dies ist hier nicht der Fall. In § 1 Abs. 2 AO ist der Siebte Teil der AO nicht angeführt. G muss deshalb nach § 40 und 68 ff. AO Verwaltungsgerichtsordnung Widerspruch erheben.

Nach **§ 1 Abs. 3 AO** ist die AO (selbstverständlich) auch auf steuerliche Nebenleistungen (siehe § 3 Abs. 4 AO) anzuwenden. Ausgenommen sind die Bestimmungen über die Festsetzung, Außenprüfung, Steuerfahndung und Steueraufsicht in besonderen Fällen (§§ 155–217 AO), soweit sie nicht ausdrücklich für anwendbar erklärt worden sind (§ 155 Abs. 3 Satz 3 AO, § 156 Abs. 2 AO; vgl. AEAO § 1 Nr. 3).

4.1.2 Anwendung der Abgabenordnung aufgrund anderer gesetzlicher Vorschriften

§ 1 AO bestimmt den Anwendungsbereich der AO nicht abschließend. Ihre Rechtsnor- 14
men gelten auch, soweit andere Vorschriften dies anordnen. Zum Beispiel haben die Länder
durch besondere »Gesetze zur Anpassung von Gesetzen an die AO« angeordnet, dass Teile der
AO auch für Steuern gelten, die landesrechtlich geregelt sind und durch (Landes-)Finanzämter
(z. B. Kirchensteuern) oder von den Gemeinden verwaltet werden.

Die AO gilt **kraft Verweises** z. B. ebenso für die Kommunalabgabengesetze der Länder, im
Prämienrecht (§ 8 WoPG, § 14 Abs. 2 des 5. VermBG), für die Berlinförderung (§§ 19 Abs. 6, 20,
29 Abs. 1 BerlinFG) und für die Festsetzung von Investitionszulagen (§ 14 InvZulG 2010) und
Eigenheimzulagen (§ 15 EigZulG).

BEISPIEL

Das Finanzamt Gotha setzt gegenüber dem Stpfl. S Investitionszulagen i. H. v. 50 000 € fest. S hält die
Festsetzung für zu niedrig und will Einspruch einlegen. Ist die AO anwendbar?
LÖSUNG Hier gilt die AO nicht gem. § 1 Abs. 1 AO. Die Investitionszulage ist keine Steuer (vgl. § 3
Abs. 1 AO), sondern eine in einem besonderen Verfahren von den Finanzämtern festzusetzende,
wirtschaftslenkende Steuervergünstigung. Allerdings verweist § 14 InvZulG 2010 auf die für Steuer-
vergütungen geltenden Vorschriften der AO. S kann also nach § 155 Abs. 5 AO und § 347 Abs. 1 Nr. 1
AO Einspruch einlegen.

Letztlich ist die AO auch für die Angelegenheiten anzuwenden, die nicht unmittelbar der
Besteuerung dienen, aber aufgrund der Verwaltungskompetenz für diese Steuern in den
Zuständigkeitsbereich der Finanzbehörden fallen, so z. B. bei der Erteilung von Bescheinigungen in Steuersachen oder der Ausstellung von Einkommensbescheinigungen für nichtsteuerliche Zwecke (AEAO § 1 Nr. 4).

4.2 Räumlicher Geltungsbereich

Der räumliche Anwendungsbereich der AO ist nicht ausdrücklich geregelt. Aufgrund des 15
allgemeinen völkerrechtlichen Territorialitätsprinzips gilt sie auf dem **Staatsgebiet der Bundesrepublik Deutschland**.

Nach dem Territorialitätsprinzip gilt die AO, soweit die Hoheitsgewalt der Bundesrepublik
reicht. Erfasst werden alle Lebenssachverhalte, die von den Einzelsteuergesetzen der deutschen
Besteuerung unterworfen werden, auch wenn sich diese (teilweise) außerhalb der Grenzen
Deutschlands abspielen.

BEISPIELE

a) S mit Wohnsitz (§ 8 AO) in München unterhält u. a. einen Gewerbebetrieb in Bosnien.
LÖSUNG Er ist mit seinen Einkünften aus diesem Betrieb gem. § 1 Abs. 1 EStG in der Bundesrepublik
Deutschland unbeschränkt einkommensteuerpflichtig. Mit Bosnien besteht kein Doppelbesteue-
rungsabkommen. Der Steueranspruch und das Besteuerungsverfahren bestimmen sich nach den
Vorschriften der AO.

b) F wohnt und lebt in Paris. Er ist Eigentümer eines in Hamburg befindlichen Mietwohngrundstückes.
LÖSUNG Er ist mit den aus diesem Grundstück erzielten Einkünften aus Vermietung und Verpachtung in der Bundesrepublik Deutschland gem. §§ 1 Abs. 4, 49 Abs. 1 Nr. 6, 21 EStG beschränkt steuerpflichtig. Auch hier gelten für die Verwirklichung des Steueranspruchs die Vorschriften der AO.

4.3 Zeitlicher Geltungsbereich

16   Der zeitliche Geltungsbereich von einzelnen Vorschriften der AO ist insbesondere dann zu ermitteln, wenn diese Vorschriften geändert werden. Dann ist fraglich, bis zu welchem Zeitpunkt die alte Regelung noch anzuwenden ist und ab wann die Änderung in Kraft tritt. Ganz allgemein gilt Folgendes: Nach **Art. 82 Abs. 2 GG** soll jedes Gesetz (und jede Rechtsverordnung) den Tag des In-Kraft-Tretens bestimmen. Fehlt eine solche Bestimmung, so treten sie mit dem vierzehnten Tage nach Ablauf des Tages in Kraft, an dem das Bundesgesetzblatt, in dem das neue Gesetz nach Art. 82 Abs. 1 GG verkündet worden ist, ausgegeben worden ist.

Wird die AO geändert (zumeist durch ein Steuerbereinigungsgesetz in einem Paket zusammen mit anderen Steuergesetzen) finden sich **Bestimmungen** über die **zeitliche Geltung** der AO-Änderungen i. d. R. im **EGAO.**

5 Vorrang völkerrechtlicher Vereinbarungen (§ 2 AO)

17   Verträge mit anderen Staaten über die Besteuerung gehen den Steuergesetzen vor, soweit sie unmittelbar anwendbares innerstaatliches Recht geworden sind (§ 2 AO). Diese Vorschrift betrifft hauptsächlich **Doppelbesteuerungsabkommen (DBA)**. Doppelbesteuerungsabkommen sind völkerrechtliche Verträge mit anderen Staaten über die Vermeidung der Doppelbesteuerung. Die DBA werden vom Bundespräsidenten im Namen des Bundes abgeschlossen (Art. 59 Abs. 1 GG). Sie werden wirksam, wenn die für die Bundesgesetzgebung zuständige Körperschaft (Bundestag, Bundesrat) in der Form eines Bundesgesetzes zustimmt oder mitwirkt (Art. 59 Abs. 2 GG). § 2 bewirkt, dass diese DBA dann den (einfachen) Steuergesetzen vorgehen. Das DBA kann das nicht leisten, da es selbst auch nur eine einfache Gesetzesvorschrift darstellt. Der nationale Gesetzgeber wird also durch § 2 nicht daran gehindert, gesetzliche Regelungen zu erlassen, die einem DBA widersprechen. Dies ist z. B. bei § 50 d Abs. 1 Satz 1 EStG der Fall. Danach wird der inländische Schuldner der Kapitalerträge oder der Vergütungen i. S. d. § 50 a EStG verpflichtet, hinsichtlich der im Ausland ansässigen Gläubiger **ungeachtet des Abkommens** die Vorschriften über die Einbehaltung, Abführung und Anmeldung der Kapitalertragsteuer anzuwenden.

Nicht zu den völkerrechtlichen Verträgen i. S. d. § 2 AO gehören **völkerrechtliche Verwaltungsabkommen** i. S. d. Art. 59 Abs. 2 Satz 2 GG. Diese Verwaltungsabkommen besitzen nicht den Charakter von Bundesrecht und können daher auch nicht nach § 2 AO diesem gegenüber einen Vorrang haben.

Für das **Europarecht** ist § 2 AO nicht anwendbar. Das Gemeinschaftsrecht ordnet seinen Vorrang vor nationalem Recht selbst an.

6 Begriff der Steuer und der steuerlichen Nebenleistungen

6.1 Vorbemerkung

18   Der moderne demokratische und soziale Rechtsstaat nimmt im Interesse seiner Bürger eine Fülle von zum Teil existenznotwendigen Aufgaben wahr. Dazu gehört z. B. die Gewährleistung der äußeren Sicherheit (Bundeswehr) und inneren Sicherheit (Polizei), Rechtspflege (Gerichte), Bildung (Schulen und Hochschulen), öffentliche Infrastruktur (z. B. Straßen, Kanalisation, öffentliche Verkehrsmittel), soziale Sicherheit (Sozialhilfe, Wohngeld, Kindergeld), Gesundheitswesen, Wohnungsbauförderung, Wirtschaftsförderung und vieles mehr. Um seine mannigfaltigen Aufgaben erfüllen zu können, ist der Staat darauf angewiesen, sich bei seinen Bürgern die notwendigen finanziellen Mittel zu beschaffen. Zu diesem Zweck erhebt er Gebühren und Beiträge als Entgelt für bestimmte öffentliche Leistungen, erwirtschaftet Einnahmen aus eigener Wirtschaftstätigkeit (z. B. Erträge aus Staatsforsten oder staatlichen Eigenbetrieben) oder verschafft sich die Finanzmittel durch Kreditaufnahme am Kapitalmarkt. **Die wichtigste Einnahmequelle des Staates sind** jedoch **die Steuern.** Im Jahre 2013 betrugen die Steuereinnahmen insgesamt ca. **619,7 Milliarden €.** Davon entfielen auf die USt 196,8 Milliarden €, die LSt 158,2 Milliarden €, die Gewerbesteuer 43 Milliarden €, die veranlagte ESt 42,3 Milliarden €, die Energiesteuer 39,4 Milliarden €, die KSt 15,5 Milliarden €, die nichtveranlagten Steuern vom Ertrag 17,3 Milliarden €, den Solidaritätszuschlag 14,4 Milliarden €, die Tabaksteuer 13,8 Milliarden € und die Grundsteuer 12,4 Milliarden €.

6.2   Begriff der Steuer (§ 3 Abs. 1 AO)

Der Begriff »Steuer« stammt aus dem Althochdeutschen »stiura«, was Stütze, Unterstützung oder Beihilfe bedeutet. Gem. § 3 Abs. 1 AO sind Steuern Geldleistungen, die nicht eine Gegenleistung für eine besondere Leistung darstellen und von einem öffentlich-rechtlichen Gemeinwesen zur Erzielung von Einnahmen allen auferlegt werden, bei denen der Tatbestand zutrifft, an den das Gesetz die Leistungspflicht knüpft. **Danach ist Steuer eine Geldleistung, die von einem öffentlich-rechtlichen Gemeinwesen auferlegt wird, kein Entgelt (Gegenleistung für eine besondere Leistung) darstellt und dem Zweck der Einnahmeerzielung dient.** | **19**

Keine zwingende Voraussetzung des Steuerbegriffs ist, dass diese »allen« auferlegt werden, »bei denen der Tatbestand zutrifft, an den das Gesetz die Leistungspflicht knüpft«. Damit werden die Grundsätze der Tatbestandsmäßigkeit und Gleichmäßigkeit der Besteuerung umschrieben (s. Rz. 70 und 71). Eine Steuer liegt schon dann vor, wenn die in Rz. 19 genannten Merkmale gegeben sind. | **20**

Steuern im Sinne der AO sind auch die in § 3 Abs. 3 AO genannten Einfuhr- und Ausfuhrabgaben.

6.2.1   Die Steuer als Geldleistung

Nur Geldleistungen können Steuern sein. Dabei ist es einerlei, ob es sich um einmalige Geldleistungen handelt (z. B. ErbSt oder GrESt) oder um laufende (z. B. USt, ESt). Auch Vorauszahlungen sind Steuern (z. B. § 37 EStG i. V. m. § 164 Abs. 1 Satz 2 AO). Naturalleistungen (Sach- und Dienstleistungen) fallen nicht darunter: Die (frühere) allgemeine Wehrpflicht oder die Pflicht zur Übernahme von Ehrenämtern (z. B. Wahlvorstand bei Kommunalwahlen) stellen keine Steuern dar. | **21**

6.2.2   Öffentlich-rechtliches Gemeinwesen

Öffentlich-rechtliche Gemeinwesen sind alle Körperschaften, Anstalten und Stiftungen des öffentlichen Rechts, insbesondere die öffentlich-rechtlichen Gebietskörperschaften, also der Bund, die Länder, die Gemeinden und die Gemeindeverbände. | **22**

Zu den öffentlich-rechtlichen Gemeinwesen zählen auch die öffentlich-rechtlichen Religionsgesellschaften, namentlich die evangelisch-lutherischen Kirchen, die römisch-katholische

Kirche und die jüdischen Kultusgemeinden. Ob eine Religionsgemeinschaft eine Körperschaft des öffentlichen Rechts ist, richtet sich nach Art. 140 GG i. V. m. Art. 137 Weimarer Verfassung.

6.2.3 Hoheitliche Auferlegung

23   Die Geldleistung muss »auferlegt« sein. Die Zahlungsverpflichtung entsteht danach – ohne Rücksicht auf den Willen des Betroffenen – durch einen einseitigen hoheitlichen Akt. Steuern sind öffentlich-rechtliche Geldleistungen, also nur im Über-Unterordnungsverhältnis denkbar. Freiwillige Leistungen (z. B. Spenden oder Verpflichtungen gegenüber dem Finanzamt aus einem Bürgschaftsversprechen, vgl. § 192 AO) sind keine Steuern.

6.2.4 Keine Gegenleistung

24   Die Steuer darf kein Entgelt für eine bestimmte Leistung der steuererhebenden Körperschaft sein. Dadurch unterscheiden sich Steuern von den anderen **öffentlich-rechtlichen Abgaben**, nämlich den Gebühren und den Beiträgen.

Gebühren sind Geldleistungen des Einzelnen dafür, dass er besondere Leistungen der öffentlichen Hand tatsächlich in Anspruch nimmt z. B. Gebühren für Beglaubigungen, Abwassergebühren, Gebühren für die Müllabfuhr. **Beiträge** sind Geldleistungen des Einzelnen für die Möglichkeit der Benutzung besonderer Einrichtungen oder der Ausnutzung besonderer Vorteile.

BEISPIELE

a) Das Baugrundstück des X wird erschlossen, das heißt, es werden erstmalig öffentliche Straßen, Parkflächen etc. hergestellt. Zur Deckung dieses Aufwands erhebt die Gemeinde von X Erschließungsbeiträge. Auch wenn X nicht bauen will, hat er den unmittelbaren Vorteil, dass sein erschlossenes Grundstück mehr wert ist.

b) Auch Kurtaxen sind Beiträge. Gegenleistung ist hier die Möglichkeit der Nutzung der Kureinrichtungen.

Dagegen sind **Steuern** Geldleistungen des Einzelnen, ohne dass dieser eine konkrete Gegenleistung dafür bekommt.

BEISPIEL

Der Unternehmer U zahlt Einkommensteuer, Umsatzsteuer und Gewerbesteuer. Dafür erhält er als konkrete Gegenleistung des Staates nichts.

6.2.5 Erzielung von Einnahmen

25   Steuern müssen der Erzielung von Einnahmen dienen. Ihr Zweck muss es also sein, den Finanzbedarf des Staates zu decken (fiskalische Funktion der Steuern). Es reicht aus, wenn die Erzielung von Einnahmen Nebenzweck ist (§ 3 Abs. 1 Satz 1 letzter HS AO). Außer den fiskalischen Zwecken kann der Gesetzgeber mit Hilfe des Steuerrechts auch andere Ziele anstreben: z. B. gesellschaftspolitische, konjunkturpolitische, wachstumspolitische oder umweltpolitische Absichten. Tritt aber der Einnahmeerzielungszweck völlig zurück, so kann nicht mehr von einer Steuer gesprochen werden.

a) Geldstrafen z. B. wegen Steuerhinterziehung (§ 370 AO) oder Betrug (§ 263 StGB) oder Geldbußen z. B. wegen leichtfertiger Steuerverkürzung (§ 378 AO) oder Straßenverkehrsdelikten dienen nicht der Erzielung von Einnahmen. Sie haben den Zweck, zukünftig Straftaten und Ordnungswidrigkeiten zu verhüten.

b) Auch Verspätungszuschläge (§ 152 AO), Säumniszuschläge (§ 240 AO) und Zwangsgelder (§ 329 AO) werden nicht zur Einnahmeerzielung erhoben, sondern sind Reaktionen der Finanzbehörde auf Pflichtwidrigkeiten des Stpfl.

Auch sog. **Sonderabgaben** dienen nicht dem Zweck, Einnahmen zu erzielen, und sind deshalb nach h. M. keine Steuern. Sonderabgaben sind Abgaben, die nicht zur Finanzierung des allgemeinen Staatsbedarfs von der Allgemeinheit der Stpfl., sondern zur Finanzierung **besonderer** Aufgaben von **bestimmten** Gruppen von Bürgern erhoben werden. Oft fließen sie nicht in den öffentlichen Haushalt, sondern in Sonderfonds. Sie dienen also nicht der Deckung des allgemeinen Finanzbedarfs des Staates, sondern finanzieren innerhalb eines geschlossenen Finanzkreislaufs besondere Staatsaufgaben. Beispiele für Sonderabgaben sind Ausgleichsabgaben bestimmter Wirtschaftszweige, Abgabe der Arbeitgeber zu den Familienausgleichkassen, Filmabgabe. **26**

Nach § 71 Abs. 1 SGB IX müssen Arbeitgeber, die über mindestens 20 Arbeitsplätze verfügen, auf wenigstens 5 % der Arbeitsplätze Schwerbehinderte beschäftigten. Wird diese sog. Pflichtquote nicht eingehalten, kann der Arbeitgeber nach § 77 SGB IX zu einer monatlichen Ausgleichsabgabe herangezogen werden. Liegt eine Steuer vor?

LÖSUNG Die Ausgleichsabgabe ist keine Steuer. Sie dient weder als Hauptzweck noch als Nebenzweck der Deckung des öffentlichen Finanzbedarfs. Die Mittel werden von einer bestimmten Gruppe von Bürgern erhoben und nach § 77 Abs. 5 und 6 SGB IX zweckgebunden für die Förderung von Schwerbehinderten verwaltet. Es liegt eine Sonderabgabe vor.
Im Übrigen hat die Ausgleichsabgabe den Zweck, den Arbeitgeber zur Anstellung von Schwerbehinderten anzuhalten (sog. Antriebsfunktion) und die Belastungen zwischen Arbeitgebern, die ihre Pflichtquote erfüllen, und solchen, die dieser Verpflichtung nicht entsprechen, auszugleichen (sog. Ausgleichsfunktion).

6.3 Steuerliche Nebenleistungen (§ 3 Abs. 4 AO)

Steuerliche Nebenleistungen sind nach der abschließenden Aufzählung des § 3 Abs. 4 AO **27**
1. Verzögerungsgelder nach § 146 Abs. 2 b AO,
2. Verspätungszuschläge nach § 152 AO,
3. Zuschläge nach § 162 Abs. 4 AO,
4. Zinsen nach den §§ 233–237 AO sowie Zinsen nach den Steuergesetzen, auf die die §§ 238 und 239 AO anzuwenden sind,
5. Säumniszuschläge nach § 240 AO,
6. Zwangsgelder nach § 329 AO,
7. Kosten nach den §§ 89, 178, 178 a und 337–345 AO,
8. Zinsen auf Einfuhr- und Ausfuhrabgaben nach Art. 5 Nr. 20 und 21 des Zollkodex der Union und
9. Verspätungsgelder nach § 22a Abs. 5 EStG.

Steuerliche Nebenleistungen sind schon aufgrund der systematischen Stellung des § 3 Abs. 4 AO keine Steuern, sondern werden im Zusammenhang mit der Besteuerung erhoben. Der

Anspruch auf eine steuerliche Nebenleistung ist ein Anspruch aus dem Steuerschuldverhältnis (§ 37 Abs. 1 AO). Nach § 1 Abs. 3 AO ist die AO auch auf steuerliche Nebenleistungen anzuwenden. Ausgenommen sind die Bestimmungen über die Festsetzung, Außenprüfung, Steuerfahndung und Steueraufsicht in besonderen Fällen (§§ 155–217 AO), soweit sie nicht ausdrücklich für anwendbar erklärt worden sind (§ 155 Abs. 3 Satz 3 AO, § 156 Abs. 2 AO).

Das Aufkommen der Zinsen steht den jeweils steuerberechtigten Körperschaften zu. Die übrigen steuerlichen Nebenleistungen fließen den steuerberechtigten oder den verwaltenden Körperschaften zu (vgl. § 3 Abs. 5 AO).

7 Die Steuerhoheit

28   Die Steuerhoheit ist ein Teil der Finanzhoheit. Sie ist in Art. 105 ff. GG geregelt. Diese Vorschriften teilen die Steuerhoheit auf den Bund und die Länder auf. Die Steuerhoheit umfasst
- die Gesetzgebungshoheit,
- die Ertragshoheit und
- die Verwaltungshoheit.

7.1 Gesetzgebungshoheit (Art. 105 GG)

29   Unter Gesetzgebungshoheit versteht man das Recht, Steuergesetze zu erlassen. Nach Art. 105 Abs. 1 GG hat der **Bund** die ausschließliche Gesetzgebungskompetenz für Zölle und Finanzmonopole. Ihm steht nach Art. 105 Abs. 2 GG die konkurrierende Gesetzgebung über die übrigen Steuern zu, wenn ihm das Aufkommen dieser Steuern ganz oder zum Teil zusteht oder soweit ein Bedürfnis nach bundesgesetzlicher Regelung i. S. d. Art. 72 Abs. 2 GG besteht. Aufgrund dieser Vorschriften sind alle wichtigen Steuergesetze Bundesgesetze, weil nur sie die Rechts- und Wirtschaftseinheit, insbesondere die Einheitlichkeit der Lebensverhältnisse im Ganzen Bundesgebiet gewährleisten.

30   Die **Länder** haben nach Art. 105 Abs. 2 GG die Befugnis zur konkurrierenden Gesetzgebung, solange und soweit der Bund von seinem Gesetzgebungsrecht keinen Gebrauch gemacht hat (Art. 72 Abs. 1 GG). Sie haben nach Art. 105 Abs. 2 a GG die ausschließliche Befugnis zur Gesetzgebung über die örtlichen Verbrauch- und Aufwandsteuern, solange und soweit sie nicht bundesgesetzlich geregelten Steuern gleichartig sind. Gem. Art 140 GG i. V. m. Art 137 Weimarer Verfassung haben die Länder zusammen mit den öffentlich-rechtlichen Religionsgesellschaften das Gesetzgebungsrecht hinsichtlich der Kirchensteuer.

Die **Gemeinden** haben dagegen keine eigene Steuerhoheit, kein eigenes Steuerfindungsrecht. Art. 106 Abs. 6 Satz 2 GG erlaubt ihnen lediglich, die Hebesätze der Realsteuern (§ 3 Abs. 2 AO) im Rahmen der Gesetze festzusetzen.

BEISPIELE

a) Der Bund hat die Gesetzgebungshoheit für die ESt, KSt und USt gem. Art. 105 Abs. 2 GG, weil ihm das Aufkommen dieser Steuern teilweise zufließt (Art. 106 Abs. 3 GG). Er hat die Gesetzgebungshoheit für die ErbSt, KfzSt, GewSt und GrundSt, weil insoweit ein Bedürfnis nach bundeseinheitlichen Regelungen gem. Art. 72 Abs. 2 Nr. 2 und 3 GG besteht.

b) Die Länder haben Gesetzgebungshoheit z. B. für die Hundesteuer, Getränkesteuer und Vergnügungssteuer (Art. 105 Abs. 2 a GG). Allerdings wird in vielen Landesverfassungen oder Kommunalabgabengesetzen der Länder den Gemeinden das Recht auf Erschließung dieser Steuerquellen eingeräumt.

7.2 Ertragshoheit (Art. 106 und 107 GG)

Die Ertragshoheit regelt, wem das Aufkommen aus einer bestimmten Steuer zusteht. Sie **31** bestimmt, ob eine Steuer dem Bund, den Ländern, den Gemeinden oder den Kirchen zufließt.

Nach Art. 106 Abs. 1 GG stehen die Erträge der folgenden Abgaben allein dem **Bund** zu: die Zölle, die Verbrauchsteuern (z. B. Energie-, Kaffee-, Strom- und Tabaksteuer, nicht jedoch die Steuern, die gem. Art. 106 Abs. 1 Nr. 2 GG anderen zustehen), die Straßengüterverkehrssteuer, die KfzSt und sonstige auf motorisierte Verkehrsmittel bezogene Verkehrsteuern, die Kapitalverkehrsteuern, die Versicherungsteuer, die Wechselsteuer, die einmaligen Vermögensabgaben und die zur Durchführung des Lastenausgleichs erhobenen Ausgleichsabgaben, die Ergänzungsabgabe zur ESt und zur KSt und die Abgaben im Rahmen der Europäischen Gemeinschaften.

Nach Art. 106 Abs. 2 GG fließen die Erträge der folgenden Steuern den **Ländern zu:** die **32** Vermögensteuer, die Erbschaftsteuer, die Verkehrsteuern (z. B. Grunderwerbsteuer, Rennwett- und Lotteriesteuer etc., nicht jedoch Steuern, soweit sie gem. Art. 106 Abs. 1 oder Abs. 3 GG anderen zustehen), die Biersteuer, die Abgabe von Spielbanken. Das Aufkommen dieser Steuern steht dem einzelnen Land insoweit zu, als die Steuern von den Finanzbehörden in ihrem Gebiet vereinnahmt werden (örtliches Aufkommen: Art. 107 Abs. 1 Satz 1 GG).

Einkommensteuer, Körperschaftsteuer und Umsatzsteuer sind sog. **Gemeinschaftssteu- 33 ern**. Ihr Aufkommen steht dem Bund und den Ländern gemeinsam zu (Art. 106 Abs. 3 GG). Am Aufkommen der Einkommensteuer (einschließlich Lohnsteuer) und der Körperschaftsteuer sind der Bund und die Länder grundsätzlich je zur Hälfte beteiligt. Durch Bundesgesetz, das der Zustimmung des Bundesrates bedarf, sind für die Körperschaftsteuer und die Lohnsteuer nähere Bestimmungen über die Abgrenzung sowie über Art und Umfang der Zerlegung des örtlichen Aufkommens zu treffen (Art. 107 Abs. 4 Satz 2 GG).

Die Anteile von Bund und Ländern an der Umsatzsteuer werden durch Bundesgesetz, das der Zustimmung des Bundesrates bedarf, nach den in Art. 106 Abs. 3 GG aufgestellten Grundsätzen festgesetzt. Sie sind neu festzusetzen, wenn sich das Verhältnis zwischen Einnahmen und Ausgaben des Bundes und der Länder wesentlich anders entwickelt (Art. 106 Abs. 4 GG).

Neben dieser Aufteilung gleicht Art. 107 Abs. 1 letzter Satz und Abs. 2 GG die unterschiedliche Finanzkraft zwischen steuerstarken und steuerschwachen Ländern aus (**Finanzausgleich**).

Die **Gemeinden** erhalten gem. Art. 106 Abs. 5 GG einen Anteil am Aufkommen der Ein- **34** kommensteuer (15 %), der von den Ländern an ihre Gemeinden auf der Grundlage der Einkommensteuerleistungen ihrer Einwohner weiterzuleiten ist. Weiter steht ihnen ein Anteil an dem Aufkommen der USt zu (Art. 106 Abs. 5 a GG). Auch das Aufkommen der Realsteuern (Art. 106 Abs. 6 GG), der örtlichen Verbrauch- und Aufwandsteuern (Art. 106 Abs. 6 GG) und einen von der Landesgesetzgebung zu bestimmenden Hundertsatz vom Länderanteil am Gesamtaufkommen der Gemeinschaftsteuern (Art. 106 Abs. 7 GG) fließen den Gemeinden zu.

Die **Kirchensteuer** fließt den **öffentlich-rechtlichen Religionsgemeinschaften** zu (Art. 140 GG i. V. m. Art 137 Abs. 6 Weimarer Verfassung).

7.3 Verwaltungshoheit (Art. 108 GG)

Verwaltungshoheit ist das Recht, Steuern zu verwalten, also Besteuerungsverfahren durch- **35** zuführen. Art. 108 GG teilt diese Befugnis auf Bund und Länder wie folgt auf: Zölle, Finanzmonopole, die bundesgesetzlich geregelten Verbrauchsteuern einschließlich der Einfuhrumsatzsteuer, die KfzSt und die sonstigen auf motorisierte Verkehrsmittel bezogene Verkehrsteuern sowie die Abgaben im Rahmen der Europäischen Gemeinschaften werden nach Art. 108 Abs. 1 GG durch **Bundesfinanzbehörden** verwaltet.

Die übrigen Steuern werden durch **Landesfinanzbehörden** verwaltet (Art. 108 Abs. 2 GG). Verwalten die Landesfinanzbehörden Steuern, die ganz oder zum Teil dem Bund zufließen (z. B. Einkommensteuer, Körperschaftsteuer und Umsatzsteuer), so werden sie im Auftrag des Bundes tätig (Art. 108 Abs. 3 GG). Es gelten die Art. 83 ff. GG.

8   Einteilung der Steuern

36   Die heute existierenden zahlreichen und unterschiedlichen Steuern bilden eine historisch gewachsene Mixtur. Sie sind hinsichtlich ihrer Anknüpfungspunkte und belastenden Wirkungen auf den Bürger nicht aufeinander abgestimmt. Indem man die einzelnen Steuerarten nach bestimmten Gesichtspunkten gliedert, klassifiziert oder einteilt, gewinnt man einen allgemeinen Überblick über die Gemeinsamkeiten und Besonderheiten der Steuern.

8.1   Einteilung nach der Einwirkung der Steuern auf die Vermögenssphäre

37   Steuern belasten das Vermögen des Bürgers. Die Vermögenssphäre des Einzelnen besteht aus drei Teilen:
1. dem Zufluss von Vermögen (Einkommen i. w. S.),
2. dem (statischen) Vermögensbestand (z. B. Eigentum an Grundstücken, Geld und beweglichen Sachen) und
3. der Verwendung von Vermögen (Konsum, Verbrauch von Gütern).

Die Steuergesetzgebung greift auf alle drei Teilgebiete der Vermögenssphäre zu.

Man kann die Steuern danach einteilen, auf welchen dieser Bereiche sie unmittelbar einwirken, und – ganz vereinfacht dargestellt – differenzieren zwischen Steuern auf das Einkommen i. w. S., Steuern auf den Vermögensbestand und Steuern auf die Verwendung von Einkommen und Vermögen:

Steuern auf das Einkommen i. w. S. sind die Einkommensteuer, die Körperschaftsteuer, die Kirchensteuer, der Solidaritätszuschlag, die Gewerbe(ertrag)steuer, mit Abstrichen auch die Erbschaft- und Schenkungsteuer.

Steuern auf den Vermögensbestand ist z. B. die Grundsteuer. Die Vermögensteuer und die Gewerbe(kapital)steuer sind abgeschafft worden.

Steuern auf die Verwendungen von Einkommen und Vermögen sind die Umsatzsteuer, die Grunderwerbsteuer, Versicherungsteuer, Verbrauchsteuern (z. B. Energie-, Branntwein-, Kaffeesteuer) und die Aufwandsteuern (z. B. Hundesteuer, Vergnügungsteuer, Jagdsteuer).

BEISPIEL ════════════════════════════════════

Der Stpfl. G betreibt in Frankfurt ein großes Bauunternehmen und ist sehr wohlhabend. G hat sich eine Villa in bester Lage in Bad Homburg gekauft und gibt auch ansonsten viel Geld für seinen Lebensunterhalt aus.

LÖSUNG Bei G schlägt der Steuergesetzgeber in allen drei Vermögensbereichen zu: Auf der Zuflussseite muss G Einkommensteuer (ggf. auch Kirchensteuer und den Solidaritätszuschlag) und Gewerbe(ertrag)steuer zahlen. Sein statisches Vermögen wird durch die Grundsteuer angegriffen, bis zu ihrer Abschaffung auch durch die Vermögensteuer und Gewerbe(kapital)steuer. Selbst wenn G Geld ausgibt, greift der Fiskus zu: G muss Grunderwerbsteuer zahlen. Verwendet er sein Vermögen zur Bestreitung seines Lebensunterhaltes, trägt er als Endverbraucher auch alle indirekten Steuern (z. B. die Umsatzsteuer und die Verbrauchsteuern).

8.2 Direkte und indirekte Steuern

Bei den direkten Steuern sollen Steuerschuldner (derjenige, der die Steuer zu entrichten hat) und Steuerträger (derjenige, der die Steuer letztlich wirtschaftlich trägt) nach dem Willen des Gesetzgebers identisch sein.

Indirekte Steuern werden dagegen vom Steuerschuldner auf einen anderen Steuerträger abgewälzt. Steuerschuldner und Steuerträger sind verschiedene Personen.

BEISPIELE

a) Die Einkommensteuer und Grundsteuer sind direkte Steuern. Nach dem Willen des Gesetzes soll der Steuerschuldner diese Steuern auch wirtschaftlich tragen.

b) Dagegen wird die Umsatzsteuer vom Steuerschuldner (Unternehmer) über die Preise auf die Endverbraucher abgewälzt. Dies gilt auch für andere Verbrauch- und Verkehrsteuern (z. B. Energie- und Tabaksteuer).

Die Einteilung in direkte und indirekte Steuern ist nicht unproblematisch, weil grundsätzlich jede Steuer auf andere Personen abgewälzt werden kann. Die Grundsteuer kann z. B. auf die Mieter umgelegt werden.

8.3 Personen- und Sachsteuern

Personen- oder Subjektsteuern sind Steuern, die insbesondere die persönliche Leistungsfähigkeit des Steuersubjekts erfassen. Sie sind auf Personen zugeschnitten und berücksichtigen deren individuelle Verhältnisse (wie z. B. Familienstand, Kinder, Alter und außergewöhnliche Belastungen). Hierunter fällt die Einkommensteuer.

Sach- oder Objektsteuern knüpfen nicht an das Steuersubjekt an, sondern werden nach bestimmten Merkmalen des Steuerobjekts bemessen. Sachsteuern sind z. B. die Realsteuern (Grundsteuer und Gewerbesteuer) und die Umsatzsteuer.

8.4 Periodische und nicht periodische Steuern

Periodische Steuern werden laufend für aufeinander folgende Kalenderjahre erhoben (z. B. ESt, KSt und USt). Nicht periodische werden einmalig erhoben (z. B. ErbSt und GrESt).

8.5 Bundes-, Landes-, Gemeinschafts-, Gemeinde- und Kirchensteuern

Einteilungskriterium ist hier die Ertragshoheit, also wem nach Art. 106 und 140 GG das Steueraufkommen zufließt (siehe dazu oben Rz. 31 ff.).

9 Die Rechtsnormen des Steuerrechts und ihre Anwendung

9.1 Vorbemerkung

Steuerrecht ist – kurz gesagt – Recht, das die Besteuerung regelt. Unter Besteuerung versteht man die (zwangsweise) Übertragung von Geld vom einzelnen auf den Staat ohne eine Gegenleistung für den einzelnen (siehe oben Rz. 18 ff.).

38

39

40

41

42

Dieser Vermögenstransfer erfolgt nicht aufgrund von Zufall oder Willkür, sondern aufgrund von Recht und Gesetz. Die Finanzbehörden sind keine Raubritter. Sie haben die Steuern nach Maßgabe der Gesetze festzusetzen und zu erheben (§ 85 Satz 1). Da gem. § 4 AO jede **Rechtsnorm** ein Gesetz ist, erfolgt die Besteuerung allein aufgrund von Rechtsnormen. **Steuerrecht ist also die Gesamtheit aller Rechtsnormen, die die Besteuerung regeln.** Rechtsnormen sind abstrakte und generelle Bestimmungen, die für die Bürger **verbindlich** sind. Sie gelten für eine unbestimmte Vielzahl von Fällen. Sie gelten in einem bestimmten örtlichen Bereich zu einer bestimmten Zeit. Sie sind für die Bürger rechtsverbindlich, weil ihre Einhaltung vom Staat garantiert wird. Auch die Exekutive und die Rechtsprechung sind an Recht und Gesetz, also Rechtsnormen, gebunden (Art. 20 Abs. 3 GG). Darin unterscheiden sich Rechtsnormen von anderen Normen.

BEISPIELE

a) Regel 11 Abs. 2 der Internationalen Fußballregeln lautet: »Ist eine Abseitsstellung gegeben, so wird diese mit einem Freistoß für die gegnerische Mannschaft geahndet.« Diese Norm wird nicht staatlich garantiert. Sie ist eine Spielregel, keine Rechtsnorm.

b) »Edel sei der Mensch, hilfreich und gut!« (Goethe) ist eine moralische Norm und keine für den Bürger rechtlich verbindliche.

c) Nach § 1 Abs. 1 Satz 1 EStG sind natürliche Personen, die im Inland einen Wohnsitz haben, unbeschränkt einkommensteuerpflichtig. Hierbei handelt es sich um eine Rechtsnorm. **Alle Gesetze bestehen ausschließlich aus Rechtsnormen.**

9.2 Die Rechtsnormen des Steuerrechts

43   Die Rechtsnormen des Steuerrechts findet man im Grundgesetz, in (einfachen) Gesetzen, Rechtsverordnungen, Satzungen, Doppelbesteuerungsabkommen und supranationalen Vorschriften. Verwaltungsvorschriften und Entscheidungen der Gerichte sind dagegen keine Rechtsnormen.

9.2.1 Grundgesetz

44   Das Grundgesetz enthält in Art. 105 ff. steuerliche Rechtsnormen, die die Steuergesetzgebungskompetenz, die Verteilung von Steuern und die Verwaltung von Steuern grundlegend regeln. Als Verfassungsgesetz geht das Grundgesetz den einfachen Gesetzen vor. Im Steuerrecht gelten insbesondere auch die Grundrechte (z. B. Art. 2, 3 und 14 GG). Sie binden den Gesetzgeber, die Steuerverwaltung und die Finanzgerichte als unmittelbar geltendes Recht (Art. 1 Abs. 3 und Art. 20 Abs. 3 GG).

9.2.2 Förmliche Gesetze

45   Förmliche Gesetze sind Rechtsnormen, die in einem förmlichen Gesetzgebungsverfahren zustande gekommen sind (siehe Art. 76–78, 82, 105 Abs. 2 GG), z. B.: AO, EStG, KStG, GewStG, UStG, GrStG, ErbStG.

9.2.3 Rechtsverordnungen (Art. 80 GG)

Rechtsverordnungen sind Rechtsnormen, die aufgrund einer gesetzlichen Ermächtigung **46**
von der Exekutiven erlassen werden. Rechtsverordnungen werden im Steuerrecht von der Bundesregierung oder dem Bundesfinanzministerium gesetzt. Rechtsverordnungen sind Gesetze im materiellen Sinn. Nach dem Grundsatz der Gewaltenteilung können Rechtsnormen grundsätzlich nur im förmlichen Gesetzgebungsverfahren von der Legislativen (Bundestag, Bundesrat, bzw. Landesparlamente) erlassen werden. Art. 80 GG lässt es jedoch zu, dass die Legislative die Exekutive (vollziehende Gewalt) zum Erlass von Rechtsnormen ermächtigt.

Rechtsverordnungen sind nach Art. 80 Abs. 1 Satz 2 und 3 GG nur wirksam, wenn sie auf einer gesetzlichen Ermächtigung beruhen, die nach Inhalt, Zweck und Ausmaß hinreichend bestimmt ist. Die Rechtsgrundlage ist in der Verordnung anzugeben. Rechtsverordnungen sind die zu allen wichtigen Steuergesetzen ergangenen Durchführungsverordnungen (z. B. EStDV, LStDV, KStDV, UStDV, BewDV, GewStDV).

BEISPIELE

a) § 156 Abs. 1 AO ermächtigt das Bundesministerium der Finanzen zum Erlass einer Rechtsverordnung, auf deren Grundlage man in Bagatellfällen von der Festsetzung einer Steuer absehen kann. Inhalt, Zweck (Verwaltungsvereinfachung) und Ausmaß der Ermächtigung sind in § 156 Abs. 1 AO hinreichend bestimmt. Aufgrund dieser Ermächtigung hat das Bundesfinanzministerium die Kleinbetragsverordnung erlassen (BMF vom 19. 12. 2000, BGBl I 1790, 1805), zuletzt geändert durch Art. 3 des Gesetzes zur Modernisierung des Besteuerungsverfahrens.

b) Eine weitere Rechtsverordnung, die aufgrund des § 180 Abs. 2 erging, ist die Verordnungen über die gesonderte Feststellung von Besteuerungsgrundlagen (BStBl I 1987, 2 und BStBl I 2001, 28), zuletzt geändert durch Art. 4 des Gesetzes vom 20. 12. 2008 (BGBl I 2850).

9.2.4 Sonstige Rechtsnormen des Steuerrechts

Satzungen sind Rechtsnormen, die eine Körperschaft des öffentlichen Rechts im Rahmen **47**
ihrer Zuständigkeit zur Regelung ihrer eigenen Angelegenheit setzt (vgl. Art. 28 Abs. 2 GG). Im Steuerrecht spielt Satzungsrecht bei der Gewerbesteuer eine Rolle: Nach § 16 Abs. 1 GewStG wird die Gewerbesteuer aufgrund des einheitlichen Steuermessbetrags mit einem Hundertsatz (Hebesatz) festgesetzt und erhoben. Der Hebesatz wird von der hebeberechtigten Gemeinde nach Maßgabe des § 16 GewStG durch Satzung bestimmt. Ähnliches gilt für die Grundsteuer (§ 25 GrStG).

Doppelbesteuerungsabkommen sind völkerrechtliche Verträge mit anderen Staaten über die Vermeidung der Doppelbesteuerung (siehe oben Rz. 17). **Supranationale Rechtsnormen** werden von supranationalen Organisationen kraft eigener Rechtsetzungsbefugnis erlassen. Die Rechtsetzungsbefugnis ist diesen Organisationen durch völkerrechtlichen Vertrag übertragen worden (vgl. Art. 24 GG). Im Steuerrecht sind die Verordnungen und Richtlinien der Europäischen Gemeinschaften von Bedeutung.

Neben den eben dargestellten geschriebenen Rechtsnormen, gibt es im deutschen Recht auch ungeschriebene Rechtsnormen, das sog. **Gewohnheitsrecht**. Dieses besteht aus ungeschriebenen Rechtsnormen, die sich durch lang andauernde Übung gebildet haben und von allen Beteiligten als rechtens anerkannt werden. Es ist allerdings umstritten, ob bzw. inwieweit sich im Steuerrecht auf diese Weise ungeschriebene Rechtsnormen bilden können. Generell abgelehnt wird die Möglichkeit von steuerschaffendem oder steuererhöhendem Gewohnheitsrecht.

9.3 Keine Rechtsnormen

9.3.1 Verwaltungsvorschriften

48   Verwaltungsvorschriften (Verwaltungsanweisungen, Verwaltungsanordnungen) sind keine Rechtsnormen. Sie enthalten Anordnungen der vorgesetzten gegenüber den nachgeordneten Behörden, die innerhalb der Verwaltung für eine Vielzahl von Fällen gelten sollen. Verwaltungsvorschriften sollen die richtige, zweckmäßige und gleichmäßige Ausübung der Verwaltungstätigkeit gewährleisten. Sie konkretisieren vielfach die oft nur sehr allgemeinen Regelungen des Gesetzes oder regeln die einheitliche Ausübung von Ermessen. Ihre Zulässigkeit ergibt sich ohne besondere gesetzliche Grundlage aus der Weisungsbefugnis der übergeordneten Behörde. Sie binden daher nur die nachgeordneten Behörden, also weder den Bürger noch die Gerichte.

Im Steuerrecht sind die wichtigsten Verwaltungsvorschriften
* die **Richtlinien** (z. B. EStR, LStR, KStR, UStR, GewStR), die von der Bundesregierung erlassen werden,
* sog. **Schreiben, Erlasse** und Anweisungen (z. B. BMF-Schreiben, **Anwendungserlass zur AO**, Vollziehungsanweisungen, Vollstreckungsanweisungen), die von den Bundes- und Landesfinanzministerien produziert werden, und
* **OFD-Verfügungen.**

Die Verwaltungsvorschriften sorgen für die Gleichmäßigkeit der Besteuerung. Durch sie werden die Entscheidungen des Finanzamts in vielen Fällen voraussehbar.

9.3.2 Urteile der Steuergerichte

49   Urteile der FG oder des BFH binden nach § 110 FGO nur die am konkreten Rechtsstreit Beteiligten. Sie sind daher keine Rechtsnormen. Über den Einzelfall hinaus ist die Finanzverwaltung an die Entscheidungen der Gerichte **rechtlich** nicht gebunden (str.). Nach Art. 20 Abs. 3 GG sind die Finanzbehörden als vollziehende Gewalt (nur) an Recht und Gesetz, also an Rechtsnormen, gebunden.

50   Allerdings haben gerade BFH-Entscheidungen eine große faktische Breitenwirkung: Zum einen richten sich Finanzbehörden und Steuerberater in der Praxis nach der Rechtsprechung. Zum anderen werden wichtige Urteile in Verwaltungsvorschriften (z. B. in Richtlinien) aufgenommen und sind deshalb für die Finanzämter verbindlich.

> **BEISPIEL**
>
> Der Stpfl. X macht Aufwendungen als Werbungskosten geltend, die nach neuer und im BStBl II veröffentlichter BFH-Rechtsprechung anzuerkennen wären. Der zuständige Sachbearbeiter SB meint, die Aufwendungen seien keine Werbungskosten. Aufgrund einer auch in der Literatur vertretenen Auffassung hält SB die Anwendung des § 9 EStG durch den BFH in der vorliegenden Fallkonstellation für falsch.
>
> **LÖSUNG** Nach allgemeinen Grundsätzen kann SB die Aufwendungen streichen. Er ist nur an Recht und Gesetz, nicht an Gerichtsurteile gebunden (Art. 20 Abs. 3 GG, § 85 AO). In der Praxis wird sich der Sachbearbeiter jedoch aus verwaltungsökonomischen Gründen nach den Urteilen richten: Streicht er nämlich die Aufwendungen, kann X mittels Einspruch und Klage deren Anerkennung als Werbungskosten beim FG oder gar BFH erreichen.
>
> SB ist jedoch – wie eben dargestellt – an Verwaltungsanweisungen gebunden. Zahlreiche Oberfinanzdirektionen schreiben den nachgeordneten Finanzämtern die Anwendung von BFH-Entscheidungen vor. Z. B. gilt nach der AO-Kartei der OFD Frankfurt a. M. Karte 1 zu § 110 FGO (Rundverfü-

gung vom 29. 09. 1993 – FG 2029 A – 4 – St II 40 –, sog. OFD-Verfügung) für die Anwendung der im BStBl Teil II veröffentlichten Entscheidungen Folgendes:

»1. Entscheidungen des BFH werden, soweit sie nicht ausschließlich Bedeutung für einen Einzelfall haben, im BStBl II veröffentlicht. Durch die Aufnahme in das BStBl sind die Entscheidungen (zwingend) bei der Bearbeitung gleichgelagerter Steuerfälle zu beachten. Eine neue Prüfung hinsichtlich der Anwendung der BFH-Entscheidungen kann jedoch erforderlich sein, wenn z. B.

– neue rechtliche Gesichtspunkte aufgetreten sind,

– neue Rechtserkenntnisse eine andere Beurteilung der entschiedenen Rechtsfrage rechtfertigen können oder

– die Entscheidung schon lange zurückliegt und an ihr wiederholt Kritik geübt worden ist.

2. Die im BStBl veröffentlichten Entscheidungen des BFH sind auch dann zu beachten, wenn der Rechtssatz, der in einer solchen Entscheidung aufgestellt worden ist, im Widerspruch zu einer anderen Auffassung stehen sollte, die zu der einschlägigen Frage in einer Verwaltungsanweisung (z. B. Rundverfügung) vertreten worden ist. Einer formellen Aufhebung der hierdurch überholten Verwaltungsanweisung bedarf es nicht.

3. Soll das Urteil nicht oder vorübergehend nicht angewendet werden, wird eine Anweisung – ein sog. »Nichtanwendungserlass« – im BStBl Teil I veröffentlicht.

4. Alle nicht im BStBl veröffentlichten Entscheidungen haben – wie die Entscheidungen der Finanzgerichte – keine über den Einzelfall hinausgehende Bedeutung. Soweit sie nicht mit veröffentlichten BFH-Entscheidungen oder Verwaltungsanordnungen bzw. Anweisungen der vorgesetzten Behörde in Widerspruch stehen, können sie aber für die Entscheidung über vergleichbare Sachverhalte verwertet werden.«

Aufgrund dieser Verwaltungsanweisung ist SB verpflichtet, die Werbungskosten anzuerkennen.

9.4 Der Aufbau von Rechtsnormen

9.4.1 Allgemeines

Rechtsnormen setzen sich aus zwei Teilen zusammen. Sie bestehen aus den sog. **Rechtsvoraussetzungen,** die auch als **Tatbestandsmerkmale** oder **Tatbestandsvoraussetzungen** bezeichnet werden, und aus der **Rechtsfolge.** **51**

BEISPIEL

Nichtigkeit des Verwaltungsaktes (§ 125 Abs. 1 AO):

Ein Verwaltungsakt ist nichtig (Rechtsfolge), soweit er an einem besonders schwerwiegenden Fehler leidet und dies bei verständiger Würdigung aller in Betracht kommenden Umstände offenkundig ist (Rechtsvoraussetzungen).

Nur wenn alle Rechtsvoraussetzungen gegeben sind, tritt die Rechtsfolge ein. Fehlt auch nur eine Rechtsvoraussetzung, ist die Rechtsfolge nicht gegeben.

Jede steuerliche Rechtsnorm ist entweder eine zwingende Vorschrift oder eine Ermessensvorschrift.

Eine zwingende Norm ist – schematisch dargestellt – wie folgt aufgebaut: **52**

$$a + b + c = y$$

Die Buchstaben a, b und c bezeichnen die einzelnen Rechtsvoraussetzungen. Der Buchstabe y stellt die Rechtsfolge dar. Wenn a, b und c vorliegen, tritt automatisch (zwingend) die Rechtsfolge y ein.

Der eben genannte § 125 Abs. 1 AO ist eine zwingende Vorschrift. Nur wenn ein Verwaltungsakt sowohl an einem besonders schwerwiegenden Fehler leidet und dies zugleich bei verständiger Würdigung aller Tatsachen offenkundig ist, tritt die Rechtsfolge der Nichtigkeit (automatisch) ein.

53 **Eine Ermessensnorm** dagegen kann wie folgt schematisch dargestellt werden:
a + b + c »kann« y oder z (sein).
Wie oben bezeichnen die Buchstaben a, b und c die Rechtsvoraussetzungen. Die Buchstaben y und z stellen die Rechtsfolgen dar. Sind die Tatbestandsvoraussetzungen einer Ermessensnorm erfüllt, tritt die Rechtsfolge nicht automatisch ein. Sie »kann« eintreten. Es kommt außerdem fast immer mehr als nur eine Rechtsfolge in Betracht (y **oder** z). Es sind Ermessensentscheidungen zu treffen.

> **BEISPIEL**
>
> Gegen denjenigen, der seiner Verpflichtung zur Abgabe einer Steuererklärung nicht oder nicht fristgemäß nachkommt (Tatbestandsvoraussetzungen), kann gem. § 152 AO (in der bis zum 31.12.2018 geltenden Fassung) ein Verspätungszuschlag festgesetzt werden (Rechtsfolge).
> Liegen sämtliche Rechtsvoraussetzungen vor, tritt hier die Rechtsfolge nicht zwingend ein. Vielmehr muss die Finanzbehörde eine Ermessensentscheidung gem. § 5 AO treffen.

Im Steuerrecht überwiegen die zwingenden Vorschriften bei weitem. Die Finanzbehörden sind **nur ausnahmsweise** ermächtigt, nach ihrem **Ermessen** zu handeln. Bei welchen Normen dies der Fall ist, ergibt sich aus dem Gesetzeswortlaut. Ermessensvorschriften erkennt man an Begriffen wie »**kann**« (z. B. §§ 95, 97, 152, 129, 164, 165, 191, 222, 227, 249 AO), »**ist zulässig**« (z. B. § 193 AO), »**ist befugt**« (z. B. § 287 AO) oder »**soll**« (z. B. §§ 80 Abs. 3, 93 Abs. 1 Satz 3, 204 AO).

9.4.2 Die Ermessensentscheidung (§ 5 AO)

54 Wenn die Finanzbehörde ermächtigt ist, nach ihrem Ermessen zu handeln, schreibt § 5 AO vor, dass sie ihr Ermessen entsprechend dem Zweck der Ermächtigung auszuüben und die gesetzlichen Grenzen des Ermessens einzuhalten hat. Ermessensentscheidungen beziehen sich immer nur auf die **Rechtsfolgen** einer Norm, nie auf deren Voraussetzungen. Erst wenn alle Tatbestandsvoraussetzungen vorliegen, darf die Behörde eine Ermessensentscheidung treffen.

Deshalb dürfen Ermessensvorschriften nicht verwechselt werden mit Normen, die sog. unbestimmte Rechtsbegriffe enthalten. Mit unbestimmten Rechtsbegriffen sind Tatbestandsvoraussetzungen einer Vorschrift gemeint, die nicht genau abgrenzbare Merkmale enthalten. Sie sind als Rechtsvoraussetzungen in vollem Umfang gerichtlich überprüfbar. Es besteht hier kein Ermessensspielraum der Behörde.

55 Im Übrigen ist die Lehre von den unbestimmten Rechtsbegriffen u. E. überholt. Diese Lehre suggeriert, dass es klar abgegrenzte (bestimmte) Rechtsbegriffe gibt. Das ist nicht der Fall. Selbst bei vermeintlich klaren und eindeutigen Rechtsbegriffen – wie z. B. dem Unternehmerbegriff (§ 2 UStG) – treten Auslegungsschwierigkeiten auf. Es gibt keine völlig unproblematischen (bestimmten) Rechtsbegriffe. Die Lehre von den unbestimmten Rechtsbegriffen ist insoweit überflüssig.

56 Bei Ermessensnormen hat die Finanzbehörde zunächst zu entscheiden, **ob** sie überhaupt eine Maßnahme treffen will (**Entschließungsermessen**).

57 Will sie handeln, stellt sich die Frage, **welche** der möglichen Maßnahmen (Rechtsfolgen) sie treffen will (**Auswahlermessen**).

BEISPIEL ▰▰▰

X hat seine Steuererklärung nicht innerhalb der gesetzlichen Frist abgegeben.

LÖSUNG Nach § 152 AO (in der Fassung bis zum 31.12.2018) kann ihm gegenüber ein Verspätungszuschlag festgesetzt werden. Das Finanzamt hat insoweit zu entscheiden, ob es überhaupt einen Verspätungszuschlag festsetzt (Entschließungsermessen). Dies wird z. B. bei nur kurzzeitiger und erstmaliger Fristüberschreitung unterbleiben. Soll jedoch ein Verspätungszuschlag festgesetzt werden, hat das Finanzamt im Rahmen des § 152 Abs. 2 AO nach pflichtgemäßen Ermessen über die Höhe des Zuschlags zu entscheiden (Auswahlermessen).

Obwohl die Ermessensnormen den Finanzbehörden einen gewissen Spielraum eröffnen, sind die Behörden in ihrer Entscheidung nicht frei. Nach § 5 AO (zwingende Vorschrift) ist das Ermessen entsprechend dem **Zweck der Ermächtigung auszuüben.** Des Weiteren sind die **Grenzen des Ermessens** einzuhalten.

BEISPIEL ▰▰▰

Hinsichtlich der Höhe darf der Verspätungszuschlag 10 % der festgesetzten Steuer oder des festgesetzten Messbetrages nicht übersteigen und höchstens 25 000 € betragen (§ 152 Abs. 2 Satz 1 AO; gesetzliche Grenzen des Ermessens).

Nach § 152 Abs. 2 Satz 2 AO (in der Fassung bis zum 31.12.2018) sind bei der Bemessung des Verspätungszuschlags neben seinem Zweck, den Stpfl. zur rechtzeitigen Abgabe seiner Steuererklärung anzuhalten, die Dauer der Fristüberschreitung, die Höhe des sich aus der Steuerfestsetzung ergebenden Zahlungsanspruches, die aus der verspäteten Abgabe der Steuererklärung gezogenen Vorteile, sowie das Verschulden und die wirtschaftliche Leistungsfähigkeit des Stpfl. zu berücksichtigen (Ausübung des Ermessens entsprechend dem Zweck der Ermächtigung). Bei einer Steuerfestsetzung in Höhe von 10 000 € können z. B. je nach Sachlage 200 € bis 500 € Verspätungszuschläge festgesetzt werden.

Der Stpfl. hat **Anspruch auf richtige Ausübung des Ermessens.** Bei Ermessensfehlern, die ich auf den Tenor (Entscheidungssatz) des Verwaltungsaktes auswirken, kann er den Verwaltungsakt erfolgreich durch Einspruch angreifen. **58**

Ermessensfehler sind **59**

- Ermessensüberschreitungen (die Finanzbehörde hält sich bei der Ausübung des Ermessens nicht an den durch das Gesetz bestimmten Rahmen),
- Ermessensunterschreitungen (die Finanzbehörde übt das ihr zustehende Ermessen nicht aus, weil sie irrtümlich meint, es läge eine zwingende Norm vor) und
- Ermessensfehlgebrauch (die Finanzbehörde entscheidet innerhalb der gesetzlichen Ermessensgrenzen, handelt jedoch nicht entsprechend dem Zweck der Ermächtigung, indem sie z. B. sachfremde Erwägungen anstellt).

Ermessensentscheidungen sind **grundsätzlich zu begründen** (§ 121 Abs. 1 AO). Die der Ermessensentscheidung zugrunde liegenden Erwägungen müssen erkennbar sein. Eine fehlende Begründung kann bis zum Abschluss eines finanzgerichtlichen Verfahrens nachgeholt werden (§ 126 Abs. 1 Nr. 2 und Abs. 2 AO). **60**

Gerichte können Ermessensentscheidungen nur **eingeschränkt** auf Ermessensfehler überprüfen (§ 102 FGO). Sie dürfen nicht ihr eigenes Ermessen an die Stelle des Ermessens der Finanzbehörde setzen. **61**

Eine besondere Art von Ermessensvorschriften sind die **Soll-Vorschriften** (z. B. §§ 204, 80 Abs. 3, 93 Abs. 1 Satz 3 AO). Hier ist das Ermessen der Behörde stark eingeschränkt. »Soll« bedeutet »in der Regel muss«. **62**

Ist für das Verfahren ein Bevollmächtigter bestellt, so soll sich die Behörde nach § 80 Abs. 3 AO an ihn wenden. Das heißt, dass sich die Behörde im Regelfall an den Bevollmächtigten wenden muss. Nur in Ausnahmefällen darf sie sich an den Stpfl. direkt wenden.

9.5 Die Gesetzesanwendung

63 Die Gesetzesanwendung (Subsumtion) besteht in der Prüfung, ob ein konkreter Lebenssachverhalt die (abstrakten) Tatbestandsvoraussetzungen einer Rechtsnorm erfüllt. Sind alle Tatbestandsvoraussetzungen erfüllt, tritt die Rechtsfolge ein (vgl. Rz. 51 ff.).

In der Theorie erfolgt die Gesetzesanwendung in 3 Schritten:

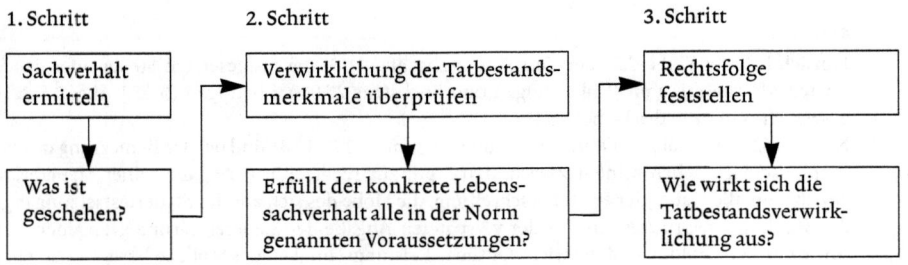

1. Schritt	2. Schritt	3. Schritt
Sachverhalt ermitteln	Verwirklichung der Tatbestandsmerkmale überprüfen	Rechtsfolge feststellen
Was ist geschehen?	Erfüllt der konkrete Lebenssachverhalt alle in der Norm genannten Voraussetzungen?	Wie wirkt sich die Tatbestandsverwirklichung aus?

BEISPIEL
Bei dem Schweizer Urs Nägli war zweifelhaft, ob er nach deutschem Recht unbeschränkt einkommensteuerpflichtig ist. Der Sachbearbeiter hat insoweit ermittelt, dass Nägli seinen Wohnsitz (§ 8 AO) in Konstanz hat.
Frage: Ist Nägli unbeschränkt einkommensteuerpflichtig?
LÖSUNG Erfüllt der Sachverhalt die Tatbestandsvoraussetzungen des § 1 Abs. 1 EStG?
Nägli ist eine natürliche Person.
Er hat seinen Wohnsitz (§ 8 AO) in Konstanz, also im Inland.
Die Rechtsvoraussetzungen des § 1 Abs. 1 EStG sind damit erfüllt.
Rechtsfolge: Urs Nägli ist gem. § 1 Abs. 1 Satz 1 EStG unbeschränkt einkommensteuerpflichtig.

In der Praxis sind Sachverhaltsermittlung und Rechtsanwendung zeitlich nicht zu trennen (vgl. Große, StBp 1986, 58, 59).

BEISPIEL
Jeder Betriebsprüfer hat ein durch die Steuerrechtsnormen geprägtes Vorverständnis. Infolgedessen wählt er bei Außenprüfungen (§§ 193 ff. AO) aus den unzähligen Sachverhaltselementen von vornherein nur diejenigen aus, die steuerlich von Bedeutung sein können: Er lässt sich Bilanzen vorlegen, nicht das Poesiealbum.
Die Gesetzesanwendung erfolgt in der Praxis also nicht zunächst durch Ermittlung des Sachverhaltes und nachfolgender Subsumtion unter die Tatbestandsvoraussetzungen einer Norm. Vielmehr findet eine wechselseitige Annäherung zwischen den Normen mit ihren Rechtsvoraussetzungen und dem konkreten Lebenssachverhalt statt.

9.6 Die Auslegung von Gesetzen

9.6.1 Vorbemerkung

Bei der eben dargestellten Gesetzesanwendung kann es grundsätzlich zu zwei Problemen kommen: Zum einen kann der Lebenssachverhalt unklar sein. In diesem Fall muss das Finanzamt weiter ermitteln (§ 88 AO). Ist dies nicht erfolgreich, kann es schätzen (§ 162 AO) oder letztendlich nach der sog. objektiven Feststellungslast entscheiden. Zum anderen kann unklar sein, ob der Lebenssachverhalt die Tatbestandsvoraussetzung der Norm erfüllt oder nicht. In diesem Fall muss die Tatbestandsvoraussetzung, also der Gesetzesbegriff, ausgelegt werden. **64**

9.6.2 Die klassischen Auslegungsmethoden

Die klassischen juristischen Auslegungsmethoden sind die grammatikalische Auslegung (Wortlautinterpretation), die logisch-systematische Auslegung, die historische (genetische) Auslegung und die teleologische Auslegung. **65**

Die **grammatikalische Auslegung** geht vom Wortlaut des Gesetzes aus und versucht, den Inhalt einer Norm aus der sprachlichen Fassung zu erkennen. Hierbei ist die übliche Rechtssprache oder, wenn eine solche nicht vorhanden ist, vom allgemeinen Sprachgebrauch auszugehen. Die Auslegung muss sich an den Wortlaut halten und darf diesen nicht überschreiten.

Die **logisch-systematische Auslegung** untersucht die Stellung einer Rechtsnorm im Gesetz und im Gesamtgefüge der Rechtsordnung und zieht daraus Schlüsse. Die **historische Methode** betrachtet die Entstehungsgeschichte der Norm und stützt sich auf Gesetzesmaterialien (z. B. Begründung von Gesetzesvorlagen, Protokolle des Parlaments und seiner Ausschüsse).

Die **teleologische Auslegung** (vom griechischen telos = Ziel, Zweck) ermittelt den Sinn, Zweck und Grundgedanken der Rechtsnorm und entscheidet danach über ihre Anwendbarkeit. Die teleologische Auslegung geht den anderen Methoden vor. Anders ausgedrückt: Die ersten drei Auslegungsmethoden sind Hilfsmittel zur Bestimmung des Gesetzeszwecks.

Die o. g. Methoden setzten viel juristische Erfahrung voraus. Sie werden insbesondere von Finanzgerichten und vom BFH angewendet.

9.6.3 Auslegung und Rechtsfortbildung

Durch Auslegung wird der Sinn einer gesetzlichen Regelung klargestellt. Sie darf über den Wortlaut der Norm nicht hinausgehen. Große Schwierigkeiten ergeben sich, wenn der zu entscheidende Fall gesetzlich nicht geregelt ist, wenn also eine **Gesetzeslücke** besteht. Eine solche Konstellation ist im Steuerrecht selten. Eine Lücke im Gesetz ist nicht schon dann gegeben, wenn das Gesetz zu einer bestimmten Frage nichts aussagt. Nur in Fällen, in denen das Gesetz keine besonderen Bestimmungen für eine Frage enthält, die nach dem gesetzlichen Grundgedanken hätte geregelt werden müssen, liegt eine Gesetzeslücke vor. **66**

BEISPIEL

Gesetzeslücken liegen vor, wenn das Gesetz völlig schweigt, weil bei seinem Zustandekommen ein bestimmter Sachbereich
- absichtlich nicht geregelt worden ist, sondern die Regelung der Rechtsprechung überlassen worden ist,
- vom Gesetzgeber übersehen worden ist (planwidrige Unvollkommenheit) oder
- noch gar nicht geregelt werden konnte, weil dieser erst nach In-Kraft-Treten des Gesetzes durch Veränderung der Lebensverhältnisse entstanden ist.

Besteht wirklich eine Lücke, ist diese auszufüllen. Dadurch wird das bestehende Recht fortgebildet. Auch im Steuerrecht sind insbesondere die Gerichte zur (ergänzenden) Rechtsfortbildung berechtigt und verpflichtet. Nach h. M. dürfen im Wege der Rechtsfortbildung über den möglichen Wortsinn des Gesetzes hinaus keine Steuertatbestände ausgeweitet und keine neuen Steuertatbestände geschaffen werden (str.). Das ergibt sich aus dem Grundsatz der Tatbestandsmäßigkeit der Besteuerung und dem darin enthaltenen steuerlichen Parlamentsvorbehalt (Gesetzesvorbehalt) und aus dem rechtsstaatlichen Bestimmtheitsgrundsatz.

Sehr problematisch ist, **wie** eine Lücke auszufüllen ist. Ganz allgemein sind Gesetzeslücken so zu ergänzen, wie nach dem Sinnzusammenhang des Gesetzes und dem sonst erkennbaren Willen des Gesetzgebers dieser wahrscheinlich die Frage geregelt hätte, wenn sie in seinen Gesichtskreis getreten wäre. Möglich ist hier die **Analogie** (argumentum a simile), d. h. die Ausdehnung (ausdehnende Anwendung) der dem Gesetz zu entnehmenden Prinzipien auf Fälle, die von den im Gesetz entschiedenen Fällen nur unwesentlich abweichen. Möglich ist auch der **Umkehrschluss** (argumentum e contrario). Dabei wird aus dem Schweigen des Gesetzes gefolgert, dass bestimmte Rechtsfolgen nicht eintreten sollen. Dieser Schluss ist nur zulässig, wenn erkennbar ist, dass das Gesetz mit der Beschränkung seiner Regelung auf bestimmte Fälle zum Ausdruck bringen wollte, dass andere Fälle nicht so geregelt werden sollen.

9.6.4 Die wirtschaftliche Betrachtungsweise

67 Die sog. wirtschaftliche Betrachtungsweise ist – entgegen einer in der Literatur vertretenen Auffassung – keine besondere Auslegungsmethode. Soweit die Steuergesetze an wirtschaftliche Vorgänge oder Zustände anknüpfen, sind die von den Steuergesetzen verwendeten Begriffe nach den eben dargestellten klassischen Methoden (insbesondere nach der teleologischen Methode) auszulegen. Das bedeutet, dass wirtschaftliche Begriffe auch »wirtschaftlich« ausgelegt werden.

Ihre eigentliche Bedeutung hat die »wirtschaftliche Betrachtungsweise« dort, wo Steuergesetze Begriffe verwenden, die dem Zivilrecht entnommen sind: Tauchen privatrechtliche Begriffe im Steuerrecht auf, müssen diese daraufhin untersucht werden, ob sie im Steuerrecht dieselbe Bedeutung haben wie im Zivilrecht oder ob sie nicht einen vom Zivilrecht abweichenden wirtschaftlichen Sinn haben.

In §§ 39–42 enthält die AO (normierte) Anwendungsfälle der wirtschaftlichen Betrachtungsweise (siehe dazu ausführlich unter Rz. 595 ff., 608 ff., 612 ff.).

9.6.5 Auslegung in der Praxis

68 In der Steuerpraxis löst man Auslegungsprobleme am besten wie folgt:
1. Man muss die entscheidungsrelevante Rechtsnorm (Gesetz oder Durchführungsverordnung) finden und lesen. »Die Lektüre des Gesetzes erleichtert die Rechtsfindung ungemein« (alte Juristenweisheit).
2. Man sucht in den einschlägigen Verwaltungsvorschriften (z. B. EStR, LStR, OFD-Verfügungen), ob diese etwas zum Problemfall aussagen.
3. Wird man nicht fündig, forscht man nach passenden Entscheidungen des BFH oder der FG, danach erkundet man die Literatur (Kommentare, Lehrbücher).
4. Beschert auch dies keinen Erfolg, entscheidet man den Fall unter Berücksichtigung des Gesetzeszwecks nach **eigenem Judiz** (= geschultes Rechtsgefühl).

10 Grundprinzipien der AO

10.1 Die Gesetzmäßigkeit der Besteuerung

Gem. Art. 20 Abs. 3 GG sind die vollziehende Gewalt und die Rechtsprechung, also auch **69** die Finanzämter und die Steuergerichte, an Recht und Gesetz gebunden. Dieser Grundsatz wird für das Steuerrecht durch § 85 Satz 1 AO konkretisiert: Die Finanzbehörden haben die Steuern nach **Maßgabe der Gesetze** gleichmäßig festzusetzen und zu erheben. Die Besteuerung hat also allein aufgrund von Rechtsnormen zu erfolgen (s. Rz. 42 ff.). Die Verwaltung muss alles tun, um die Gesetze in die Wirklichkeit umzusetzen. Dabei hat das Finanzamt die Grundlagen der Besteuerung bei jeder Veranlagung ohne Rücksicht auf die Behandlung desselben Sachverhaltes in Vorjahren festzustellen und die Rechtslage neu zu beurteilen. Sie ist an die Sach- und Rechtsbehandlung in früheren Veranlagungszeiträumen grundsätzlich nicht gebunden (siehe dazu ausführlich AEAO zu § 85 Nr. 2).

Unzulässig ist nicht nur die Besteuerung ohne oder außerhalb des Gesetzes, sondern auch die Nichtbesteuerung trotz gesetzlicher Anordnung.

10.2 Die Tatbestandsmäßigkeit der Besteuerung

Der Grundsatz der Tatbestandsmäßigkeit besagt, dass eine Steuer nur erhoben werden **70** darf, wenn der durch ein Steuergesetz festgelegte Tatbestand verwirklicht ist. Die Tatbestandsmäßigkeit der Besteuerung ist eine spezielle Ausprägung des Grundsatzes der der Gesetzmäßigkeit der Besteuerung. Sie ist u. a. in § 3 Abs. 1 AO und § 38 AO normiert.

Unter **Steuertatbestand** versteht man die Zusammenfassung der (materiellen) Tatbestandsvoraussetzungen eines Steuergesetzes. Sind sie erfüllt, tritt als Rechtsfolge eine Steuerschuld ein. Jeder Steuertatbestand besteht aus Steuersubjekt, Steuerobjekt, der Bemessungsgrundlage und dem Steuersatz. **Steuersubjekt** ist das Subjekt, dem das Steuergesetz das Steuerobjekt (und die damit verbundene Steuerschuld) zurechnet. Steuersubjekt ist – einfach ausgedrückt – der Steuerschuldner. **Steuerobjekt** oder Steuergegenstand ist der sachliche Anknüpfungspunkt für die Entstehung der Steuerschuld. Steuerobjekt ist der Gegenstand, der besteuert wird. Die **Bemessungsgrundlage** quantifiziert das Steuerobjekt. Sie ist eine zahlenmäßige Größe (z. B. Wert, Entgelt, Gegenleistung oder Stückzahl, Gewicht). Der **Steuersatz** ist die rechnerische Größe, die auf die Bemessungsgrundlage angewendet wird und dadurch den Steuerbetrag ergibt. Eine Mehrheit von Steuersätzen bildet den Steuertarif. Dieser kann proportional sein (der Durchschnittssteuersatz bleibt gleich) oder progressiv (der Durchschnittssteuersatz steigt mit wachsender Bemessungsgrundlage).

Die wichtigsten Steuertatbestände

Steuerart	Steuersubjekt	Steuerobjekt	Bemessungs-grundlage	Steuersatz
Einkommen	Natürliche Personen (§ 1 EStG)	Einkünfte i. S. d. § 2 Abs. 1 EStG	Das zu versteuernde Einkommen i. S. d. § 2 Abs. 5 EStG	§ 32 a EStG für den VZ 2016: Grundfreibetrag 8 653 €, dann bis 53 665 progressiver Tarif von 14 % bis 42 %; ab 53 666 € 42 %; ab 254 447 € 45 %
Körperschaft-steuer	Körperschaften, Personenvereinigungen und Vermögensmassen i. S. d. § 1 KStG	Einkünfte i. S. d. § 2 Abs. 1 EStG und § 8 KStG	Das zu versteuernde Einkommen gem. §§ 7 ff. KStG	§ 23 KStG: grds. 15 %, aber: der Gesellschafter muss 40 % bzw. 25 % seiner Bezüge aus der Gesellschaft versteuern (§ 3 Nr. 40 d EStG bzw. § 43 Abs. 1 Nr. 1 i. V. m. § 43 a Abs. 1 Nr. 1 EStG)
Gewerbe-steuer	Unternehmer (§ 5 GewStG)	Der Gewerbebetrieb i. S. d. § 2 Abs. 1 und § 35 a GewStG	Steuermessbetrag, der aufgrund des Gewerbeertrags ermittelt wird (§§ 7 ff. u. 14 GewStG)	Steuermessbetrag Hebesatz der Gemeinde (§ 16 GewStG)
Erbschaft-steuer	Natürliche und jur. Personen i. S. d. § 2 ErbStG	Der Erwerb von Todes wegen, Schenkungen etc. i. S. d. § 1 ErbStG	Der Wert des steuerpfl. Erwerbs (§§ 10 ff. ErbStG)	Doppelt progressiver Tarif von 7 %–50 %, abhängig vom Wert des Erwerbs und dem Verwandtschafts-grad (§ 19 ErbStG)
Umsatzsteuer	Unternehmer (§ 13 Abs. 2 und § 2 UStG)	Umsätze gem. § 1 Abs. 1 UStG: Leistungen	Bei Leistungen: das Entgelt (§ 10 UStG)	19 % bzw. 7 % (§ 12 UStG)
Grunder-werbsteuer	Die beteiligten Vertragsteile (§ 13 GrESt)	Grundstücksumsätze gem. § 1 GrEStG	Der Wert der Gegenleistung (§§ 8 ff. GrEStG)	4,5 % bis 6,5 % (je Bundesland vgl. Art. 105 Abs. 2a Satz 2 GG)

10.3 Die Gleichmäßigkeit der Besteuerung

Der Grundsatz der Gleichmäßigkeit der Besteuerung folgt aus **Art. 3 Abs. 1 GG**. Danach   **71**
sind alle Menschen vor dem Gesetz gleich. Dieser Gleichheitssatz enthält die allgemeine Weisung an Gesetzgeber, vollziehende Gewalt und Rechtsprechung, bei steter Orientierung am Gerechtigkeitsgedanken Gleiches gleich, Ungleiches aber entsprechend seiner Eigenart verschieden zu behandeln. Entscheidend ist dabei, ob die tatsächlich gegebene Ungleichheit in dem jeweils in Betracht kommenden Zusammenhang so bedeutsam ist, dass sie beachtet werden muss. Nach der Rechtsprechung des Bundesverfassungsgerichts ist der Gleichheitssatz insbesondere dann verletzt, wenn der Staat eine Gruppe von Normadressaten im Vergleich zu anderen Normadressaten anders behandelt, obwohl zwischen beiden Gruppen keine Unterschiede von solcher Art und solchem Gewicht bestehen, dass sie die Ungleichheit rechtfertigen können. Art. § 3 Abs. 1 GG richtet sich an die Legislative, die Exekutive und die Judikative.

Die **Legislative** muss den Gleichheitssatz bei der Gesetzgebung beachten (sog. Rechtsetzungsgleichheit). Allerdings hat der Gesetzgeber dabei einen weiten Gestaltungsspielraum bezüglich dessen, was er als gleich bzw. ungleich ansieht. Er darf sich im Steuerrecht von finanzpolitischen, volkswirtschaftlichen, umweltpolitischen, sozialpolitischen und steuertechnischen Erwägungen leiten lassen.

Die **Exekutive** und die **Judikative**, im Steuerrecht also die Finanzbehörden und die Steuergerichte, haben die Gesetze gleichmäßig anzuwenden (sog. Rechtsanwendungsgleichheit). Das bedeutet: Bei der Anwendung des Gesetzes müssen alle Menschen gleich behandelt werden, es muss das Gesetz auf alle von ihm erfassten Fälle gleichermaßen zur Anwendung kommen.

Nach § 85 Satz 1 AO haben die Finanzbehörden die Steuern nach Maßgabe der Gesetze **gleichmäßig** festzusetzen und zu erheben. Diesem Zweck dienen insbesondere die zahlreichen Verwaltungsvorschriften (Richtlinien, BMF-Schreiben, OFD-Verfügungen, etc.).

10.4 Rechtsschutz in Steuersachen

Wird jemand durch die öffentliche Gewalt in seinen Rechten verletzt, so steht ihm gem.   **72**
Art. 19 Abs. 4 GG der Rechtsweg offen. Jedem Bürger, der geltend macht, durch die Finanzbehörden in seinen Rechten verletzt zu sein, garantiert Art. 19 Abs. 4 GG auch im Steuerrecht den Rechtsweg, also den Weg zu den Steuergerichten.

Ist der Stpfl. mit einer Entscheidung des Finanzamts (z. B. einer Steuerfestsetzung) nicht einverstanden, kann er gegen die Entscheidung (z. B. einen Steuerbescheid) Einspruch einlegen (§§ 347 ff. AO). Die Entscheidung wird dann von der Finanzbehörde erneut überprüft (§ 367 Abs. 2 Satz 1 AO). Hat der Stpfl. in diesem außergerichtlichen Rechtsbehelfsverfahren keinen Erfolg, wird z. B. sein Einspruch vom Finanzamt zurückgewiesen, kann er Klage vor dem Finanzgericht erheben (§ 40 ff., § 44 Abs. 1 FGO). Das Finanzgericht entscheidet den Streitfall durch Urteil (§ 95 ff. FGO).

Ist der Stpfl. (oder das Finanzamt) mit dem Urteil des Finanzgerichts nicht einverstanden, kann er (oder das Finanzamt) Revision einlegen (§ 115 ff. FGO), wenn das Finanzgericht diese zugelassen hat. In diesem Fall wird das Urteil des Finanzgerichts vom Bundesfinanzhof (BFH) überprüft und erneut über die Sache entschieden.

Übersicht: Rechtsschutz in Steuersachen

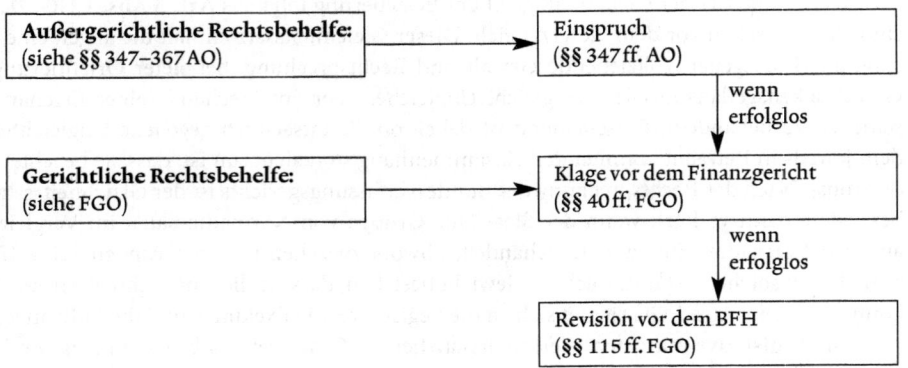

Das außergerichtliche Rechtsbehelfsverfahren ist ausführlich im Teil N (Rz. 2431 ff.) dargestellt, das gerichtliche Rechtsbehelfsverfahren im Kapitel 2: Finanzgerichtsordnung (Rz. 3141 ff.).

10.5 Vollstreckung im Verwaltungsweg (§§ 249 ff. AO)

73   **Die Finanzbehörden vollstrecken** ihre Entscheidungen im Verwaltungsweg grundsätzlich **selbst.** Erlässt das Finanzamt einen Verwaltungsakt, mit dem es vom Steuerpflichtigen eine Geldleistung, eine sonstige Handlung, eine Duldung oder Unterlassung fordert und kommt der Steuerpflichtige dieser Forderung nicht nach, kann das Finanzamt selbst hoheitliche Zwangsmittel einsetzen, um seine Rechte durchzusetzen. Es benötigt grundsätzlich nicht die Hilfe der Gerichte. Davon gibt es nur einige Ausnahmen. Z. B. muss das Gericht in Anspruch genommen werden bei der Vollstreckung in Grundstücke (§ 322 AO) oder wenn nach § 334 AO Ersatzzwangshaft angeordnet werden soll. Die Vollstreckung in das gesamte Vermögen des Schuldners erfolgt gemäß der Insolvenzordnung ebenfalls aufgrund einer Gerichtsentscheidung.

Die Vollstreckung ist im Sechsten Teil der AO geregelt (§§ 249–346 AO). Es wird unterschieden zwischen der **Vollstreckung wegen Geldforderungen** des Finanzamts (§§ 259– 327 AO; siehe Rz. 2771 ff.), für die im Finanzamt die Vollstreckungsstelle zuständig ist, und der **Vollstreckung zur Erzwingung anderer Handlungen als Geldzahlungen** (§§ 328–335 AO; siehe Rz. 1111 ff.).

BEISPIELE ──────────────────────────────────────

a) Gegenüber X ist die Einkommensteuer 01 in Höhe von 60 000 € festgesetzt worden. Nach der Anrechnung der Vorauszahlungen hat X noch eine Abschlusszahlung i. H. v. 10 000 € zu entrichten (§ 36 Abs. 4 Satz 1 EStG). Das Leistungsgebot lautet: »Bitte zahlen Sie 10 000 € bis spätestens zum 03.03.03«.

LÖSUNG Zahlt X nicht, wird er gemahnt (§ 259 AO). Zahlt er auch auf die Mahnung hin nicht, kann die Vollstreckungsstelle des Finanzamts in das bewegliche und unbewegliche Vermögen des X vollstrecken. Der Vollziehungsbeamte kann z. B. das Auto des X oder andere bewegliche Sachen des X pfänden (§ 281 ff. AO). Der Vollstreckungsinnendienst kann Forderungen des X gegenüber Dritten (z. B. Lohnforderungen) pfänden (§ 309 ff. AO) oder sogar (mit Hilfe des Amtsgerichts) in das Grundstück des X vollstrecken (§ 322 AO; Eintragung einer Sicherungshypothek).

b) Y hat trotz wiederholter Aufforderungen des Finanzamts seine Einkommensteuererklärung 01 im Mai 03 immer noch nicht abgegeben.

LÖSUNG Hier kann der Sachbearbeiter des FA die Abgabe der Erklärung durch die Androhung, Festsetzung und ggf. Erhebung eines Zwangsgeldes erzwingen §§ 328 ff. AO). Ist ein gegen X festgesetztes Zwangsgeld uneinbringlich, kann das Finanzamt gem. § 334 AO sogar beim Amtsgericht Haftbefehl zur Anordnung einer Ersatzzwangshaft beantragen.

Hinweis: Bei Nichtabgabe oder verspäteter Abgabe von Steuererklärungen sind daneben noch die Festsetzung eines Verspätungszuschlags nach § 152 AO oder die Schätzung der Besteuerungsgrundlagen nach § 162 AO möglich.

10.6 Sonstige Grundprinzipien

10.6.1 Treu und Glauben

Der Grundsatz von Treu und Glauben wird abgeleitet aus § 242 BGB und gilt nach ganz **74** h. M. im gesamten Rechtsleben, also auch im Steuerrecht. Treue bedeutet hier ein auf Zuverlässigkeit, Aufrichtigkeit und Rücksichtnahme beruhendes Verhalten gegenüber einem anderen. Glauben ist das Vertrauen auf ein solches Verhalten.

Ganz allgemein ausgedrückt folgt aus dem Grundsatz von Treu und Glauben, dass im Rechtsverkehr jeder auf die berechtigten Interessen des anderen Rücksicht zu nehmen hat und sich mit seinem eigenen früheren (nachhaltigen) Verhalten, auf das der andere berechtigterweise vertraut hat, nicht in Widerspruch setzen darf (vgl. BFH 09.08.1989 BStBl II 1989, 990 m. w.Nw.). Der Grundsatz gilt im konkreten Steuerrechtsverhältnis sowohl für das Verhalten der Finanzbehörde als auch für das Verhalten des Steuerpflichtigen (BFH 17.06.1992 BStBl II 1993, 174).

Grundschema von Treu und Glauben

Voraussetzungen: • Ein bestimmtes Verhalten der einen Seite (FA oder Stpfl.), das einen Vertrauenstatbestand setzt und • die Ursächlichkeit dieses Verhaltens für Dispositionen (Handlungen oder Unterlassungen) der anderen Seite (Stpfl. oder FA), die nicht mehr rückgängig gemacht werden können oder deren Rückgängigmachung nicht zuzumuten ist.
Rechtsfolge: Ausschluss oder Begrenzung der Geltendmachung eines an sich bestehenden Rechts der einen Seite.

Allerdings ist der Anwendungsbereich von Treu und Glauben so unklar, dass über den Einzel- **75** fall hinaus kaum generelle Aussagen über die Voraussetzungen und Rechtsfolgen dieses Grundsatzes gemacht werden können. Der BFH benutzt den Grundsatz von Treu und Glauben, um in bestimmten Fallkonstellationen punktuell zu einem billigen (gerechten) Ergebnis zu kommen. Treu und Glauben führt in bestimmten Fällen z. B.

• zu einem Verbot von widersprüchlichem Verhalten,
• zu einem Verbot der Geltendmachung von Rechten, die aus gesetz- oder pflichtwidrigem Verhalten entstanden sind (Rechtsmissbrauchsverbot) oder
• zum Verbot der rücksichtslosen und unangemessenen Verfolgung der eigenen Interessen.

76   Bei der Anwendung von Treu und Glauben im Steuerrecht ist höchste Zurückhaltung geboten: In keinem Fall darf dieser Grundsatz allgemein das Gesetz außer Kraft setzen und Gefühlsjurisprudenz an die Stelle des Gesetzes setzen.

Das Prinzip von Treu und Glauben ist subsidiär. Bevor seine Anwendung geprüft wird, sind zunächst sämtliche in Betracht kommenden gesetzlichen Vorschriften daraufhin zu untersuchen, ob sie zu einer Lösung des Falles führen.

BEISPIELE

a) Der steuerlich unerfahrene A legt Einspruch gegen einen ESt-Bescheid ein, weil bestimmte von ihm geltend gemachte Aufwendungen nicht als Werbungskosten anerkannt worden sind. Der zuständige Sachbearbeiter teilt ihm mit, der Einspruch sei aussichtslos, und bittet den A aus diesem Grund, den Einspruch zurückzunehmen. A tut dies. Vier Monate später erfährt er, dass die Aufwendungen nach der Rechtsprechung doch als Werbungskosten abzugsfähig sind. Daraufhin bittet er erneut um Berücksichtigung seiner Aufwendungen.

LÖSUNG A hat hier auf die Mitteilung des Sachbearbeiters vertraut und insoweit Dispositionen getroffen. Er hat seinen Einspruch zurückgenommen (§ 362 Abs. 1). Diese Rücknahme kann als prozessuale Handlung nicht angefochten werden. Allerdings ist es dem Finanzamt nach Treu und Glauben verwehrt, sich auf die Rücknahme zu berufen. Der Einspruch ist also weiter anhängig. Das Finanzamt muss einen Abhilfebescheid zugunsten des A erlassen (§ 367 Abs. 2 Satz 3 AO).

b) B stirbt in 04. Alleinerbe ist E. E teilt dem Finanzamt mit, dass B verstorben sei und dass die für B bestimmten Steuerbescheide an seine Adresse zu senden seien. In der Einkommensteuersache 01 des B ergeht in 06 ein Änderungsbescheid, der wie folgt adressiert wird: »An Herrn B, z. H. d. Herrn E«, Adresse des E. Die nachzuzahlende Steuer i. H. v. 9 000 € wird von E entrichtet. Wegen Unklarheiten hinsichtlich der Einkünfte des B in 01 legt E Einspruch ein. Im Einspruchsverfahren wird der ESt-Bescheid 01 mehrfach geändert und immer – wie oben dargestellt – adressiert. Auch E benutze in seinen Schreiben die Formulierung »in der Einkommensteuersache des verstorbenen Herrn B«. Erst im Jahre 16 macht E geltend, dass die Änderungsbescheide aufgrund der falschen Adressierung unwirksam seien und fordert die Erstattung der gezahlten 9 000 €.

LÖSUNG E hat einen Anspruch auf Erstattung der 9 000 € aus § 37 Abs. 2 AO. Der Änderungsbescheid ist aufgrund der falschen Adressierung mangels inhaltlicher Bestimmtheit nichtig (unwirksam). Siehe dazu BFH 17.06.1992 BStBl II 1993, 174, 176. Allerdings ist E nach Treu und Glauben daran gehindert, den aus der Nichtigkeit des Änderungsbescheides abgeleiteten Erstattungsanspruch geltend zu machen (vgl. BFH 17.06.1992 BStBl II 1993, 174, 177). E hat den Adressierungsfehler mitverursacht, sich jahrelang damit abgefunden und ihn in seiner Korrespondenz mit dem Finanzamt auch aufrechterhalten. Wenn sich E nach einer solch langen Zeit des Rechtsfriedens allein zu Erstattungszwecken auf einen von ihm mitzuverantwortenden Bestimmtheitsmangel beruft, handelt er nach Auffassung des BFH rechtsmissbräuchlich.

c) In den Jahren 02–05 hat das Finanzamt von C (Deutschlehrer) geltend gemachte Aufwendungen für belletristische Literatur als Werbungskosten anerkannt. Bei der Bearbeitung der Einkommensteuererklärung 06 wird der Fehler erkannt. Die von C erneut vorgebrachten Aufwendungen für Belletristik werden wegen § 12 Nr. 1 EStG in 06 nicht berücksichtigt.

LÖSUNG Ein Verstoß gegen Treu und Glauben liegt nicht vor. Nach dem Grundsatz der Abschnittsbesteuerung (§ 2 Abs. 7 EStG) sind die Grundlagen der Einkommensteuerfestsetzung jedes Jahr neu zu ermitteln. Das Finanzamt kann also von der (gesetzeswidrigen) Anerkennung der Aufwendungen des C als Werbungskosten ab 06 abweichen, ohne gegen Treu und Glauben zu verstoßen.

77   Hat das Finanzamt dem Stpfl. gegenüber hinsichtlich der Behandlung eines Sachverhaltes eine **Zusage** oder **verbindliche Auskunft** gemacht, konnte diese – nach früherer Auffassung – aufgrund von Treu und Glauben Bindungswirkung entfalten.

78   Nach der Einführung der verbindlichen Auskunft gem. § 89 Abs. 2 AO ist für die Anwendung von Treu und Glauben hier kein Raum mehr. Die Bindungswirkung ergibt sich unmittelbar aus dem Gesetz. Dies gilt auch für alle gesetzlich geregelten verbindlichen Auskünfte bzw. Zusagen. Das Gesetz sieht solche in vier Fällen vor:

1. **Verbindliche Auskunft** über die steuerliche Beurteilung von noch nicht verwirklichten   **79**
   Sachverhalten gem. § 89 Abs. 2 AO i. V. m. der Steuerauskunftsverordnung. Siehe dazu
   ausführlich Rz. 1007 ff.

2. **Verbindliche Zusage im Anschluss an eine Außenprüfung** über die künftige steuerrechtliche Behandlung eines geprüften und im Prüfungsbericht dargestellten Sachverhalts
   gem. §§ 204–207 AO. Siehe dazu Rz. 2324 ff.

3. **Lohnsteuer-Anrufungsauskunft** darüber, ob und inwieweit im einzelnen Fall die Vorschriften über die LSt anzuwenden sind (§ 42 e EStG).

Ein besonderer Anwendungsbereich von Treu und Glauben ist die **Verwirkung von Rechten.**   **80**
Es handelt sich dabei um einen Fall des Verbots von widersprüchlichem Verhalten. Das die Verwirkung auslösende Verhalten ist ein Unterlassen oder Untätigsein. Macht der Steuerpflichtige
oder das Finanzamt ein ihm zustehendes Recht über einen gewissen Zeitraum hin nicht geltend
und kann der andere Teil berechtigterweise davon ausgehen, dass er nicht mehr in Anspruch
genommen wird, verwirkt das Recht. Das Recht kann nicht mehr ausgeübt werden, obwohl es
eigentlich noch nicht erloschen ist.

BEISPIELE

a) X legt Einspruch gegen den ESt-Bescheid 01 ein. Das Einspruchsschreiben wird vom Sachbearbeiter verlegt und nicht bearbeitet. X rührt sich erst 10 und meint die ESt 01 sei durch Zeitablauf verwirkt.

LÖSUNG Dies ist vom BFH zutreffend verneint worden: Die Nichtbearbeitung eines Einspruchs über
9 Jahre führt für sich allein nicht zur Verwirkung (vgl. BFH 08. 10. 1986 BStBl II 1987, 12).

b) Nach § 171 Abs. 5 AO läuft die Festsetzungsfrist im Anschluss an Fahndungsmaßnahmen nicht ab,
bevor die aufgrund der Ermittlungen zu erlassenden Steuerbescheide unanfechtbar geworden sind.
Die Vorschrift regelt jedoch nicht, wie lang das Finanzamt Zeit hat, die Änderungsbescheide zu erlassen. Hat das Finanzamt dazu unbegrenzt Zeit?

LÖSUNG Nein. Hier wendet der BFH nicht § 171 Abs. 4 Satz 3 AO analog an, sondern stellt auf den
Eintritt der Verwirkung ab. Eine solche setzt über den Zeitablauf hinausgehende Umstände voraus,
die die verspätete Rechtsausübung als Verstoß gegen Treu und Glauben erscheinen lassen (vgl. BFH
vom 24. 04. 2002 BStBl II 2002, 586 und BFH vom 08. 07. 2009 BStBl II 2010, 583).

10.6.2 Leistungsfähigkeitsprinzip

Aufgrund des Leistungsfähigkeitsprinzips ist die individuelle Steuerbelastung des Einzel-   **81**
nen nach dessen Fähigkeit zu bemessen, Steuerleistungen erbringen zu können. Nach Auffassung des Bundesverfassungsgerichts ist es ein grundsätzliches Gebot der Steuergerechtigkeit,
dass die Besteuerung nach der wirtschaftlichen Leistungsfähigkeit des Einzelnen ausgerichtet
wird (BVerfGE 66, 214, 233). Das Leistungsfähigkeitsprinzip ist kein Grundprinzip der AO,
sondern ein wichtiges allgemeines Strukturprinzip des Steuerrechts. Der Gesetzgeber ist aufgerufen, dieses Prinzip zu verwirklichen.

Das Leistungsfähigkeitsprinzip ist insbesondere bei der Einkommensteuer konkretisiert
worden. Das Einkommen ist eine geeignete Grundlage zur Bemessung der individuellen Leistungsfähigkeit.

Die Konkretisierung des Leistungsfähigkeitsprinzips bei der Einkommensteuer

Summe der Bezüge gem. § 2 Abs. 1 EStG
./. Summe der Erwerbsabzüge
      (Betriebsausgaben/Werbungskosten)

= Summe der Einkünfte oder Einkommen → Reineinkünfte (§ 2 Abs. 2 EStG)
./. Grundfreibetrag
./. Sonderausgaben
./. besondere persönliche Freibeträge
./. außergewöhnliche Belastungen
= Bemessungsgrundlage für die H
   Leistungsfähigkeit

× Tarif

= Höhe der zu zahlenden Einkommensteuer

Existenznotwendige (unvermeidliche)
private Aufwendungen,
die die Bemessungsgrundlage
mindern.
Das für die Steuerzahlung disponible
Einkommen.
Der Tarif legt fest, welcher Anteil
des disponiblen Einkommens als
Steuer entrichtet werden soll.

10.7 Exkurs: Vereinbarungen im Steuerrecht

10.7.1 Unzulässigkeit von Steuervereinbarungen

82 Nach ganz h. M. sind Steuervereinbarungen (Steuerverträge, Steuervergleiche, Steuerabsprachen) unzulässig. Sie verstoßen gegen die Grundsätze der Gesetzmäßigkeit und der Gleichmäßigkeit der Besteuerung (§ 85 AO) und gegen die Tatbestandsmäßigkeit der Besteuerung (§ 38 AO) und sind nichtig (vgl. BFH 05. 10. 1990 BStBl II 1991, 45, 46 m. w.Nw.).

83 Eine (exotische) Ausnahme davon sind öffentlich-rechtliche Verträge über die Hingabe von Kunstgegenständen an Zahlungs Statt (§ 78 Nr. 3 AO und § 224 a AO).

BEISPIEL

Fürstin Doria von Tat und Tutnix erbt das große Vermögen ihres verstorbenen Gatten.
LÖSUNG Wenn sie nicht über genügend flüssige Mittel verfügt, um die anfallende Erbschaftsteuer zu begleichen, kann gem. § 224 a AO durch öffentlich-rechtlichen Vertrag zugelassen werden, dass an Zahlungs Statt das Eigentum an Kunstgegenständen, Kunstsammlungen, wissenschaftlichen Sammlungen, Bibliotheken etc. dem Land, dem das Steueraufkommen zusteht, übertragen wird, wenn an deren Erwerb wegen ihrer Bedeutung für die Kunst, Geschichte oder Wissenschaft ein öffentliches Interesse besteht.

10.7.2 Zulässigkeit von sog. tatsächlichen Verständigungen

84 Entgegen dem eben dargestellten Grundsatz hält die h. M. sog. **tatsächliche Verständigungen über schwierig zu ermittelnde Sachverhalte** – insbesondere in Schätzungssachen – für zulässig und bindend (BFH vom 31. 07. 1996 BStBl II 1996, 625; AEAO § 88 Nr. 1; a. A. Große, Die steuerliche Betriebsprüfung 1986, 58 ff.). Einzelheiten siehe unter Rz. 994 ff.

11 Die Finanzbehörden

Die Steuern werden durch Bundes- oder Landesfinanzbehörden verwaltet (Art. 108 Abs. 1 **85** und 2 GG; s. Rz. 35). Die Finanzbehörden sind – wie im deutschen Verwaltungsrecht (noch) üblich – grundsätzlich untergliedert in örtliche Behörden, Mittelbehörden und oberste Behörden (dreistufiger Verwaltungsaufbau). Es ist zwischen den folgenden Finanzbehörden zu unterscheiden (§ 6 Abs. 2 AO i. V. m. §§ 1 und 2 FVG):

	Bundesfinanzbehörden (§ 1 FVG)	Aufgaben
Oberste Behörde	Bundesministerium der Finanzen	Leitung der Bundesfinanzverwaltung (§ 3 Abs. 1 FVG)
Mittelbehörden (soweit eingerichtet)	Bundesfinanz-direktionen	Leitung der Finanzverwaltung des Bundes im Bundesfinanzbezirk (§ 8 a FVG)
Örtliche Behörden	Hauptzollämter (Zollämter) Zollfahndungsämter	Verwaltung der Zölle, der Abgaben der EU und der bundesgesetzlich geregelten Verbrauchsteuern etc. (§ 12 FVG) Verfolgung von Straftaten und Ordnungswidrigkeiten im Zuständigkeitsbereich des Zolls

	Landesfinanzbehörden (§ 2 FVG)	Aufgaben
Oberste Behörden	Landesfinanzministerien	Leitung der Landesfinanzverwaltung (§ 3 Abs. 2 FVG)
Mittelbehörden (soweit eingerichtet)	Oberfinanzdirektionen	Leitung der Finanzverwaltung des Landes im jeweiligen Bezirk (§ 8 a FVG)
Örtliche Behörden	Finanzämter	Verwaltung der Steuern, deren Verwaltung nicht dem Bund oder den Gemeinden übertragen worden ist (§ 17 FVG)

Nach Art. 108 Abs. 1 Satz 3 und Abs. 2 Satz 3 GG ist der dreistufige Behördenaufbau nicht **86** mehr zwingend vorgegeben. Zur Verschlankung der Verwaltungsstruktur kann auf die Mittelbehörden gem. § 2 a FVG (durch Rechtsverordnung) verzichtet werden.

Daneben gibt es gem. § 1 Nr. 2 und § 2 Abs. 1 Nr. 2 FVG) noch **Oberbehörden, z. B. die Bundesmonopolverwaltung für Branntwein, das Bundeszentralamt für Steuern sowie die Generalzolldirektion und Oberbehörden der Länder** (z. B. Landesrechenzentren).

Die **Familienkassen** der Bundesanstalt für Arbeit und die Familienkassen nach § 72 Abs. 1 und 2 EStG gelten als Bundesfinanzbehörden, soweit sie den Familienleistungsausgleich durchführen, und unterliegen insoweit der Fachaufsicht des Bundeszentralamtes für Steuern (§ 5 Abs. 1 Nr. 11 FVG). Nach § 6 Abs. 2 Nr. 6 sind sie Finanzbehörden im Sinne der AO. Dies gilt auch für die Bundesversicherungsanstalt für Arbeit als zentrale Stelle gem. § 81 EStG (§ 6 Abs. 2 Nr. 7).

Aufgabe der **Finanzämter** ist nach § 17 Abs. 2 Satz 1 FVG insbesondere die Verwaltung **87** der Steuern, also die Ermittlung, Festsetzung, Erhebung und Vollstreckung der Steuern. Sie sind ferner für die ihnen sonst übertragenen Aufgaben zuständig (§ 17 Abs. 2 Satz 2 FVG; z. B. Verwaltung der Investitionszulagen und der Spar- und Wohnungsbauprämien).

Beispiel für den Aufbau eines Finanzamts:

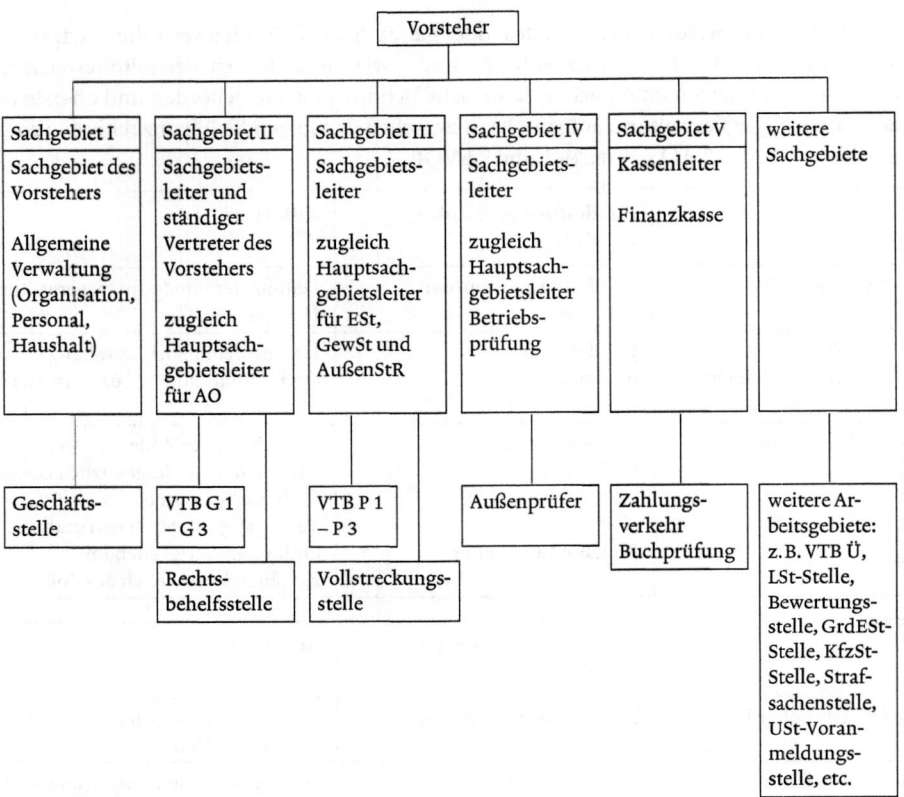

VTB = Veranlagungsteilbezirk, G = Gewinneinkünfte, P = Personalgesellschaften,
Ü = Überschusseinkünfte

88   Aufbau eines Veranlagungsteilbezirks (VTB) eines Finanzamtes

Bediensteter	Amtsbezeichnung	Aufgaben
Sachbearbeiter	Steueramtsinspektor, Steuerinspektor, Steueroberinspektor oder Steueramtmann	Leitung des VTB, Bearbeitung der schwierigen Fälle, ggf. auch der Rechtsbehelfe
Mitarbeiter	Steuersekretär, Steuerobersekretär, Steuerhauptsekretär, Steueramtsinspektor oder Verwaltungsangestellter	Bearbeitung der gewöhnlichen Fälle und veranlagungsbegleitende Tätigkeiten

89   Sachgebietsleiter sind Beamte des gehobenen oder höheren Dienstes (Amtsrat, Oberamtsrat, Regierungsrat, Regierungsoberrat = Oberregierungsrat, Regierungsdirektor). Vorsteher und ständiger Vertreter des Vorstehers sind (außer bei kleineren Ämtern) zumeist Juristen und Beamte des höheren Dienstes (Regierungsoberrat, Regierungsdirektor, Leitender Regierungsdirektor).

Die **Hauptzollämter** sind als örtliche Bundesbehörden insbesondere für die Verwaltung   **90**
der Zölle, der bundesgesetzlich geregelten Verbrauchsteuern einschließlich der Einfuhrumsatzsteuer und der Biersteuer, der Abgaben im Rahmen der EG und für zollamtliche Überwachung
des Warenverkehrs über die Grenze zuständig (§ 12 Abs. 2 FVG).

Die **Bundesfinanzdirektionen** und die **Oberfinanzdirektionen** (in einigen Bundeslän-   **91**
dern auch als Landesamt für Finanzen, Landesamt für Steuern und Finanzen oder Landesfi-
nanzdirektion bezeichnet) leiten als Mittelbehörden die Finanzverwaltung des Bundes bzw. des
Landes in ihrem Bezirk. Im Steuerrecht ist insbesondere die Oberfinanzdirektion (OFD) von
Bedeutung, die vor allem Aufsichtsbehörde für die ihr nachgeordneten Finanzämter ist und die
Gleichmäßigkeit der Gesetzesanwendung zu überwachen hat. Sie hat das Recht, den Finanzämtern gegenüber – allgemein oder im Einzelfall – Anweisungen zu geben. Sie erlässt aber selbst
keine Steuerverwaltungsakte.

Dem **Bundesfinanzministerium** und den **Landesfinanzministerien** obliegt die oberste   **92**
Leitung der Finanzverwaltung (§ 3 FVG). Das Bundesfinanzministerium hat die Sachleitung bei
den Steuern, die der Bund verwaltet. Zu seinen Aufgaben gehört auch die Vorbereitung von
Gesetzesentwürfen und allgemeinen Verwaltungsanordnungen der Bundesregierung (z. B. die
Richtlinien zu den einzelnen Steuergesetzen). Im Einvernehmen mit den Ländern erlässt das
Bundesfinanzministerium auch Verwaltungsvorschriften in Form von sog. BMF-Schreiben.
Die Landesfinanzministerien haben die Sachleitung bei den Steuern, für deren Verwaltung die
Länder zuständig sind. Da die Länderfinanzbehörden Bundesgesetze ausführen, hat das Bun-
desfinanzministerium Aufsichtsfunktionen gem. Art. 84 Abs. 3 und Art. 85 Abs. 3 und 4 i. V. m.
Art. 108 Abs. 3 GG.

12   Das Steuerrechtsverhältnis

12.1   Allgemeines

Die sprachliche Bezeichnungen Recht oder Steuerrecht sind ungenau. Recht und Steuer-   **93**
recht existieren in der Wirklichkeit in Form von (steuer)rechtlichen Verhältnissen zwischen
Personen. Die einzelnen steuerrechtlichen Verhältnisse bestehen zwischen dem **Steuerberechtigten** (Bund, Länder, Gemeinden, steuerberechtigte Kirchen als Inhaber der Ertrags- oder Verwaltungshoheit), vertreten durch die Finanzbehörde, und dem **Steuerpflichtigen (§ 33 AO).**
Zwischen dem Finanzamt und einem Stpfl. existiert immer eine Vielzahl von einzelnen
steuerrechtlichen Verhältnissen, die unter dem Sammelbegriff Steuerrechtsverhältnis zusammengefasst werden. **Das Steuerrechtsverhältnis ist die Gesamtheit aller steuerlichen Rechte
und Pflichten, die zwischen den Steuerberechtigten und dem Steuerpflichtigen bestehen.**
Selbstverständlich hat der Steuerbürger nicht nur Pflichten, sondern auch Rechte. Da im Steuerrecht die Pflichten jedoch bei Weitem überwiegen, nennt ihn das Gesetz Steuerpflichtiger (§ 33
AO).

Steuerrechtsverhältnis

Steuerpflichtiger (§ 33 AO) ◄────────────────► **Steuerberechtigter**

BEISPIEL

Unternehmer U betreibt einen Holzgroßhandel, hat 20 Angestellte und erzielt gute Gewinne.
LÖSUNG U hat eine Fülle von steuerlichen Pflichten: Er hat z. B. gem. §§ 140 ff. AO und §§ 238 ff. HGB die Pflicht zur Führung von Büchern und Aufzeichnungen. Er hat USt-, ESt-, GewSt-Erklärungen und LSt-Anmeldungen abzugeben (§ 149 und 150 AO i. V. m. den Einzelsteuergesetzen) und hat ggf. auch ansonsten Mitwirkungspflichten (z. B. §§ 90, 93, 97, 200 AO). Er hat die hier genannten angemeldeten oder festgesetzten Steuern zu bezahlen.
Er hat aber auch eine Vielzahl von steuerlichen Rechten: Er hat z. B. das Recht auf Wahrung des Steuergeheimnisses (§ 30 AO), das Recht auf Anfechtung eines Steuerbescheides (§§ 347 ff. AO), wenn er meint, die Steuer sei zu hoch festgesetzt worden, einen Anspruch auf Stundung (§ 222 AO) oder Erlass (§ 227 AO) von Steuern, wenn die Voraussetzungen gegeben sind, das Recht auf Abzug von Vorsteuerbeträgen (§ 15 UStG) oder Rückzahlung zu viel vorausbezahlter ESt (§ 36 Abs. 4 Satz 2 EStG).
Die Gesamtheit aller steuerlichen Rechte und Pflichten zwischen U und dem Steuerberechtigten (i. d. R. vertreten durch das Finanzamt) wird als Steuerrechtsverhältnis bezeichnet. Dabei sind die Rechte (Ansprüche oder Forderungen) des Finanzamts die Pflichten (Schulden, Verbindlichkeiten oder Verpflichtungen) des Stpfl. und umgekehrt.

94   Das Steuerrechtsverhältnis umfasst global alle (materiell-rechtlichen) Steuerschuldverhältnisse und verfahrensrechtlichen (formell-rechtlichen) Rechtsverhältnisse zwischen dem Steuerberechtigten und dem Steuerpflichtigen. Die Steuerschuldverhältnisse – oder Ansprüche aus dem Steuerschuldverhältnis – sind in § 37 AO umschrieben. Siehe dazu Rz. 571 ff. Im obigen Fall besteht z. B. ein USt-Schuldverhältnis, ein ESt-Schuldverhältnis, ein GewSt-Schuldverhältnis.

Das Steuerrechtsverhältnis beinhaltet darüber hinaus auch die im oben im Beispiel aufgeführten verfahrensrechtlichen Rechte und Pflichten. Diese dienen insbesondere der Ermittlung, Realisierung und Durchsetzung der Ansprüche aus dem Steuerschuldverhältnis. Die Verfahrensrechte oder -pflichten können in einem Tun, Dulden oder Unterlassen bestehen. Sie können sich unmittelbar aus dem Gesetz ergeben (z. B. § 41 a Abs. 1 EStG oder §§ 149, 150 AO i. V. m. den Einzelsteuergesetzen, z. B. § 18 Abs. 1 und 3 UStG bzw. § 25 Abs. 3 EStG) oder aufgrund eines Verwaltungsaktes des Finanzamts (z. B. aufgrund der §§ 90, 93 oder 97 AO).

12.2 Der Begriff des Steuerpflichtigen

95   Der Begriff des Steuerpflichtigen ist in § 33 AO definiert. Nach dessen Abs. 1 ist Steuerpflichtiger, **wer ihm durch Steuergesetze auferlegte Verpflichtungen zu erfüllen hat**. Dies ist insbesondere, wer eine Steuer schuldet, für eine Steuer haftet, eine Steuer für Rechnung eines Dritten einzubehalten und abzuführen hat, wer eine Steuererklärung abzugeben hat, Sicherheit zu leisten oder Bücher und Aufzeichnungen zu führen hat.

96   Gem. § 33 Abs. 2 AO ist **nicht Steuerpflichtiger**, wer in einer **fremden** Sache Auskunft zu erteilen, Urkunden vorzulegen, ein Sachverständigengutachten zu erstatten oder das Betreten von Grundstücken, Geschäfts- und Betriebsräumen zu gestatten hat.

BEISPIEL

Bei einer Außenprüfung sind wichtige Bankunterlagen nicht auffindbar. Der geprüfte Stpfl. X kommt seiner Verpflichtung (gem. § 200 AO) nicht nach, diese von seiner Bank zu beschaffen. Das Finanzamt richtet insoweit ein Auskunftsersuchen an die Bank (§§ 30 a Abs. 5, 93 Abs. 1 AO).
LÖSUNG Dieses Auskunftsersuchen ist ein Verwaltungsakt. Die Bank ist auch verpflichtet, Auskunft zu geben. Sie ist insoweit Beteiligter nach § 78 Nr. 2 AO. Da sie die Auskunft jedoch in fremder Sache zu geben hat, ist sie nicht Steuerpflichtiger im Verfahren des X (§ 33 Abs. 2 AO). Man kann sie aber

als Steuerpflichtiger im – hier gegebenen besonderen – Auskunftsverfahren bezeichnen oder als Auskunftsverpflichteter.

Auch die Angehörigen der steuerberatenden Berufe sind nicht selbst Steuerpflichtiger, soweit sie im Rahmen ihrer Berufsausübung für einen anderen Steuerpflichtigen tätig werden. Sie sind Bevollmächtigte bzw. Beistände gem. § 80 AO.

Gesetzliche Vertreter, Vermögensverwalter und Verfügungsberechtigte nach §§ 34 und 35 AO sind dagegen Steuerpflichtige: Zwar werden auch sie in einer fremden Steuersache tätig. Allerdings sind sie Steuerpflichtige (und nicht andere Person gem. §§ 93, 97 oder 100 AO): §§ 34 und 35 AO regeln nicht den Übergang fremder Steuerpflichten, sondern begründen eigene Steuerpflichten der dort genannten Personen (s. Rz. 104 ff.). **97**

Der Begriff des Steuerpflichtigen ist abzugrenzen von dem des **Steuerschuldners (§ 43 AO)**. Steuerschuldner ist, wer die materiellen tatbestandlichen Voraussetzungen eines Einzelsteuergesetzes erfüllt oder von der Finanzbehörde (zu Unrecht) durch Steuerbescheid in Anspruch genommen wird (s. Rz. 620 ff.). Der Begriff des Steuerpflichtigen umfasst den des Steuerschuldners: Jeder Steuerschuldner ist Steuerpflichtiger, aber nicht jeder Steuerpflichtige Steuerschuldner. Die AO benutzt weiter noch den Begriff des **Beteiligten (§ 78 AO). Dieser hat rein verfahrensrechtliche Bedeutung (s. Rz. 962 ff.).** **98**

12.3 Steuerrechtsfähigkeit

Wie oben (Rz. 93) schon gesagt, bestehen (steuer)rechtliche Verhältnisse nur zwischen Personen. Diese Personen müssen die Fähigkeit besitzen, Träger von Rechten und Pflichten (Rechtssubjekte) zu sein. **Im Privatrecht** sind dies nur natürliche Personen (Menschen) und juristische Personen (z. B. rechtsfähige Vereine, GmbH, AG, Genossenschaften aber auch Bund, Länder und Gemeinden). Die OHG und die KG sind als Personengesellschaften keine Rechtssubjekte, werden aber wegen § 124 HGB grundsätzlich so behandelt. **Im Steuerrecht ist rechtsfähig, wer Träger von steuerlichen Rechten und Pflichten sein kann oder vom Finanzamt als steuerrechtsfähig in Anspruch genommen wird.** Neben den natürlichen und juristischen Personen können auch Personengesellschaften und Gemeinschaften steuerlich (teil)rechtsfähig sein. **99**

BEISPIELE

a) Eine Personengesellschaft (BGB-Gesellschaft, OHG, KG) ist Unternehmerin i. S. d. § 2 Abs. 1 UStG und gem. § 5 Abs. 1 Satz 3 GewStG. Sie ist also insoweit steuerrechtsfähig.

Da die OHG und die KG gem. § 124 Abs. 1 HGB (i. V. m. § 161 Abs. 2 HGB) selbst Eigentum an Grundstücken erwerben kann, ist sie insoweit auch Schuldner der Grunderwerbsteuer (§ 13 Nr. 1 GrESt) und der Grundsteuer (§ 10 GrStG).

Da Personengesellschaften keine natürlichen oder juristischen Personen sind, sind sie weder nach § 1 EStG einkommensteuerrechtsfähig noch nach § 1 KStG körperschaftssteuerrechtsfähig.

Allerdings kann eine Personengesellschaft Arbeitgeber sein und daher insoweit im Lohnsteuerverfahren (teil)rechtsfähig sein (§§ 38 ff. EStG, insbesondere §§ 38 Abs. 3, 41 a und 42 d EStG). Auch im Rahmen der Gewinnermittlung ist die Gesellschaft in eingeschränktem Maße ein Steuersubjekt.

b) Aufgrund eines Irrtums wird gegenüber einer GmbH & Co. KG ein Körperschaftsteuerbescheid erlassen. Kann die KG dagegen vorgehen?

LÖSUNG Die KG kann nur dann Einspruch einlegen, wenn sie steuerrechtsfähig ist. Da die KG nicht in § 1 KStG aufgeführt ist, ist sie nicht körperschaftsteuerfähig. Allerdings ist die KG hier Adressat eines Körperschaftsteuerbescheides. Sie wurde also durch das Finanzamt als steuerrechtsfähig in Anspruch genommen und ist daher insoweit steuerrechts- und damit einspruchsfähig.

100   Die **steuerliche Rechtsfähigkeit beginnt und endet** mit den Zeitpunkten, in denen die tatbestandlichen Voraussetzungen für die Erfassung eingetreten bzw. weggefallen sind. Die Steuerrechtsfähigkeit einer **natürlichen Person** beginnt grundsätzlich mit der Geburt (§ 1 BGB) und endet mit deren Tod.

Wird ein **Verschollener** für tot erklärt, besteht nach bürgerlichem Recht die Vermutung, dass der Verschollene in dem im Beschluss über die Todeserklärung festgestellten Zeitpunkt gestorben sei (§ 9 Abs. 1 Verschollenengesetz). Im Steuerrecht ist dagegen, soweit es sich um Entstehung, Umfang und Beendigung einer Steuerschuld handelt, als Todestag der Tag anzusehen, an dem der Beschluss über die Todeserklärung wirksam wird **(§ 49 AO)**. Wird der verschollene Ehegatte für tot erklärt, so gilt der andere Ehegatte vom Tag der Rechtskraft des Beschlusses an als verwitwet.

> **BEISPIEL**
>
> Seit einem Segelurlaub im Juni 01 in der Nordsee ist der Kaufmann A verschollen. Seine Segelyacht wurde am 23.07.01 völlig zerstört und ohne Besatzung aufgefunden. Im Juli 02 beantragt seine Ehefrau die Todeserklärung des A (§§ 13 ff. Verschollenheitsgesetz). Der gerichtliche Beschluss, durch den als Todestag der 23.07.01 festgestellt worden ist, wird am 15.01.03 rechtskräftig.
>
> **LÖSUNG** Bürgerlich-rechtlich besteht die Vermutung, dass A am 23.07.01 verstorben ist. Dieser Tag ist u. a. für die Erbregelung maßgebend. Ansonsten gilt für die Besteuerung der 15. 01. 03 als Todestag (§ 49 AO).

101   Bei **juristischen Personen** ist hinsichtlich des Beginns und des Endes der Steuerrechtsfähigkeit ebenfalls grundsätzlich das bürgerliche Recht maßgeblich. Besonderheiten ergeben sich bei der Gründung von Kapitalgesellschaften.

> **BEISPIEL**
>
> A und B beschließen am 01.12.03 zusammen eine GmbH zu gründen. Am 01.02.04 bringt A seinen florierenden Holzgroßhandel in die Gesellschaft ein, B 20 000 €. Am 01.05.04 schließen beide einen notariellen Gesellschaftsvertrag (§§ 2 und 3 GmbHG). Am 01.09.04 wird die GmbH in das Handelsregister eingetragen.
>
> **LÖSUNG** Bis zum Abschluss des notariellen Gesellschaftsvertrages am 01.05.04 besteht zwischen A und B eine sog. Vorgründungsgesellschaft (je nach Lage des Falles eine OHG oder BGB-Gesellschaft, vgl. § 4 Abs. 2 HGB). Sie wird steuerlich als Personengesellschaft behandelt.
>
> Nach Abschluss des notariellen Gesellschaftsvertrages bis zur Eintragung der GmbH besteht eine sog. Vorgesellschaft (oder auch Gründungsgesellschaft). Diese Vor-GmbH ist bereits ab 01.05.04 körperschaftsteuerfähig, wenn sie – wie hier – tatsächlich ins Handelsregister eingetragen wird. In diesem Fall sind Vor-GmbH und eingetragene GmbH identisch.
>
> Kommt es dagegen nicht zur Eintragung, entfällt die Körperschaftsfähigkeit nach h. M. rückwirkend. A und B wären in diesem Fall als Mitunternehmer anzusehen, die gem. § 15 Abs. 1 Nr. 2 EStG Einkünfte erzielen.

102   Die Steuerrechtsfähigkeit von **Personengesellschaften** (BGB-Gesellschaft, OHG, KG) endet nicht schon mit dem Beschluss der Gesellschafter, die Gesellschaft aufzulösen, sondern erst durch ihre (steuerliche) Vollbeendigung. Nach dem Auflösungsbeschluss besteht die Personengesellschaft als Liquidationsgesellschaft zunächst auch steuerlich fort (§ 730 Abs. 2 BGB, § 156 HGB). In dieser Phase werden die Rechtsverhältnisse der Gesellschaft zu Dritten und die Rechtsverhältnisse der Gesellschafter untereinander abgewickelt. Mit der Verteilung des letzten Aktivvermögens ist der Zweck der Liquidationsgesellschaft erreicht und die Personengesellschaft vollendet. Nach ständiger Rechtsprechung des BFH ist eine Personengesellschaft auch nach ihrer Auflösung so lange als materiell-rechtlich existent zu behandeln, bis alle gemeinsamen Rechtsbeziehungen, zu denen auch das **Rechtsverhältnis zwischen der Gesellschaft und dem Finanzamt** gehört, abgewickelt sind (BFH vom 01. 10. 1992 BStBl II 1993, 82, 83 m. w. Nw., vgl. auch AEAO zu § 193 Nr. 4).

BEISPIEL

Die A KG – Komplementär ist A, Kommanditist ist B – stellte im Januar 05 ihren Gewerbebetrieb ein und veräußerte die Vermögensgegenstände ihres Anlagevermögens mit Vertrag vom 01.03.05 an die neu gegründete A GmbH zum »Übergangsstichtag« 01.01.05. Bezüglich der KG waren alle Steuererklärungen abgegeben und alle danach geschuldeten Steuern entrichtet worden. Mit Verfügung vom 01.05.07 ordnete das Finanzamt bei der KG eine steuerliche Betriebsprüfung an (§§ 193 Abs. 1 und 196, 197 AO). Ausfertigungen des Bescheids wurden dem A »als ehemaligen Komplementär der erloschenen A KG« und dem B »als ehemaligen Kommanditisten der erloschenen A KG« bekannt gegeben. Laut Prüfungsanordnung sollten geprüft werden für den Zeitraum 02–05 die USt, GewSt und die Feststellung der Einkünfte aus Gewerbebetrieb und die Einheitswerte des Betriebsvermögens auf den 01.01.03, 01.01.04 und 01.01.05.

LÖSUNG Die Prüfungsanordnung ist rechtmäßig. Eine Personengesellschaft – hier die KG – ist Steuerpflichtige und damit Prüfungssubjekt gem. § 193 Abs. 1 AO. Dies gilt auch bezüglich der einheitlich gesonderten Feststellungen der Einkünfte und des Einheitswertes des Betriebsvermögens (BFH vom 16. 11. 1989 BStBl II 1990, 272). Dass die A KG zum Zeitpunkt des Erlasses der Prüfungsanordnung handelsrechtlich voll beendet war, ist hier ohne Belang: Steuerrechtlich ist ausschlaggebend, dass an dem entsprechenden Stichtag möglicherweise noch Ansprüche aus dem Steuerschuldverhältnis bestanden und daher das Rechtsverhältnis zwischen der Gesellschaft und dem Finanzamt noch nicht abgewickelt war. Da die KG noch existierte, war die Prüfungsanordnung ihr gegenüber bekannt zu geben (§ 122 Abs. 1 AO). Dies ist hier geschehen, indem das Finanzamt die Prüfungsanordnung A und B als ehemalige Gesellschafter zugestellt hat (siehe ausführlich BFH vom 01. 10. 1992 BStBl II 1993, 82; zum Ganzen siehe AEAO zu § 196, insbesondere 5.6 m. w. Nw.).

Auch die **Eröffnung eines Insolvenzverfahrens** lässt die Rechtsfähigkeit unberührt. Der   **103** Gemeinschuldner bleibt Steuerschuldner und zwar auch in Bezug auf die Insolvenzmasse. Die Stellung des Insolvenzverwalters berührt die Rechtsfähigkeit des Gemeinschuldners ebenfalls nicht. Der Insolvenzverwalter hat lediglich die Rechte und Pflichten des Gemeinschuldners wahrzunehmen.

12.4 Gesetzliche Vertreter, Vermögensverwalter und Verfügungsberechtigte (§§ 34 und 35 AO)

Es gibt Steuerpflichtige, die selbst nicht handlungsfähig sind oder zumindest teilweise in   **104** der Verwaltung ihres Vermögens beschränkt sind und ihre steuerlichen Pflichten selbst nicht erfüllen können. § 34 AO bestimmt, welche anderen (handlungsfähigen) Personen in diesen Fällen die steuerlichen Pflichten erfüllen müssen. Dabei begründet die Vorschrift für gesetzliche Vertreter des Stpfl. und bestimmte andere Personen ein unmittelbares steuerrechtliches Pflichtverhältnis. Die in § 34 Aufgezählten sind insoweit selbst Steuerpflichtige i. S. d. § 33 Abs. 1 AO. Es handelt sich dabei um folgende Personen:

- Die gesetzlichen Vertreter natürlicher Personen (§ 34 Abs. 1 Satz 1 Alt. 1 AO) sind z. B. Vater und Mutter bei ehelichen Kindern (§§ 1626, 1629 BGB), bei nichtehelichen Kindern siehe § 1626 a BGB, der Vormund für Minderjährige, die nicht unter elterlicher Gewalt stehen (§ 1773 BGB), der Pfleger in besonderen Fällen (§ 1909 ff. BGB).
- Die gesetzlichen Vertreter juristischer Personen (§ 34 Abs. 1 Satz 1 Alt. 2 AO) sind z. B. der Vorstand bei der AG (§ 78 Abs. 1 AktG), bei der Genossenschaft (§ 24 Abs. 1 GenG), beim eingetragenen Verein (§ 26 Abs. 2 BGB), bei der Stiftung (§§ 86, 26 Abs. 2 BGB), der

Geschäftsführer der GmbH (§ 35 Abs. 1 GmbHG), die Liquidatoren der genannten juristischen Personen und die verfassungsmäßig berufenen Vertreter der juristischen Personen des öffentlichen Rechts, wie z. B. der Bürgermeister, Landrat.

- Geschäftsführer von nichtrechtsfähigen Personenvereinigungen und Vermögensmassen (§ 34 Abs. 1 Satz 1 Alt. 3 AO) sind z. B. die Gesellschafter einer OHG, einer KG, Mitglieder einer BGB-Gesellschaft, soweit diese Personen nicht von der Vertretung ausgeschlossen sind; ferner der Vorstand eines nichtrechtsfähigen Vereins. Der Begriff Geschäftsführer wird hier untechnisch gebraucht. Gemeint sind alle Mitglieder einer nicht rechtsfähigen Personenvereinigung oder Vermögensmasse, die befugt sind, diese nach außen hin wirksam zu vertreten. Dies gilt auch für ausländische Gesellschaften. Person i. S. d. § 34 Abs. 1 ist z. B. der OHG-Gesellschafter gem. § 125 HGB, der Komplementär einer KG nach § 161 Abs. 2 i. V. m. § 125 HGB, nicht jedoch der Kommanditist (§ 170 HGB).

- Mitglieder von nichtrechtsfähigen Personenvereinigungen (§ 34 Abs. 2 AO) gehören im Regelfall bereits zum Personenkreis nach § 34 Abs. 1 AO, soweit sie Vertretungsmacht haben. § 34 Abs. 2 AO bezieht sich auf die nichtvertretungsbefugten Mitglieder oder Gesellschafter und kommt in Betracht, wenn kein vertretungsbefugtes Mitglied vorhanden ist. Dies ist z. B. bei bloßen Bruchteilsgemeinschaften (z. B. Grundstücksgemeinschaften) der Fall. Mitglieder von juristischen Personen sind durch § 34 Abs. 2 AO nicht erfasst, da sich Abs. 2 nur auf nichtrechtsfähige Personenvereinigungen bezieht.

- Vermögensverwalter (§ 34 Abs. 3 AO) sind Personen, die befugt sind, fremdes Vermögen zu verwalten, wie z. B. der Insolvenzverwalter (§ 56 ff. InsO) oder der Testamentsvollstrecker (§ 2197 ff. BGB).

105 § 35 AO erweitert den Personenkreis des § 34 AO: Wer als **Verfügungsberechtigter** im eigenen oder fremden Namen auftritt, hat die Pflichten eines gesetzlichen Vertreters (§ 34 Abs. 1 AO), soweit er sie rechtlich und tatsächlich erfüllen kann.

Danach hat eine Person die (steuerlichen) Pflichten i. S. d. § 34 Abs. 1 AO, wenn sie als Verfügungsberechtigter im eigenen oder fremden Namen auftritt. Das setzt voraus, dass sie nach außen hin vorgibt, über fremde Wirtschaftsgüter verfügen zu dürfen. Dies kann z. B. bei Prokuristen (§ 48 ff. HGB), Handlungsbevollmächtigten (§ 54 HGB) oder Treuhändern der Fall sein.

Die steuerlichen Pflichten bestehen jedoch nur, soweit derjenige, der sich als Verfügungsberechtigter geriert, die Pflichten auch (zugleich) rechtlich und tatsächlich erfüllen kann. »Rechtlich« kann eine Person Pflichten erfüllen, wenn sie im Außenverhältnis (gegenüber Dritten) rechtswirksam handeln kann. »Tatsächlich« kann eine Person Pflichten erfüllen, wenn sie real die Möglichkeit hat, über fremde Wirtschaftsgüter zu verfügen. Die tatsächliche Verfügungsmacht allein reicht nicht aus.

BEISPIELE

a) H, der eine große Möbelfabrik betreibt, hat dem P Prokura erteilt. Laut Anstellungsvertrag ist P allein für die Produktion und den Vertrieb der Möbel zuständig.

LÖSUNG P ist kein Verfügungsberechtigter. Pflichten i. S. d. § 35 AO und § 34 Abs. 1 AO bestehen für ihn nur dann, soweit ihm aufgrund vertraglicher Regelungen oder Weisungen von H steuerliche Pflichten übertragen worden sind (z. B. als Leiter der Steuerabteilung) oder wenn P dementsprechend nach außen aufgetreten ist.

b) U betreibt einen (gepachteten) Hotel- und Gaststättenbetrieb. Zur Erweiterung des Betriebes erhielt U von der B Bank einen Kredit i. H. v. 100 000 €. Da U über keine weiteren nennenswerten Sicherheiten verfügte, trat er der B Bank zur Sicherung des Kredits alle gegenwärtigen und zukünftigen Forderungen gegenüber seinen Kunden mit den Anfangsbuchstaben A bis W ab. Zur Sicherung der Ansprüche der B Bank hatte sich U verpflichtet, alle Zahlungen über ein bei der B Bank einge-richtetes Geschäftskonto zu leisten. Auf Druck der B Bank wurde weiter vereinbart, dass alle Zahlun-gen, die der U zu tätigen beabsichtigt, von dem Zweigstellenleiter der B Bank (Z) bestätigt werden mussten.

U hat nachweislich mehrmals versucht, später angefallene USt i. H. v. 5 000 € und LSt i. H. v. 1 500 € an das Finanzamt zu überweisen. Dies ist von Z abgelehnt worden. Auch als sich das Finanzamt an Z wandte, erfolgten keine Steuerzahlungen. Die eingehenden Gelder wurden vielmehr zur Zahlung von Lieferanten und zur Befriedigung der Ansprüche der B Bank verwendet. Einige Zeit später wurde über das Vermögen das Insolvenzverfahren eröffnet.

LÖSUNG Die Bank haftet für die Steuerschulden des U nur dann gem. § 69 AO, wenn sie Verfügungs-berechtigter nach § 35 AO ist. Dies ist hier nicht gegeben. Zur Haftung einer Bank als Verfügungsbe-rechtigter für die Steuerschulden des Kreditnehmers reicht es grundsätzlich nicht aus, dass sie sich zur Sicherung ihrer Betriebskredite die Forderungen des Kreditnehmers hat abtreten lassen und dass sie in tatsächlicher Hinsicht auf dessen Geschäftsführung und die Vermögensdispositionen Einfluss nehmen kann. Der Verfügungsberechtigte i. S. v. § 35 AO muss in der Lage sein, aufgrund bürgerlich-rechtlicher Verfügungsmacht im Außenverhältnis wirksam zu handeln (vgl. BFH vom 16. 03. 1995 BStBl II 1995, 859). Die Bank kontrollierte zwar den Zahlungsverkehr des U. Allerdings war sie nicht befugt, im Außenverhältnis wirksam für den U zu handeln. Sie hatte keine – irgendwie geartete – Vertretungsmacht. Sie hätte ohne Zustimmung des U dessen Konto nicht zu Gunsten von Steuerzah-lungen belasten dürfen.

Die steuerlichen Pflichten der gesetzlichen Vertreter, Vermögensverwalter und Verfügungs-berechtigten enden grundsätzlich mit dem Erlöschen der Vertretungsmacht bzw. Verfügungs-macht. Allerdings bedeutet das nicht, dass der Betreffende mit diesem Zeitpunkt seiner Verpflich-tungen schlechthin ledig wird. das **Erlöschen der Vertretungsmacht oder der Verfügungsmacht** lässt jedoch die nach den §§ 34 und 35 AO entstandenen Pflichten unberührt, soweit diese den Zeitraum betreffen, in dem die Vertretungsmacht bestanden hat und soweit der Verpflichtete sie erfüllen kann (§ 36 AO). So muss der Verpflichtete z. B. auch nach dem Erlöschen der Vertre-tungs- oder Verfügungsmacht gegenüber dem Finanzamt über steuerlich relevante Geschäftsvor-fälle aus der Zeit seiner Verwaltungstätigkeit Auskunft geben (§ 93 Abs. 1 AO).

Die Heranziehung findet jedoch ihre Grenzen, wo der Verpflichtete sie nicht mehr erfüllen kann. So ist der Prokurist, der die Steuerabteilung eines Unternehmens geleitet hat, nach seiner Entlassung nicht mehr in der Lage, (gem. § 34 Abs. 1 Satz 2 AO) Steuern zu entrichten.

Verletzt eine der in §§ 34 und 35 AO genannte Person eine steuerliche Pflicht, kann sie nach Maßgabe der §§ 191 Abs. 1 und 69 AO durch Haftungsbescheid in Anspruch genommen werden (siehe dazu ausführlich Rz. 757 ff.). Ein vor Erlöschen der Vertretungsmacht verwirk-lichter Haftungstatbestand erlischt selbstverständlich nicht mit dem Erlöschen der Vertretungs-macht, sondern besteht weiter fort.

106

13 Sonstige allgemeine Begriffsbestimmungen der AO (§§ 7–15 AO)

106a In den §§ 7–15 AO findet man weitere – für das Steuerrecht wichtige – Definitionen. Es werden die Begriffe Amtsträger, Wohnsitz, gewöhnlicher Aufenthalt, Geschäftsleitung, Sitz, Betriebstätte, ständiger Vertreter, wirtschaftlicher Geschäftsbetrieb, und Angehöriger geklärt.

13.1 Amtsträger (§ 7 AO)

107 Die AO gebraucht den Begriff Amtsträger in §§ 30, 32, 83, 187 und 371 Abs. 2 Nr. 1 Buchst. c AO. Nach § 7 AO ist Amtsträger, wer nach deutschem Recht
- Beamter oder Richter (§ 11 Abs. 1 Nr. 3 StGB) ist,
- in einem sonstigen öffentlich-rechtlichen Amtsverhältnis steht oder
- sonst dazu bestellt ist, bei einer Behörde oder einer sonstigen Stelle oder in deren Auftrag Aufgaben der öffentlichen Verwaltung wahrzunehmen.

Beamte sind alle natürlichen Personen, die nach Maßgabe der Beamtengesetze des Bundes oder der Länder in ein Beamtenverhältnis berufen wurden. Die Berufung kann auf Widerruf, auf Probe oder auf Lebzeit erfolgt sein. **Richter** sind Träger der rechtsprechenden Gewalt. Dazu gehören sowohl Berufsrichter als auch ehrenamtliche Richter.

Zu den Amtsträgern gehören nach § 7 Nr. 2 AO auch alle sonstigen natürlichen Personen, die keine Beamten oder Richter sind, wenn sie in **einem öffentlich-rechtlichen Amtsverhältnis** stehen. Zu diesem Personenkreis gehören z. B. Minister, Ministerpräsidenten, Notare und Notarassessoren, nicht jedoch Parlamentsabgeordnete.

§ 7 Nr. 3 AO enthält einen Auffangtatbestand. Wer nicht bereits nach den Nrn. 1 und 2 Amtsträger ist, wird zum Amtsträger, wenn er **Aufgaben der öffentlichen Verwaltung** durchführt. Das sind Aufgaben, bei deren Erledigung Angelegenheiten der Gemeinwesen und ihrer Mitglieder unmittelbar gebietend, verbietend, entscheidend oder sonst wie handelnd innerhalb der gesetzlichen Grenzen wahrgenommen werden (vgl. AEAO Nr. 3 zu § 7). Unter diese Vorschrift fallen Angestellte im öffentlichen Dienst, soweit sie nicht Hilfstätigkeiten ausführen. Amtsträger sind danach beispielsweise der Sachbearbeiter im Angestelltenverhältnis oder der Angestellte im Außenprüfungsdienst oder als erster Mitarbeiter im Veranlagungsbezirk.

108 **Keine Amtsträger** sind Auskunftspersonen (§ 93 AO), Zeugen vor Gericht, der Arbeitgeber in Lohnsteuerangelegenheiten, Rechtsanwälte, Steuerberater und Wirtschaftsprüfer etc. Diese Personen sind nicht dazu bestellt, Aufgaben der öffentlichen Verwaltung wahrzunehmen. Ein Beamter in eigener Sache ist Steuerpflichtiger und nicht Amtsträger.

13.2 Wohnsitz (§ 8 AO)

109 Der Wohnsitz einer natürlichen Person ist im Steuerrecht primäres räumliches Anknüpfungsmerkmal. Er bestimmt u. a., welche Finanzbehörde für die Besteuerung örtlich zuständig ist (§ 19 Abs. 1 AO) oder ob die Person unbeschränkt steuerpflichtig ist (§§ 1 Abs. 1 und 38 Abs. 1 Nr. 1 EStG) oder nicht. Der Wohnsitz ist auch in Zusammenhang mit Doppelbesteuerungsabkommen bedeutsam.

Der Begriff des Wohnsitzes ist ein eigenständiger steuerrechtlicher Begriff, der allein auf die tatsächlichen Verhältnisse abstellt. Auf den rechtsgeschäftlichen Willen kommt es, anders als im bürgerlichen Recht (§§ 7, 8 BGB), nicht an. Ein Minderjähriger kann auch ohne Willen des gesetzlichen Vertreters einen Wohnsitz begründen, erforderlich ist lediglich der natürliche Wille des Minderjährigen. Die An- oder Abmeldung bei der Polizei entfalten unmittelbar keine steuerliche Wirkung, sie können jedoch im Allgemeinen als Indiz für einen Wohnsitz gelten. Die Frage des Wohnsitzes ist – auch bei Ehegatten – für jeden Steuerpflichtigen getrennt zu prüfen.

Die Begründung des Wohnsitzes erfolgt durch die Verwirklichung der Umstände, an die der Wohnsitzbegriff knüpft. Ist der Wohnsitz einmal begründet, so besteht er solange, bis er wieder aufgegeben wird, d. h., die Tatbestandsmerkmale des Wohnsitzbegriffs entfallen. Ausreise in das Ausland ist in der Regel Wohnsitzaufgabe, es sei denn, der Stpfl. kommt in absehbarer Zeit zurück und kann jederzeit über seine Wohnung verfügen (z. B. hat seine Eigentumswohnung nicht vermietet).

Nach § 8 AO hat jemand einen Wohnsitz dort, wo er
* eine Wohnung
* innehat (Verfügungsmacht),
* unter Umständen, die auf ein Beibehalten und Nutzen der Wohnung schließen lassen (Nutzung).

Es muss eine **Wohnung** vorhanden sein; das sind zum **dauerhaften Wohnen geeignete Räume** (BFH vom 23. 11. 1988 BStBl II 1989, 182; vgl. auch AEAO zu § 8 Nr. 3). Die Räumlichkeiten müssen nicht standesgemäß sein. Ein möbliertes Zimmer kann die Voraussetzung für einen Wohnsitz erfüllen, z. B. auch ein auf Dauer (langjährig) gemietetes Hotelzimmer (»Hotelwohnung«). Auf die im 2. Wohnungsbaugesetz oder im Bewertungsrecht geforderten Mindestvoraussetzungen kommt es nicht an. Ebenso ist es unerheblich, ob es sich um einen ersten, zweiten oder weiteren Wohnsitz handelt. Daher können auch Wochenendhäuser und (festinstallierte) Wohnwagen bei Dauermiete Wohnungen darstellen. Keine Wohnungen sind dagegen Schlafstellen in Geschäftsräumen oder nicht winterfeste Gartenhäuser. **110**

Das **Innehaben** einer Wohnung ist erfüllt, wenn der Stpfl. tatsächlich über die Wohnung verfügen kann und sie als Bleibe nicht nur vorübergehend nutzt (vgl. AEAO zu § 8 Nr. 4). Dies ist in der Regel gegeben, wenn er Eigentümer oder Mieter der Wohnung ist oder dieses Recht über einen nahen Angehörigen, mit dem eine Lebensgemeinschaft besteht (z. B. Ehemann, Eltern), ausübt. Der tatsächliche Besitz, ohne rechtliche Ansprüche, reicht nicht aus. Daher begründet der Aufenthalt im Krankenhaus oder im Gefängnis keinen Wohnsitz, ebenso wenig ein von den Eltern für ihr berufstätiges Kind bereitgehaltenes Zimmer zu Besuchszwecken oder die Übernachtungsmöglichkeit bei Fremden. Die äußeren Umstände müssen darauf schließen lassen, dass der Stpfl. die Wohnung **beibehält und nutzt** (vgl. BFH vom 17. 05. 1995 BStBl II 1996, 2). Es ist nicht erforderlich, dass er sich dort ständig aufhält. Vorübergehende Abwesenheit, z. B. wegen Urlaubs oder einer befristeten anderen Arbeitsstätte, sind unschädlich. Es reicht vielmehr aus, wenn der Stpfl. die Wohnung regelmäßig aufsucht (z. B. Wochenendhaus). Dabei kann es genügen, dass die Wohnung z. B. über Jahre hinweg jährlich regelmäßig zu bestimmten Zeiten über einige Wochen benutzt wird. Anhaltspunkte für das Innehaben einer Wohnung können Ausstattung und Einrichtung sein. Nicht erforderlich ist, dass sich der Stpfl. während einer Mindestanzahl von Tagen oder Wochen im Jahr in der Wohnung aufhält (BFH vom 19. 03. 1997 BStBl II 1997, 447). Es ist denkbar, dass ein Stpfl. mehrere Wohnsitze nutzt. **111**

BEISPIEL

Ein Stpfl. bewohnt in Mannheim eine Villa. Im Elsass besitzt er ein einfaches Ferienhaus, bestehend aus Wohn-Schlafzimmer, Küche und Bad. Die Woche über lebt er in Mannheim, die meisten Wochenenden und Urlaube verbringt er in seinem Ferienhaus.

LÖSUNG Der Stpfl. hat zwei Wohnsitze. Er ist im Inland unbeschränkt steuerpflichtig. Das Doppelbesteuerungsabkommen mit Frankreich regelt, welchem Land das Besteuerungsrecht zugeteilt wird (hier der Bundesrepublik, weil der Mittelpunkt der Lebensinteressen in Mannheim liegt).

112   Ein **Ehegatte** wird im Allgemeinen seinen Wohnsitz bei seiner Familie haben. Verfügt er aus beruflichen Gründen über eine Zweitwohnung, hat er zwar zwei Wohnsitze, steuerlich entscheidend ist jedoch der Familienwohnsitz (vgl. § 19 Abs. 1 Satz 2 AO). Anders wäre es, wenn der Ehemann die Familienwohnung nicht als sein Heim betrachtet. Letztlich kommt es immer auf die Umstände des Einzelfalls an. Durch Heirat allein begründet nicht schon der eine Ehegatte einen Wohnsitz in der Wohnung des anderen, es müssen vielmehr beide Haushalte erkennbar zusammengelegt werden. Geschieht dies nicht, so behält jeder Ehegatte seinen bisherigen Wohnsitz bei (trotzdem ist Zusammenveranlagung möglich, § 26 EStG).

Ob **Studierende,** die am Studienort ein möbliertes Zimmer bewohnen, ihren Wohnsitz bei den Eltern behalten, ist Tatfrage. Entscheidend ist die Bindung zum Elternhaus, also wie oft der Studierende das Elternhaus besucht und wo er seine persönlichen Angelegenheiten regelt (z. B. Versicherungen, Anmeldung des Kfz, Wäsche etc.).

Mitglieder fremder **Natotruppen** und deren ziviles Gefolge begründen weder Wohnsitz noch gewöhnlichen Aufenthalt, wenn sie sich in dieser Eigenschaft im Inland aufhalten (Art. X NATO-Truppenstatut). Diese Fiktion gilt nicht für Deutsche (z. B. deutsches Mitglied der US-Streitkräfte oder deutsche Ehefrau eines US-Soldaten), die im Inland leben. Sie gilt ferner nicht, sofern die Betroffenen eine eigene berufliche Tätigkeit aufnehmen.

Weitere Einzelheiten siehe im AEAO zu § 8.

13.3 Gewöhnlicher Aufenthalt (§ 9 AO)

113   Hat eine natürliche Person keinen Wohnsitz, ist weiteres (sekundäres) räumliches Anknüpfungsmerkmal der gewöhnliche Aufenthalt (vgl. § 19 Abs. 1 AO, § 1 Abs. 1 EStG).

Auch der gewöhnliche Aufenthalt ist nach den äußeren Umstanden, also nach objektiven Gesichtspunkten zu beurteilen. Aufenthalt setzt körperliche Anwesenheit voraus und erfordert einen Zustand von gewisser Dauer. Der gewöhnliche Aufenthalt besteht dort, wo sich jemand unter Umständen aufhält, die erkennen lassen, dass er an diesem Ort oder in diesem Gebiet **nicht nur vorübergehend verweilt** (Legaldefinition des § 9 AO). Im Gegensatz zum »bloßen« Aufenthalt wird man beim gewöhnlichen Aufenthalt in aller Regel eine gewisse persönliche Beziehung zu dem Aufenthaltsort festzustellen haben, die allerdings auch »unfreiwillig« sein kann. Ein **längerer Aufenthalt** in einem **Krankenhaus** oder einer **Strafanstalt** kann hierfür genügen. Auf jeden Fall müssen Umstände vorliegen, die auf ein nicht nur vorübergehendes Verweilen schließen lassen. Das bedeutet aber nicht, dass der Aufenthalt ein dauernder sein müsse. Geringere Unterbrechungen schaden nicht.

BEISPIEL

A hat eine Stellung in Frankfurt a. M. angenommen und sich dort vorübergehend in ein Hotelzimmer eingemietet. Die Wochenenden fährt er zu seiner Familie in Paris, die später nachkommen will.
LÖSUNG A hat in Frankfurt seinen gewöhnlichen Aufenthalt. Wäre A dagegen nur zur Erledigung einer Sonderaufgabe für einige Wochen in Frankfurt, kann von einem gewöhnlichen Aufenthalt nicht gesprochen werden.

Dass jemand gleichzeitig mehrere gewöhnliche Aufenthalte haben kann, ist nach der Fassung des Gesetzes (»den« gewöhnlichen Aufenthalt ...) nicht möglich (vgl. AEAO zu § 9 Nr. 3). Lässt sich kein gewöhnlicher Aufenthalt an einem Ort feststellen, so ist doch ein gewöhnlicher Aufenthalt in dem in Betracht kommenden Land denkbar, etwa dann, wenn ein Geschäftsreisender ständig in Deutschland lebt, aber abwechselnd in verschiedenen Hotels in verschiedenen deutschen Städten untergebracht ist. **Grenzgänger** (das sind Personen, die täglich zum Zwecke der Arbeitsausübung aus dem Ausland in das Inland einreisen und abends wieder in das Ausland zurückkehren) haben ihren gewöhnlichen Aufenthalt aber nicht schon deswegen im Inland, weil sie sich während ihrer Arbeitszeit im Inland aufhalten.

Als gewöhnlicher Aufenthalt ist gemäß § 9 Satz 2 AO stets und von Beginn an ein zeitlich zusammenhängender Aufenthalt von **mehr als sechs Monaten Dauer** anzusehen. In diesem Falle braucht also nicht geprüft zu werden, ob Umstände vorliegen, die den Schluss auf ein nicht nur vorübergehendes Verweilen zulassen. Es genügt einfach der Zeitablauf. Der Eintritt der Steuerpflicht wird auf den Beginn der sechs Monate zurückbezogen. Kurzfristige Unterbrechungen bleiben dabei unberücksichtigt. Es ist nicht erforderlich, dass die sechs Monate in ein und denselben Steuerabschnitt fallen. **114**

BEISPIEL

Ist E (wohnhaft in Bern) seit dem 01.09.01 in München, dann sind die Voraussetzungen des § 9 Satz 2 AO am 01.03.02 erfüllt. Er hat in diesem Falle bereits ab dem 01.09.01 seinen gewöhnlichen Aufenthalt in München.

Die Fiktion des § 9 Satz 2 AO gilt nicht, wenn der Aufenthalt ausschließlich zu Besuchs-, Erholungs-, Kur- oder ähnlichen privaten Zwecken genommen wird und nicht länger als ein Jahr dauert. Ein gewöhnlicher Aufenthalt kann **auch bei einer geringeren Verweildauer** als sechs Monate vorliegen, wenn von vornherein ein längerfristiges Verweilen im Inland beabsichtigt war.

BEISPIEL

Der österreichische Schauspieler A hat mit einem deutschen Theaterveranstalter einen Vertrag über 40 Vorstellungen in allen Teilen der Bundesrepublik Deutschland. Während dieser Zeit lebt A in verschiedenen Hotels. Wegen Erkrankung muss A den für 10 Monate abgeschlossenen Theatervertrag bereits nach vier Monaten auflösen. A kehrt anschließend in seine Heimat zurück.
LÖSUNG A hatte einen gewöhnlichen Aufenthalt (§ 9 AO) im Inland. Die äußeren Umstände zeigen eindeutig, dass A trotz nur 4monatigem Aufenthalt nicht nur vorübergehend im Inland weilte.

13.4 Geschäftsleitung (§ 10 AO)

Der Ort der Geschäftsleitung ist räumliches Anknüpfungsmerkmal für Körperschaften, Personenvereinigungen und Vermögensmassen (vgl. § 20 Abs. 1 AO, § 1 KStG). **Die Geschäftsleitung** ist der Mittelpunkt der **geschäftlichen Oberleitung** (§ 10 AO). Diese befindet sich dort, wo der für das Unternehmen maßgebende Wille gebildet wird. Ausschlaggebend ist, wo alle für die Geschäftsführung nötigen Maßnahmen von einiger Wichtigkeit angeordnet werden. Da es auf die Willensbildung ankommt, ist unbeachtlich, wo die abgegebenen Willenserklärungen wirksam werden. Entscheidend sind auch hier die tatsächlichen Verhältnisse. In der Regel wird es darauf ankommen, wo die Vorstandsmitglieder oder die sonst vertretungsberechtigten Personen ihre leitende Tätigkeit ausüben. Es besteht aber keine Vermutung dafür, dass der Vorstand tatsächlich die Geschäfte leitet. Liegt die Oberleitung bei den das Unternehmen kapitalmäßig beherrschenden Personen (z. B. Einmann-Gesellschafter), so ist der Ort maßgebend, an dem diese tätig werden. **115**

Für **Organgesellschaften** ist nicht ohne weiteres der Ort der Geschäftsleitung des beherrschenden Unternehmens entscheidend. Der Ort der Geschäftsleitung befindet sich bei diesen Gesellschaften nur dann am Ort des Organträgers, wenn die Organgesellschaft lediglich eine

Betriebsabteilung des Organträgers ist. **Fehlt eine geschäftliche Oberleitung** im Inland, greift i. d. R. § 11 AO ein.

13.5 Sitz (§ 11 AO)

116 Ebenso wie der Ort der Geschäftsleitung ist der Sitz Anknüpfungsmerkmal für Körperschaften, Personenvereinigungen und Vermögensmassen (vgl. § 20 Abs. 2 AO, § 1 KStG). Das Steuerrecht übernimmt hier den zivilrechtlichen Begriff. Wo der Sitz ist, wird durch Gesetz, den Gesellschaftsvertrag, die Satzung oder das Stiftungsgeschäft bestimmt (§ 11). Soweit das Handelsregister oder das Vereinsregister in Betracht kommt, ist der Sitz aus diesen zu ersehen. § 11 AO ist als alternativer Anknüpfungspunkt zu sehen, wenn bei Körperschaften, Personenvereinigungen oder Vermögensmassen eine Geschäftsleitung im Inland nicht ermittelt werden kann.

An die Geschäftsleitung bzw. den Sitz im Inland knüpft die unbeschränkte Steuerpflicht von Körperschaften, juristischen Personen anderer Art, nichtrechtsfähigen Vereinen und Vermögensmassen im Bereich der Körperschaft-, Erbschaft- und Schenkungsteuer an.

13.6 Betriebstätte (§ 12 AO)

117 Der Ort der Betriebstätte ist wichtig für die räumliche Zuordnung eines Gewerbebetriebes zum Inland oder Ausland oder zu einer bestimmten inländischen Gemeinde. Er kann auch für die örtliche Zuständigkeit eine Rolle spielen (§ 18 Abs. 1 Nr. 2 AO).

Steuerrechtlich ist Betriebstätte »jede feste Geschäftseinrichtung oder Anlage«, die der Tätigkeit eines Unternehmens dient (§ 12 AO). Eine feste Geschäftseinrichtung oder Anlage ist überall dort gegeben, wo dem Unternehmer die Verfügungsgewalt (nicht notwendig die alleinige Gewalt) über einen bestimmten abgegrenzten Teil der Erdoberfläche zusteht. Dass es sich hierbei um Räume oder Gebäude handelt, ist nicht erforderlich. Notwendig ist nur eine gewisse örtliche Bindung. So bilden die fahrbare Verkaufsstätte mit wechselndem Standplatz sowie der Standplatz des Straßenhändlers, Taxibesitzers und Schifffahrtbetriebes die Betriebstätten dieser Unternehmer dann, wenn ein Recht auf den Standplatz besteht. Ein Unternehmer kann bei entsprechender Verfügungsgewalt auch in den Räumen eines Arbeitnehmers oder eines seinerseits selbstständig tätigen Vertreters eine eigene Betriebstätte haben. Auch Automaten sind Betriebstätten, nicht dagegen Tafeln, mit denen für ein Unternehmen geworben wird, denn bei diesen spielt sich, anders als bei den Automaten, kein gewerblicher Verkehr ab. Weitere Beispiele siehe unter AEAO zu § 12 Nr. 2 und 3.

Für eine Reihe von Anlagen und Einrichtungen (Stätte der Geschäftsleitung, Zweigniederlassung, Geschäftsstellen, Fabrikations- oder Werkstätten, Warenlager, Ein- oder Verkaufsstellen, Bergwerke, Steinbrüche u. Ä., Bauausführungen oder Montagen etc.) ist in § 12 Abs. 2 AO der Betriebstättencharakter ausdrücklich ausgesprochen. Auch in diesen Fällen ist aber Ausübung einer entsprechenden Tätigkeit erforderlich. Ein stillgelegter Steinbruch ist also, auch wenn die Anlage »an sich« noch besteht, keine Betriebstätte. Weil Bauausführungen erst von einer bestimmten Dauer ab zu Betriebstätten werden, ist **bei geringerer Dauer keine Betriebstätte** gegeben. Die unentbehrlichen hygienischen Einrichtungen zur Beschäftigung der Arbeitnehmer, z. B. eine als Umkleideraum von dem Personal eines Baggers benutzte Baracke, begründen keine Betriebstätte des Unternehmens.

Der Betriebstättenbegriff der AO weicht häufig von der Definition der Betriebstätte in den DBA ab (vgl. Art. 5 OECD-Musterabkommen). Das gilt insbesondere hinsichtlich der Beurteilung von Warenlagern. § 12 AO ist in solchen Fällen nicht anzuwenden (vgl. AEAO zu § 12 Nr. 4)

13.7 Ständiger Vertreter (§ 13 AO)

Ständiger Vertreter ist eine Person, die nachhaltig die Geschäfte eines Unternehmens **118** besorgt und dabei dessen Sachweisungen unterliegt. Insbesondere kommen Personen in Betracht, die für ein Unternehmen nachhaltig Verträge abschließen oder vermitteln, Aufträge einholen oder einen Bestand von Gütern oder Waren unterhalten und davon Auslieferungen vornehmen (§ 13 AO). Die Definition hat wesentliche Bedeutung für das Außensteuergesetz und für die Auslegung des § 49 EStG (beschränkte Steuerpflicht). Unerheblich ist, ob der Vertreter die nachhaltige Tätigkeit für das Unternehmen im Rahmen eines eigenen Gewerbebetriebs ausübt und dabei auch für andere Personen in gleicher Weise Aktivität entwickelt.

Die Geschäftsbesorgung muss nachhaltig sein. Dies setzt voraus, dass der ständige Vertreter auf eine nicht unwesentliche Dauer damit betraut sein muss, anstelle des Unternehmers Handlungen vorzunehmen, die in dessen Betrieb fallen. Der Vertreter muss den Sachweisungen des Unternehmers unterliegen.

BEISPIEL

Ein inländischer Gewerbetreibender, der von einem ausländischen Unternehmer auf gewisse Dauer damit betraut wird, im Inland anstelle des Unternehmers in dessen Betrieb fallende Tätigkeiten nach Weisung auszuüben, ist ständiger Vertreter.

Zu unterscheiden ist der ständige Vertreter vom gesetzlichen Vertreter (§ 34 AO). Ist der ständige Vertreter jedoch Verfügungsberechtigter nach § 35 AO, steht er insoweit dem gesetzlichen Vertreter gleich.

13.8 Wirtschaftlicher Geschäftsbetrieb (§ 14 AO)

§ 14 AO definiert den Begriff des wirtschaftlichen Geschäftsbetriebs insbesondere für das **119** KStG, GewStG und §§ 64 und 67 a AO. Z. B. ist die Befreiung von der KSt nach § 5 Abs. 1 Nr. 5 und Nr. 7 KStG ausgeschlossen, soweit ein wirtschaftlicher Geschäftsbetrieb unterhalten wird. Ein wirtschaftlicher Geschäftsbetrieb ist eine selbstständige nachhaltige Tätigkeit, durch die Einnahmen oder andere Vorteile erzielt werden und die über den Rahmen einer Vermögensverwaltung hinausgeht. Die Absicht, Gewinn zu erzielen, ist nicht erforderlich. Reine Vermögensverwaltung – und damit kein wirtschaftlicher Geschäftsbetrieb – liegt in der Regel vor, wenn Vermögen genutzt wird, z. B. Kapitalvermögen verzinslich angelegt oder unbewegliches Vermögen vermietet oder verpachtet wird (§ 14).

13.9 Angehörige (§ 15 AO)

Die AO verwendet den Begriff des Angehörigen insbesondere in § 82 Abs. 1 Nr. 2 AO **120** (Ausschließung von Amtsträgern) und in § 101 AO (Auskunfts- und Eidesverweigerungsrecht der Angehörigen). Für das materielle Recht können die Einzelsteuergesetze abweichende Regelungen treffen. Angehörige i. S. d. AO sind die in § 15 AO aufgeführten Personen.

Verlobte (§ 15 Abs. 1 Nr. 1 AO) sind Personen, die einander die Ehe versprochen haben (§ 1297 ff. BGB). Mit der Entlobung endet auch die Angehörigeneigenschaft (vgl. § 15 Abs. 2 Nr. 1). Dies gilt auch für Verlobte i. S. d. Lebenspartnerschaftsgesetzes.

Ehegatten (§ 15 Abs. 1 Nr. 2 AO) sind Personen die nach deutschem Recht (§§ 1303 ff. BGB) oder ausländischem Recht verheiratet sind. Bei Scheidung oder anderweitiger Beendigung der Ehe bleibt die Angehörigeneigenschaft bestehen (§ 15 Abs. 2 Nr. 1 AO). Dies gilt auch für Lebenspartner i. S. d. Lebenspartnerschaftsgesetzes.

Verwandte in gerader Linie (§ 15 Abs. 1 Nr. 3 Alt. 1 AO) sind alle Personen, deren eine von der anderen abstammt (§ 1589 Satz 1 BGB). Das sind Urenkel, Enkel, Kinder, Eltern, Großeltern und Urgroßeltern. Auch nichteheliche Kinder sind mit dem Vater verwandt. Bei Adoption von Minderjährigen bleiben die leiblichen Eltern – entgegen § 1755 BGB – nach § 15 Abs. 2 Nr. 2 weiterhin Angehöriger. Zugleich ist der Minderjährige mit den ihn annehmenden Eltern (und deren Angehörigen) gem. § 15 Abs. 1 AO verwandt. Stiefvater, Stiefmutter und Stiefkinder sind nicht miteinander verwandt (siehe aber § 15 Abs. 1 Nr. 3 Alt. 2 AO).

Verschwägerte in gerader Linie (§ 15 Abs. 1 Nr. 3 Alt. 2 AO): Verschwägert sind die Verwandten eines Ehegatten mit dem anderen Ehegatten (§ 1590 Abs. 1 BGB). Angehörige i. S. d. § 15 Abs. 1 Nr. 3 AO sind jedoch nur Verschwägerte in gerader Linie, also Schwiegereltern, Schwiegergroßeltern, Schwiegerkinder, Schwiegerenkel und Kinder des anderen Ehegatten (Stiefkinder) und deren Kinder und Enkel. Die Angehörigeneigenschaft bleibt bestehen, wenn die die Schwägerschaft begründende Ehe nicht mehr besteht (§ 15 Abs. 2 Nr. 1 AO) oder wenn die Verwandtschaft oder Schwägerschaft durch Annahme als Kind erloschen ist (§ 15 Abs. 2 Nr. 2 AO).

Geschwister (§ 15 Abs. 1 Nr. 4 AO) sind Personen, die mindestens einen Elternteil gemeinsam haben. Auch hier gilt § 15 Abs. 2 Nr. 2 AO. Stiefbruder und Stiefschwester sind keine Geschwister.

Kinder der Geschwister (§ 15 Abs. 1 Nr. 5 AO) sind Nichten und Neffen. Vgl. auch § 15 Abs. 2 Nr. 2 AO.

Ehegatten oder Lebenspartner der Geschwister und Geschwister der Ehegatten oder Lebenspartner (§ 15 Abs. 1 Nr. 6 AO) sind Schwager und Schwägerin. Die Angehörigeneigenschaft bleibt nach § 15 Abs. 2 Nr. 1 und 2 bestehen. Keine Angehörigen sind dagegen die Ehegatten der Geschwister des Ehegatten.

Geschwister der Eltern (§ 15 Abs. 1 Nr. 7 AO) sind Onkel und Tante. Auch hier gilt § 15 Abs. 2 Nr. 2 AO.

Pflegeeltern und Pflegekinder (§ 15 Abs. 1 Nr. 8 AO) sind Personen, die durch ein auf längere Dauer angelegtes Pflegeverhältnis mit häuslicher Gemeinschaft wie Eltern und Kind miteinander verbunden sind. Die Angehörigeneigenschaft dauert auch fort, wenn die häusliche Gemeinschaft nicht mehr besteht, sofern die Personen weiterhin wie Eltern und Kind miteinander verbunden sind (§ 15 Abs. 2 Nr. 3 AO).

Weitere Einzelheiten siehe im AEAO zu § 15.

Übersicht Angehörige gem. § 15 AO

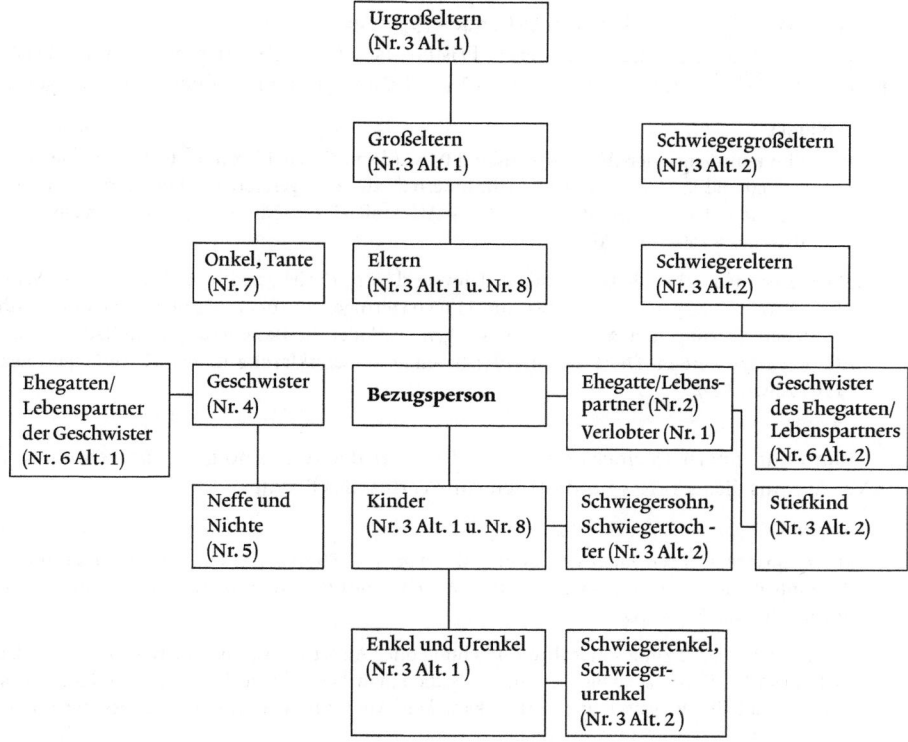

Zum Begriff des **nahen Angehörigen** siehe Rz. 610.

14 Fristen und Termine (§§ 108–109 AO)

14.1 Allgemeines

Bei einer **Frist** handelt es sich um einen bestimmten, begrenzten Zeit**raum**, in dem die **121** Vornahme einer rechtlich erheblichen Handlung gefordert wird. Das Versäumnis einer Frist hat oftmals entscheidende Folgen.

Ein **Termin** ist ein nach Jahr, Monat und Tag bestimmter Zeit**punkt**, an dem eine gewisse **122** Handlung vorzunehmen ist oder eine Wirkung eintritt. Termine haben im Steuerrecht nur eine geringe Bedeutung. In der Regel wird mit einem »Termin« nur das Ende einer Frist bestimmt.

BEISPIEL

Bei einer Änderung eines Einkommensteuerbescheides ergibt sich eine Nachzahlung, die zum 20.07.04 fällig ist. Hierbei handelt es sich nicht um einen echten Termin, sondern um das Ende der Zahlungsfrist, da der Stpfl. jederzeit die Möglichkeit hat, seine Steuerschuld auch schon vor dem 20.07.04 zu begleichen.

Echte Termine sind z. B.

- der Termin für eine Schlussbesprechung (§ 201 Abs. 1 AO) und
- der Termin für die Vorlage von Urkunden (§ 97 Abs. 2 AO).

123 Eine größere Bedeutung haben dagegen Fristen. Ist innerhalb einer bestimmten Frist eine **Pflicht** zu erfüllen, so treten je nach Art der Verpflichtung unterschiedliche Rechtsfolgen ein.

> **BEISPIELE**
>
> a) Die Einkommensteuer-Abschlusszahlung 03 wird mit Bescheid vom 02.09.04 festgesetzt und ist zum 05.10.04 fällig. Zahlt der Stpfl. nicht innerhalb der ihm gesetzten Zahlungsfrist (d. h. bis zum 05.10.04), so entstehen gemäß § 240 Abs. 1 AO kraft Gesetz Säumniszuschläge (Ausnahme: Die Schonfrist des § 240 Abs. 3 AO greift).
>
> b) Unternehmer A hat die Umsatzsteuer-Jahreserklärung für 03 gemäß § 149 Abs. 2 AO i. V. m. § 18 Abs. 3 Satz 1 UStG grundsätzlich bis zum 31.05.05 abzugeben. Tut er dies nicht, so kann die Abgabe der Steuererklärung gem. § 328 AO erzwungen und/oder die Besteuerungsgrundlagen gem. § 162 AO geschätzt werden. Die Frist zur Abgabe einer Steuererklärung ist jedoch verlängerungsfähig (§ 109 Abs. 1 AO).

Kann nur innerhalb einer bestimmten Frist ein **Recht** geltend gemacht werden, so führt das Versäumnis dieser Frist grundsätzlich zum Verlust des Rechtes.

> **BEISPIELE**
>
> a) Ein Einspruch gegen einen Verwaltungsakt ist gem. § 355 Abs. 1 AO innerhalb eines Monats nach Bekanntgabe einzulegen. Legt der Stpfl. erst nach Ablauf dieser Frist Einspruch ein, so ist dieser unzulässig nach § 358 AO.
>
> b) Eine Steuerfestsetzung sowie ihre Aufhebung oder Änderung ist nur innerhalb der Festsetzungsfrist der §§ 169 ff. AO zulässig. Versäumt z. B. die Finanzbehörde die Änderung eines Steuerbescheides innerhalb dieser Festsetzungsfrist, so kann kein Änderungsbescheid mehr erlassen werden.

14.2 Fristarten und die Verlängerung von Fristen (§ 109 AO)

124 Man unterscheidet zwischen **gesetzlichen** und **behördlichen** Fristen: **Gesetzliche Fristen** ergeben sich, wie der Name schon sagt, unmittelbar aus dem Gesetz.

> **BEISPIELE**
>
> Die Einspruchsfristen gem. § 355 Abs. 1 AO und § 356 Abs. 2 AO, die Antragsfrist gem. § 100 Abs. 2 AO, die Festsetzungsfristen gem. § 169 Abs. 2 AO, die Zahlungsfrist gem. § 220 Abs. 1 AO i. V. m. § 36 Abs. 4 Satz 1 EStG, die Frist zur Abgabe von Steuererklärungen gem. § 149 Abs. 2 AO oder zur Abgabe von Steueranmeldungen (§§ 167 f. AO i. V. m. § 18 Abs. 2 UStG oder § 41 a Abs. 1 Nr. 1 EStG).

Behördliche Fristen sind Fristen, die von den Finanzbehörden aufgrund einer allgemeinen oder konkreten gesetzlichen Ermächtigung autonom festgesetzt werden.

> **BEISPIELE**
>
> Die Stundungsfrist gem. § 222 AO, die Frist gem. § 93 Abs. 1 AO und § 97 AO zur Erteilung einer Auskunft oder zur Vorlage einer Urkunde, die Präklusionsfrist gem. § 364 b AO.

125 § 109 AO bestimmt, dass **Fristen zur Einreichung von Steuererklärungen** und **behördliche Fristen verlängert** werden können. Sind solche Fristen bereits abgelaufen, so können sie rückwirkend verlängert werden, insbesondere wenn es unbillig wäre, die durch den Fristablauf eingetretenen Rechtsfolgen bestehen zu lassen. Die rückwirkende Verlängerung hat zur Folge, dass die zunächst eingetretenen Rechtsfolgen (z. B. die Entstehung von Säumniszuschlägen) entfallen.

Sind gesetzliche Fristen nicht verlängerbar, so spricht man von **Ausschlussfristen**. Für solche Fristen kann lediglich Wiedereinsetzung in den vorigen Stand gewährt werden, wenn die Voraussetzungen des § 110 AO erfüllt sind. Dies gilt z. B. für die Einspruchsfrist gem. § 355 Abs. 1 AO, die Antragsfrist gem. § 110 Abs. 2 AO, die Klagefrist gem. § 47 FGO, die Frist zum Antrag auf schlichte Änderung § 172 Abs. 1 Nr. 2 Buchst. a AO.

Der durch das Gesetz zur Modernisierung des Besteuerungsverfahrens neu eingefügte § 109 Abs. 2 AO, der für Besteuerungszeiträume ab 2018 gilt, bestimmt, dass in den Fällen des § 149 Abs. 3 und 4 AO n. F. (der ebenfalls für Besteuerungszeiträume ab 2018 greift) eine Verlängerung der Frist zur Abgabe von Steuererklärungen nur möglich ist, falls der Stpfl. ohne Verschulden verhindert ist oder war, die Steuererklärungsfrist einzuhalten. Dabei ist das Verschulden eines Vertreters oder eines Erfüllungsgehilfen ihm zuzurechnen.

BEISPIEL

Der Gewerbetreibende X hat Steuerberater S mit der Hilfeleistung in Steuersachen beauftragt.
a) Bis wann muss er seine ESt-Erklärung 2018 abgeben?
Gem. § 149 Abs. 2 AO n. F. ist die ESt-Erklärung 2018 bis zum 31.07.2019 abzugeben, soweit der Stpfl. – wie hier – einen Steuerberater beauftragt hat, gem. § 149 Abs. 3 Nr. 1 AO n. F. bis zum letzten Tag des Februars 2020. Siehe dazu ausführlich Rz. 1092 c ff.

b) Kann die Frist über den Februar 2020 hinaus verlängert werden?
Über diesen Tag hinaus kommt eine Verlängerung der Erklärungsfrist nach § 109 Abs. 2 Nr. 1 AO n. F. nur in Betracht, wenn X (oder sein Vertreter S) ohne Verschulden verhindert ist oder war, die Frist einzuhalten. Dies wird nur sehr selten der Fall sein.

Der letzte Absatz des § 109 AO sieht die Möglichkeit vor, die Verlängerung der Frist von einer **Sicherheitsleistung** abhängig zu machen oder mit einer Nebenbestimmung nach § 120 AO zu verbinden.

BEISPIEL

Dem Antrag eines Stpfl. auf Stundung der Einkommensteuer-Abschlusszahlung wird stattgegeben, da der Stpfl. vorübergehend zahlungsunfähig ist und die übrigen Voraussetzungen einer Stundung ebenfalls vorliegen. Gem. § 222 Satz 2 AO soll (nicht: muss!) die Stundung gegen eine Sicherheitsleistung gewährt werden.

Zur **Fristsetzung gem. § 364 b** (sog. Präklusionsfrist) siehe Rz. 2652 ff.   **126**

14.3 Fristberechnung

Für die **Berechnung von Fristen** gelten gem. § 108 Abs. 1 AO die §§ 187 bis 193 BGB ent-   **127**
sprechend, falls nicht die Sondervorschriften des § 108 Abs. 2–5 AO greifen. Für die Berechnung ist entscheidend, welcher Tag als **Anfangstag** gilt. Dies wiederum richtet sich danach, ob für den Anfang der Frist ein Ereignis (Ereignisfrist § 187 Abs. 1 BGB) oder der Beginn eines Tages (Tagesbeginnfrist § 187 Abs. 2 BGB) maßgebend ist.

Bei **Ereignisfristen** wird der Tag, in den das Ereignis fällt, nicht mitgerechnet. Die Frist beginnt also erst mit Ablauf des betreffenden Tages. Die meisten, steuerlich bedeutsamen Fristen fallen hierunter. Bei **Tagesbeginnfristen** beginnt die Frist bereits am ersten Tag zu laufen, d. h. der erste Tag wird bereits mitgerechnet. Diese Art von Fristen ist im Steuerrecht eher selten zu finden.

BEISPIELE

a) Ein Einkommensteuerbescheid wird mittels Postzustellungsurkunde am 14.10. (10.15 Uhr) zugestellt.

LÖSUNG Gem. § 355 Abs. 1 AO beträgt die Rechtsbehelfsfrist einen Monat ab Bekanntgabe des Steuerbescheides. Maßgebendes Ereignis ist die Bekanntgabe am 14.10., die Einspruchsfrist beginnt demnach mit Ablauf des 14.10., § 108 Abs. 1 AO i. V. m. § 187 Abs. 1 BGB (Ereignisfrist).

b) Für die Besteuerung der Leibrenten nach § 22 EStG ist das bei Beginn der Rente vollendete Lebensjahr von Bedeutung. Ein am 14.09.1945 geborener Stpfl. erhält ab dem 14.09.2009 eine Rente. Gem. § 187 Abs. 2 Satz 2 BGB zählt der Tag der Geburt (14.09.1945) mit, so dass der Stpfl. am 13.09.2009 (24.00 Uhr) sein 64. Lebensjahr vollendet (Tagesbeginnfrist).

c) Eine Einkommensteuernachzahlung wird ab dem 01.03. gestundet. Gem. § 238 Abs. 1 AO sind die Stundungszinsen ab dem 01.03. zu berechnen (Tagesbeginnfrist).

128 Das **Fristende** richtet sich nach der Fristdauer. Eine nach **Tagen** bestimmte Frist (z. B. Schonfrist von drei Tagen bei Säumniszuschlägen gem. § 240 Abs. 3) endet gem. § 188 Abs. 1 BGB mit dem Ablauf des letzten Tages der Frist (um 24.00 Uhr).

Im Falle einer **Ereignisfrist** endet eine nach **Wochen, Monaten** oder **Jahren** bestimmte Frist mit dem Ablauf desjenigen Tages der letzten Woche, des letzten Monats oder des letzten Jahres, der in seiner Benennung oder Zahl dem Ereignistag entspricht § 188 Abs. 2, 1. HS BGB.

BEISPIEL

Ein am 26.05. mit einfachem Brief abgesandter Steuerbescheid gilt gemäß § 122 Abs. 2 Nr. 1 AO »mit dem dritten Tag nach der Aufgabe zur Post« als bekannt gegeben, hier also am 29.05. Gem. § 187 Abs. 1 BGB i. V. m. § 108 Abs. 1 AO beginnt die Rechtsbehelfsfrist daher mit Ablauf des 29.05. Fristdauer ist nach § 355 Abs. 1 AO ein Monat, so dass die Rechtsbehelfsfrist gem. § 188 Abs. 2, 1. HS BGB i. V. m. § 108 Abs. 1 AO mit Ablauf des 29.06. (der der »Zahl« des Ereignistages entspricht) endet.

Im Falle einer **Tagesbeginnfrist** endet die Frist mit dem Ablauf desjenigen Tages der letzten Woche, des letzten Monats oder des letzten Jahres, der durch seine Benennung oder Zahl dem Anfangstag der Frist vorhergeht § 188 Abs. 2, 2. HS BGB.

BEISPIEL

Der Stpfl. X ist am 01.01.1952 gegen 21.30 Uhr geboren worden. Ist ihm für das Kj 2016 ein Altersentlastungsbetrag gem. § 24 a EStG zu gewähren?

LÖSUNG Das ist nur dann der Fall, wenn X vor dem Beginn des Kj 2016 das 64. Lebensjahr vollendet hat (§ 24 a Satz 3 EStG). Nach § 108 Abs. 1 AO i. V. m. § 188 Abs. 2, 2. HS BGB vollendet X sein 64. Lebensjahr mit Ablauf des 31.12.2015. Der Tag der Geburt zählt bei der Tagesbeginnfrist mit. Der 31.12. ist der Tag vor dem 01.01. Soweit die übrigen Voraussetzungen des § 24 a EStG gegeben sind, ist dem X der Altersentlastungsbetrag für das Kj 2016 zu gewähren.

Fehlt bei einer nach Monaten bestimmten Frist im letzten Monat der für den Ablauf maßgebende Tag, so endet die Frist mit dem Ablauf des letzten Tages dieses Monats § 188 Abs. 3 BGB.

BEISPIEL

Ein Steuerbescheid wird am 31.01. bekannt gegeben.

LÖSUNG Gem. § 187 Abs. 1 BGB beginnt die Rechtsbehelfsfrist mit Ablauf des 31.01. und müsste regulär am »31.02.« enden. Da es dieses Datum nicht gibt, endet die Rechtsbehelfsfrist gem. § 188 Abs. 3 BGB mit Ablauf des 28.02. bzw. in einem Schaltjahr mit Ablauf des 29.02.

Fällt das Ende einer Frist auf einen **Sonntag**, einen **gesetzlichen Feiertag** oder einen **Samstag**, so endet die Frist gem. § 108 Abs. 3 AO (und dem inhaltsgleichen § 193 BGB) mit Ablauf des nächsten Werktages. Diese Regelung gilt auch für die Drei-Tage-Regelung des § 122 Abs. 2 Nr. 1 und 2 a AO sowie für § 122 Abs. 2 Nr. 2 und § 123 Satz 2 AO und für die Festsetzungsfrist (AEAO zu § 108 Nr. 2; BFH vom 20.01.2016, BStBl II 2016, 380).

BEISPIELE

a) Ein am Donnerstag den 15.09. mit einfachem Brief abgesandter Steuerbescheid gilt gem. § 122 Abs. 2 Nr. 1 AO am 18.09. als bekannt gegeben. Da dies ein Sonntag ist, greift § 108 Abs. 3 AO: Die Drei-Tages-Frist endet mit Ablauf des nächsten Werktages, also mit Ablauf des 19.09. (Montag). Die Einspruchsfrist beginnt also mit Ablauf des 19.09. und endet mit Ablauf des 19.10.

b) Fälligkeitstag ist ein Mittwoch. Die Schonfrist des § 240 Abs. 3 AO von drei Tagen endet somit am darauffolgenden Samstag. Da die Schonfrist des § 240 Abs. 3 eine echte Frist ist, gilt auch hier die Regelung des § 108 Abs. 3 AO (Feiertagsregelung), folglich wird das Ende der Schonfrist auf den Ablauf des nächsten Werktages (Montag) hinausgeschoben.

14.4 Prüfungsschema zur Berechnung der Einspruchsfrist

Am häufigsten ist in der Praxis die Einspruchsfrist § 355 zu berechnen. Dazu folgendes **129** Prüfungsschema:

1. **Fristdauer:**
   – ein Monat (§ 355 Abs. 1 Satz 1 AO), bei unterbliebener oder unrichtig erteilter Rechtsbehelfsbelehrung ein Jahr (§ 356 Abs. 2 AO). Vgl. Rz. 2505 f.
2. **Fristbeginn:**
   – Bekanntgabe des Verwaltungsaktes (§ 355 Abs. 1 AO). Die Frist beginnt mit Ablauf des Tages, an dem der Verwaltungsakt bekannt gegeben worden ist (§ 187 Abs. 1 BGB).
   – Maßgeblicher Zeitpunkt der Bekanntgabe ist grundsätzlich der Zeitpunkt des tatsächlichen Zugangs, § 122 Abs. 1 und § 124 Abs. 1 AO (z. B. die tatsächliche Übergabe bei einer Zustellung mit Postzustellungsurkunde).
   – Im Regelfall greift jedoch § 122 Abs. 2 Nr. 1 AO (siehe dazu Rz. 1282 ff. und 2543 ff.). § 108 Abs. 3 AO ist ggf. anzuwenden (siehe Rz. 128).
   – Ist der Verwaltungsakt nichtig oder nicht wirksam bekannt gegeben, beginnt und läuft die Frist des § 355 AO überhaupt nicht (siehe Rz. 1302).
3. **Fristablauf:**
   – § 187 Abs. 1 und § 188 Abs. 2 BGB, die Frist endet nach einem Monat mit Ablauf des Tages der seiner Zahl nach dem Tag entspricht, an dem der Verwaltungsakt bekannt gegeben worden ist.
   – § 188 Abs. 3 BGB bei »fehlendem« Tag.
   – § 108 Abs. 3 AO bei Sonnabend, Sonntag oder Feiertag.
4. **Ergebnis:**
   – Ist der Einspruch innerhalb der Frist eingegangen, ist er insoweit zulässig (§ 358 Satz 1 AO).
   – Ist der Einspruch nicht innerhalb der Frist eingegangen, ist ggf. § 110 AO zu prüfen (Wiedereinsetzung in den vorigen Stand, vgl. Rz. 130 ff.).

15   Wiedereinsetzung in den vorigen Stand (§ 110 AO)

15.1   Allgemeines

130   Wird eine gesetzliche Frist ohne Verschulden versäumt, so ist dem Stpfl. nach Maßgabe des § 110 AO Wiedereinsetzung in den vorigen Stand zu gewähren. Bei der Versäumung gesetzlicher Fristen im Finanzprozess greift § 56 FGO, der § 110 AO im Wesentlichen entspricht.

Die Wiedereinsetzung in den vorigen Stand hat folgende Voraussetzungen:
- Versäumung einer gesetzlichen Frist (vgl. 15.2.),
- ohne Verschulden (vgl. 15.3.),
- Nachholung der versäumten Handlung und ggf. Wiedereinsetzungsantrag innerhalb der Fristen des § 110 Abs. 2 und 3 AO (vgl. 15.4.).

Wird Wiedereinsetzung gewährt, hat dies zur Folge, dass der Stpfl. so gestellt wird, als sei die Frist gewahrt.

15.2   Versäumung einer gesetzlichen Frist

131   § 110 AO umfasst grundsätzlich alle gesetzlichen Fristen, also Fristen, die unmittelbar durch Gesetz (§ 4 AO) geregelt sind. Die Vorschrift gilt jedoch nur für Fristen, die »einzuhalten« sind, also nur für sog. Handlungsfristen. Der häufigste Fall ist die Einspruchsfrist gem. § 355 AO. Weitere Fristen i. S. d. § 110 Abs. 1 AO sind Fristen gem. § 110 Abs. 2 AO, § 172 Abs. 1 Nr. 2 Buchst. a AO, § 364 b AO und § 13 a Abs. 2 EStG. Wiedereinsetzung ist dagegen bei Festsetzungs- oder Feststellungsfristen (§§ 169 ff. AO) nicht möglich, weil sie keine Handlungsfristen sind (AEAO § 110 Nr. 1 und BFH vom 24. 01. 2008 BStBl II 2008, 462). Umstritten ist, ob § 110 auch für Steuererklärungsfristen gilt. M. E. kann in solchen Fällen die Frist rückwirkend gem. § 109 Abs. 1 verlängert werden. Auf Zahlungsverjährungsfristen (§§ 228 ff. AO) ist § 110 seinem Sinn nach nicht anwendbar.

15.3   Ohne Verschulden

15.3.1 Allgemeines

132   Die Frist muss ohne Verschulden versäumt worden sein. Begehrt der Stpfl. Wiedereinsetzung, muss er sich exkulpieren, er muss einen Wiedereinsetzungsgrund glaubhaft machen. Das heißt, er muss darlegen, dass weder ihn selbst noch sein Vertreter (§ 110 Abs. 1 Satz 2 AO) ein Verschulden an der Fristversäumnis trifft.

Verschulden ist Vorsatz oder Fahrlässigkeit. Vorsätzlich handelt, wer die Frist mit Wissen und Wollen versäumt (ganz selten). Fahrlässig handelt, wer die gebotene und ihm zumutbare Sorgfaltspflicht bei der Pflichtwahrung außer Acht lässt und dadurch die Frist versäumt. Bereits einfache Fahrlässigkeit ist schädlich. **Die Fristversäumnis ist also nur dann entschuldigt, wenn sie durch äußerste, den Umständen des Falls angemessene, zumutbare Sorgfalt nicht verhindert werden konnte.**

Die Voraussetzung »ohne Verschulden« ist häufig problematisch. Es gibt hierzu eine umfangreiche Rechtsprechung, die jedoch nur mit Vorsicht verallgemeinert werden darf. Es ist jeweils auf den Einzelfall und auf die persönlichen Verhältnisse abzustellen. In Praxis und Klausur ist die Entscheidung über die Wiedereinsetzung in den vorigen Stand unter Heranziehung aller Umstände eingehend zu begründen.

15.3.2 Einzelfälle

Arbeitsüberlastung stellt grundsätzlich keinen Grund für eine Wiedereinsetzung dar **133** (BFH vom 31.10.1996 BFH/NV 1997, 695). Dies gilt auch für **persönliche Schwierigkeiten** und Sorgen mit Ausnahme schwerwiegender seelischer Belastungen (vgl. BFH vom 20.09.1996 BFH/NV 1997, 40 m. w.Nw.).

Der Normalbürger braucht bei **vorübergehender Abwesenheit** von der ständigen Wohnung, z. B. wegen Urlaubs, grundsätzlich keine besonderen Vorkehrungen hinsichtlich möglicher Zustellungen von Bescheiden zu treffen, sofern die Abwesenheit nicht länger als sechs Wochen währt (ständige Rechtsprechung; vgl. nur BVerfG HFR 1976, 331).

Bei längerer Abwesenheit ist i. d. R. die Erteilung eines Postnachsendeauftrags oder die Einschaltung eines Vertreters zumutbar. Ein Geschäftsmann (Geschäftsführer einer GmbH) handelt dagegen i. d. R. schuldhaft, wenn er bei (längerer) Abwesenheit keine besonderen Vorkehrungen trifft. Im Gegensatz zum Normalbürger muss er grundsätzlich immer mit dem Zugang wichtiger Schreiben rechnen.

BEISPIELE

Stpfl. X (Arbeitnehmer) macht vom
a) 03.12.03 bis 13.01.04
b) 06.12.03 bis 13.01.04
c) 03.12.03 bis 01.01.04
Urlaub im Ausland. Der ihn betreffende ESt-Bescheid 02 wird ihm gegenüber am 04.12.03 bekannt gegeben. Die Einspruchsfrist läuft am 06.01.03 ab. X legt am 20.01.04 Einspruch ein und beantragt aufgrund seines Urlaubs Wiedereinsetzung.

LÖSUNG

a) X ist Wiedereinsetzung zu gewähren, da er die Einspruchsfrist aufgrund seines Urlaubs versäumt hat und die Abwesenheit nicht länger als sechs Wochen gedauert hat. Als Arbeitnehmer musste er keine besonderen Vorkehrungen (Vertreter, Postnachsendeauftrag) treffen. Es liegt daher keine Sorgfaltspflichtverletzung und damit kein fahrlässiges Handeln bei der Fristwahrung vor.

b) X war es zumutbar, am 04. bis 06.12.03 Einspruch einzulegen. Insoweit hat er die Frist zumindest fahrlässig versäumt.

c) Hier gilt das Gleiche wie bei b): X hätte am 01. bis 03.01.04 das Einspruchsschreiben abschicken können.

Hohes Alter des Stpfl. verbunden mit körperlichen und geistigen Gebrechen kann im Einzelfall zu einer Wiedereinsetzung führen (FG Düsseldorf EFG 1995, 297).

Die **fehlerhafte Anbringung des Rechtsbehelfs** beruht i. d. R. auf einem Verschulden des Stpfl. bzw. seines Vertreters (Beispiele: Verwechslung der Briefkästen bei im gleichen Gebäude untergebrachtem Finanzamt und Amtsgericht; falsche Adressierung des Einspruchs; Anbringung des Einspruchs bei einem unzuständigen Finanzamt, vgl. BFH vom 15.09.1992 BFH/NV 1993, 219 und BFH/NV 2015, 42). Kann jedoch die Behörde leicht und einwandfrei erkennen, dass sie für einen bei ihr eingegangenen Einspruch nicht und welche Finanzbehörde zuständig ist, hat sie diesen Einspruch unverzüglich an die zuständige Finanzbehörde weiterzuleiten. Geschieht dies nicht und wird dadurch die Einspruchsfrist versäumt, kommt eine Wiedereinsetzung in Betracht (BVerfG vom 02.09.2002 BStBl II 2002, 835 und AEAO zu § 357 Nr. 2).

Ein **Irrtum über die materielle Rechtslage** rechtfertigt eine Wiedereinsetzung nicht. Meint der Stpfl. zunächst, ein Einspruch werde aufgrund der unsicheren Sach- und Rechtslage keinen Erfolg haben und besinnt sich später eines anderen, hat er vorsätzlich die Frist versäumt. In solchen Fällen ist es ihm zuzumuten, den Einspruch zumindest vorsorglich einzulegen.

Ein **Irrtum über den Fristablauf** rechtfertigt eine Wiedereinsetzung (ausnahmsweise) nur dann, wenn dem Betroffenen trotz gebotener und zumutbarer Sorgfalt die Dauer der Frist oder die Frist als solche nicht bekannt war und nicht bekannt sein konnte (vgl. BFH vom 22.05.2006 BFH/NV 2006, 1982).

Krankheit kann einen Wiedereinsetzungsgrund darstellen, wenn sie so schwer, unvermutet und plötzlich war, dass der Stpfl. die notwendige Erklärung nicht selbst oder durch einen Dritten rechtzeitig abgeben konnte (vgl. BFH vom 09.11.1999 BFH/NV 2000, 583 und BFH/NV 2006, 579). Dies kann z. B. der Fall sein bei Diabetesschock mit Nachwirkungen oder Herzinfarkt.

Der Stpfl. darf die **Frist bis zum letzten Tag ausnutzen**. Er muss jedoch dafür Sorge tragen, dass seine Erklärung spätestens bis zum Ablauf des letzten Tages im Finanzamt eingeht (z. B. durch persönliche Abgabe im Finanzamt oder durch Übermittlung mit Telefax). Eine auch nur kurze Fristüberschreitung ist kein Wiedereinsetzungsgrund. Auch die Nichtbeachtung der normalen Brieflaufzeiten (vgl. BFH vom 07.05.1996 BFH/NV 1997, 34) oder die Unterfrankierung mit Annahmeverweigerung exkulpiert den Stpfl. nicht (vgl. BFH vom 11.12.1989 BStBl II 1987, 303).

Verwendet der Stpfl. **Telefax** (oder andere moderne Kommunikationsmittel), muss er alle gebotenen und zumutbaren Maßnahmen für den sicheren und rechtzeitigen Zugang beim Finanzamt treffen (vgl. BFH vom 29.11.1995 BStBl II 1996, 140, BFH vom 19.03.1996 BFH/NV 1996, 818 m. w. Nw., 824 m. w. Nw.). Der Stpfl. bzw. Berater kann sich, ohne dass ihn deswegen ein Verschulden i. S. d. § 110 Abs. 1 AO trifft, auf die vom FA eröffnete Zugangsmöglichkeit per Telefax verlassen, auch wenn er erst am letzten Tag einer Frist tätig werden will. Scheitert die Übertragung per Telefax aufgrund einer technischen Störung des Empfangsgeräts (des Finanzamts), muss er nicht alle denkbaren Übermittlungsalternativen wahrnehmen, sondern nur die ihm im Einzelfall zumutbaren (vgl. FG Düsseldorf vom 23.07.1999 EFG 1999, 1059). Dies gilt für die Einlegung eines Einspruchs per **E-Mail** entsprechend.

15.3.3 Verschulden des Vertreters

134   Das Verschulden eines Vertreters ist dem Vertretenen zuzurechnen (§ 110 Abs. 1 Satz 2 AO). Der Begriff Vertreter ist weit auszulegen. Darunter fallen insbesondere die gesetzlichen Vertreter (vgl. § 34 AO) und die rechtsgeschäftlichen Vertreter (z. B. Handlungsbevollmächtigte, Prokuristen und Bevollmächtigte gem. § 80 AO).

Das Verschulden von bloßen **Hilfspersonen**, die keine Vertretungsmacht haben, also keine eigenen Willenserklärungen abgeben können, ist dem Stpfl. dagegen nicht zuzurechnen. § 278 BGB ist nicht anzuwenden. Schaltet der Stpfl. eine Hilfsperson ein, ist zu prüfen, ob nicht den Stpfl. selbst ein Verschulden trifft, insbesondere in Form eines Auswahl-, Überwachungs- oder Organisationsverschuldens.

> **BEISPIEL** ━━
>
> Der Steuerberater (S) des Stpfl. X hat Empfangsvollmacht für alle Bescheide, die den X betreffen. Die Frist zur Einlegung eines Einspruchs gegen den ESt-Bescheid 02 wird aufgrund eines Versehens der Angestellten A des S versäumt. Ist dem X Wiedereinsetzung zu gewähren?
>
> **LÖSUNG** X selbst trifft kein Verschulden, da er den Steuerberater S mit der Abwicklung seiner steuerlichen Belange beauftragt hat. Das Versehen (Verschulden) der A kann X nicht zugerechnet werden. Zum einen ist A nicht Vertreterin des X. Dies ist allein S. Zum anderen greift § 278 BGB im Zusammenhang mit der Wiedereinsetzung nicht: Das Verschulden der A darf hier nach einhelliger Mei-

nung nicht dem S und dann gem. § 110 Abs. 1 Satz 2 AO dem X zugerechnet werden. Dem X kann nach § 110 Abs. 1 Satz 2 AO nur ein Verschulden des S zugerechnet werden. Fraglich ist also, ob S vorsätzlich oder fahrlässig gehandelt hat. S muss sich – wie oben unter 15.3.1 gezeigt – exkulpieren. Er muss darlegen, dass er die A sorgfältig ausgewählt und überwacht hat und auch ansonsten sein Büro ordnungsgemäß organisiert hat, so dass Fristversäumnisse ausgeschlossen sind (vgl. BFH vom 20.06.1996 BFH/NV 1997, 40 m. w.Nw.; BFH vom 27.07.2011 BFH/NV 2011, 1909; BFH vom 14.12.2011 BFH/NV 2012, 440 f.). Er muss insbesondere glaubhaft machen, dass A bei der Fristwahrung ansonsten zuverlässig war, dass er sie regelmäßig belehrt und überwacht hat (vgl. BFH vom 13.11.1989 BFH/NV 1990, 649), dass A Neueingänge auf Fristsachen durchsieht und dabei die Fristen beachtet, dass eine wirksame Kontrolle geschaffen ist (z.B. Fristenkontrollbuch oder EDV-gestützter Fristenkalender; vgl. BFH vom 19.06.1991 BStBl II 1991, 826, BFH vom 19.03.1996 BFH/NV 1996, 818 m. w.Nw.). Nur bei entsprechenden Nachweisen des S ist dem X Wiedereinsetzung zu gewähren.

15.3.4 Nichtverschulden bei fehlender Begründung und Anhörung (§ 126 Abs. 3 AO)

Nach § 126 Abs. 3 AO gilt die Versäumung der Einspruchsfrist als nicht verschuldet, wenn **135** einem Verwaltungsakt die erforderliche Begründung gem. § 121 AO fehlt oder die erforderliche Anhörung eines Beteiligten gem. § 91 AO vor Erlass des Verwaltungsakts unterblieben ist. Siehe dazu ausführlich mit Beispielen unten Rz. 2504 ff.

15.4 Fristen für die Nachholung der versäumten Handlung und den Antrag

15.4.1 Monatsfrist des § 110 Abs. 2 AO

§ 110 Abs. 2 AO ist unglücklich formuliert. Er besagt, dass der Stpfl. die **versäumte Hand-** **136** **lung** (z.B. die Einlegung eines Einspruchs oder die Stellung eines Antrags) innerhalb eines Monats nach Wegfall des Hindernisses **nachholen** muss. Hindernis ist das (vom Stpfl. nicht verschuldete) Ereignis, aufgrund dessen die Wiedereinsetzung zu gewähren ist. Mit Ablauf des Tages, an dem dieses Hindernis beseitigt ist (z.B. Rückkehr aus dem Urlaub), beginnt die Monatsfrist des § 110 Abs. 2 AO.

Die Wiedereinsetzung in den vorigen Stand hat das Finanzamt von Amts wegen zu prüfen. Sind ihm alle Umstände, die zu einer Wiedereinsetzung führen, bekannt, bedarf es keines Antrags. Der **Antrag gem. § 110 Abs. 2 AO** dient dazu, die Tatsachen zur Begründung der Wiedereinsetzung – insbesondere die Darlegung eines Wiedereinsetzungsgrundes, also des mangelnden Verschuldens (vgl. 15.2) – dem Finanzamt gegenüber glaubhaft zu machen (vgl. § 110 Abs. 2 Satz 2 AO). Die Wiedereinsetzungsgründe sind innerhalb der Monatsfrist darzulegen und glaubhaft zu machen. Dies setzt innerhalb dieser Frist eine substantiierte, in sich schlüssige Darstellung aller entscheidungserheblichen Tatsachen voraus. Nach Ablauf der Frist können Wiedereinsetzungsgründe nicht nachgeschoben werden. Es können dann nur noch unklare Angaben erläutert oder ergänzt werden. (vgl. BFH vom 20.06.1996 BFH/NV 1997, 40 m. w.Nw. und BFH vom 09.11.1999 BFH/NV 2000, 583). **Glaubhaftmachen** ist weniger als beweisen, aber mehr als bloßes Behaupten oder Vortragen. Es ist ein Dartun mit überwiegender Wahrscheinlichkeit. Als Mittel der Glaubhaftmachung kommen alle Beweismittel (vgl. § 92) in Betracht, insbesondere Bescheinigungen, Zeugenaussagen, aber auch eidesstattliche Versicherungen.

Versäumt der Stpfl. die Frist des § 110 Abs. 2 AO ohne Verschulden, ist ihm insoweit Wiedereinsetzung zu gewähren.

BEISPIELE

a) Die Einspruchsfrist für den gegenüber Y (Arbeitnehmer) ergangenen ESt-Bescheid 01 endet am 02.02.03. Y kommt am 06.02.03 nach fünfwöchigem Urlaub auf Teneriffa nach Hause. Bis wann kann Y Einspruch einlegen?

LÖSUNG Y hat die Frist aufgrund seines fünfwöchigen Urlaubs, also ohne Verschulden versäumt. Er hat die Möglichkeit, bis zum Ablauf eines Monats nach Wegfall des Hindernisses i. S. d. § 110 Abs. 2 AO (Rückkehr aus dem Urlaub), d. h. bis zum Ablauf des 06.03.03, die versäumte Handlung nachzuholen, also Einspruch einzulegen. Da das Finanzamt von seinem Urlaub keine Kenntnis hat, muss Y gleichzeitig einen Antrag auf Wiedereinsetzung stellen, in dem er das Finanzamt über seinen Urlaub und seine Rückkehr informiert und dies glaubhaft macht (z. B. durch Beifügung seiner Reiseunterlagen oder Flugtickets).

b) Fortführung von Beispiel a): Am 03.03.03 wird Y wegen einer plötzlich eingetretenen schweren Tropenkrankheit in die Intensivstation des Krankenhauses eingewiesen, das ihn erst am 05.05.03 als geheilt entlässt. Am 01.06.03 legt er gegen den ESt-Bescheid 01 Einspruch ein und beantragt unter Darlegung des o. g. Sachverhalts Wiedereinsetzung in den vorigen Stand.

LÖSUNG Bezüglich der Versäumung der Einspruchsfrist ist dem Y grundsätzlich Wiedereinsetzung zu gewähren. Siehe dazu oben a). Allerdings hat Y den Einspruch nicht innerhalb der Frist des § 110 Abs. 2 AO eingelegt. Dies ist dann unbeachtlich, wenn auch bezüglich dieser Frist eine Wiedereinsetzung gerechtfertigt ist. Die Frist des § 110 Abs. 2 AO ist eine gesetzliche Frist i. S. d. § 110 AO. Y hat diese ohne Verschulden versäumt, da er aufgrund seines Krankenhausaufenthaltes daran gehindert war, rechtzeitig Einspruch einzulegen. Weil er den Einspruch am 01.06.03 eingelegt hat und gleichzeitig einen Antrag auf Wiedereinsetzung gestellt hat, hat er die Monatsfrist des § 110 Abs. 2 AO, die mit Rückkehr aus dem Krankenhaus mit Ablauf des 05.05.03 beginnt und mit Ablauf des 05.06.03 endet, gewahrt. Ihm ist daher (zweimal) Wiedereinsetzung in den vorigen Stand zu gewähren. Sein Einspruch scheitert nicht an § 355 AO.

15.4.2 Jahresfrist des § 110 Abs. 3 AO

137   Nach § 110 Abs. 3 AO kann die Wiedereinsetzung nach einem Jahr seit dem Ende der versäumten Frist nicht mehr beantragt oder die versäumte Handlung nicht mehr nachgeholt werden, außer wenn dies vor Ablauf der Jahresfrist infolge höherer Gewalt unmöglich war. Siehe dazu Rz. 2504 Beispiel b).

15.5   Entscheidung über die Wiedereinsetzung und Rechtsfolge

138   Liegen die Voraussetzungen des § 110 AO vor, hat der Stpfl. einen Anspruch auf Wiedereinsetzung in den vorigen Stand. Über seinen Antrag entscheidet die Finanzbehörde, die über die versäumte Handlung zu befinden hat (§ 110 Abs. 4 AO). Im Einspruchsverfahren ist das die Behörde, die gem. § 367 Abs. 1 AO über den Einspruch entscheidet. Bei Fristversäumnis muss die Behörde prüfen, ob Wiedereinsetzungsgründe vorliegen. Sie darf den Einspruch wegen Fristversäumung nicht als unzulässig verwerfen, ohne den Stpfl. auf den verspäteten Eingang des Einspruchs hingewiesen und ihm Gelegenheit gegeben zu haben, sich hierzu zu äußern.

Über die Wiedereinsetzung wird nicht in einem besonderen Verfahren entschieden. Ihre Gewährung oder Versagung ist unselbstständiger Bestandteil der Entscheidung zur Hauptsache. Wird die Wiedereinsetzung versagt, wird der Einspruch durch Einspruchsentscheidung als unzulässig verworfen. Wird Wiedereinsetzung gewährt, hat dies zur Folge, dass der Stpfl. so gestellt wird, als sei die Frist nicht versäumt.

139 – 239
frei

Teil B Die Zuständigkeit der Finanzbehörden

1 Allgemeines

Jeder Behörde ist ein bestimmter Aufgabenbereich zugewiesen. Innerhalb dieses Bereichs **240** hat die Behörde das Recht und die Pflicht tätig zu werden. Sie ist für den ihr zugewiesenen Aufgabenkreis zuständig. Zuständigkeit ist die **Zuordnung einer** (öffentlich-rechtlichen) **Aufgabe zu einer** bestimmten **Behörde. Eine Behörde hat nur dann das Recht und die Pflicht eine Aufgabe wahrzunehmen, wenn sie (zugleich)**

- sachlich,
- funktionell und
- örtlich

dafür zuständig ist. Die Zuständigkeit von Finanzbehörden ist geregelt durch das GG, das FVG, die AO (§§ 16–29 AO), und durch Einzelsteuergesetze.

Wie die anfallenden Aufgaben **innerhalb** der Finanzbehörde verteilt werden, ergibt sich aus verwaltungsinternen Anweisungen, für die Finanzämter aus der Geschäftsordnung für die Finanzämter (FAGO), nach der Geschäftsverteilungspläne aufgestellt werden. Aufgrund dieser Geschäftsverteilungspläne werden die Aufgaben bestimmten Bediensteten des Finanzamts übertragen.

2 Die sachliche Zuständigkeit (§ 16 AO)

Die sachliche Zuständigkeit weist einer Behörde Aufgaben der Art, also dem Gegenstand **241** oder »der Sache« nach zu. Danach sind z. B.: die Polizei- und Ordnungsbehörden für die Gewährleistung der öffentlichen Sicherheit und Ordnung (z. B. im Straßenverkehr oder im Baurecht) zuständig, die Arbeitsverwaltung (Agenturen für Arbeit) für die Vermittlung von Arbeitslosen, die Kommunalbehörden für die Angelegenheiten der örtlichen Gemeinschaft (z. B. Gas, Wasser, Strom, Müllabfuhr) etc. Die sachliche Zuständigkeit von Finanzbehörden ergibt sich aus Art. 108 GG. Danach sind diese – ganz allgemein – für die **Verwaltung von Steuern** sachlich zuständig.

Da es jedoch viele verschiedene über- und untergeordnete Finanzbehörden gibt (siehe **242** oben Rz. 85 ff.), muss geklärt werden, welcher Finanzbehörde welche Aufgaben **funktionell** (instanziell) zuzuordnen ist. Die **funktionelle Zuständigkeit** ist eine Unterform der sachlichen Zuständigkeit. Sie ist geregelt in Art. 108 Abs. 1 und Abs. 2 GG, der die Verwaltung der Steuern auf Bundes- und Landesfinanzbehörden aufteilt, und im FVG (siehe Rz. 85 ff. und 35).

Auch die AO enthält einige Normen, die die sachlich-funktionelle Zuständigkeit regeln: § 249 Abs. 1 Satz 3 AO regelt die Zuständigkeit für die Vollstreckung. §§ 386 und 387 AO regeln die Zuständigkeit von Finanzbehörden für die Verfolgung von Steuerstraftaten.

BEISPIELE

a) Die ESt, USt, KSt werden nach Art. 108 Abs. 2 GG von den Landesfinanzbehörden verwaltet. Unter den Landesfinanzbehörden (Landesfinanzministerium, OFD, Finanzamt) ist das **Finanzamt** funktionell zuständig, da gem. § 17 Abs. 2 FVG die Finanzämter als örtliche Landesfinanzbehörden mit der **Verwaltung der Steuern** beauftragt sind.

b) Die **OFD** und das **Finanzministerium** haben dagegen fast ausschließlich **Aufsichts- und Leitungsfunktionen** (§ 2 Abs. 1, § 3 Abs. 2 und § 8 a Abs. 1 FVG).

c) **Im Steuerrecht ist also (fast) immer das Finanzamt funktionell zuständig.**

243 Eine weitere Unterform der sachlichen Zuständigkeit ist die sog. **verbandsmäßige Zuständigkeit** (vgl. AEAO zu § 16 Nr. 2). Danach ist eine Finanzbehörde nur dann sachlich zuständig, wenn sie im Rahmen der Gebietskörperschaft tätig wird, der sie angehört. Allerdings ist die Verwaltungshoheit bei den nicht gebietsgebundenen Steuern (ESt, KSt, USt, etc.) nicht auf die Finanzämter des verbandsmäßig zuständigen Bundeslandes beschränkt: Erteilt z. B. das Finanzamt Mainz einen Einkommensteuerbescheid einem Stpfl., der in Wiesbaden wohnt, so ist das Finanzamt Mainz sachlich als Finanzamt zuständig. Zwar liegt eine Verletzung der örtlichen Zuständigkeit vor (§ 19 Abs. 1 AO). Diese führt für sich allein jedoch nicht zur Aufhebung des Bescheides (§ 127 AO).

Die verbandsmäßige Zuständigkeit hat also nur bei **gebietsgebundenen** Steuern (z. B. GrdSt oder GewSt, die den jeweiligen Gemeinden zufließen) Bedeutung. Sollte also das Finanzamt Mainz einen Grundsteuer-Messbescheid über ein Grundstück in Wiesbaden erteilen, läge ein Verstoß gegen die sachlich-verbandsmäßige Zuständigkeit vor. Der Bescheid wäre gem. § 125 Abs. 1 AO nichtig.

3   Die örtliche Zuständigkeit

3.1   Allgemeines

244 Die örtliche Zuständigkeit regelt, welche von **mehreren** sachlich zuständigen und gleichgeordneten Finanzbehörden die Aufgaben (Verwaltung der Steuern) zu erfüllen hat. Die örtliche Zuständigkeit bestimmt den räumlichen Wirkungsbereich der Behörde. Dieser richtet sich bei Finanzämter nach ihrem Finanzamtsbezirk. Die Vorschriften über die örtliche Zuständigkeit sind von Bedeutung

- für die Steuerpflichtigen/Steuerberater, da diese z. B. ihre Steuererklärungen bei der örtlich zuständigen Behörde abgeben müssen,
- für das Finanzamt, da es nur tätig werden darf (dann aber auch muss), wenn es örtlich zuständig ist und
- für die Länder, da das Aufkommen der Landessteuern und der Länderanteil am Aufkommen der Einkommensteuer und der Körperschaftsteuer den einzelnen Ländern insoweit zustehen, als die Steuern von den Finanzbehörden **in ihrem Gebiet** vereinnahmt werden (örtliches Aufkommen; Art. 107 Abs. 1 GG).

Die örtliche Zuständigkeit richtet sich gem. § 17 AO, soweit nichts anderes bestimmt ist, nach § 18–29 AO. Sie ist für einige Steuerarten im jeweiligen Einzelsteuergesetz bestimmt (z. B. § 35 ErbStG, §§ 39 Abs. 2, 41 a Abs. 1 EStG, § 17 GrEStG). Auch die AO enthält einige Sonderregelungen (z. B. §§ 195, 367, 388 AO).

Die AO regelt zunächst die örtliche Zuständigkeit für gesonderte Feststellungen (§ 18 AO), die Einkommensteuer und Vermögensteuer natürlicher Personen (§ 19 AO), die Körperschaftsteuer und Vermögensteuer juristischer Personen (§ 20 AO), die Steuern vom Einkommen bei Bauleistungen (§ 20 a AO), die Umsatzsteuer (§ 21 AO), die Realsteuern (§ 22 AO) sowie Einfuhr- und Ausfuhrabgaben und Verbrauchsteuern (§ 23 AO). §§ 24–29 a AO normieren Problemfälle, die grundsätzlich bei allen Steuerarten auftreten können.

3.2 Gesonderte Feststellungen (§ 18 AO)

Gemäß § 180 AO werden in bestimmten Fällen Besteuerungsgrundlagen gesondert festgestellt. Siehe dazu unten Rz. 1457 ff. Für diese gesonderten Feststellungen ist örtlich zuständig **245**

- nach § 18 Abs. 1 Nr. 1 AO bei Betrieben der Land- und Forstwirtschaft, bei Grundstücken, Betriebsgrundstücken und Mineralgewinnungsrechten das Finanzamt, in dessen Bezirk das Objekt oder der wertvollste Teil desselben liegt (**Lagefinanzamt**),
- nach § 18 Abs. 1 Nr. 2 AO bei inländischen Gewerbebetrieben das Finanzamt, in dessen Bezirk sich die Geschäftsleitung bzw. beim Fehlen einer solchen Geschäftsleitung eine Betriebsstätte oder bei mehreren Betriebsstätten die wirtschaftlich bedeutendste befindet (**Betriebsfinanzamt**),
- nach § 18 Abs. 1 Nr. 3 AO bei selbständiger Arbeit das Finanzamt, von dessen Bezirk aus die Tätigkeit vorwiegend ausgeübt wird (**Tätigkeitsfinanzamt**),
- nach § 18 Abs. 1 Nr. 4 AO bei einer Beteiligung mehrerer Personen an anderen Einkünften als Einkünfte aus Land- und Forstwirtschaft, aus Gewerbebetrieb oder aus selbständiger Arbeit, die nach § 180 Abs. 1 Nr. 2 a AO gesondert festgestellt werden, das Finanzamt, von dessen Bezirk die Verwaltung der Einkünfte ausgeht (**Verwaltungsfinanzamt**), oder, wenn diese im Geltungsbereich dieses Gesetzes nicht feststellbar ist, das Finanzamt, in dessen Bezirk sich der wertvollste Teil des die Einkünfte hervorbringenden Vermögens befindet.

Lässt sich für eine mehreren Stpfl. gegenüber vorzunehmende gesonderte Feststellung die örtliche Zuständigkeit nicht bestimmen, greift die Zuständigkeit jedes einzelnen Finanzamts ein, das für die Einkommens- und Vermögensbesteuerung der verschiedenen Einkunftsbezieher nach den §§ 19 oder 20 AO zuständig wäre (§ 18 Abs. 2 AO). Folgt hieraus die Zuständigkeit mehrerer Finanzbehörden, entscheidet die Finanzbehörde, die zuerst mit der Sache befasst worden ist (§ 25 AO).

BEISPIELE

a) Ein Stpfl. mit Wohnsitz in Frankfurt/M. unterhält in Darmstadt einen eigenen Gewerbebetrieb, der auch dort geleitet wird, sowie in der Nähe von Rüdesheim einen eigenen landwirtschaftlichen Betrieb. Welche Finanzämter sind für die erforderlichen gesonderten Feststellungen zuständig?

LÖSUNG

Einheitswert des landwirtschaftlichen Betriebs (§ 180 Abs. 1 Nr. 1 AO i. V. m. § 19 Abs. 1 BewG)	FA Rüdesheim als Lagefinanzamt (§ 18 Abs. 1 Nr. 1 AO)
Einkünfte aus Land- und Forstwirtschaft (§ 180 Abs. 1 Nr. 2 Buchst. b AO)	FA Rüdesheim als Lagefinanzamt (§ 18 Abs. 1 Nr. 1 AO)
Einheitswert für das Betriebsgrundstück (§ 180 Abs. 1 Nr. 1 AO i. V. m. § 19 Abs. 1 BewG)	FA Darmstadt als Lagefinanzamt (§ 18 Abs. 1 Nr. 1 AO)
Einkünfte aus Gewerbebetrieb (§ 180 Abs. 1 Nr. 2 Buchst. b AO)	FA Darmstadt als Betriebsfinanzamt (§ 18 Abs. 1 Nr. 2 AO)

b) Ein Stpfl. mit Wohnsitz in Wiesbaden ist Mitinhaber eines Steuerberatungsbüros (Sozietät) in Mainz. Er hat in Erbengemeinschaft mit seinem Bruder ein Mietwohngrundstück in Köln geerbt. Das Mietwohngrundstück wird vom Bruder, der in Köln wohnt, verwaltet. Der Stpfl. selbst ist Eigentümer einer vermieteten Ferienwohnung in Berchtesgaden. Welche Finanzämter sind für die erforderlichen gesonderten Feststellungen zuständig?

LÖSUNG

Einkünfte aus freiberuflicher Tätigkeit (§ 180 Abs. 1 Nr. 2 Buchst. a AO)	FA in Mainz als Tätigkeitsfinanzamt (§ 18 Abs. 1 Nr. 3 AO)
Einkünfte aus Vermietung und Verpachtung aus der Erbengemeinschaft (§ 180 Abs. 1 Nr. 2 Buchst. a AO)	FA in Köln als Verwaltungsfinanzamt (§ 18 Abs. 1 Nr. 4 AO). Hätte der Stpfl. das Mietwohngrundstück selbst verwaltet, wäre das FA Wiesbaden zuständig (§ 18 Abs. 1 Nr. 4 AO).
Einheitswertfeststellung für das Grundstück in Köln (§ 180 Abs. 1 Nr. 1 AO i. V. m. § 19 Abs. 1 BewG)	FA in Köln als Lagefinanzamt (§ 18 Abs. 1 Nr. 1 AO)
Einkünfte aus Vermietung und Verpachtung der Ferienwohnung in Berchtesgaden (keine gesonderte Feststellung)	FA in Wiesbaden als Wohnsitzfinanzamt (§ 19 Abs. 1 Satz 1 AO)
Einheitswertfeststellung für das Grundstück in Berchtesgaden (§ 180 Abs. 1 Nr. 1 AO i. V. m. § 19 Abs. 1 BewG)	FA in Berchtesgaden Lagefinanzamt (§ 18 Abs. 1 Nr. 1 AO)

Zur Bestimmung der örtlichen Zuständigkeit für die gesonderte und einheitliche Feststellung von Einkünften ausländischer Personengesellschaften, an denen inländische Gesellschafter beteiligt sind, vgl. AEAO zu § 18 Nr. 6.

3.3 Steuern vom Einkommen und Vermögen natürlicher Personen (§ 19 AO)

246 Für die Besteuerung natürlicher Personen nach dem Einkommen ist grundsätzlich das Wohnsitzfinanzamt örtlich zuständig. Es ist also darauf abzustellen, in welchem Finanzamtsbezirk der Stpfl. seinen Wohnsitz (§ 8 AO; siehe Rz. 109 ff.) oder in Ermangelung eines solchen seinen gewöhnlichen Aufenthalt (§ 9 AO; siehe Tz. 113 f.) hat. Bei mehreren Wohnsitzen kommt es auf denjenigen an, an dem sich der Stpfl. vorwiegend aufhält; bei Verheirateten (oder Lebenspartnern) ist der Familienwohnsitz maßgebend, sofern die Ehegatten (oder Lebenspartner) nicht dauernd getrennt leben (§ 19 Abs. 1 AO). Ob gemeinsame oder getrennte Veranlagung gewählt wird, ist ohne Bedeutung.

Hat ein Stpfl. weder Wohnsitz noch gewöhnlichen Aufenthalt im Inland, so richtet sich die Zuständigkeit nach der Belegenheit des Vermögens oder nach dem Bezirk, in dem der Stpfl. seine Tätigkeit ausübt oder in dem diese Tätigkeit verwertet wird oder worden ist (§ 19 Abs. 2 AO; vgl. AEAO zu § 19 Nr. 5).

247 **Wenn mehrere Finanzämter** zum Bereich der **Wohnsitzgemeinde** gehören, so etwa in großen Städten, und ein Stpfl. innerhalb dieser Gemeinde Einkünfte aus Land- und Forstwirtschaft, Gewerbebetrieb oder freiberuflicher Tätigkeit erzielt, vermeidet § 19 Abs. 3 AO, dass ein Finanzamt für die gesonderte Feststellung dieser Einkünfte und ein anderes für die persönliche Besteuerung zuständig ist: Als für die gesamte Einkommensbesteuerung zuständiges Finanzamt wird das **Betriebsfinanzamt** bestimmt. Stpfl., die zusammen zu veranlagen sind oder

zusammen veranlagt werden können, gelten dabei als Einheit (**§ 19 Abs. 4 AO**), d. h., wenn einer von beiden etwa Einkünfte aus Gewerbebetrieb bezieht, so ist das Betriebsfinanzamt für die gesamte Besteuerung zuständig. Da das Gesetz darauf abstellt, ob Stpfl. zusammen veranlagt werden »können«, ist es gleichgültig, ob etwa getrennte Veranlagung beantragt wird. Es kann also in den Jahren, in denen eine Zusammenveranlagung nicht beantragt wird, nicht etwa nur aus diesem Grunde ein Zuständigkeitswechsel eintreten.

Die Vorschrift dient insgesamt der Verwaltungsvereinfachung. Innerhalb der Großstädte mit mehreren Finanzämtern werden dadurch gesonderte Gewinnfeststellungen vermieden. Da nach § 19 Abs. 5 AO durch Rechtsverordnung der Landesregierung bestimmt werden kann, dass als »Wohnsitzgemeinde« i. S. d. Absatzes 3 auch ein Gebiet gilt, das mehrere Gemeinden umfasst, ist die Möglichkeit gegeben, den besonderen Verhältnissen in städtischen Ballungszentren Rechnung zu tragen. Vgl. auch AEAO zu § 19 Nr. 2 und 3.

Soweit **Einzelsteuergesetze** Regelungen über die örtliche Zuständigkeit enthalten, gehen **248** diese vor (§ 17). So richtet sich z. B. die Zuständigkeit für die Abgabe der Lohnsteuer-Anmeldungen und der Abführung der Lohnsteuer durch den Arbeitgeber nach § 41 a Abs. 1 EStG und nicht nach § 19 AO.

Für öffentliche Bedienstete, die im Ausland tätig sind (z. B. Diplomaten, Lehrer an deutschen Schulen im Ausland) ist das Finanzamt zuständig, in dessen Bezirk sich die zahlende öffentliche Kasse befindet (vgl. § 19 Abs. 1 Satz 3 AO i. V. m. § 1 Abs. 2 EStG). Das Gleiche gilt in den Fällen des § 1 Abs. 3 EStG bei Personen, die die Voraussetzungen des § 1 Abs. 2 Satz 1 Nr. 1 und 2 EStG erfüllen, und in den Fällen des § 1 a Abs. 2 EStG (§ 19 Abs. 1 Satz 3).

BEISPIELE

a) Der Stpfl. ist freischaffender Künstler. In der Zeit von Anfang Mai bis Ende September eines jeden Jahres gastiert er in verschiedenen Seebädern an Nord- und Ostsee. Die übrige Zeit hat er Gastspielverpflichtungen in Oberbayern und im Allgäu. In der gastspielfreien Zeit (ca. 8 Wochen im Jahr) lebt er bei seiner Familie in Nürnberg.

LÖSUNG Für die Veranlagung zur Einkommensteuer ist das Wohnsitzfinanzamt in Nürnberg zuständig (§ 19 Abs. 1 AO)

b) Ein deutscher Staatsbürger wohnt in der Schweiz. Ihm gehört ein Mietwohngrundstück in Frankfurt/M.

LÖSUNG Da er weder Wohnsitz noch gewöhnlichen Aufenthalt im Inland hat, ist er nur beschränkt steuerpflichtig (§ 1 Abs. 4 EStG). Für die Veranlagung zur Einkommensteuer (§ 49 Abs. 1 Nr. 6 EStG) ist das FA Frankfurt/M. zuständig (§ 19 Abs. 2 Satz 1 AO).

c) Ein Ehepaar wohnt in einer Großstadt, die vier Finanzämter hat. Die Zuständigkeit der einzelnen Finanzämter ist geographisch festgelegt. Die Ehegatten wohnen im Bezirk des Finanzamtes Nord. Im Bereich des Finanzamtes Ost betreibt der Ehemann eine Rechtsanwaltspraxis, im Bereich Süd ist die Ehefrau an einer OHG beteiligt.

LÖSUNG Zuständig für die Einkommensteuer ist gem. § 19 Abs. 3 AO das Finanzamt Ost, weil der Ehemann dort Einkünfte aus freiberuflicher Tätigkeit erzielt. Durch diese Zuständigkeit wird die gesonderte Feststellung nach § 180 Abs. 1 Nr. 2 Buchst. b AO vermieden. Die Einkünfte der Ehefrau aus der Beteiligung an der OHG sind nach § 19 Abs. 3 Satz 2 AO für die Frage der Zuständigkeit unbeachtlich, da sie nicht die einzigen Einkünfte des Ehepaares sind (§ 19 Abs. 4 AO). Für die Einkünfte aus der OHG ist ohnehin eine gesonderte Feststellung gemäß § 180 Abs. 1 Nr. 2 Buchst. a AO erforderlich.

3.4 Steuern vom Einkommen und Vermögen der Körperschaften, Personenvereinigungen und Vermögensmassen (§ 20 AO)

249   Die örtliche Zuständigkeit für Steuern vom Einkommen der Körperschaften, Personenvereinigungen und Vermögensmassen bestimmt sich nach dem Ort der **Geschäftsleitung**; hilfsweise entscheidet der Ort, wo die Stpfl. ihren Sitz hat. Liegen diese Orte nicht im Geltungsbereich der AO, so ist das Finanzamt zuständig, in dessen Bezirk das Vermögen der Steuerpflichtigen belegen ist oder von dessen Bezirk aus die Stpfl. ihre Tätigkeit vorwiegend ausübt, verwertet oder verwertet hat.

Die Zuständigkeit für die Besteuerung von Körperschaften usw. richtet sich

1. grundsätzlich nach dem Ort der Geschäftsleitung (§ 20 Abs. 1 AO),
2. hilfsweise nach dem Sitz (§ 20 Abs. 2 AO),
3. wenn keiner vorhanden, hilfsweise nach der Lage des Vermögens (§ 20 Abs. 3 AO),
4. letztlich nach dem Ort der Ausübung oder Verwertung der Tätigkeit (§ 20 Abs. 4 AO).

3.5 Steuern vom Einkommen bei Bauleistungen (§ 20 a AO)

§ 20 a AO ist eine Spezialnorm zu §§ 19 und 20 AO und den in §§ 38 ff. EStG enthaltenen Regelungen über die Zuständigkeit als Betriebsstättenfinanzamt.

Die Vorschrift schafft eine besondere Zuständigkeit für die Besteuerung bei Bauleistungen (i. S. d. § 48 Abs. 1 EStG), die im Inland von Unternehmen und Unternehmern erbracht werden, die im Ausland ansässig sind. Die örtliche Zuständigkeit richtet sich dabei nach der Verordnung über die örtliche Zuständigkeit für die Umsatzsteuer im Ausland ansässiger Unternehmer (Umsatzsteuerzuständigkeitsverordnung gem. § 21 Abs. 1 Satz 2 UStG, siehe gleich nachfolgend Rz. 250). Das danach zuständige Finanzamt ist außerdem Betriebsstättenfinanzamt im Lohnsteuerabzugsverfahren.

§ 20 a Abs. 3 AO enthält ergänzend dazu die Ermächtigung, die Zuständigkeit für die Besteuerung von Arbeitnehmern zu bestimmen, die bei ausländischen Unternehmen des Baugewerbes beschäftigt sind. Aufgrund dieser Bestimmung ist die Arbeitnehmer-Zuständigkeitsverordnung Bau ergangen (BGBl I 2001, 2267, 2269, geändert durch Art. 62 b des Gesetzes vom 08. 05. 2008 BGBl I 2008, 810). Auch diese verweist auf die Umsatzsteuerzuständigkeitsverordnung nach § 21 Satz 2 UStG. § 20 a AO schafft dadurch im Interesse einer effektiven Überwachung der steuerlichen Pflichten ausländischer Werkvertragsunternehmen **bundesweite Zentralzuständigkeiten**.

Die Vorschrift umfasst die folgenden drei Gruppen:

* Besteuerung des ausländischen Bauunternehmens einschließlich der Verwaltung der Lohnsteuer für die von ihm im Inland eingesetzten Arbeitnehmer,
* Besteuerung der im Inland eingesetzten Arbeitnehmer des ausländischen Bauunternehmers,
* Erfassung der grenzüberschreitenden Arbeitnehmerüberlassung (Personalgestellung).

3.6 Umsatzsteuer (§ 21 AO)

250   Geregelt ist die örtliche Zuständigkeit für die Umsatzsteuer mit Ausnahme der Einfuhrumsatzsteuer unter dem Gesichtspunkt, dass die Zuständigkeiten für die so genannten Veranlagungssteuern möglichst an einer Stelle konzentriert werden sollten. Zuständig ist daher das Finanzamt, von dessen Bezirk aus der Unternehmer sein Unternehmen im Inland ganz oder vorwiegend betreibt. Gewerbebetriebe werden i. d. R. dort betrieben, wo die Geschäftsleitung (§ 10) ist. Freiberufler betreiben dort ihre Tätigkeit, wo sich ihre Praxis befindet.

Wird das Unternehmen von einem nicht zum Geltungsbereich der AO gehörenden Ort aus betrieben, gilt die nach Maßgabe des § 21 Abs. 1 Satz 2 AO vom BFM erlassene Umsatzsteuerzuständigkeitsverordnung (BGBl I 3794, zuletzt geändert durch Art. 7 der Verordnung vom 22. 12. 2014 BGBl I 2392). Nach § 1 Abs. 1 Nr. 9 dieser Verordnung ist z. B. das Finanzamt Hamburg-Nord für in Irland ansässige Unternehmer zuständig. Grundsätzlich unberührt von § 21 AO bleibt die besondere Zuständigkeitsbestimmung des § 16 Abs. 5 UStG für die Umsatzsteuer, die bei der Beförderung von Personen durch ausländische Beförderer anfällt.

3.7 Realsteuern (§ 22 AO)

Bei den Realsteuern (Grundsteuer und Gewerbesteuer) ist zu beachten, dass sich die Tätigkeit der Finanzämter weitgehend auf die Festsetzung und Zerlegung der Steuermessbeträge beschränkt (§§ 184, 185, 188 AO). Die Festsetzung, Erhebung und Beitreibung der Steuern selbst ist in den meisten Ländern den steuerberechtigten Gemeinden übertragen worden (vgl. Art. 108 Abs. 4 Satz 2 GG). **251**

Steuermessbeträge bei der Grundsteuer werden durch das Lagefinanzamt festgesetzt, das auch für die Festsetzung der Einheitswerte zuständig ist (§ 18 Abs. 1 Nr. 1 AO). Für die Festsetzung der Steuermessbeträge bei der Gewerbesteuer ist das Betriebsfinanzamt (§ 18 Abs. 1 Nr. 2 AO) zuständig, das ggf. auch die gesonderte Feststellung des Gewinns vornimmt (§ 22 Abs. 1 Satz 1 AO). § 22 Abs. 1 Satz 2 AO trifft eine besondere Zuständigkeitsregelung für ausländische Unternehmer, die Bauleistungen i. S. d. § 48 Abs. 1 EStG erbringen. Hier gilt das zu § 20 a AO Gesagte entsprechend (siehe Rz. 249).

In den Fällen, in denen die Festsetzung, Erhebung und Beitreibung von Realsteuern ausnahmsweise den Finanzämtern obliegt, ist das Finanzamt örtlich zuständig, zu dessen Bezirk die hebeberechtigte Gemeinde gehört (§ 22 Abs. 2 Satz 1 AO). Gehört die Gemeinde zu den Bezirken mehrerer Finanzämter, so ist von diesen Finanzämtern dasjenige örtlich zuständig, das nach § 22 Abs. 1 AO für die Festsetzung und Zerlegung der Messbeträge zuständig ist oder zuständig wäre, wenn im Inland nur die in der hebeberechtigten Gemeinde liegenden Teile des Betriebs, des Grundstücks oder des Betriebsgrundstücks vorhanden wären (§ 22 Abs. 2 Satz 2 AO).

Die vorstehende Regelung gilt nach § 22 Abs. 3 AO sinngemäß auch in den Fällen, in denen ein Land nach Art. 106 Abs. 6 Satz 3 GG realsteuerhebeberechtigt, ist, weil in dem Land keine Gemeinden bestehen. In Betracht kommen hier die Stadtstaaten, also Hamburg und Berlin.

3.8 Einfuhr- und Ausfuhrabgaben und Verbrauchsteuern (§ 23 AO)

Für die genannten Steuern ist das Hauptzollamt örtlich zuständig, in dessen Bezirk der Tatbestand verwirklicht wird, an den das Gesetz die Steuer knüpft (§ 23 Abs. 1 AO). **252**

Neben der Zuständigkeit des Hauptzollamts besteht eine weitere Zuständigkeit desjenigen Hauptzollamts, von dessen Bezirk aus das Unternehmen betrieben wird (§ 23 Abs. 2 AO). Diese Zuständigkeit hat insbesondere Bedeutung für die Durchführung von Außenprüfungen, wenn z. B. der Steuerpflichtige im Rahmen seines Unternehmens Waren über verschiedene Zollstellen einführt. Wird das Unternehmen vom Ausland aus betrieben, so ist dasjenige Hauptzollamt zuständig, in dessen Bezirk der Unternehmer den zollrechtlichen Tatbestand ganz oder vorwiegend bewirkt.

Durch § 23 Abs. 3 AO wird es ermöglicht, dass bei zentralisierter Straf- und Bußgeldsachenbearbeitung das mit der Straf- oder Bußgeldsache ohnehin befasste Hauptzollamt den einzelnen Fall zugleich auch in steuerlicher Hinsicht erledigen kann.

3.9   Sonderfälle der Zuständigkeit (§§ 24–29 a AO)

253   Sofern die örtliche Zuständigkeit sich nicht aus einer ausdrücklichen Regelung herleiten lässt, greift gemäß § 24 AO eine **Ersatzzuständigkeit** ein. Zuständig ist in diesen Fällen die Finanzbehörde, in deren Bezirk der Anlass für die Amtshandlung eintritt. § 24 AO ist ein Auffangtatbestand, der verhindern soll, dass keine Behörde örtlich zuständig ist.

BEISPIEL

Die X-GmbH betreibt ihr Unternehmen in Kassel. Der Geschäftsführer der X-GmbH, wohnhaft in Göttingen, soll gem. §§ 69, 191 Abs. 1 AO durch Haftungsbescheid für nicht entrichtete Umsatzsteuern der X-GmbH in Anspruch genommen werden.
LÖSUNG Die örtliche Zuständigkeit für den Erlass von Haftungsbescheiden ist ausdrücklich nicht geregelt. Hier greift § 24 AO: Der Anlass für die Haftung tritt bei der X-GmbH ein, weil diese die Umsatzsteuer nicht gezahlt hat. Örtlich zuständig ist also das Finanzamt Kassel.

254   Im Falle der **mehrfachen örtlichen Zuständigkeit** verbleibt die Entscheidungsbefugnis bei derjenigen Finanzbehörde, die zuerst mit der Sache befasst worden ist, es sei denn, die zuständigen Finanzbehörden einigen sich auf eine andere zuständige Finanzbehörde oder die gemeinsame fachlich zuständige Aufsichtsbehörde bestimmt, dass eine andere örtlich zuständige Finanzbehörde zu entscheiden hat (**§ 25 AO**). Fehlt eine gemeinsame Aufsichtsbehörde, so treffen die mehreren fachlich zuständigen Aufsichtsbehörden die Entscheidung gemeinsam.

BEISPIEL

Der selbstständige und ledige Staubsaugervertreter M. Bock (B) besitzt einen luxuriös eingerichteten Wohnwagen, in dem er ganzjährig wohnt und mit dem er seinen Bezirk (Süd-Niedersachsen, Hessen und Thüringen) bereist, um seine Staubsauger zu verkaufen. Er ist nie länger an einem Ort.
LÖSUNG B ist nach § 1 Abs. 1 EStG unbeschränkt einkommensteuerpflichtig, weil er seinen gewöhnlichen Aufenthalt (§ 9 AO) im Inland hat.
Problematisch ist, welches Finanzamt für ihn zuständig ist. Gem. § 19 Abs. 1 Satz 1 AO hat B keinen Wohnsitz (§ 8 AO). Zwar ist sein Wohnwagen eine zum dauerhaften Wohnen geeignete Räumlichkeit, die er auch beibehält und benutzt. Er ist jedoch keine Wohnung i. S. d. § 8 AO, weil er nicht auf Dauer **einem** geographischen Punkt zugeordnet ist. Da B überall nur vorübergehend verweilt, hat er in keinem Finanzamtsbezirk seinen gewöhnlichen Aufenthalt (§ 19 Abs. 1 Satz 1 AO i. V. m. § 9 AO). Auch § 19 Abs. 2 AO hilft nicht weiter: Das Vermögen des B befindet sich in allen Finanzamtsbezirken, die er bereist. Der wertvollste Teil (der Wohnwagen) befindet sich jeweils dort, wo er sich gerade aufhält. § 19 Abs. 2 Satz 1 AO passt nicht, weil er an eine statische räumliche Zuordnung des Vermögens anknüpft. Letztlich übt B seine Tätigkeit in keinem Bezirk vorwiegend aus (§ 19 Abs. 2 Satz 2 AO). Nach § 24 AO ist daher jedes Finanzamt zuständig, in dessen Bezirk B beruflich tätig wird. Bei mehrfacher örtlicher Zuständigkeit entscheidet das Finanzamt, das zuerst mit der Sache befasst worden ist (§ 25 AO). Das dürfte hier das Finanzamt sein, in dessen Bezirk B sein Gewerbe gem. § 138 AO angemeldet hat.

255   Der **Zuständigkeitswechsel** tritt nach **§ 26 AO** für alle laufend veranlagten Steuern nicht schon bei Änderung der objektiven Umstände (Wohnsitzwechsel, Verlegung der Geschäftsleitung usw.), sondern erst **bei Kenntnis** einer der beteiligten Finanzbehörden von dem Vorliegen dieser Umstände ein. Ein Kennenkönnen oder Kennenmüssen genügt nicht. Das bisher zuständige Finanzamt hat die Akten grundsätzlich ohne Rücksicht auf den Stand des Verfahrens unverzüglich an das neu zuständig gewordene Finanzamt abzugeben. Das gilt auch für unerledigte Einsprüche, nicht dagegen für bereits anhängige Klagen. Die bisher zuständige Finanzbehörde kann ein Verwaltungsverfahren jedoch fortführen, wenn dies unter Wahrung der Interessen der Beteiligten der einfachen und zweckmäßigen Durchführung des Verfahrens dient und die nunmehr zuständige Finanzbehörde zustimmt. Eine zwingende **Ausnahme** zum Zuständigkeitswechsel nach § 26 Satz 1 AO **normiert Satz 3**. Um zu verhindern, dass sich kurz vor dem Erlöschen der Steuerpflicht ein anderes Finanzamt neu mit dem Steuerfall befassen muss und dass während der Dauer der Aktenabgabe im Insolvenzverfahren wichtige Fristen versäumt werden, bleibt bei gestelltem Insolvenzantrag, bereits eröffnetem Insolvenzverfahren oder laufender Liquidation einer Personengesellschaft oder juristischen Person das bisherige Finanzamt zuständig.

Für allgemeine **Zuständigkeitsvereinbarungen** – d. h. Vereinbarungen außerhalb eines   **256** Zuständigkeitswechsels – ist gemäß **§ 27 AO** die Zustimmung aller Betroffenen zur Übernahme der Besteuerung durch eine an sich nicht zuständige Finanzbehörde erforderlich. Wird der Stpfl. vom Finanzamt aufgefordert, seine Zustimmung zu erklären und widerspricht er nicht, gilt die Zustimmung als erteilt (vgl. § 27 Sätze 2–4 AO).

Im Falle eines **Zuständigkeitsstreits** zwischen mehreren Finanzbehörden oder im Falle   **257** zweifelhafter Zuständigkeit aus anderen Gründen entscheidet gemäß **§ 28 AO** die gemeinsame fachlich zuständige Aufsichtsbehörde über die örtliche Zuständigkeit. Dies gilt sowohl für Fälle des positiven wie auch des negativen Kompetenzkonflikts. Sind Personen, die nicht in der Bundesrepublik Deutschland ansässig sind, der deutschen Besteuerung unterworfen, so bestimmt das Bundeszentralamt für Steuern das für die Besteuerung örtlich zuständige Finanzamt, wenn sich mehrere Finanzämter für örtlich zuständig oder für örtlich unzuständig halten oder wenn sonst Zweifel über die örtliche Zuständigkeit bestehen (§ 28 Abs. 2 AO, § 5 Abs. 1 Nr. 7 FVG).

Bei **Gefahr im Verzug** ist für unaufschiebbare Maßnahmen **jede Finanzbehörde** örtlich   **258** zuständig, in deren Bezirk »der Anlass für die Amtshandlung hervortritt« (§ 29 AO). Die sonst örtlich zuständige Behörde ist unverzüglich zu unterrichten.

Nach **§ 29 a AO (Unterstützung des örtlich zuständigen Finanzamts auf Anweisung der vorgesetzten Finanzbehörde)** kann die oberste Landesfinanzbehörde oder die von ihr beauftragte Landesfinanzbehörde zur Gewährleistung eines zeitnahen und gleichmäßigen Vollzugs der Steuergesetze anordnen, dass das örtlich zuständige Finanzamt ganz oder teilweise bei der Erfüllung seiner Aufgaben in Besteuerungsverfahren durch ein anderes Finanzamt unterstützt wird. In diesem Fall handelt das unterstützende Finanzamt im Namen des örtlich zuständigen Finanzamts; das Verwaltungshandeln des unterstützenden Finanzamts ist dem örtlich zuständigen Finanzamt zuzurechnen.

Sinn der Regelung ist die Flexibilisierung der Arbeitsorganisation in den Finanzämtern insbesondere zur kurzfristigen Reaktion auf einen (ggf. vorübergehenden) veränderten Arbeitsanfall. Eine kontinuierliche, zügige und dem Grundsatz der Gleichmäßigkeit der Besteuerung entsprechende Behandlung der Steuerfälle soll dadurch gewährleistet werden, dass Beschäftigte eines Finanzamtes bei Bedarf für andere Finanzämter Veranlagungsarbeiten oder sonstige Tätigkeiten im Besteuerungsverfahren durchführen können, ohne dass sie räumlich umgesetzt werden müssen oder sich an der Zuweisung ihres Dienstpostens im Finanzamt etwas ändert.

4 Rechtsfolgen bei Unzuständigkeit

259   Erlässt eine unzuständige Behörde einen Verwaltungsakt, ist dieser fehlerhaft. Je nach Schwere und Art des Fehlers kann dies zur Nichtigkeit (§ 125 Abs. 1 AO) oder Aufhebbarkeit (§ 172 Abs. 1 Satz 1 Nr. 2 Buchst. b AO oder § 130 Abs. 2 Nr. 1 AO) des Bescheides führen. Der Fehler kann aber auch ohne Auswirkung sein (§ 127 AO).

4.1 Verstöße gegen die sachliche Zuständigkeit

260   Verstöße gegen die sachliche Zuständigkeit ziehen in besonders schwerwiegenden Fällen die Nichtigkeit des Verwaltungsaktes nach sich. Dies ist gegeben, wenn die sachliche Zuständigkeit so geregelt ist, dass die sachlich zuständige Behörde eine besonders hohe Gewähr für die Richtigkeit der Entscheidung bieten soll und die Behörde, die tatsächlich entschieden hat, nicht über eine gleichartige Sachkunde verfügt.

> **BEISPIELE**
>
> a) Die Polizei erlässt einen Steuerbescheid.
> Steuerinspektor S erlässt einen Bußgeldbescheid wegen Falschparkens vor dem Finanzamt.
> **LÖSUNG** Beide Bescheide sind nichtig (§ 44 Abs. 1 VwVfG bzw. § 125 Abs. 1 AO), da die Polizei und S erkennbar und offensichtlich außerhalb ihrer sachlichen Zuständigkeit tätig geworden sind.
>
> b) Die OFD erlässt einen Steuerbescheid.
> **LÖSUNG** Da die OFD unter keinen Umständen sachlich-funktionell zuständig sein kann (vgl. § 8 a FVG; siehe Rz. 91), dürfte ein besonders schwerwiegender Fehler und damit die Nichtigkeit des Bescheids zu bejahen sein. Grundsätzlich wird dies angenommen, wenn die niedere anstelle der höheren Behörde entscheidet, sofern die sachliche Unzuständigkeit der entscheidenden Behörde nicht lediglich auf (internen) Verwaltungsanweisungen beruht. Siehe auch das nachfolgende Beispiel c).
>
> c) Das Finanzamt Mainz erteilt einen Grundsteuermessbescheid über ein Grundstück in Wiesbaden.
> **LÖSUNG** Hier liegt ein Verstoß gegen die sachlich-verbandsmäßige Zuständigkeit vor. Der Grundsteuermessbescheid ist nichtig (§ 125 Abs. 1 AO).

In weniger schweren Fällen führt ein Verstoß gegen die sachliche Zuständigkeit zur Anfechtbarkeit des Bescheides (§ 347 AO) oder zu dessen Aufhebbarkeit (§ 130 Abs. 2 Nr. 1 oder § 172 Abs. 1 Satz 1 Nr. 2 Buchst. b AO). Eine Heilung dieses Verfahrensfehlers nach § 126 AO ist nicht vorgesehen. Auch § 127 AO greift nicht, da diese Vorschrift ausdrücklich nur bei Verstößen gegen die örtliche Zuständigkeit Anwendung findet.

> **BEISPIEL**
>
> Das Finanzamt X-Stadt erlässt ohne Zustimmung der OFD dem X gem. § 227 AO die ESt 09 i. H. v. 30 000 €, weil dessen Fabrik abgebrannt ist.
> **LÖSUNG** Das Finanzamt X-Stadt ist sachlich zuständig nach § 17 Abs. 2 FVG: Der Erlass von Steuern gehört mit zur Verwaltung von Steuern. § 227 AO spricht davon, dass Finanzbehörden Ansprüche erlassen können. Finanzbehörde ist auch das Finanzamt. Nach dem ländereinheitlichen Erlass vom 15.04.2008 (BStBl I 2008, 534) können Finanzämter zwar nur i. H. bis 20 000 € Steuern erlassen und mit Zustimmung der OFD Beträge bis zu 100 000 € (darüber hinaus nur mit Zustimmung des Landesfinanzministeriums). Der Verstoß gegen diese interne Verwaltungsanweisung macht den Erlass jedoch nicht nichtig: Der Fehler ist nicht offenbar i. S. d. § 125 Abs. 1 AO, weil der Stpfl. ihn nicht erkennen kann. Der Erlass der 30 000 € ESt 09 ist also wirksam.

4.2 Verstöße gegen die örtliche Zuständigkeit

Ein Verstoß gegen die Normen der örtlichen Zuständigkeit zieht zwar die Fehlerhaftigkeit **261** des betreffenden Verwaltungsakts nach sich. Dieser Mangel allein führt aber nach § 127 AO (i. V. m. § 125 Abs. 3 Nr. 1 AO) nicht zur Aufhebung des Verwaltungsaktes, wenn keine andere Entscheidung in der Sache hätte getroffen werden können oder wenn feststeht, dass die Verletzung der Zuständigkeitsbestimmungen die Entscheidung in der Sache nicht beeinflusst hat (vgl. BFH vom 19. 11. 2003 BStBl II 2004, 751).

BEISPIEL

X zieht im Januar 09 von Kassel nach Frankfurt. Er teilt dies dem Finanzamt Kassel in einem Schreiben vom 27.02.09 mit. Gleichwohl erlässt das Finanzamt Kassel im Mai 09 den ESt-Bescheid 07 gegenüber X. X legt gegen den ansonsten rechtmäßigen Bescheid Einspruch ein allein mit der Begründung, dass ihm nunmehr allein das Finanzamt Frankfurt Steuerbescheide erteilen darf.

LÖSUNG Die örtliche Zuständigkeit ist verletzt. Zwar war das Finanzamt Kassel ursprünglich für den X zuständig (§ 19 Abs. 1 AO, § 8 AO). Die Zuständigkeit ging jedoch nach § 26 AO in dem Zeitpunkt auf das Finanzamt Frankfurt über, als das Finanzamt Kassel von dem Umzug des X erfahren hat. Weder § 26 Satz 2 AO noch § 27 AO sind gegeben. Dennoch ist der Einspruch nicht erfolgreich: Da der Bescheid ansonsten rechtmäßig ist, hätte auch das Finanzamt Frankfurt keine andere Entscheidung in der Sache getroffen. Der Verstoß gegen die örtliche Zuständigkeit allein ist ohne Bedeutung (§ 127 AO).

§ 127 AO greift nicht bei Ermessensentscheidungen, die von einer örtlich unzuständigen Behörde erlassen worden sind. Bei Ermessensentscheidungen ist immer eine andere Entscheidung in der Sache möglich. Hier ist der Verwaltungsakt aufgrund eines außergerichtlichen Rechtsbehelfs aufzuheben.

Werden Steuerbescheide gleichzeitig von zwei Finanzämtern erlassen, die sich beide für örtlich zuständig halten (»Doppelveranlagung«), so liegt, soweit nicht sogar die Nichtigkeit des zuletzt erlassenen Bescheides gegeben ist (BFH vom 23. 08. 2000 BFH/NV 2001, 355), eine Zuständigkeitskollision nach § 174 Abs. 1 AO vor. Der Bescheid des unzuständigen Finanzamts ist aufzuheben. Bei sonstigen Verwaltungsakten gilt § 130 Abs. 1 AO.

**263 – 369
frei**

Teil C Steuerbegünstigte Zwecke

1   Allgemeines (§ 51 AO)

370   Als steuerbegünstigt anerkannt werden können nur Körperschaften, nicht aber natürliche Personen oder Personenvereinigungen. Unter **Körperschaften sind gem. § 51 Abs. 1 Satz 2 AO** alle Körperschaften, Vermögensmassen oder Personenvereinigungen i. S. d. § 1 Abs. 1 KStG mit Sitz oder Geschäftsleitung im Inland zu verstehen. In der Praxis sind hauptsächlich **rechtsfähige wie auch nicht rechtsfähige Vereine** als gemeinnützige Körperschaften anerkannt, aber auch **andere Körperschaften,** wie z. B. Kapitalgesellschaften, Stiftungen und auch Betriebe gewerblicher Art von Körperschaften des öffentlichen Rechts, nicht aber die Körperschaft des öffentlichen Rechts selbst. Nach § 51 Abs. 1 Satz 3 AO sind **funktionale Untergliederungen** (Abteilungen) einer Körperschaft keine selbstständigen Steuersubjekte. Siehe hierzu auch die Ausführungen zu § 64 Abs. 4 AO in Rz. 419.

371   Die **Anerkennung als gemeinnützige Körperschaft** wird gewährt, wenn die Körperschaft nach ihrer Satzung (§§ 59–62 AO) und ihrer tatsächlichen Geschäftsführung (§§ 59, 63 AO) die Allgemeinheit ausschließlich und unmittelbar fördert (§§ 56–58 AO) und gemeinnützige (§ 52 AO), mildtätige (§ 53 AO) oder kirchliche (§ 54 AO) Zwecke (gemeinnützige Zwecke im weiteren Sinn) verfolgt. Dabei muss die Körperschaft selbstlos und nicht in erster Linie zu eigenwirtschaftlichen Zwecken für sich oder ihre Mitglieder tätig sein (§ 55 AO). Die Satzungszwecke und die Art ihrer Verwirklichung sind in der Satzung so genau zu bestimmen, dass aufgrund der Satzung bereits geprüft werden kann, ob die satzungsmäßigen Voraussetzungen für Steuervergünstigungen gegeben sind (§ 60 Abs. 1 AO).

372   An die Anerkennung als steuerbegünstigte Körperschaft knüpfen verschiedene **steuerliche Vergünstigungen** an. Hier sind zu nennen die Steuerbefreiung der Bereiche Vermögensverwaltung und Zweckbetriebe von der Körperschaft-, Gewerbe- und (bis zum Stichtag 01. 01. 1997 von der) Vermögensteuer (§ 5 Abs. 1 Nr. 9 KStG, § 3 Nr. 6 GewStG, § 3 Abs. 1 Nr. 12 VStG), die Besteuerung bestimmter steuerpflichtiger Umsätze mit dem ermäßigten Steuersatz (§ 12 Abs. 2 Nr. 8 UStG), die Steuerfreiheit bei der Erbschaft-/Schenkungsteuer (§ 13 Abs. 1 Nr. 16 und 17 ErbStG), Grundsteuerbefreiung für unmittelbar zu gemeinnützigen Zwecken genutztes Grundvermögen (§ 3 Nr. 3, 4 und 6 GrStG) und die Steuerbefreiung bei genehmigten Lotterien und Tombolas in bestimmten Umfang (§ 18 AO RennwLottG). Weitere Vorteile sind der **Abzug von Zuwendungen** in Form von **Spenden** und evtl. **Mitgliedsbeiträgen** zur Förderung mildtätiger, kirchlicher, religiöser, wissenschaftlicher und der gem. § 52 Abs. 2 AO anerkannten gemeinnützigen Zwecke von der jeweiligen Steuerbemessungsgrundlage durch § 10 b EStG, § 9 Abs. 1 Nr. 2 KStG und § 9 Nr. 5 GewStG. Weiterhin zu nennen ist der sog. **Übungsleiterfreibetrag** nach § 3 Nr. 26 EStG und der **Freibetrag für sonstige ehrenamtlich Tätige** nach § 3 Nr. 26 a EStG.

Auch außersteuerliche Vergünstigungen, wie z. B. **Zuschüsse** der öffentlichen Hand, die **Befreiung von staatlichen Gebühren und Kosten** oder die Möglichkeit der Mitgliedschaft in einem Spitzen- oder Dachverband werden oftmals nur dann gewährt, wenn die Körperschaft als steuerbegünstigt anerkannt ist.

2 Steuerbegünstigte Zwecke im Einzelnen (§§ 52–54 AO)

2.1 Gemeinnützige Zwecke (§ 52 AO)

§ 52 Abs. 1 AO **definiert** den **Begriff** der Gemeinnützigkeit (im engeren Sinn). Danach   **373**
verfolgt eine Körperschaft gemeinnützige Zwecke, wenn ihre Tätigkeit darauf gerichtet ist, die
Allgemeinheit auf materiellem, geistigem oder sittlichem Gebiet selbstlos (§ 55 AO) zu fördern.
§ 52 Abs. 2 AO enthält dann eine **Aufzählung der Zwecke**, die vom Gesetzgeber als gemeinnützig und damit steuerbegünstigt eingestuft werden.

2.1.1 Förderung der Allgemeinheit

Nicht als Allgemeinheit ist ein Kreis von geförderten Personen zu verstehen, welcher insbe-   **374**
sondere nach räumlichen oder beruflichen Merkmalen dauernd nur klein sein kann. Als Beispiele
nennt das Gesetz die Zugehörigkeit zu einer Familie oder zur Belegschaft eines Unternehmens.
Ausgeschlossen werden soll die Förderung von exklusiven Zusammenschlüssen und die Förderung von Interessen Weniger, z. B. durch Nachbarschaftshilfevereine (vgl. AEAO zu § 52 Nr. 5).
Unschädlich hingegen ist z. B. eine Abgrenzung nach regionalen oder beruflichen Begebenheiten.
Der Personenkreis muss sich aber noch als Ausschnitt der Allgemeinheit darstellen (vgl. BFH
vom 13. 08. 1997, BStBl II 1997, 794). Ebenfalls unschädlich ist, wenn z. B. bei einem Sportverein
aus technischer Hinsicht eine weitere Aufnahme von Mitgliedern wegen der Menge der vorhandenen Sportgeräte oder Sportstätten nicht möglich ist. Hier liegt gleichwohl eine Förderung der
Allgemeinheit vor, weil die Begrenzung der Mitglieder auf tatsächlichen Begebenheiten und nicht
auf Beschränkungen durch die Satzung oder die tatsächliche Geschäftsführung beruht.

Eine Förderung der Allgemeinheit ist auch nicht anzunehmen, wenn durch **hohe** durchschnittliche **Aufnahmegebühren** oder durchschnittliche **Mitgliedsbeiträge** nur ein kleiner Kreis
von Personen der Körperschaft beitreten kann und damit eine **freie Zugänglichkeit der Allgemeinheit** zu einer begünstigten Körperschaft **nicht mehr gegeben** ist. Macht der Verein die Mitgliedschaft nicht nur von der Zahlung laufender Beiträge, sondern auch von der Entrichtung
einer Aufnahmegebühr oder von Sonderbeiträgen abhängig, kommt es auf die Wirkung der
Gesamtbeitragsbelastung an (BFH vom 13. 11. 1996, BStBl II 1998, 711). Hierzu zählen alle
Geld- und geldwerten Leistungen, die ein Bürger aufwenden muss, um Mitglied der Körperschaft
werden bzw. bleiben zu können. Sog. **erwartete »Spenden«** sind einer Aufnahmegebühr gleichzustellen, wenn zu ihrer Zahlung eine faktische Verpflichtung besteht. Die Finanzverwaltung
nimmt dies an, wenn mehr als 75 % der neu eingetretenen Mitglieder solche Zahlungen leisten.
Nach AEAO zu § 52 AO sollen Mitgliedsbeiträge und Mitgliedsumlagen zusammen im Durchschnitt von bis zu 1 023 € je Mitglied und Jahr und Aufnahmegebühren für die im Jahr aufgenommenen Mitglieder von im Durchschnitt bis zu 1 534 € unschädlich für die Steuerbegünstigung
von Körperschaften sein, deren Tätigkeit in erster Linie den Mitgliedern zugutekommt (insbesondere Sportvereine). Daneben sind auch Investitionsumlagen von höchstens 5 113 € innerhalb
von 10 Jahren je Mitglied zur Finanzierung konkreter Investitionsvorhaben möglich.

Eine irgendwie geartete Förderung der Allgemeinheit reicht nicht aus. Vielmehr muss eine   **375**
Förderung des Gemeinwohls auf geistigem, sittlichem oder materiellem Gebiet stattfinden.
Hierbei kommt es nicht darauf an, dass letztlich der Zweck auch erreicht wird. Es reicht aus,
wenn das Handeln der Körperschaft auf das Erreichen dieses Zweckes gerichtet ist (§ 52 Abs. 1
Satz 1 AO). Der Erfolg wird nicht vorausgesetzt. Was dabei als Förderung des Gemeinwohls auf
geistigem, sittlichem oder materiellem Gebiet anzusehen ist, ist über die beispielhafte (»insbe-

sondere«) Aufzählung des § 52 Abs. 2 AO hinaus eine Frage der Auslegung. Nach BFH vom 13. 12. 1978 BStBl II 1979, 482 soll hierbei nicht die Meinung der Mehrheit des Volkes entscheidend sein. Bei der Beurteilung sei in der Regel an einzelne oder eine Vielzahl von Faktoren (Werten) anzuknüpfen (z. B. herrschende Staatsverfassung, geistige und kulturelle Ordnung, Wissenschaft und Technik, Wirtschaftsstruktur, Wertvorstellungen der Bevölkerung).

Jedenfalls wird die Allgemeinheit nicht gefördert, wenn gegen die verfassungsmäßige Ordnung verstoßen wird. Körperschaften, die nach ihrer Satzung oder bei ihrer tatsächlichen Geschäftsführung **extremistische Ziele** (z. B. Bestrebungen gegen die freiheitlich demokratische Grundordnung) unmittelbar oder mittelbar fördern oder dem **Gedanken der Völkerverständigung zuwiderhandeln**, können nicht als gemeinnützig anerkannt werden, vgl. § 51 Abs. 3 AO. Widerlegbar wird dies vermutet, wenn eine Körperschaft im Verfassungsschutzbericht des Bundes oder eines Landes als extremistische Organisation aufgeführt ist.

Soweit steuerbegünstigte Zwecke im Ausland verwirklicht werden, ist nach § 51 Abs. 2 AO der sog. **strukturelle Inlandsbezug** Voraussetzung für eine Steuervergünstigung der Körperschaft. Hierbei muss die Bevölkerung Deutschlands oder zumindest ein Ausschnitt hieraus gefördert werden oder die Tätigkeit der Körperschaft muss zum Ansehen Deutschlands im Ausland beitragen.

2.1.2 Anerkannte gemeinnützige Zwecke

376 § 52 Abs. 2 Satz 1 AO enthält eine abschließende Aufzählung der vom Gesetzgeber als gemeinnützig anerkannten Zwecke; ähnliche Zwecke werden von den FAn nicht anerkannt. Um auf sich ändernde gesellschaftliche Verhältnisse nicht erst durch eine Gesetzesänderung reagieren zu können, besteht nach § 52 Abs. 2 Satz 2 und 3 AO für **eine** von den Länderfinanzverwaltungen **zu bestimmende Stelle** die Möglichkeit, **Zwecke** auch dann **für gemeinnützig zu erklären**, wenn diese nicht eindeutig unter den Katalog des § 52 Abs. 2 Satz 1 AO zu subsumieren sind. Erst nach dieser Erklärung können Körperschaften, die diese Zwecke fördern, als gemeinnützig anerkannt werden.

Gefördert werden auch **Freizeitaktivitäten**, die hinsichtlich der **Merkmale**, die ihre steuerrechtliche Förderung rechtfertigen, **mit den in § 52 Abs. 2 AO genannten Freizeitgestaltungen identisch** sind. Weil mit der Förderung des Modellflugs identisch, ist damit auch z. B. die Förderung des Baus und Betriebs von Schiffs-, Auto- und Eisenbahnmodellen als gemeinnützig anzusehen. Nicht gemeinnützig sind z. B. Karten- oder Brettspiele (Skat, Bridge, Go o. Ä.), Tischfußball, Tipp-Kick (vgl. AEAO zu § 52 Nr. 6), Studentenverbindungen, Geselligkeitsvereine oder Reise- und Touristikvereine.

377 frei

2.1.3 Mildtätige Zwecke (§ 53 AO)

378 Gem. § 53 AO verfolgt eine Körperschaft mildtätige Zwecke, wenn ihre Tätigkeit darauf gerichtet ist, Personen selbstlos zu unterstützen, die gem. § 53 Nr. 1 AO infolge ihres körperlichen, geistigen oder seelischen Zustandes auf die Hilfe anderer angewiesen sind oder deren Bezüge und ihr Vermögen unter den gesetzlichen Vorgaben des § 53 Nr. 2 AO liegt. Als Beispiele sind hier z. B. Vereine zu nennen, die **Pflegeheime, Volksküchen, Sozialkaufhäuser, Betreuungseinrichtungen für behinderte Menschen oder Suchtkranke** betreiben. Aber auch **Telefonseelsorgeeinrichtungen** sind als mildtätig einzustufen, weil sie seelischen Beistand leisten.

Während bei den mildtätigen Zwecken des § 53 Nr. 1 AO die **wirtschaftliche Unterstützungsbedürftigkeit** unbeachtlich ist, ist dies in § 53 Nr. 2 AO gerade Voraussetzung. Auch kommt es in § 53 Nr. 1 AO nicht darauf an, ob die Bedürftigkeit dauernd oder nur kurze Zeit besteht. In § 53 Nr. 2 AO zählt zu den Bezügen im Sinne dieser Vorschrift neben den Einkünften i. S. d. EStG auch einkommensteuerfreie oder nicht steuerbare Vermögenszuflüsse (z. B. bei Leibrenten der über den steuerpflichtigen Teil hinausgehende Betrag) für die Beurteilung der wirtschaftlichen Bedürftigkeit eine Rolle. Auch die Bezüge von Haushaltszugehörigen werden zur Beurteilung der Grenzen herangezogen. Ebenso darf das Vermögen der unterstützten Person einen Betrag von 15 500 € nicht übersteigen (AEAO zu § 53 Nr. 9).

Auch wenn die Unterstützung von Personen durch eine als gemeinnützig anerkannte Körperschaft selbstlos (§ 55 AO) erfolgen muss, wird damit nicht eine völlige Unentgeltlichkeit verlangt. Die mildtätige Zuwendung darf nur nicht des Entgelts wegen erfolgen (AEAO zu § 53 Nr. 2). Unschädlich dürfte daher ein Entgelt bis zur Höhe der Selbstkosten sein, etwa bei der Abgabe verbilligter Lebensmittel.

2.2 Kirchliche Zwecke (§ 54 AO)

Kirchliche Zwecke werden von einer Körperschaft verfolgt, wenn deren Zweck darauf gerichtet ist, eine **Religionsgemeinschaft,** die Körperschaft **des öffentlichen Rechts** ist, selbstlos zu fördern. Ist die geförderte Religionsgemeinschaft keine Körperschaft des öffentlichen Rechts, kann eine Anerkennung als gemeinnützige Körperschaft nach § 52 Abs. 2 Nr. 1 AO wegen Förderung der Religion in Betracht kommen. Z. B. sind nicht alle eigenständigen **Klöster oder Orden** Körperschaften des öffentlichen Rechts. Dies bedarf einer gesetzlichen Grundlage, wie z. B. durch Staatsvertrag mit den etablierten Kirchen (z. B. römisch-katholische oder evangelische Kirche). Werden solche Klöster oder Orden durch eine Körperschaft gefördert, ist dies als Förderung der Religion als gemeinnützig i. S. d. § 52 Abs. 2 Nr. 1 AO anzusehen. **379**

3 Selbstlosigkeit (§ 55 AO)

3.1 Allgemeines

Alle gemeinnützigen Zwecke im weiteren Sinn, demnach auch mildtätige und kirchliche Zwecke, müssen von der Körperschaft selbstlos verfolgt werden. Selbstlosigkeit i. S. d. § 55 AO bedeutet, **nicht in erster Linie eigenwirtschaftliche Zwecke** zu verfolgen, wie z. B. gewerbliche oder sonstige Erwerbszwecke. Ideelle Förderung in Form von Kenntnissen, Fertigkeiten und Vergnügen ist selbstredend möglich. So sind etwa Sportvereine gerade darauf angelegt, die körperlichen Fähigkeiten ihrer Mitglieder zu fördern. Gleiches gilt für Musikvereine hinsichtlich kultureller Kenntnisse und Fertigkeiten. Neben den eigenwirtschaftlichen Zwecken der Körperschaft dürfen auch nicht überwiegend wirtschaftliche Interessen der Mitglieder gefördert werden. **380**

BEISPIEL

Verschiedene Gemeinden, Städte und Landkreise gründen eine GmbH, die für die Gesellschafter die hoheitliche Aufgabe der Abfallbeseitigung in den jeweiligen Gebieten übernimmt.

LÖSUNG Die GmbH fördert durch die Müllbeseitigung die Allgemeinheit i. S. von Umweltschutz und Gesundheitspflege. Eine Anerkennung als gemeinnützige Körperschaft ist jedoch nicht möglich, da die GmbH für ihre Gesellschafter Pflichtaufgaben erfüllt und damit die Allgemeinheit nicht selbstlos fördert (siehe gleichlautende Erlasse der Finanzministerien der Länder, z. B. FinMin NRW vom 14. 05. 1985, BB 1985, 1118).

Gleichwohl kann eine steuerbegünstigte Körperschaft auch wirtschaftlichen Tätigkeiten nachgehen, vgl. Einleitungssatz des § 55 Abs. 1 AO (... nicht in erster Linie eigenwirtschaftliche Zwecke ...) sowie § 64 AO (Rz. 410 ff.; siehe auch zu § 56 AO in Rz. 385). Weitere Ausnahmen zur Selbstlosigkeit finden sich in § 58 AO, beispielsweise § 58 Nr. 7 und 8 AO. Die dort genannten Zwecke dienen oftmals auch/nur dem Erwerb von Mitteln.

Neben selbstlosem Handeln sind gem. § 55 Abs. 1 Nr. 1 bis Nr. 5 AO **weitere** im Folgenden beschriebene **Voraussetzungen** für die Anerkennung als steuerbegünstigte Körperschaft zu erfüllen.

3.2 Mittelverwendung (§ 55 Abs. 1 Nr. 1 und Nr. 5 AO)

381

Mittel der Körperschaft dürfen nach § 55 Abs. 1 Nr. 1 AO nur für satzungsmäßige Zwecke verwendet werden. Damit sind sämtliche Vermögenswerte der Körperschaft gemeint, nicht nur die ihr durch Spenden, Beiträge und Erträge ihres Vermögens und ihrer wirtschaftlichen Zweckbetriebe zur Verfügung stehenden Geldbeträge (BFH vom 23. 10. 1991 BStBl II 1992, 62). Die Mittel müssen zeitnah, spätestens in den auf den Zufluss folgenden zwei Kalender- oder Wirtschaftsjahren für die steuerbegünstigten satzungsmäßigen Zwecke verwendet werden, vgl. § 55 Abs. 1 Nr. 5 AO. Als zeitnahe Mittelverwendung gilt auch die Anschaffung oder Herstellung von Wirtschaftsgütern, die der Verwirklichung der steuerbegünstigten Zwecke dienen, z. B. Sport- bzw. Musikgeräte oder Vereinsgebäude. Vom Grundsatz der zeitnahen Mittelverwendung gibt es **Ausnahmen**, beispielsweise:

- Vermögenszuführungen nach § 62 Abs. 3 und Abs. 4 AO, beispielsweise Zuwendungen von Todes wegen oder Schenkungen zur Erhöhung des Vermögens,
- Projektrücklagen, § 62 Abs. 1 Nr. 1 AO
- Rücklagen für die Wiederbeschaffung eines zur Verwirklichung des steuerbegünstigten Zwecks erforderlichen Wirtschaftsguts, § 62 Abs. 1 Nr. 2 AO
- freie Rücklagen nach § 62 Abs. 1 Nr. 3 AO (Rz 393).

Eine **zweckgebundene projektbezogene Rücklage** nach § 62 Abs. 1 Nr. 1 AO kann – auch aus Spendenmitteln – gebildet werden, soweit dies der nachhaltigen Erfüllung des Satzungszwecks dient. Allein die Begründung, die Körperschaft benötige die angesammelten Mittel zur Aufrechterhaltung der Leistungsfähigkeit, reicht nicht. Vielmehr sind die Mittel für bestimmte Vorhaben anzusammeln. Des Weiteren müssen grundsätzlich konkrete Zeitvorstellungen für die Projektverwirklichung vorliegen.

Eine steuerbegünstigte Körperschaft darf höchstens ein Drittel des Überschusses der Einnahmen über die Unkosten aus der Vermögensverwaltung (Rz. 405) einer **freien Rücklage** zuführen. Überschüsse aus anderen Bereichen scheiden aus. Darüber hinaus können bis zu 10 % der Überschüsse bzw. Gewinne der Bereiche steuerpflichtiger wirtschaftlicher Geschäftsbetrieb (Rz. 410 ff.), der Zweckbetriebe (Rz. 406 ff.) sowie der Bruttoeinnahmen des ideellen Bereichs (Rz. 404) einer freien Rücklage zugeführt werden, womit auch Körperschaften ohne Vermögensverwaltung Rücklagen aufbauen können. Eine Pflicht zur Auflösung freier Rücklagen während des Bestehens der Körperschaft besteht nicht. Die Rücklagen können damit auch in großer Höhe langfristig dem Gebot der zeitnahen Mittelverwendung entzogen werden. Diese Rücklagen müssen dem FA gegenüber zwar betragsmäßig dargelegt, aber nicht gerechtfertigt werden.

In der Praxis oft vernachlässigt wird die **Pflicht zur Rechnungslegung der Rücklagen** gegenüber dem FA. Höhe, Art, Verwendungsabsicht und der zeitliche Rahmen der Verwendung müssen ggf. in einer Nebenrechnung gesondert so ausgewiesen werden, dass eine Nachprüfung jederzeit und ohne besonderen Aufwand möglich ist. Sammelt eine Körperschaft in unzulässiger Höhe Rücklagen an, kann das FA gem. § 63 Abs. 4 AO nach pflichtgemäßem Ermessen eine **Frist für die Verwendung der unzulässig angesparten Mittel** setzen.

Probleme in der Praxis bereitet im Zusammenhang mit dem Mittelverwendungsgebot des § 55 Abs. 1 Nr. 1 AO der Ausgleich eines **Verlustes**, der im **steuerpflichtigen wirtschaftlichen Bereich** (wirtschaftlichen Geschäftsbetriebs nach § 64 Abs. 2 AO, Rz. 412) entstanden ist. Dieser darf nicht mit Mitteln aus dem ideellen Bereich, der Vermögensverwaltung oder dem Bereich der Zweckbetriebe ausgeglichen werden, da diese nach § 55 Abs. 1 Nr. 1 Satz 1 AO nur für satzungsmäßige Zwecke verwendet werden dürfen. Die Finanzverwaltung lässt aus Gründen der Praktikabilität einige Ausnahmen zu.

Unschädlich sind Verluste des steuerpflichtigen wirtschaftlichen Geschäftsbetriebs, wenn sie dadurch entstanden sind, dass eigentlich dem ideellen Bereich dienende Wirtschaftsgüter zur besseren Kapazitätsauslastung zwecks Mittelbeschaffung auch teil- oder zeitweise im steuerpflichtigen wirtschaftlichen Geschäftsbetrieb genutzt werden (z. B. zeitweise Nutzung eines Gebäudes oder eines Pkw für den Verkauf von Speisen und Getränken, vgl. AEAO zu § 55 Nr. 4). Dies gilt entsprechend für andere gemischte Aufwendungen wie z. B. zeitweiser Einsatz von Personal des ideellen Bereichs in einem steuerpflichtigen wirtschaftlichen Geschäftsbetrieb. Die gemeinnützigkeitsrechtliche Unschädlichkeit der Verluste setzt aber voraus:

- Der Verein verlangt für die Leistungen des steuerpflichtigen wirtschaftlichen Geschäftsbetriebs marktübliche Preise,
- Im Hinblick auf eine teilweise Nutzung für einen steuerpflichtigen wirtschaftlichen Geschäftsbetrieb wurde kein größeres Wirtschaftsgut (z. B. Gebäude) angeschafft oder hergestellt, als es für die gemeinnützige Tätigkeit notwendig ist,
- Der steuerpflichtige wirtschaftliche Geschäftsbetrieb bildet keinen eigenständigen Sektor eines Gebäudes (z. B. Gaststättenbetrieb in einer Sporthalle).

Ergibt sich nach Beachtung dieser Grundsätze weiterhin ein Verlust, ist es für die Gemeinnützigkeit unschädlich, wenn Mittel des ideellen Bereichs verwendet werden und dem ideellen Bereich in den vorangegangenen sechs Jahren in mindestens gleicher Höhe Gewinne aus dem steuerpflichtigen wirtschaftlichen Bereich zugeflossen sind. Im Ergebnis kann dadurch ein Verlust im steuerpflichtigen wirtschaftlichen Geschäftsbetrieb durch Gewinne der vorangegangenen sechs Jahre ausgeglichen werden, denn insoweit ist der Verlustausgleich im Entstehungsjahr als Rückgabe früherer, durch das Gemeinnützigkeitsrecht vorgeschriebener Gewinnabführungen anzusehen (AEAO zu § 55 Nr. 3).

Weiterhin stellt nach AEAO zu § 55 Nr. 5 der Ausgleich eines Verlustes eines steuerpflichtigen wirtschaftlichen Geschäftsbetriebs mit Mitteln des ideellen Bereichs kein Verstoß gegen das Mittelverwendungsgebot des § 55 Abs. 1 Nr. 1 Satz 1 AO dar, wenn

- der Verlust auf einer **Fehlkalkulation** beruht (bei länger bestehenden Betrieben wird bei Verlusten eine Fehlkalkulation unterstellt),
- die Körperschaft bis zum Ende des dem Verlustentstehungsjahr folgenden Wirtschaftsjahres dem ideellen Tätigkeitsbereich wieder Mittel in entsprechender Höhe zuführt (bei Anlaufverlusten von neu gegründeten Betrieben innerhalb von drei Jahren), und
- die dem ideellen Bereich wieder zugeführten Mittel nicht aus Zweckbetrieben oder dem Bereich der steuerbegünstigten vermögensverwaltenden Tätigkeiten noch aus Beiträgen oder anderen Zuwendungen stammen, die zur Förderung der steuerbegünstigten Zwecke der Körperschaft bestimmt sind. Mögliche dem ideellen Bereich wieder zuführbare Mittel sind Gewinne des steuerpflichtigen wirtschaftlichen Geschäftsbetriebs, aber auch Umlagen und Zuschüsse.

Auch die Aufnahme eines Darlehens wird zugelassen, dessen Tilgung einschl. der Zinszahlungen nur aus dem wirtschaftlichen Bereich geleistet werden darf. Möglich ist aber, als Sicherheit für das Darlehen Vermögen des ideellen Bereichs zu belasten, z. B. durch eine Hypothek oder eine Grundschuld (AEAO zu § 55 Nr. 6).

Weitere zulässige Ausnahmen vom Mittelverwendungsgebot des § 55 Abs. 1 Nr. 1 Satz 1 AO sind Aufwandsentschädigungen für erbrachte Gegenleistungen und den Mitgliedern oder Gesellschaftern zugewandte Annehmlichkeiten aus Anlass persönlicher Ereignisse im angemessenen Rahmen (AEAO zu § 55 Nr. 10). Auch Zuwendungen im Zusammenhang mit der Körperschaft zugewendeten Vermögen, z. B. durch **Nießbrauch** oder **Rentenschulden**, sind denkbar, vgl. AEAO zu § 55 Nr. 11 und 12. Unschädlich kann auch die **Vergabe von Darlehen** (z. B. zur Anschaffung von Instrumenten, AEAO zu § 55 Nr. 16) oder an andere Körperschaften nach § 58 Nr. 1 und 2 AO (Rz. 388 und 389) sein.

Nach § 55 Abs. 1 Nr. 1 Satz 2 AO liegt ein Verstoß gegen die Mittelverwendung und damit gegen die Selbstlosigkeit vor, wenn die Körperschaft ihren Mitgliedern oder Gesellschaftern **Gewinnanteile** oder in ihrer Eigenschaft als Mitglied oder Gesellschafter **sonstige Zuwendungen** ohne angemessene Gegenleistung gewährt (vgl. auch zu § 55 Abs. 1 Nr. 3, Rz. 383). Damit wäre eine steuerbegünstigte Verwendung der Mittel nicht mehr gegeben. Dies gilt nicht insoweit wie z. B. Mitglieder aufgrund des Satzungszwecks gefördert werden.

> **BEISPIELE**
>
> a) Der Inhaber eines Sportgeschäfts ist Mitglied in einem Sportverein. Er verkauft dem Verein zu einem angemessenen Preis Fitnessgeräte.
> **LÖSUNG** Eine Zuwendung liegt nicht vor, weil eine angemessene Gegenleistung vorliegt.
>
> b) Ein mildtätiger Verein pflegt ein i. S. d. § 53 Nr. 1 AO körperlich auf Hilfe angewiesenes Mitglied.
> **LÖSUNG** Hier liegt eine Förderung des Mitglieds nicht in seiner Eigenschaft als Mitglied sondern nach satzungsrechtlicher Grundlage vor, die die Steuerbegünstigung der Körperschaft nicht gefährdet.

Gem. § 55 Abs. 1 Nr. 1 Satz 3 AO ist es einer steuerbegünstigten Körperschaft verboten, ihre Mittel weder mittelbar noch unmittelbar zur **Förderung politischer Parteien** zu verwenden. Eine steuerbegünstigte Mittelverwendung würde in diesem Fall nicht mehr vorliegen, da politische Zwecke (Beeinflussung der politischen Willensbildung oder die Förderung politischer Parteien) nicht zu den steuerbegünstigten Zwecken zählen.

Auch als Verstoß gegen das Mittelverwendungsverbot ist auf jeden Fall anzusehen, wenn eine Körperschaft mehr als 50 % ihrer Mittel zur Bestreitung von allgemeinen **Verwaltungsausgaben und Spendenwerbung** einsetzt. Im Einzelfall kann auch ein geringerer Anteil schädlich sein. In der Gründungs- und Aufbauphase (von in aller Regel unter vier Jahren) kann aber eine überwiegende Verwendung der Mittel für allgemeinen Verwaltungsausgaben und Spendenwerbung unschädlich sein (AEAO zu § 55 Nr. 18 und 19). Auch unterhalb dieser Grenzen ist bereits eine einzelne für sich betrachtet unangemessen hohe Verwaltungsausgabe schädlich, z. B. überhöhtes Gehalt an einen Geschäftsführer (AEAO zu § 55 Nr. 20).

3.3 Rückzahlung von Anteilen (§ 55 Abs. 1 Nr. 2 AO)

382

Mitglieder dürfen bei ihrem Ausscheiden oder bei Auflösung oder Aufhebung der Körperschaft nicht mehr als ihre **eingezahlten Kapitalanteile** und den gemeinen Wert ihrer **geleisteten Sacheinlagen** zurückerhalten. Diese Vorschrift richtet sich an Kapitalgesellschaften, aber auch z. B. an Genossenschaften, bei denen gegen Entrichtung von Kapital oder Sacheinlagen Gesellschafts- oder Mitgliedschaftsrechte gewährt werden. Für den gemeinen Wert der geleisteten Sacheinlagen ist gem. § 55 Abs. 2 AO der Zeitpunkt der Einlage maßgebend. Eventuelle Wertsteigerungen verbleiben bei der Körperschaft. Wird ein solches Wirtschaftsgut, dessen Wert vom Zeitpunkt der Einlage bis zur Rückgewährung gestiegen ist, an das Mitglied oder den Gesellschafter zurückgegeben, so hat dieser die Wertsteigerung in Geld auszugleichen (AEAO zu § 55 Nr. 29).

3.4 Keine Begünstigung von Personen (§ 55 Abs. 1 Nr. 3 AO)

Eine steuerbegünstigte Körperschaft darf keine Person durch **Ausgaben, die dem Zweck der Körperschaft fremd** sind oder durch **unverhältnismäßig hohe Vergütungen** begünstigen. § 55 Abs. 1 Nr. 3 AO ist eine Ergänzung der nur Mitglieder betreffenden Vorschrift des § 55 Abs. 1 Nr. 1 Satz 2 AO und beruht somit auch auf dem sog. Mittelverwendungsgebot. Eine Unterstützung satzungsfremder Zwecke oder unangemessene Vergütungen würden die verlangte Zweckbindung der Mittel der Körperschaft unterlaufen. Die Zahlung einer **angemessenen Vergütung** für geleistete Dienste oder gelieferte Wirtschaftsgüter wird hiermit nicht verhindert. So können z. B. **Fahrtkosten, Aufwandsentschädigungen** oder Gehälter in angemessener Höhe gezahlt werden. **383**

3.5 Grundsatz der Vermögensbindung (§ 55 Abs. 1 Nr. 4 AO)

Bei **Auflösung oder Aufhebung** der Körperschaft **oder bei Wegfall des bisherigen Zwecks** darf das vorhandene Vermögen, soweit es die eingezahlten Kapitalanteile und den gemeinen Wert der von den Mitgliedern geleisteten Sacheinlagen übersteigt (bei Kapitalgesellschaften, Genossenschaften oder Stiftungen, vgl. Rechtsgedanke in § 55 Abs. 1 Nr. 2, Rz. 382; für Stiftungen gilt dies nach § 55 Abs. 3 AO sinngemäß), nur für steuerbegünstigte Zwecke verwendet werden. Dies verlangt die sofortige Ausgabe der vorhandenen Mittel zu steuerbegünstigten satzungsmäßigen Zwecken. Alternativ hierzu kann das vorhandene Vermögen einer anderen steuerbegünstigten Körperschaft oder einer Körperschaft des öffentlichen Rechts für steuerbegünstigte Zwecke übertragen werden. **384**

Es soll verhindert werden, dass das in der steuerbegünstigten Zeit der Körperschaft angesammelte Vermögen danach zu nichtbegünstigten Zwecken verwendet wird. Auch hier verbleiben Wertsteigerungen im Fall der Rückgewährung eingezahlter Kapitalanteile oder Sacheinlagen gem. § 55 Abs. 2 AO bei der Körperschaft (siehe zu § 55 Abs. 1 Nr. 2, Rz. 382).

4 Ausschließlichkeit (§ 56 AO)

Eine Körperschaft darf **nur ihre steuerbegünstigten Zwecke** (und steuerlich unschädliche Betätigungen i. S. d. § 58 AO) verfolgen. Die Verfolgung mehrerer begünstigter Zwecke nebeneinander ist zulässig und in der Praxis kein Einzelfall. Sämtliche Zwecke müssen in der Satzung beschrieben sein. Denn die Verfolgung eines steuerbegünstigten Zweckes, welcher nicht in der Satzung festgeschrieben ist, kann die Steuerbegünstigung einer Körperschaft gefährden. **385**

BEISPIEL

Ein als steuerbegünstigt anerkannter Sportverein übernimmt karitative Aufgaben in einem Pflegeheim.

LÖSUNG Obwohl die Tätigkeit in einem Pflegeheim unter die steuerbegünstigten Zwecke fällt, ist ohne die Aufnahme dieses Tätigkeitsbereiches in die Satzung die Steuerbegünstigung des Vereins gefährdet, da er seine satzungsmäßigen Zwecke nicht ausschließlich durchführt. Eine Änderung der Satzung ist in einem solchen Fall sinnvoll.

Auch **steuerpflichtige wirtschaftliche Tätigkeiten** sind möglich, solange deren Unterhalten nicht zum Selbstzweck wird, sondern wenn sie um des steuerbegünstigten Zwecks willen erfolgen (AEAO zu § 56 Nr. 1). Selbst wenn eine Körperschaft sich vollständig aus Mitteln eines steuerpflichtigen wirtschaftlichen Betriebs finanziert, ist dies für die Anerkennung als gemeinnützige Körperschaft unproblematisch. Für den Bereich des steuerpflichtigen wirtschaftlichen Geschäftsbetriebs werden Steuervergünstigungen ausgeschlossen.

Weitere Ausnahmen zur Ausschließlichkeit sind in § 58 AO zu finden, vor allem in § 58 Nr. 5, 8 und 9 AO (vgl. Rz. 387 ff.).

5 Unmittelbarkeit (§ 57 AO)

386   Nach § 57 Abs. 1 Satz 1 AO muss die steuerbegünstigte Körperschaft den steuerbegünstigten Zweck – etwa durch einen Vorstand oder durch die Mitglieder – **selbst verwirklichen** oder die Zweckverwirklichung zumindest selbst versuchen. Die Körperschaft kann sich hierbei der Hilfe dritter Personen bedienen. Das **Handeln von Hilfspersonen** wird gem. § 57 Abs. 1 Satz 2 AO der Körperschaft wie eigenes Handeln zugerechnet, wenn letztlich die Hilfspersonen bei ihrem Tätigwerden an den Willen der Körperschaft gebunden sind und ihr Tätigwerden als das der Körperschaft erkennbar ist. Hilfspersonen können auch andere Organisationen/Vereinigungen sein. Einige Ausnahmen zur Unmittelbarkeit sind in § 58 AO zu finden, insbesondere § 58 Nr. 1, 2, 3, 4 und 10 AO.

Bei **Dachverbänden,** wie z.B. den Spitzenverbänden der freien Wohlfahrtspflege, wird Unmittelbarkeit fingiert (§ 57 Abs. 2 AO). Verfolgt ein solcher Dach- oder Spitzenverband selbst unmittelbar keine eigenen steuerbegünstigten Zwecke, so ist Voraussetzung für seine Anerkennung als gemeinnützige Körperschaft, dass jede der im Verband zusammengefassten Körperschaften als steuerbegünstigt anerkannt ist. Verfolgt der Dach- oder Spitzenverband neben der Organisation und Vereinigung von nachstehenden Organisationen eigene steuerbegünstigte Zwecke, so ist die bloße Mitgliedschaft einer steuerlich nicht anerkannten Körperschaft im Dachverband für die Gemeinnützigkeit des Dachverbands unschädlich. In diesem Fall darf der Dach- oder Spitzenverband diese Körperschaft nicht mit Rat und Tat (z. B. durch Beratung oder Mittelüberlassung) fördern. Ansonsten würde eine nicht steuerbegünstigte Zweckverfolgung vorliegen.

6 Steuerlich unschädliche Betätigungen (§ 58 AO)

387   § 58 AO listet verschiedene Tätigkeiten auf, die **per gesetzlicher Fiktion unschädlich für die steuerliche Begünstigung einer Körperschaft** sind. Ohne diese Fiktion würden die aufgezählten Tätigkeiten zum Verlust der Steuerbegünstigung führen, weil durch die Tätigkeiten eigentlich gegen die Gebote der Selbstlosigkeit (§ 55 AO), der Ausschließlichkeit (§ 56 AO) oder der Unmittelbarkeit (§ 57 AO) verstoßen würde. Dies sind insbesondere:

a) Mittelbeschaffung für andere Körperschaften (§ 58 Nr. 1 AO)

Die bloße **Beschaffung von Mitteln** für andere steuerbegünstigte Körperschaften des pri- **388**
vaten Rechts oder für Körperschaften des öffentlichen Rechts wäre eigentlich ein Verstoß gegen
das Gebot der Unmittelbarkeit nach § 57 AO. Nach § 58 Nr. 1 AO ist dies selbst dann unschädlich, wenn **sämtliche** Mittel einer anderen Körperschaft zur Verfügung gestellt werden. Hierdurch können **Spendensammelvereine und Fördervereine (Mittelbeschaffungskörperschaf-
ten)** als gemeinnützig anerkannt werden. Die bloße Mittelbeschaffung muss dabei Satzungszweck solcher Körperschaften sein. Voraussetzung ist, dass eine Körperschaft des privaten
Rechts, für die die Mittel beschafft werden, als steuerbegünstigt eingestuft ist. Dies gilt nicht für
geförderte ausländische Körperschaften, deren Tätigkeiten im Einklang mit dem deutschen
Gemeinnützigkeitsrecht stehen und die nur mangels Sitz oder Geschäftsleitung in Deutschland
nicht nach § 5 Abs. 1 Nr. 9 KStG von der Körperschaftsteuer befreit werden können; in diesem
Fall muss die Verwendung der Mittel für die steuerbegünstigten Zwecke nachgewiesen werden.

b) Teilweise Mittelüberlassung (§ 58 Nr. 2 AO)

Mittel können teilweise an andere steuerbegünstigte Körperschaften oder an Körperschaf- **389**
ten des öffentlichen Rechts überlassen werden, wenn dies nicht die überwiegende Tätigkeit der
Körperschaft darstellt. Anders als nach § 58 Nr. 1 AO handelt es sich bei der Mittelüberlassung
nicht um den eigentlichen Zweck der Körperschaft. Zulässig ist nach § 58 Nr. 2 AO auch die
Weitergabe von Mitteln in Form von Ausschüttungen und sonstigen Zuwendungen an die
Gesellschafter oder Mitglieder, wenn diese als steuerbegünstigt anerkannt sind. Dies widerspricht nicht § 55 Abs. 1 Nr. 1 Satz 2 AO, wonach Mitglieder oder Gesellschafter keine Gewinnanteile oder sonstige Zuwendungen erhalten, denn durch § 58 Nr. 2 AO werden nur Ausschüttungen und sonstige Zuwendungen an begünstigte Empfänger ermöglicht.

> **BEISPIEL**
>
> Eine Kirchengemeinde als Körperschaft des öffentlichen Rechts gründet eine GmbH, deren Sat-
> zungszweck das Betreiben eines Pflegeheimes ist.
> **LÖSUNG** Sollte die GmbH Mittel erübrigen können, und werden diese von der Kirchengemeinde als
> Körperschaft des öffentlichen Rechts für andere Zwecke benötigt, so kann die GmbH diese Mittel an
> die Kirchengemeinde ausschütten ohne ihre Gemeinnützigkeit zu gefährden.

c) Gestellung von Personal (§ 58 Nr. 4 AO)

Unschädlich für die Gemeinnützigkeit einer Körperschaft ist, wenn sie anderen Personen, **390**
Unternehmen, Einrichtungen oder einer Körperschaft des öffentlichen Rechts **Arbeitskräfte**
(z. B. Pflegepersonal) unentgeltlich oder auch entgeltlich (gegen nicht angemessenes Entgelt)
für steuerbegünstigte Zwecke zur Verfügung stellt, z. B. zum Zwecke des Hochwasserschutzes
oder Beseitigung der Schäden eines Hochwassers. Neben Arbeitskräften können auch **Arbeits-
mittel** zur Verfügung gestellt werden (AEAO zu § 58 Nr. 3). Nicht erforderlich ist, dass der
durch die Überlassung Begünstigte ebenfalls steuerbegünstigt ist (Unterschied zu § 58 Nrn. 1, 2
und 4 AO); es reicht, wenn steuerbegünstigte Zwecke gefördert werden.

d) Überlassung von Räumen (§ 58 Nr. 5 AO)

Die Vorschrift ermöglicht steuerbegünstigten Körperschaften, als Ausnahme zur Unmit- **391**
telbarkeit nach § 57 AO, anderen steuerbegünstigten Körperschaften und Körperschaften des
öffentlichen Rechts die **Nutzung von Räumen** zur Verwirklichung steuerbegünstigter Zwecke
unentgeltlich oder gegen nicht angemessenes Entgelt zu gestatten. Hierzu zählen auch **Sportanlagen, Sportstätten und Freibäder.**

e) Gesellige Zusammenkünfte (§ 58 Nr. 7 AO)

392   Steuerbegünstigten Körperschaften wird ein gewisser **geselliger Bereich** zugestanden, ohne gleich die Steuerbegünstigung zu verlieren. Satzungszweck dürfen gesellige Zusammenkünfte nicht sein. Toleriert werden gesellige Zusammenkünfte, wenn diese im Vergleich zur steuerbegünstigten Tätigkeit von untergeordneter Bedeutung sind. Erlangt dieser Bereich aber eine nicht mehr unerhebliche Bedeutung, ist die Gemeinnützigkeit gefährdet.

393 – 396
frei

7   Satzungsmäßige Voraussetzungen, tatsächliche Geschäftsführung und Anerkennungsverfahren (§§ 59–63 AO)

397   Nach § 59 AO wird die Steuervergünstigung gewährt, wenn sich aus der Verfassung (z. B. **Satzung**) der Körperschaft ergibt, welchen als steuerbegünstigt anerkannten Zweck sie verfolgt und dieser Zweck selbstlos, ausschließlich und unmittelbar verfolgt wird. Die **tatsächliche Geschäftsführung** muss diesen Satzungsbestimmungen entsprechen und nach § 63 Abs. 1 AO auf die unmittelbare und ausschließliche Erfüllung der steuerbegünstigten Zwecke gerichtet sein. Eine den Anforderungen nach § 60 AO entsprechende Satzung alleine reicht nicht.

7.1   Anerkennungsverfahren (§ 59 AO und § 60 a AO)

398   Ein **besonderes Anerkennungsverfahren** sieht die Abgabenordnung nicht vor. Über die Gemeinnützigkeit einer Körperschaft entscheidet das FA im Veranlagungsverfahren. Eine Überprüfung der Begünstigung soll spätestens alle drei Jahre erfolgen. In aller Regel ergeht ein **Freistellungsbescheid** gem. § 155 Abs. 1 Satz 3 AO, bei Vorliegen eines steuerpflichtigen wirtschaftlichen Geschäftsbetriebs ein Steuerbescheid i. S. d. § 155 Abs. 1 Satz 1 AO. Lehnt das FA die Anerkennung als gemeinnützige Körperschaft ab, erteilt es einen Steuerbescheid i. S. d. § 155 Abs. Satz 1 AO. Diese Entscheidung kann im Rechtsbehelfs- bzw. gerichtlichen Verfahren überprüft werden.

399   **Neu gegründete Körperschaften** oder Körperschaften, die ihre Satzung und/oder ihre tatsächliche Geschäftsführung im Laufe eines Jahres an die gemeinnützigkeitsrechtlichen Regelungen anpassen, können nach § 60a Abs. 2 Nr. 1 AO die **Feststellung der satzungsmäßigen Voraussetzungen** gem. § 60a Abs. 1 AO beantragen (praktischer Regelfall). Eine Feststellung ist gem. § 60a Abs. 2 Nr. 2 AO auch von Amts wegen bei der Veranlagung der Körperschaft zur Körperschaftsteuer möglich. Die Feststellung versetzt die Körperschaft u. a. in die Lage, Spendern steuerwirksame Zuwendungsbestätigungen nach § 50 EStDV auszustellen.

Die Bindungswirkung der Feststellung entfällt, wenn die zugrunde liegenden Rechtsvorschriften geändert oder aufgehoben werden (§ 60a Abs. 3 AO). Der Feststellungsbescheid ist aufzuheben, wenn eine Änderung in den rechtlichen und tatsächlichen Verhältnissen eintritt. Die Aufhebung erfolgt mit Wirkung vom Zeitpunkt der Änderung der Verhältnisse (§ 60a Abs. 4 AO).

Materielle Fehler im Feststellungsbescheid kann das Finanzamt nach § 60a Abs. 5 AO nur mit Wirkung ab dem Kalenderjahr beseitigt werden, das auf die Bekanntgabe der Aufhebung der Feststellung folgt.

BEISPIEL

Ein neugegründeter Verein beantragt beim FA einen Feststellungsbescheid gem. § 60a AO. Der Feststellungsbescheid wird am 1.7.01 bekanntgegeben. Mit Bekanntgabe vom 11.4.03 hebt das Finanzamt den Feststellungsbescheid auf, weil die Voraussetzungen der satzungsmäßigen Vermögensbindung nicht eingehalten wurden. Dies hat das Finanzamt beim Erlass des Bescheids in 01 übersehen.

LÖSUNG Gem. § 60a Abs. 5 AO wirkt die Aufhebung erst ab 04. Bis dahin kann der Verein einen neuen Antrag auf Feststellung der satzungsmäßigen Voraussetzungen stellen. U. E. reicht es, wenn der Verein auf Bitte des Finanzamts seine Satzung nachbessert. Nur wenn er dieser (unverbindlichen) Bitte nicht nachkommt, müsste das FA den Feststellungsbescheid gem. § 60a Abs. 5 AO aufheben.

Die **Körperschaftsteuerbefreiung** einer Körperschaft, die nach ihrer Satzung steuerbegünstigte Zwecke verfolgt, **endet**, wenn sie die eigentliche steuerbegünstigte **Tätigkeit einstellt**. Ab diesem Zeitpunkt ist ihre tatsächliche Geschäftsführung nicht mehr auf die ausschließliche und unmittelbare Erfüllung der steuerbegünstigten Zwecke gerichtet.

7.2 Anforderungen an die Satzung (§§ 60–62 AO)

Gem. § 60 Abs. 1 Satz 1 AO sind die Satzungszwecke und die Art ihrer Verwirklichung in der **400** Satzung so genau zu bestimmen, dass aufgrund der Satzung geprüft werden kann, ob die **satzungsmäßigen Voraussetzungen für Steuervergünstigungen** gegeben sind. Eine bloße Bezugnahme auf Satzungen oder Regelungen Dritter genügt nicht. Die Satzung muss nach § 60 Abs. 1 Satz 2 AO die in der Mustersatzung (Anlage 1 zu § 60 AO) bezeichneten Festlegungen enthalten.

Gem. § 60 Abs. 2 AO müssen die satzungsmäßigen Voraussetzungen für die Körperschaftsteuer und die Gewerbesteuer während des gesamten Veranlagungszeitraums vorliegen (bzw. von Beginn der Steuerpflicht bzw. bis zu deren Ende). Für andere Steuern, wie z. B. Grundsteuer, Umsatzsteuer oder Erbschaftsteuer müssen sie zu dem Zeitpunkt vorliegen, an dem die Steuer entsteht.

BEISPIELE

a) Ein Verein wird durch Beschluss der Gründungsmitglieder vom 21.07.01 gegründet. Mit Schreiben vom 24.07.01 beantragt der gewählte Vorstand beim FA unter der Vorlage der Satzung und des Protokolls über die Gründungsversammlung die Feststellung der satzungsmäßigen Voraussetzungen. Am 01.09.01 wird die Feststellung durch das Finanzamt bekannt gegeben.
LÖSUNG Auf den Bekanntgabezeitpunkt der Feststellung kommt es nicht an. Vielmehr ist der Zeitpunkt des Vorliegens der satzungsmäßigen Voraussetzungen, hier Gründungsversammlung, maßgebend. Auch die eventuelle Eintragung in das Vereinsregister ist steuerlich unbeachtlich. Zwar wird der eingetragene Verein nach § 21 BGB erst mit Eintragung zivilrechtlich rechtsfähig, steuerrechtlich bilden gem. R 2 Abs. 4 Satz 2 KStR der nichtrechtsfähige Verein vor Eintragung und der rechtsfähige Verein nach Eintragung aber ein Steuersubjekt.
Der Verein ist unter den sonstigen Voraussetzungen, wie etwa eine satzungsgemäße tatsächliche Geschäftsführung, ab dem 21.07.01 steuerlich begünstigt.

b) Ein bereits seit einigen Jahren bestehender und eingetragener Verein verfolgt seit seiner Gründung gemeinnützige Zwecke. Die Satzung entspricht aber nicht den Anforderungen der AO. Am 21.07.01 wird per Beschluss der Mitglieder die Satzung den Vorschriften der AO über die Gemeinnützigkeit angepasst. Die Änderung der Satzung wird am 30.09.01 in das Vereinsregister eingetragen.
LÖSUNG Der Verein ist für die Körperschaft- und Gewerbesteuer erst ab dem VZ 02, bezüglich der Grundsteuer erst zum 01.01.02 (§ 9 Abs. 2 GrStG) steuerlich begünstigt. Bezüglich Erbschaft- und Umsatzsteuer ist der Zeitpunkt der Entstehung der Steuer maßgebend. Demnach sind Erbanfälle und Umsätze ab dem Zeitpunkt steuerlich begünstigt, ab dem die Satzungsänderung wirksam wird. Zivilrechtlich ist hier § 71 BGB zu beachten, der die Wirksamkeit der Satzungsänderung von deren Eintragung in das Vereinsregister abhängig macht. Steuerrechtlich ist in diesem Fall R 2 Abs. 4 Satz 2 KStR sinngemäß anzuwenden. Maßgebend ist der Zeitpunkt der Feststellung der Satzungsänderung, hier der 21.07.01. Ab diesem Zeitpunkt sind Erbanfälle und Umsätze unter den übrigen Voraussetzungen steuerlich begünstigt.
Bei der Körperschaftsteuer ist § 13 Abs. 4–6 KStG, zu beachten, wonach die stillen Reserven im Zeitpunkt des Überganges von der Steuerpflicht zur Steuerbefreiung zu versteuern sind.

401   In der Satzung müssen zudem gem. § 61 i. V. m. § 55 Abs. 1 Nr. 4 AO für den Fall der Auflösung oder Aufhebung der Körperschaft oder den Wegfall des bisherigen Zwecks **Aussagen zur Vermögensbindung** getroffen sein. Die Aussagen müssen dabei so genau sein, dass aufgrund der Satzung geprüft werden kann, ob der Verwendungszweck steuerbegünstigt ist. Der Begünstigte kann eine andere steuerbegünstigte Körperschaft oder eine Körperschaft des öffentlichen Rechts sein. Die Körperschaft kann ihrer Satzung festlegen, ob die das Vermögen erhaltene Körperschaft das Vermögen frei oder nur zu bestimmten, im Voraus in der Satzung der übertragenden Körperschaft verfügten steuerbegünstigten Zwecken verwenden soll.

Wird die satzungsmäßig festgelegte Vermögensbindung nachträglich so geändert, dass § 55 Abs. 1 Nr. 4 AO nicht mehr erfüllt ist, gilt nach § 61 Abs. 3 Satz 1 AO die entsprechende Vorschrift der Satzung als von Anfang an als steuerlich nicht ausreichend. § 61 Abs. 3 Satz 2 AO stuft die Änderung der Satzung als Ereignis mit steuerlicher Rückwirkung ein und ordnet für zehn KJ rückwirkend eine Steuerpflicht für die Körperschaft an. Die Festsetzungsverjährung der §§ 169 ff. AO beginnt dabei gem. § 175 Abs. 1 Satz 2 AO mit Ablauf des Jahres, in dem die Satzungsänderung im Vereinsregister (bzw. Handelsregister) eingetragen wird (BFH vom 25.04.2001 BStBl II 2001, 518). Es ergibt sich eine Nachversteuerung. Eine solche erfolgt nach § 63 Abs. 2 AO auch bei Verstößen der tatsächlichen Geschäftsführung gegen die satzungsmäßige Vermögensbindung, etwa weil das Vermögen nicht steuerbegünstigten Zwecken zugeführt wird.

Zu beachten ist, dass Verstöße gegen § 55 Abs. 1 Nr. 1 – 3 AO keine zehnjährige Nachversteuerung nach § 61 Abs. 3 AO bzw. § 63 Abs. 2 AO nach sich ziehen. Hier kann nur innerhalb der regulären Festsetzungsverjährung geändert werden (AEAO zu § 61 Nr. 4).

7.3   Tatsächliche Geschäftsführung (§ 63 AO)

402   Nach § 63 AO muss die **tatsächliche Geschäftsführung** einer steuerbegünstigten Körperschaft auf die **ausschließliche und unmittelbare Erfüllung der steuerbegünstigten Zwecke** gerichtet sein und den satzungsmäßigen Voraussetzungen über die Steuerbegünstigung entsprechen. Die Körperschaft hat dies nach § 63 Abs. 3 AO gegenüber dem FA in Form von ordnungsgemäßen Aufzeichnungen über Einnahmen und Ausgaben nachzuweisen. Hierbei sind die Vorschriften der §§ 140 ff. AO über die Führung von Büchern und Aufzeichnungen zu beachten. Eine Glaubhaftmachung der Einnahmen und Ausgaben reicht nicht. Die Nichtvorlage der Unterlagen führt wegen Nichtnachprüfbarkeit der tatsächlichen Geschäftsführung zur Aberkennung der Steuerbegünstigung. Auch die Besteuerungsgrenze des § 64 Abs. 3 AO für steuerpflichtige wirtschaftliche Geschäftsbetriebe (Rz. 410 ff.) ändert hieran nichts. In der Praxis wird oftmals vorgetragen, wenn die Bruttoeinnahmen einer steuerbegünstigten Körperschaft weniger als 35 000 € betrügen, wäre ein Nachweis in Form von ordnungsgemäßen Aufzeichnungen gegenüber dem FA nicht zu führen. Diese Auffassung widerspricht dem gesetzlichen Gedanken des § 63 Abs. 3 AO, der die Nachprüfbarkeit der tatsächlichen Geschäftsführung in jeglicher Hinsicht ermöglichen will. Wegen § 63 Abs. 2 AO siehe Rz. 401 und wegen § 63 Abs. 4 AO siehe Rz. 381.

Die tatsächliche Geschäftsführung muss sich im Rahmen der verfassungsmäßigen Ordnung halten, da die Rechtsordnung als selbstverständlich das gesetzestreue Verhalten aller Rechtsunterworfenen voraussetzt. Als Verstoß gegen die Rechtsordnung, der die Annahme der Gemeinnützigkeit ausschließt, kommt auch eine (der Körperschaft zuzurechnende) **Steuerverkürzung** in Betracht (AEAO zu § 63 Nr. 5).

Die tatsächliche Geschäftsführung umfasst auch die Befugnis zum Ausstellen von **Zuwendungsbestätigungen**. Nach § 63 Abs. 5 AO dürfen diese nur ausgestellt werden, wenn das Datum der Anlage zum Körperschaftsteuerbescheid oder des Freistellungsbescheids nicht länger als fünf Jahre zurückliegt (§ 63 Abs. 5 Nr. 1 AO). Wurde bisher keine Anlage zum Körperschaftsteuerbescheid oder ein Freistellungsbescheid erteilt, ist auf die Feststellung der satzungsmäßigen Voraussetzungen nach § 60a AO abzustellen. Diese darf nicht länger als drei Kalenderjahre zurückliegen (§ 63 Abs. 5 Nr. 2 AO). Die vorgenannten Fristen sind taggenau zu berechnen.

8 Besteuerung einer steuerbegünstigten Körperschaft (§§ 64–68 AO)

8.1 Tätigkeitsbereiche

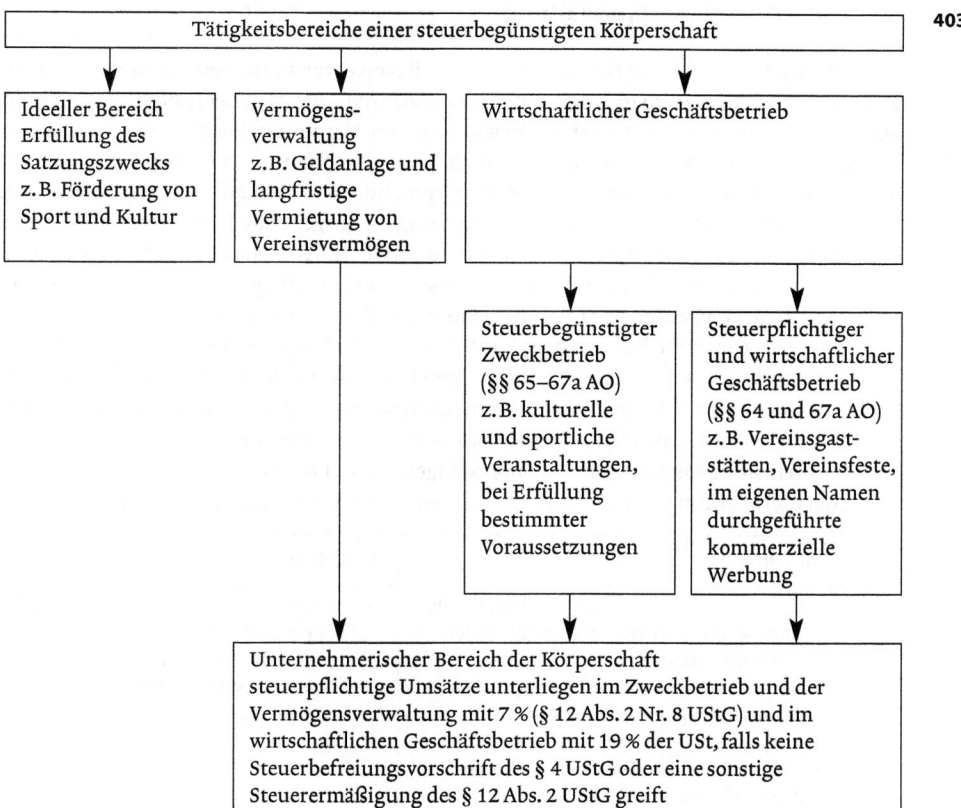

403

8.2 Ideeller Bereich

Der ideelle Bereich ist der Kernbereich einer steuerbegünstigten Körperschaft. Hier ist die Tätigkeit **unmittelbar auf die Verwirklichung der steuerbegünstigten Zwecke** gerichtet. Der ideelle Bereich ist von der KSt (§ 5 Abs. 1 Nr. 9 KStG), von der USt (keine Steuerbarkeit) und von der GewSt (§ 3 Nr. 6 GewStG) befreit.

404

Beispiele für Einnahmen und Ausgaben in diesem Bereich sind:

Einnahmen	Ausgaben
• Mitgliedsbeiträge • Aufnahmegebühren • Geld- und Sachspenden • Zuschüsse von Verbänden und Behörden, soweit diese für den ideellen Bereich bestimmt sind • Schenkungen, Erbschaften und Vermächtnisse	• Kosten der Mitgliederverwaltung (Büromaterial, Telefon, Bankgebühren, Porto) • Raumkosten (Miete, Pacht, Nebenkosten und Reparaturen) • Abgaben an Landes- und/oder Fachverbände • Erbschaft- und Schenkungsteuer

8.3 Vermögensverwaltung

405 Ebenso wie der ideelle Bereich ist auch der **Bereich der Vermögensverwaltung** einer steuerbegünstigten Körperschaft von der Steuer (Ausnahme Umsatzsteuer) befreit. Dies gilt solange, wie sich die Tätigkeit auf die **reine Verwaltung von Vermögen** beschränkt (§ 14 Satz 3 AO). Erfolgt die Nutzung des Vermögens aber nicht nur im Rahmen einer bloßen Vermögensverwaltung, so wird diese Betätigung zu einem steuerpflichtigen wirtschaftlichen Geschäftsbetrieb.

a) **Beispiele** für über die Vermögensverwaltung hinausgehende Betätigungen:
- Werbung für Wirtschaftsunternehmen durch die Körperschaft selbst (eigene Bandenwerbung, Inseratenwerbung in Vereinsdruckschriften, -zeitungen). Auch die entgeltliche Nutzung von Werbeflächen auf Sportkleidung (z. B. auf Trikots, Sportschuhen, Helmen) ist stets als steuerpflichtiger wirtschaftlicher Geschäftsbetrieb (Rz. 410 ff.) zu behandeln. Abzugrenzen ist dies von der entgeltlichen Überlassung des Rechts zur Nutzung von Werbeflächen in vereinseigenen oder gemieteten Sportstätten (z. B. an der Bande), die als steuerfreie Vermögensverwaltung zu beurteilen ist (AEAO zu § 67 a, Nr. 9).
- Stundenweise Vermietung von Sportanlagen an Nichtmitglieder.

b) **Beispiele** für Einnahmen und Ausgaben im Bereich der Vermögensverwaltung:

Einnahmen	Ausgaben
• langfristige Vermietung und Verpachtung von Grundbesitz (z. B. Verpachtung der Vereinsgaststätte) • langfristige Vermietung von Sportstätten an Nichtmitglieder und Mitglieder • Verpachtung von Werberechten • Verpachtung des Bewirtungsrechtes bei Vereinsfesten • Zinsen aus Bankguthaben • Erträge aus Wertpapieren • Verkauf des im Bereich der Vermögensverwaltung genutzten Vermögens	• Zinsen und sonstige Kosten für Darlehen, welche für den Bereich der Vermögensverwaltung notwendig sind • Grundstücksaufwendungen und Reparaturen • Versicherungsbeiträge

Nach dem sog. Sponsoring-Erlass (BMF vom 18. 02. 1998, BStBl I 1998, 212) liegt im Zusammenhang mit den durch Sponsoring erhaltenen Leistungen kein wirtschaftlicher Geschäftsbetrieb vor, wenn die Körperschaft dem Sponsor nur die Nutzung ihres Namens zu

Werbezwecken in der Weise gestattet, dass der Sponsor selbst zu Werbezwecken oder Imagepflege auf seine Leistungen an die Körperschaft hinweist. Ein wirtschaftlicher Geschäftsbetrieb liegt auch dann nicht vor, wenn die Körperschaft auf Plakaten, Veranstaltungshinweisen, in Ausstellungskatalogen oder in anderer Weise auf die Unterstützung durch den Sponsor unter Verwendung des Namens, Emblems oder Logos lediglich ohne besondere Hervorhebung hinweist. In diesem Fall ist der ermäßigte Umsatzsteuersatz nach § 12 Abs. 2 Nr. 8 UStG anzuwenden. Wird hingegen z. B. durch einen allgemein bekannten Werbeslogan auf den Sponsor hingewiesen, liegen Einnahmen aus einem steuerpflichtigen wirtschaftlichen Geschäftsbetrieb vor, auf die der umsatzsteuerliche Regelsteuersatz Anwendung findet (vgl. Abschn. 1.1 Abs. 23 UStAE).

8.4 Zweckbetrieb (§§ 65–68 AO)

Um einen steuerbegünstigten wirtschaftlichen Zweckbetrieb und nicht um einen steuerpflichtigen wirtschaftlichen Geschäftsbetrieb handelt es sich bei **Tätigkeiten,** für die die Körperschaft eine **Gegenleistung erhält, aber** die **eng mit dem Vereinszweck zusammenhängen** und diesen fördern. Dieser wird aber nicht zur Besteuerung (Ausnahme: Umsatzsteuer) herangezogen (§ 64 Abs. 1 AO). Nach § 65 AO liegt ein Zweckbetrieb vor, wenn **406**

a) der wirtschaftliche Geschäftsbetrieb in seiner Gesamtrichtung dazu dient, die steuerbegünstigten satzungsmäßigen Zwecke der Körperschaft zu verwirklichen. Dabei genügt es nicht, dass der Zweckbetrieb der Verwirklichung begünstigter Zwecke nur mittelbar, z. B. durch die Abführung seiner Erträge, dient,

b) die Zwecke nur durch einen solchen Geschäftsbetrieb erreicht werden können; d. h. die Körperschaft muss den Zweckbetrieb zur Verwirklichung der satzungsmäßigen Zwecke unbedingt benötigen,

c) der wirtschaftliche Geschäftsbetrieb zu nicht begünstigten Betrieben derselben oder ähnlichen Art nicht in größerem Umfang in Wettbewerb tritt, als es bei der Erfüllung der steuerbegünstigten Zwecke unvermeidbar ist. Der Wettbewerb muss auf das zur Erfüllung der steuerbegünstigten Zwecke unvermeidbare Maß begrenzt sein.

Die §§ 66–68 AO enthalten Sonderregelungen für bestimmte Zweckbetriebe. So gelten nach § 66 AO **Einrichtungen der Wohlfahrtspflege** (z. B. Deutsches Rotes Kreuz, Deutscher Caritasverband e. V., Diakonisches Werk der Evangelischen Kirche in Deutschland e. V.) als Zweckbetrieb. Wegen der Definition der Wohlfahrtspflege und den weiteren Voraussetzungen vgl. § 66 AO. In § 68 Nr. 1 Buchst. a AO sind Beispiele für solche Zweckbetriebe zu finden. **407**

Betreibt eine steuerbegünstigte Körperschaft ein **Krankenhaus,** stellt dieses einen steuerbegünstigten Zweckbetrieb dar, wenn die in § 67 AO genannten Voraussetzungen erfüllt sind. Stets einen steuerpflichtigen wirtschaftlichen Geschäftsbetrieb stellt die entgeltliche (Mit-) **Überlassung eines medizinischen Großgerätes** und nichtärztlichen medizinisch-technischen Personals an eine ärztliche Gemeinschaftspraxis durch ein Krankenhaus i. S. des § 67 Abs. 1 AO dar (BFH vom 06. 04. 2005 BStBl II 2005, 545). Krankenhäuser, die von einer gemeinnützigen Körperschaft betrieben werden und nicht unter § 67 AO fallen, sind steuerpflichtiger wirtschaftlicher Geschäftsbetrieb, z. B. eine **Privatklinik.** **408**

§ 68 AO enthält eine **beispielhafte Aufzählung** von Zweckbetrieben. § 68 AO ist gegenüber § 65 AO vorrangig. Daher setzt die steuerliche Begünstigung eines Betriebes als Zweckbetrieb gemäß § 68 AO nicht voraus, dass die von ihm ausgehende Wettbewerbswirkung das zur Erfüllung des steuerbegünstigten Zwecks unvermeidbare Maß nicht übersteigt (vgl. BFH vom 04. 06. 2003 BStBl II 2004, 660 und Rz. 406 Buchst. c). So sind stets Zweckbetriebe z. B.: **409**

- Alten-, Wohn- und Pflegeheime,
- Kindergärten,
- Werkstätten für behinderte Menschen,
- Einrichtungen der Fürsorgeerziehung,
- genehmigte Lotterien und Ausspielungen, wenn der Reinertrag für steuerbegünstigte Zwecke verwendet wird,
- kulturelle Einrichtungen (ohne Verkauf von Speisen und Getränken, der steuerpflichtiger wirtschaftlicher Geschäftsbetrieb darstellt),
- Volkshochschulen inkl. Beherbergung und Verköstigung.

Wegen der Abgrenzung Zweckbetrieb zum steuerpflichtigen wirtschaftlichen Geschäftsbetrieb bei **sportlichen Veranstaltungen** siehe Rz. 422 ff.

8.5 Steuerpflichtiger wirtschaftlicher Geschäftsbetrieb (§ 64 AO)

410   § 64 AO verweist wegen des Begriffes des wirtschaftlichen Geschäftsbetriebes auf § 14 AO. Er umfasst jede Tätigkeit, die selbstständig und nachhaltig auf die Erzielung von **Einnahmen oder anderen wirtschaftlichen Vorteilen** gerichtet ist. Die Absicht, Gewinn zu erzielen, ist nicht erforderlich. Bereits bei der Veranstaltung eines Festes liegt ein wirtschaftlicher Geschäftsbetrieb vor, da hierbei mehrere Umsätze getätigt werden (Verkauf von Eintrittskarten sowie Verkauf von Speisen und Getränken). Wegen der Frage, wann **sportliche Veranstaltungen** zum steuerpflichtigen wirtschaftlichen Geschäftsbetrieb gehören, vgl. Rz. 422 ff.

Beispiele für steuerpflichtige wirtschaftliche Geschäftsbetriebe sind:
- Vereinsgaststätten,
- Werbeeinnahmen wie Trikot-, Banden-, Inseratwerbung oder sonstige Reklameflächen. Wenn die Werbung im Zusammenhang mit der steuerbegünstigten Tätigkeit einschließlich Zweckbetrieben stattfindet, kann der Gewinn nach § 64 Abs. 6 Nr. 1 AO mit 15 % der Nettoumsätze geschätzt werden; ansonsten sind die tatsächlichen Aufwendungen nachzuweisen (vgl. AEAO zu § 64 Nr. 29, 30 und 35),
- kurzfristige Vermietung von Sportstätten an Nichtmitglieder,
- Basare,
- Verwertung von gesammeltem oder gespendetem Altmaterial zur Mittelbeschaffung (wegen Gewinnschätzung vgl. Rz. 417 f.),
- Tanzveranstaltungen,
- Vereinsbälle,
- Automatenprovisionen.

411 Der steuerpflichtige wirtschaftliche Geschäftsbetrieb unterliegt der allgemeinen Besteuerung, soweit keine Steuerbefreiung oder -ermäßigung nach den Einzelsteuergesetzen gegeben ist.

BEISPIEL ──

Ein Verein betreibt auf einem Sommerfest einen Verkaufsstand. Hierbei werden Speisen und Getränke verkauft. Der Verein hält Vorrichtungen zum Verzehr an Ort und Stelle (vor allem Bierzeltgarnituren) bereit. Der überwiegende Teil der verkauften Ware wird von den Kunden mitgenommen.

LÖSUNG Gem. § 14 AO liegt ein wirtschaftlicher Geschäftsbetrieb vor. Dieser ist gem. § 64 Abs. 1 AO steuerpflichtig.

Weil die Dienstleistungselemente durch das Zurverfügungstellen der Vorrichtungen überwiegen, liegt bei der Abgabe von Speisen und Getränken zum Verzehr an Ort und Stelle eine sonstige Leistung i. S. d. § 3 Abs. 9 UStG vor, die nach § 12 Abs. 1 UStG mit dem Regelsteuersatz besteuert wird. Soweit die Speisen und Getränke nicht an Ort und Stelle verzehrt werden und es sich um Gegenstände aus der Anlage zu § 12 Abs. 2 Nr. 1 und 2 UStG handelt (nicht z. B. alkoholische Getränke), unterliegen die Umsätze dem ermäßigten Steuersatz gem. § 12 Abs. 2 Nr. 1 UStG (i. V. m. § 12 Abs. 2 Nr. 8 Satz 2 UStG), auch wenn es sich ertragssteuerrechtlich um einen steuerpflichtigen wirtschaftlichen Geschäftsbetrieb handelt.

Werden von einer Körperschaft **mehrere steuerpflichtige wirtschaftliche Geschäftsbetriebe** unterhalten, so werden diese gem. § 64 Abs. 2 AO zusammengefasst. Das Gesamtergebnis wird gem. § 64 Abs. 3 AO der Besteuerung nur unterworfen, wenn insgesamt mehr als 35 000 € Einnahmen incl. Umsatzsteuer erwirtschaftet werden.   **412**

Ein daraus sich ergebender Gewinn unterliegt der Körperschaft- und der Gewerbesteuer, soweit die dortigen Freibeträge überschritten werden (§ 24 KStG und § 11 Abs. 1 Nr. 2 GewStG, Freibetrag jeweils 5 000 €). Da es sich bei der Besteuerungsgrenze von 35 000 € um eine feste Grenze handelt, reicht auch eine geringfügige Überschreitung, um eine Besteuerung auszulösen.

Wird die Besteuerungsgrenze nicht erreicht, ist die Höhe des erzielten Gewinnes oder Verlustes ertragsteuerlich nicht relevant. Weder wird ein Gewinn der Versteuerung unterworfen, noch wird ein Verlust im Wege des Verlustrück- oder -vortrages im Rahmen des § 10 d EStG i. V. m. § 8 Abs. 1 KStG berücksichtigt. Auf die Besteuerung/Berücksichtigung des Gewinnes/Verlustes wird kraft gesetzlicher Regelung verzichtet. § 13 KStG, betreffend Beginn und Erlöschen einer Steuerbefreiung, ist daher nicht anzuwenden. Daran, dass mit der Tätigkeit ein wirtschaftlicher Geschäftsbetrieb vorliegt, ändert sich durch Unterschreitung der Besteuerungsgrenze des § 64 Abs. 3 AO jedoch nichts. Dies hat z. B. Auswirkung auf die Umsatzsteuer. Die Umsätze aus diesem Bereich werden weiterhin (grundsätzlich) mit dem Regelsteuersatz versteuert.

Die Zusammenfassung mehrerer steuerpflichtiger wirtschaftlicher Betätigungen zu einem steuerpflichtigen wirtschaftlichen Geschäftsbetrieb hat auch Auswirkungen auf die Buchführungspflicht gem. § 141 AO. Die dort genannten Grenzen beziehen sich auf den gem. § 64 Abs. 2 AO zusammengefassten wirtschaftlichen Geschäftsbetrieb (AEAO zu § 64 Nr. 11 und AEAO zu § 141 Nr. 3).

BEISPIEL

Ein gemeinnütziger Sportverein erzielt aus selbst durchgeführter Werbung einen Gewinn i. H. v. 36 000 € und aus einer Vereinsgaststätte einen Gewinn i. H. v. 26 000 €.
LÖSUNG Gem. § 64 Abs. 2 AO werden die beiden Bereiche als ein wirtschaftlicher Geschäftsbetrieb behandelt. Damit ist nach § 141 Abs. 1 Nr. 4 AO für den Verein Buchführungspflicht gegeben. Die Einrichtung einer Buchführung ist dabei ausreichend.

Für die Beurteilung, ob Verluste aus dem wirtschaftlichen Bereich die Steuerbegünstigung der Körperschaft gefährden, wird wie bei der Beurteilung der Buchführungsgrenzen auf die Summe aller wirtschaftlichen Tätigkeiten abgestellt. Werden hierbei in der Summe auf Dauer Verluste erwirtschaftet, so kann dies eine Gefährdung der Gemeinnützigkeit bedeuten (siehe Rz. 381).   **413**

BEISPIELE

a) Ein gemeinnütziger Sportverein erzielt aus selbst durchgeführter Werbung einen Gewinn i. H. v. 16 000 € und aus einer Vereinsgaststätte einen Verlust i. H. v. 10 000 €.
LÖSUNG Eine Gefährdung der Gemeinnützigkeit liegt nicht vor, da die Summe der wirtschaftlichen Tätigkeiten zu einem Überschuss von 6 000 € führen.

b) Sachverhalt wie a), aber der Gewinn aus der Werbung beträgt 2 000 €.

LÖSUNG Eine Gefährdung der Gemeinnützigkeit kann (bei Dauerhaftigkeit von Verlusten) vorliegen, weil in der Summe ein Verlust i. H. v. 8 000 € erwirtschaftet wird. Der Verein muss versuchen, die Verluste auf andere Art (z. B. durch Umlagen oder Zuschüsse) auszugleichen.

414   Im Fall eines Verlustes im wirtschaftlichen Geschäftsbetrieb ist weiterhin zu prüfen, ob dieser durch Zuwendungen an Mitglieder oder durch unverhältnismäßig hohe Vergütungen entstanden ist. Denn auch im Bereich der steuerpflichtigen wirtschaftlichen Geschäftsbetriebe gelten die Vorschriften des § 55 Abs. 1 Nr. 1 Satz 2 und Nr. 3 AO. Sollten der Verlust z. B. durch zu geringe Preise entstanden sein und sind die Begünstigten Mitglieder oder Anteilseigner der Körperschaft, ist der Körperschaft die Steuerbegünstigung zu versagen.

> **BEISPIEL**
>
> Ein Verein veranstaltet für seine Mitglieder ein Fest. Hierbei werden Waren zu unverhältnismäßig niedrigen Preisen an die Mitglieder verkauft. Aus diesem steuerpflichtigen wirtschaftlichen Geschäftsbetrieb entsteht ein Verlust.
>
> **LÖSUNG** In diesem Fall ist die Gemeinnützigkeit des Vereins wegen Verstoßes gegen die Selbstlosigkeit gem. § 55 Abs. 1 Nr. 1 Satz 2 AO zu versagen. Auch ein Ausgleich des Verlustes durch andere Bereiche insoweit, dass in der Summe ein positives Ergebnis verbliebe, würde an dieser Beurteilung nichts ändern.

415   Für die Frage, ob die Besteuerungsgrenze des § 64 Abs. 3 AO überschritten wird, ist auf die **Höhe der leistungsbezogenen Einnahmen** (Beispiele siehe AEAO zu § 64 Nr. 15 und 16) abzustellen. Hierbei ist nach den Grundsätzen der steuerlichen Gewinnermittlung zu verfahren. Bei buchführungspflichtigen Körperschaften ist somit § 4 Abs. 1 EStG bzw. § 5 Abs. 1 EStG zu beachten. Damit ist der Zeitpunkt des Zuflusses eine Betrages i. S. d. § 11 EStG unbeachtlich, vielmehr sind auch Forderungen mit einzubeziehen (AEAO zu § 64 Nr. 14). Werden die Grenzen des § 141 AO nicht überschritten und ist die Körperschaft nicht aus anderen Gründen buchführungspflichtig (z. B. als Kapitalgesellschaft), kann der Gewinn nach § 4 Abs. 3 EStG ermittelt werden. Zu den Einnahmen zählen etwa auch die anteiligen **Einnahmen aus der Beteiligung an einer Vereins-Gesellschaft des Bürgerlichen Rechts**, die sich nur zur Ausrichtung eines Festes zusammengeschlossen hat (AEAO zu § 64 Nr. 17).

416   In bestimmten vom Gesetz abschließend benannten Fällen wird der erzielte **Gewinn** aus einem steuerpflichtigen wirtschaftlichen Geschäftsbetrieb **pauschaliert**. Dies gilt nach § 64 Abs. 6 Nr. 1 AO etwa für den Gewinn aus **eigener und damit steuerpflichtiger Werbung**, soweit nicht höhere Ausgaben nachgewiesen werden und die **Werbung** im Zusammenhang mit der **steuerbegünstigten Tätigkeit** einschließlich **Zweckbetrieben** stattgefunden hat; der Gewinn wird pauschal mit 15 % (ohne USt) angenommen. Gleiches gilt nach § 64 Abs. 6 Nr. 2 und 3 AO für **Totalisatorbetriebe** und die **Zweite Fraktionsstufe der Blutspendedienste**.

417   Ein weiterer Sonderfall ist die Gewinnermittlung aus der steuerpflichtigen **Verwertung unentgeltlich erworbenen Altmaterials** außerhalb einer ständig vorgehaltenen Verkaufsstelle durch Schätzung gem. § 64 Abs. 5 AO. Hier besteht ein Wahlrecht, ob der tatsächliche Gewinn der Körper- und Gewerbesteuer unterworfen wird oder ob eine branchenübliche Reingewinnschätzung erfolgen soll. Als branchenüblich gelten bei Altpapier 5 % und bei anderem Altmaterial 20 % der Einnahmen (ohne USt) als Gewinn.

418   § 64 Abs. 5 AO gilt nur für Altmaterial. Für **Basare**, den Einzelverkauf gebrauchter Sachen (z. B. **Flohmärkte**) und ähnlichem gilt die Vorschrift nicht, weil die verkauften Gegenstände noch einen Gegenstandswert haben (siehe auch BFH vom 11. 02. 2009 BStBl II 2009, 516 für einen sog. Pfennigbasar). Ein Gewinn lässt sich vermeiden oder verringern, wenn die Gegenstände von den Mitgliedern oder von Dritten an den Verein zu einem angemessenen Preis veräußert werden. Wird der gezahlte Betrag anschließend dem Verein wieder freiwillig zugewendet, so wird hierdurch für den Spender der Sonderausgabenabzug nach § 10 b EStG erreicht (Hinweis: In einem solchen Fall würde keine Sachzuwendung der Gegenstände vorliegen, weil die Zuwendung nicht für die ideellen Zwecke des Vereins sondern für den wirtschaftlichen Bereich »Basar« erfolgt. Zuwendungen für steuerpflichtige wirtschaftliche Geschäftsbetriebe sind jedoch steuerlich nicht als Spenden berücksichtigungsfähig).

Sinngemäß wie § 51 Abs. 1 Satz 3 AO bestimmt § 64 Abs. 4 AO, dass die **Aufteilung einer Körperschaft in mehrere selbstständige Körperschaften** zum Zwecke der mehrfachen Inanspruchnahme der Regelung des § 64 Abs. 3 AO als **missbräuchlich** i. S. d. § 42 AO anzusehen ist. Ein Verein mit mehreren Abteilungen wird damit steuerrechtlich als ein Steuersubjekt behandelt, eine Aufteilung zum Zweck des Erlangens einer weiteren Besteuerungsgrenze wird steuerrechtlich nicht anerkannt. Dies gilt **nicht für regionale Untergliederungen** steuerbegünstigter Körperschaften (AEAO zu § 51 Nr. 2 und AEAO zu § 64 Nr. 24). Die Untergliederungen von z. B. Großvereinen in Landes-, Bezirks- und Ortsverbände, die über eigene satzungsmäßige Organe, eine eigene Kassenführung verfügen und sich eine eigene den Vorschriften der AO über die steuerbegünstigten Zwecke entsprechende Satzung geben, können selbst als steuerbegünstigt eingestuft werden. **419**

Abgrenzungsprobleme ergeben sich, wenn aus einer Körperschaft mit mehreren Abteilungen eine **Abteilung** mit allen Konsequenzen **rechtlich verselbstständigt** wird. Wird hier eine eigene Satzung für die verselbstständigte Abteilung in Kraft gesetzt, eigene satzungsmäßige Organe und eine eigene Kassenführung eingesetzt, so entsteht zivilrechtlich eine eigene Körperschaft. Die Körperschaft sollte darlegen können, dass die Ausgliederung der Abteilung nicht nur zwecks mehrfacher Inanspruchnahme der Besteuerungsgrenze des § 64 Abs. 3 AO, sondern aus vernünftigen außersteuerlichen Gründen stattgefunden hat. Außerdem darf der verselbstständigte Teil nicht vom Hauptverein wirtschaftlich abhängig oder weisungsgebunden sein.

8.6 Beispiele zur Abgrenzung der einzelnen steuerlichen Bereiche einer steuerbegünstigten Körperschaft

8.6.1 Karnevalsvereine

Karnevalsvereine sind nach § 52 Abs. 2 Nr. 4 AO als steuerbegünstigt eingestuft. Die Aktivitäten dieser Körperschaften sind wie folgt zu beurteilen: **420**

- Karnevalssitzung:
  Da diese Veranstaltung durch Büttenreden, tänzerische Veranstaltungen und musikalische Veranstaltungen geprägt wird, liegt ein steuerbegünstigter Zweckbetrieb vor. Hierzu gehören auch die Honorare für Fernsehübertragungsrechte.
- Verkauf von Speisen und Getränken bei diesen Sitzungen durch den Verein:
  Hierbei handelt es sich um einen steuerpflichtigen wirtschaftlichen Geschäftsbetrieb.
- Maskenball und Tanzveranstaltung:
  Da es sich hierbei um gesellige Veranstaltungen handelt, sind diese Aktivitäten als steuerpflichtiger wirtschaftlicher Geschäftsbetrieb zu behandeln. Hierbei steht nicht die Pflege des Brauchtums, sondern die Pflege von Geselligkeit und Vergnügen im Vordergrund.

- Karnevalssitzung mit Elementen von Maskenball/Tanzveranstaltung (gemischte Veranstaltungen):
  Für die steuerliche Behandlung einer Veranstaltung, in denen sich die Elemente Karnevalssitzung und Maskenball und/oder Tanzveranstaltung mischen, ist auf den überwiegenden Charakter der Veranstaltung abzustellen.
- Karnevalsumzug:
  Dieser wird als Zweckbetrieb eingestuft, da hierbei überwiegend karnevalistische Brauchtumspflege betrieben wird. Zu den Einnahmen im Bereich Zweckbetrieb zählen auch die Entgelte für die Vermietung von Tribünenplätzen an Zuschauer. Auch der Verkauf von Zugplaketten zur Finanzierung des Karnevalsumzugs ist dem Zweckbetrieb zuzuordnen.

8.6.2 Überlassung von Sportstätten

421 Sportstätten sind z. B. Schwimmbäder, Tennisplätze, Tennishallen, Schießstände, Kegelbahnen, Squashhallen, Reithallen, Turn-, Sport- und Festhallen, Mehrzweckhallen, Eissportstadien, Eishallen und Eiszentren, Golfplätze, Badminton-Felder, Kegel- oder Bowlingbahnen, Gymnastikräume oder Fitnessräume. Bei der entgeltlichen **Überlassung von Sportstätten** ist zwischen langfristiger und kurzfristiger Vermietung zu unterscheiden. Eine kurzfristige Vermietung liegt gem. Abschn. 4.12.9 Abs. 1 UStAE vor, wenn der Unternehmer die Absicht hat, die Räume nicht auf Dauer und damit nicht für einen dauernden Aufenthalt im Sinne der §§ 8 und 9 AO zur Verfügung zu stellen. Damit kann bei einer Vermietung von mehr als 6 Monaten von einer langfristigen Vermietung ausgegangen werden (vgl. Abschn. 12.16 Abs. 1 UStAE i. V. mit Abschn. 4.12.3 Abs. 2 UStAE). Überlässt eine Körperschaft eine Sportstätte zur kurzfristigen Benutzung an Mitglieder als auch an Nichtmitglieder, ist zu unterscheiden, ob die Vermietung zu gleichen oder zu unterschiedlichen Bedingungen erfolgt (BFH vom 02. 03. 1990 BStBl II 1990, 1012 und vom 10. 01. 1992 BStBl II 1992, 684).

422 frei

8.7 Sportliche Veranstaltungen (§ 67 a AO)

423 Sportliche Veranstaltungen eines Sportvereines werden je nach Fallgestaltung und Option der Körperschaft gem. § 67 a AO entweder dem steuerpflichtigen wirtschaftlichen Geschäftsbetrieb zugerechnet oder als Zweckbetrieb eingestuft.

Auch **Sportreisen, z. B.** zu Wettkämpfen, zählen zu den sportlichen Veranstaltungen, wenn die sportliche Betätigung wesentlicher und notwendiger Bestandteil der Reise ist.

Zu den Einnahmen aus sportlichen Veranstaltungen zählen z. B.:

- Eintrittsgelder,
- Startgelder (USt: steuerfrei, vgl. § 4 Nr. 22 Buchst. b UStG),
- Einnahmen für Sportunterricht für Mitglieder und Nichtmitglieder
  (USt: steuerfrei, vgl. § 4 Nr. 22 Buchst. a UStG),
- Zahlungen für die Übertragungen von sportlichen Veranstaltungen im Fernsehen oder Rundfunk.

424 Nicht zu den Einnahmen aus sportlichen Veranstaltungen zählen gem. § 67 a Abs. 1 Satz 2 AO die **Einnahmen aus Werbung** (vgl. Rz. 410) und aus dem **Verkauf von Speisen und Getränken.** Diese Bereiche sind eigene stets steuerpflichtige wirtschaftliche Geschäftsbetriebe.

Werden bei sportlichen Veranstaltungen **Eintrittsgelder** verlangt und beinhalten diese ein Entgelt für Bewirtungsleistungen, so ist dieser Entgeltsanteil aus den Eintrittsgeldern, wenn nötig im Schätzungswege, auszuscheiden (AEAO zu § 67 a, Nr. 7). Weiterhin nicht unter § 67 a AO fallen **Einnahmen aus der Überlassung von Sportstätten**. Die langfristige Vermietung ist der steuerfreien Vermögensverwaltung zuzuordnen. Die kurzfristige Überlassung ist selbst keine sportliche Veranstaltung sondern schafft dafür die Voraussetzungen und ist als eigener steuerpflichtiger wirtschaftlicher Geschäftsbetrieb anzusehen (AEAO zu § 67 a, Nr. 12).

Gem. § 67 a Abs. 1 Satz 1 AO sind sportliche Veranstaltungen grds. Zweckbetrieb, wenn die Bruttoeinnahmen aus allen sportlichen Veranstaltungen insgesamt 45 000 € im Jahr nicht übersteigen **(Zweckbetriebsgrenze)**. Wird diese Grenze überschritten, liegt (ohne Option nach § 67 a Abs. 2 AO) ein steuerpflichtiger wirtschaftlicher Geschäftsbetrieb vor, da gleichzeitig auch die Grenze des § 64 Abs. 3 AO überschritten wird. Dieses ist eine auf den ersten Blick nachteilige Regelung. Sie kann aber von Vorteil sein, wenn durch die sportlichen Veranstaltungen Verluste erwirtschaftet werden. Diese Verluste verringern dann die steuerliche Belastung der Gewinne aus anderen steuerpflichtigen wirtschaftlichen Geschäftsbetrieben. Von Nachteil ist die umsatzsteuerliche Behandlung der Umsätze aus diesem Bereich mit dem Regelsteuersatz. Der ermäßigte Steuersatz gem. § 12 Abs. 2 Nr. 8 UStG für Umsätze in Zweckbetrieben greift dann nicht. **425**

Auf die Anwendung des § 67 a Abs. 1 AO kann gem. § 67 a Abs. 2 AO bis zur Unanfechtbarkeit des Körperschaftsteuerbescheides verzichtet werden. An die **Option** ist die Körperschaft mindestens fünf Jahre gebunden. Sie ist unabhängig davon möglich, ob die Einnahmen die Zweckbetriebsgrenze des § 67 a Abs. 1 AO unter- oder überschreiten. Wird optiert, so bestimmt sich die steuerliche Qualifizierung der jeweiligen sportlichen Veranstaltungen nach § 67 a Abs. 3 AO, ob an diesen nur **unbezahlte** oder auch **bezahlte Sportler** teilnehmen. Ein Zweckbetrieb liegt vor, wenn kein bezahlter Sportler des Vereins teilnimmt und kein teilnehmender vereinsfremder Sportler durch den Verein selbst oder im Zusammenwirken mit Dritten bezahlt wird. Ein steuerpflichtiger wirtschaftlicher Geschäftsbetrieb liegt vor, wenn bezahlte Sportler an den jeweiligen Veranstaltungen teilnehmen. **426**

Als Bezahlung gilt nicht die **Erstattung des tatsächlichen Aufwandes** von vereinsfremden Sportlern oder bei vereinseigenen Sportlern die Zahlung einer pauschalen Aufwandsentschädigung von bis zu 400 € monatlich im Jahresdurchschnitt. Zu beachten ist, dass vereinsfremden Sportlern keine pauschale Aufwandsentschädigung gezahlt werden kann (AEAO zu § 67 a Nr. 32 f.). Unerheblich ist, ob Gelder für die Teilnahme an sich oder für eine erfolgreiche Teilnahme gezahlt werden. So ist auch die Zahlung von Preisgeldern eine Bezahlung. Im Übrigen ist die vorgenannte Pauschale eine Vereinfachungsregelung zu § 67 a AO, sie ist nicht im Besteuerungsverfahren des Sportlers anzuwenden. **427**

428   Das folgende Schaubild gibt einen Überblick:

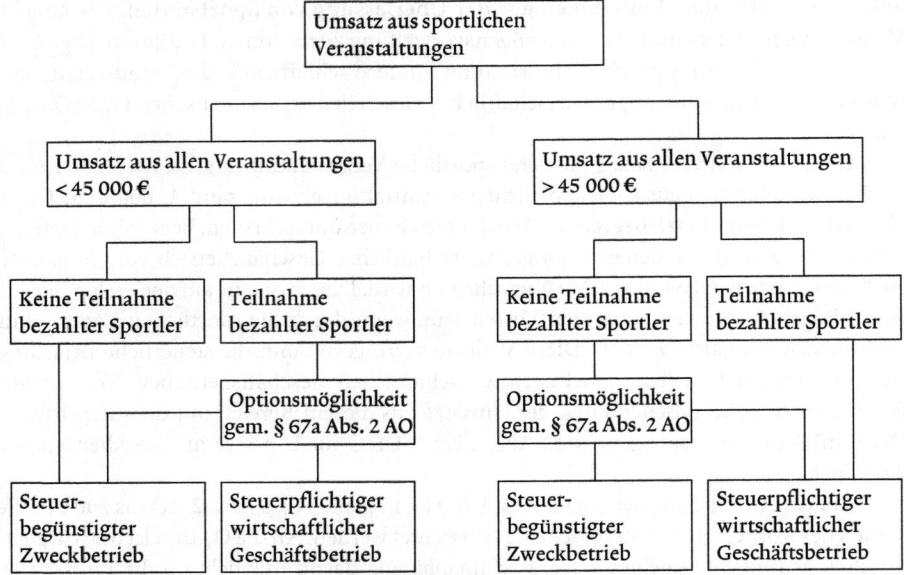

BEISPIELE

429   **a) Einnahmen < 45 000 €**
Ein Sportverein hat folgende sportliche Veranstaltungen durchgeführt:
Einnahmen aus einem Turnerfest: 15 000 €,
Einnahmen aus einem Leichtathletikwettbewerb: 12 000 €.
An beiden Veranstaltungen hat **kein bezahlter Sportler** teilgenommen.
aa) Der Verein hat nicht gem. § 67 a Abs. 2 AO optiert.
LÖSUNG Da die Bruttoeinnahmen aus den sportlichen Veranstaltungen unter der Zweckbetriebsgrenze des § 67 a Abs. 1 AO liegen, sind diese als Zweckbetrieb einzustufen.
bb) Der Verein hat gem. § 67 a Abs. 2 AO optiert.
LÖSUNG Theoretisch besteht die Möglichkeit der Option. Jede der sportlichen Veranstaltungen wird
für sich betrachtet. Da an beiden Veranstaltungen keine bezahlten Sportler teilgenommen haben,
sind beide Veranstaltungen Zweckbetriebe. Die Option geht ins Leere. Sie ist in einem solchen Fall
nicht sinnvoll, da nur Veranstaltungen durchgeführt werden, an denen keine bezahlten Sportler teilgenommen haben, und solche Veranstaltungen auch bei Option als Zweckbetrieb einzustufen sind.

b) Einnahmen > 45 000 €
Wie a), aber die Einnahmen aus dem Turnerfest betragen 35 000 €.
An beiden Veranstaltungen hat **kein bezahlter Sportler** teilgenommen.
aa) Der Verein hat nicht gem. § 67 a Abs. 2 AO optiert.
LÖSUNG Da die Einnahmen mehr als 45 000 € betragen, liegt ein steuerpflichtiger wirtschaftlicher
Geschäftsbetrieb vor.
bb) Der Verein hat nach § 67 a Abs. 2 AO optiert.
LÖSUNG Der Verein kann gem. § 67 a Abs. 2 AO optieren. Die beiden Veranstaltungen sind gem. § 67
a Abs. 3 AO als steuerbegünstigte Zweckbetriebe einzustufen, weil keine bezahlten Sportler teilgenommen haben. Die Option bewirkt, dass aus dem eigentlich steuerpflichtigen wirtschaftlichen
Geschäftsbetrieb ein Zweckbetrieb wird.

c) Einnahmen < 45 000 €

430

Wie a), aber am Turnerfest haben **bezahlte Sportler** teilgenommen.

aa) Der Verein hat nicht gem. § 67 a Abs. 2 AO optiert.

LÖSUNG Da die Einnahmen weniger als 45 000 € betragen, ist unerheblich, ob bezahlte Sportler teilgenommen haben. Die Veranstaltungen sind gem. § 67 a Abs. 1 AO als Zweckbetrieb zu qualifizieren.

bb) Der Verein hat gem. § 67 a Abs. 2 AO optiert.

LÖSUNG Die einzelnen Veranstaltungen sind gem. § 67 a Abs. 3 AO jeweils getrennt zu beurteilen. Der Leichtathletikwettbewerb ist als Zweckbetrieb zu behandeln, weil keine bezahlten Sportler teilgenommen haben.

Da am Turnerfest bezahlte Sportler beteiligt waren, ist dieses als steuerpflichtiger wirtschaftlicher Geschäftsbetrieb einzustufen.

Die Option bewirkt, dass aus der aufgrund der Einnahmegrenze des § 67 a AO als Zweckbetrieb eingestuften Veranstaltung mit bezahlten Sportlern ein steuerpflichtiger wirtschaftlicher Geschäftsbetrieb wird.

d) Einnahmen > 45 000 €

Wie b), aber am Turnerfest haben **bezahlte Sportler** teilgenommen.

aa) Der Verein hat nicht gem. § 67 a Abs. 2 AO optiert.

LÖSUNG Da die Einnahmen über der Grenze des § 67 a Abs. 1 AO liegen, sind die beiden sportlichen Veranstaltungen als steuerpflichtiger wirtschaftlicher Geschäftsbetrieb zu behandeln.

bb) Der Verein hat gem. § 67 a Abs. 2 AO optiert.

LÖSUNG Die sportlichen Veranstaltungen sind getrennt voneinander zu beurteilen.

Da am Turnerfest bezahlte Sportler teilgenommen haben, ist dieses als steuerpflichtiger wirtschaftlicher Geschäftsbetrieb einzustufen.

Der Leichtathletikwettbewerb ist gem. § 67 a Abs. 3 AO aufgrund der Option als steuerbegünstigter Zweckbetrieb zu behandeln, da keine bezahlten Sportler teilgenommen haben. Die Option bewirkt, dass die an sich aufgrund der Überschreitung der Grenze des § 67 a Abs. 1 AO als steuerpflichtiger wirtschaftlicher Geschäftsbetrieb eingestufte sportliche Veranstaltung »Leichtathletikwettbewerb« als Zweckbetrieb zu behandeln ist.

Es stellt sich die Frage, **wann** eine **Option** nach § 67 a Abs. 2 AO für eine Körperschaft **431** **vorteilhaft** ist. Eine generelle Aussage kann nicht getroffen werden. Es sind die Umstände für fünf Jahre abzuschätzen, da die Körperschaft gem. § 67 a Abs. 2 Satz 2 AO für diesen Zeitraum gebunden ist. Und neben der ertragsteuerlichen Seite sind die umsatzsteuerlichen Auswirkungen zu berücksichtigen. Die Umsätze aus sportlichen Veranstaltungen, die als steuerpflichtiger wirtschaftlicher Geschäftsbetrieb zu behandeln sind, werden nicht mit dem ermäßigten Steuersatz nach § 12 Abs. 2 Nr. 8 UStG sondern mit dem Regelsteuersatz besteuert. Zudem geht die Möglichkeit der pauschalen Gewinnermittlung nach § 64 Abs. 6 Nr. 1 AO bei Werbung verloren, wenn sportliche Veranstaltungen als steuerpflichtige wirtschaftliche Geschäftsbetriebe behandelt werden (vgl. Rz. 410 und 416).

Betragen die **Einnahmen aus den sportlichen Veranstaltungen nicht mehr als 45 000 €,** **432** ist eine Option z. B. sinnvoll, wenn

- aus Veranstaltungen mit bezahlten Sportlern Verluste erzielt werden und diese mit Gewinnen aus anderen steuerpflichtigen wirtschaftlichen Gewerbebetrieben (z. B. Vereinsgaststätte) verrechnet werden sollen oder
- aus Veranstaltungen mit bezahlten Sportlern Gewinne erzielt werden und bei anderen steuerpflichtigen wirtschaftlichen Geschäftsbetrieben ansonsten schädliche Dauerverluste ausgeglichen werden sollen (siehe zu § 55 Abs. 1 Nr. 1, Rz. 381).

Sind sportliche Veranstaltungen mit bezahlten Sportlern (durch Option) als steuerpflichtige wirtschaftliche Geschäftsbetriebe zu behandeln, können Mittel aus dem ideellen Bereich, der Vermögensverwaltung und den Zweckbetrieben nicht mehr für diese Veranstaltungen und zum

Ausgleich etwaiger dort entstehender Verluste eingesetzt werden. Zudem unterliegen die Umsätze dann dem umsatzsteuerlichen Regelsatz.

433   Betragen die **Einnahmen aus den sportlichen Veranstaltungen mehr als 45 000 €**, ist eine Option z. B. sinnvoll, wenn

- sportliche Veranstaltungen ohne bezahlte Sportler durchgeführt werden und aus diesen Veranstaltungen Gewinne erzielt werden, die durch die Behandlung als Zweckbetrieb nicht versteuert werden brauchen oder
- sportliche Veranstaltungen ohne bezahlte Sportler durchgeführt werden und aus diesen ohne Option als steuerpflichtige wirtschaftliche Geschäftsbetriebe einzustufende Veranstaltungen dauernd Verluste erzielt werden, die nicht mit Überschüssen aus anderen steuerpflichtigen wirtschaftlichen Geschäftsbetrieben verrechnet werden können (siehe zu § 55 Abs. 1 Nr. 1, Rz. 381).

Durch die Option hin zum Zweckbetrieb unterliegen die Umsätze gem. § 12 Abs. 2 Nr. 8 UStG dem ermäßigten Umsatzsteuersatz.

434–539 frei

Teil D   Steuergeheimnis

1   Allgemeines

Die Wahrung des Steuergeheimnisses ist ein fundamentales Gebot im deutschen Steuer-   **540**
recht. Es gibt zwar kein Grundrecht auf Steuergeheimnis. Gleichwohl ist die Geheimhaltung
steuerlicher Angaben und Verhältnisse durch **grundrechtliche Verbürgungen,** insbesondere
durch Art. 2 Abs. 1 in Verbindung mit Art. l Abs. l (Recht auf informationelle Selbstbestim-
mung), geboten. Das Steuergeheimnis gilt für alle Steuern i. S. d. § 1 AO.

§ 30 bezweckt in erster Linie den **Schutz des Steuerbürgers:** Aufgrund der weitreichenden
abgabenrechtlichen Offenbarungs- und Mitwirkungspflichten muss der Stpfl. seine persönlichen Verhältnisse dem Finanzamt preisgeben. Keine andere Behörde hat umfassenderen Einblick in die private Sphäre des Bürgers. Die Angaben des Stpfl. können gesundheitliche Gebrechen, religiöse Bindungen, Ehe- und Familienverhältnisse, politische Verbindungen und berufliche, betriebliche, unternehmerische oder sonstige wirtschaftliche Verhältnisse betreffen.
Unter Umständen muss der Stpfl. verbotene oder sogar strafbare Vorgänge offenlegen (vgl. § 40
AO). Abgesehen von wenigen Ausnahmen (z. B. § 30 Abs. 4 und 5 AO) verbietet § 30 AO die
Weitergabe dieser Informationen an Dritte. Eine solch weiträumige Sicherheit gewähren die
Vorschriften über die allgemeine Amtsverschwiegenheit (vgl. § 67 Bundesbeamtengesetz und
§ 3 Abs. 1 TVöD) nicht. Im Gegensatz zu § 30 AO hindern diese Normen die Finanzbehörden
nicht daran, im Rahmen der Amtshilfe anderen Behörden oder Gerichten Auskünfte zu geben.

Der Schutz des Stpfl. liegt auch **mittelbar im öffentlichen Interesse:** Wenn der Stpfl. weiß,
dass seine Angaben geheim bleiben, wird er eher bereit sein, seine Verhältnisse den Finanzbehörden zu offenbaren. § 30 AO dient insoweit indirekt auch dem Interesse am rechtzeitigen und
vollständigen Steueraufkommen und der Verwaltungsvereinfachung.

Das Steuergeheimnis ist ein **qualifiziertes Amtsgeheimnis.** Es geht sowohl den Daten-
schutzgesetzen (des Bundes und der Länder) als auch der allgemeinen Amtsverschwiegenheit
vor. Diese Schutzvorschriften greifen subsidiär ein.

2   Voraussetzungen für die Verletzung des Steuergeheimnisses (§ 30 AO)

Das Steuergeheimnis ist verletzt, wenn   **541**
a)   ein Amtsträger oder eine ihm gleichgestellte Person
b)   Verhältnisse eines anderen,
c)   die ihm dienstlich bekannt geworden sind,
d)   offenbart, verwertet oder abruft,
e)   ohne dazu befugt zu sein.

2.1   Amtsträger oder gleichgestellte Personen

Wie § 30 Abs. 1 und 3 AO zeigt, können nur Amtsträger und gleichgestellte Personen das   **542**
Steuergeheimnis verletzen. Sie müssen nicht Angehörige der Finanzverwaltung sein. Auch
Bedienstete anderer Verwaltungen (z. B. Polizeibeamte oder Angestellte von Gemeinden) haben

das Steuergeheimnis zu wahren, sofern sie dienstlich von steuerlichen Verhältnissen anderer erfahren.

a) **Amtsträger (§ 7 AO)**

Der Begriff des Amtsträgers ist für das Steuerrecht in § 7 AO definiert. S. Rz. 107.

b) **Gleichgestellte Personen (§ 30 Abs. 3 AO)**

543   Das Steuergeheimnis haben auch Personen zu wahren, die den Amtsträgern nach § 30 Abs. 3 AO gleichgestellt sind. Hierzu gehören die **für den öffentlichen Dienst besonders Verpflichteten (30 Abs. 3 Nr. 1 AO)**. Dies sind solche Bedienstete, die nicht schon nach § 7 AO Amtsträger sind, und bei einer Behörde oder sonstigen Stelle, die öffentliche Aufgaben wahrnimmt, beschäftigt sind: z. B. Schreibkräfte, Hausmeister, Kraftfahrer und Angestellte im Rechenzentrum. Diese Personen sind aber **nur dann** Amtsträgern gleichgestellt, wenn sie »besonders verpflichtet« worden sind, d. h., wenn sie nach dem Verpflichtungsgesetz (BStBl I 1974, 380) auf die gewissenhafte Erfüllung ihrer Obliegenheiten förmlich hingewiesen worden sind.

Nach **§ 30 Abs. 3 Nr. 1 Buchst. a AO** stehen die in § 193 Abs. 2 des Gerichtsverfassungsgesetzes genannten Personen Amtsträgern gleich. Nach dieser Vorschrift können **ausländische Berufsrichter, Staatsanwälte und Anwälte**, die einem Gericht zur Ableistung eines Studienaufenthalts zugewiesen sind, bei demselben Gericht bei der Beratung und Abstimmung zugegen sein, soweit der Vorsitzende deren Anwesenheit gestattet und soweit sie zur Geheimhaltung besonders verpflichtet sind (vgl. § 193 Abs. 3 Gerichtsverfassungsgesetz).

Amtsträgern gleichgestellt sind auch **amtlich zugezogene Sachverständige (§ 30 Abs. 3 Nr. 2 AO**; z. B. Gutachter nach § 96 AO) sowie **Träger von Ämtern der Kirchen (§ 30 Abs. 3 Nr. 3 AO**; z. B. Kirchenräte, Kirchenvorstand).

544   Die Geheimhaltungspflicht nach § 30 AO ist **zeitlich unbegrenzt**. Es ist dabei unerheblich, ob sich der Amtsträger oder die gleichgestellte Person noch im Dienst befindet oder ausgeschieden ist. Letztlich endet die Geheimhaltungspflicht des Amtsträgers mit dessen Tod, nicht aber z. B. mit einem Berufswechsel oder der Pensionierung.

2.2   Verhältnisse eines anderen

545   Amtsträger oder gleichgestellte Personen verletzen das Steuergeheimnis, wenn sie »Verhältnisse eines anderen« offenbaren, verwerten oder abrufen. Entsprechend dem Schutzzweck des § 30 AO ist diese Tatbestandsvoraussetzung weit auszulegen. Verhältnisse eines anderen sind alle Umstände, die eine Person von ihrer Umwelt abheben. Das Steuergeheimnis beschränkt sich nicht auf die für die steuerliche Erfassung erheblichen Tatsachen. Es erstreckt sich auf alles, was über eine Person bekannt werden kann, z. B. die Zahl der ehelichen oder nichtehelichen Kinder, Name des Stpfl., einzelne Bilanzposten, Einrichtung der Wohnung, Ort, Zeit und Gegenstand einer Außenprüfung, Mitgliedschaften in Vereinen oder Parteien, alle Umstände des betrieblichen oder privaten Bereichs, die beispielsweise ein Außenprüfer bemerkt, sind Verhältnisse eines anderen. Nicht nur die Verhältnisse des betroffenen Stpfl., sondern auch die **anderer Personen (z. B. Steuerberater, Angehörige, Geschäftsfreunde) sind geschützt.**

Es muss sich um Verhältnisse einer **konkreten Person** handeln. Ist die Anonymität gewahrt, ist das Steuergeheimnis nicht verletzt. Zum Ganzen siehe auch AEAO zu § 30 Nr. 1.

BEISPIELE ───

a) Steuerinspektor A erzählt einem Freund, dass sein Sachgebietsleiter ein steuerliches Rechtsproblem nach seiner Meinung völlig falsch entschieden habe. Das Problem wird nur abstrakt ohne Nennung von Namen erörtert.

LÖSUNG A hat das Steuergeheimnis nicht verletzt, ggf. jedoch das allgemeine Amtsgeheimnis.

b) In den im BStBl II veröffentlichten Entscheidungen des BFH werden die Namen der beteiligten Stpfl. (anders als bei Entscheidungen des EuGH) nicht genannt. Sie werden allgemein als Kläger oder Beklagter bezeichnet und bleiben dadurch anonym.

Verhältnisse eines »anderen« sind nicht die eigenen Verhältnisse einer Person. Das Steuergeheimnis ist nicht verletzt, wenn dem Stpfl. die eigenen Verhältnisse mitgeteilt werden.

BEISPIEL

Der Sachbearbeiter gewährt dem Kommanditisten einer KG Einsicht in die Steuerakten über die einheitliche und gesonderte Feststellung des Gewinns aus der KG.
LÖSUNG Dies verstößt nicht gegen § 30 AO. Soweit die Verhältnisse Gegenstand der einheitlichen und gesonderten Feststellung sind, ist eine Offenbarung zulässig. Der Feststellungsbescheid richtet sich nämlich gegen alle Gesellschafter als Feststellungsbeteiligte (§ 179 Abs. 2 Satz 2 AO).

Fremde Betriebs- oder Geschäftsgeheimnisse nach § 30 Abs. 2 Nr. 2 AO sind Verhältnisse besonderer Art. Geschäftsgeheimnisse sind alle Umstände, die für ein Unternehmen von Bedeutung sind und die nach dem Willen des Unternehmers geheim gehalten werden sollen, wie z. B. Kundenlisten, Kalkulationen, Patente, Erfindungen, Rezepte, Modellzeichnungen, Fabrikationsverfahren, Beschaffenheit von Waren, Schablonen und Bezugsquellen. Bei der Offenbarung von Betriebs- oder Geschäftsgeheimnissen ist § 30 AO auch dann verletzt, wenn die Anonymität anderer Personen gewahrt bleibt.   **546**

BEISPIEL

Sachbearbeiter X führt in seinem Bezirk u. a. mehrere Baufirmen. Auf Bitten seines Freundes Y, der Bauunternehmer ist und seine Angebote auf dem Immobilienmarkt optimal gestalten will, gibt X die ihm aus den Steuerakten zugänglichen Kalkulationen an Y weiter, ohne die Namen der Firmen zu nennen.
LÖSUNG X hat das Steuergeheimnis nach § 30 Abs. 2 Nr. 2 AO verletzt. Hierbei ist es ohne Belang, dass die einzelnen Firmen anonym geblieben sind.

§ 30 Abs. 2 Nr. 3 AO stellt klar, dass sich das Steuergeheimnis auch auf solche **Daten** erstreckt, die **im automatisierten Verfahren** von der Steuerbehörde mit Hilfe der EDV gespeichert werden. Mit dieser ausdrücklichen Nennung hat der Gesetzgeber der technischen Entwicklung im Bereich der Finanzverwaltung Rechnung getragen und die in den Speicherkonten über die Stpfl. enthaltenen Daten ausdrücklich für schutzwürdig erklärt. Der Schutz des Steuergeheimnisses umfasst sowohl automatisierte Dateien in finanzverwaltungseigenen Rechenzentren als auch automatisierte Dateien in Rechenzentren der Länder, die gleichzeitig für mehrere Landesverwaltungen zuständig sind wie z. B. die Hess. Zentrale für Datenverarbeitung in Wiesbaden.   **547**

2.3 Dienstliche Kenntniserlangung

Die Verhältnisse eines anderen, die fremden Betriebs- oder Geschäftsgeheimnisse und die geschützten Daten müssen dem Amtsträger im Rahmen seiner dienstlichen Tätigkeit bekannt geworden sein. Dies ist der Fall, wenn er sie aus einem der in **§ 30 Abs. 2 Nr. 1 Buchst. a–c AO** aufgeführten Anlässe erfahren hat.   **548**

Dienstliche Kenntniserlangung liegt danach vor, wenn dem Amtsträger die Verhältnisse

a) in einem Verwaltungsverfahren (z. B. im Veranlagungs- oder Erhebungsverfahren), einem Rechnungsprüfungsverfahren oder einem gerichtlichen Verfahren in Steuersachen (z. B. im Finanzprozess) oder

b) in einem Strafverfahren wegen einer Steuerstraftat (z. B. aufgrund einer Steuerfahndung oder im nachfolgenden Strafprozess) oder einem Bußgeldverfahren wegen einer Steuerordnungswidrigkeit bekannt geworden sind.

BEISPIEL

Die Strafsachenstelle gibt einen Fall (Steuerhinterziehung) an die Staatsanwaltschaft ab. Hier hat auch der zuständige Staatsanwalt von der Steuerhinterziehung dienstlich Kenntnis erlangt.

c) Auch aus anderem Anlass durch Mitteilung einer Finanzbehörde oder durch die gesetzlich vorgeschriebene Vorlage eines Steuerbescheides oder durch eine Bescheinigung über die bei der Besteuerung getroffenen Feststellungen ist ein dienstliches Bekanntwerden gegeben.

549 **Außerdienstlich bekannt gewordene** Verhältnisse sind dagegen **nicht** Gegenstand des Steuergeheimnisses.

BEISPIEL

Außenprüfer A erzählt dem Sachbearbeiter B in der Mittagspause, dass der Unternehmer U, den er gerade prüfe, im Prüfungszeitraum große Verluste hinnehmen musste. B, der nicht für den U zuständig ist, erzählt dies seiner Frau.

LÖSUNG A hat das Steuergeheimnis verletzt: Er hat Verhältnisse des U (Außenprüfung bei U, Verluste des U) dem B gegenüber offenbart. Diese Verhältnisse sind ihm während einer Außenprüfung (§§ 193 ff. AO) – also »dienstlich« in einem Verwaltungsverfahren in Steuersachen (§ 30 Abs. 2 Nr. 1 Buchst. a AO) – bekannt geworden.

B hat dagegen nicht gegen § 30 verstoßen: Er war für die Veranlagung des U nicht zuständig. Ihm sind die Verhältnisse des U demnach nicht nach § 30 Abs. 2 Nr. 1 Buchst. a–c AO bekannt geworden, sondern nur »bei Gelegenheit«. B hat allerdings seine Pflicht zur Amtsverschwiegenheit verletzt.

Ist die Kenntniserlangung sowohl dienstlich als auch privat erfolgt, greift das Steuergeheimnis nicht.

2.4 Offenbaren, verwerten oder abrufen

550 Der Amtsträger muss eine Verletzungshandlung i. S. d. § 30 Abs. 2 AO vornehmen. Er muss offenbaren, verwerten oder abrufen.

2.4.1 Offenbaren

Offenbaren ist jedes Tun, Dulden oder Unterlassen, durch das ein Dritter etwas erfährt, was er vorher nicht oder nicht genau wusste. Dazu gehört auch das Bestätigen eines bloßen **Verdachts.** Kein Offenbaren liegt vor, wenn die Verhältnisse schon allgemein bekannt sind oder Außenstehende sich diese leicht beschaffen können.

a) Am Stammtisch wird Inspektor A von einem Freund vertraulich gefragt, ob es stimme, dass sein Nachbar wegen Steuerhinterziehung angeklagt worden sei. A, der mit dem Fall dienstlich befasst war, nickt zustimmend, erklärt aber unter Hinweis auf das Steuergeheimnis, dass er sich dazu nicht äußern dürfe.

LÖSUNG A hat das Steuergeheimnis durch schlüssiges Verhalten verletzt.

b) Inspektorin B kommt in das Zimmer ihres Kollegen C. C ist der für ihren neuen Freund zuständige Sachbearbeiter. Da B wissen will, wie viel Geld ihr Freund verdient, bittet sie den C um Herausgabe der ESt-Akte des Freundes. C verweigert dies, unternimmt jedoch nichts, als die B die Akte selbst zieht und nachsieht.

LÖSUNG C hat das Steuergeheimnis durch Dulden bzw. Unterlassen verletzt.

2.4.2 Verwerten

Unter Verwertung ist jede Ausnutzung der bekannt gewordenen Umstände zum eigenen oder fremden Vorteil zu verstehen. Dabei muss es sich nicht um gewerbliche Vorteile handeln. Auch der Einsatz der Erkenntnisse zum eigenen privaten Nutzen des Amtsträgers ist Verwertung. Verwertung ist insbesondere dann gegeben, wenn die Geheimnisse nicht weitergegeben werden. **551**

Ein Sachbearbeiter macht sich Betriebs- oder Geschäftsgeheimnisse, die er den Steuerakten entnommen hat, privat zunutze, ohne die Geheimnisse einem Dritten zu offenbaren.

Wird das Geheimnis dagegen offenbart, findet § 30 Abs. 2 Nr. 1 AO Anwendung.

2.4.3 Abrufen

Das Abrufen von Daten (§ 30 Abs. 2 Nr. 3 AO) ist jede Art des Zugriffs auf gespeicherte Daten zum Zweck der Kenntnisnahme, Weitergabe oder auch Vernichtung. Eine Offenbarungshandlung oder Verwertungshandlung muss nicht hinzutreten. Damit ordnet § 30 Abs. 2 Nr. 3 AO einen verstärkten Schutz für in einem Datenspeicher enthaltene Daten i. S. d. § 30 Abs. 2 Nr. 1 und 2 AO an. Vgl. auch die Steuerdaten-Abrufverordnung vom 13. 10. 2005 (BGBl I 2005, 3021). **552**

2.5 Zulässiges Offenbaren (§ 30 Abs. 4 AO)

Das Steuergeheimnis wird nur durch ein »**unbefugtes**« Offenbaren verletzt. Unbefugt ist eine Offenbarung, wenn sie nicht durch § 30 Abs. 4 oder 5 AO gerechtfertigt ist. Greift einer der dort aufgeführten Rechtfertigungsgründe ein, ist die Offenbarung zulässig und das Steuergeheimnis nicht verletzt. **553**

2.5.1 Durchführung bestimmter Verfahren gemäß § 30 Abs. 4 Nr. 1 AO

Nach dieser Vorschrift ist eine Offenbarung erlaubt, soweit sie der Durchführung eines Verwaltungsverfahrens oder gerichtlichen Verfahrens in Steuersachen oder der Durchführung eines Straf- bzw. Bußgeldverfahrens wegen einer Steuerstraftat bzw. -ordnungswidrigkeit dient. Dieser Rechtfertigungsgrund bewirkt, dass die Durchführung eines Steuer- oder Steuerstrafverfahrens nicht durch den Schutz des Steuergeheimnisses beeinträchtigt wird. Ohne diese Vorschrift verstieße jede dienstliche Kommunikation gegen § 30, und das Finanzamt wäre lahmgelegt. Nach § 30 Abs. 4 Nr. 1 AO z. B. ist es auch nicht verboten, Kontrollmitteilungen an andere Finanzbehörden zu senden oder Steuerstrafakten an die Staatsanwaltschaft abzugeben. Weitere Einzelheiten finden sich im AEAO zu § 30 Nr. 4.

2.5.2 Durch Gesetz zugelassenes Offenbaren gemäß § 30 Abs. 4 Nr. 2 AO

554   § 30 Abs. 4 Nr. 2 AO gestattet die Offenbarung, soweit sie durch Gesetz ausdrücklich zugelassen ist. Die gesetzliche Regelung muss **ausdrücklich** die Offenbarung gestatten. Eine allgemein gehaltene Vorschrift reicht nicht aus. Daher begründet selbst die in Art. 35 GG verankerte Amtshilfe nicht die Befugnis, das Steuergeheimnis zu brechen. Liegt eine ausdrückliche gesetzliche Ermächtigung vor, dürfen nicht alle Verhältnisse des Stpfl. offenbart werden, sondern nur, **soweit** die Ermächtigung reicht.

> **BEISPIELE**
>
> a) Nach § 31 Abs. 2 AO dürfen den Trägern der gesetzlichen Sozialversicherung (z. B. AOK) durch das Steuergeheimnis geschützte Verhältnisse des Betroffenen zum Zwecke der Festsetzung von Beiträgen mitgeteilt werden.
>
> b) Nach § 31 Abs. 3 AO sind die für die Verwaltung der Grundsteuern zuständigen Behörden berechtigt, die nach § 30 AO geschützten Namen und Anschriften von Grundstückseigentümern, die bei der Verwaltung der Grundsteuer bekannt geworden sind, zur Verwaltung anderer Abgaben sowie zur Erfüllung sonstiger öffentlicher Aufgaben zu verwenden oder juristischen Personen des öffentlichen Rechts auf Ersuchen mitzuteilen, soweit nicht überwiegende schutzwürdige Interessen des Betroffenen entgegenstehen.
>
> c) Nach Maßgabe des § 31 a AO ist die Offenbarung der nach § 30 AO geschützten Verhältnisse gegenüber den zuständigen Gerichten und Behörden zur Bekämpfung der illegalen Beschäftigung und des Leistungsmissbrauchs gestattet.
>
> d) Unter den Voraussetzungen des § 21 Abs. 4 SGB X haben die Finanzbehörden Auskünfte über Einkommens- oder Vermögensverhältnisse von Antragstellern, Leistungsempfängern und anderen Personen den Trägern der Sozialhilfe (Landkreise und kreisfreie Städte) zu geben.
>
> e) Vollstrecken Finanzbehörden wegen außersteuerlicher Geldleistungen (z. B. Gebühren- und Kostenfestsetzungen oder Bußgelder anderer Behörden), dürfen sie nach § 249 Abs. 2 Satz 2 AO auch alle Daten verwenden, die ihnen zur Vollstreckung wegen Steuern und steuerlicher Nebenleistungen zur Verfügung stehen.

Zahlreiche weitere Beispiele von gesetzlich zugelassenen Offenbarungen siehe im AEAO zu § 30 Nr. 5.

2.5.3 Zustimmung des Betroffenen gemäß § 30 Abs. 4 Nr. 3 AO

555   Danach ist eine Offenbarung zulässig, wenn der **Stpfl. zustimmt**. In diesem Fall verzichtet der Stpfl. auf den Schutz des Steuergeheimnisses. Die Zustimmung muss vor der Offenbarungshandlung gegeben sein, eine nachträgliche Zustimmung reicht nicht aus (der Begriff ist hier nicht im Sinne der §§ 182 ff. BGB gemeint). Sollen Verhältnisse mehrerer Stpfl. offenbart werden, z. B. der Gesamtgewinn einer OHG, müssen alle Betroffenen (hier alle Gesellschafter) zustimmen. Aber selbst im Falle der Zustimmung ist die Behörde nicht zur Offenbarung verpflichtet. Es liegt in diesem Falle im Ermessen der Behörde, ob sie Auskunft erteilt.

2.5.4 Durchführung von nichtsteuerlichen Strafverfahren gemäß § 30 Abs. 4 Nr. 4 AO

Nach dieser Vorschrift dürfen Amtsträger Kenntnisse über **nichtsteuerliche** Straftaten (z. B. Diebstahl, Betrug, Erpressung) an die Strafverfolgungsbehörden weitergeben. Für die Offenbarung von Kenntnissen über steuerliche Straftaten (z. B. Steuerhinterziehung, § 370 AO) gilt § 30 Abs. 4 Nr. 1 AO. § 30 Abs. 4 Nr. 4 AO ist nicht leicht verständlich. Die Norm beruht auf zwei grundsätzlichen Regeln:

556

1. Kenntnisse über nichtsteuerliche Straftaten dürfen nicht weitergegeben werden, wenn das Finanzamt sie aufgrund der Mitwirkungspflichten des Stpfl. im Besteuerungsverfahren erlangt hat.

   Begründung: Das Steuergeheimnis ist ein Gegenstück zu den umfangreichen Mitwirkungspflichten im Besteuerungsverfahren. Aufgrund dieser Pflichten muss sich der Stpfl. dem Finanzamt preisgeben (u. U. auch wegen nichtsteuerlicher Straftaten: § 40 AO). Der Schutz des Steuergeheimnisses verhindert, dass er sich durch die Mitwirkungspflichten gleichzeitig den Strafverfolgungsbehörden ausliefert. Dagegen schützt § 30 AO den Stpfl. nicht, wenn die Kenntnisse über die nichtsteuerliche Straftat ohne Bestehen einer steuerlichen Verpflichtung oder unter Verzicht auf ein Auskunftsverweigerungsrecht erlangt worden sind.

2. Kenntnisse über nichtsteuerliche Straftaten, die erstmals in einem Strafverfahren oder Bußgeldverfahren erlangt worden sind, dürfen weitergegeben werden.

   Begründung: In Straf- und Bußgeldverfahren hat der Stpfl. ein Aussageverweigerungsrecht (vgl. § 136 Abs. 1 StPO). Es bestehen keine Mitwirkungspflichten. Folglich greift der Schutz des § 30 AO nicht ein. Wenn der Stpfl. allerdings die Einleitung des Straf- oder Bußgeldverfahrens nicht kannte und in der Annahme, er sei zur Mitwirkung verpflichtet, Tatsachen über nichtsteuerliche Straftaten ausplaudert, schützt ihn das Steuergeheimnis vor strafrechtlicher Verfolgung.

Schema zu § 30 Abs. 4 Nr. 4 AO:

§ 30 Abs. 4 Nr. 4 AO	Kenntnisse über nichtsteuerliche Straftaten	Die Offenbarung ist
§ 30 Abs. 4 Nr. 4 Buchst. a AO	wurden erlangt in einem Verfahren wegen einer Steuerstraftat oder Steuerordnungswidrigkeit	grundsätzlich zulässig
	Ausnahmen: • Die Tatsachen wurden vom Stpfl. offenbart, ohne dass dieser die Einleitung des Straf- oder Bußgeldverfahrens kannte.	unbefugt
	• Die Kenntnisse sind schon im Besteuerungsverfahren – also vor der Einleitung eines Straf- oder Bußgeldverfahrens – bekannt geworden.	unbefugt
§ 30 Abs. 4 Nr. 4 Buchst. b AO	wurden erlangt ohne Bestehen einer steuerlichen Verpflichtung oder unter Verzicht auf ein Auskunftsverweigerungsrecht.	zulässig

BEISPIELE

a) Während einer Außenprüfung bei dem Unternehmer U entdeckt der Betriebsprüfer B in den Aufzeichnungen, dass U gegenüber Geschäftspartnern Betrügereien (§ 263 StGB) begangen hat.
LÖSUNG B darf diese Kenntnisse nicht weiterleiten. § 30 Abs. 4 Nr. 4 AO greift nicht ein.

b) Wie Beispiel a). Der B hatte jedoch nichts zu beanstanden und die Betrügereien nicht selbst entdeckt. Sie wurden ihm – ohne Befragen – vom Hilfsbuchhalter des U aus Missgunst gegenüber seinem Chef verraten.
LÖSUNG Eine Weiterleitung der Kenntnisse ist möglich (§ 30 Abs. 4 Nr. 4 Buchst. b AO).

c) Gegen U ist während der Außenprüfung ein Steuerstrafverfahren wegen Verdachts der Steuerhinterziehung (§ 370 AO) eingeleitet worden (§ 397 AO). Erst danach werden die Betrügereien entdeckt.
LÖSUNG Die Tatsachen hinsichtlich der Steuerhinterziehung dürfen nach § 30 Abs. 4 Nr. 1 AO i. V. m. Abs. 2 Nr. 1 Buchst. b AO an die Strafsachenstelle weitergegeben werden. Die Betrügereien dürfen nach § 30 Abs. 4 Nr. 4 Buchst. a AO offenbart werden.

d) Das Steuerstrafverfahren wurde intern eingeleitet. U wusste nichts davon.
LÖSUNG Offenbart U selbst dem B seine Betrügereien, darf dies der B nicht weiterleiten (§ 30 Abs. 4 Nr. 4 Buchst. a erste Ausnahme AO).

2.5.5 Zwingendes öffentliches Interesse gemäß § 30 Abs. 4 Nr. 5 AO

557   Diese Norm erlaubt die Offenbarung von erlangten Kenntnissen, wenn dafür ein **zwingendes öffentliches Interesse** besteht. Ein zwingendes öffentliches Interesse an der Offenbarung besteht, wenn im Falle des Unterbleibens der Mitteilung die Gefahr bestünde, dass schwere Nachteile für das allgemeine Wohl eintreten.

Das Gesetz zählt **drei Beispiele** auf, in denen das zwingende öffentliche Interesse gegeben ist (§ 30 Abs. 4 Nr. 5 Buchst. a–c AO). Dies ist der Fall bei:

- Verbrechen oder Vergehen gegen Leib und Leben oder gegen den Staat, z. B. Mord (§ 211 StGB), Totschlag (§ 212 StGB), Geldfälschung (§ 146 StGB), Hochverrat und Landesverrat (§ 81 ff. StGB), nicht jedoch bei Betrug (§ 263 StGB) oder Diebstahl (§ 242 StGB) vgl. 12 StGB.
- Wirtschaftsstraftaten, die nach ihrer Begehungsweise oder wegen des Umfangs des durch sie verursachten Schadens geeignet sind, die wirtschaftliche Ordnung zu stören oder das Vertrauen der Allgemeinheit auf die Redlichkeit des geschäftlichen Verkehrs oder auf die ordnungsgemäße Arbeit der Behörden und der öffentlichen Einrichtungen erheblich zu erschüttern.
- Offenbarungen, die erforderlich sind zur Richtigstellung in der Öffentlichkeit verbreiteter unwahrer Tatsachen, die geeignet sind, das Vertrauen in die Verwaltung erheblich zu erschüttern. Die Entscheidung trifft die zuständige oberste Finanzbehörde im Einvernehmen mit dem Bundesministerium der Finanzen; vor der Richtigstellung soll der Stpfl. gehört werden. Dieses Verfahren ist so langwierig, dass § 30 Abs. 4 Nr. 5 Buchst. c AO in der Praxis nahezu leerläuft.

Die Aufzählung ist nicht abschließend. Bei anderen Sachverhalten ist ein zwingendes öffentliches Interesse nur gegeben, wenn sie in ihrer Bedeutung einem der in § 30 Abs. 4 Nr. 5 AO erwähnten Fälle vergleichbar sind. Zum Ganzen siehe auch AEAO zu § 30 Nr. 8.

BEISPIELE

a) Unternehmer U hat USt-Rückstände i. H. v. 10 000 € und kommt seinen Voranmeldungs- und Zahlungsverpflichtungen nur gelegentlich nach. Vollstreckungsversuche hatten keinen Erfolg, da U vermögenslos und überschuldet ist. Daraufhin teilt das FA der Gewerbebehörde die USt-Rückstände des U mit, um so die Schließung des Betriebes zu erreichen. Das Gewerberecht sieht nämlich den Widerruf einer gewerberechtlichen Erlaubnis bei gewerberechtlicher »Unzuverlässigkeit« vor.

LÖSUNG Fraglich ist, ob die Mitteilung i. S. d. § 30 Abs. 4 AO zulässig ist. § 30 Abs. 4 Nr. 1 AO i. V. m. Abs. 2 Nr. 1 Buchst. a greift nicht ein, da das gewerberechtliche Untersagungsverfahren kein Steuerverwaltungsverfahren darstellt.

§ 30 Abs. 4 Nr. 2 AO ist nicht erfüllt, da die gewerberechtlichen Bestimmungen (z. B. § 35 GewO, 15 GastG) keine ausdrückliche Ermächtigung enthalten.

Auch die Fallbeispiele des § 30 Abs. 4 Nr. 5 Buchst. a–c AO sind nicht gegeben. Für die Mitteilung könnte jedoch gleichwohl ein zwingendes öffentliches Interesse bestehen (§ 30 Abs. 4 Nr. 5 HS 1 AO). Dies wird bei Auskünften der Finanzbehörden im Rahmen eines gewerberechtlichen Untersagungsverfahrens vom BFH und von der Verwaltung dann bejaht, wenn es sich um Steuern handelt, die mit der Ausübung des Gewerbes zusammenhängen (vgl. BFH vom 29. 07. 2003 BStBl II 2003, 828 und ausführlich BMF vom 19. 12. 2013 BStBl I 2014, 19). Eine Mitteilung kommt insoweit insbesondere für erhebliche Steuerrückstände bei der Lohnsteuer und der Umsatzsteuer des Betriebes und für den Fall der wiederholten Nichterfüllung betrieblicher Steuererklärungspflichten in Betracht. Beträge unter 5 000 € reichen in aller Regel nicht aus. Im vorliegenden Fall ist die Mitteilung danach zulässig. **Hinweis:** Bei Personensteuern (z. B. ESt) ist eine Mitteilung nur gerechtfertigt, wenn diese durch die gewerbliche Tätigkeit ausgelöst wurden.

b) Werden in einem Steuerverfahren erhebliche Verfehlungen eines Beamten festgestellt, die dieser im Zusammenhang mit seiner dienstlichen Tätigkeit begangen hat, z. B. Straftaten im Amt (§§ 331 ff. StGB), so fragt es sich, ob das Finanzamt die Stelle unterrichten darf, die für die Durchführung eines Disziplinarverfahrens gegen den Beamten zuständig ist.

LÖSUNG Für solche Mitteilungen besteht nach Verwaltungsauffassung ein zwingendes öffentliches Interesse gem. § 30 Abs. 4 Nr. 5 AO. Die steuerlichen Verhältnisse Dritter dürfen hier nur mitgeteilt werden, soweit dienstrechtliche Maßnahmen ohne die Mitteilung nicht ergriffen werden können (siehe dazu AEAO zu § 30 Nr. 8.6 m. w. Nw.).

2.6 Offenbaren von vorsätzlich falschen Angaben gemäß § 30 Abs. 5 AO

Nach dieser Norm dürfen vorsätzlich falsche Angaben des Betroffenen den Strafverfolgungsbehörden gegenüber offenbart werden. Derjenige, der trotz des Schutzes durch das Steuergeheimnis falsche Angaben macht, muss nicht geschützt werden. Die Finanzbehörde darf also den Namen eines Denunzianten, der bewusst falsche Behauptungen aufstellt (vgl. § 164 StGB), der Staatsanwaltschaft mitteilen, nicht jedoch anderen Personen. Siehe dazu BFH vom 08. 02. 1994 BStBl II 1994, 552. **558**

2.7 Automatisierter Datenabruf gemäß § 30 Abs. 6 AO

Der automatisierte Datenabruf ist nur zulässig, soweit er der Durchführung eines Verfahrens in Steuersachen oder in Steuerstrafordnungswidrigkeitssachen (§ 30 Abs. 2 Nr. 1 Buchst. a und b AO) oder der zulässigen Weitergaben von Daten dient. Es dürfen daher Finanzbehörden und solche Behörden, die im Besteuerungsverfahren oder Steuerstrafverfahren tätig sind, geschützte Daten abrufen. Sofern steuerliche Verhältnisse an andere Behörden gem. § 30 Abs. 4 AO offenbart werden dürfen (z. B. Mitteilung von Einkommensverhältnissen an Träger der **559**

Sozialhilfe), hat die Finanzbehörde die Daten selbst abzurufen und dann weiterzuleiten. Vgl. die Steuerdaten-Abrufverordnung vom 27.10.2005 BGBl I 2005, 3021).

2.8 Befugnis zum De-Mail-Versand gemäß § 30 Abs. 7 AO

§ 30 Abs. 7 AO stellt klar, dass keine Verletzung des Steuergeheimnisses vorliegt, wenn beim Versenden der Steuerdaten über De-Mail-Dienste (gem. § 87 a Abs. 4 AO i. V. m. § 1 des De-Mail-Gesetzes) eine kurzzeitige automatisierte Entschlüsselung durch den akkreditierten Dienstanbieter zum Zweck der Überprüfung auf Schadsoftware und zum Zweck der Weiterleitung an den Adressaten der De-Mail-Nachricht stattfindet.

3 Folgen der Verletzung des Steuergeheimnisses

3.1 Zivilrechtliche Folgen

560 Zivilrechtlich hat der durch die Verletzung des Steuergeheimnisses Geschädigte einen Anspruch auf Schadensersatz nach Art. 34 GG, § 839 BGB gegen die Körperschaft, die den Amtsträger beschäftigt hat, der das Steuergeheimnis verletzt hat (Amtshaftungsanspruch). Die Behörde kann dann gegebenenfalls Rückgriff bei dem Beamten nehmen.

3.2 Strafrechtliche Folgen

561 Nach § 355 StGB wird die (vorsätzliche) Verletzung des Steuergeheimnisses mit Freiheitsstrafe bis zu zwei Jahren oder mit Geldstrafe bestraft.

3.3 Disziplinarische Folgen

562 Je nach Schwere des Falles kommen nach den Disziplinarordnungen des Bundes und der Länder Verweis, Geldbuße, Gehaltskürzungen und Zurückstufung sowie ggf. Entfernung aus dem Dienst in Betracht. Angestellte können entlassen, Ruhestandsbeamte mit Verlust oder Kürzung des Ruhegehalts bestraft werden.

4 Rechtsbehelfe

563 Fürchtet jemand, sein Recht auf Wahrung des Steuergeheimnisses sei gefährdet (z. B. durch unzulässige Weitergabe von geschützten Daten durch das Finanzamt an Dritte), kann er eine vorbeugende Unterlassungsklage (gem. § 40 Abs. 1 letzte Alternative FGO) vor dem Finanzgericht erheben (BFH vom 04.09.2000 BStBl II 2000, 649). Vorläufiger Rechtsschutz wird ggf. über § 114 FGO gewährt.

Macht der Stpfl. geltend, das Steuergeheimnis sei durchbrochen und er habe ein Genugtuungsinteresse (z. B. einen Anspruch auf Schadensersatz), ist eine Feststellungsklage (§ 41 FGO) statthaft (BFH vom 29.07.2003 BStBl II 2003, 829).

564–569 frei

Teil E Steuerschuldrecht

1   Gliederung

Unter der Überschrift »Steuerschuldrecht« werden im zweiten Teil der AO u. a. die   **570**
Abschnitte »Steuerpflichtiger« und »Steuerschuldverhältnis« zusammengefasst. Da die Definition des »Steuerpflichtigen« nicht nur den Beteiligten am Steuerschuldverhältnis, sondern jeden Beteiligten am allgemeinen Steuerrechtsverhältnis umfasst, wird der Begriff des »Steuerpflichtigen« im Abschnitt A. 12 »Das Steuerrechtsverhältnis« Rz. 95 ff. erläutert.

2   Steuerschuldverhältnis (§§ 37, 38 AO)

2.1   Allgemeines

Unter dem Begriff des Steuerschuldverhältnisses versteht man die Rechtsbeziehungen   **571**
zwischen dem Steuergläubiger und dem Steuerschuldner die Geldleistungen zum Gegenstand haben (§ 37 AO). Im Gegensatz zum bürgerlich-rechtlichen Schuldverhältnis ist das Steuerschuldverhältnis öffentlich-rechtlicher Natur. Steuerschuldner und Steuergläubiger stehen sich nicht als gleichberechtigte Partner gegenüber, sondern sind den gesetzlichen Vorschriften unterworfen. Durch private Vereinbarungen kann nicht von den gesetzlichen Regelungen des Steuerschuldverhältnisses abgewichen werden. Dies gilt auch soweit der Staat ausnahmsweise nicht Steuergläubiger, sondern Schuldner von Steuervergütungs- oder Steuererstattungsansprüchen ist.

2.2   Ansprüche aus dem Steuerschuldverhältnis

Dies ist der Oberbegriff für die verschiedensten steuerrechtlichen Geldleistungsansprü-   **572**
che. Im § 37 AO sind diese Ansprüche erschöpfend aufgezählt und verbindlich definiert, soweit andere Vorschriften diese Begriffe verwenden (z. B. §§ 38, 47, 218, 226, 227, 228 AO). Die Ansprüche entstehen mit der Verwirklichung des gesetzlichen Tatbestandes, an den die Leistungspflicht geknüpft ist (§ 38 AO). Ansprüche aus dem Steuerschuldverhältnis sind:
- der **Steueranspruch** (z. B. § 36 Abs. 1 EStG, § 13 Abs. 1 UStG),
- der **Steuervergütungsanspruch** (z. B. § 31 EStG, § 18 Abs. 9 UStG),
- der **Haftungsanspruch** (z. B. §§ 69 ff. AO),
- der **Anspruch auf steuerliche Nebenleistungen** (§ 3 Abs. 4 AO),
- der **Erstattungsanspruch nach § 37 Abs. 2 AO** (z. B. irrtümliche Doppelzahlung),
- **Erstattungsansprüche nach Einzelsteuergesetzen** (§ 36 Abs. 4 EStG, § 31 KStG).

Nicht zu den Ansprüchen aus dem Steuerschuldverhältnis gehören die Ansprüche auf Strafen und Geldbußen.

Gläubiger eines Anspruchs aus dem Steuerschuldverhältnis kann sowohl die Finanzbe-   **573**
hörde als auch der Steuerpflichtige sein.

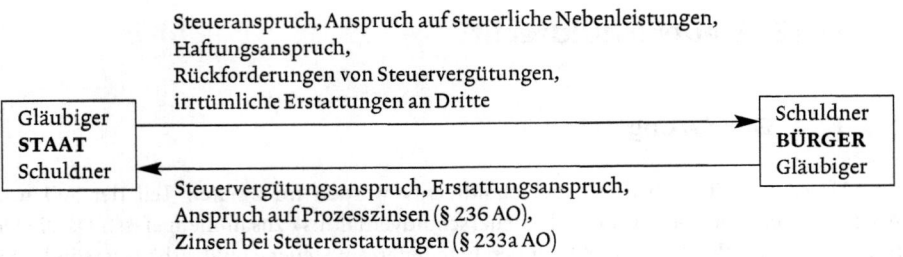

Steueranspruch, Anspruch auf steuerliche Nebenleistungen, Haftungsanspruch, Rückforderungen von Steuervergütungen, irrtümliche Erstattungen an Dritte

Gläubiger **STAAT** Schuldner

Schuldner **BÜRGER** Gläubiger

Steuervergütungsanspruch, Erstattungsanspruch, Anspruch auf Prozesszinsen (§ 236 AO), Zinsen bei Steuererstattungen (§ 233a AO)

2.3   Der Steueranspruch

574   Die Steuer (§ 3 Abs. 1 AO) ist eine von einem öffentlich-rechtlichen Gemeinwesen auferlegte Geldleistung bestimmter Art (vgl. Rz. 18 ff.). Wer unter diese Auferlegung fällt, ist verpflichtet, die Geldleistung zu erbringen. Das öffentlich-rechtliche Gemeinwesen ist berechtigt, die Geldleistung zu verlangen.

Das Recht, von einem andern ein Tun oder Unterlassen zu verlangen, wird im bürgerlichen Recht als Anspruch bezeichnet (vgl. § 194 Abs. 1 BGB). Die rechtliche Beziehung zwischen zwei Personen, kraft deren die eine von der andern eine Leistung zu fordern berechtigt ist, wird im bürgerlichen Recht als **Schuldverhältnis** bezeichnet (§ 241 BGB). In entsprechender Anwendung beider Begriffe wird auch im Steuerrecht von Steueranspruch und Steuerschuldverhältnis gesprochen, um mit diesem die rechtliche Beziehung zwischen dem öffentlich-rechtlichen Gemeinwesen und dem zur Entrichtung der Steuer Verpflichteten und mit jenem das Recht auf die einzelne Steuer zu bezeichnen. Die gleichlautenden Begriffe dürfen aber nicht darüber hinwegtäuschen, dass sie keineswegs ein und dasselbe bedeuten: Dort handelt es sich um ein bürgerlich-rechtliches Verhältnis, in dem die Beteiligten einander auf der Grundlage der Gleichordnung gegenüberstehen; hier aber handelt es sich um ein **öffentlich-rechtliches Verhältnis, in dem die Beteiligten einander als Über- und Untergeordnete begegnen.**

Dem Anspruch als Leistungsberechtigung i. S. v. Recht auf Leistung entspricht die Schuld als Leistungsverpflichtung. Das gilt auch im Steuerrecht. Dem Steueranspruch entspricht die Steuerschuld. Ist ersterer, wie schon ausgeführt, das Recht, die Steuer zu fordern, so ist letztere die Verpflichtung, die Steuer zu entrichten.

Beide Begriffe (Steueranspruch und Steuerschuld) bezeichnen **ein und denselben Tatbestand**, nämlich die Leistung, aber von verschiedenen Seiten gesehen: beim Steueranspruch vom Berechtigten aus und bei der Steuerschuld vom Verpflichteten aus. Stellt man nicht auf das Recht und die Pflicht, sondern auf die beteiligten Personen ab, so spricht man im bürgerlichen Recht von Gläubiger und Schuldner und entsprechend im Steuerrecht von **Steuergläubiger** und **Steuerschuldner**. Steuergläubiger ist, wem der Steueranspruch zusteht. Steuerschuldner ist, wer die Steuer zu erbringen hat.

2.4   Entstehung des Anspruchs (§ 38 AO)

575   Der **Steueranspruch** (oder vom Steuerschuldner aus gesehen: die Steuerschuld) **entsteht** in dem Augenblick, in dem der **Tatbestand verwirklicht ist, an den das Gesetz die Leistungs-**

pflicht knüpft. Ob der Steuerpflichtige die Steuer entstehen lassen will oder sich über die Entstehung geirrt hat, ist unerheblich. Ebenfalls ohne Bedeutung ist, ob und wann die Steuer festgesetzt wird und wann sie zu entrichten ist.

Die Festsetzung (§§ 155 ff. AO) hat grundsätzlich nur »**deklaratorische**« (rechtsklärende) Bedeutung. Der Steueranspruch besteht auch ohne die Festsetzung. Er wird zwar durch die Festsetzung »konkretisiert«. Das ändert aber nichts daran, dass jene nur feststellt (»erklärt«), was ohnehin ist. Möglich ist allerdings, dass eine Konkretisierung **unzutreffend** ist, weil ein Betrag »festgestellt« wurde, der niedriger oder höher ist als der sich aus dem Gesetz ergebende, und dass es bei dieser unrichtigen Besteuerung bleibt, weil die Unrichtigkeit nicht erkannt worden ist oder erst erkannt wurde, als die Festsetzung weder angegriffen noch geändert werden konnte. Wird ein nicht entstandener Anspruch festgesetzt, wirkt die Festsetzung insoweit »**konstitutiv**« (rechtsbegründend). Insofern kann man zwischen der (nicht festgesetzten) Steuerschuld und der Steuerzahlungsschuld unterscheiden.

Dass die Festsetzung grundsätzlich nur deklaratorische Bedeutung hat, gilt auch für alle **Ansprüche auf Nebenleistungen**, die kraft Gesetzes entstehen (z. B. für Säumniszuschläge, Zinsen oder Vollstreckungskosten). Bei den Ansprüchen, die im Gesetz nur als Möglichkeit vorgesehen sind, bei denen es also darauf ankommt, ob das FA sie festsetzt oder nicht (z. B. Verspätungszuschläge, Zwangsgelder), hat die Festsetzung des FA »**konstitutive**« (rechtsbegründende) Bedeutung: Erst durch die Festsetzung kommen diese Ansprüche zur Entstehung.

Dass der Steueranspruch nur kraft Gesetzes entsteht, bildet den Ausgangspunkt des Grundsatzes der **Tatbestandsmäßigkeit der Besteuerung**. Ihm entspricht, dass Steueransprüche durch Vereinbarungen zwischen dem Stpfl. und den Finanzverwaltungsbehörden weder begründet noch verändert werden können (vgl. Rz. 82 f.).

Der **Zeitpunkt** der Entstehung, der in § 38 AO nur generell umschrieben ist, muss im Einzelfall dem jeweiligen **Steuergesetz** entnommen werden; z. B. entsteht **576**

- die zu veranlagende Einkommensteuer oder die zu veranlagende Körperschaftsteuer mit Ablauf des Veranlagungszeitraums (§ 36 Abs. 1 EStG, § 30 Nr. 3 KStG), wobei der auf einem Verlustrücktrag nach § 10 d Abs. 1 EStG beruhende Erstattungsanspruch erst mit Ablauf des Veranlagungszeitraums entsteht, in dem der Verlust entstanden ist (AEAO zu § 38 Nr. 1),
- die Lohnsteuer in dem Zeitpunkt, in dem der Arbeitslohn dem Arbeitnehmer zufließt (§ 38 Abs. 2 Satz 2 EStG),
- die Umsatzsteuer für Lieferungen und sonstige Leistungen grundsätzlich mit Ablauf des Voranmeldungszeitraums, in dem die Leistungen ausgeführt worden sind (§ 13 Abs. 1 Nr. 1 Buchst. a UStG),
- die Gewerbesteuer mit Ablauf des Erhebungszeitraums (§ 18 GewStG),
- die Erbschaftsteuer bei Erwerb von Todes wegen grundsätzlich mit dem Tod des Erblassers und bei Schenkungen unter Lebendem mit dem Zeitpunkt der Ausführung der Zuwendung (§ 9 Abs. 1 Nr. 1 und 2 ErbStG)
- der Anspruch auf Erstattungszinsen nach § 233 a AO mit der Steuerfestsetzung (BFH vom 14. 05. 2002 BStBl II 2002, 677).

Materiell-rechtliche Folge der Entstehung des Anspruchs aus dem Steuerschuldverhältnis ist, **577** dass er vorher nicht erfüllt zu werden braucht und auch nicht fällig werden kann. Die Entstehung der Steueransprüche hat außerdem Bedeutung z. B. für

- die Wirksamkeit einer **Abtretung** (§ 46 Abs. 2 AO),
- den Beginn der **Festsetzungsverjährung** (§ 170 Abs. 1 AO),
- den Beginn der **Zahlungsverjährung** (§ 229 Abs. 1 Satz 1 AO),

- die **Fälligkeit** (§ 220 Abs. 2 Satz 1 AO) und **abweichende Fälligkeitsbestimmungen** (§ 221 AO),
- die **Aufrechnung** (§ 226 AO),
- für das **Insolvenz**- und **Zwangsversteigerungsverfahren** (vgl. Rz. 2839 und § 10 Abs. 1 Nr. 3 ZVG),
- die gesetzliche oder vertragliche **Haftung** für Steuerschulden anderer (§§ 69 ff. , 192 AO),
- den Übergang von Ansprüchen auf den **Gesamtrechtsnachfolger** (§ 45 AO),
- den **Abzug als Schuld** in der Steuerbilanz oder bei der Bewertung von Betriebsvermögen für Zwecke der Erbschaftsteuer nach § 12 Abs. 5 ErbStG (hier kommt allerdings der Gesichtspunkt der wirtschaftlichen Belastung noch hinzu).

Der durch Tatbestandverwirklichung entstandene Anspruch aus dem Steuerschuldverhältnis ist unabänderlich. Ist der Steueranspruch einmal entstanden, so kann der Steuerpflichtige ihn durch nach dem Entstehungszeitpunkt vorgenommene Rechtshandlungen in aller Regel nicht mehr beeinflussen. Ausnahmen können nur durch Gesetz zugelassen werden (z. B. §§ 15 a, 17 UStG, § 16 GrEStG, § 29 ErbStG, §§ 2, 20 Abs. 6, 24 Abs. 4 UmwStG, § 6 Abs. 3 AStG).

578   Es ist möglich, dass Steueransprüche nur bedingt entstehen (§§ 5 Abs. 2, 6 Abs. 2, 7 Abs. 2, 8 BewG). Bedingt ist eine Steuerschuld, wenn ihr Eintritt oder ihr Wegfall von einem zukünftigen ungewissen Ereignis (eben der Bedingung) abhängig ist. Im ersten Fall ist die Steuerschuld **aufschiebend**, im letzteren dagegen **auflösend** bedingt (z. B. § 6 Abs. 3 ErbStG). Soweit ungewiss ist, ob die Voraussetzungen für die Entstehung einer Steuer eingetreten sind, ist nach § 165 Abs. 1 AO eine vorläufige Steuerfestsetzung möglich (Rz. 1503 ff.).

Der Haftungsanspruch wird im Kapitel F »Die Haftung« dargestellt (vgl. F Rz. 750 ff.).

2.5   Steuervergütungsanspruch

579   Der Steuervergütungsanspruch ist der abstrakte Anspruch auf eine Steuervergütung. Hierbei handelt es sich um Ansprüche des Bürgers gegen den Staat, die dieser zu erfüllen hat, wenn ein in den Steuergesetzen umschriebener Tatbestand vorliegt. Deswegen ist Gläubiger einer Steuervergütung derjenige Beteiligte des Steuerschuldverhältnisses, dem ein Steuervergütungsanspruch zusteht (§ 43 AO). Die AO selbst enthält keine Vorschrift, auf die ein Vergütungsanspruch gestützt werden könnte. Vorschriften dieser Art befinden sich in den Einzelsteuergesetzen. Dabei kann es sich um die Rückzahlung bereits vereinnahmter Steuerbeträge handeln. Im Unterschied zu Steuererstattungen (s. Rz. 583) wird hier aber kein zu Unrecht vereinnahmter Betrag zurückgezahlt (§ 37 Abs. 2 AO), sondern die Zahlung erfolgt, weil andere – meist wirtschaftspolitische – Gründe es rechtfertigen oder es der Steuervereinfachung dient, z. B.

- Vergütung der Vorsteuerbeträge (§ 18 Abs. 9 UStG i. V. m. §§ 59 ff. UStDV),
- Vergütung nach Verbrauchsteuergesetzen (z. B. § 21 KaffeeStG, § 59 EnergieStG).

580   Bei staatlichen Transferleistungen handelt es sich ebenfalls um Steuervergütungen oder es sind die Vorschriften über die Steuervergütung entsprechend anzuwenden. Dies sind insbesondere

- die Wohnungsbau**prämie** (§ 8 Abs. 1 WoPG),
- die Arbeitnehmerspar**zulage** (§ 14 Abs. 2 VermBG),
- die Investitions**zulage** (§ 14 InvZulG 2010),
- das **Kindergeld** (§ 31 Satz 3 EStG).

581   Die meisten Steuervergütungen werden nur auf Antrag gewährt. Der Vergütungsanspruch bedarf zu seiner Verwirklichung stets der Festsetzung in einem Vergütungsbescheid (§ 218 Abs. 1 AO). Ein Sonderfall stellt hierbei die Vorsteuer nach § 15 UStG dar. Nach der Rechtsprechung des BFH handelt es sich bei der anzurechnenden Vorsteuer um eine Steuervergütung

(BFH vom 12. 04. 1995 BStBl II 1995, 817). Trotzdem stellt sie nur einen unselbstständigen Teil der Umsatzsteuerberechnung dar. Nur der Saldo aus der nach § 16 Abs. 1 und 2 UStG sich ergebenden Steuer ist die für den Besteuerungszeitraum zu berechnende Umsatzsteuer nach § 18 Abs. 1 UStG. Ist der Saldo negativ, so liegt insoweit ein Steuervergütungsanspruch vor (vgl. § 168 Satz 2 und Rz. 1521 ff.). Soweit keine besonderen Ausschlussfristen für die Antragstellung oder eigenständige Verjährungsfristen bestehen, können die Vergütungsansprüche nur innerhalb der Festsetzungsfrist nach §§ 169 ff. AO geltend gemacht werden (vgl. Rz. 1622).

Die Vorschriften über die Verzinsung (§§ 233 ff. AO) sind auch auf Steuervergütungsan- **582** sprüche entsprechend anwendbar. Führt etwa ein bei Gericht anhängiges **Rechtsbehelfsverfahren** zur Erhöhung eines (bisher zu niedrig festgesetzten) Vergütungsbetrages, so ist der dem Vergütungsberechtigten nachzuzahlende Betrag zu verzinsen (§ 236 Abs. 1 AO); dies gilt jedoch nicht, soweit die Kosten des Rechtsbehelfsverfahrens dem Vergütungsberechtigten auferlegt worden sind, weil die Erhöhung auf Tatsachen beruht, die der Vergütungsberechtigte früher hätte geltend machen können und sollen (§ 236 Abs. 3 AO).

2.6 Steuererstattungsanspruch

2.6.1 Allgemeines

Steuererstattungsanspruch ist die Umkehrung der übrigen Ansprüche aus dem Steuer- **583** schuldverhältnis. Er ist ebenso öffentlich-rechtlicher Natur. Auch durch eine Abtretung geht der Rechtscharakter des Erstattungsanspruches als öffentlich-rechtlicher Anspruch nicht verloren. Zu einem Erstattungsanspruch kommt es nur, wenn

- eine Steuer, eine Steuervergütung, ein Haftungsbetrag oder eine steuerliche Nebenleistung **ohne rechtlichen Grund** gezahlt oder zurückgezahlt worden ist (§ 37 Abs. 2 Satz 1 AO) oder der **rechtliche Grund** für die Zahlung oder Rückzahlung später **wegfällt** (§ 37 Abs. 2 Satz 2 AO). Ohne rechtlichen Grund ist eine Zahlung dann geleistet, wenn sie den materiell-rechtlichen Anspruch übersteigt (AEAO zu § 37, Nr. 2 Abs. 1, sog. materielle Rechtsgrundtheorie). Hiervon zu unterscheiden ist, ob der Erstattungsanspruch durchgesetzt werden kann, ob nicht die Bestandskraft von Verwaltungsakten entgegensteht. Kann die Änderung eines »fehlerhaften« Verwaltungsakts aufgrund der Vorschriften über die Bestandskraft und die Festsetzungsverjährung nicht durchgesetzt werden, geht ein abstrakt bestehender Erstattungsanspruch nach § 37 Abs. 2 AO ins Leere, vgl. Rz. 587 ff. oder
- die **Einzelsteuergesetze** dies in Sonderfällen vorsehen.

BEISPIELE

a) Ein Steuerpflichtiger überweist per Dauerauftrag vierteljährlich 500 € Einkommensteuervorauszahlungen, obwohl die Einkommensteuer durch Bescheid des FA auf 0 € festgesetzt worden ist.
LÖSUNG Der Steuerpflichtige hat einen Erstattungsanspruch nach § 37 Abs. 2 Satz 1 AO weil er die Steuer ohne rechtlichen Grund gezahlt hat.

b) Das Umsatzsteuervorauszahlungssoll für 01 lt. Umsatzsteuervoranmeldungen beträgt 50 000 €, die auch entrichtet wurden. Nach Abgabe der Umsatzsteuerjahreserklärung für 01 beträgt die Umsatzsteuerschuld 01 nur 42 000 €.
LÖSUNG Nach Zustimmung des FA zur Herabsetzung der bisher zu entrichtenden Steuer (§ 168 Satz 2 AO) entsteht ein Erstattungsanspruch nach § 37 Abs. 2 Satz 2 AO, weil der Rechtsgrund für die bisherige Zahlung weggefallen ist.

c) Ein Stpfl. beantragt beim Bundeszentralamt für Steuern gem. § 44 b EStG die Erstattung einbehaltener Kapitalertragssteuer.

LÖSUNG Wenn die sonstigen Voraussetzungen vorliegen, entsteht ein Erstattungsanspruch.

584   Es handelt sich jeweils um eine Erstattung aus Rechtsgründen. Für eine **Erstattung aus Billigkeitsgründen** nach § 227 AO, auf die grds. kein Rechtsanspruch besteht, gilt § 37 Abs. 2 AO nicht. Wird jedoch eine bereits bezahlte Steuer aus Billigkeitsgründen erlassen und die Erstattung angeordnet, dann entsteht dadurch auch ein Rechtsanspruch auf Erstattung.

585   Ist eine Erstattung oder Vergütung zu Unrecht erfolgt, so ergibt sich ein **Rückzahlungsanspruch** gegen den Stpfl. (Erstattungs- oder Vergütungsberechtigten) der den zu Unrecht erstatteten oder vergüteten Betrag betrifft (§ 37 Abs. 2 AO). Der Anspruch auf Rückzahlung eines zu Unrecht aufgrund einer Festsetzung erstatteten Betrags setzt voraus, dass der Erstattungsbescheid oder die Erstattungsverfügung zurückgenommen oder geändert werden kann.

BEISPIELE

a) Der Stpfl. hat versehentlich statt 50 € Einkommensteuernachzahlung 500 € an das FA überwiesen.

b) Das FA hat bei einer USt-Erstattung aufgrund einer USt-Überzahlung statt 3 400 € 34 000 € an den Stpfl. ausgezahlt.

c) Einem Stpfl. werden statt 6 700 € Lohnsteuer 7 600 € Lohnsteuer nach § 36 Abs. 2 Nr. 2 EStG auf die Einkommensteuer angerechnet. Kann die Anrechnungsverfügung nach einer Korrekturvorschrift (z. B. § 129 AO) geändert werden, ergibt sich ein Rückzahlungsanspruch von 900 €.

Wurde der Erstattungs- oder Vergütungsanspruch abgetreten, richtet sich der **Rückzahlungsanspruch gegen den Abtretungsempfänger** als Leistungsempfänger nach § 37 Abs. 2 Satz 1 AO. Dies gilt unabhängig davon, dass sich der Anspruch nach § 37 Abs. 2 Satz 3 AO auch gegen den Abtretenden richtet (vgl. BFH vom 09.04.2002 BStBl II 2002, 562 für den Fall der Änderung abgetretener Vorsteuerüberschüsse nach § 17 UStG). Hat das FA eine Steuer **versehentlich an einen anderen** als den Berechtigten erstattet, so ist der Rückzahlungsanspruch, obwohl der andere zunächst in keinem steuerrechtlichen Verhältnis zum FA gestanden hat, ein öffentlich-rechtlicher. Durch die fehlgeleitete Zahlung an einen unbeteiligten Dritten entsteht ein ausschließlich auf Beseitigung der unrechtmäßigen Zahlung gerichtetes Steuerschuldverhältnis und mit dem Zugang der fehlgeleiteten Zahlung ein Anspruch auf Rückerstattung nach § 37 Abs. 2 AO. Erstattet das FA rechtsgrundlos an einen **Ehegatten**, so richtet sich der öffentlich-rechtliche Rückforderungsanspruch nur an den Ehegatten, dem die Leistung tatsächlich zugeflossen ist (BFH vom 02.02.1995 BFH/NV 1995 S. 781).

586   Der **Erstattungsanspruch** nach § 37 Abs. 2 AO **entsteht** in dem Zeitpunkt, in dem die den materiell-rechtlichen Anspruch aus dem Steuerschuldverhältnis übersteigende Leistung erbracht wurde oder der rechtliche Grund für die Leistung entfallen ist. Hiervon unabhängig ist zu prüfen, ob der Durchsetzung ein formell wirksamer Bescheid entgegensteht (siehe Rz. 587 ff.).

Grundsätzlich ist zur Erfüllung von Steuererstattungsansprüchen keine besondere Festsetzung erforderlich. Bei Steuerbescheiden ergeben sie sich in der Regel aus dem Abrechnungteil. Bei Streitigkeiten ist durch förmlichen **Abrechnungsbescheid nach § 218 Abs. 2 AO** (siehe Rz. 1784 ff.) zu entscheiden, dies gilt auch für Streitigkeiten über Rückforderungsansprüche. Eine Steueranrechnung in einem Steuerbescheid, die einen Verwaltungsakt mit Bindungswirkung darstellt, kann durch einen nachfolgenden Abrechnungsbescheid nur dann korrigiert werden, wenn hierfür eine Änderungsmöglichkeit nach den §§ 129–131 AO vorliegt (BFH vom

15. 04. 1997 BStBl II 1997, 787; AEAO zu § 218, Nr. 3). Der Abrechnungsbescheid ist durch **Einspruch** (§ 347 Abs. 1 Nr. 1 AO) anfechtbar.

Die **Zahlungsverjährung** nach den §§ 228 ff. AO beginnt bei Erstattungsansprüchen, denen **keine Festsetzung zugrunde liegt** (z. B. bei Doppelzahlungen oder irrtümlichen Zahlungen), mit deren Entstehung, also mit Zahlung. **Liegt** eine **Festsetzung zugrunde**, beginnt die fünfjährige Verjährungsfrist nicht vor deren wirksamen Bekanntgabe (§§ 220 Abs. 2 Satz 2, 228, 229 AO). Nach BFH vom 06. 02. 1996 BStBl II 1997, 112, kann der einheitliche Anspruch aus dem Steuerschuldverhältnis (z. B. für die Steuer eines Veranlagungszeitraums) bei – ggf. mehrfach – geänderter Festsetzung nicht in unterschiedliche Zahlungs- und Erstattungsansprüche aufgespalten werden, die bezogen auf die jeweils ergangenen Verwaltungsakte unterschiedlichen Verjährungsfristen unterliegen. Demnach kann es **nicht** zu **unterschiedlichen Fristabläufen bei einem Steueranspruch** kommen.

2.6.2 Erstattungsfälle

Ist **aufgrund eines Steuerbescheids** gezahlt worden, so ist die Steuer jedenfalls insoweit »formell« zu Recht entrichtet, als sie dem festgesetzten Betrag entspricht. Ein Erstattungsanspruch nach § 37 Abs. 2 AO ergibt sich erst, wenn der **Verwaltungsakt**, aufgrund dessen die »sachlich« ungerechtfertigte Steuer entrichtet wurde, **aufgehoben, zurückgenommen oder geändert** ist.

587

> **BEISPIEL**
>
> A hat einen Einkommensteuerbescheid erhalten, nach dem er eine Abschlusszahlung von 600 € zu leisten hat. Den Betrag hat er auch überwiesen. Einige Zeit später stellt sich heraus, dass bei Berechnung der Steuer ein Eingabefehler unterlaufen ist und die Abschlusszahlung in Wirklichkeit nur 500 € beträgt.
>
> **LÖSUNG** Die Mehrzahlung von 100 € ist zwar »sachlich«, nicht aber auch »formell« ungerechtfertigt. Solange der Einkommensteuerbescheid besteht, ist ein Erstattungsanspruch nicht gegeben. Erst nachdem der Einkommensteuerbescheid korrigiert worden ist (die Möglichkeit dazu ergibt sich z. B. aus § 129 AO) hat A einen Anspruch auf Erstattung »des zu Unrecht Gezahlten«.

Nur mit der Begründung, ein Betrag sei sachlich zu Unrecht erhoben, kann die **Erstattung** also **nicht verlangt** werden, **solange** ein die Erhebung formell rechtfertigender **Bescheid vorliegt**. Es können insbesondere auch alle Gründe, die im Rechtsbehelfsverfahren zur Aufhebung des Bescheids geführt hätten, keinen Erstattungsanspruch rechtfertigen, wenn der Bescheid unanfechtbar geworden ist und keine Möglichkeit besteht, ihn zurückzunehmen oder zu ändern. Ist der Bescheid noch anfechtbar, so wird ein, wie dargelegt, nicht gerechtfertigter Erstattungsantrag aber als Einspruch angesehen werden müssen.

Im **Lohnsteuerabzugsverfahren** bildet die Lohnsteueranmeldung des Arbeitgebers den Rechtsgrund für die Zahlung der Lohnsteuer an das FA. Ergeht nach der Anmeldung der Lohnsteuer gegenüber dem Arbeitnehmer ein Einkommensteuerbescheid, so bildet er einen (neuen) Rechtsgrund für die Steuerzahlung, der die Erstattung von Lohnsteuer gemäß § 37 Abs. 2 AO ausschließt (BFH vom 12. 10. 1995 BStBl II 1996, 87).

588

> **BEISPIEL**
>
> Der Arbeitgeber hat vom Arbeitslohn seines Arbeitnehmers Lohnsteuer einbehalten und an das FA abgeführt. Nach Auffassung des Arbeitnehmers ist der Arbeitslohn aber wegen Auslandstätigkeit steuerfrei.

LÖSUNG Der Arbeitnehmer könnte bei der Arbeitgeberstelle des FA nach jeder Lohnzahlung die Erstattung der zu viel einbehaltenen Lohnsteuer nach § 37 Abs. 2 AO beantragen (oder auch die Lohnsteuer-Anmeldung anfechten, soweit sie ihn betrifft, vgl. BFH vom 20.07.2005 BStBl II 2005, 890). Erteilt das Wohnsitz-FA nach Ablauf des Veranlagungszeitraumes dem Arbeitnehmer einen Einkommensteuerbescheid in dem der volle Arbeitslohn versteuert und die einbehaltene Lohnsteuer angerechnet wurde, ist eine Erstattung der einzelnen Lohnsteuerbeträge nach § 37 Abs. 2 AO nicht mehr möglich. Der Arbeitnehmer muss den Einkommensteuerbescheid anfechten, um eine Erstattung der Lohnsteuer zu erreichen. Durch die Herabsetzung der veranlagten Einkommensteuer fällt der neue Rechtsgrund für die zu hohe Einkommensteuer weg. Übersteigt nun die einbehaltene Lohnsteuer die veranlagte Einkommensteuer entsteht ein Erstattungsanspruch nach § 37 Abs. 2 AO.

589   Eine **Doppelzahlung** im eigentlichen Wortsinne liegt nur dann vor, wenn eine Steuer, die bereits gezahlt ist, noch einmal entrichtet wird. In diesem Falle ist, weil der Steueranspruch mit der ersten Zahlung erloschen ist und ein etwa vorliegender Steuerbescheid durch diese Zahlung »verbraucht« ist, die zweite Zahlung sowohl sachlich als auch formell ungerechtfertigt. Dadurch, dass die zu erstattende Leistung (die zweite Zahlung) nicht nur **sachlich**, sondern auch **formell** zu Unrecht erbracht wurde, unterscheidet sich der Erstattungsanspruch aufgrund von Doppelzahlungen von den oben beschriebenen Fällen, in denen die Zahlung formell zu Recht erfolgte. Die in jenen Fällen erforderliche Aufhebung des die Zahlung formell rechtfertigenden Bescheids spielt hier keine Rolle.

Der Doppelzahlung stehen diejenigen Fälle gleich, in denen eine Steuer zwar nicht ein zweites Mal, aber doch ebenfalls ohne sachliche und formelle Rechtsgrundlage entrichtet worden ist. Das gilt insbesondere für die **Zahlung aufgrund unwirksamer Festsetzung,** für die **Überzahlung** und für die **Zahlung** einer – etwa durch Erlass, Verjährung oder Aufrechnung – **erloschenen Steuerschuld.** Eine Doppelzahlung ist dagegen nicht – wenigstens nicht in Bezug auf die einzelne Steuer – gegeben, wenn ein und derselbe Sachverhalt durch Steuerfestsetzung erfasst ist, die miteinander in **Widerspruch** stehen (vgl. § 174 AO).

590   Auch **steuerliche Nebenleistungen** (§ 3 Abs. 4 AO) können unter denselben Voraussetzungen wie Steuern **erstattet** werden (§ 37 Abs. 2 AO). Die Voraussetzungen müssen aber in Bezug auf die in Betracht kommenden Nebenleistungen erfüllt sein, wenn diese erstattet werden sollen. So werden z. B. die Kosten der **Vollstreckung** erstattet, wenn sie irrtümlich zu hoch berechnet waren und die Berechnung entsprechend berichtigt wurde (§ 346 Abs. 2 i. V. m. §§ 129–131 AO). Sind aber die Kosten richtig berechnet worden, so begründet die spätere Aufhebung des Steuerbescheids, aufgrund dessen beigetrieben wurde, wohl einen Anspruch auf die Rückzahlung der Steuer, jedoch nicht auch auf die Rückzahlung der Kosten. Diese sind wegen der seinerzeit **erforderlichen Vollstreckung** zu Recht gezahlt worden. Allenfalls kann eine Erstattung der Kosten aus Billigkeitsgründen gemäß § 227 Abs. 1 AO in Betracht kommen.

2.6.3   Erstattungsberechtigte

591   Berechtigt, den Erstattungsanspruch geltend zu machen, ist grundsätzlich derjenige, **für dessen Rechnung** die Zahlung geleistet worden ist (§ 37 Abs. 2 AO), also in aller Regel der **Steuerschuldner**, nicht dagegen derjenige, der tatsächlich gezahlt hat. Hat ein **Dritter** gem. § 48 Abs. 1 AO für den Steuerschuldner gezahlt, so spielt es für die Erstattungsberechtigung keine Rolle, ob der Dritte im Innenverhältnis dem Steuerschuldner gegenüber nach den bürgerlichrechtlichen Vorschriften zur Zahlung verpflichtet war oder nicht. Das FA prüft die Erstattungsberechtigung nur nach steuerlichen Grundsätzen, wonach der Steuerschuldner der Erstattungsberechtigte ist. Die Entscheidung des FA besagt nichts für über das bürgerlich-rechtliche Verhältnis zwischen Steuerschuldner und Zahlendem. Für die Frage, zu wessen Gunsten gezahlt worden ist, kommt es auf den Willen des Zahlenden an; maßgebend ist der Wille, wie er im Zeitpunkt der Zahlung dem FA gegenüber erkennbar hervorgetreten ist. Ist der Erstattungsanspruch wirksam und nach den Vorschriften des § 46 AO an einen Dritten **abgetreten** worden, so ist jedoch der Dritte erstattungsberechtigt.

Sind im Falle von **Gesamtschuldverhältnissen** Beträge zu erstatten, die von einem der Gesamtschuldner (z. B. zusammenveranlagte Eheleute oder in Haftungsfällen entweder dem Steuerschuldner oder aber dem Haftungsschuldner) auf seine Rechnung geleistet worden sind, so ist derjenige Gesamtschuldner erstattungsberechtigt, der die Zahlung geleistet hat. Regelmäßig ist davon auszugehen, dass ein Gesamtschuldner nur seine eigene Schuld tilgt, weil jeder Gesamtschuldner die gesamte Leistung schuldet. Hat ein Dritter für einen bestimmten Gesamtschuldner gezahlt, so ist an den Gesamtschuldner zu erstatten, für dessen Rechnung der Dritte die Zahlung geleistet hat. Hat der Dritte oder ein Gesamtschuldner erkennbar für gemeinsame Rechnung der Gesamtschuldner gezahlt, so kann eine Aufteilung des zu erstattenden Betrags auf die Gesamtschuldner nach Köpfen in Betracht kommen. Eine Aufteilung eines Erstattungsbetrags im Verhältnis der auf die jeweilige Rechnung der Gesamtschuldner geleisteten Beträge findet statt, wenn nur ein **Teil der geleisteten Beträge zu erstatten ist**. Haben Gesamtschuldner nur **Teilbeträge** entrichtet, ist davon auszugehen, dass jeder für eigene Rechnung erfüllen wollte.

592

Die Finanzbehörde kann mit befreiender Wirkung nicht an einen beliebigen Gesamtgläubiger erstatten. Das Steuerrecht kennt **keine Gesamtgläubigerschaft** wie sie im § 428 BGB geregelt ist.

BEISPIELE

a) A und B sind als Geschäftsführer einer GmbH für deren Körperschaftsteuer i. H. v. 15 000 € nach § 69 AO in Haftung genommen worden. A hat 10 000 € und B 5 000 € gezahlt. Nach Durchführung des Rechtsbehelfsverfahrens ergibt sich, dass A nur für 8 000 € und B überhaupt nicht in Haftung genommen werden kann.
LÖSUNG A ist für 2 000 € und B für 5 000 € erstattungsberechtigt, da jeder nur seine eigene Haftungsschuld tilgen wollte.

b) Aufgrund eines Verlustrücktrags wird später die Körperschaftsteuer der GmbH auf 0 € festgesetzt. Erstattungsberechtigt ist die GmbH als Steuerschuldner, da die Körperschaftsteuerzahlungen auf deren Rechnung erfolgt sind.
LÖSUNG A kann nur gegenüber der GmbH seine Forderung auf Rückzahlung der von ihm für die GmbH geleisteten Zahlungen geltend machen.

c) E und F werden für Umsatzsteuerschulden »ihrer« Personengesellschaft i. H. v. 15 000 € nach den §§ 421, 427, 431 BGB gesamtschuldnerisch in Haftung genommen. E zahlt 4 000 €, F 1 000 €. Nach einem erfolgreichen Rechtsbehelfsverfahren (z. B. erstmalige Abgabe einer Steuererklärung) wird die Umsatzsteuerschuld auf 3 000 € herabgesetzt.
LÖSUNG Zunächst ist bei Entrichtung der Teilbeträge davon auszugehen, dass E und F jeweils für eigene Rechnung bezahlt haben. Die sich ergebende Erstattung i. H. v. 2 000 € ist im Verhältnis der entrichteten Beträge aufzuteilen, d. h. 4/5 v. 2 000 € = 1 600 € sind an E und 1/5 v. 2 000 € = 400 € an F zu erstatten.

d) C und D haben von X für 200 000 € ein in Rheinland-Pfalz belegenes Grundstück erworben und vertraglich die Grunderwerbsteuer übernommen und in Höhe von je 5 000 € bezahlt. Steuerschuldner der Grunderwerbsteuer sind nach § 13 GrEStG alle am Erwerbsvorgang beteiligten Personen, also auch X. Später wird der Kaufpreis auf 180 000 € gemindert und die GrESt nach § 16 Abs. 3 GrEStG auf 9 000 € herabgesetzt.
LÖSUNG Nur C und D sind in Höhe von je 500 € erstattungsberechtigt.

593   **Ehegatten** können nach § 26 b EStG zur Einkommensteuer zusammenveranlagt werden. Sie sind dann **Gesamtschuldner** nach § 44 AO oder Gläubiger eines Erstattungsanspruches nach § 37 Abs. 2 AO i. V. m. § 36 Abs. 4 Satz 2 EStG. Das oben zu Gesamtschuldverhältnissen Gesagte gilt bei Ehegatten als Gesamtschuldner auch. Auch wenn § 36 Abs. 4 Satz 3 EStG bei Zusammenveranlagung die Auszahlung an einen Ehegatten auch für und gegen den anderen Ehegatten wirken lässt, bedeutet diese Regelung aber **keine Gesamtgläubigerschaft** i. S. d. §§ 428, 430 BGB, sondern betrifft nur die Folgen der Auszahlung (BFH vom 13. 02. 1996 BStBl II 1996, 436 m. w. N.).

Die Regelung gilt nur bei »intakten« Ehen. Erkennt das FA oder musste es erkennen, dass ein **Ehegatte** aus beachtlichen Gründen **nicht** mit der (schuldbefreienden) Erstattung an den anderen Ehegatten **einverstanden** ist, gilt die Möglichkeit der schuldbefreienden Auszahlung nach § 36 Abs. 4 Satz 3 EStG nicht. Dies ist etwa der Fall, wenn die Ehegatten inzwischen geschieden sind oder getrennt leben. § 36 Abs. 4 Satz 3 EStG ist auch nicht anwendbar, wenn das Finanzamt mit Rückständen eines der beiden Ehegatten aufrechnen will, etwa wegen Umsatzsteuerrückständen des gewerblich tätigen Ehemanns, oder der Erstattungsanspruch nur eines Ehegatten abgetreten, gepfändet oder verpfändet wurde. Das FA muss dann den materiell erstattungsberechtigten Ehegatten ermitteln und (ggf.) an ihn auszahlen (BFH vom 25. 07. 1989 BStBl II 1990, 41, BFH vom 05. 04. 1990 BStBl II 1990, 719 und BFH vom 08. 01. 1991 BStBl II 1991, 442).

Jeder Ehegatte ist soweit selbstständig erstattungsberechtigt, wie **mit erkennbarem Willen** durch die Zahlung nur die eigene Steuerschuld getilgt werden soll. Gleiches gilt, wenn er die Steuer ohne rechtlichen Grund gezahlt hat oder die Steuer (z. B. Lohnsteuer) für ihn, also auf seine Rechnung, einbehalten wurde. Ist kein Wille erkennbar, wie in aller Regel bei zusammen veranlagten Ehegatten, ist bei bestehender und intakter Ehe im Zeitpunkt der Zahlung davon auszugehen, dass für Rechnung beider Ehegatten gezahlt werden soll. Weil dann beide Ehegatten erstattungsberechtigt sind, ist der Erstattungsbetrag nach Köpfen zwischen ihnen aufzuteilen.

Wurden von den Eheleuten **Vorauszahlungen** geleistet, sind diese jedoch zunächst auch dann auf die festgesetzten Steuern beider Ehegatten anzurechnen, wenn sich die Ehegatten einzeln veranlagen lassen. Dabei spielt etwa keine Rolle, wer die Vorauszahlungen zahlt, von wessen Konto sie abgebucht werden oder dass die festgesetzten Vorauszahlungen ausschließlich auf den Einkünften eine Ehegatten beruhen. Durch Vorauszahlungen wird nach dem BFH die zu erwartende Einkommensteuer beider Ehegatten getilgt. Erst ein **verbleibender Rest** ist nach Kopfteilen an die Ehegatten auszukehren (BFH vom 22. 03. 2011 BStBl II 2011, 607). Eine andere Aufteilung als nach Köpfen für den Erstattungsbetrag ist nur dann angezeigt, wenn die Ehegatten eine abweichende Tilgungsbestimmung getroffen haben.

Die Verwaltung hat zu den sich ergebenden Problemen eine umfangreiche Erläuterung herausgegeben (Schreiben des BMF vom 14. 01. 2015 BStBl I 2015, 83). Dieses stellt u. a. dar, in welcher Reihenfolge Beträge anzurechnen sind, wie bei Zusammenveranlagung oder Einzelveranlagung zu verfahren ist und wem eine Erstattung zusteht oder umgekehrt wer eine sich ergebende Nachzahlung zu leisten hat.

BEISPIELE

a) Bei zusammenveranlagten Eheleuten ergibt sich eine Einkommensteuer 01 von 30 000 €. Die Vorauszahlungen von 40 000 € hat allein der Ehemann von seinem Geschäftskonto geleistet.
LÖSUNG Beide Ehegatten sind erstattungsberechtigt, da die Zahlungen für die gemeinsame Steuerschuld bewirkt worden sind. Das Finanzamt kann den Erstattungsbetrag mit schuldbefreiender Wirkung auf das Konto des Ehemanns überweisen.

b) Wie Beispiel a), aber: Wegen der zwischenzeitlichen Trennung im Februar 02 ist die Ehefrau mit der Überweisung des Erstattungsbetrags auf das Geschäftskonto des Ehemanns nicht einverstanden.

LÖSUNG Der Erstattungsbetrag ist nach Köpfen aufzuteilen, da eine abweichende Tilgungsbestimmung für die geleisteten Vorauszahlungen nicht getroffen wurde. 5000 € sind jeweils an die Ehegatten zu erstatten.

c) Wie Beispiel a), aber: Der Ehemann leistete die Vorauszahlungen von seinem Konto mit dem Hinweis, dass es sich nur um die Zahlungen für ihn handelt.

LÖSUNG Nur der Ehemann ist hinsichtlich des die Vorauszahlungen übersteigenden Betrags erstattungsberechtigt, da er erkennbar nur auf eigene Rechnung gezahlt hat. Daher hat das Finanzamt 10 000 € an ihn zu überweisen.

d) Zusammenveranlagte Eheleute haben von einem gemeinsamen Bankkonto 20 000 € Einkommensteuer-Vorauszahlungen geleistet. Vom Arbeitslohn des Ehemanns wurden 5 000 € und vom Arbeitslohn der Ehefrau 10 000 € Lohnsteuer abgeführt. Die Jahressteuerschuld beträgt nach Veranlagung 29 000 €. Das FA möchte den sich ergebenden Erstattungsanspruch von insgesamt 6 000 € mit rückständiger Steuerschuld des Ehemannes aufrechnen. Bei einer Aufteilung der Steuerschuld nach §§ 268 ff. AO würde auf den Ehemann eine Steuerschuld von 20 000 € entfallen.

LÖSUNG Eine Aufrechnung ist insoweit möglich, wie sich ein Erstattungsanspruch des Ehemanns ergibt. Die Aufteilung der Steuerschuld nach §§ 268 ff. AO ist nicht maßgebend. Vielmehr ist zu ermitteln, welche Zahlungen auf die Ehegatten entfallen. Zunächst ist die Lohnsteuer dem jeweiligen Ehegatten zuzuordnen, auf den Ehemann entfallen 5 000 €, auf die Ehefrau 10 000 €. Die »gemeinsamen« Vorauszahlungen von 20 000 € sind nach Köpfen aufzuteilen. Insgesamt entfallen damit auf den Ehemann 15 000 €, auf die Ehefrau 20 000 €. Die Erstattung von 6 000 € ist im Verhältnis der Summe der bei dem einzelnen Ehegatten zuzurechnenden Zahlungen zur Summe aller Zahlungen aufzuteilen. Auf den Ehemann entfallen 2 571 €, auf die Ehefrau 3 429 €.

e) Die Vorauszahlungen für 01 i. H. von 40 000 € haben die Eheleute vom gemeinsamen Konto entrichtet. In Folge der Trennung Anfang 02 lassen sie sich für 01 einzeln veranlagen. Beim Ehemann ergibt sich eine festzusetzende Einkommensteuer von 25 000 €, bei der Ehefrau von 10 000 €.

LÖSUNG Es ergibt sich eine Erstattung von 5 000 €. Zunächst sind die »gemeinsamen« Vorauszahlungen nach Köpfen aufzuteilen und auf die jeweilige festgesetzte Einkommensteuer der Eheleute anzurechnen, maximal bis keine festgesetzte Steuer mehr verbleibt. Ein verbleibender Restbetrag ist beim anderen Ehegatten zu berücksichtigen. Der verbleibende Erstattungsbetrag ist nach Köpfen aufzuteilen. Bei der Ehefrau können 10 000 € angerechnet werden, die restlichen 10 000 € werden auf die festzusetzende Einkommensteuer des Ehemanns angerechnet. Dadurch werden beim Ehemann insgesamt 30 000 € angerechnet. Es verbleibt ein Erstattungsüberhang von 5 000 €, der nach Köpfen aufgeteilt und damit jedem Ehegatten in Höhe von 2 500 € zusteht.

f) Wie vor, jedoch werden für den Ehemann 35.000 € und für die Ehefrau 10 000 € festgesetzt.

LÖSUNG Es ergibt sich ein Nachzahlungsüberhang von 5 000 €. Zunächst sind auch hier die »gemeinsamen« Vorauszahlungen nach Köpfen auf die Einkommensteuer der Eheleute anzurechnen. Die Schuld der Ehefrau wird vollständig getilgt, beim Ehemann verbleibt eine Abschlusszahlung von 5 000 €.

Wird die **Einkommensteuerfestsetzung** geändert, wird die Zuordnung und Aufteilung von Zahlungen im Wege einer Gesamtaufrollung neu vorgenommen (BMF vom 14.01.2015 BStBl I 2015, 83 Tz. 3.7). Dies geschieht nach den vorgenannten Grundsätzen. **Ohne Bedeutung** ist, welcher **materiell-rechtliche Tatbestand** bei den Ehegatten den Steuererstattungsanspruch ausgelöst hat. Dies gilt auch in den Fällen des § 10 d EStG.

BEISPIELE

a) Nach der Scheidung erzielt die Ehefrau in Folge eines neueröffneten Gewerbebetriebs im Veranlagungszeitraum 03 einen Verlust, der nach § 10 d EStG in das Jahr 02 zurückgetragen werden kann. Für das Jahr 02 wurden die Eheleute nach § 26 b EStG zusammenveranlagt und die Steuerzahlungen für gemeinsame Rechnung geleistet.

LÖSUNG Der Erstattungsbetrag für 01 steht den Ehegatten zu je 1/2 zu da die Steuerzahlungen damals für gemeinsame Rechnung geleistet worden sind. Sind die Ehegatten damit nicht einverstanden, müssen sie sich darüber im Innenverhältnis auseinander setzen (BFH vom 18.09.1990 BStBl II 1991, 47).

b) Wie Beispiel a), jedoch lebten die Ehegatten seit Februar 02 dauernd getrennt. Der Ehemann leistete die Einkommensteuerzahlungen für das Jahr 02 von seinem Konto mit dem Hinweis, dass es sich nur um die Zahlungen für ihn handelt.

LÖSUNG Der Erstattungsbetrag für 02 steht dem Ehemann alleine zu, da alle Steuerzahlungen erkennbar nur für seine Rechnung erfolgten. Dass nur die Ehefrau den Verlust erlitten hat, ändert nichts an der alleinigen Erstattungsberechtigung des Ehemannes nach § 37 Abs. 2 AO.

c) Wie Beispiel a), jedoch bezahlte der Ehemann im Jahre 02 10 000 € Einkommensteuer für eigene Rechnung während der Ehefrau 5 000 € Lohnsteuer einbehalten wurden.

LÖSUNG Die Erstattung aufgrund des Verlustrücktrages muss anteilig im Verhältnis der eigenen Steuerzahlungen erfolgen (2:1).

594 Durch **Abtretung** von Steuererstattungsansprüchen erlangt der Abtretungsempfänger nur einen **Zahlungsanspruch**. Dieser Anspruch ist nur Gegenstand des Erhebungsverfahrens und nicht des Steuerfestsetzungsverfahrens. Erstattungsansprüche geltend machen kann er daher nicht. Er kann weder einen Antrag auf Veranlagung zur Einkommensteuer nach § 46 Abs. 2 Nr. 8 EStG stellen noch Einspruch gegen die Steuerfestsetzung einlegen. Das FA hat dem Abtretungsempfänger nur mitzuteilen, ob und in welcher Höhe sich aus der Steuerfestsetzung ein Erstattungsanspruch ergeben hat (vgl. § 46 AO). In Streitfällen ist ein Abrechnungsbescheid zu erteilen (§ 218 Abs. 2 AO). Dies gilt entsprechend für die **Pfändung** oder der **Verpfändung** von Steuererstattungsansprüchen. Des Weiteren vgl. Rz. 635 ff..

3 Zurechnung von Wirtschaftsgütern (§ 39 AO)

3.1 Allgemeines

595 § 39 AO ist Ausdruck der **wirtschaftlichen Betrachtungsweise** (vgl. Rz. 67). Aus der Zugehörigkeit des Steuerrechts zum **öffentlichen Recht** folgt, dass etwaige Zweifel und Lücken bei der Anwendung der Steuergesetze zunächst aus den Regelungen anderer öffentlich-rechtlicher Gebiete geschlossen werden sollen. Ist dies nicht möglich, sind die Vorschriften des Privatrechtes heranzuziehen. Dies gilt insbesondere für Begriffe, die in den Steuergesetzen verwendet werden, und in anderen Rechtsgebieten, insbesondere im Privatrecht auch gebraucht werden und hier ihre eigenständige Bedeutung haben.

Grundsätzlich ist davon auszugehen, dass die Begriffe unverändert übernommen worden sind. Dies muss aber nicht so sein. Soweit nicht ausdrücklich auf andere Rechtsgebiete verwiesen wird (z. B. § 108 AO, § 5 EStG, § 3 Abs. 1 Nr. 1 ErbStG), muss geprüft werden, ob diese Begriffe steuerlich ebenso auszulegen sind, oder ob Sinn und Zweck der Steuergesetze eine abweichende Auslegung rechtfertigen. § 39 AO ist gesetzestechnisch nach dem Regel-Ausnahme-Prinzip aufgebaut. Abs. 1 bestimmt, dass die Zurechnung grundsätzlich der privatrechtlichen Zurechnung zu folgen hat. In § 39 Abs. 2 AO weicht die steuerliche Zuordnung von der privatrechtlichen Zurechnung ab. Die dort aufgezählten Ausnahmefälle sind gesetzlich geregelte Anwendungsfälle der wirtschaftlichen Betrachtungsweise. **§ 39 AO gilt für alle Steuern.** Im einzelnen Steuerarten wird zwar sehr eng auf die privatrechtliche Rechtslage abgestellt (z. B. ErbSt oder GrESt), dennoch ist die Anwendung des § 39 AO nirgends ausdrücklich ausgeschlossen.

3.2   Gegenstand der Zurechnung

§ 39 AO gilt **nur** für die Zurechnung von **Wirtschaftsgütern**. § 39 AO verwendet diesen   **596**
Begriff ebenso wie z. B. § 4 EStG, § 2 BewG ohne ihn selbst zu definieren. Allgemein versteht man darunter sowohl Sachen und Rechte (auch Gesellschaftsrechte, Grundstücke und grundstücksgleiche Rechte), als auch tatsächliche Zustände, Nutzungsrechte, konkrete Möglichkeiten und Vorteile für den Betrieb, deren Erlangung sich der Kaufmann etwas kosten lässt und die nach der Verkehrsauffassung einer besonderen Bewertung zugänglich sind (H 4.2 Abs. 1 [Wirtschaftsgut] EStH). **§ 39 AO gilt nicht für die Zurechnung von Einkünften und Umsätzen.** Einkünfte sind grundsätzlich demjenigen zuzurechnen, der sie erzielt hat (§ 2 Abs. 1 EStG). Das Umsatzsteuerrecht stellt auf den Leistungsaustausch ab (§ 1 Abs. 1 UStG).

3.3   Regelzurechnung

Nach § **39 Abs. 1 AO** werden die Wirtschaftsgüter dem **Eigentümer** nach Maßgabe des   **597**
Privatrechtes (Vorliegen der Verfügungsberechtigung) zugerechnet. Folglich sind Sachen dem Eigentümer, Rechte und Forderungen dem Gläubiger, immaterielle Wirtschaftsgüter dem Berechtigten und Verbindlichkeiten dem Schuldner zuzurechnen. **Zurechnung** bedeutet die Feststellung bei welcher Person oder Personenvereinigung das Wirtschaftsgut zu erfassen ist (steuerliche Zuordnung in persönlicher Hinsicht).

3.4   Wirtschaftliches Eigentum

Die Regelung des § 39 Abs. 2 AO entspricht dem Grundgedanken der wirtschaftlichen   **598**
Betrachtungsweise, wonach es steuerlich nicht auf den **rechtlichen Schein**, sondern auf den wirtschaftlichen Gehalt ankommt.

§ 39 Abs. 2 Nr. 1 Satz 1 AO enthält eine wichtige Ausnahme. Ein Wirtschaftsgut ist steuerlich abweichend vom Privatrecht demjenigen zuzurechnen, der die **tatsächliche Herrschaft** über ein Wirtschaftsgut in einer Weise ausübt, mit der er den Eigentümer im Regelfall für die gewöhnliche Nutzungsdauer von der Einwirkung auf das Wirtschaftsgut wirtschaftlich ausschließen kann. Steuerlich geht dann die **wirtschaftliche Zurechnung der rechtlichen vor.**

Wird ein Wirtschaftsgut einer Person in vollem Umfang zugerechnet, so darf **dasselbe Wirtschaftsgut** einer **anderen Person nicht** mehr zugerechnet werden (vgl. BFH vom 26. 04. 1968 BStBl II 1968, 770; BFH vom 30. 04. 1971 BStBl II 1971, 669). Ist dies dennoch geschehen, so ist einer der beiden Bescheide inhaltlich falsch; es liegen sog. »widerstreitende Festsetzungen« vor, von denen gemäß § 174 AO (vgl. Rz. 2085 ff.) eine aufzuheben bzw. zu ändern ist.

Man spricht in den Fällen des § 39 Abs. 2 Nr. 1 AO zumeist von »**wirtschaftlichem Eigentum**«. Damit soll aber nicht gesagt sein, dass im Steuerrecht ein vom bürgerlichen Recht abweichender Eigentumsbegriff gelte. Gemeint ist damit vielmehr nur die besondere wirtschaftliche

Stellung einer Person, die es für das Steuerrecht rechtfertigt, das betreffende Wirtschaftsgut dieser Person und nicht dem bürgerlich-rechtlichen Eigentümer **zuzurechnen**.

BEISPIELE

a) Ein Mehrfamilienhaus wird mit notariellem Vertrag vom 01.12. von A an B verkauft. Per vertraglicher Regelung gehen Besitz, Nutzungen, Lasten und Gefahr sofort auf B über. Die Eintragung des Eigentümerwechsels im Grundbuch gem. § 873 BGB erfolgt am 01.03. des folgenden Jahres.

LÖSUNG Gemäß § 39 Abs. 2 Nr. 1 AO ist das Haus B ab dem 01.12. steuerrechtlich zuzurechnen, weil ab diesem Zeitpunkt das wirtschaftliche Eigentum übergeht. Hieraus resultierende Mieteinnahmen sind ab diesem Zeitpunkt bei B zu erfassen. Andererseits steht ihm ab diesem Zeitpunkt auch die AfA-Berechtigung zu.

b) Der bilanzierende Gewerbetreibende C verkauft dem bilanzierenden Gewerbetreibenden D ein bewegliches Wirtschaftsgut unter Eigentumsvorbehalt nach § 449 BGB.

LÖSUNG Obgleich D bis zur vollständigen Zahlung zivilrechtlich nicht Eigentümer wird, kann er doch durch rechtzeitige und vollständige Entrichtung des Kaufpreises den C von der Einwirkung auf das Wirtschaftsgut auf Dauer ausschließen (§ 449 Abs. 2 BGB; § 986 BGB). Das Wirtschaftsgut ist bei D zu bilanzieren.

Die Sachherrschaft muss vom wirtschaftlichen Eigentümer als Inhaber der tatsächlichen Herrschaftsmacht **ausgeübt** werden. Dies erfordert ein bewusstes aktives Verhalten. Wirtschaftliche Verfügungsmacht und tatsächliche Sachherrschaft müssen unter Ausschluss des Eigentümers dem Berechtigten zustehen. **Mieter und Pächter** sind in aller Regel nicht als wirtschaftliche Eigentümer der gemieteten bzw. gepachteten Gegenstände anzusehen. Errichtet ein Mieter oder Pächter auf dem Grundstück des Vermieters oder Verpächters, also auf **fremdem Grund und Boden**, ein **Gebäude**, so kommt es für die Zurechnung auf die Verhältnisse des Einzelfalls an. Bürgerlich-rechtlich wird das Gebäude Eigentum des Vermieters oder Verpächters, also des Grundstückseigentümers (vgl. § 94 BGB, und dessen Einschränkung in § 95 Abs. 1 Satz 2 BGB, z. B. bei Erbbaurechten). In Ausnahmefällen kann das Gebäude dem Mieter oder Pächter zuzurechnen sein. Wirtschaftliches Eigentum ist jedoch nicht bereits dann anzunehmen, wenn das Nutzungsrecht durch Baumaßnahmen des Nutzungsberechtigten auf fremdem Grund und Boden mit stillschweigendem Einverständnis des Eigentümers entstanden ist. Entscheidend für die Annahme wirtschaftlichen Eigentums ist, ob dem Hersteller des Gebäudes nach vertraglicher Vereinbarung oder aus anderen Gründen für die gewöhnliche Nutzungsdauer die tatsächliche Verfügungsmacht über das Gebäude zusteht und der Herausgabeanspruch des Eigentümers nach § 985 BGB vor Ablauf der gewöhnlichen Nutzungsdauer wirtschaftlich keine Bedeutung mehr hat oder nicht mehr besteht.

Wirtschaftliches Eigentum ist anzunehmen, wenn dem Hersteller aufgrund eindeutiger, vor Bebauung getroffener Vereinbarung ein **Nutzungsrecht für die voraussichtliche Nutzungsdauer** des Gebäudes zusteht (BFH vom 27.11.1996 BStBl II 1998, 97 m. w. N.) oder er **verpflichtet** ist, das **Gebäude nach Ablauf der Nutzungsdauer zu beseitigen** (BFH vom 22.08.1984 BStBl II 1985, 126). Weiterhin liegt wirtschaftliches Eigentum vor, wenn der Hersteller des Gebäudes dieses im Einverständnis mit dem zivilrechtlichen Eigentümer auf eigene Rechnung und Gefahr hergestellt hat und wenn ihm ein vertraglicher oder ein gesetzlicher (§§ 951, 812 BGB) **Anspruch auf Entschädigung** in Höhe des Wertes des Gebäudes bei Beendigung des Nutzungsverhältnisses zusteht (BFH vom 14.05.2002 BStBl II 2002, 741).

3.5 Treuhandverhältnisse

3.5.1 Zurechnung

Bei einem **Treuhandverhältnis** wird das Wirtschaftsgut ebenfalls nicht dem zivilrechtli- **599**
chen Eigentümer zugerechnet. Treuhänder ist, wer von einem anderen, dem Treugeber, Vermögensrechte in eigenem Namen erwirbt und diese Rechte zwar im eigenen Namen, aber nicht im
eigenen Interesse ausüben soll. Nach außen hin tritt der Treuhänder frei und unabhängig auf,
im Innenverhältnis ist er aber kraft eines Auftrags oder Dienstvertrages für den Treugeber tätig
und diesem gegenüber weisungsgebunden und verpflichtet, das Eigentum jederzeit zurückzuübertragen.

Das Wirtschaftsgut wird dementsprechend nicht dem Treuhänder, sondern dem **Treugeber** zugerechnet (**§ 39 Abs. 2 Nr. 1 Satz 2 AO**). Hat z. B. A, weil er bei der Zwangsversteigerung
eines Grundstücks nicht selbst auftreten möchte, den B beauftragt, das Grundstück für ihn zu
ersteigern, so wird das Grundstück, auch wenn B es im eigenen Namen ersteigert hat und daher
selbst Eigentümer geworden ist, dem A zugerechnet.

Das Treuhandverhältnis muss allerdings – ebenso wie auch ein etwaiges Vertretungs- oder
Pfandrechtsverhältnis – auf Verlangen nachgewiesen werden, andernfalls werden die Wirtschaftsgüter regelmäßig dem Treuhänder zugerechnet (§ 159, Rz. 600). Beteiligte eines Treu-
handverhältnisses können sowohl natürliche wie auch juristische Personen sein.

3.5.2 Nachweis der Treuhänderschaft (§ 159 AO)

Wer dem FA gegenüber behauptet, dass ihm Rechte oder Sachen nicht zuzurechnen seien, **600**
hat, wenn er sich auf ein Treuhandverhältnis oder ähnliches Verhältnis beruft, dessen Bestehen
nachzuweisen. Der Nachweis ist für die **Zurechnung** der Rechte oder Sachen nach § 39 Abs. 2
Nr. 1 AO von besonderer Bedeutung. Bei Nichtnachweis muss sich der Stpfl. die Zurechnung
der Rechte oder Sachen gefallen lassen (§ 159 Abs. 1 AO) und damit auch evtl. die Zurechnung
daraus resultierender Einkünfte. Durch diese Regelung, die der Rechtssicherheit dienen soll,
wird die allgemein nach § 88 Abs. 1 AO bestehende Ermittlungspflicht der Finanzbehörde
(Untersuchungsgrundsatz) nicht berührt (Rz. 988).

Personen, die zur Verweigerung der Auskunft aufgrund ihres Berufes berechtigt sind
(§ 102 AO), insbesondere Angehörige der steuerberatenden Berufe, können ein Aussageverweigerungsrecht nur unter Beachtung von § 104 Abs. 2 AO in Anspruch nehmen (Rz. 1024).

3.6 Sicherungseigentum

Bei der **Sicherungsübereignung** wird für Zwecke der Kreditsicherung zwar das Eigentum **601**
gemäß § 930 BGB, nicht aber auch die wirtschaftliche Macht auf den Sicherungsnehmer übertragen, denn dieser muss das Eigentum am Wirtschaftsgut bei Eintritt eines bestimmten Ereignisses (z. B. Tilgung der Schuld) wieder an den ursprünglichen Eigentümer zurückübertragen.
Der Sicherungsnehmer erhält nach dem Willen der Beteiligten nur die Stellung, wie sie wirtschaftlich bei einer Pfandbestellung eingeräumt wird. Der Sicherungsgeber bleibt im Besitz des
Wirtschaftsguts. Die notwendige Übergabe wird durch ein Besitzmittlungsverhältnis nach
§§ 929, 930 BGB ersetzt.

Dem trägt auch das Steuerrecht Rechnung: Das übereignete Wirtschaftsgut wird nicht
dem Sicherungsnehmer (dem jetzigen rechtlichen Eigentümer), sondern dem Sicherungsgeber

(dem bisherigen rechtlichen Eigentümer) zugerechnet (§ 39 Abs. 2 Nr. 1 Satz 2 AO). Entsprechendes gilt bei einer **Sicherungsabtretung** von Forderungen. **Verpfändung** steht der Sicherungsübereignung gleich (BFH vom 17. 12. 1959 BStBl III 1960, 68).

3.7 Eigenbesitz

602   Der **Eigenbesitzer** (§ 39 Abs. 2 Nr. 1 Satz 2 AO) wird steuerlich wie der Eigentümer behandelt. Eigenbesitzer ist nicht nur, wer ein Wirtschaftsgut »als ihm gehörig besitzt« (so § 872 BGB), sondern jeder, dem die von ihm im eigenen Interesse gehandhabte Sachherrschaft ohne Rücksicht auf die Rechte des Eigentümers in tatsächlicher Hinsicht zusteht. Eigenbesitzer ist, wer über ein Wirtschaftsgut wie ein Eigentümer schaltet und waltet. Im Allgemeinen wird der Eigenbesitzer auch die tatsächliche Sachherrschaft über das Wirtschaftsgut in der Weise ausüben, dass er den Eigentümer im Regelfall für die gewöhnliche Nutzungsdauer von der Einwirkung auf das Wirtschaftsgut wirtschaftlich ausschließen kann. Eigenbesitz setzt jedoch als subjektives Tatbestandsmerkmal zusätzlich den **Herrschaftswillen** voraus, d. h. der Besitzer muss sich bewusst wie ein Eigentümer verhalten. Der Eigenbesitzer kann gutgläubig oder auch bösgläubig sein. Im ersten Falle glaubt er privatrechtlich Eigentümer zu sein, im zweiten Fall weiß er, dass das Eigentum einem anderen zusteht.

BEISPIEL

D stiehlt dem E eine wertvolle Kette und verkauft sie später an K weiter, der von dem Diebstahl nichts weiß.

LÖSUNG Obgleich E Eigentümer der Kette bleibt (§§ 929, 935 BGB), hat das wirtschaftliche Eigentum an der Kette D als bösgläubiger Eigenbesitzer, solange er noch im Besitz der Kette ist. Später erlangt K gutgläubig Eigenbesitz (nicht Eigentum).

603   Wirtschaftliches Eigentum wird durch dinglich oder schuldrechtlich begründete Nutzungsrechte (z. B. Vorbehalts**nießbrauch** nach § 1030 BGB) an dem Wirtschaftsgut (z. B. Wohnung) in der Regel nicht vermittelt. Selbst ein Vorbehaltsnießbrauch auf Lebenszeit mit gleichzeitigen Rückauflassungsvorbehalten bei Insolvenz oder Zwangsmaßnahmen in den Grundbesitz, Veräußerung, Scheidung, Ableben des Eigentümers vor dem Nießbraucher und Verletzung der vertraglichen Vereinbarungen durch den Eigentümer ist für die Annahme wirtschaftlichen Eigentums beim Nießbraucher regelmäßig nicht ausreichend. Ob dies auch gilt, wenn sich der Vorbehaltsnießbraucher ein uneingeschränktes durch Auflassungsvormerkung gesichertes Rücknahmerecht vorbehält, ist offen (vgl. BFH vom 28. 07. 1999 BStBl II 2000, 653).

BEISPIELE

a) Die Eltern räumen ihren Kindern unentgeltlich und bürgerlich-rechtlich wirksam ein Nießbrauchsrecht an einem ihnen gehörenden Mietwohngrundstück ein. Die Kinder treten in die Mietverträge ein, und die Mieter zahlen die Miete auf ein Konto der Kinder.

LÖSUNG Den Kindern sind die Mieterträge aufgrund ihres Nutzungsrechtes zuzurechnen. Soweit sie Grundstückskosten getragen haben, können sie diese als Werbungskosten geltend machen. Die Eltern bleiben bürgerlich-rechtlicher und wirtschaftlicher Eigentümer des Grundstücks. Ihnen steht weiter die Gebäudeabschreibung zu. Diese wirkt sich aber bei ihnen nicht einkommensmindernd aus, da sie das Grundstück nicht mehr selbst zur Erzielung von Einkünften nutzen (BMF vom 30. 09. 2013 BStBl I 2013, 1184, Rz. 18 ff.).

b) Wie Beispiel a), nur zahlen die Mieter die Miete weiter auf ein Konto der Eltern.

LÖSUNG Trotz des Nutzungsrechtes der Kinder sind die Mieten zunächst den Eltern zugeflossen und auch zuzurechnen. Das Nießbrauchrecht der Kinder stellt hier wirtschaftlich lediglich eine Forderungsabtretung der Mieten an die Kinder dar. Die Kinder erzielen keine Einkünfte aus Vermietung und Verpachtung.

c) Die Eltern übertragen ihr Mietwohngrundstück an die Kinder und behalten sich lebenslänglich den Nießbrauch am ganzen Grundstück vor. Sie nutzen das Grundstück wie bisher.
LÖSUNG Es handelt sich um eine Schenkung unter Lebenden, die unter das Erbschaftsteuergesetz fällt (§ 7 Abs. 1 ErbStG). Die Kinder werden bürgerlich-rechtlich und auch wirtschaftliche Eigentümer. Ihnen ist der Einheitswert des Grundstückes zuzurechnen (§ 22 Abs. 2 BewG). Trotzdem können die Eltern weiter wie bisher die Gebäudeabschreibung vornehmen (BMF vom 30. 09. 2013 BStBl I 2013, 1184, Rz. 42). Da es sich bei dem Vorbehaltsnießbrauch um »zurückbehaltene Erträge« der Eltern handelt, dürfen diese auch weiter ihre bisherigen Anschaffungs- oder Herstellungskosten verbrauchen.

d) Wie Beispiel c), nur dürfen die Kinder das Grundstück ohne die Zustimmung der Eltern nicht verändern oder verkaufen. Im Fall des Verkaufs müssen die Kinder den Veräußerungserlös wieder an die Eltern herausgeben. Die Kinder werden im Grundbuch als Eigentümer eingetragen.
LÖSUNG Hier können die Eltern als Nießbraucher die Eigentümer auf Dauer von der Einwirkung auf das Wirtschaftsgut wirtschaftlich ausschließen, so dass sie wirtschaftlicher Eigentümer nach § 39 Abs. 2 Nr. 1 AO bleiben. Ertragsteuerlich und bewertungsrechtlich ändert sich für die Eltern nichts. Dennoch kann die zivilrechtlich wirksame Grundstücksübertragung der Erbschaftsteuer und der Grunderwerbsteuer unterliegen. Bei diesen Steuern knüpft die Steuerpflicht vielfach an formelle Akte des Rechtsverkehrs an.

Hat beim sog. **Leasing**, einer Mischform aus Miete, Kauf und Darlehen, der Leasinggeber (Vermieter) bis zur völligen Abnutzung des Wirtschaftsguts keinerlei Einwirkungsmöglichkeit mehr auf dieses, so ist das Wirtschaftsgut dem Leasingnehmer (Mieter) zuzurechnen, auch wenn dieser keinen Herrschaftswillen hat (BFH vom 26. 10. 1970 BStBl II 1970, 264; BFH vom 01. 10. 1970 II 1971, 34). **604**

3.8 Gesamthandsgemeinschaft

Ob eine **Gesamthandsgemeinschaft** gegeben ist, beurteilt sich nach bürgerlichem Recht. **605** Danach sind Gesamthandsgemeinschaften z. B. die Gesellschaft des bürgerlichen Rechts (§§ 705 ff. BGB), die offene Handelsgesellschaft und die Kommanditgesellschaft (§§ 105 und 161 HGB), die Partnerschaftsgesellschaft (§ 1 Abs. 4 PartGG) die Reederei (§ 489 HGB), die Ehegatten-Gütergemeinschaft (§§ 1415 ff. BGB) und die Erbengemeinschaft (§§ 2032 ff. BGB).

Sind nicht die **Gesamthandsgemeinschaften** als solche (wie z. B. die OHG hinsichtlich der USt), sondern die einzelnen **Gesamthänder** der in Betracht kommenden Steuer unterworfen wie z. B. die Gesellschafter einer OHG hinsichtlich der ESt, so erhebt sich die Frage, wie das **Gesamthandsvermögen** zu behandeln ist. Obwohl das Gesamthandsvermögen den Gesamthändern als »gemeinschaftliches Vermögen« zusteht und der einzelne Gesamthänder weder über seinen Anteil an dem Vermögen noch über seinen Anteil an einem zum Vermögen gehörenden Gegenstand verfügen kann (vgl. §§ 718, 719 BGB), werden die Gesamthänder steuerlich so behandelt, als ob ihnen das Vermögen anteilig, d. h. nach Bruchteilen gehört (**§ 39 Abs. 2 Nr. 2 AO**). Das gilt aber nur dann, wenn die Steuer den einzelnen Gesamthänder erfasst, wie es z. B. bei der Einkommensteuer der Fall ist (vgl. § 15 Abs. 1 Nr. 2 EStG). Ist die Gesamthandsgemeinschaft als solche steuerpflichtig, wie z. B. bei der Grunderwerbsteuer und der Gewerbesteuer (vgl. §§ 5, 6 GrEStG und § 5 Abs. 1 GewStG), so ist für die Zurechnung kein Raum.

Obgleich in § 39 Abs. 2 Nr. 2 AO ebenso wie in Nr. 1 von **Zurechnung** gesprochen wird, besteht doch ein entscheidender Unterschied. Während in den Fällen des Nr. 1 die formale (bürgerlich-rechtliche) und die wirtschaftliche Berechtigung auseinander fallen und das Wirtschaftsgut einem anderen als dem formal Berechtigten zugerechnet wird, erfolgt im Fall der Nr. 2 die Zurechnung an den Beteiligten, der, wenn auch nur im Verein mit den anderen Beteiligten, **sowohl formal als auch wirtschaftlich** der **Berechtigte** ist. Die Zurechnung hat hier nur den Zweck, den der steuerlichen Erfassung des Gesamthänders zugrundezulegenden **Anteil** zu **berechnen.** Dass die Gesamthandsgemeinschaft die Berechtigte ist, ist dabei vorausgesetzt. Ist die Berechtigung der Gesamthandsgemeinschaft zu prüfen, etwa weil die Gesamthänder ein Wirtschaftsgut als Treuhänder für einen anderen erworben haben, so beurteilt sich die Frage der Zurechnung wiederum nach Nr. 1.

606   Für die Zurechnung der jeweiligen Anteile an die Gesamthänder kommen zwei **Maßstäbe** in Betracht. Die Höhe der Bruchteile bestimmt sich entweder nach dem Anteil, zu dem die Gesamthänder an dem Vermögen zur gesamten Hand beteiligt sind **(Gesamthandsanteil)**, oder aber nach dem Verhältnis dessen, was ihnen bei Auflösung der Gesellschaft zufallen würde (fingiertes **Auseinandersetzungsguthaben**).

Grundsätzlich muss auf das jeweilige Einzelsteuergesetz und auf die einschlägigen gesetzlichen Vorschriften über die Gesamthand (§§ 731 ff. BGB, §§ 155, 158 HGB, §§ 2047 ff. BGB) abgestellt werden. Dabei sind die vertraglichen Vereinbarungen der Beteiligten zu beachten.

> **BEISPIEL**
> A, B und C sind zu je 1/3 Erben des V. Zum Nachlass gehört ein Grundstück mit einem Einheitswert von 40 000 €.
> **LÖSUNG** Das Grundstück gehört zum Gesamthandsvermögen der Erbengemeinschaft (§ 2032 BGB). Der Grundbesitzwert nach § 12 Abs. 3 ErbStG ist den Erben nach § 39 Abs. 2 Nr. 2 AO und § 3 BewG für die Erbschaftsteuer zu je 1/3 zuzurechnen. Für die Grundsteuer muss der Grundsteuermessbetrag den Erben nicht anteilig zugerechnet werden, da die Gesamthandsgemeinschaft selbst steuerpflichtig ist (§ 10 Abs. 1 und 3 GrStG).

3.9   Einzelfälle der Zurechnung

607   Die steuerliche Zurechnung von Wirtschaftsgütern ist vom Rechtsverhältnis abhängig.

Rechtsverhältnis	Steuerliche Zurechnung beim
bürgerlich-rechtliches Eigentum (Grundsatz)	Eigentümer
Eigenbesitz	Eigenbesitzer
Sicherungsübereignung	Sicherungsgeber
Treuhandverhältnis	Treugeber
Diebstahl	Dieb
Miet-/Pachtvertrag	Eigentümer
Gebäude auf fremdem Grund und Boden, wenn der Bauherr die tatsächliche Verfügungsmacht über das Gebäude während der gesamten Nutzungsdauer ausübt	Bauherr
Nießbrauch an Wirtschaftsgütern	Eigentümer, aber AfA-Berechtigung bei vorbehaltenen Rechten beim Nutzenden
Gebäude im Erbbaurecht errichtet	Erbbauberechtigter
Testamentsvollstrecker	Erben
Wirtschaftsgüter bei Gesamthandsgemeinschaften	Anteilige Zurechnung auf die Beteiligten

Rechtsverhältnis	Steuerliche Zurechnung beim
Finanzierungsleasing a) Grundmietzeit[1] beträgt mehr als 90 % der betriebsgewöhnlichen Nutzungsdauer	Leasing-Nehmer
b) Grundmietzeit beträgt weniger als 40 % der betriebsgewöhnlichen Nutzungsdauer	Leasing-Nehmer
c) Verhältnis zwischen 40 % und 90 % aa) ohne Kaufoption bb) mit Option, wenn Kaufpreis niedriger als gemeiner Wert des Wirtschaftsgutes cc) mit Verlängerungsoption, wenn die Anschlussmiete nicht den Wertverzehr deckt dd) bei anderen Optionsbedingungen	 Leasing-Geber Leasing-Nehmer Leasing-Nehmer Leasing-Geber

1 Grundmietzeit: festvereinbarte Laufzeit des Leasing-Vertrages. Die in dieser Zeit gezahlten Leasing-Raten decken i. d. R. die Anschaffungskosten plus Nebenkosten des Wirtschaftsguts.

4 Gesetz- oder sittenwidriges Handeln (§ 40 AO)

Rechtsgeschäfte, die gegen ein **gesetzliches Gebot** oder Verbot oder gegen die **guten Sitten** verstoßen, sind bürgerlich-rechtlich nichtig (§§ 134 und 138 BGB). Sittenwidriges Handeln liegt vor, wenn es dem Rechtsgefühl aller billig und gerecht Denkenden widerspricht. Auf das sittliche Empfinden der Beteiligten kommt es nicht an. Steuerlich werden sie jedoch erfasst, wenn sie einen steuerlichen Tatbestand erfüllen oder einen Teil davon bilden (§ 40 AO).

608

So werden Einkünfte aus **Straftaten** regelmäßig nach § 15 EStG oder § 22 Nr. 2 EStG der (Ertrags-)Besteuerung unterworfen, z. B. der Handel mit Rauschgift (BFH vom 06.04.2000 BStBl II 2001, 536).

Einkünfte aus einem **Bordellbetrieb** sind trotz möglicher Nichtigkeit der zugrundeliegenden Geschäfte als Einkünfte aus Gewerbebetrieb zu versteuern, wenn der Vermieter außer der Vermietung der Räume samt Ausstattung an die Prostituierte durch organisatorische Maßnahmen (Türsteher, Öffnungszeiten, Kreditkartenabrechnung etc.) den Kontakt mit den Prostituierten erleichtert oder fördert (zur Rechtslage vor dem Prostitutionsgesetz vgl. BVerfG vom 12.04.1996 DStR 1997, 273; seit dem Prostitutionsgesetz ist umstritten, ob Sittenwidrigkeit und damit Nichtigkeit gem. § 138 Abs. 1 BGB vorliegt). Ebenso liegen bei Telefonsex gegen Entgelt Einkünfte aus Gewerbebetrieb vor, BFH vom 23.02.2000 BStBl II 2000, 610). Die Einkünfte selbstständig tätiger Prostituierter werden vom BFH (zwischenzeitlich) als Einkünfte aus Gewerbebetrieb eingeordnet (BFH vom 20.02.2013 BStBl II 2013, 441).

Ebenso sind **Schmiergelder** oder Einnahmen aus **Schwarzhandelsgeschäften** zu erfassen, soweit sie unter Einkünfte im Sinne des Einkommensteuergesetzes fallen (vgl. dazu auch BFH vom 04.10.1956 BStBl III 1956, 336). Auch Einkünfte aus **Wuchergeschäften** nach § 138 Abs. 2 BGB können steuerpflichtig sein (z. B. überhöhte Zinsen oder Mieten).

Fehlt einem Stpfl. die gesetzlich vorgeschriebene Befähigung oder die behördliche Erlaubnis zur Ausübung seiner Tätigkeit, z. B. unerlaubte Hilfeleistung in Steuersachen, so unterliegen die Einnahmen bzw. die Einkünfte trotzdem der Besteuerung, es findet allerdings eine Umqualifizierung von freiberuflichen in gewerbliche Einkünfte statt. Die Besteuerung von Gewinnen, die durch gesetzwidriges Verhalten erzielt wurden, ist verfassungsgemäß (BVerfG vom 12. 04. 1996 DStR 1997 S. 273).

Man mag die bereits den Römern – »Pecunia non olet« (Geld stinkt nicht) – bekannte **Steuerpflicht** von Vorgängen, die als unsittlich anzusehen sind oder gar unter das Strafgesetzbuch fallen, für **befremdlich** halten. Man wird aber auf die Besteuerung **nicht verzichten** können, wenn man nicht zu dem wohl noch befremdlicheren Ergebnis kommen will, dass nur derjenige Steuern zahlen muss, der sich an die Gesetze hält.

5 Unwirksame Rechtsgeschäfte (§ 41 AO)

5.1 Formmangel

609 Rechtsgeschäfte, die wegen eines **Formmangels** oder wegen Fehlen der **Geschäftsfähigkeit** oder der **Rechtsfähigkeit** nichtig sind (vgl. z. B. § 125 i. V. m. §§ 311 b, 761 und 766 BGB, ferner § 105 BGB), werden – vorbehaltlich abweichender Regelungen in Einzelsteuergesetzen (z. B. § 17 UStG, §§ 5 Abs. 2, 7 Abs. 2 BewG) – steuerlich als wirksam behandelt, solange die Beteiligten das wirtschaftliche Ergebnis eintreten und bestehen lassen (§ 41 AO). Den genannten Nichtigkeitsgründen stehen andere Nichtigkeitsgründe sinngemäß gleich. Als »Beteiligte« i. S. d. § 41 AO sind nicht die Beteiligten i. S. d. § 78 AO gemeint, sondern die am Rechtsgeschäft beteiligten Personen. Wird z. B. ein wegen Nichteinhaltung der vorgeschriebenen Form **nichtiges Testament** von den Beteiligten erfüllt, so müssen daraus auch steuerlich die entsprechenden Folgerungen gezogen werden (RFH vom 06. 10. 1938 RStBl 1939, 211).

Die vorerwähnten Grundsätze gelten **nicht uneingeschränkt**. Sind in den einzelnen Steuergesetzen Vorschriften enthalten, die etwas anderes bestimmen, so gehen diese Bestimmungen vor (§ 41 Abs. 1 Satz 2 AO). Ausnahmen können sich auch aus dem Sinn des jeweiligen Steuergesetzes und dem Grundsatz ergeben, dass steuerliche Vorgänge einer einwandfreien Gestaltung durch den Stpfl. bedürfen. Dies wird bei Verträgen unter nahen Angehörigen angenommen, die steuerlich nur anerkannt werden, wenn sie bürgerlich-rechtlich wirksam sind (vgl. H 4.8 (Fremdvergleich) EStH). Gleiches gilt, wenn sich z. B. nach der Erstellung der Bilanz herausstellt, dass ein bisher als wirksam angesehenes Rechtsgeschäft unwirksam geworden ist. Die Bilanz bleibt trotzdem richtig. Es hat weder eine Bilanzberichtigung (§ 4 Abs. 2 Satz 1 EStG) noch eine Bilanzänderung (§ 4 Abs. 2 S. 2 EStG) zu erfolgen, denn am Tag der Bilanzerstellung konnte der Stpfl. das Unwirksamwerden des Rechtsgeschäftes nicht vorhersehen. Die sich aus dem unwirksamen Rechtsgeschäft ergebenden Folgen sind in der nächsten Bilanz zu verarbeiten.

5.2 Scheingeschäfte

610 Scheingeschäfte und Scheinhandlungen sind **nichtig** und dem gemäß ohne rechtliche Wirkung (§ 117 Abs. 1 BGB). Für das Steuerrecht gilt nichts anderes (§ 41 Abs. 2 AO). Eine Scheinhandlung ist eine Handlung, die einen Eindruck von Gegebenheiten vermitteln will, die tatsächlich nicht bestehen (z. B. Scheinwohnsitz). Ein Scheingeschäft ist gegeben, wenn eine Willenserklärung einem anderen gegenüber abgegeben wird und beide Teile darin einig sind, dass das Erklärte nicht gewollt ist, der Wille als nur zum Schein erklärt wird (BFH vom 28. 04. 1987 BStBl II 1987, 814; z. B. Scheinarbeitsverhältnis zwischen Ehegatten). Wer z. B. ein Bankguthaben nur zum Schein an seine Mutter abtritt, die nur eine geringe Rente bezieht, hat nach wie vor Einkünfte aus § 20 EStG und ist Schuldner der entsprechenden Einkommensteuer. Ehegattenarbeitsverträge werden steuerlich nur anerkannt, wenn klare und eindeutige Abmachungen vorliegen, aus denen das Bestehen eines Arbeitsverhältnisses folgt, und die auch tatsächlich durchgeführt werden und einem Fremdvergleich standhalten (vgl. R 4.8 Abs. 1 EStR und H 4.8 (Fremdvergleich) EStH). Diese Grundsätze gelten für alle **Verträge zwischen nahen Angehörigen**. Der Begriff der nahen Angehörigen ist enger als die Definition der Angehörigen in § 15 AO (vgl. Rz. 120). Nach der Rechtsprechung sind dies Ehegatten (BFH vom 27.11.1989 BStBl II 1990, 160 und vom 10.04.1990 BStBl II 1990, 741), Eltern und minderjährige oder volljährige Kinder (minderjährige Kinder: BFH vom 15.04.1986 BStBl II 605; BFH vom 25.11.1986 BFH/NV 1987, 159; volljährige Kinder: BFH vom 25.05.1976 BStBl II 561; BFH vom 05.02.1988 BFH/NV 1988, 553; BFH vom 25.05.1993 BStBl II 1993, 834), Großeltern und Enkel (BFH vom 18.12.1990 BStBl II 1991, 581), Schwiegereltern und Schwiegerkinder (BFH vom 05.02.1988 BFH/NV 1988, 628 und BFH vom 31.10.1989 BFH/NV 1990, 759), Geschwister (BFH vom 07.10.1986 BStBl II 1987, 322) und Verschwägerte (BFH vom 07.05.1996 BStBl II 1997, 196). Verlobte sind nicht als nahe Angehörige anzusehen (BFH vom 17.01.1985 BFH/NV 1986, 148). Die vorgenannten Grundsätze sind auch auf Verträge zwischen Kapitalgesellschaften und (insbesondere) beherrschenden Gesellschaftern anzuwenden (BFH vom 06.12.1995 BStBl II 1996, 383).

Das Scheingeschäft ist **vom Umgehungsgeschäft abzugrenzen**. Die Steuerumgehung nach § 42 AO (vgl. Rz. 612 ff.) dient der Vermeidung der Verwirklichung eines Steuertatbestands durch Wahl einer unangemessenen rechtlichen Gestaltung, deren einziger Zweck nur die Umgehung des Steuertatbestands sein kann, die aber gerade wegen diesen Zwecks gewollt, also nicht nur zum Schein abgeschlossen wurde. Wird eine als gewollt bezeichnete Rechtswirkung wirklich gewollt, so sind daher unwahre Angaben im Zusammenhang mit dem Abschluss des Rechtsgeschäfts nicht geeignet, dieses zum Scheingeschäft zu machen. Nach der zivilrechtlichen Rechtsprechung liegt das unterscheidende Kriterium darin, ob die Parteien zur Erreichung des mit dem Rechtsgeschäft erstrebten Erfolgs ein Scheingeschäft für genügend oder ein ernstgemeintes Geschäft für notwendig erachtet haben (BFH vom 21.10.1988 BStBl II 1989, 216 unter Verweis auf BGH vom 25.10.1961 BGHZ 36, 85, 88).

Weiterhin ist das Scheingeschäft **vom Treuhandverhältnis** (vgl. Rz. 602 f.) **zu unterscheiden**. Treuhänder ist, wer von einem anderen, dem Treugeber, Vermögensrechte in eigenem Namen erwirbt und diese Rechte zwar im eigenen Namen, aber nicht im eigenen Interesse ausüben soll. Nach außen tritt der Treuhänder frei und unabhängig auf, im Innenverhältnis ist er aber vertraglich für den Treugeber tätig und diesem gegenüber weisungsgebunden und verpflichtet, das Eigentum jederzeit zurückzuübertragen. Im Außenverhältnis hat der Treuhänder also mehr Rechte, als er im Innenverhältnis ausüben darf. Dieser im Außenverhältnis gegebene Überhang ist von den Beteiligten wirklich gewollt und nicht nur zum Schein vereinbart.

Wird durch das Scheingeschäft ein anderes **Geschäft verdeckt,** so ist dieses andere (das verdeckte) Geschäft wirksam, sofern es den für ein solches Geschäft erforderlichen Voraussetzungen genügt (§ 117 Abs. 2 BGB). Ist das der Fall, so wird es auch der Besteuerung zugrunde gelegt (§ 41 Abs. 2 Satz 2 AO). Genügt es diesen Voraussetzungen nicht und ist es daher nichtig (z. B. nach § 125 BGB wegen Formmangels), so wird es steuerlich dann erfasst, wenn die Beteiligten es untereinander gelten lassen (siehe Rz. 609).

5.3   Anfechtbare Rechtsgeschäfte

Rechtsgeschäfte, die zwar nicht **unwirksam** sind, aber es nachträglich **werden** – etwa durch **Anfechtung** einer Willenserklärung wegen arglistiger Täuschung (§ 123 BGB) – stehen den von Anfang an unwirksamen Geschäften gleich. Sowohl beim unanfechtbaren als auch beim nichti-   **611** gen Rechtsgeschäft wird steuerlich vom **wirtschaftlichen Ergebnis** ausgegangen, weil und solange die Beteiligten selbst die Nichtigkeit oder Anfechtbarkeit unberücksichtigt lassen. Ist aber das wirtschaftliche Ergebnis **beseitigt** (z. B. weil die Parteien das Empfangene zurückgewährt haben), so werden daraus auch die steuerlich notwendigen Folgerungen gezogen: **Steuerfestsetzungen** und **Steuerfeststellungen** werden, soweit sie nicht mehr zutreffen, zurückgenommen oder geändert, etwa entrichtete Steuern werden erstattet (§ 175 Abs. 1 Nr. 2 AO).

Dabei ist aber zu beachten, dass das einmal eingetretene wirtschaftliche Ergebnis steuerlich durchaus nicht immer auch für die Vergangenheit beseitigt wird und dass insbesondere die Anfechtung trotz ihrer Rückwirkung nach bürgerlichem Recht nicht immer auch steuerlich dazu führen muss, dass ein einmal eingetretenes Ereignis schlechthin unbeachtet bleibt (vgl. das »solange« in § 41 Abs. 1 AO sowie RFH vom 09. 01. 1936 RStBl 1936, 116).

BEISPIEL

Hat zunächst M als Testamentserbe des K den Nachlass in Besitz genommen, dann aber der Sohn des Erblassers das Testament mit Erfolg angefochten, so ist, weil dann eben nicht M, sondern Ks Sohn Erbe ist, ein gegen M ergangener Erbschaftsteuerbescheid zurückzunehmen oder zu ändern (je nachdem nämlich, ob der Nachlass in vollem Umfang herausgegeben werden kann und muss oder ob das nicht der Fall ist) und ein neuer Erbschaftsteuerbescheid gegen den Sohn zu erlassen. Ein etwaiger Einkommensteuerbescheid gegen M ist dagegen nicht zurückzunehmen oder zu ändern, da ja die Einkünfte, z. B. Zinsen, dem M tatsächlich zugeflossen sind (was auch dann nicht beseitigt ist, wenn M zur Herausgabe dieser Einkünfte an den Erben verpflichtet wäre); wohl aber müssen die Zinsen im Jahr der Rückzahlung als Betriebsausgaben oder Werbungskosten zum Abzug zugelassen werden (vgl. BFH vom 13. 12. 1963 BStBl III 1964, 184).

Anfechtbare Rechtsgeschäfte sind, solange die Anfechtung noch nicht erklärt ist, voll gültig. Erst **durch** die **Anfechtung** werden sie **nichtig**, und zwar mit Wirkung »ex tunc«, d. h. wie wenn sie von Anfang an nichtig gewesen wären (vgl. z. B. § 119 AO und § 123 BGB). Steuerlich werden die Folgen gezogen, wenn die Beteiligten das wirtschaftliche Ergebnis des nichtigen Rechtsgeschäfts beseitigen.

6 Missbrauch von rechtlichen Gestaltungsmöglichkeiten (§ 42 AO)

6.1 Allgemeines

612 Die rechtliche Form der Ausgestaltung ist steuerlich unbeachtlich, wenn sie zum Zweck der Steuerumgehung oder Steuerminderung eine **missbräuchliche Ausnutzung des Rechts** darstellt (**Gestaltungsmissbrauch**). Gem. § 42 Abs. 1 Satz 1 AO kann durch Missbrauch von Gestaltungsmöglichkeiten des Rechts das Steuergesetz nicht umgangen werden. Der **Steueranspruch entsteht** in diesem Fall so, wie er bei einer den wirtschaftlichen Vorgängen **angemessenen rechtlichen Gestaltung** entsteht, § 42 Abs. 1 Satz 3 AO.

Die Anwendung des § 42 AO führt dazu, dass ein der Form nach **nicht verwirklichter Sachverhalt unterstellt** wird. Wird er unterstellt, so muss er, was die in Betracht kommende Steuer anbelangt, in jeder Hinsicht unterstellt werden. Die Anwendung des § 42 AO kann sich – anders als die wirtschaftliche Betrachtungsweise – immer nur zu **Ungunsten** des Steuerpflichtigen auswirken. Hat der Steuerpflichtige sich geirrt und einen Weg gewählt, der nicht nur zu keiner Steuerersparnis, sondern sogar zu einer nicht einkalkulierten Steuer führt, so kann er sich nicht auf den § 42 AO berufen.

BEISPIEL

Zur Vermeidung einer ggf. künftig höheren Erbschaftsteuer überträgt der Gewerbetreibende A betriebsnotwendige Grundstücke – unter Nießbrauchsvorbehalt – zunächst zur Hälfte auf seine Ehefrau und dann sofort anschließend zu je 1/2 an die gemeinsamen Kinder.

LÖSUNG Die »Umwegschenkung« über die Ehefrau kann ein Missbrauch von rechtlichen Gestaltungsmöglichkeiten im Sinne des § 42 AO sein, so dass die Schenkung als unmittelbare Schenkung des Vaters an die Kinder der Erbschaft-/Schenkungssteuer zu unterwerfen ist. Obwohl die Grundstücke aufgrund des Nießbrauchsvorbehalts nach wie vor betrieblich genutzt werden, hat sie A aus seinem Betriebsvermögen entnommen. Er muss zusätzlich den Entnahmegewinn ertragsteuerlich als laufenden Gewinn und Gewerbeertrag versteuern.

Je nach Sachverhaltsgestaltung kann es sich noch um rechtlich zulässige Gestaltungen zur Steuervermeidung oder schon um eine Steuerumgehung oder bei unvollständig erklärten Sachverhalten auch um eine Steuerhinterziehung handeln.

Der steuerlich nicht anerkannte Weg wird nur in Bezug auf die **vermiedene Steuer** nicht anerkannt. Was **andere Steuern** anbelangt, kann er gleichwohl von Bedeutung sein.

BEISPIEL

Ein Bauunternehmer erwirbt Grundstücke, die er an seine Kinder überträgt. Die Kinder bebauen die Grundstücke und verkaufen sie wieder. Die Mittel für die Bebauung hat der Bauunternehmer zur Verfügung gestellt. Dafür müssen die Kinder die Veräußerungserlöse an ihn abtreten oder darlehensweise zur Verfügung stellen.

LÖSUNG Ertragsteuerlich können die Grundstücksgeschäfte nach § 42 AO dem Bauunternehmer als gewerbliche Einkünfte zuzurechnen sein. Trotzdem unterliegen die in dem Sachverhalt verwirklichten Schenkungen der Erbschaft-/Schenkungssteuer. Hinsichtlich der Grundstücksveräußerungen sind die Kinder zusammen mit den Erwerbern Schuldner der Grunderwerbsteuer (§ 13 GrEStG). Die den Kindern für die Bauleistungen in Rechnung gestellten Umsatzsteuern sind keine Vorsteuern (§ 15 UStG) des Bauunternehmers.

6.2 Verhältnis zu einzelsteuergesetzlichen Vorschriften

Einige **einzelsteuergesetzliche Regelungen** versuchen, typischen Umgehungstatbeständen entgegenzuwirken (z. B. § 1 Abs. 2, Abs. 2 a und Abs. 3 GrEStG, §§ 1, 7 ff. AStG, § 4 h EStG, § 15 b EStG). Der BFH vertrat die Auffassung, für die Anwendung von § 42 AO sei bei einem kodifiziertem Missbrauchstatbestand kein Raum mehr (vgl. BFH vom 15.12.1999 BStBl II 2000, 527 und vom 19.01.2000 BStBl 2001, 222). Die Finanzverwaltung hat diese Rechtsprechung nicht angewandt (BMF vom 06.10.2000 BStBl I 2000, 1392 und vom 19.03.2001 BStBl 2001 I, 243). Der Gesetzgeber hat das Verhältnis der einzelsteuergesetzlichen Regelungen zur in § 42 Abs. 2 AO verankerten Generalklausel dahingehend gelöst, dass gem. § 42 Abs. 1 Satz 2 AO sich die Rechtsfolgen nach der einzelsteuergesetzlichen Regelung richten, wenn deren Tatbestand erfüllt ist. Damit ist die Generalklausel des § 42 Abs. 2 AO »nur« anzuwenden, wenn

- keine einzelsteuergesetzliche Regelung besteht
- eine einzelsteuergesetzliche Regelung besteht, aber im Einzelfall deren Tatbestand nicht erfüllt ist. Folglich ist allein die Existenz einer einzelsteuergesetzlichen Regelung nicht ausreichend, die Generalklausel des § 42 Abs. 2 AO auszuschalten. Im Gegensatz hierzu sah die Rechtsprechung zur vorherigen Gesetzesfassung eine Abschirmwirkung der spezielleren Vorschrift zur allgemeinen Regelung (vgl. BFH vom 20.03.2002 BStBl II 2003, 50).

613

6.3 Abgrenzung

614   Regeln die Beteiligten ihre Rechtsbeziehungen durch einen atypischen Vertrag, dessen Rechtsfolgen aber ihren Vorstellungen entsprechen, so sind die Rechtsbeziehungen zwar nicht als Scheingeschäft, aber möglicherweise als Umgehung des Steuergesetzes durch Missbrauch von Gestaltungsmöglichkeiten des Rechts zu beurteilen (BFH vom 09.11.1994 BFH/NV 95, 659). Das **Scheingeschäft** ist von den Beteiligten **nicht gewollt**. Das zur **Umgehung** vereinbarte Geschäft dagegen ist **ernst gemeint** (vgl. Rz. 611). Insofern ähnelt es dem verdeckten Geschäft. Im Gegensatz zu diesem ist das Umgehungsgeschäft aber offen aufgezogen. Ist es das nicht, ist es vielmehr »**verschleiert**«, so ist nicht nur ein steuerlich nicht anerkannter, sondern auch ein **strafbarer Tatbestand** gegeben (vgl. § 370 AO und Teil P).

BEISPIEL

Der in Deutschland wohnhafte Handelsvertreter H vertreibt Produkte des Möbelherstellers M. M zahlt die anfallenden Provisionen an die in Lichtenstein von H gegründete und dort ansässige Firma F. H ist angestellter Handelsvertreter von F. F ist darüber hinaus wirtschaftlich nicht tätig. F überweist an H lediglich 60 % der von M gezahlten Provisionen. Gegenüber den Kunden tritt H als Handelsvertreter von M auf. In seiner Steuererklärung gibt H die tatsächlich von F an ihn ausgezahlten Beträge an (Sachverhalt angelehnt an BFH vom 21.10.1988 BStBl II 1989, 216).

LÖSUNG Weil für die Zwischenschaltung der Firma F wirtschaftliche oder sonst beachtliche Gründe fehlen, ist ein Missbrauch von rechtlichen Gestaltungsmöglichkeiten anzunehmen. Der deutschen Besteuerung sind sämtliche von M geleisteten Provisionen zu Grunde zu legen. Zudem ist von Steuerhinterziehung nach § 370 AO auszugehen, weil H pflichtwidrig über die Höhe der tatsächlich ihm wirtschaftlich zugeflossenen Provisionen unvollständige und unrichtige Angaben macht.

Jedoch muss ein Steuerpflichtiger seine rechtlichen und tatsächlichen Verhältnisse nicht so einrichten, dass Steuern entstehen. Es steht jedem frei, Steuern durch **Vermeidung der Verwirklichung eines Tatbestands** nicht entstehen zu lassen, z. B., indem vorhandenes Kapitalvermögen zu Hause aufbewahrt wird, statt es bei einem Kreditinstitut verzinslich anzulegen und damit Einkünfte nach § 20 EStG zu erzielen.

615

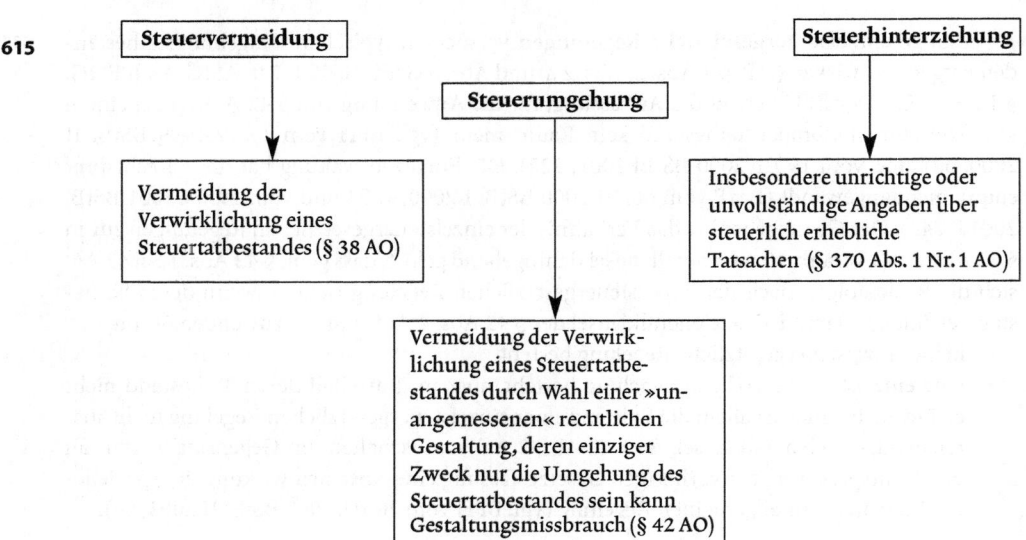

6.4 Definition Missbrauch

In Anlehnung an die von der Rechtsprechung entwickelten Grundsätze (vgl. etwa BFH vom 26.03.1996 BStBl II 1996, 443 m. w. N.) liegt gem. § 42 Abs. 2 Satz 1 AO ein **Missbrauch** vor, wenn

616

- eine **unangemessene** rechtliche **Gestaltung** gewählt wird,
- die beim Steuerpflichtigen oder einem Dritten **im Vergleich** zu einer angemessenen Gestaltung
- zu einem gesetzlich **nicht vorgesehenen Steuervorteil** führt.

Es ist **zunächst** ein **Vergleich** zu ziehen zwischen den steuerlichen Auswirkungen einer angemessenen rechtlichen Gestaltung und den steuerlichen Auswirkungen der gewählten Gestaltung. Ergibt dieser Vergleich einen Steuervorteil beim Steuerpflichtigen oder Dritten, ist weiter zu prüfen, ob dieser Steuervorteil gesetzlich vorgesehen ist. Dies kann z. B. der Fall sein bei Ausübung gesetzlicher Wahlrechte oder bei Nutzung steuergesetzlicher Lenkungs- und Fördernormen. Ist der Steuervorteil gesetzlich nicht vorgesehen, ist zu prüfen, ob die gewählte Gestaltung unangemessen ist (BT-Drucks. 16/7036 S. 34).

Was als **unangemessen** anzusehen ist, lässt der Gesetzgeber offen. Dieses Tatbestandsmerkmal ist damit durch die Verwaltungspraxis und vor allem durch die Rechtsprechung auszufüllen und ggf. weiterzuentwickeln. Ein Missbrauch kann nur in **besonders gelagerten Fällen** angenommen werden. Grundsätzlich ist es niemandem verwehrt, seine Angelegenheiten so einzurichten, dass möglichst wenig Steuern gezahlt und die Erleichterungen ausgenutzt werden, die die Steuergesetze selbst vorsehen. Der Wille, durch eine bestimmte Gestaltung **Steuern** zu **sparen**, ist daher noch kein Missbrauch. Die Annahme eines Missbrauches erfordert vielmehr, dass ein rechtlich **ungewöhnlicher Weg** zur Erreichung eines bestimmten Zieles gewählt wird und so ein steuerlicher Erfolg erreicht werden soll, der bei sinnvoller, Zweck und Ziel der Rechtsordnung berücksichtigender Auslegung vom Gesetz missbilligt wird. Damit wird deutlich, dass die gewählte Gestaltung zwar ungewöhnlich sein muss, dass dies allein aber zur Annahme eines Missbrauchs noch nicht ausreicht. Erst wenn **wirtschaftliche oder sonst beachtliche Gründe** den ungewöhnlichen Weg nicht mehr rechtfertigen können, ist von einem Missbrauch auszugehen (zur Nachweismöglichkeit durch den Steuerpflichtigen nachfolgend vgl. 6.5). Oder umgekehrt ausgedrückt: Eine rechtliche Gestaltung ist unangemessen, wenn der Steuerpflichtige die vom Gesetzgeber vorgegebene typische Gestaltung zur Erreichung bestimmter wirtschaftlicher Ziele nicht gebraucht, sondern hierfür einen ungewöhnlichen Weg wählt, auf dem nach den Wertungen des Gesetzgebers das Ziel, Steuern zu sparen, nicht erreichbar sein soll (BFH vom 13.10.1992 BStBl II 1993, 477). Die Unangemessenheit einer Rechtsgestaltung tritt insbesondere zutage, wenn diese keinem wirtschaftlichen Zweck dient (BFH vom 17.01.1991 BStBl II 1991, 607).

617

Nach AEAO zu § 42 ist eine Gestaltung insbesondere dann unangemessen, wenn sie von **verständigen Dritten** in Anbetracht des wirtschaftlichen Sachverhalts und der wirtschaftlichen Zielsetzung **ohne den Steuervorteil nicht gewählt** worden wäre. Bei einer **grenzüberschreitenden Gestaltung** ist auf der Grundlage der Rechtsprechung des Europäischen Gerichtshofs Unangemessenheit anzunehmen, wenn »die gewählte **Gestaltung rein künstlich** ist und nur dazu dient, die Steuerentstehung im Inland zu umgehen«.

6.5 Nachweis außersteuerlicher Gründe

618   Ist der Tatbestand einer einzelsteuergesetzlichen Regelung nicht erfüllt, hat **zunächst** die **Finanzbehörde** nachzuweisen, dass bezüglich der vom Steuerpflichtigen gewählten Gestaltung die Voraussetzungen des § 42 Abs. 2 Satz 1 AO vorliegen. Ob beim Steuerpflichtigen eine **Umgehungsabsicht** vorlag, ist hierbei **nicht zu prüfen**.

Gem. § 42 Abs. 2 Satz 2 AO kann der Steuerpflichtige die Annahme des FA entkräften, wenn er für die gewählte Gestaltung **außersteuerliche Gründe** nachweist, die nach dem Gesamtbild der Verhältnisse jedoch **beachtlich** sein müssen. Diese partielle Beweislastumkehr ist damit zu begründen, dass allein der Steuerpflichtige die Möglichkeit hat, die beachtlichen außersteuerlichen Gründe für die von ihm gewählte Gestaltung darzulegen. Kann der Steuerpflichtige solche Gründe nicht nachweisen, bleibt es bei der Annahme eines Missbrauchs i. S. d. § 42 Abs. 2 Satz 1 AO.

6.6 Beispiele aus der Rechtsprechung

619   Ein **Missbrauch** rechtlicher Gestaltungsmöglichkeiten ist z. B. **gegeben,**
- bei wechselseitiger Vermietung zu jeweils eigenen Wohnzwecken um Werbungskostenüberschüsse geltend machen zu können (BFH vom 22.1.2013 BFH/NV 2013 S. 1094);
- wenn ein Vater seinen Kindern etwas schenken will und einen Teil im Hinblick auf die erbschaftsteuerlichen Freibeträge zunächst seiner Frau schenkt mit der Auflage, es an die Kinder weiterzugeben (Kettenschenkung);
- wenn Großeltern ihrem Enkel und Alleinerben einen Betrag »schenken«, der aber als »Darlehen« sofort wieder und unkündbar den Großeltern zur Verfügung gestellt wird;
- wenn Eltern ihrem Kind einen zeitlich befristeten Nießbrauch an einem Grundstück bestellen, um es anschließend zurückzumieten (BFH vom 18. 10. 1990 BStBl II 1991, 205);
- wenn Eltern an ihr Kind ein Grundstück verkaufen und gleichzeitig versprechen, einen bestimmten Geldbetrag zu schenken. Die Aufrechnung der Kaufpreisforderung mit der Forderung aus dem Schenkungsversprechen kann steuerrechtlich nicht anerkannt werden (BFH vom 10. 10. 1991 BStBl II 1992, 239);
- wenn die Ehefrau eines Zahnarztes eine Praxis erwirbt oder errichtet und sie diese an den Zahnarzt vermietet, steht ihr auch bei Option für die Umsatzsteuerpflicht der Vermietungsumsätze kein Vorsteuerabzug zu, wenn sie die laufenden Aufwendungen für das Grundstück und den Kapitaldienst nicht aus der Miete und sonstigem eigenen Einkommen decken kann und deshalb auf zusätzlich Zuwendungen ihres Ehemannes in nicht unwesentlichem Umfang angewiesen ist (BFH vom 16.01. 1992 BStBl II 1992, 541);
- wenn ein Steuerberater beim Erwerb einer für den Einsatz in seiner Kanzlei bestimmten EDV-Anlage, ein minderjähriges, einkommens- und vermögensloses Kind als Käufer »vorschaltet«, um dann von diesem die Anlage zu mieten (BFH vom 17.01. 1991 BStBl II 1991, 607);
- wenn ausländische Basisgesellschaften im niedrig besteuerten Ausland zwischengeschaltet werden, ohne dass für die Rechtsgestaltung wirtschaftliche oder sonst beachtliche Gründe vorliegen (BFH vom 28. 01. 1992, BStBl II 1993, 84);
- wenn zur Vermeidung der Überschreitung der sog. Drei-Objekt-Grenze des gewerblichen Grundstückshandels ein Objekt etwa an den Ehegatten verschenkt wird und der Beschenkte das Objekt in einem zeitlichen Zusammenhang veräußert (BFH vom 06. 08. 1998 BFH/NV 1999, 302);

- wenn der Arbeitgeber vom Arbeitnehmer einen Raum anmietet, in dem sich das häusliche Arbeitszimmer befindet, und dieses nachfolgend dem Arbeitnehmer, der bereits über einen Arbeitsplatz in einer Betriebsstätte des Arbeitgebers verfügt, zusätzlich zur Verfügung stellt (BFH vom 19.10.2001 BStBl II 2002, 300 mit Verweis auf OFD Kiel vom 13.12.1999, DStR 2000 S. 632; Hinweis: kein Gestaltungsmissbrauch wird angenommen, wenn der Arbeitnehmer über keinen weiteren Arbeitsplatz in einer Betriebsstätte des Arbeitgebers verfügt, vgl. auch BFH vom 20.03.2003 BStBl II 2005, 519.

  Kein Gestaltungsmissbrauch liegt z. B. vor,

- wenn für die Einschaltung der in einem niedrig besteuernden Ausland ansässigen Basis-Gesellschaft wirtschaftliche oder sonst beachtliche Gründe vorliegen und wenn sie eine eigene wirtschaftliche Tätigkeit entfaltet und wenn die Wahl des Sitzes oder der Rechtsnorm nicht nur mit der Absicht der Steuerersparnis zu erklären ist (BGH vom 30.05.1990 HFR 91, 367);
- wenn die Mutter das von ihr und ihrem Sohn bewohnte Zweifamilienhaus in zwei Eigentumswohnungen aufteilt und die von ihr bewohnte Eigentumswohnung an den Sohn verschenkt und die Wohnungen anschließend wechselseitig vermietet werden. Es liegt keine als rechtsmissbräuchlich anzusehende sog. »Überkreuzvermietung« vor, weil es allein in der Entscheidungsbefugnis der Mutter als der Alleineigentümerin lag, ob und welche der Eigentumswohnung sie übereignete (BFH vom 12.09.1995 BStBl II 1996, 158);
- wenn mit dem geschiedenen Ehegatten ein Mietvertrag geschlossen wird und die Miete mit dem geschuldeten Barunterhalt verrechnet wird (BFH vom 16.01.1996 BStBl II 1996, 214);
- wenn der Stpfl. eine Wohnung an seine volljährige Tochter und deren Ehemann vermietet und die Tochter unterhaltsberechtigt ist (BFH vom 28.01.1997 BStBl II 1997, 599);
- wenn Eltern ihrem unterhaltsberechtigten Kind eine ihnen gehörende Wohnung vermieten und das Kind die Miete aus dem Barunterhalt der Eltern zahlt (BFH vom 19.10.1999 BStBl II 2000, 224);
- wenn ein Steuerpflichtiger sein Haus zu fremdüblichen Bedingungen an seine Eltern vermietet, kann er die Werbungskostenüberschüsse bei seinen Einkünften aus Vermietung und Verpachtung auch dann abziehen, wenn er selbst ein Haus seiner Eltern unentgeltlich zu Wohnzwecken nutzt. Es liegt keine als rechtsmissbräuchlich anzusehende sog. »Überkreuzvermietung« vor, weil für das vom Steuerpflichtigen tatsächlich zu eigenen Wohnzwecken genutzte Haus der Eltern keine Werbungskosten geltend gemacht werden und das von den Eltern genutzte Haus des Klägers tatsächlich fremdgenutzt wird. Die wechselseitige Nutzungsüberlassung der beiden Häuser ist damit nicht darauf angelegt, sich wechselseitig die Möglichkeit der Inanspruchnahme von Werbungskostenüberschüssen bei den Einkünften aus Vermietung und Verpachtung zu verschaffen, die bei Eigennutzung der Häuser durch die Eigentümer nicht geltend gemacht werden könnten (BFH vom 14.01.2003 BStBl II 2003, 509);
- wenn ein Ehegatte dem anderen seine an dessen Beschäftigungsort belegene Wohnung im Rahmen einer doppelten Haushaltsführung zu fremdüblichen Bedingungen vermietet (BFH vom 11.03.2003 BStBl II 2003, 627).

7 Steuerschuldner (§ 43 AO)

620 Steuerschuldner ist derjenige Beteiligte am Steuerschuldverhältnis, der verpflichtet ist, die Steuer (§ 3 AO, Rz. 18 ff.) für eigene Rechnung selbst zu entrichten, oder für dessen Rechnung ein anderer Beteiligter des Steuerrechts- oder Steuerpflichtverhältnisses (Rz. 93 ff.) die Steuer zu entrichten hat. Wer dies im Einzelfall ist, bestimmen die Gesetze über die Einzelsteuern, vgl. die nachfolgende Übersicht.

Gesetzesvorschrift	Steuerschuldner
§ 36 Abs. 4 EStG	»Der **Steuerpflichtige** ist Schuldner der Einkommensteuer«;
§ 38 Abs. 2 S. 1 EStG	»Der **Arbeitnehmer** ist Schuldner der Lohnsteuer«;
§ 44 Abs. 1 EStG	»Schuldner der Kapitalertragsteuer ist ... der **Gläubiger** der Kapitalerträge«;
§ 13 a Abs. 1 Nr. 1 UStG	»Schuldner der Umsatzsteuer ist der **Unternehmer**«;
§ 5 Abs. 1 S. 1 GewStG	»Schuldner der Gewerbesteuer ist der **Unternehmer**«;
§ 20 Abs. 1 S. 1 ErbStG	»Steuerschuldner der Erbschaftsteuer ist der **Erwerber**, bei einer Schenkung auch der **Schenker**«;
§ 13 Nr. 1 GrEStG	»Steuerschuldner sind regelmäßig die an einem Erwerbsvorgang **als Vertragsteile beteiligten Personen**«.

In verschiedenen Einzelsteuergesetzen ist die Steuerschuldnerschaft nicht ausdrücklich erwähnt. Steuerschuldner ist dann derjenige, der die tatbestandsmäßigen Voraussetzungen der Einzelsteuer verwirklicht (analog § 38 AO), z. B. sind dies bei der Einkommensteuer die **natürlichen Personen,** die ein Einkommen haben (§§ 1, 2 EStG) und bei der Körperschaftsteuer die **Körperschaften, Personenvereinigungen und Vermögensmassen,** die im § 1 Abs. 1 KStG abschließend aufgezählt sind.

Steuerschuldner kann auch sein, wer vom FA irrtümlich durch Steuerbescheid in Anspruch genommen wird und diesen Steuerbescheid bestandskräftig werden lässt. In diesen Fällen wirkt die Steuerfestsetzung konstitutiv. **Steuerschuldner** und **Steuerträger** sind nicht immer identisch. Während der Steuerschuldner die Steuer auf eigene Rechnung zu entrichten hat oder Steuer für seine Rechnung zu entrichten ist, hat der Steuerträger die Steuer wirklich zu tragen, weil auf ihn die gezahlte Steuer überwälzt wird. das letztere ist bei der Umsatzsteuer, bei den Zöllen und den Verbrauchsteuern der Fall.

621 Steuerentrichtungspflichtiger ist derjenige Beteiligte des Steuerrechts- oder Steuerpflichtverhältnisses, der **kraft Gesetzes verpflichtet ist, die Steuer für Rechnung des Steuerschuldners zu entrichten.** Wer dies ist, bestimmen auch wieder die Einzelsteuergesetze, z. B.

Gesetzesvorschrift	Steuerentrichtungspflichtiger
§§ 38 Abs. 3, 41 a Abs. 1 Nr. 2 EStG	der **Arbeitgeber** für die Lohnsteuer;
§ 44 Abs. 1 EStG	der **Schuldner** der Kapitalerträge oder die **auszahlende Stelle** für die Kapitalertragsteuer;
§ 7 Abs. 1 VersStG	der **Versicherer** für die Versicherungssteuer;
Landes-Kirchensteuergesetze	der **Arbeitgeber** für die Kirchenlohnsteuer.

Gläubiger einer Steuervergütung (Rz. 579 ff.) ist derjenige Beteiligte des Steuerschuld- **622** verhältnisses, dem ein Steuervergütungsanspruch zusteht. Wer dies ist, bestimmen auch wieder die Einzelsteuergesetze, z. B.

Gesetzesvorschrift	Gläubiger
Arbeitnehmersparzulage §§ 13, 14 VermBG	der Arbeitnehmer;
Wohnungsbauprämie § 1 WoPG	der Prämienberechtigte;
Kindergeld §§ 31, 62 EStG	der Kindergeldanspruchsberechtigte;
Vorsteuerüberschuss §§ 15, 18 Abs. 3 UStG	der Unternehmer.

Steuergläubiger ist derjenige Beteiligte des Steuerschuldverhältnisses, der berechtigt ist, die **623** **Entrichtung einer Steuer oder eines Anteils daran für sich zu verlangen.** Wer dies im Einzel- fall ist, wird nicht in der AO definiert, sondern ergibt sich aus den Art. 106, 107 GG (Gebiets- körperschaften: Bund, Länder, Gemeinden, Gemeindeverbände) und Art. 140 GG (Religions- gesellschaften). Für weitere Einzelheiten siehe Rz. 31 ff. zur **Ertragshoheit.**

8 Gesamtschuldverhältnis (§ 44 AO)

8.1 Allgemeines

Wenn mehrere dieselbe Leistung aus dem Steuerschuldverhältnis schulden oder für die- **624** selbe steuerrechtliche Leistung haften, sind sie **Gesamtschuldner.** Sind mehrere zusammen zu veranlagen, so sind sie ebenfalls Gesamtschuldner (§ 44 Abs. 1 Satz 1 AO). Danach kann ein Gesamtschuldverhältnis bestehen

- zwischen **mehreren Schuldnern** (z. B. E als Beschenkter und F als Schenker schulden ein und dieselbe Schenkungsteuer; Festsetzung eines Verspätungszuschlags zur Einkommen- steuer von zusammenveranlagten Ehegatten),
- zwischen **Schuldner** und **Haftenden** (z. B. schuldet die GmbH die KSt, der Geschäftsfüh- rer dagegen haftet, falls er diese nicht ordnungsgemäß abführt),
- zwischen **mehreren Haftenden** (z. B. Haftung der Gesellschafter A und B für die Umsatz- steuer der OHG);
- zwischen **zusammen zu veranlagenden Personen** (nicht dauernd getrennt lebende Ehe- leute bei der ESt).

Dass mehrere Personen **dieselbe Steuer** schulden, ist bei der **Erbschaftsteuer** (§ 20 ErbStG) der Fall; ferner z. B. bei der **Grunderwerbsteuer** (Gesamtschuld des Erwerbers und des Veräuße- rers nach § 13 Nr. 1 GrEStG) und der **Grundsteuer** (Gesamtschuld der Eigentümer nach § 10 Abs. 3 GrStG).

Dass der eine die Steuer **schuldet** und ein anderer dafür **haftet,** ist kraft Gesetzes z. B. bei der Versicherungssteuer (§ 7 Abs. 1 VersStG), bei der **Lohnsteuer** (Steuerschuld des Arbeitneh- mers und Haftungsschuld des Arbeitgebers nach § 38 EStG), und der **Kapitalertragsteuer** (Steuerschuld des Gläubigers der Kapitalerträge und Haftungsschuld des Schuldners nach § 44 EStG) geregelt.

Eine **Zusammenveranlagung** führt ebenfalls zur Gesamtschuldnerschaft und ist bei der Einkommensteuer für nicht dauernd getrennt lebende Eheleute/Lebenspartner (§§ 26, 26 b EStG) vorgesehen.

Im Gegensatz zur Gesamtschuldnerschaft kennt das Steuerrecht jedoch **keine Gesamtgläubigerschaft** (vgl. Rz. 593 f.).

8.2 Inhalt des Gesamtschuldverhältnisses

625

Die **Gesamtschuld besteht** – ebenso wie im bürgerlichen Recht (§ 421 BGB) – **darin**, dass **jeder** Gesamtschuldner die **ganze Leistung** schuldet (§ 44 Abs. 1 Satz 2 AO). Das FA kann sich – anders als unter Umständen im bürgerlichen Recht – an jeden Gesamtschuldner halten und von ihm die geschuldete Leistung ganz oder zum Teil fordern. Die Entscheidung des FA, welchen der Gesamtschuldner in Anspruch genommen wird, ist eine Ermessensentscheidung (Auswahlermessen, vgl. Rz. 627).

Gegen mehrere Steuerpflichtige (§ 33 AO), die eine Steuer als Gesamtschuldner schulden, können **zusammengefasste Steuerbescheide** ergehen (§ 155 Abs. 3 AO). Dies gilt auch dann, wenn die Steuer nach dem zwischen ihnen bestehenden Rechtsverhältnis nicht von allen Gesamtschuldnern zu tragen ist. Der zusammengefasste Bescheid wirkt allerdings nur gegenüber den Gesamtschuldnern, denen er nach § 122 Abs. 1 AO bekannt gegeben wird (§ 155 Abs. 1 AO).

Eine **besondere Art der Gesamtschuldnerschaft** sieht § 20 ErbStG vor. U. a. haftet nach § 20 Abs. 3 ErbStG der Nachlass bis zur Auseinandersetzung für die Steuer der am Erbfall Beteiligten und nach § 20 Abs. 5 ErbStG ein Dritter persönlich, dem ein Steuerschuldner den Erwerb oder Teile desselben unentgeltlich zugewendet hat, in Höhe des Wertes der Zuwendung.

8.3 Aufteilung einer Gesamtschuld (§§ 268–280 AO)

626

Beruht die Gesamtschuldnerschaft auf einer **Zusammenveranlagung** und handelt es sich um Einkommensteuer, so kann der Grundsatz der **Gesamtschuldnerschaft** (Einstehenmüssen für die volle Steuer) **eingeschränkt** werden. Der Gesamtschuldner, gegen den **Zwangsvollstreckungsmaßnahmen** durchgeführt werden, kann nach den §§ 268 ff. AO beantragen, dass die Zwangsvollstreckung auf den Betrag **beschränkt** wird, der sich bei einer Aufteilung der im Zeitpunkt der Einleitung der Zwangsvollstreckung rückständigen Steuerschuld auf alle Gesamtschuldner ergibt. Denn nach Aufteilung dürfen gem. § 278 Abs. 1 AO gegen den einzelnen Schuldner nur noch die auf ihn entfallenden Beträge vollstreckt werden.

Der für eine Aufteilung der Gesamtschuld zwingende **Antrag** ist bei dem im Zeitpunkt der Antragstellung für die Besteuerung nach dem Einkommen zuständigen FA zu stellen. Die rückständige Steuer wird nach dem Verhältnis der Beträge aufgeteilt, die sich bei Einzelveranlagung ergeben würden. Dabei sind grundsätzlich die tatsächlichen und rechtlichen Feststellungen maßgebend, die der Steuerfestsetzung bei der Zusammenveranlagung zugrunde gelegt worden sind (§ 270 AO). Sofern die Tilgung der Ansprüche aus dem Steuerschuldverhältnis sichergestellt ist, kann der rückständige Betrag auch nach einem von den Gesamtschuldnern gemeinschaftlich vorgeschlagenen Maßstab aufgeteilt werden (§ 274 AO). Der Antrag auf Aufteilung kann auch schon vor Einleitung der Vollstreckung, frühestens jedoch nach Bekanntgabe des Leistungsgebots, bei der Finanzbehörde gestellt werden (§ 269 Abs. 2 Satz 1 AO). In diesem Falle ist die im Zeitpunkt des Eingangs des Aufteilungsantrags geschuldete Steuer aufzuteilen. Nach vollständiger Tilgung der rückständigen Steuer ist ein Aufteilungsantrag nicht mehr zulässig (§ 269 Abs. 2 Satz 2 AO). In jedem Falle ist über den Antrag durch schriftlichen Bescheid **(Aufteilungsbescheid)** zu entscheiden, der gegenüber den Beteiligten nur einheitlich ergehen kann (§ 279 AO). Bevor dieser Bescheid nicht unanfechtbar ist, dürfen Vollstreckungsmaßnahmen nur insoweit durchgeführt werden, als dies zur Sicherung des Anspruchs erforderlich ist (§ 277 AO).

Finden unentgeltliche Zuwendungen zwischen den zusammen veranlagten Personen statt, könnte hierdurch die Vollstreckung gegen den zuwendenden Gesamtschuldner ergebnislos verlaufen. Um dies zu verhindern, ist nach § 278 Abs. 2 AO bis zum Ablauf des zehnten Kalenderjahres nach dem Zeitpunkt des Ergehens des Aufteilungsbescheids die Inanspruchnahme des begünstigten Gesamtschuldners über den aus der Aufteilung auf ihn entfallenden Betrag hinaus auch bis zur Höhe des gemeinen Werts der unentgeltlichen Zuwendungen möglich.

8.4 Auswahl des heranzuziehenden Gesamtschuldners

Wer von den Gesamtschuldnern in Anspruch genommen werden soll, ist wie bei allen in das **Ermessen** der FA gestellten Entscheidungen, unter Abwägung der Interessen der Betroffenen zu entscheiden. Das FA darf also nicht willkürlich verfahren und hat in aller Regel Vereinbarungen zwischen den Beteiligten, wer die Steuer zu entrichten hat, in seine Überlegungen einzubeziehen. Eine Einschränkung des Auswahlermessens ergibt sich, wenn **Schuldner** und **Haftender** Gesamtschuldner sind. Das FA ist gem. § 219 Satz 1 AO gehalten, sich zunächst an den Schuldner zu wenden. Hat z. B. A das Unternehmen des B erworben und haftet er für dessen rückständige Umsatzsteuer (§ 75 AO), so wird »normalerweise« alles dafür sprechen, den B als den Steuerschuldner heranzuziehen. Nur wenn dies aus irgendwelchen Gründen schwierig ist, etwa weil es keinen Erfolg verspricht oder B nur über nicht liquide Mittel verfügt (vgl. § 219 AO), kann das FA sich an A halten, ohne dass dieser zu verlangen berechtigt wäre, dass erst die Vollstreckung in B's nicht liquides Vermögen versucht werden müsse.

Bei der im Wege des Steuerabzugs einzubehaltenden Einkommensteuer, insbesondere der **Lohnsteuer** und der **Kapitalertragsteuer,** entspricht es dem Sinn und Zweck des Steuerabzugs, wenn bei zu niedrigem Steuerabzug in aller Regel der zum Steuerabzug Verpflichtete in Anspruch genommen wird, insbesondere also der Arbeitgeber oder der Schuldner der abzugspflichtigen Kapitalerträge. Hinsichtlich der Inanspruchnahme der Arbeitgeber vgl. R 42 d.1 LStR und H 42 d.1 LStH.

Bei einer Schenkung ist aus dem Wortlaut des § 20 Abs. 1 S. 1 ErbStG (… auch der Schenker …) und aus der Rechtsnatur der **Schenkungsteuer** als einer Bereicherungsteuer abzuleiten, dass sich das FA zunächst an den Beschenkten wenden und ihm den Steuerbescheid bekannt geben muss (BFH vom 29.11.1961, BStBl III 1962, 323).

Bei der **Grunderwerbsteuer** verpflichtet sich in der Regel der Erwerber per Vertrag zur Übernahme der gesamten Grunderwerbsteuer. Das FA hat ihn deswegen auch in erster Linie in Anspruch zu nehmen (BFH vom 26.06.1996 BFH/NV 1997, 2). Der Veräußerer eines Grundstücks trägt aber als Gesamtschuldner der Grunderwerbsteuer grundsätzlich das Risiko, dass die Steuer bei dem Grundstückskäufer nicht beigetrieben werden kann und er voll in Anspruch genommen wird (BFH vom 02.12.1987 BFH/NV 1989, 455). Es steht dem FA aber auch frei, den Erwerber und den Veräußerer für einen Teilbetrag in Anspruch zu nehmen (BFH vom 18.10.1989 BFH/NV 1990, 801). Erwerben Ehegatten ein Grundstück zu gemeinschaftlichem Eigentum, so ist jeder Ehegatte grunderwerbsteuerrechtlich als Erwerber der Hälfte des Grundstücks anzusehen. Jeder Ehegatte ist Schuldner nur der auf ihn entfallenden Grunderwerbsteuer ohne dass Gesamtschuldnerschaft besteht (BFH vom 12.04.1994 BStBl II 1995, 174).

627

628

629

8.5 Erfüllung durch einen Gesamtschuldner

630   **Erfüllung, Aufrechnung** und **Sicherheitsleistung** durch einen Gesamtschuldner kommt den anderen Gesamtschuldnern zustatten, denn der Steueranspruch ist erloschen (§ 47 AO). Gegen diese darf ein Steuerbescheid selbst dann nicht mehr erlassen werden, wenn sie es beantragen. Bis zur Entrichtung des ganzen Betrages bleiben alle Gesamtschuldner verpflichtet (§ 44 Abs. 2 AO). Hat z. B. im Fall einer Schenkungsteuerschuld der Beschenkte einen Teilbetrag gezahlt, so kann sich das FA nur noch wegen des Restbetrages an den Beschenkten oder Schenker halten. Ob ein Ausgleich zwischen den Gesamtschuldnern stattfindet, entscheidet sich allein nach dem Zivilrecht (§§ 421 ff. BGB). In der Regel besteht ein interner Anspruch auf Ausgleich zu gleichen Anteilen (vgl. § 426 BGB).

Andere Tatsachen als Erfüllung, Aufrechnung oder Sicherheitsleistung wirken dagegen nur für bzw. gegen denjenigen Gesamtschuldner, in dessen Person sie eintreten. Hat das FA gegenüber einen von mehreren Gesamtschuldnern eine bestandskräftige fehlerhafte zu niedrige Festsetzung durchgeführt und kann diese nicht mehr nach den §§ 172 ff. AO geändert werden, kann es gleichwohl gegenüber einem anderen Gesamtschuldner diese Steuer höher festsetzen (BFH vom 13. 05. 1987 BStBl II 1988, 188). Somit wirkt die Bestandskraft gegenüber einem nicht auch gegenüber anderen Gesamtschuldnern. Dies gilt namentlich auch für den Erlass wegen persönlicher Härte und für die Verjährung, die grundsätzlich nur für denjenigen Gesamtschuldner wirkt, in dessen Person sie eingetreten ist (vgl. § 425 BGB). Sie wirkt jedoch auch für den Haftenden, es sei denn, dass die Haftung auch ihm gegenüber durch Haftungsbescheid geltend gemacht worden ist oder ihm eine Steuerhinterziehung usw. zur Last fällt (vgl. § 191 Abs. 5 AO).

Wegen der Besonderheiten bei Säumniszuschlägen in den Fällen der Gesamtschuldnerschaft vgl. Rz. 1866.

9   Gesamtrechtsnachfolge (§ 45 AO)

631   Bei Gesamtrechtsnachfolge gehen alle Forderungen und Schulden aus dem Steuerschuldverhältnis des Rechtsvorgängers auf den Rechtsnachfolger über. Eine **Gesamtrechtsnachfolge liegt vor**, wenn jemand das Vermögen eines anderen im Ganzen erwirbt, ohne dass es hierzu einer Übertragung der einzelnen, zu dem Vermögen gehörenden Rechte und Pflichten bedarf. Demgegenüber geht bei einer Einzelrechtsnachfolge lediglich ein einzelner Vermögensgegenstand auf den Nachfolger über (z. B. Schenkung oder Veräußerung), nicht aber Ansprüche aus dem Steuerschuldverhältnis (Ausnahme vgl. § 50 Abs. 2 AO). Die in Betracht kommenden Fälle einer Gesamtrechtsnachfolge sind gesetzlich bestimmt. Dazu gehören u. a.:

- **Erbfolge** (§ 1922 BGB),
- **Nacherbfolge** (§ 2139 BGB),
- **fortgesetzte Gütergemeinschaft** (§ 1483 BGB),
- **Anwachsung** des Anteils am Gesellschaftsvermögen bei Ausscheiden eines Gesellschafters (§ 738 Abs. 1 Satz 1 BGB),
- **Nachfolge des Fiskus in Vereinsvermögen** (§§ 46 f. BGB),
- **Verschmelzung von Gesellschaften** (§ 2 UmwG),
- **Vermögensübertragung** im Wege der Vollübertragung (§ 1 Abs. 1 Nr. 3 UmwG),
- bei einer **Aufspaltung** ist § 45 Abs. 1 AO entsprechend anzuwenden (AEAO zu § 45, Nr. 2).

Abspaltung und **Ausgliederung** bewirken keine Gesamtrechtsnachfolge, weil der übertragende Rechtsträger weiterhin besteht und nicht das gesamte Vermögen übertragen wird. Bei einem **Formwechsel** liegt keine Gesamtrechtsnachfolge vor, weil nur die Rechtsform geändert wird, was eine wirtschaftliche und rechtliche Identität mit sich bringt.

Der Gesamtrechtsnachfolger ist **Steuerschuldner**, nicht Haftender. Er ist daher durch einen zusätzlichen Steuerbescheid in Anspruch zu nehmen, in dem er namentlich genannt sein muss. Es genügt nicht, dass der Steuerbescheid die Bezeichnung »An die Erben des Herrn Z« trägt (vgl. auch Rz. 1330 f.).

632

> **BEISPIEL**
>
> Der Steuerpflichtige X stirbt am 01.06.02 und wird von Y beerbt.
>
> **LÖSUNG** Der ESt-Bescheid 01 betreffend die Einkünfte des X ist Y als Rechtsnachfolger bekannt zu geben. Hat Y im KJ 01 ebenfalls Einkünfte erzielt, erhält er einen (weiteren) ESt-Bescheid 01 in eigener Sache.

Der **Erbe** muss nach § 166 AO (vgl. auch Rz. 1516 f.) Steuerbescheide, die gegen den Erblasser erteilt wurden, gegen sich gelten lassen. Soweit die Rechtsbehelfsfrist noch nicht abgelaufen ist, kann er die Steuerbescheide anfechten.

> **BEISPIELE**
>
> a) Der Steuerpflichtige X erhält am 01.10.02 den ESt-Bescheid 01, in dem die Steuer auf 12 000 € festgesetzt wird; richtig wären 10 000 € gewesen. Er stirbt am 15.11.02 und wird von Y beerbt.
>
> **LÖSUNG** Y muss den ESt-Bescheid 01 gegen sich gelten lassen (vgl. § 166 AO). Er muss 12 000 € Steuern zahlen. Für die Einleitung einer wirksamen Vollstreckung gegen Y müsste diesem noch ein Leistungsgebot übersandt werden (§ 254 Abs. 1 Satz 3 AO).
>
> b) Wie Beispiel a), X stirbt am 15.10.02.
>
> **LÖSUNG** Y muss den ESt-Bescheid 01 gegen sich gelten lassen. Er kann den Bescheid aber noch innerhalb der Rechtsbehelfsfrist anfechten und die richtige Steuerfestsetzung von 10 000 € erreichen.

Der Gesamtrechtsnachfolger tritt durch Universalsukzession materiell- und verfahrensrechtlich voll in die abgabenrechtliche Rechtsstellung seines Rechtsvorgängers ein. Er setzt die Person seines Rechtsvorgängers fort (vgl. BFH vom 21.03.1969 BStBl II 1969, 520 und vom 25.08.1983 BStBl II 1984, 31). Er muss sich sämtliche steuerschuldbegründenden Verhältnisse aus der Person des Rechtsvorgängers entgegenhalten lassen. Andererseits kann er sich auf sämtliche steuerschuldausschließenden und -mindernden Umstände aus der Person des Rechtsvorgängers berufen. Ausgenommen von der Zurechnung sind lediglich höchstpersönliche Verhältnisse oder Umstände, die unlösbar mit der Person des Rechtsvorgängers verknüpft sind (z.B. die Eigenschaft als Künstler oder Arzt, die Blindheit u.Ä.) und die, um weiterzuwirken, in der Person des Rechtsnachfolgers selbst verwirklicht sein müssen (BFH vom 11.11.1971 BStBl II 1972, 80). Verfahrensrechtlich bleibt z.B. eine gegenüber dem Rechtsvorgänger nach § 361 AO gewährte Aussetzung der Vollziehung gegenüber dem Rechtsnachfolger bestehen, bereits in der Person des Rechtsvorgängers entstandene Säumniszuschläge sind vom Rechtsnachfolger zu entrichten und auch die Verjährungsfristen laufen ununterbrochen weiter. Erkennt der Rechtsnachfolger, dass der Rechtsvorgänger Steuern hinterzogen hat, trifft ihn die Pflicht zur Berichtigung der Steuererklärungen nach § 153 AO.

Einzig die Verpflichtung zur Entrichtung eines gegen einen Erblasser gerichteten **Zwangsgeldes**, z.B. wegen Nichtabgabe von Steuererklärungen, geht nicht auf den Rechtsnachfolger über (§ 45 Abs. 1 Satz 2 AO). Dem Erben muss zunächst die Möglichkeit gegeben werden, anders als der Erblasser, den auf ihn übergegangenen steuerlichen Pflichten nachzukommen.

Erst wenn auch der Gesamtrechtsnachfolger keine Steuererklärungen abgibt, kann gegen ihn ein Zwangsgeld angedroht und danach festgesetzt werden.

BEISPIEL

Wegen Nichtabgabe der Steuererklärung für das Jahr 01 wird gegen X mit Bescheid vom 05.10.02 ein Zwangsgeld i. H. v. 300 € festgesetzt. Am 18.10.02 verstirbt X durch einen Verkehrsunfall. Alleinerbe ist sein Sohn Y.

LÖSUNG Gemäß § 45 Abs. 1 S. 1 AO gehen grundsätzlich alle Forderungen und Schulden aus dem Steuerschuldverhältnis auf den Sohn Y als Gesamtrechtsnachfolger über. Y hat daher die steuerlichen Pflichten des X zu erfüllen und daher dessen Steuererklärung 01 abzugeben. Der Grundsatz der Gesamtrechtsnachfolge gilt gemäß § 45 Abs. 1 S. 2 AO nicht für das festgesetzte Zwangsgeld. Y ist zur Abgabe der Steuererklärungen eine angemessene Frist einzuräumen. Erst danach könnte gegen ihn ein Zwangsgeld angedroht und festgesetzt werden.

Ein Erbe als Gesamtrechtsnachfolger haftet nach § 45 Abs. 2 S. 1 AO i. V. m. § 1967 Abs. 1 BGB grundsätzlich unbeschränkt, mehrere Erben haften als Gesamtschuldner nach § 2058 BGB. Die Haftung kann jedoch gemäß § 1975 BGB durch (Antrag auf) Eröffnung des Nachlassinsolvenzverfahrens oder Anordnung der Nachlassverwaltung beschränkt werden. Die Haftung beschränkt sich danach auf den Nachlass (§ 1984 Abs. 1 Satz 3 BGB). Die Beschränkung der Erbenhaftung muss im Vollstreckungsverfahren geltend gemacht werden, vgl. § 265 AO.

10 Abtretung, Verpfändung, Pfändung (§ 46 AO)

633 Ansprüche auf Erstattung von Steuern, Haftungsbeträgen und steuerlichen Nebenleistungen sowie Ansprüche auf Steuervergütungen können nach § 46 Abs. 1 AO abgetreten, verpfändet und gepfändet werden.

Die **Pfändung** eines Erstattungs- oder Vergütungsanspruchs auf etwa Einkommensteuer, Umsatzsteuer, Vorsteuervergütungsanspruch und auch den Anspruch auf Erstattungszinsen nach § 233 a AO erfolgt durch einen sog. Pfändungs- und Überweisungsbeschluss des zuständigen Vollstreckungsgerichts nach § 828 ZPO (Hoheitsakt). Die Pfändung nur eines Teilbetrags ist möglich. Gläubiger eines Ehegatten können dessen (anteiligen, vgl. Rz. 593) Erstattungsanspruch pfänden und sich zur Einziehung überweisen lassen. Es bedarf nicht der Pfändung eines Auseinandersetzungsanspruches (BFH vom 12.03.1991 BFH/NV 1992, 145). Die Pfändung wird **durch die Zustellung** des Pfändungs- und Überweisungsbeschlusses an den Drittschuldner nach § 829 Abs. 3 ZPO **wirksam. Drittschuldner** ist nach § 46 Abs. 7 AO das für den Anspruch zuständige **FA**, das nach § 829 Abs. 1 ZPO (sofern noch nicht geschehen) an den Schuldner nicht mehr zahlen darf und nach § 840 Abs. 1 ZPO auf Verlangen des Gläubigers innerhalb von zwei Wochen eine **Drittschuldnererklärung** abzugeben hat. Ein Pfändungs- und Überweisungsbeschluss bzw. -verfügung darf nach § 46 Abs. 6 Sätze 1 und 2 AO erst erlassen werden, wenn der gepfändete Anspruch bereits entstanden ist (vgl. Rz. 575 ff.), ansonsten ist er nichtig. Abzustellen ist auf das Datum des Beschlusses (bei Vorpfändungen nach § 845 Abs. 1 ZPO auf das Datum der Vorpfändung). Durch eine wirksame Pfändung erwirbt der Pfändungsgläubiger ein Pfändungspfandrecht nach § 804 Abs. 1 ZPO. Ihm ist nach § 835 Abs. 1 ZPO der gepfändete Geldbetrag zu überweisen. Das durch eine frühere Pfändung begründete Pfandrecht geht nach § 804 Abs. 3 ZPO demjenigen vor, das durch eine spätere Pfändung begründet wird.

634 Eine **Abtretung** erfolgt nach bürgerlichem Recht durch (ggf. formlosen) Abtretungsvertrag (§ 398 BGB) zwischen dem Gläubiger der Forderung und einem Dritten. Dieser Abtretungsvertrag bewirkt, dass die Forderung übertragen wird und der neue Gläubiger/**Zessionar** (Abtretungsempfänger) an die Stelle des bisherigen Gläubigers/**Zedent** (Abtretender) tritt. Bürgerlich-rechtlich tritt diese Wirkung mit dem Abschluss des Vertrags ein (§ 398 Satz 2 BGB). Nach der Sonderbestimmung in § 46 Abs. 2 AO wird die Abtretung eines Anspruchs gegen die Finanzbehörde aus dem Steuerschuldverhältnis jedoch erst wirksam, wenn sie der Gläubiger des Anspruchs (Zedent) in der gesetzlich vorgeschriebenen Form (siehe unten) der zuständigen Finanzbehörde nach Entstehung des Anspruchs (vgl. Rz. 575 ff.) **anzeigt.** Eine vor der Entstehung des Anspruchs angezeigte Abtretung oder Verpfändung ist unwirksam. Sie wird auch nicht mit der anschließenden Entstehung des Anspruchs wirksam. Hiervon abzugrenzen ist der Fall, dass bereits vor der Entstehung des Anspruchs ein Abtretungsvertrag geschlossen wird. Dies ist grundsätzlich zulässig. Damit die Abtretung gegenüber dem FA wirksam wird, ist sie erst nach Entstehung des Anspruchs diesem anzuzeigen. Liegen für einen Erstattungsanspruch **mehrere Abtretungen** vor, so entscheidet die Finanzbehörde, welche der Abtretungen vorrangig ist. Maßgebend ist hierbei nicht das Erstellungsdatum der Abtretungsvereinbarung, sondern lediglich die Anzeige, d. h. das Eingangsdatum bei der zuständigen Finanzbehörde. Da eine Abtretung erst mit Zugang wirksam wird, ist die zuerst eingegangene Abtretung vorrangig.

Die Abtretung muss zwingend auf einem **amtlich vorgeschriebenen Vordruck** (Anlage zum AEAO zu § 46) angezeigt werden. Eine durch **Telefax** übersandte Abtretungsanzeige ist formwirksam (BFH vom 08.06.2010 BStBl II 2010, 839). **Nachdrucke** oder **Ablichtungen** des amtlichen Vordrucks sind zulässig, wenn sie mit dem amtlichen Vordruck äußerlich voll übereinstimmen. Die Verwendung nicht inhaltsgleicher **Privatvordrucke** – abweichend von dem amtlichen Vordruck – macht eine Abtretung **unwirksam.** Der ausgefüllte Vordruck muss die Angaben des Abtretenden, des Abtretungsempfängers, die Art und Höhe des abgetretenen Anspruchs und des Abtretungsgrundes enthalten. Der abgetretene Anspruch muss so konkret bezeichnet sein, dass er bei seiner Entstehung bestimmbar ist. Eine Abtretung »aller zukünftigen Forderungen« ist daher unzulässig. Die Abtretungsanzeige ist vom Abtretenden und vom Abtretungsempfänger zu **unterschreiben** (§ 46 Abs. 2 und 3 AO). **Fehlt** bei der Abtretung von Erstattungsansprüchen aus einer Zusammenveranlagung auf der Abtretungsanzeige die **Unterschrift** eines Ehegatten, so bleibt die Wirkung der Abtretung des Anspruchs, soweit er auf den Ehegatten entfällt, der die Anzeige unterschrieben hat, unberührt (BFH vom 13.03.1997 BStBl II 1997, 522). In diesem Fall steht der auf den anderen Ehegatten entfallende Erstattungsanspruch (vgl. Rz. 593) diesem Ehegatten und nicht dem Abtretungsempfänger zu. Liegt eine entsprechende unwiderruflich erteilte **Vollmacht** vor, kann sich der Abtretende bei Unterzeichnung der Abtretungsanzeige auch vertreten lassen. Dies setzt die nachgewiesene **Kenntnis** des **Vollmachtgebers** von dem amtlich vorgeschriebenen Vordruck voraus. Entsprechendes gilt – ohne dass dies im Gesetz ausdrücklich gesagt wäre – auch für die Verpfändung.

Wird die Abtretung der Finanzbehörde in der angegebenen Form angezeigt, so müssen Abtretender und Abtretungsempfänger dieser Behörde gegenüber die angezeigte Abtretung nach § 46 Abs. 5 AO gegen sich gelten lassen, auch wenn sie nicht erfolgt oder nicht wirksam oder nichtig ist. Damit muss die **Finanzbehörde** als Drittschuldner **nicht** die **Wirksamkeit** der Abtretung **prüfen.** Geht sie von der Wirksamkeit der Abtretung aus und stellt sich nachträglich deren Unwirksamkeit heraus, kann sie unter Bezugnahme auf § 46 Abs. 5 AO eine nochmalige Erstattung ablehnt. Dies gilt auch in den Fällen, in denen wegen Verstoß gegen das Verbot des geschäftsmäßigen Erwerbs von Erstattungs- oder Vergütungsansprüchen nach § 46 Abs. 4 AO (Rz. 636) die Abtretung nichtig ist. Ob sich das FA auf die Schutzfunktion des § 46 Abs. 5 AO berufen kann, wenn es positiv von der Unwirksamkeit Kenntnis hat oder die Anzeige der Abtretung fehlerhaft ist, scheint nicht geklärt (vgl. BFH vom 25.09.1990 BStBl II 1991, 201 und Rz. 636).

635 Für die in der Praxis weniger relevante **Verpfändung** (§§ 1273, 1274, 1279, 1280 BGB), mit der der Pfandgläubiger vom Verpfänder ein Pfandrecht zur Sicherung einer Forderung erhält, sind nach § 46 Abs. 6 Satz 3 AO die für die Abtretung geltenden Vorschriften entsprechend anzuwenden.

636 Der **geschäftsmäßige Erwerb von Erstattungs- oder Vergütungsansprüchen** zum Zwecke der Einziehung oder sonstigen Verwertung auf eigene Rechnung ist nach § 46 Abs. 4 AO nicht zulässig. Der entgegen dieser Vorschrift durchgeführte geschäftsmäßige Erwerb von solchen Ansprüchen ist nach § 383 AO eine Ordnungswidrigkeit, die mit bis zu 50 000 € Geldbuße geahndet werden kann. Geschäftsmäßig handelt, wer selbstständig handelt und Wiederholungsabsicht hat. Die Wiederholungsabsicht dokumentiert sich anhand organisatorischer Vorkehrungen, wie z. B. die Bereithaltung von Vordrucken. Ein Abtretungs- oder Verpfändungsvertrag dieses Inhalts ist nichtig, da er gegen ein gesetzliches Verbot verstößt (§ 134 BGB). Gleichwohl schreibt § 46 Abs. 5 AO vor, dass auch in diesem Falle Abtretender und Abtretungsempfänger die angezeigte Abtretung gegen sich gelten lassen müssen (vgl. Rz. 634). Hat sich etwa ein Büro, das gewerbsmäßig die Einkommensteuererstattungsansprüche aus überzahlter Lohnsteuer ausländischer Arbeitnehmer »aufkauft«, einen solchen Anspruch vor der Abreise des ausländischen Arbeitnehmers in sein Heimatland abtreten lassen und wurde diese Abtretung, formgerecht von beiden Vertragspartnern unterzeichnet, dem FA eingereicht, so kann das FA trotz der sich aus § 46 Abs. 4 AO ergebenden Nichtigkeit dieses Vertrags mit befreiender Wirkung an den Abtretungsempfänger bezahlen (etwa, weil es noch nicht weiß, dass dieser den Erwerb von Erstattungsansprüchen geschäftsmäßig betreibt). Der ausländische Arbeitnehmer kann nicht unter Berufung auf die Nichtigkeit des Abtretungsvertrags nochmals Zahlung an sich verlangen. Andererseits kann und muss sich aber das FA gegenüber dem Abtretungsempfänger auf die Nichtigkeit des Abtretungsvertrags berufen, wenn ihm die Tatbestandsmerkmale des § 46 Abs. 4 AO bekannt sind. Würde es in diesem Falle trotz der Nichtigkeit des Vertrags an den Abtretungsempfänger auszahlen, so kann hierin eine einen Schadenersatzanspruch auslösende vorsätzliche Pflichtverletzung liegen, namentlich dann, wenn der Abtretende in der Zwischenzeit dem FA gegenüber der Auszahlung an den Abtretungsempfänger widersprochen hat.

Nur Unternehmen, denen das Betreiben von Bankgeschäften erlaubt ist, können sich **zur Sicherung** Erstattungs- oder Vergütungsansprüche zum geschäftsmäßigen Erwerb oder zur geschäftsmäßigen Einziehung abtreten lassen (§ 46 Abs. 4 Satz 1–3 AO). Hiervon abzugrenzen ist die in § 46 Abs. 4 AO nicht vorgesehene und damit nicht zulässige **Abtretung erfüllungshalber**. Diese hat zum Zweck, mit der Abtretung die Rückzahlung eines »gesicherten« Darlehens zu erreichen. In der Praxis bereitet diese Abgrenzung vor allem im Bereich der Vorfinanzierung von Einkommensteuererstattungen wegen überzahlter Lohnsteuer Schwierigkeiten. Der Arbeitnehmer tritt seinen vom FA zu erwartenden Erstattungsanspruch an ein Kreditinstitut ab, welches ihm vorher einen geringeren Betrag als Kredit mit höherem Zinssatz zur Verfügung stellt. Wirtschaftlich betrachtet »verkauft« der Arbeitnehmer seine Forderung.

637 Gesetzlich nicht geregelt ist die Frage, wie der neue **Gläubiger**, der Pfandgläubiger oder der Pfändungspfandgläubiger seine **Rechte in den jeweiligen Besteuerungsverfahren** wahrnehmen kann. Der Gesetzgeber hat diese Frage bewusst der Klärung durch die Rechtsprechung vorbehalten. Das BMF hat die bisherige Rechtsentwicklung im AEAO zu § 46 Nr. 4 zusammengefasst; insbesondere ist der neue Gläubiger des Erstattungsanspruchs **nicht befugt**, einen **Antrag auf Einkommensteuerveranlagung** gem. § 46 Abs. 2 Nr. 8 EStG **zu stellen**.

11 Erlöschen des Steueranspruches (§ 47 AO)

11.1 Begriff

Erlöschen ist die unmittelbare Beendigung des Steuerschuldverhältnisses und betrifft den **638** abstrakten, durch Tatbestandsverwirklichung (§ 38 AO) entstandenen Steueranspruch. Es erlischt nicht nur der durch Verwaltungsakt (Bescheid) festgesetzte Anspruch, sondern der abstrakte Anspruch in dem durch den jeweiligen Erlöschensgrund bestimmten Umfang.

BEISPIEL

Der Einkommensteueranspruch beträgt aufgrund des tatsächlich erzielten Einkommens 50 000 €. Durch Steuerbescheid werden aber nur 45 000 € Einkommensteuer festgesetzt und auch durch Zahlung getilgt.

LÖSUNG Der abstrakte Steueranspruch in Höhe von 50 000 € wurde zunächst durch Zahlung (§ 224 AO) in Höhe von 45 000 € getilgt. Wenn bis zum Eintritt der Festsetzungsverjährung keine Korrektur des Steuerbescheides mehr erfolgt, erlischt der Restbetrag von 5 000 € durch Verjährung (§ 47 AO i. V. m. § 169 AO).

11.2 Erlöschensgründe

Der Steueranspruch, wie auch die anderen Ansprüche aus dem Steuerschuldverhältnis **639** erlöschen nach der Aufzählung in § 47 AO insbesondere durch

- **Zahlung** §§ 224, 224 a, 225 AO (Rz. 1805 ff.)
- **Aufrechnung** § 226 AO (Rz. 1811 ff.)
- **Erlass** §§ 163, 227 AO (Rz. 1820)
- **Verjährung**
  - **Festsetzungsverjährung** §§ 169–171 AO (Rz. 1618 ff.)
  - **Zahlungsverjährung** §§ 228–232 AO (Rz. 1829 ff.)

Handelt es sich um auflösend bedingte Ansprüche, so führt der Eintritt der Bedingung zum Erlöschen der Ansprüche (vgl. § 50 AO). Festgesetzte Zwangsgelder (§ 333 AO) erlöschen außerdem im Erbfall, da sie nach § 45 Abs. 1 Satz 2 AO ausdrücklich nicht auf den Gesamtrechtsnachfolger übergehen. Ansprüche aus dem Steuerschuldverhältnis können zudem durch Verzicht auf Erstattung nach § 37 Abs. 2 AO untergehen (AEAO zu § 47). Eine nach Erlöschen des Anspruchs geleistete Zahlung kann nach § 37 Abs. 2 AO zurückgefordert werden.

Keine Erlöschensgründe sind die **Niederschlagung** (§ 261 AO) oder die **Hinterlegung** **640** **und andere Sicherheitsleistungen** (§§ 241 ff. AO). Der Steueranspruch erlischt erst durch den Eintritt anderer Erlöschensgründe (z. B. Zahlung, Aufrechnung, Verjährung). Auch die (zutreffende) Berufung auf den **Grundsatz von Treu und Glauben** nach § 242 BGB, der auch im Steuerrecht gilt (vgl. Rz. 74 ff.) und zu dem auch die **Verwirkung** (vgl. Rz. 80) zählt, führt nicht zum Erlöschen des Anspruchs, sondern hindert dessen Geltendmachung weil dies rechtsbegrenzend, nicht aber rechtsbeendend wirkt. Folglich könnte ein solcher Anspruch noch anderweitig, z. B. durch Zahlung, zum Erlöschen gebracht werden.

Die Pflichten aus dem **Steuerrechtsverhältnis** (Rz. 93 ff.) werden durch das Erlöschen der **641** Ansprüche aus dem Steuerschuldverhältnis nicht berührt. So kann das FA z. B. auch noch nach Eintritt der Festsetzungsverjährung Ermittlungshandlungen vornehmen und im Rahmen des pflichtgemäßen **Ermessens** (§ 5, Rz. 54 ff.) noch Erklärungen und Auskünfte verlangen (BFH vom 03.12.1985 BStBl II 1986, 439).

12   Leistung durch Dritte (§ 48 AO)

642   Die Vorschrift eröffnet die Möglichkeit, dass alle Leistungen aus dem Steuerschuldverhältnis (§ 37 AO) gegenüber der Finanzbehörde auch durch Dritte bewirkt werden oder sich Dritte hierzu vertraglich verpflichten können. Der Steuerpflichtige wird in diesen Fällen von seiner eigenen Leistungspflicht nicht befreit. Derartige rechtsgeschäftliche Verpflichtungsgeschäfte (z. B. **Bürgschaft, Schuldversprechen** oder kumulative **Schuldübernahme**) können auf einem Vertrag zwischen Steuergläubiger und Schuldübernehmer oder auf einem Vertrag zwischen Steuerschuldner und Übernehmer zugunsten des Steuergläubigers beruhen. In beiden Fällen sind die sich hieraus ergebenden Ansprüche der Finanzbehörde privatrechtlicher, nicht öffentlich-rechtlicher Natur und können gem. § 192 AO nur nach den Vorschriften des bürgerlichen Rechts durchgesetzt werden. Diese Vorschriften gelten auch für steuerliche Nebenleistungen (§ 3 Abs. 4 AO).

Zur **Haftung Dritter** siehe Rz. 750 ff.

643   Die **Verschollenheit** (§ 49 AO) wird aus systematischen Gründen in Verbindung mit dem »Steuerrechtsverhältnis« (Rz. 100) erläutert.

644–749 frei

Teil F Die Haftung

1 Allgemeines

Die Haftung für Ansprüche aus dem Steuerschuldverhältnis ist in der AO geregelt in den **750** §§ 69–76, 191, 219. Haftungsnormen finden sich aber auch in den Einzelsteuergesetzen (z. B. im EStG oder ErbStG) und im Privatrecht (z. B. im BGB, HGB oder GmbHG).

Kommt es bei der Erhebung der Steuerschuld gegenüber dem Steuerschuldner (§ 43 AO) zu Schwierigkeiten (Zahlungsunwilligkeit oder -unfähigkeit des Stpfl.), kann das Finanzamt durch einen Haftungsbescheid (§ 191 AO) einen Dritten (Haftungsschuldner) zur Begleichung der (für diesen fremden) Steuerschuld heranziehen. Materiell-rechtliche Voraussetzung dazu ist, dass ein Haftungsanspruch (Haftungstatbestand) erfüllt ist. Gelegentlich kann auch auf Sachen zugegriffen werden (z. B. § 76 AO). Der Steueranspruch wird dadurch »auf mehrere Beine gestellt«. **Die Haftungsnormen dienen** damit **der Verwirklichung des Steueranspruches des Staates.** Der Haftungsschuldner ist Steuerpflichtiger gem. § 33 AO. Steuerschuldner und Haftungsschuldner haften als (unechte) Gesamtschuldner (§ 44 Abs. 1 Satz 1 AO).

Haftung bedeutet **im Steuerrecht** das Einstehenmüssen mit dem eigenen Vermögen für **751** eine **fremde** Steuerschuld. Das Steuerrecht unterscheidet streng zwischen Steuerschuldner (§ 43 AO) und Haftungsschuldner (vgl. die Legaldefinition in § 191 Abs. 1 1. HS AO). Haftungsschuldner ist nicht, wer selbst Steuerschuldner ist (vgl. § 70 Abs. 1 AO, wonach die Vertretenen haften, »soweit sie nicht Steuerschuldner sind«…). Grundvoraussetzung der Haftung ist das Bestehen eines Anspruchs des Finanzamts aus dem Steuerschuldverhältnis gegenüber einem Steuerschuldner (sog. Haupt-, Primär- oder Erstschuld), für den gehaftet werden soll.

Im **Privatrecht** bedeutet haften dagegen Einstehenmüssen mit dem eigenen Vermögen für eine eigene oder fremde Schuld. Die Begriffe »haften« und »schulden« werden hier häufig synonym verwendet.

BEISPIELE

a) Die Eheleute Z werden zusammen veranlagt (§ 26 EStG). Bei sind nach § 44 Abs. 1 Satz 1 Alt. 3 AO Gesamtschuldner. Selbst wenn die Ehefrau keine eigenen Einkünfte hat, schuldet sie nach § 44 Abs. 1 Satz 2 AO die gesamte Leistung (z. B. ESt-Nachzahlung). Auch hier wird der Steueranspruch »auf zwei Beine« gestellt. Allerdings ist Frau Z selbst Steuer(Gesamt-)schuldnerin und keine Haftungsschuldnerin. Wird sie vom Finanzamt in Anspruch genommen, kann sie im Vollstreckungsverfahren Aufteilung der Gesamtschuld beantragen (§§ 268 ff. AO) und müsste – keine eigenen Einkünfte unterstellt – im Ergebnis nichts zahlen.

b) V, der Steuerschulden hat, stirbt. Alleinerbe ist sein Sohn S. Nach § 45 AO i. V. m. §§ 1922 ff. BGB erbt S auch die Steuerschulden des V. Er ist dadurch selbst Steuerschuldner geworden (mit der Möglichkeit, den Umfang der Steuerschuld zu beschränken: § 45 Abs. 2 AO i. V. m. §§ 1975 ff. BGB). Er ist steuerrechtlich nicht Haftungsschuldner. Das BGB spricht zwar (ungenau) von der »Haftung des Erben«. Hier (im Privatrecht) bedeutet dies jedoch »Schulden des Erben«. Das BGB geht auch von einer eigenen Schuld des Erben aus.

c) X ist Geschäftsführer einer GmbH. Die von ihm ordnungsgemäß angemeldete USt für Januar 03 führt er (vorsätzlich) nicht ab, um mit den der GmbH noch zur Verfügung stehenden Geldern allein Lieferantenverbindlichkeiten zu tilgen.
LÖSUNG Da X gesetzlicher Vertreter der GmbH ist (§ 35 GmbHG), haftet er gem. §§ 69, 34 AO. Hauptschuld ist hier die – für den X fremde – USt-Schuld der GmbH.

752   Die Haftung ist in ihrem Bestand und in ihrer Höhe grundsätzlich abhängig von der Hauptschuld (**Grundsatz der Akzessorietät**). Ohne Hauptschuld keine Haftung! Der Erlass eines Haftungsbescheides hat daher aus Gründen der Akzessorietät zu unterbleiben, wenn

- der Steueranspruch gegen den Steuerschuldner nicht mehr geltend gemacht werden kann, weil Festsetzungsverjährung eingetreten ist (§ 191 Abs. 5 Nr. 1 AO),
- die Steuerschuld vom Steuerschuldner nicht mehr gefordert werden kann, weil Zahlungsverjährung eingetreten ist (§ 191 Abs. 5 Nr. 2 1. Alt. AO),
- die Steuerschuld dem Steuerschuldner erlassen worden ist (§§ 227 und 191 Abs. 5 Nr. 2 Alt. 2 AO; nach Erteilung des Haftungsbescheides allerdings berührt der Erlass der Hauptschuld aus persönlichen Gründen die Haftungsschuld nicht, § 44 Abs. 2 Satz 3 AO),
- die Steuerschuld durch Erfüllung, wie Zahlung oder Aufrechnung, erloschen ist (§ 44 Abs. 2 AO).

Wird ein Haftungsbescheid erlassen und tritt erst **danach** die Festsetzungs- oder Zahlungsverjährung der zugrunde liegenden Steuerschuld ein, berührt dies die Rechtmäßigkeit des Haftungsbescheides allerdings nicht (vgl. BFH vom 11.07.2001 BFH/NV 2002, 305).

Der Grundsatz der Akzessorietät wird in den Fällen der Verjährung des Hauptanspruches durch § 191 Abs. 5 Satz 2 AO durchbrochen: Er gilt nicht, wenn die Haftung darauf beruht, dass der Haftungsschuldner Steuerhinterziehung oder Steuerhehlerei begangen hat. Der Erlass eines Steuerbescheides ist nicht grundsätzliche Voraussetzung für die Inanspruchnahme des Haftenden, die Hauptschuld muss nicht wirksam festgesetzt worden sein (ausdrückliche Ausnahme: § 75 Abs. 1 Satz 1 letzter HS AO).

Der Grundsatz der Akzessorietät gebietet jedoch, dass die entstandene Steuerschuld die Obergrenze der Haftungssumme darstellt. Ein Haftungsbescheid, der einen höheren Betrag festsetzt, ist rechtswidrig.

BEISPIEL

Gegen V sind 12 000 € USt 01 festgesetzt aber nicht gezahlt worden. Nachdem V sein Unternehmen im Ganzen auf E übertragen hat und ins Ausland verschwunden ist, erlässt das FA gegenüber E einen Haftungsbescheid über die o. g. Summe gem. § 75. Dieser wird bestandskräftig. Später ändert das FA die USt 01 gegenüber V zu Recht auf 10 000 € (§ 164 Abs. 2 AO). Kann der Haftungsbescheid korrigiert werden?

LÖSUNG Der Haftungsbescheid ist (von Anfang an) rechtswidrig, da eine Haftungssumme festgesetzt worden war, die betragsmäßig die von V tatsächlich geschuldete Umsatzsteuer überstieg. Der Bescheid kann gem. § 130 Abs. 1 AO teilweise zurückgenommen werden, die Haftungssumme darf nur 10 000 € betragen.

Voraussetzungen für die Inanspruchnahme eines Dritten als Haftungsschuldner: 753

1. Hauptschuld
Anspruch aus dem Steuerschuldverhältnis (§ 37 AO) des FA gegenüber einem Steuerschuldner (§ 43 AO; z.B. USt-Anspruch des FA gegen eine GmbH)

Akzessorietät der Haftung
(Der Haftungsanspruch hängt seinem Bestand und seiner Höhe nach grundsätzlich von der Hauptschuld ab)

2. Haftungsanspruch			
a) aufgrund Gesetz			b) aufgrund Vertrag
AO	Einzelsteuergesetz	sonstige Gesetze	
§§ 69–76 AO	z.B. § 42d EStG	z.B. § 128 HGB	z.B. Bürgschaftsvertrag
Beispiel:	Beispiel:	Beispiel:	Beispiel:
Der Geschäftsführer einer GmbH haftet gem § 69 AO für USt-Schulden der GmbH	Der Arbeitgeber haftet gem. § 42d EStG für die LSt, die er einzubehalten und abzuführen hat.	Der Gesellschafter einer OHG haftet gem. § 128 HGB für die USt Schulden der OHG	B bürgt gegenüber dem FA für die ESt des X. B haftet gem. §§ 765ff. BGB.

3. Geltendmachung	
durch Haftungsbescheid (§ 191 AO) Das FA setzt den Haftungsanspruch gegenüber dem Haftungsschuldner nach pflichtgemäßem Ermessen (§ 5 AO; sog. Opportunitätsgrundsatz) durch Haftungsbescheid fest.	allein aufgrund Privatrecht (§ 192 AO) u.U. Klage des FA gegen den Haftungsschuldner vor einem Zivilgericht

4. Erhebung	
durch Zahlungsaufforderung (§ 219 AO); Grundsatz der Subsidiarität der Haftung: Nur nachrangige Inanspruchnahme des Haftungsschuldners (§ 219, Satz 1 AO). Dieser Grundsatz gilt nach § 219 Satz 2 AO aber nicht z.B. bei der Haftung gem. 42d EStG oder §§ 69 und 71 AO.	allein aufgrund Privatrecht (§ 192 AO) u.U. Klage des FA gegen den Haftungsschuldner vor einem Zivilgericht

2 Die Haftungsansprüche (Haftungstatbestände)

2.1 Allgemeines

Haftungsansprüche sind Ansprüche aus dem Steuerschuldverhältnis (§ 37 AO). Sie entstehen, sobald die gesetzlichen Voraussetzungen des Haftungstatbestands erfüllt sind, § 38 AO (vgl. BFH vom 15. 10. 1996 BStBl II 1997, 171). Greifen mehrere Haftungsansprüche ein, können diese vom Finanzamt nebeneinander geltend gemacht werden. Man differenziert zwischen gesetzlichen und vertraglichen Haftungstatbeständen. 754

Gesetzliche Haftungsansprüche (siehe Rz. 756) werden durch Haftungsbescheid festgesetzt (§ 191 AO). Dabei spielt es keine Rolle, ob die Haftung auf Steuergesetzen (z. B. AO oder EStG) oder sonstigen (privatrechtlichen) Gesetzen (z. B. BGB oder HGB) beruht. Die in der 755

Praxis seltenen **vertraglichen Haftungsansprüche** (siehe Rz. 756) können nur nach den Vorschriften des bürgerlichen Rechts verwirklicht werden (§ 192 AO). Vgl. die Übersicht Rz. 753 Nr. 2–4. Grundsätzlich haftet der Haftungsschuldner mit seinem gesamten Vermögen. Nur ausnahmsweise ist die Haftung beschränkt (z. B. §§ 74 Abs. 1 Satz 1, 75 Abs. 1 Satz 2 AO; §§ 25 Abs. 2, 28 Abs. 2 HGB).

756   **Übersicht über die wichtigsten Haftungsansprüche**

1. **Gesetzliche Haftungsansprüche**

a) **Haftungtatbestände der AO**
   - Haftung der Vertreter (§ 69 AO)
   - Haftung des Vertretenen (§ 70 AO)
   - Haftung des Steuerhinterziehers (§ 71 AO)
   - Haftung bei Verletzung der Kontenwahrheit (§ 72 AO)
   - Haftung Dritter bei Datenübermittlung an Finanzbehörden (§ 72 a AO)
   - Haftung bei Organschaft (§ 73 AO)
   - Haftung des Eigentümers (§ 74 AO)
   - Haftung des Betriebsübernehmers (§ 75 AO)
   - Sachhaftung (§ 76 AO)

b) **Sonstige steuergesetzliche Haftungtatbestände**
   - Haftung des Arbeitgebers für die Lohnsteuer (§ 42 d Abs. 1 EStG)
   - Haftung des Entleihers von Arbeitskräften (§ 42 d Abs. 6 EStG)
   - Haftung des Schuldners von Kapitalerträgen (§ 44 Abs. 5 EStG)
   - Haftung bei unrichtiger Ausstellung einer unrichtigen Kapitalsteuer-Bescheinigung (§ 45 a Abs. 7 EStG)
   - Haftung des Leistungsempfängers beim Steuerabzug bei Bauleistungen (§ 48 a Abs. 3 EStG)
   - Haftung für den Steuerabzug bei beschränkt Stpfl. (§ 50 a Abs. 5 EStG)
   - Haftung bei Ausstellung einer unzutreffenden Spendenbescheinigung (§ 10 b Abs. 4 EStG, § 9 Abs. 3 KStG)
   - Haftung für die Erbschaftsteuer (§ 20 ErbStG)
   - Haftung für die Grundsteuer (§§ 11 und 12 GrdStG)
   - Haftung für Umsatzsteuer (§§ 13 c und 25 d UStG)

c) **Privatrechtliche Haftungsansprüche**
   - Haftung der Gesellschafter von Personengesellschaften: GbR-Gesellschafter (gem. § 128 HGB analog), OHG-Gesellschafter (§ 128 HGB), Komplementär (§§ 161 Abs. 2, 128 HGB), Kommanditist (§§ 171 ff), Partner einer Partnerschaftsgesellschaft (§§ 8 und 10 PartGG)
   - Haftung bei Eintritt in eine Einzelfirma (§ 28 HGB)
   - Haftung bei Firmenfortführung (25 HGB)

2. **Vertragliche Haftungsansprüche (§§ 48 Abs. 2 und 192 AO)**
   - Haftung aufgrund eines Bürgschaftsvertrages (§ 765 BGB)
   - Haftung aufgrund eines vertraglichen Schuldbeitritts (§§ 241, 311 BGB)
   - Haftung aufgrund eines Schuldversprechens (§ 780 BGB)

2.2 Die Haftungstatbestände der AO (§§ 69–76 AO)

2.2.1 Die Haftung der Vertreter (§ 69 AO)

§ 69 AO ist eine in der Praxis besonders wichtige Haftungsvorschrift. Sie begründet eine **757** **Schadensersatzhaftung.** Die in §§ 34 und 35 AO genannten Personen (gesetzliche Vertreter, Vermögensverwalter und Verfügungsberechtigte) sollen dann mit ihrem Privatvermögen haften, wenn sie ihnen obliegende steuerliche Pflichten grob schuldhaft verletzt haben und dadurch einen Schaden des Staates verursacht haben. § 69 AO findet häufig beim Zusammenbruch einer GmbH Anwendung: Führt der Geschäftsführer vorsätzlich oder grob fahrlässig z. B. weder Lohn- noch Umsatzsteuer ab, um die GmbH »zu retten«, haftet er im Falle der Eröffnung eines Insolvenzverfahrens gem. § 69 AO. Man nennt die Haftung nach § 69 AO daher auch »**Geschäftsführerhaftung**«. Bei einem Zusammenbruch einer Personengesellschaft greift § 69 AO zwar ebenso ein. In solchen Fällen werden Haftungsbescheide in der Praxis jedoch auf § 128 HGB (gegenüber den OHG-Gesellschaftern, in entsprechender Anwendung der Vorschrift gegenüber den BGB-Gesellschaftern oder i. V. m. § 161 Abs. 2 HGB gegenüber den Komplementären einer KG) gestützt. Grund: Die Voraussetzungen dieser Haftungstatbestände sind im Streitfall einfach zu beweisen.

Prüfungsschema zu § 69 AO

Voraussetzungen:	a) Person i. S. d. §§ 34 oder 35 AO (Rz. 758) b) Verletzung einer in §§ 34 oder 35 AO auferlegten Pflicht (Rz. 759 ff.) c) Schaden des Staates (Rz. 768 ff.) d) Kausalität zwischen b) und c) (Rz. 775) e) vorsätzliche oder grob fahrlässige Pflichtverletzung (Rz. 776)
Rechtsfolge:	Die unter a) genannte Person haftet mit ihrem Privatvermögen für alle Ansprüche aus dem Steuerschuldverhältnis (§ 37 AO) des FA gegen die vertretene Person, soweit die o. g. Voraussetzungen gegeben sind (Rz. 777).

2.2.1.1 Person i. S. d. §§ 34 und 35 AO

Der gem. § 69 AO **haftende Personenkreis** ergibt sich aus den §§ 34, 35 AO. Siehe dazu **758** ausführlich Rz. 104 ff. und AEAO zu § 34 und § 35.

2.2.1.2 Pflichtverletzung i. S. d. §§ 34 und 35 AO

Die eben genannten Personen müssen ihnen nach §§ 34 oder 35 AO auferlegte Pflichten **759** verletzt haben. Sie haften nur, soweit sie ihre Pflichten verletzt haben. Man prüft die Pflichtverletzung am besten wie folgt: Bestehen von Pflichten gem. §§ 34, 35 AO, Verletzung dieser Pflichten, Umfang der Pflichtverletzung.

a) Pflichten gem. §§ 34, 35 AO

Vertreter i. S. d. § 34 AO haben grundsätzlich alle steuerlichen Pflichten des vertretenen **760** Stpfl.: z. B. Buchführungspflichten (§§ 140 ff. AO), Erklärungspflichten (§ 149 AO), die Pflicht zur Einbehaltung und Abführung der Lohnsteuer (§ 38 Abs. 3, § 41 a Abs. 1 EStG), die Pflicht zur Abgabe von Umsatzsteuer-Voranmeldungen (§ 18 Abs. 1 Satz 1 UStG) und insbesondere die

Pflicht, dafür zu sorgen, dass die Steuern aus den Mitteln entrichtet werden, die sie verwalten (§ 34 Abs. 1 Satz 2 AO).

761   **Verfügungsberechtigte (§ 35 AO)** haben diese Pflichten nur, soweit sie zur Erfüllung rechtlich und tatsächlich in der Lage sind: Rechtsgeschäftliche Vertreter (§ 164 BGB, § 48 HGB, § 54 HGB) nur, soweit ihnen steuerliche Pflichten übertragen worden sind oder sie nach außen dementsprechend aufgetreten sind.

> **BEISPIELE**
>
> a) Kaufmann K bestellt den P zum Prokuristen (§§ 48 ff. HGB).
>
> **LÖSUNG** P hat zwar gem. § 49 Abs. 1 HGB umfassende Vollmacht. Nach § 69 AO haftet er jedoch gem. § 35 AO nur dann, wenn ihm aufgrund des Anstellungsvertrages bzw. einer Bevollmächtigung steuerliche Pflichten von K übertragen worden sind (z. B. die steuerlichen Angelegenheiten der GmbH gegenüber dem FA selbstständig abzuwickeln) oder wenn er dementsprechend nach außen aufgetreten ist.
>
> b) V ist Alleingesellschafter einer GmbH. Sein Sohn S ist (formell) als Geschäftsführer im Handelsregister eingetragen. Alle Geschäfte und auch die steuerlichen Angelegenheiten der GmbH wickelt allein V ab. Wer haftet grundsätzlich für USt-Schulden der GmbH?
>
> **LÖSUNG** Als Geschäftsführer ist S eine Person gem. §§ 69 und 34 Abs. 1 AO und 35 GmbHG und haftet insoweit grundsätzlich. Dass er nach außen hin nicht tätig geworden ist, spielt keine Rolle. V haftet als Gesellschafter der GmbH grundsätzlich nicht (§ 13 Abs. 2 GmbHG). Im vorliegenden Fall kann er jedoch tatsächlich, rechtlich und wirtschaftlich über die Mittel der GmbH verfügen und ist gegenüber dem FA auch so aufgetreten. Als sog. »faktischer« Geschäftsführer ist er Verfügungsberechtigter und haftet nach Maßgabe der §§ 69 und 35 AO.

b) Verletzung der Pflicht

762   Verletzung der o. g. Pflichten bedeutet Nichterfüllung der Pflichten. Dies ist durch Tun (z. B. Abgabe falscher Erklärungen) oder Unterlassen (z. B. Nichtzahlung fälliger Steuern) möglich.

c) Umfang der Pflichtverletzung

763   Eine Pflichtverletzung (und damit die Haftung) liegt nur insoweit vor, als ein pflichtgemäßes Handeln möglich und zumutbar ist. Pflichtgemäßes Handeln ist grundsätzlich in vollem Umfang möglich und zumutbar. Probleme tauchen allerdings auf, wenn nicht genügend Mittel zur Begleichung aller Schulden vorhanden sind. In diesem Fall ist es dem Geschäftsführer einer GmbH nicht zuzumuten, die Steuerschulden mit seinen Privatmitteln zu begleichen. Er hat nur dafür zu sorgen, dass die Steuern aus den Mitteln entrichtet werden, die er verwaltet (§ 34 Abs. 1 Satz 2 AO).

764   Stehen nicht ausreichend Mittel zur Begleichung aller Schulden zur Verfügung, hat der gesetzliche Vertreter – z. B. der Geschäftsführer einer GmbH gem. § 43 Abs. 1 GmbHG (Sorgfalt eines ordentlichen Geschäftsmannes) – die Pflicht, alle Gläubiger – auch das Finanzamt – im Wesentlichen gleich zu behandeln. Er muss die Verbindlichkeiten (auch die Steuerschulden z. B. USt, KSt, GewSt, nicht jedoch LSt) anteilig tilgen (**Grundsatz der anteiligen Tilgung**; vgl. BFH vom 11. 07. 1989 BStBl II 1990, 357 m. w.Nw.).

765   Der Grundsatz der anteiligen Tilgung gilt jedoch **nicht für Abzugsteuern** (z. B. die Lohnsteuer). Die **Lohnsteuer** ist vom Arbeitgeber (bzw. von der Person i. S. d. §§ 34 oder 35) einzubehalten (§ 38 Abs. 3 Satz 1 EStG) und an das FA abzuführen (§ 41 a Abs. 1 EStG). Nach h. M.

sind Lohnsteuern als treuhänderische Fremdgelder **mit Vorrang** gegenüber anderen Verbindlichkeiten an das Finanzamt **abzuführen** (BFH vom 26. 07. 1988 BStBl II 1988, 859, 980).

Verfügt die GmbH nur über Mittel in Höhe der ausgezahlten Nettolöhne, besteht die Pflichtverletzung des Geschäftsführers darin, dass er die Löhne nicht zum Zwecke der anteiligen Befriedigung des Finanzamts wegen der Lohnsteuer nach § 38 Abs. 4 EStG entsprechend gekürzt an die Arbeitnehmer ausgezahlt hat (BFH vom 05. 11. 1991 BFH/NV 1992, 575 m. w. Nw.). Der Grundsatz der anteiligen Befriedigung aller Gläubiger gilt hier nicht, weil die abzuführende Lohnsteuer Teil des Bruttoarbeitslohnes ist. Sie wird vom Arbeitgeber treuhänderisch für den Arbeitnehmer und den Fiskus eingezogen. Es besteht ein untrennbarer Zusammenhang zwischen Lohnzahlung und Einbehaltung und Abführung der Lohnsteuer (»Wenn Geld für Lohnauszahlungen vorhanden ist, ist auch Geld für die Abführung der Lohnsteuer vorhanden«).

Hinweis: Der Geschäftsführer haftet auch für den **auf ihn selbst fallenden Lohnsteueranteil** (sog. mittelbare Fremdhaftung für eigene Steuerschulden). Die Hauptschuld resultiert hier nicht aus § 38 Abs. 2 EStG, sondern aus § 42 d EStG. **766**

> **BEISPIEL**
>
> G ist angestellter Geschäftsführer einer GmbH. Er behält die Lohnsteuer der Arbeitnehmer (einschließlich der auf ihn selbst entfallenden Lohnsteuer) ein, führt sie jedoch (vorsätzlich) entgegen § 41 a Abs. 1 EStG nicht an das Finanzamt ab.
>
> **LÖSUNG** Hauptschuld ist hier der Lohnsteueranspruch des Finanzamts gegenüber den Arbeitnehmern (§ 38 Abs. 1 Satz 1 EStG). Für diesen Anspruch haftet die GmbH als Arbeitgeberin gem. § 42 d Abs. 1 Nr. 1 EStG.
>
> Da G gesetzlicher Vertreter der GmbH ist (§ 35 GmbHG) haftet er gem. §§ 69, 34 AO. Nach h. M. haftet G auch für die Lohnsteuer, die auf ihn selbst entfällt und nicht abgeführt worden ist. Zwar ist G als Arbeitnehmer eigentlich selbst Steuerschuldner (§ 38 Abs. 2 Satz 1 EStG). Die Hauptschuld, für die G haftet, ist aber nicht dieser Anspruch, sondern der Haftungsanspruch des Finanzamts aus § 42 d EStG gegen die GmbH (vgl. BFH vom 15. 04. 1987 BStBl II 1988, 167).

Bei allen übrigen Ansprüchen aus dem Steuerschuldverhältnis gilt der eben dargestellte **Grundsatz der anteiligen Tilgung** (vgl. BFH vom 11. 07. 1989 BStBl II 1990, 201, 357 m. w. Nw.). Der Vertreter haftet danach gem. § 69 nur, soweit er die Tilgungsquote bezüglich der Steuerschulden unterschritten hat. **767**

> **BEISPIELE**
>
> a) Die X-GmbH geriet zu Beginn des Jahres 16 erstmals in Zahlungsschwierigkeiten. Geschäftsführer G zahlte deshalb die am 10. 01. 16 fällige USt i. H. v. 200 000 € nicht. Auch die für Januar bis Mai 16 zwar ordnungsgemäß angemeldeten USt-Beträge i. H. v. 600 000 € wurden nur i. H. v. 100 000 € entrichtet. Darüber hinaus bestanden von Anfang 16 bis zur Eröffnung des Insolvenzverfahrens über das Vermögen der GmbH Ende Juni 16 Lohnsteuerschulden i. H. v. 100 000 €, von denen nur 50 000 € beglichen worden sind.
>
> Die sonstigen Verbindlichkeiten der GmbH betrugen zu Beginn des Jahres 16 Mio. €. Bis zum Juni 16 kamen weitere 15 Mio. € sonstige Verbindlichkeiten hinzu. G beglich die sonstigen Verbindlichkeiten bis zur Eröffnung des Insolvenzverfahrens i. H. v. 16 Mio. €.
>
> **LÖSUNG** Die Haftung des G hängt ab von dem Umfang seiner Pflichtverletzung. Im vorliegenden Fall hatte G die Pflicht, die LSt und die USt zu entrichten (§ 41 a Abs. 1 EStG, § 18 Abs. 1 Satz 5 UStG, § 34 Abs. 1 Satz 2 AO). Diese Pflichten hat er verletzt, da er die LSt. i. H. v. 50 000 € und die USt i. H. v. 700 000 € nicht bezahlt hat. Die LSt musste er vorrangig vor allen übrigen Verbindlichkeiten tilgen. Insoweit ist eine Pflichtverletzung i. H. v. 50 000 € gegeben.

Da nicht genügend Mittel zur Tilgung aller Verbindlichkeiten vorhanden waren, gilt für die USt der Grundsatz der anteiligen Tilgung. G haftet insoweit nur, soweit er die Tilgungsquote für die USt unterschritten hat. Bei der Berechnung der Tilgungsquote ist auf einen Haftungszeitraum abzustellen. Dieser beginnt mit der ersten Steuersäumigkeit und endet mit der totalen Zahlungsunfähigkeit. Maßgeblich ist also nicht jeder einzelne Fälligkeits- oder Zahlungszeitpunkt, sondern eine Globalbetrachtung für die o. g. Zeitspanne. Haftungszeitraum ist hier Anfang 16 bis Ende Juni 16.

1. Ermittlung der Gesamtverbindlichkeiten:

Umsatzsteuer

Bestand Anfang 16	200 000 €
Zugang im Haftungszeitraum	600 000 €
LSt (abzüglich LSt-Tilgungen)	50 000 €
sonstige Verbindlichkeiten	
Bestand Anfang 16	6 000 000 €
Zugang im Haftungszeitraum	15 000 000 €
Summe der Gesamtverbindlichkeiten	21 850 000 €

2. Ermittlung der verfügbaren Zahlungsmittel:

Zu erfassen sind die Zahlungen im Haftungszeitraum auf die unter 1. genannten Verbindlichkeiten (ohne LSt-Zahlungen)

USt-Zahlungen	100 000 €
sonstige Mittel	16 000 000 €
Summe der Zahlungsmittel	16 100 000 €

3. Ermittlung der Steuerverbindlichkeiten:

Umsatzsteuer

Bestand Anfang 16	200 000 €
Zugang im Haftungszeitraum	600 000 €
Summe der Steuerverbindlichkeiten (ohne LSt)	800 000 €

4. Ermittlung der durchschnittlichen Tilgungsquote

Die Gesamtverbindlichkeiten i. H. v. 21 850 000 € wurden i. H. v. 16 100 000 € beglichen also i. H. v. 73,68 % (16 100 000 × 100: 21 850 000). In Höhe dieser Quote hätte G auch die Steuerverbindlichkeiten gegenüber dem FA (ohne LSt) begleichen müssen.

5. Anwendung der Tilgungsquote auf die Steuerverbindlichkeiten

800 000 € USt × 73,68 % =	589 440 €

6. abzüglich tatsächlich gezahlter USt:

./. 100 000 €

7. Haftungsbetrag USt:

489 440 €

Im Ergebnis haftet G für die LSt i. H. v. 50 000 € und für die USt i. H. v. 489 440 €.

Hinweis: Bei Berechnung der Haftungsquote ist die Auffassung des BFH berücksichtigt worden, nach der die getilgte LSt (hier: 50 000 €) weder bei den Gesamtverbindlichkeiten noch bei den verfügbaren Zahlungsmitteln zu berücksichtigen ist (BFH vom 27. 02. 2007 BStBl II 2008, 508).

b) X ist am 15.03.06 zum Geschäftsführer der W-GmbH berufen worden. Am selben Tag muss er feststellen, dass die W-GmbH hoffnungslos überschuldet ist und dass keine Mittel zur Bezahlung der Verbindlichkeiten vorhanden und zu erwarten sind. Gleichwohl beantragt X nicht die Eröffnung des Insolvenzverfahrens (§ 64 GmbHG). Er betreibt die GmbH bis August 06 weiter. Von März 06 bis Juli 06 entstehen USt-Rückstände in Höhe von insgesamt 40 000 €. X hat diese Beträge ordnungsgemäß angemeldet. Mittel zur Begleichung der Schulden stehen jedoch nicht zur Verfügung.

LÖSUNG X haftet nicht nach § 69 AO. Zwar hat X die USt nicht entrichtet und so gegen § 18 Abs. 1 Satz 4 UStG und § 34 Abs. 2 AO verstoßen. Die Zahlung der USt war ihm jedoch nicht möglich, da die GmbH über keine Mittel mehr verfügte. X hatte gem. § 64 GmbHG die Pflicht das Insolvenzverfahren anzumelden. Dadurch, dass er dies nicht getan hat, ist die USt i. H. v. 40 000 € erst entstanden. Allerdings ist die Pflicht, das Insolvenzverfahren anzumelden, keine steuerliche Pflicht und damit keine Pflicht i. S. d. § 34 AO.

Eine Beschränkung der Geschäftsführerhaftung nach dem Grundsatz »anteiliger Tilgung« setzt voraus, dass der Haftende durch Vorlage geeigneter Aufzeichnungen und Belege erkennbar macht, in welchem Umfang die Gesellschaft im Haftungszeitraum Zahlungen an ihre verschiedenen Gläubiger geleistet hat (BFH vom 11.07.2001 BFH/NV 2002, 6). Gibt der Geschäftsführer trotz Ersuchens des Finanzamts (gem. §§ 90 Abs. 1 und 93 Abs. 1 AO) die erforderlichen Auskünfte nicht, kann er sich nicht auf den Grundsatz der anteiligen Tilgung berufen (BFH vom 03.05.1999 BFH/NV 2000, 1). In solchen Fällen ist gem. § 162 AO zu schätzen.

2.2.1.3 Schaden des Staates

Ein Schaden ist nach § 69 AO gegeben, soweit die Hauptschuld nicht oder nicht rechtzeitig festgesetzt oder erfüllt wird oder soweit Erstattungen oder Vergütungen ohne rechtlichen Grund gezahlt werden. Nach dem Wortlaut der Vorschrift reicht es aus, wenn eine der nachfolgend dargestellten Schadensformen gegeben ist. Bei einer besonderen Fallgestaltung macht der BFH jedoch davon eine Ausnahme (vgl. BFH vom 12.07.1988 BStBl II 1988, 980; BFH vom 05.03.1991 II 1991, 678, 681; BFH vom 26.08.1992 II 1993, 8; siehe dazu das Beispiel unter Rz. 775). **768**

a) Schaden in Form der Nichtfestsetzung bzw. teilweisen Nichtfestsetzung
Dieses Merkmal liegt vor, wenn ein Anspruch, der für seine Verwirklichung der Festsetzung oder Anmeldung bedarf (§ 218 AO), überhaupt nicht oder nicht in voller Höhe festgesetzt wird. **769**

BEISPIEL

Die A-GmbH liefert an B-GmbH eine Ware zum Preise von 50 000 € ohne Rechnungsstellung. Der Geschäftsvorfall wird auch nicht aufgezeichnet. Mangels Anmeldung wird die entsprechende Umsatzsteuer bei der A-GmbH nicht festgesetzt. Der in der Körperschaftsteuer-Erklärung ausgewiesene Gewinn ist zu niedrig.

LÖSUNG Ein Haftungsschaden ist eingetreten: Die Körperschaftsteuer wird teilweise nicht festgesetzt.

Ebenso die USt gem. § 18 Abs. 1 Satz 1 UStG i. V. m. § 168 AO. Der Geschäftsführer der A-GmbH kann sich nicht mit dem Argument einer Haftung entziehen, dass keine Rechnung mit gesondertem Steuerausweis ausgestellt worden ist, also mangels Vorsteuerberechtigung der B-GmbH eine sog. Null-Situation in der Unternehmerkette eingetreten und dem Staat daher kein Schaden entstanden sei. Die USt entsteht mit Ablauf des Voranmeldungszeitraums, in dem die Leistung erbracht worden ist (§ 13 Abs. 1 UStG), unabhängig davon, ob der Abnehmer der Waren Vorsteuer abziehen kann oder nicht. Das Gesetz ordnet die Entstehung der USt auf jeder Leistungsstufe an (vgl. BFH vom 21.02.1989 BStBl II 1989, 491 m. w.Nw.).

b) Schaden in Form der nicht rechtzeitigen Festsetzung
Bei Steueranmeldungen, die bis zu einem bestimmten Zeitpunkt abzugeben sind, ist die Steuer bereits dann nicht rechtzeitig festgesetzt, wenn die Anmeldung verspätet abgegeben wird. Die Anmeldung gilt als Festsetzung (§ 168 AO). **770**

BEISPIEL

Der Geschäftsführer der GmbH reicht die Umsatzsteuervoranmeldung Januar bis März am 20. April ein.

LÖSUNG Da gem. § 18 Abs. 1 Satz 1 UStG die Monatsanmeldungen bis zum 10. des folgenden Monats abzugeben sind, führt die verspätete Anmeldung für die Monate Januar bis März zu einer nicht rechtzeitigen Festsetzung. Ähnliches gilt bei verspäteter Abgabe von Lohnsteueranmeldungen (§ 41 a Abs. 1 EStG) und für die Umsatzsteuer-Jahresanmeldung (§ 18 Abs. 3 UStG i. V. m. § 149 Abs. 2 AO).

771   Schwieriger ist die Frage zu beantworten, ab welchem Zeitpunkt der Anspruch nicht rechtzeitig festgesetzt ist, wenn das Finanzamt die Festsetzung aufgrund einer Steuererklärung
durchzuführen hat (z. B. bei der ESt, KSt). Da auch bei rechtzeitiger Abgabe der Erklärung die
Festsetzung nicht sofort durchgeführt wird, folgt allein aus der verspäteten Abgabe der Erklärung nicht eine verspätete Festsetzung. Anders als bei den Steueranmeldungen kennt das Gesetz
keine Frist, innerhalb derer die Festsetzung erfolgen muss. § 169 AO sagt nur, ab wann sie nicht
mehr festgesetzt werden darf. Um hier den fraglichen Zeitpunkt zu ermitteln, ist ein Vergleich
mit den übrigen Stpfl. anzustellen und zu fragen, bis wann deren Festsetzungen für den betreffenden Veranlagungszeitraum im Wesentlichen erledigt sind. Dies ist der Fall, wenn das Finanzamt 95 % der Veranlagungen des betreffenden Kalenderjahres erledigt hat.

c) Schaden in Form der Nichterfüllung bzw. teilweisen Nichterfüllung

772   Die geschuldete Leistung wird nicht oder nur teilweise entrichtet oder ungerechtfertigt
zum Erlöschen gebracht (z. B. durch einen erschlichenen Steuererlass nach § 227 AO, der nach
§ 130 Abs. 2 AO zurückgenommen wird).

d) Schaden in Form der nicht rechtzeitigen Erfüllung

773   Die geschuldete Leistung wird zur Fälligkeit nicht erbracht. Hierzu gehören auch die Fälle,
in denen eine Stundung (§ 222 AO) erschlichen und die Fälligkeit damit hinausgeschoben wird,
falls die Stundung gem. § 130 Abs. 2 AO zurückgenommen wird.

e) Schaden in Form der Zahlung von Steuervergütungen und Steuererstattungen ohne rechtlichen Grund

774   Hier entsteht der Schaden nicht dadurch, dass Ansprüche nicht oder nicht rechtzeitig festgesetzt oder erfüllt werden, sondern dadurch, dass Steuervergütungen (z. B. überhöhte USt-
Überschüsse) oder Steuererstattungen (z. B. gem. § 37 Abs. 2 AO) an den Steuerpflichtigen
gezahlt werden, ohne dass dieser einen Anspruch darauf hat.

2.2.1.4   Kausalität

775   Der Schaden muss auf der Pflichtverletzung beruhen. Dies ergibt sich schon aus dem
Wortlaut des § 69 AO (»infolgedessen«). Die Pflichtverletzung ist für den Schaden ursächlich,
wenn der Schaden ohne die Pflichtverletzung nicht eingetreten wäre.

> **BEISPIEL**
>
> Die Z-GmbH weist in ihrer Bilanz zum 31.12.13 falsche Wertansätze aus. Verantwortlich für die
> leichtfertig unterlassenen Aktivierungen ist der Geschäftsführer Y. Bei richtiger Aktivierung wäre der
> Gewinn um 100 000 € höher. Die unrichtige KSt-Erklärung wird am 30.09.09 abgegeben. Die Sollstel-
> lung der Finanzkasse erfolgt aufgrund des Steuerbescheides zum 15.01.16.
> Infolge der Zahlungsunfähigkeit eines Abnehmers erleidet die Z-GmbH einen Forderungsausfall in
> Höhe von 1 000 000 € am 09.12.15. Durch diesen Ausfall ist sie nicht einmal mehr in der Lage, die
> erklärten Steuern zu bezahlen. Kurze Zeit später wird das Insolvenzverfahren über das Vermögen der
> GmbH eröffnet.
>
> **LÖSUNG** Bei schematischer Prüfung müsste Y gem. § 69 AO haften. Er hat grob fahrlässig die Pflicht
> zur ordnungsgemäßen Buchführung verletzt. Es liegt auch ein Schaden in Form der teilweisen Nicht-
> festsetzung der KSt vor. Auch Kausalität ist gegeben: Hätte Y richtige Wertansätze ausgewiesen, wäre
> der Gewinn und damit die KSt zutreffend festgesetzt worden. Die teilweise Nichtfestsetzung beruht
> also auf der Pflichtverletzung.

Der BFH verneint hier jedoch eine Haftung (vgl. BFH vom 12.07.1988 BStBl II 1988, 980; BFH vom 26.08.1992 BStBl II 1993, 8). Y hat nämlich auch nicht erfüllt. Der BFH (BFH vom 12.07.1988 BStBl II 1988, 980) meint, Nichtfestsetzung und Nichterfüllung bilden eine Einheit. Diese Einheit beruht nicht auf der Pflichtverletzung. Hätte Y richtige Wertansätze ausgewiesen, hätte die GmbH die KSt-Schuld bei Fälligkeit gleichwohl nicht erfüllen können. Danach fehlt es an der Kausalität. Y haftet nicht. Gegen die Lösung des BFH spricht der Wortlaut des § 69. Folgt man dem BFH, läuft der Schaden in Form der Nichtfestsetzung leer. Für die Lösung spricht jedoch, dass nur sie den Schadensersatzcharakter des § 69 AO unterstreicht. § 69 AO will Steuerausfälle vermeiden und nicht den Geschäftsführer bestrafen.

Hätte Y vorsätzlich gehandelt, gilt das Gleiche: Zwar hätte er dann zusätzlich eine Steuerhinterziehung gem. § 370 Abs. 1 Nr. 1 AO begangen und könnte grundsätzlich nach § 71 AO in Anspruch genommen werden. Allerdings hat auch die Haftung gem. § 71 AO Schadensersatzcharakter. Auch hier verneint der BFH die Kausalität, soweit die hinterzogenen Beträge mangels ausreichender Zahlungsmittel der GmbH dem Fiskus auch ohne Steuerhinterziehung nicht zugeflossen wären (BFH vom 26.08.1992 BStBl II 1993, 8).

Die Kausalität zwischen der Pflichtverletzung und dem Schaden richtet sich nach der Adäquanztheorie. Danach sind solche Pflichtverletzungen ursächlich, die allgemein oder erfahrungsgemäß geeignet sind, den Erfolg (= Schaden) zu verursachen. Hypothetische Kausalverläufe sind dagegen nicht zu beachten (BFH vom 11.11.2008 BStBl II 2009, 342 und vom 05.06.2007 BStBl II 2008, 273).

BEISPIEL

Der Geschäftsführer einer GmbH zahlt Löhne aus, führt jedoch die (am 10.09. fällige) LSt i. H. v. 20 000 € nicht ab. Am 15.11. wird das Insolvenzverfahren gegenüber der GmbH eröffnet. Als das FA ihn durch Haftungsbescheid in Anspruch nimmt, macht er geltend, es sei keine Kausalität gegeben: Wenn er die LSt entrichtet hätte, hätte der Insolvenzverwalter diese Zahlung gem. § 130 Abs. 1 Nr. 1 InsO angefochten mit der Folge, dass die 20 000 € vom FA zur Insolvenzmasse zurückgewährt werden müssten (§ 143 InsO).

LÖSUNG Nach Auffassung des BFH dürfen hypothetische (= angenommene, möglicherweise eintretende) Kausalverläufe, wie hier die Anfechtung der Zahlung durch den Insolvenzverwalter, nicht berücksichtigt werden. Dies widerspräche der Funktion und dem Schutzzweck des § 69 AO (BFH vom 05.06.2007 BStBl II 2008, 273; BFH vom 26.01.2016 - VII R 3/15).

2.2.1.5 Vorsatz oder grobe Fahrlässigkeit

Die Pflichtverletzung muss vorsätzlich oder grob fahrlässig erfolgen. **Vorsätzlich** handelt, wer mit Wissen und Wollen handelt, wer also seine steuerlichen Pflichten gekannt und ihre Verletzung gewollt hat. **Grob fahrlässig** handelt, wer die ihm (subjektiv) zumutbare Sorgfalt in ungewöhnlich großen Maße verletzt. Grob fahrlässig handelt, wer die naheliegendsten Überlegungen, die sich jedem in seiner Situation geradezu aufdrängen, nicht anstellt und deshalb seine Pflichten verletzt. Ist nur einfache oder leichte Fahrlässigkeit gegeben, wird nicht gehaftet. Nach dem Wortlaut des § 69 AO beziehen sich Vorsatz und grobe Fahrlässigkeit allein auf die Pflichtverletzung. Nicht erforderlich ist, dass sie zusätzlich den Schaden und die Kausalität mitumfassen. Ein mitwirkendes Verschulden des Finanzamts kann zu einer Reduzierung der Haftung führen (Rechtsgedanke aus § 254 BGB).

776

Der Geschäftsführer G der Z-GmbH hat ab Mai 03 die USt weder angemeldet noch entrichtet. Er tat dies, um mit den noch vorhandenen Mitteln allein Lieferantenverbindlichkeiten zu begleichen, um so den notleidenden Betrieb und die Arbeitsplätze zu retten.

LÖSUNG G hat vorsätzlich gehandelt. Als Geschäftsführer kannte er seine Pflicht, die USt anzumelden und zu entrichten. Dies hat er wissentlich (absichtlich) nicht getan, um den Betrieb zu retten. Dass er subjektiv meinte, so handeln zu dürfen, ist unbeachtlich (vgl. BFH vom 12. 07. 1988 BFH/NV 1988, 764).

Ebenso wenig hilft der der Einwand, er habe den Grundsatz der anteiligen Tilgung nicht gekannt (vgl. BFH vom 12. 05. 1992 BFH/NV 1992, 785). Bei Zweifeln hinsichtlich der steuerlichen Pflichten hätte es sich dem G aufdrängen müssen, einen Steuerberater (oder das Finanzamt; § 89 AO) um Rat zu fragen. G hat zumindest grob fahrlässig gehandelt.

Beauftragt der Geschäftsführer einen Angestellten mit der Erfüllung der steuerlichen Pflichten und kommt es durch dessen grob schuldhaftes Verhalten zu einem Schaden des Staates, wird das Verschulden des Angestellten dem Geschäftsführer nicht zugerechnet. § 278 BGB gilt hier nicht. Der Geschäftsführer haftet nur bei eigenem Verschulden, also dann, wenn er einen unzuverlässigen Angestellten mit den steuerlichen Pflichten betraut hat (Auswahlverschulden) oder wenn er den Angestellten nicht ausreichend überwacht (Überwachungsverschulden; vgl. BFH vom 27. 11. 1990 BStBl II 1991, 284, 286).

Auch das grobe Verschulden des Steuerberaters wird dem gesetzlichen Vertreter i. d. R. nicht zugerechnet: Dem Geschäftsführer einer GmbH als Haftungsschuldner kann ein Verschulden des steuerlichen Beraters bei der Fertigung von Steuererklärungen nicht zugerechnet werden. Trifft den Geschäftsführer persönlich kein Auswahlverschulden und hat er keinen Anlass, die inhaltliche Richtigkeit der von dem steuerlichen Berater gefertigten Steuererklärung der GmbH zu überprüfen, so haftet er nicht für Steuerverkürzungen, die auf fehlerhaften Steuererklärungen beruhen (vgl. BFH vom 30. 08. 1994 BStBl II 1995, 278).

Probleme können entstehen, wenn in einer Gesellschaft (z. B. GmbH, OHG, KG) **mehrere Vertreter oder Verfügungsberechtigte** bestellt sind.

Die X-GmbH wird im Beispiel in Rz. 767 von einem technischen und einem kaufmännischen Geschäftsführer (T und G) geleitet. Beide sind ins Handelsregister eingetragen. Laut Gesellschafterbeschluss ist T allein für den Produktionsablauf zuständig, G dagegen für die kaufmännischen und steuerlichen Belange der GmbH. T erklärt, er habe von den erheblichen Zahlungsschwierigkeiten der GmbH Anfang 16 zwar erfahren, sei aber dafür als Diplom-Ingenieur nicht zuständig gewesen und habe darauf vertraut, dass der im kaufmännischen Dingen erfahrene G alles ordnungsgemäß abwickelt. Haftet auch T gem. § 69 AO?

LÖSUNG Das Gesetz (§ 35 Abs. 1 GmbHG) kennt eine Aufgabenbeschränkung des gesetzlichen Vertreters nicht. Es gilt der Grundsatz der Gesamtverantwortung. Diese kann jedoch durch eine schriftliche und klare Aufgabenverteilung grundsätzlich beschränkt werden (vgl. BFH vom 12. 05. 1992 BFH/NV 1992, 785), vorausgesetzt, der mit der Wahrnehmung der steuerlichen Pflichten beauftragte Vertreter (hier G) bietet von seinen Kenntnissen und seiner Person her die Gewähr dafür, dass er die ihm übertragenen Pflichten ordnungsgemäß erfüllt. In diesem Fall verbleibt bei T eine generelle Überwachungspflicht. Seine sonstigen Pflichten sind eingeschränkt. Droht jedoch der GmbH Zahlungsunfähigkeit oder Überschuldung, so lebt die Pflicht zur Wahrnehmung der Gesamtbelange der GmbH in vollem Umfang wieder auf. Da T hier von den erheblichen Zahlungsschwierigkeiten der GmbH Kenntnis hatte und nichts weiter unternahm, haftet er im selben Umfang wie G.

Hinweis: Da T und K als Gesamtschuldner haften (§ 44 Abs. 1 Satz 1 Alt. 2 AO), kann das FA gem. § 191 (Auswahlermessen) ggf. G als Hauptverantwortlichen vorrangig heranziehen.

2.2.1.6 Rechtsfolge des § 69 AO

Soweit die o. g. Voraussetzungen (2.1.1 bis 2.1.5) gegeben sind, haften die in 2.1.1 genann-   777
ten Personen persönlich **für alle Ansprüche aus dem Steuerschuldverhältnis** (§ 37 AO). Darunter fällt auch der Erstattungsanspruch des Finanzamts gem. § 37 Abs. 2 AO. Ebenfalls dazu
gehören die steuerlichen Nebenleistungen (§ 3 Abs. 3 AO), wie z. B. Verspätungszuschlag,
Säumniszuschlag und Zinsen. Der Verspätungszuschlag kann jedoch auch gegen den gesetzlichen Vertreter festgesetzt werden (vgl. AEAO zu § 152 Nr. 1). In diesem Fall ist er selbst Steuerschuldner. Die Haftung für den Säumniszuschlag ist in § 69 Satz 2 AO nochmals erwähnt, weil
auch für solche Säumniszuschläge gehaftet werden soll, die infolge der Pflichtverletzung mittelbar erst später entstehen.

2.2.2 Die Haftung des Vertretenen bei Steuerstraftaten (§ 70 AO)

Dieser Vorschrift liegt der Gedanke zugrunde, dass niemand, der sich bei Erfüllung der   778
steuerlichen Pflichten eines Vertreters bedient, aus dessen Fehlverhalten einen steuerlichen Vorteil ziehen darf. Der Hinweis auf §§ 34, 35 AO macht deutlich, dass nur für das pflichtwidrige
Verhalten der dort genannten Personen (z. B. Geschäftsführer) gehaftet wird. Pflichtverletzungen anderer Personen (z. B. Steuerberater, Angestellter) begründen keine Haftung. Der Vertreter
muss eine Steuerhinterziehung oder eine leichtfertige Steuerverkürzung in Ausübung seiner
Obliegenheiten begangen haben. Der Vertretene kann sich der Haftung entziehen (exculpieren),
wenn er nachweist, dass er den Vertreter sorgfältig ausgewählt und beaufsichtigt hat. Da natürliche Personen ihre gesetzlichen Vertreter nicht auswählen können (z. B. Kinder die Eltern), entfällt für sie die Haftung, wenn sie durch die Tat keinen Vermögensvorteil erlangt haben.

§ 70 AO hat im Bereich der Besitz- und Verkehrssteuern eine geringe Bedeutung. Der Vertretene ist zumeist Steuerschuldner und kann daher nicht mehr Haftender sein. Ist der Vertretene Haftungsschuldner (z. B. § 42 d EStG), ist eine weitere Haftungsnorm überflüssig. Faktisch
verlängert § 70 AO hier nur die Festsetzungsfrist (§ 191 Abs. 3 Satz 2 AO).

> **BEISPIEL**
>
> A, Geschäftsführer einer GmbH, hat die einbehaltene Lohnsteuer vorsätzlich weder angemeldet noch
> entrichtet. Nach Ablauf der vierjährigen Festsetzungsfrist wird die Tat entdeckt.
> **LÖSUNG** A haftet als Steuerhinterzieher (§ 71 AO). Es gilt die zehnjährige Festsetzungsfrist (§ 191
> Abs. 3 Satz 2 AO). Die GmbH haftet zwar gem. § 42 d EStG als Arbeitgeber. Dem Erlass eines Haf-
> tungsbescheides steht jedoch die vierjährige Festsetzungsfrist entgegen § 191 Abs. 3 Satz 1 AO. Die
> GmbH haftet aber auch gem. § 70 AO, weil ihr Geschäftsführer eine Steuerhinterziehung begangen
> hat. Das FA kann die GmbH nach dieser Vorschrift innerhalb der zehnjährigen Festsetzungsfrist in
> Anspruch nehmen.

Nach der Gesetzesbegründung liegt die Bedeutung des § 70 AO vornehmlich auf dem
Gebiet des Zoll- und Verbrauchsteuerrechts.

2.2.3 Haftung des Steuerhinterziehers und des Steuerhehlers (§ 71 AO)

Während § 69 AO nur die Haftung der in den §§ 34, 35 AO bezeichneten Personen regelt,   779
kann der Haftungstatbestand des § 71 AO **von jedem** verwirklicht werden, der nicht bereits
schon Schuldner der betreffenden Steuer ist. Hat eine Person sowohl den Haftungstatbestand
des § 69 AO als auch den des § 71 AO erfüllt, z. B. der Geschäftsführer einer GmbH hinterzieht

Umsatzsteuer, sollte der Haftungsbescheid auf beide Rechtsgrundlagen gestützt werden. Der Umfang der Haftung, z. B. Säumniszuschläge und Hinterziehungszinsen, und die Dauer der Festsetzungsfrist, vier bzw. zehn Jahre, sind unterschiedlich (vgl. §§ 235 und 191 Abs. 3 AO).

780   Voraussetzung der Haftung nach § 71 AO ist, dass eine **Steuerhinterziehung** (§ 370 Abs. 1 AO) oder eine **Steuerhehlerei** (§ 374 AO) begangen worden ist. Dies setzt immer vorsätzliches Handeln voraus (§ 369 Abs. 2 AO i. V. m. § 15 StGB). Eine leichtfertige Steuerverkürzung (§ 378 AO) reicht ebenso wenig wie eine versuchte Steuerhinterziehung (§ 370 Abs. 2 AO), da bei einem Versuch ein Haftungsschaden nicht eintritt. Es haftet auch derjenige, der an einer Steuerhinterziehung oder Steuerhehlerei teilnimmt. Die **Teilnahme** kann erfolgen als Anstiftung (§ 26 StGB) – d. h. Auslösen des Tatentschlusses des Haupttäters zur Steuerhinterziehung – oder als Beihilfe (§ 27 StGB) – z. B. die Mithilfe beim Anfertigen einer bewusst unrichtigen Erklärung.

Wer durch falsche Angaben im Investitionszulagenantrag den **Tatbestand eines Subventionsbetruges** erfüllt, haftet **nicht gem. § 71 AO**. Zwar sind gem. § 14 Investitionszulagengesetz die für Steuervergütungen geltenden Vorschriften der AO entsprechend anzuwenden. Das ändert jedoch nichts daran, dass weder eine Steuerhinterziehung noch eine Steuerhehlerei gegeben ist (BFH vom 19. 12. 2013 BStBl II 2015, 119).

Es ist unerheblich, ob es zu einer strafgerichtlichen Verurteilung des Täters oder Teilnehmers gekommen ist oder kommt. Die Finanzbehörde ist an Entscheidungen im strafgerichtlichen Verfahren nicht gebunden (vgl. AEAO zu § 71). Auch im Falle der Selbstanzeige (§ 371 AO) tritt die Haftung des § 71 AO ein.

781   Der Täter haftet für die verkürzte Steuer oder die zu Unrecht gewährten Steuervorteile (beide Begriffe entstammen dem Steuerstrafrecht, § 370 Abs. 1 und Abs. 4 AO) und für die Hinterziehungszinsen (§ 235 AO) und die Zinsen nach § 233 a AO, soweit diese nach § 235 Abs. 4 AO auf die Hinterziehungszinsen angerechnet werden. Die Haftung reicht nur so weit, wie die Tat vorsätzlich begangen wurde. Werden z. B. aufgrund unrichtiger Erklärung 2 000 € Steuern zu wenig festgesetzt, 1 500 € wegen vorsätzlich fingierter Betriebsausgaben, 500 € wegen leichtfertig vergessener Betriebseinnahmen, so kommt eine Haftung nach § 71 AO nur in Höhe von 1 500 € (einschließlich der Hinterziehungszinsen) in Betracht. Bei Erlass des Haftungsbescheides ist zu beachten, dass der Grundsatz der Akzessorietät von Erstschuld zur Haftungsschuld eingeschränkt ist. Der Haftungsbescheid kann auch dann erteilt werden, wenn die Steuerschuld verjährt ist (§ 191 Abs. 5 Satz 2 AO).

BEISPIEL

A, Gesellschafter der X-GmbH, rät dem Buchhalter B eine bestimmte Betriebseinnahme in Höhe von 10 000 € zu verschleiern, um Körperschaftsteuer zu sparen. B befolgt den Rat und legt die Erklärung mit unrichtiger Bilanz dem Geschäftsführer G vor, der die Erklärung ungeprüft unterschreibt. Den Fehler hätte er leicht bemerken können. Das FA setzt die Körperschaftsteuer entsprechend der Erklärung zu niedrig fest.

LÖSUNG B haftet für die verkürzte Steuer gem. § 71 AO. Er hat gegenüber dem FA über steuererhebliche Tatsachen (Betriebseinnahmen) unrichtige Angaben gemacht und dadurch eine zu niedrige Festsetzung der Steuer erreicht (§ 370 Abs. 1 und 4 AO). Es ist – ausnahmsweise – unerheblich, dass er die Erklärung nicht selbst unterschrieben hat. B ist mittelbarer Täter der Steuerhinterziehung: Er hat den (ohne Vorsatz handelnden) G als Werkzeug benutzt (§ 369 Abs. 2 AO i. V. m. § 25 Abs. 1 Alt. 2 StGB).

G haftet für die verkürzte Steuer gem. § 69 AO. Er hat als gesetzlicher Vertreter einer juristischen Person (§ 35 GmbHG und § 34 Abs. 1 AO) pflichtwidrig eine unrichtige Erklärung abgegeben und dadurch Steuern verkürzt. Er handelte grob fahrlässig, weil er den Fehler bei Prüfung leicht hätte erkennen können. G haftet nicht nach § 71 AO, weil er die Steuern nicht vorsätzlich verkürzt hat.

A haftet gem. § 71 AO, weil er B zu dessen Steuerhinterziehung angestiftet (§ 26 StGB) hat. B, G und A haften als Gesamtschuldner, soweit sich der Haftungsumfang deckt.

Die Haftung nach § 71 AO ist – wie die Haftung gem. § 69 AO – eine **Schadensersatzhaf-** **782** **tung** und keine Strafvorschrift. Der Steuerhinterzieher haftet deshalb (mangels Kausalität) nicht nach § 71 AO, wenn feststeht, dass die Steuer auch ohne die Hinterziehung (wegen fehlender Mittel) nicht hätte gezahlt werden können. Der Grundsatz der anteiligen Tilgung, der für § 69 AO gilt (siehe 764 ff.), kann auch auf die Haftung gem. § 71 AO angewendet werden (BFH vom 26. 08. 1992 BStBl II 1993, 8).

2.2.4 Die Haftung bei Verletzung der Pflicht zur Kontenwahrheit (§ 72 AO)

Wer unbefugt Geld oder Wertgegenstände gem. § 154 Abs. 3 AO herausgibt, soll gem. § 72 **783** AO für den insoweit dem Finanzamt entstandenen Schaden haften. Dieser Haftungstatbestand ist nur in Verbindung mit § 154 Abs. 1 AO verständlich. § 154 Abs. 1 AO verbietet dem Konten-inhaber, auf einen falschen oder erdichteten Namen ein Konto anzulegen. Die vorsätzliche oder leichtfertige Verletzung des Verbots ist eine Ordnungswidrigkeit (§ 379 Abs. 2 Nr. 2 AO). Dem Verbot entspricht die Verpflichtung des Kontenführers (z. B. der Bank), sich über die Person des Konteninhabers zu vergewissern (§ 154 Abs. 2 AO). Wird hiergegen verstoßen, greifen keine steuerlichen Sanktionen ein. Allerdings dürfen die Guthaben etc. auf diesem Konto nur mit Zustimmung des zuständigen Finanzamts herausgegeben werden (§ 154 Abs. 3 AO). Erst bei vorsätzlicher oder grob fahrlässiger Verletzung dieser Pflicht greift § 72 AO als Haftungsnorm ein.

Haftungsvoraussetzung ist ein vorsätzlicher oder grob fahrlässiger Verstoß gegen § 154 Abs. 3 AO (z. B. durch die Bank). Rechtsfolge ist die Haftung (der Bank) für alle Ansprüche gem. § 37 AO, soweit durch die unbefugte Herausgabe Vollstreckungsmöglichkeiten des Finanzamts vereitelt werden. Haftungsobergrenze ist der Wert der herausgegebenen Gegenstände.

BEISPIEL

A errichtet unter erdichtetem Namen X bei der B-Bank ein Schwarzgeldkonto über 100 000 €. Das FA will bei A 150 000 € Steuerschulden vollstrecken, ist aber bisher erfolglos. A hebt nun das Geld ab. Der Geschäftsstellenleiter C hat weder bei der Kontoeröffnung noch bei der Auszahlung den Namen oder den Personalausweis des A kontrolliert.

LÖSUNG C haftet, weil der den § 72 AO selbst verwirklicht hat. Die B-Bank haftet gem. § 72 AO als Kontenführer. Zwar kann eine Bank selbst nicht schuldhaft handeln. Sie muss sich aber die schuld-hafte Zuwiderhandlung ihrer Erfüllungsgehilfen (hier des C) zurechnen lassen (vgl. BFH vom 17. 02. 1989 BStBl II 1990, 263).

A haftet als Kontoinhaber nicht gem. § 72 AO, da er Steuerschuldner ist.

Der BFH (vom 13. 12. 2011 BStBl 2012 II, 398) hat die Haftung gem. § 72 AO für einen Steuerschaden bejaht, der dadurch eintrat, dass ein ehemals Verfügungsberechtigter eines frem-den Bankkontos darüber Zahlungsvorgänge aus eigenen Geschäftsvorfällen für eigene Rech-nung abwickelte und die Bank das Konto nicht sperrte, sondern Guthaben ohne Zustimmung des Finanzamts ausbezahlte, obwohl sie wusste, dass der ursprüngliche Kontoinhaber (eine GmbH) nicht mehr existierte.

2.2.5 Die Haftung Dritter bei Datenübermittlungen an Finanzbehörden (§ 72 a AO)

Gem. **§ 72 a Abs. 1 AO** haftet der **Hersteller von Programmen** im Sinne des § 87 c AO, **783a** soweit die Daten infolge einer Verletzung seiner Pflichten nach § 87 c AO unrichtig oder unvoll-ständig verarbeitet und dadurch Steuern verkürzt oder zu Unrecht steuerliche Vorteile erlangt werden. Die Haftung entfällt, soweit der Hersteller nachweist, dass die Pflichtverletzung nicht auf grober Fahrlässigkeit oder Vorsatz beruht.

Gem. **§ 72 a Abs. 2 AO** haftet, **wer als Auftragnehmer (§ 87 d AO) Programme** zur Erhebung, Verarbeitung oder Nutzung von Daten im Auftrag im Sinne des § 87 c AO **einsetzt**, soweit

1. auf Grund unrichtiger oder unvollständiger Übermittlung Steuern verkürzt oder zu Unrecht steuerliche Vorteile erlangt werden oder

2. er seine Pflichten nach § 87 d Abs. 2 AO verletzt hat und auf Grund der von ihm übermittelten Daten Steuern verkürzt oder zu Unrecht steuerliche Vorteile erlangt werden.

Auch hier entfällt die Haftung, soweit der Auftragnehmer nachweist, dass die unrichtige oder unvollständige Übermittlung der Daten oder die Verletzung der Pflichten nach § 87 d Abs. 2 AO nicht auf grober Fahrlässigkeit oder Vorsatz beruht.

§ 72 a Abs. 1 und 2 AO gelten nicht für Zusammenfassende Meldungen im Sinne des § 18 a Abs. 1 UStG (§ 72 a Abs. 3 AO).

Gem. **§ 72 a Abs. 4 AO** haftet für die entgangene Steuer, **wer nach** Maßgabe des **§ 93 c AO Daten an die Finanzbehörden zu übermitteln hat** und vorsätzlich oder grob fahrlässig

1. unrichtige oder unvollständige Daten übermittelt oder

2. Daten pflichtwidrig nicht übermittelt.

§ 72 a Abs. 4 AO gilt nicht, soweit einzelgesetzliche Regelungen dies anordnen (vgl. § 93 a Abs. 1 AO, § 10 Abs. 2a Satz 7 und Abs. 4b Satz 6, § 10 a Abs. 5 Satz 4, § 22 a Abs. 1 Satz 2, § 43 Abs. 1 Satz 7 und Abs. 2 Satz 8, § 45 d Abs. 1 Satz 3 und Abs. 3 Satz 5 EStG sowie § 50 Abs. 1a und § 65 Abs. 3a EStDV).

§ 72 a AO übernimmt ohne inhaltliche Änderung die Haftungsregelung des § 5 Abs. 1 und 2 (der zum 01.01.2017 außer Kraft getretenen) Steuerdaten-Übermittlungsverordnung und schafft in ihren Abs. 2 Nr. 2 sowie Abs. 4 neue Haftungstatbestände, die die neu eigefügten §§ 87 d und 93 c AO ergänzen (vgl. Rz. 1018a).

2.2.6 Die Haftung bei Organschaft (§ 73 AO)

784   Eine Organschaft besteht aus Organträger (Mutter) und einer oder mehreren Organgesellschaften (Töchter). Der Organträger kann jede Rechtsform haben (z. B. AG, GmbH oder OHG), die Organgesellschaft muss eine juristische Person sein. Eine Organschaft liegt vor, wenn die Organgesellschaft derart in den Organträger eingegliedert ist, dass sie sich dessen Willen unterordnen muss. Ein allgemeines Institut der Organschaft gibt es nicht. Vielmehr ist für jede Steuerart zu prüfen, ob zwischen den Unternehmen eine Organschaft besteht (z. B. § 14 ff. KStG; § 2 Abs. 2 Nr. 2 UStG; § 2 Abs. 2 Satz 2 GewStG). Die Organgesellschaft haftet demnach nur für solche Steuern, für welche die Organschaft steuerlich von Bedeutung ist.

Folge der Organschaft ist, dass die wesentlichen Besteuerungsgrundlagen der Organgesellschaft beim Organträger erfasst werden und der Besteuerung des Organträgers zugrunde gelegt werden. Steuerschuldner ist also der Organträger, nicht die Organgesellschaft. Wenn nun der Organträger zahlungsunfähig wird, kann wegen der privatrechtlichen Selbstständigkeit von Organträger und Organgesellschaft nicht auf die Organgesellschaft zurückgegriffen werden, auch wenn der Steueranspruch durch die wirtschaftliche Tätigkeit der Organgesellschaft ausgelöst wurde. Hier greift § 73 AO ein: Die Organgesellschaft soll mit ihrem Vermögen für die Steuerschulden des Organträgers haften.

Erlässt das Finanzamt einen Haftungsbescheid gem. §§ 73 und 191 Abs. 1 AO, ist die z. T. weitreichende Haftung ggf. nach pflichtgemäßen Ermessen zu beschränken (vgl. AEAO zu § 73 Nr. 3).

BEISPIEL

Die X-AG ist Organträger der A-GmbH und der B-GmbH. Die Organschaft besteht hinsichtlich der Umsatzsteuer. Alle drei Gesellschaften haben Umsätze getätigt. Die daraus sich ergebende Umsatzsteuer beträgt für die X-AG 20 000 €, für die A-GmbH 10 000 €, für die B-GmbH 5 000 €. Schuldner der gesamten Umsatzsteuer in Höhe von 35 000 € ist die X-AG als Unternehmer (§ 13 Abs. 2 UStG).

LÖSUNG Die A-GmbH und die B-GmbH haften jede gem. § 73 AO für die Umsatzsteuerschulden der X-AG als Organträger i. H. v. 35 000 €. Hier besteht die Haftung nach § 73 AO für alle Schulden des Organkreises. Im Rahmen der Ermessensausübung soll die Haftung aber grundsätzlich auf die in ihrem eigenen Betrieb oder im Betrieb des Organträgers verursachten Steuern beschränkt werden (AEAO zu § 73 Nr. 3.1). Eine solche Begrenzung der Haftungsinanspruchnahme erfolgt jedoch nicht, wenn der Organträger oder andere Organgesellschaften Vermögenswerte unentgeltlich auf die Organgesellschaft übertragen, unentgeltliche Nutzungen oder Leistungen gewährt haben oder keine Trennung der Vermögenssphären der Organteile möglich ist, sodass die Organgesellschaft auch für Steuern haftet, die durch den Betrieb des Organträgers oder einer anderen Organgesellschaft verursacht worden sind (AEAO zu § 73 Nr. 3.1).

2.2.7 Die Haftung des Eigentümers von Gegenständen (§ 74 AO)

2.2.7.1 Allgemeines

Nach § 74 AO haften Personen, die an einem Unternehmen wesentlich beteiligt sind, für **785** die Betriebsteuern des Unternehmens mit den ihnen gehörenden Gegenständen, die dem Unternehmen dienen. Der Grund für diese Haftung ist der objektive Beitrag, den eine am Unternehmen wesentlich beteiligte Person durch die Bereitstellung von Gegenständen, die dem Unternehmen dienen, für die Weiterführung des Unternehmens leistet. Die beteiligte Person haftet nach § 74 AO zwar persönlich, aber gegenständlich beschränkt auf die dem Unternehmen überlassenen Gegenstände. Damit erreicht der Gesetzgeber, dass diese Gegenstände nicht dem Zugriff der Finanzbehörde entzogen werden können. Sinn und Zweck der Haftung nach § 74 AO ist es, dass Gegenstände, die einem Unternehmen dienen, dem Finanzamt auch dann zu Vollstreckungszwecken zur Verfügung stehen sollen, wenn sie nicht dem Unternehmer gehören.

BEISPIEL

A, der zu 30 % an der X-GmbH beteiligt ist, hat an die GmbH einige seiner Maschinen verpachtet. Die X-GmbH schuldet 10 000 € Umsatzsteuer. Das Finanzamt möchte in das Vermögen der GmbH vollstrecken. Eine Pfändung der Maschinen (ohne § 74 AO) wäre sinnlos, da diese nicht der GmbH gehören. A hat wegen seines Eigentums an den Maschinen ein »die Veräußerung hinderndes Recht« i. S. d. § 262 AO und könnte durch einen (Dritt-)Widerspruch gem. § 262 AO die Aufhebung der Pfändung erreichen. Dieser Einwand wird A genommen, wenn gegen ihn ein Haftungsbescheid gem. § 74 AO erlassen worden ist und er dadurch mit seinen Maschinen haftet.

2.2.7.2 Voraussetzungen der Haftung

Folgende Tatbestandsvoraussetzungen müssen erfüllt sein:

a) Wesentliche Beteiligung

Nach § 74 AO haften nur Personen, die **am Unternehmen wesentlich beteiligt** sind. Der **786** Begriff des Unternehmens ist nach umsatzsteuerlichen Gesichtspunkten zu bestimmen, dazu gehört nicht nur der Gewerbetreibende, sondern auch der Land- und Forstwirt und der Freiberufler. Eine wesentliche Beteiligung ist gegeben, wenn eine Person entweder unmittelbar oder mittelbar mehr als zu einem Viertel (25 %) am Unternehmen beteiligt ist (§ 74 Abs. 2 Satz 1 AO). Von mehreren Familienmitgliedern gehaltene Anteile dürfen nicht zusammengerechnet werden (BFH vom 01.12.2015 BStBl 2016 II, 375).

> **BEISPIEL**
>
> A ist zu 20 % am Stammkapital der X-GmbH beteiligt. Ferner ist er zu 30 % an dem Stammkapital der Y-GmbH beteiligt, die wiederum 50 % des Kapitals der X-GmbH hält.
> **LÖSUNG** A ist wesentlich an der Y-GmbH (30 %) beteiligt. Er ist auch wesentlich an der X-GmbH beteiligt. Zu der unmittelbaren Beteiligung von 20 % kommen noch 15 % mittelbare Beteiligung (50 % von 30 %) durch die Y-GmbH hinzu, also insgesamt 35 %.

787 Als wesentlich beteiligt gilt auch, wer auf das Unternehmen einen **beherrschenden Einfluss ausübt und sich steuerwidrig verhält,** d. h. darauf hinwirkt, dass fällige Betriebssteuern nicht entrichtet werden (§ 74 Abs. 2 Satz 2 AO). Der beherrschende Einfluss kann durch eine familiäre oder durch eine wirtschaftliche Bindung begründet sein. Dabei ist ein aktiver und für die Nichtentrichtung fälliger Betriebssteuern kausaler Beitrag erforderlich (AEAO zu § 74 Nr. 4).

> **BEISPIELE**
>
> a) Ein Vater überträgt sein Unternehmen auf den Sohn, wirkt jedoch bei wichtigen Entscheidungen mit und sorgt dafür, dass Betriebssteuern nicht gezahlt werden.
>
> b) Eine Bank, die Sicherungseigentümerin des Betriebsinventars und der betrieblichen PKW ist, droht dem Unternehmer die Kündigung aller Kredite und die Beantragung der Eröffnung eines Insolvenzverfahrens an, wenn dieser die fällige USt bezahlt, anstatt die Kreditschuld abzutragen.

b) Der Gegenstand muss dem Unternehmen dienen

788 Unter Gegenständen sind nur Sachen (§ 90 BGB) zu verstehen. Der Inhaber von immateriellen Wirtschaftsgütern (Rechten) haftet nicht (AEAO zu § 74 Nr. 1 AO). Der Gegenstand muss dem Unternehmen für längere Zeit zur Verfügung stehen und von wirtschaftlicher Bedeutung sein. Das ist gegeben bei vermieteten oder verpachteten beweglichen Sachen oder Grundstücken oder wenn der Unternehmer die Sache an die Bank zur Sicherheit übereignet hat (§ 930 BGB) und aufgrund des Besitzmittlungsverhältnisses weiter nutzt. Es genügt nicht, dass eine wesentlich beteiligte Person dem Unternehmen ihren LKW kurzfristig überlässt, solange sich der betriebseigene LKW in Reparatur befindet.

c) Der Gegenstand muss Eigentum der wesentlich beteiligten Person sein

789 Die dem Unternehmen dienenden Gegenstände müssen der wesentlich beteiligten Person gehören. Diese muss privatrechtlicher Eigentümer der Sachen sein. Darunter fallen also auch der Vorbehaltseigentümer und der Sicherungseigentümer. Wirtschaftliches Eigentum gem. § 39 Abs. 2 AO reicht nicht aus, da in diesem Falle der privatrechtliche Eigentümer der Vollstreckung widersprechen könnte.

2.2.7.3 Umfang der Haftung

Die Haftung nach § 74 AO ist in dreifacher Weise wie folgt eingeschränkt:

a) Sachliche Haftungsbeschränkung bei § 74 AO

Gehaftet wird nur »für diejenigen Steuern des Unternehmens, bei denen sich die Steuer- **790**
pflicht auf den Betrieb des Unternehmens gründet« (sog. **Betriebssteuern**). Das sind Steuern,
deren Entstehungstatbestand ein Unternehmen zwingend voraussetzen und daher bei Nichtun-
ternehmern nicht anfallen können. Dazu gehören die USt, GewSt und die Verbrauchsteuern bei
Herstellungsbetrieben, nicht jedoch die Abzugsteuern wie LSt und KapSt oder Personensteuern
und steuerliche Nebenleistungen (siehe AEAO zu § 74 Nr. 2).

b) Gegenständliche Beschränkung der Haftung

Der Eigentümer der Gegenstände haftet nur »mit diesen«. Die Haftung des Eigentümers **791**
ist zwar eine persönliche, aber dinglich beschränkt auf die dem Unternehmen überlassenen
Gegenstände. Dies können bewegliche Sachen sein (Pkw, Computer, Geschäftsausstattung,
Maschinen) oder unbewegliche (Grundstücke, vgl. BFH vom 13.11.2007 VII R 61/06). Das
Haftungsobjekt ist dabei nicht auf den (im Zeitpunkt der Haftungsinanspruchnahme noch) im
Eigentum des Haftenden stehenden Gegenstand beschränkt, sondern umfasst auch ein dafür
ggf. erhaltenes Surrogat (z. B. Veräußerungserlös, Schadenersatz etc.), wenn der Gegenstand im
Zeitraum der Steuerschuldentstehung dem Unternehmen gedient hat (BFH vom 22.11.2011
BStBl 2012 II, 223 und AEAO zu § 74 Nr. 1). Die Gegenstände, mit denen gehaftet wird, sind
einzeln im Haftungsbescheid aufzuführen. Geschieht dies nicht, ist dieser mangels inhaltlicher
Bestimmtheit nichtig (§§ 119 Abs. 1, 125 Abs. 1 AO).

BEISPIEL

Ab dem Kj 01 verpachtete A der X-GmbH, an der er zu 30 % beteiligt ist, einen LKW, den er unter
Eigentumsvorbehalt erworben und bis 04 abzuzahlen hat. Gleichzeitig überließ er der GmbH seinen
Zweitwagen unentgeltlich zur ständigen Benutzung. Den PKW veräußerte er allerdings Anfang 03
für 10 000 € an B. Haftet A im Juli 03 für 5 000 € USt aus 02 der (inzwischen insolventen) GmbH?
LÖSUNG Für den LKW haftet A nicht nach § 74 AO. Er war nicht dessen privatrechtlicher Eigentümer. Dies war der Verkäufer (vgl. § 455 BGB). Das wirtschaftliche Eigentum des A reicht nicht aus.
Hinsichtlich des PKW ist allein die gegenständlich Beschränkung der Haftung problematisch: A ist
ab Anfang 03 nicht mehr dessen Eigentümer. Dies ist jedoch nach h. M. ohne Bedeutung, da A auch
mit dem für den PKW erhaltenen Surrogat (hier mit dem Kaufpreis i. H. v. 10 000 €) haftet. Im Haftungsbescheid muss das Finanzamt ausdrücklich darauf hinweisen, dass A auch mit dem Surrogat für
den PKW haftet. Anderenfalls wäre der Bescheid mangels inhaltlicher Bestimmtheit nichtig (§§ 119
Abs. 1 und 125 Abs. 1 AO).

c) Zeitliche Haftungsbeschränkung

Nach § 74 Abs. 1 Satz 2 AO erstreckt sich die Haftung **zeitlich** nur auf die Steuern, die **792**
während des Bestehens der wesentlichen Beteiligung entstanden sind. Auf die Fälligkeit kommt
es nicht an. Gleichzeitig müssen die Gegenstände, mit denen gehaftet wird, dem Unternehmen
gedient haben.

2.2.8 Die Haftung des Betriebsübernehmers (§ 75 AO)

2.2.8.1 Allgemeines

793 Im Regelfall bietet bei einem Unternehmen das vorhandene Betriebsvermögen eine Sicherheit für die Durchsetzbarkeit der durch den Betrieb verursachten Steuerschulden. Wird das Betriebsvermögen einem Erwerber übertragen, bevor die bisherigen Steuerschulden bezahlt sind, würde dem Fiskus eine wichtige Sicherheit entzogen. Das will die Haftung nach § 75 AO verhindern. Die Vorschrift will den Fiskus so stellen, wie er hinsichtlich der Vollstreckungsmöglichkeiten stünde, wenn der Steuerschuldner (Veräußerer) noch Inhaber des Unternehmens wäre. Durch die Übernahme eines bestehenden Betriebes erlangt der Erwerber üblicherweise eine weitaus bessere Start- und Gewinnchance als bei einer Neugründung. Hierin wird allgemein die Rechtfertigung für die Haftung des Erwerbers gesehen. Dass der Erwerber zumeist eine Gegenleistung für den Betrieb erbringen musste, bleibt allerdings außer Betracht. § 75 AO begründet nach allem eine persönliche Haftung, die jedoch auf den Bestand des übernommenen Unternehmens bzw. Teilbetriebs beschränkt ist.

Bei dem Erwerb eines Betriebes kommt als Haftungstatbestand neben § 75 AO auch § 25 HGB in Frage.

2.2.8.2 Voraussetzungen

a) »Lebendes« Unternehmen oder gesondert geführter Betrieb

794 **Unternehmen** ist jede wirtschaftliche Einheit oder organisatorische Zusammenfassung persönlicher oder sachlicher Mittel zur Verfolgung wirtschaftlicher Zwecke, d. h. ein Unternehmen i. S. d. § 2 Abs. 1 UStG. Ein **gesondert geführter Betrieb** ist ein mit gewisser Selbstständigkeit ausgestatteter, organisch geschlossener Teil eines Gesamtbetriebes, der für sich allein lebensfähig ist (siehe dazu AEAO zu § 75 Nr. 3.1).

> **BEISPIELE**
>
> a) V betreibt eine Einzelhandelskette mit 15 Filialbetrieben. Einkauf, Kalkulation und Buchführung werden zentral für alle Filialen in einem Büro durchgeführt.
> Veräußert er sein ganzes Geschäft an E, hat dieser ein Unternehmen im o. g. Sinne erworben. Veräußert V nur eine Filiale (als Laden) an E, hat E weder ein Unternehmen noch einen gesondert geführten Betrieb erworben. Die einzelne Filiale kann nicht als selbstständiges Unternehmen fortgeführt werden.
>
> b) Zahnarzt Dr. V veräußert aus Altersgründen seine Praxis an Dr. E. Es ist ein Unternehmen gegeben.
>
> c) V betreibt eine Metzgerei zusammen mit einer Gastwirtschaft. Er veräußert die Metzgerei an E. E hat einen gesondert geführten des V erworben. Die Metzgerei ist in sich geschlossen und kann ohne größere Umstellungen selbstständig fortgeführt werden.

795 Das Unternehmen (bzw. der Teilbetrieb) muss »**leben**«. D. h., es muss noch so betriebsfähig sein, dass es vom Erwerber ohne großen Aufwand fortgeführt werden kann. Siehe dazu AEAO zu § 75 Nr. 3.3. Die Möglichkeit einer Fortführung genügt, auf die tatsächliche Fortführung kommt es nicht an. Muss der Übernehmer dagegen nennenswerte eigene Investitionen tätigen, um den Betrieb fortzuführen, weil z. B. die wesentlichen Betriebsgegenstände zur Sicherheit übereignet worden sind und kein Betriebsvermögen vorhanden ist, so ist das Unternehmen nicht lebensfähig; eine Haftung des Übernehmers scheidet aus (vgl. BFH vom 08.07.1982 BStBl

II 1983, 282; BFH vom 18.03.1986 BStBl II 1986, 589). Grund für diese ungeschriebene Haftungsvoraussetzung ist, dass nur ein lebendes Unternehmen für das Finanzamt eine Sicherheit darstellt. Die Haftung gründet sich auf die wirtschaftliche Ertragskraft des Unternehmens.

BEISPIELE

a) E erwirbt von V dessen Gastwirtschaft. Er schließt diese, weil er in der Nähe eine eigene Gastwirtschaft betreibt. Er will auf diese Weise die Konkurrenz des V ausschalten. Zwar wurde die Gastwirtschaft von V nicht fortgeführt. Sie war aber betriebsfähig und hätte fortgeführt werden können. Das reicht aus.

b) V war Inhaber einer Garnzwirnerei. Da er in finanzielle Schwierigkeiten kam, war er gezwungen, seinen Betrieb zu schließen. Am 01.08.05 traten die Arbeitnehmer zunächst einmal ihren Jahresurlaub an. Kündigungen erfolgten nicht. In dieser Zeit gelang es dem V, einen Käufer (E) für das Unternehmen zu finden. E übernahm am 02.09.05 den Betrieb und führte ihn fort.

LÖSUNG Grundsätzlich haftet der Erwerber eines stillgelegten Betriebes nicht. Hier allerdings stand der Betrieb nur kurze Zeit still und konnte von E ohne große Aufwendungen fortgeführt werden. Die Belegschaft war noch vorhanden. Der Kundenstamm hatte sich noch nicht verflüchtigt. E haftet also nach § 75.

b) Übereignung des Unternehmens

Unter Übereignung ist nicht die privatrechtliche Eigentumsübertragung gemeint. Vielmehr ist erforderlich, dass der **Erwerber wirtschaftlich** in der Lage ist, wie ein Eigentümer das Unternehmen zu betreiben (§ 39 Abs. 2 AO; vgl. BFH vom 22.09.1992 BFH/NV 1993, 215).

796

BEISPIEL

V veräußert sein Textilgeschäft an E. Das Geschäft befindet sich in gemieteten Räumen. Der Vermieter ist damit einverstanden, dass E in den alten Mietvertrag einsteigt. Das Inventar ist noch nicht abgezahlt und steht deshalb unter Eigentumsvorbehalt. Die Waren sind unter verlängertem Eigentumsvorbehalt geliefert. V schuldet noch USt.

LÖSUNG Eine Übereignung des Unternehmens liegt vor. E ist zwar nicht privatrechtlicher Eigentümer des Inventars und der Waren geworden. Wirtschaftliches Eigentum reicht aber aus.

Keine Übereignung i. S. d. § 75 AO liegt vor, wenn der Rechtserwerb kraft Gesetzes eintritt. Der Erbe haftet also ebenso wenig nach § 75 AO wie derjenige, der durch das Ausscheiden eines Gesellschafters aus der OHG nunmehr Einzelunternehmer wird (vgl. § 142 HGB, 738 BGB). Auch das Pachten eines Unternehmens genügt nicht.

797

BEISPIEL

E erwirbt den Betrieb von V und verpachtet ihn sofort weiter an P. E haftet als Erwerber gem. § 75 AO. P haftet nicht. Er ist nicht (wirtschaftlicher) Eigentümer des Betriebes geworden.

Nach § 75 AO wird auch nicht gehaftet für Erwerbe aus einer Insolvenzmasse und für Erwerbe im Vollstreckungsverfahren (**§ 75 Abs. 2 AO**; vgl. AEAO zu § 75 Nr. 3.4). Damit wird die zwangsweise Verwertung von Unternehmen und Teilbetrieben erleichtert.

c) Übereignung im Ganzen

Die Übereignung hat im Ganzen zu erfolgen. Die wesentlichen Grundlagen des Unternehmens müssen übergehen. Die Zurückhaltung unbedeutender Gegenstände schließt eine Haftung nicht aus. Welches die wesentlichen Grundlagen sind, richtet sich nach den wirtschaftli-

798

chen Gesichtspunkten des Einzelfalls (siehe dazu ausführlich AEAO zu § 75 Nr. 3.2 und auch BFH vom 07.11.2002 BFH/NV 2003, 361).

BEISPIEL

A betreibt die Gastwirtschaft »Zum Ochsen«, ein Restaurant. Er kauft das Nachbarhaus und führt dort die Gastwirtschaft »Zum Ochsen« weiter. Die frühere Gastwirtschaft verkauft er samt Inventar an B, der dort eine Bierschwemme betreibt.

LÖSUNG B haftet nicht als Erwerber. Er übernimmt nur das Gebäude und das Inventar. Es werden weder Kundenstamm noch Name übertragen. B erwirbt kein Unternehmen im Ganzen.

2.2.8.3 Rechtsfolge

799 Die **persönliche Haftung** des Erwerbers ist sachlich (bezüglich der Steuerart), zeitlich und gegenständlich eingeschränkt:

a) Sachliche Haftungsbeschränkung bei § 75 AO

Der Erwerber haftet nur für bestimmte Steuerschulden des Veräußerers, nämlich die Betriebssteuern, die Steuerabzugsbeträge sowie die Erstattungen von Steuervergütungen. Zum Begriff der **Betriebssteuern**, also »Steuern, bei denen sich die Steuerpflicht auf den Betrieb des Unternehmens gründet« (§ 75 Abs. 1 Satz 1), siehe die Ausführungen zu § 74 AO (Rz. 785). Steuerabzugsbeträge sind die Lohnsteuer (§ 38 EStG), die Kapitalertragsteuer (§ 43 ff. EStG) und Abzugsbeträge nach §§ 48, 50 a EStG.

b) Zeitliche Haftungsbeschränkung

800 Die zeitliche Einschränkung der Haftung besteht in doppelter Hinsicht: Zum einen müssen die Steuern seit dem Beginn des letzten, vor der Übereignung liegenden Kalenderjahres entstanden sein (sog. **Haftungszeitraum**). Zum anderen müssen die Steuern bis zum Ablauf von einem Jahr nach Anmeldung des Betriebes durch den Erwerber festgesetzt oder angemeldet werden (sog. **Festsetzungszeitraum**).

Haftungszeitraum:

801 § 75 AO setzt für den Beginn des Haftungszeitraums eine Grenze. Die Steuern, für die gehaftet wird, müssen seit dem Beginn des letzten, vor der Übereignung liegenden Kalenderjahres entstanden sein. Die Entstehung der Steuer richtet sich nach den Einzelsteuergesetzen (§ 38 AO), auf die Fälligkeit kommt es nicht an.

Sowohl für den Beginn des Haftzeitraumes als auch für das Ende ist der Zeitpunkt der Übereignung maßgebend. Da, wie bereits oben erwähnt, der Begriff der Übereignung wirtschaftlich zu verstehen ist, kommt es auch hier nicht auf den Zeitpunkt des Vertragsabschlusses oder des Eigentumsüberganges an. Die Übereignung i. S. d. § 75 AO findet zu dem Zeitpunkt statt, in dem der Erwerber tatsächlich in der Lage ist, das Unternehmen fortzuführen.

BEISPIEL

Am 29.12.03 schließen V und E einen notariellen Vertrag über den Verkauf des Hotels des V. Die Übergabe erfolgte am 01.06.04. Die Eintragung des E ins Grundbuch erst am 02.01.05.

LÖSUNG Übereignungszeitpunkt ist der 01.06.04. E haftet für alle Steuern, die seit dem 01.01.03 entstanden sind.

Der Haftungszeitraum endet in dem Zeitpunkt, in dem der Erwerber Steuerschuldner **802** wird, also ab dem Übereignungszeitpunkt. Die Steuern, die der Veräußerer aufgrund der Übereignung schuldet, fallen ebenfalls in den Haftungszeitraum. Hier kommt es auf die Entstehung der Steuer i. S. d. § 38 AO nicht an. Maßgebend ist allein, dass der Grund für das Entstehen der Steuerschuld in der Person des früheren Unternehmers gelegt war und dieser damit zum Steuerschuldner wurde.

Festsetzungszeitraum:

§ 75 AO bestimmt ferner einen **Festsetzungszeitraum** für die auf den Haftungszeitraum **803** fallende Steuer. Diese muss bis spätestens ein Jahr nach Anmeldung des Betriebes durch den Erwerber festgesetzt oder angemeldet worden sein. Diese Voraussetzung ist selbstverständlich auch dann erfüllt, wenn die **Steuer** vor der Anmeldung festgesetzt oder angemeldet wird. Auch diese Beschränkung dient dem Schutz des Erwerbers. Der Haftungsbescheid selbst kann später ergehen. Der Erwerber hat gem. § 138 AO die Eröffnung des Unternehmens anzuzeigen. Gemeint ist die Anzeige beim zuständigen Finanzamt, nicht bei der Gemeinde. Genügt er dieser Pflicht, wird er insofern geschützt, als er darauf vertrauen kann, innerhalb eines Jahres Gewissheit darüber zu haben, für welche Steuerbeträge eine Haftung in Betracht kommt. Der Festsetzungszeitraum knüpft – dem Wortlaut nach – nur an die Anmeldung durch den Erwerber an. Liegt diese nicht vor, reicht auch die Kenntnis von der Übereignung durch die zuständige Finanzbehörde aus.

BEISPIELE

a) E erwirbt mit Kaufvertrag vom 10.10.03 das Einzelunternehmen des V. Das Unternehmen geht am 01.04.04 auf E über. E meldet am 10.04.04 dem Finanzamt die Eröffnung des Unternehmens. V hat folgende Steuerrückstände:

1. USt Dezember 02 i. H. v. 1 000 €, angemeldet am 20.01.03
2. USt Januar – Dezember 03 i. H. v. 15 000 €, angemeldet am 10.02.04
3. USt Januar – März 04 i. H. v. 2 500 €, weder angemeldet noch festgesetzt.
4. Verspätungszuschlag wegen USt 03 i. H. v. 900 €
5. ESt Kj 03 i. H. v. 3 800 €, festgesetzt am 08.08.04.

LÖSUNG E haftet gem. § 75 AO für die Betriebssteuern, also nur für die Umsatzsteuer. Es können weder die Einkommensteuer noch der Verspätungszuschlag zur Umsatzsteuer als steuerliche Nebenleistung erfasst werden. Der Haftungszeitraum für die Betriebssteuer ist der 01.01.03 bis 01.04.04. In dieser Zeit ist die Umsatzsteuer Januar 03 bis März 04 entstanden (§ 13 Abs. 1 UStG). E haftet daher für die Umsatzsteuer 03 i. H. v. 15 000 € und die Umsatzsteuer Januar bis März 03 i. H. v. 2 500 €. Da letztere noch nicht festgesetzt worden ist, ist weiterhin zu beachten, dass die Festsetzung gegen V innerhalb des Festsetzungszeitraumes (also bis zum 10.04.05) zu geschehen hat. Ist dies erfolgt, kann gegen E ein Haftungsbescheid über 17 500 € ergehen. E haftet nicht für die Umsatzsteuer Dezember 02, da diese gem. § 13 Abs. 1 Nr. 1 Buchst. a UStG mit Ablauf Dezember 02, also außerhalb des Haftungszeitraumes entstanden ist.

b) V, der trotz hoher Umsätze ab 01. Januar 05 keine Umsatzsteuer-Voranmeldungen mehr abgegeben hat, verkauft sein Unternehmen mit Wirkung zum 05.05.05 an den E und setzt sich im Juli wegen finanzieller Schwierigkeiten ins Ausland (unbekannter Aufenthaltsort) ab. E hat das Unternehmen sofort an den P verpachtet, der dies am 07.07.05 gem. § 138 Abs. 1 Satz 1 AO der Finanzbehörde gegenüber anzeigt.

LÖSUNG Hier liegt keine Anmeldung durch den Erwerber E vor. Dieser war dazu auch nicht verpflichtet. Da es primär auf die Kenntnis des Finanzamts ankommt, ist hier auf die Anzeige des P abzustellen. Das Finanzamt hat also bis zum Ablauf des 07.07.06 Zeit, die USt gegenüber V festzusetzen. Da dessen Aufenthaltsort unbekannt ist, erfolgt die Bekanntgabe durch öffentliche Zustellung gem. § 122 Abs. 5 AO i. V. m. § 15 Verwaltungszustellungsgesetz. Der Haftungsbescheid kann später ergehen (vgl. AEAO zu § 75 Nr. 4.2).

Wird ein erworbener lebensfähiger Betrieb durch den Erwerber geschlossen und aus diesem Grund keine Anzeige nach § 138 AO abgegeben, beginnt die Jahresfrist mit dem Übergang des Unternehmens. Nur so ist der Erwerber ausreichend geschützt.

c) Gegenständliche Beschränkung der Haftung

804 Die Haftung beschränkt sich auf das übernommene Vermögen (einschließlich der Surrogate). Darunter ist das übernommene Aktivvermögen zu verstehen, Schulden sind nicht abzuziehen. Das Finanzamt kann somit ohne Rücksicht auf den Wert des Unternehmens in das übernommene Aktivvermögen bzw. dessen Surrogate vollstrecken (h. M.). Der Erwerber muss dies dulden. Er kann die Vollstreckung jedoch abwenden, indem er das Finanzamt freiwillig befriedigt. Dieses Ergebnis wird z. T. angegriffen. Es wird darauf hingewiesen, dass ein lebensfähiges Unternehmen unnötig zerschlagen werden könne. Eine Inanspruchnahme des Erwerbers über den Wert des Unternehmens müsse unzulässig sein. Ferner werde dem Erwerber die Möglichkeit erschwert, durch Zahlung des Haftungsbetrages die Vollstreckung abzuwenden.

> **BEISPIEL**
> A haftet gem. § 75 AO für 40 000 € USt-Schulden des Veräußerers. Der Wert des übernommenen Unternehmens beträgt 20 000 € (35 000 € Aktivvermögen, 15 000 € Schulden).
> **LÖSUNG** A kann die Vollstreckung nur durch Zahlung von 35 000 € (Wert des Aktivvermögens) abwenden, nicht durch die Zahlung i. H. v. 20 000 €, dem Wert des Unternehmens.

Auch wenn dieses Ergebnis unbillig erscheint, ist der h. M. zu folgen. § 75 AO will der Finanzbehörde trotz Übergang des Unternehmens die daraus resultierenden Steueransprüche sichern. Der Behörde müssen also gegen den Erwerber des Unternehmens die gleichen Vollstreckungsmöglichkeiten zustehen wie gegen den Veräußerer. Auch gegen den Veräußerer hätte die Finanzbehörde in das Aktivvermögen vollstrecken können, unabhängig vom Wert des Unternehmens. Tatsächlich eintretende Unbilligkeiten kann die Finanzbehörde in Ausübung pflichtgemäßen Ermessens beseitigen, z. B. bei Erteilung des Haftungsbescheides. Im Haftungsbescheid kann die gesamte Haftsumme aufgenommen werden (z. B. 40 000 €), jedoch mit dem Hinweis, dass sich die Haftung auf den Bestand des übernommenen Vermögens beschränkt (z. B. 35 000 €). Sollte der Vollziehungsbeamte in anderes Vermögen des Erwerbers vollstrecken, könnte dieser Einspruch einlegen.

Die gegenständliche Beschränkung der Haftung ist im Haftungsbescheid anzugeben (siehe AEAO zu § 75 Nr. 4.3). Anderenfalls ist der Bescheid gem. §§ 119 Abs. 1 und 125 Abs. 1 AO nichtig.

805 Der Erwerber kann die Haftung nach § 75 AO **vertraglich nicht ausschließen**, da es sich um einen öffentlich-rechtlichen Anspruch handelt. Um sich vor einer überraschenden Inanspruchnahme zu schützen, muss er vom Veräußerer die Einwilligung einholen, dass ihm die Finanzbehörde die Steuerrückstände mitteilt. Die Finanzbehörde ist zu dieser Auskunft zwar nicht verpflichtet, wird sie aber im Regelfall erteilen. Das Steuergeheimnis steht dem nicht entgegen (§ 30 Abs. 4 Nr. 3 AO).

Übersicht: Haftung für Steuerschulden bei Betriebsübernahme 806

	§ 75 AO	§ 25 HGB
Erwerb	eines »lebenden« Unternehmens oder Teilbetriebs im Ganzen	des Geschäfts eines Kaufmanns unter Lebenden: Kauf, Schenkung, Pacht
Weitere Voraussetzungen		tatsächliche Fortführung der Firma (§§ 17 ff. HGB)
keine Haftung	vgl. § 75 Abs. 2 AO	vgl. § 27 HGB und bei Erwerb aus einer Insolvenzmasse
Umfang der Haftung	Betriebssteuern (USt, GewSt), Steuerabzugsbeträge (LSt) und Erstattungen von Vergütungen, wenn diese seit dem Beginn des letzten vor der Übereignung liegenden Kj entstanden sind und bis zum Ablauf von einem Jahr nach der Anmeldung festgesetzt sind.	Alle Geschäftsverbindlichkeiten, also alle betrieblichen Steuern (z. B. USt oder GewSt)
Haftungsbeschränkung	ja, auf das übernommene Vermögen (§ 75 Abs. 1 Satz 2 AO)	nein, volle persönliche Haftung
vertraglicher Haftungsausschluss	nicht möglich, da § 75 AO ein öffentlich-rechtl. Anspruch ist. Der Erwerb kann nur im Innenverhältnis beim Veräußerer Rückgriff nehmen.	Möglich gem. § 25 Abs. 2 HGB (Eintragung ins Handelsregister oder Mitteilung an das FA)
Haftungsverjährung	§ 191 Abs. 3 AO: vier Jahre	§ 191 Abs. 4 AO, § 195 BGB: drei Jahre

2.2.9 Die Sachhaftung (§ 76 AO)

Nach § 76 AO kann sich die Finanzbehörde wegen Zöllen und Verbrauchsteuern ohne 807
Beachtung der privatrechtlichen Verhältnisse aus den Waren befriedigen, sofern dies nicht nach § 76 Abs. 5 AO unbillig ist.

2.3 Die wichtigsten Haftungstatbestände außerhalb der AO

Siehe dazu die Ausführungen und die Übersichten unter Rz. 753–756.

2.3.1 Die Haftung für Steuerabzugsbeträge

Die wichtigsten Haftungstatbestände finden sich bei den Steuerabzugsbeträgen: § 42 d 808
EStG (Haftung des Arbeitgebers), §§ 44 Abs. 5 und 45 a Abs. 7 EStG (Haftung des Schuldners der Kapitalerträge), § 50 a Abs. 5 EStG (Haftung des Vergütungsschuldners bei beschränkt Steuerpflichtigen), §§ 48 und 48 a Abs. 3 EStG (Haftung des Leistungsempfängers bei Bauleistungen).

809   Da diese Haftungsvorschriften ähnlich ausgestaltet sind, wird hier allein die – in der Praxis wichtigste – **Haftung des Arbeitgebers für die Lohnsteuer gem. § 42 d EStG** in Grundzügen abgehandelt. Schuldner der Lohnsteuer ist der Arbeitnehmer (§ 38 Abs. 2 EStG, mit Ausnahme der pauschalen Lohnsteuer § 40 Abs. 3 EStG). Der Arbeitgeber hat die Lohnsteuer einzubehalten (§ 38 Abs. 3 EStG) und an das Finanzamt abzuführen (§ 41 a EStG). Der Arbeitgeber haftet, falls er seinen lohnsteuerlichen Pflichten nicht nachkommt, insbesondere dann, wenn er einzubehaltende Lohnsteuer nicht ordnungsgemäß abführt, nach Maßgabe des § 42 d EStG. Die Haftung ist unabhängig von einem Verschulden. Lediglich § 42 d Abs. 2 EStG schließt eine Haftung in den Fällen aus, in denen die fehlerhafte Abführung der Lohnsteuer auf Umstände zurückzuführen ist, die nicht in die Sphäre des Arbeitgebers fallen, z. B. wenn der Arbeitnehmer es unterlassen hat, Änderungen auf der Lohnsteuerkarte vom Finanzamt eintragen zu lassen (§ 42 d Abs. 2 Nr. 1 i. V. m. § 39 Abs. 4 oder § 39 a Abs. 5 EStG).

810   Der Arbeitgeber haftet neben dem Arbeitnehmer als Gesamtschuldner (§ 42 d Abs. 3 EStG). Der Arbeitnehmer darf jedoch nur unter den Voraussetzungen des § 42 d Abs. 3 Nr. 1 und 2 EStG in Anspruch genommen werden, also nur, wenn zu wenig Lohnsteuer einbehalten worden ist, oder der Arbeitnehmer das Fehlverhalten des Arbeitgebers kennt und dem Finanzamt keine Mitteilung macht.

Darf jedoch der Arbeitnehmer neben dem Arbeitgeber in Anspruch genommen werden, unterliegt es der pflichtgemäßen Ermessensausübung, gegen wen die Inanspruchnahme erfolgt. Es ist nicht ermessensfehlerhaft, wenn das Finanzamt den einfacheren Weg wählt. Hat z. B. der Arbeitgeber zu wenig Lohnsteuer einbehalten und abgeführt und der Arbeitnehmer eine Einkommensteuererklärung abgegeben, so ist der einfachere Weg die Inanspruchnahme des Arbeitnehmers im Besteuerungsverfahren. Sonst müsste das Finanzamt die Lohnsteuer vom Arbeitgeber fordern, der Arbeitgeber könnte sie vom Arbeitnehmer verlangen, und das Finanzamt müsste sie dem Arbeitnehmer wieder im Erhebungsverfahren anrechnen (§ 36 Abs. 2 Nr. 2 EStG).

811   Hat sich das Finanzamt entschieden, den Arbeitgeber in Anspruch zu nehmen, kann es den Haftungsbescheid sofort mit einer Zahlungsaufforderung verbinden. Der Grundsatz, dass zunächst der Schuldner in Anspruch zu nehmen ist, gilt hier nicht (§ 219 Satz 2 AO), da der Arbeitgeber gesetzlich verpflichtet war, Steuern einzubehalten und abzuführen. Eines Haftungsbescheides und einer Zahlungsaufforderung gegen den Arbeitgeber bedarf es nur, falls er die Lohnsteuer nicht angemeldet oder nach Abschluss einer Lohnsteuer-Außenprüfung seine Zahlungsverpflichtung nicht schriftlich anerkannt hat (§ 42 d Abs. 4 EStG), denn die Anmeldung bzw. das Anerkenntnis sind bereits vollstreckbar. Nach § 167 Abs. 1 Satz 3 AO steht das Anerkenntnis einer Steueranmeldung gleich, wenn der Steuer- oder Haftungsschuldner nach Abschluss einer Außenprüfung i. S. d. § 193 Abs. 2 Nr. 1 AO seine Zahlungsverpflichtung schriftlich anerkennt.

BEISPIEL

G ist Geschäftsführer der X-GmbH. Er behält richtig 2 000 € Lohnsteuer des Arbeitnehmers A ein, meldet diese jedoch vorsätzlich nicht an. Wen kann das FA in Anspruch nehmen?
LÖSUNG A ist Steuerschuldner (§ 38 Abs. 2 EStG). Da er nichts von dem Fehlverhalten des G weiß, kann er nicht in Anspruch genommen werden (§ 42 d Abs. 3 EStG). Die GmbH ist als Arbeitgeber verpflichtet, die einbehaltene Lohnsteuer abzuführen (§ 41 a EStG). Sie haftet nach § 42 d Abs. 1 Nr. 1 EStG in Höhe von 2 000 €. Es kann ein Haftungsbescheid mit Zahlungsaufforderung ergehen. § 219 Satz 1 AO ist nicht zu beachten. G haftet als Geschäftsführer einer jur. Person nach §§ 69 und 71 AO. Er hat seine steuerlichen Pflichten, die Anmeldung der Lohnsteuer, vorsätzlich verletzt und dadurch Steuern verkürzt. Auch gegen ihn kann ein Haftungsbescheid ergehen, der sofort mit einer Zahlungsaufforderung verbunden werden kann (§ 219 Satz 2 AO). Die GmbH und G haften als Gesamtschuldner.

2.3.2 Die Haftung bei Firmenfortführung (§ 25 HGB)

Wer ein bestehendes Handelsgeschäft i. S. d. §§ 22–28 HGB unter Lebenden oder von Todes wegen erwirbt, ist regelmäßig daran interessiert, die bisherige Firma des Kaufmanns (§ 17 HGB) fortzuführen, um sich den guten Ruf des Unternehmens zunutze zu machen. Aus diesem Grund ordnet § 25 Abs. 1 HGB die Haftung des Erwerbers für alle im Betrieb des Geschäftes begründeten Verbindlichkeiten des früheren Inhabers (also auch für Steuerschulden) an, soweit das Handelsgewerbe unter der bisherigen Firma fortgeführt wird. Damit nimmt der Gesetzgeber Rücksicht auf die Interessen der Geschäftsgläubiger an der Kontinuität des haftenden Vermögens. § 25 Abs. 1 HGB gründet die Haftung des Erwerbers auf den Rechtsschein der tatsächlichen Fortführung der Firma. Deshalb haftet der Übernehmer auch dann, wenn der Übertragende in die Firmenfortführung entgegen § 22 Abs. 1 HGB nicht eingewilligt hat.

Der Erwerber haftet grundsätzlich unbeschränkt, also nicht nur mit dem übernommenen Vermögen. Die Haftung lässt sich jedoch nach § 25 Abs. 2 HGB ausschließen.

BEISPIEL

E erwirbt das kaufmännische Handelsgeschäft von V auf Rentenbasis und führt die Firma fort. Der vereinbarte Haftungsausschluss wird in das Handelsregister eingetragen und bekannt gegeben. V schuldet noch 5 000 € Einkommensteuer, 2 000 € Umsatzsteuer und 500 € Kraftfahrzeugsteuer für den betrieblichen LKW. Kann E durch Haftungsbescheid in Anspruch genommen werden?

LÖSUNG Die Haftungstatbestände der §§ 75 AO und 25 HGB sind erfüllt.

Nach § 25 HGB würde E unbeschränkt für 2 000 € Umsatzsteuer und 500 € Kraftfahrzeugsteuer haften. Eine Inanspruchnahme entfällt jedoch durch den wirksamen Haftungsausschluss (§ 25 Abs. 2 HGB).

Nach § 75 AO haftet E für 2 000 € Umsatzsteuer als Betriebssteuer, soweit die zeitlichen Grenzen erfüllt sind. Der Haftungsausschluss ist unwirksam, die Haftung beschränkt sich auf den Bestand des übernommenen Aktivvermögens.

Zu § 25 HGB siehe die Übersicht Haftung für Steuerschulden bei Betriebsübernahme oben unter Rz. 806.

2.3.3 Sonstige Haftungstatbestände

Siehe dazu die Ausführungen und die Übersicht oben unter Rz. 753–756.

2.3.3.1 Haftung der Gesellschafter einer Personengesellschaft

Die Gesellschafter einer **BGB-Gesellschaft** (§§ 705 ff. BGB) haften für alle Gesellschaftsverbindlichkeiten persönlich, unmittelbar mit ihrem gesamten Vermögen als Gesamtschuldner. Diese Haftung ergibt sich nicht unmittelbar aus dem Gesetz. Nach Auffassung des BGH beruht die Haftung auf dem Rechtsgedanken des § 128 HGB (BGH vom 29.01.01 NJW 2001,1056). Die Gesellschafter haften auch für die Steuerschulden der BGB-Gesellschaft (z. B. USt, GewSt oder GrESt). Dies entspricht der gefestigten Rechtsprechung des BFH (siehe BFH vom 26.08.1997 BStBl II 1997, 745, m. w.Nw.). Nach der zutreffenden Auffassung des BFH ist die Haftung gerechtfertigt, da der Steueranspruch gegen die BGB-Gesellschaft als zwingende gesetzliche Folge des (rechtsgeschäftlichen) Handelns der Gesellschafter im Rahmen ihrer Gesellschafterstellung entsteht. Dadurch verwirklichen sie den Tatbestand, an den das Gesetz die Leistungspflicht knüpft (§ 38 AO).

812

813

814 Die Gesellschafter einer **OHG** (§§ 105 ff., 124 HGB) haften gem. § 128 HGB persönlich, unmittelbar und mit ihrem gesamten Vermögen als Gesamtschuldner für alle Verbindlichkeiten der OHG, die bis zu ihrem Ausscheiden aus der Gesellschaft begründet waren. Für die **KG** gilt folgendes: Der Komplementär haftet wie ein OHG-Gesellschafter (§§ 161 Abs. 2, 128 HGB). Der Kommanditist haftet nach Maßgabe der §§ 171–176 HGB.

> **BEISPIEL**
>
> X und Y gründen am 03.03.03 eine KG (Metallgroßhandel). Laut Gesellschaftsvertrag ist X Komplementär. Y ist Kommanditist und hat eine Einlage von 100 000 € zu leisten. Die KG beginnt ihre Geschäfte am 15.03.03 und wird am 01.06.03 ins Handelsregister eingetragen. Y leistet die versprochene Einlage am 09.09.03.
>
> **LÖSUNG** Als Komplementär haftet X für Verbindlichkeiten der KG (z. B. USt, GewSt, Kfz-Steuern für betriebliche Fahrzeuge, Grunderwerbsteuer und Grundsteuer der KG) gem. §§ 161 Abs. 2 und 128 HGB.
>
> Y haftet mit dem Geschäftsbeginn nach Maßgabe des § 176 Abs. 1 HGB zunächst wie ein persönlich haftender Gesellschafter, also in vollem Umfang. Bei Eintragung der KG (und gleichzeitiger Eintragung der Kommanditeinlage i. H. v. 100 000 €) haftet Y den Gläubigern der Gesellschaft bis zur Höhe seiner Einlage unmittelbar mit seinem Privatvermögen (§§ 172 Abs. 2, 171 Abs. 1 1. HS HGB). Diese Haftung ist ausgeschlossen, soweit die Einlage an die KG geleistet ist (§ 171 Abs. 1 2. HS HGB), hier also ab 09.09.03.

815 Tritt ein neuer Gesellschafter in eine OHG ein oder ein neuer Komplementär in eine KG, haftet er nach § 130 HGB auch für die vor seinem Eintritt begründeten Verbindlichkeiten der Gesellschaft.

816–817
frei

2.3.3.2 Haftung der Gesellschafter einer Kapitalgesellschaft

818 Die Gesellschafter einer Kapitalgesellschaft haften für Verbindlichkeiten der Gesellschaft grundsätzlich nicht (vgl. § 1 Abs. 1 Satz 2 AktG, § 13 Abs. 2 GmbHG). Handeln die Gesellschafter vor Eintragung der Gesellschaft im Namen der Gesellschaft, so haften diese nicht nach § 11 Abs. 2 GmbHG. Nach Auffassung des BFH vermag nur ein rechtsgeschäftliches oder rechtsgeschäftsähnliches Handeln für die Vorgesellschaft gegenüber einem Dritten die Haftung des Handelnden nach dieser Vorschrift begründen. § 11 Abs. 2 GmbHG begründet daher nicht die Haftung im Rahmen gesetzlicher Steuerschuldverhältnisse (BFH vom 16.07.1996 DStRE 1997, 265). Nach ganz h. M. haften die Gesellschafter auch im Zusammenhang mit der Gründung einer GmbH.

> **BEISPIEL**
>
> A und B betreiben jeder einen Holzgroßhandel. Sie schließen ihre Betriebe (nach außen hin ersichtlich) am 02.02.02 zusammen und verabreden, eine GmbH zu gründen. Der notarielle Gesellschaftsvertrag wird am 05.05.02 geschlossen (§§ 2 und 3 GmbHG). A wird zum Geschäftsführer bestellt und meldet die GmbH zur Eintragung in das Handelsregister an (§ 7 Abs. 1 und § 8 GmbHG). Die GmbH wird am 09.09.02 in das Handelsregister eingetragen.
>
> **LÖSUNG** Nach h. M. haften A und B wie folgt: Vor Abschluss des notariellen Gesellschaftsvertrages besteht eine sog. Vorgründungsgesellschaft, hier eine OHG. In dieser Phase haften A und B also nach § 128 HGB für die Steuerschulden der Gesellschaft.
>
> Am 05.05.02 entsteht mit Abschluss des notariellen Gesellschaftsvertrages eine sog. Vor-GmbH. Diese ist bezüglich der USt, GewSt etc. Steuerschuldnerin. In diesem Stadium haften die Gesellschafter nach Auffassung des BFH für die Verbindlichkeiten der Vor-GmbH nach den (ungeschriebenen) Grundsätzen einer gesellschaftsrechtlichen Beteiligung an einer Vorgesellschaft im Innenverhältnis der Vor-GmbH unbeschränkt im Verhältnis ihrer gesellschaftsrechtlichen Beteiligung. A und B würden danach z. B. für USt-Schulden der Vor-GmbH nicht (nach außen) gegenüber dem Finanzamt

haften. Vielmehr hätte die Vor-GmbH einen (anteiligen) Anspruch gegenüber A und B auf Zahlung der USt. Diesen Anspruch könnte das Finanzamt ggf. pfänden. Ist die Inanspruchnahme der Vor-GmbH offensichtlich aussichtslos oder unzumutbar, haften die Gesellschafter dem Finanzamt gegenüber unmittelbar (vgl. BFH vom 07. 04. 1998 BStBl II 1998, 531). Dies gilt auch dann, wenn die Eintragung der GmbH endgültig gescheitert ist oder die Eintragungsabsicht schon ursprünglich fehlte oder später aufgegeben worden ist, die Geschäfte jedoch fortgeführt worden sind (vgl. BFH vom 07. 04. 1998 BStBl II 1998, 531).

Erst ab Eintragung der GmbH ist eine persönliche Haftung der Gesellschafter (für nach der Eintragung entstehende Steuerschulden) ausgeschlossen (§ 13 Abs. 2 GmbHG).

2.3.3.3 Haftung bei Eintritt in das Geschäft eines Einzelkaufmanns (§ 28 HGB)

Tritt jemand als persönlich haftender Gesellschafter oder Kommanditist in das Geschäft eines Einzelkaufmanns ein, so haftet die Gesellschaft, auch wenn sie die frühere Firma nicht fortführt, für alle im Betriebe des Geschäfts entstandenen Verbindlichkeiten des früheren Geschäftsinhabers (§ 28 Abs. 1 Satz 1 HGB).   **819**

3 Das Haftungsverfahren

Siehe zunächst die Übersicht über die Voraussetzungen der Inanspruchnahme eines Dritten als Haftungsschuldner oben unter Rz. 753.

3.1 Das Festsetzungsverfahren (§ 191 AO)

Nach **§ 191 Abs. 1 AO** kann derjenige, der **kraft Gesetzes** für eine Steuer haftet (Haftungsschuldner), durch Haftungsbescheid in Anspruch genommen werden. Entgegen seinem Wortlaut findet § 191 Abs. 1 AO nicht nur auf Steuern Anwendung. Durch Haftungsbescheid können auch steuerliche Nebenleistungen (§ 3 Abs. 4 AO) geltend gemacht werden (BFH vom 27. 06. 1989 BStBl II 1989, 952, 954). Beruht die Haftung dagegen **auf Vertrag** (vgl. § 48 Abs. 2 AO; in der Praxis sehr selten), so kann der Anspruch nur nach den Vorschriften des bürgerlichen Rechts verfolgt werden (**§ 192 AO**). Der Erlass eines Haftungsbescheides und eine Vollstreckung gem. §§ 249 ff. AO sind hier ausgeschlossen. Das Finanzamt muss den Haftungsschuldner (z. B. Bürgen) ggf. vor dem Zivilgericht verklagen.   **820**

821 frei

3.1.1 Rechtsnatur des Haftungsbescheides

Der Haftungsbescheid ist **kein Steuerbescheid**, da eine Steuer nicht festgesetzt wird. Er ist mangels entsprechender Vorschrift einem Steuerbescheid auch nicht gleichgestellt. Die Vorschriften der §§ 155 bis 177 AO gelten daher nicht. Ein Haftungsbescheid kann nicht unter dem Vorbehalt der Nachprüfung (§ 164 AO) oder vorläufig (§ 165 AO) ergehen. Eine Rechtsbehelfsbelehrung ist nicht nach § 157 Abs. 1 Satz 3 AO erforderlich, jedoch angebracht, um die einmonatige Rechtsbehelfsfrist in Lauf zu setzen (§§ 355, 356 AO). Lediglich die Vorschriften der Festsetzungsverjährung (§§ 169 ff. AO) sind wegen der Verweisung in § 191 Abs. 3 AO entsprechend anwendbar. Der Haftungsbescheid ist ein **sonstiger Verwaltungsakt**, für den die allgemeinen Vorschriften gelten, wie z. B. die Rücknahme und der Widerruf von Verwaltungsakten gem. §§ 130 und 131 AO. Rechtsbehelf gegen den Haftungsbescheid ist der Einspruch (§ 347 Abs. 1 Nr. 1 AO).   **822**

3.1.2 Form und Inhalt des Haftungsbescheides

823   Der Haftungsbescheid ist schriftlich zu erteilen (§ 191 Abs. 1 Satz 2 AO) und muss inhaltlich hinreichend bestimmt sein (§ 119 Abs. 1 AO, vgl. BFH vom 22.11.1988 BStBl II 1989, 220).
Fehlt es daran, ist er nichtig (vgl. BFH vom 03.12.1996 BStBl II 1997, 306). Er hat daher den
Haftungsschuldner als Adressaten, den **Anspruch aus dem Steuerschuldverhältnis**, für den
gehaftet wird, und die **erlassende Behörde** (§ 119 Abs. 3 AO) zu bezeichnen. Ferner ist der
Bescheid so zu begründen, dass der Haftungsschuldner dessen Rechtmäßigkeit überprüfen
kann, also alle Umstände, die für die Ermessensausübung erheblich sind, nachvollziehen kann.
Eine nicht begründete Ermessensentscheidung ist im Regelfall rechtsfehlerhaft (BFH vom
30.04.1987 BStBl II 1988, 170). Es sind insbesondere der **Haftungsgrund** (z. B. Haftung des G
als Geschäftsführer der X-GmbH gem. § 69, weil er Umsatzsteuer vorsätzlich nicht entrichtet
hat, obgleich hinreichend Mittel zur Verfügung standen), der **Steuerschuldner** (z. B. die
X-GmbH), die **Steuerart** (z. B. USt 01) und gegebenenfalls **Mithaftende** (z. B. die anderen
Geschäftsführer) zu nennen. Bei mehreren potentiellen Haftenden sind die Ermessenserwägungen mitzuteilen, die zur Inanspruchnahme gerade dieses Haftungsschuldners geführt haben.

824   Der Haftungsschuldner haftet für jeden einzeln im Haftungsbescheid (genau nach Art,
Zeitraum und Betrag) angegebenen Anspruch aus dem Steuerschuldverhältnis. **Je Anspruch**
aus dem Steuerschuldverhältnis liegt **ein Haftungsbescheid** vor. Im Haftungsbescheid in Rz.
832 ergibt dies acht einzelne Bescheide, die in einem sog. »Sammelverwaltungsakt« zusammengefasst sind.

     Soweit bereits Steuerbescheide erteilt wurden, genügt es, wenn dem Haftungsbescheid
Abschriften oder Ablichtungen der Steuerbescheide als Anlage beigefügt werden. Eine Zusammenfassung mehrerer steuerlicher Verpflichtungen in einer Haftungssumme ohne Angaben des
Steuerschuldners oder der Steuerarten ist unzulässig. Ein solcher Bescheid ist seinem Inhalt
nach fehlerhaft. § 127 AO ist nicht anwendbar. Der Haftungsbescheid ist nach § 122 AO bekannt
zu geben.

3.1.3 Ermessensentscheidung

825   Während ein Steuerbescheid zu erlassen ist, sobald der steuerliche Tatbestand erfüllt ist
(§ 85 AO), steht der Behörde **beim Erlass des Haftungsbescheides ein Ermessen (§ 5 AO)** zu,
wie aus dem Wort »kann« folgt. Der Grund liegt darin, dass es wenig sinnvoll wäre, einen Haftungsbescheid zu erlassen, wenn der Steuerschuldner leistet. Dann ginge der Haftungsbescheid
ins Leere. Das Ermessen umfasst die Entscheidung, »ob« überhaupt ein Dritter als Haftungsschuldner in Anspruch genommen werden soll (**Entschließungsermessen**). Wird dies bejaht,
ist zu entscheiden, in welcher Höhe (voll oder Teilbetrag) der Dritte haften soll. Bei mehreren
Haftungsschuldnern ist zu erwägen, welcher herangezogen werden soll (**Auswahlermessen**).

826   Bei der Ausübung des pflichtgemäßen Ermessens hat die Behörde zu beachten, dass
zunächst der Steuerschuldner in Anspruch zu nehmen ist, **erst dann** ein möglicher **Haftungs-
schuldner.** § 219 AO bestimmt das für das Erhebungsverfahren. Diese Einschränkung ist im
Rahmen der Ermessensausübung bereits bei Erlass des Haftungsbescheides zu berücksichtigen.
Der Erlass eines Haftungsbescheides sollte also erst dann erfolgen, wenn die Behörde Anhaltspunkte dafür hat, dass die Durchsetzung des Steueranspruches gegen den Steuerschuldner
Schwierigkeiten bereiten wird (vgl. BFH vom 08.11.1988 BStBl II 1989, 118). Dies ist z. B. der
Fall, wenn der Steuerschuldner trotz Mahnung nicht zahlt und eine Beitreibung nicht viel Erfolg
verspricht. Für die Abzugsteuern gelten Besonderheiten (für die Lohnsteuer § 42 d Abs. 3 und 6

EStG; vgl. auch § 44 Abs. 5, § 50 a Abs. 5 EStG). Bereitet die Erhebung beim Steuerschuldner ernsthafte Probleme und greift ein Haftungsanspruch ein, so ist im Regelfall aufgrund des Entschließungsermessens ein Haftungsbescheid zu erlassen.

Hat die Finanzbehörde aber selbst grob schuldhaft dazu beigetragen, dass eine Inanspruchnahme des Steuerschuldners nicht mehr möglich ist, kann die Erteilung eines Haftungsbescheids ungerechtfertigt sein (vgl. BFH vom 24. 01. 1992 BStBl II 1992, 696). Weiter kann der Erlass eines Haftungsbescheides ermessensfehlerhaft sein, wenn die Behörde dessen Erteilung so lange hinausgezögert hat, dass die Sach- oder Rechtslage für den Haftenden nur schwer überschaubar ist und er den Steuerschuldner nicht mehr in Regress nehmen kann. **827**

Aufgrund ihres Auswahlermessens hat die Behörde ferner zu überprüfen, ob sie den Haftungsbescheid über die volle Summe erteilt. Sie kann die Haftung auf einen Teilbetrag festsetzen. Haftet z. B. der Geschäftsführer einer GmbH mit 20 000 €, ist jedoch sicher zu erwarten, dass die GmbH bald 5 000 € entrichten wird, kann der Haftungsbescheid über 15 000 € lauten. **828**

Will die Behörde einen Haftungsbescheid erteilen und kommen mehrere Personen als Haftungsschuldner in Betracht, hat eine Entscheidung zu erfolgen, ob sämtliche Haftungsschuldner in Anspruch genommen werden sollen oder nur einer (vgl. BFH vom 29. 09. 1987 BStBl II 1988, 176). Soll (zunächst) nur ein Haftungsschuldner herangezogen werden, ist dieser nach pflichtgemäßem Ermessen auszuwählen. **829**

Dabei ist Ausgangspunkt für Ermessenserwägungen die vollständige, einfache und schnelle Realisierung des Steueranspruchs. Auswahlkriterium kann daher die Vermögenssituation des Haftungsschuldners sein. Auch geht Verschuldenshaftung (z. B. §§ 69, 71 AO) grundsätzlich vor Haftung, die nicht auf Verschulden beruht (z. B. §§ 74, 75 AO). Auch der Grad des Verschuldens kann von Belang sein. Hat z. B. der Geschäftsführer A aus eigenem wirtschaftlichem Vorteil die Steuerschuld für die GmbH vorsätzlich nicht entrichtet, während dem anderen Geschäftsführer B nur grobe Fahrlässigkeit (bei der Beaufsichtigung des A) vorzuwerfen ist, sollte der Haftungsbescheid nur gegen A ergehen.

Für Rechtsanwälte, Steuerberater und andere berufsmäßig mit der Wahrung der Interessen Dritter beauftragte Personen gilt die Schutzbestimmung des § 191 Abs. 2 AO, wonach zunächst die zuständige Berufskammer Gelegenheit zur Äußerung erhalten muss. Dies gilt jedoch nicht, wenn die Haftung auf andere Vorschriften als § 69 AO gestützt werden kann, z. B. Haftung des Beraters als Steuerhinterzieher nach § 71 AO, oder es sich um einen Haftungsgrund handelt, der nicht unmittelbar mit dem Beruf zusammenhängt, z. B. ein Steuerberater wird als Liquidator einer GmbH tätig. Die Berufskammer hat nach § 191 Abs. 2 AO nur ein Anhörungsrecht. Die Finanzbehörde ist an deren Stellungnahme nicht gebunden. **830**

831 frei

3.1.4 Muster eines Haftungsbescheides

832

Finanzamt X-Stadt
Herrn
Gustav Gans
Entenstr. 12
12345 X-Stadt

Bearbeiter StA Müller	Zimmer-Nummer 14	Telefon 012 345/12 3456	Nebengebäude
Steuernummer/Geschäftszeichen 03 041 123 45		Ihr Zeichen/ Ihre Nachricht vom	Datum 15.02.09

Haftungsbescheid
Name des Steuerschuldners:
G-GmbH, Rosenweg 5, 12345 X-Stadt
schuldet die nachfolgenden, rückständigen Abgaben

	Abgabenart	Zeitraum	Betrag/€
1.	Umsatzsteuer-Abschlusszahlung	06	20 000,–
2.	Umsatzsteuer-Vorauszahlung	08/08	5 000,–
3.	Lohnsteuer	10/08	3 000,–
4.	Kfz-Steuer Pkw X-YZ 123	08	200,–
5.	Säumniszuschläge:		
a)	zur Umsatzsteuer	06	4 000,–
b)	zur Umsatzsteuer	08/08	450,–
c)	zur Lohnsteuer	10/08	240,–
d)	zur Kfz-Steuer (Pkw X-YZ 123)	08	10,–
	Summe:		32 900,–

Für den Gesamtbetrag werden Sie als Haftungsschuldner in Anspruch genommen. Zahlen Sie bitte – auf das unten angegebene Konto der Finanzkasse – bis zu dem nachstehenden Termin.
Termin: 20.03.09
Rechtsgrundlage: § 69 Abgabenordnung
Die nähere Begründung und die Rechtsbehelfsbelehrung sind unten aufgeführt.
Die Besteuerungsmerkmale ergeben sich aus der beigefügten Anlage.
Kopien der o. g. Umsatz- und Kfz-Steuer-Bescheide und Umsatzsteuer- und Lohnsteuer-Voranmeldungen.
Hochachtungsvoll
im Auftrag
(Schmidt)
Bitte geben Sie stets die Steuernummer an, bei Zahlungen auch Steuerart und Zeitraum. Sie erleichtern damit sich und uns die Arbeit. Vielen Dank.

Gründe für die Inanspruchnahme:

Nach § 69 Abgabenordnung (AO) haften die in §§ 34, 35 AO bezeichneten Personen, soweit Ansprüche aus dem Steuerschuldverhältnis infolge vorsätzlicher oder grob fahrlässiger Verletzung der ihnen auferlegten Pflichten nicht oder nicht rechtzeitig festgesetzt oder erfüllt werden.

Nach dem Gesellschaftsvertrag vom 27.03.04 sind Sie Geschäftsführer der G-GmbH. Sie haben daher gem. § 34 Abs. 1 AO i. V. m. § 35 GmbHG die der G-GmbH obliegenden Pflichten zu erfüllen. In dieser Eigenschaft haben Sie insbesondere dafür zu sorgen, dass die von der GmbH geschuldeten Steuern entrichtet werden. Durch Verletzung der Zahlungspflicht haben Sie bewirkt, dass die rückständigen Ansprüche aus dem Steuerschuldverhältnis nicht erfüllt wurden. Sie haben nämlich trotz ausreichender Geldmittel die Tilgung der Ansprüche nicht veranlasst.

Bei der Prüfung der Geschäftsunterlagen hat sich herausgestellt, dass die G-GmbH im Haftungszeitraum, d.h. in der Zeit vom 09.09.08 (Fälligkeit der ältesten Schuld) bis zum 10.12.08 erhebliche Umsätze ausgeführt hat, durch deren Abwicklung der GmbH laufend beachtliche Zahlungsmittel zuflossen, die nur zu einem geringen Teil zur Zahlung von fälligen Steuern verwendet wurden. Aus den Unterlagen ergibt sich für den genannten Zeitraum folgendes Verhältnis zwischen verfügbaren Zahlungsmitteln und fälligen Verbindlichkeiten:

An Zahlungen gingen insgesamt rund 500 000 € ein. Außer den fälligen Steuern bestanden Verbindlichkeiten i. H. v. rund 300 000 €. Die steuerlichen Zahlungsverpflichtungen beliefen sich auf ca. 100 000 €.

Mithin reichten die verfügbaren Mittel aus, um die steuerlichen Verpflichtungen in vollem Umfang abzudecken. Dadurch, dass Sie trotzdem nicht die Tilgung der Rückstände veranlasst haben, haben Sie Ihre Sorgfaltspflicht in ungewöhnlich hohem Maß, also grob fahrlässig verletzt.

Sie haften nach allem gem. § 191 AO i. V. m. §§ 69, 34 AO für die vorgenannten Abgabenschulden der G-GmbH. Die Haftung umfasst auch die infolge der Pflichtverletzung zu zahlenden Säumniszuschläge (§ 69 Satz 2 AO).

Die Verwirklichung der Ansprüche aus dem Steuerschuldverhältnis durch Inanspruchnahme der Steuerschuldnerin (G-GmbH) selbst hat nicht zum Erfolg geführt. Die GmbH war freiwillig nicht bereit zu zahlen. Aber auch durch Vollstreckungsmaßnahmen konnten die rückständigen Beträge nicht eingezogen werden. Es ist daher ermessengerecht, Sie als die für die Nichtzahlung verantwortliche Person in vollem Umfang zur Haftung heranzuziehen. Gründe, die gegen Ihre Inanspruchnahme sprechen, haben Sie trotz Aufforderung im Schreiben des Finanzamts vom 20.12.08 nicht vorgetragen. Solche Gründe konnten durch das Finanzamt auch nicht ermittelt werden.

Rechtsbehelfsbelehrung:

Sie können gegen diesen Haftungsbescheid Einspruch einlegen (§ 347 Abgabenordnung – AO –). Einwendungen können sowohl gegen die Heranziehung als Haftungsschuldner als auch gegen die Höhe der Abgabenschuld erhoben werden. Wer als Vertreter oder Bevollmächtigter der Steuerpflichtigen oder kraft eigenen Rechts in der Lage gewesen wäre, den gegen den Steuerpflichtigen ergangenen Bescheid anzufechten, hat eine gegenüber dem Steuerpflichtigen unanfechtbar festgestellte Steuerschuld gegen sich gelten zu lassen (§ 166 AO).

Soweit der Bescheid Kirchensteuer betrifft, können Sie Widerspruch einlegen. Der Widerspruch ist nur erforderlich, wenn die Änderung der Kirchensteuer aus Gründen beantragt wird, die nicht mit der Lohnsteuer- oder Einkommensteuerberechnung zusammenhängen.

Rechtsbehelfe sind bei dem umseitig bezeichneten Finanzamt schriftlich einzulegen oder zur Niederschrift zu erklären. Die Frist zur Einlegung beträgt einen Monat. Sie beginnt mit Ablauf des Tages, an dem der Verwaltungsakt bekannt gegeben worden ist. Bei Übermittlung durch einfachen oder bei Zustellung durch eingeschriebenen Brief gilt der Verwaltungsakt mit dem dritten Tag nach Aufgabe zur Post als bekannt gegeben, außer wenn er zu einem späteren Zeitpunkt zugegangen ist (§ 122 AO, § 4 Verwaltungszustellungsgesetz – VwZG –). Bei Zustellung mit Postzustellungsurkunde ist der Tag der Bekanntgabe der Tag der Zustellung (§ 3 VwZG).

3.1.5 Verjährung des Haftungsanspruchs

833   Ein Haftungsbescheid darf nicht mehr erlassen werden, wenn Verjährung eingetreten ist. Der Eintritt der Verjährung des Haftungsanspruchs richtet sich danach, ob die Haftung auf steuerlicher oder privatrechtlicher Rechtsgrundlage beruht.

3.1.5.1 Festsetzungsfrist bei Haftung aufgrund von Steuergesetzen (§ 191 Abs. 3 AO)

834   Gem. § 191 Abs. 3 Satz 1 AO sind die Vorschriften über die Festsetzungsfrist entsprechend anzuwenden. Dies gilt nach dem Wortlaut der Vorschrift nur für den **Erlass von Haftungsbescheiden**. Diese können daher auch nach Ablauf der Festsetzungsfrist nach Maßgabe des § 130 AO korrigiert werden (vgl. BFH vom 12. 08. 1997 BStBl II 1998, 131 und AEAO zu § 191 Nr. 4). Die allgemeine Festsetzungsfrist beträgt vier Jahre. Sie verlängert sich für denjenigen, der gem. § 70 AO wegen leichtfertiger Steuerverkürzung oder wegen Steuerhinterziehung haftet, auf fünf bzw. 10 Jahre. Die Festsetzungsfrist für die Haftung gem. § 71 AO beträgt 10 Jahre (§ 191 Abs. 3 Satz 2 AO).

Die Frist **beginnt mit Ablauf des Kalenderjahres,** in dem der **Tatbestand verwirklicht worden ist,** an den das Gesetz die Haftungsfolge knüpft (§ 191 Abs. 3 Satz 3 AO). Maßgebend ist also nicht, wie bei der Steuerverjährung gem. § 170 Abs. 1 AO, das Entstehen des Anspruchs, sondern der Zeitpunkt der Handlung, die die Haftung auslöst.

> **BEISPIEL**
>
> U erwirbt am 01.07.02 von X ein Unternehmen. X hatte die Umsatzsteueranmeldung seit dem Januar 01 fristgerecht eingereicht, die Steuer jedoch nicht entrichtet.
> **LÖSUNG** U haftet für die USt Januar 01 bis Juni 02 gem. § 75 AO. Das für die Haftung maßgebende Ereignis ist die Betriebsübernahme am 01.07.02. Unabhängig davon, wann die einzelnen Umsatzsteueransprüche entstanden und fällig waren, beginnt die Frist für den Erlass eines Haftungsbescheides gegen U mit Ablauf des Jahres 02.

835   Die Frist endet im Regelfall vier Jahre später. Um zu verhindern, dass der Haftungsanspruch vor dem Steueranspruch verjährt, sieht § 191 Abs. 3 Satz 4 AO eine **Ablaufhemmung** vor. Der Ablauf der Festsetzungsfrist für den Haftungsbescheid ist gehemmt, solange der Steueranspruch noch festgesetzt werden kann (Grundsatz der Akzessorietät).

> **BEISPIEL**
>
> Der Geschäftsführer einer GmbH gibt grob fahrlässig die Umsatzsteuerjahreserklärung 01 nicht ab. Er hat dadurch im Kj 02 leichtfertig Steuern verkürzt.
> **LÖSUNG** Die Frist für die Festsetzung der USt 01 gegen die GmbH beginnt gem. § 170 Abs. 2 Nr. 1 Alt. 2 AO mit Ablauf 04 und endet mit Ablauf 09 (fünfjährige Frist wegen leichtfertiger Steuerverkürzung, § 169 Abs. 2 Satz 2 AO).

Die unterlassene Handlung des Geschäftsführers, die die Haftung nach § 69 AO auslöst, erfolgte im Kj 02. Die Festsetzungsfrist wäre mit Ablauf 06 eingetreten (vierjährige Frist gem. § 191 Abs. 3 Satz 2 AO; ein Fall des § 70 AO oder des § 71 AO liegt nicht vor). Gem. § 191 Abs. 3 Satz 4 AO kann der Haftungsbescheid jedoch solange ergehen, wie die Steuerfestsetzung möglich ist. Die Frist verlängert sich daher bis zum Ablauf 09. Nach dem 31.12.09 darf der Haftungsbescheid nicht mehr erteilt werden (§ 191 Abs. 5 Nr. 1 AO).

Ist die Steuer dagegen festgesetzt worden, bestimmt § 191 Abs. 3 Satz 4 Alt. 2 AO, dass die **836** Finanzbehörde zwei Jahre Zeit hat, den Haftungsbescheid zu erlassen (Hinweis auf § 171 Abs. 10 AO).

BEISPIEL

Fall wie eben. Das Finanzamt schätzt die USt 01 und gibt den Bescheid bekannt
a) am 10.10.04
b) am 10.10.06
c) am 10.10.09.

LÖSUNG

a) Der Haftungsbescheid gem. § 69 AO darf bis zum 31.12.06 erlassen werden. § 191 Abs. 3 Satz 4 Alt. 2 AO und § 171 Abs. 10 AO greifen nicht ein, da der Steuerbescheid mehr als zwei Jahre vor Ablauf der Festsetzungsfrist des Haftungsbescheides erteilt worden ist.
b) Der Haftungsbescheid darf bis zum 10.10.08 erlassen werden. Nach der Steuerfestsetzung hat das Finanzamt zwei Jahre Zeit, den Haftungsbescheid zu erteilen (§ 191 Abs. 3 Satz 4 Alt. 2 AO und § 171 Nr. 10 AO).
c) Der Haftungsbescheid darf bis zum 10.10.11 erlassen werden. Begründung wie b).

In den Fällen der §§ 73 und 74 AO gilt eine weitere Ablaufhemmung. Die Frist für den **837** Erlass des Haftungsbescheides endet nicht, bevor die gegen den Steuerschuldner festgesetzte Steuer gem. § 228 AO verjährt ist (§ 191 Abs. 3 Satz 5 AO).

Im Übrigen gelten die allgemeinen Vorschriften der Ablaufhemmung des § 171 AO. Legt **838** z. B. der Haftungsschuldner Einspruch ein, greift die Ablaufhemmung des § 171 Abs. 3 a AO.

3.1.5.2 Festsetzungsfrist bei Haftung aufgrund des Privatrechts (§ 191 Abs. 4 AO)

Ergibt sich die Haftung nicht aus den Steuergesetzen, so kann ein Haftungsbescheid erge- **839** hen, solange die Haftungsansprüche nach dem für sie maßgebenden Recht noch nicht verjährt sind (§ 191 Abs. 4 AO). Die Frist für den Erlass des Haftungsbescheides richtet sich nach **privatrechtlichen Vorschriften**. Die Verjährungsfrist beträgt in der Regel 3 Jahre (§ 195 BGB), vgl. aber auch §§ 159, 160 HGB.

3.1.6 Rechtsbehelf gegen den Haftungsbescheid

Rechtsbehelf gegen den Haftungsbescheid ist der Einspruch (§ 347 Abs. 1 Nr. 1 AO). **840**
Mit dem Einspruch kann der Haftungsschuldner Einwendungen
- gegen **den Steuerbescheid** als Erstbescheid und auch
- **gegen den Haftungsbescheid selbst** erheben.

Einwendungen gegen den Steuerbescheid sind insbesondere:
- die Festsetzung der Steuerschuld sei falsch oder
- der Steueranspruch sei ganz oder teilweise erloschen (§§ 47, 191 Abs. 5 AO).

BEISPIEL

Die X-GmbH schuldet 5 000 € Umsatzsteuer 01. Dem Geschäftsführer A wird ein Haftungsbescheid über diese Summe erteilt. Gegen diesen Bescheid legt A Einspruch ein. Bevor über seinen Einspruch entschieden worden ist, zahlt die GmbH 2 000 €. Auf den Einspruch hin ist der Haftungsbescheid auf eine Haftsumme von 3 000 € zu mindern, da die Steuerschuld nur noch in dieser Höhe besteht.

841   Gem. **§ 166 AO** können jedoch Einwendungen gegen den Steuerbescheid unzulässig sein. Wäre der Haftungsschuldner in der Lage gewesen, die Festsetzung der Erstschuld kraft eigenen Rechts oder als Vertreter anzufechten, muss er jetzt die Steuerfestsetzung gegen sich gelten lassen.

BEISPIEL

Gegen die X-GmbH wird 5 000 € Umsatzsteuer 01 festgesetzt. Der Geschäftsführer A lässt den Bescheid bestandskräftig werden. Als das Finanzamt gegen ihn gem. § 69 AO einen Haftungsbescheid über 5 000 € erlässt, macht er mit dem Einspruch geltend, die Umsatzsteuerfestsetzung sei falsch, sie dürfe nur 4 000 € betragen.

LÖSUNG Dieser Einwand, der an und für sich zulässig ist, muss hier unberücksichtigt bleiben, weil A als Geschäftsführer den Umsatzsteuerbescheid hätte anfechten können (§ 166 AO, § 79 Abs. 1 Nr. 3 AO, § 34 Abs. 1 AO).

842   Die Einwendungen gegen den Haftungsbescheid sind insbesondere:
- der Haftungstatbestand sei nicht erfüllt, z. B. der Haftungsschuldner bestreitet einen schuldhaften Verstoß gegen steuerliche Pflichten (i. S. d. § 69 AO), der Haftungsanspruch sei erloschen z. B. wegen Eintritts der Festsetzungsverjährung (§ 191 Abs. 3 AO),
- die Inanspruchnahme sei dem Grunde oder der Höhe nach ermessensfehlerhaft, z. B. das FA habe nicht den vorsätzlich handelnden Gesellschafter in Anspruch genommen, sondern willkürlich nur den Einspruchsführer, der lediglich grob fahrlässig gegen die gesetzlichen Pflichten verstoßen habe.

3.1.7 Korrektur des Haftungsbescheides

843   Der Haftungsbescheid ist auch hinsichtlich der Korrekturmöglichkeiten einem Steuerbescheid nicht gleichgestellt. Korrekturvorschriften sind daher allein **§§ 129–131 AO**. Rechtswidrige Haftungsbescheide können also gem. § 130 AO geändert werden. Eine Änderung zu Lasten des Haftungsschuldners ist nur unter den besonderen Voraussetzungen des § 130 Abs. 2 AO (oder des § 131 Abs. 2 AO) möglich.

BEISPIELE

Der Erwerber eines Unternehmens wird nach § 75 AO für die vom Veräußerer noch nicht gezahlte USt März 03 in Höhe von 10 000 € zur Haftung herangezogen.

a) Nach Bekanntgabe des Haftungsbescheides wird dem Finanzamt erstmals bekannt, dass tatsächlich nur 5 000 € USt auf diesen Voranmeldungszeitraum entfallen. Die USt-Festsetzung wird nach § 164 Abs. 2 AO entsprechend geändert.

LÖSUNG AEAO zu § 191 Nr. 4 (letzter Satz) geht wohl davon aus, dass der Haftungsbescheid gem. § 131 Abs. 1 AO teilweise widerrufen werden kann. Begründung: Der Haftungsbescheid war zum Zeitpunkt der Bekanntgabe rechtmäßig, da er der USt-Festsetzung entsprach. Durch die Minderung der USt ist (nachträglich) die festgesetzte USt (5 000 €) niedriger als der USt-Haftungsbetrag (10 000 €). Dies verstößt gegen den Grundsatz der Akzessorietät. Die Haftungssumme darf nur 5 000 € betragen.

M. E. ist hier § 130 Abs. 1 AO anzuwenden. Begründung: Der Haftungsbescheid war (von Anfang an) rechtswidrig, da eine Haftungssumme festgesetzt worden war, die betragsmäßig die von V verwirk

lichte Umsatzsteuer überstieg. Die ursprüngliche USt-Festsetzung über 10 000 € war rechtswidrig und daher auch der Haftungsbescheid. Der Bescheid kann danach gem. § 130 Abs. 1 AO teilweise zurückgenommen werden, die Haftungssumme darf nur 5 000 € betragen.
Wichtig: Die Änderung gem. § 131 Abs. 1 AO bzw. § 130 Abs. 1 AO erfolgt nur nach pflichtgemäßem Ermessen. Grundsätzlich ist es ermessensfehlerfrei, nicht zu ändern, wenn die Einspruchsfrist abgelaufen ist. Im vorliegenden Fall konnte E jedoch gegen den gegenüber V ergangenen USt-Bescheid keinen Einspruch einlegen. Es kann also insbesondere wegen des Grundsatzes der Akzessorietät nach pflichtgemäßem Ermessen geändert werden.

b) Nach Bestandskraft des Haftungsbescheides stellt sich heraus, dass der Erwerber auch für die USt April 03 i. H. v. 15 000 € in Anspruch genommen werden kann.
LÖSUNG Hier kann das Finanzamt ohne Rücksicht auf eine Korrekturvorschrift einen zweiten Haftungsbescheid über 15 000 € erlassen. Begründung: Der zweite Bescheid umfasst einen Steueranspruch (USt April 03), der nicht Regelungsinhalt des bereits ergangenen Haftungsbescheides war.

c) Nach Bekanntgabe des Haftungsbescheides wird dem Finanzamt aufgrund in einer Außenprüfung ermittelter neuer Tatsachen bekannt, dass tatsächlich 30 000 € USt auf die USt März 03 entfallen. Die USt-Festsetzung wird nach § 164 Abs. 2 AO entsprechend geändert.
LÖSUNG Hier hält der BFH (vom 15. 02. 2011 BStBl II 2011, 534) den Erlass eines sog. ergänzenden Haftungsbescheides (ohne Rücksicht auf eine Korrekturvorschrift) i. H. v. 20 000 € für möglich. Begründung: Der ursprüngliche Haftungsbescheid betrifft den Haftungsanspruch bezüglich der USt März 03 nur i. H. v. 10 000 € und ist nur insoweit bestandskräftig geworden. Die später bekannt gewordenen weiteren USt-Schulden März 03 i. H. v. 20 000 € werden von dem ursprünglichen Haftungsbescheid nicht erfasst. Siehe dazu auch ausführlich AEAO zu § 191 Nr. 5. M. E. überzeugt dies nicht: Der Haftungsbescheid umfasst den gesamten Haftungsanspruch USt März 03 (so auch die Vorinstanz FG des Saarlandes EFG 2011, 213). Danach können die 20 000 € nur berücksichtigt werden, wenn eine Korrekturvorschrift greift. Danach gilt Folgendes:
Der Haftungsbescheid ist rechtswidrig. Das FA ist bei Erlass des Haftungsbescheides von einem bestimmten Sachverhalt und einer bestimmten Rechtsauffassung ausgegangen. Nachträglich haben sich Sachverhalt und/oder Rechtsauffassung als falsch herausgestellt. Ein neuer Haftungsbescheid über die höhere Summe (30 000 €) darf nur erlassen werden, soweit eine Voraussetzung des § 130 Abs. 2 AO (oder § 131 Abs. 2 AO) vorliegt (vgl. BFH vom 22. 01. 1985 BStBl 1985 II 562; NV 1992, 639). Begründung: Der ursprüngliche Haftungsbescheid hat belastende Wirkung, soweit 10 000 € festgesetzt worden sind. Er hat jedoch begünstigende Wirkung, soweit nicht mehr als 10 000 € festgesetzt sind. Rechtswidrige begünstigende Verwaltungsakte können auch nach § 131 Abs. 2 AO korrigiert werden. Begründung: Wenn nach § 131 Abs. 2 AO rechtmäßige begünstigende Verwaltungsakte geändert werden können, dann erst recht rechtswidrige. Da laut Sachverhalt keiner der in §§ 130 Abs. 2 und 131 Abs. 2 AO aufgeführten Fälle einschlägig ist, kommt eine Korrektur nicht in Betracht.

3.2 Das Erhebungsverfahren (§ 219 AO)

844 Die Finanzbehörde darf den Haftungsschuldner nur dann auf Zahlung der Haftsumme in Anspruch nehmen, wenn ihm eine Zahlungsaufforderung bekannt gegeben worden ist (Erhebungsverfahren). Die Zahlungsaufforderung ist ein Leistungsgebot, also ein selbstständiger Verwaltungsakt, der regelt, wann, wo und wie die geschuldete Leistung zu erbringen ist. Das Leistungsangebot ist durch Einspruch (§ 347 AO) anfechtbar.

845 Die Zahlungsaufforderung darf erst an den Haftungsschuldner ergehen, soweit die Vollstreckung in das bewegliche Vermögen des Steuerschuldners ohne Erfolg geblieben oder anzunehmen ist, dass die Vollstreckung aussichtslos sein würde (**§ 219 Satz 1 AO**). Der Gesetzgeber trägt hier dem Gedanken Rechnung, dass Haften im Steuerrecht das Einstehen für eine fremde

Schuld ist. Folglich darf eine Inanspruchnahme des Haftenden erst erfolgen, wenn die Durchsetzung des Steueranspruchs gefährdet ist (**Subsidiaritätsklausel**).

846   Die Zahlungsaufforderung wird i. d. R. mit dem Haftungsbescheid verbunden. Es darf jedoch auch ein Haftungsbescheid ohne Zahlungsaufforderung ergehen. Diese Handhabung kann (in Ausnahmefällen) sinnvoll sein, um den Ablauf der Festsetzungsfrist zu verhindern oder um einen zeitnahen Erlass eines Haftungsbescheides durchzuführen.

847   Die **Einschränkungen** für die Erteilung der Zahlungsaufforderung **gelten nicht** in einer Reihe von Fällen (**§ 219 Satz 2 AO**). Die Subsidiaritätsklausel des § 219 Satz 1 AO ist gerade für die in der Praxis am häufigsten vorkommenden Haftungtatbestände aufgehoben. Dies sind insbesondere die Haftung des Vertreters gem. § 69 AO, weil er gesetzlich verpflichtet ist, die Steuern zu Lasten eines anderen zu entrichten; die Haftung des Arbeitgebers für Lohnsteuer (§ 42 d EStG) weil er verpflichtet ist, Steuern einzubehalten und abzuführen und die Haftung des Steuerhinterziehers oder -hehlers gem. § 71 AO. Auch in diesen Fällen, in denen das Gesetz eine unmittelbare Inanspruchnahme des Haftungsschuldners erlaubt, kann es der Ausübung pflichtgemäßen Ermessens entsprechen, sich zunächst an den Steuerschuldner zu halten (AEAO zu § 219 Nr. 2).

Kommt der Haftungsschuldner der Zahlungsaufforderung nicht nach, kann die Finanzbehörde vollstrecken (§§ 249 ff. AO), der Haftungsschuldner ist dann Vollstreckungsschuldner (§ 253 AO).

Werden in einem Haftungsbescheid festgesetzte Haftungsschulden bei Fälligkeit nicht entrichtet, entstehen keine Säumniszuschläge. § 240 Abs. 1 Satz 1 AO bezieht sich nur auf Steuern (vgl. BFH vom 25. 02. 1997 BStBl II 1998, 2).

4   Die Duldung (§ 77 AO und § 191 Abs. 1 AO)

848   Der Duldungsschuldner haftet nicht, wie der Haftungsschuldner, mit seinem eigenen Vermögen. Er muss vielmehr die Vollstreckung in Gegenstände dulden, die seiner Verwaltung unterliegen. Er haftet also mit fremdem Vermögen für eine fremde Schuld. Grundlage für den Erlass des Duldungsbescheides ist § 191 Abs. 1 AO in Verbindung mit einer Norm des Steuerrechts oder des Privatrechts, die zur Duldung verpflichtet

849   Nach der **steuerlichen Norm des § 77 AO** trifft denjenigen die Duldungspflicht, der kraft Gesetzes verpflichtet ist, eine Steuer aus Mitteln, die seiner Verwaltung unterliegen, zu entrichten. Das sind die in §§ 34, 35 AO genannten Personen, soweit sie den Gewahrsam über die von ihnen verwalteten Mittel innehaben. Eines Duldungsbescheides bedarf es jedoch nicht gegen einen gesetzlichen Vertreter, da dieser bereits aufgrund seiner Rechtsstellung die Vollstreckung in das Vermögen des Vertretenen dulden muss (z. B. der Geschäftsführer hinsichtlich des Vermögens der GmbH). Der Duldungsbescheid hat hier nur klarstellende Funktion.

850   Nach § 77 Abs. 2 AO muss wegen einer Steuer, die als öffentliche Last auf Grundbesitz ruht, der Eigentümer die Zwangsvollstreckung in den Grundbesitz dulden. Als öffentliche Last ruht z. B. die Grundsteuer auf dem Grundbesitz (§ 12 GrStG). Der Erwerber eines Grundstücks haftet persönlich für die Grundsteuer hinsichtlich eines bestimmten Haftungszeitraumes (§ 11 Abs. 2 GrStG). Daneben muss er die Vollstreckung in das Grundstück für die noch offenstehende Grundsteuer seines Rechtsvorgängers dulden.

851   Duldungspflichten aus privatrechtlichen Normen treten vornehmlich ein, wenn jemand das Recht zur Verwaltung oder Nutzung fremden Vermögens hat, wie z. B. der Nießbraucher

(§§ 1086 ff. BGB), der Testamentsvollstrecker (§§ 2213 ff. BGB oder § 77 Abs. 1 und § 34 Abs. 3 AO), der Nachlassverwalter (§§ 1975 ff. BGB) oder auch der Anfechtungsgegner (§ 11 AnfG).

BEISPIEL

A hat hohe Steuerschulden. Um eine Pfändung durch das FA zu verhindern, schenkt er seinen neuen und teuren Sportwagen, seinen einzigen Vermögensgegenstand, in den die Vollstreckung sich lohnt, seinem Sohn S.

LÖSUNG Gem. § 4 AnfG kann das FA die Schenkung anfechten. Nach § 11 AnfG hat dies zur Folge, dass S den Sportwagen dem FA zur Verfügung stellen muss, soweit dies zu dessen Befriedigung erforderlich ist. D. h. S bleibt zwar Eigentümer des Wagens, aufgrund der Anfechtung kann das FA den Wagen jedoch pfänden. S muss die Pfändung dulden. Die Anfechtung erfolgt seitens des FA durch Duldungsbescheid (vgl. § 191 Abs. 1 Satz 2 AO).

Die Duldungspflicht wird durch Erlass eines **Duldungsbescheides** geltend gemacht. Die- **852** ser ist ein **sonstiger Verwaltungsakt** (§ 118 AO). Er ist schriftlich zu erteilen (§ 191 Abs. 1 AO), muss hinreichend bestimmt (§ 119 Abs. 1 AO) und begründet sein (§ 121 AO). Die Bekanntgabe erfolgt nach § 122 AO. Für die Korrektur gelten §§ 129 bis 131 AO. Er ist mit dem Einspruch anfechtbar (§ 347 Abs. 1 Nr. 1 AO). § 191 Abs. 2 bis 5 AO gilt nur für den Erlass des Haftungsbescheides. Diese Bestimmungen sind für den Duldungsbescheid nur anwendbar, soweit sie wegen der Akzessorietät zum Erstbescheid bestehen (z. B. § 191 Abs. 5 Nr. 1 und 2 AO). Auch die Duldungspflicht ist abhängig vom Bestehen der Steuerschuld. Die Regeln der Festsetzungsverjährung gelten nicht. Eine Inanspruchnahme ist so lange möglich, wie die Duldungspflicht besteht.

**853 – 959
frei**

Teil G Durchführung des Besteuerungsverfahrens

1 Überblick

960 Nach Art. 108 GG haben die Finanzbehörden die Kompetenz und die Aufgabe die Steuern zu verwalten (Rz. 35). Dies erfordert die Durchführung eines Steuerverwaltungsverfahrens. Ein Verwaltungsverfahren ist ein nach außen gerichtetes Tätigwerden der Behörde, welches dazu dient, einen Verwaltungsakt vorzubereiten, zu erlassen und zu vollstrecken. Ziel des Besteuerungsverfahrens ist es, die Steuern nach Maßgabe der Gesetzes gleichmäßig festzusetzen und zu erheben. Dies erfordert zunächst ein **Ermittlungsverfahren**. Die dabei zu beachtenden Besteuerungsgrundsätze und die ggfs. zu erhebenden Beweismittel sind in den §§ 85 bis 100 AO geregelt. Ergänzt werden die Vorschriften durch die Mitwirkungspflichten der Beteiligten (§ 90, §§ 134 ff. AO und § 149 ff. AO). Den Abschluss des Ermittlungsverfahrens bildet zunächst das **Festsetzungsverfahren** (§§ 155 ff. , 179 ff. AO), mit der Bekanntgabe der Steuerbescheide, an die sich das **Erhebungsverfahren** (§§ 218 ff. AO) und ggfs. das **Vollstreckungsverfahren** (§§ 249 ff. AO) anschließt. Soweit im Laufe des Besteuerungsverfahrens Fehler auftreten, können sie im Rahmen des **Korrekturverfahrens** (§§ 129 ff. , 164, 165, 172 ff. AO) beseitigt oder in Streitfällen mit Hilfe des **Rechtsbehelfsverfahrens** (§§ 347 ff. AO) geklärt werden. Ergänzt werden diese Verfahren ggfs. noch durch das **Steueraufsichtverfahren** (§§ 193 ff. AO) und durch die Vorschriften über die **Haftung** (§§ 69 ff. , 191, 192, 219 AO) und das **Steuerstraf- und Bußgeldrecht** (§§ 369 ff. AO). Eine Übersicht darüber, wie die wichtigsten Steuerverwaltungsverfahren zusammenhängen, ist in Abschnitt A, Rz. 5 enthalten.

961 **Beteiligte** (§ 78 AO) am Steuerverwaltungsverfahren sind der Steuerpflichtige und die Finanzbehörden. Diese müssen **Handlungsfähigkeit** besitzen (§ 79 AO) und können sich durch **Bevollmächtigte** und **Beistände** (§ 80 AO) vertreten lassen. Außerdem sind noch die Vorschriften über die **Ausschließung** und **Ablehnung** von Amtsträgern und anderen Personen (§§ 82–84 AO) zu beachten.

2 Beteiligte am Verfahren (§ 78 AO)

962 Beteiligte am Verwaltungsverfahren sind nach § 78 AO
- Antragsteller und Antraggegner,
- diejenigen, an die die Finanzbehörde den Verwaltungsakt richten will oder gerichtet hat,
- diejenigen, mit denen die Finanzbehörde einen öffentlich-rechtlichen Vertrag schließen will oder geschlossen hat.

Die **Begriffsbestimmung des Beteiligten** hat überall dort besonders **große Bedeutung,** wo der Gesetzgeber **unterschiedliche Regelungen für Beteiligte einerseits und dritte Personen** andererseits getroffen hat. So wird insbesondere im Steuerermittlungsverfahren deutlich zwischen den Rechten und Pflichten der Beteiligten und Dritter differenziert (vgl. z. B. §§ 93 und 107 AO).

Beteiligter im Besteuerungsverfahren **ist in erster Linie der Steuerpflichtige** (§ 33 AO, Rz. 95). An einem Verfahren können mehrere beteiligt sein (z. B. Ehegatten/Lebenspartner im Falle der Zusammenveranlagung).

Werden vom Stpfl. Auskünfte nach § 93 Abs. 1 Satz 1 AO gefordert, so ist er als Beteiligter zu ihrer Erteilung verpflichtet. Werden in derselben Angelegenheit andere Personen um Auskunft ersucht, so geschieht dies in deren Eigenschaft als Dritte (Nichtbeteiligte) hinsichtlich der den Stpfl. betreffenden Steuersache. Andererseits ist der befragte Dritte aber in dem Auskunftsverfahren selbst Beteiligter, da der Verwaltungsakt (Auskunftsersuchen) an ihn gerichtet wurde (§ 78 Nr. 2 AO).

Antragsteller gemäß § 78 Nr. 1 AO ist jeder, der selbst oder durch einen Vertreter, gleich **963** ob gesetzlich oder gewillkürt, in eigener Sache den Erlass eines Verwaltungsaktes beantragt. Hierbei muss sich der Antrag auf ein Verwaltungsverfahren richten, welches antragsbedürftig ist, z. B. Antrag auf Gewährung von Investitionszulage gemäß § 7 InvZulG 2010, der Antrag auf Lohnsteuerpauschalierung nach § 40 Abs. 1 EStG oder die Antragsveranlagung gemäß § 46 Abs. 2 Nr. 8 EStG.

Der Begriff des **Antragsgegners** geht am Gewollten vorbei. Die Finanzbehörde ist nicht **964** Antragsgegner, sondern Träger des Verwaltungsverfahrens. Nach h. M. ist sie selbst nicht Beteiligter, da sie ansonsten gemäß § 82 Abs. 1 Nr. 1 AO stets vom Verfahren auszuschließen wäre.

Der **Hauptanwendungsfall** des § 78 AO erfasst **denjenigen, an den die Finanzbehörde** **965** **einen Verwaltungsakt gerichtet hat oder richten will** (§ 78 Nr. 2 AO). Die Beteiligteneigenschaft setzt also nicht den Erlass eines Verwaltungsaktes voraus. Es genügt die Absicht der Finanzbehörde zum Erlass des Verwaltungsaktes. Dies hat besondere Bedeutung für die den Beteiligten zustehenden Rechte wie z. B. das Recht auf Anhörung nach § 91 AO.

§ 78 Nr. 3 AO nennt schließlich als Beteiligte **diejenigen, mit denen die Finanzbehörde** **966** **einen öffentlich-rechtlichen Vertrag abschließen will** oder **geschlossen hat.** Öffentlich-rechtliche Verträge sind dem Steuerrecht grundsätzlich wesensfremd (Ausnahme: § 224 a AO, Rz. 1809).

Dort wo spezielle Regelungen greifen, tritt der Beteiligtenbegriff des § 78 AO in den Hintergrund. Dieser ist aber grundsätzlich als generelle Vorschrift für das Steuerverwaltungsverfahren anwendbar. Ausnahmen für spezielle Regelungen sind z. B. das **Zerlegungsverfahren** (siehe § 186 AO) und das **Rechtsbehelfsverfahren** (siehe § 359 AO). Dort gelten eigenständige Beteiligtenbegriffe, so dass § 78 AO keine Anwendung findet (BFH vom 28. 03. 1979 BStBl II 1979, 538).

3 Handlungsfähigkeit (§ 79 AO)

3.1 Begriff und Bedeutung

Handlungsfähigkeit nach § 79 AO ist die **Fähigkeit** für das steuerrechtliche Verwaltungs **967** verfahren **bedeutsame Handlungen** vornehmen zu können. Dies entspricht auch der vergleichbaren Prozessfähigkeit (§ 58 FGO) im Prozessrecht (Rz. 3213). Die Geschäftsfähigkeit einer Person nach bürgerlichem Recht (§§ 104 ff. BGB) wird für die Annahme der Handlungsfähigkeit dieser Person vorausgesetzt, vgl. § 79 Abs. 1 Nr. 1 und Nr. 2 AO. Dies gilt auch für die in § 79 Abs. 1 Nr. 3 und 4 AO genannten Gebilde, für die auch nur natürliche Personen handeln können, die geschäftsfähig nach bürgerlichem Recht sind.

§ 79 AO regelt sowohl die **aktive Handlungsfähigkeit** (z. B. die Abgabe von Steuererklärungen, Stellung von Anträgen, Auskünfte erteilen, Urkunden vorlegen) als auch die **passive Handlungsfähigkeit** (z. B. Entgegennahme von Steuerbescheiden, Duldung von Zwangsvollstreckungsmaßnahmen).

Die Handlungsfähigkeit ist stets **von Amts wegen zu prüfen.** Verfahrenshandlungen handlungsunfähiger Personen sind unwirksam. Verwaltungsakte an einen Handlungsunfähigen müssen deswegen an diesen, vertreten durch einen gesetzlichen Vertreter gerichtet und diesem unter Hinweis auf das Vertretungsverhältnis bekannt gegeben werden. (Zur Bekanntgabe gem. § 122 AO im Einzelnen vgl. Rz. 1272 ff.).

3.2 Handlungsfähige Personen

968
Nach § 79 Abs. 1 AO sind

a) nach bürgerlichem Recht unbeschränkt geschäftsfähige **natürliche Personen** auch **unbeschränkt handlungsfähig.** Im Umkehrschluss aus §§ 104 und 106 BGB sind dies Volljährige. Gem. § 2 BGB ist volljährig, wer das 18. Lebensjahr vollendet hat (Ausnahme: Geschäftsunfähigkeit und damit Handlungsunfähigkeit wegen krankhafter Störung der Geistestätigkeit nach § 104 Nr. 2 BGB);

969
b) **beschränkt geschäftsfähige natürliche Personen** partiell handlungsfähig, soweit nach bürgerlichem Recht ihre Geschäftsfähigkeit bzw. nach öffentlichem Recht ihre Handlungsfähigkeit reicht (und direkte steuerrechtliche Folgen denkbar sind):

aa) nach bürgerlichem Recht (§§ 106 ff. BGB):
Nach Maßgabe der §§ 107–113 BGB sind Minderjährige, die das siebente Lebensjahr (aber noch nicht das 18. Lebensjahr) vollendet haben, beschränkt geschäftsfähig (§ 106 BGB).

– nach § 112 BGB können Minderjährige vom gesetzlichen Vertreter mit Genehmigung des Vormundschaftsgerichtes zum **selbstständigen Betrieb eines Erwerbsgeschäftes** ermächtigt werden. Sie sind dann für solche Rechtsgeschäfte unbeschränkt geschäftsfähig und damit auch insoweit steuerlich handlungsfähig, welche der Geschäftsbetrieb mit sich bringt (z. B. Abgabe von Umsatzsteuervoranmeldungen, Entgegennahme von Umsatz- und Gewerbesteuerbescheiden, KFZ-Steuer für einen ausschließlich betrieblich genutzten PKW). Die Ermächtigung des § 112 BGB umfasst nicht solche Steuern, die nicht nur den Geschäftsbetrieb sondern auch außerbetriebliche Besteuerungsgrundlagen betreffen, etwa die Einkommensteuer oder die Erbschaftsteuer;

– nach § 113 BGB können Minderjährige mit Ermächtigung des gesetzlichen Vertreters in ein **Dienst- oder Arbeitsverhältnis** eintreten. Sie sind dann für die damit verbundenen Rechtsgeschäfte unbeschränkt geschäftsfähig (z. B. Antrag auf Lohnsteuerermäßigung soweit nur Werbungskosten beantragt werden. Nach Verwaltungspraxis (AEAO zu § 122, Nr. 2.2.3) soll dies auch für die Antragsveranlagung nach § 46 Abs. 2 Nr. 8 EStG gelten, weil diese wie der Lohnsteuerabzug dem Arbeitsverhältnis zugeordnet werden kann. § 113 BGB gilt jedoch nicht für Ausbildungsverhältnisse;

bb) nach öffentlichem Recht:
– nach den Landesgesetzen einiger Bundesländer sind Minderjährige nach vollendetem 14. Lebensjahr mündig, den Kirchenaustritt erklären. Damit endet die Kirchensteuerpflicht, was der Minderjährige im Besteuerungsverfahren geltend machen kann;

970
c) **Juristische Personen, Personenvereinigungen, Vermögensmassen** durch ihre gesetzlichen Vertreter oder besonders Beauftragte handlungsfähig;

d) **Behörden** durch ihre Leiter, deren Vertreter oder Beauftragte handlungsfähig.

971
Betreute Personen sind nach § 79 Abs. 2 AO vom Grundsatz sowohl aktiv als auch passiv handlungsfähig. Im Aufgabenkreis des § 1902 BGB sind sowohl der Betreute selbst als auch der Betreuer als gesetzlicher Vertreter zur Handlung berechtigt bzw. verpflichtet. Nach § 79 Abs. 3 AO i. V. m. § 53 ZPO sind Handlungen des Betreuten unbeachtlich, wenn der Betreuer innerhalb seines Aufgabenkreises i. S. d. § 1902 BGB die Vertretung übernimmt. Soweit für betreute

Personen im Aufgabenkreis des Betreuers die Geschäftsfähigkeit durch Einwilligungsvorbehalt nach § 1903 BGB eingeschränkt ist, sind sie auch steuerlich nicht handlungsfähig. Betreibt der Betreute etwa einen Gewerbebetrieb und unterliegen alle Rechtshandlungen in Bezug auf den Betrieb dem Einwilligungsvorbehalt, dann kann insoweit nur der Betreuer steuerlich für ihn handeln.

Für eine **durch einen Pfleger vertretene Person** gilt entsprechendes. Nur soweit der Pfle- 972
ger die Vertretung wahrnimmt verliert der Pflegebefohlene nach § 79 Abs. 3 AO i. V. m. § 53 ZPO seine Handlungsfähigkeit. **Ausländer** sind nach § 79 Abs. 3 AO i. V. m. § 55 ZPO handlungsfähig i. S. d. § 79 Abs. 1 Nr. 1 oder Nr. 2 AO, wenn sie nach dem Recht ihres Heimatlandes *oder* nach deutschem Recht handlungsfähig sind.

Geschäftsunfähige (§ 104 BGB: nicht das siebente Lebensjahr vollendet oder in der Geis- 973
testätigkeit krankhaft Gestörte) sind nicht handlungsfähig. Ihre Willenserklärungen oder Willenserklärungen gegenüber ihnen sind nichtig (§§ 105 und 131 Abs. 1 BGB). Willenserklärungen von beschränkt Geschäftsfähigen oder Willenserklärungen gegenüber ihnen außerhalb des Geltungsbereichs der §§ 107–113 BGB (siehe Rz. 969) bedürfen der Genehmigung ihrer gesetzlichen Vertreter (§§ 106, 107 und 131 Abs. 2 BGB; Ausnahmen siehe Rz. 969).

Handlungsunfähige, etwa nicht beschränkt geschäftsfähige **Minderjährige**, können aber dennoch **Beteiligte i. S. § 78 AO** sein. § 79 AO setzt die Beteiligtenfähigkeit voraus und regelt nur die Handlungsfähigkeit. Die Frage ist, wer für diese Personen die Verfahrenshandlungen vornehmen muss. So werden Minderjährige grds. durch ihre Eltern als gesetzliche Vertreter i. S. d. § 34 AO gemeinschaftlich vertreten (§ 1629 BGB). Zur Entgegennahme von Willenserklärungen nach § 131 BGB genügt aber die Empfangnahme durch einen Elternteil (analog § 7 Abs. 3 VwZG, vgl. wegen der Bekanntgabe von Steuerbescheiden in diesen Fällen Rz. 1310).

BEISPIELE

a) Der 10-jährige Tobias erbt von seinem Onkel mehrere größere vermietete Immobilien.
LÖSUNG Wegen seines Alters ist er nicht handlungsfähig, obwohl er als Erwerber Schuldner der Erbschaftsteuer ist und mit den Erträgen aus dem Vermögen vermutlich einkommensteuerpflichtig wird. Tobias ist Beteiligter nach § 78 Nr. 2 AO. Er muss sich aber gegenüber dem FA von seinen handlungsfähigen gesetzlichen Vertretern (§ 34 Abs. 1 AO) vertreten lassen.

b) Mit vormundschaftsgerichtlicher Genehmigung betreibt der 17 Jahre alte Oliver einen Musikladen.
LÖSUNG Aufgrund der Genehmigung ist Oliver, soweit es sich um Rechtshandlungen handelt, die den Gewerbebetrieb betreffen, unbeschränkt geschäftsfähig (§ 112 BGB) und damit auch handlungsfähig nach § 79 Abs. 1 Nr. 2 AO. Die Handlungsfähigkeit beschränkt sich auf die Umsatzsteuer, die Gewerbesteuer und ggf. die Lohnsteuer-Anmeldung. Keine Handlungsfähigkeit besitzt Oliver für die Einkommensteuer, da diese Steuerart Bereiche betrifft, die über den sich aus § 112 BGB ergebenden Bereich der partiellen Geschäftsfähigkeit hinausgeht.

4 Bevollmächtigte und Beistände (§ 80 AO)

4.1 Allgemeines

Der Steuerpflichtige kann sich gegenüber den Finanzbehörden durch einen Bevollmäch- 974
tigten (z. B. Steuerberater) vertreten lassen (§ 80 AO). Wegen Besonderheiten bei einem Fiskalvertreter vgl. §§ 22 a–e UStG.

Das durch die Bevollmächtigung entstehende Dreiecksverhältnis zwischen Bevollmächtigtem, Stpfl. und FA lässt sich wie folgt skizzieren:

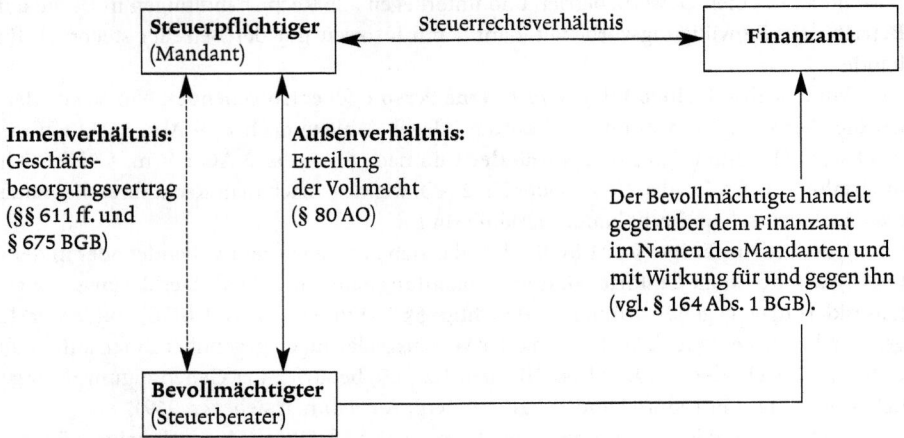

4.2 Die Bevollmächtigung

975 Beauftragt ein Stpfl. einen Steuerberater mit der Abwicklung seiner steuerlichen Belange kommt im **Innenverhältnis** zwischen Stpfl. und Steuerberater ein Geschäftsbesorgungsvertrag meist in Form eines Dienstvertrages gem. §§ 611 ff. und 675 BGB zustande. Daraus resultieren die vereinbarten Pflichten des Steuerberaters (z. B. Buchführung, Fertigung von Abschlüssen, Fertigung von Steuererklärungen, steuerliche Beratung etc.) und die vertraglichen Pflichten des Mandanten (Zahlung des Honorars). Dieses (privatrechtliche) Innenverhältnis ist für das Besteuerungsverfahren ohne Bedeutung.

Dreh- und Angelpunkt ist vielmehr die Erteilung der **Vollmacht** (Bevollmächtigung). Sie betrifft das **Außenverhältnis Stpfl. – FA**. Nur wenn der Stpfl. den Steuerberater gem. § 80 AO bevollmächtigt hat, ihn gegenüber den Finanzbehörden zu vertreten, darf der Steuerberater im Namen des Stpfl. gegenüber dem FA auftreten. Nur dann wirken die vom Steuerberater für den Mandanten abgegebenen Erklärungen für und gegen diesen (vgl. § 164 Abs. 1 BGB).

Die Erteilung der Vollmacht durch den Stpfl. ist eine Verfahrenshandlung. Sie ist kein Rechtsgeschäft. Die §§ 164 ff. BGB gelten insoweit nicht. Insbesondere kann die Bevollmächtigung eines Steuerberaters nicht wegen etwaiger Willensmängel nach §§ 119 oder 123 und 142 BGB (mit Rückwirkung) angefochten werden.

Derjenige, der die Vollmacht erteilt, muss handlungsfähig sein nach § 79 AO. Derjenige, dem die Vollmacht erteilt wird, ebenso. Die Bevollmächtigung bedarf keiner Form. Sie kann schriftlich, zu Protokoll beim FA, mündlich, fernmündlich oder durch schlüssige Handlung erfolgen. Möglich sind auch die sog. Duldungsvollmacht und die Anscheinsvollmacht (Tipke/Kruse, § 80 Rz. 10 m. w. N.).

Die Bevollmächtigung kann vom Stpfl. lediglich gegenüber dem Steuerberater selbst erklärt werden (sog. Innenvollmacht; vgl. § 167 Abs. 1 1. Alt. BGB). Bei Angehörigen der steuerberatenden Berufe und bei Lohnsteuerhilfevereinen, die für den Stpfl. handeln, wird vom Finanzamt eine ordnungsgemäße Bevollmächtigung vermutet (AEAO zu § 80 Nr. 1 bzw. ab 01.01.2017 § 80 Abs. 2 AO i. d. F. des StModernG). Dies gilt ab 01.01.2017 auch, wenn ein

Angehöriger der steuerberatenden Berufe oder ein Lohnsteuerhilfevereinen die Vollmacht elektronisch übermittelt (§ 80a Abs. 2 i. d. F. des StModernG).

In aller Regel teilt ein Bevollmächtigter, z. B. ein Steuerberater, eine erteilte Vollmacht, dem Finanzamt jedoch schriftlich mit (sog. Außenvollmacht; § 167 Abs. 1 2. Alt. BGB). Ab 01. 01. 2017 kann freiwillig eine Vollmacht (die auf amtlich bestimmten Formular erteilt wurde) zur Vertretung in steuerlichen Angelegenheiten auch elektronisch übermittelt werden (§ 80a i. d. F. des StModernG). Eine (schriftliche) Bevollmächtigung kann z. B. wie folgt lauten:

BEISPIELE

a) Herr Steuerberater Erwin Müller, Blumenweg 3, 12345 X-Stadt, wird hiermit bevollmächtigt, mich/uns in allen Steuerangelegenheiten gegenüber Finanzbehörden, sonstigen Behörden und Stellen zu vertreten. Die Vollmacht ermächtigt insbesondere zur Einlegung, Rücknahme und zum Verzicht von außergerichtlichen Rechtsbehelfen, zur Erteilung von Untervollmacht, zur Entgegennahme von Zustellungen, zum Empfang von Geld, Wertsachen und Urkunden und zu Verfügungen über Einzahlungen und Guthaben bei Steuerbehörden.
Unterschrift (Mandant)

b) Hiermit erteile ich Herrn Steuerberater Erwin Müller, Blumenweg 3, 12345 X-Stadt, Vollmacht, mich in allen Steuerangelegenheiten vor den hierfür zuständigen Behörden und Gerichten zu vertreten. Der Bevollmächtigte ist befugt, für mich verbindliche Erklärungen abzugeben, Rechtsmittel einzulegen und zurückzunehmen und rechtsverbindliche Unterschriften zu leisten.
Unterschrift (Mandant)

Auf Verlangen des FA muss der Bevollmächtigte seine **Vollmacht nachweisen**. Bis 31. 12. 2016 hatte dies schriftlich zu erfolgen (§ 80 Abs. 1 Satz 3 AO). Ab 01. 01. 2017 sieht § 80 Abs. 3 AO i. d. F. des StModernG keine besondere Form mehr vor. Der Nachweis kann daher dann auch elektronisch übermittelt oder durch mündliche Bestätigung des Vollmachtgebers an Amtsstelle geführt werden. Bis 31. 12. 2016 sollte das FA den Nachweis nach pflichtgemäßem Ermessen nur verlangen, wenn begründete Zweifel an der Vertretungsmacht bestehen. Ab 01. 01. 2017 kann der Nachweis auch ohne Anlass verlangt werden, einer Begründung bedarf es nicht (BT-Drucks. 18/7457, S. 62). **976**

Das Verlangen des FA auf Nachweis der Vollmacht dient der Rechtssicherheit und stellt in aller Regel keinen mit unzumutbarem Arbeitsaufwand verbundenen Eingriff dar. Weist der Steuerberater – trotz Aufforderung mit Fristsetzung – seine Vollmacht nicht nach, wird ihn das FA nicht als Bevollmächtigten anerkennen und ihn zurückweisen. Ein gleichwohl vom Steuerberater beispielsweise eingelegter Einspruch wäre unzulässig (BFH vom 13. 09. 1963 BStBl III 1963, 517). Jedoch kann der Vertretungsmangel nachträglich aber vor Beendigung des Verfahrens rückwirkend geheilt werden (BFH vom 18. 10. 1988 BStBl II 1989, 76).

Hinweis: Im Steuerprozess gilt § 62 FGO, vgl. Kapitel 2, Teil B 3.4 Rz. 3213.

4.3 Umfang der Vollmacht

Der Bevollmächtigte, beispielsweise ein Steuerberater, kann den Beteiligten nur rechtswirksam vertreten, **soweit** er dazu von ihm **bevollmächtigt** worden ist. Der Umfang der Vollmacht richtet sich nach dem Inhalt der Vollmachtserteilung (wegen Beispielen vgl. Rz. 975). Neben generellen sind auch Vollmachten nur für einzelne Verfahrenshandlungen denkbar. Allein die Erklärung auf der Steuererklärung, ein Dritter habe bei der Erstellung mitgewirkt, ist jedoch nicht als Vollmacht anzusehen, den Steuerbescheid an diesen zu übermitteln (vgl. AEAO zu § 122, Nr. 1.7.1). **977**

Ist der Inhalt und damit der Umfang der Bevollmächtigung unklar, muss die Vollmachtserteilung (verfahrensrechtliche Willenserklärung) ausgelegt werden. Ergibt sich aus dem Inhalt der Vollmacht nichts anderes, ermächtigt diese nach § 80 Abs. 1 Satz 2 AO **zu allen das Verwaltungsverfahren betreffenden Verfahrenshandlungen.** Darunter fallen also auch Verfahrenshandlungen im Einspruchsverfahren und in mit diesem zusammenhängenden Verfahren. Eine unter einer **bestimmten Steuernummer** erteilte Vollmacht bezieht sich mangels anderweitiger Anhaltspunkte nur auf solche Vorgänge, die zu dieser Steuernummer gehören (BFH vom 19.10.1994 BFH/NV 1995, 475). Die im **Einkommensteuererklärungsvordruck** erteilte Vollmacht gilt nur für Bescheide des betreffenden Veranlagungszeitraums (BFH vom 16.10.2001 BFH/NV 2001, 888). Dagegen entfaltet die im Erklärungsvordruck zur **gesonderten und einheitlichen Feststellung** erteilte Empfangsvollmacht nicht lediglich Wirkung für das Verfahren des entsprechenden Feststellungszeitraums, sondern ist solange zu beachten, bis sie durch Widerruf entfällt (AEAO zu § 122 Rz. 1.7.2).

Die Vollmacht ermächtigt nicht automatisch zum Empfang von **Steuererstattungen und Steuervergütungen** (§ 80 Abs. 1 Satz 2 2. HS AO). Ist dies gewollt, kann der Stpfl. den Steuerberater jedoch ausdrücklich auch dazu bevollmächtigen (BFH vom 16.10.1990 BStBl II 1991, 3). Dies ist im Beispiel a) in Rz. 975 geschehen (»… Die Vollmacht ermächtigt insbesondere … zum Empfang von Geld … und zu Verfügungen über Einzahlungen und Guthaben bei Steuerbehörden«).

4.4 Erlöschen und Veränderungen der Vollmacht

978   Die Vollmacht besteht, solange sie nicht erloschen ist. Sie erlischt
- durch Widerruf seitens des Stpfl.,
- durch Niederlegung des Mandats seitens des Steuerberaters,
- durch Zweckerledigung oder
- durch Handlungsunfähigkeit oder Tod des Bevollmächtigten.

Der Stpfl. kann die Vollmacht jederzeit widerrufen. Es gilt das zur Erteilung der Vollmacht Gesagte entsprechend. Der Widerruf wirkt grundsätzlich sofort nach seiner Erklärung. Allerdings wird er der Behörde gegenüber erst wirksam, wenn er ihr zugeht (§ 80 Abs. 1 Satz 4 AO bzw. § 80 Abs. 1 Satz 3 AO i. d. F. des StModernG). Gleiches gilt für eine Veränderung der Vollmacht. Für den Nachweis des Widerrufs oder einer Veränderung der Vollmacht sieht das Gesetz keine Form vor. Wird ab 01.01.2017 eine Vollmacht elektronisch übermittelt, ist auch ein Widerruf bzw. eine Veränderung der Vollmacht elektronisch zu übermitteln (§ 80a i. d. F. des StModernG).

Die Vollmacht endet nicht durch den Tod des Vollmachtgebers. Auf Verlangen ist die Vollmacht des Rechtsnachfolgers schriftlich beizubringen, wenn der Vertreter für diesen auftritt, vgl. § 80 Abs. 2 AO bzw. § 80 Abs. 4 AO i. d. F. des StModernG.

4.5 Rechtswirkungen der Vollmacht

979   Die Bevollmächtigung hat im Wesentlichen drei Folgen:

Erstens **wirken Verfahrenshandlungen und -erklärungen**, die der Bevollmächtigte im Namen des Vollmachtgebers abgibt, **für und gegen den Vollmachtsgeber** (vgl. im Privatrecht § 164 Abs. 1 BGB).

Zweitens wird dem vertretenen Stpfl. grundsätzlich ein **etwaiges Verschulden des Bevollmächtigten zugerechnet.** Dies ergibt sich bei der Wiedereinsetzung in den vorigen Stand oder beim Verspätungszuschlag unmittelbar aus dem Gesetz (§ 110 Abs. 1 Satz 2 AO und § 152 Abs. 1 Satz 3 AO bzw. § 152 Abs. 1 Satz 2 2. HS AO i. d. F. des StModernG) und nach h. M. z. B. beim groben Verschulden in § 173 Abs. 1 Nr. 2 AO (vgl. AEAO zu § 173, Tz. 5.4).

Drittens **soll sich die Behörde an einen Bevollmächtigen wenden,** wenn ein solcher für das Verfahren bestellt ist (§ 80 Abs. 3 AO bzw. § 80 Abs. 5 AO i. d. F. des StModernG). § 93 Abs. 1 Satz 3 AO, wonach bei benötigten Auskünften zunächst der Beteiligte um Auskunft anzuhalten ist, steht dem nicht entgegen, weil ein Steuerberater als gewillkürter Vertreter **für** den Beteiligten handelt. Das Finanzamt kann sich an den Beteiligten selbst wenden, soweit er zur Mitwirkung verpflichtet ist; dann soll der Bevollmächtigte verständigt werden. Die Regelung ist eine »Soll«-Vorschrift und damit eine Ermessensvorschrift. Das Ermessen ist jedoch stark eingeschränkt: »Sollen« bedeutet im Regelfall »müssen«. Ist also ein Bevollmächtigter bestellt, darf sich das FA nur in atypischen Ausnahmefällen an den Stpfl. selbst wenden. Dies könnte beispielsweise dann anzunehmen sein, wenn die Angelegenheit dringend und der Steuerberater nicht erreichbar ist.

Liegt eine Empfangs- oder Zustellungsvollmacht vor, kann der Verwaltungsakt gem. § 122 Abs. 1 Satz 3 AO auch gegenüber einem Bevollmächtigten bekannt gegeben werden. Ab 01. 01. 2017 soll der Verwaltungsakt dem Bevollmächtigten gegenüber bekanntgegeben werden, wenn eine schriftliche oder elektronisch übermittelte Empfangsvollmacht vorliegt (§ 80 Abs. 5 Satz 4 AO i. V. m. § 122 Abs. 1 Satz 3 und 4 AO i. d. F. des StModernG). Hierzu und was gilt, wenn das FA den Bescheid entgegen der Empfangsvollmacht dem Stpfl. selbst zusendet, siehe Teil H 8.2.4 Rz. 1313 ff.

4.6   Beistände

Ein Beteiligter kann nach § 80 Abs. 4 AO bzw. § 80 Abs. 6 AO i. d. F. des StModernG zu   **980**
Verhandlungen und Besprechungen auch mit einem Beistand erscheinen. Dieser tritt neben dem Beteiligten auf. Das vom Beistand Vorgetragene gilt auch für den Beteiligten, soweit dieser nicht unverzüglich widerspricht. Beistände unterstützen den Beteiligten, ohne ihn aber zu vertreten. So können z. B. Familienangehörige oder Freunde als Beistände fungieren.

4.7   Zurückweisung wegen unbefugter Hilfeleistung

Nach § 80 Abs. 5 AO bzw. § 80 Abs. 7 und Abs. 9 Satz 1 AO i. d. F. des StModernG muss die   **981**
Finanzbehörde einen Bevollmächtigten oder Beistand zurückweisen, wenn er **unbefugt geschäftsmäßige Hilfe in Steuersachen** leistet. Dabei ist es gleichgültig, ob die Hilfeleistung unentgeltlich oder gegen Entgelt erfolgt. Ein Ermessen besteht grds. nicht. Ggf. ist gegen diese Personen ein Bußgeldverfahren wegen unbefugter Hilfeleistung in Steuersachen (§§ 5 Abs. 2, 160 StBerG) einzuleiten.

Zur **unbeschränkten Hilfeleistung** in Steuersachen sind nach § 3 StBerG (u. a.) Steuerberater, Steuerbevollmächtigte, Steuerberatungsgesellschaften, Rechtsanwälte, Wirtschaftsprüfer und Wirtschaftsprüfungsgesellschaften sowie vereidigte Buchprüfer und Buchprüfungsgesellschaften befugt. Nicht dazu gehören Unternehmensberater, beratende Betriebswirte und ähnliche Berufe. Personen, die in anderen **EU-/EWR-Staaten** niedergelassen sind und dort befugt geschäftsmäßig Hilfe in Steuersachen leisten, dürfen nach § 3 a StBerG vorübergehend und gelegentlich geschäftsmäßig Hilfeleistung in Steuersachen auf dem Gebiet der Bundesrepublik Deutschland leisten, wenn sie zuvor gegenüber einer (im Gesetz näher bestimmten) inländischen Stelle schriftlich Meldung erstatten.

Zur geschäftsmäßigen **Hilfeleistung** in Steuersachen sind **im eingeschränkten Umfang** nach §§ 4 und 6 StBerG (u. a.) auch befugt:

- Lohnsteuerhilfevereine, soweit sie für ihre Mitglieder Hilfe in vor allem LSt-Angelegenheiten leisten;
- Buchführungshelfer, hinsichtlich der Buchung laufender Geschäftsvorfälle incl. mechanischer Arbeitsgänge (z. B. Lohnsteueranmeldungen, aber nicht Umsatzsteuervoranmeldungen);
- Unternehmer, soweit sie im unmittelbaren Zusammenhang mit einem Geschäft, das zu ihrem Handelsgewerbe gehört, Hilfe in Steuersachen leisten (z. B. Kundenberatung von Banken);
- Arbeitgeber, soweit sie für ihre Arbeitnehmer Hilfe bei lohnsteuerlichen Sachverhalten (incl. Familienleistungsausgleich) leisten;
- Berufsvertretungen für ihre Mitglieder;
- unentgeltlich Hilfe in Steuersachen leistende Angehörige im Sinne des § 15 AO,
- Notare und Patentanwälte im Rahmen ihrer Befugnisse.

4.8 Zurückweisung vom schriftlichen oder mündlichen Vertrag

982 § 80 Abs. 6 AO bzw. § 80 Abs. 8 und Abs. 9 Satz 2 AO i. d. F. des StModernG ermöglicht die Zurückweisung von Bevollmächtigten und Beiständen, die zum schriftlichen Vortrag ungeeignet oder zum sachgemäßen mündlichen Vortrag nicht fähig sind. Die Zurückweisung steht im Ermessen der Finanzbehörde. Nicht zurückgewiesen werden können die Personen, die nach § 3 StBerG zur unbeschränkten Hilfeleistung in Steuersachen befugt sind, sowie die nach § 4 Nr. 1 und 2 StBerG zur beschränkten Hilfeleistung in Steuersachen befugten Notare und Patentanwälte, da diese Personen bereits einem besonderen Zulassungsverfahren unterliegen.

4.9 Folgen der Zurückweisung

983 Verfahrenshandlungen eines zurückgewiesenen Bevollmächtigten oder Beistands sind unwirksam (§ 80 Abs. 8 Satz 2 bzw § 80 Abs. 10 AO i. d. F. des StModernG. Deshalb ist die Zurückweisung auch dem Beteiligten mitzuteilen, dessen Bevollmächtigter oder Beistand zurückgewiesen wird (§ 80 Abs. 8 Satz 1; § 80 Abs. 7 Satz 2; Abs. 8 Satz 3; Abs. 9 Satz 2 2. HS AO i. d. F. des StModernG.

4.10 Vertreter von Amts wegen (§ 81 AO)

984 Nach § 81 AO kann das FA in bestimmten Fällen beim Vormundschaftsgericht die Bestellung eines Vertreters beantragen, wenn sonst kein geeigneter Vertreter vorhanden ist. Dieser hat dann gegenüber der Finanzbehörde einen Anspruch auf angemessene Vergütung und Ersatz seiner Auslagen (§ 81 Abs. 3 AO). Im Übrigen gelten die Vorschriften über die Betreuung und die Pflegschaft entsprechend (§ 81 Abs. 4 AO). Die Finanzbehörden werden im Allgemeinen keinen Anlass haben, die Bestellung eines Vertreters von Amts wegen zu beantragen (AEAO zu § 81).

5 Ausgeschlossene oder wegen Besorgnis der Befangenheit abgelehnte Personen (§§ 82–84 AO)

Gemäß § 82 AO darf auf Seiten der Finanzbehörden (§ 6 Abs. 2 AO) im Verwaltungsverfahren nicht tätig werden, **985**

- wer selbst Beteiligter (§ 78 AO, vgl. Rz. 962 ff.) ist,
- wer Angehöriger (§ 15 AO, vgl. Rz. 120) eines Beteiligten ist,
- wer einen Beteiligten kraft Gesetzes oder Vollmacht allgemein oder in dem anhängigen Verfahren vertritt (z. B. Vormund, Betreuer, Pfleger, Geschäftsführer von rechtfähigen Personenvereinigungen wie GmbH oder Verein, Geschäftsführer von nichtrechtsfähigen Personenvereinigungen wie GbR),
- wer Angehöriger einer Person ist, die für einen Beteiligten in diesem Verfahren Hilfe in Steuersachen leistet (z. B. Angehöriger eines Steuerberaters hinsichtlich dessen Mandanten),
- wer bei einem Beteiligten gegen Entgelt beschäftigt ist oder bei ihm als Mitglied des Vorstandes, des Aufsichtsrates oder eines gleichartigen Organs tätig ist (Ausnahme für beteiligte Anstellungskörperschaft, z. B. Land mit einem Betrieb gewerblicher Art gem. § 1 Abs. 1 Nr. 6 KStG),
- wer außerhalb seiner amtlichen Eigenschaft in der Angelegenheit ein Gutachten abgegeben hat oder sonst tätig geworden ist.

Mit dem Begriff »wer« erfasst § 82 Abs. 1 AO alle für eine Finanzbehörde i. S. d. § 6 Abs. 2 AO tätig werdende Personen, demnach alle Amtsträger i. S. d. § 7 AO (vgl. Teil A 13.1 Rz. 107 f.). »Tätig werden« bedeutet Mitwirkung an der Willensbildung der Behörde in einem Verwaltungsverfahren und umfasst nicht dafür notwendige rein mechanische Arbeiten, wie z. B. Schreib- oder Botendienst. »Verwaltungsverfahren« meint Ermittlung, Festsetzung, Feststellung, Erhebung, Vollstreckung einschließlich für die Willensbildung notwendiger Vorbereitungshandlungen.

Für eine Finanzbehörde tätige Personen sind auch dann ausgeschlossen, wenn sie von dem Ausschlussgrund keine Kenntnis haben, etwa nicht wissen, dass durch eine Eheschließung im Verwandtschaftsbereich einer der Beteiligten zum Angehörigen i. S. d. § 15 AO geworden ist.

BEISPIEL

a) Sachbearbeiter(-in) A erlässt eine Einspruchsentscheidung in der Steuersache des Stpfl. X. Diese Einspruchsentscheidung wird vom Vorsteher B unterschrieben. Die Entscheidung wird dem Steuerberater Y als Bevollmächtigtem von X übersandt. A ist mit der Schwester von X verheiratet.

b) Abwandlung: B ist mit der Schwester des Ehegatten des X verheiratet.

c) Abwandlung: A ist der Sohn des Bruders der Mutter von X.

d) Abwandlung: A ist der/die ehemalige Verlobte von X.

LÖSUNG

a) A und B haben Einfluss auf die Willensbildung der Finanzbehörde. Beide sind für diese im Verwaltungsverfahren tätig, da auch das Rechtsbehelfsverfahren ein Verwaltungsverfahren darstellt. Da A gemäß § 15 Abs. 1 Nr. 6 AO als Schwager/Schwägerin von X dessen Angehörige/-r ist, ist A gemäß § 82 Abs. 1 Nr. 2 AO im Verfahren von X ausgeschlossen. Die Einspruchsentscheidung ist rechtswidrig.

b) Abwandlung: B und X sind keine Angehörigen i. S. d. § 15 AO (sog. Schwipp-Schwagerschaft). Die Einspruchsentscheidung ist rechtmäßig.

c) Abwandlung: A ist nicht nach § 82 Abs. 1 Nr. 2 AO ausgeschlossene Person, weil der Cousin kein Angehöriger i. S. d. § 15 AO ist. Die Einspruchsentscheidung ist rechtmäßig.

d) Abwandlung: A ist nicht nach § 82 Abs. 1 Nr. 2 AO ausgeschlossene Person, weil die ehemalige Verlobte auch nicht über § 15 Abs. 2 Nr. 1 AO Angehöriger i. S. d. § 15 AO ist. Die Einspruchsentscheidung ist rechtmäßig.

Hinweis: In den Fällen b), c) und d) wäre jedoch die Besorgnis der Befangenheit nach § 83 AO zu prüfen (Rz. 985 a ff.).

Einem Beteiligten im Sinne der genannten Tatbestände steht gleich, wer durch die Tätigkeit oder durch die Entscheidung der Behörde einen unmittelbaren Vor- oder Nachteil erlangen kann, § 82 Abs. 1 Satz 2 und 3 AO.

BEISPIELE

a) Der Sachbearbeiter G einer Körperschaftsteuerstelle ist durch Erbfall zu 10 % Anteilseigner einer GmbH.

LÖSUNG G darf die KSt-Festsetzungen für die GmbH nach § 82 Abs. 1 Satz 2 AO nicht vornehmen, weil dadurch unmittelbar der Wert seiner Anteile steigen könnte. Durch die Tätigkeit als Sachbearbeiter könnte er als Beteiligter einen unmittelbaren Vorteil erlangen.

b) Der Betriebsprüfer A ist verheiratet mit der Steuerberaterin S, die ihre Praxis in Haßloch betreibt. Die Eheleute wohnen ebenfalls in Haßloch.

LÖSUNG Nach § 82 Abs. 1 Satz 3 AO kann A weiterhin Betriebe in Haßloch prüfen. Auch wenn dies im Einzelfall (aber nur mittelbar) dazu führen könnte, dass ein Betrieb Mandant von S wird, z. B. weil der Betrieb von A wegen § 82 Abs. 1 Nr. 4 AO auf keinen Fall mehr geprüft werden soll (BFH vom 14. 12. 1983, BStBl II 1984, 409).

985a   Abgesehen von den Fällen des § 82 AO kann gemäß § 83 AO von der Mitwirkung am Verfahren ausgeschlossen werden, wer sich selbst für befangen hält oder wer von einem Beteiligten für befangen gehalten wird. Letzteres ist der Fall, wenn ein vernünftiger Grund vorliegt, der den Beteiligten von seinem Standpunkt aus befürchten lassen könnte, dass der Amtsträger (§ 7 AO) nicht unparteiisch sachlich entscheiden werde (vgl. AEAO zu § 83).

Die Entscheidung darüber, ob sich ein Amtsträger der Mitwirkung an einem Verwaltungsverfahren zu enthalten hat, trifft der Behördenleiter bzw. der von diesem Beauftragte; ggf. die Aufsichtsbehörde, wenn der Behördenleiter selbst betroffen ist.

BEISPIEL

Sachbearbeiter X soll über einen Erlassantrag des mit ihm verfeindeten Nachbarn entscheiden. Da er glaubt, nicht objektiv entscheiden zu können, wendet er sich an den Behördenleiter Y mit der Bitte, ihn vom Verfahren auszuschließen.

986   Die **Folgen eines Verstoßes** gegen die §§ 82 und 83 AO bestimmen sich nach §§ 125, 127 AO. Danach wird man Nichtigkeit des Verwaltungsakts annehmen müssen, wenn der Beteiligte selbst tätig geworden ist. Im Interesse der Integrität der Verwaltung muss jeder Anschein der Selbstbevorzugung von Amtsträgern oder anderen der Verwaltung angehörenden Personen vermieden werden, so dass in diesen Fällen von einem besonders schwerwiegenden Fehler i. S. d. § 125 Abs. 1 AO gesprochen werden muss. Dies kann auch im Umkehrschluss aus § 125 Abs. 3 Nr. 2 AO gefolgert werden. Denn für die Fälle des Ausschlusses nach § 82 Abs. 1 Satz 1 Nr. 2 bis 6 und Satz 2 AO schreibt dieser ausdrücklich vor, dass allein durch die Mitwirkung der dort genannten ausgeschlossenen Personen der Verwaltungsakt nicht nichtig wird. In diesen Fällen liegt mithin ein wirksamer, aber rechtswidriger Verwaltungsakt vor, der auf Einspruch hin darauf zu überprüfen ist, ob er im Übrigen fehlerhaft ist oder nicht. Eine (nachträgliche) Heilung dieses verfahrensrechtlichen Fehlers nach § 126 AO scheidet naturgemäß aus. Erweist sich, dass auch ohne Mitwirkung der ausgeschlossenen Person keine andere Entscheidung in der Sache hätte getroffen werden können (gebundene Entscheidung), so ist er gemäß § 127 AO aufrechtzuerhalten. Anders bei Ermessensentscheidungen, weil hier stets eine andere ebenfalls richtige Entscheidung möglich ist (vgl. Rz. 1983).

Für die **Ablehnung von Mitgliedern eines** in einem Verwaltungsverfahren tätigen **Aus-   987 schlusses** (z. B. Zulassungs- und Prüfungsausschuss für Steuerberater) als ausgeschlossene Person nach § 82 Abs. 3 AO oder wegen Besorgnis der Befangenheit nach § 83 Abs. 2 AO gilt das in Rz. 985 und das oben Gesagte entsprechend. Wegen Ablehnungsformalitäten vgl. im Einzelnen § 84 AO.

6   Besteuerungsgrundsätze/Beweismittel

6.1   Amtliche Ermittlungspflicht (§ 85 AO) und Untersuchungsgrundsatz (§ 88 AO)

Nach § 85 AO haben die Finanzbehörden die Steuern nach Maßgabe der Gesetze gleich-   988 mäßig festzusetzen und zu erheben. Damit hat der Gesetzgeber die beiden tragenden Grundsätze des Besteuerungsverfahrens ausdrücklich hervorgehoben:

- **Gesetzmäßigkeit**
  Dem Grundsatz der Gesetzmäßigkeit wird dadurch Rechnung getragen, dass die Steuern nach Maßgabe der Gesetze festzusetzen und zu erheben sind (vgl. auch Art. 20 Abs. 3 GG).
- **Gleichmäßigkeit**
  Der Gleichheitsgrundsatz hat seine Grundlage in Art. 3 GG. Er wurde in die Abgabenordnung übernommen (§ 3 AO), die die Steuern »allen auferlegt«.

Aus § 85 AO ergibt sich auch ein gewisses **Kontrollbedürfnis** der Finanzbehörden über steuerlich relevante Sachverhalte. Dies kommt auch zum Ausdruck in den Vorschriften über die Außenprüfung (§§ 193 ff. AO), die Steuerfahndung (§ 208 AO), die Steueraufsicht (§ 209 AO), die Kontrollmitteilungen (§ 194 Abs. 4 AO) und über besondere Mitteilungs- und Bescheinigungspflichten, die in zahlreichen Einzelsteuergesetzen enthalten sind (z. B. §§ 41 a, 45 a, 45 d EStG, § 29 EStDV, §§ 33, 34 ErbStG).

Im Rahmen der Ermittlungen des Sachverhalts stehen die eigenen Angaben des Stpfl. – vor allem in den Steuererklärungen – im Vordergrund. Deshalb muss zunächst der wirkliche Inhalt der Wissens- und Willenserklärung des Stpfl. festgestellt werden. Die Finanzbehörde darf sich nicht an die vom Stpfl. gebrauchten und häufig missverstandenen Ausdrücke klammern, sondern muss klären durch Rückfrage oder Auslegung, was der Stpfl. wirklich gewollt hat. Mit größter Vorsicht können Anträge des Stpfl. umgedeutet werden.

BEISPIEL

Der Stpfl. hat im Rahmen seiner Einkommensteuererklärung die Aufwendungen für Fahrten zwischen Wohnung und Arbeitsstätte als außergewöhnliche Belastung geltend gemacht.
LÖSUNG Da es sich bei diesen Aufwendungen um Werbungskosten bei den Einkünften aus nichtselbstständiger Arbeit handelt, die nicht als außergewöhnliche Belastung geltend gemacht werden können, sind diese Aufwendungen als Werbungskosten auch ohne einen Antrag des Stpfl. anzusetzen.

BEISPIEL

Gegen einen Einkommensteuer-Vorauszahlungsbescheid legt der Stpfl. Y »Revision« ein. In seinen Ausführungen macht er geltend, der zuständige Sachbearbeiter Z sei sein Nachbar, mit dem er schon seit Jahren ein denkbar schlechtes Verhältnis habe. Z versuche mit allen Mitteln, ihn finanziell zu schädigen. So habe er absichtlich Vorauszahlungen gegen ihn festgesetzt, obwohl er in den letzten Jahren immer eine Steuererstattung erhalten habe und er auch für das nächste Jahr mit einer Erstattung rechne, da sich die Verhältnisse bei ihm nicht wesentlich geändert hätten. Im Übrigen halte er das Verhalten des Z anlässlich einer Vorsprache durch Y an Amtsstelle für skandalös, da Z ihn als »Verbrecher« und »Gauner« bezeichnet habe, dem man »das Handwerk legen müsse«. Z wolle sich mit diesem Schreiben über Y beschweren. Eine Überprüfung der Sachlage ergibt die Richtigkeit der Behauptungen des Y.

LÖSUNG Das Schreiben des Y ist als Einspruch gegen den Vorauszahlungsbescheid (§ 347 Abs. 1 Nr. 1 AO) umzudeuten, aber auch als Dienstaufsichtsbeschwerde gegen Z auszulegen. Zudem ist eine Befangenheitsprüfung des Vorstehers nach § 83 AO durchzuführen.

Nach § 88 Abs. 1 Satz 1 AO ist die Finanzbehörde verpflichtet, die für die Feststellung der Besteuerungsgrundlagen wesentlichen tatsächlichen und rechtlichen Verhältnisse von Amts wegen zu ermitteln (**Untersuchungsgrundsatz**). Die Finanzbehörde bestimmt nach § 88 Abs. 1 Satz 2 und 3 AO Art und Umfang ihrer Ermittlungen, deren notwendiges Ausmaß sich nach den Umständen des Einzelfalles richtet. Bei der Entscheidung über Art und Umfang der vorzunehmenden Ermittlungen ist die Behörde an das Vorbringen und an die Beweisanträge der Beteiligten nicht gebunden. Sie hat vielmehr alle für den Einzelfall bedeutsamen Umstände auch zugunsten der Beteiligten zu berücksichtigen (§ 88 Abs. 2 AO). Im Rahmen der Prüfung zugunsten des Stpfl. ist z. B. auch von Amts wegen die Verjährung zu berücksichtigen. Die Ermittlungen können z. B. geschehen durch: Beweismittel (§ 92 AO), Auskunftsersuchen (§ 93 AO), »Augenschein« (§§ 98, 99 AO), Sachverständige (§ 96 AO), Außenprüfungen (§§ 193 ff. AO), Steuerfahndung (§ 208 AO) oder Amtshilfeersuchen (§ 111 AO). An dieser Stelle sei auch auf **Umsatzsteuer-Nachschau** in § 27 b UStG und auf die **Lohnsteuer-Nachschau** in § 42 f EStG verwiesen. Wegen der bundeseinheitlichen **Regelungen zur Arbeitsweise in den Veranlagungsstellen** vgl. Rz. 993.

Ab 2017 gilt nach den Änderungen des § 88 AO durch das StModernG Folgendes:

Der Untersuchungsgrundsatz gilt weiterhin. Alle für den Einzelfall bedeutsamen Umstände sind zu berücksichtigen, auch die für die Beteiligten günstigen Umstände (§ 88 Abs. 1 AO i. d. F. des StModernG). Weiterhin bestimmt die Finanzbehörde Art und Umfang der Ermittlungen (§ 88 Abs. 2 Satz 1 AO i. d. F. des StModernG). Aber: Bei der Entscheidung über Art und Umfang der Ermittlungen können **allgemeine Erfahrungen** der Finanzbehörden sowie **Wirtschaftlichkeit** und **Zweckmäßigkeit** berücksichtigt werden. Unterstützt wird dies durch ein automationsgestütztes **Risikomanagementsystem** (RMS; § 88 Abs. 5 AO i. d. F. des StModernG). Neben den Grundsätzen der Gleichmäßigkeit und Gerechtigkeit ist auch dabei der Grundsatz der Wirtschaftlichkeit der Verwaltung zu berücksichtigen. Das RMS muss nach folgenden Grundsätzen funktionieren:

- hinreichende **Zufallsauswahl** von zu prüfenden Fällen,
- Prüfung (nur) der **ausgesteuerten Sachverhalte** durch einen Amtsträger,
- Gewährleistung, dass Amtsträger Fälle für eine **umfassende Prüfung** auswählen können,
- regelmäßige **Überprüfung des RMS**.

Einzelheiten zum RMS dürfen aus präventiven Gesichtspunkten nicht veröffentlicht werden (Ausnahme gilt gegenüber den Gerichten zwecks Überprüfung) und werden von den Länderfinanzministerien zusammen mit dem BMF festgelegt.

Neben den vorgenannten einzelfallbezogenen Regelungen dürfen die obersten Finanzbehörden der Länder (im Einvernehmen mit dem BMF) für bestimmte oder bestimmbare **Fallgruppen** Weisungen über Art und Umfang der Ermittlungen und der Verarbeitung von erhobenen oder erhaltenen Daten erteilen (§ 88 Abs. 3 AO i. d. F. des StModernG). Auch diesen Weisungen dürfen nicht veröffentlicht werden. Weiterhin können das BZSt und die Deutsche Rentenversicherung Bund (Rentenbezugsmitteilungen) auf eine Datenweiterleitung verzichten, wenn die Zuordnung zu einem konkreten Stpfl. oder einem Finanzamt nicht möglich ist oder einen unverhältnismäßigen Aufwand darstellt (§ 88 Abs. 4 AO i. d. F. des StModernG).

6.2 Beginn des Verfahrens (§ 86 AO)

Die Finanzbehörde entscheidet nach pflichtgemäßem Ermessen, ob und wann sie ein Verwaltungsverfahren durchführt. Nach diesem in § 86 Satz 1 AO verankerten gesetzlichen Grundsatz ist die Finanzbehörde zwar befugt aber nicht verpflichtet, tätig zu werden (Entschließungsermessen, siehe auch Rz. 56). Sie besitzt damit ein gewisses Auswahl- und Entschließungsermessen, z. B. ob im Einzelfall eine Betriebsprüfung (§§ 193 ff. AO) stattfinden oder ob ein Haftender (§ 191 AO) in Anspruch genommen werden soll. Dieses **Opportunitätsprinzip** wird durch das in § 86 Satz 2 AO verankerte **Legalitätsprinzip** eingeschränkt, welches in der Praxis des Verwaltungshandelns in einem FA auch die Regel darstellt. Die Finanzbehörde muss nach § 86 Satz 2 Nr. 1 AO aufgrund von Rechtsvorschriften **von Amts wegen** oder **auf Antrag** tätig werden und ein Verfahren beginnen. Eine Verpflichtung zum Tätigwerden von Amts wegen ergibt sich bereits aus § 85 AO, wenn Anhaltspunkte vorliegen, dass steuerlich relevante Sachverhalte im konkreten Einzelfall bisher nicht, nicht vollständig oder unzutreffend versteuert wurden (BFH vom 17. 11. 1992 BStBl II 1993, 146). Dies gilt auch zugunsten des Steuerpflichtigen. »Ermittlungen ins Blaue« ohne Vorliegen irgendwelcher Anhaltspunkte dürfen nicht angestellt werden (BFH vom 21. 03. 2002 BStBl II 2002, 495 m. w. N.).

989

Tätigwerden müssen **auf Antrag** nach § 86 Satz 2 Nr. 1 2. Alt. AO ergibt sich, wenn die AO oder Einzelsteuergesetze Wahlrechte einräumen, insbesondere bei Steuervergünstigungen. Beispiele sind

990

- Antrag auf schlichte Änderung, § 172 AO (Rz. 2014);
- Veranlagung zur Einkommensteuer, § 46 Abs. 2 Nr. 8 EStG;
- Berücksichtigung von außergewöhnlichen Belastungen (§§ 33 Abs. 1, 33 a Abs. 1, 33 b Abs. 1 EStG);
- Kindergeld, §§ 31, 62 EStG (Zuständigkeit der Familienkassen);
- Wohnungsbauprämie; § 4 WoPG;
- Arbeitnehmersparzulage; § 14 Abs. 4 VermBG;
- Investitionszulage; § 7 InvZulG 2010.

Auch wenn die materiellen Voraussetzungen vorliegen, darf das FA gem. § 86 Satz 2 Nr. 2 AO bei notwendigen Anträgen von sich aus nicht selbst tätig werden, zumal die meisten Anträge innerhalb von Ausschlussfristen einzureichen sind (vgl. etwa Antrag auf Veranlagung gem. § 46 Abs. 2 Nr. 8 EStG innerhalb der Festsetzungsfrist). Die Finanzbehörde kann (und sollte etwa in den Fällen der außergewöhnlichen Belastungen) aber nach § 89 AO eine fristgerechte **Antragstellung anregen**.

6.3 Amtssprache (§ 87 AO)

991   Gemäß § 87 Abs. 1 AO ist die Amtssprache **deutsch**. Bei allen Eingaben in fremder Sprache ist aber vorweg zu prüfen, ob eine Bearbeitung ohne Übersetzung möglich ist, vgl. § 87 Abs. 2 Satz 1 AO (... kann ...). Eine Übersetzung soll nur dann angefordert werden, wenn und soweit dies notwendig ist. Sofern der Amtsträger über entsprechende sprachliche Kenntnisse verfügt, kann auch in der fremden Sprache verhandelt werden. Allerdings sind Verwaltungsakte grundsätzlich in deutscher Sprache bekannt zu geben (AEAO zu § 87, Nr. 1). Besondere Regelungen für Anträge etc. ausländischer Beteiligter finden sich in § 87 Abs. 3–5 AO. Wegen der Führung von Büchern in fremder Sprache vgl. § 146 Abs. 3 AO.

6.4 Elektronische Kommunikation (§ 87 a AO ff.)

6.4.1 Sinn und Zweck der Vorschrift

991a   Ziel des § 87 a AO (für Datenübertragungen nach dem 31. 12. 2016 auch der §§ 87b–87e AO, vgl. Art. 97 § 27 EGAO) ist, eine **rechtsverbindliche elektronische Kommunikation** im Besteuerungsverfahren zu ermöglichen. Es soll zunehmend nicht mehr schriftlich, sondern elektronisch miteinander verbindlich kommuniziert werden.

6.4.2 Zulässigkeit elektronischer Übermittlung

991b   Die Übermittlung elektronischer Dokumente ist nach § 87a Abs. 1 AO zulässig, soweit der Empfänger hierfür einen Zugang (z. B. elektronisches Postfach) eröffnet. Bei **Behörden**, Firmen, Rechtsanwälten oder Steuerberatern kann die **Angabe einer E-Mail-Adresse** als Einverständnis zum Empfang elektronischer Dokumente ausgelegt werden. Umgekehrt ist bei Personen, die eine gewerbliche oder berufliche Tätigkeit selbstständig ausüben und die gegenüber dem Finanzamt im Briefkopf eine E-Mail-Adresse angeben oder sich per E-Mail an das Finanzamt wenden davon auszugehen, dass diese in der Regel mit dem Empfang elektronischer Dokumente einverstanden sind. Bei den übrigen Stpfl., wie z. B. Arbeitnehmern möchte das Finanzamt eine ausdrückliche (formlose) Einverständniserklärung haben.

6.4.3 Übermittlung elektronischer Dokumente durch den Steuerpflichtigen bzw. von Dritten

991c   Nach § 87a Abs. 3 AO kann eine für **Anträge**, Erklärungen oder Mitteilungen an die Finanzbehörden angeordnete Schriftform auch durch die elektronische Form ersetzt werden. Beispiele sind:

- Nachweis einer Vollmacht, § 80 Abs. 1 Satz 3 AO;
- auf Verlangen des Finanzamts schriftlich zu erteilende Auskunft, § 93 Abs. 4 Satz 2 AO;
- Anerkennung einer Zahlungsverpflichtung nach einer Außenprüfung, § 167 Abs. 1 Satz 3 AO;
- Maßstab zur Aufteilung von rückständigen Steuern, § 274 Satz 2 AO.

Ein elektronisches Dokument ist zwecks eindeutiger Authentifizierung des Absenders mit einer qualifizierten elektronischen Signatur nach dem SigG zu versehen (Anmeldung bei und Zertifikat von einem Zertifizierungsdiensteanbieter und Verwendung eines Chipkartenlesegerätes erforderlich). Die Signierung mit einem nach dem SigG möglichen **Pseudonym** ist nach § 87 a

Abs. 3 Satz 3 AO **nicht zulässig**. Hingegen ist ein Wahlname, dem die Funktion eines bürgerlichen Namens zukommt, wie etwa ein **Künstlername**, nicht von den Finanzbehörden zurückzuweisen (AEAO zu § 87 a, Tz. 3.4).

Die Schriftform kann nach § 87 a Abs. 3 Satz 4 AO weiterhin ersetzt werden durch

- eine unmittelbare Abgabe der Erklärung in einem elektronischen Formular, das von der Behörde in einem Eingabegerät (**Terminal**) oder über öffentlich zugängliche Netze (**webbasierte Formulare**, jedoch nicht heruntergeladene Dokumente zum Ausfüllen) zur Verfügung gestellt wird (mit sicherem Identitätsnachweis, vgl. § 87 a Abs. 3 Satz 5 AO), oder
- eine sog. **DE-Mail**.

Lässt das Gesetz neben der schriftlichen auch die elektronische Übermittlung zu, bedarf es keiner qualifizierten elektronischen Signatur (AEAO zu § 87 a, Tz. 3.4; AEAO zu § 357, Tz. 1). So ist beispielsweise ein **Einspruch** gem. § 357 Abs. 1 AO »schriftlich oder elektronisch einzureichen«. Damit kann ein Einspruch auch per einfacher E-Mail wirksam eingelegt werden. Gleiches gilt für eine zu erteilende **Auskunft**, die gem. § 93 Abs. 4 Satz 1 AO grundsätzlich in jeglicher Form erteilt werden kann.

Wegen der Abgabe **elektronischer Steuererklärungen** vgl. Rz. 1097.

6.4.4 Übermittlung elektronischer Dokumente durch die Finanzbehörde

Umgekehrt können nach § 87 a Abs. 4 AO auch die Finanzbehörden in Schriftform zu erteilende Verwaltungsakte oder sonstige Maßnahmen wie z. B. **Steuerbescheide** und sog. gleichgestellte Bescheide (§ 157 Abs. 1 Satz 1 AO), aber auch Einspruchsentscheidungen (§ 366 AO) in elektronischer Form bekannt geben, wobei das elektronische Dokument mit einer **qualifizierten elektronischen Signatur** nach dem SigG zu versehen ist. Hierbei sind gem. § 87 a Abs. 1 Satz 3 AO dem Steuergeheimnis unterliegende **Daten** mit einem geeigneten Verfahren **zu verschlüsseln**. Das Verschlüsselungsgebot gilt nicht für (durchgehend automationsunterstützt erzeugte) elektronische Benachrichtigen über einem möglichen Datenabruf oder über den Zugang übermittelter Daten bei der Finanzbehörde, weil diese keine schützenswerten Daten beinhalten und keine Rückschlüsse auf die steuerlichen Verhältnisse des Nachrichtenempfängers möglich sind.

Auch elektronisch erlassene Verwaltungsakte müssen nach § 119 Abs. 3 AO die **erlassende Behörde** erkennen lassen. Bei Signatur eines elektronischen Verwaltungsakts muss das zugrunde liegende Zertifikat oder ein zugehöriges Attributzertifikat die erlassende Behörde erkennen lassen. Bei von der Finanzbehörde aufzunehmenden **Niederschriften** (z. B. §§ 93 Abs. 6 Satz 1, 95 Abs. 2 Satz 1, 291, 315 Abs. 3 AO) verbleibt es grundsätzlich bei der Schriftform.

991d

6.4.5 Zugang eines elektronischen Dokuments

Ein elektronisches Dokument ist nach § 87 a Abs. 1 Satz 2 AO bzw. § 87a Abs. 1 Satz 2 1. HS AO i. d. F. des StModernG **im Moment der Aufzeichnung** in einer für den Empfänger bearbeitbaren Weise durch eine für den Empfang bestimmten Einrichtung zugegangen, z. B. auf dem Mailserver des Providers. Für die Wahrung von Fristen durch den Stpfl. ist damit der **Zeitpunkt des elektronischen Eingangs** des Dokuments bei der Finanzbehörde **maßgebend**. Ob und wann das Dokument (nach dem Download) am Bildschirm angesehen oder zum Lesen ausgedruckt wird, ist damit ohne rechtliche Bedeutung.

Dieser Grundsatz gilt nicht, wenn gesetzliche Fiktionen für den Zeitpunkt der Bekanntgabe vorgesehen sind (vgl. § 87a Abs. 1 Satz 2 2. HS AO i. d. F. des StModernG). So wird für den

991e

Erlass von Verwaltungsakten in elektronischer Form eine widerlegbare Drei-Tages-Bekanntgabefiktion (§ 122 Abs. 2 a AO) angenommen, bei der im Zweifel wie bei der Bekanntgabe von schriftlichen Verwaltungsakten die Behörde den Beweis des Zugangs zu führen hat. Gleiches gilt für ab 01. 01. 2017 (oder ggf. durch BMF-Schreiben späterer Zeitpunkt möglich, Art. 97 § 28 Satz 2 EGAO) durch **Bereitstellung zum Datenabruf** erlassene Verwaltungsakte. Auch hier gilt eine gesetzliche Bekanntgabefiktion von drei Tagen nach elektronischem Absand der Benachrichtigung über die Möglichkeit zum Datenabruf (§ 122 a Abs. 4 AO i. d. F. des StModernG).

Sind die vom Bürger übermittelten elektronischen **Daten** von der Finanzbehörde **nicht zur Bearbeitung geeignet**, etwa weil die verwendete Software eine andere ist, hat die Finanzbehörde dies gem. § 87 a Abs. 2 AO unverzüglich (Handeln ohne schuldhaftes Zögern, vgl. § 121 Abs. 1 Satz 1 BGB) dem Absender mitzuteilen und die für sie geltenden technischen Rahmenbedingungen anzugeben. Wenn im umgekehrten Fall der Empfänger geltend macht, er könne ein von der Finanzbehörde elektronisch übermitteltes Dokument nicht bearbeiten, hat die Finanzbehörde es ihm erneut in einem geeigneten elektronischen Format oder (ersatzweise) als Schriftstück zu übermitteln. Ein für den Empfänger nicht bearbeitbares Dokument ist nicht im Sinne des § 87 a Abs. 1 Satz 2 AO zugegangen und löst somit noch keine Rechtsfolgen, z. B. die Wahrung einer Antrags- oder Rechtsbehelfsfrist oder das Wirksamwerden eines Verwaltungsakts, aus (AEAO zu § 87 a, Nr. 2 und Rz. 1276). In der Praxis bedeutet dies für den Stpfl., die ihm von der Finanzbehörde übermittelten E-Mails alsbald auf ihre elektronische Verwertbarkeit zu prüfen, ohne dass es in diesem Zeitpunkt einer sachlichen Prüfung bedürfte. Denn wird nichts Anderweitiges der Finanzbehörde in zeitlicher Nähe angezeigt, wird diese – vor allem zum Zwecke der Berechnung der Fristen – von der ordnungsgemäßen Übermittlung und Verwertbarkeit des elektronischen Verwaltungsakts ausgehen (können).

6.5 Grenzen der Ermittlungspflicht

992 Die Grenzen der amtlichen Ermittlungspflicht liegen dort, wo der **Finanzbehörde** eine (ggf. weitere) **Nachforschung** den Umständen nach **nicht zugemutet werden kann**. Das wird i. d. R. zutreffen, wenn weitere Ermittlungen einen unverhältnismäßigen Aufwand an Zeit und Arbeit bedeuten würden oder der Beteiligte das ihm zumutbare Maß an Mitwirkung nicht erfüllt.

Wo die amtliche Ermittlungspflicht ihre Grenze hat, bestimmt sich nicht zuletzt auch nach der Art und dem Ziel des durchzuführenden Verwaltungsverfahrens. Belastende Verwaltungsakte werden weitgehender von tatsächlichen Grundlagen getragen, deren hinreichende Ermittlung überwiegend Aufgabe der Finanzbehörde ist. Begünstigende Verwaltungsakte, insbesondere solche, die üblicherweise auf Antrag gewährt werden, bedingen eine ausreichende Darlegung des maßgebenden Sachverhalts durch den Beteiligten.

Hierbei stehen sich **Amtsermittlungspflicht** und **Mitwirkungspflicht** des Stpfl. **grundsätzlich gleichwertig** gegenüber. Allerdings verlagert sich die Verantwortung für die Sachverhaltsaufklärung immer weiter in den Bereich des Stpfl., insoweit wie Tatsachen oder Beweismittel seiner von ihm beherrschten Tätigkeits- und Wissenssphäre angehören. Kann ein Sachverhalt nicht aufgeklärt werden, kommt es darauf an, ob sowohl das FA als auch der Stpfl. den Ermittlungs- bzw. den Mitwirkungspflichten nachgekommen sind. Ist dies der Fall, so gehen nicht aufklärbare steuererhöhende Tatsachen zu Lasten der Finanzbehörde, während nicht aufklärbare steuermindernde Tatsachen zu Lasten des Stpfl. gehen.

BEISPIEL

Der Stpfl. A macht im Rahmen der Einkommensteuererklärung Versicherungsbeiträge in Höhe von 1 500 € als Sonderausgaben geltend. Belege liegen nicht vor. Die im Vorjahr nachgewiesenen Versicherungsbeiträge haben 1 400 € betragen. Das FA kann die Aufwendungen auch ohne Nachweis anerkennen. Ihre Höhe ist glaubhaft. Es besteht kein Anlass für weitere Ermittlungen.

Die obersten Finanzbehörden der Länder haben mit gleichlautendem Erlass vom **993** 19. 11. 1996 BStBl I 1996, 1391 bundeseinheitliche Regelungen zur **Arbeitsweise in den Veranlagungsstellen** bekannt gegeben (Erlass betr. Organisation der FA und Neuordnung des Besteuerungsverfahrens, Arbeitsweise in den Veranlagungsstellen; Nachfolgeregelung zur sog. **GNOFÄ**). Danach soll bei der – möglichst in einem Arbeitsgang zu erfolgenden – Veranlagung auf das Wesentliche abgestellt werden, der Bearbeitungs- und Kontrollaufwand zu den erwartenden steuerlichen Auswirkungen nicht außer Verhältnis stehen. Die Finanzbehörden versuchen mit dieser Verwaltungsanweisung den Zielkonflikt zwischen Erfüllung des Gesetzesbefehls in § 85 Satz 2 AO einerseits und dem aus Gründen der allgemein schlechten Haushaltslage notgedrungen knappen Personalbestand andererseits zu lösen. Zu diesem Zweck setzen sie auf stichprobenartige, bei steigenden Einkünften immer mehr wahrscheinlich werdende intensive Prüfung von Steuerfällen. Dies soll prophylaktische Wirkung haben und ist ein an den personellen Gegebenheiten ausgerichteter Versuch, einen möglichst hohen fiskalischen Erfolg mit dem vorhandenen Personal zu erzielen. Intensiv sind nach dem Erlass Steuerfälle zu bearbeiten, wenn dies generell oder im Einzelfall angeordnet wird (variable Intensivprüffelder), sie maschinell ausgewählt werden (anhand der Einkommensstruktur und -höhe), sich Zweifelsfragen von erheblicher steuerlicher Bedeutung ergeben oder der Bearbeiter dazu einen Anlass sieht. In den übrigen Steuerfällen soll den schlüssigen und glaubhaften Angaben der Steuerpflichtigen gefolgt werden, z. B. weil es sich um bei früheren Veranlagungen bereits überprüfte Sachverhalte oder um gleichartige Sachverhalte bei vergleichbaren Steuerpflichtigen handelt. Insofern sind der Ermittlungspflicht der FA durch diese Regelung (nur) verwaltungsinterne Grenzen gesetzt.

Wegen der **Beweislast** im Besteuerungsverfahren vgl. Rz. 1050.

6.5.1 Die tatsächliche Verständigung

In Fällen schwierig zu ermittelnder tatsächlicher Umstände ist es nach der Rechtsprechung **994** des BFH zulässig, in der zwischen dem FA und dem Stpfl. eine Einigung über die Annahme eines bestimmten Sachverhalts und über eine bestimmte Sachbehandlung mit bindender Wirkung herbeizuführen (**tatsächliche Verständigung**, vgl. BFH vom 11. 12. 1984 BStBl II 1985, 354). Dies dient in Fällen **erschwerter Sachverhaltsermittlung** unter bestimmten Voraussetzungen der Effektivität der Besteuerung und allgemein dem **Rechtsfrieden**, wenn sich die Beteiligten über die Annahme eines bestimmten Sachverhalts und über eine bestimmte Sachbehandlung einigen können. **Abzugrenzen** ist die tatsächliche Verständigung von einer **Steuervereinbarung** durch Verträge, Vergleiche oder Absprachen. Letztere sind unzulässig, sie sind nichtig (BFH vom 05. 10. 1990 BStBl II 1991, 45). Von der **verbindlichen Auskunft** unterscheidet sich die tatsächliche Verständigung dadurch, dass sie sich ausschließlich auf abgeschlossene Sachverhalte bezieht.

Eine tatsächliche Verständigung ist **in jedem Stadium des Festsetzungsverfahrens**, auch **995** im Rahmen einer Betriebsprüfung, z. B. in einer Schlussbesprechung nach einer Außenprüfung (BFH vom 06. 02. 1991 BStBl II 1991, 673) oder während eines Rechtsbehelfsverfahrens möglich. Selbst bei Steuerfahndungsprüfungen bzw. nach Einleitung eines Steuerstrafverfahrens sind sie möglich.

996   Die tatsächliche Verständigung ist ausschließlich **im Bereich der Sachverhaltsermittlung** zulässig und dient der Herstellung des Rechtsfriedens bei gleichzeitiger Reduzierung des Arbeits- und Zeitaufwandes auf ein vertretbares Maß. Sie ist nicht zulässig zur Klärung zweifelhafter Rechtsfragen (BFH vom 15.03.2000 BFH/NV 2000, Satz 1073), über den Eintritt bestimmter Rechtsfolgen, über die Anwendung bestimmter Rechtsvorschriften und wenn sie zu einem offensichtlich unzutreffenden Ergebnis führt. Voraussetzung für eine tatsächliche Verständigung ist, dass ein **Fall erschwerter Sachverhaltsermittlung** vorliegt. Ein solcher liegt z. B. vor, wenn sich einzelne Sachverhalte nur mit überdurchschnittlichem Arbeits- und Zeitaufwand und/oder überdurchschnittlicher Zeitdauer ermitteln lassen. Die Kompliziertheit eines Sachverhalts i. S. einer überdurchschnittlichen Detaildichte begründet für sich allein gesehen regelmäßig noch nicht die Annahme einer erschwerten Sachverhaltsermittlung. Bei der Frage, ob ein Fall erschwerter Sachverhaltsermittlung vorliegt, kann im Hinblick auf die Mitwirkungspflichten des Stpfl. im Einzelfall auch dessen Arbeits- und Zeitaufwand berücksichtigt werden. Die tatsächliche Verständigung dient jedoch nicht dazu, den üblicherweise anfallenden Aufwand der Beteiligten zu verringern. Die tatsächliche Verständigung kommt insbesondere in Fällen in Betracht, in denen ein Schätzungs-, Bewertungs-, Beurteilungs- oder Beweiswürdigungsspielraum besteht, der Sachverhalt selbst aber abgeschlossen ist (BMF vom 30.07.2008, IV A 3-S0223/07/10002, BStBl I 2008, 831).

997   Bei der **Durchführung** der tatsächlichen Verständigung müssen die beteiligten Personen zu einer abschließenden Regelung befugt sein. Auf Seiten des Stpfl. ist dies der Stpfl. selbst oder die in den §§ 34 und 35 AO genannten Personen. Ist der Stpfl. vertreten, muss eine entsprechende Vollmacht vorliegen. Für das FA ist derjenige Bedienstete zur tatsächlichen Verständigung befugt, der den Verwaltungsakt abschließend zeichnet, in den die Verständigung Eingang findet. Dies ist neben dem Vorsteher des FA der Sachgebietsleiter des Veranlagungsbereichs, evtl. auch der Sachgebietsleiter einer Rechtsbehelfsstelle, wenn die Verständigung im Rahmen eines Rechtsbehelfsverfahrens getroffen wird. Sachgebietsleiter der Betriebsprüfung sind hingegen nicht autorisiert. Eine ohne Teilnahme eines entscheidungsbefugten Amtsträgers getroffene Vereinbarung kann auch nicht nachträglich genehmigt werden (BFH vom 28.07.1993 BFH/NV 94, 290; a. A. BMF vom 30.07.2008 BStBl I 2008, 831, Tz. 5.3, wonach der Mangel, dass aufseiten des FA nicht der für die Entscheidung über die Steuerfestsetzung, d. h. der zur abschließenden Zeichnung berechtigte Amtsträger beteiligt war, durch ausdrückliche nachträgliche Zustimmung gegenüber allen Beteiligten geheilt werden kann). Auch der spätere bloße Erlass von Änderungsbescheiden nach einer Außenprüfung stellt keine Genehmigung einer tatsächlichen Verständigung dar (BFH vom 11.06.2014, IX B 6/14, BFH/NV 2014, 1496).

998   Eine tatsächliche Verständigung soll sich nach Möglichkeit **nur** auf einen **einzelnen Sachverhalt** beziehen. Sollen tatsächliche Verständigungen über mehrere Sachverhalte herbeigeführt werden, sind i. d. R. auch mehrere, voneinander unabhängige, tatsächliche Verständigungen anzustreben. Der Inhalt der tatsächlichen Verständigung sollte in einfacher, aber beweissicherer Form, z. B. durch **Schriftform**, festgehalten werden. Zwar ist die Schriftform nicht zwingend, jedoch sind deren Nichteinhaltung, die fehlende Protokollierung und ggf. ein Vorbehalt der Nachprüfung im folgenden Steuerbescheid Indiz dafür, dass die Beteiligten sich nicht haben binden wollen (BFH vom 31.07.1996 BStBl II 1996, 625 und vom 21.06.2000, BFH/NV 2001 Satz 2). Hierbei ist die Sachlage darzustellen und die Vereinbarung von den Beteiligten zu unterschreiben. In der Vereinbarung ist auf die Bindungswirkung hinzuweisen.

BEISPIEL

»Zwischen dem FA (für die Festsetzung zuständiges FA), vertreten durch (Dienstbezeichnung und Name des zuständigen Amtsträgers, z. B. SGL-Veranlagungsbereich oder Vorsteher) und Herrn/Frau (Name und Anschrift des Stpfl.), vertreten durch (Name und Anschrift des steuerlichen Vertreters) wird eine Verständigung über die folgenden Besteuerungsgrundlagen getroffen, die trotz Bemühens um Aufklärung nicht sicher festgestellt werden können (siehe § 162 AO). Die Verständigung führt nicht zu einem offensichtlich unzutreffenden Ergebnis. Mit dem Abschluss dieser Verständigung sind die Beteiligten an die vereinbarte Tatsachenbehandlung gebunden. Für das weitere Verfahren gehen die Beteiligten von folgendem Sachverhalt aus: (Schilderung des Sachverhalts). Die Beteiligten erhalten jeweils eine Ausfertigung dieser Verständigung. (Datum und Unterschrift der Beteiligten).«

Mit dem Abschluss der Vereinbarung **sind die Beteiligten** an die vereinbarte Tatsachen- **999** behandlung **gebunden.** Dies gilt auch, wenn die Verständigung nicht sämtliche schwer aufklärbare Umstände des Besteuerungssachverhalts umfasst (BFH vom 12.08.1999 BFH/NV 2000, 537). Die vereinbarte Tatsachenbehandlung ist damit inhaltlich späteren Rechtsstreitigkeiten grds. entzogen. Eine tatsächliche Verständigung zwischen einem Steuerpflichtigen und der für seine Besteuerung zuständigen Finanzbehörde, deren Gegenstand die Übernahme von Steuerschulden Dritter ist, bindet die für die Besteuerung der Begünstigten zuständigen Finanzbehörden nicht, wenn diese am Zustandekommen der tatsächlichen Verständigung nicht beteiligt waren (BFH vom 07.07.2004 BStBl 2004, 975).

Die Vereinbarung bedarf der **Umsetzung in den Verwaltungsakt**, für den sie bestimmt ist (Verwirklichung der tatsächlichen Verständigung). Ihre Bindungswirkung bleibt auch dann bestehen, wenn dieser Verwaltungsakt nach § 164 AO unter dem Vorbehalt der Nachprüfung steht oder nach § 165 AO ganz oder teilweise vorläufig ergangen ist. Eine Änderung des Verwaltungsaktes, der die tatsächliche Verständigung beinhaltet, lässt die Bindungswirkung der Vereinbarung unberührt. Auch der geänderte Verwaltungsakt muss die tatsächliche Verständigung berücksichtigen. Eine Aufhebung oder Änderung des Verwaltungsakts, dessen Bestandteil die tatsächliche Verständigung ist, ist nur möglich, wenn dies nach den verfahrensrechtlichen Bestimmungen zulässig ist.

Die tatsächliche Verständigung kann von den Beteiligten einvernehmlich aufgehoben oder geändert werden. Im Hinblick auf den Zweck dieses Rechtsinstituts ist dies jedoch auf Ausnahmefälle beschränkt.

Als **Gründe für die Unwirksamkeit einer tatsächlichen Verständigung** kommen u. a. in Betracht.
- unzulässiger Druck auf den bzw. unzulässige Beeinflussung des Stpfl., z. B. durch Androhung eines Steuerstrafverfahrens, falls die Verständigung nicht abgeschlossen werde,
- Mängel in der Vertretung (z. B. nach §§ 164 ff. BGB),
- offener Einigungsmangel (§ 154 BGB),
- Scheingeschäft (§ 117 BGB),
- Anfechtungsgründe (§§ 119, 120, 123 BGB),
- Wegfall der Geschäftsgrundlage (§ 242 BGB),
- Zurücknahmegründe (§ 130 Abs. 2 AO),
- offensichtlich unzutreffendes Ergebnis (BFH vom 11.12.1984 BStBl II 1985, 354).

Werden derartige Gründe geltend gemacht, ist für die weitere Behandlung der tatsächlichen Verständigung von Bedeutung, ob diese in einem Verwaltungsakt bereits berücksichtigt wurde oder nicht. Eine tatsächliche Verständigung ist nicht schon deshalb unwirksam, weil sie zu einer von einem Beteiligten nicht vorhergesehenen Besteuerungsfolge führt und dadurch die vor der

Verständigung offengelegten Beweggründe des Beteiligten zum Abschluss der Verständigung (hier: die Erwartung der steuerlichen Neutralität des Vereinbarten) entwertet werden (BFH vom 08. 10. 2008 BStBl II 2009, 121).

6.5.1.1 Die tatsächliche Verständigung wurde noch nicht in einem Verwaltungsakt berücksichtigt

1000   Macht der Stpfl. Unwirksamkeitsgründe geltend, so kommt darin sein Wille zum Ausdruck, an die tatsächliche Verständigung nicht mehr gebunden zu sein. Sprechen bei summarischer Prüfung die überwiegenden Gründe für das Vorliegen solcher Umstände, ist dem Stpfl. mitzuteilen, dass die tatsächliche Verständigung als einvernehmlich aufgehoben betrachtet wird. Der Sache nach haben die Beteiligten damit eine Aufhebungsvereinbarung getroffen. Geht das FA weiterhin vom Bestehen und der Bindungswirkung der tatsächlichen Verständigung aus, teilt es dem Stpfl. mit, dass dessen Rechtsauffassung nicht geteilt wird. In dem nachfolgenden Verwaltungsakt legt das FA das Ergebnis der tatsächlichen Verständigung zugrunde.

Will das FA Unwirksamkeitsgründe gelten machen, teilt es diese dem Stpfl. aus Gründen des rechtlichen Gehörs zunächst mit. Bleibt das FA nach der Anhörung bei seiner bisherigen Auffassung, bleibt die tatsächliche Verständigung beim Erlass des nachfolgenden Verwaltungsakts unberücksichtigt.

In beiden Fällen kann (und wird) der Stpfl. durch Einlegung eines Einspruchs seine Rechtsauffassung in einem Rechtsbehelfsverfahren weiter vertreten.

6.5.1.2 Die tatsächliche Verständigung wurde bereits in einem Verwaltungsakt berücksichtigt

1001   Eine Aufhebung oder Änderung der tatsächlichen Verständigung ist regelmäßig nur dann sinnvoll, wenn der Verwaltungsakt, in dem die tatsächliche Verständigung berücksichtigt wurde, nach den verfahrensrechtlichen Vorschriften noch geändert werden kann. Die nachträglich festgestellte Unwirksamkeit einer tatsächlichen Verständigung nach Ergehen des Verwaltungsakts ist weder eine nachträglich bekannt gewordene neue Tatsache i. S. d. § 173 Abs. 1 AO noch ein rückwirkendes Ereignis i. S. d. § 175 Abs. 1 Nr. 2 AO.

Ist nach obigen Grundsätzen von der Unwirksamkeit einer Verständigung auszugehen, müssen regelmäßig weitere Ermittlungen zur Feststellung der Besteuerungsgrundlagen durchgeführt werden. Werden hierbei erstmals steuererhebliche Tatsachen und/oder Beweismittel bekannt, kann dies unter den sonstigen Voraussetzungen eine Änderung einer vorangegangenen Steuerfestsetzung nach § 173 AO bedeuten.

6.5.2 Beschränkungen der Ermittlungspflicht zum Schutz von Bankkunden (§ 30 a AO)

1002   Eine Begrenzung der Ermittlungen ganz anderer Art erfolgte durch den sog. **Bankenerlass** von 1949, der faktisch ein weitreichendes Bankgeheimnis eingeführt hat. Der wesentliche Inhalt dieses Erlasses wurde mit der Einfügung des **§ 30 a AO** durch das Steuerreformgesetz 1990 legalisiert. Abs. 1 und die (verfehlte) systematische Stellung der Vorschrift im vierten Teil des ersten Abschnitts der AO unter dem Begriff Steuergeheimnis suggeriert die Existenz eines Bankgeheimnisses auch gegenüber den Finanzbehörden, das es rechtlich nicht gibt.

Im Gegenteil, nach § 154 AO (Kontenwahrheit) wird durch das Festhalten von Person und Anschrift des Verfügungsberechtigten eines Kontos, eines Schließfaches, bei Verwahrung von Wertgegenständen oder bei Pfandnahme von einem anderen sichergestellt, dass jederzeit Auskunft darüber gegeben werden kann, über welche Konten oder Schließfächer eine Person verfügungsberechtigt ist, sog. **Legitimationsprüfung.** Niemand darf Konten für sich oder einen Dritten auf einen falschen oder erdichteten Namen errichten oder Buchungen vornehmen lassen, Wertsachen in Verwahrung geben oder verpfänden oder sich ein Schließfach geben lassen. Verboten ist die Abwicklung von Geschäftsvorfällen über sog. **CpD (Conto pro Diverse) -Konten,** wenn der Name des Beteiligten bekannt ist oder unschwer ermittelt werden kann und für ihn ein entsprechendes Konto geführt wird. CpD-Konten dienen dazu, Geschäftsvorfälle abzuwickeln, die anderweitig nicht verbucht werden können, weil Angaben unklar sind, z. B. Name und/oder Anschrift fehlt oder ist falsch. Wegen weiterer Einzelheiten zu § 154 AO vgl. Rz. 1052.

§ 30 a AO hat durch die Einführung der **Abgeltungsteuer** auf private Kapitaleinkünfte **1003** (siehe § 32 d EStG) massiv **an Bedeutung verloren.** Für den Restbereich, in dem die Abgeltungsteuer keine Anwendung findet (betriebliche Kapitalerträge und § 32 d Abs. 2 EStG), ist er allerdings weiterhin von Relevanz. § 30 a AO ist nach BFH vom 18. 02. 1997 BStBl II 1997, 499 verfassungskonform einschränkend in der Weise auszulegen, dass er der von Art. 3 Abs. 1 GG gebotenen gleichmäßigen Erhebung der Steuer auf Zinseinkünfte nicht entgegensteht. Die Regelungen des § 30 a Abs. 1, 2, 4 AO und 5 hätten lediglich rechtsbestätigenden Charakter. § 30 a Abs. 3 AO hindere nicht die Fertigung und Auswertung von Kontrollmitteilungen (vgl. Rz. 2307) anlässlich einer Außenprüfung bei Kreditinstituten, wenn hierfür ein »hinreichend begründeter Anlass« bestehe. Dies ist z. B. dann anzunehmen, wenn ein Bankkunde bei der Durchführung von Tafelgeschäften bei dem Kreditinstitut, bei dem er seine Konten und/oder Depots führt, außerhalb dieser Konten und Depots durch Bareinzahlungen und Barabhebungen (ggf. anonymisiert) abwickelt (BFH vom 15. 06. 2001 BStBl II 2001, 624 und vom 02. 08. 2001 BStBl II 2001, 665).

Im Einzelnen regelt § 30 a AO Folgendes: **1004**

a) Bei der Anwendung der zu § 88 AO niedergelegten Grundsätze ist **auf das Vertrauensverhältnis** zwischen den Kreditinstituten und ihren Kunden besonders **Rücksicht zu nehmen.** Danach kann für den Regelfall davon ausgegangen werden, dass die Angaben in der Steuererklärung vollständig und richtig sind.

b) Die FA dürfen von den Kreditinstituten zum Zwecke der allgemeinen Überwachung die einmalige oder periodische **Mitteilung von Konten** bestimmter Art oder bestimmter Höhe **nicht verlangen.**

c) Die Guthabenkonten oder Depots, bei deren Errichtung eine Legitimationsprüfung nach § 154 Abs. 2 AO vorgenommen worden ist, dürfen anlässlich der Außenprüfung bei einem Kreditinstitut nicht zwecks Nachprüfung der ordnungsmäßigen Versteuerung festgestellt oder abgeschrieben werden. Die **Ausschreibung von Kontrollmitteilungen soll** insoweit **unterbleiben.**

d) In **Vordrucken für Steuererklärungen** soll die **Angabe** der Nummern **von Konten und Depots,** die der Stpfl. unterhält, **nicht verlangt werden,** soweit nicht steuermindernde Angaben oder Vergünstigungen geltend gemacht werden oder die Abwicklung des Zahlungsverkehrs mit dem FA dies bedingt.

Einzelauskunftsersuchen an Kreditinstitute im normalen Besteuerungsverfahren **sind zulässig.** Für das Verfahren gelten die Vorschriften der §§ 93 ff. AO. Im Steuerfahndungsverfahren soll im Rahmen einer sog. Vorfeldermittlung, also vor Einleitung eines Verfahrens wegen einer Steuerstraftat oder Steuerordnungswidrigkeit gegen eine bestimmte, bekannte Person ein Kreditinstitut erst dann um Auskunft gebeten werden, wenn ein Auskunftsersuchen an den Stpfl. nicht zum Ziele führt oder keinen Erfolg verspricht. In einem Auskunftsersuchen ist anzugeben, dass die genannten Voraussetzungen erfüllt sind, worüber Auskünfte erteilt werden sollen und dass die Auskunft für die Besteuerung anderer Personen angefordert wird. Da regelmäßig solche Ersuchen nicht mit Rechtsbehelfsbelehrung versehen werden, beträgt die Frist zur Einlegung des Rechtsbehelfs nach § 356 Abs. 2 AO ein Jahr. Ist das Auskunftsersuchen rechtswidrig, besteht Verwertungsverbot (BFH vom 09. 11. 1984 BStBl II 1985, 191).

6.6 Sammlung geschützter Daten (§ 88 a AO)

1005 Nach § 88 a AO ist es den Finanzbehörden gestattet, **Daten**, welche durch das Steuergeheimnis nach § 30 AO geschützt sind, **für zukünftige steuerliche Verfahren** (Verwaltungsverfahren oder Gerichtsverfahren in Steuersachen oder Steuerstrafverfahren) **zu sammeln und zu verwenden.** Voraussetzung ist, dass diese Daten aus ebensolchen Verfahren stammen. Eine Erhebung, etwa durch eine extra zu diesem Zweck angeordnete Außenprüfung oder durch ein Auskunftsersuchen nach den §§ 93 ff. AO ist nicht zulässig. Beispiele für gesammelte Daten sind:

- die Sammlung und Auswertung der steuerlichen Auslandsbeziehungen beim Bundeszentralamt für Steuern,
- die Richtsatzsammlung der Betriebsprüfung,
- die Informationszentrale für den Steuerfahndungsdienst.

Soweit die Daten nicht anonymisiert sind, dürfen diese nur in Verfahren gemäß § 30 Abs. 2 Nr. 1 Buchst. a und b AO verwendet werden. **Eine Offenbarung an Dritte findet nicht statt.** Auch der Stpfl. selbst hat regelmäßig keine Möglichkeit, Auskunft aus diesen Sammlungen zu erhalten (BFH vom 30. 07. 2003 BStBl II 2004, 387).

Auch ohne die Vorschrift des § 88 a AO wäre die Sammlung von Daten und deren Auswertung zu steuerlichen Zwecken zulässig (BFH vom 27. 10. 1993 BStBl II 1994, 210).

6.7 Länderübergreifender Abruf und Verwendung von Daten zur Verhütung, Ermittlung und Verfolgung von Steuerverkürzungen (§ 88 b AO)

1006 Nach § 88b AO dürfen für Zwecke eines Verwaltungsverfahrens in Steuersachen, eines Strafverfahrens wegen einer Steuerstraftat oder eines Bußgeldverfahrens wegen einer Steuerordnungswidrigkeit von Finanzbehörden gespeicherte Daten **zum gegenseitigen Datenabruf** bereitgestellt werden.

Diese können dann von den zuständigen Finanzbehörden zur Verhütung, Ermittlung oder Verfolgung von länderübergreifenden Steuerverkürzungen, Steuerverkürzungen von internationaler Bedeutung oder Steuerverkürzungen von erheblicher Bedeutung untereinander abgerufen, im Wege des automatisierten Datenabgleichs überprüft, verwendet und gespeichert werden, auch soweit sie durch das Steuergeheimnis nach § 30 AO geschützt sind.

6.8 Beratungs- und Auskunftspflicht (§ 89 Abs. 1 AO)

1007 Im Rahmen der sich aus dem Untersuchungsgrundsatz ergebenden Fürsorgepflicht gegenüber dem Beteiligten besteht für die Finanzbehörde nach § 89 Abs. 1 AO eine **allgemeine Beratungs- und Auskunftspflicht.** Die Fürsorgepflicht findet ihre Grenzen dort, wo die fehlende oder fehlerhafte Interessenwahrung nicht offensichtlich ist. Damit ist klargestellt, dass die

Finanzbehörde nicht allgemein die Rolle eines »persönlichen« Beraters des Beteiligten wahrzunehmen hat. Es ist nicht Aufgabe der Finanzbehörde, ordnungsgemäß ausgefüllte Steuererklärungen auf alle nur denkbaren Fehlerquellen hin zu prüfen. Vielmehr kann die Finanzbehörde grundsätzlich darauf vertrauen, dass der Stpfl. seine Erklärung nach sorgfältiger Ermittlung der Sach- und Rechtslage abgegeben hat. Vgl. §§ 150 Abs. 2, 158 AO und AEAO zu § 88 Nr. 2.

§ 89 Abs. 1 Satz 1 AO spricht ausdrücklich von »offensichtlich«. Damit sind **Erklärungen und Anträge** gemeint, **die sich** beim gegebenen Sachverhalt **aufdrängen.** Im Übrigen ist es Sache des Stpfl., sich über die Antragsmöglichkeiten zu unterrichten ggf. durch Studium des Merkblatts zur Steuererklärung oder Rückfragen beim FA. Auch würde es dem Sinn des § 89 AO widersprechen, wenn die Finanzbehörde über die allgemeine Beratungs- und Auskunftspflicht hinaus steuerberatend tätig würde. Soweit § 89 Abs. 1 Satz 2 AO die Erteilung von Auskünften über die den Beteiligten im Verwaltungsverfahren zustehenden Rechte und die ihnen obliegenden Pflichten anspricht, umfasst dies steuerrechtliche **Verfahrensfragen,** jedoch nicht Fragen des materiellen Steuerrechts oder gar außersteuerrechtliche Rechtsgebiete.

Einen **gesetzlichen Anspruch auf** eine **verbindliche Rechtsauskunft** hat der Stpfl. nur in ausdrücklich geregelten Fällen, z. B.: **1008**

a) Verbindliche Zusage nach einer Außenprüfung (§ 204 AO);
b) Anrufungsauskunft in Lohnsteuerfällen (§ 42 e EStG);
c) Verbindliche Auskunft mit Bindungswirkung nach Treu und Glauben (§ 89 Abs. 2 AO, vgl. nachfolgende Rz.) und
d) Auskünfte über Rechte und Pflichten im Verwaltungsverfahren (§ 89 Abs. 1 Satz 2 AO).

So ist es unbestritten, dass die Finanzbehörde den Stpfl. im Verwaltungsverfahren über seine Rechte wie z. B. Recht auf Wiedereinsetzung (§ 110 AO) oder über die Möglichkeit der Aussetzung der Vollziehung (§ 361 Abs. 2 AO) belehren muss.

Kann bei einem eindeutigen Verstoß der Finanzbehörden gegen die Fürsorgepflicht nach § 89 Abs. 1 Satz 1 AO dem Stpfl. nicht durch Wiedereinsetzung in den vorigen Stand (§ 110, 126 Abs. 3 AO) oder durch eine Korrektur des bestandskräftigen Steuerbescheids nach § 173 Abs. 1 Nr. 2 AO geholfen werden, so kann es geboten sein, die zu Unrecht festgesetzte Steuer wegen sachlicher Unbilligkeit nach § 227 Abs. 1 AO zu erlassen (AEAO zu § 89 Nr. 1.2).

6.9 Verbindliche Auskunft (§ 89 Abs. 2 bis 5 AO)

Die FA und das Bundeszentralamt für Steuern können nach § 89 Abs. 2 AO auf Antrag **1008a** **verbindliche Auskünfte** über die steuerliche Beurteilung von genau bestimmten, noch nicht verwirklichten Sachverhalten erteilen. Voraussetzung ist, dass im Hinblick auf die **erheblichen steuerlichen Auswirkungen** ein **besonderes Interesse** besteht. Für nach dem 31. 12. 2016 eingehende Anträge gilt: Über sie soll innerhalb von sechs Monaten entschieden werden. Falls dies nicht passiert, ist der Antragsteller unter Nennung der Gründe zu informieren (§ 89 Abs. 2 Satz 4 AO i. d. F. des StModernG; Art. 97 § 25 Abs. 2 EGAO). Durch bloßes Verstreichen der Frist gilt die Auskunft jedoch nicht im beantragten Sinne als erteilt (vgl. BT-Drucks. 18/8434, S. 119).

Einzelheiten zur Durchführung von § 89 Abs. 2 AO sind in der **Steuerauskunftsverordnung – StAuskV** zu finden. In § 1 StAuskV sind Form und Inhalt des Antrags auf Erteilung einer verbindlichen Auskunft detailliert geregelt. Insbesondere ist eine umfassende und in sich abgeschlossene Darstellung des zum Zeitpunkt der Antragstellung noch nicht verwirklichten Sachverhalts erforderlich, einschließlich einer ausführlichen Darlegung des Rechtsproblems mit eingehender Begründung des eigenen Rechtsstandpunkts.

Weicht der **später verwirklichte Sachverhalt** nicht oder nur unwesentlich von dem ab, der der Auskunft zugrunde gelegen hat, ist eine **erteilte verbindliche Auskunft** für das Besteuerungsverfahren **bindend**. Eine Ausnahme gilt dann, wenn sie zuungunsten (nicht zugunsten) des Steuerpflichtigen dem geltenden Recht widerspricht, vgl. § 2 StAuskV.

Die Ablehnung einer verbindlichen Auskunft, aber auch eine verbindliche Auskunft selbst ist ein **Verwaltungsakt** (BFH vom 29.02.2012, IX R 11/11, BStBl II 2012, 651). Entspricht die Auskunft nicht der **Rechtsauffassung** des Antragstellers, kann dieser **Einspruch** einlegen. Im Einspruchs- bzw. in einem ggf. sich anschließenden Klageverfahren kann damit die Rechtslage geklärt werden, ohne dass es der tatsächlichen Verwirklichung des Sachverhalts bedürfte.

Als **sonstiger Verwaltungsakt** kann eine erteilte verbindliche Auskunft unter den Voraussetzungen der §§ 129 bis 131 AO korrigiert werden. Darüber hinaus kann sie gem. § 2 Abs. 3 StAuskV für die Zukunft aufgehoben oder geändert werden, wenn sich herausstellt, dass die erteilte Auskunft unrichtig war. Dies ist z. B. dann angezeigt, wenn sich die steuerrechtliche Beurteilung des – noch nicht verwirklichten – Sachverhalts bezüglich des der Auskunft zugrunde liegenden Sachverhalts durch die Rechtsprechung oder durch eine Verwaltungsanweisung (etwa ein BMF-Schreiben) zum Nachteil des Antragstellers geändert hat.

1008b Für die Erteilung einer verbindlichen Auskunft werden gem. § 89 Abs. 3 bis 5 AO **Gebühren** durch schriftlichen Bescheid (vgl. AEAO zu § 89, Tz. 4.4.1) erhoben, Auslagen werden nicht angefordert. Die Entscheidung über einen Antrag auf verbindliche Auskunft kann das FA bis zur Entrichtung der Gebühr zurückstellen. Wird ein Antrag vor Bekanntgabe der Entscheidung zurückgenommen, kann die Gebühr ermäßigt werden. Wurde noch nicht mit der Bearbeitung begonnen, wird die Gebühr auf 0 € ermäßigt (und kein Gebührenbescheid erteilt), wurde mit der Bearbeitung bereits begonnen, ist die Gebühr anteilig zu ermäßigen. Wird eine Auskunft gegenüber mehren Antragstellern einheitlich erteilt, wird eine Gebühr erhoben und die Antragsteller sind Gesamtschuldner i. S. d. § 44 Abs. 1 AO.

Wenn dies nicht zu einem offensichtlich unzutreffenden Ergebnis führt, soll **Grundlage der** in entsprechender Anwendung von § 34 GKG zu berechnenden **Gebühr** der vom Steuerpflichtigen darzulegende **Gegenstandswert** sein. Bei einem Gegenstandswert von weniger als 10 000 € wird keine Gebühr erhoben, § 89 Abs. 5 Satz 3 AO.

Ist ein Gegenstandswert auch nicht durch Schätzung zu ermitteln, wird eine **Zeitgebühr** von 50 € je angefangene halbe Stunde berechnet. Beträgt die Bearbeitungszeit weniger als zwei Stunden, wird keine Gebühr erhoben, § 89 Abs. 6 AO.

6.10 Mitwirkungspflichten der Beteiligten (§ 90 AO)

1009 Nach § 90 Abs. 1 AO sind die Beteiligten bei der Ermittlung des Sachverhalts zur Mitwirkung verpflichtet. Der Beteiligte darf sich nicht unter Berufung auf den Untersuchungsgrundsatz (§ 88 AO) passiv verhalten, sondern muss insbesondere die für die Besteuerung erheblichen Tatsachen vollständig und wahrheitsgemäß bis zur Grenze des Zumutbaren offen legen und die häufig nur ihm bekannten Beweismittel angeben.

Zu den Mitwirkungspflichten gehören u. a.

a) Auskunftspflicht (§ 93 AO),
b) Vorlage von Urkunden, Verträgen, Geschäftspapieren (§ 97 AO),
c) Duldung des Betretens von Grundstücken (§ 99 AO),
d) erhöhte Mitwirkungspflicht bei Außenprüfungen (§ 200 AO).

Konkrete, im Gesetz ausdrücklich vorgeschriebene Mitwirkungshandlungen können nach § 328 AO mit Zwangsmitteln (z. B. Zwangsgeld, vgl. Rz. 1111 ff.) durchgesetzt werden, soweit gegen den Beteiligten kein Steuerstrafverfahren eingeleitet wurde (§ 393 Abs. 1 AO).

Die Finanzbehörde wird den Stpfl. begünstigende Umstände nicht berücksichtigen, wenn der Stpfl. in diesem Bereich seine Mitwirkungspflicht verletzt hat, es sei denn, sie ist zu weiteren Ermittlungen verpflichtet. Im Wege der freien Beweiswürdigung können aus der Verletzung der Mitwirkungspflichten i. d. R. negative Schlüsse gezogen werden. Dies gilt vor allem dann, wenn die Mitwirkungspflichten Tatsachen und Beweismittel aus der Wissens- und Einflusssphäre des Stpfl. betreffen (BFH vom 15. 02. 1989 BStBl II 1989, 462).

BEISPIEL

Der Stpfl. macht im Rahmen seiner Einkommensteuererklärungen Aufwendungen für ein – materiell-rechtlich anzuerkennendes – häusliches Arbeitszimmer geltend. Als der zuständige Sachbearbeiter des FA nach vorheriger, schriftlicher Ankündigung das Zimmer besichtigen will, verweigert der Stpfl. mit dem Hinweis auf die Unverletzlichkeit der Wohnung (Art. 13 GG) dem Finanzbeamten den Zutritt zu dem Raum mit der weiteren Begründung, er habe in der Steuererklärung durch Unterschrift ausdrücklich die Richtigkeit seiner Angaben bestätigt. Damit habe er seine Mitwirkungspflicht erfüllt und das FA müsse nun die Werbungskosten anerkennen.

LÖSUNG Da ein Nachweis bzw. eine Glaubhaftmachung der Werbungskosten fehlt, handelt das FA gesetzmäßig, wenn es die geltend gemachten Werbungskosten nicht anerkennt. Es ist nicht zu weiteren Ermittlungen verpflichtet.

Bei Sachverhalten, die sich auf **Vorgänge außerhalb des Geltungsbereiches der AO** beziehen, besteht für den Stpfl. gemäß § 90 Abs. 2 AO eine **erhöhte Mitwirkungspflicht,** da die deutschen Finanzbehörden nicht befugt sind, hoheitliche Maßnahmen außerhalb des Staatsgebietes durchzuführen. Hierzu gehören auch Maßnahmen zur Aufklärung eines Sachverhaltes. In solchen Fällen haben die Beteiligten den Sachverhalt aufzuklären und die erforderlichen Beweismittel zu beschaffen. Hierbei sind von ihnen alle bestehenden rechtlichen und tatsächlichen Möglichkeiten auszuschöpfen. Eine wesentliche Rolle spielt § 90 Abs. 2 AO z. B. in den Fällen, in denen Stpfl. behaupten, ihren Angehörigen im Ausland für Zwecke des Unterhalts oder Berufsausbildung u. Ä. Gelder übermittelt zu haben. Die alleinige Behauptung bzw. eine Glaubhaftmachung reicht nicht. Vielmehr müssen geeignete Unterlagen wie z. B. detaillierte Angaben über den Empfänger der Zahlungen, amtliche Bescheinigungen der Heimatbehörden oder Bescheinigungen der ausländischen Bank beigebracht werden. Zu beachten ist, dass § 90 Abs. 2 AO nicht die Beweislast auf den Stpfl. überträgt. Stehen der Finanzbehörde andere Beweismittel zur Verfügung, so muss sie sich dieser bedienen. Jedoch gilt auch hier die Möglichkeit bei Verletzung der gesteigerten Mitwirkungspflicht im Wege der freien Beweiswürdigung negative Schlüsse zu ziehen (AEAO zu § 90).

Durch § 90 Abs. 2 Satz 3 AO wird den Finanzämtern die Möglichkeit (pflichtgemäßes Ermessen) eingeräumt, dass der Steuerpflichtige nach Aufforderung die Richtigkeit und Vollständigkeit seiner Angaben an Eides statt zu versichern und die Finanzbehörde zu bevollmächtigen hat, in seinem Namen mögliche Auskunftsansprüche gegenüber den von der Finanzbehörde benannten Kreditinstituten außergerichtlich und gerichtlich geltend zu machen, wenn er offen-

1010

bar über **Geschäftsbeziehungen** in sog. »**Steueroasen**« verfügt. Die Steuerpflichtigen sollen dadurch dazu gebracht werden, wahrheitsgemäße Angaben zu machen. Im Fall einer falschen Versicherung an Eides statt macht sich der Steuerpflichtige strafbar (§ 156 StGB). § 90 Abs. 2 Satz 3 AO geht § 95 Abs. 1 AO (siehe Rz. 1019) vor. Die Versicherung an Eides statt kann nicht nach § 328 AO erzwungen werden, vgl. § 95 Abs. 6 AO. Verweigert der Steuerpflichtige die Abgabe, können die Besteuerungsgrundlagen gem. § 162 Abs. 2 Satz 3 AO geschätzt werden. § 90 Abs. 2 Satz 3 AO ist zur Zeit jedoch ohne Anwendungsbereich, weil kein Staat oder Gebiet die Voraussetzungen für Maßnahmen nach der Steuerhinterziehungsbekämpfungsverordnung (SteuerHBekV) erfüllt, vgl. BMF vom 05.01.2010, IV B 2-S1315/08/1001–09, BStBl I 2010, 19.

1010a   Außerhalb der §§ 140 ff. AO und §§ 238 ff. HGB besteht keine Verpflichtung zur Erstellung von Aufzeichnungen und Dokumentationen für die **Prüfung von Verrechnungspreisen**. In diesen Fällen geht es insbesondere um die Frage verdeckter Gewinnausschüttungen inländischer Kapitalgesellschaften an ihnen nahe stehende im Ausland ansässige Geschäftspartner über zu niedrige Preise. Um hier vor allem die Angemessenheit der Verrechnungspreise prüfen zu können, wird **grenzüberschreitenden Konzernen** bei **Sachverhalten mit Auslandsbezug** in § 90 Abs. 3 AO eine **Mitwirkungs- und Aufzeichnungspflicht** auferlegt. Bei Geschäftsbeziehungen mit nahe stehenden Personen i. S. d. § 1 Abs. 2 AStG (z. B. zu mehr als 25 % beteiligter Gesellschafter einer GmbH, Beteiligung einer inländischen GmbH an einer ausländischen Gesellschaft zu mehr als 25 %) sind neben Art und Inhalt der Geschäftsbeziehungen auch die wirtschaftlichen und rechtlichen Grundlagen zu dokumentieren, die für eine den Grundsatz des Fremdvergleichs beachtende Vereinbarung von Preisen und anderen Geschäftsbedingungen mit den nahe Stehenden von Bedeutung sind. Nur bei außergewöhnlichen Geschäftsvorfällen ist die Aufzeichnungspflicht zeitnah zu erfüllen; z. B. bei einer Umstrukturierung im Konzern. Weitere Details sind in der sog. Gewinnabgrenzungsaufzeichnungsverordnung (GAufzV) festgelegt. Die Aufzeichnungspflichten gelten entsprechend für die Gewinnaufteilung bei inländischen Unternehmen mit ausländischen Betriebsstätten und umgekehrt für ausländische Unternehmen mit inländischen Betriebsstätten. **Auf Anforderung** sind die **Aufzeichnungen** innerhalb einer in begründeten Fällen verlängerbaren Frist von 60 Tagen (für außergewöhnliche Geschäftsvorfälle 30 Tage) dem FA **vorzulegen**. Die Vorlage von Aufzeichnungen soll in der Regel nur für die **Durchführung einer Außenprüfung** verlangt werden. Bei **Verstößen** gegen diese Mitwirkungs- und Aufzeichnungspflicht besteht eine **Schätzungsbefugnis** des FA nach § 162 Abs. 3 AO und es kann als steuerliche Nebenleistung i. S. d. § 3 Abs. 4 AO nach § 162 Abs. 4 AO ein Zuschlag zur Steuer festgesetzt werden, vgl. hierzu Rz. 1090b.

Wegen der **Beweislast** im Besteuerungsverfahren vgl. Rz. 1050.

6.11 Rechtliches Gehör (§ 91 AO)

1011   Als Ausfluss der Rechtsstaatlichkeit (vgl. Art. 103 Abs. 1 GG) sieht § 91 AO die grundsätzliche Gewährung des rechtlichen Gehörs auch im Verwaltungsverfahren vor. Nach § 91 Abs. 1 Satz 1 AO soll, **bevor ein Verwaltungsakt erlassen wird**, der in Rechte eines Beteiligten eingreift, diesem Gelegenheit gegeben werden, sich zu den für die Entscheidung erheblichen Tatsachen zu äußern. Durch die Verwendung des Wortes »soll« bringt der Gesetzgeber zum Ausdruck, dass die Gewährung des rechtsstaatlichen Gehörs der Finanzbehörde der Regelfall und das Absehen davon die Ausnahme sein soll. Konkretisiert wird dies durch § 91 Abs. 1 Satz 2 AO, der das rechtliche Gehör bei Erlass eines **Steuerbescheids** konkretisiert. Danach reicht es bei geringen Abweichungen zuungunsten des Stpfl., die Abweichung im Steuerbescheid zu erläutern, bei wesentlichen Abweichungen soll vorher angehört werden.

Eine besondere **Form** für die Gewährung des rechtlichen Gehörs ist nicht vorgeschrieben. Sie kann mündlich, fernmündlich, schriftlich oder elektronisch (§ 87 a Abs. 4 AO) erfolgen. Im Falle der mündlichen oder fernmündlichen Gewährung des rechtlichen Gehörs sollte dies durch einen Aktenvermerk zur Vermeidung von Rechtsunsicherheit festgehalten werden.

Die **Unterlassung des rechtlichen Gehörs** stellt einen Verfahrensverstoß dar. Dieser ist allerdings nach § 126 Abs. 1 Nr. 3 AO unbeachtlich, wenn die erforderliche Anhörung nachgeholt wird. Ist infolge der unterlassenen Gewährung des rechtlichen Gehörs die rechtzeitige Anfechtung des Verwaltungsaktes versäumt worden, so gilt nach § 126 Abs. 3 Satz 1 AO die Versäumung der Rechtsbehelfsfrist als nicht verschuldet. Nach § 110 AO ist auf Antrag Wiedereinsetzung in den vorigen Stand zu gewähren. Ursächlich für die Versäumung der Rechtsbehelfsfrist ist eine unterbliebene Anhörung jedoch dann nicht, wenn die Abweichung im oder als Anlage zum Steuerbescheid erläutert wurde (BFH vom 13. 12. 1984 BStBl II 1985, 601).

BEISPIEL

Im Rahmen einer Einkommensteuerveranlagung will das FA Aufwendungen in Höhe von 3 000 €, die als Werbungskosten geltend gemacht wurden, nicht anerkennen.

LÖSUNG a) Das FA gewährt rechtliches Gehör gem. § 91 AO und gibt dem Beteiligten damit Gelegenheit zur Stellungnahme. Der Steuerbescheid ist damit rechtmäßig.

b) Das FA gewährt kein rechtliches Gehör, erläutert jedoch die Abweichung in einer Anlage zum Steuerbescheid. Der Steuerbescheid ist rechtwidrig, aber wirksam (§ 124 Abs. 1 Satz 2, § 126 Abs. 1 Nr. 3 AO). Durch die erfolgte Erläuterung der Abweichung im Steuerbescheid kann der Beteiligte nicht die erleichterte Wiedereinsetzung gem. § 126 Abs. 3 AO erreichen. Die fehlende Anhörung kann nicht mehr kausal sein für die Nichteinhaltung der Rechtsbehelfsfrist.

c) Das FA gewährt weder rechtliches Gehör noch erläutert es die Abweichung im Steuerbescheid. Der Steuerbescheid ist rechtswidrig (§ 124 Abs. 1 Satz 2, § 126 Abs. 1 Nr. 2 und 3 AO). Es liegen Verfahrensfehler vor. Versäumt der Stpfl. dadurch die Rechtsbehelfsfrist, ist ihm gem. § 126 Abs. 3 AO Wiedereinsetzung nach § 110 AO zu gewähren.

Lässt sich der Stpfl. durch einen Steuerberater gegenüber dem FA vertreten und wurde das **rechtliche Gehör dem Steuerberater gewährt**, so hat es i. d. R. der Stpfl. zu vertreten, wenn er darauf vertraut, der Steuerberater habe die vorgenommenen Änderungen der Besteuerungsgrundlagen gebilligt. Bei Versäumnis der Rechtsbehelfsfrist nur aus diesem Grunde ist Wiedereinsetzung in den vorigen Stand nicht vertretbar (BFH vom 30. 07. 1980 BStBl II 1981, 3).

Nach der beispielhaften Aufzählung in § 91 Abs. 2 AO kann von einer **Anhörung** dann **abgesehen werden**, wenn

1012

- eine sofortige Entscheidung wegen Gefahr im Verzug oder im öffentlichen Interesse notwendig ist,
- durch die Anhörung die Einhaltung einer für die Entscheidung maßgeblichen Frist in Frage gestellt wird (z. B. Verjährungsfrist läuft inzwischen ab),
- von den tatsächlichen Angaben eines Beteiligten, die dieser in einem Antrag oder einer Steuererklärung gemacht hat, nicht zu seinen Ungunsten abgewichen werden soll (z. B. die als außergewöhnliche Belastung geltend gemachten Fahrten zwischen Wohnung und Arbeitsstätte werden als Werbungskosten angesetzt),
- die Finanzbehörde eine allgemein gültige Verfügung oder gleichartige Verwaltungsakte in größerer Zahl oder Verwaltungsakte mit Hilfe automatischer Einrichtungen erlassen will (z. B. Rundschreiben an alle Stpfl., mit dem auf die Einführung eines neuen Kassenverfahrens hingewiesen wird, das vom Stpfl. bestimmte formalrechtliche Handlungen – Format der Zahlungsbelege usw. – erfordert),

- Maßnahmen der Vollstreckung getroffen werden sollen (z. B. Pfändung einer Forderung des Stpfl.).

1013 Wegen des in § 91 Abs. 3 AO angesprochenen **zwingenden öffentlichen Interesses**, bei dessen Vorliegen eine Anhörung unterbleibt, gelten die Grundsätze für diesen Begriff in § 30 Abs. 4 Nr. 5 AO (Rz. 557) und § 106 AO (Rz. 1028) entsprechend.

1014 Ein **Recht auf Akteneinsicht** im Steuerfestsetzungsverfahren wird den Beteiligten nicht eingeräumt (BFH vom 04. 06. 2003 BStBl II 2003, 790). Im Einzelfall kann jedoch nach pflichtgemäßem Ermessen der Finanzbehörde Akteneinsicht gewährt werden. Hierbei ist sicherzustellen, dass wegen des Steuergeheimnisses nach § 30 AO Verhältnisse eines anderen nicht unbefugt offenbart werden. Die Gewährung einer beantragten Akteneinsicht kann insbesondere nach einem Beraterwechsel zweckmäßig sein (BMF vom 17. 12. 2008, IV A3–S0030/08/10001, BStBl I 2009, 6). Die Ablehnung eines Antrags auf Akteneinsicht ist mit dem Einspruch (§ 347 AO) anfechtbar.

6.12 Beweismittel (§ 92 AO)

1015 Die Finanzbehörde bestimmt, welche Beweismittel sie nach pflichtgemäßem Ermessen zur Ermittlung der Sachverhalte für erforderlich hält (§ 92 Satz 1 AO). Bewiesen werden müssen aufklärungsbedürftige, für die Rechtsanwendung möglicherweise erhebliche Tatsachen. Ein Aufklärungsbedürfnis besteht dann, wenn Zweifel an der Übereinstimmung des erklärten Sachverhalts und den tatsächlichen Gegebenheiten bestehen, wenn sich Bedenken ergeben oder Lücken vorliegen. Klassische Beweismittel sind u. a.

- Auskünfte (§ 93 AO),
- Sachverständigenbefragung (§ 96 AO),
- Urkunden- und Akteneinsicht (§ 97 AO),
- Einnahme des Augenscheins (§§ 98–100 AO).

Zwar ist die Finanzbehörde frei, welchen Beweismitteln sie sich in ihrem Verwaltungsverfahren bedient. Allerdings dürfen **Beweisanträge** des Stpfl. nicht ohne Weiteres übergangen werden. So ist es z. B. nicht zulässig, ein vom Stpfl. beantragtes oder angebotenes Beweismittel einfach ohne nähere Prüfung seiner Eignung abzulehnen. Vielmehr ist ein solcher Beweisantrag grundsätzlich zuzulassen, um dann im Wege der Beweiswürdigung (vgl. Rz. 1050) zu entscheiden, ob der Beweis als unbrauchbar einzustufen ist.

Auch ist die Aufzählung in § 92 AO nicht abschließend. Andere Beweismittel sind z. B. die gesetzlich vorgeschriebenen Kontrollmitteilungen i. S. d. § 93 a AO nach der Mitteilungsverordnung (vgl. Rz. 1018) bzw. Kontrollmitteilungen von Betriebsprüfern oder von anderen Behörden und Stellen.

Wird von der Finanzbehörde ein Beweismittel vom Stpfl. verlangt, so muss dieses Verlangen erforderlich, verhältnismäßig, erfüllbar und zumutbar sein. Es darf weder Unmögliches noch Unzumutbares vom Stpfl. verlangt werden. Auch darf das Beweismittel nicht unverhältnismäßig zum zu erreichenden Zweck sein. Z. B. sind Rasterfahndungen oder Ermittlungen ohne Anhaltspunkte nicht zulässig. So hat der BFH in seinem Urteil BFH vom 23. 10. 1990 BStBl II 1991, 277 das Verlangen um Vorlage von vollständigen Privatkonten über einen Zeitraum von vier Jahren aufgrund hoher Entnahmen aus einem Gewerbebetrieb als unverhältnismäßig angesehen. Verhältnismäßig wäre in diesem Fall, zunächst die vollständigen Kontoauszüge eines Jahres anzufordern und erst wenn dabei Unregelmäßigkeiten festzustellen sind, die Vorlage der Auszüge der übrigen Jahre zu verlangen.

6.13 Auskünfte (§ 93 AO)

Je nach Zweckmäßigkeit können Auskunftsersuchen an Beteiligte und **Nichtbeteiligte** **1016** (Zeugen) **als Dritte** schriftlich, elektronisch (§ 87 a Abs. 4 AO), mündlich oder fernmündlich gestellt werden, wenn dies für einen erheblichen Sachverhalt erforderlich ist. Nur auf Verlangen des Auskunftspflichtigen haben nach § 93 Abs. 2 Satz 2 AO Auskunftsersuchen schriftlich (oder gem. § 87 a Abs. 4 AO elektronisch, versehen mit elektronischer Signatur) zu ergehen; dies gilt jedoch nicht für die Außenprüfung oder die Steuerfahndung, vgl. §§ 200 Abs. 1 Satz 4, 208 Abs. 1 Satz 3 AO. Rasterfahndungen (Anlegen bestimmter Merkmale) oder »Ermittlungen ins Blaue« ohne Vorliegen irgendwelcher Anhaltspunkte dürfen nicht angestellt werden.

Nach § 93 Abs. 1 Satz 3 AO sollen **dritte Personen** erst dann zur Auskunft angehalten werden, wenn die Sachverhaltsaufklärung durch den Stpfl. oder seinen Vertreter nicht zum Ziel geführt hat oder keinen Erfolg verspricht. Damit ist nur in atypischen Fällen unmittelbar ein Auskunftsverlangen an Dritte zu stellen. Ob dies möglich ist, ist eine per Prognoseentscheidung zu beantwortende Frage der vorweggenommenen Beweiswürdigung. Die Finanzbehörde kann Auskunft von einem Dritten nur verlangen, wenn sie zur **Sachverhaltsaufklärung geeignet** und **notwendig**, die **Pflichterfüllung** für den Betreffenden **möglich** und seine **Inanspruchnahme erforderlich**, **verhältnismäßig** und **zumutbar** ist (vgl. BFH vom 19.12.2006 BStBl II 2007, 365 m. w. N.). Das Auskunftsersuchen an dritte Personen findet seine Grenzen in den **Auskunftsverweigerungsrechten** in §§ 101–103 AO (vgl. Rz. 1025 ff.).

In einem **Auskunftsersuchen** ist neben der Rechtsgrundlage des § 93 AO anzugeben

- worüber Auskunft zu erteilen ist (§ 93 Abs. 2 Satz 1 AO),
- für welche Besteuerung die Angaben benötigt werden (§ 93 Abs. 2 Satz 1 AO),
- falls erforderlich eine Begründung nach § 121 Abs. 1 AO (wenn kein Fall des § 121 Abs. 2 AO),
  und
- bei Auskunftsersuchen an Dritte, dass die Sachverhaltsaufklärung beim Beteiligten nicht zum Ziel geführt hat oder keinen Erfolg verspricht (§ 93 Abs. 1 Satz 3 AO, wobei wegen des Steuergeheimnisses nach § 30 AO soweit möglich eine Sachverhaltsschilderung unterbleiben muss).

Das Auskunftsersuchen an Beteiligte, steuerliche Berater und auskunftspflichtige Dritte sollte eine **angemessene Frist** für seine Beantwortung enthalten. In der Praxis werden oftmals bei Auskunftsersuchen im Veranlagungsverfahren Fristen von vier Wochen gesetzt. Kürzere Fristen können angebracht sein in den Fällen, in denen kurzfristiges Handeln zur Sicherung der Besteuerung erforderlich ist (z. B. wenn anderweitig Missbrauch zu befürchten ist oder bei Gefahr im Verzug). Eine längere Frist kann eingeräumt werden, wenn das Auskunftsersuchen einen rechtlich schwierig zu beurteilenden oder sehr umfangreichen Sachverhalt betrifft oder die Beschaffung der erforderlichen Beweismittel längere Zeit in Anspruch nehmen wird.

Das Auskunftsersuchen ist ein **Verwaltungsakt**, gegen den der Einspruch (§ 347 AO) gegeben ist. Rechtsbehelfsbefugt ist neben einer dritten Auskunftsperson auch der beteiligte Stpfl. weil auch er durch das ihm als Betroffener nach § 122 Abs. 1 Satz 1 AO ebenfalls bekannt zu gebende Auskunftsersuchen beschwert i. S. d. § 350 AO sein kann. Bei Ablehnung des Rechtsbehelfs muss auf dem Finanzrechtsweg das FG angerufen werden. Im Gegensatz dazu hält der BFH im Urteil vom 20. 04. 1983 BStBl II 1983, 482 den ordentlichen Rechtsweg dann für zuständig, wenn eine Klage gegen ein Auskunftsersuchen erhoben wird, das die Steuerfahndung nach Einleitung eines Steuerstrafverfahrens und unter Hinweis darauf an einen Dritten richtet (vgl. hierzu auch § 208 Abs. 1 Satz 2 AO, Umkehrschluss aus § 385 Abs. 1 AO sowie § 33 Abs. 3 FGO).

Die Steuerfahndung wird insoweit den Justizbehörden gleichgestellt, weil sie nicht im Besteuerungsverfahren, sondern im Steuerstrafverfahren tätig wird.

Der Auskunftspflichtige kann die **Auskunft** nach § 93 Abs. 4 Satz 1 AO schriftlich, elektronisch (auch ohne qualifizierte elektronische Signatur, vgl. Rz. 991 c), mündlich oder fernmündlich **erteilen**. Die Finanzbehörde kann gem. § 93 Abs. 4 Satz 2 AO eine schriftliche Auskunft verlangen, wenn dies sachdienlich ist; in diesem Fall kann die Auskunft durch die elektronische Form nur dann ersetzt werden, wenn sie mit einer elektronischen Signatur versehen wird, vgl. § 87 a Abs. 3 AO (und Rz. 991 c). (Nur) **auskunftspflichtige Dritte** erhalten gem. § 107 AO auf Antrag eine **Entschädigung**.

Eine besondere Form des Auskunftsersuchens ist nach § 93 Abs. 5 AO die **Vorladung**, die insbesondere in Betracht kommt, wenn eine schriftliche verlangte Auskunft nicht erteilt wurde oder den Sachverhalt nicht klärte. Für die Vorladung gelten die gleichen inhaltlichen Anforderungen wie für das Auskunftsersuchen, etwa die Nennung der fraglichen Punkte, vgl. im Einzelnen Rz. 1016. Über die mündliche Rücksprache an Amtsstelle sollte aus Beweissicherungsgründen eine Niederschrift gefertigt werden. Der Beteiligte hat hierauf einen Anspruch und kann eine Abschrift der Niederschrift verlangen, vgl. § 93 Abs. 6 AO. Die Vorladung eines Beteiligten sollte erst erfolgen, wenn die sonstigen Ermittlungen ergebnislos verliefen bzw. keinen Erfolg versprechen. Ein Beteiligter kann zu Vorladungen, Verhandlungen und Besprechungen an Amtsstelle mit einem Beistand (z. B. Steuerberater) erscheinen. Das von dem Beistand Vorgetragene gilt als von dem Beteiligten vorgebracht, wenn dieser nicht unverzüglich widerspricht (vgl. Rz. 980).

Aus der **Weigerung der Auskunftserteilung** kann die Finanzbehörde im Wege der freien Beweiswürdigung (vgl. Rz. 1050) für den Beteiligten negative Schlussfolgerungen ziehen.

BEISPIEL

Ein Stpfl. hat im Rahmen seiner Einkünfte aus Gewerbebetrieb 5 000 € als Vermittlungsprovision gewinnmindernd gebucht. Der Stpfl. weigert sich, den Namen und die Anschrift des Provisionsempfängers zu nennen.

LÖSUNG Das FA kann die geltend gemachte Betriebsausgabe in Höhe von 5 000 € nicht zum Abzug zulassen und den erklärten Gewinn entsprechend erhöhen (§ 160 AO).

6.14 Kontenabruf (§§ 93 Abs. 7, 93 b AO)

1017   Gem. § 93 Abs. 7 AO ist es den Finanzbehörden möglich, über das Bundeszentralamt für Steuern (als technische Zentralstelle) bei Kreditinstituten gem. § 93 b AO i. V. m. § 24 c Kreditwesengesetz gespeicherte Kontoinformationen automatisiert abzurufen (sog. **Kontenabruf**). Ein allgemeines Auskunftsverweigerungsrecht zugunsten von Banken und sonstigen Kreditinstituten besteht nicht. Das Bankgeheimnis ist im Steuerrecht nicht geschützt. Daran ändert auch § 30 a AO (Schutz von Bankkunden) nichts (vgl. Rz. 1002).

Weil durch die Einführung der **Abgeltungsteuer** für private Kapitaleinkünfte grundsätzlich kein Verifikationsbedarf mehr besteht, ist die Möglichkeit des Kontenabrufs eingeschränkt. Nur in den in § 93 Abs. 7 AO genannten Fällen soll noch eine Kontrollmöglichkeit für die Finanzbehörde bestehen, ansonsten sollen die Einkünfte aus § 20 EStG und § 23 EStG gegenüber dieser anonym bleiben. In der Praxis wird der Kontenabruf noch vor allem für Zwecke der Vollstreckung durchgeführt, § 93 Abs. 7 Satz 1 Nr. 4 AO. Aber auch wenn der Stpfl. zustimmt, kann ein Abruf erfolgen, etwa zur Ermittlung betrieblicher Konten und daraus resultierender Kapitalerträge, vgl. § 93 Abs. 7 Satz 1 Nr. 5 AO.

Die Abfrage ermöglicht **nur** die **Feststellung** sog. **Kontostammdaten** (Konto- oder Depotnummer, Tag der Errichtung/Auflösung, Name und Geburtsdatum des Inhabers oder eines Verfügungsberechtigten oder eines abweichend wirtschaftlich Berechtigten). Kontostände oder Kontobewegungen können nicht eingesehen werden.

Andere Behörden als die Finanzbehörden dürfen für bestimmte, gesetzlich abschließend aufgezählte außersteuerliche Zwecke nach § 93 Abs. 8 AO Kontenabrufe durchführen; z. B. für Zwecke der Gewährung der Grundsicherung für Arbeitsuchende nach dem SGB II oder der Sozialhilfe nach dem SGB XII. Das Kontenabrufersuchen ist von der zuständigen Behörde unmittelbar an das Bundeszentralamt für Steuern zu richten.

Nach § 93 Abs. 9 AO ist derjenige, in dessen Verfahren ein Kontenabrufersuchen gestellt und daraufhin ein Kontenabruf durch das Bundeszentralamt für Steuern durchgeführt wurde, vorher auf die Möglichkeit **hinzuweisen** und danach **zu unterrichten**. Nur ausnahmsweise darf dies unterbleiben, vgl. § 93 Abs. 9 Satz 3 AO. Um die Rechtmäßigkeit von Kontenabrufersuchen und durchgeführten Kontenabrufen kontrollieren zu können, sind das Ersuchen und die Ergebnisse eines Kontenabrufs von den nach § 93 b Abs. 3 AO Verantwortlichen gem. § 93 Abs. 10 AO zu **dokumentieren**.

6.15 Allgemeine Mitteilungspflichten (§ 93 a AO)

Zur Sicherung der Besteuerung (§ 85 AO) können gem. § 93a AO durch Rechtsverordnung Behörden und andere öffentliche Stellen (Gerichte und andere Organe der Rechtspflege) zur Mitteilung von steuerlich relevanten Sachverhalten in den im Gesetz abschließend aufgezählten Fällen verpflichtet werden, vor allem zur Mitteilung von gewährten Leistungen oder von Subventionen und ähnliche Fördermaßnahmen.   **1018**

Von dieser Möglichkeit hat die Regierung durch die **Mitteilungsverordnung** (MV) Gebrauch gemacht. Danach haben Behörden beispielsweise Zahlungen mitzuteilen, wenn der Zahlungsempfänger nicht im Rahmen einer land- und forstwirtschaftlichen, gewerblichen oder freiberuflichen Haupttätigkeit gehandelt hat, oder soweit die Zahlung nicht auf das Geschäftskonto des Zahlungsempfängers erfolgt. Eine Mitteilungspflicht besteht nicht, wenn ein Steuerabzug, z. B. Lohnsteuer, durchgeführt wird, die mitzuteilenden Daten dem Sozialgeheimnis unterliegen oder auch, wenn die an denselben Empfänger geleisteten Zahlungen, die keine wiederkehrenden Bezüge sind, im KJ weniger als 1 500 € betragen. Bei wiederkehrenden Bezügen braucht nicht jede Zahlung angegeben werden. Es reicht, nur die erste Zahlung, die Zahlungsweise und die voraussichtliche Dauer der Zahlung mitzuteilen. Der Betroffene ist von der mitteilenden Behörde über die Mitteilung an die Finanzbehörde zu informieren. Ab 2017 kann die MV die elektronische Übermittlung der Mitteilungen anordnen (§ 93a AO i. d. F. des StModernG).

6.16 Datenübermittlung durch Dritte (§ 93 c f. AO)

Viele Daten wie z. B. Lohn und einbehaltene Lohnsteuer, Lohnersatzleistungen, Rentenleistungen, Renten- und Krankenversicherungsbeiträge, werden von den zuständigen Stellen an die Finanzverwaltung übermittelt und bei Bearbeitung der Steuererklärung durch das Finanzamt mit den Angaben des Steuerpflichtigen abgeglichen.   **1018a**

§ 93c AO i. d. F. des StModernG, der auf nach dem 31. 12. 2016 zu liefernde Daten Anwendung findet (Art. 97 § 27 Abs. 2 EGAO) vereinheitlicht die vorher in den Einzelsteuergesetzen getroffenen Regelungen zur Datenübermittlung durch Dritte. In den Einzelsteuergesetzen finden sich noch einzelne Abweichungen von den in der AO vorgesehenen Grundsätzen.

Geregelt werden in § 93c Abs. 1 AO i. d. F. des StModernG zunächst die **Übermittlungsfrist** (Nr. 1) und die erforderlichen **Angaben** (Nr. 2). Nach § 93c Abs. 1 Nr. 3 AO i. d. F. des StModernG hat die mitteilungspflichtige Stelle den Steuerpflichtigen darüber zu informieren, welche für seine Besteuerung relevanten Daten sie an die Finanzbehörden übermittelt hat oder übermitteln wird.

Die Vorschrift steht im Zusammenhang mit § 150 Abs. 7 Satz 2 AO i. d. F. des StModernG (vgl. Rz. 1097). Danach kann der Stpfl. künftig in der Steuererklärung auf die **Angabe** derartiger **Daten zu verzichten**, wenn er die an die Finanzverwaltung übermittelten Daten für vollständig und richtig hält. Die von den Dritten an die Finanzbehörde übermittelten Daten gelten als eigene Angaben.

Sind die übermittelten Daten unzutreffend, ist ein weiterer Datensatz zu übermitteln. Der Steuerbescheid kann dann ggf. nach § 175b AO i. d. F. des StModernG korrigiert werden, vgl. Teil L 3.11 Rz. 2148a.

6.17 Eidliche Vernehmungen (§ 94 AO), Versicherung an Eides statt (§ 95 AO)

1019   Eidliche Vernehmungen sind **nur bei anderen Personen** (Dritten), jedoch nicht bei einem Beteiligten möglich (§ 94 Abs. 1 AO). Von der Möglichkeit der eidlichen Vernehmung macht die Finanzbehörde in der Praxis keinen Gebrauch. Das Verfahren ist für sie regelmäßig zu aufwändig. Denn zur Abnahme der eidlichen Vernehmung ist auf Ersuchen der Finanzbehörde nach § 94 Abs. 1 Satz 1 AO nur das zuständige Finanzgericht befugt, ggf. nach § 94 Abs. 1 Satz 2 AO auch das örtliche Amtsgericht. Lädt das Finanzgericht nach dem Ersuchen des FA die zu vernehmende Person, kann dies mit der Gerichtsbeschwerde nach § 128 Abs. 1 FGO durch die zu vernehmende Person, jedoch nicht vom Stpfl. angefochten werden (BFH vom 03. 10. 1979 BStBl II 1980, 2). Angehörige eines Beteiligten haben nach § 101 Abs. 2 AO das Recht, die Beeidigung ihrer Auskunft zu verweigern. Hierüber sind sie nachweislich zu belehren. Nach den §§ 153–163 StGB kann bei **falschen Angaben** in der eidlichen Vernehmung bestraft werden wegen Meineids, wegen eidesgleicher Bekräftigung oder wegen fahrlässigen Falscheids. Werden falsche Angaben rechtzeitig berichtigt, so kann das Strafgericht von der Strafe absehen oder diese nach seinem Ermessen mildern.

Die Finanzbehörde kann den **Beteiligten** auffordern, die Richtigkeit der von ihm behaupteten Tatsachen durch eine **Versicherung an Eides statt** zu bekräftigen (§ 95 Abs. 1 AO). Die Versicherung an Eides statt soll nur gefordert werden, wenn andere Mittel zur Erforschung der Wahrheit nicht vorhanden sind, zu keinem Erfolg führen oder in keinem Verhältnis zum erforderlichen Aufwand stehen. Es handelt sich bei der eidesstattlichen Versicherung um eine Sollvorschrift, ihre Abnahme liegt im pflichtgemäßen Ermessen der Finanzbehörde. Von der Vorschrift des § 95 AO machen die Finanzbehörden so gut wie keinen Gebrauch, da die Anwendung der Vorschrift einen relativ hohen Zeitaufwand benötigt. Hiervon abzugrenzen ist die eidesstattliche Versicherung der Richtigkeit und Vollständigkeit des Vermögensverzeichnisses gem. § 284 Abs. 3 AO. Diese Vorschrift im Vollstreckungsverfahren wird regelmäßig angewandt.

Von **eidesunfähigen Personen** darf nach § 95 Abs. 1 Satz 3 AO eine eidesstattliche Versicherung nicht verlangt werden. Eidesunfähig sind nach § 393 ZPO solche Personen, die zur Zeit der Vernehmung das 16. Lebensjahr noch nicht vollendet oder wegen mangelnder Verstandesreife oder wegen Verstandesschwäche von dem Wesen und der Bedeutung des Eides keine genügende Vorstellung haben, außerdem solche Personen, die nach den Vorschriften des StGB unfähig sind, als Zeuge eidlich vernommen zu werden.

Über die Versicherung an Eides statt ist von der Finanzbehörde eine Niederschrift zu fertigen. Befugt zur Aufnahme sind nur der Behördenleiter, sein ständiger Vertreter sowie Angehörige des öffentlichen Dienstes, die die Befähigung zum Richteramt haben. Der Behördenleiter oder sein ständiger Vertreter können auch andere Bedienstete ihrer Behörde zur Abnahme eidesstattlicher Versicherungen schriftlich ermächtigen.

Die Angaben, deren Richtigkeit versichert werden soll, sind dem Beteiligten mindestens eine Woche vor Aufnahme der Versicherung mitzuteilen. Die eidliche Versicherung besteht darin, dass der Beteiligte unter Wiederholung der behaupteten Tatsache erklärt: »Ich versichere an Eides statt, dass ich nach bestem Wissen die reine Wahrheit gesagt und nichts verschwiegen habe.« Vor der Aufnahme der eidlichen Versicherung ist der Beteiligte über die Bedeutung der eidesstattlichen Versicherung und die strafrechtlichen Folgen einer unrichtigen oder unvollständigen eidesstattlichen Vernehmung zu belehren. Die Belehrung ist in die Niederschrift aufzunehmen. Bei unrichtigen oder unvollständigen eidesstattlichen Versicherungen kann nach § 156 StGB bzw. § 163 StGB bestraft werden.

Nach § 95 Abs. 6 AO kann die Versicherung an Eides statt nicht nach § 328 AO erzwungen werden. Aus der Weigerung eines Stpfl., eine Tatsachenbehauptung durch eidesstattliche Versicherung zu bekräftigen, können für ihn nachteilige Folgerungen gezogen werden (AEAO zu § 95, vgl. auch § 162 Abs. 2 AO). Gegen das Verlangen auf Abgabe einer eidesstattlichen Versicherung steht dem Beteiligten der außergerichtliche Rechtsbehelf des Einspruchs (§ 347 AO) zu.

6.18 Sachverständigenbefragung (§ 96 AO)

Ein Sachverständiger wird in der Regel zugezogen, wenn der für das Steuerschuldverhältnis **1020** maßgebliche Sachverhalt nicht ohne besondere Sachkunde ermittelt oder beurteilt werden kann. Die Finanzbehörde darf, will sie nicht das Risiko eingehen, dass der von ihr erlassene Verwaltungsakt später durch die Gerichte aufgehoben wird, sich selbst keine Sachkunde beimessen, die sie nicht hat. Sie muss deshalb nach pflichtgemäßem Ermessen bestimmen, ob ein Sachverständiger zuzuziehen ist oder nicht. Soweit nicht Gefahr in Verzug liegt, hat sie die Person, die sie zum Sachverständigen ernennen will, den Beteiligten vorher im Rahmen des rechtlichen Gehörs bekannt zu geben. Die Entscheidung, einen bestimmten Sachverständigen zuzuziehen, ist ein **Verwaltungsakt** i. S. d. § 118 AO. Dem Gesetz kann nicht eindeutig entnommen werden, in welcher Weise die Beteiligten gegen die Ernennung eines Sachverständigen vorgehen können. Grundsätzlich ist gegen einen Verwaltungsakt der Einspruch (§ 347 AO) gegeben. Dies muss wohl auch für die Fälle gelten, dass von den Beteiligten eingewendet wird, die Ernennung eines Sachverständigen sei nicht geboten, weil der Sachverhalt für jeden leicht erkennbar und bewertbar sei.

Die Sachverständigen sind auf die Wahrung des **Steuergeheimnisses** hinzuweisen. Sie können die Erstattung des Gutachtens unter Angabe von Gründen wegen Besorgnis der Befangenheit ablehnen. Die **Beeidigung des Gutachters** darf nur gefordert werden, wenn die Finanzbehörde dies mit Rücksicht auf die Bedeutung des Gutachtens für geboten erachtet. Nach § 96 Abs. 7 AO ist ein Gutachten grundsätzlich schriftlich zu erstatten. Sachverständige erhalten auf Antrag eine Entschädigung für ihre Tätigkeit (§ 107 AO).

6.19 Urkunden (§ 97 AO)

Zu den klassischen Beweismitteln gehören Urkunden, die an Amtsstelle oder anlässlich **1021** einer Außenprüfung der Finanzbehörde vorgelegt werden. Bei Urkunden in einer fremden Sprache kann nach § 87 Abs. 2 AO eine Übersetzung verlangt werden. Neben privatrechtlichen

Verträgen gehören zu den vorlagepflichtigen Urkunden insbesondere **Geschäftsbücher**, Aufzeichnungen und **Geschäftspapiere** (vgl. auch § 147 AO) ebenso wie **Sparbücher, Depotauszüge**, Kontoauszüge oder Belege. Die Finanzbehörde kann die Vorlage von Urkunden sowohl vom Beteiligten als auch von Dritten verlangen. Urkunden brauchen nach § 104 Abs. 1 AO nicht vorlegt werden, soweit auch ein **Auskunftsverweigerungsrecht** besteht. So kann sich etwa ein Steuerberater hinsichtlich seiner Handakte auf § 102 Abs. 1 Nr. 3 Bst. b AO berufen. Dies gilt nach § 104 Abs. 2 AO jedoch nicht für Urkunden, die für den Mandanten aufbewahrt und von diesem bei eigenem Gewahrsam vorgelegt werden müssten wie z. B. Bilanzen und Geschäftsbücher.

Vorgänge, die nur auf Bildträgern (z. B. Mikrofilme) oder anderen Datenträgern (z. B. CD, DVD, USB-Stick usw.) aufgezeichnet sind, müssen auf Kosten des Beteiligten lesbar gemacht und auf Wunsch der Finanzbehörde ggf. ausgedruckt werden (§ 97 Abs. 2 AO i . V. m. § 147 Abs. 5 AO).

Die Finanzbehörde kann die **Vorlage** von Urkunden **an Amtsstelle** verlangen, sie kann sie jedoch auch beim Vorlagepflichtigen einsehen, wenn dieser einverstanden ist oder die Urkunden für eine Vorlage an Amtsstelle ungeeignet sind. Abweichend von § 97 AO bestehen für den Stpfl. bei einer Außenprüfung besondere Mitwirkungspflichten (§ 200 Abs. 1 Satz 4 AO, vgl. Rz. 2316). Sondervorschriften gelten auch für die Steuerfahndung (§ 208 Abs. 1 Satz 3 AO, vgl. Rz. 2330).

6.20 Einnahme des Augenscheins (§§ 98–100 AO)

1022   Die wichtigsten Fälle der Augenscheineinnahme sind
- Betreten von Grundstücken und Räumen,
- Vorlage von Wertsachen sowie
- Testkauf.

Unter Einnahme des Augenscheins ist jede sinnliche Wahrnehmung zu verstehen. Das Ergebnis eines Augenscheins ist aktenkundig (Niederschrift bzw. Aktenvermerk) zu machen. Bei der Einnahme des Augenscheins können Sachverständige (§ 96 AO) zugezogen werden.

Das Recht, **Grundstücke und Räume zu betreten (§ 99 AO)** steht dem Amtsträger (§ 7 AO) sowie den Sachverständigen (§§ 96, 98 AO) zu. Nur diese Personen sind berechtigt, Grundstücke, Räume, Schiffe, umschlossene Betriebsvorrichtungen und ähnliche Einrichtungen zu betreten, soweit dies erforderlich ist, um im Besteuerungsinteresse Feststellungen zu treffen. Es dürfen auch Grundstücke usw. betreten werden, die nicht dem Stpfl. gehören, sondern im Eigentum oder Besitz einer anderen Person stehen. Zu den Räumen im Sinne von § 99 Abs. 1 AO gehören nicht nur Betriebs-, sondern **auch Privaträume**. Die durch Art. 13 GG geschützte Unverletzlichkeit der Wohnung (wegen Einschränkungen aus steuerlichen Gründen vgl. § 413 AO) wird in § 99 Abs. 1 Satz 3 AO besonders berücksichtigt. Danach dürfen Wohnräume grundsätzlich nur betreten werden, **wenn der Inhaber damit einverstanden ist.** Die im Gesetz zugelassene Ausnahme hat für das Besteuerungsverfahren (anders als im Steuerstrafverfahren) kaum praktische Bedeutung.

Ein **Arbeitszimmer** ist kein privater Raum, sondern ein Erwerbszwecken dienender Raum, dessen Augenscheineinnahme grundsätzlich nicht verweigert werden kann. Dies gilt selbst dann, wenn zur Besichtigung privater Wohnraum durchquert werden muss. Wird die Besichtigung durch den Stpfl. verweigert, so wird in der Praxis die Finanzbehörde den Zutritt nicht erzwingen. Vielmehr wird sie dann die **Beweisvereitelung** zu Ungunsten des Stpfl. dahingehend auslegen, dass kein Arbeitszimmer existiert. Für steuermindernde Tatsachen trifft den Stpfl. die objektive Beweislast (vgl. Rz. 1050).

Das Betretungsrecht ist auf die **übliche Geschäfts- und Arbeitszeit** beschränkt. Weicht diese im konkreten Fall von den allgemein üblichen Zeiten ab, sollte sich die Finanzbehörde auf die speziellen Besonderheiten des Beteiligten einstellen. Die von der Einnahme des Augenscheins betroffenen Personen sollten **angemessene Zeit vorher benachrichtigt** werden. Durch die Benachrichtigung soll dem Stpfl. die Gelegenheit gegeben werden, an der Augenscheineinnahme teilzunehmen. Ggf. kann er eine Terminverschiebung anregen. Es ist für die Augenscheineinnahme jedoch nicht Voraussetzung, dass der Stpfl. anwesend ist. Nach § 99 Abs. 2 AO darf die **Augenscheineinnahme nicht** dazu **missbraucht werden**, nach unbekannten Gegenständen zu forschen. Solche Maßnahmen sind nur im Rahmen der besonderen Steueraufsicht zulässig (§§ 208, 210 AO).

Soweit die **Einnahme des Augenscheins im Einspruchsverfahren** vorgenommen wird, ist bei steuerlich vertretenen Steuerpflichtigen nach § 365 Abs. 2 AO auch dem Bevollmächtigten (§ 80 AO, z. B. Steuerberater) Gelegenheit zu geben, an der Beweisaufnahme teilzunehmen. Geschieht dies nicht, dürfen die aus der Beweisaufnahme gewonnenen Erkenntnisse nicht verwertet werden. Wenn überhaupt, werden die FA daher sinnvollerweise kurzfristig durchzuführende Augenscheineinnahmen wie etwa bei Arbeitszimmern bereits im Veranlagungsverfahren durchführen.

Sind im Besteuerungsverfahren Feststellungen über die Beschaffenheit und den Wert von **Wertsachen** zu treffen (z. B. § 13 Abs. 1 Nr. 1 Satz 2 ErbStG), können die Finanzbehörden die Vorlage solcher Sache an Amtsstelle oder beim Beteiligten sowie bei dritten Personen verlangen (§ 100 AO). Zu den Wertsachen gehören insbesondere Geld, Wertpapiere, Schmuck, Edelsteine, Antiquitäten und Edelmetall (Goldbarren). Vorlagepflichtig sind nur der Finanzbehörde bekannte Wertsachen (§ 100 Abs. 2 AO). Nach unbekannten Gegenständen darf in Zusammenhang mit der Vorlagepflicht nicht geforscht werden. Reicht die Sachkunde des Amtsträgers für die Feststellung der Beschaffenheit und des Werts der vorzulegenden Wertsache nicht aus, kann die Finanzbehörde einen Sachverständigen zuziehen. Gegen die Aufforderung zur Vorlage der Wertsachen ist der außergerichtliche Rechtsbehelf des Einspruchs nach § 347 AO gegeben. Das Verlangen auf Vorlage von Wertsachen ist nach § 328 AO erzwingbar. **1023**

Auch ein sog. **Testkauf** durch die Finanzbehörde stellt eine Augenscheineinnahme dar. Hierbei kauft beispielsweise ein Betriebsprüfer ein Essensgericht, um es anschließend auszuwiegen. Die dabei gezogenen Erkenntnisse kann er dann möglicherweise bei einer folgenden Betriebsprüfung bei einer Nachkalkulation gebrauchen. Den Testkauf wird der Prüfer »heimlich« durchführen, also sich nicht als Angehöriger der Finanzverwaltung zu erkennen geben. Grundsätzlich ist die Zulässigkeit eines heimlichen Testkaufs zu bejahen, wenn die Testkäufe die Verhältnisse des Verprobungszeitraums repräsentativ widerspiegeln (FG Niedersachsen vom 02.09.2004, 10 V 52/04, PStR 2005, 281; FG Münster vom 17.09.2010, 4 K 1412/07 G, U, EFG 2011, 506). Beispielsweise ist dies bei einer Eisdiele dann der Fall, wenn die bei den Testkäufen benutzten Eiskugelportionierer auch in den zu verprobenden Zeiträumen benutzt wurden (BFH vom 06.05.2011, V B 8/11, BFH/NV 2011, 1522).

7 Auskunfts- und Vorlageverweigerungsrecht (§§ 101–106 AO)

7.1 Allgemeines

1024   Das in den §§ 101–106 AO geregelte Auskunfts- und Vorlageverweigerungsrecht **gilt für andere Personen (Dritte), nicht aber für den Stpfl.** Im Besteuerungsverfahren hat der Stpfl. zwar kein Aussageverweigerungsrecht, jedoch sind Zwangsmittel (§ 328 AO) gegen ihn unzulässig, wenn er dadurch gezwungen würde, sich selbst wegen einer von ihm begangenen Steuerstraftat oder Steuerordnungswidrigkeit zu belasten. Dies gilt auch schon vor und erst recht nach Einleitung eines Strafverfahrens (§§ 393 Abs. 1 Satz 1, 385 Abs. 1 AO und §§ 136, 163 a Abs. 3, 4 StPO). Zudem kann sich für Straftaten, die keine Steuerstraftaten sind, aus § 393 Abs. 2 AO ein strafrechtliches Verwertungsverbot bezogen auf Tatsachen oder Beweismittel ergeben, die der Stpfl. vor Einleitung des Strafverfahrens oder in Unkenntnis der Einleitung des Strafverfahrens offenbart hat.

Aus welchen Gründen ein Dritter von seinem Aussageverweigerungsrecht Gebrauch macht, muss nicht angegeben werden. Ob vom Recht auf Aussageverweigerung Gebrauch gemacht wird, steht diesem frei. Auch eine teilweise Aussageverweigerung ist denkbar. Allerdings kann dies nicht dazu führen, dass nur solche Aussagen getätigt werden, die dem Beteiligten nützen, während »schädigende« Aussagen verweigert werden.

Werden von einem Dritten bei Kenntnis seiner Rechte Aussagen getätigt, so hat er auf sein Aussageverweigerungsrecht verzichtet. Dieser Verzicht kann vor Auswertung der Auskunft jederzeit ohne Nennung von Gründen widerrufen werden. Die gegebene Auskunft kann dann nicht mehr verwertet werden. Vom Aussageverweigerungsrecht sind nicht nur aktiv vom Dritten getätigte Aussagen betroffen, sondern auch solche, die z. B. aus seinen Unterlagen hervorgehen. Soweit die Auskunft verweigert werden kann, kann auch die Vorlage von Urkunden und Wertsachen verweigert werden (§ 104 AO).

BEISPIEL

Ein Betriebsprüfer fertigt im Betrieb des X Kontrollmitteilungen für die Steuerakten von dessen Bruder.

LÖSUNG Gemäß § 104 Abs. 1 AO i. V. m. § 101 AO besteht ein Aussageverweigerungsrecht für X, welches auch die vom Betriebsprüfer gefertigte Kontrollmitteilung umfasst. Deren Fertigung beruht auf der Vorlage/Auswertung von Urkunden eines Angehörigen.

7.2 Verweigerungsrechte für Angehörige eines Beteiligten (§ 101 AO)

1025   Das Auskunftsverweigerungsrecht nach § 101 Abs. 1 Satz 1 AO und das dem folgende Recht, nach § 101 Abs. 2 AO die Beeidigung der Aussage zu verweigern, steht grundsätzlich den **Angehörigen** von Beteiligten zu. Wer Angehöriger ist, bestimmt sich nach § 15 AO. Die Angehörigen sind nach § 101 Abs. 1 Satz 2 AO über ihr Recht auf Auskunftsverweigerung in irgendeiner Form zu belehren und die **Belehrung** ist nach § 101 Abs. 1 Satz 3 AO aktenkundig zu machen.

Das Auskunftsverweigerungsrecht der Angehörigen erlischt, wenn die geforderte Auskunft zugleich auch die eigenen steuerlichen Verhältnisse des um Auskunft gebetenen Angehörigen betrifft. So hat der Ehegatte bei einer Zusammenveranlagung zur Einkommensteuer, obwohl er zu den Angehörigen nach § 15 AO gehört, kein Auskunftsverweigerungsrecht in Bezug auf eigene steuerliche Verhältnisse.

Anlässlich einer Lohnsteuer-Außenprüfung bei dem Stpfl. B wird die Rechtmäßigkeit des zwischen B und seiner Ehefrau geschlossenen Ehegatten-Arbeitsvertrages vom Lohnsteuer-Außenprüfer in Frage gestellt.
LÖSUNG Die Ehefrau ist in diesem Falle selbst Stpfl. (Lohnsteuer). Sie hat daher kein Auskunftsverweigerungsrecht.

Angehörigen eines Beteiligten steht das Verweigerungsrecht dann jedoch nicht zu, wenn sie die Auskunftspflicht für einen Beteiligten, z. B. als dessen gesetzlicher Vertreter, Vermögensverwalter, Verfügungsberechtigter usw., zu erfüllen haben (vgl. §§ 34, 35 AO). Außerdem besteht dann kein Auskunftsverweigerungsrecht, wenn Angehörige eines Beteiligten dessen Rechtsnachfolger sind und dadurch an Stelle des bisherigen Beteiligten nunmehr selbst Beteiligter geworden sind. Soweit für die Angehörigen ein Auskunftsverweigerungsrecht besteht, kann nach § 104 Abs. 1 AO auch die Erstattung eines Gutachtens und die Vorlage von Urkunden oder Wertsachen verweigert werden (vgl. auch Beispiel in Rz. 1024). Nach § 104 Abs. 2 AO gilt dieses Vorlageverweigerungsrecht dann nicht, wenn die Urkunden und Wertsachen **für den Beteiligten** aufbewahrt wurden.

Die Eltern eines stpfl. minderjährigen Kindes sind gemäß § 34 AO verpflichtet, dessen steuerliche Pflichten zu erfüllen. Ihnen steht im steuerlichen Verwaltungsverfahren ihres Kindes kein Auskunftsverweigerungsrecht zu.

Unklar scheint, ob aus der Auskunftsverweigerung von Angehörigen **negative Schlüsse** gezogen werden dürfen. Der BFH ist der Meinung, dass die Tatsache einer berechtigten Auskunftsverweigerung der Beweiswürdigung nicht schlechthin entzogen sei, sondern wie jede andere Tatsache nach freier Überzeugung verwertet werden dürfe (BFH 14. 02. 1963, HFR 1963, 379). Nach neuerer Rechtsprechung kann eine Aussageverweigerung nur mit Verweis auf die bestehende Angehörigeneigenschaft weder positiv noch negativ für die Richtigkeit einer Erklärung des Steuerpflichtigen herangezogen werden (BFH vom 14. 08. 2003, BFH/NV 2004, 64). Auch in der Literatur wird befürwortet, eine Auskunftsverweigerung als »neutrale Sache« anzusehen. Müsste eine Auskunftsperson befürchten, dass ihre Auskunftsverweigerung dem Beteiligten zum Nachteil gereicht, könnte sie von ihrem Auskunftsverweigerungsrecht keinen freien und unbefangenen Gebrauch machen. Die Vorschrift des § 101 AO würde damit ihren eigentlichen Sinn, eine Störung der familiären Beziehungen zu verhindern, verlieren.

Ist die **Belehrung unterblieben oder falsch** erteilt worden, so darf die Auskunft nicht verwertet werden. Geschieht dies doch, so kann der Verwaltungsakt mit dem **Einspruch** angefochten werden, der auf der rechtswidrig erlangten Auskunft beruht. Besteht die Finanzbehörde auf der Auskunft, obwohl eine Auskunftsperson ein Auskunftsverweigerungsrecht geltend macht, so ist hierin ein Verwaltungsakt zu sehen, der mit dem Einspruch nach § 347 AO angefochten werden kann.

7.3   Verweigerungsrecht für bestimmte Berufsgruppen (§ 102 AO)

1026   Neben den Angehörigen räumt die Abgabenordnung in § 102 AO auch bestimmten Personenkreisen **zum Schutz des Berufsgeheimnisses** ein besonderes Auskunftsverweigerungsrecht ein. Eine gesetzliche Belehrungspflicht besteht hier anders als in § 101 Abs. 1 Satz 2 AO oder § 103 AO nicht. Zu diesen Personen gehören u. a.

- Geistliche,
- Mitglieder des Bundes- oder Landtages,
- Rechtsanwälte, Notare (soweit nicht gesetzlich zur Anzeige verpflichtet, vgl. § 102 Abs. 4 AO), Verteidiger, Steuerberater, Steuerbevollmächtigte, Wirtschaftsprüfer, vereidigte Buchprüfer,
- Ärzte, Zahnärzte, Psychologische Psychotherapeuten, Kinder- und Jugendpsychotherapeuten, Apotheker und Hebammen,
- Reporter und Journalisten.

Der Katalog der in § 102 AO genannten Berufsgruppen ist abschließend; beispielsweise fallen Angestellte von Banken und Sparkassen nicht unter die Regelung (BFH vom 21. 12. 1992 BStBl II 1993, 451).

Das **Auskunftsverweigerungsrecht** steht auf Geheiß **auch den Bediensteten** einschließlich der **Auszubildenden** dieser Personen zu (§ 102 Abs. 2 AO), wobei auch (nichtberuflich) helfende **Familienangehörige** erfasst werden. Ausdrücklich sieht § 102 Abs. 3 Satz 1 AO nur für die in § 102 Abs. 1 Nr. 3 AO genannten Personen die Möglichkeit der **Entbindung von der Schweigepflicht** vor. Es besteht dann Aussagepflicht; dies gilt dann nach § 102 Abs. 3 Satz 2 AO auch für die Hilfspersonen.

Das Auskunftsverweigerungsrecht dieser Personen bezieht sich auf **alle anvertrauten Informationen**, die diesen im Rahmen ihrer beruflichen oder parlamentarischen Tätigkeit im Vertrauen auf die Verschwiegenheit bekannt wurden. So brauchen Steuerberater beim Nachweis für ein Wiedereinsetzungsgesuch gem. § 110 AO durch einen Auszug aus dem Postausgangsbuch die Identität der übrigen Mandanten nicht preiszugeben und können diese abdecken oder in anderer Weise unkenntlich machen (BFH vom 14. 05. 2002 BStBl II 2002, 712). Das Auskunftsverweigerungsrecht umfasst nach § 159 Abs. 2 AO im eigenen Besteuerungsverfahren z. B. eines Rechtsanwalts **auch** die Verweigerung des Nachweises einer **Treuhänderschaft** durch Nennung der Namen der Mandanten (etwa bei Anderkonten). Trotz ihres Auskunftsverweigerungsrechts sind die Angehörigen der steuerberatenden Berufe verpflichtet, alle Urkunden und Wertsachen, insbesondere Geschäftsbücher und sonstige Aufzeichnungen, die sie **für** den Stpfl. aufbewahren oder führen, auf Verlangen der Finanzbehörde unter den gleichen Voraussetzungen vorzulegen wie der Stpfl. selbst, vgl. § 104 Abs. 2 AO. Berufliche Verschwiegenheitspflichten berechtigen bei Personen, die zum Kreis des § 102 Abs. 1 Nr. 3 AO (z. B. Ärzte) gehören, **nicht** dazu, zu Reisezweck, Reiseziel und aufgesuchtem Geschäftspartner auf die Angabe der Namen von Patienten, Mandanten oder Kunden im **Fahrtenbuch** zu verzichten, um den beruflichen/betrieblichen Anlass für ihre Fahrten mit dem betrieblichen Kraftfahrzeug nachzuweisen. Es gelten die allgemeinen Grundsätze lt. Schreiben des BMF vom 18. 11. 2009 BStBl I 2009, 1326, Rz. 26, wonach im Fahrtenbuch die Angabe Mandanten- bzw. Patientenbesuch ausreicht, wenn Name und Adresse in einem getrennt zu führenden Verzeichnis festgehalten werden. Auch kann ein Rechtsanwalt die nach § 4 Abs. 5 Satz 1 Nr. 2 EStG geforderten Angaben zu Teilnehmern und Anlass einer Bewirtung nicht verweigern (BFH vom 26. 02. 2004 BStBl II 2004, 502).

Das in § 102 Abs. 1 Nr. 4 AO normierte Verweigerungsrecht trägt den Belangen der **Pressefreiheit** Rechnung. Das Auskunftsverweigerungsrecht nach § 102 Abs. 1 Nr. 4 AO gilt jedoch nicht hinsichtlich des Namens und der Anschrift von Zeitungsinserenten, die eine Anzeige unter einer Chiffre-Nummer aufgeben und dadurch dem Leser gegenüber vorläufig anonym bleiben (BFH vom 27. 10. 1981 BStBl II 1982, 141). Ein Verweigerungsrecht besteht lediglich hinsichtlich des **redaktionellen Teils,** da insoweit die Pressefreiheit Vorrang vor dem Auskunftsverlangen der Finanzbehörde hat. Geschützt sind Bereiche wie z. B. die Vorbereitung, Herstellung und Verbreitung von periodischen Druckwerken, Hörfunk- oder Fernsehsendungen. Angaben über die Person des Verfassers oder evtl. Informanten brauchen nicht gemacht werden. Allerdings lässt § 102 Abs. 1 Nr. 4 AO die Rechtsfolgen des § 160 AO unberührt. So müssen auch z. B. Presseunternehmen oder Journalisten grundsätzlich Gläubiger und Empfänger benennen. Tun sie dies nicht, greifen die Rechtsfolgen des § 160 AO. In die gleiche Richtung geht BFH vom 15. 01. 1998 BStBl II 1998, 263, wonach Journalisten die nach § 4 Abs. 5 Nr. 2 Satz 1 EStG geforderten Angaben zu Teilnehmern und Anlass einer Bewirtung i. d. R. nicht unter Berufung auf das Pressegeheimnis verweigern können.

Wegen möglicher negativer Schlüsse und Rechtsbehelfe gelten die Ausführungen in Rz. 1025 entsprechend.

7.4 Auskunftsverweigerungsrecht bei Gefahr der Selbstbelastung wegen einer Straftat bzw. Ordnungswidrigkeit (§ 103 AO)

Nach § 103 AO besteht für Personen, die nicht Beteiligte oder nicht für einen Beteiligten auskunftspflichtig (§§ 34, 35 AO) sind, ein Auskunftsverweigerungsrecht, wenn die Gefahr besteht, dass sie sich selbst oder ihre Angehörigen durch die Beantwortung der Gefahr strafrechtlicher Verfolgung oder einer Ordnungswidrigkeit aussetzen würden. Das Auskunftsverweigerungsrecht nach § 103 AO gilt nicht für den Stpfl., soweit er in seiner eigenen Steuersache Auskünfte erteilen muss (vgl. Rz. 1024).   **1027**

Die drohende Gefahr einer Strafverfolgung muss objektiv sein. Eine vom Dritten eingebildete Möglichkeit ist nicht ausreichend. Für das Auskunftsverweigerungsrecht genügt jedoch die entfernte Möglichkeit einer Verfolgung wegen einer Straftat oder einer Ordnungswidrigkeit. Dagegen besteht keine Gefahr mehr, wenn inzwischen die Verfolgungsverjährung für die Straftat eingetreten ist. Der Auskunftsverweigerer muss die Verweigerungsgründe glaubhaft machen.

Nach § 103 Sätze 2 und 3 AO sind Personen, denen ein Auskunftsverweigerungsrecht zusteht, über ihr Recht zu belehren. Die **Belehrung** ist aktenkundig zu machen. Wird gegen die Belehrungspflicht verstoßen, so kann die gegebene Auskunft wohl nicht verwertet werden. Nach anderer Auffassung ist der Rechtsprechung des BGH zu § 55 Abs. 2 StPO zu folgen, wonach von der Verwertbarkeit ausgegangen werden kann, weil die Schutzvorschrift nur den Zeugen, aber nicht den Beschuldigten schützt.

7.5 Schweigepflicht/-möglichkeit öffentlicher Stellen (§§ 105, 106 AO)

Nach § 105 Abs. 1 AO hat das Recht der Finanzbehörden auf Auskunft gegenüber den Geheimhaltungspflichten von anderen Behörden, sonstigen öffentlichen Stellen, deren Organen und Bediensteten Vorrang. Dieser Grundsatz wird eingeschränkt, soweit die Behörden oder die mit postdienstlichen Verrichtungen betrauten Personen gesetzlich verpflichtet sind, das Brief-, Post- und Fernmeldegeheimnis zu wahren (§ 105 Abs. 2 AO).   **1028**

Eine weitere Einschränkung der allgemein gegenüber den Finanzbehörden bestehenden Auskunftspflicht enthält § 106 AO. Nach dieser Vorschrift kann die zuständige oberste Landes- oder Bundesbehörde die Auskunft oder die Vorlage von Urkunden verweigern, wenn dies dem Wohle eines Landes oder des Bundes erhebliche Nachteile bereiten würde.

8 Amts- und Rechtshilfe in Steuersachen (§§ 111–117 AO)

1029 Alle Gerichte und Behörden haben den Finanzbehörden die zur Durchführung der Besteuerung erforderliche **Amtshilfe** zu leisten (§ 111 Abs. 1 AO). Insbesondere kann eine Finanzbehörde um Amtshilfe ersuchen, wenn sie aus rechtlichen oder tatsächlichen Gründen (etwa weil ihr die erforderlichen Einrichtungen fehlen) die Amtshandlung nicht selbst vornehmen kann. Die **Hilfeleistung** kann sich nur auf **rechtlich zulässige Tätigkeiten** der ersuchten Behörde erstrecken (§ 112 Abs. 2 AO). Sie kann abgelehnt werden u. a. bei unverhältnismäßig großem Aufwand (vgl. im Einzelnen § 112 Abs. 3 AO).

Für Verbände und berufsständische Vertretungen (z. B. Gewerkschaften) besteht keine Bestandspflicht. Sie sind jedoch im Rahmen der §§ 88, 92 ff. AO zur Auskunftserteilung und Vorlage von Urkunden verpflichtet.

Auch unabhängig von einem Amtshilfeersuchen sind **Gerichte** und **Verwaltungsbehörden verpflichtet, Tatsachen,** die sie dienstlich erfahren und die auf eine **Steuerstraftat** schließen lassen, dem Bundeszentralamt für Steuern oder, soweit bekannt, den für das Steuerstrafverfahren zuständigen Finanzbehörden **mitzuteilen** (§ 116 AO).

Zwischenstaatliche Rechts- und Amtshilfe nach § 117 Abs. 1 und 2 AO kann nach zahlreichen von Deutschland abgeschlossenen internationalen Doppelbesteuerungsabkommen – DBA – geleistet und in Anspruch genommen werden. Ihre Durchführung im Einzelnen ist in § 117 AO geregelt. Die gegenseitige Amtshilfe der Mitgliedstaaten der Europäischen Gemeinschaft wird durch das **EU-Amtshilfe-Gesetz,** durch innerstaatlich anwendbare **Rechtsakte der EU** und durch das **EU-Beitreibungsgesetz** geregelt. Neben dem Erteilen von Auskünften auf Ersuchen können die Finanzbehörden der zuständigen Finanzbehörde eines anderen Mitgliedstaats Amtshilfe beispielsweise durch sog. **Spontanauskünfte** leisten. Weiterhin gibt es die **Zinsinformations-VO,** nach der sich die EG-Mitgliedstaaten gegenseitig über Zinserträge informieren, die zugunsten von Steuerpflichtigen mit ausländischem Wohnsitz anfallen.

Unter **Rechtshilfe** versteht man richterliche Handlungen, die auf Ersuchen des Prozessgerichts von einem anderen Gericht vorgenommen werden.

Die Entscheidung darüber, ob einem Auskunftsersuchen nach § 117 Abs. 3 AO (über § 117 Abs. 2 AO hinausgehende sog. **Kulanzauskunft**) zu entsprechen ist, trifft das Bundesfinanzministerium im Einvernehmen mit der zuständigen obersten Landesbehörde, wenn das Ersuchen Steuern betrifft, die von den Landesfinanzbehörden verwaltet werden.

Nach § 117 Abs. 4 AO hat vor der Übermittlung von Auskünften eine **Anhörung der inländischen Beteiligten** zwecks Gewährung von rechtlichem Gehör zu erfolgen, soweit es sich nicht um Umsatzsteuer handelt oder ein Fall des § 91 Abs. 2 oder 3 AO vorliegt.

9 Personenstands- und Betriebsaufnahme

9.1 Allgemeine Erfassung (§§ 134–136 AO)

Der Erfassung aller steuerpflichtigen Personen und Unternehmen allgemein dient insbesondere die **Personenstandsaufnahme,** die gemäß § 134 AO **von den Gemeinden** für die Finanzbehörde durchgeführt werden kann und in deren Rahmen die Grundstückseigentümer, Wohnungsinhaber und Untermieter zur Hilfeleistung verpflichtet sind. Insbesondere haben die Grundstückseigentümer die Personen anzugeben, die auf dem Grundstück eine Wohnung, Wohnräume, eine Betriebsstätte, Lagerräume oder sonstige Geschäftsräume haben (§ 135 Abs. 1 AO). Die **Wohnungsinhaber** und Untermieter haben über sich und über die zu ihrem Haushalt gehörenden Personen auf den amtlichen Vordrucken die Angaben zu machen, die für die Personenstands- und Betriebsaufnahme notwendig sind, insbesondere Namen, Familienstand etc. (§ 135 Abs. 2 AO). Desgleichen haben die Inhaber von Betriebsstätten, Lagerräumen und sonstigen Geschäftsräumen entsprechende, für die Besteuerung erhebliche Angaben zu machen (§ 135 Abs. 3 AO). **1030**

Die **Meldebehörden** (in der Regel Einwohnermeldeämter der Gemeindeverwaltungen) haben die ihnen nach den Vorschriften über das Meldewesen der Länder bekannt gewordenen Änderungen steuerlich bedeutsamer Verhältnisse dem zuständigen FA mitzuteilen (§ 136 AO).

Anzumerken ist, dass eine solche wie in §§ 134–136 AO festgeschriebene Personenstands- und Betriebsaufnahme schon seit Langem nicht stattgefunden hat. Auch in absehbarer Zukunft ist mit einer solchen Maßnahme nicht zu rechnen. Sollte eine solche Aufnahme durchgeführt werden, so bleibt zu prüfen, ob die Vorschriften der §§ 134–136 AO überhaupt datenschutzrechtlich unbedenklich sind.

9.2 Persönliche Anzeigepflichten (§§ 137, 138 AO)

Unabhängig von den in den §§ 134–136 AO genannten Mitteilungspflichten bestehen gemäß §§ 137, 138 AO den Finanzämtern gegenüber folgende individuelle Anzeigepflichten (Hinweis: § 139 AO betrifft Steuern, die vom Zoll verwaltet werden): **1030a**

a) Gründung nicht natürlicher Personen

Stpfl., die **nicht natürliche Personen** sind, haben dem zuständigen FA (§ 20 AO) und den für die Erhebung der Realsteuern (Grund- und Gewerbesteuer; § 3 Abs. 2 AO) zuständigen Gemeinden die Umstände anzuzeigen, die für die steuerliche Erfassung von Bedeutung sind, insbesondere ihre **Gründung,** den **Erwerb ihrer Rechtsfähigkeit,** die **Änderung ihrer Rechtsform,** die Verlegung ihrer Geschäftsleitung (§ 10 AO) und ihres Sitzes (§ 11 AO) und ihre Auflösung. § 137 AO stellt dadurch die steuerliche Erfassung aller Körperschaften, Vereine und Vermögensmassen (z. B. Stiftungen) sicher. Personengesellschaften werden durch die Vorschrift nur für die Realsteuern gegenüber den Gemeinden meldepflichtig, denn für sie ist das zuständige FA durch § 18 AO und nicht § 20 AO bestimmt.

b) Betriebseröffnung

Wer einen **gewerblichen, einen land- und forstwirtschaftlichen Betrieb** oder eine Betriebsstätte **eröffnet, verlegt** oder **aufgibt,** hat dies der zuständigen Gemeinde nach amtlichem Vordruck mitzuteilen (§ 138 Abs. 1 Satz 1 AO). Die Gemeinde wiederum hat das zuständige FA unverzüglich von dem Inhalt der Mitteilung zu informieren. Die Mitteilungsfrist beträgt **1031** nach § 138 Abs. 3 AO einen Monat. Gewerbetreibende, die nach § 14 Gewerbeordnung gegenüber der zuständigen Behörde (Ordnungs- bzw. Gewerbeamt) anzeigepflichtig sind, genügen mit dieser Anzeige ihrer steuerlichen Anzeigepflicht nach § 138 Abs. 1 AO (AEAO zu § 138). Die **Aufnahme einer freiberuflichen Tätigkeit** muss nach § 138 Abs. 1 Satz 3 AO dem Wohnsitz- oder Tätigkeitsfinanzamt (§ 19 Abs. 1 und 3 AO) angezeigt werden. In § 138 Abs. 1 a AO wird es Unternehmern i. S. d. § 2 UStG ermöglicht, zusätzlich ihre Anzeigepflicht auf elektronischem Weg gegenüber dem für die Umsatzbesteuerung zuständigen FA zu erfüllen. Darüber hinaus kann gem. § 138 Abs. 1 b AO durch Rechtsverordnung angeordnet werden, dass Unternehmer anlässlich der Aufnahme der beruflichen oder gewerblichen Tätigkeit zwecks steuerlicher Erfassung zusätzlich auf elektronischem Wege Auskunft über die rechtlichen und tatsächlichen Verhältnisse zu erteilen haben.

c) Auslandseinkünfte

1032   Um sicherzustellen, dass auch **Auslandseinkünfte** ordnungsgemäß besteuert werden, müssen Stpfl. mit Wohnsitz, gewöhnlichem Aufenthalt, Geschäftsleitung oder Sitz im Inland nach § 138 Abs. 2 AO dem zuständigen FA nach amtlich vorgeschriebenem Vordruck die Gründung und den Erwerb von Betrieben und Betriebsstätten im Ausland, die Beteiligung oder deren Aufgabe oder Änderung an ausländischen Personengesellschaften sowie den Erwerb von Beteiligungen an ausländischen Kapitalgesellschaften mitteilen; bei Beteiligungen an ausländischen Kapitalgesellschaften allerdings nur, wenn damit unmittelbar eine Beteiligung von mindestens 10 % oder mittelbar eine Beteiligung von mindestens 25 % am Kapital oder am Vermögen erreicht wird oder die Summe der Anschaffungskosten dieser Beteiligungen mehr als 150 000 € beträgt. Auf die Meldung des Erwerbs börsennotierter Beteiligungen verzichtet die Finanzverwaltung, wenn die Beteiligung die absolute Grenze von 150 000 € überschreitet, aber weniger als 1 % beträgt (BMF vom 15. 04. 2010 BStBl I 2010, 346). Die Anzeige ist (ohne besondere Aufforderung durch das Finanzamt) nach § 138 Abs. 3 Satz 2 AO innerhalb von fünf Monaten nach Ablauf des Kalenderjahres zu erstatten, in dem das meldepflichtige Ereignis eingetreten ist.

Die Anzeigepflicht besteht unabhängig davon, ob die erwähnten Vorgänge eine unmittelbare steuerliche Auswirkung haben, denn sie soll allgemein der steuerlichen Überwachung bei Auslandsbeziehungen dienen. Die Verletzung der Meldepflicht kann – soweit durch sie nicht der Tatbestand der Steuerhinterziehung verwirklicht wird – als Ordnungswidrigkeit gemäß § 379 Abs. 2 Nr. 1 AO geahndet werden.

1033 frei

9.3   Identifikationsmerkmale (§§ 139 a–139 d AO)

1034   Für Zwecke der eindeutigen Identifizierung im Besteuerungsverfahren werden gem. § 139 a AO (bundes-)einheitliche und dauerhafte Identifikationsmerkmale zugeteilt.

Für jede **natürliche Person** ist eine sog. – lebenslänglich geltende – Identifikationsnummer (TIN – Tax Identification Number) gem. § 139 b AO vorgesehen. Diese soll das System der Steuernummern ablösen, die je nach Bundesland unterschiedlich aufgebaut sind. Die aus elf Ziffern bestehende TIN wird vom Bundeszentralamt für Steuern gespeichert und spätestens 20 Jahre nach dem Tod gelöscht (vgl. § 4 **Steueridentifikationsnummernverordnung**).

Natürlichen Personen, die wirtschaftlich tätig sind, **juristischen Personen** sowie **Personenvereinigungen** wird auf Anforderung des FA vom Bundeszentralamt für Steuern nach § 139 c AO eine **Wirtschafts-Identifikationsnummer** zugeteilt. Sie soll zu einem späteren Zeitpunkt die Umsatzsteuer-Identifikationsnummer ersetzen.

Die Identifikationsmerkmale enthalten keine Daten, z. B. das Geburtsdatum, damit Dritte **keine Rückschlüsse** auf die dahinter stehende Person/Unternehmung ziehen können.

10 Buchführungs- und Aufzeichnungspflichten

10.1 Buchführungspflicht nach § 140 AO

Nach § 140 AO ist derjenige, der bereits nach **anderen Gesetzen** als Steuergesetzen **Bücher und Aufzeichnungen** zu führen hat, die für die Besteuerung von Bedeutung sind, **verpflichtet,** die sich aus diesen Gesetzen ergebenden Verpflichtungen auch im Interesse der Besteuerung zu erfüllen. Die Vorschrift des § 140 AO übernimmt die sich aus anderen Gesetzen ergebende Buchführungspflicht für das Steuerrecht. § 140 AO enthält daher nur eine abgeleitete **Buchführungspflicht.**

10.1.1 »Andere Gesetze«

Zu den »anderen Gesetzen« gehören formelle Gesetze und Rechtsverordnungen, die im außensteuerlichen Bereich Buchführungs- und Aufzeichnungspflichten regeln, aber auch materielle Gesetze mit Buchführungs- und Aufzeichnungspflichten für bestimmte Betriebe und Berufe.

10.1.2 Formelle Gesetze mit Buchführungspflicht

Formelles Gesetz mit Buchführungs- und Aufzeichnungspflichten ist vor allem das Handelsgesetzbuch (HGB). Nach §§ 238 ff. HGB ist jeder Kaufmann grundsätzlich verpflichtet, Bücher zu führen und in diesen seine Handelsgeschäfte und die Lage seines Vermögens nach den Grundsätzen ordnungsmäßiger Buchführung ersichtlich zu machen. **1035**

Kaufmann (**Istkaufmann**) ist **grundsätzlich jeder Gewerbetreibende,** § 1 Abs. 1 HGB i. V. m. § 1 Abs. 2 1. Alt. HGB. Unerheblich ist, ob er ein Grundhandelsgewerbe, Handwerk oder sonstiges Gewerbe betreibt. Die Kaufmannseigenschaft gründet sich damit bereits allein auf das Vorliegen eines Gewerbebetriebs in erforderlicher Größe (siehe nachfolgend Kleingewerbetreibende); auf die Eintragung im Handelsregister kommt es nicht an, sie wirkt lediglich deklaratorisch. Nach § 6 Abs. 1 HGB finden die in betreff der Kaufleute gegebenen Vorschriften auch auf **Handelsgesellschaften,** also auf oHG und KG, Anwendung.

Ausgenommen bleiben lediglich **Kleingewerbetreibende,** deren Unternehmen nach **Art und Umfang einen in kaufmännischer Weise eingerichteten Geschäftsbetrieb** nicht erfordern, § 1 Abs. 2 2. Alt. HGB. Der »nach Art und Umfang einen in kaufmännischer Weise eingerichteten Geschäftsbetrieb« stellt damit die **Abgrenzungslinie** zwischen Kaufleuten und Nichtkaufleuten für alle Arten von Gewerbe dar. Die Regelung in § 1 Abs. 2 HGB vermutet das Vorliegen der Kaufmannseigenschaft. Ein Gewerbetreibender, der sich im Geschäfts- und Rechtsverkehr darauf beruft, sein Gewerbebetrieb erfordere keinen in kaufmännischer Weise eingerichteten Geschäftsbetrieb und sei deshalb nicht kaufmännischer Art, trägt dafür die Darlegungs- und Beweislast.

Der Maurermeister M unterhält ein kleines Bauunternehmen, in dem außer ihm und seinem Sohn noch zwei Arbeiter tätig sind. Der Betrieb ist ins Handelsregister nicht eingetragen. Ein Geschäftsbetrieb war bisher nicht erforderlich. Bedingt durch einen Großauftrag hat M zum 01.01.01 15 Arbeitnehmer eingestellt. Der Großauftrag hat ein Volumen von 1,5 Mio. € und soll bis zum 31.12.04 abgewickelt werden. Zum 01.10.01 lässt M seinen Betrieb ins Handelsregister eintragen.

LÖSUNG M hat zunächst einen Handwerksbetrieb, der wegen seiner Größe nicht unter die Buchführungspflicht des HGB fällt. Ab 01.01.01 wird für den Gewerbebetrieb ein in kaufmännischer Weise eingerichteter Geschäftsbetrieb erforderlich, so dass M als Istkaufmann anzusehen ist.

Trotz Eintragung ins Handelsregister erst am 01.10.01 ist M ab 01.01.01 nach dem Handelsgesetzbuch (§§ 1, 238 ff. HGB) verpflichtet, Bücher zu führen. Nach § 140 AO besteht diese Verpflichtung auch gegenüber dem Steuerrecht, ohne dass es einer besonderen Aufforderung durch das zuständige FA bedarf.

Dem Personenkreis der Kleingewerbetreibenden wird durch § 2 HGB die **Möglichkeit** zum Erwerb der Kaufmannseigenschaft durch **Eintragung in das Handelsregister** eingeräumt, sog. **Kannkaufmann**. Eine Parallelregelung findet sich in § 105 Abs. 2 HGB für die oHG, die über § 161 Abs. 2 HGB auch Anwendung bei der KG findet. Danach kann eine oHG oder eine KG (anstelle einer GbR) auch dann gegründet werden, wenn sie einen Gewerbebetrieb betreibt, der keinen nach Art und Umfang in kaufmännischer Weise eingerichteten Geschäftsbetrieb benötigt. Darüber hinaus können auch **Vermögensverwaltungsgesellschaften**, wie z. B. Immobilienverwaltungs-, Objekt- und Besitzgesellschaften nach Betriebsaufspaltung sowie Holdings durch die Eintragung Personen**handels**gesellschaft werden. Durch die nach § 2 Satz 2 HGB freiwillige Eintragung in das Handelsregister gilt die Firma als Handelsgewerbe, was z. B. auch die Buchführungspflicht nach den §§ 238 ff. HGB nach sich zieht. Die Eintragung wirkt konstitutiv. **Auf Antrag** des Einzelgewerbetreibenden (bzw. OHG oder KG) findet nach § 2 Satz 3 HGB eine **Löschung** der Eintragung statt, mit der Folge, dass der Kaufmannstatus ex nunc erlischt. Eine Löschung erfolgt nicht, wenn der Gewerbebetrieb nach Art und Umfang (zwischenzeitlich) einen in kaufmännischer Weise eingerichteten Geschäftsbetrieb erfordert.

Für **Land- und Forstwirte** gelten die Regelungen für den Istkaufmann nicht, § 3 Abs. 1 HGB. Sie können sich bezüglich ihrer Haupt- und Nebenbetriebe in das Handelsregister eintragen lassen (Kannkaufmann). Im Gegensatz zu den Kleingewerbetreibenden sind sie an diese Option aber gebunden, § 3 Abs. 2 und 3 HGB. Bei diesem Personenkreis besteht nach Eintragung die Besonderheit, dass sie zwar nach den §§ 238 ff. HGB buchführungspflichtig sind, aber der Gewinn nach § 4 Abs. 1 EStG und nicht nach § 5 Abs. 1 EStG ermittelt wird.

Wer **Kaufmann kraft Eintragung** nach § 5 HGB ist, also wer mit der Eintragung den Anschein erwecken will, Kaufmann zu sein (**Scheinkaufmann**), ist ebenfalls buchführungspflichtig.

Eine als **GbR** gegründete Gesellschaft, die ein Gewerbe betreibt, welches nach Art und Umfang einen in kaufmännischer Weise eingerichteten Geschäftsbetrieb erfordert, ist nach § 105 Abs. 1 HGB eine oHG.

Unabhängig von ihrer tatsächlichen Tätigkeit sind nach § 6 Abs. 2 HGB i. V. m. § 3 AktG, § 13 Abs. 3 GmbHG, und § 17 Abs. 2 GenG Aktiengesellschaften, Gesellschaften mit beschränkter Haftung, Kommanditgesellschaften auf Aktien und eingetragene Genossenschaften **Kaufmann kraft Rechtsform**, sog. **Formkaufmann**.

Nur für **Einzelkaufleute** (nicht Personenhandelsgesellschaften) besteht nach § 241 a HGB und § 242 Abs. 4 HGB ein **Wahlrecht**, keine Buchführung betreiben und keine Jahresabschlüsse erstellen zu müssen, wenn an den Abschlussstichtagen von zwei aufeinander folgenden

Geschäftsjahren nicht mehr als 600 000 € Umsatzerlöse oder 60 000 € Jahresüberschuss erzielt werden (**Hinweis:** Die von 500 000 € bzw. 50 000 € erhöhten Betragsgrenzen sind erstmals auf das nach dem 31. 12. 2015 beginnenden Geschäftsjahres anzuwenden, vgl. Art. 76 EGHGB). Diese Regelung gilt auch bei Unternehmensgründungen, wenn die Größenmerkmale am ersten Abschlussstichtag voraussichtlich nicht überschritten werden; bei unterjähriger Neugründung erfolgt wohl (nach dem Wortlaut der Vorschrift) keine Hochrechnung.

10.1.3 Materielle Gesetze mit Buchführungspflicht

Außersteuerliche Buchführungs- und Aufzeichnungsverpflichtungen ergeben sich aus einer Vielzahl von Rechtsverordnungen, die Sonderregelungen für bestimmte Betriebe und Berufe enthalten. **1036**

BEISPIELE

a) **Apotheken**
Nach § 6 Abs. 4 und § 7 Abs. 6 der Apothekenbetriebsordnung sind Herstellungs- und Prüfungsbücher zu führen.

b) **Pfandleiher**
Nach § 3 Abs. 1 der Verordnung über den Geschäftsbetrieb der gewerblichen Pfandleiher sind Aufzeichnungen über jedes Pfandleihgeschäft und seine Abwicklung zu führen.

c) **Fahrschule**
Nach § 18 Abs. 1 FahrlG hat der Inhaber Aufzeichnungen über die Ausbildung jeden Fahrschülers zu führen. Nach § 18 Abs. 2 FahrlG ist für jeden Fahrlehrer täglich die Anzahl der Fahrstunden u. a. unter namentlicher Nennung der ausgebildeten Fahrschüler festzuhalten.

10.1.4 Verletzung der außersteuerlichen Buchführungspflicht

Verstöße gegen die außersteuerlichen Buchführungs- und Aufzeichnungspflichten stehen den Verstößen gegen steuerrechtliche Buchführungs- und Aufzeichnungspflichten gleich (vgl. Rz. 1042). Wesensmerkmal der sich aus § 140 AO ergebenden Buchführungspflichten ist, dass eine besondere Aufforderung zur Führung von Büchern nicht erforderlich ist. Da § 140 AO die außersteuerliche Pflicht zu einer steuerlichen macht, kann die Verpflichtung mit Zwangsmitteln (§ 328 AO) nur für den steuerlichen Bereich erzwungen werden. **1037**

10.2 Buchführungspflicht nach § 141 AO

Wenn nach außersteuerlichen Gesetzen nicht bereits eine Buchführungspflicht besteht, so kann sich diese speziell für das Steuerrecht aus § 141 AO ergeben. § 141 AO schafft damit einen Auffangtatbestand. **Erfasst werden gewerbliche Unternehmer und Land- und Forstwirte,** die nicht bereits nach anderen Gesetzen i. V. m. § 140 AO auch für die Besteuerung buchführungspflichtig sind, beim Vorliegen bestimmter Betriebsergebnisse. Für **selbstständig Tätige** (§ 18 EStG) besteht hiernach **keine Buchführungspflicht.** **1038**

Voraussetzung für die Buchführungspflicht ist nach § 141 Abs. 1 AO, dass die gewerblichen Unternehmer bzw. Land- und Forstwirte nach den durch Verwaltungsakt (AEAO zu § 141 Nr. 2) erfolgenden Feststellungen der Finanzbehörde **für den einzelnen Betrieb** (bzw. bei ausländischen Unternehmen für die inländische Betriebsstätte)

- Umsätze einschließlich der nichtsteuerbaren (BFH vom 07.10.2009 BStBl II 2010, 219) und der steuerfreien Umsätze, ausgenommen die Umsätze nach § 4 Nr. 8–10 UStG von mehr als 600 000 € im KJ oder
- selbstbewirtschaftete land- und forstwirtschaftliche Flächen mit einem Wirtschaftswert (§ 46 BewG) von mehr als 25 000 € oder
- einen Gewinn aus Gewerbebetrieb von mehr als 60 000 € im Wirtschaftsjahr oder
- einen Gewinn aus Land- und Forstwirtschaft von mehr als 60 000 € im KJ gehabt haben.

(**Hinweis**: Die vorgenannten Betragsgrenzen von 600 000 € bzw. 60 000 € wurden von 500 000 € bzw. 50 000 € erhöht und sind erstmals anzuwenden auf Wirtschaftsjahre bzw. Kalenderjahre, die nach dem 31.12.2015 beginnen).

Die §§ 238, 240–242 Abs. 1 HGB und §§ 243–256 HGB gelten in diesen Fällen entsprechend. Damit ist etwa eine **Buchführung nach kaufmännischen Gesichtspunkten** einzurichten, Inventare zu erstellen, ein Kassenbuch zu führen, Debitoren und Kreditorenkonten zu führen, Entnahmen und Einlagen zu buchen. Eine **einfache Buchführung** würde – entgegen der auch in diesen Fällen üblichen doppelten Buchführung – reichen, weil § 242 Abs. 2 HGB nicht anzuwenden ist.

Bei **Land- und Forstwirten** ist der Wirtschaftswert aller vom Land- und Forstwirt selbstbewirtschafteten Flächen maßgebend, unabhängig davon, ob sie in seinem Eigentum stehen oder nicht. Verpachtete oder brachliegende Flächen sind nicht selbstbewirtschaftet. Ebenso sind Einzelertragswerte der im Einheitswert erfassten Nebenbetriebe bei der Ermittlung des Wirtschaftswertes der selbstbewirtschafteten Flächen nicht anzusetzen (BFH vom 06.07.1989 BStBl II 1990, 606). Bei der auf das KJ bezogenen Gewinngrenze für Land- und Forstwirte sind bei einem vom KJ abweichenden Wirtschaftsjahr die **zeitanteiligen Gewinne aus zwei Wirtschaftsjahren** anzusetzen (vgl. § 4 a Abs. 2 Nr. 1 EStG und AEAO zu § 141, Nr. 3).

1039 Die **Buchführungspflicht nach § 141 AO beginnt** nur, wenn das FA den Stpfl. nach Überschreiten einer der Grenzen ausdrücklich schriftlich auf den Beginn der Buchführungspflicht hingewiesen hat. Diese damit zwingende Mitteilung soll **mindestens einen Monat vor Beginn** des Wirtschaftsjahres erfolgen, von dessen Beginn ab die Buchführungsverpflichtung zu erfüllen ist (vgl. AEAO zu § 141, Nr. 4). Eine **innerhalb eines Monats** vor Beginn des Wirtschaftsjahres bekannt gegebene Aufforderung ist allerdings **nicht unwirksam**. Dem Stpfl. können in diesem Fall gem. § 148 Satz 1 AO – ggf. rückwirkend gem. § 148 Satz 2 AO – in **erforderlichem Umfang Erleichterungen** zu **bewilligen** sein, falls eine Umstellung der Gewinnermittlung zum vorgesehenen Stichtag aufgrund einer kurzfristigen Mitteilung nicht mehr rechtzeitig möglich ist (BFH vom 29.03.2007 BStBl II 2007, 816).

Der **Hinweis** auf die beginnende Buchführung ist auch dann **erforderlich**, wenn der Stpfl. bereits **seit Jahren freiwillig Bücher** führt und seinen Gewinn durch Bestandsvergleich ermittelt. Die Buchführungspflicht beginnt mit dem Anfang des Wirtschaftsjahres, das auf die Bekanntgabe der Mitteilung über die bestehende Buchführungspflicht folgt. **Die Aufforderung zur Führung von Büchern** kann technisch verbunden als Anlage zum Steuerbescheid dem Stpfl. mitgeteilt werden. Es kann aber auch eine besondere Mitteilung ergehen. Jedenfalls ist die Mitteilung ein **Verwaltungsakt** im Sinne von § 118 AO, der mit Einspruch nach § 347 AO angefochten werden kann. Wird die Feststellung i. S. d. § 141 Abs. 1 AO mit der Mitteilung über den Beginn der Buchführungspflicht verbunden, bilden beide einen einheitlichen Verwaltungsakt (BFH vom 23.06.1983 BStBl II 1983, 768).

BEISPIEL

Nach den Ergebnissen der Veranlagung 01 erzielte der Stpfl. im kalenderjahrgleichem Wirtschaftsjahr 01 einen Gewinn aus Gewerbebetrieb von 56 000 €. Mit Schreiben vom 10.12.03, durch den »Weihnachtsfrieden« erst am 06.01.04 bekannt gegeben, hat das FA den Stpfl. auf die ab 01.01.04 bestehende Buchführungspflicht hingewiesen.

LÖSUNG Da die Mitteilung über den Beginn der Buchführungspflicht erst in 04 bekannt gegeben wurde, beginnt die Verpflichtung zur Führung von Büchern erst ab 01.01.05.

Die **Buchführungspflicht endet,** wenn aufgrund des letzten vom FA festgestellten Veranlagungsergebnisses feststeht, dass keine der Grenzen des § 141 AO mehr überschritten wird. Sie endet mit Ablauf des Wirtschaftsjahres, das auf das Wirtschaftsjahr mit der Feststellung der niedrigeren Besteuerungsgrundlagen folgt. **1040**

BEISPIEL

Im Rahmen der Veranlagung 03 wird durch Steuerbescheid am 18.09.05 festgestellt, dass keine der Grenzen des § 141 AO überschritten wird.

LÖSUNG Die Buchführungspflicht endet nach § 141 Abs. 2 Satz 2 AO mit Ablauf des 31.12.06.

Einer besonderen, förmlichen Mitteilung des FA über das Ende der Buchführungspflicht nach § 141 AO bedarf es nicht; ein entsprechender Hinweis, z. B. verbunden mit einer Steuerfestsetzung, reicht aus (BMF vom 15. 12. 1981, BStBl I 1981, 878).

10.3 Sonderfälle

Bei **Rechtsnachfolgern** geht eine für den Rechtsvorgänger bestehende Buchführungspflicht auf den Rechtsnachfolger (z. B. Erwerber, Erbe, Pächter, Nießbraucher) nahtlos über (§ 141 Abs. 3 AO). Dieses Weiterbestehen der Buchführungspflicht nach § 141 AO wird man auch für die Fälle des § 140 AO bejahen müssen. **1041**

Bei Prüfung der Buchführungsgrenzen sind **erhöhte Absetzungen für Abnutzung** sowie **Sonderabschreibungen** unberücksichtigt zu lassen, vgl. § 7 a Abs. 6 EStG. Erhöhte Absetzungen für Abnutzung sind nur insoweit dem Gewinn zuzurechnen, als diese die Absetzungsbeträge nach § 7 Abs. 1 oder 4 EStG übersteigen, vgl. AEAO zu § 141, Nr. 4 mit Verweis auf § 7 a Abs. 3 EStG.

Die Buchführungspflicht für das steuerliche **Sonderbetriebsvermögen einer Personengesellschaft** obliegt nicht dem einzelnen Gesellschafter, sondern der Personengesellschaft (BFH vom 23. 10. 1990 BStBl II 1991, 401). Sie darf nicht auf die Mitunternehmer übertragen werden (BFH vom 11. 03. 1992 BStBl II 1992, 797). Ob bei der Prüfung der Buchführungsgrenzen das Sonderbetriebsvermögen einzubeziehen ist, ist u. E. zu verneinen, weil die Buchführungspflicht sich an das Unternehmen als solches richtet und nicht an Verhältnisse einzelner Gesellschafter anknüpft (gl. A. Tipke/Kruse § 141 Rz. 21, jedoch umstritten, ebenda m. w. N.).

Wegen der Buchführungspflicht steuerpflichtiger wirtschaftlicher Geschäftsbetriebe von **steuerbegünstigten Körperschaften** vgl. Rz. 412.

10.4 Folgen der Nichtbeachtung der Buchführungspflicht

1042   Entspricht die Buchführung nicht den Anforderungen der §§ 140–146 AO, so rechtfertigt dies die **Schätzung der Besteuerungsgrundlagen** (§ 162 Abs. 2 AO). Auch könnte die Erfüllung von Buchführungspflichten nach den §§ 328 ff. AO **erzwungen** werden. Dies gilt auch für nach § 140 AO abgeleitete Buchführungspflichten. Unabhängig davon ist zu prüfen, ob die Nichtbeachtung einer Buchführungspflicht zu einer **Steuerstraftat** (§ 369 AO), wie Steuerhinterziehung oder leichtfertige Steuerverkürzung, führt. Zudem handelt nach § 379 Abs. 1 Nr. 2 AO ordnungswidrig, wer vorsätzlich oder leichtfertig nach Gesetz buchungs- oder aufzeichnungspflichtige Geschäftsvorfälle oder Betriebsvorgänge nicht oder in tatsächlicher Hinsicht unrichtig bucht oder buchen lässt und dadurch ermöglicht, dass Steuern verkürzt oder nicht gerechtfertigte Steuervorteile erlangt werden (vgl. Rz. 3042 auch bezüglich möglicher **Insolvenzstraftaten**).

10.5 Aufzeichnung des Wareneingangs (§ 143 AO)

1043   Zur gesonderten Aufzeichnung des Wareneingangs sind gem. § 143 Abs. 1 AO **sämtliche gewerblichen Unternehmer** verpflichtet. Land- und Forstwirte fallen nicht unter die Vorschrift. Gewerbliche Unternehmer sind solche, die Einkünfte aus Gewerbebetrieb im Sinne des § 15 Abs. 2 und 4 EStG und § 2 Abs. 2 und 3 GewStG beziehen. Die Pflicht, Aufzeichnungen über den Wareneingang zu führen, besteht **unabhängig von der Buchführungspflicht**.

Aufzuzeichnen sind **alle Waren** einschließlich der Rohstoffe, unfertige Erzeugnisse, Hilfsstoffe und Zutaten, die der Unternehmer im Rahmen seines Gewerbebetriebes zur Weiterveräußerung oder zum innerbetrieblichen oder privaten Verbrauch entgeltlich oder unentgeltlich für eigene oder fremde Rechnung erwirbt. Die sich durch § 143 AO im Zusammenspiel mit § 144 AO ergebenden Werte haben den **Zweck**, den Finanzbehörden **Nachkalkulationen** zu ermöglichen.

Nach § 143 Abs. 3 AO sind **folgende Angaben** aufzuzeichnen:

- Tag des Wareneingangs oder Datum der Rechnung,
- Name oder Firma und die Anschrift des Lieferers,
- handelsübliche Bezeichnung der Ware,
- Preis der Ware,
- Hinweis auf den Beleg.

Bei **buchführungspflichtigen Gewerbetreibenden** genügt es, wenn sich die geforderten Angaben aus der Buchführung ergeben. Die Führung z. B. eines Wareneingangsbuches ist dann entbehrlich.

Die in den Einzelsteuergesetzen enthaltenen besonderen Aufzeichnungspflichten werden von § 143 AO nicht berührt. **Aus den Einzelsteuergesetzen ergeben sich u. a. folgende Aufzeichnungspflichten:**

- § 22 UStG: Grundlagen für die Berechnung der Umsatzsteuer.
- § 4 Abs. 3 Satz 5 EStG: Anlagenverzeichnis für nicht abnutzbare Wirtschaftsgüter des Anlagevermögens und bestimmte Wirtschaftsgüter des Umlaufvermögens bei Gewinnermittlung durch Überschussrechnung.
- § 4 Abs. 7 EStG: Aufzeichnung bestimmter (nicht abzugsfähiger) Betriebsausgaben.
- § 5 Abs. 1 Satz 2 EStG: Besonderes Verzeichnis für die Wirtschaftsgüter, bei denen steuerliche Wahlrechte in der Steuerbilanz zu von der Handelsbilanz abweichenden Ansätzen führen.
- § 6 Abs. 2 EStG: Bestandsverzeichnis für geringwertige Wirtschaftsgüter.

- § 7 a Abs. 8 EStG: Verzeichnis für Wirtschaftsgüter, bei denen erhöhte Abschreibungen oder Sonderabschreibungen vorgenommen werden.
- § 41 EStG: Lohnkonten für die Arbeitnehmer.

10.6 Aufzeichnung des Warenausgangs (§ 144 AO)

§ 144 Abs. 1 und Abs. 5 AO verpflichtet **Hersteller** und **Großhändler** sowie **buchfüh-** **1044** **rungspflichtige Land- und Forstwirte** zur Aufzeichnung sämtlicher Warenausgänge, wenn sie nach Art ihres Geschäftsbetriebs Waren regelmäßig an andere gewerbliche Unternehmer zur Weiterveräußerung oder zum Verbrauch als Hilfsstoffe liefern. Verpflichtet werden vor allem Großhändler, Importeure, Rohstoffproduzenten und das produzierende Gewerbe. Hier liegt ein Unterschied zur Aufzeichnungspflicht des Wareneingangs gem. § 143 AO, die sämtliche gewerblichen Unternehmer trifft.

Buchführungspflichtige Unternehmen können die Aufzeichnungen im Rahmen der Buchführungspflicht erfüllen; ein besonderes Warenausgangsbuch muss dann nicht geführt werden. Die Aufzeichnungspflicht kann auch in der Weise erfüllt werden, dass die Belege in einer geordneten Form abgelegt werden. Es ist jedoch dem Erwerber **über jeden aufzeichnungspflichtigen Warenausgang** (§ 144 Abs. 2 AO) **ein Beleg** (Ausnahme bei Gutschriften) **zu erteilen**. Bei Verstößen kann eine Ordnungswidrigkeit vorliegen (§ 379 Abs. 2 Nr. 1a AO). Zugelassen sind Lieferscheine, Kassenzettel oder Rechnungen, wenn sie die folgenden Voraussetzungen erfüllen:

- Tag des Warenausgangs oder Datum der Rechnung;
- Namen oder Firma und die Anschrift des Abnehmers;
- handelsübliche Bezeichnung der Ware;
- Preis der Ware;
- Hinweis auf den Beleg.

Erleichterungen, die nach § 14 UStG zugelassen sind, gelten auch im Rahmen dieser Vorschrift. So lässt beispielsweise § 33 UStDV die Erteilung von abgekürzten Rechnungen bei Kleinbeträgen zu, ohne dass dadurch ein möglicher Vorsteuerabzug gefährdet wird.

Bei Betriebsprüfungen bei den o. g. Betrieben achten die Prüfer verstärkt auf die Einhaltung der Aufzeichnungspflichten. Insbesondere gibt ein unverhältnismäßig hoher Anteil von Barverkäufen am Gesamtumsatz des Großhändlers Anlass zu erhöhter Aufmerksamkeit. In diesem Fall werden die Prüfer regelmäßig Kontrollmaterial (§ 194 Abs. 3 AO) fertigen (BMF vom 13. 07. 1992 BStBl I 1992, 490).

10.7 Anforderungen an Buchführung und Aufzeichnungen (§ 145 AO)

§ 145 AO formuliert die allgemein gültigen Anforderungen an die Buchführung und die **1045** zu führenden Aufzeichnungen eines nach den §§ 140 und 141 AO Buchführungspflichtigen. Nach § 145 Abs. 1 AO muss die **Buchführung** so beschaffen sein, dass sich ein **sachverständiger Dritter** innerhalb angemessener Zeit einen Überblick über die Geschäftsvorfälle und über die Vermögenslage des Unternehmens verschaffen kann. Dabei müssen sich die Geschäftsvorfälle in ihrer Entstehung und Abwicklung verfolgen lassen.

Die **Durchschaubarkeit** der Buchführung muss **nicht** für jeden **Laien** gegeben sein. Die Vorschrift spricht ausdrücklich vom sachverständigen Dritten. Als Personenkreis kommen somit Buchhalter, Angehörige der steuerberatenden Berufe, Wirtschaftsprüfer und vereidigte Buchprüfer ebenso in Betracht wie im Veranlagungs- und Außenprüfungsdienst tätige Finanzbeamte. Ist eine **Buchführung nicht durchschaubar,** da sie formelle oder sachliche Mängel aufweist, so kann sie i. d. R. der Besteuerung nicht zugrunde gelegt werden (§ 158 AO). Nach § 162 Abs. 2 Satz 2 AO sind sodann die **Besteuerungsgrundlagen** zu **schätzen,** vgl. Rz. 1086. **Aufzeichnungen** sind so vorzunehmen, dass der Zweck erreicht wird, den sie für die Besteuerung erfüllen sollen (§ 145 Abs. 2 AO).

10.8 Ordnungsvorschriften für die Buchführung und für Aufzeichnungen (§ 146 AO)

10.8.1 Allgemeines

1046   Alle **Buchungen** sind vom nach den §§ 140 und 141 AO Buchführungspflichtigen **vollständig, richtig, zeitgerecht und der Zeitfolge nach geordnet** vorzunehmen. Die wichtigsten Grundsätze ordnungsmäßiger Buchführung enthalten R 5.2 EStR und H 5.2 EStH. So sind etwa im Einzelhandel über **Bargeschäfte** Einzelaufzeichnungen über die Identität des Vertragspartners zumutbar, wenn Bargeld von 15 000 € und mehr angenommen wird (BMF vom 05. 04. 2004 BStBl I 2004, 419). Nach **§ 146 Abs. 6 AO** gelten die Ordnungsvorschriften auch dann, wenn der Stpfl. **freiwillig** Bücher und Aufzeichnungen führt, die für die Besteuerung von Bedeutung sind.

Zeitgerechte Verbuchung heißt nicht, dass täglich gebucht werden muss. Der Zeitraum zwischen Geschäftsvorfall und Verbuchung ergibt sich – für danach Verpflichtete – aus den gem. § 238 Abs. 1 Satz 1 HGB zu beachtenden Grundsätzen ordnungsmäßiger Buchführung. Diese Grundsätze gebieten für den **Kassenverkehr** eine **tägliche Verbuchung** und für **andere Geschäftsvorfälle** eine Verbuchung innerhalb von längstens **einem Monat,** sofern die Buchführungsunterlagen organisatorisch gegen Verlust geschützt sind (BFH vom 25. 03. 1992 BStBl II 1992, 1010). Zudem sollen nach § 146 Abs. 1 Satz 2 AO Kasseneinnahmen und Kassenausgaben täglich festgehalten werden. Dies gilt auch für die periodenweise Buchung durch Datenverarbeitungsanlagen. Eine zeitgerechte Buchung ist dabei anzunehmen, wenn die Speicherung der einzelnen Daten auf den Speichermedien innerhalb der vorstehend genannten Frist erfolgt, wenn die Daten auf Verlangen der Steuerverwaltung während der Aufbewahrungsfrist jederzeit optisch lesbar gemacht werden können und damit eine Prüfung des einzelnen Geschäftsvorfalles von seiner Entstehung bis zur Abwicklung möglich ist.

Wird die Buchführung in einer **Fremdsprache** geführt, kann die Finanzbehörde auf Kosten des Buchführungs- und Aufzeichnungspflichtigen eine **Übersetzung** verlangen. Da § 146 Abs. 3 AO eine »lebende Sprache« verlangt, wäre eine lateinisch erstellte Buchführung nicht zulässig. Werden in der Buchführung Abkürzungen verwendet – wie bei EDV-Buchführung üblich –, so muss deren Bedeutung eindeutig festliegen. Ggf. muss ein Abkürzungsverzeichnis vorgelegt werden.

§ 146 Abs. 4 AO verbietet wie § 239 Abs. 3 HGB eine Buchung oder Aufzeichnung in der Weise zu **verändern,** dass der ursprüngliche Inhalt **nicht mehr feststellbar** ist. Bei EDV-Buchführungen dürfen daher einmal erfolgte Buchungen nicht mehr gelöscht werden. Sie können bei Fehlerhaftigkeit wirksam und nachvollziehbar durch Stornierungen oder Neubuchungen geändert werden. Bei einem an sich zulässigen Überspielen der Daten auf einen anderen Datenträger muss der ursprüngliche Inhalt erkennbar bleiben. Zudem muss bei jeder Veränderung feststellbar sein, wann sie erfolgt ist.

§ 146 Abs. 5 AO lässt ausdrücklich die sogenannte **Offene-Posten-Buchhaltung** und die **Speicherbuchführung** unter der Voraussetzung zu, dass sie den Grundsätzen ordnungsmäßiger Buchführung entsprechen. Da die Vorschrift **keine eindeutige Systembeschreibung für eine Buchführung** enthält, ist bei Speicherbuchführung jedes technische Verfahren zugelassen, welches es ermöglicht, originär digitale Eintragungen und sonstige Aufzeichnungen unmittelbar und jederzeit wieder reproduzierbar festzuhalten. Für den Aufbewahrungszeitraum muss lediglich sichergestellt sein, dass die Buchführung überprüfbar bleibt.

Bei der Führung der Bücher und sonstigen Aufzeichnungen auf **maschinenlesbaren Datenträgern** muss nach § 146 Abs. 5 Satz 2 AO sichergestellt sein, dass die Daten während der Aufbewahrungsfrist verfügbar sind und jederzeit unverzüglich (vgl. § 121 Abs. 1 BGB) **lesbar gemacht** werden können. Es wird nicht verlangt, dass der Buchführungsstoff zu einem bestimmten Zeitpunkt (z. B. Bilanzstichtag) ausgedruckt wird. Nur auf Verlangen der Finanzbehörde ist ganz oder teilweise auszudrucken (**Ausdruckbereitschaft**, vgl. § 147 Abs. 5 2. HS AO). Die Bezugnahme in § 146 Abs. 5 Satz 3 AO auf § 147 Abs. 6 AO bedeutet die Verfügbarkeit originär digitaler Daten für eine **maschinelle Auswertung** im Zusammenhang mit dem **Datenzugriffsrecht** der Finanzbehörden (vgl. Rz. 1048). Einzelheiten enthalten die Grundsätze zur ordnungsmäßigen Führung und Aufbewahrung von Büchern, Aufzeichnungen und Unterlagen in elektronischer Form sowie zum Datenzugriff – GoBD (BMF vom 14. 11. 2014 BStBl I 2014, 1450).

10.8.2 Ort der Buchführung

Damit die Bücher und Aufzeichnungen für die Finanzbehörden jederzeit erreichbar sind, müssen sie (generell) **im Geltungsbereich der Abgabenordnung** geführt werden, vgl. § 146 Abs. 2 AO. **1046a**

Auf schriftlichen Antrag kann die zuständige Finanzbehörde gem. § 146 Abs. 2 a AO unter bestimmten Voraussetzungen die **Verlagerung** der **elektronischen** (nicht der papiernen) **Buchführung** in einen Mitgliedstaat der EU oder einen EWR-Staat (wenn gegenseitige Amtshilfe vereinbart ist) bewilligen. Sollen die Bücher in einen anderen Staat geführt werden, kann dies ebenfalls bewilligt werden, wenn die Besteuerung hierdurch nicht beeinträchtigt wird. Ggf. kann die Finanzbehörde die Bewilligung widerrufen und die Rückverlagerung der elektronischen Buchführung verlangen.

10.8.3 Verzögerungsgeld

Nach § 146 Abs. 2 b AO kann als steuerliche Nebenleistung ein Verzögerungsgeld von 2 500 € bis 250 000 € festgesetzt werden. Dieses neue Instrument wurde eingeführt im Zusammenhang mit der Möglichkeit für Unternehmen, gem. § 146 Abs. 2 a AO ihre **elektronische Buchführung ins Ausland** verlagern zu können (siehe Rz. 1046 a). Damit im Zusammenhang können durch das Verzögerungsgeld folgende Fälle sanktioniert werden: **1046b**

- die **elektronische Buchführung** wurde **ohne Bewilligung** der zuständigen Finanzbehörde ins Ausland **verlagert**,
- einer **Aufforderung zur Rückverlagerung** einer unzulässigerweise ins Ausland verlagerten elektronischen Buchführung **wird nicht nachgekommen**,
- einer **Mitteilungspflicht** nach § 146 Abs. 2 a Satz 4 AO (der andere Staat widerruft seine Zustimmung zum Datenzugriff durch deutsche Finanzbehörden) als Grundlage für eine Aufforderung zur Rückverlagerung wird **nicht nachgekommen**.

Darüber hinaus kann ein Verzögerungsgeld in folgenden Fällen (auch bei »reinen« Inlandsfällen) festgesetzt werden:

- ein **Datenzugriff** nach § 147 Abs. 6 AO ist **nicht in vollem Umfang möglich**, z. B.:
  - dem Prüfer wird nicht oder nicht rechtzeitig gestattet, einen Rechner mit relevanten Daten zu benutzen,
  - Vorgaben des Prüfers zur maschinellen Auswertung werden nicht oder nicht rechtzeitig erfüllt,
  - die Daten werden dem Prüfer nicht oder nicht rechtzeitig übergeben,
  - bei einem Hardware- und/oder einem Softwarewechsel ist die maschinelle Auswertung früherer Daten nicht mehr gewährleistet.
- im Rahmen einer Außenprüfung wird einer **Aufforderung zur Erteilung von Auskünften oder zur Vorlage von Unterlagen** nicht oder nicht rechtzeitig nachgekommen.

Der Stpfl. soll durch die Festsetzung eines Verzögerungsgeldes zur **zeitnahen Mitwirkung** im Rahmen einer **Außenprüfung** angehalten werden. In seiner Zielrichtung ist das Verzögerungsgeld insoweit vergleichbar mit dem Verspätungszuschlag (siehe Rz. 1100 ff.). Bei der Festsetzung eines Verzögerungsgeldes ist das Ermessen sowohl dem Grunde als auch der Höhe nach auszuüben (Entschließungsermessen und Auswahlermessen). Hierbei führt nicht jede Verletzung der Mitwirkungspflichten – unabhängig davon, ob den Steuerpflichtigen ein Schuldvorwurf trifft – zur Festsetzung eines Verzögerungsgeldes (vgl. BFH vom 28. 08. 2012 BStBl II 2013, 266). Es ist eine Würdigung des Einzelfalls vorzunehmen, bei der auch der Schuldvorwurf zu prüfen ist. Zudem sieht der BFH die Sanktionsmindestgrenze nicht als Bagatellbetrag an. Auch dies muss Eingang in die Ermessenentscheidung finden. Maßstab ist, ob die Festsetzung eines Verzögerungsgelds in Höhe des Mindestbetrags in einem angemessenen Verhältnis zu den Umständen der zu beurteilenden Pflichtverletzung/en sowie das Ausmaß der Beeinträchtigung der Prüfung ist. Im Rahmen des Entschließungsermessens ist dabei auf jede einzelne Pflichtverletzung abzustellen.

10.9 Aufbewahrungspflichten (§ 147 AO und § 147 a AO)

10.9.1 Akzessorische Aufbewahrungspflicht für geschäftliche Unterlagen

1047 Die in Anlehnung an § 257 HGB im Steuerrecht nach § 147 AO geltenden Ordnungsvorschriften für die Aufbewahrung von Unterlagen sind **Bestandteil einer** nach § 140 AO oder § 141 AO bestehenden **Buchführungspflicht**, weil nur anhand der aufzubewahrenden Unterlagen die Buchführung auf Richtigkeit und Vollständigkeit hin überprüft werden kann. Besteht keine Buchführungspflicht und werden **freiwillig Bücher und Aufzeichnungen** geführt, gelten nach § 146 Abs. 6 AO auch für sie die Ordnungsvorschriften und damit auch die Aufbewahrungspflicht nach § 147 AO.

Die Aufbewahrungspflicht des § 147 AO ist **akzessorisch** und setzt eine **Aufzeichnungspflicht** voraus. Soweit nach den Steuergesetzen eine Aufzeichnungspflicht (z. B. nach § 4 Abs. 3 EStG oder § 22 Abs. 2 UStG) besteht, haben daher auch **Freiberufler** sowie **Gewerbetreibende** (deren Unternehmen nach Art und Umfang gem. § 1 Abs. 2 HGB keinen in kaufmännischer Weise eingerichteten Geschäftsbetrieb erfordert und die sich nicht freiwillig nach § 2 HGB in das Handelsregister haben eintragen lassen) mit **Überschussrechnung nach § 4 Abs. 3 EStG** die Aufbewahrungspflichten des § 147 AO zu beachten (vgl. BFH vom 26. 02. 2004 BStBl II 2004, 599).

Bei der Aufzählung der aufbewahrungspflichtigen Unterlagen erweitert § 147 AO zur Klarstellung ihrer Funktion und Bedeutung die in § 257 Abs. 1 HGB genannten Unterlagen. Neben **Handelsbüchern, Inventaren, Bilanzen** und **Handelsbriefen** sind nach der Aufzählung in § 147 Abs. 1 AO für steuerliche Zwecke **auch** sonstige **Aufzeichnungen und Schriftstücke aufzubewahren, wenn** sie **für die Besteuerung von Bedeutung** sind. Unter die in § 147 Abs. 1 Nr. 1 AO genannten Arbeitsanweisungen und Organisationsunterlagen fallen bei der Verwendung von Datenverarbeitungsanlagen auch die **Verfahrensdokumentationen.** Welche Unterlagen im Einzelnen aufzubewahren sind, ergibt sich aus den Grundsätzen zur ordnungsmäßigen Führung und Aufbewahrung von Büchern, Aufzeichnungen und Unterlagen in elektronischer Form sowie zum Datenzugriff – GoBD (BMF vom 14. 11. 2014 BStBl I 2014, 1450).

Die Aufbewahrungspflicht gilt auch für Aufzeichnungen und Geschäftspapiere, die im Rahmen einer **Nebentätigkeit** anfallen. Sie gilt nicht für **Unterlagen aus dem Privatbereich** wie z. B. Belege für den Abzug von Werbungskosten, Sonderausgaben oder außergewöhnliche Belastungen. Derartige Belege muss der Stpfl. lediglich aus Gründen der objektiven Beweislast (vgl. Rz. 1050) mit der Steuererklärung vorlegen, sie unterfallen nicht § 147 Abs. 1 Nr. 5 AO. Eine Aufbewahrungspflicht ergibt sich für Unterlagen aus dem Privatbereich selbst dann nicht, wenn die Steuerfestsetzung unter Vorbehalt der Nachprüfung (§ 164 AO) erfolgt.

Mit Ausnahme der Eröffnungsbilanzen, der Jahresabschlüsse (nach HGB auch Konzernabschlüsse, vgl. § 257 Abs. 3 HGB) und der bei Zollanmeldungen mittels Datenverarbeitung nicht abzugebenden oder zurückgegebenen Unterlagen, die immer im Original aufzubewahren sind, können gem. § 147 Abs. 2 AO alle anderen Unterlagen auf **Bildträgern** (z. B. Fotokopien, Mikrofilme) oder sonstigen **Datenträgern** (z. B. CD, DVD) aufbewahrt werden, wobei die Originale dann vernichtet werden dürfen. Dafür ist sicherzustellen, dass die Wiedergabe bzw. die Daten

- im Zeitpunkt der Lesbarmachung mit den Originalen bei empfangenen Handels- und Geschäftsbriefen und Buchungsbelegen bildlich (bei Beweisfunktion von Farbe auch Farbwiedergabe erforderlich) und bei anderen Unterlagen inhaltlich übereinstimmen und
- während der Dauer der Aufbewahrungsfrist jederzeit verfügbar sind, unverzüglich lesbar gemacht und maschinell ausgewertet werden können.

§ 147 AO lässt nach **anderen gesetzlichen Vorschriften** bestehende Aufbewahrungsfristen unberührt. So hat etwa ein Unternehmer (auch Kleinunternehmer, nur steuerfreie Umsätze tätigende Vermieter, oder Freiberufler) gem. § 14 b UStG ein Doppel der **Rechnung,** die er selbst oder ein Dritter in seinem Namen und für seine Rechnung ausgestellt hat, sowie alle Rechnungen, die er erhalten oder die ein Leistungsempfänger oder in dessen Namen und für dessen Rechnung ein Dritter ausgestellt hat, zehn Jahre aufzubewahren. Dem gegenüber sind nach § 147 Abs. 3 AO nur Buchungsbelege und bei Zollanmeldungen mittels Datenverarbeitung nicht abzugebende oder zurückgegebene Unterlagen zehn Jahre aufzuheben.

Die **Aufbewahrungsfrist** nach § 147 AO **beginnt** mit dem Schluss des Kj, in dem die letzte Eintragung in das Buch gemacht, das Inventar aufgestellt, die Bilanz festgestellt, der Handels- oder Geschäftsbrief empfangen oder abgesandt worden oder der Buchungsbeleg entstanden ist. Ferner beginnt die Aufbewahrungsfrist, wenn die Aufzeichnung vorgenommen worden ist oder die sonstigen Unterlagen entstanden sind (§ 147 Abs. 4 AO). Die **Aufbewahrungsfristen** nach Handels- und Steuerrecht betragen:

Art des Schriftgutes	Aufbewahrungsart		Handelsrecht § 257 Abs. 4 HGB	Steuerrecht § 147 Abs. 3 AO
	Original	Datenträger		
Bilanzen	ja	nein	10 Jahre	10 Jahre
Handelsbücher, Inventare	ja	ja	10 Jahre	
Bücher, Inventare	ja	ja		10 Jahre
Arbeitsanweisungen und Organisationsunterlagen	ja	ja	10 Jahre	10 Jahre
Empfangene Handelsbriefe	ja	ja	6 Jahre	
Empfangene Handels- oder Geschäftsbriefe	ja	ja		6 Jahre
Wiedergaben der abgesandten Handelsbriefe	ja	ja	6 Jahre	
Wiedergaben der abgesandten Handels- oder Geschäftsbriefe	ja	ja		6 Jahre
Buchungsbelege	ja	ja	10 Jahre	10 Jahre
bei Zollanmeldungen mittels Datenverarbeitung nicht abzugebende oder zurückgegebene Unterlagen	ja	nein		10 Jahre
Sonstige Unterlagen, soweit für die Besteuerung von Bedeutung	ja	ja		6 Jahre

Die **Aufbewahrungsfrist läuft nicht ab, soweit** und solange die Unterlagen für Steuern von Bedeutung sind, für die die **allgemeine Festsetzungsverjährung** nach § 169 Abs. 2 Satz 1 AO **noch nicht abgelaufen** ist (§ 147 Abs. 3 Satz 3 AO). Nach BMF vom 25. 10. 1977 BStBl I 1977, 487 brauchen nach Ablauf der in § 147 Abs. 3 Satz 1 AO genannten oder der in anderen Steuergesetzen zugelassenen kürzeren (Regel-) Aufbewahrungsfristen die Unterlagen nur noch aufbewahrt zu werden, wenn und insoweit sie für eine begonnene Außenprüfung, für eine vorläufige Steuerfestsetzung nach § 165 AO, für anhängige steuer-, straf- oder bußgeldrechtliche Ermittlungen, für ein schwebendes oder aufgrund einer Außenprüfung zu erwartendes Rechtsbehelfsverfahren oder zur Begründung von Anträgen des Steuerpflichtigen von Bedeutung sind. Die Aufbewahrungsfristen werden durch die Liquidation (Löschung) einer Firma nicht berührt (siehe z. B. OLG Stuttgart vom 03. 01. 1984 in »Der Deutsche Rechtspfleger« 1984, 192). Die Aufbewahrungspflichten bleiben für den bisherigen Firmeninhaber bzw. den geschäftsführenden Gesellschafter weiterhin bestehen.

Als Folge der **Verletzung der Aufbewahrungsfrist** ist die **Buchführung nicht ordnungsgemäß**, weil ihre Ordnungsmäßigkeit nicht innerhalb der Aufbewahrungszeit nachgeprüft werden kann. Das FA ist dann zur Schätzung der Besteuerungsgrundlagen nach § 162 AO berechtigt.

Auf Verlangen der Finanzbehörde hat der Stpfl. die auf Bildträger oder auf anderen Datenträgern gespeicherten Unterlagen und Geschäftsvorfälle auf eigene Kosten **lesbar** zu **machen** bzw. entsprechende Reproduktionen vorzulegen. Wenn erforderlich, ist auch die dafür erforderliche Hardware bereitzustellen (§ 147 Abs. 5 AO).

Werden nach § 147 Abs. 1 AO aufbewahrungspflichtige Unterlagen mit Hilfe eines Daten- **1048** verarbeitungssystems (DV-System) erstellt und aufbewahrt, so hat die Finanzbehörde das Recht, auf die gespeicherten Daten und auf das DV-System zuzugreifen (**Datenzugriff**). Zugegriffen werden kann nach § 147 Abs. 6 AO i . V. m. § 200 Abs. 1 Satz 2 AO nur im Rahmen einer Außenprüfung nach den §§ 193 ff. AO. Dazu gehören neben der **Betriebsprüfung** auch die **Umsatzsteuer-Sonderprüfung** und die **Lohnsteuer-Außenprüfung**. Auch die **Steuerfahndung** ist (ohnehin) zum Zugriff befugt, vgl. § 208 Abs. 1 Satz 2 AO. Nicht zum Zugriff berechtigt die betriebsnahe Veranlagung. Ebenfalls kein Zugriffsrecht besteht bei einer Umsatzsteuer-Nachschau nach § 27 b UStG bzw. einer Lohnsteuer-Nachschau nach § 42 g EStG, bei denen erst zu einer Außenprüfung übergegangen werden müsste. Ebenfalls nicht möglich ist ein Online-Zugriff.

Zugegriffen werden kann nur auf **steuerlich relevante Daten**. Zunächst sind dies die Finanz-, Anlage- und Lohnbuchhaltung. Auch E-Mails können steuerliche Bedeutung haben. Auf dem Auskunftsverweigerungsrecht nach §§ 101 ff. AO unterliegende Daten, z. B. bei Steuerberatern nach § 102 Abs. 1 Nr. 3 Buchst. b AO, darf nicht zugegriffen werden.

Drei Formen des Zugriffs sind möglich, wobei die Auswahl unter den drei Möglichkeiten nach pflichtgemäßem Ermessen erfolgt:

- **Unmittelbarer Datenzugriff** (»Z1«) nach § 147 Abs. 6 Satz 1 AO: Die Außenprüfung nimmt unmittelbar selbst (grds. in den Geschäftsräumen des Stpfl.) Einsicht in die gespeicherten Daten und nutzt das DV-System des Stpfl. zur Auswertung. Hierbei handelt es sich um einen Nur-Lese-Zugriff ohne Datenveränderungsberechtigung, wobei die Nutzung vorhandener Auswertungsprogramme (z. B. Filtern und Sortieren der Daten) des betrieblichen DV-Systems erlaubt ist. Im Rahmen des unmittelbaren Datenzugriffs ist der Außenprüfer nicht berechtigt, eigenmächtig Daten zu exportieren. Eigene Programme der Außenprüfung dürfen allein aus Gründen der Datenintegrität und des Virenschutzes nicht in das DV-System des Stpfl. eingespielt werden. Dem Außenprüfer sind für den unmittelbaren Datenzugriff die erforderlichen Hilfsmittel und eine Systemeinweisung zur Verfügung zu stellen, vgl. § 200 Abs. 1 Satz 2 AO. Ist dies nicht möglich, ist ein mittelbarer Datenzugriff oder eine Datenträgerüberlassung in Betracht zu ziehen.
- **Mittelbarer Datenzugriff** (»Z2«) nach § 147 Abs. 6 Satz 2 1. Alt. AO: Nach Vorgaben des Außenprüfers nimmt der Stpfl. oder eine andere mit dem DV-System vertraute Person die Auswertung vor. Wie beim unmittelbaren Datenzugriff werden auch hier nur bereits vorhandene Auswertungsmöglichkeiten genutzt. Zusätzliche Auswertungsprogramme brauchen vom Stpfl. nicht bereit gestellt werden. Die Hilfe des Stpfl. hierbei ist rein technischer Art. Hinweise über eine bessere technische Nutzbarkeit des Systems muss er nur auf konkretes Befragen hin geben.
- **Datenträgerüberlassung** (»Z3«) nach § 147 Abs. 6 Satz 2 2. Alt. AO: Der Außenprüfung werden die Daten per Datenträger (z. B. USB-Stick) überlassen, die diese dann mittels (verwaltungs-) eigener Datenverarbeitung auswertet. Nur bei diesem Zugriffsrecht kann (und wird) die Außenprüfung eigene Prüf- und Analyse-Programme einsetzen. Spätestens nach Bestandskraft der aufgrund der Außenprüfung ergangenen Steuerbescheide ist der überlassene Datenträger zurückzugeben oder zu löschen.

Die **Kosten** des Datenzugriffs hat nach § 147 Abs. 6 Satz 3 AO der Steuerpflichtige zu tragen. Unabhängig von der Möglichkeit des Datenzugriffs besteht **weiterhin** die Möglichkeit nach § 147 Abs. 5 2. HS AO einen **Ausdruck** der Buchführungsdaten zu **verlangen**. Wegen weiterer Einzelheiten vgl. die Grundsätze zur ordnungsmäßigen Führung und Aufbewahrung von Büchern, Aufzeichnungen und Unterlagen in elektronischer Form sowie zum Datenzugriff – GoBD (BMF vom 14. 11. 2014 BStBl I 2014, 1450).

10.9.2 Eigenständige Aufbewahrungspflicht für »private« Unterlagen

1048a
Nach § 147 a AO haben Personen, deren **Summe der positiven Überschusseinkünfte** mehr als 500 000 € beträgt, verpflichtet, **Aufzeichnungen und Unterlagen über die Einnahmen und Werbungskosten sechs Jahre** aufzubewahren. Sonderausgaben, außergewöhnliche Belastungen oder sonstige steuerlich relevante Bereiche sind nicht von der Verpflichtung betroffen. Bei zusammenveranlagten Ehegatten ist die Summe der Überschusseinkünfte jedes Ehegatten einzeln maßgebend, die Ehegatten werden also jeder für sich betrachtet. Für die Prüfung des Schwellenwerts findet **keine Saldierung mit negativen (Überschuss-)Einkünften** statt. § 147 a AO setzt – anders als § 147 AO – keine vorhergehende Aufzeichnungspflicht voraus.

Die **Aufbewahrungspflicht beginnt** ab Beginn des KJ, das auf das KJ folgt, in dem der Schwellenwert überschritten wird. Die **Verpflichtung endet** erst mit Ablauf des fünften aufeinander folgenden KJ, in dem der Schwellenwert unterschritten wird; d. h., der Schwellenwert muss in fünf aufeinander folgenden Jahren unterschritten werden.

Flankiert wird die Aufbewahrungspflicht u. a. durch **folgende Möglichkeiten:**

- nach § 193 Abs. 1 AO kann bei diesem Personenkreis eine Außenprüfung ohne weitere Begründung durchgeführt werden (vgl. Teil M),
- bei vermuteten Einkünften aus nichtkooperierenden Staaten kann eine eidesstattliche Versicherung über die Richtigkeit und Vollständigkeit der dort erzielten Einkünfte verlangt werden, § 90 Abs. 2 Satz 3 AO (vgl. Rz. 1010; zur Zeit ohne Anwendungsbereich), und
- Steuerpflichtige mit Einkünften unterhalb des Schwellenwerts (von 500 000 € positiven Überschusseinkünften), die ihren Mitwirkungspflichten nach § 90 Abs. 2 Satz 3 AO (vgl. Rz. 1010; zur Zeit ohne Anwendungsbereich) nicht in ausreichendem Maße nachkommen, können durch das Finanzamt zu der sechs Jahre dauernden Aufbewahrungspflicht verpflichtet werden, vgl. § 147 a Satz 6 AO.

10.10 Bewilligung von Erleichterungen (§ 148 AO)

1049
Die Finanzbehörden können in **Einzelfällen oder für bestimmte Gruppen** von Fällen Erleichterungen hinsichtlich der Buchführungs-, Aufzeichnungs- und Aufbewahrungspflichten bewilligen. Eine Bewilligung wird die Finanzbehörde nur aussprechen, wenn der Stpfl. sie beantragt. Die Bewilligungen betreffen nur die steuerlichen Verpflichtungen. Sie beeinflussen nicht die handelsüblichen Buchführungspflichten. Persönliche Gründe, wie Alter und Krankheit des Stpfl. rechtfertigen in der Regel keine Erleichterungen (BFH vom 14. 07. 1954 BStBl III 1954, 253). Daher ist ausschließlich auf sachliche Gründe abzustellen. Bei der Entscheidung über die Bewilligung von Erleichterungen hat die Finanzbehörde nach pflichtgemäßem Ermessen die Umstände des Einzelfalles und das Ausmaß der Zuverlässigkeit des Antragstellers zu berücksichtigen.

Erleichterungen stehen nach § 148 Satz 3 AO unter Widerrufsvorbehalt (§ 131 AO). Erleichterungen können auch rückwirkend z. B. anlässlich einer Außenprüfung bewilligt werden, wenn sie auch bei rechtzeitigem Antrag bewilligt worden wären. Gegen die Ablehnung eines Antrages auf Bewilligung von Erleichterungen ist ebenso wie gegen den Widerruf der Einspruch (§ 347 AO) gegeben.

Beispiele für im Rahmen des § 148 AO praktizierte Erleichterungen sind

- die gruppenweisen Erleichterungen für Land- und Forstwirte (BMF vom 15. 12. 1981 BStBl I 1981, 878 ff.),

- für alle Stpfl. die Erleichterung hinsichtlich der Aufbewahrungspflicht gemäß § 147 Abs. 3 AO (BMF vom 25. 10. 1977 BStBl I 1977, 487, s. Rz. 1047),
- Erleichterung hinsichtlich der einmaligen Überschreitung der Buchführungsgrenzen gemäß § 141 Abs. 1 AO (AEAO zu § 141 Nr. 4; z. B. wenn die Veräußerung von Immobilien zu einem einmaligen hohen Ergebnis führte).

11 Beweiswürdigung

Weil die AO keine gesetzliche Vorschrift über die Beweiswürdigung enthält, gilt im Steuerrecht der **Grundsatz der freien Beweiswürdigung.** Die Finanzbehörde kann nach freier Überzeugung die erhobenen Beweise (§ 92 AO, Rz. 1015) würdigen, ob und inwieweit sie geeignet sind, die beweisbedürftige Tatsache als bewiesen anzusehen. Willkürlichkeit ist damit aber nicht gemeint. Nach § 88 Abs. 2 AO sind alle bedeutsamen (beweiserheblichen), auch die für den Stpfl. günstigen, Umstände zu berücksichtigen. Die Überzeugung braucht sich nicht auf absolute Gewissheit zu gründen. Es genügt ein hoher Grad an Wahrscheinlichkeit. Bei der Würdigung darf nicht gegen Denkgesetze verstoßen und keine allgemein anerkannten Erfahrungssätze außen vor gelassen werden.

1050

Auf den allgemeinen, typischen Erfahrungssätzen gründet der **Anscheinsbeweis** (Beweis des ersten Anscheins, **prima-facie-Beweis**). Dieser hat eine tatsächliche, typische Vermutung eines Sachverhalts oder Geschehensablaufs für sich. Es kann aber sowohl vom FA als auch vom Stpfl. eine ernsthafte atypische Möglichkeit zur Entkräftung vorgebracht werden. Nach BFH vom 15.09.1994 BStBl II 1995, 41 kann der Nachweis des Zugangs eines schriftlichen Verwaltungsakts nicht nach den Grundsätzen des Anscheinsbeweises geführt werden (vgl. auch Rz. 1286). Es gelten dabei vielmehr die allgemeinen Beweisregeln, insbesondere des Indizienbeweises.

Von der Beweiswürdigung abzugrenzen ist die Frage der **Beweislast.** Wegen des im Steuerrecht vorhandenen Untersuchungsgrundsatzes nach § 88 Abs. 1 AO gibt es – im Allgemeinen – trotz der Mitwirkungspflichten des Stpfl. nach § 90 AO keine **subjektive Beweislast** (Beweisführungslast) für diesen. Im Zivilprozess ist dies anders. Dort haben die Parteien ihre Behauptungen zu beweisen (Beibringungsgrundsatz). Das FA als Verwaltungsbehörde muss im Rahmen des Zumutbaren seine Ermittlungsmöglichkeiten – auch zugunsten des Stpfl. – ausschöpfen, um bestehende Zweifel und Unklarheiten zu beseitigen. Gelingt dies nicht, muss mittels der **objektiven Beweislast** (Feststellungslast) entschieden werden, zu wessen Lasten die beweisbedürftige, aber nicht bewiesene Tatsache geht. Nach der Rechtsprechung des BFH vom 20.03.1987 BStBl II 1987, 679 m. w. N.) trägt in der Regel das FA die objektive Beweislast für diejenigen Tatsachen, die den Steueranspruch begründen oder erhöhen, und der Stpfl. die objektive Beweislast für diejenigen Tatsachen, die eine Steuerbefreiung oder Steuerermäßigung begründen oder den Steueranspruch aufheben oder einschränken. Eine **Ausnahme** hiervon gilt, wenn die beweisbedürftige **Tatsache im Verantwortungsbereich eines Beteiligten** begründet liegt. So muss nicht der Stpfl. den Eintritt der Verjährung beweisen, sondern das FA muss den Beweis erbringen, dass der Bescheid gem. § 169 Abs. 1 Satz 3 Nr. 1 AO vor Ablauf der Festsetzungsverjährung abgesendet wurde (z. B. durch Absendevermerk der Poststelle, BFH vom 28.09.2000, BStBl II 2001, 211). Umgekehrt muss ein Stpfl. die Tatsache einer Entnahme in früheren Jahren nachweisen, die einer jetzt anstehenden Erfassung der stillen Reserven entgegen steht (BFH vom 20.03.1987, BStBl II 1987, 679).

Verletzt ein Stpfl. seine **Mitwirkungspflicht**, begründet dies – wie oben ausgeführt – keine Beweislast, kann aber im Rahmen der freien Beweiswürdigung zu negativen Schlüssen führen (BFH vom 15. 02. 1989 BStBl II 1989, 462). Wegen der **Beweisführung im finanzgerichtlichen Verfahren** vgl. Rz. 3255 ff.

Neben diesen allgemeinen gibt es **gesetzliche Beweislastregeln**. So sind dies in der AO z. B. die nachfolgend im Einzelnen dargelegten Vorschriften der §§ 158, 160 und 161 AO, oder § 159 AO (vgl. RZ. 1054a). Auch die Einzelsteuergesetze enthalten eine Reihe von Beweisführungslasten, vgl. z. B. § 4 Abs. 5 Nr. 2 EStG, § 7 h Abs. 2 EStG, § 9 a Satz 1 EStG, § 4 Nr. 3 Satz 3 UStG, § 6 Abs. 4 UStG, § 7 Abs. 4 Satz 1 UStG. § 162 AO dient den Finanzbehörden dazu, nach freier Beweiswürdigung und als letztes Mittel Lücken in der Erforschung des Sachverhalts durch Schätzung zu schließen.

11.1 Beweiskraft der Buchführung (§ 158 AO)

1051   Das Gegenstück zu den strengen Aufzeichnungs- und Buchführungspflichten der Stpfl. ist die **Beweiskraft,** die die AO andererseits einer ordnungsgemäßen Buchführung zubilligt (§ 158 AO). Nach dieser Vorschrift **sind der Besteuerung zugrunde zu legen** die Buchführung und die Aufzeichnungen des Stpfl., die den Vorschriften der §§ 140 bis 148 AO entsprechen. Hiervon kann nur insoweit abgewichen werden, als nach den Umständen des Einzelfalles ein Anlass besteht, die sachliche Richtigkeit der Buchführung und der Aufzeichnungen zu beanstanden. Formell ordnungsmäßig geführte Bücher haben danach die Vermutung ihrer sachlichen Richtigkeit für sich, solange keine Umstände vorliegen, die diese Vermutung erschüttern. Solche **Umstände materieller Art** sind z. B. gegeben, wenn das Buchergebnis in einem auffälligen Missverhältnis zur Wirklichkeit steht und damit der Lebenserfahrung widerspricht. Welches das »wirkliche« oder der »Lebenserfahrung entsprechende« Ergebnis ist oder sein müsste, kann sich aus dem Vergleich der einzelnen Jahresergebnisse des zu beurteilenden Betriebes selbst **(innerer Betriebsvergleich)** oder aus dem Vergleich des zu beurteilenden Ergebnisses mit den gleichjährigen Ergebnissen anderer branchengleicher Betriebe **(äußerer Betriebsvergleich)** ergeben. Das FA arbeitet hier u. a. mit sog. **Richtsätzen** (Erfahrungssätzen), die es aus den Prüfungen ihm zuverlässig erscheinender Betriebe gewonnen hat. Ein Grunderfordernis für ihre Anwendung ist, dass jeweils auch tatsächlich von vergleichbaren Unterlagen ausgegangen wurde und der in Betracht kommende Betrieb nicht schon seiner Art nach die Vergleichsmöglichkeit ausschließt. Das Unterschreiten des untersten Rohgewinnsatzes der Richtsatzsammlung rechtfertigt bei formell ordnungsmäßiger Buchführung für sich alleine noch keine Schätzung. Vielmehr müssen zusätzliche konkrete Hinweise auf die sachliche Unrichtigkeit des Buchführungsergebnisses bestehen.

Das Ergebnis einer formell ordnungsmäßigen Buchführung kann verworfen werden, soweit die Buchführung mit an Sicherheit grenzender Wahrscheinlichkeit unrichtig ist (BFH vom 09. 08. 1991 BStBl II 1992, 55). Z. B. ist dies bei ungeklärten Vermögenszuwächsen der Fall. Auch **Verstöße gegen formelle Buchführungsbestimmungen** können die Beweiskraft der Buchführung beeinträchtigen, wenn sich daraus Zweifel an ihrer sachlichen Richtigkeit ergeben. Wird die Vermutung des § 158 AO entkräftet, so führt dies nicht zu einer Verwerfung des gesamten Buchführungsergebnisses, wie sich aus der Verwendung des Wortes »insoweit« in § 158 AO ergibt. Nur die Teile der Buchführung, deren sachliche Richtigkeit zweifelhaft ist, sind dann unverwertbar; insoweit muss ggf. eine Schätzung (§ 162 AO) durchgeführt werden (**Teilschätzung**). Ist die gesamte Buchführung nicht ordnungsgemäß und deshalb nach § 158 AO nicht der Besteuerung zugrunde zu legen oder legt der Stpfl. seiner Verpflichtung zuwider keine

Bücher oder Aufzeichnungen vor, so muss mangels anderer Anhaltspunkte in vollem Umfang geschätzt werden (**Vollschätzung;** § 162 Abs. 2 Satz 2 AO).
Weiterführend vgl. zu § 162 AO, Rz. 1084 ff.

11.2 Pflicht zur Kontenwahrheit (§ 154 AO)

Konten auf einen **falschen** oder **erdichteten Namen** anzulegen ist **verboten;** das gilt auch   1052
für die Hinterlegung und Verpfändung von Wertsachen und die Bestellung von Schließfächern
auf falschen oder erdichteten Namen (vgl. § 154 Abs. 1 AO). Die Anlage sog. »**Anderkonten**«
von Rechtsanwälten und Treuhändern bedeutet keinen Verstoß gegen § 154 Abs. 1 AO, wenn
diese die Konten unter ihrem richtigen Namen führen. Das Verbot des § 154 Abs. 1 AO schützt
die **formale Kontenwahrheit,** hindert also nicht, dass der (richtig bezeichnete) Konteninhaber
für Rechnung eines anderen tätig ist. Bei Treuhandverhältnissen muss der Treuhänder als Verfügungsberechtigter oder Konteninhaber bezeichnet werden. Dem Verbot entspricht bei **Banken** oder Personen, bei denen sonst eine der vorerwähnten Handlungen vorgenommen werden
soll, die Verpflichtung, sich über die Person des Antragstellers zu vergewissern; sog. **Legitimationsprüfung** (vgl. § 154 Abs. 2 AO).

Bei **Verletzung** des Verbots dürfen Guthaben, hinterlegte oder verpfändete Wertsachen
und der Inhalt des Schließfaches nur mit Zustimmung des FA herausgegeben werden. Wer ohne
Zustimmung des FA herausgibt oder sonst verfügt, **haftet** bei Verschulden für dadurch herbeigeführte Beeinträchtigungen von Steueransprüchen und Verfallserklärungen (vgl. § 72 AO).

Die vorsätzliche oder leichtfertige Verletzung des Gebots der Kontenwahrheit durch Verwendung eines unwahren Namens ist eine **Ordnungswidrigkeit** (vgl. § 379 Abs. 2 Nr. 2 AO).
Der Verstoß gegen die Verpflichtung zur Legitimationsprüfung stellt eine Ordnungswidrigkeit
gem. § 379 Abs. 1 Satz 1 Nr. 3 AO dar.

1053 frei

11.3 Benennung der Treuhänderschaft von Gläubigern und Zahlungsempfängern (§§ 159, 160 AO)

11.3.1 Sinn der Vorschriften

§§ 159 und 160 AO begründen in vergleichbarer Weise eine **Art Gefährdungshaftung.**   1054
Wird der tatsächliche Empfänger einer steuerpflichtigen Einnahme nicht benannt, muss der
Stpfl. für den Steuerausfall eintreten.

BEISPIELE
Ein Außenprüfer stellt fest:
a) Ein bilanzierender Stpfl. hat auf seinem betrieblichen Konto 10 000 € erhalten. Der Vorgang war
steuerlich nicht erfasst. Der Stpfl. behauptet, das Geld nur als Treuhänder für einen Dritten bekommen zu haben.

b) Der Stpfl. hat zwar 10 000 € als Betriebseinnahme gebucht, jedoch den gleichen Betrag wieder als
Betriebsausgabe erfasst, weil er denselben Betrag angeblich an einen Dritten gezahlt hat.
LÖSUNG Sofern der Stpfl. den Dritten nicht benennt, werden ihm im Falle a) die 10 000 € als Betriebseinnahmen gem. § 159 AO zugerechnet, im Falle b) die Betriebsausgabe nicht anerkannt, § 160 AO.

11.3.2 Nachweis der Treuhänderschaft (§ 159 AO)

1054a   § 159 AO steht in engem Zusammenhang mit § 39 AO (siehe Rz. 600). Der Grundsatz, dass Wirtschaftsgüter dem Eigentümer zuzurechnen sind, wird durch § 39 Abs. 2 AO dahingehend durchbrochen, dass die Wirtschaftsgüter dem wirtschaftlichen Eigentümer zuzurechnen sind, z. B. bei Treuhandverhältnissen dem Treugeber. Wer formell Rechtsinhaber ist, begründet den Anschein, dass ihm das Recht oder die Sache auch zuzurechnen ist. § 159 AO schränkt nun die Möglichkeit des Stpfl. ein, durch die bloße Behauptung, ihm stünde das Recht nicht zu, sich der Besteuerung zu entziehen. Der negative Nachweis genügt nicht, vielmehr muss der Stpfl. positiv die Person des Dritten als Rechtsinhaber benennen. Die Vorschrift ist missverständlich formuliert, weil sie nur Rechte oder Sachen nennt, nicht aber Einkünfte. Nach der Rechtsprechung (BFH vom 04. 12. 1996, BStBl II 1997, 404) wirkt sich § 159 AO auch auf das Einkommen aus, soweit es ertragsteuerlich auf die Inhaberschaft an dem Recht oder auf die Sache ankommt.

11.3.3 Benennung von Gläubigern und Zahlungsempfängern (§ 160 AO)

11.3.3.1 Sinn der Vorschrift

1055   Die Benennung des Gläubigers bzw. Empfängers von Einnahmen soll sicherstellen, dass Schulden bzw. Ausgaben, die beim Stpfl. steuerlich berücksichtigt werden, beim Gläubiger bzw. Empfänger steuerlich als Einnahmen erfasst werden können (Korrespondenzprinzip). Die **Verhinderung von Steuerausfällen** im Inland ist der **alleinige Zweck** des §§ 160 AO. Dazu wird der Stpfl. vergleichbar einem Haftenden (Art Gefährdungshaftung) in Anspruch genommen, indem der Betriebsausgabenabzug etc. versagt wird. Die Anwendung von § 160 AO ist unabhängig von einem Verschulden des Stpfl. (BFH vom 10. 03. 1999 BStBl II 1999, 434).

1056   § 160 AO setzt voraus, dass Schulden oder andere Lasten, **Betriebsausgaben,** Werbungskosten oder andere Ausgaben vorliegen, die steuerlich abziehbar sind. Fehlt es bereits hieran, so kommt ein Abzug ohnehin nicht in Betracht (BFH vom 14.06.2005 BFH/NV 2005, 2161 m. w. N.). Der Stpfl. muss also nachweisen, dass z. B. Betriebsausgaben i. S. d. § 4 Abs. 4 EStG vorliegen, er also Aufwendungen gehabt hat, die betrieblich veranlasst sind. Gelingt dies dem Stpfl. nicht, obwohl offensichtlich Ausgaben angefallen sein müssen, sind die nicht feststellbaren Betriebsausgaben zu schätzen (§ 162 AO). Auf eine Schätzung kann jedoch verzichtet werden, wenn die ggf. zu schätzenden Betriebsausgaben ohnehin gem. § 160 AO nicht abziehbar sind (BFH vom 26.06.1997 BStBl II 1998, 51).

1057   Vor Prüfung des § 160 AO ist die Vorschrift **zu anderen Normen abzugrenzen.** Nach § 4 Abs. 5 Nr. 1 EStG können Aufwendungen für **Geschenke** an Personen, die nicht Arbeitnehmer des Stpfl. sind, mit Ausnahme von Bagatellfällen (bis 35 €) steuerlich nicht gewinnmindernd behandelt werden. Eine Hinzurechnung findet nur dann nicht statt, wenn der Zuwendung eine bestimmte Gegenleistung des Empfängers gegenübersteht, die in unmittelbarem zeitlichen oder wirtschaftlichen Zusammenhang mit der Zuwendung steht und damit kein Geschenk gegeben ist. § 160 AO findet nur dann Anwendung, wenn der Stpfl. den Empfänger nicht benennt.

Schmiergelder und Bestechungsgelder, die nicht mit einem bestimmten Auftrag zusammenhängen, sind Schenkungen und können schon wegen § 4 Abs. 5 Nr. 1 EStG nicht gewinnmindernd berücksichtigt werden. Sofern diesen Zuwendungen eine Gegenleistung gegenübersteht und der Empfänger bekannt ist, schließt § 4 Abs. 5 Nr. 10 EStG die Abzugsfähigkeit der Zuwendung aus (zum Verhältnis zu § 160 AO, vgl. BMF vom 10.10.2002 BStBl I 2002, 1031).

Ferner ist noch denkbar, dass ein **Scheingeschäft** (§ 41 Abs. 2 AO, siehe Rz. 610) vorliegt. Nach dem BGB sind Scheingeschäfte nichtig (§ 117 BGB). Im Steuerrecht entfalten sie keine Wirkung. Der Stpfl. muss also den Nachweis erbringen, dass die Firma, an die er leistet, tatsächlich existent ist (sonst Scheinfirma) und dass zwischen den beteiligten tatsächlich ein Leistungsaustausch stattgefunden hat (sonst Scheingeschäft). Gelingt dem Stpfl. nicht der Nachweis, dass ein Rechtsgeschäft tatsächlich gewollt war, sind die Aufwendungen nicht abzugsfähig.

Erbringt jemand im Inland eine **Bauleistung** (Leistender) an einen Leistungsempfänger i. S. d. § 48 EStG, ist der Leistungsempfänger verpflichtet, von der Gegenleistung einen Steuerabzug vorzunehmen, wenn nicht einer der Ausnahmetatbestände des § 48 Abs. 2 EStG vorliegt (**Bauabzugssteuer**). Ist der Leistungsempfänger dieser Verpflichtung nachgekommen oder hat ihm eine im Zeitpunkt der Gegenleistung gültige Freistellungsbescheinigung vorgelegen, ist § 160 AO beim Leistungsempfänger (dem für die Leistung Zahlenden) nicht anzuwenden (§ 48 Abs. 4 Nr. 1 EStG).

11.3.3.2 Lasten und Ausgaben

§ 160 AO nennt Schulden und andere Lasten, Betriebsausgaben, Werbungskosten und andere Ausgaben. **Schulden** sind Verpflichtungen zur einmaligen Leistung. **Andere Lasten** sind Verpflichtungen zu wiederkehrenden Leistungen (z. B. Renten, Nießbrauchslast). Die Schulden und dauernden Lasten müssen sich beim Stpfl. steuermindernd ausgewirkt haben. Im Bereich der Ertragsteuern ist daher zu prüfen, ob die Schuld tatsächlich den Gewinn gemindert hat. Dies dürfte nur ausnahmsweise der Fall sein. **1058**

Was eine **Betriebsausgabe** ist, ergibt sich aus § 4 Abs. 4 EStG. Zu den Betriebsausgaben gehören auch die Aufwendungen, die, weil sie der Anschaffung eines Wirtschaftsgutes dienen, nicht sofort abgeschrieben werden dürfen, sondern aktiviert werden müssen (vgl. Tipke/Kruse § 160 Rz. 9). Demnach ist § 160 AO auch anwendbar, wenn ein inländischer Stpfl. von einem unbekannten Dritten (z. B. einer Domizilgesellschaft) ein aktivierungspflichtiges Wirtschaftsgut erwirbt. § 160 AO kann dann nur soweit angewandt werden, wie sich die Ausgabe steuermindernd ausgewirkt hat (BFH vom 16.03.1988 BStBl II 1988, 759). Damit können die AfA nicht zum Abzug zugelassen werden. **1059**

Der Begriff **Werbungskosten** ergibt sich aus dem § 9 EStG. **Andere Ausgaben** sind alle Aufwendungen, die steuermindernd geltend gemacht werden können, wie z. B. Sonderausgaben und außergewöhnliche Belastungen. **1060–1062 frei**

11.3.3.3 Das Benennungsverlangen

Ein Benennungsverlangen ist grundsätzlich dann gerechtfertigt, wenn die Vermutung naheliegt, dass der Zahlungsempfänger den Bezug zu Unrecht nicht versteuert hat. Liegen Anhaltspunkte für straf- oder bußgeldbewehrte Bestechungshandlungen vor, so ist die Benennung des Empfängers stets zu verlangen (AEAO zu § 160 Nr. 1). Das FA entscheidet nach pflichtgemäßem Ermessen (§ 5 AO), ob ein Benennungsverlangen an den Stpfl. geboten ist (**Ermessensentscheidung erster Stufe**). Hierbei sind vor allem folgende Gesichtspunkte zu berücksichtigen: **1063**

Es muss der **Verdacht** bestehen, dass der Empfänger der Leistung diese nicht der Besteuerung unterworfen hat und dadurch ein **Steuerausfall** eingetreten ist. Werden Personen zwischengeschaltet, die die vereinbarten Leistungen nicht selbst erbringen können, so sind nicht die Mittelsmänner Empfänger, sondern die Personen, an die die Gelder letztlich gelangt sind **1064**

(BFH vom 24.06.1997 BStBl II 1998, 51). Auch die Auszahlung hoher Beträge in bar reicht für ein Benennungsverlangen aus, wenn der Empfänger nicht benannt werden kann (BFH vom 30.11.2004 BFH/NV 2005, 1209). Besteht jedoch kein Anlass an der ordnungsgemäßen Besteuerung der Einnahmen beim Empfänger zu zweifeln, wäre das Benennungsverlangen rechtswidrig (zu Auslandssachverhalten siehe unten). Die bloße Möglichkeit einer nicht ordnungsgemäßen Besteuerung reicht jedoch für das Benennungsverlangen aus (vgl. BFH vom 25.02.2004 BFH/NV 2004, 919).

1065   Weiterhin muss das **Verlangen notwendig** sein. Ist der Empfänger dem FA bereits bekannt, wäre das Verlangen nicht notwendig; ebenso wäre es ermessensfehlerhaft, wenn das FA sich den Namen des Empfängers leicht und sicher beschaffen kann, während dies für den Stpfl. ausgesprochen schwierig wäre (z.B. denkbar bei Treuhandverhältnissen).

1066   Das **Verlangen** muss für den Stpfl. **erfüllbar** sein. Unmögliches kann man nicht verlangen. Häufig wird der Stpfl. das Verlangen nicht erfüllen können (z.B. wer hinter einer Domizilgesellschaft steht). Hier ist allerdings zu berücksichtigen, dass der Stpfl. nach der Rechtsprechung die Unkenntnis in der Regel zu vertreten hat. Es kann von ihm verlangt werden, dass er sich vorher genau erkundigt, wer der tatsächliche Empfänger der Zahlung ist, sobald sich der Verdacht der Steuerverkürzung aufdrängt. Dies gilt insbesondere bei ungewöhnlichen Geschäften und Barzahlungen. Der Stpfl. muss sich also von vornherein auf ein künftiges Benennungsverlangen einrichten **(Beweisvorsorge),** denn es kann bei der Erfüllbarkeit des Benennungsverlangens nur auf den Zeitpunkt der entsprechenden Zahlung abgestellt werden. Selbst bei einer Vielzahl von Geschäftsvorfällen unter ungewöhnlichen Marktbedingungen (z.B. Schrotthändler) können vom Stpfl. Identitätprüfungen verlangt werden, zumal, wenn er ohnehin zur Aufzeichnung des Wareneingangs nach § 143 AO verpflichtet ist (BFH vom 10.03.1999 BStBl II 1999, 434). Allerdings steht dann das Benennungsverlangen in besonderem Maße unter dem Gesichtspunkt der Verhältnismäßigkeit (wirtschaftliche Existenzgefährdung des Stpfl. gegen geringfügige Steuernachholung beim Empfänger). Sofern der Stpfl. selbst Opfer einer nicht durchschaubaren Täuschung geworden ist, muss der Stpfl. der Benennungspflicht wenigstens soweit nachkommen, wie es möglich ist (BFH vom 25.11.1987 BStBl II 1987, 288).

1067   Schließlich darf das Verlangen für den Stpfl. **nicht unzumutbar** (unverhältnismäßig) sein. Diese Frage ist häufig streitig. Die Rechtsprechung geht zumeist von der Zumutbarkeit aus, denn ein ordnungsgemäßer Geschäftsverkehr erfordert, sich über die Identität seines Geschäftspartners zu vergewissern (BFH vom 31.10.2002 BFH/NV 2003, 291; vom 20.04.2005 HFR 2005, 932). Die Tatsache, dass die Empfänger strafrechtliche oder zivilrechtliche Nachteile befürchten müssen, Geschäftsbeziehungen gefährdet sind, vertragliche Verschwiegenheitspflichten verletzt werden, oder der Stpfl. einen Verstoß gegen Gesetze offenbaren muss, hindert in der Regel nicht die Zumutbarkeit. Schließlich wird sowohl der Stpfl. als auch der Empfänger durch das Steuergeheimnis (§ 30 AO) geschützt, soweit es um persönliche Verhältnisse geht. Allerdings kann im Einzelfall das Benennungsverlangen unzumutbar sein, wenn die steuerliche Auswirkung gering, die persönlichen Nachteile für einen der Beteiligten jedoch gravierend sind.

1068   In § 160 Abs. 2 AO wird auf § 102 AO verwiesen. Die in § 102 Abs. 1 Nr. 1–3 AO genannten **Berufsträger** sind berechtigt, die **Auskunft** zu einem gegen sie gerichtetes Benennungsverlangen zu **verweigern**. In diesem Fall darf das Finanzamt den Abzug der Schulden bzw. Ausgaben nicht unter Hinweis auf § 160 Abs. 1 AO versagen. Ansonsten würde § 160 Abs. 2 AO keinen Sinn machen (Tipke/Kruse, § 160 Rz. 27). Anders sieht es bei Journalisten, Presseunternehmen und Radioanstalten aus. Hier sieht § 102 Abs. 1 Nr. 4 2. HS AO eine (Rück-)Ausnahme vor. Dieser Personenkreis hat Gläubiger oder Empfänger zu benennen. Gleiches gilt, wenn der Stpfl. bei

Erfüllung des Benennungsverlangen der Gefahr einer Strafverfolgung ausgesetzt wäre und er daher von dem ihm gem. § 103 AO zustehenden Auskunftsverweigerungsrecht macht. Gerade dann ist es verständlich, wenn der Stpfl. die Rechtsfolgen des § 160 Abs. 1 AO hinzunehmen hat. Ansonsten wäre ein solcher Stpfl. gegenüber einem ehrlichen privilegiert.

Der Empfänger ist so **genau zu benennen,** dass das FA oder das Finanzgericht die ord- **1069** nungsgemäße Besteuerung ohne besondere Schwierigkeiten (BFH vom 15.03.1995 BStBl II 1996, 51) sicherstellen kann. Hierzu gehören die Angaben des vollen Namens (der Firma) und der Adresse sowie Datum und Höhe der Zahlung und Gegenstand der Geschäftsbeziehungen.

Das Benennungsverlangen ist nach h. M. **kein Verwaltungsakt,** sondern eine Vorberei- **1070** tungshandlung zur Steuerfestsetzung (BFH vom 20.04.1988 BStBl II 1986, 927). Der Stpfl. kann also das Benennungsverlangen selbst nicht angreifen, sondern muss die Steuerfestsetzung anfechten und dabei vortragen, die Kürzung der Betriebsausgaben wegen § 160 AO sei rechtswidrig. Aus der Tatsache, dass das Benennungsverlangen kein Verwaltungsakt ist, folgt aber auch, dass es nicht erzwingbar ist.

1071 frei

11.3.3.4 Folgerungen aus der Nichtbenennung

11.3.3.4.1 Versagung dem Grunde nach

Wird der Empfänger nicht benannt, hat das FA in der Regel die Ausgaben nicht zu berück- **1072** sichtigen. Das Wort »regelmäßig« (vgl. Gesetzestext) bedeutet, dass das FA wiederum **(Ermessensentscheidung zweiter Stufe)** nach pflichtgemäßem Ermessen zu entscheiden hat, ob und inwieweit die Ausgaben, bei denen der Empfänger nicht genau bezeichnet ist, zum Abzug zugelassen werden. Ausnahmsweise wird das FA wohl dann keine Kürzung vornehmen, wenn sich nunmehr herausstellt, dass das Benennungsverlangen nicht vollständig erfüllt werden konnte (z. B. die Anschrift war nicht nachvollziehbar), der Stpfl. selbst Opfer einer für ihn nicht durchschaubaren Täuschung wurde (BFH vom 04.04.1996 BFH/NV 1996, 801) oder das FA auf andere Art und Weise den Empfänger ermittelt hat.

11.3.3.4.2 Versagung der Höhe nach

Da nach dem Zweck des § 160 AO beim Stpfl. erfasst werden soll, was beim Empfänger **1073** verloren geht, dürfen die **Betriebsausgaben nur insoweit gekürzt werden,** wie sie dem Steuerausfall entsprechen (BFH vom 09.08.1989 BStBl II 1989, 995). Der Steuerausfall beim Zahlungsempfänger ist überschlägig zu berechnen. Dabei ist nicht zwingend davon auszugehen, dass sie die Erträge im Spitzensteuersatz besteuern müssen und gewerbesteuerpflichtig sind. Der Steuersatz der Empfänger ist daher überschlägig zu schätzen, Ungewissheiten gehen dabei zu Lasten des Stpfl. (vgl. hierzu BFH vom 04.04.1996 BFH/NV 1996, 801; bei Schwarzarbeitern kann beispielsweise von einer hohen Progressionsstufe ausgegangen werden).

BEISPIEL

Ein Einzelunternehmer zahlt eine Vermittlungsprovision in Höhe von 10 000 €, die er als Betriebsausgaben geltend macht. Sein (Grenz-)Steuersatz beträgt 40 %. Der Steuersatz des (nicht benannten) Empfängers der Zahlungen ist zutreffend mit 25 % zu schätzen.

LÖSUNG Der Betriebsausgabenabzug des Einzelunternehmers ist in Höhe des vermuteten Steuerausfalls zu kürzen. Dieser beträgt 25 % von 10 000 €, mithin 2 500 €. Um diesen (vermuteten) Steuerausfall zu kompensieren, sind Betriebsausgaben in Höhe von 6 250 € nicht zum Abzug zuzulassen (6 250 € x 40 % = 2 500 €).

1074   Soweit dem **Empfänger unbezweifelbar Betriebsausgaben** (oder andere steuerlich abziehbare Aufwendungen) entstanden sind, (z. B. Lieferung von materiellen WG; Dienstleistungen, Werklieferungen) hat das FA diese zu berücksichtigen, denn der Steuerausfall beim Empfänger mindert sich um diese Beträge. Sind die Betriebsausgaben der Höhe nach nicht zu ermitteln, muss das FA schätzen.

1075   Ein Steuerausfall beim Empfänger besteht nicht mehr, wenn dessen Steuerschuld **verjährt** ist; § 160 AO kann also insoweit nicht mehr angewandt werden (z. B. bei Provisionszahlungen über viele Jahre, BFH vom 25. 11. 1987 BStBl II 1987, 288). Ermessensfehlerfrei kann jedoch von einer Festsetzungsfrist von zehn Jahren wegen Steuerhinterziehung ausgegangen werden.

1076   Es ist fraglich, ob die Kürzung der Betriebsausgaben auch die **Gewerbesteuer** berührt, wenn der mutmaßliche Empfänger (z. B. ein Arzt) offensichtlich nicht gewerbesteuerpflichtig ist. Nach dem Zweck des § 160 AO müsste die Gewerbesteuer von der Kürzung unberührt bleiben, denn es sind keine Gewerbesteuerausfälle beim Empfänger zu befürchten. Trotzdem hat der BFH im Urteil vom 15. 03. 1995 BStBl II 1996, 51 entschieden, dass wegen § 7 GewStG die Gewinnerhöhung auch auf die Gewerbesteuer übergreift.

> **BEISPIEL**
>
> Eine GmbH zahlte an einen in einem Krankenhaus ehemals angestellten Arzt ein Honorar von 10 000 € für die klinische Prüfung von Arzneimitteln. Die GmbH kann dem Außenprüfer nur die ehemalige Klinikadresse, nicht jedoch die Privatadresse des Arztes mitteilen.
>
> **LÖSUNG** Der Tatbestand des § 160 AO ist erfüllt. Die GmbH hat Betriebsausgaben, die Einnahme ist beim Arzt zu versteuern. Ein Benennungsverlangen (Ermessen erster Stufe) ist rechtmäßig, da der Verdacht der Steuerverkürzung beim Arzt besteht, ohne Privatadresse eine Besteuerung nicht möglich ist (das Krankenhaus kannte die Adresse nicht), Beweisvorsorge hätte getroffen werden können und das Verlangen nicht unzumutbar ist. Weil die GmbH die Privatanschrift nicht nennt, sind die Betriebsausgaben zu kürzen und zwar in Höhe von 10 000 € (Ermessen zweiter Stufe), denn bei einem Arzt kann vom höchsten Steuersatz ausgegangen werden. Nach dem o. g. Urteil des BFH vom 15. 03. 1995 BStBl II 1996, 51 erfasst die Kürzung auch den Betriebsausgabenabzug bei der Ermittlung des Gewerbeertrags für Zwecke der Gewerbesteuer.

1077   Auch die verausgabte **Umsatzsteuer** kann eine Betriebsausgabe sein, die über § 160 AO gewinnerhöhend zu erfassen ist. Der Stpfl. wird häufig die Vorsteuer nicht geltend machen können, weil er Probleme haben wird, die Voraussetzungen des § 15 UStG nachzuweisen; die verausgabte Umsatzsteuer wirkt sich daher nicht steuerneutral, sondern gewinnmindernd aus. Da wahrscheinlich ist, dass der Empfänger die Umsatzsteuer nicht abführt, wirkt sich die Zahlung bei ihm gewinnerhöhend aus. Aus diesem Grunde entspricht es dem Zweck des § 160 AO, auch die Umsatzsteuer zu erfassen (zum Vorsteuerabzug aus der Rechnung einer Domizilgesellschaft, vgl. BFH vom 16. 01. 2003 BFH/NV 2003, 948).

1078 frei

11.3.3.5   Zahlungen an Steuerausländer

1079   § 160 AO **schützt nur deutsche Steuerinteressen.** Steht also mit hinreichender Sicherheit fest, dass die Zahlung aufgrund eines üblichen Handelsgeschäfts an einen Empfänger gelangt ist, der in Deutschland weder unbeschränkt noch beschränkt steuerpflichtig ist, ist § 160 AO nicht anwendbar (vgl. AEAO zu § 160 Nr. 4).

1080   Der Stpfl. muss also **nachweisen,** dass der Geldbetrag in das **Ausland abgeflossen** ist und der Empfänger nicht der deutschen Steuerpflicht unterliegt. Dazu hat er den Empfänger soweit zu bezeichnen, dass der Grund der Zahlung und der ausländische Wohnsitz des Empfängers zur Überzeugung des FA feststehen.

Wegen der erhöhten Mitwirkungspflicht bei Auslandssachverhalten gem. § 90 Abs. 2 AO (siehe Rz. 1010) ist der Stpfl. in einer schlechten Beweissituation. Verletzt er seine diesbezüglichen Pflichten und ist der Sachverhalt nicht anderweitig aufklärbar, so kann das FA zum Nachteil des Stpfl. von einem Sachverhalt ausgehen, für den eine gewisse Wahrscheinlichkeit spricht. Die Empfängerbenennung ist nach § 160 AO nur dann verzichtbar, wenn feststeht, dass die hinter der Gesellschaft stehenden Personen nicht der deutschen Besteuerung unterliegen. Letztendlich wird vom Stpfl. verlangt, dass er **Beweisvorsorge** trifft.

11.3.3.6 Zahlungen an Domizilgesellschaften (sog. Briefkastenfirmen)

Der Begriff Domizilgesellschaft ist gesetzlich nicht definiert. Es handelt sich zwar i. d. R. **1081** um eine rechtlich existente Gesellschaft, da sie in das Handelsregister des jeweiligen Staates eingetragen ist. Sie entfaltet jedoch im Sitzstaat **keine eigenen geschäftlichen** oder kommerziellen **Tätigkeiten** (dazu ist sie häufig auch nicht befugt), sondern wird vorwiegend im Ausland tätig. Weitere Indizien sind, dass die Gesellschaft über keine eigenen Geschäftsräume und eigenes Personal verfügt, sondern bei einem Verwaltungsratsmitglied (oder Treuhänder) domiziliert, der gleichzeitig eine Vielzahl weiterer Geschäfte betreut, die alle unter gleicher Anschrift und Fernsprechnummer auftreten. Selbst wenn eigene Geschäftsräume und eigenes Personal vorhanden ist, ist von einer Domizilgesellschaft auszugehen, wenn der Verdacht nahe liegt, dass die Gesellschaft selbst nicht in nennenswertem Umfang wirtschaftlich tätig ist.

Domizilgesellschaften befinden sich vorwiegend in Staaten, die (zumindest diesbezüglich) als sog. **Steueroasen** gelten, u. a., weil sie keine oder nur unzureichende Auskünfte gegenüber den deutschen Finanzbehörden erteilen. Häufig unterliegen die Domizilgesellschaften keiner oder nur einer sehr geringen Besteuerung (vornehmlich bei Steueroasenländern); teilweise dürfen sie in ihrem Sitzstaat selbst keine wirtschaftliche Betätigung ausüben (sog. Offshore-Gesellschaften). Erkenntnisse über Domizilgesellschaften sammelt die Informationszentrale Ausland beim Bundeszentralamt für Steuern (kurz: **IZA**).

Eine Domizilgesellschaft ist nicht der tatsächliche Gläubiger oder Empfänger. Diese **1082** Gesellschaften haben nämlich die Aufgabe, den wahren Empfänger abzuschirmen. Es genügt nicht, die Namen der Verwaltungsratsmitglieder zu benennen, denn diese sind keine hinter der Gesellschaft stehenden Personen und daher nicht wirtschaftliche Empfänger der Provisionszahlungen. Aber auch die Nennung eines Beteiligten genügt nicht, wenn dieser Steuerausländer und dafür bekannt ist (IZA-Auskunft), für mehrere Domizilgesellschaften tätig zu sein. Hier drängt sich die Vermutung auf, dass er nur treuhänderisch tätig ist (BFH vom 01.04.2003 DStR 2003, 1340). Ist offensichtlich, dass die Domizilgesellschaft die Leistung (z. B. Bauleistung) mangels Personal nicht selbst erbringen konnte, reicht auch die Benennung der Gesellschafter nicht aus. Hier ist derjenige zu benennen, der für die Domizilgesellschaft die Leistung erbracht hat (Auftragnehmer) und an den die Zahlungen endgültig fließen (BFH vom 12.08.1999 BFH/NV 2000, 299). Eine entsprechende Beweisvorsorge ist für den Stpfl. zumutbar, wenn er erkennen konnte (z. B. Liechtensteiner Gesellschaft), dass er mit einer Domizilgesellschaft in Geschäftsbeziehungen steht (BFH vom 16.01.2003, BFH/NV 2003, 738); dagegen muss er sich einer solchen Gefahr nicht bewusst sein, wenn er ein Unternehmen aus einem Mitgliedstaat der EU einschaltet (BFH vom 17.10.2001, BFH/NV 2002, 609).

BEISPIELE

a) Eine GmbH benötigt dringend einen Bankkredit. Sie erhält diesen i. H. v. 1 Mio. € zu 10 % Zinsen (angemessen, da keine Sicherheit) von einer Bank mit Sitz auf den Bahamas. Die Bank ist laut IZA eine Briefkastenfirma.

Das FA will die Verbindlichkeit in der Bilanz i. H. v. 1 Mio. € und die gezahlten Zinsen (100 000 € pro Jahr) nicht anerkennen.

LÖSUNG Hinsichtlich der Verbindlichkeit ist der Tatbestand des § 160 AO nicht erfüllt. Die Darlehenshingabe hat sich bei der GmbH gewinnneutral vollzogen (Bank an Verbindlichkeit). Außerdem war der Vorgang bei der Domizilgesellschaft ebenfalls neutral (Forderung an Bank), also ist kein Steuerausfall eingetreten. § 160 AO greift jedoch hinsichtlich der gezahlten Zinsen. Alleine die Möglichkeit, dass hinter der Bank inländische Steuerinteressen stehen (inländische Geldgeber), reicht für die Anwendung von § 160 AO aus.

b) Ein Bauunternehmer zahlt an eine Liechtensteiner Domizilgesellschaft 1 Mio. € für Bauleistungen. Die Gesellschaft verfügt über einen Angestellten und einen Büroraum in Liechtenstein.

LÖSUNG § 160 AO ist vom Grunde her anwendbar. Die Liechtensteiner Gesellschaft konnte die Bauleistung nicht erbringen. Sie musste sich Subunternehmer bedienen. Das Benennungsverlangen ist also erst erfüllt, wenn der tatsächliche und endgültige Empfänger des Geldes (Subunternehmerfirma) benannt wird. Jedoch hatte der Subunternehmer ebenfalls Betriebsausgaben (z. B. Arbeitslohn und Baumaterial), so dass sein Gewinn nicht 1 Mio. € betrug. Der mutmaßliche Steuerausfall ist also zu schätzen. Da die Arbeitnehmer möglicherweise den Lohn nicht versteuert haben, dürfen nur die Ausgaben des Subunternehmers seinen Einnahmen gegengerechnet werden, die unzweifelhaft keine Besteuerung auslösen können; z. B. der tatsächliche Wert der Baumaterialien.

11.4 Fehlmengen bei Bestandsaufnahmen (§ 161 AO)

1083 Ergeben sich bei einer vorgeschriebenen oder amtlich durchzuführenden Bestandsaufnahme (z. B. § 240 HGB) Fehlmengen an **verbrauchsteuerpflichtigen Waren**, so besteht nach § 161 Satz 1 AO eine gesetzliche Vermutung dafür, dass die auf die Fehlmengen entfallende Steuer entstanden bzw. eine nur bedingt entstandene Verbrauchsteuer (§ 50 AO) unbedingt geworden ist. Der Stpfl. kann diese Vermutung entkräften. So können Fehlmengen eintreten durch Schwund oder Verderb. In diesen Fällen reicht die Glaubhaftmachung durch den Stpfl. aus. Eine erhöhte Nachweispflicht ist nicht an ihn zu stellen.

11.5 Schätzung von Besteuerungsgrundlagen (§ 162 AO)

1084 ### 11.5.1 Allgemeines

Im Rahmen der Beweiswürdigung ist die Schätzung der Besteuerungsgrundlagen (§§ 199 Abs. 1, 157 Abs. 2 AO) für die Finanzbehörde die letzte Handhabe zur Erfüllung der ihr im Steuerermittlungsverfahren nach den §§ 85 ff. AO obliegenden Aufgaben. Grundsätzlich hat das FA alle Umstände und Verhältnisse festzustellen, die eine Steuerpflicht begründen, und zwar dem Grunde und der Höhe nach. Erweist sich dieses Ziel als ganz oder teilweise unerreichbar, sind die **Besteuerungsgrundlagen** (nicht die Steuer!) unter Beachtung aller Umstände des Einzelfalles zwingend zu **schätzen**. Für die Finanzbehörde besteht eine **Pflicht zur Schätzung** – § 162 Abs. 2 Satz 1 AO »hat zu schätzen«. Besteuerungsgrundlagen sind auch dann zu schätzen, wenn gegen den Steuerpflichtigen ein Strafverfahren wegen einer Steuerstraftat eingeleitet worden ist (BFH vom 19. 09. 2001 BStBl II 2002, 4).

Nach den Grundsätzen der **Gewährung des rechtlichen Gehörs** (§ 91 AO) sollte die Finanzbehörde dem Stpfl. die Grundlagen für die Schätzung und ihr Ergebnis vor Erlass des Bescheides zur Stellungnahme bekannt geben. Dabei sollte sie auch die Schätzungsmethode angeben.

Ziel der Schätzung ist, die Besteuerungsgrundlagen möglichst zutreffend zu »finden« oder sie so festzustellen, dass das Ergebnis »**die größte Wahrscheinlichkeit der Richtigkeit**« für sich hat. Es ist von dem Sachverhalt auszugehen, der der Wirklichkeit am nächsten kommt. Die Schätzung soll in sich schlüssig sein, ihre Ergebnisse sollen wirtschaftlich vernünftig und möglich sein. Bei der Schätzung sind alle Umstände zu berücksichtigen, die für die Schätzung von Bedeutung sind (§ 162 Abs. 1 Satz 2 AO). Die vorhandenen Unterlagen sind zu berücksichtigen, soweit gegen ihre Beweiskraft keine Bedenken bestehen. Eine Verwerfung der gesamten Buchführung setzt voraus, dass sie in allen Teilen kein Vertrauen verdient. Nach Möglichkeit sind aber auch aus einer **verworfenen Buchführung** Erkenntnisse für eine Schätzung zu ziehen, so dass die Totalschätzung nur ausnahmsweise Anwendung findet, wenn aus der Buchführung nicht Anhaltspunkte für eine Teilschätzung gewonnen werden können. Dann führt die Schätzung des Gewinns nach Rohgewinnsätzen abzüglich der sonstigen ggf. geschätzten Betriebsausgaben zu einem genaueren Ergebnis als eine Schätzung nach Reingewinnsätzen.

Reicht die Buchführung des Stpfl. für eine zutreffende Gewinnermittlung nicht aus, kann das FA bei der Gewinnschätzung auf die amtlichen Richtsätze (**Richtsatzsammlung**) zurückgreifen. Nach der Rechtsprechung des BFH sind sie ein anerkanntes Hilfsmittel zur Verprobung (Überprüfung) und Schätzung der Umsätze und Gewinne. **Unsicherheiten** bei der Richtsatzschätzung muss der Stpfl. hinnehmen, da er den Anlass zur Schätzung gegeben hat.

Eine Schätzung ist nicht schon deswegen rechtswidrig, weil sie von den tatsächlichen Verhältnissen abweicht; solche Abweichungen sind notwendig mit einer Schätzung verbunden, die in Unkenntnis der wahren Gegebenheiten erfolgt. Die Schätzung erweist sich vielmehr erst dann als rechtswidrig, wenn sie den durch die Umstände des Falles gezogenen **Schätzungsrahmen** verlässt. Wird die Schätzung erforderlich, weil der Stpfl. seiner Steuererklärungspflicht nicht genügt (vgl. Rz. 1085), kann die Unsicherheit, die ihr anhaftet, nicht zu Lasten der Finanzverwaltung gehen, weil der Stpfl. durch seine Säumigkeit den Anlass für die Schätzung gegeben hat (BFH vom 18. 12. 1984 BStBl II 1986, 226). Daher ist es zulässig, wenn sich die Finanzbehörden bei **steuererhöhenden Besteuerungsgrundlagen** an der **oberen Grenze**, bei **steuermindernden Besteuerungsgrundlagen** an der **unteren Grenze** des in Betracht kommenden Schätzungsrahmens orientieren. Verlässt eine überzogene Schätzung diesen Rahmen, hat dies die Rechtswidrigkeit der Schätzung, nicht aber bereits ihre Nichtigkeit zur Folge. **Nichtigkeit ist selbst bei groben Schätzungsfehlern nicht anzunehmen**, die auf einer Verkennung der tatsächlichen Gegebenheiten oder der wirtschaftlichen Zusammenhänge beruhen. Ein besonders schwerer Fehler i. S. d. § 125 Abs. 1 AO und damit Nichtigkeit der die Schätzung beinhaltenden Festsetzung liegt erst dann vor, wenn sich das FA nicht an den wahrscheinlichen Besteuerungsgrundlagen orientiert, sondern bewusst und willkürlich zum Nachteil des Stpfl. geschätzt hat (BFH vom 20. 12. 2000 BStBl II 2001, 381 m. w. N.). Willkürlich und damit nichtig ist ein Schätzungsbescheid nicht nur bei subjektiver Willkür des handelnden Bediensteten, sondern auch dann, wenn das Schätzungsergebnis trotz der vorhandenen Möglichkeiten, den Sachverhalt aufzuklären, krass von den tatsächlichen Gegebenheiten abweicht und in keiner Weise erkennbar ist, dass überhaupt und ggf. welche Schätzungserwägungen angestellt wurden, wenn somit ein »objektiv willkürlicher Hoheitsakt« vorliegt (BFH vom 15. 05. 2002 BFH/NV 2002, 1415).

11.5.2 Einzelne Schätzungsgründe

Einzelne Schätzungsgründe sind in § 162 Abs. 2, 3 und 5 AO **beispielhaft** aufgezählt. Dies sind:

- Unzureichende Sachaufklärung oder Verweigerung weiterer Auskunft oder der Abgabe einer eidesstattlichen Versicherung,
- Verletzung der Mitwirkungspflicht nach § 90 Abs. 2 AO,
- Bücher oder Aufzeichnungen werden nicht vorgelegt,
- Buchführung oder Aufzeichnungen werden nach § 158 AO nicht zugrunde gelegt,
- Anhaltspunkte für die Unrichtigkeit oder Unvollständigkeit der Einnahmen oder Betriebsvermögensmehrungen bestehen und der Stpfl. die Zustimmung zu einem Kontenabruf (siehe Rz. 1017) verweigert,
- wenn der Stpfl. die Abgabe einer Versicherung an Eides Statt im Zusammenhang mit Geschäftsbeziehungen in Steueroasen verweigert (siehe Rz. 1010),
- Verletzung der Mitwirkungs- und Aufzeichnungspflichten nach § 90 Abs. 3 AO.

11.5.2.1 Unzureichende Sachaufklärung oder Verweigerung weiterer Auskunft oder der Abgabe einer eidesstattlichen Versicherung

1085 Sind Angaben des Stpfl. **unvollständig** oder **nicht plausibel**, ist das FA zur Aufklärung des Sachverhalts gem. § 88 AO und umgekehrt der Stpfl. zur Mitwirkung nach den §§ 93 ff. AO verpflichtet. **Verletzt** der Stpfl. seine **Mitwirkungspflicht**, indem er nach Auskunftsbegehren des FA nach § 93 Abs. 1 Satz 1 AO über von ihm gemachte Angaben keine ausreichende die Sache erhellende Aufklärung gibt oder weitere Auskünfte verweigert, hat das FA die Besteuerungsgrundlagen zu schätzen. Gleiches gilt, wenn der Stpfl. eine von der Finanzbehörde als letztes Mittel zur Sachverhaltsaufklärung (vgl. § 95 Abs. 1 Satz 2 AO) geforderte **Versicherung an Eides statt** gem. § 95 AO **verweigert**.

Auch durch Nichtabgabe einer Steuererklärung verweigert der Stpfl. seine Mitwirkung. Die Finanzbehörde hat dann die Besteuerungsgrundlagen ganz oder zum Teil zu schätzen, soweit sie den Sachverhalt nicht selbst ermitteln oder berechnen kann (vgl. Voraussetzungen in § 162 Abs. 1 AO). Allerdings braucht das FA keine umständlichen und zeitraubenden Ermittlungen anzustellen. Die Verpflichtung des FA zur Aufklärung des Sachverhalts ist umso geringer, je weniger der Steuerpflichtige seiner Mitwirkungspflicht nachkommt (BFH vom 20. 05. 1969 BStBl II 1969, 550). Auch nach Schätzung ist der Stpfl. zur Abgabe der Steuererklärung verpflichtet, vgl. § 149 Abs. 1 Satz 4 AO. Gleichwohl ist für diesen Fall das Zwangsgeldverfahren nach den §§ 328 ff. AO vorgesehen und sind Strafschätzungen verboten. Zwangsgeldverfahren und Schätzung schließen sich gegenseitig nicht aus.

Werden die Besteuerungsgrundlagen wegen Nichtabgabe der Steuererklärung geschätzt, ist die Steuer unter dem **Vorbehalt der Nachprüfung** (Rz. 1497 ff.) festzusetzen, wenn der Fall für eine spätere Überprüfung offen gehalten werden soll, z. B. wegen einer auch den Schätzungszeitraum umfassenden Betriebsprüfung oder einer nach Erlass des Schätzungsbescheids zu erwartenden Steuererklärung. Die Vorbehaltsfestsetzung ist – wenn kein Einspruch gegen den Schätzungsbescheid eingelegt wurde – bei der Veranlagung der Folgejahr zu prüfen und der Vorbehalt grundsätzlich aufzuheben (AEAO zu § 162 Nr. 4).

Wird während der Rechtsbehelfsfrist die **Steuererklärung abgegeben**, ist dies im Zweifel als Einspruch und nicht als Antrag auf schlichte Änderung nach § 172 Abs. 1 Satz 1 Nr. 2 Buchst. a AO anzusehen (BFH vom 27. 02. 2003 BStBl II 2003, 505 und Rz. 2476). Wird die Steuererklärung nach (formeller) Bestandskraft abgegeben und steht der Schätzungsbescheid unter dem Vorbehalt der Nachprüfung nach § 164 Abs. 1 AO, kann der Bescheid nach § 164 Abs. 2 AO geändert werden; ist dies nicht der Fall vgl. Rz. 2077 ff.

Auch in Teilbereichen einer Steuerfestsetzung kann geschätzt werden.

BEISPIEL

Da Bedenken gegen die Richtigkeit der geltend gemachten Sonderausgaben bestehen, fordert das FA den Stpfl. auf, diese nachzuweisen oder glaubhaft zu machen.

Trotz mehrmaliger Aufforderungen weigert sich der Stpfl., einen Nachweis zu führen. Er ist der Auffassung, dass die von ihm eingereichte Steuererklärung ausreichen müsse für die Richtigkeit seiner Angaben.

LÖSUNG Die geltend gemachten Sonderausgaben sind nicht anzuerkennen. Der Stpfl. hat in grobem Maße seine Mitwirkungspflicht (§ 90 AO) verletzt. Das FA hat trotzdem Sonderausgaben im Wege der Schätzung anzusetzen, die nach den Umständen des Einzelfalles als wahrscheinlich zutreffend angenommen werden können, z. B. bei einem Arbeitnehmer Sozialversicherungsbeiträge und Kirchensteuer in Höhe der einbehaltenen Lohnkirchensteuer.

Steuerabzugsbeträge sind keine Besteuerungsgrundlagen, weil ihre Anrechnung nicht Teil des Steuerfestsetzungs- sondern des Steuererhebungsverfahrens ist. Die Anrechnung erfolgt durch gesonderte Verwaltungsakte, die technisch mit der Steuerfestsetzung verbunden sind (BFH vom 16. 10. 1986 BStBl II 1987, 405). Gleichwohl besteht bei der Schätzung der Einkünfte aus nichtselbstständiger Arbeit aus Gründen des Willkür- und Übermaßverbots in verfassungskonformer Auslegung des § 88 Abs. 2 AO eine grundsätzliche Verpflichtung, im Regelfall **Lohnsteuerabzugsbeträge** selbst dann anzurechnen, wenn die Einbehaltung nicht durch elektronische Übermittlung des Arbeitgebers an die Finanzbehörde nachgewiesen würde. **1086**

Wurden die Lohnsteuer-Abzugsbeträge nicht oder unrichtig angesetzt, können diese zugunsten des Stpfl. nach § 130 Abs. 1 AO und zuungunsten nach § 130 Abs. 2 Nr. 4 AO geändert werden. Die anzurechnende Lohnsteuer muss mit der Höhe der Einkünfte aus nichtselbstständiger Arbeit korrespondieren (BFH vom 10. 01. 1995 BFH/NV 1995, 779). Daraus ergeben sich für nachträgliche Korrekturen etwa nach Vorlage der Steuererklärung folgende Konstellationen:

Arbeitslohn	angerechnete Lohnsteuer		Änderung der Einkünfte	Änderung der Anrechnung
zu niedrig	zu wenig	----→	Erhöhung nach § 173 Abs. 1 Nr. 1 AO	Erhöhung nach § 130 Abs. 1 AO
zu hoch	zu viel	----→	keine Änderung nach § 173 Abs. 1 Nr. 2 AO wegen groben Verschuldens	keine Kürzung, weil ansonsten richtige Relation zu versteuerten Einkünften verloren ginge (BFH vom 10. 01. 1995 BFH/NV 1995, 779 und vom 19. 12. 2000 BStBl II 2001, 353)
zu niedrig	zu viel	----→	Erhöhung nach § 173 Abs. 1 Nr. 1 AO	Kürzung nach § 130 Abs. 2 Nr. 4 AO
zu hoch	zu wenig	----→	keine Änderung nach § 173 Abs. 1 Nr. 2 AO wegen groben Verschuldens	Erhöhung nach § 130 Abs. 1 AO

Kann der **Arbeitslohn** nicht mehr angesetzt werden, z. B. weil **Festsetzungsverjährung** eingetreten ist, kann eine etwaige **Anrechnung der Lohnsteuer** gem. § 131 Abs. 2 Satz 1 Nr. 3 AO **widerrufen** werden. Die steuerrechtliche (andere) Beurteilung eines Sachverhalts in einem anderen Bescheid (hier der Steuerbescheid) ist eine nachträglich eingetretene Tatsache. Das FA hat hierfür gem. § 131 Abs. 2 Satz 2 AO i. V. m. § 130 Abs. 3 AO ein Jahr seit dem Zeitpunkt der Kenntnisnahme Zeit; hierbei beginnt das Jahr erst dann zu laufen, wenn das FA zu der Erkenntnis kommt, einen Widerruf durchführen zu müssen (siehe BFH v. 09.12.2008 BStBl II 2009, 345).

Bei der Umsatzsteuer können die abziehbaren **Vorsteuern** als unselbstständige Besteuerungsgrundlagen insoweit geschätzt werden, als davon ausgegangen werden kann, dass vollständige Unterlagen für den Vorsteuerabzug vorhanden waren. Eine Schätzung kann aber nicht eine fehlende Rechnung ersetzen (BFH vom 12.06.1986 BStBl II 1986, 721). Ansonsten ist ein Vorsteuerabzug allenfalls aus Billigkeitsgründen nach § 163 AO möglich (Abschn. 15.11 Abs. 5 ff. UStAE).

11.5.2.2   Verletzung der erhöhten Mitwirkungspflicht bei Auslandssachverhalten

1087

Wegen der eingeschränkten Ermittlungsmöglichkeiten der Finanzbehörden im Ausland sieht § 90 Abs. 2 AO bei Sachverhalten, die Besitzverhältnisse und Rechtsgeschäfte im Ausland betreffen, eine verstärkte Mitwirkungspflicht der Beteiligten vor (vgl. Rz. 1010). Verletzt der Stpfl. diese Grundsätze, so ist zu schätzen, wobei aus der Pflichtverletzung des Stpfl. nachteilige Schlussfolgerungen gezogen werden können (vgl. auch zu § 160 AO Rz. 1080).

BEISPIEL

A erbt neben einem größeren Vermögen in der Bundesrepublik Deutschland auch einen Bungalow in Spanien. In seiner Erbschaftsteuererklärung macht er zu diesem Gebäude keine Angaben. Entsprechende Auskunftsersuchen seines zuständigen FA beantwortet er nicht.
LÖSUNG Für Zwecke der Erbschaftsteuer ist der Wert des Bungalow in Spanien mit dem gemeinen Wert zu schätzen.

11.5.2.3   Nichtvorlage von Büchern und Aufzeichnungen

1088

Aus welchen Gründen der Stpfl. Bücher und Aufzeichnungen nicht vorlegen kann, ist nicht entscheidend. Eine Schätzungsbefugnis besteht auch bei unverschuldetem Verlust von Unterlagen (BFH vom 26.10.2011 BFH/NV 2012, 168), z. B. bei höherer Gewalt wie Hochwasser. Dann darf die Nichtvorlage bei der vorzunehmenden Schätzung u. E. jedoch nicht zu Lasten des Stpfl. berücksichtigt werden.

BEISPIEL

Durch einen Brand im Archiv des Gewerbetreibenden, der nicht auf eigene Brandstiftung zurückzuführen ist, werden die Unterlagen der kaufmännischen Buchführung für die Jahre 02 und 03 fast vollständig zerstört.
Im Jahre 05 will das FA bei dem Stpfl. im Rahmen einer Außenprüfung die Wirtschaftsjahre 01 bis 03 überprüfen.
LÖSUNG Dass der Stpfl. nicht in der Lage ist, die Unterlagen für die Wirtschaftsjahre 02 und 03 vorzulegen, ist ein objektiver Tatbestand. An der Nichtvorlage trifft den Stpfl. jedoch kein Verschulden. Anhand der verbliebenen Unterlagen und den Akten des FA ist zu klären, ob die Buchführung des Stpfl. beweiswürdig ist bzw. ob ernsthafte Zweifel an der Richtigkeit des Ergebnisses bestehen. Sollte das Ergebnis jedoch im Missverhältnis z. B. zum Lebensstandard des Stpfl. stehen, so hat das FA auch in diesem Falle die Besteuerungsgrundlagen ganz oder teilweise zu schätzen.

11.5.2.4 Buchführung/Aufzeichnungen sind unrichtig

Sind Bücher und Aufzeichnungen formell oder sachlich unrichtig, sind sie nicht als beweiswürdig anzusehen, vgl. § 158 AO (Rz. 1051).

11.5.2.4.1 Formelle Mängel

Zu diesen Mängeln gehören **insbesondere Verstöße gegen § 146 AO**. Sie führen dann zur **1089** Verwerfung der Buchführung, wenn sie das Vertrauen zur Vollständigkeit, Wahrheit und Zuverlässigkeit der Buchführung erschüttern. Grundsätzlich sind sie nur insoweit von Bedeutung, als sie Anlass zu Bedenken gegen die sachliche Richtigkeit der Buchführung geben. In der Regel ist der fehlerfreie Teil der Buchführung anzuerkennen; einzelne Fehler sind richtig zu stellen. Zu den häufigsten formellen Mängeln einer Buchführung gehören Veränderungen durch Rasuren, unleserliche Durchstreichungen, nachträgliche Einfügungen, mangelnde chronologische Eintragungen, fehlender Buchungszusammenhang, erhebliche Rechenfehler, unübersichtliche Inventare, Fehlen wichtiger Belege, erheblich fehlerhaftes Kassenbuch, Kassenfehlbeträge in größerer Anzahl und Höhe.

11.5.2.4.2 Sachliche Mängel

Ist eine Buchführung formell ordnungsgemäß, gilt für sie nach § 158 AO die **Vermutung** **1090** **der inhaltlichen Richtigkeit**. Gleichwohl kann im Einzelfall diese Vermutung **erschüttert** werden, wenn mit an Sicherheit grenzender Wahrscheinlichkeit die Unrichtigkeit der Buchführung feststeht. Sachliche Unrichtigkeiten liegen z. B. vor, wenn Geschäftsvorfälle gar nicht oder unrichtig gebucht wurden oder wenn sie verschleiert werden, so dass es durch sie zu einer falschen steuerlichen Auswirkung kommt (z. B. Privatausgaben wurden als Betriebsausgaben gebucht). Sind sie im Einzelnen erkennbar, so sind sie ggf. durch eine Teilschätzung richtig zu stellen. Lassen sich einzelne sachliche Mängel nicht erkennen, steht jedoch das Ergebnis der Buchführung in einem auffälligen Missverhältnis zu sonstigen einschlägigen Merkmalen wie Lebensstandard, privater Verbrauch, Vermögensbildung, so kann dies auf das Vorhandensein sachlicher Mängel hindeuten. Ggf. liefert als **Verprobungsmethoden** ein innerer Betriebsvergleich oder eine Vermögenszuwachs- und Geldverkehrsrechnung weitere Anhaltspunkte für die Beweisunwürdigkeit der Buchführung. Hingegen ist *allein* ein äußerer Betriebsvergleich anhand von Richtsätzen der Richtsatzsammlung keine geeignete Methode (BFH vom 18. 10. 1983 BStBl II 1984, 88). Auch der sog. Zeitreihenvergleich kann eine Hinzuschätzung nur rechtfertigen, soweit andere geeignetere und damit vorrangigere Schätzungsmethoden nicht sinnvoll eingesetzt werden können (BFH vom 25. 03. 2015 BStBl II 2015, 743).

BEISPIEL
Nach den Feststellungen des Betriebsprüfers ist der bare Zahlungsverkehr nur unregelmäßig und unvollständig vom Stpfl. aufgezeichnet worden. Anhand der Unterlagen lässt sich nicht sicher feststellen, ob alle Geschäftsvorfälle erfasst sind. Häufig sind bare Geschäftsvorfälle erst zwei Monate nach ihrer Entstehung in der Buchführung dargestellt worden.
LÖSUNG Es liegen erhebliche formelle und materielle Mängel vor. Die Buchführung ist formell nicht ordnungsgemäß, da die baren Geschäftsvorfälle nicht täglich erfasst wurden (Verstoß gegen die GoB, BFH vom 25. 03. 1992 BStBl II 1992, 1010; vgl. Rz. 1046). Bezüglich der unvollständigen und evtl. nicht vollständigen Erfassung der Kassengeschäfte ist die Buchführung auch sachlich zu beanstanden. Im Wege einer Teilschätzung (Zuschätzung) müsste die Schätzung ein Ergebnis erzielen, das die größte Wahrscheinlichkeit der Richtigkeit für sich hat. Dabei evtl. auftretende Mehrbelastungen sind vom Stpfl. zu vertreten. Die Schätzung darf jedoch keinen Strafcharakter haben, weil sie sonst § 162 Abs. 1 Satz 2 AO zuwiderliefe.

11.5.3 Verweigerung der Zustimmung zum Kontenabruf

1090a   Zum Kontenabruf vgl. Rz. 1017. Bestehen tatsächliche Anhaltspunkte, also nicht nur Vermutungen, für die Unrichtigkeit oder die Unvollständigkeit der vom Stpfl. gemachten Angaben zu steuerpflichtigen Einnahmen oder Betriebsvermögensmehrungen und verweigert der Stpfl. die Zustimmung zum Kontenabruf, besteht gem. § 162 Abs. 2 AO die Berechtigung für das Finanzamt, Einnahmen oder Betriebsvermögensmehrungen zu schätzen. Seit Einführung der Abgeltungsteuer bedarf es zum Kontenabruf für Zwecke der Verifikation von Einnahmen oder Betriebsvermögensmehrungen der Zustimmung des Stpfl. Verweigert der Stpfl. diese, und kann ihm keine Verletzung von Mitwirkungspflichten vorgeworfen werden, bestünde ohne diese besondere Regelung keine Schätzungsbefugnis.

Genutzt wird die Regelung beispielsweise bei Betriebsprüfungen. Tatsächliche Anhaltspunkte ergeben sich etwa bei bargeldintensiven Betrieben in der Praxis für einen Betriebsprüfer möglicherweise dadurch, dass er anhand der ihm vorliegenden (Buchführungs-)Unterlagen eine (Bar-)Geldverkehrsrechnung vornimmt und sich als Ergebnis die Frage stellt, wie der Stpfl. seine Barausgaben finanziert. In diesem Fall wird der Betriebsprüfer den Stpfl. um Zustimmung zum Kontenabruf bitten, um wenigstens sämtliche inländischen (auch privaten) Konten zu kennen und im Folgenden die entsprechenden Kontoauszüge anfordern zu können.

11.5.4 Verletzung der Mitwirkungs- und Aufzeichnungspflichten bei Sachverhalten mit Auslandsbezug

1090b   Nach § 90 Abs. 3 AO sind bei Sachverhalten mit Auslandsbezug Dokumentationen zwecks Prüfung von grenzüberschreitenden Verrechnungspreisen zu führen und auf Anforderung dem FA (für die Durchführung einer Außenprüfung) vorzulegen, vgl. Rz. 1010 a. Kommt der Stpfl. dieser **Mitwirkungs- und Aufzeichnungspflicht** nicht oder nicht zeitnah nach oder sind die von ihm vorgelegten Aufzeichnungen im Wesentlichen unverwertbar, wird nach § 162 Abs. 3 AO widerlegbar vermutet, dass die im Inland steuerpflichtigen Einkünfte höher sind als die erklärten Einkünfte. Sind daher die Besteuerungsgrundlagen zu schätzen, kann bei bestehenden **Bandbreiten** (etwa bei Preisspannen) der Schätzungsrahmen **zu Lasten des Steuerpflichtigen ausgeschöpft werden**.

Weiterhin ist als steuerliche Nebenleistung i. S. d. § 3 Abs. 4 AO nach § 162 Abs. 4 AO regelmäßig ein **Zuschlag zur Steuer** festzusetzen. Weil die Prüfung der Angemessenheit von Verrechnungspreisen hauptsächlich bei Außenprüfungen erfolgt, ist der Zuschlag grundsätzlich nicht erst bei der Steuerfestsetzung sondern bereits **nach Abschluss einer Außenprüfung** festzusetzen. Bei Nichtabgabe von Aufzeichnungen oder bei im Wesentlichen unverwertbaren Aufzeichnungen beträgt der Zuschlag 5 000 €. Er beträgt mindestens 5 % und höchstens 10 % des nach § 162 Abs. 3 AO geschätzten Mehrbetrags der Einkünfte (nicht der Steuer) aus den Geschäftsbeziehungen mit den ausländischen nahestehenden Personen, wenn sich danach ein Zuschlag von mehr als 5 000 € ergibt. Damit beträgt der absolute Mindestzuschlag 5 000 €. Folglich kann ab einem Mehrbetrag der Einkünfte von 50 010 € ein Zuschlag von mehr als 5 000 € festgesetzt werden (Höchstbetrag = 10 % = 5 001 €), ab einem Mehrbetrag der Einkünfte von 100 020 € wird ein Zuschlag von mehr als 5 000 € festgesetzt (Mindestbetrag = 5 % = 5 001 €). Bei (nur) verspäteter Einreichung ordnungsgemäßer Aufzeichnungen ist ein Zuschlag von mindestens 100 € pro vollen Tag der Fristüberschreitung, maximal 1 000 000 € möglich.

BEISPIELE

a) Im Rahmen der Betriebsprüfung bei einer GmbH wird festgestellt, dass diese einer ausländischen (Schwester-)Kapitalgesellschaft (zwecks Verschiebung zu versteuernden Gewinns) für Warenlieferungen unangemessen niedrige Preise in Rechnung gestellt hat. Wegen fehlender Dokumentationen hat das Finanzamt gem. § 162 Abs. 3 AO ein Betrag i. H. v. 70 000 € geschätzt und den Einkünften der GmbH als verdeckte Gewinnausschüttung hinzugerechnet.

LÖSUNG Gem. § 162 Abs. 4 Satz 2 AO ergibt sich ein Zuschlag zwischen 3 500 € und 7 000 € (5 % bzw. 10 % von 70 000 €). Weil gem. § 162 Abs. 4 Satz 1 und 2 AO ein Zuschlag von mindestens 5 000 € festzusetzen ist, beträgt die mögliche Bandbreite 5 000 € bis 7 000 €.

b) Wie Beispiel a), jedoch beträgt der gem. § 162 Abs. 3 AO geschätzte Betrag 200 000 €.

LÖSUNG Gem. § 162 Abs. 4 Satz 2 AO ergibt sich ein Zuschlag zwischen 10 000 € und 20 000 € (5 % bzw. 10 % von 200 000 €).

Bei der Ermessensentscheidung über die Höhe eines Zuschlags sind z. B. gezogene Vorteile oder die Dauer der Fristüberschreitung zu berücksichtigen. Bei entschuldbarer Nichterfüllung oder bei nur geringfügigem Verschulden der Mitwirkungs- und Aufzeichnungspflichten nach § 90 Abs. 3 AO kann von der Festsetzung des Zuschlags abgesehen werden. Der Zuschlag ist als Nebenleistung zur Einkommensteuer/Körperschaftsteuer gem. § 12 Nr. 3 EStG/§ 10 Nr. 2 KStG bei der Ermittlung des Einkommens nicht abziehbar.

Wegen der Folgen einer Verweigerung der Abgabe einer Versicherung an Eides Statt im Zusammenhang mit Geschäftsbeziehungen in Staaten, die als sog. »**Steueroasen**« gelten, vgl. Rz. 1010.

11.5.5 Schätzung in Folgebescheiden

Nach § 155 Abs. 2 AO kann ein Steuerbescheid erteilt werden, auch wenn ein **Grundlagenbescheid noch nicht erlassen** wurde. Nach § 162 Abs. 5 AO können bei Erlass des Folgebescheides vor dem Grundlagenbescheid die Besteuerungsgrundlagen im Folgebescheid geschätzt werden. Dabei muss sich das FA zunächst an der Erklärung des Stpfl. orientieren (BFH vom 03. 08. 2000 BStBl II 2001, 33). Nach Ergehen des Grundlagenbescheides ist nach § 175 Abs. 1 Satz 1 Nr. 1 AO eine Anpassung des Folgebescheides erforderlich. **1091**

12   Steuererklärungen (§ 149 AO)

12.1   Erklärungspflichtige Personen

Die gesetzliche Pflicht zur Abgabe einer **Steuererklärung** ergibt sich aus dem jeweiligen Einzelsteuergesetz (§ 149 Abs. 1 Satz 1 AO i. V. m. z. B. § 25 Abs. 3 EStG, § 56 EStDV, § 18 Abs. 1 und 3 UStG, § 41 a EStG), aber auch in Bezug auf die Erklärung zur gesonderten Feststellung aus der AO (§ 181 Abs. 2 AO). Zur Abgabe einer Steuererklärung ist auch verpflichtet, wer die Pflichten des Stpfl. wahrzunehmen hat, §§ 34, 35 AO. Darunter fallen etwa Eltern als gesetzliche Vertreter minderjähriger Kinder, Geschäftsführer einer GmbH oder der Vorstand eines gemeinnützigen Vereins. Dies gilt auch nach Erlöschen der Vertretungsmacht, z. B. weil das Kind nunmehr volljährig ist. Außerdem ist zur Abgabe einer Steuererklärung verpflichtet, wer dazu von der Finanzbehörde persönlich oder durch öffentliche Bekanntmachung **aufgefordert** worden ist (§ 149 Abs. 1 Satz 2 AO). Dies kann der Prüfung dienen, ob sich eine Steuerschuld ergibt. Steht einwandfrei und klar fest. dass sich keine Steuerschuld ergibt, ist eine Aufforderung unzu- **1092** lässig. **Wer** aus gesetzlichen Gründen oder nach Aufforderung eine **Steuererklärung abzugeben hat, ist Stpfl.** (§ 33 AO, Teil A 12.2 Rz. 95 ff.). Die Pflichten gelten für jeden Erklärungspflichtigen ohne Rücksicht darauf, ob er Schuldner einer Steuer ist. Auch **Anmeldungen** sind Steuererklärungen (§ 150 Abs. 1 Satz 3 AO).

Wer **nachträglich** die **Unrichtigkeit** seiner Steuererklärung **erkennt,** ist grundsätzlich zur Richtigstellung verpflichtet (vgl. § 153 AO, Rz. 1099 f.). Das gilt für den Stpfl. sowohl wie für dessen Rechtsnachfolger und die in §§ 34, 35 AO genannten Personen.

12.2 Erklärungsfrist

1092a Soweit sich aus den Einzelsteuergesetzen keine Frist für die Abgabe von Steuererklärungen ergibt, sind Steuererklärungen für Veranlagungszeiträume **bis** einschließlich **2017** bzw. Besteuerungszeitpunkte bis 31. 12. 2017 spätestens **fünf Monate** nach dem gesetzlich bestimmten Zeitpunkt – oder nach Ablauf des KJ (z. B. bei Einkommensteuer oder der Umsatzsteuer-Jahreserklärung) – abzugeben (§ 149 Abs. 2 Satz 1 AO).

> **BEISPIEL**
>
> Die Einkommensteuererklärung 01 ist bis Ende Mai 02 abzugeben. Ist der 31.05.02 z. B. ein Sonntag, verlängert sich die Frist gem. § 108 Abs. 3 AO auf den 01.06.02.

Bei Stpfl. mit land- und forstwirtschaftlichen Einkünften und vom Kalenderjahr abweichendem Wirtschaftsjahr endet die Frist nicht vor Ablauf des fünften Monats, der auf den Schluss des in dem KJ begonnen Wirtschaftsjahr folgt, § 149 Abs. 2 Satz 2 AO.

> **BEISPIEL**
>
> Der Landwirt ermittelt seinen Gewinn für das Wirtschaftsjahr 01.07.01–30.06.02.
> **LÖSUNG** Für den Veranlagungszeitraum 01 ist die Einkommensteuererklärung bis zum 30.11.02 abzugeben.

1092b Nach jährlich gleichlautenden Erlassen der obersten Finanzbehörden der Länder über Steuererklärungsfristen wird diese Frist allgemein **bis zum 31. 12. des folgenden KJ verlängert,** wenn die Steuererklärungen durch Personen, Gesellschaften, Verbände, Vereinigungen, Behörden oder Körperschaften im Sinne der §§ 3 und 4 StBerG (z. B. Steuerberater oder Lohnsteuerhilfevereine) angefertigt werden. Bei Stpfl. mit land- und forstwirtschaftlichen Einkünften und vom Kalenderjahr abweichendem Wirtschaftsjahr ist es der 31.05. des übernächsten KJ.

Den Finanzämtern bleibt im Einzelfall vorbehalten, Steuererklärungen vorher anzufordern, z. B. wegen zu erwartender Abschlusszahlung oder wenn die Arbeitslage dies erfordert. Aufgrund begründeter Einzelanträge kann die Frist bis zum 28.02./29.02. bzw. 31.07. des übernächsten Jahres verlängert werden. Wegen der **eigenen Steuererklärung eines Steuerberaters** ist das FA nicht verpflichtet, aufgrund der o. g. Gleichlautenden Erlasse die Frist zur Abgabe zu verlängern (BFH vom 29.01.2003 BStBl II 2003, 550).

Obgleich es sich bei der Steuererklärungsfrist um eine gesetzliche Frist handelt, ist diese kraft ausdrücklicher Anordnung in § 109 Abs. 1 Satz 1 AO **verlängerbar, sogar rückwirkend** (§ 109 Abs. 1 Satz 2 AO).

1092c Steuererklärungen für Veranlagungszeiträume **ab 2018** bzw. Besteuerungszeiträume ab 01.01.2018 sind gem. § 149 Abs. 2 AO i. d. F. des StModernG (vgl. Art. 97 § 10a Abs. 4 Satz 1 EGAO) spätestens sieben Monate nach Ablauf nach dem gesetzlich bestimmten Zeitpunkt –

oder nach Ablauf des KJ – abzugeben. Die Abgabefrist für Stpfl., die ihre Steuererklärungen durch Personen, Gesellschaften, Verbände, Vereinigungen, Behörden oder Körperschaften im Sinne der §§ 3 und 4 StBerG (z. B. Steuerberater oder Lohnsteuerhilfevereine) anfertigen lassen, gilt eine Frist bis zum 28.02./29.02 bzw. bei Stpfl. mit land- und forstwirtschaftlichen Einkünften und vom Kalenderjahr abweichendem Wirtschaftsjahr bis zum 31.07. des auf den Besteuerungszeitraum folgenden übernächsten Kalenderjahres. Im Gegensatz zur vorigen Rechtslage ist damit ohne Antrag generell eine Frist bis zum 28.02./29.02. bzw. 31.07. eingeräumt. Die Fristverlängerung gilt nicht für Umsatzsteuererklärungen für das Kalenderjahr, wenn die gewerbliche oder berufliche Tätigkeit vor oder mit dem Ablauf des Besteuerungszeitraums endete (§ 149 Abs. 5 AO i. d. F. des StModernG).

Eine **vorzeitige Anforderung** durch das Finanzamt ist nur noch in den im Gesetz abschlie- 1092d
ßend aufgeführten Fällen möglich (§ 149 Abs. 4 AO i. d. F. des StModernG). Beispielsweise wurde als hohe Abschlusszahlung ein Betrag von 10 000 € an voraussichtlicher Nachzahlung festgelegt (§ 149 Abs. 4 Satz 1 Nr. 1 Buchst. e AO i. d. F. des StModernG). Weiterhin können Steuererklärungen nach dem Ergebnis einer automationsunterstützten Zufallsauswahl ohne weitere Begründung vorzeitig angefordert werden (§ 149 Abs. 4 Satz 3 und 4 AO i. d. F. des StModernG). Immer sind alle Steuererklärungen für einen Besteuerungszeitraum bzw. –zeitpunkt zusammen vorzeitig anzufordern ((§ 149 Abs. 4 Satz 7 AO i. d. F. des StModernG). Ist z. B. bei der Einkommensteuer 01 eine Abschlusszahlung von mehr als 10 000 € zu erwarten, hat das Finanzamt bei einem Unternehmer auch die Umsatzsteuer- und die Gewerbesteuererklärung für das Jahr 01 vorzeitig anzufordern. Für die Abgabe der vorzeitig angeforderten Steuererklärungen hat der Stpfl. vier Monate Zeit nach Bekanntgabe des Verwaltungsakts mit der Anordnung zur Abgabe (§ 149 Abs. 4 Satz 2 und Satz 4 AO i. d. F. des StModernG).

Zwischen den obersten Landesfinanzbehörden und den Angehörigen der steuerbератen-den Berufen können Vereinbarungen getroffen werden, mit denen zeitlich und prozentual gestaffelt die Erklärungen abgegeben werden (sog. **Kontingentierungsverfahren**). Ob ein solches Verfahren eingerichtet wird, entscheidet jedes Bundesland eigenständig. Die Teilnahme an diesem Verfahren ist für die Angehörigen der steuerberatenden Berufe freiwillig. Vorteil ist, dass Vorabanforderungen durch das Finanzamt nicht möglich sind, soweit Steuererklärungen von dem Verfahren erfasst werden (§ 149 Abs. 6 AO i. d. F. des StModernG).

Weiterhin sind **Fristverlängerungen** möglich. Werden Steuererklärungen von Angehöri- 1092e
gen der steuerberatenden Berufe angefertigt, ist eine Fristverlängerung allerdings nur möglich, falls der Stpfl. ohne Verschulden an der fristgerechten Abgabe gehindert war. Das Verschulden eines Vertreters (z. B. Steuerberater) oder eines Erfüllungsgehilfen wird dem Stpfl. zugerechnet. Gleiches gilt, wenn die Steuererklärungen vorzeitig angefordert wurde (§ 109 Abs. 2 AO i. d. F. des StModernG). Arbeitsüberlastung ist damit kein Grund. Auch sog. Sammelanträge sind wegen der individuellen Prüfung des Verschuldens nicht möglich. Der Verschuldensbegriff entspricht dem in § 110 AO, vgl. daher weiterführend Teil A 15, Rz. 130 ff.

Wird eine Steuererklärung nicht innerhalb der gesetzten Frist abgegeben (§ 90 Abs. 1, § 149 AO), kann die Finanzbehörde die **Abgabe der Erklärungen** nach den §§ 328 ff. AO **erzwingen** (Rz. 1111 ff.). Eine Ausnahme besteht nur dann, wenn ein Fall des § 393 Abs. 1 Satz 2 und 3 AO vorliegt. Das Zwangsverfahren ist aber nicht unbedingt durchzuführen. Vielmehr kann das FA auch sogleich zur Schätzung gemäß § 162 AO übergehen (Rz. 1084 ff.). Die Schätzung setzt weder einen Versuch der Erzwingung voraus, noch wird durch sie die Verpflichtung zur Abgabe der Erklärungen berührt (§ 149 Abs. 1 Satz 4 AO). Auch kommt im Fall der Nichtabgabe die Festsetzung eines Verspätungszuschlages in Betracht, vgl. § 152 AO, Rz. 1100 ff.

12.3 Form und Inhalt der Steuererklärung (§ 150 AO)

12.3.1 Steuererklärungen nach amtlichen Vordruck

1093   Eine Definition des Begriffs Steuererklärung enthält § 150 AO nicht. Zu den Steuererklärungen gehören alle Erklärungen gegenüber den Finanzbehörden, die nach den Vorschriften der Einzelsteuergesetze oder der Ausführungsbestimmungen als Unterlage für die Feststellung der Besteuerungsgrundlagen oder für die Festsetzung einer Steuer dienen. Nach ihrer rechtlichen Bedeutung stellt die Steuererklärung grundsätzlich eine **Wissenserklärung** dar, z. B. hat der Stpfl. in der Einkommensteuererklärung die Besteuerungsgrundlagen zu erklären, damit das FA sein (zu versteuerndes) Einkommen berechnen kann. Die Steuererklärung wird jedoch auch zur Willenserklärung, soweit der Stpfl. von Gestaltungsmöglichkeiten Gebrauch macht (z. B. Wahl einer Sonder-AfA).

Soweit Steuererklärungen nicht elektronisch zu übermitteln sind (vgl. z. B. § 25 Abs. 4 EStG, § 18 Abs. 1 und Abs. 3 UStG), und auch nicht freiwillig elektronisch übermittelt werden, sind sie sind nach **amtlich vorgeschriebenem Vordruck** abzugeben; mündliche Erklärungen sind lediglich im Zollrecht vorgesehen (§ 150 Abs. 1 Satz 1 AO). Steuererklärungen müssen nicht *auf* einem amtlich hergestellten Vordruck abgegeben werden. Ein privat hergestellter Vordruck (**nichtamtlicher Vordruck**) reicht aus, wenn er in seiner drucktechnischen Ausgestaltung, in der Papierqualität und in den Abmessungen den amtlichen Vordrucken entspricht (BMF vom 3. 4. 2012 BStBl I 2012, 522). Damit soll sichergestellt werden, dass auch auf Fotokopien oder mit Hilfe von EDV-Anlagen erstellte bzw. ausgedruckte Steuererklärungen den amtlichen Anforderungen entsprechen. Gleiches gilt bei der Verwendung von Internetformularen. Auch die sog. komprimierten Vordrucke, die im Rahmen einer elektronischen Übermittlung von Steuererklärungsdaten erstellt und ausgefüllt worden sind, sind zulässige Steuererklärungen.

Eine **wirksam abgegebene Steuererklärung** setzt mehr voraus als lediglich den Eintrag von Personalien in den Mantelbogen und ansonsten nur unsubstantiierte Erklärungen über Besteuerungsgrundlagen. Eine Steuererklärung kann aber vorliegen, wenn sie Mängel enthält. Diese dürfen aber nicht so schwerwiegend sein, dass es unmöglich ist, das ordnungsgemäße Veranlagungsverfahren in Gang zu setzen (BFH vom 06. 11. 1969 BStBl II 1970, 168 und BFH vom 15. 03. 1974 BStBl II 1974, 590). **Vorläufige Steuererklärungen** sieht die Abgabenordnung nicht vor. Der Stpfl. muss die Steuererklärung vollständig ausfüllen. Soweit Ungewissheit über die Richtigkeit von Angaben in der Steuererklärung besteht, muss der Stpfl. gegenüber der Finanzbehörde auf diese Ungewissheit hinweisen.

BEISPIEL

Der Stpfl. hat im Rahmen seiner Einkommensteuererklärung Aufwendungen für Krankenhaus- und Kuraufenthalt im KJ 01 in Höhe von 3 000 € geltend gemacht. Die von der Krankenkasse übernommenen Kosten sind bereits berücksichtigt worden. Der Stpfl. hat jedoch auch eine Krankenhaustagegeldversicherung über 50 € täglich.

Im Zeitpunkt der Abgabe der Steuererklärung hat er gegenüber dieser Versicherung seine Ansprüche noch nicht geltend gemacht. Er ist daher unsicher, ob er diesen Krankenhaustagegeldanspruch bereits im KJ 01 bei den außergewöhnlichen Belastungen mindernd berücksichtigen muss.

LÖSUNG Der Stpfl. hat bei der Abgabe seiner Einkommensteuererklärung 01 die Finanzbehörde auf den Krankenhaustagegeldanspruch hinzuweisen. Leistungen aus Krankenhaustagegeldversicherungen mindern auch dann die außergewöhnlichen Belastungen, wenn die Leistungen in einem späteren KJ gezahlt werden, der Stpfl. aber mit der Zahlung rechnen konnte.

Auch eine Übermittlung der Steuererklärung per **Telefax** ist zulässig (BFH vom 08. 10. 2014, VI R 82/13, BStBl II 2015, 359).

Die Angaben in der Steuererklärung sind **wahrheitsgemäß nach bestem Wissen und Gewissen** zu machen (§ 150 Abs. 2 AO).

Hinweis: Auf eine Wahrheitsversicherung in den Steuererklärungen wurde in den Vordrucken bereits seit einigen Jahren verzichtet. Im Hinblick auf die elektronische Steuererklärung ist diese Möglichkeit mit Wirkung ab dem 01. 01. 2017 auch durch das StModernG aus dem Gesetz gestrichen worden

Falls das Einzelsteuergesetz – wie meist üblich, z. B. § 25 Abs. 3 EStG, § 18 Abs. 3 Satz 3 UStG, § 14a Satz 3 GewStG, § 31 Abs. 1 KStG – die eigenhändige **Unterzeichnung** der Erklärung vorschreibt, ist die Unterzeichnung durch einen Bevollmächtigten nur dann zulässig, wenn der Erklärende infolge seines körperlichen oder geistigen Zustands oder durch längere Abwesenheit an der Unterschrift gehindert ist (§ 150 Abs. 3 AO).

BEISPIEL

Der verwitwete Stpfl. C ist nach einem Schlaganfall nicht mehr in der Lage, die Einkommensteuererklärung eigenhändig zu unterschreiben. Er hat daher seinen volljährigen Sohn bevollmächtigt, diese in seinem Namen zu unterschreiben.

Eine eigenhändige Unterschrift kann nicht durch eine **Blankounterschrift** wie z. B. eingeklebte Unterschriftszettel, ersetzt werden. Nach der Rechtsprechung des BFH ist nicht erforderlich, dass die Unterschrift lesbar ist. Es muss sich aber um einen die Identität des Unterschreibenden ausreichend kennzeichnenden individuellen Schriftzug handeln, der charakteristische Merkmale aufweist und sich nach dem gesamten Schriftbild als Unterschrift eines Namens darstellt. Dazu gehört, dass mindestens einzelne Buchstaben zu erkennen sind, weil es sonst an dem Merkmal einer Schrift überhaupt fehlt. Ein mit willkürlichen Linien unterzeichneter Schriftsatz kann daher mangels Unterschrift nicht anerkannt werden.

Die Steuererklärungspflicht umfasst auch die Verpflichtung, die nach den Steuergesetzen vorzulegenden Unterlagen der Steuererklärung beizufügen, § 150 Abs. 4 Satz 1 AO. Zu diesen Unterlagen gehören z. B. nach § 60 EStDV **Bilanzen, G+V-Rechnungen** oder bei Gewinnermittlung nach **§ 4 Abs. 3 EStG** eine **Gewinnermittlung nach amtlich vorgeschriebenem Vordruck**. Diese sind nach § 5b EStG elektronisch zu übermitteln (Hinweis: In diesen Fällen wird nach den Einzelsteuergesetzen fast durchgehend auch eine Verpflichtung zur elektronischen Steuererklärung bestehen).

Die Verpflichtung zur Vorlage der Unterlagen steht zwar in engem Zusammenhang mit der Abgabepflicht für Steuererklärungen. Die Unterlagen sind jedoch nicht Bestandteil der Steuererklärung, sondern nur Anlagen. Bei Nichtvorlage von Unterlagen kann daher kein Verspätungszuschlag (§ 152 AO) festgesetzt werden. Die Vorlage der Unterlagen ist jedoch nach § 328 AO erzwingbar.

Gesetzlich erforderliche **Bescheinigungen** sind nach § 150 Abs. 4 Satz 2 AO **von anderen Personen oder Behörden** auszustellen (z. B. Bescheinigung über den Grad der Körperbehinderung). Hierzu besteht eine gesetzliche Verpflichtung.

1094

1095

1096

12.3.2 Elektronische Steuererklärungen

1097   Umsatzsteuer-Voranmeldungen, Lohnsteuer-Anmeldungen und Kapitalertragsteuer-Anmeldungen sind elektronisch abzugeben (vgl. § 18 Abs. 1 UStG, § 41 a Abs. 1 EStG, § 45 a Abs. 1 EStG). Dies gilt nach den Einzelsteuergesetzen auch für Steuererklärungen (Körperschaftsteuer, Gewerbesteuer, Feststellungen und Einkommensteuer im unternehmerischen Bereich) sowie Bilanzen, Gewinn- und Verlustrechnungen und Einnahmen-Überschussrechnungen. Für die Datenübermittlung ist ein sicheres Verfahren zu verwenden (§ 150 Abs. 6 Satz 3 AO bzw. ab 01.01.2017 § 87a Abs. 6 AO i. d. F. des StModernG). Bei Steuererklärungen ist dies das sog. **Elster-Verfahren**.

Ab 2017 gelten Daten, die von Dritten an das Finanzamt übermittelt werden gem. § 150 Abs. 7 Satz 2 AO i. d. F. des StModernG als eigene Angaben des Stpfl. Eine eigenständige Erklärung durch den Stpfl. selbst ist damit nicht mehr erforderlich. Gleichwohl bleibt eine eigenständige Erklärung möglich. Weicht diese von der Datenübermittlung des Dritten ab, muss ein Amtsträger des Finanzamts den Fall prüfen. Er wird dann im automatisierten Verfahren ausgesteuert.

Ausgesteuert wird ein Fall auch dann, wenn der Stpfl. über die verkennzifferten und maschinell lesbaren Felder hinaus Angaben in einem sog.»qualifiziertem Freitextfeld« macht. Auch in diesem Fall muss ein Amtsträger des Finanzamts den Fall prüfen (§ 150 Abs. 7 Satz 1 AO i. V. m. § 155 Abs. 4 Satz 2 AO i. d. F. des StModernG). Werden keine Angaben in diesem Freitextfeld gemacht, ist eine vollautomatische Prüfung und Bescheidung durch das Finanzamt möglich (§ 155 Abs. 4 Satz 1 AO i. d. F. des StModernG).

Zur Vermeidung unbilliger Härten kann das Finanzamt nach § 150 Abs. 8 AO auf die **elektronische Übermittlung** von Steuererklärungen **verzichten**, wenn die elektronische Übermittlung für den Stpfl. **wirtschaftlich oder persönlich unzumutbar** ist. Insbesondere ist dies der Fall, wenn die Schaffung der technischen Möglichkeiten für den Stpfl. nur mit einem nicht unerheblichen finanziellen Aufwand möglich wäre oder wenn er nach seinen individuellen Kenntnissen und Fähigkeiten nicht oder nur eingeschränkt in der Lage ist, die Möglichkeiten einer Datenfernübertragung zu nutzen. Eine bestimmte Form ist für einen solchen Antrag nicht vorgesehen. Ein konkludent gestellter Antrag reicht aus, z. B. in Gestalt der Abgabe einer herkömmlichen Steuer- oder Feststellungserklärung.

12.3.3 Selbstberechnung der Steuer in einer Steueranmeldung

1097a   Ist dies gesetzlich vorgesehen, hat der Stpfl. die **Steuer in einer Steueranmeldung selbst zu berechnen**, § 150 Abs. 1 Satz 3 AO. Wegen Beispielen und Wirkung vgl. Teil I 8 Rz. 1521 ff.

12.4 Aufnahme der Steuererklärung an Amtsstelle (§ 151 AO)

1098   Eine Aufnahme der Steuererklärung an Amtsstelle kommt grundsätzlich nur bei geschäftlich unerfahrenen oder der deutschen Sprache unkundigen Stpfl. in Betracht, die nicht fähig sind, die Steuererklärung selbst schriftlich abzugeben, und auch nicht in der Lage sind, die Hilfe eines Angehörigen der steuerberatenden Berufe in Anspruch zu nehmen (AEAO zu § 151).

Einem Stpfl. ist eigentlich zuzumuten, einen Dritten mit der Abgabe der schriftlichen Steuererklärung zu beauftragen, z. B. einen Angehörigen der steuerberatenden Berufe. Dem ist aber insoweit eine Grenze gesetzt, wie die Bestellung eines Bevollmächtigten im Einzelfall, z. B. aus finanziellen Gründen, unzumutbar ist. Eine solche Unzumutbarkeit liegt z. B. vor, wenn der Stpfl. das Honorar für den Bevollmächtigten nicht ohne Gefährdung seines und seiner Familie

Unterhalt aufbringen kann. In einem solchen Fall ist die Aufnahme der Steuererklärung an Amtsstelle angebracht. Lediglich verhindert werden soll, dass Stpfl. aus Gründen der Zeit- oder Geldersparnis oder aus Bequemlichkeit die Steuererklärung zur Niederschrift beim FA erklären. Dies würde kurzerhand zu einer Überbelastung der Finanzbehörden führen.

Die von dem Bediensteten nach den Angaben des Stpfl. erstellte Erklärung ist vom Stpfl. eigenhändig zu unterschreiben.

12.5 Berichtigung von Steuererklärungen (§ 153 AO)

Steuererklärungen müssen vom Stpfl. berichtigt werden, wenn er nachträglich vor Ablauf der Festsetzungsfrist (§ 169 AO) erkennt, dass eine von ihm oder für ihn abgegebene **Erklärung unrichtig oder unvollständig** ist und dass es dadurch zu einer **Verkürzung von Steuern** kommen kann oder bereits gekommen ist, oder wenn er feststellt, dass eine durch Verwendung von Steuerzeichen oder Steuerstempeln zu entrichtende Steuer nicht in der richtigen Höhe entrichtet worden ist (§ 153 AO). Anzuzeigen ist ferner, wenn die Voraussetzungen für eine **Steuerbefreiung**, **Steuerermäßigung** oder sonstige **Steuervergünstigung** nachträglich ganz oder teilweise **wegfallen** (§ 153 Abs. 2 AO).

1099

BEISPIELE

a) Im Rahmen der Einkommensteuererklärung vergisst der Stpfl. Einnahmen aus Vermietung und Verpachtung in Höhe von 5 000 € zu erklären. Nach Bestandskraft des Einkommensteuerbescheides entdeckt der Stpfl. den Fehler.
LÖSUNG Er ist nach § 153 AO zur Nachmeldung der Vermietungseinkünfte verpflichtet.

b) Wie oben. Die Einkünfte aus Vermietung und Verpachtung wurden vom Stpfl. in seiner Einkommensteuererklärung angegeben, vom FA jedoch bei der Steuerfestsetzung nicht berücksichtigt.
LÖSUNG Für den Stpfl. besteht keine Anzeigepflicht, da seine Steuererklärung richtig ist. § 153 AO findet daher keine Anwendung.

Anzeigepflichtig ist neben einem Stpfl. auch der Gesamtrechtsnachfolger eines Stpfl. (§ 45 AO, Rz. 631 f.) oder die nach §§ 34, 35 AO für den Gesamtrechtsnachfolger oder den Stpfl. handelnden Personen.

Nachträgliches Erkennen der Unrichtigkeit liegt nicht vor, wenn der Stpfl. die Unrichtigkeit bereits bei Abgabe der Steuererklärung kannte, weil er von vornherein bewusst und gewollt (vorsätzlich oder bedingt vorsätzlich) eine unrichtige oder unvollständige Steuererklärung abgegeben und sich dadurch evtl. der Steuerhinterziehung (§ 370 AO) schuldig gemacht hat. § 153 Abs. 1 AO zwingt den Stpfl. nicht zur Selbstbezichtigung oder (gem. § 371 AO strafbefreienden) Selbstanzeige. Hat der Stpfl. ohne Verschulden oder leicht oder grob fahrlässig (leichtfertig) etwa Unrichtiges erklärt, besteht eine Berichtigungspflicht.

BEISPIEL

Der Stpfl. hat Einkünfte aus Vermietung und Verpachtung in Höhe von 15 000 €
a) vorsätzlich

b) leichtfertig
nicht erklärt.
LÖSUNG
a) Es besteht keine Verpflichtung zur Berichtigung nach § 153 AO.

b) Da die unrichtigen Angaben auf Leichtfertigkeit beruhen, besteht für den Stpfl. die Verpflichtung zur Berichtigung seiner Angaben in der Steuererklärung. Die Anzeige wirkt als Selbstanzeige nach § 378 Abs. 3 AO.

Wer seine Berichtigungspflicht erkennt, ist verpflichtet, dies unverzüglich anzuzeigen und die erforderlichen Richtigstellungen vorzunehmen. Unterlässt er dies, liegt im Zeitpunkt des Erkennens des Fehlers ein pflichtwidriges Unterlassen von Angaben i. S. d. § 370 Abs. 1 Nr. 2 AO (Steuerhinterziehung) vor. Vgl. im Einzelnen Kapitel 1 Teil P Rz. 2961 ff.

Die Nacherklärungspflicht § 153 AO

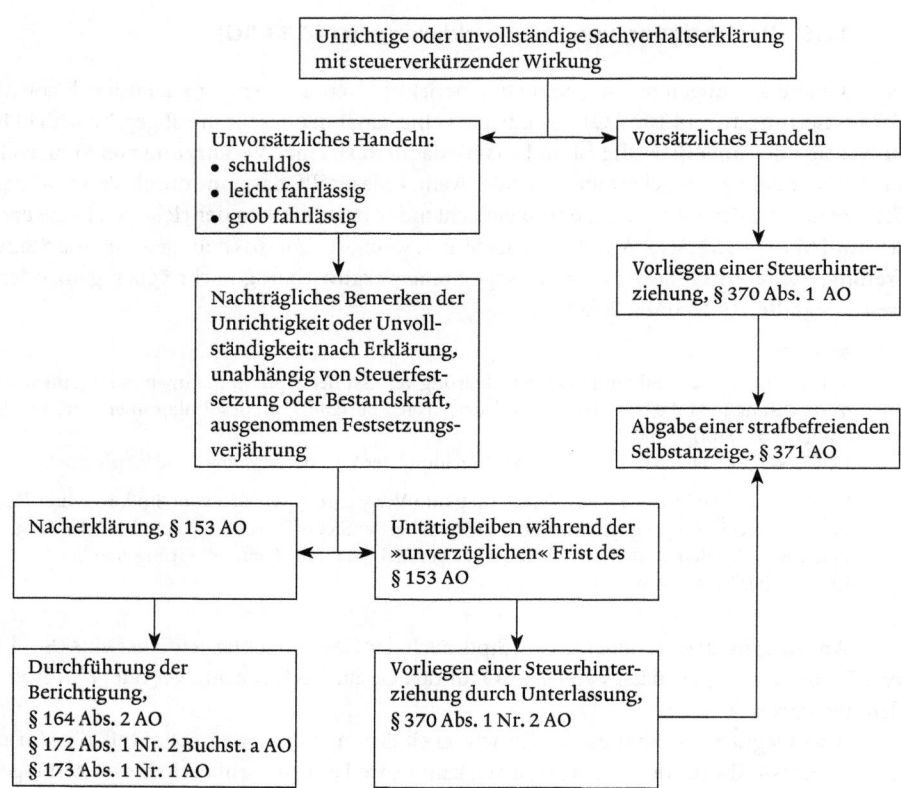

13 Verspätungszuschlag (§ 152 AO)

13.1 Sinn und Zweck

1100   Bei verspäteter Abgabe bzw. Nichtabgabe der Steuererklärung kann das FA nach § 152 Abs. 1 Satz 1 AO einen Verspätungszuschlag festsetzen. Der Zweck des Zuschlags ist, den rechtzeitigen Eingang von Steuererklärungen, die rechtzeitige Festsetzung und Entrichtung der Steuern und den Gang der Veranlagung insgesamt zu sichern. Er dient der (repressiven) Sanktion einer Pflichtverletzung und der in die Zukunft gerichteten Prävention (BFH vom 10. 10. 2001 BStBl II 2002, 124). Der Verspätungszuschlag ist daher ein **Druckmittel** und eine **Ungehorsamsfolge.** Seine durch vorangegangene mangelnde steuerliche Pflichterfüllung ausgelöste Festsetzung soll den Stpfl. zu künftiger zeit- und fristgerechter Erfüllung der Erklärungspflichten anhalten und damit den ordnungsmäßigen Gang des Besteuerungsverfahrens sicherstellen.

Er ist **keine Strafe** für vergangene Versäumnisse. Die Festsetzung eines Verspätungszuschlags liegt im pflichtgemäßen Ermessen der Finanzbehörde.

Als Betriebsausgabe kann ein festgesetzter Verspätungszuschlag dann abgesetzt werden, wenn die Steuer, auf die sich der Zuschlag bezieht, Betriebsausgabe ist, wie dies bei der Umsatzsteuer der Fall ist.

13.2 Steuererklärung

Wegen des Begriffs der Steuererklärung ist zunächst auf § 149 AO zu verweisen (Rz. 1092 ff.). Über die Verweisungen in § 184 Abs. 1 Satz 3 AO und § 181 Abs. 1 Satz 1 AO sind Verspätungszuschläge auch bezüglich Steuererklärungen für die Festsetzung von **Steuermessbeträgen** (Gewerbesteuer, Grundsteuer) und Erklärungen zur gesonderten (und einheitlichen) **Feststellung** möglich. **Umsatzsteuer**-Jahreserklärung und Umsatzsteuer-Voranmeldungen sind für die Festsetzung von Verspätungszuschlägen eigenständig zu beurteilen.

1101

> **BEISPIELE**
>
> a) Der Stpfl. hat die Umsatzsteuer-Voranmeldungen für die Monate November und Dezember 01 mit Zahllast von 500 € bzw. 800 € verspätet abgegeben. Daraufhin setzte das FA jeweils einen Verspätungszuschlag (November 50 €, Dezember 80 €) fest. Auch die Umsatzsteuer-Jahreserklärung wurde vom Stpfl. verspätet abgegeben. Aus der verspätet abgegebenen Jahreserklärung ergibt sich ein Rotbetrag von 1 000 €, da der Stpfl. versehentlich Vorsteuerbeträge im Zusammenhang mit Ausfuhrlieferungen (§ 4 Nr. 1 UStG) nicht in den einzelnen Voranmeldungszeiträumen berücksichtigt hatte.
>
> **LÖSUNG** Die bei den Voranmeldungen festgesetzten Verspätungszuschläge bleiben unverändert, weil die Voranmeldungen eigenständige Steuererklärungen sind. Bei der Jahreserklärung darf jedoch kein Verspätungszuschlag festgesetzt werden, da die Steuer negativ ist.

Für einen verspätet gestellten Antrag auf Dauerfristverlängerung kann kein Verspätungszuschlag festgesetzt werden, weil dieser keine Steuererklärung i. S. d. § 152 AO ist (BFH vom 26. 04. 2001, UR 2001, 409). Dies gilt auch bei verspäteter bzw. Nichtabgabe von **Auskünften oder Unterlagen.** Bei Nichtabgabe sind Zwangsmittel nach den §§ 328 ff. AO (vor allem Zwangsgeld, Rz. 1111 ff.) möglich.

13.3 Verspätungszuschlag im Verhältnis zu anderen Maßnahmen

Der Verspätungszuschlag steht in freier Konkurrenz zu den **Zwangsmitteln** gemäß §§ 328 ff. AO. Das eine Mittel schließt das andere nicht aus. Auch schließt er nicht aus, dass wegen einer durch Nichtabgabe oder verspätete Abgabe bewirkten Steuerverkürzung eine **Geldbuße oder Geldstrafe** verhängt wird. Dies ist auch kein Verstoß gegen den Grundsatz des Art. 103 Abs. 3 GG, wonach wegen derselben Tat nicht zweimal bestraft werden kann. Denn der Verspätungszuschlag stellt keine Strafe dar. Aus denselben Gründen hindert auch eine strafbefreiende Selbstanzeige nicht die Festsetzung eines Verspätungszuschlages, wenn damit verbunden zum ersten Mal eine Steuererklärung abgegeben wird. **Säumniszuschlag** und Verspätungszuschlag sind ebenfalls nebeneinander denkbar und zulässig, da sie unterschiedliche Zielsetzungen und daher andere tatbestandliche Voraussetzungen haben. Während der Säumniszuschlag an die verspätete Zahlung anknüpft, wird Verspätungszuschlag bei keiner oder verspäteter Abgabe von Steuererklärungen erhoben. Ebenso sind Verspätungszuschlag und **Zinsen** (z. B. nach § 233 a AO) nebeneinander möglich.

1102

13.4 Verspätete Abgabe bzw. Nichtabgabe

1103   Das **Ende der Erklärungsfrist oder der gewährten Fristverlängerung** muss für den Stpfl. **eindeutig erkennbar** sein. Soll einem Fristverlängerungsantrag nicht entsprochen werden, ist hierüber unmissverständlich zu entscheiden. Wird einem verspäteten Fristverlängerungsantrag entsprochen, so ist von einer gem. § 109 Abs. 1 Satz 2 AO möglichen rückwirkenden Fristverlängerung auszugehen. Wird ein Fristverlängerungsantrag abgelehnt, so wird in der Praxis häufig eine Nachfrist (von z. B. zwei Wochen) gesetzt. Wird die Steuererklärung innerhalb dieser Nachfrist abgegeben, wird regelmäßig kein Verspätungszuschlag festgesetzt. Will das FA den Fristverlängerungsantrag ablehnen und keine Nachfrist gewähren, sollte dies im Ablehnungsbescheid über die beantragte Fristverlängerung zum Ausdruck kommen. Wegen der **Steuererklärungsfristen** und der Regelungen über die Verlängerung solcher Fristen im Einzelnen wird auf §§ 149, 109 AO und auf Rz. 1092f verwiesen.

Wird eine Steuererklärung in Papierform – obwohl gesetzlich vorgesehen – **nicht unterschrieben**, ist sie als nicht abgegeben zu behandeln. Ermessensgerecht scheint die Festsetzung eines Verspätungszuschlags in diesem Fall jedoch nur dann, wenn die Unterschrift trotz Aufforderung mit Frist nicht innerhalb dieser Frist nachgeholt wird. Bei einer **lückenhaften Steuererklärung** ist zu prüfen, ob sie so mangelhaft ist, dass sie einer nicht abgegebenen Erklärung gleichzustellen ist, vgl. Rz. 1093.

13.5 Entschuldbarkeit der Versäumnis

1104   Von der Festsetzung eines Verspätungszuschlages ist abzusehen, wenn die **Versäumnis entschuldbar** erscheint (§ 152 Abs. 1 und 2 AO). Dabei steht das Verschulden eines gesetzlichen Vertreters oder eines Erfüllungsgehilfen dem eigenen Verschulden gleich. Für Steuererklärungen, die (ohne Berücksichtigung einer Fristverlängerung) nach dem 31.12.2018 einzureichen sind, ist auch das Verschulden eines gewillkürten Vertreters, z. B. eines Steuerberaters, dem Stpfl. zuzurechnen (Art. 97 § 8 Abs. 4 EGAO).

Bei der Frage der Entschuldbarkeit können die Grundsätze, die von der Rechtsprechung zu der Frage der Wiedereinsetzung in den vorigen Stand gemäß § 110 AO entwickelt wurden, entsprechend herangezogen werden. **Arbeitsüberlastung, Personalmangel, vermehrte Belastung** wegen einer Außenprüfung, voraussehbare Abwesenheit wegen Urlaub oder wegen einer Geschäftsreise sind in der Regel **keine Entschuldigungsgründe** für eine verspätete Abgabe oder Nichtabgabe der Steuererklärung. Eine Ausnahme kann nur dann gelten, wenn außergewöhnliche, nicht vorhersehbare Umstände eintreten, wie z. B. die Arbeitsunfähigkeit mehrerer Arbeitskräfte oder des beauftragten Steuerberaters selbst. **Krankheit** kann nur dann ein Entschuldigungsgrund sein, wenn die Erkrankung ursächlich für die Fristversäumnis war. Die Fristversäumnis kann jedoch nicht als entschuldbar erscheinen, wenn im Zeitpunkt der Erkrankung die Frist zur Abgabe der Steuererklärung bereits verstrichen war. Vgl. zum Verschulden weiterführend Teil A 15 Rz. 130 ff.

BEISPIEL

Der Stpfl. wird bei einem Verkehrsunfall am 08.02.01 erheblich verletzt und muss für 14 Tage stationär im Krankenhaus behandelt werden. Die am 10.02.01 fällige Umsatzsteuer-Voranmeldung für den Monat Februar 01 hat er daher erst am 03.03.01 abgegeben.

LÖSUNG Die Versäumnis ist entschuldbar. Bedingt durch den Verkehrsunfall war es dem Stpfl. nicht möglich, die Frist für die Abgabe einzuhalten. Eine Abgabe der Voranmeldung bis zum 08.02.01 ist unzumutbar, da der Stpfl. das Recht hat, Abgabefristen voll auszunützen. Der Verkehrsunfall war nicht absehbar, so dass der Stpfl. auch keine Vorkehrungen treffen konnte.

13.6 Vor dem 31. 12. 2018 einzureichende Steuererklärungen

Durch das StModernG wurde der Verspätungszuschlag umfangreich neu geregelt. Die bis-   **1105**
herige Regelung ist noch anzuwenden bei Steuererklärungen, die vor dem 1.1.2019 (ohne
Berücksichtigung einer Fristverlängerung) einzureichen sind. Beispielsweise ist die bisherige
Regelung **letztmals** anzuwenden auf die **Steuererklärungen 2017**, die gem. § 149 Abs. 2 AO bis
zum 31.5.2018 einzureichen ist. Allerdings kann es zur Bestimmung eines späteren Anwen-
dungszeitpunks durch ein BMF-Schreiben kommen, wenn bis zum 30.6.2018 erkennbar ist,
dass die technischen oder organisatorischen Voraussetzungen für die Neuregelung noch nicht
erfüllt sind (vgl. Art. 97 § 8 Abs. 4 Satz 2 EGAO).

13.6.1 Ermessensentscheidung über die Festsetzung

Nur wenn eine nicht entschuldbare Fristüberschreitung vorliegt, kann das FA einen Ver-   **1105a**
spätungszuschlag festsetzen. Hierbei ist zu entscheiden, ob (**Entschließungsermessen**) und ggf.
in welcher Höhe (**Auswahlermessen**, Rz. 1105b) festzusetzen ist.

Kriterien für die Frage, ob ein Verspätungszuschlag festzusetzen ist, können z. B. sein:
Erklärungsverhalten in der Vergangenheit, Androhung und Festsetzung von Zwangsgeld,
Androhung und Schätzung der Besteuerungsgrundlagen, Anhalten des Steuerpflichtigen zu
künftiger fristgerechter Abgabe von Steuererklärungen oder Dauer der Fristüberschreitung. So
ist etwa die Festsetzung eines Verspätungszuschlages dann nicht gerechtfertigt, wenn es sich bei
der Verspätung um ein vereinzeltes, offenkundiges Versehen oder lediglich um eine kurze Fristüberschreitung handelt.

Im Hinblick auf das Ermöglichen eines ordnungsgemäßen Veranlagungsverfahrens ist es
nicht ermessensfehlerhaft, wenn das FA eine nicht nur geringfügig verspätet abgegebene Steuererklärung wegen Arbeitsüberlastung nicht unmittelbar aber innerhalb einer angemessenen
Frist bearbeitet. Erst wenn auch bei fristgerechter Abgabe eine Bearbeitung der Erklärung nicht
möglich gewesen wäre, kann die Festsetzung eines Verspätungszuschlags ermessensfehlerhaft
sein (vgl. BFH vom 19. 06. 2001 BStBl II 2001, 618 und vom 26. 09. 2001 BStBl II 2002, 120). Der
präventive Zweck kann bei der Festsetzung eines Verspätungszuschlags soweit im Vordergrund
stehen, dass andere Kriterien zur Beurteilung der begangenen Pflichtverletzung wie etwa die
Störung des ordnungsgemäßen Veranlagungsverfahrens keine besondere Bedeutung mehr beizumessen ist (BFH vom 26. 06. 2002 BStBl II 2002, 679).

Bei **steuerlich nicht beratenen Stpfl.** wird in der Praxis im Allgemeinen von der Festsetzung eines Verspätungszuschlags abgesehen, wenn diese ihre Erklärung nach dem (i. d. R.)
31.05. (vgl. § 149 Abs. 2 Satz 1 AO) aber vor dem 31. 12. (allgemeine Fristverlängerung für Steuerberater etc.) des Folgejahres abgeben. **Fällt die Steuerpflicht weg**, ist die Festsetzung eines
Verspätungszuschlags in aller Regel nicht gerechtfertigt, weil die Zielsetzung des Verspätungszuschlags, den Stpfl. zur künftigen zeit- und fristgerechter Erfüllung der Erklärungspflichten
anzuhalten, nicht mehr erreicht werden kann. Ebenfalls sinnlos ist die Festsetzung eines Verspätungszuschlags, wenn er auch **nicht** zwangsweise im Beitreibungsverfahren **realisiert werden kann**. In diesem Fall sollte gem. § 156 Abs. 2 AO eine Festsetzung unterbleiben.

13.6.2 Ermessensentscheidung über die Höhe

1105b   Wird das Entschließungsermessen bejaht, so stellt sich die Frage nach der Höhe des Verspätungszuschlages. Von der Festsetzung eines Verspätungszuschlages sollte grundsätzlich abgesehen werden, wenn dessen Höhe unter 10 € liegen würde (vgl. Rechtsgedanke des § 156 Abs. 1 Nr. 1 AO). Nach Verwaltungsanweisung sollen bei Jahreserklärungen Verspätungszuschläge unter 25 € nicht festgesetzt werden, da mit einem solchen Verspätungszuschlag wohl keine Verbesserung des Abgabeverhaltens erreicht werden könne. Jedoch können danach bei Steueranmeldungen im Gegensatz zu Jahreserklärungen auch Verspätungszuschläge unter 25 € sinnvoll sein (LfSt Bayern vom 30. 11. 2012 – S 0323.1.1–2/1 St 42).

Nach § 152 Abs. 2 AO sind bei der Bemessung des Verspätungszuschlages **neben** dessen **Zweck**, den Stpfl. zur rechtzeitigen Abgabe der Steuererklärung anzuhalten, folgende Faktoren zu berücksichtigen:

a) **Dauer der Fristüberschreitung**,

b) die Höhe des sich aus der Steuerfestsetzung ergebenden **Zahlungsanspruchs** (vgl. Rz. 1105c),

c) die aus der verspäteten Abgabe der Steuererklärung gezogenen **Vorteile**,

d) das **Verschulden**,

e) die wirtschaftliche **Leistungsfähigkeit** des Stpfl.

Maßgebend ist das Gesamtbild des Falles, wobei die genannten Kriterien grundsätzlich gleichwertig sind (vgl. BFH vom 15. 03. 2007, VI R 29/05, BFH/NV 2007, 1076 m. w. Nw.).

Die Höhe des Verspätungszuschlags wird also beeinflusst von den Vorteilen, die der Stpfl. durch die verspätete Abgabe der Steuererklärung gewonnen hat. Darunter ist insbesondere der **Zinsgewinn** zu verstehen, der erlangt wurde, weil die Veranlagung nicht rechtzeitig erfolgen konnte und damit die Abschlusszahlung später zu entrichten war. Hierbei kann sich das FA an dem Durchschnitt zwischen Habens- und Schuldzinsen des Kapitalmarkts orientieren oder den Zinsvorteil konkret ermitteln bzw. konkrete Umstände des Einzelfalls einfließen lassen (BFH vom 11. 06. 1997 BStBl II 1997, 642). Aus Vereinfachungsgründen kann der Zinsvorteil auch in Anlehnung an die §§ 238, 240 AO mit etwa 0,5 % des aufgrund der Veranlagung nachzuzahlenden Betrages für jeden Monat der Fristversäumnis angesetzt werden (so auch BFH vom 10. 10. 2001 BStBl I 2002, 124). Allerdings ist die Erzielung eines finanziellen Vorteils durch die verspätete Abgabe der Steuererklärung keine unbedingte Voraussetzung für die Festsetzung eines Verspätungszuschlags (BFH vom 26. 04. 1989 BStBl II 1989, 693). Zudem wird der Zinsvorteil grundsätzlich bereits durch die Vollverzinsung nach § 233 a AO aufgewogen. Die Zeiten, für die gemäß § 233 a AO Zinsen erhoben werden, sind bei der Ermittlung des Zinsvorteils ganz oder teilweise (je nach Marktzins) außer Betracht zu lassen (BFH vom 14. 06. 2000 BStBl II 2001, 60).

Die Höhe des Verspätungszuschlags ist auch an der im Zeitpunkt der Festsetzung vorliegenden **wirtschaftlichen Leistungsfähigkeit** des Stpfl. zu orientieren. Diese ist an den erzielten Einkünften oder dem Vermögen zahlenmäßig ablesbar. Es ist deshalb zulässig, einen bestimmten Vomhundertsatz der Einkünfte als weitere Bemessungsgrundlage zu wählen. Nicht von der Wegnahme des erlangten wirtschaftlichen Vorteils, sondern von der darüber hinausgehenden Auferlegung einer Geldsanktion geht der eigentliche Druck auf den Stpfl. aus (vgl. BFH vom 09. 04. 1987, BFH/NV 1988, 750).

Insbesondere bei dem Zweck des Druckausübens ist die Häufigkeit der Fristüberschreitung und dem **Grad des Verschuldens** des Stpfl. Rechnung zu tragen (BFH vom 30. 04. 1987 BStBl II 1987, 543). Beim Grad des Verschuldens ist zu berücksichtigen, ob der Stpfl. vorsätzlich, grob oder leicht fahrlässig die Erklärungsfristen versäumt hat. Im Rahmen der Ermessens-entscheidung kann erschwerend berücksichtigt werden, dass der Stpfl. auch in der Vergangen-heit seinen Erklärungspflichten ungenügend nachgekommen ist oder bereits frühere Verspä-tungszuschläge keine erzieherische Wirkung hatten. Bei jahrelanger unentschuldigter Abgabe mit erheblicher Verspätung bzw. Nichtabgabe kann der Verspätungszuschlag auch mit dem zulässigen Höchstbetrag (im Streitfall damals 10 000 DM) festgesetzt werden, ohne dass in die-sem Fall einer Berechnung des Zinsgewinns bedürfte (vgl. BFH vom 14. 06. 2000 BStBl II 2001, 60).

13.6.3 Bemessungsgrundlage und Höhe

Bemessungsgrundlage für die Festsetzung des Verspätungszuschlags ist die **festgesetzte**   1105c
Steuer bzw. der **festgesetzte Messbetrag** oder bei gesondert festzustellenden Besteuerungs-grundlagen die **steuerliche Auswirkung.**

Beträgt die **festgesetzte Steuerschuld** (vor Anrechnung von z. B. Steuerabzugsbeträgen und Vorauszahlungen) bzw. ist der Messbetrag oder die steuerliche Auswirkung **0 € oder nega-tiv** (z. B. Vorsteuerüberschuss bei der Umsatzsteuer), ist die Festsetzung eines Verspätungszu-schlages nicht zulässig (BFH vom 16. 05. 1995 BStBl II 1996, 259). Dies gilt nicht, wenn sich eine festgesetzte Steuer durch **Anrechnung von Steuerabzugsbeträgen oder Vorauszahlungen** so verringert, dass sich eine **Erstattung** ergibt. Hier ist die Festsetzung eines Verspätungszuschla-ges grundsätzlich möglich, wenn z. B. ein besonders schwerwiegendes Verschulden des Stpfl. zu berücksichtigen ist oder der ordnungsgemäße Gang der Veranlagung durch die Nichtabgabe oder verspätete Abgabe erheblich gestört wurde. Der Umstand der Erstattung ist im Rahmen des Auswahlermessens mindernd zu berücksichtigen; der Höhe des sich aus der Steuerfestset-zung ergebenden Zahlungsanspruchs muss nur "genügende Beachtung" geschenkt werden (BFH vom 14. 04. 2011, V B 100/10, BFH/NV 2011, 1288).

Gemäß § 152 Abs. 4 AO ist bei der Festsetzung des Verspätungszuschlages bei Steuererklä-rungen für gesondert festzustellende Besteuerungsgrundlagen dieser nach **den steuerlichen Auswirkungen** zu bemessen, die die aufgrund der Erklärung vorzunehmende gesonderte Fest-stellung für die Folgebescheide hat. Diese Auswirkungen können in Anlehnung an die zur Streitwertbemessung entwickelten Grundsätze z. B. wie folgt geschätzt werden (vgl. LfSt Bayern vom 30. 11. 2012 – S 0323.1.1–2/1 St 42; mit leichten Abweichungen ebenso FinMin NRW vom 25. 08. 2011 – S 0323):

- bei der **einheitlichen und gesonderten Feststellung von Einkünften** ein Betrag von
  25 % bei Einkünften bis einschl. 25 000 €
  30 % bei Einkünften bis einschl. 125 000 €
  35 % bei Einkünften bis einschl. 250 000 €
  40 % bei Einkünften ab 250 001 €.
- bei der **gesonderten Feststellung von Einkünften:**
  Zunächst ist die Bemessungsgrundlage nach den Grundsätzen für eine einheitliche und gesonderte Feststellung zu schätzen (Hinweis: Jedoch ist von der konkreten einkommen-steuerlichen Auswirkung eines zwischenzeitlich ergangenen Einkommensteuerbescheids des Wohnsitzfinanzamts auszugehen, wenn die Einkommensteuer erheblich niedriger als geschätzt festgesetzt wird (BFH vom 20. 07. 2005 BFH/NV 2005, 2032).
- bei **Einheitswertfeststellungen** von Grundbesitz für Zwecke der Grundsteuer ein Betrag von 6 % des festgestellten Einheitswerts

- bei der **gesonderten Feststellung von Grundbesitzwerten** für Zwecke der Erbschaft- und Schenkungsteuer ein Betrag von (vgl. BFH vom 11. 01. 2006 BStBl II 2006, 333):

  10 % bei Grundstückwerten bis einschl. 512 000 €

  20 % bei Grundstückwerten bis einschl. 12 783 000 €

  25 % bei höheren Grundstückwerten.

Beträgt die **steuerliche Auswirkung der Feststellungserklärung 0 €**, ist die Festsetzung eines Verspätungszuschlags unzulässig (BFH vom 16. 05. 1995 BStBl II 1996, 259). Zu Feststellungsbescheiden über **negative Beträge** wird kein Verspätungszuschlag festgesetzt.

Bei einem **festzusetzenden Messbetrag** (z. B. Gewerbesteuermessbetrag) ist Bemessungsgrundlage der Messbetrag ohne Anwendung der Hebesätze der Gemeinden. Hierbei handelt es sich um eine »Bevorzugung« der Realsteuern, da es dem gegenüber bei der gesonderten Feststellung gemäß § 152 Abs. 4 AO auf deren steuerliche Auswirkung ankommt, hier aber nur der Messbetrag als Bemessungsgrundlage dient.

Der Verspätungszuschlag darf gemäß § 152 Abs. 2 AO **10 % (relative Grenze)** dieser jeweiligen Bemessungsgrundlagen und absolut **25 000 € (absolute Grenze)** nicht übersteigen. Ein Verspätungszuschlag von mehr als 5 000 € ist nur festzusetzen, wenn mit einem Verspätungszuschlag von bis zu 5 000 € ein durch die verspätete Abgabe der Steuererklärung/Steueranmeldung entstandener Zinsvorteil nicht ausreichend abgeschöpft werden kann (AEAO zu § 152 Nr. 6). Der absolute Höchstbetrag kann zur Abschöpfung von Zinsvorteilen nicht nur in außergewöhnlichen Fällen, etwa bei Zusammentreffen mehrerer erschwerender Umstände, angewandt werden. Er ist nur ein Korrektiv (**Kappungsgrenze**) zur Anwendung eines ermessensgerecht ermittelten Prozentsatzes bezogen auf die festgesetzte Steuer. Vorrangig ist von der prozentualen Höchstgrenze auszugehen, hierbei darf der Höchstbetrag nicht überschritten werden (BFH vom 11. 06. 1997 BStBl II 1997, 642). Dies gilt auch im Fall einer **nachträglichen Änderung** der Festsetzung. Wird die Festsetzung nachträglich geändert, so bleibt die bisherige Festsetzung eines Verspätungszuschlages grundsätzlich unberührt; es sei denn, die relative Höchstgrenze von 10 % wäre überschritten. In einem solchen Fall ist der Verspätungszuschlag gemäß § 130 Abs. 1 AO ggf. nur teilweise zurückzunehmen, vgl. Rz. 2182 ff. .

Zulässig ist, wenn sich das FA **maschinell gefertigter** »Vorschläge« und vorgefertigter Begründungen für die Ermessensentscheidung zur Festsetzung von Verspätungszuschlägen (z. B. im Umsatzsteuer-Voranmeldungsverfahren) bedient, solange der einzelne zur Entscheidung berufene Amtsträger unter Abwägung aller Beurteilungsmerkmale selbst entscheidet, ob der Vorschlag und welche von mehreren Begründungen im Einzelfall mit § 152 AO vereinbar ist (BFH vom 18. 08. 1988 BStBl II 1988, 929).

13.7 Nach dem 31. 12. 2018 einzureichende Steuererklärungen

1106 Ohne ein BMF-Schreiben, welches den Anwendungszeitpunkt hinausschiebt (vgl. Rz. 1105) ist die neue Regelung erstmals auf Steuererklärungen 2018 anzuwenden. Es wird unterschieden zwischen einem Verspätungszuschlag, der nach Ermessen des Finanzamts festzusetzen ist (§ 152 Abs. 1 AO StModernG, und einem ohne Ermessen festzusetzenden Verspätungszuschlag (§ 152 Abs. 2 AO StModernG).

13.7.1 Verspätungszuschlag als Muss-Regelung

1106a Wird eine Steuererklärung, die sich auf ein **Kalenderjahr** oder einen gesetzlich bestimmten Zeitpunkt bezieht, nicht innerhalb von 14 Monaten/bei Land- Forstwirtschaft 19 Monaten nach dem Kalenderjahr/Zeitpunkt oder im Falle der vorzeitigen Anforderung gem. § 152 Abs. 4 AO i. d. F. StModernG (siehe Rz. 1092d) nicht bis zum angeordneten Zeitpunkt abgegeben, ist zwingend ein Verspätungszuschlag festzusetzen (§ 152 Abs. 2 AO i. d. F. des StModernG). Ein Zuschlag wird gem. § 152 Abs. 3 AO i. d. F. des StModernG **nicht zwingend** festgesetzt bei:

- ggf. rückwirkender **Fristverlängerung,**
- bei **Null**festsetzungen oder **negativer** festzusetzender Steuer,
- in **Erstattungsfällen**, wenn die anzurechnenden Beträge, wie Lohnsteuer, Kapitalertragsteuer oder Vorauszahlungen, die festzusetzende Steuer übersteigen oder
- bei **jährlich** abzugebenden **Lohnsteuer-Anmeldungen.**

13.7.2 Verspätungszuschlag als Ermessensentscheidung

Soweit nicht zwingend ein Verspätungszuschlag festzusetzen ist, steht eine Festsetzung dem Grund nach im Ermessen des Finanzamts. Beispielsweise in den Null-, Negativ- oder Erstattungsfällen oder bei nicht beratenen Stpfl., die ihre Erklärung nach dem 31.07. (Rz. 1092c), aber noch innerhalb von 14 Monaten nach dem Besteuerungszeitraum abgeben, kann das Finanzamt einen Zuschlag festsetzen.   **1106b**

13.7.3 Bemessungsgrundlage und Höhe

Es ist zu unterscheiden: **1106c**

- Steuererklärungen, die sich auf ein **Kalenderjahr** oder einen gesetzlich bestimmten Zeitpunkt beziehen (»Muss-Regelung«):
  Für jeden angefangenen Monat der Verspätung werden 0,25 % der um die festgesetzten Vorauszahlungen und die anzurechnende Steuerabzugsbeträge verminderten festgesetzten Steuer, mindestens jedoch 25 € festgesetzt. In den sog. »Rentner-Fällen« (Stpfl. konnte bis zum Zugang einer Aufforderung zur Abgabe einer Steuererklärung, davon ausgehen, keine Erklärung abgeben zu müssen) wird kein Zuschlag festgesetzt (§ 152 Abs. 5 Satz 2 und 3 AO i. d. F. des StModernG);
- vierteljährliche und monatliche **Anmeldungen** (z. B. Umsatzsteuer-Voranmeldung und Lohnsteuer-Anmeldungen):
  Die Höhe des Verspätungszuschlags steht im Ermessen des Finanzamts. Kriterien für die Festsetzung sind die Dauer und Häufigkeit der Fristüberschreitung sowie die Höhe der Steuer (§ 152 Abs. 8 AO i. d. F. des StModernG).
  Hinweis: Wird die Anmeldung später als 14 Monate nach Ablauf des gesetzlich bestimmten Zeitpunks abgegeben (z. B. § 18 Abs. 1 Satz 1 UStG; § 41a Abs. 1 Satz 1 EStG), ist die Festsetzung eines Verspätungszuschlags gem. § 152 Abs. 2 AO i. d. F. des StModernG zwar zwingend, aber die Höhe liegt auch in diesem Fall im Ermessen des Finanzamts. Denkbar ist auch die Festsetzung eines Verspätungszuschlags von Null €.
- **Feststellung von Besteuerungsgrundlagen** und **Gewerbesteuererklärungen** sowie Gewerbesteuer-Zerlegungserklärungen:
  Für jeden angefangenen Monat der Verspätung werden 25 € festgesetzt (§ 152 Abs. 6 AO i. d. F. des StModernG).
- **Feststellung von Einkünften:**
  Für jeden angefangenen Monat der Verspätung werden 0,0625 % der positiven Summe der festgestellten Einkünfte, mindestens jedoch 25 € festgesetzt (§ 152 Abs. 6 AO i. d. F. des StModernG).

- **übrige Steuererklärungen** (z. B. Kapitalertragsteuer-Anmeldung oder Erbschaftsteuererklärung):
  Für jeden angefangenen Monat der Verspätung werden 0,25 % der festgesetzten Steuer, mindestens jedoch 10 € festgesetzt (§ 152 Abs. 5 Satz 1 AO i. d. F. des StModernG).

Bei Nichtabgabe der Erklärung wird der Zeitraum der Verspätung bis zum Bekanntgabetag des (ersten) Schätzungsbescheids berechnet (§ 152 Abs. 9 AO i. d. F. des StModernG). Der Verspätungszuschlag ist auf volle Euro abzurunden und darf **höchstens 25 000 €** betragen (§ 152 Abs. 10 AO i. d. F. des StModernG).

13.8 Schuldner des Verspätungszuschlages

1107   Der Verspätungszuschlag ist gegen den **Erklärungspflichtigen** festzusetzen. Wird die Steuererklärung (z. B. eines Minderjährigen oder einer juristischen Person) von einem **gesetzlichen Vertreter** oder einer sonstigen Person i. S. d. §§ 34, 35 AO abgegeben, so ist der Verspätungszuschlag nach dem Urteil des BFH vom 18. 04. 1991 BStBl II 1991, 675 gleichwohl grundsätzlich gegen den Steuerschuldner festzusetzen. Eine Festsetzung gegen den Vertreter kommt nur in Ausnahmefällen in Betracht und ist besonders zu begründen. Ein solcher Fall wäre z. B. die leichtere Beitreibbarkeit des Zuschlages beim Vertreter (AEAO zu § 152 Nr. 1). Hat ein Bevollmächtigter, z. B. ein **Angehöriger der steuerberatenden Berufe**, eine fremde Steuererklärung nicht oder verspätet abgegeben, so ist der Verspätungszuschlag gegen den Stpfl. festzusetzen.

Bei **Personengesellschaften** wird der Verspätungszuschlag gegen diese als Zuschlag zur Steuer festgesetzt, sofern es sich um die verspätete Abgabe von Erklärungen zu Betriebssteuern (z. B. USt) handelt. Im Falle der verspäteten Abgabe von Erklärungen für Gewinnfeststellungen kann das FA den Verspätungszuschlag gegen einen der Erklärungspflichtigen (§ 181 Abs. 2 AO) festsetzen (BFH vom 21. 05. 1987 BStBl II 1987, 764). Es kann aber auch gegen mehrere oder gegen alle festsetzen. Wird gegenüber mehreren oder alle festgesetzt, schulden diese den Zuschlag als Gesamtschuldner i. S. d. § 44 Abs. 1 AO (so nunmehr auch § 152 Abs. 4 AO i. d. F. des StModernG).

Gegen zusammen veranlagte **Ehegatten/Lebenspartner** (§ 26 EStG) kann ein einheitlicher Verspätungszuschlag festgesetzt werden, da diese durch Zusammenwirken eine gemeinsame Steuererklärung abzugeben haben. Deshalb hat jeder Ehegatte/Lebenspartner nicht nur für sein Verschulden, sondern auch für das des anderen einzustehen (vgl. BFH vom 09. 04. 1987 BStBl II 1987, 540). Die Festsetzung des einheitlichen Verspätungszuschlags kann mit der Steuerfestsetzung in einem zusammengefassten Bescheid verbunden werden, vgl. § 155 Abs. 3 Satz 2 und 3 AO. Die Eheleute/Lebenspartner schulden den Verspätungszuschlag gem. § 44 Abs. 1 AO als Gesamtschuldner.

13.9 Gläubiger des Verspätungszuschlages

1108   Der Verspätungszuschlag fließt der Körperschaft (Bund, Land) zu, die die jeweilige Steuer verwaltet. Für die Gewerbesteuer gilt gemäß § 14 b GewStG für Verspätungszuschläge, welche hinsichtlich des Gewerbesteuermessbetrages festgesetzt werden, eine Ausnahme. Hiernach fließen diese Zuschläge der Gemeinde zu. Bei Beteiligung mehrerer Gemeinden an der Gewerbesteuer steht der Zuschlag der Gemeinde mit dem größten Zerlegungsanteil zu. Ein Hebesatz wird auf den Zuschlag nicht angewandt.

13.10 Festsetzungsverfahren

Der Verspätungszuschlag soll in der Regel mit dem Steuerbescheid, Messbescheid, Zerle- **1109**
gungsbescheid oder Feststellungsbescheid festgesetzt werden (§ 152 Abs. 3 AO; § 152 Abs. 11
AO i. d. F. des StModernG). Einer eigenständigen Festsetzung bedarf es etwa bei der Festsetzung
eines Zuschlags gegen einen gesetzlichen Vertreter oder einer sonstigen Person i. S. d. §§ 34,
35 AO. Auch wenn eine Entscheidung getroffen werden kann, gegen wen von mehreren Erklärungspflichtigen festzusetzen ist, kann eine eigenständige Festsetzung erfolgen.

Erfolgt die Festsetzung **innerhalb eines Monats nach dem Steuerbescheid**, ist dies noch
gegeben, weil der Bescheid noch in sachlichem und zeitlichem Zusammenhang mit dem Steuerbescheid ergeht (BFH vom 11. 06. 1997, X R 14/95, BStBl II 1997, 642). Setzt das Finanzamt im
Steuerbescheid keinen Verspätungszuschlag fest, kann es (außerhalb des sachlichen und zeitlichen Zusammenhangs zum Steuerbescheid) eine solche Festsetzung nicht ohne weiteres nachholen. Nach BFH vom 13. 04. 2010.IX R 43/09, BStBl II 2010, 815 muss das Finanzamt dann
(gute) Gründe haben. Zulässig ist dies z. B., wenn noch zu prüfen ist, ob ein entschuldbares
Versäumnis vorlag (oder nicht), oder welche Umstände und Tatsachen in die Ermessenentscheidung einzubeziehen sind. Insgesamt dürfte eine Festsetzung innerhalb eines Jahres nach
dem Steuerbescheid noch möglich sein (BFH vom 10. 10. 2001, XI R 41/00, BStBl II 2002, 124).
Für nach dem 31. 12. 2018 abzugebende Steuererklärungen (siehe Rz. 1106) dürfte dies nur
noch gelten, wenn dem Finanzamt ein Ermessen zusteht, ob dem Grunde nach ein Zuschlag
festgesetzt wird. Denn in den Fällen des § 152 Abs. 2 AO i. d. F. des StModernG ist zwingend ein
Zuschlag festzusetzen, notfalls eigenständig.

Der Verspätungszuschlag ist eine **steuerliche Nebenleistung** (§ 3 Abs. 4 AO). Er **entsteht**
mit der Bekanntgabe seiner Festsetzung (§ 124 Abs. 1 AO) und wird (nach § 220 Abs. 2 Satz 2 AO
mit seiner Entstehung bzw.) in der Praxis mit Ablauf der vom FA gesetzten Frist gem. § 220
Abs. 2 Satz 1 AO **fällig**. Ist wegen verspäteter Abgabe einer Steueranmeldung ein Verspätungszuschlag mit besonderem Bescheid festzusetzen, ist unabhängig von der (gesetzlich bestimmten) Fälligkeit der Steuer eine Zahlungsfrist gem. § 220 Abs. 2 Satz 1 AO einzuräumen (AEAO
zu § 152 AO, Nr. 5). Eine eigene **Festsetzungsfrist** für Verspätungszuschläge enthält die AO
nicht. Jedoch ist nach Ablauf der **Festsetzungsfrist** für die Steuer von der erstmaligen Festsetzung eines Verspätungszuschlages grundsätzlich abzusehen (AEAO zu § 169 AO, Nr. 5). Die
Frist für die **Zahlungsverjährung** beträgt nach § 228 AO fünf Jahre.

13.11 Rechtsbehelf und Korrekturvorschriften

Gegen die Festsetzung eines Verspätungszuschlages ist der **Einspruch** (§ 347 AO) zulässig. **1110**
Ist ein Verspätungszuschlag **rechtswidrig** (z. B. weil gar keine Verspätung vorlag), so kann der
Zuschlag gemäß § 130 Abs. 1 AO teilweise oder ganz zurückgenommen werden. Ist der Verspä-
tungszuschlag im Zeitpunkt der Festsetzung **rechtmäßig**, könnte die Festsetzung gemäß § 131
Abs. 1 AO widerrufen werden, vgl. Teil L 4 Rz. 2173 ff.

13.11.1 Bis 31.12.18 abzugebende Steuererklärungen

Wird die ursprünglich zugrunde gelegte **Bemessungsgrundlage** z. B. durch Änderungs- **1110a**
bescheid **herabgesetzt**, ist gegebenenfalls auch der Verspätungszuschlag zu mindern. Mindert
das FA nur die Bemessungsgrundlage und nicht auch den Verspätungszuschlag, kann der Stpfl.
dessen Minderung beantragen. Gegen eine Ablehnung dieses Antrags ist der Einspruch zuläs-

sig. Wird die ursprünglich zugrunde gelegte **Bemessungsgrundlage heraufgesetzt**, so kommt eine Heraufsetzung des Verspätungszuschlages nur unter den Voraussetzungen des § 130 Abs. 2 AO in Betracht.

13.11.2   Nach dem 31.12.18 abzugebende Steuererklärungen

1110b   Das StModernG führt in § 152 Abs. 12 AO eine **eigenständige Korrekturvorschrift** für den Fall ein, dass sich die Bemessungsgrundlage ändert, die der Festsetzung des Verspätungszuschlags zu Grunde lag. Wird ein Steuer-, Feststellungs-, Messbetragsbescheid oder eine Anrechnungsverfügung geändert, zurückgenommen, widerrufen oder berichtigt, ist ein festgesetzter Verspätungszuschlag entsprechend aufzuheben, zu ermäßigen oder zu erhöhen (soweit nach einer Änderung nicht auch die Mindestbeträge von 10 € bzw. 25 € anzusetzen sind und sich keine rechnerische Änderung gibt). Änderungen durch Verlustrückträge nach § 10d EStG und durch rückwirkende Ereignisse i. S. d. § 175 Abs. 1 Satz 1 Nr. 2 AO werden nicht berücksichtigt.

14   Zwangsgeld

14.1 Allgemeines

1111   Das Zwangsgeld ist **eines der Zwangsmittel**, mit denen die Finanzbehörden Verwaltungsakte durchsetzen kann, die auf Vornahme einer Handlung (z. B. Abgabe einer Steuererklärung) oder Duldung oder auf Unterlassung gerichtet sind (§ 328 Abs. 1 AO). Es ist **in der Praxis das am häufigsten angewandte Zwangsmittel**, da es den Steuerbürger am geringsten beeinträchtigt (§ 328 Abs. 2 AO). Das Zwangsgeld ist abzugrenzen vom Verspätungszuschlag gem. § 152 AO als Druckmittel zur Abgabe einer Steuererklärung und von Säumniszuschlägen gem. § 240 AO als Druckmittel zur rechtzeitigen Entrichtung von Steuern. Sämtliche vorgenannten steuerlichen Nebenleistungen können bei einer Steuerart und einem Steuerjahr auftreten.

> **BEISPIEL**
>
> Der Steuerpflichtige gibt die Einkommensteuererklärung 03 erst nach Festsetzung eines Zwangsgeldes ab. Wegen der erheblichen verspäteten Abgabe setzt das FA einen Verspätungszuschlag fest. Weil der Steuerpflichtige die sich ergebende Einkommensteuer-Abschlusszahlung nicht rechtzeitig entrichtet, entstehen gem. § 240 AO Säumniszuschläge.

Mit Zwangsgeld **erzwingbar** sind u. a.:
- Abgabe von Steuererklärungen (§ 149 Abs. 1 AO i . V. m. dem jeweiligen Einzelsteuergesetz; für jede Abgabenart und Veranlagungsjahr gesondert),
- Abschlussunterlagen zur Steuererklärung (§ 60 EStDV),
- Erteilung von Auskunft (§§ 93, 200 AO),
- Vorlage von Urkunden (§§ 97, 200 AO),
- Duldung einer Betriebsprüfung (§§ 193 ff. AO).

Mit Zwangsgeld **nicht erzwingbar** sind u. a.:
- auf Geldleistungen gerichtete Verwaltungsakte,
- die Befolgung von Sollvorschriften, z. B. die Begründung eines Einspruchs (§ 357 Abs. 3 AO),
- die Versicherung an Eides statt (§ 95 Abs. 6 AO),

- die Erteilung von Auskünften, sofern ein Auskunftsverweigerungsrecht besteht (§§ 101 ff. AO),
- Auskünfte des Steuerpflichtigen im Besteuerungsverfahren oder im bereits eingeleitetem Steuerstrafverfahren, wenn er dadurch gezwungen würde, sich selbst wegen einer von ihm begangenen Steuerstraftat oder Steuerordnungswidrigkeit zu belasten (§ 393 Abs. 1 Satz 2 und 3 AO).

14.2 Adressat des Zwangsgeldes

Zwangsgelder sind grundsätzlich demjenigen anzudrohen und aufzuerlegen, **der zur Befolgung der Maßnahme verpflichtet ist.** Die Anordnung selbst sowie die Androhung und Festsetzung des Zwangsgeldes sind daher stets gegen denselben Adressaten zu richten. Adressat der Anordnung muss nicht notwendigerweise der Stpfl. sein. Es kann sich auch um auskunftspflichtige Dritte (§ 93 AO) oder um Drittschuldner (§ 316 AO) handeln. Hat der Stpfl. zur Entgegennahme von Verwaltungsakten einen Empfangsbevollmächtigten benannt, so sind diesem auch die gegen den Stpfl. gerichtete Zwangsgeldandrohung und -festsetzung zu übermitteln.

Sind mehrere Personen zur Erfüllung der gleichen Handlung verpflichtet (z. B. **zusammenveranlagte Ehegatten/Lebenspartner** zur Abgabe der Einkommensteuererklärung), so ist **gegen jede Person** ein gesondertes Zwangsgeldverfahren durchführbar. Das Zwangsverfahren könnte grundsätzlich nebeneinander gegen jeden einzelnen Beteiligten betrieben werden. Bei Ehegatten/Lebenspartnern betreiben die Finanzämter in der Praxis das Zwangsgeldverfahren in der Regel gegenüber demjenigen, der die überwiegenden Einkünfte erzielt. Die Adressierung der Zwangsgeldandrohung oder -festsetzung an mehrere Verpflichtete ist nicht zulässig.

Sind **Personenvereinigungen** (z. B. GmbH, AG, oHG, KG, GbR) steuerlich rechtsfähig, trifft sie als Steuerrechtssubjekt die Pflicht zur Abgabe der entsprechenden Steuererklärungen. Diese Pflicht haben ihre gesetzlichen Vertreter, Geschäftsführer oder Mitglieder zu erfüllen (§ 34 AO). Zwangsmittel können sich daher sowohl gegen die Personenvereinigung selbst als auch gegen die für sie handlungspflichtigen Personen richten. Insoweit haben die Finanzbehörden ein Auswahlermessen, wobei es im Regelfall erfolgversprechender ist, eine natürliche Person in ihrer Funktion als gesetzlicher Vertreter, Geschäftsführer oder Mitglied in Anspruch zu nehmen, da nur gegen eine natürliche Person Ersatzzwangshaft nach § 334 Abs. 1 AO angeordnet werden kann.

Soweit es sich um die gesonderte und einheitliche **Feststellung** von Einkünften nach § 180 Abs. 1 Nr. 2 Buchst. a AO handelt (z. B. bei oHG, KG, GbR), ist die Gesellschaft als solche nicht erklärungspflichtig. Nach § 181 Abs. 2 Nr. 1 AO hat eine Erklärung zur gesonderten Feststellung abzugeben, wem der Gegenstand der Feststellung ganz oder teilweise zuzurechnen ist. Zudem sind nach § 181 Abs. 2 Nr. 4 AO für die Gewinnfeststellung von Personengesellschaften auch die in § 34 AO bezeichneten Personen erklärungspflichtig. Damit sind die in § 34 Abs. 1 AO genannten Geschäftsführer der Gesellschaft gemeint, an die sich das FA im Regelfall schon aus Zweckmäßigkeitsgründen wird halten müssen (BFH vom 23.08.1994 BStBl II 1995, 194).

14.3 Androhung des Zwangsgeldes (§ 332 AO)

Zwangsgelder sind grundsätzlich **schriftlich** anzudrohen, § 332 Abs. 1 Satz 1 AO. Nur in Ausnahmefällen kommt eine mündliche Androhung in Betracht, siehe § 332 Abs. 1 Satz 2 AO. Die Androhung kann und wird in der Praxis gem. § 332 Abs. 2 Satz 1 AO **mit dem Verwal-**

1112

1113

tungsakt verbunden werden, durch den die Handlung, Duldung oder Unterlassung aufgegeben wird, z. B. mit der Aufforderung zur Abgabe der Steuererklärung.

Für jede einzelne Verpflichtung (z. B. bei Steuererklärungen für jede Abgabenart und jedes Veranlagungsjahr) ist getrennt ein Zwangsgeld festzusetzen § 332 Abs. 2 Satz 2 AO. Bei mehreren Verpflichtungen können verschiedene Zwangsgelder in einer Verfügung zusammen angedroht werden, wobei jedoch deutlich werden muss für welche Verpflichtung welches Zwangsgeld festgesetzt wird und was der Stpfl. bei Nichterfüllung der Verpflichtung zu erwarten hat. Des Weiteren ist das Zwangsgeld in einer konkret bestimmten Höhe anzudrohen, § 332 Abs. 2 Satz 3 AO, wobei das einzelne Zwangsgeld 25 000 € nicht übersteigen darf (§ 329 AO). Für die Erfüllung der geforderten Verpflichtung ist dem Stpfl. eine **angemessene Frist** zu bestimmen (§ 332 Abs. 1 Satz 3 AO). In der Regel wird bei der Abgabe von Steuererklärungen eine Frist von zwei bis vier Wochen angemessen sein. Die Frist kann (auch rückwirkend) gem. § 109 Abs. 1 AO verlängert werden. Wird eine Steuererklärung innerhalb der Frist abgegeben, hat sich die Androhung erledigt. Die Festsetzung eines Verspätungszuschlags gem. § 152 AO bleibt gleichwohl möglich, weil es sich bei der vorgenannten Frist um keine Verlängerung der Frist zur Abgabe einer Steuererklärung handelt.

Eine **neue Androhung wegen derselben Verpflichtung** ist nach § 332 Abs. 3 Satz 1 AO erst dann zulässig, wenn das zunächst angedrohte Zwangsgeld erfolglos geblieben ist. Was unter »erfolglos geblieben« zu verstehen ist, ist unklar (Hohrmann in Hübschmann/Hepp/Spitaler, AO/FGO, Stand 03/2016, § 332 AO, Rz. 20). Einerseits könnte dies das Verstreichen der in der vorangegangenen Androhung gesetzten Frist bedeuten, ohne dass die Anordnung befolgt wurde (|Hessisches FG vom 26. 10. 1989 EFG 1990, 154). Andererseits könnte Erfolglosigkeit auch erst dann anzunehmen sein, wenn das bisher angedrohte Zwangsgeld nach § 333 AO festgesetzt und/oder (ggf. ergebnislos) vollstreckt wurde und der Steuerpflichtige trotz Androhung, Festsetzung und Zahlung bzw. Ersatzzwangshaft seine Pflicht nicht erfüllt hat. In der Praxis setzen die Finanzämter ein neues Zwangsgeld erst nach Festsetzung und Vollstreckung des ersten Zwangsgelds fest.

14.4 Festsetzung des Zwangsgeldes (§ 333 AO)

1114 Wird die durch einen wirksamen, erzwingbaren und vollstreckbaren Verwaltungsakt (**Finanzbefehl**) aufgegebene Verpflichtung innerhalb der in der (wirksamen) Zwangsgeldandrohung bestimmten Frist nicht erfüllt oder handelt der Stpfl. der Verpflichtung zuwider, ist **das Zwangsgeld alsbald festzusetzen**. Das Zwangsgeld ist eine angemessene Frist nach Ablauf der Frist festzusetzen. Die Verwaltung geht hierbei von einem Zeitraum von bis zu sechs Wochen aus (LfSt Bayern vom 17. 12. 2012, S 0560.2.1–1/7 St 42). Das Hessische Finanzgericht vom 26. 02. 1999, 4 K 3795/98 hat einen Zeitraum von acht Wochen akzeptiert.

Das festzusetzende Zwangsgeld darf das angedrohte nicht übersteigen. Mit der Festsetzung des angedrohten Zwangsgeldes kann **zugleich ein weiteres Zwangsgeld** wegen derselben Verpflichtung **angedroht** werden.

14.5 Rechtsbehelfe

1115 Bereits der **Verwaltungsakt**, mit dem die Vornahme einer Handlung oder eine Duldung oder Unterlassung gefordert wird, kann mit dem Einspruch (§ 347 AO) angefochten werden.

Des Weiteren ist sowohl **gegen die Androhung** als auch **gegen die Festsetzung** von Zwangsgeld der Einspruch nach § 347 Abs. 1 AO gegeben, wobei in diesen Verfahren Einwendungen gegen den zu vollstreckenden Verwaltungsakt nicht mehr zulässig sind. Weist die Androhung oder Festsetzung Mängel auf, die nicht im Rechtsbehelfsverfahren geheilt werden können, oder ist der Verwaltungsakt aus sonstigen Gründen rechtswidrig, so ist er gem. § 130 Abs. 1 AO zurückzunehmen. Ist die Androhung fehlerhaft, ist nach deren Aufhebung auch die Zwangsgeldfestsetzung nach § 130 Abs. 1 AO aufzuheben, weil die Festsetzung eines Zwangsgelds eine wirksame Androhung voraussetzt.

Wird nach einem Einspruch gegen die Zwangsgeldandrohung die Verpflichtung erfüllt, kommt eine Festsetzung des angedrohten Zwangsgeldes nicht mehr in Betracht. Einem gegen die Zwangsgeldandrohung eingelegten Rechtsbehelf fehlt dann das Rechtschutzbedürfnis und damit die Beschwer nach § 350 AO (AEAO zu § 350 Nr. 6); er ist unzulässig geworden und muss nach § 358 Satz 2 AO als unzulässig verworfen werden.

14.6 Ersatzzwangshaft

Gegen natürliche Personen festgesetzte Zwangsgelder können nach § 334 AO auf Antrag des FA bei **Uneinbringlichkeit** durch Beschluss des **zuständigen Amtsgerichtes** in Ersatzzwangshaft umgewandelt werden. Voraussetzung ist, dass **bei Androhung des Zwangsgelds** auf die Möglichkeit der Ersatzzwangshaft **hingewiesen** wurde, § 334 Abs. 1 Satz 1 2. HS AO. Uneinbringlich ist das festgesetzte Zwangsgeld, wenn die Vollstreckung nach §§ 259 ff. AO ohne Erfolg geblieben ist oder die Erfolglosigkeit feststeht (vgl. § 249 Abs. 2 AO). Vor der Vollstreckung des durch das Amtsgericht erlassenen Haftbefehls ist dem Stpfl. letztmalig die Gelegenheit zu geben, der Aufforderung des FA nachzukommen. Nimmt der Verpflichtete auch diese letzte Gelegenheit zur Abwendung der Haft nicht wahr, ist entweder beim Gerichtsvollzieher oder bei der Geschäftsstelle des Amtsgerichts die Verhaftung des Stpfl. zu beantragen. Die **Haftdauer** für das einzelne Zwangsgeld beträgt nach § 334 Abs. 3 Satz 1 AO mindestens einen Tag, höchstens zwei Wochen. Bei mehreren Zwangsgeldern wegen derselben Verpflichtung können sich in der Summe über zwei Wochen ergeben.

Wird während der Vollziehung der Ersatzzwangshaft das Zwangsgeld gezahlt oder kommt der Stpfl. seiner Verpflichtung nach, ist der Haftvollzug zu beenden.

1116

14.7 Beendigung des Zwangsverfahrens (§ 335 AO)

Wird die Verpflichtung nach Festsetzung des Zwangsgeldes erfüllt, so ist nach § 335 AO der Vollzug einzustellen. Die Einstellung des Vollzugs eines festgesetzten Zwangsgeldes ist in jedem Verfahrensstadium möglich. Hat der Stpfl. jedoch zunächst das Zwangsgeld gezahlt und kommt dann seiner Verpflichtung nach, so hat er keinen Erstattungsanspruch an das FA. Nur in dem Fall, in dem er zuerst seiner Verpflichtung nachkommt und z. B. am nächsten Tag das Zwangsgeld durch einen Vollziehungsbeamten beigetrieben wird (Überschneidung von Postläufen), hat der Stpfl. einen Anspruch auf Rückzahlung des Zwangsgeldes, da der Vollzug mit Erfüllung der Verpflichtung unverzüglich einzustellen ist.

1117

**1118–1219
frei**

Teil H Die Lehre vom Steuerverwaltungsakt

1 Allgemeines

1220 Der Verwaltungsakt (Steuerverwaltungsakt) ist von zentraler Bedeutung für das gesamte Steuerverwaltungsrecht. **Durch Steuerverwaltungsakt bestimmt die Finanzbehörde hoheitlich** und einseitig gegenüber dem Bürger, **was im Einzelfall verbindlich ist.**

BEISPIEL

a) Steuerbescheide sind besondere Steuerverwaltungsakte. Durch sie setzt das Finanzamt verbindlich die Art der Steuer (ESt, USt, usw.), die Höhe der Steuer (z. B. 13 695 €) und den Schuldner der Steuer (z. B. Karl Müller) fest (vgl. § 157 Abs. 1 Satz 2 AO).

b) Sonstige Steuerverwaltungsakte ist z. B. die Festsetzung von Verspätungszuschlägen (§ 152 AO) gegen denjenigen, der seine Steuererklärung nicht rechtzeitig abgegeben hat, oder die Stundung (§ 222 AO), mit der die Fälligkeit einer Steuerschuld hinausgeschoben wird.

Steuerverwaltungsakte sind Maßnahmen, mit denen unmittelbar in die steuerliche Rechtsstellung des Stpfl. eingegriffen wird. Mit Hilfe von Verwaltungsakten tut die Finanzbehörde ihren Willen auf dem Gebiet des Steuerrechts kund. Sie wird hoheitlich tätig, d. h. sie handelt im Über-/Unterordnungsverhältnis. Der Stpfl. muss sich dem Verwaltungsakt unterwerfen.

1221 Sollte der Verwaltungsakt nicht befolgt werden, kann die Behörde ihn **zwangsweise im Vollstreckungsverfahren durchsetzen (§§ 249 ff. AO).** Dabei ist sie im Gegensatz zum Privatrecht, wo die Parteien gleichgeordnet sind, grundsätzlich nicht auf die Hilfe der Gerichte angewiesen. In seiner rechtlichen Wirkung ist der Verwaltungsakt insoweit mit einem gerichtlichen Urteil (Titel) vergleichbar. Die Finanzbehörden vollstrecken Verwaltungsakte durch eigene Vollstreckungsbeamte. Sie müssen dazu nicht – wie im Privatrecht – z. B. Gerichtsvollzieher beauftragen.

BEISPIEL

Das Finanzamt hat dem X ein altes Dienstfahrzeug für 1 500 € verkauft. Ferner schuldet X 2 000 € Einkommensteuer, die das Finanzamt durch Steuerbescheid festgesetzt hat. X zahlt weder den Kaufpreis noch die Einkommensteuerschuld.
LÖSUNG Bei den 1 500 € handelt es sich um einen privatrechtlichen Anspruch (§ 433 Abs. 2 BGB). Hier sind Finanzamt und X gleichgeordnet. Um den Kaufpreis zu erhalten, muss das Finanzamt gegen X vor dem Amtsgericht klagen. Sollte es ein obsiegendes Urteil (Titel) erstreiten, muss es ggf. den Gerichtsvollzieher mit der Einziehung des Geldes bei X beauftragen.
Hinsichtlich Beitreibung der 2 000 € Einkommensteuer ist die Rechtslage für das Finanzamt sehr viel günstiger. Der Steuerbescheid ist ein vollstreckbarer Verwaltungsakt (§ 249 AO). Das Finanzamt sendet einen »eigenen Bediensteten« (den Vollziehungsbeamten) zu X, der das Geld gem. §§ 281 ff. AO zwangsweise eintreiben kann.

Bei derartigen Machtbefugnissen darf die Behörde Verwaltungsakte nicht willkürlich erlassen. Sie ist vielmehr streng an **Recht und Gesetz gebunden (§ 85 AO).** Von der gesetzlich gewollten Regelung darf die Finanzbehörde nicht abweichen. Auch eine Vereinbarung mit dem Stpfl. über die Höhe der Steuerschuld ist nicht zulässig. Dies gebietet der Grundsatz der Gleichmäßigkeit der Besteuerung (§ 85 AO). Siehe dazu oben Rz. 71.

Da die Finanzbehörde durch einen Verwaltungsakt in die Rechtsstellung des Bürgers eingreift, muss dieser auch die Möglichkeit haben, sich dagegen wehren zu können. Der Stpfl. kann daher gegen Steuerverwaltungsakte Einspruch (§ 347 AO) einlegen, und, falls dieser erfolglos ist, vor dem Finanzgericht klagen (§ 40 FGO). Gegen Maßnahmen, die keine Verwaltungsakte sind (sog. schlichtes Verwaltungshandeln), steht dem Stpfl. kein ordentlicher Rechtsbehelf der AO zu.

1222

2 Der Begriff des Steuerverwaltungsaktes (§ 118 AO)

Die Bediensteten der Finanzbehörden treffen viele unterschiedliche Maßnahmen. Sie setzen Steuern fest, treffen innerdienstliche Weisungen, erlassen Richtlinien, gewähren Stundungen, geben Zusagen und Auskünfte, führen Außenprüfungen durch, drohen Zwangsmittel an, verlängern Fristen oder kaufen Papier und Radiergummis für den Verwaltungsgebrauch ein. **Nicht alle dieser Handlungen sind Verwaltungsakte.** Sie sind es nur dann, wenn sie Voraussetzungen des § 118 AO (Definitionsnorm) erfüllen.

1223

Die **Abgrenzung** von Verwaltungsakten von anderen Maßnahmen der Finanzbehörden ist u. a. wichtig für das Wirksamwerden, eine eventuelle Korrektur, die Einlegung eines Rechtsbehelfs und die Vollstreckung. Der Verwaltungsakt wird mit der Bekanntgabe nach § 124 AO gegenüber der Behörde und dem Stpfl. wirksam. Er kann nach der Bekanntgabe nur aufgrund besonderer gesetzlicher Vorschriften korrigiert werden (§§ 129 ff. AO, § 164 Abs. 2 AO, § 165 Abs. 2 AO, §§ 172 ff. AO). Die Einlegung eines förmlichen Rechtsbehelfs ist grundsätzlich nur gegen Verwaltungsakte möglich (§ 347 AO und § 40 FGO). Das Finanzamt kann nach §§ 249 ff. AO nur Verwaltungsakte vollstrecken.

Nach § 118 Satz 1 AO ist ein Verwaltungsakt eine
- behördliche Maßnahme
- auf dem Gebiet des öffentlichen Rechts
- zur Regelung
- eines Einzelfalls
- mit Außenwirkung.

2.1 Behördliche Maßnahme

Eine behördliche Maßnahme ist **jedes willentliche Verhalten** (Tun, Dulden oder Unterlassen) eines Amtsträgers (§ 7 AO), das einer Behörde (§ 6 Abs. 2 AO) zugerechnet werden kann. Einzelheiten dazu werden unter Rz. 1267 ff. (internes Entstehen des Steuerverwaltungsaktes) erörtert. Behördliche Maßnahmen sind nicht Maßnahmen einer Privatperson, Maßnahmen des Gesetzgebers (z. B. Beschließen eines Gesetzes) oder Maßnahmen eines Gerichts (z. B. Gerichtsurteil).

1224

BEISPIELE

a) Der Arbeitgeber behält die vom Arbeitnehmer geschuldete Lohnsteuer ein und führt sie an das zuständige Finanzamt ab.

LÖSUNG Durch die Einbehaltung der Lohnsteuer wird der Arbeitgeber nicht zur Behörde. Der Abzug und die Anmeldung der Lohnsteuer gegenüber dem Arbeitnehmer ist daher kein Verwaltungsakt. Allerdings stehen nach § 168 AO Steueranmeldungen (z. B. Lohnsteueranmeldungen und Umsatzsteuer-Voranmeldungen) Steuerfestsetzung unter dem Vorbehalt der Nachprüfung gleich.

b) Finanzgerichte und der BFH sind ebenfalls keine Behörden, so dass bei gerichtlicher Steuerfestsetzung kein Verwaltungsakt vorliegt.

2.2 Auf dem Gebiet des öffentlichen Rechts (hoheitliche Maßnahme)

1225   Die Maßnahme der Behörde muss auf Normen des öffentlichen Rechts – genauer auf **steu-errechtlichen Vorschriften** – beruhen. Keine Verwaltungsakte sind daher Rechtsgeschäfte der Behörde auf dem Gebiet des Privatrechts wie z. B. Bürgschaft und Sicherungsübereignungen zur Sicherung entstandener Steueransprüche. Solche Maßnahmen sind weder dem Steuerrecht zuzuordnen noch hoheitlich. Hoheitliche Maßnahmen wurzeln im **Über-/Unterordnungsver-hältnis** der öffentlichen Gewalt gegenüber dem Stpfl. Sie werden einseitig gegenüber dem Gewaltunterworfenen getroffen.

2.3 Regelung

1226   Eine Regelung liegt vor, wenn die Maßnahme auf unmittelbare Rechtswirkung gerichtet ist, d. h., wenn nach ihrem Ausspruch eine Rechtsfolge eintreten soll. Die Regelung ist das Kernstück des Verwaltungsaktes. Sie sagt, was rechtens ist, was im konkreten Fall verbindlich gilt. Den Inhalt der Regelung muss der Stpfl. befolgen.

> **BEISPIELE**
>
> a) Ein Einkommensteuerbescheid setzt verbindlich fest, wie viel Einkommensteuer gegenüber einem bestimmten Stpfl. für ein bestimmtes Kj festgesetzt wird.
>
> b) Ein Stundungsbescheid (§ 222 AO) regelt die Höhe des einem Stpfl. gestundeten Betrages und die Dauer der Stundung.

Dagegen enthalten Anregung und Auskunft nach § 89 Abs. 1 AO keine Regelung. Der Stpfl. kann sich an diese Maßnahmen halten oder nicht. Sie setzen ihm gegenüber keine unmittelbaren Rechtsfolgen. Dies gilt auch für Vorbereitungshandlungen für den Erlass eines künftigen Verwaltungsaktes oder für die bloße Auszahlung von Steuererstattungen. Solche Maßnahmen ohne Regelungsinhalt werden als **Realakte** oder als **schlichtes Verwaltungshandeln** bezeichnet.

2.4 Einzelfall

1227   Ein Verwaltungsakt ist nur gegeben, wenn ein Einzelfall geregelt wird. Es muss eine »individuelle« und »konkrete« Regelung vorliegen. Individuell ist eine Anordnung, wenn sie sich an eine oder mehrere bestimmte Personen richtet. Konkret ist eine Anordnung, wenn sie einen bestimmten Sachverhalt betrifft.

> **BEISPIEL**
>
> Jeder Einkommensteuerbescheid regelt einen Einzelfall. Er ergeht gegenüber einer bestimmten Person (§ 1 Abs. 1 EStG) und setzt die Einkommensteuer für ein bestimmtes Kj fest.

Dagegen sind formelle Gesetze, Durchführungsverordnungen, Richtlinien, Erlasse und dergl. keine Verwaltungsakte. Diese betreffen eine Vielzahl von Personen (generelle Regelung) und einen vom Einzelfall losgelösten Sachverhalt (abstrakte Regelung).

Verwaltungsakte, die nicht gegenüber namentlich bezeichneten Einzelpersonen oder Rechtsträgern ergehen, sich vielmehr an einen nach allgemeinen Merkmalen bestimmten oder bestimmbaren Personenkreis richten, bezeichnet § 118 Satz 2 AO als Allgemeinverfügung. Sie sind im Steuerrecht sehr selten.

BEISPIELE

Bewilligung von Erleichterungen der Buchführungs-, Aufzeichnungs- und Aufbewahrungspflichten für bestimmte Gruppen gem. § 148 AO.

Anordnung des Ruhens von Einspruchsverfahren gem. § 363 Abs. 2 Satz 3 AO.

Zurückweisung von »Masseneinsprüchen« gem. § 367 Abs. 2b AO.

2.5 Außenwirkung

Ein Verwaltungsakt muss »nach außen gerichtet« sein. Er muss Außenwirkung entfalten. **1228** Das bedeutet, dass der Verwaltungsakt für einen Rechtsträger außerhalb der Verwaltung bestimmt sein muss. Innerdienstliche Anweisungen sind demnach keine Verwaltungsakte.

BEISPIEL

Die OFD weist das Finanzamt an, eine Stundung in einer bestimmten Höhe und Form zu gewähren. Daraufhin verfügt das Finanzamt die Stundung gegenüber dem Stpfl. (§ 222 AO).

LÖSUNG Die Weisung der OFD hat keine Außenwirkung. Sie richtet sich an das Finanzamt und ist deshalb kein Verwaltungsakt. Die Stundungsverfügung des Finanzamts richtet sich gegen den Stpfl., also nach außen. Sie stellt einen Verwaltungsakt dar.

2.6 Weitere Beispiele

Verwaltungsakte sind **1229**

- Ablehnung eines Antrags auf Erlass eines Verwaltungsaktes (z. B. Ablehnung eines Antrags auf Änderung eines Verwaltungsaktes zugunsten des Stpfl. oder der Antragsveranlagung gem. § 46 Abs. 2 Nr. 8 EStG)
- Ablehnung eines Antrags auf Vornahme tatsächlicher Handlungen (z. B. Ablehnung eines Antrags auf Auskunftserteilung oder Akteneinsicht)
- Abrechnungsbescheide (§ 218 Abs. 2 AO)
- Änderung eines Verwaltungsaktes (Korrekturbescheid)
- Anordnung zur Sachverhaltsermittlung (z. B. §§ 90, 93 ff., 135, 141 Abs. 2 und 200 AO)
- Anrechnung oder Abrechnung von Vorauszahlungen oder einbehaltenen Steuerabzugsbeträgen auf die Jahressteuerschuld (z. B. gem. § 36 Abs. 2 Nr. 1 und 2 EStG und § 36 Abs. 4 EStG oder § 18 Abs. 3 UStG; str.!)
- Anrufungsauskunft (§ 42 e EStG)
- Aufhebung eines Verwaltungsaktes
- Aufteilungsbescheide (§ 279 AO)
- verbindliche Auskunft (§ 89 Abs. 2 AO)
- Aussetzung der Steuerfestsetzung gem. § 165 Abs. 1 Satz 4 AO (in vollem Umfang) sowie ihre Ablehnung
- Aussetzung der Vollziehung (§ 361 Abs. 2 AO), Gewährung sowie Ablehnung
- Aussetzung des Verfahrens gem. § 363 Abs. 1 AO
- Billigkeitsmaßnahmen nach § 163 AO (Gewährung oder Ablehnung)
- Buchführungspflicht, Hinweis auf den Beginn gem. § 141 Abs. 2 AO
- Duldungsbescheide (§ 191 AO)
- Eintragung eines Freibetrags auf der Lohnsteuerkarte (§ 39 Abs. 3 EStG und § 39 a Abs. 4 EStG)

- Erlass gem. § 227 AO (Gewährung sowie Ablehnung)
- Feststellung einer Insolvenzforderung gem. § 251 Abs. 3 AO
- Feststellungsbescheide (§ 179 AO)
- Fristsetzung gem. § 364b AO
- Fristverlängerung (§ 109 AO)
- Gewerbesteuerbescheide (soweit diese von den Gemeinden erlassen werden gilt nicht die AO, sondern § 35 Verwaltungsverfahrensgesetz, der § 118 AO entspricht)
- Grundlagenbescheide gem. § 171 Abs. 10 AO
- Grundsteuerbescheide (soweit diese von den Gemeinden erlassen werden gilt nicht die AO, sondern § 35 Verwaltungsverfahrensgesetz, der § 118 AO entspricht)
- Haftungsbescheide (§ 191 AO)
- Korrekturbescheide (Änderung eines Verwaltungsaktes)
- Kostenbescheide
- Leistungsgebot (Zahlungsaufforderung) vgl. § 254 Abs. 1 AO
- Maßnahmen (rechtsregelnde) im Vollstreckungsverfahren (z. B. Pfändung von Sachen oder Forderungen)
- Prüfungsanordnung (§ 196 AO)
- Ruhen des Verfahrens (§ 363 Abs. 2 AO), Anordnung und Ablehnung
- Steueranmeldungen (§§ 167 und 168 AO z. B. i. V. m. § 41 a Abs. 1 EStG oder § 18 Abs. 1 UStG)
- Steuerbescheide (§ 155 Abs. 1 AO)
- Steuermessbescheide (§ 184 AO)
- Steuervergütungsbescheide (§ 155 Abs. 5 AO)
- Stundung gem. § 222 AO (Gewährung sowie Ablehnung)
- Verspätungszuschlag gem. § 152 AO (Festsetzung)
- Vorauszahlungsbescheide (vgl. § 164 Abs. 1 Satz 2 AO)
- Zerlegungsbescheide (§ 188 AO)
- Zinsbescheide (§§ 233 ff., 239 AO)
- Zusagen gem. § 204 AO
- Zuteilungsbescheide (§ 190 AO)
- Zwangsmittel (insbesondere Zwangsgeld, §§ 328 ff. AO), Androhung sowie Festsetzung

1230 **Keine Verwaltungsakte sind**

• Ablehnung eines Befangenheitsantrags gem. § 83 AO	keine Außenwirkung
• Aktenvermerke	keine Regelung und keine Außenwirkung
• Amtshilfeersuchen (§ 111 AO)	Es fehlt die Außenwirkung.
• Anregungen oder Anträge und Mitteilungen des Finanzamts an andere Behörden (z. B. der Antrag auf Durchführung eines Gewerbeuntersagungsverfahrens oder auf Löschung einer GmbH im Handelsregister)	Es fehlen Regelungscharakter und Außenwirkung
• Aufrechnungserklärung des Finanzamts (§ 226 AO)	ist gem. § 226 Abs. 1 AO der Aufrechnungserklärung des Stpfl. gleichgestellt und deshalb lediglich eine öff.-rechtl. Willenserklärung
• Bürgschaftsvertrag als Sicherheitsleistung (§ 241 Abs. 1 Nr. 7 AO und § 244 AO)	öff.-rechtl. Vertrag

• Handlungen rein tatsächlicher Natur (z. B. Auskunft oder Anregung nach § 89 Abs. 1 AO)	Es fehlt an der Regelung. Werden solche Handlungen jedoch abgelehnt, liegt ein Verwaltungsakt vor
• innerdienstliche Weisungen (z. B. des Sachgebietsleiters an den Sachbearbeiter)	keine Außenwirkung
• Mahnung gem. § 259 AO	keine Regelung
• Meinungsäußerung eines Sachbearbeiters	keine Regelung
• Mitteilung der OFD an den Stpfl. über den Inhalt von Anweisungen an ein Finanzamt	keine Regelung gegenüber dem Stpfl.
• OFD-Verfügungen	keine Einzelfallregelung
• Prüfungsbericht (Zusendung)	keine Regelung
• Richtlinien (EStR, UStR, LStR etc.)	keine Einzelfallregelung
• Säumniszuschläge (§ 240 AO)	entstehen kraft Gesetzes und werden nicht festgesetzt. Sie werden i. d. R. ohne Leistungsgebot beigetrieben (§ 254 Abs. 2 AO). Nur die gesonderte Anforderung von Säumniszuschlägen ist ein VA.
• Urteile von Finanzgerichten oder des BFH	Gerichte sind gem. § 6 keine Behörden
• Vollstreckungsankündigungen oder -androhungen	keine Regelung
• Vorschlag des Finanzamts z. B. zur Erledigung eines Einspruchs	keine Regelung

3 Arten der Steuerverwaltungsakte

Steuerverwaltungsakte lassen sich aus systematischen Gründen, insbesondere wegen der Vorschriften über das Korrektur- und Rechtsbehelfsverfahren, nach unterschiedlichen Kriterien einteilen, die nachfolgend dargestellt werden. **1231**

3.1 Begünstigende und belastende Steuerverwaltungsakte

Begünstigende Verwaltungsakte gewähren einen rechtlich erheblichen Vorteil (z. B. Stundung, Erlass, Fristverlängerung), der ohne den Verwaltungsakt nicht wahrgenommen werden darf. Die Rücknahme solcher »sonstigen« Verwaltungsakte ist nur unter den besonderen Voraussetzungen des § 130 Abs. 2 AO und § 131 Abs. 2 AO möglich. **1232**

Belastende Verwaltungsakte legen dem Stpfl. ein Tun, Dulden oder Unterlassen auf, mindern oder beseitigen seine Rechte. Typische belastende Verwaltungsakte sind Steuerbescheide (§ 155 AO), Haftungsbescheide (§ 191 AO), die Festsetzung von Verspätungszuschlägen (§ 152 AO) oder die Androhung und Festsetzung von Zwangsmitteln (§§ 328 ff. AO). Ihre Rücknahme oder ihr Widerruf sind möglich z. B. nach §§ 130 Abs. 1 AO oder 131 Abs. 1 AO oder § 172 Abs. 1 Nr. 2 Buchst. d AO i. V. m. einer anderen Korrekturvorschrift.

3.2 Deklaratorische und konstitutive Steuerverwaltungsakte

Deklaratorisch (rechtsfeststellend oder rechtsbestätigend) ist ein Verwaltungsakt, der lediglich formell die zwingend aus dem Gesetz resultierenden Folgen für einen bestimmten Sachverhalt feststellt. Der objektiv richtige Steuerbescheid benennt lediglich den kraft Gesetzes **1233**

bereits entstandenen Steueranspruch (§ 38 AO) und schafft die Grundlage für seine Verwirklichung (§ 218 Abs. 1 AO). Der Steuerbescheid ist insoweit ein deklaratorischer Verwaltungsakt.

Konstitutive Verwaltungsakte begründen entweder ein besonderes Rechtsverhältnis (z. B. § 254 Abs. 1 AO, Leistungsgebot), ändern es ab (z. B. § 222 AO, Stundung) oder lassen es untergehen (z. B. § 227 AO, Erlass). Der Steuerbescheid wird hinsichtlich einer zu hoch festgesetzten Steuer insoweit zum konstitutiven Verwaltungsakt. Ebenfalls zu den konstitutiven Verwaltungsakten gehören Ermessensentscheidungen.

BEISPIEL

Gegenüber X ergeht ein ESt-Bescheid, in dem die Einkommensteuer unzutreffend auf 12 000 € festgesetzt wird. Die richtige Steuerhöhe beträgt 10 000 €.

LÖSUNG Der ESt-Bescheid hat i. H. v. 10 000 € deklaratorische Wirkung; i. H. v. der restlichen 2 000 € konstitutive Wirkung, weil X insoweit keine einkommensteuerlichen Tatbestände erfüllt hat.

3.3   Gebietende Verwaltungsakte

1234   Diese Verwaltungsakte, häufig auch als **Finanzbefehle** bezeichnet, fordern den Stpfl. zu einem bestimmten Tun, Dulden oder Unterlassen auf. Sie können auch auf Geldleistung gerichtet sein (Zahlungsaufforderung = Leistungsgebot, § 254 AO). Finanzbefehle sind in allen Steuerverwaltungsverfahren zulässig. Zu ihnen gehören insbesondere die Anordnung von Ermittlungsmaßnahmen gem. §§ 90, 93 und 97 AO oder das Erzwingen der Abgabe von Steuererklärungen (§ 56 EStDV, §§ 328 ff. AO).

3.4   Gebundene Verwaltungsakte und Ermessensentscheidungen

1235   Der Erlass und der Inhalt eines **gebundenen Verwaltungsaktes** sind streng an das Gesetz gebunden (z. B. Steuerbescheid). Nach dem Gesetz ist nur eine Entscheidung die richtige. Weicht der Verwaltungsakt davon ab, ist er fehlerhaft und rechtswidrig. Bei **Ermessensentscheidungen** räumt das Gesetz der Finanzbehörde für ihre Entscheidung einen Ermessensspielraum ein, innerhalb dessen mehrere, dem Gesetz entsprechende Maßnahmen in pflichtgemäßer Ermessensausübung zulässig und damit richtig sind (§ 5 AO). Siehe dazu auch oben Rz. 54 ff.

3.5   Einseitige und mitwirkungsbedürftige Steuerverwaltungsakte

1236   **Einseitige Verwaltungsakte** ergehen von Amts wegen (z. B. Steuerbescheide). Sie setzen ein Tun des Stpfl. nicht unbedingt voraus. So werden Steueransprüche auch dann festgesetzt, wenn der Stpfl. seiner Erklärungspflicht nicht nachkommt. **Mitwirkungsbedürftige Verwaltungsakte** dagegen ergehen nur auf Antrag oder nach Zustimmung des Beteiligten. Zu ihnen gehören u. a. Verwaltungsakte gem. § 163 Abs. 1 Satz 2 AO, § 172 Abs. 1 Nr. 2 Buchst. a AO, § 20 Abs. 1 UStG, § 4 a Abs. 1 Nr. 2 und 3 EStG. Keine mitwirkungsbedürftigen Verwaltungsakte sind Stundungen (§ 222 AO) und Erlass von Steuern (§ 227 AO), da hier ein Antrag oder die Zustimmung des Beteiligten nicht unbedingt erforderlich ist.

3.6   Verwaltungsakte ohne und mit Dauerwirkung

1237   Ein Verwaltungsakt **ohne Dauerwirkung** erschöpft sich mit seinem einmaligen Vollzug bzw. Befolgung (z. B. Steuerbescheide, Verspätungszuschlag, Steuererlass). Demgegenüber lassen Verwaltungsakte **mit Dauerwirkung** ein zumindest für eine gewisse Zeit andauerndes

Rechtsverhältnis entstehen (z. B. die Verpflichtung zur Führung von Büchern gem. § 141 AO oder die Steuerstundung für sechs Monate, § 222 AO). Diese Unterscheidung ist z. B. wichtig für die Anwendung von § 131 Abs. 2 AO oder § 231 Abs. 1 und 2 AO.

BEISPIEL

Die Fabrik des X ist zum großen Teil abgebrannt. Aus diesem Grund
a) erlässt ihm das Finanzamt gem. § 227 AO,
b) stundet ihm das Finanzamt gem. § 222 AO
am 03.04.03 die Einkommensteuerschuld i. H. v. 50 000 €.
Am 05.04.03 erbt X 1 000 000 €.

LÖSUNG Der Erlass der Steuern kann nicht mehr nach § 131 Abs. 2 AO widerrufen werden, weil ein solcher Widerruf nur »für die Zukunft«, also nur bei Verwaltungsakten mit Dauerwirkung möglich ist. Die Stundung dagegen hat Dauerwirkung. Sie kann für die Zukunft nach § 131 Abs. 2 Nr. 3 AO widerrufen werden.

3.7 Steuerbescheide und diesen gleichgestellte Bescheide und sonstige Steuerverwaltungsakte

Man kann Steuerverwaltungsakte differenzieren in Steuerbescheide und diesen gleichge- **1238** stellte Bescheide auf der einen Seite und sonstige Verwaltungsakte auf der anderen Seite. Für beide Arten von Steuerverwaltungsakten gelten die allgemeinen Vorschriften der §§ 118 ff. AO. Die Vorschriften über das Festsetzungs- und Feststellungsverfahren (§§ 155 ff.) dagegen finden grundsätzlich nur für die Steuerbescheide und ihnen gleichgestellte Bescheide Anwendung. Das gilt insbesondere für die Korrekturvorschriften (§§ 164 Abs. 2 AO, 165 Abs. 2 AO und 172 ff. AO) und die Festsetzungsverjährung (§§ 169–171 AO).

Steuerverwaltungsakte (§ 118 AO)		**1239**
Steuerbescheide und diesen gleichgestellte Bescheide	**sonstige Verwaltungsakte**
• Steuerbescheide gem. § 155 Abs. 1 AO • Vergütungsbescheide (§ 155 Abs. 5 AO) • Vorauszahlungsbescheide (vgl. § 164 Abs. 1 Satz 2 AO) • Steueranmeldungen (§ 168 AO) • Feststellungsbescheide (§§ 179, 181 Abs. 1 AO) • Steuermessbescheide (§ 184 Abs. 1 AO) • Zerlegungsbescheide (§ 188 AO) • Zuteilungsbescheide (§ 190 AO) • Zinsbescheide (§ 239 AO) • Ablehnung des Erlasses eines o. g. Bescheides (vgl. §§ 155 Abs. 1 Satz 3 und 172 Abs. 2 AO) • Änderung der o. g. Bescheide (Änderungsbescheide)	• Haftungsbescheide (§ 191 AO) • Duldungsbescheide (§ 191 AO) • Zwangsmittel Androhung und Festsetzung (§§ 328 ff. AO) • Festsetzung eines Verspätungszuschlags (§ 152 AO) • Finanzbefehle (z. B. Auskunftsersuchen, § 93 AO) • Prüfungsanordnung (§ 196 AO) • Leistungsgebot (vgl. § 254 Abs. 1 AO) • Abrechnungsbescheid (§ 218 Abs. 2 AO) • Anrechnung und Abrechnung von Vorauszahlungen • Stundung (§ 222 AO) • Erlass (§ 227 AO) • Fristverlängerungen (§ 109 AO) • Gewährung von Buchführungserleichterungen (§ 148 AO) • Gestattung der Ist-Besteuerung (§ 20 UStG)

4 Bestimmtheit, Form und Begründung des Steuerverwaltungsaktes

4.1 Bestimmtheit (§ 119 Abs. 1 AO)

1240   Nach § 119 Abs. 1 AO muss ein Verwaltungsakt **inhaltlich hinreichend bestimmt** sein. Dies gilt für den Entscheidungssatz (Verfügungssatz, Tenor, getroffene Regelung) des Verwaltungsaktes. Der Inhalt des Entscheidungssatzes (erlassende Behörde, Adressat und Ausspruch der Entscheidung) muss eindeutig, vollständig und aus sich heraus verständlich sein. Zur Bezeichnung des Inhaltsadressaten vgl. Rz. 1304 und Rz. 1299. Auf die Begründung des Verwaltungsakts bezieht sich § 119 Abs. 1 AO nicht. Die Gründe können jedoch zur Auslegung des Entscheidungssatzes Verwaltungsaktes miteinbezogen werden. Bei der **Auslegung des Verwaltungsaktes** kommt es nach dem entsprechend anzuwendenden § 133 BGB nicht darauf an, was die Behörde mit ihren Erklärungen gewollt hat, sondern darauf, wie der Betroffene nach den ihm bekannten Umständen den materiellen Gehalt des Entscheidungssatzes unter Berücksichtigung von Treu und Glauben verstehen konnte (sog. **Erklärungstheorie**). Im Zweifel ist das dem Stpfl. weniger belastende Auslegungsergebnis vorzuziehen (vgl. BFH vom 27.11.1996 BStBl II 1997, 791 und AEAO zu § 124 Nr. 1 letzter Absatz). Ein Verwaltungsakt, der inhaltlich nicht hinreichend bestimmt ist, ist gem. § 125 Abs. 1 AO nichtig.

4.2 Form (§ 119 Abs. 2 AO)

1241   Ein Verwaltungsakt kann **schriftlich, mündlich, elektronisch** oder **in anderer Weise** erlassen werden (§ 119 Abs. 1 Satz 1 AO). Grundsätzlich besteht also kein Formzwang. Soweit gesetzlich nichts anderes bestimmt ist, kann ein Verwaltungsakt auch mündlich oder durch konkludentes Handeln erlassen werden.

> **BEISPIELE**
>
> a) Auf die Bitte des X hin stundet der Sachgebietsleiter dem X telefonisch eine ESt-Abschlusszahlung für einen Monat.
> **LÖSUNG** Da das Gesetz die Schriftform für die Stundung nicht vorsieht, ist die Gewährung der Stundung (Verwaltungsakt) mündlich möglich.
>
> b) Die von Y in der USt-Jahreserklärung angemeldete Umsatzsteuer ist niedriger als die in den Voranmeldungen angemeldete Steuer. Ohne weitere Erklärungen erstattet das Finanzamt dem Y den überzahlten Betrag.
> **LÖSUNG** Nach § 168 Satz 2 AO gilt die USt-Jahresanmeldung erst dann einer Steuerfestsetzung unter dem Vorbehalt der Nachprüfung gleich, wenn das Finanzamt zustimmt. Diese Zustimmung ist ein Verwaltungsakt. Sie bedarf nach § 168 Satz 3 AO keiner Form. Hier hat das Finanzamt durch die Auszahlung durch konkludentes (schlüssiges) Handeln zugestimmt.

1242   Ein mündlicher Verwaltungsakt ist schriftlich zu bestätigen, wenn hieran ein berechtigtes Interesse besteht und der Betroffene dies unverzüglich verlangt (§ 119 Abs. 2 Satz 3 AO). Wird ein mündlicher Verwaltungsakt schriftlich bestätigt, kommt es für das Wirksamwerden des Verwaltungsakts und den Beginn der Rechtsbehelfsfrist auf die Bekanntgabe des mündlichen Verwaltungsakts an, nicht auf die spätere schriftliche Bestätigung.

1243   In zahlreichen Fällen schreibt das Gesetz die **Schriftform oder die elektronische Form** vor: Steuerbescheide sind schriftlich oder elektronisch zu erteilen, soweit nichts anderes bestimmt ist (§ 157 Abs. 1 Satz 1 AO). Dies gilt kraft Verweises auch für Feststellungsbescheide

(§ 181 Abs. 1 AO), Steuermessbetragsfestsetzungen (§ 184 Abs. 1 AO) und Zinsbescheide (§ 239 Abs. 1 AO). Schriftlich oder elektronisch zu erteilen sind weiter Prüfungsanordnungen (§ 196 AO), Aufteilungsbescheide (§ 279 Abs. 1 AO) sowie Rechtsbehelfsentscheidungen (§ 366 AO). Die Schriftform gilt für verbindliche Zusagen nach § 204 AO (§ 205 Abs. 1 AO), die Androhung von Zwangsmitteln (§ 332 Abs. 1 AO) und Haftungs- und Duldungsbescheide (§ 191 Abs. 1 Satz 2 AO).

Die Bekanntgabe eines **elektronischen Verwaltungsaktes** kann durch elektronische Übermittlung (§ 87 a AO) oder durch Bereitstellung zum Datenabruf (§ 122 a AO) erfolgen, s. Rz. 1281.

Nach **§ 119 Abs. 3 AO** muss ein schriftlicher Verwaltungsakt die **erlassende Behörde erkennen lassen** und die **Unterschrift** oder die Namenswiedergabe des Behördenleiters, seines Vertreters oder seines Beauftragten enthalten. Ist die erlassende Behörde im Verwaltungsakt nicht ersichtlich, ist der Verwaltungsakt nichtig (§ 125 Abs. 2 Nr. 1 AO). Fehlt dagegen die Unterschrift liegt ein Formfehler vor, der nach Maßgabe des § 127 AO unbeachtlich ist. Bei formularmäßigen oder mit Hilfe von Computern erlassenen Verwaltungsakten (z. B. Einkommensteuerbescheide) können Unterschrift und Namenswiedergabe fehlen (§ 119 Abs. 4 AO). **1244**

In der Praxis sollten Finanzbehörden aus Beweisgründen Verwaltungsakte – soweit sinnvoll – immer schriftlich erlassen, auch wenn die Schriftform nicht zwingend vorgeschrieben ist. Fordert das Gesetz Schriftform oder die elektronische Form, ist ein mündlich erlassener Bescheid nichtig.

BEISPIEL

Sachbearbeiter S teilt dem Stpfl. Z telefonisch mit, dass er dessen Einkommensteuer 04 i. H. v. 15 000 € festsetzt.

LÖSUNG Die mündliche Festsetzung ist gem. §§ 157 Abs. 1 Satz 1 AO und 125 Abs. 1 AO nichtig.

Zum »elektronischen Verwaltungsakt« auch s. Rz. 1281 und 1286.

4.3 Begründung (§ 121 AO)

Ein schriftlicher oder schriftlich bestätigter Verwaltungsakt ist schriftlich zu begründen, soweit dies zu seinem Verständnis erforderlich ist (§ 121 Abs. 1 AO). Eine (besondere) Begründung ist insbesondere erforderlich, wenn das Finanzamt nicht unerheblich von den Angaben des Stpfl. in der Steuererklärung abweicht. **1245**

Eine große Rolle spielt die Begründung auch bei Ermessensentscheidungen. Ohne Begründung können Ermessensentscheidungen von den Finanzgerichten nicht überprüft werden. Fehlt z. B. bei einem Haftungsbescheid die Begründung und wird diese auch nicht im Einspruchsverfahren nachgeholt, wird das Finanzgericht den Haftungsbescheid und die Einspruchsentscheidung aufheben (vgl. § 100 FGO).

§ 121 Abs. 2 AO normiert die Fälle, in denen eine Begründung **nicht erforderlich** ist. Danach bedarf es keiner Begründung, **1246**

- soweit die Finanzbehörde einem Antrag entspricht oder einer Erklärung folgt und der Verwaltungsakt nicht in Rechte eines anderen eingreift,
- soweit demjenigen, für den der Verwaltungsakt bestimmt ist oder der von ihm betroffen wird, die Auffassung der Finanzbehörde über die Sach- und Rechtslage bereits bekannt oder auch ohne schriftliche Begründung für ihn ohne weiteres erkennbar ist,

- wenn die Finanzbehörde gleichartige Verwaltungsakte in größerer Zahl oder Verwaltungsakte mit Hilfe automatischer Einrichtungen erlässt und die Begründung nach den Umständen des Einzelfalles nicht geboten ist,
- wenn es sich aus einer Rechtsvorschrift ergibt oder
- wenn eine Allgemeinverfügung öffentlich bekannt gegeben wird.

Auch mündliche Verwaltungsakte müssen nicht begründet werden. Der Adressat kann hier nach § 119 Abs. 2 Satz 2 AO eine schriftliche Bestätigung verlangen, die eine Begründung enthalten muss.

1247   **Fehlt eine erforderliche Begründung** oder wird sie unrichtig oder unvollständig erteilt, ist der Verwaltungsakt fehlerhaft und rechtswidrig. Dieser Mangel kann nach § 126 Abs. 1 Nr. 2 und Abs. 2 AO durch nachträgliche Erteilung der Begründung (auch noch im Verfahren vor dem Finanzgericht) geheilt werden.

Wird der Fehler nicht geheilt gilt § 127 AO: Wenn keine andere Entscheidung in der Sache hätte getroffen werden können, ist der Fehler unbeachtlich. Dies gilt jedoch nicht für Ermessensentscheidungen. Fehlt dort die Begründung, ist möglich, dass die Behörde ihr Ermessen nicht ausgeübt hat (Ermessensunterschreitung) und bei dessen Ausübung zu einem anderen Ergebnis gelangt wäre.

Fehlt einem Verwaltungsakt die erforderliche Begründung oder ist die erforderliche Anhörung unterblieben und ist dadurch die rechtzeitige Anfechtung des Verwaltungsakts versäumt worden, so gilt die Versäumung der Rechtsbehelfsfrist nach § 126 Abs. 3 AO als nicht verschuldet. Siehe dazu ausführlich unten Rz. 2503 ff. Hier führt eine unterlassene Begründung also zur Wiedereinsetzung in den vorigen Stand (§ 110 AO).

5 Nebenbestimmungen zum Steuerverwaltungsakt (§ 120 AO)

1248   Grundsätzlich sind Nebenbestimmungen bei einem gebundenen Steuerverwaltungsakt unzulässig (§ 120 Abs. 1 AO), es sei denn, sie sind durch Gesetz ausdrücklich zugelassen (vgl. z. B. §§ 164 Abs. 1, 165 Abs. 1, 361 Abs. 2 Satz 5 AO). Eine Steuerfestsetzung darf demnach unter dem Vorbehalt der Nachprüfung und/oder vorläufig ergehen. § 120 Abs. 2 AO enthält für Ermessensentscheidungen (z. B. Fristverlängerungen, Stundungen, Erlasse, Aussetzung der Vollziehung) einen Katalog von Nebenbestimmungen.

1249   Häufig ist es unumgänglich, die beabsichtigte Rechtswirkung an Entwicklungen zu binden, die zur Zeit des Erlasses des Verwaltungsaktes nicht überschaubar sind. Erreicht wird dies dadurch, dass der Verwaltungsakt mit Nebenbestimmungen versehen wird. Die zulässigen Nebenbestimmungen sind

- **Befristungen,**
- **Bedingungen,**
- **Auflagen und/oder**
- **Vorbehalte** (eines Widerrufs oder einer Auflage).

Von **Befristung** spricht man, wenn eine Vergünstigung oder Belastung zu einem bestimmten zukünftigen Zeitpunkt beginnt, endet oder für einen bestimmten Zeitraum gelten soll, eine Stundung also z. B. bis zum 30. 09. 01 ausgesprochen wird.

1250   Eine **Bedingung** (vgl. § 158 BGB) ist eine Bestimmung, nach der der Eintritt oder der Wegfall einer Vergünstigung oder einer Belastung von einem ungewissen Eintritt eines zukünftigen Ereignisses abhängt. Die Bedingung kann **aufschiebend** sein. In diesem Falle tritt die Rechtsfolge erst mit dem Eintritt der Bedingung ein.

BEISPIEL

Eine Stundung wird ab 15. 07. 01 unter der Bedingung gewährt, dass bis zu diesem Tage ein Teilbetrag in Höhe von 10 000 € gezahlt wird.

Die Bedingung ist **auflösend**, wenn die Rechtsfolge sofort eintritt, die Fortdauer des Steuerverwaltungsaktes aber vom Eintritt der Bedingung abhängt.

Ergeht ein Verwaltungsakt unter einer Bedingung, so treten deren Rechtsfolgen ohne ein Zutun der Finanzbehörde ein, wenn die Bedingung nicht erfüllt wird. Die Bedingung ist ein untrennbarer Teil des zugrundeliegenden Verwaltungsaktes. Sie ist dessen Bestandteil. Sie kann nicht selbstständig, sondern nur mit dem Verwaltungsakt angegriffen werden.

1251

Eine **Auflage** liegt vor, wenn durch eine Bestimmung im Verwaltungsakt dem Begünstigten ein Tun, Dulden oder Unterlassen vorgeschrieben wird.

BEISPIEL

Eine Stundung kann unter der Auflage ausgesprochen werden, dass der Stpfl. innerhalb eines Monats die Steuererklärung abzugeben hat.

Wurde ein Steuerverwaltungsakt mit einer Auflage verbunden, so ist zu beachten, dass es sich bei der Auflage um einen selbstständig anfechtbaren Verwaltungsakt handelt. Die Auflage ist kein Bestandteil des Hauptverwaltungsaktes. Sie wurde nur aus Zweckmäßigkeitsgründen mit diesem verbunden. Bei Nichterfüllung der Auflage hat die Finanzbehörde die Möglichkeit entweder den Hauptverwaltungsakt nach § 131 Abs. 2 Nr. 2 AO zu widerrufen oder die Auflage selbstständig zu erzwingen (§§ 328 ff. AO).

1252

Zu den weiteren Nebenbestimmungen gehören der **Widerrufs-, Ergänzungs- oder Änderungsvorbehalt.**

BEISPIEL

Das Finanzamt bewilligt einem Steuerpflichtigen Erleichterungen bei der Erfüllung seiner Buchführungs- und Aufzeichnungspflichten (§ 148 AO) unter dem Vorbehalt, diese mit Wirkung für die Zukunft bei geänderter Sach- oder Rechtslage zu widerrufen.

Beim **Widerrufsvorbehalt** handelt es sich um eine **Sonderform der auflösenden Bedingung** mit der Folge, dass bei Nichterfüllung ein besonderes Tätigwerden der Finanzbehörde erforderlich wird (vgl. auch § 131 Abs. 2 Nr. 1 AO). Die Aufnahme eines Widerrufsvorbehalts in einen Verwaltungsakt ist für sich allein kein hinreichender Grund zum Widerruf, sondern lässt den Widerruf nur im Rahmen pflichtgemäßen Ermessens zu (AEAO zu § 120 Nr. 4).

1253

BEISPIEL

Das Finanzamt bewilligt eine Stundung mit ratenweiser Tilgung der Steuerschuld. Die Stundungsverfügung enthält den Zusatz, dass die Stundung widerrufen werden kann, wenn die Raten nicht rechtzeitig gezahlt werden.
LÖSUNG Bei dieser Nebenbestimmung handelt es sich um einen Widerrufsvorbehalt. Wird eine der Raten nicht rechtzeitig gezahlt, kann das Finanzamt nach pflichtgemäßem Ermessen die gewährte Stundung beibehalten bzw. gem. § 131 Abs. 2 Nr. 1 AO widerrufen.

Keinesfalls darf die Nebenbestimmung dem **Zweck des Verwaltungsaktes zuwiderlaufen** (§ 120 Abs. 3 AO). Der Verwaltungsakt darf insbesondere durch die Nebenbestimmung nicht soweit eingeschränkt werden, dass er praktisch dadurch völlig ausgehöhlt wird.

1254

BEISPIEL

Die Verbindung eines Steuererlasses (§§ 163, 227 AO) mit einem Widerrufsvorbehalt ist unzulässig, da mit dem Erlass die Ansprüche aus dem Steuerschuldverhältnis erloschen sind (§ 47 AO) und für den Widerrufsvorbehalt anschließend keine Rechtsgrundlage mehr vorhanden ist.

1255 Nebenbestimmungen müssen **inhaltlich hinreichend bestimmt** sein (§ 119 Abs. 1 AO). Wegen der unterschiedlichen Folgen, die sich aus der Nichterfüllung einer Nebenbestimmung ergeben können, ist die Nebenbestimmung im Verwaltungsakt genau zu bezeichnen (z. B. »unter der aufschiebenden Bedingung, dass ...« oder »unter dem Vorbehalt des Widerrufs...«). Fehlt es an der inhaltlichen Bestimmtheit, ist die Nebenbestimmung nichtig. Vgl. insoweit § 125 Abs. 4 AO.

6 Fehlerhafte (rechtswidrige) Steuerverwaltungsakte

1256 Ein Verwaltungsakt, der aufgrund Gesetzes ergangen ist und gegen keine Rechtsnorm verstößt ist **rechtmäßig.**

Rechtswidrig ist ein Verwaltungsakt, der **ohne rechtliche Grundlage** erlassen wird oder der **gegen eine Rechtsnorm verstößt**, der insoweit also einen Fehler enthält. Dabei ist ohne Bedeutung, ob der Fehler auf schuldhaften Verhalten des Bearbeiters beruht oder nicht. Die AO spricht von »rechtswidrigen« Verwaltungsakten (§ 130 Abs. 1 und 3 AO) oder von »fehlerhaften« Verwaltungsakten (§ 128 AO; vgl. auch § 125 Abs. 1 AO und §§ 126 und 127 AO). Die Begriffe rechtswidrig und fehlerhaft sind inhaltsgleich: Jeder rechtswidrige Verwaltungsakt ist fehlerhaft, jeder fehlerhafte ist rechtswidrig.

Ein Verwaltungsakt kann aus mannigfaltigen Gründen fehlerhaft und rechtswidrig sein. Je nach Art oder Schwere des Fehlers, kann die Rechtswidrigkeit folgende Wirkungen nach sich ziehen:

1257 • Nach § 124 Abs. 1 Satz 2 AO wird der Verwaltungsakt mit dem Inhalt wirksam, mit dem er bekannt gegeben wird. Der Verwaltungsakt entfaltet also grundsätzlich **Wirksamkeit**, gleichgültig ob er fehlerhaft ist oder nicht.

1258 • Bestimmte Fehler können jedoch zur **Nichtigkeit und Unwirksamkeit des Verwaltungsakts** führen (§ 125 Abs. 1 und 2 i. V. m. § 124 Abs. 3, § 124 Abs. 1 AO). Dies ist der Fall bei besonders schwerwiegenden und offenkundige Fehlern oder wenn der Verwaltungsakt intern nicht entstanden ist oder nicht ordnungsgemäß bekannt gegeben ist.

1259 • Fehler zulasten des Stpfl. haben grundsätzlich die **Anfechtbarkeit des Verwaltungsaktes** zur Folge. Der Stpfl. kann gegen den fehlerhaften Bescheid Einspruch (§ 347 AO) einlegen. Der Fehler wird dann im Rechtsbehelfsverfahren beseitigt (z. B. gem. § 367 Abs. 2 Satz 3 AO).

1260 • Fehler in Verwaltungsakten können – insbesondere nach Ablauf der Rechtsbehelfsfrist – nur dann korrigiert werden, wenn eine Rechtsnorm (**Korrekturvorschrift**; z. B. §§ 129 ff. AO, § 164 Abs. 2 AO, § 165 Abs. 2 AO, §§ 172 ff. AO) dies erlaubt.

1261 • **Verfahrensfehler und Formfehler**, die nicht den Verwaltungsakt nach § 125 AO nichtig machen, sind grundsätzlich **ohne Bedeutung**.

Die Aufhebung eines Verwaltungsakts kann nicht allein deshalb beansprucht werden, weil er unter Verletzung von Vorschriften über das Verfahren, die Form oder die örtliche Zuständigkeit zustande gekommen ist, wenn keine andere Entscheidung in der Sache hätte getroffen werden können (§ 127 AO). Solche Vorschriften haben nur Ordnungscharakter. Es ist nicht gerechtfertigt, ihre Verletzung zum Anlass zu nehmen, einen in der Sache zutreffenden Verwaltungsakt aufzuheben.

§ 127 AO gilt jedoch nur für gebundene Steuerverwaltungsakte und für Schätzungsbescheide (vgl. AEAO zu § 127 Nr. 1 m. w.Nw.). Die Vorschrift findet grundsätzlich keine Anwendung auf Ermessensentscheidungen, denn es ist nicht gesagt, dass z. B. das örtlich unzuständige Finanzamt das Ermessen genauso ausgeübt hat, wie das örtlich zuständige dies getan hätte (vgl. AEAO zu § 127 Nr. 2). Hier ist also immer eine andere Entscheidung in der Sache möglich.

Eine Verletzung von Verfahrens- oder Formvorschriften gem. § 126 Abs. 1 AO (**Heilung**   **1262** **von Verfahrens- und Formfehlern**) ist unbeachtlich, wenn

1. der für den Verwaltungsakt erforderliche Antrag nachträglich gestellt wird,
2. die erforderliche Begründung nachträglich gegeben wird,
3. die erforderliche Anhörung eines Beteiligten nachgeholt wird,
4. der erforderliche Beschluss eines Ausschusses nachträglich gefasst wird,
5. die erforderliche Mitwirkung einer anderen Behörde nachgeholt wird.

Nach § 126 Abs. 2 AO dürfen Handlungen des Abs. 1 Nr. 2 bis 5 auch noch im (erstinstanzlichen) Verfahren vor dem Finanzgericht nachgeholt werden.

Die **Verletzung von Form- und Verfahrensvorschriften** kann aber auch **beachtlich** sein: **1263** Fehlt einem Verwaltungsakt die erforderliche Begründung (§ 121 AO) oder ist die erforderliche Anhörung (§ 91 AO) unterblieben und ist dadurch die rechtzeitige Anfechtung des Verwaltungsaktes versäumt worden, so gilt die Versäumung der Rechtsbehelfsfrist nach **§ 126 Abs. 3 AO** als nicht verschuldet. Hier können also Verfahrensfehler zur Wiedereinsetzung in den vorigen Stand führen (§ 110 AO).

BEISPIEL

Ein Zeitungsverlag wird vom Finanzamt – ohne vorherige Anhörung – durch Verwaltungsakt vom 01. 03. 05 aufgefordert, den Inserenten einer Chiffreanzeige zu benennen. Der Verwaltungsakt enthält keine Begründung. Der Verlag antwortet zunächst nicht. Am 01. 06. 05 mahnt das Finanzamt den Verlag an und begründet gleichzeitig sein Auskunftsbegehren unter Hinweis auf § 93 AO.

LÖSUNG Der Verlag kann bis zum 01.07.05 gegen den Verwaltungsakt Einspruch einlegen. Wiedereinsetzung in den vorigen Stand ist ihm zu gewähren. Siehe auch ausführlich unten Rz. 2502 ff.

Hinweis: Nach h. M. hat der Verlag kein Auskunftsverweigerungsrecht gemäß § 102 Abs. 1 Nr. 4 AO hinsichtlich der Chiffreanzeige (so BFH vom 29. 10. 1986 BStBl II 1988, 359, 363 f.). Die Vorschrift schützt nur den redaktionellen Teil, nicht den Anzeigenteil.

Fehlt eine Rechtsbehelfsbelehrung oder ist sie unrichtig erteilt, so verlängert sich die Rechtsbehelfsfrist auf ein Jahr (§ 356 Abs. 2 AO). Siehe auch unten Rz. 2505 f.

Fehler können (in seltenen Fällen) zur **Umdeutung des Verwaltungsaktes** führen (§ 128   **1264** AO). Ein fehlerhafter Verwaltungsakt kann in einen anderen Verwaltungsakt umgedeutet werden, wenn er auf das gleiche Ziel gerichtet ist, von der erlassenden Finanzbehörde in der geschehenen Verfahrensweise und Form rechtmäßig hätte erlassen werden können und wenn die Voraussetzungen für dessen Erlass erfüllt sind (§ 128 Abs. 1 AO). Eine Umdeutung kommt nicht in Betracht, wenn der Verwaltungsakt, in den der fehlerhafte Verwaltungsakt umzudeuten wäre, der erkennbaren Absicht der erlassenden Finanzbehörde widerspräche oder seine Rechtsfolgen für den Betroffenen ungünstiger wären als die des fehlerhaften Verwaltungsaktes. Eine Umdeutung ist ferner unzulässig, wenn der fehlerhafte Verwaltungsakt nicht zurückgenommen werden dürfte (§ 128 Abs. 2 AO). Nach § 128 Abs. 3 AO ist außerdem eine Umdeutung unzulässig, wenn eine Entscheidung, die nur als gesetzlich gebundene Entscheidung ergehen kann – z. B. eine Entscheidung, auf die ein Rechtsanspruch besteht –, in eine Ermessensentscheidung umgewandelt werden soll. Daher ist nach § 128 Abs. 3 AO die Umdeutung eines Steuerbescheids in einen Haftungsbescheid und umgekehrt unzulässig.

Im Falle einer geplanten Umdeutung eines Verwaltungsaktes ist den Beteiligten rechtliches Gehör zu gewähren (§ 128 Abs. 4 AO). Die Vorschrift über die Umdeutung von fehlerhaften Verwaltungsakten hat in der Praxis wenig Bedeutung.

7 Wirksamkeit von Steuerverwaltungsakten

1265
Sinn und Zweck eines Steuerverwaltungsaktes ist es, einen konkreten Einzelfall zu regeln. Er ist auf unmittelbare Rechtswirkung gerichtet, d. h., er setzt verbindliche Rechtsfolgen gegenüber dem Bürger. Solang der Verwaltungsakt existiert, muss sich der Stpfl. ihm unterwerfen (vgl. § 124 Abs. 2 und 3 AO). Auch die Finanzbehörde, die den Verwaltungsakt erlassen hat, ist selbst an seine Rechtswirkungen gebunden. Ein Steuerverwaltungsakt entfaltet diese Regelungskraft jedoch nur dann, wenn er wirksam ist. Das ist der Fall, wenn er

1. intern entstanden ist,
2. ordnungsgemäß bekannt gegeben ist (§§ 122 Abs. 1 und § 124 Abs. 1 AO) und
3. nicht nichtig ist (§§ 124 Abs. 3 und 125 AO).

Diese Voraussetzungen betreffen die Entwicklungs- und Geburtsphase der Verwaltungsakte: Steuerbescheide und andere Steuerverwaltungsakte wachsen im Schoße der Finanzverwaltung auf bestimmte Art und Weise heran und müssen dann ordnungsgemäß in die Welt gesetzt werden. Nur wenn der Geburtsvorgang glückt, existieren die Bescheide. Sie entfalten ihre Wirkung erst an dem Tag, an dem sie entbunden werden: Ihr Geburtszeitpunkt (Zeitpunkt der Bekanntgabe) ermittelt sich im Normalfall nach §§ 124 Abs. 1 und 122 Abs. 2 Nr. 1 AO.

Fehlt es an einer der drei o. g. Prämissen, kommt es zu einer Totgeburt. Es handelt sich dann begrifflich nicht um einen Verwaltungsakt, sondern um einen sog. »Scheinakt« oder »Nichtakt«, von dem keinerlei Bindungswirkung ausgeht. Selbst der gute Glaube der Stpfl. an die Wirksamkeit eines solchen Aktes ist nicht geschützt.

1266 frei

7.1 Internes Entstehen des Steuerverwaltungsaktes

1267
Nur ein **intern entstandener** Verwaltungsakt wird durch eine Bekanntgabe nach § 124 Abs. 1 AO wirksam. Das interne Entstehen eines Verwaltungsaktes setzt voraus eine

1. Willensbildung,
2. Willensäußerung und
3. abschließende Billigung durch einen
4. handlungsbefugten Amtsträger.

Diese Erfordernisse ergeben sich nicht unmittelbar aus § 124 Abs. 1 AO, sondern aus der Rechtsnatur des Verwaltungsaktes: Durch Verwaltungsakte tut die Finanzbehörde ihren Willen auf dem Gebiet des Steuerrechts kund. Sie müssen als hoheitliche Willenserklärungen daher vom Willen der Behörde getragen sein.

7.1.1 Willensbildung

1268
Die Willensbildung ist ein psychischer (geistiger) Vorgang. Hier sind keine großen Anforderungen zu stellen. Es reicht aus, wenn sich der **Wille des Sachbearbeiters** auf **steuerrechtlich relevante Punkte** bezieht. Das ist gegeben, wenn sich der Bearbeiter überhaupt »steuerliche Gedanken« über einen Fall gemacht hat.

Bei **Steueranmeldungen** fehlt es an einer behördlichen Willensbildung. Diese sind deshalb auch keine Verwaltungsakte. Über § 168 AO wird jedoch das Vorliegen eines Steuerverwaltungsaktes fingiert. Ist die Steueranmeldung zustimmungsbedürftig, so liegt ein Verwaltungsakt erst mit der Zustimmung (§ 168 Satz 2 AO) vor. Die Zustimmung der Behörde ist bekannt zu geben (§ 355 Abs. 1 Satz 2 AO). Dies geschieht in der Regel durch Auszahlung der Steuervergütung bzw. des Guthabens.

7.1.2 Willensäußerung

Die Willensäußerung oder Willensniederlegung verlangt, dass der gebildete (innere) Wille **nach außen erkennbar** wird. Dies geschieht bei der Einkommensteuerveranlagung durch Ausfüllen des Eingabebogens, durch die Eingabe der Daten direkt in den Computer. Bei nicht schriftlich zu erteilenden Verwaltungsakten kann die Verkörperung des Willens auch mündlich oder durch schlüssiges Verhalten erfolgen. 1269

BEISPIEL

Der Sachbearbeiter genehmigt einen mündlichen Antrag des Stpfl. auf Fristverlängerung durch
- zustimmendes Kopfnicken oder durch
- mündliche Zusage.

7.1.3 Abschließende Billigung

Der Sachbearbeiter muss seine Willensäußerung abschließend billigen. Das geschieht durch das **Unterschreiben** (abschließende Zeichnung) des Eingabebogens, bei elektronischer Bearbeitung durch eine (interne) elektronische Signatur (oder durch Drücken der entsprechenden Funktionstaste bei der direkten Eingabe in den Computer). Dabei handelt es sich um eine interne Zeichnung und nicht etwa eine Unterschrift i. S. d. § 119 Abs. 3 AO. Die nachfolgende Bearbeitung der Steuerdaten im Großrechner ist lediglich ein Annex, ein Anhängsel des internen Entstehens. Durch die Zeichnung billigt der Sachbearbeiter, dass der Computer die restlichen mechanischen Subsumtionsarbeiten durchführt und die Ausfertigung des Steuerbescheides druckt. Zugleich wird die Bekanntgabe des Bescheides verfügt. 1270

7.1.4 Handlungsbefugter Amtsträger

Willensbildung, Willensäußerung und abschließende Billigung müssen durch einen handlungsbefugten Amtsträger erfolgen. Nur dann kann der Verwaltungsakt der entsprechenden Finanzbehörde zugerechnet werden. Wer handlungsbefugter Amtsträger ist, ergibt sich aus § 79 Abs. 1 Nr. 4 AO i. V. m. § 7 AO. Innerhalb einer Finanzbehörde sind dies der **Vorsteher, die Sachgebietsleiter sowie die Sachbearbeiter oder Mitarbeiter, denen ein Zeichnungsrecht verliehen worden ist.** Unter Zeichnungsrecht versteht man das Recht zur abschließenden Bearbeitung eines Falles. Dabei reicht es aus, wenn der Amtsträger grundsätzlich zur Zeichnung ermächtigt ist. Das bedeutet, dass ein Verwaltungsakt mit seiner Bekanntgabe auch dann wirksam wird, wenn ein Bearbeiter seine verwaltungsintern geregelte Zeichnungsbefugnis überschreitet (BFH vom 13. 05. 1987 BStBl II 1987, 592 m. w.Nw.). 1271

Wird dagegen eine Veranlagung von einer Person abschließend bearbeitet, die unter keinen Umständen zur Zeichnung befugt ist, kann ein Verwaltungsakt intern nicht entstehen. Es liegt ein sog. Nichtakt vor, der auch bei Bekanntgabe keine Wirkung entfaltet. Die §§ 122 Abs. 1 und 124 Abs. 1 AO gehen von einem intern entstandenen Verwaltungsakt aus.

BEISPIELE

a) Der Finanzamtsbote B sieht einen ausgefüllten aber noch nicht abgezeichneten Eingabebogen auf dem Schreibtisch des Sachbearbeiters S liegen. B unterschreibt ihn selbst und bringt ihn zur Datenerfassungsstelle. Die Ausfertigung des Steuerbescheides wird dem Stpfl. bekannt gegeben.

LÖSUNG Der Bescheid ist intern nicht wirksam entstanden. Seitens des Handlungsbefugten S fehlt es an einer abschließenden Billigung. Die Unterschrift des B könnte zwar als eine solche gedeutet werden. Allerdings ist B unter keinen Umständen zur Zeichnung berechtigt.

b) Sachbearbeiter S prüft einen Stpfl., der gewerbliche Einkünfte in Höhe von 95 000 € hat. Sein amtsinternes Zeichnungsrecht gilt nur für Fälle bis 75 000 €. S meint jedoch abschließend zeichnungsberechtigt zu sein. Er füllt den Eingabebogen aus, vergisst ihn zu unterschreiben und wirft ihn auf den Aktenabtrag, um ihn in den Geschäftslauf zu geben. Die Ausfertigung des Steuerbescheides wird dem Stpfl. bekannt gegeben.

LÖSUNG Der Verwaltungsakt ist intern entstanden. Dass S die Unterschrift vergessen hat, ist hier ohne Belang. Seine abschließende Billigung ergibt sich aus den Umständen. S wollte und hat den Bogen in den Geschäftslauf gegeben. Ohne Bedeutung ist auch, dass der S sein amtsinternes Zeichnungsrecht überschritten hat (vgl. BFH vom 13. 05. 1987 BStBl II 1987, 592). Ausreichend ist, dass er überhaupt zeichnungsberechtigt ist (= beauftragt i. S. d. § 79 Abs. 1 Nr. 4 AO).

Zum internen Entstehen siehe ausführlich Große, Probleme bei der Geburt von Steuerbescheiden, DStZ 1990, 348, 349.

7.1.5 Ausschließlich automationsgestützter Erlass (§ 155 Abs. 4 AO)

Die o. g. Voraussetzungen gelten nicht für **Verwaltungsakte, die** nach Maßgabe des **§ 155 Abs. 4 AO** (in der ab 01. 01. 2017 geltenden Fassung) **ausschließlich automationsgestützt, d. h.** ohne jedwede Prüfung durch einen Amtsträger **erlassen werden.**

Bei solchen Bescheiden gibt es naturgemäß weder Willensbildung noch abschließende Billigung einer Person i. S. d. § 79 Abs. 1 Nr. 4 AO. In diesem Fall »gilt« die Willensbildung über den Erlass des Verwaltungsaktes und über seine Bekanntgabe im Zeitpunkt des Abschlusses der maschinellen Verarbeitung als abgeschlossen (§ 155 Abs. 4 letzter Satz AO).

7.2 Bekanntgabe des Steuerverwaltungsaktes (§ 124 Abs. 1 AO und § 122 Abs. 1 AO)

1272

Durch das interne Entstehen wird ein Verwaltungsakt noch nicht wirksam. Er stellt in diesem Stadium ein reines Internum dar. Nach außen wirksam wird er erst in dem Zeitpunkt, in dem er bekannt gegeben wird (§§ 122 Abs. 1, 124 Abs. 1 AO). Erst dann entfaltet er seine Regelungswirkung. Erst dann ist sowohl der Stpfl. als auch die Finanzbehörde an den Inhalt der Regelung gebunden (vgl. § 124 Abs. 1 Satz 2 AO). Mit der Bekanntgabe beginnt für den Stpfl. die Rechtsbehelfsfrist (§ 355 Abs. 1 AO).

7.2.1 Begriff der Bekanntgabe

1273

Eine Bekanntgabe nach § 122 Abs. 1 AO liegt vor, wenn der Verwaltungsakt, gesteuert von dem Willen der Behörde, dem richtigen Adressaten zugeht.

Voraussetzungen einer ordnungsgemäßen Bekanntgabe sind

- Bekanntgabewille der Behörde und
- Zugang beim
- richtigen Adressaten.

Zu beachten ist, dass bei einigen Verwaltungsakten die (einfache) Bekanntgabe nicht ausreicht, sondern eine **(förmliche) Zustellung** erforderlich ist (vgl. Rz. 1287 ff.).

Wegen ihrer großen Bedeutung wird die Adressierung von Steuerverwaltungsakten (einschließlich deren Bekanntgabe in Sonderfällen) unten unter Rz. 1303 ff. in einem besonderen Abschnitt abgehandelt. Zur Bekanntgabe siehe auch die detaillierte Kommentierung im AEAO zu § 122.

7.2.1.1   Bekanntgabewille der Behörde

Der Zugang des Verwaltungsaktes beim Empfänger muss durch den Willen der Behörde (Wille des letztlich zuständigen Amtsträgers) gesteuert werden. Der Bekanntgabewille umfasst sowohl das »**Ob**« der Bekanntgabe als auch das »**Wie**«. Der Verwaltungsakt darf die Behörde also nicht ohne oder gegen den Willen des zuständigen Amtsträgers verlassen und muss den Empfänger auf dem von der Behörde gewählten Weg unmittelbar erreichen (vgl. auch AEAO zu § 124 Nr. 4).

1274

BEISPIELE

a) Der Stpfl. B sieht auf dem Schreibtisch des Bearbeiters einen an ihn gerichteten ESt-Bescheid, den er in einem unbeobachteten Moment an sich nimmt.
LÖSUNG Der Verwaltungsakt ist zwar für den Stpfl. bestimmt. Der Zugang bei B erfolgte jedoch ohne Bekanntgabewillen des Bearbeiters. Der ESt-Bescheid ist nicht bekannt gegeben worden und somit nicht wirksam.

b) Der durch die Post übermittelte USt-Bescheid für K. Meyer wird durch den Postboten versehentlich dem in der gleichen Straße wohnenden R. Meyer übergeben. Der »falsche« Meyer händigt den Bescheid dem »richtigen« Meyer aus.
LÖSUNG Es mangelt hier am unmittelbaren Zugang des Bescheides. Danach kann ein fehlgeleiteter Verwaltungsakt nicht dadurch wirksam werden, dass ein Dritter ihn an den richtigen Adressaten privat weiterleitet, da diese Weiterleitung nicht auf einer Handlung (und dem Willen) der Behörde beruht. Allerdings kann auf den vorliegenden Fall § 8 VwZG analog angewendet werden: Lässt sich danach die formgerechte Zustellung eines Schriftstücks nicht nachweisen, so gilt es als in dem Zeitpunkt zugestellt, in dem es der Empfangsberechtigte nachweislich erhalten hat. Der Bekanntgabemangel wird somit geheilt (vgl. AEAO zu § 122 Nr. 4.4.4 m. w. Nw.; BFH vom 08.12.1988 BStBl II 1989, 346; siehe auch Beispiel unten Rz. 1278).

Der Bekanntgabewille wird i. d. R. zusammen mit der abschließenden Zeichnung gefasst (siehe Rz. 1270). Dieser zunächst vorhandene Wille kann später wieder aufgegeben werden. Das hat zur Folge, dass der dem Betroffenen gleichwohl bekannt gegebene Steuerbescheid nicht wirksam ist. Eine Aufgabe des Bekanntgabewillens nach der abschließenden Zeichnung setzt aus Gründen der Rechtssicherheit voraus, dass die Aufgabe in den Akten klar und eindeutig dokumentiert ist und dass die Aufgabe rechtzeitig erfolgt, d. h. spätestens bevor der Verwaltungsakt den Herrschaftsbereich des Finanzamts verlassen hat (ständige Rechtsprechung, vgl. BFH vom 23.08.2000 BStBl 2001 II, 662). Der Empfänger des Verwaltungsaktes ist unverzüglich über die Aufgabe des Bekanntgabewillens zu unterrichten (vgl. AEAO zu § 124 Nr. 5). Diese Unterrichtung kann (anders als in § 130 Abs. 1 BGB) auch nach der Bekanntgabe des Verwaltungsaktes erfolgen.

a) Der zeichnungsberechtigte Sachbearbeiter SB hat eine ESt-Erklärung bearbeitet und abschließend gezeichnet. Als die Ausfertigung des Bescheides von der Datenverarbeitungszentrale in das Finanzamt zurückkommt, überprüft der Sachgebietsleiter SGL den Fall und weist durch einen Aktenvermerk an, den Steuerbescheid noch nicht abzusenden.

aa) Der Sachbearbeiter schickt den Bescheid gleichwohl ab.

bb) Was wäre, wenn der nicht zeichnungsberechtigte Mitarbeiter den Bescheid abgeschickt hätte?

LÖSUNG Mit der abschließenden Zeichnung hat SB auch die Bekanntgabe des Bescheides verfügt. Da er Zeichnungsrecht hat (§ 79 Abs. 1 Nr. 4 AO), liegt ein Bekanntgabewille der Behörde vor. Dieser kann jedoch bis zur Absendung des Bescheides wieder aufgegeben werden (vgl. AEAO zu § 124 Nr. 5 und 6). Voraussetzung dazu ist, dass die Aufgabe klar und deutlich dokumentiert wird. Das ist hier durch den Aktenvermerk des SGL geschehen. Da der Bescheid gleichwohl abgeschickt worden ist, hatten SB bzw. der Mitarbeiter Bekanntgabewillen. Fraglich ist, auf wessen Willen es ankommt. Aus Gründen der Rechtsicherheit kann es hier nicht auf innerbehördliche hierarchische Strukturen ankommen. Maßgeblich ist der Wille des zuletzt im Bereich der Steuerfestsetzung zuständigen (zeichnungsberechtigten) Bearbeiters (vgl. BFH vom 27.06.1986 BStBl II 1986, 832, 834).

aa) In diesem Fall ist also auf den Bekanntgabewillen des zeichnungsbefugten SB abzustellen. Die Bekanntgabe ist wirksam.

bb) Hier ist auf den Willen des SGL abzustellen, weil der Mitarbeiter kein Zeichnungsrecht hat. Die Bekanntgabe ist aufgrund des entgegenstehenden Willens des SGL unwirksam.

7.2.1.2 Zugang

1275 **Mündliche Verwaltungsakte** sind zugegangen, wenn sie der Adressat vernimmt. Sie können bei Anwesenheit des Betroffenen mündlich oder fernmündlich durch Telefon übermittelt werden.

Der Stpfl. A hat einen schriftlichen Antrag auf Fristverlängerung für die Abgabe der Einkommensteuererklärung gestellt. Der zuständige Sachbearbeiter teilt daraufhin dem A in einem Telefongespräch mit, dass seinem Antrag für die Dauer von drei Monaten entsprochen wird.

LÖSUNG Die Gewährung der Fristverlängerung ist ein Verwaltungsakt. Da die AO insoweit keine Schriftform vorschreibt, ist eine mündliche Bekanntgabe zulässig. Der Verwaltungsakt ist dem A zugegangen, als dieser ihn vernommen hat.

Hinweis: In der Praxis sind Verwaltungsakte aus Gründen der Rechtsicherheit grundsätzlich schriftlich zu erlassen.

1276 **Ein schriftlicher Verwaltungsakt** ist zugegangen, wenn er derart in den Machtbereich des Empfängers gelangt, dass diesem die Kenntnisnahme unter normalen Umständen möglich ist oder von ihm nach den Gepflogenheiten des Verkehrs erwartet werden kann (sog. Machtbereichstheorie). **Machtbereich** ist der Bereich, den der Empfänger nach der Verkehrsanschauung beherrschen kann und will. Diese Definition wurde dem Zivilrecht entlehnt. Es gilt hier Gleiches wie für den Zugang von Willenserklärungen gem. § 130 BGB.

Der **sachliche Machtbereich umfasst** die Wohnung, den Briefkasten oder das Postfach des Empfängers. Er ist erweitert um die Personen, die der Adressat zum Empfang ermächtigt hat (z. B. Familienangehörige). Der **persönliche Machtbereich** ist dort, wo der Empfänger angetroffen wird.

a) Der 5-jährige Sohn Max, der Bernhardiner Benno oder die böse Schwiegermutter des Stpfl. vernichten die in den Türbriefkasten eingeworfene Post, zu der auch ein Steuerbescheid des Finanzamts gehört.

LÖSUNG Der Bescheid ist bereits mit dem Einwurf in den Briefkasten in den Machtbereich des Stpfl. gelangt und damit zugegangen. Der Stpfl. hatte unter normalen Umständen die Möglichkeit der Kenntnisnahme. Das Schicksal des Verwaltungsaktes liegt nach dem Zugang im Risikobereich des Empfängers. Dass hier die tatsächliche Kenntnisnahme unmöglich ist, hat keine Bedeutung. In der Praxis ergeben sich hier natürlich für das Finanzamt meist unüberwindliche Beweisprobleme (vgl. § 122 Abs. 2 letzter HS AO).

b) Ein Steuerbescheid für A ist in dessen Briefkasten geworfen worden. A liegt im Koma im Krankenhaus.

LÖSUNG Auch hier ist der Bescheid in den sachlichen Machtbereich des A gekommen. Dieser hatte unter gewöhnlichen Umständen die Möglichkeit der Kenntnisnahme. (Versäumt A die Rechtsbehelfsfrist, ist ggf. § 110 AO anzuwenden.)

c) Der Briefträger trifft den Z auf der Straße und übergibt ihm den an Z gerichteten Steuerbescheid. Der Z ist damit einverstanden.

LÖSUNG Hier ist der Bescheid in den persönlichen Machtbereich des Z gelangt und damit zugegangen.

Ein **elektronisch übermittelter** Verwaltungsakt ist zugegangen, sobald die für den Empfang bestimmte Einrichtung es in für den Empfänger bearbeitbarer Weise aufgezeichnet hat (§ 87 a Abs. 1 Satz 2 AO). Ob und wann der Empfänger das bearbeitbare Dokument tatsächlich zur Kenntnis nimmt, ist für den Zeitpunkt des Zugangs unbeachtlich. Ein für den Empfänger nicht bearbeitbares Dokument ist nicht i. S. d. § 87 a Abs. 1 Satz 2 AO zugegangen und löst noch keine Rechtsfolgen aus (vgl. AEAO zu § 87 a Nr. 2). Macht der Stpfl. geltend, er könne das vom Finanzamt übermittelte elektronische Dokument nicht bearbeiten, hat die Behörde es ihm erneut in einem geeigneten elektronischen Format oder als Schriftstück zu übermitteln (§ 87 a Abs. 2 Satz 2 AO).

Bei der **Bekanntgabe von Verwaltungsakten durch Bereitstellung zum Datenabruf gem. § 122 a AO** kommt es auf den tatsächlichen Abruf des Verwaltungsaktes nicht an: Gem. § 122 a Abs. 4 AO gilt ein zum Abruf bereitgestellter Verwaltungsakt grds. am dritten Tag nach Absendung der elektronischen Benachrichtigung über die Bereitstellung der Daten an die abrufberechtigte Person als bekannt gegeben.

Zur Bekanntgabe von elektronischen Verwaltungsakten ausführlich s. Rz. 1276.

7.2.1.3 Richtiger Adressat

Richtiger Adressat eines Verwaltungsaktes ist derjenige, an den die Behörde bekannt geben will. Adressat ist also derjenige, für den der Steuerverwaltungsakt seinem Inhalt nach bestimmt ist oder der von ihm betroffen wird (§ 122 Abs. 1 Satz 1 AO). Dies ist bei Steuerbescheiden i. d. R. der Steuerschuldner. Als Adressat kommen auch Dritte in Betracht, wenn sie für den Stpfl. steuerliche Pflichten zu erfüllen haben, z. B. gesetzliche Vertreter, Geschäftsführer. Der Verwaltungsakt kann auch gegenüber einem **Bevollmächtigten** bekannt gegeben werden (§ 122 Abs. 1 Satz 3 und 4 AO). Vergleiche dazu die ausführliche Darstellung zur Adressierung von Verwaltungsakten und deren Bekanntgabe in Sonderfällen (unten Rz. 1303 ff.).

1277

7.2.2 Mängel bei der Bekanntgabe

1278   Mängel, die die wesentlichen Voraussetzungen der Bekanntgabe betreffen, führen zur Unwirksamkeit des Verwaltungsaktentwurfs, der die Behörde verlassen hat. Der fehlerhaft bekannt gegebene Bescheid wird rechtlich nicht existent (sog. Nichtakt) und gleicht insoweit dem gem. §§ 125, 124 Abs. 3 AO nichtigen Verwaltungsakt. Bekanntgabemängel sind grundsätzlich nicht heilbar. Die Bekanntgabe hat also auf ordnungsgemäße Art und Weise mit Wirkung für die Zukunft erneut zu erfolgen. Siehe ausführlich AEAO zu § 122 Nr. 4.

Nur in vereinzelten Fällen hat der BFH Bekanntgabefehler als heilbar angesehen (vgl. BFH vom 08.12.1988 BStBl II 1989, 346; NV/1991, 2.

BEISPIEL

Der ESt-Bescheid des X wird an den X gesandt. Dabei wurde die Empfangsvollmacht des X, nach der Bescheide ausschließlich gegenüber seinem Steuerberater bekannt zu geben sind, in der Steuerakte des X übersehen.

LÖSUNG Hier liegt nach Auffassung des BFH ein Bekanntgabemangel vor. Richtiger Empfänger des ESt-Bescheides ist nicht X als materieller und formeller Adressat, sondern aufgrund der Empfangsvollmacht nach §§ 122 Abs. 1 Satz 3 und 4 AO der Steuerberater. Der Bescheid ist danach nicht wirksam bekannt gegeben worden. Der Bekanntgabefehler soll jedoch nach dieser Ansicht gem. § 8 Abs. 1 Verwaltungszustellungsgesetz analog dann geheilt werden, wenn X den ESt-Bescheid seinem Steuerberater übergibt. In diesem Fall soll die Einspruchsfrist mit dem Erhalt des Bescheids durch den Bevollmächtigten beginnen (vgl. BFH vom 08.12.1989 BStBl II 1989, 346; AEAO zu § 122 Nr. 1.7.3). M. E. ist hier die Bekanntgabe wirksam. Der ESt-Bescheid ist für den (handlungsfähigen) X bestimmt und X hat ihn auch erhalten (siehe §§ 122 Abs. 1 Satz 1 AO). Die Verletzung der Soll-Vorschrift des § 122 Abs. 1 Satz 4 AO führt nicht zur Unwirksamkeit der Bekanntgabe. Die Rechtsbehelfsfrist beginnt dementsprechend auch mit der Bekanntgabe gegenüber X. Diese Lösung steht mit dem Gesetz in Einklang und sorgt für Rechtssicherheit und Rechtsklarheit der Bekanntgabe. Sie vermeidet den ungemütlichen Schwebezustand des Bescheides zwischen Leben und Tod und verhindert, dass die Wirksamkeit eines Verwaltungsakts allein auf dem Willen und einer Handlung (Weitergabe des Bescheides) des Stpfl. beruht. Versäumt der Stpfl. die Rechtsbehelfsfrist, weil ihm der Bescheid unerwartet zugeht, ist ihm Wiedereinsetzung in den vorigen Stand (§ 110 AO) zu gewähren. Dadurch ist er ausreichend geschützt.

Hinweis: Die Heilung eines Bekanntgabemangels ist nicht möglich, wenn das Finanzamt einen mit Klage angefochtenen Steuerbescheid ändert, diesen (fälschlicherweise) dem Stpfl. gegenüber bekannt gibt und der Stpfl. den Bescheid an seinen Prozessbevollmächtigten weiterleitet (vgl. BFH vom 29.10.1997 BStBl II 1998, 266).

Die fehlerhafte Bekanntgabe eines Bescheides wird durch die fehlerfreie Zustellung der Einspruchsentscheidung geheilt (BFH vom 12.11.1992 BStBl II 1993, 263). Zur Bekanntgabe siehe ausführlich Große, Probleme bei der Geburt von Steuerbescheiden, DStZ 1990, 348, 351.

7.2.3 Formen der Bekanntgabe

7.2.3.1 Allgemeines

1279   Grundsätzlich schreibt § 122 AO **keine Form** für die Art der Bekanntgabe vor. Daher ist die Bekanntgabe formfrei, d. h. sie kann mündlich, schriftlich, elektronisch, durch schlüssiges Verhalten oder durch Unterlassen erfolgen. Eine Ausnahme besteht nur dann, wenn das Gesetz die Form der Bekanntgabe ausdrücklich vorschreibt. So bestimmt § 157 Abs. 1 AO, dass Steuerbescheide schriftlich oder elektronisch zu erteilen sind (siehe dazu oben Rz. 1241 ff.).

Mündlich wird ein Verwaltungsakt bekannt gegeben in Anwesenheit des Betroffenen bzw. **1280** telefonisch. Auch schlüssiges Verhalten (z. B. Kopfnicken) kann die Bekanntgabe eines Verwaltungsaktes bewirken. Ein mündlicher Verwaltungsakt wird wirksam, wenn der Betroffene ihn (akustisch) vernimmt. Ein durch konkludentes Verhalten erklärter Verwaltungsakt wird wirksam, wenn der Betroffene das Verhalten wahrnimmt.

BEISPIEL

Der Stpfl. stellt einen mündlichen Antrag auf Erlass von 50 € Säumniszuschlägen anlässlich einer persönlichen Vorsprache an Amtsstelle. Der zuständige Bearbeiter bestätigt dies durch Kopfnicken. Zwei Tage später fertigt der Bearbeiter über den Vorgang einen Aktenvermerk, den er sodann der Finanzkasse zwecks Ausbuchung der Säumniszuschläge übergibt. Eine schriftliche Benachrichtigung des Stpfl. erfolgt nicht.

LÖSUNG Weder für Erlassverfügungen noch für deren Bekanntgabe ist eine besondere Form vorgesehen (§ 227 AO). Daher ist der Erlass der Säumniszuschläge im Zeitpunkt des schlüssigen Verhaltens (Kopfnicken) wirksam geworden. Die Fertigung des Aktenvermerks hat für die Wirksamkeit des Erlasses keine Bedeutung. Aus Gründen der Rechtssicherheit werden Verwaltungsakte aber fast durchgängig schriftlich erteilt.

Die **schriftliche Bekanntgabe** ist das Zugehen eines Schriftstückes (schriftlicher Verwaltungsakt) beim Adressaten. Im Besteuerungsverfahren ist die schriftliche Bekanntgabe die häufigste Form der Bekanntgabe. Die schriftliche Bekanntgabe kann **1281**

- gegenüber einem Anwesenden durch Aushändigung eines Schriftstücks,
- durch Postübermittlung (§ 122 Abs. 2 AO),
- durch Übersendung mittels Boten,
- durch förmliche Zustellung (§ 122 Abs. 5 AO) und
- durch öffentliche Bekanntgabe (§ 122 Abs. 3 AO) bzw. öffentliche Zustellung (§ 10 VwZG)

erfolgen.

Schriftliche Verwaltungsakte, insbesondere Steuerbescheide, sind grundsätzlich durch die Post zu übermitteln, sofern der Empfänger im Geltungsbereich der AO wohnt. Eine förmliche Zustellung ist nur dann erforderlich, wenn dies gesetzlich vorgeschrieben ist (vgl. z. B. § 309 Abs. 2 AO oder § 284 Abs. 6 AO) oder die Finanzbehörde von sich aus die Zustellung anordnet. Die Zustellung erfolgt nach den Vorschriften des Verwaltungszustellungsgesetzes (§ 122 Abs. 5 AO).

Unter den Voraussetzungen des § 87 a AO können Verwaltungsakte auch **elektronisch** (per E-Mail) **übermittelt** werden (vgl. auch § 122 Abs. 2a AO). Ein durch Telefax bekannt gegebener Verwaltungsakt ist ein im Sinne des § 122 Abs. 2a AO elektronisch übermittelter Verwaltungsakt (AEAO zu § 122 Nr. 1.8.2.2). Vgl. oben Rz. 1244 und 1276.

Die elektronische Übermittlung (vgl. § 122 Abs. 2a AO), z. B. per E-Mail, setzt voraus, dass der Stpfl. hierfür einen Zugang eröffnet hat (§ 87 a Abs. 1 AO. Die Zugangseröffnung kann durch ausdrückliche Erklärung oder konkludent sowie generell oder nur für bestimmte Fälle erfolgen. Bei natürlichen oder juristischen Personen, die eine gewerbliche oder berufliche Tätigkeit selbstständig ausüben und die auf einem im Verkehr mit der Finanzbehörde verwendeten Briefkopf, in einer Steuererklärung oder in einem Antrag an das Finanzamt ihre E-Mail-Adresse angeben oder sich per E-Mail an das Finanzamt gewandt haben, kann i. d. R davon ausgegangen werden, dass sie damit konkludent ihre Bereitschaft zur Entgegennahme elektronischer Dokumente erklärt haben. Bei anderen Stpfl. (z. B. Arbeitnehmern) ist dagegen derzeit nur bei Vorliegen einer ausdrücklichen Einverständniserklärung von einer Zugangseröffnung i. S. d. § 87 a Abs. 1 auszugehen (vgl. AEAO Nr. 1 zu § 87 a). Zur elektronischen Übermittlung muss die Finanzbehörde ein sicheres Verfahren gem. § 87 a Abs. 7 AO verwenden. das die übermittelnde Stelle oder Einrichtung der Finanzverwaltung authentifiziert und die Vertraulichkeit und Integrität des Datensatzes gewährleistet. Ein sicheres Verfahren liegt insbesondere vor, wenn der Verwaltungsakt

1. mit einer qualifizierten elektronischen Signatur versehen und mit einem geeigneten Verfahren verschlüsselt ist oder

2. mit einer De-Mail-Nachricht nach § 5 Abs. 5 des De-Mail-Gesetzes versandt wird, bei der die Bestätigung des akkreditierten Diensteanbieters die erlassende Finanzbehörde als Nutzer des De-Mail-Kontos erkennen lässt.

Nach dem ab 01. 01. 2017 geltenden **§ 122 a Abs. 1 AO** können elektronische Verwaltungsakte mit Einwilligung des Beteiligten oder der von ihm bevollmächtigten Person bekannt gegeben werden, indem sie **zum Datenabruf durch Datenfernübertragung bereitgestellt** werden. Für den Datenabruf hat sich die abrufberechtigte Person nach Maßgabe des § 87 a Abs. 8 AO zu authentisieren (§ 122 a Abs. 3 AO). Ein zum Abruf bereitgestellter Verwaltungsakt gilt am dritten Tag nach **Absendung der elektronischen Benachrichtigung** über die Bereitstellung der Daten an die abrufberechtigte Person als bekannt gegeben. Im Zweifel hat die Behörde den Zugang der Benachrichtigung nachzuweisen. Kann die Finanzbehörde den von der abrufberechtigten Person bestrittenen Zugang der Benachrichtigung nicht nachweisen, gilt der Verwaltungsakt an dem Tag als bekannt gegeben, an dem die abrufberechtigte Person den Datenabruf durchgeführt hat. Das Gleiche gilt, wenn die abrufberechtigte Person unwiderlegbar vorträgt, die Benachrichtigung nicht innerhalb von drei Tagen nach der Absendung erhalten zu haben (§ 122 a Abs. 4 AO). Auch s. Rz. 1243 oben und s. Rz. 1276 am Ende.

7.2.3.2 Bekanntgabe schriftlicher Verwaltungsakte durch einfachen Brief (§ 122 Abs. 2 AO) und durch elektronische Übermittlung (§ 122 Abs. 2a AO)

1282   In aller Regel werden die Verwaltungsakte der Finanzbehörde dem Adressaten mit einfachem Brief durch Postübermittlung bekannt gegeben (§ 122 Abs. 2 AO). Diese »einfache Bekanntgabe« ist streng zu unterscheiden von der »Zustellung«. Unter Zustellung versteht die AO und das VwZG nicht die gewöhnliche Zustellung eines Briefes mit der Post, sondern eine besondere förmliche Bekanntgabe eines Verwaltungsaktes (z. B. mit Postzustellungsurkunde) nach Maßgabe des VwZG.

1283   Bei Übermittlung eines **schriftlichen Steuerverwaltungsaktes** durch die Post im Geltungsbereich der AO **gilt** dieser **am dritten Tag nach der Aufgabe** zur Post **als bekannt gegeben** (§ 122 Abs. 2 Nr. 1 AO), außer wenn er nicht oder zu einem späteren Zeitpunkt zugegangen ist (§ 122 Abs. 2 letzter HS AO).

Diese Regelung unterstellt eine Höchstbeförderungsdauer durch die Post von drei Tagen. Erfolgt der Zugang des Verwaltungsaktes beim Adressaten tatsächlich vor Ablauf der drei Tage, hat dies für die Berechnung der sich an den Bekanntgabezeitpunkt anschließenden Fristen keinen Einfluss. Die Vermutung des § 122 Abs. 2 Nr. 1 AO kann gem. § 122 Abs. 2 letzter HS AO nur hinsichtlich eines späteren Bekanntgabezeitpunkts widerlegt werden, nicht jedoch hinsichtlich eines früheren.

Fällt der Bekanntgabezeitpunkt auf einen Samstag, Sonntag oder gesetzlichen Feiertag, gilt § 108 Abs. 3 AO. Dazu s. Rz. 128.

Nach § 122 Abs. 2 Nr. 2 AO gilt die Bekanntgabe eines schriftlichen Verwaltungsaktes an einen Adressaten außerhalb des Geltungsbereichs der AO nach Ablauf eines Monats nach der Aufgabe zur Post als bewirkt. Hier gilt das zur Nr. 1 Gesagte entsprechend.

Bei **Meinungsverschiedenheiten über den Zeitpunkt des Zugangs** zwischen dem Stpfl. **1284** und der Finanzbehörde hat diese den Zugang zu beweisen. Sie kann den ihr obliegenden Beweis nach den Grundsätzen über den Beweis des ersten Anscheins führen, indem sie die Tatsachen, insbesondere die Aufgabe zur Post und deren Zeitpunkt, beweist, aus denen aufgrund der Lebenserfahrung mit hoher Wahrscheinlichkeit gefolgert werden kann, dass der Adressat den Steuerbescheid innerhalb von drei Tagen nach der Absendung erhalten hat. Feiertage innerhalb der drei Tage stören die Vermutung des Bekanntgabetages nicht.

Die volle **Beweislast der Finanzbehörde** (gem. § 122 Abs. 2 letzter HS AO) kommt erst **1285** dann in Betracht, wenn der Steuerpflichtige die **Möglichkeit eines atypischen Geschehensablaufs** ernstlich dargetan hat (oder ein solcher Umstand offenkundig ist, z. B. Streik bei der Post, Nachsendeauftrag wegen Umzugs), so dass Zweifel am erwartungsgemäßen Zugang des Verwaltungsaktes begründet sind (BFH vom 12. 08. 1981 BStBl II 1982, 102). Die Darlegungen des Stpfl. müssen die Behauptung einer, gegenüber dem gesetzlich vermuteten Zugang, verspäteten Bekanntgabe als schlüssig erscheinen lassen. Er muss erschöpfende Auskunft über den tatsächlichen Geschehensablauf in dem für ihn zugänglichen Bereich der Postzustellung der betreffenden Sendung geben, indem er z. B. vorhandene Briefumschläge oder selbstgefertigte Eingangsvermerke vorlegt, Zeugen benennt oder sich selbst zur Vernehmung anbietet (vgl. BFH vom 08. 12. 1976 BStBl II 1977, 321). Der durch schlüssige Darlegung des Stpfl. begründete und nicht widerlegbare Zweifel am Zugang zu dem gesetzlich vermuteten Zeitpunkt genügt, um die volle Beweispflicht der Behörde entstehen zu lassen. Zum Ganzen siehe Seer in Tipke/Kruse § 122 AO Tz. 59 ff.

BEISPIELE

a) Der Einkommensteuerbescheid für das Kalenderjahr 01 wird am Donnerstag, den 03.04. zur Post gegeben.
LÖSUNG Nach § 122 Abs. 2 Nr. 1 AO gilt der Bescheid als am 06.04. bekannt gegeben. Da dieser Tag ein Sonntag ist, gilt § 108 Abs. 3 AO (siehe oben Rz. 128). Die Einspruchsfrist beginnt daher mit Ablauf des 07.04. (Montag).

b) Wie oben. Der Stpfl. legt jedoch den von der Post abgestempelten Briefumschlag vor, der das Datum des 08.04. trägt.
LÖSUNG In diesem Falle ist die gesetzliche Vermutung für den Bekanntgabetag widerlegt. Sollte der Stpfl. nicht am Orte der Finanzbehörde wohnen, wird man als Tag der Bekanntgabe sogar erst den 09. oder 10.04. annehmen dürfen.

c) Ein Einkommensteuerbescheid wird am 17.08. (Montag) zur Post gegeben. Nach einer Auskunft des Stpfl. ist ihm der Bescheid tatsächlich bereits am 18.08. zugegangen.
LÖSUNG Hinsichtlich der Fristberechnung bleibt es bei der gesetzlichen Bekanntgabevermutung. Diese ist für Bekanntgaben vor dem dritten Tag nach der Absendung nicht widerlegbar (Argument aus § 122 Abs. 2 letzter HS AO). Der Bescheid gilt am 20.08. als bekannt gegeben. Die Einspruchsfrist beginnt mit Ablauf dieses Tages an zu laufen.

Bestreitet der Stpfl. nicht den fristgerechten Zugang, sondern **den Zugang überhaupt**, so **1286** kann er i. d. R. nicht vortragen, warum ihn das Schriftstück nicht erreicht hat. Da das in der Natur der Sache liegt, genügt in solchen Fällen bloßes Bestreiten (BFH vom 12. 03. 1989 BStBl II 1989, 534). Die Finanzbehörde muss dann den Zugang beweisen. Sie kann i. d. R. allenfalls den Tag der Aufgabe zur Post nachweisen, nicht aber den Zugang selbst. Liegt das Datum der Aufgabe zur Post fest, so begründet dies eine Zugangsvermutung. Einen Beweis des ersten Anscheins dahin, dass alle Postsendungen auch tatsächlich zugehen, gibt es jedoch nicht (BFH vom 12. 03. 1989 BStBl II 1989, 534). Der Einwand, das Schriftstück sei überhaupt nicht zugegangen, lässt sich also von der Finanzbehörde kaum entkräften. Daher wird man in der Praxis aus Gründen der Rechtssicherheit »wohl oder übel« die Bekanntgabe des Steuerverwaltungsaktes wiederholen müssen, ggf. durch förmliche Zustellung mit Postzustellungsurkunde (dazu gleich nachfolgend s. Rz. 1288 sowie Seer in Tipke/Kruse § 122 AO Tz. 58).

Nach Maßgabe des § 87 a AO können Verwaltungsakte auch **elektronisch übermittelt** werden (siehe Rz. 1244). Ein solcher Verwaltungsakt gilt am dritten Tag nach der Absendung als bekannt gegeben, außer wenn er nicht oder zu einem späteren Zeitpunkt zugegangen ist; im Zweifel hat die Behörde den Zugang des Verwaltungsaktes und den Zeitpunkt des Zugangs nachzuweisen (§ 122 Abs. 2 a AO). Das eben zur schriftlichen Bekanntgabe Gesagte gilt entsprechend für die elektronische Übermittlung.

> **BEISPIEL**
>
> Das FA sendet dem Stpfl. X eine diesen betreffende Einspruchsentscheidung am 09.09 per Telefax zu. Das Fax wird am gleichen Tag bei X ausgedruckt. Wann beginnt die Klagefrist (§ 47 FGO)?
>
> **LÖSUNG** Die Bekanntgabe eines Bescheides per Telefax ist grundsätzlich möglich (vgl. BFH vom 08. 07. 1998 BStBl II 1999, 48). Nach § 122 Abs. 2 a AO gilt die Einspruchsentscheidung am 12.09. als bekannt gegeben. Die Klagefrist beginnt mit Ablauf dieses Tages. (Hinweis: Der BFH hat in der o. a. Entscheidung auf den Zeitpunkt des Ausdruckens beim Empfänger abgestellt, hier also den 09.09. Diese Auffassung ist nach der Einführung des § 122 Abs. 2 a AO veraltet.)

Die eben dargestellten Beweislastregeln gelten gem. § 122 a Abs. 4 AO grundsätzlich auch für die **Bekanntgabe durch Bereitstellung zum Datenabruf:** Im Zweifel hat die Behörde den Zugang der Benachrichtigung über die Bereitstellung der Daten nachzuweisen.

7.2.3.3   Förmliche Zustellung von Verwaltungsakten (§ 122 Abs. 5 AO)

7.2.3.3.1 Allgemeines

1287
Unter Zustellung versteht die AO und das VwZG nicht die bloße Übermittlung eines Schriftstückes durch die Post, sondern eine **besondere förmliche Art der Bekanntgabe**. Nach § 122 Abs. 5 AO sind schriftliche Verwaltungsakte nur dann zuzustellen, wenn dies gesetzlich vorgeschrieben ist oder behördlich angeordnet wird. Die AO schreibt in folgenden Fällen die Zustellung zwingend vor:

- Ladung zur Abgabe einer eidesstattlichen Versicherung (§ 284 Abs. 6 AO),
- Pfändungsverfügungen (§§ 309 Abs. 2, 310 Abs. 2, 321 Abs. 2 AO),
- Arrestanordnungen (§§ 324 Abs. 2, 326 Abs. 4 AO),

Die Zustellung von Rechtsbehelfsentscheidungen ist gem. § 366 AO nicht (mehr) obligatorisch.

Darüber hinaus **kann** die Finanzbehörde zustellen, **wenn sie es für erforderlich hält**. Dies ist in einzelnen Fällen empfehlenswert, um die Bekanntgabe eines Verwaltungsaktes eindeutig nachzuweisen.

> **BEISPIEL**
>
> Stpfl. A hat mehrfach bestritten, einen Bescheid vom Finanzamt erhalten zu haben. Nach § 122 Abs. 2 letzter Halbsatz AO konnte die Behörde den Zugang nicht nachweisen und musste den Verwaltungsakt erneut bekannt geben.
>
> **LÖSUNG** In einem solchen Fall ist die Anordnung einer Zustellung von Bescheiden angezeigt.
>
> Die Zustellung besteht in der Übergabe eines Schriftstücks in Urschrift, Ausfertigung oder beglaubigter Abschrift der Urschrift. Darunter fällt z. B. ein Steuerbescheid oder sonstiger schriftlicher Verwaltungsakt. Die Übergabe muss aufgrund einer der nachfolgend dargestellten Zustellungsarten erfolgen.

7.2.3.3.2 Die Zustellungsarten

Das VwZG sieht folgende Zustellungsarten vor:

1288

- Zustellung durch die Post mit Zustellungsurkunde (Postzustellungsurkunde; § 3 VwZG),
- Zustellung durch die Post mittels Einschreiben (§ 4 VwZG),
- Zustellung gegen Empfangsbekenntnis; elektronische Zustellung (§ 5 VwZG),
- elektronische Zustellung gegen Abholbestätigung über De-Mail-Dienste (§ 5 a VwZG),
- Zustellung im Ausland (§ 9 VwZG) und
- öffentliche Zustellung (§ 10 VwZG).

Kommen mehrere Zustellungsarten in Betracht, soll die Behörde grundsätzlich die kostengüns-
tigste wählen (vgl. AEAO zu § 122 Nr. 3.1).

1289

Einzelheiten:

Die **Zustellung mit Postzustellungsurkunde** (§ 3 VwZG i. V. m. §§ 177–182 ZPO), abgekürzt PZU, ist die sicherste, aber auch teuerste Zustellungsart. Das Finanzamt übergibt der Post
das verschlossene Schriftstück, dem die Postzustellungsurkunde beigefügt ist. Darin vermerkt
der Postbedienstete Tag, Uhrzeit und Ort der Übergabe sowie die Person, der das Schriftstück
ausgehändigt wurde (Adressat des Verwaltungsakts oder Ersatzzustellung an einen erwachse-
nen Familienangehörigen oder Angestellten, vgl. § 3 Abs. 2 VwZG i. V. m. § 178 ZPO). Die ausgefüllte Zustellungsurkunde wird an das Finanzamt zurückgeleitet (vgl. § 3 Abs. 2 VwZG i. V. m.
§ 182 Abs. 3 ZPO).

1290

Sind mehrere Zustellungsversuche erfolglos (der Postbedienstete trifft niemanden an),
erfolgt die Zustellung regelmäßig durch Niederlegung mit Benachrichtigungsschreiben nach
§ 181 ZPO. Dadurch gilt die Zustellung als bewirkt.

Der Zeitpunkt der Zustellung ergibt sich klar aus den Angaben in der PZU (§ 122 Abs. 2
AO gilt nicht).

Eine fehlerfreie Zustellung erfordert, dass die Sendung mit der Anschrift des Empfängers
und mit der Bezeichnung der absendenden Dienststelle, einer Geschäftsnummer und einem
Vordruck für die Zustellungsurkunde zu versehen ist. Aus der Geschäftsnummer, die auf dem
Briefumschlag und der Zustellungsurkunde anzugeben ist, muss der Inhalt der zugestellten
Sendung eindeutig zu entnehmen sein. Die bloße Angabe der Steuernummer reicht als
Geschäftsnummer nicht aus (BFH vom 13. 10. 2005 BStBl II 2006, 214). Die Geschäftsnummer
ist mit Abkürzungen zu bilden. Diese müssen so gewählt werden, dass sie einerseits zweifelsfrei
die Identifizierung des Inhalts der Sendung durch die Angabe auf dem Briefumschlag, ander-
seits einem Dritten möglichst keinen Rückschluss auf den Inhalt der Sendung zulassen. Zu den
Abkürzungen siehe ausführlich AEAO zu § 122 Nr. 3.1.1.

Sollen mehrere Verwaltungsakte (z.B. Rechtsbehelfsentscheidungen) verschiedenen
Inhalt in einer Postsendung zugestellt werden, müssen die o. g. Form- und Beurkundungserfor-
dernisse in Bezug auf jedes einzelne Schriftstück gewahrt werden. Die Geschäftsnummer muss
aus Angaben über die einzelnen Schriftstücke bestehen.

Die **Zustellung mittels eingeschriebenen Briefes** (§ 4 VwZG) ist preiswerter aber nicht so
sicher wie die Zustellung mit PZU. Bei dieser Zustellungsart gilt der eingeschriebene Brief mit
dem dritten Tag nach Aufgabe zur Post als zugestellt, es sei denn, dass das zuzustellende Schriftstück nicht oder zu einem späteren Zeitpunkt zugegangen ist; im Zweifel hat die Behörde den
Zugang des Schriftstücks und den Zeitpunkt des Zugangs nachzuweisen (§ 4 Abs. 2 VwZG). Diese
Vorschrift entspricht § 122 Abs. 2 AO am Ende. Den Anforderungen des § 4 VwZG entspricht nur
die Zustellung mittels »Übergabe-Einschreibens« oder »Einschreiben mit Rückschein«, nicht aber
die Zustellung mittels »Einwurf-Einschreibens« (zum Ganzen siehe AEAO zu § 122 Nr. 3.1.2).

1291

1292   Die **Zustellung gegen Empfangsbekenntnis durch die Post** (§ 5 Abs. 4 und 7 VwZG) ist nur möglich gegenüber Behörden, Körperschaften und Anstalten des öffentlichen Rechts, Rechtsanwälte, Patentanwälte, Notare, Steuerberater, Steuerbevollmächtigte, Wirtschaftsprüfer, vereidigte Buchprüfer, Steuerberatungsgesellschaften, Wirtschaftsprüfungsgesellschaften und Buchführungsgesellschaften. Diese Form der Zustellung ist billig und einfach.

> **BEISPIEL**
>
> Das Finanzamt stellt dem Steuerberater S einen Verwaltungsakt »gegen Empfangsbekenntnis« durch normalen Brief zu. Als Nachweis der Zustellung sendet S das mit dem Datum der Empfangnahme ausgefüllte und unterschriebene Empfangsbekenntnis (Postkarte) an das Finanzamt zurück. Maßgeblicher Tag für die Fristberechnung ist der Zeitpunkt, den der Steuerberater als Tag der Empfangnahme angegeben hat. Siehe dazu ausführlich AEAO zu § 122 Nr. 3.1.3 und 3.3.

Die **Zustellung gegen Empfangsbekenntnis durch einen Bediensteten der Behörde** selbst (§ 5 Abs. 1 VwZG) ist ggf. dann angezeigt, wenn das Finanzamt schneller als die normale Postzustellung sein möchte. Dies kann in der Praxis bei Pfändungsverfügungen im Rahmen der Vollstreckung der Fall sein.

    Möglich ist auch die **Zustellung gegen Empfangsbekenntnis auf elektronischem Weg** (§ 5 Abs. 4–7 VwZG). Siehe dazu AEAO zu § 122 Nr. 3.1.3.3–3.1. 3. 5.

    Im **Ausland** darf i. d. R. nur **in der Form des § 9 VwZG** zugestellt werden. Sollte eine Zustellung im Ausland nicht möglich sein und hat der Stpfl. keinen Empfangsbevollmächtigten im Inland benannt (§ 123 AO), wird der Verwaltungsakt öffentlich zugestellt (§ 10 VwZG). Zur Bekanntgabe bzw. Zustellung im Ausland siehe unten Rz. 1332 ff. Zur **Zustellung gegenüber Bevollmächtigten** siehe AEAO zu § 122 Nr. 3.3 und unten Rz. 1313 ff. Zur **Zustellung an Ehegatten** siehe AEAO zu § 122 Nr. 3.4 und BFH vom 08. 06. 1995 BStBl II 1995, 681. Zur öffentlichen Zustellung (§ 10 VwZG) siehe gleich nachfolgend 7.2. 3. 4.

7.2.3.3.3   Fehler bei förmlichen Zustellungen

1293   Verstößt die Zustellung gegen zwingende Vorschriften des VwZG, so ist sie unwirksam. Fehler, die die formgerechte Art der Zustellung betreffen, sind heilbar. Nach § 8 VwZG gilt ein Schriftstück, dessen formgerechte Zustellung nicht nachgewiesen werden kann oder das unter Verletzung zwingender Zustellungsvorschriften zugegangen ist, als in dem Zeitpunkt zugestellt, in dem es der Empfangsberechtigte nachweisbar erhalten hat. Empfangsberechtigter ist hier derjenige, an den die Zustellung nach dem VwZG zu richten war, z. B. der Bevollmächtigte nach § 7 Abs. 1 Satz 2 VwZG.

    Ist eine Zustellung wegen eines Formmangels unwirksam, kann gleichwohl eine wirksame Bekanntgabe nach § 122 Abs. 2 AO gegeben sein, so dass möglicherweise der Verwaltungsakt wirksam bekannt gegeben worden ist und die Rechtsbehelfsfrist nach § 122 Abs. 2 Nr. 1 AO zu laufen beginnt.

7.2.3.4   Die öffentliche Bekanntgabe (§ 122 Abs. 3 und 4 AO) und die öffentliche Zustellung (§ 10 VwZG)

1294   § 122 Abs. 3 und 4 AO, die die **öffentliche Bekanntgabe** regeln sollen, wurden aus § 41 VwVfG übernommen und haben **im Steuerrecht keine Bedeutung**. Nach § 122 Abs. 3 Satz 1 AO ist eine öffentliche Bekanntgabe nur zulässig, wenn dies durch Rechtsvorschrift zugelassen ist. Es gibt im Steuerrecht aber keine Rechtsvorschrift, die die öffentliche Bekanntgabe gem. § 122 Abs. 3 und 4 AO erlaubt.

Die **öffentliche Zustellung** ist in § 10 VwZG geregelt. Nach dessen Abs. 1 kann ein Verwaltungsakt durch öffentliche Bekanntmachung zugestellt werden:

- wenn der Aufenthaltsort des Empfängers unbekannt ist und eine Zustellung an einen Vertreter oder Zustellungsbevollmächtigten nicht möglich ist,
- wenn bei einer juristischen Person eine Zustellung im Inland nicht möglich ist (§ 10 Abs. 1 Nr. 2 VwZG) oder
- wenn sie im Fall einer Zustellung im Ausland nicht möglich ist oder keinen Erfolg verspricht.

Die öffentliche Zustellung erfolgt, indem das zuzustellende Schriftstück (z. B. ESt-Bescheid) an der Stelle ausgehängt wird, die von der Behörde hierfür allgemein bestimmt ist (z. B. »schwarzes Brett« im Finanzamt). Es wird dort jedoch nicht der Bescheid selbst veröffentlicht. Ausgehängt wird vielmehr eine Benachrichtigung, in der angegeben ist, dass und wo das Dokument eingesehen werden kann (vgl. § 10 Abs. 2 VwZG). Möglich ist auch die Veröffentlichung der Benachrichtigung im Bundesanzeiger oder im elektronischen Bundesanzeiger (siehe dazu § 10 Abs. 2 VwZG).

Die **Rechtswirkung** der öffentlichen Zustellung ergeben sich aus § 10 Abs. 2 letzter Satz VwZG: Das Dokument gilt als zugestellt, wenn seit dem Tag der Bekanntmachung der Benachrichtigung zwei Wochen verstrichen sind.

Zum Ganzen siehe AEAO zu § 122 Nr. 3. 1. 5.

BEISPIEL

Der türkische Gastarbeiter T hat am 17. 04. 02 die Bundesrepublik Deutschland mit unbekanntem Ziel verlassen. Seine Heimatanschrift ist nicht zu ermitteln. Für das Kj 01 hatte T einen Antrag auf Einkommensteuerveranlagung (§ 46 Abs. 2 Nr. 8 EStG) gestellt. Die Bekanntgabe des Bescheides erfolgt am 26. 06. 02 durch öffentliche Zustellung (Aushang eines Hinweises am schwarzen Brett des Finanzamts). Gleichzeitig wird der Bescheid bei der Geschäftsstelle wegen einer eventuellen Einsichtnahme deponiert.

LÖSUNG Nach § 122 Abs. 5 AO i. V. m. § 10 Abs. 2 letzter Satz VwZG gilt der Bescheid am 11. 07. 02 als bekannt gegeben. Die Rechtsbehelfsfrist des § 355 AO beginnt mit Ablauf dieses Tages.

7.3 Nichtigkeit von Steuerverwaltungsakten (§ 125 AO)

Die **Generalklausel** des § 125 Abs. 1 AO umschreibt, unter welchen Voraussetzungen ein Verwaltungsakt nichtig ist. § 125 Abs. 2 AO normiert weitere Fälle, die die Nichtigkeit eines Verwaltungsakts zur Folge haben. § 125 Abs. 3 AO schließt für einige Fehler die Rechtsfolge Nichtigkeit aus. Ein nichtiger Verwaltungsakt ist unwirksam (§ 124 Abs. 3 AO). Nichtige Verwaltungsakte können nicht geheilt werden (vgl. § 126 Abs. 1 2. HS AO und § 127 2. HS AO). **1295**

7.3.1 Voraussetzungen der Nichtigkeit

Soweit ein Verwaltungsakt an **1296**
- einem besonders schwerwiegenden Fehler leidet und
- dies bei verständiger Würdigung aller in Betracht kommenden Umstände offenkundig ist,

ist er nichtig (§ 125 Abs. 1 AO).

Der Fehler muss **besonders schwerwiegend** sein. D. h., ein (einfacher) Fehler reicht nicht **1297** aus. Auch ein schwerwiegender Fehler genügt nicht, er muss »besonders« schwerwiegend sein. Ein besonders schwerwiegender Fehler ist gegeben, wenn er die an eine ordnungsgemäße Verwaltung zu stellenden Anforderungen in einem so erheblichen Maß verletzt, dass von niemand erwartet werden kann, ihn als verbindlich anzuerkennen (BFH vom 30. 11. 1987 BStBl II 1988, 183, 185, vom 14. 04. 1989 BStBl II 1990, 351, 352 und vom 15. 05. 2002 BFH/NV 2002, 1415) oder wenn der Fehler den davon betroffenen Verwaltungsakt als schlechterdings unerträglich erscheinen, d. h. mit tragenden Verfassungsprinzipien oder der Rechtsordnung immanenten Wertvorstellungen unvereinbar sein lässt (BFH vom 30. 11. 1987 BStBl II 1988, 183, 185). Kurz ausgedrückt muss es sich um eine **unerträgliche Rechtsverletzung** handeln.

1298   **Offenkundig** ist der Fehler, wenn er von einem »aufmerksamen und verständigen Staatsbürger« erkannt werden kann. Auf die Erkennbarkeit durch den jeweiligen Betroffenen selbst kommt es nicht zwingend an. Die Offenkundigkeit muss sich nicht aus dem Verwaltungsakt selbst ergeben. Vielmehr sind alle für eine verständige Würdigung in Betracht kommenden Umstände in die Beurteilung miteinzubeziehen (§ 125 Abs. 1 AO).

Fehlen in einem Verwaltungsakt unverzichtbare wesentliche Bestandteile (vgl. zum Steuerbescheid § 157 Abs. 1 Satz 2 AO: die Angabe des Steuerschuldners, der Steuerart, des Steuerbetrages), die dazu führen, dass dieser inhaltlich nicht hinreichend bestimmt ist (§ 119 Abs. 1 AO), so ist ein solcher Verwaltungsakt gem. § 125 Abs. 1 AO nichtig.

BEISPIELE

a) Im Rahmen einer Lohnsteueraußenprüfung wird festgestellt, dass der Arbeitgeber für Aushilfskräfte keine Lohnkirchensteuer abgeführt hatte. Im Nachforderungsbescheid vergaß das Finanzamt die Angabe darüber, für welche Konfessionszugehörigkeit Kirchensteuer erhoben wird.
LÖSUNG Die Festsetzung einer Kirchensteuer ist nur dann ihrer Art nach hinreichend bestimmt, wenn sich aus dem Steuerbescheid ergibt, für welche Konfessionszugehörigkeit Kirchensteuer erhoben wird. Die Konfessionszugehörigkeit muss im Steuerbescheid dadurch zum Ausdruck gebracht werden, dass die Kirchensteuer z. B. als evangelische oder römisch-katholische festgesetzt wird. Der Nachforderungsbescheid ist inhaltlich unbestimmt und deshalb nichtig (BFH vom 07. 08. 1985 BStBl II 1986, 42).

b) Der ESt-Bescheid 03 gegenüber Erwin und Erna Müller wird adressiert an »Familie Müller«.
LÖSUNG Der Bescheid ist nichtig, weil der Adressat nicht hinreichend bestimmt ist (§ 119 Abs. 1 AO, § 157 Abs. 1 Satz 2 AO).

c) Das FA erlässt eine ESt-Bescheid i. H. v. 18 000 € gegenüber X. Kurze Zeit später teilt es dem X mit, dass der Bescheid wegen Aufgabe des Bekanntgabewillens nicht wirksam sei und erlässt einen neuen Bescheid i. H. v. (materiell zutreffend) 20 000 €. Dieser ergeht wie ein »Erst-Bescheid«, also ohne Bezugnahme auf den Bescheid i. H. v. 18 000 €. Im späteren Steuerprozess stellt sich heraus, dass die Aufgabe des Bekanntgabewillens erst nach dem Zugang des Bescheides bei X erfolgt ist. Wie ist die Rechtslage?
LÖSUNG Der ESt-Bescheid i. H. v. 18 000 € ist wirksam bekannt gegeben worden: Die Aufgabe des Willens der Finanzbehörde zur Bekanntgabe eines Steuerbescheids führt nur dann zu dessen Unwirksamkeit, wenn der Wille aufgegeben wird, bevor der Bescheid den Herrschaftsbereich der Verwaltung verlassen hat; die Rechtzeitigkeit der Aufgabe des Bekanntgabewillens muss in den Akten hinreichend klar und eindeutig dokumentiert sein (BFH vom 23. 08. 2000 BFH/NV 2001, 355 und AEAO Nr. 1 zu § 124). Das war hier nicht der Fall.
Den Bescheid i. H. v. 20 000 € hielt der BFH wegen Verstoßes gegen § 119 Abs. 1 AO für nichtig: Ein ESt-Bescheid ist wegen fehlender hinreichender Bestimmtheit nichtig, wenn er für einen Veranlagungszeitraum ergeht, für den bereits ein – wirksamer – ESt-Bescheid gegenüber demselben Adressaten erlassen wurde, ohne das Verhältnis zu diesem Bescheid klarzustellen (BFH vom 23. 08. 2000 BFH/NV 2001, 355).

1299   Wird der Steuerschuldner im Steuerbescheid gar nicht, falsch oder so ungenau bezeichnet, dass Verwechslungen möglich sind, ist der Verwaltungsakt gem. § 119 Abs. 1 AO i. V. m. § 125 Abs. 1 AO unwirksam.

Wird der richtige Steuerschuldner lediglich ungenau bezeichnet, ohne dass Zweifel an der Identität bestehen (z. B. falsche Bezeichnung der Rechtsform einer Gesellschaft: OHG statt KG, GbR statt OHG o. Ä.), so ist der Steuerbescheid nicht unwirksam. Die falsche Bezeichnung kann ggf. berichtigt werden.

Geringfügige Abweichungen in der Schreibweise, die – insbesondere bei ausländischen Namen – auf technischen Schwierigkeiten, Lesefehlern usw. beruhen, machen den Bescheid weder unwirksam noch anfechtbar. Dies gilt auch, wenn bei einer juristischen Person ein unwesentlicher Namensbestandteil weggelassen oder abgekürzt wird oder eine allgemein übliche Kurzformel eines eingetragenen Namens verwendet wird. Bei einem Verstoß gegen das Namensrecht (z. B. Abkürzung überlanger Namen, Übersehen von Adelsprädikaten oder akademischen Graden) wird der Steuerbescheid dennoch durch Bekanntgabe wirksam, wenn der Steuerschuldner durch die verwendeten Angaben unverwechselbar bezeichnet wird (vgl. AEAO zu § 122 Nr. 4.2).

Unabhängig von den genannten allgemeinen Nichtigkeitsvoraussetzungen ist ein **Verwaltungsakt kraft** positiver **Rechtsvorschrift (§ 125 Abs. 2 AO) nichtig,**   **1300**

- der schriftlich erlassen worden ist, die erlassende Finanzbehörde aber nicht erkennen lässt,
- den aus tatsächlichen Gründen niemand befolgen kann,
- der die Begehung einer rechtswidrigen Tat verlangt, die einen Straf- oder Bußgeldtatbestand verwirklicht, oder
- der gegen die guten Sitten verstößt.

Wenn eine dieser genannten Voraussetzungen erfüllt ist, bedarf es keiner Prüfung mehr, ob ein offenkundiger schwerwiegender Mangel vorliegt.

BEISPIELE

a) Beim Erlass eines Haftungsbescheides wird im dafür vorgesehenen Formular vergessen, die erlassende Behörde einzutragen. Der Name der Behörde taucht auch ansonsten nicht im Bescheid auf. Allerdings enthält der Bescheid den Namen und die dienstliche Telefonnummer des Finanzbeamten, der den Bescheid erlassen hat.

LÖSUNG Der Bescheid ist nach § 125 Abs. 2 Nr. 1 AO nichtig. Zwar kann der Stpfl. die erlassende Behörde durch einen Anruf leicht ermitteln. Darauf stellt § 121 Abs. 2 Nr. 1 AO jedoch nicht ab. Der o. g. Bescheid lässt die erlassende Finanzbehörde nicht erkennen.

b) Fehlt nur die Unterschrift, obgleich diese erforderlich war (§ 119 Abs. 3 AO), führt dieser Fehler nicht zur Nichtigkeit des Verwaltungsaktes. Es handelt sich vielmehr um einen unbeachtlichen Formfehler i. S. d. § 127 AO (BFH vom 18. 07. 1985 BStBl II 1986, 169). Soweit ein Verwaltungsakt formularmäßig oder mit Hilfe von Datenverarbeitungsanlagen erlassen wird, folgt bereits aus § 119 Abs. 3 Satz 2. HS AO, dass die Unterschrift fehlen darf.

c) Am 20. 07. 03 ergeht ein Abrechnungsbescheid (§ 218 Abs. 2 AO) gegenüber Z, nach dem er 25 000 € bis spätestens am 09. 07. 03 zu zahlen hat. Der Bescheid ist gem. § 125 Abs. 2 Nr. 2 AO nichtig.

Die **Nichtigkeit** des Verwaltungsakts **liegt gem. § 125 Abs. 3 AO nicht vor,** wenn,   **1301**

- Vorschriften über die örtliche Zuständigkeit (§§ 17 ff. AO) nicht eingehalten worden sind,
- eine gem. § 82 Abs. 1 Satz 1 Nr. 2 bis 6 und Satz 2 AO ausgeschlossene Person mitgewirkt hat,
- ein durch Rechtsvorschrift zur Mitwirkung berufener Ausschuss den für den Erlass des Verwaltungsakts vorgeschriebenen Beschluss nicht gefasst hat oder nicht beschlussfähig war oder
- die nach einer Rechtsvorschrift erforderliche Mitwirkung einer anderen Behörde unterblieben ist.

Im Rahmen der Urlaubsvertretung des Steuerinspektor X bearbeitet Steueroberinspektor Y seine eigene ESt-Erklärung und die seines Bruders Z abschließend selbst.

LÖSUNG Der ihn selbst betreffende ESt-Bescheid ist nach § 125 Abs. 1 AO i. V. m. § 82 Abs. 1 Nr. 1 AO nichtig.

Der ESt-Bescheid gegenüber dem Z ist rechtswidrig. Es liegt ein Verstoß gegen § 82 Abs. 1 Nr. 2 AO i. V. m. § 15 Abs. 1 Nr. 4 AO vor (Verfahrensfehler). Dieser führt nicht zur Nichtigkeit (§ 125 Abs. 3 Nr. 2 AO). Ist der Bescheid ansonsten (materiell-rechtlich) fehlerfrei, kann er auch nicht aufgehoben werden (§ 127 AO).

Hat Y seinem Bruder »Steuergeschenke« gemacht, können diese, auch wenn Z nicht davon gewusst hat, m. E. nach § 172 Abs. 1 Nr. 2 Buchst. c AO ausgemerzt werden. Der (endgültige) Bescheid des Z ist in diesem Fall durch unlautere Mittel (sonstiger Art des Y) erwirkt worden. Der Gesetzeswortlaut geht nicht zwingend davon aus, dass der Begünstigte selbst (hier Z) den Verwaltungsakt erwirkt hat.

7.3.2 Folgen der Nichtigkeit

1302   Ein nichtiger Verwaltungsakt ist **unwirksam** § 124 Abs. 3 AO. Er ist rechtlich **ein Nichts** (siehe oben Rz. 1265) und wird auch nicht bestandskräftig. Die Nichtigkeit kann jederzeit geltend gemacht werden. Nach § 125 Abs. 5 AO kann die Finanzbehörde von Amts wegen die Nichtigkeit jederzeit feststellen. Auf Antrag ist sie festzustellen, wenn der Antragsteller hieran ein berechtigtes Interesse hat. Da kein Verwaltungsakt vorliegt, kann dieses Nullum eigentlich auch nicht durch Korrekturvorschriften (§§ 129 ff., 164 Abs. 2, 165 Abs. 2 oder §§ 172 ff. AO) aufgehoben werden. Ebenso wenig wäre ein Einspruch möglich: Auch § 347 AO setzt prinzipiell einen wirksamen Verwaltungsakt voraus.

Allerdings entfalten nichtige Verwaltungsakte **faktische Wirkungen**. Sie sind Äußerungen einer mit staatlicher Autorität ausgestatteten Behörde und scheinen Rechtswirkungen auszulösen. Aus diesem Grund hält es der BFH zu Recht für möglich, auch nichtige Verwaltungsakte nach § 130 Abs. 1 AO oder anderen Korrekturvorschriften aufzuheben (BFH vom 09. 05. 1985 BStBl II 1985, 579, 581) und mit außergerichtlichen und gerichtlichen Rechtsbehelfen anzufechten. Da kein Verwaltungsakt bekannt gegeben worden ist, gilt § 355 AO nicht (vgl. BFH vom 17. 07. 1986 BStBl II 1986, 834, 836). Diese Verfahrensweise erweist sich auch deshalb als erforderlich, weil häufig Zweifel bestehen können, ob ein vorhandener Rechtsmangel zur Nichtigkeit nach § 125 Abs. 1 AO führt.

Lehnt die Behörde einen Antrag des Betroffenen auf Feststellung der Nichtigkeit ab, so kann dieser auf Feststellung der Nichtigkeit klagen. Voraussetzung ist auch hier ein berechtigtes Interesse an einer solchen Feststellung (§ 41 FGO).

7.3.3 Teilnichtigkeit

Wenn die Nichtigkeit nur einen Teil des Verwaltungsakts betrifft, wenn etwa ein Teil der auferlegten Handlungsgebote aus tatsächlichen Gründen nicht befolgt werden kann, so ist der Verwaltungsakt im Ganzen nichtig, wenn der nichtige Teil so wesentlich ist, dass die Finanzbehörde den Verwaltungsakt ohne diesen nicht erlassen hätte (§ 125 Abs. 4 AO). Anders als bei § 139 BGB begründet das Gesetz mithin keine Vermutung für die Nichtigkeit des ganzen Verwaltungsakts. Regelfall ist vielmehr die Teilnichtigkeit.

8 Adressierung von Steuerverwaltungsakten und deren Bekanntgabe in Sonderfällen

8.1 Allgemeines

Ein Verwaltungsakt ist demjenigen bekannt zu geben, **für den er bestimmt ist oder der** **1303**
von ihm betroffen wird (§ 122 Abs. 1 Satz 1 AO). Nur gegenüber demjenigen wird er bei
Bekanntgabe wirksam, **für den er bestimmt ist oder der von ihm betroffen wird** (§ 124 Abs. 1
Satz 1 AO).

Wird also der Adressat (derjenige, für den der Verwaltungsakt bestimmt ist) nicht genau
bezeichnet, liegt keine ordnungsgemäße Bekanntgabe und damit kein wirksamer Verwaltungsakt vor.

Nach § 157 Abs. 1 Satz 2 AO müssen Steuerbescheide angeben, wer die Steuer schuldet.
Nach § 119 Abs. 1 AO (Grundsatz der inhaltlichen Bestimmtheit) muss der Adressat eines Verwaltungsaktes **klar und eindeutig** bezeichnet sein. Bei Zweifeln über die Identität des Empfängers ist der Verwaltungsakt nach §§ 119 Abs. 1 und 125 Abs. 1 AO nichtig (vgl. BFH vom
24. 04. 1986 BStBl II 1986, 545, 834 und BFH vom 07. 04. 1987 BStBl II 1987, 768).

Die **genaue Bezeichnung des Adressaten im Bescheid** selbst und **im Anschriftenfeld** des
Briefes (Adressierung) ist demnach sowohl für die Bekanntgabe als auch für die Wirksamkeit
nach §§ 124 Abs. 3 und 125 AO von entscheidender Bedeutung. Deshalb ist beim Erlass eines
Verwaltungsaktes festzulegen,
a) an wen er sich richtet (sog. Inhaltsadressat oder auch materieller Adressat),
b) wem er bekannt gegeben werden soll (sog. Bekanntgabeadressat oder auch formeller
    Adressat) und
c) wem er übermittelt werden soll (sog. Empfänger).
Siehe dazu ausführlich AEAO zu § 122 Rz. 1.1.

8.1.1 Inhaltsadressat

Inhaltsadressat ist derjenige, für den der Verwaltungsakt bestimmt ist. Das ist derjenige, **1304**
den die Regelung (Wirkung) des Verwaltungsaktes treffen soll. Bei Steuerbescheiden ist dies
i. d. R. **der Steuerschuldner**, d. h. die Person, die einen steuergesetzlichen Tatbestand gem. § 38
AO verwirklicht hat. Ebenso ist materieller Adressat, wen die Finanzbehörde als Steuerschuldner in Anspruch nehmen will (z. B. Erbschaftsteuerbescheid an den vermeintlichen Erben). Der
materielle Adressat muss im Bescheid(kopf) eindeutig bezeichnet werden (vgl. AEAO zu § 122
Nr. 1.3). Siehe dazu auch oben 1299.

8.1.2 Bekanntgabeadressat

Bekanntgabeadressat ist die Person, der ein Verwaltungsakt bekannt zu geben ist. Bei Steu- **1305**
erfestsetzungen ist dies normalerweise der Steuerschuldner (Inhaltsadressat), weil der Steuerbescheid seinem Inhalt nach für ihn bestimmt ist oder er von ihm betroffen wird (§ 122 Abs. 1
AO).

Da die **Annahme eines Verwaltungsaktes** eine **Verfahrenshandlung** ist, kann nur formeller Adressat sein, wer zur Vornahme von Verfahrenshandlungen fähig ist (§ 79 AO). Fehlt
dem Inhaltsadressaten die Handlungsfähigkeit, kann der Verwaltungsakt nicht diesem, sondern
muss dem gesetzlichen Vertreter als Bekanntgabeadressaten bekannt gegeben werden.

Max Müller (acht Jahre) hat Kapitalvermögen geerbt und dadurch erhebliche Einkünfte.

LÖSUNG Er ist Schuldner der Einkommensteuer und daher Inhaltsadressat. Als Minderjähriger ist er nach § 79 Abs. 1 Nr. 1 oder 2 AO jedoch nicht handlungsfähig. Folglich ist der Bescheid seinen Eltern als gesetzliche Vertreter bekannt zu geben (§ 34 Abs. 1 AO, § 1629 BGB). Die Eltern müssen im Bescheid mit Namen und Bezeichnung des Vertretungsverhältnisses (und Adresse s. Rz. 1306) aufgeführt werden.

Weitere Beispiele

- Vormund (§ 1793 BGB) als gesetzlicher Vertreter gem. § 34 Abs. 1 AO,
- Geschäftsführer von nichtrechtsfähigen Personenvereinigungen (z. B. Vorstände nichtrechtsfähiger Vereine, § 54 BGB),
- Geschäftsführer von Vermögensmassen (z. B. nichtrechtsfähige Stiftungen, §§ 86, 26 BGB),
- Vermögensverwalter i. S. d. § 34 Abs. 3 AO (z. B. Insolvenzverwalter, Zwangsverwalter, gerichtlich bestellte Liquidatoren, Nachlassverwalter),
- Verfügungsberechtigte i. S. v. § 35 AO,
- für das Besteuerungsverfahren bestellte Vertreter nach § 81 AO (z. B. bei körperlichen und geistigen Gebrechen des Stpfl.)

8.1.3 Empfänger

1306 Empfänger ist derjenige, dem der Verwaltungsakt tatsächlich zugehen soll, damit er durch Bekanntgabe wirksam wird. In der Regel ist der Steuerschuldner nicht nur Inhalts- und Bekanntgabeadressat, sondern auch »Empfänger« des Verwaltungsaktes. Es können jedoch auch Dritte Empfänger sein, wenn für sie eine schriftliche Empfangsvollmacht des Bekanntgabeadressaten vorliegt (z. B. bei einer Bevollmächtigung nach § 183 Abs. 1 Satz 1 AO) oder wenn eine gesetzliche Empfangsvollmacht gegeben ist (§ 183 Abs. 1 Satz 2 AO). Der Name des Empfängers ist im Anschriftenfeld anzugeben.

Max Müller (acht Jahre) hat Kapitalvermögen geerbt und dadurch erhebliche Einkünfte. Seine Eltern (Hans und Erna) haben einen Steuerberater (Dr. Kaiser) mit der Wahrnehmung der steuerlichen Interessen des Max beauftragt (§ 80 AO) und ihn zum Empfangsbevollmächtigten bestellt. Die schriftliche Empfangsvollmacht liegt dem Finanzamt vor.

LÖSUNG Inhaltsadressat ist Max Müller. Er ist Steuerschuldner. Sein Name muss im Bescheidkopf genannt werden. Bekanntgabeadressat sind die Eltern (§ 34 Abs. 1 AO, § 1629 BGB). Ihre Namen und Adresse sowie das Vertretungsverhältnis müssen ebenfalls im Bescheid aufgeführt werden. Empfänger ist der Steuerberater. Sein Name ist naturgemäß im Anschriftenfeld anzugeben.
Postalisches Anschriftenfeld:
Herrn Steuerberater
Dr. Kaiser
Postfach 1176
34 567 X-Stadt
Bescheidkopf:
Max Müller
Blumenweg 3
34 567 X-Stadt
Bescheid für:
Herrn Hans Müller, Frau Erna Müller, als gesetzliche Vertreter des Max Müller, Blumenweg 3, 34 567 X-Stadt

8.2 Bekanntgabe und Adressierung von Bescheiden in Sonderfällen

8.2.1 Bekanntgabe an Ehegatten

Ehegatten sind im Falle der Einkommensteuerzusammenveranlagung stets **Gesamt-** 1307
schuldner (§ 44 Abs. 1 Satz 1 Alt. 3 AO). Es ist daher zulässig, gegen sie **zusammengefasste Steuerbescheide** nach **§ 155 Abs. 3 AO** zu erlassen. Dabei handelt es sich formal um die Zusammenfassung zweier (oder mehrerer) Bescheide zu einer – nur äußerlich gemeinsamen – Festsetzung, d. h. jeder Ehegatte ist Steuerschuldner (des gesamten Betrages), Bekanntgabeadressat und Empfänger.

Bei anderen Steuerarten sind gegenüber Ehegatten zusammengefasste Steuerbescheide nur zulässig, wenn tatsächlich Gesamtschuldnerschaft vorliegt. Dies ist nicht der Fall, wenn es sich lediglich um gleichgeartete Steuervorgänge handelt. So sind z. B. für die Grunderwerbsteuer zwei Steuerfälle gegeben, wenn Ehegatten gemeinschaftlich ein Grundstück erwerben. An jeden Ehegatten ist für den auf ihn entfallenden Steuerbetrag ein gesonderter Steuerbescheid zu erteilen (AEAO zu § 122 Nr. 2.1.1 m. w.Nw.). Eine gegenseitige Empfangsvollmacht ist jedoch möglich. Leben Eheleute in einer konfessions- oder einer glaubensverschiedenen Ehe, darf ein Kirchensteuerbescheid nur an den kirchensteuerpflichtigen Ehegatten gerichtet werden (BFH vom 29. 06. 1994 BStBl II 1995, 510).

Bei der Zusammenveranlagung von Ehegatten (auch im Falle einer Schätzung) reicht es für eine wirksame Bekanntgabe an beide Ehegatten nach **§ 122 Abs. 7 AO** aus, wenn ihnen **eine Ausfertigung** des Steuerbescheides (besser: der Bescheide) an die **gemeinsame Anschrift** übermittelt wird. Ebenso genügt es, wenn der Steuerbescheid in das Postfach eines Ehegatten eingelegt wird (BFH vom 13. 10. 1994 BStBl II 1995, 484). Es handelt sich dabei nicht um eine Bekanntgabe an einen der Ehegatten mit Wirkung für und gegen den anderen. Vielmehr sind beide Ehegatten Empfänger des Steuerbescheides und daher im Anschriftenfeld aufzuführen.

BEISPIEL

Bekanntgabe eines Steuerbescheides an Eheleute, die eine gemeinsame Anschrift haben und zusammen zu veranlagen sind:

Herrn Adam Meier		Herrn und Frau
Frau Eva Meier	oder	Adam und Eva Meier
Hauptstr. 10		Hauptstr. 100
12 345 X-Stadt		12 345 X-Stadt

Die Angabe von besonderen Namensteilen eines der Eheleute (z. B. eines akademischen Grades oder eines Geburtsnamens) ist namensrechtlich geboten.

Nach § 122 Abs. 7 AO können **alle Verwaltungsakte** im Rahmen einer Zusammenveran- 1308
lagung vereinfacht, also in einer Ausfertigung, bekannt gegeben werden. Dies gilt z. B. auch für die Festsetzung von Verspätungszuschlägen, Zinsen und Zwangsgeldern sowie für Stundungsentscheidungen und Entscheidungen über die Aussetzung der Vollziehung. Der Bescheid ist ihnen jedoch **einzeln bekannt zu geben**, soweit sie dies beantragen oder soweit der Finanzbehörde bekannt ist, dass zwischen ihnen ernstliche Meinungsverschiedenheiten bestehen. In diesem Fall muss aus jedem Bescheid ersichtlich sein, dass auch der andere Ehegatte einen Bescheid gleichen Inhalts erhalten hat.

Nach § 122 Abs. 6 AO ist die Übermittlung des Steuerbescheides an einen der Ehegatten 1309
zugleich mit Wirkung für und gegen den anderen zulässig, soweit die Ehegatten einverstanden

sind. Eine Bekanntgabe nach dieser Vorschrift kommt in Betracht, wenn eine Bekanntgabe nach § 122 Abs. 7 AO nicht erfolgen kann, weil die Ehegatten keine gemeinsame Anschrift haben.

Im Bescheidkopf ist darauf hinzuweisen, dass der Verwaltungsakt an den einen Ehegatten zugleich mit Wirkung für und gegen den anderen Ehegatten ergeht.

BEISPIEL

Bekanntgabe eines Bescheides an einen Ehegatten mit Einverständnis beider:
Anschriftenfeld:
Herrn Adam Meier
Hauptstr. 100
12 345 X-Stadt
Bescheidkopf:
Dieser Bescheid ergeht an Sie zugleich mit Wirkung für und gegen Ihre Ehefrau Eva Meier.

Zur Bekanntgabe von Verwaltungsakten an Ehegatten siehe ausführlich AEAO zu § 122 Nr. 2.1, zur förmlichen Zustellung von Verwaltungsakten an Ehegatten siehe AEAO zu § 122 Nr. 3.4.

8.2.2 Bekanntgabe an gesetzliche Vertreter natürlicher Personen

1310 Ist ein Steuerschuldner bei Bekanntgabe des Bescheides geschäftsunfähig oder beschränkt geschäftsfähig, so ist (außer in den Fällen der § 79 Abs. 1 Nr. 2 AO) Bekanntgabeadressat der gesetzliche Vertreter. Das Vertretungsverhältnis muss aus dem Bescheid hervorgehen. Der Steuerschuldner ist dabei i. d. R. durch Angabe seines Vor- und Familiennamens eindeutig genug bezeichnet. Das Vertretungsverhältnis ist ausreichend gekennzeichnet, wenn Name und Anschrift des Vertreters genannt werden und angegeben wird, dass ihm der Bescheid »als gesetzlicher Vertreter« für den Steuerschuldner bekannt gegeben wird. Ist der gesetzliche Vertreter nicht gleichzeitig auch der Empfänger, so braucht er i. d. R. nur mit seinem Vor- und Familiennamen bezeichnet zu werden.

Soweit nicht ausnahmsweise die gesetzliche Vertretung nur einem Elternteil zusteht, sind die Eltern der Bekanntgabeadressat des Steuerbescheids für ihr minderjähriges Kind. Die Bekanntgabe an einen von beiden reicht jedoch aus, um den Verwaltungsakt wirksam werden zu lassen. Für die Zustellung von Verwaltungsakten ist es gem. § 6 Abs. 3 VwZG ausreichend, wenn der Verwaltungsakt einem von beiden Eltern zugestellt wird. Diese vom BFH für die förmliche Zustellung von Verwaltungsakten aufgestellten Grundsätze sind auch bei der Bekanntgabe mit einfachem Brief anzuwenden.

1311 Sind die Eltern bereits beide als Empfänger des Steuerbescheids im Anschriftenfeld aufgeführt, kann darauf verzichtet werden, sie im Text des Bescheids noch einmal mit vollem Namen und voller Anschrift als Adressat zu bezeichnen. Allerdings muss im Text des Bescheids (z. B. im Bescheidkopf oder im Abschnitt Erläuterungen) auf das Vertretungsverhältnis eindeutig hingewiesen werden. Siehe dazu das Beispiel in Rz. 1306. Vgl. auch AEAO zu § 122 Nr. 2.2.

8.2.3 Bekanntgabe an Ehegatten mit Kindern oder Alleinstehende mit Kindern

1312 Sofern Ehegatten mit ihren Kindern oder Alleinstehende mit ihren Kindern Gesamtschuldner sind, gilt das eben Gesagte entsprechend (Rz. 1307 bis 1311). Insbesondere kann auch nach § 122 Abs. 7 AO und § 122 Abs. 6 AO bekannt gegeben werden. Einzelheiten dazu siehe AEAO zu § 122 Nr. 2.3.

8.2.4 Bekanntgabe und Zustellung gegenüber Bevollmächtigten

Gem. § 122 Abs. 1 Satz 3 AO kann der Verwaltungsakt auch gegenüber einem Bevoll- **1313**
mächtigten bekannt gegeben werden. Nach Satz 4 der Norm soll er dem Bevollmächtigten
bekannt gegeben werden, wenn der Finanzbehörde eine schriftliche oder eine nach amtlich vorgeschriebenem Datensatz elektronisch übermittelte **Empfangsvollmacht** vorliegt, solange dem
Bevollmächtigten nicht eine Zurückweisung nach § 80 Abs. 7 AO bekannt gegeben worden ist.
»Soll« bedeutet »in der Regel muss«. Daraus folgt, dass das Finanzamt nach pflichtgemäßem
Ermessen den Verwaltungsakt dem Steuerberater zu übermitteln hat, wenn dieser von seinem
Mandanten dazu bevollmächtigt worden ist. Dabei ist auf den Inhalt der Vollmacht abzustellen
(vgl. § 80 Abs. 1 Satz 2 AO).

**1314 – 1315
frei**

BEISPIELE

Metzgermeister Fritz Fleischer (F) hat den Steuerberater Siegfried Schmitt (S), Nelkenweg 3, 12345 **1316**
X-Stadt um Hilfe in steuerlichen Angelegenheiten gebeten.
a) Bei der Anfertigung der ESt-Erklärung 01 und der Anlagen hat S mitgewirkt. Name und Adresse
des S wurden in das entsprechende Feld der elektronischen ESt-Erklärung eingegeben.

b) In der elektronischen ESt-Erklärung 02 hat F Folgendes angegeben: Der Steuerbescheid soll nicht
mir/uns zugesandt werden, sondern Herrn S, Nelkenweg 3, 12345 X-Stadt.

c) Im Januar 03 reicht S beim Finanzamt folgende von F unterschriebene Vollmacht ein:
»Der Steuerberater S, Nelkengasse 3, 12345 X-Stadt, wird hiermit bevollmächtigt, mich in allen Steuerangelegenheiten gegenüber Finanzbehörden, sonstigen Behörden und Stellen zu vertreten. Die
Vollmacht ermächtigt insbesondere zur Einlegung, Rücknahme und zum Verzicht von außergerichtlichen Rechtsbehelfen, zur Erteilung von Untervollmacht, zur Entgegennahme von Zustellungen,
zum Empfang von Geld, Wertsachen und Urkunden und zu Verfügungen über Einzahlungen und
Guthaben bei Steuerbehörden.«

d) Wie c. Die Vollmacht hat jedoch folgenden Wortlaut:
»Hiermit erteile ich Herrn Steuerberater S, Nelkengasse 3, 12345 X-Stadt, Vollmacht, mich in allen
Steuerangelegenheiten vor den hierfür zuständigen Behörden und Gerichten zu vertreten. Der
Bevollmächtigte ist befugt, für mich verbindliche Erklärungen abzugeben, Rechtsmittel einzulegen
und zurückzunehmen und rechtsverbindliche Unterschriften zu leisten.«

e) Wie c. Die Vollmacht hat jedoch folgenden Wortlaut:
»Ich ernenne hierdurch Herrn Steuerberater S, Nelkengasse 3, 12345 X-Stadt, zum Zustellungsbevollmächtigten gem. § 7 VwZG, § 80 AO. Diese Zustellungsvollmacht gilt auch für Rechtsbehelfsverfahren. Ich betrachte Zustellungen nur als wirksam, wenn sie an den benannten Zustellungsvertreter
erfolgen.«
1. Wem sind die betreffenden ESt-Bescheide in den o. g. Fällen zuzusenden?
2. Was gilt für Zwangsgeldandrohungen und -festsetzungen, Mahnungen, Vollstreckungsankündigungen o. Ä.?

LÖSUNG

Frage 1:
a) S hat hier lediglich bei der Anfertigung der ESt-Erklärung mitgewirkt. Er hat dem F nur geholfen,
ihn aber nicht vertreten. S ist insoweit nicht Bevollmächtigter i. S. d. § 80 AO. Der ESt-Bescheid 01 ist
daher dem F zuzusenden.

b) Hier wurde S ausdrücklich von F zum Empfang des Bescheides ermächtigt. Diese Vollmacht gilt
jedoch nicht generell, sondern allein für den ESt-Bescheid 02. Der ESt-Bescheid 02 ist also dem S
zuzusenden.

c) Nach der von F erteilten Bevollmächtigung ist S ausdrücklich zur »Entgegennahme von Zustellungen« ermächtigt. Das heißt, er hat Empfangsvollmacht für alle Bescheide, die den F betreffen (gene-

relle Empfangsvollmacht). Nach Eingang der Vollmacht beim Finanzamt sind alle Bescheide dem S zuzusenden.

d) Es liegt keine ausdrückliche Empfangsvollmacht vor. Nach § 80 Abs. 1 Satz 2 AO ermächtigt die Vollmacht zu allen das Verwaltungsverfahren betreffenden Verfahrenshandlungen (also auch zur Entgegennahme von Bescheiden), sofern sich aus ihrem Inhalt nicht etwas anderes ergibt. Es ist insoweit vertretbar, als Empfänger den S anzusehen. Nach Auffassung des BFH und der Verwaltung reicht das nicht aus (vgl. BFH vom 05. 10. 2000 BStBl II 2001, 86 und AEAO zu § 122 Nr. 1.7.2): Eine Verpflichtung zur Bekanntgabe eines Verwaltungsakts an den Bevollmächtigten des Steuerpflichtigen besteht danach nur dann, wenn für den Steuerpflichtigen als denjenigen, für den der Verwaltungsakt bestimmt ist, ein Bevollmächtigter unmissverständlich (auch) als Bekanntgabeadressat bestellt worden ist und sich dies unmittelbar aus der diesbezüglichen Erklärung des Steuerpflichtigen bzw. seines Bevollmächtigten ergibt. M. E. muss sich die Empfangsvollmacht aus Gründen der Rechtssicherheit und Rechtsklarheit der Bekanntgabe wenigstens aus den Umständen ergeben. Anhaltspukte dafür fehlen hier. Da alle o. g. Auffassungen nicht von der Hand zu weisen sind, kann das Finanzamt den Bescheid m. E. (ermessensfehlerfrei) sowohl dem F als auch dem S zusenden.

Hinweis: Es ist auch grundsätzlich möglich, dass das Finanzamt den Bescheid gleichzeitig dem Steuerberater und (kumulativ) dem Stpfl. zusendet. Dies ist angebracht, wenn Zeitdruck besteht (z. B. Verjährung droht) und das Finanzamt nicht Gefahr laufen will, dass ein Finanzgericht die Bekanntgabe als fehlerhaft ansieht.

e) Die Vollmacht gilt ausdrücklich nur für Zustellungen nach dem Verwaltungszustellungsgesetz. Nach dem oben zu Fall d) Gesagtem ist die Bevollmächtigung jedoch so auszulegen, dass sie auch für die (einfache) Bekanntgabe von Bescheiden gilt. Auch hier sind Verwaltungsakte also dem S zuzusenden.

Frage 2:

Zwangsgeldandrohungen und -festsetzungen, Mahnungen, Vollstreckungsankündigungen und ähnliche Maßnahmen, die unmittelbar auf den Willen des Stpfl. einwirken sollen, sind m. E. dem F – trotz Empfangsvollmacht des S – zuzusenden. Von F sollen Handlungen erzwungen werden, F soll bezahlen, gegen F soll vollstreckt werden. Es greift § 80 Abs. 3 Satz 2 AO: Das Finanzamt kann sich an den Stpfl. selbst wenden, soweit er zur Mitwirkung verpflichtet ist. Zu seinem Schutz greift § 80 Abs. 3 Satz 3 AO: Wendet sich das Finanzamt an den Beteiligten, so soll der Bevollmächtigte verständigt werden. Nach Auffassung des BFH vom 23. 11. 1999 BStBl II 2001, 463 ist es nicht zu beanstanden, wenn das FA eine Zwangsgeldandrohung und -festsetzung durch Übersendung an den (generell empfangsbevollmächtigten) Steuerberater bekannt gibt.

Zur Übermittlung von Bescheiden an Bevollmächtigte siehe auch AEAO zu § 122 Nr. 1.7 und Große, Probleme bei der Geburt von Steuerbescheiden, DStZ 1990, 348, 354. Was gilt, wenn das Finanzamt den Bescheid entgegen der Empfangsvollmacht dem Stpfl. zusendet, siehe oben Rz. 1278.

1317 Bei (förmlichen) **Zustellungen** greift § 7 Abs. 1 VwZG ein. Für Zustellungen **an einen Bevollmächtigten** gilt abweichend von § 7 Abs. 1 Satz 2 VwZG § 122 Abs. 1 Satz 4 AO entsprechend (§ 122 Abs. 5 Satz 3 AO). Gibt die Behörde den Verwaltungsakt entgegen dieser zwingenden Vorschrift dem Stpfl. selbst bekannt, so liegt keine wirksame Zustellung vor (AEAO zu § 122 Nr. 3.3.1). Hier greift jedoch § 8 VwZG, wenn der Stpfl. den Verwaltungsakt seinem Bevollmächtigten übergibt (siehe AEAO zu § 122 Nr. 4.5.1).

1318 Fehlt eine schriftliche Vollmacht, entscheidet das Finanzamt nach pflichtgemäßem Ermessen, ob die Zustellung unmittelbar an den Bevollmächtigten im mutmaßlichen Interesse des Stpfl. ist (§ 7 Abs. 1 Satz 1 VwZG). Liegen Erklärungen des Stpfl., die auf eine Zustellungsvollmacht hindeuten, nicht vor, sind Zustellungen an den Stpfl. selbst zu richten. § 80 Abs. 3 AO gilt hier weder direkt noch analog (vgl. BFH vom 29. 07. 1987 BStBl II 1988, 242).

Ist ein Steuerberater für mehrere Beteiligte Zustellungsbevollmächtigter, sind ihm so viele Ausfertigungen zuzustellen, wie Beteiligte vertreten sind (§ 7 Abs. 2 VwZG). Es muss erkennbar sein, für wen das einzelne Schriftstück jeweils bestimmt ist. Die Zustellung einer Ausfertigung reicht aus, wenn mehrere Beteiligte (z. B. Eheleute bei zusammengefassten Steuerbescheiden oder Feststellungsbeteiligte) für dieses Verfahren einen gemeinsamen Verfahrensbevollmächtigten bestellt haben (§ 7 Abs. 1 Satz 3 VwZG). Weitere Einzelheiten siehe im AEAO zu § 122 Nr. 3.3.

Im finanzgerichtlichen Verfahren gilt § 62 Abs. 6 Satz 5 FGO. Danach sind Zustellungen stets an den Prozessbevollmächtigten zu richten.

8.2.5 Bekanntgabe an Personengesellschaften (Gemeinschaften)

Zu den Personengesellschaften (Gemeinschaften) zählen die **Handelsgesellschaften** (OHG, KG) und andere **nichtrechtsfähigen Personenvereinigungen** (z. B. nichteingetragene Vereine, Gesellschaften bürgerlichen Rechts, Partnerschaftsgesellschaften, Arbeitsgemeinschaften, Erbengemeinschaften und Bruchteilsgemeinschaften).   **1319**

Steuerbescheide sind nur dann an die Gesellschaft zu richten, wenn **diese selbst** – und nicht etwa die Gesellschafter – Steuerschuldner ist (z. B. bei Betriebsteuern). Das ist der Fall bei der Umsatzsteuer, der Gewerbesteuer, der Kraftfahrzeugsteuer, wenn das Fahrzeug für die Gesellschaft zum Verkehr zugelassen ist oder bei der pauschalen Lohnsteuer (weitere Beispiele siehe AEAO zu § 122 Nr. 2.4.1).

Dagegen betreffen Gewinnfeststellungsbescheide nicht die Gesellschaft. Feststellungsbeteiligte und damit Inhaltsadressaten sind die Gesellschafter, nicht die Gesellschaft (vgl. §§ 179 Abs. 2 und 183 Abs. 1 Satz 1 AO). Gewinnfeststellungsbescheide sind daher nicht der Gesellschaft bekannt zu geben.

8.2.5.1 Bekanntgabe gegenüber Handelsgesellschaften

Bei Handelsgesellschaften (OHG, KG, EWIV) sind Steuerbescheide der Gesellschaft unter ihrer **Firma** bekannt zu geben, wenn sie Steuerschuldner und damit Inhaltsadressat ist. Die Handelsgesellschaft kann im Wirtschaftsleben mit ihrer Firma eindeutig bezeichnet werden. Bei Zweifeln über die zutreffende Bezeichnung ist das Handelsregister maßgebend. Ist eine Handelsgesellschaft Steuerschuldner, genügt deshalb zur Bezeichnung des Steuerschuldners die Angabe der Firma im Steuerbescheid. Ein zusätzlicher Hinweis auf Vertretungsbefugnisse oder einzelne Gesellschafter (z. B. »zu Händen des Geschäftsführers Meier«) ist zur Kennzeichnung des Steuerschuldners nicht erforderlich.   **1320**

BEISPIEL

Ein Umsatzsteuerbescheid für die Firma Schmitz & Söhne KG muss die folgenden Angaben enthalten.
Steuerschuldner und Inhaltsadressat (zugleich Bekanntgabeadressat und Empfänger):
Firma
Schmitz & Söhne KG
KG Postfach 1147
12345 X-Stadt

8.2.5.2   Bekanntgabe gegenüber nichtrechtsfähigen Personenvereinigungen

1321   Hat eine nichtrechtsfähige Personenvereinigung einen **geschäftsüblichen Namen**, ist die Angabe dieses Namens ausreichend.

BEISPIEL

Steuerschuldner und Inhaltsadressat (zugleich Bekanntgabeadressat und Empfänger) eines USt-Bescheides:
Brennstoffhandlung
Josef Müller Erben GbR
Postfach 1111
12 345 X-Stadt

1322   Soweit **kein geschäftsüblicher Name** vorhanden ist, sind die Bescheide an **alle Gesellschafter** (Gemeinschafter) zu richten. Es müssen also alle Beteiligten im Bescheidkopf genannt werden. Ist die Aufzählung aller Namen im Bescheidkopf aus technischen Gründen nicht möglich, kann so verfahren werden, dass neben einer Kurzbezeichnung im Bescheidkopf (»Erbengemeinschaft Max Meier«) die einzelnen Mitglieder in den Bescheiderläuterungen aufgeführt werden. Die Bescheide werden durch Bekanntgabe an ein vertretungsberechtigtes Mitglied gegenüber der Personenvereinigung wirksam. Bei mehreren vertretungsberechtigten Mitgliedern reicht die Bekanntgabe an eines von ihnen. Es genügt, wenn dem Adressaten eine Ausfertigung des Steuerbescheides zugeht. Ausfertigungen für alle Mitglieder sind in der Regel nicht erforderlich.

Als Bekanntgabeadressat kommen vor allem der von den Mitgliedern bestellte Geschäftsführer (§ 34 Abs. 1 AO) oder die als Verfügungsberechtigter auftretende Person (§ 35 AO) in Betracht. Hat eine nichtrechtsfähige Personenvereinigung keinen Geschäftsführer, kann der Bescheid einem der Mitglieder nach Wahl des Finanzamts bekannt gegeben werden (§ 34 Abs. 2 AO). In den Bescheid ist folgender Erläuterungstext aufzunehmen:»Der Bescheid ergeht an Sie als Mitglied der Gemeinschaft/Gesellschaft mit Wirkung für und gegen die Gemeinschaft/Gesellschaft.« Siehe dazu ausführlich AEAO zu § 122 Nr. 2.4.1.3). Zur Bekanntgabe von Bescheiden gegenüber **Personengesellschaften (Gemeinschaften) in Liquidation** vgl. AEAO zu § 122 Nr. 2.7, BFH vom 24. 03. 1987 BStBl II 1988, 316 und BFH vom 08. 11. 1995 BStBl II 1996, 256.

8.2.6   Bekanntgabe von Bescheiden über gesonderte und einheitliche Feststellungen

1323   Bescheide über gesonderte und einheitliche Feststellungen richten sich nicht an die Personengesellschaft als solche, sondern betreffen die **einzelnen Gesellschafter** (Beteiligten), die den Gegenstand der Feststellung (z. B. Vermögenswerte als Einheitswert oder Einkünfte) anteilig zu versteuern haben und denen er deshalb z. B. nach § 180 Abs. 1 Nr. 1, Nr. 2 Buchst. a und Abs. 2 AO zuzurechnen ist (§ 179 Abs. 2 AO). Es genügt i. d. R., wenn im Bescheidkopf die Personengesellschaft als solche bezeichnet wird (Sammelbezeichnung) und sich die Gesellschafter eindeutig als Inhaltsadressaten aus dem für die Verteilung der Besteuerungsgrundlagen vorgesehenen Teil des Bescheids ergeben.

Zwar besteht der Grundsatz, dass jedem Gesellschafter eine Ausfertigung des Bescheids bekannt zu geben ist. Da dieses Verfahren insbesondere bei Gesellschaften mit zahlreichen Mitgliedern sehr umständlich ist, können die Bescheide jedoch gem. **§ 183 AO vereinfacht** bekannt gegeben werden. § 183 AO ist eine Spezialvorschrift zu § 122 AO.

Nach § 183 Abs. 1 Satz 1 AO sollen die Feststellungsbeteiligten einen gemeinsamen **Emp-** **1324**
fangsbevollmächtigten bestellen, der ermächtigt ist, den an sämtliche Gesellschafter gerichteten Feststellungsbescheid, sonstige Verwaltungsakte und das Feststellungsverfahren betreffende
Mitteilungen in Empfang zu nehmen. Die Vollmacht gilt fort auch bei Ausscheiden des Beteiligten oder bei ernstlichen Meinungsverschiedenheiten, bis sie widerrufen wird (§ 183 Abs. 3 AO).

Ist ein **Empfangsbevollmächtigter nicht bestellt**, so gilt ein zur Vertretung der Gesell- **1325**
schaft oder der Feststellungsbeteiligten oder ein zur Verwaltung des Gegenstandes der Feststellung Berechtigter als Empfangsbevollmächtigter (§ 183 Abs. 1 Satz 2 AO). Das Finanzamt kann
sich also z. B. einen Gesellschafter einer OHG, der Vertretungsmacht hat, aussuchen und ihm
den Gewinnfeststellungsbescheid bekannt geben. Dies soll auch gegenüber den Gesellschaftern
einer GbR gelten (BFH vom 23. 06. 1988 BStBl II 1988, 979).

Ist ein Empfangsbevollmächtigter nicht vorhanden, z. B. bei einer Erbengemeinschaft oder
Grundstücksgemeinschaft, kann das Finanzamt die Beteiligten zur Benennung eines Empfangsbevollmächtigten auffordern. Die Aufforderung ist an jeden Beteiligten zu richten. Mit der
Aufforderung ist ein Beteiligter als Empfangsbevollmächtigter vorzuschlagen und darauf hinzuweisen, dass diesem künftig Verwaltungsakte mit Wirkung für und gegen alle Beteiligten
bekannt gegeben werden, soweit nicht ein anderer Empfangsbevollmächtigter benannt wird
(§ 183 Abs. 1 Satz 4 AO).

Bei der Bekanntgabe an einen Empfangsbevollmächtigten ist in dem Feststellungsbescheid **1326**
stets darauf hinzuweisen, dass die Bekanntgabe **für und gegen alle Feststellungsbeteiligten**
erfolgt (§ 183 Abs. 1 Satz 5 AO).

BEISPIEL

Herrn Peter Meier
als Empfangsbevollmächtigter der Gesellschafter der Müller und Meier OHG. Der Bescheid ergeht
mit Wirkung für und gegen alle Feststellungsbeteiligten.

Die in § 183 Abs. 1 AO zugelassene Vereinfachung darf jedoch nicht so weit gehen, dass
Stpfl. in ihren Rechten eingeschränkt werden. Diese Art der Bekanntgabe ist daher nach § 183
Abs. 2 Satz 1 AO unzulässig, wenn der Finanzbehörde bekannt ist, dass die Gesellschaft oder
Gemeinschaft nicht mehr besteht, dass ein Beteiligter aus der Gesellschaft oder Gemeinschaft
ausgeschieden ist oder dass zwischen den Beteiligten ernstliche Meinungsverschiedenheiten
bestehen. Ist in solchen Fällen also **Einzelbekanntgabe** erforderlich, so sind dem Beteiligten der
Gegenstand der Feststellung, die alle Beteiligten betreffenden Besteuerungsgrundlagen, sein
Anteil, die Zahl der Beteiligten und die ihn persönlich betreffenden Besteuerungsgrundlagen
bekannt zu geben (§ 183 Abs. 2 Satz 2 AO). Bei berechtigtem Interesse ist dem Beteiligten der
gesamte Inhalt des Feststellungsbescheides mitzuteilen (§ 183 Abs. 2 Satz 3 AO). Weitere Ausnahmen zu § 183 Abs. 1 AO siehe AEAO zu § 122 Nr. 2. 5. 5.

Ist ein einheitlicher Feststellungsbescheid mangels ordnungsgemäßer Bekanntgabe nicht **1327**
allen Beteiligten gegenüber wirksam geworden, so ist er damit nicht unwirksam oder nichtig. Er
entfaltet vielmehr gegenüber denjenigen Beteiligten, denen er zutreffend bekannt gegeben
wurde, Wirksamkeit. Gegenüber den übrigen Beteiligten ist die Bekanntgabe nachzuholen und
zwar wegen des Gebots der Einheitlichkeit mit unverändertem Inhalt. Erst dann erlangt der
Feststellungsbescheid die volle Wirksamkeit. Dies bedeutet, dass gegebenenfalls auch ein fehlerhafter Bescheid den übrigen Beteiligten bekannt zu geben ist (BFH vom 25. 11. 1987 BStBl II
1988, 410).

BEISPIEL

Für den Feststellungszeitraum besteht eine OHG aus den Gesellschaftern A, B, C. A ist Empfangsbevollmächtigter. C ist inzwischen ausgeschieden und hat die Empfangsvollmacht für A widerrufen. Das Finanzamt übersieht den Widerruf und sendet den Feststellungsbescheid gem. § 183 Abs. 1 AO nur an A. Der Gewinn wurde rechtsfehlerhaft mit 150 000 € ermittelt (richtig wären 120 000 € gewesen).

LÖSUNG Der Feststellungsbescheid ist A und B gegenüber wirksam geworden, C gegenüber nicht. Das Finanzamt muss daher C den fehlerhaften Feststellungsbescheid (Gewinn 150 000 €) gesondert bekannt geben (ausgenommen, dass er auch gegenüber A und B korrigiert werden kann, z. B. gem. § 164 Abs. 2 AO). C kann nunmehr den Bescheid anfechten und damit die Feststellung des zutreffenden Gewinns von 120 000 € erreichen. A und B wären dem Einspruchsverfahren des C notwendig hinzuzuziehen (§ 360 Abs. 3 AO), wodurch auch der ihnen gegenüber festgestellte Gewinn auf 120 000 € abzuändern ist.

1328   § 183 Abs. 4 AO betrifft die Fälle, in denen Ehegatten (ggf. mit Kindern) Miteigentümer von wirtschaftlichen Einheiten (insbesondere Grundstücken) sind. Es wäre umständlich, wenn man hier für die Bekanntgabe der Einheitswertbescheide Empfangsbevollmächtigte i. S. d. § 183 Abs. 1 AO bestellen oder Einzelbekanntgaben durchführen müsste. Daher gestattet § 183 Abs. 4 AO (i. V. m. § 122 Abs. 7 AO) die Bekanntgabe einer Ausfertigung des Einheitswertbescheids an die gemeinsame Anschrift.

8.2.7   Bekanntgabe an juristische Personen

1329   Der Steuerbescheid ist an die juristische Person zu richten und ihr bekannt zu geben. Die Angabe des gesetzlichen Vertreters als Adressat ist nicht erforderlich.

BEISPIEL

Müller GmbH
Postfach 6700
12 345 X-Stadt
(Angaben wie »z. H. des Geschäftsführers Müller« sind nicht erforderlich.)

Zur Bekanntgabe von Bescheiden an **juristische Personen des öffentlichen Rechts** vgl. AEAO zu § 122 Nr. 2.8.2. Zur Bekanntgabe von Bescheiden an **juristische Personen in und nach Liquidation** (Abwicklung) siehe AEAO zu § 122 Nr. 2.8.3.

8.2.8   Bekanntgabe an Erben und Hinweise zur Bekanntgabe in sonstigen Fällen

1330   Bescheide, die bereits vor Eintritt der Gesamtrechtsnachfolge an den Rechtsvorgänger gerichtet und ihm zugegangen waren, wirken auch gegen den Gesamtrechtsnachfolger (§ 45 AO i. V. m. § 1922 BGB). Er kann nur innerhalb der für den Rechtsvorgänger maßgeblichen Rechtsbehelfsfrist Einspruch einlegen. Versäumt der Erbe wegen des Todesfalls die Frist, kann ihm nach § 110 AO Wiedereinsetzung in den vorigen Stand gewährt werden. Ist der Bescheid zum Todeszeitpunkt bereits unanfechtbar, wirkt die Bestandskraft auch gegenüber dem Gesamtrechtsnachfolger (§ 166 AO). Nur für Zwecke der Vollstreckung ist ihm ein (zusätzliches) Leistungsgebot bekannt zu geben (vgl. § 254 Abs. 1 Satz 3 AO).

Hat der Rechtsvorgänger (Erblasser) zwar den Steuertatbestand verwirklicht, wurde ihm aber der Bescheid vor Eintritt der Rechtsnachfolge (vor seinem Tod) nicht mehr bekannt gegeben, so ist der Bescheid an den Gesamtrechtsnachfolger (Erben) zu richten (BFH vom 17.06.1992 BStBl II 1993, 174 m. w.Nw.).

Bei Gesamtrechtsnachfolge (Erbfolge aber auch bei Verschmelzung von Gesellschaften und Anwachsung des Anteils am Gesellschaftsvermögen bei Ausscheiden eines Gesellschafters gem. § 738 BGB) geht die Steuerschuld des Rechtsvorgängers auf den Rechtsnachfolger über (§ 45 Abs. 1 AO). **Im Bescheid ist der Hinweis aufzunehmen, dass der Steuerschuldner als Gesamtrechtsnachfolger des Rechtsvorgängers in Anspruch genommen wird.** Entsprechendes gilt, wenn der Steuerschuldner zugleich aufgrund eines eigenen Steuerschuldverhältnisses und als Gesamtrechtsnachfolger in Anspruch genommen wird.

1331

> **BEISPIEL**
>
> Der Ehemann ist in 06 verstorben. Die Ehefrau ist Alleinerbin. Für den Veranlagungszeitraum 05 soll ein zusammengefasster ESt-Bescheid bekannt gegeben werden.
> Anschriftenfeld:
> Frau Eva Meier
> Hauptstr. 100
> 12 345 X-Stadt
> Bescheidkopf:
> Dieser Bescheid ergeht an Sie zugleich als Alleinerbin nach Ihrem Ehemann.

Bei mehreren Erben können nach § 155 Abs. 3 AO zusammengefasste Steuerbescheide ergehen. Wenn die Voraussetzungen vorliegen, kann auch von § 122 Abs. 7 AO Gebrauch gemacht werden. Weitere Einzelheiten siehe AEAO zu § 122 Nr. 2.12.

Zur Bekanntgabe von Bescheiden

- **in Insolvenzfällen** siehe AEAO zu § 151 Nr. 4.3, 4.4, 6.1, 13.2, 15.1 sowie 12.2 und 12.3,
- **bei Zwangsverwaltung** siehe AEAO zu § 122 Nr. 2.11,
- **bei Testamentsvollstreckung, Nachlassverwaltung und Nachlasspflegschaft** siehe AEAO zu § 122 Nr. 2.13
- **in Haftungsfällen** siehe AEAO zu § 122 Nr. 2.14.
- **Zur Bekanntgabe von Prüfungsanordnungen** siehe AEAO zu § 197.

8.2.9 Bekanntgabe und Zustellung von Verwaltungsakten im Ausland

Eine Bekanntgabe bzw. Zustellung von Verwaltungsakten an einen Adressaten im Ausland kann erfolgen

1332

- gem. § 122 Abs. 2 Nr. 2 AO durch einfachen Brief an dessen Adresse,
- gem. § 123 AO an den Empfangsbevollmächtigten oder
- gem. § 9 VwZG durch Zustellung im Ausland.

§ 122 Abs. 2 Nr. 2 AO geht von der Zulässigkeit der Bekanntgabe von Verwaltungsakten durch einfache Postübermittlung im Ausland aus. Siehe dazu AEAO zu § 122 Nr. 1. 8. 4. Wegen der längeren Beförderungsdauer solcher Briefe fingiert § 122 Abs. 2 Nr. 2 AO als Bekanntgabezeitpunkt einen Monat nach dem Tag der Aufgabe zur Post.

Nach **§ 123 Satz 1 AO** kann die Finanzbehörde von einem Beteiligten ohne Wohnsitz oder gewöhnlichen Aufenthalt, Sitz oder Geschäftsleitung im Inland (oder in einem anderen Mitgliedstaat der EU oder in einem Staat, auf den das Abkommen über den Europäischen Wirtschaftsraum anwendbar ist) verlangen, innerhalb einer angemessenen Frist einen **Empfangsbevollmächtigten** im Geltungsbereich dieses Gesetzes zu benennen. Wird ein Empfangsbevollmächtigter benannt, sendet die Finanzbehörde diesem die Verwaltungsakte zu.

1333

Kommt der Stpfl. dem Verlangen des Finanzamts nicht nach, so gilt ein an ihn gerichtetes Schriftstück einen Monat nach der Aufgabe zur Post und ein elektronisches Dokument am dritten Tag nach der Absendung als zugegangen, es sei denn, dass feststeht, dass das Schriftstück den Empfänger nicht oder zu einem späteren Zeitpunkt erreicht hat (§ 123 Satz 2 AO). Auf diese Rechtsfolgen ist der Beteiligte hinzuweisen (§ 123 Satz 3 AO). Hier hat die Behörde den Vorteil, dass sie den Zugang selbst und den Zeitpunkt des Zugangs in Zweifelfällen – anders als in § 122 Abs. 2 a. E. AO – nicht mehr beweisen muss.

1334   Letztlich kann der Verwaltungsakt gem. **§ 9 VwZG** zugestellt werden. Da die Zustellung ein staatlicher Hoheitsakt ist, ist jeder Staat völkerrechtlich nur in seinem Gebiet befugt, Zustellungen vorzunehmen. Entsprechend bestimmt § 9 VwZG, dass im Ausland mittels Ersuchens der zuständigen Behörde des fremden Staates oder entsprechend der völkerrechtlichen Übung durch dort befindliche konsularische bzw. diplomatische Vertretungen der Bundesrepublik zugestellt wird. In der Praxis beschränkt sich diese Form der Zustellung auf Ausnahmefälle (z. B. Zustellung von gerichtlichen Entscheidungen). Ist die Adresse des Stpfl. nicht zu ermitteln, greift § 10 VwZG.

1335–1434 frei

Teil I Festsetzungs- und Feststellungsverfahren

1 Überblick

Nach der **Sachaufklärung**, einschließlich der Beweiswürdigung, erfolgt die **Entscheidung** **1435**
über den Steueranspruch. Ergibt sich ein Steueranspruch, so ist die Steuer grds. durch **Steuer-**
bescheid festzusetzen (§ 155 Abs. 1 Satz 1 AO). Bei periodischen Steuern wird die Steuerfestsetzung auch »Veranlagung« genannt (z. B. §§ 25 ff. EStG, § 31 KStG, §§ 16 ff. GrStG). Wenn sich
kein Steueranspruch ergibt, kommt ein **Freistellungsbescheid** oder ggf. die Ablehnung eines
Antrags auf Steuerfestsetzung in Betracht (§ 155 Abs. 1 Satz 3 AO).
  Soweit nichts anderes vorgeschrieben ist, werden durch Steuerbescheid auch Steuervergütungen (z. B. Arbeitnehmersparzulage; Kindergeld) festgesetzt **(Steuervergütungsbescheid).**
Solange der Steuerfall noch nicht abschließend geprüft ist oder bei tatsächlichen Ungewissheiten, können die Steuerfestsetzungen auch unter dem **Vorbehalt der Nachprüfung** (§ 164 AO)
oder **vorläufig** (§ 165 AO) erfolgen. Wenn eine Steuer aufgrund gesetzlicher Vorschrift nur
anzumelden ist, ist eine förmliche Festsetzung der Steuer nur erforderlich, wenn von der Steueranmeldung abgewichen werden soll (§ 167 AO). Besteuerungsgrundlagen bilden grds. einen
unselbstständigen Teil der Steuerfestsetzung (§ 157 Abs. 2 AO). Die §§ 179 ff. AO und im zuneh-
menden Maße auch die Einzelsteuergesetze, sehen aber in bestimmten Fällen auch eine **geson-**
derte Feststellung von Besteuerungsgrundlagen vor. Die gesonderte Feststellung erfolgt **ein-**
heitlich, wenn die Besteuerungsgrundlagen mehreren Personen zuzurechnen sind (§ 179 Abs. 2
Satz 2 AO). Werden einzelne Steuern aufgrund von Messbeträgen berechnet (z. B. Gewerbesteuer, Grundsteuer), dann werden diese Messbeträge durch **Steuermessbescheide** (§ 184 AO)
festgesetzt. Ein wichtiger Teil des Steuerfestsetzungs- und Feststellungsverfahrens sind auch die
Vorschriften über die **Festsetzungs- und Feststellungsverjährung.** Diese werden im Kapitel 1
Teil J näher erläutert. Die Vorschriften über die **Korrektur von Steuerverwaltungsakten**
(§§ 129, 172 ff. AO) werden im Kapitel 1 Teil L dargestellt. Haftungsansprüche werden durch
Haftungsbescheid und nicht durch Steuerbescheid festgesetzt (§ 191 AO), vgl. Kapitel 1 Teil F.
Etwas Besonderes gilt nach **Eröffnung des Insolvenzverfahrens.** Das FA darf keine Steuer
gegen den Gemeinschuldner festsetzen. Erforderlichenfalls ist nach § 251 Abs. 3 AO die Insolvenzforderung nicht durch Steuerbescheid i. S. d. § 155 AO sondern durch schriftlichen Verwaltungsakt festzustellen.
  Für Besteuerungszeiträume **ab 2017** bzw. Besteuerungszeitpunkte ab 01. 01. 2017 können
Steuererklärungen vollständig automationsunterstützt geprüft werden und nachfolgende **Steu-**
erbescheide vollautomatisch erlassen, berichtigt, zurückgenommen, widerrufen, aufgehoben
oder geändert werden, ohne dass ein Amtsträger der Finanzverwaltung den Fall bearbeitet hat.
Eine Prüfung durch einen Amtsträger erfolgt nur, soweit dafür Anlass besteht (§ 155 Abs. 4 AO
i. d. F. des StModernG). Im Ergebnis erfolgt eine Fallbearbeitung durch einen Amtsträger nur
dann, wenn das Risikomanagementsystem der Finanzverwaltung (durch das Steuerberech-
nungsprogramm oder durch eine Entscheidung eines Amtsträgers) den Fall zur Prüfung aus-
steuert. Gleiches gilt auch für Anrechnungsverfügungen oder für mit der Steuerfestsetzung verbundene Verwaltungsakte, wie z. B. die Festsetzung von Annexsteuern (Kirchensteuer, Solidaritätszuschlag), Verspätungszuschläge oder Zinsfestsetzungen.
  Ebenso vollautomatisch sollen mit Nebenbestimmungen, z. B. einem Vorläufigkeitsvermerk nach § 165 Abs. 1 Satz 2 AO, versehene Steuerbescheide bzw. Anrechnungsverfügungen

geändert werden können, wenn ein BMF-Schreiben dies allgemein verbindlich anordnet. Dies ist die Basis vor allem für eine vollautomatische Abarbeitung sog. **Massenfälle,** wenn dies nach einer Entscheidung etwa des BVerfG erforderlich wird.

Ein **Anlass zur Prüfung** durch einen **Amtsträger** besteht insbesondere dann, wenn der Stpfl. in einem dafür vorgesehenen Abschnitt oder Datenfeld seiner Steuererklärung Angaben macht, um eine persönliche Befassung mit seinem Steuerfall zu erreichen oder er von einer Datenübermittlung eines Dritten abweichende Angaben macht. Dadurch wird der Fall durch das Berechnungsprogramm der Finanzverwaltung zwingend zur personellen Prüfung ausgesteuert.

Bei vollständig automationsgestütztem Erlass eines Verwaltungsakts gilt die **Willensbildung** über seinen Erlass und über seine Bekanntgabe im Zeitpunkt des Abschlusses der maschinellen Verarbeitung als abgeschlossen. Dies spielt eine Rolle z. B. für die Frage, ob eine Tatsache neu i. S. des § 173 Abs. 1 AO ist, weil sie erst nachträglich dem Finanzamt bekannt wird (vgl. Teil L 3.5.4 Rz. 1053 ff.).

2   Steuerfestsetzung

2.1   Steuerbescheid (§ 155 AO)

2.1.1   Begriff, Wirkung

1436
Der Steuerbescheid ist ein Verwaltungsakt (§ 118 AO) durch den die Höhe der Steuer verbindlich festgesetzt wird, die ein bestimmter Steuerschuldner (§ 43 AO) schuldet. Dies setzt zusätzlich voraus, dass der Steuerbescheid auch bekannt gegeben (§ 122 Abs. 1 AO) wird (§ 155 Abs. 1 Satz 2 AO). Zur Bekanntgabe von Steuerverwaltungsakten vgl. Rz. 1272 ff.

Die Steuerfestsetzung ist i. d. R. ein **deklaratorischer Verwaltungsakt,** durch den die nach § 38 AO entstandene Steuer lediglich festgesetzt wird. Wird eine höhere als die entstandene Steuer festgesetzt, wirkt die Steuerfestsetzung **konstitutiv.** Der Stpfl. muss dann auch die unrichtige Steuer entrichten, wenn sie nach den Vorschriften der AO nicht mehr korrigierbar ist.

> **BEISPIEL**
> Wegen Nichtabgabe der Steuererklärung schätzt das FA die Besteuerungsgrundlagen nach § 162 AO. Die sich daraus ergebende Steuer ist um 2 000 € höher als die nach § 38 AO entstandene Steuer. Der Stpfl. lässt die Schätzung bestandskräftig werden; eine Korrektur ist nicht mehr möglich. Der Stpfl. muss die zu hohe Steuer entrichten.

2.1.2   Form

1437
Die Steuern werden – soweit nichts anderes bestimmt ist – durch **schriftlichen Steuerbescheid** festgesetzt (§§ 155 Abs. 1, 157 Abs. 1 Satz 1 AO). Er kann auch elektronisch erlassen werden (§ 87a Abs. 4 AO, vgl. Rz. 991 d; § 157 Abs. 1 Satz 1 AO i. d. F. StModernG). Eine »andere Bestimmung« i. S. d. § 157 Abs. 1 Satz 1 AO enthält u. a. § 167 AO. Danach ist kein schriftlicher bzw. elektronischer Bescheid erforderlich bei **Steueranmeldungen** (siehe § 150 Abs. 1 Satz 3, § 167 Abs. 1 Satz 1 AO). Die Steueranmeldungen stehen hinsichtlich der »Verwirklichung« des Steueranspruches Steuerbescheiden gleich (§ 218 Abs. 1 Satz 2 AO). Sie wirken gemäß § 168 Abs. 1 AO wie Steuerfestsetzungen unter Vorbehalt der Nachprüfung. In Einzelsteuergesetzen

können weitere »andere Bestimmungen« enthalten sein, z. B. bei Anhebung des Kindergeldes in § 70 Abs. 2 Satz 2 EStG. Keines Steuerbescheids bedarf es auch gem. § 167 Abs. 1 Satz 2 AO bei der Verwendung von **Steuerzeichen** (z. B. Banderolen § 17 TabStG) oder bei **Steuerstemplern** (§ 42 RennwLottGABest) und bei einem **schriftlichen Zahlungsanerkenntnis** (§ 167 Abs. 1 Satz 3 AO).

Mit Ausnahme der Umsatzsteuer, bestimmten Verbrauchsteuern, Verkehrsteuern und den besonderen Erhebungsformen der Einkommensteuer (Lohnsteuer, § 38 Abs. 1 EStG; Kapitalertragsteuer, § 43 Abs. 1 EStG; Bauabzugsteuer, § 48 ff. EStG, Abzugssteuern nach § 50 a EStG) erfolgt die Steuerfestsetzung bei allen wichtigen Steuerarten durch schriftlichen oder elektronischen Steuerbescheid. Auch bei Steuern, für die das Steueranmeldungsverfahren vorgesehen ist, ist ein Steuerbescheid erforderlich, wenn die Steuerfestsetzung zu einer abweichenden Steuer führt oder der Steuer- oder Haftungsschuldner die Steueranmeldung nicht abgibt (§ 167 Abs. 1 Satz 1 AO) oder im Anschluss an eine Außenprüfung (§ 193 Abs. 2 Nr. 1 AO) kein schriftliches Zahlungsanerkenntnis abgibt. Ferner gilt dies für die **den Steuerbescheiden gleichgestellten Bescheide**: Vergütungsbescheide (§ 155 Abs. 4 AO bzw. § 155 Abs. 5 i. d. F. StModernG), Freistellungsbescheide (§ 155 Abs. 1 Satz 3 AO), Ablehnungsbescheide (§ 155 Abs. 1 Satz 3 AO), Feststellungsbescheide (§ 181 Abs. 1 AO), Steuermessbescheide (§ 184 Abs. 1 AO), Zerlegungs- und Zuteilungsbescheide (§§ 185 AO) und Zinsbescheide (§ 239 Abs. 1 AO).

2.1.3 Inhalt eines Steuerbescheids

Bei einem Steuerbescheid ist zwischen **Muss-Inhalt** und **Soll-Inhalt** zu unterscheiden. Regelungen finden sich zum einen in dem für Steuerbescheide geltenden § 157 AO, aber auch in den für alle Verwaltungsakte geltenden §§ 119 ff. AO. Fehlende Muss-Inhalte führen regelmäßig zur Nichtigkeit nach § 125 Abs. 1 AO bzw. § 125 Abs. 2 Nr. 1 AO. Fehlende Sollvorschriften führen regelmäßig zur Rechtswidrigkeit des Steuerbescheids, beeinflussen seine Wirksamkeit aber nicht.

Zudem kann ein Steuerbescheid mit Nebenbestimmungen (§ 120 AO) versehen und andere Verwaltungsakte mit ihm verbunden werden.

1438

Inhalt des Steuerbescheids

1439

```
Schriftlicher Steuerbescheid,
§§ 155, 157 AO (auch in elektronischer Form)
```

| Muss-Inhalte | Soll-Inhalte |

Muss-Inhalte:

Form: **Schriftform**, § 157 Abs. 1 Satz 1 AO
ansonsten: Nichtigkeit, §125 Abs. 1 AO

Steuerschuldner, § 157 Abs. 1 Satz 2 AO,
§ 119 AO (Inhaltsadressat)
bei Fehlen oder nicht durch Auslegung
klarstellbarer Falschbezeichnung:
Nichtigkeit, § 125 Abs. 1 AO
bei unrichtigem Steuerschuldner:
rechtswidrig, aber grds. wirksam
(vgl. Rz. 1299)

Steuerschuld nach **Art** und **Betrag**,
§ 157 Abs. 1 Satz 2 AO
ggf. **Steuerjahr**, § 119 Abs. 1 AO
Bei Fehlen oder nicht hinreichender
Bestimmtheit: Nichtigkeit, § 125
Abs. 1 AO

Erlassende Behörde, § 119 Abs. 3 AO
Bei Fehlen: Nichtigkeit, § 125 Abs. 1 AO

Soll-Inhalte:

Begründung, § 121 Abs. 1 AO
bei Fehlen: Heilung, §126 Abs. 1 Nr. 2 AO;
ggf. Wiedereinsetzung, § 126 Abs. 3 AO
i.V.m. § 110 AO

Unterschrift oder Namenswiedergabe,
§ 119 (3) AO
– erforderlich bei **manuellen Steuerbescheiden**
bei Fehlen: rechtswidrig, aber wirksam,
§ 127 AO zu beachten
– nicht erforderlich bei **formularmäßigen und maschinellen Steuerbescheiden**

Dem Steuerbescheid *beizufügen*:
Rechtsbehelfsbelehrung (nicht Teil des
Steuerbescheids), § 157 Abs. 1 Satz 3 AO
bei Fehlen oder Fehlern: Jahresfrist,
§ 356 Abs. 2 AO

Nebenbestimmungen,
etwa Vorbehalt der Nachprüfung, § 164 AO,
oder Vorläufigkeit, § 165 AO

Mit dem Steuerbescheid **verbundene
Verwaltungsakte**, u.a.
– steuerliche **Nebenleistungen**, etwa
Verspätungszuschlag, § 152 Abs. 3 AO oder
Zinsen, § 233a Abs. 4 AO
– **Leistungsgebot**, § 254 Abs. 1 Satz 2 AO
bei Fehlen: rechtswidrige Vollstreckungsakte, § 254 Abs. 1 Satz 1 AO
– **Anrechnungen** von **Vorauszahlungen**,
z.B. § 36 Abs. 2 Nr. 1 EStG, § 20 GewStG
oder von **Steuerabzugsbeträgen** (LSt,
KapESt), z.B. § 36 Abs. 2 Nr. 2 EStG
bei Fehlern: Korrektur nach § 130 AO,
ggf. Abrechnungsbescheid, § 218 Abs. 2 AO
– kassenmäßige **Abrechnungen**,
z.B. über Ver- und Umbuchungen,
vgl. etwa § 36 Abs. 4 EStG (kein VA)
bei Fehlern: jederzeitige Korrektur,
ggf. Abrechnungsbescheid, § 218 Abs. 2 AO

2.1.3.1 Muss-Inhalte

Nach § 157 Abs. 1 Satz 2 AO muss angegeben werden, **wer die Steuer schuldet,** denn eine **1440**
Schuld ohne Schuldner ist nicht denkbar. Ein Steuerbescheid, der den Schuldner nicht eindeutig erkennen lässt, ist auch nicht vollziehbar und kann wegen inhaltlicher Unbestimmtheit nicht befolgt werden. Er ist nichtig (§ 125 Abs. 1 AO und § 125 Abs. 2 Nr. 2 AO). Falsche Schreibweise des Namens schadet nicht, wenn trotzdem keine Zweifel an der Identität aufkommen können oder aufgekommen sind. Es muss **der richtige Steuerschuldner** angegeben werden. Ein Rechtsirrtum über den richtigen Steuerschuldner führt jedoch nicht in allen Fällen zur Nichtigkeit (BFH vom 06.10.1987 BFH/NV 1988, 216). Wer meint, kein Schuldner zu sein, sollte den Bescheid in jedem Fall aber anfechten.

BEISPIEL

Vater und Sohn wohnen im gleichen Haus und haben beide eine Einkommensteuererklärung abgegeben. Bei der Bearbeitung der Erklärungen verwechselt der Bearbeiter die beiden Fälle und erteilt dem Vater einen Einkommensteuerbescheid, dem die Besteuerungsgrundlagen des Sohnes zugrunde liegen.
LÖSUNG Der Bescheid ist nicht nichtig. Er ist rechtswidrig und anfechtbar. Es muss ein neuer Bescheid gegen den richtigen Schuldner erlassen werden. Eine Korrektur des rechtswidrigen Bescheides könnte ggf. nach §§ 129, 172 Abs. 1 Nr. 2 Buchst. a, 174 AO erfolgen.

Bei der Angabe des Steuerschuldners muss zwischen dem Steuerschuldner und dessen **Vertreter/Bevollmächtigtem** unterschieden werden. Da diese keine Steuerschuldner sind, muss deren Vertretungsverhältnis klargestellt sein.

BEISPIEL

Wie oben, nur ist der Sohn minderjährig und der Vater der alleinige gesetzliche Vertreter (§ 34 Abs. 1 AO).
LÖSUNG Jetzt richtet sich der Steuerbescheid zwar an den richtigen Adressaten, er ist aber genauso rechtswidrig wie vor, wenn in dem Bescheid nicht der Sohn als Steuerschuldner eindeutig bezeichnet wird. Das Vertretungsverhältnis des Vaters muss sich aus dem Bescheid ergeben (AEAO zu § 122, Nr. 2.2.1).

Nach dem Tod eines Steuerschuldners kann gegen diesen kein wirksamer Steuerbescheid mehr erlassen werden. Adressat ist hier allein der namentlich zu bezeichnende **Rechtsnachfolger.** Aber auch hier muss sich aus dem Steuerbescheid ergeben, dass er als Rechtsnachfolger des Verstorbenen in Anspruch genommen wird (BFH vom 27.11.1981 BStBl II 1982, 276, und BFH vom 21.07.1987 BFH/NV 1988, 213).

Nach § 157 Abs. 1 Satz 2 AO müssen Steuerbescheide die festgesetzte **Steuer nach Art und** **1441**
Betrag bezeichnen. Ein Steuerbescheid, der offenlassen würde, was verlangt wird, ist wegen Unbestimmtheit nichtig, er kann nicht befolgt werden (§ 125 Abs. 2 Nr. 2 AO). Es genügt nicht die bloße Angabe des Steuerbetrages, auch die Steuerart muss bezeichnet werden (z. B. Einkommensteuer, Erbschaftsteuer). Auch darf nicht offen gelassen werden, ob es sich um eine **Jahressteuerschuld** oder um **Steuervorauszahlungen** handelt. Der Steuerbetrag muss auch getrennt von den **Nebenleistungen** (§ 3 Abs. 4 AO z. B. Verspätungszuschlag, Zinsen) aufgeführt werden.

Zum notwendigen Inhalt gehört bei **periodischen Steuern** (z. B. Einkommensteuer, Umsatzsteuer, Gewerbesteuer) auch die **Angabe des Jahres,** für das die Steuer festgesetzt wird (z. B. Einkommensteuer für 2015). Dies ergibt sich zwar nicht aus § 157 Abs. 1 Satz 2 AO, aber aus § 119 Abs. 1 AO. Bei **nichtperiodischen Steuern** (z. B. Erbschaftsteuer, Grunderwerbsteuer) ist zur hinreichenden inhaltlichen Bestimmtheit eine nähere Konkretisierung des **Steuergegenstandes** unerlässlich (z. B. der Erwerbsvorgang).

1442   Der Steuerbescheid muss die **erlassende Behörde** erkennen lassen (§ 119 Abs. 3 Satz 1 AO). Ist dies nicht der Fall, so ist der Bescheid nach § 125 Abs. 2 Nr. 1 AO nichtig.

2.1.3.2   Soll-Inhalte

1443   Nach § 157 Abs. 1 Satz 3 AO ist Steuerbescheiden eine **Rechtsbehelfsbelehrung** beizufügen. Sie ist nicht Teil der Steuerfestsetzung selbst. Ihr Fehlen führt deswegen auch nicht zur Rechtswidrigkeit des Steuerbescheids. Wird die Rechtsbehelfsbelehrung nicht oder unrichtig erteilt, kann der Bescheid noch innerhalb der **Jahresfrist** des § 356 Abs. 2 AO angefochten werden.

1444   Die **Feststellung der Besteuerungsgrundlagen** ist nach § 157 Abs. 2 AO ein unselbstständiger Teil der Steuerfestsetzung (soweit keine gesonderte Feststellung z. B. nach §§ 179, 180 AO vorgesehen ist). Sie ist ein Teil der **Begründung der Steuerfestsetzung** (§ 121 AO). Fehlt die Begründung, so ist die Wirksamkeit des Steuerbescheides davon nicht betroffen. Stimmen die im Bescheid aufgeführten Besteuerungsgrundlagen mit den Angaben in der Steuererklärung überein oder ist die Sach- und Rechtslage bereits mit dem Stpfl. erörtert worden (rechtliches Gehör, § 91 AO), ist eine zusätzliche Begründung nicht erforderlich. Wird ohne vorherige Anhörung von der Steuererklärung abgewichen, ist eine Begründung erforderlich. Ist die Begründung unterblieben, so kann sie nachgeholt werden. Der Begründungsmangel ist dann geheilt (§ 126 Abs. 1 Nr. 2, § 126 Abs. 2 AO). Eine durch fehlende Begründung (und gleichzeitig unterbliebene Anhörung, vgl. BFH vom 13. 12. 1984, BStBl 1985 II 601) versäumte Rechtsbehelfsfrist gilt dann als nicht verschuldet und es kann ggf. Wiedereinsetzung nach § 110 Abs. 2 AO gewährt werden (§ 126 Abs. 3 AO).

Formularmäßig oder mit Hilfe der **Automation erlassene Steuerbescheide** müssen nach § 119 Abs. 3 Satz 2 zweiter HS AO weder unterschrieben werden, noch eine Namenswiedergabe des Behördenleiters, seines Vertreters oder seines Beauftragten enthalten. Bei manuellen Steuerbescheiden ist das Fehlen der eigentlich nach dem Gesetzeswortlaut des § 119 Abs. 3 Satz 2 erster HS AO zwingend erforderlichen **Unterschrift** oder der Namenswiedergabe kein besonders schwerwiegender Mangel i. S. d. § 125 Abs. 1 AO, sondern ein **Formfehler,** der nach § 127 AO nicht zur Aufhebung des Steuerbescheides führt.

2.1.3.3   Nebenbestimmungen

1445   Wird ein Steuerbescheid nach § 164 AO **unter dem Vorbehalt der Nachprüfung** (Rz. 1497 ff.) oder nach § 165 AO (Rz. 1503 ff.) **vorläufig** erteilt, so handelt es sich insoweit nicht um eigene Verwaltungsakte und auch nicht nur um einen Teil der Begründung, sondern um **Nebenbestimmungen i. S. d.** § 120 AO. Dies gilt auch, wenn ein Steuerbescheid (z. B. ein Freistellungsbescheid) unter dem **Vorbehalt des Widerrufs** erteilt wird (§ 120 Abs. 2 Nr. 3 AO).

2.1.3.4   Mit dem Steuerbescheid verbundene Verwaltungsakte

1446   Mit einem Steuerbescheid verbunden werden können eigenständige Verwaltungsakte über steuerliche Nebenleistungen (§ 3 Abs. 4 AO), z. B. **Verspätungszuschlag,** vgl. § 152 Abs. 3 AO, oder **Zinsen,** vgl. § 233 a Abs. 4 AO. Bei **zusammengefassten Steuerbescheiden**

(vgl. Rz. 1449) brauchen diese Verwaltungsakte oder sonstige Ansprüche, auf die die AO anzuwenden ist (z. B. **Kirchensteuer, Solidaritätszuschlag, Prämien**) nach § 155 Abs. 3 Satz 2 AO nicht für alle gelten (z. b. nur ein Ehegatte gehört der Kirche an, der Verspätungszuschlag soll sich nur gegen den Ehemann richten, da die Ehefrau selbst keine steuerpflichtigen Einkünfte hat). Dies gilt nach § 155 Abs. 3 Satz 3 AO auch dann, wenn die Ansprüche nach den zwischen den Gesamtschuldnern bestehenden Rechtsverhältnissen nicht von allen zu tragen sind.

Ebenfalls eigenständiger Verwaltungsakt und kein Bestandteil des Steuerbescheides ist das **Leistungsgebot** nach § 254 Abs. 1 Satz 1 AO. Es kann mit dem zu vollstreckenden Verwaltungsakt verbunden werden (§ 254 Abs. 1 Satz 2 AO). Dies geschieht regelmäßig, wenn der Steuerbescheid zu einer Zahlungspflicht führt, da durch das Leistungsgebot der Stpfl. erst zur Leistung der festgesetzten Steuer aufgefordert wird. **1447**

Ein Teil des **Erhebungsverfahrens** und nicht der Steuerfestsetzung sind die **1448**
* **Anrechnung der Steuerabzugsbeträge** (z. B. Lohnsteuer, Kapitalertragsteuer § 36 Abs. 2 Nr. 2 EStG, § 31 KStG) und die
* **Abrechnung der geleisteten Vorauszahlungen** (z. B. § 36 Abs. 2 Nr. 1 EStG, § 31 KStG, § 20 GewStG).

Es handelt sich um **eigenständige Verwaltungsakte**, deren Ergebnis entweder zu einem Leistungsgebot (§ 254 AO) oder zu einer Erstattungsverfügung (§ 37 Abs. 2 AO) führt (BFH vom 18. 07. 2000 BStBl II 2001, 133 m. w. N.). Ist die Anrechnung unterblieben oder unzutreffend erfolgt, ist zu prüfen, ob sie zugunsten wie zuungunsten **korrigiert** werden kann. Ist zu wenig angerechnet worden, kommt eine Änderung nach § 130 Abs. 1 AO in Betracht. Eine zu hohe Anrechnung ist grundsätzlich nur unter den engen Voraussetzungen des § 130 Abs. 2 AO zu ändern. Bei offenbaren Unrichtigkeiten kommt auch eine Berichtigung nach § 129 AO in Betracht. Zudem ist eine Änderung gem. § 218 Abs. 3 AO möglich, wenn eine Anrechnungsverfügung (oder ein Abrechnungsbescheid) auf Grund eines Rechtsbehelfs oder Antrags zurückgenommen und in dessen Folge ein günstigerer Verwaltungsakt erlassen wird. Damit werden widerstreitende Anrechnungsverfügungen oder Abrechnungsbescheide vermieden, etwa zwischen Ehegatten/Lebenspartner oder Abtretenden und Abtretungsempfänger.

Eine fehlerhafte Anrechnung kann mit dem **Einspruch** (§ 347 Abs. 1 AO) angefochten werden. Bei der Einkommensteuer ist bei durch Steuerabzug erhobener Einkommensteuer (LSt, KapESt) eine Anrechnung nach § 36 Abs. 2 Nr. 2 EStG nur möglich, soweit die entsprechenden Einkünfte bei der Veranlagung erfasst sind bzw. innerhalb der Festsetzungsverjährung nach §§ 169 ff. AO noch erfasst werden können.

2.1.4 Zusammengefasste Steuerbescheide

Schulden mehrere Stpfl. eine Steuer als **Gesamtschuldner** nach § 44 AO, so können gegen sie **zusammengefasste Steuerbescheide** ergehen (§ 155 Abs. 3 Satz 1 AO). Hauptanwendungsbereich ist die Zusammenveranlagung von Ehegatten/Lebenspartnern nach § 26 b EStG. Zusammengefasste Bescheide sind Bescheide, die inhaltsgleich (textgleich) auf einem Formular an mehrere Gesamtschuldner gerichtet sind. Ein zusammengefasster Bescheid kann auch noch nach dem Tod eines Ehegatten/Lebenspartners ergehen (BFH vom 24. 04. 1986 BStBl II 1986, 545). Wegen der Bekanntgabe in diesen Fällen vgl. Rz. 1307 ff. Die Zusammenfassung eines Haftungsbescheides und eines Steuerbescheides (z. B. nach einer Lohnsteueraußenprüfung, vgl. Rz. 1441) an einen Adressaten ist kein zusammengefasster Bescheid. **1449**

2.1.5 Muster eines Steuerbescheides (für das fiktive Jahr 67)

1450

FA Neustadt
IV/4

IdNr. 27 636 819 576
Steuernummer: 31/011/0101/9
(Bitte bei Rückfragen angeben)

67433 Neustadt   15. 9. 68
Konrad-Adenauer-Str. 26
Telefon 0 63 21/9 30–110, Zimmer 101
Telefax 0 63 21/9 30–2 22
Bearbeiter Herr Genau

FA Neustadt, 67429 Neustadt

Herrn
Jupp Schwupp
Lindenstr. 122
67454 Haßloch

Bescheid für
67
über
Einkommensteuer,
Solidaritätszuschlag
und Kirchensteuer

Festsetzung
Der Bescheid ist nach § 165 Abs. 1 Satz 2 AO teilweise vorläufig.

	Einkommen-steuer €	Kirchensteuer rk €	Solidaritäts-zuschlag €	Insgesamt €
Festgesetzt werden ab	16 826,00	1 514,34	925,43	
Steuerabzug vom Lohn	11 248,00	1 012,32	618,64	
Verbleibende Beträge	5 578,00	502,02	306,79	6 386,81
Abrechnung (Stichtag: 04. 09. 68) der Finanzkasse Abzurechnen sind	5 578,00	502,02	306,79	
Bereits getilgt	0,00	0,00	0,00	
Unterschiedsbetrag	5 578,00	502,02	306,79	
Ausgleich durch Verrechnung	0,00	0,00	0,00	
Noch zu zahlen	5 578,00	502,02	306,79	6 386,81
Bitte zahlen Sie spätestens am 18. 10. 68	5 578,00	502,02	306,79	6 386,81

Steuernummer: 31/011/0101/9   Seite 2

Besteuerungsgrundlagen zur Steuerfestsetzung 67
Berechnung des zu versteuernden Einkommens   Insgesamt
                                                    €   €

Einkünfte aus Gewerbebetrieb
    aus Beteiligungen 27 913
    Einkünfte 27 913
.
.
.

[Anmerkung: An dieser Stelle erfolgt in einem Einkommensteuerbescheid
die Darstellung der Berechnung des zu versteuernden Einkommens]
.
.
.

Einkommen/zu versteuerndes Einkommen 58 906
Berechnung der Einkommensteuer
zu versteuern nach dem Grundtarif . . . . 58 906 . . . . .16 826
tarifliche Einkommensteuer 16 826
festzusetzende Einkommensteuer 16 826
Berechnung der Kirchensteuer
    festgesetzte Einkommensteuer 16 826
    rk Kirchensteuer 9 % von . . . . 16 826 € 1 514,34
Berechnung des Solidaritätszuschlags
    festzusetzende Einkommensteuer 16 826
    davon 5,5 % Solidaritätszuschlag 925,43

Erläuterungen
Anstelle der erklärten Werbungskosten ist der höhere Arbeitnehmer-Pauschbetrag abgezogen worden.
. . .
[Anmerkung: An dieser Stelle erfolgen weitere bescheidspezifische Erläuterungen]
. . .
Die Festsetzung der Einkommensteuer ist im Hinblick auf vor dem Bundesverfassungsgericht, dem Bundesfinanzhof bzw. dem Gerichtshof der Europäischen Gemeinschaften anhängige Verfahren vorläufig hinsichtlich
– der beschränkten Abziehbarkeit von …,
– der Anwendung von …
[Anmerkung: An dieser Stelle erfolgt eine Auflistung der Punkte, wegen denen der Einkommensteuerbescheid gem. § 165 Abs. 1 Satz 2 AO vorläufig ergeht, vgl. hierzu auch Rz. 1514 ff.]

Die Vorläufigkeitserklärung erfasst sowohl die Frage, ob die angeführten gesetzlichen Vorschriften mit höherrangigem Recht vereinbar sind, als auch den Fall, dass das Bundesverfassungsgericht oder der Bundesfinanzhof die streitige verfassungsrechtliche Frage durch Anwendung bzw. Auslegung des einfachen Rechts entscheidet. Die Vorläufigkeitserklärung erfolgt lediglich aus verfahrenstechnischen Gründen. Sie ist nicht dahin zu verstehen, dass die im Vorläufigkeitsvermerk angeführten gesetzlichen Regelungen als verfassungswidrig oder als gegen Europäisches Gemeinschaftsrecht verstoßend angesehen werden. Soweit die Vorläufigkeitserklärung die Frage der Verfassungsmäßigkeit einer Norm betrifft, ist sie außerdem nicht dahingehend zu verstehen, dass die Finanzverwaltung es für möglich hält, das Bundesverfassungsgericht oder der Bundesfinanzhof könne die im Vorläufigkeitsvermerk angeführte Rechtsnorm gegen ihren Wortlaut auslegen. Sollte aufgrund einer diesbezüglichen Entscheidung des Gerichtshofs der Europäischen Gemeinschaften, des Bundesverfassungsgerichts oder des Bundesfinanzhofs diese Steuerfestsetzung aufzuheben oder zu ändern sein, wird die Aufhebung oder Änderung von Amts wegen vorgenommen; ein Einspruch ist daher insoweit nicht erforderlich.

Steuernummer: 31/011/0101/9   Seite 3

Rechtsbehelfsbelehrung

Die Festsetzung der Einkommensteuer sowie die Festsetzung des Solidaritätszuschlags kann mit dem Einspruch angefochten werden.

Der Einspruch ist bei dem vorbezeichneten FA oder bei der angegebenen Außenstelle schriftlich einzureichen oder zur Niederschrift zu erklären.

Ein Einspruch ist jedoch ausgeschlossen, soweit dieser Bescheid einen Verwaltungsakt ändert oder ersetzt, gegen den ein zulässiger Einspruch oder (nach einem zulässigen Einspruch) eine zulässige Klage, Revision oder Nichtzulassungsbeschwerde anhängig ist. In diesem Fall wird der neue Verwaltungsakt Gegenstand des Rechtsbehelfsverfahrens. Dies gilt auch, soweit sich ein angefochtener Vorauszahlungsbescheid durch die Jahressteuerfestsetzung erledigt.

Die Frist für die Einlegung eines Rechtsbehelfs beträgt einen Monat. Sie beginnt mit Ablauf des Tages, an dem Ihnen dieser Bescheid bekannt gegeben worden ist. Bei Zusendung durch einfachen Brief oder Zustellung mittels Einschreiben durch Übergabe gilt die Bekanntgabe mit dem dritten Tag nach Aufgabe zur Post als bewirkt, es sei denn, dass der Bescheid zu einem späteren Zeitpunkt zugegangen ist. Bei Zustellung durch Zustellungsurkunde oder durch Einschreiben mit Rückschein oder gegen Empfangsbekenntnis ist Tag der Bekanntgabe der Tag der Zustellung.

Hinweis: Entscheidungen in einem Grundlagenbescheid (z. B. Feststellungsbescheid) können nur durch Anfechtung des Grundlagenbescheids, nicht auch durch Anfechtung eines davon abhängigen weiteren Bescheids (Folgebescheid) angegriffen werden. Wird ein Grundlagenbescheid berichtigt, geändert oder aufgehoben (z. B. aufgrund eines eingelegten Einspruchs), so werden die davon abhängigen Bescheide von Amts wegen geändert oder aufgehoben.

Bemerkungen zum Musterbescheid in Rz. 1450:

Seite 1 enthält alle Mussvoraussetzungen für Steuerbescheide und gleichgestellte Verwaltungsakte (Steuerschuldner, Steuerart, Betrag, Steuerjahr, erlassende Behörde). Es ist klar erkennbar, für wen die Steuerbescheide inhaltlich bestimmt sind (für Herrn Schwupp als Steuerschuldner). Zulässig ist, mehrere Steuerbescheide miteinander zu verbinden (hier: Bescheide über Einkommensteuer, Kirchensteuer und Solidaritätszuschlag). Außerdem sind weitere Verwaltungsakte (Anrechnung der Steuerabzugsbeträge und Leistungsgebot, § 254 AO) ergänzt worden. Der Hinweis auf § 165 AO ist eine Nebenbestimmung i. S. d. § 120 AO.

Seite 2 enthält als Begründung i. S. d. § 121 AO die Besteuerungsgrundlagen zur Einkommensteuer, zur Kirchensteuer und die Berechnungsgrundlagen für den Solidaritätszuschlag.

Seite 3 enthält die zutreffenden Rechtsbehelfsbelehrungen.

2.1.6 Muster eines zusammengefassten (geänderten) Steuerbescheides (für das fiktive Jahr 67)

FA Neustadt	67429 Neustadt 15. 9. 68 **1451**
V/5	Konrad-Adenauer-Str. 26
	Telefon 0 63 21/9 30–112, Zimmer 102
IdNr. 23 456 789 123	Telefax 0 63 21/9 30–2 22
Steuernummer: 31/320/0102/8	Bearbeiter Frau Schlau
(Bitte bei Rückfragen angeben)	

FA Neustadt, 67429 Neustadt

Herrn und Frau
Dr. med. Hans Pfeife und
Prof. Hannelore Triller-Pfeife
Burggraben 40
67454 Haßloch

Bescheid für
67
über
Einkommensteuer,
Solidaritätszuschlag und
Kirchensteuer

Festsetzung
Der Bescheid ist nach § 165 Abs. 1 Satz 2 AO teilweise vorläufig.
Er ist nach § 172 Abs. 1 Satz 1 Nr. 2 AO geändert.

	Einkommensteuer €	Kirchen- steuer €	Solidaritäts- zuschlag €	Verspätungs- zuschlag €	Insgesamt €
Festgesetzt werden ab	66 802,00	5 845,86	3 572,47	200,00	
Steuerabzug vom Lohn	440,00	39,50	24,20		
Verbleibende Beträge	66 362,00	5 806,36	3 548,27	200,00	75 916,63
Abrechnung (Stichtag: 04. 09. 68) Abzurechnen sind	66 362,00	5 806,36	3 548,27	200,00	
Bereits getilgt	58 726,00	5 376,54	3 128,29	0,00	
Unterschiedsbetrag	7 636,00	429,82	419,98	200,00	
Ausgleich durch Ver- rechnung	0,00	0,00	0,00	0,00	
Noch zu zahlen	7 636,00	429,82	419,98	200,00	
Bitte zahlen Sie spätestens am 18. 10. 68	7 636,00	429,82	419,98	200,00	8 685,80

Steuernummer: 31/320/0102/8   Seite 2

Besteuerungsgrundlagen zur Steuerfestsetzung 67

Berechnung des zu versteuernden Einkommens

	Ehemann	Ehefrau	Insgesamt
	€	€	€
Einkünfte aus Gewerbebetrieb	65 732	14 962	

...

[Anmerkung: An dieser Stelle erfolgt in einem Einkommensteuerbescheid
die Darstellung der Berechnung des zu versteuernden Einkommens]

...

Berechnung der Kirchensteuer

zu versteuerndes Einkommen unter Berücksichtigung von

Freibeträgen für 1 Kind(er) i. H. v.	7 008 €	192 343	
darauf entfallende Einkommensteuer.			64 954
ev Kirchensteuer 9 % von	64 954 €		5 845,86

Berechnung des Solidaritätszuschlags

zu versteuerndes Einkommen unter Berücksichtigung von

Freibeträgen für 1 Kind(er) i. H. v.	7 008 €.	192 343	
darauf entfallende Einkommensteuer			64 954
davon 5,5 % Solidaritätszuschlag			3 572,47

Erläuterungen

Dieser Bescheid ändert den Bescheid vom 20. 03. 68. Hierdurch erledigt sich Ihr Antrag vom 10. 04. 68.
Der Verspätungszuschlag wurde wegen Nichtabgabe/verspätete Abgabe der Steuererklärung/Steueranmeldung festgesetzt.

...

[Anmerkung: An dieser Stelle erfolgen weitere bescheidspezifische Erläuterungen und eine Auflistung der
Punkte, wegen denen der Einkommensteuerbescheid gem. § 165 Abs. 1 Satz 2 AO vorläufig ergeht, vgl.
hierzu den Musterbescheid in Rz. 1450]

...

Rechtsbehelfsbelehrung

... [siehe Musterbescheid in Rz. 1450]

Bemerkungen zum Musterbescheid in Rz. 1451:

Seite 1: Es handelt sich um einen zusammengefassten Steuerbescheid zur Einkommensteuer i. S. d. § 155 Abs. 3 AO. Die Ehegatten werden nach § 26 b EStG zusammenveranlagt. Sie
schulden als Gesamtschuldner (§ 44 AO) die angeforderten Beträge. Mit ihm sind – entsprechend § 155 Abs. 3 Satz 2 AO – der Bescheid über steuerliche Nebenleistungen (Verspätungszuschlag nach § 152 AO) verbunden worden. Außerdem sind alle Bescheide durch weitere Verwaltungsakte (Anrechnung der Steuerabzugsbeträge und Leistungsgebot § 254 AO) ergänzt
worden. Die Seite 1 enthält alle Mussvoraussetzungen für Steuerbescheide (Steuerschuldner,
Steuerart, Betrag, Steuerjahr, erlassende Behörde). Der Hinweis auf § 165 AO ist eine Nebenbestimmung i. S. d. § 120 AO; der Hinweis auf die Korrekturvorschrift § 172 Abs. 1 Satz 1 Nr. 2 AO
ist ein Teil der Begründung. Dadurch wird klargestellt, dass es sich um eine geänderte und nicht
um eine doppelte Steuerfestsetzung handelt. Es reicht, wenn den Ehegatten nur eine Ausfertigung unter ihrer gemeinsamen Anschrift übermittelt wird (§ 122 Abs. 7 Satz 1 AO).

Seiten 2 und 3: Diese Seiten enthalten als Begründung die Besteuerungsgrundlagen zur Einkommensteuer und die Berechnungsgrundlagen für die Kirchensteuer und den Solidaritätszuschlag. Außerdem wird der Grund für den Änderungsbescheid erläutert und der Umfang der teilweisen Vorläufigkeit nach § 165 AO bestimmt. Es handelt sich um Sollinhalte. Auch ohne die Seiten 2 und 3 wäre der Steuerbescheid wirksam. Die teilweise Vorläufigkeit nach § 165 AO wäre ohne die Erläuterungen auf Seite 3 jedoch inhaltlich nicht hinreichend bestimmt (§ 119 Abs. 1 AO i. V. m. § 165 Abs. 1 Satz 3 AO). Die Begründung müsste nachgeholt werden, § 126 Abs. 1 Nr. 2 AO. Der Steuerbescheid ist noch um die Rechtsbehelfsbelehrung zu ergänzen, § 157 Abs. 1 Satz 3 AO. Geschieht dies nicht, wäre der Einspruch noch innerhalb eines Jahres nach Bekanntgabe zulässig (§ 356 Abs. 2 AO).

2.2   Freistellungs- und Ablehnungsbescheid (§ 155 Abs. 1 Satz 3 AO)

Unter einem **Freistellungsbescheid** ist ein Verwaltungsakt zu verstehen, der verbindlich feststellt, dass – aus welchen Gründen auch immer – von demjenigen, an den sich der Freistellungsbescheid wendet, **keine Steuer geschuldet** wird. In der Regel begehrt der Betroffene einen vollen oder teilweisen Freistellungsbescheid, weil bei seinen Einkünften die Steuer durch Abzug (z. B. Lohnsteuer § 38 EStG, Kapitalertragsteuer § 43 EStG) erhoben wurde, obgleich eine persönliche oder sachliche Steuerpflicht in diesem Umfange nicht besteht. Der Freistellungsbescheid dient dann als Grundlage für die folgende Erstattung der einbehaltenen Steuer in voller oder teilweiser Höhe. Auch bei anderen Steuerarten sind Freistellungsbescheide vorgesehen, z. B. bei der Anerkennung als gemeinnützige Körperschaft i. S. d. § 5 Abs. 1 Nr. 9 KStG bzw. § 3 Nr. 6 GewStG (vgl. Rz. 399), bei einer Steuerbefreiung von der KfzSt nach § 3 a KraftStG oder die Befreiung von der GrSt für gemeinnützige Körperschaften nach § 3 Nr. 3 Buchst b GrStG. Der Betroffene hat auf den Freistellungsbescheid einen Anspruch, sofern die Voraussetzungen vorliegen und er ein berechtigtes Interesse nachweist. **1452**

Stellt der Stpfl. einen Antrag auf Steuerfestsetzung, z. B. nach § 46 Abs. 2 Nr. 8 EStG, um Verluste aus anderen Einkunftsarten berücksichtigen zu können, und wird dieser Antrag abgelehnt, liegt kein Freistellungsbescheid, sondern ein **Ablehnungsbescheid** vor. Auch die Ablehnung eines beantragten Freistellungsbescheides erfolgt durch Ablehnungsbescheid.

Freistellungs- und Ablehnungsbescheide sind den Steuerbescheiden gleichgestellt (§ 155 Abs. 1 Satz 3 AO). Dies bedeutet, dass die Vorschriften der Steuerfestsetzungen anwendbar sind, wie z. B. Form (§ 157 AO), Verjährungsvorschriften (§§ 169 ff. AO). Korrekturvorschriften (§§ 172 ff. AO) und Rechtsbehelfe (§§ 347 ff. AO).

NV-Bescheinigungen (Nichtveranlagungsbescheinigungen) nach § 44 a Abs. 2 Nr. 2 EStG sind keine Freistellungsbescheide, sondern begünstigende Verfügungen i. S. d. § 130 Abs. 2 AO (BFH vom 16. 10. 1991 BStBl II 1992, 322). Diese Bescheinigungen des FA bestätigen, dass eine Veranlagung nicht in Betracht kommt und dienen zur Vorlage bei einem Kreditinstitut (u. a.), damit dieses vom Steuerabzug absehen kann. Solche Bescheinigungen werden unter dem Vorbehalt des Widerrufs ausgestellt. Ihre Geltungsdauer darf höchstens drei Jahre betragen und muss zum Schluss eines KJ enden. Fordert das FA die Bescheinigung zurück (z. B. durch Widerruf gem. § 131 Abs. 2 Nr. 1 AO) oder erkennt der Stpfl., dass die Voraussetzungen für die Erteilung weggefallen sind, so hat er die Bescheinigung dem FA zurückzugeben (§ 44 a Abs. 2 Satz 2– 4 EStG). Nicht verwechselt werden darf die NV-Bescheinigung mit dem **Freistellungsauftrag** (§ 44 a Abs. 2 Nr. 1 EStG), nach dessen Vorlage das Kreditinstitut (u. a.) vom Kapitalertragsteuerabzug Abstand nehmen kann bis zur Höhe des Sparer-Pauschbetrags (§ 20 Abs. 9 EStG). Da der Stpfl. diesen Freistellungsauftrag selbst **1453**

erteilt und dieser auch nicht durch das FA bestätigt werden muss, liegt überhaupt kein Verwaltungshandeln vor.

1454 frei

2.3 NV-Verfügung

1455   Freistellungs- und Ablehnungsbescheide sind von der **NV-Verfügung** (Nichtveranlagungsverfügung) abzugrenzen. Der Begriff NV–Verfügung ist im Gesetz nicht definiert, er wird in der Verwaltungspraxis und im Sprachgebrauch ungenau verwandt. Eine NV–Verfügung ist eine amtsinterne Verfügung des FA, mit dem dieses festgestellt, dass eine Veranlagung nicht durchzuführen ist. So kann etwa ein Ermittlungsverfahren ergeben haben, dass die Voraussetzungen für eine Steuerpflicht nicht vorliegen. Der interne Vermerk hat keine Außenwirkung und ist demzufolge kein Verwaltungsakt i. S. d. § 118 AO. Sofern das FA die Ansicht ändert oder sich Anhaltspunkte tatsächlicher Art ergeben, steht diese NV–Verfügung einer späteren Steuerfestsetzung nicht entgegen.

Wird die NV–Verfügung dem Betroffenen bekannt gegeben, hängt die Rechtsnatur der Verfügung davon ab, ob der Empfänger von einer verbindlichen Regelung ausgehen durfte oder lediglich von einer unverbindlichen Auskunft ohne Regelungscharakter (BFH vom 12. 05. 1989 BStBl II 1989, 920). Insbesondere wenn die NV–Verfügung schriftlich bekannt gegeben und mit Rechtsbehelfsbelehrung versehen wurde, liegt ein Verwaltungsakt vor. Beinhaltet die Verfügung zugleich die Ablehnung einer Steuerfestsetzung oder die Freistellung von einer Steuer, ist sie Ablehnungs- oder Freistellungsbescheid i. S. d. § 155 Abs. 1 Satz 3 AO.

2.4 Steuervergütungsbescheid

1456   Die für die Steuerfestsetzung geltenden Vorschriften sind nach § 155 Abs. 4 AO bzw. § 155 Abs. 5 AO i. d. F. des StModernG auf die Festsetzung einer Steuervergütung sinngemäß anzuwenden, etwa Form und Inhalt nach § 157 AO oder die Korrekturvorschriften in §§ 172 ff. AO. Der Steuervergütungsanspruch ist der **Anspruch auf Auszahlung von Steuerbeträgen** nicht des Steuerschuldners sondern **einer dritten Person**, auf welche die Steuer i. d. R. überwälzt worden ist (Steuerträger). Vergütungsansprüche sind z. B. im UStG (§ 4 a UStG i. V. m. § 24 UStDV; § 18 Abs. 9 UStG i. V. m. §§ 59–61 UStDV) und für das Kindergeld in § 31 Satz 3 EStG zu finden. Auch die Arbeitnehmer-Sparzulage (§ 14 Abs. 2 des 5. VermBG), die Investitionszulage (§ 14 InvZulG 2010) oder die Wohnungsbauprämie (§ 8 WoPG) werden verfahrensrechtlich als Steuervergütung behandelt.

Bei der Berechnung und Festsetzung der Umsatzsteuer bilden die nach § 16 Abs. 1 UStG berechnete Steuer und die Summe der Vorsteuerabzugsansprüche i. S. d. § 16 Abs. 2 UStG **unselbstständige Besteuerungsgrundlagen,** deren Saldo die für den Besteuerungszeitraum zu berechnende Steuer i. S. d. § 18 Abs. 1 und 3 UStG darstellt (BFH vom 30. 09. 1976 BStBl II 1977, 227). Führt der Saldo zu einem Vorsteuerüberschuss, wird dieser ebenfalls als Steuervergütung bezeichnet (AEAO zu § 168 Nr. 2).

3 Gesonderte Feststellung von Besteuerungsgrundlagen (§§ 179–183 AO)

3.1 Feststellungsarten (§ 179 AO)

Die Ermittlung und Feststellung der **Besteuerungsgrundlagen** und die **Steuerfestsetzung** (§ 155 Abs. 1 AO) erfolgen **grundsätzlich in ein** und **demselben Verfahren.** Die Feststellung der Besteuerungsgrundlagen ist dabei lediglich ein unselbstständiger Bestandteil des Steuerfestsetzungsverfahrens und auch des Steuerfestsetzungsbescheides. Diese allgemeine Regel leitet sich aus § 157 Abs. 2 AO ab, nach dem die Feststellung der Besteuerungsgrundlagen einen mit Rechtsbehelfen nicht selbstständig anfechtbaren Teil des Steuerbescheides bildet. **1457**

§ 179 Abs. 1 AO durchbricht diesen Grundsatz. Die Besteuerungsgrundlagen werden durch **Feststellungsbescheid gesondert**, das heißt in einem besonderen Verfahren und durch einen besonderen Bescheid **festgestellt, soweit dies** in der AO (§ 180 AO) oder sonst in den Steuergesetzen (vgl. Rz. 1458) **bestimmt ist.**

Ist es gesetzlich vorgeschrieben (z. B. § 15 a Abs. 4 Satz 6 EStG) oder ist der Gegenstand der gesonderten Feststellung bei der Besteuerung **mehreren Personen** zuzurechnen, ist die Feststellung nach § 179 Abs. 2 Satz 2 AO **gesondert und einheitlich** zu treffen. Eine **Beteiligung mehrerer Personen** im Sinne des § 179 Abs. 2 Satz 2 AO liegt vor bei den Gemeinschaften und Gesellschaften des Bürgerlichen Rechts (z. B. Bruchteilsgemeinschaften, Gütergemeinschaften, Erbengemeinschaften, BGB-Gesellschaft), des Partnerschaftsgesellschaftsgesetz (Partnerschaft von Angehörigen Freier Berufe) oder des Handelsrechts (z. B. OHG, KG, Rz. 1481 ff.). Keine Beteiligung mehrerer Personen liegt vor bei den Kapitalgesellschaften, Genossenschaften, juristischen Personen des privaten Rechts (z. B. eingetragener Verein), da diese im Steuerrecht selbst rechtsfähig sind. Hier besteht eine strenge Bindung an die Rechtsform. Bei nicht rechtsfähigen Personenvereinigungen muss nach den Kriterien des § 3 Abs. 1 KStG abgegrenzt werden, ob es sich um selbst steuerpflichtige Vereine (Zurechnung und Besteuerung beim Verein) oder um Gemeinschaften oder BGB-Gesellschaften handelt, deren Einkünfte und Vermögen den Gemeinschaftern/Gesellschaftern zugerechnet werden muss.

Beispiele für **Feststellungen** von Besteuerungsgrundlagen **nach Einzelsteuergesetzen** sind: **1458**

- nur gesonderte Feststellungen:
  - § 39 Abs. 1 und 4 EStG: Bildung von Lohnsteuerabzugsmerkmalen, z. B. ein vom Arbeitslohn im Lohnsteuerabzugsverfahren abzuziehender Freibetrag gem. § 39 a Abs. 1 EStG, Steuerklasse oder die Zahl der zu berücksichtigenden Kinder
  - § 10 d Abs. 4 EStG: verbleibender Verlustvortrag
- gesonderte und ggf. einheitliche Feststellungen:
  - § 15 a Abs. 4 EStG: verrechenbare Verluste
  - § 2 a Abs. 1 EStG: negative ausländische Einkünfte
  - § 10 b Abs. 1 EStG/§ 9 Abs. 1 Nr. 2 KStG/§ 9 Nr. 5 GewStG: »Spendenvortrag«
  - § 10 a GewStG: vortragsfähiger Gewerbeverlust
  - § 35 Abs. 2 EStG: Aufteilung des Gewerbesteuer-Messbetrags bei Mitunternehmern
  - § 14 Abs. 5 KStG: bei einer ertragsteuerlichen Organschaft das dem Organträger zuzurechnende Einkommen der Organgesellschaft
  - § 151 Abs. 1 BewG: Grundbesitzwerte und andere Bedarfswerte für die Erbschaftsteuer (siehe auch Rz. 1471).

1459 Wegen der Möglichkeit einer **besonderen gesonderten Feststellung** nach § 179 Abs. 2 Satz 3 AO bei einer atypisch stillen **Unterbeteiligung** im Falle einer gesonderten und einheitlichen Feststellung vgl. Rz. 1486.

3.2 Zweck und Wirkung

1460 Der **Zweck** der gesonderten Feststellung besteht in ihrer Hilfsfunktion gegenüber dem Steuerfestsetzungsverfahren. Sie dient der **Rechtssicherheit**, der **Gleichmäßigkeit der Besteuerung** und der **Verwaltungsvereinfachung.** Besonders deutlich wird dies, wenn mehrere Personen an den Einkünften oder dem Vermögen beteiligt sind.

BEISPIELE

a) Bei der gesonderten Feststellung von Einheitswerten (§ 180 Abs. 1 Nr. 1 AO i. V. m. § 19 BewG) wird eine Besteuerungsgrundlage (Einheitswert) festgesetzt, die für mehrere Steuern gilt (Grundsteuer, Gewerbesteuer nach § 9 Nr. 1 GewStG). Die Feststellung wird nur einmal durch das Feststellungsfinanzamt und nicht mehrfach durch jedes einzelne Veranlagungsfinanzamt getroffen (Verwaltungsvereinfachung). Dadurch werden sich widersprechende Entscheidungen vermieden.

b) Die Einkünfte aus einer OHG, die den Gesellschaftern zuzurechnen sind, werden nach §§ 180 Abs. 1 Nr. 2 Buchst. a, 179 Abs. 2 Satz 2 AO gesondert und einheitlich festgestellt. Auch hier werden die Feststellungen nur einmal durch das Feststellungsfinanzamt vorgenommen (Verwaltungsvereinfachung) und dadurch widersprüchliche Entscheidungen vermieden. Dies führt zu einer Gleichbehandlung der Gesellschafter.

Feststellungsbescheide und Steuermessbescheide können zugleich Folgebescheid und Grundlagenbescheid sein.

BEISPIELE

a)

Einheitswertbescheid über ein Grundstück	Feststellungsbescheid i. S. § 180 Abs. 1 Nr. 1 AO, damit Grundlagenbescheid i. S. § 171 Abs. 10 AO
Grundsteuermessbescheid	Folgebescheid i. S. § 182 Abs. 1 AO und zugleich Grundlagenbescheid i. S. § 171 Abs. 10 AO
Grundsteuerbescheid	Folgebescheid i. S. § 182 Abs. 1 AO

b)

gesonderte und einheitliche Feststellung des Gewinns aus § 15 EStG der gewerblich tätigen A-GbR, an der u. a. die B-oHG beteiligt ist.	Feststellungsbescheid i. S. § 180 Abs. 1 Nr. 2 Buchst. a AO, damit Grundlagenbescheid i. S. § 171 Abs. 10 AO
gesonderte und einheitliche Feststellung des Gewinns der B-oHG, an der u. a. C beteiligt ist	Folgebescheid i. S. § 182 Abs. 1 AO und zugleich Feststellungsbescheid nach § 180 Abs. 1 Nr. 2 Buchst. a AO und damit auch Grundlagenbescheid i. S. § 171 Abs. 10 AO
Einkommensteuerbescheid des C	Folgebescheid i. S. § 182 Abs. 1 AO

Nach § 182 Abs. 1 Satz 1 AO sind Feststellungsbescheide **Grundlagenbescheide** i. S. d. § 171 Abs. 10 AO, die für die Folgebescheide (z. B. Steuerbescheide) bindend sind. Ein Folgebescheid ist zu erlassen, aufzuheben oder zu ändern, soweit ein Feststellungsbescheid oder ein Steuermessbescheid erlassen, aufgehoben oder geändert wird (§ 175 Abs. 1 Nr. 1 AO). Ein Folgebescheid kann auch erlassen werden, wenn der Grundlagenbescheid noch nicht vorliegt (§ 155 Abs. 2 AO). In diesen Fällen können die Besteuerungsgrundlagen geschätzt werden (§ 162 Abs. 5 AO).

BEISPIEL

Ein Stpfl. aus Mannheim ist an einer Hausgemeinschaft in Stuttgart beteiligt. Bisher sind die Einkünfte aus Vermietung und Verpachtung durch das in Stuttgart zuständige FA noch nicht festgestellt worden. Trotzdem kann die Einkommensteuerveranlagung beim FA Mannheim durchgeführt werden, indem die erklärten Einkünfte aus Vermietung und Verpachtung übernommen werden (§§ 155 Abs. 2, 162 Abs. 5 AO). Weichen später die nach §§ 179 Abs. 2, 180 Abs. 1 Nr. 2 Buchst. a AO einheitlich und gesondert festgestellten Einkünfte von den erklärten Einkünften ab, ist der Einkommensteuerbescheid nach § 175 Abs. 1 Nr. 1 AO zu ändern.

Dies gilt auch, wenn der Stpfl. sich die Einkünfte aus Vermietung und Verpachtung zunächst alleine zugerechnet hat und das FA Stuttgart nachträglich feststellt, dass es sich um eine Gemeinschaft handelt und dem Stpfl. die Einkünfte nur anteilig im Rahmen einer durchzuführenden gesonderten und einheitlichen Feststellung zugerechnet werden können. Der Feststellungsbescheid geht auch einem unanfechtbaren Folgebescheid vor (BFH vom 11. 10. 1984 BStBl II 1985, 189). Die Einkommensteuerveranlagung ist aufgrund des Feststellungsbescheides nach § 175 Abs. 1 Nr. 1 AO zu ändern.

Auch **außersteuerliche Verwaltungsakte** können für einen Steuerbescheid Bindungswirkung nach § 182 Abs. 1 AO entfalten, etwa die Feststellung des Grades einer Behinderung für die Pauschbeträge nach § 33 b EStG oder die Bescheinigung der Gemeindebehörde/Denkmalbehörde für die Inanspruchnahme der erhöhten AfA nach § 7 h EStG bzw. § 7 i EStG. **1461**

Kein Grundlagenbescheid stellt der **Einkommensteuerbescheid** des Verlustentstehungsjahres für die gesonderte Feststellung des **Verlustvortrags** nach § 10 d EStG dar (vgl. aber § 10 d Abs. 4 Satz 4 und 5 EStG). Ebenfalls kein Grundlagenbescheid ist der Einkommensteuerbescheid für den **Gewerbesteuermessbescheid** (vgl. jedoch § 35 b GewStG). **Umgekehrt** ist aber der **Gewerbesteuermessbescheid Grundlagenbescheid** für die **Steuerermäßigung bei Einkünften aus Gewerbebetrieb**, ebenso der Gewerbesteuerbescheid, siehe § 35 Abs. 3 EStG. **1462**

Nach § 182 Abs. 1 Satz 2 AO entfalten **Feststellungen von anzurechnenden Steuerabzugsbeträgen** (vor allem Kapitalertragsteuer) nach § 180 Abs. 5 Nr. 2 AO (vgl. Rz. 1478) Bindungswirkung in Form von Grundlagenbescheiden **für** Verwaltungsakte, die die Verwirklichung der Ansprüche aus dem Steuerschuldverhältnis betreffen. Dies sind neben den in § 218 Abs. 2 AO geregelten **Abrechnungsbescheiden** auch die als Verwaltungsakt anzusehenden **Anrechnungsverfügungen**. Diese Bescheide sind in entsprechender Anwendung des § 175 Abs. 1 Nr. 1 AO anzupassen. **1463**

3.3 Verfahren

Für die gesonderte Feststellung sind die **Vorschriften über die Durchführung der Besteuerung sinngemäß anzuwenden** (§ 181 Abs. 1 AO). Zur Ermittlung der Besteuerungsgrundlagen findet ein selbstständiges Ermittlungsverfahren statt (§§ 85 ff. AO). Es besteht **Steuererklärungspflicht** (§§ 149 ff. AO). Bei gesonderten Feststellungen nach § 180 Abs. 1 Nr. 2 Buchst. b AO (vgl. Rz. 1491) ist der Unternehmer erklärungspflichtig (§ 181 Abs. 2 Nr. 2 AO). Bei mehreren Beteiligten, etwa bei der gesonderten und einheitlichen Feststellung nach § 180 Abs. 1 Nr. 2 Buchst. a AO (vgl. Rz. 1472 ff.) ist jeder Beteiligte erklärungspflichtig (§ 181 Abs. 2 Nr. 1 und **1464**

Nr. 3 AO). Darüber hinaus sind auch die gesetzlichen Vertreter, Geschäftsführer und Vermögensverwalter erklärungspflichtig (§ 181 Abs. 2 Nr. 4 AO). Hat ein Erklärungspflichtiger eine Erklärung zur gesonderten Feststellung abgegeben, sind andere Beteiligte insoweit von der Erklärungspflicht befreit (§ 181 Abs. 2 Satz 3 AO).

Für das **Feststellungsverfahren** gelten über § 181 Abs. 1 Satz 1 AO die Vorschriften der §§ 155 ff. AO Damit sind etwa Feststellungsbescheide, wie Steuerbescheide auch, nach § 157 Abs. 1 Satz 1 AO schriftlich bzw. elektronisch zu erteilen. Sie können ebenfalls unter Vorbehalt der Nachprüfung (§ 164 AO) oder vorläufig (§ 165 AO) ergehen. Der Erlass von Feststellungsbescheiden ist innerhalb der **Feststellungsverjährung** (§ 181 Abs. 1 AO) möglich, im Ausnahmefall des § 181 Abs. 5 AO auch noch danach, vgl. Rz. 1665 ff. Es gelten für den Feststellungsbescheid dieselben Korrekturvorschriften wie für Steuerbescheide, etwa §§ 129 und 172 ff. AO (vgl. Rz. 1976 f.). Die **Bekanntgabe** eines Feststellungsbescheids gegenüber mehreren Beteiligten (einheitliche Feststellung) ist in § 183 AO geregelt, der dem § 122 Abs. 6 AO als speziellere Vorschrift vorgeht (vgl. Rz. 1323).

1465   Nach § 179 Abs. 3 AO ist ein eigenständiger **Ergänzungsbescheid** möglich, wenn in einem Feststellungsbescheid eine notwendige Feststellung unterblieben ist. Der ursprüngliche Bescheid ist lückenhaft, aber (noch) nicht nach § 125 AO nichtig. Die Ergänzung ist von Amts wegen vorzunehmen, wenn die Lücke festgestellt wird.

Der Ergänzungsbescheid dient nicht dazu, eine inhaltliche Unrichtigkeit des Feststellungsbescheids zu korrigieren (BFH vom 15. 06. 1994 BStBl II 1994, 819). Ansonsten würde die Bestandskraft des Feststellungsbescheids ohne Weiteres durchbrochen, was aber nur durch Korrekturvorschriften möglich ist. So kann der Hinweis nach § 181 Abs. 5 Satz 2 AO, dass der Grundlagenbescheid nach Ablauf der für ihn geltenden Feststellungsfrist ergeht, als er für eine folgende noch nicht festsetzungsverjährte Steuerfestsetzung von Bedeutung ist (vgl. Rz. 1668 f.), nicht durch einen Ergänzungsbescheid i. S. v. § 179 Abs. 3 AO nachgeholt (bzw. ein fehlerhafter Hinweis ergänzt) werden (BFH vom 18. 03. 1998 BStBl II 1998, 426). Ebenfalls nicht durch Ergänzungsbescheid für nachholbar hält die Verwaltung die zu Unrecht unterbliebene Berücksichtigung von Sonderbetriebseinnahmen oder -ausgaben (vgl. AEAO zu § 179, Nr. 2).

1466   Für ergänzbar gehalten wird z. B. die Feststellung,
- ob begünstigte Einkünfte vorliegen;
- ob die Buchführung ordnungsmäßig ist oder nicht;
- ob ausländische Einkünfte vorhanden sind und wie sie zu verteilen sind;
- über die Höhe der anrechenbaren Kapitalertragsteuer deren Verteilung;
- wie der Gewinn zu verteilen ist (BFH vom 13. 12. 1983 BStBl II 1984, 474).

Feststellungsbescheide sind nach § 347 Abs. 1 Nr. 1 AO **selbstständig mit Einspruch anfechtbar**. Entscheidungen in einem Grundlagenbescheid können nur durch Anfechtung dieses Bescheides und nicht auch durch Anfechtung des Folgebescheides angegriffen werden (§ 351 Abs. 2 AO). Wird die Entscheidung über einen Grundlagenbescheid nach § 361 Abs. 3 AO ausgesetzt, ist auch der Folgebescheid auszusetzen. Für das **Rechtsbehelfsverfahren** sind zusätzlich die §§ 352, 353, 357 Abs. 2 Satz 2 und 360 Abs. 3 AO zu beachten (vgl. Teil N).

3.4   Überblick über die gesonderte Feststellung von Besteuerungsgrundlagen nach § 180 Abs. 1 AO

1467   § 180 Abs. 1 AO zählt die wichtigsten Fallgruppen (»insbesondere«) der gesonderten Feststellungen auf. Die Aufzählung ist nicht erschöpfend; andere Fälle ergeben sich aus den Einzelsteuergesetzen (vgl. Rz. 1458).

Die Fallgruppen des § 180 Abs. 1 AO im Einzelnen:

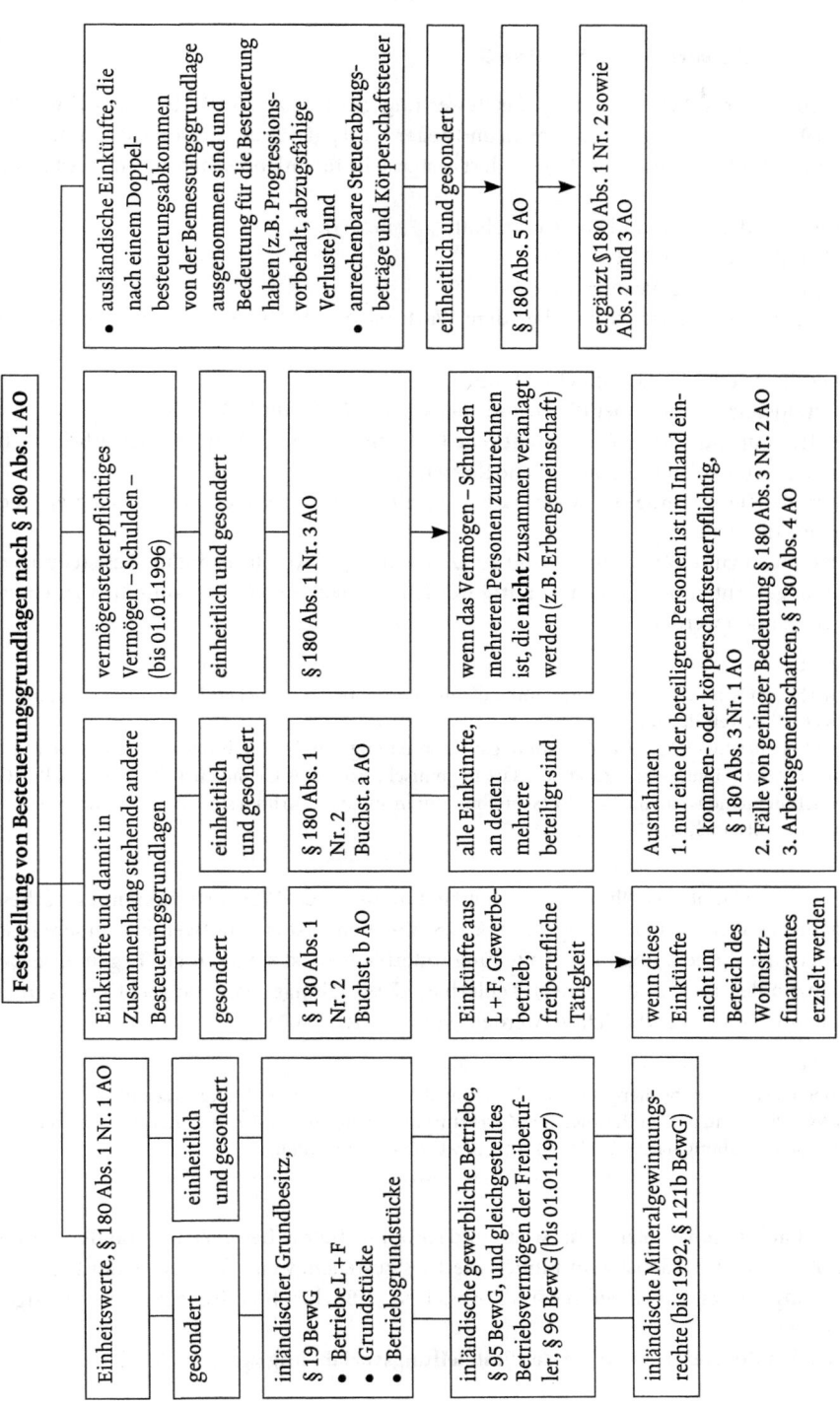

3.5 Feststellung von Einheitswerten (§ 180 Abs. 1 Nr. 1 AO)

3.5.1 Einheitswerte i. S. d. § 19 BewG

1468 § 180 Abs. 1 Nr. 1 AO verweist auf das Bewertungsgesetz. Nach § 19 Abs. 1 BewG werden seit 01.01.1998 nur noch für Zwecke der Grundsteuer (und ggf. für die Gewerbesteuer nach § 9 Nr. 1 GewStG) Einheitswerte (EW) gesondert festgestellt für inländischen Grundbesitz, und zwar

- für Betriebe der Land- und Forstwirtschaft (§ 33 BewG),
- für Grundstücke (§§ 68, 70 BewG),
- für Betriebsgrundstücke (§ 99 BewG).

In dem Feststellungsbescheid sind (neben dem **Wert**) nach § 19 Abs. 3 BewG auch Feststellungen zu treffen

1. über die **Art** der wirtschaftlichen Einheit,
- bei Grundstücken auch über die Grundstücksart (§§ 72, 74 und 75 BewG),
- bei Betriebsgrundstücken (**wirtschaftliche Untereinheit**) auch über den Gewerbebetrieb/ freien Beruf (zur Zeit ohne steuerliche Relevanz);
2. über die **Zurechnung** der wirtschaftlichen Einheit und bei mehreren Beteiligten über die Höhe der Anteile.

Die Feststellungen zum Wert, zur Art und zur Zurechnung sind selbstständige Feststellungen, die einzeln angefochten und bestandskräftig werden können. Sie können äußerlich zu einem Bescheid verbunden werden.

> **BEISPIEL**
>
> A erwirbt von X im Jahre 01 ein Einfamilienhaus, das er noch im gleichen Jahr umbaut, vergrößert und zu 60 % gewerblich nutzt.
>
> **LÖSUNG** Zum 01.01.02 ist eine Zurechnungsfortschreibung von X auf A durchzuführen. Gleichzeitig ist eine Fortschreibung der Grundstücksart in gemischt genutztes Grundstück (§ 75 Abs. 4 BewG) vorzunehmen, und wenn die Wertfortschreibungsgrenzen überschritten sind, ist auch eine Wertfortschreibung vorzunehmen (§ 22 BewG).

Ergeht ein Hauptfeststellungs-, Nachfeststellungs- oder Wertfortschreibungsbescheid ohne Angabe des Werts, ist er nichtig i. S. d. § 125 Abs. 1 AO. Ist eine notwendige andere Feststellung über Art, Zurechnung oder Aufteilung unterblieben, ist sie in einem **Ergänzungsbescheid** nachzuholen (§ 179 Abs. 3 AO). Fehlerhafte Feststellungen können nicht im Rahmen eines Ergänzungsbescheides berichtigt werden (vgl. auch Rz. 1465).

> **BEISPIEL**
>
> Wie oben. Das FA hat bei der Wertfortschreibung die Errichtung einer Fertiggarage übersehen.
>
> **LÖSUNG** Dies kann nur im Rahmen der Korrekturvorschriften der AO oder durch eine fehlerbeseitigende Fortschreibung nach § 22 Abs. 4 Nr. 2 BewG bereinigt werden.

Die **Feststellungen** erfolgen **nur, wenn** und soweit sie für die Besteuerung **von Bedeutung** sind (§ 19 Abs. 4 BewG). So ist kein Einheitswert festzustellen, wenn für das Grundstück eine Steuerbefreiung vorliegt, etwa ggf. nach § 3 Abs. 1 Nr. 3 Buchst. b GrStG bei gemeinnützigen Körperschaften.

Wegen den **Besonderheiten bei der Feststellungsverjährung** vgl. Teil J 5.2.

3.5.2 Inhalt des Einheitswertbescheides

1469

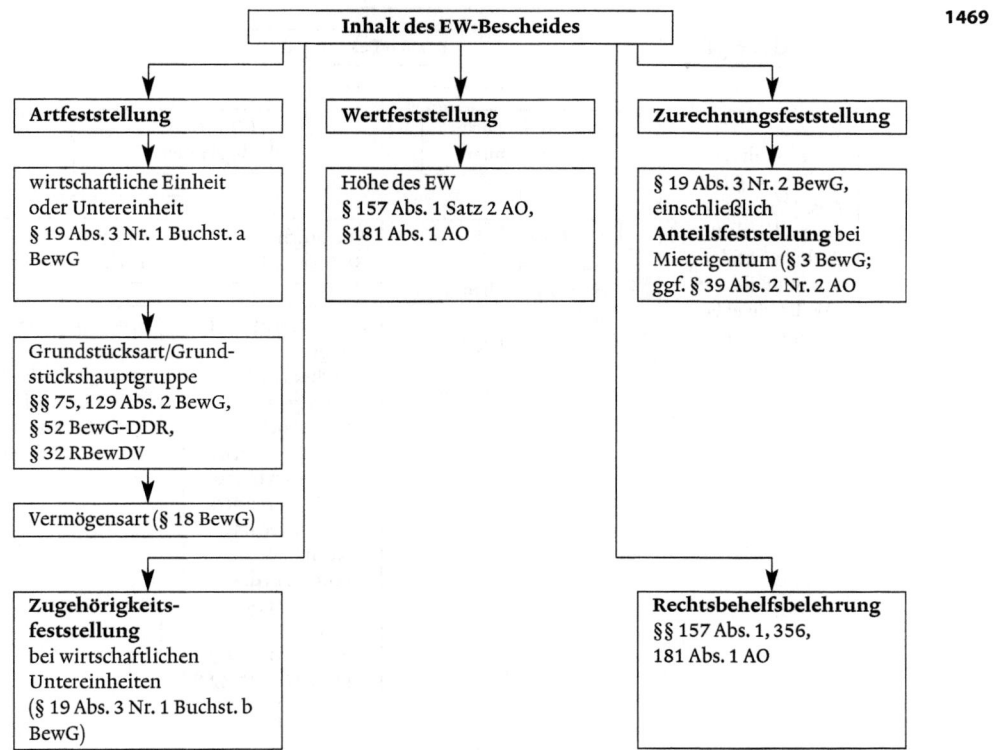

3.5.3 Dingliche Bindungswirkung der Einheitswert-Feststellung

Generell wirken Verwaltungsakte gem. § 122 Abs. 1 Satz 1 AO nur gegenüber den Perso- **1470** nen, an die sie gerichtet sind. Die Feststellung des Einheitswertes hat jedoch dingliche Bindungswirkung (§ 182 Abs. 2 AO). Sie wirkt auch gegenüber dem Rechtsnachfolger, auf den der Gegenstand der Feststellung nach dem Feststellungszeitpunkt übergeht. Dies gilt nicht nur für die Gesamtrechtsnachfolge (siehe §§ 45, 166 AO) sondern auch für die Einzelrechtsnachfolge etwa durch Verkauf eines Grundstücks. Unberührt bleibt die Möglichkeit einer fehlerbeseitigenden Fortschreibung gem. § 22 Abs. 3 BewG.

Bei der dinglichen Bindungswirkung des Rechtsnachfolgers an Art- und Wertfeststellung der wirtschaftlichen Einheit beim Rechtsvorgänger sind folgende Fälle zu unterscheiden:

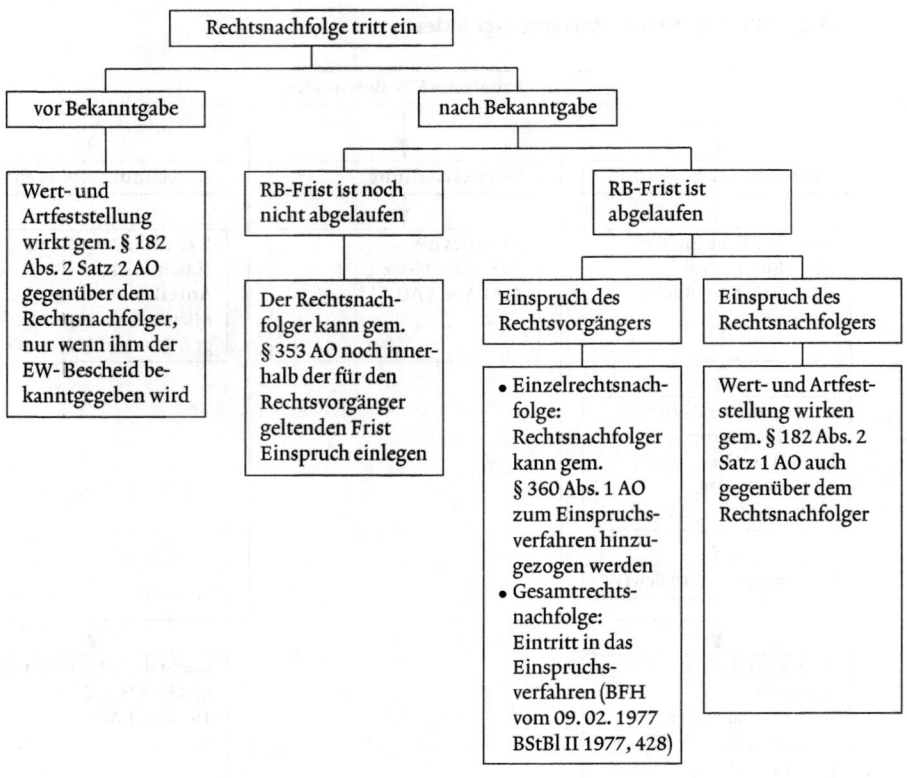

a) Rechtsnachfolge vor Bekanntgabe.
Der Veräußerer (V) hat mit Wirkung zum 01. 02. 02 an den Erwerber (E) ein Grundstück verkauft. Bislang wurde gegenüber dem V eine zum 01. 01. 01 vorzunehmende Wert- und Artfortschreibung nach § 22 Abs. 1 und 2 BewG nicht bekannt gegeben.
LÖSUNG Zum 01. 01. 03 erfolgt eine Zurechnungsfortbeschreibung auf E gem. § 39 Abs. 1 AO i. V. m. §§ 19 Abs. 3 Nr. 2 und 22 Abs. 2 u. 4 Nr. 1 BewG. Nach § 182 Abs. 2 Satz 2 AO wirkt die Wert- und Artfortschreibung gegenüber E nur, wenn diese (neben V) auch ihm (ggf. zusammen mit der Zurechnungsfortschreibung) bekannt gegeben wird. Sowohl V als auch E können den Bescheid anfechten.

b) Rechtsnachfolge nach Bekanntgabe, RB-Frist läuft noch.
Sachverhalt wie a), jedoch wurde dem V ein EW-Bescheid mit einer zu hohen Wertfeststellung am 20. 01. 02 bekannt geben.
LÖSUNG E kann innerhalb der für V geltenden Einspruchsfrist selbst Einspruch einlegen, § 353 AO.

c) Rechtsnachfolge nach Bekanntgabe, RB-Frist abgelaufen, Rechtsvorgänger hat Einspruch eingelegt.
Sachverhalt wie b), jedoch wurde der EW-Bescheid dem V am 10. 08. 01 bekannt geben. V hat Einspruch eingelegt.
LÖSUNG E ist (auf Antrag) gem. § 360 Abs. 1 AO zum Rechtsbehelfsverfahren hinzuzuziehen.

d) Rechtsnachfolge nach Bekanntgabe, RB-Frist abgelaufen, Rechtsvorgänger hat keinen Einspruch eingelegt.
Sachverhalt wie a), jedoch wurde der EW-Bescheid dem V am 10. 08. 01 bekannt geben. V hat keinen Einspruch eingelegt.

LÖSUNG Gem. § 182 Abs. 2 Satz 1 AO wirkt der EW-Bescheid auch gegen E. Nach § 22 Abs. 3 BewG i. V. m. § 22 Abs. 4 Nr. 2 BewG kann eine fehlerbeseitigende Fortschreibung durchgeführt werden; war der Fehler dem FA bereits in 01 bekannt, mit Wirkung zum 01. 01. 01, ansonsten zu einem späteren Feststellungszeitpunkt.

3.6 Feststellung von Bedarfswerten

Für Zwecke (vor allem) der Erbschaftsteuer sind **Grundbesitzwerte** gesondert festzustellen (§ 151 Abs. 1 Satz 1 Nr. 1 BewG und § 151 Abs. 5 BewG). Weiterhin sind **gesonderte** (und ggf. einheitliche) **Feststellungen** nach § 151 Abs. 1 Satz 1 Nr. 2 und Nr. 3 BewG zu treffen über den Wert des Betriebsvermögens oder des Anteils am Betriebsvermögen sowie über den Wert von Anteilen an Kapitalgesellschaften. Darüber hinaus sind **gesonderte und einheitliche Feststellungen** nach § 151 Abs. 1 Satz 1 Nr. 4 BewG für andere Vermögensgegenstände und von Schulden zu treffen, wenn diese mehreren Personen zustehen. Die vorgenannten Feststellungen erfolgen nur, wenn sie für die Erbschaftsteuer (oder die Grunderwerbsteuer) erforderlich sind (**Bedarfsbewertung**). **1471**

3.7 Feststellung von Einkünften und anderen Besteuerungsgrundlagen (§ 180 Abs. 1 Nr. 2 Buchst. a AO)

3.7.1 Einkommen- und körperschaftsteuerpflichtige Einkünfte

Die **einkommen- und körperschaftsteuerpflichtigen Einkünfte** sind gesondert und einheitlich festzustellen, wenn an den Einkünften mehrere Personen beteiligt sind und die Einkünfte diesen Personen zuzurechnen sind. Hier handelt es sich um eine Muss-Vorschrift, von der nur in den Fällen des § 180 Abs. 3 und Abs. 4 AO (Rz. 1493 ff.) abgesehen werden kann. **1472**

Eine Feststellung ist auch dann erforderlich, wenn zweifelhaft ist, ob überhaupt gemeinschaftliche Einkünfte vorliegen, oder ob für diese Personen überhaupt eine Einkommensteuerveranlagung durchzuführen ist (BFH vom 12. 11. 1985 BStBl II 1986, 239).

BEISPIEL

V und M sind zu je 1/2 Eigentümer eines Zweifamilienhauses, das teilweise vermietet ist und ansonsten selbst genutzt wird. Nach dem Tod des V ist das Haus aufgrund der eingetretenen Erbfolge der M zu 3/4 und zu je 1/8 den beiden minderjährigen Kindern zuzurechnen.

LÖSUNG Bis zum Tod des V ist im Grundsatz eine einheitliche und gesonderte Feststellung der Einkünfte aus Vermietung und Verpachtung von V und M durchzuführen. Werden V und M gemeinsam zur Einkommensteuer veranlagt (§ 26 b EStG) kann nach § 180 Abs. 3 Nr. 2 AO von einer gesonderten Feststellung abgesehen werden, da es sich um einen Fall von geringer Bedeutung handelt, weil die Einkünfte der Ehegatten nach § 26 b EStG wieder zusammenzurechnen sind.

Für die Erbengemeinschaft M und Kinder ist jedoch eine gesonderte und einheitliche Feststellung durchzuführen, auch wenn sich für die Kinder keine Einkommensteuerveranlagung ergibt und nur alleine die M eine Einkommensteuererklärung abgeben muss.

Ist jedoch erkennbar, dass alle Beteiligten mangels anderer steuerpflichtiger Einkünfte nicht zur Einkommensteuer zu veranlagen sind, kann wieder aus verwaltungsökonomischen Gründen insgesamt von einer Feststellung wegen geringer Bedeutung abgesehen werden. Dies schließt nicht aus, dass das FA zwecks Überwachung die Beteiligten von Fall zu Fall zur Abgabe einer Feststellungserklärung auffordert (§ 181 Abs. 1 AO i. V. m. § 149 Abs. 1 Satz 2 AO).

1473   **Einkünfte** im Sinne des § 180 Abs. 1 Nr. 2 Buchst. a AO sind die Einkünfte **im Sinne des § 2 Abs. 1 EStG.** Es ist nicht erforderlich, dass sie bei allen Beteiligten zu der gleichen Einkunftsart gehören, sie müssen ihnen nur gemeinschaftlich zustehen.

Besonderheiten können sich bei im Betriebsvermögen gehaltenen Beteiligungen an einer nicht i. S. d. § 15 Abs. 3 Nr. 2 EStG gewerblich geprägten (nur) **vermögensverwaltenden Personengesellschaft** ergeben. Eine solche Gesellschaft, an der betrieblich und privat Beteiligte Gesellschafter sind, wird auch »**Zebragesellschaft**« genannt. Das BMF-Schreiben vom 29.04.1994 BStBl I 1994, 282 beschreibt die Problembereiche. Die Personengesellschaft ermittelt die Einkünfte (z. B.) aus Vermietung und Verpachtung als Überschuss der Einnahmen über die Werbungskosten. Im Betriebsvermögen gehaltene Anteile an der Personengesellschaft unterliegen aber möglicherweise dem damit nicht korrespondierenden Prinzip des Betriebsvermögensvergleichs nach § 4 Abs. 1 und § 5 EStG. Es können sich Unterschiede in der Höhe und dem zeitlichen Moment des Ansatzes der anteiligen Einkünfte im Folgebescheid ergeben. Ist ein Stpfl. zu mindestens 10 % an der Personengesellschaft beteiligt, hat er seinen Gewinnanteil nach den Grundsätzen der Gewinnermittlung zu berechnen und anzusetzen. Ermittelt die Personengesellschaft freiwillig diesen Gewinnanteil nach den Grundsätzen von § 4 Abs. 1 und 5 EStG, kann dieser Anteil beim Beteiligten angesetzt werden. Ist der Stpfl. zu weniger als 10 % beteiligt, kann der (eigentlich nach Gewinnermittlungsgrundsätzen zu berechnende) Anteil des Beteiligten aus Vereinfachungsgründen i. H. d. nach den Grundsätzen der Überschussrechnung bei der Personengesellschaft ermittelten Anteils angesetzt werden. Soweit die Beteiligten ihren Gewinn durch Einnahmen-Überschuss-Rechnung (§ 4 Abs. 3 EStG) ermitteln, entsprechen die festgestellten anteiligen Einkünfte aus Vermietung und Verpachtung der Höhe nach dem laufenden Gewinn/ Verlust. Es sind dann nur noch ggf. die anteiligen Veräußerungsgewinne/-verluste zu erfassen.

Mit Urteil vom 11.04.2005 BStBl II 2005, 679 hat der Große Senat des BFH entschieden, dass die **verbindliche Entscheidung über die Einkünfte** eines betrieblich an einer vermögensverwaltenden Gesellschaft beteiligten Gesellschafters sowohl ihrer **Art als auch der Höhe** nach durch das für die persönliche Besteuerung dieses Gesellschafters zuständige **(Wohnsitz-) FA** zu treffen ist. Demnach hat das für den Gesellschafter zuständige FA die Einkünfte eines solchermaßen Beteiligten selbst umzuqualifizieren und (ggf.) umzurechnen.

BEISPIEL

Eine vermögensverwaltende Personengesellschaft erzielt Einkünfte aus Vermietung und Verpachtung, die durch Überschussrechnung ermittelt werden. Bei einigen Beteiligten befindet sich die Beteiligung im gewerblichen Betriebsvermögen.

LÖSUNG Es werden für alle Beteiligten gesondert und einheitlich Einkünfte aus Vermietung und Verpachtung festgestellt. Soweit sich die Beteiligung eines Gesellschafters im Betriebsvermögen befindet, erfolgt erst auf der Ebene dieses Beteiligten die Umqualifizierung in Einkünfte aus Gewerbebetrieb.

1474   Bei **Einkünften aus nichtselbstständiger Arbeit** (§ 19 EStG) sind Einkünfte an denen mehrere Personen beteiligt sind nur sehr schwer vorstellbar, da diese Einkünfte regelmäßig dem Arbeitnehmer zugerechnet werden, der die Tätigkeit ausübt, oder dem die Einnahmen als Rechtsnachfolger zufließen (§ 1 Abs. 1 LStDV). Lediglich bei Bezug von **Sterbegeld**, das allen Hinterbliebenen gemeinschaftlich zusteht, wäre eine einheitliche und gesonderte Feststellung denkbar. Aus Gründen des Lohnsteuerabzuges verfährt die Praxis aber in der Weise, dass das Sterbegeld zunächst in voller Höhe bei dem Erben erfasst wird, der das Sterbegeld erhält. Beim Lohnsteuerabzug werden dessen Lohnsteuerabzugsmerkmale zu Grunde gelegt. Die Weitergabe der Anteile an die anderen Erben sind negative Einnahmen im KJ der Weitergabe (H 19.9 LStH »Weiterleitung von Arbeitslohn an Miterben«).

Bei den **Einkünften aus Kapitalvermögen** (§ 20 EStG) ist eine gesonderte und einheitliche Feststellung der genauen Einkunftshöhe nicht möglich, weil die Erträge aus gemeinsamen Einkunftsquellen mit anderen individuellen Einnahmen zusammenzurechnen sind und von der Gesamtsumme der Einnahmen jeweils noch der Sparer-Pauschbetrag (§ 20 Abs. 9 EStG) abzusetzen ist. Hier können nur die gemeinschaftlich erzielten Einnahmen nach § 180 Abs. 1 Nr. 2 Buchst. a AO gesondert und einheitlich festgestellt werden. **1475**

§ 180 Abs. 1 Nr. 2 Buchst. a AO wird durch § 180 Abs. 5 AO insbesondere für die **Feststellung anrechenbarer Steuerabzugsbeträge** ergänzt, vgl. hierzu Rz. 1478. **1476**

3.7.2 Mit Einkünften im Zusammenhang stehende andere Besteuerungsgrundlagen

Die gesonderte Feststellung nach § 180 Abs. 1 Nr. 2 Buchst. a AO umfasst über die von den Feststellungsbeteiligten gemeinschaftlich erzielten Einkünfte hinaus alle weiteren Besteuerungsgrundlagen, die in einem rechtlichen, wirtschaftlichen oder tatsächlichen Zusammenhang mit diesen Einkünften stehen. Dies sind insbesondere **Sonderbetriebseinnahmen und -ausgaben** der Feststellungsbeteiligten. Darüber hinaus sind auch solche Aufwendungen gesondert festzustellen, die aus Mitteln der Gesellschaft oder Gemeinschaft geleistet werden und für die Besteuerung der Feststellungsbeteiligten, z. B. als **Sonderausgaben** von Bedeutung sind (z. B. Spenden i. S. § 10 b EStG, § 9 Abs. 1 Nr. 2 KStG). Die erforderlichen Spendenbescheinigungen sind deswegen nur zusammen mit der Feststellungserklärung dem Feststellungs-FA vorzulegen. Soweit im Feststellungsbescheid derartige Besteuerungsgrundlagen nicht berücksichtigt wurden, kann deren gesonderte Feststellung ggf. durch **Ergänzungsbescheid** (§ 179 Abs. 3 AO, vgl. Rz. 1465 f.) nachgeholt werden. **1477**

3.7.3 Gesonderte Feststellung von nach Doppelbesteuerungsabkommen steuerfreien, aber steuerlich relevanten Einkünften und von anzurechnenden Beträgen

§ 180 Abs. 1 Nr. 2 Buchst. a AO sowie § 180 Abs. 2 und Abs. 3 AO sind nach § 180 Abs. 5 AO entsprechend anzuwenden, **soweit die nach einem Doppelbesteuerungsabkommen** von der Bemessungsgrundlage **ausgenommenen Einkünfte** bei der Festsetzung der Steuern der beteiligten Personen von Bedeutung sind. Dies gilt insbesondere für den Progressionsvorbehalt (§ 32 b Abs. 1 Nr. 3 EStG). **1478**

BEISPIEL

A und B mit Wohnsitz in Deutschland sind je zur Hälfte Eigentümer eines Ferienhauses in den USA, das zeitweise vermietet wird. In 01 erzielen sie einen Verlust und in 02 einen Überschuss aus der Vermietung.

LÖSUNG Nach Art. 23 Abs. 3 DBA USA sind die Einkünfte aus Vermietung und Verpachtung in Deutschland freigestellt (Freistellungsmethode), können aber in den Progressionsvorbehalt einbezogen werden. Der Verlust 01 ist gesondert und einheitlich festzustellen, vgl. § 2 a Abs. 1 Satz 5 EStG. Zwar darf er für 01 weder die Höhe der Einkünfte noch den Steuersatz beeinflussen (vgl. § 2 a Abs. 1 Nr. 6 a EStG und H 32 b EStH »Ausländische Verluste«, aber er ist für die Berechnung des positiven Progressionsvorbehalts in 02 zu berücksichtigen. Für 02 sind für A und B die Höhe der Einkünfte, die im Rahmen des (positiven) Progressionsvorbehalts zu berücksichtigen sind, nach § 180 Abs. 5 Nr. 1 AO gesondert und einheitlich festzustellen

Auch die gesonderte und einheitliche **Feststellung anrechenbarer Steuerabzugsbeträge** ist möglich (§ 180 Abs. 5 Nr. 2 AO).

3.7.4 Nachrichtliche Angaben

1479 Nur um **nachrichtliche Angaben** handelt es sich bei Angaben für »**Vorauszahlungszwecke**« (BFH vom 26. 02. 1975 BStBl II 1975, 449). Im Verfahren über die Anpassung der Einkommensteuervorauszahlungen muss das Wohnsitzfinanzamt die voraussichtliche Existenz und Höhe auch solcher Besteuerungsgrundlagen ermitteln, für die im Hinblick auf die Festsetzung der Jahressteuer eine gesonderte Feststellung vorgeschrieben ist (BFH vom 26. 10. 1978 BStBl II 1979, 46).

3.7.5 Übersicht über § 180 Abs. 1 Nr. 2 Buchst. a AO und § 180 Abs. 5 AO

1480

Gesonderte und einheitliche Feststellung **nach § 180 Abs. 1 Nr. 2 Buchst. a AO und § 180 Abs. 5 AO**		
Einkünfte	**andere Besteuerungsgrundlagen**	**anrechenbare Steuerabzugsbeträge**
i.S. § 2 Abs. 1 EStG **a) Gewinneinkünfte** – Land- und Forstwirtschaft (§ 13 EStG) – Gewerbebetrieb (§ 15 EStG) – Selbständige Arbeit (§ 18 EStG) dazu gehören auch Sondervergütungen, Sonderbetriebseinnahmen, Sonderbetriebsausgaben und Gewinne und Verluste aus Veräußerung und Entnahmen von Sonderbetriebsvermögen §§ 15 Abs. 1 Nr. 2 EStG, 13 Abs. 5, 18 Abs. 4 EStG. **b) Überschusseinkünfte** – Kapitalvermögen (§ 20 EStG) – Vermietung und Verpachtung (§ 21 EStG) – sonstige Einkünfte (§§ 22, 23 EStG) insbesondere private Veräußerungsgeschäfte einschließlich Sonderwerbungskosten (BFH vom 23.04.1991, BFH/NV 1991, 653)	z.B. – **steuerfreie Zuflüsse** i.S. § 3 EStG – **Auslandsverluste** i.S. § 2a EStG – **ausländische Steuern** i.S. § 34c EStG – **ausländische Einkünfte** i.S. § 34d EStG – **nach DBA steuerfreie ausländische Einkünfte** (Progressionsvorbehalt § 32b EStG, § 180 Abs. 5 Nr. 1 AO) – **Spenden und Beiträge** (§ 10b, 34g EStG) dabei wird auch entschieden, ob es sich handelt um – **Entschädigungen** i.S. § 24 Nr. 1 EStG, – **außerordentliche Einkünfte** i.S. § 34 Abs. 2 EStG, – **Verluste aus gewerblicher Tierzucht** i.S. § 15 Abs. 4 EStG	**Kapitalertragsteuer** § 36 Abs. 2 Nr. 2 EStG **Bauabzugsteuer** § 48ff. EStG

3.7.6 Gesamtdarstellung zu Mitunternehmerschaften
3.7.6.1 Mitunternehmerschaften

Sind an Gewinneinkünften mehrere Personen beteiligt, erfolgt eine gesonderte und einheitliche Gewinnfeststellung, wenn es sich bei den Beteiligten um Mitunternehmer handelt (§§ 15 Abs. 1 Nr. 2, 13 Abs. 5, 18 Abs. 4 EStG). Mitunternehmer ist, wer zivilrechtlich Gesellschafter einer Personengesellschaft ist und eine gewisse unternehmerische Initiative entfalten kann sowie unternehmerisches Risiko trägt (BFH vom 15.07.1986 BStBl II 1986, 896). In Ausnahmefällen reicht auch eine einem Gesellschafter einer Personengesellschaft (etwa GbR, OHG, KG) wirtschaftlich vergleichbare Stellung aus, z. B. als Beteiligter an einer Erben-, Güter-, oder Bruchteilsgemeinschaft. Auch ein Beteiligter an einer »fehlerhaften Gesellschaft« im Sinne des Zivilrechts, ein stiller (atypischer) Gesellschafter und ein Unterbeteiligter können Mitunternehmer sein. Mitunternehmerschaft ist ein steuerlicher Begriff und für alle Personengesellschaften und vergleichbaren Gemeinschaftsverhältnisse gleich auszulegen. Auch für eine zivilrechtlich wirksam entstandene und im Handelsregister eingetragene OHG oder KG kommt nur dann eine Gewinnfeststellung in Betracht, wenn die Beteiligten Mitunternehmer sind. Insbesondere in den Fällen der sog. **Familienpersonengesellschaften** muss untersucht werden, ob der Gesellschaftsvertrag auch verwirklicht wird und die tatsächliche Gestaltung der Dinge mit ihrer formellen Gestaltung übereinstimmt. Außerdem muss geprüft werden, ob die Gesellschafter auch volle Gesellschafterrechte genießen. So sind z. B. die schenkweise von ihren Eltern in einer KG aufgenommenen Kinder nur dann Mitunternehmer, wenn ihnen wenigstens annäherungsweise diejenigen Rechte eingeräumt werden, die einem Kommanditisten nach dem HGB zukommen. Sie sind dann keine Mitunternehmer, wenn ihre Rechtsstellung nach dem Gesamtbild zugunsten ihrer Eltern in einer Weise beschränkt ist, wie dies in Gesellschaftsverträgen zwischen Fremden nicht üblich ist.

1481

BEISPIEL

Ein Vater beteiligt seine beiden minderjährigen Kinder als Kommanditisten an seinem Einzelunternehmen. Bei Abschluss des Vertrages sind die Kinder durch einen Pfleger vertreten worden. Der Gesellschaftsvertrag wurde durch das Vormundschaftsgericht genehmigt und die KG im Handelsregister eingetragen. Die Kinder sind mit je 20 % am Gewinn und Verlust der KG beteiligt. Ihre Einlage von je 45 000 € erfolgte schenkweise durch Umbuchung vom Kapitalkonto des Vaters. Lt. Gesellschaftsvertrag haben die Kinder bis zur Vollendung ihres 25. Lebensjahres kein Stimmrecht und auch kein Kontrollrecht nach § 166 HGB. Ihre Entnahmerechte sind auf ihre persönlichen Steuern und Versicherungsbeiträge unbeschränkt. Darüber hinaus können sie Entnahmen nur mit Zustimmung des Komplementärs (Vater) tätigen. Bis zur Vollendung des 25. Lebensjahres kann der Komplementär den Vertrag kündigen, die Kommanditisten erhalten dann nur ihre Einlage zurück.

LÖSUNG Die Kinder sind keine Mitunternehmer, da sie gegen den Willen des Vaters keinen Einfluss auf die Geschäftsführung haben, beim Ausscheiden aus der KG nicht an den stillen Reserven beteiligt sind und für Entnahmen die Zustimmung des Vaters einholen müssen (vgl. hierzu BFH vom 29.01.1976 BStBl II 1976, 324). Die ihnen vertraglich zustehenden Gewinnanteile können ihnen nicht als eigene Einkünfte aus Gewerbebetrieb zugerechnet werden. In Höhe der Gewinnanteile liegt eine nach § 12 EStG unbeachtliche Einkommensverwendung des Vaters vor. Die Einkünfte sind insgesamt dem Vater zuzurechnen. Wegen Ablehnung der Mitunternehmerschaft ist ein **negativer Feststellungsbescheid** (Ablehnungsbescheid §§ 155 Abs. 1 Satz 3, 181 Abs. 1 AO) zu erteilen.

Mitunternehmer kann auch sein, wer nicht als Gesellschafter sondern z. B. als Arbeitnehmer oder Darlehensgeber bezeichnet wird, wenn die Vertragsbeziehung als Gesellschaftsverhältnis anzusehen ist. Welchen Namen die Beteiligten ihren Rechtsbeziehungen gegeben haben, ist dabei unerheblich (H 15.8 Abs. 1 EStH »**verdeckte Mitunternehmerschaft**«). Tatsächliche Einflussnahmen allein genügen allerdings nicht.

BEISPIEL

An der A-GmbH sind A zu 40 % und seine Ehefrau zu 60 % beteiligt. Die A-GmbH ist Komplementär der A-GmbH u. Co KG, deren einziger Kommanditist die Ehefrau ist. A verkauft sein Einzelunternehmen an die KG. Der Kaufpreis wird langfristig gestundet. A ist alleiniger Geschäftsführer der GmbH und damit auch der KG. A erhält von der GmbH ein Festgehalt in Höhe von mtl. 3 000 € und 33 1/3 % Gewinnantieme. Die KG ersetzt der GmbH alle Kosten der Geschäftsführung. Das FA behandelte A als »faktischen« Mitunternehmer und bezieht die von der KG und der GmbH erhaltenen Vergütungen in die Gewinnfeststellung der GmbH & Co. KG ein.

LÖSUNG Nach BFH vom 13. 07. 1993 BStBl II 1994, 282, und BFH vom 01. 08. 1996 BStBl II 1997, 272, ist A kein Mitunternehmer. A ist kein Gesellschafter der KG. Er besitzt auch keine vergleichbare Stellung. Das Unternehmen wird nicht auf der Grundlage einer partnerschaftlichen Gleichordnung für gemeinsame Rechnung geführt. Für die Annahme einer »verdeckten Mitunternehmerschaft« reicht zwar auch eine Innengesellschaft, diese darf aber nicht fiktiv unterstellt werden. Mitunternehmerinitiative und Mitunternehmerrisiko dürfen nicht lediglich auf einzelne schuldrechtliche Verträge zurückgeführt werden. A ist weder Kommanditist noch Komplementär der KG. Der Geschäftsführervertrag bestand nur mit der GmbH. Ein Durchgriff durch die GmbH ist angesichts der rechtlichen Selbstständigkeit der GmbH nicht zulässig. Die Tätigkeitsvergütung ist weder unangemessen noch ungewöhnlich. Unerheblich ist, dass er als einziger Geschäftsführer erheblichen Einfluss auf die Höhe der Vergütung hatte. Dies ist bei Fremdgeschäftsführern mit Gewinnantieme aber ebenso.

3.7.6.2 Sondervergütungen

1482   Sondervergütungen einzelner Gesellschafter sind nach ständiger Rechtsprechung in die gesonderte und einheitliche Gewinnfeststellung einzubeziehen. Sondervergütungen sind die Vergütungen, die der Gesellschafter von der Gesellschaft für seine Tätigkeit im Dienst der Gesellschaft oder für die Hingabe von Darlehen oder für die Überlassung von Wirtschaftsgütern bezogen hat. Diese Vergütungen zählen nach § 15 Abs. 1 Nr. 2 EStG zu den Einkünften aus Gewerbebetrieb. § 15 Abs. 1 Nr. 2 EStG gilt auch für die Einkünfte aus Land- und Forstwirtschaft (§ 13 Abs. 5 EStG) und aus selbstständiger Arbeit (§ 18 Abs. 4 EStG).

BEISPIEL

A, B und C sind zu je 1/3 Gesellschafter einer KG. A erhält als Komplementär und Geschäftsführer eine Vorwegvergütung von mtl. 5 000 € die zu Lasten des Gewinns der KG gebucht wurde. B hat der KG ein Grundstück zur Nutzung überlassen und erhält dafür eine mtl. Pacht von 1 000 €, die ebenfalls als Betriebsausgabe der KG gebucht wurde. Die Kapitalkonten der drei Gesellschafter werden im Rahmen der Gewinnverteilung vorab mit 5 % verzinst. Auf A entfallen 6 000 €, auf B 2 500 € und auf C 1 500 €. Der Gewinn der KG lt. Handelsbilanz (HB) beträgt 70 000 €.

LÖSUNG

Gewinnverteilung/Gewinnfeststellung KG:

		A	**B**	**C**
Vorab Kapitalverzinsung	10 000	6 000	2 500	1 500
Rest HB-Gewinn je 1/3	+ 60 000	+ 20 000	+ 20 000	+ 20 000
+ Tätigkeitsvergütung	+ 60 000	+ 60 000	–	–
+ Pacht	+ 12 000	–	+ 12 000	–
steuerlicher Gewinn	**142 000**	**86 000**	**34 500**	**21 500**

Dieser Gewinn ist gesondert und einheitlich festzustellen. Bei der Kapitalkontenverzinsung handelt es sich nicht um eine steuerliche Sondervergütung nach § 15 Abs. 1 Nr. 2 EStG, sondern um eine handelsrechtliche Gewinnverteilungsabrede nach § 167 HGB. Wären die Zinsen auch zu Lasten des Gewinns gebucht worden, dann hätten sie als Sondervergütungen dem Gewinn wieder hinzugerechnet werden müssen.

3.7.6.3 Sonderbetriebsvermögen, Sonderbetriebseinnahmen/-ausgaben

Aus der steuerlichen Behandlung der Sondervergütungen ergibt sich zwangsläufig, dass zum steuerlichen Betriebsvermögen neben den Wirtschaftsgütern, die zum Gesamthandsvermögen der Mitunternehmer gehören, auch diejenigen Wirtschaftsgüter zu rechnen sind, die einem, mehreren oder allen Gesellschaftern gehören und unmittelbar dem Betrieb der Personengesellschaft dienen (**Sonderbetriebsvermögen I**) oder unmittelbar zur Begründung oder Stärkung der Beteiligung des Mitunternehmers an der Personengesellschaft eingesetzt werden (**Sonderbetriebsvermögen II**) – siehe auch R 4.2 Abs. 2 EStR und H 4.2 Abs. 2 EStH. Solche Wirtschaftsgüter können zum gewillkürten Betriebsvermögen gehören. Auch darüber ist im Rahmen der Gewinnfeststellung zu entscheiden. Notwendiges und gewillkürtes Sonderbetriebsvermögen kann es auch bei Mitunternehmern geben, die sich zur gemeinsamen Ausübung eines land- und forstwirtschaftlichen Betriebes oder eines freien Berufes zusammengeschlossen haben (§ 13 Abs. 5, § 18 Abs. 4 EStG, BFH vom 02.12.1982 BStBl II 1983, 215). Aus der Behandlung der Wirtschaftsgüter als Sonderbetriebsvermögen ergibt sich, dass die damit im Zusammenhang stehenden Einnahmen und Ausgaben als Sonderbetriebseinnahmen/-ausgaben im Rahmen der Gewinnfeststellung mitberücksichtigt werden müssen.

1483

BEISPIEL

Wie Beispiel in Rz. 1482:
B hat das Grundstück auch, soweit es nicht der KG überlassen wurde, zulässigerweise als gewillkürtes Betriebsvermögen behandelt. Seine zusätzlichen Einnahmen daraus betragen 7 500 € und seine gesamten Grundstücksaufwendungen 15 000 €. C. hat seine Beteiligung an der KG mit einem Darlehen finanziert und dafür 3 000 € Zinsen bezahlt.

LÖSUNG

Gewinnfeststellung	KG	A	B	C
wie vor	142 000	86 000	34 500	21 500
+Sonderbetriebseinnahmen	+ 7 500	–	7 500	–
./.Sonderbetriebsausgaben	./.18 000	–	./.15 000	./.3 000
steuerlicher Gewinn	131 500	86 000	27 000	18 500

Sonderbetriebsausgaben können nur im Rahmen des für die Gesellschaft durchzuführenden Gewinnfeststellungsverfahrens geltend gemacht werden. Dies gilt auch dann, wenn diese Ausgaben gegenüber den übrigen Mitbeteiligten geheim bleiben sollen (BFH vom 11.09.1991 BStBl II 1992, 4). Es gehört zum Risiko seiner Beteiligung, dass andere Mitbeteiligte von persönlichen Aufwendungen Kenntnis erhalten. Deshalb rechtfertigen auch Gründe des Steuergeheimnisses es nicht, solche Aufwendungen erst bei der Veranlagung zur Einkommensteuer geltend zu machen. Gleiches gilt auch für die Geltendmachung von **Sonderwerbungskosten** im Rahmen der Feststellung von Überschusseinkünften (BFH vom 23.04.1991 BFH/NV 91, 653). Nur wenn die Geltendmachung der Sonderbetriebsausgaben/-werbungskosten statt bei der gesonderten und einheitlichen Feststellung der Einkünfte auf Veranlassung des FA erst im Rahmen der Steuerfestsetzung erfolgt, kann die Berücksichtigung im Steuerfestsetzungsverfahren nach dem Grundsatz von Treu und Glauben gerechtfertigt sein (BFH vom 19.01.1989 BStBl II 1989, 393).

Die steuerliche Behandlung als Sonderbetriebsvermögen bedeutet auch, dass **Sondergewinne und Sonderverluste** in die Gewinnfeststellung einzubeziehen sind, wie z. B. Gewinne und Verluste aus dem Verkauf oder der Entnahme von Wirtschaftsgütern des Sonderbetriebsvermögens, Verluste aus der Übernahme von Bürgschaften, Prozesskosten eines Gesellschafters aus Streitigkeiten aus dem Gesellschaftsverhältnis oder in Verbindung mit Sonderbetriebsvermögen.

BEISPIEL

Wie oben. Zum Ende des Wirtschaftsjahres entnimmt B den zum gewillkürten Betriebsvermögen gehörenden Grundstücksteil. Daraus entsteht ein Entnahmegewinn von 10 000 €.

LÖSUNG

Gewinnfeststellung	KG	A	B	C
wie vor	**131 500**	**86 000**	**27 000**	**18 500**
Entnahmegewinn	+ 10 000	–	+ 10 000	–
steuerlicher Gewinn	**141 500**	**86 000**	**37 000**	**18 500**

Die Buchführungspflicht der Personengesellschaft nach § 141 Abs. 1 AO erstreckt sich auch auf das steuerliche Sonderbetriebsvermögen der Gesellschafter. Sie kann und darf nicht auf den Mitunternehmer übertragen werden (H 4.1 EStH »Aufzeichnungs- und Buchführungspflichten«). Da das Sonderbetriebsvermögen nicht in der Handelsbilanz der Personengesellschaft enthalten ist, ist es in einer Sonderbilanz mit einer eigenen Sonder-Gewinn- und Verlustrechnung auszuweisen. Im Rahmen der Gewinnfeststellung ist dann lediglich das Ergebnis aus der Sonderbilanz zu erfassen.

3.7.6.4 Ausscheiden eines Gesellschafters

1484 Scheidet ein Gesellschafter aus und entstehen dadurch Veräußerungsgewinne/-verluste, sind diese ebenfalls in der gesonderten und einheitlichen Gewinnfeststellung zu erfassen. Nach ständiger Rechtsprechung des BFH ist deshalb im Gewinnfeststellungsverfahren auch darüber zu entscheiden, ob und in welcher Höhe Veräußerungsgewinne i. S. d. §§ 14, 14 a Abs. 1, 16 EStG, § 18 Abs. 3 EStG entstanden sind (BFH vom 14.01.2003 BStBl II 2003, 335). Ob der nach § 16 Abs. 4 EStG (u. a.) aus Altergründen zu gewährende Freibetrag zu berücksichtigen ist, wird bei der Veranlagung zur Einkommensteuer entschieden (vgl. R 16 Abs. 13 EStR).

BEISPIEL

Wie oben. A (60 Jahre) scheidet zum Ende des Wirtschaftsjahres aus Altersgründen aus der KG aus. Er erhält eine Abfindung die sein Kapitalkonto um 150 000 € übersteigt.

LÖSUNG Daraus entsteht ein steuerpflichtiger Veräußerungsgewinn, der nach § 34 Abs. 2 Nr. 1 EStG außerordentliche Einkünfte darstellt und nach § 16 Abs. 1 Nr. 2 EStG und § 34 Abs. 1 EStG oder ggf. nach § 34 Abs. 3 EStG steuerbegünstigt ist.

Gewinnfeststellung	KG	A	B	C
wie vor	141 500	86 000	37 000	18 500
Veräußerungsgewinn	+ 150 000	+ 150 000	–	–
steuerlicher Gewinn	**291 500**	**236 000**	**37 000**	18 500
davon Veräußerungsgewinn	150 000	150 000		

Scheidet ein Gesellschafter während des laufenden Wirtschaftsjahres aus und wird die Gesellschaft mit den verbleibenden Gesellschaftern oder den neu eingetretenen Gesellschaftern fortgesetzt, so erstreckt sich die einheitliche und gesonderte Feststellung auf ein volles Wirtschaftsjahr (BFH vom 24.11.1988 BStBl II 1989, 312 und vom 28.11.1989 BStBl II 1990, 561).

3.7.6.5 Nachträgliche Einkünfte

Gewinnanteile im Sinne des § 15 Abs. 1 Nr. 2 und 3 EStG sind nach § 15 Abs. 1 Satz 2 EStG **1485** auch Vergütungen, die als nachträgliche Einkünfte (§ 24 Nr. 2 EStG) bezogen werden. Darunter fallen insbesondere **betriebliche Versorgungsrenten an ausgeschiedene Gesellschafter von Personengesellschaften und deren Rechtsnachfolger**. Diese sind demnach Teil des gem. § 180 Abs. 1 Nr. 2 Buchst. a AO festzustellenden Gesamtgewinns der Personengesellschaft und damit auch des Gewerbeertrages. Sie sind dem begünstigten ehemaligen Gesellschafter oder seinem Rechtsnachfolger zuzurechnen, auch wenn dieser nie Mitunternehmer war. Damit kann ein **Teil des Gesamtgewinns Personen zuzurechnen** sein, **die keine Mitunternehmer** (mehr) **sind**. Diese sind trotzdem in das Gewinnfeststellungsverfahren einzubeziehen. Der Feststellungsbescheid ist ihnen aber nur insoweit bekannt zu geben, als sie selbst betroffen sind. Nur bei berechtigtem Interesse ist dem Beteiligten der gesamte Inhalt des Feststellungsbescheides mitzuteilen (§ 183 Abs. 2 Satz 3 AO).

3.7.6.6 Unterbeteiligungen

Besonderheiten gelten für sog. **Unterbeteiligungen.** Eine Unterbeteiligung ist eine Innen- **1486** gesellschaft (GdbR), jedoch gelten die Bestimmungen über die Stille Gesellschaft (§ 230 HGB) entsprechend. Es ist zwischen einer typischen Unterbeteiligung (keine Mitunternehmerschaft) und einer atypischen stillen Unterbeteiligung (Mitunternehmerschaft) zu unterscheiden (BFH vom 01.07.1982 BStBl II 1982, 646). Der Hauptunterschied besteht darin, dass der atypische stille Beteiligte auch einen Anspruch auf Beteiligung am tatsächlichen Zuwachs des Gesellschaftsvermögens unter Einschluss der stillen Reserven und eines Geschäftswertes hat.

In den Fällen der **atypischen stillen Unterbeteiligung** am Anteil eines Mitunternehmers kann eine **besondere gesonderte und einheitliche Feststellung** vorgenommen werden (§ 179 Abs. 2 Satz 3 AO). Von dieser Möglichkeit ist wegen des Geheimhaltungsbedürfnisses der Betroffenen regelmäßig Gebrauch zu machen (AEAO zu § 179 AO Nr. 4). Die Berücksichtigung der Unterbeteiligung im Feststellungsverfahren für die Hauptgesellschaft kann nur mit Einverständnis aller Beteiligten – Hauptgesellschaft und deren Gesellschafter sowie der Unterbeteiligten – erfolgen. Das Einverständnis der Beteiligten kann als erteilt angesehen werden, wenn die Unterbeteiligung in der Feststellungserklärung für die Hauptgesellschaft geltend gemacht wird. Die örtliche Zuständigkeit in diesen Fällen richtet sich nach der Zuständigkeit für die Hauptgesellschaft.

BEISPIEL

X, Y und Z sind Gesellschafter einer OHG. X hat zur Finanzierung seiner Beteiligung den U an seinem OHG-Anteil mit 50 % am Gewinn und Verlust und am Auseinandersetzungsguthaben unterbeteiligt. Der Gewinnanteil des X an der OHG beträgt lt. Gewinnfeststellungsbescheid der OHG 150 000 €. Dieser Feststellungsbescheid ist Grundlagenbescheid für die gesonderte Feststellung zwischen dem Hauptbeteiligten X und dem Unterbeteiligten U. In diesem zweiten Feststellungsverfahren wird der Gewinnanteil des X nach § 179 Abs. 2 Satz 3 AO X und U zu je 1/2 zugerechnet.

Reicht die OHG eine einheitliche Gewinnfeststellungserklärung für X, Y, Z und U ein, können die zwei Feststellungen auch in einem Bescheid zusammengefasst werden. In dem Feststellungsbescheid ist dann neben der Bezeichnung der Hauptgesellschaft auch die Unterbeteiligung anzugeben. Die Bekanntgabe erfolgt an den Empfangsbevollmächtigten nach § 183 AO.

BEISPIEL

Wie vorheriges Beispiel.

Gewinn	OHG	X	Y	Z	U
lt. Bilanz OHG	450 000	150 000	150 000	150 000	–
Unterbeteiligung	–	./. 75 000	–	–	+ 75 000
Feststellung § 180 Abs. 1 Nr. 2 Buchst. a AO	450 000	75 000	150 000	150 000	+ 75 000

Typische stille Gesellschafter sind keine Mitunternehmer. Dies gilt auch für einen typischen stillen Unterbeteiligten. Die Gewinnanteile des Unterbeteiligten sind als Sonderbetriebsausgaben des Hauptbeteiligten im Feststellungsverfahren zu berücksichtigen (BFH vom 09.11.1988 BStBl II 1989, 343). Eine Nachholung im Veranlagungsverfahren des Hauptbeteiligten ist nicht zulässig (AEAO zu § 179, Nr. 5).

BEISPIEL

Wie vorheriges Beispiel. U ist am OHG-Anteil des X nur mit 50 % am Gewinn und Verlust unterbeteiligt und hat auch darüber hinaus keine Möglichkeit auf das Schicksal des Unternehmens Einfluss zu nehmen.

LÖSUNG U ist folglich ein typischer stiller Unterbeteiligter. Sein Gewinnanteil muss im Rahmen der Gewinnfeststellung der OHG als Sonderbetriebsausgaben vom Gewinnanteil des X abgesetzt werden. Der steuerliche Gesamtgewinn der OHG beträgt dann statt 450 000 € nur noch 375 000 €. Dies gilt auch für den Gewerbeertrag nach § 7 GewStG. Der Gewinnanteil ist nach Maßgabe des § 8 Nr. 1 Bst. c GewStG (ggf.) hinzuzurechnen.

3.8 Feststellungen nach § 180 Abs. 2 AO

1487
Da insbesondere nach § 180 Abs. 1 Nr. 2 Buchst. a AO nicht alle Fälle erfasst werden, in denen eine einheitliche Rechtsanwendung erforderlich ist, hat der Gesetzgeber in § 180 Abs. 2 AO eine Ermächtigungsnorm geschaffen, die den **Anwendungsbereich des § 180 Abs. 1 AO erheblich erweitert**. Von der Ermächtigung hat der Verordnungsgeber durch die Verordnung über die gesonderte Feststellung von Besteuerungsgrundlagen nach § 180 Abs. 2 AO der Abgabenordnung Gebrauch gemacht. Einzelheiten zur gesonderten Feststellung bei gleichen Sachverhalten nach der VO zu § 180 Abs. 2 AO erläutert das BMF-Schreiben vom 02.05.2001 BStBl I 2001, 256.

```
┌─────────────────────────────────────────┐
│ Feststellung von Besteuerungsgrundlagen  │
│ nach der Verordnung zu § 180 Abs. 2 AO   │
└─────────────────────────────────────────┘
     ┌────────────────────────────────────┐
     │ ganz oder teilweise                │
     │ einheitlich und gesondert, insbesondere │
     └────────────────────────────────────┘
```

für die **Einkommen- und Körperschaftsteuer**	für die **Umsatzsteuer**
Wirtschaftsgüter, Anlagen oder Einrichtungen, die der Einkunftserzielung dienen und von mehreren Personen genutzt und gehalten werden (z. B. Laborgemeinschaften, Maschinenringe) § 1 Abs. 1 der VO	wenn mehrere Unternehmer im Rahmen eines Gesamtobjektes Umsätze ausführen oder empfangen (z. B. Höhe der Vorsteuern; die Optionsfähigkeit § 9 UStG; Berichtigung § 15a UStG) § 1 Abs. 2 der VO
Gleichartige Rechtsbeziehungen an einem Gesamtobjekt, auch wenn keine Einkunftserzielung vorliegt (z. B. Bauherrengemeinschaften oder bei selbstgenutztem Wohneigentum für Zwecke des EigZulG) § 1 Abs. 1 Nr. 2 und Satz 2 der VO	
Stille Reserven beim Übergang zur Liebhaberei § 8 der VO	für **GrESt** keine gesonderte Feststellung
Feststellungsgegenstand bei Einsatz von Lebensversicherungen zu Finanzierungszwecken § 9 der VO	
Übergang stiller Reserven von einbringungsgeborenen Anteilen i.S.d. § 21 UmwStG auf andere Gesellschaftsanteile (mitverstrickte Anteile) desselben Gesellschafters oder unentgeltlich auf Anteile Dritter (siehe Rz. 21.14 des Umwandlungssteuererlasses, BMF vom 25.03.1998, BStBl I 1998, 268) § 10 Abs. 1 der VO	

BEISPIEL

Die T-GmbH hat eine Gesamtanlage von 69 Reihen-Einfamilienhäusern auf 69 Parzellen für 69 Bauherren errichtet. Jeder Bauherr hatte die GmbH aufgrund gleichlautender Verträge für den Erwerb eines einzelnen Grundstücks und die Erstellung des Bauwerks einschließlich Finanzierungs- und Betreuungskosten beauftragt. Ebenso wurde die T-GmbH durch jeden Bauherrn ermächtigt, alle mit dem Erwerb des einzelnen Grundstücks sowie mit der Bebauung, Betreuung und Finanzierung zusammenhängenden Verträge abzuschließen und die für die Durchführung notwendigen Maßnahmen zu treffen.

LÖSUNG § 180 Abs. 1 Nr. 2 Buchst. a AO findet hier keine Anwendung. An Einkünften sind nach dieser Norm nur dann mehrere Personen beteiligt, wenn die Einkünfte aus einer gemeinsamen Einkunftsquelle stammen. Dies ist nicht gegeben. Jeder Bauherr erzielt nur durch sein einzelnes Haus Einkünfte aus V + V. Durch die Aufteilung in einzelne Grundstücke besteht weder eine Gesellschaft (§§ 705 ff. BGB) noch eine Gemeinschaft (§§ 1008 ff. BGB). Nach § 1 Abs. 1 Nr. 2 der VO zu § 180 Abs. 2 AO können einheitlich und gesonderte Feststellungen vorgenommen werden (Hinweis: Das Urteil des BFH vom 27. 04. 1982 BStBl II 1982, 636 erging zu einer früheren Rechtslage).

1488   Gesonderte Feststellung nach der VO zu § 180 AO sind auch auf dem Gebiet der **Umsatzsteuer** möglich. So kann z. B. der in einer Rechnung an die Bauherren eines Gesamtobjektes (etwa ein Geschäfts- und Büro-Center) gesondert ausgewiesene Steuerbetrag gemäß § 1 Abs. 2 der VO auf die Beteiligten verteilt und ihnen zugerechnet werden. Das FA kann den auf den einzelnen Bauherren entfallenden Vorsteuerbetrag aus der Abrechnung über das bezeichnete Gesamtobjekt dem Steuerfestsetzungsbescheid als geschätzte Besteuerungsgrundlage nach § 155 Abs. 2, § 162 Abs. 5 AO zu Grunde zu legen, weil eine gesonderte Feststellung nach § 1 Abs. 1 und Abs. 2 der VO möglich ist. Der Verordnungsgeber geht offensichtlich davon aus, dass die Vorsteuern i. S. d. § 15 UStG aufgeteilt werden können. Die Bezeichnung der einzelnen Leistungsempfänger und der für sie abziehbare Steuerbetrag kann aus der Abrechnung über das Gesamtobjekt abgeleitet werden. Die Erteilung einer Rechnung an jeden Bauherren ist dann nicht mehr erforderlich. Da die gesonderte Feststellung nach § 180 Abs. 2 AO eine Kann-Vorschrift ist, kann das FA, wenn es z. B. die Aufteilung und Zurechnung durch den Treuhänder eines Gesamtobjektes anerkennt, von einer gesonderten Feststellung absehen. Die Bauherren sind dann trotzdem zum Vorsteuerabzug nach § 15 UStG berechtigt, der bei einer Änderung der Verhältnisse i. S. § 15 Abs. 2 UStG ggf. auch nach § 15 a UStG berichtigt werden kann (BFH vom 27. 01. 1994 BStBl II 1994, 488).

1489   Zum Verfahren bei der Geltendmachung von negativen Einkünften aus der Beteiligung an **Verlustzuweisungsgesellschaften** und vergleichbaren Modellen siehe das BMF-Schreiben vom 13. 07. 1992 BStBl I 1992, 404, geändert durch BMF vom 28. 06. 1994 BStBl I 1994, 420.

1490 frei

3.9 Gesonderte Feststellung bei Gewinneinkünften (Mehrfachzuständigkeit, § 180 Abs. 1 Nr. 2 Buchst. b AO)

1491   Fallen Wohnort und Betriebs- bzw. Tätigkeitsort auseinander und liegen diese Orte im Bereich verschiedener FA, sind die Einkünfte des Steuerpflichtigen aus Land- und Forstwirtschaft, Gewerbebetrieb oder freiberuflicher Tätigkeit gesondert festzustellen (§ 180 Abs. 1 Nr. 2 Buchst. b AO). Einkünfte aus freiberuflicher Tätigkeit sind die Einkünfte nach § 18 Abs. 1 Nr. 1 EStG, nicht die übrigen Einkünfte aus selbstständiger Arbeit nach § 18 Abs. 1 Nr. 2 und 3 EStG.

Maßgebend für die Frage, ob eine gesonderte Feststellung zu erfolgen hat, sind die Verhältnisse zum Schluss des Gewinnermittlungszeitraums (».. nach den Verhältnissen zum Schluss des Gewinnermittlungszeitraums ..:«). Bei einem vom KJ abweichenden Wirtschaftsjahr oder einem Rumpfwirtschaftsjahr sind die Verhältnisse zum Schluss dieses Zeitraums maßgebend (AEAO zu § 180 AO, Nr. 2.1). Spätere Änderungen der Verhältnisse sind unbeachtlich

Davon abzugrenzen ist die Frage, welches Finanzamt für die Feststellung zuständig ist. Hierfür enthält § 180 Abs. 1 Satz 2 AO eine spezielle Regelung, die erstmals für Feststellungszeiträume anzuwenden ist, die nach dem 31. 12. 2014 beginnen (vgl. Art. 97 § 10b Satz2 EGAO; Hinweis: Das Urteil des BFH vom 21. 10. 2014, BFH/NV 2015, 468 ist damit überholt).

BEISPIELE

a) Ein Stpfl. mit Wohnsitz in 67433 Neustadt betreibt in Ludwigshafen eine Rechtsanwaltspraxis. Zuständig für die Gewinnfeststellung ist das Tätigkeits-FA in Ludwigshafen (§ 18 Abs. 1 Nr. 3 AO), für die Einkommensteuer das Wohnsitz-FA in 67433 Neustadt (§ 19 Abs. 1 Satz 1 AO).

b) Wie Beispiel a). Im Laufe des kalenderjahrgleichen Wirtschaftsjahres 03 verlegt der Rechtsanwalt seinen Betrieb von Ludwigshafen nach Neustadt. Für das Jahr 02 wurde die Feststellungserklärung bereits abgegeben, aber der Feststellungsbescheid noch nicht bekanntgegeben.
LÖSUNG Die letzte Feststellung ist für 02 durchzuführen. Denn am Schluss des Wirtschaftsjahres 03 ist das FA Neustadt auch das Tätigkeits-FA.
Auf die Feststellung für das Jahr 02 kann möglicherweise verzichtet werden, weil ein Fall von geringer Bedeutung anzunehmen ist (AEAO zu § 180 AO, Nr. 4). Muss jedoch ein Feststellungsbescheid erlassen werden, gilt wegen der Zuständigkeit Folgendes:
a) Es handelt sich um einen Feststellungszeitraum bis 2014:
Zuständig für eine Feststellung ist (weiterhin) das Finanzamt Ludwigshafen.

b) Es handelt sich um einen Feststellungszeitraum ab 2015:
Die Zuständigkeit für die Feststellung geht vom Finanzamt Ludwigshafen auf das Finanzamt Neustadt über.

3.10 Gesonderte Feststellung des Wertes der vermögensteuerpflichtigen Wirtschaftsgüter gem. § 180 Abs. 1 Nr. 3 AO

Vorbemerkung: Die Regelung ist seit dem 01.01.1997 wegen Nichterhebung der Vermögensteuer ohne praktische Anwendung.   **1492**

Gesondert festgestellt wird auch der Wert vermögensteuerpflichtiger Wirtschaftsgüter (§§ 114 bis 117 a BewG), Schulden und sonstiger Abzüge (§ 118 BewG) die mehreren Personen zugerechnet werden, die nicht zusammenveranlagt werden. § 180 Abs. 1 Nr. 3 AO knüpft nicht an das sonstige Vermögen an, sondern an das Gesamtvermögen. Dabei ist aber zu beachten, dass für Grundbesitz und für Betriebsvermögen bereits Einheitswerte festgestellt werden (§ 19 Abs. 1, § 114 Abs. 3 BewG). Mit der Wertfeststellung ist auch über die Höhe der Anteile und über die Zurechnung zu entscheiden. Über die Anwendung von Freibeträgen, Freigrenzen und sonstigen Vergünstigungen, die von der Person eines Beteiligten abhängen, wird erst bei dessen Veranlagung entschieden.

BEISPIEL

Zum Nachlass des V gehört neben einem Wertpapierdepot auch eine wertvolle Briefmarkensammlung, ein Einfamilienhaus, das noch mit einer Hypothek belastet ist und Hausrat. Zum Stichtag 01.01.1995 befindet sich der Nachlass noch ungeteilt im Gesamthandsvermögen der Erben A und B und C zu je 1/3. B und C sind vermögensteuerpflichtig.
LÖSUNG Es ist eine gesonderte Feststellung nach § 180 Abs. 1 Nr. 3 AO durchzuführen. Dabei wird die Gemeinschaft so behandelt, als ob sie eine natürliche Person wäre. Das Einfamilienhaus wird mit dem Einheitswert angesetzt (§ 114 Abs. 3 BewG). Zum sonstigen Vermögen zählen die Wertpapiere § 110 Abs. 1 Nr. 3 AO und die Sammlung (§ 110 Abs. 1 Nr. 12 BewG). Daneben werden die Schulden (§ 118 BewG) mit festgestellt. Der Hausrat bleibt außer Ansatz, da er nicht zum Gesamtvermögen (§ 111 Nr. 10 BewG) gehört. Das festgestellte Vermögen ist A, B, C zu je 1/3 zuzurechnen. Die Feststellung ist Grundlagenbescheid für die Vermögensteuerveranlagungen.

3.11 Ausnahmen von der Feststellungspflicht (§ 180 Abs. 3 und 4 AO)

1493   Keine gesonderte und einheitliche Feststellung ist nach § 180 Abs. 3 Nr. 1 AO durchzuführen, wenn **nur eine der** an den Einkünften **beteiligten Personen** mit ihren Einkünften im Inland **einkommensteuer- oder körperschaftsteuerpflichtig** ist. Da hier der Zweck der einheitlichen Feststellung – vor allem eine einheitliche Rechtsanwendung – nicht erreichbar ist, besteht für die Durchführung eines Feststellungsverfahrens kein Bedürfnis.

BEISPIEL

Zum Nachlass des im Jahre 01 verstorbenen Vaters gehört ein in der Schweiz belegenes und vermietetes Einfamilienhaus. Erben sind die Kinder A und B zu je 1/2. A wohnt im Inland, B im Ausland. Zum 01.01.02 setzen sich die Erben auseinander.

LÖSUNG Vom Erbanfall bis zur Erbauseinandersetzung liegen gemeinschaftliche Einkünfte aus Vermietung und Verpachtung gem. § 21 Abs. 1 Satz 1 Nr. 1 EStG vor. Diese sind nur bei der Festsetzung der Einkommensteuer von A von Bedeutung. Bei B liegen keine in Deutschland steuerlich relevanten Einkünfte vor.

Eine einheitliche Feststellung nach § 180 Abs. 1 Nr. 2 Buchst. a AO ist nicht durchzuführen.

1494   Keine gesonderte und einheitliche Feststellung erfolgt nach § 180 Abs. 3 Nr. 2 AO in **Fällen von geringer Bedeutung.** Ein Fall geringer Bedeutung ist anzunehmen, wenn es sich um einen leicht überschaubaren Sachverhalt handelt, insbesondere weil die Höhe des festgestellten Betrages, die Aufteilung und Zurechnung feststehen (BFH vom 09.02.2005, BFH/NV 2005, 1235). Beispielsweise geht die Finanzverwaltung davon bei Einkünften aus Vermietung und Verpachtung und auch bei den Einkünften aus Land- und Forstwirtschaft von zusammenveranlagten Eheleuten/Lebenspartnern aus (AEAO zu § 180, Nr. 4).

BEISPIELE

a) Zur Einkommensteuer zusammenveranlagte Eheleute betreiben gemeinsam Landwirtschaft. Die Einkünfte werden nach Durchschnittssätzen (§ 13 a EStG) ermittelt. Die land- und forstwirtschaftlich genutzten Grundstücke gehören zu 60 % der Ehefrau und zu 30 % dem Ehemann alleine. 10 % der Grundstücke gehören den Ehegatten zu je 1/2.

LÖSUNG Auch ohne besondere Vereinbarungen über ein Gesellschaftsverhältnis liegt eine Mitunternehmerschaft vor, da jedem Ehegatten ein erheblicher Teil des Grundbesitzes zu Alleineigentum oder Miteigentum gehört. Grundsätzlich wären die Einkünfte gesondert und einheitlich festzustellen. Nach § 180 Abs. 3 Nr. 2 AO kann darauf verzichtet werden.

b) Die zusammenveranlagten Eheleute erwerben 01 in Ludwigshafen zu je 1/2 ein renovierungsbedürftiges Mehrfamilienhaus, das sie mit erheblichem Aufwand modernisieren und gleichzeitig in sechs Eigentumswohnungen aufteilen und zunächst vermieten. Wegen Zahlungsschwierigkeiten verkaufen sie 04 zwei Eigentumswohnungen und 05 nochmals zwei Eigentumswohnungen. Das FA hat bei den Einkommensteuerveranlagungen 01 bis 03 die Einkünfte lt. Erklärung als Einkünfte aus Vermietung und Verpachtung behandelt und auf eine gesonderte und einheitliche Feststellung nach § 180 Abs. 3 Nr. 2 AO verzichtet.

LÖSUNG Die Vorgehensweise des FA ist zunächst nicht zu beanstanden. Durch die Grundstücksverkäufe (Verkauf von mehr als drei Eigentumswohnungen innerhalb von fünf Jahren) liegt nach der Rechtsprechung des BFH ein gewerblicher Grundstückshandel vor (vgl. BMF vom 26.03.2004 BStBl I 2004, 434). Dabei wird unterstellt, dass der gewerbliche Grundstückshandel mit dem Erwerb des Grundstücks, spätestens mit Beginn der Modernisierungsarbeiten und der Aufteilung des Grundstücks in Eigentumswohnungen beginnt. Die Einkünfte sind rückwirkend ab 01 als Einkünfte aus Gewerbebetrieb zu behandeln. Diese Entscheidung ist in der gesonderten und einheitlichen Gewinnfeststellung zu treffen. Ein Fall von geringer Bedeutung i. S. des § 180 Abs. 3 Nr. 2 AO, bei dem von einer gesonderten Feststellung abgesehen werden kann, liegt nicht vor, wenn bei Grundstücksgeschäften von Eheleuten die Frage strittig ist, ob oder inwieweit sie insoweit Einkünfte aus Gewerbebetrieb oder aus Vermietung und Verpachtung oder aus privaten Veräußerungsgeschäften erzielt haben (vgl. BFH vom 01.02.1989 BFH/NV 1990, 6). Die jeweiligen Feststellungsbescheide sind als Grundlagenbescheide den Einkommensteuerveranlagungen zugrunde zu legen und soweit bereits Veranlagungen vorliegen, sind diese nach § 175 Abs. 1 Nr. 1 AO zu ändern.

Nach § 180 Abs. 3 Nr. 2 Satz 2 AO braucht auch bei **gesonderten Feststellungen** nach § 180 Abs. 1 Nr. 2 Buchst. b AO in Fällen von geringer Bedeutung keine gesonderte Gewinnfeststellung durchgeführt werden. Ein Fall von geringer Bedeutung ist anzunehmen, wenn der Wohnsitz in den Bereich des Betriebs-FA oder umgekehrt der Betrieb in den Bereich des Wohnsitz-FA verlegt wird. nach Verlegung des Wohnsitzes nach Ablauf des Feststellungszeitraums in den Bezirk des Betriebsfinanzamts auch für die Einkommensteuer-Veranlagung zuständig geworden ist (AEAO zu § 180, Nr. 4). Wegen eines Beispiels auch wegen der ab 2015 geltenden Neuregelung wegen der Zuständigkeit für die Feststellung vgl. Rz. 1491.

Auch bei **Arbeitsgemeinschaften** ist gem. § 180 Abs. 4 AO keine gesonderte und einheit- **1495** liche Feststellung durchzuführen, wenn deren alleiniger Zweck sich auf die Erfüllung eines einzigen Werk- oder Werklieferungsvertrages beschränkt. § 180 Abs. 4 AO entspricht § 2 a Satz 1 GewStG und § 98 Satz 1 BewG. Die Betriebsstätten der Arbeitsgemeinschaften gelten anteilig als Betriebsstätten der Beteiligten. Die Wirtschaftsgüter, die den Arbeitsgemeinschaften gehören, werden anteilig den Gewerbebetrieben der Beteiligten zugerechnet. Eine einheitliche Feststellung ist deshalb nicht erforderlich. In besonders gelagerten Fällen könnte ggf. eine gesonderte Feststellung nach der VO zu § 180 Abs. 2 AO erfolgen.

4 Festsetzung von Steuermessbeträgen (§§ 184–190 AO)

4.1 Steuermessbescheid (§ 184 AO)

§ 184 Abs. 1 AO überlässt es den Einzelsteuergesetzen, in welchen Fällen Steuermessbe- **1496** träge festzusetzen sind. Gegenwärtig geschieht dies nur auf dem Gebiet der **Realsteuern** (§ 3 Abs. 2 AO = Grundsteuer und Gewerbesteuer). Der **Gewerbesteuermessbetrag** (§§ 11, 14, 15 GewStG) und der **Grundsteuermessbetrag** (§§ 13 ff., 41 GrStG) bilden die bindende Grundlage für die Festsetzung der Gewerbesteuer und der Grundsteuer durch die Gemeinde. Die Steuermessbescheide sind **Grundlagenbescheide** (§ 171 Abs. 10 AO), der Gewerbesteuer- und der Grundsteuerbescheid sind **Folgebescheide** (§ 184 Abs. 1 AO i.V.m. § 182 Abs. 1 AO; § 361 Abs. 1 Satz 2 und Abs. 3 AO). Sie binden nicht nur den Stpfl., sondern auch die Behörde, die den Folgebescheid zu erlassen hat. Soweit in den Bundesländern die Zuständigkeit für die Festsetzung der Gewerbesteuer bei den Kommunen liegt (Art. 108 Abs. 4 Satz 2 GG), teilen die Finanzämter diesen den Inhalt des Steuermessbescheids mit (§ 184 Abs. 3 AO). Die Steuerfestsetzung erfolgt (durch die Gemeinde) durch Anwendung eines **Hebesatzes** auf den Steuermessbetrag. Die Gemeinden haben das Recht, die Hebesätze der Realsteuern im Rahmen der Gesetze festzusetzen (Art 106 Abs. 6 Satz 2 GG).

BEISPIEL

A betreibt in der Gemeinde X in Rheinland-Pfalz einen Gewerbebetrieb. Das FA setzt für 01 einen Gewerbesteuermessbetrag in Höhe von 10 000 € fest. Die Gemeinde hat für das Steuerjahr 01 einen Hebesatz von 400 % festgesetzt.

LÖSUNG Die Gemeinde veranlagt A mit 10 000 € 400 % = 40 000 € zur Gewerbesteuer und erlässt darüber einen Gewerbesteuerbescheid.

Mit der Festsetzung der Steuermessbeträge wird auch über die **persönliche und sachliche Steuerpflicht** entschieden.

BEISPIEL

B betreibt eine Sprachschule. Er erklärt Einkünfte aus selbstständiger Tätigkeit nach § 18 Abs. 1 EStG. Nach einer Außenprüfung kommt das FA zu dem Ergebnis, dass B gewerblich tätig ist, da er aufgrund seiner eigenen Fachkenntnisse nicht leitend und eigenverantwortlich tätig sein kann.

LÖSUNG Bei dem Erlass des Gewerbesteuermessbescheides ist auch darüber zu entscheiden, ob der Betrieb der Sprachenschule ggf. nach § 3 Nr. 13 GewStG ganz oder teilweise gewerbesteuerfrei ist.

Für die Festsetzung der Steuermessbeträge finden die **Vorschriften über die Durchführung der Besteuerung sinngemäß Anwendung** (§ 184 Abs. 1 Satz 3 AO). Die Steuermessbescheide sind schriftlich zu erteilen (entsprechend § 157 Abs. 1 Satz 1 AO); es ist eine Rechtsbehelfsbelehrung beizufügen (entsprechend § 157 Abs. 1 Satz 3 AO); sie können unter Vorbehalt der Nachprüfung (§ 164 AO) oder vorläufig (§ 165 AO) erteilt werden; für die Aufhebung und Änderung gelten die auf Steuerbescheide anwendbaren Korrekturvorschriften §§ 129, 172 – 177 AO. Auch die Vorschriften über die Abgabe von Steuererklärungen (§§ 149 ff. AO; nur für die Gewerbesteuer § 14 GewStG i. V. m. § 25 GewStDV) und über die Festsetzungsverjährung (§ 169 ff. AO) gelten entsprechend. Die Bekanntgabe der Steuermessbescheide richtet sich nach § 122 AO. Gegen Steuermessbescheide ist als **Rechtsbehelf** der Einspruch gegeben (§ 347 Abs. 1 Nr. 1 AO), wobei Gemeinden grds. nicht befugt sind, Steuermessbescheide anzufechten (vgl. AEAO zu § 184 AO; Ausnahme siehe § 40 Abs. 3 FGO, Rz. 3216). Der Messbescheid muss enthalten wer **Steuerschuldner** (persönlich steuerpflichtig) und was **Steuergegenstand** (sachlich steuerpflichtig) ist. Dabei ist das FA auch zu Maßnahmen nach § 163 Satz 1 AO (**niedrigere Festsetzung aus Billigkeitsgründen**) befugt (§ 184 Abs. 2 AO). Jedoch sind Billigkeitsmaßnahmen, die zu einem endgültigen Steuerausfall führen, nur bei **Gruppenunbilligkeit**, die in einer Richtlinie beschrieben ist, z. B. bei Übergangsregelungen, also hauptsächlich in den Fällen sachlicher Unbilligkeit (vgl. zu § 227 AO, Rz. 1823), möglich. Über Billigkeitsmaßnahmen im Einzelfall wegen persönlicher Gründe muss die festsetzende Gemeinde entscheiden. Wird vom FA **bei der Einkommensteuer eine Billigkeitsmaßnahme** nach § 163 Satz 2 AO im Bereich der Einkünfte aus Gewerbebetrieb ausgesprochen (siehe Rz. 1501), wirkt dies auch für den Gewerbeertrag als Grundlage für die Festsetzung des Gewerbesteuermessbetrages (§ 184 Abs. 2 Satz 2 AO). Das FA bestimmt auch, **welche Gemeinde Steuergläubiger** ist. Befindet sich der Steuergegenstand in mehreren Gemeinden (§ 28 GewStG, § 22 GrStG), so wird durch das **Zerlegungsverfahren** (§§ 185–189 AO) bestimmt, wer Steuergläubiger ist. In Streitfällen ist durch das **Zuteilungsverfahren** (§ 190 AO) zu entscheiden, welche Gemeinde ggf. mit welchem Anteil Steuerberechtigter ist. Zum Zerlegungs- und Zuteilungsverfahren vgl. die folgenden Ausführungen.

4.2 Zerlegung und Zuteilung von Messbeträgen (§§ 185–190 AO)

1497   Die §§ 185 bis 190 AO regeln das **Verfahren** über die **Zerlegung** und **Zuteilung** von Steuermessbeträgen auf die hebeberechtigten Gemeinden, wenn bei der Gewerbesteuer Betriebsstätten des Betriebs in mehreren Gemeinden unterhalten werden oder sich bei der Grundsteuer der Steuergegenstand über mehrere Gemeinden erstreckt. Die materiellen Voraussetzungen für die Zerlegung (Zerlegungsmaßstäbe) ergeben sich aus §§ 28–34 GewStG und §§ 22, 23 GrStG. Auf die Zerlegung sind zunächst die Vorschriften über Steuermessbescheide (§ 184 Abs. 1 Satz 3 AO, Rz. 1496) und damit die Vorschriften über die Durchführung der Besteuerung sinngemäß anzuwenden.

4.2.1 Zerlegungsbescheid (§§ 185–189 AO)

Der Zerlegungsbescheid ist **Folgebescheid des Steuermessbescheides** (§ 182 Abs. 1 AO i. V. m. § 185, 184 Abs. 1 Satz 4 AO **und Grundlagenbescheid** (§ 171 Abs. 10 AO) **für die Real-steuerbescheide** (Gewerbesteuer- und Grundsteuerbescheid). Am Zerlegungsverfahren sind der **Stpfl. und die Gemeinden beteiligt**, denen ein Anteil an dem Steuermessbetrag zugeteilt worden ist oder die einen Anteil beanspruchen (§ 186 AO). Über die Zerlegung ergeht **an den Stpfl.** ein **schriftlicher Bescheid** (§ 188 Abs. 1 AO) **über die gesamte Zerlegung.** Der Zerlegungsbescheid muss die Höhe des zu zerlegenden Steuermessbetrages angeben und auch bestimmen, welche Anteile den beteiligten Steuerberechtigten zugeteilt werden (§ 188 Abs. 2 Satz 1 AO). Fehlen diese, so ist der Bescheid inhaltlich nicht hinreichend bestimmt und nichtig (§ 119 Abs. 1 AO; § 125 Abs. 1 AO; § 124 Abs. 3 AO). Er muss ferner die Zerlegungsgrundlagen angeben (§ 188 Abs. 2 Satz 2 AO). Diese sind aber lediglich ein Teil der Begründung (§ 121 AO). Die fehlende Begründung führt nicht zur Nichtigkeit und kann nach § 126 Abs. 1 Nr. 2 AO nachgeholt werden. Der Stpfl. kann gegen den Zerlegungsbescheid **Einspruch** (§ 347 Abs. 1 Nr. 1 AO) einlegen. Eine Beschwer kann sich etwa aus einer fehlerhaften Aufteilung wegen den unterschiedlich hohen Hebesätzen der Gemeinden ergeben.

Die beteiligten **Gemeinden** erhalten jeweils einen **kurzgefassten Bescheid** mit den sie betreffenden Daten (AEAO zu § 188 AO). Den Gemeinden steht ein besonderes Akteneinsichtsrecht nach § 187 AO zu und sie sind gem. § 347 Abs. 1 Nr. 1 AO i. V. m. § 186 Nr. 2 AO befugt, **Einspruch** (§ 347 Abs. 1 Nr. 1 AO) einzulegen.

Zerlegungsbescheide können nach den für Steuerbescheide geltenden **Korrekturvorschriften** geändert werden (vgl. §§ 185, 184 AO i. V. m. §§ 129, 172 ff. AO). Daneben enthält § 189 AO eine weitere **eigenständige Änderungsvorschrift.** Eine Zerlegung kann von Amts wegen oder auf Antrag geändert oder nachgeholt werden, wenn der Anspruch eines Steuerberechtigten (Gemeinde) nicht berücksichtigt worden ist. Eine Änderung ist nur binnen Jahresfrist nach Unanfechtbarkeit (formelle Bestandskraft) des Steuermessbescheids (nicht des Zerlegungsbescheids) möglich, wenn nicht der übergangene oder falsch behandelte Steuerberechtigte innerhalb dieser Frist einen entsprechenden Antrag gestellt hat. Ist der Zerlegungsbescheid gegenüber den bereits beteiligten Steuerberechtigten unanfechtbar geworden, so dürfen bei der Änderung der Zerlegung nur solche Änderungen vorgenommen werden, die sich aus der Berücksichtigung des/der bisher übergangenen Steuerberechtigten ergeben.

4.2.2 Zuteilungsbescheid (§ 190 AO)

Besteht **Streit** darüber, welchem Steuerberechtigten ein **ganzer Steuermessbetrag** zusteht, **1498** so entscheidet die Finanzbehörde auf Antrag eines Beteiligten durch Zuteilungsbescheid (§ 190 AO). Hierbei geht es nicht um die Aufteilung eines Steuermessbetrags (Zerlegung) sondern um die Frage, welcher Gemeinde der gesamte Messbetrag zusteht. Antragsberechtigte Beteiligte sind neben den betroffenen Gemeinden auch der Stpfl. (vgl. § 186 AO). Der Antrag muss nach § 190 Satz 2 AO grundsätzlich innerhalb der Jahresfrist des § 189 Satz 3 AO erfolgen. Durch die Verweisung in § 190 Satz 2 AO auf das Zerlegungsverfahren (§§ 185 ff. AO) finden auch für die Zuteilungsbescheide die Vorschriften für die Steuermessbescheide (§ 184 AO) und damit die Vorschriften über das Steuerfestsetzungsverfahren entsprechende Anwendung (vgl. Rz. 1496). Gegen den Zuteilungsbescheid ist als Rechtsbehelf der **Einspruch** gegeben (§ 347 Abs. 1 Nr. 1 AO).

5 Verzicht auf Steuerfestsetzung

5.1 Absehen von Steuerfestsetzungen (§ 156 AO)

1499 Die Festsetzung von **steuerlichen Kleinbeträgen bis 10 €** kann nach Maßgabe einer Rechtsverordnung unterbleiben (§ 156 Abs. 1 AO). Aufgrund dieser Vorschrift ist die Kleinbetragsverordnung (KBV) erlassen worden. Sie ist auch zulasten des Steuerpflichtigen anzuwenden (BFH vom 16. 02. 2011 BStBl II 2011, 671). Nach § 1 KBV werden z. B. die Festsetzungen der **Einkommensteuer, Körperschaftsteuer, Erbschaftsteuer** (Schenkungsteuer), **Grunderwerbsteuer** und der **Umsatzsteuer** nur geändert oder berichtigt, wenn die Abweichung von der bisherigen Steuerfestsetzung (bzw. ggf. von der angemeldeten Steuer oder Steuervergütung bei der Umsatzsteuer) **mindestens 10 €** beträgt. § 1 KBV erfasst nur die ausdrücklich aufgeführten Steuern. Unterbleibt wegen der Kleinbetragsgrenze die Änderung oder Berichtigung der Steuer, so unterbleibt auch die entsprechende Änderung der **Annexabgaben** (Kirchensteuer, Kirchgeld, Solidaritätszuschlag). Wird andererseits z. B. die Einkommensteuer geändert, werden die Annexabgaben auch dann entsprechend geändert, wenn deren Abweichung weniger als 10 € beträgt. Bei der Einkommen- und Körperschaftsteuer ist jeweils die nach Abzug der Steuerabzugsbeträge (Lohnsteuer, Kapitalertragsteuer, § 36 Abs. 2 Nr. 2 EStG, § 31 KStG) verbleibende Steuerschuld zu vergleichen.

Bei **Gewerbesteuermessbeträgen** erfolgt eine Änderung oder Berichtigung nur, wenn die Abweichung zur bisherigen Festsetzung mindestens **2 €** beträgt (§ 2 KBV). Ist diese Grenze erreicht, ist der Gewerbesteuerbescheid auch dann nach § 175 Abs. 1 Nr. 1 AO zu ändern, wenn die steuerliche Auswirkung weniger als 10 € beträgt. Bei **gesonderten und einheitlichen Feststellungen** wird die Höhe der Einkünfte nur geändert oder berichtigt, wenn sich diese Einkünfte bei mindestens einem Beteiligten um mindestens **20 €** ermäßigen oder erhöhen (§ 3 Abs. 1 KBV). Bei **gesonderten Feststellungen** gilt dies entsprechend (§ 3 Abs. 2 KBV).

Die Anwendung der KBV beschränkt sich auf die Fälle der Änderung oder Berichtigung die in der KBV ausdrücklich genannt sind. **Sie gilt mithin nicht**

- bei erstmaligen Festsetzungen,
- bei anderen nicht in der KBV genannten Festsetzungen (z. B. bei festgesetzten Haftungsbeträgen oder andere nicht genannte Steuern, wie z. B. Kapitalertragsteuer, Gewerbesteuer oder Grundsteuermessbetrag),
- bei steuerlichen Nebenleistungen (vgl. für Zinsen aber die gesetzliche Kleinbetragsregelung in § 239 Abs. 2 AO),
- für das Erhebungsverfahren (vgl. hierzu BMF vom 22. 03. 2001 BStBl I 2001, 242, wonach etwa bei Beträgen unter 3 € von einer Mahnung gem. § 259 AO abzusehen ist).

Für Steuern, die nach dem 31. 12. 2016 entstehen (z. B. **Veranlagungszeitraum 2017**), sind durch das StModernG **Änderungen** vorgesehen. Die Kleinbetragsgrenze wird in § 156 Abs. 1 AO i. d. F. des StModernG von 10 € auf 25 € angehoben. Nach § 1 KBV i. d. F. des StModernG unterbleibt eine Änderung bzw. Berichtigung einer Festsetzung zugunsten des Stpfl. bis zu einem Betrag von 10 €, zuungunsten sind es hingegen 25 €. Beim Gewerbesteuermessbetrag sind es zugunsten 2 € beträgt; zuungunsten 5 €. Bei Feststellungen wird der Betrag von 20 € auf 25 € angehoben.

1500 Nach § 156 Abs. 2 AO kann von der Festsetzung von Steuern und steuerlichen Nebenleistungen abgesehen werden, wenn von vornherein feststeht (§ 156 Abs. 2 i. d. F. des StModernG ab 2017: »…wenn zu erwarten ist …« , also nach einer Prognoseentscheidung mit Wirtschaftlichkeitserwägungen zu erwarten ist), dass die **Erhebung keinen Erfolg haben wird** (z. B. bei aufwändigen Steuerfestsetzungen in aussichtslosen Vollstreckungsfällen mit bereits sehr hohen bestehenden Rückständen oder nach Löschung von Gesellschaften im Handelsregister) oder die **Kosten der Einziehung einschließlich der Festsetzung außer Verhältnis zum festzusetzenden Betrag** stehen. Die Festsetzung hat dann keinen Sinn. Ist die Steuer oder steuerliche Nebenleistung bereits festgesetzt worden, so kann sie nach § 261 AO niedergeschlagen werden. Das Absehen von der Steuerfestsetzung führt (ebenso wie die Niederschlagung) nicht zum Erlöschen des Steueranspruchs. Die Festsetzung kann innerhalb der Festsetzungsfrist nachgeholt werden.

Ab 2017 ist es der Finanzverwaltung auch möglich, allermeist elektronisch erlangtes Kontrollmaterial aus wirtschaftlichen Aspekten heraus (nicht zuzuordnendes Material oder nicht aufgriffswürdig, z. B. wegen zu geringem Betrag) nicht auszuwerten.

5.2 Abweichende Steuerfestsetzungen aus Billigkeitsgründen (§ 163 AO)

Grundsätzlich hat die Steuerfestsetzung nach Maßgabe der in den einzelnen materiell-rechtlichen Vorschriften enthaltenen Besteuerungstatbestände zu erfolgen (die Steuer kann allenfalls nach Festsetzung erlassen werden; § 227 AO, Rz. 1820 ff.). **1501**

Abweichend hiervon können **Steuern niedriger festgesetzt** werden und einzelne **Besteuerungsgrundlagen,** die die Steuern erhöhen, **bei der Festsetzung** der Steuer **unberücksichtigt bleiben,** wenn die Erhebung der Steuer nach Lage des einzelnen Falles unbillig wäre (§ 163 Satz 1 AO). Soweit die Vorschriften für Steuerfestsetzungen **sinngemäß** anzuwenden sind, kann auch § 163 AO angewendet werden, z. B. für die gesonderte (und einheitliche) Feststellung von Besteuerungsgrundlagen gem. § 181 Abs. 1 Satz 1 AO, für die Festsetzung von Steuermessbescheiden gem. § 184 Abs. 1 Satz 3 AO oder für die Festsetzung von Zinsen gem. § 239 Abs. 1 Satz 1 AO. **Steuerliche Nebenleistungen** (§ 3 Abs. 4 AO) werden von der Vorschrift jedoch nicht erfasst, für sie kommt nur der Erlass gem. § 227 AO in Betracht.

Mit Zustimmung des Stpfl. kann (nur) bei **Steuern vom Einkommen** zugelassen werden, dass **einzelne Besteuerungsgrundlagen,** soweit sie die Steuer erhöhen, bei der Steuerfestsetzung **erst zu einer späteren Zeit** und soweit sie die Steuer mindern, **schon zu einer früheren Zeit berücksichtigt werden** (§ 163 Satz 2 AO), was gem. § 184 Abs. 2 AO Auswirkungen auf die Gewerbesteuer haben darf.

Billigkeitsmaßnahmen nach § 163 AO kommen z. B. in Betracht bei **Naturkatastrophen** oder in Verbindung mit **Übergangsregelungen** nach einer Änderung der Rechtsprechung durch den BFH.

Die **interne Zuständigkeitsverteilung** zwischen FA, Oberfinanzdirektion/Landesamt, Landesfinanzministerium und Bundesfinanzministerium ergibt sich aus BMF vom 11. 12. 2015 BStBl I 2015, 1023 (für Sanierungsfälle vgl. BMF vom 27. 03. 2003 BStBl I 2003, 240, für Insolvenzfälle vgl. BMF vom 22. 12. 2009 BStBl I 2010, 18) und Gleichlautende Ländererlasse vom 15. 04. 2008 BStBl I 2008, 534. Für die abweichende Festsetzung von **Realsteuern** sind die Gemeinden zuständig, vgl. § 1 Abs. 2 AO. Für die **Kirchensteuer** steht die Befugnis den Kirchen zu.

Die Entscheidung über die abweichende Festsetzung ist eine **Billigkeitsmaßnahme** (Ermessensentscheidung i. S. d. § 5 AO). Die Billigkeitsmaßnahme ist keine Steuerfestsetzung im Sinne von § 155 AO, sondern führt gem. § 47 AO zum Erlöschen des Steueranspruchs. Demnach ist etwa der **Vorbehalt der Nachprüfung** (§ 164 AO) auf die Billigkeitsfestsetzung **nicht anwendbar.** Sie ist ein **selbstständiger Verwaltungsakt,** der nach § 163 Satz 3 AO mit der Steuerfestsetzung verbunden, aber auch gesondert ergehen kann. Als **Grundlagenbescheid** i. S. d.

§ 171 Abs. 10 AO ist die Billigkeitsmaßnahme für die Steuerfestsetzung gem. § 182 Abs. 1 AO verbindlich; ggf. ist die Steuerfestsetzung gem. § 175 Abs. 1 Nr. 1 AO zu ändern. Betrifft die Billigkeitsmaßnahme nur einen Teil der Steuer, ist bei etwaigen Änderungen der Steuerfestsetzung der nach § 163 AO erlassene Steuerbetrag stets abzuziehen.

Eine getroffene Billigkeitsentscheidung kann als begünstigender Verwaltungsakt unter den Voraussetzungen der §§ 130 Abs. 2, 131 Abs. 2 AO **zurückgenommen oder widerrufen** werden und ist mit **Einspruch** (§ 347 Abs. 1 Nr. 1 AO) anfechtbar. Entscheidungen, die nach dem 31. 12. 2016 getroffen und mit der Steuerfestsetzung verbunden werden, stehen kraft Gesetzes unter Vorbehalt des Widerrufs, wenn sie nicht ausdrücklich als eigenständig ausgesprochen werden und die Steuerfestsetzung entweder unter Vorbehalt gem. § 164 AO steht oder mit einer vorläufigen Steuerfestsetzung nach § 165 AO ergeht und die Billigkeitsentscheidung im Zusammenhang mit der Vorläufigkeit steht (§ 163 Abs. 3 i. d. F. des StModernG; Art. 97 Abs. § 29 EGAO). Der Vorbehalt des Widerrufs entfällt automatisch, z. B. wenn der Vorbehalt der Nachprüfung aufgehoben wird.

6 Steuerfestsetzung unter dem Vorbehalt der Nachprüfung (§ 164 AO)

6.1 Zweck

1502   Die mit § 164 AO geschaffene Möglichkeit der Steuerfestsetzung unter Vorbehalt der Nachprüfung (im Folgenden als **Vorbehaltsfestsetzung** bezeichnet) stellt eine der zentralen Vorschriften des Abgabenrechts dar. Sie dient der Beschleunigung der ersten Steuerfestsetzung. Sie soll eine rasche erste Steuerfestsetzung dadurch ermöglichen, dass die Steuer ohne besondere Prüfung, allein aufgrund der Angaben des Stpfl. festgesetzt wird, wobei die spätere Überprüfung vorbehalten bleibt. Der Vorbehalt der Nachprüfung gibt das Recht, die Steuerfestsetzung (innerhalb der Regelfestsetzungsfrist) zu berichtigen.

6.2 Anwendungsbereich und Arten des Vorbehalts

1503   Nach dem Wortlaut des § 164 Abs. 1 Satz 1 AO ist der Vorbehalt der Nachprüfung **zulässig bei Steuerfestsetzungen** im Sinne von § 155 AO. Er findet **aber auch** Anwendung **bei** den den Steuerbescheiden **gleichgestellten Bescheiden**, etwa bei Freistellungsbescheiden (§ 155 Abs. 1 Satz 3 AO), Feststellungsbescheiden (§ 181 Abs. 1 Satz 1 AO), Steuermessbescheiden (§ 184 Abs. 1 Satz 3 AO), Zerlegungs- und Zuteilungsbescheiden (§ 185 Abs. 1, § 190 Abs. 1 Satz 2 AO), Zinsbescheiden (§ 239 Abs. 1 AO) sowie Vergütungsbescheiden (§ 155 Abs. 4 AO). **Keine Anwendung** findet er bei sonstigen Verwaltungsakten, die unter §§ 130, 131 AO fallen, vgl. Rz. 1972 ff.

Unterschieden werden können Vorbehalte **kraft Gesetzes** oder kraft **behördlicher Anordnung**. Bei gesetzlichen Vorbehaltsfestsetzungen bedarf es keiner gesonderten Bestimmung über den Vorbehalt der Nachprüfung in der Festsetzung. Diese Festsetzungen stehen kraft gesetzlicher Anordnung unter dem Vorbehalt der Nachprüfung (gesetzlicher Vorbehalt). Vor allem sind dies Steueranmeldungen (§ 168 AO) und Vorauszahlungsbescheide (§ 164 Abs. 1 Satz 2 AO). Auch in Einzelsteuergesetzen sind Regelungen zu finden, vgl. § 39 Abs. 1 Satz 4 EStG).

a) Der Unternehmer reicht die Umsatzsteuer-Jahreserklärung ein, in der er eine Zahllast zugunsten des FA erklärt.
LÖSUNG Gem. § 168 Satz 1 AO liegt mit Eingang dieser Steueranmeldung i. S. d. § 150 Abs. 1 Satz 3 AO i. V. m. § 18 Abs. 3 Satz 1 UStG eine Steuerfestsetzung unter Vorbehalt der Nachprüfung vor.

b) Gegen den Steuerpflichtigen werden Einkommensteuer-Vorauszahlungen zum noch folgenden 10.12. festgesetzt.
LÖSUNG Gem. § 37 Abs. 3 Satz 1 EStG werden die Vorauszahlungen durch Vorauszahlungsbescheid festgesetzt. Diese Festsetzung (und auch jede spätere Änderung dieser Festsetzung) steht gem. § 164 Abs. 1 Satz 2 AO stets unter Vorbehalt der Nachprüfung, auch wenn zum Vorbehalt der Nachprüfung im Vorauszahlungsbescheid keine Aussage aufgenommen wird.

Andere Steuerfestsetzungen, etwa ein Einkommensteuerbescheid oder ein Gewerbesteuermessbescheid stehen nur dann unter Vorbehalt der Nachprüfung, wenn die Finanzbehörde dies gem. § 164 Abs. 1 Satz 1 AO anordnen kann und anordnet (behördlicher Vorbehalt). Gerade **im Hinblick auf Außenprüfungen** werden die Bescheide der zu prüfenden Veranlagungszeiträume unter Vorbehalt der Nachprüfung erlassen. Zwar ist eine Außenprüfung nicht auf Vorbehaltsfestsetzungen beschränkt, jedoch ist damit stets eine umfassende Änderungsmöglichkeit hinsichtlich der Feststellungen der Außenprüfung möglich.

Bei einem Gewerbetreibenden ist geplant, innerhalb der nächsten zwei Jahre eine Außenprüfung durchzuführen. Die Veranlagungen für den vorgesehenen Prüfungszeitraum werden vom FA ohne abschließende Prüfung unter dem Vorbehalt der Nachprüfung (§ 164 Abs. 1 AO) durchgeführt.
LÖSUNG Bedingt durch die Vorbehaltsfestsetzung wird eine Einschränkung der materiellen Bestandskraft erreicht. Bei Auswertung der Feststellungen des Außenprüfers ist das FA nicht an einschränkende Korrekturvorschriften wie z. B. § 173 Abs. 1 Nr. 1 AO gebunden.

Der behördliche Vorbehalt der Nachprüfung ist **auch** möglich, **wenn** die **Besteuerungsgrundlagen** gem. § 162 AO **geschätzt werden** müssen, insbesondere dann, wenn eine Außenprüfung für den Schätzungszeitraum vorgesehen ist oder zu erwarten ist, dass der Stpfl. nach Erlass des Schätzungsbescheids die Steuererklärung nachreicht (AEAO zu § 162, Nr. 4).

6.3 Voraussetzungen

Einzige Voraussetzung für die Anordnung eines behördlichen Vorbehalts ist gem. § 164 Abs. 1 Satz 1 AO, dass der **Steuerfall noch nicht abschließend geprüft** ist. Damit kann entweder eine (weitergehende) Sachverhaltsermittlung oder eine abschließende rechtliche Beurteilung hinsichtlich des ganzen Steuerfalls oder eines Teils davon noch ausstehen. Der Vorbehalt der Nachprüfung erfasst die Steuerfestsetzung stets insgesamt. **Eine Beschränkung des Vorbehalts auf Einzelpunkte oder einzelne Besteuerungsgrundlagen ist unzulässig.** Auch bei einer Veranlagung unter Vorbehalt der Nachprüfung kann das FA von den Angaben in der Steuererklärung abweichen (BFH vom 04. 08. 1983 BStBl II 1984, 6). Es ist nach § 164 Abs. 1 Satz 1 AO nicht Voraussetzung, dass überhaupt keine Prüfung angestellt wird und die Angaben des Stpfl. in der Erklärung vollständig der Festsetzung zu Grunde gelegt werden. Einer Begründung für die Anordnung des Vorbehalts bedarf es gem. § 164 Abs. 1 Satz 1 AO nicht.

1504

6.4 Verfahren

1505

Der behördliche Vorbehalt der Nachprüfung ist eine Nebenbestimmung im Sinne von § 120 AO, die im Steuerbescheid anzugeben ist. Er wird nach behördlichem Ermessen (§ 164 Abs. 1 Satz 1 AO: »Steuern **können, ...**) durch **schriftliche Erklärung** gegenüber dem Adressaten des Bescheids angebracht. Unterbleibt diese Erklärung, so ist die Steuer ohne Vorbehalt festgesetzt, auch wenn die Aktenverfügung den Vorbehaltsvermerk enthält (§ 157 Abs. 1 Satz 2, § 124 Abs. 1 AO). Ggf. ist jedoch zu prüfen, ob nicht eine offenbare Unrichtigkeit (§ 129 AO) in diesem Falle vorliegt (BFH vom 17.11.1998 BStBl II 1999, 62).

Wird eine **unter Vorbehalt der Nachprüfung stehende Steuerfestsetzung geändert**, kann auch die Änderungsfestsetzung **wiederum unter Vorbehalt der Nachprüfung** ergehen, wenn der Steuerfall noch immer nicht abschließend geprüft wurde. In dem neuen Steuerbescheid ist zu vermerken, ob dieser weiterhin unter Vorbehalt der Nachprüfung steht oder ob der Vorbehalt aufgehoben wird. Fehlt ein derartiger Vermerk, bleibt der Vorbehalt bestehen, weil das FA ihn ausdrücklich in den Steuerbescheid aufgenommen hatte (BFH vom 18.08.2009 BFH/NV 2010, 161 m. w. N.).

BEISPIEL

Aufgrund der Steuererklärung erlässt das FA mit Datum vom 19.05.03 den Einkommensteuerbescheid 02 gem. § 164 Abs. 1 Satz 1 AO unter Vorbehalt der Nachprüfung. Zwei Monate später erlässt das FA einen Änderungsbescheid, ohne eine Aussage zur Fortgeltung des Vorbehalts der Nachprüfung zu treffen.

LÖSUNG Es handelt sich um einen behördlich veranlassten Vorbehalt der Nachprüfung, der auch ohne Aussage im Änderungsbescheid weitergilt.

Dem gegenüber **entfällt** der nach § 168 Satz 1 AO **kraft Gesetzes einer Steueranmeldung** (z. B. Umsatzsteuer-Jahreserklärung, Lohnsteuer, Kapitalertragsteuer) **anhaftende Nachprüfungsvorbehalt, wenn** die Steuerfestsetzung gem. § 167 Abs. 1 Satz 1 AO **keine Aussage** über den Vorbehalt der Nachprüfung enthält (BFH vom 02.12.1999 BStBl II 2000, 284 und AEAO zu § 164 Nr. 6).

BEISPIEL

Das FA weicht mit Bescheid vom 07.08.04 von der am 02.06.04 eingereichten USt-Jahreserklärung mit Zahllast ab.

LÖSUNG Die Umsatzsteuer-Jahreserklärung führt gem. § 168 Satz 1 AO zu einer Steuerfestsetzung unter Vorbehalt der Nachprüfung. Der gem. § 167 Abs. 1 Satz 1 AO zu erlassende Steuerbescheid steht nur dann unter Vorbehalt der Nachprüfung, wenn dies im Bescheid ausdrücklich vermerkt ist.

Eine Besonderheit bilden die **Umsatzsteuer-Vorauszahlungen**. Wird die Umsatzsteuer für einen Voranmeldungszeitraum durch Steuerbescheid gem. § 167 Abs. 1 Satz 1 AO geändert, steht dieser wegen der gesetzlichen Anordnung für Vorauszahlungen in § 164 Abs. 1 Satz 2 AO stets unter Vorbehalt der Nachprüfung.

BEISPIEL

Wegen eines Zahlendrehers meldet der Unternehmer in seiner Umsatzsteuer-Voranmeldung eine Zahllast von 1 500 € an. Nach einer Umsatzsteuer-Sonderprüfung ergibt sich eine Zahllast von 2 600 €.

LÖSUNG Nach § 168 Satz 1 AO führt die Steueranmeldung des Unternehmers zu einer Steuerfestsetzung unter Vorbehalt der Nachprüfung. Nach § 167 Abs. 1 Satz 1 AO nimmt das FA eine diese Steuerfestsetzung ändernde Festsetzung durch Steuerbescheid nach § 155 AO vor, indem es die Feststellungen der Sonderprüfung übernimmt. Der Änderungsbescheid steht stets – auch ohne eine diesbezügliche Aussage im Steuerbescheid – wegen § 164 Abs. 1 Satz 2 AO unter Vorbehalt der Nachprüfung und führt zu einer Nachzahlung von 1 100 €.

Eine geänderte Steuerfestsetzung kann nur mit Zustimmung des Stpfl. unter dem Vorbehalt der Nachprüfung erlassen werden, wenn die **vorhergehende Festsetzung keinen** solchen **Vorbehalt** enthielt (BFH vom 30. 10. 1980 BStBl II 1981, 150). Dies muss auch dann gelten, wenn der Stpfl. im Rahmen der Erstveranlagung seine Mitwirkungs- und Erklärungspflicht verletzt hat.

BEISPIEL

Wegen Nichtabgabe der Steuererklärung wird bei einem Stpfl. die Einkommensteuer geschätzt. Der Steuerbescheid enthält keinen Vorbehaltsvermerk nach § 164 AO. Innerhalb der Rechtsbehelfsfrist legt der Stpfl. Einspruch ein und reicht die fehlende Steuererklärung nach.
LÖSUNG Die berichtigte Steuerfestsetzung kann nicht unter dem Vorbehalt der Nachprüfung ergehen, da der Erstbescheid einen solchen Vermerk nicht enthielt, es sei denn, dass der Stpfl. ausdrücklich einer Vorbehaltsfestsetzung zustimmt (§ 172 Abs. 1 Nr. 2 Buchst. a AO).

Das FA kann einen dem angefochtenen Steuerbescheid beigefügten Nachprüfungsvorbehalt im **Einspruchsverfahren** aufrechterhalten, wenn sie die Sache gem. § 367 Abs. 2 Satz 1 AO *erneut* prüft. Dies setzt keine ausdrückliche Erklärung des FA über das Fortbestehen des Vorbehalts voraus (BFH vom 16. 10. 1984 BStBl II 1985, 448). Vielmehr bleibt der Vorbehalt der Nachprüfung so lange bestehen, bis er ausdrücklich aufgehoben wird. Möglich ist auch die erstmalige Aufnahme des Vorbehalts in einer **Einspruchsentscheidung**, was eine Verböserung i. S. d. § 367 Abs. 2 Satz 2 AO darstellt (BFH vom 12. 06. 1980 BStBl II 1980, 527).

Ist in einem **Einspruchsverfahren gegen einen Schätzungsbescheid** unter Vorbehalt der Nachprüfung der Einspruch z. B. durch Nachreichung der Steuererklärung nicht begründet worden und ist auch eine Fristsetzung gem. § 364 b AO ohne Erfolg geblieben, ist der Vorbehalt in der Einspruchsentscheidung aufzuheben. Andernfalls ginge die **Präklusion** bei verspätetem Vorbringen der präkludierten Tatsachen ins Leere (vgl. Rz. 2669).

6.5 Wirkung der Vorbehaltsfestsetzung

Eine unter Vorbehalt der Nachprüfung stehende Steuerfestsetzung entfaltet **zunächst die gleichen Wirkungen wie endgültige Steuerfestsetzungen.** § 164 AO hält **den gesamten Steuerfall offen,** d. h. er wird nicht materiell, sondern nur formell bestandskräftig (unanfechtbar, vgl. BFH vom 22. 09. 1982 BStBl II 1983, 164). Einspruch gegen eine Vorbehaltsfestsetzung kann nur innerhalb der Einspruchsfrist des § 355 AO eingelegt werden. Die festgesetzte Steuer ist gem. § 218 Abs. 1 Satz 1 AO Grundlage für das Erhebungsverfahren, die Steuer (bzw. die Erstattung) wird gem. § 220 AO (grds. i. V. m. den Einzelsteuergesetzen) fällig und kann gem. § 249 ff. AO vollstreckt werden. Auch tritt der Erfolg einer Steuerverkürzung gem. § 370 Abs. 4 Satz 1 AO bei einer Vorbehaltsfestsetzung ein (vgl. Rz. 3002).

Die Steuerfestsetzung unter Vorbehalt der Nachprüfung kann von Amts wegen oder auf Antrag des Stpfl. **jederzeit** – also auch nach Ablauf der Rechtsbehelfsfrist – **und** dem Umfange nach **uneingeschränkt** aufgehoben oder zugunsten wie zuungunsten **geändert werden** (§ 164 Abs. 2 Satz 1 und 2 AO). Auch mehrfache Änderungen sind durchaus möglich. Die **einschränkenden Änderungsvorschriften** der §§ 172, 173 AO und 177 **gelten nicht** (vgl. z. B. § 172 Abs. 1

1506

Satz 1 AO oder § 177 Abs. 4 AO). Der **Vertrauensschutz** nach § 176 AO ist jedoch **zu beachten** (vgl. Rz. 2160).

Beantragt der Stpfl. die Aufhebung oder Änderung der Festsetzung, **kann** die **Entscheidung** hierüber gem. § 164 Abs. 2 Satz 3 AO **bis zur abschließenden Prüfung des Steuerfalles hinausgeschoben werden.** Durch den Antrag tritt für die Festsetzungsverjährung Ablaufhemmung gem. § 171 Abs. 3 AO ein.

6.6 Aufhebung und Wegfall des Vorbehalts der Nachprüfung

1507   Für die Aufhebung des Vorbehalts gelten die **Formvorschriften** für Steuerbescheide. Die Aufhebung des Vorbehalts steht nach § 164 Abs. 3 Satz 2 AO einer Steuerfestsetzung ohne Vorbehalt der Nachprüfung (endgültige Steuerfestsetzung) gleich. Sie muss demnach schriftlich ergehen und mit einer Rechtsbehelfsbelehrung versehen sein (§ 157 Abs. 1 Satz 1 und 3 AO). Gegen sie kann Einspruch eingelegt werden. Die Anfechtungsbeschränkung des § 351 Abs. 1 AO gilt dann nicht, der ganze Steuerfall kann erneut aufgerollt werden. Eine Begründung für die Aufhebung des Vorbehalts ist regelmäßig nicht erforderlich (BFH vom 10.07.1996 BStBl II 1997, 5). Die Aufhebung des Nachprüfungsvorbehalts ist auch ohne abschließende Prüfung des Steuerfalls zulässig (BFH vom 28.05.1998 BStBl II 1998, 502). Nach der Bekanntgabe der Aufhebung kann die spätere Aufhebung oder Änderung eines Steuerbescheides nicht mehr auf § 164 Abs. 2 AO gestützt werden. In diesen Fällen sind die Voraussetzungen der §§ 129 und 172 ff. AO zu prüfen.

Eine **Verpflichtung zur Vorbehaltsaufhebung** besteht nach dem Gesetz lediglich **nach einer Außenprüfung,** wenn sich Änderungen gegenüber der festgesetzten Steuer nicht ergeben haben (§ 164 Abs. 3 Satz 3 AO). Jedoch beinhaltet eine Außenprüfung grundsätzlich immer die »abschließende Prüfung« eines Steuerfalles i. S. d. § 164 Abs. 1 Satz 1 AO. Dies gilt auch für eine abgekürzte Außenprüfung (§ 203 AO). Nach Abschluss der Prüfung ist daher auch dann kein Raum mehr für einen Vorbehaltsvermerk, wenn sich keine Änderungen gegenüber der festgesetzten Steuer ergeben haben. Eine weitere Beibehaltung würde dem System zuwider laufen.

Umsatzsteuer-Sonderprüfung und Lohnsteuer-Außenprüfung wirken sich nur auf die geprüften Steuerarten und die geprüfte Steuerfestsetzung aus. Eine Umsatzsteuer-Sonderprüfung stellt keine abschließende Prüfung für die Umsatzsteuer-Jahresfestsetzung dar, wenn sie sich nur auf einzelne Teilbereiche (z. B. Vorsteuerabzug oder einzelne Voranmeldungszeiträume) beschränkt. Daher bleibt in der Praxis nach einer Umsatzsteuer-Sonderprüfung der Vorbehalt in der Umsatzsteuer-Jahresfestsetzung generell bestehen. Sinn macht dies für die Finanzämter vor allem dann, wenn auch noch eine Betriebsprüfung für denselben Zeitraum vorgesehen ist. Trifft der Betriebsprüfer weitere Feststellungen, kann die Festsetzung verfahrensrechtlich unproblematisch nach § 164 Abs. 2 Satz 1 AO geändert werden. Hingegen ist die Lohnsteuer-Außenprüfung für die geprüften Anmeldungszeiträume i. d. R. als abschließende Prüfung anzusehen, weil sie sich nicht nur auf Teilbereiche erstreckt. Daher heben die Finanzämter nach einer Lohnsteuer-Außenprüfung für die geprüften Zeiträume den Vorbehalt der Nachprüfung generell auf.

Wird der Vorbehalt nicht ausdrücklich aufgehoben, **entfällt** er nach § 164 Abs. 4 AO **mit Ablauf der allgemeinen Festsetzungsfrist** i. S. d. § 169 Abs. 2 Satz 1 AO. Die verlängerten Festsetzungsfristen von fünf bzw. zehn Jahren sind gem. § 164 Abs. 2 Satz 2 AO hierbei unbeachtlich.

BEISPIEL

Hinsichtlich der Einkommensteuer 01 hat der Stpfl. durch vorsätzlich falsche Angaben in der am 07.08.02 abgegeben Einkommensteuererklärung Steuerhinterziehung gem. § 370 AO begangen mit Bekanntgabe des betreffenden unter Vorbehalt der Nachprüfung stehenden ESt-Bescheids vom 13.09.02. In 08 wird die Steuerhinterziehung entdeckt.

LÖSUNG Die Regel-Festsetzungsfrist gem. § 169 Abs. 2 Satz 1 Nr. 2 AO i. V. m. § 170 Abs. 2 Nr. 1 AO endet – ohne Tatbestände des § 171 AO – mit Ablauf des 31.12.06. Damit ist der Vorbehalt der Nachprüfung gem. § 164 Abs. 4 AO entfallen. Innerhalb der bei Steuerhinterziehung geltenden Festsetzungsfrist gem. § 169 Abs. 2 Satz 2 AO von 10 Jahren (hier: 31. 12. 12) ist eine Änderung der Festsetzung wegen neuer Tatsachen gem. § 173 Abs. 1 Nr. 1 AO in Betracht zu ziehen.

Sowohl die **Anlaufhemmung** nach § 170 Abs. 6 AO als auch die **Ablaufhemmungen** nach § 171 Abs. 7, 8 und 10 AO verlängern diese Frist für den Wegfall des Vorbehalts der Nachprüfung nicht. Etwas anderes gilt für die übrigen Ablaufhemmungen, vor allem wegen Antragstellung nach § 171 Abs. 3 AO oder wegen Außenprüfung gem. § 171 Abs. 4 AO , in diesen Fällen bleibt der Vorbehalt bestehen.

6.7 Rechtsbehelfsmöglichkeiten

Ebenso wie eine endgültige Steuerfestsetzung kann auch eine Steuerfestsetzung unter Vorbehalt der Nachprüfung mit dem Einspruch gem. § 347 Abs. 1 Nr. 1 AO angefochten werden. Ebenso ist Aussetzung der Vollziehung gem. § 361 AO bzw. § 69 FGO (nur nach Einspruch) möglich. Nach Ablauf der Einspruchsfrist kann der Stpfl. nur noch einen Antrag auf Änderung der Vorbehaltsfestsetzung nach § 164 Abs. 2 Satz 2 AO stellen. Auch die Ablehnung eines Antrags auf Aufhebung oder Änderung der Steuerfestsetzung gem. § 164 Abs. 2 Satz 2 AO kann mit dem Einspruch angefochten werden.

Will sich der Stpfl. allein gegen die Aufnahme des Vorbehalts der Nachprüfung in die Steuerfestsetzung wehren, kann er diese **Nebenbestimmung** i. S. d. § 120 AO **nicht isoliert anfechten**, sondern muss Einspruch gegen die Steuerfestsetzung einlegen (BFH vom 30. 10. 1980 BStBl II 1981, 150). Hierbei kann er als Begründung die Aufhebung des Vorbehalts verlangen.

Nach **Änderung einer Vorbehaltsfestsetzung** gem. § 164 Abs. 2 Satz 1 AO kann der Stpfl. gegen diesen Änderungsbescheid in vollem Umfang Einspruch einlegen. Die Anfechtungsbeschränkungen des § 351 Abs. 1 AO gelten nicht (vgl. Rz. 2585). Wird der Vorbehalt der Nachprüfung ohne eine Änderung der Steuerfestsetzung gem. § 164 Abs. 3 Satz 1 AO aufgehoben (in der Praxis oftmals durch einen eigenständigen kurzen Aufhebungsbescheid), kann der Stpfl. gegen die dann erstmalig ohne Vorbehalt wirkende Steuerfestsetzung ebenfalls uneingeschränkt Einspruch einlegen. Auch in diesem Fall gilt die Anfechtungsbeschränkung des § 351 Abs. 1 AO nicht.

1508

ÜBERSICHT

1509

$$\text{Die Vorbehaltsfestsetzung, § 164 AO}$$

Voraussetzungen und Folgen

Behördlicher Vorbehalt:
Ermessensentscheidung des Finanzamts,
§§ 5, 164 Abs. 1 Satz 1 AO bei Steuerbescheiden
und gleichgestellten Bescheiden

Gesetzlicher Vorbehalt bei:
Voranmeldungen und Anmeldungen,
Vorauszahlungen, Eintragung von
LoSt-Freibeträgen

Rechtsfolgen des Vorbehalts:
»Offenheit« des Steuerfalles im Sinne
jederzeitiger uneingeschränkter
Berichtigungsmöglichkeit, im übrigen:
Grundlage für Erhebung, Vollstreckung,
Berichtigung, Rechtsbehelfe, Strafverfahren,
Billigkeitsmaßnahmen

Merke:
Auch Vorbehaltsbescheid erwächst in
Bestandskraft, Verlust der Möglichkeit zur
Vollziehungsaussetzung nach § 361 AO,
§ 69 FGO oder Antragstellung nach
Unanfechtbarkeit, z. B. § 19 Abs. 2 UStG

Korrektur und Aufhebung

Zweifache **Korrekturmöglichkeit,** nämlich:
a) im Sinne einer **Punktberichtigung,**
§ 164 Abs. 2 AO, hierbei erneute
Vorbehaltsverlängerung möglich

Korrektur: von Amts wegen oder auf Antrag
des Betroffenen

b) **Globalberichtigung,** nach abschließender
Prüfung

Hierbei Rechtspflicht zur Aufhebung
des Vorbehalts,
bei Verstoß hiergegen keine Unwirksamkeit des Vorbehalts, Einspruchseinlegung
erforderlich

Aufhebung oder sonstige Beendigung des
Vorbehalts:

a) **freiwillige Aufhebung** durch das
Finanzamt ohne Rechtspflicht zum
Handeln, § 164 Abs. 3 Satz 1 AO

Durch **Verwaltungsakt** der Aufhebung
liegt endgültiger Steuerbescheid vor,
§ 157 AO, hiergegen Einspruchsmöglichkeit
mit jedwedem Vorbringen

b) **Verjährungsablauf,** § 164 Abs. 4 AO,
ohne Verlängerung der Festsetzungsverjährung nach § 169 Abs. 2 Satz 2 AO und
ohne einen Teil der Ablaufhemmungen

b) nach **Durchführen einer abschließenden
Prüfung:**
wenn Aufheben des Vorbehalts erfolgt, ist
dies endgültiger Steuerbescheid, § 157 AO,
gleichgültig, ob Steuerfestsetzung geändert
oder nicht

wenn Vorbehalt nicht aufgehoben wird und
entsprechender Antrag des Betroffenen
abgelehnt wird, ist diese Ablehnung
ebenfalls einspruchsfähiger Steuerbescheid,
§ 347 Abs. 1 Nr. 1 AO

7 Vorläufige Steuerfestsetzung (§ 165 AO)

7.1 Zweck

Wenn ungewiss ist, ob und inwieweit die Voraussetzungen für die Entstehung einer Steu- **1510**
erschuld eingetreten sind, kann die Steuer noch nicht endgültig festgesetzt werden. Ein zu lan-
ges Hinausschieben der Steuerfestsetzung kann aber sowohl für den Steuerberechtigten als auch
für den Stpfl. nachteilig sein. Können die Voraussetzungen für die Steuerschuld, aus welchen
Gründen auch immer, noch nicht ganz oder teilweise festgestellt werden, so soll nicht bis zur
endgültigen Klärung der Ungewissheiten auf die Steuereinnahmen total verzichtet werden. Dies
gilt umgekehrt auch für einen Erstattungsanspruch des Stpfl. Deshalb lässt § 165 AO unter
bestimmten Voraussetzungen eine vorläufige Steuerfestsetzung zu.

1511 frei

7.2 Unterschiede zum Vorbehalt der Nachprüfung gem. § 164 AO

Eine Steuer kann insoweit vorläufig festgesetzt werden, als ungewiss ist, ob die Vorausset- **1512**
zungen für ihre Entstehung eingetreten sind (§ 165 Abs. 1 Satz 1 AO). Dies bezieht sich auf alle
Fälle vorübergehender **tatsächlicher oder rechtlicher Ungewissheit**. Im Unterschied dazu
betrifft § 164 AO die Fälle, in denen eine Aufklärung zwar möglich wäre, aber aus verfahrensökonomischen Gründen noch keine Nachprüfung erfolgt. **§ 164 AO umfasst** auch immer den
ganzen Steuerbescheid, während § 165 AO die Steuerfestsetzung nur wegen **eines bestimm-**
ten Punktes offen hält. Darüber hinaus sieht § 165 Abs. 1 Satz 4 AO auch eine vorläufige Aussetzung der Steuerfestsetzung gegen Sicherheitsleistung vor. Eine Möglichkeit, von der in der Praxis so gut wie gar nicht Gebrauch gemacht wird.

Die vorläufige Festsetzung oder die Aussetzung einer Steuerfestsetzung nach § 165 AO
lösen eine **Ablaufhemmung** nach § 171 Abs. 8 AO aus, wonach das FA noch ein Jahr (bzw. zwei
Jahre) nach Kenntnis über den Wegfall der Ungewissheit die Steuerfestsetzung nach § 165
Abs. 2 AO ändern kann. Die Aufhebung oder Änderung einer Vorbehaltsfestsetzung ist dagegen nur innerhalb der Festsetzungsfrist möglich, da nach Ablauf der Festsetzungsfrist der Vorbehalt automatisch wegfällt (§ 164 Abs. 4 AO).

Der Anwendungsbereich des § 165 AO ist wie die Vorbehaltsfestsetzung auf **Steuerfestset-**
zungen beschränkt. Beide Regelungen sind zudem bei allen Steuerverwaltungsakten zulässig,
für die die Vorschriften über die Steuerfestsetzung sinngemäß anzuwenden sind, z. B. Feststellungsbescheide, Messbescheide, Vergütungsbescheide, Freistellungsbescheide (vgl. Rz. 1503).
§ 165 AO ist nach § 165 Abs. 3 AO neben § 164 AO möglich, vgl. Rz. 1517.

Vorläufige Steuerfestsetzungen sind insbesondere dann vorzunehmen, wenn eine Steuerfestsetzung unter dem Vorbehalt der Nachprüfung nicht sinnvoll ist, z. B. weil sie aus Rechtsgründen nicht möglich ist.

BEISPIEL

Die Veranlagungen eines Gewerbetreibenden wurden unter dem Vorbehalt der Nachprüfung durchgeführt. Während der anschließenden Außenprüfung ergibt sich, dass die Besteuerungsmerkmale
bei den Einkünften aus Vermietung und Verpachtung wegen ungeklärter Eigentumsverhältnisse weiterhin ungewiss sind.

LÖSUNG Weil in diesem Falle bei der Einkommensteuer die Einkünfte aus Gewerbebetrieb usw.
abschließend geprüft wurden, ist eine weitere Vorbehaltsfestsetzung unzulässig. Die Änderungsbescheide können nur in Bezug auf die Einkünfte aus Vermietung und Verpachtung vorläufig nach
§ 165 AO ergehen, weil insoweit Ungewissheit in tatsächlicher Hinsicht besteht. Die Änderungsbescheide müssen einen ausdrücklichen Hinweis auf die Vorläufigkeit sowie eine Begründung und den
Umfang der Vorläufigkeit enthalten (§ 165 Abs. 1 Satz 3 AO).

7.3 Voraussetzungen für eine vorläufige Festsetzung oder Aussetzung

7.3.1 Ungewissheit über den Sachverhalt (§ 165 Abs. 1 Satz 1 AO)

1513 Eine vorläufige Steuerfestsetzung ist zulässig, wenn sich die Ungewissheit auf die tatsächlichen Voraussetzungen der Entstehung eines Steueranspruchs beziehen, nicht jedoch auf deren steuerrechtliche Beurteilung (vgl. AEAO zu § 165, Nr. 1). Es müssen also **Tatsachen** (z. B. allgemeine Lebenssachverhalte mit steuerlicher Bedeutung oder Besteuerungsgrundlagen wie Umsatz, Gewinn oder zivilrechtliche Rechtsstreitigkeiten mit steuerlichen Folgen, aber auch Ungewissheiten über die Gewinnerzielungsabsicht etwa bei Liebhaberei und Verlustbeteiligungen) ungewiss sein, **nicht** jedoch **Rechtsfragen** (vgl. BFH vom 25.04.1985 BStBl II 1985, 648). Auch kann eine Steuerfestsetzung von der Finanzbehörde nicht deshalb vorläufig festgesetzt werden, weil sie wegen unsicherer rechtlicher Beurteilung eines in tatsächlicher Hinsicht unstreitigen Sachverhalts die Herausgabe einschlägiger Verwaltungsanweisungen abwarten will (BFH vom 08.07.1998 BStBl II 1998, 702). Die **vorläufige Steuerfestsetzung** kann folglich **nicht beliebig** vorgenommen werden, sondern setzt eine Ungewissheit bezüglich einer ganz bestimmten Tatfrage der Steuerentstehung voraus. Deswegen ist die Steuerfestsetzung durch einen entsprechenden Vermerk (vgl. Rz. 1518) nur wegen des Punktes offen zu halten, in dem die Ungewissheit besteht.

§ 165 Abs. 1 Satz 1 AO erfasst demnach die Fälle, in denen für die Finanzbehörde eine **subjektive Ungewissheit** besteht, die von dieser zur Zeit der Veranlagung mit verhältnismäßigem Aufwand nicht beseitigt werden kann. Die vorläufige Festsetzung entbindet die Finanzbehörde nicht von der Aufklärungspflicht nach § 88 AO, vgl. BFH vom 26.09.1990, BStBl II 1990, 1043. Sie darf nicht der Verwaltungsbequemlichkeit dienen. Die **Ungewissheit** muss **vorübergehender Natur** sein. Es muss zu erwarten sein, dass sich die Ungewissheit im Laufe der Zeit überwinden lässt. Ist abzusehen, dass die Ungewissheit auf Dauer besteht, sind die Besteuerungsgrundlagen zu schätzen (§ 162 AO).

7.3.2 Ungewissheit betreffend Verträge mit anderen Staaten (§ 165 Abs. 1 Satz 2 Nr. 1 AO)

1514 Ausdrücklich wird eine vorläufige Steuerfestsetzung für zulässig erklärt, wenn Verträge mit anderen Staaten (§ 2 AO, z. B. **Doppelbesteuerungsabkommen – DBA**) vor ihrer Ratifizierung und Verkündigung stehen, die sich als Ganzes **zugunsten des Stpfl.** auswirken.

> **BEISPIEL**
>
> Ein Stpfl. bezieht Einkünfte aus einem Staat, mit dem noch kein DBA besteht, aber ein DBA vorgesehen ist, das auch rückwirkend anzuwenden ist. Nach In-Kraft-Treten des DBA wären diese Einkünfte in Deutschland nicht mehr steuerpflichtig und nur noch im Rahmen eines Progressionsvorbehaltes zu berücksichtigen.
>
> **LÖSUNG** Die Veranlagung ist nach § 165 Abs. 1 Satz 2 Nr. 1 AO vorläufig durchzuführen. Dabei ist auf den Grund der Vorläufigkeit hinzuweisen. Im Übrigen ist die Veranlagung endgültig.

7.3.3 Neuregelungsverpflichtung nach Entscheidung des Bundesverfassungsgerichtes (§ 165 Abs. 1 Satz 2 Nr. 2 AO)

Hat das **Bundesverfassungsgericht** die Unvereinbarkeit eines Steuergesetzes mit dem Grundgesetz in einem Verfahren festgestellt und den **Gesetzgeber zu einer Neuregelung verpflichtet**, können Steuerbescheide vorläufig erteilt werden. Damit soll die massenhafte Einlegung von Einsprüchen gegen Steuerfestsetzungen nach einer solchen Entscheidung verhindert werden, denn § 79 Abs. 2 BVerfGG verhindert eine Anwendung der Entscheidung auf Bescheide, die nicht angefochten oder geändert werden können.

So wurde **beispielsweise** durch die Gleichlautenden Erlasse der obersten Finanzbehörden der Länder v. 10.03.2008 BStBl I 2008, 465 aufgrund der Entscheidung des BVerfG vom 07.11.2006 BStBl II 2007, 192 angeordnet, dass sämtliche **Erbschaft- und Schenkungsteuerbescheide** bis zu einer Neuregelung (bis zum 31.12.2008) nach § 165 Abs. 1 Satz 2 Nr. 2 AO für vorläufig erklärt werden, um etwaige Änderungen aufgrund der gesetzlichen Neuregelung verfahrensrechtlich umsetzen zu können.

1515

7.3.4 Neuregelungsverpflichtung nach Entscheidung des Gerichtshofs der Europäischen Union (§ 165 Abs. 1 Satz 2 Nr. 2a AO)

Ab 2017 kann eine Steuer vorläufig festgesetzt werden, soweit sich möglicherweise wegen einer Entscheidung des Gerichtshofs der Europäischen Union ein Bedarf für eine gesetzliche Neuregelung ergeben kann (§ 165 Abs. 1 Satz 2 Nr. 2a AO i. d. F. des StModernG). Auch in diesen Fällen muss daher kein Einspruch eingelegt werden, um eine spätere Änderung der Steuerfestsetzung zu erreichen.

1515a

7.3.5 Vorläufigkeit wegen möglicher Unvereinbarkeit mit höherrangigem Recht (§ 165 Abs. 1 Satz 2 Nr. 3 AO)

Ist die Vereinbarkeit eines Steuergesetzes mit höherrangigem Recht Gegenstand eines Verfahrens bei dem Gerichtshof der Europäischen Union (EuGH), dem Bundesverfassungsgericht oder einem obersten Bundesgericht (z. B. BFH), so können die Finanzbehörden Steuerbescheide insoweit vorläufig erlassen. Wie bei § 165 Abs. 1 Satz 2 Nr. 2 AO soll auch durch diese Vorschrift die massenhafte Einlegung von Einsprüchen vermieden werden, vgl. Rz. 1515. Die Finanzbehörden prüfen, welche Erfolgsaussichten die gerichtsanhängigen Verfahren haben. Nur aus ihrer Sicht gleichgelagerte Fälle werden als vorläufig behandelt. Die Anhängigkeit bei einem Finanzgericht genügt nicht. Ist ein Steuerbescheid bereits unanfechtbar geworden, so kann er wegen der anhängigen Verfahren nicht nachträglich für vorläufig erklärt werden. Der Stpfl. hat darauf keinen Anspruch (BFH vom 11.02.1994 BStBl II 1994, 380).

Vor allem hinsichtlich der Einkommensteuer ist die Vorschrift praxisrelevant. Die Finanzverwaltung aktualisiert daher ständig eine **Liste der Verfahren**, wegen denen **Einkommensteuerbescheide** vorläufig ergehen. Die Vorläufigkeit umfasst dabei nur die im Bescheid aufgezählten Punkte (vgl. auch Rz. 1518). Nach Ergehen des Bescheids bei den o. g. Gerichten anhängig werdende weitere Verfahren bleiben (zunächst) unberücksichtigt. Insoweit muss der Stpfl. Einspruch einlegen, § 347 Abs. 1 Nr. 1 AO, um entweder das Ruhen des Verfahrens nach § 363 Abs. 2 Satz 2 AO oder die Vorläufigkeit auch hinsichtlich dieses – neuen – Punktes zu erreichen.

1516

7.3.6 Vorläufigkeit wegen eines beim BFH anhängigen Verfahrens (§ 165 Abs. 1 Satz 2 Nr. 4 AO)

1516a   Zur Vermeidung von Massenrechtsbehelfen können Steuerfestsetzungen vorläufig ergehen, wenn wegen einer **einfachgesetzlichen Rechtsfrage** ein **Verfahren beim BFH** anhängig ist. Die Entscheidung, welche anhängigen Verfahren zur Vorläufigkeit von Steuerbescheiden führen, wird zwecks gleichmäßiger Rechtsanwendung durch BMF-Schreiben oder Gleichlautende Ländererlasse bekannt gegeben.

7.4 Verfahren

7.4.1 Bescheidkennzeichnung

1517   § 165 AO ist insgesamt eine **Kann- und Ermessensvorschrift**. Es steht im pflichtgemäßen Ermessen (§ 5 AO) des FA, ob die Steuerfestsetzung vorläufig ergeht. Insbesondere in den Fällen des § 165 Abs. 1 Satz 2 AO kann sich jedoch aus Gründen der Gleichbehandlung durch Ermessenreduzierung auf Null ein Anspruch des Stpfl. auf eine vorläufige Steuerfestsetzung ergeben.

Die vorläufigen Bescheide müssen einen **ausdrücklichen Hinweis** auf die Vorläufigkeit sowie eine Begründung und den Umfang der Vorläufigkeit enthalten (§ 165 Abs. 1 Satz 3 AO). Wie der Vorbehaltsvermerk nach § 164 AO ist auch der Vorläufigkeitsvermerk eine Nebenbestimmung i. S. d. § 120 Abs. 1 AO und muss dem Adressaten des Bescheids schriftlich bekannt gegeben werden. Unterbleibt diese Erklärung, so ist die Steuer endgültig festgesetzt, auch wenn die Aktenverfügung die Vorläufigkeit vorsieht (§ 157 Abs. 1 Satz 2, § 124 Abs. 1 AO). Ggf. ist jedoch zu prüfen, ob nicht eine offenbare Unrichtigkeit (§ 129 AO) in diesem Falle vorliegt (vgl. Rz. 1505).

Ein ursprünglich angeordneter Vorläufigkeitsvermerk bleibt jedoch – wie der Vorbehalt der Nachprüfung – auch dann wirksam, wenn er in einem nachfolgenden **Änderungsbescheid** nicht ausdrücklich wiederholt wird (BFH vom 09. 09. 1988 BStBl II 1989, 9). Wird im Änderungsbescheid aber der Vorläufigkeitsvermerk geändert, bestimmt diese Änderung den Umfang der Vorläufigkeit neu und regelt abschließend, inwieweit die Steuer nunmehr vorläufig festgesetzt ist (BFH vom 19. 10. 1999 BStBl II 2000, 282 und AEAO zu § 165 AO, Nr. 7). Ist dieser neue Vermerk im Umfang geringer, ist die Vorläufigkeit hinsichtlich des nicht mehr erwähnten Teils aufgehoben.

> **BEISPIEL**
>
> Der Einkommensteuerbescheid für 01 vom 15. 07. 02 ergeht 1. hinsichtlich der Einkünfte aus Gewerbebetrieb und 2. hinsichtlich der Einkünfte aus Vermietung und Verpachtung vorläufig. Am 21. 11. 02 ergeht ein auf § 175 Abs. 1 Nr. 1 AO gestützter Änderungsbescheid, durch den die gesondert festgestellten Einkünfte aus selbstständiger Arbeit bei der Einkommensteuer 01 zu berücksichtigen sind. Dieser Änderungsbescheid ergeht nur noch hinsichtlich der Einkünfte aus Gewerbebetrieb vorläufig. Hinsichtlich der im Erstbescheid enthaltenen Vorläufigkeit bezüglich der Einkünfte aus Vermietung und Verpachtung wird im Änderungsbescheid keine Aussage getroffen. Daher ist insoweit die Vorläufigkeit aufgehoben.

Vorläufige Steuerfestsetzungen und Steuerfestsetzungen unter Vorbehalt der Nachprüfung können verbunden werden (§ 165 Abs. 3 AO), da sie unterschiedliche Vorausetzungen haben und unterschiedliche Ziele verfolgen. Jede der beiden Nebenbestimmungen ist gegenüber der anderen selbstständig.

7.4.2 Umfang und allgemeine Wirkung des Vorläufigkeitsvermerks

Weil ein **Vorläufigkeitsvermerk** nach § 165 Abs. 1 Satz 1 AO (und/oder nach Satz 2) den **1518** **Steuerfall nur punktuell offenhält, muss im Einzelnen angegeben werden,** was als ungewiss betrachtet wird (BFH vom 25.04.1985 BStBl II 1985, 648), wobei die Reichweite der Vorläufigkeit in Zweifelsfällen durch Auslegung zu ermitteln ist (BFH vom 26.10.1988 BStBl II 1989, 130). Eine **Vorläufigkeit** des Bescheids **in vollem Umfang** ist denkbar, wenn der Eintritt der Voraussetzungen für das **Entstehen des gesamten Steueranspruchs ungewiss** ist, auch dann ist der Vorläufigkeitsvermerk im Bescheid zu erläutern. Denn: Ein Vorläufigkeitsvermerk, der **keine Angaben über den Umfang der Vorläufigkeit** enthält und bei dem dieser für den Steuerpflichtigen auch weder aufgrund seines dem Erlass des Bescheides vorausgehenden Verhaltens noch aufgrund des Inhalts der Steuererklärung oder des Bescheides erkennbar ist, ist **unwirksam**, selbst wenn Gegenstand des Bescheides nur eine Einkunftsart ist (BFH vom 12.07.2007 BStBl II 2008, 2). Folglich kann gem. § 126 Abs. 1 Nr. 2, Abs. 2 AO die **Begründung** der Vorläufigkeit nur dann wirksam **nachgeholt** werden, wenn der Umfang des Vorläufigkeitsvermerks für den Steuerpflichtigen aufgrund seines dem Erlass des Bescheides vorausgehenden Verhaltens oder aufgrund des Inhalts der Steuererklärung oder des Bescheides erkennbar und der Vermerk daher nicht unwirksam sondern »nur« rechtswidrig war. War die fehlende Begründung kausal für die Versäumung der Einspruchsfrist, gilt die Versäumnis als nicht verschuldet; es ist gem. § 126 Abs. 3 AO Wiedereinsetzung nach § 110 AO zu gewähren.

Eine vorläufige Festsetzung entfaltet **zunächst die gleichen Wirkungen wie endgültige Steuerfestsetzungen.** Einspruch gegen eine vorläufige Festsetzung kann nur innerhalb der Einspruchsfrist des § 355 AO eingelegt werden, die festgesetzte Steuer ist gem. § 218 Abs. 1 Satz 1 AO Grundlage für das Erhebungsverfahren, die Steuer (bzw. die Erstattung) wird gem. § 220 AO (grds. i. V. m. den Einzelsteuergesetzen) fällig und kann gem. § 249 ff. AO vollstreckt werden. Auch tritt der Erfolg einer Steuerverkürzung gem. § 370 Abs. 4 Satz 1 AO bei einer vorläufigen Festsetzung ein (vgl. Rz. 3002).

7.4.3 Korrekturmöglichkeiten und Erledigung des Vorläufigkeitsvermerks

Wenn die **Ungewissheit i. S. d. § 165 Abs. 1 Satz 1 AO beseitigt** ist, muss eine vorläufige **1519** Steuerfestsetzung aufgehoben, geändert oder für endgültig erklärt werden (§ 165 Abs. 2 Satz 2 AO). Im Rahmen des angegebenen Umfangs und Grundes der Vorläufigkeit ist die Finanzbehörde bei der Änderung des Steuerbescheids in tatsächlicher und rechtlicher Hinsicht frei (§ 165 Abs. 2 Satz 1 AO).

BEISPIEL

Ein Stpfl. hat Einkünfte aus Vermietung und Verpachtung, Gewerbebetrieb und nichtselbstständiger Arbeit. Bei Durchführung der Veranlagung bestehen noch Unklarheiten in tatsächlicher Hinsicht über die Voraussetzungen von Rückstellungen und die Höhe der Absetzung für Abnutzung auf das Betriebsgebäude. Setzt das FA die Steuer unter Vorbehalt der Nachprüfung fest, so kann es die Steuerfestsetzung jederzeit auch hinsichtlich der Einkünfte aus Vermietung und Verpachtung und aus nichtselbstständiger Arbeit ändern (§ 164 Abs. 2 Satz 1 AO). Ergeht die Steuerfestsetzung dagegen lediglich bezüglich der bestehenden Unklarheiten in tatsächlicher Hinsicht aus dem Bereich der Einkünfte aus Gewerbebetrieb nach § 165 Abs. 1 AO vorläufig, so kann eine spätere Änderung nach § 165 Abs. 2 AO nur genau diesen Punkt betreffen. Der übrige Teil der Steuerfestsetzung ist bestandskräftig.

Fällt die **Ungewissheit nur zum Teil weg**, kann ein Bescheid mit eingeschränkter Vorläufigkeit ergehen. Hier muss aus Gründen der Rechtssicherheit klar erläutert werden, was endgültig erklärt wird und in welchen Punkten die Vorläufigkeit erhalten bleibt.

§ 165 Abs. 2 Satz 2 AO geht von einer **Erledigung von Amts wegen** aus. Der Stpfl. kann jedoch jederzeit einen Antrag stellen, insbesondere, wenn die Finanzbehörde nicht von sich aus tätig wird. Im Rahmen des Änderungsbetrages sind auch solche Fehler nach § 177 AO (Rz. 2149 ff.) zu berichtigen, die nicht mit dem Grund der Vorläufigkeit zusammenhängen. § 177 Abs. 4 AO steht dem nicht entgegen (BFH vom 02. 03. 2000 BStBl II 2000, 332 und AEAO zu § 165 Nr. 9, vgl. auch Rz. 2153). **Stillschweigend** kann ein Vorläufigkeitsvermerk **nicht als erledigt behandelt werden**. Das FA kann das Recht auf Änderung zu Lasten des Stpfl. aber **verwirken**. Bloßer Zeitablauf genügt dafür jedoch nicht. Das FA muss sich so verhalten, dass der Stpfl. bei vernünftiger Würdigung nicht mehr mit einer Änderung zu seinen Ungunsten rechnen konnte (Tipke/Kruse, § 165 AO Rz. 48 m. w. N.).

In den Fällen des § 165 Abs. 1 Satz 2 Nr. 4 AO (anhängiges Verfahren beim BFH) endet die Ungewissheit erst, wenn eine **Veröffentlichung des entsprechenden Urteils** (durch die Finanzverwaltung) im BStBl zwecks allgemeiner Anwendung erfolgt oder eine die anhängigen Einsprüche zurückweisende Allgemeinverfügung gem. § 367 Abs. 2 b AO ergeht.

§ 165 Abs. 2 Satz 4 AO enthält eine verfahrensrechtliche **Vereinfachungsregel für die Endgültigkeitserklärung** in den Fällen des § 165 Abs. 1 Satz 2 AO. Wenn die vorläufige Festsetzung (z. B. nach der Entscheidung der obersten Gerichte, vgl. § 165 Abs. 1 Satz 2 Nr. 3 AO) nicht aufzuheben oder zu ändern ist, muss die vorläufige Veranlagung **nur auf Antrag** des Stpfl. **für endgültig erklärt werden**. Mit Eintritt der Festsetzungsverjährung (unter Beachtung der Ablaufhemmung in § 171 Abs. 8 Satz 2 AO, vgl. Rz. 1658) entfaltet die Vorläufigkeit keine Wirkung mehr (§ 169 Abs. 1 Satz 1 AO). In Mischfällen der Vorläufigkeit nach § 165 Abs. 1 Satz 1 und 2 AO ist zu beachten, dass für die Aufhebung der Vorläufigkeit nach § 165 Abs. 1 Satz 1 AO insoweit bei der Festsetzungsfrist Ablaufhemmung gem. § 171 Abs. 8 Satz 1 AO eintritt und eine ausdrückliche Aufhebung des Vorläufigkeitsvermerks erforderlich ist.

7.5   Rechtsbehelf

1520   Hat der Stpfl. sich gegen die **Vorläufigkeit** seines Bescheids nicht mit einem Rechtsbehelf gewehrt, diesen also **unanfechtbar** werden lassen, so kann dem endgültigen Bescheid gegenüber nicht mehr geltend gemacht werden, dass der vorläufige Bescheid zu **Unrecht** als vorläufiger ergangen sei. Allerdings kann eine Änderung auch dann nicht auf § 165 Abs. 2 AO gestützt werden, wenn die Vorläufigkeitserklärung nicht angefochten wurde und der Bescheid daher unter Einschluss des Vorläufigkeitsvermerks bestandskräftig geworden ist (BFH vom 08. 07. 1998 BStBl II 1998, 702).

Bei der endgültigen Festsetzung wird also nicht mehr geprüft, ob die vorläufige zu Recht vorläufig war und jetzt zu einer endgültigen berechtigt. Jedoch kann der Stpfl. einen Antrag auf Erklärung der Endgültigkeit stellen. Gegenüber einer Ablehnung ist der Einspruch i. S. d. § 347 Abs. 1 Nr. 1 AO gegeben.

8 Steueranmeldungen (§§ 167, 168 AO)

8.1 Allgemeines

Nach der Legaldefinition in § 150 Abs. 1 Satz 3 AO ist die Steueranmeldung eine Steuerer-klärung, in der der Steuerpflichtige die Steuer selbst zu berechnen hat. Wegen der **elektronischen Abgabe** von Steueranmeldungen vgl. Rz. 1097. Die Abgabenordnung regelt nicht im Einzelnen, für welche Steuern dies vorgesehen ist, sie verweist auf die Einzelsteuergesetze. **Die Selbstberechnung der Steuer** durch Steueranmeldungen ist z. B. gesetzlich vorgeschrieben für die

- **Umsatzsteuer** (Voranmeldung und Jahreserklärung, § 18 Abs. 1 Satz 1 UStG, § 18 Abs. 3 Satz 1 UStG),
- **Lohnsteuer** (§ 41 a Abs. 1 Satz 1 Nr. 1 EStG),
- **Kapitalertragsteuer** (§ 45 a Abs. 1 Satz 1 EStG),
- **Aufsichtsratsteuer** (§ 50 a Abs. 1–3 EStG),
- **Steuer für Vergütungen nach § 50 a Abs. 4 und 7 EStG** (§ 73 e Satz 2 EStDV),
- **Versicherungsteuer** (§ 8 Abs. 1 Nr. 1 VersStG) und die
- **Bauabzugssteuer** (§ 48 a Abs. 1 Satz 1 EStG).

In allen vorgenannten Anwendungsfällen ist die **Selbstberechnung der Steuer rechnerisch einfach** und kann daher dem Stpfl. auch zugemutet werden. Verfahrensrechtlich betrachtet ist das Einnehmen von Steuern durch den Staat mit Hilfe von Steueranmeldungen (auf jeden Fall für den Staat) ein **einfaches Verfahren**. Denn nach § 168 Satz 1 AO stehen kraft gesetzlicher Fiktion Steueranmeldungen einer Steuerfestsetzung unter Vorbehalt der Nachprüfung gleich (vgl. Rz. 1502 ff.). Außer der Überwachung des Zahlungseingangs ist für die Finanzbehörde inhaltlich grundsätzlich nichts weiter aufgrund der eingegangenen Steueranmeldung zu veranlassen.

Nach § 167 Abs. 2 AO reicht für die **rechtzeitige Abgabe** der Anmeldung von Besitz- und Verkehrsteuern (insbesondere USt-Voranmeldung, LSt-Anmeldung) die Abgabe **beim Kassen-finanzamt** (§ 224 Abs. 1 AO) aus. Damit können Anmeldung und Zahlung (z. B. durch Beilegung eines Schecks) bei einem FA erfolgen. Dies soll das Kassen- und nicht das für die Festsetzung zuständige FA sein (vgl. auch § 224 Abs. 1 Satz 1 AO).

8.2 Wirkung einer Steueranmeldung

Die **Steueranmeldung** mit Zahllast **steht** in ihrer Wirkung **einer Steuerfestsetzung unter dem Vorbehalt der Nachprüfung gleich** (§ 168 Satz 1 AO). Dies gilt auch für eine durch den Stpfl. **berichtigte Anmeldung** mit höherer Zahllast oder geringerer Vergütung, die die vorhergehende Steuerfestsetzung gem. § 164 Abs. 2 Satz 1 AO ändert (vgl. die Übersichten in Rz. 1523). Durch die Steueranmeldung treten die gleichen Rechtswirkungen wie bei einer Vorbehaltsfestsetzung ein. Das FA kann die wie eine Steuerfestsetzung wirkende Anmeldung bis zu einer abschließenden Prüfung (z. B. Lohnsteuer-Außenprüfung, Umsatzsteuer-Sonderprüfung oder Betriebsprüfung) bzw. bis zum Ablauf der regulären Festsetzungsfrist nach § 164 Abs. 2 Satz 1 AO jederzeit ändern (vgl. Rz. 1506).

Die angemeldete Steuer ist **ohne besonderes Leistungsgebot** nach Eingang der Anmeldung und Fälligkeit der Steuer **vollstreckbar** (§§ 249 Abs. 1, 254 Abs. 1 Satz 4 AO).

1521

1522

8.3 Zustimmungsbedürftige Steueranmeldungen

1523 Steueranmeldungen sind zustimmungsbedürftig, wenn sie zu einer **Herabsetzung der bisher zu entrichtenden Steuer oder** zu einer **Steuervergütung** führen (§ 168 Satz 2 AO). Bis zur Bekanntgabe der Zustimmung ist eine Steueranmeldung mit angemeldeter Erstattung als Antrag auf Steuerfestsetzung (§ 155 Abs. 1 und 4 AO) anzusehen.

> **BEISPIELE**
>
> a) In seiner Umsatzsteuer-Voranmeldung für den Monat November 04 vom 04.12.04 meldet der Unternehmer 1 000 € Umsatzsteuer und 4 000 € Vorsteuer an.
> **LÖSUNG** Die Umsatzsteuer-Voranmeldung ist ein Antrag auf Festsetzung einer Steuervergütung nach § 155 Abs. 1 und 4 AO. Damit es zu einer Steuerfestsetzung unter Vorbehalt der Nachprüfung kommt, muss das FA nach § 168 Satz 2 AO zustimmen.
>
> b) In seiner Umsatzsteuer-Jahreserklärung 04 erklärt der Unternehmer eine um 3 000 € niedrigere Steuer als die Summe der Vorauszahlungen durch die vorangegangenen Umsatzsteuer-Voranmeldungen.
> **LÖSUNG** Die Umsatzsteuer-Jahreserklärung ist ein Antrag auf Steuerfestsetzung. Das FA muss gem. § 168 Satz 2 AO zustimmen, weil es zu einer Minderung der bisher zu entrichtenden Steuer kommt.

Eine Steueranmeldung, die zu einer Erstattung führt (z. B. Vorsteuerüberschuss), wirkt nach § 168 Satz 2 AO **erst nach Bekanntgabe der Zustimmung** als **Steuerfestsetzung** unter Vorbehalt der Nachprüfung gem. § 168 Satz 1 AO. Die Zustimmung ist ein Verwaltungsakt (BFH vom 28. 02. 2002 BStBl II 2002, 642 m. w. N.). Sie wird von der **Festsetzungsstelle** (z. B. Veranlagungsbezirk) erteilt. Ihre Bekanntgabe kann nach § 168 Satz 3 AO formlos erfolgen. Ergeht keine schriftliche Mitteilung, wird die Zustimmung dem Steuerpflichtigen durch die Zahlung der sich ergebenden Erstattung durch die Finanzkasse nach § 224 Abs. 3 AO bekannt, vgl. AEAO zu § 220 Nr. 1. Wird der Steuerpflichtige über die Zustimmung schriftlich unterrichtet, z. B. zusammen mit einer Abrechnungsmitteilung, ist der dritte Tag nach Aufgabe zur Post nach § 122 Abs. 2 Nr. 1 AO als Bekanntgabetag anzusehen (AEAO zu § 168, Nr. 4). **Fällig** wird der Erstattungsbetrag mit Bekanntgabe der Zustimmung, vgl. § 220 Abs. 2 Satz 2 AO.

> **BEISPIEL**
>
> Im Rahmen der Umsatzsteuer-Voranmeldung für den Monat Januar 01 errechnet sich der Unternehmer ein Umsatzsteuer-Guthaben von 3 000 €. Die Zustimmung wird dem Stpfl. vom FA zusammen mit einer Abrechnungsmitteilung vom 17.02.01 mitgeteilt.
> **LÖSUNG** Da die Voranmeldung zu einer Steuervergütung führt, ist sie nach § 168 Satz 2 AO zustimmungsbedürftig. Durch die bekannt gegebene Zustimmung tritt die Wirkung des § 168 Satz 1 AO ein. Der Erstattungsbetrag wird am 20.02.01 fällig.

1524 Auch eine **berichtigte Steueranmeldung**, die zu einem **Mindersoll** (Herabsetzung der bisher angemeldeten Steuer) **oder** zu einer **Erhöhung der bisher angemeldeten Steuervergütung führt**, wirkt erst nach der Zustimmung durch das FA als Steuerfestsetzung unter Vorbehalt der Nachprüfung. Bis dahin ist sie als Antrag auf Änderung der Steuerfestsetzung nach § 164 Abs. 2 Satz 2 AO anzusehen. Wegen der Fälligkeit der Steuervergütung bzw. des Mindersolls vgl. Aufführungen in Rz. 1523.

BEISPIEL

In der Umsatzsteuer-Voranmeldung für März 01 meldet der Unternehmer eine Zahllast von 10 000 €
an. Am 30. 04. 01 gibt er eine berichtigte Voranmeldung ab, die zu einer neu berechneten Zahllast
von

a) a) 12 000 €

b) b) 6 000 €
führt.

LÖSUNG

a) a) Die berichtigte Steueranmeldung ist nicht zustimmungsbedürftig, da sie weder zu einer Steuervergütung noch zu einem Mindersoll der Vorauszahlung führt. Sie wirkt gem. § 168 Satz 1 AO als
Steuerfestsetzung unter Vorbehalt der Nachprüfung.

b) b) Die berichtigte Steueranmeldung ist wegen Minderung des Vorauszahlungssolls gem. § 168
Satz 2 AO zustimmungsbedürftig.

Versagt das FA die Zustimmung, muss es einen **Ablehnungsbescheid** oder einen **Steuerbescheid** (ggf. über 0 €) erteilen.

Die **Zustimmung** gilt **allgemein** als **erteilt** für Umsatzsteuer-Voranmeldungen, die einen
Überschuss oder ein Mindersoll von nicht mehr als 2 500 € ausweisen. In Gründungsfällen gilt
im Gründungsjahr und in den beiden folgenden Jahren eine niedrigere Grenze von 1 000 €.
Auch in diesem Fall stehen die Anmeldungen erst dann einer Steuerfestsetzung unter Vorbehalt
der Nachprüfung gleich, wenn dem Steuerpflichtigen die Zustimmung bekannt wird (AEAO zu
§ 168 Nr. 9).

1525 Die nachfolgenden beiden Übersichten geben einen **Überblick, in welchen Fällen eine Zustimmung des FA gem. § 168 Satz 2 AO erforderlich** ist und bei der Umsatzsteuer ggf. allgemein als erteilt gilt.

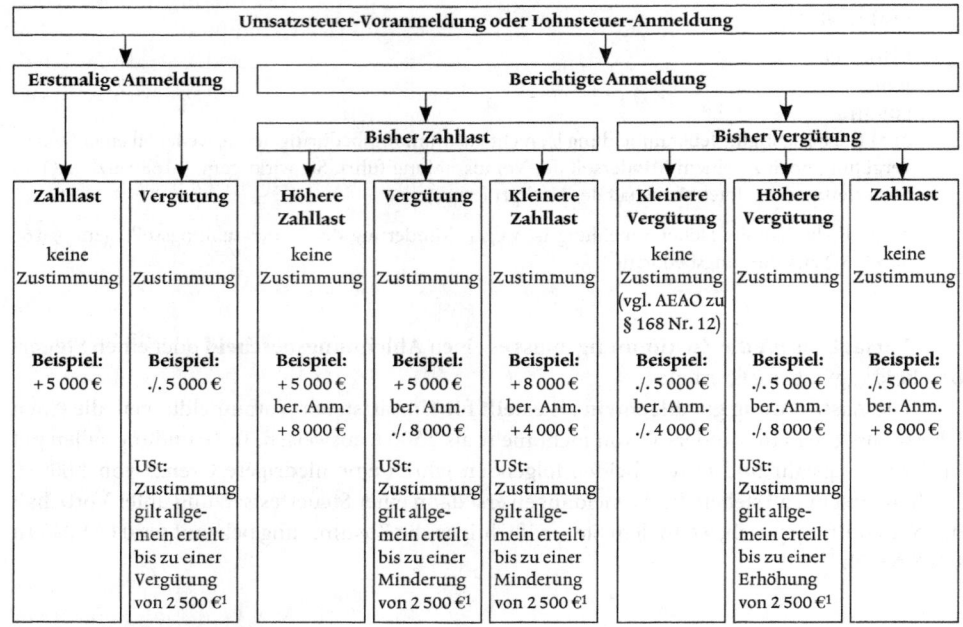

ber. Anm. = berichtigte Anmeldung

VAs = Summe der Voranmeldungen; USt-JE = USt-Jahreserklärung

---

1 vgl. BuchO für die FÄ, BStBl I 2000, 1333; in Gründungsfällen im Gründungsjahr und in den beiden folgenden Jahren bis 1 000 €
2 berichtigte Umsatzsteuer-Jahreserklärungen werden wie berichtigte Umsatzsteuer-Voranmeldungen behandelt

8.4 Notwendigkeit und Wirkung eines Steuerbescheids

Will die Finanzbehörde von der angemeldeten Steuer nicht abweichen, so ist keine Steuer- **1526**
festsetzung durch Steuerbescheid erforderlich (Umkehrschluss aus § 167 Abs. 1 Satz 1 AO).

BEISPIEL

Die für den Monat April 01 errechnete USt-Zahllast beträgt 1 600 €. Die Voranmeldung wurde am
10.05.01 abgegeben, das FA hat keine Anhaltspunkte, dass die Voranmeldung unrichtig sein könnte.
Eine Steuerfestsetzung durch Steuerbescheid ist nicht durchzuführen. Die Steueranmeldung wirkt
gem. § 168 Satz 1 AO als Steuerfestsetzung unter Vorbehalt der Nachprüfung.

Eine **Steuerfestsetzung ist erforderlich,** wenn das FA **von einer Steueranmeldung abweichen** will, ob zugunsten oder zuungunsten.

BEISPIEL

Beispiel wie vor, aber das FA errechnet wegen eines Zahlendrehers eine USt-Zahllast von 1 700 €.
LÖSUNG Es ist nach § 167 Abs. 1 Satz 1 AO eine Festsetzung durch Steuerbescheid vorzunehmen.
Weil die USt für USt-Voranmeldungszeiträume Vorauszahlungen sind, steht der Bescheid nach § 164
Abs. 1 Satz 2 AO auch ohne ausdrückliche Anordnung stets unter Vorbehalt der Nachprüfung, vgl.
Rz. 1505.

Eine **Steuerfestsetzung** ist **auch erforderlich,** wenn der Stpfl. zwar verpflichtet war, eine **1527**
Steueranmeldung abzugeben, dieser **Verpflichtung** aber **nicht nachgekommen** ist. Das FA
kann bei Nichteinreichung der Steueranmeldung die Steuer im Schätzungswege festsetzen
(siehe auch § 162 AO).

BEISPIEL

Der Unternehmer gibt für den November 08 keine Umsatzsteuer-Voranmeldung ab.
LÖSUNG Das FA muss für den Monat November 08 nach § 167 Abs. 1 Satz 1 AO eine Festsetzung
durch schriftlichen Steuerbescheid nach § 155 AO vornehmen. Hierbei sind gemäß § 162 AO die
Besteuerungsgrundlagen zu schätzen. Unabhängig davon kann das FA versuchen, durch ein Zwangs-
geldverfahren nach den §§ 328 ff. AO die Abgabe der ausstehenden Steueranmeldung durchzusetzen.
Die Verpflichtung zur Abgabe einer Steuererklärung bleibt nach § 149 Abs. 1 Satz 4 AO auch dann
bestehen, wenn das FA einen Steuerbescheid erlassen hat, in dem es die Besteuerungsgrundlagen
schätzen musste. Darüber hinaus kann das FA einen Verspätungszuschlag gem. § 152 AO bis zur
Höhe von 10 % der sich ergebenden Zahllast und höchstens 25 000 € festsetzen; die Festsetzung des
Zuschlags ist regelmäßig mit dem Schätzungsbescheid zu verbinden, vgl. § 152 Abs. 3 AO.

Dem Erlass eines Schätzungsbescheides bei **Nichtabgabe von Lohnsteuer-Anmeldungen**
steht weder entgegen, dass Steuerschuldner der Lohnsteuer nach § 38 Abs. 2 EStG grundsätzlich
der Arbeitnehmer ist, noch dass der Arbeitgeber nach § 42 d Abs. 1 Nr. 1 EStG für die Lohnsteuer haftet, die er einzubehalten und abzuführen hat. Die Anwendung des § 167 Abs. 1
Satz 1 AO wird dadurch nicht ausgeschlossen (BFH vom 07.07.2004 BStBl II 2004, 1087).

Eine **abweichende Festsetzung** kann unter dem Vorbehalt der Nachprüfung (§ 164 AO) **1528**
oder unter den Voraussetzungen des § 165 AO vorläufig vorgenommen werden (AEAO zu § 168
Nr. 6). Bei der **Umsatzsteuer** steht eine von der eingereichten Voranmeldung abweichende
Steuerfestsetzung als Vorauszahlung kraft Gesetzes nach § 164 Abs. 1 Satz 2 AO stets unter Vorbehalt der Nachprüfung. Bei einer Abweichung von der Umsatzsteuer-Jahreserklärung – und
z. B. auch Lohnsteuer-Anmeldungen – gilt dies nicht. Weicht das FA hiervon ab und soll die
Steuerfestsetzung – was regelmäßig der Fall sein wird – weiterhin unter Vorbehalt der Nachprü-

fung stehen, muss dies gesondert angeordnet und im Bescheid vermerkt werden, vgl. für den Fall der Umsatzsteuer den AEAO zu § 168 Nr. 7 m. w. N. und wegen Beispielen Rz. 1505.

1529 Ergibt sich durch eine abweichende Festsetzung eine **höhere Zahllast** als angemeldet, so ist für den Differenzbetrag eine **Zahlungsfrist (§ 220 Abs. 2 AO) einzuräumen.** Wird von einer **Umsatzsteuer-Jahresanmeldung** zu Ungunsten des Stpfl. abgewichen, ist die Differenz nach § 18 Abs. 4 Satz 2 UStG **einen Monat nach Bekanntgabe des Steuerbescheids fällig.** Ergibt sich durch eine abweichende Festsetzung eine **geringere Vergütung oder Erstattung**, so ist **Fälligkeitstag** des gesamten Erstattungsbetrags der **Tag der Bekanntgabe** der anderweitigen Festsetzung (vgl. AEAO zu § 168 Nr. 8).

1530 Nach § 167 Abs. 1 Satz 2 AO gilt § 167 Abs. 1 Satz 1 AO (grundsätzlich keine Steuerfestsetzung durch schriftlichen Steuerbescheid) für **Steuerzeichen und Steuerstempler** sinngemäß. Steuerzeichen bzw. Steuerstempler sind vorgesehen bei der Tabaksteuer und der Renn-, Wett- und Lotteriesteuer.

Nach § 167 Abs. 1 Satz 3 AO steht das schriftliche **Anerkenntnis einer Zahlungsverpflichtung eines Steuer- oder Haftungsschuldners** (§ 42 d Abs. 4 Nr. 2 EStG, § 44 Abs. 3 Satz 3 EStG, § 40 a EStG) einer Steueranmeldung gleich. Dadurch entfällt nach einer Außenprüfung nach § 193 Abs. 2 Nr. 1 AO für Steuerabzugsbeträge die Notwendigkeit eines Haftungsbescheides (z. B. gegen den Arbeitgeber hinsichtlich der Lohnsteuer), wenn aufgrund des Anerkenntnisses gezahlt wird.

8.5 Rechtsbehelf

1531 Der Stpfl. kann eine von ihm selbst berechnete Steueranmeldung mit dem **Einspruch** gem. § 347 Abs. 1 Nr. 1 AO anfechten. In der Praxis denkbar ist dies z. B., wenn er eine von der Finanzverwaltung vertretene Rechtsauffassung der Steueranmeldung zu Grunde legt, diese aber (letztlich gerichtlich) überprüfen lassen möchte. Der Einspruch ist nach § 355 Abs. 1 Satz 2 1. HS AO **innerhalb eines Monats nach Eingang der Steueranmeldung** einzulegen. Liegt ein Fall der Zustimmung nach § 168 Satz 2 AO vor, ist der Einspruch nach § 355 Abs. 1 Satz 2 2. HS AO innerhalb eines Monats nach Bekanntwerden der Zustimmung einzulegen, wenn mit der Zustimmung eine Rechtsbehelfsbelehrung erteilt wurde, vgl. § 356 Abs. 1 AO. Wird die Zustimmung nicht besonders bekannt gegeben, beginnt die Einspruchsfrist mit Erhalt der Zahlung oder einer Mitteilung. Wird mit der Zahlung bzw. mit der Mitteilung keine Rechtsbehelfsbelehrung erteilt, beginnt die Rechtsbehelfsfrist nicht; in diesem Fall kann der Steuerpflichtige gem. § 356 Abs. 2 AO innerhalb eines Jahres nach Bekanntgabe der Zustimmung oder Mitteilung Einspruch einlegen (vgl. BFH vom 09.07.2003 BStBl II 2003, 904). Versagt das FA die Zustimmung, muss es einen Ablehnungsbescheid oder eine Steuerfestsetzung (ggf. über 0 €) erteilen, der nach § 355 Abs. 1 Satz 1 AO innerhalb eines Monats nach seiner Bekanntgabe mit dem Einspruch angefochten werden kann.

In Ausnahmefällen können auch Dritte Einspruch gegen eine Anmeldung erheben, etwa ein **Arbeitnehmer** gegen eine **Lohnsteuer-Anmeldung** seines Arbeitgebers, soweit sie ihn betrifft (BFH vom 21.10.2009 DStRE 2010, 139 m. w. N.).

9 Drittwirkung der Steuerfestsetzung (§ 166 AO)

Ist die **Steuer** gegenüber dem Stpfl. **unanfechtbar** geworden, so **hat** dies auch der **Gesamt-rechtsnachfolger** (§ 45 AO) **gegen sich gelten zu lassen.** Der Gesamtrechtsnachfolger über-nimmt die Schulden und das Vermögen des Rechtsvorgängers, mithin auch die Steuerschulden. Die Wirkung der unanfechtbaren Steuerfestsetzung gegenüber dem Gesamtrechtsnachfolger beruht darauf, dass mit dem Eintritt der Gesamtrechtsnachfolge der Rechtsnachfolger im vollen Umfang in die Stellung des Vorgängers hineinwächst. Die Drittwirkung des § 166 AO gilt nicht gegenüber dem Einzelrechtsnachfolger.

1532

> **BEISPIEL**
>
> Ein Stpfl. hat von seinem Vater einen Gewerbebetrieb geerbt. Der Vater hat die bestandskräftig fest-gesetzte Umsatzsteuer 07 nicht bezahlt. Durch ein Leistungsgebot nach § 254 Abs. 1 Satz 3 AO wird der Sohn als Rechtsnachfolger in Anspruch genommen. Der Sohn will den Umsatzsteuerbescheid aus Rechtsgründen nicht anerkennen.
>
> **LÖSUNG** Auch wenn die Einwendungen in der Sache zutreffend sind, muss der Sohn die sich aus § 166 AO ergebende Bindungswirkung gegen sich gelten lassen. Seine Einwendungen können nicht berücksichtigt werden.

Die gegenüber dem Stpfl. eingetretene Unanfechtbarkeit der Steuerfestsetzung muss wei-terhin gegen sich gelten lassen, wer in der Lage gewesen wäre, den gegen den Stpfl. erlassenen Bescheid als **dessen Vertreter, Bevollmächtigter oder kraft eigenen Rechts** (z. B. als Geschäfts-führer, Zwangsverwalter, Insolvenzverwalter) anzufechten. Hinsichtlich einer KG gilt dies auch für den gesetzlichen Vertreter der geschäftsführenden Komplementär-GmbH. In der Praxis fin-det die Vorschrift vor allem bei der Geschäftsführer-Haftung nach § 69 AO (vgl. Rz. 841) und bei der Bekanntgabe von Verwaltungsakten an Erben (vgl. Rz. 1330) Anwendung.

1533

Die Drittwirkung der Steuerfestsetzung gemäß § 166 AO **gilt jedoch nicht** gegenüber dem Gesellschafter einer GbR, der für Steuerschulden der Gesellschaft als Haftungsschuldner in Anspruch genommen worden ist, wenn dieser nicht zur Alleinvertretung der GbR berechtigt war (BFH vom 16.12.1997 BStBl II 1998, 319). Wer nicht während der gesamten Dauer die Möglichkeit hatte, die Einspruchsfrist auszunutzen, z. B. weil er nicht während der gesamten Frist Geschäftsführer war oder weil während dessen das Insolvenzverfahren eingeleitet wurde, ist z. B. in einem Haftungsverfahren mit Einwendungen gegen die Steuerfestsetzung, z. B. in Form einer Lohnsteueranmeldung, ebenfalls nicht ausgeschlossen (vgl. BFH vom 24.08.2004 BStBl II 2005, 127).

1534–1617 frei

Teil J Festsetzungsverjährung

1 Wesen der Festsetzungsverjährung

1618 Die Festsetzungsverjährung dient der Wahrung des Rechtsfriedens und der Rechtssicherheit. Nach Ablauf einer gewissen Zeit soll es zur Bereinigung der Verhältnisse kommen. Das Bedürfnis nach zutreffender Steuerfestsetzung tritt dann hinter die Verjährung zurück.

1.1 Bedeutung

1619 Sowohl die erstmalige Steuerfestsetzung als auch ihre Aufhebung oder Änderung sind nicht mehr zulässig, wenn die Festsetzungsfrist abgelaufen ist (§ 169 Abs. 1 Satz 1 AO). Dies gilt auch für die Berichtigung nach § 129 Satz 1 AO (§ 169 Abs. 1 Satz 2 AO). Damit verhindert der Gesetzgeber, dass das FA eine Steuerfestsetzung viele Jahre hinauszögert und zu einem späteren Zeitpunkt nachholt, zu dem der Stpfl. nicht mehr mit einem Steuerbescheid rechnet. Ebenfalls kann das FA Fehler, die es in einer Steuerfestsetzung erkennt, nur innerhalb der Festsetzungsfrist richtigstellen, soweit Korrekturvorschriften (§§ 129 Satz 1, 164 Abs. 2, 165 Abs. 2, 172 ff. AO) dies zulassen. Umgekehrt muss sich der Stpfl. den Eintritt der Festsetzungsverjährung entgegenhalten lassen, wenn er nach deren Ablauf eine für ihn günstigere Steuerfestsetzung begehrt. Der Verjährungseintritt kann sowohl zu Gunsten wie auch zu Lasten des Stpfl. wirken.

1.2 Wirkung des Verjährungseintritts

1620 Der Eintritt der Festsetzungsverjährung führt formell rechtlich dazu, dass der erstmalige Erlass eines Steuerbescheides sowie dessen Aufhebung, Änderung oder Berichtigung nicht mehr zulässig ist (§ 169 Abs. 1 Satz 1 und 2 AO). Materiell rechtlich bewirkt der Verjährungseintritt das Erlöschen des Anspruchs aus dem Steuerschuldverhältnis (§ 47 AO). Die Verjährung ist von Amts wegen zu beachten. Zumeist wird sich der Verjährungseintritt zu Lasten des Staates auswirken.

> **BEISPIEL**
>
> Ein Stpfl. hat eine ESt-Erklärung abgegeben, aus der sich eine Steuerschuld von 5 000 € ergibt.
> **LÖSUNG** Nach Eintritt der Festsetzungsverjährung darf die Steuerfestsetzung nicht mehr erfolgen. Die »Steuer« von 5 000 € geht dem Staat verloren.

Jedoch verliert auch der Stpfl. mit Eintritt der Verjährung seine Ansprüche (z. B. auf Steuererstattung oder Steuervergütung, BFH vom 19. 08. 1999 BStBl II 2000, 330).

> **BEISPIEL**
>
> Ein Stpfl. ist bestandskräftig veranlagt, die ESt ist auf 6 000 € festgesetzt und bezahlt worden. Aufgrund eines Rechenfehlers (§ 129 Satz 1 AO) hat das FA die ESt um 1 000 € zu hoch festgesetzt. Nach Eintritt der Festsetzungsverjährung kann der Stpfl. nicht mehr beanspruchen, dass die Steuerfestsetzung auf 5 000 € berichtigt wird. Der Stpfl. hat 1 000 € ESt zu viel entrichtet.

Im Gegensatz dazu begründet die Verjährung im bürgerlichen Recht lediglich das Recht der Einrede (§ 214 Abs. 1 BGB). Der Gläubiger darf weiterhin die Zahlung fordern, der Schuldner kann aber die Leistung verweigern. Zahlt er trotzdem, hat er die Leistung mit Rechtsgrund erbracht und kann das Geleistete nicht zurückfordern (§ 214 Abs. 2 BGB).

Wird eine Steuer nach Ablauf der Festsetzungsfrist festgesetzt, ist der Steuerbescheid zwar fehlerhaft (also **rechtswidrig**), aber **wirksam** (§ 124 Abs. 1 AO). Der Stpfl. muss die Steuerfestsetzung anfechten, um deren Aufhebung zu erreichen. Anderenfalls muss er den Steueranspruch erfüllen. Ein schwerwiegender offenkundiger Fehler, der zur Nichtigkeit und damit zur Unwirksamkeit der Steuerfestsetzung führt (§§ 124 Abs. 3, 125 Abs. 1 AO), liegt nicht vor, BFH vom 06.05.1994 V B 28/94 BFH/NV 1995, 275. Etwas anderes gilt allenfalls dann, wenn der Fristablauf so lange zurückliegt, dass die Festsetzungsfrist unter keinen denkbaren Gesichtspunkten mehr gewahrt sein kann.

BEISPIEL

Das FA setzt ein Jahr nach Ablauf der Festsetzungsfrist 1 000 € ESt fest und fordert den Stpfl. zur Zahlung auf. Greift dieser den ESt-Bescheid durch Einspruchseinlegung an, ist der Bescheid aufzuheben, der Stpfl. muss nicht zahlen. Der Steueranspruch ist erloschen.

Unterlässt der Stpfl. die Anfechtung, ist die fehlerhafte Steuerfestsetzung wirksam. Es liegt kein offenkundiger Fehler vor, der zur Nichtigkeit des Steuerbescheides führt. Obwohl der Steueranspruch bereits erloschen ist, muss der Stpfl. die ESt entrichten, da der ESt-Bescheid konstitutiv (rechtsbegründend) wirkt.

1.3 Abgrenzung zur Zahlungsverjährung

Die Festsetzungsverjährung ist zu unterscheiden von der Zahlungsverjährung (§§ 228 ff. AO; s. Rz. 1829 ff.). Während die Festsetzungsverjährung regelt, bis wann Steuern festgesetzt werden dürfen (**Festsetzungsverfahren**), bestimmt die Zahlungsverjährung, wie lange die Zahlung von bereits festgesetzten Ansprüchen aus dem Steuerschuldverhältnis gefordert werden darf (**Erhebungsverfahren**). **1621**

BEISPIEL

Für das Kalenderjahr 01 sind 5 000 € ESt entstanden. Diese Steuer muss durch Bescheid festgesetzt werden. Die Festsetzungsverjährung regelt, bis wann dies zu geschehen hat. Erst wenn die Steuer festgesetzt und fällig geworden ist, beginnt die fünfjährige Zahlungsverjährung.

1.4 Anwendungsbereich

Die Festsetzungsverjährung ist bei **allen Steuerfestsetzungen** (§ 155 Abs. 1 AO), also auch bei Steuerfreistellungen und Ablehnungen von Anträgen auf Steuerfestsetzung, zu beachten. Im Falle der Zusammenveranlagung von Ehegatten zur ESt ist der Eintritt der Festsetzungsverjährung für jeden Ehegatten gesondert zu prüfen (BFH vom 25.04.2006 X R 42/05 BStBl II 2007, 220). Wegen § 168 AO ist die Festsetzungsverjährung ebenfalls anwendbar auf **Steueranmeldungen**. **1622**

Ferner gelten die §§ 169 ff. AO für Bescheide, auf die die Vorschriften über die Steuerfestsetzung sinngemäß Anwendung finden (**den Steuerbescheiden gleich gestellte Bescheide**, s. Rz. 1238 f.), wie z. B. Steuervergütungsbescheide (§ 155 Abs. 4 AO), Feststellungsbescheide (§ 181 Abs. 1 Satz 1 AO), Steuermessbescheide (§ 184 Abs. 1 Satz 3 AO), Zerlegungs- und Zuteilungsbescheide (§§ 185, 190 AO). Ebenfalls sind die Regelungen zur Festsetzungsverjährung anzuwenden auf **Prämien und Zulagen**, wie z. B. Investitionszulage (§ 13 InvZulG), Altersvorsorgezulage (§ 96 EStG), Wohnungsbauprämie (§ 8 WoPG). Bei **Realsteuern** (§ 3 Abs. 2 AO) ist

die Festsetzungsverjährung nicht nur vom FA bei dem Erlass bzw. der Korrektur eines Steuermessbescheides, sondern auch insoweit zu beachten, als von der Gemeinde ein Steuerbescheid
erlassen bzw. korrigiert wird (§ 1 Abs. 2 Nr. 4 AO).

Für den Erlass bzw. die Korrektur anderer Verwaltungsakte, die eine Geldleistung fordern,
ist der Ablauf der Festsetzungsfrist nur zu beachten, soweit dies ausdrücklich bestimmt ist. Für
Haftungsbescheide findet sich eine solche Regelung in § 191 Abs. 3 AO, die jedoch nur für den
(erstmaligen) Erlass von Haftungsbescheiden gilt (vgl. BFH vom 12.08.1997 BStBl II 1998,
131), nicht für deren Korrektur (Wortlaut des Gesetzes »Erlass«). Die Korrektur von Haftungsbescheiden richtet sich nach §§ 130, 131 AO, die mit Ausnahme der §§ 130 Abs. 3, 131 Abs. 2
Satz 2 AO keine Frist vorsehen. Bei **steuerlichen Nebenleistungen** (§ 3 Abs. 4 AO) ist auf den
Einzelfall abzustellen (vgl. Rz. 1671 ff.). Für örtliche Verbrauch- und Aufwandsteuern sowie für
die Kirchensteuer bestimmt sich die Anwendung der Vorschriften über die Festsetzungsverjährung nach Landesrecht, welches über Anwendungsgesetze häufig auf die Vorschriften der Abgabenordnung verweist.

2   Dauer der Festsetzungsverjährung

2.1   Allgemeine Festsetzungsfrist

1623   **Ein Jahr** beträgt die Festsetzungsfrist für Verbrauchsteuern und deren Vergütungen (§ 169
Abs. 2 Satz 1 Nr. 1 AO). Die relativ kurze Frist gebietet der Vertrauensschutz, denn diese
Bescheide können ohne weitere Voraussetzungen aufgehoben oder geändert werden (§ 172
Abs. 1 Satz 1 Nr. 1 AO). Nach **vier Jahren** verjähren die **übrigen Steuern** (Besitz- und Verkehrs-
steuern) und deren Vergütungen, soweit sie nicht unter Art. 5 Nr. 20 und 21 des Zollkodex der
Union fallen (§ 169 Abs. 2 Satz 1 Nr. 2 AO).

1624 frei

2.2   Verlängerte Festsetzungsfrist

1625   Sowohl für Verbrauchsteuern als auch für Besitz- und Verkehrssteuern verlängert sich im
Falle der **Steuerhinterziehung** (§ 370 Abs. 1 AO) die Frist für die hinterzogene Steuer (»soweit«)
auf **zehn Jahre**, im Falle der **leichtfertigen Verkürzung** (§ 378 Abs. 1 AO) für die leichtfertig
verkürzte Steuer (»soweit«) auf **fünf Jahre** (§ 169 Abs. 2 Satz 2 AO). In derartigen Fällen ist das
Begehren des Stpfl. auf Rechtssicherheit eingeschränkt zugunsten des Bedürfnisses nach zutreffender Steuerfestsetzung.

Tatbestandsmäßig ist eine Steuer hinterzogen, wenn ein Stpfl. den objektiven Tatbestand
des § 370 Abs. 1 AO vorsätzlich (§ 369 Abs. 2 AO, § 15 StGB, subjektiver Tatbestand) erfüllt.
Erfüllt der Stpfl. den objektiven Tatbestand lediglich leichtfertig, also nicht vorsätzlich, liegt eine
leichtfertige Steuerverkürzung i. S. d. § 378 Abs. 1 AO vor. **Leichtfertigkeit** entspricht einem
erhöhten Grad von Fahrlässigkeit, vergleichbar mit der groben Fahrlässigkeit. Demnach handelt leichtfertig, wer die im Verkehr erforderliche Sorgfalt in hohem Maße verletzt. Dabei ist auf
die persönlichen Fähigkeiten des Täters abzustellen.

Die Tat muss vollendet sein. Der bloße Versuch führt nicht zur Verlängerung der Festsetzungsfrist nach § 169 Abs. 2 Satz 2 AO (HHSp, AO/FGO, § 169 AO, Rz. 49).

1625a   Neben der Tatbestandsmäßigkeit setzt die verlängerte Festsetzungsfrist die **Rechtswidrigkeit** und die **Schuld** (bzw. die Vorwerfbarkeit bei der leichtfertigen Steuerverkürzung als Ord-

nungswidrigkeit) voraus. Rechtfertigungsgründe (§§ 32 ff. StGB, §§ 15, 16 OwiG) und Ausschließungsgründe der Schuld/Vorwerfbarkeit (§§ 19 ff. StGB, §§ 12, 11 Abs. 2 OwiG) schließen die verlängerte Festsetzungsfrist aus, BFH vom 02. 04. 1998 V R 60/97 BStBl II 1998, 530. Dagegen kommt die verlängerte Festsetzungsfrist auch dann zur Anwendung, wenn wegen Geringfügigkeit von einer Verfolgung der Tat abgesehen wird (§ 153 StPO) oder persönliche Strafausschließungs- und Strafaufhebungsgründe (z. B. Selbstanzeige nach §§ 371, 378 Abs. 3 AO, Verfolgungsverjährung nach §§ 78 ff. StGB, § 384 AO) einer Bestrafung entgegenstehen (HHSp, AO/FGO, § 169 AO, Rz. 51 m. w. Nw.).

Das Vorliegen der Voraussetzungen des § 169 Abs. 2 Satz 2 AO ist von der Finanzverwaltung und ggf. den Finanzgerichten, nicht von den Strafgerichten, in eigener Zuständigkeit zu prüfen, BFH vom 27. 11. 2003 BFH/NV 2004, 463. Innerhalb des FA ist die jeweilige Veranlagungsstelle zuständig. Sie soll sich mit der Strafsachenstelle des FA absprechen. Dabei kommt es letztlich nicht darauf an, ob es tatsächlich zu einer Bestrafung bzw. einer Bußgeldfestsetzung kommt. Umgekehrt zwingt eine Verurteilung nicht zu der Annahme, dass die Voraussetzungen des § 169 Abs. 2 Satz 2 AO erfüllt sind, insbesondere dann nicht, wenn nachträglich andere Beweismittel auftauchen.

Der Stpfl. braucht nicht selbst gehandelt haben. Es genügt, dass eine andere Person die Tat **1626** begangen hat. Ist diese Person ein gesetzlicher Vertreter (§ 34 Abs. 1 AO) oder Vertreter, dessen sich der Stpfl. zur Erfüllung seiner steuerlichen Pflicht bedient, z. B. Prokurist oder Steuerberater oder dessen Fachangestellter, BFH vom 19. 12. 2002 BStBl II 2003, 385 (gewillkürter Vertreter gem. § 80 AO), muss sich der Stpfl. in jedem Fall die verlängerte Festsetzungsfrist entgegenhalten lassen. Begeht dagegen ein Dritter, der den Stpfl. in steuerlichen Angelegenheiten nicht vertreten darf, die Tat, muss sich der Stpfl. die Tat nur in bestimmten Fällen zurechnen lassen. Die verlängerte Festsetzungsfrist gilt dann nicht, wenn der Stpfl. nachweist (Exculpationsmöglichkeit), dass er aus der Tat weder einen Vermögensvorteil erlangt hat, noch diese darauf beruht, dass er die im Verkehr erforderlichen Vorkehrungen zur Verhinderung von Steuerverkürzungen unterlassen hat (§ 169 Abs. 2 Satz 3 AO).

Schulden Personen nebeneinander dieselbe Leistung aus dem Steuerschuldverhältnis **1627** (Gesamtschuldner § 44 Abs. 1 AO), sind die Voraussetzungen für das Vorliegen der verlängerten Frist bei jedem einzelnen zu prüfen (h. M.), wobei zu berücksichtigen ist, dass die Steuerhinterziehung oder leichtfertige Steuerverkürzung eines Gesamtschuldners den anderen zugerechnet werden kann (§ 169 Abs. 2 Satz 3 AO).

BEISPIEL

Ehegatten beantragen für die ESt die Zusammenveranlagung (§§ 26, 26 b EStG). Der Ehemann hat die Erklärung ausgefüllt, die Ehefrau hat nur unterschrieben. Der Ehemann hat seine Einkünfte aus Vermietung und Verpachtung bewusst zu niedrig erklärt, die Ehefrau weiß davon nichts. Die Ehegatten sind bestandskräftig nach ihrer Erklärung veranlagt worden. Sie schulden beide die festgesetzte ESt als Gesamtschuldner.

LÖSUNG Der Ehemann hat eine Steuerhinterziehung begangen, für ihn gilt die zehnjährige Frist. Für die Ehefrau, der kein Vorsatz vorgeworfen werden kann, gilt die vierjährige Frist. Da sie aber in der Regel durch die Steuerverkürzung ihres Ehemannes einen Vermögensvorteil erlangt hat (als Gesamtschuldnerin), gilt auch für sie die verlängerte Festsetzungsfrist (§ 169 Abs. 2 Satz 3 AO).

Der Gesamtrechtsnachfolger (§ 45 AO), z. B. der Erbe, muss sich die verlängerte Frist gefallen lassen, die gegen den Rechtsvorgänger, z. B. den Erblasser, galt.

Die verlängerte Festsetzungsfrist gilt nur, **soweit** die Steuer hinterzogen oder leichtfertig **1628** verkürzt wurde (punktuelle Wirkung). Es kommt dann zu einer **Teilverjährung**.

Ein Stpfl. ist bestandskräftig nach seiner Erklärung veranlagt worden, die ESt beträgt 10 000 €. Er hat vorsätzlich Einnahmen aus freiberuflicher Tätigkeit mit einer steuerlichen Auswirkung von 2 000 € und leichtfertig (grob fahrlässig) Einnahmen aus Vermietung und Verpachtung mit einer steuerlichen Auswirkung von 500 € nicht erklärt.

LÖSUNG Die richtige Steuerfestsetzung würde also 12 500 € betragen. Mit Ablauf der vierjährigen Festsetzungsfrist ist die ESt i. H. v. 10 000 € erloschen. Für die leichtfertig verkürzte ESt i. H. v. 500 € verlängert sich die Festsetzungsfrist auf 5 Jahre. Für die hinterzogene ESt i. H. v. 2 000 € greift die Festsetzungsfrist von 10 Jahren.

3 Beginn der Festsetzungsfrist

3.1 Regelfall (§ 170 Abs. 1 AO)

1629   Gemäß § 170 Abs. 1 AO beginnt die Festsetzungsfrist mit **Ablauf des Kalenderjahres**, in dem die **Steuer entstanden ist**. Maßgebend ist also nicht der Entstehungszeitpunkt, sondern der Ablauf des Kalenderjahres. Damit beginnt die Festsetzungsfrist grundsätzlich am Jahresende (Prinzip der **Kalenderjahresverjährung**). Dies vereinfacht die Überwachung der Festsetzungsfrist, zumal das reguläre Fristende dann ebenfalls auf den Ablauf eines Kalenderjahres fällt.

Der Steueranspruch entsteht kraft Gesetzes, d. h. sobald der Tatbestand verwirklicht ist, an den das Gesetz die Leistungspflicht knüpft (§ 38 AO). Die Einzelsteuergesetze bestimmen, wann dies geschehen ist. Die ESt entsteht mit Ablauf des Veranlagungszeitraumes (§ 36 Abs. 1 EStG), ebenso die KSt (§ 30 Nr. 3 KStG). Für die Vorauszahlungen von ESt und KSt gilt § 37 Abs. 1 EStG bzw. § 30 Nr. 2 KStG. Die USt entsteht jeweils mit Ablauf des Voranmeldungszeitraums für alle in diesem Zeitraum ausgeführten Umsätze. Hat der Stpfl. monatliche Voranmeldungen abzugeben (§ 18 Abs. 2 Satz 2 UStG), so entsteht die USt-Vorauszahlung bei der Berechnung nach vereinbarten Entgelten mit Ablauf des jeweiligen Kalendermonats (§ 13 Abs. 1 Nr. 1a UStG). Hinsichtlich der USt für das Kalenderjahr (Unterschiedsbetrag i. S. d. § 18 Abs. 4 Satz 1 UStG) gibt es im UStG keine Entstehungsvorschrift. Diese entsteht nach BFH-Rechtsprechung (BFH vom 09. 05. 1996 BStBl II 1996, 662) mit ihrer erstmaligen theoretischen Berechenbarkeit. Die Berechnung erfolgt nach § 16 Abs. 1 und Abs. 2 UStG und ist mit Ablauf des Besteuerungszeitraums (Kalenderjahr gem. § 16 Abs. 1 Satz 2 UStG) möglich.

A erhält im Mai 01 Mieteinnahmen i. H. v. 30 000 €. Die hierauf beruhende ESt entsteht mit Ablauf des 31. 12. 01.

LÖSUNG Die vierjährige Festsetzungsfrist beginnt daher mit Ablauf des Kalenderjahres 01 (danach ist allerdings noch die Anlaufhemmung des § 170 Abs. 2 Satz 1 Nr. 1 AO zu beachten).

1630   Die Festsetzung einer höheren Steuer (z. B. 12 000 €), als nach dem Gesetz entstanden (z. B. 10 000 €), berührt den Beginn der Festsetzungsfrist nicht.

3.2 Anlaufhemmung (§ 170 Abs. 2–6 AO)

Von dem Grundsatz, dass der Beginn der Festsetzungsfrist von der Entstehung der Steuer **1631** abhängt, gibt es für die Besitz- und Verkehrssteuern **bedeutsame Ausnahmen**. Man spricht in diesen Fällen von einer Anlaufhemmung, weil der Fristbeginn nach hinten verschoben wird.

3.2.1 Bei Erklärungspflicht (§ 170 Abs. 2 Satz 1 Nr. 1 AO)

Nach § 170 Abs. 2 Satz 1 Nr. 1 AO ist der Fristbeginn abweichend von § 170 Abs. 1 AO **1632** geregelt, wenn eine **Steuererklärung** oder eine **Steueranmeldung** einzureichen oder eine **Anzeige** zu erstatten ist. In diesem Falle beginnt die Festsetzungsfrist erst mit Ablauf des Kalenderjahres, in dem die Steuererklärung, Steueranmeldung bzw. Anzeige beim FA eingegangen ist. Dadurch soll verhindert werden, dass der Stpfl. die dem FA zur Verfügung stehende Bearbeitungszeit durch späte Abgabe verkürzen kann. Wobei der Fristbeginn, um dem Sinn und Zweck der Verjährung gerecht zu werden, maximal um drei Jahre nach hinten verschoben wird.

Die Verpflichtung zur Abgabe von **Steuererklärungen** ergibt sich aus den Einzelsteuergesetzen (§ 149 Abs. 1 Satz 1 AO), z. B. für ESt-Erklärungen aus § 25 Abs. 3 EStG i. V. m. § 56 EStDV und für KSt-Erklärungen aus § 31 KStG.

Darüber hinaus ergibt sich eine Erklärungspflicht auch aus der **Aufforderung** des FA zur Erklärungsabgabe (§ 149 Abs. 1 Satz 2 AO). Fordert das FA einen Stpfl., der gesetzlich nicht zur Erklärungsabgabe verpflichtet ist (Stpfl. hat nur Arbeitslohn oder seine Einkünfte liegen unter dem Grundfreibetrag), hierzu auf, so wird dadurch ebenfalls die Anlaufhemmung des § 170 Abs. 2 Satz 1 Nr. 1 AO ausgelöst. Dies gilt allerdings nur, wenn die Aufforderung innerhalb der vierjährigen durch § 170 Abs. 1 AO ausgelösten Festsetzungsfrist erfolgt (vgl. AEAO zu § 170 Nr. 3). Anderenfalls ist der Steueranspruch bereits nach § 47 AO erloschen und der Aufforderung zur Erklärungsabgabe kann keine anlaufhemmende Wirkung mehr zukommen.

BEISPIEL

Das FA fordert im Jahre 03 einen Stpfl. auf, die ESt-Erklärung für die Jahre 01 und 02 einzureichen. Beide Erklärungen werden am 08. 08. 03 eingereicht. Daraus ergibt sich, dass der ledige Stpfl. im Kalenderjahr 01 ausschließlich Einkünfte aus Gewerbebetrieb in Höhe von 40 000 € und im Kalenderjahr 02 ausschließlich Einkünfte aus nichtselbstständiger Arbeit in Höhe von 30 000 €, von denen ein Steuerabzug vorgenommen worden ist, gehabt hat.

LÖSUNG Der Stpfl. ist für das Kalenderjahr 01 gem. § 149 Abs. 1 Satz 1 AO i. V. m. § 25 Abs. 3 EStG, § 56 Satz 1 Nr. 2a EStDV als Gewerbetreibender gesetzlich verpflichtet, eine Steuererklärung abzugeben. Für das Kalenderjahr 02 ergibt sich seine Verpflichtung aus der Aufforderung durch das FA (§ 149 Abs. 1 Satz 2 AO). Für beide Kalenderjahre beginnt die Festsetzungsfrist mit Ablauf des Jahres 03 zu laufen (§ 170 Abs. 2 Satz 1 Nr. 1 AO).

Eine Steuererklärung ist wirksam abgegeben, wenn sie der gesetzlich vorgeschriebenen Form genügt. Dazu gehört auch die ordnungsgemäße Unterschrift, sofern erforderlich, vgl. z. B. § 150 Abs. 3 AO i. V. m. § 25 Abs. 3 EStG (BFH vom 14. 01. 1998 BStBl II 1999, 203 und vom 10. 11. 2004 BStBl II 2005, 224). Andernfalls ist dies als Nichtabgabe anzusehen und es gilt die maximale Anlaufhemmung von drei Jahren. Die Steuererklärung braucht dagegen nicht inhaltlich richtig oder vollständig zu sein. Etwas anderes gilt nur dann, wenn die Erklärung derart lückenhaft ist, dass dies praktisch auf die Nichteinreichung der Erklärung hinausläuft (BFH vom 07. 04. 2005 BFH/NV 2005, 1229).

1632a   Für **Steueranmeldungen** (§ 150 Abs. 1 Satz 3 AO) ergibt sich eine Abgabepflicht jeweils aus dem betreffenden Einzelsteuergesetz (z. B. aus § 149 Abs. 1 Satz 1 AO i. V. m. § 18 Abs. 1 Satz 1 oder Abs. 3 Satz 1 UStG, § 41 a Abs. 1 Satz 1 Nr. 1 EStG, § 45a Abs. 1 Satz 1 EStG). Die Anlaufhemmung nach § 170 Abs. 2 Satz 1 Nr. 1 AO kommt dabei unabhängig davon, ob der zur Anmeldung Verpflichtete selbst Steuerschuldner ist (z. B. der Unternehmer bei der USt) oder die Steuer nur für einen Dritten anzumelden und abzuführen hat (sog. Entrichtungsschuldner, z. B. der Arbeitgeber bei der LSt oder der Schuldner von Kapitalerträgen bei der KapSt), zur Anwendung (h. M.).

Unter **Anzeigen** i. S. v. § 170 Abs. 2 Satz 1 Nr. 1 AO sind Erklärungen des Stpfl. zu verstehen, die sich im Gegensatz zu Steuererklärungen nur auf bestimmte Aspekte des steuerlichen Tatbestandes beziehen. Anzeigenpflichten des Stpfl. ergeben sich z. B. aus § 29 EStDV, § 30 ErbStG, § 19 GrEStG. Die Anzeigenpflichten Dritter (sog. Fremdanzeigen), z. B. der Gerichte und Notare gem. § 34 ErbStG, gehören nicht dazu. Die Berichtigungsanzeige nach § 153 Abs. 1 AO fällt ebenfalls nicht unter § 170 Abs. 2 Satz 1 Nr. 1 AO, weil lediglich eine Erklärung berichtigt wird, durch die die Anlaufhemmung des § 170 Abs. 2 Satz 1 Nr. 1 AO grds. bereits ausgelöst worden ist. Ein erneuter Beginn der Anlaufhemmung ist nicht möglich. Vielmehr sichert hier die Ablaufhemmung des § 171 Abs. 9 AO den Steueranspruch, BFH vom 22. 01. 1997 BStBl II 1997, 266.

1633   Werden die Steuererklärungen, Steueranmeldungen oder Anzeigen nicht innerhalb von drei Jahren eingereicht, beginnt die Festsetzungsfrist mit Ablauf des dritten Kalenderjahres, das auf das Kalenderjahr folgt, in dem die Steuer entstanden ist (maximale Beginnverschiebung). Dies gilt selbst dann, wenn zuvor ein Schätzungsbescheid ergangen ist, denn dieser befreit den Stpfl. nicht von seiner Erklärungspflicht (§ 149 Abs. 1 Satz 4 AO).

> **BEISPIEL**
>
> Ein Stpfl. reicht die nach § 25 Abs. 3 EStG, § 56 EStDV einzureichende ESt-Erklärung für das Kalenderjahr 01
> a) am 04. 04. 02
> b) am 05. 05. 04
> c) am 06. 06. 05
> d) gar nicht ein.
>
> **LÖSUNG** Die Festsetzungsfrist beginnt gemäß § 170 Abs. 2 Satz 1 Nr. 1 AO mit Ablauf des Kalenderjahres
> zu a) 02 (Jahr der Abgabe der Erklärung)
> zu b) 04 (ebenso wie bei a)
> zu c) 04 (spätestens drei Jahre nach Ablauf des Kalenderjahres, in dem die ESt 01 entstanden ist)
> zu d) 04 (ebenso wie bei c).

1634   Die Anlaufhemmung gilt nicht für Zölle und Verbrauchsteuern, ausgenommen die Stromsteuer (§ 170 Abs. 2 Satz 2 AO). Für Steuern, die durch Verwendung von Steuerzeichen und Steuerstemplern zu zahlen sind (vgl. z. B. § 12 TabStG), gelten eigene Regeln (vgl. § 170 Abs. 2 Satz 1 Nr. 2 AO).

3.2.2   Bei Antragsveranlagung (§ 170 Abs. 3 AO)

1635   § 170 Abs. 3 AO normiert eine Anlaufhemmung, wenn eine **Steuer** nur **auf Antrag festgesetzt** wird. Besteht keine Erklärungspflicht, wird der Stpfl. eine Steuerfestsetzung i. d. R. dann beantragen, wenn diese zu einer Erstattung führt. Hier kommt insbesondere der Antrag auf Durchführung einer ESt-Veranlagung nach § 46 Abs. 2 Nr. 8 EStG in Betracht. Für deren Erstfestsetzung bedarf es keiner Anlaufhemmung. Sobald der Antrag fristgerecht gestellt ist, verhindert die Ablaufhemmung des § 171 Abs. 3 AO den Ablauf der Festsetzungsfrist. Um dem FA jedoch genügend Zeit einzuräumen, die Erstfestsetzung zu korrigieren, bestimmt § 170 Abs. 3 AO eine Anlaufhemmung, die ausschließlich für die Aufhebung, Änderung oder Berichtigung des Steuerbescheides gilt.

BEISPIELE

a) Ein lediger Stpfl. mit Einkünften aus nichtselbstständiger Arbeit beantragt am 05. 05. 03 eine ESt-Veranlagung für das Kalenderjahr 01.

LÖSUNG Die Festsetzungsfrist für den Erlass des ESt-Bescheides beginnt mit Ablauf des Kalenderjahrs 01 (§ 170 Abs. 1 AO) und würde mit Ablauf des Kalenderjahrs 05 enden. Der Beginn der Frist wird weder durch § 170 Abs. 2 Satz 1 Nr. 1 AO hinausgeschoben, da keine Erklärungspflicht besteht (§ 25 Abs. 3 EStG, § 56 EStDV), noch durch § 170 Abs. 3 AO, weil diese Vorschrift nicht für die Erstfestsetzung gilt. Es greift aber die Ablaufhemmung des § 171 Abs. 3 AO und verhindert, dass Festsetzungsverjährung eintritt, bevor über den Antrag auf Steuerfestsetzung unanfechtbar entschieden ist.

b) Wie oben. Das FA hat am 02. 02. 04 den ESt-Bescheid erlassen. Es erfährt im Oktober 06, dass der Stpfl. leicht fahrlässig Einnahmen aus Vermietung und Verpachtung nicht erklärt hat.

LÖSUNG Wegen § 170 Abs. 3 AO beginnt die Festsetzungsfrist für die Änderung (§ 173 Abs. 1 Nr. 1 AO) des ESt-Bescheides mit Ablauf des Kalenderjahrs 03, da in diesem Jahr der Antrag gestellt wurde und endet mit Ablauf des Kalenderjahres 07.

Die Anlaufhemmungen nach § 170 Abs. 2 Satz 1 Nr. 1 AO und § 170 Abs. 3 AO schließen sich gegenseitig aus, BFH vom 14. 04. 2011 VI R 53/10 BStBl II 2011, 746. Bei einer Antragsveranlagung nach § 46 Abs. 2 Nr. 8 EStG greift die Anlaufhemmung nach § 170 Abs. 2 Satz 1 Nr. 1 AO nicht (vgl. H 46.2 (Anlaufhemmung) EStH).

3.2.3 Für die VSt und GrSt (§ 170 Abs. 4 AO)

Für die VSt[1] und die GrSt normiert § 170 Abs. 4 AO eine besondere Anlaufhemmung. **1636** Diese Vorschrift trägt der Tatsache Rechnung, dass die VSt (§ 5 Abs. 2 VStG) und die GrSt (§ 9 Abs. 2 GrStG) zwar jedes Jahr entstehen, eine Festsetzung zum Hauptveranlagungszeitpunkt allerdings für mehrere Jahre wirksam ist (§ 15 VStG, § 16 GrStG). Eine Erklärungspflicht, die die Anlaufhemmung des § 170 Abs. 2 Satz 1 Nr. 1 AO auslöst, besteht nur zum Hauptveranlagungszeitpunkt (vgl. § 19 VStG). Für die GrSt gilt eine Anzeigepflicht (§ 19 GrStG). Für die folgenden Jahre würde § 170 Abs. 1 AO gelten mit der Folge, dass hier die Festsetzungsfrist früher beginnen würde, als möglicherweise für das erste Jahr des Hauptveranlagungszeitraumes. Aus diesem Grunde schiebt § 170 Abs. 4 AO den Beginn der Frist für die folgenden Jahre um die gleiche Zeit hinaus, um den der Beginn er Festsetzungsfrist für das erste Kalenderjahr des Hauptveranlagungszeitraumes hinausgeschoben wird (vgl. Rz. 1667).

3.2.4 Für ErbSt und SchenkSt (§ 170 Abs. 5 AO)

Auch bei der ErbSt und SchenkSt beginnt die Festsetzungsfrist grundsätzlich mit Ablauf **1637** des Kalenderjahres, in dem die Steuer entstanden ist (§ **170 Abs. 1 AO**). Die ErbSt entsteht im Regelfall mit dem Tod des Erblassers (§ 9 Abs. 1 Nr. 1 ErbStG), die SchenkSt mit Vollzug der Schenkung (§ 9 Abs. 1 Nr. 2 ErbStG).

---

1 Aufgrund des Beschlusses des BVerfG vom 22.06.1995 kann die VSt wegen ihrer teilweisen Verfassungswidrigkeit ab 01.01.1997 nicht mehr erhoben werden.

Sofern der Erwerber den Erwerb anzeigen muss (§ 30 Abs. 1 ErbStG), wird der Fristbeginn gem. **§ 170 Abs. 2 Satz 1 Nr. 1 AO** hinausgeschoben. Besteht nach § 30 Abs. 3 ErbStG zwar keine Anzeigenpflicht (z. B. bei Testamentseröffnung durch ein deutsches Gericht oder einen deutschen Notar bzw. gerichtlicher oder notarieller Beurkundung der Schenkung), ergibt sich für den Erwerber aber eine Steuererklärungspflicht dadurch, dass ihn das FA zur Erklärungsabgabe aufgefordert hat (§ 31 Abs. 1 ErbStG), wird hierdurch ebenfalls die Anlaufhemmung des § 170 Abs. 2 Satz 1 Nr. 1 AO ausgelöst. Ergeht die Aufforderung zur Erklärungsabgabe allerdings erst nach Ablauf der vierjährigen Festsetzungsfrist ausgehend vom Fristbeginn nach § 170 Abs. 1 AO, so kann sie keine anlaufhemmende Wirkung mehr entfalten, weil der Anspruch bereits durch Verjährungseintritt erloschen ist, BFH vom 18. 10. 2000 BStBl II 2001, 14.

> **BEISPIELE**
>
> a) A stirbt im Jahre 01. Für den Erben B gilt keine Anzeigenpflicht. Er wird im Jahre 05 aufgefordert, eine ErbSt-Erklärung einzureichen.
> **LÖSUNG** Gem. § 170 Abs. 1 AO i. V. m. § 9 Abs. 1 Nr. 1 ErbStG würde die vierjährige Festsetzungsfrist mit Ablauf 01 beginnen und mit Ablauf 05 enden. Da B innerhalb der Festsetzungsfrist zur Abgabe der Erklärung aufgefordert wurde, greift § 170 Abs. 2 Satz 1 Nr. 1 AO mit der Folge, dass der Beginn der Frist um drei Jahre gehemmt ist (also bis Ablauf 04). Die Festsetzungsfrist endet dann mit Ablauf 08. Diese Lösung gilt auch, wenn das Nachlassgericht bereits im Jahre 01 dem FA den Erbfall angezeigt hatte. Die Pflicht des Erwerbers, auf Verlangen des FA eine Steuererklärung abzugeben (§ 31 Abs. 1 ErbStG), wird durch die Anzeigenpflicht des Nachlassgerichts und deren Erfüllung nicht berührt. Die Anzeige des Nachlassgerichts (§ 34 ErbStG) soll eine ErbSt-Erklärung nicht vorwegnehmen, sondern dient in erster Linie dazu, dem FA die Prüfung zu erleichtern, ob und wen es im Einzelfall zur Abgabe einer ErbSt-Erklärung aufzufordern hat, BFH vom 10. 11. 2004 BStBl II 2005, 244.
>
> b) Wie a), nur wird B erst im Jahre 06 aufgefordert, eine ErbSt-Erklärung einzureichen.
> **LÖSUNG** Die anlaufhemmende Wirkung des § 170 Abs. 2 Satz 1 Nr. 1 AO tritt nicht ein, weil die Aufforderung zur Abgabe der ErbSt-Erklärung erst erging, als die vierjährige Festsetzungsfrist ausgehend vom Fristbeginn nach § 170 Abs. 1 AO bereits abgelaufen und der Steueranspruch erloschen war.

§ 170 Abs. 5 AO steht selbstständig neben § 170 Abs. 2 Satz 1 Nr. 1 AO, kommt aber nur zur Anwendung, wenn dadurch der Fristbeginn weiter hinausgeschoben wird (Wortlaut des Gesetzes »nach den Absätzen 1 oder 2«). Diese Vorschrift trägt den Besonderheiten bei der ErbSt und SchenkSt Rechnung, die dazu führen, dass eine Beginnverschiebung um maximal drei Jahre (§ 170 Abs. 2 Satz 1 Nr. 1 AO) häufig nicht ausreichend ist. Deshalb dehnt § 170 Abs. 5 AO den Anlauf der Festsetzungsfrist gegebenenfalls unbefristet aus.

a) Erwerb von Todes wegen

1637a Nach **§ 170 Abs. 5 Nr. 1 AO** beginnt die Festsetzungsfrist erst mit Ablauf des Kalenderjahres, in dem der Erwerber (Erbe) Kenntnis von dem Erwerb erlangt hat. Eine zuverlässige Kenntniserlangung wird i. d. R. im Zeitpunkt der Testamentseröffnung gegeben sein.

> **BEISPIELE**
>
> a) A stirbt im Jahr 01. Das zuständige FA erlangt vom Erbfall keine Kenntnis. Erbe B erfährt von seiner Erbschaft erst durch ein privat verwahrtes Testament im Jahr 06. Nach erlangter Kenntnis ist B zur Erstattung einer Anzeige verpflichtet (§ 30 Abs. 1 ErbStG).
> **LÖSUNG** Nach § 170 Abs. 1 AO i. V. m. § 9 Abs. 1 Nr. 1 ErbStG beginnt die Festsetzungsfrist mit Ablauf des Kalenderjahres 01. Da die Anzeigenpflicht (§ 30 Abs. 1 ErbStG) erst in 06, also nach Ablauf der vierjährigen durch § 170 Abs. 1 AO ausgelösten Festsetzungsfrist begründet worden ist, greift die Anlaufhemmung des § 170 Abs. 2 Satz 1 Nr. 1 AO nicht. Um jedoch zu verhindern, dass der Steueranspruch verjährt, bevor der richtige Erbe bekannt ist, schiebt § 170 Abs. 5 Nr. 1 AO den Fristbeginn auf

den Ablauf des Kalenderjahres hinaus, in dem der Erwerber Kenntnis von dem Erwerb erlangt hat, vorliegend also auf Ablauf des Kalenderjahres 06. Die vierjährige Festsetzungsfrist (§ 169 Abs. 2 Satz 1 Nr. 2 AO) endet dann mit Ablauf des Kalenderjahres 10.

b) A stirbt im Jahr 01. C ist Pflichtteilsberechtigter und hat seinen Pflichtteilsanspruch noch in 01 geltend gemacht. Er ist zur Erstattung einer Anzeige nach § 30 Abs. 1 ErbStG verpflichtet, gibt jedoch keine Anzeige ab. Alleinerbe ist B. B gibt nach Aufforderung durch das FA in 03 eine ErbSt-Erklärung ab, die auch alle erforderlichen Angaben über den Pflichtteil des C beinhaltet.

LÖSUNG Nach § 170 Abs. 1 AO i. V. m. § 9 Abs. 1 Nr. 1 Buchst. b ErbStG beginnt die Festsetzungsfrist für die **Festsetzung der ErbSt gegenüber C** mit Ablauf des Kalenderjahres 01. Wegen der Anzeigepflicht (§ 30 Abs. 1 ErbStG) greift die Anlaufhemmung des § 170 Abs. 2 Satz 1 Nr. 1 AO und führt unabhängig davon, dass C keine Anzeige abgegeben hat, zum **Beginn** der Festsetzungsfrist **mit Ablauf des Kalenderjahres 03** (§ 170 Abs. 2 Satz 1 Nr. 1 **1. Alt.** AO). Die anderweitige Kenntniserlangung des FA über den Erwerb des C steht der Anzeige nach § 30 Abs. 1 ErbStG gleich. Der Sicherungszweck der Anlaufhemmung erfordert in diesem Fall kein weiteres Hinausschieben des Fristbeginns (vorliegend auf den Ablauf des Kalenderjahres 04 nach § 170 Abs. 2 Satz 1 Nr. 1 **2. Alt.** AO), vgl. BFH vom 30. 10. 1996 II R 70/94 BStBl II 1997, 11.

§ 170 Abs. 5 Nr. 1 AO kommt nicht zur Anwendung. Dabei handelt es sich lediglich um eine besondere Verzögerung der Anlaufhemmung nach § 170 Abs. 2 Satz 1 Nr. 1 AO.

b) Schenkungen unter Lebenden

Da Schenkungen dem FA häufig erst sehr spät bekannt werden, beinhaltet **§ 170 Abs. 5 Nr. 2 AO** eine spezielle Anlaufhemmung mit zwei Alternativen für den Fristbeginn. Nach der ersten Alternative wird der Fristbeginn auf den Ablauf des Kalenderjahres hinausgeschoben, in dem der Schenker gestorben ist. Der Gesetzgeber geht davon aus, dass erst anlässlich der Festsetzung der ErbSt nach dem Tode des Schenkers die Schenkungen zu Lebzeiten bekannt werden. Die zweite Alternative stellt auf die Kenntniserlangung des FA von der vollzogenen Schenkung ab. Dabei ist auf die positive Kenntnis der zur Festsetzung der SchenkSt berufenen Dienststelle (i. d. R. ErbSt-Stelle) des zuständigen FA abzustellen (BFH vom 05. 02. 2003 BStBl II 2003, 502 und vom 29. 01. 2004 BFH/NV 2004, 609). Immer die zuerst eingetretene Tatbestandsvariante (Tod des Schenkers oder Kenntniserlangung des FA) löst die Anlaufhemmung aus.

BEISPIEL

A schenkt im Jahre 01 dem X 100 000 €. Die Schenkung war anzeigepflichtig. Eine Anzeige nach § 30 Abs. 1 ErbStG erfolgt nicht. Im Jahre 10 stirbt A. Im Jahre 11 erfährt das FA von der Schenkung an X. **LÖSUNG** Die Festsetzungsfrist beginnt gem. § 170 Abs. 1 AO i. V. m. § 9 Abs. 1 Nr. 2 ErbStG mit Ablauf des Kalenderjahres 01. Wegen der Anzeigepflicht (§ 30 Abs. 1 ErbStG) greift § 170 Abs. 2 Satz 1 Nr. 1 AO und verschiebt den Fristbeginn um maximal drei Jahre auf den Ablauf des Kalenderjahres 04. Der Tod des Schenkers A im Jahre 10 löst die spezielle Anlaufhemmung des § 170 Abs. 5 Nr. 2 AO (erste Tatbestandsvariante) aus, weshalb die Festsetzungsfrist erst mit Ablauf des Kalenderjahres 10 beginnt und mit Ablauf des Kalenderjahres 14 endet (sofern nicht wegen der Nichtanzeige eine leichtfertige Steuerverkürzung oder Steuerhinterziehung vorliegt und § 169 Abs. 2 Satz 2 AO greift). Auf die Kenntniserlangung des FA über die Schenkung im Jahre 11 (zweite Tatbestandsvariante des § 170 Abs. 5 Nr. 2 AO) kommt es dann nicht mehr an.

c) Zweckzuwendungen unter Lebenden

Die Steuer entsteht zwar bereits mit dem Eintritt der Verpflichtung des Beschwerten (§ 9 Abs. 1 Nr. 3 ErbStG), die Steuerpflicht des Beschenkten lässt sich häufig aber erst nach Erfüllung der Verpflichtung feststellen. **§ 170 Abs. 5 Nr. 3 AO** ordnet deshalb für Zweckzuwendungen unter Lebenden an, dass die Festsetzungsfrist erst mit Ablauf des Kalenderjahres beginnt, in dem die Verpflichtung erfüllt worden ist.

3.2.5 Für Steuern, die auf Kapitalerträge entfallen (§ 170 Abs. 6 AO)

1638   § 170 Abs. 6 AO regelt eine Anlaufhemmung für die Steuern auf Kapitalerträge, die aus Staaten oder Territorien stammen, die nicht Mitglieder der Europäischen Union oder der Europäischen Freihandelsassoziation (Drittstaaten) sind, sofern die Kapitalerträge nicht aufgrund von zwischenstaatlichen Vereinbarungen automatisch mitgeteilt werden. Die Anlaufhemmung ist mit Wirkung ab dem 01.01.2015 durch Gesetz vom 22.12.2014 (BGBl I 2014, 2415) eingefügt worden und gilt für alle nach dem 31.12.2014 beginnenden Festsetzungsfristen (Art. 97 § 10 Abs. 13 EGAO). Sie hat die zuvor in § 170 Abs. 6 AO enthaltene Sonderregelung für die Wechselsteuer ersetzt.

§ 170 Abs. 6 AO bezweckt die zutreffende Besteuerung ausländischer Kapitalerträge sicherzustellen, die dem FA häufig verschwiegen werden (vgl. BT-Drucks. 18/3018, 10). Die Anlaufhemmung hat punktuelle Wirkung. Sie gilt nur für die auf Kapitalerträge aus Drittstaaten entfallende Steuer und geht insoweit als lex specialis der Anlaufhemmung nach § 170 Abs. 2 Satz 1 Nr. 1 AO vor.

Wegen der Beschränkung auf Steuern, die auf Kapitalerträge entfallen, betrifft die Anlaufhemmung nur Ertragsteuern wie die ESt, die KSt und – soweit gewerbliche Einkünfte betroffen sind – die GewSt sowie die entsprechenden Annexsteuern, nicht die ErbSt und SchenkSt (Beermann/Gosch, AO/FGO, § 170 AO, Rz. 64). Unter den Begriff »Kapitalerträge« fallen dabei alle Erträge i. S. d. § 20 EStG, selbst dann, wenn sie nach § 20 Abs. 8 EStG zu einer anderen Einkunftsart gehören (vgl. AEAO zu § 170 Nr. 4).

Die Festsetzungsfrist beginnt nach § 170 Abs. 6 AO frühestens mit Ablauf des Kalenderjahres, in dem die ausländischen Kapitalerträge der Finanzbehörde positiv bekannt geworden sind. Dabei ist auf die Kenntniserlangung der intern für die Festsetzung der Steuer auf die ausländischen Kapitalerträge zuständigen Dienststelle des FA abzustellen (HHSp, AO/FGO, § 170 AO, Rz. 83). Spätestens beginnt die Festsetzungsfrist (maximale Beginnverschiebung) zehn Jahre nach Ablauf des Kalenderjahres, in dem die Steuer entstanden ist.

3.2.6 Weitere Anlaufhemmung

1639   Die Korrekturvorschrift § 175 Abs. 1 Satz 1 Nr. 2 AO beinhaltet in **§ 175 Abs. 1 Satz 2 AO** eine eigene Bestimmung für den Fristbeginn. Greift die Korrekturvorschrift, beginnt die Festsetzungsfrist danach erst mit Ablauf des Kalenderjahres, in dem das Ereignis eingetreten ist.

4   Ende der Festsetzungsfrist

4.1 Berechnung der Frist

1640   Nach Ermittlung des Fristbeginns ist das Ende der Frist zu errechnen. Diese endet mit dem Ablauf desjenigen Tages, welcher durch seine Zahl dem Tage entspricht, in den das Ereignis fällt (Ereignisfrist, § 108 Abs. 1 AO, §§ 187 Abs. 1, 188 Abs. 2 Alt. 1 BGB). Für die Kalenderjahresverjährung ist die Berechnung einfach, die Frist endet immer mit Ablauf des letzten Tages eines Kalenderjahres. Eine vierjährige Frist, die mit Ablauf des 31.12.05 beginnt, endet mit Ablauf des 31.12.09. Ist der letzte Tag ein Sonntag, ein gesetzlicher Feiertag oder ein Sonnabend, so endet die Frist erst mit Ablauf des nächstfolgenden Werktages (§ 108 Abs. 3 AO).

Ist die Festsetzungsfrist versäumt, kommt bei einem danach eigegangenen Änderungsantrag des Stpfl. keine Wiedereinsetzung in den vorigen Stand (§ 110 Abs. 1 AO) in Betracht, BFH vom 19. 08. 1999 BStBl II 2000, 330; BFH vom 24. 01. 2008 VII R 3/07 BStBl II 2008, 462. Die Festsetzungsfrist ist zwar eine gesetzliche Frist, aber keine Handlungsfrist, die Beteiligte oder Dritte gegenüber dem FA zu wahren haben, und damit nicht wiedereinsetzungsfähig.

Nach § 169 Abs. 1 Satz 3 Nr. 1 AO ist die Festsetzungsfrist gewahrt, wenn der Steuerbescheid vor Fristablauf den Bereich der für die Steuerfestsetzung zuständigen Finanzbehörde verlassen hat. Damit kommt es für die Fristwahrung nur auf den Tag der Aufgabe zur Post und nicht auf den tatsächlichen (oder nach § 122 Abs. 2 AO vermuteten) Zugang des Steuerbescheides beim Stpfl. an. Eine ordnungsgemäße Bekanntgabe ist aber unabdingbar. Anderenfalls liegt bereits begrifflich kein Steuerbescheid vor (§ 155 Abs. 1 Satz 2 AO). Die Festsetzungsfrist ist nur gewahrt, wenn die vor Ablauf der Frist zur Post gegebene Bescheidausfertigung dem Empfänger nach Fristablauf tatsächlich zugeht, BFH vom 25. 11. 2002 GrS 2/01, BStBl II 2003, 548. § 169 Abs. 1 Satz 3 AO soll die Einhaltung der Festsetzungsfrist nur von den Zufälligkeiten des Bekanntgabevorgangs, nicht von der Bekanntgabe selbst unabhängig machen. Verzögerungen beim Zugang des Steuerbescheides sollen nicht zu Lasten der Finanzbehörde gehen. Die Festsetzungsfrist ist allerdings dann nicht gewahrt, wenn der ursprüngliche (rechtzeitige) Bekanntgabeversuch fehlgeschlagen ist und das FA nach Fristablauf den Steuerbescheid erneut abgesandt hat. Das FA muss den Nachweis darüber führen, dass der Steuerbescheid den Bereich des für die Steuerfestsetzung zuständigen FA vor Ablauf der Festsetzungsfrist verlassen hat, BFH vom 28. 09. 2000 III R 43/97 BStBl II 2001, 211. Als Beweismittel für die rechtzeitige Aufgabe zur Post dient ein Absendevermerk der Poststelle des FA.

1641

BEISPIEL

a) Am 31. 12. 08 (Fristablauf) sendet das FA einen Steuerbescheid mit einfachem Brief an den Stpfl. Am 08. 01. 09 kommt der Bescheid zurück, da der Stpfl. unbekannt verzogen ist. Das FA ermittelt den neuen Wohnsitz und sendet den Bescheid am 15. 01. 09 wieder an den Stpfl., der ihn diesmal erhält.

LÖSUNG Ohne Zugang ist der rechtzeitig am 31. 12. 08 zur Post aufgegebene Steuerbescheid nicht ordnungsgemäß bekannt gegeben und nicht wirksam (§ 124 Abs. 1 Satz 1 AO) geworden. Die Absendung des Steuerbescheides am 31. 12. 08 hat damit auch nicht die Festsetzungsfrist gewahrt.

b) Am 31. 12. 08 (Fristablauf) sendet das FA einen Steuerbescheid mit einfachem Brief an den Stpfl. Die Bescheidausfertigung wird vom Postboten versehentlich in den Briefkasten des Nachbarn eingeworfen. Der Nachbar übergibt die Bescheidausfertigung am 15. 01. 09 an den Stpfl., der ihn bereitwillig entgegennimmt.

LÖSUNG Der rechtzeitig am 31. 12. 08 zur Post aufgegebene Steuerbescheid ist am 15. 01. 09 durch ordnungsgemäße Bekanntgabe wirksam geworden. Die Absendung des Steuerbescheides am 31. 12. 08 hat damit die Festsetzungsfrist gewahrt.

Bei öffentlicher Zustellung ist zur Fristwahrung ausreichend, dass vor Ablauf der Festsetzungsfrist die Benachrichtigung nach § 10 Abs. 2 Satz 1 VwZG bekannt gemacht oder veröffentlicht wird (§ 169 Abs. 1 Satz 3 Nr. 2 AO).

4.2 Ablaufhemmung (§ 171 AO)

In einer Reihe von Fällen (vgl. § 171 Abs. 1 bis Abs. 15 AO) läuft die Festsetzungsfrist nicht ab, solange der Ablauf der Verjährung gehemmt ist. Das Ende der Festsetzungsfrist wird dabei über das reguläre Fristende hinaus nach hinten verschoben (sog. Ablaufhemmung). Im Gegensatz zum BGB (vgl. § 205 BGB), wo die Hemmung den Fristlauf zwar zum Stillstand bringt,

1642

nach deren Beseitigung der Rest der Verjährungsfrist aber weiterläuft, wird hier die Frist um eine gewisse Zeit verlängert. Die Kalenderjahresverjährung gilt dann nicht mehr. Die meisten Ablaufhemmungen haben punktuelle Wirkung und schieben das Ende der Festsetzungsfrist nur für einen bestimmten Teil der Steuer hinaus. Für den übrigen Teil der Steuer verbleibt es beim regulären Fristende.

4.2.1 Höhere Gewalt (§ 171 Abs. 1 AO)

1643   Nach § 171 Abs. 1 AO läuft die Festsetzungsfrist nicht ab, solange die Steuerfestsetzung wegen höherer Gewalt innerhalb der letzten sechs Monate des Fristlaufs nicht erfolgen kann. Die Ablaufhemmung bezweckt, dem FA die durch derartige Ereignisse in den letzten sechs Monaten des Fristlaufs für Steuerfestsetzungen verlorene Zeit zurückzugeben (maximal sechs Monate).

Unter höherer Gewalt sind alle von außen kommenden Ereignisse zu verstehen, die es bei Anwendung der äußersten den Umständen nach zu erwartenden Sorgfalt nicht zulassen, dass der Anspruch verfolgt wird. Geringstes Verschulden von Seiten des FA schließt höhere Gewalt aus. Beispiele für höhere Gewalt sind Brand im FA, Naturkatastrophen, Terroranschläge, Kriege und andere unabwendbare Zufälle (vgl. BFH vom 07.05.1993 BStBl II 1993, 818).

Weitere Voraussetzung ist, dass sich das betreffende Ereignis entweder innerhalb der letzten sechs Monate der (regulären) Festsetzungsfrist ereignet hat oder seine Folgen unmittelbar in die letzten sechs Monate des Fristlaufs hineinwirken. Beeinträchtigungen, die außerhalb der letzten sechs Monate des Fristlaufs liegen, bleiben unberücksichtigt. Die Ablaufhemmung schiebt das Ende der Festsetzungsfrist dann um den Ruhezeitraum (höchstens sechs Monate) hinaus, BFH vom 07.05.1993 a.a.O. Fällt die Beeinträchtigung bereits vor dem regulären Fristende weg, ist der Ruhezeitraum (frühestens) auf das reguläre Fristende zu rechnen. Anderenfalls ist der Ruhezeitraum auf den späteren Hinderniswegfall aufzuschlagen.

BEISPIELE

a) Die Festsetzungsfrist endet am 31.12.01. Vom 31.07.01 bis 31.10.01 ist wegen höherer Gewalt eine Festsetzung nicht möglich.
LÖSUNG Der Ruhezeitraum beträgt drei Monate (31.07.01 bis 31.10.01). Der Ablauf der Frist ist bis zum 31.03.02 gehemmt.

b) Wie a), eine Festsetzung ist bis zum 31.05.02 nicht möglich.
LÖSUNG Der Ruhezeitraum in den letzten sechs Monaten des regulären Fristlaufs beträgt fünf Monate (31.07.01 bis 31.12.01). Nach Beseitigung der höheren Gewalt (31.05.02) hat das FA noch fünf Monate Zeit zur Festsetzung. Die Frist läuft also bis zum 31.10.02.

Bei einer auf den Stpfl. einwirkenden höheren Gewalt gilt die Norm grds. nicht. Eine Ausnahme gilt nur bei der Nichtabgabe von Steueranmeldungen, die kraft Gesetzes einer Steuerfestsetzung gleichstehen (§ 168 AO).

4.2.2 Offenbare Unrichtigkeit (§ 171 Abs. 2 Satz 1 AO)

1644   Ist bei Erlass eines Steuerbescheids eine offenbare Unrichtigkeit (§ 129 Satz 1 AO) unterlaufen, so endet die Festsetzungsfrist nach § 171 Abs. 2 Satz 1 AO insoweit nicht vor Ablauf **eines Jahres nach Bekanntgabe dieses Steuerbescheids.** Hierdurch wird gewährleistet, dass das FA für die Berichtigung von offenbaren Unrichtigkeiten auf jeden Fall ein Jahr Zeit hat.

BEISPIELE

a) Die Festsetzungsfrist läuft am 31. 12. 05 ab. Das FA gibt am 05. 05. 05 einen Steuerbescheid bekannt, der eine offenbare Unrichtigkeit enthält.
LÖSUNG Die Berichtigung der Unrichtigkeit ist bis zum 05. 05. 06 möglich. Andere Fehler können nur bis zum 31. 12. 05 korrigiert werden (Wortlaut des Gesetzes »insoweit«, also punktuelle Wirkung).

b) Wie a), der Steuerbescheid wurde am 04. 04. 04 bekannt gegeben.
LÖSUNG § 171 Abs. 2 Satz 1 AO hat hier keine Bedeutung, da das eine Jahr (bis 04. 04. 05) vom regulären Ablauf der Festsetzungsfrist (31. 12. 05) überlagert wird. Die Berichtigung der Unrichtigkeit ist also bis zum 31. 12. 05 möglich.

c) Wie b), der Steuerbescheid wurde am 02. 02. 06 bekannt gegeben.
LÖSUNG Die Berichtigung ist bis zum 02. 02. 07 möglich. Der Steuerbescheid ist zwar rechtswidrig (weil verspätet), aber wirksam. Er löst damit die Ablaufhemmung aus (BFH vom 14. 06. 1991 BStBl II 1992, 52, a. A. Tipke/Kruse, AO/FGO, § 171, Rz. 7a).

Wird die offenbare Unrichtigkeit durch Übernahme in mehreren nachfolgenden (geänderten) Steuerbescheiden wiederholt, löst allein die Bekanntgabe des Steuerbescheides, der die offenbare Unrichtigkeit erstmals beinhaltet, die Jahresfrist aus, BFH vom 08. 03. 1989 BStBl II 1989, 531.

4.2.3 Schreib- oder Rechenfehler bei Erstellung einer Steuererklärung (§ 171 Abs. 2 Satz 2 AO)

Durch das StModernG ist § 171 Abs. 2 Satz 2 AO als Ablaufhemmung für Fälle des § 173 a **1644a**
AO eingefügt worden. Danach endet die Festsetzungsfrist insoweit nicht vor Ablauf eines Jahres nach Bekanntgabe des aufgrund der fehlerhaften Steuererklärung ergangenen Steuerbescheids. § 171 Abs. 2 Satz 2 AO gilt für alle am 31. 12. 2016 noch nicht abgelaufenen Festsetzungsfristen (Art. 97 § 10 Abs. 14 EGAO).

4.2.4 Anträge des Steuerpflichtigen (§ 171 Abs. 3 und Abs. 3a AO)

a) Außerhalb des Rechtsbehelfsverfahrens (§ 171 Abs. 3 AO)

Gem. § 171 Abs. 3 AO führt ein Antrag des Stpfl. auf Steuerfestsetzung oder auf Aufhe- **1645**
bung, Änderung oder Berichtigung einer Steuerfestsetzung, der rechtzeitig vor Ablauf der Festsetzungsfrist gestellt wird, zur Ablaufhemmung, bis über den Antrag unanfechtbar entschieden worden ist. Diese Vorschrift befreit das FA von jeglichem Zeitdruck, falls ein Antrag kurz vor Ablauf der Festsetzungsfrist gestellt wird. Andererseits ist durch die Regelung sichergestellt, dass sich ein Antrag nicht von selbst durch Zeitablauf erledigen kann.

§ 171 Abs. 3 AO gilt sowohl für den Antrag des Stpfl. auf erstmalige Steuerfestsetzung als auch für einen Korrekturantrag (Aufhebung, Änderung, Berichtigung einer Steuerfestsetzung). Ein Antrag auf Erstfestsetzung einer Steuer liegt insbesondere vor, wenn der Stpfl. einen Antrag auf Veranlagung nach § 46 Abs. 2 Nr. 8 EStG durch Abgabe seine ESt-Erklärung stellt oder die Festsetzung einer Steuervergütung begehrt.

BEISPIEL

Ein Stpfl. beantragt am 10. 09. 02 die Durchführung einer ESt-Veranlagung nach § 46 Abs. 2 Nr. 8 EStG für das Kalenderjahr 01.
LÖSUNG Die vierjährige Festsetzungsfrist beginnt gemäß § 170 Abs. 1 AO – eine Erklärungspflicht besteht nicht – mit Ablauf des Kalenderjahres 01 (keine Anlaufhemmung nach § 170 Abs. 2 Satz 1

Nr. 1 bzw. Abs. 3 AO) und endet mit Ablauf des Kalenderjahres 05. Sollte das FA bis zu diesem Zeitpunkt die Antragsveranlagung nicht durchgeführt haben, greift die Ablaufhemmung des § 171 Abs. 3 AO ein. Das FA muss noch über den Antrag entscheiden.

1646   Als **Antrag** i. S. d. § 171 Abs. 3 AO sind allerdings nur solche Willensbekundungen zu verstehen, die ein Tätigwerden der Finanzbehörde außerhalb des infolge der Amtsmaxime ohnehin gebotenen Verwaltungshandelns auslösen sollen. Die Abgabe von gesetzlich vorgeschriebenen Steuererklärungen ist Gegenstand der allgemeinen Mitwirkungspflicht des Stpfl. und gehört (auch wenn sie zu einer Steuererstattung führt) nicht dazu, BFH vom 28.08.2014 V R 8/14 BStBl II 2015, 3. Dies gilt auch in der Kombination von Erklärungseinreichung und damit im Zusammenhang stehender Antragstellung auf Durchführung einer Steuerfestsetzung (vgl. AEAO zu § 171 Nr. 2). Denn eine solche, sich auf die eingereichte Steuererklärung beziehende Antragstellung hat grds. nur rein formalen Charakter und besitzt keinen über die Erklärungsabgabe hinausgehenden eigenständigen Aussagewert, BFH vom 15.05.2013 IX R 5/11 BStBl II 2014, 143; BFH vom 12.08.2015 I R 63/14 BFH/NV 2016, 161. Wartet der Stpfl. bei bestehender Erklärungspflicht mit der Abgabe bis kurz vor Ablauf der Festsetzungsfrist, muss er die Nachteile davon tragen (vgl. Hessisches Finanzgericht vom 18.02.2016 3 K 851/13). Ohne die Ablaufhemmung des § 171 Abs. 3 AO droht ihm das Risiko der Festsetzungsverjährung.

Die gesetzlich geforderte Berichtigung einer Steuererklärung (§ 153 Abs. 1 AO) sowie eine Selbstanzeige (§§ 371, 378 Abs. 3 AO) lösen ebenfalls nicht die Ablaufhemmung des § 171 Abs. 3 AO aus, hier gilt § 171 Abs. 9 AO. Auch ein Antrag auf eine Billigkeitsmaßnahme (z. B. §§ 163, 227 AO) hemmt den Fristablauf nicht (vgl. AEAO zu § 171 Nr. 2).

1647   Daneben greift § 171 Abs. 3 AO ein, wenn vor Fristablauf ein Antrag auf **Aufhebung, Änderung oder Berichtigung** (§ 129 Satz 1 AO) der Steuerfestsetzung gestellt wird. Hier ist zu beachten, dass der Ablauf der Frist nicht in vollem Umfang hinausgeschoben wird, sondern nur insoweit, als der Antrag reicht (punktuelle Wirkung). Da die festgesetzte Steuer und nicht die einzelnen Besteuerungsgrundlagen in Bestandskraft erwachsen (§ 157 Abs. 1 Satz 2 und Abs. 2 AO), bezieht sich das Wort »insoweit« auf die Höhe der festgesetzten Steuer. Damit bleibt die Festsetzungsfrist nur für die sich aus dem rechtzeitig gestellten Antrag ergebende Steuerminderung offen. Das Antragsbegehren des Stpfl. ist ggf. durch Auslegung zu ermitteln (§ 133 BGB).

BEISPIEL

Ein Stpfl. hat die gesetzlich vorgeschriebene ESt-Erklärung für das Kalenderjahr 01 im Jahre 02 abgegeben. Er ist bestandskräftig veranlagt worden, die Steuerschuld beträgt 20 000 €. Im Jahre 06 trägt er eine neue Tatsache zu seinen Gunsten mit einer steuerlichen Auswirkung von 3 000 € vor und beantragt zu Recht eine entsprechende Steuerfestsetzung. Gleichzeitig entdeckt das FA, dass der Stpfl. leicht fahrlässig Einnahmen (neue Tatsache) mit einer steuerlichen Auswirkung von 4 000 € nicht erklärt hat.

LÖSUNG Bei Erlass eines Änderungsbescheides vor dem 31. 12. 06 (Ablauf der Festsetzungsfrist) müsste die Steuerfestsetzung um 4 000 € erhöht (§ 173 Abs. 1 Nr. 1 AO) und um 3 000 € gemindert (§ 173 Abs. 1 Nr. 2 AO) werden. Die richtige Steuer von 21 000 € wäre festzusetzen.

Mit Ablauf der Festsetzungsfrist darf der Bescheid nur noch geändert werden, soweit der Antrag reicht. Die neue Tatsache zuungunsten des Stpfl. in Höhe von 4 000 € kann nicht mehr berücksichtigt werden, da die Festsetzungsverjährung einer Änderung gem. § 173 Abs. 1 Nr. 1 AO entgegensteht. Die Ablaufhemmung des § 171 Abs. 3 AO erstreckt sich nur auf die Änderung zugunsten des Stpfl. in Höhe von 3 000 €. Dies bedeutet aber nicht, dass nunmehr eine Steuer von 17 000 € festzusetzen wäre. Der Eintritt der Verjährung hindert die Festsetzung einer höheren als der bestandskräftig festgesetzten Steuer. Die Ablaufhemmung gestattet eine niedrigere Steuerfestsetzung aber nur, falls damit die tatsächlich entstandene Steuerschuld (§ 38 AO) erreicht wird. § 171 Abs. 3 AO will dem Stpfl. nicht unberechtigte Steuervorteile sichern; der Antrag des Stpfl. begrenzt nur den Steuerbetrag. Die Nichtberücksichtigung der Einnahmen macht den Steuerbescheid falsch. Dieser Fehler, der nunmehr nicht mehr Anlass einer Änderung (aktiven Korrekturvorschrift) sein kann, ist zu berücksichtigen, soweit die Änderung zugunsten des Stpfl. reicht (§ 177 Abs. 2 AO), also in Höhe von 3 000 €. Es bleibt damit bei der Steuerfestsetzung von 20 000 €, ein Änderungsbescheid ist nicht zu erlassen.

Die Festsetzungsfrist endet mit **Unanfechtbarkeit** der Entscheidung über den Antrag. Unanfechtbarkeit tritt ein, wenn der erstmalige oder korrigierte Steuerbescheid nicht oder nicht mehr mit zulässigen Rechtsbehelfen (weder Einspruch noch Klage) angefochten werden kann (vgl. AEAO vor §§ 172 bis 177 Nr. 1), grundsätzlich also mit Ablauf der Einspruchsfrist nach § 355 Abs. 1 Satz 1 AO.

b) Im Einspruchs- oder Klageverfahren (§ 171 Abs. 3 a AO)

Die zulässige **Anfechtung** eines Steuerbescheides mit einem Einspruch oder einer Klage bewirkt die Ablaufhemmung nach § 171 Abs. 3 a AO. Der Rechtsbehelf braucht dabei auch nicht innerhalb der Festsetzungsfrist zu erfolgen, es genügt, wenn er fristgerecht innerhalb der Rechtsbehelfsfrist (§ 355 Abs. 1 Satz 1 AO, § 47 Abs. 1 FGO) eingelegt worden ist (§ 171 Abs. 3 a Satz 1 2. HS AO). Damit ist sichergestellt, dass dem Stpfl. die Rechtsbehelfsfrist von einem Monat in jedem Fall erhalten bleibt.

1648

BEISPIEL

Die Festsetzungsfrist läuft am 31. 12. 06 ab. Der Steuerbescheid wurde am 20. 12. 06 bekannt gegeben. Der Stpfl. legt am 15. 01. 07 Einspruch ein.

LÖSUNG Der fristgerecht eingelegte Einspruch (§ 355 Abs. 1 Satz 1 AO) hemmt den Ablauf der Festsetzungsverjährung. Das FA kann den Steuerbescheid noch ändern, soweit der Einspruch Erfolg hat.

Die Anfechtung eines nichtigen Steuerbescheides (§ 125 AO) wahrt die Festsetzungsfrist nicht, denn nichtige VA können, weil unwirksam (§ 124 Abs. 3), keine Rechtsfolgen auslösen, BFH vom 27.02.1997 BFH/NV 1997, 388. Soweit der Rechtsbehelf unzulässig ist, wird die Ablaufhemmung nicht ausgelöst.

Nach § 171 Abs. 3 a Satz 2 AO ist der Ablauf der Festsetzungsfrist hinsichtlich des gesamten Steueranspruchs gehemmt. Das Recht des FA aufgrund eines Einspruchs die Steuerfestsetzung in vollem Umfange erneut zu prüfen (§ 367 Abs. 2 Satz 1 AO) und ggf. eine höhere Steuer festzusetzen (Verböserung, § 367 Abs. 2 Satz 2 AO), bleibt damit auch bestehen, wenn die reguläre Festsetzungsfrist bereits abgelaufen ist.

1649

BEISPIEL

Die Festsetzungsfrist läuft am 31. 12. 06 ab. Gegen den ESt-Bescheid vom 05. 10. 05 legt der Stpfl. zulässig Einspruch ein. Er begehrt zu Recht die Anerkennung weiterer Betriebsausgaben i. H. v. 2 000 €. Bei Bearbeitung des Einspruchs im März 07 fällt dem Sachbearbeiter auf, dass noch Einnahmen aus Vermietung i. H. v. 3 000 € anzusetzen sind.

LÖSUNG Das FA darf im Einspruchsverfahren verbösern, d. h. die ESt unter Berücksichtigung des um 1 000 € höheren Gesamtbetrags der Einkünfte erhöhen. Allerdings kann der Stpfl. nach erforderlichem Hinweis auf die Möglichkeit der Verböserung den Einspruch zurücknehmen. Es bleibt dann bei der ursprünglichen ESt-Festsetzung.

Die Festsetzungsfrist ist nach § 171 Abs. 3 a AO gehemmt, bis die **Entscheidung** über den Rechtsbehelf **unanfechtbar** geworden ist (zur Unanfechtbarkeit vgl. Rz. 1647). Hat das FA z. B.

1650

über einen Einspruch durch Einspruchsentscheidung entschieden (§ 367 Abs. 1), tritt Unanfechtbarkeit mit Ablauf der Klagefrist (§ 47 Abs. 1 FGO) ein.

§ 171 Abs. 3 a Satz 3 AO stellt dabei klar, dass die Ablaufhemmung auch eingreift, wenn das FG (nicht das FA) eine Entscheidung aufhebt (kassatorische Entscheidung i. S. d. §§ 100, 101 FGO) und das FA daraufhin eine ändernde Steuerfestsetzung durchzuführen hat.

BEISPIEL

Die Festsetzungsfrist läuft am 31. 12. 06 ab. Der Stpfl. legt gegen den ESt-Bescheid am 01. 10. 06 fristgerecht Einspruch ein. Dieser wird durch Entscheidung vom 01. 06. 07 als unbegründet zurückgewiesen. Auf die Klage hin hebt das FG die Entscheidung durch Urteil vom 01. 08. 08 auf (§ 100 Abs. 3 Satz 1 FGO) und weist die Sache zur erneuten Prüfung an das FA zurück.

LÖSUNG Über den Einspruch des Stpfl. ist noch nicht unanfechtbar entschieden worden. § 171 Abs. 3 a AO bewirkt, dass das FA eine Steuerfestsetzung weiterhin durchführen darf. Die Festsetzungsverjährung tritt erst ein, wenn der ändernde Steuerbescheid bekannt gegeben wurde und wegen Ablauf der Rechtsbehelfsfrist eine Anfechtung nicht mehr möglich ist (vgl. BFH vom 23. 03. 1993 BStBl II 1993, 581 für Haftungsbescheide).

Ergeht während des Rechtsbehelfsverfahrens ein geänderter Steuerbescheid (vgl. § 132 AO), tritt der Änderungsbescheid automatisch an die Stelle des angeforderten Steuerbescheides (§ 365 Abs. 3 AO) und die Ablaufhemmung setzt sich an ihm fort, BFH vom 12. 12. 2000 BStBl II 2001, 218.

4.2.5 Beginn einer Außenprüfung (§ 171 Abs. 4 AO)

1651 Wird vor Ablauf der regulären Festsetzungsfrist mit einer ordnungsgemäßen Außenprüfung (§§ 193 ff. AO) begonnen oder deren Beginn auf Antrag des Stpfl. hinausgeschoben, so können die aufgrund der Außenprüfung zu erlassenden Steuerbescheide gemäß § 171 Abs. 4 AO auch nach Ablauf der Festsetzungsfrist noch erteilt werden. Die Ablaufhemmung gibt dem FA nach einer durchgeführten Außenprüfung ausreichend Zeit, die erforderlichen steuerlichen Folgen durch Erlass von Erst- oder Änderungsbescheiden zu ziehen. Die Festsetzungsverjährung tritt in diesen Fällen grundsätzlich erst ein, wenn die **aufgrund der Außenprüfung ergangenen Steuerbescheide unanfechtbar** geworden sind (§ 171 Abs. 4 Satz 1 AO).

Führt die Außenprüfung nicht zu einer Änderung der Besteuerungsgrundlagen, erfolgt eine besondere **Mitteilung** (§ 202 Abs. 1 Satz 3 AO). In diesem Falle endet die Ablaufhemmung drei Monate nach Bekanntgabe der Mitteilung (§ 171 Abs. 4 Satz 1 AO), wobei der Bekanntgabetag über die Zugangsvermutung des § 122 Abs. 2 AO zu ermitteln ist. Dadurch wird erreicht, dass der Stpfl., der aufgrund der Außenprüfung eine für ihn günstigere Steuerfestsetzung erwartet, noch Zeit hat, einen Änderungsantrag zu stellen. Er bewirkt damit die Ablaufhemmung des § 171 Abs. 3 AO.

Mit **§ 171 Abs. 4 Satz 3 AO** verhindert der Gesetzgeber, dass sich das FA unendlich Zeit zur Auswertung der Prüfungsfeststellungen nehmen kann. Die Festsetzungsfrist endet danach spätestens vier Jahren (§ 169 Abs. 2 Satz 1 Nr. 2 AO) nach Ablauf des Kalenderjahres, in dem die Außenprüfung durch die Schlussbesprechung (§ 201 Abs. 1 AO) bzw. die letzten Ermittlungshandlungen beendet worden ist (siehe Rz. 1654).

1652 **Eine ordnungsgemäße Außenprüfung** ist jede Prüfung der steuerlichen Verhältnisse durch das FA, die aufgrund einer wirksamen **Prüfungsanordnung** (§ 196 AO) ergeht, also ihre Rechtsgrundlage in §§ 193 ff. AO hat. Dazu gehören auch die abgekürzte Außenprüfung (§ 203 AO), die Sonderprüfungen (USt, LSt) und die steuerlichen Ermittlungen der Steuerfahndung als Außenprüfung auf Ersuchen des FA (§ 208 Abs. 2 Nr. 1 AO). Die Steuer- und Zollfahndung selbst sind keine Außenprüfungen (hier gilt § 171 Abs. 5 AO). Auch eine sog. betriebsnahe Veranlagung, der keine förmliche Prüfungsanordnung i. S. d. § 196 AO zugrunde liegt (AEAO zu § 193 Nr. 6), hemmt nicht den Ablauf der Festsetzungsfrist, ebenso wenig die Umsatzsteuernachschau (§ 27 b UStG), es sei denn, der Prüfer geht zur Außenprüfung nach §§ 193 ff. AO über.

Eine Außenprüfung, die aufgrund einer unwirksamen Prüfungsanordnung erfolgt, kann keine Ablaufhemmung herbeiführen (vgl. AEAO zu § 171 Nr. 3.1). Eine rechtswidrige und ggf. angefochtene Prüfungsanordnung dagegen hemmt den Ablauf der Festsetzungsfrist, es sei denn, sie wird später aufgehoben.

Die Außenprüfung hat **begonnen**, sobald der Prüfer beim Stpfl. erschienen ist und ernsthaft die steuerlichen Ermittlungen aufgenommen hat, BFH vom 02.02.1994 BStBl II 1994, 377. Dazu kommen das informative Gespräch, das Verlangen nach Belegen oder Unterlagen, die Einsichtnahme in gespeicherte Daten oder Auskünfte, ggf. auch von Dritten, in Betracht. Letztlich sind Maßnahmen erforderlich, die für den Stpfl. als Prüfungshandlungen erkennbar und geeignet sind, sein Vertrauen in den Ablauf der Verjährungsfrist zu beseitigen, BFH vom 24.04.2003 BStBl II 2003, 739.

Der Prüfer hat den Beginn der Prüfung in seinem Prüfungsbericht aufzunehmen (§ 198 Satz 2 AO). Häufig fordert das FA mit Bekanntgabe der Prüfungsanordnung die Überlassung von Datenträgern an. Da dem FA das sog. Recht (§ 147 Abs. 6 AO) nur im Rahmen der Außenprüfung zusteht, ist der Steuerpflichtige vor der Prüfung nicht zur vorzeitigen Herausgabe der Datenträger verpflichtet. Gibt er sie dennoch heraus, beginnt nach Verwaltungsmeinung (AEAO zu § 198 Nr. 1) die Außenprüfung spätestens mit der Auswertung der Daten, selbst wenn der Zeitpunkt der Auswertung für den Betroffenen nicht erkennbar ist. Der Erlass der Prüfungsanordnung und die Ankündigung des Erscheinens des Prüfers sind für den Prüfungsbeginn nicht maßgebend. Ebenso reichen bloße Vorbereitungshandlungen wie z. B. das Aktenstudium vor Bekanntgabe der Prüfungsanordnung, die Entscheidung, ob der Fall prüfungswürdig ist, oder die Kontaktaufnahme mit dem Stpfl., um den Prüfungsbeginn abzusprechen, nicht aus, um die Ablaufhemmung des § 171 Abs. 4 AO auszulösen.

Bei den sog. Konzernprüfungen (§ 13 BpO) ist zu beachten, dass die konzernmäßig verflochtenen Unternehmen steuerlich keine Einheit bilden, so dass für jedes konzernangehörige Unternehmen eine eigene Prüfungsanordnung zu erlassen und mit jeder Prüfung rechtzeitig zu beginnen ist, um die Ablaufhemmung auszulösen. Besteht allerdings innerhalb der Betriebe ein einheitlicher Prüfungs- und Ermittlungszusammenhang, kann der Prüfungsbeginn beim ersten Betrieb die Ablaufhemmung für die anderen Betriebe bewirken. Dies gilt insbesondere, wenn sich die zuständige Finanzbehörde bei konzernzugehörigen Unternehmen einen Überblick über die prüfungsrelevanten Sachverhalte aller von ihr zu prüfenden Unternehmen verschafft (vgl. AEAO zu § 198 Nr. 2).

Wurde mit der Außenprüfung nicht rechtzeitig vor Ablauf der Festsetzungsfrist begonnen, greift die Ablaufhemmung nur, sofern das Hinausschieben des Beginns auf einen entsprechenden Antrag des Stpfl., der auch formfrei gestellt werden kann und keiner substantiierten Begründung bedarf, zurückzuführen ist (§ 171 Abs. 4 Satz 1 2. Alt. AO). Der Antrag muss aber ursächlich für das Hinausschieben des Prüfungsbeginns sein. Wobei hinsichtlich der erforderlichen Kausalität auf den Tag des Antragseingangs abzustellen ist, welcher den maßgeblichen Zeitpunkt für den Eintritt der Ablaufhemmung darstellt. Wird der Beginn der Außenprüfung nicht maßgeblich aufgrund des Antrags des Stpfl., sondern aufgrund eigener Belange der Finanzbehörde bzw. aus innerhalb von deren Sphäre liegenden Gründen hinausgeschoben, läuft

1652a

die Festsetzungsfrist ungeachtet des Antrags ab, BFH vom 17. 03. 2010 IV R 54/07 BStBl II 2011, 7; vgl. auch AEAO zu § 171 Nrn. 3.3, 3.3.1 und 3. 3. 2. Nach Eingang eines Antrags des Stpfl., der zum Eintritt der Ablaufhemmung führt, verbleibt der Finanzbehörde allerdings nicht unbegrenzt Zeit, mit der Außenprüfung zu beginnen. Bei einem Antrag auf befristetes Hinausschieben des Prüfungsbeginns entfällt die Ablaufhemmung, wenn die Finanzbehörde nicht vor Ablauf von zwei Jahren nach Eingang des Antrags mit der Prüfung beginnt. Enthält der Antrag auf Prüfungsaufschub keine zeitliche Vorgabe (Antrag auf unbefristetes Hinausschieben), endet die Festsetzungsfrist mit Ablauf von zwei Jahren, nachdem der Hinderungsgrund beseitigt ist und die Finanzbehörde hiervon Kenntnis hat, BFH vom 01. 02. 2012 I R 18/11 BStBl II 2012, 400.

Allein die Anfechtung einer Prüfungsanordnung mit Einspruch stellt noch keinen Antrag auf Hinausschieben des Prüfungsbeginns dar. Etwas anderes gilt allerdings dann, wenn zusätzlich die Aussetzung der Vollziehung (§ 361 AO) der Prüfungsanordnung beantragt wird (Tipke/ Kruse, AO/FGO, § 171, Rz. 40, 42). Scheinhandlungen hemmen nicht den Ablauf der Festsetzungsfrist. Dies verdeutlicht § 171 Abs. 4 Satz 2 AO, wonach die Ablaufhemmung nicht eintritt, wenn die Außenprüfung unmittelbar nach ihrem Beginn für länger als sechs Monate aus Gründen unterbrochen wird, die das FA zu vertreten hat. § 171 Abs. 4 Satz 2 AO will einer missbräuchlichen Ausnutzung der Möglichkeit der Ablaufhemmung durch die Finanzverwaltung entgegenwirken. Außenprüfungen sollen nicht pro forma begonnen werden, um den Ablauf der Festsetzungsfrist hinauszuschieben (BT-Drucks. 7/4292, 33).

BEISPIEL

Die Festsetzungsfrist für das Kalenderjahr 01 läuft am 31. 12. 06, für das Kalenderjahr 02 am 31. 12. 07 ab. Am 10. 12. 06 erscheint der Prüfer beim Stpfl. A und prüft die beiden Kalenderjahre. Am 11. 12. 06 bricht er die Prüfung ab, um andere Betriebe vorzuziehen, und nimmt die Prüfung bei A erst am 01. 07. 07 wieder auf. Im Jahr 08 sollen aufgrund der Außenprüfung höhere Steuerfestsetzung für die Kalenderjahre 01 und 02 erfolgen.

LÖSUNG Die Steuerfestsetzung des Kalenderjahres 01 kann nicht mehr geändert werden (§ 169 Abs. 1 Satz 1 AO). Die Festsetzungsfrist ist abgelaufen. Die Ablaufhemmung des § 171 Abs. 4 AO greift nicht ein, da die Prüfung unmittelbar nach ihrem Beginn für mehr als sechs Monate aus Gründen, die das FA zu vertreten hat, unterbrochen wurde.

Für das Kalenderjahr 02 kann die Änderung der Steuerfestsetzung erfolgen. Die Wiederaufnahme der Prüfung am 01. 07. 07 geschah vor Ablauf der regulären Festsetzungsfrist. § 171 Abs. 4 Satz 1 AO schiebt den Eintritt der Festsetzungsverjährung hinaus, bis der im Kalenderjahr 08 erlassene Steuerbescheid unanfechtbar geworden ist. Einer neuen Prüfungsanordnung für das Kalenderjahr 02 bedarf es nicht (BFH vom 13. 02. 2003 BStBl II 2003, 552), der Stpfl. ist lediglich von dem erneuten Prüfungsbeginn zu unterrichten.

Ob die Außenprüfung unmittelbar nach ihrem Beginn unterbrochen wurde, richtet sich nach den Umständen des Einzelfalles. Dazu führt der BFH (BFH vom 24. 04. 2003 BStBl II 2003, 739) aus, dass eine Außenprüfung dann nicht mehr unmittelbar nach ihrem Beginn unterbrochen worden ist, wenn die Prüfungshandlungen nach Umfang und Zeitaufwand, gemessen an dem gesamten Prüfungsstoff, erhebliches Gewicht erreicht oder erste verwertbare Prüfungsergebnisse gezeigt haben. Weitere Voraussetzung des § 171 Abs. 4 Satz 2 AO ist, dass die Unterbrechungsgründe in der Sphäre der Finanzbehörde liegen. Die Finanzbehörde hat dabei beispielsweise zu vertreten fehlende Prüfungskapazität, anderweitigen Einsatz des Prüfers sowie auch Urlaub, Krankheit und Kuraufenthalt des Prüfers. Auf ein Verschulden der Finanzbehörde kommt es dabei nicht an. Eine Unterbrechung aus Gründen, die in der Sphäre des Stpfl. liegen, bzw. auf dessen Antrag hin ist unschädlich. Ebenfalls führt eine Unterbrechung von weniger als bzw. genau sechs Monaten nicht zum Entfallen der Ablaufhemmung des § 171 Abs. 4 AO.

Die Ablaufhemmung wirkt sich nur auf die Steuerarten und Besteuerungszeiträume eines **1653** Stpfl. aus, auf die sich die Prüfung erstreckt. **Dritte** können von der Außenprüfung betroffen werden, z. B. als **Gesellschafter** einer geprüften **Personengesellschaft** (§ 194 Abs. 1 Satz 3 AO) hinsichtlich Sonderbetriebseinnahmen/-ausgaben. Die Ablaufhemmung erstreckt sich trotzdem nur auf die einheitliche und gesonderte Gewinnfeststellung der Personengesellschaft, nicht auf die ESt der Gesellschafter. Deren Anpassung an den Gewinnfeststellungsbescheid wird zeitlich durch die Ablaufhemmung des § 171 Abs. 10 Satz 1 AO sichergestellt. Allerdings kann gegen die Gesellschafter ebenfalls eine Prüfungsanordnung ergehen (§ 194 Abs. 2 AO), dann gilt auch hier § 171 Abs. 4 AO.

Der **Arbeitnehmer** (§ 194 Abs. 1 Satz 4 AO) ist ebenfalls von der Lohnsteueraußenprüfung betroffen, ohne dass dadurch eine Ablaufhemmung des § 171 Abs. 4 AO für seinen ESt-Bescheid greift, BFH vom 15. 12. 1989 BStBl II 1990, 526.

Die Außenprüfung bei einer **Kapitalgesellschaft** (z. B. GmbH) betrifft nicht die Besteuerung der Gesellschafter (Anteilseigner); die gegenüber der GmbH wirkende Ablaufhemmung berührt also nicht deren ESt (es sei denn, sie haben ebenfalls eine Prüfungsanordnung erhalten, § 194 Abs. 2 AO).

Der **Umfang** der Ablaufhemmung bestimmt sich nach den **Steuern**, die in der **Prüfungsanordnung genannt** und vom Prüfer auch **tatsächlich** – jedenfalls stichprobenartig – **geprüft** werden (vgl. AEAO zu § 171 Nr. 3.2). Die Prüfungsanordnung gibt somit den Rahmen vor, innerhalb dessen die Ablaufhemmung eintreten kann, während die tatsächlichen Prüfungsmaßnahmen im Einzelfall diejenige Steuerart und den Besteuerungszeitraum bestimmen, in dem die Ablaufhemmung tatsächlich eintritt (BFH vom 17. 06. 1998 BStBl II 1999, 4). Wird die Außenprüfung später auf bisher nicht einbezogene Steuern ausgedehnt, ist die Ablaufhemmung nur wirksam, soweit vor Ablauf der Festsetzungsfrist eine Prüfungsanordnung erlassen und mit der Außenprüfung auch insoweit ernsthaft begonnen wird, BFH vom 02. 02. 1994 I R 57/93, BStBl II 1994, 377.

Die **Außenprüfung** ist **beendet**, wenn die Schlussbesprechung (§ 201 Abs. 1 AO) stattge- **1654** funden hat oder alternativ, falls diese unterblieben ist, wenn die letzten Ermittlungen im Rahmen der Außenprüfung stattgefunden haben. Ermittlungen i. S. d. § 171 Abs. 4 Satz 3 AO sind dabei nur diejenigen Maßnahmen eines Betriebsprüfers, die darauf gerichtet sind, Besteuerungsgrundlagen zu überprüfen oder bisher noch nicht bekannte Sachverhalte festzustellen, BFH vom 28. 06. 2011 VIII R 6/09, BFH/NV 2011, 1830. Ergeht jedoch während der Prüfung ein Teilbetriebsprüfungsbericht, der zu einem geänderten Steuerbescheid führt, ist die Prüfung damit nicht beendet, wenn die Prüfung vor Ablauf der Festsetzungsfrist wieder aufgenommen wird (BFH vom 20. 08. 2003 BFH/NV 2004, 7), d. h., die Festsetzungsfrist bleibt weiter gehemmt.

4.2.6 Beginn der Steuer- bzw. Zollfahndung (§ 171 Abs. 5 AO)

§ 171 Abs. 5 AO normiert eine Ablaufhemmung, wenn vor Ablauf der Festsetzungsfrist **1655** eine Steuer- bzw. Zollfahndungsstelle (§ 208 AO) mit der Ermittlung von Besteuerungsgrundlagen begonnen hat. Eine besondere Prüfungsanordnung ist nicht erforderlich (BFH vom 13. 02. 2003 BFH/NV 2003, 740). Die Festsetzungsfrist endet mit der Unanfechtbarkeit der aufgrund der Ermittlungen erlassenen Steuerbescheide. Eine wie in § 171 Abs. 4 Satz 3 AO vergleichbare Regelung fehlt, so dass die Festsetzungsfrist möglicherweise nie abläuft (kritisch Birk, DStR 2003, 349). § 171 Abs. 4 Satz 2 AO gilt allerdings sinngemäß. Eine eigenständige

Regelung gegenüber § 171 Abs. 4 AO war notwendig, weil die Fahndung keine Außenprüfung ist. Die Ablaufhemmung ermöglicht die Umsetzung aller Erkenntnisse, die sich im Zuge der Ermittlungen ergeben haben (einschließlich der Zufallsfunde), und zwar hinsichtlich aller Steueransprüche, auf die sich die Prüfung tatsächlich erstreckt hat. Damit können ohne Zeitdruck sämtliche durch eine Fahndungsprüfung gewonnenen Erkenntnisse umgesetzt werden, wenn und soweit die Prüfung vor Ablauf der Festsetzungsfrist begonnen wurde. Dabei ist jeder Veranlagungszeitraum gesondert zu prüfen. Die Ablaufhemmung nach § 171 Abs. 5 AO erstreckt sich nicht auf den gesamten Steueranspruch, sondern tritt nur in dem Umfang ein (»insoweit«), in dem sich die Ergebnisse der Ermittlungen auf die festzusetzende Steuer auswirken, BFH vom 14. 04. 1999 XI R 30/96, BStBl II 1999, 478. Zum Schutz des Stpfl. muss dieser jedoch die Fahndungsprüfung als solche erkennen können, was jedoch nicht voraussetzt, dass für ihn erkennbar war, auf welche Sachverhalte sich die Ermittlungen erstrecken sollen, BFH vom 24. 04. 2002 BStBl II 2002, 586. Das Gleiche gilt, wenn dem Stpfl. vor Ablauf der Festsetzungsfrist die Einleitung des Steuerstrafverfahrens (§ 397 AO) oder des Bußgeldverfahrens wegen einer Steuerordnungswidrigkeit (§ 410 Abs. 1 Nr. 6 AO) bekannt gegeben worden ist. Derjenige, der Steuern verkürzt hat, kann also nicht mehr auf den Eintritt der Festsetzungsverjährung hoffen, sobald die Finanzbehörde gegen ihn erkennbar ermittelt (bei Ermittlungen gegen Handlungsunfähige keine Hemmung der Frist, BFH vom 16. 04. 1997 BStBl II 1997, 595).

4.2.7 Aufnahme von Ermittlungshandlungen (§ 171 Abs. 6 AO)

1656 § 171 Abs. 6 AO ergänzt § 171 Abs. 4 AO für die Fälle, in denen eine Außenprüfung im Geltungsbereich der AO nicht durchführbar ist, etwa, weil sich der Stpfl. mit allen Unterlagen im Ausland befindet. Hier genügt es, wenn die Finanzbehörde irgendwelche Ermittlungshandlungen i. S. v. § 92 AO durchführt, sofern der Stpfl. vor Ablauf der Festsetzungsfrist auf den Beginn der Ermittlungen hingewiesen worden ist. Der Umfang der Ablaufhemmung bestimmt sich nach dem Ziel der Ermittlungen. Die Ablaufhemmung endet, wenn die aufgrund der Ermittlungen erlassenen Steuerbescheide unanfechtbar geworden sind.

4.2.8 Steuerhinterziehung oder leichtfertige Steuerverkürzung (§ 171 Abs. 7 AO)

1657 Sind Steuern hinterzogen (§ 370 Abs. 1 AO) oder leichtfertig verkürzt (§ 378 Abs. 1 AO) worden, sichert der Gesetzgeber den Steueranspruch nicht nur durch die verlängerte, fünf- bzw. zehnjährige Festsetzungsfrist (§ 169 Abs. 2 Satz 2 AO) und die Ablaufhemmung des § 171 Abs. 5 AO, sondern auch durch die Ablaufhemmung des § 171 Abs. 7 AO. Die Festsetzungsfrist läuft nicht ab, bevor die Steuerstraftat oder Steuerordnungswidrigkeit verjährt ist. Diese beträgt mindestens fünf Jahre (§ 369 Abs. 2 AO i. V. m. § 78 Abs. 3 StGB bzw. § 384 AO).

§ 171 Abs. 7 AO verhindert, dass ein Stpfl. wegen einer Steuerhinterziehung oder Steuerordnungswidrigkeit noch bestraft werden kann, ihm die steuerlichen Vorteile der Tat aber belassen werden müssen. Stirbt der Täter und kann er damit nicht mehr bestraft werden, endet auch die Festsetzungsfrist, BFH vom 02. 12. 1977 BStBl II 1978, 359. Gegen den Erben wirkt also die Ablaufhemmung des § 171 Abs. 7 AO nicht.

4.2.9 Vorläufige Steuerfestsetzung (§ 171 Abs. 8 AO)

1658 Eine vorläufige Steuerfestsetzung ist aufzuheben, zu ändern oder für endgültig zu erklären, eine ausgesetzte Steuerfestsetzung ist nachzuholen, sobald die Ungewissheit über einen

Steueranspruch beseitigt ist (§ 165 Abs. 2 Satz 2 AO). Dieses Ziel würde verfehlt, wenn die Ungewissheit erst nach Ablauf der allgemeinen Festsetzungsfrist entfällt. Aus diesem Grund regelt § 171 Abs. 8 Satz 1 AO, dass die Finanzbehörde zur Korrektur noch ein Jahr Zeit hat, nachdem sie von der Beseitigung der Ungewissheit Kenntnis erhalten hat. Die Ungewissheit ist beseitigt, wenn die Tatbestandsmerkmale für die endgültige Steuerfestsetzung feststellbar sind. Kenntnis i. S. d. § 171 Abs. 8 AO heißt positive Kenntnis von der Beseitigung der Ungewissheit. Ein »Kennen-Müssen« steht dem nicht gleich (vgl. AEAO zu § 171 Nr. 5; BFH vom 16.05.2006 BFH/NV 2006, 1477).

BEISPIEL

Die ESt für das Kalenderjahr 02 wird gem. § 165 Abs. 1 Satz 1 AO teilweise vorläufig festgesetzt, weil Ungewissheit besteht, ob dem Stpfl. Krankenhauskosten erstattet werden. Dies wird ein Zivilgericht entscheiden. Die allgemeine Festsetzungsfrist läuft am 31.12.06 ab. Das Urteil wird am 15.12.06 rechtskräftig, das FA erfährt davon am 10.01.07. Der ESt-Bescheid 01 kann gem. § 165 Abs. 2 Satz 2 AO bis zum Ablauf des 10.01.08 geändert werden.

Nach § 171 Abs. 8 Satz 2 AO endet die Festsetzungsfrist in den Fällen des § 165 Abs. 1 Satz 2 AO nicht vor Ablauf von zwei Jahren, nachdem die Ungewissheit beseitigt ist und die Finanzbehörde davon positiv Kenntnis erlangt hat. Dadurch wird der Finanzbehörde in den Fällen des § 165 Abs. 1 Satz 2 AO mehr Zeit für ausstehende Korrekturen eingeräumt, was im Hinblick darauf, dass es sich hierbei im Regelfall um Massenverfahren handeln dürfte, gerechtfertigt ist.

Die Ablaufhemmung des § 171 Abs. 8 AO erfasst nicht die gesamte Steuer (punktuelle Wirkung), sondern nur den für vorläufig erklärten Teil der Steuerfestsetzung (vgl. AEAO zu § 171 Nr. 5).

4.2.10 Anzeigen durch den Steuerpflichtigen (§ 171 Abs. 9 AO)

Ein Stpfl., der vorsätzlich eine unrichtige Erklärung abgegeben und dadurch Steuern hinterzogen hat, kann diese Erklärung berichtigen und geht unter den Voraussetzungen des § 371 AO, wenn er die verkürzten Steuern zahlt, straffrei aus (Selbstanzeige). Bei der leichtfertigen Steuerverkürzung wird bei Berichtigung der Erklärung unter den Voraussetzungen des § 378 Abs. 3 AO von der Festsetzung einer Geldbuße abgesehen (Selbstanzeige). Ist vom Stpfl. oder für den Stpfl. lediglich schuldlos eine unrichtige oder unvollständige Erklärung abgegeben worden, besteht unter den Voraussetzungen des § 153 Abs. 1 AO die Verpflichtung zur Berichtigung der Erklärung (Berichtigungsanzeige). § 171 Abs. 9 AO bezweckt in den vorstehend genannten Fällen, der Finanzbehörde mindestens ein Jahr Zeit zu geben, derartige Anzeigen steuerlich auszuwerten. Die Ablaufhemmung erstreckt sich nicht auf die gesamte Steuer, sondern nur auf jene Steueransprüche, die auf Sachverhalten beruhen, die der Stpfl. offenbart hat, BFH vom 10.06.2005 BFH/NV 2005, 2149. Der Umfang der Ablaufhemmung ist damit abhängig vom Inhalt der Anzeige (punktuelle Wirkung).

1659

4.2.11 Grundlagenbescheide (§ 171 Abs. 10 AO)

Soweit ein Grundlagenbescheid erlassen, aufgehoben oder geändert wird, ist der Steuerbescheid als Folgebescheid (§ 182 Abs. 1 Satz 1 AO) anzupassen. Die Ablaufhemmung des § 171 Abs. 10 Satz 1 AO trägt der von dem Grundlagenbescheid ausgehenden Bindungswirkung Rechnung und gibt der Finanzbehörde genügend Zeit, die Anpassung des Folgebescheides

1660

nachzuvollziehen. Der Ablauf der Festsetzungsfrist wird um zwei Jahre gehemmt, gerechnet ab der **Bekanntgabe** des **Grundlagenbescheides** an den Stpfl.

BEISPIELE

a) Ein Stpfl. ist Gesellschafter der X-OHG. Für das Kalenderjahr 01 gab er im Jahre 02 die ESt-Erklärung ab. Er ist endgültig und bestandskräftig veranlagt. Der Gewinnanteil aus der OHG ist auf 20 000 € geschätzt (§§ 155 Abs. 2, 162 Abs. 5 AO).

Die Erklärung zur einheitlichen und gesonderten Gewinnfeststellung der OHG für das Kalenderjahr 01 wurde im Jahre 04 abgegeben. Der Feststellungsbescheid, der den Gewinnanteil des Stpfl. auf 25 000 € feststellt, wurde am 12. 12. 06 den Gesellschaftern bekannt gegeben.

LÖSUNG Obgleich die allgemeine Festsetzungsfrist am 31. 12. 06 abgelaufen war, kann das FA bis zum 12. 12. 08 die Steuerfestsetzung gemäß § 175 Abs. 1 Satz 1 Nr. 1 AO anpassen und den festgestellten Gewinn von 25 000 € zugrunde legen.

b) Der Gewinnfeststellungsbescheid wird gemäß §§ 173 Abs. 1 Nr. 1, 181 Abs. 1 Satz 1 AO geändert und den Gesellschaftern am 05. 05. 08 bekannt gegeben. Der Gewinnanteil des Stpfl. beträgt nunmehr 30 000 €.

LÖSUNG Die Ablaufhemmung des § 171 Abs. 10 Satz 1 AO bewirkt, dass das FA auch hier zwei Jahre Zeit für die Änderung des ESt-Bescheides (Gewinnanteil 30 000 €) hat. Die Festsetzungsfrist läuft am 05. 05. 10 ab.

Maßgeblicher Zeitpunkt ist alleine die Bekanntgabe des Grundlagenbescheides an den Stpfl. Der Zeitpunkt des Zugangs der verwaltungsinternen Mitteilung über den Grundlagenbescheid bei der für den Erlass des Folgebescheides zuständigen Finanzbehörde ist für den Fristbeginn ebenso unbeachtlich wie der Zeitpunkt, an dem der Grundlagenbescheid unanfechtbar geworden ist (vgl. AEAO zu § 171 Nr. 6).

Der Begriff des Grundlagenbescheides wird in § 171 Abs. 10 Satz 1 AO definiert (vgl. Rz. 2105 ff.). Dazu gehören insbesondere Feststellungsbescheide, auch negative Feststellungsbescheide, durch die bindend die Notwendigkeit einer gesonderten Feststellung von Besteuerungsgrundlagen verneint wird, BFH vom 11. 05. 2003 BStBl II 2003, 820. Ob der betreffende Feststellungsbescheid noch ergehen kann, richtet sich nach der für ihn maßgeblichen Feststellungsfrist (§§ 169 Abs. 1 Satz 1, 181 Abs. 1 Satz 1 AO). Sollte diese bereits abgelaufen sein, ist der Feststellungsbescheid zwar rechtswidrig, aber wirksam (vgl. Rz. 1620) und löst, soweit ihm Bindungswirkung (§ 182 Abs. 1 Satz 1 AO) zukommt, die Ablaufhemmung des § 171 Abs. 10 Satz 1 AO aus.

Die Ablaufhemmung wird nicht nur bei der erstmaligen Bekanntgabe des Grundlagenbescheides ausgelöst, sondern auch durch jede Korrektur der Feststellungen im Grundlagenbescheid (Abänderung des Regelungsinhalts). Dies führt zu einer erneuten Anpassungspflicht nach § 175 Abs. 1 Satz 1 Nr. 1 AO und damit wiederum zur Ablaufhemmung nach § 171 Abs. 10 Satz 1 AO. Das gilt auch für die Änderung oder Aufhebung des Grundlagenbescheides in einem Einspruchs- oder Klageverfahren. Die Anfechtung des Grundlagenbescheides führt dagegen aufgrund der Verselbstständigung des Feststellungsverfahrens lediglich zur Hemmung der Feststellungsfrist (§§ 171 Abs. 3 a, 181 Abs. 1 Satz 1 AO), nicht aber zur Hemmung der Festsetzungsfrist des Folgebescheides. Auch bei der Anwendung anderer Ablaufhemmungen nach § 171 AO ist die Trennung zwischen dem Feststellungs- und dem Festsetzungsverfahren zu beachten. Kommt es durch eine Ablaufhemmung zur Verlängerung der Feststellungsfrist, wird dem auf Seiten des Festsetzungsverfahrens erforderlichenfalls durch § 171 Abs. 10 Satz 1 AO Rechnung getragen.

Die Aufhebung des Vorbehalts der Nachprüfung steht dem Erlass eines geänderten Grundlagenbescheides gleich. Dies gilt auch dann, wenn damit keine sachliche Änderung des Grundlagenbescheides verbunden ist. Soweit Besteuerungsgrundlagen bisher nicht im Folgebescheid berücksichtigt worden sind, kann dies nunmehr innerhalb der zweijährigen Frist noch nachgeholt werden (vgl. AEAO zu § 171 Nr. 6.2). Wird dagegen erneut ein endgültiger Grundlagenbescheid ohne neuen Regelungsinhalt bekannt gegeben (wiederholender Bescheid), bewirkt dieser nicht die Ablaufhemmung des § 171 Abs. 10 Satz 1 AO (BFH vom 06.07.2005 BFH/NV 2006, 227). Auch eine Einspruchs- oder Finanzgerichtsentscheidung, die den Regelungsinhalt des Grundlagenbescheides lediglich bestätigt, löst keine neue Ablaufhemmung aus (vgl. AEAO zu § 171 Nr. 6.1; BFH vom 19.01.2005 BStBl II 2005, 242).

Der **Umfang** der Ablaufhemmung richtet sich nach der **Bindungswirkung** des Grundlagenbescheides (Wortlaut des Gesetzes »soweit«, also punktuelle Wirkung). Dabei spielt es keine Rolle, ob der Grundlagenbescheid rechtmäßig oder rechtswidrig ist. Nur ein wegen Nichtigkeit (§§ 125, 124 Abs. 3 AO) oder fehlender Bekanntgabe (§ 124 Abs. 1 Satz 1 AO) unwirksamer Grundlagenbescheid löst keine Ablaufhemmung aus.

Durch das StModernG sind die bisherigen Sätze 1 und 2 des § 171 Abs. 10 AO durch die neu gefassten Sätze 1 bis 3 ersetzt worden. Die Neufassung des § 171 Abs. 10 AO gilt für alle am 31.12.2016 noch nicht abgelaufenen Festsetzungsfristen (Art. 97 § 10 Abs. 14 EGAO). **1660a**

§ 171 Abs. 10 Satz 2 AO n. F. betrifft ausschließlich Fälle, in denen für den Erlass des Grundlagenbescheides eine Stelle zuständig ist, die keine Finanzbehörde i. S. d. § 6 Abs. 2 AO ist. Da die Finanzbehörde in derartigen Fällen häufig erst später vom Erlass bzw. der Korrektur eines Grundlagenbescheides erfährt, endet die Festsetzungsfrist nach § 171 Abs. 10 Satz 2 AO n. F. nicht vor Ablauf von zwei Jahren nach dem Zeitpunkt, in dem die Finanzbehörde Kenntnis von der Entscheidung über den Erlass des Grundlagenbescheides erlangt hat.

Nach § 171 Abs. 10 Satz 3 AO n. F. löst ein Grundlagenbescheid, auf den § 181 AO nicht anzuwenden ist, die Ablaufhemmung nach § 171 Abs. 10 Satz 1 und 2 AO nur aus, wenn er vor Ablauf der Festsetzungsfrist des Folgebescheides bei der für den Erlass des Grundlagenbescheides zuständigen Behörde beantragt worden ist. Hierunter fallen neben Grundlagenbescheiden ressortfremder Behörden (z. B. VA über die Feststellung des Grades der Körperbehinderung) auch Bescheide über Billigkeitsmaßnahmen nach § 163 AO (vgl. AEAO zu § 171 Nr. 6.4).

§ 171 Abs. 10 Satz 4 AO n. F. ermöglicht es, die Anpassung eines Folgebescheides an den Grundlagenbescheid und die Auswertung der Ergebnisse der Außenprüfung zusammenzufassen (vgl. AEAO zu § 171 Nr. 6.3). Findet beim Stpfl. eine Außenprüfung statt, braucht das FA in der Zwischenzeit eingehende Grundlagenbescheide nicht vor den Prüfungsfeststellungen auszuwerten, nur um die zweijährige Frist des § 171 Abs. 10 Satz 1 AO zu wahren (vgl. AEAO zu § 171 Nr. 6.5). Während für den Teil der Steuer, der von der Bindungswirkung des Grundlagenbescheides nicht betroffen ist, die Voraussetzungen der Ablaufhemmung des § 171 Abs. 4 AO erfüllt sein müssen, findet auf den Teil der Steuer, der von der Bindungswirkung betroffen ist, die Ablaufhemmung nach § 171 Abs. 10 Satz 1 AO (nicht § 171 Abs. 4 AO, der nur punktuelle Wirkung hat) Anwendung. § 171 Abs. 10 Satz 4 AO n. F. führt dann zu einem einheitlichen Fristende für den gesamten Steueranspruch. Die Festsetzungsfrist für den von der Bindungswirkung betroffenen Teil der Steuer endet danach ebenfalls erst mit Ablauf der nach § 171 Abs. 4 AO gehemmten Frist.

§ 171 Abs. 10 Satz 4 AO n. F. kommt dabei allerdings nur zur Anwendung, wenn die Festsetzungsfrist für den anderen Teil der Steuer nach § 171 Abs. 4 AO gehemmt ist. Sind die Voraussetzungen des § 171 Abs. 4 Satz 1 AO nicht erfüllt (z. B. mangels wirksamer Prüfungsanordnung oder rechtzeitigen Beginns der Außenprüfung), kann der Grundlagenbescheid nur innerhalb der zweijährigen Frist des § 171 Abs. 10 Satz 1 AO ausgewertet werden.

Der Einzelunternehmer U ist an der A-KG beteiligt. Für das Kalenderjahr 01 wird am 05. 05. 05 ein geänderter Gewinnfeststellungsbescheid bekannt gegeben, der den Gewinnanteil des U an der A-KG erhöht. **LÖSUNG** Gem. § 171 Abs. 10 Satz 1 AO müsste das FA den ESt-Bescheid 01 bis zum Ablauf des 05. 05. 07 an den geänderten Grundlagenbescheid anpassen. Sofern beim Einzelunternehmer U gerade eine Außenprüfung stattfindet, wäre dies aber zusätzliche Arbeit für das FA, weil es vermutlich wegen der Außenprüfung zu weiteren Änderungen kommen wird. § 171 Abs. 10 Satz 4 AO n. F. erlaubt dem FA mit der Auswertung des Gewinnfeststellungsbescheides über die zweijährige Frist des § 171 Abs. 10 Satz 1 AO hinaus zu warten und diesen erst zusammen mit den Ergebnissen der Außenprüfung auszuwerten, z. B. zusammen mit dem Betriebsprüfungsbericht im Kalenderjahr 08.

4.2.12 Datenübermittlung durch Dritte (§ 171 Abs. 10a AO)

1660b   Durch das StModernG ist § 171 Abs. 10a AO als Ablaufhemmung für Fälle des § 175 b AO eingefügt worden. Danach endet die Festsetzungsfrist, soweit Daten eines Stpfl. i. S. d. § 93 c AO innerhalb von sieben Kalenderjahren nach dem Besteuerungszeitraum oder dem Besteuerungszeitpunkt den Finanzbehörden zugegangen sind, nicht vor Ablauf von zwei Jahren nach Zugang dieser Daten. § 171 Abs. 10a AO ist am 01. 01. 2017 in Kraft getreten und erstmals anzuwenden, wenn steuerliche Daten eines Stpfl. für Besteuerungszeiträume/-punkte nach dem 31. 12. 2016 aufgrund gesetzlicher Vorschriften von einem Dritten als mitteilungspflichtige Stelle elektronisch an die Finanzbehörde zu übermitteln sind (Art. 97 § 27 Abs. 2 EGAO).

4.2.13 Fehlende gesetzliche Vertretung (§ 171 Abs. 11 AO)

1661   Die Ablaufhemmung des § 171 Abs. 11 AO berücksichtigt, dass ein Steuerbescheid einer geschäftsunfähigen (§ 104 BGB) oder beschränkt geschäftsfähigen Person (§§ 106 BGB) nur dem gesetzlichen Vertreter bekannt gegeben werden darf (vgl. §§ 34, 79 Abs. 1 Nr. 1 und 2 AO). Fehlt dieser, ist eine Bekanntgabe zurzeit nicht möglich. § 171 Abs. 11 AO verhindert, dass deswegen die Festsetzung der Steuern unterbleibt. Die Festsetzungsfrist endet nicht vor Ablauf von sechs Monaten nach dem Zeitpunkt, in dem die Person unbeschränkt geschäftsfähig wird oder der Mangel der Vertretung aufhört. § 171 Abs. 11 AO findet nicht nur auf natürliche Personen (vgl. § 210 BGB) Anwendung. Auch juristische Personen können geschäftsunfähig sein, wenn sie keine gesetzlichen Vertretungsorgane haben (vgl. Tipke/Kruse, AO/FGO, § 171 AO, Rz. 99).

4.2.14 Steuerfestsetzung gegen einen Nachlass (§ 171 Abs. 12 AO)

1662   Auch § 171 Abs. 12 AO verhindert, dass eine Steuer wegen Eintritts der Festsetzungsverjährung nicht mehr festgesetzt werden kann, weil niemand vorhanden ist, dem der Steuerbescheid bekannt gegeben werden kann (vgl. § 211 BGB). Richtet sich die Steuer gegen den Nachlass, so endet die Festsetzungsfrist nicht vor dem Ablauf von sechs Monaten von dem Zeitpunkt, in dem die Erbschaft von dem Erben angenommen oder das Insolvenzverfahren über den Nachlass eröffnet wird oder von dem an die Steuer gegen einen Vertreter (z. B. Nachlassverwalter § 1975 BGB, Testamentsvollstrecker § 2197 BGB) festgesetzt werden kann.

4.2.15 Eröffnung des Insolvenzverfahrens (§ 171 Abs. 13 AO)

Sobald über das Vermögen eines Stpfl. das Insolvenzverfahren eröffnet worden ist, geht **1663** das Insolvenzrecht dem Steuerrecht vor (§ 251 Abs. 2 AO). Während des Insolvenzverfahrens dürfen hinsichtlich der Insolvenzforderungen VA über die Festsetzung von Ansprüchen aus dem Steuerschuldverhältnis nicht mehr ergehen (vgl. AEAO zu § 122 Nr. 2.9.1). Derartige Steueransprüche sind vielmehr zur Tabelle beim Insolvenzverwalter (§§ 174 ff. InsO) anzumelden. Soweit der Steueranspruch im Insolvenzverfahren nicht befriedigt worden ist, kann er nach Beendigung des Insolvenzverfahrens gegen den Steuerschuldner unbeschränkt geltend gemacht werden (§ 201 Abs. 1 InsO), vorbehaltlich abweichender Regelungen in einem Insolvenzplan (§§ 217 ff. InsO) oder einer Restschuldbefreiung (§§ 286 ff. InsO). Titulierte Insolvenzforderungen und Insolvenzforderungen, die im Insolvenzverfahren festgestellt und nicht bestritten worden sind, können dann vom FA vollstreckt werden (§§ 201 Abs. 2, 257 InsO). Andere Insolvenzforderungen (nicht titulierte und nicht festgestellte bzw. weiterhin vom Schuldner bestrittene Insolvenzforderungen) müssen zunächst durch Steuerbescheid festgesetzt werden. Hierzu hat das FA gem. § 171 Abs. 13 AO drei Monate nach Beendigung des Insolvenzverfahrens Zeit, sofern die Anmeldung zur Tabelle vor Ablauf der Festsetzungsfrist erfolgt ist. Das Insolvenzverfahren endet mit seiner Aufhebung (§ 200 InsO) oder Einstellung (§§ 211 ff. InsO).

4.2.16 Unwirksame Steuerfestsetzung (§ 171 Abs. 14 AO)

Diese Regelung bewirkt, dass eine tatsächlich entstandene und gezahlte Steuer nicht des- **1664** wegen zurückgefordert werden kann, weil die ursprüngliche Festsetzung unwirksam ist (z. B. mangels ordnungsgemäßer Bekanntgabe), eine neue Festsetzung aber wegen Ablaufs der Festsetzungsfrist unterbleiben müsste. Solange der Erstattungsanspruch nach § 37 Abs. 2 AO noch nicht zahlungsverjährt (§§ 228 ff. AO) ist, kann die Festsetzung noch nachgeholt oder geändert werden (vgl. AEAO zu § 171 Nr. 7).

BEISPIEL

Ein Stpfl. hat für das Kalenderjahr 01 im Jahre 02 die ESt-Erklärung abgegeben und wurde veranlagt. Er zahlte die festgesetzte Steuer noch in 02. Im Kalenderjahr 07 trägt er zu Recht vor, dass der Steuerbescheid 01 mangels Bekanntgabe nicht wirksam sei und begehrt gem. § 37 Abs. 2 AO die Erstattung der gezahlten Steuer.
LÖSUNG Der Erstattungsanspruch ist im Kalenderjahr 07 nicht verjährt, da hier die fünfjährige Zahlungsverjährung gilt (§ 228 Satz 2 AO). Der Anspruch wurde im Kalenderjahr 02 erstmals fällig, die Verjährung endet damit mit Ablauf des Kalenderjahres 07 (§ 229 Abs. 1 Satz 1 AO). Ohne § 171 Abs. 14 AO müsste das FA die Steuer erstatten, da im Kalenderjahr 07 die Steuerfestsetzung wegen Eintritts der Festsetzungsverjährung (Ablauf 06) nicht mehr zulässig ist. § 171 Abs. 14 AO hemmt jedoch den Ablauf der Festsetzungsfrist, soweit der Erstattungsanspruch noch nicht zahlungsverjährt ist. Im Kalenderjahr 07 kann also die Steuerfestsetzung 01 noch nachgeholt werden. Damit geht dem Stpfl. der Erstattungsanspruch verloren.

4.2.17 Steuerentrichtungspflicht (§ 171 Abs. 15 AO)

§ 171 Abs. 15 AO regelt eine Ablaufhemmung für die gegenüber dem Steuerschuldner fest- **1664a** zusetzende Steuer in den Fällen, in denen ein Dritter Steuern für Rechnung des Steuerschuldners einzubehalten und abzuführen oder für Rechnung des Steuerschuldners zu entrichten hat (Steuerentrichtungspflichtiger). Die Ablaufhemmung findet ab dem 30.06.2013 Anwendung auf alle zu diesem Zeitpunkt noch nicht abgelaufenen Festsetzungsfristen (Art. 97 § 10 Abs. 11 EGAO). Sie gilt für im Abzugsverfahren erhobene Steuern, wie z. B. die LSt (§ 38 Abs. 1 EStG), die KapSt (§ 43 Abs. 1 EStG), allerdings nur, wenn der Steuerentrichtungspflichtige nicht zugleich auch Steuerschuldner ist, wie z. B. der Arbeitgeber bei der pauschalen LSt (§§ 40 ff. EStG), vgl. HHSp, AO/FGO, § 171 AO, Rz. 249. § 171 Abs. 15 AO bezweckt, dass sich die beim Steuerentrichtungspflichtigen eingetretenen verjährungshemmenden Umstände i. S. d. § 171 AO auch auf die Festsetzungsfrist des Steuerschuldners auswirken (vgl. BT-Drucks. 17/11220, 42). Greift die Ablaufhemmung, endet die Festsetzungsfrist gegenüber dem Steuerschuldner daher erst mit Ablauf der gegenüber dem Steuerentrichtungspflichtigen geltenden Festsetzungsfrist (gleichlaufendes Festsetzungsfristende). Der Umfang der Ablaufhemmung gegenüber dem Steuerschuldner ist dabei auf den Teil des Steueranspruchs beschränkt, der der Abzugsteuer unterliegt (»soweit«, punktuelle Wirkung), vgl. HHSp, AO/FGO, § 171 AO, Rz. 250.

4.2.18 Weitere Fälle der Ablaufhemmung

1664b Während für einige Korrekturvorschriften sich Ablaufhemmungen aus § 171 AO ergeben (z. B. § 171 Abs. 2, Abs. 10 AO), enthalten andere Korrekturvorschriften eigene Bestimmungen über den Ablauf der Festsetzungsfrist. Zu nennen sind hier insbesondere § 174 Abs. 1 bis 4, § 175 a AO.

5 Die Feststellungsverjährung

5.1 Grundsatz

1665 § 181 Abs. 1 Satz 1 AO bestimmt die sinngemäße Anwendung der Vorschriften über die Steuerfestsetzung für die gesonderte Feststellung von Besteuerungsgrundlagen (§ 179 Abs. 1 AO), dazu gehört auch der Ergänzungsbescheid gem. § 179 Abs. 3 AO und der Bescheid gem. § 182 Abs. 3 AO (sog. Richtigstellungsbescheid, BFH vom 23. 09. 1999 BStBl II 2000, 170). Damit gelten auch §§ 169 ff. AO, man spricht von der sog. Feststellungsverjährung, BFH vom 31. 10. 2000 BStBl II 2001, 156.

§ 181 Abs. 1 **Satz 2** AO stellt klar, dass die Erklärung zur gesonderten Feststellung (§ 181 Abs. 2 AO) die Anlaufhemmung des § 170 Abs. 2 Satz 1 Nr. 1 AO auslöst.

> **BEISPIEL**
>
> Für das Kalenderjahr 01 gibt der Geschäftsführer einer OHG die Erklärung zur einheitlichen und gesonderten Gewinnfeststellung am 03. 03. 03 ab.
> **LÖSUNG** Die vierjährige Feststellungsfrist beginnt mit Ablauf des Kalenderjahres 03 und endet mit Ablauf des Kalenderjahres 07, § 170 Abs. 2 Satz 1 Nr. 1 AO.

1666 § 181 Abs. 1 **Satz 3** AO besagt, dass § 170 Abs. 3 AO sinngemäß gilt, wenn eine Erklärung zur gesonderten Feststellung nach § 180 Abs. 2 AO ohne Aufforderung durch die Finanzbehörde abgegeben wird. Gemäß der Verordnung zu § 180 Abs. 2 AO können einheitliche und gesonderte Feststellungen beantragt werden, wenn mehrere Personen gleichartige Beziehungen zu den der Einkünfteerzielung dienenden Wirtschaftsgütern haben, ohne dass sie gemeinsam Einkünfte erzielen (anderenfalls würde bereits § 180 Abs. 1 Nr. 2 Buchst. a AO greifen). Gemeint sind z. B. Laborgemeinschaften (§ 1 Abs. 1 Nr. 1 VO) oder die Vorsteuer bei Bauherrengemeinschaften (§ 1 Abs. 2 VO).

BEISPIEL

Eine Laborgemeinschaft gibt zur Feststellung der Verluste nach § 1 Abs. 1 Nr. 1 der VO zu § 180 Abs. 2 AO im Jahre 03 freiwillig eine Feststellungserklärung für 01 ab. Da weder eine gesetzliche Verpflichtung zur Abgabe der Feststellungserklärung, noch eine Aufforderung durch das FA vorliegt (nach § 3 VO), greift die Anlaufhemmung des § 181 Abs. 1 Satz 2 i. V. m. § 170 Abs. 2 Satz 1 Nr. 1 AO nicht. Die Feststellungsfrist beginnt mit Ablauf des Kalenderjahres 01 (§ 170 Abs. 1 AO) und endet mit Ablauf des Kalenderjahres 05. Wenn das FA nicht innerhalb der Feststellungsfrist entscheidet, tritt die Ablaufhemmung des § 171 Abs. 3 AO ein. Sofern der Feststellungsbescheid aufzuheben oder zu ändern ist, gilt § 170 Abs. 3 AO mit der Folge, dass für die Korrektur die Feststellungsfrist mit Ablauf des Kalenderjahres 03 beginnt und mit Ablauf des Kalenderjahres 07 endet.

5.2   Besonderheiten bei Einheitswertfeststellungen

§ 181 Abs. 3 AO trägt den Besonderheiten der gesonderten Feststellung von Einheitswerten (§ 180 Abs. 1 Nr. 1 AO) Rechnung. Die Vorschriften über den Beginn der Frist (§ 170 AO) werden speziell geregelt. Da Besteuerungsgrundlagen zu Beginn eines Kalenderjahres festgestellt werden, bestimmt Satz 1 (statt § 170 Abs. 1 AO), dass Fristbeginn der Ablauf des Kalenderjahres ist, auf dessen Beginn die Hauptfeststellung, Fortschreibung, Nachfeststellung oder Aufhebung eines Einheitswertes vorzunehmen ist. § 181 Abs. 3 Satz 2 AO wiederholt die Anlaufhemmung des § 170 Abs. 2 Satz 1 Nr. 1 AO. Erklärungen zur Feststellung des Einheitswerts sind auf jeden Hauptfeststellungszeitpunkt abzugeben, sonst nur nach Aufforderung (§ 28 BewG). **1667**

BEISPIEL

Ein Stpfl. errichtet auf einem unbebauten Grundstück ein Gebäude (Fertigstellung am 01. 08. 01). Die erforderliche Art- und Wertfortschreibung findet zum 01. 01. 02 statt (§ 22 BewG).
LÖSUNG Die Feststellungsfrist beginnt mit Ablauf des Kalenderjahres 02 und endet mit Ablauf des 31.12.06 (§ 181 Abs. 3 Satz 1 AO).
Eine gesetzliche Erklärungspflicht gibt es nicht. Wurde der Stpfl. jedoch vom FA aufgefordert, eine Feststellungserklärung zum 01. 01. 02 abzugeben (§ 149 Abs. 1 Satz 2 AO), beginnt die Frist mit Ablauf des Jahres, in dem die Erklärung eingereicht wird, z. B. bei Erklärungsabgabe in 03 mit Ablauf des 31.12.03, und endet mit Ablauf des 31. 12. 07 (§ 181 Abs. 3 Satz 2 AO).

§ 181 Abs. 3 Satz 3 AO ist § 170 Abs. 4 AO nachgebildet. Die Vorschrift berücksichtigt, dass eine gesetzliche Erklärungspflicht, wie zum Hauptfeststellungszeitpunkt (§ 28 BewG), zu den anderen Zeitpunkten nicht besteht. Es könnte daher eine Fortschreibung eines Einheitswerts aus zeitlichen Gründen nicht mehr möglich sein, obgleich die Hauptfeststellung noch durchgeführt werden kann. Um dies zu verhindern, regelt diese Vorschrift, dass der Beginn der Feststellungsfrist für die gesonderte Feststellung auf einen Fortschreibungszeitpunkt um die Zeit hinausgeschoben wird, um die der Beginn der Frist für den früheren Feststellungszeitpunkt hinausgeschoben wurde. Diese Vorschrift hat, seitdem die Feststellung von Einheitswerten für inländische Gewerbebetriebe abgeschafft wurde (zum 31. 12. 1997), an Bedeutung verloren.
Denkbar sind Fälle der Nachfeststellung (§ 23 BewG).

BEISPIEL

Durch Teilung eines Grundstückes am 01. 08. 01 entsteht eine neue wirtschaftliche Einheit, für die eine Nachfeststellung zum 01. 01. 02 durchzuführen ist. Das FA fordert den Stpfl. auf, eine Feststellungserklärung abzugeben, die in 03 beim FA eingeht. Im Jahre 08 wird der Vorgang bearbeitet.

LÖSUNG Eine Nachfeststellung zum 01. 01. 02 ist zeitlich nicht mehr möglich (Ablauf der Feststellungsfrist mit Ablauf des 31. 12. 07). In diesem Falle kann jedoch die Nachfeststellung zu einem späteren Feststellungszeitpunkt vorgenommen werden, für den diese Frist noch nicht abgelaufen ist (§ 25 BewG). Zum Stichtag 01. 01. 03 wäre die Frist mit Ablauf des 31. 12. 07 abgelaufen. Da sich aber zum Feststellungszeitpunkt die Frist um ein Jahr verlängert hat, wird der Fristbeginn der Feststellung zum 01. 01. 03 ebenfalls um ein Jahr hinausgeschoben mit der Folge, dass diese Frist vom 31. 12. 04 bis 31. 12. 08 läuft.

Die Einheitswerte des Grundbesitzes zum 01.01.1964 (Hauptfeststellungszeitpunkt) waren zum 01.01.1974 erstmals steuerlich zu berücksichtigen. § 181 Abs. 4 AO stellt sicher, dass die Feststellungsfrist nicht abläuft, bevor der Einheitswert überhaupt angewendet werden kann. Danach beginnt die Feststellungsfrist für die Einheitswerte zum 01.01.1964 mit Ablauf des Kalenderjahres 1974.

5.3 Verhältnis zur Festsetzungsverjährung

1668 Eine gesonderte Feststellung (Grundlagenbescheid) ist bindend für die Folgebescheide (§ 182 Abs. 1 Satz 1 AO). Ist für den Grundlagenbescheid die Verjährung eingetreten, könnte diese Besteuerungsgrundlage in keinem der Folgebescheide zugrunde gelegt werden. Dies hat der Gesetzgeber für unbillig empfunden, zumal das Feststellungsverfahren lediglich ein dem Festsetzungsverfahren »dienendes Verfahren« ist. Die auf die gesondert festzustellenden Besteuerungsgrundlagen entfallende Steuer soll nur durch Eintritt der Festsetzungsverjährung erlöschen (§ 47 AO). Dies wird durch § 181 Abs. 5 AO sichergestellt. Die Regelung stellt eine besondere Verzögerung der Feststellungsfrist (keine Ablaufhemmung) dar und erlaubt, nach Ablauf der eigentlichen Feststellungsfrist noch rechtmäßig einen Feststellungsbescheid zu erlassen.

Nach **§ 181 Abs. 5 Satz 1 AO** kann der Grundlagenbescheid daher auch nach Ablauf der für ihn geltenden Feststellungsfrist insoweit erlassen werden, als dieser für eine Steuerfestsetzung (bzw. gesonderte Feststellung, BFH vom 13. 07. 1999 BStBl II 1999, 747) von Bedeutung ist (also Bindungswirkung nach § 182 Abs. 1 Satz 1 AO hat), für die die Festsetzungsfrist im Zeitpunkt der gesonderten Feststellung noch nicht abgelaufen ist. Bei der Anwendung des § 181 Abs. 5 AO ist die Festsetzungsfrist für die Steuer unter Berücksichtigung der Ablaufhemmungen des § 171 AO (z. B. § 171 Abs. 4 AO ungeachtet seiner punktuellen Wirkung) zu ermitteln, nur § 171 Abs. 10 AO ist dabei außer Betracht zu lassen (§ 181 Abs. 5 Satz 1 2. HS AO).

BEISPIEL

Stpfl. A gibt die Erklärung zur gesonderten Feststellung seiner Einkünfte aus freiberuflicher Tätigkeit (§ 180 Abs. 1 Nr. 2 Buchst. b AO) für das Kalenderjahr 01 im Kalenderjahre 02 ab. Die Erklärung für die ESt 01 gibt er im Kalenderjahre 03 ab.

LÖSUNG Im Grunde tritt für die gesonderte Feststellung die Verjährung mit Ablauf des Kalenderjahres 06 ein. Da aber im ESt-Bescheid (Verjährungseintritt erst mit Ablauf des Kalenderjahres 07) die Besteuerungsgrundlagen aus dem Feststellungsbescheid zugrunde zu legen sind (Grundlagenbescheid, §§ 171 Abs. 10 Satz 1, 182 Abs. 1 Satz 1 AO), bewirkt § 181 Abs. 5 Satz 1 AO, dass auch der Feststellungsbescheid bis zum Ablauf des Kalenderjahres 07 rechtmäßig erteilt werden darf. Die Postaufgabe des Feststellungsbescheides bis zum Ablauf des Kalenderjahres 07 ist dabei gem. §§ 181 Abs. 5 Satz 3, 169 Abs. 1 Satz 3 Nr. 1 AO ausreichend, sofern dieser Feststellungsbescheid durch späteren Zugang wirksam wird.

§ 181 Abs. 5 AO ist über seinen Wortlaut hinaus nicht nur bei der erstmaligen Feststellung, sondern seinem Sinn und Zweck entsprechend auch bei der Aufhebung und Änderung von Feststellungsbescheiden anwendbar, BFH vom 31. 10. 2000 BStBl II 2001, 156.

§ 181 Abs. 5 AO gilt auch für gesonderte Feststellungen nach den Einzelsteuergesetzen, z. B. die Feststellung des verbleibenden Verlustvortrags nach § 10 d Abs. 4 EStG. Damit würde dem Erlass eines Verlustfeststellungsbescheides nach § 10 d Abs. 4 EStG so lange keine Feststellungsverjährung entgegenstehen, als diese Feststellung für künftige ESt-Festsetzungen oder Verlustfeststellungen nach § 10 d Abs. 4 EStG von Bedeutung ist, BFH vom 12. 06. 2002 BStBl II 2002, 681. Das würde im Ergebnis dazu führen, dass derartige Verlustfeststellungen in ihrer Auswirkung nicht verjähren. Dies hat der Gesetzgeber aber eingeschränkt durch § 10 d Abs. 4 Satz 6 2. HS EStG. Danach ist § 181 Abs. 5 AO nur noch anzuwenden, wenn die zuständige Finanzbehörde die Feststellung des Verlustvortrags pflichtwidrig unterlassen hat.

§ 181 Abs. 5 AO hat insbesondere Bedeutung, wenn **mehrere Personen** von einer einheit- **1669** lichen und gesonderten Feststellung (§ 179 Abs. 2 Satz 2 AO) betroffen sind. Hier bezweckt die Vorschrift, dass auch dann gesonderte Feststellungen vorgenommen werden können, wenn diese bei einzelnen Feststellungsbeteiligten nicht mehr zu Steuerfestsetzungen führen können, weil bereits Festsetzungsverjährung eingetreten ist. Andernfalls wäre die einheitliche und gesonderte Feststellung blockiert, wenn bereits bei nur einem Feststellungsbeteiligten Festsetzungsverjährung eingetreten ist (BFH vom 27. 08. 1997 BStBl II 1997, 750; K/vW, AO/FGO, § 181 AO, Rz. 16; a. A. Tipke/Kruse, AO/FGO, § 181 AO, Rz. 20), was zu ungerechtfertigten Steuervorteilen führen kann, BFH vom 23. 09. 1999 DB 1999, 2498.

BEISPIEL

Die Stpfl. A und B sind Gesellschafter einer Grundstücksgemeinschaft. Die Erklärung zur einheitlichen und gesonderten Feststellung der Einkünfte aus Vermietung und Verpachtung (§ 180 Abs. 1 Nr. 2 Buchst. a AO) für das Kalenderjahr 01 haben sie im Kalenderjahr 02 abgegeben. A hat seine ESt-Erklärung für das Kalenderjahr 01 bereits im Kalenderjahr 02 abgegeben, während B diese erst im Kalenderjahr 03 einreicht hat. Der Feststellungsbescheid soll im Kalenderjahr 07 erlassen werden. **LÖSUNG** Die Feststellungsfrist endet grds. mit Ablauf des Kalenderjahres 06. Da aber die Festsetzungsfrist für die ESt 01 von B erst mit Ablauf des Kalenderjahres 07 abläuft, darf der Feststellungsbescheid gem. § 181 Abs. 5 Satz 1 AO bis zum Ablauf des 31. 12. 07 erlassen werden. Dieser Feststellungsbescheid wirkt jedoch nur gegenüber B (punktuelle Wirkung des § 181 Abs. 5 Satz 1 AO). Nach Bekanntgabe des Feststellungsbescheides hat das FA noch zwei Jahre Zeit, die ESt von B anzupassen (§ 171 Abs. 10 Satz 1 AO). Gegenüber A wirkt der Feststellungsbescheid nicht (was im Feststellungsbescheid zu vermerken ist gem. § 181 Abs. 5 Satz 2 AO, BFH vom 18. 03. 1998 BStBl II 1998, 555), denn die ESt von A ist bereits mit Ablauf des 31. 12. 06 verjährt. Für A gilt die Regelung des § 171 Abs. 10 Satz 1 AO dann nicht. Darin besteht die punktuelle Wirkung des § 181 Abs. 5 Satz 1 AO (»insoweit«). Der bereits verjährte ESt-Anspruch gegenüber A kann nicht wieder aufleben.

Die vorgenannten Grundsätze des § 181 Abs. 5 Satz 1 AO gelten grds. ebenfalls, wenn einheitlich und gesondert ein Gewinn festgestellt wird, der durch eine Bilanz ermittelt wurde (BFH vom 10. 12. 1992 BStBl II 1994, 381 zwar missverständlich, BFH vom 27. 08. 1997 BStBl II 1997, 750 stellt aber klar, dass dieses Urteil nur für die Bilanzberichtigung gilt). Hierbei ist aber zu beachten, dass § 181 Abs. 5 AO nicht nur für erstmalige Feststellungen, sondern auch für deren Korrektur gilt. Insoweit hat das BFH-Urteil vom 10. 12. 1992 (BStBl II 1994, 381) Bedeutung, das besagt, dass ein korrigierter Feststellungsbescheid, dem eine Bilanz zugrunde liegt, nur dann ergehen kann, wenn hinsichtlich einer Folgesteuer die Festsetzungsfrist für keinen Beteiligten abgelaufen ist. Es kann nur eine Bilanz gelten, die nach den Grundsätzen des formellen Bilanzenzusammenhangs fortzuführen ist. Dies erscheint folgerichtig, denn andernfalls würden unterschiedliche Bilanzen für die verschiedenen Gesellschafter gelten. Ebenso ist die Anwendung von § 181 Abs. 5 AO bedenklich, wenn die Änderung des Gewinnfeststellungsbescheides zu einer anderen Gewinnverteilung führt und dadurch Stpfl., deren Folgebescheid verjährt sind, benachteiligt werden, BFH vom 23. 09. 1999 DStR 1999, 1986.

Beim Erlass eines Feststellungsbescheides nach § 181 Abs. 5 AO ist gem. § 181 Abs. 5 Satz 2 AO im Feststellungsbescheid auf dessen eingeschränkte Wirkung hinzuweisen. Dadurch sollen unzulässige Folgeänderungen vermieden werden (vgl. AEAO zu § 181 Nr. 1). Fehlt der Hinweis, ist der Feststellungsbescheid rechtswidrig, aber nicht nichtig. Der Hinweis hat allerdings nicht nur bloße Begründungsfunktion, sondern Regelungscharakter, da mit ihm der zeitliche Geltungsbereich der getroffenen Feststellung abweichend von § 182 Abs. 1 AO bestimmt und damit rechtsgestaltend auf das Steuerrechtsverhältnis eingewirkt wird, BFH vom 12. 07. 2005 II R 10/04 BFH/NV 2006, 228. Ist der Hinweis im Feststellungsbescheid unterblieben, kann er somit nicht mehr ohne Weiteres nachgeholt werden.

6 Die Festsetzungsverjährung bei Realsteuern

1670   Für die GrSt und GewSt als Realsteuern (§ 3 Abs. 2 AO) werden zunächst Steuermessbeträge ermittelt, die vom FA durch Steuermessbescheid festgesetzt werden (§ 184 Abs. 1 Satz 1 AO). Die Gemeinde wendet auf den Steuermessbetrag einen Hebesatz an und setzt dann die Steuer fest. Für die Festsetzung der **Messbeträge** sind die Vorschriften über die **Festsetzungsverjährung sinngemäß anzuwenden** (§ 184 Abs. 1 Satz 3 AO). Die dann **folgende Steuerfestsetzung** unterliegt **ebenfalls der Festsetzungsverjährung,** denn für die Realsteuern gelten, soweit ihre Verwaltung den Gemeinden obliegt, die §§ 169 ff. AO entsprechend (§ 1 Abs. 2 Nr. 4 AO). Es ist zu beachten, dass der Steuermessbescheid ein Grundlagenbescheid für die Steuerfestsetzung als Folgebescheid ist, so dass die Ablaufhemmung des § 171 Abs. 10 Satz 1 AO Anwendung findet.

> **BEISPIEL**
>
> Der Stpfl. gibt für das Kalenderjahr 01 keine GewSt-Erklärung ab.
> **LÖSUNG** Die Festsetzungsfrist beginnt gem. § 184 Abs. 1 Satz 3 i. V. m. § 170 Abs. 2 Satz 1 Nr. 1 AO, da eine Erklärungspflicht besteht (§ 14a GewStG), mit Ablauf des Kalenderjahres 04. Erlässt das FA z. B. am 01. 06. 07 (Bekanntgabe) einen GewSt-Messbescheid, kann die GewSt bis zum 01. 06. 09 (§ 171 Abs. 10 Satz 1 AO) von der Gemeinde durch Steuerbescheid festgesetzt werden.

7 Die Festsetzungsverjährung bei steuerlichen Nebenleistungen

1671   Steuerliche Nebenleistungen (§ 3 Abs. 4 AO) sind u. a. Verspätungszuschläge, Zinsen, Säumniszuschläge, Zwangsgelder und Kosten. Die Vorschriften der Festsetzungsverjährung sind hier nur anzuwenden, soweit dies in der AO besonders bestimmt ist (§ 1 Abs. 3 AO). Dies ist der Fall für Zinsen (§ 239 Abs. 1 Satz 1 AO) und teilweise auch für Kosten (§ 178 Abs. 4 Satz 1, § 346 Abs. 2 AO).

7.1 Verspätungszuschläge (§ 152 AO)

1672   Verspätungszuschläge unterliegen nicht der Festsetzungsverjährung (vgl. AEAO zu § 169 Nr. 5). Der Verspätungszuschlag ist regelmäßig mit der Steuer festzusetzen (§ 152 Abs. 3 AO). Er teilt also das Schicksal der Steuerfestsetzung. Sofern der Verspätungszuschlag durch gesonderten Bescheid festgesetzt wird, was zulässig ist (BFH vom 11.06.1997 BStBl II 1997, 642), ist die Festsetzungsfrist desjenigen Steuerbescheides zu beachten, für den die Erklärung verspätet abgegeben wurde (Gedanke des § 152 Abs. 3 AO, a. A. Tipke/Kruse, AO/FGO, § 152 AO, Rz. 44).

7.2 Zinsen (§§ 233 ff. AO)

Gem. § 239 Abs. 1 Satz 1 AO gelten die Regeln der Festsetzungsverjährung auch für die Festsetzung von Zinsen, die mit eigenständigem Bescheid festgesetzt werden (Zinsbescheid, gem. §§ 155, 157 AO). Die Festsetzungsfrist beträgt, abweichend von § 169 Abs. 2 AO, nur ein Jahr – selbst im Falle einer Steuerhinterziehung. Die Frist beginnt jeweils mit Ablauf des Kalenderjahres (Kalenderjahresverjährung). Der Fristbeginn ist für die einzelnen Zinsarten (§ 233 a bis § 237 AO) unterschiedlich geregelt (§ 239 Abs. 1 Satz 2 Nr. 1 bis 5 AO). Für den Ablauf der Frist gelten die Hemmungsgründe des § 171 AO. Darüber hinaus enthält § 239 Abs. 1 Satz 3 AO eine besondere Ablaufhemmung für Zinsen nach § 233 a AO. Die Festsetzungsfrist für Zinsen nach § 233 a AO wird danach an die Zulässigkeit der erstmaligen Steuerfestsetzung bzw. deren Korrektur geknüpft. **1673**

7.3 Säumniszuschläge (§ 240 AO)

Säumniszuschläge werden nicht festgesetzt, sie entstehen kraft Gesetzes gem. §§ 38, 240 Abs. 1 Satz 1 AO. Infolgedessen gibt es keine Festsetzungsverjährung (vgl. AEAO vor §§ 169 bis 171 Nr. 6). Säumniszuschläge unterliegen aber der Zahlungsverjährung (§§ 228 ff. AO). **1674**

7.4 Zwangsgelder (§§ 328 ff. AO)

Die Festsetzung eines Zwangsgeldes ist zulässig, solange der Stpfl. der zu erfüllenden Verpflichtung innerhalb der Frist, die in der Androhung bestimmt ist, nicht nachkommt (§ 333 AO). Die Regelungen der Festsetzungsverjährung (§§ 169 ff. AO) finden keine Anwendung. **1675**

7.5 Kosten (§§ 337–345 AO)

Die Frist für die Festsetzung von Vollstreckungskosten ist in § 346 Abs. 2 AO geregelt. Sie beginnt mit Ablauf des Kalenderjahres, in dem die Kosten entstanden sind und beträgt ein Jahr. Einem vor Ablauf der Frist gestellten Antrag auf Aufhebung oder Änderung der Kosten kann auch nach Ablauf der Frist entsprochen werden (nachgebildet § 171 Abs. 3 AO). Damit ist gewährleistet, dass über das Begehren des Vollstreckungsschuldners, die Kosten z. B. aufzuheben, auf jeden Fall zu entscheiden ist. Das Begehren kann sich nicht durch Zeitablauf erledigen. **1676**

1677–1780 frei

Teil K Erhebungsverfahren

1 Systematische Stellung

1781 Die AO unterscheidet deutlich zwischen dem Steuerfestsetzungsverfahren (§§ 155 ff. AO) und dem Erhebungsverfahren (§§ 218 ff. AO) sowie dem Vollstreckungsverfahren (§§ 249 ff. AO). Ansprüche aus dem Steuerschuldverhältnis (§ 38 AO) werden grds. durch Verwaltungsakt festgesetzt. Mit dem Erlass des Verwaltungsaktes (z. B. Steuerbescheid) schließt das **Festsetzungsverfahren** ab. Die Geltendmachung der festgesetzten Ansprüche findet im **Erhebungsverfahren** (§§ 218–248 AO) statt. Das Erhebungsverfahren endet mit der Aufhebung oder Änderung des Verwaltungsaktes durch den der Anspruch festgesetzt wurde oder mit dem Erlöschen des Anspruchs nach § 47 AO (Zahlung, Aufrechnung, Erlass, Verjährung). Bei Streitigkeiten über das Erlöschen des Anspruchs entscheidet die Finanzbehörde im Bedarfsfall durch **Abrechnungsbescheid** (§ 218 Abs. 2 AO).

1782 Voraussetzung für den Beginn des Vollstreckungsverfahrens ist das **Leistungsgebot** (§ 254 Abs. 1 Satz 1 AO). Das Leistungsgebot ist ein von der Festsetzung des Anspruchs zu unterscheidender Verwaltungsakt. Es kann äußerlich mit der Festsetzung des Anspruchs verbunden werden (§ 254 Abs. 1 Satz 2 AO), ist mit diesem aber nicht identisch. Das Leistungsgebot ergeht erstmals im Erhebungsverfahren. Es ist die Aufforderung zur Leistung, die mit Ablauf der im Leistungsgebot gesetzten Zahlungsfrist fällig wird (§ 220 Abs. 1 Satz 1 AO). Zur Zahlungsaufforderung bei Haftungsbescheiden (§ 219 AO) siehe Rz. 844 ff.

2 Verwirklichung von Ansprüchen (§ 218 AO)

2.1 Grundlagen (§ 218 Abs. 1 AO)

1783 Grundlage für die Verwirklichung von Ansprüchen aus dem Steuerschuldverhältnis sind gem. § 218 Abs. 1 AO die Steuerbescheide (§ 155 AO) einschließlich der Freistellungsbescheide (§ 155 Abs. 1 Satz 3 AO), die Steuervergütungsbescheide (§ 155 Abs. 4 AO), die Haftungsbescheide (§ 191 AO) und die Verwaltungsakte, durch die steuerliche Nebenleistungen festgesetzt werden. Darunter fallen die Festsetzung von Verspätungszuschlägen (§ 152 AO), Zinsen (§§ 233 ff. AO), Zwangsgelder (§§ 329 ff. AO) und Kosten (§§ 178 f., §§ 337 ff. AO). Bei Säumniszuschlägen (§ 240 AO) genügt die Verwirklichung des gesetzlichen Tatbestandes (§ 218 Abs. 1 AO). Die Steueranmeldungen (§ 168 AO) stehen den Steuerbescheiden gleich. Die materielle Richtigkeit der Verwaltungsakte spielt dabei keine Rolle. Fehlerhafte Verwaltungsakte bleiben bis zu ihrer Aufhebung oder Änderung Grundlage für das Erhebungsverfahren. Grundlage kann auch ein Abrechnungsbescheid nach § 218 Abs. 2 AO sein, wenn er wegen Streitigkeiten über Zahlungsansprüche im Erhebungsverfahren (z. B. Über- und Doppelzahlungen oder fehlgeleiteten Zahlungen) erteilt wird.

2.2   Abrechnungsbescheid (§ 218 Abs. 2 AO)

2.2.1   Anwendungsbereich

Besteht zwischen der Finanzbehörde und dem Stpfl. **Streit über die Verwirklichung von**   1784
Ansprüchen aus dem Steuerschuldverhältnis entscheidet das FA durch einen Abrechnungsbescheid gem. § 218 Abs. 2 AO. Dies kommt beispielsweise in Betracht, wenn Streit besteht über
die Frage, ob und inwieweit

- ein Anspruch durch Zahlung oder Aufrechnung erloschen ist;
- ein Rückerstattungsanspruch aus fehlgeleiteten Zahlungen besteht;
- ein durch Pfändungs- und Überweisungsbeschluss anerkannter Erstattungsanspruch
  besteht. Dabei kann auch über die Wirksamkeit der Pfändung entschieden werden (BFH
  vom 14.07.1987 BStBl II 1987, 802);
- ein Anspruch durch Zahlungsverjährung erloschen ist;
- Säumniszuschläge entstanden sind (BFH vom 12.08.1999, BStBl II 1999, 751);
- auf die festgesetzte Steuerschuld Steuerabzugsbeträge oder Vorauszahlungen anzurechnen
  sind. Die Anrechnung dieser Beträge in Verbindung mit der Steuerfestsetzung ist noch
  kein Abrechnungsbescheid i. S. d. § 218 Abs. 2 AO, sondern eine Anrechnungsverfügung
  mit Bindungswirkung (vgl. Rz. 1785).

Einwendungen, die sich gegen die Steuerfestsetzung, z. B. gegen einen ergangenen Schätzungsbescheid, selbst richten, können nicht gegen einen Abrechnungsbescheid erhoben werden
(BFH vom 22.07.1986, BStBl II 1986, 776; BFH vom 28.04.1992, BStBl II 1992, 781).

2.2.2   Voraussetzungen für die Erteilung eines Abrechnungsbescheides

In der Praxis sind es z. B. Kontoauszüge oder Mitteilungen der Finanzkasse über Umbu-   1785
chungen, aufgrund derer unterschiedliche Auffassungen zwischen dem Stpfl. und dem Finanzamt entstehen können. Solche Mitteilungen stellen keine Verwaltungsakte dar. Der Stpfl. kann
sich daher dagegen nicht mittels Einspruch wehren, wenn er anderer Meinung ist. Eine rechtlich verbindliche Klärung kann dann durch Abrechnungsbescheid herbei geführt werden. Ein
Abrechnungsbescheid wird in der Regel nur auf **Antrag** erteilt, wenn der Streit nicht durch
mündliche oder schriftliche Erörterung beigelegt werden kann.

Ein Abrechnungsbescheid kann auch von Amts wegen erlassen werden. Ein Beispiel sind
Rückforderungen von fehlerhaft erstatteten Beträgen. In diesen Fällen kann der Bescheid bereits
erlassen werden, bevor Streit über die Ansprüche entstanden ist (BFH vom 18.06.1986 BStBl II
1986, 704).

Eine Verfügung über die **Anrechnung** von Steuerabzugsbeträgen oder Steuervorauszahlungen (Anrechnungsverfügung) stellt einen **Verwaltungsakt** mit Bindungswirkung dar. Diese
Bindungswirkung muss auch bei Erlass eines Abrechnungsbescheids nach § 218 Abs. 2 AO
beachtet werden. Deshalb kann im Rahmen eines Abrechnungsbescheides die Steueranrechnung zugunsten oder zuungunsten des Stpfl. nur dann geändert werden, wenn eine der Voraussetzungen der §§ 129 – 131 AO gegeben ist (vgl. BFH vom 27.10.2009, VII R 51/08 BStBl II
2010, 382 mit Verweis auf BFH vom 15.04.1997 BStBl II 1997, 787).

2.2.3 Form und Inhalt

1786   Es besteht **in der Regel** ein berechtigtes Interesse i. S. d. § 119 Abs. 2 Satz 2 AO Abrechnungsbescheide **schriftlich** zu erteilen, obwohl die Schriftform nicht ausdrücklich vorgesehen ist. Eine Rechtsbehelfsbelehrung ist nicht erforderlich, aber im Hinblick auf § 356 AO sinnvoll. Im Abrechnungsbescheid wird sowohl für den Stpfl. als auch für die Finanzbehörde verbindlich entschieden, ob und ggfs. in welcher Höhe noch ein Anspruch entsteht. Deshalb gehört zum notwendigen Inhalt auch eine Aufgliederung der strittigen Ansprüche nach Steuerart, Zeitraum und Betrag sowie der Erlöschensgründe. Dies gilt auch für ausgewiesene Säumniszuschläge.

2.2.4 Rechtsbehelfs- und Korrekturmöglichkeit

1787   Wird ein Abrechnungsbescheid bestandskräftig, ist er für das Steuerschuldverhältnis des betroffenen Stpfl. bindend. Daher kann sich der Stpfl. mit **Einspruch** dagegen wehren. Offenbare Unrichtigkeiten können nach § 129 AO berichtigt werden. Für die Rücknahme und den Widerruf gelten §§ 130, 131 AO. Die Änderungsvorschriften der §§ 164, 165 und 172 ff. AO sind nicht anwendbar, denn diese gelten nur für Steuerbescheide und diesen gleichgestellte Bescheide.

Wird ein Abrechnungsbescheid aufgrund eines Einspruchs oder eines Antrags zurückgenommen und in Folge dessen eine günstigere Regelung getroffen, können nach der **eigenständigen Korrekturnorm** gem. § 218 Abs. 3 Satz 1 AO nachträglich steuerliche Folgen gegenüber dem Stpfl., aber vor allem auch gegenüber Dritten, gezogen werden. Um gegenüber Dritten Folgen ziehen zu können, ist jedoch gem. § 218 Abs. 3 AO i. V. mit § 174 Abs. 4 und 5 AO Voraussetzung, dass sie zum Verfahren, also vor Bekanntgabe des Abrechnungsbescheids, hinzugezogen werden. Damit können widerstreitende Entscheidungen beispielsweise bei Ehegatten bzw. Lebenspartnern aber auch in Fällen der Abtretung oder Pfändung von Steueransprüchen vermieden werden.

2.2.5 Aussetzung der Vollziehung

1788   Auch nach der Erteilung eines Abrechnungsbescheides bleibt der zugrundeliegende Steuerbescheid gem. § 218 Abs. 1 AO Grundlage für die Verwirklichung des Anspruchs aus dem Steuerschuldverhältnis. Der Abrechnungsbescheid ist daher grundsätzlich nur deklaratorisch und kein nach § 361 AO vollziehbarer Verwaltungsakt. Der Abrechnungsbescheid ist aber ein vollziehbarer Verwaltungsakt, wenn er eine Leistungspflicht begründet, z. B. wenn

- er einen nach Aufrechnung durch das FA verminderten Erstattungsanspruch feststellt,
- eine Abrechnung des Steuerbescheides zum Nachteil des Stpfl. geändert wird oder
- eine fehlgeleitete Zahlung zurückgefordert wird.

1789 frei

3   Fälligkeit (§ 220 AO)

3.1   Begriff und Gegenstand

1790   Der **Zeitpunkt der Entstehung** des Steueranspruchs gem. § 38 AO entscheidet über das Vorhandensein der Schuld. Der **Zeitpunkt der Fälligkeit** (§ 220 AO) ist für den Augenblick des Leistenmüssens maßgebend. Fälligkeit bedeutet vom Schuldner aus gesehen die Schuld erfüllen zu müssen und bei nicht rechtzeitiger Leistung mit Nachteilen (z. B. Säumniszuschläge gem. § 240 AO) zu rechnen. Vom Gläubiger aus gesehen kann dieser die Erfüllung seines Anspruchs verlangen. Dem Steuergläubiger gibt die Fälligkeit die Möglichkeit der Einforderung. Er kann aufrechnen (§ 226 AO, § 387 BGB) und vollstrecken (§ 254 AO).

Gegenstand der Fälligkeit können alle Ansprüche aus dem Steuerschuldverhältnis (§ 37 Abs. 1 AO) sein. Dies betrifft sowohl die Ansprüche des Steuergläubigers als auch die Ansprüche des Stpfl.   **1791**

3.2   Zeitpunkt

Wann die Steuerschuld fällig ist, ist nicht allgemein geregelt. Gem. § 220 Abs. 1 AO richtet sich die Fälligkeit von Ansprüchen aus dem Steuerschuldverhältnis **nach den Vorschriften der Einzelsteuergesetze**. In der Regel geben diese den Zeitpunkt der Fälligkeit ausdrücklich an (vgl. nachfolgende Übersicht). **Beispiele** für einzelsteuerrechtliche Fälligkeitsregelungen (§ 220 Abs. 1 AO):   **1792**

Lohnsteuer	§ 41 a Abs. 1 Nr. 2 EStG	10. Tag nach Ablauf des maßgeblichen Lohnsteueranmeldungszeitraums
ESt-Vorauszahlungen a) grundsätzlich b) rückwirkende Erhöhung der 4. Vorauszahlung zur ESt des vorangegangenen bzw. vorletzten Jahres (»5. Vorauszahlung«)	§ 37 Abs. 1 Satz 1 EStG § 37 Abs. 4 Satz 2 EStG	10. 03.; 10. 06.; 10. 09.; 10. 12. ein Monat nach Bekanntgabe des Vorauszahlungsbescheides
ESt-Abschlusszahlung	§ 36 Abs. 4 Satz 1 EStG	ein Monat nach Bekanntgabe des Steuerbescheids
KSt-Vorauszahlungen	§ 31 Abs. 1 KStG	wie ESt
KSt-Abschlusszahlung	§ 31 Abs. 1 KStG	wie ESt
GewSt-Vorauszahlungen	§ 19 Abs. 1 Satz 1 GewStG	15. 02.; 15. 05.; 15. 08.; 15. 11.
GewSt-Abschlusszahlung	§ 20 Abs. 2 GewStG	wie ESt
USt-Vorauszahlungen a) grundsätzlich	§ 18 Abs. 1 Satz 3 bzw. Abs. 2 i. V. m. Abs. 1 Satz 3 UStG	10. Tag nach Ablauf des maßgeblichen Voranmeldungszeitraums (Monat/Vierteljahr)
b) wenn das FA wegen fehlender bzw. wegen zu niedriger Voranmeldung einen Bescheid erlässt	§ 18 Abs. 1 Satz 3 UStG § 220 Abs. 2 AO	(eigentlich 10. Tag nach Ablauf des maßgeblichen Voranmeldungszeitraums) Zahlungsfrist gem. § 220 Abs. 2 AO einzuräumen (vgl. AEAO zu § 168, Nr. 8 und AEAO zu § 240, Nr. 1 b)
c) Voranmeldungen für USt gem. § 1 Abs. 1 Nr. 5 UStG (ausschließlicher innergemeinschaftlicher Erwerb)	§ 18 Abs. 4 a UStG	10. Tag nach Ablauf des maßgebenden Voranmeldungszeitraums, wenn Steuer für diese Umsätze zu erklären ist

d) Voranmeldungen wegen Fahrzeugeinzelbesteuerung	§ 18 Abs. 5 a UStG	10. Tag nach Ablauf des Tages, an dem die Steuer entstanden ist (Tag des Erwerbes)
USt-Abschlusszahlung a) aufgrund einer Anmeldung	§ 18 Abs. 4 Satz 1 UStG	ein Monat nach Eingang der Voranmeldung beim Finanzamt
b) aufgrund eines Bescheides	§ 18 Abs. 4 Satz 2 UStG	ein Monat nach Bekanntgabe des Steuerbescheids
Kapitalertragsteuer	§ 44 Abs. 1 Satz 5 EStG	10. Tag des auf das Zufließen des Kapitalertrags an den Gläubiger folgenden Kalendermonats
Bauabzugssteuer	§ 48 a Abs. 1 Satz 2 EStG	10. Tag nach Ablauf des Monats, in dem die Gegenleistung erbracht wurde
Grunderwerbsteuer	§ 15 GrEStG	ein Monat nach Bekanntgabe des Steuerbescheids oder vom FA eingeräumte längere Zahlungsfrist
Kraftfahrzeugsteuer	§ 11 KraftStG	Grundsätzlich im Voraus für die Dauer eines Jahres
GrSt-Vorauszahlungen	§§ 28, 29 GrStG	15. 02.; 15. 05.; 15. 08.; 15. 11.
GrSt-Abschlusszahlungen/ Nachentrichtungen	§§ 30, 31 GrStG	ein Monat nach Bekanntgabe der Jahressteuer/ des neuen Steuerbescheids

Fehlt es an einer ausdrücklichen **Regelung** (z. B. bei Haftungsansprüchen, Ansprüchen auf hinterzogene Beträge und Ansprüchen auf Erzwingungsgelder), so wird der Anspruch mit seiner Entstehung fällig (§ 220 Abs. 2 Satz 1 1. HS AO). Dies gilt auch, wenn über das Vermögen des Steuerschuldners das Insolvenzverfahren eröffnet wurde. In diesem Zeitpunkt entstandene Steuerforderungen des FA werden fällig, ohne dass es dafür ihrer Festsetzung oder Feststellung durch Verwaltungsakt oder einer Anmeldung der Forderung der Tabelle bedürfte (BFH vom 04. 05. 2004 BStBl II 2004, 815).

Etwas anderes gilt, wenn in einem nach § 254 AO erforderlichen Leistungsgebot eine Zahlungsfrist eingeräumt worden ist (§ 220 Abs. 2 Satz 1 2. HS AO). Ergibt sich jedoch – wie es meistens der Fall sein wird – der Zahlungsanspruch erst aus der Festsetzung eines Anspruches aus dem Steuerschuldverhältnis, so tritt die Fälligkeit nicht vor Bekanntgabe der Festsetzung ein (§ 220 Abs. 2 Satz 2 AO).

BEISPIEL

Am 05. 10. 02 (Dienstag) verfügt der Sachbearbeiter A des FA, dass gegen den Stpfl. X wegen Nichtabgabe der ESt-Erklärung 01 gem. §§ 328 ff. AO ein Zwangsgeld festgesetzt wird. Am 08. 10. 02 (Freitag) wird der Festsetzungsbescheid zur Post gegeben. Dieser geht dem X am 09. 10. 02 (Samstag) zu. **LÖSUNG** Da es an einer ausdrücklichen gesetzlichen Fälligkeitsregelung im Hinblick auf Zwangsgelder fehlt, wird gem. § 220 Abs. 2 Satz 1 1. HS und Satz 2 AO der Anspruch mit seiner Entstehung, aber nicht vor Bekanntgabe fällig.

Gem. § 122 Abs. 2 Nr. 1 AO gilt der Bescheid drei Tage nach Aufgabe zur Post als bekannt gegeben (früherer Zugang unbeachtlich). Somit ist der 11. 10. 02 (Montag) Tag der Bekanntgabe und ohne weitere Regelung wäre dies der Tag der Fälligkeit. Allerdings muss gem. § 220 Abs. 2 Satz 1 2. HS AO i. V. m. § 254 AO ein Leistungsgebot ergehen. Hier wird in der Praxis regelmäßig eine Zahlungsfrist von einem Monat nach Bekanntgabe (hier: 11. 11. 02) zur Zahlung eingeräumt. Damit stellt dieser Tag den Fälligkeitstag gem. § 220 Abs. 2 AO dar.

Auch im Hinblick auf **Säumniszuschläge** fehlt es an einer ausdrücklichen Regelung der Fälligkeit. Säumniszuschläge entstehen kraft Gesetzes und bedürfen keiner Bekanntgabe. Sie werden gem. § 220 Abs. 2 Satz 1 1. HS AO gleichzeitig mit ihrer Entstehung fällig. Gem. § 254 Abs. 2 Satz 1 AO bedarf es auch keines Leistungsgebotes, wenn die Säumniszuschläge zusammen mit der Steuer beigetrieben werden. Ist dies nicht der Fall, so muss ein gesondertes Leistungsgebot (z. B. Vollstreckungsankündigung) mit Zahlungsfrist (Bestimmen eines Fälligkeitstages durch die Finanzbehörde) ergehen.

Fällt der Fälligkeitstag oder das Fristende auf einen Sonntag, einen gesetzlich anerkannten Feiertag oder einen Sonnabend, so tritt die Fälligkeit erst am nächsten Werktag ein (§ 108 Abs. 3 AO). Wegen der Fristenberechnung siehe Rz. 121 ff.

Steueranmeldungen, die zu einer Steuervergütung oder zu einer Herabsetzung der bisher festgesetzten Steuer führen, stehen einer Steuerfestsetzung unter dem Vorbehalt der Nachprüfung erst gleich, wenn ihr die Finanzbehörde zugestimmt hat (§ 168 Satz 2 AO). Die zu erstattenden Beträge werden fällig, sobald dem Stpfl. die Zustimmung bekannt wird (vgl. AEAO zu § 220 Nr. 1). Hat die Finanzbehörde jedoch ihre Zustimmung allgemein erteilt, so gilt bereits der Eingang der Anmeldung beim FA als Steuerfestsetzung unter dem Vorbehalt der Nachprüfung gem. § 164 AO. In diesen Fällen ist der Tag der Anmeldung der Fälligkeitstag für den Erstattungsbetrag.

BEISPIEL

Die Umsatzsteuervoranmeldung Januar 01 wird am 14. 02. 01 beim FA abgegeben. Sie weist einen Erstattungsbetrag i. H. v. 3 000 € zugunsten des Stpfl. aus. Am 18. 03. 01 stimmt das FA der Erstattung gem. § 168 Satz 2 AO zu.

LÖSUNG Der Erstattungsanspruch ist erst am 18. 03. 01 fällig. Bis zu diesem Datum ist die vorliegende Voranmeldung als Antrag auf Steuerfestsetzung zu sehen (AEAO zu § 168, Nr. 4 und AEAO zu § 220 Nr. 1).

Eine andere Frage ist, ob die Steuerschuld **bereits vor der Fälligkeit** vom Stpfl. oder einem Dritten entrichtet werden kann oder vom FA geltend gemacht werden darf. Die Frage nach der **vorzeitigen Entrichtung** (Zahlbarkeit der Schuld) ist für das Steuerrecht zu bejahen (vgl. § 271 Abs. 2 BGB).

3.3 Abweichende Fälligkeitsbestimmungen (§ 221 AO)

Bei den Verbrauchsteuern und bei der Umsatzsteuer ist eine **von den gesetzlichen Regelungen abweichende Fälligkeitsbestimmung** zulässig (§ 221 AO). Ist die Steuer mehrfach nicht rechtzeitig entrichtet worden, so kann das FA **nach Ankündigung** den Fälligkeitszeitpunkt vorverlegen. Die Steuer ist dann zu einem Zeitpunkt zu entrichten, der vor der gesetzlichen Fälligkeit, aber nach der Entstehung der Steuer liegt (§ 221 Satz 1 und 3 AO). Statt Vorverlegung der Fälligkeit kann Sicherheitsleistung verlangt werden, wenn die Annahme begründet ist, dass der Eingang der Steuer gefährdet ist (§ 221 Satz 2 AO).

1793

4   Hinausschieben der Fälligkeit/Sicherheitsleistung

1794   Der Zahlungszeitpunkt kann unter bestimmten Voraussetzungen durch Verwaltungsakt über den Tag der gesetzlich festgelegten **Fälligkeit hinausgeschoben** werden. Dies ist möglich durch **Stundung** (§ 222 AO) oder durch **Zahlungsaufschub** (§ 223 AO).

4.1   Stundung (§ 222 AO)

1795   ÜBERSICHT

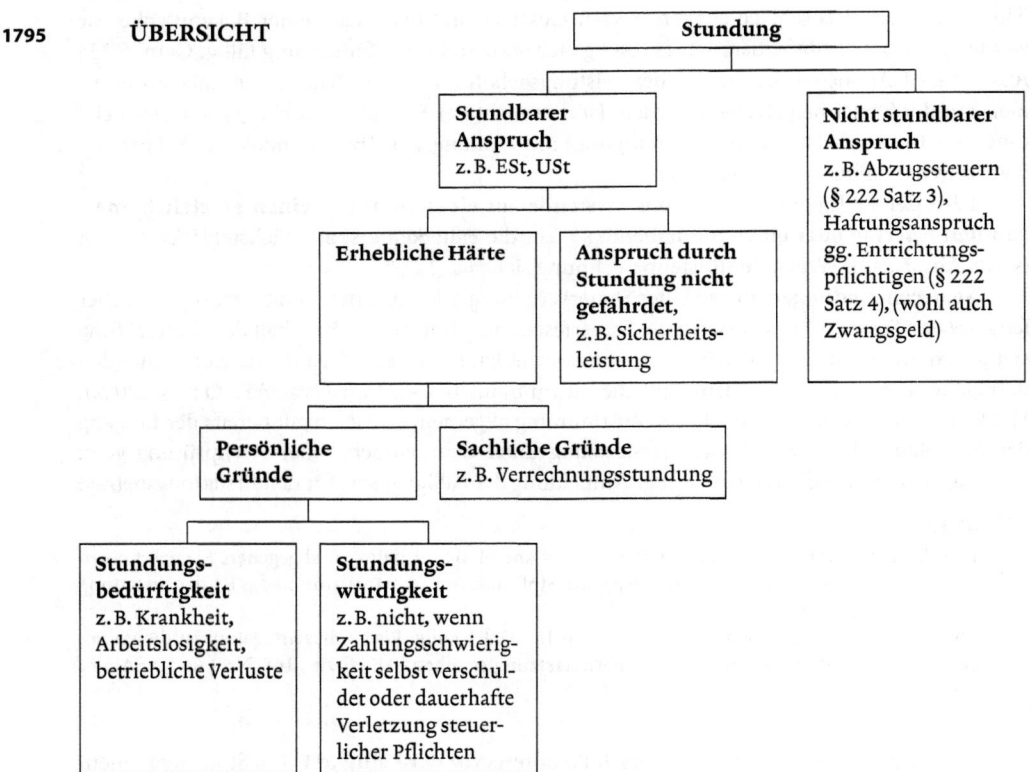

4.1.1   Anwendungsbereich

1795a   Die Gewährung einer Stundung kommt nach dem Gesetzeswortlaut in § 222 Satz 1 AO für alle **Ansprüche aus dem Steuerschuldverhältnis** in Betracht. Damit sind die in § 37 Abs. 1 AO genannten Ansprüche der Finanzbehörde (nicht des Stpfl.) gemeint, etwa der Steueranspruch, der Haftungsanspruch und der Anspruch auf eine steuerliche Nebenleistung. Bei Letzteren dürfte nach Sinn und Zweck die Stundung eines **Zwangsgelds** nicht in Betracht kommen, weil es der Stpfl. in der Hand hat, das Zwangsgeld dadurch zu vermeiden, dass er die von ihm geforderte Handlung vornimmt. Dies hat gem. § 335 AO die Einstellung des Vollzugs eines festgesetzten Zwangsgelds zur Folge.

Strafen und **Geldbußen** sind nicht stundbar. Sie stellen keine Ansprüche aus dem Steuerschuldverhältnis dar, sondern resultieren aus der Verwirklichung eines Straf- bzw. Ordnungswidrigkeitentatbestands.

Ebenfalls nicht stundbar sind **andere Ansprüche** des Steuergläubigers. Dies betrifft vor allem die Pflichten als Steuerentrichtungspflichtiger i. S. d. § 43 Satz 2 AO. Folglich kann der Anspruch auf **Einbehaltung und Abführung von Steuerabzugsbeträgen** nicht gestundet werden, etwa der Anspruch auf Abführung von **Lohnsteuer, Kapitalertragsteuer, Bauabzugsteuer** oder den Steuerabzug bei beschränkt Steuerpflichtigen (vgl. BFH vom 24.03.1998 BStBl II 1999, 3 und BFH vom 23.08.2000 BStBl II 2001, 742). Lediglich dann, wenn ein Arbeitgeber selbst Steuerschuldner ist (z. B. bei pauschalierter Lohnsteuer) oder als Haftungsschuldner für nicht einbehaltene Steuerabzugsbeträge (vor allem Lohnsteuer) herangezogen wird und er die Zahlungen dann aus dem eigenen Vermögen zu begleichen hat, kommt eine Stundung in Betracht. Weiterhin können Ansprüche auf die Vornahme einer Handlung (z. B. Abgabe einer Steuererklärung), auf Duldung (z. B. einer Außenprüfung) oder Unterlassung – vgl. § 328 Abs. 1 AO – nicht gestundet werden.

Gesetzlich **ausgeschlossen** von der Möglichkeit einer Stundung sind gem. § 222 Satz 3 AO Steueransprüche gegen den Steuerschuldner, soweit ein Dritter (Entrichtungspflichtiger) die Steuer für Rechnung des Steuerschuldners zu entrichten, insbesondere einzubehalten und abzuführen hat. Dies zielt auf den Anspruch des Fiskus auf **Lohnsteuer** gegen den **Arbeitnehmer** ab und ist eine Reaktion auf BFH vom 12.03.1993 BStBl II 1993, 479, mit dem der BFH eine Stundbarkeit bejaht hatte. Der Arbeitnehmer und nicht der Arbeitgeber ist Schuldner der Lohnsteuer, vgl. § 38 Abs. 2 Satz 1 EStG. Der Arbeitgeber hat die Lohnsteuer einzubehalten und abzuführen, eine Erstattung an den Arbeitnehmer aufgrund eines Stundungsantrags ist damit nicht möglich.

Auch die **Stundung eines Haftungsanspruchs gegen den Entrichtungspflichtigen** (z. B. Arbeitgeber nach § 42 d EStG) ist nach § 222 Satz 4 AO ausgeschlossen, soweit er Steuerabzugsbeträge einbehalten oder Beträge, die eine Steuer enthalten, eingenommen hat. Auf den Erlass eines Haftungsbescheids kommt es nicht an. Ein Entrichtungspflichtiger haftet auch dann, wenn der Erlass eines förmlichen Haftungsbescheids nicht notwendig ist, vgl. § 42 d Abs. 4 EStG und § 44 Abs. 5 Satz 3 EStG.

4.1.2 Stundungsvoraussetzungen

Stundung ist die **Gewährung einer Zahlungsfrist**. Sie schiebt die Fälligkeit eines Anspruchs aus dem Steuerschuldverhältnis hinaus. Die Stundung setzt nach § 222 Satz 1 AO voraus, dass die Einziehung des Betrags mit **erheblichen Härten** für den Schuldner verbunden ist **und** der **Steueranspruch** durch die Stundung **nicht gefährdet** wird. In der Regel soll die Stundung nur auf Antrag und gegen **Sicherheitsleistung** erfolgen (§ 222 Satz 2 AO).

Bei der Stundungsvoraussetzung »**erhebliche Härte**« handelt es sich um einen unbestimmten Rechtsbegriff, der der Nachprüfung durch die Gerichte unterliegt. Eine erhebliche Härte liegt vor, wenn der Stpfl. durch die Steuerzahlung in erhebliche wirtschaftliche Schwierigkeiten geraten würde. Keine erhebliche Härte ist die in jeder Steuerzahlung liegende allgemeine Härte (BFH vom 23.02.1977 BStBl II 1977, 436). Der Stpfl. muss sich augenblicklich in für ihn ernsthaft schwierigen wirtschaftlichen Verhältnissen befinden oder es muss ihm unmöglich gewesen sein, sich auf die Steuernachzahlung rechtzeitig vorzubereiten. Abschlusszahlungen, die für den Stpfl. aufgrund der abgegebenen Steuererklärungen rechtzeitig erkennbar sind, können nur gestundet werden, wenn der Stpfl. aus einem von ihm nicht zu vertretenden Grunde zum Fälligkeitszeitpunkt über die erforderlichen Mittel nicht verfügt und auch nicht in der Lage ist, sich diese Mittel auf zumut-

1796

bare Weise zu beschaffen (BFH vom 21.08.1973 BStBl II 1974, 307). Die Härte kann in **sachlichen Umständen** oder in den **persönlichen Verhältnissen** des Stpfl. begründet sein.

Eine erhebliche Härte stellt auch eine **rechtswidrige Steuerfestsetzung** nicht dar. Generell findet im Billigkeitsverfahren keine Überprüfung der Steuerfestsetzung statt. Hierfür sind das Einspruchsverfahren (§§ 347 ff. AO) und die Korrekturvorschriften (§§ 129, 164, 165 und 172 ff. AO) vorgesehen.

Sachliche Gründe ergeben sich aus der Fälligkeit als solche und sind gegenüber den persönlichen Stundungsgründen eigenständig. Sachlicher Grund für eine Stundung sind etwa die Situation bei einer **Verrechnungsstundung** (siehe Rz. 1797) oder das Zusammenfallen von Vorauszahlungen mit einer für den Stpfl. nicht vorhersehbaren hohen Abschlusszahlung aufgrund einer Berichtigungsveranlagung **nach Außenprüfung** (vgl. BFH vom 21.08.1973 BStBl II 1974, 307).

Persönlicher Stundungsgrund ist insbesondere **Krankheit, Arbeitslosigkeit** oder **betriebliche Umstände** (z. B. nicht absehbare Verluste etwa durch ausgefallene größere Forderungen) des Stpfl. (oder seiner Familienmitglieder), wodurch die wirtschaftliche Leistungsfähigkeit erheblich herabgesetzt wird und der Stpfl. durch die Zahlung in ziemliche Zahlungsschwierigkeiten gerät. Es ist dem Stpfl. jedoch zuzumuten, sich um einen kurzfristigen Bankkredit zu bemühen. Bei Stpfl. mit **Saisongeschäften** (z. B. Pelzhandel, Gastronomie in Saisonurlaubszielen) oder wetterabhängigen Unternehmen (z. B. Landwirt) kann die Einziehung des Steueranspruchs dann eine erhebliche Härte bedeuten, wenn in einem Jahr überdurchschnittlich große Schwankungen vorgelegen haben, die nicht absehbar waren und auf die sich der Stpfl. auch nicht einstellen konnte. Auch **Naturkatastrophen** wie etwa Hochwasser können Grund für eine Stundung sein. In all diesen Fällen ist von der **Stundungsbedürftigkeit** des Stpfl. auszugehen. Neben der Stundungsbedürftigkeit muss auch die **Stundungswürdigkeit** vorliegen. Diese ist zu verneinen, wenn den steuerlichen Verpflichtungen nicht oder nur schleppend nachgekommen wird oder die Zahlungsschwierigkeiten selbst zu vertreten sind. Wer die mangelnde Leistungsfähigkeit selbst herbeigeführt hat, indem er z. B. die vorhandenen Mittel anderweitig verwendet hat, obwohl dies zur Aufrechterhaltung des Unternehmens nicht erforderlich war oder diese Mittel verwendet, um ein Wertpapierdepot anzulegen, kann keine Stundung verlangen (BFH vom 21.08.1973 BStBl II 1974, 307).

Das Tatbestandsmerkmal »**Ausschluss der Gefährdung des Steueranspruchs**« muss zusätzlich neben dem Tatbestandsmerkmal der erheblichen Härte vorliegen. Gefährdet ist der Steueranspruch dann, wenn er zu einem späteren Fälligkeitszeitpunkt nicht mehr oder nur mit Schwierigkeiten realisiert werden könnte. Hierbei sind insbesondere die Höhe der Steuerschulden, die Stundungsdauer und die übrigen Verbindlichkeiten des Stpfl. zu berücksichtigen. Nach BFH vom 08.02.1988 BStBl II 1988, 514 ist der Steueranspruch bereits durch eine Stundung mit einer Tilgungsdauer von zehn Jahren (ohne Sicherheitsleistung) wegen der langen Stundungsdauer gefährdet. Eine Stundung soll (nach dem Gesetz) in der Regel nur gegen **Sicherheitsleistung** (siehe §§ 241 ff. AO; Rz. 1801 ff.) gewährt werden. Von einer Sicherheitsleistung wird dann abzusehen sein, wenn kleinere Beträge gestundet werden oder die Stundung nur einen kurzen Zeitraum betrifft und keine Gefährdung des Anspruchs besteht.

4.1.3 Verrechnungsstundung

1797   Eine Stundung kann aus sachlichen Gründen in Betracht kommen, wenn der Steuerschuldner zwar **zahlungsfähig** ist, aber seinerseits mit der Steuerentstehung nicht zusammenhängende **Ansprüche** gegen die öffentlich-rechtliche Körperschaft hat. Die Ansprüche des Steuerschuldners müssen jedoch anerkannt sein. So hat der BFH vom 07.03.1985 BStBl II 1985,

449 ausgeführt, dass eine ungewisse Aussicht auf Erstattung nicht genügt. Eine für den Steuerschuldner erhebliche Härte, die eine **Verrechnungsstundung** rechtfertigt, liegt u. a. nur dann vor, wenn der Gegenanspruch mit an Sicherheit grenzender Wahrscheinlichkeit besteht und in absehbarer Zeit fällig wird (BFH vom 29.11.1984 BStBl II 1985, 194).

Der **Nachweis**, dass der Gegenanspruch mit an Sicherheit grenzender Wahrscheinlichkeit besteht, kann grundsätzlich nur durch die **Vorlage** entsprechender **vollständiger Steuererklärungen** oder Anträge geführt werden. Einer Vorlage der Steuererklärung bedarf es dann nicht, wenn das Bestehen des Gegenanspruchs auf andere Weise, etwa durch Vorlagen von Urkunden oder durch anderweitige Glaubhaftmachung mit der erforderlichen Sicherheit nachgewiesen werden kann. Dies gilt insbesondere für leicht überschaubare Sachverhaltsgestaltungen (BFH vom 12.06.1996 BFH/NV 1996, 873).

4.1.4 Abgrenzung zu Aussetzung der Vollziehung und Vollstreckungsaufschub

Bei der **Stundung** (Ausnahme Abzugssteuern) ist ein Geldbetrag für einen gewissen Zeitraum nicht zu erbringen, wenn dessen momentane Einziehung eine erhebliche Härte bedeuten würde und durch die Stundung der Betrag nicht gefährdet erscheint. Durch die Stundung wird die Fälligkeit für einen bestimmten Zeitraum hinausgeschoben. Es werden Stundungszinsen (§ 234 AO, 0,5 %/Monat) erhoben. Bei der **Aussetzung der Vollziehung** nach § 361 AO ist ein eingelegter Rechtsbehelf und das Bestehen ernstlicher Zweifel an der Rechtmäßigkeit des erlassenen Verwaltungsakts oder die Unbilligkeit des Vollzugs des Verwaltungsaktes Voraussetzung. Auch hier wird die Fälligkeit verschoben, aber für einen unbestimmten Zeitraum, nämlich bis einen Monat nach Bekanntgabe der Einspruchsentscheidung bzw. nach Verkündung oder Zustellung des Urteils oder bis einen Monat nach dem Eingang einer Erklärung über die Rücknahme des Rechtsbehelfs. Es fallen ggf. Aussetzungszinsen (§ 237 AO, 0,5 %/Monat) an. Bei einem **Vollstreckungsaufschub** nach § 258 AO ist bei Fälligkeit eine Geldleistung nicht erbracht, die Vollstreckung angeordnet, aber wegen Existenzgefährdung unbillig. Die Fälligkeit verschiebt sich nicht, es fallen grundsätzlich weiterhin Säumniszuschläge (§ 240 AO, 1 %/Monat) an.

1798

4.1.5 Verfahren

Eine Stundung wird vom FA **in der Regel nur auf Antrag** gewährt. Eine dabei zur Begründung einer persönlichen Stundungsbedürftigkeit notwendige Darlegung der wirtschaftlichen Verhältnisse gegenüber der Finanzbehörde geschieht zweckmäßigerweise dadurch, dass ein zeitnaher **Liquiditätsstatus** vorgelegt wird, aus dem sich eine Gegenüberstellung der flüssigen bzw. kurzfristig zu realisierenden Vermögenswerte und der rückständigen bzw. kurzfristig fällig werdenden Verpflichtungen ergibt (BFH vom 13.04.1961 BStBl III 1961, 292; BFH vom 13.09.1966 BStBl II 1966, 694).

1799

Die Stundung als **Billigkeitsmaßnahme** ist, ebenso wie die Ablehnung, ein Verwaltungsakt, der im pflichtgemäßen **Ermessen** der Behörde (Rz. 54 ff.) steht. Die Stundung kann **mit Nebenbestimmungen** erlassen werden, z. B. mit

- einer aufschiebenden Bedingung, dass vorher ein bestimmter Teilbetrag zu zahlen ist,
- einer Terminbestimmung, d. h. einer Befristung für den Gesamtbetrag oder für einzelne Raten,
- einem Widerrufsvorbehalt für den Fall, dass sich die Vermögensverhältnisse des Schuldners unerwartet verbessern oder
- einer auflösenden Bedingung für den Fall, dass der Schuldner mit einer oder mehreren Raten in Verzug gerät, was die Fälligkeit des gesamten (restlichen) Rückstands mit sich bringt.

Wird die **Stundung vor Fälligkeit beantragt, aber erst nach Fälligkeit bewilligt**, hat das Finanzamt die Stundung zur Vermeidung von Säumniszuschlägen – mit Wirkung vom Fälligkeitstag auszusprechen. Wird die **Stundung erst nach Eintritt der Fälligkeit beantragt und bewilligt**, so bleibt der Eintritt der Fälligkeit – und damit die Verwirkung des Säumniszuschlags i. S. d. § 240 AO – unberührt. Es ist jedoch auch möglich, eine Stundung rückwirkend auszusprechen. Hierdurch erlöschen die bis dahin entstandenen Säumniszuschläge. Wird die **Stundung vor Fälligkeit beantragt, aber erst nach Fälligkeit abgelehnt**, so soll eine neue Zahlungsfrist von grundsätzlich nicht mehr als einer Woche bewilligt werden. Im Einzelnen vgl. AEAO zu § 240, Nr. 6 Buchst a.

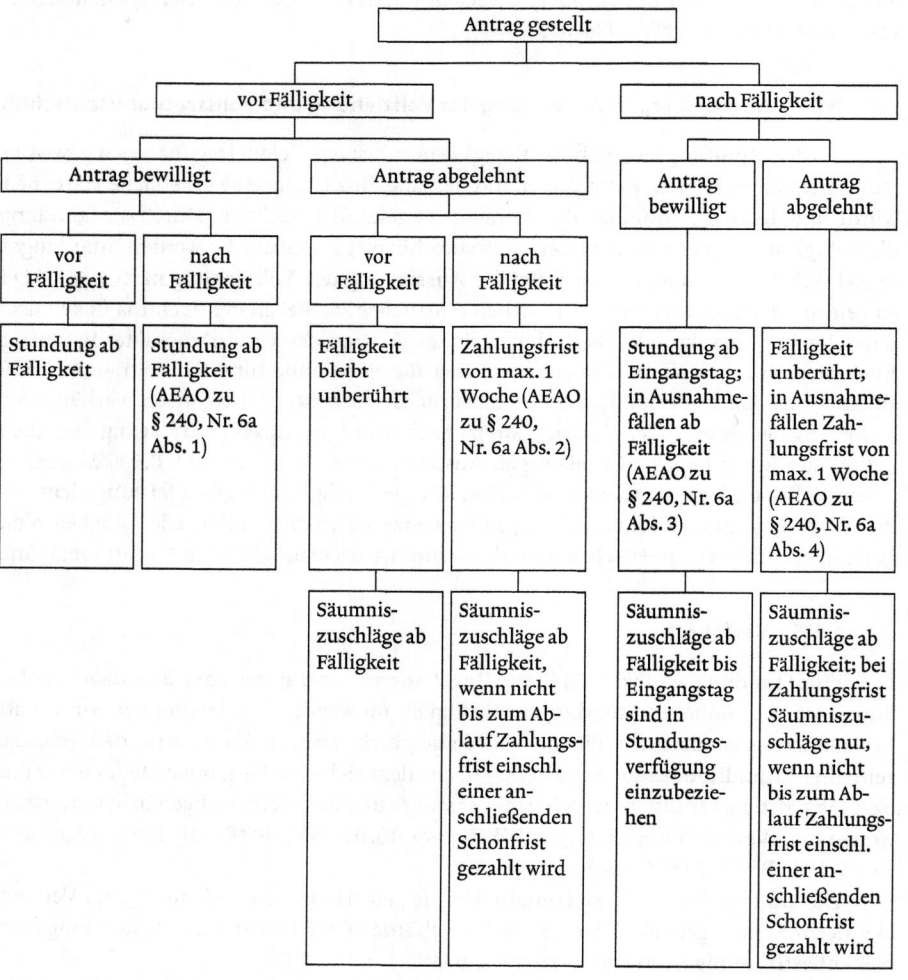

1800   Die **Zuständigkeit** für eine Stundung obliegt dem FA. Jedoch bestehen innerdienstliche Anweisungen, wonach u. a. Stundungen ab bestimmten Beträgen die Zustimmung übergeordneter Behörden (OFD/Landesamt, oberste Finanzbehörden der Länder und des Bundes) voraussetzen, vgl. im Einzelnen Rz. 1501.

Grundsätzlich werden für die Dauer der gewährten Stundung **Zinsen** nach § 234 Abs. 1 AO erhoben, vgl. Rz. 1855. Gegen die Ablehnung einer Stundung ist der Rechtsbehelf des **Einspruchs** gegeben (§ 347 Abs. 1 Nr. 1 AO).

4.2 Zahlungsaufschub (§ 223 AO)

Bei **Einfuhr- und Ausfuhrabgaben** und **Verbrauchsteuern** kann die Zahlung fälliger **1801** Beträge auf Antrag des Steuerschuldners gegen Sicherheitsleistung hinausgeschoben werden, soweit die Einzelsteuergesetze dies bestimmen. Für die Verbrauchsteuern kann der Zahlungsaufschub ausdrücklich ausgeschlossen sein (z. B. in § 12 TabStG). Im Gegensatz zur Stundung **muss** der Aufschub bei Vorliegen der Voraussetzungen **gewährt werden**. Es besteht ein Recht auf Aufschub. Voraussetzungen sind das Vorliegen eines entsprechenden Antrags und Sicherheitsleistung.

4.3 Sicherheitsleistung (§ 241 AO)

4.3.1 Allgemeines

Der Steueranspruch richtet sich gegen den Steuerschuldner. Kann der Steuerschuldner nicht **1802** zahlen, so steht der Steuergläubiger grundsätzlich nicht anders da als jeder andere Gläubiger auch und läuft Gefahr, leer auszugehen. Um dem vorzubeugen und so den **Eingang** der öffentlichen Einnahmen zu **sichern**, ist für bestimmte Fälle vorgesehen, dass die Erfüllung des Steueranspruchs über das rein persönliche Gebundensein des Steuerschuldners hinaus gewährleistet wird.

4.3.2 Anwendungsfälle

Der Stpfl. kann Sicherheitsleistung anbieten, z. B. um Aufschub oder Stundung zu erlangen **1803** (vgl. §§ 222, 223 AO) oder um die gem. § 168 Satz 2 AO notwendige Zustimmung bei einer USt-(Vor-)Anmeldung zu erreichen (vgl. § 18 f UStG). Das FA ist in bestimmten Fällen auch berechtigt, Sicherheit zu verlangen (vgl. z. B. § 165 Abs. 1 AO oder § 222 Satz 2 AO). **In welcher Weise** die Sicherheit geleistet wird, ist dem Stpfl. überlassen, und zwar auch dann, wenn er zur Sicherheitsleistung verpflichtet ist. Voraussetzungen ist nur, dass der Stpfl. sich an eine der in § 241 Abs. 1 AO vorgesehenen Möglichkeiten hält, also z. B. Geld, öffentliche Schuldverschreibungen oder näher bestimmte Wertpapiere hinterlegt oder verpfändet, erstrangige Hypotheken bestellt oder einen tauglichen Steuerbürgen stellt. Dabei sind bestimmte Anforderungen zu beachten (vgl. im Einzelnen §§ 242–244 AO). Der Stpfl. darf unter Umständen auch andere Sicherheiten leisten (vgl. § 245 AO) und bereits geleistete Sicherheiten durch andere ersetzen (vgl. § 247 AO).

4.3.3 Folgen

Die **Zahlungsverjährung wird** durch die Sicherheitsleistung **unterbrochen** (§ 231 **1804** Abs. 1 AO). Die **Verwertung** von Sicherheiten ist in § 327 AO geregelt. Sie darf erst erfolgen, wenn dem Vollstreckungsschuldner die Verwertungsabsicht bekannt gegeben und seit der Bekanntgabe mindestens eine Woche verstrichen ist. Wird vom FA Sicherheit durch eine **Nebenbestimmung** zu einem Verwaltungsakt, z. B. die Stundung verlangt, kann diese Bestimmung nicht selbstständig, sondern nur zusammen mit dem Verwaltungsakt **angefochten** werden.

5 Zahlung

5.1 Allgemeines

1805   Die Zahlung ist der bedeutendste Erlöschensgrund i. S. § 47 AO (Rz. 638). Unter **Zahlung** versteht man nicht nur die **Barzahlung**, sondern auch die **Hingabe von Schecks** und deren Annahme erfüllungshalber (§ 364 Abs. 2 BGB), die **Überweisung** und die **Einziehung im Lastschriftverkehr**. § 224 AO stellt nicht auf die Person des Zahlenden ab. Zahlungen durch Dritte sind zulässig (vgl. auch § 48 AO, Rz. 642). Zahlungen unter Vorbehalt kennt die AO nicht. Im Zweifel wird mit schuldbefreiender Wirkung gezahlt. Behält sich der Zahlende nur die Bestimmung der Reihenfolge der Tilgung vor (§ 225 AO), erlischt der Anspruch erst mit Zugang der Bestimmung. Auch im Zahlungsverkehr mit den Finanzbehörden gilt der Grundsatz des § 270 Abs. 1 BGB, wonach der Schuldner Geld auf seine Gefahr und auf seine Kosten dem Gläubiger zu übermitteln hat.

Für die Zahlung an **Finanzbehörden** einerseits und Zahlung dieser Behörden an Personen (insbesondere Erstattungs- und Vergütungsberechtigte) andererseits gelten unterschiedliche Vorschriften.

5.2 Zahlungen an Finanzbehörden

1806   Sie sind grundsätzlich an die **zuständige Finanzkasse** per Scheck, durch Überweisung oder durch Einzahlung auf ein Konto der Finanzbehörde zu entrichten. Barzahlungen sind gemäß § 224 Abs. 1 AO zwar gesetzlich möglich, § 224 Abs. 4 AO sieht jedoch vor, dass die jeweilige Finanzkasse eines FA für Barzahlungen geschlossen werden kann. Hiervon wird in der Praxis regelmäßig Gebrauch gemacht. Außerhalb des Kassenraums ist die Übergabe von Zahlungsmitteln nur an einen Amtsträger möglich, der zu Annahme besonders ermächtigt worden ist und sich hierüber ausweisen kann (§ 224 Abs. 1 AO). Als solche kommen insbesondere die Vollziehungsbeamten der FA mit wirksamen Vollstreckungsauftrag (§ 285 Abs. 2 AO) in Betracht.

Zahlt der Stpfl. an einen Amtsträger, der eine solche Ermächtigung nicht besitzt (z. B. Vollziehungsbeamter V nimmt fällige Steuern des A ohne gültigen Vollstreckungsauftrag entgegen), tritt schuldbefreiende Wirkung erst ein, wenn die Zahlung bei der zuständigen Kasse eingeht.

5.3 Tag der Zahlung (§ 224 AO)

1807   Der Zahlungszeitpunkt ist **bedeutend für** die Berechnung von **Zinsen** (§§ 233 ff. AO) und vor allem von **Säumniszuschlägen** (§ 240 AO). Am Tag der Zahlung erlischt der Anspruch gem. § 47 AO.

Eine wirksam geleistete Zahlung gilt als entrichtet (§ 224 Abs. 2 AO):

- bei Übergabe oder Übersendung von **Bargeld** als Zahlungsmittel am **Tag des Eingangs**.
- bei Übergabe oder Übersendung von **Schecks** als Zahlungsmittel **drei Tage nach dem Tag des Eingangs** (selbst, wenn das Finanzamt bereits vorher über den Betrag tatsächlich verfügen kann, BFH vom 28. 08. 2012 BStBl II 2013 103). Für eine wirksame Zahlung per Scheck ist erforderlich, dass die Finanzkasse ihn annimmt und die bezogene Bank ihn später einlöst.
- bei **Überweisung** oder **Einzahlung** auf ein Konto der Finanzbehörde und bei Einzahlung mit Zahlschein oder Postanweisung an dem **Tag**, an dem der Betrag der Finanzbehörde **gutgeschrieben** wird (auf die Wertstellung beim Konto des Stpfl. kommt es nicht an),
- bei Vorliegen einer Einzugsermächtigung am **Fälligkeitstag**.

5.4   Reihenfolge der Tilgung (§ 225 AO)

Schuldet ein Stpfl. mehrere Beträge und reicht **bei freiwilliger Zahlung** der gezahlte Betrag nicht zur Tilgung sämtlicher Schulden aus, so kann der **Stpfl. selbst die Reihenfolge der Tilgung bestimmen** (§ 225 Abs. 1 AO). Trifft er **keine Bestimmung**, so werden mit einer freiwilligen Zahlung, die nicht sämtliche Schulden deckt, zunächst die Geldbußen, sodann nacheinander die Zwangsgelder, die Steuerabzugsbeträge, die übrigen Steuern, die Kosten, die Verspätungszuschläge, die Zinsen und die Säumniszuschläge getilgt. Innerhalb dieser Reihenfolge sind die einzelnen Schulden nach ihrer Fälligkeit zu ordnen, die auf diese entrichteten Zahlungen sind zunächst auf die früher fällig gewordenen Schulden zu verrechnen; bei gleichzeitig fällig gewordenen Beträgen und bei den Säumniszuschlägen bestimmt die Finanzbehörde die Reihenfolge der Tilgung (§ 225 Abs. 2 AO).

Wird die **Zahlung im Verwaltungswege erzwungen** (§ 249 AO) und reicht der verfügbare Betrag nicht zur Tilgung aller Schulden aus, derentwegen die Vollstreckung oder die Verwertung der Sicherheiten erfolgt ist, so **bestimmt die Finanzbehörde** die Reihenfolge der Tilgung (§ 225 Abs. 3 AO).

1808

5.5   Hingabe von Kunstgegenständen an Zahlungs statt (§ 224 a AO)

Für die Erbschaftsteuer (und für die zur Zeit nicht zu erhebende Vermögensteuer) sieht § 224 a AO die Möglichkeit der Hingabe von Kunstgegenständen und Sammlungen an Zahlungs Statt (vgl. auch § 364 Abs. 1 BGB) vor, wenn für deren Erwerb wegen ihrer Bedeutung für Kunst, Geschichte oder Wissenschaft ein öffentliches Interesse besteht. Die Steuerschuld erlischt in diesen Fällen mit der Eigentumsübertragung auf das aufkommensberechtigte Land (§ 224 a Abs. 3 AO). Bis zum Vertragsabschluss kann der Steueranspruch gestundet werden (§ 224 a Abs. 4 AO).

1809

5.6   Zahlungen der Finanzbehörden

Zahlung von Finanzbehörden an Personen (also insbesondere Erstattungen und Vergütungen) sind gem. § 224 Abs. 3 Satz 1 AO **unbar** zu leisten. Nach § 224 Abs. 3 Satz 2 AO können vom BMF und den obersten Landesfinanzbehörden **Ausnahmen** zugelassen werden, z. B. **wenn der Stpfl. kein Konto unterhält**. Als **Tag der Zahlung** gilt nach § 224 Abs. 3 Satz 3 AO im Hinblick auf die Berechnung von Prozesszinsen auf Erstattungsbeträge (§ 236 AO, Rz. 1857) bei Überweisung oder Zahlungsanweisung der dritte Tag nach der Hingabe oder Absendung des Auftrages an das Kreditinstitut oder, wenn der Betrag nicht sofort abgebucht werden soll, der dritte Tag nach der Abbuchung.

Auch bei Zahlungen der Finanzbehörden gelten die Fiktionen des Zahlungstags jedoch nur dann, wenn die Zahlung wirksam erfolgt ist. Sie besagen nicht, dass die Schuld auch dann als erloschen gilt, wenn die Übersendung der Zahlungsmittel den Empfänger nicht erreicht hat oder eine Überweisung fehlgelaufen ist (vgl. § 270 BGB). Allerdings hat der Stpfl. die Verlustgefahr zu tragen, wenn er ein falsches Erstattungskonto angibt (BFH vom 10.11.1987 BStBl II 1888, 41). Denn er hat grundsätzlich für Gefahren der Geldübermittlung einzustehen (BFH vom 08.03.1999 BFH/NV 1999 S. 1058).

1810

6 Aufrechnung (§ 226 AO)

6.1 Sinngemäße Anwendung der Vorschriften des bürgerlichen Rechts

1811   Für die Aufrechnung mit Ansprüchen aus dem Steuerschuldverhältnis sowie für die Aufrechnung gegen diese Ansprüche gelten nach § 226 Abs. 1 AO sinngemäß die Vorschriften des bürgerlichen Rechts (§ 387 ff. AO) soweit in § 226 Abs. 2 bis 4 AO nichts anderes bestimmt wird. Die Aufrechnung bedeutet **Erfüllung einer gegen den Aufrechnenden gerichteten Hauptforderung durch Verrechnung mit einer Gegenforderung.** Das Recht der Aufrechnung steht, falls die entsprechenden Voraussetzungen erfüllt sind, sowohl dem Stpfl. als auch dem Steuergläubiger zu.

6.1.1 Voraussetzungen

1812   Die Aufrechnung ist nur zulässig, wenn die nachfolgend dargestellten Voraussetzungen erfüllt sind und damit die **Aufrechnungslage** gegeben ist (vgl. auch § 387 BGB).

6.1.2 Gleichartigkeit

Die Forderungen müssen gleichartig sein. Das bedeutet für das Steuerrecht: Sie müssen auf eine Geldleistung gerichtet sein (vgl. § 3 Abs. 1 AO). Das FA kann z. B. einen Nachbesserungsanspruch aus einem Werkvertrag gegen einen Malermeister nicht mit einem Steuererstattungsanspruch aufrechnen; dagegen könnte es einen im Zusammenhang mit diesem Vertrag entstandenen Schadensersatzanspruch, wenn er ein Geldanspruch ist, zur Aufrechnung verwenden.

6.1.3 Gegenseitigkeit

Die Aufrechnung setzt voraus, dass einander **zwei (Geld-)Forderungen gegenüberstehen:**

- die Forderung, gegen die derjenige aufrechnet, der die Aufrechnung erklärt (**Hauptforderung**). Die Hauptforderung ist die **Forderung** (der Anspruch) **des anderen** (und die Schuld des Aufrechnenden),
- die Forderung, mit der der die Aufrechnung Erklärende aufrechnet (**Gegenforderung**). Die Gegenforderung ist die **Forderung des die Aufrechnung Erklärenden** (und die Schuld des anderen).

Der Schuldner der einen Forderung muss also der Gläubiger der anderen Forderung sein und umgekehrt.

BEISPIEL

Ein Stpfl. hat gegen das FA Ludwigshafen einen Einkommensteuererstattungsanspruch. Gleichzeitig schuldet die Vermietungs-GdR, an der er zu 50 % beteiligt ist, dem FA Ludwigshafen Umsatzsteuern. **LÖSUNG** Es fehlt an der Gegenseitigkeit. Schuldner der Umsatzsteuer ist die GbR. Erst wenn der Stpfl. für die Umsatzsteuer der GbR mit Haftungsbescheid (§ 191 AO, vgl. Rz. 814) in Anspruch genommen würde, könnte das FA aufrechnen, wenn der Haftungsanspruch als (Gegen-) Forderung (unter Beachtung des § 219 AO) fällig gem. § 220 Abs. 2 AO ist (vgl. Rz. 1813).

Der Steuerschuldner kann mit Forderungen, die gegen ihn bestehen, **nur mit seinen eigenen Ansprüchen aufrechnen**, nicht z. B. mit Ansprüchen der Ehefrau gegen die Finanzbehörde. Der Schuldner kann sich jedoch Ansprüche abtreten lassen (§ 398 BGB), um so die Aufrechnungslage herbeizuführen (BFH vom 06. 02. 1973 BStBl II 1973, 513). Eine andere Möglichkeit wäre der Verrechnungsvertrag, vgl. Rz. 1819.

Auf **Seiten der Verwaltung ist Gläubiger** oder Schuldner die Körperschaft, der die Ertragshoheit (Art. 106 GG) zusteht (§ 226 Abs. 1 AO). Dies wirft Probleme bei den Gemeinschaftsteuern (Art. 106 Abs. 3 GG, Einkommensteuer, Körperschaftsteuer und Umsatzsteuer) auf. Aus diesem Grunde fingiert § 226 Abs. 4 AO auch die Körperschaft, die die Steuer verwaltet (Art. 108 GG), als Gläubiger oder Schuldner. Dies ist das Bundesland, nicht das einzelne FA. Keine Anwendung findet § 395 BGB, nach dem gegen öffentlich-rechtliche Forderungen nur bei Kassenidentität aufgerechnet werden kann (vgl. BFH vom 25. 04. 1989 BStBl II 1989, 949).

BEISPIELE

a) Ein Stpfl. hat gegen das FA Neustadt an der Weinstraße einen Anspruch auf Erstattung von Einkommensteuer und von Kirchensteuer. Zugleich schuldet er dem FA Speyer Umsatzsteuer.
LÖSUNG Da das Land Rheinland-Pfalz alle drei Steuerarten verwaltet, ist die Gegenseitigkeit gegeben.

b) Ein Stpfl. hat beim FA Ludwigshafen Einkommensteuerschulden von 10.000 €. Gegenüber dem Hauptzollamt steht ihm ein Erstattungsanspruch von 10.000 € aus Verbrauchsteuern zu.
LÖSUNG Das Land Rheinland-Pfalz ist gem. § 226 Abs. 4 AO zu 100 % Gläubiger der Einkommensteuer. Bezüglich der Verbrauchsteuer steht die Ertragshoheit der Bundesrepublik Deutschland zu (§ 226 Abs. 1 AO). Insoweit bestünde keine Aufrechnungsmöglichkeit. Aber: Hinsichtlich der Einkommensteuer ist die Bundesrepublik Deutschland gem. Art. 106 Abs. 3 GG ertragsberechtigt. Somit kann das Hauptzollamt mit dem Bundesanteil an der Einkommensteuer von 5.000 € gegen den Verbrauchsteuererstattungsanspruch des Stpfl. aufrechnen.

Soweit die Aufrechnungslage nicht besteht, kann die Finanzverwaltung (wie auch der Steuerpflichtige, vgl. oben) die erforderliche **Gegenseitigkeit durch Abtretung** zwecks Einziehung herstellen (vgl. BFH vom 05. 09. 1989 BStBl II 1989, 1004). Im vorigen Beispiel B könnte demnach das Land Rheinland-Pfalz (vertreten durch das FA Ludwigshafen) seine (restliche) Forderung, also den Landesanteil an der Einkommensteuer, zwecks Aufrechnung an die Bundesrepublik Deutschland (vertreten durch das Hauptzollamt) abtreten.

In Fällen der **Zusammenveranlagung von Ehegatten zur Einkommensteuer** ist zu beachten, dass der Anspruch auf Auszahlung von überzahlter Lohnsteuer dem Ehegatten zusteht, der die Lohnsteuer entrichtet hat. Gegen diesen Anspruch kann daher das FA mit rückständigen Steuerschulden des anderen Ehegatten nicht aufrechnen. Die Zusammenveranlagung begründet zwar eine Gesamtschuldnerschaft (§§ 44, 268 AO), jedoch keine Gesamtgläubigerschaft, vgl. Rz. 592 f.

BEISPIEL

Der Ehemann hat Einkünfte aus nichtselbstständiger Arbeit in Höhe von 40 000 €; für ihn sind 5 000 € Lohnsteuer einbehalten worden. Die Ehefrau hat Verluste aus Gewerbebetrieb in Höhe von 40 000 €. Das FA setzte die Einkommensteuer auf 0 € fest und rechnete gegen den Lohnsteuererstattungsanspruch in Höhe von 5 000 € mit rückständigen Umsatzsteuerschulden der Ehefrau auf.
LÖSUNG Die Aufrechnungserklärung ist unwirksam. Schuldnerin der Umsatzsteuer ist die Ehefrau; sie ist jedoch nicht Gläubigerin des Lohnsteuererstattungsanspruchs. Dieser steht alleine dem Ehemann zu. Es fehlt daher an der Gegenseitigkeit.

Nach Aufteilung einer Gesamtschuld gem. §§ 268 ff. AO ist eine Aufrechnung gegen (Erstattungs- oder Vergütungs-)Forderungen eines Gesamtschuldners (z. B. Ehegatte) nur soweit möglich, wie auf ihn Rückstände entfallen. Entfallen auf diesen keine Rückstände, ist die Aufrechnung unzulässig (BFH vom 12. 01. 1988 BStBl II 1988, 406 und vom 12. 06. 1990 BStBl II 1991, 493). Wird **nach Stellung eines Antrags** auf Aufteilung gem. § 269 AO und vor Erlass des Aufteilungsbescheids aufgerechnet, beseitigt der Aufteilungsbescheid gem. § 279 AO rückwirkend die eigentlich durch die Aufrechnung für alle Gesamtschuldner eingetretene Tilgungswirkung des § 44 Abs. 2 Satz 2 AO (vgl. § 44 Abs. 2 Satz 4 AO). Der aufgerechnete Betrag ist als Zahlung nach § 276 Abs. 6 AO desjenigen anzusehen, auf dessen Rechnung er geleistet wurde; ggf. ergibt sich eine Erstattung. Im Ergebnis können damit Stpfl., die eine Steuer als Gesamtschuldner schulden (z. Zt. nur zur Einkommensteuer zusammen veranlagte Ehegatten), durch Antrag auf Aufteilung der Gesamtschuld eine **Beschränkung der Aufrechnung** erreichen.

Die Aufrechnung nach § 226 AO setzt nicht voraus, dass alle Ansprüche, mit oder gegen die aufgerechnet wird, Ansprüche aus dem Steuerschuldverhältnis (§ 37 AO) sind. Es ist daher zulässig, **Steueransprüche gegen privatrechtliche Forderungen aufzurechnen** und umgekehrt.

BEISPIEL

Das FA fordert von einem Stpfl. aufgrund einer wirksamen Einkommensteuerfestsetzung 5 000 €. Der Stpfl. hat aufgrund einer Öllieferung gegen das FA einen Kaufpreisanspruch in Höhe von 10 000 €.
LÖSUNG Erklärt das FA die Aufrechnung, so ist der Kaufpreisanspruch die Hauptforderung, der Einkommensteueranspruch die Gegenforderung. Erklärt der Stpfl. die Aufrechnung, ist der Einkommensteueranspruch die Hauptforderung, der Kaufpreisanspruch die Gegenforderung.

6.1.4 Fälligkeit der Gegenforderung und Erfüllbarkeit der Hauptforderung

1813   Forderung und Gegenforderung müssen **aufrechenbar** gegenüber stehen. Die Forderung, mit der aufgerechnet wird (Gegenforderung), muss fällig, die Hauptforderung muss erfüllbar sein.

Das Erfordernis der **Fälligkeit der Gegenforderung** (Forderung des Aufrechnenden) folgt aus § 387 BGB. Die Aufrechnung kann nur erklärt werden, wenn der Erklärende die ihm gebührende Leistung fordern kann. Das setzt den Eintritt der Fälligkeit voraus. Die Stundung einer Forderung gem. § 222 AO und auch die Aussetzung der Vollziehung nach § 361 AO schieben deren Fälligkeit hinaus. Will das FA mit gestundeten oder ausgesetzten Beträgen aufrechnen, muss die Stundung oder Aussetzung (unter den Voraussetzungen der §§ 130, 131 AO) vorher zurückgenommen oder widerrufen werden.

Die Notwendigkeit der **Erfüllbarkeit der Hauptforderung** (Forderung des anderen) ergibt sich ebenfalls aus § 387 BGB. Die Aufrechnungslage besteht, sobald der Erklärende die Forderung des anderen (Hauptforderung) erfüllen kann. Ein Anspruch aus dem Steuerschuldverhältnis ist erfüllbar, sobald der **Anspruch entstanden** (§ 38 AO) ist. Auf die Festsetzung des Anspruchs durch einen Steuerbescheid kommt es für die Erfüllbarkeit nicht an (BFH vom 06. 02. 1990 BStBl II 1990 523). Auf die Fälligkeit des Anspruches kommt es ebenfalls nicht an, der Anspruch kann vor Fälligkeit erfüllt werden (§ 271 Abs. 2 BGB).

BEISPIELE

a) Mit Einkommensteuerbescheid für 02, bekannt gegeben am 15. 06. 03, fordert das FA 5 000 € Einkommensteuernachzahlung. In seiner am 08. 06. 03 eingereichten Umsatzsteuer-Voranmeldung für den Monat Mai 03 meldet der Stpfl. eine Steuervergütung i. H. v. 5 000 € an. Das FA stimmt am 11. 06. 03 gem. § 168 Satz 2 AO zu. Die Bekanntgabe der Zustimmung erfolgt am 25. 06. 03.

LÖSUNG Der Einkommensteueranspruch ist nach § 36 Abs. 1 EStG mit Ablauf des Jahres 02 entstanden. Die Nachzahlung wird am 15. 07. 03 fällig (§ 220 Abs. 1 AO i. V. m. § 36 Abs. 4 Satz 1 EStG). Die Aufrechnungslage ist für den Stpfl. ab dem 25. 06. 03 gegeben. Die Forderung des Stpfl. auf Steuervergütung ist mit Bekanntgabe der Zustimmung am 25. 06. 03 fällig (vgl. AEAO zu § 220). Der Stpfl. kann ab diesem Zeitpunkt die Aufrechnung erklären. Seine Forderung (Gegenforderung) ist fällig und die Forderung des FA (Hauptforderung) ist (seit 01. 01. 03) erfüllbar.

Erklärt der Stpfl. die Aufrechnung nicht, müsste das Guthaben erstattet werden, weil das FA frühestens nach Eintritt der Fälligkeit seiner Forderung am 15. 07. 03 aufrechnen könnte. In der Praxis wird das FA die am 25. 06. 03 fällige Erstattung zurückbehalten, bis aus seiner Sicht die Aufrechnungslage am 15. 07. 03 gegeben ist. Soweit in einer Abrechnungsmitteilung die Erstattung mit der Nachzahlung (vor dem 15. 07. 03) verrechnet wird, ist hierin das Angebot eines Verrechnungsvertrags zu sehen (vgl. AEAO zu § 226, Nr. 5 und Rz. 1819).

b) Beispiel wie a), aber die Zustimmung erfolgt erst am 25. 07. 03.

LÖSUNG Wegen Nichtentrichtung der Einkommensteuernachzahlung sind mit Ablauf des 15. 07. 03 gem. § 240 Abs. 1 Satz 1 AO Säumniszuschläge i. H. v. 50 € entstanden. Jedoch wird aus Billigkeitsgründen bei der Umbuchung von Steuererstattungs- oder Steuervergütungsansprüchen, die sich aus Steueranmeldungen ergeben, als Wertstellungstag der Tag des Eingangs der Anmeldung (08. 06. 03) als Zahlungszeitpunkt angenommen (vgl. AEAO zu § 226, Nr. 2 am Ende), wodurch im vorliegenden Fall die Säumniszuschläge entfallen.

c) Mit Einkommensteuerbescheid für 04, bekannt gegeben am 18. 06. 05, fordert das FA 6 000 € Einkommensteuernachzahlung. In seiner am 11. 08. 05 eingereichten Umsatzsteuer-Voranmeldung für den Monat Juli 05 meldet der Stpfl. eine Steuervergütung i. H. v. 6 000 € an. Das FA stimmt am 13. 08. 05 gem. § 168 Satz 2 AO zu. Die Zustimmung wird dem Stpfl. am 27. 08. 05 bekannt.

LÖSUNG Der Steuervergütungsanspruch entsteht mit Ablauf des Voranmeldungszeitraums Juli 05 (BFH vom 15. 06. 1999 BStBl II 2000, 46). Die Aufrechnungslage ist für das FA ab diesem Zeitpunkt gegeben. Die Forderung des FA (Gegenforderung) ist gem. § 36 Abs. 4 Satz 1 EStG seit dem 18. 07. 05 fällig, die Hauptforderung (Forderung des Stpfl.) ist mit Ablauf des Juli 05 erfüllbar.

In der Praxis wird das FA frühestens mit Zustimmung zur Anmeldung am 13. 08. 05 aufrechnen. In diesem Fall sind wegen Nichtentrichtung der Einkommensteuernachzahlung Säumniszuschläge entstanden. Die Säumnis beginnt am 19.07.05 und endet unter Beachtung der Sonderregelung in § 240 Abs. 1 Satz 5 AO am 27.08.08. An diesem Tag (Bekanntgabe der Zustimmung) wird die Schuld des Aufrechnenden (FA) fällig. Aufgrund der Billigkeitsregelung in AEAO zu § 226, Nr. 2 am Ende (siehe vorige Lösung) gilt als Wertstellungstag der Vergütung jedoch bereits der Tag des Eingangs der Steueranmeldung, hier der 11. 08. 05. Damit sind für den Zeitraum 19. 07. 05 – 11.08.05 Säumniszuschläge i. H. v. 60 € vom FA anzufordern.

Würde das FA nicht aufrechnen, könnte der Stpfl. ab Fälligkeit seiner Forderung, dem 27. 08. 05, aufrechnen. In diesem Fall würden Säumniszuschläge bis zu diesem Tag erhoben (Zeitraum 19. 07. 05–27. 08. 05), weil die Aufrechnungslage erst ab diesem Zeitpunkt gegeben war. Es fielen demnach Säumniszuschläge i. H. v. 120 € an. Zur Vermeidung dieses Ergebnisses könnte der Stpfl. eine zinslose Verrechnungsstundung (vgl. Rz. 1797 und Rz. 1855) beantragen.

Ist ein **Erstattungsanspruch des Stpfl. gepfändet oder abgetreten**, kann nach Maßgabe der §§ 392 und 406 BGB eine Aufrechnung erfolgen. Bei der Anwendung dieser Vorschriften ist zu beachten, dass gem. § 46 Abs. 2 und Abs. 6 Satz 2 AO ein Erstattungsanspruch wirksam nur nach seiner Entstehung gepfändet bzw. abgetreten werden kann, womit § 392 1. Alt. BGB bzw. § 406 1. Alt. BGB bei Erstattungsansprüchen aus dem Steuerschuldverhältnis nicht zur Anwendung gelangen. Damit kann nach § 392 2. Alt. BGB bzw. § 406 2. Alt. BGB das FA bei gepfändeten bzw. abgetretenen Erstattungsansprüchen mit Steuerschulden des Stpfl. aufrechnen, wenn

- die Forderung des FA vor Zustellung des Pfändungs- und Überweisungsbeschlusses/Eingangs der Abtretungsanzeige fällig war

  oder
- die Forderung des FA nach Zustellung des Pfändungs- und Überweisungsbeschlusses/Eingangs der Abtretungsanzeige, aber vor dem Erstattungsanspruch des Stpfl. fällig ist.

BEISPIEL

Die Umsatzsteuernachzahlung des Stpfl. wird fällig am 06. 07. 03. Der Einkommensteuer-Erstattungsanspruch des Stpfl. für das Jahr 02 wurde am 02. 01. 03 gepfändet. Der den Erstattungsanspruch festsetzende Einkommensteuerbescheid wird (i. S. d. § 122 Abs. 2 AO) bekannt gegeben am
a) 30. 06. 03.
b) 30. 07. 03.
LÖSUNG Nur bei Variante b) kann das FA mit seiner am 06. 07. 03 fällig gewordenen (Gegen-)Forderung aufrechnen, weil nur in diesem Fall der Erstattungsanspruch des Stpfl. später fällig wurde.
Hinweis: Nach Auffassung der Finanzverwaltung (Bayerisches LfSt vom 26.01.2015 – S 0166.2.1–16/8 St 42) verstößt das FA nicht gegen den Grundsatz von Treu und Glauben, wenn es den abgetretenen Erstattungsanspruch zur Wahrung der Aufrechnungsmöglichkeit erst nach der Gegenforderung fällig stellt.

In **Insolvenzfällen** bleiben die zur Zeit der Eröffnung des Insolvenzverfahrens gegebenen Aufrechnungsmöglichkeiten grundsätzlich erhalten, vgl. § 94 InsO. Die §§ 95 und 96 InsO enthalten hierzu Ausnahmen. Wegen Beispielen vgl. AEAO zu § 251, Tz. 8.

6.2 Besonderheiten bei der Aufrechnung durch den Steuerpflichtigen

1814 Ein Stpfl. kann gegen Ansprüche aus dem Steuerschuldverhältnis nur mit **unbestrittenen oder rechtskräftig festgestellten Gegenansprüchen aufrechnen** (§ 226 Abs. 3 AO). In der bloßen Nichtanerkennung der Forderung liegt allerdings noch kein »Bestreiten«; erforderlich ist vielmehr eine substantiierte Erklärung, warum die Forderung mit der der Stpfl. aufrechnet, bestritten wird (BFH vom 09. 12. 1954 BStBl III 1955, 32). Die Finanzbehörde muss demnach sachliche Argumente gegen das Bestehen und die Durchsetzbarkeit der Forderung des Stpfl. geltend machen. Rechtskräftig festgestellt ist eine Forderung, die durch ein Gericht oder eine Verwaltungsbehörde unanfechtbar festgestellt worden ist.

Rechnet die **Finanzbehörde** auf, so ist es nicht erforderlich, dass der Anspruch unbestritten oder rechtskräftig festgestellt ist.

6.3 Aufrechnungshindernisse

1815 Die **Stundung** einer Steuerschuld stellt ein Aufrechnungshindernis für die Finanzbehörde dar, denn sie bewirkt das Hinausschieben der Fälligkeit, so dass eine Aufrechnung nicht möglich ist. Erst bei Eintritt der (hinausgeschobenen) Fälligkeit kann eine Aufrechnung erfolgen. Hat die Finanzbehörde die Stundung unter Vorbehalt des Widerrufs erteilt, kann sie die Stundung für Zwecke der Aufrechnung gem. § 131 Abs. 2 Nr. 1 AO widerrufen. Gleiches gilt für die **Aussetzung der Vollziehung** gem. § 361 AO.

Mit Ansprüchen aus dem Steuerschuldverhältnis kann nicht aufgerechnet werden, wenn sie durch **Verjährung** oder Ablauf einer Ausschlussfrist erloschen sind (§ 226 Abs. 2 AO). Die von § 215 1. Alt. BGB abweichende Regelung ist erforderlich, weil im Steuerrecht die Verjährung zum Erlöschen des Anspruchs führt (§ 47 AO), während im Privatrecht der Eintritt der

Verjährung den Bestand des Anspruchs unberührt lässt, und dem Schuldner nur das Recht der Einrede gewährt (§ 214 BGB).

6.4 Aufrechnungserklärung und Rechtsschutz

Die Aufrechnung erfolgt durch eine entsprechende einseitige Erklärung des Aufrechnen- **1816** den gegenüber dem anderen Teil. Rechnet die **Finanzbehörde** mit einem Anspruch aus dem Steuerschuldverhältnis auf, liegt **kein Verwaltungsakt** i. S. d. § 118 AO vor, sondern die rechtsgeschäftliche Ausübung eines Gestaltungsrechts (BFH vom 04. 02. 1997 BStBl II 1997, 479 m. w. N.). In der Erklärung hat das FA die Ansprüche, mit denen es aufrechnet, nach Grund und Betrag und, wenn mehrere Zeiträume in Betracht kommen, auch nach diesen genau zu bezeichnen. **In Streitfällen** hat das FA durch **Abrechnungsbescheid** nach § 218 Abs. 2 AO zu entscheiden. **Hiergegen** ist der **Einspruch** gem. § 347 Abs. 1 Nr. 1 AO gegeben, im Anschluss der Finanzrechtsweg. Rechnet die Finanzbehörde mit einem privatrechtlichen Anspruch auf (z. B. beim Verkauf alter Büromöbel), ist eine privatrechtliche Willenserklärung gegeben (§§ 116 ff. BGB). § 218 Abs. 2 AO findet hier keine Anwendung. Streitigkeiten werden auf dem ordentlichen Gerichtsweg entschieden.

Die Erklärung des **Stpfl**. ist **Verfahrenshandlung** (§ 79 AO), es sei denn, er rechnet mit einer privatrechtlichen Forderung auf. Die Erklärung ist unwirksam, wenn sie unter einer Bedingung oder einer Zeitbestimmung abgegeben wird (§ 388 BGB). Eine bestimmte **Form** für die Erklärung ist **nicht vorgeschrieben**, sie kann mithin schriftlich, elektronisch, mündlich oder in anderer schlüssiger Form abgegeben werden (BFH vom 04. 02. 1997 BStBl II 1997, 479).

6.5 Wirkung der Aufrechnung

Soweit sie einander decken, bewirkt die Aufrechnung das **Erlöschen des Anspruchs aus** **1817** **dem Steuerschuldverhältnis und des Gegenanspruchs in dem Augenblick, in dem** sie einander zur Aufrechnung geeignet gegenüber getreten sind (§ 389 BGB). Für den Zeitpunkt des Erlöschens ist der (spätere) Zeitpunkt der Aufrechnungserklärung nicht entscheidend, sondern ab wann die **Aufrechnungslage besteht**. Dabei ist nicht auf die Festsetzung und Fälligkeit eines Steueranspruchs bzw. eines Steuererstattungsanspruchs, sondern auf dessen abstrakt materiellrechtliche Entstehung abzustellen (z. B. die Einkommensteuer gem. § 36 Abs. 1 EStG mit Ablauf des Veranlagungszeitraums, vgl. im Einzelnen Rz. 575 ff.).

Eine **Ausnahme** vom Grundsatz der Rückwirkung der Aufrechnung besteht für die Berechnung von **Zinsen** und **Säumniszuschlägen**, § 238 Abs. 1 Satz 3 AO und § 240 Abs. 1 Satz 5 AO.

BEISPIEL

Am 15. 01. 04 wird die Einkommensteuer-Nachzahlung für 02 fällig. Am 10. 05. 04 gibt A eine berichtigte USt-Erklärung für 02 ab, die einen Erstattungsanspruch ausweist. Die gem. § 168 Satz 2 AO notwendige Zustimmung wird A am 20. 05. 04 bekannt, indem das FA zugleich die Aufrechnung mit der rückständigen Einkommensteuer erklärt.

LÖSUNG Die Gegenforderung des FA war seit 15. 01. 04 fällig und die Forderung des Stpfl. (Hauptforderung) entsteht mit Ablauf des Jahres 02 (BFH vom 15. 06. 1999 BStBl II 2000, 46) und war seitdem erfüllbar. Damit bestand die Aufrechnungslage zum 15. 01. 04, beide Forderungen sind zu diesem Zeitpunkt gem. § 47 AO erloschen. Der Zeitpunkt der Aufrechnungserklärung (20. 05. 04) ist nicht entscheidend.

Nach § 240 Abs. 1 Satz 5 AO wirkt die Aufrechnung für Zwecke der Säumniszuschläge nicht über den Tag der Fälligkeit der Schuld des Aufrechnenden (hier FA mit Umsatzsteuer-Erstattungsanspruch) zurück. Im vorliegenden Fall ist dies der 20. 05. 04 als Tag der Bekanntgabe der Zustimmung des FA, AEAO zu § 220. Die Säumniszuschläge, die durch die Nichtzahlung der Einkommensteuer-Nachzahlung bis zu diesem Tag entstanden sind, bleiben prinzipiell unberührt. Jedoch greift die Billigkeitsregelung in AEAO zu § 226, Tz. 2. Danach gilt die Erstattung aus Billigkeitsgründen (grundsätzlich) als am Tag des Eingangs der (Jahres)Steueranmeldung als geleistet. Somit bleiben die Säumniszuschläge nicht für die Zeit vom 16. 01. 04 – 20. 05. 04, sondern nur für die Zeit vom 16. 01. 04 – 10. 05. 04 (1 angefangener Monat weniger) bestehen.

Wegen eines weiteren Beispiels vgl. Rz. 1813 Beispiel c.

1818 frei

6.6 Verrechnungsvertrag

1819   Der öffentlich-rechtliche Verrechnungsvertrag ist von Bedeutung, **wenn** die **Aufrechnungslage nicht besteht**, beide Seiten jedoch das Erlöschen der beiderseitigen Forderungen wollen. Während die Aufrechnung eine einseitige Erklärung ist, liegt ein Verrechnungsvertrag vor, wenn sich beide über die Verrechnung von Forderungen einig sind. Die Zulässigkeit von Verrechnungsverträgen wird auch für das Steuerrecht aus der allgemeinen Vertragsfreiheit gefolgert (§ 311 BGB und AEAO zu § 226 Nr. 5). Die von der **Finanzkasse durchgeführte Umbuchung** kann ein konkludent erklärtes Angebot der Finanzbehörde zum Abschluss eines Verrechnungsvertrages sein (vgl. Beispiel in Rz. 1813 Beispiel a). Ein Verrechnungsvertrag kommt z. B. auch dadurch zustande, dass eine unternehmerisch tätige **Personengesellschaft** gleichzeitig mit ihrer Umsatzsteuer-Voranmeldung dem FA die Verrechnung ihres Umsatzsteuer-Erstattungsanspruchs mit der Einkommensteuer-Forderung des FA gegen einen der **Gesellschafter** anbietet und das FA dieses Angebot ausdrücklich (durch Bestätigung) oder stillschweigend (durch Umbuchung) annimmt. Die Aufrechnungslage ist in einem solchen Fall wegen fehlender Gegenseitigkeit der Forderungen nicht gegeben.

Bei einem Verrechnungsvertrag können die Beteiligten **keine Rückwirkung** vereinbaren, die im Gegensatz dazu bei einer Aufrechnung gem. § 389 BGB eintritt. Erfüllungswirkung tritt mit Abschluss des Verrechnungsvertrags oder zu einem späteren vereinbarten Zeitpunkt ein.

7   Erlass (§ 227 AO)

7.1   Allgemeines

1820   Der Erlass ist der **Verzicht des Steuergläubigers** auf Ansprüche aus dem Steuerschuldverhältnis, wodurch diese erlöschen (§ 47 AO, Rz. 638). Ein bereits bezahlter Betrag ist unter den gleichen Voraussetzungen zu erstatten oder anzurechnen. Der Erlass gem. § 227 AO im Erhebungsverfahren ist zu unterscheiden von der abweichenden Festsetzung aus Billigkeitsgründen gem. § 163 AO im Festsetzungsverfahren, vgl. Rz. 1501. § 227 AO gilt für alle **Ansprüche aus dem Steuerschuldverhältnis**, während § 163 AO auf Steuern beschränkt ist. Auch der Erlass nach § 227 AO ist eine **Billigkeitsentscheidung**, die nur nach Abwägung aller maßgebenden allgemeinen Gesichtspunkte in Betracht kommt. Die Unbilligkeit kann in der Sache selbst (**sachliche Billigkeit**) oder in der Person des Stpfl. begründet sein (**persönliche Billigkeit**).

Sonderregelungen bestehen für Stundungs- und Aussetzungszinsen, die auch unter den Voraussetzungen der §§ 234 Abs. 2 AO und § 237 Abs. 4 AO erlassen werden können. Weitere

Sonderregelungen können sich aus Einzelsteuergesetzen ergeben, vgl. z. B. §§ 32, 33 GrStG oder § 34 c Abs. 5 EStG.

Im **Insolvenzverfahren** können nach Auffassung der Finanzverwaltung §§ 163 und **1821** 227 AO ebenfalls angewendet werden (BMF vom 11.01.2002 BStBl I 2002, 132). Kommt es im Regelinsolvenzverfahren zur Aufstellung eines Insolvenzplans mit anschließender Restschuldbefreiung, stellt sich für das FA die Frage, ob es dem Insolvenzplan zustimmen soll. Dies soll grds. nach wirtschaftlichen Gesichtspunkten unter Berücksichtigung der Zielsetzung des InsO entschieden werden. Ähnliches gilt im Verbraucherinsolvenzverfahren für den außergerichtlichen Einigungsversuch und für den Schuldenbereinigungsplan im gerichtlichen Verfahren. Die Entscheidung über einen Verzicht hat sich an der Zielsetzung der InsO zu orientieren, redlichen Schuldnern nach einer gewissen Wohlverhaltensphase eine Schuldenbereinigung als Voraussetzung für einen wirtschaftlichen Neuanfang zu ermöglichen.

7.2 Persönliche Billigkeit

Aus persönlichen Gründen kann ein Erlass gerechtfertigt sein, wenn die **wirtschaftliche** **1822** **Lage** des Stpfl. dafür spricht, d. h. wenn die Steuererhebung seine wirtschaftliche oder persönliche Existenz vernichten oder ernstlich gefährden würde (BFH vom 26.02.1987 BStBl II 1987, 612, 614). Der Stpfl. muss – bereits aus eigenem Interesse – bei der Aufklärung des Sachverhalts mitwirken und vor allem seine **Einkommens- und Vermögensverhältnisse** zeitnah und vollständig darlegen. Einkommen und Vermögen des die Steueransprüche nicht gleichzeitig schuldenden Ehegatten werden nur insoweit einbezogen, wie dem die Steueransprüche schuldenden Ehegatten Unterhaltsansprüche zustehen. Erlassbedürftigkeit ist zu verneinen, wenn dem Stpfl. durch eine **Stundung** (§ 222 AO) oder einem **Zahlungsaufschub** (§ 258 AO) die Überbrückung der momentan schlechten Situation ermöglicht werden kann. Der **Erlass** ist zu diesen Vorschriften **subsidiär**. Eine Kreditaufnahme oder eine Teilliquidation von Vermögen kann dem Stpfl. in der Regel zugemutet werden.

Die **Erlassbedürftigkeit** ist insbesondere gegeben

a) bei Erwerbstätigen, wenn durch die Ablehnung des Erlassantrages die Fortführung der Erwerbstätigkeit erheblich gefährdet würde. Ist ein Stpfl. trotz Überschreitens der für den Eintritt in den Ruhestand normalerweise geltenden Altersgrenze mangels ausreichender Altersversorgung noch zu einer Erwerbstätigkeit gezwungen, so kann ein Erlass von Steuern aus Billigkeitsgründen geboten sein, um dem Stpfl. nicht die erforderlichen Mittel für zukunftssichernde Maßnahmen, insbesondere zum Abschluss einer Rentenversicherung gegen Einmalprämie, zu entziehen (BFH vom 26.02.1987 BStBl II 1987, 612). Ebenso ist ein Erlass angezeigt, wenn zwar deren Durchsetzung wegen des Vollstreckungsschutzes ausgeschlossen ist, die Steuerrückstände den Stpfl. aber hindern, eine neue Erwerbstätigkeit zu beginnen und sich so eine eigene, von Sozialhilfeleistungen unabhängige wirtschaftliche Existenz aufzubauen (BFH vom 27.09.2001 BStBl II 2002, 176);

b) bei allen Stpfl., wenn durch die Ablehnung des Erlassantrages die Bestreitung des notwendigen Lebensunterhaltes für vorübergehend oder dauernd gefährdet würde;

c) bei Säumniszuschlägen, wenn dem Stpfl. die rechtzeitige Zahlung der Steuerschulden wegen Überschuldung und Zahlungsunfähigkeit unmöglich war (BFH vom 08.03.1984 BStBl II 1984, 415, vgl. Rz. 1867).

Neben der Erlassbedürftigkeit muss **Erlasswürdigkeit** gegeben sein. Diese fehlt in aller Regel, wenn der Stpfl. Besteuerungsgrundlagen vorsätzlich dem FA gegenüber verschwiegen hat (Steuerhinterziehung) oder seine wirtschaftliche Notlage durch aufwendigen Lebenswandel selbst herbeigeführt hat. Die Erlasswürdigkeit ist auch zu verneinen, wenn der Stpfl. seit Jahren **keine oder verspätet Steuererklärungen** abgegeben hat, so dass das FA die Besteuerungsgrundlagen jeweils schätzen musste (BFH vom 17.12.1993 BFH/NV 1994, 606). Ist der Stpfl. aus **Unerfahrenheit** oder **durch Dritte** in die Situation gelangt, kann Erlasswürdigkeit angenommen werden. Neben dem Vorliegen der Voraussetzungen für einen Erlass aus persönlichen Billigkeitsgründen muss sicher sein, dass die **Billigkeitsmaßnahme** im wirtschaftlichen Ergebnis dem Stpfl. selbst und **nicht** lediglich **dritten Gläubigern zugutekommt** (BFH vom 26.10.1999 BFH/NV 2000, 411 m. w. N.).

7.3 Sachliche Billigkeit

1823   Die Einziehung eines entstandenen Steueranspruches ist grds. nicht unbillig. Es sind aber auch Grenzfälle denkbar, aus denen sich ein Erlass aus sachlicher Billigkeit ableiten lässt. **Sachliche Erlassgründe** sind solche, die sich aus dem steuerlichen Tatbestand selbst ergeben (und von den persönlichen, insbesondere wirtschaftlichen Verhältnissen des Stpfl. unabhängig sind) und einen ungewollten Überhang und Übermaß der Regelung von Ansprüchen aus dem Steuerschuldverhältnis entgegenwirken wollen. Die Tatsache der **Besteuerung** als solche muss **für den Stpfl.**, und zwar gerade **in seinem Einzelfall, eine Härte** bilden. Das ist insbesondere insoweit der Fall, als nach dem erklärten oder mutmaßlichen Willen des Gesetzgebers auf dem in Frage kommenden Steuerrechtsgebiet angenommen werden kann, dass der Gesetzgeber die im Billigkeitswege zu entscheidende Frage – hätte er sie geregelt – im Sinne der beabsichtigten Billigkeitsmaßnahme entschieden hätte.

Sinn und Zweck eines Erlasses aus sachlichen Gründen ist es (in aller Regel) **nicht, fehlerhafte Steuerfestsetzungen zu korrigieren.** Ansonsten würden das dafür vorgesehene Rechtsbehelfsverfahren (§§ 347 ff. AO) und die Korrekturvorschriften (§§ 129, 164, 165 und 172 ff. AO) ihre Bedeutung verlieren. Der Grundsatz der Rechtssicherheit hat grundsätzlich Vorrang vor dem Grundsatz der materiellen Gerechtigkeit im Einzelfall (BFH vom 11.08.1987 BStBl II 1988, 512). Bestandskräftig festgesetzte Steuern können im Billigkeitsverfahren gemäß § 227 AO **nur** dann überprüft werden, **wenn** die **Steuerfestsetzung offensichtlich und eindeutig unrichtig ist und** (kumulativ) es dem Stpfl. nicht möglich und nicht zumutbar war, sich gegen die Fehlerhaftigkeit rechtzeitig zu wehren (BFH vom 13.01.2005 BStBl II 2005, 460). Der Billigkeitserlass ist nicht dazu bestimmt, die Folgen schuldhafter Versäumnis eines Rechtsbehelfs auszugleichen. Ansonsten würde § 110 AO unterlaufen, der für eine Wiedereinsetzung in den vorigen Stand gerade eine nicht schuldhafte Fristversäumnis voraussetzt. In der Praxis ist dies vor allem bei **materiell bestandskräftigen Schätzungsbescheiden** zu beachten. Hat der Stpfl. die Schätzung durch fehlende oder unzureichende Angaben verursacht, ist eine sachliche Überprüfung im Billigkeitsverfahren nicht mehr angezeigt (BFH vom 30.04.1981 BStBl II 1981, 611). Ein Erlass ist nur dann denkbar, wenn das FA unter Verletzung von Ermittlungspflichten einen Schätzungsbescheid erlässt, in dem es die Besteuerungsgrundlagen bewusst zu hoch schätzt (sog. Strafschätzung). Eine bestandskräftige Steuerfestsetzung steht einem Billigkeitserlass auch dann nicht entgegen, wenn der Stpfl. auf Anraten des FA einen Rechtsbehelf nicht eingelegt oder einen Wiedereinsetzungsantrag nicht gestellt hat (BFH vom 08.04.1987 BFH/NV 1988, 217).

Um sachliche Billigkeit handelt es sich regelmäßig, wenn sich die Rechtsprechung und/oder die Rechtsauffassung der Verwaltung zuungunsten des Stpfl. ändert und die Finanzverwaltung **Übergangsregelungen** trifft.

7.4 Ermessen und Bedeutung der Steuerart

Bei einem Erlass handelt es sich immer um eine **Ermessensentscheidung** (vgl. Wortlaut »können«). Bei der Abwägung der Belange der Allgemeinheit und der Interessen der Stpfl. kann einerseits der Art der geschuldeten Steuer, der Tatsache ihrer Abwälzbarkeit und der Haushaltslage des Steuergläubigers, andererseits aber auch der voraussichtlichen Dauer der schlechten wirtschaftlichen Lage des Stpfl. und der Frage Rechnung getragen werden, wem der Erlass zugutekommt und wie er sich auf die Lage des Stpfl. letztlich auswirkt. Im Ergebnis darf ein Erlass nicht dazu führen, zahlungsunwillige Stpfl. gegenüber den Zahlungswilligen zu bevorteilen.

Bei der Ermessensausübung spielt auch eine Rolle, um welche **Steuerart** es sich handelt. So wird bei abwälzbaren Steuern, wie **Verbrauchsteuern**, ein Erlass aus persönlichen Gründen nur dann in Betracht zu ziehen sein, wenn die Steuer nicht mehr abgewälzt werden kann (BFH vom 22. 04. 1975 BStBl II 1975, 727). Kaum denkbar ist, einem Arbeitgeber die Abführung einbehaltener **Lohnsteuer** zu erlassen. Desgleichen wird der Erlass von **Umsatzsteuer** selten in Betracht kommen, sofern der Unternehmer die Steuer vom Abnehmer erhalten hat oder noch in Rechnung stellen kann. Die **Grunderwerbsteuer** müssen die Vertragsparteien ebenfalls als Kosten einkalkulieren wie etwa Gerichts- und Notarkosten, ein Erlass aus persönlichen Gründen wird regelmäßig ausscheiden (BFH vom 10. 05. 1972 BStBl II 1972, 649). **Gewerbesteuer** kann insbesondere bei einer über mehrere Jahre andauernden Verlustperiode des betreffenden Unternehmers und vor allem auch bei einem Zusammenwirken mit anderen Steuerarten zu erlassen sein (BFH vom 21. 04. 1977 BStBl II 1977, 512).

7.5 Verfahren

§ 227 AO setzt keinen Erlassantrag voraus, doch wird die Finanzbehörde in aller Regel nur aufgrund eines i. d. R. schriftlichen Antrages tätig werden. Eine Frist für die Stellung eines Erlassantrages gibt es nicht. Für die Entscheidung über den Erlass die Schriftform nicht ausdrücklich vorgesehen aber üblich. Ohnehin ist ein berechtigtes Interesse an der Schriftform eines solchen Verwaltungsakts i. S. d. § 119 Abs. 2 Satz 2 AO in jedem Fall zu bejahen. Die Finanzbehörde kann die Ansprüche **ganz oder zum Teil erlassen**. Sie kann entweder auf die Einziehung verzichten, oder bereits entrichtete Beiträge erstatten oder anrechnen. **Zuständig** ist das FA. Wegen der **verwaltungsinternen Zuständigkeitsverteilung** zwischen FA, Oberfinanzdirektion, Landesfinanzministerium und Bundesfinanzministerium vgl. Rz. 1501. Für den Erlass von **Realsteuern** sind die Gemeinden zuständig, vgl. § 1 Abs. 2 AO. Für die **Kirchensteuer** steht die Befugnis den Kirchen zu.

Der Erlass erfordert einen eindeutigen **Verwaltungsakt**. Allgemeine Erörterungen über die Möglichkeit einer Bereinigung des Steuerfalls bedeuten noch keinen Erlass. Hat der Stpfl. nur mit einem unzuständigen (nicht vertretungsberechtigten) Beamten verhandelt, so kann eine Bindung des FA auch nicht aus dem Grundsatz von Treu und Glauben hergeleitet werden. Wird der Antrag auf Steuererlass ganz oder teilweise **abgelehnt**, so muss die Verfügung der Finanzbehörde klar erkennen lassen, wie die Behörde das Vorbringen des Antragstellers bei ihrer Ermessensentscheidung gewürdigt hat.

Gegen die Ablehnung ist der **Einspruch** gegeben (§ 347 Abs. 1 Nr. 1 AO). Da es sich um eine Ermessensentscheidung handelt, können die Gerichte nur nachprüfen, ob sich die Behörde innerhalb des ihr zustehenden Ermessens gehalten hat (§ 102 FGO, vgl. Rz. 3273 ff.). Ist diese Voraussetzung erfüllt, so kann der Verwaltungsakt nicht deshalb aufgehoben werden, weil das Gericht das Ermessen in anderer ebenfalls zulässiger Weise ausgeübt sehen möchte.

1824

1825

7.6 Rücknahme, Widerruf

1826   Der Widerruf eines rechtmäßigen Erlasses nach § 131 AO ist nicht möglich, da der Erlass zum Erlöschen des Anspruchs führt, der mit Wirkung für die Zukunft nicht wieder aufleben kann. Auch ein Erlass unter dem Vorbehalt des Widerrufs ist deswegen nicht denkbar, obwohl es nach dem Wortlaut des § 131 Abs. 1 Nr. 1 AO möglich wäre. Folglich ist ein Widerrufsvorbehalt bei einer schon bestehenden Steuerschuld gegenstandslos (BFH vom 22. 09. 1971 BStBl II 1972, 83).

> **BEISPIEL**
>
> Der Stpfl. X hat infolge höherer Gewalt seine Existenzgrundlage verloren. Auf Antrag wurde ihm am 10. 07. 05 die noch nicht gezahlte Einkommensteuer für das KJ 04 in Höhe von 20 000 € erlassen. Am 23. 11. 05 gewinnt X im Lotto 500 000 €.
>
> **LÖSUNG** Eine Rückforderung der erlassenen Einkommensteuer für 04 ist nicht möglich. Auch ein Widerruf des Steuererlasses nach § 131 Abs. 2 AO kommt nicht in Betracht (AEAO zu § 131 Nr. 3).

Die Rücknahme eines Steuererlasses ist mit Wirkung für die Vergangenheit nur im Rahmen des § 130 AO (Rücknahme eines rechtswidrigen Verwaltungsaktes) möglich.

> **BEISPIEL**
>
> Wie oben. Der Lottogewinn erfolgt im Zeitpunkt der Antragstellung auf Steuererlass und wurde vom Stpfl. gegenüber der Finanzbehörde verschwiegen.
>
> **LÖSUNG** In diesem Falle kann der Steuererlass nach § 130 Abs. 2 Nr. 2 und 3 AO zurückgenommen werden.

7.7 Abgrenzung zur Niederschlagung (§ 261 AO)

1827   Vom Erlass zu unterscheiden ist die Niederschlagung. Diese ist eine nur innerdienstliche Maßnahme. Sie **führt nicht zum Erlöschen** der Steuerschuld und stellt lediglich ein einstweiliges Absehen von der zwangsweisen Einziehung dar. Voraussetzung der Niederschlagung ist, dass die Beitreibung aussichtslos ist (§ 261 i. d. F. des StModernG ab 2017: »…wenn zu erwarten ist, … dass die Erhebung keinen Erfolg haben wird …« ,also nach einer Prognoseentscheidung mit Wirtschaftlichkeitserwägungen), oder dass die Kosten der Beitreibung außer Verhältnis zu der beizutreibenden Steuerschuld stehen (§ 261 AO). Als rein **innerdienstliche Maßnahme** wird die Niederschlagung dem Stpfl. nicht bekannt gegeben. Sie kann jederzeit aufgehoben werden. Das gilt selbst dann, wenn sie dem Stpfl. bekannt gegeben sein sollte. Ist die Bekanntgabe so erfolgt, dass der Stpfl. den Eindruck eines Verzichts auf die Steuer haben konnte und entsprechend disponiert hat, kann sich allerdings aus dem Grundsatz von Treu und Glauben eine Bindung für das FA ergeben.

7.8 Übersicht

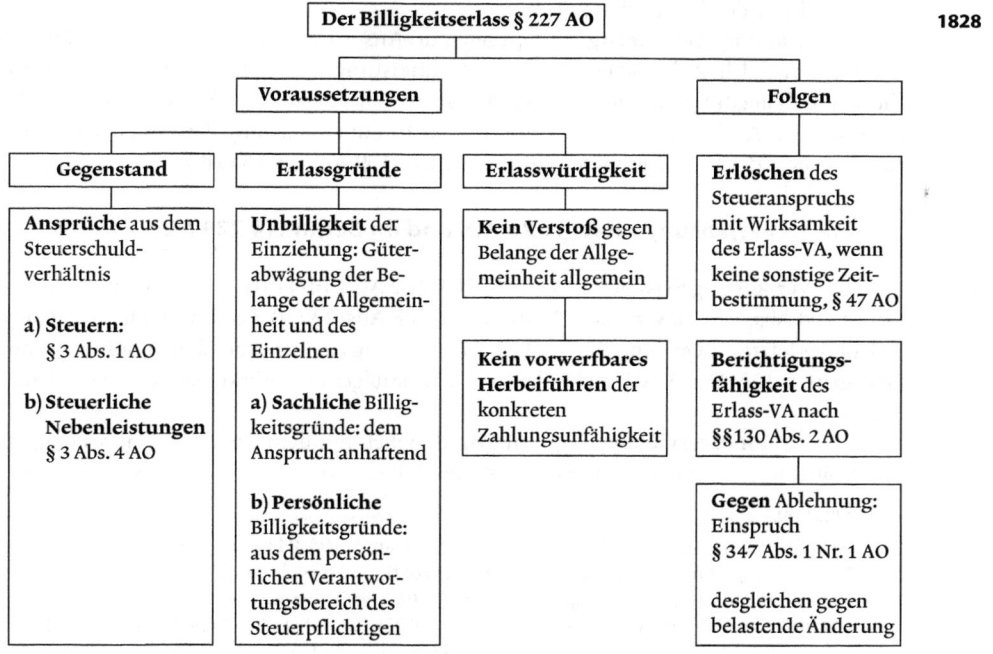

1828

8 Zahlungsverjährung (§§ 228–232 AO)

8.1 Allgemeines und Wirkung

Die AO unterscheidet zwischen **Zahlungsverjährung** (§§ 228 ff. AO) und **Festsetzungsverjährung** (§§ 169 ff. AO, Rz. 1618 ff.). Stellt man allein auf den Steueranspruch ab, so betrifft die Festsetzungsverjährung den Steueranspruch, wie er aufgrund des Steuertatbestandes entstanden ist, während die Zahlungsverjährung den Steueranspruch betrifft, wie er sich aufgrund der Festsetzung ergibt. **Festsetzungsverjährung und Zahlungsverjährung führen zum Erlöschen des Anspruchs** (§§ 47, 232 AO). Die Verjährung gilt gem. § 228 Satz 1 AO für alle Ansprüche aus dem Steuerschuldverhältnis und damit nicht nur für Ansprüche des Steuergläubigers, sondern auch für Erstattungs- und Vergütungsansprüche des Stpfl.

Die **Verjährung des Steuerrechts** steht wegen ihrer **Erlöschenswirkung** in Gegensatz zur **Verjährung des bürgerlichen Rechts,** die dem Schuldner nur eine **Einrede** – ein Leistungsverweigerungsrecht – gewährt (§ 214 Abs. 1 BGB). Die Verjährung des bürgerlichen Rechts ist erst auf entsprechendes Vorbringen hin zu berücksichtigen, die **Verjährung des Steuerrechts** dagegen **von Amts wegen.** Was auf einen verjährten Anspruch freiwillig gezahlt ist, kann zurückgefordert werden. Mit einem verjährten Anspruch kann, eben weil er erloschen ist, nicht aufgerechnet werden.

1829

1830

Der **Zweck der Verjährung liegt in der Bereinigung der Verhältnisse.** Nach einer bestimmten Zeit soll weder der Stpfl. mit einer Inanspruchnahme zu rechnen brauchen noch die Verwaltung den Fall prüfen müssen.

Der **Zahlungsverjährung** unterliegen nur Ansprüche aus dem Steuerschuldverhältnis i. S. d. § 37 AO, d. h. Ansprüche, die auf eine **Geldleistung** gerichtet sind, nicht dagegen Ansprüche auf **Hilfsleistungen,** wie z. B. der Anspruch auf Abgabe der Steuererklärung oder der Anspruch auf Auskunftserteilung. Der »Anspruch« auf Feststellung der Besteuerungsgrundlagen unterliegt der Feststellungsverjährung (§§ 181, 169 AO, Rz. 1665 ff.).

8.2 Verjährungsfrist (§ 228 AO) und ihr Beginn (§ 229 AO)

1831

Die **Verjährungsfrist** beträgt gem. § 228 Satz 2 AO **fünf Jahre.** Die Fristberechnung erfolgt gem. § 108 Abs. 1 AO i. V. m. §§ 187 Abs. 1 und 188 Abs. 2 BGB. Die Frist endet regelmäßig mit Ablauf des letzten Tages eines KJ (31.12.). Ist dieser Tag ein Sonnabend oder Sonntag, endet die Frist gem. § 108 Abs. 3 AO mit Ablauf des nächstfolgenden Werktages (vgl. AEAO zu § 228 Nr. 2).

Die **Zahlungsverjährung beginnt** grundsätzlich mit dem Ablauf des Jahres (sog. Kalenderverjährung), in dem der Anspruch erstmals fällig geworden ist (§ 229 Abs. 1 Satz 1 AO).

> **BEISPIEL**
>
> Der Einkommensteuerbescheid 03 wird dem Stpfl. am 15. 08. 04 bekannt gegeben und führt zu einer Nachzahlung von 5 000 €. Der Stpfl. legt rechtzeitig Einspruch ein und beantragt Aussetzung der Vollziehung, die ihm mit Verfügung vom 16. 09. 04 gewährt wird.
>
> **LÖSUNG** Die Zahlungsverjährung beginnt gem. § 229 Abs. 1 Satz 1 AO mit Ablauf des 31. 12. 04 (vorbehaltlich § 108 Abs. 3 AO). Der Einspruch beeinflusst die Verjährung nicht. Allerdings die Aussetzung der Vollziehung, die gem. § 231 Abs. 1 AO zur Unterbrechung der Verjährung führt.

Eine **Anlaufhemmung** sieht § 229 Abs. 1 Satz 2 AO vor. Bei **Fälligkeitssteuern** wie etwa der Umsatzsteuer oder der Lohnsteuer wird der Anspruch nach der gesetzlichen Regelung auch ohne Steueranmeldung i. S. d. § 150 Abs. 1 Satz 3 AO fällig. Hier beginnt die Zahlungsverjährung erst mit Ablauf des KJ, in dem der Anspruch durch Festsetzung wirksam wird. Dies kann entweder durch eine Steueranmeldung geschehen, die im Zeitpunkt des Eingangs gem. § 168 Satz 1 AO einer Steuerfestsetzung gleichsteht oder mit Bekanntgabe eines Steuerbescheids gem. § 124 Abs. 1 Satz 1 AO.

> **BEISPIEL**
>
> Der Stpfl. gibt die Lohnsteuer-Anmeldung für November 04 nicht ab.
> a) Mit Schätzungsbescheid vom 15. 01. 05 setzt das FA gem. § 167 Abs. 1 Satz 1 AO die Lohnsteuer fest.
>
> b) Der Stpfl. gibt die Steueranmeldung am 15. 01. 05 ab.
> **LÖSUNG**
> a) Die Zahlungsverjährung würde nach dem Grundsatz gem. § 229 Abs. 1 Satz 1 AO mit Ablauf des Jahres 04 beginnen, weil nach § 41 a Abs. 1 Nr. 1 EStG der Anspruch am 10. 12. 04 fällig ist. Gem. § 229 Abs. 1 Satz 2 AO beginnt die Verjährung jedoch nicht vor Ablauf des Kalenderjahres, in dem die Festsetzung wirksam wird. Demnach beginnt die Zahlungsverjährung mit Ablauf des 31. 12. 05 (vorbehaltlich § 108 Abs. 3 AO).
>
> b) Das gleiche Ergebnis ergibt sich, wenn der Stpfl. die Steueranmeldung in 05 einreicht.

Entsprechendes gilt **für die Aufhebung, Änderung oder Berichtigung** der Festsetzung eines Anspruchs aus dem Steuerschuldverhältnis. Hierbei beginnt nach § 229 Abs. 1 Satz 2 AO die Verjährung nicht vor Ablauf des KJ, in dem die Aufhebung, Änderung oder Berichtigung wirksam geworden ist, aus der sich der Anspruch ergibt. Wird eine **Festsetzung durch das Gericht** aufgehoben oder geändert, so wird die Aufhebung oder Änderung wirksam i. S. d. § 229 Abs. 1 Satz 2 AO mit der Rechtskraft des Urteils. Nach BFH vom 06. 02. 1996 BStBl II 1997, 112, dem sich die Finanzverwaltung angeschlossen hat (vgl. AEAO zu § 228, Nr. 1), kann der einheitliche Anspruch aus dem Steuerschuldverhältnis (z. B. für die Steuer eines Veranlagungszeitraums) bei – ggf. mehrfach – geänderter Festsetzung nicht in unterschiedliche Zahlungs- und Erstattungsansprüche aufgespalten werden, die bezogen auf die jeweils ergangenen Verwaltungsakte unterschiedlichen Verjährungsfristen unterliegen.

Die Anlaufhemmung gem. § 229 Abs. 1 Satz 2 AO führt nicht zu einer Verlängerung der Zahlungsverjährungsfrist ins Unendliche, weil eine Festsetzung nur innerhalb der in § 169 AO festgelegten Frist zulässig ist.

BEISPIEL

Aufgrund der am 30. 11. 05 eingereichten Steuererklärung wird der Einkommensteuerbescheid 04 mit einer Nachzahlung von 2 000 € am 18. 05. 06 (i. S. d. § 122 Abs. 2 AO) bekannt gegeben. Aufgrund einer Kontrollmitteilung ändert das FA gem. § 173 Abs. 1 Nr. 1 AO die Festsetzung durch Einkommensteuerbescheid vom 30. 12. 09. Es kommt zu einer weiteren Nachzahlung von 3 000 €. Es sollen weder Steuerhinterziehung noch leichtfertige Steuerhinterziehung vorliegen.

LÖSUNG Die Zahlungsverjährung beginnt gem. § 229 Abs. 1 Satz 1 AO mit Ablauf des Jahres 06, weil die Einkommensteuer-Abschlusszahlung gem. § 220 Abs. 1 AO i. V. m. § 36 Abs. 4 Satz 1 EStG am 18. 06. 05 fällig wird. Die noch innerhalb der bis zum 31. 12. 09 dauernden Festsetzungsfrist (§§ 169 Abs. 2 Satz 1 Nr. 2, 170 Abs. 2 Nr. 1 AO) erfolgte Änderung der Steuerfestsetzung bewirkt eine Anlaufhemmung nach § 229 Abs. 1 Satz 2 AO. Gem. § 169 Abs. 1 Satz 3 Nr. 1 AO ist die Festsetzungsfrist bei Absand des Bescheids vor diesem Datum gewahrt (wenn der Bescheid tatsächlich zugeht). Nach § 122 Abs. 2 Nr. 1 AO wird der Bescheid i. S. d. § 124 Abs. 1 AO am 02. 01. 10 wirksam. Damit beginnt die Zahlungsverjährung mit Ablauf des KJ 10. Sie dauert gem. § 228 Satz 2 AO fünf Jahre und endet mit Ablauf des 31. 12. 15 (vorbehaltlich § 108 Abs. 3 AO).

Ist ein **Haftungsbescheid ohne Zahlungsaufforderung** ergangen, so beginnt die Zahlungsverjährung mit Ablauf des KJ, in dem der Haftungsbescheid wirksam geworden ist (§ 229 Abs. 2 AO). Diese Vorschrift berücksichtigt, dass die Bekanntgabe eines Haftungsbescheides (§ 191 AO) nicht automatisch die Fälligkeit der Haftungsschuld herbeiführt, sondern diese erst mit Erlass einer Zahlungsaufforderung (§ 219 AO) eintritt. Eine Zahlungsaufforderung kann, muss sogar manchmal erst nach Erlass des Haftungsbescheides ergehen. § 229 Abs. 2 AO verhindert, dass der Lauf der Verjährungsfrist trotz Erteilung eines Haftungsbescheides nicht beginnt, weil die Zahlungsaufforderung noch nicht erfolgt ist.

8.3 Hemmung wegen höherer Gewalt (§ 230 AO)

Die Zahlungsverjährung ist gehemmt, die Frist läuft also nicht weiter, solange der **1832** Anspruch wegen **höherer Gewalt** innerhalb der letzten sechs Monate der Verjährungsfrist nicht verfolgt werden konnte. Die Folge der Ablaufhemmung besteht darin, dass sich die Verjährungsfrist um den Ruhenszeitraum – den Zeitraum, während dessen die Verjährung gehemmt ist – verlängert. Dieser Zeitraum kann unterschiedlich lang sein, jedoch höchstens sechs Monate betragen, weil er erst in den letzten sechs Monaten und nicht schon vorher eintreten kann. Als höhere Gewalt sind alle Umstände anzusehen, durch die es selbst bei Anwendung der äußersten der Sachlage nach zu erwartenden Sorgfalt unmöglich wurde, den Anspruch zu verfolgen. Verschulden des Anspruchsgläubigers schließt höhere Gewalt aus.

Unter höherer Gewalt sind alle von außen kommenden Ereignisse zu verstehen, die es bei Anwendung der äußersten den Umständen nach zu erwartenden Sorgfalt nicht zulassen, dass der Anspruch verfolgt wird. Beispiele sind: Krieg, Naturkatastrophen und andere unabwendbare Zufälle. Geringstes eigenes Verschulden schließt die Annahme von höherer Gewalt aus (BFH vom 07.05.1993 BStBl II 1993, 818).

BEISPIEL

Durch einen Wasserrohrbruch im FA am 20.11.01 wurden sämtliche Unterlagen in der Finanzkasse und in der Vollstreckungsstelle zerstört. Insbesondere ist die Liste der Niederschlagungsfälle nicht mehr lesbar. Die Aufräumungsarbeiten einschließlich der Rekonstruktion der Niederschlagungsliste dauerten bis zum 20.01.02. Dadurch konnten Vollstreckungsmaßnahmen in einigen Fällen, bei denen die Zahlungsverjährung zum 31.12.01 endete, nicht mehr im KJ 01 durchgeführt werden.

LÖSUNG Innerhalb der letzten sechs Monate der Verjährungsfrist war der Anspruch wegen höherer Gewalt 42 Tage gehemmt (vom 20.11. bis 31.12.01). Der Ablauf der Zahlungsverjährung verlängert sich bei den in der Niederschlagungsliste enthaltenen Steuerfällen um 42 Tage nach Beendigung der höheren Gewalt, endet also mit Ablauf des 02.03.02.

8.4 Unterbrechung (§ 231 AO)

1833   Die Verjährung wird nach § 231 Abs. 1 Satz 1 AO unterbrochen durch
- schriftliche Geltendmachung des Anspruchs insbesondere durch Mahnung, § 259 AO,
- Zahlungsaufschub, § 223 AO
- Stundung, § 222 AO
- Aussetzung der Vollziehung, § 361 AO
- Sicherheitsleistung, §§ 241 – 248 AO
- Vollstreckungsaufschub, § 258 AO
- Vollstreckungsmaßnahmen, z.B. Pfändung, fruchtloser Pfändungsversuch oder Vorladung zur Abgabe des Vermögensverzeichnisses nach § 284 AO,
- Anmeldung im Insolvenzverfahren, durch Aufnahme in einen Insolvenzplan oder einen gerichtlichen Schuldenbereinigungsplan, durch Einbeziehung in ein Verfahren, das die Restschuldbefreiung für den Schuldner zum Ziel hat sowie durch
- Ermittlungen der Finanzbehörde nach dem Wohnsitz oder dem Aufenthaltsort des Zahlungspflichtigen.

Für die Unterbrechung z.B. durch eine Mahnung genügt, dass diese vor Ablauf der Frist das FA »verlassen« hat (vgl. § 231 Abs. 1 Satz 2 AO) und dem Vollstreckungsschuldner nach Fristablauf tatsächlich zugeht (vgl. BFH vom 28.08.2003 BStBl II 2003, 933 und AEAO zu § 169, Nr. 1). Auf den Tag der Bekanntgabe kommt es nicht an. Wird die Verjährung durch eine **Dauermaßnahme** (Zahlungsaufschub, Stundung, Aussetzung usw.) unterbrochen, so dauert die Unterbrechung fort, bis diese Maßnahme beendet worden ist (§ 231 Abs. 2 Satz 1 AO).

Eine **Wohnsitzanfrage** des FA **beim Einwohnermeldeamt** führt grundsätzlich nur dann zur Unterbrechung der Zahlungsverjährung, wenn das FA im Hinblick auf die Realisierung seines Anspruchs aus dem Steuerschuldverhältnis besonderen Anlass zu der Anfrage hat, weil ihm der Wohnsitz des Schuldners nicht bekannt ist (BFH vom 24.11.1992 BStBl II 1993, 220).

Die **Anfrage** des FA beim **Amtsgericht,** ob im **Schuldnerverzeichnis** eine Eintragung besteht, ist keine die Zahlungsverjährung unterbrechende Vollstreckungsmaßnahme i.S.d. § 231 Abs. 1 AO (BFH vom 24.09.1996 BStBl II 1997, 8).

Die **Niederschlagung** nach § 261 AO oder auch ein **Vollstreckungsersuchen** nach § 250 AO sind als verwaltungsinterne Maßnahmen keine Unterbrechungshandlungen i. S. d. § 231 Abs. 1 Satz 1 AO. Gleiches gilt für das Betreten der Wohnung oder der Geschäftsräume durch den **Vollziehungsbeamten** und dessen mündliche Aufforderung zur freiwilligen Leistung. Erst wenn der Vollziehungsbeamte Zwangsmaßnahmen vornimmt, wie z. B. Sachpfändung oder fruchtlose Pfändung, wird die Verjährung unterbrochen.

Für den Stpfl. bedeutsam ist, dass zu den Unterbrechungshandlungen auch die **schriftliche Geltendmachung** eines **gegen das FA** gerichteten **Zahlungsanspruchs** durch den Stpfl. gehört. Die durch die schriftliche Geltendmachung des Zahlungsanspruchs seitens des Stpfl. eingetretene Verjährungsunterbrechung dauert fort, bis über seinen Antrag rechtskräftig entschieden ist (§ 231 Abs. 2 Satz 2 AO).

Die **Verjährungsunterbrechung bewirkt**, dass mit dem Ablauf des KJ, in dem sie geendet hat, **eine neue volle Verjährungsfrist** beginnt (§ 231 Abs. 3 AO), die fünf Jahre beträgt (§ 228 Satz 2 AO). Somit ist es für das FA möglich, den Eintritt der Zahlungsverjährung auf Dauer zu verhindern. Insoweit besteht ein wesentlicher Unterschied zur Festsetzungsverjährung (vgl. Rz. 1639 ff.). Die Verjährung wird jedoch **nur in Höhe des Betrages unterbrochen, auf den sich die Unterbrechungshandlung bezieht** (§ 231 Abs. 4 AO).

BEISPIEL

Die Einkommensteuer für das KJ 01 wurde durch Steuerbescheid vom 27. 09. 02 auf 12 000 € festgesetzt. Auf Antrag des Stpfl. wurde ihm ein Betrag von 5 000 € für die Zeit vom 01. 12. 02 bis 15. 04. 03 gestundet.

LÖSUNG Die Zahlungsverjährung beginnt mit Ablauf des 31. 12. 02 (§ 229 Abs. 1 Satz 1 AO). Sie wird durch die Stundung unterbrochen (§ 231 Abs. 1 Satz 1 AO). Die Unterbrechung dauert bis zum 15. 04. 03 (§ 231 Abs. 2 Satz 1 AO). Mit Ablauf des Jahres 03 beginnt eine neue Verjährungsfrist zu laufen (§ 231 Abs. 3 AO). Diese endet gem. § 231 Abs. 4 AO nur für den gestundeten Betrag mit Ablauf des 31. 12. 08.

9 Verzinsung (§§ 233–239 AO)

9.1 Allgemeines und Verfahren

Zinsen sind das **laufzeitabhängige Entgelt** für den Gebrauch eines auf Zeit überlassenen oder vorenthaltenen Geldkapitals (BFH vom 20. 05. 1987 BStBl II 1988, 229). Sie entstehen nur, wenn eine Hauptschuld vorhanden ist und sind somit zu dieser akzessorisch. Sie sind weder Strafe, Druckmittel noch Sanktion, sondern sollen die Zinsnachteile des Gläubigers ausgleichen. **1834**

Ansprüche aus dem Steuerschuldverhältnis werden **nur verzinst, soweit dies gesetzlich vorgeschrieben ist** (§ 233 Satz 1 AO). Ansprüche auf steuerliche Nebenleistungen i. S. d. § 3 Abs. 4 AO und die entsprechenden Erstattungsansprüche werden nicht verzinst (§ 233 Satz 2 AO). Gegenstand der Verzinsung können damit gem. § 37 Abs. 1 AO der Steueranspruch, der Steuervergütungsanspruch, der Haftungsanspruch, der Anspruch gem. § 37 Abs. 2 AO und die in den Einzelsteuergesetzen geregelten Steuererstattungsansprüche sein. Zinsen selbst werden, wie alle anderen Nebenleistungen, nicht verzinst. Es entsteht daher kein Zinseszins-Effekt.

Die **Festsetzungsfrist** (§ 169 AO) für Zinsen beträgt gem. § 239 Abs. 1 Satz 1 AO abweichend von § 169 Abs. 2 AO ein Jahr. Der Beginn dieser für alle Zinsen einheitlichen Frist wird für jede Zinsart einzeln in § 239 Abs. 1 Satz 2 AO bestimmt. So beginnt beispielsweise die Frist für Zinsen nach § 233 a AO (Rz. 1837 ff.) mit Ablauf des KJ, in dem die Steuer festgesetzt, aufgehoben, geändert oder nach § 129 AO berichtigt worden ist. In der Praxis ist dies unproblematisch, weil gem. § 233 a Abs. 4 AO die Zinsfestsetzung mit der Steuerfestsetzung verbunden werden soll. Für Zinsen nach § 233 a AO ist darüber hinaus die Ablaufhemmung in § 239 Abs. 1 Satz 3 AO zu beachten.

Durch die **Zahlungsverjährung des Anspruchs aus dem Steuerschuldverhältnis** erlischt gem. § 232 AO auch der damit zusammenhängende Zinsanspruch, auch wenn die für die Zinsen geltende Verjährungsfrist noch nicht abgelaufen ist. Dies ist Ausfluss des Grundsatzes der Akzessorietät der Zinsen zur Hauptschuld.

Die AO sieht folgende Zinsen vor:
- Verzinsung von Steuernachforderungen und Steuererstattungen (§ 233 a AO)
- Stundungszinsen (§ 234 AO)
- Verzinsung von hinterzogenen Steuern (§ 235 AO)
- Prozesszinsen auf Erstattungsbeträge (§ 236 AO) sowie
- Zinsen bei Aussetzung der Vollziehung (§ 237 AO).

Zinsen sind **Nebenleistungen** der Steuer, zu der sie erhoben werden (§ 3 Abs. 4 AO); auf sie finden die **für Steuern geltenden Vorschriften entsprechende Anwendung** (§§ 1 Abs. 3 Satz 1, 239 AO). Damit sind Zinsen durch **schriftlichen** (oder gem. § 87 a Abs. 4 AO elektronischen) **Bescheid** mit den damit verbunden Mindestanforderungen (vgl. Rz. 1438 ff.) festzusetzen. Es gelten für die Zinsfestsetzung die auf Steuerbescheide anwendbaren **Korrekturvorschriften** §§ 129, 164, 165 und 172 ff. AO.

BEISPIELE

a) Eine Stundungsverfügung wird aufgehoben.
LÖSUNG Die Zinsfestsetzung ist gem. § 175 Abs. 1 Nr. 1 AO aufzuheben (vgl. AEAO zu § 234, Nr. 3).

b) Eine gestundete Steuer wird *vor* Ablauf der Stundung herabgesetzt.
LÖSUNG Die Zinsfestsetzung ist gem. § 175 Abs. 1 Nr. 2 AO entsprechend zu ändern (vgl. AEAO zu § 234, Nr. 2).

Rechtsbehelf gegen eine Zinsfestsetzung ist gem. § 347 Abs. 1 Nr. 1 AO der **Einspruch**. Hierbei sind nur Einwendungen gegen die Zinsfestsetzung selbst möglich, jedoch keine gegen die zugrunde liegenden Bescheide (z. B. Steuerbescheid oder Stundungsverfügung).

1835 frei

9.2 Grundsätzliche Berechnung der Zinsen

1836   Die Zinsen betragen für jeden Monat 0,5 %, sie sind von dem Tag an, an dem der Zinslauf beginnt, nur **für volle Monate** (nicht Kalendermonate) zu zahlen; angefangene Monate bleiben außer Ansatz (§ 238 Abs. 1 AO).

Bei der **Berechnung der vollen Monate** ist § 108 AO anzuwenden. Die Monatszeiträume sind echte Fristen, auf die daher die §§ 187 ff. BGB anzuwenden sind. Da der Tag des Fristbeginns mitgerechnet wird (§ 238 Abs. 1 Satz 2 AO) handelt es sich um eine **Tagesbeginnfrist** (§ 187 Abs. 2 BGB). Die Monatsfrist endet somit mit Ablauf des Tages, der dem Tag vorhergeht, der durch seine Benennung oder seine Zahl dem Anfangstag der Frist entspricht (§ 188 Abs. 2 BGB). Ein voller Zinsmonat i. S. d. § 238 Abs. 1 Satz 2 AO ist erreicht, wenn der Tag, an dem der Zinslauf endet, hinsichtlich seiner Zahl dem Tag entspricht, der dem Tag vorhergeht, an dem die Frist begann (BFH vom 24. 07. 1996 BStBl II 1997, 6).

BEISPIELE

a) Beginn des Zinslaufes gem. § 233 a AO am 01. 04. 02, Bekanntgabe des Steuerbescheides i. S. d. § 122 Abs. 2 Nr. 1 AO am 30. 04. 02.

LÖSUNG Gem. § 238 Abs. 1 Satz 2 AO i. V. m. § 187 Abs. 2 BGB zählt der Tag des Beginns des Zinslaufs bei der Berechnung der Monatsfrist mit (01. 04. 02). Die Frist endet in diesem Fall gem. § 188 Abs. 2 BGB mit Ablauf des 30. 04. 02 (welcher dem 01. 05. 02 vorangeht), so dass ein voller Monat vollendet ist. Es findet daher eine Verzinsung für einen Monat statt.

b) Die Einkommensteuer-Abschlusszahlung wird am 28. 04. 03 fällig. Der Anspruch wird gestundet. Als neue Fälligkeit bestimmt das FA den 28. 10. 03.

LÖSUNG Gem. § 234 AO sind Stundungszinsen zu erheben. Der Zinslauf beginnt gem. § 238 Abs. 1 Satz 2 AO i. V. m. § 234 Abs. 1 AO an dem ersten Tag, an dem die Stundung wirksam wird. Der Zinslauf beginnt am 29. 04. 03, da der Tag des Beginns der Stundung bei der Zinsberechnung mitzählt (Tagesbeginnfrist). Der Zinslauf endet gem. § 188 Abs. 2 BGB am 28. 10. 03 (welcher dem 29. 10. 03 vorausgeht). Es sind für 6 volle Monate Stundungszinsen zu erheben.

Falls das **Ende des Zinslaufs** auf einen Sonnabend, Sonntag oder gesetzlichen Feiertag, endet der Zinslauf erst am nächstfolgenden Werktag (vgl. AEAO zu § 238 Nr. 1).

BEISPIELE

a) Beginn des Zinslaufes gem. § 233 a AO am 01. 04. 02, Aufgabe des Steuerbescheids zur Post am 26. 04. 02 (Mittwoch).

LÖSUNG Nach § 108 Abs. 3 AO ist als Bekanntgabe des Steuerbescheids nicht der 29. 04. 02 (Samstag), sondern der 01. 05. 02 (Montag) anzunehmen (vgl. AEAO zu 108, Nr. 2). Die Frist des § 238 Abs. 1 Satz 2 AO endet somit erst mit Ablauf des 01. 05. 02. Folglich ist die Monatsfrist des § 238 Abs. 1 Satz 2 AO erfüllt.

b) Eine Steuer ist gem. § 222 AO bis zum 29. 06. 04 (Freitag) gestundet.

LÖSUNG Der Zinslauf für die Berechnung der Stundungszinsen gem. § 234 AO endet am 29. 06. 04.

c) Eine Steuer ist gem. § 222 AO bis zum 30. 06. 04 (Samstag) gestundet.

LÖSUNG Der Zinslauf für die Berechnung der Stundungszinsen gem. § 234 AO endet wegen § 108 Abs. 3 AO am Montag, den 02. 07. 04. (vgl. auch AEAO zu § 234, Nr. 5).

Für die Berechnung der Zinsen wird der **zu verzinsende Betrag** jeder Steuerart **auf den nächsten durch fünfzig € teilbaren Betrag abgerundet** (§ 238 Abs. 2 AO). Bei der Verzinsung von Erstattungen nach § 233 a AO oder § 236 AO wird ebenfalls abgerundet. So ist etwa eine Erstattung von 375 € auf 350 € abzurunden (AEAO zu § 233 a, Nr. 24). Bei der Abrundung sind die einzelnen Ansprüche zu trennen, wenn Steuerart, Zeitraum, Tag des Beginnes des Zinslaufes oder Tag des Ende des Zinslaufs voneinander abweichen. Es findet dann eine Verzinsung jeder Einzelforderung statt. Der abgerundete Spitzenbetrag wird z. B. bei der Berechnung von Stundungszinsen bei der letzten Rate abgezogen.

BEISPIELE

a) Die ESt-Abschlusszahlung des Jahres 01 i. H. v. 5 047 € wird am 17. 08. 03 fällig. Diese wird gem. § 222 AO i. H. v. 2 500 € bis zum 01. 11. 03 und i. H. v. 2 547 € bis zum 01. 12. 03 gestundet.

LÖSUNG Die gem. § 234 Abs. 1 AO festzusetzenden Stundungszinsen sind für jeden Teilbetrag gesondert zu berechnen, da der Zeitraum der Stundung voneinander abweicht. Der Abrundungsbetrag i. H. v. 47 € ist von der letzten Rate abzuziehen.

b) Wie a), jedoch beträgt die erste Rate 2 520 € und die zweite Rate 2 527 €.

LÖSUNG Die Stundungszinsen sind für den ersten Teilbetrag von 2 520 € zu berechnen. Der Abrundungsbetrag i. H. v. 47 € ist von der letzten Rate abzuziehen. Somit ist für die Berechnung der Stundungszinsen für den zweiten Teilbetrag ein Betrag von 2 480 € (2 527 € ./. 47 €) zu Grunde zu legen. Zur Vermeidung dieses Ergebnisses wird das Finanzamt die Raten i. d. R. so festlegen, dass sie mit Ausnahme der letzten Rate auf durch fünfzig € ohne Rest teilbare Beträge festgesetzt werden (AEAO zu § 234, Nr. 9).

Die **errechneten Zinsen** werden **auf volle € zugunsten** des Stpfl. **abgerundet** (§ 239 Abs. 2 Satz 1 AO). Zinsen müssen festgesetzt werden. Sie werden aber **nur dann festgesetzt**, wenn sie – bezogen auf jede einzelne zu verzinsende Einzelforderung – **mindestens 10 €** betragen (§ 239 Abs. 2 Satz 2 AO, AEAO zu § 238, Nr. 2, AEAO zu § 239, Nr. 3 und AEAO zu § 234, Nr. 8).

BEISPIEL

Gestundet wird eine Einkommensteuer-Abschlusszahlung von 3 000 € für einen Monat i. H. v. 1 000 € und für zwei volle Monate i. H. v. 2 000 €. Daneben wird der Solidaritätszuschlag von 200 € für zwei volle Monate gestundet.

LÖSUNG Es ergeben sich Stundungszinsen gem. § 234 Abs. 1 AO für die erste Rate der Einkommensteuer i. H. v. 5 € (1 000 € × 0,5 %) und für die zweite Rate von 20 € (2 000 € × 1 %). Insgesamt sind damit 25 € Stundungszinsen festzusetzen. Für die Stundung des Solidaritätszuschlags ergeben sich Stundungszinsen i. H. v. 2 € (200 € × 1 %), die gem. § 239 Abs. 2 Satz 2 AO nicht festzusetzen sind.

9.3 Verzinsung von Steuernachforderungen und Steuererstattungen (§ 233 a AO)

9.3.1 Allgemeines

1837   Als gerechteste Lösung der Verzinsung ist wohl die Vollverzinsung aller Steueransprüche ab dem Zeitpunkt ihres Entstehens zu betrachten, da sie den Stpfl. nicht mehr bevorzugt, der seine Steuer erst sehr spät entrichtet (etwa weil er seine Steuererklärung erst sehr spät einreicht), und den Erstattungsberechtigten nicht benachteiligt, der längere Zeit auf eine Erstattung warten muss, weil die Finanzbehörden seinen Fall infolge der starken Arbeitsbelastung erst verhältnismäßig spät bearbeiten können. Diesem Ideal der Vollverzinsung versucht die AO durch § 233 a AO gerecht zu werden. Allerdings besteht diese Vorschrift aus einer Vielzahl von Kompromisslösungen.

Nach § 233 a AO sind **Steuernachzahlungen und Steuererstattungen** zu verzinsen. Dadurch wird das in der AO vorherrschende System der **Teilverzinsung** (§§ 234 ff. AO) um die **Vollverzinsung** erweitert, die jedoch in § 233 a AO nicht in vollem Umfang verwirklicht worden ist. So beschränken § 233 a Abs. 1 und Abs. 6 AO die Verzinsung nur auf bestimmte Steuern und der Zinslauf beginnt nicht mit der Entstehung des Anspruchs, sondern erst nach Ablauf von 15 bzw. 23 Monaten nach Ablauf des KJ, in dem die Steuer entstanden ist (§ 233 a Abs. 2 Satz 1 AO).

1838   Der Vollverzinsung gem. § 233 a AO liegt die Überlegung zugrunde, durch die Verzinsung von Steuernachforderungen und Steuererstattungen einen **Ausgleich** dafür zu schaffen, dass die Steuern trotz gleichen Entstehungszeitpunktes zu unterschiedlichen Zeitpunkten festgesetzt und erhoben werden. Jedoch wird bei Nachzahlungen nicht auf konkrete Zahlungen (**Ist-Verzinsung**), sondern auf den (Unterschieds-)Betrag abgestellt, der aufgrund einer Festsetzung im Vergleich zu festgesetzten (möglicherweise noch nicht entrichteten) Vorauszahlungen zu zahlen ist (**Soll-Verzinsung**). Diese Regelung ist aus Vereinfachungsgründen geschaffen worden. Eine Anknüpfung an Zahlungszeitpunkte würde zu einer unübersehbaren Zahl von Möglichkeiten und auch zu Manipulations- und Einflussmöglichkeiten des Stpfl. führen (z. B. willkürliche Zahlungen). Dies versucht man mit dem Prinzip der Soll-Verzinsung einzuschränken.

Sich ergebende Erstattungszinsen führen beim Gläubiger zu Einkünften aus Kapitalvermögen gem. § 20 Abs. 1 Nr. 7 EStG oder gem. § 20 Abs. 8 EStG zu anderen Einkünften. Dies gilt gem. § 8 Abs. 1 und 2 KStG auch bei Körperschaften. Demgegenüber sind sich ergebende Nachzahlungszinsen nicht (mehr) abzugsfähig (wegen Ausnahmen aus Gründen der sachlichen Billigkeit vgl. BMF vom 05. 10. 2000 BStBl I 2000, 1508).

9.3.2 Zu verzinsende Ansprüche aus dem Steuerschuldverhältnis

§ 233 a AO ist auf **bestimmte Steuerarten** beschränkt. Dies sind im Einzelnen die ESt, KSt, **1839** VSt, USt und die GewSt (§ 233 a Abs. 1 Satz 1 AO). Nicht verzinst werden die übrigen nicht ausdrücklich erwähnten Steuern und Abgaben sowie **Steuervorauszahlungen, Steuerabzugsbeträge** (§ 233 a Abs. 1 Satz 2 AO) und **steuerliche Nebenleistungen** i. S. d. § 3 Abs. 4 AO (§ 233 Satz 2 AO).

9.3.3 Schuldner und Gläubiger

Schuldner des Zinses bei Steuernachzahlungen ist der Schuldner der zu verzinsenden **1840** Hauptschuld. Wird die Hauptschuld von mehreren Personen als Gesamtschuld geschuldet, so sind sie auch **Gesamtschuldner** der Zinsen. Werden Erstattungsbeträge verzinst, so ist **Gläubiger** der Zinsen derjenige, der auch Gläubiger des Erstattungsbetrages ist. Werden Erstattungsbeträge abgetreten, so bedeutet dies nicht automatisch auch die **Abtretung** evtl. entstandener Erstattungszinsen. Gem. § 46 Abs. 2 und Abs. 6 AO kann die Abtretung oder Verpfändung eines Anspruchs erst nach dessen Entstehung wirksam angezeigt werden. Die Zinsen gem. § 233 a AO entstehen nicht zugleich mit der zu verzinsenden Steuer, sondern erst, wenn der Tatbestand des § 233 a AO verwirklicht ist. Die zeitgleiche wirksame Abtretung/Pfändung des Erstattungsanspruches der Steuer und der evtl. entstehenden Zinsen ist daher für die Zinsen nur in Ausnahmefällen – nämlich erst nach Bekanntgabe des zugrunde liegenden Steuerbescheids – möglich (AEAO zu § 46, Nr. 1).

9.3.4 Zinslauf

Gem. § 233 a Abs. 2 Satz 1 AO **beginnt der Zinslauf** 15 Monate (bei überwiegenden Einkünften gem. § 13 EStG bei der erstmaligen Steuerfestsetzung nach 23 Monaten, § 233 a Abs. 2 Satz 2 AO) nach Ablauf des Kalenderjahres, in dem die Steuer entstanden ist (sog. **Karenzzeit**). Der **Zinslauf endet** gem. § 233 a Abs. 2 Satz 3 AO mit Ablauf des Tages, an dem die Steuerfestsetzung wirksam wird. Damit endet der Zinslauf (vgl. AEAO zu § 233 a, Nr. 5)
a) bei Steuerfestsetzungen durch Steuerbescheid am Tag der Bekanntgabe des Bescheides (§ 124 Abs. 1 Satz 1 AO i. V. m. § 122 Abs. 2 und Abs. 2 a AO),
b) bei USt-Erklärungen mit einem Unterschiedsbetrag zugunsten des FA (§ 168 Satz 1 AO) am Tag des Eingangs der Steueranmeldung,
c) bei zustimmungsbedürftigen USt-Erklärungen mit einem Unterschiedsbetrag zugunsten des Stpfl., in dem Zeitpunkt, in dem dem Stpfl. die gem. § 168 Satz 2 AO erforderliche Zustimmung (z. B. durch die Überweisung) bekannt wird (BFH vom 28. 02. 1996 BStBl II

1996, 660). Dies gilt auch, wenn die Betragsgrenze für die allgemein erteilte Zustimmung nicht überschritten wird (vgl. Rz. 1524). Wird der Stpfl. schriftlich über die Zustimmung unterrichtet (z. B. zusammen mit einer Abrechnungsmitteilung), ist grundsätzlich davon auszugehen, dass ihm die Zustimmung am dritten Tage nach Aufgabe zur Post bekannt geworden ist (vgl. AEAO zu § 168 Nr. 9).

1842 Behauptet der Stpfl., der **Zugang des Steuerbescheides** bzw. im Falle der zustimmungsbedürftigen USt-Erklärung der Zugang der erweiterten Abrechnungsmitteilung sei später als nach der Zugangsfiktion des § 122 Abs. 2 und Abs. 2 a AO erfolgt, hat im Zweifel die Finanzbehörde den Zugang zu beweisen. Ergibt sich ein späterer Zeitpunkt, ist dieser für die Berechnung der Zinsen maßgeblich.

Ist in diesem Fall ein Guthaben bereits erstattet, verbleibt es für die Berechnung der Zinsen beim ursprünglichen Bekanntgabetag (AEAO zu § 233 a, Nr. 7). Die Zinsen nach § 233 a AO sind Entgelt für die Zeit der Nutzung des überlassenen Kapitals. In diesem Fall endet die Nutzung des Kapitals bereits mit der durchgeführten Erstattung und damit vor dem Tag, der der Berechnung des Endes des Zinslaufes eigentlich zugrunde zu legen ist.

BEISPIELE

a) Beginn des Zinslaufes gem. § 233 a AO am 01. 04. 03, Bekanntgabe des Steuerbescheides gem. § 122 Abs. 2 Nr. 1 AO mit einer Erstattung am 29. 04. 03 (Bekanntgabefiktion des § 122 Abs. 2 AO). Das Guthaben wird am 01. 05. 03 erstattet.

LÖSUNG Weil kein ganzer Monat vollendet ist, findet eine Verzinsung nicht statt. Behauptet der Stpfl. schlüssig, der Bescheid sei ihm entgegen der Zugangsfiktion in § 122 Abs. 2 Nr. 1 AO tatsächlich erst am 30. 04. 03 zugegangen, ist dieser Tag der Berechnung zugrunde zu legen. Demnach findet eine Verzinsung des Erstattungsbetrages für einen vollen Monat statt (vgl. zur Berechnung des vollen Monats Rz. 1836).

b) Beispiel wie a), aber das Guthaben wird am 29. 04. 03 erstattet.

LÖSUNG Hier wird für die Berechnung der Zinsen nach § 233 a AO der Tag der Erstattung (29. 04. 03) zu Grunde gelegt, weil »nur« die Bekanntgabe, nicht aber die Erstattung des Guthabens nicht ordnungsgemäß verlaufen ist. Weil kein voller Monat vollendet wurde, findet keine Verzinsung statt.

9.3.5 Grundsätzliche Zinsberechnung

1843 Zinsen gem. § 233 a AO werden, wie die übrigen Zinsen auch, nur für **volle Monate** erhoben. Wegen der grundsätzlichen Zinsberechnung siehe Rz. 1836.

9.3.6 Zinsen bei erstmaliger Steuerfestsetzung

9.3.6.1 Zinsen bei Mehrsoll

1844 Bei **erstmaliger Steuerfestsetzung** ist gem. § 233 a Abs. 3 AO Berechnungsgrundlage für die Zinsberechnung der Unterschiedsbetrag zwischen dem festgesetzten Soll und dem Vorauszahlungssoll. Hierbei ist unter festgesetztem Soll die festgesetzte Steuer abzüglich anzurechnender Steuerabzugsbeträge (und anzurechnender Körperschaftsteuer) zu verstehen. Beim Vorauszahlungssoll ist unerheblich, ob dieses bei Fälligkeit getilgt wurde.

BEISPIEL

Die festgesetzte und am 18. 08. 03 bekannt gegebene ESt 01 beträgt 18 468 €. An Vorauszahlungen sind insgesamt 16 000 € festgesetzt worden. Sämtliche Vorauszahlungen sind bis zur Steuerfestsetzung nicht entrichtet worden.

LÖSUNG Zu verzinsen ist nur der Unterschiedsbetrag i. H. v. 2 468 € für die Zeit vom 01. 04. 03 bis zum 18. 08. 03. Zur Berechnung der Zinsen ist dieser Betrag gem. § 238 Abs. 2 AO auf den nächsten durch fünfzig € teilbaren Betrag abzurunden, demnach 2 450 €. Es entstehen für vier volle Monate Zinsen i. H. v. 49 €.

Freiwillige Zahlungen ohne entsprechende Festsetzung werden bei der Berechnung der Zinsen nicht berücksichtigt. Hierdurch sollen Missbräuche verhindert werden, da ansonsten der Stpfl. durch freiwillige Zahlungen den Fiskus ggf. als Geldanlageinstitut nutzen könnte. Ergeben sich Nachzahlungszinsen können Zinsen aus sachlichen Billigkeitsgründen jedoch zu erlassen sein (vgl. Rz. 1853). **1845**

BEISPIELE

a) An Vorauszahlungen für die ESt 01 sind vom Stpfl. insgesamt 30 000 € entrichtet worden. Am 10. 07. 03 zahlt er freiwillig 20 000 €, die das FA annimmt und behält. Der ESt-Bescheid wird am 18. 08. 03 bekannt gegeben und führt zu einer Festsetzung i. H. v. 23 000 €. Es sind somit insgesamt 27 000 € zu erstatten (50 000 € ./. 23 000 €).

LÖSUNG Bei der Berechnung der Zinsen bleibt die freiwillige Zahlung vom 10. 07. 03 außer Betracht. Zu verzinsen ist nach § 233 a Abs. 3 Satz 1 AO nur das Mindersoll i. H. v. 7 000 € (23 000 € festgesetzte Steuer ./. 30 000 € festgesetzte Vorauszahlungen). Für die Zeit vom 01. 04. 03 bis 18. 08. 03 entstehen für vier volle Monate Erstattungszinsen i. H. v. 140 €. (Achtung: eine Berechnung von Erstattungszinsen aus Billigkeitsgründen analog der Regelung in AEAO zu § 233 a, Nr. 70.1.1 und 70.1.2 (vgl. Beispiel b) ab dem Zeitpunkt der Zahlung findet hier nicht statt.

b) Wie a), jedoch führt der ESt-Bescheid zu einer Festsetzung i. H. v. 90 000 €. Es sind somit insgesamt 40 000 € nachzuzahlen (90 000 € ./. 30 000 € ./. 20 000 €).

LÖSUNG Bei der Berechnung der Zinsen bleibt die freiwillige Zahlung vom 10. 07. 03 außer Betracht. Zu verzinsen ist nach § 233 a Abs. 3 Satz 1 AO der Unterschiedsbetrag i. H. v. 60 000 € (90 000 € festgesetzte ESt ./. 30 000 € festgesetzte Vorauszahlungen). Für die Zeit vom 01. 04. 03 bis 18. 08. 03 entstehen für vier volle Monate Nachzahlungszinsen i. H. v. 1 200 €. Nach AEAO zu § 233 a, Nr. 70.1.1 und 70.1.2 sind in diesem Fall der freiwilligen Zahlung nach Beginn des Zinslaufs die Nachzahlungszinsen zu erlassen, insoweit wie die auf volle fünfzig Euro abgerundete freiwillige Leistung für jeweils volle Monate vor Wirksamkeit der Steuerfestsetzung erbracht worden ist (fiktive Erstattungszinsen). Für einen vollen Monat (vom 10. 07. 03 bis zum 18. 08. 03) sind demnach Nachzahlungszinsen i. H. v. 100 € (20 000 € x 0,5 %) zu erlassen.

Gleichwohl hat der Stpfl. die Möglichkeit, **durch freiwillige Zahlungen die Zinsfestsetzung zu beeinflussen.** Hierbei muss unterschieden werden, wann und bei welcher Steuer der Stpfl. eine solche freiwillige Zahlung leistet. **1846**

a) Einkommensteuer und Körperschaftsteuer

Gem. § 37 Abs. 3 Satz 3 EStG kann das FA **innerhalb der Karenzzeit** (15/23 Monate) von Amts wegen oder auf rechtzeitigen Antrag eine nachträgliche Vorauszahlung (sog. »fünfte« Vorauszahlung) festsetzen. Hierbei muss gem. § 37 Abs. 5 Satz 2 EStG der Erhöhungsbetrag mehr als 5 000 € betragen. Zahlt der Stpfl. innerhalb dieser Zeit einen solchen Betrag ohne Vorauszahlungsbescheid freiwillig, so ist die Zahlung als Antrag auf Anpassung der bisher festgesetzten Vorauszahlungen anzusehen. Diesem Antrag ist regelmäßig durch entsprechenden Vorauszahlungsbescheid zu entsprechen, womit die Zahlungen als festgesetzte Vorauszahlung sich bei der Berechnung des Unterschiedsbetrags i. S. d. § 233 a Abs. 3 Satz 1 AO auswirkt (AEAO zu § 233 a, Nr. 15).

Erfolgt die Zahlung **erst nach Ablauf der Karenzzeit** soll das FA bei Vorliegen der Steuererklärung unverzüglich die Steuerfestsetzung durchführen. Ist dies zeitnah nicht möglich, kann auch eine personelle Festsetzung unter dem Vorbehalt der Nachprüfung gem. § 164 Abs. 1 AO erfolgen i. H. der Summe aus bisher festgesetzten Vorauszahlungen und freiwilliger Zahlung (AEAO zu § 233 a, Nr. 17).

BEISPIELE

Die bisher zur ESt 01 festgesetzten Vorauszahlungen betragen 20 000 €. Die ESt-Erklärung liegt dem FA seit dem 28. 01. 03 vor.

a) am 10. 02. 03 überweist der Stpfl. freiwillig einen Betrag i. H. v. 10 000 €.

LÖSUNG Die freiwillige Zahlung innerhalb der Karenzzeit ist als Antrag auf Anpassung der bisher festgesetzten Vorauszahlungen zu sehen. Das FA hat ein Vorauszahlungsbescheid über diesen Betrag zu erlassen.

b) am 02. 05. 03 überweist der Stpfl. freiwillig einen Betrag i. H. v. 10 000 €. Weil noch Ergebnisse einer Außenprüfung abgewartet werden sollen, möchte das FA die Steuererklärung noch nicht bearbeiten.

LÖSUNG Die Zahlung ist außerhalb der Karenzzeit erfolgt. Eine Anpassung der Vorauszahlungen ist gem. § 37 Abs. 3 Satz 3 EStG nicht mehr möglich. Das FA hat eine Steuer i. H. v. 30 000 € unter Vorbehalt der Nachprüfung gem. § 164 Abs. 1 AO festzusetzen. Bei späterer Änderung der Festsetzung werden sich durch die Berücksichtigung der freiwilligen Zahlung des Stpfl. weniger Nachzahlungszinsen gem. § 233 a Abs. 5 AO ergeben.

b) Umsatzsteuer

1847   Gibt der Stpfl. **innerhalb der Karenzzeit eine berichtigte USt-Voranmeldung** ab, so kann der Stpfl. hierdurch eine Anpassung der Vorauszahlungen erreichen. Diese berichtigte Voranmeldung steht gem. § 168 Satz 1 AO einer geänderten Steuerfestsetzung unter dem Vorbehalt der Nachprüfung gleich. Sie bedarf keiner Zustimmung des FA, wenn sich eine Erhöhung der bisher festgesetzten Beträge oder eine Verringerung des bisherigen Erstattungsbetrages ergibt.

Wird erst **nach Ablauf der Karenzzeit eine erstmalige oder berichtigte USt-Voranmeldung abgegeben**, so soll unverzüglich eine Festsetzung der Jahressteuer unter dem Vorbehalt der Nachprüfung erfolgen (AEAO zu § 233 a, Nr. 16).

9.3.6.2   Besonderheiten bei Mindersoll (Erstattungen)

1848   Für **Erstattungsbeträge** finden gem. § 233 a Abs. 3 Satz 3 AO – abweichend vom Prinzip der Soll-Verzinsung Aspekte der Ist-Verzinsung Anwendung. Ein Unterschiedsbetrag zugunsten des Stpfl. (**Mindersoll**) ist nur bis max. zur Höhe der tatsächlichen Erstattung zu verzinsen. Als Zeitraum wird hierbei nur die Zeit zwischen der tatsächlichen Zahlung der zurückzuzahlenden Beträge und dem Ende des Zinszeitraums der Berechnung zugrunde gelegt. Besteht der Rückzahlungsbetrag aus mehreren Einzelzahlungen, richtet sich der Zinsberechnungszeitraum nach der Einzahlung der jeweiligen Teilbeträge, wobei unterstellt wird, dass die Erstattung zuerst aus dem zuletzt gezahlten Betrag erfolgt. Erstattungszinsen auf festgesetzte aber nicht entrichtete Beträge werden hierdurch verhindert.

BEISPIELE

Der ESt-Bescheid 01 mit einer festgesetzten Steuer i. H. v. 30 000 € wird am 15. 09. 03 bekannt gegeben. Die festgesetzten Vorauszahlungen betragen 50 000 €.

a) die Vorauszahlungen wurden zu den jeweiligen Fälligkeitszeitpunkten entrichtet.

LÖSUNG Die Erstattung von 20 000 € ist für fünf volle Monate (01. 04. 03–15. 09. 03) zu verzinsen. Es entstehen Erstattungszinsen i. H. v. 500 €.

b) die vierte Vorauszahlung zum 10. 12. 01 i. H. v. 12 500 € wurde bisher nicht gezahlt.

LÖSUNG Gem. § 233 a Abs. 3 Satz 3 AO findet eine Verzinsung nur für den tatsächlich zu erstattenden Betrag statt. Die tatsächliche Erstattung und damit der zu verzinsende Betrag beträgt 7 500 € (30 000 € abzüglich geleisteter Vorauszahlungen i. H. v. 22 500 €). Es entstehen Erstattungszinsen i. H. v. 187,50 €. Unberührt bleibt die Entstehung und Erhebung der bisher wegen Nichtentrichtung der vierten Vorauszahlung gem. § 240 AO angefallenen Säumniszuschläge.

c) die vierte Vorauszahlung wird am 03. 02. 03 bezahlt (innerhalb der Karenzzeit)

LÖSUNG Die Erstattung von 20 000 € ist zu verzinsen. Die zu späte Zahlung der vierten Vorauszahlung ändert an der Zinsberechnung nichts, da sie noch vor Ablauf der Karenzzeit und damit vor Beginn des Zinslaufs geleistet wurde. Es entstehen wie bei der Lösung zu a) 500 € Erstattungszinsen.

d) die vierte Vorauszahlung wird am 03. 05. 03 bezahlt (nach Ablauf der Karenzzeit).

LÖSUNG Die Erstattung i. H. v. 20 000 € ist zu verzinsen. Gem. § 233 a Abs. 3 Satz 3 AO beginnt die Verzinsung des Erstattungsbetrages für den Teil, der nach Ablauf der Karenzzeit gezahlt wurde (12 500 €) frühestens mit dem Tag seiner Zahlung. Für den restlichen Teil der Erstattung von 7 500 € (20 000 € ./. 12 500 €) gelten die normalen Grundsätze.

Die Zinsen berechnen sich wie folgt:

Die Erstattung i. H. v. 12 500 € wird ab dem Zeitpunkt der tatsächlichen Zahlung verzinst. Für die Zeit vom 03. 05. 03 bis zum 15. 09. 03 entstehen für vier volle Monate 250 € Zinsen. Für die Zeit vom 01. 04. 03–15.9.03 (= fünf volle Monate) findet (nur) eine Verzinsung der restlichen Erstattung i. H. v. 7 500 € statt; es entstehen insoweit Erstattungszinsen i. H. v. 187,50 €. In der Summe betragen die Erstattungszinsen 437,50 €.

Wegen der Besonderheiten bei der Berücksichtigung **rückwirkender Ereignisse** und von **Verlustrückträgen** bei der erstmaligen Steuerfestsetzung vgl. Rz. 1851.

9.3.7 Zinsen bei Korrektur der Steuerfestsetzung oder der Anrechnung

Bei einer **Korrektur der Steuerfestsetzung** ist gem. § 233 a Abs. 5 Satz 2 AO Berechnungsgrundlage der Unterschied zwischen dem alten und dem neuen Soll. Dies gilt auch, wenn bei der vorherigen Steuerfestsetzung eine Verzinsung unterblieben ist, weil etwa die Karenzzeit bei Bekanntgabe der Steuerfestsetzung noch nicht abgelaufen war (AEAO zu § 233 a, Nr. 44 sowie BFH vom 18. 05. 2005 BStBl II 2005, 735). Wegen der Besonderheiten bei der Berücksichtigung **rückwirkender Ereignisse** und von **Verlustrückträgen** bei der Änderung von Steuerfestsetzungen vgl. Rz. 1851.

Der Aufhebung, Änderung oder Berichtigung von Steuerfestsetzungen steht die **Korrektur der Anrechnung** von Steuerbeträgen (auch durch Abrechnungsbescheid i. S. d. § 218 Abs. 2 AO) gleich (§ 233 a Abs. 5 Satz 1 2. HS AO). Auch Änderungen durch **Einspruchsentscheidungen** oder **Entscheidungen des FG** führen zur Verzinsung. Bei Erstattungen werden die sich gem. § 233 a AO ergebenden Zinsen nach § 236 Abs. 4 AO auf die zu berechnenden Prozesszinsen anzurechnen (vgl. Rz. 1852).

Ein Unterschiedsbetrag zwischen nunmehr festgesetzter und vorher festgesetzter Steuer ergibt sich auch dann, wenn durch Änderung einer **Umsatzsteuerfestsetzung** ein zunächst geltend gemachter **Vorsteuerabzug** wegen fehlender/fehlerhafter Rechnung rückgängig gemacht

1849

wird und derselbe Vorsteuerbetrag in einem nachfolgenden Veranlagungszeitraum gewährt wird, in dem die materiell-rechtlichen Voraussetzungen für den Vorsteuerabzug in Form einer fehlerfreien Rechnung vorliegen (vgl. BFH vom 15. 07. 2004 BStBl II 2005, 236).

1850 Ergibt sich aufgrund der Korrektur einer Steuerfestsetzung/Anrechnung ein **Nachzahlungsbetrag** und ergeben sich für diesen Nachzahlungszinsen, so werden diese den bisher berechneten Zinsen hinzuaddiert, § 233 a Abs. 5 Satz 3 1. HS AO.

Ergibt sich aufgrund der Korrektur ein **Mindersoll**, entfallen gem. § 233 a Abs. 5 Satz 3 2. HS AO vorher festgesetzte Nachzahlungszinsen. Dabei darf jedoch höchstens auf den Unterschiedsbetrag der bei Beginn des Zinslaufs festgesetzten Steuer zurückgegangen werden, um zu vermeiden, dass eine Korrektur für einen Zeitraum erfolgt, für den keine Nachzahlungszinsen berechnet worden sind (AEAO zu § 233 a, Nr. 54). Ggf. ist nach § 233 a Abs. 5 Satz 4 AO i. V. m. § 233a Abs. 3 Satz 3 AO dieses Mindersoll nur bis zur Höhe des tatsächlichen **Erstattungsbetrages** ab dem Zeitpunkt der tatsächlichen Einzahlung zu verzinsen. Wie bei Erstattungsbeträgen bei der erstmaligen Steuerfestsetzung sind auch hier Aspekte der Ist-Verzinsung zu berücksichtigen.

BEISPIEL

Die ESt 01 wird am 03. 12. 03 i. H. v. 40 000 € bekannt gegeben. Die Nachzahlung beträgt 25 000 €. Die Vorauszahlungen i. H. v. 15 000 € wurden innerhalb der Karenzzeit bezahlt. Am 03. 02. 04 zahlt der Stpfl. von der Abschlusszahlung 12 000 €.
Mit Bekanntgabe vom 15. 04. 04 wird die ESt-Festsetzung 01 nach § 173 Abs. 1 Nr. 2 AO geändert und auf 10 000 € festgesetzt. Die Änderung führt demnach zu einem Mindersoll i. H. v. 30 000 €.

LÖSUNG

Erstmalige Festsetzung:
Für die erstmalige Festsetzung ist für acht volle Monate (01. 04. 03 – 03. 12. 03) die Nachzahlung i. H. v. 25 000 € zu verzinsen. Es entstehen Nachzahlungszinsen i. H. v. 1 000 €.
Geänderte Festsetzung:
Da der Stpfl. von der durch den erstmaligen Steuerbescheid vom 03. 12. 03 festgesetzten Nachzahlung von 25 000 € erst 12 000 € gezahlt hat, führt die Änderung zu einer tatsächlichen Erstattung von 17 000 €, welche sich aus der Differenz der nunmehr festgesetzten Steuer (10 000 €) zu den insgesamt bezahlten Beträgen (15 000 € + 12 000 €) ergibt.
Zu verzinsen ist gem. § 233 a Abs. 5 Satz 4 AO i. V. m. § 233 a Abs. 3 Satz 3 AO der Erstattungsbetrag i. H. v. 12 000 € für zwei volle Monate (ab dem Zeitpunkt der Einzahlung dieses Betrags am 03. 02. 04 bis zum Zeitpunkt der Bekanntgabe der Änderungsfestsetzung am 15. 04. 04). Es entstehen Erstattungszinsen i. H. v. 120 €. Die restliche Erstattung i. H. v. 5 000 € wird verzinst für 12 volle Monate (01. 04. 03 – 15. 04. 04), weil es sich um die Erstattung von vor Ablauf der Karenzzeit entrichteten Vorauszahlungen handelt. Es entstehen Erstattungszinsen i. H. v. 300 €.
Des Weiteren sind gem. § 233 a Abs. 5 Satz 3 2. HS AO die bisher auf das Mindersoll (30 000 €) entfallenden Nachzahlungszinsen rückgängig zu machen, soweit diese den Unterschiedsbetrag bei Beginn des Zinslaufs (25 000 €) nicht übersteigen. Demnach entfallen die sich für den aus der ersten Festsetzung ergebenden Nachzahlungsbetrag von 25 000 € festgesetzten Nachzahlungszinsen für den Zeitraum vom 01. 04. 03 – 03. 12. 03 i. H. v. 1 000 € vollständig.
Die festzusetzenden Erstattungszinsen betragen demnach ./. 420 €.

9.3.8 Besonderheiten bei der Berücksichtigung rückwirkender Ereignisse oder von Verlustrückträgen

1851 Soweit eine **erstmalige oder eine geänderte Steuerfestsetzung** auf der Berücksichtigung eines rückwirkenden Ereignisses i. S. d. § 175 Abs. 1 Nr. 2 AO oder auf einem Verlustabzug nach § 10 d Abs. 1 EStG beruht, **beginnt** nach dem § 233 Abs. 2 a AO der **Zinslauf**, abweichend vom in Rz. 1841 dargestellten Regelfall, **insoweit 15 Monate nach Ablauf des KJ, in dem das rück-wirkende Ereignis eingetreten oder der Verlust entstanden ist.** § 233 a Abs. 7 AO regelt die Einzelheiten für die Zinsberechnung in diesem Fall.

BEISPIEL

Aufgrund der ESt-Veranlagung 02 kommt es zu einem Verlustrücktrag in das Jahr 01. Der Verlustrücktrag führt zu einer Erstattung i. H. v. 4 000 €. Der erstmalige ESt-Bescheid 01 wurde am 15. 01. 03 bekannt gegeben, der Änderungsbescheid am 15. 08. 03.

LÖSUNG Nach § 233 a Abs. 2 a AO beginnt der Zinslauf für die Berechnung der Erstattungszinsen für das Jahr 01 nicht zum 01. 04. 03 sondern erst zum 01. 04. 04. Erstattungszinsen sind daher nicht festzusetzen. Ohne diese Regelung wären Erstattungszinsen für vier volle Monate (01. 04. 03 – 15. 08. 03) i. H. v. 80 € festzusetzen.

Ist § 10 d EStG entsprechend anzuwenden (etwa § 10 b Abs. 1 Satz 4 EStG), ist auch § 233 a Abs. 2 a AO entsprechend anzuwenden (AEAO zu § 233 a, Nr. 10.1).

Ob ein Ereignis ausnahmsweise – entgegen dem Grundsatz des im Steuerrecht geltenden Rückwirkungsverbots – in die Vergangenheit **zurückwirken darf, bestimmt sich** allein **nach den Normen des materiellen Steuerrechts** (AEAO zu § 233 a, Nr. 10 und Rz. 2125 ff.). So wird durch den **erstmaligen** Beschluss über eine offene Gewinnausschüttung einer Kapitalgesellschaft für ein abgelaufenes Wirtschaftsjahr in aller Regel kein abweichender Zinslauf gemäß § 233 a Abs. 2 a AO ausgelöst. Auch **rückwirkende Ereignisse in Grundlagenbescheiden** sind zu berücksichtigen, der Grundlagenbescheid muss daher hierüber Feststellungen enthalten. Gleiches gilt für die Gewerbesteuer in den Fällen des § 35 b GewStG (AEAO zu § 233 a Nr. 74).

Nach § 233 a Abs. 7 Satz 1 AO ist ein sich bei **erstmaliger oder geänderter Steuerfestsetzung** ergebende Unterschiedsbetrag in **Teil-Unterschiedsbeträge** (Teil-UB) mit jeweils gleichem Zinslaufbeginn aufzuteilen, wenn ein rückwirkendes Ereignis i. S. d. § 175 Abs. 1 Nr. 2 AO oder ein Verlustabzug nach § 10 d Abs. 1 EStG zu berücksichtigen ist. Diese Teil-UB sind durch fiktive Veranlagungen (Schattenveranlagungen) in ihrer zeitlichen Reihenfolge zu ermitteln, beginnend mit dem ältesten Zinslaufbeginn. Jeder ermittelte Betrag ist in Anwendung des § 238 Abs. 2 AO für sich auf den nächsten durch fünfzig € teilbaren Betrag abzurunden (AEAO zu § 233 a, Nr. 31 und Nr. 49). Die auf die einzelnen Teil-UB entfallenden Zinsen sind eigenständig und in ihrer zeitlichen Reihenfolge zu berechnen, beginnend mit den Zinsen auf den Teil-UB mit dem ältesten Zinslaufbeginn (AEAO zu § 233 a, Nr. 32 und Nr. 50). Für jeden Zinslauf ist zu prüfen, wie viele Zinsmonate vollendet sind (vgl. Rz. 1836). Bei Teil-UB zugunsten des Stpfl. entfallen auf diesen Betrag festgesetzte Zinsen frühestens ab Beginn des für diesen Teil-UB maßgeblichen Zinslaufs. Zinsen für den Zeitraum bis zum Beginn des Zinslaufs dieses Teil-UB bleiben endgültig bestehen (§ 233 Abs. 7 Satz 2 AO). Dies gilt gem. § 233 a Abs. 7 Satz 3 AO auch dann, wenn zuvor innerhalb derselben Zinsberechnung Zinsen auf einen Teil-UB zuungunsten des Stpfl. berechnet worden sind.

Wegen eines ausführlichen **Beispiels** vgl. AEAO zu § 233 a, Nr. 39.

9.3.9 Verhältnis des § 233 a AO zu anderen steuerlichen Nebenleistungen

Das Verhältnis zu anderen steuerlichen Nebenleistungen ist für einige Fälle gesetzlich geregelt. So sieht z. B. § 234 Abs. 3 AO eine Anrechnung der Zinsen gem. § 233 a AO bei der Festsetzung von **Stundungszinsen** im Fall einer Doppelverzinsung vor. Gleiches gilt gem. § 235 Abs. 4 AO für **Hinterziehungszinsen**, gem. § 236 Abs. 4 AO für **Prozesszinsen auf Erstat-** **1852**

tungsbeträge und gem. § 237 Abs. 4 AO i. V. m. § 234 Abs. 3 AO auch für **Aussetzungszinsen**. Wann eine solche Überschneidung denkbar ist, siehe AEAO zu § 233 a, Nr. 65 – 68.

Die Erhebung von **Säumniszuschlägen** bleibt durch die Zinsfestsetzung gem. § 233 a AO grundsätzlich unberührt, da Zinsen bis zur Bekanntgabe und Säumniszuschläge erst ab Fälligkeit entstehen. Wegen eines Ausnahmefalls vgl. AEAO zu § 233 a Nr. 64. Auch hindert die Zinsfestsetzung grundsätzlich nicht die Festsetzung eines **Verspätungszuschlages**, vgl. AEAO zu § 152, Nr. 7 und Rz. 1105, wonach die Vollverzinsung bei der Bemessung des Verspätungszuschlags zu berücksichtigen ist.

9.3.10 Billigkeitsmaßnahmen

1853   **Billigkeitsmaßnahmen**, wie z. B. der Erlass von Zinsen, kommen in Betracht, wenn hinsichtlich der zugrundeliegenden Steuer eine solche in Betracht kommt (AEAO zu § 233 a Nr. 69.1).

Werden bereits **fällige Erstattungsbeträge mit noch nicht fälligen Nachzahlungsbeträgen aufgerechnet oder verrechnet**, sind für die Zeit zwischen der Fälligkeit der Erstattungsansprüche und der Bekanntgabe der Festsetzung berechnete Nachzahlungszinsen gem. § 227 AO zu erlassen. Im umgekehrten Fall der **Verrechnungsstundung** (ein Nachzahlungsbetrag wird bis zu einer Erstattung zinslos gestundet, sog. technischen Stundung, vgl. Rz. 1797) wird grundsätzlich aus Billigkeitsgründen auf die Erhebung von Stundungszinsen verzichtet (vgl. Rz. 1855). Dies gilt jedoch nicht, soweit für denselben Zeitraum Erstattungszinsen gem. § 233 a AO entstehen (AEAO zu § 234, Nr. 11).

Nachzahlungszinsen werden erlassen, soweit bereits vor Wirksamkeit der Steuerfestsetzung **freiwillige Leistungen** erbracht wurden und das FA diese angenommen und behalten hat. In diesem Fall sind für den Zeitraum zwischen Eingang der Leistung und Wirksamkeit der Festsetzung fiktive Erstattungszinsen zu berechnen (AEAO zu § 233 a Nr. 70.1.2). Vgl. hierzu das Beispiel b) in Rz. 1845.

Sachlich nicht unbillig ist die Erhebung von Zinsen gem. § 233 a AO, wenn die **verspätete Festsetzung** der Steuer auf einer **durch das FA** verzögerten Veranlagung beruht. Auf ein Verschulden kommt es für die Erhebung der Zinsen gem. § 233 a AO nicht an. Es ist Sinn und Zweck des § 233 a AO, den Zinsvorteil des Stpfl. und den Zinsnachteil des Steuergläubigers auszugleichen, ohne dass es auf eine konkrete Berechnung der tatsächlich eingetretenen Zinsvor- und -nachteile ankommt (BFH vom 19. 03. 1997 BStBl II 1997, 446 und vom 02. 02. 2001, BFH/NV 2001, 1003 m. w. N.).

Bei einer von den ursprünglichen Steuerfestsetzungen **abweichenden zeitlichen Zuordnung eines Umsatzes durch das FA**, die gleichzeitig zu einer Steuernachforderung in einem früheren Jahr und zu einer Steuererstattung in einem späteren Jahr führt, können durch eine Zinsfestsetzung (in Wirklichkeit nicht vorhandene) Zinsvorteile nicht abgeschöpft werden. Insoweit ist die Festsetzung von Zinsen sachlich unbillig. Soweit jedoch Zinsvorteile durch Liquiditätsvorteile wegen späterer Zahlung bestehen bleiben, sind diese zu erheben. Der Fall der »**Umsatzverlagerung**« wird vom BFH aber anders gesehen als die »**Gewinnverlagerung**«, da letztere generell nicht aufkommensneutral ist (BFH vom 11. 07. 1996 BStBl II 1997, 259 und AEAO zu § 233 a Nr. 70.2.4 und 70.3 sowie BFH vom 16. 11. 2005 BStBl II 2006, 155).

Die Verzinsung nachträglich festgesetzter **Umsatzsteuer** beim Leistenden ist nicht deshalb unbillig, weil sich **per Saldo ein Ausgleich** mit dem vom Leistungsempfänger abgezogenen **Vorsteuerbeträgen** ergibt (BFH vom 20. 01. 1997 BStBl II 1997, 716 und AEAO zu § 233 a Nr. 70.2.1).

Weitere Ausführungen zu Billigkeitsmaßnahmen enthält **AEAO** zu § 233 a, Nr. 69 ff.

9.3.11 Verfahrensfragen

Die **Festsetzung der Zinsen** (durch schriftlichen Zinsbescheid) soll gem. § 233 a Abs. 4 AO   **1854**
mit der **Steuerfestsetzung verbunden** werden. Die **Festsetzungsfrist** beginnt gem. § 239 Abs. 1
Nr. 1 AO mit Ablauf des Jahres in dem die Steuer festgesetzt, aufgehoben, geändert oder berichtigt wird. Gem. § 239 Abs. 1 Satz 3 AO läuft sie nicht ab, solange die Steuerfestsetzung, ihre Aufhebung, ihre Änderung oder ihre Berichtigung noch möglich ist. Somit tritt die Festsetzungsverjährung der Zinsen nicht vor Ablauf der Festsetzungsfrist der zugrundeliegenden Steuer ein.
Gegen die Zinsfestsetzung nach § 233 a AO ist, wie bei den übrigen Zinsen auch, der **Rechtsbehelf des Einspruchs** gegeben (§ 347 Abs. 1 Nr. 1 AO). Einwendungen gegen die zugrundeliegende Steuerfestsetzung oder Anrechnung können nicht mit dem Rechtsbehelf gegen die Zinsfestsetzung vorgebracht werden. Wegen Verfahrensfragen vgl. auch Rz. 1834.

Eine **Aussetzung der Vollziehung** des Zinsbescheides gem. § 361 AO bzw. § 69 FGO
kommt in Betracht, wenn der Zinsbescheid als solches vollziehbar ist. Dies ist nicht der Fall,
wenn eine erstmalige oder höhere Festsetzung von Erstattungszinsen begehrt wird.

9.4   Stundungszinsen (§ 234 AO)

Stundungszinsen werden gem. § 234 Abs. 1 AO für die Dauer einer gewährten Stundung   **1855**
von Ansprüchen aus dem Steuerschuldverhältnis erhoben. Nicht verzinst werden gem. § 233
Satz 2 AO die steuerlichen Nebenleistungen i. S. d. § 3 Abs. 4 AO. Wegen der **Berechnung** von
Stundungszinsen vgl. Rz. 1836.

Auf die Zinsen kann ganz oder teilweise **verzichtet werden**, wenn ihre Erhebung nach Lage
des einzelnen Falles unbillig wäre (§ 234 Abs. 2 AO). Eine solche Unbilligkeit ist z. B. dann gegeben, wenn im Hinblick auf belegbare, demnächst fällige Erstattungsansprüche die Stundung
einer Nachzahlung gewährt wird (**Verrechnungsstundung** oder **technische Stundung**, vgl. Rz.
1797). Auf die Erhebung der Stundungszinsen kann aber insoweit nicht verzichtet werden, soweit
für die Erstattungsbeträge Erstattungszinsen gem. § 233 a AO entstehen (AEAO zu § 234, Nr. 11).

Für die Erhebung von Stundungszinsen grundsätzlich unerheblich ist, wenn der Stpfl. **vor
oder nach dem Zahlungstermin zahlt** (Prinzip der Soll-Verzinsung). Allerdings sieht die
Finanzverwaltung im AEAO zu § 234, Nr. 1 auf Antrag eine Billigkeitsmaßnahme i. S. d. § 234
Abs. 2 AO für den Fall vor, dass mehr als einen Monat vor Fälligkeit getilgt wird (z. B. durch
Aufrechnung). Wegen **weiterer Fälle der Unbilligkeit** wie z. B. bei längerer Arbeitslosigkeit,
Katastrophen, Forderungsausfällen wegen Konkurs-/Insolvenzverfahren etc. vgl. AEAO zu
§ 234, Nr. 11.

Stundungszinsen werden regelmäßig, aber nicht notwendigerweise, mit der Stundungs-
verfügung zusammen durch **schriftlichen Zinsbescheid** festgesetzt und sollen mit der letzten
Stundungsrate gemeinsam erhoben werden. Wird die **Stundungsverfügung zurückgenom-
men oder widerrufen**, so muss der Zinsbescheid gem. § 175 Abs. 1 Nr. 1 AO geändert werden.
Die Stundungsverfügung ist für den Zinsbescheid als **Grundlagenbescheid** i. S. d. § 171
Abs. 10 AO anzusehen.

Wird die **Festsetzung der gestundeten Steuer vor** Ablauf des Stundungszeitraums **geändert, aufgehoben oder berichtigt**, ist der Zinsbescheid gem. § 175 Abs. 1 Nr. 1 AO entsprechend zu ändern. Wird die Festsetzung der gestundeten Steuer **nach** Ablauf des Stundungszeitraums geändert, aufgehoben oder berichtigt, so bleiben gem. § 234 Abs. 1 Satz 2 AO die Stundungszinsen unberührt.

Wegen **weiterer Verfahrensfragen**, etwa der **Festsetzungsfrist** vgl. Rz. 1834.

9.5 Verzinsung hinterzogener Steuern (§ 235 AO)

1856 Bei **hinterzogenen Steuern** (z. B. auch Solidaritätszuschlag, zu geringe Vorauszahlungen, ungerechtfertigt erlangte Prämien und Zulagen, vgl. AEAO zu § 235, Nr. 2.1) müssen Zinsen erhoben werden (§ 235 Abs. 1 Satz 1 AO). Die Möglichkeit des Verzichts, wie bei Stundungszinsen nach § 234 Abs. 2 AO, ist hier nicht vorgesehen. Mit den Hinterziehungszinsen sollen die durch die Steuerhinterziehung erlangten Zinsvorteile abgeschöpft werden.

Die Festsetzung von Hinterziehungszinsen setzt die **Erfüllung des objektiven und des subjektiven Tatbestands der Steuerhinterziehung** gem. § 370 AO voraus (Rz. 2992 ff.). Die **Steuerhinterziehung muss** i. S. d. § 370 Abs. 4 AO **vollendet sein.** Keine Zinspflicht ergibt sich bei leichtfertiger Steuerverkürzung gem. § 378 AO oder bei der versuchten Steuerhinterziehung. Persönliche Strafausschließungs- und Strafaufhebungsgründe, wie z. B. die **Selbstanzeige** gem. § 371 AO hindert die Festsetzung der Zinsen nicht. Auch eine **strafrechtliche Verurteilung** des Hinterziehers ist für die Festsetzung der Zinsen nicht erforderlich. An Entscheidungen des Strafgerichtes ist die Finanzbehörde nicht gebunden. Allerdings kann und wird die Finanzbehörde sich die dort getroffenen Feststellungen grundsätzlich zu eigen machen (AEAO zu § 235, Nr. 1.3). Somit sind Hinterziehungszinsen etwa auch dann festzusetzen, wenn der Täter verstorben ist (BFH vom 27. 08. 1991 BStBl II 1992, 9), Strafverfolgungsverjährung eingetreten ist, das Strafverfahren wegen Geringfügigkeit eingestellt worden ist (z. B. § 398 AO i. V. m. §§ 153, 153 a StPO) oder in anderen Fällen die Strafverfolgung beschränkt oder von der Strafverfolgung abgesehen wird (z. B. gem. §§ 154, 154 a StPO oder wegen einer wirksamen Selbstanzeige). **Schuldner der Hinterziehungszinsen** ist gem. § 235 Abs. 1 Satz 2 AO derjenige, zu dessen Vorteil die Steuern hinterzogen worden sind. Demnach ist der Steuerschuldner stets Schuldner der Hinterziehungszinsen. Er muss jedoch nicht Täter oder Teilnehmer der Steuerhinterziehung gewesen sein.

BEISPIEL

Steuerberater A verheimlicht vorsätzlich Betriebseinnahmen für seinen Mandanten B. B weiß davon nichts. Die Steuer wird deswegen um 1 000 € zu niedrig festgelegt.
LÖSUNG Die Steuerhinterziehung (§ 370 Abs. 1 Nr. 1 AO) hat A als mittelbarer Täter begangen. Die Hinterziehungszinsen sind gegen B festzusetzen, da er als Steuerschuldner den Vorteil aus der Hinterziehung hat.

Bei **Gesamtschuldnern**, etwa bei zusammen zur Einkommensteuer veranlagten Ehegatten/Lebenspartnern schulden beide selbst dann als Gesamtschuldner die Hinterziehungszinsen, wenn nur ein Ehegatte/Lebenspartner Steuerhinterziehung begangen hat (AEAO zu § 235, Nr. 3.1).

Gem. § 235 Abs. 1 Satz 3 AO ist abweichend vom Grundsatz **Schuldner** der Hinterziehungszinsen der **Entrichtungspflichtige**, wenn er die Steuer einbehalten aber nicht abgeführt hat. Dies betrifft etwa den Arbeitgeber für die **Lohnsteuer** oder ein Kreditinstitut für die **Kapitalertragsteuer**. Hat der Entrichtungspflichtige die hinterzogene Abzugssteuer jedoch nicht einbehalten, ist gem. § 235 Abs. 1 Satz 2 AO nicht der Entrichtungspflichtige sondern der Steuerschuldner Schuldner der Hinterziehungszinsen, weil er den Vorteil aus der Steuerhinterziehung erlangt hat.

Die in §§ 34, 35 AO genannten Personen, etwa **gesetzliche Vertreter**, sind keine Entrichtungspflichtigen i. S. d. § 235 Abs. 1 Satz 3 AO (AEAO zu § 235, Nr. 3.2 und 3.3), weil etwa eine juristische Person durch ihren gesetzlichen Vertreter handelt (z. B. Geschäftsführer einer GmbH). Ebenfalls schulden sie nicht die Hinterziehungszinsen. Allerdings kann eine Haftung gem. § 71 AO in Betracht kommen (vgl. Rz. 781).

Werden **Steuern zum Vorteil der Gesellschafter einer Personengesellschaft** (z. B. durch unrichtige gesonderte und einheitliche Erklärung über den festzustellenden Gewinn gem. § 180 Abs. 1 Nr. 2 Buchst a AO) hinterzogen, ist in einem Verfahren der gesonderten und einheitlichen Feststellung vom Betriebsfinanzamt darüber zu entscheiden, ob und in welchem Umfang der von den Gesellschaftern erlangte Vorteil i. S. d. § 235 Abs. 1 AO auf einer Hinterziehung beruht. Aufgrund dieses Grundlagenbescheids i. S. d. § 171 Abs. 10 AO werden die Zinsen gem. § 182 Abs. 1 AO in Folgebescheiden gegen die Gesellschafter festgesetzt.

Werden **Realsteuern** (Gewerbesteuer und Grundsteuer), z. B. durch unrichtige Gewerbesteuererklärung hinterzogen, hat das FA einen Messbescheid für Zwecke der Zinsen gem. § 184 Abs. 1 AO zu erlassen. Die Gemeinde erlässt darauf hin den Zinsbescheid gegen den Stpfl. als Folgebescheid (AEAO zu § 235, Nr. 6.2).

Wegen der grundsätzlichen **Berechnung der Zinsen** vgl. Rz. 1836. Das **strafrechtliche Kompensationsverbot** i. S. d. § 370 Abs. 4 Satz 3 AO (vgl. Rz. 3005) ist bei der Berechnung von Hinterziehungszinsen nicht anzuwenden.

BEISPIEL

Die Einkommensteuer 01 wurde auf 20 000 € festgesetzt. Wegen hinterzogener Einnahmen aus Gewerbebetrieb erhöht sich diese um 15 000 €. Zugleich führt die Minderung der Einkünfte aus Vermietung und Verpachtung aus anderen Gründen zu einer Verringerung der Einkommensteuer um 7 000 €. Das FA setzt daher die Einkommensteuer 01 auf 28 000 € fest.

LÖSUNG Für die Berechnung der Hinterziehungszinsen ist von einer Bemessungsgrundlage von 8 000 € auszugehen (28 000 € ./. 20 000 €).

Gem. § 235 Abs. 2 AO **beginnt der Zinslauf** grundsätzlich mit dem Eintritt der Verkürzung oder dem Erlangen des Steuervorteils. Wenn ohne Verkürzung der Anspruch erst später fällig geworden wäre, so ist dieser Zeitpunkt für den Beginn des Zinslaufs maßgebend. So ist z. B. die ESt im Zeitpunkt der Bekanntgabe des Steuerbescheides hinterzogen. Gleichwohl wird eine Nachzahlung gem. § 36 Abs. 4 Satz 1 EStG erst einen Monat nach Bekanntgabe fällig. Der Zinslauf beginnt daher erst mit Ablauf des Fälligkeitstages. Zum Zeitpunkt der Tatvollendung wenn keine Steuererklärung eingereicht wird vgl. Rz. 3012. Gem. § 235 Abs. 3 AO **endet der Zinslauf** mit Zahlung der hinterzogenen Steuer. Hierbei ist der Tag der Zahlung in die Berechnung des Zinslaufs noch mit einzubeziehen. Weil nach § 235 Abs. 3 Satz 2 AO Hinterziehungszinsen für Zeiten nicht erhoben werden, für die ein Säumniszuschlag verwirkt, die Zahlung gestundet oder die Vollziehung ausgesetzt ist, endet der Zinslauf spätestens mit Ablauf des Fälligkeitstages.

Die **Festsetzungsfrist** für Hinterziehungszinsen beginnt mit Ablauf des KJ, in dem die Festsetzung der hinterzogenen Steuern unanfechtbar geworden ist, jedoch nicht vor Ablauf des KJ, in dem ein eingeleitetes Strafverfahren rechtskräftig abgeschlossen worden ist (§ 239 Abs. 1 Satz 2 Nr. 3 AO). Die Bestimmung des § 239 Abs. 1 Satz 2 Nr. 3 2. HS AO als Anlaufhemmung für die Festsetzungsfrist betrifft jedoch nur Strafverfahren, die bis zum Ablauf des Jahres (tatsächlich) eingeleitet wurden, in dem hinterzogene Steuern unanfechtbar festgesetzt wurden. Dies gilt auch, wenn ein Verfahren »nur« nach einer Selbstanzeige eingeleitet wurde (vgl. BFH vom 29. 04. 2008 BStBl II 2008, 844). Ist zu diesem Zeitpunkt noch kein Strafverfahren eingeleitet worden, so beginnt die Festsetzungsfrist nach Maßgabe des § 239 Abs. 1 Satz 2 Nr. 3 1. HS AO. Die spätere Einleitung eines Strafverfahrens hat dann keinen Einfluss auf die Festsetzungsfrist (BFH vom 24. 08. 2001, BStBl II 2001, 782). Dies wäre eine Hemmung oder Ablaufhemmung der Verjährung, was § 239 Abs. 1 Satz 2 AO jedoch nicht vorsieht.

Wird die **Steuerfestsetzung nach Ende des Zinslaufs geändert, aufgehoben oder berichtigt**, so bleiben bis zu diesem Zeitpunkt entstandene Zinsen gem. § 235 Abs. 3 Satz 3 AO unberührt.

9.6   Prozesszinsen auf Erstattungsbeträge (§ 236 AO)

1857   Zinsen müssen vom FA gezahlt werden, wenn **durch oder aufgrund rechtskräftiger gerichtlicher Entscheidungen** eine festgesetzte Steuer herabgesetzt oder eine Steuervergütung gewährt wird. Es ist also immer Voraussetzung, dass bei Gericht ein Rechtsstreit anhängig war. Ein zu erstattender oder zu vergütender Betrag wird **nicht verzinst, soweit** dem Beteiligten die Kosten des Rechtsbehelfs nach § 137 Satz 1 FGO (**verspätetes Vorbringen**) auferlegt worden sind (§ 236 Abs. 3 AO). Ebenfalls nicht verzinst werden etwa Erstattungen von steuerlichen Nebenleistungen (vgl. § 233 Satz 2 AO) oder von Haftungsansprüchen (BFH vom 25. 07. 1989 BStBl II 1989, 821).

Der **Zinslauf** beginnt mit dem Tag der Rechtshängigkeit des Verfahrens, frühestens mit dem Tag der Zahlung (§ 236 Abs. 1 AO). Der Zeitpunkt der Rechtshängigkeit bleibt unberührt, wenn ein ändernder oder ersetzender Verwaltungsakt nach § 68 FGO Gegenstand des Klageverfahrens wird (AEAO zu § 236, Nr. 5). Der Zinslauf endet mit dem Tag der Auszahlung.

Die **Festsetzungsfrist** für Zinsen auf Erstattungsbeträge beginnt mit dem Ablauf des KJ, in dem die Steuer erstattet oder die Steuervergütung ausgezahlt worden ist (§ 239 Abs. 1 Nr. 4 AO). Wegen der Berechnung und weiterer Verfahrensfragen vgl. Rz. 1834 und Rz. 1836.

Wird der **Steuerbescheid nach Abschluss des Rechtsbehelfsverfahrens geändert, aufgehoben oder berichtigt**, so bleiben bis zu diesem Zeitpunkt entstandene Zinsen hiervon gem. § 236 Abs. 5 AO unberührt.

9.7   Zinsen bei Aussetzung der Vollziehung (§ 237 AO)

1858   Aussetzungszinsen fallen gem. § 237 Abs. 1 AO für nach § 361 AO oder § 69 FGO ausgesetzte Beträge an, soweit ein Einspruch oder eine Anfechtungsklage (§ 40 Abs. 1 FGO) gegen einen Steuerbescheid, eine Steueranmeldung oder einen Verwaltungsakt, der einen Steuervergütungsbescheid aufhebt oder ändert oder gegen eine Einspruchsentscheidung über einen dieser Verwaltungsakte endgültig keinen Erfolg gehabt hat. Aus welchem **Grund** der Rechtsbehelf nicht zu einer dem ausgesetzten Betrag entsprechenden Herabsetzung der Steuer führt, ist **ohne Bedeutung** (BFH vom 27. 11. 1991 BStBl II 1992, 319 und vom 18. 07. 1994, BStBl II 1995, 4). Eine Verzinsung des ausgesetzten Betrags findet auch dann statt, wenn der Stpfl. mit seiner Einspruchsbegründung zwar durchdringt, sich aber aus anderen Gründen z. B. anderer gegenläufiger Änderungstatbestand oder Kompensation nach § 177 AO, keine Änderung zu seinen Gunsten ergibt.

> **BEISPIEL**
>
> Gegen den mit einer Nachzahlung i. H. v. 6 000 € am 04. 03. 01 bekannt gegebenen ESt-Bescheid legt der Stpfl. Einspruch ein und beantragt Aussetzung der Vollziehung i. H. v. 1 000 € mit der Begründung, er habe noch weitere belegbare Werbungskosten bei den Einkünften aus Vermietung und Verpachtung. Die Aussetzung der Vollziehung wird ab Fälligkeit (04. 04. 01) gewährt. Bevor das FA einen Abhilfebescheid erlassen kann, ergeht ein Feststellungsbescheid für die Gesellschaft, an der der Stpfl. beteiligt ist. Hierdurch ergibt sich eine Erhöhung der ESt von 4 000 €. Das FA gibt daraufhin am 07. 10. 01 einen Steuerbescheid mit einer Nachzahlung von 9 000 € (6 000 € ./. 1 000 € + 4 000 €) bekannt.
>
> **LÖSUNG** Aussetzungszinsen sind für den ausgesetzten Betrag i. H. v. 1 000 € für sieben volle Monate (04. 03. 01 – 07. 10. 01) i. H. v. 35 € zu erheben.

Eine Verzinsung bei Folgebescheiden wird nach § 237 Abs. 1 Satz 2 AO auch bei angefochtenen **Grundlagenbescheiden** durchgeführt, wenn aufgrund dessen die Vollziehung der abhängigen Folgebescheide ausgesetzt war. Gem. § 237 Abs. 3 AO gilt dies auch für die **Gewerbe-**

steuer, wenn aufgrund der Anfechtung eines ESt-, eines KSt- oder Feststellungsbescheides die Aussetzung der Vollziehung eines GewSt-Messbescheides oder Gewerbesteuerbescheides ausgesetzt war.

Der **Zinslauf beginnt** nach § 237 Abs. 2 Satz 1 AO am Tag des Eingangs des außergerichtlichen Rechtsbehelfs bei der Behörde, deren Verwaltungsakt angefochten wird, oder am Tag der Rechtshängigkeit beim Gericht und endet an dem Tag, an dem die Aussetzung der Vollziehung endet. Ist die Vollziehung erst nach dem Eingang des außergerichtlichen Rechtsbehelfs oder erst nach der Rechtshängigkeit ausgesetzt worden, so beginnt nach § 237 Abs. 2 Satz 2 AO die Verzinsung mit dem Tag, an dem die Wirkung der Aussetzung der Vollziehung beginnt.

BEISPIEL

Gegen den ESt-Bescheid, welcher am 02. 05. 03 bekannt gegeben wird, wird am 10. 05. 03 Einspruch eingelegt und Aussetzung der Vollziehung der Nachzahlung i. H. v. 2 000 € beantragt. Diese wird dem Stpfl. gem. § 361 Abs. 2 AO ab Fälligkeit gewährt.

LÖSUNG Da der Rechtsbehelf vor dem Fälligkeitstag eingelegt worden ist, beginnt der Zinslauf erst ab Fälligkeit der Nachzahlung am 02. 06. 03 (§ 36 Abs. 4 Satz 1 EStG) und nicht am 10. 05. 03.

Der **Zinslauf endet** gem. § 237 Abs. 2 Satz 1 AO an dem Tag, an dem die Aussetzung endet. Der Steuerpflichtige hat – trotz gewährter Aussetzung der Vollziehung – die Möglichkeit, den Zinslauf für die Aussetzungszinsen jederzeit durch Zahlung zu beenden (BFH vom 05. 09. 2011 – X B 144/10, BFH/NV 2012 S. 3).

Ebenso wie bei Stundungszinsen kann auch bei Aussetzungszinsen **von der Erhebung ganz oder teilweise abgesehen** werden, wenn diese nach Lage des einzelnen Falles unbillig wäre (§§ 237 Abs. 4, 234 Abs. 2 AO). Die **Festsetzungsfrist** für Aussetzungszinsen beginnt mit Ablauf des KJ, in dem ein außergerichtlicher Rechtsbehelf oder eine Anfechtungsklage endgültig erfolglos geblieben ist (§ 239 Abs. 1 Nr. 5 AO). Wird der **Steuerbescheid nach Abschluss des Rechtsbehelfsverfahrens geändert, aufgehoben oder berichtigt**, so bleiben bis zu diesem Zeitpunkt entstandene Zinsen hiervon gem. § 237 Abs. 5 AO unberührt. Wegen weiterer Verfahrensfragen vgl. Rz. 1834.

10 Säumniszuschlag (§ 240 AO)

10.1 Zweck und Anwendungsbereich

Wenn eine festgesetzte bzw. angemeldete **Steuer** nicht bis zum Ablauf des Fälligkeitstages entrichtet wird, ist ein Säumniszuschlag zu zahlen (§ 240 Abs. 1 Satz 1 AO). Dies gilt auch während eines nach § 258 AO gewährten **Vollstreckungsaufschubs** (vgl. Rz. 2852 und AEAO zu § 240, Nr. 7), sowie nach einer **Niederschlagung** gem. § 261 AO weil die beiden vorgenannten Maßnahmen die Fälligkeit der betroffenen Steuerrückstände unberührt lassen (wegen eines möglichen Erlasses vgl. Rz. 1867).

1859

Säumniszuschläge sind **weder Zinsen noch Strafen**, sondern nur ein Mittel, den Stpfl. zur pünktlichen Zahlung anzuhalten. Auch aus § 240 Abs. 1 Satz 4 AO ist zu erkennen, dass der Säumniszuschlag kein Ersatz für entgangene Zinsen, sondern ein Druckmittel eigener Art darstellt, da diese Vorschrift eine Akzessorietät zu der zugrunde liegenden Steuer ausdrücklich ausschließt. Darüber hinaus verfolgt die Vorschrift des § 240 AO den Zweck, vom Steuerpflichtigen eine **Gegenleistung für das Hinausschieben der Zahlung fälliger Steuern** zu erhalten. Durch Säumniszuschläge werden schließlich **auch die Verwaltungsaufwendungen abgegolten**, die bei den verwaltenden Körperschaften dadurch entstehen, dass Steuerpflichtige eine fällige Steuer nicht oder nicht fristgemäß zahlen (BFH vom 09. 07. 2003 BStBl II 2003, 901).

Säumniszuschläge fallen nicht nur bei **verspäteter Zahlung einer Steuer**, sondern auch dann an, wenn eine **zurückzuzahlende Steuervergütung** nicht bis zum Ablauf des Fälligkeitstages entrichtet wird (§ 240 Abs. 1 Satz 2 AO). Auch bei **Haftungsschulden** entstehen nach § 240 Abs. 1 Satz 2 AO Säumniszuschläge, soweit sich die Haftung auf Steuern und zurückzuzahlende Steuervergütungen erstreckt. Bei **steuerlichen Nebenleistungen** i. S. d. § 3 Abs. 4 AO entstehen keine Säumniszuschläge (§ 240 Abs. 2 AO). Gleiches gilt für **Geldstrafen**, weil diese nicht zu den Ansprüchen aus dem Steuerschuldverhältnis gehören.

1860   Ob bei **Ansprüchen des Steuergläubigers i. S. d. § 37 Abs. 2 AO** (z. B. Rückforderung irrtümlicher oder doppelter Erstattung) Säumniszuschläge entstehen, scheint nicht klar. So ist z. B. Tipke/Kruse, § 240 Rz. 9, der Meinung, dass in diesen Fällen Säumniszuschläge entstünden, da es sich bei diesem **Rückforderungsanspruch** um einen umgekehrten Steueranspruch handele. U. E. entstehen keine Säumniszuschläge. § 37 Abs. 1 AO unterscheidet zwischen dem Steueranspruch und dem Anspruch gem. § 37 Abs. 2 AO, wobei § 240 Abs. 1 AO für den zweiten Fall die Entstehung von Säumniszuschlägen nicht vorsieht.

1861 und 1862 frei

10.2 Berechnung

1863   Der Säumniszuschlag beträgt **eins vom Hundert** des rückständigen, auf den nächsten durch **50 € teilbaren nach unten abgerundeten Steuerbetrages.** Er wird für **jeden angefangenen Monat** der Säumnis erhoben.

Die **Säumnis beginnt** mit Ablauf des Fälligkeitstages nach § 220 AO (Rz. 1790 ff). Die Schonfrist des § 240 Abs. 3 Satz 1 AO hat hierbei keinen Einfluss auf die Berechnung des Beginns der Säumnis. **Beendet** wird die **Säumnis** durch die Zahlung des rückständigen Betrages oder durch sonstiges Erlöschen des Anspruchs gem. § 47 AO wie etwa Aufrechnung.

Für Zeiten, in denen **Stundung** gem. § 222 AO, **Zahlungsaufschub** gem. § 223 AO oder **Aussetzung der Vollziehung** gem. § 361 Abs. 2, § 69 Abs. 2 FGO gewährt wird, entstehen keine Säumniszuschläge. Vgl. hierzu auch AEAO zu § 240, Nr. 6. Wegen der Berechnung der Säumniszuschläge nach § 240 Abs. 1 Satz 5 AO im Fall der Aufrechnung vgl. Rz. 1817.

Bei einer Säumnis bis zu drei Tagen wird grundsätzlich ein Säumniszuschlag nicht erhoben (§ 240 Abs. 3 Satz 1 AO, sog. **Schonfrist**). Bei einer Säumnis von mehr als drei Tagen werden Säumniszuschläge erhoben, und zwar – ohne Berücksichtigung der Schonfrist – vom Tag der Fälligkeit an. Gem. § 240 Abs. 3 Satz 2 AO gilt für **Barzahlungen und Zahlungen per Scheck** i. S. d. § 224 Abs. 2 Nr. 1 AO die Schonfrist jedoch nicht. Bei diesen Zahlarten werden bei einer Überschreitung der Fälligkeit schon von nur einem Tag Säumniszuschläge erhoben. Um eine rechtzeitige Zahlung per Scheck zu erreichen, muss dieser bereits drei Tage vor Fälligkeit bei der Finanzbehörde eingegangen sein, vgl. § 224 Abs. 2 Nr. 1 AO.

Gem. § 240 Abs. 1 Satz 3 AO tritt Säumnis nicht ein, bevor die Steuer festgesetzt oder angemeldet worden ist. Dies betrifft die sog. **Fälligkeitssteuern**, bei denen somit für die Zeit zwischen der gesetzlichen Fälligkeit und der Anmeldung bzw. Festsetzung keine Säumniszuschläge anfallen. Wird also eine Anmeldung (z. B. Umsatzsteuer-Voranmeldung bzw. Lohnsteuer-Anmeldung) beim FA erst nach der gesetzlichen Fälligkeit (vgl. § 18 Abs. 1 Satz 3 UStG bzw. § 41 a Abs. 1 Satz 1 Nr. 1 EStG) abgegeben und gleichzeitig bezahlt, so entsteht kein Säumniszuschlag, da der Steueranspruch erst mit Eingang der Anmeldung beim FA als festgesetzt gilt (§ 168 AO) und gem. § 240 Abs. 1 Satz 3 AO bis zur Festsetzung keine Säumniszuschläge entstehen.

BEISPIELE

a) Die Umsatzsteuervoranmeldung Januar 01 wird am 15. 02. 01 beim FA abgegeben. Diese weist eine Zahllast i. H. v. 3 000 € zugunsten der Finanzbehörde aus. Der Betrag wurde dem Konto des FA am 15. 02. 01 gutgeschrieben.

LÖSUNG Die Anmeldung gilt gem. § 168 Satz 1 AO mit Eingang beim FA als Steuerfestsetzung. Die Steuerschuld ist am 10. 02. 01 fällig (§ 220 Abs. 1 AO i. V. m. § 18 Abs. 1 Satz 3 UStG). Nach § 240 Abs. 1 Satz 3 AO tritt eine Säumnis aber nicht ein, bevor die Umsatzsteuer angemeldet wurde, hier am 15. 02. 01. Nach § 224 Abs. 2 Nr. 2 AO gilt eine Zahlung durch Überweisung am Tag der Gutschrift als entrichtet. Somit wurde gezahlt, bevor Fälligkeit eintrat. Säumniszuschläge entstehen nicht.

b) Wie vorangegangenes Beispiel, aber der Betrag wird erst am 16. 02. 01 gutgeschrieben.

LÖSUNG Mit Ablauf des Tages der Anmeldung am 15. 02. 01 tritt Säumnis ein. Es entstehen daher Säumniszuschläge i. H. v. 30 €.

Die **Monatsfrist** des § 240 Abs. 1 AO und die **Schonfrist** i. S. d. § 240 Abs. 3 Satz 1 AO sind   **1864**
Fristen, auf deren **Berechnung** § 108 AO i . V. m. §§ 187 ff. BGB anzuwenden ist. Fällt daher z. B. der letzte Tag der Monatsfrist des § 240 Abs. 1 AO auf einen Sonnabend, Sonntag oder gesetzlichen Feiertag, so verschiebt sich das Ende der Frist gem. § 108 Abs. 3 AO auf den nachfolgenden Werktag. Bei mehrmonatiger Säumnis findet § 108 Abs. 3 AO nur (insoweit) Anwendung, als die rückständige Steuer entrichtet wird.

BEISPIEL

Die Einkommensteuerabschlusszahlung i. H. v. 4 560 € wurde am 10. 06. 01 (Freitag) fällig. Der Stpfl. zahlt am 12. 09. 01 (Montag).

LÖSUNG Die entstandenen Säumniszuschläge berechnen sich wie folgt:
Die Einkommensteuer war fällig am 10. 06. 01. Die Schonfrist nach § 240 Abs. 3 AO wird bei der Berechnung der Säumniszuschläge nicht miteinbezogen.
1 % Säumniszuschlag entstanden am 11. 06. 01 (– 10. 07. 01, Sonntag)
2 % Säumniszuschlag entstanden am 11. 07. 01 (– 10. 08. 01, Mittwoch)
3 % Säumniszuschlag entstanden am 11. 08. 01 (– 10. 09. 01, Samstag)
Da der 10. 09. 01 jedoch ein Samstag ist, verlängert sich die Frist auf den nächsten Werktag (§ 108 Abs. 3 AO), so dass bei Zahlung am 12. 09. 01 nur 3 (und nicht schon 4) angefangene Säumnismonate vorliegen. Ein Hinausschieben des 10. 07. 01 auf Montag, den 11. 07. 01 kommt hingegen nicht in Betracht.
Berechnung: 3 % von 4 550 € (abgerundet nach § 240 Abs. 1 Satz 1 AO) ergeben Säumniszuschläge in Höhe von 136,50 €.

Bei **Aufhebung oder Änderung der Hauptschuld** (zugunsten des Stpfl.) bleiben bis dahin verwirkte Säumniszuschläge bestehen (§ 240 Abs. 1 Satz 4 AO).

BEISPIELE

a) Der Stpfl. erklärt in seiner Umsatzsteuerjahreserklärung 01 vom 06. 06. 02 eine Zahllast zugunsten des FA i. H. v. 15 000 €. Der Stpfl. zahlt diesen Betrag per Überweisung. Die Gutschrift auf dem Bankkonto des FA erfolgt am 21. 07. 02.
Mit am 13. 10. 02 bekannt gegebenen Steuerbescheid (der am 27. 09. 02 maschinell erstellt und entsprechend vordatiert wurde) ändert das FA die Steuerfestsetzung aufgrund einer Kontrollmitteilung gem. § 164 Abs. 2 Satz 1 AO zuungunsten des Stpfl. Die Steuer erhöht sich um 4 000 €. Der Stpfl. zahlt per Scheck, der am 11. 11. 02 beim FA eingeht.

LÖSUNG Der Unterschiedsbetrag zugunsten des FA i. H. v. 15 000 € ist am 06. 07. 02 fällig (§ 220 Abs. 1 AO, § 18 Abs. 4 Satz 1 UStG, § 108 Abs. 1 AO, § 187 Abs. 1 BGB, § 188 Abs. 2 BGB; ggf. noch § 188 Abs. 3 BGB und § 108 Abs. 3 AO). Gem. § 224 Abs. 2 Nr. 2 AO ist die Zahlung per Überweisung am 21. 07. 02 und somit verspätet geleistet. Die Schonfrist des § 240 Abs. 3 Satz 1 AO ist überschritten. Es sind für einen angefangenen Monat gem. § 240 Abs. 1 AO Säumniszuschläge i. H. v. 150 € entstanden.

Für die nachträgliche Erhöhung sind aufgrund der Zahlung am 14. 11. 02 (3 Tage nach Eingang des Schecks, vgl. § 224 Abs. 2 Nr. 1 AO) nach der Fälligkeit am 13. 11. 02 (§ 220 Abs. 1 AO, § 18 Abs. 4 Satz 2 UStG, § 122 Abs. 2 Nr. 1 AO, § 108 Abs. 1 AO, § 187 Abs. 1 BGB, § 188 Abs. 2 BGB; ggf. noch § 188 Abs. 3 BGB und § 108 Abs. 3 AO) gem. § 240 Abs. 1 AO Säumniszuschläge entstanden. Die Schonfrist gilt gem. § 240 Abs. 3 Satz 2 AO nicht für Scheckzahler. Für einen angefangenen Monat sind gem. § 240 Abs. 1 AO Säumniszuschläge i. H. v. 40 € entstanden.

b) Wie vorangegangenes Beispiel, aber es findet eine Änderung zugunsten des Stpfl. statt. Hierdurch kommt es zu einer Steuerfestsetzung von 0 €.

LÖSUNG Wie im vorigen Beispiel entstehen durch die verspätete Entrichtung der sich durch die Jahreserklärung ergebende Zahllast Säumniszuschläge i. H. v. 150 €.

Gem. § 240 Abs. 1 Satz 4 AO bleiben diese auch dann verwirkt und werden erhoben, wenn durch die spätere Änderung eine Herabsetzung der Steuer, hier sogar bis auf 0 €, erfolgt.

c) Wie vorangegangenes Beispiel, jedoch hat der Stpfl. den Unterschiedsbetrag i. H. v. 15 000 € bis zur Änderung der festgesetzten Steuer auf 0 € nicht entrichtet.

LÖSUNG Die Minderung der festgesetzten Steuer hat die Wirkung einer (Teil-)Zahlung. Ab der Säumnis ab 07. 07. 02 (erster Tag der Säumnis) sind Säumniszuschläge zu berechnen bis zur Wirksamkeit des Änderungsbescheids, hier unter Berücksichtigung des § 122 Abs. 2 Nr. 1 AO der 13. 10. 02. Demnach lägen 4 angefangene Säumnismonate vor. In der Praxis werden Säumniszuschläge jedoch nur bis zum Tag der maschinellen Verarbeitung des Änderungsbescheids berechnet. Vorliegend ist dies der 27. 09. 02, mithin sind nur für 3 angefangene Säumnismonate Säumniszuschläge angefallen.

Berechnung: 3 % × 15 000 € = 450 €

Kein Fall des § 240 Abs. 1 Satz 4 AO liegt vor, wenn **nachträglich Steuerabzugsbeträge** nach § 36 Abs. 2 EStG (Lohnsteuer, Kapitalertragsteuer) **angerechnet** werden, und dadurch Steuerbeträge entfallen. Dies ist keine Änderung einer Steuerfestsetzung, sondern eine Änderung der im Steuererhebungsverfahren angeforderten Steuer. Insoweit hat zu keiner Zeit eine rückständige Steuer i. S. d. § 240 Abs. 1 Satz 1 AO bestanden (BFH vom 24. 03. 1992 BStBl II 1992, 956).

BEISPIEL

Wegen Nichtabgabe der Steuererklärung wird die Einkommensteuer im Wege der Schätzung nach § 162 AO und unter dem Vorbehalt der Nachprüfung nach § 164 AO auf 11 000 € festgesetzt. 1 000 € Lohnsteuer werden angerechnet. Es erfolgen keine Zahlungen. Im fünften Säumnismonat wird aufgrund der nunmehr vorliegenden Einkommensteuererklärung die Einkommensteuer auf 10 000 € herabgesetzt. Die anzurechnende Lohnsteuer beträgt 1 500 €.

LÖSUNG Bis zur Änderung der Festsetzung sind Säumniszuschläge i. H. v. 500 € entstanden. Bemessungsgrundlage waren die nicht entrichteten Steuern i. H. v. 10 000 €. Nach der Änderung der Steuerfestsetzung und der zutreffenden Anrechnung der Lohnsteuer (nach § 130 Abs. 1 AO) entfallen nachträglich die auf die höhere anzurechnende Lohnsteuer entfallenden Säumniszuschläge. Bei von Anfang an zutreffender Anrechnung i. H. v. 1 500 € Lohnsteuer ist unter Beachtung des § 240 Abs. 1 Satz 4 AO wegen der herabgesetzten Steuer von einer Bemessungsgrundlage i. H. v. 9 500 € (11 000 € abzgl. 1 500 €) auszugehen. Folglich sind Säumniszuschläge i. H. v. 475 € (5 % von 9 500 €) zu erheben.

10.3 Verfahren

Säumniszuschläge entstehen kraft Gesetzes, sie sind demnach nicht in das Ermessen des **1865** FA gestellt. Einer **Festsetzung** bedarf es nicht, vgl. § 218 Abs. 1 Satz 1 2. HS AO, womit sie sich von den anderen Ungehorsamsfolgen (vor allem Verspätungszuschlag i. S. d. § 152 AO oder Zwangsgeld i. S. d. § 329 AO) unterscheiden. Demnach findet für die Säumniszuschläge nur die **Zahlungsverjährung** nach § 228 ff. AO (Rz. 1829 ff.), nicht jedoch die Festsetzungsverjährung nach §§ 169 ff. AO (Rz. 1618 ff.) Anwendung. Eines **Leistungsgebots** als Voraussetzung für die Vollstreckung von Säumniszuschlägen bedarf es nur, wenn sie ohne die sie auslösende Hauptschuld beigetrieben werden sollen, vgl. § 254 Abs. 2 AO (Rz. 2782). Überdies entsteht der Säumniszuschlag (entgegen dem Verspätungszuschlag) ohne Frage des **Verschuldens**. Ist allerdings der Steuerschuldner zweifelsfrei überschuldet und zahlungsunfähig, so sind Säumniszuschläge, die nach diesem Zeitpunkt entstehen, aus Gründen sachlicher Billigkeit (§ 227 AO) zu erlassen (vgl. Rz. 1867). Unerheblich für die Entstehung von Säumniszuschlägen ist auch, ob der Stpfl. gemahnt wurde.

Die Säumniszuschläge sind, da sie nicht auf Einnahmeerzielung, sondern auf eine gewisse Druckwirkung gerichtet sind, **kein Teil der Steuer**, sondern steuerliche Nebenleistung (§ 3 Abs. 4 AO) und gehören damit zu den Ansprüchen aus dem Steuerschuldverhältnis (§ 37 Abs. 1 AO). Besteht Streit über die Entstehung und die Verwirklichung von Säumniszuschlägen, hat die Finanzbehörde durch **Abrechnungsbescheid** nach § 218 Abs. 2 AO (Rz. 1784 ff.) zu entscheiden (BFH vom 12. 08. 1999 BStBl II 1999, 751).

10.4 Schuldner

Schuldner von Säumniszuschlägen ist, wer gem. § 38 AO den gesetzlichen Tatbestand des **1866** § 240 Abs. 1 AO verwirklicht. D. h. derjenige, der eine Steuer oder eine zurückzuzahlende Steuervergütung aufgrund einer Festsetzung oder Anmeldung zu zahlen hat und dies bis zum Ablauf des Fälligkeitstages nicht getan hat, wird Schuldner.

In den Fällen der **Gesamtschuld** nach § 44 AO entstehen Säumniszuschläge gegenüber **jedem säumigen Gesamtschuldner**; insgesamt ist jedoch kein höherer Säumniszuschlag zu entrichten als verwirkt worden wäre, wenn die Säumnis nur bei einem Gesamtschuldner eingetreten wäre (§ 240 Abs. 4 AO). Mithin werden Teilzahlungen des einen Gesamtschuldners auf den Rückstand auch des anderen Gesamtschuldners angerechnet. Zahlt einer der Gesamtschuldner die Säumniszuschläge, so hat diese Zahlung befreiende Wirkung auch für die übrigen Gesamtschuldner (§ 44 Abs. 2 AO, wegen der Möglichkeit des internen Ausgleichs vgl. Rz. 630).

10.5 Erlass

In der Praxis ein häufiger Fall ist der **Erlass** von verwirkten Säumniszuschlägen nach **1867** § 227 AO. Die Erhebung von Säumniszuschlägen kann aus sachlichen oder persönlichen Gründen unbillig sein.

Als **sachlicher Billigkeitsgrund** für einen Erlass von Säumniszuschlägen kommt z. B. die **Überschuldung und auch die Zahlungsunfähigkeit** des Schuldners in Betracht. Die Erhebung würde in diesen Fällen den Sinn und Zweck des Säumniszuschlages, Druckmittel zum Verbessern des zukünftigen Zahlungsverhaltens des Stpfl. zu sein, verfehlen. Der Stpfl. könnte auch unter diesem Druck nicht zu pünktlicherem Zahlen bewegt werden. Nach BFH vom 22. 06. 1990 BStBl II 1991, 864 müssen Überschuldung und Zahlungsunfähigkeit nicht kumulativ vorliegen.

Es reicht aus, wenn Überschuldung oder Zahlungsunfähigkeit i. S. d. §§ 17, 19 InsO vorliegt. Nach AEAO zu § 240, Nr. 5 c ist in diesem Fall regelmäßig die Hälfte der Zuschläge zu erlassen. Dies gilt auch für nach einem Antrag auf Eröffnung **eines Insolvenzverfahrens** entstandene Säumniszuschläge (BFH vom 09. 07. 2003 BStBl II 2003, 901). Ebenso die Hälfte der Zuschläge ist zu erlassen, wenn die **wirtschaftliche Leistungsfähigkeit** eines Stpfl. durch Ratenzahlungen gem. § 258 AO oder durch sonst hingenommene Ratenzahlungen bis an die äußerste Grenze ausgeschöpft ist. Auch bei **Niederschlagung** der Hauptforderung gem. § 261 AO wegen voraussichtlicher Erfolglosigkeit ist regelmäßig der Erlass von Säumniszuschlägen zu prüfen, weil der Schuldner nicht mehr zu pünktlichen Steuerzahlungen angehalten werden kann. Beachtenswert ist, dass auch bei Zahlungsunfähigkeit und Überschuldung ein weiter gehender Erlass von Säumniszuschlägen möglich ist, wenn zusätzliche besondere persönliche oder sachliche Billigkeitsgründe vorliegen (vgl. BFH vom 30. 03. 2006 BStBl II 2006, 612).

Säumniszuschläge sind aus sachlichen Gründen zu erlassen, wenn die **Hauptschuld erlassen** wird. In diesem Fall sind die vollen Säumniszuschläge zu erlassen. Liegen die Voraussetzungen für eine **Stundung der Hauptschuld** vor, kommt in der Regel nur ein Teilerlass in Betracht.

Weiterhin ist ein Erlass von Säumniszuschlägen aus sachlichen Billigkeitsgründen dann geboten, wenn einem bisher pünktlichen Steuerzahler ein **offensichtliches Versehen** unterlaufen ist. Nutzt ein Stpfl. jedoch regelmäßig die Schonfrist des § 240 Abs. 3 AO aus, ist er nicht als pünktlicher Steuerzahler anzusehen (BFH vom 15. 05. 1990 BStBl II 1990, 1007).

Ein Erlass aus **persönlichen Billigkeitsgründen** kann dann gewährt werden, wenn der Stpfl. z. B. plötzlich erkrankt und dadurch nicht selbst oder durch einen beauftragten Vertreter zahlen konnte. Ein Erlass aus persönlichen Billigkeitsgründen setzt voraus, dass sich die Billigkeitsmaßnahme auf die wirtschaftliche Situation des Stpfl. auswirken kann (BFH vom 07. 07. 1999 BFH/NV 2000, 161). Ist aber bereits Überschuldung oder Zahlungsunfähigkeit eingetreten, greifen diese Gesichtspunkte nicht mehr ein (vgl. BFH vom 30. 03. 2006 BStBl II 2006, 612).

**1868–1970
frei**

Teil L Korrektur von Steuerverwaltungsakten

1   Überblick

1.1   Terminologie

Der **Begriff »Korrektur« ist ein Oberbegriff**, der im Gesetz nicht verwendet wird. Er wird   **1971**
benutzt, wenn ein VA einen Fehler beinhaltet, der durch Anwendung einer Korrekturvorschrift
beseitigt werden soll. Ziel der Korrektur ist es, einen VA zu erlassen, der dann fehlerfrei (rechtmäßig) ist.

Der Begriff der Korrektur umfasst die gesetzlichen Ausdrücke Aufhebung, Änderung,
Rücknahme, Widerruf und Berichtigung. Die **Aufhebung** (vgl. z. B. § 169 Abs. 1 Satz 1, § 172
AO) ist der ersatzlose Wegfall eines VA, i. d. R. eines Steuerbescheides. Dieser verliert mit dem
Zeitpunkt der Aufhebung seine Wirkung (§ 124 Abs. 2 AO). Wurden auf den aufgehobenen VA
Zahlungen geleistet, sind diese zu erstatten (§ 37 Abs. 2 Satz 1 und 2 AO), weil der rechtliche
Grund für die Zahlung später weggefallen ist.

Eine **Änderung** (vgl. z. B. § 169 Abs. 1 Satz 1, § 172 AO) liegt vor, wenn ein VA (i. d. R. ein
Steuerbescheid) einen anderen Regelungsinhalt (bei Steuerbescheiden die festgesetzte Steuer,
§ 157 Abs. 1 Satz 2 AO) erhält. Die Änderung bewirkt, dass der Änderungsbescheid den
ursprünglichen Bescheid umfasst und dessen Regelungsinhalt in seinen Regelungsinhalt aufnimmt. Der ursprüngliche Bescheid entfaltet, solange der Änderungsbescheid Bestand hat,
keine Wirkung. In dem Umfang, in dem der ursprüngliche Bescheid in den Änderungsbescheid
aufgenommen worden ist, bleibt der ursprüngliche Bescheid suspendiert. Bei Aufhebung des
Änderungsbescheides lebt der Regelungsinhalt des ursprünglichen Bescheides jedoch wieder
auf, BFH vom 09. 12. 2004 BStBl II 2006, 346. Wird mit dem Änderungsbescheid der Regelungsinhalt des ursprünglichen Bescheides gemindert (z. B. ein niedrigerer Betrag festgesetzt),
bewirkt der Änderungsbescheid zugleich eine Teilaufhebung des bisherigen Bescheides. Die auf
den aufgehobenen Teil des Bescheides entrichteten Steuern sind zu erstatten (§ 37 Abs. 2 Satz 1
und 2 AO, vgl. Rz. 587 ff.).

Die **Rücknahme** (vgl. § 130 AO) ist die volle oder teilweise Aufhebung eines rechtswidri-
gen VA, der kein Steuerbescheid bzw. diesem gleichgestellter Bescheid, sondern ein sonstiger
VA ist. Der **Widerruf** (vgl. § 131 AO) ist die volle oder teilweise Aufhebung eines rechtmäßigen
VA, der kein Steuerbescheid bzw. diesem gleichgestellter Bescheid, sondern ein sonstiger VA ist.

Die **Berichtigung** (§ 129 AO) ist die Beseitigung einer offenbaren Unrichtigkeit ohne
andere Entscheidung in der Sache selbst. Dabei geht es um die Korrektur eines Fehlers, der bei
der mechanischen Entäußerung des Entscheidungswillens (also nach Abschluss der Willensbildung) dem FA unterlaufen ist. Auch § 177 AO sieht als Rechtsfolge die (Mit-)Berichtigung von
materiellen Fehlern vor, weil diese Vorschrift niemals von sich aus eine andere Sachentscheidung ermöglicht, sondern als sogenannte passive Korrekturvorschrift nur im Zusammenhang
mit anderen (aktiven) Korrekturvorschriften angewendet werden darf.

Die Einzelsteuergesetze folgen dieser Terminologie nicht immer. Die §§ 5 Abs. 2, 7
Abs. 2 BewG nennen beispielsweise die Berichtigung, obgleich sie eine Änderung meinen.

1.2 System der Korrekturvorschriften

1.2.1 Wirksamer VA

1972   Mit der **Ordnungsgemäßen Bekanntgabe** wird der VA mit dem Inhalt **wirksam**, mit dem er bekannt gegeben wird (§ 124 Abs. 1 Satz 1 und 2 AO), einschließlich seiner Nebenbestimmungen (BFH vom 19. 10. 1999 BStBl II 2000, 282). Es spielt dabei keine Rolle, ob der VA rechtmäßig oder rechtswidrig ist. Beide Seiten, das FA und der Stpfl., sind an den Inhalt des VA gebunden (**Verbindlichkeit**). Die Wirksamkeit bleibt bestehen, solange der VA nicht korrigiert wird (§ 124 Abs. 2 AO).

> **BEISPIELE**
>
> Die zutreffende ESt beträgt 10 000 €. Der Stpfl. hat diesen Betrag auch als Vorauszahlung geleistet. Fehlerhaft setzt das FA die Steuer
> a) auf 11 000 € fest.
> **LÖSUNG** Der Stpfl. muss 1 000 € nachzahlen, selbst wenn er erkennt, dass der Bescheid falsch ist. Er kann zwar Einspruch einlegen, dies befreit ihn jedoch nicht von der Verpflichtung zur Zahlung (§ 361 Abs. 1 AO), es sei denn, das FA gewährt ihm Aussetzung der Vollziehung (§ 361 Abs. 2 AO). Erst wenn das FA den fehlerhaften Bescheid auf den Einspruch hin ändert, entfällt dessen Verbindlichkeit (§ 124 Abs. 2 AO).
>
> b) auf 9 000 € fest.
> **LÖSUNG** Das FA muss 1 000 € erstatten, auch wenn es nunmehr erkennt, dass der Bescheid falsch ist. Der fehlerhafte VA bleibt bestehen, es sei denn, das FA findet eine Korrekturvorschrift.

Die Wirksamkeit kann auch entfallen, wenn und soweit sich der VA auf andere Weise erledigt (§ 124 Abs. 2 AO). So verliert z. B. eine USt-Voranmeldung (vgl. § 168 Satz 1 AO) ihre Wirkung, sobald der USt-Jahresbescheid ergeht.

Trotz ordnungsgemäßer Bekanntgabe tritt **keine Wirksamkeit** ein, **wenn der VA nichtig ist** (§§ 124 Abs. 3, 125 Abs. 1 AO). Ein Steuerbescheid, der z. B. die erlassende Finanzbehörde nicht erkennen lässt (§ 125 Abs. 2 Nr. 1 AO), ist nichtig und muss von keiner Seite befolgt werden. Seiner Korrektur bedarf es also nicht. Bei Ungewissheit über die Nichtigkeit kann der Stpfl. diese feststellen lassen (§ 125 Abs. 5 AO).

1.2.2 Korrekturvorschriften

1973   Die Korrektur von VA darf nur erfolgen, wenn und soweit eine gesetzliche Vorschrift dies zulässt.

Die **Grundnormen** für die Korrektur von VA sind die Vorschriften in **§§ 129 bis 131 AO**. Sie stehen im dritten Teil der AO – allgemeine Verfahrensvorschriften – und gelten daher vom Grundsatz her für alle Steuer-VA. Die Normen gleichen denen des allgemeinen Verwaltungsverfahrensrechts (vgl. §§ 42, 48, 49 VwVfG). Die Vorschriften der AO sind jedoch einfacher gefasst, sie stellen z. B. nicht auf eine Güterabwägung oder auf Vermögensdispositionen des Bürgers ab.

1974   § 129 Satz 1 AO entspricht dem im deutschen Verfahrensrecht geltenden Grundsatz (vgl. § 42 VwVfG), dass der Bürger dann nicht an den Inhalt eines VA gebunden sein soll (im Positiven wie im Negativen), wenn der Behörde bei dessen Erlass ein Flüchtigkeitsfehler unterlaufen ist (die sog. **offenbare Unrichtigkeit**). Dieser Gedanke gilt auch für gerichtliche Entscheidungen, vgl. § 107 FGO, § 118 VwGO, § 319 ZPO.

Die Finanzbehörde kann, auf Antrag des Stpfl. muss sie den fehlerhaften VA berichtigen und ihm den Inhalt geben, der ursprünglich gewollt war. Eine andere Entscheidung in der Sache darf die Finanzbehörde nicht treffen.

Sofern die Finanzbehörde dagegen eine **andere Entscheidung** in der Sache treffen will, muss sie die Vorschriften der **§§ 130, 131 AO (als Spezialvorschriften §§ 172 ff. AO)** anwenden. Die Voraussetzungen für eine Korrektur sind jedoch unterschiedlich stark ausgeprägt. Auf begünstigende VA soll der Stpfl. vertrauen dürfen. Ihre Korrektur ist daher nur unter den strengen Voraussetzungen der §§ 130 Abs. 2, 131 Abs. 2 AO möglich. Belastende VA dagegen bedürfen keines Vertrauensschutzes. Sie können daher ohne weitere Tatbestandsvoraussetzungen von der Finanzbehörde nach deren Ermessen korrigiert werden. **1975**

Dagegen soll die **Korrektur von Steuerbescheiden**, die i. d. R. belastende VA sind, im Hinblick auf deren Bedeutung nicht in das Ermessen der Finanzbehörde gestellt sein. Der Gesetzgeber hat dafür den Bestandsschutz verstärkt, indem er Spezialvorschriften für die Aufhebung oder Änderung von Steuerbescheiden (**§§ 172–177 AO**) geschaffen hat. Danach ist die Korrektur von Steuerbescheiden an strenge Tatbestandsvoraussetzungen gebunden. Da die Steuern gemäß § 85 Satz 1 AO nach Maßgabe der Gesetze festzusetzen sind (Grundsatz der Gesetzmäßigkeit), ist die durch Tatbestandsverwirklichung entstandene Steuer (§ 38 AO) durch Steuerbescheid festzusetzen (§ 155 Abs. 1 Satz 1 AO). Daraus folgt, dass auch die Korrektur eines Steuerbescheides keine Ermessensentscheidung der Finanzbehörde sein darf. § 172 Abs. 1 Satz 1 Nr. 2 Buchst. d AO stellt klar, dass für Steuerbescheide die Korrekturvorschriften §§ 130, 131 AO nicht gelten. Im Ergebnis führt dies dazu, dass die VA, mit denen die Finanzverwaltung ihre eigentliche Aufgabe erfüllt, wie z. B. die Steuerfestsetzung oder die Feststellung von Besteuerungsgrundlagen, nach Spezialvorschriften korrigiert werden, während VA, die nur am Rande mit der Steuerfestsetzung zu tun haben, wie z. B. die Festsetzung eines Verspätungszuschlags oder eine Stundung (sonstige VA, i. d. R. Ermessensentscheidungen), nach den allgemeinen Vorschriften der AO korrigiert werden. **1976**

Die Grundnorm der Spezialvorschriften ist § 172 AO. Sie wägt ab zwischen dem Grundsatz der materiellen **Steuergerechtigkeit** (§ 85 Satz 1 AO) und dem Bedürfnis sowohl des Bürgers als auch der Finanzverwaltung, dass ein VA rechtsbeständig bleibt und nicht jederzeit und ohne Weiteres inhaltlich abgeändert werden kann (**Rechtssicherheit**).

Der Gesetzgeber hat sich bei dieser Abwägung für den Vorrang der Rechtssicherheit entschieden, indem er den Bestandeines einmal wirksam gewordenen VA garantiert (§ 124 Abs. 2 AO). Materiell bestandskräftige Steuerbescheide (s. Rz. 1980) dürfen grundsätzlich nicht korrigiert werden. In bestimmten, gesetzlich genannten Fällen muss jedoch die Rechtssicherheit dem Bedürfnis nach Steuergerechtigkeit weichen. Dafür ist dann eine Rechtsgrundlage (Korrekturvorschrift) erforderlich, die die Korrektur zulässt. § 172 AO zählt selbst einige Fälle der Korrektur auf (vgl. § 172 Abs. 1 Satz 1 Nr. 2 Buchst. a bis c) und verweist dann auf andere Vorschriften (§ 172 Abs. 1 Satz 1 Nr. 2 Buchst. d AO; »soweit dies sonst gesetzlich zugelassen ist«). Gemeint sind hier die Vorschriften der AO (§§ 173–175b AO und § 129 Satz 1 AO als Sonderfall) sowie der Einzelsteuergesetze (z. B. § 10 d Abs. 1 Satz 3 EStG).

Die Korrekturvorschriften der §§ 172 ff. AO setzen die materielle Bestandskraft (vgl. Rz. 1980) voraus und erlauben es, unter den dort genannten (strengen) Tatbestandsvoraussetzungen diese zu durchbrechen. Steuerfestsetzungen, die unter dem Vorbehalt der Nachprüfung stehen bzw. mit einem Vorläufigkeitsvermerk versehen sind, werden ganz (im Falle des § 164 Abs. 1 AO) bzw. teilweise (im Falle des § 165 Abs. 1 AO) nicht materiell bestandskräftig. Ihre Korrektur ist dann unter den vergleichsweise geringen Anforderungen der §§ 164 Abs. 2 Satz 1 bzw. 165 Abs. 2 Satz 1 und 2 AO zulässig. Dies schließt allerdings nicht aus, eine unter dem Vor- **1976a** behalt der Nachprüfung stehende bzw. vorläufige Steuerfestsetzung nach den §§ 172 ff. AO zu korrigieren. Die Anwendung der §§ 172 ff. AO ist nicht auf endgültige Steuerbescheide beschränkt. Vielmehr sind die Korrekturvorschriften in den §§ 164 Abs. 2, 165 Abs. 2 AO und diejenigen in den §§ 172 ff. AO gegebenenfalls nebeneinander anwendbar. Etwas anderes folgt auch nicht aus dem Einleitungssatz des § 172 Abs. 1 AO. Wenn es in § 172 Abs. 1 AO heißt, »ein Steuerbescheid darf, soweit er nicht vorläufig oder unter dem Vorbehalt der Nachprüfung ergangen ist, nur aufgehoben oder geändert werden«, so enthält dieser Satz keine Aussage zu Steuerfestsetzungen, die mit einer Nebenbestimmung versehen sind, sondern regelt die Korrekturbefugnis nur für endgültige Steuerbescheide, die ausschließlich nach den §§ 172 ff. AO korrigiert werden können, BFH vom 10. 05. 2007 IX R 30/06 BStBl II 2007, 807.

Steuerbescheide können von der sie erlassenden Finanzbehörde mit einem Vorbehalt der Nachprüfung als Nebenbestimmung (§ 120 Abs. 1 AO) versehen werden, solange der Steuerfall nicht abschließend geprüft ist (§ 164 Abs. 1 Satz 1 AO). Sie können mit einem Vorläufigkeitsvermerk als Nebenbestimmung (§ 120 Abs. 1 AO) versehen werden, soweit ungewiss ist, ob die Voraussetzungen für die Entstehung einer Steuer eingetreten sind (§ 165 Abs. 1 Satz 1 AO). Vorauszahlungsbescheide sind stets Steuerfestsetzungen unter Vorbehalt der Nachprüfung (§ 164 Abs. 1 Satz 1 und 2 AO), Steueranmeldungen stehen einer solchen gleich (§ 168 Satz 1 AO). Der Rechtssicherheit ist genügt, weil der Vorbehalts- bzw. Vorläufigkeitsvermerk dem Stpfl. als Nebenbestimmung ausdrücklich schriftlich mitzuteilen ist (§§ 119 Abs. 1, 157 Abs. 1 Satz 1 AO) oder sich aus dem Gesetz ergibt. Der Stpfl. weiß also, dass er mit einer Korrektur seines Steuerbescheides rechnen muss. Solange der Vorbehalt wirksam ist, gestattet § 164 Abs. 2 Satz 1 AO die umfassende Änderung oder Aufhebung (BFH vom 10. 06. 1999 BStBl II 1999, 691) des Steuerbescheides ohne weitere Voraussetzungen. Für vorläufige Steuerfestsetzungen gilt dies gem. § 165 Abs. 2 Satz 1 AO nur, soweit die Vorläufigkeit reicht. Ist die Ungewissheit beseitigt, ist eine vorläufige Steuerfestsetzung nach § 165 Abs. 2 Satz 2 AO zu korrigieren oder für endgültig zu erklären.

Daneben kommt § 129 Satz 1 AO als Korrekturvorschrift für Steuerbescheide (mit oder ohne Nebenbestimmung) in Betracht, der im Gegensatz zu den §§ 130, 131 AO nicht durch § 172 Abs. 1 Satz 1 Nr. 2 Buchst. d AO ausgeschlossen ist.

Die falsche Bezeichnung der Korrekturvorschrift im Änderungsbescheid führt nicht zur Rechtswidrigkeit des geänderten Steuerbescheides, BFH vom 21. 10. 2014 VIII R 44/11 BStBl II 2015, 593. Für die Rechtmäßigkeit eines Änderungsbescheides ist allein maßgeblich, dass er im Zeitpunkt seines Erlasses durch eine Korrekturmöglichkeit gedeckt ist (vgl. AEAO vor §§ 172 bis 177 Nr. 5).

1977 **Übersicht über das System der Korrekturvorschriften**

Art des Steuer-VA	Mögliche Korrekturvorschriften
Alle VA	§ 129 Satz 1 AO
Steuerbescheide und gleichgestellte Bescheide	
Endgültige Bescheide (ohne Nebenbestimmung gemäß § 120 Abs. 1 AO)	§§ 172 ff. AO oder § 172 Abs. 1 Satz 1 Nr. 2 Buchst. d AO i. V. m. einem Einzelsteuergesetz
Vorbehaltsfestsetzungen (§ 164 Abs. 1 AO)	§ 164 Abs. 2 AO und §§ 172 ff. AO

Art des Steuer-VA	Mögliche Korrekturvorschriften
Vorläufige Steuerfestsetzungen (§ 165 Abs. 1 AO)	§ 165 Abs. 2 AO und §§ 172 ff. AO
Sonstige VA	
rechtswidrig	§ 130 AO
rechtmäßig	§ 131 AO
Sonderfälle	z. B. §§ 207, 280 AO

1.2.3 Beachtung der Festsetzungsverjährung

Die an und für sich statthafte Korrektur eines Steuerbescheides ist nicht mehr zulässig, **1978** sobald Festsetzungsverjährung eingetreten ist. Für Steuerbescheide und diesen gleichgestellte Bescheide folgt dies aus **§ 169 Abs. 1 Satz 1 und 2 AO**.

Eine Korrektur ist also nur zulässig, wenn diese durch eine Rechtsnorm gestattet und zugleich die **Festsetzungsfrist** (vgl. Rz. 1618 ff.) noch nicht abgelaufen ist (sog. Korrektursperre). Zu beachten ist in diesem Zusammenhang, dass einige Korrekturvorschriften spezielle Ablaufhemmungen auslösen bzw. Spezialregelungen zum An- oder Ablauf der Festsetzungsfrist beinhalten, aufgrund derer die Korrektur (punktuell) noch zeitlich begrenzt möglich ist, z. B. § 129 Satz 1 AO i. V. m. § 171 Abs. 2 Satz 1 AO; § 173 a AO i. V. m. § 171 Abs. 2 Satz 2 AO; § 175 Abs. 1 Satz 1 Nr. 1 AO i. V. m. § 171 Abs. 10 AO; § 175 b AO i. V. m. § 171 Abs. 10a AO; § 174 Abs. 1 bis 4 AO enthält jeweils eigene Regelungen für den Ablauf der Festsetzungsfrist; § 175 Abs. 1 Satz 1 Nr. 2 AO enthält in § 175 Abs. 1 Satz 2 AO eine eigene Anlaufhemmung.

Bei Korrekturen der **sonstigen VA** nach den §§ 130, 131 AO ist **keine Festsetzungsfrist** zu beachten. § 169 Abs. 1 Satz 1 AO gilt nur für Steuerbescheide und gleichgestellte Bescheide (vgl. Wortlaut). Lediglich bei **begünstigenden VA** ist die Rücknahme bzw. der Widerruf nur **innerhalb eines Jahres** zulässig, es sei denn, die Begünstigung ist durch unlautere Mittel bewirkt worden (§§ 130 Abs. 3 und 131 Abs. 2 Satz 2 AO). Für die Korrektur von Haftungsbescheiden hat der BFH (BFH vom 12.08.1997 VII R 107/96 BStBl II 1998, 131) entschieden, dass die Verweisungsnorm des § 191 Abs. 3 Satz 1 AO nur für den erstmaligen Erlass eines Haftungsbescheides gilt, für die Rücknahme bzw. Widerruf eines belastenden Haftungsbescheides also keine Haftungsfestsetzungsfrist zu beachten ist.

1.2.4 Korrekturvorschriften und EU-Recht

Die Angleichung nationaler Rechtssysteme der einzelnen Mitgliedstaaten ist eine unab- **1978a** dingbare Voraussetzung für das Funktionieren des gemeinsamen Marktes. Schrittweise hat Deutschland seine Hoheitsrechte auf die Europäische Union (EU) übertragen. Dazu gehört auch die Harmonisierung der indirekten Steuern (Art. 113 AEUV) wie die Umsatzsteuer (6. EG Richtlinie), Verbrauchsabgaben und sonstige indirekte Steuern, z. B. die Tabak- und Mineralölsteuer. Rechtsgrundlage für die Übertragung der Rechte ist aus deutscher Sicht Art. 23 GG.

Aber selbst, soweit Hoheitsrechte nicht übertragen wurden (z. B. für Ertragsteuern), hat Deutschland die EU-Grundfreiheiten zu beachten (z. B. Freizügigkeit, Art. 21 AEUV; Arbeitnehmerfreizügigkeit, Art. 45 AEUV; Niederlassungsfreiheit, Art. 49 AEUV; Dienstleistungsfreiheit, Art. 56 AEUV und Kapitalverkehrsfreiheit, Art. 63 AEUV).

Hinweis: Mit den EWR-Staaten (Liechtenstein, Norwegen, Island) sind vergleichbare Grundfreiheiten vereinbart, sodass auch gegenüber diesen Staaten die Grundfreiheiten zu beachten sind.

Damit ist Deutschland, wie die anderen Mitgliedstaaten auch, verpflichtet, die uneingeschränkte und einheitliche Anwendung des Gemeinschaftsrechts sicherzustellen (Art. 4 Abs. 3 AEUV). Die deutschen Behörden sind also zur Anwendung des Gemeinschaftsrechts verpflichtet, ebenso die deutschen Gerichte, BFH vom 14. 02. 2006 BStBl II 2006, 523.

1978b
Dazu gehört auch die Bindung an Urteile des **Europäischen Gerichtshofes (EuGH,** vgl. Rz. 3141), der gesetzlicher Richter i. S. d. Art. 101 Abs. 1 GG ist. Da der EuGH in der Regel in seinen Vorabentscheidungsverfahren (Art. 267 AEUV) im Grundsatz von der Ex-tunc-Wirkung seiner Urteile ausgeht (vgl. Kokott in NJW 2006, 177), d. h. die Rückwirkung des Urteils nicht begrenzt (anders als häufig das BVerfG in Form sog. Appellurteile), stellt sich die Frage, inwieweit EuGH-Urteile die Steuerbescheide von Dritten berühren. Urteile des EuGH in Vorabentscheidungssachen enthalten zwar zunächst nur Bindungswirkung zwischen den Beteiligten. Als Feststellungsurteile klären sie jedoch abschließend Zweifelsfragen des Gemeinschaftsrechts. Insoweit haben sie allgemein gültigen Charakter und wirken gegenüber jedem EU-Bürger. Es gilt also im Prinzip, was auch für Urteile des BVerfG oder des BFH gilt. Der Steuerpflichtige kann sich auf die Urteile berufen, die Finanzbehörde hat sie zu befolgen. Indes gelten auch dann die Vorschriften der AO, sofern nicht das Gemeinschaftsrecht etwas anderes regelt (**§ 1 Abs. 1 Satz 2 AO**), was derzeit nicht der Fall ist. EuGH-Urteile berühren also nur Steuerfestsetzungen, die nach nationalen Vorschriften (der AO) noch änderbar sind, wenn z. B. der Bescheid rechtsbehelfsbefangen ist oder eine Korrekturvorschrift die Änderung erlaubt. Die Grundsätze der nationalen materiellen Bestands- bzw. Rechtskraft erkennt auch der EuGH an (vgl. EuGH vom 13. 01. 2004 – C 453/00). Eine Änderungspflicht besteht also nur, wenn nach nationalem Recht die Korrektur der Bescheide erlaubt ist, wozu auch die Beachtung der Festsetzungsfrist gehört (§ 169 AO). Das EuGH-Urteil selbst löst keine Korrekturvorschrift aus. Es ist weder eine neue Tatsache oder ein neues Beweismittel (§ 173 Abs. 1 AO) noch ein rückwirkendes Ereignis i. S. d. § 175 Abs. 1 Satz 1 Nr. 2 AO (vgl. K/vW, AO/FGO, vor §§ 172 AO, Rz. 24).

1978c
Allerdings hat der EuGH mit Urteil vom 25. 07. 1991 (Rs C – 208/90, HFR 1993, 137; vgl. auch EuGH vom 06. 07. 1995 Rs C – 62/93, IStR 1995, 385) entschieden, dass es den nationalen Behörden untersagt ist, sich auf nationale Vorschriften über Fristen zu berufen, wenn der Bürger mittels einer Klage Rechte geltend macht, die ihm unmittelbar aus einer EU-Richtlinie zustehen, die der Mitgliedstaat nicht ordnungsgemäß in innerstaatliches Recht umgesetzt hat (sog. **Emmott'sche** Fristenhemmung). Sofern Deutschland also der Pflicht, eine EU-Richtlinie umzusetzen, nicht nachkommt, kann sich die Verwaltung nicht auf verfahrensrechtliche Vorschriften berufen, um damit Bürger daran zu hindern, erfolgreich Verstöße gegen Gemeinschaftsrecht geltend zu machen.

Sofern bestandskräftige Steuer-VA ohne weitere Voraussetzung korrigiert werden können, z. B. Verbrauchsteuern gem. § 172 Abs. 1 Satz 1 Nr. 1 AO, wird die Behörde im Rahmen ihres Ermessens in der Regel zur Korrektur verpflichtet sein (Ermessensreduzierung auf Null), um Gemeinschaftsrecht anzuwenden. Dasselbe gilt auch für die sonstigen VA (§§ 130, 131 AO), die den Steuerpflichtigen gemeinschaftswidrig belasten.

Hat der Stpfl. im Hinblick auf ein anhängiges Verfahren bei dem EuGH einen Antrag auf Aufhebung oder Änderung seiner Steuerfestsetzung gestellt (§ 172 Abs. 1 Satz 1 Nr. 2 Buchst. a AO) und kann dem Antrag nach dem Ausgang des Verfahrens nicht entsprochen werden, ist die oberste Finanzbehörde befugt, den Antrag **insoweit** durch eine Allgemeinverfügung

(§ 118 Satz 2 AO), die im Bundessteuerblatt zu veröffentlichen ist, zurückzuweisen (§ 172 Abs. 3 AO). Ein Einspruch gegen die Zurückweisung ist nicht statthaft (§ 348 Nr. 6 AO).

Dasselbe gilt, wenn der Stpfl. stattdessen Einspruch (§ 367 AO) eingelegt hatte. Auch der Einspruch kann dann durch die Allgemeinverfügung zurückgewiesen werden. Der Stpfl. kann dagegen mit einer Frist von einem Jahr Klage erheben (§ 367 Abs. 2 b AO).

1.3 Formelle Bestandskraft

Die **formelle Bestandskraft** bedeutet, dass der VA mit hierfür vorgesehenen Rechtsbehelfen nicht mehr angefochten werden kann (vgl. AEAO vor §§ 172 bis 177 Nr. 1). Sie tritt ein durch **1979**

* **Ablauf der Rechtsbehelfsfrist** (i. d. R. ein Monat nach Bekanntgabe, § 355 Abs. 1 Satz 1 AO, vgl. jedoch § 356 AO),
* Rechtsbehelfsverzicht (§ 354 AO),
* Rücknahme des Rechtsbehelfs (§ 362 AO), nachdem die Rechtsbehelfsfrist abgelaufen ist,
* Ausschöpfen der Instanzen.

Statt von formeller Bestandskraft wird auch von Unanfechtbarkeit gesprochen. VA erwachsen in Bestandskraft, gerichtliche Entscheidungen in Rechtskraft (§ 110 FGO). Beide Begriffe haben im Grunde die gleiche Bedeutung.

1.4 Materielle Bestandskraft

Die materielle Bestandskraft folgt **der formellen Bestandskraft** des VA und bedeutet, dass **1980** dieser **rechtsbeständig** ist (Verbindlichkeit der Verwaltungsentscheidung). Der VA ist wirksam, egal, ob er rechtmäßig oder rechtswidrig ist, und kann nur korrigiert werden, wenn eine Korrekturvorschrift dies gestattet. Insofern ähnelt der Begriff der materiellen Bestandskraft dem der Verbindlichkeit. Während jedoch die Verbindlichkeit besagt, dass ein VA zu befolgen ist, solange er nicht korrigiert wird (§ 124 Abs. 2 AO), besagt die materielle Bestandskraft, dass ein VA zu seiner Korrektur des Vorliegens einer Korrekturvorschrift (§§ 172 ff. AO) bedarf. Der Unterschied wird bei Vorbehaltsfestsetzungen deutlich. Ein Steuerbescheid unter Vorbehalt der Nachprüfung wird mit seinem Inhalt wirksam und verbindlich, er ist zu befolgen. Die Vorbehaltsfestsetzung erwächst jedoch nicht in materielle Bestandskraft (vgl. BFH vom 11.03.1999 BStBl II 1999, 335), da sie jederzeit gem. § 164 Abs. 2 Satz 1 AO aufgehoben oder geändert werden kann.

Der Stpfl. kann durch Einlegen eines Rechtsbehelfs erreichen, dass die formelle Bestandskraft und damit auch die materielle Bestandskraft nicht eintritt.

BEISPIEL

Richtig wäre eine Steuerfestsetzung von 10 000 €. Der Stpfl. vergisst jedoch Betriebsausgaben mit einer steuerlichen Auswirkung von 1 000 € geltend zu machen. Das FA setzt fehlerhaft die ESt auf 11 000 € fest.

LÖSUNG Der Stpfl. kann diesen Steuerbescheid innerhalb eines Monats nach seiner Bekanntgabe mit dem Einspruch anfechten, der Steuerbescheid wird dann weder formell noch materiell bestandskräftig. Weist der Stpfl. die Betriebsausgaben nach, wird das FA die ESt auf 10 000 € herabsetzen. Unterlässt der Stpfl. die Anfechtung des Steuerbescheides, wird die Steuerfestsetzung i. H. v. 11 000 € bestandskräftig. Weist nunmehr der Stpfl. die Betriebsausgaben nach, kann der Steuerbescheid nur geändert werden, wenn eine Korrekturvorschrift dies gestattet. In Betracht kommt hier § 173 Abs. 1 Nr. 2 AO. Danach kann der Bescheid zugunsten des Stpfl. nur geändert werden, wenn ihn kein grobes Verschulden daran trifft, dass die Betriebsausgaben erst nachträglich dem FA bekannt geworden sind.

Bei Steuerbescheiden erwächst nur die festgesetzte **Steuer** in **Bestandskraft (Regelungs-gehalt, § 157 Abs. 1 Satz 2 AO), nicht eine einzelne Besteuerungsgrundlage** (§ 157 Abs. 2 AO). Werden z. B. bei einem ESt-Bescheid statt Einkünften aus Vermietung und Verpachtung (§ 21 EStG) sonstige Einkünfte (§ 22 EStG) angesetzt, ist der Bescheid nicht änderbar, wenn sich dadurch die Steuerfestsetzung nicht ändert. Bei **gesonderten Feststellungen** erwachsen dagegen die **einzelnen Besteuerungsgrundlagen in Bestandskraft (Regelungsinhalt des Feststellungsbescheides)**, z. B. die Höhe des gesondert und einheitlich festgestellten Gewinns und die Verteilung auf die einzelnen Gesellschafter.

Die materielle Bestandskraft von VA bleibt auch dann bestehen, wenn das **Bundesverfassungsgericht** das angewandte Gesetz rückwirkend für nichtig oder für unvereinbar mit dem Grundgesetz erklärt hat (§ 79 Abs. 2 BVerfGG, vgl. auch BFH vom 29. 11. 2005 BFH/NV 2006, 897 und Niedersächsisches FG vom 15. 12. 2005 EFG 2006, 544). Die Korrekturvorschriften für Steuerbescheide gestatten es nicht, die betroffenen VA aufzuheben oder zu ändern. Die Tatbestandsvoraussetzungen der §§ 172 ff. AO sind nicht einschlägig, weil §§ 173 Abs. 1, 175 Abs. 1 Satz 1 Nr. 2 AO an Lebenssachverhalte anknüpfen und nicht an rechtliche Würdigungen. Denkbar wäre lediglich eine Korrektur von sonstigen belastenden VA gem. §§ 130, 131 AO, weil nach diesen Korrekturnormen die Korrektur in das Ermessen der Finanzbehörde gestellt ist und die Vorschriften über die materielle Bestandskraft hierfür nicht gelten (vgl. AEAO vor §§ 172 bis 177 Nr. 2).

Eine Korrekturmöglichkeit für Steuerbescheide fehlt auch dann, wenn der Gesetzgeber reagiert und eine der Verfassungsentscheidung folgende Gesetzesänderung beschließt, sofern der Gesetzgeber nicht ausdrücklich eine rückwirkende Korrektur der bestandskräftigen Steuerbescheide anordnet (§ 172 Abs. 1 Nr. 2 Buchst. d AO), vgl. Halaczinski DStZ 1995, 622 f.

Die Problematik hat sich allerdings entschärft, weil das BVerfG in letzter Zeit nicht mehr rückwirkend die Nichtigkeit eines Gesetzes oder seine Unvereinbarkeit mit dem Grundgesetz feststellt, sondern dem Gesetzgeber Übergangsfristen einräumt (sog. Appellurteile, Seer, NJW 1996, 288 ff.). Auch hat der Gesetzgeber hinsichtlich drohender Verfassungswidrigkeit von steuerlichen Vorschriften reagiert, indem er es der Verwaltung ermöglicht, diese Teile vorläufig festzusetzen (§ 165 Abs. 1 Satz 2 AO). Sollte die Norm verfassungswidrig sein, ist der Steuerbescheid gem. § 165 Abs. 2 AO zu ändern, eines Rechtsbehelfs bedarf es dazu nicht (Massenrechtsbehelfe werden dadurch vermieden).

1.5 Korrekturvorschriften und Rechtsbehelfsverfahren

1.5.1 Anwendung von Korrekturvorschriften während eines Rechtsbehelfsverfahrens

1981 Auch während eines **außergerichtlichen Rechtsbehelfsverfahrens** (Einspruch gem. § 347 Abs. 1 AO) sind die Korrekturvorschriften anwendbar. **§ 132 AO** stellt dies klar. Die Finanzbehörde kann also den Steuerbescheid, der mit einem Einspruch angefochten worden ist, zugunsten wie zuungunsten des Stpfl. ändern. Der korrigierte Steuerbescheid wird dann Gegenstand des Rechtsbehelfsverfahrens (**§ 365 Abs. 3 AO), ein weiterer Einspruch ist weder erforderlich noch zulässig.**

Wird mit der Korrektur des Steuerbescheides dem Rechtsbehelfsbegehren voll entsprochen (sog. Abhilfebescheid, i. d. R. § 172 Abs. 1 Satz 1 Nr. 2 Buchst. a AO), erledigt sich der Einspruch, hierauf ist im geänderten Steuerbescheid hinzuweisen. Einer Einspruchsentscheidung bedarf es dann nicht (§ 367 Abs. 2 Satz 3 AO).

Da § 132 AO auch das **finanzgerichtliche Verfahren** nennt, kann die Finanzbehörde die Korrekturvorschriften während eines solchen Verfahrens (dazu zählt auch ein Verfahren beim BFH, vgl. § 2 FGO) ebenfalls anwenden. Die Finanzbehörde bleibt also auch während eines Prozesses Herr des Besteuerungsverfahrens. Der geänderte Bescheid wird Gegenstand des Klageverfahrens (§ 68 FGO).

Wird mit der Korrektur dem Klagebegehren voll entsprochen, erledigt sich der Prozess, es ist nur noch über die Kosten zu entscheiden (§§ 135 ff. FGO).

1.5.2 Anwendung von Korrekturvorschriften nach einem Rechtsbehelfsverfahren

Ein Steuerbescheid, der durch **Einspruchsentscheidung** bestätigt oder korrigiert wurde, kann ebenfalls wieder korrigiert werden, soweit eine Vorschrift dies gestattet und die Festsetzungsfrist nicht abgelaufen ist (§ **172 Abs. 1 Satz 2 AO**). Dies gilt auch für Rücknahme und Widerruf von sonstigen VA, sofern die Korrektur ermessensgerecht ist.   **1981a**

Aber auch durch **Urteil** festgesetzte Steuern dürfen noch korrigiert werden, soweit eine Korrekturvorschrift eingreift, die nicht Gegenstand der finanzgerichtlichen Entscheidung war. (Streitgegenstand § **110 Abs. 2 FGO**), z. B. weil ihre tatbestandlichen Voraussetzungen erst nach Schluss der letzten mündlichen Verhandlung vorlagen (vgl. Rz. 3310).

1.6 Anwendung der AO-Normen

Für **Steuern**, auf die die **AO nicht anwendbar** ist (vgl. § 1 Abs. 1 AO), gelten selbstverständlich die Korrekturvorschriften der AO nicht (jedenfalls nicht unmittelbar). Hier ist insbesondere an die landesrechtlich geregelten Steuern wie die **Kirchensteuer** und die **örtlichen Verbrauch- und Aufwandsteuern** zu denken. Allerdings verweisen die Kirchensteuergesetze der Länder und die Gesetze über kommunale Abgaben i. d. R. ganz oder teilweise auf die Vorschriften der AO, so dass deren Korrekturvorschriften häufig mittelbar anwendbar sind. Andernfalls gelten die allgemeinen Verwaltungsverfahrensvorschriften (VwVfG) der Länder, die den §§ 42, 48, 49 VwVfG des Bundes ähneln. Für **Zulagen**, die der Staat gewährt, gelten die Vorschriften der AO nicht unmittelbar, denn Zulagen sind keine Steuern. Wegen der Nähe zum Steuerrecht verweisen diese Vorschriften auf die Anwendung der AO und damit auch auf die Korrekturvorschriften (vgl. § 15 EigZulG, § 5 InvZulG, § 96 EStG für die Altersvorsorgezulage).   **1982**

Für **Realsteuern** (GewSt, GrSt, § 3 Abs. 2 AO) gelten die Korrekturvorschriften der AO. Soweit die Verwaltung den Ländern obliegt (Erstellung der entsprechenden Steuermessbescheide, § 184 Abs. 1 Sätze 1 und 3 AO), folgt dies bereits aus § 1 Abs. 1 AO (gilt auch für Stadtstaaten), soweit die Gemeinden die Realsteuern verwalten (Steuerfestsetzung und Erhebung) aus § 1 Abs. 2 Nr. 4 AO.

Auf **steuerliche Nebenleistungen** (§ 3 Abs. 4 AO) sind die §§ 129 bis 131 AO anzuwenden (§ 1 Abs. 3 Satz 2 AO), es sei denn, die Regeln über die Steuerfestsetzungen gelten sinngemäß, wie dies bei den Zinsen (§§ 233 ff. AO) der Fall ist (§ 239 Abs. 1 Satz 1 AO). Säumniszuschläge (§ 240 AO) können dagegen nicht korrigiert werden, denn sie entstehen kraft Gesetzes, werden also nicht festgesetzt (§ 218 Abs. 1 Satz 1 2. HS AO). Ist der Säumniszuschlag unbillig zu hoch, kommt ein Erlass (§ 227 AO) in Betracht.

1.7 Keine Korrektur trotz Fehlerhaftigkeit des VA

1983
In der Regel sind fehlerhafte VA von Amts wegen oder auf Antrag des Stpfl. zu korrigieren. Dies gilt insbesondere für materielle Fehler, d. h. der VA entspricht in seiner Regelung nicht dem materiellen Steuerrecht, die Steuerfestsetzung ist falsch (vgl. § 177 Abs. 3 AO). Formelle Fehler, d. h. der VA ist auf einem nicht gesetzmäßigen Weg zustande gekommen, sind dagegen i. d. R. nicht zu korrigieren.

a) Heilung von Verfahrens- und Formfehlern (§ 126 AO)
Die in § 126 Abs. 1 Nr. 1 bis Nr. 5 AO aufgezählten Fehler führen aus verfahrensökonomischen Gründen nicht zur Aufhebung des VA, sondern können nachträglich geheilt werden. Werden die Handlungen, die in § 126 Abs. 1 Nr. 1 bis Nr. 5 AO genannt sind, nachgeholt, ist der VA von Anfang an rechtmäßig (vgl. Tipke/Kruse, AO/FGO, § 126 AO, Rz. 1).

b) Unbedeutende Verfahrens- und Formfehler (§ 127 AO)
Auch § 127 AO dient der Verfahrensökonomie. Selbst wenn der Fehler nicht heilbar, der betroffene VA also formell fehlerhaft ist, kann gegen diesen nicht mit dem Ziel, seine Aufhebung zu erreichen, eingewandt werden, er leide an einem Verfahrensfehler, Formfehler oder es sei bei seinem Erlass die örtliche Zuständigkeit nicht beachtet worden. Etwas anderes gilt allerdings bei Ermessensentscheidungen. Da bei diesen wegen des eingeräumten Ermessensspielraums im Regelfall naturgemäß immer eine »andere Entscheidung in der Sache hätte getroffen werden können« (vgl. AEAO zu § 127 Nr. 1 und Nr. 2), kann deren Aufhebung selbst bei bloßen Verfahrens- oder Formfehlern zu Recht verlangt werden.

c) Umdeutung von fehlerhaften VA (§ 128 AO)
Ist ein VA fehlerhaft, muss er nicht zurückgenommen werden, wenn eine Umdeutung in einen fehlerfreien möglich und dieser auf das gleiche Ziel gerichtet ist, z. B. Umdeutung einer fehlerhaften Aussetzung der Vollziehung in eine Stundungsverfügung. Der Anwendungsbereich dieser Vorschrift ist im Steuerrecht gering.

d) Kleinbetragsverordnung (§ 156 Abs. 1 AO)
Bei Korrekturen ist die Kleinbetragsverordnung (vgl. KBV, BStBl I 2001, 18) zu beachten, wonach bei bestimmten Steuern die Korrektur unterbleibt, wenn die Abweichung von der bisherigen Festsetzung nicht mindestens 10 € beträgt. Bei der ESt und bei der KSt ist die jeweils nach Anrechnung von Steuerabzugsbeträgen und von KSt verbleibende Steuerschuld zu vergleichen. Für den GewSt-Messbescheid gelten 2 €, für die gesonderte Feststellung 20 € als Grenze.

e) Der Ergänzungsbescheid (§ 179 Abs. 3 AO)
Soweit in einem wirksamen Feststellungsbescheid eine notwendige Feststellung (z. B. Grundstücksart gem. § 19 Abs. 3 BewG; Berücksichtigung von Sonderbetriebsausgaben, vgl. FG München vom 06. 07. 2004 EFG 2004, 1654) unterblieben ist, ist der Feststellungsbescheid nicht rechtswidrig, sondern nur lückenhaft. Demzufolge wird der Feststellungsbescheid nicht korrigiert, vielmehr wird die Lücke durch Ergänzung des Feststellungsbescheides geschlossen (sog. Ergänzungsbescheid). Die bereits getroffenen Feststellungen werden dadurch weder geändert noch aufgehoben. Inhaltliche Fehler in rechtlicher oder tatsächlicher Hinsicht dürfen daher nicht mitkorrigiert werden. Wurde im Feststellungsbescheid eine Feststellung ausdrücklich

abgelehnt, ist naturgemäß kein Raum für einen Ergänzungsbescheid. Der Stpfl. muss, will er die Feststellung erreichen, den ergangenen Feststellungsbescheid anfechten.

f) Der »sog.« Richtigstellungsbescheid (§ 182 Abs. 3 AO)

Ist in einem einheitlichen und gesonderten Feststellungsbescheid ein Beteiligter unrichtig bezeichnet, weil z. B. vor Erlass des Feststellungsbescheides verstorben, kann die Feststellung insoweit nicht wirksam werden. Gegenüber dem Rechtsnachfolger (Erben) kann dieser Fehler durch besonderen Bescheid gemäß § 182 Abs. 3 AO berichtigt werden, solange die Feststellungsfrist noch nicht abgelaufen ist, BFH vom 23. 09. 1999 BStBl II 2000, 170. Der materielle Inhalt des Feststellungsbescheides bleibt dabei bestehen.

2 Offenbare Unrichtigkeiten beim Erlass eines VA (§ 129 AO)

2.1 Allgemeines

2.1.1 Bedeutung

Ein VA wird mit dem Inhalt wirksam, mit dem er bekannt gegeben wird (§ 124 Abs. 1 Satz 1 und 2 AO). Der Betroffene darf auf seine Wirksamkeit vertrauen (Art. 20 Abs. 3 GG). Sofern jedoch der Finanzbehörde beim Erlass des VA eine offenbare Unrichtigkeit unterlaufen ist, wird das Vertrauen des Betroffenen auf den Bestand des VA nicht geschützt. Dies bringt der Gesetzgeber durch die Formulierung »jederzeit« in § 129 Satz 1 AO zum Ausdruck. Die Finanzbehörde und der Stpfl. sollen nicht an etwas gebunden sein, was in Wirklichkeit nicht gewollt war. Die Finanzbehörde kann dann den VA gemäß. § 129 Satz 1 AO berichtigen, um Schreibfehler, Rechenfehler sowie ähnliche offenbare Unrichtigkeiten zu beseitigen und ihm den Inhalt zu geben, der ihm ursprünglich gegeben werden sollte. Dies geschieht, indem entweder ein neuer, berichtigter VA erlassen (Regelfall) oder die Berichtigung auf dem ursprünglichen VA (Ausnahmefall) durchgeführt wird. Eine **andere Entscheidung in der Sache darf nicht erfolgen**. Im Grunde wird das versehentliche Abweichen des bekannt gegebenen Inhalts des VA von der beabsichtigten Regelung (Willensbildung) korrigiert. Bei der Anwendung des § 129 Satz 1 AO kommt es nicht darauf an, ob die Finanzbehörde die offenbare Unrichtigkeit verschuldet hat.

1984

Die Berichtigungsmöglichkeit gilt **für alle steuerlichen VA (§ 118 AO)**, also für Steuerbescheide, diesen gleichgestellte Bescheide und sonstige VA. Bei Steuerbescheiden und diesen gleichgestellten Bescheiden ist es unerheblich, ob der Bescheid bestandskräftig ist oder nicht. Für finanzgerichtliche Urteile gilt § 107 FGO.

1985

2.1.2 Vergleich zu anderen Verfahrensgesetzen

Die Berichtigung wegen Schreibfehlern, Rechenfehlern und ähnlichen offenbaren Unrichtigkeiten sehen auch andere Gesetze vor: z. B. § 42 VwVfG, § 118 VwGO, § 319 ZPO, § 38 SGB X. Obgleich § 129 AO zu diesen Vorschriften große Ähnlichkeiten aufweist, gibt es bei näherem Hinsehen für die Rechtsanwendung bedeutsame Unterschiede. Zum einen verfolgen die Gesetze unterschiedliche Ziele; so wird z. B. § 319 ZPO aus Gründen der Prozesswirtschaftlichkeit weit ausgelegt (vgl. Baumbach/Lauterbach, ZPO, § 319 Anm. 2 c), was für § 129 AO nicht gilt. Zum anderen unterscheiden sich die Vorschriften vom Wortlaut. § 42 VwVfG spricht z. B. von der Unrichtigkeit »in einem VA«, während § 129 AO Unrichtigkeiten nennt, die »beim

1986

Erlass eines VA unterlaufen sind«. Das VwVfG legt also für die Berichtigung strengere Maßstäbe an. Dort muss sich die Unrichtigkeit aus dem VA selbst oder aus dem Beteiligten sonst bekannten Umständen erkennbar sein (vgl. Kopp, VwVfG, § 42 VwVfG, Rz. 5), während bei § 129 AO alle Unterlagen, die beim Erlass des VA vorlagen, herangezogen werden dürfen (z. B. auch Rechenfehler in den Unterlagen des Außenprüfers).

2.2   Voraussetzungen für die Berichtigung

2.2.1   Schreib- oder Rechenfehler

1987   Die Begriffe »Schreibfehler« und »Rechenfehler« ergeben sich aus dem **allgemeinen Sprachgebrauch**. Es sind Fehler, die ihre Ursache in einem mechanischen Versehen haben und die von Tatsachen- und Rechtsirrtümern (siehe hierzu Rz. 1989) abzugrenzen sind.

Schreibfehler ist die Abweichung von der Orthographie durch Verwechslung oder Auslassung von Buchstaben oder Wörtern. Auch wenn Schreibfehler in VA regelmäßig vorkommen, berühren sie meist nicht deren Regelungsgehalt und werden deswegen entsprechend selten berichtigt.

Rechenfehler ist ein Fehler bei Anwendung der Grundrechenarten oder beim Prozentrechnen. Bei komplizierteren Rechenoperationen wie dem Aufstellen und Lösen einer Gleichung ist zu unterscheiden: Wird die Gleichung falsch aufgestellt, indem die Rechengrößen in einen unrichtigen Zusammenhang zueinander gebracht werden, handelt es sich um einen Denkfehler, damit gerade nicht um ein rein mechanisches Versehen und auch nicht um einen Rechenfehler (FG Kassel vom 09.11.1989 EFG 1990, 278). Wurde die zutreffend aufgestellte Gleichung dagegen falsch gelöst, bewegt sich der Fehler im rein rechnerischen Bereich und die Berichtigung dieses Rechenfehlers ist nach § 129 Satz 1 AO möglich.

2.2.2   Ähnliche Unrichtigkeiten

1988   Schreib- und Rechenfehlern ähnliche Unrichtigkeiten sind Fehler, die mit diesen vergleichbar sind. Darunter fallen Unrichtigkeiten, die ihren Grund in einem auf Unachtsamkeit, Flüchtigkeit oder Abgelenktheit beruhenden **mechanischen Versehen** haben – wie z. B. Übersehen, Vergreifen, falsches Ablesen, falsches Übertragen, Verwechseln oder Vertauschen. Der dadurch verursachte mechanische Fehler muss ebenso mechanisch, also ohne weitere Prüfung, erkannt und berichtigt werden können (ständige Rechtsprechung, BFH vom 27.05.2009 BStBl II 2009, 946 m. w. N.).

BEISPIELE

- vergessene Eintragung in den Eingabewertbogen (BFH vom 19.03.1985, BFH/NV 1986, 2)
- Fehler beim Ablesen einer Steuertabelle (BFH vom 04.11.1993 BFH/NV 1993, 403)
- Übersehen einer Kontrollmitteilung (BFH vom 18.04.1986 BStBl II 1986, 541)
- Übersehen eines Grundlagenbescheides (BFH vom 16.07.2003 BStBl II 2003, 867)
- Außenprüfungsbericht nicht bzw. nicht vollständig ausgewertet (BFH vom 28.10.1988 BStBl II 1989, 341)
- Rechenfehler des Betriebsprüfers übernommen (BFH vom 18.08.1999 BFH/NV 2000, 539)
- Doppelte Berücksichtigung eines Freibetrags (BFH vom 08.03.1989 BStBl II 1989, 531)

1989   Keine ähnlichen Unrichtigkeiten sind **Rechtsirrtümer/Rechtsanwendungsfehler**, d. h. Fehler, bei denen die Finanzbehörde aus einem eindeutig vorliegenden Sachverhalt die falschen rechtlichen Schlussfolgerungen zieht. Fehler in der Auslegung oder Nichtanwendung einer Rechtsnorm können also nicht nach § 129 Satz 1 AO berichtigt werden. Gleiches gilt für **Tatsachenirrtümer**, d. h. Fehler, die zurückzuführen sind auf eine unrichtige Tatsachenwürdigung, eine mangelhafte Sachverhaltsaufklärung oder sonstige sachverhaltsbezogene Denk- oder Überlegungsfehler, BFH vom 19. 03. 2009 BFH/NV 2009, 1394. Nach § 129 Satz 1 AO zu berichtigende Fehler müssen auf einem »rein mechanischen Versehen« beruhen. Hingegen dürfen sie nicht auf die unzulängliche Erfassung oder rechtliche Würdigung eines Sachverhalts zurückzuführen sein, BFH vom 13. 06. 2012 VI R 85/10 BStBl II 2013, 5.

Besteht die ernsthafte **Möglichkeit eines Rechts- oder Tatsachenirrtums,** liegt kein mechanisches Versehen vor. Eine ähnliche Unrichtigkeit und damit auch die Berichtigung nach § 129 Satz 1 AO ist ausgeschlossen (ständige Rechtsprechung, BFH vom 27. 05. 2009 X R 47/07 BStBl II 2009, 946 m. w. N.). Diese Möglichkeit darf allerdings nicht nur theoretischer Natur sein. Deuten die Gesamtumstände des Falles auf ein mechanisches Versehen hin und liegen keine Anhaltspunkte dafür vor, dass der Fehler auf rechtliche oder tatsächliche Erwägungen zurückzuführen ist, so kann berichtigt werden. Ob ein Versehen oder ein ausschließender Tatsachen- oder Rechtsirrtum vorliegt, muss nach den Verhältnissen des Einzelfalles und insbesondere nach Aktenlage beurteilt werden, BFH vom 13. 06. 2012 VI R 85/10 BStBl II 2013, 5. **1990**

BEISPIELE

a) Ein Stpfl. erklärt zu Recht die Kosten für ein häusliches Arbeitszimmer als Werbungskosten. An den Betrag in der Steuererklärung macht der Sachbearbeiter einen Haken. Im Steuerbescheid sind diese Werbungskosten nicht berücksichtigt.
LÖSUNG Der ESt-Bescheid ist gem. § 129 Satz 1 AO zu berichtigen. Es liegt ein mechanisches Versehen in Form des Vergessens vor. Der Sachbearbeiter hat durch das Abhaken zu erkennen gegeben, dass er das Arbeitszimmer steuerlich anerkennen möchte. Die Möglichkeit eines Rechtsirrtums ist ausgeschlossen.

b) Sachverhalt wie Beispiel a). Der Sachbearbeiter hat die Werbungskosten nicht abgehakt. Weder aus der Erklärung noch aus anderen Unterlagen ist ersichtlich, ob der Sachbearbeiter die Werbungskosten anerkennen wollte. Er selbst kann sich nicht mehr erinnern.
LÖSUNG Eine Berichtigung ist ausgeschlossen. Es besteht die mehr als nur theoretische (ernsthafte) Möglichkeit eines Rechtsanwendungsfehlers. Ob der Sachbearbeiter das Arbeitszimmer nicht anerkennen wollte oder ob er die Eingabe der Daten in das Veranlagungsprogramm nur versehentlich vergessen hat, ist anhand der Akten nicht mehr nachvollziehbar.

c) Die Feststellungen einer Betriebsprüfung werden im Rahmen der Schlussbesprechung mit dem Stpfl. unter Beteiligung des Veranlagungssachbearbeiters übereinstimmend besprochen. Bei der späteren Auswertung des Betriebsprüfungsberichtes lässt der Sachbearbeiter eine Prüfungsfeststellung unberücksichtigt. Aus den Akten ist nicht ersichtlich, dass der Sachbearbeiter die Abweichung vom Betriebsprüfungsbericht geplant hat.
LÖSUNG Grundsätzlich besteht zwar die Möglichkeit, dass der Sachbearbeiter, der an die Feststellungen der Betriebsprüfung rechtlich nicht gebunden ist, von diesen aufgrund eigener Tatsachenfeststellungen oder einer eigenen rechtlichen Beurteilung abweichen wollte. Diese Möglichkeit ist vorliegend aber rein theoretischer Natur, zumal sich aus den Akten dafür keine Anhaltspunkte ergeben. Die Nichtberücksichtigung der Prüfungsfeststellung ist somit als Folge eines versehentlichen Erfassungsfehlers zu qualifizieren. Für einen Tatsachen- oder Rechtsirrtum besteht nicht der geringste vernünftige Grund. Ohne eine entsprechende Kenntlichmachung in den Akten kann nicht davon ausgegangen werden, dass der Sachbearbeiter den Ansatz bewusst außer Betracht gelassen hätte. Die Berichtigung nach § 129 Satz 1 AO ist damit zulässig.

Elektronische Datenverarbeitung

1991   Diese Grundsätze gelten auch für die **Steuerfestsetzung mit Hilfe elektronischer Datenverarbeitung**. Mechanisches Versagen kann in einem Irrtum über den tatsächlichen Programmablauf oder in der versehentlichen Nichtbeachtung der für das mechanische Veranlagungsverfahren geltenden Dienstanweisungen bestehen, BFH vom 27.03.1996 BStBl II 1996, 509; BFH vom 05.02.1998 BStBl II 1998, 535. Sobald der Sachbearbeiter die steuerlichen Überlegungen abgeschlossen hat, trägt er in der Regel das Ergebnis bei einer bestimmten Kennzahl im Datenerfassungsgerät ein. Irrt er über die Bedeutung einer Kennzahl, folgt im Steuerbescheid ein vom Sachbearbeiter nicht gewolltes Ergebnis. Der fehlerhafte Bescheid kann berichtigt werden. Zwar hat der Sachbearbeiter einen Denkfehler begangen, dieser erstreckt sich jedoch nicht auf die steuerliche Rechtsanwendung, sondern auf den Ablauf der Datenverarbeitung und wird demzufolge dem mechanischen Fehler zugeordnet, BFH vom 30.10.1997 BFH/NV 1998, 942; BFH vom 29.01.2003 BFH/NV 2003, 1139. Aber auch der **Übertragungsfehler** sowie fehlerhafte Schaltung des Computers (Hardwarefehler und Codierfehler) sind mechanische Versehen. Ist dagegen die Datenverarbeitungsanlage falsch programmiert, das heißt, wurden falsche steuerliche Werte eingegeben, liegt ein Rechtsanwendungsfehler der Finanzbehörde vor, der die Anwendung des § 129 Satz 1 AO ausschließt, BFH vom 28.06.2006 BFH/NV 2006, 1793.

BEISPIEL

In einem rechtlich schwierigen Fall hat der Sachbearbeiter den richtigen Willen gebildet und in einem Aktenvermerk festgehalten. In Verkennung der Bedeutung einer Kennzahl hat er die Daten bei einer anderen Kennzahl in das Datenerfassungsgerät eingetragen.

LÖSUNG Es handelt sich um ein (mechanisches) Versehen, das berichtigt werden kann. Zwar liegt ein Fehler in der Willensbildung vor. Dieser erstreckt sich jedoch nicht auf die steuerliche Rechtsanwendung, sondern auf den Ablauf der Datenverarbeitung.

2.2.3 Offenbar

1992   Schreib- und Rechenfehler gelten nach der Rechtsprechung des BFH (BFH vom 08.04.1987 BStBl II 1988, 164) regelmäßig als offenbar. Bei den ähnlichen Unrichtigkeiten muss die Offenbarkeit als zusätzliche Tatbestandsvoraussetzung gegeben sein. Anderenfalls darf nicht berichtigt werden. Eine offenbare Unrichtigkeit liegt vor, wenn der Fehler auf der Hand liegt, durchschaubar, eindeutig oder augenfällig ist, d. h. sich für einen unvoreingenommenen Dritten bei Offenlegung des Sachverhalts ohne Weiteres aus der Steuererklärung, deren Anlagen sowie den in den Akten befindlichen Unterlagen für das betreffende Veranlagungsjahr ergibt, BFH vom 27.05.2009 X R 47/08 BStBl II 2009, 946. Dabei muss die Erkenntnisfähigkeit eines durchschnittlichen Betroffenen (objektivierter Erkenntnishorizont eines Dritten) zugrunde gelegt werden (vgl. Tipke/Kruse, AO/FGO, § 129 AO, Rz. 10). Es kommt nicht darauf an, dass der Stpfl. selbst die Unrichtigkeit anhand seines Steuerbescheides und der ihm vorliegenden Unterlagen erkennen konnte (vgl. AEAO zu § 129 Nr. 3). Da alle Unrichtigkeiten berichtigt werden können, die beim Erlass des VA unterlaufen sind, können demnach auch alle Unterlagen, die dem Sachbearbeiter bei der Durchführung der Veranlagung vorlagen, zur Beurteilung der Offenbarkeit hinzugezogen werden. Der Gesetzgeber hat bewusst den Wortlaut des § 129 AO „Fehler beim Erlass des VA" anders gewählt als in § 42 VwVfG „Fehler in einem VA". Er wollte damit dem Massenverfahren in der Finanzverwaltung gerecht werden. Die Offenbarkeit der Unrichtigkeit muss sich damit nicht unbedingt aus dem ausgefertigten VA selbst ergeben.

2.2.4 Fehler beim Erlass eines VA

Da der Fehler beim Erlass des VA unterlaufen sein muss, können alle Unrichtigkeiten, die **1993** nach der Bildung des Entscheidungswillens bis zur Bekanntgabe des VA der Finanzbehörde unterlaufen sind, berichtigt werden. Der Rechenfehler des Außenprüfers oder Mitarbeiters gehört, zeitlich gesehen, ebenso zum Erlass des VA wie der Fehler bei der elektronischen Datenerfassung.

Es kommen nur **Fehler der Finanzbehörde** als offenbare Unrichtigkeit in Betracht. Fehler des Stpfl. schließen eine Korrektur nach § 129 Satz 1 AO grundsätzlich aus (diese können ggf. gemäß § 173 Abs. 1 AO korrigiert werden). Von diesem Grundsatz gibt es allerdings zwei Ausnahmen.

Übernahmefehler

Ist der Fehler des Stpfl. i. S. d. § 129 Satz 1 AO aus der Erklärung oder den dazu eingereich- **1994** ten Unterlagen ohne großes Nachforschen ersichtlich, macht ihn sich der Amtsträger, der ihn übersieht und dadurch in den Regelungsinhalt des VA aufnimmt, zu eigen (sog. Übernahmefehler), BFH vom 31. 07. 1990 BStBl II 1991, 22. Voraussetzung hierfür ist aber, dass es sich bei dem Fehler des Stpfl. seinerseits um eine offenbare Unrichtigkeit (kein Rechts- oder Tatsachenirrtum) handelt, die für die Finanzbehörde ohne Weiteres als solche erkennbar ist. Das trifft nur zu, wenn sich die offenbare Unrichtigkeit augenfällig aus der Erklärung des Stpfl., den hierzu eingereichten Anlagen sowie den in den Akten befindlichen Unterlagen für das betreffende Veranlagungsjahr ergibt. Soweit die Finanzbehörde auf Akten der Vorjahre zurückgreifen muss, liegt eine aus rechtlichen oder tatsächlichen Gründen erforderliche, jedoch unterlassene Sachverhaltsermittlung (möglicherweise auch eine Amtsermittlungspflichtverletzung) vor, die kein mechanisches Versehen ist (vgl. BFH vom 27. 05. 2009 X R 47/08, BStBl II 2009, 946) und eine Berichtigung nach § 129 Satz 1 AO ausschließt.

BEISPIELE

a) Ein Stpfl. verrechnet sich bei den Einnahmen aus Vermietung und Verpachtung und trägt demnach ein falsches Ergebnis in die Erklärung ein. Die Berechnung fügt er bei. Der Sachbearbeiter übernimmt das Ergebnis ungeprüft.
LÖSUNG Der Bescheid ist nach § 129 Satz 1 AO zu berichtigen.

b) Wie Beispiel a), nur war die Berechnung der Einnahmen nicht beigefügt.
LÖSUNG Eine Berichtigung nach § 129 Satz 1 AO scheidet mangels Übernahmefehler aus. Es kann aber eine Korrektur nach § 173 Abs. 1 AO in Betracht kommen, weil nunmehr dem Sachbearbeiter nachträglich die richtige Höhe der Mieteinnahmen bekannt wird.

Ebenso ist § 129 Satz 1 AO anwendbar, wenn das FA in einer Betriebsprüfung offenbar fehlerhafte Angaben des Stpfl. bei der Ermittlung der Umsätze und Einnahmen als eigene Fehler übernimmt, BFH vom 17. 06. 2004 BFH/NV 2004, 1505.

Fehler in **Steueranmeldungen** können, weil diese einer Steuerfestsetzung unter Vorbehalt **1995** der Nachprüfung gleichstehen (§ 168 Satz 1 AO), ebenfalls nach § 129 Satz 1 AO berichtigt werden. Da eine Vorbehaltsfestsetzung jedoch gem. § 164 Abs. 2 Satz 1 AO ohne große Anforderungen geändert werden kann, ist in diesem Falle das Vorliegen einer offenbaren Unrichtigkeit nur erheblich, um den Ablauf der Festsetzungsfrist zu hemmen (§§ 164 Abs. 4, 171 Abs. 2 AO).

Unterläuft dem Stpfl. bei der Anfertigung einer Steueranmeldung eine offenbare Unrichtigkeit und bleibt der Fehler durch das FA unentdeckt, wird der Fehler des Stpfl. zu einem Fehler des FA, BFH vom 26. 07. 1979 BStBl II 1980, 18.

2.3 Berichtigung als Ermessensentscheidung

1996   Nach § 129 Satz 1 AO (»**kann**«) liegt die Berichtigung im Ermessen der Behörde (§ 5 AO). Sofern sich die Berichtigung jedoch steuerlich auswirkt, es z. B. um die Steuerfestsetzung oder um Feststellungsbescheide geht, wird das Ermessen eingeschränkt durch den **Grundsatz der Steuergerechtigkeit** (**§ 85 Satz 1 AO**). Die Finanzbehörde ist gehalten, die zutreffende Steuer festzusetzen, soweit dies rechtlich möglich ist. Nur in Ausnahmefällen kann es denkbar sein, eine Berichtigung nicht durchzuführen, z. B. wenn die Festsetzung einer höheren Steuer verwirkt ist (allgemeiner Grundsatz von Treu und Glauben, § 242 BGB) oder der Stpfl. seinen Anspruch auf eine niedrigere Steuer verwirkt hat, vgl. auch BFH vom 17. 06. 2004 BFH/NV 2004, 1505.

Zur Begründung der Ermessensentscheidung bei einer die Steuer (oder Feststellung) korrigierenden Berichtigung genügt i. d. R. der Hinweis auf die zu beseitigende offenbare Unrichtigkeit, vgl. BFH vom 27. 03. 1996 BStBl 1996, 509 [511].

Die Ermessensausübung hat also tatsächlich nur dort Bedeutung, wo eine steuerliche Auswirkung nicht vorliegt. Bei **berechtigtem Interesse des Stpfl.** ist zu berichtigen (§ 129 Satz 2 AO). Der Stpfl. muss also, sofern sich sein Interesse nicht bereits aus der Natur der Sache ergibt (niedrigere Steuer), sein Interesse darlegen.

2.4 Zeitliche Grenzen der Berichtigung

1997   Die Berichtigung nach § 129 Satz 1 AO ist **jederzeit** möglich, demnach auch während des Laufes eines Einspruchsverfahrens oder eines gerichtlichen Verfahrens (FG Baden-Württemberg vom 30. 05. 2005 EFG 2006, 310). Der berichtigte VA wird dann Gegenstand des Einspruchsverfahrens (§ 365 Abs. 3 AO), bzw. des finanzgerichtlichen Verfahrens (§ 68 FGO). Auch nach Abschluss des Einspruchsverfahrens kann berichtigt werden; sei es, dass in die Einspruchsentscheidung (oder den Abhilfebescheid) eine ursprüngliche offenbare Unrichtigkeit versehentlich übernommen wurde (BFH vom 03. 04. 1987 BFH/NV 1987, 554) oder die Entscheidung selbst eine offenbare Unrichtigkeit enthält.

Nach Abschluss eines finanzgerichtlichen Verfahrens ist ebenfalls eine Berichtigung möglich (§ 110 FGO), sofern die offenbare Unrichtigkeit nicht Streitgegenstand im Prozess war. Enthält das Urteil selbst eine offenbare Unrichtigkeit, gilt § 107 FGO.

Bei Steuerfestsetzungen (und allen Bescheiden, die der Festsetzungsfrist unterliegen) ist die **Festsetzungsverjährung** zu beachten (§ 169 Abs. 1 Satz 2 AO). Die offenbare Unrichtigkeit kann dabei auf jeden Fall noch innerhalb eines Jahres nach Bekanntgabe des Steuerbescheides berichtigt werden, der die offenbare Unrichtigkeit erstmals beinhaltet (Ablaufhemmung des § 171 Abs. 2 Satz 1 AO). Sofern die offenbare Unrichtigkeit erstmals in einem Änderungsbescheid erfolgt, läuft die Ablaufhemmung ab Bekanntgabe des Änderungsbescheides, BFH vom 09. 11. 1994 BFH/NV 1995, 563. Dasselbe gilt, wenn der Änderungsbescheid wegen Ablauf der Festsetzungsfrist nicht hätte ergehen dürfen. Da der Bescheid zwar rechtswidrig, jedoch wirksam ist, löst er die Ablaufhemmung des § 171 Abs. 2 Satz 1 AO aus, BFH vom 14. 06. 1991 BStBl II 1992, 52; a. A. Tipke/Kruse, AO/FGO, § 129 AO, Rz. 23.

Sonstige VA (dafür ist § 169 Abs. 1 Satz 2 AO nicht anwendbar) können zeitlich unbegrenzt berichtigt werden. Hier kann die Berichtigung wegen Zeitablaufs allenfalls ermessensfehlerhaft sein.

2.5   Umfang der Berichtigung

Es darf nur die offenbare Unrichtigkeit selbst berichtigt werden (**Punktberichtigung**).   **1998**
Andere Fehler im Steuerbescheid dürfen nicht nach § 129 Satz 1 AO berichtigt werden. Die
Anwendung anderer Korrekturvorschriften ist natürlich gleichzeitig neben der Korrektur
nach § 129 Satz 1 AO zulässig, sofern mehrere materielle Fehler vorliegen und für die anderen
Fehler ebenfalls die Voraussetzungen einer Korrekturvorschrift (z. B. § 173 Abs. 1 AO) erfüllt
sind.

BEISPIEL

Eine Steuerfestsetzung in Höhe von 10 000 € enthält neben einem Rechenfehler zum Nachteil des
Stpfl. (steuerliche Auswirkung 500 €) einen Rechtsanwendungsfehler ebenfalls zum Nachteil des
Stpfl. (steuerliche Auswirkung 400 €).
LÖSUNG Die Steuer ist gem. § 129 Satz 1 AO auf 9 500 € festzusetzen. Der Rechtsanwendungsfehler
darf nicht berücksichtigt werden.

Etwas anderes gilt beim Vorliegen eines materiellen Fehlers (§ 177 Abs. 3 AO), der zu der   **1999**
offenbaren Unrichtigkeit in seiner Auswirkung gegenläufig ist. Die Regelungen des § 177 AO
sind dann im Rahmen pflichtgemäßer Ermessensausübung sinngemäß anzuwenden. Der materielle Fehler kann mitberichtigt werden (vgl. Rz. 2152).

2.6   Rechtsbehelfe

Der Stpfl. kann sich gegen eine Berichtigung nach § 129 Satz 1 AO mit dem **Einspruch**   **2000**
wehren (§ 347 Abs. 1 AO). Das gilt auch bei einer Berichtigung zu seinen Gunsten, wenn sein
Ziel ist, die Steuer weiter zu mindern. Gegen eine ablehnende Einspruchsentscheidung ist die
Anfechtungsklage gegeben (§ 40 FGO).
Lehnt die Finanzbehörde den Antrag auf Berichtigung ab, kann der Stpfl. ebenfalls Ein-
spruch einlegen und bei dessen Zurückweisung **Verpflichtungsklage** erheben (§ 40 FGO).
Schließlich kann der Stpfl. zwar die Berichtigung zu seinem Nachteil nach § 129 Satz 1 AO
akzeptieren, weil eine offenbare Unrichtigkeit vorliegt, er kann aber mit dem Einspruch begeh-
ren, steuermindernde Tatsachen gegenzurechnen (entweder über die Anwendung von § 177
Abs. 1 AO oder die Ausübung pflichtgemäßen Ermessens).
Diese steuermindernden Tatsachen können entweder Folge der Berichtigung sein (z. B.
Veränderung der zumutbaren Eigenbelastung gem. § 33 Abs. 3 EStG) oder davon unabhängige
Fehler. Den Berichtigungsbescheid kann der Stpfl., wenn der geänderte Bescheid bestandskräftig war, jedoch nur insoweit angreifen, als die Berichtigung reicht (§ **351 Abs. 1 AO**; § 42 FGO
analog, AEAO zu § 351 Nr. 3). Wird also eine Steuerfestsetzung gem. § 129 Satz 1 AO von 5 000 €
auf 6 000 € erhöht, kann mit dem Rechtsbehelf allenfalls die ursprüngliche Steuerfestsetzung
von 5 000 € erreicht werden (es sei denn, eine eigenständige Korrekturvorschrift erlaubt die
Durchbrechung der materiellen Bestandskraft, vgl. Rz. 2581 ff.).

3 Aufhebung und Änderung von Steuerbescheiden (§§ 172 ff. AO)

3.1 Geltungsbereich

2001   **Steuerbescheide** (§ 155 Abs. 1 Satz 1 und 2 AO) können nur aufgehoben oder geändert werden, wenn **§ 172 Abs. 1 AO** dies ermöglicht. Die Vorschrift geht vom Vertrauen auf die materielle Bestandskraft von Bescheiden aus und erlaubt eine spätere, richtige Steuerfestsetzung nur, wenn die Voraussetzungen einer Korrekturvorschrift erfüllt sind. Sie enthält nicht nur eigene Voraussetzungen für die Korrektur (§ 172 Abs. 1 Satz 1 Nr. 1 und Nr. 2 Buchst. a bis Buchst. c), sondern gestattet die Korrektur nach § 172 Abs. 1 Satz 1 Nr. 2 Buchst. d auch, wenn andere Korrekturvorschriften eingreifen, wie §§ 173 ff. AO oder Vorschriften aus den Einzelsteuergesetzen (z. B. § 10 d Abs. 1 Satz 3 EStG).

Zu den Steuerbescheiden gehören auch die Feststellungs- und Ablehnungsbescheide (§ 155 Abs. 1 Satz 3 AO) sowie die gleichgestellten Bescheide wie z. B. die Steueranmeldung (§ 168 AO) des Unternehmers (§ 18 Abs. 1 und 3 UStG), des Arbeitgebers (§ 41a Abs. 1 EStG), des Schuldners von Kapitalerträgen (§ 45 a Abs. 1 EStG) als Entrichtungsschuldner (vgl. BFH vom 14. 07. 1999, BStBl II 2001, 556), oder Vergütungsbescheide (§ 155 Abs. 4 AO), Feststellungsbescheide (§ 181 Abs. 1 Satz 1 AO), Steuermessbescheide (§ 184 Abs. 1 Satz 3 AO), Zinsbescheide (§ 239 Abs. 1 Satz 1 AO), Zerlegungs- und Zuteilungsbescheide (§§ 185, 190 AO), Kostenbescheide (§ 178 Abs. 4 AO), Kindergeldfestsetzungen (§ 70 EStG) und alle sonstigen Bescheide, auf die die für die Steuervergütungen (z. B. § 15 Eigenheimzulagengesetz, § 5 Investitionszulagengesetz, Altersvorsorgezulage gem. § 96 EStG) geltenden Vorschriften sinngemäß anwendbar sind.

2002   § 172 AO gilt auch für Steuerbescheide, die durch **Einspruchsentscheidung** bestätigt oder geändert worden sind (§ 172 Abs. 1 Satz 2 AO) sowie für Änderungsbescheide, die aufgrund eines Einspruchs ergangen sind (sog. Abhilfebescheide, vgl. AEAO zu § 172 Nr. 4). Damit wird klargestellt, dass die Einspruchsentscheidung bzw. der Abhilfebescheid ein VA ist, der denselben Bestandsschutz genießt wie jeder Steuerbescheid, demzufolge auch unter denselben Voraussetzungen korrigiert werden kann. Also kann z. B. auch eine durch Einspruchsentscheidung bestätigte Steuerfestsetzung später noch geändert werden, sofern eine Korrekturvorschrift (z. B. § 175 Abs. 1 Satz 1 Nr. 1 AO) dies gestattet. Die **Einspruchsentscheidung** erwächst nur in **Bestandskraft**, im Gegensatz zu Gerichtsurteilen, die in Rechtskraft erwachsen und nur unter den strengeren Voraussetzungen des § 110 Abs. 2 FGO (Beachtung des Streitgegenstandes des Urteils) korrigiert werden können.

2003   § 172 Abs. 1 AO ist ebenfalls auf VA anwendbar, durch die ein Antrag auf Erlass, Aufhebung oder Änderung eines Steuerbescheides ganz oder teilweise abgelehnt wird (§ 172 Abs. 2 AO, vgl. Rz. 2026).

2004   Die Vorschrift gilt für endgültige Steuerbescheide genauso wie für **Steuerbescheide, die unter dem Vorbehalt der Nachprüfung** (§ 164 Abs. 1 Satz 1 AO; dazu gehören kraft Gesetzes auch die Vorauszahlungsbescheide, § 164 Abs. 1 Satz 2 AO, und die Steueranmeldungen, §§ 167, 168 AO) stehen bzw. vorläufig (§ 165 Abs. 1 Satz 1 und 2 AO) ergangen sind. Etwas anderes folgt auch nicht aus dem Einleitungssatz des § 172 Abs. 1 AO, der keine Aussage zu Steuerfestsetzungen, die mit einer Nebenbestimmung versehen sind, enthält, sondern die Korrekturbefugnis ausschließlich für **endgültige Steuerbescheide**, die **nur** nach den §§ 172 ff. AO korrigiert werden können, regelt, BFH vom 10. 05. 2007 IX R 30/06 BStBl II 2007 (vgl. Rz. 1976). Daneben gelten die §§ 164 Abs. 2, 165 Abs. 2 AO, wenn der Steuerbescheid mit einer Nebenbestimmung versehen ist.

Der ESt-Bescheid des Stpfl. ist unter dem Vorbehalt der Nachprüfung ergangen. Durch eine Kontrollmitteilung wird dem FA bekannt, dass der Stpfl. nicht erklärte Einkünfte aus freiberuflicher Tätigkeit erzielt hat.

LÖSUNG Der ESt-Bescheid kann zur Berücksichtigung der nachträglich bekannt gewordenen Einkünfte entweder nach § 164 Abs. 2 Satz 1 AO oder nach den §§ 172 ff. AO (vorliegend § 173 Abs. 1 Nr. 1 AO) korrigiert werden.

Nicht zu den Steuerbescheiden zählen die Haftungs- und Duldungsbescheide (vgl. BFH   **2005**
vom 25.02.1997 BStBl II 1998, 2), der Aufteilungsbescheid (§ 280 AO, hier gelten eigene Regelungen), die Feststellung der Insolvenzforderung (§ 251 Abs. 3 AO) und alle anderen VA, die keinen Verweis auf die Regelungen der Steuerfestsetzung enthalten (z. B. Festsetzung eines Verspätungszuschlags) sowie die Steuerbescheide, für die die Vorschriften der AO nicht anwendbar sind (§ 1 AO, z. B. Kirchensteuer, Gemeindesteuern).

Zu beachten ist ferner, dass der Steuerbescheid mit der Steuerfestsetzung endet (§ 2 Abs. 6   **2006**
EStG). Die Anrechnung von Vorauszahlungen und einbehaltenen Abzugsbeträgen, wie z. B. LSt oder KapSt ist nicht mehr Teil der Steuerfestsetzung, selbst wenn die Anrechnung äußerlich mit der Steuerfestsetzung verbunden ist, um dem Stpfl. die Zahllast, bzw. den Erstattungsbetrag mitzuteilen. Die Anrechnungsverfügung gehört zum Erhebungsverfahren und ist ein eigenständiger VA, der nach § 130 AO korrigiert werden kann (vgl. Rz. 2174).

3.2 Korrektur von Verbrauchsteuerbescheiden (§ 172 Abs. 1 Satz 1 Nr. 1 AO)

3.2.1 Allgemeiner Grundsatz

Steuerbescheide, die Verbrauchsteuern betreffen, können ohne Einschränkung aufgeho-   **2007**
ben oder geändert werden. Der Gesetzgeber geht davon aus, dass diese Bescheide unter Zeitdruck mit nur pauschaler Ermittlung der Besteuerungsgrundlagen und von untergeordneten Abfertigungsstellen erteilt werden und daher ein erhöhtes Bedürfnis für die Korrektur besteht. Um jedoch bald Rechtssicherheit zu schaffen, ist die Korrektur nur innerhalb der einjährigen Festsetzungsfrist (§ 169 Abs. 2 Satz 1 Nr. 1 AO) möglich. Die Änderung ist auch möglich, wenn der Steuerbescheid durch eine Einspruchsentscheidung bestätigt oder herabgesetzt wurde. § 172 Abs. 1 Satz 2 AO gilt auch für Verbrauchsteuern. Die Korrektur liegt im Ermessen der Behörde; sie setzt einen Antrag des Stpfl. nicht voraus.

Verbrauchsteuern sind Steuern, deren Erhebung an den Übergang einer Sache aus dem   **2008**
steuerlich gebundenen Bereich in den nicht gebundenen Verkehr anknüpft, oder die kraft gesetzlicher Regelung als solche behandelt werden. Wirtschaftlich wird der Verbrauch und der Aufwand von Gegenständen belastet. Sie sind darauf angelegt, auf den Verbraucher überwälzt zu werden. Verbrauchsteuern sind z. B. die Energiesteuer, Biersteuer, Branntweinsteuer, Tabaksteuer, Schaumweinsteuer, Kaffeesteuer, Einfuhrumsatzsteuer (vgl. § 21 Abs. 1 UStG). Die USt ist keine Verbrauchsteuer, BFH vom 16.10.1986 BStBl II 1987, 95. § 172 Abs. 1 Satz 1 Nr. 1 AO gilt in der Regel nur für Verbrauchsteuern, die auf einem rein innerstaatlichen Vorgang beruhen, also durch die Herstellung von Waren oder durch ihre Entfernung von Steuerunterlagen. Soweit die Verbrauchsteuern anlässlich des Grenzübertritts entstehen, ordnet der Gesetzgeber die Anwendung des Zollkodex (vgl. Rz. 2009) an, der die AO überlagert (vgl. für die Einfuhrumsatzsteuer § 21 Abs. 2 UStG, sowie z. B. § 19 EnergieStG, § 21 TabStG).

Daneben gibt es noch die **örtlichen Verbrauchsteuern**, die von den Gemeinden erhoben werden, wie z. B. Hundesteuer, Getränkesteuer usw. Auf diese ist die AO nicht unmittelbar anwendbar, da sie nicht durch Bundesgesetz i. S. v. § 1 Abs. 1 Satz 1 AO geregelt sind.

2009   **Zölle** sind Abgaben, die nach Maßgabe des Zolltarifs von der Warenbewegung über die Zollgrenze erhoben werden (vgl. Zollkodex, VO EWG Nr. 2913/92, ABl EG Nr. L 302 vom 19. 10. 1992).

3.2.2 Änderungen zum Vorteil des Steuerpflichtigen

2010   Macht der Stpfl. innerhalb der Rechtsbehelfsfrist (§ 355 Abs. 1 Satz 1 AO) die Fehlerhaftigkeit des Bescheides geltend, so hat die Behörde i. d. R. die Korrektur vorzunehmen. § 172 Abs. 1 Satz 1 AO ist zwar eine Ermessensvorschrift. Die Behörde muss jedoch die Steuern zutreffend festsetzen, insbesondere, wenn der Stpfl. die Fehlerhaftigkeit des Bescheides innerhalb der Rechtsbehelfsfrist rügt.

Hat der Stpfl. dagegen den Bescheid unanfechtbar werden lassen, liegt die Korrektur im pflichtgemäßen **Ermessen (§ 5 AO)** der Behörde. Die Ablehnung einer Korrektur ist nicht ermessensmissbräuchlich, wenn der Stpfl. trotz Kenntnis der Fehlerhaftigkeit des Steuerbescheides schuldhaft die Rechtsbehelfsfrist versäumt hat. Die uneingeschränkte Korrekturmöglichkeit des § 172 Abs. 1 Satz 1 Nr. 1 AO darf nicht dazu führen, dass der Stpfl. bis zum Ablauf der Festsetzungsverjährung den Bescheid angreifen kann. Begehrt der Stpfl. eine niedrigere Festsetzung und trifft ihn am Verstreichen der Rechtsbehelfsfrist keine Schuld (z. B. konnte er die Fehlerhaftigkeit erst später erkennen), ist zu differenzieren.

Die Vorschriften des § 172 Abs. 1 Satz 1 Nr. 2 AO sowie §§ 173 ff. AO sind zwar auf diese Steuerbescheide nicht anwendbar (so der eindeutige Wortlaut des Gesetzes). Der Sinn dieser Vorschriften ist jedoch bei der Ermessensausübung zu beachten. Wenn schon Steuerbescheide zugunsten des Stpfl. geändert werden können, denen der Gesetzgeber eine materielle Bestandskraft beimisst, muss bei vergleichbarem Sachverhalt dies auch für die frei abänderbaren Steuerbescheide des § 172 Abs. 1 Satz 1 Nr. 1 AO gelten.

Begründet also der Stpfl. die Fehlerhaftigkeit mit neuen Tatsachen, an deren nachträglichem Bekanntwerden ihn kein grobes Verschulden trifft (§ 173 Abs. 1 Nr. 2 AO vergleichbar), sollte die Änderung gem. § 172 Abs. 1 Satz 1 Nr. 1 AO erfolgen. Wäre dagegen die Fehlerhaftigkeit bei den anderen Steuerbescheiden mangels Rechtsgrundlage nicht zu korrigieren (z. B. bei einem materiellen Fehler i. S. d. § 177 AO), kann die Behörde ermessensfehlerfrei die Änderung ablehnen. Allerdings darf sie sich nicht mit der Begründung der Vergleichbarkeit begnügen, denn bei § 172 Abs. 1 Satz 1 Nr. 1 AO dürfen auch Rechtsfehler ohne Weiteres korrigiert werden. Vielmehr hat hier die Behörde im Einzelfall ihr Ermessen pflichtgemäß auszuüben (§ 5 AO).

3.2.3 Änderungen zum Nachteil des Steuerpflichtigen

2011   § 172 Abs. 1 Satz 1 Nr. 1 AO berechtigt die Finanzbehörde, den Bescheid auch zum Nachteil des Stpfl. abzuändern. Wie oben erläutert, sind bei Ermessensausübung die Rechtsgedanken des § 172 Abs. 1 Satz 1 Nr. 2 AO und der §§ 173 ff. AO heranzuziehen mit der Folge, dass der Bescheid z. B. geändert werden sollte, wenn die Voraussetzungen des § 173 Abs. 1 Nr. 1 AO (neue Tatsache, die zu einer höheren Steuer führt), vorliegen. Sind diese Korrekturvorschriften nicht anwendbar (z. B. bei einem materiellen Fehler i. S. d. § 177 AO), darf dieser Gedanke jedoch nicht dazu führen, dass nunmehr die Änderung nach § 172 Abs. 1 AO zu unterbleiben hat. Der Gesetzgeber hat bewusst die Änderung ohne Einschränkung zugelassen und in das Ermessen der Behörde gestellt.

3.3 Korrektur von Steuerbescheiden (Besitz- und Verkehrsteuern) bei Zustimmung (§ 172 Abs. 1 Satz 1 Nr. 2 Buchst. a AO)

3.3.1 Allgemeines

Steuerbescheide, die Besitz- oder Verkehrsteuern betreffen, können gem. § 172 Abs. 1 Satz 1 Nr. 2 Buchst. a AO **zugunsten** des Stpfl. nur aufgehoben oder geändert werden, wenn der Stpfl. **vor Ablauf der Rechtsbehelfsfrist** zustimmt oder einen Antrag auf Änderung stellt. **Zum Nachteil** des Stpfl. ist die Änderung auch nach Ablauf der Rechtsbehelfsfrist möglich, sofern der Stpfl. zustimmt oder dies beantragt (§ 172 Abs. 1 Satz 1 Nr. 2 Buchst. a AO). Weitere Gründe für die Aufhebung oder Änderung von Steuerbescheiden sind in § 172 Abs. 1 Satz 1 Nr. 2 Buchst. b und c AO genannt. **2012**

Die Korrektur der Steuerbescheide i. S. d. § 172 Abs. 1 Satz 1 Nr. 2 AO ist ebenfalls **in das Ermessen der Behörde gestellt** (»darf« FG Münster vom 29. 09. 2000 EFG 2000, 908). Bei den Steuerbescheiden i. S. d. § 172 Abs. 1 Satz 1 Nr. 1 AO kommt der Ermessensausübung entscheidende Bedeutung zu, weil sie ohne Einschränkung abänderbar sind. Die Steuerbescheide i. S. d. § 172 Abs. 1 Satz 1 Nr. 2 AO können jedoch nur bei Vorliegen strenger Korrekturvoraussetzungen geändert werden, sodass bei deren Vorliegen i. d. R. kein Raum für eine andere Ermessensausübung besteht, zumal sich das Ermessen an den Grundsätzen der Gesetzmäßigkeit und Gleichmäßigkeit der Besteuerung zu orientieren hat (§§ 5, 85 Satz 1 AO). Die Ausübung des Ermessens gegen die Korrekturmöglichkeit hat daher wenig praktische Bedeutung. Sie dient insbesondere dazu, Umgehungen von steuerlichen Vorschriften zu verhindern. **2013**

BEISPIEL

Ein Stpfl. wurde endgültig (d. h. ohne Vorbehaltsvermerk) veranlagt. Nach Unanfechtbarkeit des Steuerbescheides fällt ihm auf, dass das FA rechtsfehlerhaft zu seinen Ungunsten entschieden hat. Er beantragt nunmehr, nachträglich die Steuerfestsetzung mit dem Vorbehalt der Nachprüfung zu versehen, damit dann der Rechtsfehler gem. § 164 Abs. 2 Satz 1 AO korrigiert werden kann.

LÖSUNG Da die nachträgliche Aufnahme des Vorbehalts (Nebenbestimmung i. S. d. § 120 Abs. 1 AO) eine Änderung zum Nachteil des Stpfl. ist, weil die materielle Bestandskraft beseitigt wird, wäre die Aufnahme des Vorbehalts gem. § 172 Abs. 1 Satz 1 Nr. 2 Buchst. a AO, wenn der Stpfl. zustimmt oder dies beantragt hat, auch nach Ablauf der Rechtsbehelfsfrist noch möglich. Die Ablehnung durch das FA ist jedoch nicht ermessensfehlerhaft, weil der Stpfl. die Vorschriften über die Rechtsbehelfsfrist umgehen will.

Die Korrektur von Steuerbescheiden nach den §§ 173 ff. AO ist **keine Ermessensentscheidung** (eindeutiger Wortlaut »sind«), obgleich § 172 Abs. 1 Satz 1 Nr. 2 Buchst. d AO auf diese verweist.

Bei der Änderung von Steuerfestsetzungen bestimmter Steuerarten sind die Vorschriften der **Kleinbetragsverordnung** zu beachten (vgl. § 156 Abs. 1 AO, vgl. Rz. 1983).

3.3.2 Antrag oder Zustimmung des Steuerpflichtigen

Ein **Antrag** ist ein vom Stpfl. vorgetragenes Begehren, den Steuerbescheid aufzuheben oder zu ändern. Die Einlegung eines Rechtsbehelfs ist zugleich ein Antrag auf Aufhebung oder **2014**

Änderung des Steuerbescheides. Teilt der Stpfl. Tatsachen mit, die sich zu seinen Ungunsten auswirken, kommt er lediglich seiner sich aus § 153 Abs. 1 AO ergebenden Verpflichtung zur Berichtigung seiner Steuererklärung nach (vgl. Rz. 2022). Darin ist kein Antrag i. S. d. § 172 Abs. 1 Satz 1 Nr. 2 Buchst. a AO zu sehen.

Die **Zustimmung** ist das Einverständnis des Stpfl. mit einer vom FA beabsichtigten Aufhebung oder Änderung des Steuerbescheides. Sie kann auch anlässlich einer Schlussbesprechung im Rahmen einer Außenprüfung (§ 201 AO) erteilt werden, BFH vom 05.06.2003 BStBl II 2004, 2.

Sowohl der Antrag als auch die Zustimmung sind Willenserklärungen, deren Auslegung sich nach den allgemeinen Regeln aus Empfängersicht bestimmt (§§ 133, 157 BGB). Sie bedürfen keiner Form, sie müssen jedoch eindeutig und bestimmt erklärt sein. Sind von dem Steuerbescheid mehrere Stpfl. dergestalt getroffen, dass die Entscheidung ihnen gegenüber nur einheitlich vorgenommen werden kann (§ 179 Abs. 2 Satz 2 AO), ist die Mitwirkung aller Beteiligten erforderlich, die rechtsbehelfsbefugt sind.

Ein **ohne Antrag oder Zustimmung** erlassener Änderungsbescheid ist zwar fehlerhaft, jedoch nicht nichtig, unabhängig davon, ob er zugunsten oder zuungunsten des Stpfl. geändert wurde. Der Stpfl. muss den Bescheid anfechten, will er dessen Wirksamkeit beseitigen. Andererseits ist auch eine Heilung des Verfahrensfehlers nach § 126 Abs. 1 Nr. 1 AO möglich.

Der **Umfang der Änderung** bestimmt sich ausschließlich nach dem Inhalt der erteilten Zustimmung bzw. des gestellten Antrages, wie aus dem Wort »soweit« folgt. Sofern jedoch Saldierungsmöglichkeiten mit anderen Korrekturvorschriften oder mit Rechtsfehlern (§ 177 AO) bestehen, sind diese mit zu korrigieren.

3.3.3 Aufhebung und Änderung zum Vorteil des Steuerpflichtigen

2015   Die Korrektur des Steuerbescheids gem. § 172 Abs. 1 Satz 1 Nr. 2 Buchst. a AO zugunsten des Stpfl. wird als **schlichte Änderung** bezeichnet.

Voraussetzungen für die schlichte Änderung ist also, dass der Stpfl. vor Ablauf der **einmonatigen Rechtsbehelfsfrist** zugestimmt oder den Antrag auf Änderung gestellt hat. Der Antrag muss auf eine bestimmte Änderung bezogen und auf einen konkreten Lebenssachverhalt gerichtet sein. Andernfalls ist er unwirksam, BFH vom 20.12.2006 X R 30/05, BStBl II 2007, 503. Insbesondere entspricht weder ein nur allgemein auf Änderung gerichteter Antrag noch die Beantragung einer bloß betragsmäßig konkretisierten Änderung (z.B. »Herabsetzung auf 0 €«) den genannten Anforderungen. Auch eine Ausweitung des Antrags nach Ablauf der Rechtsbehelfsfrist ist nicht mehr möglich, denn der Antrag nach § 172 Abs. 1 Satz 1 Nr. 2 Buchst. a AO soll nur eine punktuelle Überprüfung des Steuerbescheides eröffnen (vgl. AEAO zu § 172 Nr. 2). Daher sind die Grundsätze, die für die Rechtsbehelfe gelten, wo die Erweiterung des Einspruchsbegehrens (vgl. AEAO zu § 367 Nr. 3,) oder der Klage (vgl. GrS BFH vom 23.10.1989 BStBl II 1990, 327) wegen der Grundsätze der vollen Überprüfbarkeit (§ 367 Abs. 2 Satz 1 AO, § 96 FGO) auch nach Fristablauf zulässig ist, nicht anzuwenden (vgl. BFH vom 27.10.1993 BStBl II 1994, 439, a. A. Tipke/Kruse, AO/FGO, § 172 AO, Rz. 35).

2016   Der Antrag auf schlichte Änderung hat Erfolg, wenn der Steuerbescheid fehlerhaft (rechtswidrig) ist, wobei § 172 Abs. 1 Satz 1 Nr. 2 Buchst. a AO vornehmlich die Fälle erfasst, bei denen die Steuerfestsetzung unrichtig ist (also an einem materiellen Fehler i. S. v. § 177 Abs. 3 AO leidet). Nichtige Bescheide bedürfen keiner Korrektur (§§ 125, 124 Abs. 3 AO), unwesentliche verfahrensrechtliche Fehler bleiben unbeachtlich (§§ 126–128 AO). Es spielt keine Rolle, wer – der Stpfl. oder das FA – die unrichtige Steuerfestsetzung zu vertreten hat. Daher kann der Stpfl. zum Beispiel in folgenden Fällen den Antrag auf schlichte Änderung stellen:

- Der Stpfl. macht erstmals für ihn günstige Tatsachen geltend (z. B. Werbungskosten oder Betriebsausgaben).
- Der Stpfl. übt ein Wahlrecht anders aus.
- Nach einer erfolgten Schätzung reicht der Stpfl. die Steuererklärung ein.
- Das FA hat für den Stpfl. günstige Tatsachen rechtsfehlerhaft steuerlich nicht anerkannt.

§ 172 Abs. 1 Satz 1 Nr. 2 Buchst. a AO steht den anderen Korrekturvorschriften (z. B. **2017** §§ 173 ff. AO) für Steuerbescheide gleichrangig gegenüber. Der Stpfl. hat also die Wahl, ob er eine schlichte Änderung beantragt oder sein Begehren auf eine andere Korrekturvorschrift stützt. Ebenso ist das FA frei, auf welche von mehreren in Betracht kommenden Korrekturvorschriften es dann den geänderten Steuerbescheid stützt.

Innerhalb der Rechtsbehelfsfrist hat der Stpfl. grundsätzlich **zwei verfahrensrechtliche** **2018 Möglichkeiten**, sein Recht zu erhalten (vgl. auch Rz. 2453).

- Er kann den Antrag auf schlichte Änderung stellen (§ 172 Abs. 1 Satz 1 Buchst. a AO).
- Er kann Einspruch einlegen (§ 347 Abs. 1 AO).

Die Möglichkeiten sind in ihrer **Auswirkung** in verfahrensrechtlicher Hinsicht unterschiedlich, führen materiell-rechtlich i. d. R. aber zum gleichen Ergebnis. Da der Stpfl. sein Begehren häufig nicht genau formuliert, muss das FA im Wege der Auslegung den wahren Willen erforschen oder durch Umdeutung helfen. Notfalls ist durch Rückfrage zu klären, was begehrt wird. Bleiben Zweifel, soll das FA von einem Einspruch ausgehen, da diese Möglichkeit die Rechte des Stpfl. in der Regel besser wahrt (AEAO zu § 172 Nr. 2). Probleme dieser Art treten häufig auf, wenn der Stpfl. nach Ergehen eines Schätzungsbescheides innerhalb der Rechtsbehelfsfrist kommentarlos die Steuererklärung, die eine geringere Steuerschuld ausweist, einreicht. Diese ist im Zweifel als Einspruch zu werten, BFH vom 27. 02. 2003 BStBl II 2003, 505.

In **verfahrensrechtlicher** Hinsicht bestehen zwischen dem Antrag auf schlichte Änderung **2019** und dem Einspruch folgende Unterschiede. Der Antrag auf schlichte Änderung ist formfrei; der Einspruch ist an die Form des § 357 Abs. 1 Satz 1 AO gebunden. Der Antrag muss bestimmt sein, es genügt also nicht, den Antrag erst nach Ablauf der Rechtsbehelfsfrist zu konkretisieren und zu begründen (vgl. BFH vom 27. 10. 1993 BStBl II 1994, 439); die Begründung und Konkretisierung des Einspruchs kann dagegen nachgeholt werden. Wird der Antrag auf schlichte Änderung abgelehnt, kann der Stpfl. zwar Einspruch einlegen. Er kann damit aber nicht eine materiell-rechtliche Überprüfung des Steuerbescheids erreichen, sondern nur die Entscheidung, ob die Ablehnung des Antrags rechtswidrig war (ebenso bei der dann möglichen Verpflichtungsklage gem. § 40 FGO, vgl. Rz. 3190). Im Falle des Einspruchs kann der Stpfl. bei ablehnender Entscheidung sofort das Finanzgericht anrufen (Anfechtungsklage gem. § 40 FGO) und eine volle Überprüfung der Steuerfestsetzung begehren. Bleibt das FA untätig, kann er im Falle der schlichten Änderung Untätigkeitseinspruch (§ 347 Abs. 1 Satz 2 AO), im Falle des Einspruchs die Untätigkeitsklage (§ 46 FGO) erheben.

Will der Stpfl. den zu hoch festgesetzten Steuerbetrag nicht bei Fälligkeit entrichten, muss er die Aussetzung der Vollziehung beantragen (§ 361 AO). Diese kann jedoch nur gewährt werden, wenn der Stpfl. Einspruch eingelegt hat, da die Aussetzung der Vollziehung einen angefochtenen VA voraussetzt. Im Falle des Antrags auf schlichte Änderung bleibt nur die Möglichkeit der Stundung (sog. Überbrückungsstundung). Eine Hinzuziehung Dritter ist nur im Einspruchsverfahren möglich (§ 360 AO). Für den Eintritt der Verjährung ist es unerheblich, von welcher Möglichkeit der Stpfl. Gebrauch macht, in beiden Fällen ist gem. § 171 Abs. 3 bzw. Abs. 3 a AO die Verjährung insoweit gehemmt, als über den Antrag bzw. den Einspruch noch nicht entschieden worden ist.

2020   Aber auch im Falle des **Einspruchs** hat das FA die Möglichkeit, eine schlichte Änderung gem. § 172 Abs. 1 Satz 1 Nr. 2 Buchst. a AO durchzuführen (**Abhilfebescheid**). Der Ablauf der Rechtsbehelfsfrist tritt nämlich nicht ein, sobald der Stpfl. Einspruch eingelegt hat. Mit dem Einspruch begehrt der Stpfl. im Regelfall die Festsetzung einer für ihn günstigeren Steuer. Dieses Begehren stellt zugleich einen Antrag im Sinne des § 172 Abs. 1 Satz 1 Nr. 2 Buchst. a AO dar. Stellt sich im Rahmen des Rechtsbehelfsverfahrens heraus, dass dem Begehren des Stpfl. stattzugeben ist, kann das FA entweder eine stattgegebene Einspruchsentscheidung (§§ 367 Abs. 1 Satz 1, 366 AO) oder einen Änderungsbescheid gem. § 172 Abs. 1 Satz 1 Nr. 2 Buchst. a AO (§ 367 Abs. 2 Satz 3 AO) fertigen. Hierbei ist zu beachten, dass das Änderungsverfahren und das Einspruchsverfahren zwei verschiedene Verfahren sind. Der Änderungsbescheid berührt das Einspruchsverfahren an sich nicht. § 132 AO gestattet jedoch die Durchführung einer Änderung auch während eines Rechtsbehelfsverfahrens. Wird mit dem Änderungsbescheid dem Begehren des Stpfl. voll entsprochen, hat die Finanzbehörde abgeholfen, einer Einspruchsentscheidung bedarf es nicht (§ 367 Abs. 2 Satz 3 AO). Dieser Abhilfebescheid erledigt also das Rechtsbehelfsverfahren. Wird dem Begehren dagegen nur teilweise entsprochen und ergeht ein Teilabhilfebescheid, erledigt sich das Einspruchsverfahren dadurch nicht. Vielmehr wird der Teilabhilfebescheid zum Gegenstand des fortgesetzten Einspruchsverfahrens (§ 365 Abs. 3 AO). Soweit dem Einspruchsbegehren nicht abgeholfen wurde, hat das FA eine Einspruchsentscheidung oder, sofern dem Begehren im Ergebnis doch noch voll entsprochen werden soll, einen weiteren Abhilfebescheid zu erlassen. Erst hierdurch wird das Einspruchsverfahren beendet, falls sich der Einspruchsführer zuvor nicht bereits mit der ersten Teilabhilfe zufriedengegeben und seinen Einspruch zurückgenommen hat.

Selbst im Falle einer **Klage** kann das FA einen Abhilfebescheid erlassen (§ 132 AO). Das Klageverfahren ist damit erledigt, das Gericht hat nur noch über die Kosten zu entscheiden (§ 138 FGO). Dasselbe gilt m. E. für die Revision und die Nichtzulassungsbeschwerde (§ 121 FGO), weil es wenig Sinn macht, dass ein gerichtliches Verfahren durchgeführt wird, wenn sich die Beteiligten in der Sache einig sind.

Ebenso ist im Klageverfahren ein Teilabhilfebescheid gem. § 172 Abs. 1 Satz 1 Nr. 2 Buchst. a AO möglich. Soweit der Klage dadurch nicht abgeholfen wurde, wird das Verfahren gem. § 68 FGO fortgeführt.

Ein Antrag auf schlichte Änderung ist auch **nach Ergehen einer Einspruchsentscheidung** zulässig, wenn der Antrag innerhalb der Klagefrist gestellt wird (§ 172 Abs. 1 Satz 3 AO).

BEISPIEL

Der Stpfl. legt wegen Sonderausgaben Einspruch ein. Am 01. 04. 08 erhält er eine ablehnende Einspruchsentscheidung. Am 20. 04. 08 fällt ihm ein, dass er grob fahrlässig unstreitige Werbungskosten aus nichtselbstständiger Arbeit nicht erklärt hatte.

LÖSUNG Innerhalb der Klagefrist kann der Stpfl. beim Finanzgericht klagen. Er kann aber auch beim FA den Antrag stellen, die Einspruchsentscheidung gem. § 172 Abs. 1 Satz 1 Nr. 2 Buchst. a AO (schlichte Änderung) zu korrigieren. Letzteres ist zu empfehlen, weil der Stpfl. Kosten spart.

Erklärungen und Beweismittel, die, weil verspätet vorgetragen, bereits schon in der Einspruchsentscheidung nicht berücksichtigt werden konnten (§ 364 b AO), sind jetzt ebenfalls zurückzuweisen (§ 172 Abs. 1 Satz 3 AO).

BEISPIEL

Die ESt des Stpfl. ist geschätzt worden, weil er keine Steuererklärung abgegeben hat. Dagegen hat der Stpfl. Einspruch eingelegt. Das FA hat ihn mit Fristsetzung aufgefordert, die Erklärung einzureichen (§ 364 b Abs. 1 AO). Als die Frist verstrichen ist, hat das FA am 01. 04. 08 eine ablehnende Einspruchsentscheidung erlassen. Am 20. 04. 08 gibt nunmehr der Stpfl. die Steuererklärung beim FA ab und beantragt die schlichte Änderung.

LÖSUNG Die Änderung kann nicht erfolgen, weil die Steuererklärung wegen § 364 b Abs. 2 AO nicht mehr berücksichtigt werden darf. Dem Stpfl. bleibt jedoch die Möglichkeit, Klage einzulegen und dort die Steuererklärung einzureichen. Das Gericht muss dann nach pflichtgemäßen Ermessen entscheiden, ob es die verspätet vorgelegte Erklärung zurückweist (§ 79 b Abs. 3 FGO, vgl. Rz. 2652 und 3178). Das FA kann dann trotz einer rechtmäßigen Fristsetzung im Klageverfahren einen Abhilfebescheid erlassen (vgl. AEAO zu § 364 b Nr. 5).

In **materieller** Hinsicht (d. h. Höhe der Steuerfestsetzung) werden der Antrag auf schlichte Änderung und der Einspruch bzw. die Klage meistens zu gleichen Ergebnissen führen, dies ist aber nicht immer der Fall. Die **schlichte Änderung** ist eine **Punktberichtigung**, d. h., es ist nur über den Antrag des Stpfl. zu entscheiden, das FA darf weder über den Antrag hinausgehen noch verbösern. Eine Erweiterung des Antrags ist nach Ablauf der Rechtsbehelfsfrist nicht mehr möglich (selbstständige Änderungsvorschriften, z. B. § 173 AO, sind daneben anwendbar, Rechtsfehler können im Rahmen des § 177 AO berücksichtigt werden). Der **Einspruch** dagegen führt zur **Gesamtaufrollung** des Falles (§ 367 Abs. 2 Satz 1 AO), d. h. der Fall ist vom FA erneut in vollem Umfang zu prüfen, das FA darf über den Antrag hinausgehen, es darf auch verbösern (§ 367 Abs. 2 Satz 2 AO); der Stpfl. kann jederzeit sein Einspruchsbegehren erweitern. Hierzu einige Fallgestaltungen: **2021**

a) Der Stpfl. begehrt die richtige Steuerfestsetzung, jedoch aus anderen Gründen

BEISPIEL

Gegen einen Stpfl. wird eine Steuer von 10 000 € festgesetzt. Er ist der Meinung, dass ihm Werbungskosten mit einer steuerlichen Auswirkung von 500 € zustehen. Das FA will bei Überprüfung des Falles die Werbungskosten weiterhin nicht anerkennen, entdeckt aber einen Rechtsfehler bei den Sonderausgaben, wonach die Steuer um 500 € zu mindern ist.

LÖSUNG Im Falle des Einspruchs ist ein Abhilfebescheid gem. § 172 Abs. 1 Satz 1 Nr. 2 Buchst. a AO über 9 500 € zu erlassen. Dem Einspruch ist damit abgeholfen, da der Stpfl. die Steuerfestsetzung erhalten hat, die er begehrt. Der Stpfl. kann aber den Abhilfebescheid angreifen, dadurch den gesamten Steuerfall weiterhin offenhalten und wegen der Werbungskosten eine Steuerfestsetzung von 9 000 € begehren.

Im Falle des Antrags auf schlichte Änderung ist eine Herabsetzung der Steuer von 10 000 € auf 9 500 € m. E. nicht mehr möglich. Dem Antrag muss der Sache nach entsprochen werden, d. h., der Stpfl. kann die begehrte Steuerminderung nur aus den im Antrag vorgetragenen Gründen erhalten. Dem steht auch nicht entgegen, dass nur die festgesetzte Steuer in Bestandskraft erwächst, nicht die einzelnen Besteuerungsgrundlagen (§ 157 Abs. 2 AO). Da das FA die Steuerfestsetzung auf einen Antrag auf schlichte Änderung hin nicht in vollem Umfang überprüfen muss, sondern nur punktuell, ist es an die vor Ablauf der Rechtsbehelfsfrist beantragte und auf einen konkreten Lebenssachverhalt bezogene Steuerminderung gebunden, vgl. BFH vom 20. 12. 2006 X R 30/05 BStBl II 2007, 503. Sollte die Rechtsbehelfsfrist noch nicht abgelaufen sein, hat das FA gem. § 89 Abs. 1 AO den Stpfl. darauf hinweisen, dass er einen weiteren Antrag auf schlichte Änderung stellen und mit der fehlerhaften Behandlung der Sonderausgaben begründen sollte. Ist die Rechtsbehelfsfrist bereits abgelaufen, kann der Stpfl. sein Ziel, die Steuer von 10 000 € auf 9 500 € herabzusetzen, nicht mehr über eine schlichte Änderung des Steuerbescheides nach § 172 Abs. 1 Satz 1 Nr. 2 Buchst. a AO erreichen.

b) Der Stpfl. erhält, was er begehrt, jedoch stellt das FA weitere Rechtsfehler fest

BEISPIELE

a) Ein Stpfl. legt gegen die Steuerfestsetzung von 10 000 € Einspruch ein bzw. beantragt schlichte Änderung, da er Werbungskosten mit einer steuerlichen Auswirkung von 500 € anerkannt haben will. Das FA will die Werbungskosten gewähren, entdeckt jedoch gleichzeitig bei den Sonderausgaben einen Rechtsfehler, der sich zugunsten des Stpfl. mit 200 € ausgewirkt hat. Die richtige Steuer wäre also 9 700 €.

LÖSUNG Im Einspruchsverfahren ist die Steuer auf 9 700 € festzusetzen. Ein Abhilfebescheid kann nicht ergehen. Zwar werden die Werbungskosten, wie begehrt, anerkannt, der Stpfl. erhält aber nicht die von ihm gewünschte Steuerfestsetzung von 9 500 € (ein Abhilfebescheid ist nur möglich, wenn der Stpfl. der Korrektur des Rechtsfehlers zustimmt).

Im Falle der schlichten Änderung ist der Minderung um 500 € gem. § 172 Abs. 1 Satz 1 Nr. 2 Buchst. a AO der Rechtsfehler bei den Sonderausgaben gemäß § 177 Abs. 2 AO entgegenzurechnen, sodass die richtige Steuer von 9 700 € festzusetzen ist.

b) Wie Beispiel a), der Rechtsfehler bei den Sonderausgaben beträgt jedoch 700 €. Die richtige Steuer wäre also 10 200 €.

LÖSUNG Im Einspruchsverfahren wäre die Steuer auf 10 200 € festzusetzen. Diese Verböserung ist jedoch dem Stpfl. vorher mitzuteilen (§ 367 Abs. 2 Satz 2 AO). Er kann den Einspruch zurücknehmen, sodass es bei der Steuerfestsetzung von 10 000 € bleibt.

Bei der schlichten Änderung wäre der Minderung der Steuer um 500 € der Rechtsfehler bei den Sonderausgaben gemäß § 177 Abs. 2 AO entgegenzurechnen, aber nur soweit die Änderung reicht, also auch in Höhe von 500 €, sodass es bei der alten Steuerfestsetzung von 10 000 € bleibt.

c) Der Stpfl. könnte eine niedrigere Steuerfestsetzung erhalten, als er begehrt

BEISPIEL

Wie oben in Beispiel a). Das FA will die Werbungskosten anerkennen und stellt zugleich einen Rechtsfehler bei den Sonderausgaben, der sich zuungunsten des Stpfl. mit 200 € ausgewirkt hat, fest.

LÖSUNG Im Fall des Einspruchs kann das FA einen Abhilfebescheid über die richtige Steuerfestsetzung von 9 300 € erteilen. Der Stpfl. hat zwar nur eine Herabsetzung der Steuer um 500 € begehrt. Dies ist im Einspruchsverfahren jedoch grundsätzlich ohne Belang. Nach § 367 Abs. 2 Satz 1 AO ist der Bescheid in vollem Umfang – auch zugunsten des Stpfl. – zu überprüfen. Nur bei einer Verböserung bedarf es eines Hinweises nach § 367 Abs. 2 Satz 2 AO.

Im Falle der schlichten Änderung ist die Steuer auf 9 500 € festzusetzen, die Sonderausgaben können nicht berücksichtigt werden, da das FA nicht über den Antrag hinausgehen darf. Eine Erweiterung des Antrags hinsichtlich der Sonderausgaben ist nach Ablauf der Rechtsbehelfsfrist nicht mehr möglich.

d) Der Stpfl. hat mit seinem Vorbringen Recht, jedoch ist die Steuer wegen einer anderen Korrekturvorschrift zu erhöhen

BEISPIEL

Wie Beispiel a). Das FA will die Werbungskosten anerkennen, entdeckt jedoch das Vorliegen einer offenbaren Unrichtigkeit, die sich zugunsten des Stpfl. in Höhe von 700 € ausgewirkt hat.

LÖSUNG Im Falle des Einspruchs kann ein Abhilfebescheid über 10 200 € erlassen werden. Ohne den Einspruch müsste das FA die Steuer allein wegen der offenbaren Unrichtigkeit möglicherweise auf 10 700 € berichtigen. Daneben werden die Werbungskosten gewährt, sodass der Stpfl. im Endergebnis doch erhält, was er beantragt.

Im Falle der schlichten Änderung stehen zwei Korrekturvorschriften nebeneinander (Minderung um 500 € gemäß § 172 Abs. 1 Satz 1 Nr. 2 Buchst. a AO, Erhöhung um 700 € gemäß § 129 Satz 1 AO). Die festzusetzende Steuer beträgt 10 200 €.

Legt der Stpfl. Einspruch ein und stellt gleichzeitig den Antrag auf schlichte Änderung, ist der Antrag mangels Rechtsschutzbedürfnis unzulässig. Der Stpfl. hat nicht das Recht kumulativ vorzugehen. In diesem Falle hat das Einspruchsverfahren Vorrang, weil dieser Rechtsbehelf die Rechte des Stpfl. umfassender und wirkungsvoller wahrt, BFH vom 27. 09. 1994 BStBl II 1995, 353.

3.3.4 Aufhebung und Änderung zum Nachteil des Steuerpflichtigen

Zum Nachteil des Stpfl. darf ein Steuerbescheid unabhängig von der Rechtsbehelfsfrist **2022** aufgehoben oder geändert werden. Eine zeitliche Grenze ist nur die Festsetzungsverjährung. Voraussetzung ist auch hier ein Antrag oder die Zustimmung des Stpfl. Ob eine Änderung für den Stpfl. vorteilhaft oder nachteilig ist, richtet sich allein nach dem zu ändernden Steuerbescheid. Daher kann der Stpfl. an einer für ihn ungünstigen Änderung interessiert sein, z. B. weil sich daraus in den Folgejahren für ihn steuerliche Vorteile ergeben.

BEISPIELE

a) Der Stpfl. erklärt u. a. Einnahmen aus Vermietung und Verpachtung, die ihm in Höhe von 8 000 € am 03. 01. 02 gutgeschrieben wurden, zu Recht für das Kalenderjahr 01 (§ 11 Abs. 1 Satz 2 EStG). Die Finanzbehörde streicht die Einnahmen in der irrigen Annahme, sie gehören in das Kalenderjahr 02.
LÖSUNG Der Stpfl., der in 02 ein höheres zu versteuerndes Einkommen hat, kann den Ansatz der Einnahmen in 01 auch noch nach Ablauf der Rechtsbehelfsfrist beantragen. Der Steuerbescheid 01 ist nach § 172 Abs. 1 Satz 1 Nr. 2 Buchst. a AO zum Nachteil des Stpfl. zu ändern. Es ist unerheblich, dass diese Handhabung insgesamt gesehen für den Stpfl. günstiger ist. Entscheidend ist die Steuerfestsetzung für das Kalenderjahr 01 (Abschnittsbesteuerung bei der ESt).

b) Im Wege der Nachfeststellung (§ 23 BewG) wird der Einheitswert eines Grundstückes mit 500 000 € festgestellt. Richtig wären 540 000 € gewesen. Zum nächsten Feststellungszeitpunkt hat sich der Einheitswert auf 580 000 € erhöht. Es wird eine Wertfortschreibung durchgeführt (§ 22 Abs. 1 Nr. 1 BewG).
LÖSUNG Auf Antrag des Stpfl. ist die Nachfeststellung zu dessen Nachteil gem. § 172 Abs. 1 Satz 1 Nr. 2 Buchst. a AO zu ändern, der Einheitswert beträgt dann 540 000 €. Damit erreicht der Stpfl., dass die Grenzen für eine Wertfortschreibung (nach oben um mehr als 10 %) nicht mehr erfüllt sind. Die Wertfortschreibung ist aufzuheben (auf Einspruch oder gem. § 175 Abs. 1 Nr. 2 AO). Es gilt dann nur die korrigierte Nachfeststellung.
Die Änderung nach § 172 Abs. 1 AO steht zwar im Ermessen (§ 5 AO) der Finanzbehörde. Sie hat jedoch den Grundsatz der Gesetzmäßigkeit der Verwaltung (§ 85 Satz 1 AO) zu beachten. Aus diesem Grund wäre es ermessensfehlerhaft, wollte die Finanzbehörde dem Antrag nicht stattgeben. Der Stpfl. begehrt die richtige Feststellung. Es kann dem Stpfl. nicht zum Vorwurf gemacht werden, dass er die zu niedrige Feststellung nicht mit dem Einspruch angegriffen hat. Zum einen ist es nicht Aufgabe eines Stpfl., sich gegen eine zu niedrige Feststellung, an der ihn kein Verschulden trifft, zu wehren, zum anderen wäre ein Einspruch in diesem Falle wegen fehlenden Rechtsschutzbedürfnissen möglicherweise unzulässig.

Die Zustimmung oder der Antrag des Stpfl. zum Erlass verbösernder Steuerbescheide muss spätestens im Zeitpunkt des Erlasses dieser Bescheide unwiderruflich sein. Eine Zustimmung in der erklärten Absicht, den geänderten Bescheid wieder anzufechten, ist nicht zulässig, BFH vom 15. 11. 1988 BStBl II 1989, 370. Der Stpfl. ist nicht verpflichtet zuzustimmen, es sei denn, er setzt sich durch die Weigerung in Widerspruch zu früherem Verhalten (Treu u. Glauben; BFH vom 03. 12. 1998 BStBl II 1999, 158). Die Anzeige des Stpfl. nach § 153 Abs. 1 AO (sog. Berichtigungsanzeige) ist noch kein Antrag, den Steuerbescheid zu seinem Nachteil zu ändern. Als empfangsbedürftige Willenserklärung ist die Anzeige jedoch auszulegen (§§ 133, 157 BGB).

Entscheidend ist, wie das FA als Erklärungsempfänger die Erklärung verstehen durfte. Wobei im Regelfall davon ausgegangen werden kann, dass der Stpfl. damit nur seiner sich aus § 153 Abs. 1 AO ergebenden Verpflichtung zur Berichtigung seiner Steuererklärung nachkommen will. Gegebenenfalls kommt aber eine Änderung wegen neuer Tatsachen nach § 173 Abs. 1 Nr. 1 AO in Betracht (vgl. AEAO zu § 172 Nr. 3).

3.4 Weitere Korrektur von Steuerbescheiden (§ 172 Abs. 1 Satz 1 Nr. 2 Buchst. b bis d AO)

3.4.1 Korrektur von Steuerbescheiden einer sachlich unzuständigen Behörde (§ 172 Abs. 1 Satz 1 Nr. 2 Buchst. b AO)

2023   Vgl. § 130 Abs. 2 Nr. 1 AO, siehe Rz. 2184.

Sofern ein örtlich unzuständiges FA gehandelt hat, gilt § 127 AO; d. h. deswegen kann die Aufhebung eines Steuerbescheides nicht begehrt werden.

3.4.2 Korrektur der durch unlautere Mittel erwirkten Steuerbescheide (§ 172 Abs. 1 Satz 1 Nr. 2 Buchst. c AO)

2024   Vgl. § 130 Abs. 2 Nr. 2 AO, s. Rz. 2185.

Steuerbescheide, die durch unlautere Mittel erwirkt worden sind, können aufgehoben oder geändert werden. Der Gesetzgeber nennt drei Beispiele für unlautere Mittel, wie arglistige Täuschung, Drohung oder Bestechung (wortgleich mit § 130 Abs. 2 Nr. 2 AO). **Arglistige Täuschung** ist die vorsätzliche Irreführung der Finanzbehörde zu deren Nachteil. Sie kann auch durch Unterlassen begangen werden. In solchen Fällen dürfte zumeist auch § 173 Abs. 1 Nr. 1 AO als Änderungsvorschrift eingreifen. **Drohung** ist die Ankündigung eines Übels für den Fall, dass der Steuerbescheid anders, als gewünscht, erlassen wird. **Bestechen** ist das Anbieten oder Gewähren eines Vorteils als Gegenleistung (vgl. §§ 331 ff. StGB).

Die Aufzählung der unlauteren Mittel ist **nicht abschließend**. Nach der Rechtsprechung (FG Brandenburg vom 01.08.1997 EFG 1998, 165) wendet der Stpfl. bereits dann unlautere Mittel an, wenn er vorsätzlich unrichtige Angaben macht oder pflichtwidrig wesentliche Angaben unterlässt, insbesondere bei einem über mehrere Jahre andauernden Verhalten (FG Köln vom 16.08.2000 EFG 2000, 1216). Entscheidend ist, dass das unlautere Mittel ursächlich für den Erlass des fehlerhaften Steuerbescheides war. Aus der Formulierung – erwirkt worden ist – folgt, dass nicht nur der Einsatz von unlauteren Mitteln durch den Stpfl., sondern auch von Vertretern (§ 34 AO), von Bevollmächtigten (§ 80 AO) und sogar von Dritten, einschließlich des für die Veranlagung zuständigen Beamten, zu der Aufhebung oder Änderung des Bescheides führen können (vgl. BFH vom 09.10.1992 BStBl II 1993, 13 u. BFH vom 14.12.1994 BStBl II 1995, 293). Die Entscheidung steht im Ermessen (§ 5 AO) der Behörde. Hat der Stpfl. jedoch die fehlerhafte Festsetzung selbst erwirkt oder davon Kenntnis oder eine durch den Einsatz unlauterer Mittel erwirkte Erstattung nachweislich erhalten, ist das Ermessen eingeschränkt, der Bescheid ist aufzuheben oder zu ändern.

Die praktische Bedeutung dieser Vorschrift ist gering, da in diesen Fällen i. d. R. nach § 173 Abs. 1 AO korrigiert wird (jedoch gilt die Änderungssperre des § 173 Abs. 2 AO nicht, wenn nach § 172 Abs. 1 Satz 1 Nr. 2 Buchst. c AO korrigiert wird).

Es ist jedoch vertretbar (bei weiter Auslegung) § 172 Abs. 1 Satz 1 Nr. 2 Buchst. c AO anzuwenden, wenn ein Stpfl., um erheblich Steuern zu sparen, Sachverhalte in der Erklärung (oder

Bilanz) bewusst unklar gestaltet, in der Hoffnung, das FA werde die Unklarheit im Hinblick auf das Massengeschäft nicht bemerken.

3.4.3 Sonst gesetzlich zugelassene Korrekturen (§ 172 Abs. 1 Satz 1 Nr. 2 Buchst. d AO)

Steuerbescheide können nicht nur gem. § 172 Abs. 1 Satz 1 Nr. 2 Buchst. a bis c AO aufgehoben oder geändert werden, sondern auch, wenn dies sonst gesetzlich zugelassen ist. In Betracht kommen dabei Korrekturnormen sowohl der AO (§§ 129, 173 AO bis 175 b, § 189 AO für Zerlegungsbescheide, § 233 a Abs. 5 AO für Zinsfestsetzungen, § 280 AO für Aufteilungsbescheide) als auch der Einzelsteuergesetze (z. B. § 10 d Abs. 1 Satz 3 EStG zur Berücksichtigung von Verlustrückträgen, § 10 d Abs. 4 Satz 4 EStG für Verlustfeststellungsbescheide, § 70 Abs. 2 bis 4 AO EStG für die Kindergeldfestsetzung, § 35b GewStG für Gewerbesteuermessbescheide).

2025

Die Korrektur der Bewilligung der Altersvorsorgezulage ist als vereinfachtes Verfahren abweichend von §§ 172 ff. AO nahezu unbeschränkt möglich (§ 90 Abs. 3 EStG).

Das Recht des Stpfl. auf **Antragsveranlagung** (§ 46 Abs. 2 Nr. 8 EStG) berührt nicht die Bestandskraft eines Steuerbescheides und eröffnet damit keine eigenständige Korrekturmöglichkeit. Lässt also der Stpfl. einen Einkommensteuerbescheid bestandskräftig werden (z. B. Schätzungsbescheid), führt selbst der fristgerechte Antrag des Stpfl. auf Veranlagung nicht zur Korrektur des Steuerbescheides, BFH vom 22. 05. 2006 BStBl II 2006, 806.

Da §§ 130,131 AO nicht gelten, dürfen Steuerbescheide nach diesen Vorschriften nicht korrigiert werden.

3.4.4 Aufhebung oder Änderung der Ablehnung von Anträgen (§ 172 Abs. 2 AO)

Soweit ein Antrag auf Erlass, Aufhebung oder Änderung eines Steuerbescheides ganz oder teilweise abgelehnt wird, gilt § 172 Abs. 1 AO ebenso.

2026

Mit dieser Bestimmung erreicht der Gesetzgeber, dass auch VA, die zwar selbst keine Steuerbescheide sind, solche aber betreffen, den gleichen Bestandsschutz haben wie Steuerbescheide. Beantragt z. B. der Stpfl., einen bestandskräftigen Steuerbescheid wegen neuer Tatsachen (§ 173 Abs. 1 Nr. 2 AO) zu ändern, und lehnt das FA den Antrag ab, steht der ablehnende VA unter dem Bestandsschutz des § 172 Abs. 1 AO, d. h., eine andere Entscheidung kann später nur getroffen werden, wenn § 172 Abs. 1 AO die Korrektur erlaubt oder der Stpfl. die ablehnende Entscheidung erfolgreich angefochten hat.

Im letzteren Falle ergeht entweder eine stattgebende Einspruchsentscheidung oder eine schlichte Änderung nach § 172 Abs. 1 Satz 1 Nr. 2 Buchst. a AO, wodurch der Weg frei wird, die beantragte Änderung nach § 173 Abs. 1 Nr. 2 AO zu gewähren.

3.4.5 Rechtsbehelfe

Der Stpfl. kann den Änderungsbescheid, egal ob dieser zu seinen Gunsten oder zu seinem Nachteil korrigiert wurde, mit dem Einspruch angreifen (§ 347 Abs. 1 AO). Gegen die Einspruchsentscheidung kann er Anfechtungsklage erheben. Den Änderungsbescheid, der einen bestandskräftigen Bescheid geändert hat, kann er nur insoweit angreifen, wie die Änderung reicht (§ 351 Abs. 1 AO, § 42 FGO).

2027

Wurde eine beantragte Änderung oder Aufhebung des Steuerbescheides abgelehnt, ist ebenfalls der Einspruch gegeben, im Falle der Ablehnung Verpflichtungsklage. Dies gilt auch, wenn ein Antrag auf schlichte Änderung abgelehnt wurde, BFH vom 27. 09. 1994 BStBl II 1995, 353. Der Einspruch führt aber dann nicht zur vollen Überprüfung der Steuerfestsetzung, denn mit dem Antrag auf schlichte Änderung hat der Stpfl. nur eine punktuelle Überprüfung begehrt. Vielmehr ist aufgrund des Einspruchs lediglich zu prüfen, ob die Ablehnung des Antrags rechtswidrig, z. B. ermessensfehlerhaft, war. Günstigstenfalls kann der Stpfl. erreichen, dass er mit seinem ursprünglich gestellten Antrag auf schlichte Änderung durchdringt. Er kann auch nunmehr neue Sachverhalte vortragen, die seinen ursprünglichen Antrag begründen oder aber andere Fehler im Bescheid, soweit sie sich im ursprünglich begehrten Änderungsrahmen bewegen. War dagegen der Antrag auf schlichte Änderung schon unzulässig, z. B. mangels Bestimmtheit des Antrags, ist der Einspruch als unbegründet abzulehnen.

3.4.6 Zurückweisung von Anträgen durch Allgemeinverfügung (§ 172 Abs. 3 AO)

2027a
§ 172 Abs. 3 AO soll es der Verwaltung ermöglichen, Massenverfahren, d. h. Anträge auf Aufhebung oder Änderung einer Vielzahl von Stpfl. unter Bezugnahme auf anhängige Gerichtsverfahren, effektiv zu erledigen. Wenn nach dem Ausgang eines Verfahrens vor dem EuGH, dem BVerfG oder dem BFH den Anträgen nicht entsprochen werden kann, können diese durch Allgemeinverfügung insoweit zurückgewiesen werden. Korrespondierend zur dieser Regelung ist die Möglichkeit, Masseneinsprüche durch Allgemeinverfügung nach § 367 Abs. 2 b AO zurückzuweisen (vgl. Rz. 2567). § 367 Abs. 2 b Satz 2 bis 6 AO gelten nach § 172 Abs. 3 Satz 2 AO entsprechend und bestimmen u. a. die Zuständigkeit der obersten Finanzbehörde für den Erlass der Allgemeinverfügung sowie deren Veröffentlichung im Bundessteuerblatt und auf den Internetseiten des Bundesministeriums der Finanzen. Gegen die Zurückweisung eines Antrags auf schlichte Änderung durch Allgemeinverfügung ist ein Einspruch nicht statthaft (§ 348 Nr. 6 AO).

3.5 Korrektur von Steuerbescheiden wegen neuer Tatsachen oder Beweismittel (§ 173 AO)

3.5.1 Allgemeines

3.5.1.1 Bedeutung

2028
§ 173 Abs. 1 AO liegt der Gedanke zugrunde, dass steuererhebliche Tatsachen, die die Finanzbehörde bei Erlass des Steuerbescheides nicht kannte, noch berücksichtigt werden können, um die richtige Steuerfestsetzung zu erreichen. Das Prinzip der Steuergerechtigkeit (§ 85 Satz 1 AO) hat hier Vorrang vor dem Vertrauensschutz des Stpfl.

Die Vorschrift regelt **zwei** voneinander unabhängige **Korrekturvorschriften.**

- Der Steuerbescheid ist **zum Nachteil des Stpfl.** aufzuheben oder zu ändern, soweit Tatsachen oder Beweismittel nachträglich bekannt werden, die zu einer höheren Steuer führen (§ 173 Abs. Nr. 1 AO).
- Der Steuerbescheid ist **zum Vorteil des Stpfl.** aufzuheben oder zu ändern, soweit Tatsachen oder Beweismittel nachträglich bekannt werden, die zu einer niedrigeren Steuer führen und an deren nachträglichem Bekanntwerden den Stpfl. kein grobes Verschulden trifft (§ 173 Abs. 1 Nr. 2 AO).

§ 173 Abs. 1 AO ist als Korrekturvorschrift auch anwendbar, wenn die nachträglich bekannt gewordene Tatsache weder zu einer höheren noch niedrigeren Steuer führt, sondern nur eine andere Feststellung trifft, z. B. bei Änderung einer Artfeststellung (von Zwei- auf Einfamilienhaus) gem. § 19 Abs. 3 Nr. 1 BewG oder beim Zerlegungsbescheid, BFH vom 24.03.1992 BStBl II 1992, 869. Zur steuerlichen Auswirkung vgl. Rz. 2050.

Die Vorschrift des § 173 Abs. 1 AO ist von dem Gedanken getragen, dass die Finanzbehörde von Amts wegen den Sachverhalt zu ermitteln hat (Untersuchungsgrundsatz gem. § 88 Abs. 1 AO), die Beteiligten jedoch zur Mitwirkung verpflichtet sind (§ 90 Abs. 1 AO). Die Steuer ist dann an Hand des ermittelten Sachverhalts nach Maßgabe der Gesetze gleichmäßig festzusetzen (§ 85 Satz 1 AO). Darauf darf der Stpfl. vertrauen. Dementsprechend ist eine Änderung der Steuerfestsetzung **nicht zulässig**, wenn die Finanzbehörde ohne Änderung des Sachverhalts ihre **Rechtsansicht** ändert. Die Korrektur des Bescheides setzt vielmehr voraus, dass nach Durchführung der Veranlagung ein **neuer Sachverhalt** hinzukommt. Sofern die Finanzbehörde den Sachverhalt aus Gründen der Arbeitsbelastung z. Z. nicht vollständig ermitteln kann, hat sie die Möglichkeit, die Steuerfestsetzung mit dem Vorbehalt der Nachprüfung zu verbinden (§ 164 Abs. 1 Satz 1 AO). Dann ist die Änderung jederzeit und umfassend zulässig (§ 164 Abs. 2 Satz 1 AO), solange die Festsetzungsverjährung nicht eingetreten ist (§ 164 Abs. 4 AO). Kann die Finanzbehörde den Sachverhalt z. Z. selbst nicht feststellen, weil er von anderen Umständen abhängig ist (z. B. von einem anhängigen Zivilrechtsstreit über die Frage, wer Eigentümer ist), kann die Steuerfestsetzung insoweit mit einem Vorläufigkeitsvermerk verbunden werden (§ 165 Abs. 1 Satz 1 AO) und später gegebenenfalls nach § 165 Abs. 2 Satz 1 und 2 AO geändert werden.

Aus der Formulierung »Steuerbescheide sind aufzuheben …« folgt zwingend, dass bei Vorliegen der Tatbestandsvoraussetzungen der Steuerbescheid aufgehoben oder geändert werden muss (also keine Ermessensentscheidung), es sei denn es greift § 176 AO (Vertrauensschutz) ein. Der Stpfl. hat einen Rechtsanspruch auf die Korrektur. Wird eine beantragte Änderung abgelehnt, kann er dagegen Einspruch einlegen (§ 347 Abs. 1 AO).

Der Steuerbescheid darf nur aufgehoben werden, soweit die steuerliche Auswirkung der Tat-- sache reicht (**punktuelle Korrektur**). Andere Fehler dürfen nur mitkorrigiert werden, wenn eine Rechtsvorschrift dies gestattet. Zu erwähnen ist hier insbesondere § 177 AO, wonach Fehler, für die keine eigenständige (aktive) Korrekturvorschrift greift und deren steuerliche Auswirkung zu der Änderung gem. § 173 Abs. 1 AO gegenläufig ist, mitberichtigt werden dürfen. Im Übrigen ist es denkbar, dass neben § 173 Abs. 1 AO noch weitere selbstständige Korrekturvorschriften (z. B. § 175 Abs. 1 Nr. 1 AO) eingreifen. In diesen Fällen ist der Steuerbescheid gem. § 173 Abs. 1 AO und § 175 Abs. 1 AO zu ändern, beide Korrekturen sind also in einem Bescheid durchzuführen.

3.5.1.2 Anwendungsbereich

§ 173 Abs. 1 AO regelt, wie auch § 172 Abs. 1 AO, die Korrektur von Steuerbescheiden und diesen gleichgestellten Bescheiden, ist also eine Korrekturvorschrift i. S. d. § 172 Abs. 1 Satz 1 Nr. 2 d AO, die für endgültige Steuerbescheide sowie Steuerbescheide, die mit einer Nebenbestimmung versehen sind, gilt.

Die Aufhebung oder Änderung der Steuerfestsetzung ist nur zulässig, solange die Festsetzungsfrist läuft (§§ 169 ff. AO). Zu beachten ist hier, dass den Stpfl. am nachträglichen Bekanntwerden der Tatsachen, die zu einer höheren Steuer führen, häufig ein grobes Verschulden (Vorsatz oder grobe Fahrlässigkeit/Leichtfertigkeit) trifft, sodass eine Steuerhinterziehung (§ 370 Abs. 1 AO) bzw. leichtfertige Steuerverkürzung (§ 378 Abs. 1 AO) vorliegt und sich die normale Festsetzungsfrist für Steuern punktuell von vier Jahren auf fünf oder zehn Jahren verlängert (§ 169 Abs. 2 Satz 2 AO). Die Verlängerung tritt auch ein, wenn es nicht zu einem Straf- oder Bußgeldverfahren gekommen ist. Die Frage, ob sich die Festsetzungsfrist verlängert, ist im Steuerfestsetzungsverfahren zu entscheiden, vgl. BFH vom 27.11.2003 BFH/NV 2004, 463.

(Randnummern: 2029, 2030, 2031)

3.5.2 Begriff der Tatsache und des Beweismittels

3.5.2.1 Lebenssachverhalt

2032 Tatsache ist jeder **Lebenssachverhalt**, der einen steuerlichen Tatbestand i. S. d. § 38 AO erfüllt und sich damit (abstrakt) auf die Höhe der Steuer auswirkt. Lebenssachverhalt ist jeder sinnlich wahrnehmbare Vorgang der Daseinswelt frei von Wertungen und Schlussfolgerungen jeglicher Art. Nach ständiger Rechtsprechung (vgl. BFH vom 13.01.2005 BStBl II 2005, 451) ist »Tatsache« alles, was Merkmal oder Teilstück eines gesetzlichen Steuertatbestandes sein kann, also Zustände, Vorgänge, Beziehungen und Eigenschaften materieller oder immaterieller Art (AEAO zu § 173 Nr. 1.1), z. B. der Zufluss von Einnahmen aus einem Sparguthaben, der Abfluss von Aufwendungen, die Nutzung eines Wirtschaftsgutes für betriebliche Zwecke.

Für die Anwendung des § 173 Abs. 1 AO ist entscheidend, dass sich die Kenntnis des FA über einen bereits vorhandenen Lebenssachverhalt erweitert. Eine **andere rechtliche Würdigung** eines gleichbleibenden Lebenssachverhaltes ist dagegen **kein Fall des § 173 Abs. 1 AO**. Aus diesem Grunde stellen auch Entscheidungen des Europäischen Gerichtshofs, Änderung der Rechtsprechung, Urteile von Zivil- oder Verwaltungsgerichten (BFH vom 14.05.2003 BFH/NV 2003, 1144) und Änderung der Verwaltungsmeinung, z. B. in einer OFD Verfügung, keine Tatsache i. S. d. § 173 Abs. 1 AO dar. Eine bestandskräftige Steuerfestsetzung kann deshalb nicht geändert werden. Dasselbe gilt, wenn ein Gesetz sich ändert oder das Bundesverfassungsgericht eine gesetzliche Bestimmung für nichtig erklärt (§§ 78, 79 Abs. 2 BVerfGG).

2033 Die Tatsache ist **abzugrenzen von Schlussfolgerungen** aller Art, insbesondere von juristischen Subsumtionen und Wertungen wie etwa eine geänderte Rechtsauffassung der Finanzverwaltung. Eine Beurteilung von Rechtsfragen ist keine Tatsache i. S. d. § 173 Abs. 1 AO (BFH vom 13.01.2005 BStBl II 2005, 451; BFH vom 29.06.2006 BFH/NV 2006, 1795).

> **BEISPIEL**
>
> Ein Stpfl. macht die Kosten für die Anschaffung eines beruflich benutzten Schreibtisches in der ESt-Erklärung als Werbungskosten geltend. Das FA streicht die Kosten, weil dem Stpfl. ein Arbeitszimmer nicht anzuerkennen sei (vgl. § 4 Abs. 5 Nr. 6 Buchst. b EStG) und ein Schreibtisch zur Ausstattung gehöre. Später ändert die Finanzverwaltung ihre Rechtsansicht (z. B. aufgrund eines Urteils) und will die Aufwendungen anerkennen.
>
> **LÖSUNG** Eine Tatsache liegt nicht vor. Die Behörde hat bei gleichbleibendem Lebenssachverhalt die Rechtsauffassung geändert, die andere rechtliche Beurteilung ist begrifflich eine Schlussfolgerung.

2034 **Vermutungen sind keine Tatsachen**, sondern Schlussfolgerungen. Eine Tatsache liegt erst vor, wenn über einen Lebensvorgang Gewissheit herrscht. Auch Richt- und Erfahrungssätze und Vergleichszahlen sind Schlussfolgerungen. Eine Tatsache ist dagegen die Erkenntnis, dass Aufzeichnungen fehlen. Im Einzelfall kann die Abgrenzung zwischen Tatsachen und Schlussfolgerungen schwierig sein.

3.5.2.2 Vorgreifliche Rechtsverhältnisse

2035 Sog. **vorgreifliche Rechtsverhältnisse** aus einem anderen Rechtsgebiet, die Tatbestandsmerkmale einer steuerlichen Vorschrift sind, oder Rechtsstreite über derartige Rechtsverhältnisse werden allgemein als Tatsache anerkannt (BFH vom 27.10.1992 BStBl II 1993, 569; vgl. Tipke/Kruse, § 173 AO, Rz. 4). Sie sind eine Zusammenfassung von Tatsachen, die eine bestimmte rechtliche Wertung auslösen können (BFH vom 14.05.2003 BFH/NV 2003, 1144).

Macht also der Stpfl. Aufwendungen für den Kauf eines Wirtschaftsguts als Betriebsausgaben geltend, kann die Finanzbehörde davon ausgehen, dass alle Merkmale eines Kaufvertrages erfüllt sind. Stellt sich später heraus, dass die rechtliche Würdigung des Stpfl. nicht zutrifft, also kein Kauf vorliegt, ist der Steuerbescheid zu ändern. Etwas anderes gilt, wenn der Kaufvertrag später angefochten wird. Dann kann allenfalls ein Fall des § 175 Abs. 1 Satz 1 Nr. 2 AO vorliegen, weil der Vertrag zunächst gültig war.

Vorgreifliche Rechtsverhältnisse kommen insbesondere vor, wenn rechtliche Wertungen aus anderen als Steuerrechtsgebieten behauptet werden, z. B. vertragliche oder gesetzliche Forderungen, Miete, Pacht, Schenkung, Kauf, Testament. Sie sind jedoch auch denkbar bei steuerlichen Fragen, wie z. B. ob eine Betriebsaufspaltung vorliegt. Insbesondere bei Würdigung vorgreiflicher Rechtsverhältnisse im Gebiet des Steuerrechts besteht jedoch eine verstärkte Überprüfungspflicht der Finanzbehörde.

3.5.2.3 Wertermittlung

Schlussfolgerung ist auch die **Wertermittlung von Wirtschaftsgütern.** Wertbegründende Eigenschaften stellen dagegen Tatsachen dar.   **2036**

BEISPIELE

a) Ein Stpfl. überführt einen fünf Jahre alten PKW vom Betriebsvermögen in das Privatvermögen. Er setzt den Entnahmewert (Teilwert) mit 5 000 € an. Dieser Wert wird vom FA bei der Veranlagung nicht beanstandet, obgleich der Stpfl. das Alter und die Kilometerleistung des PKW dargelegt hat. Der Außenprüfer hält nachträglich einen Entnahmewert von 10 000 € für angemessen.
LÖSUNG Eine neue Tatsache liegt nicht vor. Der Wert des PKW ist Schlussfolgerung, die lediglich berichtigt werden soll.

b) Wie Beispiel a). Das FA hat den Entnahmewert nicht beanstandet, weil der Stpfl. die Kilometerleistung des PKW mit 150 000 km angegeben hat. Der Außenprüfer stellt fest, dass der PKW im Zeitpunkt der Entnahme tatsächlich nur 50 000 km gefahren worden war.
LÖSUNG Die Kilometerleistung des PKW ist eine wertbegründende Eigenschaft und damit Tatsache. Der Bescheid ist gem. § 173 Abs. 1 Nr. 1 AO zu ändern.

3.5.2.4 Negative Tatsache

Tatsache i. S. d. § 173 Abs. 1 AO ist auch die sog. »**negative Tatsache**« d. h., es wird bei der   **2037** Steuerfestsetzung ein Lebenssachverhalt unterstellt, der so tatsächlich nicht stattgefunden hat und deshalb auch keinen steuerlichen Tatbestand i. S. d. § 38 AO erfüllt. Die steuerliche Auswirkung folgt dann aus der Beseitigung des fälschlicherweise angenommenen Lebenssachverhalts.

BEISPIEL

Ein Stpfl. erklärt u. a. als Betriebsausgaben die Anschaffung von Fachliteratur, die er durch unrichtige Belege nachweist, und wird dementsprechend veranlagt. Nachträglich stellt sich heraus, dass er stattdessen Kriminalromane gekauft hatte.
LÖSUNG Der Lebenssachverhalt – Anschaffung von Kriminalromanen – ist steuerlich ohne Auswirkung. Hierbei handelt es sich um Kosten der privaten Lebensführung (§ 12 Nr. 1 EStG). Das FA glaubte aber an eine steuerlich relevante Tatsache, indem es den Kauf von Fachliteratur annahm. Dieser Irrtum ist zu beseitigen. Die Betriebsausgaben (§ 4 Abs. 4 EStG) sind zu streichen, die Steuer ist zu erhöhen. Neu ist die (negative) Tatsache, dass die geltend gemachten Aufwendungen nicht für Fachliteratur bestimmt waren.

3.5.2.5   Bescheinigungen

2038 Inwieweit die Vorlage von **Bescheinigungen** eine neue Tatsache begründen, hängt vom Einzelfall ab. Die Bescheinigungen sind **Grundlagenbescheide** (§ 171 Abs. 10 Satz 1 AO), sofern die Finanzbehörde an deren Ergebnis **gebunden ist**. Ein solcher Fall ist z. B. die Gewährung eines Pauschbetrags für Körperbehinderte (§ 33b EStG), zu dessen Anerkennung die Vorlage einer amtlichen Bescheinigung gem. § 65 EStDV erforderlich ist (H 33 b EStR).

2039 Die Bescheinigungen sind rückwirkende Ereignisse i. S. v. § 175 Abs. 1 Satz 1 Nr. 2 AO, wenn zwar keine Bindungswirkung besteht, deren Vorlage jedoch erforderlich ist, um einen steuerbegünstigenden Tatbestand zu erfüllen (z. B. die Vorlage einer Spendenbescheinigung gem. § 50 EStDV zur Abzugsfähigkeit als Sonderausgabe gem. § 10 b EStG; vgl. BFH vom 06. 03. 2003 BStBl II 2003, 554). Ohne die Bescheinigung durfte der Sachverhalt steuerlich nicht berücksichtigt werden, der Bescheid war insofern zutreffend. Erst mit der Vorlage ist rückwirkend die Steuervergünstigung zu gewähren. Allerdings gilt nach § 175 Abs. 2 Satz 2 AO (gültig für nach dem 28. 10. 2004 vorgelegte oder erteilte Bescheinigungen oder Bestätigungen) die nachträgliche Erteilung oder Vorlage einer Bescheinigung nicht als rückwirkendes Ereignis (vgl. H 10 b.1 EStR). Mit dieser Fiktion soll die unterschiedliche Behandlung von Bescheinigungen, die Tatbestandsmerkmale sind, und solchen, die bloße Beweismittel sind, beseitigt werden. Damit werden nach dem Willen des Gesetzgebers Bescheinigungen, die Tatbestandsmerkmale sind, zu Beweismitteln (vgl. Melchior DStR 2004, 2121). Unter den übrigen Voraussetzungen kommt dann eine Änderung bestandskräftiger Bescheide nach § 173 Abs. 1 Nr. 2 AO in Betracht (vgl. AEAO zu § 175 Nr. 2.2; auch s. Rz. 2124a).

In anderen Fällen sind die Bescheinigungen Tatsachen oder Beweismittel, soweit sie als Urkunde etwas nachweisen, was das FA nicht kannte oder nicht zu dessen Überzeugung feststand. Zu nennen sind z. B. die Voraussetzungen einer Steuerbefreiung (BFH vom 30. 09. 1981 BStBl II 1982, 80) oder die Vorlage eines Zahlungsbeleges.

3.5.2.6   Innere Tatsachen

2040 Zu den Tatsachen gehören auch die sog. »inneren Tatsachen«, wie z. B. die Einkünfteerzielungsabsicht (BFH vom 06. 12. 1994 BStBl II 1995, 192) oder die Absicht des gewerblichen Grundstückhandels. Voraussetzung für die Korrektur ist jedoch, dass die Hilfstatsache einen sicheren Schluss auf die Haupttatsache ermöglicht. Vermutungen und Wahrscheinlichkeiten reichen ebenso wenig aus wie Absichtsbekundungen, die erst durch Umsetzungen einen Steuertatbestand verwirklichen werden (BFH vom 06. 08. 1997 BFH/NV 1998, 12).

3.5.2.7   Beweismittel

2041 Beweismittel ist jede Erkenntnisquelle, die geeignet ist, für die Besteuerung maßgebende Umstände zur Überzeugung der Behörde zu bringen (AEAO zu § 173 Nr. 1.2). Es kommen insbesondere die Beweismittel des § 92 AO in Betracht, wie Auskünfte von Beteiligten und Zeugen, Sachverständige, Urkunden und Augenschein.

BEISPIEL

Das FA vermutet weitere Betriebseinnahmen des Stpfl., die dieser abstreitet. Da diese Einnahmen nicht nachzuweisen sind, wird der Stpfl. ohne diese veranlagt. Später taucht eine Urkunde (Bankbeleg) auf, aus der sich die Einnahmen ergeben.

LÖSUNG Die Urkunde ist ein Beweismittel; die Einnahmen sind nachträglich gem. § 173 Abs. 1 Nr. 1 AO zu erfassen. Es ist ebenfalls denkbar, hier eine neue Tatsache anzunehmen. Die Vermutung der Einnahme ist kein dem FA bekannter Lebenssachverhalt. Erst mit dem Auffinden der Urkunde hat das FA Gewissheit über die Einnahme. Da aber neue Tatsachen und Beweismittel dieselbe Rechtsfolge auslösen, erübrigt sich eine strenge Abgrenzung.

Beweismittel ist auch der amtlich vorgeschriebene Vordruck über Bewirtungsaufwendungen (§ 4 Abs. 5 Nr. 2 EStG).

Sachverständigengutachten sind zwar im Grunde Beweismittel. Da diese jedoch vornehmlich rechtliche Überlegungen enthalten, sind sie den Schlussfolgerungen angenähert. Eine Änderung des Bescheides aufgrund eines neuen Sachverständigengutachtens ist also nur möglich, wenn dieses zugleich neue Tatsachen enthält, BFH vom 27. 10. 1992 BStBl II 1993, 569. **2042**

Zu den Beweismitteln gehören auch die Indizienbeweise. Sie sind Hilfstatsachen und stützen die Beweisführung, z. B. der Umstand, dass der Zeuge bestochen war. Der Indizienbeweis ist im Steuerrecht zulässig (BFH vom 12. 09. 1995 BFH/NV 196, 393). Er hat eine besondere Bedeutung bei der Beurteilung subjektiver Tatbestandsmerkmale (z. B. Einkünfteerzielungsabsicht). **2043**

Auch die nachträglich bekannt gewordene Hilfstatsache, die zu einer veränderten Würdigung der tatsächlichen Verhältnisse führt, rechtfertigt eine Korrektur nach § 173 Abs. 1 AO, denn durch sie wird die Haupttatsache nachträglich bekannt, BFH vom 14. 05. 2003 BFH/NV 2003 1395.

3.5.3 Erheblichkeit der Tatsache oder des Beweismittels

Die Tatsachen oder Beweismittel müssen betraglich und rechtlich erheblich sein. **2044**

3.5.3.1 Betragliche Erheblichkeit

Tatsachen oder Beweismittel sind betraglich erheblich, wenn sie sich bei Berücksichtigung auf die Höhe der bisherigen Steuerfestsetzung auswirken, d. h. zu einer höheren (bei § 173 Abs. 1 Nr. 1 AO) oder niedrigeren Steuer (bei § 173 Abs. 1 Nr. 2 AO) führen.

Dabei ist jede Steuerart und jeder Veranlagungszeitraum für sich zu betrachten, BFH vom 12. 08. 1981 BStBl II 1982, 100. Das Gesetz kennt keine »Gesamtveranlagung« zu mehreren Steuern und für mehrere Steuerabschnitte.

BEISPIEL

Ein Stpfl. bucht gezahlte Kirchensteuern als Betriebsausgabe. Er wird dementsprechend bestandskräftig veranlagt. Als Sonderausgaben wären die Aufwendungen in voller Höhe absetzbar, so dass auch bei richtiger Erfassung die ESt-Festsetzung unverändert bliebe (sofern nicht ermäßigter Tarif für gewerbliche Einkünfte). Der Außenprüfer deckt die unrichtige Buchung auf.

LÖSUNG Die Zahlung an die Kirche stellt einen Lebenssachverhalt dar, der sich steuerlich als Sonderausgaben (§ 10 Abs. 1 Nr. 4 EStG) auswirkt. Hinsichtlich der ESt ist diese Tatsache jedoch nicht betraglich erheblich, da – ohne Belang, ob Betriebsausgabe oder Sonderausgabe – eine andere Steuerfestsetzung nicht erfolgt. Besteuerungsgrundlagen erwachsen nicht in Bestandskraft (§ 157 Abs. 2 AO). Der ESt-Bescheid ist nicht zu ändern.

Hinsichtlich der GewSt liegt eine steuererhebliche Tatsache vor. Da der Gewerbeertrag selbstständig zu ermitteln ist (vgl. Abschn. 39 Abs. 1 Satz 2 GewStR), sind die Betriebsausgaben rückgängig zu machen. Der Ertrag erhöht sich. Der GewSt-Messbescheid ist gem. § 173 Abs. 1 Nr. 1 AO zu ändern.

Obgleich Besteuerungsgrundlagen nicht in Bestandskraft erwachsen (§ 157 Abs. 2 AO), kann sich durch den Austausch von Besteuerungsgrundlagen die Steuer ändern. Solche Fälle sind z. B. denkbar, wenn aufgrund eines nachträglich bekannt gewordenen Lebenssachverhalts Einkünfte nicht mehr als Zinseinkünfte (§ 20 Abs. 1 Nr. 7 EStG) zu beurteilen sind, sondern als Mieteinnahmen bei den Einkünften aus Vermietung und Verpachtung (§ 21 EStG) – höheres Ergebnis, wenn der Sparer-Pauschbetrag (§ 20 Abs. 9 EStG) deswegen wegfällt.

2045   **Ein Lebenssachverhalt** kann **mehrere** steuerlich **gegensätzliche Auswirkungen** in einem Steuerabschnitt haben. Da sich **eine Tatsache** aber nur steuererhöhend oder steuermindernd auswirken darf, ist der Saldo zu bilden (**Saldierungsgebot**). Erst der Saldo entscheidet über die betragliche Erheblichkeit der Tatsache.

> **BEISPIEL**
>
> Ein Gewerbetreibender (§ 15 Abs. 1 Nr. 1 EStG) bucht die Anschaffungskosten einer im Januar 01 neu erworbenen Maschine in Höhe von 5 000 € als allgemeine Reparaturkosten (Betriebsausgabe gem. § 4 Abs. 4 EStG). Nach bestandskräftiger Veranlagung stellt der Außenprüfer den Fehler fest und setzt die betriebsgewöhnliche Nutzungsdauer mit fünf Jahren an.
>
> **LÖSUNG** Die Anschaffung der zum Betriebsvermögen gehörenden Maschine ist ein Lebenssachverhalt, der sich mehrfach steuerlich auswirkt. Die Maschine ist mit den Anschaffungskosten von 5 000 € zu aktivieren (§ 6 Abs. 1 Nr. 1 EStG). Die Betriebsausgaben (§ 4 Abs. 4 EStG) sind daher rückgängig zu machen. Dadurch erhöht sich der Gewinn um 5 000 €. Gleichzeitig ist die AfA, die gem. § 7 Abs. 1 Satz 1 EStG zwingend vorgeschrieben ist, anzusetzen. Die Jahres-AfA (angesetzt wurde die lineare AfA) mindert den Gewinn um 1 000 € (20 % von 5 000 €). Es liegt also eine Tatsache mit zwei gegensätzlichen Auswirkungen vor. Es besteht das Saldierungsgebot. Der Saldo führt zu einer Gewinnerhöhung von 4 000 € und zu einer entsprechend höheren Steuer. Der Bescheid ist gem. § 173 Abs. 1 Nr. 1 AO zu ändern. Dabei ist die AfA für die Folgejahre im Kalenderjahr 01 nicht zu berücksichtigen (Abschnittsbesteuerung). Zu der Änderung der ESt-Bescheide 02 ff. siehe Rz. 2135.

2046   Wirkt sich dagegen **ein Lebenssachverhalt in zwei Steuerabschnitten** aus, sind beide Steuerbescheide zu ändern.

> **BEISPIEL**
>
> Ein Freiberufler (§ 4 Abs. 3 EStG) erfasst Betriebseinnahmen, die ihm im Kalenderjahr 01 zugeflossen sind, erst im Kalenderjahr 02. Beide ESt-Bescheide (01 und 02) sind bestandskräftig.
>
> **LÖSUNG** Erfährt später das FA von dem Zufluss im Kalenderjahr 01, liegt ein Lebenssachverhalt vor, der sich steuerlich sowohl im Kalenderjahr 01 als auch im Kalenderjahr 02 auswirkt. Die Steuerfestsetzung 01 ist gem. § 173 Abs. 1 Nr. 1 AO zu erhöhen, indem die Betriebseinnahmen dort erfasst werden, die Steuerfestsetzung 02 ist gem. § 173 Abs. 1 Nr. 2 AO entsprechend zu mindern (»negative« Tatsache, keine Einnahmen in 02). Für 02 greift daneben auch § 174 Abs. 1 AO ein, aber erst nach Änderung des ESt-Bescheides für 01 gem. § 173 Abs. 1 Nr. 1 AO.

2047   Treffen **zwei Tatsachen**, eine zugunsten und eine zuungunsten des Stpfl., **in einem Steuerabschnitt** zusammen, ist die Änderung des einen Steuerbescheides nach zwei Rechtsgrundlagen, nämlich nach § 173 Abs. 1 Nr. 1 AO und nach § 173 Abs. 1 Nr. 2 AO, durchzuführen (**Saldierungsverbot**).

> **BEISPIEL**
>
> Ein Stpfl. mit Einkünften aus Gewerbebetrieb hat sowohl Betriebseinnahmen i. H. v. 3 000 € (steuerliche Auswirkung) als auch Werbungskosten aus Vermietung und Verpachtung i. H. v. 2 000 € (steuerliche Auswirkung) schuldlos nicht erklärt. Die bestandskräftig festgesetzte Steuer beträgt 25 000 €.
>
> **LÖSUNG** Wegen der nicht erklärten Einnahmen ist die Steuerfestsetzung gem. § 173 Abs. 1 Nr. 1 AO um 3 000 € zu erhöhen. Wegen der nicht erklärten Ausgaben ist sie gem. § 173 Abs. 1 Nr. 2 AO um

2 000 € zu mindern. Insgesamt hat eine Steuerfestsetzung auf 26 000 € zu erfolgen, gestützt auf beide Änderungsvorschriften. Ob die Korrektur auf eine Rechtsgrundlage (das wäre hier fälschlicherweise § 173 Abs. 1 Nr. 1 AO mit + 1 000 €) oder, wie hier richtig, auf zwei Rechtsgrundlagen (§ 173 Abs. 1 Nr. 1 AO mit + 3 000 € und § 173 Abs. 1 Nr. 2 AO mit ./. 2 000 €) gestützt wird, ist von entscheidender Bedeutung, wenn Rechtsfehler (§ 177 AO) mit zu berichtigen sind. Siehe dazu Rz. 2149 f.

Ein Vergleich der steuerlichen Auswirkung ist ferner nicht einfach, wenn sich durch **Anrechnung von Steuern** die Position des Stpfl. verbessert oder verschlechtert. | **2048**

Zunächst gilt der Grundsatz, dass die Steuerfestsetzung und die nachfolgende Anrechnung unterschiedliche VA sind (vgl. Rz. 2174). Bei Prüfung der steuerlichen Erheblichkeit darf daher nur die Steuerfestsetzung berücksichtigt werden, nicht jedoch die Anrechnung (AEAO zu § 173 Nr. 1.4).

BEISPIEL

Das FA erfährt nachträglich von vorsätzlich verschleierten Kapitaleinkünften des Stpfl. Die bestandskräftige Steuerfestsetzung wäre um 2 000 € zu erhöhen. Nunmehr legt der Stpfl. eine Bescheinigung i. S. v. § 36 Abs. 2 Nr. 2 EStG vor, wonach die Bank 3 000 € KapSt einbehalten hat, insgesamt also 1 000 € zu erstatten wären.

LÖSUNG Die Steuerfestsetzung ist zum Nachteil des Stpfl. gem. § 173 Abs. 1 Nr. 1 AO zu ändern (+ 2 000 €) und die KapSt durch Korrektur der Anrechnungsverfügung (eigenständiger VA) gem. § 130 AO anzurechnen, sodass der Stpfl. im Ergebnis die Erstattung erhält.

Bei Feststellungsbescheiden kommt es nur auf die Änderungen der festgestellten Besteuerungsgrundlagen selbst an, nicht auf die steuerlichen Auswirkungen in den Folgebescheiden (AEAO zu § 173 Nr. 10.1).

Für **Bescheide über die einheitliche und gesonderte Gewinnfeststellung** gilt insofern | **2049** eine Besonderheit, als eine Tatsache sich für die Gesellschafter in einem Bescheid unterschiedlich auswirken kann. Der Bescheid ist dann zu ändern, wobei Rechtsgrundlage sowohl § 173 Abs. 1 Nr. 1 AO als auch § 173 Abs. 1 Nr. 2 AO ist.

BEISPIEL

Im Feststellungsbescheid ist der Gesamtgewinn auf 100 000 € festgestellt und gleichmäßig verteilt auf die beiden Gesellschafter A und B (je 50 000 €). Nachträglich wird bekannt, dass A 60 % und B 40 % des Gewinns zustehen.

LÖSUNG Der Feststellungsbescheid ist nunmehr gem. § 173 Abs. 1 Nr. 1 und Nr. 2 AO zu ändern, indem A jetzt 60 000 € Gewinn und B 40 000 € Gewinn zugerechnet werden (auf ein mögliches grobes Verschulden kommt es nicht an, da ein unmittelbarer Zusammenhang i. S. d. § 173 Abs. 1 Nr. 2 Satz 2 AO gegeben ist [AEAO zu § 173 Nr. 10.2.1]).

Für Feststellungen ohne betragsmäßige Auswirkung gilt Folgendes (vgl. AEAO zu § 173 | **2050** Nr. 10.2.2; BFH vom 16. 09. 1987 BStBl II 1988, 174): Nimmt das FA von Amts wegen gegen den Willen des Stpfl. eine Änderung vor, so indiziert dies unwiderlegbar, dass es die Voraussetzungen des § 173 Abs. 1 Nr. 1 AO für gegeben hält. Begehrt der Stpfl. die Änderung, so indiziert dies unwiderlegbar, dass die Voraussetzungen des § 173 Abs. 1 Nr. 2 AO vorliegen (a. A. Tipke/ Kruse, AO/FGO, § 173 AO, Rz. 58).

3.5.3.2   Rechtliche Erheblichkeit

2051   Rechtliche Erheblichkeit ist gegeben, wenn das FA **bei rechtzeitiger Kenntnis** der Tatsache oder des Beweismittels schon bei der ursprünglichen Veranlagung mit an Sicherheit grenzender Wahrscheinlichkeit **zu einem anderen steuerlichen Ergebnis** gelangt wäre (vgl. AEAO zu § 173 Nr. 3.1; BFH vom 10.03.1999 BStBl II 1999, 433; BFH vom 31.01.2006 BFH/NV 2006, 911). Dazu sind die Rechtsprechung, bindende Verwaltungsanweisungen (z. B. EStR, OFD-Verfügungen, BMF-Schreiben) aber auch verwaltungsinterne Anweisungen (FG München vom 29.04.1998 EFG 2000, 771) im Zeitpunkt des Ergehens des Erstbescheides zu berücksichtigen. Subjektive Fehler der Finanzbehörde in rechtlicher und tatsächlicher Hinsicht, die sich nie ganz vermeiden lassen, sind unbeachtlich, BFH vom 11.05.1988 I R 216/85 BStBl II 1988, 715). Es stellt sich hier die Frage, wie zu verfahren ist, wenn sich inzwischen die Rechtsansicht geändert hat.

BEISPIELE

a) Das FA erfährt nachträglich von Einnahmen, die ein Stpfl. im Kj 01 gehabt und nicht erklärt hat. Es steht mit an Sicherheit grenzender Wahrscheinlichkeit fest, dass das FA, entsprechend der damaligen allgemeinen Rechtsauffassung, die Einnahmen der Veranlagung nicht unterworfen hätte, wären sie damals erklärt worden. Inzwischen hat die Behörde die Rechtsansicht geändert.
LÖSUNG Der Bescheid darf nicht geändert werden, es fehlt an der Rechtserheblichkeit der Tatsache.

b) Wie Beispiel a). Das FA hätte nach der damaligen Rechtsauffassung die Einnahmen als steuerpflichtig angesehen. Nach inzwischen geläuterter Rechtsauffassung sind diese Einnahmen nicht der Steuer zu unterwerfen.
LÖSUNG Auch in diesem Fall darf die nachträglich bekannt gewordene Tatsache steuerlich nicht mehr verwertet werden. Die Erfassung der Einnahmen wäre rechtswidrig gewesen, wie die geläuterte Rechtsauffassung zeigt. Die Finanzbehörde darf aber nicht bewusst einen rechtswidrigen Bescheid erlassen.

Die beiden Beispiele zeigen, dass das FA einen Steuerbescheid zuungunsten des Stpfl. nach § 173 Abs. 1 Nr. 1 AO nur dann ändern darf, wenn die nachträglich bekannt gewordene Tatsache sowohl nach der damaligen als auch nach der augenblicklichen Rechtslage steuererheblich ist. Auch § 176 AO verbietet aus Gründen des Vertrauensschutzes eine für den Stpfl. nachteilige Änderung in bestimmten Fällen. Die tatbestandsmäßigen Voraussetzungen des § 173 Abs. 1 AO gehen jedoch dem allgemeinen Rechtsgedanken des § 176 AO vor.

2052   Diese Grundsätze sind ebenfalls anwendbar im Falle des nachträglichen Bekanntwerdens von Tatsachen, die eine für den Stpfl. **günstige Rechtsfolge (§ 173 Abs. 1 Nr. 2 AO)** auslösen. Erfährt das FA nachträglich von Aufwendungen des Stpfl., die nach damaliger Auffassung steuerlich nicht zu berücksichtigen waren, jedoch nach geläuterter Auffassung steuerlich anzuerkennen sind, scheitert es an der Rechtserheblichkeit der Tatsache. Eine Änderung des Steuerbescheides zugunsten des Stpfl. nach § 173 Abs. 1 Nr. 2 AO ist damit ausgeschlossen. Die Rechtsprechung (GrS BFH vom 23.11.1987 BStBl II 1988, 180 m. w. N.) räumt in einem derartigen Fall dem Grundsatz der Bestandskraft des Steuerbescheides Vorrang vor der geläuterten Rechtsauffassung ein. Die Vorschrift des § 173 Abs. 1 AO hat nicht den Sinn, dem Stpfl. das Risiko eines Rechtsbehelfsverfahrens dadurch abzunehmen, dass es ihm gestattet wird, sich auf Tatsachen gegenüber dem FA erst dann zu berufen, wenn etwa durch eine spätere Änderung der Rechtsprechung eine Rechtslage eintritt, die eine bisher nicht vorgetragene Tatsache als relevant erscheinen lässt (vgl. AEAO zu § 173 Nr. 3.1).

Das FA hat entsprechend einer OFD-Verfügung Aufwendungen nicht als Werbungskosten anerkannt. Im Kalenderjahr 03 ergeht eine neue OFD-Verfügung, wonach diese Aufwendungen zu berücksichtigen sind. Nach Erlass der neuen OFD-Verfügung begehren A und B die Korrektur des ESt-Bescheides gem. § 173 Abs. 1 Nr. 2 AO. B weist erstmals die Aufwendung nach.

a) Der Stpfl. A hat für das Kalenderjahr 01 die Aufwendung in seiner Steuererklärung geltend gemacht. Das FA hat sie nicht anerkannt. A hat den Bescheid bestandskräftig werden lassen.

LÖSUNG Der Steuerbescheid des A kann keinesfalls gem. § 173 Abs. 1 Nr. 2 AO korrigiert werden. Die neue OFD-Verfügung ist keine Tatsache, sondern Rechtsauffassung. Tatsache ist die Zahlung, dies war dem FA bereits bekannt. Es scheitert also am nachträglichen Bekanntwerden der Tatsache.

b) Der Stpfl. B hat für das Kalenderjahr 01 die Aufwendung nicht erklärt. Die Steuerfestsetzung ist bestandskräftig.

LÖSUNG Die Zahlung durch B ist eine Tatsache, die für das FA neu ist. Streitig ist nur die Rechtserheblichkeit, da nach damaliger Auffassung die Aufwendungen nicht anerkannt worden wären, jedoch nach der neuen Auffassung zu berücksichtigen sind. § 173 Abs. 1 Nr. 2 AO ist mangels Rechtserheblichkeit nicht anzuwenden. Andernfalls müssten bei geänderter Rechtsauffassung eine Vielzahl von bestandskräftigen Steuerbescheiden geändert werden. Die Bestandskraft wäre ausgehöhlt. Auch im Falle des § 173 Abs. 1 Nr. 1 AO wird der Bestandskraft Vorrang eingeräumt vor der geläuterten Rechtsauffassung.

Sofern die Aufwendungen seinerzeit steuermindernd hätten berücksichtigt werden können, nach geläuterter Auffassung jedoch nicht mehr steuererheblich sind, hat ebenfalls eine für den Stpfl. günstige Änderung zu unterbleiben, wenn er nunmehr die Tatsache (schuldlos verspätet) vorträgt. Die Finanzbehörde kann nicht verpflichtet sein, gegen zurzeit gültiges materielles Recht zu verstoßen.

Im Ergebnis ist also auch eine für den Stpfl. günstige Änderung nur durchzuführen, wenn die neue Tatsache nach damaliger und heutiger Rechtsauffassung rechtserheblich ist.

3.5.4 Nachträgliches Bekanntwerden der Tatsache oder des Beweismittels

3.5.4.1 Allgemeines

Eine Tatsache wird nachträglich bekannt, wenn sie einem der für die Steuerfestsetzung **2053** zuständigen Amtsträger bei abschließender Zeichnung nicht bekannt war, obgleich sie bereits vorhanden war, vgl. BFH vom 13.09.2001 BStBl II 2002, 2. Dies gilt entsprechend für das nachträgliche Bekanntwerden von Beweismitteln. Es kommt also auf die Kenntniserlangung nach einem bestimmten Zeitpunkt (Abschluss der Willensbildung über die Steuerfestsetzung/Abzeichnung der Verfügung) an.

Das Merkmal »obgleich vorhanden« grenzt § 173 Abs. 1 AO von § 175 Abs. 1 Satz 1 Nr. 2 AO ab. Es besagt, dass Ereignisse, die erst nach abschließender Zeichnung (Abzeichnung der Verfügung) eintreten, keine neuen Tatsachen i. S. d. § 173 Abs. 1 AO sind. Sie können, weil sie zu diesem Zeitpunkt nicht existieren, dem Amtsträger auch nicht bekannt sein. Insofern ist der Begriff »neue Tatsache« irreführend. Genaugenommen muss die Tatsache bzw. das Beweismittel selbst »alt«, die Kenntniserlangung davon jedoch »neu« sein.

Ein Stpfl. erklärt u. a. Einkünfte aus Vermietung und Verpachtung. Der Amtsträger setzt diese im Steuerbescheid nicht an.

LÖSUNG Eine Änderung des ESt-Bescheides nach § 173 Abs. 1 Nr. 1 AO ist nicht möglich, weil kein nachträgliches Bekanntwerden gegeben ist.
Der ESt-Bescheid kann gem. § 129 Satz 1 AO korrigiert werden, wenn der Amtsträger die Einkünfte versehentlich übersehen hat und dies offenbar ist. Ein Rechtsfehler (also keine offenbare Unrichtigkeit) liegt vor, wenn der Amtsträger die Einkünfte bewusst nicht erfasst hat, weil er sie irrig für nicht steuerpflichtig hielt. In diesem Falle kann der ESt-Bescheid nicht korrigiert werden.

War dagegen die Tatsache bei Abzeichnung der Verfügung noch nicht vorhanden, ist sie also später eingetreten, ist der Bescheid unter den Voraussetzungen des § 175 Abs. 1 Satz 1 Nr. 2 AO zu ändern. Die Möglichkeit der Änderung von Steuerbescheiden wegen neuer Tatsachen oder Beweismittel i. S. d. § 173 Abs. 1 AO und die Möglichkeit der Steuerbescheide wegen Eintritts eines rückwirkenden Ereignisses i. S. d. § 175 Abs. 1 Satz 1 Nr. 2 AO schließen einander grundsätzlich aus, BFH vom 21. 04. 1988 BStBl II 1989, 863 (s. Rz. 2123). Etwas anderes gilt nur für nachträglich entstandene Beweismittel, weil § 175 Abs. 1 Satz 1 Nr. 2 AO hier nicht gilt. In diesen Fällen kann nach § 173 Abs. 1 AO korrigiert werden (a. A. Tipke/Kruse, AO/FGO, § 173 AO, Rz. 26).

§ 173 Abs. 1 AO greift also nur ein, wenn die Tatsache vorhanden, dem Amtsträger aber nicht bekannt war. Die Definition des »**nachträglichen Bekanntwerdens**« erfordert eine Klärung, **wann, wem und in welchem Umfang eine Tatsache bekannt ist.**

3.5.4.2 Zeitpunkt des Bekanntwerdens (wann)

2054   Eine Tatsache ist »neu«, wenn sie der Finanzbehörde **nach abschließender Zeichnung** (Abzeichnung der Verfügung/Abschluss der Willensbildung über die Steuerfestsetzung) durch den organisatorisch zuständigen Amtsträger bekannt wird, BFH vom 11. 02. 1998 BStBl II 1998, 552. Auf den Tag der Postaufgabe des Steuerbescheides oder den Tag der Bekanntgabe des Steuerbescheides an den Stpfl. kommt es nicht an (vgl. AEAO zu § 173 Nr. 2.1; Große DStZ 1990, 348 f.). Der Stpfl. kann den für das nachträgliche Bekanntwerden maßgeblichen Tag damit nicht erkennen. Er ist ihm auf Verlangen im Einzelfall mitzuteilen. Ein Abstellen auf die abschließende Zeichnung bietet aus verwaltungsökonomischer und technischer Sicht Vorteile, da zwischen der abschließenden Zeichnung und der Absendung des Steuerbescheids, bedingt durch die maschinelle Erstellung der Steuerbescheide in den Rechenzentren, ein längerer Zeitraum liegen kann. In dieser Zeitspanne ist es für den Amtsträger schwierig, auf den Steuerbescheid noch Einfluss zu nehmen.

BEISPIEL

Ein Stpfl. zeigt an, dass er vergessen habe, nebenberufliche Einkünfte auf freiberuflicher Tätigkeit zu erklären. Die Mitteilung geht beim FA ein, als sich die Veranlagung zur maschinellen Erstellung des ESt-Bescheides im Rechenzentrum befindet.
LÖSUNG Der Amtsträger kann auf den Versuch, den »Bescheid« aufzuhalten, verzichten (so auch BFH vom 29. 11. 1988 BStBl II 1989, 259 und 263). Er ändert die ESt-Festsetzung zuungunsten des Stpfl. gem. § 173 Abs. 1 Nr. 1 AO ab und gibt den Änderungsbescheid dem Stpfl. bekannt. Da auch dieser Steuerbescheid über ein Rechenzentrum erstellt wird, wird der Stpfl. den Änderungsbescheid nach dem Erstbescheid erhalten.

Auf die Abzeichnung als maßgebenden Zeitpunkt ist nur dann nicht abzustellen, wenn im automatisierten Verfahren nach der Zeichnung noch einmal eine materiell-rechtliche Kontrolle der gesamten Steuerfestsetzung vorgenommen wird (z. B. der maschinell ausgedruckte Bescheid kommt aufgrund eines Prüfhinweises nochmals zum Amtsträger zurück). In diesem Falle sind alle bis zur Überprüfung bekannt gewordenen Tatsachen zu berücksichtigen, BFH vom 27.11.2001 BFH/NV 2002, 473. Um eine solche Kontrolle handelt es sich dagegen nicht, wenn z. B. der maschinell ausgedruckte Bescheid vor seiner Absendung nur einer formellen Prüfung (z. B. zur manuellen Ergänzung der zutreffenden Adressierung) unterzogen wird, der die Feststellung der ermittelten Tatsachen sowie deren rechtliche Würdigung unberührt lässt (vgl. AEAO zu § 173 Nr. 2.2).

Die oben genannten Grundsätze gelten nicht nur bei Erstbescheiden, sondern auch bei Erlass **von Änderungsbescheiden**. Erfährt also die Finanzbehörde nach abschließender Zeichnung des Änderungsbescheides (bei mehreren Änderungen hintereinander nach abschließender Zeichnung des zuletzt geänderten Bescheides wegen § 124 Abs. 2 AO) weitere steuererhebliche Tatsachen, kann der geänderte Steuerbescheid nochmals gem. § 173 Abs. 1 AO geändert werden. Dies gilt selbst dann, wenn der erste Änderungsbescheid durch eine Einspruchsentscheidung bestätigt oder aufgehoben wird, BFH vom 13.09.2001 BStBl II 2002, 2. Die Korrektur des geänderten Steuerbescheides ist dagegen mangels Neuheit der Tatsache nicht mehr möglich, wenn die Tatsache bei Erlass des geänderten Steuerbescheides oder während des Einspruchsverfahrens schon vorlag.

Eine materiell-rechtliche Kontrolle liegt dagegen nicht vor, wenn die Finanzbehörde einen Steuerbescheid allein gem. § 175 Abs. 1 Satz 1 Nr. 1 AO im Hinblick auf einen ergangenen Grundlagenbescheid ändert und hierbei Tatsachen unberücksichtigt lässt, die darüber hinaus eine Änderung nach § 173 Abs. 1 AO rechtfertigen. Dies beruht darauf, dass die Finanzbehörde den Grundlagenbescheid ohne eigene Sachprüfung übernehmen muss und ihr nicht zugemutet werden kann, bei jeder Folgeänderung zu überprüfen, ob neue Tatsachen oder Beweismittel vorliegen, die eine weitergehende Änderung rechtfertigen, BFH vom 12.01.1989 BStBl II 1989, 438 (vgl. AEAO zu § 173 Nr. 2.4). Derselbe Gedanke muss auch gelten, wenn die Finanzbehörde einen Bescheid gem. § 129 Satz 1 AO berichtigt, da sie auch in diesem Falle nicht eine rechtliche Überprüfung des fehlerhaften Bescheides vornehmen muss, ebenso, wenn der vorläufige Teil einer Steuerfestsetzung für endgültig erklärt wird (FG Düsseldorf vom 18.09.1996 EFG 1997, 141), einen Antrag auf Änderung des Bescheides zugunsten des Stpfl. wegen anderer Sachverhalte ablehnt (BFH vom 18.12.1996 BStBl II 1997, 264) oder auf Antrag des Stpfl. nacherklärte Einkünfte gem. § 172 Abs. 1 Satz 1 Nr. 2 Buchst. a AO korrigiert, denn das FA darf den Erstbescheid nur im Rahmen des Antrags berichtigen und nicht über den Antrag hinausgehen, vgl. BFH vom 07.07.2004 BStBl II 2004, 911.

Sofern die Finanzbehörde eine Steuerfestsetzung, die unter dem Vorbehalt der Nachprüfung steht (§ 164 Abs. 1 AO), nach § 164 Abs. 2 Satz 1 AO ändert, muss sie bis dahin bekannt gewordene Tatsachen mitberücksichtigen. Hebt das FA den Vorbehalt auf gem. § 164 Abs. 3 Satz 1 und 2 AO, ist ein nachträgliches Bekanntwerden einer Tatsache nur noch gegeben, wenn die Kenntniserlangung nach der Aufhebung des Vorbehalts geschieht, denn die Aufhebung des Vorbehalts steht einer Steuerfestsetzung ohne Vorbehalt gleich (§ 164 Abs. 3 Satz 2 AO, vgl. Tipke/Kruse, AO/FGO, § 173 AO, Rz. 26).

BEISPIEL

Ein Stpfl., dessen ESt-Bescheid unter dem Vorbehalt der Nachprüfung steht, teilt dem FA erstmals weitere Mieteinnahmen mit. Das FA ändert den Bescheid gem. § 164 Abs. 2 Satz 1 AO aus anderen Gründen und erteilt einen endgültigen Bescheid.

LÖSUNG Eine spätere Änderung des endgültigen ESt-Bescheides gem. § 173 Abs. 1 Nr. 1 AO, um die Mieteinnahmen zu erfassen, scheitert am nachträglichen Bekanntwerden der Tatsache.

3.5.4.3   Bekanntgabe an den Amtsträger (wem)

2055   Das Gesetz sagt nicht, wem die Tatsache oder das Beweismittel bekannt geworden sein muss. Maßgebend ist die **Kenntnis der zur Bearbeitung des Steuerfalls organisatorisch berufenen Dienststelle,** BFH vom 28.04.1998 BStBl II 1998, 458. Im Regelfall kommt es also auf die Kenntnis des für den Veranlagungsbezirk zuständigen Sachbearbeiters (bzw. zuständigen zeichnungsberechtigten Bearbeiters) an. Zeichnet jedoch der Sachgebietsleiter oder der Amtsvorsteher den Vorgang abschließend, ist auch auf deren positive Kenntnis abzustellen, BFH vom 16.01.2002 BFH/NV 2002, 621. Auf die Kenntnis des Mitarbeiters (Bearbeiter ohne Zeichnungsrecht) kommt es ebenso wenig an, wie auf die des Außenprüfers, es sei denn, der Außenprüfer führt ausnahmsweise die Veranlagung durch (§ 195 Satz 3 AO). Maßgebend ist folglich die **Kenntnis der zur Steuerfestsetzung berufenen Personen,** also des Amtsvorstehers, des Sachgebietsleiters, des Sachbearbeiters oder Bearbeiters mit Zeichnungsrecht, BFH vom 13.04.1989 BFH/NV 1990, 477.

Dem liegt die Überlegung zugrunde, dass nur die Bediensteten, die die Steuerfestsetzung zu verantworten haben, das FA repräsentieren (vgl. § 79 Abs. 1 Nr. 4 AO) und kraft dieser Stellung dem FA ihr Wissen vermitteln. Der Mitarbeiter gehört nicht zu diesem Personenkreis, soweit er kein Zeichnungsrecht hat.

Es ist allein auf die **Kenntnis der Dienststelle** abzustellen, die für den Steuerfall verantwortlich ist, vgl. BFH vom 14.01.1998 BStBl II 1998, 371. Die Kenntnis einer Rechtsbehelfsstelle ist der Veranlagungsstelle zuzurechnen und umgekehrt, da beide Stellen für die Steuerfestsetzung verantwortlich sind und das Rechtsbehelfsverfahren das Veranlagungsverfahren verlängert. Die Kenntnis der Bewertungs- oder der Strafsachenstelle ist jedoch nicht der Kenntnis der Veranlagungsstelle gleichzustellen. Bestand jedoch für die zuständige Dienststelle Anlass, bei einer anderen Dienststelle wegen weiteren die Besteuerung betreffenden Tatsachen nachzufragen, so verbietet der Grundsatz von Treu und Glauben eine Änderung gem. § 173 Abs. 1 Nr. 1 AO, wenn die Nachfrage nicht erfolgt, vgl. BFH vom 23.03.1983 BStBl II 1983, 548. Ebenso ist die Kenntnis eines anderen FA unerheblich. Übernimmt jedoch ein FA Ergebnisse eines anderen FA, so macht es sich auch dessen Kenntnisse zu eigen, BFH vom 14.01.1998 a. a. O.

Sofern der zuständige Finanzbeamte Tatsachen oder Beweismittel unterdrückt oder einen fingierten Sachverhalt der Besteuerung zugrunde legt und er dadurch Steuern verkürzt (eine Steuerhinterziehung i. S. d. § 370 Abs. 1 AO mit der Folge der zehnjährigen Festsetzungsfrist, § 169 Abs. 2 Satz 2 AO liegt vor), stellt sich die Frage, ob bei Aufdeckung der Tat eine neue Tatsache vorliegt. Das Urteil des BFH vom 28.04.1998 BStBl II 1998, 458 bietet folgende, systematisch nicht überzeugende, jedoch praxisgerechte Lösung. Hat der Stpfl. die Verkürzung durch den Finanzbeamten veranlasst oder mit diesem einvernehmlich zusammengearbeitet, wusste er also von der unzutreffenden Behandlung des Sachverhalts, ist er nicht schutzwürdig, und der fehlerhafte Bescheid kann gem. § 173 Abs. 1 Nr. 1 AO geändert werden. Der Finanzbeamte sei in diesen Fällen nicht Repräsentant der Behörde, sondern vertrete die Interessen des Stpfl. Vertraute dagegen der Stpfl. auf die zutreffende Bearbeitung des von ihm vollständig offengelegten Sachverhalts, ist er schutzwürdig, die fehlerhafte Festsetzung durch den Beamten ist mangels neuer Kenntnis nicht nach § 173 Abs. 1 Nr. 1 AO korrigierbar.

3.5.4.4   Umfang der bekannten Tatsache (was)

2056   **Bekannt ist insbesondere der Akteninhalt.** Auf die tatsächliche (positive) Kenntnis des für die Steuerfestsetzung zuständigen Amtsträgers kommt es dabei nicht an. Gegebenenfalls gilt der Akteninhalt als bekannt. Zu den Akten gehören auch alle Schriftstücke, die bei der zuständigen Dienststelle vorliegen oder sie im Dienstgang erreichen.

Als bekannt gelten kann dabei allerdings nur der Inhalt der **Akten,** die in dem zuständigen Bezirk **für den zu veranlagenden Stpfl.** geführt werden. Tatsachen, die sich aus den Akten anderer Stpfl. ergeben, gelten auch dann nicht als bekannt, wenn für deren Bearbeitung derselbe Amtsträger zuständig ist, BFH vom 13.06.2012 VI R 85/10 BStBl II 2013, 5. Alles andere würde das Erinnerungsvermögen des zuständigen Amtsträgers übersteigen. Die Kenntnis bezieht sich dann aber auf den Inhalt **aller** Akten des zu veranlagenden Stpfl., die in dem zuständigen Bezirk geführt werden, BFH vom 11.02.1998 BStBl II 1998, 552. Führt z. B. der Amtsträger die ESt-Veranlagung durch, ist ihm nicht nur der Inhalt der ESt-Akte bekannt, sondern auch derjenige der USt-Akte, sofern er auch für die USt-Festsetzung des Stpfl. zuständig ist. Nicht bekannt ist ihm der Inhalt der GrESt-Akte, wenn die GrESt des Stpfl. in einem anderen Bezirk bearbeitet wird.

Hat aber der Stpfl. dem Amtsvorsteher oder dem Sachgebietsleiter etwas mitgeteilt, was der zuständige Sachbearbeiter, weil der Vorgang nicht in den Bezirk gelangt ist, nicht kennt, so gilt diese Tatsache trotzdem dem Sachbearbeiter als bekannt. Schließlich handelt er im Auftrag des Amtsvorstehers (§ 79 Abs. 1 Nr. 4 AO).

Zeichnet der Sachgebietsleiter oder der Amtsvorsteher den Vorgang abschließend, gilt ihm unabhängig von der tatsächlichen Kenntnis der Inhalt der Akten des zuständigen Bezirks als bekannt. Inwieweit diesen Personen auch der Akteninhalt anderer Bezirke, die zu ihrem Zuständigkeitsbereich gehören, bekannt ist, ist nicht eindeutig geklärt. M. E. ist diese Kenntnis zu verneinen, denn sie ist unmöglich. Der Vertrauensschutz des Bürgers ist nicht tangiert, denn er kann i. d. R. nicht erkennen, welcher Amtsträger abschließend gezeichnet hat. Auch Tatsachen, die sich aus im **Keller** oder in vergleichbaren Räumen abgelegten Akten ergeben, können bekannt sein, sofern zur Hinzuziehung solcher Vorgänge nach den Umständen des Einzelfalls, insbesondere der zu bearbeitenden Steuererklärung bzw. den präsenten Akten, eine besondere Veranlassung besteht. Wann die Vorgänge im Keller etc. so alt sind, dass der Akteninhalt nicht mehr der zur Bearbeitung des Steuerfalles organisatorisch berufenen Dienststelle bekannt ist, hängt von der Gewichtigkeit ab. Der BFH hat für den Bereich des Lohnsteuer-Jahresausgleichsverfahrens entschieden, dass der Inhalt von zwei Jahre alten Kellerakten noch bekannt ist. Für gewichtigere steuerliche Vorgänge, insbesondere betriebliche Unterlagen, müssen längere Zeiten gelten. Anhaltspunkte könnten die Aufbewahrungsbestimmungen der Finanzverwaltung sein, die häufig eine zehnjährige Aufbewahrungsfrist vorschreiben. Allerdings ist das FA nicht verpflichtet, in Kellerakten zu stöbern, wenn sich dafür keine Anhaltspunkte z. B. in der Erklärung ergeben, BFH vom 11.02.1998 I R 82/97, BStBl II 1998, 552 (vgl. AEAO zu § 173 Nr. 2.3.5).

Bekannt ist ferner, **was dem** zur Veranlagung **zuständigen Amtsträger persönlich bekannt wird.** Mündliche Mitteilungen des Stpfl. werden dem Beamten persönlich bekannt, wenn sie in gehöriger Form – also nicht als Beschimpfung oder als Redeschwall – und in dienstlichen Zusammenhang – also nicht während eines Kegelabends – erfolgen. Die eigenen Wahrnehmungen sind dem Amtsträger ebenfalls bekannt, sofern sie dienstlich begründet sind, z. B. während einer Schlussbesprechung im Hause des Stpfl. In diesen Fällen ist die Kenntnis der zuständigen Stelle insgesamt zuzurechnen; eine isolierte Kenntnis von Bearbeiter, Sachgebietsleiter oder Vorsteher findet nicht statt. Ein **Wechsel in der Person** des zuständigen Amtsträgers lässt einen einmal bekannt gewordenen Vorgang nicht unbekannt werden, BFH vom 28.04.1998 BStBl II 1998, 458 (vgl. AEAO zu § 173 Nr. 2.3.4).

Eine **private Kenntnis des Beamten** von steuererheblichen Tatsachen **scheidet aus** (Privatsphäre). Seine private Sphäre würde unzumutbar belastet, wenn er privates Wissen dienstlich nutzen müsste. Diese kann allenfalls eine Pflicht zu weiteren Ermittlungen begründen.

2056a

2056b

a) Aktenlose Bearbeitung von Steuerfällen

2057   Die Finanzverwaltung ist mittlerweile dazu übergegangen, in einigen Dienststellen/Bezirken die Steuerfälle ohne Akten (aktenlose Bearbeitung) zu bearbeiten und teilweise aus Wirtschaftlichkeits- und Zweckmäßigkeitserwägungen heraus nur überschlägig zu prüfen. Allerdings gilt dem Bearbeiter des Falles der Inhalt der Akten als bekannt, zu denen er leicht Zugriff hat. Die Finanzverwaltung kann durch die aktenlose Bearbeitung den Grundsatz der Rechtssicherheit nicht insofern aushöhlen, als bereits aktenmäßig festgehaltene Erkenntnisse im nächsten Jahr schon wieder unbekannt sind. Die Bearbeiter haben in diesem Fall die Möglichkeit einer Vorbehaltsfestsetzung (§ 164 Abs. 1 Satz 1 AO). Vermerken sie den Vorbehalt nicht und erlassen damit einen endgültigen Bescheid, dokumentieren sie dem Stpfl., dass der Steuerfall abschließend geprüft ist und er auf dem Bestand der festgesetzten Steuer vertrauen darf.

b) Ungewissheit über das nachträgliche Bekanntwerden

2058   Lässt sich nicht feststellen, wann oder wem die Tatsache bekannt wurde, darf der Steuerbescheid nicht geändert werden. Die Durchbrechung einer bestandskräftigen Steuerfestsetzung ist nur bei dem eindeutigen Vorliegen der gesetzlichen Voraussetzungen zulässig. Dies muss auch dann gelten, wenn eine für den Stpfl. günstigere Steuerfestsetzung im Raum steht, BFH vom 19.05.1998 BStBl II 1998, 599.

> **BEISPIEL**
>
> Ein Stpfl., der versehentlich Einkünfte aus Vermietung und Verpachtung nicht erklärt hatte, reicht diese dem FA nach, indem er das Schriftstück nachweislich einem Finanzbeamten übergibt. Der ihm später bekannt gegebene Steuerbescheid enthält diese Einkünfte nicht. Es lässt sich nicht mehr feststellen, wann und wem der Stpfl. das Schriftstück übergeben hat.
>
> **LÖSUNG** Da nicht sicher feststeht, dass diese Einkünfte dem zuständigen Amtsträger nachträglich bekannt geworden sind, darf eine Änderung des ESt-Bescheides gem. § 173 Abs. 1 Nr. 1 AO nicht durchgeführt werden.

3.5.5   Korrektur zuungunsten des Steuerpflichtigen (§ 173 Abs. 1 Nr. 1 AO)

2059   Bei Vorliegen der oben genannten Voraussetzungen – Tatsache oder Beweismittel, Erheblichkeit und nachträgliches Bekanntwerden – muss die Finanzbehörde den Steuerbescheid zum Nachteil des Stpfl. korrigieren, ein Verschulden des Stpfl. ist im Allgemeinen unerheblich. Das FA trägt grundsätzlich die objektive Beweislast (Feststellungslast) dafür, dass die für die Änderung des Bescheides erforderlichen tatsächlichen Voraussetzungen vorliegen, BFH vom 23.01.2002 BFH/NV 2002, 1009. Bei Anwendung des § 173 Abs. 1 Nr. 1 AO sind jedoch zwei Besonderheiten zu beachten.

3.5.5.1   Tatsachen, die als bekannt gelten (sog. „Kennenkönnen")

2060   Der **Grundsatz von Treu und Glauben** verbietet es der Finanzbehörde, neue Tatsachen, die eine höhere Steuerfestsetzung rechtfertigen, noch zu berücksichtigen, wenn der Finanzbehörde die nachträglich bekannt gewordene Tatsache bei ordnungsgemäßer Erfüllung ihrer Ermittlungspflicht gem. § 88 Abs. 1 AO bis zum Erlass des Ursprungsbescheides bekannt geworden wäre und der Stpfl. seinerseits seine ihm obliegende Mitwirkungspflicht (§ 90 Abs. 1 AO) in zumutbarer Weise erfüllt hat, BFH vom 07.07.2004 BStBl II 2004, 911. Die Anforderungen an die Ermittlungspflicht der Finanzbehörde sind jedoch gering. Die Finanzbehörde verletzt ihre Ermittlungspflicht nur, wenn sie offenkundigen Zweifelsfragen oder eindeutigen Unklarheiten, die sich ohne Weiteres aufdrängen, nicht nachgeht (vgl. AEAO zu § 88 Nr. 2; AEAO zu § 173 Nr. 4.1).

Tatsachen, die hätten bekannt sein müssen, gelten also **als bekannt.**
Auf die Fälle des § 173 Abs. 1 Nr. 2 AO ist dieser Grundsatz nicht anzuwenden (vgl. BFH vom 26. 11. 1996 BStBl II 1997, 422), denn das FA kann sich nicht zum Nachteil des Stpfl. auf sein eigenes Versäumnis berufen. Hier darf indes den Stpfl. kein grobes Verschulden an dem nachträglichen Bekanntwerden treffen.

Der Stpfl. kann sich jedoch auf die Verletzung der Ermittlungspflicht nicht berufen, wenn er seine Mitwirkungspflicht (§ 90 Abs. 1 AO) verletzt hat. Liegt sowohl eine Verletzung der Ermittlungspflicht des FA als auch eine Verletzung der Mitwirkungspflicht durch den Stpfl. vor, so sind die beiderseitigen Pflichtverletzungen gegeneinander abzuwägen, BFH vom 16. 06. 2004 BFH/NV 2004, 1502. Der Umfang der beiderseitigen Pflichten richtet sich nach den Umständen des Einzelfalles. Dabei lassen sich folgende Regeln aufstellen:

- Die Finanzbehörde braucht die Steuererklärung nicht mit Misstrauen zu betrachten und darf grundsätzlich von ihrer Richtigkeit und Vollständigkeit ausgehen (§ 150 Abs. 2 AO), dies gilt auch für die Buchführung (§§ 146 Abs. 1, 158 AO).
- Ein Stpfl., der eine unrichtige Erklärung abgegeben hat, kann sich auf Ermittlungsfehler des FA regelmäßig nicht berufen. Es ist in erster Linie Sache des Stpfl., den für die Besteuerung erheblichen Sachverhalt eindeutig, vollständig und richtig zu schildern (§ 90 Abs. 1 AO). Sofern der Stpfl. sich auf die Verletzung der Ermittlungspflicht beruft, trägt er die Beweislast, BFH vom 19. 09. 1998 BStBl II 1998, 599.
- Je ungenauer oder unzutreffender die vom Stpfl. selbst gemachten Angaben sind, umso geringere Anforderungen sind an die Ermittlungspflicht des FA zu stellen. Die Finanzverwaltung braucht bei der Veranlagung nur denjenigen Zweifelsfragen nachzugehen, die sich bei der Prüfung ohne Weiteres aufdrängen. Sie hat die Ermittlungspflicht jedoch dann nicht gehörig erfüllt, wenn sie trotz ersichtlicher Unklarheiten auf jede weitere Aufklärung verzichtet oder die Anforderung erforderlicher Unterlagen unterlässt insbesondere, wenn ein nicht vertretener Stpfl. Angaben zu einem Sondertatbestand gemacht hat (vgl. AEAO zu § 88 Nr. 2).

BEISPIEL

Eheleute geben die ESt-Erklärung für das Kalenderjahr 02 ab, aus der sich ergibt, dass sie seit dem 10. 01. 02 geschieden sind. Die Frage nach dem dauernden Getrenntleben und zum Antrag auf Zusammenveranlagung haben sie durchgestrichen. Das FA führt die Zusammenveranlagung durch (§ 26 AO, § 26 b EStG). Nachträglich wird bekannt, dass sie seit Januar 01 dauernd getrennt gelebt haben.

LÖSUNG Das »dauernde Getrenntleben« der Eheleute ist eine neue Tatsache. Eine Überprüfung der Voraussetzungen für eine Zusammenveranlagung im Kalenderjahr 02 drängt sich jedoch wegen der Scheidung am 10. 01. 02 auf. Zwar haben auch die Eheleute die Mitwirkungspflicht verletzt, weil sie die Erklärung nicht vollständig ausgefüllt haben. Da die Verletzung aber offensichtlich ist, durfte das FA nicht auf jede weitere Aufklärung verzichten. Eine Änderung der Zusammenveranlagung nach § 173 Abs. 1 Nr. 1 AO ist daher nicht zulässig. Die Tatsache hätte dem FA bekannt sein müssen.

Die Grundsätze von Treu und Glauben gelten auch dann, wenn dem zuständigen Amtsträger nur deshalb eine Tatsache nicht bekannt wird, weil er eine erforderliche Anfrage bei einer Dienststelle unterlässt oder ihm ein schwerwiegender Organisationsmangel vorzuwerfen ist. Dies gilt auch im Falle des Zuständigkeitswechsels, wenn das alte FA dem neuen FA die Kenntnis nicht mitgeteilt hat, BFH vom 19. 10. 1993 BFH/NV 1994, 315. In diesen Fällen scheidet eine Änderung des Steuerbescheides zuungunsten des Stpfl. aus, weil die Unkenntnis der zuständigen Dienststelle auf Fehlern beruht, die in der Sphäre des FA liegen. Auch hier ist eine Abwä- **2060a** gung zu treffen zwischen den Fehlern des FA und der Verletzung der Mitwirkungspflicht des Stpfl.

BEISPIELE

a) Ein Stpfl. teilt dem zurzeit allein im Veranlagungsbezirk befindlichen Mitarbeiter eine steuerlich relevante Tatsache mündlich mit. Der Mitarbeiter vergisst darüber einen Aktenvermerk zu fertigen bzw. den für die Veranlagung zuständigen Sachbearbeiter zu informieren.
LÖSUNG Der Grundsatz von Treu und Glauben verbietet eine spätere Änderung des Steuerbescheides (ebenso bei Mitteilungen an einen Außenprüfer).

b) Ein Stpfl. teilt dem Pförtner des FA die Tatsache mündlich mit.
LÖSUNG Der Stpfl. hat seine Mitwirkungspflicht verletzt. Eine spätere Änderung des Steuerbescheides ist zulässig.

2060b   Eine Verletzung der Ermittlungspflicht der Finanzbehörde wird regelmäßig auch dann gegeben sein, wenn im maschinellen Verfahren Prüfhinweise, die auf konkrete Auffälligkeiten im Sachverhalt hinweisen, nicht beachtet werden und die Finanzbehörde dadurch sich aufdrängenden Zweifeln nicht nachgeht. Mit der Einstellung der Risikofilter (Risikomanagementsystem) werden bestimmte vom Stpfl. erklärte Sachverhalte als ermittlungsbedürftig klassifiziert (vgl. Münch, DStR 2013, 2150). Geht die Finanzbehörde dem nicht nach, steht der Grundsatz von Treu und Glauben dann einer Änderung des Steuerbescheides zuungunsten des Stpfl. nach § 173 Abs. 1 Nr. 1 AO entgegen.

Eine Verletzung der Ermittlungspflicht liegt dagegen nicht vor, wenn die Finanzbehörde trotz unklarer Verhältnisse auf weitere Ermittlungen bewusst verzichtet, weil sie davon ausgehen kann, dass zurzeit weitere Erkenntnisse nicht zu erlangen sind.

BEISPIEL

Um die erhöhte Absetzung nach § 7 Abs. 5 EStG geltend zu machen, legt der Stpfl. eine Bescheinigung vor, aus der sich ergibt, dass, vorbehaltlich einer Endabrechnung, die reinen Herstellungskosten 400 000 € betragen. Das FA veranlagt den Stpfl. endgültig. Später stellt sich heraus, dass die Herstellungskosten nur 380 000 € betragen haben.
LÖSUNG Der Steuerbescheid kann gem. § 173 Abs. 1 Nr. 1 AO geändert werden, indem die geringeren Herstellungskosten als AfA-Bemessungsgrundlage zugrunde gelegt werden. Die Angaben des Stpfl. waren weder falsch noch unvollständig. Weitere Erkenntnisse waren zurzeit nicht zu erlangen. Zwar hätte das FA besser eine Vorbehalts- oder Vorläufigkeitsfestsetzung (§§ 164, 165 AO) durchgeführt. Dies hindert jedoch nicht die Änderung nach § 173 Abs. 1 AO (a. A. vgl. BFH vom 27. 10. 1992 BStBl II 1993, 569, der eine spätere Änderung als treuwidrig bezeichnet).

3.5.5.2   Berücksichtigung rechtswidrig ermittelter Tatsachen

2061   Ob rechtswidrig ermittelte Tatsachen steuerlich berücksichtigt werden dürfen, ist in der AO nicht geregelt. Es ist auf **allgemein gültige Rechtsgrundsätze** zurückzugreifen.

Liegt ein **schwerer Verstoß gegen die Rechtsordnung** vor, dürfen die auf diese Weise ermittelten Tatsachen nicht berücksichtigt werden. Entsprechend § 136 a StPO liegt ein schwerer Verstoß vor, wenn die Tatsache auf unlautere Weise wie Misshandlung, Hypnose und Drohung bekannt wurde.

Bei einem Verstoß gegen ein Gesetz besteht nur dann ein **Verwertungsverbot**, wenn sich der Stpfl. mit einem Rechtsbehelf gewehrt hat oder mangels VA (z. B. Auswertung der Prüfung ohne Prüfungsanordnung) nicht wehren konnte. Hat z. B. die Finanzbehörde eine Prüfungsanordnung für rechtswidrig oder nichtig erklärt, dürfen die durch die Außenprüfung festgestellten Tatsachen nicht berücksichtigt werden. Eine Änderung des Bescheides nach § 173 Abs. 1 Nr. 1 AO scheidet aus. Notfalls muss der Stpfl. mit der Fortsetzungsfeststellungsklage (§ 100 Abs. 1 Satz 4 FGO, Rz. 3196 f.) die Rechtswidrigkeit der Prüfungsanordnung feststellen lassen.

Dieser Grundsatz gilt jedoch nicht, wenn die Prüfungsergebnisse im Rahmen einer erstmaligen Steuerfestsetzung verwertet werden oder wenn ein zwar erlassener Steuerbescheid unter dem Vorbehalt der Nachprüfung stand und nunmehr nach § 164 Abs. 2 Satz 1 AO geändert wird. In beiden Fällen besteht ein Verwertungsverbot nur dann, wenn entweder die rechtlichen Voraussetzungen für die Anordnung einer Außenprüfung nicht gegeben waren oder wenn im Rahmen der Prüfung schwerwiegende Verfahrensfehler unterlaufen sind und die Prüfungsfeststellungen hierauf beruhen. Andernfalls sind bei einer Außenprüfung festgestellte Tatsachen auch dann verwertbar, wenn sie durch Prüfungshandlungen aufgedeckt werden, die nicht auf einer (wirksamen) Prüfungsanordnung beruhen, BFH vom 22.02.2006 BStBl II 2006, 400. Die Finanzbehörde ist auch nicht gehindert, unter Vermeidung eines früheren Verfahrensfehlers eine erneute Prüfung anzuordnen und die dort gewonnenen Tatsachen zu verwerten (vgl. Rz. 2301).

Kein Verwertungsverbot besteht dagegen, wenn der Stpfl. die rechtswidrige, aber wirksame Prüfungsanordnung nicht angefochten hat und diese damit unanfechtbar wird. Ebenso besteht kein Verwertungsverbot, wenn es einer förmlichen Prüfungsanordnung nicht bedurfte, z.B., weil der Sachverhalt für eine erstmalige Steuerfestsetzung zu ermitteln war oder es um die fristgerechte Änderung einer Vorbehaltsfestsetzung geht, BFH vom 25.11.1997 BStBl II 1998, 461. **2061a**

Erlangt das FA Kenntnis durch Auskunft von Angehörigen ohne Belehrung nach § 101 Abs. 1 AO, besteht das Verwertungsverbot. Die Verletzung von Belehrungspflichten ist – außer bei nachträglicher Zustimmung – irreparabel. Sie sind keine bloße Ordnungsvorschrift. Da sich der Stpfl. gegen die Verletzung der Belehrungspflicht mangels anfechtbarem VA nicht selbst wehren kann (anders als bei einer rechtswidrigen Prüfungsanordnung), bleibt nur der Angriff gegen die Steuerfestsetzung (vgl. BFH vom 31.10.1990 BStBl II 1991, 204).

Es ist allerdings zu beachten, dass Tatsachen, die in einem Kj nicht verwertet werden dürfen, trotzdem in künftigen Veranlagungszeiträumen berücksichtigt werden können, sofern ein zeitraumübergreifender Gesamtkomplex (z.B. Liebhaberei, gewerblicher Grundstückshandel) zu beurteilen ist (vgl. BFH vom 21.10.1985 BStBl II 1987, 284).

Verstöße gegen reine Form- oder Ordnungsvorschriften sind unbeachtlich. Die Betriebsprüfungsordnung (BPO) ist zwar nur eine Verwaltungsanordnung und kein Gesetz. Es ist aber zu beachten, dass viele Bestimmungen der BPO wegen §§ 193 und 203 AO Gesetz sind.

3.5.6 Korrektur zugunsten des Steuerpflichtigen (§ 173 Abs. 1 Nr. 2 AO)

Tatsachen oder Beweismittel, die nachträglich bekannt werden und die zu einer niedrigeren Steuer führen, sind zu berücksichtigen, unabhängig davon, ob die Finanzbehörde von sich aus die nachträgliche Kenntnis erlangt oder ob der Stpfl. diese nachträglich geltend macht. Damit der Stpfl. aber nicht nach bestandskräftiger Veranlagung willkürlich neue Tatsachen zu seinen Gunsten vorträgt und dadurch eine Änderung der Steuerfestsetzung erreicht, hat der Gesetzgeber die Korrektur nach § 173 Abs. 1 Nr. 2 AO von dem Vorliegen eines weiteren Tatbestandsmerkmals abhängig gemacht. **2062**

3.5.6.1 Kein grobes Verschulden

2063   Den Stpfl. darf **kein grobes Verschulden am nachträglichen Bekanntwerden** treffen. Das grobe Verschulden muss für das nachträgliche Bekanntwerden der Tatsache **ursächlich** sein. Grobes Verschulden ist **Vorsatz** und **grobe Fahrlässigkeit**.

    Vorsätzliches Handeln ist Handeln mit Wissen und Wollen. Vorsätzlich handelt, wer in Kenntnis seiner Erklärungs- und Mitwirkungspflicht bewusst für ihn günstige Tatsachen verschweigt mit dem Willen, dass diese steuerlich nicht berücksichtigt werden. Dieser Fall kommt selten vor. Denkbar sind allenfalls Fälle, in denen der Stpfl. steuermindernde Tatsachen verschweigt, weil sie mit steuererhöhenden Tatsachen im Zusammenhang stehen.

2064   **Grob fahrlässig handelt**, wer die Sorgfalt, zu der er nach seinen **persönlichen** Fähigkeiten verpflichtet und imstande ist, in ungewöhnlich hohem Maße und nicht entschuldbarer Weise verletzt, BFH vom 16. 09. 2004 BStBl II 2005, 75; BFH vom 22. 05. 2006 BStBl II 2006, 806.

    Die Verletzung der Sorgfaltspflicht kann darauf beruhen, dass der Stpfl. schlicht **vergisst**, eine Tatsache **mitzuteilen**, vgl. BFH vom 26. 08. 1987 BStBl II 1988, 109. Ob diese Fahrlässigkeit grob ist, richtet sich nach dem Einzelfall. Der Gesetzgeber hat bewusst die für den Stpfl. günstige Korrektur wegen neuer Tatsachen **nur bei grober, nicht bei leichter Fahrlässigkeit**, ausgeschlossen. Damit hat er deutlich ausgedrückt, dass nicht jede Unachtsamkeit dem Stpfl. angelastet werden darf. Vergisst z. B. der Stpfl. die Kosten für die Anschaffung von Fachliteratur als Werbungskosten geltend zu machen, ist dies i. d. R. nur leichte Fahrlässigkeit; insbesondere immer dann, wenn ein ansonsten ordentlicher Stpfl. erstmals eine für ihn günstigere Tatsache vergisst. Umgekehrt kann auch die Finanzbehörde einen Bescheid nach § 129 Satz 1 AO korrigieren, wenn der zuständige Amtsträger vergessen haben sollte, Angaben des Stpfl. richtig zu übertragen (rein mechanisches Versehen). Fehler, die der Finanzbehörde zugebilligt werden, sind auch beim Stpfl. zu entschuldigen. Daher rechtfertigen offensichtliche Versehen, alltägliche Irrtümer, die sich auch bei sorgfältiger Arbeitsweise nie völlig vermeiden lassen, und Nachlässigkeiten, die üblicherweise vorkommen – mit denen also immer gerechnet werden muss – (BFH vom 10. 02. 2015 IX R 18/14 BFH/NV 2015, 1120), nicht den Vorwurf des groben Verschuldens. Demnach hindern nur grobe Pflichtverstöße des Stpfl. die Änderung zu seinen Gunsten. Diese sind z. B. anzunehmen, wenn er trotz Aufforderung eine Erklärung nicht abgibt, er Betriebsausgaben weder aufzeichnet noch geltend macht oder eine im Steuererklärungsformular ausdrücklich gestellte Frage nicht beantwortet (vgl. AEAO zu § 173 Nr. 5.1).

    Daran vermag auch eine etwaige Verletzung der Aufklärungspflicht durch das FA nichts zu ändern, BFH vom 09. 08. 1991 BStBl II 1992, 65. Ein grobes Verschulden wird im Allgemeinen angenommen werden können, wenn der Stpfl. allgemeine Grundsätze der Buchführung (§§ 145 bis 147 AO) verletzt oder ausdrückliche Hinweise in ihm zugegangenen Vordrucken, Merkblättern oder sonstigen Mitteilungen der Finanzbehörde nicht beachtet hat (vgl. AEAO zu § 173 Nr. 5.1.2). Dem kann allerdings nicht uneingeschränkt gefolgt werden. Maßgeblich sind die Umstände des Einzelfalls, wobei auch die individuellen Kenntnisse und Fähigkeiten des einzelnen Stpfl. zu berücksichtigen sind (subjektiver Verschuldensmaßstab) und nicht zu kleinlich verfahren werden darf.

2065   Die Schwere der Pflichtverletzung richtet sich nicht nach objektiven Merkmalen, sondern nach den **persönlichen Verhältnissen des Stpfl.** An einen Gewerbetreibenden, der wirtschaftliche und steuerliche Vorgänge schon von Berufs wegen zu beachten hat, sind höhere Anforderungen zu stellen, als an einen Arbeitnehmer, für den die Steuer eine lästige Folge seiner Tätigkeit ist. Aber auch dem Gewerbetreibenden kann leichte Fahrlässigkeit zuzubilligen sein. Er darf z. B. Zahlenangaben, die von einer als zuverlässig bekannten Buchhalterin gefertigt worden sind, übernehmen, BFH vom 18.05.1988 BStBl II 1988, 713.

Die gleichen Grundsätze gelten, falls der Stpfl. eine Tatsache nicht mitteilt, weil er diese **irrigerweise für nicht steuererheblich hält.** Es kann vom Stpfl. nicht immer verlangt werden, dass er sich eingehend mit den Steuergesetzen und der Rechtsprechung befasst, oder einen Steuerberater zu Rate zieht.

Aus diesen Gründen haben die Gerichte zu Recht ein grobes Verschulden in folgenden Fällen verneint:

- Ein Jurist macht rechtsirrig vorab entstandene Werbungskosten bei den Einkünften aus Vermietung und Verpachtung nicht geltend (BFH vom 18.05.1988 BStBl II 1989, 131),
- ein Kfz.-Mechanikermeister macht aus rechtlicher Unkenntnis die Aufwendungen für ein häusliches Arbeitszimmer nicht als Werbungskosten geltend, weil ihm nicht bewusst war, dass neben der Förderung seines Eigenheims (damals § 10 e EStG) noch Kosten für ein Arbeitszimmer abziehbar sind (BFH vom 22.05.1992 BStBl II 1993, 80),
- der Stpfl. übersieht die Aufhebung des Vorbehalts der Nachprüfung und ficht deshalb den Änderungsbescheid nicht an (FG Köln vom 12.12.1995 EFG 1997, 144),
- der steuerlich nicht beratene Unternehmer irrt über die ertragsteuerliche Behandlung der USt (FG Rheinland-Pfalz vom 25.06.1997 EFG 1997, 1350),
- der Stpfl. kennt nicht die Vergünstigungen über die Wohnungsbauförderung (FG Köln vom 25.05.1999 EFG 2000, 533),
- der Stpfl. glaubt, der Begriff »Gewinn« setze Einnahmen voraus (BFH vom 23.01.2001 BStBl II 2001, 379).

Im Zweifel liegt jedoch die Feststellungslast für das fehlende grobe Verschulden beim Stpfl., denn er begehrt eine für ihn günstigere Besteuerung. Allerdings darf das FA nicht bei jedem Fehler des Stpfl. ein grobes Verschulden unterstellen. Vielmehr bedarf es Anhaltspunkte für ein zumindest grob fahrlässiges Handeln des Stpfl. Dabei ist zu berücksichtigen, dass der Stpfl. häufig den Beweis eines negativen Umstandes (kein grobes Verschulden) nicht erbringen können wird.

Hat ein Stpfl. schuldlos für ihn günstige Tatsachen nicht erklärt und **merkt er dies** nach Bekanntgabe des Steuerbescheides, so handelt er grob schuldhaft, wenn er nicht innerhalb der Rechtsbehelfsfrist (§ 355 Abs. 1 Satz 1 AO) Einspruch einlegt (oder einen Antrag auf schlichte Änderung stellt) und somit den fehlerhaften Bescheid formell bestandskräftig werden lässt (AEAO zu § 173 Nr. 5.5, BFH vom 16.09.2004 BStBl II 2005, 75). Möglicherweise ist von ihm zu verlangen, dass er einen Wiedereinsetzungsantrag (§ 110 AO) wegen Versäumung der Einspruchsfrist stellt.

Die Auffassung, das Verhalten des Stpfl. nach Festsetzung der Steuer für das schuldhafte Verhalten mit zu berücksichtigen, ist nicht zweifelsfrei. Zum einen wird bei der Frage des nachträglichen Bekanntwerdens nur auf den Zeitpunkt der Steuerfestsetzung abgestellt, daher müsste sich das Verschulden auch nur darauf beziehen, zum anderen wird der Stpfl. in ein Einspruchsverfahren mit der Folge der vollen Überprüfbarkeit (§ 367 Abs. 2 Satz 1 AO) mit der möglichen Verböserung gezwungen (vgl. Tipke/Kruse, AO/FGO, § 173 AO, Rz. 76; FG Köln vom 28.04.1997 EFG 1997, 1219).

3.5.6.2 Handlung durch mehrere Personen

Trifft **mehrere Personen** die Erklärungs- und Mitwirkungspflicht, dann darf der Steuerbescheid nicht geändert werden, wenn einen von ihnen ein grobes Verschulden an dem nachträglichen Bekanntwerden trifft (z. B. einen von mehreren Geschäftsführern).

2066

A und B sind Geschäftsführer der X-GmbH. Sie erklären nachträglich Betriebsausgaben. A trifft daran kein Verschulden, während B diese grob fahrlässig zunächst nicht erklärt hatte.

LÖSUNG Das grob schuldhafte Verhalten des B reicht aus, um eine Änderung des Steuerbescheides nach § 173 Abs. 1 Nr. 2 AO zu versagen.

Im Falle der Zusammenveranlagung wird das grobe Verschulden eines Ehegatten dem anderen als eigenes Verschulden zugerechnet, vgl. BFH vom 24. 07. 1996 BStBl II 1997, 115.

2067   Das Verschulden eines **gesetzlichen Vertreters** (§ 34 Abs. 1 AO) an dem nachträglichen Bekanntwerden einer Tatsache wird dem Stpfl. zugerechnet. Ein schuldhaftes Verhalten der vertretenen Personen, wie z. B. Minderjährige, Körperschaften, wäre sonst nicht möglich.

2068   Auch nach Einschaltung eines **gewillkürten Vertreters** (§ 80 AO), z. B. des Steuerberaters, muss der Stpfl. seine steuerliche **Mitwirkungspflicht** beachten, anderenfalls trifft ihn ein eigenes grobes Verschulden. Er muss dem Berater alle erforderlichen Unterlagen zur Verfügung stellen sowie darauf achten, dass die Erklärungen und Anmeldungen fristgerecht abgegeben werden und darf die vom Berater gefertigten Erklärungen nicht blindlings unterschreiben, BFH vom 28. 02. 2001 BFH/NV 2001, 1011. Insbesondere bei den beiden letzten Pflichten dürfen jedoch die Anforderungen an den Stpfl. nicht zu hoch angesetzt werden, schließlich beauftragt und bezahlt er einen Berater, weil er sich um diese Pflichten nicht kümmern kann oder will, BFH vom 30. 10. 1986 BStBl II 1987, 161.

Das **Verschulden eines gewillkürten Vertreters** muss sich der Stpfl. **zurechnen lassen** (h. M. vgl. BFH vom 13. 09. 1990 BStBl 1991 II, 124; AEAO zu § 173 Nr. 5.3 und 5.4; a. A. Tipke/ Kruse, AO/FGO, § 173 AO, Rz. 82). Bei Angehörigen der steuerberatenden Berufe sind höhere Anforderungen an die Sorgfaltspflichten zu stellen. Von ihnen kann verlangt werden, dass sie im Grunde die steuerlichen Vorschriften kennen (Ausnahme nur bei komplizierten, wenig bekannten Rechtsvorschriften) sowie den Inhalt von Merkblättern und Vordrucken beachten. So wurde vom BFH (BFH vom 21. 04. 1988 BStBl II 1988, 863) entschieden, dass ein steuerlich beratener Stpfl. i. d. R. grob schuldhaft handelt, wenn er nicht rechtzeitig den Antrag auf Verlustberücksichtigung stellt (BFH vom 13. 06. 1989 BStBl II 1989, 789). Aber auch hier ist auf den Einzelfall abzustellen (vgl. FG Düsseldorf vom 02. 12. 1981 EFG 1982, 278 bei Einarbeitung in gerade übernommene Praxis).

2069   Ein Steuerberater kann auch dadurch grob schuldhaft handeln, dass er zur Vorbereitung von Jahresabschlüssen und Steuererklärungen eingesetzte Mitarbeiter nicht sorgfältig auswählt und kontrolliert. Ist der Steuerberater seinen Sorgfaltspflichten hinsichtlich der Auswahl dieser Mitarbeiter, der Organisation der Arbeiten in seinem Büro und der Kontrolle der Arbeitsergebnisse seiner Mitarbeiter nachgekommen, ist ihm ein grob schuldhaftes Handeln seiner Mitarbeiter nicht zuzurechnen. § 278 BGB, wonach der Schuldner das Verschulden eines Erfüllungsgehilfen zu vertreten hat, und § 166 BGB, der eine Wissenszurechnung des Vertretenen nominiert, gelten nicht im Steuerrecht (vgl. Dißars DStZ 1997, 732). Hat der Steuerberater allerdings seine Sorgfaltspflichten verletzt, trifft ihn selbst ein grobes Verschulden, das dem Stpfl. zugerechnet wird.

A beauftragt Steuerberater X mit der Erstellung der ESt-Erklärung und übergibt ihm dazu alle Unterlagen. X überlässt die Zusammenstellung der Einkünfte aus Vermietung und Verpachtung dem zuverlässigen Angestellten Y, der jedoch grob fahrlässig vergisst, Reparaturaufwendungen zu berücksichtigen. Weder X noch A erkennen den Fehler.

LÖSUNG A trifft kein eigenes Verschulden. Er unterschreibt zwar die Steuererklärung. Wenn der Fehler aber nicht offensichtlich ist, handelt er nicht grob fahrlässig.

X trifft ebenfalls kein Verschulden. Ein Steuerberater darf Aufgaben an seine Mitarbeiter übertragen. Er muss diese sorgfältig auswählen und deren Arbeitsergebnis kontrollieren (BFH vom 26. 08. 1987 BStBl II 1988, 109). X durfte den einfachen Fall dem zuverlässigen Y übertragen, ein Verschulden von X liegt nicht vor.

Zwar hat Y grob fahrlässig, also schuldhaft gehandelt. Sein Verhalten wird jedoch X nicht zugerechnet und damit auch nicht A.

Ebenso wird dem Stpfl. das Fehlverhalten eines von ihm beauftragten unabhängigen Sachverständigen nicht als eigenes Verschulden zugerechnet (BFH vom 17. 11. 2005 BStBl II 2006, 412).

3.5.6.3 Unbeachtlichkeit des Verschuldens

Gem. § 173 Abs. 1 Nr. 2 Satz 2 AO ist das Verschulden unbeachtlich, wenn Tatsachen oder Beweismittel i. S. v. § 173 Abs. 1 Nr. 2 AO (steuermindernd) in einem unmittelbaren oder mittelbaren Zusammenhang mit Tatsachen oder Beweismitteln i. S. von § 173 Abs. 1 Nr. 1 AO (steuerhöhend) stehen. Der Zusammenhang zu einer Tatsache muss ursächlich sein, ein lediglich zeitlicher Zusammenhang reicht nicht aus, vgl. BFH vom 08. 08. 1991 BStBl II 1992, 12. Der erforderliche Zusammenhang besteht nur, wenn der steuererhöhende Vorgang nicht ohne den steuermindernden Vorgang denkbar ist. Diese Bestimmung trägt dem Umstand Rechnung, dass z. B. der Zufluss von Einnahmen und der Abfluss von Ausgaben zwei Tatsachen sind, die nicht in einer Änderungsvorschrift (z. B. § 173 Abs. 1 Nr. 1 AO) berücksichtigt werden dürfen. Dieses Merkmal gewährleistet, dass der Stpfl. dem gegenüber gem. § 173 Abs. 1 Nr. 1 AO eine höhere Steuer festzusetzen ist, zu seinen Gunsten Tatsachen geltend machen kann, die mit der Änderung im Zusammenhang stehen. Auch in diesem Falle liegen zwei verschiedene Rechtsgrundlagen vor. Dadurch wird die Festsetzung der tatsächlich entstandenen Steuerschuld besser gewährleistet, als durch die Fehlerberichtigungen gem. § 177 AO. Durch die Änderung nach § 173 Abs. 1 Nr. 2 AO zur Berücksichtigung der Ausgaben kann der Stpfl. im Ergebnis sogar bessergestellt werden. Besteht ein ursächlicher Zusammenhang, gibt es keine betragliche Beschränkung der Änderung zugunsten des Stpfl.

2070

BEISPIEL

a) Ein Stpfl. mit Einkünften aus Gewerbebetrieb (§ 15 Abs. 1 Nr. 1 EStG) hat nebenher »schwarz« gearbeitet und vorsätzlich weder die Einnahmen von 5 000 € noch die Ausgaben von 1 000 € erklärt.

LÖSUNG Die Einnahmen aus der Schwarzarbeit (bzw. die zugrunde liegenden Geschäftsvorfälle) sind eine neue Tatsache, die nach § 173 Abs. 1 Nr. 1 AO zu einer höheren Steuer führt. Die Ausgaben sind eine neue Tatsache i. S. d. § 173 Abs. 1 Nr. 2 AO. Es ist unbeachtlich, dass er die Ausgaben vorsätzlich nicht geltend gemacht hat, um die Einnahmen zu verschleiern. Es besteht ein unmittelbarer Zusammenhang zu der Tatsache nach § 173 Abs. 1 Nr. 1 AO, da die Ausgaben getätigt wurden, um die Einnahmen erzielen zu können. Der ESt-Bescheid ist sowohl gem. § 173 Abs. 1 Nr. 1 AO (Einnahmen + 5 000 €), als auch gem. § 173 Abs. 1 Nr. 2 AO (Ausgaben ./. 1 000 €) zu ändern.

Fehlt ein ursächlicher Zusammenhang i. S. d. des § 173 Abs. 1 Nr. 2 Satz 2 AO, können die Ausgaben nur gem. § 177 Abs. 1 AO berücksichtigt werden.

BEISPIELE

b) Wie a). Die Einnahmen aus der Schwarzarbeit betrugen 1 000 €, die Ausgaben 2 000 €. Der Stpfl. rechnet damit, dass er in den folgenden Jahren mit dem angeschafften Werkzeug ebenfalls »schwarz« arbeiten und Gewinne erzielen kann.

LÖSUNG Nach dem Wortlaut des Gesetzes ist der ESt-Bescheid gem. § 173 Abs. 1 Nr. 1 AO (Einnahmen + 1 000 €) und gem. § 173 Abs. 1 Nr. 2 AO (Ausgaben ./. 2 000 €) zu ändern. Der Stpfl. erhält eine für ihn günstigere Steuerfestsetzung (vgl. AEAO zu § 173 Nr. 6.1; BFH vom 02. 08. 1983 BStBl II 1984, 4).

c) Ein Stpfl. hat Einnahmen aus Vermietung und Verpachtung (§ 21 Abs. 1 EStG) mit einer steuerlichen Auswirkung von 1 000 € nicht erklärt. Gleichzeitig erfährt das FA von Ausbildungskosten für seinen Sohn (§ 33a Abs. 2 EStG) mit einer steuerlichen Auswirkung von 1 500 €.

LÖSUNG Die Mieteinnahmen können gem. § 173 Abs. 1 Nr. 1 AO berücksichtigt werden. Die Anerkennung des Ausbildungsfreibetrages gem. § 173 Abs. 1 Nr. 2 AO dürfte am groben Verschulden des Stpfl. scheitern. Ein ursächlicher Zusammenhang mit der steuererhöhenden Tatsache, den Mieteinnahmen, liegt nicht vor. Der Ausbildungsfreibetrag kann daher nur im Rahmen des § 177 Abs. 1 AO berücksichtigt werden. Im Ergebnis unterbleibt die Korrektur nach § 173 Abs. 1 Nr. 1 AO.

2070a § 173 Abs. 1 Nr. 2 Satz 2 AO greift allerdings nur, wenn zu einer bereits bekannten Einkunftsart oder Einkunftsquelle weitere Einnahmen und damit im sachlichen Zusammenhang stehende Aufwendungen hinzukommen. Die Vorschrift gilt dagegen nicht, wenn dem FA erst nachträglich bekannt wird, dass der Stpfl. nicht erklärte Einkünfte aus einer bestimmten Einkunftsart oder Einkunftsquelle erzielt hat. In derartigen Fällen muss als Tatsache i. S. d. Norm der die Einkünfte bewirkende Gesamtsachverhalt betrachtet werden. Das aus dieser Einkunftsart oder Einkunftsquelle erzielte Ergebnis (Überschuss/Gewinn oder Verlust) ist dann maßgeblich für die Anwendung des § 173 Abs. 1 Nr. 1 oder Nr. 2 AO (vgl. AEAO zu § 173 Nr. 6.2; BFH vom 01. 10. 1993 BStBl II 1994, 346; BFH vom 08. 12. 1998 BFH/NV 1999, 743).

BEISPIEL

Dem FA wird durch eine anonyme Anzeige bekannt, dass der Stpfl. in 07 einen Verlust i. H. v. 1 500 € und in 08 einen Gewinn i. H. v. 3 000 € aus schriftstellerischer Tätigkeit (§ 18 Abs. 1 Nr. 1 EStG) erzielt hat. Der Stpfl. hat die Einkünfte bewusst nicht erklärt. Beide ESt-Bescheide sind bestandskräftig.

LÖSUNG Die Änderung des ESt-Bescheides 07 nach § 173 Abs. 1 Nr. 2 AO scheitert am groben Verschulden. Eine Aufspaltung des Verlusts in Einnahmen und Ausgaben im Hinblick auf § 173 Abs. 1 Nr. 2 Satz 2 AO ist nicht zulässig.

Der ESt-Bescheid 08 ist gem. § 173 Abs. 1 Nr. 1 AO zu ändern. Zwischen Einkünften aus einer Einkunftsart, aber unterschiedlichen Veranlagungszeiträumen besteht kein ursächlicher Zusammenhang i. S. v. § 173 Abs. 1 Nr. 2 Satz 2 AO (bereits wegen der bei der ESt geltenden Abschnittsbesteuerung). Der Gewinn i. H. v. 3 000 € kann damit in 08 berücksichtigt werden, der Verlust i. H. v. 1 500 € in 07 nicht.

2071 Die Änderungen nach § 173 Abs. 1 Nr. 1 AO und § 173 Abs. 1 Nr. 2 AO müssen nahezu **gleichzeitig** erfolgen. § 173 Abs. 1 Nr. 2 Satz 2 AO ist nicht mehr anwendbar, wenn die Änderung nach § 173 Abs. 1 Nr. 1 AO bereits bestandskräftig geworden ist, BFH vom 13. 01. 2005 BStBl II, 451.

2072 Wie aus der Formulierung »unmittelbarer oder mittelbarer Zusammenhang« folgt, kann der sachliche Zusammenhang sowohl **verschiedene Zeiträume**, als auch **verschiedene Steuerarten** erfassen.

BEISPIELE

a) Ein Stpfl. hat – wegen der Steuerprogression – Einnahmen des Kalenderjahres 01 für das Kalenderjahr 02 erklärt.

LÖSUNG Der ESt-Bescheid 02 kann nachträglich gem. § 173 Abs. 1 Nr. 2 AO zugunsten des Stpfl. korrigiert werden. Das Verschulden ist unbeachtlich, weil der Zusammenhang mit der Korrektur der Steuerfestsetzung des Kalenderjahres 01 nach § 173 Abs. 1 Nr. 1 AO besteht. Der ESt-Bescheid 02 könnte nach der Korrektur des ESt-Bescheides 01 auch gem. § 174 Abs. 1 AO geändert werden.

b) Im Rahmen einer USt-Außenprüfung wird festgestellt, dass ein Stpfl. mit Gewinnermittlung nach § 4 Abs. 1 AO, § 5 Abs. 1 EStG Ausfuhrlieferungen vorgetäuscht und die entsprechenden Umsätze nach § 4 Abs. 1 Nr. 1 UStG nicht der USt unterworfen hat. Die Lieferungen unterliegen der USt.

LÖSUNG Der USt-Bescheid, der unter Vorbehalt der Nachprüfung steht, ist zuungunsten des Steuerpflichtigen zu ändern (hierfür greifen § 164 Abs. 2 Satz 1 AO und § 173 Abs. 1 Nr. 1 AO nebeneinander). Die Zahlung der USt ist eine Betriebsausgabe (§ 4 Abs. 4 EStG), die den Gewinn mindert. Es liegt hinsichtlich der ESt eine neue Tatsache vor, die zu einer niedrigeren Steuer führt. Der ESt-Bescheid ist gem. § 173 Abs. 1 Nr. 2 AO zu ändern. Es ist unerheblich, dass der Stpfl. die Betriebsausgabe verheimlicht hat, denn sie steht mit der Erhöhung der USt im Zusammenhang. Ebenso ist unbeachtlich, ob der USt-Bescheid tatsächlich vom FA nach § 164 Abs. 2 Satz 1 AO oder nach § 173 Abs. 1 Nr. 1 AO geändert worden ist. Es reicht aus, wenn die neue Tatsache, die zu einer höheren Steuer führt, für sich genommen alle Voraussetzungen für eine Änderung nach § 173 Abs. 1 Nr. 1 AO erfüllt, aber in einem Bescheid berücksichtigt wird, der auf eine andere Änderungsvorschrift gestützt wird, BFH vom 13.01.2005 BStBl II 2005, 451.

3.5.7 Einschränkung der Änderungsmöglichkeit nach einer Außenprüfung (§ 173 Abs. 2 AO)

3.5.7.1 Außenprüfung

Steuerbescheide, die aufgrund einer **Außenprüfung** ergangen sind, verdienen einen **2073** **besonderen Vertrauensschutz (Änderungssperre)**. Sie dürfen nur aufgehoben oder geändert werden, wenn eine Steuerhinterziehung (§ 370 Abs. 1 AO) oder eine leichtfertige Steuerverkürzung (§ 378 Abs. 1 AO) vorliegt. Dieser Vorschrift liegt die Überlegung zugrunde, dass bei der Außenprüfung die Finanzbehörde umfassende Ermittlungen anstellt (§ 199 AO) und der Stpfl. nochmals im Rahmen seiner Ermittlungspflicht Tatsachen vorbringen kann und muss (§ 200 AO). Ergeben sich nach der Durchführung der Außenprüfung dennoch neue Tatsachen, ist die Berücksichtigung solcher Tatsachen verwirkt. Eine Verwirkung kann nur dann nicht vorliegen, wenn der Stpfl. vorsätzlich oder leichtfertig steuererhebliche Tatsachen verheimlicht. Die Vorschrift des § 173 Abs. 2 AO findet nur auf beabsichtigte Änderungen nach § 173 Abs. 1 AO Anwendung. Änderungen aufgrund anderer Vorschriften (z. B. § 164 Abs. 2 Satz 1 AO) hindert sie nicht, selbst wenn die Änderung wegen neuer Tatsachen oder Beweismittel erfolgt (z. B. § 172 Abs. 1 Nr. 2 Buchst. c AO; vgl. BFH vom 16.09.2004 BFH/NV 2005, 322). Auch einer Berichtigung wegen offenbarer Unrichtigkeiten nach § 129 Satz 1 AO steht die Änderungssperre nicht entgegen, BFH vom 10.09.1987 BStBl II 1987, 834.

§ 173 Abs. 2 AO erfasst nicht nur Änderungen zuungunsten (§ 173 Abs. Nr. 1 AO), sondern auch die zugunsten (§ 173 Abs. 1 Nr. 2 AO) des Stpfl. Dies ergibt sich aus dem eindeutigen Gesetzeswortlaut und dem Sinn der Vorschrift.

Außenprüfung ist jede Prüfung i. S. d. § 193 bis 203 AO. Die Steuerfahndung (§ 208 AO) **2074** zählt nicht dazu (BFH vom 11.12.1997 BStBl II 1998, 367), es sei denn, sie ermittelt auf Ersuchen der zuständigen Finanzbehörde im Rahmen einer Außenprüfung (§ 208 Abs. 2 Nr. 1 AO).

Die Umsatzsteuer-Nachschau (§ 27 b UStG) ist keine Außenprüfung i. S. d. § 173 Abs. 2 AO, denn sie dient nicht einer umfassenden und abschließenden Untersuchung des Steuerfalles. Damit die Änderungssperre eintritt, muss aufgrund der Außenprüfung ein Änderungsbescheid erlassen worden sein oder es muss gem. § 202 Abs. 1 Satz 3 AO eine Mitteilung ergangen sein, dass keine Änderung der Besteuerungsgrundlagen aufgrund der Außenprüfung erfolgt. Die Mitteilung muss nicht zwingend in einem gesonderten Schreiben erfolgen, vielmehr kann auch ein ausdrücklicher Hinweis in einem Prüfungsbericht als Mitteilung angesehen werden, BFH vom 02. 10. 2003 BFH/NV 2004, 307. Ein Prüfungsbericht, der in der Prüfungsanordnung genannte Jahre und Steuerarten (z. B. GewSt) abhandelt, hinsichtlich derer aber weder ein geänderter Steuerbescheid noch eine ausdrückliche Mitteilung gem. § 202 Abs. 1 Satz 3 AO ergeht, löst keine Änderungssperre aus.

Der Umfang der Sperre richtet sich allein nach dem Inhalt der Prüfungsanordnung. Die Sperre umfasst nur den in der Prüfungsanordnung genannten Teil der Besteuerungsgrundlagen (AEAO zu § 173 Nr. 8.2), den der Prüfer aufgrund der Prüfungsanordnung prüfen durfte, unabhängig davon, ob er sie tatsächlich geprüft hat, was insbesondere bei einer abgekürzten Außenprüfung (§ 203 AO) und im Falle der Beschränkung der Prüfung zu beachten ist.

BEISPIEL

Einem Gewerbetreibenden wurde ein ESt-Bescheid unter dem Vorbehalt der Nachprüfung erteilt, in dem die Steuer auf 10 000 € festgesetzt wurde. Die anschließende Außenprüfung, die sich laut Prüfungsanordnung ausnahmsweise auf den Gewinn aus Gewerbebetrieb (die Ehefrau betreibt in einem anderen FA-Bezirk ebenfalls einen Gewerbebetrieb), die USt und die GewSt erstreckte, führt zu einem Mehrgewinn. Es erging ein gem. § 164 Abs. 2 Satz 1 AO geänderter ESt-Bescheid, der die Steuerschuld endgültig auf 12 000 € festsetzte. Nunmehr erfährt das FA, dass der Stpfl. leicht fahrlässig Zinsen aus einem privaten Sparbuch (steuerliche Auswirkung 300 €) und Zinsen aus einem betrieblichen Guthaben (steuerliche Auswirkung 200 €) nicht erklärt hatte.

LÖSUNG Der aufgrund der Außenprüfung erteilte endgültige ESt-Bescheid kann wegen der beiden neuen Tatsachen nur geändert werden, soweit nicht die Änderungssperre des § 173 Abs. 2 AO eingreift. Diese erfasst nur die Zinsen aus dem betrieblichen Konto, denn sie beeinflussen den Gewinn aus Gewerbebetrieb. Die Zinsen aus dem Sparbuch gehören zu den Einkünften aus Kapitalvermögen, die nicht der Außenprüfung unterlegen haben. Die Steuer ist gem. § 173 Abs. 1 Nr. 1 AO wegen der Sparbuchzinsen auf 12 300 € zu erhöhen (vgl. auch BFH vom 11. 02. 1995 BStBl II 1998, 552).

Die Änderungssperre tritt erst ein, wenn der aufgrund der Außenprüfung erteilte Bescheid unanfechtbar geworden ist. Der Stpfl. kann also einen Änderungsbescheid anfechten und neue Tatsachen zu seinen Gunsten vortragen. Liegen hierfür die Voraussetzungen des § 173 Abs. 1 Nr. 2 AO vor, ist dem Einspruch im Wege des Abhilfebescheides (§ 367 Abs. 2 Satz 3 AO, § 173 Abs. 1 Nr. 2 AO, § 132 AO) stattzugeben.

Die Sperre tritt nicht ein, wenn eine Steuerhinterziehung (§ 370 Abs. 1 AO) oder leichtfertige Steuerverkürzung (§ 378 Abs. 1 AO) vorliegt. Dazu gehört auch das tatbestandsmäßige Handeln eines gesetzlichen oder gewillkürten Vertreters sowie die Tat eines Dritten (BFH vom 14. 12. 1994 BStBl II 1995, 293). Es ist unerheblich, ob es tatsächlich zu einer Bestrafung kommt. Die Sperre greift auch dann nicht, wenn von einer Verfolgung wegen Geringfügigkeit (§ 153 StPO) abgesehen wurde oder Strafaufhebungsgründe (z. B. Selbstanzeige §§ 371, 378 Abs. 3 AO) oder Verfolgungsverjährung (§ 384 AO) einer Bestrafung entgegenstehen.

3.5.7.2   Sonderprüfungen

Bei **Sonderprüfungen** (z. B. USt-Sonderprüfung oder LSt-Sonderprüfung) ist zu beachten, dass diese nur für die geprüfte Steuerart und die geprüfte Steuerfestsetzung wirken. Eine Änderungssperre hinsichtlich anderer Steuerarten tritt nicht ein. Dies gilt selbst dann, wenn z. B. bei einer USt-Sonderprüfung auch ein ertragsteuerlich relevanter Sachverhalt geprüft wurde.   **2074a**

3.5.7.2.1   USt-Sonderprüfung

Der Unternehmer hat nach Ablauf eines Kalendermonats eine USt-Voranmeldung abzugeben, in der er die Steuer für den Voranmeldungszeitraum selbst berechnet hat (§ 18 Abs. 1 UStG). Die Voranmeldung und die abweichende Steuerfestsetzung stehen als Vorauszahlung kraft Gesetzes unter dem Vorbehalt der Nachprüfung (§ 164 Abs. 1 Satz 2 AO). Nach einer USt-Sonderprüfung bleibt der Vorbehalt bestehen, da die Voranmeldung weiterhin Vorauszahlung ist. Da der Vorbehalt weiter gilt, kann die Voranmeldung jederzeit gem. § 164 Abs. 2 Satz 1 AO geändert werden, eine Änderungssperre gem. § 173 Abs. 2 AO kann nicht eintreten. Bereits geprüfte Sachverhalte können deshalb bei einer Sonderprüfung oder einer Außenprüfung, die die Jahres-USt zum Gegenstand hat, nochmals überprüft werden und zu einer Änderung der Jahres-USt führen (vgl. BFH vom 11. 11. 1987 BStBl II 1988, 307).   **2075**

Der Unternehmer hat ferner für das Kj eine USt-Erklärung abzugeben, in der er die Steuer selbst zu berechnen hat (§ 18 Abs. 3 Satz 1 UStG). Diese Steueranmeldung steht kraft Gesetzes mit ihrem Eingang bzw. nach Zustimmung der Finanzbehörde einer Steuerfestsetzung unter dem Vorbehalt der Nachprüfung gleich (§ 168 AO). Ist eine solche Steueranmeldung Gegenstand einer USt-Sonderprüfung, ist der Vorbehalt gem. § 164 Abs. 3 Satz 3 AO aufzuheben bzw. der geänderte Bescheid endgültig zu erteilen. Bei einer nachfolgenden Außenprüfung wäre bei Vorliegen der Voraussetzungen der § 173 Abs. 1 AO die Änderungssperre des § 173 Abs. 2 AO zu beachten.

War dagegen die Sonderprüfung auf einzelne Sachbereiche beschränkt, z. B. auf den Abzug der Vorsteuern, liegt keine abschließende Prüfung vor. Die Finanzbehörde ist nicht verpflichtet, den Vorbehalt aufzuheben bzw. darf den nach dieser Prüfung ergehenden USt-Bescheid unter dem Vorbehalt der Nachprüfung erlassen. Eine nachfolgende Außenprüfung kann dann eine derartige unter dem Vorbehalt der Nachprüfung stehende USt-Festsetzung in vollem Umfang nachprüfen. Die Änderungssperre des § 173 Abs. 2 AO tritt nicht ein.

3.5.7.2.2   LSt-Außenprüfung

Der Arbeitgeber hat nach Ablauf eines Anmeldungszeitraums eine Steuererklärung einzureichen, in der er die Summe der einzubehaltenden und zu übernehmenden LSt angibt (§ 41a Abs. 1 Nr. 1 EStG). Diese LSt-Anmeldung steht kraft Gesetzes mit ihrem Eingang bzw. nach Zustimmung der Finanzbehörde einer Steuerfestsetzung unter dem Vorbehalt der Nachprüfung gleich (§ 168 AO). Sie hat keinen Vorauszahlungscharakter. Die LSt-Außenprüfung ist stets eine abschließende Prüfung. Nach der Außenprüfung ist der Vorbehalt der Nachprüfung aufzuheben (§ 164 Abs. 3 Satz 3 AO), wenn es nicht zu einer Änderung der angemeldeten LSt kommt. Führt die Prüfung zu einer Nachzahlung, ist i. d. R. ein **Haftungsbescheid** gegen den Arbeitgeber zu erlassen (§ 42 d Abs. 1 EStG), es sei denn, der Arbeitgeber erkennt seine Zahlungsverpflichtung an (§ 42 d Abs. 4 Nr. 2 EStG), dann ergeht ein Nachforderungsbescheid (§ 167 AO). Dem späteren Erlass eines weiteren Haftungsbescheides (z. B. nachträgliche Erkenntnisse aufgrund einer Außenprüfung) steht laut Urteil des BFH vom 15.05.1992 BStBl II 1993, 840 die Änderungssperre des § 173 Abs. 2 AO entgegen, wenn der Vorbehalt der Nachprüfung für die   **2076** betreffende LSt-Anmeldung aufgehoben ist. Obgleich Haftungsbescheide als sonstige VA (keine Steuerbescheide) i. d. R. nach § 130, 131 AO korrigiert werden, ist die Änderungssperre des § 173 Abs. 2 AO entsprechend anwendbar, denn es werden im Ergebnis Steueranmeldungen geändert, die kraft Gesetzes (§ 168 AO) einer Steuerfestsetzung gleichstehen. Anderenfalls würde die Änderungssperre ausgehöhlt (vgl. BFH vom 07. 02. 2008 BStBl. II 2009, 703 m. w. N.). Die LSt-Außenprüfung bewirkt aber nur eine Änderungssperre für das LSt-Verfahren. Werden demnach Zahlungen einer GmbH an ihre Gesellschafter nach einer LSt-Außenprüfung als Lohn behandelt, so schränkt § 173 Abs. 2 AO nicht die Möglichkeit ein, die Zahlung bei der KSt-Veranlagung der GmbH als verdeckte Gewinnausschüttung zu behandeln (vgl. BFH vom 21. 07. 1995 BFH/NV 1996, 103). Ebenso hindert die LSt-Außenprüfung beim Ehemann, der seine Ehefrau als Arbeitnehmerin beschäftigt, nicht die Änderung der ESt-Bescheide der zusammenveranlagten Stpfl., weil nur die lohnsteuerliche Behandlung (vorläufige Erhebung gem. § 36 Abs. 2 Satz 1 Nr. 2 EStG) Prüfungstatbestand war (BFH vom 24. 07. 1996 BFH/NV 1997, 161).

In den Fällen, in denen der Arbeitgeber die LSt pauschaliert hat (§ 40 EStG) und die LSt-Sonderprüfung eine Nachforderung ergibt, ergeht ein **Nachforderungsbescheid** gegen den Arbeitgeber, die LSt-Anmeldung bleibt unberührt. Da der Arbeitgeber als Schuldner der pauschalen LSt (§ 40 Abs. 3 Satz 2 EStG) in Anspruch genommen wird, handelt es sich nicht um einen Haftungsbescheid, sondern um einen Steuerbescheid. Dieser wird nach den Vorschriften der §§ 172 ff. AO korrigiert; die Änderungssperre des § 173 Abs. 2 AO greift also.

BEISPIEL

Beim Arbeitgeber fand eine LSt-Außenprüfung statt. Der Prüfer stellte fest, dass der Arbeitgeber eine Sonderzuwendung an A nicht der LSt unterworfen sowie für X als Teilzeitbeschäftigten i. S. d. § 40 a EStG die LSt nicht bezahlt hatte.

Wegen der Besteuerung von A erging gegen den Arbeitgeber ein Haftungsbescheid, wegen der Beschäftigung von X ein Nachforderungsbescheid. In der LSt-Anmeldung wurde der Vorbehalt der Nachprüfung aufgehoben.

Später stellt der Außenprüfer fest, dass A ein Dienstfahrzeug zur privaten Nutzung überlassen worden war, X höhere Bezüge je Arbeitstag erhalten hatte, Z als Teilzeitbeschäftigter i. S. d. § 40 a EStG gearbeitet hatte.

LÖSUNG Ein geänderter Haftungsbescheid gegen den Arbeitgeber wegen der Besteuerung von A ist wegen entsprechender Anwendung der Änderungssperre des § 173 Abs. 2 AO nicht möglich. Dasselbe gilt für die Änderung des Nachforderungsbescheides wegen der Beschäftigung von X. Es ist fraglich, ob wegen Z ein neuer Nachforderungsbescheid ergehen kann. Schließlich war dieser Sachverhalt im bisherigen Nachforderungsbescheid nicht erfasst. Früher hat der BFH (vgl. BFH vom 30. 08. 1988 BStBl II 1989, 193) diese Frage bejaht. Nunmehr stellt er sich auf den Standpunkt (vgl. BFH vom 15. 05. 1992 BStBl II 1993, 829), dass die Änderungssperre des § 173 Abs. 2 AO dem entgegensteht. Nach h. M. (vgl. auch R 42d.1 Abs. 6 LStR) ist demnach auch für Z eine Erweiterung des Nachforderungsbescheides wegen § 173 Abs. 2 AO nicht möglich, es sei denn, der Arbeitgeber hat vorsätzlich oder leichtfertig die Bezüge von Z nicht erklärt.

3.5.8   Besondere Probleme zu § 173 Abs. 1 AO

3.5.8.1   Schätzung von Besteuerungsgrundlagen (§ 162 AO)

2077   Die Finanzbehörden wollen häufig die Abgabe ausstehender Steuererklärungen nicht durch die Androhung und Festsetzung von Zwangsgeldern, sondern durch den Erlass von Schätzungsbescheiden (zulässig gem. § 162 AO) erreichen. Der Schätzungsbescheid kann unter dem Vorbehalt der Nachprüfung (§ 164 Abs. 1 Satz 1 AO) aber auch endgültig ergehen (Ermessensentscheidung der Finanzbehörde). Ergeht der Steuerbescheid endgültig und legt der Stpfl. nicht fristgerecht Einspruch ein, so darf der bestandskräftige Bescheid i. d. R. nur unter den Voraussetzungen des § 173 Abs. 1 AO geändert werden.

Die Schätzung ist eine Schlussfolgerung aus den der Finanzbehörde bekannten Verhältnissen des Stpfl.; Tatsache ist die Schätzungsgrundlage. Daher kommt eine Änderung nach § 173 Abs. 1 AO nur in Betracht, wenn der Finanzbehörde neue Schätzungsgrundlagen bekannt werden (vgl. BFH vom 14. 01. 1998 BStBl II 1998, 371) oder der Stpfl. durch Abgabe der Steuererklärung die steuererheblichen Tatsachen offenlegt.   **2078**

Die Finanzbehörde darf also die Schätzungsmethode nicht ohne neue Sachverhaltskenntnis ändern, denn diese wäre nur eine andere Schlussfolgerung. Ein Wechsel der Schätzungsmethode kommt allerdings in Betracht, wenn die bisherige Methode angesichts der neuen Schätzungsunterlagen versagt, z. B. bisher Richtsatzsammlung, jetzt Erkenntnisse über Rohgewinnaufschlag im Betrieb des Stpfl. (vgl. auch BFH vom 24. 10. 1985 BStBl II 1986, 233).

Werden neue Schätzungsunterlagen bekannt (z. B. Umsatz von 400 000 € statt 300 000 €), ist eine zweite Schätzung zulässig. Dabei ist nach Möglichkeit das bisherige Schätzungsverfahren (z. B. Richtsatzsammlung) fortzuführen, die neuen Erkenntnisse sind zu berücksichtigen.

BEISPIEL

a) Ein Stpfl. hat keine Erklärung abgegeben, jedoch in den USt-Voranmeldungen 300 000 € erklärt. Das FA schätzt den Gewinn aus Gewerbebetrieb auf 60 000 €, wobei es laut Richtsatzsammlung 20 % des Umsatzes als Gewinn zugrunde legt. Später stellt der Außenprüfer fest, dass der Umsatz 400 000 € betrug.

LÖSUNG Dem FA sind neue Schätzungsunterlagen bekannt geworden, der Umsatz beträgt 400 000 € statt 300 000 €. Das FA hat das bisherige Schätzungsverfahren (Richtsatzsammlung) beizubehalten, jedoch unter Berücksichtigung der neuen Erkenntnisse. Der Gewinn ist auf 80 000 € (20 % v. 400 000 €) zu schätzen. Die neuen Schätzungsunterlagen stellen eine neue Tatsache i. S. d. § 173 Abs. 1 Nr. 1 AO dar.

Eine neue Tatsache liegt i. d. R. auch vor, wenn die Finanzbehörde **den Gewinn** geschätzt hat, und der Stpfl. nunmehr nach Bestandskraft der Veranlagung die **Erklärung abgibt**, aus der sich der tatsächliche Gewinn ergibt. Eine Änderung zugunsten des Stpfl. (§ 173 Abs. 1 Nr. 2 AO) scheitert regelmäßig am groben Verschulden (vgl. BFH vom 30. 10. 1986 BStBl II 1987, 161).   **2079**

Die Finanzbehörde schätzt i. d. R. nicht einzelne Besteuerungsmerkmale (Betriebseinnahmen und Betriebsausgaben), sondern den Gewinn (lediglich der laufende Gewinn und der Veräußerungsgewinn sind jeweils getrennte Tatsachenkomplexe).

BEISPIELE

b) Wie a), nach Unanfechtbarkeit des ESt-Bescheides gibt der Stpfl. die Erklärung ab, aus der sich ein Gewinn von 90 000 € ergibt.

LÖSUNG Es liegt eine neue Tatsache vor (§ 173 Abs. 1 Nr. 1 AO), denn die Besteuerungsmerkmale, die zu einem Gewinn von 90 000 € führen, werden dem Sachbearbeiter nachträglich bekannt.

c) Wie b), der sich aus der Erklärung ergebende Gewinn beträgt 50 000 €. Eine Änderung des ESt-Bescheides nach § 173 Abs. 1 Nr. 2 AO scheitert am groben Verschulden des Stpfl. Das Verschulden ist nicht deshalb unbeachtlich, weil dem FA erstmals Betriebsausgaben (z. B. 275 000 €) als steuermindernde Tatsache neben den Betriebseinnahmen (z. B. 325 000 €) als steuererhöhende Tatsache bekannt werden. Bei einer Schätzung des Gewinns ist ausnahmsweise auf das Gesamtergebnis für die Anwendung des § 173 Abs. 1 Nr. 1 oder Nr. 2 AO, nicht auf die einzelnen Besteuerungsmerkmale abzustellen (BFH vom 24. 06. 1991 BStBl II 1991, 606). Anderenfalls könnten endgültige Schätzungsbescheide wegen § 173 Abs. 1 Nr. 2 Satz 2 AO nicht wirklich bestandskräftig werden.

d) Das FA hatte bei den Einkünften aus Vermietung und Verpachtung den Überschuss der Einnahmen über die Werbungskosten mit 60 000 € geschätzt. Aus der nach Bestandskraft des Bescheides abgegebenen Erklärung ergeben sich Einkünfte von 50 000 €.

LÖSUNG Der BFH (vgl. Urteil vom 16. 09. 2004 BStBl II 2005, 75) und der AEAO (vgl. AEAO zu § 173 Nr. 6.2 und 7.2) würden vermutlich den zur Schätzung von Gewinnen aufgestellten Grundsatz auch auf die Schätzung von Überschusseinkunftsarten anwenden und die Korrektur nach § 173 Abs. 1 Nr. 2 AO wegen des groben Verschuldens des Stpfl. versagen. Diese Auffassung wäre systematisch bedenklich. Bei den sog. Gewinneinkunftsarten (§ 2 Abs. 2 Nr. 1 EStG) sind Einkünfte der Gewinn. Bei den sog. Überschusseinkunftsarten (§ 2 Abs. 2 Nr. 2 EStG) sind Einkünfte dagegen der Überschuss der Einnahmen über die Werbungskosten, d. h. es sind die Einnahmen (§ 8 Abs. 1 EStG) zu ermitteln und die Werbungskosten (§ 9 Abs. 1 EStG) abzuziehen. Aus diesem Grunde sind m. E. die Höhe der geschätzten Einnahmen und Werbungskosten den erklärten Einnahmen und Werbungskosten gegenüberzustellen und danach über die Anwendung des § 173 Abs. 1 Nr. 1 und Nr. 2 AO zu entscheiden.

e) (Vgl. AEAO zu § 173 Nr. 6.3; BFH vom 08. 08. 1991 BStBl II 1992, 12)
Das FA hat die stpfl. Umsätze der X-GmbH auf 0 € und die Vorsteuer ebenfalls auf 0 € geschätzt und die USt endgültig festgesetzt. Nach Ablauf der Rechtsbehelfsfrist gibt die X-GmbH die USt-Erklärung ab. Danach erzielte sie 300 000 € stpfl. Umsätze (USt 19 % = 57 000 €), 200 000 € steuerfreie Umsätze mit Berechtigung zum Vorsteuerabzug (z. B. Ausfuhrlieferungen gem. § 4 Abs. 1 Nr. 1 UStG) und 100 000 € steuerfreie Umsätze ohne Berechtigung zum Vorsteuerabzug (z. B. Vermittlung von Krediten gem. § 4 Abs. 1 Nr. 8 UStG). Die Vorsteuer i. H. v. 60 000 € entfällt gleichmäßig auf diese Umsätze.

LÖSUNG Im Gegensatz zu einer vorangegangenen Gewinnschätzung sind hier die Tatsachen, die zu höheren Umsätzen führen, nach Maßgabe des § 173 Abs. 1 Nr. 1 AO zu berücksichtigen, während Tatsachen, die höhere Vorsteuer begründen (Eingangsleistungen an den Unternehmer), nach § 173 Abs. 1 Nr. 2 AO zu beurteilen sind. Während bei einer Gewinnschätzung nur eine Schätzung vorliegt, nämlich der Gesamtgewinn, erfolgen bei der Umsatzsteuer wegen der Eigenständigkeit der Vorsteuer (vgl. § 16 Abs. 2 UStG) zwei Schätzungen, und zwar die der stpfl. Umsätze und der Vorsteuern. Aufgrund des Bekanntwerdens der stpfl. Umsätze ist die Steuer gem. § 173 Abs. 1 Nr. 1 AO um 57 000 € zu erhöhen. Die damit zusammenhängende Vorsteuer i. H. v. 30 000 € (50 % v. 60 000) kann trotz des grob schuldhaften Handelns gem. § 173 Abs. 1 Nr. 2 AO berücksichtigt werden, weil sie mit steuererhöhenden Tatsachen in unmittelbarem Zusammenhang steht (§ 173 Abs. 1 Nr. 2 Satz 2 AO). Die Vorsteuer i. H. v. 20 000 €, die mit den Ausfuhrlieferungen zusammenhängt, kann nicht nach § 173 Abs. 1 Nr. 2 Satz 2 AO angesetzt werden, weil sie mit steuerfreien Umsätzen, also nicht steuererhöhenden, im Zusammenhang steht (trotz der grundsätzlichen Berechtigung zum Vorsteuerabzug). Die Vorsteuer i. H. v. 10 000 € kann schon materiell-rechtlich nicht anerkannt werden (§ 15 Abs. 2 UStG). Die Steuer ist gem. § 173 Abs. 1 Nr. 1 AO um 57 000 € zu erhöhen und gem. § 173 Abs. 1 Nr. 2 AO um 30 000 € zu mindern. Gem. § 177 Abs. 1 AO ist jedoch die dem Stpfl. materiell-rechtlich zustehende Vorsteuer i. H. v. 20 000 € der Änderung gem. § 173 Abs. 1 Nr. 1 AO gegenzurechnen. § 177 Abs. 1 AO reduziert die Änderung nach § 173 Abs. 1 Nr. 1 AO auf 37 000 € (57 000 € − 20 000 €). Die Änderung nach § 173 Abs. 1 Nr. 2 AO i. H. v. ./. 30 000 € bleibt davon unberührt, so dass es insgesamt zu einer Änderung der Steuerfestsetzung um + 7 000 € kommt.

f) (Vgl. AEAO zu § 173 Nr. 6.3; BFH vom 19. 10. 1995 BStBl II 1996, 149)
Das FA hat die stpfl. Umsätze der X-GmbH auf 300 000 €, die Vorsteuer auf 0 € geschätzt und die USt endgültig auf 57 000 € (19 %) festgesetzt. Nach Ablauf der Einspruchsfrist gibt die X-GmbH die Erklärung ab. Danach erzielte die X-GmbH 400 000 € stpfl. Umsätze, die Vorsteuer betrug 40 000 € (USt also 76 000 € ./. 40 000 € = 36 000 €).

LÖSUNG Die um 100 000 € höheren Umsätze sind gem. § 173 Abs. 1 Nr. 1 AO zu berücksichtigen (USt-Erhöhung um 19 000 €). Die nachträglich bekannt gewordenen Vorsteuerbeträge i. H. v. 40 000 € können – trotz des grob schuldhaften Handelns – insoweit berücksichtigt werden, als sie mit nachträglich bekannt gewordenen Umsätzen im sachlichen Zusammenhang stehen. Ein Zusammenhang i. S. v. § 173 Abs. 1 Nr. 2 Satz 2 AO besteht nur für ein Viertel der Vorsteuerbeträge (also

10 000 €), da lediglich ein Viertel der Umsätze (100 000 € von 400 000 €) nachträglich bekannt geworden ist und die Steuer nach § 173 Abs. 1 Nr. 1 AO erhöht. Die USt-Festsetzung ist damit nach § 173 Abs. 1 Nr. 1 AO um 19 000 € zu erhöhen und nach § 173 Abs. 1 Nr. 2 AO um 10 000 € zu mindern. Die verbleibenden Vorsteuerbeträge i. H. v. 30 000 € (40 000 € ./. 10 000 €), die nach § 173 Abs. 1 Nr. 2 AO nicht berücksichtigt werden können, sind gem. § 177 Abs. 1 AO gegenzurechnen, soweit die Änderung zuungunsten des Stpfl. nach § 173 Abs. 1 Nr. 1 AO reicht, d. h. maximal i. H. v. 19 000 € (vgl. BFH vom 10. 04. 2003 BStBl II 2003, 785). § 177 Abs. 1 AO reduziert damit die Änderung nach § 173 Abs. 1 Nr. 1 AO auf null. Die ursprüngliche USt-Festsetzung ist nur nach § 173 Abs. 1 Nr. 2 AO zu ändern und um 10 000 € zu mindern.

Auch wenn das FA bei der Schätzung seine Aufklärungspflicht und Hinweispflichten verletzt hat, hindert in der Regel das grobe Verschulden des Stpfl. die Korrektur zu seinen Gunsten. Etwaige Fehler des FA berühren die Annahme grob schuldhafter Versäumnisse des Stpfl. jedenfalls dann nicht, wenn er seinerseits seinen Mitwirkungspflichten überhaupt nicht nachgekommen ist. **2080**

3.5.8.2 Die Ausübung von steuerlichen Rechten (AEAO vor §§ 172 bis 177 Nr. 8)

Es ist fraglich, ob eine neue Tatsache vorliegt, wenn die steuerliche Auswirkung eines Lebenssachverhaltes von der Ausübung eines Rechtes abhängig ist. **2081**

Dabei ist zu unterscheiden zwischen

- der Ausübung eines Wahlrechtes (z. B. § 10 d EStG, § 82 a EStDV) und
- der Stellung eines **Antrags** auf Gewährung einer antragsgebundenen Steuervergünstigung (z. B. § 33 Abs. 1 EStG).

Beim **Wahlrecht** erfüllt der Stpfl. einen steuerlich zu berücksichtigenden Sachverhalt; er hat jedoch das Recht zu wählen, **wie** sich der Vorgang steuerlich auswirken soll (z. B. AfA nach § 7 Abs. 4 oder Abs. 5 EStG).

Bei der **antragsgebundenen Steuervergünstigung** obliegt es dem Stpfl. durch Stellung eines Antrags, **ob** sich der Vorgang steuerlich auswirken soll (z. B. Krankenhauskosten als außergewöhnliche Kosten).

Die Ausübung dieser Rechte sind keine Tatsachen, sondern Verfahrenshandlungen (vgl. BFH vom 09. 08. 1989 BStBl II 1990, 195 und vom 25. 02. 1992 BStBl II 1992, 621), führen also nicht zu einer Korrektur der Steuerbescheide. Jedoch kann gleichzeitig der Finanzbehörde ein Sachverhalt mitgeteilt werden, der nunmehr nachträglich bekannt wird. In diesen Fällen stellt sich die Frage, ob der Bescheid gem. § 173 Abs. 1 AO zu ändern ist.

3.5.8.2.1 Antragsgebundene Steuervergünstigung

Einigkeit besteht darin, dass eine Änderung nicht vorzunehmen ist, wenn die Ausübung des Rechts fristgebunden ist (mit Ausschlussfrist) und der Antrag nicht rechtzeitig gestellt wurde (vgl. BFH vom 18. 02. 1986 BStBl II 1987, 307). Tatsache ist zwar auch hier der zugrundeliegende Lebenssachverhalt. Dieser ist jedoch nicht erheblich, denn das FA darf mangels rechtzeitigen Antrags die steuerlichen Folgerungen nicht mehr ziehen (vgl. BFH vom 22. 09. 1982 BStBl II 1983, 164, selbst keine Änderung im Falle der Vorbehaltsfestsetzung). Gleiches gilt, wenn die Antragsfrist mit der Unanfechtbarkeit der Steuerfestsetzung endet (vgl. § 19 Abs. 2 UStG) und der Antrag danach gestellt wird. Zwar gestattet § 173 Abs. 1 AO gerade die Durchbrechung der Bestandskraft, andererseits würde der Sinn der Antragsfrist ausgehöhlt, wollte man auch bei verspätetem Antrag die Korrektur nach § 173 Abs. 1 AO zulassen (vgl. Tipke/Kruse, AO/FGO, § 173 AO, Rz. 18). **2082**

Sofern also das Recht fristgerecht ausgeübt wurde, stellt sich nunmehr die Frage nach der Korrektur.

BEISPIELE

a) Ein Stpfl. teilt dem FA anlässlich eines Stundungsbegehrens mit, dass er 10 000 € Krankenhauskosten habe aufwenden müssen, stellt in seiner Erklärung aber nicht den Antrag gem. § 33 Abs. 1 EStG.
LÖSUNG Nach bestandskräftiger Veranlagung beantragt er die ihm zustehende Steuerermäßigung. Eine Änderung des Bescheides ist nicht möglich. Der Antrag ist keine Tatsache, sondern Verfahrenshandlung. Die Kenntnis von den Krankenhauskosten ist nicht neu.

b) Ein Stpfl. macht nach Bestandskraft der Veranlagung erstmals Krankenhauskosten geltend, die die zumutbare Eigenbelastung gem. § 33 Abs. 3 EStG übersteigen, und beantragt deren Berücksichtigung gem. § 173 Abs. 1 Nr. 2 AO.
LÖSUNG Der Steuerbescheid ist nach h. M. (vgl. BFH vom 21. 07. 1989 BStBl II 1989, 960) zu ändern, falls den Stpfl. am nachträglichen Bekanntwerden kein grobes Verschulden trifft. Die Stellung des Antrags ist zwar nur Verfahrenshandlung. Dem FA wurde jedoch dadurch die Tatsache der Krankenhauskosten nachträglich bekannt. Die Stellung des Antrags nach Bestandskraft ist nach h. M. unschädlich.
Das Ergebnis ist bedenklich, weil der ursprüngliche Steuerbescheid rechtmäßig war. Mangels Antrag nach § 33 EStG durfte das FA die Krankenhauskosten nicht berücksichtigen (selbst bei deren Kenntnis), es mangelt also an der Erheblichkeit. Es ist nicht Aufgabe von § 173 AO, rechtmäßige Bescheide wegen eines Sachverhalts zu ändern, der mangels Antrags vom FA überhaupt nicht steuerlich berücksichtigt werden durfte.
Es stellt sich die Frage, ob der Antrag ein rückwirkendes Ereignis i. S. d. § 175 Abs. 1 Satz 1 Nr. 2 AO darstellt. Ansatzpunkte bieten der BFH (BFH vom 12. 01. 1994 BStBl II 1994, 302 zur GrESt) sowie Große (DStZ 1989, 614). M. E. ist dies abzulehnen, weil eine Verfahrenshandlung nicht steuerliche Sachverhalte zu beeinflussen vermag. Außerdem wäre das Ergebnis unbillig. Die Änderung wegen eines rückwirkenden Ereignisses ist unabhängig von einem Verschulden des Stpfl. (im Gegensatz zu § 173 AO) und wegen der Anlaufhemmung des § 175 Abs. 1 Satz 2 AO zeitlich unbegrenzt möglich. Dadurch ergebe sich eine große Rechtsunsicherheit (**jetzt auch BFH** vom 02. 04. 1998 UR 1998, 349). Unter diesem Gesichtspunkt ist die Entscheidung des BFH zu § 173 Abs. 1 AO zwar nicht dogmatisch, im Ergebnis jedoch zu verstehen.

§ 173 Abs. 1 AO ist keinesfalls anwendbar, wenn der Antrag nachträglich gestellt wird und ein **Sachverhalt** vorgetragen wird, **der bei Erlass des Bescheides nicht vorlag**. Die Tatsache ist nicht neu. Daher scheidet eine Änderung nach § 173 Abs. 1 AO aus, wenn ein Stpfl. nachträglich Unterhaltsleistungen an den geschiedenen Ehegatten als Sonderausgaben gem. § 10 Abs. 1 Nr. 1 EStG geltend macht und die Zustimmungserklärung des Ehegatten vorlegt, die erst nach Abschluss der Veranlagung gegeben wurde. Hier ist jedoch eine Änderung gem. § 175 Abs. 1 Satz 1 Nr. 2 AO möglich (vgl. BFH vom 12. 07. 1989 BStBl II 1989, 958), weil rückwirkend (wegen der Zustimmungserklärung) die Aufwendungen nicht mehr nicht abzugsfähige Ausgaben gem. § 12 Nr. 2 EStG darstellen, sondern Sonderausgaben.

3.5.8.2.2 Ausübung von Wahlrechten

2083 (Zu Bilanzierungswahlrechten vgl. § 175 Abs. 1 Satz 1 Nr. 2 AO, Rz. 2137 ff.)
In der Regel ist die Ausübung eines Wahlrechts an keine Frist gebunden. Daher kann jede Wahlrechtsausübung, soweit keine andere gesetzliche Regelung vorliegt, frei und unbeschränkt geändert werden. Eine verfahrensrechtliche Beschränkung ergibt sich nur, wenn die maßgebenden Steuerbescheide bestandskräftig sind und nicht mehr nach §§ 129 Satz 1, 164 Abs. 2, 165 Abs. 2, 172 ff. AO oder nach entsprechenden Regelungen in den Einzelsteuergesetzen (z. B. § 10 d EStG) korrigiert werden können. In diesen Fällen ist infolge der Bestandskraft des

Bescheides das Wahlrecht verbraucht (vgl. BFH vom 24.03.1998 BStBl II 1999, 272, BFH vom 30.08.2001 BStBl II 2002, 49).

BEISPIEL

Ein Stpfl. (Gewinnermittler nach § 4 Abs. 3 EStG) hat eine neu angeschaffte und betrieblich genutzte Maschine mit den Anschaffungskosten von 400 € erfasst und mit der zulässigen AfA von 100 € abgeschrieben (§ 7 Abs. 1 EStG). Nach bestandskräftiger Veranlagung möchte er die Maschine gem. § 6 Abs. 2 EStG sofort abschreiben.

LÖSUNG Die Steuerfestsetzung kann nicht gem. § 173 Abs. 1 Nr. 2 AO korrigiert werden. Die Ausübung eines Wahlrechts ist keine Tatsache (auch nicht nachträglich bekannt). Der Lebenssachverhalt, Aufwendungen für die Anschaffung der Maschine, ist nicht neu.

Jedoch kann der Sachverhalt, an den die Ausübung eines Wahlrechts knüpft, eine erhebliche Tatsache sein, die nachträglich bekannt wird.

Ein solcher Fall wurde im Urteil des BFH vom 28.09.1984 (BStBl II 1985, 117) bejaht, wenn ein Stpfl. nach Bestandskraft des Steuerbescheides ohne Verschulden erstmals einen Sachverhalt vorbringt, der nach § 34 Abs. 3 EStG begünstigt ist und den ermäßigten Steuersatz begehrt. Der Umstand, dass der Stpfl. sein Wahlrecht erst nach Bestandskraft des Bescheides ausgeübt hat, stehe der Anwendung des § 173 Abs. 1 Nr. 2 AO nicht entgegen. Die Tatsache sei auch erheblich, weil die Ausübung des Wahlrechts nicht fristgebunden sei.

Außer in den Fällen des nachträglichen Bekanntwerdens einer Tatsache verneint der BFH eine Wahlrechtsänderung nach Bestandskraft der Steuerfestsetzung (vgl. BFH vom 04.11.2004 DStRE 2005, 198).

BEISPIEL

(Vgl. BFH vom 13.02.1997 BFH/NV 1997, 635.)

Ein Stpfl., der den Gewinn nach § 4 Abs. 3 EStG ermittelt, begehrte im Kalenderjahr 01 auf begünstigte Investitionen Sonderabschreibungen i. H. v. 50000 € nach § 4 FördG zu berücksichtigen. Die Veranlagung ist bestandskräftig. Anlässlich der Veranlagung für das Kalenderjahr 02 beantragt er, die Sonderabschreibung nicht in 01, sondern in 02 anzusetzen, die Steuer des Kalenderjahres 01 also zu erhöhen.

LÖSUNG Eine Änderung der Steuerfestsetzung 01 nach § 173 Abs. 1 AO scheidet aus, weil der Sachverhalt, begünstigte Investitionen, bekannt war. Die Ausübung eines Wahlrechts ist als Verfahrenshandlung auch kein rückwirkendes Ereignis i. S. d. § 175 Abs. 1 Satz 1 Nr. 2 AO. Denkbar wäre eine Änderung nach § 172 Abs. 1 Satz 1 Nr. 2 Buchst. a AO, die, weil sich die Steuer erhöht, unabhängig von einer Rechtsbehelfsfrist ist. Der BFH versagt die Änderung, weil der Stpfl. sein Wahlrecht ausgeübt hatte und die Veranlagung bestandskräftig geworden ist. Das Wahlrecht sei daher erschöpft. Das FA kann daher die Korrektur nach § 172 Abs. 1 Satz 1 Nr. 2 Buchst. a AO (Ermessen) ablehnen.

Ein Wahlrecht ist auch der Verzicht auf eine Steuerbefreiung (**Option z. B. bei Grundstücksgeschäften**) gem. § 9 UStG sowie dessen Widerruf durch den leistenden Unternehmer. Da das Wahlrecht an keine Frist gebunden ist (Abschn. 148 Abs. 3 UStR), kann es noch viele Jahre später rückwirkend ausgeübt werden. Um missbräuchliche Gestaltungen zu verhindern und um das Gleichgewicht zwischen USt und Vorsteuer zu wahren, lässt der BFH (vgl. vom 02.04.1998 BStBl II 1998, 695; vom 28.11.2002 BStBl II 2003, 175) die Ausübung der Option nur zu, solange die Steuerfestsetzungen des leistenden Unternehmers als auch diejenige des Leistungsempfängers (wegen der Vorsteuer) verfahrensrechtlich der neuen Rechtslage angepasst werden können. Dabei scheide § 175 Abs. 1 Satz 1 Nr. 2 AO als Korrekturvorschrift aus, ein rückwirkendes Ereignis i. S. dieser Norm liege selbst beim Leistungsempfänger nicht vor. Es bestehe kein Bedürfnis, die endgültigen Steuerfestsetzungen an die Sachverhaltsänderung

2084

anzupassen. Andernfalls ergäbe sich eine Rechtsunsicherheit, weil die Option als rückwirkendes Ereignis eine Hemmung der Festsetzungsfrist gem. § 175 Abs. 1 Satz 2 AO bis zur zivilrechtlichen Verjährung des Rechnungserteilungsanspruchs (evtl. 30 Jahre) auslösen könne.

Diese Ansicht ist m. E. systematisch bedenklich und nur unter dem Gesichtspunkt der andernfalls eintretenden Missbrauchsmöglichkeit (der Schuldner kann später nicht zahlen, der Gläubiger hat aber den Erstattungsanspruch) und Rechtsunsicherheit verständlich. In einem anderen Fall, hier ging es um den Widerruf einer Option, hat nämlich der BFH (BFH vom 01. 02. 2001 BB 2001, 976) entschieden, dass der Widerruf für den Leistungsempfänger ein rückwirkendes Ereignis i. S. d. § 175 Abs. 1 Satz 1 Nr. 2 AO darstelle und damit die Vorsteuer zurückgefordert werden könne, um das Gleichgewicht zwischen Steuer und Vorsteuer wiederherzustellen. Von diesem Gesichtspunkt hat sich der BFH (BFH vom 13. 11. 2003 BStBl II 2004, 375) auch leiten lassen, als er entschied, dass ein Unternehmer, der USt erst nach Eintritt der Festsetzungsverjährung für einen steuerbaren und steuerpflichtigen Umsatz gesondert ausweist, diese nach § 14 c UStG schuldet und der gesonderte Ausweis ein rückwirkendes Ereignis i. S. d. § 175 Abs. 1 Satz 1 Nr. 2 AO sei, mit der Folge, dass die Festsetzungsfrist für die Besteuerung des Unternehmens nach § 175 Abs. 1 Satz 2 AO noch nicht abgelaufen ist. Damit verhindert der BFH, dass der Leistende wegen Festsetzungsverjährung die USt nicht mehr entrichten muss, während sie der Rechnungsempfänger, bei dem keine Festsetzungsverjährung eingetreten ist, als Vorsteuer geltend machen kann.

Die Ausübung von Wahlrechten bei Zusammenveranlagung s. Rz. 2142a.

3.6 Korrektur von Steuerbescheiden wegen Schreib- oder Rechenfehlern bei Erstellung einer Steuererklärung (§ 173 a AO)

3.6.1 Allgemeines

2084a
Durch das StModernG hat der Gesetzgeber § 173 a AO als neue Korrekturvorschrift eingefügt. Die Änderung ist am 01. 01. 2017 in Kraft getreten und erstmals auf Steuerbescheide anzuwenden, die nach dem 31. 12. 2016 erlassen worden sind (Art. 97 § 9 Abs. 4 EGAO). Nach § 173 a AO sind Steuerbescheide aufzuheben oder zu ändern, soweit dem Stpfl. bei Erstellung seiner Steuererklärung Schreib- oder Rechenfehler unterlaufen sind und er deshalb der Finanzbehörde bestimmte, nach den Verhältnissen zum Zeitpunkt des Erlasses des Steuerbescheides rechtserhebliche Tatsachen unzutreffend mitgeteilt hat.

§ 173 a AO ist eine Korrekturvorschrift i. S. d. § 172 Abs. 1 Satz 1 Nr. 2 Buchst. d AO, die für Steuerbescheide und diesen gleichgestellte Bescheide gilt. Sie hat punktuelle Wirkung (»soweit«). Danach darf die materielle Bestandskraft nur zur zutreffenden Berücksichtigung der Tatsachen, die zunächst aufgrund des Schreib- oder Rechenfehlers vom Stpfl. unzutreffend mitgeteilt worden sind (»berichtigte« Tatsachen), durchbrochen werden. Die Änderung nach § 173 a AO steht nicht im Ermessen der Finanzbehörde. Vielmehr ist bei Vorliegen der Tatbestandsvoraussetzungen zu korrigieren.

3.6.2 Verhältnis zu anderen Korrekturvorschriften

2084b
Die Neuregelung in § 173 a AO ist eine eigenständige Korrekturvorschrift neben den bereits bestehenden Korrekturmöglichkeiten in der AO und den Einzelsteuergesetzen. Sie knüpft von ihren Tatbestandsvoraussetzungen her an § 129 Satz 1 AO (»Schreib- oder Rechen-

fehler«) und § 173 Abs. 1 AO (»rechtserhebliche Tatsachen«) an, lässt diese Korrekturvorschriften aber unberührt.

§ 173 a AO greift gerade in den Fällen, in denen eine Berichtigung nach § 129 Satz 1 AO ausgeschlossen ist. Nach § 129 Satz 1 AO können Schreib- oder Rechenfehler nur berichtigt werden, wenn sie der Finanzbehörde »beim Erlass des VA« unterlaufen sind. Ist dem Stpfl. bei Erstellung seiner Steuererklärung ein Schreib- oder Rechenfehler unterlaufen, kommt eine Berichtigung nach § 129 Satz 1 AO allenfalls in Betracht, wenn die Finanzbehörde sich diesen Fehler zu eigen gemacht hat, ihn also aus den ihr vorliegenden Unterlagen, die unmittelbar den Veranlagungszeitraum betreffen, erkennen und übernehmen konnte (sog. Übernahmefehler, vgl. Rz. 1994). Werden Steuererklärungen elektronisch übermittelt und der Finanzbehörde daneben keine ergänzenden Unterlagen und Berechnungen übersandt, was inzwischen zunehmend der Fall ist, kann die Finanzbehörde den Fehler aber nicht erkennen und folglich auch nicht übernehmen. Diese Situation ist durch das StModernG noch dadurch verschärft worden, dass bislang gesetzlich vorgesehene Belegvorlagepflichten durch Belegvorhaltepflichten ersetzt worden sind mit der Folge, dass die betreffenden Belege/Nachweise zukünftig nicht mehr mit der Steuererklärung eingereicht werden, sondern nur noch auf Anforderung der Finanzbehörde vorgelegt werden müssen. Um dieser veränderten Sachlage im Besteuerungsverfahren Rechnung zu tragen und die Lücke zu schließen, hat der Gesetzgeber § 173 a AO eingefügt (vgl. Steinhauff, jurisPR-SteuerR 33/2016, Anm. 1). Daneben können im Einzelfall auch die Voraussetzungen für die Korrektur des Steuerbescheides nach § 173 Abs. 1 AO (vgl. Rz. 2028 ff.) erfüllt sein. Dies setzt bei Änderungen zugunsten des Stpfl. (§ 173 Abs. 1 Nr. 2 AO) aber voraus, dass den Stpfl. kein grobes Verschulden am nachträglichen Bekanntwerden der Tatsache trifft (vgl. Rz 2062).

3.6.3 Voraussetzungen der Änderung

Voraussetzung für die Änderung des Steuerbescheides nach § 173 a AO ist, dass dem Stpfl. **2084c** bei Erstellung seiner Steuererklärung ein Schreib- oder Rechenfehler unterlaufen ist und er deshalb der Finanzbehörde bestimmte Tatsachen unzutreffend (fehlerhaft) mitgeteilt hat.

Schreibfehler sind insbesondere Rechtschreibfehler, Wortverwechselungen oder Wortauslassungen oder fehlerhafte Übertragungen. Rechenfehler sind insbesondere Fehler bei der Addition, Subtraktion, Multiplikation oder Division sowie bei der Prozentrechnung. Dies deckt sich weitgehend mit der Auslegung von Schreib- und Rechenfehlern i. S. d. § 129 Satz 1 AO (vgl. Rz. 1987), geht aber insoweit darüber hinaus, als fehlerhafte Übertragungen (wohl auch von Zahlen, sog. Zahlendreher) unter Schreibfehler i. S. d. § 173 a AO fallen, während sie bei § 129 Satz 1 AO zu den ähnlichen Unrichtigkeiten zählen.

Ein solcher Schreib- oder Rechenfehler muss durchschaubar, eindeutig oder augenfällig sein (entspricht »offenbar« bei § 129 Satz 1 AO, vgl. Rz. 1992). Das ist dann der Fall, wenn der Fehler bei Offenlegung des Sachverhalts für jeden unvoreingenommenen Dritten klar und deutlich als Schreib- oder Rechenfehler erkennbar ist und kein Anhaltspunkt dafür vorliegt, dass eine unrichtige Tatsachenwürdigung, ein Rechtsirrtum oder ein Rechtsanwendungsfehler gegeben ist.

Das schlichte Vergessen eines Übertrags selbst ermittelter Besteuerungsgrundlagen in die Steuererklärung ist allerdings kein Schreib- oder Rechenfehler i. S. d. § 173 a AO (vgl. BT-Drucks. 18/7457, 87). Den Schreib- und Rechenfehlern ähnliche Unrichtigkeiten, worunter auch ein schlichtes Vergessen eines Übertrags fällt, sind – anders als bei § 129 Satz 1 AO – ausdrücklich nicht in die neue Korrekturvorschrift des § 173 a AO einbezogen worden, weil mechanische Versehen des Stpfl. nur schwer aufzuklären und zu beweisen sind. Laut Gesetzesbegründung soll in derartigen Fällen aber regelmäßig eine nachträglich bekannt gewordene Tatsache

i. S. d. § 173 Abs. 1 AO vorliegen und auch eine Änderung zugunsten des Stpfl. nach § 173 Abs. 1 Nr. 2 AO nicht generell ausgeschlossen sein. Nach Ansicht des BFH (BFH vom 10.02.2015 IX R 18/14 BFH/NV 2015, 1120) ist das schlichte Vergessen des Übertrags selbst ermittelter Besteuerungsgrundlagen in die entsprechende Anlage zur ESt-Erklärung nämlich nicht grundsätzlich grob fahrlässig i. S. d. § 173 Abs. 1 Nr. 2 AO, sondern zählt regelmäßig zu den Nachlässigkeiten, die üblicherweise vorkommen und sich – selbst bei sorgfältiger Arbeit – nie ganz vermeiden lassen. Ob der Stpfl. grob fahrlässig gehandelt hat, ist letztlich nach den Verhältnissen des Einzelfalls zu entscheiden. Gegebenenfalls kommt dann die Korrektur des Steuerbescheides weder nach § 173 a AO noch nach § 173 Abs. 1 Nr. 2 AO in Betracht.

Die Feststellungslast für das Vorliegen eines Schreib- oder Rechenfehlers bestimmt sich nach den allgemeinen Grundsätzen. Sie liegt bei der Finanzbehörde, wenn der Steuerbescheid nach § 173 a AO zuungunsten des Stpfl. geändert werden soll, und beim Stpfl., wenn er eine Änderung zu seinen Gunsten begehrt.

Eine weitere Tatbestandsvoraussetzung für die Änderung nach § 173 a AO ist die Rechtserheblichkeit der »berichtigten« Tatsache (entspricht der rechtlichen Erheblichkeit bei § 173 Abs. 1 AO, vgl. Rz. 2015). Diese ist zu bejahen, wenn das FA bei rechtzeitiger Kenntnis dieser Tatsache schon bei der ursprünglichen Veranlagung mit an Sicherheit grenzender Wahrscheinlichkeit zu einer höheren oder niedrigeren Steuer gelangt wäre. Dies ist im Einzelfall aufgrund des Gesetzes, wie es nach der damaligen Rechtsprechung des BFH auszulegen war, und der bindenden Verwaltungsanweisungen zu beurteilen, die im Zeitpunkt des Erlasses des ursprünglichen Steuerbescheides gegolten haben. Die Vorschrift des § 173 a AO hat nämlich – ebenso wie § 173 Abs. 1 AO – nicht den Sinn, dem Stpfl. das Risiko eines Rechtsbehelfsverfahrens abzunehmen (vgl. BT-Drucks. 18/7457, 88).

Daneben ist m. E. – wie bei § 173 Abs. 1 AO – die betragliche Erheblichkeit der »berichtigten« Tatsache erforderlich. Anderenfalls scheitert es bereits an der Korrekturbedürftigkeit.

3.6.4 Zeitlicher Anwendungsbereich

2084d   Die Änderung nach § 173 a AO ist bis zum Ablauf der Festsetzungsfrist zulässig (§§ 169 ff. AO). Durch die gleichzeitige Ergänzung des § 171 Abs. 2 AO um einen Satz 2 hat der Gesetzgeber eine Ablaufhemmung für die Fälle des § 173 a AO geschaffen, die für alle am 31.12.2016 noch nicht abgelaufenen Festsetzungsfristen gilt (Art. 97 § 10 Abs. 14 EGAO). Nach § 171 Abs. 2 Satz 2 AO endet die Festsetzungsfrist insoweit nicht vor Ablauf eines Jahres nach Bekanntgabe des aufgrund der fehlerhaften Steuererklärung ergangenen Steuerbescheides (vgl. Rz. 1644a).

3.7   Widerstreitende Steuerfestsetzungen (§ 174 AO)

3.7.1   Allgemeines

2085   Durch § 174 AO sollen in ganz bestimmten, in den Absätzen 1 bis 5 ausdrücklich genannten Fällen Vor- und Nachteile ausgeglichen werden, die sich aus inhaltlich widersprüchlichen Steuerfestsetzungen ergeben (AEAO zu § 174 Nr. 1). Die Vorschrift verhindert, dass aus einem **bestimmten Sachverhalt**, der steuerlich **einmal** (bei einem Stpfl., einer Steuerart oder in einem Veranlagungszeitraum) **zu berücksichtigen** ist, **unterschiedliche Schlussfolgerungen** gezogen werden, die sich nach dem Gesetz der Logik, also **denkgesetzlich, ausschließen** (Kollisionsfälle, vgl. BFH vom 11.07.1991 BStBl II 1992, 126). Solche Kollisionsfälle können eintreten, wenn der Sachverhalt **mehrfach berücksichtigt** wird, z. B. weil Einnahmen (vgl. § 174 Abs. 1 AO) oder

Ausgaben (vgl. § 174 Abs. 2 AO) doppelt bei einem oder mehreren Stpfl., erfasst werden (**sog. Mehrfachberücksichtigung d. h. positiver Widerstreit**). Es kann aber auch sein, dass der steuerlich relevante Sachverhalt aufgrund unrichtiger Annahme **nicht berücksichtigt** worden ist (vgl. § 174 Abs. 3 AO), z. B. wenn Einnahmen oder Ausgaben nicht erfasst sind, oder die Nichterfassung aufgrund eines erfolgreichen Rechtsbehelfs oder Antrags des Stpfl. droht (vgl. § 174 Abs. 4 AO), (**sog. Nichtberücksichtigung d. h. negativer Widerstreit**). Die Vorschrift ermöglicht die Korrektur des fehlerhaften Steuerbescheides. Die Beseitigung der Kollision kann sich zugunsten oder zuungunsten des Stpfl. auswirken. Sie ist vom Verschulden des Stpfl. oder des FA unabhängig. Selbst bei bewusst herbeigeführter widerstreitender Steuerfestsetzung kommt die Änderung nach § 174 AO in Betracht, BFH vom 06. 09. 1995 BStBl II 1996, 148.

Jeder der fünf Absätze des § 174 AO enthält einen selbstständigen Korrekturtatbestand. § 174 AO kommt häufig zur Anwendung, wenn die Kollision durch andere Änderungsvorschriften beseitigt werden kann, weil diese entweder tatbestandsmäßig nicht vorliegen (z. B. keine nachträglich bekannt gewordene Tatsache i. S. d. § 173 Abs. 1 AO) oder die Änderungssperre des § 173 Abs. 2 AO greift (gilt nicht für § 174 AO) oder die Festsetzungsverjährung steht einer Korrektur entgegen. § 174 AO enthält nämlich eigene Vorschriften der Ablaufhemmung (vgl. Gesetzeswortlaut in den einzelnen Absätzen), so dass die Beseitigung des Widerstreites auch dann noch möglich ist, wenn die Festsetzungsverjährung nach den §§ 169 bis 171 AO bereits abgelaufen ist.

3.7.2 Bestimmter Sachverhalt

Eine widerstreitende Steuerfestsetzung liegt vor, wenn ein bestimmter Sachverhalt kollidierend berücksichtigt bzw. nicht berücksichtigt worden ist. Der bestimmte Sachverhalt ist als Tatbestandsvoraussetzung allen fünf Absätzen des § 174 AO gemeinsam. Darunter ist ein steuerlich bedeutsamer, abgrenzbarer **Lebensvorgang** zu verstehen, also ein Vorgang, an den das **Gesetz steuerliche Folgen** knüpft, BFH vom 15. 03. 1994 BStBl II 1994, 600. Im Grunde deckt sich dieser Begriff mit der Definition der Tatsache zu § 173 Abs. 1 AO. Werden Lebenssachverhalte nachträglich bekannt, die mehrere Steuerbescheide betreffen, können die Korrekturen möglicherweise gem. § 173 Abs. 1 AO oder § 174 AO durchgeführt werden. Die Schätzung von Besteuerungsgrundlagen als Hilfsmittel der Steuerberechnung stellt keinen bestimmten Sachverhalt dar, so dass aufgrund einer Änderung der Schätzungsmethode in einem Jahr bestandskräftige Schätzungsbescheide anderer Jahre nicht korrigiert werden dürfen, BFH vom 26. 02. 2002 BStBl II 2002, 450.

2086

3.7.3 Mehrfachberücksichtigung eines bestimmten Sachverhalts

3.7.3.1 Begriff der Mehrfachberücksichtigung

Die Absätze 1 und 2 des § 174 AO beziehen sich auf die **Mehrfachberücksichtigung** eines bestimmten Sachverhalts (**positiver Widerstreit**), obwohl dieser nur einmal hätte berücksichtigt werden dürfen. Derselbe **Sachverhalt** muss in mehreren Bescheiden im Wesentlichen **deckungsgleich** sein. Es ist allerdings nicht erforderlich, dass er beim Stpfl. und beim Dritten in vollem Umfange inhaltsgleich ist.

2087

Die Mehrfachberücksichtigung beruht im Wesentlichen auf vier Fallgruppen:
a) Mehrere Steuerschuldner (Subjektkollision)
   z. B. das FA rechnet Mieteinnahmen aus einem Objekt sowohl dem A als auch dem B zu.

b) Mehrere Steuerarten (Objektkollision)

z. B. A erhält von seinem Großvater, in dessen Betrieb er angestellt ist, zusätzlich 150 000 €. Das FA unterwirft diesen Vorgang sowohl der ESt als auch der SchenkSt.

c) Mehrere Veranlagungszeiträume (Periodenkollision)

z. B. A erhält am 05. 01. 02 Zinsen für das Kalenderjahr 01. Das FA erfasst die Zinsen als Einkünfte aus Kapitalvermögen sowohl im Kalenderjahr 01 als auch im Kalenderjahre 02.

d) Mehrere Finanzbehörden (Zuständigkeitskollision)

z. B. A erhält sowohl vom FA X als auch vom FA Y einen ESt-Bescheid für 01.

Der positive Widerstreit muss sich denkgesetzlich ausschließen, d. h. in einem **wechselseitigen Ausschließlichkeitsverhältnis** stehen. Nur die alternative Erfassung darf steuerlich rechtens sein (vgl. BFH vom 09. 04. 2003 BFH/NV 2003, 1035), d. h., nach materiellem Recht muss sich die mehrfache Erfassung eines bestimmten Sachverhalts zwingend ausschließen, also im Widerspruch zueinander stehen (vgl. AEAO zu § 174 Nr. 4). Diese Frage kann im Falle der Subjektkollision problematisch sein. Ein positiver Widerstreit liegt eindeutig vor, wenn Einkünfte bei verschiedenen Stpfl. derselben Einkunftsart zugerechnet werden. Die steuerlichen Auswirkungen brauchen nicht die gleichen zu sein. So liegt auch dann eine Mehrfachberücksichtigung vor, wenn sich Einkünfte aus Kapitalvermögen bei dem einen in voller Höhe, bei dem anderen Stpfl. dagegen wegen des Sparer-Pauschbetrags (§ 20 Abs. 9 EStG) nicht auswirken. Die Einkünfte können auch beim einen zu den Einkünften aus Kapitalvermögen (§ 20 EStG), bei dem anderen zu gewerblichen Einkünften (§ 15 EStG) gehören, BFH vom 24. 11. 1987 BStBl II 1988, 404.

Der bestimmte Sachverhalt ist mehrfach berücksichtigt worden, wenn er dem FA bei der Entscheidungsfindung bekannt war und als Entscheidungsgrundlage herangezogen und verwertet wurde. Dabei ist nicht erforderlich, dass das FA den erfassten Sachverhalt in allen Einzelheiten kennt; vielmehr kann der Vorgang in ein kompliziertes Zahlenwerk eingegangen sein, das dem FA bei der Entscheidungsfindung vorlag, BFH vom 06. 03. 1990 BStBl II 1990, 558. Erfasst z. B. der Stpfl. bestimmte Betriebseinnahmen sowohl in der Gewinnermittlung für sein Einzelunternehmen als auch in der seiner GmbH, liegt eine Mehrfachberücksichtigung vor, auch wenn das FA bei der Veranlagung dies aus den Bilanzen nicht erkennen konnte, BFH vom 28. 03. 1985 BStBl II 1986, 120.

2088   Die Mehrfachberücksichtigung muss in **mehreren Steuerbescheiden** erfolgt sein, wobei nur einer der betroffenen Steuerbescheide und die darin angeordnete Rechtsfolge zutreffend ist. Ist dagegen ein bestimmter Sachverhalt in einem Steuerbescheid mehrfach berücksichtigt worden, gilt § 174 Abs. 1 bzw. 2 AO nicht. Der fehlerhafte Steuerbescheid muss dann nach einer anderen Korrekturvorschrift korrigiert werden, soweit dies möglich ist.

Mehrere Steuerbescheide liegen beispielsweise vor, wenn gegen zusammenveranlagte Ehegatten (§§ 26, 26 b EStG) als Gesamtschuldner (§ 44 Abs. 1 Satz 1 AO) zusammengefasste Steuerbescheide gem. § 155 Abs. 3 AO ergehen. Dabei handelt es sich formal um die Zusammenfassung zweier Bescheide zu einer nur äußerlich gemeinsamen Festsetzung (vgl. AEAO zu § 122 Nr. 2.1.1).

Aufgrund der Verselbstständigung des Feststellungsverfahrens (§§ 179 ff. AO) ist eine Berücksichtigung in mehreren Bescheiden auch gegeben, wenn ein bestimmter Sachverhalt sowohl im Feststellungsbescheid als Grundlagenbescheid (§ 171 Abs. 10 Satz 1 AO) als auch im Steuerbescheid als Folgebescheid (§ 182 Abs. 1 Satz 1 AO) erfasst ist. Als Korrekturvorschrift kommt daneben in derartigen Fällen § 175 Abs. 1 Satz 1 Nr. 1 AO in Betracht (BFH vom 10. 06. 1999 BStBl II 1999, 545; a. A. Tiedtke DStZ 2000, 353).

BEISPIELE

(Vgl. BFH vom 13. 11. 1996 BStBl II 1997, 170.)
Ein Stpfl. ist an einer Personengesellschaft beteiligt und betreibt ein Einzelunternehmen. Betriebsausgaben werden sowohl als Sonderbetriebsausgaben im Feststellungsbescheid, als auch als solche des Einzelunternehmers berücksichtigt, sodass sie sich ausschließlich im ESt-Bescheid mehrfach ausgewirkt haben.
LÖSUNG Der BFH bejaht die Korrektur des ESt-Bescheides gem. § 174 Abs. 2 AO, weil der ESt-Bescheid und der Feststellungsbescheid zwei verschiedene Bescheide sind und der Sachverhalt nur einmal berücksichtigt werden durfte. Herauszunehmen ist die Betriebsausgabe, wie sie sich im Einzelunternehmen ausgewirkt hat, weil die Besteuerungsmerkmale im Feststellungsbescheid bindend (§ 182 Abs. 1 Satz 1 AO) im Folgebescheid anzusetzen sind. Eine Korrektur nach § 175 Abs. 1 Satz 1 Nr. 1 AO ist m. E. ebenfalls möglich.

Eine Mehrfachberücksichtigung liegt dagegen nicht vor, wenn sich ein Sachverhalt bei einem Stpfl. steuererhöhend, bei dem anderen Stpfl. steuermindernd auswirkt (z. B. Zinszahlungen). Der Gesetzeswortlaut ist eindeutig. Es fehlt sowohl an Mehrfachberücksichtigung zuungunsten des Stpfl. (§ 174 Abs. 1 AO), als auch zugunsten des Stpfl. (§ 174 Abs. 2 AO). Eine analoge Anwendung scheitert daran, dass die in der mehrfachen Erfassung eines bestimmten Sachverhalts liegenden Unrichtigkeiten sich einander zwingend ausschließen müssen. Die Erfassung der Zinseinnahmen bei dem einen führt nicht zwingend zur Anerkennung der Zinsaufwendungen als Betriebsausgaben oder Werbungskosten bei dem anderen (und umgekehrt, vgl. auch BFH vom 07. 07. 2004 BStBl II 2005, 145). Ein solches **Korrespondenzprinzip** wäre mit dem Grundsatz der Individualbesteuerung **unvereinbar** (vgl. BFH vom 02. 08. 1994 BStBl II 1995, 264). Ebenso hat der BFH bei mangelnder Übereinstimmung in der Behandlung von Leistungsbeziehungen i. S. d. §§ 10 Abs. 1a Nr. 1, 22 Nr. 1a EStG (vgl. BFH vom 26. 01. 1994 BStBl II 1994, 597 sowie BFH vom 20. 09. 1995 BFH/NV 1996, 288) und bei Ansatz von Forderungen bei dem einen und Verbindlichkeiten bei dem anderen Stpfl. (vgl. BFH vom 11. 07. 1991 BStBl II 1992, 126) entschieden.

Auch fehlt es an einer Mehrfachberücksichtigung, wenn ein Sachverhalt (z. B. Werbungskosten) in keinem Bescheid Berücksichtigung gefunden hat (vgl. Gesetzeswortlaut). Der BFH (BFH vom 27. 08. 1996 BFH/NV 1997, 273) lehnt eine analoge Anwendung auf diese Fälle ab. Hier liegt eine Nichtberücksichtigung vor, die allenfalls unter den Voraussetzungen des § 174 Abs. 3 Satz 1 AO (»erkennbar«) korrigiert werden kann.

3.7.3.2 Mehrfachberücksichtigung zuungunsten des Steuerpflichtigen (§ 174 Abs. 1 AO)

Der fehlerhafte Steuerbescheid ist auf Antrag des Stpfl. hin **aufzuheben oder zu ändern**; der rechtmäßige Steuerbescheid kann nicht nach § 174 Abs. 1 AO korrigiert werden, selbst wenn der rechtswidrige Steuerbescheid nicht mehr änderbar ist (z. B. wegen Ablauf der Festsetzungsfrist, vgl. BFH vom 17. 05. 2006 BFH/NV 2006, 1611). Die Finanzbehörde hat im Rahmen ihrer Mitwirkungspflicht den Stpfl. auf die Möglichkeit des Antrags hinzuweisen. Hat der Stpfl. fälschlich nur einen Antrag auf Änderung des rechtmäßigen Steuerbescheides gestellt, ist der Antrag als Antrag auf Beseitigung der widerstreitenden Festsetzung zu behandeln (vgl. AEAO zu § 174 Nr. 2). Der Stpfl. muss nicht wissen, welches der fehlerhafte Steuerbescheid ist. Der Antrag kann gestellt werden, solange die Festsetzungsfrist für den zu ändernden Bescheid nicht abgelaufen ist oder bis zum Ablauf eines Jahres, nachdem der letzte der betroffenen Steuerbescheide unanfechtbar geworden ist (§ 174 Abs. 1 Satz 2 AO). Wird der Antrag rechtzeitig gestellt,

2089

steht der Aufhebung oder Änderung des Steuerbescheides insoweit keine Frist, also auch nicht bei Festsetzungsfrist, entgegen (§ 174 Abs. 1 Satz 3 AO).

> **BEISPIEL**
>
> Ein Stpfl. gibt im Kalenderjahr 02 die ESt-Erklärung für 01 ab und erklärt u. a. fälschlicherweise Zinseinnahmen i. H. v. 10 000 €. Die entsprechend der Erklärung erfolgte Steuerfestsetzung greift er nicht mit Einspruch an. Die ESt-Erklärung für 02 gibt er im Kalenderjahr 03 ab. Der Steuerbescheid 02 wird am 10. 10. 06 bekannt gegeben, in dem richtigerweise obige Zinseinnahmen i. H. v. 10 000 € nochmals angesetzt sind.
>
> **LÖSUNG** Ein Einspruch gegen den ESt-Bescheid 02 wäre erfolglos, da die Steuerfestsetzung richtig ist. Der Stpfl. kann aber beantragen, die fehlerhafte Steuerfestsetzung 01 zu ändern, weil die Zinseinnahmen mehrfach berücksichtigt worden sind. Er kann den Antrag bis zum 10. 11. 07 stellen (10. 10. 06 + 1 Monat Rechtsbehelfsfrist + 1 Jahr gem. § 174 Abs. 1 Satz 2 AO). Die Festsetzungsfrist (reguläres Fristende: 31. 12. 06) läuft bei rechtzeitigem Antrag insoweit nicht ab (§ 174 Abs. 1 Satz 3 AO).

Die Antragsfrist des § 174 Abs. 1 Satz 2 AO als gesetzliche Frist ist wiedereinsetzungsfähig (§ 110 AO).

3.7.3.3 Mehrfachberücksichtigung zugunsten des Steuerpflichtigen (§ 174 Abs. 2 AO)

2090   Sind bestimmte Sachverhalte mehrfach zugunsten eines Stpfl. berücksichtigt worden, z. B. Werbungskosten, Betriebsausgaben, Sonderausgaben, ist der **fehlerhafte Bescheid aufzuheben oder zu ändern,** was sich zuungunsten des Stpfl. auswirkt. Es spielt hierbei keine Rolle, ob die Doppelberücksichtigung irrtümlich (unbewusst) erfolgt ist; auch die bewusst herbeigeführte widerstreitende Steuerfestsetzung führt zur Änderung, BFH vom 16. 09. 1995 BStBl II 1996, 148. Ein Antrag ist logischerweise nicht erforderlich, die Korrektur ist von Amts wegen vorzunehmen. Zum Schutze des Stpfl. darf der fehlerhafte Steuerbescheid nur dann korrigiert werden, wenn der **Fehler auf** einen Antrag, Erklärung oder sonstige **Mitteilung des Stpfl. oder seines Bevollmächtigten zurückzuführen** ist (§ 174 Abs. 2 Satz 2 AO, vgl. AEAO zu § 174 Nr. 3, BFH vom 13. 11. 1996 BStBl II 1997, 170 und Große, DStZ 1989, 615). Dem FA darf, nachdem der Stpfl. den Sachverhalt richtig geschildert hat, kein Fehler bei der Anwendung des Rechts unterlaufen sein. § 174 AO soll nicht zur Aufhebung von Rechtsanwendungsfehlern führen und dadurch den Gedanken des § 177 AO aushöhlen. Ist die Fehlerhaftigkeit des Steuerbescheides sowohl auf die Erklärung des Stpfl. als auch auf den Rechtsanwendungsfehler des FA zurückzuführen, kommt es darauf an, welche Ursache überwiegt. Hat der Stpfl. eine unrichtige Erklärung abgegeben, darf er sich in der Regel nicht auf Ermittlungsfehler des FA berufen, BFH vom 22. 09. 1983 BStBl II 1984, 510. Wer überwiegend die Fehlerhaftigkeit des Steuerbescheides verursacht hat, darf nicht auf die Bestandskraft vertrauen, BFH vom 24. 06. 2004 BFH/NV 2005, 1. Mit dem Hinweis auf § 174 Abs. 1 AO übernimmt § 174 Abs. 2 AO auch das Hinausschieben des Verjährungseintrittes. § 174 Abs. 1 Satz 2 AO (§ 174 Abs. 1 Satz 3 AO passt mangels Antrag bei § 174 Abs. 2 AO nicht) gilt sinngemäß.

> **BEISPIEL**
>
> Ein Ehepaar wird antragsgemäß für das Kalenderjahr 01 getrennt veranlagt. Die Ehefrau macht ebenfalls eine vom Ehemann geleistete abzugsfähige Spende (§ 10b EStG) geltend, da sie den Beleg in den Händen hat und in gutem Glauben ist, sie habe das Geld aufgewandt. Die ESt-Bescheide 01 wurden der Ehefrau am 05. 05. 03, dem Ehemann am 06. 06. 06 bekannt gegeben.

LÖSUNG Die Steuerfestsetzung gegen die Ehefrau ist gem. § 174 Abs. 2 AO zu ihrem Nachteil zu ändern. Ein Sachverhalt (Spendenzahlung) wurde zugunsten der Ehefrau und des Ehemanns – also mehrfach – berücksichtigt. Die Gewährung der Spende ist auf ihren Antrag zurückzuführen. Ein Rechtsanwendungsfehler des FA ist nicht erkennbar, denn die Ehefrau hat eine Spende nachgewiesen. Die Änderung kann bis zum 06. 07. 07 (ein Jahr, nachdem der letzte der betroffenen Steuerbescheide unanfechtbar geworden ist, also 06. 06. 06 + 1 Monat + 1 Jahr) erfolgen.

Hinweis: Als Änderungsgrundlage kommt auch § 173 Abs. 1 Nr. 1 AO in Betracht, wenn das FA bei Gewährung der Spende nicht wissen konnte, dass diese Spende vom Ehemann geleistet wurde. In diesem Falle ist § 174 Abs. 2 AO vor allem dann anzuwenden, wenn der Eintritt der Festsetzungsverjährung (reguläres Fristende mit Ablauf des 31. 12. 06) eine Änderung nach § 173 Abs. 1 Nr. 1 AO verbietet.

3.7.4 Nichtberücksichtigung eines bestimmten Sachverhalts

Die Absätze 3 und 4 des § 174 AO regeln die Nichtberücksichtigung eines bestimmten Sachverhalts (sog. **negativer Widerstreit**). Die Steuerfestsetzung kann entsprechend nachgeholt, aufgehoben oder geändert werden, wenn die Finanzbehörde einen Sachverhalt erkennbar in unrichtiger Annahme nicht berücksichtigt (§ 174 Abs. 3 AO) oder wenn ein Steuerbescheid aufgrund irriger Beurteilung eines Sachverhalts auf Rechtsbehelf oder Antrag des Stpfl. hin aufgehoben oder geändert wird (§ 174 Abs. 4 AO). **2091**

3.7.4.1 Nichtberücksichtigung eines Sachverhalts im Hinblick auf einen anderen Bescheid (§ 174 Abs. 3 AO)

§ 174 Abs. 3 AO bestimmt, dass die Steuerfestsetzung, bei der die Berücksichtigung eines Sachverhalts unterblieben ist und bei der dies **erkennbar** in der Annahme geschah, der Sachverhalt sei in einem anderen Bescheid zu berücksichtigen, insoweit nachgeholt, aufgehoben oder geändert werden kann, wenn sich diese Annahme als unrichtig herausstellt. Diese Regelung gilt sowohl zugunsten (z. B. Sonderausgaben wurden nicht berücksichtigt) als auch zu Lasten (z. B. Einnahmen sind unberücksichtigt geblieben) des Stpfl. Die Bestimmung hat besondere Bedeutung für die ESt-Besteuerung, weil diese dem Prinzip der Abschnittsbesteuerung folgt und sich hieraus ergeben kann, dass ein steuerlicher Sachverhalt richtigerweise in einem anderen Veranlagungszeitraum hätte berücksichtigt werden müssen. Die Vorschrift soll verhindern, dass ein steuererhöhender oder steuermindernder Vorgang überhaupt nicht berücksichtigt wird, BFH vom 27. 05. 1993 BStBl II 1994, 76. **2092**

§ 174 Abs. 3 AO ist eine Ermessensvorschrift (»kann«), vgl. Tipke/Kruse, AO/FGO, § 174 AO, Rz. 13; das Ermessen ist jedoch wegen des Grundsatzes der Gleichmäßigkeit der Besteuerung (§ 85 Satz 1 AO) eingeschränkt.

§ 174 Abs. 3 AO setzt die Nichtberücksichtigung eines bestimmten Sachverhalts voraus. Es werden die Fälle geregelt, in denen ein Sachverhalt deshalb (also kausal) unberücksichtigt blieb, weil das FA (d. h. der zuständige Amtsträger) rechtsirrig annahm, dass dieser in einem zukünftig noch zu erlassenen anderen Steuerbescheid gegenüber dem Stpfl. oder bei einem anderen Stpfl. zu berücksichtigen sei. Aus Gründen des Vertrauensschutzes muss diese Annahme für den Stpfl. erkennbar sein. Die Erkennbarkeit kann sich entweder aus dem Steuerbescheid selbst, aus anderen dem Stpfl. vorliegenden Unterlagen (z. B. Prüfungsbericht) oder aus dem gesamten Sachverhaltsablauf (BFH vom 15. 10. 1998 IV B 15/98 BFH/NV 1999, 449) ergeben.

Die Annahme der Finanzbehörde, der Sachverhalt sei in einem anderen Steuerbescheid zu erfassen, muss außerdem auch für die Nichtberücksichtigung **kausal** gewesen sein. Die erforderliche Kausalität fehlt z. B. wenn die Nichtberücksichtigung des Sachverhalts auf der rechtlichen Beurteilung des FA beruht, der Sachverhalt sei weder in diesem noch in einem anderen Steuerbescheid zu berücksichtigen (vgl. BFH vom 09. 04. 2003 BFH/NV 2003, 1035) oder, wenn der zu berücksichtigende Sachverhalt dem FA nicht bekannt war.

Stellt sich diese Annahme später als unrichtig heraus und wird daher der Sachverhalt in dem später erlassenen Steuerbescheid nicht berücksichtigt, ist entweder der Steuerbescheid, der wegen der irrigen Annahme zunächst unterblieben ist, nachzuholen oder der wegen der irrigen Annahme rechtswidrig erlassene Steuerbescheid ist aufzuheben oder zu ändern. Diese Maßnahme ist nur zulässig innerhalb der Festsetzungsfrist, die für die andere Steuerfestsetzung gilt (§ 174 Abs. 3 Satz 2 AO).

BEISPIEL

Das FA erlässt den ESt-Bescheid 01 gegen einen Stpfl., ohne die von ihm erklärten Einnahmen aus Vermietung und Verpachtung zu erfassen, weil es diese im Kalenderjahr 02 berücksichtigen will. Das FA teilt dies dem Stpfl. mit. Bei Erlass des ESt-Bescheides 02, die Erklärung war im Kalenderjahr 04 abgegeben worden, erkennt nunmehr das FA, dass die Einnahmen doch in das Kalenderjahr 01 gehören.

LÖSUNG Das FA hat den ESt-Bescheid 02 ohne diese Einnahmen aus Vermietung und Verpachtung zu erlassen. Den unanfechtbaren ESt-Bescheid 01 kann das FA gem. § 174 Abs. 3 AO ändern, indem es die Einnahmen ansetzt. Der Fehler des FA war für den Stpfl. durch die Mitteilung erkennbar. Die Änderung ist zeitlich bis zum Ablauf des Kalenderjahres 08 (reguläres Ende der Festsetzungsfrist der ESt 02) möglich.

§ 174 Abs. 3 AO ist auch anwendbar, wenn das FA aufgrund der irrigen Annahme für das Kalenderjahr 01 keinen ESt-Bescheid erteilt hat (dann kann der ESt-Bescheid bis zum Ablauf des Kalenderjahr 08 nachgeholt werden) oder für das Kalenderjahr 02 keinen Steuerbescheid erteilt, weil die Einnahmen in das Kalenderjahr 01 gehören, BFH vom 29. 05. 2001 BStBl II 2001, 743.

2093 Die Verwaltung wendet aus Billigkeitsgründen § 174 Abs. 3 AO auch an, wenn sich Rechtsprechung oder Verwaltungsmeinung ändern und der Stpfl. die früher geltende Rechtsansicht kannte und in seiner Steuererklärung berücksichtigt hat.

BEISPIEL

A hat zur Begleichung von außergewöhnlichen Belastungen (§ 33 EStG) in 01 ein Darlehen i. H. v. 10 000 € aufgenommen, welches er in den Kalenderjahr 02–06 gleichmäßig tilgen muss. Entsprechend der Verwaltungsmeinung (EStR 01) macht er die Aufwendungen nicht im Kalenderjahr 01 geltend, sondern setzt die Tilgungsbeträge in den Folgejahren an. Im Kalenderjahr 04 entscheidet der BFH, dass fremdfinanzierte Aufwendungen auch dann im Veranlagungszeitraum der Verausgabung als außergewöhnliche Belastung zu berücksichtigen sind, wenn die Tilgung des Darlehens erst in späteren Jahre erfolgt.

LÖSUNG Der ESt-Bescheid 01 kann gem. § 174 Abs. 3 AO geändert werden, die aus Darlehensmitteln gezahlten Aufwendungen sind anzusetzen. Die folgenden Bescheide können gem. § 174 Abs. 2 AO zuungunsten geändert werden, soweit sich die Tilgungsbeträge wegen der zumutbaren Eigenbelastung ausgewirkt haben.

Nach dem Urteil des BFH vom 27. 05. 1993 (BStBl II 1994, 76) ist § 174 Abs. 3 AO sinngemäß anzuwenden, wenn die steuerlichen Folgen eines Sachverhalts zeitversetzt erkennbar in einem späteren Veranlagungszeitraum berücksichtigt werden sollen, eine solche Berücksichtigung aber materiell-rechtlich nicht möglich ist. So kann z. B. ein Gewinn durch Bildung einer Rücklage nach § 6 b EStG zunächst unberücksichtigt bleiben. Ist diese Annahme irrig, so kann der rechtlich fehlerhafte Bescheid geändert werden, um zu vermeiden, dass der Gewinn nirgends berücksichtigt werden kann (negativer Widerstreit).

Im Prinzip könnte dasselbe gelten, wenn das FA eine Besteuerung unterlässt, weil nach geltender Rechtslage die Besteuerung erst später eintritt, die spätere Besteuerung wegen Änderung der Rechtsprechung aber nicht mehr möglich ist (z. B. Betriebsaufspaltung und Änderung der Rechtsprechung). Die denkbare Änderung nach § 174 Abs. 3 AO (str.) läuft aber ins Leere, weil sich der Stpfl. auf den Vertrauensschutz des § 176 Abs. 1 Nr. 3 AO (vgl. Rz. 2168) berufen kann (vgl. Ellesser/Lahme DB 2001, 2419).

BEISPIEL

Das FA rechnet für das Kalenderjahr 01, entsprechend eines BMF-Schreibens, erkennbar ein Grundstück nach wie vor dem Betriebsvermögen des Steuerpflichtigen zu und unterlässt daher die Besteuerung eines Entnahmegewinns. Im Kalenderjahr 03 ändert die Finanzverwaltung, nach Ergehen eines BFH-Urteils, ihre Auffassung. Das Grundstück wäre im Kalenderjahr 01 als Privatvermögen zu behandeln gewesen. Das FA möchte den ESt-Bescheid nach § 174 Abs. 3 AO korrigieren.

LÖSUNG Es ist bereits höchst zweifelhaft, ob § 174 Abs. 3 AO die Rechtsgrundlage bietet, BFH vom 18. 08. 2005 BStBl II 2006, 158. Schließlich wollte das FA aufgrund des vorliegenden Sachverhalts den Entnahmegewinn nicht in einem späteren Bescheid erfassen. Alleine die Erwartung des FA, die Entnahme aufgrund irgendeines zukünftigen Sachverhalts zu besteuern, reicht m. E. für die Anwendung des § 174 Abs. 3 AO nicht aus. Aber selbst wenn eine Korrektur dem Grunde nach zulässig sein sollte, scheitert diese am Vertrauensschutz des § 176 Abs. 2 AO.

3.7.4.2 Änderung von Steuerbescheiden nach erfolgreichem Rechtsbehelf oder Antrag des Steuerpflichtigen (§ 174 Abs. 4 und 5 AO)

3.7.4.2.1 Korrektur nach § 174 Abs. 4 AO

Auch § 174 Abs. 4 AO gestattet einen bestimmten Sachverhalt nachträglich noch zu erfassen, um dessen Nichtberücksichtigung zu verhindern. Nach dieser Vorschrift kann die Finanzbehörde nachträglich durch Erlass oder Änderung eines oder mehrerer Steuerbescheide die richtigen steuerlichen Folgerungen ziehen, wenn aufgrund irriger Beurteilung ein Bescheid ergangen war, der anlässlich eines Rechtsbehelfs oder sonst auf Antrag zugunsten des Stpfl. korrigiert worden ist. Wer erfolgreich für seine Rechtsansicht gestritten hat, muss auch die damit verbundenen Nachteile hinnehmen, BFH vom 10. 03. 1999 BStBl II 1999, 475. Eine irrige Beurteilung eines Sachverhalts bedeutet, dass sich die Beurteilung eines bestimmten Sachverhalts nachträglich durch die den Bescheid aufhebende Stelle (FA oder Gericht) als unrichtig erweist. Ob der Fehler im Tatsächlichen oder im Rechtlichen liegt, ist unerheblich, BFH vom 02. 05. 2001 BStBl II 2001, 562. Diese Vorschrift weicht von § 174 Abs. 3 AO insoweit ab, als es nicht darauf ankommt, ob die Nichtberücksichtigung für den Stpfl. erkennbar war. Vielmehr muss der **Stpfl. selbst den Anlass** dafür gegeben haben, dass ein bestimmter **Sachverhalt nicht berücksichtigt werden kann**, indem er zu Recht begehrt, den fehlerhaften Bescheid zu seinen Gunsten zu ändern. Er kann dies tun durch einen Antrag auf Änderung (z. B. § 164 Abs. 2 Satz 1 AO) oder Einlegung eines Rechtsbehelfs (z. B. Einspruch nach § 347 Abs. 1 AO, Klage nach § 40 ff. FGO). Die Finanzbehörde kann die richtigen steuerlichen Folgerungen ziehen, indem sie dem Begehren des Stpfl. ganz oder teilweise stattgibt, gleichzeitig aber einen oder mehrere Bescheide zu seinen Ungunsten ändert (vgl. BFH vom 21. 10. 1993 BStBl II 1994, 385; BFH vom 19. 05. 2005 BStBl II 2005, 637).

§ 174 Abs. 4 und Abs. 3 AO können nebeneinander anwendbar sein.

2094

BEISPIEL
Vgl. Beispiel Rz. 2092.
Das FA weist jedoch nicht darauf hin, dass die Einnahmen aus Vermietung und Verpachtung im Kalenderjahr 02 angesetzt werden sollen. Der Stpfl. lässt den ESt-Bescheid 01 unanfechtbar werden. Den ESt-Bescheid 02 greift er mit dem Einspruch an.
LÖSUNG Das FA hat dem Einspruch gegen den ESt-Bescheid 02 zugunsten des Stpfl. abzuhelfen. Die Einnahmen sind im ESt-Bescheid 01 anzusetzen, der Bescheid ist zuungunsten des Stpfl. gem. § 174 Abs. 4 Satz 1 AO zu ändern.

2094a   Das Einlegen eines Rechtsbehelfs oder Stellen eines Antrags allein reicht noch nicht für eine Folgeänderung nach § 174 Abs. 4 Satz 1 AO aus. Aus dem Tatbestandsmerkmal »**nachträglich**« folgt, dass die Berechtigung zur Korrektur erst und nur dann besteht, wenn der angegriffene Steuerbescheid bereits aufgehoben oder geändert worden ist (BFH vom 10. 11. 1997 BStBl II 1998, 83) und zwar auf Veranlassung des Stpfl. **zu** seinen **Gunsten**.

Voraussetzung für eine Änderung nach § 174 Abs. 4 Satz 1 AO ist, dass aus einem bestimmten Sachverhalt, dessen irrige Beurteilung Anlass für die Änderung eines – oder mehrerer – Steuerbescheide zugunsten des Stpfl. gewesen ist, steuerrechtliche Folgerungen in einem anderen gegenüber dem Stpfl. ergangenen Steuerbescheid zu ziehen sind. Der Begriff des bestimmten Sachverhalts ist nicht auf eine einzelne steuererhebliche Tatsache beschränkt, sondern erfasst den einheitlichen, für diese Besteuerung maßgeblichen Sachverhaltskomplex. Im Gegensatz zu § 174 Abs. 1 bis 3 AO enthält § 174 Abs. 4 AO nicht das Merkmal, dass ein bestimmter Sachverhalt sich nur einmal auswirken darf, insofern ist der Grundsatz der Abschnittsbesteuerung durchbrochen.

BEISPIEL
(Vgl. BFH vom 18. 02. 1997 BStBl II 1997, 647.)
Ein Stpfl. hatte bei Einkünften aus einem Gewerbebetrieb für die Kalenderjahre 01 bis 03 Verluste erklärt, im Kalenderjahr 04 dagegen positive Einkünfte. Das FA ging von der fehlenden Einkünfteerzielungsabsicht aus, versagte die Anerkennung der Verluste für 01 bis 03 und setzte folgerichtig die positiven Einkünfte in 04 ebenfalls nicht an. Auf den Einspruch des Stpfl. wegen der Nichtanerkennung der Verluste für 01 bis 03 änderte das FA die Rechtsansicht und erkannte die Verluste an. Nunmehr möchte es in dem bestandskräftigen ESt-Bescheid 04 die positiven Einkünfte ansetzen.
LÖSUNG Das FA hatte den bestimmten Sachverhalt hinsichtlich der Einkünfteerzielungsabsicht unrichtig beurteilt. Hinsichtlich der Kalenderjahre 01 bis 03 hat es die steuerlichen Folgen gezogen. Damit kann es nunmehr für das Kalenderjahr 04 die Konsequenzen ziehen und die Einkünfte in 04 berücksichtigen. Es ist dabei unerheblich, dass die Besteuerung der Kalenderjahre 01 bis 03 nicht zwingend die rechtliche Beurteilung für das Kalenderjahr 04 voraussetzt (wie § 174 Abs. 1 bis 3 AO), denn wegen des Grundsatzes der Abschnittsbesteuerung ist jedes Kalenderjahr für sich zu beurteilen. Laut BFH genügt für die Anwendung von § 174 Abs. 4 Satz 1 AO vielmehr, dass ein Sachverhaltskomplex zu beurteilen ist, der einen einheitlichen Lebensvorgang darstellt. Da die Frage der Einkünfteerzielungsabsicht, die das Anstreben eines steuerlichen Totalgewinns voraussetzt, erst nach Ablauf eines längeren Zeitraums und damit abschnittsübergreifend beantwortet werden kann, liegt hier ein einheitlicher Lebensvorgang vor, der berechtigt, die steuerrechtlichen Folgerungen durch Anwendung von § 174 Abs. 4 Satz 1 AO zu ziehen.

2094b   Wird dem Begehren des Stpfl. stattgegeben, weil der steuerrelevante Sachverhalt in einem anderen Steuerbescheid zu erfassen sei, so löst diese Entscheidung die Möglichkeit aus, die richtigen Rechtsfolgen durch Erlass eines auf § 174 Abs. 4 Satz 1 AO gestützten Änderungsbescheid zu ziehen. Die Entscheidung entfaltet aber keine Bindungswirkung bezüglich des »richtigen«

Steuerbescheides. Der Änderungsbescheid kann also wiederum angefochten werden mit dem Ziel, den steuerrelevanten Sachverhalt in einem anderen (jedoch nicht dem ursprünglichen) Steuerbescheides zu berücksichtigen (FG Düsseldorf vom 15.05.1997 EFG 1997, 1352). Sofern in einem Feststellungsbescheid mehrere anfechtbare Besteuerungsgrundlagen enthalten sind, kann die Korrektur einer Besteuerungsgrundlage gleichzeitig zu einer Änderung der anderen Besteuerungsgrundlage im selben Feststellungsbescheid führen, z. B. im Verhältnis eines laufenden Gewinns zum Aufgabegewinn, BFH vom 08.06.2001 BStBl II 2001, 89.

Inwieweit dieser Grundsatz auch gilt, wenn ein Finanzgericht eine Besteuerungsgrundlage herabsetzt, wegen des im finanzgerichtlichen Verfahren geltenden Verböserungsverbots die volle Konsequenz bei der anderen Besteuerungsgrundlage jedoch nicht ziehen darf, ist eine Frage des Streitgegenstandes (vgl. von Wedelstädt DB 2001, 11 mit Hinweis auf BFH vom 08.06.2000 BFH/NV 2000, 1517).

Die Folgeänderung nach § 174 Abs. 4 Satz 1 AO setzt nicht voraus, dass die Auswirkungen **2095** der Änderung zugunsten und der Änderung zuungunsten des Stpfl. einander aufheben, BFH vom 19.05.2005 BStBl II 2005, 637. Die fehlerhafte Besteuerung ist auch dann beseitigt, wenn der Saldo zwischen der Änderung zugunsten und der gleichzeitigen Änderung zuungunsten zu einer Steuermehrbelastung führen.

BEISPIEL

Ein Stpfl. wendet sich zu Recht gegen die Besteuerung seiner Vermietungseinkünfte im Kalenderjahr 02. Das FA gibt dem Einspruch statt und erfasst nunmehr die Einkünfte gem. § 174 Abs. 4 Satz 1 AO materiell zu Recht im Kalenderjahr 01. Insgesamt ist diese Besteuerung für den Stpfl. ungünstiger, weil er im Kalenderjahr 01 einer höheren Steuerprogression unterliegt und er die Steuernachforderung verzinsen muss (§ 233a AO).

LÖSUNG Für die Korrektur nach § 174 Abs. 4 Satz 1 AO ist unbeachtlich, dass die steuerliche Auswirkung insgesamt für den Stpfl. ungünstiger ist. Die Stattgabe des Einspruchs für das Kalenderjahr 02 stellt auch keine Verböserung (§ 367 Abs. 2 Satz 2 AO) dar, denn für das Kalenderjahr (Streitjahr) 02 wurde der ESt-Bescheid zugunsten des Stpfl. geändert.

Eine Folgeänderung ist dagegen zu versagen, wenn sich durch die durch einen Rechtsbehelf erwirkte Änderung eines Steuerbescheides zugunsten des Stpfl. weitere gleichartige Änderungen anderer Steuerbescheide zugunsten des Stpfl. ergeben würden, BFH vom 10.03.1999 BStBl II 1999, 475. § 174 Abs. 4 Satz 1 AO bezweckt nur den Ausgleich einer zugunsten des Stpfl. eingetretenen Änderung (a. A. von Wedelstädt DB 2005, 184, weil dies nicht aus dem Gesetz folgt). Die Änderung nach § 174 Abs. 4 Satz 1 AO kann also immer nur zuungunsten des Stpfl. sein.

Die Korrektur nach § 174 Abs. 4 Satz 1 AO ist davon abhängig, ob der Stpfl. oder das FA den Fehler veranlasst hat, BFH vom 28.02.2002 BFH/NV 2002, 1010. Sie ist nicht möglich, wenn der auf Veranlassung des Stpfl. korrigierte Steuerbescheid vom FA bewusst unrichtig erlassen worden ist.

BEISPIEL

Das FA erfasst positive Einkünfte des Kalenderjahres 01 nicht, weil es annimmt, diese gehören zum Kalenderjahr 02, ohne es für den Stpfl. erkennbar zu machen. Als das FA bei der Veranlagung des Kalenderjahres 02 merkt, dass die Einkünfte doch in das Kalenderjahr 01 gehören, berücksichtigt es diese dennoch im Kalenderjahr 02 in der Erwartung, dass der Stpfl. Einspruch einlegt und damit die Korrekturmöglichkeit des ESt-Bescheides für das Kalenderjahr 01 eröffnet.

LÖSUNG Die Erfassung der Einkünfte im Kalenderjahr 02 erfolgte bewusst unrichtig und nicht irrig, daher ist eine Korrektur des ESt-Bescheides 01 nach § 174 Abs. 4 Satz 1 AO nicht möglich.

2095a   Die Vorschrift des § 174 Abs. 4 Satz 1 AO ist **lückenhaft**, weil sie nicht gilt, wenn der Bescheid **ohne Rechtsbehelf oder Antrag** des Stpfl. geändert wird. Solche Fälle sind vornehmlich bei Betriebsprüfungen denkbar (vgl. BFH vom 20. 09. 1995 BFH/NV 1996, 288, Rz. 2104).

2096   Der Erlass oder die Änderung des Steuerbescheides gem. § 174 Abs. 4 Satz 1 AO hat innerhalb der **Festsetzungsfrist** zu erfolgen. Ist die Festsetzungsfrist bereits abgelaufen, greift § 174 Abs. 4 Satz 3 AO. Danach dürfen die richtigen steuerlichen Folgen noch innerhalb eines Jahres nach Aufhebung oder Änderung des fehlerhaften Steuerbescheides gezogen werden.

> **BEISPIELE**
>
> a) Die ESt-Erklärung für 01 ist im Kalenderjahr 02, die ESt-Erklärung für 02 im Kalenderjahr 03 abgegeben worden. Der ESt-Bescheid 02 wird auf den Einspruch des Stpfl. hin wegen irriger Beurteilung eines bestimmten Sachverhaltes am 06. 06. 06 (Tag der Bekanntgabe der Einspruchsentscheidung) zu dessen Gunsten korrigiert.
>
> **LÖSUNG** Der ESt-Bescheid 01 (reguläres Fristende mit Ablauf des 31. 12. 06) kann gem. § 174 Abs. 4 Sätze 1 und 3 AO bis zum 06. 06. 07 geändert werden.
>
> War dagegen die Festsetzungsfrist für die ESt 01 bereits abgelaufen, als der später zugunsten des Stpfl. geänderte ESt-Bescheid 02 erlassen wurde, greift § 174 Abs. 4 Satz 4 AO. Danach gilt § 174 Abs. 4 Satz 3 AO nur unter den Voraussetzungen des § 174 Abs. 3 Satz 1 AO, wobei alle Tatbestandsmerkmale des § 174 Abs. 3 Satz 1 AO (nicht nur die Erkennbarkeit) erfüllt sein müssen. Anderenfalls kommt es nicht zu einer Verschiebung des Fristendes auf den 06. 06. 07. Sind die Voraussetzungen des § 174 Abs. 3 Satz 1 AO nicht erfüllt, darf der Stpfl. darauf vertrauen, dass der wegen der Verjährung bereits erloschene ESt-Anspruch 01 (§ 47 AO) nicht nochmals auflebt.
>
> b) Wie Beispiel a), nur ist der ESt-Bescheid 02 am 02. 02. 07 erlassen und mit Bekanntgabe am 10. 10. 07 auf Einspruch hin zugunsten des Stpfl. geändert worden.
>
> **LÖSUNG** Da die Festsetzungsfrist für die ESt 01 bereits am 31. 12. 06 abgelaufen ist, greift die Ablaufhemmung des § 174 Abs. 4 Satze 3 AO nicht ein. Eine Änderung des ESt-Bescheides 01 nach § 174 Abs. 4 Satz 1 AO ist dann grds. nicht mehr möglich.
>
> Eine Ausnahme macht § 174 Abs. 4 Satz 4 AO nur, wenn die Voraussetzungen des § 174 Abs. 3 Satz 1 AO erfüllt sind, insbesondere also für den Stpfl. erkennbar war, dass z. B. Einnahmen im ESt-Bescheid 01 nicht angesetzt worden sind, weil sie in das Kalenderjahr 02 gehören. Greift § 174 Abs. 4 Satz 4 AO, ist die Ablaufhemmung des § 174 Abs. 4 Satz 3 AO anwendbar. Der ESt-Bescheid 01 kann noch innerhalb eines Jahres nach Änderung des fehlerhaften ESt-Bescheides 02, also bis zum 10. 10. 08, geändert werden.
>
> Da die Erkennbarkeit gegeben ist, greift dann auch § 174 Abs. 3 Satz 1 AO als Änderungsgrundlage ein. Hier wäre die Festsetzungsfrist bereits mit Ablauf des 31. 12. 07 (Festsetzungsfristende der ESt 02) abgelaufen (§ 174 Abs. 3 Satz 2 AO).

Bei einer Aufhebung oder Änderung des Steuerbescheides durch ein finanzgerichtliches Urteil beginnt die Jahresfrist des § 174 Abs. 4 Satz 3 AO erst mit Rechtskraft des Urteils, BFH vom 15. 06. 2004 BStBl II 2004, 914. Der BFH begründet dies damit, dass die Korrektur eines angefochtenen Steuerbescheides durch das FG (§ 100 FGO) erst mit Rechtskraft des Urteils die Beteiligten binde (§ 110 FGO), im Gegensatz zu einem von der Finanzbehörde erlassenen Korrekturbescheid, der mit Bekanntgabe (§§ 122 Abs. 1 Satz 1, 124 Abs. 1 Satz 1 AO) wirksam und damit für die Beteiligten verbindlich wird.

3.7.4.2.2 Wirkung gegenüber Dritten (§ 174 Abs. 5 AO)

2097   Ist in Fällen des § 174 Abs. 4 Satz 1 AO die richtige steuerliche Folgerung einem Dritten gegenüber zu ziehen, gilt die Vorschrift nur, wenn der Dritte am Verfahren, das zur Aufhebung oder Änderung des fehlerhaften Steuerbescheides geführt hat, beteiligt war (§ 174 Abs. 5 AO).

Dritter ist jeder, der in dem fehlerhaften Steuerbescheid nicht als Steuerschuldner angegeben war (§ 157 Abs. 1 Satz 2 AO). Der Dritte war an dem Verfahren beteiligt, wenn er entweder Verfahrensbeteiligter i. S. d. § 359 AO (oder § 57 FGO) war oder wenn er durch eigene verfahrensrechtliche Initiative auf die Aufhebung oder Änderung des Bescheides hingewirkt hat, z. B. entsprechende Anträge gestellt hat (vgl. BFH vom 28.04.2003 BFH/NV 2003, 1142). Im Gewinnfeststellungsverfahren von Personengesellschaften sind die Gesellschafter beteiligt, soweit sie selbst einspruchsbefugt sind (siehe § 352 AO). Die Finanzbehörde kann einen Stpfl. zum Verfahrensbeteiligten machen, indem sie ihn entweder hinzuzieht (§ 360 AO) oder die Beiladung im finanzgerichtlichen Verfahren beantragt (§ 60 FGO).

Die **Hinzuziehung** (§ 360 AO) oder **Beiladung** eines Dritten nach § 174 Abs. 5 AO ist **zulässig.** Es reicht nach ständiger Rechtsprechung des BFH (vgl. BFH vom 19.02.2004 BFH/NV 2004, 918) schon die Möglichkeit aus, dass ein Steuerbescheid zugunsten des Stpfl. zu korrigieren ist und hieraus bei dem Dritten steuerliche Folgen zu ziehen sind. Hierbei ist grundsätzlich nicht zu prüfen, ob die gegenüber dem Dritten erlassenen Bescheide geändert werden können; denn diese Frage ist grundsätzlich im »Folgeänderungsverfahren« durch das dort zuständige FA zu entscheiden und darf nicht in das Hinzuziehungs- bzw. Beiladungsverfahren vorverlagert werden. Nur ausnahmsweise kommt die Beteiligung des Dritten nicht in Betracht, wenn dessen Interessen durch den Ausgang des anhängigen Rechtsstreits eindeutig nicht berührt sein können (vgl. BFH vom 24.11.1995 BFH/NV 1996, 382), oder wenn zweifelsfrei die Festsetzungsfrist für den gegen ihn gerichteten Steueranspruch abgelaufen ist, BFH vom 14.02.2001 BFH/NV 2001, 1005. Nur in diesen Fällen kann ein Rechtsbehelf gegen die Hinzuziehung Erfolg haben.

Es bedarf keiner besonderen Prüfung, ob die Voraussetzungen des § 360 AO oder des § 60 FGO vorliegen. § 174 Abs. 5 Satz 2 AO ist der Rechtsgrund. Eine Beteiligung des Dritten im Änderungsverfahren (z. B. § 164 Abs. 2 Satz 1 AO) wäre ohne § 174 Abs. 5 AO nicht möglich (vgl. § 78 AO).

Die Beiladung darf nur auf Antrag des FA erfolgen, da es nicht Aufgabe des Gerichts ist, verfahrensrechtliche Möglichkeiten zu schaffen, den Dritten später in Anspruch zu nehmen (vgl. BFH vom 22.12.1988 BStBl II 1989, 314).

Mit der Beteiligung erlangt der Dritte die Rechtsstellung eines notwendig Hinzugezogenen bzw. Beigeladenen i. S. d. § 360 Abs. 3 AO, § 60 Abs. 3 FGO (vgl. BFH vom 27.08.1998 BFH/NV 1999, 156). Damit stehen ihm grundsätzlich alle Rechte eines Verfahrensbeteiligten zu (Ausnahme: er kann den Rechtsbehelf nicht zurücknehmen). Der Dritte ist zu hören, er kann Akten einsehen, an Terminen teilnehmen, Beweisanträge stellen, ihm müssen die Schriftsätze des Rechtsbehelfsführers und des FA zur Stellungnahme übersandt werden. Die Entscheidungen sind ihm bekannt zu geben. Zur Klarstellung sollte das FA einen Hinweis aufnehmen, dass die Folgen der Entscheidung beim Dritten zu ziehen sind.

Beabsichtigt das FA dem Rechtsbehelf in Form eines Abhilfebescheides (§ 172 Abs. 1 Satz 1 Nr. 2 Buchst. a AO) zu entsprechen, muss der Dritte zustimmen. Letztlich ist die Beteiligung so zu gestalten, dass der Dritte die Möglichkeit hat, sich im Verfahrensausgang Gehör zu verschaffen und auf dieses Verfahren einzuwirken. Er kann Rechtsbehelfe einlegen. Dadurch wird in diesem Verfahren für beide Beteiligten die Rechtslage geklärt. Der Dritte kann später den gem. § 174 Abs. 4 Satz 1 AO zu seinen Ungunsten geänderten Bescheid nicht mit dem Argument angreifen, die Entscheidung im Rechtsbehelfsverfahren sei falsch gewesen (§ 166 AO; BFH vom 26.07.1995 BFH/NV 1996, 195).

2098

BEISPIEL

Das FA hat Einnahmen aus Vermietung und Verpachtung nicht dem Eigentümer A zugerechnet, weil es B rechtsfehlerhaft als wirtschaftlichen Eigentümer ansah. A hat den ESt-Bescheid nicht angefochten. B legt gegen seinen ESt-Bescheid, in dem obige Einkünfte angesetzt sind, Einspruch ein.

LÖSUNG A ist dem Einspruchsverfahren des B hinzuzuziehen (§ 360 Abs. 1 AO), beide können ihre Rechtsstandpunkte vortragen. Dem Einspruch ist abzuhelfen, der Bescheid des B ist entsprechend zu dessen Gunsten zu ändern. Als steuerliche Folgerung sind die Einkünfte bei A anzusetzen, dessen ESt-Bescheid ist gem. § 174 Abs. 4 Satz 1 AO zu korrigieren. Gegen diese Steuererhöhung kann er sich nicht mit der Begründung wehren, die Einnahmen seien doch B zuzurechnen, wenn er die Einspruchsentscheidung hat unanfechtbar werden lassen (§ 166 AO). Er kann jedoch jetzt Werbungskosten geltend machen.

2099   Die Vorschrift des § 174 AO geht von dem Gedanken aus, dass ein bestimmter Sachverhalt ein einheitlicher Lebensvorgang ist, aus dem steuerrechtliche Folgerungen sowohl bei dem Stpfl. als auch bei dem Dritten zu ziehen sind. Die steuerrechtlichen Folgen brauchen bei beiden nicht die gleichen zu sein. Vielmehr gilt hier (vgl. aber Rz. 2088 u. Rz. 2104) das **Korrespondenzprinzip**, so dass ein und derselbe Sachverhalt bei dem Stpfl. zu einer abziehbaren Ausgabe und beim Dritten zur Einnahme führen kann. Aus diesem Grunde hat der BFH die Anwendung des § 174 Abs. 4 und 5 AO bei rechtlicher Würdigung wiederkehrender Leistungen auf der Seite des Verpflichteten nach § 10 Abs. 1a EStG und auf der Seite des Berechtigten nach § 22 Nr. 1a EStG bejaht (BFH vom 26. 01. 1994 BStBl II 1994, 597; FG München vom 28. 12. 2004 EFG 2005, 494).

BEISPIEL

Stpfl. A behauptet, 100 000 € Betriebsausgaben an den Stpfl. B gezahlt zu haben. B bestreitet den Empfang des Geldes, er hat diesen Betrag auch nicht als Einnahme steuerlich erfasst.

LÖSUNG Sofern A wegen der Nichtberücksichtigung der Betriebsausgaben Einspruch einlegt, kann das FA den B gem. § 174 Abs. 5 AO hinzuziehen. Hat das Rechtsbehelfsverfahren Erfolg, kann der ESt-Bescheid des B gem. § 174 Abs. 4 Satz 1 AO geändert werden. Die Einnahmen können bei B erfasst werden.

Ebenso kann zu dem Rechtsstreit des leistenden Unternehmers der Leistungsempfänger, der die gesondert ausgewiesene Steuer für die an sein Unternehmen ausgeführten Lieferungen als Vorsteuer abgezogen hat, hinzugezogen werden, wenn die Unternehmereigenschaft des Leistenden in Frage steht (BFH vom 20. 04. 1989 BStBl II 1989, 539). Im Grunde versteht der BFH § 174 Abs. 4 AO als eine gegenüber den anderen Tatbeständen des § 174 AO eigenständige Änderungsnorm, die nicht auf die alternative Erfassung eines bestimmten Sachverhalts beschränkt ist, vgl. BFH vom 18. 02. 1997 BStBl II 1997, 647. Dem Vertrauensschutz des Dritten ist durch die Beteiligung i. S. d. § 174 Abs. 5 AO Genüge getan.

2100   Der Dritte kann aber durch **§ 176 AO** geschützt sein. Erreicht der Stpfl. z. B. Herabsetzung seiner Steuer durch eine Änderung der Rechtsprechung eines obersten Gerichtshofs, so wird der Dritte vor einer nachträglichen Korrektur seines Steuerbescheides durch § 176 Abs. 1 Nr. 3 AO bewahrt (vgl. DB 1990, 2449); allerdings kann die Berufung auf § 176 Abs. 1 Nr. 3 AO gegen Treu und Glauben verstoßen, wenn der Stpfl. aufgrund einer Rechtsprechungsänderung die Aufhebung eines ihn (indirekt) belastenden Steuerbescheides fordert und erreicht und später geltend macht, er habe auf die Anwendung der früheren Rechtsprechung vertraut und sei nicht bereit, die für ihn negativen Folgen der Rechtsprechungsänderung hinzunehmen (vgl. BFH vom 08. 02. 1995 BStBl II 1995, 764).

Das Steuergeheimnis steht der Beteiligung des Dritten **nicht entgegen,** denn die Offenbarung der Verhältnisse des Stpfl. dient der Durchführung des Besteuerungsverfahrens (§ 30 Abs. 4 Nr. 1 AO). Außerdem ist die Beteiligung durch § 174 Abs. 5 AO gesetzlich ausdrücklich zugelassen (§ 30 Abs. 4 Nr. 2 AO). **2101**

Ist die **Beteiligung des Dritten unterblieben,** kann diesem gegenüber der Änderungsbescheid nicht ergehen. Wurde die Hinzuziehung im Einspruchsverfahren unterlassen, hindert dies nicht die Beiladung im Klageverfahren. **2102**

Die Hinzuziehung ist nach § 347 Abs. 1 AO mit dem Einspruch angreifbar, die Beiladung gem. § 128 Abs. 1 FGO mit der Beschwerde. **2103**

BEISPIEL

(Abschließender Fall gem. BFH vom 02. 08. 1994 BStBl II 1995, 264.) **2104**

Vater (V) schenkt seinem Sohn (S) 200 000 € (frei von SchenkSt). Diesen Betrag stellt S dem V für dessen Betrieb als Darlehen zur Verfügung. Die Darlehenszinsen behandelt V als Betriebsausgabe. S besteuert sie als Einkünfte aus Kapitalvermögen.

Nachdem das FA bestandskräftig (nach einer Außenprüfung) die Anerkennung der Zinsen als Betriebsausgaben bei V versagt hat, weil das Darlehen den Anforderungen des Fremdvergleichs nicht standhalte, möchte S seinen bestandskräftigen ESt-Bescheid geändert haben.

LÖSUNG Eine Korrektur nach § 174 Abs. 1 scheidet aus, weil die Nichtanerkennung der Zinsen als Betriebsausgaben bei V nicht zwingend die steuerliche Erfassung der Zinsen als Einnahmen bei S ausschließt (vgl. Rz. 2088), kein Korrespondenzprinzip bei der ESt. Außerdem werden Einnahmen nicht doppelt berücksichtigt.

Eine analoge Anwendung des § 174 Abs. 1 AO lehnt der BFH zu Recht ab.

Eine Korrektur nach § 174 Abs. 4 Satz 1 AO wäre zwar vom Grundsatz her denkbar. In den Fällen des § 174 Abs. 4 Satz 1 AO hat der BFH das Korrespondenzprinzip des anderen bejaht (vgl. Rz. 2099), weil § 174 Abs. 4 und 5 AO nicht auf die Fälle der alternativen Erfassung bestimmter Sachverhalte beschränkt ist. Vorliegend ist eine Korrektur nach § 174 Abs. 4 Satz 1 AO aber nicht möglich, weil der Steuerbescheid des V weder auf seine Veranlassung geändert wurde, noch S als Dritter hinzugezogen worden ist.

Eine Korrektur nach § 175 Abs. 1 Satz 1 Nr. 2 AO scheidet aus, weil die Änderung des ESt-Bescheides von V kein rückwirkendes Ereignis für S ist.

Eine Korrektur nach § 173 Abs. 1 Nr. 2 AO wäre denkbar. Zwar ist die Änderung des ESt-Bescheides von V keine neue Tatsache für die Veranlagung für S. S könnte aber dem FA erstmals die Umstände darlegen, aus denen sich ergibt, dass die Darlehensvereinbarung einem Fremdvergleich nicht standhält und deswegen nur eine privat veranlasste Vermögensverschiebung zwischen V und S vorliegt, die nicht steuerpflichtig ist. Diese Umstände könnten eine neue Tatsache sein. Die Korrektur dürfte dann aber daran scheitern, dass S ein grobes Verschulden trifft, dass die für ihn steuerlich günstigen Umstände dem FA erst nachträglich bekannt werden (anders wohl der BFH ohne überzeugende Begründung).

3.8 Die Korrektur von Folgebescheiden (§ 175 Abs. 1 Satz 1 Nr. 1 AO)

3.8.1 Anwendungsbereich des § 175 Abs. 1 Satz 1 Nr. 1 AO

3.8.1.1 Allgemeines

Ein Steuerbescheid (Folgebescheid) ist zu erlassen, aufzuheben oder zu ändern, soweit ein Grundlagenbescheid (§ 171 Abs. 10 Satz 1 AO), dem Bindungswirkung für diesen Bescheid zukommt, erlassen, aufgehoben oder geändert wird (§ 175 Abs. 1 Satz 1 Nr. 1 AO). Die Anpassung des Folgebescheides an den Grundlagenbescheid ist die konsequente Folge, weil die Feststellungen des Grundlagenbescheides bindend dem Folgebescheid zugrunde zu legen sind **2105**

(§ 182 Abs. 1 Satz 1 AO). § 175 Abs. 1 Satz 1 Nr. 1 AO dient dazu, die Bindungswirkung verfahrensrechtlich umzusetzen. Wird ein Grundlagenbescheid erstmals bekannt gegeben oder korrigiert, nachdem ein Folgebescheid erlassen worden ist, gestattet § 175 Abs. 1 Satz 1 Nr. 1 AO, den Folgebescheid entsprechend zu korrigieren. War dagegen bisher kein Folgebescheid ergangen, ist dieser nunmehr erstmals zu erlassen.

Grundlagenbescheide sind gem. § 171 Abs. 10 Satz 1 AO Feststellungsbescheide, Steuermessbescheide oder andere VA, die für die Festsetzung einer Steuer bindend (von Bedeutung, vgl. § 182 Abs. 1 Satz 1 AO) sind.

3.8.1.2 Feststellungs- und Messbescheide

2106 Eine gesonderte Feststellung von Besteuerungsgrundlagen (§§ 179 ff. AO; vgl. Rz. 1457 ff.) durch Feststellungsbescheid ist sowohl in der AO als auch in Einzelsteuergesetzen vorgesehen. Aus der AO sind insbesondere die Feststellung der Einheitswerte nach dem BewG (§ 180 Abs. 1 Nr. 1 AO i. V. m. § 19 BewG), die Feststellung der Einkünfte bei mehreren Beteiligten gem. § 180 Abs. 1 Nr. 2a AO (z. B. Personengesellschaften) und bei Gewinnermittlungsarten, wenn das für die gesonderte Feststellung zuständige FA nicht gleich Wohnsitzfinanzamt ist gem. § 180 Abs. 1 Nr. 2b AO (Bruchtatbestand), sowie die Verordnung über die gesonderte Feststellung von Besteuerungsgrundlagen nach § 180 Abs. 2 AO zu nennen. Beispiele aus den Einzelsteuergesetzen sind die Feststellung des verbleibenden Verlustvortrags gem. § 10d Abs. 4 EStG, des verrechenbaren Verlusts eines Kommanditisten gem. § 15a Abs. 4 EStG (BFH vom 22. 06. 2006 IV R 31/05, IV R 32105 BStBl II 2007, 687), des auf die Mitunternehmer entfallenden Anteils am Gewerbesteuer-Messbetrag für die Ermäßigung der ESt gem. § 35 Abs. 2 EStG und die Eintragung eines Freibetrags auf der LSt-Karte gem. § 39a Abs. 4 EStG.

Zu den **Steuermessbescheiden** (§ 184 Abs. 1 Satz 1 AO, vgl. Rz. 1496 ff.) gehören der GewSt- (§ 14 GewStG) und der GrSt-Messbescheid (§ 13 GrStG). Der GewSt-Messbescheid ist Grundlagenbescheid für den GewSt-Bescheid (§ 16 GewStG) und die Ermittlung der Ermäßigung der ESt (§ 35 Abs. 3 EStG) sowie für den Zerlegungsbescheid (§ 188 AO, vgl. BFH vom 20. 04. 1999 BStBl II 1999, 542) hilfsweise Zuteilungsbescheid (§ 190 AO) als Folgebescheide. Der GrSt-Messbescheid ist Folgebescheid des Feststellungsbescheides über den Einheitswert und Grundlagenbescheid für den GrSt-Bescheid (§§ 13, 27 GrStG)

3.8.1.3 Andere VA mit Bindungswirkung

2107 Andere VA mit Bindungswirkung können solche **VA steuerlicher Art** sein. Nach höchstrichterlicher Rechtsprechung (BFH vom 10. 06. 1988 BStBl II 1988, 981) ist jedoch für die Annahme einer Bindungswirkung grundsätzlich eine ausdrückliche gesetzliche Regelung erforderlich. Aus diesem Grund verneint z. B. der BFH die Bindungswirkung eines LSt-Pauschalierungsverfahrens für die ESt-Veranlagung des Arbeitnehmers. Auch der Steuerbescheid ist kein Grundlagenbescheid zum Haftungsbescheid, BFH vom 05. 10. 2004 BStBl II 2006, 343. Zwar ist der Haftungsanspruch abhängig vom Bestehen des Steueranspruchs (Akzessorietät), nicht jedoch vom Ergehen eines Steuerbescheides (vgl. § 191 Abs. 3 Satz 4 AO). Auch der für ein Kind ergangene ESt-Bescheid stellt für die Kindergeldfestsetzung keinen Grundlagenbescheid dar, obgleich Kindergeld nur gewährt werden kann, wenn die Einkünfte und Bezüge des Kindes einen bestimmten Betrag nicht übersteigen (§ 32 Abs. 4 Satz 2 EStG; vgl. BFH vom 23. 11. 2001 BStBl II 2002, 296).

Ohne ausdrückliche gesetzliche Regelung werden jedoch, der Natur der Sache folgend, einige Steuer-VA als Grundlagenbescheide angesehen. So ist die abweichende Steuerfestsetzung aus Billigkeitsgründen (§ 163 AO; vgl. AEAO zu § 163 Nr. 2) für den folgenden Steuerbescheid Grundlagenbescheid (auch §§ 34c Abs. 5 EStG; 50 Abs. 4 EStG).

Ebenso ist die Stundungsverfügung Grundlage für die Festsetzung der Stundungszinsen. Wird also die Stundung nach § 130 AO oder § 131 AO ganz oder teilweise zurückgenommen oder widerrufen, ist der Zinsbescheid gem. § 175 Abs. 1 Satz 1 Nr. 1 AO (i. V. m. § 239 Abs. 1 Satz 1 AO) anzupassen (vgl. AEAO zu § 234 Nr. 3). Die Gewährung der Aussetzung der Vollziehung ist ebenfalls Grundlage für den späteren Zinsbescheid nach § 237 AO.

Die Korrektur der Steuerfestsetzung wirkt sich dagegen i. d. R. nicht auf den Zinsbescheid aus (vgl. §§ 234 Abs. 1 Satz 2; 235 Abs. 3 Satz 3; 236 Abs. 5; § 237 Abs. 5 AO); in Ausnahmefällen (z. B. die gestundete Steuerforderung wird vor Ablauf des Stundungszeitraums herabgesetzt vgl. § 234 Abs. 1 Satz 2 AO), wird der Zinsbescheid angepasst, wobei jedoch umstritten ist, ob nach § 175 Abs. 1 Satz 1 Nr. 1 AO oder § 175 Abs. 1 Satz 1 Nr. 2 AO (vgl. BFH vom 18. 07. 1990 BFH/ NV 1991, 212; AEAO zu § 234 Nr. 2 AO) zu verfahren ist. Im Falle der sog. Vollverzinsung (§ 233a AO) stehen dagegen Steuerbescheid und Zinsbescheid in einem Verhältnis von Grundlagen- und Folgebescheid zueinander, BFH vom 23. 12. 2002 BFH/NV 2003, Heft 6. Wird der Steuerbescheid oder der Anrechnungsteil korrigiert, ist demzufolge der Zinsbescheid anzupassen; Korrekturnorm ist § 233a Abs. 5 AO als Spezialvorschrift.

Der Zinsbescheid nach § 233a AO ist ebenfalls Grundlagenbescheid, soweit diese Zinsen auf andere Zinsbescheide (z. B. Stundung gem. § 234 Abs. 3 AO) anzurechnen sind.

Aber auch **VA nichtsteuerlicher Art** können Grundlagenbescheide für Steuerbescheide 2108 sein (AEAO zu § 175 Nr. 1). Im Urteil des BFH vom 10. 06. 1988 (BStBl II 1988, 981) wird hier das Vorliegen von Grundlagenbescheiden bejaht auch ohne gesetzlich angeordnete Bindungswirkung, weil Sachverhalte zu beurteilen sind, die die Finanzbehörde mangels eigener Sachkunde nicht selbst nachzuprüfen vermag. Dadurch können die Finanzbehörden, unabhängig vom Ablauf der normalen Festsetzungsfrist, bestandskräftige Steuerbescheide an die Entscheidungen ressortfremder Behörden anpassen (§ 171 Abs. 10 AO). Als VA nichtsteuerlicher Art werden z. B. anerkannt:

- Feststellungen der Versorgungsämter nach dem Schwerbehindertengesetz (BFH vom 13. 12. 1985 BStBl II 1986, 245; vgl. auch § 65 EStDV),
- Bescheinigung der zuständigen Gemeindebehörde nach § 7h Abs. 2 EStG für Gebäude in Sanierungsgebieten (vgl. R 7h Abs. 4 EStR),
- Bescheinigung der Denkmalschutzbehörde nach § 7i Abs. 2 EStG für Baudenkmäler (vgl. R 7i Abs. 2 i. V. m. R 7h Abs. 4 EStR).

VA ressortfremder Behörden können i. d. R. ohne Beachtung von Festsetzungsfristen ergehen, 2109 sie lösen jedoch mit ihrer Bekanntgabe die zweijährige Ablaufhemmung des § 171 Abs. 10 Satz 1 AO für den Steuerbescheid aus. Dies konnte im Einzelfall dazu führen, dass Steuerbescheide für viele Jahre rückwirkend geändert werden mussten. Um dem zu begegnen, hat der Gesetzgeber § 171 Abs. 10 Satz 3 AO n. F. (zunächst als § 171 Abs. 10 Satz 2 AO a. F.; anwendbar auf alle am 31. 12. 2014 noch nicht abgelaufenen Festsetzungsfristen, Art. 97 § 10 Abs. 12 EGAO) eingefügt. Danach gilt § 171 Abs. 10 Satz 1 AO für einen Grundlagenbescheid, auf den § 181 AO nicht anzuwenden ist, nur, sofern dieser Grundlagenbescheid vor Ablauf der für den Folgebescheid geltenden Festsetzungsfrist bei der zuständigen Behörde beantragt worden ist.

Ein Bescheid vom Versorgungsamt nach § 4 Abs. 1 Schwerbehindertengesetz stellt Art und Grad der Behinderung fest (vgl. BFH vom 05. 02. 1988 BStBl II 1988, 346) sowie die zeitliche Geltung des Feststellungsbescheides. Die Feststellung der Behinderung wirkt im Regelfall ab

Antragstellung; eine Rückwirkung kommt aber in Betracht, wenn dies ausdrücklich beantragt und festgestellt wurde. Eine bloße Bescheinigung über die zeitliche Dauer des Feststellungsbescheides entfaltet dagegen, weil nicht Teil des Bescheides, genauso wenig Bindungswirkung wie der Schwerbehindertenausweis. Dieser dient gem. § 65 EStDV lediglich als Nachweis für die Inanspruchnahme eines Pauschbetrags nach § 33b EStG (vgl. BFH vom 22.09.1989 BStBl II 1990, 60). Enthält der Bescheid des Versorgungsamts tatsächlich die rückwirkende Feststellung der Behinderung, dürfen die betroffenen ESt-Bescheide zur Berücksichtigung des Pauschbetrags nach § 33 b EStG nur in offener Festsetzungsfrist angepasst werden. Dabei ist zu beachten, dass die Ablaufhemmung des § 171 Abs. 10 Satz 1 AO nur greift, sofern die Feststellung der Art und des Grades der Behinderung beim Versorgungsamt vor Ablauf der Festsetzungsfrist für den ESt-Bescheid (Folgebescheid) beantragt worden ist (§ 171 Abs. 10 Satz 3 AO n. F.). Ausgelöst wird die zweijährige Frist dann nicht durch die Bekanntgabe des Bescheides des Versorgungsamts, sondern durch die Kenntniserlangung der zuständigen Finanzbehörde von der Entscheidung über den Erlass des Grundlagenbescheides (§ 171 Abs. 10 Satz 2 AO n. F.).

Bescheinigungen ressortfremder Behörden, die keine Grundlagenbescheide sind, können ein rückwirkendes Ereignis i. S. d. § 175 Abs. 1 Satz 1 Nr. 2 AO sein. Hier ist dann die Anlaufhemmung nach § 175 Abs. 2 Satz 2 AO zu beachten (vgl. Rz. 2124 a).

3.8.1.4 Folgebescheide

2110 Folgebescheide sind Steuerbescheide, Steueranmeldungen, andere Feststellungsbescheide und Steuermessbescheide, für die die Feststellungen des Grundlagenbescheides von Bedeutung sind (§ 182 Abs. 1 Satz 1 AO). »Von Bedeutung sein« meint dabei, dass der Regelungsinhalt des Grundlagenbescheides (z. B. Art, Höhe und Zurechnung gesondert und einheitlich festgestellter Einkünfte) dazu bestimmt ist, als Besteuerungsgrundlage in den Folgebescheid einzufließen. Dem Grundlagenbescheid kommt dann Bindungswirkung zu, d. h. der Bearbeiter, der den Folgebescheid erlassen will, darf die Feststellungen nicht mehr auf ihre Richtigkeit hin überprüfen, sondern muss diese zwingend übernehmen, sogar dann, wenn er sie für rechtswidrig hält.

Die Bindungswirkung folgt aus der AO in Verbindung mit dem Einzelsteuergesetz, auf dem der Folgebescheid beruht. So ist z. B. der in einem Feststellungsbescheid festgestellte Gewinnanteil eines Gesellschafters bei dessen ESt-Festsetzung anzusetzen (§ 180 Abs. 1 Nr. 2a AO; § 15 Abs. 1 Nr. 2 EStG).

Ein Bescheid ist nicht entweder Grundlagen- oder Folgebescheid, er kann beides zugleich sein.

BEISPIEL

An einer Gesellschaft sind die Gesellschafter A und B beteiligt, wobei B Treuhänder ist. Er hält den Anteil treuhänderisch für X und Y.

LÖSUNG In dem ersten Feststellungsbescheid sind die Einkünfte auf A und B aufzuteilen. Dieser Grundlagenbescheid ist zugleich Folgebescheid für einen zweiten Feststellungsbescheid (zweistufiges Verfahren, BFH vom 13.07.1999 BStBl II 1999, 747), in dem der Anteil der Einkünfte von B auf die Treugeber X und Y verteilt wird. Der zweite Feststellungsbescheid ist Grundlagenbescheid für die ESt-Bescheide von X und Y als Folgebescheide.

Der Feststellungsbescheid über den Einheitswert für ein Grundstück ist Grundlagenbescheid für den GrSt-Messbescheid als Folgebescheid (§ 13 GrStG), der wiederum Grundlagenbescheid für die GrSt-Festsetzung ist (§ 27 GrStG).

3.8.1.5 Die Änderung des Gewerbesteuermessbescheides (§ 35b GewStG)

Der ESt- oder der KSt-Bescheid ist kein Grundlagenbescheid für den GewSt-Messbe- **2111**
scheid, denn der Gewinn als Gewerbeertrag (§ 7 GewStG) ist lediglich nach den Vorschriften
des EStG zu ermitteln (vgl. BFH vom 17. 12. 2003 BStBl II 2004, 699). Es bedarf also der selbstständigen Gewinnermittlung für die GewSt. Wird ein ESt-Bescheid (KSt- oder Feststellungsbescheid) hinsichtlich der Höhe des Gewinns aus Gewerbebetrieb korrigiert, ist gem. § 35b
GewStG der GewSt-Messbescheid insoweit anzupassen (quasi wie ein Folgebescheid; daher
auch der Verweis auf die Ablaufhemmung des § 171 Abs. 10 AO).

Der GewSt-Messbescheid ist nach § 35b GewStG auch dann zu korrigieren, wenn die vor-
ausgegangene Aufhebung oder Änderung des ESt-Bescheides darauf beruht, dass die Tätigkeit
des Stpfl. nicht mehr wie bisher als gewerbliche qualifiziert, sondern einer anderen Einkunftsart
(z. B. § 18 EStG) oder der Liebhaberei zugeordnet wird, BFH vom 23. 06. 2004 BStBl II 2004,
901.

§ 35b GewStG enthält eine selbstständige Rechtsgrundlage zur Korrektur von GewSt-
Messbescheiden. Die Vorschrift dient der Verfahrensvereinfachung. Sie bezweckt die Vermeidung einer unerwünschten Verdopplung von Rechtsbehelfsverfahren, in denen der Stpfl.
sowohl gegen den ESt-Bescheid als auch gegen den GewSt-Messbescheid ein und dieselben
materiell-rechtlichen Einwendungen erhebt.

3.8.2 Voraussetzungen für die Korrektur

3.8.2.1 Erstmaliger Erlass eines Grundlagenbescheides

Zum erstmaligen Erlass eines Grundlagenbescheides gehören auch die Nachfeststellung **2112**
(§ 23 BewG) und der Ergänzungsbescheid (§ 179 Abs. 3 AO). § 155 Abs. 2 AO gestattet, einen
Steuerbescheid zu erteilen, bevor ein Grundlagenbescheid erlassen wurde. Die Besteuerungsgrundlagen können dann geschätzt werden (§ 162 Abs. 5 AO). Wird nunmehr ein Grundlagenbescheid erstmals bekannt gegeben, ist der Steuerbescheid als Folgebescheid, soweit erforderlich, entsprechend zu ändern, BFH vom 19. 04. 1989 BStBl II 1989, 596.

BEISPIELE

a) Ein Stpfl. ist an einer OHG beteiligt. Der Gewinnfeststellungsbescheid der OHG liegt nicht vor.
Das FA führt die ESt-Veranlagung des Stpfl. durch und schätzt seinen Gewinnanteil auf 20 000 €.
Nach Bestandskraft des ESt-Bescheides wird der Feststellungsbescheid erlassen, Gewinnanteil des
Stpfl. 30 000 €.
LÖSUNG Die ESt-Festsetzung ist gem. § 175 Abs. 1 Satz 1 Nr. 1 AO anzupassen. Es ist ein Gewinnan-
teil von 30 000 € zugrunde zu legen. Hinsichtlich der Festsetzungsverjährung ist § 171 Abs. 10 Satz 1
AO zu beachten.

b) Wie Beispiel a), nur lehnt das Betriebs-FA den Erlass des Feststellungsbescheides ab (negativer
Feststellungsbescheid), weil eine OHG (Mitunternehmerschaft) nicht existiere.
LÖSUNG Auch in diesem Fall muss die Änderung des ESt-Bescheides erfolgen. Das Wohnsitz-FA hat
jetzt die Besteuerungsgrundlagen selbst zu ermitteln und diese ggf. in einem gem. § 175 Abs. 1 Satz 1
Nr. 1 AO zu erlassenden Änderungsbescheid zu berücksichtigen, BFH vom 24. 05. 2006 BStBl II
2007, 76 (vgl. Rz. 2117). Es ist jedoch an die Entscheidung, dass keine gesondert und einheitlich festzustellenden Einkünfte vorliegen, gebunden, selbst wenn diese Feststellung rechtswidrig ist, BFH
vom 24. 03. 1998 BStBl II 1998, 601.

2113   Sofern ein Grundlagenbescheid unwirksam ist, darf der Folgebescheid nicht angepasst werden, denn unwirksame VA können keine Rechtsfolgen auslösen. Die rechtswirksame Bekanntgabe des Grundlagenbescheides ist also Voraussetzung für die Korrektur des Folgebescheides, BFH vom 26.02.1997 BFH/NV 1997, 734. Ebenso kann ein nichtiger Grundlagenbescheid keine Bindungswirkung für den Folgebescheid auslösen (§§ 124 Abs. 3, 125 AO). Wird später die Nichtigkeit eines Grundlagenbescheides festgestellt (§ 125 Abs. 5 AO), ist der Folgebescheid entsprechend zu ändern. Bei rechtswidrigen Grundlagenbescheiden besteht dagegen eine Bindungswirkung (BFH vom 09.06.2000 BFH/NV 2001, 1) und der Folgebescheid ist, soweit erforderlich, nach § 175 Abs. 1 Satz 1 Nr. 1 AO anzupassen.

3.8.2.2   Korrektur eines Grundlagenbescheides

2114   Der Folgebescheid muss nach § 175 Abs. 1 Satz 1 Nr. 1 AO angepasst werden, wenn ein Grundlagenbescheid aufgehoben oder geändert wird.

Unter Aufhebung oder Änderung eines Grundlagenbescheides fallen nicht nur die Korrekturen nach § 164 Abs. 2 Satz 1 AO, § 165 Abs. 2 Satz 1 und 2 AO, §§ 172 ff. AO, sondern auch die Aufhebung oder Änderung im Rechtsbehelfsverfahren (§ 132 AO), die Rücknahme oder der Widerruf von sonstigen VA gem. §§ 130, 131 AO, von anderen VA gem. §§ 48, 49 VwVfG, Fortschreibungen oder Aufhebungen von Einheitswerten (§§ 22, 24 BewG).

> **BEISPIEL**
>
> Wie Beispiel a) in Rz. 2112. Der Gewinnfeststellungsbescheid der OHG wird später gem. § 173 Abs. 1 Nr. 1 AO geändert, der Gewinnanteil des Stpfl. beträgt nunmehr 40 000 €.
> **LÖSUNG** Der geänderte ESt-Bescheid ist nochmals nach § 175 Abs. 1 Satz 1 Nr. 1 AO zu korrigieren und der Gewinnanteil von 40 000 € zu berücksichtigen.

Die Berichtigung (§ 129 Satz 1 AO) eines Grundlagenbescheides ist in § 175 Abs. 1 Satz 1 Nr. 1 AO zwar nicht genannt. Das Bedürfnis einer Anpassung eines Folgebescheides an einen Grundlagenbescheid erfordert jedoch eine entsprechende Anwendung.

> **BEISPIEL**
>
> Wie Beispiel in Rz. 2114. Dem FA ist bei Erlass des geänderten Feststellungsbescheides ein Flüchtigkeitsfehler (offenbare Unrichtigkeit) unterlaufen. Der Gewinnanteil des Stpfl. beträgt nicht 40 000 €, sondern tatsächlich 50 000 €.
> **LÖSUNG** Der Feststellungsbescheid wird gem. § 129 Satz 1 AO berichtigt. Auch hier ist der ESt-Bescheid gem. § 175 Abs. 1 Satz 1 Nr. 1 AO zu ändern, der Gewinnanteil von 50 000 € ist anzusetzen.

2115   Auf den Zeitpunkt des Erlasses oder der Korrektur des Grundlagenbescheides kommt es nicht an (vgl. BFH vom 13.12.1985 BStBl II 1986, 245). Die Bindungswirkung erfordert die Anpassung des Folgebescheides innerhalb der Festsetzungsfrist. Dies gilt selbst dann, wenn ein Feststellungsbescheid mit Bindungswirkung (rechtswidrig) erst nach Ablauf der Feststellungsfrist (§§ 181 Abs. 1 Satz 1 i. V. m. 169 ff. AO) ergangen ist.

3.8.3   Fehlerhafte bzw. unterbliebene Auswertung eines Grundlagenbescheides

2116   Lag der Grundlagenbescheid bei Erlass des Folgebescheides bereits vor, sind die im **Grundlagenbescheid** getroffenen Feststellungen aber **fehlerhaft** in den Folgebescheid **übernommen** worden, bleibt die Anpassungspflicht des Folgebescheides bestehen, BFH vom 10.06.1999 BStBl II 1999, 545. Die fehlerhafte Auswertung eines Grundlagenbescheides führt nicht zu einem Verbrauch der Bindungswirkung. Der Folgebescheid ist so lange nach § 175 Abs. 1 Satz 1 Nr. 1 AO zu ändern, bis er den Regelungsinhalt des Grundlagenbescheides vollständig und zutreffend berücksichtigt, ggf. auch mehrfach, BFH vom 04. 09. 1996 BStBl II 1997, 261. Wortlaut und Zweck der Vorschrift erfordern, dass auch Fehler, die bei der Auswertung eines Grundlagenbescheides unterlaufen sind, nachträglich richtiggestellt werden, BFH vom 29. 06. 2005 BFH/NV 2005, 1749. Letztlich muss der von dem Grundlagenbescheid ausgehenden Bindungswirkung, die absolut ist, Rechnung getragen werden.

BEISPIEL

Laut Feststellungsbescheid wird dem Stpfl. ein Anteil am laufenden Gewinn und am Veräußerungsgewinn der OHG zugewiesen. Bei der ESt-Veranlagung setzt das FA nur den Anteil am laufenden Gewinn, nicht den Veräußerungsgewinn als Besteuerungsgrundlage an.
LÖSUNG Der ESt-Bescheid ist nach § 175 Abs. 1 Satz 1 Nr. 1 AO zu ändern und an den Grundlagenbescheid anzupassen. Der Veräußerungsgewinn ist zu erfassen.

Die Korrekturvorschriften **§ 129 Satz 1 AO und § 175 Abs. 1 Satz 1 Nr. 1 AO** können **nebeneinander anwendbar** sein, wenn das FA die Auswertung des Grundlagenbescheides nicht bewusst unterlassen hat, BFH vom 16. 07. 2003 BStBl II 2003, 867. War die Übernahme der Feststellungen des Grundlagenbescheides in den Folgebescheid zwar geplant, ist dann aber bei der Auswertung versehentlich unterblieben, liegt ein rein mechanisches Versehen vor, so dass zusätzlich die Tatbestandsvoraussetzungen des § 129 Satz 1 AO erfüllt sein können.

BEISPIEL

Laut Aktenvermerk ist die Auswertung eines Feststellungsbescheides bei der ESt-Veranlagung geplant. Aus Versehen vergisst der Sachbearbeiter die Auswertung und veranlagt den Stpfl. ohne diese Einkünfte.
LÖSUNG Der ESt-Bescheid ist später zu korrigieren. Die gesondert festgestellten Einkünfte sind zu erfassen. Rechtsgrundlage hierfür ist sowohl § 175 Abs. 1 Satz 1 Nr. 1 AO als auch § 129 Satz 1 AO. Ob der Folgebescheid nach § 129 Satz 1 AO oder § 175 Abs. 1 Satz 1 Nr. 1 AO korrigiert wird, kann für die Festsetzungsfrist – Ablaufhemmung nach § 171 Abs. 2 Satz 1 AO oder nach § 171 Abs. 10 Satz 1 AO – von Bedeutung sein.

Hat das FA dagegen die Bindungswirkung des Grundlagenbescheides verkannt und diesen deshalb bewusst nicht ausgewertet, liegt kein mechanisches Versehen vor. § 129 Satz 1 AO scheidet dann als Korrekturvorschrift aus und es kommt nur noch eine Korrektur nach § 175 Abs. 1 Satz 1 Nr. 1 AO in Betracht.

Wird ein Grundlagenbescheid ersatzlos aufgehoben, ist in der Rechtsfolge zu differenzieren. Erfolgt die Aufhebung, weil das Erfordernis einer gesonderten Feststellung nicht besteht (negativer Feststellungsbescheid, vgl. Beispiel b) zu Rz. 2112), werden die Einkünfte der Beteiligten mit bindender Wirkung aus dem Regelungsbereich des Feststellungsbescheides entlassen. Diese Einkünfte sind dann unmittelbar im Besteuerungsverfahren zu ermitteln, der Steuerbescheid ist ggf. gem. § 175 Abs. 1 Satz 1 Nr. 1 AO zu korrigieren. Wird dagegen der Feststellungsbescheid aus sonstigen Gründen aufgehoben (z. B. wegen Ablaufs der Feststellungsfrist oder fehlender Gewinnerzielungsabsicht), bleibt die Vorgreiflichkeit des Feststellungsverfahrens bestehen; die Beurteilung der Einkünfte ist dem Steuerfestsetzungsverfahren entzogen. Die durch den Feststellungsbescheid ursprünglich ausgelöste Folgeänderung ist im Besteuerungsverfahren rückgängig zu machen (§ 175 Abs. 1 Satz 1 Nr. 1 AO; vgl. BFH vom 24. 05. 2006 BStBl II 2007, 76).

Ein Grundlagenbescheid, der lediglich seinen bereits wirksam bekannt gegebenen verbindlichen Regelungsinhalt wiederholt, ist allerdings kein korrigierter Bescheid und löst daher

2117

weder eine Anpassungspflicht nach § 175 Abs. 1 Satz 1 Nr. 1 AO noch die Ablaufhemmung des § 171 Abs. 10 Satz 1 AO aus, BFH vom 13.12.2000 BStBl II 2001, 471.

3.8.4 Folgen und Umfang der Korrektur

2118 Die Finanzbehörde **muss** den Folgebescheid aufheben oder ändern, auch wenn er unanfechtbar ist. Sie hat keinen Ermessensspielraum (absolute Anpassungspflicht). Die Korrektur hat so weit zu gehen, wie die Bindungswirkung reicht, also der Regelungsinhalt des Grundlagenbescheides für den Folgebescheid von Bedeutung ist (§ 182 Abs. 1 Satz 1 AO). Die Bindungswirkung beschränkt sich dabei nicht auf eine bloß mechanische Übernahme von Zahlen. Sie steht vielmehr weitgehend jedem Ansatz der gesondert festgestellten Besteuerungsgrundlagen im Folgebescheid entgegen, der dem Inhalt des Grundlagenbescheides widersprechen würde, BFH vom 09.04.2003 BFH/NV 2003, 1035.

2119 Weitere inhaltliche Änderungen des Folgebescheides dürfen nicht erfolgen (»soweit die Bindungswirkung reicht«). Die Auswertung des Grundlagenbescheides darf daher nicht zum Anlass genommen werden, für den Folgebescheid bedeutsame Besteuerungsgrundlagen zu ändern, wegzulassen oder erstmals aufzunehmen, die weder Gegenstand des Grundlagenbescheides sind noch durch seinen Regelungsinhalt beeinflusst werden, BFH vom 15.05.2003 BFH/NV 2003, 1286. Aus diesem Grunde ist es unzulässig, einen endgültigen Folgebescheid anlässlich einer Änderung nach § 175 Abs. 1 Satz 1 Nr. 1 AO mit dem Vorbehaltsvermerk (§ 164 Abs. 1 Satz 1 AO) zu versehen (es sei denn, hierfür greift § 172 Abs. 1 Satz 1 Nr. 2 Buchst. a AO ein, weil der Stpfl. den entsprechenden Antrag stellt). Natürlich dürfen andere Fehler mit korrigiert werden, sofern dafür die Voraussetzungen einer anderen (aktiven) Korrekturvorschrift vorliegen (z. B. § 173 Abs. 1 AO) oder eine Mitberichtigung nach § 177 AO in Betracht kommt.

2120 Wird bei einem Grundlagenbescheid der Vorbehalt der Nachprüfung aufgehoben (§ 164 Abs. 3 Sätze 1 und 2 AO) oder wird der Grundlagenbescheid für endgültig erklärt (§ 165 Abs. 2 Satz 2 AO), berührt dies nicht den Folgebescheid. Entspricht der Folgebescheid allerdings inhaltlich (aus anderen Gründen) nicht dem Grundlagenbescheid, muss die Finanzbehörde den Folgebescheid nunmehr gem. § 175 Abs. 1 Satz Nr. 1 AO anpassen. Dafür hat sie nochmals zwei Jahre Zeit gemäß § 171 Abs. 10 Satz 1 AO (vgl. AEAO zu § 171 Nr. 6.2).

2121 Bei der Anpassung von Folgebescheiden an Feststellungsbescheide (§§ 179, 180 AO) ist zu beachten, dass die einzelnen **Besteuerungsgrundlagen im Feststellungsbescheid** selbstständig anfechtbar sind (§ 157 Abs. 2 2. HS AO) und damit einer **Teilbestandskraft** unterliegen (anders als im ESt-Bescheid). Bei Vorliegen einer Mitunternehmerschaft sind z. B. Einkunftsart, Höhe der Einkünfte und prozentuale Verteilung der Einkünfte auf die Gesellschafter selbstständig anfechtbare Besteuerungsgrundlagen. Wird also z. B. im Feststellungsbescheid die Höhe der Einkünfte verändert, ist der Folgebescheid nur insoweit anzupassen. Die Einkunftsart und die prozentuale Gewinnverteilung müssen unverändert bleiben.

2122 Von dem Grundsatz der strengen Bindungswirkung an die Besteuerungsmerkmale des Feststellungsbescheides macht der BFH (BFH vom 11.04.2005 BStBl II 2005, 679) zu Recht eine Ausnahme, wenn Sachverhalte zu beurteilen sind, die die für den Feststellungsbescheid zuständige Finanzbehörde selbst nicht nachzuprüfen vermag. Ein typischer Fall ist die sog. **Zebragesellschaft** (vgl. Rz. 1473). Diese ist selbst vermögensverwaltend tätig (häufig Einkünfte aus § 21 EStG), ein Teil der Gesellschafter halten ihren Anteil im Privatvermögen, der andere Teil im Betriebsvermögen. Damit sind die Einkünfte der beteiligten Gesellschafter anteilig einer anderen Einkunftsart zuzuordnen und unterschiedlich zu qualifizieren. Im Feststellungsbescheid sind die Einkünfte so zu behandeln, wie sie die Mitunternehmerschaft als solche bezieht, persönliche Merkmale außerhalb der gemeinschaftlich verwirklichten Tatbestandsmerkmale sind unbeachtlich (anders bei Sonderbetriebsvermögen). Diese Merkmale treten vielmehr zu den verbindlich festgestellten Besteuerungsgrundlagen im Bereich der persönlichen Einkünfteermittlung hinzu. Sie gehören nicht in den Regelungsbereich des Grundlagenbescheides, sondern in jenen des Folgenbescheides.

BEISPIEL

An einer Grundstücksgemeinschaft sind A und B beteiligt, die ihren Anteil im Privatvermögen, sowie X und Y, die ihren Anteil im Betriebsvermögen halten. Die Gemeinschaft vermietet Eigentumswohnungen, erzielt also für sich betrachtet, Einkünfte aus Vermietung und Verpachtung (§ 21 Abs. 1 Nr. 1 EStG), die im Feststellungsbescheid festgestellt werden. Es ist dann Aufgabe der Wohnsitz-FA zu entscheiden, ob die Einkünfte im ESt-Bescheid solche aus § 21 Abs. 1 Nr. 1 EStG oder aus § 15 Abs. 1 Nr. 1 EStG (gewerbliche Einkünfte) sind. (Für X und Y unterliegen die Einkünfte daher auch der GewSt). Die Qualifizierung der Einkünfte ist besonders von Relevanz, wenn die Gemeinschaft eine Wohnung außerhalb der zehnjährigen Spekulationsfreiheit (§ 23 Abs. 1 Nr. 1 EStG) mit Gewinn verkauft hat. Für A und B wäre der anteilige Gewinn steuerfrei (weil Privatvermögen), X und Y müssen den anteiligen Gewinn der ESt und GewSt unterwerfen.

3.9 Die Korrektur wegen eines rückwirkenden Ereignisses (§ 175 Abs. 1 Satz 1 Nr. 2 AO)

3.9.1 Allgemeines

Ein Steuerbescheid ist zu erlassen, aufzuheben oder zu ändern, soweit ein Ereignis eintritt, 2123 das steuerliche Wirkung für die Vergangenheit hat (rückwirkendes Ereignis). § 175 Abs. 1 Satz 1 Nr. 2 AO ist eine Änderungsvorschrift, die es gestattet, Ereignisse, die bei Erlass des Steuerbescheides nicht vorgelegen haben, nachträglich steuerlich zu berücksichtigen, wenn sie in die Vergangenheit zurückwirken. Ein zunächst fehlerfreier Steuerbescheid wird durch den Eintritt eines rückwirkenden Ereignisses fehlerhaft und muss daher korrigiert werden. § 175 Abs. 1 Satz 1 Nr. 2 AO und § 173 Abs. 1 AO schließen einander aus. Nur in absoluten Ausnahmefällen können beide Vorschriften nebeneinander zur Anwendung kommen (vgl. BFH vom 19.04.2005 BStBl II 2005, 762). Bei § 173 Abs. 1 AO liegt bereits beim Erlass des Steuerbescheides die Tatsache vor, sie ist der Finanzbehörde nur nicht bekannt. Der Steuerbescheid ist damit von Anfang an fehlerhaft und wird deswegen korrigiert.

BEISPIELE

a) Gegen den Sohn des Verstorbenen ist ein ErbSt-Bescheid ergangen. Später findet sich ein Testament, welches eine andere Person als Erbin einsetzt.
LÖSUNG Der ErbSt-Bescheid gegen den Sohn ist gem. § 173 Abs. 1 Nr. 2 AO aufzuheben (oder gem. § 174 Abs. 1 AO auf Antrag, wenn ein anderer ErbSt-Bescheid erteilt worden ist). Der Sohn war laut Testament niemals Erbe, dies war dem FA nicht bekannt. Der ErbSt-Bescheid war von Anfang an rechtswidrig.

b) Wie Beispiel a). Gegen die Haushälterin des Verstorbenen ist ein ErbSt-Bescheid ergangen, weil sie formgültig testamentarisch als Erbin eingesetzt war. Der Sohn geht später gegen das Testament erfolgreich vor (§ 2079 BGB), er wird Alleinerbe, die Leistungen werden zurückgewährt.
LÖSUNG Der ErbSt-Bescheid gegen die Haushälterin ist gem. § 175 Abs. 1 Satz 1 Nr. 2 AO aufzuheben. Sie war zunächst Erbin, der ErbSt-Bescheid also rechtmäßig. Durch die erfolgreiche Anfechtung des Testaments entfällt ihre Stellung als Erbin rückwirkend (§ 142 BGB), der ErbSt-Bescheid wird nachträglich rechtswidrig.

Weil das rückwirkende Ereignis erst viele Jahre nach Erlass des zu ändernden Steuerbescheides eintreten kann, regelt § 175 Abs. 1 Satz 2 AO eine eigene Anlaufhemmung für die Korrektur mit Ablauf des Kalenderjahres, in dem das Ereignis eintritt. Dem FA bleibt also genügend Zeit, das eingetretene rückwirkende Ereignis steuerlich zu berücksichtigen (gilt auch für Fälle des § 175 Abs. 2 AO).

Die Vorschrift des § 175 Abs. 1 Satz 1 Nr. 2 AO stimmt mit § 175 Abs. 1 Satz 1 Nr. 1 AO insofern überein, als in beiden Fällen der Steuerbescheid im Zeitpunkt des Ergehens nicht anders erteilt werden konnte. Erst nachträglich, hier durch Eintritt eines Ereignisses, dort durch Erlass eines Grundlagenbescheides, stellt sich heraus, dass die Steuerfestsetzung mit dem tatsächlich entstandenen Steueranspruch (§ 38 AO) nicht übereinstimmt. § 175 Abs. 1 AO schafft in beiden Fällen die Möglichkeit, die richtige Steuerschuld noch festzusetzen.

3.9.2 Ereignis

3.9.2.1 Begriff des Ereignisses

2124 Ereignis ist **jeder tatsächliche oder rechtliche Umstand**, der nach dem Gesetz den Steueranspruch dem Grunde oder der Höhe nach beeinflusst, BFH vom 19.07.1993 BStBl II 1993, 897. Der Begriff des Ereignisses ist mit dem Tatsachenbegriff i. S. v. § 173 AO vergleichbar, geht aber darüber hinaus dadurch, dass Ereignisse nicht nur **tatsächliche Lebensvorgänge**, sondern auch alle **rechtlich bedeutsamen Vorgänge** wie Rechtsverhältnisse, Rechtsgeschäfte, Entscheidungen ressortfremder Behörden und Gerichte sind. Das Ereignis muss **Auswirkung auf den Steueranspruch** haben, d. h. es muss auf den steuergesetzlichen Tatbestand i. S. v. § 38 AO einwirken.

Ereignisse sind Geschehnisse, die die steuerrechtliche Würdigung eines Sachverhalts (einer Besteuerungsgrundlage) verändern. Wobei eine andere rechtliche Beurteilung eines im Übrigen unverändert gebliebenen Sachverhalts noch nicht ausreichend ist. Vielmehr muss sich der dem Steuerbescheid zugrunde liegende Sachverhalt selbst verändern und zwar dadurch, dass dieser Sachverhalt oder zumindest ein Teil davon nachträglich wegfällt oder ein neuer Sachverhalt mit Wirkung für die Vergangenheit hinzutritt. Das Ereignis muss also sachverhaltsverändernde Wirkung haben.

Ein Ereignis liegt dementsprechend nicht vor, wenn das FA das Vorliegen des Sachverhalts nicht kannte, sich über den Sachverhalt geirrt hat oder später lediglich seine Rechtsauffassung bei gleich bleibendem Sachverhalt ändert. Aus diesem Grund ist auch die Änderung der Rechtsprechung oder von Verwaltungsanweisungen (z. B. EStR) kein rückwirkendes Ereignis (BFH vom 04.11.1998 BFH/NV 1999, 589), denn hierbei wird nur bei gleich bleibendem Sachverhalt das Recht anders ausgelegt. Eine rückwirkende Änderung steuerrechtlicher Vorschriften stellt ebenfalls kein rückwirkendes Ereignis dar. Dadurch ändert sich nicht der steuergesetzliche Tatbestand i. S. v. § 38 AO, sondern lediglich dessen Qualifizierung.

3.9.2.2 Nachträgliche Erteilung oder Vorlage einer Bescheinigung oder Bestätigung

2125 Nach **§ 175 Abs. 2 Satz 2 AO** gilt die nachträgliche Erteilung oder Vorlage einer Bescheinigung oder Bestätigung nicht als rückwirkendes Ereignis (Fiktion).

Diese Regelung ist gültig für nach dem 28.10.2004 vorgelegte oder erteilte Bescheinigungen oder Bestätigungen (vgl. Art. 97 § 9 Abs. 3 EGAO). Bis dahin gab es drei Korrekturmöglichkeiten bei der nachträglichen Vorlage von Bescheinigungen, je nach Art der Bescheinigung (vgl. Rz. 2038 f.):

- § 173 Abs. 1 Nr. 2 AO, sofern die Bescheinigung ein Beweismittel ist (Rz. 2041),
- § 175 Abs. 1 Satz 1 Nr. 1 AO, sofern die Bescheinigung ein Grundlagenbescheid ist (Rz. 2108),
- § 175 Abs. 1 Satz 1 Nr. 2 AO, sofern die Bescheinigung ein rückwirkendes Ereignis ist.

Abhängig davon ergibt sich ein unterschiedliches Ende der Festsetzungsfrist. Sofern die Bescheinigung ein Beweismittel darstellt, kann eine Änderung der Steuerfestsetzung nach § 173 Abs. 1 Nr. 2 AO nur innerhalb der regulären Festsetzungsfrist erfolgen. Ist die Bescheinigung ein Grundlagenbescheid, greift die Ablaufhemmung des § 171 Abs. 10 Satz 1 AO (Fristende zwei Jahre nach Bekanntgabe des Grundlagenbescheides). Ist die Bescheinigung ein rückwirkendes Ereignis, greift die Anlaufhemmung des § 175 Abs. 1 Satz 2 AO (Fristbeginn mit Ablauf des Kalenderjahres, in dem das Ereignis eintritt) mit der Folge, dass die Korrektur von Steuerbescheiden zeitlich nahezu unbegrenzt zulässig ist. Dies hat der Gesetzgeber als unbillig empfunden und § 175 Abs. 2 Satz 2 AO eingeführt.

Damit sind, soweit es sich bei den Bescheinigungen nicht ausnahmsweise um Grundlagenbescheide handelt, sämtliche **Bescheinigungen und Bestätigungen** als **Beweismittel** anzusehen (vgl. AEAO zu § 175 Nr. 2.2; vgl. Melchior DStR 2004, 2121 (2127); a. A. Tipke/Kruse, AO/FGO, § 175 AO, Rz. 49a). Eine Korrektur bestandskräftiger Steuerbescheide kommt dann nur unter den Voraussetzungen des **§ 173 Abs. 1 Nr. 2 AO** in Betracht.

3.9.3 Nachträgliches Eintreten des Ereignisses

Aus dem Begriff »Eintritt« in § 175 Abs. 1 Satz 1 Nr. 2 AO ist zu schließen, dass das Ereignis nachträglich, d. h. nach Entstehung des Steueranspruchs und nach Erlass des Steuerbescheides eingetreten sein muss (vgl. AEAO zu § 175 Nr. 2.3). Konnte das Ereignis bei Erlass des betreffenden Steuerbescheides bereits berücksichtigt werden, greift § 175 Abs. 1 Satz 1 Nr. 2 AO nicht, BFH vom 10. 07. 2002 BFH/NV 2002, 1545. Darin besteht tatbestandsmäßig der Unterschied zu § 173 Abs. 1 AO. Während bei § 173 Abs. 1 AO die Tatsache bei abschließender Zeichnung der Verfügung bereits vorhanden gewesen sein muss (anderenfalls kein nachträgliches Bekanntwerden), darf bei § 175 Abs. 1 Satz 1 Nr. 2 AO das Ereignis erst nach dem Wirksamwerden (Bekanntgabe, Berechnung des Bekanntgabetages über die Zugangsvermutung des § 122 Abs. 2 AO) des zu ändernden Steuerbescheides eingetreten sein. **2126**

3.9.4 Rückwirkung des Ereignisses

3.9.4.1 Allgemeines

Das Ereignis muss sich steuerlich in die Vergangenheit auswirken und zwar in der Weise, dass nunmehr der veränderte anstelle des zuvor verwirklichten Sachverhalts der Besteuerung zugrunde zu legen ist, BFH vom 19. 07. 1993 BStBl II 1993, 897. Es muss das Bedürfnis bestehen, eine schon endgültig getroffene Regelung an die Sachverhaltsveränderung anzupassen. Voraussetzung ist, dass sich die steuerlichen Folgen mit Wirkung für die Vergangenheit verändern. Die steuerliche Beurteilung eines Sachverhalts, der bereits verwirklicht ist, kann sich durch einen danach eintretenden bzw. wegfallenden Sachverhalt/Sachverhaltsteil verändern, vorausgesetzt, dass beide Sachverhalte/Sachverhaltsteile zusammengesetzt den Tatbestand eines Steuergesetzes erfüllen. **2127**

Die Frage, ob einem Ereignis **steuerliche Rückwirkung** beizumessen ist, kann nicht aus § 175 Abs. 1 Satz 1 Nr. 2 AO beantwortet werden. § 175 Abs. 1 Satz 1 Nr. 2 AO ist eine reine Verfahrensvorschrift. Sie setzt die sich aus den **Einzelsteuergesetzen** (z. B. EStG, KStG, UStG) ergebende steuerliche Wirkung für die Vergangenheit voraus und zieht hieraus die verfahrensrechtlichen Konsequenzen. In einer Vielzahl von Fällen gibt es in den Einzelsteuergesetzen Spezialvorschriften, die die steuerliche Rückwirkung von Ereignissen regeln und als solche § 175 Abs. 1 Satz 1 Nr. 2 AO vorgehen. Hier sind z. B. zu nennen: § 10d Abs. 1 EStG; § 50d Abs. 8 EStG; §§ 5 Abs. 2, 7 Abs. 2, 14 Abs. 2 BewG; § 29 ErbStG; § 16 GrEStG. Andere Vorschriften erklären § 175 Abs. 1 Satz 1 Nr. 2 AO für ausdrücklich anwendbar, z. B. § 61 Abs. 3 AO.

Die Vorschrift des § 175 Abs. 1 Satz 1 Nr. 2 AO greift nur ein, wenn das wirtschaftliche Ergebnis durch das nachträglich eingetretene Ereignis tatsächlich rückwirkend beseitigt wird. Aus diesem Grunde wurde im Urteil des FG Düsseldorf vom 17. 02. 1983 (EFG 1983, 504) die Nichtigkeitserklärung einer Ehe nicht als rückwirkendes Ereignis angesehen, denn es kommt nicht auf die statusrechtliche, sondern auf die wirtschaftlichen Folgen an (anders jedoch im Urteil des FG Düsseldorf vom 13. 08. 1998 EFG 1998, 1448).

Das später eintretende Ereignis muss **zwingend** zu einer **anderen rechtlichen Beurteilung** führen. Daran fehlt es, wenn ein Sachverhalt nachträglich eintritt, der die ursprüngliche Entscheidung lediglich in einem anderen Lichte erscheinen lässt. Aus diesem Grunde wurde im Urteil des BFH vom 06. 07. 1999 (DStR 1999, 1733) die Rückwirkung eines Ereignisses verneint, wenn später ein viertes Grundstücksgeschäft getätigt wird und das FA deswegen erstmals zur Auffassung kommt, die drei vorherigen Geschäfte seien ebenfalls ein gewerblicher Grundstückshandel gewesen. Für die Zuordnung von Grundstücksgeschäften zur privaten Vermögensverwaltung oder zum gewerblichen Bereich habe die Zahl der veräußerten Objekte lediglich indizielle Bedeutung (evtl. jedoch Änderung nach § 173 Abs. 1 Nr. 1 AO wegen nachträglicher Kenntnis der Absicht des Grundstückshandels als innere Tatsache, vgl. Rz. 2040).

Erklärt das Bundesverfassungsgericht ein Gesetz für nichtig, bleiben nicht mehr anfechtbare Entscheidungen davon unberührt (§ 79 Abs. 2 BVerfGG). Für die Anwendung des § 175 Abs. 1 Satz 1 Nr. 2 AO ist insoweit kein Raum.

Ob ein rückwirkendes Ereignis vorliegt, ist eine Frage des materiellen Rechts. Dabei ist zu unterscheiden zwischen Steuern, die nur einen steuerlich abgeschlossenen Vorgang erfassen (einmalige Steuern) oder die stetig veranlagt werden, in denen sich folglich ein Ereignis im laufenden Veranlagungsverfahren auswirken kann (laufend veranlagte Steuern).

3.9.4.2   Korrektur bei »einmaligen« Steuern

2128   Bei einmaligen Steuern (z. B. GrESt oder ErbSt) stellt der nachträglich eingetretene Sachverhalt in der Regel ein rückwirkendes Ereignis dar, denn es kann nur der eine Steuerbescheid aufgehoben oder geändert werden. Häufig werden hier Spezialvorschriften wie § 29 ErbStG (das Geschenk ist ganz oder teilweise herauszugeben) oder § 16 GrEStG (ein Grundstückserwerb wird rückgängig gemacht) eingreifen.

2129   Es ist aber zu beachten, dass das Ereignis, z. B. Anfechtung (Rechtsgeschäft ist von Anfang an als unwirksam anzusehen, § 142 BGB), Rücktritt, Wandlung, Minderung das **bisherige wirtschaftliche Ergebnis tatsächlich rückwirkend verändern** muss. Denn die privatrechtliche Unwirksamkeit ist gem. § 41 AO für die Besteuerung unerheblich, soweit und solange die Beteiligten das wirtschaftliche Ergebnis dieses Rechtsgeschäftes gleichwohl eintreten und bestehen lassen. Die Anfechtung eines bereits erfüllten steuerlich erheblichen Vertrages erfüllt noch nicht die Voraussetzungen des § 175 Abs. 1 Satz 1 Nr. 2 AO. Das Ereignis i. S. dieser Vorschrift tritt erst bei Rückgewähr der gegenseitigen Leistungen ein, BFH vom 27.01.1982 BStBl II 1982, 425.

Ist ein Rechtsgeschäft von **vornherein unwirksam**, z. B. nichtig, liegt kein Fall des § 175 Abs. 1 Satz 1 Nr. 2 AO vor. Der Bescheid ist vielmehr von Anfang an fehlerhaft und gem. § 173 Abs. 1 AO zu korrigieren. Etwas anderes gilt aber, wenn die Parteien das nichtige Rechtsgeschäft zunächst im Ergebnis bestehen lassen und erst später beseitigen. Hier schlägt die wirtschaftliche Betrachtungsweise des Steuerrechts (§§ 39 ff. AO) durch. Das trotz Nichtigkeit durchgeführte Rechtsgeschäft ist im Steuerbescheid zu berücksichtigen. Der Bescheid ist fehlerfrei. Wird später das Geschäft im wirtschaftlichen Ergebnis rückabgewickelt, wird nachträglich der Bescheid falsch. Es liegt ein steuerlich rückwirkendes Ereignis vor.

2130

3.9.4.3 Korrektur bei laufend veranlagten Steuern

Bei laufend veranlagten Steuern wirken sich die Ereignisse, die sich nach Ablauf des Veranlagungszeitraums abspielen, **regelmäßig nicht rückwirkend** aus, sondern betreffen den neuen Veranlagungszeitraum. Dies gilt insbesondere für Vorgänge, die an den Zu- oder Abfluss von Zahlungen knüpfen (§ 11 EStG), wie insbesondere die Überschusseinkunftsarten des § 2 Abs. 1 Nr. 4 bis 7 EStG, und die Einkünfteermittlung nach § 4 Abs. 3 EStG, vgl. BFH vom 16.02.1995 BStBl II 1995, 635. Ein rückwirkendes Ereignis liegt hier nicht vor.

2131

> **BEISPIEL**
>
> Ein Stpfl. erhält für das Kalenderjahr 01 Zinseinnahmen in Höhe von 10 000 € und versteuert diese. Im Kalenderjahr 03 muss er 2 000 € Zinsen zurückzahlen, weil der Darlehensvertrag erfolgreich angefochten wurde.
>
> **LÖSUNG** Der bestandskräftige ESt-Bescheid 01 (weil rechtmäßig) bleibt bestehen, denn dem Stpfl. sind im Kalenderjahr 01 tatsächlich 10 000 € zugeflossen (§ 11 Abs. 1 EStG). Die Rückzahlung der 2 000 € Zinsen wird in der noch durchzuführenden Veranlagung 03 als negative Einkünfte aus Kapitalvermögen (§ 11 Abs. 2 EStG) erfasst.

Der Vorrang des Zu- und Abflussprinzips gilt auch, wenn sich steuerlich andere Ergebnisse als durch Änderung des ursprünglichen Steuerbescheides ergeben, z. B. wenn die Ausgabe im späteren Jahr durch Freibeträge (z. B. Arbeitnehmerpauschale) ohne steuerliche Auswirkung bleibt oder die Einnahme mangels anderer Einkünfte oder durch Berücksichtigung von Freibeträgen sich steuerlich nicht auswirkt.

2132

> **BEISPIEL**
>
> Einem Arbeitnehmer werden Werbungskosten anerkannt, weil er im Kalenderjahr 01 ein Arbeitsmittel für 130 € angeschafft hat. Im Kalenderjahr 02, inzwischen ist er Rentner, geht er gegen den Kauf des Arbeitsmittels erfolgreich vor und erhält den Kaufpreis erstattet.
>
> **LÖSUNG** Die Rückgewähr der 130 € im Kalenderjahr 02 ist eine Einnahme aus Arbeitslohn gem. §§ 8 Abs. 1, 19 Abs. 1 EStG (Rückfluss von Werbungskosten), die sich jedoch steuerlich nicht auswirkt, weil dem Stpfl. der Arbeitnehmer-Pauschbetrag (§ 9a Nr. 1a EStG) von 1 000 € zu gewähren ist.

Sofern sich jedoch das später eintretende Ereignis steuerlich nicht auswirken kann und dadurch in der Gesamtbetrachtung ein unbilliges Ergebnis eintritt, wendet die Rechtsprechung § 175 Abs. 1 Satz 1 Nr. 2 AO als Korrekturnorm an. Typische Beispiele sind die spätere Erstattung von bestimmten abzugsfähigen Sonderausgaben oder abzugsfähigen außergewöhnlichen Belastungen, denn die Erstattung fällt nicht unter eine Einkunftsart des EStG (vgl. Rz. 2139 f.), sowie die Besteuerung von Veräußerungsgewinnen (Rz. 2134).

2133

2134   Sofern die Steuerfestsetzung auf Besteuerungsgrundlagen beruht, die durch eine **Bilanz** (§§ 4 Abs. 1 Satz 1, 5 Abs. 1 Satz 1 EStG) ermittelt wurden, ist der Grundsatz ordnungsmäßiger Buchführung zu beachten. Die ganze oder teilweise Beseitigung eines Geschäftes ist unbeachtlich, soweit es bis zum Bilanzstichtag zunächst wirtschaftlich durchgeführt worden ist; auch hier gilt der Grundsatz des § 41 AO, wonach unwirksame Rechtsgeschäfte für die Besteuerung unerheblich sind, soweit und solange die Beteiligten das wirtschaftliche Ergebnis dieses Rechtsgeschäfts gleichwohl eintreten lassen. Wegen des Grundsatzes der Abschnittsbesteuerung gilt dies m. E. auch, wenn das Geschäft in einem späteren Veranlagungszeitraum rückabgewickelt wird.

> **BEISPIEL**
>
> Ein Autohändler, der bilanziert, verkauft im Kalenderjahr 01 einen PKW. Das Geschäft ist abgewickelt, der Steuerbescheid des Händlers ist bestandskräftig. Ende des Kalenderjahres 02 ficht der Kunde den Vertrag wegen arglistiger Täuschung an (§ 123 BGB). Er gibt den PKW zurück und erhält den Kaufpreis wieder.
>
> **LÖSUNG** Am Bilanzstichtag (31. 12. 01) war das Rechtsgeschäft wirtschaftlich durchgeführt. Der PKW war aus dem Betriebsvermögen ausgeschieden, der Kaufpreis war gebucht. Die Bilanz und der Steuerbescheid 01 sind nicht zu ändern. Die Rückabwicklung des Rechtsgeschäfts ist im Kalenderjahr 02 zu erfassen. Für die USt gilt dies gem. § 17 Abs. 2, Abs. 1 Satz 7 UStG entsprechend.
>
> Wegen des Grundsatzes der ordnungsmäßigen Buchführung bleibt der ursprüngliche Steuerbescheid bestehen, die entstandene Steuer wurde festgesetzt. Das spätere Ereignis hat zwar zivilrechtlich (vgl. z. B. § 142 BGB), nicht aber steuerlich rückwirkende Kraft. Eine Bilanzberichtigung (§ 4 Abs. 2 EStG) kommt nicht in Betracht, weil die Bilanz richtig ist. Daher stellt sich die Frage nach einer Korrektur für die Steuerfestsetzung wie z. B. gem. § 175 Abs. 1 Satz 1 Nr. 2 AO nicht.

Handelt es sich dagegen um **Veräußerungsgeschäfte** i. S. d. **§§ 16, 17, 34 EStG** (z. B. Veräußerung eines Gewerbebetriebes) liegt ein **einmaliges** (punktuelles) **Ereignis** vor und kein Vorrang einer laufend veranlagten Steuer. Diese Geschäfte beenden nämlich das steuerliche Schuldverhältnis, ein späterer Ausgleich durch Zu- oder Abfluss im Rahmen einer Einkunftsart oder in der Bilanz ist nicht mehr möglich (Trennung vom laufenden Gewinn und Veräußerungsgewinn). Auch beziehen sich die Grundsätze ordnungsmäßiger Buchführung nur auf laufende Geschäftsvorfälle. Aus diesem Grunde ist die Uneinbringlichkeit des Kaufpreises für die Veräußerung eines Gewerbebetriebes ein rückwirkendes Ereignis, das gem. § 175 Abs. 1 Satz 1 Nr. 2 AO zur Änderung des Steuerbescheides führt, dem der nach dem ursprünglich vereinbarten Kaufpreis ermittelte Veräußerungsgewinn zugrunde liegt (vgl. BFH vom 19. 07. 1993 BStBl II 1993, 894, 897; BFH vom 21. 12. 1993 BStBl II 1994, 648, sowie Theisen DStR 1994, 1560 u. 1599). Diese Ansicht führt auch zu einem **materiell-rechtlich zutreffenden** Ergebnis, denn der Veräußerungsgewinn war, je nach Sachverhalt, durch Gewährung eines Freibetrages (§ 16 Abs. 4 EStG) und des ermäßigten Steuersatzes (§ 34 EStG) begünstigt (Härteausgleich), und nur durch eine Korrektur des ursprünglichen Steuerbescheides lassen sich der Härteausgleich und der Forderungsausfall steuerlich vernünftig regeln.

> **BEISPIEL**
>
> Der 70-jährige A veräußert in 01 sein Einzelunternehmen mit einem Veräußerungsgewinn von 150 000 € (Kaufpreis) an X, der Kaufpreis ist zahlbar in drei Jahresraten à 50 000 € ab 01. A versteuert den Gewinn in 01 nach Abzug eines Freibetrages mit dem ermäßigten Steuersatz. Die Rate des Kalenderjahres 03 erhält A nicht.
>
> **LÖSUNG** Dies stellt ein rückwirkendes Ereignis dar, der ESt-Bescheid 01 wird korrigiert, ausgehend von einem Veräußerungsgewinn von 100 000 €.

Danach liegt immer dann ein rückwirkendes Ereignis vor, wenn nachträglich eintretende Ereignisse sich in den Folgejahren nicht mehr steuerlich zutreffend (durch Überschussermittlung oder Bilanzierung) erfassen lassen, sondern nur durch Korrektur des ursprünglichen Steuerbescheides. So wurde in den Urteilen des BFH vom 28.07.1994 BStBl II 1995, 112 und vom 14.12.1994 BStBl II 1995, 465 die Korrektur nach § 175 Abs. 1 Satz 1 Nr. 2 AO bejaht, wenn sich nachträglich durch Forderungsausfälle (dazu gehört auch das Sonderbetriebsvermögen) der Veräußerungsgewinn (bzw. Aufgabegewinn) eines Kommanditisten mindert.

Bei Ermittlung des Veräußerungsgewinns nach § 17 EStG gelten dieselben Grundsätze. Ein rückwirkendes Ereignis tritt z. B. ein, wenn nach Auflösung der Kapitalgesellschaft nachträgliche Anschaffungskosten der Beteiligten anfallen, z. B. wegen Inanspruchnahme aufgrund einer Bürgschaft (BFH vom 01.07.2003 BFH/NV 2003, 1398) oder der gestundete Kaufpreis nicht mehr entrichtet wird (BFH vom 19.04.2005 BStBl II 2005, 762).

Die Korrekturmöglichkeit muss sich nicht immer zugunsten des Stpfl. auswirken. Wird z. B. eine Verbindlichkeit, die bei Veräußerung oder Aufgabe eines Gewerbebetriebes im Betriebsvermögen verbleibt, später erlassen, so führt dieser Vorgang rückwirkend zu einer Erhöhung des Veräußerungs- oder Aufgabegewinns, BFH vom 06.03.1997 BStBl II 1997, 509.

Es ist jedoch zu beachten, dass nicht bei jeder Veräußerung i. S. d. § 16 EStG ein rückwirkendes Ereignis eintritt, falls sich der Gewinn nachträglich verändert. Veräußert z. B. eine GmbH einen Teilbetrieb und wird die Forderung daraus später uneinbringlich, so kann die GmbH in der Bilanz des späteren Jahres die Forderung wertberichtigen und damit eine steuerlich zutreffende Berücksichtigung des Forderungsausfalls erreichen. Hier haben die Grundsätze der ordnungsgemäßen Bilanzierung Vorrang (laufend veranlagte Steuer), auch weil die steuerlichen Freibeträge und der ermäßigte Steuersatz für juristische Personen nicht gelten.

Die Grundsätze, die für die Veräußerungsgewinne i. S. d. § 16 Abs. 2 EStG gelten (mit der für eine Bilanz geltenden dynamischen Betrachtungsweise mit Wertaufhellung), sind nicht ohne Weiteres auf die **Aufgabegewinne** i. S. d. § 16 Abs. 3 EStG zu übertragen. Der Aufgabegewinn ist gem. § 16 Abs. 3 Satz 4 EStG der gemeine Wert im Zeitpunkt der Aufgabe. Dieser ermittelt sich gem. § 9 Abs. 2 BewG, bei Forderungen gem. § 12 BewG. Im Bewertungsrecht gilt aber das strikte Stichtagsprinzip mit der Folge, dass nur Wertverhältnisse zum Zeitpunkt des Stichtags zu berücksichtigen sind, später eintretende Umstände also unbeachtlich bleiben. Aus diesem Grunde liegt kein rückwirkendes Ereignis vor, wenn durch einen später auftretenden Altlastenverdacht der Wert eines entnommenen Grundstücks sinkt, BFH vom 01.04.1998 BStBl II 1998, 569. Ebenso ist der Ausfall einer zum Nachlass gehörenden Forderung aufgrund von Umständen, die erst nach dem Todestag des Erblassers eingetreten sind, bei der ErbSt kein rückwirkendes Ereignis, BFH vom 18.10.2000 BFH/NV 2001, 420.

In den Fällen der **Organschaft** nach § 14 KStG wird zwar das von der Organgesellschaft erwirtschaftete Einkommen bei dieser selbst ermittelt. Das Einkommen wird jedoch für Zwecke der KSt dem Organträger zugerechnet und von diesem versteuert. Die KSt der Organgesellschaft wird auf Null festgesetzt (sofern sie nicht über weiteres, nicht an den Organträger abzuführendes Einkommen verfügt). In gewerbesteuerlicher Hinsicht gilt die Organgesellschaft als Betriebsstätte des Organträgers (§ 2 Abs. 2 Satz 2 GewStG). Trotzdem bleiben sie selbstständige Gewerbebetriebe, die einzeln für sich bilanzieren und deren Gewerbeerträge getrennt zu ermitteln sind. Die Organschaft führt jedoch dazu, dass die persönliche GewSt-Pflicht der Organgesellschaft dem Organträger zugerechnet wird. Der einheitliche GewSt-Messbetrag für Organträger und Organgesellschaft ist allein gegenüber dem Organträger festzusetzen. Der KSt-Bescheid gegenüber der Organgesellschaft entfaltet für den Steuerbescheid des Organträgers **keine Grundlagenfunktion** i. S. d. § 175 Abs. 1 Satz 1 Nr. 1 AO, denn das Einkommen der

2134a

Organgesellschaft geht nur als unselbstständiges Besteuerungsmerkmal in das einheitliche Gesamteinkommen des Organträgers ein. Die Ermittlung des Einkommens bei der Organgesellschaft ist also für den Organträger nicht bindend. Für die Ermittlung des Gewerbeertrags und des einheitlichen GewSt-Messbetrags gilt im Ergebnis das Gleiche, BFH vom. 28.01.2004, BStBl II 2004, 539.

2134b Die Änderung des Einkommens der Organgesellschaft ist auch **kein rückwirkendes Ereignis** i. S. d. § 175 Abs. 1 Satz 1 Nr. 2 AO. Es fehlt an der steuerlichen Wirkung für die Vergangenheit, da die Besteuerungsmerkmale des Organträgers dann von Anfang an falsch waren (materieller Fehler i. S. d. § 177 Abs. 3 AO, vgl. BFH vom 28.01.2004 a. a. O.).

> **BEISPIEL**
>
> Das Einkommen der Organgesellschaft X wurde mit 100 000 € ermittelt und dem Organträger A zugerechnet. Mangels eigenen Einkommens von A wurde die KSt von A auf 25 000 € (Steuersatz 25 %) bestandskräftig festgesetzt. Später stellt die Betriebsprüfung bei X fest, dass das Einkommen der X tatsächlich 150 000 € betrug. Das höhere Einkommen der X ergab sich
> a) aus einer fehlerhaften Beurteilung eines Sachverhalts
> b) wegen der Nichtberücksichtigung von Einnahmen (neue Tatsache i. S. d. § 173 Abs. 1 Nr. 1 AO)
> **LÖSUNG** Im Falle a) ist eine Korrektur des KSt-Bescheides von A nicht möglich, da es an einer Korrekturnorm fehlt. Im Falle b) kann der KSt- Bescheid von A gem. § 173 Abs. 1 Nr. 1 AO korrigiert und die Steuer auf 37 500 € festgesetzt werden.

3.9.5 Sonderfälle von rückwirkenden Ereignissen

3.9.5.1 Rückwirkung bei Bilanzberichtigung und Bilanzänderung

2135 Ist die Korrektur einer Bilanz zulässig (also **Bilanzberichtigung**, § 4 Abs. 2 Satz 1 EStG oder als **Bilanzänderung**, § 4 Abs. 2 Satz 2 EStG, vgl. Schmidt, EStG, § 4 EStG, Rz. 680 ff.; R 4.4 EStR), sind die Grundsätze des **Bilanzzusammenhangs** zu beachten (§ 4 Abs. 1 Satz 1 EStG, § 252 Abs. 1 Nr. 1 HGB). Danach finden die Bilanzansätze der Schlussbilanz, selbst wenn materiell fehlerhaft, Eingang in die Anfangsbilanz des Folgejahres (vgl. BFH vom 11.02.1998 BStBl II 1998, 503 und GrS BFH vom 10.11.1997 BStBl II 1998, 83). Wird aber die Schlussbilanz eines Jahres korrigiert, ist auch die Anfangsbilanz des Folgejahres anzupassen. Die Korrektur der Schlussbilanz ist ein rückwirkendes Ereignis, sofern sie sich auf die Höhe des Gewinns der Folgejahre auswirkt. Maßgebender Zeitpunkt für den Beginn der Festsetzungsfrist für eine Änderung nach § 175 Abs. 1 Satz 1 Nr. 2 AO ist dann der Erlass des Bescheides, mit dem die Korrektur des Betriebsvermögens erstmalig berücksichtigt wurde, BFH vom 30.06.2005 BStBl II 2005, 809.

> **BEISPIEL**
>
> Ein gewerbetreibender Stpfl., der bilanziert, hat Anfang des Kalenderjahres 01 eine Maschine mit Anschaffungskosten in Höhe von 20 000 € erworben. Die Kosten hat er als sofort abziehbaren Aufwand (§ 4 Abs. 4 EStG) gebucht, um im Kalenderjahr 01 ESt zu sparen. Er ist dementsprechend veranlagt, die Veranlagung der Kalenderjahre 01 und 02 sind endgültig und bestandskräftig. Die Außenprüfung deckt den Fehler auf. Die betriebsgewöhnliche Nutzungsdauer der Maschine beträgt fünf Jahre.
> **LÖSUNG** Der ESt-Bescheid 01 ist gem. § 173 Abs. 1 Nr. 1 AO zu ändern. Der Gewinn ist um 16 000 € (20 000 € AK ./. 4 000 € AfA) zu erhöhen (aus Vereinfachungsgründen wird die Gewerbesteuerrückstellung nicht berücksichtigt).

Der ESt-Bescheid 02 ist gem. § 175 Abs. 1 Satz 1 Nr. 2 AO zu korrigieren. Der Gewinn ist um die AfA in Höhe von 4 000 € zu mindern. § 173 Abs. 1 Nr. 2 AO kann als Änderungsgrundlage nicht eingreifen, denn der Nichtansatz der AfA im Kalenderjahr 02 war fehlerfrei, da die Anschaffungskosten im Kalenderjahr 01 als Betriebsausgaben gebucht waren. Ereignis i. S. d. § 175 Abs. 1 Satz 1 Nr. 2 AO ist die nachträgliche Aktivierung der Maschine im Kalenderjahr 01 (Schlussbilanz zum 31. 12. 01). Diese hat wegen des Bilanzzusammenhangs zur Folge, dass die Maschine in der Anfangsbilanz 02 mit 16 000 € steht. Die AfA ist jetzt zwingend anzusetzen. Der Nichtansatz der AfA wird rückwirkend falsch (§ 4 Abs. 2 Satz 1 EStG). Das Ereignis wirkt zurück, da die Berichtigung der Bilanz erst im Kalenderjahre 04 erfolgt.

Eine **Bilanzberichtigung** kommt in Betracht, wenn der Bilanzansatz unrichtig ist (§ 4 Abs. 2 Satz 1 EStG, R 4.4 Abs. 1 EStR). Grundsätzlich muss die fehlerhafte Bilanz an der Fehlerquelle berichtigt werden. Dies gilt uneingeschränkt, wenn der unrichtige Bilanzansatz ohne Auswirkung auf den Gewinn und damit auf die Steuer geblieben ist (z. B. die Buchung eines unbebauten Grundstückes statt eines anderen Aktivpostens). Ein solcher Fehler ist an der Fehlerquelle oder in der letzten Anfangsbilanz gewinnneutral zu berichtigen.   **2136**

Berührte dagegen der unrichtige Bilanzansatz die Steuerfestsetzung (z. B. die Buchung eines bebauten Grundstücks, die sich wegen der AfA steuerlich auswirkt), kann nach dem Grundsatz des formellen Bilanzenzusammenhangs (d. h. selbst die fehlerhafte Schlussbilanz ist die Anfangsbilanz des Folgejahres) der unrichtige Bilanzansatz erst in der ersten Schlussbilanz richtiggestellt werden, in der dies unter Beachtung der für den Eintritt der Bestandskraft und der Verjährung maßgeblichen Vorschrift möglich ist, und zwar grundsätzlich erfolgswirksam, BFH vom 11. 02. 1998 BStBl II 1998, 503. Kommt eine Korrekturvorschrift im Fehlerjahr nicht zum Zuge, z. B. weil Verjährung eingetreten ist oder ein Rechtsanwendungsfehler vorliegt, gilt der unrichtige Bilanzansatz fort. In diesem Falle bleibt der Fehler bis zu dem Kalenderjahr bestehen, in dem der Bescheid verfahrensrechtlich geändert werden kann. In diesem Kalenderjahr ist die Schlussbilanz erfolgswirksam richtig zu stellen.

BEISPIEL

a) Wie Beispiel in Rz. 2135, jedoch können die ESt-Bescheide 01 und 02 wegen Verjährung nicht korrigiert werden. Der ESt-Bescheid 03 steht unter dem Vorbehalt der Nachprüfung.
LÖSUNG Der ESt-Bescheid 03 ist gem. § 164 Abs. 2 Satz 1 AO zu ändern. Die Maschine ist in der Schlussbilanz 03 mit dem Wert zu aktivieren, mit dem sie bei von Anfang an richtiger Bilanzierung zu Buche stünde (BFH vom 24. 10. 2001 BStBl II 2002, 75), also mit 8 000 € (20 000 ./. 3 × 4 000 € Jahres-AfA). Da die Maschine bereits abgeschrieben war (BA), erhöht sich der Gewinn 03 um 8 000 €. In den Folgejahren (04 und 05) ist die AfA jeweils in Höhe von 4 000 € zu berücksichtigen; soweit diese Bescheide bestandskräftig sind gem. § 175 Abs. 1 Satz 1 Nr. 2 AO, sonst im Rahmen der Erstveranlagung.

b) Wie Beispiel a) Der Stpfl. hatte die Maschine Ende 02 vom Betriebsvermögen in das Privatvermögen überführt.
LÖSUNG Ein Ansatz in der Schlussbilanz 03 ist nicht möglich, da die Maschine nicht mehr zum Betriebsvermögen gehört. Für 03 ergibt sich keine Gewinnauswirkung, eine Änderung findet nicht statt. Die Maschine ist in 03 erfolgsneutral auszubuchen (Entnahme). Die Grundsätze des Bilanzenzusammenhangs gelten auch deswegen nicht, weil eine Entnahme sich nicht innerhalb einer Bilanz auswirkt, sondern nur auf den Gewinn.

Der Grundsatz vom Bilanzzusammenhang führt im Ergebnis dazu, dass Fehler aus Vorjahren trotz Bestandskraft und Eintritts der Verjährung später noch korrigiert werden können.

Insofern wird dem Betriebsvermögensvergleich im Ergebnis Vorrang eingeräumt vor den Grundsätzen der Bestandskraft und der Verjährung (vgl. BFH vom 28. 04. 1998 BStBl II 1998, 443; R 4.4 EStR).

BEISPIEL

Ein Stpfl. hatte für 01 zu Unrecht eine Forderung nicht aktiviert. Der Außenprüfer (Prüfungszeitraum 02 bis 04, Veranlagungen unter dem Vorbehalt der Nachprüfung) erkennt den Fehler. Das Kalenderjahr 01 kann, weil Bestandskraft eingetreten ist und eine Korrekturvorschrift fehlt (es lag ein Rechtsanwendungsfehler vor) nicht mehr geändert werden.

LÖSUNG Die Forderung ist in der Schlussbilanz 02 gewinnerhöhend zu bilden. Damit wird im Ergebnis die fehlerhafte Gewinnminderung, die im Kalenderjahr 01 bestandskräftig wurde, wieder korrigiert (Totalgewinnbetrachtung).

2136a
Natürlich können diese Grundsätze auch dazu führen, dass im Folgejahr eine Gewinnminderung zu erfolgen hat. Hier indes ist zu prüfen, ob nicht die Grundsätze von Treu und Glauben eine für den Stpfl. günstige Änderung verhindert, z. B. bei bewusst unterlassener Passivierung einer Verbindlichkeit. Die Voraussetzungen für eine Bilanzberichtigung sind für die ESt und die GewSt gesondert zu prüfen, BFH vom 06. 09. 2000 BStBl II 2001, 106. Die Bilanzberichtigung kann nur der Stpfl. selbst vornehmen; Fehler, die zu einer Steuerverkürzung führen können, hat er gem. § 153 Abs. 1 Nr. 1 AO richtig zu stellen. Dem FA ist die Bilanzberichtigung verwehrt. Hält es eine Bilanz für fehlerhaft, darf es diese Bilanz der Besteuerung nicht zugrunde legen und muss eine eigene Gewinnermittlung durch Betriebsvermögensvergleich vornehmen, BFH vom 04. 11. 1999 BStBl II 2000, 129.

Mehrsteuern aus einer Außenprüfung führen zu der Verpflichtung, Rückstellungen für abziehbare Steuern (z. B. GewSt) zu bilden. Die Passivierung hat zwingend zu Lasten des Wirtschaftsjahres zu erfolgen, zu dem die Mehrsteuern wirtschaftlich gehören (vgl. FR 2001, 48); die Bilanzen sind zu berichtigen.

2137
Eine **Bilanzänderung** ist der Ersatz eines rechtlich zulässigen Bilanzansatzes durch einen anderen ebenfalls zulässigen Bilanzansatz; z. B. wird bei beweglichen Wirtschaftsgütern statt der linearen AfA (§ 7 Abs. 1 EStG) die degressive AfA (§ 7 Abs. 2 EStG) gewählt (R 4.4 Abs. 2 EStR).

Wegen § 4 Abs. 2 Satz 2 EStG ist die Bilanzänderung nach Einreichung der Bilanz beim FA nur zulässig, wenn ein enger zeitlicher und sachlicher Zusammenhang mit einer Bilanzberichtigung besteht. Die Änderung ist betragsmäßig begrenzt auf die Höhe des Gewinns, der sich durch die Bilanzberichtigung ergibt (sachlicher Zusammenhang) und muss unverzüglich mit der Bilanzberichtigung erfolgen (zeitlicher Zusammenhang).

BEISPIEL

Der Außenprüfer erhöht den Gewinn des Kalenderjahres 01 um 10 000 €, in dem er in die Bilanz erstmals eine betriebliche Forderung einstellt (Bilanzberichtigung).

LÖSUNG Nunmehr kann der Stpfl. beantragen, ein steuerliches Wahlrecht (z. B. Rücklage gem. § 6b EStG) anders auszuüben und den Gewinn dadurch zu mindern (Bilanzänderung). Die Gewinnminderung darf aber höchstens 10 000 € betragen. Der Antrag muss bis zur Unanfechtbarkeit des aufgrund der Außenprüfung ergangenen Änderungsbescheides (z. B. nach § 164 Abs. 2 Satz 1 AO) gestellt sein. Legt der Stpfl. gegen die Bilanzberichtigung Einspruch ein, kann die Bilanzänderung bis zum Abschluss des außergerichtlichen oder gerichtlichen Rechtsbehelfsverfahrens beantragt werden (vgl. BMF vom 18. 05. 2000 BStBl I 2001, 244).

2138
Inwieweit die Berichtigung oder Änderung der Steuerbilanz gleichzeitig eine **Änderung der Handelsbilanz** voraussetzen und in welchen Fällen eine solche zulässig ist, ist nicht abschließend geklärt (vgl. Herrmann/Heuer/Raupach, EStG, § 4 EStG, Rz. 300 f.). Generell lässt sich vertreten, dass soweit die Maßgeblichkeit der Handelsbilanz reicht (§ 5 Abs. 1 Satz 1 EStG), die Korrektur der Steuerbilanz nur möglich ist, soweit die Handelsbilanz änderbar ist. Die Änderung der

Handelsbilanz ist erlaubt, wenn die Bilanz nichtig (vgl. § 256 AktG unstreitig) oder falsch ist (str.). Die Berichtigung der Steuerbilanz setzt dann nicht voraus, dass die Handelsbilanz tatsächlich geändert wird, denn die Maßgeblichkeit knüpft nur an die handelsrechtlichen Grundsätze ordnungsgemäßer Buchführung an, nicht an deren tatsächlicher Durchführung. Sofern die Handelsbilanz ordnungsgemäß ist, weil ein zulässiger Bilanzansatz gewählt wurde, ist an sich eine Bilanzänderung nicht möglich. Außerdem ist eine Änderung der Steuerbilanz ebenfalls nicht zulässig, wenn ein Wahlrecht anders ausgeübt wird, ausgenommen, die Änderung findet im zeitlichen und sachlichen Zusammenhang mit einer Bilanzberichtigung und in deren Rahmen statt (§ 4 Abs. 2 Satz 2 EStG). Im letzteren Falle kann gleichzeitig eine Änderung der fehlerhaften Handelsbilanz erfolgen (siehe oben), in der nunmehr die steuerlichen Wahlrechte anders ausgeübt werden können (umgekehrte Maßgeblichkeit des § 5 Abs. 1 Satz 2 EStG).

Soweit für die Steuerbilanz eigene Bilanzansätze gelten (§ 4 Abs. 2 ff. EStG), ist die Korrektur der Steuerbilanz naturgemäß unabhängig von der Handelsbilanz. Im Ergebnis dürften handelsrechtliche Grundsätze die Korrektur der Steuerbilanz nicht hindern.

3.9.5.2 Rückwirkung bei Erstattung von Sonderausgaben und außergewöhnlichen Belastungen

Die nachträgliche Erstattung von Aufwendungen, die zuvor als Sonderausgaben oder außergewöhnliche Belastungen steuermindernd berücksichtigt wurden, ist problematisch, weil diese Erstattungen grds. nicht im Jahr der Rückzahlung erfasst werden können, da sie zu keiner Einkunftsart (§ 2 EStG) gehören. 2139

Nach der Rechtsprechung (vgl. BFH vom 28. 05. 1998 BStBl II 1999, 95) dürfen nur solche Ausgaben als **Sonderausgaben** (§ 10 EStG) berücksichtigt werden, durch die der Stpfl. **tatsächlich** (durch Abfluss gem. § 11 Abs. 2 Satz 1 EStG) **und endgültig** wirtschaftlich belastet ist. Entrichtet der Stpfl. also Sonderausgaben und werden diese ihm später erstattet, besteht demnach Bedarf, den ESt-Bescheid, in dem die Sonderausgaben berücksichtigt wurden, zu korrigieren. Stand bei Zahlung bereits fest, dass die Sonderausgaben den Stpfl. nicht endgültig belasten werden, kommt § 173 Abs. 1 Nr. 1 AO als Korrekturvorschrift in Betracht. Stellt sich erst nachträglich heraus, dass die Belastung nicht endgültig ist, ist eine Korrektur des ESt-Bescheides nach § 175 Abs. 1 Satz 1 Nr. 2 AO in Erwägung zu ziehen.

Aus Vereinfachungsgründen hat der Gesetzgeber ab dem Veranlagungszeitraum 2012 allerdings § 10 Abs. 4b Satz 2 und 3 EStG eingefügt. Nach § 10 Abs. 4b Satz 2 EStG ist bei den Aufwendungen nach § 10 Abs. 1 Nr. 2 bis 3a EStG ein Erstattungsbetrag innerhalb des Veranlagungszeitraums mit anderen Aufwendungen der jeweiligen Nummer zu verrechnen. In den Fällen des § 10 Abs. 1 Nr. 3 und 4 EStG erhöht ein nach Verrechnung der Erstattung mit den im Kalenderjahr der Erstattung geleisteten gleichartigen Aufwendungen verbleibender Erstattungsüberhang den Gesamtbetrag der Einkünfte (§ 10 Abs. 4b Satz 3 EStG). Damit besteht insbesondere in dem in der Praxis bedeutendsten Fall der Rückzahlung zu viel entrichteter Kirchensteuer (Sonderausgaben gemäß § 10 Abs. 1 Nr. 4 EStG) nach materiellem Recht kein Bedarf mehr, den ESt-Bescheid, in dem die Zahlung der Sonderausgaben berücksichtigt wurde, zu korrigieren (fehlende Korrekturbedürftigkeit). Dies stellt für die Finanzverwaltung eine erhebliche Arbeitserleichterung dar und erspart ihr, geänderte Steuerbescheide zu erlassen. Die Korrekturvorschrift des § 175 Abs. 1 Satz 1 Nr. 2 AO hat somit bei der Erstattung von Sonderausgaben erheblich an Bedeutung verloren. Sie kommt nur noch in Betracht, wenn sich bei anderen als in § 10 Abs. 4b Satz 3 EStG aufgeführten Sonderausgaben eine Erstattung bzw. ein Erstattungsüberhang ergibt, was selten der Fall sein dürfte.

Ein Stpfl. zahlt im Kalenderjahr 01 Kirchensteuer i. H. v. 2 000 €, die als Sonderausgaben (§ 10 Abs. 1 Nr. 4 EStG) bei seiner ESt-Festsetzung für 01 berücksichtigt werden. Im Kalenderjahr 02 erhält er aus der ESt-Festsetzung für 01 eine Erstattung an Kirchensteuer i. H. v. 1 000 € und zahlt für 02 Kirchensteuer i. H. v. 600 €.

LÖSUNG Bei der ESt-Veranlagung 02 ist die in 02 gezahlte mit der für 01 erstatteten Kirchensteuer zu verrechnen. Der Erstattungsüberhang i. H. v. 400 € ist im Kalenderjahr 02 dem Gesamtbetrag der Einkünfte hinzuzurechnen (§ 10 Abs. 4b Satz 3 EStG). Der ESt-Bescheid 01 ist damit nicht nach § 175 Abs. 1 Satz 1 Nr. 2 AO zu korrigieren.

Sofern die Berücksichtigung einer Sonderausgabe von einer **auflösenden Bedingung** (§ 158 Abs. 2 BGB) abhängig ist, liegt ebenfalls ein rückwirkendes Ereignis vor, wenn die Bedingung nicht eintritt (Große DStZ 1989, 615).

Ein Stpfl. hat 5 000 € gespendet, die im ESt-Bescheid 01 gem. § 10b EStG berücksichtigt werden. Da das mit der Spende geförderte Vorhaben nicht durchgeführt wird, erhält der Stpfl. das Geld im Kalenderjahr 02 zurück.

LÖSUNG Der ESt-Bescheid 01 ist gem. § 175 Abs. 1 Satz 1 Nr. 2 AO zu ändern, indem der Sonderausgabenabzug rückgängig gemacht wird. § 10b EStG setzt die Ausgabe zur Förderung eines bestimmten Zweckes voraus. Der Sonderausgabenabzug steht insoweit unter einer auflösenden Bedingung. Die steuerliche Erfassung der Rückzahlung der Spende im Kalenderjahr 02 nach § 11 Abs. 1 Satz 1 EStG ist nicht möglich, da es eine solche Einkunftsart nicht gibt. Siehe hierzu auch § 61 Abs. 3 Satz 2 AO.

2140   Dieselben Grundsätze gelten, wenn Aufwendungen des Stpfl. als **außergewöhnliche Belastungen** (§§ 33, 33a EStG) berücksichtigt werden. Die Aufwendungen können nur soweit steuermindernd berücksichtigt werden, wie sie den Stpfl. **endgültig belasten** (vgl. Gesetzeswortlaut »Aufwendungen«). Die Belastung beeinflusst aber nicht den Abzugszeitpunkt (hier gilt § 11 Abs. 2 Satz 1 EStG), sondern nur die Höhe des Abzugsbetrags. Erwachsen einem Stpfl. in einem Kalenderjahr (01) Aufwendungen i. S. d. § 33 Abs. 1 EStG, so sind diese zunächst in Höhe des gezahlten Betrags zu berücksichtigen (gekürzt um die zumutbare Belastung gemäß § 33 Abs. 3 EStG). Kann der Stpfl. mit Erstattungen in einem folgenden Kalenderjahr (02) rechnen (z. B. Arztkosten durch die Krankenkasse), sollte die Steuerfestsetzung (01) insoweit vorläufig (§ 165 Abs. 1 Satz 1 AO) erfolgen, um die spätere Erstattung berücksichtigen zu können. War die Erstattung in einem folgenden Kalenderjahr zunächst nicht absehbar, war der Stpfl. in der Vergangenheit belastet und damit die Berücksichtigung der Aufwendungen (01) rechtmäßig. Erst durch die Erstattung (02) ist die Belastung insoweit weggefallen. Die Erstattung stellt damit ein Ereignis dar, das nachträglich eingetreten ist und steuerliche Rückwirkung entfaltet. Der ESt-Bescheid (01) ist nach § 175 Abs. 1 Satz 1 Nr. 2 AO zu ändern (vgl. Schmidt, EStG, § 33 EStG, Rz. 13).

3.9.5.3   Weitere Sonderfälle

3.9.5.3.1   VA ressortfremder Behörden

2141   Ferner greift § 175 Abs. 1 Satz 1 Nr. 2 AO auch bei laufend veranlagten Steuern ein, wenn VA ressortfremder Behörden ergehen oder korrigiert werden, die nicht Grundlagenbescheide (vgl. § 175 Abs. 1 Satz 1 Nr. 1 AO) sind. Als Beispiel ist hier der Fall zu nennen, dass ein Stpfl. nachträglich als Asylberechtigter anerkannt wird, vgl. BFH vom 11. 09. 1987 BStBl II 1988, 14.

3.9.5.3.2 Veräußerung eines Wirtschaftsguts innerhalb der Sperrfrist

In bestimmten gesetzlich normierten Fällen löst die Veräußerung eines Wirtschaftsgutes innerhalb einer Sperrfrist steuerliche Folgen auch für anderen Stpfl. aus (z. B. §§ 6 Abs. 3 Satz 2 oder 6 Abs. 5 Satz 4 EStG). Die Veräußerung ist dann ein rückwirkendes Ereignis. **2142**

BEISPIEL

A ist Inhaber eines Einzelunternehmens und Mitunternehmer der A&B OHG. Er bringt im Kalenderjahr 01 ein bisher zum Betriebsvermögen seines Unternehmens gehörendes unbebautes Grundstück (Buchwert 200 000 €, Teilwert 500 000 €) in das Gesamthandsvermögen der OHG ein; eine Ergänzungsbilanz wird nicht gebildet. Die OHG aktiviert zulässigerweise das Grundstück mit dem Buchwert (200 000 €), für A ist die Übertragung daher steuerneutral (§ 6 Abs. 5 Satz 3 EStG). Im Kalenderjahr 04, innerhalb der Sperrfrist, veräußert die OHG das Grundstück für 600 000 €.

LÖSUNG Die OHG hat nunmehr für das Kalenderjahr 01 das Grundstück rückwirkend mit dem Teilwert (500 000 €) anzusetzen (Bilanzberichtigung) und erzielt dadurch im Kalenderjahr 04 einen Gewinn von 100 000 €. Da die OHG das Grundstück rückwirkend mit dem Teilwert ansetzt, entsteht für A durch die Übertragung im Kalenderjahr 01 ein steuerpflichtiger Veräußerungsgewinn i. H. v. 300 000 € (Teilwert ./. Buchwert). Sofern die Steuerfestsetzung für das Kalenderjahr 01 bestandskräftig ist, kann der Bescheid des A gem. § 175 Abs. 1 Satz 1 Nr. 2 AO korrigiert werden.

3.9.5.3.3 Wahl der Zusammenveranlagung

Ehegatten, die beide unbeschränkt einkommensteuerpflichtig sind und nicht dauernd getrennt leben, können zwischen der Einzelveranlagung (§ 26 a EStG) und der Zusammenveranlagung (§ 26 b EStG) wählen (§ 26 Abs. 1 EStG). Die Veranlagungsart kann aber für beide nur einheitlich angewendet werden. Da eine Zusammenveranlagung nur in Betracht kommt, wenn beide Ehegatten die Zusammenveranlagung beantragen oder wenn sie keine Erklärung abgeben (§ 26 Abs. 2 und Abs. 3 EStG), sind zwingend Einzelveranlagungen für beide Ehegatten durchzuführen, wenn einer der Ehegatten die Einzelveranlagung verlangt. Die gilt entsprechend für Lebenspartner. **2142a**

Die Wahl der Veranlagungsart ist an keine Frist gebunden. Ein einmal ausgeübtes Wahlrecht kann widerrufen werden, sofern der Widerruf nicht rechtsmissbräuchlich ist (vgl. R 26 Abs. 3, H 26 EStR, BFH vom 24. 01. 2002 BStBl II 2002, 408). Nach Eintritt der Unanfechtbarkeit (formelle Bestandskraft, vgl. AEAO vor §§ 172 bis 177 Nr. 1) des ESt-Bescheides kann die Wahl der Veranlagungsart nur noch unter den Voraussetzungen des § 26 Abs. 2 Satz 4 Nr. 1 bis 3 EStG geändert werden, z. B. wenn ein ESt-Bescheid, der die Ehegatten betrifft, aufgehoben, geändert oder berichtigt wird (§ 26 Abs. 2 Satz 4 Nr. 1 EStG).

Ein Widerruf der Veranlagungswahl ist nicht mehr möglich, wenn die ESt-Bescheide gegenüber beiden Ehegatten materiell bestandskräftig sind. Sofern jedoch der ESt-Bescheid eines Ehegatten noch nicht unanfechtbar (formell bestandskräftig) ist oder durch die Anwendung von Korrekturvorschriften noch änderbar ist (z. B. §§ 164 Abs. 2 Satz 1, 172 ff. AO), kann der Ehegatte sein Wahlrecht erstmals ausüben oder eine einmal getroffene Wahl widerrufen. Wegen des Erfordernisses einer einheitlichen Veranlagung wirkt sich die Wahl der Veranlagungsart oder deren Änderung durch einen Ehegatten materiell-rechtlich auch auf die ESt-Schuld des anderen Ehegatten aus, und zwar rückwirkend auf die Entstehung der Steuer nach § 36 Abs. 1 EStG. Damit stellt die zulässige Ausübung des Wahlrechts des einen Ehegatten für den anderen Ehegatten ein rückwirkendes Ereignis i. S. d. § 175 Abs. 1 Satz 1 Nr. 2 AO dar, BFH vom 03. 03. 2005 BStBl II 2005, 690.

a) Die Ehegatten A und E sind antragsgemäß zusammen veranlagt worden. E ficht den ESt-Bescheid über die Zusammenveranlagung fristgerecht an und begehrt nunmehr die Einzelveranlagung.

LÖSUNG Der Zusammenveranlagungsbescheid ist auf den Einspruch hin aufzuheben und es sind zwei getrennte Veranlagungen durchzuführen. War der ESt-Bescheid gegen A bereits materiell bestandskräftig (z. B. bei getrennter Bekanntgabe, weil zwischenzeitlich getrennt lebend), ist dessen ESt-Bescheid gem. § 175 Abs. 1 Satz 1 Nr. 2 AO zu korrigieren, vgl. BFH vom 28.07.2005 BStBl II 2005, 865. Ihm gegenüber beginnt die Festsetzungsfrist mit Ablauf des Kalenderjahres, in dem der Antrag der E auf getrennte Veranlagung gestellt wurde (§ 175 Abs. 1 Satz 2 AO).

b) Die Eheleute A und E hatten die Einzelveranlagung gewählt. Der ESt-Bescheid von A ist materiell bestandskräftig, E ficht ihren ESt-Bescheid an und begehrt nunmehr die Zusammenveranlagung.

LÖSUNG Sofern A der Zusammenveranlagung zustimmt, ist der gegen ihn wirkende ESt-Bescheid gem. § 175 Abs. 1 Satz 1 Nr. 2 AO aufzuheben, der ESt-Bescheid gegen E ist auf den Rechtsbehelf hin aufzuheben (§ 172 Abs. 1 Satz 1 Nr. 2 a AO) und die Zusammenveranlagung durchzuführen.

Der Widerruf ist auch möglich, wenn ein Änderungsbescheid ergeht, der anfechtbar ist, BFH vom 19.05.1999 BStBl II 1999, 762. Die nunmehr gewählte Veranlagungsart kann durch andere Steuertarife zu einer insgesamt günstigeren Steuerfestsetzung führen. Die in dem Ursprungsbescheid ermittelten Besteuerungsgrundlagen sind dagegen zu übernehmen, sie können nicht verändert werden (ohne eine andere Korrekturvorschrift) und auch nicht isoliert angefochten werden (§ 351 Abs. 1 AO, vgl. BFH vom 25.06.1993 BStBl II 1993, 824).

Die Ehegatten A und E wurden antragsgemäß zusammen veranlagt. Die Steuer ist materiell bestandskräftig festgesetzt auf 100 000 €. Aufgrund eines geänderten Grundlagenbescheides wird der Zusammenveranlagungsbescheid gem. § 175 Abs. 1 Satz 1 Nr. 1 AO korrigiert, die Steuer beträgt nunmehr 90 000 €. E legt gegen den Änderungsbescheid Einspruch ein; sie begehrt die Einzelveranlagung und macht weitere Werbungskosten (§ 9 Abs. 1 EStG) bei ihren Einkünften aus § 19 Abs. 1 Nr. 1 EStG geltend, die sie bisher grob schuldhaft nicht erklärt hat.

LÖSUNG Der Antrag auf Einzelveranlagung von E ist zulässig, da die Änderung des Zusammenveranlagungsbescheides ein Rechtsbehelfsverfahren eröffnet. Dem Antrag steht nicht § 351 Abs. 1 AO entgegen, wonach VA, die unanfechtbare VA ändern, nur insoweit angegriffen werden können, als die Änderung reicht. Zwar ist der Zusammenveranlagungsbescheid, weil zugunsten geändert, grundsätzlich nicht mehr angreifbar. § 351 Abs. 1 AO begrenzt jedoch nur den Umfang der Anfechtung eines Steuerbescheides (Einschränkung der sachlichen Beschwer). Die Vorschrift ist nicht anwendbar, wenn ein Ehegatte im Zusammenhang mit der Änderung eines Steuerbescheides sein Recht auf Wahl der Veranlagung abweichend ausübt, BFH vom 03.03.2005 BStBl II 2005, 690. Die Ansicht des BFH ist nachvollziehbar, weil durch die Änderung von Bemessungsgrundlagen im Zusammenveranlagungsbescheid eine Einzelveranlagung plötzlich insgesamt günstiger sein kann.

E erhält also die Einzelveranlagung. Die Werbungskosten können ohne Korrekturvorschrift (§ 173 Abs. 1 Nr. 2 AO scheitert am groben Verschulden) allerdings nicht mehr berücksichtigt werden. Auch A erhält eine Einzelveranlagung.

3.9.5.3.4 Antrag auf Realsplitting

2142b

Nach § 10 Abs. 1a Nr. 1 EStG können Unterhaltsleistungen an den geschiedenen oder dauernd getrennt lebenden, unbeschränkt steuerpflichtigen Ehegatten bis zu einem Höchstbetrag als Sonderausgaben abgezogen werden, wenn der Geber dies mit Zustimmung des Empfängers beantragt. Der Empfänger muss den Betrag nach § 22 Nr. 1a EStG versteuern (sog. Realsplitting).

Der Antrag mit Zustimmung zum Realsplitting kann auch noch nach Eintritt der (materiellen) Bestandskraft der Steuerbescheide gestellt werden. Der Antrag ist nicht nur Verfahrenshandlung, sondern wirkt zusammen mit der Zustimmung als Merkmal eines gesetzlichen Tatbestandes auf die Steuerschuld ein. Der durch die Zustimmung qualifizierte Antrag stellt somit ein rückwirkendes Ereignis i. S. d. § 175 Abs. 1 Satz 1 Nr. 2 AO dar, BFH vom 12. 07. 1989 X R 8/84, BStBl II 1989, 957. Dies gilt selbst dann, wenn der Antrag bereits wirksam gestellt worden war und nach Bestandskraft der Steuerbescheide betragsmäßig mit Zustimmung des Empfängers erweitert wird, BFH vom 28. 06. 2006 XI R 32/05, BStBl II 2007, 5. § 10 Abs. 1a Nr. 1 Satz 3 EStG verbietet nur die Rücknahme bzw. die Einschränkung, nicht dagegen die erstmalige Stellung oder die Erweiterung des Antrags. Demgegenüber liegt kein rückwirkendes Ereignis vor, wenn dem Unterhaltspflichtigen bei einem erst nach (materieller) Bestandskraft des ESt-Bescheides gestellten Antrag auf Berücksichtigung der Unterhaltsaufwendungen die Zustimmungserklärung des Unterhaltsempfängers bereits vor Eintritt der Bestandskraft vorlag, BFH vom 20. 08. 2014 X R 33/12, BStBl II 2015, 138).

3.9.5.3.5 Durchführung einer Wertfortschreibung

Die Durchführung einer Wertfortschreibung (§ 22 BewG) ist wegen der einzuhaltenden Wertgrenzen abhängig von Ergebnissen der vorausgegangenen Einheitswertfeststellung. Wird die Einheitswertfeststellung geändert, kann dies dazu führen, dass die Wertgrenzen nicht mehr erreicht werden und die Fortschreibung aufzuheben ist, BFH vom 09. 11. 1994 II R 37/91, BStBl II 1995, 93). **2143**

3.9.5.3.6 Berichtigung des Vorsteuerabzugs gem. § 15a UStG

§ 15 a UStG ist keine Korrekturvorschrift i. S. d. AO (ebenso wie auch § 17 UStG keine Korrekturvorschrift ist). Die Vorschrift berichtigt einen im Besteuerungszeitraum des Vorsteuerabzugs zu Recht beanspruchten Vorsteuerbetrag mit Wirkung für die Zukunft, wenn sich die Verhältnisse, die im Kj der erstmaligen Verwendung (sog. Erstjahr) für den Vorsteuerabzug maßgebend waren, innerhalb des Berichtigungszeitraums – von fünf Jahren bzw. bei Grundstücken von zehn Jahren (sog. Folgejahre) – ändern. **2144**

Sofern jedoch Vorsteuer gewährt wurde (im Abzugsjahr zurecht, weil eine ordnungsgemäße Rechnung vorgelegt und die Absicht der steuerunschädlichen Verwendung dargelegt wurde), im Erstjahr der Verwendung die Voraussetzungen für einen Vorsteuerabzug jedoch nicht vorgelegen haben (z. B. wegen einer vorsteuerschädlichen Vermietung; § 9 Abs. 2 UStG), handelt es sich bei der erstmaligen tatsächlichen Verwendung um ein auf das Abzugsjahr zurückwirkendes Ereignis i. S. d. § 175 Abs. 1 Satz 1 Nr. 2 AO, BFH vom 19. 02. 1997 BStBl II 1997, 370; BFH vom 13. 11. 1997 BStBl II 1998, 36.

BEISPIEL

Unternehmer U errichtet im Kalenderjahr 01 ein Gebäude, welches er ab 02 vermietet. Weil er auf die Steuerbefreiung verzichtet (§§ 9 Abs. 1, § 4 Nr. 12 UStG) und die Absicht der vorsteuerunschädlichen Vermietung an A behauptet, erhält er für 01 Vorsteuer i. H. v. 100 000 €. Wie ist die Rechtslage, wenn a) nie die Absicht der Vermietung an A bestand[1]?

LÖSUNG Die Besteuerung in 01 war von Anfang an falsch, die Vorsteuer durfte nicht gewährt werden, die Veranlagung ist nach den Vorschriften der AO zu korrigieren (z. B. §§ 164 Abs. 2 Satz 1 oder 173 Abs. 1 Nr. 1 AO),

b) im Kalenderjahre 02 sofort an B vorsteuerschädlich vermietet wird?

---

1   Zur nachträglichen Änderung der Verwendungsabsicht vgl. BFH vom 08. 03. 2001 BFH/NV 2001, 998.

LÖSUNG Die Besteuerung im Abzugsjahr war zutreffend, da die Absicht der vorsteuerunschädlichen Vermietung bestand. Die dann im sog. Erstjahr der Verwendung erfolgte steuerschädliche Vermietung ist ein rückwirkendes Ereignis i. S. d. § 175 Abs. 1 Satz 1 Nr. 2 AO, das Abzugsjahr 01 ist zu korrigieren (ggf. auch nach § 164 Abs. 2 Satz 1 AO),

c) im Jahre 02 an A vorsteuerunschädlich, im Kalenderjahre 03 aber an B vorsteuerschädlich vermietet wird?

LÖSUNG Die Gewährung des Vorsteuerabzugs 01 war zutreffend, weil die Voraussetzungen vorlagen (§ 15 UStG) und die erstmalige Verwendung in 02 steuerunschädlich erfolgte. Die Vorsteuer ist ab 03 gem. § 15 a UStG (jeweils mit 10 000 €) zu berichtigen,

d) die vorsteuerschädliche Vermietung an B (wie b) erst im Kalenderjahre 08 vom FA aufgedeckt wird?

LÖSUNG Hier liegt im Grunde kein Fall des § 15 a UStG vor, weil die erstmalige tatsächliche Verwendung steuerschädlich erfolgte. Die Veranlagung 01 kann aber wegen Ablaufs der Festsetzungsfrist (Ereignis in 02) nicht mehr geändert werden. In diesen Fällen misst der BFH dem Steuerbescheid 01, der bestandskräftig eine steuerunschädliche Vermietung in 02 unterstellt, die gleiche Wirkung zu, wie eine tatsächlich steuerunschädlich erfolgte Vermietung. Wenn nunmehr die Steuerschädlichkeit erkannt wird, kann die Vorsteuer materiell berichtigt werden, soweit dies verfahrensrechtlich (z. B. nach § 164 Abs. 2 Satz AO unter Beachtung der Festsetzungsfrist) noch möglich ist.

Inwieweit eine Option i. S. d. § 9 Abs. 1 UStG ein rückwirkendes Ereignis darstellt oder die nach Ablauf der Festsetzungsfrist ausgestellte Rechnung vgl. Rz. 2084.

3.9.5.3.7 Rückwirkung bei Steuerklauseln

2145   Unter Steuerklauseln versteht man vertragliche Vereinbarungen, nach der die Wirkung eines Rechtsgeschäfts ganz oder zum Teil davon abhängig gemacht wird, dass die Finanzbehörde eine steuerliche Rechtsauffassung, von der die Parteien ausgegangen sind, teilt. Der BFH (sog. Schiffsverkaufsfall, vom 24. 08. 1961 BStBl III 1962, 112) hat die Steuerklausel anerkannt, eine missbräuchliche Rechtsgestaltung liege nicht vor, der Stpfl. dürfe die endgültige Wirksamkeit von Verträgen von der steuerlichen Behandlung abhängig machen. Verliert ein Vertrag demzufolge seine Wirksamkeit, tritt ein rückwirkendes Ereignis i. S. d. § 175 Abs. 1 Satz 1 Nr. 2 AO ein.

Die Steuerklauseln lösen jedoch eine Vielzahl von Fragen aus (vgl. Zenthöfer DStZ 1987, 185, 217, 273).

Inzwischen dürfte die Vereinbarung einer Steuerklausel an Bedeutung verloren haben. Nach § 89 Abs. 2 AO können Stpfl. außerhalb der §§ 204 ff. AO und des § 42e EStG verbindliche Auskünfte über die steuerliche Beurteilung von genau bestimmten Sachverhalten begehren, wenn daran im Hinblick auf die erheblichen steuerlichen Auswirkungen ein besonderes Interesse besteht. Es empfiehlt sich daher, von der Möglichkeit der verbindlichen Auskunft Gebrauch zu machen.

Weitere Beispiele für rückwirkende Ereignisse siehe AEAO zu § 175 Nr. 2.4.

3.9.6 Rückwirkendes Ereignis nach § 175 Abs. 2 Satz 1 AO

2146   § 175 Abs. 2 Satz 1 AO fingiert die Rückwirkung eines Ereignisses. Der Gesetzgeber erfasst hier die Fälle, in denen zum Zeitpunkt der Bescheiderteilung die Voraussetzungen für die Gewährung einer Steuervergünstigung vorgelegen haben. Der Bescheid war also rechtmäßig. Die an einen bestimmten Zeitraum anknüpfende Voraussetzung für die Gewährung fällt jedoch später weg.

Ein Stpfl. nimmt für ein in 07 angeschafftes Wirtschaftsgut des Anlagevermögens die Sonderabschreibung nach § 7 g Abs. 5 EStG in Anspruch, weil das Wirtschaftsgut im Jahr der Anschaffung und im darauf folgenden Wirtschaftsjahr ausschließlich betrieblich genutzt werden soll (§ 7 g Abs. 6 EStG). Bereits in 08 veräußert der Stpfl. das Wirtschaftsgut.

LÖSUNG Der ESt-Bescheid für 07 ist gem. § 175 Abs. 1 Satz 1 Nr. 2 § 175 i. V. m. Abs. 2 Satz 1 AO (vgl. AEAO zu § 175 Nr. 2.4) oder gem. § 7 g Abs. 4 Sätze 2 und 3 AO EStG zu ändern.

Die Vorschrift ist vornehmlich anzuwenden, wenn Wirtschaftsgüter eine bestimmte Zeit im Betriebsvermögen verbleiben müssen oder wenn Steuervergünstigungen zur Erfüllung eines bestimmten gesetzgeberischen Zwecks (z. B. § 6 b EStG) gewährt werden und die Voraussetzungen entweder im Gesetz selbst benannt sind oder durch besonderen VA festgestellt wird, dass sie eine Voraussetzung für die Steuervergünstigung darstellen. (Zu den Verbleibensvoraussetzungen siehe BFH vom 20. 12. 2000 BFH/NV 2001, 744.)

3.9.7 Folgen und Umfang der Korrektur

Sobald die Voraussetzungen vorliegen, ist gem. § 175 Abs. 1 Satz 1 Nr. 2 AO zu ändern, soweit das Ereignis reicht (punktuelle Wirkung). Etwaige weitere materielle Fehler sind im Rahmen des § 177 AO zu kompensieren. Für die Korrektur normiert § 175 Abs. 1 Satz 2 AO eine eigene Anlaufhemmung, die immer dann greift, wenn die Voraussetzungen der Korrekturvorschrift erfüllt sind. Die Festsetzungsfrist beginnt erst mit Ablauf des Kj, in dem das rückwirkende Ereignis eingetreten ist.

2147

3.10 Umsetzung von Verständigungsvereinbarungen (§ 175 a AO)

Doppelbesteuerungsabkommen sind völkerrechtliche Verträge, die nach Abschluss des Gesetzgebungsverfahrens nationale Gesetze werden (Art. 59 Abs. 2 GG). Sie gehen, weil § 2 AO den Vorrang völkerrechtlicher Vereinbarungen bestimmt, den steuerlichen Gesetzen vor.

In allen Doppelbesteuerungsabkommen ist ein Verständigungsverfahren (vgl. Art. 25 Abs. 2 OECD Musterabkommen) vorgesehen, falls trotz des Abkommens eine Doppelbesteuerung droht. In diesem Verfahren versuchen die jeweils obersten Finanzbehörden (in der Bundesrepublik Deutschland das Bundesfinanzministerium oder das Bundeszentralamt für Steuern) eine Einigung zu erzielen. Sollte dies nicht gelingen, sehen einige Doppelbesteuerungsabkommen (vgl. Art. 25 Abs. 5 DBA USA) ein Schiedsverfahren vor (vgl. auch EU-Schiedsvereinbarung ab 01. 01. 1995).

§ 175 a AO schafft nunmehr die Möglichkeit, die Ergebnisse dieser Verfahren, die als Verwaltungsverfahren keine Gesetzeskraft haben, verfahrensrechtlich umzusetzen. Die Vorschrift gestattet die Korrektur bestandskräftiger Steuerfestsetzungen und begründet eine eigene Ablaufhemmung. Die Ablaufhemmung wirkt auch dann, wenn die normale Festsetzungsfrist bei Einleitung des Verständigungsverfahrens bereits abgelaufen war (a. A. Tipke/Kruse, AO/FGO, § 175 a AO, Rz. 8).

2148

Eine inländische Muttergesellschaft (MG) ist zu 100 % an einer ausländischen Tochtergesellschaft (TG) beteiligt. Die TG zahlte im Kalenderjahr 01 eine Lizenzgebühr i. H. v. 1 Mio. € (5 % vom Umsatz) an die MG, welche als Betriebseinnahme erfasst wird. Die inländische Außenprüfung beanstandet die Lizenzgebühr nicht, die Veranlagung der MG wird materiell bestandskräftig.

Im Kalenderjahr 07 wird die TG von der ausländischen Finanzverwaltung geprüft. Diese will nur eine Lizenzgebühr von 200 000 € (1 % vom Umsatz) als Betriebsausgabe anerkennen. Da eine Doppelbesteuerung droht (DBA schützt auch verbundene Unternehmen), einigen sich die beiden Finanzverwaltungen auf die Anerkennung einer Lizenzgebühr i. H. v. 3 % vom Umsatz, d. h. auf 600 000 €.

LÖSUNG Der Steuerbescheid der MG kann nunmehr zu ihren Gunsten (niedrigere Betriebseinnahmen von 400 000 €) gem. § 175 a AO geändert werden.

Die Änderung ist noch innerhalb eines Kalenderjahres nach dem Wirksamwerden der Verständigungsvereinbarung möglich, selbst wenn die normale Festsetzungsfrist abgelaufen sein sollte.

3.11 Korrektur von Steuerbescheiden bei Datenübermittlung durch Dritte (§ 175 b AO)

3.11.1 Allgemeines

2148a Durch das StModernG hat der Gesetzgeber § 175 b AO als neue Korrekturvorschrift eingefügt. Nach § 175 b AO ist ein Steuerbescheid aufzuheben oder zu ändern, soweit von der mitteilungspflichtigen Stelle an die Finanzbehörden übermittelte Daten i. S. d. § 93 c AO bei der Steuerfestsetzung nicht oder nicht zutreffend berücksichtigt wurden (§ 175 b Abs. 1 AO) oder Daten ohne Vorliegen einer gesetzlich vorgeschriebenen Einwilligung des Stpfl. übermittelt wurden, sofern diese Einwilligung Voraussetzung für die steuerliche Berücksichtigung dieser Daten ist (§ 175 b Abs. 2 AO). Die Änderung ist am 01. 01. 2017 in Kraft getreten und erstmals anzuwenden, wenn steuerliche Daten eines Stpfl. für Besteuerungszeiträume/-punkte nach dem 31. 12. 2016 aufgrund gesetzlicher Vorschriften von einem Dritten als mitteilungspflichtige Stelle elektronisch an die Finanzbehörde zu übermitteln sind (Art. 97 § 27 Abs. 2 EGAO).

§ 175 b AO soll sicherstellen, dass die übermittelten Daten i. S. d. § 93 c AO auch nach Eintritt der materiellen Bestandskraft des Steuerbescheides noch zutreffend berücksichtigt werden können. Die Finanzverwaltung ist im steuerlichen Massenverfahren nämlich auf die Mitwirkung der verschiedenen mitteilungspflichtigen Stellen, insbesondere auf die zutreffende und pünktliche Datenübermittlung, angewiesen. Der Datensatz der mitteilungspflichtigen Stelle stellt aber keinen (verbindlichen) Grundlagenbescheid i. S. d. § 171 Abs. 10 Satz 1 AO für den ESt-Bescheid des betroffenen Stpfl. dar, deshalb greift insoweit auch nicht die Korrekturvorschrift des § 175 Abs. 1 Satz 1 AO. Die von Dritten mitgeteilten Daten dienen lediglich der Unterstützung der Finanzbehörden bei der Ermittlung der festzusetzenden Steuer. Sie entfalten rechtlich keine Bindungswirkung, sondern unterliegen den allgemeinen Grundsätzen der Beweiswürdigung (vgl. BT-Drucks. 18/7457, 88).

§ 175 b AO ist eine Korrekturvorschrift i. S. d. § 172 Abs. 1 Satz 1 Nr. 2 Buchst. d AO, die für Steuerbescheide und diesen gleichgestellte Bescheide gilt. Sie hat punktuelle Wirkung (»soweit«). Die Änderung des Steuerbescheides nach § 175 b AO steht nicht im Ermessen der Finanzbehörde. Sie darf allerdings nur erfolgen, soweit die bisherige Steuerfestsetzung in hier relevanter Hinsicht materiell-rechtlich unzutreffend war.

3.11.2 Voraussetzungen der Änderung

2148b § 175 b AO enthält die im Grundsatz bislang in § 10 Abs. 2a Satz 8 EStG verortete Korrekturvorschrift, ist aber umfassender, da sie für alle Fälle gilt, in denen sich die Datenübermittlung nach § 93 c AO richtet (vgl. BT-Drucks. 18/7457, 88).

Auf die Verletzung der Mitwirkungspflichten seitens des Stpfl. (§ 90 Abs. 1 AO) oder der Ermittlungspflichten durch die Finanzbehörde (§ 88 Abs. 1 AO) kommt es dabei – anders als bei § 173 Abs. 1 AO – nicht an. Unerheblich ist auch, ob dem Stpfl. bei Erstellung seiner Steuererklärung ein Schreib- oder Rechenfehler i. S. d. § 173 a AO oder der Finanzbehörde bei Erlass des Steuerbescheides ein mechanisches Versehen i. S. d. § 129 Satz 1 AO, ein Fehler bei der Tatsachenwürdigung oder ein Rechtsanwendungsfehler unterlaufen ist. Maßgeblich ist nur, dass die übermittelten Daten i. S. d. § 93 c AO bei der bisherigen Steuerfestsetzung nicht oder nicht zutreffend berücksichtigt wurden und sich hieraus Auswirkungen auf den Regelungsinhalt dieser Steuerfestsetzung ergeben haben.

Die Aufhebung oder Änderung des Steuerbescheides nach § 175 b AO kann sich je nach Sachlage zugunsten wie auch zuungunsten des Stpfl. auswirken. Die Feststellungslast für das Vorliegen der Korrekturvoraussetzungen bestimmt sich nach den allgemeinen Grundsätzen. Sie liegt bei der Finanzbehörde, wenn der Steuerbescheid nach § 175 b AO zuungunsten des Stpfl. geändert werden soll, und beim Stpfl., wenn er eine Änderung zu seinen Gunsten begehrt.

3.11.3 Zeitlicher Anwendungsbereich

Die Änderung nach § 175 b AO ist bis zum Ablauf der Festsetzungsfrist zulässig (§§ 169 ff. AO). Durch die gleichzeitige Einführung des § 171 Abs. 10a AO hat der Gesetzgeber eine Ablaufhemmung für die Fälle des § 175 b AO geschaffen (zur Anwendbarkeit vgl. Art. 97 § 27 Abs. 2 EGAO). Nach § 171 Abs. 10a AO endet die Festsetzungsfrist, soweit Daten eines Stpfl. i. S. d. § 93 c AO innerhalb von sieben Kalenderjahren nach dem Besteuerungszeitraum oder dem Besteuerungszeitpunkt den Finanzbehörden zugegangen sind, nicht vor Ablauf von zwei Jahren nach Zugang dieser Daten (vgl. Rz. 1660a). **2148c**

3.12 Die Berichtigung von materiellen Fehlern (Rechtsfehlern) gem. § 177 AO

3.12.1 Allgemeines

§ 177 AO ist eine **unselbstständige (passive) Korrekturvorschrift**. Nach § 177 Abs. 1 und 2 AO können materielle Fehler nur berichtigt werden, wenn die Voraussetzungen für die Aufhebung oder Änderung eines Steuerbescheides zuungunsten (§ 177 Abs. 1 AO) oder zugunsten (§ 177 Abs. 2 AO) des Stpfl. vorliegen. Die Anwendung des § 177 Abs. 1 und 2 AO hängt also vom Eingreifen einer **anderen (aktiven) Korrekturvorschrift** ab. Diese besondere Konstruktion beruht auf dem Gedanken, dass materielle Fehler nach Eintritt der (materiellen) Bestandskraft grundsätzlich nicht mehr zu korrigieren sind. Nur wenn ein endgültiger Steuerbescheid wegen anderer Korrekturvorschriften geändert werden muss und die (materielle) Bestandskraft ohnehin durchbrochen wird, sind dabei auftauchende Rechtsfehler (materielle Fehler i. S. v. § 177 Abs. 3 AO) mit zu berichtigen, soweit die Änderung reicht, mit dem Ziel, die Kraft Gesetzes entstandene Steuer (§ 38 AO) festzusetzen. **2149**

BEISPIELE

a) Ein Sachbearbeiter hat zu Unrecht Werbungskosten mit 200 € Steuerminderung gestrichen. Die Veranlagung ist endgültig und unanfechtbar.

LÖSUNG Dieser Rechtsanwendungsfehler (materieller Fehler i. S. v. § 177 Abs. 3 AO) darf nachträglich für sich allein nicht korrigiert werden, er bleibt bestehen. Ohne aktive Korrekturvorschrift greift auch § 177 AO nicht.

b) Wie Beispiel a) Nachträglich wird bekannt, dass der Stpfl. Einkünfte aus Vermietung und Verpachtung (500 € Steuererhöhung) nicht erklärt hat.

LÖSUNG Die ESt wäre gem. § 173 Abs. 1 Nr. 1 AO um 500 € zu erhöhen. Nunmehr ist § 177 Abs. 1 AO anwendbar. Die steuerliche Auswirkung des materiellen Fehlers (Werbungskosten) ist gegenzurechnen. Die Steuerschuld ist gem. §§ 173 Abs. 1 Nr. 1, 177 Abs. 1 AO um 300 € (500 € ./. 200 €) zu erhöhen.

---

§ 177 AO ist von Amts wegen zu berücksichtigen (Gesetzeswortlaut »sind«).

Die Vorschrift dient der Einzelfallgerechtigkeit, indem die Vorschrift innerhalb der ihr gesetzten Grenzen der Richtigkeit den Vorrang vor der Rechtssicherheit einräumt und so die materielle Bestandskraft zurückdrängt, BFH vom 10.04.2003 BFH/NV 2003, 1235.

3.12.2 Begriff des materiellen Fehlers i. S. v. § 177 Abs. 3 AO

2150   Die Begriffe materieller Fehler und Rechtsfehler sind inhaltsgleich und werden im synonym verwendet.

Materielle Fehler sind nach § 177 Abs. 3 AO **alle Fehler, die zur Festsetzung einer Steuer (§ 155 Abs. 1 AO) führen, die von der kraft Gesetzes entstandenen Steuer (§ 38 AO) abweicht.**

Hierzu gehören also die unrichtige Anwendung des materiellen Rechts (Rechtsanwendungsfehler), die Erfassung eines falschen Sachverhalts (unrichtige Tatsachenerfassung), die wegen groben Verschuldens nicht zu berücksichtigende steuermindernde neue Tatsache i. S. d. § 173 Abs. 1 Nr. 2 AO, die offenbare Unrichtigkeit i. S. d. § 129 Satz 1 AO, die fehlerhafte Anwendung von Erfahrungsgrundsätzen (z. B. bei Schätzungen) und Verstöße gegen Verfahrensvorschriften, die zu materiellen Unrichtigkeiten führen. Werden Sachverhalte nur auf Antrag berücksichtigt, liegt ein materieller Fehler vor, wenn dem rechtzeitig gestellten Antrag oder dem nicht fristgebundenen Antrag nicht entsprochen wurde.

Materielle Fehler sind auch solche Fehler, für die grundsätzlich eine eigenständige Korrekturvorschrift (z. B. § 129 Satz 1 AO oder § 173 Abs. 1 AO) greift, die jedoch, weil Festsetzungsverjährung eingetreten ist, danach nicht mehr korrigierbar sind (vgl. BFH vom 18.12.1991 BStBl II 1992, 504; AEAO zu § 177 Nr. 1).

BEISPIELE

a) Nach Ablauf der regulären Festsetzungsfrist ist ein Steuerbescheid gem. § 175 Abs. 1 Satz 1 Nr. 1 AO zuungunsten des Stpfl. zu ändern (Ablaufhemmung des § 171 Abs. 10 Satz 1 AO). Das FA stellt dabei fest, dass eine offenbare Unrichtigkeit i. S. v. § 129 Satz 1 AO, die in ihrer steuerlichen Auswirkung gegenläufig wirkt, im Steuerbescheid enthalten ist, die Jahresfrist des § 171 Abs. 2 Satz 1 AO allerdings schon abgelaufen ist.

LÖSUNG Obgleich die offenbare Unrichtigkeit wegen Ablaufs der Festsetzungsfrist (die Ablaufhemmung des § 171 Abs. 2 Satz 1 AO schiebt das Fristende nicht weit genug hinaus) selbst nicht mehr nach § 129 Satz 1 AO berichtigt werden kann, liegt hier ein materieller Fehler i. S. v. § 177 Abs. 3 AO vor, der gem. § 177 Abs. 1 AO der Änderung nach § 175 Abs. 1 Satz 1 Nr. 1 AO entgegenzusetzen ist.

b) Wie Beispiel a). Der Antrag auf Berichtigung der offenbaren Unrichtigkeit war vom FA damals fehlerhaft, jedoch (materiell) bestandskräftig, abgelehnt worden.

LÖSUNG Auch in diesem Falle liegt ein materieller Fehler vor, denn die Besteuerungsgrundlage ist unrichtig in der Steuerfestsetzung enthalten.

Für den Begriff des materiellen Fehlers spielt es keine Rolle, ob der Fehler aus der Sphäre des FA oder aus der Sphäre des Stpfl. resultiert. Auch bei zutreffender Bearbeitung eines Steuerfalles kann ein Fehler i. S. d. § 177 Abs. 3 AO entstehen, z. B. wenn der Stpfl. steuermindernde Tatsachen nicht vorgetragen hat.

Auch ein nachträglich gestellter Antrag oder die nachträgliche Ausübung eines Wahlrechts führt zu einem materiellen Fehler.

BEISPIEL

Eine Steuer soll gem. § 173 Abs. 1 Nr. 1 AO um 2 000 € erhöht werden.

LÖSUNG Jetzt kann der Stpfl. ein Wahlrecht anders ausüben mit der Folge, dass ein Rechtsfehler entsteht, der die vorgesehene Erhöhung ganz oder teilweise kompensiert (zuvor wäre die Ausübung des Wahlrechts wegen der (materiellen) Bestandskraft des Steuerbescheids nicht möglich gewesen).

Ein Rechtsfehler liegt ebenfalls vor, wenn steuererhebliche Vorgänge bisher nicht berücksichtigt werden konnten, weil der Stpfl. diese erst nach Ablauf der im Einspruchsverfahren gesetzten Frist vorgebracht hatte (§ 364 b AO). Wird der Bescheid später aus anderen Gründen zuungunsten des Stpfl. geändert (z. B. § 175 Abs. 1 Satz 1 Nr. 1 AO), können diese Vorgänge nunmehr im Rahmen des § 177 Abs. 1 AO mitberücksichtigt werden.

3.12.3 Eingreifen einer anderen Korrekturvorschrift

Materielle Fehler können nur dann berichtigt werden, wenn die Voraussetzungen einer anderen (aktiven) Korrekturvorschrift vorliegen.   **2151**

§ 177 Abs. 1 und 2 AO findet Anwendung im Zusammenhang mit den §§ 172 ff. AO und im Zusammenhang mit den Änderungsvorschriften, auf die § 172 Abs. 1 Satz 1 Nr. 2 Buchst. d AO verweist. Daher ist § 177 Abs. 1 und 2 AO auch auf Änderungsvorschriften der Einzelsteuergesetze, wie z. B. § 10 d Abs. 1 Satz 3 EStG anzuwenden, BFH vom 27. 09. 1988 BStBl II 1989, 229.

Auch bei der Berichtigung eines Steuerbescheides nach § 129 Satz 1 AO ist § 177 Abs. 1   **2152** und 2 AO kompensierend anzuwenden, um die kraft des Gesetzes entstandene Steuer festsetzen zu können. Nach Verwaltungsmeinung (AEAO zu § 129 Nr. 5) können materielle Fehler bei einer Berichtigung nach § 129 Satz 1 AO im Wege pflichtgemäßer Ermessensausübung mitberichtigt werden, indem die Regelungen des § 177 AO sinngemäß angewendet werden, BFH vom 08. 03. 1989 X R 116/87, BStBl II 1989, 531. Dies sollte m. E. auch ohne Ermessensüberlegungen anstellen zu müssen, die der Steuerfestsetzung grundsätzlich fremd sind, möglich sein.

§ 177 Abs. 1 und 2 AO gilt nicht für Vorbehaltsfestsetzungen, denn diese können gem.   **2153** § 164 Abs. 2 Satz 1 AO der zutreffenden Rechtslage angepasst werden. Bei der Korrektur von Steuerbescheiden, die vorläufig ergangen sind (§ 165 Abs. 2 Satz 1 und 2 AO), ist zu differenzieren. Soweit die Vorläufigkeit reicht, ist die Steuerfestsetzung offen; in diesem Umfang können alle Fehler korrigiert werden. Für § 177 AO ist kein Raum (wie bei der Vorbehaltsfestsetzung, vgl. § 177 Abs. 4 AO). Wird die Steuerfestsetzung gem. § 165 Abs. 2 Satz 1 und 2 AO geändert, können jedoch im Rahmen des Änderungsbetrages auch solche Fehler gem. § 177 Abs. 1 und 2 AO berücksichtigt werden, die nicht mit dem Grund der Vorläufigkeit zusammenhängen (BFH vom 02. 03. 2000 BStBl II 2000, 332), denn die materiell richtige Steuer ist das Ziel jeder Steuerfestsetzung, soweit nicht der eindeutige Gesetzeswortlaut dem entgegensteht.

§ 177 Abs. 1 und 2 AO findet auch keine Anwendung im Zusammenhang mit §§ 130 und 131 AO (siehe § 172 Abs. 1 Satz 1 Nr. 2 Buchst. d AO).

3.12.4 Berichtigung nur innerhalb des Änderungsrahmens

Einer Berichtigung von materiellen Fehlern nach § 177 Abs. 1 und 2 AO sind enge Grenzen gesetzt.

2154   Materielle Fehler (Rechtsfehler) können nur berichtigt werden, **soweit die Änderung reicht**, d. h., soweit die andere Korrekturvorschrift den Steuerbescheid zuungunsten oder zugunsten des Stpfl. ändert. Es ist ein **Änderungsrahmen** zu ermitteln. Dieser wird gebildet durch eine Änderungsobergrenze und -untergrenze, BFH vom 14. 07. 1993 X R 34/90, BStBl II 1994, 77.

Bei der Zusammenveranlagung ergibt sich der Korrekturspielraum aus der zusammengefassten Steuerfestsetzung. Die **Obergrenze** ergibt sich aus der Summe aller selbstständigen Korrekturtatbestände zuungunsten des Stpfl. Die **Untergrenze** ergibt sich aus der Summe aller selbstständigen Korrekturvorschriften zugunsten des Stpfl. (vgl. AEAO zu § 177 Nr. 3).

2155   Gegenläufig selbstständige Korrekturvorschriften dürfen hierbei niemals saldiert werden (**Saldierungsverbot**; vgl. BFH vom 09. 06. 1993 BStBl II 1993, 822; AEAO zu § 177 Nr. 2). Nur innerhalb dieser Grenzen dürfen Rechtsfehler berücksichtigt – genauer: gegengerechnet – werden. Ist eine Steuerfestsetzung zum Nachteil des Stpfl. zu ändern, gestattet § 177 Abs. 1 AO die Berücksichtigung von Rechtsfehlern, deren Korrektur sich zugunsten des Stpfl. auswirkt, soweit die Steuererhöhung reicht.

> **BEISPIELE**
>
> a) Eine materiell bestandskräftige Steuerfestsetzung von 10 000 € soll gem. § 173 Abs. 1 Nr. 1 AO um 2 000 € erhöht werden. Bei der Bearbeitung entdeckt der Sachbearbeiter, dass ein Rechtsfehler vorliegt, dessen Beseitigung die Steuer weiter um 500 € erhöhen würde.
> **LÖSUNG** Es besteht ein Änderungsrahmen von 12 000 € (Obergrenze) bis 10 000 € (Untergrenze). Die Berücksichtigung des Rechtsfehlers würde den Rahmen sprengen, die Kompensationslage (Gegenläufigkeit) ist nicht gegeben. § 177 Abs. 1 AO ist nicht anwendbar, die Steuer ist auf 12 000 € festzusetzen.
>
> b) Wie Beispiel a) Die Beseitigung des Rechtsfehlers würde die Steuer um 500 € mindern.
> **LÖSUNG** Der Rechtsfehler muss gem. § 177 Abs. 1 AO gegengerechnet werden. Die Steuer beträgt 11 500 €.
>
> c) Wie Beispiel a) Die Beseitigung des Rechtsfehlers würde die Steuer um 2 500 € mindern.
> **LÖSUNG** Der Rechtsfehler ist zwar gegenzurechnen. Er kompensiert den gesamten Änderungsrahmen, darf diesen aber nicht durchbrechen. Es bleibt also bei der Steuerfestsetzung von 10 000 €.

2156   Ist zum Vorteil des Stpfl. zu ändern, werden Rechtsfehler, die sich steuererhöhend auswirken, nach § 177 Abs. 2 AO gegengerechnet.

> **BEISPIELE**
>
> a) Eine materiell bestandskräftige Steuerfestsetzung von 20 000 € soll gem. § 175 Abs. 1 Satz 1 Nr. 1 AO um 1 000 € gemindert werden. Es wird ein Rechtsfehler entdeckt, der sich im ursprünglichen Bescheid in Höhe von 500 € zugunsten des Stpfl. ausgewirkt hat.
> **LÖSUNG** Hier besteht Änderungsrahmen von 20 000 € bis 19 000 €. Der Rechtsfehler wird in Höhe von 500 € nach § 177 Abs. 2 AO gegengerechnet. Die Steuerfestsetzung beträgt also 19 500 €.
>
> b) Wie Beispiel a) Der Rechtsfehler hat sich im ursprünglichen Bescheid in Höhe von 1 500 € steuermindernd ausgewirkt.
> **LÖSUNG** Änderungsrahmen ist 20 000 € bis 19 000 €. Der Rechtsfehler kompensiert nach § 177 Abs. 2 AO die gesamte Änderung nach § 175 Abs. 1 Satz 1 Nr. 1 AO (i. H. v. 1 000 €). Die noch übrigen 500 € werden dagegen nicht berücksichtigt. Sie liegen außerhalb des Änderungsrahmens. Es bleibt bei der ursprünglichen Steuerfestsetzung von 20 000 €.

c) Wie Beispiel a) Der Rechtsfehler hat sich im ursprünglichen Bescheid in Höhe von 1 000 € zuungunsten des Stpfl. ausgewirkt.

LÖSUNG Änderungsrahmen ist 20 000 € bis 19 000 €. Aufgrund des Rechtsfehlers wäre die Steuer auf 18 000 € zu mindern. Das liegt jedoch außerhalb des Änderungsrahmens und ist deshalb nicht möglich. Ein Gegenrechnen oder Kompensieren ist nicht denkbar. Die Steuer ist auf 19 000 € festzusetzen (§ 175 Abs. 1 Satz 1 Nr. 1 AO).

Bei der Korrektur von Feststellungs- oder Messbescheiden ist möglicherweise ein Änderungsrahmen nicht gegeben, wenn eine andere Feststellung getroffen wird. In diesem Falle ist § 177 AO sinngemäß anwendbar mit der Folge, dass innerhalb der Reichweite der Änderung alle Rechtsfehler berichtigt werden können (BFH vom 20. 04. 1999 BStBl II 1999, 542 zum Zerlegungsbescheid).

3.12.5 Prüfungstechnische Hinweise

Da § 177 Abs. 1 und 2 AO von anderen Korrekturvorschriften abhängt, ist er als **letzte** **2157** **Korrekturnorm** zu prüfen.

Liegen mehrere materielle Fehler (Rechtsfehler) vor, sind sie zunächst zu saldieren (**Saldierungsgebot**, vgl. BFH vom 09. 06. 1993 BStBl II 1993, 822; AEAO zu § 177 Nr. 4). Bei Rechtsfehlern, die sich entgegengesetzt auswirken, entscheidet erst der Saldo über die Frage, ob § 177 Abs. 1 oder 2 AO anwendbar ist bzw. ob eine Korrektur überhaupt möglich ist.

§ 177 AO kommt pro Korrekturvorgang nur einmal zur Anwendung. Entweder § 177 Abs. 1 AO oder § 177 Abs. 2 AO.

BEISPIELE

a) Die ESt 03 wurde auf 100 000 € endgültig festgesetzt. Folgende Korrekturvorschriften greifen ein:

§ 175 Abs. 1 Satz 1 Nr. 1 AO	steuerliche Auswirkung der Korrektur	+ 800 €
§ 173 Abs. 1 Nr. 2 AO	steuerliche Auswirkung der Korrektur	./. 800 €
§ 174 Abs. 1 AO	steuerliche Auswirkung der Korrektur	./. 1 200 €
Rechtsfehler 1	steuerliche Auswirkung der Korrektur	+ 1 000 €
Rechtsfehler 2	steuerliche Auswirkung der Korrektur	+ 500 €
Rechtsfehler 3	steuerliche Auswirkung der Korrektur	./. 600 €

Der Änderungsrahmen reicht von 100 800 € (Obergrenze) bis 98 000 € (Untergrenze).

LÖSUNG Die Rechtsfehler (materiellen Fehler i. S. v. § 177 Abs. 3 AO) sind zu saldieren:

	+ 1 000 €
	+ 500 €
	./. 600 €
Saldo:	+ 900 €

Da sich der Saldo steuererhöhend auswirkt, können die materiellen Fehler (der Fehlersaldo) nur die Steuerminderungen nach §§ 173 Abs. 1 Nr. 2 und 174 Abs. 1 AO kompensieren. Es wird insoweit nach § 177 Abs. 2 AO i. H. v. 900 € gegengerechnet. Dadurch wird die Steuerminderung von 2 000 € auf 1 100 € reduziert.

Ergebnis

+ 800 € (Erhöhung der ESt nach § 173 Abs. 1 Nr. 1 AO

./. 1 100 € (Minderung der ESt nach §§ 173 Abs. 1 Nr. 2, 174 Abs. 1, 177 Abs. 2 AO

./. 300 €

Die ESt 03 ist folglich auf 99 700 € festzusetzen.

b) Wie Beispiel a) Es gibt jedoch nur einen Rechtsfehler, der sich um 2 000 € steuermindernd auswirkt. Änderungsrahmen: 100 800 € bis 98 000 €.

LÖSUNG Da sich der Rechtsfehler steuermindernd auswirkt, kann er nur der Steuererhöhung nach § 173 Abs. 1 Nr. 1 AO gegengerechnet werden. Diese wird in voller Höhe (800 €) kompensiert (§ 177 Abs. 1 AO). Weiter kann der Rechtsfehler nicht berücksichtigt werden (nur »soweit die Änderung reicht«, hier + 800 €). Die noch übrigen 1 200 € sind für diesen Korrekturvorgang »verloren« (bleiben aber für zukünftige Korrekturvorgänge erhalten). Sie wirken sich ebenso wie die Korrektur nach §§ 173 Abs. 1 Nr. 2 und 174 Abs. 1 AO steuermindernd aus. Eine Kompensation oder Gegenrechnung ist allerdings nur mit gegenläufigen aktiven Korrekturvorschriften, hier § 173 Abs. 1 Nr. 1 AO, möglich und kann diese im Extremfall auf null reduzieren. Der ESt-Bescheid 03 ist damit ausschließlich zugunsten des Stpfl. nach §§ 173 Abs. 1 Nr. 2 und 174 Abs. 1 AO zu ändern. Die ESt 03 ist auf 98 000 € festzusetzen.

2158   c) Eine Steuer ist bestandskräftig auf 10 000 € festgesetzt. Wegen einer neuen Tatsache (§ 173 Abs. 1 Nr. 1 AO) ist die Steuerfestsetzung um 1 000 € auf 11 000 € zu erhöhen. Ferner liegen Rechtsfehler vor, deren Korrektur sich folgendermaßen steuerlich auswirkt:

aa) + 300 €
bb) ./. 300 €
cc) ./. 1 300 €
dd) + 300 € und ./. 400 €
ee) + 500 € und ./. 400 €

LÖSUNG

aa) Die Steuerfestsetzung im Änderungsbescheid beträgt 11 000 € (§ 173 Abs. 1 Nr. 1 AO). Der Rechtsfehler darf nicht berücksichtigt werden, weil er nicht gegenläufig ist und somit den Änderungsrahmen überschreiten würde. (Sollte später der Änderungsbescheid zugunsten des Stpfl. zu korrigieren sein, kann dieser Rechtsfehler im Rahmen des § 177 Abs. 2 AO mitberichtigt werden.)

bb) Die Steuerfestsetzung im Änderungsbescheid beträgt 10 700 € (§§ 173 Abs. 1 Nr. 1, 177 Abs. 1 AO). Der Rechtsfehler ist mit der neuen Tatsache zu kompensieren, da er gegenläufig ist und im Änderungsrahmen liegt.

cc) Die Steuerfestsetzung von 10 000 € bleibt bestehen. Der Rechtsfehler ist zu kompensieren, da er gegenläufig ist. Die Untergrenze von 10 000 € darf aber nicht unterschritten werden.

dd) Die Steuerfestsetzung im Änderungsbescheid beträgt 10 900 € (§§ 173 Abs. 1 Nr. 1, 177 Abs. 1 AO). Der Saldo der beiden Rechtsfehler beträgt ./. 100 €. Der sich zugunsten des Stpfl. auswirkende Rechtsfehler ist zu der Änderung gegenläufig und ist daher zu berücksichtigen.

ee) Die Steuerfestsetzung im Änderungsbescheid beträgt 11 000 € (§ 173 Abs. 1 Nr. 1 AO). Der Saldo der beiden Rechtsfehler von + 100 € ist der Änderung nicht gegenläufig und ist daher nicht zu berücksichtigen.

d) Wie Beispiel c) Neben der Steuererhöhung um 1 000 € ist die Steuerfestsetzung gem. § 173 Abs. 1 Nr. 2 AO um 200 € zu mindern. Der Änderungsrahmen liegt also zwischen 9 800 € und 11 000 €. Ferner liegen Rechtsfehler vor, deren Korrektur sich folgendermaßen steuerlich auswirkt:

aa) + 300 €
bb) ./. 300 €
cc) ./. 1 300 €
dd) + 300 € und ./. 400 €
ee) + 500 € und ./. 400 €

LÖSUNG

aa) Die Steuerfestsetzung im Änderungsbescheid beträgt 11 000 € (§ 173 Abs. 1 Nr. 1 AO). Der Rechtsfehler ist gegenläufig zu der Änderung gem. § 173 Abs. 1 Nr. 2 AO und zehrt diese gem. § 177 Abs. 2 AO vollständig (i. H. v. 200 €) auf. Die übrigen 100 € können nicht gegengerechnet werden. Sie wirken sich wie die Änderung gem. § 173 Abs. 1 Nr. 1 AO steuererhöhend aus. Es verbleibt also allein die Änderung gem. § 173 Abs. 1 Nr. 1 AO.

bb) Die Steuerfestsetzung im Änderungsbescheid beträgt 10 500 € (§§ 173 Abs. 1 Nr. 1 und 2 AO, 177 Abs. 1). Der Rechtsfehler ist gegenläufig zu § 173 Abs. 1 Nr. 1 AO und kompensiert diesen um 300 €. Der Erhöhung der Steuer um 700 € (§§ 173 Abs. 1 Nr. 1, 177 Abs. 1 AO) steht die Minderung um 200 € (§ 173 Abs. 1 Nr. 2 AO) entgegen.

cc) Die Steuerfestsetzung im Änderungsbescheid beträgt 9 800 € (§ 173 1 Nr. 2 AO). Der Rechtsfehler zehrt die Steuererhöhung um 1 000 € voll auf. Es bleibt bei der Steuerminderung von 200 € gem. § 173 Abs. 1 Nr. 2 AO.

dd) Dieses Beispiel zeigt auch, dass die Änderungsvorschriften nicht saldiert werden dürfen, um den Änderungsrahmen zu ermitteln (das ergäbe fälschlicherweise keine Änderung).
Die Steuerfestsetzung im Änderungsbescheid beträgt 10 700 € (§§ 173 Abs. 1 Nr. 1 und 2, 177 Abs. 1 AO). Der Saldo der Rechtsfehler kompensiert die Steuererhöhung um 100 €. Der Erhöhung gem. §§ 173 Abs. 1 Nr. 1, 177 Abs. 1 AO um 900 € steht die Minderung gem. § 173 Abs. 1 Nr. 2 AO um 200 € entgegen.

ee) Die Steuerfestsetzung im Änderungsbescheid beträgt 10 900 € (§§ 173 Abs. 1 Nr. 1 und 2, 177 Abs. 2 AO). Der Saldo der Rechtsfehler kompensiert die Steuerminderung um 100 €. Der Erhöhung gem. § 173 Abs. 1 Nr. 1 AO um 1 000 € steht die Minderung gem. §§ 173 Abs. 1 Nr. 2, 177 Abs. 2 AO um 100 € entgegen.

3.13 Vertrauensschutz bei der Aufhebung und Änderung von Steuerbescheiden (§ 176 AO)

3.13.1 Allgemeines

Die Vorschrift schützt das Vertrauen des Bürgers auf einen Steuerbescheid, in dem eine für ihn günstige Rechtslage berücksichtigt ist. Geschützt wird das Vertrauen in die Gültigkeit einer Rechtsnorm, der Rechtsprechung eines obersten Gerichtshofs des Bundes oder einer allgemeinen Verwaltungsvorschrift (z. B. EStR). Ändert sich nachträglich die Rechtslage, darf die Steuerfestsetzung nicht zum Nachteil des Stpfl. korrigiert werden, weder vom FA noch vom FG. § 176 AO stellt damit den Vertrauensschutz über die materielle Richtigkeit der Steuerfestsetzung.

§ 176 AO ist keine eigenständige Korrekturvorschrift, sondern verhindert die an sich nach den §§ 172 ff. AO gebotene Änderung eines Steuerbescheides in den dort geregelten Fällen.

2159

3.13.1.1 Korrektur von Steuerbescheiden

§ 176 AO gilt für alle Aufhebungen und Änderungen von **Steuerbescheiden** und ihnen **gleichgestellten Bescheiden**. Die Vorschrift ist als allgemeiner Rechtsgedanke auf die Fälle der Steuerfestsetzung unter Vorbehalt der Nachprüfung (§ 164 Abs. 1 AO; BFH vom 08. 05. 2002 BStBl II 2002, 840) und die Steuerfestsetzungen mit Vorläufigkeitsvermerk (§ 165 Abs. 1 AO) anwendbar. Sie ist auch anwendbar auf die Neuveranlagung der GSt-Messbeträge (§ 17 Abs. 2 Nr. 2 GrStG) und die Fortschreibung der Einheitswerte (§ 22 Abs. 3 BewG). Auf die Bescheide über Zölle oder Verbrauchsteuern ist § 176 AO ebenfalls anwendbar, wird jedoch für Zollbescheide durch den Zollkodex (EWG-VO Nr. 2913/92) überlagert. Die Berichtigung nach § 129 Satz 1 AO fällt dagegen nicht unter den Anwendungsbereich des § 176 AO, denn hier werden nur mechanische, nicht rechtliche Fehler korrigiert; außerdem ist der Fehler für den Stpfl. offenbar, BFH vom 27. 11. 2003 BFH/NV 2004, 605; AEAO zu § 176 Nr. 1.

Die Anwendung der Vorschrift setzt voraus, dass eine Rechtsgrundlage die Korrektur des Steuerbescheides zuungunsten des Stpfl. gestattet. § 176 AO hindert dann das FA, die nachträgliche Änderung durchzuführen, wenn der Grund für die Korrektur eine nachträgliche Änderung der Rechtslage zuungunsten des Stpfl. ist, die zwischen dem Erlass des ursprünglichen Steuerbescheides und dem Erlass des Änderungsbescheides eintritt, BFH vom 20. 12. 2000

2160

BStBl II 2001, 409. Der Stpfl. darf also bei einer Änderung der bisher gültigen Rechtslage darauf vertrauen, dass der Steuerbescheid nicht zu seinen Ungunsten geändert oder aufgehoben wird.

BEISPIEL

Ein Stpfl. wurde für das Kalenderjahr 01 unter dem Vorbehalt der Nachprüfung veranlagt. Ihm wurden nach damaliger Auffassung zu Recht Werbungskosten anerkannt. Im Kalenderjahr 03 ändert sich die Rechtslage, die Werbungskosten sind nicht mehr zu berücksichtigen.

LÖSUNG Die im Grunde zulässige Änderung des Steuerbescheides 01 gem. § 164 Abs. 2 Satz 1 AO ist wegen § 176 AO nicht möglich.

Im umgekehrten Fall (damals keine Werbungskosten, aber nach neuer Rechtslage) sind die Werbungskosten noch in 01 gem. § 164 Abs. 2 Satz 1 AO zu berücksichtigen. Das FA erhält keinen Vertrauensschutz.

2161   Falls eine **Änderung** des Steuerbescheides **aus anderen Rechtsgründen** erforderlich ist, darf eine **veränderte Rechtslage nicht** im Wege der Kompensation von Rechtsfehlern (auch nicht § 177 Abs. 2 AO) zugrunde gelegt werden. Bei Korrektur der Steuerfestsetzung ist so vorzugehen, als hätte die frühere für den Stpfl. günstigere Rechtsauffassung nach wie vor Gültigkeit (vgl. AEAO zu § 176 Nr. 2).

BEISPIEL

Ein Stpfl. begehrt die Änderung einer Steuerfestsetzung zu seinen Gunsten wegen einer neuen Tatsache (§ 173 Abs. 1 Nr. 2 AO). Das FA erkennt das Vorliegen der Änderungsvorschrift an, verweigert jedoch die Änderung, weil es einen Rechtsfehler gegenrechnet (§ 177 Abs. 2 AO), denn nach geänderter Verwaltungsvorschrift können seinerzeit anerkannte Werbungskosten nunmehr nicht mehr berücksichtigt werden.

LÖSUNG § 176 Abs.2 AO hindert die Anwendung des § 177 Abs. 2 AO. Der Bescheid ist zugunsten des Stpfl. zu ändern.

§ 176 AO schützt einen bereits ergangenen Steuerbescheid. Derjenige, der noch keinen Steuerbescheid erhalten hat, wird nicht geschützt (BFH vom 28. 05. 2002 BStBl II 2002, 840), er muss die nachteiligen Folgen einer Rechtsänderung hinnehmen.

3.13.1.2   Besonderheiten bei Vorauszahlungen

2162   Die Vorschrift ist auch anwendbar bei der Korrektur von Vorauszahlungsbescheiden (z. B. ESt-Vorauszahlungsbescheid gem. § 37 Abs. 3 EStG), die kraft Gesetzes unter dem Vorbehalt der Nachprüfung (§ 164 Abs. 1 Satz 2 AO) stehen. Bei veränderter Rechtslage darf der Vorauszahlungsbescheid nicht zum Nachteile des Stpfl. geändert werden. Dies schließt m. E. nicht aus, die neue Rechtslage dem anschließenden Steuerbescheid zugrunde zu legen, denn § 176 AO schützt nur den Vorauszahlungsbescheid (§ 37 Abs. 3 EStG). Der endgültige Steueranspruch ist zu diesem Zeitpunkt weder entstanden (§ 38 AO) noch festgesetzt, der Vertrauensschutz kann also für den anschließenden Steuerbescheid nicht greifen. § 176 AO schützt nicht das Vertrauen auf eine bestehende Rechtslage (hier kann ggf. der allgemeine Grundsatz von Treu und Glauben eingreifen).

3.13.1.3   Besonderheiten bei Steueranmeldungen

2163   § 176 AO gilt ebenfalls für Anmeldungen, die kraft Gesetzes mit ihrem Eingang beim FA bzw. nach Zustimmung des FA einer Steuerfestsetzung unter dem Vorbehalt der Nachprüfung gleichstehen (§ 168 AO; z.B. LSt-Anmeldungen, USt-Voranmeldungen; vgl. BFH vom

23. 10. 1992 BStBl II 1993, 844). Der Vertrauensschutz des § 176 AO erstreckt sich auf die betreffende Anmeldung mit der Folge, dass bei späterer Änderung der Rechtslage das FA diese (fiktive) Steuerfestsetzung nicht mehr korrigieren darf nach § 164 Abs. 2 Satz 1 AO.

Bei der USt ist dabei zwischen den Voranmeldungen (§ 18 Abs. 1 Satz 1 UStG) und der Jahresanmeldung (§ 18 Abs. 3 Satz 1 UStG) zu unterscheiden.

Im Bereich des LSt-Abzugs ist zu bedenken, dass die VA nur gegenüber dem Arbeitgeber ergehen, nicht gegenüber dem Arbeitnehmer, und, soweit sie den Arbeitnehmer berühren, nur eine vorläufige Entrichtung der voraussichtlichen Steuerschuld darstellen (§ 36 Abs. 2 EStG). Die geänderte Rechtslage kann daher im Steuerbescheid gegen den Arbeitnehmer zugrunde gelegt werden.

BEISPIEL

Aufgrund eines gleichlautenden Ländererlasses hat das FA einen angestellten Stpfl. von der Besteuerung des Arbeitslohns unter dem Vorbehalt der Nachprüfung freigestellt (§ 39b Abs. 6 EStG). Später ergeht ein neuer Ländererlass, in dem der Arbeitslohn steuerpflichtig sei.

LÖSUNG Der Freistellungsbescheid bleibt unverändert. Eine Haftung des Arbeitgebers wegen dieser Lohnsteuer (§ 42 d EStG) kommt nicht in Betracht. Hier gilt § 176 Abs. 2 AO. Im Veranlagungsverfahren des Stpfl. können jedoch die Lohneinkünfte berücksichtigt werden, anrechenbare LSt ist nicht vorhanden.

3.13.1.4 Anwendungsbereich

§ 176 AO gibt keinen Anspruch auf die Änderung von bestandskräftigen Steuerbescheiden zugunsten des Stpfl., der Wortlaut ist eindeutig.   **2164**

Ob sich die geänderte Rechtsauffassung zuungunsten des Stpfl. auswirkt, ist für jede Steuerart und für jeden Veranlagungszeitraum gesondert zu beachten. Bei der Änderung von Grundlagenbescheiden gilt § 176 AO, wenn sich die Besteuerungsgrundlagen erhöhen, unabhängig von der Auswirkung auf den Folgebescheid. Der Vertrauensschutz kann jedoch nicht eingreifen, wenn die steuerlichen Ergebnisse im Folgebescheid nicht überschaubar sind (z. B. Artfeststellung).

Im **Einspruchsverfahren** (Ausnahme Verböserung) ist § 176 AO nicht einschlägig, denn der Stpfl. hat die Steuerfestsetzung als rechtswidrig angefochten und genießt damit keinen Vertrauensschutz, BFH vom 29. 08. 2002 BStBl II 2003, 441. Aus diesem Grunde kann das FA im Rahmen der vollen Überprüfbarkeit der Steuerfestsetzung (§ 367 Abs. 2 Satz 1 AO) die geänderte Rechtslage berücksichtigen.

§ 176 AO hindert jedoch die Verböserung (§ 367 Abs. 2 Satz 2 AO), denn auch hier wird ein Bescheid zum Nachteil des Stpfl. geändert (h. M.).

3.13.2 Die einzelnen Vertrauenstatbestände

3.13.2.1 Allgemeines

§ 176 AO schützt nicht generell das Vertrauen des Stpfl. auf einen bestehenden Rechtszu-   **2165**
stand, sondern zählt besondere Tatbestände auf. In anderen Fällen können Billigkeitsgründe (§§ 163, 227 AO) oder die Grundsätze von Treu und Glauben einer lästigen Änderung des Steuerbescheides entgegenstehen.

3.13.2.2 Das Vertrauen auf formelle Gesetze (§ 176 Abs. 1 Nr. 1 AO)

2166   Das **Bundesverfassungsgericht** kann ein förmliches nachkonstitutionelles (seit 24. 05. 1949) Gesetz (z. B. EStG, UStG) **für nichtig erklären** (Art. 100 GG, § 78 BVerfGG).

§ 176 Abs. 1 Nr. 1 AO dehnt den Gedanken des § 79 Abs. 2 BVerfGG, wonach nicht mehr anfechtbare Entscheidungen von diesem Spruch unberührt bleiben, aus und bestimmt, dass die Feststellung der Nichtigkeit später bei einer Aufhebung oder Änderung bzw. Kompensation von Rechtsfehlern nicht zuungunsten des Stpfl. berücksichtigt werden darf.

> **BEISPIEL**
>
> Ein Stpfl. wird unter Vorbehalt der Nachprüfung veranlagt. Kurze Zeit später stellt das Bundesverfassungsgericht die Nichtigkeit einer Vorschrift aus dem EStG fest, wonach sich nunmehr eine höhere Steuer für den Stpfl. ergibt.
>
> **LÖSUNG** Der ESt-Bescheid darf weder gem. § 164 Abs. 2 Satz 1 AO geändert werden, noch darf die für den Stpfl. ungünstigere Rechtslage bei einer aus anderen Gründen durchzuführenden Änderung berücksichtigt werden.

3.13.2.3 Das Vertrauen auf Rechtsnormen (§ 176 Abs. 1 Nr. 2 AO)

2167   Ein oberstes Gericht des Bundes (vgl. Art. 95 GG, BFH, BGH, BVerwG, BAG, BSG) kann eine Rechtsnorm, die kein formelles Gesetz ist, wie Rechtsverordnungen (z. B. EStDV, UStDV) und Satzungen, und vorkonstitutionelles Recht für verfassungswidrig halten, z. B. könnte der BFH eine Bestimmung aus der EStDV für verfassungswidrig erklären.

3.13.2.4 Das Vertrauen auf die Rechtsprechung (§ 176 Abs. 1 Nr. 3 AO)

2168   Diese Vorschrift schützt das Vertrauen in die Richtigkeit der Rechtsprechung eines obersten Gerichtes des Bundes (vgl. Art. 95 GG).

Die Entscheidung anderer Gerichte, wie z. B. des Reichsfinanzhofs oder der Finanzgerichte, sind nicht geschützt. Dies gilt nach dem eindeutigen Wortlaut des Gesetzes auch für den Europäischen Gerichtshof, der, obgleich gesetzlicher Richter i. S. d. Art. 101 Abs. 1 GG, kein oberster Gerichtshof des Bundes ist (vgl. K/vW, AO/FGO, § 176 AO, Rz. 10). In diesem Falle ist jedoch § 176 AO sinngemäß anwendbar oder es gilt der Vertrauensschutz über den sachlichen Billigkeitserlass (§§ 163, 227 AO).

Der hier eingeräumte Vertrauensschutz setzt voraus, dass ein oberster Gerichtshof des Bundes die Rechtsfrage ausdrücklich entschieden und die Finanzbehörde diese Entscheidung bei ihrer Maßnahme (bewusst oder unbewusst) angewandt hat. Etwas anderes gilt nur bei Bescheiden unter Vorbehalt der Nachprüfung, wenn im Zeitpunkt des Erlasses eine von dieser Rechtsprechung eindeutige abweichende Verwaltungsregelung bestand, BFH vom 11. 01. 1991 BStBl II 1992, 5.

Die Rechtsprechung ändert sich, wenn ein im Wesentlichen gleichgelagerter Sachverhalt anders entschieden wird als bisher. Stimmt ein Steuerbescheid im Zeitpunkt seines Erlasses mit der damals maßgebenden, aber später geänderten Rechtsprechung des BFH überein, so ist zu vermuten, dass diese Rechtsprechung vom FA angewandt worden ist; diese Vermutung kann jedoch widerlegt werden, BFH vom 08. 12. 1998 BStBl II 1999, 468. Beiläufig geäußerte Rechtsansichten und Erwägungen, die ein Urteil nicht tragen, schaffen dagegen keine schützenswerte Vertrauensposition, BFH vom 07. 12. 1988 BStBl II 1989, 421. Gleiches gilt, wenn die Rechtsprechung ihre Auffassung nicht ändert, sondern lediglich präzisiert, BFH vom 24. 04. 2002 BStBl II 2003, 412. Dasselbe dürfte für Beschlüsse gelten, die im Verfahren des vorläufigen Rechtsschutzes ergangen sind und die deshalb nur einer summarischen Prüfung unterlegen haben. Der Vertrauensschutz besteht ebenfalls nicht, sobald ein oberstes Gericht des Bundes von der Rechtsauffassung eines anderen obersten Gerichts des Bundes abweichen und den gemeinsamen Senat angerufen, oder ein Senat eines obersten Gerichts des Bundes von der Entscheidung eines anderen Senats abweichen will und den Großen Senat angerufen hat (§ 11 FGO).

§ 176 Abs. 1 Nr. 3 AO greift schon vom Wortlaut nicht, wenn ein oberstes Gericht eine Rechtsfrage erstmals entscheidet, selbst wenn damit eine langjährige Verwaltungsauffassung (eventuell § 176 Abs. 2 AO) oder eine gefestigte Rechtsprechung der Finanzgerichte aufgehoben wird.

§ 176 Abs. 1 Satz 2 AO trägt dem Umstand Rechnung, dass nicht alle steuererheblichen Vorgänge von der Finanzbehörde entschieden werden. Ein Stpfl. erklärt z. B. Einnahmen nicht oder meldet Umsätze nicht an, weil diese von der Rechtsprechung als nicht steuererheblich angesehen werden. In diesem Fall gilt der Vertrauensschutz nur, wenn davon ausgegangen werden kann, dass die Finanzbehörde mit der Anwendung der Rechtsprechung einverstanden gewesen wäre. Das Einverständnis ist immer dann zu unterstellen, wenn die Entscheidung im Bundessteuerblatt veröffentlicht worden war und keine Verwaltungsanweisung vorlag, die Rechtsprechung nicht anzuwenden (AEAO zu § 176 Nr. 3). **2169**

> **BEISPIEL**
>
> a) Ein Stpfl. hat Umsätze des Kalenderjahres 01 nicht angemeldet, weil diese nach der Rechtsprechung des BFH, veröffentlicht im Bundessteuerblatt, bei der USt nicht steuerbar sind. Im Kalenderjahr 04 deckt die Außenprüfung diese Umsätze auf, die inzwischen nach der geänderten Rechtsprechung des BFH als steuerbar und steuerpflichtig anzusehen sind.
>
> **LÖSUNG** Die USt-Festsetzung (§ 168 AO) darf nicht gem. § 164 Abs. 2 Satz 1 AO zuungunsten des Stpfl. geändert werden. Der Stpfl. hat damals zu Recht die Umsätze nicht angemeldet und darf auf die Gültigkeit der für ihn günstigen Rechtsauffassung vertrauen (§ 176 Abs. 1 Satz 2 AO). Selbst bei Anmeldung dieser Umsätze hätte der Sachbearbeiter diese sicherlich nicht als steuerbar behandelt.
> Die Änderung der Steuerfestsetzung wegen Bekanntwerden einer neuen Tatsache gem. § 173 Abs. 1 Nr. 1 AO ist ebenfalls nicht möglich. Da der Sachbearbeiter die Umsätze im Kalenderjahr 01 als nicht steuerbar behandelt hätte, fehlt es hier schon an der rechtlichen Erheblichkeit der Tatsache.
>
> b) Wie Beispiel a). Ein Stpfl. hat Umsätze angemeldet, die nach der Rechtsprechung des BFH zu versteuern sind. Diese Ansicht gibt der BFH später auf.
>
> **LÖSUNG** Der USt-Bescheid ist innerhalb der Festsetzungsfrist gem. § 164 Abs. 2 Satz 1 AO zugunsten des Stpfl. zu ändern. Ein Vertrauensschutz (des FA) gilt hier nicht.

3.13.2.5 Das Vertrauen auf Verwaltungsvorschriften (§ 176 Abs. 2 AO)

§ 176 Abs. 2 AO schützt das Vertrauen auf allgemeine Verwaltungsanweisungen (z. B. EStR, UStR) und die von der Bundesregierung oder von obersten Bundes oder Landesbehörden veröffentlichten ministeriellen Erlasse (sog. BMF-Schreiben oder ländereinheitliche Erlasse), selbst wenn sie der Rechtsprechung entgegenstehen, sofern das FA die für den Stpfl. günstige Verwaltungsvorschrift angewandt hat, BFH vom 24. 09. 1998 BStBl II 1999, 46. Sowohl die Richtlinien als auch die Erlasse werden im BStBl Teil I veröffentlicht. Die Veröffentlichung in privaten Zeitschriften reicht aus, es sei denn, die Verwaltung hat durch den Vermerk »nur für den Dienstgebrauch« zu erkennen gegeben, dass die Regelung nicht der Öffentlichkeit zugänglich sein soll. **2170**

Die Verfügung einer Oberfinanzdirektion löst nicht den Vertrauensschutz des § 176 Abs. 2 AO aus, denn die Oberfinanzdirektion ist keine oberste Landesbehörde.

Der Vertrauensschutz greift nicht nur ein, wenn ein oberster Gerichtshof des Bundes eine allgemeine Verwaltungsvorschrift ausdrücklich als nicht mit dem geltenden Recht in Einklang stehend bezeichnet, sondern auch, wenn das Urteil diese Aussage nur sinngemäß enthält, BFH vom 28. 10. 1992 BStBl II 1993, 284.

§ 176 Abs. 2 AO schützt den Stpfl. aber nicht dagegen, dass die oberste Behörde die Verwaltungsvorschrift selbst aufhebt oder ändert, oder bei vertretbarer Auslegung weiterhin bestehender Verwaltungsvorschriften ihre ursprüngliche Rechtsansicht im Einklang mit der tatsächlichen Rechtslage bei Erlass eines Änderungsbescheides aufgibt, vgl. BFH vom 28. 10. 1992 BStBl II 1989, 284.

2171   § 176 AO regelt nicht alle Fälle, in denen ein Vertrauensschutz denkbar ist. Diese Bestimmung schützt nicht die Rechtsprechung der Finanzgerichte und des Europäischen Gerichtshofs. Sie schützt den Stpfl. auch nicht dagegen, dass die Verwaltung ihre Vorschriften (z. B. eine Richtlinie oder eine OFD-Verfügung) selbst aufhebt oder ändert. Da § 176 AO keine abschließende Aufzählung beinhaltet, kann auch in Einzelfällen aus dem Grundsatz von Treu und Glauben, der die gesamte Rechtsordnung beherrscht und aus Billigkeitsgründen (§ 163 AO) auf eine Aufhebung oder Änderung eines Steuerbescheides zum Nachteil des Stpfl. zu verzichten sein. Die Verdrängung gesetzten Rechts durch den Grundsatz von Treu und Glauben ist aber nur dann zu bejahen, wenn das Vertrauen des Stpfl. in ein bestimmtes Verhalten der Verwaltung nach allgemeinem Rechtsgefühl in einem so hohen Maß schutzwürdig ist, dass demgegenüber die Grundsätze der Gesetzmäßigkeit der Verwaltung zurücktreten müssen, BFH vom 08. 12. 1998 BStBl II 1999, 468. Dies kommt in Betracht, wenn sich das FA durch eine Zusage gebunden hat (z. B. verbindliche Auskunft gem. § 89 Abs. 2 AO).

2172   Unabhängig von den gesetzlich geregelten Fällen der Zusage (§ 89 Abs. 2 AO, §§ 204 ff. AO, § 42 e EStG, Art. 12 ZK) kann sich die Finanzbehörde selbst nach den Grundsätzen von Treu und Glauben (vgl. Rz. 74 f.) binden. Die Befugnis der Finanzbehörde Zusagen zu erteilen ist h. M. (vgl. Tipke/Kruse, AO/FGO, vor § 204 AO, Rz. 16).

4   Rücknahme und Widerruf von VA (§§ 130, 131 AO)

4.1   Allgemeine Grundsätze

4.1.1   Geltungsbereich

2173   Die §§ 130, 131 AO sind dem allgemeinen Verwaltungsverfahrensgesetz (§§ 48, 49 VwVfG) nachgebildet, aber einfacher gefasst. Sie verlangen nicht, dass der Begünstigte eine Vermögensdisposition getroffen hat, die er nicht mehr rückgängig machen kann.

Die Vorschriften der §§ 130, 131 AO gelten, da sie im Dritten Teil der AO – allgemeine Verfahrensvorschriften – stehen, **grundsätzlich für alle Steuer-VA** (§ 118 AO), auf die die AO Anwendung findet (§ 1 AO).

Für Steuerbescheide und ihnen gleichgestellte Bescheide gehen allerdings Sondervorschriften (§§ 172 ff. AO) vor, die §§ 130, 131 AO sind hier nicht anwendbar (§ 172 Abs. 1 Satz 1 Nr. 2 Buchst. d AO). Ferner enthält die AO für die Korrektur von einigen VA Spezialbestimmungen, wie z. B. für die verbindliche Zusage (§ 207 AO) und den Aufteilungsbescheid (§ 280 AO).

Für die Anwendung der §§ 130, 131 AO verbleiben also die sog. **sonstigen VA**, wie z. B. Aufforderung zur Vorlage von Unterlagen (§ 97 Abs. 1 AO), Festsetzung eines Verspätungszuschlages (§ 152 AO), Haftungsbescheid (§ 191 AO), Stundung (§ 222 AO), Erlass (§ 227 AO), Maßnahmen im Vollstreckungsverfahren (§§ 249 ff. AO), Gestattung der Ist-Versteuerung (§ 20 UStG) und viele mehr (vgl. AEAO vor §§ 130, 131).

Die **Anrechnung** von Vorauszahlungen und Abzugsteuern (z. B. LSt und KapESt) sind **2174** nicht Teil der ESt-Festsetzung (§ 2 Abs. 6 EStG), sondern sind selbstständige (deklaratorische) VA (Anrechnungsverfügung; BFH vom 15. 04. 1997 BStBl II 1997, 787), obgleich die Anrechnung von Abzugssteuern die Erfassung der entsprechenden Kapitalerträge voraussetzt (§ 36 Abs. 2 Nr. 2 Satz 1 EStG). Mithin ist die Anrechnungsverfügung mit dem Einspruch anfechtbar. Nach Unanfechtbarkeit (formeller Bestandskraft) kann sie nur nach den §§ 130, 131 AO korrigiert werden (vgl. DStZ 99, 939). Wurde ein zu geringer Betrag angerechnet, kann die weitere Anrechnung gem. § 130 Abs. 1 AO erfolgen. War dagegen die fehlende Anrechnung rechtmäßig, z. B. weil die erforderliche Bescheinigung gem. § 36 Abs. 2 Nr. 2 EStG für KapESt fehlte, erfolgt die Korrektur gem. § 131 Abs. 1 AO, sofern die Bescheinigung nachgereicht wird. Wurde rechtswidrig ein zu hoher Betrag angerechnet, ist die Korrektur nur unter den strengen Voraussetzungen des § 130 Abs. 2 AO möglich.

Entsteht Streit über die Anrechnung, ist ein Abrechnungsbescheid (§ 218 Abs. 2 AO) zu erteilen (BFH vom 17. 09. 1998 BFH/NV 1999, 440; m. E. nicht zwingend, denn § 218 Abs. 2 AO soll nur Streitigkeiten entscheiden, ob bestimmte steuerliche Zahlungsverpflichtungen durch Zahlung, Aufrechnung, Verjährung etc. erloschen sind, vgl. BFH vom 12. 08. 1999 BStBl II 1999, 751). Im Abrechnungsbescheid ist unter Berücksichtigung der §§ 130, 131 AO zu entscheiden (BFH vom 15. 04. 1997 BStBl II 1997, 787; AEAO zu § 218 Nr. 3).

Gegen den Abrechnungsbescheid ist dann der Einspruch zulässig.

4.1.2 Korrektur rechtswidriger und rechtmäßiger VA

Die Möglichkeit der Korrektur von rechtswidrigen VA muss zwangsläufig eine andere sein **2175** als die von rechtmäßigen VA. Rechtswidrige VA bedürfen nicht desselben Bestandsschutzes wie rechtmäßige VA. Der Gesetzgeber unterscheidet daher zwischen der Rücknahme von rechtswidrigen VA gem. § 130 AO und dem Widerruf von rechtmäßigen VA gem. § 131 AO.

Ein VA ist **rechtswidrig (fehlerhaft)**, wenn er ganz oder teilweise gegen zwingende gesetzliche Vorschriften (§ 4 AO) verstößt, ermessensfehlerhaft ist (§ 5 AO) oder eine Rechtsgrundlage überhaupt fehlt (vgl. AEAO zu § 130 Nr. 1). Ein Verstoß gegen gesetzliche Vorschriften liegt insbesondere vor, wenn formelles oder materielles Recht falsch angewandt worden oder der Amtsträger von einem unrichtigen Sachverhalt ausgegangen ist. Ob ein VA rechtmäßig ist, richtet sich nach dem Zeitpunkt der letzten Verwaltungsentscheidung (AEAO zu § 131 Nr. 1). Dies bedeutet, dass i. d. R. auf den Zeitpunkt der Bekanntgabe des VA abzustellen ist. Lediglich bei der Frage, ob der Amtsträger bei seiner Entscheidung vom richtigen Sachverhalt ausgegangen ist, sollte auf den Zeitpunkt der Abzeichnung der Aktenverfügung abgestellt werden, entsprechend § 173 Abs. 1 AO. Hat der Stpfl. den VA angefochten, ist der Tag der Einspruchsentscheidung maßgebend.

Ändert sich die Rechtslage nachträglich, ist zu differenzieren. Bei einer rückwirkenden Änderung (z. B. Gesetzesänderung mit Rückwirkung) wird der VA rechtswidrig. Ansonsten bleibt der VA rechtmäßig, der Stpfl. kann dann den Widerruf nach § 131 Abs. 1 AO beantragen.

Auch VA, an deren Fehlerhaftigkeit die Finanzbehörde kein Verschulden trifft (z. B. Sachverhalt war vom Stpfl. unrichtig dargestellt worden), sind rechtswidrig.

4.1.3 Korrektur begünstigender und belastender VA

2176   Der Stpfl. wird ein Interesse daran haben, dass ihn belastende VA beseitigt werden. Auf den Bestand ihn begünstigender VA will er dagegen vertrauen. Die Rücknahme und der Widerruf von begünstigenden VA kann daher nur unter sehr viel strengeren Voraussetzungen möglich sein als bei belastenden VA. Begünstigende VA dürfen folglich nur korrigiert werden, wenn ein Fall des § 130 Abs. 2 AO bzw. § 131 Abs. 2 AO vorliegt. Für die Korrektur von belastenden VA gibt es keine besonderen Voraussetzungen, sie ist alleine in das Ermessen gestellt.

Nach dem Wortlaut des § 130 Abs. 2 AO ist ein VA **begünstigend**, wenn er ein Recht oder einen rechtlich erheblichen Vorteil begründet oder bestätigt hat. Abzustellen ist allein auf den Erklärungsinhalt. Begünstigende VA sind z. B. Stundung, Erlass, Aussetzung der Vollziehung.

Nicht begünstigende VA sind belastend. Dazu gehören auch die Rücknahme und der Widerruf begünstigender VA. Denkbar sind auch VA mit Doppelwirkung oder Mischwirkung. Diese belasten teils eine Person, teils begünstigen sie diese. Begehrt z. B. ein Stpfl. den Erlass einer Steuerschuld in Höhe von 10 000 € und werden ihm 6 000 € erlassen, so liegt eine Begünstigung hinsichtlich der 6 000 € vor und eine Belastung, soweit der Erlass der restlichen Steuerschuld abgelehnt wurde. Der belastende Teil des VA kann z. B. gem. § 130 Abs. 1 AO, der begünstigende Teil gem. § 130 Abs. 2 AO zurückgenommen werden.

Soll also ein sonstiger VA korrigiert werden, ist zunächst zu prüfen, ob er rechtswidrig oder rechtmäßig ist, dann, ob er belastend oder begünstigend ist.

Übersicht über die Korrektur sonstiger VA

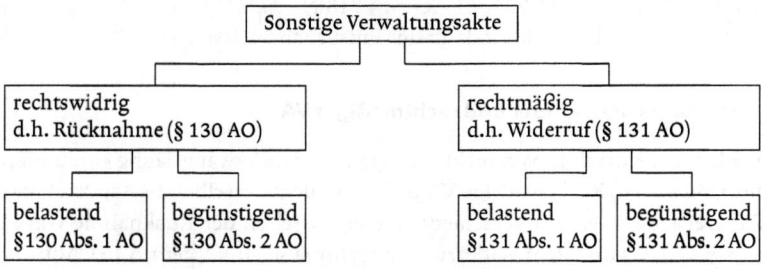

4.1.4 Gemeinsame Regelungen

2177   Die Rücknahme- bzw. die Widerrufsmöglichkeit besteht unabhängig davon, ob der VA noch angefochten werden kann oder bereits mit außergerichtlichem oder gerichtlichem Rechtsbehelf angefochten worden ist (§ 132 AO). Mit der Rücknahme bzw. dem Widerruf hat sich der Rechtsbehelf erledigt.

Dasselbe gilt für die Teilrücknahme (z. B. ein Verspätungszuschlag wird von 1 000 € auf 300 € herabgesetzt) oder den Teilwiderruf. Dadurch wird der ursprüngliche VA in dem nicht betroffenen Teil nicht berührt (§ 124 Abs. 2 AO); war Rechtsbehelf eingelegt worden, wird das Einspruchsverfahren insoweit fortgeführt (auch § 365 Abs. 3 AO analog), war der ursprüngliche VA klagebefangen, gilt § 68 FGO.

4.2 Rücknahme von rechtswidrigen VA (§ 130 AO)

4.2.1 Überprüfung des rechtswidrigen VA

Rechtswidrige VA können, sie müssen nicht, zurückgenommen werden. Die Finanzbe- **2178** hörde entscheidet im Rahmen ihres **pflichtgemäßen Ermessens.** Dabei hat die Finanzbehörde grundsätzlich eine Abwägung vorzunehmen zwischen dem Gesichtspunkt der Gerechtigkeit im Einzelfall und dem Interesse der Allgemeinheit an der Rechtssicherheit und dem Eintritt von Rechtsfrieden, BFH vom 09. 03. 1989 BStBl II 1989, 749.

Zunächst hat sie zu entscheiden, ob sie eine Überprüfung des VA vornehmen soll (**Vorprüfung**), sofern der Stpfl. schlüssig die Rechtswidrigkeit des VA vorträgt. Eine Überprüfung sollte erfolgen, wenn der Stpfl. unverschuldet nachträglich einen neuen Sachverhalt oder Beweismittel vorträgt, die eine andere Rechtslage bedeuten oder wenn Wideraufnahmegründe entsprechend § 580 ZPO gegeben sind (vgl. auch § 51 Abs. 1 VwVfG).

In anderen Fällen, insbesondere wenn der Stpfl. erst nach Eintritt der Unanfechtbarkeit die Rechtswidrigkeit behauptet, entscheidet die Finanzbehörde nach pflichtgemäßem Ermessen, ob sie in eine Überprüfung eintritt (vgl. AEAO zu § 130 Nr. 2). Dabei darf das FA eine Überprüfung der Rechtmäßigkeit des VA nicht allein deshalb ablehnen, weil der Betroffene ein Rechtsmittel hätte einlegen können, BFH vom 09. 03. 1989 BStBl II 1989, 749. Schließlich könnte der VA offensichtliche und schwerwiegende Rechtsverstöße enthalten. Andererseits handelt die Finanzbehörde in der Regel ermessensfehlerfrei, wenn sie die Rücknahme eines rechtswidrig bestandskräftigen VA ablehnt, weil der Betroffene nur solche Umstände vorträgt, die er bei fristgerechter Einlegung des statthaften Rechtsbehelfs ebenfalls hätte vorbringen können. Der Stpfl. kann einen VA innerhalb der Rechtsbehelfsfrist von einem Monat anfechten (§ 355 Abs. 1 Satz 1 AO). Tut er dies nicht, kann er die Überprüfung nicht über § 130 Abs. 1 AO erzwingen, BFH vom 12. 04. 2005 BFH/NV 2005, 1478.

BEISPIELE

a) Gegenüber einem Stpfl. wird am 01. 06. 01 ein Verspätungszuschlag von 200 € festgesetzt. Am 05. 08. 01 begehrt er die Aufhebung der seiner Meinung nach rechtswidrigen Verspätungszuschlagsfestsetzung, weil er die ESt-Erklärung doch nur um zwei Monate verspätet abgegeben habe.
LÖSUNG Da der Stpfl. die Festsetzung des Verspätungszuschlags hat unanfechtbar werden lassen und keinen neuen Sachverhalt vorträgt, kann das FA ablehnen, den Zuschlag auf seine Rechtmäßigkeit hin zu überprüfen.

b) Wie Beispiel a) Der Stpfl. behauptet, drei Monate krank gewesen zu sein.
LÖSUNG Er trägt zwar einen neuen Sachverhalt vor. Sofern der Stpfl. in der Lage gewesen wäre, diesen Einwand innerhalb der Rechtsbehelfsfrist vorzutragen, kann ebenfalls ermessensfehlerfrei von der Überprüfung des Verspätungszuschlags abgesehen werden.

4.2.2 Ermessensentscheidung

Hat die Finanzbehörde den VA überprüft und dessen Rechtswidrigkeit (aber Wirksam- **2179** keit) festgestellt, so hat sie zunächst zu untersuchen, ob
- der Fehler so schwerwiegend ist, dass der **VA nichtig** ist (§§ 125 Abs. 1, 124 Abs. 3 AO). In diesem Fall kann das FA die Nichtigkeit feststellen (§ 125 Abs. 5 AO) oder aber den VA als rechtwidrig zurücknehmen,
- der **Fehler nicht geheilt** werden kann (§ 126 Abs. 1 AO),
- auf Rücknahme wegen eines **unbedeutenden Fehlers** verzichtet werden kann (§ 127 AO),

- der rechtswidrige VA in einen rechtmäßigen umgedeutet werden kann (§ 128 AO),
- eine **offenbare Unrichtigkeit** enthält, die gegebenenfalls zu berichtigen ist (§ 129 Satz 1 AO).

2180 Erst wenn dies nicht gegeben ist, entscheidet die Finanzbehörde im Rahmen des pflichtgemäßen Ermessens (§ 5 AO), ob sie den VA **ganz oder teilweise** (Teilrücknahme) zurücknimmt.

> **BEISPIEL**
>
> Die Festsetzung eines Verspätungszuschlags von 300 € war rechtswidrig, weil der Amtsträger diesen aus persönlicher Feindschaft gegenüber dem Stpfl. festgesetzt hat.
> **LÖSUNG** Es liegt im Ermessen des FA, ob es den Zuschlag ganz aufhebt oder auf 100 € reduziert (Teilrücknahme).

2181 Ferner hat das FA nach pflichtgemäßem Ermessen zu entscheiden, ob sie den VA nur mit **Wirkung für die Zukunft** (ex nunc) oder auch mit **Wirkung für die Vergangenheit** (ex tunc) ganz oder teilweise zurücknimmt. Diese Frage ist bei Dauer-VA von Bedeutung.

> **BEISPIEL**
>
> Ein Stpfl. hat eine Stundung von sechs Monaten mit Angaben erwirkt, die in tatsächlicher Hinsicht unrichtig waren. Der Stpfl. kannte die Unrichtigkeit selbst nicht. Nach Ablauf von drei Monaten erfährt das FA davon.
> **LÖSUNG** Gemäß § 130 Abs. 2 Nr. 3 AO kann das FA die gesamte Stundung mit Wirkung für die Vergangenheit (ex tunc) zurücknehmen oder nur für die letzten drei Monate (ex nunc). Dies wirkt sich auf die Säumniszuschläge aus.

Für die Überprüfung einer Ermessensentscheidung durch das Gericht ist nach gefestigter Rechtsprechung (vgl. BFH vom 23.11.2002 HFR 2001, 839) die Sach- und Rechtslage zum Zeitpunkt der letzten Verwaltungsentscheidung maßgebend. Erst im Klageverfahren nachgeschobene Gründe gegen eine Ermessensentscheidung sind daher unbeachtlich, es sei denn, das FA hat den Sachverhalt nicht einwandfrei ermittelt, obgleich sich eine weitere Ermittlung aufdrängte.

4.2.3 Rücknahme eines belastenden VA

2182 Hat die Behörde die **Rechtswidrigkeit eines belastenden VA** festgestellt, **sollte** sie diesen zurücknehmen, insbesondere dann, wenn er auf einem Fehler der Finanzbehörde beruht, der für den Stpfl. nur schwer erkennbar war, oder zwingende gesetzliche Vorschriften dies gebieten.

Dies ist z. B. der Fall, wenn der Verspätungszuschlag mehr als zehn vom Hundert der festgesetzten Steuer übersteigt (§ 152 Abs. 2 AO), oder die Haftungsschuld höher als die zugrundeliegende Steuerschuld ist (Grundsatz der Akzessorietät, vgl. § 191 Abs. 5 AO).

2183 War der VA bei Erlass rechtmäßig und tritt nachträglich ein Ereignis ein, wodurch er nunmehr gegen ein Gesetz verstößt, wird nach h. M. (FG Köln vom 01.07.1992 EFG 1993, 238; Schwarz, AO/FGO, § 130 AO, Rz. 4) der VA rechtswidrig (vergleichbar § 175 Abs. 1 Satz 1 Nr. 2 AO). Er ist gem. § 130 Abs. 1 AO zu korrigieren. Andernfalls bliebe nur der Widerruf gem. § 131 Abs. 1 AO. Die Anwendung dieser Norm ist jedoch bedenklich, weil es streitig ist, ob die Vorschrift nur auf Dauer-VA anwendbar ist und § 131 Abs. 1 AO keinesfalls greift, wenn der VA schon vollzogen ist.

Diese Probleme tauchen insbesondere auf, wenn die Rechtmäßigkeit eines sonstigen VA abhängig ist von der Höhe der Steuerfestsetzung, wie z. B. beim Verspätungszuschlag wegen § 152 Abs. 2 AO oder beim Haftungsbescheid wegen des Grundsatzes der Akzessorietät zur Steuerfestsetzung.

BEISPIEL

Gegen einen Stpfl. wurde ein Verspätungszuschlag von 300 € festgesetzt, weil er die ESt-Erklärung verspätet abgegeben hat und die ESt-Festsetzung 3 000 € beträgt. Später wird die ESt-Festsetzung auf 2 000 € abgeändert.

LÖSUNG Der Verspätungszuschlag ist rechtswidrig, weil er zehn vom Hundert der festgesetzten ESt übersteigt (§ 152 Abs. 2 AO). Er ist gem. § 130 Abs. 1 AO auf mindestens 200 € zurückzunehmen (vgl. AEAO zu § 130 Nr. 3). Ein Widerruf nach § 131 Abs. 1 AO wäre nicht möglich, da der Verspätungszuschlag schon entrichtet wurde.

Dasselbe Ereignis muss gelten, wenn ein Haftungsbescheid über die volle Summe der Steuerschuld ergeht und die Steuer nachträglich herabgesetzt wird. Der Haftungsbescheid wird nachträglich rechtswidrig, denn die Haftungsschuld ist abhängig (akzessorisch) von der Steuerschuld. Zahlt dagegen der Steuerschuldner einen Teil seiner Schuld, erlischt insoweit die Schuld (§ 47 AO), wodurch auch die Haftungsschuld in dieser Höhe entfällt. Der Haftungsbescheid bleibt rechtmäßig, für eine Korrektur besteht wegen des Erlöschens der Schuld kein Bedarf (a. A. BFH vom 12. 08. 1997 BStBl II 1998, 131, der Anlass für einen Widerruf des Haftungsbescheides gem. § 131 Abs. 1 AO sieht).

Tritt dagegen nachträglich ein Ereignis ein, wodurch sich nunmehr der Sachverhalt anders darstellt, ohne dass der VA gegen eine gesetzliche Norm verstößt, muss es bei dem Grundsatz bleiben, dass die Sachlage bei Erlass der letzten behördlichen Entscheidung maßgebend ist.

BEISPIEL

Der Verspätungszuschlag betrug 300 €, die festgesetzte Steuer 6 000 €. Später wird die Steuer auf 4 000 € gemindert.

LÖSUNG Da der Verspätungszuschlag nach wie vor nicht mehr als 10 % der festgesetzten Steuer beträgt, ist er nicht zwingend zu korrigieren. Der VA ist rechtmäßig und kann nur nach § 131 Abs. 1 AO widerrufen werden, der Stpfl. kann dies beantragen (nur ärgerlich für den Stpfl., der den Verspätungszuschlag schon entrichtet hat; dieses Beispiel zeigt, dass die Vorschriften des §§ 130 ff. AO nicht auf das Steuerrecht abgestimmt sind).

Jedoch meint die Rechtsprechung (vgl. BFH vom 16. 05. 1995 BStBl II 1996, 259), die Finanzbehörde habe aufgrund der geänderten Sachlage den Verspätungszuschlag neu zu überprüfen. Es bleibt aber unklar, nach welcher Vorschrift die Behörde den Verspätungszuschlag korrigiert, wenn er schon vollzogen ist.

Setzt das FA anlässlich der Änderung der Steuerfestsetzung den Verspätungszuschlag herab, entsteht ein neuer VA, den der Stpfl. anfechten kann, weil das FA erneut in eine sachliche Prüfung eingestiegen ist (§ 351 Abs. 1 AO gilt nicht). Teilt das FA dagegen mit, dass trotz Änderung der Steuerfestsetzung der Verspätungszuschlag bestehen bleibt, sieht der BFH vom 20. 09. 1990 BStBl II 1991, 2 darin ebenfalls einen neuen, anfechtbaren VA (bedenklich, wenn wiederholende Verfügung).

Erhöht sich nachträglich die Steuerfestsetzung, wird häufig eine Korrektur des Verspätungszuschlages nicht möglich sein.

BEISPIEL

Wie vorangegangenes Beispiel, nur wird die Steuer auf 9 000 € heraufgesetzt.

LÖSUNG Der Verspätungszuschlag kann nur unter den Voraussetzungen der §§ 130 Abs. 2 oder 131 Abs. 2 AO erhöht werden. Die Anwendung von § 130 Abs. 2 Nr. 3 und 4 AO ist denkbar, wenn der Stpfl. die ursprünglich zu niedrige Steuerfestsetzung selbst bewirkt (z. B. Steuerverkürzung) hatte oder zumindest kannte.

4.2.4 Rücknahme eines begünstigenden VA

4.2.4.1 Gesetzliche Voraussetzungen

Aus Gründen des Vertrauensschutzes darf ein rechtswidrig begünstigender VA nur unter den Voraussetzungen des § 130 Abs. 2 Nr. 1 bis 4 AO zurückgenommen werden.

2184 Nach **§ 130 Abs. 2 Nr. 1 AO** kann ein von einer **sachlich** (nicht örtlich) unzuständigen Behörde erlassener VA zurückgenommen werden (vgl. § 172 Abs. 1 Satz 1 Nr. 2 Buchst. b AO für Steuerbescheide). Die sachliche Zuständigkeit untergliedert sich in verbandsmäßige und funktionelle.

Die **verbandsmäßige Unzuständigkeit** liegt vor, wenn eine Behörde einer Gebietskörperschaft unter Verletzung der Verwaltungshoheit (vgl. Art. 108 GG) tätig wird (z. B. eine Bundesbehörde erteilt einen ESt-Bescheid) oder, bei gebietsgebundenen Steuern, wie z. B. GrSt, eine Gebietskörperschaft (z. B. Gemeinde) unter Verletzung der Gebietshoheit veranlagt. Die Bescheide sind **nichtig** (§ 125 Abs. 1 und Abs. 3 Nr. 1 AO im Umkehrschluss), einer Rücknahme bedarf es nicht.

Die **funktionelle Unzuständigkeit** ist gegeben, wenn innerhalb der zuständigen Gebietskörperschaft eine unzuständige Behörde (vgl. § 2 FVG) tätig wird (z. B. die Oberfinanzdirektion erteilt einen ESt-Bescheid, vgl. § 17 Abs. 2 FVG). Hier ist **streitig**, ob die Verletzung der Zuständigkeit zur Nichtigkeit führt. Teilweise wird dies vertreten, weil der Verstoß gegen § 17 Abs. 2 FVG eindeutig sei und damit ein schwerwiegender, offenkundiger Fehler i. S. d. § 125 Abs. 1 AO vorliege. Nach der Literaturmeinung (vgl. T/K, AO/FGO, § 125 AO, Rz. 4) führt der Verstoß gegen die funktionelle Zuständigkeit nicht grundsätzlich zur Nichtigkeit. Vielmehr folge aus § 130 Abs. 2 Nr. 1 AO gerade, dass die VA i. d. R. nicht als nichtig anzusehen seien. Die Beauftragung von Großbetriebsprüfungsstellen der Oberfinanzdirektion mit der Außenprüfung führt nicht zur Nichtigkeit, BFH vom 31. 11. 1987 BStBl II 1988, 138.

Keinesfalls kann Nichtigkeit angenommen werden, wenn eine Behörde ihre **interne Zuständigkeitsbefugnis** überschreitet. So kann die Finanzbehörde Steuern stunden (§ 222 AO) oder einen Erlass aussprechen (§ 227 AO). Weder aus der AO noch aus dem FVG folgen, welche Behörde in welchem Umfang die Billigkeitsmaßnahmen aussprechen darf, dies ergibt sich lediglich aus Verwaltungserlassen (vgl. z. B. Erlass der obersten Finanzbehörden der Länder vom 02. 01. 2004 BStBl I, 29). M. E. liegt ein Fall der funktionellen Unzuständigkeit vor, der zur Rechtswidrigkeit des VA führt, wenn z. B. das FA entgegen dem Erlass 300 000 € Steuern für ein Jahr stundet. Das Vertrauen des Stpfl. (§ 130 Abs. 2 AO dient dem Vertrauensschutz) ist nicht verletzt, wenn er die fehlende Zustimmung der Oberbehörde kennt, weil die Erlasse öffentlich im Bundessteuerblatt bekannt gemacht sind. Diese Stundung kann also zurückgenommen werden.

Die sachliche Unzuständigkeit ist ferner gegeben, wenn zwar ein FA tätig wird, dies aber nach einer länderspezifischen **Zuständigkeitsverordnung** unzuständig ist, weil dieser Bereich, z. B. KSt, ErbSt, auf bestimmte FA übertragen wurde.

Kein Fall der sachlichen Unzuständigkeit liegt dagegen vor, wenn innerhalb der zuständigen Finanzbehörde ein nicht befugter Amtsträger handelt. Interne Aufgabenverteilungen einer Finanzbehörde dürfen die Rechtsposition des Stpfl. nicht berühren.

2185 Nach **§ 130 Abs. 2 Nr. 2 AO** sollte ein VA zurückgenommen werden, der durch **unlautere Mittel** wie arglistige Täuschung, Drohung oder Bestechung erwirkt worden ist. Die Vorschrift entspricht § 172 Abs. 1 Satz 1 Nr. 2 Buchst. c AO, vgl. Rz. 2024.

Die praktische Bedeutung der Vorschrift ist gering, weil gleichzeitig auch die Rücknahme-vorschriften in § 130 Abs. 2 Nr. 3 und 4 AO erfüllt sein dürften. Im Gegensatz zu § 130 Abs. 2 Nr. 3 AO muss jedoch nicht der Begünstigte oder sein Vertreter handeln, es genügt die unlautere Handlung eines Dritten (vgl. Wortlaut »erwirkt worden ist«). Die Rücknahme nach § 130 Abs. 2 Nr. 2 AO wird i. d. R. mit Wirkung für die Vergangenheit erfolgen. Nur wenn der begünstigte Stpfl. von dem unlauteren Mittel keine Kenntnis hatte, z. B. ein Dritter hatte unlauter gehandelt, kommt auch eine Rücknahme für die Zukunft in Betracht. Außerdem ist hier die Rücknahme (anders als bei § 130 Abs. 2 Nr. 3 und 4 AO) zeitlich unbegrenzt möglich (vgl. § 130 Abs. 3 Satz 2 AO).

Nach **§ 130 Abs. 2 Nr. 3 AO** besteht die Möglichkeit, einen VA zurückzunehmen, den der Begünstigte **durch Angaben** erwirkt hat, die in wesentlicher Beziehung **unrichtig oder unvoll-ständig** waren (die Vorschrift ähnelt § 173 Abs. 1 AO). Im Gegensatz zu § 130 Abs. 2 Nr. 2 AO muss der Stpfl. oder ein Vertreter, dessen Verhalten wird dem Stpfl. zugerechnet (nicht dagegen die Tat eines Dritten), nicht schuldhaft handeln. Jede unrichtige oder unvollständige Angabe genügt, unabhängig davon, ob der Stpfl. die Unrichtigkeit oder Unvollständigkeit kannte. Im Gegensatz zu § 130 Abs. 2 Nr. 2 AO wird hier die rückwirkende Rücknahme nicht die Regel sein, sondern die Finanzbehörde muss im Einzelfall über die Wirkung der Rücknahme entscheiden (vgl. auch BFH vom 11. 10. 1988 BStBl II 1989, 149). Bei dieser Entscheidung werden der Grad des Verschuldens (Vorsatz oder einfache Fahrlässigkeit) sowie die Kenntnis von der unrichtigen Angabe wesentliche Ermessensfaktoren sein. Die unrichtige Angabe muss für die Finanzbe-hörde **entscheidungserheblich** sein, d. h. sie müsste bei Kenntnis der richtigen Angabe ursprünglich anders entschieden haben.

Häufig wird eine Rücknahme sowohl nach § 130 Abs. 2 Nr. 2 AO als auch nach § 130 Abs. 2 Nr. 3 AO in Betracht kommen, z. B. wenn der Stpfl. mit vorsätzlich falschen Behauptungen eine Stundung erwirkt hat.

Nach **§ 130 Abs. 2 Nr. 4 AO** darf ein VA zurückgenommen werden, wenn seine **Rechts-widrigkeit** dem Begünstigten **bekannt** oder infolge grober Fahrlässigkeit nicht bekannt war. In diesen Fällen soll der Stpfl. nicht auf den Bestand des VA vertrauen dürfen.

Es ist unerheblich, ob die Finanzbehörde die Rechtswidrigkeit verschuldet hat oder nicht. Der Stpfl. muss das – wenn auch laienhafte – Bewusstsein der Rechtswidrigkeit des VA selbst haben, BFH vom 16. 06. 1994 BStBl II 1996, 82 (85). Grobe Fahrlässigkeit liegt vor, wenn der Stpfl. die Sorgfalt, zu der er nach seinen persönlichen Kenntnissen und Fähigkeiten verpflichtet und imstande ist, in ungewöhnlich hohem Maße verletzt (wie bei § 173 Abs. 1 Nr. 2 AO). Die Kenntnis und das Kennenmüssen eines Bevollmächtigten sind dem Stpfl. zuzurechnen, BFH vom 04. 09. 2002 HFR 2003, 216. Wird dem Stpfl. die Rechtswidrigkeit nicht bei Erlass des VA bewusst, sondern später, kommt nur eine Rücknahme mit Wirkung für die Zukunft (nur mög-lich bei Dauer-VA) in Betracht.

4.2.4.2 Sonstige Fälle

Der Wortlaut des § 130 Abs. 2 AO (»darf nur dann«) bedeutet eine abschließende Aufzäh-lung der Rücknahmegründe. Eine Änderung der Rechtsansicht oder eine andere Sachverhalts-würdigung rechtfertigen also keine Rücknahme eines begünstigenden VA.

Trotz der abschließenden Aufzählung wird die Rücknahme in zwei Fällen für zulässig erachtet. Eine Rücknahme ist zulässig, wenn der Stpfl. **einwilligt**. Eines Vertrauensschutzes bedarf es hier nicht. Ferner kann ein rechtswidriger VA immer unter den Voraussetzungen zurückgenommen werden, nach denen ein **rechtmäßiger VA widerrufen werden könnte.**

2186

2187

2188

Wenn schon ein rechtmäßig begünstigender VA, der den höchsten Vertrauensschutz genießt, widerrufen werden kann, muss dies erst recht für einen rechtswidrigen VA gelten. Gedanklich ist also der Aufzählung des § 130 Abs. 2 AO diejenige des § 131 Abs. 2 Nr. 1 bis 3 AO hinzuzufügen, BFH vom 30. 11. 1982 BStBl II 1983, 187. Eine Rücknahme ist dagegen unzulässig, wenn die Finanzbehörde ihre Rechtsansicht ändert.

BEISPIEL

Ein Stpfl. stellt einen Stundungsantrag, der nicht ausreichend begründet ist. Der Sachbearbeiter im FA gewährt trotzdem die Stundung für sechs Monate, weil der Stpfl. sein Fußballtrainer ist und er es sich mit ihm nicht verderben will. Er versieht jedoch die Stundung mit einem Widerrufsvorbehalt. Drei Monate später bekommt der Sachgebietsleiter den Fall in die Hand und möchte die Stundung aufheben.

LÖSUNG Die Stundung ist rechtswidrig, weil sich der Sachbearbeiter von sachfremden Erwägungen hat leiten lassen. Die Voraussetzung zur Rücknahme des begünstigenden VA liegen jedoch nicht vor (der Stpfl. hat keine unvollständigen Angaben gemacht, § 130 Abs. 2 Nr. 3 AO, und hielt seinen Anspruch auf Stundung für rechtens, § 130 Abs. 2 Nr. 4 AO). Da aber die Stundung, wäre sie rechtmäßig, gem. § 131 Abs. 2 Nr. 1 AO widerrufen werden könnte, kann sie auch mit Wirkung für die Zukunft zurückgenommen werden.

4.2.5 Rücknahmefrist (§ 130 Abs. 3 AO)

2189   Für die Rücknahme rechtswidriger belastender VA ist keine Frist vorgeschrieben. Die Rücknahme ist also sowohl während eines Rechtsbehelfsverfahrens (§ 132 AO) als auch nach Unanfechtbarkeit zulässig. Die Frist zur Rücknahme eines rechtswidrigen begünstigenden VA beträgt ein Jahr ab Kenntnis des FA von den die Rechtswidrigkeit begründenden Umständen (§ 130 Abs. 3 Satz 1 AO). Es ist hier auf die Kenntnis des für die Rücknahme zuständigen Amtsträgers abzustellen. Im Übrigen ähnelt die Vorschrift § 173 Abs. 1 AO (nachträgliches Bekanntwerden).

Die Frist gilt nicht für den Fall der Erwirkung des VA durch unlautere Mittel (§ 130 Abs. 3 Satz 2 AO), hier ist die Rücknahme unbegrenzt möglich. Die Finanzbehörde kann jedoch dieses Recht nach einer gewissen Zeit verwirkt haben.

4.2.6 Rücknahmebehörde (§ 130 Abs. 4 AO)

2190   Bis zur Unanfechtbarkeit (formellen Bestandskraft) des VA entscheidet über die Rücknahme die Finanzbehörde, die den VA erlassen hat (Umkehrschluss aus § 130 Abs. 4 Satz 1 AO). Eine Zuständigkeitsvereinbarung i. S. d. § 27 AO ist zulässig. Nach Unanfechtbarkeit entscheidet die örtlich zuständige Finanzbehörde auch dann, wenn der zurückzunehmende VA von einer anderen Finanzbehörde erlassen worden ist. Die andere Finanzbehörde kann aber aus Zweckmäßigkeitsgründen das Verfahren fortführen (§ 26 Satz 2 AO).

4.3 Widerruf von rechtmäßigen VA (§ 131 AO)

4.3.1 Widerrufsbedürfnis

2191   Es besteht ein Bedürfnis, auch rechtmäßige VA zu **korrigieren**. Ob ein VA rechtmäßig ist, ist grundsätzlich für den **Zeitpunkt der Bekanntgabe** zu prüfen. Es können aber später Umstände eintreten, die eine andere Entscheidung rechtfertigen. Der Finanzbehörde wird durch § 131 AO die Möglichkeit eingeräumt, die geänderten Verhältnisse zu berücksichtigen.

BEISPIEL

Einem Stpfl. wird zu Recht die ESt-Schuld für sechs Monate gestundet. Zwei Monate später erbt er einen größeren Geldbetrag.

LÖSUNG Die Stundung ist rechtmäßig, da zum Zeitpunkt der Bekanntgabe die Voraussetzungen vorlagen. Die später erfolgte Erbschaft ändert daran nichts.
§ 131 Abs. 2 Nr. 3 AO gestattet aber, die Stundung mit Wirkung für die Zukunft zu widerrufen.

Ein Widerrufsbedürfnis kann auch gegeben sein, wenn die Finanzbehörde einen rechtmäßigen VA durch einen anderen rechtmäßigen VA (beide bewegen sich im Ermessensspielraum) ersetzen will, z. B. eine Pfändungsmaßnahme durch eine andere.

4.3.2 Rechtmäßige VA

Ein VA ist rechtmäßig, wenn er mit dem Gesetz in Einklang steht. Sofern der VA **leichte Fehler** i. S. d. § 126 AO enthält, ist er wie ein rechtmäßiger zu behandeln, denn § 126 AO stellt solche VA fehlerfreien VA gleich. Ein ursprünglich fehlerhafter VA, der in einen anderen rechtmäßigen umgedeutet worden ist, ist ebenfalls gem. § 131 AO zu korrigieren. Dem Widerruf wird § 127 AO selten entgegenstehen, denn diese Vorschrift gilt grundsätzlich nicht für Ermessensentscheidungen (BFH vom 25. 01. 1989 BStBl II 1989, 483), es sei denn, der Ermessensspielraum ist so eingeengt, dass nur eine Entscheidung möglich ist. `2192`

§ 131 AO hat vornehmlich Bedeutung für die sog. **Dauer-VA.** Das sind solche, deren Wirkungen sich nicht in einem einmaligen Gebot (z. B. Zahlung des Verspätungszuschlags) erschöpfen, sondern ein Rechtsverhältnis auf Dauer entstehen lassen (z. B. Stundung, Aussetzung der Vollziehung, Pfändungsmaßnahmen). Da das Gesetz den Widerruf nur mit Wirkung für die Zukunft (ex nunc) zulässt, wird teilweise sogar vertreten, dass § 131 AO nur für VA mit Dauerwirkung gelte (vgl. Schwarz, AO/FGO, § 131 AO, Rz. 1).

Jedoch sollte § 131 Abs. 1 AO auch anzuwenden sein für VA, die zwar nur eine einmalige Leistung fordern, die Leistung aber noch nicht erbracht worden ist. Vom Wortlaut des Gesetzes ist diese Ansicht vertretbar (auch BFH vom 26. 03. 1991 BStBl II 1991, 545 hat einen noch nicht vollzogenen VA dem § 131 Abs. 1 AO zugeordnet, vgl. T/K, AO/FGO, § 131 AO, Rz. 2).

BEISPIEL

Die Finanzbehörde hat einen Verspätungszuschlag festzusetzen. Ermessensgerecht wäre ein Betrag von 300 bis 500 €. Der Sachbearbeiter setzt 500 € fest. Nach Vorsprache des Stpfl. (nach Ablauf der Einspruchsfrist) möchte der Sachbearbeiter den Zuschlag auf 300 € mindern.

LÖSUNG Wenn der Verspätungszuschlag noch nicht entrichtet ist, kann die Herabsetzung auf 300 € erfolgen. Ist der Verspätungszuschlag dagegen bezahlt worden, ist eine Minderung nicht möglich, weil eine rückwirkende Korrektur nach dem Wortlaut des Gesetzes nicht mehr zulässig ist. Die Auffassung, § 131 AO gelte auch in Fällen, in denen der VA noch nicht vollzogen ist, ist also bedenklich, weil sie den seiner Verpflichtung nicht sofort nachkommenden Stpfl. begünstigt.

4.3.3 Umfang des Widerrufs

Die Finanzbehörde hat im Rahmen ihres pflichtgemäßen Ermessens darüber zu befinden, ob der VA **ganz oder teilweise** widerrufen wird. Der Widerruf kann **nur für die Zukunft** wirken. Die Behörde kann darüber hinaus bestimmen, dass der Widerruf nicht bereits mit dessen Bekanntgabe wirken soll, sondern erst zu einem **späteren Zeitpunkt** (§ 131 Abs. 3 AO). `2193`

Am 02. 05. 01 liegen die Voraussetzungen vor, eine rechtmäßige Stundung zu widerrufen. Die Behörde kann z. B. mit Widerruf, bekannt gegeben am 05. 05. 01, bestimmen, dass die Stundung ab 01. 06. 01 aufgehoben sei (vgl. § 131 Abs. 3 AO).

4.3.4 Widerruf eines belastenden VA

2194

Rechtmäßige belastende VA können ganz oder teilweise mit Wirkung für die Zukunft widerrufen werden. Die Widerrufsmöglichkeit gilt nur für Ermessensentscheidungen, da gebundene VA nicht widerrufen werden dürfen. Der Widerruf selber hat nach pflichtgemäßem Ermessen zu erfolgen.

Der Vollziehungsbeamte hat bei einem Stpfl., der 10 000 € schuldet, eine wertvolle Standuhr (Wert 10 000 €) gepfändet. Der Stpfl. bittet, die Pfändung der Standuhr aufzuheben und stattdessen einen ebenso wertvollen Perserteppich zu pfänden.
LÖSUNG Die rechtmäßige Pfändung der Standuhr kann widerrufen werden. Mit dem Widerruf ist die Pfändung mit der Wirkung für die Zukunft aufgehoben. Der Pfändung des Perserteppichs steht nichts im Wege.

2195

Der Widerruf darf nicht erfolgen, wenn ein VA **gleichen Inhalts** erneut **erlassen werden müsste** (vgl. Wortlaut). Gebundene VA, d. h. die kraft Gesetzes mit einem bestimmten Inhalt erlassen werden müssen, wie z. B. der Abrechnungsbescheid (§ 218 Abs. 2 AO), können daher nicht widerrufen werden. Der Ausschluss des Widerrufs gilt auch für die Ermessensentscheidung, in denen der Ermessensspielraum durch Umstände des Einzelfalls derart eingeschränkt ist, dass nur eine Entscheidung möglich ist, während jede andere notwendig zu einem Ermessensfehler führen müsste (**Ermessensreduzierung auf null**).

Wie Beispiel in Rz. 2194, nur ist die Standuhr der einzige pfändbare Gegenstand des Vollstreckungsschuldners.
LÖSUNG Wenn es auch grundsätzlich im Ermessen des FA liegt, in welche Gegenstände es vollstreckt, darf die Pfändung hier nicht aufgehoben werden, da mangels anderer Vollstreckungsmöglichkeit die Pfändung der Standuhr zwingend ist.

2196

Die zweite gesetzliche Einschränkung des Widerrufs – wenn aus anderen Gründen ein Widerruf unzulässig ist – ist im Steuerrecht selten.

4.3.5 Widerruf eines begünstigenden VA

2197

Der Widerruf begünstigender VA darf wegen des hohen Vertrauensschutzes nur in den in § 131 Abs. 2 AO **abschließend aufgezählten Ausnahmefällen oder mit Einwilligung** des Stpfl. erfolgen. Erst wenn die Voraussetzungen vorliegen, hat die Behörde im Rahmen ihres pflichtgemäßen Ermessens über den Widerruf zu entscheiden. § 131 Abs. 2 AO enthält die folgenden Widerrufsgründe:

2198

Nach **§ 131 Abs. 2 Nr. 1 AO** ist ein Widerruf möglich, wenn er durch Rechtsvorschrift **zugelassen** oder im VA **vorbehalten** ist. Die erste Alternative stellt klar, dass Spezialvorschriften dem Widerruf nach § 131 AO vorgehen. Z. B. kann eine Buchführungserleichterung widerrufen werden, weil § 148 Satz 3 AO dies zulässt.

Die zweite Alternative erfasst die Fälle, in denen ein VA zulässigerweise mit einem Widerrufsvorbehalt als Nebenbestimmung versehen worden ist (§ 120 Abs. 2 Nr. 3 AO). Der Stpfl. kennt den Widerrufsvorbehalt und hat insofern keine geschützte Rechtsposition. Die Behörde kann vom Widerrufsvorbehalt jederzeit Gebrauch machen, natürlich nicht willkürlich.

BEISPIEL

Einem Stpfl. ist die Zahlung der ESt-Schuld 01 gestundet worden, versehen mit einer Widerrufsmöglichkeit, sofern der Stpfl. die ESt-Erklärung 02, aus der ein Erstattungsbetrag zu erwarten ist, nicht fristgerecht einreicht.

LÖSUNG Sobald der Stpfl. die Abgabefrist (§ 149 Abs. 2 AO) versäumt, kann das FA die Stundung widerrufen.

Wegen des Willkürverbots darf eine Aussetzung der Vollziehung, die mit einem Widerrufsvorbehalt versehen ist, nicht widerrufen werden, wenn die Finanzbehörde ihre Rechtsansicht ändert; es sei denn, die Änderung fußt auf einer zwischenzeitlich ergangenen gerichtlichen Entscheidung in einem vergleichbaren Fall.

Ob die Finanzbehörde fehlerfrei vom Widerruf Gebrauch gemacht hat, ist nach den Verhältnissen zur Zeit des Widerrufs zu entscheiden. Zu diesem Zeitpunkt müssen die Widerrufsgründe vorgelegen haben und bei der Entscheidung berücksichtigt worden sein. Ein späteres Nachschieben von Widerrufsgründen, z. B. im Klageverfahren, ist in der Regel unzulässig, BFH vom 24. 11. 1987 BStBl II 1988, 364.

Nach **§ 131 Abs. 2 Nr. 2 AO** ist ein Widerruf zulässig, wenn der VA mit einer **Auflage** verbunden ist und der Stpfl. diese nicht erfüllt hat. Die Finanzbehörde kann einen VA gem. § 120 Abs. 2 Nr. 4 AO mit einer Auflage verbinden. Die Auflage ist eine selbstständige Nebenbestimmung zum VA. Erfüllt der Stpfl. die Auflage nicht, kann diese entweder zwangsweise (§§ 328 ff. AO) durchgesetzt oder der VA widerrufen werden. **2199**

BEISPIEL

Das FA stundet die ESt-Schuld unter der Auflage, dass der Stpfl. innerhalb eines Monats eine Sicherheitsleistung erbringt.

LÖSUNG Wird die Sicherheitsleistung nicht erbracht, kann das FA die Stundung widerrufen oder das Erbringen der Sicherheitsleistung erzwingen.

Ist die Auflage als solche nichtig, darf selbstverständlich kein Widerruf nach § 131 Abs. 2 Nr. 2 AO erfolgen. Ist die Auflage dagegen rechtswidrig aber wirksam, ist der Widerruf vom Grunde her zulässig, dürfte jedoch i. d. R. ermessensfehlerhaft sein.

§ 131 Abs. 2 Nr. 1 und 2 AO regeln von den Nebenbestimmungen des § 120 Abs. 2 AO nur den Widerrufsvorbehalt und die Auflage, nicht die Bedingung oder die Befristung. Der Grund liegt darin, dass mit dem Eintritt der Bedingung oder dem Fristende der VA nicht mehr wirksam ist (§ 124 Abs. 2 AO) und sich ein Widerruf damit erübrigt.

Nach **§ 131 Abs. 2 Nr. 3 AO** ist ein Widerruf möglich, wenn eine **nachträgliche Änderung der tatsächlichen**, nicht der rechtlichen, **Verhältnisse** eintritt, nach denen die Finanzbehörde nicht berechtigt wäre, den VA mit diesem Inhalt zu erlassen. Die Vorschrift ist von § 130 Abs. 2 Nr. 3 AO abzugrenzen. Lag der Sachverhalt bei Erlass des VA schon vor, war er der Finanzbehörde aber nicht bekannt, ist der VA rechtswidrig und gem. § 130 Abs. 2 AO zurückzunehmen (ähnlich § 173 Abs. 1 AO). Trat dagegen der Sachverhalt erst nach Erlass des VA ein, ist der VA rechtmäßig und gem. § 131 Abs. 2 Nr. 3 AO zu widerrufen (ähnlich § 175 Abs. 1 Satz 1 Nr. 2 AO). **2200**

Einem Stpfl. wurde eine Steuerschuld, weil mittellos, am 01. 06. 01 gestundet.
LÖSUNG Hat der Stpfl. am 15. 05. 01 einen größeren Geldbetrag geerbt, ist die Stundung rechtswidrig (auch, wenn der Stpfl. von der Erbschaft nichts wusste). Sie ist gem. § 130 Abs. 2 Nr. 3 AO zurückzunehmen. Hat der Stpfl. am 15. 06. 01 die Erbschaft gemacht, ist die Stundung rechtmäßig aber gem. § 131 Abs. 2 Nr. 3 AO zu widerrufen.

2201 Der VA ist zu widerrufen, wenn ohne den Widerruf das öffentliche Interesse gefährdet würde. Dies ist immer dann der Fall, wenn bei einem Festhalten an der getroffenen Entscheidung der Betroffene gegenüber anderen Stpfl. bevorzugt würde (vgl. AEAO zu § 131 Nr. 2).

2202 § 131 Abs. 2 Nr. 3 AO ist nicht anwendbar auf endgültige Entscheidungen, die keine Wirkung auf Dauer erzeugen. Der Widerruf eines rechtmäßigen Steuererlasses (§ 227 AO) ist nicht möglich, da die Steuerschuld mit Wirksamwerden des Erlasses erloschen ist (§§ 227, 47 AO). Demzufolge kann z. B. eine später erfolgte Erbschaft nicht mehr zur Beseitigung des Erlasses führen (vgl. AEAO zu § 131 Nr. 3).

4.3.6 Widerrufsfrist und -zuständigkeit

2203 Für die Widerrufsfrist gelten gem. § 131 Abs. 2 Satz 2 AO die o. g. Vorschriften über die Rücknahmefrist. Lediglich der Hinweis auf § 130 Abs. 2 Nr. 2 AO gilt nur für § 130 AO, nicht für § 131 AO.

Die für den Widerruf des VA zuständige Behörde entspricht der Rücknahmebehörde (§ 131 Abs. 4 AO). Der Hinweis auf § 26 Satz 2 AO dürfte lediglich vergessen worden sein.

4.4 Erlass eines neuen VA

4.4.1 Zum Vorteil des Steuerpflichtigen

2204 Es bestehen grundsätzlich keine Bedenken, einen VA, der zurückgenommen oder widerrufen worden ist, in derselben Sache **durch einen anderen zu ersetzen**, soweit der Stpfl. hierdurch günstiger gestellt wird. So kann z. B. ein Haftungsbescheid über 10 000 € zurückgenommen werden, um einen über 7 000 € zu erlassen. Stattdessen kann das FA die ursprüngliche Haftsumme auf 7 000 € ermäßigen. Es handelt sich dann um eine Teilrücknahme i. S. d. § 130 Abs. 1 AO, BFH vom 04. 11. 2003 BFH/NV 2004, 460.

4.4.2 Zum Nachteil des Steuerpflichtigen

2205 Problematisch sind die Fälle, in denen der aufgehobene VA durch einen **noch belastenderen VA ersetzt werden soll**.

a) Ein Geschäftsführer einer GmbH hat für das Kalenderjahr 01 USt i. H. v. 10 000 € grob schuldhaft weder angemeldet noch entrichtet. Es ergeht gegen ihn ein Haftungsbescheid über 5 000 €, weil der Amtsträger glaubt, die Haftungsschuld könne nur die Hälfte der Steuerschuld betragen, da Gesamtschuldnerschaft bestehe.

b) Wie Beispiel a) Der Haftungsbescheid ergeht über 5 000 €, weil der Geschäftsführer wahrheitswidrig behauptet hat, die GmbH habe gerade 5 000 € USt-Schuld 01 an das FA auf dem Bankweg überwiesen.

In beiden Beispielen könnte der Haftungsbescheid, da er rechtswidrig und belastend ist, ohne Weiteres gem. § 130 Abs. 1 AO zurückgenommen werden. Dem Erlass eines neuen Haftungsbescheides über 10 000 € steht jedoch der **Vertrauensschutz** im Wege. Dem Stpfl., dem wegen eines bestimmten Sachverhaltes, hier USt 01, ein Haftungsbescheid bekannt gegeben wird, muss darauf vertrauen können, dass es bei dieser Haftung bleibt und die Summe nicht willkürlich von der Finanzbehörde abgeändert werden kann.

Aus diesen Gründen darf eine Rücknahme, verbunden mit dem Erlass eines noch belastenderen VA, nur erfolgen, wenn die Voraussetzungen des § 130 Abs. 2 AO erfüllt sind (vgl. AEAO zu § 130 Nr. 4), da diese Vorschrift gerade den Schutz des Stpfl. bezweckt. Der BFH (BFH vom 22.01.1985 BStBl II 1985, 562) begründet dies damit, dass die Rücknahme eines belastenden VA selbst einen begünstigenden VA darstelle. Zwar sei streng genommen der Erlass eines neuen Haftungsbescheides keine Rücknahme des begünstigenden VA, da ein neuer VA entstehe. Unter Berücksichtigung von Sinn und Zweck des § 130 Abs. 2 AO, Vertrauensschutz des Betroffenen, sei diese Vorschrift hier jedoch anwendbar. In Beispiel a) ist daher der Erlass des Haftungsbescheides über 10 000 € nicht möglich, da die zu niedrige Haftung auf einem Rechtsirrtum eines Amtsträgers beruht und keine der Voraussetzungen des § 130 Abs. 2 AO vorliegt. Im Beispiel b) kann der erteilte Haftungsbescheid durch einen Bescheid über 10 000 € ersetzt werden, weil der Geschäftsführer den niedrigen Bescheid mit Angaben erwirkt hat, die in wesentlicher Beziehung unrichtig waren, nämlich die gerade erfolgte Überweisung der 5 000 € USt-Schuld (§ 130 Abs. 2 Nr. 3 AO).

Hat das FA einen Haftungsgegenstand durch einen Haftungsbescheid geregelt, darf es bei einem identischen Haftungsgegenstand keinen ergänzenden, neben den ersten Haftungsbescheid tretenden zweiten Haftungsbescheid erteilen. Vielmehr ist der erste Haftungsbescheid nach den §§ 130, 131 AO zu korrigieren. Dabei ist zu berücksichtigen, dass wie bei einem Steuerbescheid für eine Steuerart über einen bestimmten Besteuerungszeitraum gegenüber einem bestimmten Stpfl. nur ein rechtswirksamer Haftungsbescheid ergehen darf (BFH vom 25.05.2004 BStBl II 2005, 3; FG Münster vom 26.11.2004 EFG 2005, 1009).

BEISPIELE

a) Das FA erließ einen Haftungsbescheid gegen Geschäftsführer A über 10 000 €, entsprechend der USt-Schuld der GmbH. Später wurde die USt der GmbH gem. § 164 Abs. 2 Satz 1 AO auf 12 000 € erhöht.

LÖSUNG Das FA darf nicht einen zweiten Haftungsbescheid über 2 000 € erteilen, sondern muss prüfen, ob es den Haftungsbescheid über 10 000 € korrigieren kann. In Betracht dürfte § 130 Abs. 2 AO kommen (vgl. BFH vom 25.05.2004, a. a. O.) zumindest, wenn der Stpfl. die zunächst fehlerhafte Steuerfestsetzung durch Abgabe einer unrichtigen USt-Anmeldung selbst verursacht hat.

b) Wie Beispiel a) aber das FA erließ trotz des USt-Bescheides i. H. v. 12 000 € einen Haftungsbescheid über 10 000 €, weil 2 000 € von der Vollziehung ausgesetzt waren. Nunmehr wird die Aussetzung der Vollziehung beendet.

LÖSUNG Auch in diesem Falle darf nicht ein ergänzender Haftungsbescheid ergehen, sondern es sind die Voraussetzungen der §§ 130, 131 AO zu prüfen.

4.4.3 Eintritt eines neuen Sachverhalts

Etwas anderes gilt, wenn ein **neuer Sachverhaltskomplex** hinzukommt, der bisher nicht Gegenstand der Entscheidung der Behörde war. Der ursprüngliche VA regelt diesen Sachverhaltskomplex nicht und kann daher um einen weiteren VA ergänzt werden (vgl. AEAO zu § 131 Nr. 4 und 5).

2206

Wie Beispiel a) in Rz. 2205. Dem Geschäftsführer wurde ein Haftungsbescheid über 5 000 € wegen der USt 01 erteilt. Nunmehr stellt das FA fest, dass er auch die USt 02 weder angemeldet, noch den Betrag von 6 000 € entrichtet hat.
LÖSUNG Neben dem Haftungsbescheid über 5 000 € darf (erstmals) ein weiterer Haftungsbescheid über 6 000 €, betreffend die USt 02, erlassen werden. Einer Korrektur (§§ 130, 131 AO) bedarf es nicht.

Die Möglichkeit, einen VA zu ergänzen, berechtigt z. B. die Behörde eine Prüfungsanordnung, die die Kalenderjahre 01 bis 03 betrifft, auf das Kalenderjahr 04 auszudehnen oder eine Stundung der Steuerschuld von drei auf sechs Monate zu verlängern.

Aus diesem Grunde kann der Stpfl., dem ein Antrag auf Erlass eines begünstigenden VA bestandskräftig abgelehnt wurde (z. B. Erlass einer Steuer gem. § 227 AO), einen neu eingetretenen Sachverhalt vortragen (z. B. gerade erfolgter Vermögensschaden) und wiederum einen Antrag stellen. Das FA muss dann nicht die ursprüngliche Ablehnung widerrufen (bzw. zurücknehmen), sondern kann über den neuen Antrag frei entscheiden.

4.5 Formfehler des ursprünglichen VA

2207   Dem Erlass eines neuen VA steht ferner nicht entgegen, wenn der ursprüngliche VA wegen eines Formfehlers aufgehoben wurde, BFH vom 24. 08. 1989 BStBl II 1990, 2.

War der **VA unwirksam**, weil er nicht ordnungsgemäß bekannt gegeben (§§ 122 Abs. 1 Satz 1, 124 Abs. 1 Satz 1 AO) oder nichtig war (§§ 124 Abs. 3, 125 Abs. 1 AO), so bedarf es im Grunde keiner Rücknahme. Erfolgt diese trotzdem, hat sie nur eine **klarstellende Funktion** und löst damit **keinen Vertrauensschutz** aus. Ein nicht bekannt gegebener VA kann schon mangels Bekanntgabe keinen Vertrauensschutz auslösen, bei einem nichtigen VA ist die Fehlerhaftigkeit offenkundig. In beiden Fällen darf der neue VA ergehen, denn es ergeht ein erster VA und keine Korrektur des ursprünglichen VA. Es ist unbestritten, dass unwirksame VA keine Bestandskraftwirkung entfalten.

War der **VA wirksam**, jedoch wegen eines **Formfehlers** insgesamt rechtswidrig und wird dieser aus formellen Gründen aufgehoben, hindern §§ 130 Abs. 2 und 131 Abs. 2 AO nicht den Erlass eines neuen VA.

Das örtlich unzuständige FA A hat einen Verspätungszuschlag über 500 € festgesetzt. Es nimmt die Festsetzung später gem. § 130 Abs. 1 AO zurück, denn § 127 AO gilt nicht für VA, die in das Ermessen der Finanzbehörde gestellt sind (vgl. AEAO zu § 127 Nr. 2).
LÖSUNG Das örtlich zuständige FA B ist nicht gehindert, einen neuen Verspätungszuschlag festzusetzen, auch über einen höheren Betrag als 500 €.

4.6 Rechtsschutz

2208   Die Rücknahme oder der Widerruf sowie deren Ablehnung eines VA ist selbst wieder ein VA. Der Stpfl. kann diesen anfechten. Ferner kann die Rücknahme oder der Widerruf auch zurückgenommen werden.

BEISPIEL

Der Widerruf einer rechtmäßigen Stundung, gestützt auf § 131 Abs. 2 Nr. 3 AO, ist ein belastender VA.

LÖSUNG Diesen kann die Behörde, falls er rechtswidrig ist, nach § 130 Abs. 1 AO mit der Folge zurücknehmen, dass die Stundung wieder wirkt.

Lehnt die Behörde einen Antrag auf Rücknahme oder Widerruf eines belastenden VA ab, ist zu differenzieren. Der Hinweis der Behörde, dass ein unanfechtbarer VA, gegen den keine neuen Gesichtspunkte vorgebracht wurden, nicht mehr überprüft wird, sondern bestehen bleibe, ist kein VA (sog. wiederholende Verfügung). Ein Rechtsschutz ist nicht möglich. Dasselbe gilt, wenn der ursprüngliche Haftungsbescheid in der Haftsumme durch Teilrücknahme eingeschränkt wird (z. B. weil zu hoch), Haftungstatbestand und Ermessenserwägungen jedoch unverändert fortbestehen (auch hier wiederholende Verfügung, BFH vom 04. 11. 2003 BFH/NV 2004, 460). Überprüft dagegen die Behörde den ursprünglichen VA auf die Möglichkeit der Korrektur, ist die Ablehnung des Antrags ein VA, für den die allgemeinen Grundsätze der Korrektur gelten.

Im Rechtsbehelfsverfahren ist die sachliche Beschwer nicht durch § 351 Abs. 1 AO eingeschränkt (h. M., vgl. AEAO zu § 351 Nr. 3). Wird z. B. ein Haftungsbescheid nachträglich von 10 000 € auf 12 000 € erhöht, kann der Betroffene den erhöhten Bescheid anfechten und eine Minderung um mehr als 2 000 € begehren. § 351 Abs. 1 AO, der die ursprüngliche Bestandskraft schützt, gilt nicht, denn selbst nach Ablauf der Rechtsbehelfsfrist (§ 355 Abs. 1 Satz 1 AO) hätte der Haftungsbescheid gem. §§ 130 Abs. 1, 131 Abs. 1 AO zugunsten des Betroffenen korrigiert werden können (a. A. Tipke/Kruse, AO/FGO, § 351 AO, Rz. 4).

2209–2300 frei

Teil M Außenprüfung

1 Vorbemerkung

2301 Die Erfahrungen zeigen, dass die Ermittlung des Anspruchs aus dem Steuerschuldverhältnis nur von den Schreibtischen der Finanzbehörden aus nicht in allen Fällen möglich ist. Es bedarf zur Ergänzung dieses Ermittlungsverfahrens zusätzlicher Maßnahmen der Finanzbehörden. Als solche sind in der **AO** geregelt

- die Außenprüfung (§§ 193 bis 202 AO),
- die abgekürzte Außenprüfung (§ 203 AO),
- die Steuerfahndung (§ 208 AO) sowie
- die Steueraufsicht in besonderen Fällen (§§ 209 bis 217 AO).

Zudem sehen als **Einzelsteuergesetze** das Umsatzsteuergesetz in § 27 b UStG die Möglichkeit einer Umsatzsteuer-Nachschau und das Einkommensteuergesetz in § 42 f EStG eine Lohnsteuer-Außenprüfung und in § 42 g EStG eine Lohnsteuer-Nachschau beim Stpfl. vor.

2 Außenprüfung (§§ 193 ff. AO)

2.1 Allgemeines

2302 Das Institut der **Außenprüfung**, oft auch als Betriebsprüfung bezeichnet, ist eine außerordentlich wichtige Maßnahme der Finanzbehörde zur Ermittlung steuerlich erheblicher Sachverhalte. Häufig kann der Steuerfall nur im Wege der Außenprüfung abschließend geprüft werden, weil insbesondere bei Gewerbetreibenden und freiberuflich Tätigen erst eine Einsichtnahme in die Bücher und die Belege eine abschließende Beurteilung des steuerlichen Sachverhalts ermöglichen.

Eine Außenprüfung hat **bestimmte Rechtsfolgen.** Beginnt die Außenprüfung vor Ablauf der Festsetzungsfrist oder wird ihr Beginn auf Antrag des Stpfl. hinausgeschoben, wird insoweit der **Ablauf der Festsetzungsfrist gehemmt** (§ 171 Abs. 4 AO). Eine **Selbstanzeige** kann nicht mehr mit strafbefreiender Wirkung erstattet werden, wenn eine Prüfungsanordnung bekannt gegeben wurde, ein Amtsträger zur steuerlichen Prüfung erschienen ist oder ein Amtsträger zu einer Nachschau erschienen ist und sich ausgewiesen hat (§ 371 Abs. 2 Satz 1 Nr. 1 Buchst. a, c und e AO). **Steuerbescheide,** die aufgrund einer Außenprüfung ergangen sind, dürfen nach § 173 Abs. 2 AO wegen neuer Tatsachen oder Beweismittel **nur aufgehoben oder geändert werden,** wenn eine Steuerhinterziehung oder leichtfertige Steuerverkürzung vorliegt. Nach einer Außenprüfung muss der **Vorbehalt der Nachprüfung** aufgehoben werden (§ 164 Abs. 3 Satz 3 AO bzw. im Umkehrschluss aus § 164 Abs. 1 Satz 1 AO) und erst im Anschluss an eine Außenprüfung kann die Finanzbehörde eine **verbindliche Auskunft** erteilen (§ 204 AO).

Ergänzende Vorschriften für die Außenprüfung enthält die **Betriebsprüfungsordnung** (Steuer).

2.2 Zuständigkeit (§ 195 AO)

Eine Entscheidung darüber, ob Steuerfestsetzung und Außenprüfung organisatorisch zu trennende Aufgaben der Finanzbehörden sind oder nicht, enthält die AO nicht. Deshalb sind die **Prüfungsdienste in den einzelnen Ländern unterschiedlich organisiert.** So wird die Außenprüfung gem. § 195 Satz 1 AO von Außenprüfungsstellen der FA, die für die Fälle ihres Finanzbezirks zuständig sind oder gem. § 195 Satz 2 AO von eigenständigen **Außenprüfungsstellen** oder **Außenprüfungsfinanzämtern** vorgenommen, die hierzu von der an sich zuständigen Finanzbehörde beauftragt worden sind. Wird eine andere Finanzbehörde (etwa ein anderes FA) gem. § 195 Satz 2 AO mit der Prüfung beauftragt, erlässt die beauftragende Finanzbehörde die Prüfungsanordnung nach § 196 AO oder ermächtigt die beauftragte Finanzbehörde mit dem Erlass einer solchen. In letzterem Fall wird der sachliche Umfang der Prüfung gem. § 194 Abs. 1 AO von der beauftragenden Finanzbehörde festgelegt, insbesondere sind die zu prüfenden Steuerarten und der Prüfungszeitraum in der Ermächtigung zu bestimmen. Auch die **Beauftragung des Bundeszentralamts für Steuern** mit einer Außenprüfung ist gem. § 19 Abs. 3 FVG zulässig. Ebenfalls ist es möglich, die Steuerfahndung mit einer Außenprüfung zu beauftragen, vgl. § 208 Abs. 2 Nr. 1 AO. Die Zuordnung eines Prüfungsdienstes zu einer Oberfinanzdirektion (bzw. zu einem Landesamt) ist nicht zulässig (BFH vom 21.04.1993 BStBl II 1993, 649). Die Kompetenz der Außenprüfungsstellen oder Außenprüfungsämter erstreckt sich nicht nur auf die Außenprüfung; es kann gem. § 195 Satz 3 AO von diesen Stellen im Namen der zuständigen Finanzbehörden auch eine **Steuerfestsetzung** vorgenommen (sog. veranlagende Betriebsprüfung) und – was von erheblicher Bedeutung ist – eine **verbindliche Zusage** gem. §§ 204 bis 207 AO erteilt werden (§ 195 Satz 3 AO).

2303

2.3 Der Außenprüfung unterliegende Personen (§ 193 AO)

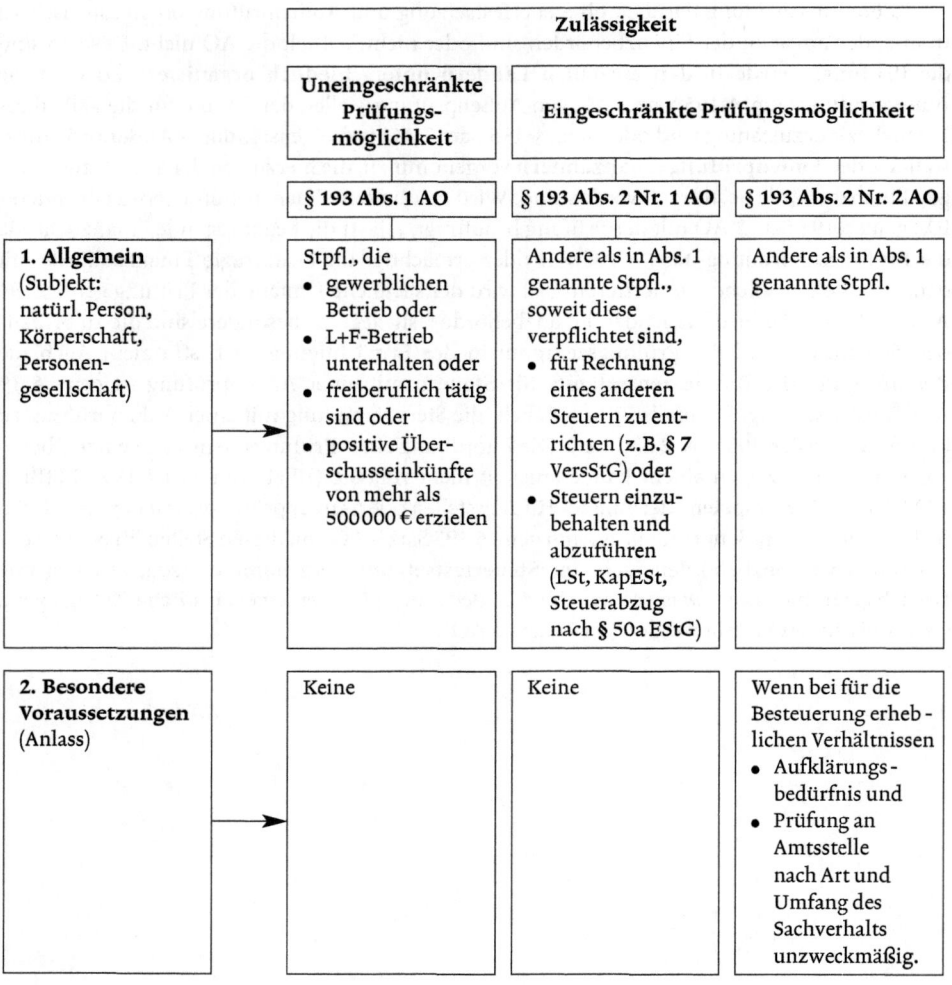

	Zulässigkeit		
	Uneingeschränkte Prüfungsmöglichkeit	**Eingeschränkte Prüfungsmöglichkeit**	
	§ 193 Abs. 1 AO	**§ 193 Abs. 2 Nr. 1 AO**	**§ 193 Abs. 2 Nr. 2 AO**
1. Allgemein (Subjekt: natürl. Person, Körperschaft, Personengesellschaft)	Stpfl., die • gewerblichen Betrieb oder • L+F-Betrieb unterhalten oder • freiberuflich tätig sind oder • positive Überschusseinkünfte von mehr als 500 000 € erzielen	Andere als in Abs. 1 genannte Stpfl., soweit diese verpflichtet sind, • für Rechnung eines anderen Steuern zu entrichten (z.B. § 7 VersStG) oder • Steuern einzubehalten und abzuführen (LSt, KapESt, Steuerabzug nach § 50a EStG)	Andere als in Abs. 1 genannte Stpfl.
2. Besondere Voraussetzungen (Anlass)	Keine	Keine	Wenn bei für die Besteuerung erheblichen Verhältnissen • Aufklärungsbedürfnis und • Prüfung an Amtsstelle nach Art und Umfang des Sachverhalts unzweckmäßig.

2304   Ohne Weiteres, also auch **ohne Angabe von Gründen** (vgl. BFH vom 02. 10. 1991 BStBl II 1992, 220 u. BFH vom 02. 10. 1991 BStBl II 1992, 274) in der Prüfungsanordnung, ist eine Außenprüfung **zulässig** bei Stpfl., die einen **gewerblichen** oder **land- und forstwirtschaftlichen Betrieb** unterhalten, die **freiberuflich** (also nur § 18 Abs. 1 Nr. 1 EStG) tätig sind, oder bei Personen, deren Summe der **positiven Überschusseinkünfte mehr als 500 000 €** beträgt und die daher gem. § 147 a AO (vgl. im Einzelnen Rz. 1048 a) einer Aufbewahrungspflicht von sechs Jahren unterliegen (§ 193 Abs. 1 AO). Die Prüfung ist auch dann zulässig, wenn das Unternehmen veräußert, aufgegeben oder liquidiert worden oder der Unternehmer verstorben ist. Für eine Prüfung nach § 193 Abs. 1 AO braucht kein besonderer Anlass vorzuliegen; sie ist sogar zulässig zur Beantwortung der Frage, ob der Stpfl. überhaupt einen gewerblichen Betrieb unterhält (BFH vom 23. 10. 1990 BStBl II 1991, 278 und vom 11. 08. 1994 BStBl II 1994, 936), wenn konkrete Anhaltspunkte für das Vorliegen einer solchen Betätigung gegeben sind (vgl. AEAO zu § 193, Nr. 4).

Dies gilt auch für die Prüfung von **Personengesellschaften** hinsichtlich der zu prüfenden Feststellung, wobei gem. § 194 Abs. 1 Satz 3 AO die Gesellschafter (nur) insoweit ohne gesonderte Prüfungsanordnung in diese Prüfung einbezogen werden, als dies für die Prüfung der Feststellung erforderlich ist (vgl. auch Rz. 2306).

Bei **zusammenveranlagten Ehegatten/Lebenspartner** ist zu beachten, dass die Durchführung einer auf § 193 Abs. 1 AO gestützten Außenprüfung beim Unternehmerehegatten/lebenspartner nicht dazu berechtigt, auch die Einkünfte des Nichtunternehmerehegatten/lebenspartner i. S. d. § 2 Abs. 1 Nr. 4–7 EStG zu überprüfen. Um den Nichtunternehmerehegatten/lebenspartner prüfen zu können, muss ein besonderer Anlass nach § 193 Abs. 2 Nr. 2 AO vorliegen; dessen Prüfung ist dann auch auf diese Vorschrift zu stützen (BFH vom 05. 11. 1981 BStBl II 1981, 208).

Bei **anderen** als den vorgenannten Stpfl. ist eine Außenprüfung zulässig,

- soweit sie die **Verpflichtung** dieser Stpfl. betrifft, **für Rechnung eines anderen Steuern zu entrichten oder Steuern einzubehalten und abzuführen**, § 193 Abs. 2 Nr. 1 AO. Dies betrifft insbesondere Arbeitgeber hinsichtlich der einzubehaltenden Lohnsteuer (z. B. die Prüfung der Lohnsteuer für Hauspersonal von Privatpersonen), wenn diese nicht ohnehin unter § 193 Abs. 1 AO fallen,

  oder

- wenn die für die **Besteuerung erheblichen Verhältnisse der Aufklärung bedürfen** und eine **Prüfung an Amtsstelle** nach Art und Umfang des zu prüfenden Sachverhalts **nicht zweckmäßig** ist (§ 193 Abs. 2 Nr. 2 AO). Für das Bestehen eines **besonderen Aufklärungsbedürfnisses** anzunehmen genügt es, dass die Finanzverwaltung unter Berücksichtigung ihrer Erfahrungen bei den gegebenen Umständen, Handlungen oder Zuständen den Fall für aufklärungsbedürftig durch eine Außenprüfung hält (BFH vom 17. 11. 1992 BStBl II 1993, 146). Dies kann z. B. bei natürlichen Personen der Fall sein, die nur eine sonstige selbstständige Tätigkeit ausüben (z. B. Testamentsvollstrecker) oder Einkünfte nach § 2 Abs. 1 Nr. 4–7 EStG beziehen (z. B. Gesellschafter einer zu prüfenden GmbH mit lediglich Einkünften nach §§ 19 u. 20 EStG, sofern kein Fall des § 147 a AO vorliegt). Unter § 193 Abs. 2 Nr. 2 AO fällt auch die Prüfung einer gemeinnützigen Körperschaft zum Zwecke der Anerkennung, Versagung oder Entziehung der Gemeinnützigkeit (vgl. Rz. 370 ff.) oder die Prüfung von Feststellungsbeteiligten bei Feststellungen nach § 180 Abs. 2 AO (vgl. Rz. 1487 f.).

Die **Überprüfung im Rahmen einer Außenprüfung** wird nach Art und Umfang des zu prüfenden Sachverhalts insbesondere dann **zweckmäßig** sein, wenn umfangreiche Unterlagen eingesehen werden müssen und mit der Notwendigkeit wiederholter Rückfragen zu rechnen ist bzw. wenn erst an Ort und Stelle entschieden werden kann, welche Unterlagen für die Sachaufklärung geeignet sind (BFH vom 17. 11. 1992 BStBl II 1993, 146).

Die Prüfung nach § 193 Abs. 2 Nr. 2 AO muss **in der Prüfungsanordnung besonders begründet** werden. Die Begründung muss ergeben, dass die gewünschte Aufklärung durch Einzelermittlung an Amtsstelle nicht erreicht werden kann (BFH vom 07. 11. 1985 BStBl II 1986, 435 und BFH vom 09. 11. 1994 BFH/NV 1995, 578).

2305

Die Außenprüfungsdienste der Finanzämter sind angesichts ihrer Arbeitsbelastung und ihrer personellen Ausstattung nicht in der Lage, sämtliche Fälle zu prüfen. Sofern die Voraussetzungen des § 193 AO gegeben sind, hat das Finanzamt daher im Einzelfall nach **pflichtgemäßem Ermessen** zu entscheiden, ob sie eine Prüfung für erforderlich hält. Die Finanzbehörde kann

Mittel- und Kleinbetriebe im Sinne des § 3 BpO, bei denen sie eine Routineprüfung durchführen will, grundsätzlich auch nach Zufallsgesichtspunkten auswählen. Die aus diesem Auswahlverfahren resultierende unterschiedliche Prüfungshäufigkeit verstößt nicht gegen das Gleichheitsgebot (BFH vom 02. 09. 1988 BStBl II 1989, 4).

Einen **Rechtsanspruch** auf Durchführung einer Außenprüfung **hat der Stpfl. nicht** (BFH vom 08. 11. 1984 BStBl II 1985, 352). Stellt der Stpfl. jedoch einen entsprechenden Antrag, so werden die von ihm vorgetragenen Gründe bei der Ermessensentscheidung, ob eine Prüfung anzuordnen ist, zu berücksichtigen sein. Dies gilt insbesondere dann, wenn wirtschaftliche Dispositionen des Stpfl. von dem Ergebnis einer Außenprüfung berührt werden (z. B. bei vorgesehenen Betriebsveräußerungen oder Auseinandersetzungen) sowie wenn der Stpfl. im Anschluss an die von ihm beantragte Außenprüfung eine verbindliche Zusage gem. §§ 204 bis 207 AO erteilt haben möchte.

2.4 Sachlicher Umfang der Prüfung (§ 194 AO)

2.4.1 Sachlicher Umfang im engeren Sinne

2306

§ 193 Abs. 1 AO	§ 193 Abs. 2 Nr. 1 AO	§ 193 Abs. 2 Nr. 2 AO
Kann sich auch auf nichtbetrieblichen Sachverhalt erstrecken (BFH vom 28.11.1985 BStBl II 1986, 437) **Folge:** der gesamte Steuerfall kann geprüft werden.	Beschränkung auf den Bereich der angesprochenen Abzugssteuern etc. (»soweit ...«)	Kann sich auch auf Sachverhalt neben dem die Prüfung auslösenden Sachverhalt erstrecken (BFH vom 05.11.1981 BStBl II 1982, 208) **Folge:** der gesamte Steuerfall kann geprüft werden.

2.4.2 Sachlicher Umfang im weiteren Sinne

Nach § 194 Abs. 1 Satz 1 AO **dient die Prüfung der Ermittlung der steuerlichen Verhältnisse des Stpfl.** Die Außenprüfung kann nach § 194 Abs. 1 Satz 2 AO eine oder mehrere Steuerarten, einen oder mehrere Besteuerungszeiträume umfassen oder sich auch auf bestimmte Sachverhalte beschränken. Der Finanzbehörde ist es deshalb möglich, bereits in der Prüfungsanordnung Prüfungspunkte oder Zeiträume abzugrenzen. Sie bestimmt den **sachlichen Umfang** der Prüfung **nach pflichtgemäßem Ermessen.** Eine auf § 193 Abs. 1 AO gestützte Prüfung *kann* sich daher nur auf die betrieblichen Verhältnisse beschränken. Ohne dass die Voraussetzungen des § 193 Abs. 2 Nr. 2 AO vorliegen, können bei einer Außenprüfung nach § 193 Abs. 1 AO aber auch Besteuerungsmerkmale überprüft werden, die mit den betrieblichen Verhältnissen des Stpfl. in keinem Zusammenhang stehen (BFH vom 28. 11. 1985 BStBl II 1986, 437).

Die **steuerlichen Verhältnisse anderer Personen** können nach § 194 Abs. 1 Satz 4 AO insoweit geprüft werden, als der Stpfl. verpflichtet war oder verpflichtet ist, für Rechnung dieser Personen Steuern zu entrichten oder Steuern einzubehalten und abzuführen; dies gilt auch für etwaige Steuernachforderungen. Auf diese Weise ist in Verbindung mit § 193 Abs. 1 AO oder § 193 Abs. 2 Nr. 1 AO sichergestellt, dass in den Fällen der sog. **Abzugssteuern** sowohl die Verhältnisse desjenigen, der einzubehalten und abzuführen hat, als auch desjenigen, für den einzubehalten und abzuführen ist, der Überprüfung unterliegen. Eine Außenprüfung darf nicht allein zu dem Zwecke durchgeführt werden, die steuerlichen Verhältnisse dritter Personen zu erforschen (BFH vom 18.02.1997 BStBl II 1997, 499).

Bei **Personengesellschaften** umfasst die Außenprüfung die steuerlichen Verhältnisse der **Gesellschafter** insoweit, als diese Verhältnisse für die zu überprüfenden gesonderten Feststellungen (§ 180 AO) von Bedeutung sind. Unter § 194 Abs. 1 Satz 3 AO fallen Sonderbetriebseinnahmen, Sonderbetriebsausgaben und Sonderbetriebsvermögen der Gesellschafter. Es handelt sich dabei um eine Ausdehnung der bei der Personengesellschaft auf § 193 Abs. 1 AO gestützten Außenprüfung ohne gesonderte Prüfungsanordnung. Ohne eine weitergehende Prüfungsanordnung (nach § 193 Abs. 2 Nr. 2 AO) kann der Prüfer im Zuge der Außenprüfung einer Personengesellschaft die ESt-Akten der Gesellschafter beiziehen (FG Nürnberg vom 26.10.1987, VI R/85, EFG 1988, 97).

Gem. § 194 Abs. 2 AO können die **steuerlichen Verhältnisse von Gesellschaftern** und Mitgliedern der Überwachungsorgane in die bei einer Gesellschaft (Personen- oder Kapitalgesellschaft) durchzuführende Außenprüfung einbezogen werden, **wenn** dies **im Einzelfalle zweckmäßig** ist. Weil es sich hierbei um mehrere miteinander nur aus Zweckmäßigkeitsgründen verbundene Prüfungen der Gesellschaft und ihrer Gesellschafter handelt, ist die **Prüfungsanordnung** (§§ 196 u. 197 Abs. 1 Satz 3 AO) **auch den Gesellschaftern bekannt zu geben** (§ 5 Abs. 6 BpO und BFH vom 16.12.1986 BStBl II 1987, 248). Unter § 194 Abs. 2 AO fallen alle übrigen Verhältnisse der Gesellschafter, z. B. ihre übrigen Einkünfte für Zwecke der Einkommensteuer. Die Prüfung der Gesellschafter ist auf § 193 Abs. 2 Nr. 2 AO zu stützen, wenn der Gesellschafter nicht neben seiner Beteiligung an der Gesellschaft die Voraussetzungen des § 193 Abs. 1 AO erfüllt. Die Einbeziehung ist nur möglich, wenn sie zweckmäßig ist, z. B. wenn eine Verflechtung zwischen den Einkünften aus der Gesellschaft und den übrigen Einkünften besteht.

Die **Festlegung des Prüfungszeitraums** (zeitlicher Umfang) steht ebenfalls im Ermessen der Finanzbehörden, die sich dabei an der **Größenklasse** der Betriebe orientiert (einheitliche Abgrenzungsmerkmale für den 22. Prüfungsturnus, Merkmale für den Stichtag 01.01.2016, siehe BMF vom 9.6.2015 BStBl I 2015, 504). Nach § 4 Abs. 2 BpO soll sich bei **Großbetrieben** ein Prüfungszeitraum an den anderen anschließen, so dass diese grundsätzlich lückenlos im Wege der Anschlussprüfung – idealerweise in einem Dreijahresturnus – geprüft werden (BFH vom 07.02.2002 BStBl II 2002, 269). Der Prüfungszeitraum kann aber auch mehr oder weniger als drei Veranlagungszeiträume umfassen. Bei **anderen Betrieben** (Mittel-, Klein- und Kleinstbetriebe) ist kein bestimmter Prüfungsturnus vorgesehen. Auch bei diesen Betrieben ist eine Anschlussprüfung möglich, § 4 Abs. 3 Satz 3 BpO (so auch schon BFH vom 02.10.1991 BStBl II 1992, 274). Nach § 4 Abs. 3 Satz 1 BpO soll der Prüfungszeitraum bei diesen Betrieben in der Regel nicht mehr als drei Besteuerungszeiträume umfassen. Hierbei muss es sich nicht zwingend um die letzten drei Besteuerungszeiträume handeln, für die vor Bekanntgabe der Prüfungsanordnung Steuererklärungen abgegeben wurden. Nach § 4 Abs. 3 Satz 2 BpO kann die Prüfung insbesondere dann mehr als drei Jahre umfassen (sog. Prüfungserweiterung), wenn mit nicht unerheblichen Änderungen der Besteuerungsgrundlagen (Steuernachforderungen, aber auch Steuererstattungen oder Steuervergütungen) zu rechnen ist oder wenn der Verdacht einer Steuerstraftat oder einer Steuerordnungswidrigkeit besteht. Die Begründung der Prüfungsanordnung einer Prüfungserweiterung muss die vom FA angestellten Ermessenserwägungen erkennen lassen (BFH vom 04.02.1988 BStBl II 1988, 413). Nach BFH vom 28.04.1988 BStBl II 1988, 857 setzt die **Ausdehnung einer Betriebsprüfung** wegen zu erwartender, nicht unerheblicher Steuernachforderungen bei einem Mittelbetrieb voraus, dass mit Mehrsteuern von mindestens umgerechnet 1 533 € zu rechnen ist. Auch **ohne Ausdehnung des Prüfungs-**

2307

zeitraums können aus den im Rahmen einer Außenprüfung erlangten Kenntnissen ggf. **Schlussfolgerungen** auf die tatsächlichen Gegebenheiten in den Jahren vor dem Prüfungszeitraum **gezogen werden** (BFH vom 28. 04. 1987, BStBl II 1988, 2). Dies wird vor allem bei wiederkehrenden Sachverhalten möglich sein.

Bei einer **Außenprüfung nach § 193 Abs. 2 Nr. 2 AO** ist § 4 Abs. 3 BpO nicht anwendbar. Daher müssen für jeden Besteuerungszeitraum, der in die Außenprüfung einbezogen werden soll, die besonderen Voraussetzungen des § 193 Abs. 2 Nr. 2 AO vorliegen (BFH vom 18. 10. 1994 BStBl II 1995, 291).

2.5 Kontrollmitteilungen (§ 194 Abs. 3 AO)

2308   Werden anlässlich der Außenprüfung **steuerliche Verhältnisse anderer** – nicht der Prüfung unterliegender – **Personen** festgestellt, so kann die Finanzbehörde diese Feststellungen als **Kontrollmaterial** für die Überprüfung dieser Personen verwenden (§ 194 Abs. 3 AO).

Der Stpfl. ist – nicht nur bei der Außenprüfung – verpflichtet, bei der Ermittlung des steuerlichen Sachverhaltes mitzuwirken, insbesondere die steuerlich relevanten Tatsachen einschließlich der Beweismittel offen zu legen. Insoweit ist er nicht Dritter und hat (grundsätzlich) auch kein Auskunftsverweigerungsrecht. Soweit die Finanzbehörde hierbei Kenntnisse von den steuerlichen Verhältnissen Dritter erlangt, muss ihre Auswertung zulässig sein. Andernfalls kann der Stpfl. durch Vorlage eines entsprechenden Beleges ggf. den Abzug eines gezahlten Betrages erreichen, ohne dass geprüft werden könnte, ob der Empfänger den Betrag versteuert hat. Die »Benennungslast« des § 160 AO wäre sonst umgangen.

Das Wort »**anlässlich**« (einer Außenprüfung) verlangt mehr als einen bloß zeitlichen Zusammenhang zwischen der Außenprüfung und der Feststellung steuerrelevanter Verhältnisse Dritter. Nach der Rechtsprechung des BFH vom 04. 11. 2003 BStBl 2004, 1032 muss zwischen Außenprüfung und Feststellung steuerrelevanter Verhältnisse dritter Personen auch ein **sachlicher Zusammenhang** in der Weise bestehen, dass bei einer konkreten und im Aufgabenbereich des Prüfers liegenden Tätigkeit ein Anlass auftaucht, der den Prüfer veranlasst, solche Feststellungen zu treffen. Es genügt, dass die vom Prüfer einzusehenden Geschäftsunterlagen des Steuerpflichtigen Hinweise auf die Verhältnisse dritter Personen zu geben vermögen, die bei objektiver Betrachtung für deren Besteuerung von Bedeutung sein können. Fehlt es an dieser konkreten Prüfungstätigkeit, die nach § 194 Abs. 3 AO den Anlass für die Feststellung der Verhältnisse Dritter bieten muss, handelt der Prüfer außerhalb der ihm durch den Prüfungsauftrag verliehenen Befugnisse. Eine solche unmittelbar und ausschließlich auf die steuerlichen Verhältnisse Dritter gerichtete Prüfungshandlung wird von § 194 Abs. 3 AO nicht gedeckt und ist daher rechtswidrig. Im entschiedenen Fall hat die Betriebsprüferin am Tag des Prüfungsbeginns einer Bank ein Mitwirkungsverlangen gestellt nur mit dem Ziel, Kontrollmitteilungen zu fertigen. Nach Auffassung des BFH sollte die Außenprüfung dazu genutzt werden, um zielgerichtet steuerliche Verhältnisse Dritter festzustellen. Einen sachlichen Zusammenhang mit der Prüfung der Bank konnte der BFH nicht feststellen, das Mitwirkungsverlangen war daher rechtswidrig.

Soweit der Stpfl. ein **Auskunftsverweigerungsrecht** nach § 102 AO hat, muss dies bei der Frage der Fertigung von Kontrollmitteilungen berücksichtigt werden. Auch der **Schutz von Bankkunden nach § 30 a AO** muss berücksichtigt werden; so sollen nach § 30 a Abs. 3 AO Kontrollmitteilungen über Guthabenkonten oder Depots, für die die Legitimationsprüfung nach § 154 Abs. 2 AO vorgenommen wurde, nicht gefertigt werden. § 30 a Abs. 3 AO hindert nicht die Fertigung und Auswertung von Kontrollmitteilungen anlässlich der Außenprüfung bei Kreditinstituten, wenn hierfür ein hinreichend begründeter Anlass besteht. Dieser ist gegeben, wenn der Außenprüfer infolge Vorliegens konkreter Umstände oder einer aufgrund allgemeiner Erfahrungen getroffener Prognoseentscheidung zum Ergebnis kommt, dass Kontrollmitteilungen zur Aufdeckung steuererheblicher Tatsachen führen könnten (BFH vom 18.02.1997 BStBl II 1997, 499).

Die Fertigung von Kontrollmitteilungen wird von einem Prüfer immer dann in Betracht gezogen, wenn nach den Umständen des konkreten Falls nach der Lebenserfahrung oder nach dem Wissen um branchen- oder betriebsspezifische Besonderheiten die Möglichkeit gegeben ist, dass die steuerlichen Verhältnisse eines Dritten nicht, nicht vollständig bzw. ohne das Kontrollmaterial nicht richtig ermittelt werden können. Insbesondere in folgenden Fällen bietet sich das Erstellen von Kontrollmaterial an:

- Vermutung von fingierten Vorgängen (Scheinfirmen, Scheingeschäfte, Scheinrechnungen) oder Ohne-Rechnung-Geschäfte
- Leistungen (erkennbar oder vermutbar) kurzlebiger Betriebe
- Provisionen oder ähnliche Vergütungen
- Rechnungen mit ungewöhnlichem Erscheinungsbild
- Schmiergeldzahlungen und andere Leistungsvergütungen.

2.6 Prüfungsanordnung (§ 196 AO)

Durch eine **Prüfungsanordnung** mit Rechtsbehelfsbelehrung (§ 356 AO) muss die zuständige Finanzbehörde (§ 195 Satz 1 AO) den Umfang der Außenprüfung bestimmen (§ 196 AO). Die Anordnung kann schriftlich oder auch elektronisch erlassen werden (§ 87a Abs. 4 AO, vgl. Rz. 991 d; § 196 AO i.d.F. StModernG). Diese Formalisierung der Außenprüfung dient neben dem **Schutz des Stpfl.** auch der Vermeidung von Unklarheiten hinsichtlich der Art und Auswirkung der durchzuführenden Maßnahmen. Bei Beauftragung einer anderen Finanzbehörde mit der Außenprüfung nach § 195 Satz 2 AO (vgl. Rz. 2303) kann die beauftragende Finanzbehörde die Prüfungsanordnung selbst erlassen oder die andere Finanzbehörde zum Erlass der Prüfungsanordnung ermächtigen. Die Gründe der Beauftragung müssen sich aus der Prüfungsanordnung ergeben (AEAO zu § 195).

Die Bestimmung des Umfangs der Außenprüfung durch Prüfungsanordnung ist wichtig wegen § 164 Abs. 3 Satz 3 AO bzw. § 164 Abs. 1 Satz 1 AO (im Umkehrschluss), wonach bei Steuerfestsetzungen ein Vorbehalt der Nachprüfung nach einer Außenprüfung aufzuheben ist. Auch für die Frage der Ablaufhemmung (§ 171 Abs. 4 AO, Rz. 1651 ff.) kann die Prüfungsanordnung von Bedeutung sein, ebenso für die Bestimmung des Umfangs der Sperrwirkung nach § 371 Abs. 2 Satz 1 Nr. 1 Buchst a AO bei Selbstanzeigen (vgl. Rz. 3024) oder für die Frage der Änderungssperre nach § 173 Abs. 2 AO (Rz. 2073).

Die **Prüfungsanordnung** (§ 196 AO) **ist ein Verwaltungsakt** (§ 118 AO), der mit Zwangsmitteln (§ 328 AO), insbesondere mit Zwangsgeld (§ 329 AO), notfalls mit unmittelbarem Zwang (§ 331 AO), durchgesetzt werden kann.

Es gelten die für Verwaltungsakte üblichen Erfordernisse; der Tenor (Ausspruch) muss inhaltlich hinreichend bestimmt sein (§ 119 Abs. 1 AO), aus ihm muss hervorgehen, bei welchem Stpfl. in welchem Umfang (Zeiträume, Steuerarten, Sachverhalt) geprüft werden soll. Mangelt es an der inhaltlichen Bestimmtheit, so ist die Prüfungsanordnung nichtig (§ 125 Abs. 1 AO) und damit unwirksam (§ 124 Abs. 3 AO). Wichtig ist die Begründung, die nach § 121 Abs. 1 AO nur Sollinhalt ist, jedoch bei Prüfungen nach § 193 Abs. 2 Nr. 2 AO eine besondere Bedeutung erlangt. Bei einer auf § 193 Abs. 1 AO gestützten Prüfung reicht als Begründung

2309

die Angabe der gesetzlichen Fundstelle (BFH vom 02. 10. 1991 BStBl II 1992, 220), bei Prüfungen nach § 193 Abs. 2 Nr. 2 AO ist eine zusätzliche Begründung notwendig, die erkennen lässt, inwiefern ein Aufklärungsbedürfnis für steuerlich erhebliche Verhältnisse besteht und eine Prüfung an Amtsstelle unzweckmäßig ist (BFH vom 13. 03. 1987 BStBl II 1987, 664). Ein besonderer Begründungsbedarf besteht auch bei einer Ausdehnung der Prüfung nach § 194 Abs. 2 AO, einer Wiederholungsprüfung, einer zeitlichen Erweiterung oder Abweichung vom üblichen Prüfungszeitraum (BFH vom 05. 04. 1995 BStBl II 1995, 496). Ist in diesen Fällen eine besondere Begründung nicht enthalten, so ist die Prüfungsanordnung fehlerhaft (nicht nichtig und wirksam); der Fehler kann nach § 126 Abs. 1 Nr. 2 AO i. V. m. § 126 Abs. 2 AO durch Nachschieben der Begründung bis zum Abschluss der Tatsacheninstanz eines finanzgerichtlichen Verfahrens geheilt werden. Wird der Fehler bis dahin nicht beseitigt, wird das Finanzgericht die Anordnung wegen Rechtswidrigkeit aufheben.

Die Mitteilung des **Prüfungsbeginns** und des **Prüfungsortes** stellen **eigenständige Verwaltungsakte** dar, die gesondert anfechtbar sind, vgl. AEAO zu § 196, Nr. 1. Die Mitteilung des **Prüfernamens** ist kein eigenständiger Verwaltungsakt (BFH vom 13. 12. 1994 BFH/NV 1995, 758), der Stpfl. hat nur die Möglichkeit, den Prüfer wegen Besorgnis der Befangenheit (§ 83 AO) abzulehnen (vgl. Rz. 2311).

Gegen die Prüfungsanordnung ist als Rechtsbehelf der **Einspruch** gegeben (§ 347 Abs. 1 Nr. 1 AO). Im Rechtsbehelfsverfahren gegen die Prüfungsanordnung kann der Stpfl. z. B. einwenden, dass er der Außenprüfung nicht unterliege. Der Rechtsbehelf gegen die Außenprüfungsanordnung hat grundsätzlich **keine aufschiebende Wirkung** (§ 361 Abs. 1 AO), d. h. die Prüfung kann unabhängig von dem Ablauf des Rechtsbehelfsverfahrens durchgeführt werden. Antrag auf Aussetzung der Vollziehung der Prüfungsanordnung gem. § 361 Abs. 2 AO ist statthaft. Er kann Erfolg haben, wenn ernstliche Zweifel an der Rechtmäßigkeit der Prüfungsanordnung bestehen oder wenn die Vollziehung für den Betroffenen eine unbillige, nicht durch überwiegende öffentliche Interessen gebotene Härte zur Folge hätte.

Wird die Prüfung durchgeführt, darf die Finanzbehörde die aufgrund dieser Prüfungsanordnung festgestellten Tatsachen nur dann nicht zu einer Korrektur von Bescheiden verwerten, wenn der Stpfl. erfolgreich gegen die Prüfungsanordnung vorgegangen ist (BFH vom 27. 07. 1983 BStBl II 1984, 285). Denn Feststellungen der Außenprüfung, deren **Anordnung** rechtskräftig für **rechtswidrig** erklärt wurden, unterliegen einem **Verwertungsverbot** (BFH vom 14. 08. 1985 BStBl II 1986, 2). Haben (rechtswidrig erlangte) Prüfungsfeststellungen bereits Eingang in Steuerbescheide gefunden, müssen zur Beseitigung der aus den Prüfungsfeststellungen gezogenen Folgerungen zusätzlich die Steuerbescheide angefochten werden (BFH vom 20. 02. 1990 BStBl II 1990, 789). Eine **erneute Prüfung** aufgrund einer dann rechtmäßigen Prüfungsanordnung ist aber zulässig (BFH vom 07. 11. 1985 BStBl II 1986, 435, BFH vom 20. 10. 1988 BStBl II 1989, 180 und BFH vom 24. 08. 1989 BStBl II 1990, 2). Ein Vorteil für den Stpfl. entsteht, wenn in der Zwischenzeit Verjährung der Steueransprüche eintritt, da eine als rechtswidrig festgestellte oder nichtige Prüfungsanordnung den Ablauf der Verjährung nicht hemmt (BFH vom 10. 04. 1987 BStBl II 1988, 165). Ein **Verwertungsverbot besteht nicht**, wenn die bei der Prüfung ermittelten Tatsachen **bei** einer **erstmaligen oder** einer unter dem **Vorbehalt der Nachprüfung** stehenden **Steuerfestsetzung** verwertet wurden und lediglich **formelle Rechtsfehler** vorliegen. In einem solchen Fall hat das Interesse an einer materiell-rechtlich gesetzmäßigen und gleichmäßigen Steuerfestsetzung Vorrang vor dem Interesse an einem formal ordnungsgemäßen Verfahren. Rechtswidrig erlangte Tatsachen dürfen hierbei jedoch dann nicht verwertet werden, wenn ein sog. **qualifiziertes materiell-rechtliches Verwertungsverbot** anzunehmen ist, weil die Ermittlung der Tatsachen in strafbarer Weise von der Finanzbehörde erfolgte (schwerwiegende sonstige Verstöße, wie z. B. grundgesetzwidrige Aufklärungsmethoden) oder einen verfassungsrechtlich geschützten Bereich des Steuerpflichtigen verletzt, etwa wenn Auskünfte die Intimsphäre oder eine zumindest erhöhte schutzwürdige Privatsphäre betreffen. Liegen die Voraussetzungen für ein qualifiziertes Verwertungsverbot vor, so kann dieses Verwertungsverbot ausnahmsweise im Wege einer sog. **Fernwirkung** auch der Verwertung dieses nur mittelbaren – isoliert betrachtet rechtmäßig erhobenen – weiteren Beweismittels entgegenstehen (vgl. BFH vom 04.10.2006 BStBl II 2006, 227; und grundlegend BFH vom 25.11.1997 BStBl II 1998, 461).

Nicht nur die Prüfungsanordnung, sondern auch einzelne im Rahmen der Prüfung ergangene Verwaltungsakte (§ 118 AO) sind erfolgreich anfechtbar, so etwa eine Prüfung zur Unzeit oder unzumutbare Ersuchen der Prüfer.

2.7   Bekanntgabe der Prüfungsanordnung (§ 197 AO)

Die Bekanntgabe der Prüfungsanordnung, des voraussichtlichen Prüfungsbeginns und der Namen der Prüfer muss **angemessene Zeit vor Beginn der Prüfung** erfolgen, wenn der Prüfungszweck dadurch nicht gefährdet wird (§ 197 AO). Damit soll ein möglichst reibungsloser Ablauf der Prüfung unter weitgehender Vermeidung von Störungen des Geschäftsbetriebes des Unternehmens erreicht werden. Die **Angemessenheit der Ankündigungsfrist** richtet sich nach den Umständen des Einzelfalles. Sie beträgt im Allgemeinen bei Großbetrieben vier, bei sonstigen Betrieben zwei Wochen (§ 5 Abs. 4 BpO). Dabei wird insbesondere zu berücksichtigen sein, welche Vorbereitungen der Stpfl. für die bevorstehende Prüfung treffen kann. Auf Antrag des Stpfl. soll der **Beginn der Außenprüfung auf einen anderen Zeitpunkt verlegt werden**, wenn dafür wichtige Gründe glaubhaft gemacht werden. Als solche kommen nach § 5 Abs. 5 BpO insbesondere in Betracht schwere Erkrankung des Stpfl. (sofern kein sachkundiger Vertreter zur Verfügung steht) oder momentane starke betriebliche Belastungen, etwa bei Saisonbetrieben.

In **besonderen Fällen** kann die **Bekanntgabe** der Prüfungsanordnung auch **mit** dem **Beginn der Prüfung zusammenfallen**. Dies kann z. B. für die Anordnung einer ergänzenden Prüfung angenommen werden; für sie kann die angemessene Frist in der Regel kürzer als bei einer erstmaligen Prüfungsanordnung sein, häufig auch ganz entfallen. Dies ist insbesondere gerechtfertigt, wenn hinsichtlich des Rechtsgrundes und des Prüfers keine Abweichung von der ersten und unbeanstandeten Prüfungsanordnung feststellbar ist (BFH vom 04.02.1988 BStBl II 1988, 413).

Der **drohende Ablauf der Festsetzungsverjährung** wird wohl in aller Regel nicht als Rechtfertigungsgrund für die Nichteinhaltung einer angemessenen Frist in Betracht kommen, weil die Gründe für eine Fristverkürzung im Bereich des Stpfl. liegen müssten und sich die Behörde auf einen derartigen Fristablauf rechtzeitig einstellen kann. Jedoch rechtfertigt der drohende Ablauf der Festsetzungsverjährung nach BFH vom 24.02.1989 BStBl II 1989, 445, **jedenfalls dann** die Nichteinhaltung einer angemessenen Frist für die Bekanntgabe der Prüfungsanordnung, **wenn die Verjährung im erweiterten Prüfungszeitraum bevorsteht**. Denn bei Erweiterung des Prüfungszeitraums wegen zu erwartender Mehrsteuern liegen die Gefährdungsgründe gerade in der Sphäre des Stpfl. Die Behörde kann in diesem Fall keine längerfristigen Vorkehrungen zur Verhinderung des Fristablaufs im Erweiterungszeitraum treffen.

Die Bekanntgabe der Prüfungsanordnung kann auch dann bis zum Beginn der Prüfung verschoben werden, wenn abzusehen ist, dass durch die vorzeitige Bekanntgabe der **Prüfungszweck gefährdet** wird, vgl. § 197 Abs. 1 Satz 1 2. HS AO. Eine Gefährdung kann z. B. dann angenommen werden, wenn Anhaltspunkte dafür vorliegen, dass der Stpfl. beabsichtigt, Unterlagen zu beseitigen oder auch beim Übergang von einer Umsatzsteuer-Nachschau gem. § 27 b UStG zu einer Umsatzsteuer-Sonderprüfung bzw. von einer Lohnsteuer-Nachschau gem. § 42 g EStG zu einer Lohnsteuer-Außenprüfung (vgl. Rz. 2323). Zur Form der Bekanntgabe enthält der AEAO zu § 197 ausführliche Beispiele; im Übrigen vgl. Teil H 7.2.

2.8   Ausschluss bzw. Ablehnung von Prüfern

2311 Die **Außenprüfer sind Amtsträger** i. S. d. § 7 AO. Sie können wegen **Besorgnis der Befangenheit** abgelehnt werden (§ 83 AO). Die **Außenprüfung ist** ein **Verwaltungsverfahren** i. S. d. § 82 AO mit der Folge, dass die dort genannten Personen (Beteiligte, Angehörige u. a.) nicht in eigener Sache tätig werden dürfen. Vgl. hierzu Rz. 985 ff.

Weder § 21 Abs. 3 FVG noch §§ 1 Abs. 2 Nr. 4, 195 ff. AO ermächtigen die Gemeinde dazu, gegenüber dem Gewerbesteuerpflichtigen die **Teilnahme eines Gemeindebediensteten** an der Außenprüfung des staatlichen FA anzuordnen. Vielmehr muss das gesetzliche Teilnahmerecht der Gemeinden im Rahmen der Prüfungsanordnung des staatlichen FA entsprechend § 197 AO durch Mitteilung von Namen und Zeit des Gemeindebediensteten gegenüber dem Stpfl. verwirklicht werden. Den Gemeindebediensteten steht ein Teilnahmerecht als eine interne Befugnis im Verhältnis der Gemeinde zur staatlichen Finanzverwaltung zu, jedoch keine eigenständige Prüfungsbefugnis (BVerwG vom 27. 01. 1995 BStBl II 1995, 522).

2.9   Zusammenfassung der Grundzüge zur Prüfungsanordnung

Prüfungsanordnung = Ermessensverwaltungsakt					2312
Form	**Tenor (Ausspruch)**	**Begründung**	**Nebenbestimmungen**	**Rechtsbehelfsbelehrung**	
a) Schriftlich, § 196 AO b) Unterschrift, § 119 Abs. 3 AO	a) Inhaltlich hinreichend bestimmt, § 119 Abs. 1 AO, d.h. bei welchem Stpfl., in welchem Umfang (Zeiträume, Steuerarten, Sachverhalt) geprüft werden soll b) kein Bestandteil der Anordnung: – Prüfername eig. VA { – Prüfungsbeginn (§ 197 Abs. 1 Satz 1 AO) – Prüfungsort – Merkblatt über Rechte und Pflichten (§ 5 Abs. 2 BPO)	a) § 121 Abs. 1 AO ist Sollinhalt, wobei Ausnahmen des § 121 Abs. 2 AO gelten b) Angabe der gesetzlichen Grundlagen (§ 193 Abs. 1 oder Abs. 2 Nr.1 oder Abs.2 Nr.2 AO) s.a. § 5 Abs. 2 BPO c) besondere Begründung (Ermessenserwägungen) – § 193 Abs. 2 Nr. 2 AO (welche Verhältnisse und Zweckmäßigkeit) – zeitliche Erweiterung oder Abweichung vom üblichen Prüfungszeitraum – Ausdehnung der Prüfung nach § 194 Abs. 2 AO – Beauftragung eines and. Finanzamtes, § 195 Satz 2 AO – Wiederholungsprüfung	Keine	§ 196 AO ist Sollinhalt; Rechtsbehelf ist der Einspruch § 347 Abs. 1 Nr. 1 AO	
Folgen des Fehlens: Zu a): nichtig, unwirksam Zu b): wirksam mit Formfehler, § 127 AO beachten.	**Folgen des Fehlens:** Zu a): nichtig, unwirksam Zu b): keine Folgen für Anordnung selbst.	**Folgen des Fehlens oder der Unvollständigkeit:** Zu a)–c): – wirksam mit Formfehler – Heilung nach §126 Abs. 1 Nr.2 AO (Nachholung bis zum Abschluss der Tatsacheninstanz eines finanzgerichtlichen Verfahrens), – §126 Abs. 3 AO beachten, – Aufhebung durch Gericht wegen Rechtswidrigkeit, wenn Fehler nicht nach § 126 Abs. 1 Nr. 2 AO geheilt.		**Folgen des Fehlens oder der Fehlerhaftigkeit:** § 356 Abs. 2 AO, Verlängerung der einmonatigen Rechtsbehelfsfrist auf ein Jahr	

2313–2315 frei

2.10 Durchführung der Prüfung

2316   Die Prüfung findet während der **üblichen Geschäfts- oder Arbeitszeit** statt (§ 200 Abs. 3 AO). Mit der Außenprüfung ist in dem Zeitpunkt begonnen, in dem der Prüfer **konkrete Ermittlungshandlungen** vornimmt. Diese müssen für den Stpfl. nicht erkennbar sein, vielmehr genügt es, wenn der Prüfer nach Bekanntgabe der Prüfungsanordnung mit dem Studium der den Steuerfall betreffenden Akten beginnt. Wird im Rahmen des sog. Datenzugriffsrechts (vgl. Rz. 1048) dem Prüfer ein Datenträger überlassen, beginnt die Prüfung spätestens in dem Zeitpunkt, in dem mit der Auswertung der Daten begonnen wird (AEAO zu § 198, Nr. 1).

Die Außenprüfer haben sich bei Erscheinen unverzüglich **auszuweisen** und den Beginn der Außenprüfung unter Angabe von Datum und Uhrzeit aktenkundig zu machen (§ 198 AO). Dies ist u. a. von Bedeutung für den Ablauf der Festsetzungsfrist (§ 171 Abs. 4 AO, Rz. 1652) sowie ggf. für die Frage, ob eine wirksame Selbstanzeige bei Steuerhinterziehung (§ 371 AO) vorliegt.

Der Prüfer hat die tatsächlichen und rechtlichen Verhältnisse, die für die Steuerpflicht und für die Bemessung der Steuer maßgebend sind (Besteuerungsgrundlagen), **zugunsten wie zuungunsten** des Stpfl. zu prüfen und den Stpfl. während der Prüfung über die festgestellten Sachverhalte und die möglichen steuerlichen Auswirkungen zu unterrichten, wenn dadurch Zweck und Ablauf der Prüfung nicht beeinträchtigt werden (§ 199 AO). Nach § 7 BpO ist die Außenprüfung auf das Wesentliche abzustellen, ihre Dauer auf das notwendige Maß zu beschränken und vornehmlich auf Sachverhalte zu erstrecken, die zu endgültigen Steuerausfällen, Steuererstattungen, Steuervergütungen oder nicht unbedeutenden Gewinnverlagerungen führen können.

Ergeben sich während einer Außenprüfung zureichende tatsächliche Anhaltspunkte für eine **Steuerstraftat**, hat der Außenprüfer nach § 10 BpO unverzüglich die Bußgeld- und Strafsachenstelle oder – sofern noch weitere Ermittlungen erforderlich sind – auch die Steuerfahndung zu unterrichten (Abschn. 131 Abs. 1 AStBV (St) 2014). Darüber hinaus bestimmt § 397 Abs. 3 AO, dass die **Einleitung eines Strafverfahrens** dem Beschuldigten spätestens mitzuteilen ist, wenn er dazu aufgefordert wird, Tatsachen darzulegen oder Unterlagen vorzulegen, die im Zusammenhang mit der Straftat stehen, deren er verdächtig ist. Wann ein Strafverfahren eingeleitet ist, bestimmt § 397 AO. Wenn der Außenprüfer erkennbar darauf hinarbeitet, gegen den Stpfl. wegen einer Steuerstraftat strafrechtlich vorzugehen, so erfüllt er den Tatbestand der Einleitung des Strafverfahrens i. S. d. § 397 AO, denn er ist im Rahmen seiner Prüfungshandlungen Finanzbehörde i. S. dieser Vorschrift. Spätestens zu diesem Zeitpunkt ist der Stpfl. nach § 393 Abs. 1 Satz 4 AO zu belehren, soweit dazu Anlass besteht. Erst danach darf der Außenprüfer (nicht nur die Steuerfahndung, BFH vom 19. 08. 1998 BStBl II 1999, 7) hinsichtlich des Sachverhalts, auf den sich der Verdacht bezieht, weitere Ermittlungen anstellen, § 10 Abs. 1 Satz 3 BpO. Auch nach Einleitung des Strafverfahrens ist der Stpfl. zur **Mitwirkung** bei der Ermittlung der Besteuerungsgrundlagen verpflichtet (§ 393 Abs. 1 Satz 1 AO). Die Mitwirkung darf jedoch nicht durch Anwendung von Zwangsmitteln (§ 328 AO) erreicht werden, wenn er dadurch gezwungen würde, sich selbst wegen einer von ihm begangenen Steuerstraftat oder Steuerordnungswidrigkeit zu belasten. Dies gilt stets, soweit gegen ihn wegen einer solchen Tat das Strafverfahren eingeleitet worden ist (vgl. § 397 Abs. 1 AO). Wird trotz Kenntnis der Straftat weiterermittelt, soll dies zu einem strafrechtlichen Verwertungsverbot führen (Tipke/Kruse, vor 193, Rz. 25 m. w. N.). Ist die Tätigkeit des Außenprüfers dagegen auf Sachverhaltsaufklärungen gerichtet, ohne dass strafrechtliche Gesichtspunkte hierbei eine Rolle spielen, so sind seine Auskunftsersuchen an den Stpfl. rechtmäßig, auch wenn sich später herausstellen sollte, dass der nunmehr aufgeklärte Sachverhalt den objektiven Tatbestand einer Steuerhinterziehung verwirklicht. Die Grenzziehung kann im Einzelfall schwierig sein. Vgl. zum steuerrechtlichen und strafrechtlichen **Verwertungsverbot** auch Rz. 3034. Bei zureichenden Anhaltspunkten für eine **Steuerordnungswidrigkeit** gilt entsprechendes, wobei bei einem steuerlichen Mehrergebnis von insgesamt unter 5 000 € in der Regel eine Unterrichtung unterbleibt, vgl. Nr. 130 Abs. 2 AStBV (St) 2014.

2.11 Besondere Mitwirkungspflichten der Steuerpflichtigen

Für das Außenprüfungsverfahren bestehen besondere **Mitwirkungspflichten** (§ 200 AO) des Stpfl., die über die in § 90 AO normierten Mitwirkungspflichten der Beteiligten am Verwaltungsverfahren hinausgehen. Hier wie dort hat der Stpfl. zwar bei der Feststellung der Sachverhalte, die für die Besteuerung erheblich sein können, mitzuwirken. Die Prüfung an Ort und Stelle lässt es jedoch für den Stpfl. als zumutbar erscheinen, der Finanzbehörde in größerem Umfang Material zur Verfügung zu stellen als dies im Veranlagungsverfahren der Fall ist. Insbesondere hat er neben der Auskunftserteilung Aufzeichnungen, Bücher, Geschäftspapiere und andere Urkunden zur Einsicht und Prüfung vorzulegen und die zum Verständnis dieser Aufzeichnungen erforderlichen Erläuterungen zu geben. Sofern diese Auskünfte unzureichend sind oder keinen Aufklärungseffekt versprechen, kann der Außenprüfer auch **andere Betriebsangehörige** um Auskunft ersuchen. Dies kann – abweichend von § 93 Abs. 2 Satz 2 AO – auch durch eine mündliche Aufforderung geschehen /vgl. § 200 Abs. 1 Satz 4 AO). Ebenso hat der Stpfl. die Finanzbehörde bei der Ausübung des sog. **Datenzugriffs** nach § 147 Abs. 6 AO zu unterstützen, vgl. Rz. 1048. Wegen der Möglichkeit der Festsetzung eines sog. **Verzögerungsgeldes** wegen unterlassener oder nicht hinreichender Mitwirkung vgl. Rz. 1046 b.

Eine während einer Außenprüfung vom Prüfer gegenüber dem Stpfl. erlassene schriftliche Aufforderung, bestimmte Fragen zu beantworten sowie genau bezeichnete Belege, Verträge und Konten vorzulegen, ist in der Regel kein Verwaltungsakt, sondern eine nicht selbstständig anfechtbare Vorbereitungshandlung, wenn sie ausschließlich der Ermittlung steuermindernder Umstände dient und deshalb nicht erzwingbar ist. Dies gilt nicht, wenn der Stpfl. die Aufforderung nach ihrem objektiven Erklärungsinhalt als Maßnahme zur Schaffung einer Rechtsgrundlage für die Einleitung eines Erzwingungsverfahrens verstehen musste (BFH vom 10. 11. 1998 BStBl II 1999, 199).

Hinweise auf die wesentlichen Rechte und Mitwirkungspflichten des Steuerpflichtigen bei der Außenprüfung enthält das vom BMF herausgegebene **Merkblatt**, welches der Prüfungsanordnung beizufügen ist (BMF vom 24. 10. 2013, IV A 4-S 0403/13/10001, BStBl I 2013, 1264).

2.12 Zutritts- und Besichtigungsrechte des Prüfers

Die Prüfer sind **berechtigt, Grundstücke und Betriebsräume zu betreten** und zu besichtigen, dabei soll der Betriebsinhaber oder sein Beauftragter hinzugezogen werden, § 200 Abs. 3 Satz 2 und 3 AO.

Den Prüfern ist ein zur Durchführung der Prüfung **geeigneter Raum oder Arbeitsplatz unentgeltlich zur Verfügung zu stellen**. Die Außenprüfung ist (generell) in den Geschäftsräumen des Stpfl. durchzuführen, § 200 Abs. 2 Satz 1 AO und § 6 Satz 1 BpO. Eine Außenprüfung in den Geschäftsräumen des Stpfl. verstößt nicht gegen Art. 13 GG (BFH vom 20. 10. 1988 BStBl II 1989, 180). Nur wenn nachweislich kein geeigneter Geschäftsraum vorhanden ist, ist in den Wohnräumen oder an Amtsstelle zu prüfen, § 200 Abs. 2 Satz 1 AO und § 6 Satz 2 BpO. Ein

2317

2318

anderer Prüfungsort, z. B. das Büro des Steuerberaters, kommt nur ausnahmsweise in Betracht, § 6 Satz 3 BpO. Hierzu ist ein Antrag notwendig, AEAO zu § 200, Nr. 2. Diesem Antrag ist unter dem Gesichtspunkt der Verhältnismäßigkeit jedes Verwaltungshandelns zu entsprechen, wenn der Prüfung im Büro des Steuerberaters keine zumindest gleichwertigen Verwaltungsinteressen entgegenstehen (BFH vom 30. 11. 1988 BStBl II 1989, 265). Das Interesse der Verwaltung wird insbesondere in einem effizienten Prüfungsablauf liegen. Dem Prüfungszweck wird aus Sicht der Finanzverwaltung eine Prüfung in den Geschäftsräumen wohl am ehesten gerecht. Dort lassen sich insbesondere die Auskunftserteilung des Stpfl., die Befragung anderer Betriebsangehöriger und die Besichtigung von Grundstücken und Betriebsräumen am verwaltungsökonomischsten verwirklichen.

2.13 Schlussbesprechung (§ 201 AO)

2319   Über das Ergebnis der Außenprüfung ist eine Schlussbesprechung abzuhalten, sofern der Stpfl. nicht (formlos) darauf verzichtet oder die Prüfung zu keiner Änderung der Besteuerungsgrundlage führt (§ 201 Abs. 1 Satz 1 AO). Durch die Schlussbesprechung soll dem Stpfl. noch **vor Erstellung des Prüfungsberichts** (§ 202 AO) ausreichendes rechtliches Gehör gewährt werden. Gleichzeitig dient die Schlussbesprechung dazu, rechtzeitig Missverständnisse und Meinungsverschiedenheiten auszuräumen. Der Stpfl. hat regelmäßig ein besonderes Interesse daran zu erfahren, wie die Prüfungsfeststellungen rechtlich zu beurteilen sind und wie sie sich steuerlich auswirken. Deshalb sind diese Punkte, ferner aber auch strittige Sachverhalte in der Schlussbesprechung zu erörtern (§ 201 Abs. 1 Satz 2 AO). Die Besprechungspunkte und der Besprechungstermin werden dem Stpfl. – ohne dass dies im Gesetz besonders hervorgehoben wird – angemessene Zeit vor der Besprechung mitzuteilen sein, wobei es jeweils auf die Umstände des einzelnen Falles ankommt. Hierbei ist zu berücksichtigen, dass der Stpfl. nach § 199 Abs. 2 AO während der Prüfung laufend unterrichtet werden soll. Manche Außenprüfungen dauern nur wenige Tage, evtl. sogar nur einen Tag. In diesen Fällen wird die Schlussbesprechung kurzfristig anberaumt werden können. Denn auch den Belangen der Verwaltung, die eine möglichst rationelle Gestaltung der Prüfung und damit deren zügigen Fortgang erfordern, muss Rechnung getragen werden. Eine Bindungswirkung der Finanzbehörde nach **Treu und Glauben** aufgrund von **Äußerungen anlässlich einer Schlussbesprechung** besteht nach höchstrichterlicher Rechtsprechung nicht, außer die Voraussetzungen einer tatsächlichen Verständigung liegen vor (vgl. AEAO zu § 201, Nr. 5 und Rz. 994 ff). Rechtsirrtümer, die die Finanzbehörde nach der Schlussbesprechung erkennt, können auch dann noch bei der Auswertung der Prüfungsfeststellungen richtiggestellt werden, wenn an der Schlussbesprechung der für die Steuerfestsetzung zuständige Beamte teilgenommen hat (BFH vom 06. 11. 1962 BStBl 1963, 104 und BFH vom 01. 03. 1963 BStBl III 1963, 212). Die verbindliche Entscheidung wird erst im Steuerfestsetzungsverfahren getroffen. Schon aus diesem Grund erzeugen Äußerungen im Rahmen einer Schlussbesprechung, die im Betriebsprüfungsbericht nicht aufrecht erhalten werden, keine Bindung der Finanzbehörde nach Treu und Glauben (BFH vom 27. 04. 1977 BStBl II 1977, 623).

2320   Die **straf- oder bußgeldrechtliche Würdigung** der festgestellten Tatsachen ist nicht Gegenstand der Schlussbesprechung (§ 201 Abs. 2 AO). Ggf. muss der Stpfl. darauf hingewiesen werden, dass diese Würdigung dem Strafverfahren oder dem Bußgeldverfahren vorbehalten bleibt, wenn aufgrund der Prüfungsfeststellungen die Möglichkeit besteht, dass ein solches Verfahren durchgeführt werden muss. Ein solcher **strafrechtlicher Hinweis** ist nicht zu erteilen, wenn eine Straftat oder Ordnungswidrigkeit deshalb nicht in Betracht kommt, weil kein schuldhaftes oder vorwerfbares Verhalten vorliegt oder offensichtlich ist, dass objektive oder subjektive Tatbestandsmerkmale mit der im Straf- und Bußgeldverfahren erforderlichen Gewissheit nicht nachzuweisen sind, Abschnitt 131 Abs. 2 AStBV (St) 2014.

2.14 Prüfungsbericht (§ 202 AO)

Über das Ergebnis der Außenprüfung ergeht ein schriftlicher Prüfungsbericht. Er ist **kein Verwaltungsakt** i. S. d. § 118 AO, mithin auch nicht selbstständig mit Rechtsbehelfen anfechtbar, AEAO zu § 202 m. w. N. Er greift nicht unmittelbar in die Rechte des Betroffenen ein. Dies geschieht erst mit den darauf folgenden Steuerbescheiden.

Im Bericht sind die für die Besteuerung erheblichen Prüfungsfeststellungen in tatsächlicher und rechtlicher Hinsicht sowie die Änderungen der Besteuerungsgrundlagen darzustellen (§ 202 Abs. 1 AO). In der Praxis enthält er regelmäßig auch den nach dem Ergebnis der Prüfung zu zahlenden Steuerbetrag. Die Finanzbehörde hat dem Stpfl. **auf Antrag** den Prüfungsbericht **vor seiner Auswertung zu übersenden** und ihm Gelegenheit zu geben, in angemessener Zeit dazu Stellung zu nehmen (§ 202 Abs. 2 AO). Dadurch erhält der Stpfl. nochmals rechtliches Gehör, was zur Vermeidung späterer Rechtsbehelfsverfahren gegen die Steuerfestsetzung führen kann.

Führt die Außenprüfung zu **keiner Änderung** der Besteuerungsgrundlagen, so genügt es, wenn dies dem Stpfl. schriftlich mitgeteilt wird.

2321

3 Abgekürzte Außenprüfung (§ 203 AO)

Eine abgekürzte Außenprüfung kann stattfinden bei Stpfl., bei denen die Finanzbehörde eine Außenprüfung in regelmäßigen Zeitabständen nach den Umständen des Falles nicht für erforderlich hält. Die abgekürzte Außenprüfung hat sich auf die **wesentlichen Besteuerungsgrundlagen** zu beschränken (§ 203 Abs. 1 AO), was nach § 5 Abs. 2 BpO bereits in der Prüfungsanordnung zum Ausdruck kommen muss (vgl. auch Muster in Rz. 2313 f.). § 203 AO gibt die Möglichkeit, in einfach gelagerten Fällen eine – häufig auch im Interesse des Stpfl. liegende – verhältnismäßig rasche Durchführung der Außenprüfung durchzuführen (BFH vom 25. 01. 1989 BStBl II 1989, 483). Die Vorschrift ist insbesondere auf die Prüfung von kleineren Betrieben sowie auf Stpfl. zugeschnitten, die keine betrieblichen Einkünfte haben. Hier sind die tatsächlichen und rechtlichen Verhältnisse, aus denen steuerliche Folgerungen zu ziehen sind, nach Art und Umfang leichter überschaubar als bei größeren Betrieben. Es ist deshalb sachgerecht, in diesen Fällen einerseits die Prüfung auf die wesentlichen Besteuerungsgrundlagen zu beschränken, andererseits aber eine **Schlussbesprechung** und evtl. **Zusendung** des **Prüfungsberichts nicht zwingend** vorzuschreiben. Die steuerlich erheblichen Prüfungsfeststellungen sind vielmehr dem Stpfl. spätestens mit den Steuerbescheiden schriftlich mitzuteilen (§ 203 Abs. 2 AO). Dadurch entsteht keine unzumutbare Beeinträchtigung der Rechtsstellung dieser Stpfl., denn sie sind **vor Ablauf** der Prüfung **mündlich** darauf **hinzuweisen**, inwieweit von den Steuererklärungen und den Steuerfestsetzungen abgewichen werden soll (§ 203 Abs. 2 Satz 1 AO). Abgesehen von den genannten geringen Einschränkungen ist die abgekürzte Außenprüfung eine Prüfung, die **alle Rechtsfolgen einer Außenprüfung** herbeiführt, wie z. B. im Falle der Steuerfestsetzung unter Vorbehalt der Nachprüfung, den Wegfall des Vorbehalts gem. § 164 Abs. 2 AO oder die Ablaufhemmung gem. § 171 Abs. 4 AO oder die eingeschränkte Änderungsmöglichkeit von Bescheiden, soweit sie aufgrund einer Außenprüfung ergangen sind (§ 173 Abs. 2 AO), sowie schließlich die Möglichkeit einer verbindlichen Zusage aufgrund einer Außenprüfung gem. §§ 204 bis 207 AO.

2322

4 Umsatzsteuer-Nachschau (§ 27 b UStG) und Lohnsteuer-Nachschau (§ 42 g EStG)

2323 Die FA können eine **gegenwartsbezogene Nachschau** nur zum Zwecke der Umsatzsteuer bzw. der Lohnsteuer durchführen. Sie dient der zeitnahen Aufklärung möglicher steuererheblicher Sachverhalte. Bei einer Nachschau getroffene Feststellungen können auch für die Festsetzung und Erhebung anderer Steuern ausgewertet werden.

Zwecks Prüfung umsatzsteuerrelevanter bzw. lohnsteuerlicher Sachverhalte sind von den betroffenen Personen Urkunden vorzulegen, z. B. in Form von Aufzeichnungen, Bücher, Geschäftspapieren bzw. Lohn- und Gehaltsunterlagen. Ebenso müssen die betroffenen Personen Auskünfte erteilen. Der im Rahmen einer Außenprüfung mögliche **Datenzugriff** nach §§ 146 Abs. 5 Satz 2 bis 4, 147 Abs. 5 und 6 AO (Rz. 1047) ist jedoch nicht vorgesehen.

Eine Nachschau ist keine Außenprüfung, auch keine Teilprüfung. Bei gegebenem Anlass kann bei einer Umsatzsteuer-Nachschau ohne vorherige Prüfungsanordnung jedoch zu einer **Umsatzsteuer-Sonderprüfung** übergegangen werden, worauf (u. a. in Bezug auf den Prüfungsumfang) schriftlich hingewiesen werden muss. Der Übergang zu einer darüber hinausgehenden Außenprüfung (Betriebsprüfung) ist nach § 197 Abs. 1 Satz 1 AO möglich, wenn der Prüfungszweck durch eine vorherige Ankündigung gefährdet wird (BMF vom 23. 12. 2002 BStBl I 2002, 1447, Tz. 7). Dementsprechend kann bei einer Lohnsteuer-Nachschau zu einer **Lohnsteuer-Außenprüfung** übergegangen werden (BMF vom 16. 10. 2014 BStBl I 2014, 1408, Rz. 15).

5 Verbindliche Zusage (§§ 204 ff. AO)

5.1 Überblick

Verbindliche Zusage nach Außenprüfung, §§ 204 ff. AO	

2324

A. Zuständigkeit: Die für die Anwendung der Prüfungsfeststellungen zuständige Finanzbehörde. Im Falle der Auftrags-Außenprüfung im Einvernehmen mit der für die Besteuerung zuständigen Finanzbehörde, die beauftragte Finanzbehörde (AEAO zu § 204 Nr. 2).

B. Voraussetzungen, § 204 AO	**C. Gegenstand der Zusage, § 204 AO**	**D. Form und Inhalt, § 205 AO**	**E. Bindungswirkung, § 206 AO**
1. Antrag des Steuerpflichtigen (nach AEAO zu § 204 soll er schriftlich gestellt werden)	1. Zukünftige steuerliche Behandlung (materielles oder formelles Steuerrecht)	1. Schriftlich	1. Der später verwirklichte Sachverhalt deckt sich mit dem der Zusage zugrunde gelegten Sachverhalt (Sachverhaltsidentität)
2. Im zeitlichen Zusammenhang zur Außenprüfung (auch abgekürzte Außenprüfung, Sonderprüfung)	2. eines in der Vergangenheit verwirklichten Sachverhalts, der	2. Als verbindlich gekennzeichnet (keine Vorbehalte), § 205 Abs. 1 AO	2. Bindungswirkung tritt nicht ein, wenn die Zusage zuungunsten des Antragstellers im Bekanntgabezeitpunkt dem geltenden Recht widerspricht, § 206 Abs. 2 AO
3. Zusage-Interesse des Stpfl. – Kenntnis der künftigen steuerlichen Behandlung (muss zweifelhaft sein) – ist für die geschäftlichen Maßnahmen (wirtschaftliche Dispositionen, betrieblich oder privat) des Stpfl. von Bedeutung	3. geprüft und im Außenprüfungsbericht dargestellt wurde.	3. Besonderer Mussinhalt, § 205 Abs. 2 AO – Darstellung des Sachverhalts (auf Außenprüfungsbericht kann Bezug genommen werden) – Entscheidung über Antrag selbst und die dafür maßgebenden Gründe (Gründe nach § 204 AO) – Entscheidung über Rechtsfrage und Begründung (Rechtsvorschriften, auf die Entscheidung gestützt wird, sind wegen § 207 Abs. 1 AO anzugeben, s. AEAO zu § 205 – Steuern und Zeitraum, für die Zusage gilt.	

5.2   Bedeutung und Voraussetzung

2325   In der Praxis kommt es immer wieder zu Auseinandersetzungen zwischen den Stpfl. und den FAn, wenn bei einer späteren Prüfung der Prüfer von einem vorhergehenden Prüfungsbericht abweichen will. Die Stpfl. haben daher – nur **im Anschluss an eine Außenprüfung** – die Möglichkeit, eine verbindliche Zusage der Finanzbehörde zu beantragen, wie ein für die Vergangenheit geprüfter und im Prüfungsbericht dargestellter Sachverhalt in Zukunft steuerrechtlich behandelt wird (§ 204 AO). Voraussetzung ist, dass die Kenntnis der künftigen steuerrechtlichen Behandlung für die **geschäftlichen Maßnahmen** des Stpfl. **von Bedeutung** ist. Zwischen dem Antrag auf Zusage und der Außenprüfung muss ein **zeitlicher Zusammenhang** bestehen (BFH vom 13. 12. 1995 BStBl II 1996, 232). Dieser Zusammenhang ist nicht mehr gewahrt, wenn der Antrag erst längere Zeit nach der Schlussbesprechung gestellt wird und über ihn nur nach nochmaligen umfangreichen Prüfungshandlungen entschieden werden könnte.

Die Zusage kann sich nur auf einen für die Vergangenheit geprüften und im Prüfungsbericht dargestellten Sachverhalt beziehen. Will der Stpfl. dagegen erst in der Zukunft einen Sachverhalt gestalten (oder hat er dies nach Ablauf des Prüfungszeitraums, aber vor Durchführung der Außenprüfung getan), so kann keine verbindliche Zusage nach § 204 AO erteilt werden.

Von der verbindlichen Zusage nach § 204 AO ist abzugrenzen einerseits die **tatsächliche Verständigung** über den der Steuerfestsetzung zugrunde liegenden Sachverhalt, vgl. Rz. 994, und andererseits die **verbindliche Auskunft** über einen noch zu verwirklichenden Sachverhalt gem. § 89 Abs. 2 AO, vgl. Rz. 1008 a f. Darüber hinaus ist gesetzlich noch die **Lohnsteuer-Anrufungsauskunft** (§ 42 e EStG) geregelt.

5.3   Rechtsnatur der Zusage

2326   Die Zusage ist ein **Verwaltungsakt** (§ 118 AO). Wird der Antrag auf Erteilung abgelehnt, kann Einspruch nach § 347 Abs. 1 Satz 1 Nr. 1 AO eingelegt werden. Bleibt die Finanzbehörde auf einen Antrag auf Erteilung einer verbindlichen Auskunft hin untätig, ist der Untätigkeitseinspruch nach § 347 Abs. 1 Satz 2 AO gegeben. Gegen einen Verwaltungsakt, der eine gegebene Zusage ändert oder zurücknimmt, ist ebenfalls der Einspruch gegeben.

5.4   Erteilung der Zusage

2327   Ob eine verbindliche Zusage nach § 204 AO erteilt wird, steht im **Ermessen** der Finanzbehörde. Dieses Ermessen ist jedoch **erheblich eingeschränkt**. Bei § 204 AO handelt es sich um eine sog. Sollvorschrift. Damit wird die Erteilung der verbindlichen Zusage im Anschluss an eine Außenprüfung zum Grundsatz, ihre Ablehnung zur Ausnahme. Es sind jedoch Fälle denkbar, in denen sich der zu beurteilende Sachverhalt für eine verbindliche Zusage nicht eignet, vgl., die Beispiele in AEAO zu § 204, Nr. 5. Lehnt die Finanzbehörde die Erteilung einer verbindlichen Zusage ab, so hat sie für diese Entscheidung einen erweiterten Begründungszwang und die Darlegungslast, warum ausnahmsweise von der gesetzlichen Norm abgewichen wird.

5.5 Form und Bindungswirkung der Zusage (§§ 205 und 206 AO)

Die Zusage wird **schriftlich** erteilt **und** als **verbindlich** gekennzeichnet. Aus einer finanz- **2328** behördlichen Auskunft können Rechtsfolgen nur abgeleitet werden, wenn der Stpfl. eine verbindliche Auskunft beantragt und das FA eine solche ohne Einschränkung und Vorbehalte erteilt hat (BFH vom 17. 09. 1992 BStBl II 1993, 218). Eine verbindliche Zusage muss enthalten:

- den ihr zugrunde gelegten Sachverhalt; dabei kann auf den im Prüfungsbericht dargestellten Sachverhalt Bezug genommen werden,
- die Entscheidung über den Antrag und die dafür maßgebenden Gründe sowie
- eine Angabe darüber, für welche Steuern und für welchen Zeitraum die verbindliche Zusage gilt (§ 205 Abs. 2 AO). Enthält die Zusage keine zeitliche Einschränkung, so bleibt sie bis zu ihrer Aufhebung oder Änderung (vgl. § 207 AO) wirksam.

Entsprechen sich der bei einer späteren Festsetzung steuerlich zu beurteilende Sachverhalt und der der verbindlichen Zusage zugrunde gelegte Sachverhalt nicht, ist die Finanzbehörde an die erteilte Zusage auch ohne besonderen Widerruf im Steuerfestsetzungsverfahren nicht gebunden (§ 206 Abs. 1 AO). Trifft die Finanzbehörde hier eine andere für den Stpfl. ungünstigere Entscheidung, so kann er im Rechtsbehelfsverfahren gegen den betreffenden Bescheid die Bindungswirkung an die vormals gegebene Zusage geltend machen. Widerspricht die Zusage zuungunsten des Stpfl. dem geltenden Recht, ist er an diese nicht gebunden (§ 206 Abs. 2 AO) und kann den Steuerbescheid, dem eine solche Zusage zugrunde liegt, anfechten. Unerheblich ist, ob die Fehlerhaftigkeit der Zusage bereits bei ihrer Erteilung erkennbar war oder erst später (z. B. durch eine Rechtsprechung zugunsten des Stpfl.) erkennbar geworden ist (AEAO zu § 206).

5.6 Außerkrafttreten der Zusage (§ 207 AO)

Als Verwaltungsakt wird die verbindliche Zusage mit dem Inhalt wirksam, mit dem sie **2329** bekannt gegeben wird (§ 124 AO). § 207 AO regelt, wann die Wirkung der Zusage außer Kraft tritt und unter welchen Voraussetzungen die Zusage aufgehoben oder geändert werden kann. Naturgemäß tritt die verbindliche Zusage außer Kraft, wenn die **Rechtsvorschriften**, auf denen die Entscheidung beruht, **geändert** werden (§ 207 Abs. 1 AO). Denn durch eine verbindliche Zusage kann nicht das – nicht generell schutzwürdige – Vertrauen des Stpfl. in den Fortbestand einer gesetzlichen Regelung geschützt werden. Dem Gesetzgeber muss die Möglichkeit offen gelassen werden, für alle Fälle – d. h. auch für solche, in denen bereits rechtliche Beurteilungen durch Behörden vorliegen – ex nunc gesetzliche Neuregelungen zu schaffen. Das Außerkrafttreten i. S. d. § 207 Abs. 1 AO vollzieht sich allein kraft Gesetzes. Eines eigenen Verwaltungsakts, der das »Außerkrafttreten« ausspricht, bedarf es nicht. Streitigkeiten darüber, ob die Zusage durch Änderung der Rechtsvorschriften außer Kraft getreten ist, sind im Rechtsbehelf- bzw. Rechtsmittelverfahren über den Verwaltungsakt zu entscheiden, in welchem die Fortdauer der Wirksamkeit der Zusage verneint wird.

Des Weiteren kann die Aufhebung oder Änderung der Zusage notwendig werden, wenn sich die **Rechtsauffassung** der Verwaltung oder die Rechtsprechung **geändert** haben. § 207 Abs. 2 AO macht die Aufhebung oder Änderung der Zusage jedoch nicht zur Pflicht. Die Behörde »kann« aufheben oder ändern, d. h. sie muss nach pflichtgemäßem Ermessen entscheiden. Bei der Aufhebung bzw. Änderung der Zusage hat die Behörde die Interessen des Betroffenen gebührend zu berücksichtigen. Insbesondere dann, wenn der Stpfl. aufgrund der Zusage wirtschaftliche Dispositionen für die Zukunft getroffen hat (etwa vertragliche Verpflichtungen eingegangen ist, von denen er sich nicht ohne Weiteres wieder lösen kann), wird es geboten sein, von einer Aufhebung der Zusage entweder ganz abzusehen oder die Wirkung auf Aufhebung zu einem späteren Zeitpunkt eintreten zu lassen.

2330 Für die Aufhebung oder Änderung der Zusage durch die Finanzbehörde stellt § 207 Abs. 2 und 3 AO eigene Regeln auf. §§ 130, 131 AO finden keine Anwendung. Der Gesetzgeber unterscheidet nicht, ob die Zusage rechtswidrig oder rechtmäßig ist. Aus Gründen des Vertrauensschutzes differenziert er lediglich dahingehend, dass eine Korrektur mit Wirkung für die Zukunft ohne Weiteres, eine Korrektur mit Wirkung für die Vergangenheit nur unter den strengen Voraussetzungen des § 207 Abs. 3 AO zulässig ist.

6 Steuerfahndung/Zollfahndung (§ 208 AO)

2331 Die Steuerfahndung (Zollfahndung) hat gem. § 208 Abs. 1 AO folgende Aufgaben:
- die Erforschung von **Steuerstraftaten und Steuerordnungswidrigkeiten** (§ 208 Abs. 1 Nr. 1 AO),
- die Ermittlung der **Besteuerungsgrundlagen** im Zusammenhang mit Steuerstraftaten und Steuerordnungswidrigkeiten (§ 208 Abs. 1 Nr. 2 AO) sowie
- die Aufdeckung und Ermittlung **unbekannter Steuerfälle** (§ 208 Abs. 1 Nr. 3 AO).

Die Steuerfahndungsstellen sind somit mit einer **Doppelfunktion** betraut. Sie können in strafrechtlicher Hinsicht (§ 208 Abs. 1 Nr. 1 AO) und in steuerlicher Hinsicht (§ 208 Abs. 1 Nr. 2 und 3 AO) tätig werden. Zu den Aufgaben der Steuerfahndung gehört die Ermittlung der Besteuerungsgrundlagen im Zusammenhang mit der Erforschung von Steuerstraftaten und Steuerordnungswidrigkeiten auch dann, wenn hinsichtlich dieser Delikte bereits Strafverfolgungsverjährung eingetreten ist (BFH vom 16. 12. 1997 BStBl II 1998, 231).

Für den Bereich der Strafverfolgung besitzt die Steuerfahndung die Stellung einer Steuerkriminalpolizei. Die Beamten der Steuerfahndungsstellen sind insoweit **Ermittlungspersonen der Staatsanwaltschaft** (§ 404 AO).

Daneben sind die Steuerfahndungsstellen nach § 208 Abs. 2 AO zuständig
- für steuerliche Ermittlungen der Außenprüfung auf Ersuchen der zuständigen Finanzbehörde (§ 208 Abs. 2 Nr. 1 AO) und
- für die ihnen sonst im Rahmen der Zuständigkeit der Finanzbehörden übertragenen Aufgaben (§ 208 Abs. 2 Nr. 2 AO).

Als Ermittlungspersonen der Staatsanwaltschaft verfügen die Steuerfahnder über die **Machtmittel der Strafprozessordnung**, soweit ihnen dort Rechte eingeräumt sind. Dies sind insbesondere:
- das Recht des ersten Zugriffs (§ 163 Abs. 1 StPO),
- das Recht der vorläufigen Festnahme (§ 127 Abs. 2 StPO),
- das Recht, den Beschuldigten zu vernehmen und Zeugen anzuhören (§ 163 Abs. 4 und 5 StPO),
- Durchsuchungen und Beschlagnahmen durchzuführen und diese auch bei durch Tatsachen begründeter und dokumentierter Gefahr im Verzug selbst anzuordnen (§ 399 Abs. 2 Satz 2 AO i . V. m. § 404 Satz 2 AO, § 105 Abs. 1 StPO). Soll eine Durchsuchung wegen Gefahr im Verzug ausnahmsweise von der Steuerfahndung angeordnet werden, ist von ihr vor der Durchsuchung der Versuch zu unternehmen, fernmündlich einen richterlichen Durchsuchungsbeschluss einzuholen; außerhalb der üblichen Erreichbarkeitszeiten ggf. vom richterlichen Eil- oder Notdienst. Ohne dies ist eine Durchsuchung nur dann zuläs-

sig, wenn bereits die zeitliche Verzögerung wegen eines solchen Versuchs die Durchsuchung gefährden würde. Für eine wirksame gerichtliche Nachprüfung der Voraussetzungen von »Gefahr im Verzug« zu gewährleisten, hat die Steuerfahndung die maßgeblichen tatsächlichen Umstände zu dokumentieren. Die für den Eingriff bedeutsamen Erkenntnisse und Annahmen sind in einem Aktenvermerk in den Ermittlungsakten noch vor oder unmittelbar nach der Durchsuchung festzuhalten, vgl. BVerfG vom 20. 02. 2001, wistra 2001, 137),

- Papiere und andere Urkunden bei einer Durchsuchung durchzusehen (§ 404 Satz 2 AO i. V. m. § 110 Abs. 1 StPO).

Die Steuerfahndung hat die **Ermittlungsbefugnisse des Besteuerungsverfahrens**, die jedoch nach § 208 Abs. 1 Satz 3 AO **verstärkt** sind, wie z. B.

- andere Personen als die Beteiligten können sofort um Auskunft ersucht werden (§ 93 Abs. 1 AO);
- Auskunftsersuchen können ohne Einschränkung mündlich gestellt werden (§ 93 Abs. 4 und 5 AO);
- die Vorlage von Urkunden kann die Steuerfahndung ohne vorherige Befragung des Vorlagepflichtigen verlangen (§ 97 AO);
- die Einsicht dieser Urkunden beim Vorlagepflichtigen kann unabhängig von dessen Einverständnis bewirkt werden (§ 97 Abs. 3 AO).

Die **Mitwirkungspflichten des Stpfl.** im Rahmen einer Außenprüfung (§ 200 AO) bleiben nach § 208 Abs. 1 Satz 3 AO bestehen, können aber nicht erzwungen werden, wenn sich der Stpfl. dadurch der Gefahr aussetzen würde, sich selbst wegen einer von ihm begangenen Steuerstraftat oder Steuerordnungswidrigkeit belasten zu müssen oder wenn gegen ihn bereits ein Steuerstraf- oder Bußgeldverfahren eingeleitet worden ist. Hierüber muss der Stpfl. belehrt werden (AEAO zu § 208 Rz. 5). Zu diesem Zweck gibt es ein Merkblatt für den Stpfl. (BMF 13. 11. 2013, BStBl 2013 I 1458).

In §§ 208, 404 AO ist der Steuerfahndungsdienst bezeichnet als »mit der Steuerfahndung betrauten Dienststellen der Landesfinanzbehörden«. Die eigentliche **Organisation** der Steuerfahndung wird jedoch weder durch die AO noch durch das Gesetz über die Finanzverwaltung (FVG) geregelt. Daraus ergeben sich von Land zu Land **unterschiedliche Organisationsmodelle.** Zumeist ist die Steuerfahndung als unselbstständige Dienststelle in eines oder mehrere FA eingegliedert, allerdings gibt es auch eigenständige Finanzämter (z. B. in Nordrhein-Westfalen).

Die **örtliche Zuständigkeit** der einzelnen Steuerfahndungsstellen ist nicht bundeseinheitlich geregelt, vielmehr bestimmen sich ihre Zuständigkeitsbereiche nach den Zuständigkeitsverordnungen der Länder. Von der örtlichen Zuständigkeit ist die Frage zu trennen, wo die Steuerfahndungsstellen tätig werden dürfen. Hier besteht keine der örtlichen Zuständigkeit entsprechende Einschränkung, so dass **strafrechtliche Ermittlungen auch außerhalb dieser Zuständigkeitsbereiche** durchgeführt werden können. Auch länderübergreifende Ermittlungen sind möglich.

Die §§ 399 und 404 AO regeln das **Verhältnis** zwischen **Bußgeld- und Strafsachenstelle** einerseits **und Steuerfahndungsstelle** andererseits. Die Bußgeld- und Strafsachenstelle nimmt gem. § 399 Abs. 1 AO die Rechte und Pflichten, die der Staatsanwaltschaft im Ermittlungsverfahren zustehen, wahr, während die Steuerfahndungsprüfer nach § 404 AO Ermittlungspersonen der Staatsanwaltschaft sind.

7 Steueraufsicht in besonderen Fällen (§§ 209–217 AO)

2332 Der Warenverkehr über die Grenze in den Zollfreigebieten sowie die Gewinnung und Herstellung verbrauchsteuerpflichtiger Waren unterliegt der zollamtlichen Überwachung (Steueraufsicht). Dieser Aufsicht unterliegen ferner

- der **Versand, die Ausfuhr, Lagerung** usw. von **Waren** in einem Verbrauchsteuerverfahren sowie
- die Herstellung und Ausfuhr von Waren, für die ein Erlass, eine Erstattung oder Vergütung von Verbrauchsteuern beansprucht wird (§ 209 AO).

Anders als die Außenprüfung dient diese besondere Steueraufsicht bei **Verbrauchsteuern** nicht der Ermittlung der Besteuerungsgrundlagen im einzelnen Steuerfall, sondern der **laufenden Kontrolle** der in Betracht kommenden Betriebe oder Unternehmen. Für Verbrauchsteuern ist kennzeichnend, dass sie im Gegensatz zu anderen Steuern bestimmte Waren belasten. Die Waren haften dinglich für die Aufgaben und es bestehen enge rechtliche Beziehungen zwischen den Waren und den auf ihnen ruhenden Abgaben. Hinzu kommt, dass die Verbrauchsteuern im Verhältnis zum Nettopreis der Waren meist sehr hoch sind und daher ein starker Anreiz zu ihrer Hinterziehung besteht. Diese Eigenart erfordert es, die abgabepflichtigen Waren einer weitgehenden amtlichen Aufsicht zu unterwerfen. Bei der Herstellung, Bearbeitung, Verarbeitung oder steuerbegünstigten Verwendung ist vor allem die **Überwachung des technischen Herstellungsprozesses** geboten. Daneben wird das kaufmännische Rechnungswesen so weit wie möglich für die Kontrolle benutzt.

Die Befugnisse der Finanzbehörde im Einzelnen sind in § 210 AO, die Pflichten des Betroffenen in § 211 AO festgelegt. § 212 AO enthält die Ermächtigung für das BMF zum Erlass von Rechtsverordnungen für bestimmte Bereiche. § 213 AO sieht **besondere Aufsichtsmaßnahmen für Betriebe** oder Unternehmen vor, **deren Inhaber** oder leitende Angehörige **wegen Steuerhinterziehung**, versuchter Steuerhinterziehung oder wegen der Teilnahme an einer solchen Tat **rechtskräftig bestraft** worden sind. § 214 AO macht die Bestellung von Beauftragten zur Wahrnehmung steuerlichen Pflichten von der Zustimmung der Finanzbehörde abhängig. § 215 AO gibt für die Finanzbehörde eine **Rechtsgrundlage zur Wegnahme**, zur Anbringung von Siegeln oder zum Erlass von Verfügungsverboten bezüglich bestimmter verbrauchsteuerpflichtiger Waren in im Einzelnen genau umschriebenen Fällen. Gem. § 216 AO sind die nach § 215 AO sichergestellten Sachen in das Eigentum des Bundes zu überführen, sofern sie nicht nach § 375 Abs. 2 AO eingezogen werden. Schließlich regelt § 217 AO, dass die Finanzbehörde zur Feststellung von Tatsachen, die zoll- oder verbrauchsteuerrechtlich erheblich sind, Personen als »Steuerhilfspersonen« bestellen kann, sofern sie vom Ergebnis der Feststellung nicht selbst betroffen werden.

2333–2340 frei

Teil N Das außergerichtliche Rechtsbehelfsverfahren

1   Grundlagen

1.1   Allgemeines

Das außergerichtliche Rechtsbehelfsverfahren ist im **Siebenten Teil der AO** geregelt (§§ 347–367 AO). Nach Abschaffung der Beschwerde ist der Einspruch der einzige ordentliche (förmliche) Rechtsbehelf der AO. Der Einspruch gewährleistet den Rechtsschutz des Bürgers in Steuersachen (vgl. Rz. 72).   **2431**

1.2   Sinn und Rechtsnatur des außergerichtlichen Rechtsbehelfsverfahrens

Verwaltungsakte der Finanzbehörden (§ 118 AO) sind Akte der öffentlichen Gewalt. Jedem, der durch sie in seinen Rechten verletzt wird, steht der gerichtliche Rechtsweg offen (Art. 19 Abs. 4 GG). Bevor der Stpfl. die Gerichte anruft, hat er jedoch grundsätzlich in einem **außergerichtlichen Vorverfahren** (außergerichtliches Rechtsbehelfsverfahren: §§ 347 ff. AO, § 44 FGO) **durch die Finanzbehörde** die Rechtmäßigkeit der Entscheidung überprüfen zu lassen.   **2432**

Das außergerichtlichen Rechtsbehelfsverfahren hat folgenden Sinn und Zweck:

- **Erweiterung des Rechtsschutzes:** Der Stpfl. erhält zusätzlich »eine Instanz«, die die ihm gegenüber ergangene Entscheidung nochmals überprüft.
- **Selbstkontrolle der Verwaltung:** Das steuerliche Massenverfahren bringt hohe Fehlerquoten mit sich. Das Finanzamt hat im Einspruchsverfahren die Möglichkeit, Fehler, die ihm unterlaufen sind, selbst auszumerzen.
- **Entlastung der Finanzgerichte:** Ein großer Teil der Einsprüche erledigt sich in der Praxis im außergerichtlichen Verfahren. Dadurch werden Klagen vor den Steuergerichten vermieden. 2015 wurden in den deutschen Finanzämtern ca. 3,7 Mio. Einsprüche abschließend erledigt (durch Einspruchsentscheidungen, Abhilfen und Rücknahmen). Es wurden gleichzeitig knapp 60 000 Klagen gegen Finanzämter erhoben. Danach führen nur ca. 1,6 % der eingelegten Einsprüche zu Klagen.

Das Einspruchsverfahren ist ein **besonderes Steuerverwaltungsverfahren**. Es ist kein gerichtliches Verfahren. Es wird durchgeführt und geleitet vom Finanzamt (vgl. nur §§ 357 Abs. 2 und 367 Abs. 1 AO). Beteiligter am Verfahren ist nach § 359 AO, wer den Einspruch eingelegt hat (Einspruchsführer) und wer ggf. vom Finanzamt nach § 360 AO zum Verfahren hinzugezogen worden ist. Das Einspruchsverfahren beginnt mit dem Eingang des Einspruchs beim Finanzamt. Es endet mit der Bekanntgabe der Entscheidung über den Einspruch (Einspruchsentscheidung, § 367 Abs. 1 Satz 1 AO, oder Abhilfebescheid, § 367 Abs. 2 Satz 3 AO).   **2433**

Mit seinem Einspruch greift der Stpfl. einen ihm gegenüber erlassenen Verwaltungsakt an. Er ist mit dem Inhalt des Verwaltungsaktes nicht einverstanden und begehrt eine nochmalige Überprüfung seines Falles und eine Entscheidung zu seinen Gunsten. Im Einspruchsverfahren sollen eventuelle Fehler des Verwaltungsaktes aus der Welt geschafft werden.   **2434**

Dabei kommt es ganz häufig zu keinem echten Steuerstreit. Die meisten Fehler in Bescheiden beruhen nicht auf Meinungsverschiedenheiten zwischen dem Finanzamt und dem Stpfl., sondern sind einem der genannten unterlaufen und werden im Einspruchsverfahren (einvernehmlich) behoben.

BEISPIELE

a) Der Stpfl. hat in seiner ESt-Erklärung vergessen, bestimmte Betriebsausgaben geltend zu machen. Nach Bekanntgabe des ESt-Bescheides legt er Einspruch ein und weist die für ihn günstigen Tatsachen nach.

LÖSUNG Stellen die geltend gemachten Aufwendungen tatsächlich Betriebsausgaben dar, wird sie das Finanzamt ohne weiteres in einem Abhilfebescheid berücksichtigen.

b) Das Finanzamt hat bei der Veranlagung des Stpfl. Fehler (z. B. Rechtsfehler oder Flüchtigkeitsfehler) zu dessen Lasten begangen. Der Spfl. legt Einspruch ein und moniert den Fehler.

LÖSUNG Auch hier wird das Finanzamt in vielen Fällen seinen Fehler einsehen und dem Einspruch zugunsten des Stpfl. abhelfen. In der Praxis stellt das Einspruchsverfahren oft kein wirkliches Rechtsmittelverfahren dar, sondern ein verlängertes Veranlagungsverfahren (siehe auch Rz. 2436). Infolge der Arbeitsüberlastungen und des Steuermassenverfahrens weichen Finanzämter von Steuererklärungen bisweilen ohne hinreichende Erörterungen, Ermittlungen, Begründungen und Hinweise zu Lasten des Stpfl. ab. Dabei wird statt korrekter Rechtsanwendung und Sachverhaltsaufklärung vom Finanzamt typisiert, mit Vermutungen gearbeitet, Sachverhalte nach der Lebenserfahrung unterstellt, das Recht auf Gehör verletzt (§ 91 AO) oder im Zweifel gegen den Stpfl. entschieden. Fehler, die daraus resultieren, können im Einspruchsverfahren beseitigt werden.

2435   Das Einspruchsverfahren kann aber auch ein wirkliches **Steuerstreitverfahren** sein. Das ist der Fall, wenn Meinungsverschiedenheiten zwischen dem Finanzamt und dem Stpfl. über den Sachverhalt oder die rechtliche Würdigung des Sachverhaltes bestehen. **Das Einspruchsverfahren dient** hier **der Streitschlichtung**. Der Stpfl. erhält die Möglichkeit, das Finanzamt von seiner Auffassung von der Sach- und Rechtslage zu überzeugen. Hat er damit Erfolg, wird das Finanzamt zu seinen Gunsten entscheiden. Hält das Finanzamt den angegriffenen Bescheid für fehlerfrei (rechtmäßig), sitzt es (zumindest zunächst) am längeren Hebel: Es weist den Einspruch als unbegründet zurück. Ist der Stpfl. mit der Einspruchsentscheidung und ihrer Begründung nicht zufrieden, kann er Klage erheben (§ 40 ff. FGO).

In der Literatur wird vertreten, dass der Einspruch ein Mittel der Verteidigung, nicht ein Mittel des Angriffs sei. Das Finanzamt setze den ersten Schritt, indem es gegenüber dem Stpfl. hoheitlich z. B. einen Steuerbescheid erlässt. Mit seinem Einspruch wehre sich der Bürger »passiv« gegen die Eingriffsverwaltung. Dies trifft zu: Um sich effektiv gegen einen seiner Meinung nach rechtswidrigen Verwaltungsakt zu wenden, muss der Stpfl. Einspruch einlegen. Tut er dies nicht, wird auch der rechtswidrige Bescheid bestandskräftig. Der Bescheid kann nach Ablauf der Einspruchsfrist nur noch korrigiert werden, wenn eine Änderungsvorschrift dies ausnahmsweise erlaubt.

Andere (nicht förmliche) Rechtsbehelfe, wie z. B. die Dienstaufsichtsbeschwerde (siehe Rz. 2439) sind dem Einspruch gegenüber stumpfe Waffen, die häufig keinen Schutz gewährleisten.

Das Gesetz geht allerdings davon aus, dass der Stpfl. den Verwaltungsakt (nicht das Finanzamt) angreift: Das Finanzamt erlässt zwar den (belastenden) Verwaltungsakt. Es ist dabei an Recht und Gesetz gebunden (Art. 20 Abs. 3 GG und § 85 AO). Infolgedessen vermutet das Gesetz, dass der bekannt gegebene Verwaltungsakt regelmäßig rechtmäßig ist. Es gibt dem Stpfl. auf, sich – in Ausnahmefällen – innerhalb eines Monats gegen den Verwaltungsakt zu wenden. Im Übrigen ist das Finanzamt im Einspruchsverfahren auch keine Partei. Es führt und leitet das Verfahren. Es hat den Einspruch nicht abzuwehren oder sich zu verteidigen. Es hat vielmehr objektiv zu entscheiden (§ 85 AO; vgl. auch § 88 Abs. 2 AO).

Das Einspruchsverfahren hat eine **Doppelnatur:**   **2436**
Zum einen ist es ein Verwaltungsverfahren. Das Finanzamt ist gem. § 367 Abs. 1 Satz 1 AO grundsätzlich verpflichtet, die Sache in vollem Umfang erneut zu überprüfen. Greift der Stpfl. z. B. einen Steuerbescheid an, führt dies zu einer **Verlängerung des Veranlagungsverfahrens.** Die allgemeinen Verfahrensvorschriften der AO gelten sinngemäß (§ 365 Abs. 1 AO).
Zum anderen ist es eine Zulässigkeitsvoraussetzung für einen Prozess vor dem Finanzgericht. Nach Maßgabe des § 44 Abs. 1 FGO ist eine Klage grundsätzlich nur dann zulässig, wenn das Einspruchsverfahren ganz oder zum Teil erfolglos geblieben ist.

Übersicht: Doppelnatur des Einspruchsverfahrens

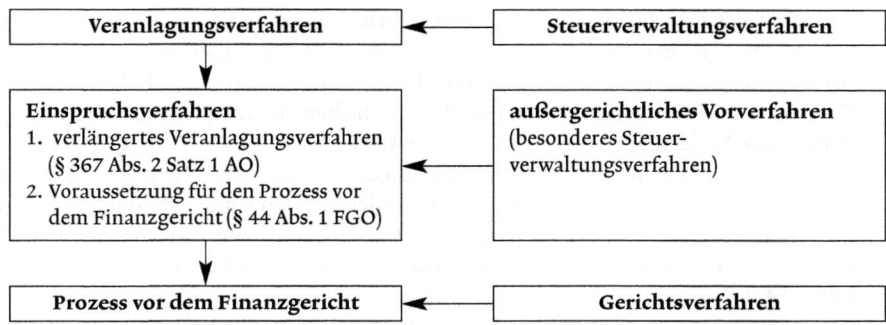

1.3   Überblick über Rechtsbehelfe im weiteren Sinne im Steuerrecht

Ein Rechtsbehelf i. w. S. ist jedes von der Rechtsordnung zugelassene Gesuch, mit dem eine   **2437**
behördliche (oder gerichtliche) Maßnahme oder Entscheidung angegriffen werden kann.
Jeder Rechtsbehelf ist ein **förmlicher** (ordentlicher) Rechtsbehelf, der form- und fristgebunden ist, oder ein **nichtförmlicher** (außerordentlicher) Rechtsbehelf, der ohne Rücksicht auf Formalien eingelegt werden kann.
Nur förmliche Rechtsbehelfe schieben den Eintritt der Bestandskraft eines Verwaltungsaktes der Behörde oder die Rechtskraft eines Urteils des Finanzgerichts auf. Allein in förmlichen Rechtsbehelfsverfahren ist Aussetzung bzw. Aufhebung der Vollziehung möglich (§ 361 Abs. 2–5 AO u. § 69 Abs. 2–7 FGO).

1.3.1   Förmliche (ordentliche) Rechtsbehelfe

Bei den förmlichen Rechtsbehelfen unterscheidet man zwischen dem außergerichtlichen   **2438**
Rechtsbehelf der AO und den gerichtlichen der FGO.
Der außergerichtliche Rechtsbehelf ist der **Einspruch** (§ 347 AO). Über den Einspruch entscheidet die Behörde, die den Verwaltungsakt erlassen hat (§ 367 Abs. 1 AO).
Ist das außergerichtliche Rechtsbehelfsverfahren ganz oder teilweise erfolglos für den Stpfl. verlaufen, bleibt ihm das **gerichtliche Rechtsbehelfsverfahren,** indem er eine **Klage** (§§ 40 ff. FGO) gegen die Entscheidung des Vorverfahrens einreicht. Das Finanzgericht (Tatsachen- und Rechtsinstanz) überprüft die tatsächlichen und rechtlichen Feststellungen der Behörde und entscheidet grundsätzlich durch Urteil.
Gegen die gerichtliche Entscheidung steht sowohl dem Stpfl. als auch der Finanzbehörde das **Rechtsmittel der Revision** (§§ 115 ff. FGO) zu, wenn diese vom Finanzgericht zugelassen

worden ist oder es sich um eine zulassungsfreie Revision handelt (§ 116 FGO). Auch mit einer erfolgreichen Nichtzulassungsbeschwerde ist der Weg zum BFH offen. Über die Revision entscheidet der **Bundesfinanzhof** (BFH) in München durch Urteil. Ein Rechtsmittel dagegen ist nicht möglich. Der BFH (nur Rechtsinstanz) ist an die getroffenen tatsächlichen Feststellungen des Finanzgerichts gebunden und befindet nach § 118 FGO über die Verletzung von Bundesrecht.

Weitere gerichtliche Rechtsbehelfe sind die Beschwerde (§§ 128 ff. FGO) und die Erinnerung (§ 149 FGO i. V. m. § 5 GKG).

1.3.2 Nichtförmliche (außerordentliche) Rechtsbehelfe

2439   Nichtförmliche Rechtsbehelfe können mündlich (z. B. telefonisch) erhoben werden. Für sie gilt keine Frist. Sie hemmen die Bestandskraft eines Verwaltungsakts oder die Rechtskraft eines Urteils nicht. Durch sie kann eine gerichtliche Überprüfung einer Entscheidung nicht erreicht werden. Die wichtigsten nichtförmlichen Rechtsbehelfe sind die folgenden.

- **Antrag auf Änderung** (z. B. § 164 Abs. 2 AO, § 165 Abs. 2 AO, §§ 172 ff. AO oder §§ 129 ff. AO). Dieser ist nur möglich bei Verwaltungsakten. Er hat nur Erfolg, wenn (ausnahmsweise) eine Korrekturvorschrift eingreift. Geändert werden kann insbesondere auch nach dem Ablauf der Einspruchsfrist. Wird ein Antrag auf Änderung abgelehnt, kann der Stpfl. dagegen Einspruch erheben. Zu den Korrekturvorschriften siehe ausführlich oben Kapitel L (Rz. 1971 ff.).
- **Sonstige Gegenvorstellung** (gesetzlich nicht geregelt, Ausfluss des Petitionsrechts, Art. 17 GG). Dieser Rechtsbehelf (einfaches Schreiben oder mündliche Mitteilung) wendet sich an das Finanzamt mit dem Ziel, die behördliche Rechtsauffassung zu ändern. Die Erhebung einer Gegenvorstellung ist sinnvoll nur vor Erlass eines Verwaltungsaktes oder bei »Nichtverwaltungsakten«.
- **Antrag auf Billigkeitsmaßnahmen** (z. B. §§ 163, 222, 227 AO und § 258 AO). Diese Vorschriften dienen der Vermeidung unbilliger Härten.
- **Dienstaufsichtsbeschwerde** (Ausfluss des Petitionsrechts, Art. 17 GG) ist die an den Dienstvorgesetzten gerichtete Anregung, zur Nachprüfung von Verwaltungshandeln i. w.S eines Bediensteten und zielt auf Maßnahmen gegenüber dessen Person ab (z. B. Weisungen oder Disziplinarmaßnahmen). Sie ist nur in krassen Fällen sinnvoll, z. B. dann, wenn der Stpfl. geltend macht, von einem Bediensteten übel und unangemessen behandelt worden zu sein. Eine Dienstaufsichtsbeschwerde ist auch in Form einer sog. **Sachaufsichtsbeschwerde** möglich. Damit kann der Stpfl. grundsätzlich auch die (interne) rechtliche Überprüfung von Entscheidungen (z. B. Anwendung bestimmter Abschnitte der ESt-Richtlinien auf einen bestimmten Fall) beim Vorgesetzten anregen. Der Stpfl. hat jedoch keinen Anspruch auf eine bestimmte Maßnahme und kann eine solche auch nicht erzwingen.
- **Antrag auf Ausschluss eines Amtsträgers** aufgrund von § 82 AO oder wegen der Besorgnis der Befangenheit gem. § 83 AO. Siehe Rz. 985 ff.
- **Antrag auf Feststellung der Nichtigkeit** eines Verwaltungsaktes (§ 125 Abs. 5 AO). Siehe Rz. 1295 ff., insbesondere Rz. 1302.
- **Antrag gem. § 218 Abs. 2 AO** auf Erlass eines sog. **Abrechnungsbescheides.** Die Erhebung dieses Rechtsbehelfs ist sinnvoll, wenn Finanzamt und Stpfl. über die Höhe noch zu leistender Steuerschulden streiten. Gegen den Abrechnungsbescheid kann der Stpfl. Einspruch einlegen.

- **Antrag auf Fristverlängerung (§ 109 AO)**
- **Widerspruch (§ 262 AO).** Pfändet das Finanzamt Sachen, die nicht dem Vollstreckungsschuldner gehören, kann der Eigentümer (als Dritter) gem. § 262 AO dagegen Widerspruch erheben. Ist dieser nicht erfolgreich, kann er das Finanzamt vor einem ordentlichen Gericht verklagen (§ 262 AO i. V. m. § 771 ZPO, sog. **Drittwiderspruchsklage**). Zu den Rechtsbehelfen im Vollstreckungsverfahren vgl. im Übrigen Rz. 2849 ff.
- **Petition (Art. 17 GG).** Nach Art. 17 GG und entsprechenden Bestimmungen in den Verfassungen der Länder hat jedermann das Recht, sich einzeln oder in Gemeinschaft mit anderen schriftlich mit Bitten oder Beschwerden an die zuständigen Stellen und an die Volksvertretung (Bundestag und Parlamente der Länder) zu wenden. Art. 17 verleiht nur ein subjektives öffentliches Recht auf sachliche Prüfung und Erteilung eines schriftlichen Bescheides, nicht auf einen für den Petenten günstigen Bescheid. Dieser Bescheid stellt keinen Verwaltungsakt dar. Eingaben an die Volksvertretung werden i. d. R. nicht vom Plenum, sondern von einem Petitionsausschuss behandelt (Art. 45 c GG).

BEISPIELE

Welche Rechtsbehelfe i. w. S. kommen in den nachfolgenden Fällen in Frage? **2440**
a) Der Stpfl. hält die Festsetzung der Einkommensteuer im (endgültigen) ESt-Bescheid vom 20. 02. 01 zu hoch. Er erscheint
– am 25. 02. 01,
– am 04. 04. 01 beim Steuerberater.
LÖSUNG Am 25. 02. 01 kann der Stpfl. Einspruch einlegen (§ 347 Abs. 1 Nr. 1 AO). Am 04. 04. 01 ist die Einspruchsfrist (§ 355 AO) abgelaufen. Kommt eine Wiedereinsetzung in den vorigen Stand (§ 110 AO) nicht in Betracht, kann der Stpfl. einen Antrag auf Änderung stellen. Dieser ist jedoch nur dann erfolgreich, wenn eine Korrekturvorschrift eingreift.

b) Wie Beispiel a). Was wäre, wenn sich der Stpfl. gegen die Einspruchsentscheidung vom 20. 02. 01 wenden will?
LÖSUNG Am 25. 02. 01 kann der Stpfl. Anfechtungsklage vor dem Finanzgericht erheben (§ 40 Abs. 1 FGO). Am 04. 04. 01, nach Ablauf der Klagefrist (§ 47 FGO), ist – abgesehen von § 56 FGO – nur noch ein Antrag auf Änderung möglich. Auch Einspruchsentscheidungen können geändert werden, wenn eine Korrekturvorschrift gegeben ist (vgl. § 172 Abs. 1 Satz 2 AO).

c) Der Stpfl. erhält vom Finanzamt folgendes Schreiben (§ 91 AO): »Ich beabsichtige, die geltend **2441** gemachten Kosten für das Arbeitszimmer aus folgenden Gründen nicht anzuerkennen.«
LÖSUNG Hier liegt kein Verwaltungsakt vor. Richtiger Rechtsbehelf ist die Gegenvorstellung: Der Stpfl. kann z. B. mit einem einfachen Schreiben versuchen, die Anerkennung seiner Aufwendungen als Werbungskosten zu erreichen. Hat er damit keinen Erfolg, kann er gegen den später ergehenden Steuerbescheid Einspruch einlegen.

d) Der Stpfl. meint, dass im Bescheid festgesetzte steuerliche Nebenleistungen (z. B. Verspätungszu- **2442** schläge oder Zinsen) überhaupt nicht oder nicht so hoch hätten festgesetzt werden dürfen.
LÖSUNG Innerhalb der Einspruchsfrist (§ 355 AO) kann der Stpfl. gegenüber der Festsetzung der Verspätungszuschläge und der Zinsen Einspruch (§ 347 Abs. 1 Nr. 1 AO) erheben. Danach sind nur noch (i. d. R. erfolglose) Anträge auf Änderung möglich.

e) Nach Ablauf der Einspruchsfrist findet der Stpfl. noch Belege über Betriebsausgaben. **2443**
LÖSUNG Hier hilft nur ein Antrag auf Änderung. Steht der Bescheid unter dem Vorbehalt der Nachprüfung, greift § 164 Abs. 2 AO. Ist der Bescheid endgültig, kann nach Maßgabe des § 173 Abs. 1 Nr. 2 AO nur dann geändert werden, wenn den Stpfl. kein grobes Verschulden trifft.

f) Der Stpfl. ist vom Sachbearbeiter des Finanzamts bedroht, diffamiert oder unverschämt behandelt **2444** worden.

LÖSUNG Der Stpfl. kann Dienstaufsichtsbeschwerde beim Vorgesetzten des Sachbearbeiters (z. B. Vorsteher) erheben. Er kann auch (zusätzlich) einen Befangenheitsantrag nach § 83 AO stellen.

2445 g) Die Unternehmerin U möchte nicht von ihrem (für sie als Sachbearbeiter zuständigen)
aa) Nachbarn N, mit dem sie verfeindet ist,
bb) geschiedenen Ehemann E
veranlagt werden.

LÖSUNG

aa) Es dürfte ein Grund vorliegen der (objektiv) geeignet ist, Misstrauen gegen die Unparteilichkeit des N zu rechtfertigen. Die U kann beim Vorsteher des Finanzamtes einen Befangenheitsantrag nach § 83 Abs. 1 AO stellen.

bb) Der geschiedene Ehemann ist eine nach § 82 Abs. 1 Nr. 2 AO i. V. m. § 15 Abs. 1 Nr. 2 und Abs. 2 Nr. 1 AO ausgeschlossene Person. Wird E gleichwohl gegenüber U in einem Steuerverwaltungsverfahren tätig, kann U – mit Erfolg – einen Antrag auf Ausschließung und Ablehnung des E beim Vorsteher des Finanzamts stellen.

Hinweis: Wird den Anträgen der U nicht entsprochen, kann sie gegen diese innerdienstliche Entscheidung mangels Außenwirkung i. S. d. § 118 Satz 1 AO keinen Einspruch einlegen. Sie kann jedoch Einspruch gegen den von N oder E erlassenen Bescheid einlegen, wenn sie die Steuerfestsetzung für zu hoch hält.

2446 h) Der ESt-Bescheid ist rechtmäßig, der Stpfl. kann jedoch aufgrund seiner finanziell angespannten Lage die ESt-Nachzahlung nicht entrichten.

LÖSUNG Der Stpfl. kann einen Antrag auf Billigkeitsmaßnahmen (Stundung, Erlass, o. Ä.) stellen. Dieser wird nur in Ausnahmefällen erfolgreich sein.

2447 i) Der Stpfl. stellt einen Antrag auf Investitionszulage beim Finanzamt Weimar. Das Finanzamt entscheidet nicht.

LÖSUNG Der Stpfl. kann Untätigkeitseinspruch (§ 347 Abs. 1 Satz 2 AO) einlegen. Dazu muss er geltend machen, dass über einen von ihm gestellten Antrag auf Erlass eines Verwaltungsaktes ohne Mitteilung eines zureichenden Grundes binnen angemessener Frist sachlich nicht entschieden worden ist. Rührt sich das Finanzamt auch auf diesen Einspruch hin nicht, kann der Stpfl. Untätigkeitsklage erheben (§ 46 FGO).

Hinweis: Es liegt zwar keine originäre Abgabenangelegenheit gem. § 347 Abs. 1 Nr. 1 AO und § 1 AO vor: Investitionszulagen sind von den Finanzämtern in einem besonderen Verfahren festzusetzende, wirtschaftslenkende Steuervergünstigungen und keine Abgaben. Die Vorschriften der AO gelten hier aber dennoch gem. § 347 Abs. 1 Nr. 4 AO aufgrund Verweises in § 14 InvZulG 2010.

2448 j) Anlässlich einer Außenprüfung eröffnet der Betriebsprüfer gegenüber dem Stpfl. ein Steuerstrafverfahren (vgl. § 397 AO).

LÖSUNG Gegen diese strafprozessuale Maßnahme ist kein förmlicher Rechtsbehelf gegeben. Vgl. auch § 347 Abs. 3 AO. Es gilt nicht die AO, sondern gem. § 385 Abs. 1 AO die StPO, die keinen Rechtsbehelf vorsieht. Möglich ist allenfalls eine Gegenvorstellung, in der z. B. dargelegt werden kann, dass kein Verdacht auf Steuerstraftat gegeben ist (Antrag auf Einstellung des Verfahrens gem. § 170 Abs. 2 StPO).

2449 k) X erhält am 03. 03. 03 vom Finanzamt einen ESt-Bescheid. Aufgrund dessen Leistungsgebot soll er 5 000 € Nachzahlung bis zum 28. 02. 03 entrichten.

LÖSUNG Das Leistungsgebot ist nichtig (§ 125 Abs. 2 Nr. 2 AO). X kann einen Antrag nach § 125 Abs. 5 AO stellen. Da er dadurch nicht ausreichend geschützt ist, kann er nach h. M. auch gegen nichtige (also eigentlich nicht existierende) Verwaltungsakte Einspruch erheben. Siehe dazu AEAO zu § 347 Nr. 1 und s. Rz. 1302.

2450 l) Wegen nicht bezahlter USt-Rückstände pfändet das Finanzamt beim Unternehmer U einen LKW. Diesen hatte U bei A unter Eigentumsvorbehalt (§ 449 BGB) auf Raten gekauft. Die Hälfte der Raten hat U bislang bezahlt.

LÖSUNG Da A zivilrechtlicher Eigentümer des LKW ist, hat er »ein die Veräußerung hinderndes Recht« gem. § 262 Abs. 1 AO. Er kann also Widerspruch gegen die Vollstreckung erheben und diesen erforderlichenfalls durch eine sog. Drittwiderspruchsklage (§ 771 ZPO) vor einem ordentlichen Gericht geltend machen. Ein Einspruch ist insoweit nicht statthaft.

Meint der Vollstreckungsschuldner U durch die Pfändung in seinen Rechten verletzt zu sein, z. B. weil er den LKW zur Ausübung seines Berufes dringend benötigt (§ 295 AO i. V. m. § 811 Abs. 1 Nr. 5 ZPO), kann er gegen die Pfändung Einspruch einlegen (§ 347 Abs. 1 Nr. 1 AO).

m) Gegenüber X ergeht ein ESt-Bescheid am 01. 03. 01. Laut Leistungsgebot (Zahlungsaufforderung) hat er noch 10 000 € zu zahlen. Am 15. 05. 01 fällt ihm auf, dass das Finanzamt geleistete Vorauszahlungen i. H. v. 2 500 € nicht angerechnet hat. **2451**

LÖSUNG Grundsätzlich kann X Einspruch (§ 347 Abs. 1 Nr. 1 AO) gegen das Leistungsgebot einlegen. X kann weiter (auch nach Ablauf der Einspruchsfrist) Antrag auf Erteilung eines sog. Abrechnungsbescheides (§ 218 Abs. 2 AO) stellen. Aus diesem Grund wird ein Einspruch gegen das Leistungsgebot i. d. R. als Antrag auf Erlass eines Abrechnungsbescheides ausgelegt. Ist X mit dem Abrechnungsbescheid nicht einverstanden, kann er dagegen Einspruch einlegen (§ 347 Abs. 1 Nr. 1 AO).

n) Die Stadt Kassel erlässt aufgrund der Gewerbesteuermessbetragsfestsetzung des Finanzamts gegenüber G einen Gewerbesteuerbescheid. G will den Bescheid allein mit der Begründung angreifen, der Hebesatz der Stadt Kassel (vgl. § 16 GewStG) sei zu hoch. **2452**

LÖSUNG Die Erhebung eines Einspruchs ist gem. § 347 Abs. 1 Nr. 1 und § 1 Abs. 2 AO nicht statthaft: Der Siebente Teil der AO (§§ 347 ff. AO) findet auf die Gewerbesteuer (als Realsteuer, § 3 Abs. 2 AO) keine Anwendung, soweit ihre Verwaltung – wie hier – den Gemeinden übertragen worden ist. G muss also Widerspruch nach §§ 68 ff. VwGO einlegen.

1.3.3 Einspruch oder Antrag auf schlichte Änderung (§ 172 Abs. 1 Nr. 2 Buchst. a AO)?

Ist der Stpfl. mit einem ihm gegenüber bekannt gegeben Steuerbescheid nicht einverstanden und will er für sich eine günstigere Entscheidung erreichen, kann er innerhalb der Rechtsbehelfsfrist (§ 355 AO) Einspruch einlegen oder Antrag auf Änderung gem. § 172 Abs. 1 Nr. 2 Buchst. a AO (sog. schlichte Änderung) stellen (siehe dazu ausführlich Rz. 2012 ff.). **2453**

Diese Wahl dürfte für den Stpfl. keine Qual bedeuten. Er sollte sich m. E. grundsätzlich für die Erhebung eines Einspruchs entscheiden. Dies aus folgenden Gründen:

- Nur der Einspruch verhindert den Eintritt der Unanfechtbarkeit. D. h. nur der Einspruch hält den Fall in vollem Umfang offen. Der Antrag auf schlichte Änderung ermöglicht nur eine punktuelle Änderung des Steuerbescheides.

- Der Antrag auf schlichte Änderung ist innerhalb der Einspruchsfrist zu konkretisieren (zu begründen). Er kann nach Ablauf der Rechtsbehelfsfrist nicht erweitert werden (vgl. BFH vom 27. 10. 1993 BStBl II 1994, 439). Der Einspruch kann dagegen (zunächst) auch ohne Begründung (»vorsorglich«) eingelegt werden. Während des Einspruchsverfahrens kann der Stpfl. weitere Gründe nachschieben.

- Zwar kann das Finanzamt im Einspruchsverfahren den Steuerbescheid auch zum Nachteil des Stpfl. ändern (§ 367 Abs. 2 Satz 2 AO). Dies kann der Stpfl. jedoch durch Rücknahme des Einspruchs verhindern (§ 362 AO). Bei einem Antrag gem. § 172 Abs. 1 Nr. 2 Buchst. a AO ist eine solche Verböserung nicht möglich. Allerdings kann das Finanzamt (andere) materielle Fehler des Steuerbescheides zu Lasten des Stpfl. gem. § 177 Abs. 2 AO einer Änderung nach § 172 Abs. 1 Nr. 2 Buchst. a AO gegenrechnen.

- Nur der Einspruch, nicht der Antrag auf Änderung ermöglicht Aussetzung der Vollziehung (§ 361 Abs. 2 AO).

- Im Finanzamt macht die Bearbeitung von Einsprüchen, die anstatt Anträgen auf schlichte Änderung gestellt werden, grundsätzlich nicht mehr Arbeit als die Bearbeitung von Anträgen auf schlichte Änderung. Begründete Einsprüche werden durch Abhilfebescheid (§ 367 Abs. 2 Satz 3 AO i. V. m. § 172 Abs. 1 Nr. 2a letzte Alt. AO), also auch durch einen (qualifizierten) Änderungsbescheid, entschieden.

2454 Der Antrag auf Änderung hat im Wesentlichen nur einen Vorteil: Er kann (anders als der Einspruch) mündlich (z. B. telefonisch) gestellt werden. Dies kann helfen, die Rechtsbehelfsfrist zu wahren. Da das gesprochene Wort verfliegt, kann der mündlich gestellte Antrag zu Beweisschwierigkeiten führen, insbesondere hinsichtlich des Umfangs des Antrags.

1.3.4 Verfassungsbeschwerde

2455 Selbstverständlich gibt es auch die Möglichkeit der Verfassungsbeschwerde (Art. 93 Abs. 1 Nr. 4 Buchst. a GG, §§ 90 ff. BVerfGG). Der Stpfl., der sich durch die öffentliche Gewalt in einem Grundrecht oder einem nach Art 93 Abs. 1 Nr. 4 Buchst. a GG grundrechtsähnlichen Recht verletzt fühlt, kann beim Bundesverfassungsgericht (BVerfG) Verfassungsbeschwerde erheben (vgl. auch Rz. 3141).

Mit der Verfassungsbeschwerde können nicht nur Verwaltungsakte und Gesetze angegriffen werden, sondern auch Entscheidungen der Gerichte, die ein Verfahren abschließen. Allerdings ist es nicht die Aufgabe des BVerfG, die vorausgegangenen Gerichtsentscheidungen rechtlich umfassend zu prüfen. Es ist keine Superrevisionsinstanz.

BEISPIEL

Arbeitnehmer X hat versucht, die Aufwendungen für ein Bild mit Rahmen, das er in seinem häuslichen Arbeitszimmer aufgehängt hat, als Werbungskosten abzusetzen. Finanzamt, Finanzgericht und BFH haben ihm die Anerkennung versagt.

LÖSUNG Eine Verfassungsbeschwerde wird ebenfalls nicht erfolgreich sein. Das BVerfG prüft nicht – wie das FG und der BFH – die Auslegung oder Anwendung des einfachen materiellen Steuerrechts. Es prüft allein geltend gemachte Verletzungen von Grundrechten (z. B. Art. 14 oder Art. 3 GG). Verstöße gegen allgemeine rechtsstaatliche Grundsätze können ebenfalls geltend gemacht werden.

2456 Zu beachten ist, dass Verfassungsbeschwerden grundsätzlich erst **nach Erschöpfung des Rechtswegs** eingelegt werden können (§ 90 Abs. 2 BVerfGG).

BEISPIEL

X kann im Beispiel Rz. 2455 gegen den ihm gegenüber erteilten Einkommensteuerbescheid keine Verfassungsbeschwerde erheben. Er muss zunächst den Rechtsweg durchlaufen (Einspruch, Klage, Revision). Gegen die letztinstanzliche Entscheidung (des BFH) ist die Erhebung einer Verfassungsbeschwerde möglich.

Hinweis: Wenn das mit der Sache befasste Gericht (z. B. das FG) verfassungsrechtliche Bedenken hat (z. B. meint, dass eine Norm des EStG gegen das GG verstößt), kann es gem. Art. 100 GG das BVerfG anrufen (sog. konkrete Normenkontrolle).

Von der Erschöpfung des Rechtswegs kann ausnahmsweise abgesehen werden, wenn die Verfassungsbeschwerde von allgemeiner Bedeutung ist, oder wenn wegen einer gefestigten neueren und einheitlichen höchstrichterlichen Rechtsprechung nicht mit einer abweichenden Entscheidung zu rechnen ist (BVerfGE 61, 341 ff.).

Mit Verfassungsbeschwerden sind u. a. angegriffen worden:

- der Solidaritätszuschlag,

- der Arbeitnehmer-Pauschbetrag (§ 9 a Nr. 1 EStG),
- die beschränkte Abzugsfähigkeit von Vorsorgeaufwendungen (§ 10 Abs. 3 EStG),
- die Nichtabziehbarkeit privater Schulden (§ 12 EStG),
- die Höhe der Kinderfreibeträge (§ 32 Abs. 6 EStG),
- die Höhe des Grundfreibetrages (§ 32 a Abs. 1 EStG).

In diesen (und zahlreichen anderen Fällen) erlässt die Finanzverwaltung die erteilten Steuerbescheide insoweit vorläufig (§ 165 Abs. 1 AO). Dadurch werden die rechtlichen Interessen der Stpfl. in vollem Umfang gewahrt. Einsprüche wegen angeblicher Verfassungswidrigkeiten, die vorläufig festgesetzt sind, sind nicht erforderlich. Wird dennoch Einspruch eingelegt, ist dieser mangels Rechtsschutzbedürfnisses unzulässig (siehe dazu unten Rz. 2546).

1.3.5 Europarechtlicher Rechtsschutz

Der Rechtsschutz in Europasachen wird gewährleistet durch den Europäischen Gerichtshof in Luxemburg (EuGH). Jedoch kann der Bürger den EuGH nicht anrufen, wenn er sich gegen Maßnahmen des Finanzamts wehren will (vgl. Rz. 3141). **2457**

1.4 Der Ablauf des außergerichtlichen Rechtsbehelfsverfahrens

Der Ablauf eines Einspruchsverfahrens wird im Folgenden grob skizziert. **2458**

a) Einlegung des Einspruchs

Der Stpfl. (Einspruchsführer, Ef) ist mit einem ihm gegenüber bekannt gegebenen Verwaltungsakt nicht einverstanden und will eine für sich günstigere Entscheidung erreichen. Er erhebt Einspruch gegen den Verwaltungsakt, z. B. gegen einen ESt-Bescheid. Mit Eingang beim Finanzamt entfaltet der (ordnungsgemäß eingelegte) Einspruch die folgenden Rechtswirkungen:

- **Das Einspruchsverfahren ist anhängig.** D. h., dass das Finanzamt über diesen Einspruch entscheiden muss. Im Einspruchsverfahren gelten neben den §§ 347 ff. AO nach Maßgabe des § 365 Abs. 1 AO die allgemeinen Verfahrensvorschriften (z. B. §§ 88 ff. AO) sinngemäß.
- Der angegriffene **Bescheid wird nicht bestandskräftig.** Das Finanzamt hat grundsätzlich die Pflicht, den Bescheid in vollem Umfang zu überprüfen (§ 367 Abs. 2 Satz 1 AO). Der Fall bleibt offen. Die Steuer kann in jeder Hinsicht geändert werden.
- Der **Ablauf der Festsetzungsfrist** ist hinsichtlich des gesamten Steueranspruchs gem. § 171 Abs. 3 a AO **gehemmt.**
- Die Gewährung der **Aussetzung und Aufhebung der Vollziehung** (§ 361 Abs. 2 AO) ist **möglich** (siehe dazu unten Rz. 2612 ff.).
- Ein erfolgloses Einspruchsverfahren ist **Voraussetzung für eine Klage** vor dem Finanzgericht (§ 44 FGO).

Der Einspruch wird vom zuständigen Sachbearbeiter wie folgt bearbeitet.

b) Prüfung der Zulässigkeitsvoraussetzungen

Zunächst ist die Zulässigkeit des Einspruchs zu prüfen. Die Zulässigkeitsvoraussetzungen ergeben sich aus §§ 347 ff. AO. Wenn eine Zulässigkeitsvoraussetzung nicht gegeben ist, wird der Einspruch als unzulässig verworfen (§ 358 Satz 2 AO). Nur soweit der Einspruch zulässig ist, erfolgt die Prüfung der Begründetheit. **2459**

Zu den einzelnen Zulässigkeitsvoraussetzungen siehe Rz. 2462 ff.

c) Prüfung der Begründetheit

2460 Die Begründetheitsprüfung ist die inhaltliche Prüfung des angegriffenen Bescheides, eine Prüfung »der Sache nach«.

– Es gilt der Grundsatz der **Vollüberprüfung** (§ 367 Abs. 2 Satz 1 AO). Das Einspruchsverfahren ist insoweit ein verlängertes Veranlagungsverfahren. Allgemein wird untersucht, ob der Sachverhalt richtig ermittelt worden ist und ob das Steuerrecht richtig angewendet worden ist. Insbesondere wird geprüft, ob die Begründung des Einspruchs zutreffend ist.

– Wenn nötig kann der Sachbearbeiter – wie im Veranlagungsverfahren – **weitere Ermittlungen** vornehmen (§ 365 i. V. m. §§ 88 ff. AO).

– Eine **Änderung** des Bescheides **zum Nachteil des Stpfl.** ist möglich (§ 367 Abs. 2 Satz 2 AO). Diese »Verböserung« kann der Ef durch Rücknahme seines Einspruchs verhindern (§ 362 AO).

Zur Begründetheitsprüfung siehe Rz. 2547 ff.

d) Entscheidung über den Einspruch

2461 Aufgrund des Ergebnisses der Zulässigkeits- und Begründetheitsprüfung muss der Sachbearbeiter eine Entscheidung über den Einspruch treffen.

– Ist der Einspruch nicht zulässig, wird er durch Einspruchsentscheidung als **unzulässig verworfen** (§ 358 Satz 2, § 367 Abs. 1 Satz 1, § 366 AO).

– Ist der Einspruch in vollem Umfang unbegründet, wird er durch Einspruchsentscheidung als **unbegründet zurückgewiesen** (§ 367 Abs. 1 und § 366 AO).

– Ist der Einspruch in vollem Umfang begründet, wird zugunsten des Ef ein sog. **Abhilfebescheid** (qualifizierter Korrekturbescheid) erlassen (§ 367 Abs. 2 Satz 3 AO und nach h. M. gem. § 132 AO i. V. m. einer Korrekturvorschrift, z. B. 172 Abs. 1 Nr. 2 Buchst. a AO; siehe dazu Rz. 2560 ff.).

– Ist der Einspruch teilweise begründet, wird die Steuer durch Einspruchsentscheidung auf den zutreffenden Betrag **herabgesetzt**. Im Übrigen wird der Einspruch zurückgewiesen (§ 367 Abs. 1 Satz 1, § 366 AO).

Zur Entscheidung über den Einspruch ausführlich s. Rz. 2558 ff.

e) Bekanntgabe der Entscheidung und Rechsschutzmöglichkeit

Die Einspruchsentscheidung (bzw. der Abhilfebescheid) wird dem Einspruchsführer bekannt gegeben (§§ 366, 122, 124 AO). Will dieser die Einspruchsentscheidung angreifen, kann er Klage vor dem Finanzgericht erheben (§§ 40 ff. FGO). Will er sich gegen den Abhilfebescheid wenden, z. B. weil er (mit neuer Begründung) eine weitere Steuerminderung erreichen will, kann er erneut Einspruch einlegen (§§ 347 ff. AO).

2 Zulässigkeitsvoraussetzungen

2.1 Prüfungsreihenfolge

Die zur Entscheidung berufene Finanzbehörde hat zu prüfen, ob der Einspruch zulässig ist (§ 358 Satz 1 AO). Die Einlegung des Einspruchs ist von dem Vorliegen bestimmter verfahrensrechtlicher Voraussetzungen abhängig, die in §§ 347 ff. AO genannt sind (Zulässigkeitsvoraussetzungen). Fehlt nur eine, ist der Einspruch als unzulässig zu verwerfen (§ 358 Satz 2 AO). **2462**

Ein Einspruch muss folgende Zulässigkeitsvoraussetzungen erfüllen:

- Gesuch um Rechtsschutz (siehe Rz. 2475 ff.),
- Statthaftigkeit des Einspruchs (§§ 347 und 348 AO; siehe Rz. 2481 ff.),
- Form (§ 357 AO; siehe Rz. 2491 ff.),
- Frist (§ 355, 356 AO; siehe Rz. 2500 ff.),
- Beteiligtenfähigkeit (§ 359 AO; siehe Rz. 2507),
- Einspruchsfähigkeit (§ 365 Abs. 1, § 79 AO; siehe Rz. 2508),
- Einspruchsbefugnis (Beschwer; §§ 350 ff. AO; siehe Rz. 2509 ff.),
- Rechtsschutzbedürfnis (siehe Rz. 2546),
- kein Einspruchsverzicht (§ 354 AO) und keine Rücknahme des Einspruchs (§ 362 AO; siehe Rz. 2596 ff.).

Bei der Prüfung der Zulässigkeitsvoraussetzungen gibt es **keine zwingende Reihenfolge**, da alle gegeben sein müssen. **2463**

Steht fest, dass alle Zulässigkeitsvoraussetzungen erfüllt sind, ist die Begründetheit des Einspruchs zu prüfen. Die Prüfung in dieser Reihenfolge ist zwingend (vgl. § 358 Satz 2 AO). Eine Ausnahme ist nur möglich, wenn die Zulässigkeit zweifelhaft ist, der Einspruch aber offensichtlich unbegründet ist.

BEISPIEL

Ein Stpfl. fühlt sich beschwert, weil ihm zu Unrecht Sonderausgaben nicht anerkannt worden sind. Er legt zwei Monate nach Erhalt des ESt-Bescheides Einspruch ein.

LÖSUNG Der Einspruch ist als unzulässig zu verwerfen, weil der Stpfl. die Einspruchsfrist von einem Monat (§ 355 Abs. 1 AO) nicht eingehalten hat. Eine inhaltliche Überprüfung des ESt-Bescheides erfolgt nicht.

Checkliste zur Zulässigkeit eines Einspruchs

für den Stpfl./Steuerberater (Einspruch ist noch nicht eingelegt worden)	für den Sachbearbeiter im Finanzamt (Einspruch ist bereits eingelegt worden)

↓   ↓

2464

1. Welche(r) Verwaltungsakt(e) soll(en) angegriffen werden?

1. Welche(n) Verwaltungsakt(e) hat der Einspruchsführer angegriffen?
Bestehen Zweifel, siehe 3.

↓   ↓

2465

2. Wer ist (richtiger) Einspruchsführer?
Das ist derjenige, der durch den VA beschwert ist (§§ 124 Abs. 1 und 350 AO). Siehe unten 9.

2. Wer ist (tatsächlich) Einspruchsführer?
Das ist derjenige, der tatsächlich selbst (oder durch einen Vertreter) Einspruch eingelegt hat.

↓   ↓

2466

3. Einspruch einlegen:
Der Stpfl./StBerater muss selbst aktiv werden und zu erkennen geben, dass er mit einem VA nicht einverstanden ist und Nachprüfung begehren. Am besten: ausdrücklich »Einspruch« einlegen.
Aber: Falschbezeichnung schadet nicht (§ 357 Abs. 1 Satz 4 AO).

3. Einspruchsgesuch?
Wie nebenstehend. ist zweifelhaft, ob überhaupt Einspruch erhoben ist oder welcher Verwaltungsakt angegriffen worden ist, ist das Erklärte auszulegen (§ 133 BGB). Im Zweifelsfall will der Stpfl. das führ ihn Günstigste, nämlich den Einspruch (vgl. AEAO vor § 347 Nr. 1 letzter Satz).
Siehe Rz. 2475 ff.

↓   ↓

2467

4. Einspruchsfähigkeit
Fähigkeit, wirksame Verfahrenshandlungen im Einspruchsverfahren tätigen zu können, also auch die Fähigkeit, wirksam Einspruch einlegen zu können.
a) des Einspruchsführers? Siehe § 79 AO.
b) des Steuerberaters? Die Einspruchsfähigkeit ergibt sich aus dessen Vollmacht (§ 80 AO).
    Zur Einspruchsfähigkeit siehe Rz. 2508.

↓   ↓

2468

5. Statthaftigkeit des Einspruchs: §§ 347 und 348 AO
Der Einspruch muss sich gegen einen Verwaltungsakt i. S. d. § 347 AO richten und darf nicht gem. § 348 AO ausgeschlossen sein. Siehe dazu Rz. 2481 ff.

↓   ↓

2469

6. Zuständiges Finanzamt (§ 357 Abs. 2 AO, sog. Anbringungsbehörde)
Der Einspruch ist bei der Behörde einzulegen, deren Verwaltungsakt angefochten wird oder bei der ein Antrag auf Erlass eines Verwaltungsaktes gestellt worden ist (§ 357 Abs. 2 Satz 1 AO). In besonderen – in § 357 Abs. 2 Sätze 2 und 3 AO genannten – Fällen kann der Einspruch auch zusätzlich bei anderen Behörden eingelegt werden. Siehe Rz. 2495 ff.

↓

7. Form (§ 357 Abs. 1 AO)   **2470**
Der Einspruch muss schriftlich oder elektronisch eingelegt werden. Vgl. im Übrigen § 357 Abs. 1
AO. Siehe Rz. 2491. Zur Begründung des Einspruchs (§ 357 Abs. 3 AO) siehe Rz. 2492 ff.

8. Frist (§ 355 AO)   **2471**
Die Einspruchsfrist beträgt einen Monat (§ 355 Abs. 1 AO). Die Frist beginnt mit der Bekanntgabe des Bescheides. Die Berechnung der Frist erfolgt gem. § 122 Abs. 2 AO und § 108 AO i. V. m.
§§ 187 ff. BGB. Siehe dazu Rz. 127 ff. und 2500 ff.
Ist die Monatsfrist versäumt, können ggf.
a) § 356 AO (fehlende oder unrichtige Belehrung, siehe Rz. 2505 f.) oder
b) § 110 AO (Wiedereinsetzung in den vorigen Stand bei schuldloser Fristversäumung,
    siehe Rz. 130 ff.) helfen.

9. Einspruchsbefugnis d. h. Beschwer (§§ 350–353 AO)   **2472**
Nach § 350 ist nur befugt, Einspruch einzulegen, wer geltend macht, durch einen Verwaltungsakt
in seinen Rechten verletzt zu sein. Siehe Rz. 2509 ff. Beschwert ist grundsätzlich der materielle
Adressat des VA (§ 124 Abs. 1 AO). Besonderheiten gelten bei:
a) Änderungsbescheiden, § 351 Abs. 1 AO (siehe Rz. 2541, 2581 ff.),
b) Folge- bzw. Grundlagenbescheiden, § 351 Abs. 2 AO (siehe Rz. 2541, 2593 f.),
c) einheitlich gesonderten Feststellungen, § 352 AO (siehe Rz. 2517 ff.),
d) der Einspruchsbefugnis des Rechtsnachfolgers, § 353 AO (siehe Rz. 2513),
e) der Einspruchsbefugnis des Erben, § 45 AO (siehe Rz. 2512),
f) bei sonstiger Drittwirkung eines Verwaltungsaktes (siehe Rz. 2514 ff.).

10. Rechtsschutzbedürfnis   **2473**
Kann der Einspruchsführer (ganz selten) das von ihm erstrebte Ziel einfacher, billiger oder ohnehin erreichen, ist der Einspruch mangels Rechtsschutzbedürfnisses (Rechtsschutzinteresse) unzulässig. Siehe Rz. 2546.

11. Kein Einspruchsverzicht (§ 354 AO) und keine Rücknahme des Einspruchs (§ 362 AO)   **2474**
Siehe Rz. 2596 ff.

2.2   Gesuch um Rechtsschutz (Einspruchsgesuch)

Der Stpfl. muss selbst tätig werden, um ein Einspruchsverfahren einzuleiten. Dies geschieht   **2475**
nicht »automatisch« von Amts wegen.

Die Erhebung eines Einspruchs ist eine **verfahrensrechtliche Willenserklärung** des Stpfl.,
mit der er vorträgt, dass er sich durch einen Verwaltungsakt oder dessen Unterlassung beschwert
fühle. Mindestvoraussetzung ist eine Erklärung, in der der Erklärende zu erkennen gibt, dass er
mit dem Verwaltungsakt nicht einverstanden ist und Nachprüfung zu seinen Gunsten begehrt.

2476

a) Gegenüber dem Gewerbetreibenden A ergeht ein endgültiger ESt-Schätzungsbescheid 01 i. H. v. 50 000 €, weil er keine ESt-Erklärung abgegeben hat. Am Tag vor Ablauf der Einspruchsfrist geht die Erklärung ohne weiteres Begleitschreiben ein. Danach wäre die Steuer i. H. v. 20 000 € festzusetzen. Hat A Einspruch eingelegt?

LÖSUNG A hat primär nur seine steuerliche Pflicht zur Abgabe der Steuererklärung erfüllt (§ 149 Abs. 1 AO i. V. m. § 25 Abs. 3 EStG). Diese bleibt auch nach dem Erlass eines Schätzungsbescheides weiter bestehen (§ 149 Abs. 1 Satz 4 AO). A hat darüber hinaus zwar nicht ausdrücklich zu erkennen gegeben, dass er mit dem Bescheid nicht einverstanden ist und Nachprüfung begehrt. Bei einem normalen Stpfl. kann jedoch das Einreichen der Erklärung hier als konkludentes Einlegen eines Einspruchs gewertet werden.

b) Wie Beispiel a). Allerdings ist A Steuerberater.

LÖSUNG Hier ist zweifelhaft, ob Einspruch erhoben worden ist. Von einem Steuerberater muss man erwarten, dass er seine verfahrensrechtlichen Ziele ausdrücken kann. Hätte Einspruch eingelegt werden sollen, hätte sich der Steuerberater wenigstens ansatzweise dazu äußern müssen. Es fehlt also am verfahrensrechtlichen Minimum eines Einspruchs: Es fehlt an einer Erklärung (vgl. BFH vom 12. 04. 1967 BStBl III 1967, 382). § 173 Abs. 1 Nr. 2 AO hilft dem A nicht: Der BFH geht bei vorangegangenen ESt-Schätzungen pro Einkunftsart (zutreffend) global von einer Tatsache aus. Diese wirkt sich hier steuermindernd aus. Eine Korrektur gem. § 173 Abs. 1 Nr. 2 AO scheitert am groben Verschulden des A (vgl. AEAO zu § 173 Nr. 5.1.2 und 6.2).

Hinweis: Entgegen dem oben Gesagten geht die Praxis bei der vorliegenden Fallkonstellation häufig doch davon aus, dass Einspruch eingelegt worden ist. Diese »großzügige« Auslegung ist vertretbar.

2477

Das Einspruchsgesuch ist als verfahrensrechtliche Willenserklärung **bedingungsfeindlich**, d. h. seine Einlegung darf nicht von einer echten Bedingung, also einem zukünftigen ungewissen Ereignis, abhängig gemacht werden.

a) X greift den an ihn gerichteten ESt-Bescheid 03 wie folgt an: »Falls das Finanzamt mir die Einkommensteuer 03, wie unten dargelegt, nicht erlässt, lege ich Einspruch ein«.

LÖSUNG Der Einspruch ist an eine Bedingung geknüpft und damit unwirksam.

b) Steuerberater S legt im Namen seines Mandanten gegen einen USt-Bescheid »vorsorglich« Einspruch ein.

LÖSUNG Hier handelt es sich nicht um eine Bedingung, sondern um die Mitteilung eines Motivs. Vorsorglich bedeutet vorsichtshalber. S hat Einspruch eingelegt, um zunächst die Unanfechtbarkeit des Bescheides zu verhindern und die Rechte seines Mandanten zu wahren. S hat also wirksam Einspruch eingelegt.

2478

Mit dem Eingang dieser Erklärung bei der Finanzbehörde beginnt das Einspruchsverfahren.

Der Stpfl. muss den Rechtsbehelf nicht richtig (als Einspruch) bezeichnen (§ 357 Abs. 1 Satz 4 AO). Vielmehr reicht es aus, wenn sich aus dem Erklärten ergibt, dass er eine nochmalige Überprüfung des Verwaltungsaktes zu seinen Gunsten begehrt. Dies kann der Stpfl. in höflicher Form einer Bitte tun. Er kann auch einen Antrag auf Änderung stellen.

Gegen einen ESt-Bescheid erhebt der Stpfl. Widerspruch oder Beschwerde ein.

LÖSUNG Nach § 357 Abs. 1 Satz 4 AO und § 133 BGB analog hat der Stpfl. in Wirklichkeit Einspruch eingelegt.

Die Finanzbehörde hat bei einer **mehrdeutigen Erklärung** den wahren Willen durch **Aus-**   2479
legung zu ermitteln (vgl. § 133 BGB). Hierbei hat sie im Zweifelsfall eine für den Stpfl. günstige
Rechtslage anzunehmen (so auch AEAO vor § 347 Nr. 1 letzter Satz).

BEISPIELE

a) Ein Stpfl. macht zwei Wochen nach Bekanntgabe des ESt-Bescheides Werbungskosten geltend, die
er bisher nicht erklärt hat, und bittet um die Änderung des Bescheides. Der Stpfl. kann hier sowohl
einen Einspruch als auch einen Antrag auf Änderung (gem. § 173 Abs. 1 Nr. 2 AO oder § 172 Abs. 1
Nr. 2 Buchst. a AO) gewollt haben.

LÖSUNG Im Regelfall ist die Erklärung als Einspruch auszulegen. Die Werbungskosten sind zu
gewähren.
Wäre dagegen ein Einspruch oder der Antrag auf schlichte Änderung gem. § 172 Abs. 1 Nr. 2 Buchst. a
AO unzulässig, weil z. B. die Einspruchsfrist nicht eingehalten ist, wäre die Erklärung als Antrag auf
Änderung (nach § 173 Abs. 1 Nr. 2 AO) zu verstehen. Trifft nämlich den Stpfl. am nachträglichen
Bekanntwerden der Werbungskosten kein grobes Verschulden, ist der ESt-Bescheid zu seinen Guns-
ten zu ändern. Lehnt das Finanzamt wegen des groben Verschuldens die Änderung ab, kann der
Stpfl. gegen diese Ablehnung Einspruch (§ 347 Abs. 1 Nr. 1 AO) einlegen mit dem Ziel, zunächst
behördlich, dann ggf. gerichtlich die Sache überprüfen zu lassen.

b) Y gegenüber ist die ESt 01 durch ESt-Bescheid 01 vom 03. 03. 03 i. H. v. 15 000 € festgesetzt worden.
Weil er die ESt-Erklärung 01 verspätet abgegeben hat ist gleichzeitig ein Verspätungszuschlag i. H. v.
200 € festgesetzt worden. Mit Schreiben vom 20. 03. 03 stellt der Steuerberater Z stellt im Namen seines Mandanten Y folgenden Antrag:
aa) »Ich beantrage den im Bescheid vom 03. 03. 03 festgesetzten Verspätungszuschlag zu erlassen.
Begründung: Mein Mandant ist bereits seit Ende 02 zahlungsunfähig.«
bb) »Ich beantrage den im Bescheid vom 03. 03. 03 festgesetzten Verspätungszuschlag zu erlassen.
Begründung: Die Festsetzung des Bescheides ist ermessensfehlerhaft und damit rechtswidrig. Mein
Mandant hat die Frist erstmalig und nur um kurze Zeit überschritten.«
cc) »Ich beantrage den im Bescheid vom 03. 03. 03 festgesetzten Verspätungszuschlag nach Maßgabe
des § 227 AO zu erlassen. Begründung: Die Festsetzung des Bescheides ist ermessensfehlerhaft und
damit rechtswidrig. Mein Mandant hat die Frist erstmalig und nur um kurze Zeit überschritten.«
dd) »Ich beantrage den im Bescheid vom 03. 03. 03 festgesetzten Verspätungszuschlag zu erlassen«
(ohne weitere Begründung).
Hat Z (für Y) Einspruch eingelegt?

LÖSUNG Mindestvoraussetzung der Einlegung eines Einspruchs ist eine Erklärung, in der der Stpfl.
zu erkennen gibt, dass er mit dem Verwaltungsakt nicht einverstanden ist und Nachprüfung begehrt.
aa) Hier stellt Z einen Antrag auf Erlass des Verspätungszuschlags und begründet ihn auch i. S. d.
§ 227 AO (persönliche Unbilligkeit). Er trägt nicht vor, dass der Verwaltungsakt rechtswidrig ist und
will auch keine Überprüfung der Festsetzung des Verspätungszuschlags. Einspruch hat er nicht eingelegt.
bb) Z stellt zwar einen Antrag auf Erlass. Allerdings begründet er diesen mit der Rechtswidrigkeit
des Verspätungszuschlags. Sein wahrer Wille (§ 133 BGB) geht also dahin, dass das Finanzamt die
Festsetzung des Verspätungszuschlags nochmals überprüft und aufhebt. Z hat Einspruch eingelegt
(vgl. § 357 Abs. 1 Satz 4 AO).
cc) Z hat sich ausdrücklich auf § 227 AO berufen. Als Steuerberater weiß er, was er beantragt. Sein
wirklicher Wille (§ 133 BGB) geht allein dahin, einen Erlassantrag zu stellen. Sollte der Erlassantrag
keinen Erfolg haben, kommt auch eine Umdeutung in einen Einspruch (entsprechend § 140 BGB)
nicht in Betracht (siehe Rz. 2480).
dd) Z hat (nur) einen Erlassantrag gestellt. Aus seiner Erklärung ergeben sich keine Anhaltspunkte,
dass er den Verspätungszuschlag für rechtswidrig hält und Nachprüfung begehrt.
Hinweis: Zur Korrektur von Verspätungszuschlägen s. Rz. 2178 am Ende und s. Rz. 2183.

c) X gegenüber ist die ESt 01 durch ESt-Bescheid 01 vom 02. 02. 03 i. H. v. 15 000 € festgesetzt worden.
Weil er die ESt-Erklärung 01 verspätet abgegeben hat ist gleichzeitig ein Verspätungszuschlag i. H. v.

200 € festgesetzt worden. Mit Schreiben vom 20. 02. 03 erhebt X »Widerspruch gegen den Bescheid vom 02. 02. 03«. Der Widerspruch wird damit begründet, dass die ESt 01 aufgrund eines Rechtsfehlers des Finanzamts um 1 000 € zu hoch festgesetzt sei. Hat X Einspruch eingelegt?

LÖSUNG Zunächst wendet sich X gegen die ESt-Festsetzung. Er erstrebt eine für sich günstigere Entscheidung. Er hat Einspruch gem. § 347 Abs. 1 Nr. 1 AO eingelegt. Die Falschbezeichnung schadet nicht (§ 357 Abs. 1 Satz 4 AO).

Problematisch ist, ob X auch gegen den Verspätungszuschlag Einspruch erhoben hat. Dagegen spricht, dass er sich in der Begründung seines Schreibens ausdrücklich nur gegen die ESt-Festsetzung wendet. Allerdings greift X nicht speziell die Steuerfestsetzung an, sondern ganz global den Bescheid vom 02. 02. 03. Darunter fällt grundsätzlich auch die Festsetzung des Verspätungszuschlags. Die Erklärung des X ist insoweit unklar. Sein wahrer Wille (§ 133 BGB) ist aufgrund der objektiven Interessenlage zu ermitteln. Danach will sich X dann auch gegen den Verspätungszuschlag wenden, wenn dessen Höhe von der ESt-Festsetzung abhängen kann. Dies ist nach § 152 Abs. 2 Satz 2 AO (»Höhe des sich aus der Steuerfestsetzung ergebenden Zahlungsanspruchs«) der Fall. Im Zweifel hat der Stpfl. die für ihn günstigste Rechtslage gewollt. X hat m. E. also auch Einspruch gegen den Verspätungszuschlag eingelegt.

Hinweis: Hat der Stpfl. (auch durch schlüssiges Verhalten) keinen Einspruch gegen den Verspätungszuschlag erhoben und obsiegt er im Einspruchsverfahren, kann der Verspätungszuschlag gem. § 130 Abs. 1 AO der neuen Steuerfestsetzung angepasst werden (vgl. Rz. 2182).

2480   Erklärt sich der Stpfl. **eindeutig,** hat er jedoch verfahrensrechtlich einen **erfolglosen Weg** eingeschlagen, kann die Finanzbehörde dem Stpfl. durch eine Umdeutung (vgl. § 140 BGB) helfen, um das von ihm eigentlich Gewollte zu erreichen. Notfalls ist der wahre Wille durch Rückfragen zu ermitteln.

BEISPIEL

Der Stpfl. stellt innerhalb der Einspruchsfrist ausdrücklich den Antrag, den ESt-Bescheid wegen Werbungskosten gem. § 173 Abs. 1 Nr. 2 AO zu ändern. Er hat das nachträgliche Bekanntwerden der Werbungskosten grob schuldhaft zu vertreten.

LÖSUNG Der Antrag hat keinen Erfolg, da die Voraussetzungen des § 173 Abs. 1 Nr. 2 AO nicht vorliegen. Erfüllt der Antrag alle Zulässigkeitsvoraussetzungen eines Einspruchs, ist er als Einspruch umzudeuten. Der ESt-Bescheid ist dann zugunsten des Stpfl. durch Abhilfebescheid (§ 367 Abs. 2 Satz 3 AO) zu ändern

Eine Umdeutung kommt im Allgemeinen nicht in Betracht, wenn ein Angehöriger eines steuerberatenden Berufs die Erklärung abgibt. Hier ist zu unterstellen, dass er das Erklärte auch tatsächlich gewollt hat.

2.3 Die Statthaftigkeit des Einspruchs (§§ 347 und 348 AO)

2.3.1 Allgemeines

Statthaftigkeit bedeutet bei einem Einspruch, dass dieser gegen eine Entscheidung über-   **2481**
haupt stattfinden kann, dass er also durch das Gesetz zugelassen wird.

ÜBERSICHT: Statthaftigkeit des Einspruchs

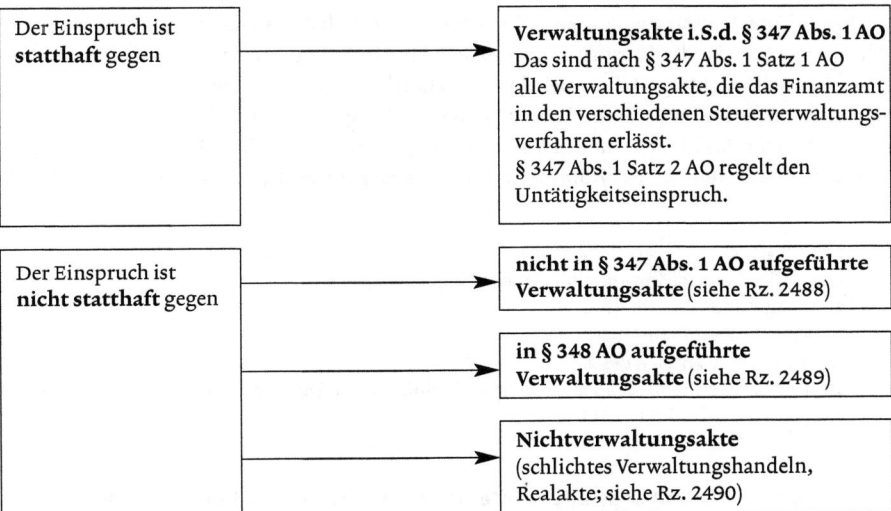

Der Einspruch ist **statthaft** gegen	→	**Verwaltungsakte i.S.d. § 347 Abs. 1 AO** Das sind nach § 347 Abs. 1 Satz 1 AO alle Verwaltungsakte, die das Finanzamt in den verschiedenen Steuerverwaltungs- verfahren erlässt. § 347 Abs. 1 Satz 2 AO regelt den Untätigkeitseinspruch.
Der Einspruch ist **nicht statthaft** gegen	→	**nicht in § 347 Abs. 1 AO aufgeführte Verwaltungsakte** (siehe Rz. 2488)
	→	**in § 348 AO aufgeführte Verwaltungsakte** (siehe Rz. 2489)
	→	**Nichtverwaltungsakte** (schlichtes Verwaltungshandeln, Realakte; siehe Rz. 2490)

2.3.2 Verwaltungsakte i. S. d. § 347 Abs. 1 AO

2.3.2.1 Verwaltungsakte in Abgabenangelegenheiten gem. § 347 Abs. 1 Nr. 1 AO

Nach § 347 Abs. 1 Nr. 1 AO ist der Einspruch statthaft gegen Verwaltungsakte in Abgaben-   **2482**
angelegenheiten, auf die die AO Anwendung findet. Den Begriff des Verwaltungsaktes definiert
§ 118 AO. Siehe dazu Rz. 1223 ff. Was eine Abgabenangelegenheit ist, umschreibt § 347 Abs. 2
AO. Den Anwendungsbereich der AO bestimmen § 1 AO oder andere gesetzliche Vorschriften
(z. B. Landesgesetze), die auf die AO verweisen. Siehe dazu Rz. 13 ff.

**Danach ist gem. § 347 Abs. 1 Nr. 1 AO der Einspruch insbesondere gegen die oben
unter Rz. 1229 aufgeführten Verwaltungsakte statthaft.**

Der Einspruch ist auch zulässig, wenn das Finanzamt einen Antrag des Stpfl. auf Aufhebung eines gegebenen Vorbehalts- oder Vorläufigkeitsvermerks (§ 164 Abs. 1 AO bzw. § 165
Abs. 1 AO) ablehnt. Wird der Vorbehalt nach § 164 Abs. 3 Satz 1 AO aufgehoben, kann der Stpfl.
gegen den dann endgültigen Bescheid (vgl. § 164 Abs. 3 Satz 2 AO) in vollem Umfang Einspruch
einlegen.

Gegen die Aufhebung des Nachprüfungsvorbehalts in der Einspruchsentscheidung ist die
Klage, nicht ein erneuter Einspruch gegeben. Dies gilt auch, wenn in einer Einspruchsentscheidung die bisher vorläufige Steuerfestsetzung für endgültig erklärt wird.

Der Einspruch ist auch statthaft, wenn der Stpfl. einen nichtigen Verwaltungsakt oder Scheinverwaltungsakt (also eigentlich ein rechtliches Nullum) angreift (vgl. AEAO zu § 347 Nr. 1 und oben Rz. 1302).

2.3.2.2 Verwaltungsakte in Verfahren zur Vollstreckung gem. § 347 Abs. 1 Nr. 2 AO

2483

Der Einspruch ist auch gegeben gegen Verwaltungsakte in **Verfahren zur Vollstreckung** von Verwaltungsakten **in anderen** als den in § 347 Abs. 1 Nr. 1 AO bezeichneten **Angelegenheiten**, soweit die Verwaltungsakte durch Bundesfinanzbehörden oder Landesfinanzbehörden nach den Vorschriften der AO zu vollstrecken sind. Vollstreckt das Finanzamt wegen eigener Steueransprüche ist der Einspruch gem. § 347 Abs. 1 Nr. 1 AO statthaft.

Die Vollstreckungsstellen der Finanzbehörden werden in einzelnen Fällen für andere Behörden **außerhalb des Bereichs der Steuern** auftragsweise tätig. So können z. B. Sozialversicherungsträger das Finanzamt um Einziehung der Beträge ersuchen. Das Finanzamt vollstreckt auch z. B. Gebühren für das Katasteramt, das Veterinäramt, Rundfunkgebühren oder Bußgelder.

> **BEISPIEL**
>
> Der Vollziehungsbeamte des Finanzamts vollstreckt gegen Z
> a) wegen Rundfunkgebühren,
> b) wegen Einkommensteuer.
> Er pfändet den Teppich des Z.
> **LÖSUNG** Z kann in beiden Fällen Einspruch einlegen. Im Fall a) gem. § 347 Abs. 1 Nr. 2 AO, im Fall b) nach § 347 Abs. 1 Nr. 1 AO.

2.3.2.3 Verwaltungsakte in öffentlich-rechtlichen und berufsrechtlichen Angelegenheiten gem. § 347 Abs. 1 Nr. 3 AO

2484

Nach § 347 Abs. 1 Nr. 3 AO ist der Einspruch statthaft gegen Verwaltungsakte in öffentlich-rechtlichen und berufsrechtlichen Angelegenheiten, auf die die AO nach § 164 a des Steuerberatungsgesetzes (StBerG) Anwendung findet.

Dabei geht es z. B. um

- die Befugnis zur geschäftsmäßigen Hilfeleistung in Steuersachen (§§ 2–4 StBerG),
- das Verbot und die Untersagung der Hilfeleistung in Steuersachen § 5 und 7 StBerG),
- Lohnsteuerhilfevereine (§§ 13 ff. StBerG),
- die Zulassung zur Prüfung und Bestellung zum Berufsträger einschließlich der Rücknahme und des Widerrufs der Bestellung sowie die Anerkennung von Steuerberatungsgesellschaften und Gesellschaften bürgerlichen Rechts sowie die Verlegung der beruflichen Niederlassung (§§ 35 ff StBerG),

Hinweis: Nach § 348 Nr. 3 und 4 AO ist der Einspruch nicht statthaft gegen Verwaltungsakte der obersten Finanzbehörden des Bundes und der Länder, außer wenn ein Gesetz das Einspruchsverfahren vorschreibt, gegen Entscheidungen in Angelegenheiten des Zweiten und Sechsten Abschnitts des Zweiten Teils des Steuerberatungsgesetzes (vgl. Rz. 2489). In diesen Fällen greift unmittelbar der gerichtliche Rechtsschutz.

2.3.2.4   Verwaltungsakte in anderen Angelegenheiten gem. § 347 Abs. 1 Nr. 4 AO

Nach § 347 Abs. 1 Nr. 4 AO ist der Einspruch auch in **anderen** durch die Finanzbehörden   **2485**
verwalteten **Angelegenheiten** gegeben, soweit die Vorschriften über die außergerichtlichen
Rechtsbehelfe durch Gesetz für anwendbar erklärt worden sind oder erklärt werden.

Voraussetzung ist hier also, dass es sich um durch Finanzbehörden verwaltete Angelegen-
heiten, aber nicht um Abgabenangelegenheiten handelt (dann greift schon § 347 Abs. 1 Nr. 1
AO), und dass ausdrücklich durch Gesetz die Anwendung der §§ 347 ff. AO angeordnet wird.
Siehe dazu ausführlich Rz. 14.

2.3.2.5   Der Untätigkeitseinspruch nach § 347 Abs. 1 Satz 2 AO

Der Untätigkeitseinspruch ist – mit Ausnahme der in § 348 AO angeführten Fälle – gege-   **2486**
ben und damit zulässig, wenn ein Stpfl. geltend macht, dass über einen von ihm gestellten
Antrag auf Erlass eines Verwaltungsaktes ohne Mitteilung eines zureichenden Grundes binnen
einer angemessenen Frist sachlich nicht entschieden worden sei. Die Angemessenheit der Frist
richtet sich nach den Umständen des Einzelfalles. Über einen Antrag auf Stundung einer Steuerschuld ist in der Regel früher zu entscheiden als über einen Antrag auf Änderung der Steuerfestsetzung (z. B. gem. § 164 AO). Die sechsmonatige Frist bei der Untätigkeitsklage (vgl. § 46
FGO) ist für den Untätigkeitseinspruch nur sehr eingeschränkt anwendbar. Maßgebend für die
Angemessenheit der Frist ist der Zeitpunkt der Entscheidung, so dass ein zunächst unzulässiger
Untätigkeitseinspruch in die Zulässigkeit hineinwachsen kann.

Ob die Untätigkeit der Finanzbehörde begründet ist, wird **in der Praxis** selten geprüft   **2487**
werden. Die Finanzbehörde wird aus verfahrensökonomischen Gründen eher über den Antrag
auf Erlass eines Verwaltungsaktes entscheiden. Damit erledigt sich der Untätigkeitseinspruch.
Dabei ist es ohne Belang, ob die Entscheidung zur Sache für den Stpfl. positiv oder negativ aus-
fällt.

Verhält sich die Finanzbehörde auf einen Einspruch hin untätig, ist nicht der Untätigkeitseinspruch, sondern die Untätigkeitsklage (§ 46 FGO) gegeben (§ 348 Nr. 2 AO). Demzufolge
kann sich der Stpfl. gegen die Nichtbearbeitung des Untätigkeitseinspruchs mit der Untätigkeitsklage wehren.

2.3.3   Ausschluss des Einspruchs

2.3.3.1   Kein Einspruch gegen nicht in § 347 Abs. 1 AO aufgeführte Verwaltungs-
akte

Verwaltungsakte, die nicht in § 347 Abs. 1 AO aufgeführt sind, können nicht mittels Ein-   **2488**
spruch angegriffen werden. Alle Verwaltungsakte, die das Finanzamt gegenüber dem Bürger
erlässt, fallen unter § 347 Abs. 1 AO und sind daher mittels Einspruch anzufechten.

Will man Steuerbescheide, die die Gemeinden erlassen, angreifen (z. B. Gewerbesteuerbescheide oder Grundsteuerbescheide; siehe oben Rz. 2452), finden die §§ 347 ff. AO gem. § 1
Abs. 2 AO keine Anwendung. Der Stpfl. muss Widerspruch gem. §§ 68 ff. VwGO einlegen.

2.3.3.2 Ausschluss des Einspruchs gem. § 348 AO

2489

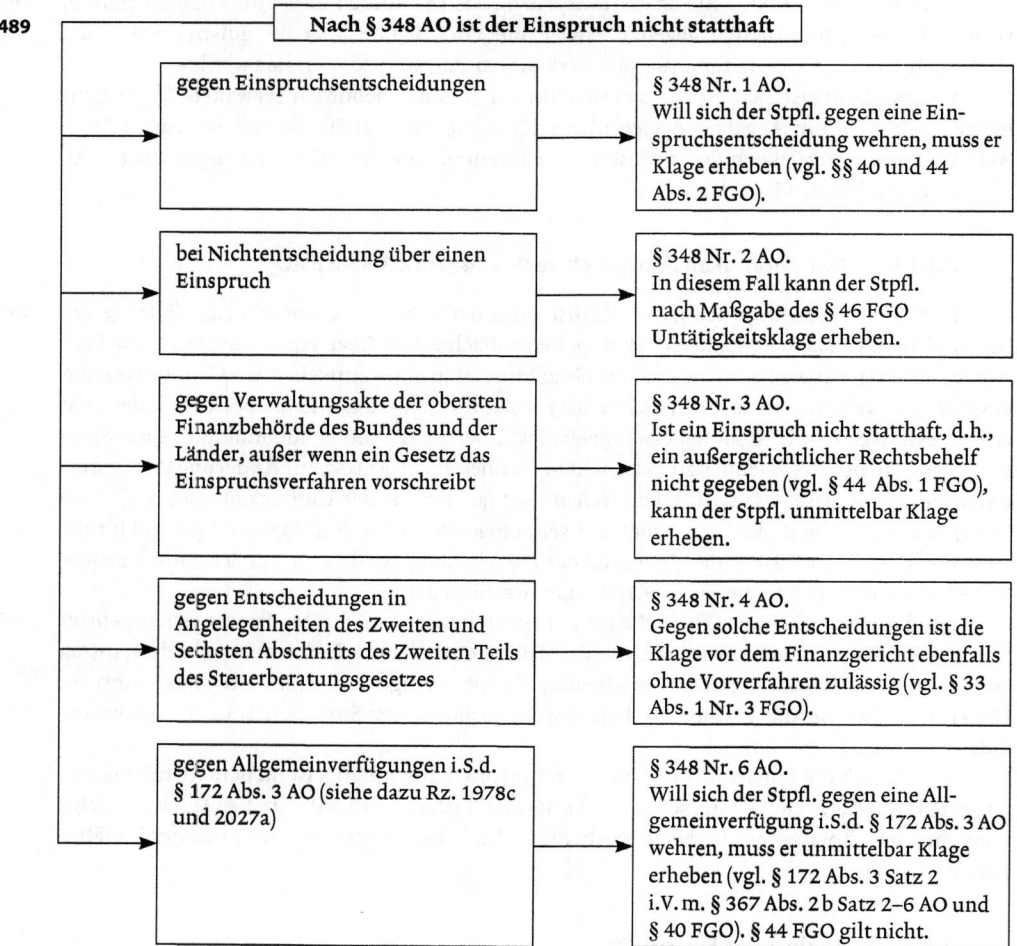

Nach § 348 AO ist der Einspruch nicht statthaft	
gegen Einspruchsentscheidungen	§ 348 Nr. 1 AO. Will sich der Stpfl. gegen eine Einspruchsentscheidung wehren, muss er Klage erheben (vgl. §§ 40 und 44 Abs. 2 FGO).
bei Nichtentscheidung über einen Einspruch	§ 348 Nr. 2 AO. In diesem Fall kann der Stpfl. nach Maßgabe des § 46 FGO Untätigkeitsklage erheben.
gegen Verwaltungsakte der obersten Finanzbehörde des Bundes und der Länder, außer wenn ein Gesetz das Einspruchsverfahren vorschreibt	§ 348 Nr. 3 AO. Ist ein Einspruch nicht statthaft, d.h., ein außergerichtlicher Rechtsbehelf nicht gegeben (vgl. § 44 Abs. 1 FGO), kann der Stpfl. unmittelbar Klage erheben.
gegen Entscheidungen in Angelegenheiten des Zweiten und Sechsten Abschnitts des Zweiten Teils des Steuerberatungsgesetzes	§ 348 Nr. 4 AO. Gegen solche Entscheidungen ist die Klage vor dem Finanzgericht ebenfalls ohne Vorverfahren zulässig (vgl. § 33 Abs. 1 Nr. 3 FGO).
gegen Allgemeinverfügungen i.S.d. § 172 Abs. 3 AO (siehe dazu Rz. 1978c und 2027a)	§ 348 Nr. 6 AO. Will sich der Stpfl. gegen eine Allgemeinverfügung i.S.d. § 172 Abs. 3 AO wehren, muss er unmittelbar Klage erheben (vgl. § 172 Abs. 3 Satz 2 i.V.m. § 367 Abs. 2b Satz 2–6 AO und § 40 FGO). § 44 FGO gilt nicht.

BEISPIEL

Der Examenskandidat X erhält aufgrund seiner nicht ausreichenden Leistungen in den Klausuren den Bescheid, dass er die Steuerberaterprüfung nicht bestanden hat. Nach Durchsicht seiner Klausuren ist X der Meinung, die Prüfer hätten ihm in einer Klausur zu wenig Punkte gegeben. Er will die Zulassung zur mündlichen Prüfung erreichen.

LÖSUNG Nach § 347 Abs. 1 Nr. 3 AO i. V. m. § 164 a StBerG ist zwar grundsätzlich der Einspruch statthaft. Gem. § 348 Nr. 4 AO und §§ 35 und 37 StBerG ist ein Einspruch hier jedoch ausgeschlossen. Will X die Zulassung zur mündlichen Prüfung erreichen, muss er vor dem Finanzgericht Verpflichtungsklage gem. § 40 Abs. 1 Alt. 2 FGO erheben (vgl. § 33 Abs. 1 Nr. 3 FGO).

2.3.3.3   Kein Einspruch gegen Nichtverwaltungsakte

Maßnahmen von Finanzbehörden, die keine Verwaltungsakte i. S. d. § 118 AO darstellen, **2490** können nicht mit dem Einspruch angegriffen werden.

Nach § 118 Satz 1 AO ist ein Verwaltungsakt eine behördliche Maßnahme auf dem Gebiet des öffentlichen Rechts zur Regelung eines Einzelfalls mit Außenwirkung. Siehe dazu oben Rz. 1223 ff. Fehlt eine dieser Voraussetzungen, ist kein Verwaltungsakt, sondern sog. schlichtes Verwaltungshandeln (Realakt) gegeben.

Keine Verwaltungsakte sind insbesondere die unter Rz. 1230 aufgeführten behördlichen Maßnahmen.

2.4   Form (§ 357 AO)

Der Gesetzgeber stellt nur geringe Anforderungen an die Form eines Einspruchs, weil im **2491** außergerichtlichen Verfahren der begehrte Rechtsschutz nicht an Formalien scheitern soll. Aus Gründen der Rechtssicherheit sind aber gewisse Regeln zu beachten.

2.4.1   Äußere Form (§ 357 Abs. 1 AO)

Der Stpfl. muss den Einspruch schriftlich, elektronisch oder zur Niederschrift einlegen. In der Praxis ist die **Schriftform** die häufigste. Der Stpfl. muss das Schriftstück nicht selbst verfassen, er kann einen Dritten darum bitten. Das Fehlen der Unterschrift ist (entgegen § 126 BGB) ohne Belang, wenn aus dem Schriftstück hervorgeht, wer Einspruchsführer ist (§ 357 Abs. 1 Satz 2 AO). Insoweit liegt eine formgerechte Einlegung auch bei der Übermittlung durch **Fernschreiber, Telebrief oder Telefax** vor (vgl. BFH vom 26. 03. 1991 BStBl II 1991, 463).

Nach § 87 a AO ist auch die Einlegung durch **E-Mail** möglich. § 87 a Abs. 3 Satz 2 AO findet dabei keine Anwendung: Wenn bei einem Einspruchsschreiben die Unterschrift fehlen darf, ist bei einer E-Mail auch die qualifizierte elektronische Signatur nicht erforderlich (vgl. AEAO zu § 357 Nr. 1).

Bei der **Niederschrift** wird eine mündlich vorgebrachte Erklärung von einem zuständigen Amtsträger der Behörde im Beisein des Erklärenden zu Papier gebracht. Die aufgenommene Erklärung wird dann vorgelesen und vom Stpfl. unterschrieben. Der Amtsträger bestätigt den Vorgang ebenfalls durch seine Unterschrift (vgl. §§ 159 bis 165 ZPO). Eine Niederschrift aufgrund telefonisch vorgebrachter Erklärung ist danach nicht zulässig. Die Einlegung eines Einspruchs durch Niederschrift wird vornehmlich von solchen Stpfl. gewählt, die die deutsche Sprache nur wenig beherrschen.

Da die o. g. minimalen Förmlichkeiten zwingend sind, kann ein mündlich, dazu gehört auch ein telefonisch vorgebrachter Einspruch nicht zulässig sein. Dies gilt auch dann, wenn der Amtsträger einen Aktenvermerk gefertigt hat. Er hat jedoch die Pflicht, den Stpfl. auf die erforderliche Form hinzuweisen, damit dieser innerhalb der Einspruchsfrist den formgerechten Einspruch einlegen kann. Andernfalls könnte eine Wiedereinsetzung in den vorigen Stand (§ 110 AO) in Betracht kommen.

Die unrichtige Bezeichnung des Einspruchs schadet nicht (§ 357 Abs. 1 Satz 4 AO). Siehe Rz. 2475–2479.

2.4.2 Inhalt (§ 357 Abs. 3 AO)

2492   Im Gegensatz zur äußeren Form gibt es hier nur Soll-Vorschriften. Verstöße führen nicht zur Unzulässigkeit des Einspruchs. Der Stpfl. sollte jedoch im eigenen Interesse diese Erfordernisse beachten.

Der Verwaltungsakt, gegen den der Einspruch gerichtet ist, soll bezeichnet werden (Satz 1). Ergibt sich der angefochtene Verwaltungsakt nicht zweifelsfrei aus dem Schriftstück, ist notfalls von der Finanzbehörde beim Stpfl. rückzufragen oder der wirkliche Wille durch Auslegung oder Umdeutung zu ermitteln.

BEISPIEL

Ein Stpfl. erhält vom Finanzamt (zeitgleich) einen Gewinnfeststellungsbescheid (Grundlagenbescheid) und einen Steuerbescheid (Folgebescheid). Er legt Einspruch ein, ohne den angegriffenen Bescheid zu bezeichnen.

LÖSUNG Ergibt sich nicht aus der Begründung, welcher Bescheid vom Stpfl. gemeint ist, sollte das Finanzamt das Begehren zugunsten des Stpfl. auslegen (im Zweifelsfall Einspruch gegen beide Bescheide) oder durch Rückfragen klären.

2493   Es soll ferner angegeben werden, inwieweit der Verwaltungsakt angefochten und seine Aufhebung beantragt wird (Satz 2) und welche Tatsachen und Beweismittel der Begründung dienen (Satz 3). Der Stpfl. kann auf die Einhaltung dieser Sollvorschrift verzichten. Er kann also einen Einspruch einlegen, ohne diesen zu begründen (vgl. BFH vom 11.09.1986 BStBl II 1987, 5). Auch in diesem Falle muss die Finanzbehörde den Verwaltungsakt grundsätzlich voll auf seine Rechtmäßigkeit hin überprüfen (§ 367 Abs. 2 AO). Sie ist jedoch nicht verpflichtet, den möglichen Fehler selbst zu suchen. Vielmehr darf sie sich auf eine Prüfung nach Aktenlage beschränken. Dies führt in der Praxis häufig dazu, dass ein ohne Begründung eingelegter Einspruch – ohne größere Prüfung – als unbegründet zurückgewiesen wird.

2494   **Hinweis:** Das Finanzamt kann dem Stpfl. nach Maßgabe des § 364 b AO zur Begründung seines Einspruchs eine Ausschlussfrist setzen. Siehe dazu Rz. 2652 ff. Diese Regelung steht mit § 357 Abs. 3 AO im Einklang (vgl. dazu Große, Die Fristsetzung gem. § 364 b AO, DB 1996, 60, 61).

2.4.3 Anbringungsbehörde (§ 357 Abs. 2 AO)

2495   Der Einspruch ist innerhalb der Einspruchsfrist bei einer für die Entgegennahme von Einsprüchen zuständigen Behörde (Anbringungsbehörde) einzureichen. Das Gesetz differenziert zwischen dieser Behörde und derjenigen, die über den Einspruch entscheidet (vgl. § 367 Abs. 1 AO). Regelmäßig sind Anbringungsbehörde und Entscheidungsbehörde identisch. Nach allgemeinem Grundsatz ist der Einspruch **bei der Finanzbehörde** anzubringen, **deren Verwaltungsakt angefochten wird** oder bei der ein Antrag auf Erlass eines Verwaltungsaktes gestellt worden ist (Satz 1).

2496   **Einsprüche gegen Feststellungsbescheide** (§§ 179, 180 AO) oder Steuermessbescheide (§ 184 AO) können auch bei der für die Erteilung des Folgebescheides zuständigen Behörde eingelegt werden (Satz 2). Diese Regelung dient dem Schutze des Stpfl., der sich möglicherweise nicht durch den Grundlagenbescheid beschwert fühlt, sondern durch die darauf beruhende Steuerfestsetzung. Die Vorschrift ist sinnvoll, wenn der Stpfl. beide Bescheide gleichzeitig erhält.

BEISPIEL

B, der in Bensheim ein Gewerbe betreibt und in Darmstadt wohnt, kann daher gegen einen vom
Finanzamt Bensheim erlassenen Gewinnfeststellungsbescheid (§ 180 Abs. 1 Nr. 2 Buchst. b) AO
sowohl beim Finanzamt Bensheim (gem. § 357 Abs. 2 Satz 1 AO) als auch beim Finanzamt Darmstadt, das den ESt-Bescheid erteilen muss, (gem. § 357 Abs. 2 Satz 2 AO) Einspruch einlegen.
Will B gegen den ESt-Bescheid Einspruch erheben, muss er diesen beim Finanzamt Darmstadt
anbringen (§ 357 Abs. 2 Satz 1 AO). B kann den Einspruch nicht auch beim Finanzamt Bensheim
einlegen. Die Regelung des § 357 Abs. 2 Satz 2 AO kann nicht umgekehrt werden.

Nach § 357 Abs. 2 Satz 3 AO kann ein Einspruch, der sich gegen einen Verwaltungsakt   **2497**
richtet, den eine Behörde aufgrund gesetzlicher Vorschrift für die (eigentlich) zuständige
Finanzbehörde erlassen hat, auch bei der zuständigen Finanzbehörde angebracht werden.

BEISPIEL

A wohnt und betreibt einen Gewerbebetrieb im Bezirk des Finanzamts X, das für ihn auch grundsätzlich örtlich zuständig ist (§§ 19 Abs. 1, 21 Abs. 1, 22 Abs. 1 AO). Die Außenprüfung wird gem.
§ 195 Satz 2 AO vom Finanzamt Y durchgeführt, das nach § 195 Satz 3 AO auch die erforderlichen
Steuerfestsetzungen vornimmt.
LÖSUNG Hier kann A Einspruch beim Finanzamt Y (gem. § 357 Abs. 2 Satz 1 AO) oder beim Finanzamt X (gem. § 357 Abs. 2 Satz 3 AO) einlegen.

In den Fällen der Sätze 2 und 3 ist der Einspruch der für die Entscheidung zuständigen   **2498**
Finanzbehörde zu übermitteln. Dabei ist es unerheblich, ob die Übermittlung innerhalb der
Einspruchsfrist erfolgt oder nicht. Allein entscheidend ist, dass der Einspruch fristgerecht bei
einer der nach den Sätzen 1 bis 3 genannten Behörden eingeht.

Die schriftliche Anbringung bei anderen – als den oben genannten – Behörden ist   **2499**
unschädlich, wenn der Einspruch vor Ablauf der Einspruchsfrist einer der Behörden übermittelt wird, bei der er nach den Sätzen 1 bis 3 angebracht werden kann (§ 357 Abs. 2 Satz 4 AO).
Übermittelt die andere (unzuständige) Behörde den Einspruch einer nach den Sätzen 1 bis 3
zuständigen Finanzbehörde innerhalb der Einspruchsfrist, ist der Einspruch insoweit zulässig.
Erfolgt die Übermittlung nicht oder außerhalb der Einspruchsfrist ist der Einspruch unzulässig.
Der Stpfl. trägt also hier das Risiko der Fristversäumung. Kann jedoch eine Behörde leicht und
einwandfrei erkennen, dass sie für einen bei ihr eingegangenen Einspruch nicht und welche
Finanzbehörde zuständig ist, hat sie diesen Einspruch unverzüglich an die zuständige Finanzbehörde weiterzuleiten. Geschieht dies nicht und wird dadurch die Einspruchsfrist versäumt,
kommt Wiedereinsetzung in den vorigen Stand (§ 110 AO) in Betracht (AEAO zu § 357 Nr. 2;
BVerfG vom 02. 09. 2002 BStBl II 2002, 835).

BEISPIEL

Das Finanzamt Friedberg gibt dem Stpfl. am 01. 03. 01 einen Gewinnfeststellungsbescheid bekannt.
Das Finanzamt Offenbach sendet dem Stpfl. am 01. 06. 01 den ESt(-Folge)bescheid. Der Stpfl. zieht
Anfang Juni nach Hanau um, wo er ab 15. 06. 01 steuerlich geführt wird. Er legt am 28. 06. 01 gegen
den ESt-Bescheid Einspruch ein
a) beim Finanzamt Friedberg,
b) beim Finanzamt Offenbach,
c) beim Finanzamt Hanau,
d) bei der Polizei in Darmstadt.

LÖSUNG

a) Hier greift allein § 357 Abs. 2 Satz 4 AO. Der Einspruch ist vom Finanzamt Friedberg an das Finanzamt Offenbach zu übermitteln, er muss dort innerhalb der Einspruchsfrist (bis 01. 07. 01) eingehen. Das Risiko der rechtzeitigen Übermittlung trägt der Stpfl. Satz 2 gilt nicht, da der Stpfl. nicht den Gewinnfeststellungsbescheid angreift.

b) Dies ist richtig gem. § 357 Abs. 2 Satz 1 AO.

c) Hier greift nur Satz 4. Der Einspruch ist wie im Falle a) an das Finanzamt Offenbach zu übermitteln. Es tritt aber ein unbilliges Ergebnis ein, wenn die Übersendung verspätet erfolgt. Für die Entscheidung über den Einspruch ist nämlich das Finanzamt Hanau (§ 367 Abs. 1 Satz 2 AO) zuständig. Das Finanzamt Offenbach muss daher den Einspruch wieder an das Finanzamt Hanau zurücksenden, es sei denn, es zieht den Fall mit dessen Zustimmung an sich (vgl. § 26 Satz 2 AO). Der Stpfl. hat dann den Einspruch innerhalb der Frist bei der für die Entscheidung zuständigen Finanzbehörde eingelegt, trotzdem soll der Einspruch verspätet sein. Dieses unverständliche Ergebnis kann beseitigt werden, indem in diesem Falle dem Stpfl. Wiedereinsetzung in den vorigen Stand (§ 110 AO) gewährt wird. Vgl. dazu AEAO zu § 357 Nr. 3.

d) Auch hier greift allein Satz 4.

2.5   Frist (§§ 355, 356 AO)

2500

Die Frist für die Einlegung des Einspruchs beträgt **einen Monat**. Sie beginnt mit der Bekanntgabe des Verwaltungsaktes (§ 355 Abs. 1 Satz 1 AO) bzw. mit dem Eingang der Steueranmeldung (vgl. Satz 2). Für die Fristenberechnung gilt § 108 AO i. V. m. §§ 186 ff. BGB. Siehe Rz. 127 ff. Der Zeitpunkt der Bekanntgabe ergibt sich im Normalfall aus § 122 Abs. 2 Nr. 1 AO. Siehe dazu oben Rz. 1282 ff.

Voraussetzung für den Fristbeginn ist eine wirksame Bekanntgabe.

2501

Frühestmöglicher Zeitpunkt für die Einlegung des Einspruchs ist grundsätzlich die Bekanntgabe des Verwaltungsaktes. Es ist hierbei auf den tatsächlichen Zugang abzustellen, nicht auf die Vermutung des Bekanntgabezeitpunkts (§ 122 Abs. 2 AO). Letzterer gilt, wenn die tatsächliche Bekanntgabe später erfolgt ist.

BEISPIEL

Das Finanzamt gibt am 01. 03. 01 einen Steuerbescheid zur Post. Der Stpfl., der diesen am 02. 03. 01 erhält, legt am selben Tage Einspruch ein. Der Einspruch ist fristgerecht erfolgt. Obgleich der Bescheid erst am 04. 03. 01 als bekannt gegeben gilt (§ 122 Abs. 2 AO), kann der Stpfl. Einspruch einlegen, weil er ihn am 02. 03. 01 tatsächlich erhalten hat. Für die Berechnung des Endes der Frist gilt allerdings § 122 Abs. 2 AO. Danach endet die Einspruchsfrist mit Ablauf des 04. 04. 01 (§ 108 Abs. 1 AO und §§ 187 Abs. 1, 188 Abs. 2 BGB).

Erhebt ein Stpfl. dagegen vor der Bekanntgabe Einspruch, also bevor er den Bescheid überhaupt erhalten hat, ist der Einspruch unzulässig (BFH vom 13. 12. 1974 BStBl II 1974, 433). Eine Ausnahme von diesem Grundsatz ist m. E. nur möglich, wenn der Inhalt des Bescheides (z. B. die Höhe der Steuerschuld) bereits feststeht und dem Stpfl. bekannt ist.

Bei Steueranmeldungen beginnt die Frist mit ihrem Eingang bei der Finanzbehörde, in den Fällen des § 168 Satz 2 AO bei Bekanntwerden der Zustimmung (§ 355 Abs. 1 Satz 2 AO). Zwar können Steueranmeldungen auch leicht außerhalb des Einspruchsverfahrens gem. §§ 168 und 164 Abs. 2 AO korrigiert werden. Ein Einspruch kann in geeigneten Fällen jedoch sinnvoll sein, um so z. B. die Aussetzung der Vollziehung (§ 361 Abs. 2 AO) zu erreichen.

Die Einspruchsfrist ist eine **Ausschlussfrist**, sie kann von der Finanzbehörde nicht verlän- **2502**
gert werden. Dem Stpfl. kann jedoch bei schuldloser Versäumung der Frist **Wiedereinsetzung
in den vorigen Stand** gewährt werden (§ 110 AO). Siehe dazu Rz. 130 ff. Die Entscheidung darüber ist ein unselbstständiger Teil der Entscheidung zur Hauptsache. Lehnt die Finanzbehörde
die Wiedereinsetzung ab, verwirft sie den Einspruch als unzulässig, gewährt sie die Wiedereinsetzung, muss sie in der Hauptsache entscheiden.

Eine für die Wiedereinsetzung im Einspruchsverfahren bedeutende Vorschrift ist § 126 **2503**
Abs. 3 AO. Fehlt einem Verwaltungsakt die erforderliche **Begründung** (§ 121 AO) oder ist die
erforderliche **Anhörung** (§ 91 AO) **unterblieben** und ist dadurch die rechtzeitige Anfechtung
des Verwaltungsaktes versäumt worden, so gilt die Versäumung der Einspruchsfrist als nicht
verschuldet.

Die Fristversäumnis muss auf dem Fehlen der Begründung oder der Anhörung beruhen **2504**
(vgl. den Gesetzestext: Die rechtzeitige Anfechtung muss »dadurch« versäumt worden sein).
Dieser **Kausalzusammenhang** ist häufig nicht eindeutig zu beweisen. Hier sind aber keine großen Anforderungen zu stellen. Es reicht i. d. R. aus, wenn der Stpfl. behauptet, die Frist wegen
der fehlenden Begründung und Anhörung versäumt zu haben. Zweifel gehen zu Lasten der
Finanzbehörde.

§ 126 **Abs. 3 AO fingiert das schuldlose Verhalten** des Stpfl. Es sind dann weiter die übrigen Voraussetzungen des § 110 zu prüfen.

BEISPIEL

X ist freiberuflicher Dozent und macht in seiner ESt-Erklärung 01 erstmals Aufwendungen für sein
häusliches Arbeitszimmer i. H. v. 1 200 € geltend. Der Sachbearbeiter erkennt die Aufwendungen
nicht an, weil er die tatsächlichen Voraussetzungen nicht für gegeben hält. Er hört den X nicht an
(§ 91 AO) und begründet (§ 121 AO) die Streichung der geltend gemachten Kosten auch nicht im
ESt-Bescheid 01, der am 02. 02. 03 (Tag der Bekanntgabe) ergeht. Anfang 04 wendet sich X an das
Finanzamt und beantragt Berücksichtigung seiner Aufwendungen. Er trägt vor, er ihm sei erst jetzt
zufällig aufgefallen, dass das Finanzamt sein Arbeitszimmer nicht berücksichtigt habe.
LÖSUNG Der Antrag des X kann als Einspruch ausgelegt werden.
Die Einspruchsfrist ist abgelaufen. § 110 AO kommt unmittelbar nicht zur Anwendung, weil X
schuldhaft die Frist versäumt hat: Er hätte den Bescheid überprüfen können und rechtzeitig Ein-
spruch einlegen können. Die Wiedereinsetzung ist jedoch gem. § 126 Abs. 3 AO zu gewähren. Das
Finanzamt hätte den X anhören müssen (§ 91 AO) und/oder die von der Erklärung abweichende
Entscheidung begründen müssen (§ 121 Abs. 1 AO). X hat aus diesen Gründen die Einspruchsfrist
versäumt. Es reicht aus, wenn er (auch nur schlüssig) vorträgt, dass bei Kenntnis der Streichung
rechtzeitig Einspruch eingelegt hätte. Das Versäumen gilt also als unverschuldet (§ 110 Abs. 1 AO).
Zu beachten ist, dass für den Antrag auf Wiedereinsetzung bzw. die Nachholung der versäumten
Handlung (hier Erhebung des Einspruchs; vgl. im vorliegenden Fall § 357 Abs. 1 Satz 4 AO) die Jah-
resfrist des § 110 Abs. 3 AO gilt. X müsste sich also spätestens bis zum Ablauf des 02. 03. 04 an das
Finanzamt wenden.

Besondere Bedeutung für den Lauf der Frist kommt der **Rechtsbehelfsbelehrung** zu. Ein **2505**
schriftlicher Verwaltungsakt soll den Adressanten schriftlich belehren über die Möglichkeit
eines Einspruchs, über den Sitz der Finanzbehörde, bei der er einzulegen ist, und über die einzuhaltende Frist, wobei auf die Bekanntgabevermutung des § 122 Abs. 2 AO und die Monatsfrist des § 355 Abs. 1 AO hinzuweisen ist (§ 356 Abs. 1 AO). In der Praxis enthält ein maschinell
erstellter Bescheid die erforderliche Rechtsbehelfsbelehrung automatisch.

Ist diese Belehrung jedoch unterblieben, wird der Lauf der Einspruchsfrist nicht in Gang **2506**
gesetzt. Der Stpfl. kann dann binnen eines Jahres ab Bekanntgabe des Verwaltungsaktes den

Einspruch einlegen; es sei denn, dass eine schriftliche Belehrung dahin erfolgt ist, dass ein Rechtsbehelf nicht gegeben sei. Bei Fällen der höheren Gewalt wird der Fristablauf entsprechend gehemmt (§ 356 Abs. 2 AO). Wird die erforderliche schriftliche Belehrung nachgeholt, beginnt ab diesem Zeitpunkt die Monatsfrist zu laufen.

BEISPIELE

a) Das Finanzamt lehnt am 10. 04. 01 mündlich (rechtlich zulässig, in der Praxis aber unüblich) einen Antrag auf Stundung ab. Die Einspruchsfrist läuft mit Ablauf des 10. 05. 01 ab. § 356 AO gilt nicht, weil der ablehnende Verwaltungsakt nicht schriftlich erteilt worden ist.

b) Das Finanzamt lehnt am 05. 05. 01 (Bekanntgabetag) schriftlich einen Antrag auf Stundung ab und verzichtet auf eine Einspruchsbelehrung. Die Einspruchsfrist läuft mit Ablauf des 05. 05. 02 ab.

Dem Unterlassen der Rechtsbehelfsbelehrung ist deren unrichtige Erteilung gleichgestellt (§ 356 Abs. 2 AO). Enthält die unrichtige Rechtsbehelfsbelehrung eine zu lange Frist, dann gilt diese und nicht die Jahresfrist (str.). Bei zu kurzer Frist treten die Rechtsfolgen des § 356 Abs. 2 AO ein. Der Untätigkeitseinspruch (§ 347 Abs. 1 Satz 2 AO) ist unbefristet (§ 355 Abs. 2 AO).

2.6 Beteiligtenfähigkeit (§ 359 AO)

2507 Beteiligt am Einspruchsverfahren ist – abweichend von der allgemeinen Vorschrift des § 78 AO –, wer den Einspruch eingelegt hat (Einspruchsführer), sowie, wer zum Verfahren gem. § 360 AO hinzugezogen worden ist (§ 359 AO).

Als über den Einspruch entscheidende Stelle ist die **Finanzbehörde keine Beteiligte**. Sie wird dies erst im gerichtlichen Verfahren (§ 57 Abs. 1 FGO).

Einen Einspruch einlegen kann nur derjenige, der **steuerlich rechtsfähig** ist, d. h. wer Träger von steuerlichen Rechten und Pflichten sein kann oder als solcher vom Finanzamt in Anspruch genommen wird. Siehe dazu oben Rz. 99 – 103.

2.7 Einspruchsfähigkeit (§ 365 Abs. 1 AO, § 79 AO)

2508 Während die Beteiligtenfähigkeit bestimmt, welche Personen bzw. Personenvereinigungen an einem Verfahren beteiligt sein können, regelt die Einspruchsfähigkeit (im Prozessrecht spricht man von Prozessfähigkeit), **wer die Fähigkeit besitzt, wirksame Verfahrenshandlungen vor- und entgegennehmen zu können**. Diese Handlungsfähigkeit besitzen die in § 79 aufgeführten Personen. Siehe dazu Rz. 967 ff.

BEISPIEL

Das Finanzamt gibt den USt-Bescheid 09 gegenüber der M GbR bekannt. Gesellschafter sind M und X. Die Vertretungsbefugnis ist gesellschaftsvertraglich nicht speziell geregelt. Allein X legt gegen den Bescheid Einspruch ein. Ist der Einspruch zulässig?

LÖSUNG Nach § 79 Abs. 1 Nr. 3 AO kann eine GbR nur durch ihre vertretungsbefugten Gesellschafter Einspruch einlegen. Soweit keine Einzelvertretungsbefugnis eines Gesellschafters vereinbart ist (vgl. §§ 714, 710 BGB), müssen alle Gesellschafter gem. §§ 709, 714 BGB gemeinschaftlich Einspruch einlegen (so auch BFH vom 10. 04. 2001 BFH/NV 2001, 1220). Der allein durch X eingelegte Einspruch ist nicht zulässig.

Die handlungsfähigen Personen müssen den Einspruch **nicht selbst** einlegen. Wie in allen anderen Steuerverwaltungsverfahren steht es ihnen frei sich durch **Bevollmächtigte** (§ 80 AO) vertreten zu lassen. Siehe dazu Rz. 974 ff. Die Erteilung der Vollmacht ist Verfahrenshandlung, so dass nur derjenige einen Bevollmächtigten bestellen kann, der selber einspruchsfähig ist.

Der Bevollmächtigte vertritt den Beteiligten im Einspruchsverfahren. Er tritt an seiner Stelle auf und muss selbstverständlich ebenfalls die Handlungsfähigkeit (§ 79 Nr. 1 AO) besitzen. Handelt ein Vertreter, bewusst oder unbewusst, ohne Vollmacht, wird er dadurch nicht zum Verfahrensbeteiligten, denn er tritt ausdrücklich im fremden Namen auf. Beteiligter wird derjenige, in dessen Namen er handelt. Die Entscheidung, die den Einspruch als unzulässig verwirft, ergeht gegen den angeblich Vertretenen als Verfahrensbeteiligten. Die Finanzbehörde sollte den Vertreter auf diese Möglichkeit hinweisen, bevor sie den Einspruch als unzulässig verwirft. Der Vertreter kann dann den Einspruch zurücknehmen. Wird die Vollmacht nachträglich erteilt, ist der Fehler geheilt, der Einspruch ist zulässig. Bei Angehörigen der steuerberatenden Berufe wird eine ordnungsgemäße Bevollmächtigung vermutet (§ 80 Abs. 2 AO). Allerdings kann die Finanzbehörde auch ohne Anlass den Nachweis der Vollmacht verlangen (§ 80 Abs. 3 AO).

2.8 Einspruchsbefugnis (Beschwer; §§ 350 ff. AO)

2.8.1 Allgemeines

Nur derjenige ist befugt, Einspruch einzulegen, der geltend macht, durch einen Verwaltungsakt oder dessen Unterlassung beschwert zu sein (§ 350 AO).   2509

Der Stpfl. soll die Überprüfung eines Verwaltungsaktes nicht willkürlich erreichen, sondern nur, wenn er vorbringt, persönlich durch einen Verwaltungsakt belastet zu sein.

An die Geltendmachung der Beschwer dürfen **keine großen Anforderungen** gestellt werden. Die Rechtmäßigkeit eines Verwaltungsaktes darf nicht im Rahmen der Zulässigkeit, sondern muss in der Begründetheit geprüft werden. Es genügt daher, wenn die Beschwer behauptet wird bzw. möglich ist. Die Behauptung muss jedoch schlüssig sein, d. h. die dargelegten Umstände müssen, ihre Richtigkeit unterstellt, den Schluss darauf zulassen, dass der Stpfl. durch den Verwaltungsakt oder dessen Unterlassung in seinen Rechten verletzt sein kann. Sind diese Umstände der Finanzbehörde bereits bekannt, kann der Stpfl. auf deren Vortrag verzichten. Im Übrigen besteht kein Begründungszwang (§ 357 Abs. 3 AO). Legt der Stpfl. gegen einen ihn belastenden Verwaltungsakt Einspruch ein, ohne diesen zu begründen, reicht das für die (schlüssige) Geltendmachung der Beschwer aus (vgl. Rz. 2533). Ist der Vortrag des Stpfl. nicht eindeutig, hat die Finanzbehörde nach dem Grundsatz der Amtsermittlung (§§ 365 Abs. 1, 88 AO) das Vorliegen der Beschwer zu erforschen. Die Einspruchsbefugnis ist dagegen zu verneinen, wenn die geltend gemachte Rechtsverletzung gegenüber dem Stpfl. offensichtlich nicht bestehen kann.

Die Beschwer gliedert sich in ein persönliches und sachliches Element. Beide folgen aus   2510
§ 350 AO und lassen sich nicht immer streng voneinander abgrenzen. Das persönliche Element will verhindern, dass jeder Bürger gegen jeden Verwaltungsakt Einspruch einlegen kann (Verbot der Popularklage). Das sachliche Element erfordert, dass ein konkreter Nachteil für den Stpfl. durch den Verwaltungsakt möglich sein muss.

Die Beschwer im außergerichtlichen Einspruchsverfahren entspricht weitgehend der Klagebefugnis (§ 40 Abs. 2 FGO) im gerichtlichen Verfahren. Danach muss der Kläger geltend machen, durch den Verwaltungsakt oder durch die Ablehnung oder Unterlassung eines Verwaltungsaktes in seinen Rechten verletzt zu sein.

ÜBERSICHT ZU § 350 AO

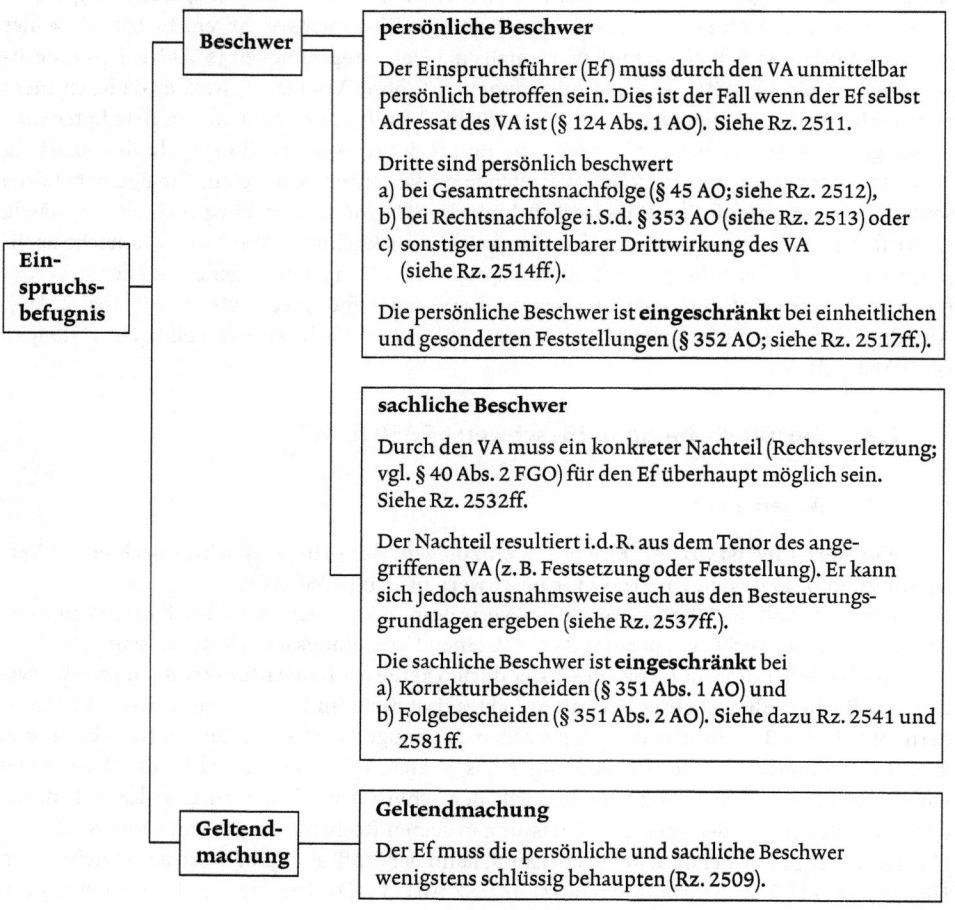

persönliche Beschwer

Der Einspruchsführer (Ef) muss durch den VA unmittelbar persönlich betroffen sein. Dies ist der Fall wenn der Ef selbst Adressat des VA ist (§ 124 Abs. 1 AO). Siehe Rz. 2511.

Dritte sind persönlich beschwert
a) bei Gesamtrechtsnachfolge (§ 45 AO; siehe Rz. 2512),
b) bei Rechtsnachfolge i.S.d. § 353 AO (siehe Rz. 2513) oder
c) sonstiger unmittelbarer Drittwirkung des VA (siehe Rz. 2514ff.).

Die persönliche Beschwer ist **eingeschränkt** bei einheitlichen und gesonderten Feststellungen (§ 352 AO; siehe Rz. 2517ff.).

sachliche Beschwer

Durch den VA muss ein konkreter Nachteil (Rechtsverletzung; vgl. § 40 Abs. 2 FGO) für den Ef überhaupt möglich sein. Siehe Rz. 2532ff.

Der Nachteil resultiert i.d.R. aus dem Tenor des angegriffenen VA (z.B. Festsetzung oder Feststellung). Er kann sich jedoch ausnahmsweise auch aus den Besteuerungsgrundlagen ergeben (siehe Rz. 2537ff.).

Die sachliche Beschwer ist **eingeschränkt** bei
a) Korrekturbescheiden (§ 351 Abs. 1 AO) und
b) Folgebescheiden (§ 351 Abs. 2 AO). Siehe dazu Rz. 2541 und 2581ff.

Geltendmachung

Der Ef muss die persönliche und sachliche Beschwer wenigstens schlüssig behaupten (Rz. 2509).

2.8.2 Persönliche Beschwer

2511   Persönlich beschwert ist derjenige, der von dem Verwaltungsakt **selbst unmittelbar persönlich betroffen** ist.

Der **materielle Adressat** eines Verwaltungsaktes (bei Steuerbescheiden der Steuerschuldner) ist stets unmittelbar persönlich betroffen. Legt er einen Einspruch ein, ist die persönliche Beschwer gegeben. Er braucht diese nicht ausdrücklich vorzutragen.

Den materiellen Adressaten stehen die **Personen** gleich, denen ein Bescheid zwar nicht persönlich bekannt gegeben wurde, **denen gegenüber** aber **ein Bescheid Wirkung entfaltet**, weil er ordnungsgemäß einem Empfangsbevollmächtigten gem. § 183 AO bekannt gegeben wurde. Es sind daher nur dann besondere Anforderungen an die Behauptung der persönlichen Beschwer zu stellen, wenn **ein Dritter**, der nicht materieller Adressat des Verwaltungsaktes ist, einen Einspruch einlegt. § 350 AO will den Einspruch von Personen ausschließen, die zwar ein gewisses Interesse an den durch den Verwaltungsakt geregelten Beziehungen haben, selbst durch den Verwaltungsakt jedoch nicht in einer Weise betroffen sind, die sich als eine Verletzung eigener Rechte darstellen könnte. In Ausnahmefällen können jedoch auch Dritte, an die ein Verwaltungsakt nicht gerichtet ist, von diesen betroffen sein. Die wichtigsten Fälle werden nachfolgend aufgeführt:

2.8.2.1 Gesamtrechtsnachfolger (§ 45 AO)

Der Erbe als Gesamtrechtsnachfolger muss einen Steuerbescheid, der gegen den Erblasser   **2512** ergangen ist, grundsätzlich gegen sich gelten lassen (§ 45 AO und § 1922 BGB; Grundsatz der Universalsukzession). Er kann den Bescheid jedoch anfechten, wenn im Zeitpunkt des Erbfalls die Einspruchsfrist noch nicht abgelaufen ist.

BEISPIEL

Der Erblasser erhält am 01. 06. 01 einen ESt-Bescheid. Er stirbt am 20. 06. 01. Der Erbe kann diesen ESt-Bescheid bis zum 01. 07. 01 (Einspruchsfrist für den Erblasser) anfechten.

2.8.2.2 Einzelrechtsnachfolger (§§ 353, 182 Abs. 2 AO)

In der Regel wirkt ein Verwaltungsakt, der gegen den Rechtsvorgänger gerichtet ist, nicht   **2513** gegenüber demjenigen, der einen oder mehrere Gegenstände von diesem erwirbt (Einzelrechtsnachfolger). Es ist z. B. für den Erwerber einer Maschine unerheblich, wie diese Maschine bei dem Veräußerer steuerlich behandelt wurde. § 182 Abs. 2 AO macht von diesem Grundsatz eine Ausnahme für Einheitswertbescheide (§ 180 Abs. 1 Nr. 1 AO), Grundsteuermessbescheide (§ 184 Abs. 1 Satz 4 AO), Zerlegungs- oder Zuteilungsbescheide (§§ 185, 190 AO), weil diese die Regelung eines Gegenstandes erfassen (**dinglich wirkende Bescheide**). Die Rechtslage ist hier derjenigen der Gesamtrechtsnachfolge ähnlich. Die Bescheide wirken ebenfalls gegenüber dem Rechtsnachfolger, wenn die Rechtsnachfolge nach Erteilung des Bescheides eintritt. Der Rechtsnachfolger kann die Bescheide jedoch anfechten, wenn die Rechtsnachfolge innerhalb der für den Rechtsvorgänger maßgebenden Einspruchsfrist erfolgt.

BEISPIELE

A veräußert am 01. 07. 01 ein Grundstück an B. Zum 01. 01. 01 hat das Finanzamt den Wert des Grundstückes von 100 000 € auf 150 000 € fortzuschreiben. Der Einheitswertbescheid ergeht
a) am 10. 05. 01.
LÖSUNG Der Bescheid ist nur A bekannt zu geben; B nicht, weil dieser am 10. 05. 01 nicht Eigentümer des Grundstückes ist. Lässt A die Wertfortschreibung bestandskräftig werden, ist B an diese gebunden. Als materieller Adressat kann A Einspruch einlegen. B hat keine Einspruchsbefugnis, weil die Rechtsnachfolge nicht innerhalb der Einspruchsfrist (bis zum 10. 06. 01) eintrat. Dem Einspruchsverfahren des A sollte B jedoch hinzugezogen werden (§ 360 Abs. 1 AO).

b) am 10. 06. 01.
LÖSUNG Der Bescheid ist nur an A bekannt zu geben. Er wirkt auch gegenüber B (wie a). A kann auch als materieller Adressat Einspruch einlegen. B kann gem. § 353 AO als Dritter ebenfalls den Bescheid anfechten, weil er während der Einspruchsfrist Rechtsnachfolger wird. Für beide läuft die Frist am 10. 07. 01 ab. Legt nur A Einspruch ein, ist B einfach hinzuzuziehen (§ 360 Abs. 1 AO), legt nur B Einspruch ein, ist A notwendig hinzuzuziehen (§ 360 Abs. 3 AO).

c) am 10. 07. 01.
LÖSUNG Der Bescheid ist sowohl an A als Rechtsvorgänger als auch an B als Rechtsnachfolger (vgl. § 182 Abs. 2 Satz 2 AO) bekannt zu geben. Er wirkt nur gegenüber demjenigen, der den Bescheid erhalten hat. Beide können als materielle Adressaten Einspruch einlegen. Ficht nur einer von beiden den Bescheid an, ist der andere notwendig hinzuzuziehen (§ 360 Abs. 3 AO).

Zu weiteren Fällen des Eintritts der Rechtsnachfolge siehe AEAO zu § 353.

2.8.2.3   Sonstige Drittwirkung eines Verwaltungsaktes

2514   Neben den Rechtsnachfolgern können auch Dritte von einem Verwaltungsakt derart in ihren Rechten beeinträchtigt sein, dass ihnen Rechtsschutz zu gewähren ist. Diese Fälle sind denkbar, wenn sich der vermeintliche Eigentümer eines Gegenstandes dadurch beschwert fühlt, dass der Gegenstand durch Verwaltungsakt einem anderen zugerechnet wird.

> **BEISPIEL**
>
> Das Finanzamt rechnet das Grundstück im Wege der Zurechnungsfortschreibung dem A zu und gibt A den Bescheid bekannt. B ist der Meinung, er und nicht A sei der Erwerber des Grundstückes, die Zurechnungsfortschreibung müsse auf ihn erfolgen.
>
> **LÖSUNG** Obgleich B keinen Steuerbescheid erhalten hat, ist er doch persönlich betroffen. Er kann Einspruch einlegen. B kann jedoch auch einen Antrag auf Zurechnungsfortschreibung stellen und die Ablehnung mit dem Einspruch anfechten (§ 347 Abs. 1 Nr. 1 AO). Es tauchen dann die Probleme der widerstreitenden Steuerfestsetzung (§ 174 Abs. 4 und 5 AO) auf.

2515   Ein einheitlicher Feststellungsbescheid richtet sich regelmäßig positiv gegen alle Personen, denen in dem Bescheid Einkünfte zugerechnet sind, aber negativ auch gegen Personen, die sich für beteiligt halten, es nach Auffassung des Finanzamts aber nicht sind, daher im Bescheid auch nicht als Beteiligte aufgeführt wurden (vgl. BFH vom 26. 04. 1988 BStBl II 1988, 855). Wird ein Stpfl. nicht als Beteiligter erfasst, obwohl er sich für beteiligt hält, so ist er grundsätzlich als in seinen Rechten verletzt anzusehen. Die Beschwer des Stpfl. in Fällen dieser Art ist darin begründet, dass der fragliche Feststellungsbescheid ihm gegenüber eine sog. **negative Drittwirkung** entfaltet. Siehe Rz. 2539.

> **BEISPIEL**
>
> Das Finanzamt erlässt einen Gewinnfeststellungsbescheid gegen die Gesellschafter A und B und teilt den Gewinn zu gleichen Anteilen auf. C ist der Meinung, ebenfalls Gesellschafter (Kommanditist) zu sein. C legt gegen den Gewinnfeststellungsbescheid, der ihm nicht bekannt gegeben wurde, Einspruch ein.
>
> **LÖSUNG** Zwar ist C nicht materieller Adressat. Gleichwohl ist er unmittelbar persönlich betroffen. Einheitlich gesonderte Feststellungsbescheide richten positiv gegen alle Feststellungsbeteiligten, also Personen, denen im Bescheid Einkünfte zugerechnet werden. Feststellungsbescheide richten sich aber auch negativ gegen Personen, die sich für beteiligt halten und dies geltend machen, aber nicht im Bescheid aufgeführt sind. Der Gewinnfeststellungsbescheid entfaltet also gegenüber C negative Drittwirkung.
>
> **Hinweis:** Fraglich ist, ob hier § 352 AO die Einspruchsbefugnis des C einschränkt (siehe Rz. 2517 ff.). Dafür könnte sprechen, dass C geltend macht, Kommanditist zu sein, also geltend macht, von den Komplementären vertreten zu werden. Danach könnte er nur gem. § 352 Abs. 1 Nr. 4 (oder auch 5) AO Einspruch einlegen, nicht aber z. B. den Gesamtgewinn angreifen (s. Rz. 2527 ff.). Allerdings ist hier § 352 Abs. 1 Nr. 3 letzte Alt. AO zu bejahen. Danach kann C in vollem Umfang Einspruch erheben.

2516   Ebenso wird die Drittwirkung eines Lohnsteuerhaftungsbescheides gegen den Arbeitgeber (§ 42 d EStG) bejaht, da auch der Arbeitnehmer als Steuerschuldner davon betroffen sein kann.

Das Finanzamt nimmt den Arbeitgeber durch Lohnsteuerhaftungsbescheid in Anspruch, weil er die Lohnsteuer eines Arbeitnehmers nicht vorschriftsmäßig einbehalten, angemeldet und abgeführt habe.

LÖSUNG Der Arbeitnehmer ist von diesem Haftungsbescheid, der ihm nicht bekannt gegeben wird, insofern betroffen, als er vom Arbeitgeber persönlich für die nachgeforderte Lohnsteuer in Anspruch genommen werden kann. Er kann daher als Dritter Einspruch einlegen.

In diesen Fällen taucht das Problem auf, innerhalb welcher **Frist** der Dritte Einspruch einlegen kann. Da ihm der Bescheid nicht bekannt gegeben worden ist, kann für ihn weder die Monatsfrist des § 355 Abs. 1 AO noch die Jahresfrist des § 356 Abs. 2 AO gelten. Der Einspruch ist also nicht fristgebunden. Die Befugnis, Einspruch einlegen zu können, kann der Dritte jedoch nach Treu und Glauben (§ 242 BGB) verwirken, wenn er trotz Kenntnis des Verwaltungsaktes innerhalb angemessener Frist nicht tätig wird.

2.8.3 Einschränkung der persönlichen Beschwer (§ 352 AO)

2.8.3.1 Allgemeines

Gegen Bescheide über die einheitliche und gesonderte Feststellung von Besteuerungsgrundlagen darf **nicht jeder Feststellungsbeteiligte** Einspruch einlegen, sondern **nur die in § 352 Genannten**. Im Finanzprozess gilt der gleichlautende § 48 FGO.

2517

Durch diese Einschränkung der persönlichen Beschwer soll vermieden werden, dass Gesellschafter, die zur Geschäftsführung nicht befugt sind, durch Einspruch oder Klage Einblick und Einflussnahme in bzw. auf Geschäftsbereiche ihrer Gesellschaft erhalten. Diese Rechte stehen ihnen aufgrund der (gesellschafts- oder gemeinschaftsrechtlichen) Vertragsverhältnisse nicht zu. § 352 findet seine Rechtfertigung darin, dass nichtgeschäftsführungsbefugte Gesellschafter oder Gemeinschafter durch den Gesellschafts- oder Gemeinschaftsvertrag die Wahrnehmung ihrer mit der Gesellschaft zusammenhängenden Interessen den Geschäftsführern übertragen und sich selbst dadurch freiwillig von der eigenständigen Interessenwahrung ausgeschlossen haben. Diese vertraglichen Rechtsfolgen gelten durch § 352 AO auch im Steuerrecht.

K ist mit einer Einlage i. H. v. 10 000 € ein Kommanditist (von 100) der X KG. Handelsrechtlich ist er weder zur Geschäftsführung noch zur Vertretung der KG befugt (§§ 164 und 170 HGB). Er hat lediglich Kontrollrechte (vgl. § 166 HGB). Ergeht ein Bescheid über die einheitlich gesonderte Feststellung des Gewinns aus der KG ist K als Feststellungsbeteiligter nach § 350 und § 179 Abs. 2 Satz 2 AO eigentlich in vollem Umfang einspruchsbefugt und gem. § 40 Abs. 2 FGO klagebefugt. Das sind Rechte, die er als Kommanditist im Privatrecht nicht hat. Aus diesem Grund beschränken § 352 AO und § 48 FGO die Einspruchs- und Klagebefugnis des K. Beide Vorschriften synchronisieren die privatrechtlichen und steuerlichen Rechte von nichtvertretungsbefugten Gesellschaftern oder Gemeinschaftern.

2518	**Übersicht über die Einspruchsbefugnis bei einheitlichen und gesonderten Feststellungs-bescheiden**	
	umfassende Einspruchsbefugnis haben	
	grundsätzlich:	die zur Vertretung berufene Geschäftsführer (§ 352 Abs. 1 Nr. 1 Alt. 1 AO)
	wenn solche nicht vorhanden sind:	der Einspruchsbevollmächtigte (§ 352 Abs. 1 Nr. 1 Alt. 2 und Abs. 2 AO)
	wenn kein Einspruchsbevollmächtigter vorhanden ist:	jeder Feststellungsbeteiligte (i. S. d. § 352 Abs. 1 Nr. 2 AO)
	in jedem Fall:	ausgeschiedene Gesellschafter (i. S. d. § 352 Abs. 1 Nr. 3 AO)
2519	**eingeschränkte Einspruchsbefugnis haben**	
	auch alle oben nicht genannten Beteiligten: soweit es sich darum handelt, **wer** an dem festgestellten Betrag beteiligt ist und **wie** dieser sich auf die einzelnen Beteiligten verteilt, jeder, der durch die Feststellungen hierzu berührt wird (§ 352 Abs. 1 Nr. 4 AO), soweit es sich um eine Frage handelt, die einen Beteiligten **persönlich** angeht, jeder der durch die Feststellung über die Frage berührt wird (§ 352 Abs. 1 Nr. 5 AO).	

2.8.3.2   Umfassende Einspruchsbefugnis (§ 352 Abs. 1 Nr. 1–3 AO)

2520   Nach § 352 Abs. 1 Nr. 1 AO sind die **zur Vertretung berufenen Geschäftsführer** in vollem Umfang einspruchsbefugt. Wer dies ist, bestimmt sich nach (gesellschafts)vertraglichen Vereinbarungen oder nach den einschlägigen zivilrechtlichen Rechtsnormen. Legen zur Vertretung berufene Gesellschafter Einspruch ein, tun sie dies als Vertreter der Gesellschaft und damit zugleich als Vertretungsberechtigte aller in ihr zusammengeschlossenen Personen. Der Einspruch wird dann nach h. M. durch die vertretene Gesellschaft, diese handelnd in Prozessstandschaft, erhoben (vgl. BFH vom 19. 06. 1990 BStBl II 1990, 1068 m. w.Nw.).

BEISPIEL

Gegenüber den Gesellschaftern einer
a) BGB-Gesellschaft,
b) OHG,
c) KG
ergeht eine einheitliche und gesonderte Gewinnfeststellung gem §§ 179 Abs. 2 Satz 2 und 180 Abs. 1 Nr. 2 Buchst. a AO.
LÖSUNG Nach § 352 Abs. 1 Nr. 1 Alt. 1 AO dürfen in vollem Umfang (d. h. gegen die Feststellung der Einkunftsart, des Gesamtgewinns, der Aufteilung des Gesamtgewinns auf die Feststellungsbeteiligten und die Höhe der einzelnen Gewinnanteile) folgende Personen Einspruch einlegen:
Bei der BGB-Gesellschaft nur alle Gesellschafter gemeinschaftlich (§§ 714, 709 BGB). Ist ausnahmsweise Einzelvertretungsmacht erteilt worden (§§ 711, 714 BGB), jeder Gesellschafter, der einzelvertretungsbefugt ist.
Bei der OHG jeder Gesellschafter einzeln (§ 125 HGB), bei der KG nur die Komplementäre (§§ 161 Abs. 2, 125 HGB), nicht jedoch die Kommanditisten (§§ 164, 170 HGB).
Entscheidend ist nicht, wer im Feststellungszeitraum oder -zeitpunkt vertretungsbefugt war, sondern allein, wer im Zeitpunkt der Einspruchseinlegung diese Funktion innehat.

§ 352 Abs. 1 Nr. 1 AO redet allgemein von zur Vertretung berufenen Geschäftsführern.   **2521**
Dabei muss es sich nicht notwendig um (gesetzlich) vertretungsbefugte Gesellschafter handeln.

BEISPIEL

An der A KG sind A als Komplementär und B und C als Kommanditisten beteiligt. B wird laut Gesellschaftsvertrag mit der Geschäftsführung beauftragt und erhält Prokura. Auch der Angestellte Z wird zum Geschäftsführer und Prokuristen ernannt.
LÖSUNG Die Einspruchsbefugnis des A ergibt sich aus § 352 Abs. 1 Nr. 1 AO i. V. m. §§ 125 und 161 Abs. 2 HGB. B ist nach § 352 Abs. 1 Nr. 1 AO i. V. m. dem Gesellschaftsvertrag einspruchsbefugt. Auch Z ist als »unbeteiligter Dritter« aufgrund seiner Ernennung zum Geschäftsführer und Prokuristen gem. § 352 Abs. 1 Nr. 1 AO einspruchsbefugt. B und Z sind zur Vertretung berufene Geschäftsführer. C ist nicht einspruchsbefugt (vgl. §§ 164 und 170 HGB).

Bei **Auflösung einer Personengesellschaft** sind – im Stadium der Auseinandersetzung   **2522**
(§§ 730 ff. BGB) bzw. Liquidation (§§ 145 ff. HGB) – alle Gesellschafter gemeinschaftlich geschäftsführungs- und vertretungsbefugt (§ 730 Abs. 2 letzter HS BGB und §§ 146 Abs. 1 und 150 HGB). Dies gilt bei der KG auch für die Kommanditisten.
Ab Vollbeendigung einer Gesellschaft gilt § 352 Abs. 1 Nr. 2 AO. Jeder Gesellschafter ist dann einzeln einspruchsbefugt (siehe dazu Rz. 2525).

Sind zur Vertretung berufene Geschäftsführer nicht vorhanden, ist der sog. **Einspruchs-**   **2523**
bevollmächtigte umfassend einspruchsbefugt (§ 352 Abs. 1 Nr. 1 Alt. 2 AO; vgl. dazu ausführlich AEAO zu § 352 Nr. 3). Nach § 352 Abs. 2 Satz 1 und 2 AO ist dies

- der von den Feststellungsbeteiligten nach § 183 Abs. 1 Satz 1 (bzw. nach § 6 Abs. 1 Satz 1 VO zu § 180 Abs. 2 AO) bestellte gemeinsame Empfangsbevollmächtigte,
- ist ein solcher nicht bestellt, der nach § 183 Abs. 1 Satz 2 AO fingierte Empfangsbevollmächtigte (soweit er nicht schon zur Vertretung berufen ist) oder der von der Finanzbehörde nach § 183 Abs. 1 Sätze 3–5 AO (bzw. § 6 Abs. 1 Satz 3–5 VO zu § 180 Abs. 2 AO) bestimmte Empfangsbevollmächtigte. Dieser hat keine Einspruchsbefugnis bezüglich derjenigen Feststellungsbeteiligten, die gegenüber der Finanzbehörde der Einspruchsbefugnis widersprochen haben.

Der Einspruchsbevollmächtigte ist nur dann einspruchsbefugt, wenn die Beteiligten in der Fest-   **2524**
stellungserklärung oder in der Aufforderung zur Benennung eines Empfangsbevollmächtigten über die Einspruchsbefugnis des Empfangsbevollmächtigten belehrt worden sind (§ 352 Abs. 2 Satz 3 AO).

Die Rechtsfigur des Einspruchsbevollmächtigte findet bei Personengesellschaften keine Anwendung, da diese vertretungsbefugte Gesellschafter haben. Sie ist aber von Bedeutung bei einheitlichen Feststellungen gegenüber Beteiligten von (schlichten) Gemeinschaften (§§ 741 ff. BGB), z. B. gegenüber den Miteigentümern von Grundstücksgemeinschaften (vgl. auch §§ 1008 ff. BGB), bei einheitlichen Feststellungen i. S. d. VO zu § 180 Abs. 2 AO, z. B. gegenüber Bauherrngemeinschaften oder bei Erbengemeinschaften (§§ 2032 ff. BGB), die keine Vertreter haben.

Sind weder zur Vertretung berufene Geschäftsführer noch Einspruchsbevollmächtigte   **2525**
vorhanden, ist nach § 352 Abs. 1 Nr. 2 AO **jeder Gesellschafter, Gemeinschafter oder Mitberechtigte**, gegen den der Feststellungsbescheid ergangen ist oder zu ergehen hätte, in vollem Umfang einspruchsbefugt.

Dies ist insbesondere der Fall, wenn die Gesellschaft oder Gemeinschaft nicht mehr besteht. § 352 Abs. 1 Nr. 2 AO greift darüber hinaus aber auch immer und soweit dann ein, wenn Einzelbekanntgabe des Feststellungsbescheides erforderlich ist (vgl. § 183 Abs. 2 Satz 1 AO) oder wenn ein zusammengefasster Bescheid nach § 183 Abs. 4 AO ergeht oder ein Feststellungsbeteiligter der Einspruchsbefugnis des Einspruchsbevollmächtigten widersprochen hat.

2526   Umfassende Einspruchsbefugnis steht immer dem **ausgeschiedenen Gesellschafter**, Gemeinschafter oder Mitberechtigten zu, gegen den der Feststellungsbescheid ergangen ist oder zu ergehen hätte (§ 352 Abs. 1 Nr. 3 AO).

> **BEISPIEL**
>
> Kommanditist C scheidet im Jahr 05 aus der A KG aus. Im Jahr 06 ergeht die einheitliche und gesonderte Gewinnfeststellung für das Kj 04. Dagegen will C aus zwei Gründen vorgehen: Erstens hatte er für den Erwerb seiner Kommanditbeteiligung ein Darlehen aufgenommen und ist mit der Behandlung der Zinsen, die er in 04 dafür zahlen musste, nicht einverstanden. Zweitens wendet er sich gegen die Feststellung des Gesamtgewinns, weil das Finanzamt zu Unrecht Betriebsausgaben nicht berücksichtigt habe.
>
> **LÖSUNG** Nach § 352 Abs. 1 Nr. 3 AO ist C in vollem Umfang einspruchsbefugt.
>
> **Hinweis:** Hat das Finanzamt den Feststellungsbescheid 04 zu Recht dem Empfangsbevollmächtigten E der KG bekannt gegeben (vgl. § 183 Abs. 1, Abs. 2 Satz 1 und Abs. 3 AO), beginnt die Einspruchsfrist – auch für den C – mit der Bekanntgabe an den E. Versäumt C diese Frist, z. B. weil er von der Bekanntgabe an E keine Kenntnis hatte, kommt eine Wiedereinsetzung in den vorigen Stand für ihn – trotz mangelnden eigenen Verschuldens – nicht in Betracht. Ihm wird gem. § 110 Abs. 1 Satz 2 AO das Verschulden des E zugerechnet.

2.8.3.3   Eingeschränkte Einspruchsbefugnis

2527   Andere als in § 352 Abs. 1–3 AO genannte Personen können nur nach Maßgabe des § 352 Abs. 1 Nr. 4 oder Nr. 5 AO – also in eingeschränktem Umfang – Bescheide über einheitliche und gesonderte Feststellungen angreifen.

2528   Nach **§ 352 Abs. 1 Nr. 4 AO** kann jeder Gesellschafter, Gemeinschafter oder Mitberechtigte Einspruch einlegen, soweit es sich darum handelt, **wer** an dem festgestellten Betrag beteiligt ist und **wie** dieser sich auf die einzelnen Beteiligten verteilt, wenn er durch die Feststellungen hierzu berührt wird.

> **BEISPIEL**
>
> Ein Kommanditist kann also den Bescheid über die einheitliche und gesonderte Gewinnfeststellung mit dem Argument angreifen, die prozentuale Verteilung des Gewinns sei unrichtig, ihm stünden nicht 30 % sondern 20 % (oder 40 %) des Gewinnanteils zu.
>
> Ferner hat derjenige die Einspruchsbefugnis, der im Gewinnfeststellungsbescheid nicht benannt ist und geltend macht, er sei an der Gesellschaft als Kommanditist mit 20 %, beteiligt. Siehe dazu auch Rz. 2515.
>
> Der Kommanditist kann jedoch nicht geltend machen, neben ihm seien nicht etwa X und Y, sondern A und B im gleichen Verhältnis Mitgesellschafter.

2529   Nach **§ 352 Abs. 1 Nr. 5 AO** kann jeder Gesellschafter, Gemeinschafter oder Mitberechtigte Einspruch einlegen, soweit es sich um die Frage handelt, die einen Gesellschafter oder Gemeinschafter persönlich angeht, wenn er durch die Feststellung über die Frage berührt wird.

> **BEISPIEL**
>
> Der Kommanditist ist einspruchsbefugt, bezüglich Sondergewinnen und -verlusten (Sonderbetriebseinnahmen und -ausgaben), die ihm persönlich als einzelner Gesellschafter im Feststellungsbescheid zugerechnet werden.

Er kann also selbst Einspruch einlegen, wenn es darum geht, ob bzw. in welcher Höhe er Tätigkeitsvergütungen i. S. v. § 15 Abs. 1 Nr. 2 2. HS EStG bezogen hat und wenn es um die Zurechnung zu seinem (positiven oder negativen) Sonderbetriebsvermögen geht, z. B. um die Rücklage für Ersatzbeschaffung von ausgeschiedenen Wirtschaftsgütern seines Sonderbetriebsvermögens.

Er kann nicht den Gesamtgewinn angreifen mit der Begründung, dieser sei zu hoch und dadurch auch der auf ihn entfallende Anteil. Der Gesamtgewinn geht nicht nur ihn persönlich etwas an, sondern alle Gesellschafter. Einspruchsbefugt ist insoweit nur der zur Vertretung berufene Geschäftsführer (Komplementär, § 352 Abs. 1 Nr. 1 AO).

Es ist zu beachten, dass die **Überprüfung des Feststellungsbescheides** auf die in den Nr. 4 **2530** und 5 genannten Fälle **beschränkt** ist. Eine volle Überprüfung des Bescheides findet nicht statt. § 352 Abs. 1 Nr. 4 und 5 AO schränken den Grundsatz der Vollüberprüfung (§ 367 Abs. 2 Satz 1 AO) ein. Ein Gewinnfeststellungsbescheid setzt sich aus einer Reihe von Einzelfeststellungen zusammen. Es ist nicht nur über die Höhe der Einkünfte zu entscheiden sondern u. a. auch über deren Verteilung. Diese einzelnen Feststellungen sind nicht unselbstständige Besteuerungsgrundlagen, wie etwa die einzelnen Besteuerungsgrundlagen eines Einkommensteuerbescheides, sie enthalten vielmehr selbstständige Regelungen. Sie stellen die bindende Grundlage für die Folgeveranlagung dar. Greift z. B. ein nicht zur Geschäftsführung befugter Gesellschafter die prozentuale Gewinnverteilung an, ist nur diese zu überprüfen, die Höhe des Gesamtgewinns wird bestandskräftig. Dieselben Grundsätze gelten für Einheitswertbescheide. Die Verselbstständigung der Feststellungen (Wert, Art, Zurechnung) folgt bereits aus §§ 19 Abs. 3, 22 BewG.

2.8.3.4   Hinzuziehung der anderen Mitberechtigten (§ 360 Abs. 3 AO)

§ 352 spielt auch bei der Hinzuziehung eine Rolle (zur Hinzuziehung siehe Rz. 2634 ff.).   **2531**

Ergeht ein Bescheid über eine einheitliche und gesonderte Feststellung von Besteuerungsgrundlagen, sind gem. § 360 Abs. 3 Satz 1 AO grundsätzlich alle Feststellungsbeteiligten notwendig hinzuzuziehen. Dies gilt nicht für Mitberechtigte, die nach § 352 AO nicht befugt sind, Einspruch einzulegen (§ 360 Abs. 3 Satz 2 AO).

Legt also ein vertretungsbefugter Geschäftsführer (i. S. d. § 352 Abs. 1 Nr. 1 AO) Einspruch ein, sind diejenigen Personen nach § 360 Abs. 3 AO notwendig hinzuzuziehen, denen nach § 352 Abs. 1 Nr. 1–3 AO die Einspruchsbefugnis zusteht.

Legt ein ausgeschiedener Gesellschafter (§ 352 Abs. 1 Nr. 3 AO) Einspruch ein, sind die in Nr. 1 genannten Personen notwendig hinzuzuziehen.

Soweit das Einspruchsverfahren auch Fragen betrifft, von denen nach den Nr. 4 und 5 nichtvertretungsbefugte Mitberechtigte berührt sind, sind diese notwendig hinzuzuziehen (§ 360 Abs. 3 AO). Eine notwendige Hinzuziehung dieser Personen erfolgt nicht, wenn die in den Nr. 4 und 5 geregelten Fragen unter keinem denkbaren Gesichtspunkt betroffen sein können (vgl. BFH vom 01. 06. 1989 BStBl II 1989, 1018 m. w.Nw.).

BEISPIEL

Das Finanzamt erlässt am 03. 12. 05 einen Gewinnfeststellungsbescheid gegen eine OHG, indem sie den Bescheid dem (laut Gesellschaftsvertrag) allein vertretungsbefugten Gesellschafter-Geschäftsführer A als Empfangsbevollmächtigten bekannt gibt. Neben A waren noch B, C und D Gesellschafter. D ist inzwischen ausgeschieden. Der Gewinn ist auf 120 000 € festgestellt und gleichmäßig auf die vier Gesellschafter verteilt worden. B legt Einspruch ein und trägt zu Recht vor, der Gesamtgewinn betrage nur 100 000 € und sein Gewinnanteil sei nur 20 %, dagegen stehe A 30 % zu. Ihm dürfe also nur ein Anteil von 20 000 € zugerechnet werden.

a) Ist der Einspruch zulässig?

b) Welche Gesellschafter sind dem Verfahren notwendig hinzuzuziehen?

LÖSUNG

a) B ist gem. 352 Abs. 1 Nr. 4 AO einspruchsbefugt, soweit es um die prozentuale Verteilung des Gewinns geht. Er kann also erreichen, dass ihm nur 20 % des Gesamtgewinns zugerechnet werden. B ist nicht einspruchsbefugt, soweit es um den Gesamtgewinn geht. Insoweit ist der Einspruch als unzulässig zu verwerfen. B kann also nur erreichen, dass ihm 20 % von 120 000 € = 24 000 € Gewinnanteil zugerechnet werden.

b) Gem. § 360 Abs. 3 AO sind alle Personen hinzuzuziehen, die an den streitigen Rechtsverhältnissen derart beteiligt sind, dass die Entscheidung ihnen gegenüber nur einheitlich ergehen kann. Ausgenommen sind die Gesellschafter, die nicht selbst einspruchsbefugt sind. Danach sind notwendig hinzuzuziehen:

1. A als vertretungsbefugter Geschäftsführer der Gesellschaft (§ 352 Abs. 1 Nr. 1 AO; er ist immer einspruchsbefugt),

2. A als persönlich betroffener Gesellschafter (§ 352 Abs. 1 Nr. 4 AO, weil sein Beteiligungsverhältnis streitig ist).

Nicht notwendig hinzuzuziehen sind:

1. C, weil er nicht einspruchsbefugt ist und

2. D. Er ist zwar als ausgeschiedener Gesellschafter einspruchsbefugt (§ 352 Abs. 1 Nr. 3 AO). Da aber über die Höhe des Gesamtgewinns nicht entschieden wird, sondern allein die Gewinnverteilung zwischen A und B, ist D nicht vom Einspruchsverfahren betroffen. Eine notwendige Hinzuziehung hat daher zu unterbleiben (vgl. BFH vom 16. 12. 1983 BStBl II 1982, 474).

2.8.4 Sachliche Beschwer

2532 **Die sachliche Beschwer liegt vor, wenn** durch den angegriffenen Verwaltungsakt (oder die Unterlassung eines Verwaltungsakts) **ein konkreter Nachteil für den Einspruchsführer überhaupt möglich ist.** Der Einspruchsführer muss geltend machen, **in seinen Rechten verletzt zu sein.**

Ob tatsächlich eine Rechtsverletzung vorliegt, ist eine Frage der Begründetheit.

2533 Wird ein **Steuerbescheid** (oder ein anderer belastender Verwaltungsakt) angegriffen, folgt die sachliche Beschwer bereits aus dem Tenor (Entscheidungssatz, Steuerfestsetzung) des Verwaltungsakts und dessen Anfechtung selbst. In diesem Falle kann auf einen schlüssigen Vortrag des Stpfl. verzichtet werden. Eine Begründung für die sachliche Beschwer muss der Stpfl. nicht geben (vgl. § 357 Abs. 3 AO). Die Belastung liegt in der Steuerfestsetzung auf einen bestimmten Betrag. Desgleichen kann der Stpfl. durch einen zu seinen Gunsten geänderten Steuerbescheid belastet sein, wenn die Änderung zu seinem Vorteil zu gering ausgefallen ist. Dies gilt selbst dann, wenn er nach seiner Erklärung veranlagt worden ist.

BEISPIEL

Ein Stpfl. gibt die Einkommensteuererklärung ab und erhält antragsgemäß eine Steuerfestsetzung über 5 000 €, obgleich die tatsächlich entstandene Steuerschuld (§ 38 AO) 6 000 € beträgt. Er legt Einspruch ein, ohne diesen zu begründen.

LÖSUNG Der Einspruch ist zulässig. Die Geltendmachung der Beschwer liegt bereits darin, dass sich der Stpfl. gegen einen belastenden Verwaltungsakt wendet. Das Finanzamt hat den Einkommensteuerbescheid in vollem Umfang zu überprüfen.

2534 Die **Beschwer** muss jedoch nicht zwingend durch die Steuerfestsetzung selbst, sie kann auch **durch** eine unselbstständige **Nebenbestimmung** gegeben sein. Ein Vorbehaltsvermerk (§ 164 AO) oder ein Vorläufigkeitsvermerk (§ 165 AO) beeinträchtigt die Rechte des Stpfl. insofern, als er nicht auf die materielle Bestandskraft der Steuerfestsetzung vertrauen darf, sondern, innerhalb der Festsetzungsfrist, jederzeit mit einer Änderung der Steuerfestsetzung rechnen muss. Erhält z. B. ein Stpfl. eine Steuerfestsetzung von 0 € (Freistellungsbescheid) unter dem Vorbehalt der Nachprüfung, kann er diesen Verwaltungsakt anfechten. Er ist durch den Vorbehalt sachlich beschwert. Der Stpfl. muss allerdings die Steuerfestsetzung samt Nebenbestimmung angreifen, den Vorbehaltsvermerk allein darf er als unselbstständige Nebenbestimmung nicht anfechten. Er kann also nur die Überprüfung des gesamten Steuerbescheides erreichen.

Bei Verstößen gegen Vorschriften über das Verfahren, die **Form** oder die **örtliche Zuständigkeit** ist keine Beschwer gegeben, wenn keine andere Entscheidung in der Sache hätte getroffen werden können (§ 127 AO).

2535

> **BEISPIEL**
>
> Das Finanzamt Mainz erteilt dem Stpfl. einen (zutreffenden) ESt-Bescheid, obwohl dieser im Bereich des Finanzamtes Wiesbaden seinen Wohnsitz hat. Der Stpfl. legt Einspruch ein, mit dem er sich ausdrücklich allein gegen die Verletzung der örtlichen Zuständigkeit wendet. Die Steuerfestsetzung hält er für zutreffend.
>
> **LÖSUNG** Nach § 127 AO hat er keinen Anspruch auf Aufhebung des ESt-Bescheides. Da er nicht geltend macht, ansonsten beschwert zu sein, ist er nicht einspruchsbefugt.

Entscheidend für die Beschwer ist bei Steuerbescheiden **grundsätzlich nur die festgesetzte Steuer**, nicht die Gründe oder Erläuterungen. Nur die Festsetzung entfaltet Regelungswirkung und erwächst in Bestandskraft, denn gem. § 157 Abs. 2 AO bilden die Feststellungen der Besteuerungsgrundlagen einen mit Einspruch nicht selbstständig anfechtbaren Teil der Steuerfestsetzung. Aus diesem Grund belastet eine auf 0 € lautende Steuerfestsetzung den Stpfl. i. d. R. nicht (vgl. BFH vom 29. 05. 1996 BStBl II 1996, 654). Etwas anderes gilt nur, wenn bei der USt eine negative Steuer (Vergütung) erstrebt wird und bei Feststellungsbescheiden.

2536

> **BEISPIEL**
>
> Ein Stpfl. legt gegen einen Einkommensteuerbescheid (5 000 € Steuerfestsetzung) Einspruch ein. Er trägt vor, er habe nicht Einkünfte aus Gewerbebetrieb, sondern aus Vermietung und Verpachtung, halte den Bescheid aber ansonsten für richtig. Die festgesetzte Steuer wird dadurch nicht verändert.
>
> **LÖSUNG** Der Einspruch ist unzulässig. Der Stpfl. wendet sich zwar gegen eine Steuerfestsetzung, er trägt aber keine Rechtsverletzung vor, weil er nicht die Richtigkeit der festgesetzten Steuer angreift. Er begehrt nur die Feststellung einer anderen Besteuerungsgrundlage. Eine Beschwer liegt auch nicht deshalb vor, weil ihm aus dieser Feststellung entweder im Folgejahr oder wegen eines Gewerbesteuerbescheides Nachteile erwachsen können. Der Einkommensteuerbescheid entfaltet weder Bindungswirkung für die kommenden Veranlagungszeiträume (Abschnittsbesteuerung) noch für die Gewerbesteuer. Die Gewerbesteuer ist selbstständig zu ermitteln und ist daher auch selbstständig anzufechten (§ 184 Abs. 1 Satz 2 AO).

Von dem Grundsatz, dass der Stpfl. durch die Höhe der Steuerfestsetzung, nicht durch die Gründe, beschwert ist, gibt es jedoch **Ausnahmen**. Ein Stpfl. kann auch durch eine zu niedrige Steuerfestsetzung in seinen Rechten verletzt sein, wenn nach seiner Darlegung mit einer gewissen Wahrscheinlichkeit angenommen werden muss, dass ihm der Vorgang, auf dem die Festsetzung beruht, bei der gleichen Steuer für spätere Steuerabschnitte oder bei einer anderen Steuerart steuerliche Nachteile verursachen wird, die den durch die angefochtene zu niedrige Steuerfestsetzung bewirkten Vorteil überwiegen (vgl. BFH vom 03. 02. 1993 BStBl II 1993, 426 und AEAO zu § 350 Nr. 2).

2537

BEISPIELE

a) Das Finanzamt setzt für ein Wirtschaftsgut des Betriebsvermögens eines bilanzierenden Stpfl. eine zeitanteilige AfA (§ 7 EStG) von 25 % an (betriebsgewöhnliche Nutzungsdauer vier Jahre). Der Stpfl. legt Einspruch ein und begehrt eine Verteilung der Anschaffungskosten auf 10 Jahre (10 % Jahres-AfA), weil die längere Absetzungsmöglichkeit insgesamt für ihn günstiger sei.

LÖSUNG Der Einspruch ist zulässig. Der Stpfl. begehrt zwar die Feststellung eines höheren Gewinns und damit eine höhere Steuerfestsetzung im Streitjahr. Ein Stpfl. kann jedoch auch durch eine zu niedrige Steuerfestsetzung in seinen Rechten verletzt sein, weil die Festsetzung sich in späteren Veranlagungszeiträumen zu seinen Ungunsten auswirken kann. Die von dem Stpfl. erstrebte Besteuerungsgrundlage wirkt wegen des Grundsatzes des Bilanzenzusammenhangs in einen späteren Veranlagungszeitraum hinein und ist geeignet, in diesem Veranlagungszeitraum eine günstigere Besteuerung des Stpfl. zu rechtfertigen. Eine sachliche Beschwer liegt vor, weil unter Berücksichtigung der gegenwärtigen Vorteile und der mit ihnen für spätere Steuerabschnitte verbundenen Nachteile in steuerlichem Ergebnis eine Schlechterstellung mit einer gewissen Sicherheit eintreten kann.

b) Ein Stpfl. erhält von seinem Großvater, in dessen Betrieb er angestellt ist, einen größeren Geldbetrag. Der Stpfl. beantragt wegen dieses Betrages die Erteilung eines Schenkungsteuerbescheides. Das Finanzamt lehnt den Erlass eines solchen Bescheides ab, da es der Auffassung ist, es handele sich hierbei um Einkünfte aus nichtselbständiger Arbeit. Der Stpfl. legt gegen die Ablehnung des Bescheides Einspruch ein (§ 347 Abs. 1 Nr. 1 AO).

LÖSUNG Der Einspruch ist zulässig. Der Stpfl. ist durch die Ablehnung des Schenkungsteuerbescheides beschwert, weil gewiss ist, dass die Zahlung im Einkommensteuerbescheid erfasst wird und dort zu einer höheren Steuerschuld führt. Der Stpfl. kann zwar auch den Erlass des Einkommensteuerbescheides abwarten und dann Einspruch einlegen. Bei Erfolg wäre der Schenkungsteuerbescheid gem. § 174 Abs. 4 AO zu erteilen. Der Einspruch ist aber bereits jetzt zulässig, um eine zeitnahe Bearbeitung des Streitfalles zu gewährleisten.

2538 Es ist anerkannt, dass auch in der **Feststellung der einzelnen Besteuerungsgrundlagen ausnahmsweise** eine **sachliche Beschwer** liegen kann, wenn dem Ausspruch über die Besteuerungsgrundlagen eine über den Bescheid hinausgehende bindende Wirkung beizulegen ist. Diese Bindungswirkung kann zu einem anderen Steuerverwaltungsakt oder, unter bestimmten Voraussetzungen, auch zu einem außersteuerlichen Verwaltungsakt bestehen (vgl. dazu AEAO zu § 350 Nr. 3 und BFH vom 13. 07. 1994 BStBl II 1995, 134, BFH vom 14. 09. 1994 BStBl II 1995, 499 und BFH vom 20. 12. 1994 BStBl II 1995, 537).

BEISPIELE

a) Das Finanzamt führt die Zusammenveranlagung von Eheleuten durch (§ 26 b EStG). Es rechnet der Ehefrau Einkünfte aus nichtselbständiger Arbeit (§ 19 EStG) zu, weil sie im Betrieb des Ehemannes mitgearbeitet habe. Die Ehefrau legt Einspruch ein, mit der Begründung, ein Arbeitsverhältnis habe nicht vorgelegen.

LÖSUNG Die Ehefrau greift hier nur eine Bemessungsgrundlage an. Dies würde zu einer höheren Steuerfestsetzung bei den Eheleuten führen, da den Zusammenveranlagten nunmehr die Werbungskostenpauschbeträge verlorengehen. Die Ehefrau ist gleichwohl sachlich beschwert: Sollte sie für Zwecke der Vollstreckung die Aufteilung der Steuerschuld beantragen (§ 268 AO), ist die rückständige Steuer nach dem Verhältnis der Beträge aufzuteilen, die sich bei getrennter Veranlagung nach Maßgabe der Einkommensteuergesetze ergeben werden. Dabei sind die tatsächlichen und rechtlichen Feststellungen maßgebend, die der Steuerfestsetzung bei der Zusammenveranlagung zugrunde gelegt wurden (§ 270 AO). Die einkommensteuerlichen Feststellungen hinsichtlich der Besteuerungsmerkmale sind dem Aufteilungsbescheid bindend zugrunde zu legen. Die Ehefrau kann also erreichen, dass bei einer späteren Aufteilung der Steuerschuld der auf sie entfallende Steuerbetrag 0 beträgt.

b) Das Finanzamt hat die Einkünfte eines Stpfl. aus Gewerbebetrieb mit 5 000 € ermittelt und die Einkommensteuer auf 0 € festgesetzt. Der Stpfl. legt Einspruch ein und begehrt die Feststellung der Einkünfte auf 1 000 €, weil diese für seinen Rentenanspruch von Bedeutung seien.

LÖSUNG Der Einspruch ist zulässig. Der der Steuerfestsetzung zugrunde gelegte Gewinn ist gem. dem Bundesversorgungsgesetz (§ 8 Abs. 3 DV zu § 33 BVG) für die Rentenfestsetzung bindend. Die Beschwer ist gegeben, weil der Stpfl. mit seinem Antrag die Festsetzung einer höheren Rente erreichen kann.

c) Das Finanzamt hat für den Veranlagungszeitraum 02 den Gewinn aus Gewerbebetrieb für einen Stpfl. auf 2 000 € festgestellt und die Einkommensteuer auf 0 € festgesetzt. Der Stpfl. legt Einspruch ein und begehrt die Feststellung eines Verlustes von 10 000 €, damit er diesen Verlust auf den Veranlagungszeitraum 03 vortragen könne (§ 10 d EStG), in dem ein Gewinn von 30 000 € bestandskräftig festgestellt worden sei.

LÖSUNG Der Einspruch ist zulässig. Wenn die Behauptungen des Stpfl. zuträfen, ändert sich die Steuerfestsetzung von 0 € zwar nicht. Die im ESt-Bescheid unselbstständige Besteuerungsgrundlage Gewinn ist aber für die gesonderte Feststellung des Verlustvortrags gem. § 10d Abs. 4 Satz 1 EStG bindend. Dies ergibt sich aus § 10 d Abs. 4 Satz 4 EStG: Danach sind bei der Feststellung des verbleibenden Verlustvortrags die Besteuerungsgrundlagen so zu berücksichtigen, wie sie den Steuerfestsetzungen des Veranlagungszeitraums ... zugrunde gelegt worden sind.

Eine sachliche Beschwer kann ferner dadurch begründet sein, dass der Stpfl. eine **Überprüfung seiner steuerlichen Rechtsposition** schlechthin begehrt. Dies gilt sowohl bei dem Bestreiten einer Steuerpflicht schlechthin, als auch bei dem Begehren auf Anerkennung einer steuerlichen Rechtsposition. **2539**

BEISPIEL

Das Finanzamt erteilt den Gesellschaftern A und B einen Gewinnfeststellungsbescheid, in dem es beiden Gesellschaftern einen anteiligen Gewinn von 30 000 € zurechnet. C legt gegen diesen Bescheid Einspruch ein und behauptet, er sei ebenfalls Gesellschafter und es müsse ihm ein anteiliger Gewinn von 20 000 € zugerechnet werden.

LÖSUNG Der Einspruch ist zulässig. C ist zunächst persönlich beschwert. Zwar ist er nicht materieller Adressat. Der Bescheid entfaltet ihm gegenüber jedoch sog. negative Drittwirkung (Rz. 2515). Obwohl der Stpfl. einen höheren Gewinn und damit voraussichtlich eine höhere Steuerfestsetzung begehrt, ist er auch sachlich beschwert. Er begehrt die Feststellung, dass er an der Gesellschaft steuerlich beteiligt sei. Der ergangene Gewinnfeststellungsbescheid leugnet die geltend gemachte Gesellschafterstellung.

Für **Feststellungsbescheide gelten** insofern **Besonderheiten**, als die Feststellungen von Besteuerungsgrundlagen einen mit Einspruch anfechtbaren Teil des Bescheides bilden (§ 157 Abs. 2 AO). Für Einheitswertbescheide nach Maßgabe des Bewertungsgesetzes (§ 180 Abs. 1 Nr. 1 AO) folgt die Verselbstständigung der Bemessungsgrundlage (Wert, Art, Zurechnung) bereits aus §§ 19 Abs. 3, 22 BewG. Aber auch Gewinnfeststellungsbescheide setzen sich aus einer Reihe von Einzelfeststellungen zusammen. Es ist nicht nur über die Höhe der Einkünfte, sondern unter anderem auch über die Zurechnung zu einer bestimmten Einkunftsart zu entscheiden. Die einzelnen Feststellungen sind nicht unselbstständige Besteuerungsgrundlagen, wie etwa im Einkommensteuerbescheid, sondern unterliegen einer Verselbstständigung. Die **Beschwer** folgt hier **aus der Feststellung jeder einzelnen Besteuerungsgrundlage**, unabhängig von der tatsächlichen Auswirkung im Folgebescheid (vgl. AEAO zu § 350 Nr. 4). **2540**

a) Den Miteigentümern einer Ferienanlage werden 50 000 € Einkünfte aus Vermietung und Verpachtung einheitlich und gesondert festgestellt. Sie legen Einspruch ein, weil es sich um Einkünfte aus Gewerbebetrieb handele. Die Höhe der Einkünfte fechten sie nicht an.
LÖSUNG Der Einspruch ist zulässig, obgleich nur die Einkunftsart, nicht die Höhe der Einkünfte, beanstandet wird. Zum einen ist die Feststellung der Einkunftsart ein selbstständig anfechtbarer Bestandteil des Feststellungsbescheides, zum anderen ist die Möglichkeit eines Rechtsnachteils bei Feststellungsbescheiden grundsätzlich gegeben, ohne dass es auf die steuerliche Auswirkung in den Einkommensteuerbescheiden der Miteigentümer als Folgebescheide ankommt.

b) Wie Beispiel a). Die Einkünfte aus Vermietung und Verpachtung wurden auf 0 € festgestellt. Die Beteiligten legen Einspruch ein, weil sie die Feststellung eines Verlustes begehren.
LÖSUNG Der Einspruch ist zulässig, da in Gewinnfeststellungsbescheides auch Verluste verbindlich festgestellt werden.

c) Der Einheitswert eines Einfamilienhauses wurde auf 100 000 € festgestellt. Der Stpfl. legt Einspruch ein und begehrt die Feststellung des Wertes von 120 000 €.
LÖSUNG Der Einspruch ist zulässig. In Einspruchverfahren gegen Einheitswertbescheide ist stets auch dann eine Rechtsverletzung anzunehmen, wenn eine Änderung zuungunsten des Stpfl. begehrt wird. Auch hier kommt es auf die steuerlichen Auswirkungen in den Folgebescheiden nicht an.

2.8.5 Einschränkung der sachlichen Beschwer (§ 351 AO)

2541   Nach § 351 AO können Änderungsbescheide und Grundlagenbescheide nur in begrenztem Umfang angegriffen werden. Die Vorschrift stellt letztlich nur klar, dass Verwaltungsakte nur insoweit eine Beschwer enthalten können, als sie einen eigenständigen Regelungsinhalt haben, der nicht bereits verbindlicher Gegenstand eines anderen Verwaltungsakts ist.

§ 351 AO ist eine Zulässigkeitsvorschrift. Das ergibt sich insbesondere aus ihrer systematischen Stellung im Anschluss an § 350 AO (a. A. BFH vom 02. 09. 1987 BStBl II 1988, 142 u. AEAO zu § 351 Nr. 4).

Einsprüche gegen Änderungsbescheide und Folgebescheide bereiten sowohl in der Zulässigkeitsprüfung als auch der Begründetheitsprüfung Probleme. Diese werden unten in einem besonderen Abschnitt unter Rz. 2581 ff. abgehandelt.

2.8.6 Sachliche Beschwer bei Ermessensentscheidungen

2542   Für Verwaltungsakte, die aufgrund einer Ermessensentscheidung ergangen sind, besteht die Besonderheit, dass der Stpfl. nicht zwingend geltend machen muss, dass die Entscheidung unrichtig ist (im Gegensatz zur Klagebefugnis gem. § 40 Abs. 2 FGO). Der Rechtsbehelf ist auch dann zulässig, wenn der Stpfl. die Richtigkeit der Ermessensentscheidung einräumt. Es genügt bereits, dass der Stpfl. eine günstigere Entscheidung begehrt, die die entscheidende Behörde innerhalb des Ermessensspielraumes treffen kann.

Ein Stpfl. erhält zu Recht einen Verspätungszuschlag von 300 €. Er legt dagegen Einspruch ein und bittet um Herabsetzung auf 200 €, die ebenfalls innerhalb des Ermessensspielraumes liegt.
LÖSUNG Obgleich der Stpfl. nicht vorträgt, in seinen Rechten durch eine unrichtige Entscheidung beeinträchtigt zu sein, ist der Einspruch zulässig. Der Stpfl. begehrt einen für ihn günstigen Verwaltungsakt.

Eine Beschwer kann auch vorliegen, wenn dem Stpfl. ein begünstigender Verwaltungsakt bekannt gegeben wird, der Erlass eines noch günstigeren Verwaltungsaktes aber abgelehnt wird. Beantragt z. B. der Stpfl. eine Stundung der Steuerschuld für sechs Monate und stundet die Finanzbehörde nur für vier Monate, ist der Stpfl. beschwert. Genau genommen liegt die Beschwer darin, dass die Finanzbehörde den Antrag auf Stundung für die weiteren zwei Monate abgelehnt hat.

2543–2545 frei

2.9 Rechtsschutzbedürfnis

Letztlich ist ein Einspruch nur dann zulässig, wenn der Stpf. überhaupt ein (objektives) Interesse an Rechtsschutz hat (sog. Rechtsschutzinteresse oder Rechtsschutzbedürfnis). Siehe dazu AEAO zu § 350 Nr. 6.
2546

Soweit das Rechtsschutzbedürfnis fehlt, besteht für das Finanzamt kein Anlass zu einer sachlichen Überprüfung des Rechtsbehelfs. Der Einspruch ist insoweit als unzulässig zu verwerfen (§ 358 Satz 2 AO).

Grundsätzlich liegt ein Rechtsschutzbedürfnis vor, wenn der Stpfl. i. S. d. §§ 350 ff. AO beschwert ist.

Ein Rechtsschutzbedürfnis ist jedoch ausnahmsweise dann nicht gegeben, wenn der Einspruchsführer das von ihm erstrebte Ziel **ohne Einspruch einfacher, billiger oder ohnehin** erreichen wird (vgl. BFH vom 10. 11. 1993 BStBl II 1994, 119).

BEISPIEL

X legt gegen den ihn betreffenden ESt-Bescheid 03 Einspruch ein. Er greift den Bescheid allein deshalb an, weil er z. T. auf ESt-Normen beruht, die verfassungswidrig seien und derentwegen vor dem Bundesverfassungsgericht Verfassungsbeschwerden anhängig sind. Wegen dieser Verfassungsbeschwerden erging der Bescheid insoweit vorläufig (§ 165 AO). Der Ef macht geltend, dass er in jedem Fall in den Genuss einer für ihn günstigen Entscheidung des Bundesverfassungsgerichts kommen will und den Ablauf der Festsetzungsfrist in jedem Fall verhindern will.

LÖSUNG Der Einspruch ist unzulässig. X hat kein Rechtsschutzbedürfnis. Er ist durch § 165 Abs. 1 Nr. 3 AO ausreichend geschützt. Auf eine für ihn positive Entscheidung des Gerichts hin wird der Bescheid nach § 165 Abs. 2 AO geändert. Mehr kann der X auch im Einspruchsverfahren nicht erreichen. Soweit er geltend macht, den Ablauf der Festsetzungsverjährung verhindern zu wollen, liegt auch kein Rechtsschutzinteresse vor: Zum einen hat das Finanzamt nach § 171 Abs. 8 Satz 2 AO zwei Jahre Zeit, nach dem Erlass einer Entscheidung des Bundesverfassungsgerichts den ESt-Bescheid zu ändern. Zum anderen ist selbst das Verstreichen dieser Frist ohne Belang: Nach dem Schreiben des BMF vom 19. 10. 1992 BStBl I 1992, 632 Tz. 2 ist der Stpfl. bei der Versäumung dieser Frist im Billigkeitswege so zu stellen, wie wenn die Aufhebung oder Änderung innerhalb der Frist erfolgt wäre. Im Übrigen könnte X den Ablauf der Festsetzungsfrist auch auf einfachere Art und Weise verhindern, nämlich durch die Stellung eines Änderungsantrages nach § 165 Abs. 2 i. V. m. § 171 Abs. 3 AO. Vgl. dazu die z. T. abweichende Auffassung des BFH vom 22. 03. 1996 BStBl II 1996, 506.

Der Stpfl. hat ein Rechtsschutzbedürfnis, wenn er gegen einen Bescheid, der unter dem Vorbehalt der Nachprüfung (§ 164 Abs. 1 AO) ergangen ist, Einspruch einlegt. Begründung: Nur im Einspruchsverfahren kann er Aussetzung der Vollziehung beantragen. Im Übrigen ist das Einspruchsverfahren, anders als in § 164 Abs. 2 Satz 3 AO normiert, zeitnah durchzuführen.

3 Begründetheitsprüfung

3.1 Allgemeines

2547 Soweit der Einspruch zulässig ist, muss die Finanzbehörde in die sachliche Prüfung eintreten. Dies ist die inhaltliche Prüfung des angegriffenen Bescheides, eine Prüfung »der Sache nach«.

Es gilt der Grundsatz der **Vollüberprüfung** (§ 367 Abs. 2 Satz 1 AO). Erstrebt der Ef die Aufhebung oder Änderung des von ihm angegriffenen Verwaltungsaktes zu seinen Gunsten (sog. »Anfechtungseinspruch«, abgeleitet von der Anfechtungsklage gem. § 40 Abs. 1 Alt. 1 FGO), wird geprüft, ob der angegriffene Verwaltungsakt rechtmäßig (d. h. fehlerfrei) ist. Das ist dann der Fall, wenn er gegen keine Rechtsnorm verstößt. Der Einspruch ist dann unbegründet. Soweit beim Erlass des Verwaltungsaktes gegen eine Rechtsnorm verstoßen worden ist, d. h., soweit er rechtswidrig (= fehlerhaft) ist und der Ef in seinen Rechten verletzt ist, ist der Einspruch begründet.

Begehrt der Ef den Erlass eines abgelehnten (oder unterlassenen) Verwaltungsaktes (z. B. den Erlass eines Änderungsbescheides gem. § 173 Abs. 1 Nr. 2 AO), ist ein sog. »Verpflichtungseinspruch« gegeben (abgeleitet von der Verpflichtungsklage gem. § 40 Abs. 1 Alt. 2 FGO). Hier wird nicht nur geprüft, ob die Ablehnung (oder Unterlassung) rechtswidrig ist, sondern darüber hinaus, ob der Ef Anspruch auf den Erlass des begehrten Verwaltungsaktes hat (z. B. ob die Voraussetzungen des § 173 Abs. 1 Nr. 2 AO oder einer anderen Korrekturvorschrift gegeben sind).

Bei **Ermessensentscheidungen** hat die Finanzbehörde – zusätzlich – das ihr zustehende Ermessen gem. § 5 AO erneut auszuüben (Prüfung der sog. Zweckmäßigkeit des Verwaltungsaktes). Sie darf sich nicht darauf beschränken, den betreffenden Verwaltungsakt nur auf Ermessensfehler hin zu überprüfen. Der Einspruch gegen Ermessensentscheidungen ist begründet, wenn der angegriffene Verwaltungsakt rechtswidrig oder unzweckmäßig ist.

2548 Das Einspruchsverfahren ist insoweit ein **verlängertes Veranlagungsverfahren**. Grundsätzlich wird untersucht, ob der Sachverhalt richtig ermittelt worden ist und ob das (formelle oder materielle) Steuerrecht richtig angewendet worden ist. Insbesondere wird geprüft, ob die Begründung des Einspruchs zutreffend ist.

Ziel des Einspruchsverfahrens ist es, diejenige Steuer festzusetzen, die dem tatsächlich entstandenen Steueranspruch (§ 38 AO) entspricht, also die richtige Steuerschuld (**Kurzformel: § 38 = § 155 Abs. 1 AO**). Grundsätzlich wird das ursprüngliche Veranlagungsverfahren also tatsächlich und rechtlich nochmals durchgeführt. Für das Einspruchsverfahren gelten deshalb dieselben Rechte und Pflichten für das Finanzamt und den Stpfl. wie im Veranlagungsverfahren (§ 365 Abs. 1 AO). Wenn nötig kann der Sachbearbeiter weitere Ermittlungen vornehmen (§ 365 i. V. m. §§ 88 ff. AO).

2549 Die Finanzbehörde ist grundsätzlich weder an die Festsetzung der Erstveranlagung noch an die damals zugrundeliegende Rechtsauffassung gebunden. Dies kann sich zugunsten des Stpfl. auswirken. Es kann aber auch sein, dass der Steuerbescheid zum Nachteil des Stpfl. zu ändern ist (sog. »Verböserung«, siehe gleich unten Rz. 2553 ff.). Für den Stpfl. bedeutet das auch, dass er selbst, wenn er entsprechend seiner Erklärung veranlagt worden ist, Einspruch einlegen und für ihn günstige Umstände vortragen kann.

BEISPIEL

Ein Stpfl. vergisst grob fahrlässig Werbungskosten geltend zu machen. Er wird, wie erklärt, veranlagt. Den ESt-Bescheid ficht er an und trägt nunmehr die Werbungskosten vor.

LÖSUNG Der Einspruch ist zulässig und begründet. Die Erstveranlagung ist wegen der Nichtberücksichtigung der Werbungskosten rechtswidrig, die tatsächlich entstandene Steuerschuld ist nicht festgesetzt worden. Der Fehler wird im Einspruchsverfahren korrigiert. Es ist hierbei unerheblich, ob der Stpfl. vorsätzlich oder fahrlässig die Werbungskosten zunächst nicht erklärt hat.

Wegen des Grundsatzes der vollen Überprüfbarkeit kann der Stpfl. mit seinem Vorbringen oder seinem Antrag die Überprüfungsmöglichkeit nicht begrenzen. Aus diesem Grunde besteht kein Begründungszwang (§ 357 Abs. 3 AO). Der Stpfl. hat entweder Einspruch eingelegt oder nicht, einen »**teilweisen« Einspruch gibt es nicht**. Er kann daher einen ESt-Bescheid nicht mit dem Ziel angreifen, die Sonderausgaben zu überprüfen, die Ermittlung der Einkünfte aber unangetastet zu lassen. Die Feststellung der Besteuerungsgrundlagen ist nicht selbstständig anfechtbar (§ 157 Abs. 2 AO). Ebenso kann er nicht die Aufhebung eines Vorbehalts (§ 164 AO) begehren, ohne die Steuerfestsetzung nochmals überprüfen zu lassen. **2550**

Bei Feststellungsbescheiden dagegen sind die in ihnen enthaltenen Feststellungen einzeln angreifbar. Z. B. kann gegen einen Einheitswertbescheid über ein Grundstück nur hinsichtlich der Grundstücksart Einspruch eingelegt werden. Die Feststellung der Art ist ein selbstständig anfechtbarer Teil des Feststellungsbescheides.

Indem der Stpfl. die Überprüfung einzelner Punkte begehrt, erreicht er lediglich, dass die Finanzbehörde verpflichtet ist, sich im Rahmen ihrer Prüfung mit den gerügten Punkten eingehend auseinanderzusetzen und im Falle einer ablehnenden Entscheidung darzulegen, warum die vorgebrachten Gründe nicht zu einer Änderung der Steuerfestsetzung führen. Ferner eröffnet er der Finanzbehörde damit die Möglichkeit, soweit sie diesen Punkten stattgeben will, im Wege eines Abhilfebescheides das Einspruchsverfahren zu Gunsten des Stpfl. zu erledigen (§ 367 Abs. 2 Satz 3 AO). Hinsichtlich der nicht gerügten Feststellungen des Steuerbescheides genügt die Behörde ihrer Amtspflicht, wenn sie die Veranlagung überschlägig auf Fehler überprüft, und nur denjenigen Fragen nachgeht, bei denen sich eine Nachprüfung aufdrängt. Eine ausdrückliche Begrenzung des Einspruchs kann weiter Auswirkungen auf die Möglichkeit des Erlasses eines Abhilfebescheides (vgl. Rz. 2560 ff. und 2602) und die Zulässigkeit des Einspruchs (vgl. Rz. 2594) haben.

Der Grundsatz der Vollüberprüfung gilt nur, **soweit** der Einspruch zulässig ist. Ist z. B. ein Einspruch nur teilweise zulässig (z. B. wenn der Stpfl. nur wegen § 352 Abs. 1 AO oder § 351 Abs. 1 AO nicht in vollem Umfang beschwert ist), ist nur bezüglich des zulässigen Teils die Begründetheit zu überprüfen. Der nicht zulässige Teil wird als unzulässig verworfen (§ 358 Satz 2 AO). **2551**

Die Vollüberprüfung wird auch durch § 364 b AO eingeschränkt (vgl. Rz. 2662).

3.2 Prüfungsreihenfolge

Bei der Prüfung der Begründetheit in Klausuren oder in der Praxis gibt es keine besondere Reihenfolge. Die Überprüfung richtet sich nach den jeweiligen Besonderheiten des Einzelfalls. Die nachfolgenden **Grundregeln** ergeben sich aus der Natur der Sache: **2552**

a) Zu überprüfen sind in jedem Fall die **vom Stpfl. beanstandeten Punkte**. Auch wenn die Einwendungen noch so abwegig sind müssen in der Einspruchsentscheidung Ausführungen dazu gemacht werden. Grund: Der Stpfl. will wissen, warum er nicht erfolgreich war.

b) Ansonsten ist der Verwaltungsakt nur auf **Fehler** zu prüfen, **die ernsthaft in Betracht kommen**. Dabei kann es sich um Fehler bei der Sachverhaltsermittlung handeln (die häufig vom Stpfl. selbst verursacht worden sind; z. B. »Nachschieben von Werbungskosten«) oder um Fehler bei der Rechtsanwendung.

c) Enthält der Verwaltungsakt (vermutlich) zahlreiche Fehler ist dessen Rechtmäßigkeit am besten zunächst dem Grunde nach zu prüfen und ggf. dann erst der Höhe nach. Es macht keinen Sinn, zuerst langwierige Überlegungen anzustellen, ob bestimmte Betriebsausgaben tatsächlich oder rechtlich anzuerkennen sind, wenn der Bescheid schon dem Grunde nach (z. B. wegen Ablauf der Festsetzungsverjährungsfrist, §§ 169 ff. AO) rechtswidrig ist und aufgehoben werden muss.

Fehler, die einen Verwaltungsakt **dem Grunde nach** betreffen sind z. B. Fehler beim internen Entstehen des Verwaltungsaktes, Bekanntgabefehler, Fehler, die zur Nichtigkeit führen (§ 125 AO) oder die Überschreitung der Festsetzungsfrist. In diesen Fällen ist der Verwaltungsakt insgesamt aufzuheben. Es ist jedoch weiter zu untersuchen, ob der Verwaltungsakt nicht erneut erlassen werden kann. Dies wird z. B. bei Bekanntgabefehlern oder Fehlern, die zur Nichtigkeit führen regelmäßig der Fall sein, nicht jedoch dann, wenn die Festsetzungsfrist abgelaufen ist. Hinweis: Nach Auffassung des BFH können Bekanntgabefehler auch dadurch geheilt werden, dass die Einspruchsentscheidung ordnungsgemäß bekannt gegeben wird (BFH vom 12. 11. 1992 BStBl II 1993, 263).

Fehler, die den Verwaltungsakt **der Höhe** (des festgesetzten Betrages) **nach** betreffen sind z. B. tatsächliche oder rechtliche Fehler hinsichtlich der Betriebseinnahmen oder Betriebsausgaben, Sonderausgaben, außergewöhnlichen Belastungen. Diese Fehler führen zur Herabsetzung oder auch (selten) zur Erhöhung (§ 367 Abs. 2 Satz 2 AO) des festgesetzten Betrages.

3.3 Möglichkeit der Verböserung beim Einspruch (§ 367 Abs. 2 Satz 2 AO)

2553 Aus dem Grundsatz der vollen Überprüfbarkeit der Erstveranlagung folgt, dass die Finanzbehörde, die eine höhere Steuerfestsetzung ermittelt hat, die **Steuerfestsetzung zum Nachteil des Einspruchsführers** abändern darf (sog. reformatio in peius oder Verböserung). § 367 Abs. 2 Satz 2 AO hat insofern klarstellende Funktion. Die Formulierung »kann« ist irreführend. Sie räumt der Finanzbehörde keinen Ermessensspielraum ein, sondern stellt klar, dass die Finanzbehörde zur Verböserung befugt ist. Aus dem Grundsatz der Gesetzmäßigkeit und Gleichmäßigkeit der Besteuerung (§ 85) folgt, dass die Finanzbehörde verbösern muss, sofern eine höhere Steuerfestsetzung der richtigen Steuerschuld entspricht. Dies gilt nach § 171 Abs. 3 a Satz 2 AO auch nach Ablauf der »regulären« vierjährigen Festsetzungsfrist.

2554 Eine Verböserung liegt **immer dann vor, wenn die Einspruchsentscheidung ungünstiger für den Stpfl.** ist. Es ist hierbei lediglich auf den angegriffenen Verwaltungsakt abzustellen, nicht auf andere steuerliche Auswirkungen. Es ist die Höhe der neuen Steuerfestsetzung mit derjenigen des angegriffenen Verwaltungsaktes zu vergleichen. Andere steuerliche Auswirkungen bleiben unberücksichtigt. Eine Verböserung ist jedoch auch dann gegeben, wenn ein Vorbehaltsvermerk erstmals aufgrund des Einspruchsverfahrens aufgenommen wird. Dieser Vermerk belastet den Stpfl. insofern, als er nunmehr nicht auf die materielle Bestandskraft der Steuerfestsetzung vertrauen darf. Ist dagegen die Aufhebung des Vorbehalts der Nachprüfung in der Einspruchsentscheidung beabsichtigt, kann der Hinweis auf die Möglichkeit einer verbösernden Entscheidung unterbleiben (vgl. BFH vom 10. 07. 1996 BStBl II 1997, 5).

Eine Verböserung kann nur dann erfolgen, wenn der Einspruch zulässig ist. Unzulässige Einsprüche führen nicht zu einer sachlichen Überprüfung der Steuerfestsetzung.

§ 367 Abs. 2 Satz 2 AO bestimmt, dass die Finanzbehörde nur verbösern darf, wenn der Stpfl. auf die **Möglichkeit einer verbösernden Entscheidung** unter Angabe von Gründen **hingewiesen** und ihm Gelegenheit gegeben worden ist, sich hierzu zu äußern. Der Stpfl. darf also nicht von einer verbösernden Einspruchsentscheidung überrascht werden. Es ist ihm eine angemessene Frist zur Äußerung zu gewähren. Die Frist sollte einen Monat betragen. Erlässt die Finanzbehörde unter Außerachtlassung dieser Vorschriften eine verbösernde Entscheidung, ist diese auf die Klage hin aufzuheben und an die Finanzbehörde zur erneuten Bearbeitung zurückzuweisen. Der Stpfl. kann eine verbösernde Entscheidung vermeiden, indem er den Einspruch zurücknimmt (§ 362 AO).

2555

> **BEISPIEL**
>
> Gegen eine Steuerfestsetzung von 10 000 € legt der Stpfl. Einspruch ein. Das Finanzamt kommt zu dem Ergebnis, dass 10 500 € festzusetzen wären und unterrichtet den Stpfl. von der Möglichkeit der Verböserung. Der Stpfl. nimmt den Einspruch zurück.
>
> **LÖSUNG** Das Einspruchsverfahren ist beendet, eine Verböserung ist nicht mehr möglich.

Die **Rücknahme** des Einspruchs ist jedoch dann für den Stpfl. **zwecklos**, wenn das Finanzamt aus einem anderen Grunde berechtigt wäre, die höhere Steuer festzusetzen, z. B., weil eine Änderungsvorschrift die Erhöhung gestattet.

2556

> **BEISPIEL**
>
> Wie Beispiel in Rz. 2555. Der Stpfl. hatte Betriebseinnahmen verschwiegen, die die Steuer um 500 € erhöhen und gem. § 173 Abs. 1 Nr. 1 AO als neue Tatsache zu berücksichtigen sind.
>
> **LÖSUNG** Nimmt der Stpfl. den Einspruch zurück, wird das Finanzamt die Erstfestsetzung gem. § 173 Abs. 1 Nr. 1 AO auf 10 500 € erhöhen. Die Überlegung, ob der Stpfl. wegen der zu erwartenden Verböserung den Einspruch zurücknimmt, hat in diesem Falle nur verfahrensrechtliche Bedeutung. Gegen die verbösernde Entscheidung kann er, auch wenn er der Verböserung zugestimmt hat, vor dem Finanzgericht klagen. Den Änderungsbescheid dagegen muss er wiederum mit dem Einspruch anfechten (§ 347 Abs. 1 Nr. 1 AO).

Begehrt der Stpfl. mit dem Einspruch eine Verböserung, z. B. er beantragt eine niedrigere AfA-Bemessungsgrundlage, erübrigt sich die vorherige Mitteilung der Verböserung, da der Stpfl. erhält, was er begehrt.

2557

4 Die Entscheidung über den Einspruch

4.1 Zuständige Behörde

Über den Einspruch **entscheidet die Finanzbehörde**, die den **Verwaltungsakt erlassen hat** (§ 367 Abs. 1 Satz 1 AO).

2558

Ist wegen eines Wohnsitzwechsels des Stpfl. eine andere Behörde für den Steuerfall zuständig geworden, entscheidet die nunmehr zuständige Behörde (§ 367 Abs. 1 Satz 2 AO). Die zunächst zuständige Behörde kann jedoch unter Wahrung der Interessen der Beteiligten aus Zweckmäßigkeitsgründen das Einspruchsverfahren fortführen, wenn die neu zuständige Finanzbehörde zustimmt (Hinweis auf § 26 Satz 2 AO, AEAO zu § 367 Nr. 1).

Bei Auftragshandeln – eine Behörde handelt aufgrund gesetzlicher Vorschrift für eine zuständige Behörde – entscheidet die zuständige Behörde über den Einspruch. Die handelnde Behörde kann dem Einspruch jedoch abhelfen, d. h. stattgeben, und den Verwaltungsakt aufheben (§ 367 Abs. 3 AO). Solche Fälle finden sich z. B. in § 195 AO, wonach die Außenprüfung von der zuständigen Behörde auf eine andere Behörde übertragen werden kann.

4.2 Die verfahrensrechtliche Erledigung eines Einspruchs

2559   Ein eingelegter Einspruch kann sich – je nach Fallkonstellation – verfahrensrechtlich wie folgt erledigen:

- Es kann eine Einspruchsentscheidung ergehen (§ 367 Abs. 1 Satz 1 AO)
- Es kann ein Abhilfebescheid ergehen (§ 367 Abs. 2 Satz 3 AO)
- Der Einspruch kann vom Einspruchsführer zurückgenommen werden (§ 362 AO; siehe Rz. 2600 ff.). Nimmt der Einspruchsführer den Einspruch nicht zurück, muss die Finanzbehörde – je nach Ergebnis der Zulässigkeits- und Begründetheitsprüfung – entweder eine Einspruchsentscheidung oder einen Abhilfebescheid erlassen.
- In den Fällen des § 367 Abs. 2 b AO kann eine Allgemeinverfügung (§ 118 Satz 2 AO) der obersten Finanzbehörde ergehen.

4.2.1 Erledigung eines voll begründeten Einspruchs durch Abhilfebescheid (§ 367 Abs. 2 Satz 3 AO)

2560   Ein Einspruch ist in vollem Umfang erfolgreich und damit **voll begründet,** wenn der Stpfl. mit seinem Begehren durchdringt (z. B. die gewünschte Herabsetzung der Steuer um 1 000 € erreicht), eine noch günstigere Steuerfestsetzung erhält (z. B. über die begehrte Herabsetzung von 1 000 € hinaus eine Herabsetzung von 1 500 € erreicht), oder sein Begehren nicht begründet und gleichwohl eine Herabsetzung der Steuer erhält (ohne Begründung wird die Steuer um 500 € gemindert).

In diesen Fällen hat die zur Entscheidung berufene Finanzbehörde **zwei Möglichkeiten.**

2561   Sie kann erstens eine **stattgebende Einspruchsentscheidung** erlassen, die die Steuer entsprechend festsetzt. Zweitens kann das Finanzamt einen **Abhilfebescheid** erteilen. Rechtsgrundlage dafür ist § 367 Abs. 2 Satz 3 AO.

Die h. M. rechtfertigt den Erlass eines Abhilfebescheides wie folgt: Aus § 132 AO ergibt sich, dass die Vorschriften über die Rücknahme, Widerruf, Aufhebung und Änderung von Verwaltungsakten auch während eines außergerichtlichen Einspruchsverfahrens gelten. Das Finanzamt ist also befugt, unabhängig vom Bestehen eines Einspruchsverfahrens den angefochtenen Verwaltungsakt abzuändern, soweit Änderungsvorschriften dies zulassen. Wird eine Vorbehaltsfestsetzung angefochten, kann das Finanzamt den Bescheid nach § 164 Abs. 2 AO ändern, bei einer Anfechtung von endgültigen Bescheiden ist Rechtsgrundlage für die Änderung § 172 Abs. 1 Nr. 2 Buchst. a letzte Alt. AO oder eine andere Korrekturvorschrift (z. B. §§ 173 ff. AO). Auch eine Berichtigung nach § 129 AO ist während eines Einspruchsverfahrens möglich. Erteilt das Finanzamt während des außergerichtlichen Rechtsbehelfsverfahrens einen derartigen Änderungsbescheid, so bezeichnet man den Bescheid als Abhilfebescheid. Da der Stpfl. nunmehr im Ergebnis die Steuerfestsetzung erhält, die er begehrt, ist das **Einspruchsverfahren damit erledigt.**

In der Praxis wird die Möglichkeit des Abhilfebescheides von der Finanzbehörde bevorzugt. Die Erteilung eines Abhilfebescheides ist viel weniger arbeitsaufwendig als die Fertigung einer Einspruchsentscheidung. Mit dem Erlass des Abhilfebescheides soll dem Stpfl. mitgeteilt werden, dass sich das Einspruchsverfahren erledigt habe.

2562   Den Abhilfebescheid kann der Stpfl. erneut angreifen.

BEISPIEL

X legt Einspruch gegen den Einkommensteuerbescheid 03 ein, weil das Finanzamt bestimmte Betriebsausgaben nicht anerkannt habe. Das Finanzamt hält die Rügen des X in vollem Umfang für begründet und erlässt einen Abhilfebescheid. Dieser wird von X mit der Begründung angegriffen, er habe weitere Betriebsausgaben entdeckt, die nicht berücksichtigt worden seien.

LÖSUNG Der Abhilfebescheid hat das Einspruchsverfahren zunächst erledigt (§ 367 Abs. 2 Satz 3 AO). Allerdings ist dieser Bescheid ein Korrekturbescheid. Er kann daher gem. § 347 Abs. 1 Nr. 1 AO erneut mit dem Einspruch angefochten werden (BFH vom 18. 04. 2007 BStBl II 2007, 736).

Trotz Begründetheit eines Einspruchs muss eine Einspruchsentscheidung jedoch grundsätzlich dann ergehen, wenn dem Verfahren ein Dritter hinzugezogen worden ist (§ 360 AO oder § 174 Abs. 5 AO), der die Entscheidung anfechten kann (vgl. § 360 Abs. 4 AO). Die Abhilfe wahrt die Rechte des Hinzugezogenen nur, wenn auch seinem Antrag der Sache nach entsprochen wird oder wenn er ihr zustimmt (vgl. BFH vom 11. 04. 1991 BStBl II 1991, 605).

4.2.2 Erledigung eines teilweise begründeten Einspruchs

Der Einspruch ist **teilweise begründet,** wenn der Stpfl. mit seinem Begehren nur zum Teil Erfolg hat (z. B. wenn er die Herabsetzung der Steuer um 1 000 € begehrt und nur eine Herabsetzung von 500 € erhält).   **2563**

In diesem Fall ist grundsätzlich eine Einspruchsentscheidung zu fertigen, in der die Steuer entsprechend herabgesetzt wird (§ 367 Abs. 1 Satz 1 AO).

In Ausnahmefällen kann auch hier ein Abhilfebescheid ergehen, der als **Teilabhilfebescheid** bezeichnet wird. Da dem Begehren des Stpfl. nicht voll entsprochen wird, **erledigt** dieser Bescheid das **Einspruchsverfahren nicht.** Nur ein Änderungsbescheid, der dem Einspruchsantrag in vollem Umfang Rechnung trägt, hat die Kraft, das Einspruchsverfahren zu beenden. Anderenfalls wird der Änderungsbescheid gem. § 365 Abs. 3 AO Gegenstand des noch nicht abgeschlossenen Einspruchsverfahrens. Das Verfahren wird fortgeführt, ohne dass der Stpfl. erneut Einspruch einlegt. Der angefochtene Bescheid wird ohne weiteres in der geänderten Fassung Gegenstand des Verfahrens.   **2564**

Die Erteilung eines Teilabhilfebescheides bietet sich für die Finanzbehörde an, wenn über einen Teil des angefochtenen Verwaltungsaktes (z. B. Einkünfte aus Vermietung und Verpachtung) bereits endgültig entschieden werden kann, während über einen anderen Teil (z. B. Einkünfte aus Gewerbebetrieb) eine Entscheidung zurzeit nicht möglich ist. Über den nicht erledigten Teil des Einspruches ist noch zu entscheiden. Wird dem Begehren des Stpfl. nicht abgeholfen, ist eine förmliche ablehnende Einspruchsentscheidung zu fertigen, anderenfalls kann der Einspruch mit einem weiteren Abhilfebescheid erledigt werden.

BEISPIEL

Gegen eine Steuerfestsetzung von 10 000 € legt der Stpfl. Einspruch ein und begehrt die Herabsetzung der Steuer um 500 € (wegen Nichtanerkennung von Werbungskosten um 300 €, von Sonderausgaben um 200 €). Das Finanzamt will die Werbungskosten anerkennen, kann jedoch über die Sonderausgaben noch nicht entscheiden.

LÖSUNG Es kann ein Änderungsbescheid (Teilabhilfebescheid) über 9 700 € ergehen. Der Antrag auf Herabsetzung der Steuer um 500 € beinhaltet zugleich den Antrag, die Steuer um 300 € herabzusetzen. Mit dem Änderungsbescheid hat sich jedoch das Einspruchsverfahren nicht erledigt, denn dem Begehren des Stpfl. ist nicht abgeholfen worden. Der Änderungsbescheid wird nunmehr ohne erneute Einlegung eines Einspruchs Gegenstand des Einspruchsverfahrens (§ 365 Abs. 3 AO).

Möchte später das Finanzamt die Sonderausgaben ebenfalls gewähren, kann es mit einem erneuten Änderungsbescheid die Steuerfestsetzung von 9 700 € auf 9 500 € korrigieren. Dieser Abhilfebescheid erledigt das Einspruchsverfahren.

Will das Finanzamt die Sonderausgaben jedoch nicht anerkennen, muss es eine ablehnende Einspruchsentscheidung fertigen.

4.2.3 Erledigung eines unbegründeten Einspruchs

2565   Ein Einspruch ist unbegründet, wenn der Stpfl. keinerlei Erfolg hat, wenn es also bei der ursprünglichen Steuerfestsetzung bleibt oder wenn sogar eine Verböserung erfolgt. Hier ist eine Einspruchsentscheidung zu fertigen.

4.2.4 Erledigung eines unzulässigen Einspruchs

2566   Fehlt es an einer Zulässigkeitsvoraussetzung, ist der Einspruch unzulässig. Er ist gem. § 358 Satz 2 AO durch Einspruchsentscheidung als unzulässig zu verwerfen.

4.2.5 Zurückweisung von Masseneinsprüchen durch Allgemeinverfügung (§ 367 Abs. 2 b AO)

2567   Anhängige Einsprüche, die eine vom Gerichtshof der Europäischen Gemeinschaften, vom Bundesverfassungsgericht oder vom Bundesfinanzhof entschiedene Rechtsfrage betreffen und denen nach dem Ausgang des Verfahrens vor diesen Gerichten nicht abgeholfen werden kann, können gem. § 367 Abs. 2 b AO durch Allgemeinverfügung insoweit zurückgewiesen werden. Sachlich zuständig für den Erlass der Allgemeinverfügung ist die oberste Finanzbehörde. Die Allgemeinverfügung ist im Bundessteuerblatt und auf den Internetseiten des BMF zu veröffentlichen. Sie gilt am Tag nach der Herausgabe des Bundessteuerblattes, in dem sie veröffentlicht wird, als bekannt gegeben. Abweichend von § 47 Abs. 1 FGO endet die Klagefrist mit Ablauf eines Jahres nach dem Tag der Bekanntgabe. Im Falle einer Klage gilt § 63 Abs. 1 Nr. 1 FGO.

Die Möglichkeit der Zurückweisung von Masseneinsprüchen (insbesondere wegen angeblichen Verstößen gegen das GG) durch Allgemeinverfügung (§ 118 Satz 2 AO) dient der verwaltungsökonomischen Abwicklung solcher Einsprüche und damit der Verwaltungsvereinfachung. Der Einspruchsführer wird in diesen Fällen wegen der höchstrichterlichen Klärung auch regelmäßig kein Interesse mehr daran haben, dass über seinen Rechtsbehelf förmlich entschieden wird.

Wurde der Einspruch auch wegen anderer Fragen eingelegt, wird er insoweit von der Zurückweisung durch Allgemeinverfügung nicht erfasst. Das Einspruchsverfahren bleibt weiter anhängig. Über die Rechtsfrage, die Gegenstand der Allgemeinverfügung war, kann in einer eventuell notwendig werdenden Einspruchsentscheidung nicht erneut entschieden werden.

2568   Zur **Teil-Einspruchsentscheidung** (§ 367 Abs. 2 a) vgl. Rz. 2580 a.

4.3 Die förmliche Einspruchsentscheidung

4.3.1 Allgemeines

2569   Soweit ein Abhilfebescheid nicht ergehen kann, ist eine förmliche Einspruchsentscheidung zu fertigen. Mehrere Einsprüche können verbunden werden, wenn eine einheitliche Entscheidung zu erfolgen hat. Für die äußere Form der Einspruchsentscheidung gilt § 366 AO. Die

Entscheidung über den Einspruch ist schriftlich oder elektronisch zu erteilen und dem Beteiligten bekannt zu geben (vgl. § 122 AO). Die Einspruchsentscheidung ist schriftlich zu begründen und mit einer Rechtsbehelfsbelehrung zu versehen. Über den Inhalt der Entscheidung macht die AO ansonsten keine Angaben.

4.3.2 Aufbau

Der Aufbau der Einspruchsentscheidung wird – in Anlehnung an das finanzgerichtliche Urteil (vgl. § 105 Abs. 2 FGO) – im Folgenden erläutert: **2570**

4.3.2.1 Das Rubrum (Aufschrift)

Die Einspruchsentscheidung beginnt mit dem sog. Rubrum. Das Rubrum enthält die **Bezeichnung des Rechtsbehelfs** (Einspruch), und die Bezeichnung des die Entscheidung erlassenden **Finanzamts**. Es beinhaltet ferner den **Gegenstand** der Entscheidung (z. B. Einkommensteuer 2016) und die genaue Bezeichnung des **Beteiligten**. **2571**

Der **Einspruchsführer** ist mit Vor- und Familiennamen, Wohnsitz und genauer Anschrift anzugeben.

Gesetzliche Vertreter (z. B. Eltern, Vormund, Geschäftsführer einer GmbH) sind nicht Einspruchsführer. Auch sie werden im Rubrum aufgeführt. Beispiel: »In der Körperschaftsteuersache für das Jahr 2016 der Abel & Bebel GmbH, 37269 Eschwege, Entenanger 2, gesetzlich vertreten durch den Geschäftsführer Karl Möller, 37269 Eschwege, Entenanger 2«.

Ist eine nichtjuristische Person Einspruchsführer (z. B. eine Personengesellschaft), ist der Name des vertretungsberechtigten Gesellschafters anzugeben. Beispiel: »In der Umsatzsteuersache für das Jahr 2016 der Fa. Mayer OHG, 37 269 Eschwege, Lindenstraße 3, vertreten durch den Kaufmann Ernst Volkmar, Steinweg 2, 37 269 Eschwege, als vertretungsberechtigter Gesellschafter«.

Wird der Einspruchsführer **durch einen Bevollmächtigten** vertreten, ist dieser mit vollem Namen und voller Anschrift anzuführen. Beispiel: »In der Umsatzsteuersache für das Jahr 2016 der Fa. Mayer OHG, 37 269 Eschwege, Lindenstraße 3, vertreten durch den Kaufmann Ernst Volkmar, Steinweg 2, 37 269 Eschwege, als vertretungsberechtigter Gesellschafter – Bevollmächtigter: Steuerberater Uwe Berg, 37 269 Eschwege, Wallgasse 12 – «.

Hinzugezogene sind ebenfalls in die Aufschrift aufzunehmen.

4.3.2.2 Der Entscheidungssatz (Entscheidungsformel, Tenor)

2572   Die Einspruchsentscheidung muss einen Entscheidungssatz haben. Allein dieser (und nicht die Begründung) entfaltet Rechtswirkung. Er ist der wichtigste Teil der Einspruchsentscheidung.

Ergebnis der Prüfung des Einspruchs:	Entscheidungssatz (Beispiele):
unzulässiger Einspruch	»Der Einspruch wird als unzulässig verworfen.«
unbegründeter Einspruch	»Der Einspruch wird als unbegründet zurückgewiesen.«
teilweise unbegründeter Einspruch	»Die Umsatzsteuer 2015 wird von 20 000 € auf 18 000 € herabgesetzt. Im Übrigen wird der Einspruch als unbegründet zurückgewiesen.« (Hinweis: Der letzte Satz darf bei einer Herauf- oder Herabsetzung der Steuer nicht vergessen werden. Fehlt er, ist über den Einspruch nicht (vollständig) entschieden worden!)
teilweise zulässiger und im Übrigen unbegründeter Einspruch (selten; z. B. bei §§ 351 oder 352 AO möglich)	»Soweit der Einspruchsführer den festgestellten Gesamtbetrag angreift, wird der Einspruch als unzulässig verworfen. Im Übrigen wird der Einspruch als unbegründet zurückgewiesen.«
Verböserung (selten; § 367 Abs. 2 Satz 2 AO)	»Die Umsatzsteuer 2015 wird auf 25 000 € erhöht. Im Übrigen wird der Einspruch als unbegründet zurückgewiesen.«
teilweise begründeter Einspruch gegen eine einheitlich gesonderte Gewinnfeststellung	»Der Gewinn 2015 wird auf 100 000 € festgestellt. Davon entfallen auf Adam Abel 30 000 €, Bertha Bebel 20 000 € und Carla Cebel 50 000 €. Im Übrigen wird der Einspruch als unbegründet zurückgewiesen.«

4.3.2.3 Die Rechtsbehelfsbelehrung (§ 366)

2573   Auf den Entscheidungssatz folgt – im amtlichen Vordruck – die Rechtsbehelfsbelehrung.

4.3.2.4 Die Begründung (Gründe)

2574   Die Entscheidung ist zu begründen (§ 366 AO). Ziel der Begründung ist es, den Einspruchsführer möglichst von der Richtigkeit der Einspruchsentscheidung zu überzeugen. Die Begründung wird grundsätzlich wie ein (Finanzgerichts-)Urteil aufgebaut. Sie wird unterteilt in die Darstellung des Sachverhalts (Tatbestand i. S. d. § 105 Abs. 2 Nr. 4 FGO) und die der rechtlichen Würdigung (Entscheidungsgründe i. S. d. § 105 Abs. 2 Nr. 5 FGO).

a) Der Sachverhalt (Tatbestand)
2575   Zunächst wird der Sachverhalt abgefasst. Dieser muss alle tatsächlichen Umstände, die für die Entscheidung von Belang sind, enthalten. Alles nicht unbedingt Notwendige sollte weggelassen werden. Die Darstellung muss also vollständig, objektiv und möglichst gestrafft sein. Häufig empfiehlt sich ein historischer Aufbau (Darstellung der Tatsachen im zeitlichen Ablauf).

Der Sachverhalt wird grundsätzlich im Imperfekt beschrieben. Eine eventuell notwendige Vorgeschichte kann im Plusquamperfekt stehen. Umstände, die bis in die Gegenwart reichen, können auch im Perfekt oder Präsens geschildert werden. Auf die Darstellung der tatsächlichen und unstreitigen Umstände folgt die Beschreibung der »Verfahrensgeschichte« (Einlegung des Einspruchs). Diese steht im Perfekt.

BEISPIEL

»Gegen den Einkommensteuerbescheid 2015 vom 12.06.2016 hat der Einspruchsführer mit Schreiben vom 29.06.2016, eingegangen beim Finanzamt am 03.07.2016, Einspruch eingelegt.«

Daraufhin werden die Ausführungen des Einspruchsführers zur Begründung des Einspruchs kurz wiedergegeben. Dabei kann es sich um Rechtsausführungen oder um streitiges Vorbringen zum Sachverhalt handeln. Diese Darstellung erfolgt sprachlich im Konjunktiv.

BEISPIEL

»Die Efin trägt vor, sie sei nebenberuflich als Schriftstellerin tätig, um Gewinne zu erzielen. Die von ihr durchgeführte Reise nach Hawaii sei ausschließlich beruflich motiviert, da sie einen Roman über diese Insel schreiben wolle. Aus privatem Interesse hätte sie diese beschwerliche und kostenintensive Reise nie unternommen«

b) Die rechtliche Würdigung (Entscheidungsgründe)

Die rechtliche Würdigung ist die eigentliche Begründung des Einspruchs. Sie muss mit überzeugenden Argumenten die rechtlichen Folgerungen aus dem Sachverhalt ziehen. Die rechtliche Würdigung ist zweckmäßigerweise im **Urteilsstil** (und nicht im Gutachtenstil) abzufassen.   **2576**

Der (wissenschaftliche) **Gutachtenstil** beginnt mit einer Frage (Obersatz) und kommt erst am Schluss von oft recht langen und komplizierten Ausführungen zum Ergebnis. Aufgrund der Subsumtionstechnik argumentiert das Gutachten von den einzelnen Tatbestandsmerkmalen zum Ergebnis, also zur Rechtsfolge hin. Typische Bindewörter sind hier »daher«, »also«, »folglich«, »somit«, etc.

Der **Urteilsstil** baut dagegen vom Ergebnis her auf und begründet dieses anschließend. Typische Bindewörter sind »weil«, »denn«, »da«. Es wäre jedoch sprachlich ungeschickt, nun möglichst alle Sätze durch diese Wörter miteinander verbinden zu wollen. Häufig genügt es, dass eine derartige Verknüpfung logisch möglich wäre, tatsächlich aber selbstständige Hauptsätze nebeneinandergestellt werden. Mit den Bindewörtern kann kontrolliert werden, in welchem Stil man sich befindet. Könnte man die einzelnen Sätze mit einem »denn« verknüpfen, so liegt Urteilsstil vor.

Grundaufbauschema zur rechtlichen Würdigung:

1. Ergebnis der rechtlichen Würdigung
2. Darstellung der einschlägigen Rechtsnorm(en)
3. Anwendung der Rechtsnorm auf den Sachverhalt (Subsumtion)
4. bei Ermessensentscheidungen: Abwägung der im Rahmen des Ermessens zu berücksichtigenden Umstände

BEISPIEL

»Der Einspruch ist zulässig, aber nicht begründet. Der angefochtene Einkommensteuerbescheid ist rechtmäßig. Die vom Ef geltend gemachten Aufwendungen für seine Studienreise nach Ägypten sind nicht zu berücksichtigen.

Sie stellen keine abzugsfähigen Werbungskosten gem. § 9 Einkommensteuergesetz (EStG) dar, da sie nicht weitaus überwiegend beruflich veranlasst sind (§ 12 Abs. 1 Nr. 1 Satz 2 EStG). Aufwendungen für eine Reise führen nur dann in voller Höhe zu Werbungskosten, wenn die Reise ausschließlich oder nahezu ausschließlich der beruflichen Sphäre zuzuordnen ist (BFH-Urteile in BStBl II 2006, 782; vom 19. Dezember 2005 VI R 88/02, BFH/NV 2006, 730). Andernfalls sind die gesamten Reisekosten nicht abziehbar, soweit sich nicht ein durch den Beruf veranlasster Teil nach objektiven Maßstäben sicher und leicht abgrenzen lässt (BFH-Urteile vom 21. Oktober 1996 VI R 39/96, BFH/NV 1997, 469; vom 18. Oktober 1990 IV R 72/89, BFHE 162, 316, BStBl II 1991, 92, m. w.Nw.).

Danach scheitert im vorliegenden Fall eine Berücksichtigung der Aufwendungen für die Ägyptenreise aus folgenden Gründen:«

Hinweis: Die ausschließliche Anwendung des Urteilsstils wirkt bisweilen sprachlich unschön. Insoweit kann man auf den Gutachtenstil ausweichen.

Da die Begründung den Zweck hat, den Ef von der Richtigkeit des Entscheidungssatzes der Einspruchsentscheidung zu überzeugen (und damit eine Klage vor dem Finanzgericht zu vermeiden), ist grundsätzlich auf jeden Einwand des Ef einzugehen, mag dieser rechtlich auch noch so abwegig sein.

4.3.2.5 Die Unterschrift

2577   Die Einspruchsentscheidung ist gem. § 365 AO i. V. m. § 119 Abs. 3 AO zu unterschreiben. Intern zuständig dafür ist der Sachgebietsleiter.

4.3.3 Muster einer Einspruchsentscheidung (unzulässiger Einspruch)

Finanzamt X-Stadt   12345 X-Stadt, den 16. 04. 09   **2578**
                                                                  Bahnhofstr. 1

Einspruchsentscheidung
In der Einkommensteuersache für das Jahr 07
des Studiendirektors Dr. Arnold Abel
in 12345 X-Stadt, Blumenweg 6,
hat das Finanzamt am 16. 04. 09 entschieden:
Der Einspruch wird als unzulässig verworfen.

Rechtsbehelfsbelehrung
Gegen diese Entscheidung kann beim Finanzgericht in 23 456 W-Stadt, Hauptstraße 2, schriftlich oder
zur Niederschrift des Urkundsbeamten der Geschäftsstelle Klage erhoben werden. Die Klage ist gegen
das oben bezeichnete Finanzamt zu richten. Die Frist für die Einlegung der Klage beträgt einen Monat.
Sie beginnt ...

Gründe:
Der Einspruchsführer (Ef) hat gegen den am 28. 01. 09. zur Post aufgegebenen Einkommensteuer-
Bescheid für das Jahr 07 mit Schreiben vom 01. 03. 09, das ausweislich des Posteingangsstempels am 03.
03. 09 beim Finanzamt X-Stadt einging, Einspruch eingelegt.
Mit seinem Einspruch macht der Ef erstmals Aufwendungen für einen in 07 angeschafften Jugendstil-
Tisch mit Sessel und einen Gobbelin für sein häusliches Arbeitszimmer als Werbungskosten geltend.
Sein verspätetes Vorbringen bittet er zu entschuldigen, da er bei Abfassung der Einkommensteuererklä-
rung 07 meinte, die o. g. Aufwendungen für »Luxusgegenstände« seien nicht abziehbar. Erst später habe
er erfahren, dass eine Berücksichtigung möglich sei.
Das Finanzamt hat den Ef mit Schreiben vom 10. 03. 09 auf den verspäteten Eingang des Schreibens
hingewiesen. Trotz entsprechender Aufforderung hat er keine Entschuldigungsgründe vorgebracht.
Der Einspruch ist unzulässig.
Der Ef hat die Einspruchsfrist (§ 355 Abs. 1 Abgabenordnung – AO –) versäumt.
Der Einspruch gegen einen Steuerbescheid ist innerhalb eines Monats nach Bekanntgabe des Bescheides
einzulegen. Als bekannt gegeben gilt der Bescheid am dritten Tag nach seiner Aufgabe zur Post (§ 122
Abs. 2 Nr. 1 AO), hier also am 31. 01. 09.
Die Einspruchsfrist begann daher mit Ablauf des 31. 01. 09 und endete mit Ablauf des 02. 03. 09 (§ 108
Abs. 1 AO i. V. m. §§ 187 Abs. 1, 188 Abs. 2 und 3 und § 193 Bürgerliches Gesetzbuch). Da der Einspruch
erst am 03. 03. 09 beim Finanzamt X-Stadt einging, ist er verspätet.
Wiedereinsetzung in den vorigen Stand konnte nicht gewährt werden. Dies ist nur möglich, wenn der Ef
ohne Verschulden verhindert war, die Frist einzuhalten (§ 110 Abs. 1 AO). Der Ef trägt zwar vor, dass er
bei der Abfassung seiner Einkommensteuererklärung irrtümlich der Auffassung war, die o. g. Aufwendungen seien nicht abziehbar. Er habe erst später erfahren, dass eine Berücksichtigung der Kosten möglich sei. Diese Begründung entschuldigt die Fristversäumnis jedoch nicht. Der Ef handelte insoweit fahrlässig. Er hat die ihm obliegenden und ihm zumutbaren Sorgfaltspflichten hinsichtlich der Fristwahrung
verletzt: Bezüglich seines steuerrechtlichen Problems hätte er sich rechtzeitig (vor Abgabe der Einkommensteuererklärung oder innerhalb der Einspruchsfrist) selbst kundig machen können oder einen Steuerberater zu Rate ziehen können.
Trotz Hinweises durch das Finanzamt hat der Ef keine (weiteren) Gründe vorgebracht, die eine Wiedereinsetzung in den vorigen Stand rechtfertigen. Solche Gründe sind auch aus den Akten nicht ersichtlich.

Im Auftrag
(Schmidt)

4.3.4   Muster einer Einspruchsentscheidung (unbegründeter Einspruch)

2579

Finanzamt X-Stadt   12345 X-Stadt, den 10. 10. 14
                                                                                Bahnhofstr. 1

Einspruchsentscheidung

In der Einkommensteuersache für das Jahr 13

des Opernmusikers Erwin Hüter

in 12345 X-Stadt, Violinenstr. 17,

– vertreten durch den Steuerberater Siegmund Stein
in 12 345 X-Stadt, Tipke-Kruse-Straße 13 –,

hat das Finanzamt am 10. 10. 14 entschieden:

Der Einspruch wird als unbegründet zurückgewiesen.

Rechtsbehelfsbelehrung

Gegen diese Entscheidung kann beim Finanzgericht in 23 456 W-Stadt, Hauptstraße 2, schriftlich oder zur Niederschrift des Urkundsbeamten der Geschäftsstelle Klage erhoben werden. Die Klage ist gegen das oben bezeichnete Finanzamt zu richten. Die Frist für die Einlegung der Klage beträgt einen Monat. Sie beginnt …

Gründe:

Der Einspruchsführer (Ef) übt seit dem Jahr 06 nebenberuflich eine selbstständige Tätigkeit als Opernmusiker aus. Seine Einkünfte aus dieser Tätigkeit ermittelt er nach § 4 Abs. 3 Einkommensteuergesetz (EStG) durch Gegenüberstellung von Betriebseinnahmen und -ausgaben.

Am 02. 12. 08 kaufte der Ef einen PKW für 21 500 €, den er in den Folgejahren bis zum Jahr 13 – gemessen an der Fahrleistung – zu über 50 % (im Kalenderjahr 13 zu 60 %) für seine selbstständige künstlerische Tätigkeit nutzte. Bei der Berechnung der Absetzung für Abnutzung (AfA) ging der Ef von einer Nutzungsdauer von fünf Jahren aus. In 08 wurden danach 2 150 € (halbe AfA), in 09–12 wurden 4 300 € angesetzt, abzüglich des jeweiligen Privatanteils.

Am 18. 07. 13 verkaufte der Ef das Fahrzeug für 7 700 €. Den Veräußerungserlös erfasste der Ef nicht als Betriebseinnahme. Entgegen der für die Vorjahre abgegebenen Gewinnermittlungen zog er die für das erste Halbjahr 13 zu gewährende AfA nicht ab.

Bei der Durchführung der Veranlagung zur Einkommensteuer 13 änderte das Finanzamt die ihm vorgelegte Gewinnermittlung dahingehend ab, dass es die Betriebseinnahmen um 7 700 € (Veräußerungserlös für den PKW) und die Betriebsausgaben um 1 290 € (60 % von der Hälfte der Jahres-AfA) erhöhte. Saldiert ergab sich eine Gewinnerhöhung von 6 410 €.

Die Abweichungen von seiner Erklärung wurden dem Ef in einer Anlage zu dem am 01. 08. 14 ergangenen Einkommensteuerbescheid 13 erläutert.

Gegen diesen Bescheid hat der Ef mit Schreiben vom 14. 08. 14 Einspruch eingelegt.

Zur Begründung führt der Ef aus, es sei zutreffend, dass der Erlös aus dem Verkauf des PKW als Betriebseinnahme zu erfassen sei. Gleichzeitig sei jedoch der Restbuchwert von 2 150 € gegenzurechnen, so dass lediglich ein Veräußerungsgewinn von 5 550 € entstanden sei.

Von diesem Betrag seien nur 60 % den Einnahmen aus selbstständiger Tätigkeit zuzurechnen. Der andere Teil des Gewinns sei in der privaten Vermögenssphäre entstanden und gem. § 4 Abs. 1 EStG als Einlage überschussmindernd abzusetzen. Zur Begründung verweist der Ef darauf, dass er auch die Gesamtaufwendungen für den PKW (einschließlich der festen Kosten) im Verhältnis der betrieblichen/beruflichen zur privaten Nutzung aufgeteilt habe und nur 60 % als Betriebsausgaben abziehbar waren.

Der Einspruch ist zulässig. Er ist jedoch nicht begründet.

Der Einkommensteuerbescheid 13 vom 01. 08. 14 ist rechtmäßig. Das Finanzamt ist von der Gewinnermittlung des Ef zutreffend abgewichen.

Der gesamte Erlös aus der Veräußerung des PKW i. H. v. 7 700 € ist als Betriebseinnahme zu erfassen, da der PKW notwendiges Betriebsvermögen des Ef darstellte. Im Jahre 13 – wie auch in den Vorjahren – diente er zu mehr als 50 % der selbstständigen Arbeit des Ef.

Bei der Gewinnermittlung nach § 4 Abs. 3 EStG gehören auch die Einnahmen aus der Veräußerung von abnutzbaren Anlagegütern zu den Betriebseinnahmen. Wird ein zum Betriebsvermögen gehörendes Wirtschaftsgut, das teilweise privat genutzt worden ist, veräußert, so ist der gesamte Veräußerungserlös Betriebseinnahme. Siehe dazu H 4.7 EStR 2012 (unter »Veräußerung eines zum Betriebsvermögen gehörenden auch privat genutzten Wirtschaftsguts« mit Hinweis auf das Urteil des Bundesfinanzhofs vom 24. 09. 1959 – BStBl III 1959, 466).

Entgegen der Auffassung des Ef mindert sich der Veräußerungsgewinn nicht um einen Restbuchwert i. H. v. 2 150 €, da zum 18. 07. 13 nur noch einem Erinnerungswert von 1 € bestand.

Das Finanzamt hat vielmehr zu Recht die AfA in Höhe von 1 290 € (2 150 € abzügl. 40 % Privatanteil) angesetzt.

Der Buchwert des PKW betrug am 01. 01. 13 zwar noch 2 150 €. Da der PKW jedoch während des Wirtschaftsjahres 13 aus dem Betriebsvermögen ausschied, ist die AfA – streng zeitanteilig – für den Zeitraum zwischen Jahresbeginn und dem Veräußerungszeitpunkt (18. 07. 13) zu berechnen und abzuziehen. Die jährliche AfA beträgt 4 300 €. Nach Abzug der anteiligen AfA (4 300 € x 6 – volle – Monate : 12 = 2 150 €) verbleibt kein Restbuchwert mehr.

Der Ef kann auch nicht damit gehört werden, dass vom Veräußerungsgewinn nur 60 % den Einnahmen aus selbstständiger Tätigkeit zuzurechnen seien. Die private Nutzungsentnahme des Fahrzeugs und die Veräußerung des zum betrieblichen Anlagevermögen gehörenden Wirtschaftsguts bilden zwei verschiedene Sachverhalte, die nicht miteinander verquickt werden können.

Im Auftrag
(Meier)

4.4 Wirkung einer Einspruchsentscheidung

Der Stpfl. kann die Einspruchsentscheidung innerhalb eines Monats nach Zustellung mit der **Klage** vor dem Finanzgericht angreifen (§ 40 FGO). Das Gericht entscheidet dann über den ursprünglichen Verwaltungsakt in der Gestalt, die er durch die Entscheidung über den außergerichtlichen Rechtsbehelf gefunden hat (§ 44 Abs. 2 FGO). Die Sache ist von dem Gericht zwar in vollem Umfang überprüfbar (§§ 76, 96 FGO), das Gericht darf aber über das Klagebegehren nicht hinausgehen (§ 96 Abs. 1 FGO). Eine Verböserung ist nicht möglich. **2580**

Klagt der Stpfl. nicht, wird die **Einspruchsentscheidung bestandskräftig.** Dies bedeutet jedoch nicht, dass die Steuerfestsetzung nun nicht mehr abänderbar ist. § 172 Abs. 1 Satz 2 AO stellt klar, dass die **Änderungsvorschriften** (z. B. §§ 172 ff.) auch auf Steuerfestsetzungen **anwendbar** sind, die durch eine Einspruchsentscheidung bestätigt oder geändert worden sind.

BEISPIEL

Der Stpfl. greift eine Einkommensteuerfestsetzung von 10 000 € an und begehrt die Herabsetzung auf 9 000 €. Mit förmlicher Einspruchsentscheidung setzt das Finanzamt die Steuer auf 9 400 € herab. Die Einspruchsentscheidung wird bestandskräftig. Später ergeht ein Gewinnfeststellungsbescheid, der den Gewinnanteil des Stpfl. an einer OHG um 5 000 € erhöht.

LÖSUNG Das Finanzamt muss die Einkommensteuerfestsetzung gem. § 175 Abs. 1 Nr. 1 AO korrigieren und die Steuer entsprechend dem Grundlagenbescheid anpassen.

Nach § 172 Abs. 1 Satz 3 AO können auch Einspruchsentscheidungen gem. § 172 Abs. 1 Nr. 2 Buchst. a AO »schlicht« geändert werden.

4.5   Die Teil-Einspruchsentscheidung (§ 367 Abs. 2 a AO)

2580a   Nach § 367 Abs. 2 a AO kann die Finanzbehörde vorab über Teile des Einspruchs entscheiden, wenn dies sachdienlich ist. Dies ist insbesondere dann der Fall, wenn ein Teil des Einspruchs entscheidungsreif ist, während über einen anderen Teil des Einspruchs zunächst nicht entschieden werden kann, weil wegen der Verfassungsmäßigkeit einer Rechtsnorm ein Verfahren beim EuGH, dem BVerfG oder beim BFH anhängig ist und die Steuer insoweit nicht gem. § 165 Abs. 1 Satz 1 Nr. 3 oder 4 AO vorläufig festgesetzt worden ist.

Die Teil-Einspruchsentscheidung hat den Zweck, im Interesse des Einspruchsführers das Einspruchsverfahren zu beschleunigen, in dem sie zeitnah eine verbindliche Entscheidung über bereits entscheidungsreife Teile des Einspruchs trifft. Zugleich soll sie Masseneinsprüchen entgegenwirken und verhindern, dass der Einspruchsführer später weitere Begehren nachschiebt (vgl. AEAO Nr. 6.2 zu § 367).

In der Teil-Einspruchsentscheidung ist genau zu bestimmen (z. B. durch Benennung der anhängigen Verfahren vor dem BFH, BVerfG oder EuGH mit Aktenzeichen und Streitfrage), hinsichtlich welcher Teile die Bestandskraft nicht eintreten soll, um die Reichweite der Teil-Einspruchsentscheidung festzulegen. Diese Bestimmung ist Teil des Tenors der Teil-Einspruchsentscheidung.

Die Teil-Einspruchsentscheidung kann selbstständig mit Klage angefochten werden. Das Finanzgericht darf sich dann nur mit der Teil-Entscheidung befassen. Mit der Klage kann der Stpfl. materiell-rechtliche Einwendungen ebenso vorbringen wie die Rüge, die Teil-Einspruchsentscheidung sei mangels Sachdienlichkeit oder aufgrund eines Ermessensfehlers rechtswidrig.

Zum Ganzen siehe ausführlich AEAO zu § 367 Nr. 6.

5   Einspruch gegen Änderungsbescheide und Folgebescheide (§ 351 AO)

5.1   Einspruch gegen einen Änderungsbescheid (§ 351 Abs. 1 AO)

2581   § 351 Abs. 1 AO gehört zu den Vorschriften, die Zulässigkeit eines Einspruchs regeln. Die Norm beschränkt die Einspruchsbefugnis (vgl. Rz. 2509 ff. und 2541). Dies wirkt sich auch auf die Begründetheitsprüfung aus.

5.1.1   Zulässigkeit

2582   § 351 Abs. 1 AO ist Ausfluss der Bestandskraft eines Erstbescheides. Wird der Erstbescheid nach seiner Unanfechtbarkeit geändert, ist er nur insoweit angreifbar, als die Änderung reicht. Dies gilt vornehmlich bei einer Änderung zuungunsten des Stpfl., kann aber auch dann gelten, wenn der Stpfl. eine ihm günstige Änderung anficht. Ein Stpfl. soll durch Erlass eines Änderungsbescheides nicht eine günstigere Rechtsposition, die er mit Eintritt der Unanfechtbarkeit verloren hat, zurückerlangen. Die Schranke des § 351 Abs. 1 AO ist aber dann nicht maßgebend, wenn der Einspruchsführer dartut, dass zu seinen Gunsten eine Korrekturvorschrift eingreifen könnte. § 351 AO will nicht die allgemeinen Vorschriften über die Aufhebung oder Änderung von Steuerbescheiden einschränken. Die Durchbrechung der Bestandskraft mit Hilfe einer Änderungsvorschrift ist nach wie vor gestattet. § 351 Abs. 1 letzter HS AO zieht das Korrekturverfahren mit in das Einspruchsverfahren hinein. Dies führt dazu, dass ein Einspruch, der die

Durchbrechung der Bestandskraft des Erstbescheides begehrt, zulässig und erfolgreich sein kann.

BEISPIEL

Die Steuer ist unanfechtbar auf 30 000 € festgesetzt. Das Finanzamt erhöht die Steuerfestsetzung gem. § 173 Abs. 1 Nr. 1 AO auf 33 000 €. Der Stpfl. ficht den Änderungsbescheid an und trägt erstmals Betriebsausgaben vor, wonach die Steuer auf 29 000 € herabzusetzen wäre.

LÖSUNG Der Einspruch ist in vollem Umfange zulässig. Zwar gebietet § 351 Abs. 1 AO, dass die unanfechtbar festgesetzte Steuer von 30 000 € nicht unterschritten werden darf. Dies begehrt gerade der Stpfl. Die Durchbrechung der Bestandskraft wäre aber möglich, weil der Vortrag der Betriebsausgaben den Tatbestand des 173 Abs. 1 Nr. 2 AO erfüllen könnte. Ob dies der Fall ist, kann jedoch nicht Gegenstand einer Zulässigkeitsprüfung sein. Da der Stpfl. also in vollem Umfang Erfolg haben kann, muss der Einspruch zulässig sein. Es ist vielmehr eine Frage der Begründetheit, ob der Stpfl. tatsächlich die von ihm begehrte Festsetzung der Steuer wegen § 173 Abs. 1 Nr. 2 AO erreichen kann (siehe Rz. 2586 ff.).

Nur wenn nach dem Vortrag des Stpfl. (im obigen Beispiel) nach keinem denkbaren rechtlichen Gesichtspunkt eine Änderungsvorschrift eingreifen kann, führt § 351 Abs. 1 AO zu einer teilweisen Unzulässigkeit. Andernfalls ist im Rahmen der Begründetheit zu prüfen, ob eine Durchbrechung der Bestandskraft möglich ist (siehe dazu Rz. 2586 ff.). **2583**

§ 351 Abs. 1 AO findet keine Anwendung auf die Ausübung des Wahlrechts nach § 26 Abs. 1 Satz 1 EStG (BFH vom 25. 06. 1993 BStBl II 1993, 824). Erheben also zusammenveranlagte Eheleute Einspruch gegen den geänderten Einkommensteuerbescheid, können sie ohne Rücksicht auf § 351 Abs. 1 AO getrennte Veranlagung beantragen.

Eine größere Bedeutung als Zulässigkeitsvoraussetzung kommt § 351 Abs. 1 AO bei **Feststellungsbescheiden** zu, da, wie oben dargelegt, sich diese aus verschiedenen Einzelfeststellungen zusammensetzen, denen auch hinsichtlich der Anfechtbarkeit eine gewisse Selbstständigkeit zukommt. Feststellungen, die unverändert aus dem unanfechtbaren Bescheid in den Änderungsbescheid übernommen worden sind, können daher nicht mehr angegriffen werden. **2584**

BEISPIEL

Das Finanzamt hat in einem Feststellungsbescheid gegen A und B gewerbliche Einkünfte i. H. von 100 000 € festgestellt. Später hat es den Gewinn gem. § 173 Abs. 1 Nr. 1 AO auf 120 000 € erhöht. A und B legen gegen den Änderungsbescheid Einspruch ein und behaupten, es handele sich um Einkünfte aus Vermietung und Verpachtung, ohne einen neuen Lebenssachverhalt vorzutragen.

LÖSUNG Der Einspruch ist unzulässig. Es kann nicht mehr geprüft werden, ob es sich tatsächlich um Einkünfte aus Gewerbebetrieb gehandelt hat. Die Entscheidung über die Einkunftsart ist eine selbstständige Einzelfeststellung, die unanfechtbar war und nicht geändert wurde.

Obgleich § 351 Abs. 1 AO sprachlich nur die Änderung von Verwaltungsakten erfasst, gilt diese Vorschrift immer, wenn ein Verwaltungsakt unter Durchbrechung der Bestandskraft seinem Inhalte nach verändert wird. Demzufolge ist § 351 Abs. 1 AO auch zu beachten, wenn ein Verwaltungsakt gem. § 129 berichtigt worden ist. Wird z. B. eine Steuerfestsetzung von 10 000 € wegen eines Rechenfehlers auf 11 000 € erhöht, kann der Stpfl. gegen diese Erhöhung im Wege des Einspruchs alle Einwendungen zu seinen Gunsten vorbringen. Die ursprünglich bestandskräftig festgesetzte Steuer von 10 000 € darf aber wegen § 351 Abs. 1 AO nur unterschritten werden, sofern eine Änderungsvorschrift dies zulässt. **2585**

§ 351 Abs. 1 AO gilt jedoch nicht für sonstige Verwaltungsakte, die den Vorschriften über die Rücknahme (§ 130 AO) und den Widerruf (§ 131 AO) unterliegen (vgl. AEAO zu § 351

Nr. 3). Diese Verwaltungsakte lassen sich auch nach Unanfechtbarkeit nach pflichtgemäßen Ermessen korrigieren, soweit die Voraussetzungen der §§ 130 oder 131 AO gegeben sind. Es besteht deshalb auch kein praktisches Bedürfnis, sie in den Geltungsbereich des § 351 Abs. 1 AO einzubeziehen. Ferner greift § 351 Abs. 1 AO nicht, wenn Vorbehaltsfestsetzungen geändert werden (vgl. Rz. 2590) oder wenn ein Bescheid geändert wird, der noch anfechtbar ist (vgl. Rz. 2592).

5.1.2 Begründetheit

2586 Wird ein **Bescheid, der einen unanfechtbaren Bescheid geändert hat,** angegriffen, ist die Sache ebenfalls nach § 367 Abs. 2 Satz 1 AO in vollem Umfange erneut zu überprüfen. Der Stpfl. kann sachlich auch **alle Einwendungen** gegen einen Änderungsbescheid vortragen, die er bei der ursprünglichen Steuerfestsetzung hätte geltend machen können, ebenso kann er nachträglich Anträge (z. B. gem. § 33 EStG) stellen (vgl. AEAO zu § 351 Nr. 1).

BEISPIEL

Gegen einen Stpfl. wird, seiner Erklärung folgend, die Steuer auf 10 000 € festgesetzt. Später ergeht ein Änderungsbescheid (§ 175 Abs. 1 Nr. 1 AO), der die Steuer von 10 000 auf 12 000 € erhöht. Der Stpfl. legt gegen den Änderungsbescheid Einspruch ein und trägt nunmehr erstmals Betriebsausgaben vor, die die Steuer um 500 € mindern.

LÖSUNG Der Einspruch ist zulässig und begründet. Es ist unerheblich, dass der Stpfl. die Betriebsausgaben hätte gleich erklären oder im Einspruchsverfahren gegen den Erstbescheid hätte geltend machen können. Die Steuer ist auf 11 500 € festzusetzen.

2587 Der Grundsatz der vollen Überprüfbarkeit kann aber nicht immer – abweichend vom Einspruch gegen den Erstbescheid – dazu führen, dass die tatsächlich entstandene und damit richtige Steuerschuld (§ 38 AO) festzusetzen ist. Der **Gedanke des § 351 Abs. 1 AO** (siehe Rz. 1371), der bereits zur teilweisen Unzulässigkeit eines Einspruchs führen kann, hat hier entscheidende Bedeutung. Da die in einem geänderten Bescheid enthaltene Steuerfestsetzung oder -feststellung wegen Eintritts der Unanfechtbarkeit nicht mehr angegriffen werden konnte, darf der Einspruch gegen einen Änderungsbescheid nur die Änderung aufzehren, muss jedoch die Bestandskraft der Erstfestsetzung oder -feststellung erhalten. Sollte also die volle Überprüfbarkeit des Änderungsbescheides ergeben, dass die richtige Steuer unter der bereits bestandskräftig festgesetzten Steuer liegt, darf der **Änderungsbescheid nur insoweit aufgehoben werden,** bis die im **Erstbescheid festgesetzte Steuer wieder erreicht wird.** Etwas anderes gilt nur dann, wenn eine Änderungsvorschrift die Durchbrechung der Bestandskraft gestattet. Der letzte Satzteil des § 351 Abs. 1 AO zeigt, dass die Norm die Anwendung von Änderungsvorschriften nicht ausschließt (vgl. AEAO zu § 351 Nr. 2).

BEISPIEL

Wie Beispiel Rz. 2586. Die erstmals vorgetragenen Betriebsausgaben würden die Steuer um 2 500 € mindern.

LÖSUNG Der Einspruch ist zulässig, weil der Stpfl. mit seinem Begehren vollen Erfolg haben kann (vgl. § 351 Abs. 1 letzter HS AO). Welche Steuer festzusetzen ist, hängt von der Frage ab, ob die nachträgliche Geltendmachung der Betriebsausgaben den Tatbestand des § 173 Abs. 1 Nr. 2 AO erfüllt. Darüber ist bei der Frage der Begründetheit zu befinden. Liegen die Voraussetzungen des § 173 Abs. 1 Nr. 2 AO vor, ist die Steuer auf 9 500 € festzusetzen. Hat dagegen der Stpfl. die Betriebsausgaben grob schuldhaft verspätet geltend gemacht, sind diese zwar ebenfalls zu berücksichtigen, jedoch nur soweit, bis die durch den Änderungsbescheid erfolgte Schlechterstellung aufgezehrt ist. Die Steuer wäre dann unter Wahrung der Bestandskraft und Erstfestsetzung auf 10 000 € festzusetzen (Aufhebung des Änderungsbescheides).

Aufbautechnisch prüft man, ob die geltend gemachten Aufwendungen i. H. v. 2 000 € (Änderungs-rahmen) tatsächlich und materiell-rechtlich Betriebsausgaben sind. Bei den restlichen 500 € muss zusätzlich geprüft werden, ob die Voraussetzungen einer Korrekturvorschrift (hier: § 173 Abs. 1 Nr. 2 AO) vorliegen.

Wie ein Einspruch gegen einen Erstbescheid als verlängertes Veranlagungsverfahren bezeichnet wird, kann man bei einem Einspruch gegen den Änderungsbescheid von einem **verlängerten Änderungsverfahren** sprechen. Ficht ein Stpfl. den Änderungsbescheid an, muss die Finanzbehörde die Steuer festsetzen, zu der sie gekommen wäre, wenn sie alle Umstände vor Erlass des Änderungsbescheides gekannt hätte.

2588

BEISPIELE

a) Ein Stpfl. ficht die Erhöhung einer Steuerfestsetzung von 10 000 € auf 12 000 € (gem. § 173 Abs. 1 Nr. 1 AO) mit dem zutreffenden Argument an, die Veranlagung enthalte einen Rechtsanwendungs-fehler, der die Steuerschuld um 3 000 € mindere.

LÖSUNG Im Einspruchsverfahren ist die Steuer auf 10 000 € festzusetzen (§ 367 Abs. 2, § 351 Abs. 1 AO), bzw. der Änderungsbescheid aufzuheben. Hätte das Finanzamt vor Erlass des Änderungsbe-scheides Kenntnis von dem Rechtsfehler gehabt, hätte es von dessen Erlass abgesehen, es wäre gleich bei der Steuerfestsetzung von 10 000 € geblieben. Insoweit entspricht der Rechtsgedanke des § 351 Abs. 1 AO im Einspruchsverfahren demjenigen des § 177 AO im Änderungsverfahren: Der Erhö-hung um 2 000 € gem. § 173 Abs. 1 Nr. 1 AO hätte der Rechtsfehler gemäß § 177 Abs. 1 AO entge-gengestanden. Eine weitere Korrektur i. H. v. 1 000 € zu Gunsten des Stpfl. ist nicht möglich, da bei einem Rechtsanwendungsfehler keine Korrekturvorschrift greift.

b) Wie oben. Der Rechtsanwendungsfehler i. H. v. 3 000 € ist nicht gegeben. Das Finanzamt hätte ESt gem. § 173 Abs. 1 Nr. 1 auf 15 000 € erhöhen müssen.

LÖSUNG Im Einspruchsverfahren gegen den auf § 173 Abs. 1 Nr. 1 AO gestützten Änderungsbe-scheid kann das Finanzamt gemäß § 367 Abs. 2 AO die Steuer auch über die im Änderungsbescheid festgesetzte Steuer hinaus erhöhen, wenn die Verböserung ihre Grundlage in dem Änderungsbe-scheid hat (vgl. BFH vom 24. 10. 2000 BStBl II 2001, 124).

Da also das Ergebnis zu erreichen ist, das anlässlich der ursprünglichen Änderung richti-gerweise hätte erreicht werden müssen, bietet sich eine **Prüfungsfolge** an, die folgende Beispiele zeigen sollen.

2589

BEISPIELE

a) Eine ESt-Festsetzung wird durch Änderungsbescheid (§ 173 Abs. 1 Nr. 1 AO) von 10 000 € auf 12 000 € erhöht. Der Stpfl. legt Einspruch ein und macht nachträglich Betriebsausgaben geltend, die die Steuer um 1 500 € mindern. Bei der Bearbeitung des Einspruchs stellt sich heraus, dass dem Finanzamt bei der ursprünglichen Veranlagung ein Rechtsfehler bei den Sonderausgaben unterlau-fen ist, dessen Richtigstellung zu einer um 600 € niedrigeren ESt führen würde.

LÖSUNG In der Begründetheitsprüfung ist zunächst zu untersuchen, ob die wirksame Erstfestset-zung geändert werden durfte, also, ob die Voraussetzungen einer Änderungsvorschrift gegeben sind und ggf. die Festsetzungsfrist gewahrt ist. Ist dies nicht der Fall, ist der Änderungsbescheid ersatzlos aufzuheben, es gilt wieder die Erstfestsetzung über 10 000 €. Hinweis: In der Praxis wird aus verwal-tungstechnischen Gründen häufig ein Abhilfebescheid i. H. v. 10 000 € erlassen.

Liegen die Voraussetzungen für die Änderung vor, ist zu prüfen, ob Umstände vorliegen, die zu einer anderen Steuerfestsetzung führen. Hierbei ist besonders auf die vom Stpfl. vorgebrachten Gründe einzugehen. Hat er tatsächlich die Betriebsausgaben i. H. v. 1 500 € gehabt, sind diese zu berücksichti-gen, die Steuer wäre um 1 500 € zu mindern.

Auch die 600 € sind zugunsten des Stpfl. zu berücksichtigen: Der Erhöhung von 2 000 € (durch den Änderungsbescheid) steht eine Minderung der ESt in der Summe i. H. v. 2 100 € entgegen. Unter

Beachtung der Bestandskraft der Erstfestsetzung (§ 351 Abs. 1 Alt. 1 AO) wäre die Steuer auf 10 000 €
festzusetzen, es sei denn, die Betriebsausgaben führen zur Anwendung des § 173 Abs. 1 Nr. 2 AO.
Diese Prüfung hat jetzt zu erfolgen. Liegen die Voraussetzungen des § 173 Abs. 1 Nr. 2 AO – z. B.
wegen grober Fahrlässigkeit des Stpfl. – nicht vor, ist die Steuer auf 10 000 € festzusetzen. Sind die
Voraussetzungen des § 173 Abs. 1 Nr. 2 AO gegeben, auf 9 900 € (§ 351 Abs. 1 Alt. 2 AO).

b) Das Finanzamt hat die Einkommensteuer endgültig und bestandskräftig auf 100 000 € festgesetzt.
Es erteilt nunmehr einen Änderungsbescheid über 105 000 €. Der Stpfl. legt Einspruch ein, er begehrt
die Aufhebung der Änderung. Die Änderung ist auf § 173 Abs. 1 Nr. 1 AO gestützt. Das Finanzamt
erkennt, dass keine neue Tatsache vorliegt, sondern eine offenbare Unrichtigkeit (§ 129 AO), die die
Erhöhung um 5 000 € rechtfertigt.
LÖSUNG Der Einspruch ist unbegründet. Es bleibt bei der Steuerfestsetzung von 105 000 €, weil sich
diese auf § 129 AO stützt. Die ursprünglich falsche Begründung des Änderungsbescheides bleibt
ohne Auswirkung (vgl. § 127 AO).

c) Wie Beispiel b). Die Änderung beruht jedoch auf § 173 Abs. 1 Nr. 1 AO (steuerliche Auswirkung
+ 2 000 €) und auf § 175 Abs. 1 Nr. 1 AO (+ 3 000 €). Bei der Bearbeitung des Einspruchs erkennt das
Finanzamt, dass bisher nicht geltend gemachte Betriebsausgaben (i. H. v. 1 500 €) vorliegen, die Steuerfestsetzung einen Rechtsfehler zuungunsten des Stpfl. i. H. v. 3 000 € (der zu dessen Gunsten zu
korrigieren ist) enthält, und die (materiell-rechtlich zutreffende) Erhöhung von + 2 000 € nicht auf
173 Abs. 1 Nr. 1 AO beruhen durfte, da die steuererhöhende Tatsache nicht nachträglich bekannt
geworden war.
LÖSUNG Der Einspruch ist teilweise begründet. Die Steuer ist auf 100 500 € herabzusetzen. Es verbleibt zu Recht nur die Erhöhung von 3 000 € wegen § 175 Abs. 1 Nr. 1. Die dagegen zu rechnende
Minderung von 2 500 € durchbricht nicht die Bestandskraft von 100 000 €. Die Minderung von
2 500 € berechnet sich wie folgt: + 2 000 € (steuererhöhende Tatsache, die materiell-rechtlich nach wie
vor gegeben ist) ./. 1 500 € (neue Betriebsausgaben) ./. 3 000 € (Korrektur des belastenden Rechtsfehlers zugunsten des Stpfl.).

d) Wie Beispiel c). Der festgestellte Rechtsfehler zuungunsten des Stpfl. beträgt nicht ./. 3 000 €, son-
dern 5 000 €.
LÖSUNG Das Ergebnis ist abhängig von der Frage, ob die Betriebsausgaben i. H. v. 1 500 € gem. § 173
Abs. 1 Nr. 2 AO berücksichtigt werden durften. Ist dies der Fall, ist die Steuer auf 98 500 € festzuset-
zen. Die zulässige Erhöhung der Steuer um 3 000 € (durch § 175 Abs. 1 Nr. 1 AO) wird durch den
Saldo der beiden Rechtsfehler (+ 2 000 € ./. 5 000 €) aufgezehrt. Die Durchbrechung der Bestandskraft
um 1 500 € ist möglich gem. § 173 Abs. 1 Nr. 2 AO (§ 351 Abs. 1 Alt. 2 AO).
Greift § 173 Abs. 1 Nr. 2 AO dagegen nicht, wird die ESt auf 100 000 € herabgesetzt.

e) Wie Beispiel b). Die Änderung i. H. v. 5 000 € beruht jedoch (zutreffend) auf § 173 Abs. 1 Nr. 1 AO.
Das Finanzamt erkennt aber, dass ein Rechtsfehler zuungunsten des Stpfl. i. H. v. 6 000 € vorliegt und
die Erstfestsetzung wegen eines Bekanntgabemangels nicht wirksam war.
LÖSUNG Der Einspruch ist begründet, die Steuer ist auf 99 000 € festzusetzen. Es liegt, da eine wirksame Erstfestsetzung fehlt, kein Änderungsbescheid vor, sondern ein Erstbescheid. Aufgrund dessen
voller Überprüfbarkeit ist die richtige Steuer festzusetzen. § 351 Abs. 1 AO findet keine Anwendung.

f) Wie Beispiel b). Die Änderung beruht jedoch (zutreffend) auf § 173 Abs. 1 Nr. 1 AO (+ 6 000 €)
und auf § 175 Abs. 1 Nr. 2 AO (./. 1 000 €). Das Finanzamt erkennt einen Rechtsfehler zuungunsten
des Stpfl. i. H. v. 7 000 €.
LÖSUNG Der Einspruch ist begründet. Die Steuer ist auf 99 000 € festzusetzen. Der Erhöhung der
Steuer um 6 000 € gem. § 173 Abs. 1 Nr. 1 AO kann der Rechtsfehler entgegengesetzt werden, so dass
die Erhöhung aufgezehrt ist. Da die Voraussetzungen des § 175 Abs. 1 Nr. 2 AO gegeben sind, darf die
ursprünglich bestandskräftig festgesetzte Steuer um 1 000 € nach unten durchbrochen werden.

2590   Die Anfechtungsbeschränkung des **§ 351 Abs. 1 AO greift nicht**, wenn der Stpfl. einen
Änderungsbescheid angreift, der eine unter **Vorbehalt der Nachprüfung** (§ 164 AO) erteilte

Steuerfestsetzung ändert. Vorbehaltsfestsetzungen sind ohne weiteres gem. § 164 Abs. 2 AO abänderbar, sie erwachsen insofern nicht in materieller Bestandskraft. Die Grenzen des Erstbescheides sind also nicht zu beachten.

BEISPIEL

Eine Steuer wird unter dem Vorbehalt der Nachprüfung auf 10 000 € festgesetzt. Der Bescheid wird gem. § 164 Abs. 2 AO auf eine Festsetzung von 12 000 € abgeändert. Der Stpfl. legt Einspruch ein und trägt zu Recht einen Rechtsfehler vor, der die Steuer um 3 000 € mindern würde.

LÖSUNG Der Einspruch ist begründet. Die Steuer ist auf 9 000 € festzusetzen. Nach § 351 Abs. 1 Alt. 2 AO besteht gem. § 164 Abs. 2 AO eine uneingeschränkte Überprüfungsmöglichkeit.

Im Falle einer vorläufigen Steuerfestsetzung (§ 165 AO) ist zu unterscheiden: Hinsichtlich **2591** des vorläufigen Teils der Steuerfestsetzung gilt § 351 Abs. 1 AO nicht, denn dieser Teil erwächst nicht in Bestandskraft. Hinsichtlich des endgültigen Teils der Steuerfestsetzung greift die Anfechtungsbeschränkung des § 351 Abs. 1 AO ein.

§ 351 Abs. 1 AO gilt auch dann nicht, wenn das Finanzamt einen Änderungsbescheid **2592** erteilt, während der **Erstbescheid noch anfechtbar ist.** Der Wortlaut des § 351 Abs. 1 AO ist eindeutig. Dieser Änderungsbescheid ändert keinen unanfechtbaren Verwaltungsakt. Vielmehr übernimmt der Änderungsbescheid den ursprünglichen Bescheid in seinen Regelungsinhalt, mithin auch dessen Anfechtbarkeit.

BEISPIEL

Eine Steuerfestsetzung von 10 000 € wird am 01. 03. 01 bekannt gegeben. Eine Rechtsbehelfsbelehrung fehlt. Am 01. 06. 01 wird ein auf § 173 Abs. 1 Nr. 1 AO gestützter Änderungsbescheid bekannt gegeben, der die Steuerfestsetzung auf 12 000 € erhöht. Der Stpfl. legt Einspruch ein, und trägt zu Recht einen Rechtsfehler vor, der die Steuer um 3 000 € mindern würde.

LÖSUNG Der Einspruch ist begründet, die Steuer ist auf 9 000 € festzusetzen. Der Erstbescheid war wegen der fehlenden Rechtsbehelfsbelehrung noch nicht unanfechtbar geworden (§ 356 Abs. 2 AO). § 351 Abs. 1 AO ist nicht anwendbar.

5.2 Einspruch gegen einen Folgebescheid (§ 351 Abs. 2 AO)

§ 351 Abs. 2 AO ist Ausfluss der Bindungswirkung eines Grundlagenbescheides (§ 171 **2593** Abs. 10 AO) für einen Folgebescheid gem. § 182 AO. Da die Feststellungen eines Grundlagenbescheides, ob zutreffend oder nicht, in den Folgebescheid zu übernehmen sind, können diese Feststellungen auch nur durch Anfechtung des Grundlagenbescheides überprüft werden. Nur dort erwachsen sie als selbstständige Besteuerungsmerkmale in Bestandskraft, während sie im Folgebescheid als unselbstständige Teile der Steuerfestsetzung nicht mehr angreifbar sind (§ 157 Abs. 2 AO).

Die systematische Einordnung des § 351 Abs. 2 AO ist umstritten. Nach herrschender **2594** Literaturmeinung beschränkt die Vorschrift schon die Zulässigkeit eines Einspruchs. Der BFH meint, § 351 Abs. 2 schränke erst die Begründetheitsprüfung ein (BFH vom 02. 09. 1987 BStBl II 1988, 142 m. w.Nw). Dem ist die Finanzverwaltung gefolgt (AEAO zu § 351 Nr. 4).

BEISPIEL

Ein Stpfl. wohnt in X und betreibt in Y eine Arztpraxis. Den Feststellungsbescheid des Finanzamtes Y, in dem der Gewinn aus der Praxis (gem. § 180 Abs. 1 Nr. 2 Buchst. b AO) gesondert festgestellt worden ist, lässt er bestandskräftig werden. Gegen den später ergehenden Einkommensteuerbescheid des Finanzamtes X legt er Einspruch ein. Zur Begründung trägt er weitere Ausgaben aus seiner Praxis vor.

LÖSUNG Folgt man dem BFH, ist der Einspruch zulässig, da der Stpfl. eine Beschwer gem. § 350 AO geltend macht und § 351 Abs. 2 AO nur die Begründetheit betrifft.

Vertritt man die herrschende Literaturmeinung, ist fraglich, ob der Einspruch gem. § 351 Abs. 2 AO unzulässig ist. Nach dieser Auffassung macht derjenige, der seinen Einspruch gegen einen Folgebescheid lediglich mit Mängeln des Grundlagenbescheides begründet, nicht geltend, er sei durch den Folgebescheid beschwert. Der Einspruch wäre danach unzulässig.

M. E. gilt Folgendes: Wendet sich der Stpfl. gegen den Folgebescheid, ist er gem. § 350 AO einspruchsbefugt. § 351 Abs. 2 AO begrenzt die Zulässigkeit nur, soweit der Grundlagenbescheid Bindungswirkung für den Folgebescheid entfaltet. Die Geltendmachung der Ausgaben aus der Praxis ist daher nicht zulässig. Der Einspruch ist aber im Übrigen zulässig. Begründung: Hätte der Stpfl. seinen Einspruch nicht begründet, wäre er zulässig. Allein durch die Erhebung des Einspruchs macht er geltend, durch die ESt-Festsetzung beschwert zu sein. Der Einspruch wäre hier nur dann in vollem Umfang als unzulässig zu verwerfen, wenn der Stpfl. klar und deutlich zum Ausdruck bringt, dass er sich allein durch den zu hohen Gewinn aus seiner Praxis beschwert fühlt und den Folgebescheid ansonsten für rechtmäßig hält. Im Zweifel will er aber den ganzen Bescheid angreifen. Dann ist der Einspruch insoweit (teilweise) zu verwerfen, als er Feststellungen des Grundlagenbescheids betrifft. Soweit der Einspruch zulässig ist, ist die Begründetheit zu prüfen.

Hinweis: Neben dem eben dargestellten (eher akademischen) Streit taucht in der Praxis ein anderes Problem auf: Es steht nämlich nicht von vornherein fest, dass das Begehren des Stpfl. zum Scheitern verurteilt ist. Das Finanzamt Y wird möglicherweise wegen der nachträglich geltend gemachten Ausgaben den Grundlagenbescheid gem. § 173 Abs. 1 Nr. 2 AO (oder § 164 Abs. 2 AO) ändern. Das Finanzamt X hat dann den Folgebescheid gem. § 175 Abs. 1 Nr. 1 AO anzupassen. Der Stpfl. erreicht damit genau sein Ziel. Es würde gegen verfahrensökonomische Grundsätze verstoßen und für den Stpfl. unverständlich sein, wollte man den Einspruch als unzulässig verwerfen, kurze Zeit später dem Stpfl. jedoch einen Bescheid bekannt geben, in dem er genau die Steuerfestsetzung erhält, die er begehrt. Sobald also der Stpfl. den Folgebescheid mit Gründen angreift, die eine Änderung des Grundlagenbescheides möglich erscheinen lassen, sollte das Finanzamt X den Einspruch solange gem. § 363 Abs. 1 AO aussetzen, bis das Finanzamt Y über die Änderung des Grundlagenbescheides entschieden hat. Ändert das Finanzamt Y den Gewinnfeststellungsbescheid zugunsten des Stpfl. ab, wird das Finanzamt X den Einkommensteuerbescheid des Stpfl. gem. §§ 132, 175 Abs. 1 Nr. 1 AO entsprechend korrigieren. Der Einspruch hat sich damit erledigt (§ 367 Abs. 2 Satz 3 AO).

Lehnt dagegen das Finanzamt Y die Änderung des Grundlagenbescheides ab, so muss das Finanzamt X den Einspruch nach oben Gesagtem soweit der Stpfl. weitere Ausgaben aus seiner Praxis geltend macht als unzulässig verwerfen und im Übrigen als unbegründet zurückweisen.

6 Kosten des außergerichtlichen Rechtsbehelfsverfahrens

2595   Aus einem Rechtsstreit können sowohl der Finanzbehörde als auch dem Stpfl. Kosten entstehen. Das außergerichtliche Rechtsbehelfsverfahren ist jedoch **kostenfrei**, eine Kostenregelung enthält die AO insoweit nicht. Der Stpfl. soll ohne Kostenrisiko eine nochmalige Überprüfung des Verwaltungsaktes erreichen können. Aus diesem Grunde kann das Finanzamt vom Stpfl. keine Kosten verlangen, selbst wenn der Stpfl. im Verfahren voll unterlegen ist.

Umgekehrt hat der Stpfl. auch im Falle des Obsiegens keinen Anspruch auf Erstattung der ihm entstandenen Kosten (z. B. Steuerberaterkosten). Dies ist mit dem Grundgesetz vereinbar (vgl. BFH vom 23. 07. 1996 BStBl II 1996, 501).

Eine Kostenregelung gibt es erst für die Klage und die Revision (§§ 135 ff. FGO), wobei hier der Stpfl. im Falle des Obsiegens auch die Kosten des außergerichtlichen Rechtsbehelfsverfahrens verlangen kann (§ 139 Abs. 1 FGO).

In Ausnahmefällen kann der Einspruchsführer Ersatz der ihm entstandenen Kosten gem. § 839 BGB i. V. m. Art. 34 GG geltend machen. Das setzt voraus, dass ein Bediensteter des Finanzamts vorsätzlich oder fahrlässig, die ihm gegenüber einem Dritten obliegende Amtspflicht verletzt hat.

BEISPIEL

Aufgrund einer Sorgfaltswidrigkeit gibt der Finanzamtsbedienstete B beim Erlass eines Grunderwerbsteuerbescheides den unbeteiligten X als Adressaten an. Der in steuerlichen Dingen unbedarfte X geht mit dem Bescheid zu einem Steuerberater. Dieser legt im Namen des X Einspruch ein. Das Finanzamt hilft dem Einspruch durch Aufhebung des falsch adressierten Bescheides umgehend ab. X verlangt den Ersatz der ihm durch den Einspruch entstandenen Steuerberatungskosten.

LÖSUNG Gem. § 839 BGB i. V. m. Art. 34 GG hat X einen Anspruch auf Ersatz seiner Steuerberatungskosten. B hat – zumindest leicht fahrlässig – die ihm gegenüber einem Dritten obliegende Amtpflicht auf richtige Adressierung des Steuerbescheides (§§ 119, 122, 124, 157 Abs. 1 AO) verletzt. Durch die Einschaltung eines Steuerberaters hat X zwar den Schaden verursacht. Sein Anspruch wird hier jedoch nicht nach § 254 BGB gemindert, da X in steuerlichen Dingen unerfahren ist und die Beauftragung eines Steuerberaters zur Überprüfung eines Steuerbescheides für einen durchschnittlichen Stpfl. i. d. R. erforderlich und angemessen ist (str.). Der Anspruch ist gegenüber der Anstellungskörperschaft des Bediensteten, also gegenüber dem betreffenden Bundesland, geltend zu machen. Verweigert das Land den Ersatz des Schadens, kann – unabhängig vom Streitwert – X Klage vor dem gem. § 71 Abs. 2 Nr. 2 Gerichtsverfassungsgesetz zuständigen Landgericht erheben.

Hinweis: Im Normalfall ist kein Schadenersatzanspruch des im Einspruchsverfahren obsiegenden Stpfl. gegeben. Ein Beamter verletzt nicht seine Amtspflicht, wenn er (z. B. beim Erlass eines Verwaltungsaktes) bei der Auslegung von Steuergesetzen zu einer (im Nachhinein) zwar unrichtigen, aber nach einer angemessenen tatsächlichen und rechtlichen Prüfung der zu Gebote stehenden Hilfsmittel zu einer auf vernünftige Überlegung gestützten Entscheidung kommt. Kann die ursprüngliche Gesetzesanwendung als rechtlich vertretbar angesehen werden, so ist die spätere Missbilligung der Rechtsauffassung des Beamten ihm rückschauend nicht als Verschulden anzulasten (vgl. BGH vom 17. 03. 1994 NJW 1994, 3158 – 3161).

7 Einspruchsverzicht und Einspruchsrücknahme (§§ 354 und 362 AO)

7.1 Allgemeines

Ein Stpfl. kann **nach Bekanntgabe** eines **Verwaltungsaktes** auf die Einlegung eines Einspruchs **verzichten** (§ 354 Abs. 1 AO). Nur bei Steueranmeldungen (§§ 150, 167 AO), die nicht zu einer abweichenden Steuerfestsetzung führen, kann der Verzicht bereits bei Abgabe der Anmeldung erklärt werden (§ 354 Abs. 1 Satz 2 AO). Durch den Verzicht wird ein Einspruch unzulässig (§ 354 Abs. 1 Satz 3 AO).

Hat ein Stpfl. dagegen **Einspruch** gegen einen Verwaltungsakt **eingelegt,** kann er bis zur Bekanntgabe der Entscheidung den Einspruch **zurücknehmen** (§ 362 Abs. 1 AO). Verzicht und Rücknahme sind verfahrensrechtliche Willenserklärungen. Der Erklärende muss also handlungsbefugt (§ 79 AO) sein. Der Grundsatz der Rechtsklarheit gebietet bei solchen Verfahrenshandlungen, dass diese bedingungsfeindlich, nicht widerrufbar und nicht anfechtbar sind. Die Rücknahme hat den Verlust des eingelegten Einspruchs zur Folge (§ 362 Abs. 2 Satz 1 AO).

2596

a) Ein Stpfl. nimmt einen Einspruch unter der Bedingung zurück, dass die Steuerschuld gestundet werde.

LÖSUNG Die Rücknahme ist wegen der Bedingung unwirksam.

b) Ein Stpfl. erklärt einen Rechtsbehelfsverzicht, weil er annimmt, ein Einspruch sei unzulässig, da er entsprechend seiner Erklärung veranlagt worden sei.

LÖSUNG Der Verzicht ist und bleibt wirksam. Der Irrtum über die Rechtslage berechtigt den Stpfl. weder zum Widerruf noch zur Anfechtung des Verzichts.

2597   Rücknahme und Verzicht sind jedoch **unwirksam,** wenn sie durch Täuschungshandlung, Drohung, Zwang oder irgendeiner **nicht sachgemäßen Beeinflussung** zustande gekommen sind. Der Stpfl. muss seine Erklärung nicht anfechten, es genügt, wenn er die Unwirksamkeit der Rücknahme oder des Verzichts geltend macht. Dies hat innerhalb eines Jahres zu geschehen (§ 354 Abs. 2 AO, § 362 Abs. 2 AO i. V. m. § 110 Abs. 3 AO).

Ein Stpfl. nimmt seinen Einspruch gegen eine Steuerfestsetzung nur deshalb zurück, weil ihm das Finanzamt andernfalls die Durchführung eines Steuerstrafverfahrens angedroht hat.

LÖSUNG Der Stpfl. kann die Unwirksamkeit der Rücknahme geltend machen. Die Koppelung des Anspruchs auf richtige Steuerfestsetzung mit der Durchführung eines Strafverfahrens ist eine unsachgemäße Beeinflussung.

2598   Wird die Rücknahme des Einspruchs durch falsche Erklärungen des Finanzamts verursacht, kann dies gegen Treu und Glauben verstoßen (siehe Rz. 76 Beispiel a)).

Bei Streit über die Wirksamkeit eines Verzichts oder einer Rücknahme wird die Finanzbehörde den Einspruch als **unzulässig verwerfen**, wenn sie die Wirksamkeit annimmt. Räumt sie dagegen die Unwirksamkeit ein, wird sie das Verfahren fortsetzen und in der Sache selbst entscheiden (AEAO zu § 362 Nr. 2).

7.2   Der Einspruchsverzicht (§ 354 AO)

2599   Der Verzicht ist nur wirksam, wenn er schriftlich gegenüber der Behörde oder zur Niederschrift erklärt wurde und keine weiteren Erklärungen (z. B. Bedingungen) enthält (Abs. 2). Für den Verzicht gelten daher dieselben Formerfordernisse (§ 357 Abs. 1 und 2 AO), wie für die Einlegung des Einspruchs.

Die Zustimmung zu einer Änderung des Steuerbescheides (z. B. § 172 Abs. 1 Nr. 2 Buchst. a AO) stellt keinen Einspruchsverzicht dar. Die Bedeutung des Verzichts ist sehr gering.

7.3   Die Einspruchsrücknahme (§ 362 AO)

2600   Der Stpfl. hat wegen des Amtsermittlungsprinzips (§§ 365, 88 AO) in der Regel keine Möglichkeiten auf den Gang des Verfahrens einzuwirken. Die Rücknahme eines Einspruchs bildet hier eine Ausnahme. Für die Rücknahme gelten dieselben Bestimmungen, wie für die Einlegung des Einspruchs (§ 362 Abs. 1 Satz 2 AO). Eine Rücknahme ist also nur durch eine schriftliche Erklärung möglich.

BEISPIEL

Auf den Einspruch des X hin erläutert das Finanzamt diesem die Rechtslage und weist X darauf hin, dass seinem Einspruch kein Erfolg beschieden sein wird. Abschließend formuliert der Sachbearbeiter wie folgt: »Sollte ich bis zum 03. 03. 03 von ihnen nichts mehr hören, gehe ich davon aus, dass Sie den Einspruch zurücknehmen.«

LÖSUNG Diese Art der »Erledigung« eines Einspruchs ist unzulässig und unwirksam. Rührt X sich nicht, hat er den Einspruch nicht zurückgenommen. Dies ist nur durch eine ausdrückliche schriftliche oder elektronische Erklärung möglich (§ 362 Abs. 1 und § 357 Abs. 1 AO).

Die Rücknahme des Einspruchs hat zwar den Verlust des eingelegten Einspruchs zur Folge: Das **Verfahren ist beendet.** Die Rücknahme schließt jedoch die nochmalige Einlegung eines Einspruchs in derselben Sache nicht aus, soweit die Einspruchsfrist nicht abgelaufen ist (AEAO zu § 362 Nr. 1).

2601

Eine **Teilrücknahme** ist – außer im Sonderfall des § 362 Abs. 1 a AO (siehe unten) – grundsätzlich nicht möglich, denn ein Einspruch führt zur vollen Überprüfbarkeit des Verwaltungsaktes. Ein solches Begehren kann aber wegen der Erledigung eines Einspruchs mit Hilfe eines Abhilfebescheides von Bedeutung sein (§ 367 Abs. 2 Satz 3 AO).

2602

BEISPIEL

Ein Stpfl. hat einen ESt-Bescheid wegen der Werbungskosten und der Sonderausgaben angefochten. Nach Rücksprache mit dem Finanzamt »nimmt er den Einspruch hinsichtlich der Sonderausgaben zurück«.

LÖSUNG Das Finanzamt, das dem Einspruch hinsichtlich der Werbungskosten stattgeben will, kann nunmehr einen Abhilfebescheid erlassen. Der Rechtsstreit hat sich damit erledigt. Hier liegt keine Rücknahme i. S. d. § 362 AO vor, sondern nur eine Einschränkung des Einspruchsbegehrens.

Die Einspruchsrücknahme ist für den Stpfl. ein verfahrensrechtliches Mittel, um
- einer ablehnenden Einspruchsentscheidung vorzubeugen,
- eine Verböserung (§ 367 Abs. 2 Satz 2 AO) zu verhindern oder
- die Hinzuziehung eines Dritten (§ 360 AO) zum Verfahren zu vermeiden.

7.4 Teilweise Rücknahme (§ 362 Abs. 1 a AO) und teilweiser Verzicht (§ 354 Abs. 1 a AO)

Der Gesetzgeber hat sowohl bei § 354 AO als auch bei § 362 AO einen Abs. 1 a eingefügt. Dies schafft die Möglichkeit, auf die Einlegung eines Einspruches teilweise zu verzichten oder einen bereits eingelegten Einspruch teilweise zurückzunehmen, soweit Besteuerungsgrundlagen für ein Verständigungs- oder ein Schiedsverfahren nach einem Vertrag im Sinne des § 2 AO von Bedeutung sein können. Dabei ist die Besteuerungsgrundlage, auf die sich der Verzicht beziehen soll, genau zu bezeichnen.

2603

Auch die Parallelvorschriften des § 50 FGO (Klageverzicht) und § 72 FGO (Klagerücknahme) wurden in diesem Sinne ergänzt.

8   Stillstand des Verfahrens (§ 363 AO)

2604   Das außergerichtliche Rechtsbehelfsverfahren ist **grundsätzlich zügig abzuwickeln.** Unter bestimmten Voraussetzungen lässt es das Gesetz zu, dass die zur Entscheidung über den Einspruch berufene Stelle die Entscheidung des Rechtsbehelfs aussetzt (nicht zu verwechseln mit der Aussetzung der Vollziehung gem. § 361 AO).

2605   Die Abgabenordnung regelt die Aussetzung des Verfahrens (§ 363 Abs. 1 AO) und das Ruhen des Verfahrens (§ 363 Abs. 2 AO). Beides sind Ermessensentscheidungen.

8.1   Aussetzung des Verfahrens (§ 363 Abs. 1 AO)

2606   Die Aussetzung des Verfahrens ist zulässig, wenn die Entscheidung über den Einspruch ganz oder zum Teil vom **Bestehen oder Nichtbestehen eines Rechtsverhältnisses abhängt**, das den Gegenstand eines anhängigen Rechtsstreits bildet oder von einem Gericht oder einer Verwaltungsbehörde festzustellen ist (§ 363 Abs. 1 AO).

Das im Streit befindliche Rechtsverhältnis kann öffentlich-rechtlicher und auch privatrechtlicher Natur sein. Es muss nur für das anhängige Verfahren entscheidungserheblich (präjudiziell) sein.

BEISPIEL

A hat einen Grunderwerbsteuerbescheid erhalten. Er legt Einspruch ein und trägt vor, B habe den Kaufvertrag über das Grundstück angefochten. Der Rechtsstreit befinde sich beim Landgericht zur Entscheidung.

LÖSUNG Das Finanzamt kann die Entscheidung über den Einspruch aussetzen. Andernfalls besteht die Gefahr, dass später, nach rechtskräftiger Entscheidung durch das Landgericht, die Einspruchsentscheidung (durch eine Korrekturvorschrift) aufgehoben werden muss oder dass ein unnötiger Prozess vor dem Finanzgericht geführt wird.

2607   Ebenso kann das Verfahren gegen einen Folgebescheid solange ausgesetzt werden, bis entschieden ist, ob ein Grundlagenbescheid noch geändert werden kann.

BEISPIEL

Ein Stpfl. legt sowohl gegen den Gewinnfeststellungsbescheid als auch gegen den Einkommensteuerfolgebescheid Einspruch ein, weil der Gewinn zu hoch festgesetzt worden sei.

LÖSUNG Der Einspruch gegen den Einkommensteuerbescheid (Problem des § 351 Abs. 2 AO) kann ausgesetzt werden, bis über den Gewinnfeststellungsbescheid entschieden worden ist.

Die Tatsache, dass vor einem Steuergericht in einem ähnlich gelagerten Fall ein **Musterprozess** schwebt, berechtigt **nicht zur Aussetzung.** Dasselbe gilt, wenn der angefochtene Verwaltungsakt auf einer Rechtsnorm beruht, deren Verfassungsmäßigkeit angezweifelt wird und wenn wegen dieser Zweifel **Verfassungsbeschwerde** anhängig ist. In diesen Fällen kommt das Ruhen des Verfahrens gem. § 363 Abs. 2 AO in Betracht.

8.2   Ruhen des Verfahrens

2608   Die Finanzbehörde kann das Verfahren mit Zustimmung des Einspruchsführers ruhen lassen, wenn das aus wichtigen Gründen zweckmäßig erscheint (§ 363 Abs. 2 Satz 1 AO). Hauptanwendungsfall ist ein **anhängiger Musterprozess** (über die gleiche Rechtsfrage) vor dem

Finanzgericht oder dem BFH. Der Stpfl. kann die Zustimmung jederzeit mit Wirkung für die Zukunft widerrufen.

§ 363 Abs. 2 Satz 2 ff. AO regeln das **Ruhen des Einspruchsverfahrens** in Rechtsbehelfsverfahren **wegen angeblicher Verfassungswidrigkeit** von steuerrechtlichen Normen:

Stützt ein Einspruchsführer seinen Einspruch auf ein beim EuGH, beim BVerfG oder einem obersten Bundesgericht wegen Verfassungsmäßigkeit einer Rechtsnorm oder wegen einer Rechtsfrage anhängiges Verfahren, dann ruht das Verfahren insoweit kraft Gesetzes (§ 363 Abs. 2 Satz 2 AO). Dies gilt nicht, soweit aus diesem Grund die Steuer nach § 165 Abs. 1 Satz 2 Nr. 3 oder Nr. 4 AO vorläufig festgesetzt worden ist.

In Fällen, in denen sich eines der o. g. Gerichte noch nicht mit einer o. g. Rechtsfrage **2609** befasst, aber absehbar ist, dass dies wegen der Diskussion über diese Frage bald der Fall sein wird, sieht § 363 Abs. 2 Satz 3 AO vor, dass mit Zustimmung der obersten Finanzbehörde allgemein, und zwar durch eine öffentlich bekannt zu gebende Allgemeinverfügung (§ 122 Abs. 4 AO) ein Ruhen des Verfahrens angeordnet werden kann.

In allen Fällen kann das Einspruchsverfahren sowohl auf Veranlassung des Einspruchsführers als auch der Finanzbehörde fortgeführt werden. Dies stellt § 363 Abs. 2 Satz 4 AO klar. Zum Ganzen siehe auch AEAO zu § 363 Nr. 2 ff.

§ 363 Abs. 3 AO bestimmt, dass die Ablehnung des Antrags auf Aussetzung oder Ruhen **2610** des Verfahrens oder der Widerruf der Aussetzung oder des Ruhens nur mit der Klage gegen die Einspruchsentscheidung angefochten werden können. Dies gilt auch dann, wenn über den Antrag gesondert entschieden worden ist.

8.3 Unterbrechung des Verfahrens

Die Grundsätze, die für das finanzgerichtliche Verfahren gelten (§ 155 FGO, §§ 239 ff. **2611** ZPO), können auch für das außergerichtliche Rechtsbehelfsverfahren entsprechend angewandt werden. Eine Unterbrechung kann z. B. eintreten beim Tode eines Beteiligten (§ 239 ZPO) oder bei der Eröffnung des Insolvenzverfahrens über das Vermögen eines Beteiligten (§ 240 ZPO). Siehe dazu AEAO zu § 363 Nr. 5 m. w. Nw.

9 Aussetzung der Vollziehung (§ 361 AO)

9.1 Allgemeines

Die Erhebung eines Einspruchs hat im Steuerrecht grundsätzlich keine aufschiebende **2612** Wirkung. Nach § 361 Abs. 1 AO wird die Vollziehung des angefochtenen Verwaltungsaktes nicht gehemmt, insbesondere die Erhebung einer Abgabe nicht aufgehalten.

BEISPIEL

A legt gegen den ESt-Bescheid 01 (festgesetzte ESt: 12 000 €; nach Anrechnung der Vorauszahlungen noch zu zahlen: 5 000 €) Einspruch ein, mit dem er geltend macht, die Steuer sei um 2 000 € zu hoch festgesetzt.

LÖSUNG A muss die noch zu zahlenden 5 000 € in vollem Umfang entrichten. Die Erhebung der 2 000 € wird durch den Einspruch nicht aufgehalten oder gehemmt (§ 361 Abs. 1 AO).

Auf diese Weise soll vor allem verhindert werden, dass ein Einspruch, der für den Stpfl. kostenfrei ist, nur deshalb eingelegt wird, um die Zahlung oder Vollstreckung zu verzögern.

Das Steuerrecht weicht hier von allgemeinen Verwaltungsgrundsätzen ab, wonach ein Einspruch grundsätzlich aufschiebende Wirkung (Suspensiveffekt) hat (§ 80 Abs. 1 VwGO). Der Suspensiveffekt folgt aus der Überlegung, dass es widersinnig wäre, einen Verwaltungsakt zwangsweise durchzusetzen (man denke an eine Abrissverfügung im Baurecht) und dann später festzustellen, dass der Verwaltungsakt, weil rechtswidrig, nicht ergehen durfte. Hier würde durch die sofortige Vollziehung des Verwaltungsaktes u. U. ein nicht wiedergutzumachender Schaden entstehen.

Im Steuerrecht ist die sofortige Vollziehung eines Verwaltungsaktes jedoch berechtigt, da es hier um Geldzahlungen geht, die erstattet werden können, so dass der frühere Zustand wiederhergestellt werden kann (vgl. auch § 80 Abs. 2 Nr. 1 VwGO kein Suspensiveffekt bei der Anforderung von öffentlichen Abgaben und Kosten).

2613 An dem Grundsatz der sofortigen Vollziehbarkeit kann auch im Steuerrecht nicht festgehalten werden, wenn höher zu bewertende Interessen des Stpfl. dem entgegenstehen.

Insoweit ist sowohl der Behörde, die den Verwaltungsakt erlassen hat (§ 361 Abs. 2 AO und § 69 Abs. 2 FGO), als auch dem Finanzgericht (§ 69 Abs. 3 FGO) die Befugnis eingeräumt, die Vollziehung eines Verwaltungsaktes (ausnahmsweise) auszusetzen oder aufzuheben.

Aussetzung oder Aufhebung der Vollziehung wird gewährt,

- **im Einspruchsverfahren** durch die Finanzbehörde gem. § 361 Abs. 2 AO oder (ausnahmsweise) durch das Finanzgericht gem. § 69 Abs. 3 Satz 2 und Abs. 4 FGO (siehe dazu Rz. 2623 ff.),
- **im finanzgerichtlichen Verfahren** durch die Finanzbehörde gem. § 69 Abs. 2 FGO oder durch das Finanzgericht gem. § 69 Abs. 3 und 4 FGO (siehe dazu Rz. 3313 f.).

2614 Das **Aussetzungsverfahren** wird **selbstständig** neben dem Einspruchsverfahren (Hauptverfahren) durchgeführt. Es **soll dem Stpfl. einen schnellen und vorläufigen Rechtsschutz gewähren**, bis das Hauptverfahren unanfechtbar entschieden worden ist. Endgültige Maßnahmen erfolgen durch § 361 AO nicht.

2615 **Vollziehung eines Verwaltungsaktes** bedeutet, seine sachliche Regelung zu verwirklichen. Ein Steuerbescheid wird danach z. B. vollzogen durch die Anrechnung von Vorauszahlungen und durch andere auf die Steuerschuld anzurechnende Beträge (§§ 36 Abs. 2 Nr. 1–3 EStG, §§ 47, 226 AO) und durch das Leistungsgebot (Aufforderung zur Zahlung des Restbetrages).

Aussetzung der Vollziehung eines Verwaltungsaktes heißt, die Rechtswirkungen des Verwaltungsaktes vorläufig nicht durchzusetzen. Es dürfen, solange die Aussetzung der Vollziehbarkeit des Verwaltungsakts besteht, keine unmittelbaren oder mittelbaren, tatsächlichen oder rechtlichen Folgen für die Zukunft gezogen werden. Auch die Aufrechnung des Finanzamts mit einem Anspruch aus dem Steuerschuldverhältnis stellt eine Vollziehung des zugrunde liegenden Bescheides dar. Das Finanzamt ist deshalb während der Aussetzung der Vollziehung eines Steuerbescheides an der Aufrechnung mit dem durch ihn festgesetzten Steueranspruch gehindert (BFH vom 31.08.1995 BStBl II 1996, 55).

Soweit solche Folgen für die Vergangenheit bereits gezogen worden sind, können sie durch **Aufhebung der Vollziehung** gem. § 361 Abs. 2 Satz 3 AO rückgängig gemacht werden. Danach sind z. B. bereits entrichtete Steuern (zumindest vorläufig) an den Stpfl. zurückzuzahlen. Zur Aussetzung der Vollziehung siehe ausführlich den AEAO zu § 361.

9.2 Voraussetzungen für die Aussetzung der Vollziehung

2616 Die Aussetzung der Vollziehung ist eine **Ermessensentscheidung**. Die Finanzbehörde kann die Aussetzung anordnen, auch ohne Antrag des Stpfl. (§ 361 Abs. 2 Satz 1 AO). Von dieser Möglichkeit ist insbesondere dann Gebrauch zu machen, wenn der Rechtsbehelf offensichtlich begründet ist, der Abhilfebescheid aber voraussichtlich nicht mehr vor Fälligkeit der geforderten Steuer ergehen kann (vgl. AEAO zu § 361 Nr. 2.1). Wird die AdV dem Ef gegen dessen Willen aufgedrängt, kann er sich (zur Vermeidung eventueller Aussetzungszinsen, § 237 AO) mittels Einspruch dagegen wehren (vgl. BFH vom 09. 05. 2012 – I R 91/10; BFH/NV 2012, 2004.

In der Regel beantragt der Stpfl. die Aussetzung. In diesem Fall soll die Behörde aufgrund der in § 361 Abs. 2 Satz 2 AO genannten Merkmale aussetzen. Der Ermessensspielraum ist im Interesse des Stpfl. stets voll auszuschöpfen, wenn die folgenden Voraussetzungen gegeben sind:

9.2.1 Vollziehbarer Verwaltungsakt

Der angefochtene Verwaltungsakt muss einen **vollziehbaren = aussetzungsfähigen Inhalt** haben. Dies ist der Fall bei allen Verwaltungsakten, die eine Geldleistung fordern, bei Finanzbefehlen (Verwaltungsakte, die keine Geldleistung, sondern ein bestimmtes Handeln vom Stpfl. verlangen), bei Verwaltungsakten im Vollstreckungsverfahren (vgl. auch AEAO zu § 361 Nr. 2.3.1).

2617

Grundlagenbescheide (§ 171 Abs. 10 AO) werden vollzogen, indem die Feststellungen dem Folgebescheid zugrunde gelegt werden (vgl. § 361 Abs. 3 AO). Vollziehbar ist auch ein angefochtener Verlustfeststellungsbescheid, dem ein höherer Verlust zugrunde gelegt werden soll. Positive und negative Betragsfestsetzungen sind im Regelungsgehalt gleichwertig. Ebenso ist die Aussetzung eines negativen Feststellungsbescheides möglich z. B. Ablehnung einer einheitlich gesonderten Feststellung mangels Gewinnerzielungsabsicht oder mangels Mitunternehmerschaft. Ist ein Grundlagenbescheid noch nicht ergangen und sind die Besteuerungsgrundlagen im Steuerbescheid gem. § 155 Abs. 2 AO und § 162 Abs. 3 AO geschätzt worden, kann der Stpfl. gegen den Steuerbescheid Einspruch einlegen (Begründung z. B.: zu hohe Schätzung) und Aussetzung der Vollziehung der noch bestehenden Zahlungsverpflichtungen verlangen. Ergeht später der Grundlagenbescheid, so ist gegen ihn Einspruch einzulegen und Antrag auf Aussetzung der Vollziehung zu stellen. Zur Aussetzung der Vollziehung von Grundlagen- und Folgebescheiden siehe ausführlich AEAO zu § 361 Nr. 5 und 6.

Nicht vollziehbar sind Verwaltungsakte, die einen Antrag auf Erteilung eines begünstigenden Verwaltungsaktes ablehnen. Hier will die Behörde eine Maßnahme nicht treffen, es kann also auch nichts vollzogen werden. Der Stpfl. kann demnach bei Ablehnung eines Stundungs- oder Erlassantrags nicht die Aussetzung der Vollziehung begehren. Dasselbe gilt, wenn ein Antrag auf Durchführung einer Einkommensteuerveranlagung (§ 46 Abs. 2 Nr. 8 EStG) abgelehnt wird, oder das Finanzamt abweichend von der Steuererklärung keine negative Steuerschuld, sondern die Umsatzsteuer auf Null festsetzt. (vgl. auch AEAO zu § 361 Nr. 2.3.2).

BEISPIELE ━━━

a) Stpfl. X hat in der USt-Anmeldung 02 einen »Rotbetrag« von 30 000 € geltend gemacht. Das Finanzamt stimmt dem nicht zu und erlässt einen USt-Bescheid, in dem die USt 02 auf 10 000 € (Zahllast) festgesetzt wird. X legt Einspruch ein und beantragt Aussetzung der Vollziehung i. H. v. 40 000 €.

LÖSUNG Der USt-Bescheid kann nur i. H. v. 10 000 € vollzogen werden. Nur insoweit liegt ein vollstreckbares Leistungsgebot vor. Die Nichtanerkennung des »Rotbetrages« kann denknotwendig nicht vollzogen werden: Insoweit verlangt das Finanzamt von X nichts.

Hinweis: Die Vollziehung eines (belastenden) Steuerbescheides kann grundsätzlich in demselben Umfang ausgesetzt werden, in dem er angefochten werden kann (vgl. BFH vom 11. 03. 1999 BStBl II 1999, 335).

b) Der Gewinn aus der X OHG, an der X und Y je zur Hälfte beteiligt sind, ist durch einen Feststellungsbescheid gem. § 180 Abs. 1 Nr. 2 Buchst. a AO festgestellt worden. Danach beträgt der Gewinnanteil des X 200 000 €. X legt -mit beachtlichen Gründen- Einspruch ein. Danach wäre sein Gewinnanteil um 20 000 € zu mindern. Für die ESt des X ergibt sich in jedem Fall eine Nachzahlungspflicht.

LÖSUNG Aufgrund der von X vorgetragenen beachtlichen Gründe, ist die Vollziehung des Gewinnfeststellungsbescheides nach § 361 Abs. 2 AO auszusetzen. Dabei ist (vorläufig) von einem Gewinnanteil des X i. H. v. 180 000 € auszugehen. Das hat gem. § 361 Abs. 3 AO zur Folge, dass insoweit auch die Vollziehung des ESt-Bescheides ausgesetzt werden muss, da dieser ein Leistungsgebot enthält.

Wird durch den Verwaltungsakt ein positives Tun der Behörde abgelehnt, kann der Stpfl. sofortigen Rechtsschutz nur mit Hilfe eines Antrags auf **einstweilige Anordnung** durch das Gericht erreichen (§ 114 FGO). Siehe Rz. 3315 ff. Die Voraussetzungen des § 114 FGO sind allerdings nur selten erfüllt.

9.2.2 Angefochtener Verwaltungsakt

2618
Der Verwaltungsakt, dessen Vollziehung ausgesetzt werden soll, muss mit einem Einspruch angefochten worden sein. Es gilt: **Ohne Einspruch keine Aussetzung der Vollziehung.** Eine Ausnahme bilden nur die Steuerbescheide (Folgebescheide), die auf einem Grundlagenbescheid beruhen. Mit der Anordnung der Aussetzung der Vollziehung eines Grundlagenbescheides ist auch die Vollziehung des Folgebescheides auszusetzen (§ 361 Abs. 3 AO).

Ist der Einspruch unzulässig (z. B. wegen Versäumung der Einspruchsfrist), dürfen ernstliche Zweifel an der Rechtmäßigkeit des bestandskräftigen Verwaltungsakts im Aussetzungsverfahren nicht geprüft werden. Der Einspruch muss als unzulässig verworfen werden. Der Antrag auf Aussetzung der Vollziehung ist unbegründet.

9.2.3 Ernstliche Zweifel an der Rechtmäßigkeit oder unbillige Härte

2619
»Ernstliche Zweifel« und »unbillige Härte« sind Rechtsbegriffe, die in vollem Umfang der gerichtlichen Nachprüfung unterliegen. Es besteht insoweit also kein Beurteilungsspielraum der Finanzbehörde.

Ernstliche Zweifel an der Rechtmäßigkeit des angefochtenen Verwaltungsaktes liegen vor, wenn eine **summarische Prüfung** ergibt, dass neben den für die Rechtmäßigkeit sprechende Umstände gewichtige gegen die Rechtmäßigkeit sprechende Gründe zutage treten, die Unentschiedenheit oder Unsicherheit in der Beurteilung der Rechtsfragen oder Unklarheiten in der Beurteilung der Tatfragen auslösen (siehe dazu ausführlich AEAO zu § 361 Nr. 2.5 m. w. Nw.).

Die gegen die Rechtmäßigkeit sprechenden Gründe müssen nicht überwiegen. Ernste Zweifel liegen bereits vor, wenn die gegen die Rechtmäßigkeit sprechenden Gründe ebenso gewichtig sind, wie die für die Rechtmäßigkeit sprechenden Umstände. Sie werden z. B. zu bejahen sein,

- wenn die Behörde (bewusst oder unbewusst) von einer für den Stpfl. günstigen Rechtsprechung des BFH abgewichen ist,
- wenn der BFH zu der Rechtsfrage noch keine Stellung genommen hat und diese von den Finanzgerichten unterschiedlich beurteilt wird,
- wenn die Gesetzeslage unklar ist, die streitige Rechtsfrage vom BFH noch nicht entschieden ist, im Schrifttum Bedenken gegen die Rechtsauslegung des Finanzamts erhoben werden und die Finanzverwaltung die Zweifelsfrage in der Vergangenheit nicht einheitlich beurteilt hat.

Ernstliche Zweifel an der Rechtmäßigkeit bestehen auch dann, wenn wirklich ernsthafte verfassungsrechtliche Bedenken gegen die Gültigkeit einer Rechtsnorm bestehen. Die Behauptung der Verfassungswidrigkeit und die Anhängigkeit eines Verfahrens beim Bundesverfassungsgericht verpflichten allerdings noch nicht ohne weiteres zur Aussetzung. Eine Aussetzung wird in der Regel zu Recht abgelehnt werden, wenn das zuständige obere Bundesgericht die Vereinbarkeit der umstrittenen Norm mit dem Grundgesetz bejaht hat. **2620**

Trotz erheblicher Zweifel an der Verfassungsmäßigkeit eines Gesetzes ist die Vollziehung eines darauf beruhenden Steuerbescheides dann nicht auszusetzen, wenn das öffentliche Interesse an einer geordneten Haushaltsführung ausnahmsweise höher zu bewerten ist als das Interesse des Antragstellers an der Gewährung des einstweiligen Rechtsschutzes. Das Interesse des Antragstellers wird nur dann höher zu bewerten sein, wenn er tatsächlich am Rande des Existenzminimums lebt (vgl. AEAO zu § 361 Nr. 2.5.4 und BFH vom 25. 11. 2014 BStBl 2015 II, 207, jeweils m. w. Nw.).

BEISPIEL

Die Eheleute A und B besitzen ein beachtliches Kapitalvermögen. Sie erheben gegen den ihnen gegenüber ergangenen Vermögensteuerbescheid im Jahre 1996 Einspruch und beantragen Aussetzung der Vollziehung wegen ernstlicher Zweifel an der Rechtmäßigkeit des Bescheides, weil die Verfassungsmäßigkeit eines einheitlichen Steuersatzes für einheitswertgebundenes und nicht einheitswertgebundenes Vermögen umstritten sei.

LÖSUNG Der Antrag auf Aussetzung der Vollziehung hat keinen Erfolg, weil A und B nicht darlegen, dass ihnen die sofortige Bezahlung der Vermögensteuer besondere Schwierigkeiten bereiten würde.

Eine **unbillige Härte** liegt vor, wenn von dem Betroffenen Irreparables oder Existenzbedrohendes verlangt wird, insbesondere, wenn durch den Vollzug des Verwaltungsaktes Nachteile entstehen würden, die über die eigentliche Vollzugnahme (i. d. R. Zahlung oder Vollstreckung) hinausgehen und nur schwer wieder zu beseitigen wären. In diesem Falle kommt es grundsätzlich auf die Erfolgsaussichten des Einspruchs nicht an. **2621**

Kann der Einspruch jedoch offensichtlich keinen Erfolg haben, kann auch nicht wegen unbilliger Härte ausgesetzt werden (vgl. AEAO zu§ 361 Nr. 2.6).

Die Aussetzung der Vollziehung wegen unbilliger Härte ist in der Praxis sehr selten.

9.3 Verfahren

9.3.1 Summarische Prüfung

Das Verfahren über die Aussetzung der Vollziehung soll schnellen aber nur vorläufigen Rechtsschutz gewähren. Über einen Antrag auf Aussetzung der Vollziehung ist daher **unverzüglich** zu entscheiden. Die Voraussetzungen der Aussetzung werden deshalb nur summarisch, d. h. abgekürzt, vereinfacht – also kurz und bündig – geprüft (Grundsatz der sog. **summarischen Prüfung**). Es wird regelmäßig nur nach Aktenlage und aufgrund präsenter Beweismittel entschieden. **2622**

Der Antragsteller muss Tatsachen aus dem Bereich seiner Mitwirkungspflicht nicht beweisen, sondern lediglich glaubhaft machen (mit überwiegender Wahrscheinlichkeit dartun). Das Finanzamt prüft nicht, ob der Verwaltungsakt rechtmäßig ist, sondern nur ob Zweifel an der Rechtmäßigkeit gegeben sind. Siehe AEAO Nr. 3.4.

9.3.2 Verfahrensweg

2623   Die Aussetzung der Vollziehung ist grundsätzlich bei der **Finanzbehörde** zu beantragen, **die den angefochtenen Verwaltungsakt erlassen hat** (§ 361 Abs. 2 Satz 1 AO, § 69 Abs. 2 Satz 1 FGO).

2624   Nur in **Ausnahmefällen** kann der Antrag gem. § 69 Abs. 3 FGO (vor Erhebung der Klage) sofort bei dem **Finanzgericht** gestellt werden. Ein solcher Antrag ist gem. § 69 Abs. 4 FGO nur zulässig, wenn die Finanzbehörde zuvor einen Antrag ganz oder teilweise abgelehnt hat, wenn sie über den Antrag ohne Mitteilung eines zureichenden Grundes in angemessener Frist sachlich nicht entschieden hat oder wenn eine Vollstreckung droht.

Solange über einen Antrag auf Aussetzung noch nicht entschieden ist, sollen Vollstreckungsmaßnahmen grundsätzlich unterbleiben (vgl. AEAO zu § 361 Nr. 3.1 und 3.2).

2625   Wird der **Antrag vom Finanzamt** ganz oder teilweise **abgelehnt**, hat der Antragsteller zwei Möglichkeiten:

1. Er kann gegen die ablehnende Entscheidung **Einspruch** einlegen (§ 347 Abs. 1 Nr. 1 AO).
2. Er kann **Antrag** auf Aussetzung der Vollziehung **bei dem Gericht** der Hauptsache stellen (§ 69 Abs. 3 und Abs. 4 Satz 1 FGO).

Der Stpfl. kann beide Wege gleichzeitig gehen, d. h. sowohl Einspruch einlegen als auch den Antrag bei Gericht stellen. Erhält er im Einspruchsverfahren die Aussetzung der Vollziehung, hat sich der Antrag nach 69 Abs. 3 FGO erledigt. Ist der Stpfl. bei Gericht erfolgreich, ist der Einspruch gegen die Ablehnung der Aussetzung gegenstandslos geworden.

Hat der Stpfl. nur Einspruch eingelegt und wird diese vom Finanzamt abgewiesen, kann er dagegen **keine Klage** erheben (§ 361 Abs. 5 AO und § 69 Abs. 7 FGO). Der Stpfl. kann jedoch auch in diesem Fall **Antrag nach § 69 Abs. 3 FGO** stellen. Wird der Antrag gem. § 69 Abs. 3 FGO durch das Finanzgericht ganz oder teilweise abgelehnt, kann der Antragsteller **Beschwerde beim BFH** einlegen, wenn diese vom Finanzgericht zugelassen worden ist (§ 128 Abs. 1 und 3 FGO).

9.3.3 Sicherheitsleistung

2626   Die Aussetzung kann von einer **Sicherheitsleistung** abhängig gemacht werden (§ 361 Abs. 2 Satz 3 AO). Ob dies geschieht, steht im Ermessen der Behörde. Entscheidend ist, ob bei der Aussetzung der Vollziehung für den Fall, dass der Antragsteller im Rechtsstreit unterliegt, die Erfüllung des streitigen Anspruchs gefährdet wäre. Die Anordnung der Sicherheitsleistung ist eine unselbstständige Nebenbestimmung (§ 120 Abs. 2 Nr. 2 AO) zur Aussetzung der Vollziehung. Die Aussetzung kann von dem zukünftigen ungewissen Ereignis (Bedingung) abhängig gemacht werden, dass der Antragsteller die verlangte Sicherheitsleistung erbringt. Diese Anordnung kann also nur im Zuge der Anfechtung des gesamten Verwaltungsaktes angegriffen werden, die alleinige Anfechtung der Sicherheitsleistung ist unzulässig.

Zu weiteren Einzelheiten siehe AEAO zu § 361 Nr. 9.2.

9.4   Umfang und Wirkung der Aussetzung

9.4.1 Umfang

2627   Die Finanzbehörde hat die Vollziehung des angefochtenen Verwaltungsakts soweit auszusetzen, als das Begehren des Stpfl. reicht und ernstliche Zweifel an der Rechtmäßigkeit des Bescheides (bzw. eine unbillige Härte) bestehen.

BEISPIEL

Ein Stpfl. ficht eine Grunderwerbsteuerfestsetzung von 12 000 € an mit dem Ziel einer Festsetzung von 10 000 €.

LÖSUNG Die Behörde kann die Vollziehung von 2 000 € aussetzen.

Bestehen ernstliche Zweifel an der Rechtmäßigkeit des angefochtenen Bescheides und sind im Falle des Obsiegens **andere Steuerbescheide** zuungunsten des Einspruchsführers zu ändern, so kann die Aussetzung der Vollziehung des angegriffenen Bescheides nicht auf den Unterschiedsbetrag der steuerlichen Auswirkung begrenzt werden (vgl. BFH vom 07. 03. 1995 BStBl II 1995, 814). Für den Umfang der Aussetzung ist also allein der angegriffene Bescheid maßgeblich. Macht das Finanzamt die Aussetzung der Vollziehung hier von einer Sicherheitsleistung abhängig, ist es ermessensfehlerfrei, wenn die Höhe der Sicherheitsleistung dem Betrag entspricht, der bei Änderung des anderen Steuerbescheides festzusetzen wäre (BFH vom 07. 03. 1995 BStBl II 1995, 814, 816).

Bei der **Berechnung der Höhe** des Aussetzungsbetrages ist § 361 Abs. 2 Satz 4 AO zu beachten. Danach sind bei Steuerbescheiden die Aussetzung und die Aufhebung der Vollziehung auf die festgesetzte Steuer, vermindert um die anzurechnenden Steuerabzugsbeträge, um die anzurechnende Körperschaftsteuer und um die festgesetzten Vorauszahlungen beschränkt. Dadurch wird verhindert, dass es infolge einer Aufhebung der Vollziehung zur Erstattung von Vorauszahlungen, Steuerabzugsbeträgen und Steuervergütungen kommt. Diese Beschränkung gilt nicht, wenn die Aussetzung oder Aufhebung der Vollziehung zur Abwendung erheblicher Nachteile nötig erscheint.

BEISPIEL

Gegenüber X wird die ESt 02 i. H. v. 15 000 € festgesetzt. Die Höhe der anzurechnenden Steuerabzugsbeträge beläuft sich auf 3 000 €. Für 02 sind die Vorauszahlungen ihm gegenüber i. H. v. 8 000 € festgesetzt worden. X hat bislang Vorauszahlungen nur i. H. v. 5 000 € entrichtet, 3 000 € sind also noch rückständig. Die Abschlusszahlung (einschließlich der rückständigen Vorauszahlungsbeträge, vgl. § 36 Abs. 2 Nr. 1 EStG) beträgt 7 000 €.

Gegen den ESt-Bescheid 02 erhebt X Einspruch und beantragt Aussetzung der Vollziehung. In Höhe von 5 000 € liegen ernstliche Zweifel an der Rechtmäßigkeit des angegriffenen Bescheides vor.

LÖSUNG Die Vollziehung ist nach § 361 Abs. 2 Satz 8 AO i. H. v. 4 000 € auszusetzen:

festgesetzte ESt		15 000 €
festgesetzte Vorauszahlung	./.	8 000 €
Steuerabzugsbeträge	./.	3 000 €
		4 000 €

Der restliche Betrag (rückständige Vorauszahlungen) i. H. v. 3 000 € ist sofort zu entrichten.

Eine Aussetzung i. H. der vollen 5 000 € ist nur möglich, wenn sie zur Abwendung wesentlicher Nachteile nötig erscheint. Wesentliche Nachteile liegen – entsprechend § 114 FGO – nur dann vor, wenn durch die Versagung der Vollziehungsaussetzung unmittelbar und ausschließlich die wirtschaftliche oder persönliche Existenz des Stpfl. bedroht würde.

Zur Berechnung der Höhe der auszusetzenden Steuer siehe ausführlich AEAO zu § 361 Nr. 4.

9.4.2 Zeitliche Dauer

2628   Die Aussetzung der Vollziehung wird grundsätzlich nur für eine Rechtsbehelfsstufe bewilligt. Ihr Ende wird in der Entscheidung bestimmt. Im Einspruchsverfahren wird das Ende i. d. R. auf einen Monat nach Bekanntgabe der Einspruchsentscheidung festgelegt (vgl. Rz. 2633). Mit Ablauf dieser Frist endet die Aussetzung der Vollziehung, ohne dass es einer Aufhebung bedarf. Zur Dauer der Aussetzung und Aufhebung der Vollziehung siehe AEAO zu § 361 Nr. 8.

9.4.3 Wirkung

S. Rz. 2615.

2629   Mit der Aussetzung wird die **Vollziehung** des angefochtenen Verwaltungsaktes **nachträglich gehemmt**. Die Fälligkeit wird hinausgeschoben. Soweit es um Geldleistungen geht, ähnelt die Wirkung derjenigen einer Stundung. Vollziehungsmaßnahmen dürfen nicht vorgenommen werden (vgl. § 251 Abs. 1 AO), Säumniszuschläge fallen nicht an. Wird die Vollziehung eines Grundlagenbescheides ausgesetzt, so darf der Folgebescheid zwar erlassen, dessen Vollziehung muss aber insoweit ausgesetzt werden (§ 361 Abs. 3 Sätze 1 und 2 AO).

Ist der Einspruch endgültig ohne Erfolg geblieben, hat der Stpfl. den ausgesetzten Betrag bei Fälligkeit zu entrichten; ferner hat er für diesen Betrag gem. **§ 237 Zinsen** (0,5 % pro Monat) zu zahlen.

9.5 Besondere Regelung bei Untersagung des Gewerbebetriebs oder der Berufsausübung (§ 361 Abs. 4 AO)

2630   Unter bestimmten Voraussetzungen kann die Verwaltungsbehörde jemandem die Ausübung seines Berufes oder Gewerbes untersagen. Eine Untersagung der Berufsausübung liegt auch vor, wenn die Finanzbehörde dem Obmann eines Lohnsteuerberatungsvereins die Tätigkeit untersagt.

Der in diesen Fällen erlassene Verwaltungsakt greift so tief und mit so erheblichen wirtschaftlichen Folgen in die Sphäre des Betroffenen ein, dass der durch die sofortige Vollziehung angerichtete Schaden möglicherweise nicht wiedergutzumachen wäre. Daher wird hier durch die Einlegung eines Einspruchs die Vollziehung des angefochtenen Verwaltungsaktes gehemmt. Die Finanzbehörde kann jedoch die hemmende Wirkung durch besondere Anordnung ganz oder zum Teil beseitigen, wenn sie es im öffentlichen Interesse für geboten hält (§ 361 Abs. 4 Satz 2 AO und § 69 Abs. 5 Satz 2 FGO). Hier sind insbesondere die Erfolgsaussichten des Einspruchs und die Dringlichkeit des Eingriffs gegeneinander abzuwägen.

9.6 Aufhebung der Vollziehung

2631   Ist der Verwaltungsakt bereits vollzogen, hat z. B. der Stpfl. bereits gezahlt, kann die Vollziehung denknotwendig nicht mehr ausgesetzt werden. In diesem Falle sind die Finanzbehörden befugt, die Vollziehung aufzuheben, wenn die unter Rz. 2616 ff. aufgeführten Voraussetzungen gegeben sind (§ 361 Abs. 2 Satz 3 AO und § 69 Abs. 2 Satz 7 FGO). Das zur Aussetzung der Vollziehung Gesagte gilt für die Aufhebung der Vollziehung entsprechend.

2632   Die Aufhebung der Vollziehung bewirkt die Rückgängigmachung einer bereits durchgeführten Vollziehung. Durch die Aufhebung der Vollziehung erhält der Rechtsbehelfsführer einen Erstattungsanspruch (§ 37 Abs. 2 AO) in Höhe des Aufhebungsbetrages, da der rechtliche Grund für die Zahlung nachträglich weggefallen ist. Durch die Aufhebung der Vollziehung kann aber grundsätzlich nicht die Erstattung von geleisteten Vorauszahlungsbeträgen, Steuerabzugsbeträgen oder anrechenbarer Körperschaftsteuer erreicht werden (§ 361 Abs. 2 Satz 4 AO und § 69 Abs. 2 Satz 8 FGO, vgl. Rz. 2627).

BEISPIEL

Gegenüber Y wird die ESt 03 i. H. v. 15 000 € festgesetzt. Die Höhe der anzurechnenden Steuerabzugsbeträge beläuft sich auf 7 000 €. Die ihm gegenüber festgesetzten und von ihm entrichteten Vorauszahlungen betragen 5 000 €. Die Abschlusszahlung i. H. v. 3 000 € hat Y gezahlt. Er legt Einspruch ein, beantragt Aussetzung der Vollziehung und verlangt Erstattung von 5 000 €, da an der Rechtmäßigkeit des ESt-Bescheides 03 tatsächlich Zweifel i. H. v. 5 000 € bestehen.

LÖSUNG Die von Y beantragte Aussetzung der Vollziehung ist nicht möglich, da die 3 000 € bereits abgebucht sind, der ESt-Bescheid also bereits vollzogen worden ist.

Da Y die Erstattung bereits gezahlter Steuern anstrebt, ist ihm hier Aufhebung der Vollziehung gem. § 361 Abs. 2 Satz 3 AO zu gewähren.

Danach sind ihm 3 000 € zu erstatten (§ 361 Abs. 2 Satz 4 AO).

festgesetzte ESt		15 000 €
festgesetzte Vorauszahlung	./.	5 000 €
Steuerabzugsbeträge	./.	7 000 €
		3 000 €

In Höhe von 2 000 € muss sein Antrag abgelehnt werden.

Zur Aufhebung der Vollziehung durch das Finanzamt siehe AEAO zu § 361 Nr. 7. Zur Aufhebung der Vollziehung durch das Gericht siehe Rz. 3314.

9.7   Muster einer Aussetzung der Vollziehung

2633

Finanzamt X-Stadt
Bahnhofstr. 1
12345 X-Stadt

Herrn
Stefan Schmidt
– Steuerberater –
Blumenweg 3
12345 X-Stadt

Bearbeiter StI Müller	Zimmer-Nummer 320	Telefon 01234/123456	Nebengebäude
Steuernummer/Geschäftszeichen 1231 2 312345		Ihre Zeichen/Ihre Nachricht vom 02. 09. 03	Datum 06. 09. 03

Aussetzung der Vollziehung
Betr.: Ihren Mandanten Dr. Manfred Mann, Tulpenweg 2, 12345 X-Stadt
Sehr geehrter Herr Schmidt!
Auf Ihren Antrag setze ich unter dem Vorbehalt jederzeitigen Widerrufs die Vollziehung des nachstehend genannten Verwaltungsaktes wie folgt aus:

[X] vom Fälligkeitstag an   [X] vom ... ... an

Verwaltungsakt/Abgabeart: **Betrag:**

Einkommensteuerbescheid 01 vom 15. 08. 03   3500 €

Die Aussetzung ist befristet bis

[X] einen Monat nach Zustellung der Einspruchsentscheidung

[ ] einen Monat nach Zustellung der Entscheidung des Finanzgerichts

[ ] einen Monat nach Zustellung der Entscheidung des Bundesfinanzhofs

[ ] zum ...

längstens jedoch bis einen Monat nach dem Eingang einer Erklärung über die Rücknahme des Einspruchs.

[ ] Die Aussetzung der Vollziehung erfolgt unter der aufschiebenden Bedingung, dass bis zum .... Sicherheit geleistet wird.

Art der Sicherheit ....

[X] Ihrem Antrag wurde nur teilweise entsprochen. Der nicht ausgesetzte Betrag ist zum Fälligkeitstag zu entrichten. Zur Begründung siehe unten.

Eine Durchschrift dieses Schreibens füge ich zur Unterrichtung Ihres [ ] Bevollmächtigten
[X] Mandanten bei.

Hinweise:

Soweit der Einspruch keinen Erfolg hat, entstehen für die Dauer der Aussetzung Zinsen in Höhe von 0,5 % für jeden vollen Monat (§§ 237–239 Abgabenordnung – AO –).

Bei Beendigung oder Widerruf der Aussetzung der Vollziehung erhalten Sie erneut eine Zahlungsaufforderung.

Begründung:
Aufgrund des o. g. Einkommensteuerbescheides 01 vom 15. 08. 03, gegen den der Antragsteller mit Schreiben vom 02. 09. 03 Einspruch eingelegt hat und gleichzeitig Aussetzung der Vollziehung in voller Höhe beantragt hat, bestand eine Zahllast von 5 000 € (Abschlusszahlung gem. § 36 Abs. 4 Einkommensteuergesetz). Die vom Antragsteller allein geltend gemachte Rüge (Nichtberücksichtigung von Aufwendungen für das Seminar vom 07. 07.–14. 07. 01 in Wien i. H. v. 7 000 € als Betriebsausgaben) wirkt sich auf die Einkommensteuer nur i. H. v. 3 500 € aus. Zweifel an der Rechtmäßigkeit des angefochtenen Bescheides bestehen daher nur i. H. v. 3 500 €. Der nicht ausgesetzte Betrag i. H. v. 1 500 € ist zum im o. g. Bescheid angegebenen Fälligkeitstag zu entrichten.

Rechtsbehelfsbelehrung
Soweit Ihrem Antrag nicht entsprochen worden ist, können Sie gegen diesen Verwaltungsakt Einspruch (§ 347 Abs. 1 Nr. 1 AO) beim o. g. Finanzamt schriftlich einlegen oder ....

Mit freundlichen Grüßen

im Auftrag

(Maier)

---

10 Hinzuziehung zum Verfahren (§ 360 AO)

10.1 Allgemeines

Mit Einlegung des Einspruchs entsteht ein Rechtsstreit, dessen Ausgang im Regelfall nur den Stpfl. als Einspruchsführer und die Finanzbehörde betrifft. **2634**

In Ausnahmefällen können aber auch Interessen Dritter vom Ergebnis des Rechtsstreits berührt werden, sei es als Mitgesellschafter, Ehegatten, angebliche Eigentümer des streitbefangenen Gegenstandes u. dergl. Die Abgabenordnung sieht in § 360 AO (Hinzuziehung), die Finanzgerichtsordnung in § 60 FGO (Beiladung) die Möglichkeit vor, **Dritte am Einspruchsverfahren zu beteiligen** (vgl. § 359 Nr. 2 AO, § 57 Nr. 3 FGO). Hinzuziehung (AO) und Beiladung (FGO) entsprechen sich inhaltlich. Diese Vorschriften dienen der Verfahrensvereinfachung. Die Finanzbehörde (bzw. das Gericht) kann in einem Einspruchsverfahren einen Streit, der mehrere Personen angeht, entscheiden. Der hinzugezogene Dritte kann dieselben Rechte geltend machen wie derjenige, der den Einspruch eingelegt hat und muss die unanfechtbare Entscheidung gegen sich gelten lassen (§ 360 Abs. 4 AO und § 166 AO). Dadurch wird vermieden, dass wegen derselben Sache nochmals ein Rechtsstreit zu führen ist (Häufung von Einsprüchen) und sich möglicherweise widersprechende Entscheidungen ergeben.

BEISPIEL

Das Finanzamt teilt den festgestellten Gewinn i. H. v. 100 000 € zu gleichen Anteilen auf die OHG-Gesellschafter A und B auf. A legt gegen den Gewinnfeststellungsbescheid Einspruch ein und trägt vor, ihm stünden nur 40 % des Gewinns, B dagegen 60 % zu.

LÖSUNG Dem Einspruch des A ist B hinzuzuziehen. B kann nun ebenfalls seinen Standpunkt vortragen (§ 360 Abs. 4 AO). Die Einspruchsentscheidung ergeht gegen beide. A oder B können dagegen klagen. Mit Unanfechtbarkeit der Entscheidung ist der entsprechende Gewinnanteil wirksam festgesetzt. Beide müssen diesen gegen sich gelten lassen.

2635   Der Gesetzgeber hat hierbei bedacht, dass es Fälle gibt, in denen eine Entscheidung notwendigerweise Interessen Dritter betreffen muss. Dies ist in obigem Beispiel der Fall. Wenn der Gewinnanteil des A auf 40 % gemindert wird, muss derjenige des B auf 60 % erhöht werden. Dies ist nur zulässig, wenn B hinzugezogen worden war. Diese notwendige Hinzuziehung (§ 360 Abs. 3 AO) muss erfolgen.

Ist anderen Fällen ist die Hinzuziehung zwar nicht unbedingt notwendig, aber aus Verfahrensgründen tunlich. Hier räumt der Gesetzgeber der Finanzbehörde Ermessen ein, ob sie einen Dritten hinzuziehen soll, einfache Hinzuziehung (§ 360 Abs. 1 AO).

BEISPIEL

A haftet für die Umsatzsteuerschuld des B gem. § 75 AO. B legt gegen die Umsatzsteuerfestsetzung (10 000 €) Einspruch ein und begehrt deren Aufhebung.

LÖSUNG Die Höhe der Umsatzsteuerschuld interessiert zunächst nur den Schuldner B. A ist nicht notwendig hinzuzuziehen. Ist jedoch beabsichtigt, gegen A einen Haftungsbescheid wegen dieser Umsatzsteuerschuld zu erlassen, ist es für das Finanzamt tunlich, A in Form der einfachen Hinzuziehung am Rechtsstreit zu beteiligen. A kann dann später gegen den Haftungsbescheid nicht einwenden, die Umsatzsteuerschuld, inzwischen bestandskräftig festgesetzt, bestehe nicht oder teilweise nicht (§ 166 AO).

2636   Voraussetzung für die Hinzuziehung ist, dass ein Einspruchsverfahren anhängig ist. Dabei ist grundsätzlich ohne Belang, ob der Einspruch zulässig ist oder nicht. Nur bei offensichtlich unzulässigem Einspruch darf von einer notwendigen Hinzuziehung abgesehen werden. Die Hinzuziehung ist möglich vom Eingang des Einspruchs bis zum Eintritt der Unanfechtbarkeit der Entscheidung. Hinzugezogen werden kann nur, wer selbst die Beteiligtenfähigkeit besitzt. Die Hinzuziehung erfolgt durch einen Verwaltungsakt, der sowohl vom Einspruchsführer als auch vom Hinzugezogenen mit Einspruch (§ 347 Abs. 1 Nr. 1 AO) angefochten werden kann.

10.2   Notwendige Hinzuziehung (§ 360 Abs. 3 AO)

2637   Die Finanzbehörde **muss hinzuziehen**, wenn an dem streitigen Rechtsverhältnis Dritte derart beteiligt sind, dass die Entscheidung auch ihnen gegenüber nur einheitlich ergehen kann (§ 360 Abs. 3 AO). Die notwendige Hinzuziehung erfasst in der Regel die Fälle, in denen ein Verwaltungsakt mehreren Personen bekannt gegeben wird, diese Betroffenen Einspruch einlegen könnten (diese Einspruche wären zu verbinden), aber nur einer den Bescheid tatsächlich anficht. Hier sind die anderen Einspruchsbefugten hinzuzuziehen. Die Hauptanwendungsfälle sind folgende:

a) Einheitliche und gesonderte Feststellung von Besteuerungsgrundlagen (§§ 179 Abs. 2 Satz 2, 180 AO)
Wenn die Feststellung einheitlich zu erfolgen hat, weil mehrere Personen daran beteiligt sind, muss auch die Einspruchsentscheidung über die Feststellung einheitlich sein. Es sind demnach alle Personen hinzuzuziehen, die Beteiligte und selbst einspruchsbefugt sind. Macht der Einspruchsführer geltend, der ihm im Feststellungsbescheid zugerechnete Anteil stehe Dritten zu, sind die Dritten und die übrigen Gesellschafter notwendig hinzuzuziehen: die Dritten, weil eine Entscheidung erstrebt wird, die unmittelbar in deren Rechtsstellung eingreift, die übrigen Gesellschafter, weil sie einspruchsbefugt sind und es um die Frage geht, wer Mitberechtigter der Gesellschaft ist. Gesellschafter eines Gewerbebetriebes, die nicht selbst Einspruch einlegen dürfen (vgl. § 352 Abs. 1 AO), sind nicht hinzuzuziehen (§ 360 Abs. 3 Satz 2 AO; siehe Rz. 2531).

b) Rechtsnachfolge bei dinglich wirkenden Bescheiden

Unter gewissen Voraussetzungen (vgl. § 182 Abs. 2 AO) ist ein Feststellungsbescheid **2638** sowohl dem Rechtsvorgänger, als auch dem Rechtsnachfolger bekannt zu geben. Beide können Einspruch einlegen. Tut dies nur einer, ist der andere hinzuzuziehen.

BEISPIEL

K erwirbt vom V am 01. 07. 01 ein Grundstück. Die Wertfortschreibung des Einheitswertes, betreffend den 01. 01. 01, wird K und V am 08. 08. 01 bekannt gegeben. V legt Einspruch ein.
LÖSUNG K ist hinzuzuziehen, weil gegenüber ihm kein anderer Wert wirksam sein kann als gegenüber V.

c) Aufteilungsbescheide

Gegen Aufteilungsbescheide, mit denen die Steuerschuld von Zusammenveranlagten für **2639** Zwecke der Vollstreckung aufgeteilt wird (§ 268 AO), ist der Einspruch gegeben. Legt nur einer der Gesamtschuldner Einspruch ein, ist der andere hinzuzuziehen, denn der Aufteilungsbescheid hat gegenüber den Beteiligten einheitlich zu ergehen (§ 279 Abs. 1 AO).

d) Zerlegungsverfahren

Wird der Gewerbesteuermessbescheid eines Betriebes zerlegt, weil sich Betriebsstätten in **2640** mehreren Gemeinden befinden (§ 30 GewStG), so sind die anderen betroffenen Gemeinden notwendig hinzuzuziehen, wenn eine Gemeinde den Zerlegungsbescheid (§ 188 AO) anficht.

e) Lohnsteuerhaftungsbescheid

Der Arbeitnehmer kann einen gegen den Arbeitgeber gerichteten Lohnsteuerhaftungsbescheid anfechten (Drittwirkung eines Verwaltungsaktes). Als Adressat des Haftungsbescheides **2641** ist der Arbeitgeber hinzuzuziehen.

Ein Fall der **notwendigen Hinzuziehung liegt nicht vor**, wenn einer der **Zusammenveranlagten** gegen den zusammengefassten Steuerbescheid (§ 155 Abs. 3 AO) Einspruch einlegt. Die Gesamtschuldnerschaft der Zusammenveranlagten schließt die Möglichkeit verschiedener Steuerfestsetzungen gegenüber diesen nicht aus. Da also die Entscheidung nicht einheitlich sein muss, ist eine Hinzuziehung nicht zwingend. Vielmehr liegt es im Ermessen der Behörde eine einfache Hinzuziehung anzuordnen (AEAO zu § 360 Nr. 3).

f) Die notwendige Hinzuziehung bei mehr als 50 Personen (§ 360 Abs. 5 AO)

§ 360 Abs. 5 AO, der § 60 a FGO entspricht, soll eine Erleichterung in Massenverfahren **2642** bringen: Wenn die (notwendige) Hinzuziehung von mehr als 50 Personen in Betracht kommt, kann die Finanzbehörde anordnen, dass nur die Personen hinzugezogen werden, die dies innerhalb einer bestimmten Frist beantragen. Die Finanzbehörde muss dazu die Frist für den Antrag auf Hinzuziehung entweder durch Einzelbekanntgabe – d. h. Information jedes einzelnen Beteiligten – oder durch Veröffentlichung im Bundesanzeiger sowie in den Tageszeitungen setzen, die in dem Bereich verbreitet sind, in dem sich die Entscheidung voraussichtlich auswirken wird. In letzterem Fall darf die Frist nicht kürzer als drei Monate bemessen sein, wobei in der Veröffentlichung in Tageszeitungen der Tag des Fristablaufs mitzuteilen ist. Personen, die von der Entscheidung erkennbar in besonderem Maße betroffen werden, soll die Finanzbehörde auch ohne Antrag hinzuziehen.

10.3 Die einfache Hinzuziehung

2643
Die Finanzbehörde kann von Amts wegen oder auf Antrag andere als den Einspruchsführer hinzuziehen, wenn deren rechtliche (nicht wirtschaftliche) Interessen nach den Steuergesetzen durch die Entscheidung berührt wird (§ 360 Abs. 1 Satz 1 AO). Eine Hinzuziehung aus privatrechtlichem Interesse ist danach unzulässig. Das Merkmal »berührt« ist weitergehend als »verletzt« oder »gefährdet«. Die rechtlichen Interessen eines Dritten sind berührt, wenn die Entscheidung in der Hauptsache die Rechtsposition des Dritten verbessern oder verschlechtern würde. Abzustellen ist auf den Tenor der Entscheidung, nicht auf die Gründe. § 360 Abs. 1 Satz 1 AO nennt selbst einen Fall der einfachen Hinzuziehung, nämlich die des Haftenden. Weitere Fälle sind z. B. folgende:

a) Gesamtschuldner
2644
Wie eben dargelegt, begründet der Erlass von zusammengefassten Bescheiden gegen Gesamtschuldner nicht die notwendige Hinzuziehung, falls einer der Beteiligten seinen Bescheid anficht. Eine Hinzuziehung kann jedoch zweckmäßig sein, um zu vermeiden, dass die Gesamtschuldner unterschiedliche Beträge schulden. Dies gilt insbesondere, wenn später einer der Gesamtschuldner die Aufteilung des Steuerbetrages begehrt (§ 268 AO).

> **BEISPIEL**
> Gegen die Eheleute A und B, beide haben steuerpflichtige Einkünfte, ergeht ein zusammengefasster Einkommensteuerbescheid, der die Steuer auf 10 000 € festsetzt. Ehemann A legt Einspruch ein und begehrt die Herabsetzung der Steuer auf 8 000 €.
> **LÖSUNG** Aus der Tatsache, dass A und B die ESt-Erklärung gemeinsam unterschrieben haben, kann man nicht folgern, dass sie sich gegenseitig zur Einlegung eines Einspruchs bevollmächtigt haben. Bei Eheleuten wird eine solche Bevollmächtigung häufig aus den Umständen herzuleiten sein (ggf. ist dies vom Finanzamt durch Rückfrage zu klären). In diesem Falle sind beide Eheleute Einspruchsführer, eine Hinzuziehung erübrigt sich.
> Ergibt sich jedoch aus den Umständen des Einzelfalls, dass B keinen Einspruch eingelegt hat (z. B. weil beide getrennt leben und A ausdrücklich nur in eigenem Namen Einspruch erhoben hat), hat das Finanzamt zu entscheiden, ob B hinzuzuziehen ist. Dies wird sich in der Regel empfehlen, auch wenn B nicht über eigene Einkünfte verfügt (vgl. AEAO zu § 360 Nr. 3). Würde nämlich die ESt anderenfalls allein gegenüber A auf 8 000 € gemindert, könnte B durch einen Antrag auf Aufteilung der Gesamtschuld (§§ 268 ff. AO) erreichen, dass sie die restlichen 2 000 € nicht entrichten muss.

b) Vermeidung widerstreitender Steuerfestsetzungen
2645
Erreicht ein Stpfl. die Aufhebung oder günstige Änderung einer Steuerfestsetzung, können gem. § 174 Abs. 4 AO die richtigen steuerlichen Folgerungen durch Erlass oder Änderung eines anderen Steuerbescheides gezogen werden. Sind die steuerlichen Folgerungen bei einem Dritten zu ziehen, muss der Dritte zuvor dem Verfahren hinzugezogen worden sein (§ 174 Abs. 5 AO, siehe Rz. 2097 ff.). Allein die Möglichkeit, dass der Steuerbescheid des Dritten zu ändern ist, reicht für die Hinzuziehung grundsätzlich aus.

> **BEISPIEL**
> Der Stpfl. ficht die Einkommensteuerfestsetzung mit der Behauptung an, bestimmte Einnahmen seien nicht ihm, sondern B steuerlich zuzurechnen. Die Einkommensteuerveranlagung gegenüber B ist bestandskräftig.
> **LÖSUNG** Dem Einspruchsverfahren des A ist B hinzuzuziehen. Stellt sich die Behauptung des A als richtig heraus, kann der Steuerbescheid des B nur dann entsprechend geändert werden (§ 174 Abs. 4 u. 5 AO).

§ 174 Abs. 5 AO ist insofern atypisch, weil hier die Hinzuziehung nicht zwingend ein anhängiges Einspruchsverfahren voraussetzt, sondern auch zu einem Änderungsverfahren möglich ist.

c) Anfechtung des Lohnsteuerhaftungsbescheides durch den Arbeitgeber

Ficht der Arbeitgeber den an ihn gerichteten Haftungsbescheid an, ist der Arbeitnehmer nicht notwendig hinzuzuziehen. Für die Inanspruchnahme des Arbeitnehmers als Schuldner gelten andere Voraussetzungen als für die Inanspruchnahme des Arbeitgebers. Der Arbeitnehmer kann jedoch einfach hinzugezogen werden. **2646**

10.4 Anhörung

Vor der Anordnung der einfachen Hinzuziehung ist der Einspruchsführer **zu hören** (**§ 360 Abs. 1 Satz 2 AO**). Dieser kann den Einspruch **zurücknehmen** (§ 362 AO) und damit die Hinzuziehung eines Dritten vermeiden. Der Einspruchsführer kann auch Gründe gegen die Hinzuziehung geltend machen, er kann ihr widersprechen. In diesem Fall muss das Finanzamt seine Ermessensentscheidung über die Hinzuziehung unter Berücksichtigung der Gründe des Einspruchsführers treffen. Der Einspruchsführer hat i. d. R. ein Interesse an der Wahrung des Steuergeheimnisses (§ 30 AO). Dieses Interesse ist im Regelfall höher zu bewerten als das Interesse des Hinzuzuziehenden an der Verbesserung seiner Rechtsposition, wenn der Hinzuzuziehende dem Einspruchsführer entgegengesetzte Ziele verfolgt. **2647**

§ 360 Abs. 1 Satz 2 AO ist entsprechend auf § 360 Abs. 3 AO anzuwenden: Auch bei der notwendigen Hinzuziehung erhält der Einspruchsführer dadurch die Möglichkeit, durch Rücknahme seines Einspruchs die Hinzuziehung zu vermeiden (vgl. AEAO zu § 360 Nr. 2).

10.5 Wirkung der Hinzuziehung

Der Hinzugezogene wird Verfahrensbeteiligter (§ 359 Nr. 2 AO). Er erlangt dieselbe Rechtsstellung wie der Einspruchsführer (§ 360 Abs. 4 AO). Er kann z. B. eigene Anträge stellen, einen Bevollmächtigten beauftragen usw. Der Hinzugezogene darf den Einspruch jedoch nicht zurücknehmen. Andererseits kann er nicht verhindern, dass der Einspruchsführer das Einspruchsverfahren durch Rücknahme beendet und die Hinzuziehung damit hinfällig wird. Insofern ist die Hinzuziehung akzessorisch zum Einspruchsverfahren. **2648**

Die Einspruchsentscheidung ist dem Hinzugezogenen als Beteiligtem bekannt zu geben. Er wird im Tenor der Einspruchsentscheidung mitaufgeführt (siehe Rz. 2571). Da sie ihm gegenüber wirkt, kann er dagegen Klage erheben (in diesem Falle wäre im Klageverfahren der ursprüngliche Einspruchsführer notwendig beizuladen). Die bestandskräftige Einspruchsentscheidung bindet den Hinzugezogenen und seinen Rechtsnachfolger, soweit die Entscheidung reicht. Ergeht z. B. ein Haftungsbescheid gegen jemanden, der dem Verfahren über die Höhe der Steuerschuld hinzugezogen worden ist, so kann dieser zwar den Haftungsgrund (z. B. § 69 AO), nicht jedoch die Höhe der Steuerschuld angreifen (vgl. § 166 AO). Der Hinzugezogene muss ebenfalls zustimmen, wenn die Finanzbehörde beabsichtigt, einen Einspruch durch einen Abhilfebescheid gem. § 367 Abs. 2 Satz 3 AO i. V. m. § 172 Abs. 1 Nr. 2 Buchst. a AO zu erledigen.

Die Folgen einer unterlassenen Hinzuziehung sind unterschiedlich. Unterbleibt die einfache Hinzuziehung, wirkt die Entscheidung nicht gegenüber dem Dritten. **2649**

Unterbleibt die notwendige Hinzuziehung, so liegt ein schwerer Verfahrensmangel vor, der jedoch i. d. R. nicht zur Nichtigkeit führt. Erhebt nunmehr der Einspruchsführer Klage, sind die übrigen Beteiligten in dem Klageverfahren notwendig beizuladen (§ 60 FGO). Dadurch wird der Verfahrensmangel geheilt. Führt die Einspruchsentscheidung zu einer Änderung des angegriffenen Bescheides, tritt die Heilungswirkung nicht ein. In diesem Fall wird das Finanzgericht das Verfahren nach § 74 FGO aussetzen, damit das Finanzamt die Einspruchsentscheidung den anderen Beteiligten noch bekannt geben und die notwendige Hinzuziehung anordnen kann. Die notwendig Hinzugezogenen erhalten damit Gelegenheit, innerhalb der gegen sie nunmehr geltenden Klagefrist noch Klage zu erheben und dadurch stärkeren Einfluss auf das Klageverfahren zu gewinnen, als sie es als notwendig Beigeladene haben.

2650   Problematisch ist die Frage, welche Rechtsfolgen eintreten, wenn die notwendige Hinzuziehung unterblieben, die Entscheidung aber **nicht angefochten** worden ist. M. E. soll eine abweisende Entscheidung trotz unterbliebener notwendiger Hinzuziehung wirksam sein, da es hier bei dem ursprünglich erteilten Steuerbescheid bleibt. Eine stattgebende Einspruchsentscheidung kann jedoch dem Dritten gegenüber nur wirksam sein, wenn sie ihm bekannt gegeben worden ist.

BEISPIEL

Der Gesellschafter A legt gegen einen Gewinnfeststellungsbescheid (10 000 € Gesamtgewinn, Gewinnverteilung je 50 % für die beiden Gesellschafter A und B) Einspruch ein und begehrt die Feststellung eines Gewinnanteils von 40 %, während B 60 % erhalten sollte (Beispiel wie oben). Die notwendige Hinzuziehung von B unterbleibt.

LÖSUNG Lehnt das Finanzamt das Begehren von A durch Einspruchsentscheidung als unbegründet ab, bleibt es bei der ursprünglichen Gewinnverteilung (50:50).
Gibt das Finanzamt dem Antrag des A statt (40:60), kann die Entscheidung nur wirken, wenn sie B ebenfalls bekannt gegeben wird (denkbar durch Bekanntgabe an A als Empfangsbevollmächtigten gem. § 183 AO). Ist A nicht Empfangsbevollmächtigter, dürfte die Einspruchsentscheidung gem. § 125 Abs. 1 AO nichtig sein: Gegenüber B gilt der (ursprünglich) festgestellte Gewinnanteil von 50 %. Gegenüber A wäre (aufgrund der Einspruchsentscheidung) ein Gewinnanteil von 40 %. maßgebend. Dies widerspräche eklatant der Einheitlichkeit der Gewinnfeststellung.

11   Die Erörterung des Sach- und Rechtsstands (§ 364 a AO)

2651   Nach § 364 a AO soll auf Antrag des Einspruchsführers die Finanzbehörde vor Erlass einer Einspruchsentscheidung den Sach- und Rechtsstand mündlich erörtern. Dies ist auch nach § 365 Abs. 1 AO und § 91 AO möglich. Selbstverständlich kann das Finanzamt auch von sich aus zur Erörterung laden.

Die Erörterung soll der **einvernehmlichen Erledigung** des Einspruchs und damit der **Verfahrensbeschleunigung** dienen. In mündlicher Verhandlung können einfacher und schneller Sachverhalte aufgeklärt werden und Rechtsprobleme besprochen werden. Im Rahmen einer solchen Erörterung können nach h. M. sog. tatsächliche Verständigungen die Entscheidung fördern, ohne dass es einer streitigen Einspruchsentscheidung bedarf. Bei in jedem Veranlagungszeitraum sich wiederholenden Sachverhalten (z. B. Fahrten zwischen Wohnung und Arbeitsstätte, Unterstützungsleistungen) oder bei Dauersachverhalten vermeidet eine einvernehmliche Regelung auch Einsprüche für die Zukunft. Zum Ganzen siehe auch AEAO zu § 364 a AO.

12 Die Fristsetzung gem. § 364 b AO

12.1 Allgemeines

Nach § 364 b Abs. 1 AO kann die Finanzbehörde dem Einspruchsführer eine Frist setzen zur Angabe von Tatsachen oder Beweismitteln. § 364 b Abs. 2 AO enthält den Knalleffekt: Erklärungen und Beweismittel, die erst nach Ablauf der nach Absatz 1 gesetzten Frist vorgebracht werden, **sind nicht zu berücksichtigen.** Dies hat auch Auswirkungen auf den Steuerprozess: Erklärungen und Beweismittel, die erst nach der von der Finanzbehörde nach § 364 b AO gesetzten Frist im Einspruchsverfahren oder im finanzgerichtlichen Verfahren vorgebracht werden, kann das Finanzgericht nach Maßgabe des § 76 Abs. 3 FGO zurückweisen und ohne weitere Ermittlungen entscheiden. Zu § 364 b AO siehe ausführlich Große, DB 1996, 60 ff.

2652

12.2 Sinn und Zweck des § 364b AO

Die Vorschrift soll dem Missbrauch des außergerichtlichen und gerichtlichen Rechtsbehelfsverfahrens zu rechtsbehelfsfremden Zwecken entgegenwirken und zwar namentlich in Fällen, in denen Einspruch oder Klage erhoben wird, um – ggf. erst nach Jahren – Steuererklärungen oder sonstige steuerlich relevante Erklärungen erstmals abzugeben (vgl. auch AEAO zu § 364 b Nr. 1). Ziel sei es, die Gerichte von Klagen und Rechtsmitteln freizustellen, die durch nachträgliches Vorbringen, insbesondere durch verspätete Abgabe oder Nichtabgabe von Steuererklärungen verursacht werden.

2653

> **BEISPIEL**
>
> Ein Stpfl., vertreten durch einen Steuerberater, gibt seine ESt-Erklärung 01 nicht ab.
> Zur Abgabe der Erklärung hat der Stpfl. gem. § 149 Abs. 3 Nr. 1 AO bis zum Ablauf Februar 03 Zeit. Danach hat das Finanzamt (kumulativ) zwei Möglichkeiten, den Stpfl. zur Abgabe der Erklärung zu veranlassen: Erstens kann es den Stpfl. durch Zwangsmittel (Androhung, Festsetzung und Erhebung von Zwangsgeldern, §§ 328 ff. AO) dazu bewegen, seine ESt-Erklärung abzugeben oder zweitens gem. § 162 AO schätzen.
> Schätzt das Finanzamt legt der Stpfl. nicht selten Einspruch ein mit der Begründung, die Schätzung sei zu hoch ausgefallen, und er werde seine Erklärung kurzfristig einreichen. Das Finanzamt setzt ihm dann eine (bislang eine rein »faktische«) Frist zur Begründung des Einspruchs und weist den Einspruch danach mangels Steuererklärung aufgrund der Aktenlage als unbegründet zurück. Gegen die Einspruchsentscheidung erhebt der Stpfl. mit gleicher Begründung Klage vor dem Finanzgericht. Das Gericht hat dann die Möglichkeit, unter Fristsetzung gem. § 79 b FGO dem Stpfl. aufzugeben, seine Steuererklärung nachzureichen. Nach Ablauf der Frist kann das Gericht gem. § 79 b Abs. 3 FGO eine verspätet eingegangene Erklärung (wenn diese überhaupt eingereicht wird) zurückweisen und ohne weitere Ermittlungen die Klage abweisen. Reicht der Stpfl. dagegen seine ESt-Erklärung innerhalb der Frist ein, gewinnt er den Prozess (gleichwohl hat er nach § 137 FGO die Kosten zu tragen), und das Spiel beginnt von neuem: Das Finanzamt muss die Veranlagung durchführen. Gibt der Stpfl. eine unvollständige Erklärung ab, muss sich das Finanzamt um deren Ergänzung bemühen.
> **LÖSUNG** Hier sollte § 364 b AO wie folgt kurzen Prozess machen: Im Einspruchsverfahren setzt das Finanzamt die Präklusionsfrist gem. § 364 b Abs. 1 AO. Nach Ablauf der Frist eingegangene Erklärungen berücksichtigt das Finanzamt nicht (§ 364 b Abs. 2 AO). Klagt der Stpfl. wird das Finanzgericht, nachdem es die Fristsetzung geprüft und für rechtmäßig und angemessen hält, die verspätet eingegangene Erklärung i. d. R. ebenfalls gem. § 76 Abs. 3 FGO zurückweisen.

Sinn des § 364 b AO ist die **Beschleunigung und Straffung des Rechtsbehelfsverfahrens,** um dadurch die Finanzbehörden und -gerichte zu entlasten. Auch § 79 b FGO, die Brudervor-

2654

schrift des § 364 b AO, hat den Zweck, das finanzgerichtliche Verfahren zu beschleunigen, zu straffen und zu konzentrieren.

Die Fristsetzung gem. § 364 b AO ist ein Verwaltungsakt i. S. d. § 118 Satz 1 AO.

12.3 Voraussetzungen der Ausschlusswirkung

2655
Die Ausschlusswirkung des § 364 b Abs. 2 Satz 1 AO setzt zwingend voraus, dass
- ein Einspruchsverfahren anhängig ist,
- das Finanzamt den Einspruchsführer zu einer Mitwirkungshandlung i. S. d. § 364 b Abs. 1 Nr. 1–3 AO auffordert und ihm dazu eine Frist setzt,
- der Einspruchsführer gem. § 364 b Abs. 3 AO über die Rechtsfolgen des § 364 b Abs. 2 AO belehrt wird,
- die Fristsetzung dem Einspruchsführer gem. §§ 122 Abs. 1 AO und 124 Abs. 1 AO bekannt gegeben wird und
- die Frist abgelaufen ist.

12.4 Die Fristsetzung als Ermessensentscheidung

12.4.1 Allgemeines

2656
Nach § 364 b Abs. 1 AO »kann« die Finanzbehörde dem Einspruchsführer eine Frist setzen. Das heißt, dass sie die Fristsetzung nicht vornehmen muss oder pauschal in jedem Einspruchsverfahren vornehmen darf, sondern, dass sie die Frist nur aufgrund pflichtgemäßen Ermessens setzen darf. Dabei hat sie ihr Ermessen entsprechend dem Sinn und Zweck des § 364 b AO auszuüben und die gesetzlichen Grenzen des Ermessens einzuhalten (§ 5 AO). Bei Ermessensnormen hat die Behörde zunächst zu entscheiden, **ob** sie überhaupt die im Gesetz angegebene Maßnahme treffen will (Entschließungsermessen). Will sie handeln, stellt sich die Frage, **welche** der vom Gesetz erlaubten Maßnahmen sie treffen will (Auswahlermessen).

12.4.2 Entschließungsermessen

2657
Bei der Abwägung, ob die Präklusionsfrist zu setzen ist oder nicht, hat sich das Finanzamt primär am Zweck der Vorschrift – nämlich der Beschleunigung und Straffung des Rechtsbehelfsverfahrens zur Entlastung der Finanzgerichte und zur eigenen Entlastung – zu orientieren. Dabei hat es die Belange des Einspruchsführers zu berücksichtigen. Diesem muss es möglich sein, den gegen ihn gerichteten Verwaltungsakt in angemessener Weise anzugreifen. Seine Angriffsmöglichkeiten dürfen durch die Fristsetzung nicht unzumutbar eingeschränkt werden. Ihm muss in ausreichendem Maße rechtliches Gehör gewährt werden (§§ 91, 365 Abs. 1 AO). Hat der Einspruchsführer seine steuerlichen Mitwirkungspflichten oder -obliegenheiten erfüllt oder offensichtlich aus Unkenntnis nicht erfüllt, kommt eine Fristsetzung nicht in Frage. Zielt das Verhalten des Einspruchsführers jedoch darauf ab, das Einspruchsverfahren (ohne sachlichen Grund) zu verzögern oder zu verschleppen, ist die Fristsetzung nicht ermessensfehlerhaft.

12.4.3 Ausgestaltung der Fristsetzung und Auswahlermessen

Hat sich das Finanzamt entschieden, die Präklusionsfrist zu setzen, muss es sich Gedanken darüber machen, wie die Fristsetzung ausgestaltet werden soll. Es darf den Einspruchsführer nur zu einer Mitwirkungshandlung i. S. d. § 364 b Abs. 1 Nr. 1–3 AO auffordern und muss die Dauer der Fristsetzung festlegen. **2658**

a) § 364 b Abs. 1 Nr. 1–3 AO

Nach § 364 b Abs. 1 Nr. 1 AO kann die Frist gesetzt werden, zur Angabe der Tatsachen, durch deren Berücksichtigung oder Nichtberücksichtigung sich der Einspruchsführer beschwert fühlt, nach (dem m. E. überflüssigen) § 364 b Abs. 1 Nr. 2 AO zur Erklärung über bestimmte klärungsbedürftige Punkte. In beiden Fällen darf das Finanzamt nur Angaben über Tatsachen fordern. In Anlehnung an den Tatsachenbegriff des § 173 AO sind dies Lebenssachverhalte, die Merkmal oder Teilstück eines gesetzlichen Steuertatbestandes sein können, z. B. Zustände, Vorgänge, Beziehungen, Eigenschaften materieller oder immaterieller Art. Die Fristsetzung zur Abgabe einer Steuererklärung kann also auf § 364 b Abs. 1 Nr. 1 AO gestützt werden. Das Gleiche gilt, wenn das Finanzamt den Stpfl. auffordern will, seinen bislang nicht begründeten Einspruch in tatsächlicher Hinsicht zu begründen.

Gem. § 364 b Abs. 1 Nr. 3 AO kann die Finanzbehörde die Frist zur Bezeichnung von Beweismitteln oder zur Vorlage von Urkunden setzen. Voraussetzung dazu ist, dass der Einspruchsführer zur Benennung der Beweismittel bzw. zur Vorlage der Urkunde verpflichtet ist. Welche Beweismittel in Betracht kommen, sagt § 92 AO.

b) Dauer der Fristsetzung

Die Finanzbehörde muss die Dauer der Frist nach pflichtgemäßen Ermessen festlegen. Die Fristdauer muss angemessen sein. Was angemessen ist, hängt vom Einzelfall ab. **2659**

Für den oben dargestellten Standardanwendungsfall des § 364 b AO dürfte i. d. R. ein Monat verhältnismäßig sein, wenn man bedenkt, dass der Stpfl. zur Abgabe der Steuererklärung ausreichend Zeit hatte (vgl. auch AEAO zu § 364 b Nr. 2 Satz 2).

12.4.4 Begründung der Ermessensentscheidung

Die Fristsetzung nach § 364 b AO muss vom Finanzamt begründet werden. Die aus § 121 Abs. 1 AO resultierende Begründungspflicht gilt grundsätzlich für alle Ermessensentscheidungen. Darin muss erkennbar und nachprüfbar sein, wie die Behörde zu ihrer Entscheidung gelangt ist. Die Begründung soll dem Adressaten das Verständnis des Verwaltungsaktes und dem Finanzgericht die Überprüfung des Ermessens (§ 102 FGO) ermöglichen. Nach § 126 Abs. 2 AO kann die Begründung bis zum Abschluss der Tatsacheninstanz eines finanzgerichtlichen Verfahrens nachgeholt werden. **2660**

12.5 Die Rechtswirkung der Fristversäumnis

12.5.1 Allgemeines

Die Fristsetzung als Verwaltungsakt verpflichtet den Einspruchsführer zunächst, die von der Finanzbehörde geforderte Mitwirkungshandlung i. S. d. § 364 b Abs. 1 Nr. 1–3 AO innerhalb der Frist zu erbringen. Läuft die Frist ab, tritt die Präklusion ein. Diese Sperre ist jedoch nicht **2661** einheitlich. Im Einspruchsverfahren tritt die Ausschlusswirkung automatisch und zwingend ein (§ 364 b Abs. 2 Satz 1 AO), im finanzgerichtlichen Verfahren nur dann, wenn das Gericht verspätet vorgebrachte Erklärungen oder Beweismittel nach pflichtgemäßem Ermessen zurückweist (§§ 76 Abs. 3 und § 79 b Abs. 3 FGO).

12.5.2 Die Präklusionswirkung im Einspruchsverfahren

2662   Nach § 364 b Abs. 2 Satz 1 AO sind Erklärungen und Beweismittel, die erst nach Ablauf der nach Abs. 1 gesetzten Frist vorgebracht werden, nicht zu berücksichtigen (vgl. AEAO zu § 364 b Nr. 3). Dies führt zu einer Reduktion der Begründetheitsprüfung: Nach § 367 Abs. 2 Satz 1 ist das Finanzamt verpflichtet, die Sache in vollem Umfang erneut zu prüfen. Diese Pflicht schränkt § 364 b Abs. 2 Satz 1 AO (zwingend) ein, in dem Umfang, in dem der Einspruchsführer die von ihm geforderten Mitwirkungshandlungen nicht rechtzeitig tätigt.

Die Präklusion gilt nicht für verspätet vorgebrachte Tatsachen und Beweismittel, die für den Einspruchsführer nachteilig sind. Das ergibt sich aus § 364 b Abs. 2 Satz 2 AO, nach dem § 367 Abs. 2 Satz 2 AO unberührt bleibt. Eine Verböserung ist also auch nach Ablauf der Ausschlussfrist möglich. Der Stpfl. kann die Verböserung durch Rücknahme des Einspruchs (gem. § 362 AO) zwar verhindern. Dies wird ihm jedoch nichts nützen, da das Finanzamt den Steuerbescheid außerhalb des Einspruchsverfahrens nach § 173 Abs. 1 Nr. 1 AO oder (§ 164 Abs. 2 AO) korrigieren wird.

12.5.3 Die Präklusionswirkung im finanzgerichtlichen Verfahren

2663   Hat das Finanzamt die Frist gem. § 364 b Abs. 1 AO im Einspruchsverfahren wirksam gesetzt und erhebt der Stpfl. Klage, greift § 76 Abs. 3 FGO: Erklärungen und Beweismittel, die erst nach Ablauf der Frist im Einspruchsverfahren oder im finanzgerichtlichen Verfahren vorgebracht werden, kann das Gericht zurückweisen und ohne weitere Ermittlung entscheiden. § 79 b Abs. 3 FGO gilt entsprechend. Verspätet vorgetragene Tatsachen oder Beweismittel sind im Finanzprozess also nicht automatisch ausgeschlossen, sondern nur dann, wenn das Gericht sie aufgrund pflichtgemäßen Ermessens zurückweist. Nach dieser gesetzlichen Konstruktion tritt die behördliche Fristsetzung des § 364 b Abs. 1 AO an die Stelle der gerichtlichen Fristsetzung gem. § 79 b Abs. 2 FGO. Weist das Gericht verspätetes Vorbringen nach §§ 76 Abs. 3 und 79 b Abs. 3 FGO zurück, macht es sich die vom Finanzamt gesetzte Frist zu Eigen. § 364 b Abs. 1 AO verlagert die Möglichkeit der Fristsetzung (i. S. d. § 79 b Abs. 2 FGO) – zeitlich nach vorn – in das Einspruchsverfahren.

2664   Hat das Finanzamt über den Einspruch unter Zurückweisung von Vorbringen nach § 364 b AO entschieden und wird dagegen Klage erhoben, hat das Finanzgericht bei Prüfung der Begründetheit dieser Klage gem. §§ 76 Abs. 3 und 79 b Abs. 3 FGO zunächst zu untersuchen, ob

- die Ausschlussfrist vom FA wirksam und ermessensfehlerfrei gesetzt worden ist,
- der Beteiligte über die Folgen der Fristversäumung zutreffend belehrt worden ist,
- die zurückgewiesenen Erklärungen und Beweismittel nach Ablauf der Frist vorgebracht worden sind,
- die Verspätung nicht genügend entschuldigt worden ist und
- der Sachverhalt nicht mit geringem Aufwand vom FG selbst bis zur Entscheidungsreife ermittelt werden kann.

Sind alle diese Fragen zu bejahen, setzt die Zurückweisung der Erklärungen oder Beweismittel weiter voraus, dass die Zulassung die Erledigung des Rechtsstreits nach der freien Überzeugung des Gerichts verzögern würde. Wenn das Gericht zu dieser Überzeugung kommt, liegt es in seinem pflichtgemäßen Ermessen, die Erklärungen oder Beweismittel zurückzuweisen (BFH vom 09.09.1998 BStBl II 1999, 26 und vom 10.06.1999 BStBl II 1999, 664 m. w.Nw.). Diese gerichtliche Entscheidung ist in einem Revisionsverfahren grundsätzlich nicht überprüfbar (BFH vom 17.12.1997 BStBl II 1998, 269).

Problematisch ist der Verzögerungsbegriff vor allem in den o. g. Schätzungsfällen. Danach haben die Finanzgerichte nachgereichte Steuererklärungen mangels Verzögerung des Rechtsstreits akzeptiert,

- wenn die in der verspätet eingereichten Steuererklärung angegebenen Besteuerungsgrundlagen unstreitig und weitere Ermittlungen nicht erforderlich sind,
- wenn keine Bedenken gegen die Richtigkeit einer erst im Klageverfahren nachgereichten Steuererklärung bestehen und das Finanzamt dem nicht nachvollziehbar entgegentritt,
- wenn der Stpfl. die Steuererklärung mit Klageerhebung oder jedenfalls in zeitlichem Zusammenhang damit beim Finanzgericht einreicht und ihm damit die Möglichkeit eröffnet, das Verfahren im ersten Termin zur mündlichen Verhandlung zum Abschluss zu bringen (str.).

Eine Verzögerung und damit die Präklusion wird häufig erst dann angenommen, wenn der Stpfl. die Steuererklärung erst kurz vor oder gar in der anberaumten mündlichen Verhandlung vorlegt.

Diese Rechtsprechung widerspricht dem Zweck des § 364 b AO und § 76 Abs. 3 FGO. Sie führt zu keiner Entlastung der Finanzämter und Finanzgerichte, sondern eher zu größerem Verwaltungsaufwand. Aus diesem Grund wendet die Finanzverwaltung die Vorschrift kaum mehr an.

12.6 Kein Einspruch gegen die Fristsetzung

Dass die Fristsetzung i. S. d. § 364 b Abs. 1 ein Verwaltungsakt ist, wird nahezu einhellig angenommen. Gleichwohl geht der BFH davon aus, dass ein Einspruch aufgrund mangelnden Rechtsschutzbedürfnisses nicht zulässig ist (BFH vom 10.06.1999 BStBl II 1999, 664). Dies ist auch die Auffassung der Finanzverwaltung: Über Einwendungen gegen die Fristsetzung ist – soweit nicht abgeholfen wird – im Rahmen der Entscheidung über den Einspruch gegen den Steuerbescheid zu entscheiden (AEAO zu § 364 b Nr. 4). **2665**

12.7 Berücksichtigung von Erklärungen und Beweismitteln nach Ablauf der Ausschlussfrist

Wird die vom Finanzamt gesetzte Frist überschritten gilt § 110 AO entsprechend (§ 364 b Abs. 2 Satz 3 AO). Kann der Einspruchsführer glaubhaft machen, dass er die Präklusionsfrist ohne Verschulden versäumt hat, ist ihm Wiedereinsetzung in den vorigen Stand zu gewähren. Die nach dem Fristablauf vorgebrachten Erklärungen und Beweismittel müssen dann vom Finanzamt berücksichtigt werden. Es gelten die allgemeinen Kommentierungen zu § 110 AO. **2666**

Fraglich ist, ob die Präklusionsfrist gem. § 109 Abs. 1 AO verlängert werden kann. Die Fristverlängerung wird in der Literatur z. T. für möglich gehalten, z. T. abgelehnt. Die Verwaltungsmeinung (AEAO zu § 364 b Nr. 4) verneint allein die rückwirkende Fristverlängerung nach § 109 Abs. 1 Satz 2 AO. **2667**

2668–2770 frei

Teil O Vollstreckung wegen Geldforderungen

1 Grundlagen

1.1 Allgemeines

2771 **Die Finanzbehörden vollstrecken** ihre Verwaltungsakte, mit denen eine Geldleistung, eine sonstige Handlung, eine Duldung oder Unterlassung gefordert wird, im Verwaltungsweg grundsätzlich **selbst** (§ 249 Abs. 1 AO; vgl. dazu Rz. 73). Dabei unterscheidet die AO zwischen der **Vollstreckung wegen Geldforderungen des Finanzamts** (§§ 249 ff. AO und §§ 259 ff. AO) und der **Vollstreckung zur Erzwingung anderer Handlungen** als Geldzahlungen (§§ 328 ff. AO). Siehe hierzu die beiden Beispiele in Rz. 73.

Die Vollstreckung zur Erzwingung anderer Handlungen als Geldzahlungen, die nahezu ausschließlich mittels Androhung, Festsetzung und Beitreibung eines Zwangsgeldes erfolgt, ist in den Rz. 1111 ff. dargestellt. Nachfolgend wird **Vollstreckung wegen Geldforderungen** in Grundzügen abgehandelt.

Unter **Vollstreckung** versteht man **allgemein** ein staatliches Verfahren, das dazu dient einen Anspruch des Gläubigers gegen einen Schuldner mit Hilfe staatlicher Zwangsgewalt zu verwirklichen. Die **Vollstreckung** durch das Finanzamt **wegen Geldforderungen** ist der Einsatz von Verwaltungszwang gegenüber dem Stpfl. zur Realisierung (Eintreibung) der durch Verwaltungsakt festgesetzten Geldforderungen. Sie richtet sich gegen den (zahlungsunfähigen oder zahlungsunwilligen) Vollstreckungsschuldner. Gegenstand der Vollstreckung ist dessen Vermögen. Die **Systematik des Vollstreckungsrechts** richtet sich nach den Vermögensgegenständen, in die vollstreckt wird bzw. werden soll:

Übersicht: Vollstreckung wegen Geldforderungen (§§ 249 ff. AO und §§ 259 ff. AO)

1. Allgemeine Vorschriften: §§ 249–280 AO
2. Vollstreckung in einzelne bewegliche Vermögensgegenstände
   a) Vollstreckung in (bewegliche) Sachen (§§ 281–308 AO, vgl. Rz. 2792 ff.)
   b) Vollstreckung in Forderungen (§ 209–320 AO, vgl. Rz. 2804 ff.)
   c) Vollstreckung in sonstige Vermögensrechte (§§ 321 AO, vgl. Rz. 2813)
3. Vollstreckung in einzelne unbewegliche Vermögensgegenstände (§§ 322 und 323 AO, vgl. Rz. 2815 ff.)
4. Vollstreckung in das gesamte Vermögen nach Maßgabe der Insolvenzordnung (vgl. Rz. 2831 ff.)

2772 Die wichtigsten **gesetzlichen Grundlagen** der Vollstreckung sind
- die AO (§§ 249 ff. und 259 ff. AO),
- das jeweilige Landesvollstreckungsgesetz,
- die Zivilprozessordnung (ZPO),
- das Gesetz über die Zwangsversteigerung und die Zwangsverwaltung (ZVG),
- die Insolvenzordnung (InsO) und
- das BGB.

Es gelten insbesondere die folgenden **Verwaltungsvorschriften:**
- Allgemeine Verwaltungsvorschrift über die Durchführung der Vollstreckung nach der AO, **VollstrA,**

- Allgemeine Verwaltungsvorschrift für Vollziehungsbeamte der Finanzverwaltung, **VollzA**,
- **Vollstreckungskarteien** der Finanzverwaltung,

Die **Zuständigkeit des Finanzamts** ergibt sich auch für Vollstreckungsmaßnahmen aus §§ 16 ff. **2773**
AO. Örtlich zuständig ist das Finanzamt, das die Geldleistung fordern kann, also das Finanzamt, bei dessen Finanzkasse der beizutreibende Betrag im Soll steht. Die Vollstreckungsaufgaben können auch auf darauf spezialisierte Finanzämter übertragen werden (vgl. § 249 Abs. 1 Satz3 letzte Alt. AO).

Innerhalb des Finanzamts wird die Vollstreckung wegen Geldforderungen durch die **Vollstreckungsstellen** der Finanzämter betrieben. Diese sind mit einem Sachgebietsleiter, Sachbearbeitern und Mitarbeitern besetzt, die den **Innendienst** bilden. Außerdem sind jeder Vollstreckungsstelle nach Bedarf **Vollziehungsbeamte** beigegeben, die auf Anordnung des Innendienstes ihren **Außendienst** versehen. Der Vollziehungsbeamte ist hauptsächlich für die Pfändung von beweglichen Sachen und deren Verwertung zuständig, der Innendienst für alle übrigen Vollstreckungsmaßnahmen (vgl. im Einzelnen Abschn. 24 und 25 VollstrA).

Übersicht: Vollstreckung wegen Geldforderungen   **2774**

↓

Allgemeine Voraussetzungen

- **Verwaltungsakt**, mit dem vom Vollstreckungsschuldner eine Geldleistung gefordert wird (§ 249 Abs. 1 AO und § 251 AO).
- **Fälligkeit der Leistung, Bekanntgabe des Leistungsgebots, Schonfrist** (§ 254 AO)
- **Mahnung** (§ 259 AO)

↓

Vorbereitung der Vollstreckung durch die Vollstreckungsstelle

- **Prüfung der Vollstreckungsvoraussetzungen** (vgl. oben)
- **Ermittlung der Vermögens- und Einkommensverhältnisse** des Vollstreckungsschuldners gem. §§ 249 Abs. 2 AO und 88 ff. AO durch die Vollstreckungsstelle des FA). Ggf. Aufforderung zur Vorlage eines Vermögensverzeichnisses und Abgabe einer eidesstattlichen Versicherung gem. § 284 AO.
- **Ggf. Einstellung und Beschränkung der Vollstreckung** gem. §§ 257, 258 AO,
- **Absehen von der Vollstreckung bei Aussichtslosigkeit** (Abschn. 20 Abs. 4 VollstrA, § 261 AO)
- **Entscheidung über die zutreffenden Vollstreckungsmaßnahmen** (vgl. unten)

↓

Vollstreckung in das Vermögen des Vollstreckungsschuldners, nämlich

a) **in bewegliches Vermögen** (§§ 281–321 AO):
- in bewegliche Sachen (§§ 285–308 AO), z. B. Pkw, Waren, Schmuck
- in Forderungen (§§ 309–320 AO), z. B. Zahlungsforderung gegenüber Geschäftsfreunden, Lohnforderungen, Bankguthaben,
  besondere Fallgestaltungen regeln § 312 und § 318 AO,
- in andere Vermögenswerte, z. B. Anteile an Gesellschaften, Grund- und Rentenschulden: § 321 AO
b) **in unbewegliches Vermögen (§§ 322 und 323 AO)**
  z. B. Grundstücke, Grundstücksbestandteile und Grundstückszubehör, soweit es dem Grundstückseigentümer gehört (§ 322 AO, § 865 ZPO, § 1120 BGB)
c) **in das Gesamtvermögen** gem. der Insolvenzordnung (InsO)

↓

Durchführung der Vollstreckung

- **In das bewegliche Vermögen** erfolgt die Vollstreckung durch Pfändung (z. B. der Sache oder der Forderung) und durch Pfandverwertung (z. B. Versteigerung der Sache oder Einziehung der Forderung). Sind die Maßnahmen erfolglos, kann das FA den Vollstreckungsschuldner ggf. zur Vorlage eines Vermögensverzeichnisses und Abgabe einer eidesstattlichen Versicherung gem. § 284 AO auffordern.

  Zuständigkeit: Pfändungen von Forderungen und anderen Vermögensrechten führt der Innendienst durch, die Pfändung und Verwertung von beweglichen Sachen und Wertpapieren gem. § 312 AO der Vollziehungsbeamte aufgrund eines Vollstreckungs- bzw. Verwertungsauftrags des Innendienstes (§ 285 Abs. 2 AO, § 296 AO und Abschn. 7 VollzA).

- **In das unbewegliche Vermögen** erfolgt die Vollstreckung durch Eintragung einer Zwangs-(Sicherungs-)hypothek (§ 867 ZPO) und durch Zwangsversteigerung (§§ 15 ff. ZVG) oder Zwangsverwaltung (§§ 146 ZVG).

  Zuständigkeit: Die o. g. Vollstreckungsmaßnahmen führt das Amtsgericht auf Antrag des Innendienstes durch (§ 322 AO und Abschn. 45 ff. VollstrA). Dies gilt auch für die Anmeldung von Ansprüchen auf Entrichtung einer öffentlichen Last (Abschn. 50 VollstrA).

- **In das Gesamtvermögen** erfolgt die Vollstreckung nach Maßgabe der InsO.

  Zuständigkeit: Der Innendienst kann einen Antrag auf Eröffnung des Insolvenzverfahrens stellen bzw. Ansprüche aus dem Steuerschuldverhältnis in einem anhängigen Insolvenzverfahren anmelden.

BEISPIEL

2775

Gegenüber dem ledigen X ist die ESt 02 in Höhe von 40 000 € festgesetzt worden. Er schuldet dem FA noch eine Abschlusszahlung i. H. v. 20 000 €. Das Leistungsgebot lautet: »Bitte zahlen Sie 20 000 € bis spätestens zum 04. 04. 05«. Obwohl X vom Finanzamt gemahnt worden ist und ihm gegenüber im Falle der Nichtzahlung Vollstreckungsmaßnahmen angekündigt worden sind, hat er bis zum 07. 07. 05 immer noch nicht gezahlt.

a) X ist Eigentümer eines drei Jahre alten VW Golf.

b) X ist Arbeitnehmer und verdient im Monat 3 500 €.

c) X ist Gesellschafter der X und Y OHG.

d) X wohnt im eigenen Einfamilienhaus.

e) X ist Unternehmer. Er ist seit Anfang 05 hoffnungslos überschuldet und zahlungsunfähig.

Welche Vollstreckungsmöglichkeiten hat das FA gegenüber X?

LÖSUNG

a) Der Vollziehungsbeamte kann den PKW des X gem. §§ 281 ff. AO pfänden und gem. §§ 296 ff. AO versteigern.

b) Das FA kann den pfändbaren Teil der Lohnforderungen des X gegenüber seinem Arbeitgeber pfänden und einziehen (§§ 309, 313, 314, 319 AO i. V. m. §§ 850 ff. ZPO)

c) Das FA kann auf den Anteil des X an der OHG zugreifen, indem es den Auseinandersetzungsanspruch des X aus § 738 BGB, § 105 Abs. 3 HGB gem. § 321 AO i. V. m. §§ 309 ff. AO pfändet und nach Maßgabe der §§ 135 und 131 Abs. 3 Nr. 4 HGB die OHG kündigt.

d) Unter den Voraussetzungen des § 322 AO und § 866 ZPO kann das FA durch das Amtsgericht eine Zwangshypothek in das Grundbuch eintragen lassen und ggf. gem. §§ 15 ff. ZVG die Zwangsversteigerung des Grundstücks betreiben.

e) Hier kann das FA gem. §§ 13 ff. InsO einen Antrag auf Eröffnung eines Insolvenzverfahrens stellen. In diesem Verfahren werden alle Gläubiger des X gemeinschaftlich befriedigt, indem das (gesamte) Vermögen des X durch den Insolvenzverwalter verwertet wird und der Erlös unter den Gläubigern verteilt wird.

1.2 Vollstreckungsgläubiger, Vollstreckungsschuldner, Dritte

Gem. § 252 AO gilt die Körperschaft als Gläubigerin der zu vollstreckenden Ansprüche, **2776** der die Vollstreckungsbehörde angehört. **Vollstreckungsgläubiger** ist danach das Bundesland, dessen Finanzamt die Vollstreckung betreibt. Durch diese Regelung wird das Vollstreckungsverfahren insbesondere in den Fällen erleichtert, in denen die Ansprüche aus dem Steuerschuldverhältnis mehreren Körperschaften zustehen.

Gem. § 253 AO ist **Vollstreckungsschuldner** derjenige, gegen den sich ein Vollstreckungsverfahren richtet, also z. B. der Steuerschuldner (§ 43 AO) oder der Haftungsschuldner (§§ 191, 69 ff. AO). Er ist Beteiligter i. S. d. § 78 AO.

Dritte, die von Vollstreckungsmaßnahmen des FA betroffen werden, sind nicht Beteiligte. **2777** Sie können sich jedoch gegen rechtswidrige Vollstreckungshandlungen des FA wehren, soweit in ihre Rechte eingegriffen wird. Dritte sind insoweit der Inhaber eines die »Veräußerung hindernden Rechts« gem. § 262 AO, der Inhaber eines besitzlosen Pfand- oder Vorzugsrechts gem. § 293 AO, der Gewahrsamsinhaber, der zur Herausgabe einer dem Vollstreckungsschuldner gehörigen beweglichen Sache nicht bereit ist (vgl. § 286 Abs. 4 AO) oder der Drittschuldner einer Forderung des Vollstreckungsschuldners, die gepfändet worden ist.

1.3 Vollstreckungsmaßnahmen als Ermessensentscheidungen

Welche der gesetzlich zulässigen Vollstreckungsmaßnahmen und welche Maßnahmen zur **2778** Ermittlung des Sachverhalts im Einzelfall zu treffen sind, entscheidet das FA nach pflichtgemäßem Ermessen.

Bezüglich der Ausübung und der Überprüfung des Ermessens gelten die §§ 5 AO und 102 FGO. Insoweit wird auf die allgemeinen Ausführungen in Rz. 53–62 verwiesen.

Im Vollstreckungsrecht ist insbesondere der **Grundsatz der Verhältnismäßigkeit und des geringstmöglichen Eingriffs** zu beachten. Nach dem Grundsatz der Verhältnismäßigkeit haben Maßnahmen zu unterbleiben, deren Wirkung über das öffentliche Interesse an der Vollstreckung erheblich hinausgehen. Der Grundsatz des geringstmöglichen Eingriffs verlangt, dass bei der Wahl zwischen mehreren Mitteln das für den Vollstreckungsschuldner am wenigsten lästige Mittel zu wählen ist. Siehe dazu Rz. 2793 und 2826.

2 Vollstreckungsvoraussetzungen (§§ 249 Abs. 1, 254 und 259 AO)

2.1 Allgemeines

In § 249 Abs. 1 AO und § 254 AO sind die allgemeinen Vollstreckungsvoraussetzungen **2779** aufgezählt. Danach muss
- ein vollstreckbarer Verwaltungsakt gegeben sein,
- die vom Vollstreckungsschuldner geforderte Leistung fällig sein,
- der Vollstreckungsschuldner zur Leistung aufgefordert sein (Leistungsgebot),
- das Leistungsgebot dem Vollstreckungsschuldner bekannt gegeben worden sein (§ 122 AO),
- seit der Aufforderung zur Leistung mindestens eine Woche verstrichen sein (Schonfrist).

Weiter soll vor Beginn der Vollstreckung eine Mahnung erfolgen (§ 259 AO).

2.2 Vollstreckbarer Verwaltungsakt (§ 249 Abs. 1 AO)

2780 **Verwaltungsakte, mit denen eine Geldleistung festgesetzt wird, sind grundsätzlich vollstreckbar.** Dies gilt insbesondere für Steuerbescheide (§ 155 AO), Steueranmeldungen (§ 168 AO), Haftungsbescheide (§ 191 AO), Verwaltungsakte mit denen steuerliche Nebenleistungen (vgl. § 3 Abs. 4 AO), Geldbußen (§§ 377 ff., 412 AO) oder an das Finanzamt zurückzuzahlende Beträge (§ 37 Abs. 2 AO) festgesetzt werden.

An der Vollstreckbarkeit solcher Verwaltungsakte ändert sich auch nichts, wenn der Stpfl. Einspruch einlegt. Die Vollziehung (und Vollstreckung) des Bescheides wird dadurch nicht gehemmt, insbesondere die Erhebung einer Abgabe nicht aufgehalten (§ 361 Abs. 1 AO).

Soweit dem Einspruchsführer jedoch **Aussetzung der Vollziehung** gem. § 361 Abs. 2 und 3 AO oder § 69 Abs. 2–4 FGO gewährt worden ist, kann der Verwaltungsakt nicht vollstreckt werden (vgl. § 251 Abs. 1 AO).

Weitere Einschränkungen der Vollstreckbarkeit ergeben sich aus § 251 Abs. 2 AO: Insbesondere können mit der **Eröffnung eines Insolvenzverfahrens** bis zu diesem Zeitpunkt begründete Ansprüche aus dem Steuerschuldverhältnis nur noch nach Maßgabe der InsO geltend gemacht werden. D. h., dass in diesem Fall das FA die o. g. Verwaltungsakte nicht mehr vollstrecken darf.

Nach der Eröffnung des Insolvenzverfahrens begründete Ansprüche können dagegen festgesetzt und vollstreckt werden (siehe Rz. 2845).

2.3 Fälligkeit der Leistung (§ 254 Abs. 1 Satz 1 AO)

2781 Die Vollstreckung darf erst beginnen, wenn die Geldleistung fällig ist. Insoweit wird auf die allgemeinen Ausführungen zur Fälligkeit in Rz. 1790 ff. verwiesen.

2.4 Leistungsgebot und dessen Bekanntgabe (§ 254 Abs. 1 Satz 1–4 AO)

2782 Das Leistungsgebot ist die Aufforderung, wo, wann und wie die Steuer oder sonstige Geldleistung zu entrichten ist. Das Leistungsgebot ist ein Verwaltungsakt gem. § 118 Abs. 1 AO. Das Leistungsgebot ist in der Regel mit dem zu vollstreckenden Verwaltungsakt (z. B. Steuerbescheid) verbunden.

BEISPIEL

Vgl. den Haftungsbescheid in Rz. 832. Darin wird Herr Gustav Gans als Haftungsschuldner für den Gesamtbetrag i. H. v. 32 900 € in Anspruch genommen. Der nachfolgende Satz »Zahlen Sie bitte – auf das unten angegebene Konto der Finanzkasse- bis zum nachstehenden Termin. Termin: 20. 03. 09« stellt das Leistungsgebot dar. Dieses ist hier – wie üblich – mit dem Bescheid verbunden.

Soweit der Vollstreckungsschuldner eine von ihm aufgrund einer Steueranmeldung geschuldete Leistung nicht erbracht hat, bedarf es eines Leistungsgebotes nicht (§ 254 Abs. 1 Satz 4 AO). Eines Leistungsgebotes wegen der Säumniszuschläge und Zinsen bedarf es nicht, wenn sie zusammen mit der Steuer beigetrieben werden. Dies gilt auch für Vollstreckungskosten, wenn sie zusammen mit dem Hauptanspruch beigetrieben werden (§ 254 Abs. 2 AO).

Soll aufgrund eines Steuerbescheides, der (noch zu seinen Lebzeiten) dem Erblasser bekannt gegeben worden ist, gegen die Erben vollstreckt werden (vgl. § 45 AO), so ist ihnen gegenüber zuvor das entsprechende Leistungsgebot bekannt zu geben (vgl. § 254 Abs. 1 Satz 3 AO).

Für die **Bekanntgabe des Leistungsgebotes** gilt § 122 AO. Soll gegen mehrere Personen vollstreckt werden, ist das Leistungsgebot jedem Vollstreckungsschuldner bekannt zu geben. Dies gilt insbesondere bei Gesamtschuldnern.

2.5 Ablauf der Schonfrist (§ 254 Abs. 1 Satz 1 AO)

Gem. § 254 Abs. 1 Satz 1 AO darf die Vollstreckung (Einleitung von Zwangsmaßnahmen **2783** wie z. B. Pfändungen) nicht beginnen, bevor seit Bekanntgabe des Leistungsgebots eine Woche verstrichen ist. Diese Frist läuft in der Praxis häufig leer, weil die durch Bescheid festgesetzten Steuern erst einen Monat nach Bekanntgabe des Bescheides fällig werden.

2.6 Mahnung (§ 259 AO)

Der Vollstreckungsschuldner soll in der Regel vor Beginn der Vollstreckung mit einer **2784** Zahlungsfrist von einer Woche gemahnt werden (§ 259 AO). Die Mahnung ist die Aufforderung an den Stpfl., einen nach Rechtsgrund und Höhe bestimmten Betrag binnen einer bestimmten Frist zu zahlen unter Androhung, dass anderenfalls Vollstreckungsmaßnahmen ergriffen würden. Weder die Zahlungsaufforderung noch die Vollstreckungsandrohung stellt einen Verwaltungsakt dar. Eine Mahnung ist geboten, solange es ausnahmsweise keinen Grund für deren Unterlassung (z. B. Gefährdung des Vollstreckungserfolgs) gibt.

2.7 Rechtswirkung von Verstößen gegen § 249 Abs. 1, § 254 und § 259 AO

Fehlt eine der oben aufgeführten Vollstreckungsvoraussetzungen, sind nachfolgende Voll- **2785** streckungsakte (z. B. Sach- oder Forderungspfändungen) rechtswidrig. Der Vollstreckungsschuldner kann insoweit Einspruch einlegen (§ 347 Abs. 1 AO). Nichtigkeit der Vollstreckungsakte kann nur angenommen werden, wenn § 125 Abs. 1 AO greift. Dies dürfte nur in Ausnahmefällen gegeben sein. Selbst wenn kein wirksamer Verwaltungsakt i. S. d. § 249 Abs. 1 AO vorliegt, geht der BFH (zutreffend) davon aus, dass eine Pfändungs- und Einziehungsverfügung (mangels »Offenkundigkeit« i. S. d. § 125 Abs. 1 AO) nicht nichtig ist (BFH vom 22. 10. 2002 BFH/NV 2003, 221). Verstöße gegen die anderen o. g. Vollstreckungsvoraussetzungen führen i. d. R. ebenfalls nicht zur Nichtigkeit.

3 Vorbereitung der Vollstreckung

Zahlt der Stpfl. den geschuldeten Betrag nicht oder nur zum Teil, so wird (automatisch) **2786** eine Rückstandsanzeige erstellt. Nach Eingang dieser Anzeige prüft die Vollstreckungsstelle, ob die o. g. allgemeinen Vollstreckungsvoraussetzungen geben sind und welche Vollstreckungsmaßnahmen ergriffen werden sollen. Zur Vorbereitung der Vollstreckung kann sie die Vermögens- und Einkommensverhältnisse des Vollstreckungsschuldners ermitteln (§ 249 Abs. 2 i. V. m. §§ 85 ff., §§ 111 ff. AO; vgl. Abschn. 20 VollstrA). Dabei können insbesondere die Steuerakten des Vollstreckungsschuldners ausgewertet werden.

Nach § 85 AO ist das Finanzamt regelmäßig zur Durchführung von Vollstreckungsmaßnahmen verpflichtet. Das pflichtgemäße Ermessen bezieht sich vor allem auf die Auswahl der einzelnen Maßnahmen (vgl. die »Kann«-Vorschrift des § 249 Abs. 1 AO und Rz. 2778).

Allerdings soll die Vollstreckung nicht versucht werden, wenn sie nach den Vermögens- und Einkommensverhältnissen des Vollstreckungsschuldners aussichtslos erscheint (Abschn. 20 Abs. 4 VollstrA). Vgl. insoweit auch § 281 Abs. 3 AO. Die Vollstreckung soll ferner dann nicht angeordnet werden, wenn mit der zu vollstreckenden Forderung gegen Ansprüche des Vollstreckungsschuldners aufgerechnet werden kann (§ 226 AO und Abschn. 22 Abs. 4 VollstrA).

2787   Wenn feststeht, dass die Einziehung keinen Erfolg haben wird oder wenn die Kosten der Einziehung außer Verhältnis zu dem Betrag stehen, sollen die Ansprüche aus dem Steuerschuldverhältnis niedergeschlagen werden (vgl. § 261 AO und Abschn. 14 VollstrA). Die **Niederschlagung** ist die verwaltungsinterne Entscheidung, dass in der Sache (vorläufig oder endgültig) weiter nichts unternommen wird. Sie ist damit kein Verwaltungsakt. Die endgültige Niederschlagung führt nach dem Ablauf der Zahlungsverjährungsfrist zum Erlöschen der Ansprüche gem. §§ 228 ff., 232 AO.

Das weitere Vorgehen der Vollstreckungsstelle wird bestimmt durch das ermittelte oder vermutete Vermögen des Vollstreckungsschuldners (vgl. Rz. 2774).

4   Die Vermögensauskunft (§ 284 AO)

4.1   Auskunft

2788   Nach Maßgabe des § 284 AO muss der Vollstreckungsschuldner – nach Aufforderung – in einem besonderen Termin vor der Vollstreckungsbehörde **Auskunft über sein Vermögen** erteilen, wenn er die zu vollstreckende Forderung nicht binnen zwei Wochen begleicht, nachdem ihn die Vollstreckungsbehörde (unter Hinweis auf die Verpflichtung zur Abgabe der Vermögensauskunft) zur Zahlung aufgefordert hat. Die Richtigkeit und Vollständigkeit seiner Angaben muss er in dem Termin **an Eides statt versichern.**

Der Zweck der Vorschrift liegt darin, frühzeitig eine Sachaufklärung und die Beschaffung von Informationen über das schuldnerische Vermögen zu ermöglichen. Voraussetzung und Inhalt der Auskunft s. § 284 Abs. 1 und 2 AO.

Die Vollstreckungsbehörde kann die Vermögensauskunft verlangen, wenn alle Vollstreckungsvoraussetzungen vorliegen. **Weitere Voraussetzungen müssen nicht gegeben sein.** Das Auskunftsverlangen erfolgt aufgrund **pflichtgemäßen Ermessens.** Die Aufforderung ist ermessensfehlerhaft, wenn der Vollstreckungsbehörde die Vermögensverhältnisse des Stpfl. bereits bekannt sind. Es ist grds. nicht ermessensfehlerhaft, bei geringen Beträgen (z. B. 1 000 €) die Auskunft einzuholen. Hat der Vollstreckungsschuldner bereits eine Vermögensauskunft erteilt, ist er vor Ablauf von zwei Jahren nur dann erneut zur Abgabe verpflichtet, wenn anzunehmen ist, dass sich seine Vermögensverhältnisse wesentlich geändert haben (§ 284 Abs. 4 AO)

Der **Inhalt der Auskunftspflicht** ergibt sich aus § 284 Abs. 1 und 2 AO. Sie ist umfassend und erfordert Angaben über die persönlichen und wirtschaftlichen Verhältnisse des Vollstreckungsschuldners. Er hat insbesondere alle ihm gehörenden Vermögensgegenstände anzugeben. Bei Forderungen sind Grund und Beweismittel zu bezeichnen. Ferner sind die entgeltlichen Veräußerungen an eine nahe stehende Person und unentgeltliche Leistungen, die in den letzten vier Jahren vor dem Termin vorgenommen wurden (§ 284 Abs. 2 Nr. 1 und 2 AO), anzugeben.

4.2   Eidesstattliche Versicherung (§ 284 Abs. 3 AO)

2789   Gem. § 284 Abs. 3 AO muss der Vollstreckungsschuldner (zwingend) zu Protokoll an Eides statt versichern, dass er die Angaben (gem. § 284 Abs. 1 und 2 AO) nach bestem Wissen und Gewissen richtig und vollständig gemacht habe. Vor Abnahme der eidesstattlichen Versicherung ist der Vollstreckungsschuldner über die Bedeutung der eidesstattlichen Versicherung, insbesondere über die strafrechtlichen Folgen einer unrichtigen oder unvollständigen eidesstattlichen Versicherung, zu belehren (vgl. §§ 156 und 161 StGB: vorsätzliche bzw. fahrlässige falsche Versicherung an Eides statt).

4.3 Termin zur Abgabe der Vermögensauskunft (§ 284 Abs. 5 – 8 AO)

Die **Ladung zu dem Termin** zur Abgabe der Vermögensauskunft ist dem Vollstreckungsschuldner selbst förmlich zuzustellen (§ 122 Abs. 5 AO i. V. m. dem Verwaltungszustellungsgesetz). Der Termin zur Abgabe der Vermögensauskunft soll nicht vor Ablauf eines Monats nach Zustellung der Ladung bestimmt werden. Ein Einspruch gegen die Anordnung der Abgabe der Vermögensauskunft hat keine aufschiebende Wirkung. Der Vollstreckungsschuldner hat die zur Vermögensauskunft erforderlichen Unterlagen im Termin vorzulegen. Hierüber und über seine Rechte und Pflichten nach § 284 Abs. 2 und 3 AO, über die Folgen einer unentschuldigten Terminversäumung oder einer Verletzung seiner Auskunftspflichten sowie über die Möglichkeit der Eintragung in das Schuldnerverzeichnis bei Abgabe der Vermögensauskunft ist der Vollstreckungsschuldner bei der Ladung zu belehren.

Im Termin zur Abgabe der Vermögensauskunft erstellt die Vollstreckungsbehörde nach Maßgabe des § 284 Abs. 7 AO ein elektronisches Dokument mit den nach § 284 Abs. 1 und 2 AO erforderlichen Angaben (Vermögensverzeichnis). Diese Angaben sind dem Vollstreckungsschuldner vor Abgabe der Versicherung nach § 284 Abs. 3 AO vorzulesen oder zur Durchsicht auf einem Bildschirm wiederzugeben. Ihm ist auf Verlangen ein Ausdruck zu erteilen. Die Vollstreckungsbehörde hinterlegt das Vermögensverzeichnis bei dem zentralen Vollstreckungsgericht nach § 802 k Abs. 1 ZPO.

Für die Abnahme der Vermögensauskunft ist die Vollstreckungsbehörde zuständig, in deren Bezirk sich der Wohnsitz oder der Aufenthaltsort des Vollstreckungsschuldners befindet. Liegen diese Voraussetzungen bei der Vollstreckungsbehörde, die die Vollstreckung betreibt, nicht vor, so kann sie die Vermögensauskunft abnehmen, wenn der Vollstreckungsschuldner zu ihrer Abgabe bereit ist (§ 284 Abs. 5 AO).

Ist der Vollstreckungsschuldner ohne ausreichende Entschuldigung **an dem** zur Abgabe der Vermögensauskunft **anberaumten Termin nicht erschienen oder verweigert er ohne Grund die Abgabe der Vermögensauskunft**, so kann die Vollstreckungsbehörde, die die Vollstreckung betreibt, gem. § 284 Abs. 8 AO die **Anordnung der Haft** zur Erzwingung der Abgabe beantragen. Zuständig für die Anordnung der Haft ist das Amtsgericht, in dessen Bezirk der Vollstreckungsschuldner im Zeitpunkt der Fristsetzung nach § 284 Abs. 1 Satz 1 AO seinen Wohnsitz oder in Ermangelung eines solchen seinen Aufenthaltsort hat. Die Verhaftung des Vollstreckungsschuldners erfolgt durch einen Gerichtsvollzieher. Zu weiteren Einzelheiten vgl. § 284 Abs. 8 AO.

4.4 Eintragung in das Schuldnerverzeichnis (§ 284 Abs. 9 AO)

Die Vollstreckungsbehörde kann gem. § 284 Abs. 9 AO nach pflichtgemäßem Ermessen die Eintragung des Vollstreckungsschuldners in das Schuldnerverzeichnis nach § 882 h Abs. 1 ZPO anordnen, wenn

- der Vollstreckungsschuldner seiner Pflicht zur Abgabe der Vermögensauskunft nicht nachgekommen ist,
- eine Vollstreckung nach dem Inhalt des Vermögensverzeichnisses offensichtlich nicht geeignet wäre, zu einer vollständigen Befriedigung der Forderung zu führen,
- der Vollstreckungsschuldner nicht innerhalb eines Monats nach Abgabe der Vermögensauskunft die Forderung, wegen der die Vermögensauskunft verlangt wurde, vollständig befriedigt.

2790

2791

Die Eintragungsanordnung ist dem Vollstreckungsschuldner zuzustellen. Zu weiteren Einzelheiten vgl. § 284 Abs. 9 – 11 AO.

5 Vollstreckung in das bewegliche Vermögen (§§ 281 ff. AO)

5.1 Vollstreckung in das bewegliche Vermögen durch Pfändung

2792   Vgl. zunächst die Übersicht in Rz. 2774. Die Vollstreckung in bewegliches Vermögen, also in **bewegliche Sachen und Wertpapiere** auf der einen Seite (§§ 285–308 und 312 AO) und in **Forderungen und sonstige Vermögensrechte** (§§ 309–321 AO) auf der anderen erfolgt durch Pfändung (§ 281 Abs. 1 AO). Die Pfändung einer beweglichen Sache oder einer Forderung hat zwei Wirkungen: Sie führt zur Pfandverstrickung und zu einem Pfändungspfandrecht des Vollstreckungsgläubigers:

Wirkung der Pfändung

Pfandverstrickung:	**Pfändungspfandrecht:**
Durch die Pfändung wird der gepfändete Gegenstand zugunsten des Finanzamts beschlagnahmt. Die Verfügungsmacht über den Gegenstand wird dem Vollstreckungsschuldner entzogen und geht auf das Finanzamt über, soweit dies für Vollstreckungszwecke erforderlich ist (Beschlagnahmewirkung). Der Verstrickung entgegenstehende Verfügungen sind dem Vollstreckungsgläubiger gegenüber relativ unwirksam (§§ 135, 136 BGB). Die Verstrickung wird durch § 136 StGB (Strafbarkeit des Verstrickungs- und Siegelbruchs) strafrechtlich geschützt.	Mit der Pfändung erwirbt der Vollstreckungsgläubiger ein Pfandrecht am gepfändeten Gegenstand (§ 282 AO). Daraus folgt vor allem das Recht des Finanzamts, den gepfändeten Gegenstand zu verwerten, d.h. zu Geld zu machen. Gepfändete Sachen werden versteigert (§ 296 AO), gepfändete Geldforderungen des Vollstreckungsschuldners werden eingezogen (§§ 314, 315 AO i.V.m. §§ 1204 Abs. 1, 1273 und 1282 BGB). Das durch eine frühere Pfändung begründete Pfandrecht geht demjenigen vor, das durch eine spätere Pfändung begründet wird (§ 282 Abs. 3 AO und Abschn. 44 Abs. 1 VollzA).

2793   Nach § 281 Abs. 2 AO darf die Pfändung nicht weiter ausgedehnt werden, als es zur Deckung der beizutreibenden Geldbeträge und der Kosten der Vollstreckung erforderlich ist. Aus dieser Vorschrift folgt das allgemeine **Verbot der Überpfändung**. Vgl. Abschn. 23 Abs. 2 und 3 VollstrA und Abschn. 41 VollzA. Dies entspricht dem Grundsatz der Verhältnismäßigkeit und des geringstmöglichen Eingriffs (siehe Rz. 2778).

5.2 Vollstreckung in bewegliche Sachen und Wertpapiere (§§ 285–308 und 312 AO)

5.2.1 Tätigwerden des Vollziehungsbeamten

2794   Die Vollstreckung in bewegliche Sachen und in Wertpapiere i. S. d. § 312 AO ist vom **Vollziehungsbeamten** durchzuführen (§ 285 AO). Der Vollziehungsbeamte (i. d. R. ein Beamter des mittleren Dienstes) wird aufgrund eines **schriftlichen Auftrags (Vollstreckungsauftrag)** des

Vollstreckungsinnendienstes ermächtigt, vom Vollstreckungsschuldner außerhalb des Finanzamts die im Auftrag genannten rückständigen Zahlungen anzunehmen oder Vollstreckungsmaßnahmen gegen ihn durchzuführen (§ 285 Abs. 2 AO, Abschn. 7 VollzA). Zum Inhalt des Vollstreckungsauftrags vgl. Abschn. 34 VollstrA.

Der Vollziehungsbeamte darf Vollstreckungsmaßnahmen allein gegen den Vollstreckungsschuldner durchführen, der im Vollstreckungsauftrag genannt ist, **und nur in dem Rahmen tätig werden, den ihm der Vollstreckungsauftrag absteckt** (Abschn. 7 VollzA). Er hat den Auftrag vor jeder Amtshandlung unaufgefordert vorzuzeigen (§ 285 Abs. 2 AO). Er hat die erhaltenen Aufträge schnell und nachdrücklich auszuführen (Abschn. 8 Abs. 1 VollzA). Im Rahmen des Verhältnismäßigkeitsgrundsatzes hat er die Belange des Vollstreckungsgläubigers zu wahren (Abschn. 8 Abs. 2–5 VollzA). Der Vollziehungsbeamte ist gehalten, vor jeder Zwangsmaßnahme dem Vollstreckungsschuldner (oder einer anderen Person) Gelegenheit zu bieten, freiwillig die Leistung zu erbringen (vgl. § 292 Abs. 1 AO und Abschn. 24 VollzA). Nach Maßgabe des Abschn. 25 VollzA ist er befugt, die beizutreibende Leistung anzunehmen. Er hat über jede vorgenommene Vollstreckungshandlung eine Niederschrift aufzunehmen (§ 291 Abs. 1 AO). Vgl. dazu im Einzelnen Abschn. 20, 49, 55 VollzA. Bei Übergabe von Zahlungsmitteln und Gegenständen hat er unaufgefordert eine Quittung zu erteilen (vgl. Abschn. 20 Abs. 1 VollzA).

Maßnahmen des Vollziehungsbeamten

Fall	Verhalten des Vollziehungsbeamten	
Der Vollstreckungsschuldner (VS) zahlt nicht freiwillig.	Der VB hat die Pfändung von Sachen zu versuchen (Abschn. 28 Abs. 1 VollzA). Dabei kann er gem. § 287 AO und Abschn. 28 Abs. 2–4 VollzA die Wohn- und Geschäftsräume des VS durchsuchen. Die **Durchsuchung** ist nur zulässig aufgrund einer Einwilligung des VS oder einer anderen anwesenden Person oder aufgrund einer richterlichen Anordnung.	2795
Der VS ist nicht anwesend.	I. d. R. hinterlässt der VB zunächst eine Zahlungsaufforderung. Ist dies erfolglos, kann er gem. § 287 Abs. 2 AO und Abschn. 29 VollzA (aufgrund richterlicher Anordnung) die Wohn- und Geschäftsräume gewaltsam öffnen lassen. Dabei sind gem. § 288 AO Zeugen hinzuzuziehen.	
Der VS leistet Widerstand.	Der VB darf den Widerstand mit Gewalt brechen (vgl. § 287 Abs. 3 AO und Abschn. 30 VollzA). Auch hier sind Zeugen hinzuzuziehen (§ 288 AO). Bei zu erwartendem Widerstand kann polizeiliche Unterstützung angefordert werden.	
Der VS erhebt gegen die Vollstreckung Einwendungen.	Der VB darf sich dadurch i. d. R. nicht von der Ausführung der Vollstreckung abhalten lassen. Er wird den VS an den Vollstreckungsinnendienst verweisen. Es gelten § 256 AO und Abschn. 31 VollzA.	
Der VS erbringt den **Nachweis,** dass die beizutreibende Schuld gezahlt, erloschen oder nicht vollstreckbar ist.	Der Vollziehungsbeamte (VB) führt den Vollstreckungsauftrag gem. § 292 Abs. 2 AO und Abschn. 11 VollzA nicht aus.	

5.2.2 Pfändung beweglicher Sachen (§ 286 AO)

5.2.2.1 Allgemeines

2796   Der Vollziehungsbeamte pfändet Sachen, die im Gewahrsam des Vollstreckungsschuldners sind, dadurch, dass er sie wegnimmt (§ 286 Abs. 1 AO). Dies gilt auch für Wertpapiere i. S. d. § 312 AO. Belässt der Vollziehungsbeamte die Sachen im Gewahrsam des Vollstreckungsschuldners, muss er die Pfändung durch Anlegen von Siegeln oder in sonstiger Weise kenntlich machen (§ 286 Abs. 2). Eine wirksame Pfändung setzt danach voraus

- eine bewegliche Sache (oder ein Wertpapier i. S. d. § 312 AO; siehe Rz. 2797 f.),
- die sich im Gewahrsam des Vollstreckungsschuldners befindet (siehe Rz. 2799 ff.), und
- einen Pfändungsakt (Pfändung durch Wegnahme, Siegel oder in sonstiger Weise; siehe Rz. 2802).

Zu den Rechtswirkungen der Pfändung siehe Rz. 2792.

5.2.2.2 Bewegliche Sachen und Wertpapiere

2797   **Bewegliche Sachen** sind alle körperlichen Gegenstände, die nicht Grundstücke sind (§ 90 BGB) sowie Wertpapiere i. S. d. § 286 Abs. 2 AO bzw. des § 312 AO. Es gibt jedoch auch bewegliche Sachen, die nicht durch den Vollziehungsbeamten gepfändet werden dürfen, weil sie der Vollstreckung in das unbewegliche Vermögen unterliegen: Dies ist z. B. der Fall bei Grundstücksbestandteilen (vgl. Abschn. 39 VollzA) oder Grundstückszubehör soweit dies dem Grundstückseigentümer gehört (Abschn. 40 VollzA). Siehe dazu auch Rz. 2817 f. Scheinbestandteile eines Grundstücks, d. h. Sachen, die nur zu einem vorübergehenden Zweck mit dem Grund und Boden verbunden sind (§ 95 BGB), unterliegen dagegen der Pfändung durch den Vollziehungsbeamten (vgl. Abschn. 39 Abs. 1 Nr. 1 VollzA). Zur Pfändbarkeit von Früchten und Erzeugnissen des Grundstücks vgl. Abschn. 39 Abs. 1 Nr. 2 und 3 und Abs. 2 VollzA. Wertpapiere i. S. d. **§ 312 AO sind solche, bei denen das Recht aus dem Papier dem Recht am Papier folgt. Siehe dazu die Aufzählung in Abschn. 15 Abs. 3 VollzA.**

2798   Es darf sich nicht um **unpfändbare Sachen** handeln (§ 295 AO i. V. m. §§ 811 ff. ZPO und Abschn. 33 VollzA).

BEISPIELE

a) Gem. Abschn. 33 Abs. 1 Nr. 1 VollzA (= § 811 Abs. 1 Nr. 1 ZPO) sind Sachen unpfändbar, wenn sie dem persönlichen Gebrauch oder Haushalt dienen, soweit der Vollstreckungsschuldner zu einer seiner Berufstätigkeit und Verschuldung angemessenen bescheidenen, nicht jedoch ärmlichen Lebens- und Haushaltsführung benötigt. Unpfändbar ist danach das Bett des Vollstreckungsschuldners oder sein einziges Radiogerät oder einziges Fernsehgerät.

b) Gem. Abschn. 33 Abs. 1 Nr. 5 VollzA (= § 811 Abs. 1 Nr. 5 ZPO) sind Sachen unpfändbar, die für die Fortsetzung der Erwerbstätigkeit erforderlich sind, bei Personen, die aus ihrer körperlichen oder geistigen Arbeit oder sonstigen persönlichen Leistungen ihren Erwerb ziehen. Unpfändbar sind danach z. B. der PKW eines Handelsvertreters oder der PC eines Schriftstellers, Rechtsanwalts oder Arztes.

In bestimmten Fällen kann der Vollziehungsbeamte bei unpfändbaren Sachen eine sog. **Austauschpfändung** (§ 295 AO i. V. m. § 811 a ZPO und Abschn. 35 VollzA) **oder vorläufige Austauschpfändung** (§ 295 AO i. V. m. § 811 b ZPO und Abschn. 36 VollzA) vornehmen.

5.2.2.3 Gewahrsam

Die zu pfändende Sache muss sich im Gewahrsam des Vollstreckungsschuldners befinden. **2799**
Gewahrsam an einer Sache hat derjenige, der die **tatsächliche Gewalt** über die Sache innehat,
also die rein **tatsächliche Sachherrschaft** ausübt. Ob Gewahrsam besteht, entscheidet sich nach
den Umständen des Einzelfalls nach der Auffassung des täglichen Lebens.

> **BEISPIELE**
>
> a) Der Wohnungsinhaber hat i. d. R. an allen in der Wohnung befindlichen Sachen Gewahrsam, nicht
> jedoch an Sachen, die sich in untervermieteten Räumen befinden. Hier hat der Untervermieter
> Gewahrsam.
>
> b) Angestellte und andere Personen in ähnlich abhängiger Stellung erlangen als sog. Besitzdiener
> (§ 868 BGB) keinen Gewahrsam an Sachen, die ihnen vom Dienstherrn überlassen worden sind. So
> erlangt der Schreinergeselle an dem Werkzeug, das ihm von seinem Dienstherrn als Arbeitsgerät zur
> Verfügung gestellt worden ist und das er in seinem Pkw mit sich führt, keinen Gewahrsam. Gewahr-
> samsinhaber bleibt vielmehr der Dienstherr.
>
> c) Am Geldinhalt eines Spielautomaten hat der Aufsteller Gewahrsam und nicht derjenige in dessen
> Räumen der Apparat steht, solange nur der Aufsteller den Automat öffnen kann.

Bei **Mitgewahrsam oder alleinigem Gewahrsam Dritter** ist die Pfändung nur zulässig, **2800**
wenn der Dritte zur Herausgabe der Sache bereit ist (§ 286 Abs. 4 AO), also bereit ist, seinen
Gewahrsam aufzugeben. Ist der Dritte nicht zur Herausgabe bereit, so kann gem. § 321 AO der
Herausgabeanspruch des Vollstreckungsschuldners gegen den Dritten gepfändet werden und
Einziehung angeordnet werden.

Ob der Vollstreckungsschuldner **Eigentum** an den in seinem Gewahrsam befindlichen **2801**
Gegenständen hat, **prüft der Vollziehungsbeamte grundsätzlich nicht** (vgl. Abschn. 43 Abs. 1
VollzA). Erklärt der Vollstreckungsschuldner, die zu pfändende Sache gehöre ihm nicht, soll
sich der Vollziehungsbeamte von der Vollstreckung nicht abhalten lassen (Abschn. 43 Abs. 5
Satz 1 VollzA). Er soll den Vollstreckungsschuldner darauf hinweisen, dass der Berechtigte seine
Ansprüche (gem. § 262 AO) gegenüber der Vollstreckungsstelle (Innendienst) geltend machen
kann (Abschn. 31 Abs. 3 VollzA am Ende). Eine Ausnahme gilt nur für Sachen, die ohne jeden
Zweifel nicht dem Vollstreckungsschuldner gehören (vgl. Abschn. 43 Abs. 5 Satz 2 VollzA). Bei
der **Vollstreckung gegen einen Ehegatten** gilt § 263 AO i. V. m. § 739 ZPO und 1362 BGB.

> **BEISPIEL**
>
> Der Vollziehungsbeamte (VB) will wegen USt-Schulden des Einzelunternehmers A in der Wohnung
> der Eheleute A einen Teppich und Damenschmuck (ein Kästchen mit Ohrringen, Ringen und Ketten,
> das er im Wohnzimmerschrank findet) pfänden. Vollstreckungsschuldner ist allein Herr A. Frau A
> widerspricht den Pfändungen, weil sie Alleineigentümerin der Sachen sei.
> **LÖSUNG** VB wird den Teppich pfänden. Der Widerspruch von Frau A wird ihn nicht davon abhalten.
> Die Behauptung Eigentümerin zu sein, hilft ihr wegen Abschn. 43 Abs. 1 VollzA und § 1362 Abs. 1
> BGB nichts. Danach wird zugunsten des Vollstreckungsgläubigers vermutet, dass die im Besitze eines
> Ehegatten oder (wie hier) beider Ehegatten befindlichen beweglichen Sachen dem Vollstreckungs-
> schuldner (hier: Herrn A) gehören. Auch der Mitgewahrsam, den Frau A am Teppich hat, hindert die
> Vollstreckung nicht. Nach § 263 AO i. V. m. § 739 ZPO gilt für die Durchführung der Zwangsvollstre-
> ckung nur der Vollstreckungsschuldner (hier Herr A) als Gewahrsamsinhaber und Besitzer.
> Frau A kann sich gegen die Pfändung nur nach Maßgabe des § 262 AO wehren. Dazu muss sie gegen-
> über dem Vollstreckungsinnendienst nachweisen, dass sie Eigentümerin des Teppichs ist, also ein
> »die Veräußerung hinderndes Recht« an dem Teppich hat. Hat ihr Widerspruch gem. § 262 AO kei-
> nen Erfolg, kann Frau A Drittwiderspruchsklage gem. § 771 ZPO gegen den Vollstreckungsgläubiger
> (Bundesland, § 253 AO) vor dem zuständigen Zivilgericht erheben.

Den Schmuck wird VB nicht pfänden. Dieser dient ausschließlich dem Gebrauch von Frau A (vgl. § 1362 Abs. 2 BGB und Abschn. 43 Abs. 2 Satz 3 VollzA). Insoweit hat VB (ausnahmsweise) Fremdeigentum zu beachten.

Für Partner einer eingetragenen Lebensgemeinschaft nach dem Lebenspartnerschaftsgesetz gelten die Ausführungen entsprechend.

Wären Herr und Frau A nicht verheiratet und lebten in »wilder Ehe« zusammen, wäre die Lösung umstritten.

Nach Meinung von Loose in Tipke/Kruse, § 263 AO, Rz. 3 m. w. Nw., der auf den Gesetzeswortlaut abstellt, finden § 263 AO i. V. m. § 739 ZPO und 1362 BGB keine Anwendung. Danach dürfte VB angesichts des Mitgewahrsams von Frau A keinen der o. g. Gegenstände pfänden, da Frau A zur Herausgabe nicht bereit ist (vgl. § 286 Abs. 4 AO und Abschn. 43 Abs. 7 Satz 2–4 VollzA).

Nach anderer Auffassung (Palandt/Brudermüller § 1362 BGB Tz. 1) finden die o. g. Vorschriften auf eheähnliche Lebensgemeinschaften analoge Anwendung. Dafür spricht, dass die nichteheliche Lebensgemeinschaft gegenüber der ehelichen Lebensgemeinschaft nicht privilegiert werden sollte und dass anderenfalls »Vollstreckungsoasen« entstünden. Danach gilt das zum Ausgangsfall Gesagte.

5.2.2.4   Pfändungsakt

2802   **Wegnahme:** Der Vollziehungsbeamte pfändet Geld, Kostbarkeiten und Wertpapiere indem er diese Sachen an sich nimmt (vgl. § 286 Abs. 1 AO und Abschn. 44 Abs. 2 VollzA).

Anbringen eines Pfandzeichens: Andere Sachen werden gepfändet, indem der Vollziehungsbeamte sie mit einem Pfandzeichen versieht § 286 Abs. 2. Siehe dazu ausführlich Abschn. 44 Abs. 3 VollzA.

Anbringen einer Pfandanzeige: Kann ein Pfandzeichen nicht angebracht werden oder reicht es nicht aus, um die Pfändung erkennbar zu machen, so ist an dem Ort, an dem sich die gepfändete Sache befindet (z. B. bei der Pfändung von Korn auf dem Lagerboden oder auf dem Speicher oder bei der Pfändung von Vieh im Viehstall) ein auf die Pfändung hinweisendes Schriftstück (Pfandanzeige) anzubringen (siehe im Einzelnen Abschn. 44 Abs. 4 VollzA).

5.2.3   Verwertung der gepfändeten Sachen (§§ 296–308 AO)

2803   Die gepfändeten beweglichen Sachen werden aufgrund eines Verwertungsauftrags des Innendienstes vom Vollziehungsbeamten öffentlich versteigert (§ 296 ff. AO) oder freihändig verkauft (vgl. § 302 AO und Abschn. 56 VollzA). Zunehmend versteigern die Finanzbehörden die Pfandsachen auch im Internet (gem. § 296 Abs. 1 Nr. 2 unter der Adresse www.zoll-auktion.de). Aus dem Verwertungserlös (Geld) wird der Vollstreckungsgläubiger befriedigt. Im Verwertungsverfahren wird das Eigentum an der Pfandsache kraft Hoheitsaktes auf den Ersteigerer übertragen. Bei der Pfändung von Geld gilt bereits die Wegnahme als Zahlung (§ 296 Abs. 2 AO).

Ablauf einer Versteigerung

a)   **Entscheidung der Vollstreckungsstelle** ob, wie, wo, wann und von wem verwertet werden soll und welche Vorbereitungshandlungen durchzuführen sind. Ggf. kann eine Aussetzung der Verwertung gem. § 297 AO in Betracht kommen. Die Versteigerung darf grundsätzlich nicht vor Ablauf einer Woche seit dem Tag der Pfändung stattfinden (§ 298 Abs. 1 AO). **Ort und Zeit sind öffentlich bekannt** zu machen. Die **Versteigerungsobjekte sind** im Allgemeinen **zu bezeichnen** (§ 298 Abs. 2 AO). Auch der Vollstreckungsschuldner und ggf. andere Gläubiger sind zu benachrichtigen (Abschn. 51 Abs. 4 VollzA). Die Vollstreckungsstelle erteilt dem Vollziehungsbeamten den **Versteigerungsauftrag** (§ 296 Abs. 1 AO und Abschn. 51 Abs. 1 VollzA).

b) Die Versteigerung beginnt mit der **Bekanntgabe der Versteigerungsbedingungen** (Abschn. 53 VollzA). Danach wird der gewöhnliche Verkaufswert der Sache und das **Mindestgebot**, also die Hälfte dieses Wertes, bekannt gegeben (§ 300 Abs. 1 AO und Abschn. 54 Abs. 3 VollzA).

c) Die zu versteigernden Sachen werden den Erschienenen vorgezeigt. Die Anwesenden werden zum **Bieten** aufgefordert (Abschn. 54 Abs. 4 VollzA). Der Vollstreckungsschuldner kann mitbieten (vgl. § 298 Abs. 3 AO und 1239 Abs. 1 Satz 1 und Abs. 2 BGB). Jedes Gebot erlischt durch Übergebot oder zuschlaglosen Schluss der Versteigerung. Nach dreimaligen Aufruf soll der **Zuschlag dem Meistbietenden** erteilt werden (§ 299 Abs. 1 AO). Zu weiteren Einzelheiten vgl. Abschn. 54 VollzA.

d) Mit dem Zuschlag kommt kein Kaufvertrag i. S. d. BGB zustande, sondern ein öffentlich-rechtlicher Vertrag. Der Erwerber hat einen **öffentlich-rechtlichen Anspruch auf Übereignung der Sache**. Anfechtung des Vertrages sowie Sachmängelhaftung sind ausgeschlossen (§ 283 AO und Abschn. 53 Abs. 7 VollzA). Der Vollziehungsbeamte überträgt nicht das Eigentum des Vollstreckungsschuldners. Der Ersteher erwirbt vielmehr originäres Eigentum an der Sache.

e) Zur Einstellung der Versteigerung siehe § 301 AO.

5.3 Vollstreckung in Forderungen und sonstige Vermögensrechte (§§ 309–321 AO)

5.3.1 Allgemeines

Der Schwerpunkt der Tätigkeit der Vollstreckungsstellen liegt in der Pfändung von Forderungen, insbesondere Geldforderungen des Vollstreckungsschuldners. Diese Art der Vollstreckung bewirkt i. d. R. die schnelle Erledigung des Vollstreckungsfalles.   **2804**

Grundstruktur der Forderungspfändung

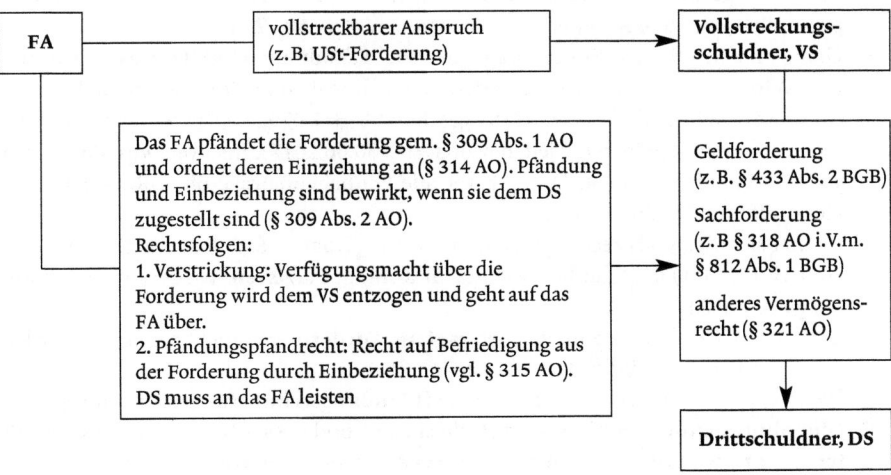

5.3.2   Vollstreckung in Geldforderungen

5.3.2.1   Gegenstand der Pfändung: Forderung auf Leistung einer Geldsumme

2805   Gem. § 309 AO können Gegenstand der Pfändung alle Forderungen auf Leistung einer (zivilrechtlichen oder öffentlich-rechtlichen) Geldsumme sein, die dem Vollstreckungsschuldner gegenüber einem anderen (Drittschuldner) zustehen.

Möglich ist die Pfändung einer bedingten, befristeten, noch nicht fälligen oder von einer Gegenleistung abhängigen Forderung. Die Forderung muss zum Pfändungszeitpunkt grundsätzlich existieren. Pfändbar sind jedoch auch **zukünftige Forderungen**, wenn zwischen dem Vollstreckungsschuldner und dem Drittschuldner ein Rechtsverhältnis besteht, aus dem hinreichend bestimmbare Forderungen des Vollstreckungsschuldners entstehen können. Die Pfändungsverfügung muss die Pfändung der künftig entstehenden Forderungen ausdrücklich anordnen.

> **BEISPIEL**
>
> Pfändbar sind grundsätzlich die Ansprüche des Vollstreckungsschuldners auf
> * Zahlungen (auch zukünftige) aus einem bestehenden Kontokorrentverhältnis (sog. Kontenpfändung, in der Praxis der wohl häufigste Fall, vgl. Rz. 2814),
> * Zahlung des Kaufpreises (auch vor Lieferung der Ware),
> * Rückzahlung eines Darlehens (auch vor Fälligkeit),
> * Zahlung einer entstandenen Steuervergütung (auch vor Festsetzung),
> * Zahlung von Lohn und Gehalt,
> * (zukünftige) Auszahlung einer Lebensversicherungssumme, die noch anzusparen ist.

2806   Zu beachten ist, dass es Forderungen gibt, die ganz oder teilweise **unpfändbar** sind. Insoweit verweist § 319 AO auf die §§ 850–852 ZPO):
* **Arbeitseinkommen** kann nur unter den Beschränkungen der §§ 850 ff ZPO gepfändet werden.
* Dies gilt auch für **Renten** und ähnliche Bezüge gem. § 850 b, § 851 c und 851 d ZPO und
* für **Unterhaltsansprüche** gem. § 850 d ZPO,
* Für **sonstige Einkünfte** (insbesondere nicht wiederkehrend zahlbare Vergütungen für persönlich geleistete Arbeiten oder Dienste) greift § 850 i ZPO.
* Gem. § 850 k ZPO die Einrichtung eines sog. **Pfändungsschutzkontos (P-Konto)** möglich. Wird ein solches Konto gepfändet, ist ein Guthaben in Höhe des monatlichen Freibetrages des § 850 c Abs. 1 Satz 1 ZPO geschützt, z.B. 1.079,99 € (bereinigtes Nettoeinkommen) bei einem Ledigen für jeden Monat (bis 30.06.2017). Insoweit wird das Konto nicht von der Pfändung erfasst. Dies gilt für alle Guthabenbeträge ohne Rücksicht auf deren Herkunft und Regelmäßigkeit.
* Richtet sich der Vollstreckungsschuldner kein P-Konto i. S. d. § 850 k ZPO ein, greift (bis zum 21. 12. 2011) der Pfändungsschutz für Kontoguthaben aus wiederkehrenden Einkünften gem. § 850 l ZPO.
* Gem. § 851 ZPO können **nicht übertragbare Forderungen** nicht gepfändet werden (z. B. der Anspruch auf Beihilfe des Beamten).
* Weitere Schutznormen sind § 851 a ZPO **(Pfändungsschutz für Landwirte)**, § 851 b ZPO **(Pfändungsschutz bei Miet- und Pachtzinsen)** und § 852 ZPO **(Pfändung von Pflichtteilsansprüchen und Ansprüchen auf Ausgleich des Zugewinns)**.

5.3.2.2 Die Pfändungsverfügung

Die Pfändung von Geldforderungen ist ein staatlicher Hoheitsakt und erfolgt durch schriftliche Pfändungsverfügung. Diese muss gem. § 309 Abs. 1 AO folgende Angaben enthalten:

- genaue Bezeichnung der zu pfändenden Forderung nach Gläubiger (Vollstreckungsschuldner) und Schuldner (Drittschuldner), Rechtsgrund und Betrag,
- die Bezeichnung der zu vollstreckenden Forderung nach Schuldgrund und Betrag nebst Kosten,
- das Verbot an den Drittschuldner, an den Vollstreckungsschuldner zu zahlen (arrestatorium),
- das Gebot an den Vollstreckungsschuldner, sich jeder Verfügung über die Forderung, insbesondere ihrer Einziehung, zu enthalten (inhibitorium).

2807

Die Pfändung wird in dem Zeitpunkt wirksam, in dem die Pfändungsverfügung dem Drittschuldner zugestellt wird (§ 309 Abs. 2 AO). Die Zustellung hat förmlich nach den Vorschriften des Verwaltungszustellungsgesetzes zu geschehen (§ 122 Abs. 5 AO). Sie ist dem Vollstreckungsschuldner formlos mitzuteilen (§ 309 Abs. 2 Satz 3 AO). Vgl. insoweit Abschn. 41 Abs. 7 und 8 VollstrA.

2808

Die Pfändung ergreift die Forderung des Vollstreckungsschuldners gegen den Drittschuldner mit dem Inhalt, Umfang und Rang (nebst Zinsen und Nebenrechten i. S. d. § 401 BGB) **wie diese im Zeitpunkt der Pfändung besteht.** Das Finanzamt tritt gleichsam an die Stelle des Vollstreckungsschuldners. Es muss sich alle Einwendungen entgegenhalten lassen, die der Drittschuldner dem Vollstreckungsschuldner entgegensetzen kann (z. B. dass die Forderung verjährt, getilgt, abgetreten oder von Dritten gepfändet sei oder von einer nicht erbrachten Gegenleistung abhänge).

2809

Grundsätzlich erfasst die Pfändung die **ganze Forderung.** Eine **Teilpfändung** liegt dagegen vor, wenn der beizutreibende Anspruch niedriger ist als die gepfändete Forderung.

Hat der Vollstreckungsschuldner keine Forderung gegenüber dem Drittschuldner, geht die Pfändung ins Leere und ist unwirksam.

Da die Vollstreckungsstelle stets nur die »angebliche Forderung« des Vollstreckungsschuldners pfändet, hat sie ein Interesse daran, vom Drittschuldner Aufschluss über **Bestand und Höhe der Forderung** und seine **Zahlungsbereitschaft** zu erlangen. Insoweit ist der Drittschuldner verpflichtet, auf Verlangen des FA binnen zwei Wochen ab Zustellung der Pfändungsverfügung eine **Drittschuldnererklärung gem. § 316 AO** abzugeben (vgl. auch Abschn. 44 Abs. 2 VollstrA).

2810

5.3.2.3 Die Einziehungsverfügung

Allein aufgrund der Einziehungsverfügung ist das FA berechtigt, die Forderung bei dem Drittschuldner zu realisieren. Die Einziehungsverfügung ist ein vom FA angeordneter Verwaltungsakt (§ 314 Abs. 1 AO, § 315 Abs. 1 AO). Ihrem Inhalt nach ist es die **Aufforderung an den Drittschuldner,** in Höhe der Pfändung den von ihm geschuldeten Betrag bei Eintritt der Fälligkeit an die zuständige Kasse **zu zahlen** (Abschn. 41 Abs. 5 VollstrA). **Sie wird i. d. R. mit der Pfändungsverfügung verbunden** (§ 314 Abs. 2 AO) und ist dem Drittschuldner förmlich zuzustellen (§§ 314 Abs. 1, 309 Abs. 2, 122 Abs. 5 AO). Dies ist dem Vollstreckungsschuldner mitzuteilen (Abschn. 41 Abs. 8 VollstrA).

Aufgrund der Einziehungsverfügung kann das FA die Forderung in eigenem Namen gegenüber dem Drittschuldner geltend machen, z. B. kündigen, aufrechnen und ggf. (bei privatrechtlichen Forderungen vor dem zuständigen Zivilgericht) auf Leistung an sich klagen.

2811

Die Einziehungsverfügung begründet **drei Nebenpflichten für den Vollstreckungs-schuldner**: Gem. § 315 Abs. 2 Satz 1 AO hat er die erforderlichen Auskünfte zu erteilen, vorhandene Urkunden herauszugeben und gem. § 315 Abs. 2 Satz 2 AO und § 315 Abs. 3 AO auf Verlangen ggf. die dort vorgesehenen Versicherungen an Eides Statt abzugeben.

5.4   Vollstreckung in Ansprüche auf Herausgabe oder Leistung einer Sache (§ 318 AO)

2812

Ansprüche auf Herausgabe einer Sache oder Leistung einer Sache werden nach Maßgabe des § 318 AO gepfändet. Die Pfändung des Herausgabeanspruchs kommt insbesondere dann in Betracht, wenn der Drittschuldner nicht bereit ist, die Sache an den Vollziehungsbeamten herauszugeben (vgl. § 286 Abs. 4 AO).

Ansprüche auf Herausgabe von Sachen des Vollstreckungsschuldners können sich aus Schuldverhältnissen wie Miete, Pacht, Leihe, Werkvertrag etc. oder aus dem Sachenrecht wie z. B. aus dem Eigentum (§ 985 BGB) ergeben, **Ansprüche auf Leistung von Sachen** z. B. aus Kauf- (§ 433 Abs. 1 BGB), Werk- (§§ 631 ff. BGB) oder Werklieferungsvertrag (§ 651 BGB).

Ansprüche auf Herausgabe oder Leistung von Sachen werden wie Geldforderungen gepfändet (§ 318 Abs. 1 AO). An die Stelle der bei der Forderungspfändung üblichen Zahlungsaufforderung tritt bei beweglichen Sachen die Aufforderung, die Sache nach Eintritt der Fälligkeit an den Vollziehungsbeamten herauszugeben. Ist zur Herbeiführung der Fälligkeit eine Kündigung erforderlich, so ist das Finanzamt aufgrund der Pfändung zur Kündigung berechtigt. Soweit die Sache beim Vollstreckungsschuldner unpfändbar wäre, gilt dies auch von dem Anspruch auf Herausgabe oder Leistung der Sache. Bei Übereignungs- wie auch Herausgabeansprüchen stehen dem Drittschuldner oft Gegenansprüche zu (z. B. §§ 320, 273 BGB), bis zu deren Erfüllung er die Übereignung bzw. Herausgabe verweigern darf.

Zur **Pfändung eines Anspruchs auf Herausgabe eines Grundstücks** oder einer anderen unbeweglichen Sache vgl. § 318 Abs. 3–5 AO.

5.5   Vollstreckung in andere Vermögensrechte (§ 321 AO)

2813

Für die Vollstreckung in andere Vermögensrechte, also Vermögensrechte, die weder bewegliche Sachen, Geldforderungen, Ansprüche auf Herausgabe oder Leistung von Sachen noch das unbewegliche Vermögen darstellen, **gelten die Regelungen für die Vollstreckung von Forderungen (§§ 309 ff. AO) entsprechend** (§ 321 Abs. 1 AO).

Die Anzahl der pfändbaren vermögensrechtlichen Rechtspositionen ist groß. Zu nennen sind insbesondere

- **Anteilsrechte**, z. B. Anteile an einer GbR, OHG, Partnerschaftsgesellschaft, GmbH, etc., vgl. dazu das Beispiel c) in Rz. 2775,
- **Anwartschaftsrechte**, z. B. das Anwartschaftsrecht des Vorbehaltskäufers, des Nacherben, des Auflassungsempfängers,
- **beschränkte dingliche Rechte**, z. B. Grundpfandrechte (§ 321 Abs. 4 AO), Nießbrauch und beschränkte Dienstbarkeit (§ 321 Abs. 3 AO),
- **immaterielle Schutzrechte**, z. B. Gebrauchsmuster (§ 13 GebrMG), Patentrechte (§ 15 PatentG), Urheberrechte (§§ 112 ff. UrhG),
- **Grundschulden, Reallasten und Rentenschulden** (vgl. § 321 Abs. 6 AO).

5.6 Muster einer Pfändungs- und Einziehungsverfügung (»Kontenpfändung« i. w. S.)

Finanzamt X-Stadt **2814**

An die
Y Bank   **mit Postzustellungsurkunde**
Y-Straße 3
X-Stadt

Pfändungs- und Einziehungsverfügung Nr.: xxxxxxx vom 05. 12. 2016
Vollstreckungsschuldner: Uwe Unger, A-Straße 7, Z-Stadt, geb. am 03. 03. 1980
Der vorgenannte Vollstreckungsschuldner schuldet dem Land Hessen Abgaben in Höhe von:

insgesamt 15 898,50 €

Wegen dieses Anspruchs werden gem. §§ 309 ff. der Abgabenordnung (AO) gepfändet:
Alle dem Vollstreckungsschuldner gegenwärtig und künftig gegen Sie zustehenden Ansprüche, Forderungen und Rechte aus IBAN DE82500905000001234567 und allen weiteren Konten.

– Zahlung des gegenwärtigen Überschusses und der künftigen Überschüsse (Guthaben) bei Saldoziehung aus der in laufender Rechnung (**Kontokorrent**) bestehenden Geschäftsverbindung. Erfasst werden der Zustellungssaldo, der nächste und alle weiteren künftigen Aktivsalden, die sich jeweils bei den Rechnungsabschlüssen ergeben.
– fortlaufende Zahlung von Aktivsalden (Tagessalden) aufgrund des **Girovertrags**, Gutschrift aller Eingänge, Barabhebung, Durchführung von Überweisungen an sich und an Dritte,
– Auszahlung, Gutschrift oder Überweisung an sich und an Dritte von Kreditmitteln aus bereits abgeschlossenen und künftigen **Kreditverträgen** (z. B. Kredit oder Überziehungskredit ohne besondere Zweckbindung oder Kredit für betriebliche Zwecke, falls Betriebssteuern geschuldet werden).
– **Spareinlagen** einschließlich Zinsen aus Sparkonten, Spareinlagen einschließlich Zinsen und Prämien aus prämienbegünstigten Sparverträgen und Guthaben einschließlich Zinsen aus Festgeldkonten sowie deren Kündigung. Zugleich wird angeordnet, dass die über die Spareinlagen ausgestellten Sparbücher an das Finanzamt herauszugeben sind.
– Rückzahlung des Kapitals und der Zinsen aus Sparbriefen oder Sparkassenbriefen. Zugleich wird angeordnet, dass die Sparbriefe oder Sparkassenbriefe an das Finanzamt herauszugeben sind.
– Herausgabe von in Verwahrung befindlichen **Wertpapieren** sowie Ansprüche aus Eigentum bzw. Miteigentum an den Wertpapieren und auf Einlösung von Erträgnisscheinen und Auskehrung der Erträge aus den vorgenannten Wertpapieren. Zugleich wird angeordnet, dass die Wertpapiere und Erträgnisscheine an das Finanzamt herauszugeben sind.
– Zutritt zu dem vom Vollstreckungsschuldner bei Ihnen unterhaltenen **Stahlkammerfach, Schließfach, Schrankfach oder Safe** und auf Ihre Mitwirkung bei dessen Öffnung oder auf Öffnung durch Sie allein. Zugleich wird angeordnet, dass für die Pfändung des Inhalts ein vom Finanzamt beauftragter Vollziehungsbeamter den Zutritt zum Fach zu nehmen hat.

Sie dürfen, soweit die Ansprüche gepfändet sind, nicht mehr an den Vollstreckungsschuldner leisten. Der Vollstreckungsschuldner hat sich jeder Verfügung über die Ansprüche, Forderungen und Rechte, soweit sie gepfändet sind, insbesondere ihrer Einziehung, zu enthalten.

Die Einziehung der gepfändeten Ansprüche, Forderungen und Rechte in Höhe des von dem Vollstreckungsschuldner geschuldeten Gesamtbetrags wird hiermit angeordnet (Einziehungsverfügung, § 314 AO).

Sie werden gebeten, binnen zwei Wochen nach Zustellung dieser Pfändungs- und Einziehungsverfügung dem Finanzamt die in § 316 AO vorgeschrieben Erklärungen (Drittschuldnererklärung) abzugeben.

Nähere Hinweise und Erläuterungen siehe Anlage

Ihre Verpflichtung zur Abgabe dieser Erklärung ergibt sich aus § 316 AO. Ich weise darauf hin, dass Sie dem Finanzamt gegenüber für den Schaden, der aus der Nichterfüllung dieser Verpflichtung entsteht, haften. Gepfändete Forderungen sind, soweit sie den oben bezeichneten Gesamtbetrag nicht übersteigen, bei Eintritt der Fälligkeit an das Finanzamt unter Angabe des Geschäftszeichens zu zahlen.

Im Auftrag

Volker Vollstra
Anlage: Drittschuldnererklärung

6 Vollstreckung in das unbewegliche Vermögen

6.1 Allgemeines

2815 Die Vollstreckung in unbewegliches Vermögen erfolgt gem. §§ 322 AO, 323 AO i. V. m. §§ 864 ff. ZPO und dem Gesetz über die Zwangsversteigerung und Zwangsverwaltung (ZVG). Danach kann das Finanzamt gem. § 866 Abs. 1 ZPO

- die Eintragung einer Sicherungs-(Zwangs-)hypothek,
- die Zwangsversteigerung und
- die Zwangsverwaltung

erwirken. Diese Vollstreckungsmaßnahmen können einzeln oder nebeneinander betrieben werden (§ 866 Abs. 2 ZPO). Gem. § 322 Abs. 4 AO sollen Zwangsversteigerung und Zwangsverwaltung nur beantragt werden, wenn feststeht, dass der Geldbetrag durch Vollstreckung in das bewegliche Vermögen nicht beigetrieben werden kann.

6.2 Gegenstände der Vollstreckung in das unbewegliche Vermögen

a) Grundstücke
2816 Grundstücke sind abgegrenzte Teile der Erdoberfläche, die im Grundbuch als selbstständige Grundstücke eingetragen sind. Dazu gehören auch Erbbaurechte (§ 11 Erbbaurechtsverordnung) und Wohnungseigentum nach dem Wohnungseigentumsgesetz.

b) Grundstücksbestandteile
2817 Der Vollstreckung in das unbewegliche Vermögen unterliegen auch die Grundstücksbestandteile i. S. d. §§ 93 und 94 BGB, z. B. Gebäude, Bepflanzung des Grundstücks, Türen, Fenster, Waschbecken, Toiletten, Heizungsanlage etc.

Dagegen werden Scheinbestandteile gem. § 95 BGB, also bewegliche Sachen, die nur zu einem vorübergehenden Zweck mit dem Grundstück verbunden sind, vom Vollziehungsbeamten gem. §§ 286 ff. AO gepfändet. Vgl. auch § 294 AO und Abschn. 39 Abs. 1 und 2 VollzA.

c) Grundstückszubehör, das dem Grundstückseigentümer gehört
2818 Nach § 322 AO i. V. m. § 865 ZPO erfasst die Vollstreckung in das unbewegliche Vermögen alle Gegenstände, auf die sich eine Hypothek erstreckt. Gem. § 1120 BGB erstreckt sich eine Hypothek auch auf das Grundstückszubehör, das dem Grundstückseigentümer gehört. Beachte insoweit auch die §§ 97, 98 und 1121 ff. BGB sowie Abschn. 40 Abs. 1–4 VollzA.

d) Schiffe, Schiffsbauwerke, Luftfahrzeuge
2819 Gem. § 322 Abs. 1 Satz 1 AO unterliegen der Vollstreckung in das unbewegliche Vermögen auch die im Schiffsregister eingetragenen **Schiffe,** die **Schiffsbauwerke** und Schwimmdocks, die im Schiffsregister eingetragen sind oder in dieses Register eingetragen werden können, sowie **Luftfahrzeuge,** die in die Luftfahrzeugrolle eingetragen sind, oder nach deren Löschung noch in dem Register für Pfandrechte an Luftfahrzeugen eingetragen sind.

6.3 Allgemeine Verfahrensvoraussetzungen

Die Vollstreckung in ein Grundstück oder ein grundstücksgleiches Recht setzt einen **2820**
Antrag des Finanzamts an das zuständige Amtsgericht voraus (§ 322 Abs. 3 Satz 1 AO). Diesen
Antrag darf das Finanzamt erst dann stellen, wenn die Voraussetzungen der Vollstreckung vorliegen. Siehe Rz. 2779 ff. Im Übrigen sollen Zwangsversteigerung und Zwangsverwaltung nur
beantragt werden, wenn feststeht, dass der Geldbetrag durch Vollstreckung in das bewegliche
Vermögen nicht beigetrieben werden kann (§ 322 Abs. 4 AO). Die Vollstreckung in das unbewegliche Vermögen kann nur betrieben werden, wenn der Vollstreckungsschuldner Eigentümer des Grundstücks ist und als solcher ins Grundbuch eingetragen ist.

Das Finanzamt hat bei Antragstellung dem Amtsgericht zu bestätigen, dass die gesetzlichen Voraussetzungen der Vollstreckung vorliegen (§ 322 Abs. 3 Satz 2 AO). Dem Gericht bzw.
Grundbuchamt steht eine Überprüfung dieser Voraussetzungen nicht zu (§ 322 Abs. 3 Satz 3
AO). Aufgrund dieser rechtsverbindlichen Bestätigung stellt **der Antrag einen Verwaltungsakt
gem. § 118 AO dar**, gegen den der Vollstreckungsschuldner Einspruch erheben kann. Dazu vgl.
Rz. 2849. Die Durchführung der nachfolgend dargestellten Vollstreckungsmaßnahmen obliegt
dem zuständigen Amtsgericht bzw. Grundbuchamt.

6.4 Die Zwangshypothek, § 322 Abs. 1 AO i. V. m. § 866 ZPO

Die Zwangshypothek steht im wesentlichen der vertraglich vereinbarten Sicherungshypothek **2821**
gleich (§§ 866 Abs. 3, 867 ZPO, §§ 1184 ff. BGB) und darf nur für einen Betrag von mehr als 750 €
in das Grundbuch eingetragen werden (vgl. § 866 Abs. 3 ZPO). Sie entsteht mit der Eintragung.

Sie verschafft dem Finanzamt ein **dingliches Recht am Grundstück** und sichert ihm für
den Fall einer späteren Zwangsversteigerung oder Zwangsverwaltung das **Recht auf Befriedigung aus dem Grundstück** mit dem Vorrang gem. § 10 Abs. 1 Nr. 4 ZVG. Aus diesem Recht
heraus kann das Finanzamt die Zwangsversteigerung oder Zwangsverwaltung betreiben.

Als Sicherungshypothek ist sie **streng akzessorisch**: Besteht der zu vollstreckende
Anspruch nicht mehr, so entsteht zugunsten des Grundstückseigentümers eine Eigentümer-
grundschuld (§ 1163, 1177 BGB). Die Hypothek erstreckt sich nicht nur auf das Grundstück
selbst, sondern auch auf die **Miet- und Pachtzinsforderungen** für das Grundstück, soweit nicht
über sie verfügt wurde, sowie auf die **Grundstücksbestandteile** und das **Grundstückszubehör**
(vgl. §§ 1120 ff. BGB).

6.5 Die Zwangsversteigerung

Die Zwangsversteigerung bezweckt, den Wert eines Grundstücks eines Vollstreckungs- **2822**
schuldners zu realisieren und den Vollstreckungsgläubiger aus dem Erlös zu befriedigen. Die
Zwangsversteigerung erfolgt aufgrund des ZVG.

Aufgrund eines ordnungsgemäßen Antrags des Gläubigers (Finanzamt) ordnet das Amtsgericht als Vollstreckungsgericht die Versteigerung des Grundstücks an (vgl. §§ 15 ff. ZVG).
Durch die Anordnung wird das Grundstück zugunsten des Gläubigers beschlagnahmt (vgl.
§§ 20 Abs. 2 und 21 ZVG). Die Beschlagnahme wird wirksam mit der Zustellung der Versteige-
rungsanordnung an den Vollstreckungsschuldner (§ 22 Abs. 1 Satz 1 ZVG) oder mit Eingang
des Ersuchens auf Eintragung des Versteigerungsvermerks beim Grundbuchamt (§ 22 Abs. 1
Satz 2 ZVG). Die Beschlagnahme hat die Wirkung eines Veräußerungsverbotes (vgl. §§ 23, 26
ZVG). Die Versteigerung wird durch das Vollstreckungsgericht ausgeführt (vgl. §§ 35 ff. ZVG).

6.6 Zwangsverwaltung

2823 Die Zwangsverwaltung soll den Vollstreckungsgläubiger aus den Erträgnissen eines Grundstücks und der mithaftenden Gegenstände befriedigen. Das Grundstück wird zu diesem Zweck durch einen Zwangsverwalter in amtliche Verwahrung genommen, um einer mangelhaften Wirtschaftsführung des Vollstreckungsschuldners abzuhelfen und eine ranggerechte Verteilung der Grundstücksnutzungen sicherzustellen.

Für die – in der Praxis der Vollstreckungsstellen seltene – Zwangsverwaltung gelten grundsätzlich die Vorschriften über die Zwangsversteigerung (§ 146 Abs. 1 ZVG), im Übrigen die §§ 146 Abs. 2 und 147 ff. ZVG. Der Zwangsverwalter wird vom Vollstreckungsgericht bestellt (§ 150 Abs. 1 ZVG)

7 Das Arrestverfahren (§§ 324–326 AO)

7.1 Allgemeines

2824 Das Arrestverfahren ist ein Verfahren, das die **künftige Vollstreckung** wegen Geldforderungen in das bewegliche oder unbewegliche Vermögen des Vollstreckungsschuldners **sichern soll**: Das Finanzamt darf erst vollstrecken, wenn insoweit alle Voraussetzungen gegeben sind. Dies kann geraume Zeit dauern, in der ein böswilliger Vollstreckungsschuldner die Vollstreckung (z. B. durch Veräußerung oder Fortschaffen von Teilen seines Vermögens) vereiteln kann. Dies soll durch das Arrestverfahren verhindert werden.

Der Arrest ist eine **sofortige Maßnahme, die vorläufigen Charakter** hat und allein auf die Sicherung der Vollstreckung gerichtet ist. Er dient niemals der endgültigen Verwirklichung der Geldforderungen. Die AO sieht

- gem. **§ 324 AO den dinglichen Arrest** vor, der sich gegen das Vermögen des Vollstreckungsschuldners richtet (vgl. Abschn. 54 und 55 VollstrA) und
- gem. **§ 326 AO den persönlichen Sicherheitsarrest**, der sich gegen die Person des Vollstreckungsschuldners richtet (vgl. Abschn. 56 VollstrA).

7.2 Voraussetzungen des Arrestes

2825 Beide Arrestarten setzen voraus, dass ein Arrestanspruch und ein Arrestgrund bestehen. Als **Arrestanspruch** kommen alle Geldforderungen in Betracht, die der Vollstreckung nach der AO unterliegen. Es reicht aus, dass der Anspruch materiell-rechtlich entstanden ist (vgl. § 324 Abs. 1 Satz 2 AO). Ein **Arrestgrund** besteht beim **dinglichen Arrest**, wenn bei Abwägung aller Umstände zu befürchten ist, dass ohne die Anordnung des Arrestes die Vollstreckung vereitelt oder wesentlich erschwert wird (§ 324 Abs. 1 Satz 1 AO). Dies kann sich aus besonderen Umständen oder dem Verhalten des Vollstreckungsschuldners ergeben.

BEISPIEL

Ein Grund für die Anordnung eines dinglichen Arrestes kann gegeben sein bei der Veräußerung von wichtigen Vermögensteilen, Verschieben von Vermögen auf andere Personen und verschwenderische Lebensweise, nicht dagegen bei bloßer Ausländereigenschaft, drohender Konkurrenz anderer Gläubiger oder allgemeiner schlechter Vermögenslage.

Für den **persönlichen Sicherheitsarrest** ist neben der Gefährdung der Vollstreckung zusätzlich erforderlich, dass gerade der persönliche Arrest notwendig ist, um die gefährdete Vollstreckung in das Vermögen des Stpfl. zu sichern (§ 326 Abs. 1 Satz 1 AO). Angesichts des Grundsatzes der Verhältnismäßigkeit kann der persönliche Sicherheitsarrest nur als ultima ratio angeordnet werden, wenn andere Mittel nicht ausreichen, die Vollstreckung zu sichern.

2826

BEISPIEL

Der Schuldner plant, ins Ausland zu fliehen. Er beabsichtigt Vermögensteile ins Ausland zu bringen. Er will Vermögensstücke, deren Aufbewahrungsort dem Finanzamt nicht bekannt sind, verschwinden lassen.

7.3 Anordnung des Arrestes

Der **dingliche Arrest** wird vom zuständigen **Finanzamt** (durch den Veranlagungsteilbezirk oder die Steuerfahndung) angeordnet. Der Inhalt der Anordnung ergibt sich aus Abschn. 54 Abs. 2 VollstrA. Sein Kernstück ist der Arrestbefehl, d. h. der Ausspruch, dass der dingliche Arrest in das Vermögen des Arrestschuldners angeordnet wird. Die Arrestanordnung ist dem Schuldner förmlich zuzustellen (vgl. § 324 Abs. 2 Satz 1 AO und § 122 Abs. 5 AO sowie Abschn. 54 Abs. 4 VollstrA).

2827

Der **persönliche Arrest** wird auf Antrag des Finanzamts (§ 326 Abs. 1 Satz 1 AO) durch das zuständige **Amtsgericht** angeordnet (§ 326 Abs. 1 Satz 2 AO). Zu den Einzelheiten des Antrags auf Erlass eines persönlichen Sicherheitsarrestes vgl. Abschn. 56 VollstrA.

7.4 Vollziehung des Arrestes

a) Vollziehung des dinglichen Arrests

Die erstrebte Sicherung erlangt das Finanzamt erst, wenn der Arrest gem. § 324 Abs. 3 AO und §§ 249 ff. AO durch die Vollstreckungsstelle vollzogen wird. Vgl. auch Abschn. 55 VollstrA. Auf die Vollziehung finden die Vorschriften des Arrestes der ZPO entsprechende Anwendung (§ 324 Abs. 3 Satz 4 AO). Der dingliche Arrest kann in das gesamte Vermögen vollzogen werden durch

2828

- Pfändung von beweglichem Vermögen (§ 930 ZPO)
- Pfändung von eingetragenen Schiffen, Schiffsbauwerken und Schwimmdocks (§ 731 ZPO)
- Eintragung einer Sicherungshypothek bei Grundstücken oder grundstücksgleichen Rechten (§ 932 ZPO)
- Vollziehung in Luftfahrzeuge (§ 99 Abs. 2 LuftRG).

b) Vollziehung des persönlichen Sicherheitsarrestes

Die Vollziehung des persönlichen Arrestes bestimmt sich danach, welche Maßnahme das Amtsgericht in seiner Arrestanordnung bestimmt hat. Es kommen in Betracht

2829

- Auferlegung einer Meldepflicht,
- Passentzug und – als letztes Mittel –
- Haft (§ 326 Abs. 3 AO i. V. m. den dort genannten Vorschriften der ZPO).

Für die Vollziehung ist das Amtsgericht zuständig (§§ 933, 909 ZPO).

7.5   Überleitung in das Vollstreckungsverfahren

2830   Werden die durch den Arrest gesicherten Geldansprüche des Finanzamts vollstreckbar, so schließt sich das normale Vollstreckungsverfahren an. Die im Arrestverfahren erlangten Sicherheiten bleiben erhalten. Der Rang der Pfandrechte bestimmt sich nach dem Zeitpunkt der Arrestvollziehung. Die Arrestanordnung wird automatisch unwirksam (§ 124 Abs. 2 am Ende AO).

8   Vollstreckung in das gesamte Vermögen (Insolvenzverfahren)

8.1   Allgemeines

2831   Die Vollstreckung in das **gesamte Vermögen** des Stpfl. erfolgt ab 01.01.1999 bundeseinheitlich aufgrund der Insolvenzordnung (InsO). Diese hat die bis Ende 1998 geltende **Konkursordnung und Vergleichsordnung** (in den alten Bundesländern) und die **Gesamtvollstreckungsordnung** (in den neuen Bundesländern) **ersetzt.**

In Insolvenzfällen müssen die Ansprüche aus dem Steuerschuldverhältnis i. d. R. nach Maßgabe der InsO geltend gemacht werden. Insoweit gilt der Grundsatz: **Insolvenzrecht geht vor Steuerrecht** (vgl. § 251 Abs. 2 AO). Das heißt, dass das Insolvenzrecht das formelle Steuerrecht überlagert.

Im Gegensatz zur Einzelzwangsvollstreckung führt das Insolvenzverfahren nicht zur Befriedigung **eines** Gläubigers, sondern zu einer **Gesamtbereinigung aller Schulden** durch **gleichmäßige Befriedigung aller** persönlichen **Gläubiger aus dem Vermögen des Insolvenzschuldners** (vgl. § 1 Satz 1 HS 1 InsO). Es gilt das Prinzip der gleichrangigen, quotalen Befriedigung aller Gläubiger. Diese bilden eine »Verlustgemeinschaft« unabhängig davon, ob ihre Forderungen tituliert sind oder nicht und wann sie entstanden sind. Daneben erlaubt die InsO auch die **Sanierung und den Erhalt des Unternehmens nach einem Insolvenzplan** (§ 1 Satz 1 letzter HS i. V. m. §§ 217 ff. InsO).

Nicht befriedigte Gläubiger können ihre Forderungen nach Beendigung des Insolvenzverfahrens im Wege der Einzelvollstreckung geltend machen (§ 201 Abs. 1 InsO). Die InsO gibt natürlichen Personen jedoch Gelegenheit zur Restschuldbefreiung, und zwar in Form des **Restschuldbefreiungsverfahrens** (§§ 286–303 InsO) und des **Verbraucherinsolvenzverfahrens** (§§ 304–314 InsO).

Beteiligte am Insolvenzverfahren sind der Schuldner, dessen Gläubiger, das Insolvenzgericht (§ 2 InsO), der vorläufige Insolvenzverwalter (§ 22 InsO), der Insolvenzverwalter (§ 56 InsO), die Gläubigerversammlung (§ 74 InsO) und ggf. der Gläubigerausschuss (§ 67 InsO).

8.2   Voraussetzungen der Eröffnung eines Insolvenzverfahrens

a) Insolvenzfähigkeit des Schuldners (§§ 11 und 12 InsO)
2832   Gem. §§ 11 und 12 InsO sind insolvenzfähig natürliche und juristische Personen, Gesellschaften ohne Rechtspersönlichkeit (Personengesellschaften), Nachlässe (§ 1922 BGB), Gütergemeinschaften (vgl. § 11 Abs. 2 Nr. 2 InsO). Vgl. auch § 11 Abs. 3 InsO. Gem. § 12 InsO sind nicht insolvenzfähig juristische Personen des öffentlichen Rechts.

b) Insolvenzgründe (§§ 16–19 InsO)

Es muss ein Insolvenzgrund gegeben sein. Insolvenzgründe sind: **2833**

- **Zahlungsunfähigkeit (§ 17 InsO)**: Der Schuldner ist zahlungsunfähig, wenn er nicht in der Lage ist, die fälligen Zahlungsverpflichtungen zu erfüllen. Dies ist i. d. R. anzunehmen, wenn er seine Zahlungen eingestellt hat.

- **Drohende Zahlungsunfähigkeit (§ 18 InsO)**: Diese stellt nur dann einen Insolvenzgrund dar, wenn der Schuldner die Eröffnung beantragt. Sie ist gegeben, wenn der Schuldner voraussichtlich nicht in der Lage sein wird, die bestehenden Zahlungsverpflichtungen im Zeitpunkt der Fälligkeit zu erfüllen.

- **Überschuldung (§ 19 InsO)**: Diese spielt nur bei juristischen Personen eine Rolle. Sie liegt vor, wenn das Vermögen des Schuldners die bestehenden Verbindlichkeiten nicht mehr deckt.

c) Eröffnungsantrag (§ 13–15 InsO)

Das Insolvenzverfahren wird nur auf Antrag des Gläubigers oder des Schuldners eröffnet **2834** (vgl. §§ 13–15 InsO). Als Gläubiger kann einen solchen Antrag auch das Finanzamt stellen. Dazu ist es gem. AEAO zu § 251 Nr. 2.2 nach pflichtgemäßem Ermessen gehalten, soweit ein Insolvenzgrund (gem. § 17 oder 19 InsO) vorliegt (s. Rz. 2833).

Die Stellung des Antrags ist kein Verwaltungsakt, sondern schlichtes hoheitliches Handeln. Dem Stpfl. stehen als Rechtsbehelfe dagegen die allgemeine Leistungsklage (§ 40 Abs. 1 letzte Alt. FGO) bzw. der Antrag auf Erlass einer einstweiligen Anordnung gem. § 114 FGO zu (BFH vom 12.08.2011 BFH/NV 2011, 2104).

8.3 Eröffnung des Insolvenzverfahrens

8.3.1 Allgemeines

Das Insolvenzverfahren wird durch das **Amtsgericht als Insolvenzgericht** angeordnet **2835** und beaufsichtigt. Sind die o. g. Voraussetzungen gegeben, eröffnet das Gericht das Insolvenzverfahren durch **Eröffnungsbeschluss (§ 27 InsO)**, wenn das Vermögen des Schuldners voraussichtlich ausreichen wird, die Kosten des Verfahrens (Gerichtskosten, Kosten für den Verwalter und den Gläubigerausschuss) zu decken, ansonsten erfolgt die Abweisung des Antrags (vgl. § 26 InsO). Es ernennt einen **Insolvenzverwalter (§ 27 Abs. 1 Satz 1 InsO)**. Um bis zur endgültigen Entscheidung über den Eröffnungsantrag nachteilige Veränderungen des Schuldnervermögens zu verhindern, hat das Insolvenzgericht gem. § 21 InsO vorläufige Maßnahmen zu treffen. Die häufigste Sicherungsmaßnahme ist die Bestellung eines **vorläufigen Insolvenzverwalters (§ 21 Abs. 2 Nr. 1 i. V. m. § 22 InsO)**. Zum »starken« bzw. »schwachen« vorläufigen Insolvenzverwalter siehe ausführlich AEAO zu § 251 Nr. 3.1 m. w. Nw.)

8.3.2 Allgemeine Rechtsfolgen

Mit Eröffnung des Insolvenzverfahrens geht das Recht des Schuldners, das zur Insolvenz- **2836** masse gehörende Vermögen zu verwalten und über es zu verfügen, auf den Insolvenzverwalter über (vgl. §§ 80 ff. InsO). Zur **Insolvenzmasse** gehört das gesamte der Zwangsvollstreckung unterliegende Vermögen des Gemeinschuldners, das im Zeitpunkt der Eröffnung des Verfahrens vorhanden ist oder das er während des Verfahrens erlangt (§§ 35, 36 InsO).

Während des Insolvenzverfahrens besteht das **Verbot der Einzelzwangsvollstreckung**: Insolvenzgläubiger dürfen weder in die Insolvenzmasse noch in das übrige Vermögen des Gemeinschuldners vollstrecken (§§ 87, 89 InsO).

8.3.3 Rechtsstellung des Insolvenzverwalters

2837 Der Insolvenzverwalter ist die **zentrale Figur des Insolvenzverfahrens**. Er soll gleichermaßen geschäftskundig und unabhängig sein (vgl. § 56 Abs. 1 InsO). Zu seinen **wichtigsten Aufgaben** gehören

- die Inbesitznahme und Verwaltung des zur Insolvenzmasse gehörigen Vermögens des Schuldners (§§ 148 Abs. 1, 80 Abs. 1 InsO),
- die Aufzeichnung der einzelnen Massegegenstände (§ 151 InsO),
- die Aufstellung eines Gläubigerverzeichnisses (§ 152 InsO),
- die Aufstellung einer Vermögensübersicht (§ 153 InsO),
- die Abwicklung der laufenden Geschäfte (§§ 103 ff. InsO),
- die Feststellung der Insolvenzforderungen und Führung der Tabelle (§§ 174, 175 InsO),
- die Vorwegbefriedigung der Massegläubiger (§ 53 InsO),
- die Verwertung der Insolvenzmasse (§ 159 InsO) und
- die Verteilung des Erlöses unter den Insolvenzgläubigern (§§ 187 ff. InsO).

Der Insolvenzverwalter ist **Vermögensverwalter gem. § 34 Abs. 3 AO**. Mit der Eröffnung des Insolvenzverfahrens hat er die **steuerlichen Rechte und Pflichten des Gemeinschuldners** zu erfüllen (§ 34 Abs. 1 AO), so weit seine Verfügungsbefugnis reicht. Dazu gehören insbesondere die Auskunfts- und Anzeigepflichten (§§ 90, 93 ff., 137 ff. AO), die Aufzeichnungs- und Buchführungspflichten (§§ 140 ff. AO und § 155 Abs. 1 InsO AO), die Pflicht zur Abgabe von Steuererklärungen (§ 149 Abs. 1 AO), auch für Zeiträume vor Eröffnung des Insolvenzverfahrens. Siehe dazu ausführlich AEAO zu § 251 Nr. 4.2.

Sämtliche vom Schuldner erteilten Vollmachten, die sich auf das zur Insolvenzmasse gehörende Vermögen beziehen (z. B. Bevollmächtigung eines Steuerberaters gem. § 80 AO), erlöschen mit der Eröffnung des Verfahrens (§ 117 InsO).

Der Insolvenzverwalter ist **Adressat von Steuerbescheiden** und sonstigen Verwaltungsakten, die die Insolvenzmasse betreffen.

8.3.4 Wirkung auf das Besteuerungsverfahren

2838 Durch die Eröffnung des Insolvenzverfahrens wird das **Steuerfestsetzungsverfahren unterbrochen**. § 240 ZPO findet entsprechende Anwendung. Dies gilt auch für das Rechtsbehelfsverfahren und die Rechtsbehelfsfristen. Die Unterbrechung betrifft (gem. § 155 FGO i. V. m. § 240 ZPO) ebenso die finanzgerichtlichen Klage- bzw. Revisionsverfahren, soweit die streitbefangene Forderung bereits zur Insolvenzeröffnung begründet war und als Insolvenzforderung angemeldet ist.

Die Befugnisse des Finanzamts, im Wege des Verwaltungsverfahrens die Besteuerungsgrundlagen zu ermitteln (§§ 85 ff., 193 ff. AO), wird durch die Eröffnung des Insolvenzverfahrens nicht berührt.

Mit der Eröffnung des Verfahrens können bis zu diesem Zeitpunkt begründete Ansprüche aus dem Steuerschuldverhältnis (= Insolvenzforderungen, vgl. AEAO zu § 251 Nr. 5.1) nur noch nach Maßgabe der InsO geltend gemacht werden.

Während des Insolvenzverfahrens dürfen hinsichtlich der Insolvenzforderungen des Finanzamts grundsätzlich keine Bescheide erlassen werden über die Festsetzung von Ansprüchen aus dem Steuerschuldverhältnis und keine Bescheide, die Besteuerungsgrundlagen feststellen oder Steuermessbeträge festsetzen, welche die Höhe der zur Insolvenztabelle anzumeldenden Steuerforderungen beeinflussen können. Ein gleichwohl erlassener Steuerbescheid über einen Steueranspruch, der eine Insolvenzforderung betrifft, ist unwirksam (BFH vom 18.12.2002 BStBl 2003 II, 630).

Entgegen diesem Grundsatz können folgende Bescheide ergehen:
- Bescheide, die einen Erstattungsanspruch zugunsten der Insolvenzmasse festsetzen,
- Bescheide, die der Insolvenzverwalter ausdrücklich beantragt hat,
- Festsetzung von Steuermessbeträgen, die sich für den Schuldner vorteilhaft auswirken,
- USt-Bescheide, in denen eine negative USt festgesetzt wird (sofern daraus keine Zahllast resultiert (BFH vom 13.05.2009 BStBl II 2010, 11),
- Verwaltungsakte gem. § 251 Abs. 3 AO.

Zu Besonderheiten bei der gesonderten Feststellung von Besteuerungsgrundlagen siehe AEAO zu § 251 Nr. 4.4

Zur Bekanntgabe von Verwaltungsakten in Insolvenzfällen siehe AEAO zu § 251 Nr. 4.3, 4.4, 6.1, 13.2 und 15.1.

8.3.5 Geltendmachung von Ansprüchen aus dem Steuerschuldverhältnis

Die bei Eröffnung des Insolvenzverfahrens begründeten **Steuerforderungen sind** beim Insolvenzverwalter nach Maßgabe des § 174 InsO **zur Eintragung in die Tabelle** (§ 175 InsO) **anzumelden**. Ansprüche aus dem Steuerschuldverhältnis (§ 37 Abs. 1) kann das Finanzamt anmelden, wenn sie am Tag der Eröffnung des Insolvenzverfahrens begründet waren (vgl. § 38 InsO). Dies ist der Fall, wenn der Steueranspruch durch Bescheid festgesetzt war. War der Steueranspruch noch nicht festgesetzt, ist nicht die steuerrechtliche Entstehung (§ 38 AO i. V. m. den Einzelsteuergesetzen), sondern die insolvenzrechtliche Zuordnung (§ 38 InsO) maßgeblich. Grundsätzlich reicht es aus, dass der Tatbestand, aus dem sich der steuerliche Anspruch ergibt, verwirklicht ist.

2839

> **BEISPIEL**
>
> Die USt-Forderung ist bei der Sollversteuerung bereits begründet, sobald die Leistung ausgeführt ist. Zu den Insolvenzforderungen gehört daher auch die USt für Umsätze im laufenden Voranmeldungszeitraum bis zur Eröffnung des Insolvenzverfahrens (vgl. AEAO zu § 251 Nr. 5.1 Beispiel 1).

Die **Anmeldefrist** bestimmt das Gericht im Eröffnungsbeschluss. Sie beträgt mindestens zwei Wochen und höchstens drei Monate (§ 28 Abs. 1 InsO). Sie ist keine Ausschlussfrist. Nachträgliche Anmeldungen sind gem. § 177 InsO möglich.

Im **Prüfungstermin** werden die angemeldeten Forderungen ihrem Betrag und ihrem Rang nach geprüft. Nur bestrittene Forderungen sind einzeln zu erörtern. Dies gilt auch für Ansprüche aus dem Steuerschuldverhältnis. Wird weder vom Insolvenzverwalter noch von anderen Insolvenzgläubigern Widerspruch erhoben, gilt die Forderung als festgestellt (§ 178 InsO). Diese Feststellung wirkt wie ein rechtskräftiges Urteil (§ 178 Abs. 3 InsO). Die **Eintragung eines** angemeldeten **Anspruchs aus dem Steuerschuldverhältnis** wirkt somit sinngemäß wie eine bestandskräftige **Steuerfestsetzung**.

2840   **Widerspricht der Insolvenzverwalter** oder ein Insolvenzgläubiger einem bereits **durch Steuerbescheid festgesetzten Steueranspruch**, so kann der Widersprechende analog § 179 Abs. 2 InsO den Widerspruch im Rechtsbehelfsverfahren selbst verfolgen. Dies ist jedoch nur möglich, soweit der Steuerbescheid noch anfechtbar ist. Durch die Eröffnung des Insolvenzverfahrens wird auch die Rechtsbehelfsfrist unterbrochen.

2841   **Widerspricht der Insolvenzverwalter** oder ein Insolvenzgläubiger einem **noch nicht festgesetzten Anspruch aus dem Steuerschuldverhältnis** kann das Finanzamt insoweit einen **Feststellungsbescheid gem. § 251 Abs. 3 AO** und § 185 InsO erlassen. Der Bescheid hat die Feststellung zum Inhalt, dass der angemeldete und im Prüfungstermin bestrittene Anspruch in der geltend gemachten Höhe besteht und i. S. d. § 38 InsO begründet ist. Er ist kein Steuerbescheid i. S. d. § 155. Adressat des Feststellungsbescheides ist der widersprechende Insolvenzverwalter oder der widersprechende Insolvenzgläubiger. Rechtsbehelf gegen den Bescheid ist der Einspruch (§ 347 Abs. 1 Nr. 1), gegen die Einspruchsentscheidung Klage vor dem Finanzgericht.

Einzelheiten zur Geltendmachung von Insolvenzforderungen siehe im AEAO zu § 251 Nr. 5.2 und 5.3.

Zu den **Ansprüchen** aus dem Steuerschuldverhältnis, **die nach der Eröffnung des Insolvenzverfahrens entstanden sind** und sog. Masseverbindlichkeiten darstellen, siehe Rz. 2845.

8.4   Insolvenzanfechtung (§§ 129 ff. InsO)

2842   **Rechtshandlungen, die vor Eröffnung des Insolvenzverfahrens** vorgenommen worden sind und die die **Insolvenzgläubiger benachteiligen**, kann der Insolvenzverwalter nach Maßgabe der §§ 130–146 InsO **anfechten** (§ 129 InsO). Die Rechtsfolge der wirksamen Anfechtung ergibt sich aus § 143 InsO i. V. m. §§ 812 ff. BGB: Was durch die anfechtbare Handlung aus dem Vermögen des Schuldners veräußert, weggegeben oder aufgegeben ist, muss zur Insolvenzmasse zurückgewährt werden. Die einzelnen Anfechtungtatbestände sind in §§ 130–136 InsO normiert.

BEISPIEL

Unternehmer U ist seit Anfang 2015 zahlungsunfähig. Das FA hat im laufenden Vollstreckungsverfahren Kenntnis von einem Gutachten der Hausbank erlangt, in dem von der Zahlungsunfähigkeit des U ausgegangen wird. In Erwartung weiterer Vollstreckungsmaßnahmen entrichtet U am 10. 05. 15 die für April 15 angemeldete USt i. H. v. 15 000 €. Am 05. 07. 15 wird ein Antrag auf Eröffnung des Insolvenzverfahrens gestellt. Am 10. 10. 15 wird das Insolvenzverfahren über sein Vermögen eröffnet.

LÖSUNG Der Insolvenzverwalter kann die Zahlung der USt i. H. v. 15 000 € gem. § 131 Abs. 1 Nr. 2 InsO anfechten. Das FA muss dann die 15 000 € zur Insolvenzmasse leisten.

8.5   Insolvenzmasse (§ 35 InsO), Aussonderungsrechte (§§ 47, 48 InsO) und Absonderungsrechte (§§ 49–52 InsO)

2843   Die **Insolvenzmasse**, die verwertet und verteilt werden soll, erfasst das gesamte Vermögen, das dem Schuldner zur Zeit der Eröffnung des Verfahrens gehört und das er während des Verfahrens erlangt (§ 35 InsO). **Nicht zur Insolvenzmasse gehörige Gegenstände** (z. B. Gegenstände, die nicht dem Schuldner gehören,) **werden gem. §§ 47, 48 InsO ausgesondert:** Wer aufgrund eines dinglichen oder persönlichen Rechts (z. B. Eigentum) geltend machen kann, dass ein Gegenstand nicht zur Insolvenzmasse gehört, ist kein Insolvenzgläubiger. Dieser Person steht vielmehr ein **Aussonderungsrecht** zu. Dieses Recht wird außerhalb des Insolvenzverfahrens geltend gemacht (§ 47 Satz 2 InsO).

§§ 49–52 InsO regeln das Recht auf **Absonderung**, d. h. auf **vorzugsweise Befriedigung**   **2844** eines Anspruchs aus einem zur Insolvenzmasse gehörenden Gegenstand. Zur abgesonderten Befriedigung berechtigen rechtsgeschäftliche Pfandrechte (§ 50 Abs. 1 InsO), das gesetzliche Vermieter- und Verpächterpfandrecht (§ 50 Abs. 2 InsO), das Sicherungseigentum (§ 51 Nr. 1 InsO), Zurückbehaltungsrechte (§ 51 Nr. 2 und 3 InsO) und Grundpfandrechte (§ 49 InsO).

Dem **Finanzamt** steht ein Recht auf abgesonderte Befriedigung an den beweglichen Sachen zu, die es gepfändet oder die der Stpfl. ihm zur Sicherung von Ansprüchen aus dem Steuerschuldverhältnis übereignet hat, sowie an gepfändeten oder zur Sicherung abgetretenen Forderungen und an unbeweglichem Vermögen, an dem der Finanzbehörde ein Grundpfandrecht zusteht. Ausnahme: Soweit Ansprüche auf Bezüge aus einem Dienstverhältnis gepfändet worden sind, ist diese Verfügung mit der Eröffnung des Insolvenzverfahrens unwirksam (§ 114 Abs. 3 InsO). Das pfändbare Einkommen soll dem Schuldner im Rahmen des Restschuldbefreiungsverfahren für die Verteilung an alle Gläubiger zur Verfügung stehen (§ 287 Abs. 2 InsO).

Der Insolvenzverwalter verwertet die Gegenstände, an denen ein Absonderungsrecht besteht, nach Maßgabe der §§ 165 ff. InsO zugunsten des jeweiligen Inhabers des Absonderungsrechts oder gibt diese zur Verwertung durch den Gläubiger frei.

8.6 Kosten des Insolvenzverfahrens und Masseverbindlichkeiten

Aus der Insolvenzmasse sind die **Kosten des Insolvenzverfahrens** (Gerichtskosten und   **2845** Vergütung und Auslagen des Insolvenzverwalters, § 54 InsO) und die **Masseverbindlichkeiten vorweg zu berichtigen** (§ 53 InsO). Zum Begriff der **Masseverbindlichkeit** vgl. § 55 InsO. Insoweit ist zu differenzieren zwischen Insolvenzforderungen (§ 38 InsO), also Forderungen, die im Zeitpunkt des Insolvenzverfahrens bereits begründet sind und Masseverbindlichkeiten, also Forderungen, die nach Eröffnung des Insolvenzverfahrens begründet werden. Diese Unterscheidung gilt auch für Ansprüche aus dem Steuerschuldverhältnis. Siehe dazu ausführlich AEAO zu § 251 Nr. 6.

BEISPIEL

Masseverbindlichkeiten sind u. a.
- die USt auf Umsätze nach Eröffnung des Insolvenzverfahrens,
- ESt/KSt, die sich auf Einkünfte aus der Verwaltung oder der Verwertung der Masse gründet,
- GewSt bei Weiterführung des Betriebes durch den Verwalter,
- LSt auf nach Eröffnung des Insolvenzverfahrens ausgezahlte Arbeitslöhne.
- KfzSt, die im Zeitraum nach der Insolvenzeröffnung angefallen ist.

Ansprüche aus dem Steuerschuldverhältnis, die Masseverbindlichkeiten sind, setzt das Finanzamt **durch Verwaltungsakt (z. B. Steuerbescheid)** fest (BFH vom 06.07.2011 BFH/NV 2012, 10). Adressat ist der Insolvenzverwalter. Zur Bekanntgabe von Steuerbescheiden in Insolvenzfällen siehe AEAO zu § 251 Nr. 6.1). Die Vollstreckung wegen solcher Ansprüche erfolgt außerhalb des Insolvenzverfahrens in die Insolvenzmasse. Es gelten die allgemeinen Vollstreckungsvorschriften der AO. Zu beachten ist dabei das Vollstreckungsverbot des § 90 InsO (siehe dazu AEAO zu § 251 Nr. 6.2).

8.7 Befriedigung der Insolvenzgläubiger und Insolvenzplan

2846   Die Befriedigung der Insolvenzgläubiger erfolgt grundsätzlich durch **Verwertung der Insolvenzmasse** gem. §§ 159 ff. InsO und die **Verteilung des Verwertungserlöses** an die Insolvenzgläubiger gem. §§ 187 ff. InsO. Abweichend davon kann die Befriedigung der Gläubiger, die Verwertung der Insolvenzmasse und deren Verteilung an die Beteiligten gem. §§ 217 ff. InsO durch einen **Insolvenzplan** geregelt werden. Der Insolvenzplan ist eine von dem Insolvenzgericht bestätigte Vereinbarung zwischen den am Insolvenzverfahren beteiligten Gläubigern und dem Gemeinschuldner.

Einzelheiten siehe im AEAO zu § 251 Nr. 11.

8.8 Restschuldbefreiung

2847   §§ 286–303 a InsO ermöglichen dem **redlichen Gemeinschuldner**, sich von den im Insolvenzverfahren nicht befriedigten Verbindlichkeiten gegenüber den Insolvenzgläubigern zu befreien. Die Restschuldbefreiung wird **nur auf Antrag** einer natürlichen Person erteilt. Dem Antrag ist eine Erklärung des Gemeinschuldners beizufügen, wonach er für eine Zeit von **sechs Jahren** nach der Eröffnung des Insolvenzverfahrens sein gesamtes pfändbares Einkommen an einen vom Gericht zu bestimmenden Treuhänder abtritt (vgl. § 287 InsO).

Einzelheiten zu der mit Wirkung ab 01.07.2014 neu gefassten Restschuldbefreiung siehe im AEAO zu § 251 Nr. 15.

8.9 Verbraucherinsolvenz

2848   Mit dem Verbraucherinsolvenzverfahren (§§ 304 ff. InsO) soll für natürliche Personen, die keine selbstständige wirtschaftliche Tätigkeit ausüben oder ausgeübt haben, eine **Schuldenbereinigung in einem einfachen,** flexiblen und die Gerichte wenig belastenden **Verfahren** erreicht werden. Das Verfahren gliedert sich in drei Abschnitte. Zunächst hat der Schuldner eine außergerichtliche Einigung mit seinen Gläubigern (ggf. auch mit dem Finanzamt) ernsthaft anzustreben (siehe dazu AEAO zu § 251 Nr. 12.1, nach dem das FA insoweit §§ 163, 222 und/oder 227 AO anwenden kann). Gelingt ihm dies nicht, wird auf seinen Antrag ein gerichtliches Schuldenbereinigungsverfahren durchgeführt (siehe dazu AEAO zu § 251 Nr. 12.2). Scheitert auch dies, schließt sich ein vereinfachtes Insolvenzverfahren an, soweit die Kosten des Verfahrens gedeckt oder gem. §§ 4 a ff. InsO gestundet sind.

9 Rechtsbehelfe und Abwehrmöglichkeiten im Vollstreckungsverfahren

9.1 Einspruch (§ 347 Abs. 1 AO)

9.1.1 Statthaftigkeit

2849   **Die einzelnen Vollstreckungsmaßnahmen** des Finanzamts entfalten i. d. R. Außenwirkung und **sind** deshalb **Verwaltungsakte gegen die der Einspruch gegeben ist** (§ 347 Abs. 1 Nr. 1 oder Nr. 2 AO; vgl. Rz. 2482 f.). Siehe dazu Abschn. 12 VollstrA. Der Einspruch ist insbesondere statthaft gegen

- Pfändungen,
- die Anordnung der eidesstattlichen Versicherung gem. § 284 AO,
- Anträge an das Amtsgericht auf Eintragung einer Sicherungshypothek, Anordnung der Zwangsversteigerung oder -verwaltung.

Dagegen entfalten Mahnung und Vollstreckungsankündigung keine Regelungswirkung und sind deshalb **keine Verwaltungsakte.** Dies gilt auch für die Anordnung der Vollstreckung, die eine verwaltungsinterne Maßnahme darstellt. Der Antrag auf Eröffnung eines Insolvenzverfahrens sowie die Anmeldung der Ansprüche aus dem Steuerschuldverhältnis können ebenso wenig mit dem Einspruch angegriffen werden. **Vorläufiger Rechtsschutz** gegen eine Vollstreckungsmaßnahme i. S. d. § 118 ist durch **Aussetzung der Vollziehung** (§ 361 AO, § 69 FGO) möglich.

9.1.2 Begründung des Einspruchs

Der Einspruch muss darauf gestützt werden, dass die Vollstreckungsmaßnahme rechtswidrig ist, z. B. die Pfändung in formeller oder materieller Hinsicht fehlerhaft ist.

2850

BEISPIEL

Das Finanzamt pfändet einen Traktor des X.
LÖSUNG Je nach Lage des Einzelfalls könnte X Einspruch erheben mit der Begründung, der vollstreckte Anspruch sei durch Zahlung vor Durchführung der Pfändung erloschen, bei dem Traktor handele es sich um eine unpfändbare Sache (§ 811 Abs. 1 Nr. 5 ZPO), der Traktor sei Grundstückszubehör (weil X zugleich Eigentümer des Grundstücks ist) und dürfe nicht im Wege der Sachpfändung gepfändet werden.

Der Einspruch gegen eine Vollstreckungsmaßnahme darf grundsätzlich nicht mit Einwendungen gegen den zu vollstreckenden Verwaltungsakt (z. B. Steuerbescheid) begründet werden (z. B. zu hohe Steuerfestsetzung). Insoweit muss der Stpfl. unmittelbar Einspruch gegen den zu vollstreckenden Bescheid erheben (vgl. § 256 AO und Abschn. 11 VollstrA).

Ist der zu vollstreckende Bescheid jedoch unwirksam (z. B. nichtig oder nicht wirksam bekannt gegeben), liegt ein gravierender Verstoß gegen § 249 Abs. 1 AO vor (Vollstreckung ohne vollstreckbaren Verwaltungsakt), der mittels Einspruch geltend gemacht werden kann. In seltenen Fällen kann sogar Nichtigkeit der Vollstreckungsmaßnahme die Folge sein. Ebenso kann der Vollstreckungsschuldner mittels Einspruch geltend machen, dass die Vollziehung des vollstreckten Bescheides ausgesetzt ist (vgl. § 251 Abs. 1 AO).

9.2 Antrag auf Einschränkung und Beschränkung der Vollstreckung gem. § 257 AO

Nach § 257 Abs. 1 ist die Vollstreckung einzustellen oder zu beschränken, sobald

2851

- die Vollstreckbarkeitsvoraussetzungen des § 251 Abs. 1 weggefallen sind,
- der Verwaltungsakt, aus dem vollstreckt wird, aufgehoben wird,
- der Anspruch auf die Leistung erloschen ist,
- die Leistung gestundet ist.

Siehe dazu ausführlich Abschn. 5 und 6 VollstrA und Abschn. 11 VollzA.

§ 257 ist von Amts wegen zu berücksichtigen. Stellt das Finanzamt jedoch nicht von sich aus ein bzw. beschränkt es nicht von sich aus die Vollstreckung, ist (selbstverständlich) ein **Antrag** des Vollstreckungsschuldners statthaft und in der Praxis **häufig zweckmäßig.** Gegen die Ablehnung des Antrags ist der Einspruch statthaft. Vorläufiger Rechtsschutz ist in Form der einstweiligen Anordnung gem. § 114 FGO möglich (vgl. Rz. 3315 ff.).

9.3 Antrag auf einstweilige Einstellung oder Beschränkung der Vollstreckung gem. § 258 AO (Vollstreckungsaufschub)

2852   Nach § 258 kann die Vollstreckungsbehörde die Vollstreckung **einstweilen einstellen** oder beschränken oder Vollstreckungsmaßnahmen aufheben, **wenn im Einzelfall die Vollstreckung unbillig ist.** Siehe dazu Abschn. 7 VollstrA.

Eine **Unbilligkeit** im Sinne dieser Vorschrift ist anzunehmen, wenn die Vollstreckung oder eine einzelne Vollstreckungsmaßnahme dem Vollstreckungsschuldner einen unangemessenen Nachteil bringen würde, der durch kurzfristiges Zuwarten oder durch eine andere Vollstreckungsmaßnahme vermieden werden könnte. Nachteile die üblicherweise mit der Vollstreckung oder einzelnen Vollstreckungsmaßnahmen verbunden sind, begründen keine Unbilligkeit (Abschn. 7 Abs. 2 VollstrA). Danach kann die Vollstreckung unbillig sein, wenn sie zur wirtschaftlichen Existenzvernichtung oder auch nur zur Existenzgefährdung führen würde und dies durch kurzfristiges Zuwarten vermieden werden könnte.

Der Vollstreckungsaufschub gem. § 258 AO ist nicht antragsabhängig. Gleichwohl ist ein solcher Antrag in der Praxis allgemein üblich. Gegen die Ablehnung des Antrags ist der Einspruch statthaft. Vorläufigen Rechtsschutz gewährt § 114 FGO.

9.4 Antrag auf Aufteilung einer Gesamtschuld (§§ 268–280 AO)

2853   Die Vorschriften über die Aufteilung einer Gesamtschuld behandeln **Vollstreckungsbeschränkungen bei Gesamtschuldnern.** Zweck der §§ 268 ff. AO ist es, den einzelnen Zusammenveranlagten im Falle der Vollstreckung nicht schlechterzustellen als einen nicht zusammenveranlagten Stpfl. Siehe insoweit die Ausführungen in Rz. 626 ff.

9.5 Einwendungen Dritter gegen Vollstreckungsmaßnahmen des Finanzamts

9.5.1 Allgemeines

2854   Auch Dritte können Einwendungen gegen Vollstreckungsmaßnahmen der Vollstreckungsstelle oder des Vollziehungsbeamten erheben. Dies ergibt sich aus §§ 347 Abs. 1, 262, 293, 294 Abs. 2 AO, Abschn. 31 Abs. 4 VollzA und §§ 812 und 839 BGB i. V. m. Art 34 GG.

9.5.2 Einspruch

2855   Innerhalb des Vollstreckungsverfahrens haben auch Dritte die Möglichkeit, Einspruch einzulegen, soweit sie beschwert sind (§ 347 Abs. 1, § 350 AO). Damit können sie insbesondere die **Art und Weise der Vollstreckung** rügen. Der Einspruch kann dagegen nicht auf Einwendungen gestützt werden, die nach §§ 262, 293 AO sowie §§ 812 und 839 BGB i. V. m. Art 34 GG zu verfolgen sind.

BEISPIEL

Ein Dritter kann Einspruch gegen eine Pfändung einlegen mit der Begründung, die Pfändung sei unzulässig, weil in seinem Gewahrsam befindliche bewegliche Sachen gepfändet worden seien, zu deren Herausgabe er nicht bereit gewesen sei (§ 286 Abs. 4 AO, Abschn. 31 Abs. 4 Nr. 1, 43 Abs. 3 VollzA).

9.5.3 Widerspruch gem. § 262 AO

Nach § 262 AO kann ein Dritter Widerspruch gegen die Vollstreckung einlegen mit der **2856** Begründung, er habe an dem beim Vollstreckungsschuldner gepfändeten Gegenstand »ein die Veräußerung hinderndes Recht«. »Die **Veräußerung hindernde Rechte**« sind Rechte des Dritten, die einer Vollstreckung in den Gegenstand entgegenstehen. Darunter fällt insbesondere **das Eigentum des Dritten an der gepfändeten Sache** (auch in der Form von Mit- und Gesamthandseigentum, Vorbehaltseigentum gem. § 455 BGB oder Sicherungseigentum gem. § 930 BGB). Einspruch gegen die Pfändung ist in solchen Fällen nicht zulässig. Mit dem Widerspruch können auch die (in der Praxis seltenen) Einwendungen nach den §§ 772 bis 774 ZPO erhoben werden.

Hilft das Finanzamt dem Widerspruch nicht ab (z. B. weil der Dritte sein Eigentum nicht nachweisen kann), ist gem. § 771 ZPO die Erhebung einer **Drittwiderspruchsklage** vor dem zuständigen ordentlichen Gericht (Amts- oder Landgericht) möglich. Als **vorläufiger Rechtsschutz** kommt ein Antrag auf den **Erlass einer einstweiligen Anordnung gem. § 769 ZPO** in Betracht.

BEISPIEL

Wegen nicht bezahlter USt-Rückstände pfändet der Vollziehungsbeamte des Finanzamts den LKW des Einzelunternehmers U durch Anbringung eines Pfandsiegels. Der LKW befindet sich auf dem Betriebsgelände des U. U hatte den LKW der Bank (B) zur Absicherung eines Kredites gem. §§ 929 und 930 BGB sicherungsübereignet.
1. Durfte der Vollziehungsbeamte den LKW pfänden?
2. Was kann die B-Bank gegen die Pfändung unternehmen?
LÖSUNG Zu 1. Unterstellt, dass die allgemeinen Vollstreckungsvoraussetzungen vorliegen, ist die Pfändung des LKW nach Maßgabe der §§ 281 ff. AO rechtmäßig. Der gem. § 285 Abs. 1 AO zuständige Vollziehungsbeamte hat alle Voraussetzungen des § 286 AO beachtet: Der LKW befand sich im (Allein-)Gewahrsam des U (§ 286 Abs. 1 AO). Durch die Anlegung des Pfandsiegels wurde die Pfändung gem. § 286 Abs. 2 AO wirksam. Es gehört nicht zu den Voraussetzungen des § 286 AO, dass die gepfändete Sache dem Vollstreckungsschuldner gehört. Dies hat der Vollziehungsbeamte grds. nicht zu prüfen (vgl. Rz. 2801).
Zu 2. Durch die Pfändung wird das (zivilrechtliche) Eigentum der B unmittelbar betroffen. Gleichwohl ist ein Einspruch der Bank nicht statthaft. Begründung: Das Eigentum ist »ein die Veräußerung hinderndes Recht« gem. § 262 Abs. 1 AO und § 771 Abs. 1 ZPO. Macht die B als Dritte ihr Eigentum am Gegenstand der Vollstreckung geltend, wird sie allein durch § 771 ZPO, der auch im Steuerrecht gilt, geschützt. Es ist hier nicht der Rechtsweg zum Finanzgericht, sondern der zu den ordentlichen Gerichten gegeben. Dies stellt § 262 AO klar. Die Bank kann also (nur) Widerspruch gem. § 262 AO erheben (vgl. Abschn. 13 VollstrA) und, falls dieser erfolglos ist, Drittwiderspruchsklage (je nach Streitwert) vor dem Amts- oder Landgericht.

9.5.4 Anspruch auf vorzugsweise Befriedigung gem. § 293 AO

Nach § 293 Abs. 1 AO kann ein Dritter, der sich nicht im Besitz der Sache befindet, der **2857** Pfändung aufgrund eines ihm zustehenden Pfand- oder Vorzugsrechts nicht widersprechen. Er kann jedoch vorzugsweise Befriedigung aus dem Versteigerungserlös verlangen.

9.5.5 Ansprüche aus § 812 BGB und § 839 BGB i. V. m. Art 34 GG

2858   Die unter Rz. 2856 und Rz. 2857 genannten Rechtsbehelfe sind nur vom Beginn der Vollstreckung (Pfändung) bis zur Beendigung der Vollstreckung (Verwertung) zulässig. Nach Beendigung der Vollstreckung ist der Dritte (z. B. Eigentümer der gepfändeten und versteigerten Sache) auf die Geltendmachung von Bereicherungsansprüchen (§§ 812 ff. BGB) und ggf. von Schadensersatzansprüchen (§ 839 BGB i. V. m. Art 34 GG) beschränkt.

10   Unterbindung von Steuerrückständen durch nichtsteuerrechtliche Maßnahmen und Erlass von Haftungsbescheiden gegenüber Dritten

2859   Das Finanzamt kann auch durch nichtsteuerrechtliche Maßnahmen erreichen, dass weitere und neue Steuerrückstände unterbunden werden (vgl. Abschn. 65–67 VollstrA). Es kann bei den zuständigen Verwaltungsbehörden bzw. Gerichten insbesondere beantragen bzw. anregen

- die Löschung von Gesellschaften im Handelsregister (Abschn. 65 Nr. 1 VollstrA),
- die Gewerbeuntersagung bzw. Einziehung der gewerberechtlichen Erlaubnis (vgl. Abschn. 66 Abs. 1 Nr. 2 VollstrA),
- ein berufsrechtliches Verfahren (Abschn. 66 Abs. 1 Nr. 3 VollstrA),
- die Ausweisung eines ausländischen Schuldners (Abschn. 66 Abs. 2 VollstrA),
- die Einziehung von Pässen (Abschn. 66 Abs. 3 VollstrA),
- die Abmeldung (auch von unpfändbaren) von Fahrzeugen von Amts wegen (Abschn. 67 VollstrA).

Soweit **Dritte** (ausnahmsweise) für die Steuerschulden des Vollstreckungsschuldners kraft Gesetzes haften, kann das Finanzamt sie durch **Erlass eines Haftungsbescheides** in Anspruch nehmen (§ 191 Abs. 1 AO). Siehe dazu ausführlich Kapitel F (Rz. 750 ff.).

2860–2960
frei

Teil P Steuerstraf- und Ordnungswidrigkeitenrecht

1 Stellung des Steuerstraf- und Ordnungswidrigkeitenrechts

Das Steuerstraf- und Ordnungswidrigkeitenrecht ist im 8. Teil der AO zu finden. Dieser **2961** gliedert sich in

- materielle Strafvorschriften: §§ 369–376 AO,
- materielle Bußgeldvorschriften: §§ 377–384 AO,
- Verfahrensvorschriften für das Strafverfahren: §§ 385–408 AO,
- Verfahrensvorschriften für das Bußgeldverfahren: §§ 409–412 AO.

Über Verweisungen (§§ 369 Abs. 2, 377 Abs. 2 AO) gelten die allgemeinen strafrechtlichen Bestimmungen, insbesondere die des Strafgesetzbuches, der Strafprozessordnung sowie des Gesetzes über Ordnungswidrigkeiten. Darüber hinaus finden auch die sonstigen Vorschriften der AO oder der Einzelsteuergesetze, wie EStG, UStG, GewStG etc. Anwendung, denn die Tatbestände des Steuerstrafrechts im weiteren Sinne sind als **Blankettnormen** ausgestaltet. D. h., diese offenen Gesetze müssen durch die Normen des Steuerrechts ausgefüllt werden. Der Begriff des *Steuer*gesetzes ist in der AO nicht definiert. Darunter werden aber Rechtsnormen (§ 4 AO) mit steuerlichem Inhalt verstanden, demnach insbesondere die Einzelsteuergesetze und die sonstigen Vorschriften der AO. Ohne Kenntnisse der einzelnen materiellen steuerlichen Vorschriften können die materiellen Strafvorschriften nicht angewandt werden. Im Weiteren vgl. Rz. 2992 ff.

2 Unterscheidung Straftat und Ordnungswidrigkeit

Die wesentlichsten Unterschiede zwischen einer Steuerstraftat (Rz. 2963 ff.) und einer **2962** Steuerordnungswidrigkeit (Rz. 3036 ff.) sind:

- Die Strafe ahndet Kriminelles, d. h. in Erscheinung getretenes Unrecht, die Geldbuße ahndet vor allem falsches Verhalten. Die Strafe wird in das Zentralregister eingetragen, die Geldbuße nicht.
- Im Strafverfahren gilt das Legalitätsprinzip (Verfolgungszwang), im Bußgeldverfahren das Opportunitätsprinzip (Verfolgung liegt im pflichtgemäßen Ermessen der Verfolgungsbehörde, § 47 OWiG).
- Eine Strafe kann nur von einem Gericht verhängt werden, die Geldbuße dagegen von der Verwaltungsbehörde (allerdings mit gerichtlicher Nachprüfungsmöglichkeit).
- Im Ordnungswidrigkeitenrecht gibt es keine Abgrenzung zwischen Täterschaft und Teilnahme, § 14 OWiG.
- Bei Uneinbringlichkeit oder Zahlungsunfähigkeit tritt an die Stelle einer Geldstrafe die Ersatzfreiheitsstrafe. Bei Nichtzahlung einer Geldbuße kann keine Ersatzfreiheitsstrafe festgesetzt werden, u. U. ist aber Erzwingungshaft (§ 96 OWiG) möglich.
- Vollstreckungsbehörde und Gnadenbehörde ist bei Strafen die Staatsanwaltschaft bzw. das Gericht, bei Geldbußen hingegen die Verwaltungsbehörde.

Wegen weiterer Unterschiede vgl. Rz. 3036.

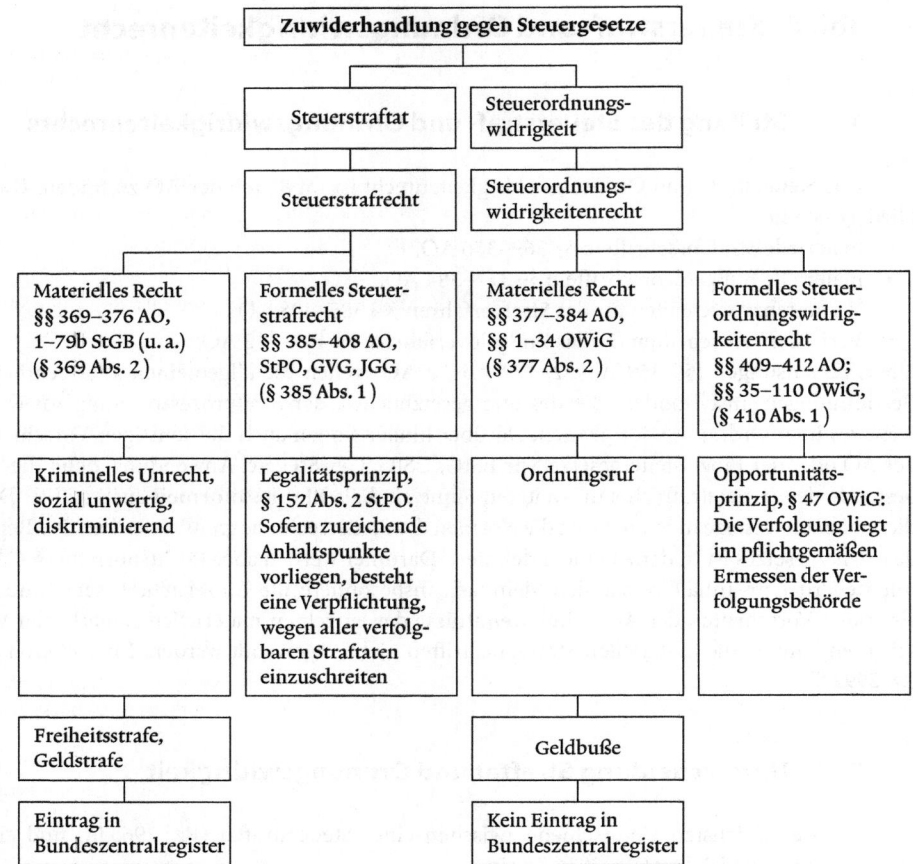

3 Steuerstrafrecht

3.1 Geltungsbereich

2963 Der **sachliche Geltungsbereich** ergibt sich aus § 1 Abs. 1 AO, demnach umfasst er Steuern (auch Realsteuern, § 1 Abs. 2 Nr. 7 AO), Steuervergütungen, Zölle sowie Abschöpfungen (§ 3 Abs. 1 Satz 2 AO). In aller Regel sind Kirchensteuern nicht erfasst (z. B. § 11 Abs. 2 KiStG für Rheinland-Pfalz, es kommt insoweit allenfalls Betrug nach § 263 StGB in Betracht). Was **Steuerstraftaten** sind, ist in § 369 AO aufgezählt. Neben den in der AO geregelten Tatbeständen, vor allem § 370 AO, finden sich auch in anderen Gesetzen Steuerstraftatbestände, etwa in § 26 c UStG oder § 23 Rennwett- und Lotteriegesetz, vgl. Nr. 18 AStBV (St) 2014.

Wegen den Steuerstraftaten gleichgestellten Straftaten vgl. Rz. 3031.

2964 Von den Straftatbeständen **nicht** erfasst werden **steuerliche Nebenleistungen** i. S. des § 3 Abs. 4 AO. Zwar sind nach § 1 Abs. 3 AO die Vorschriften für Steuern sinngemäß anzuwenden, jedoch ist im Strafrecht das **Analogieverbot** zu beachten. D. h., im Wege der Analogie dürfen keine Straftatbestände geschaffen oder verschärft werden. Der Gesetzgeber muss ausdrücklich regeln, was unter Strafe gestellt ist.

Der **zeitliche Geltungsbereich** ergibt sich aus den §§ 1 und 2 StGB. Nach § 1 StGB (i. V. m. Art. 103 Abs. 2 GG) kann eine Bestrafung nur dann stattfinden, wenn zum Zeitpunkt der Tatbegehung (§ 8 StGB) das Gesetz schon bestanden hat, nach dem der Täter bestraft werden soll. Bei Begehung der Tat muss der Täter wissen, zumindest wissen können, dass er etwas Verbotenes tut. Die Strafbarkeit kann nur durch ein formell ordnungsgemäß zustande gekommenes Gesetz begründet oder verschärft werden. Aus Gewohnheitsrecht kann die Strafbarkeit nicht hergeleitet werden. Zugleich muss vor Tatbegehung bestimmt sein, welche Strafe unter welche Strafvorschrift fällt (**Bestimmtheitsgrundsatz**). Problematisch sind hierbei Blankettstrafgesetze (z. B. § 370 AO), weil dies offene Gesetze sind und sich eine Vollstrafnorm erst in Verbindung mit einem ausfüllenden Gesetz (z. B. einem Einzelsteuergesetz) ergibt. **2965**

Nach § 2 Abs. 1 StGB bestimmt sich die Strafe nach dem Gesetz, welches zur Zeit der Tatbegehung (§ 8 StGB) gegolten hat. Die Strafbarkeit darf nicht rückwirkend zu Ungunsten des Täters verändert werden (**absolutes Rückwirkungsverbot**).

Wird zwischen Beendigung der Tat und Entscheidung über die Strafe das Gesetz zugunsten des Täters geändert, ist nach § 2 Abs. 3 StGB das mildere Gesetz anzuwenden. Dieses **Rückwirkungsgebot** gilt jedoch nicht im Steuerstrafrecht, weil **Steuergesetze regelmäßig** als **Zeitgesetze** i. S. d. § 2 Abs. 4 StGB (§ 4 Abs. 4 OWiG) anzusehen sind.

Der **räumliche Geltungsbereich** ergibt sich aus den §§ 3–7 StGB. Im Strafrecht gilt im Grundsatz das **Territorialitätsprinzip** (Ort der Tat ist maßgebend). Wird die Tat im Inland begangen (§ 3 StGB), spielt die Frage der Staatsangehörigkeit demnach keine Rolle. Nach § 9 StGB ist Begehungsort der Tat der Ort der Handlung oder der Ort der Erfolgseintritts oder der Ort des erwarteten Erfolges. **2966**

Für **Taten**, die **nicht im Inland** begangen werden, erweitert das Personalitätsprinzip (Staatsangehörigkeitsprinzip) den Anwendungsbereich des StGB, §§ 4–7 StGB. Das StGB gilt danach insbesondere für Auslandstaten gegen inländische Rechtsgüter nach § 5 StGB, für Auslandstaten gegen deutsche Staatsangehörige nach § 7 Abs. 1 StGB, für Auslandstaten gegen international geschützte Rechtsgüter nach § 6 StGB, für Auslandstaten von Deutschen nach § 7 Abs. 2 Nr. 1 StGB und für Auslandstaten von Ausländern bei Nichtauslieferung nach § 7 Abs. 2 Nr. 2 StGB.

Ein **Sonderfall** regelt § 370 Abs. 7 AO. Hierdurch wird das Territorialitätsprinzip außer Kraft gesetzt, um **Abgabehinterziehungen im Rahmen des EU-Binnenmarktes** verfolgen zu können. Die Vorschrift bezieht sich nur auf die in § 370 Abs. 6 AO genannten Taten, nämlich die Hinterziehung von Einfuhr- und Ausfuhrabgaben, die von anderen Mitgliedsstaaten der Europäischen Union verwaltet werden oder einem Mitgliedstaat der Europäischen Freihandelsorganisation (EFTA) oder einem mit dieser assoziierten Staaten (Island, Schweiz, Norwegen, Lichtenstein) zustehen, sowie auf die Hinterziehung von Umsatzsteuern und harmonisierten Verbrauchssteuern (z. B. Energie-, Strom-. Branntwein-, Bier- und Tabaksteuer), die von anderen Mitgliedsstaaten der Europäischen Union verwaltet werden.

3.2 Allgemeines

3.2.1 Einteilung von Straftaten – Handlungsbegriff

Straftaten werden nach § 12 Abs. 1 StGB unterschieden zwischen **Verbrechen** und **Vergehen**. Verbrechen sind rechtswidrige Taten, die im Mindestmaß mit Freiheitsstrafe von einem Jahr oder darüber bedroht sind. Weil die **Steuerhinterziehung** diese Voraussetzung nicht erfüllt, handelt es sich um ein **Vergehen**, § 12 Abs. 2 StGB i. V. mit § 370 Abs. 1 und Abs. 3 AO. **2967**

2968   Strafrechtlich **relevant** sind nur **Handlungen einer natürlichen Person**. Juristische Personen können nach deutschem Strafrecht nicht handeln (u. U. jedoch Geldbußen möglich, § 30 OWiG). Eine Handlung ist ein menschliches, äußerliches (körperliches), vom Willen beherrschtes Verhalten.

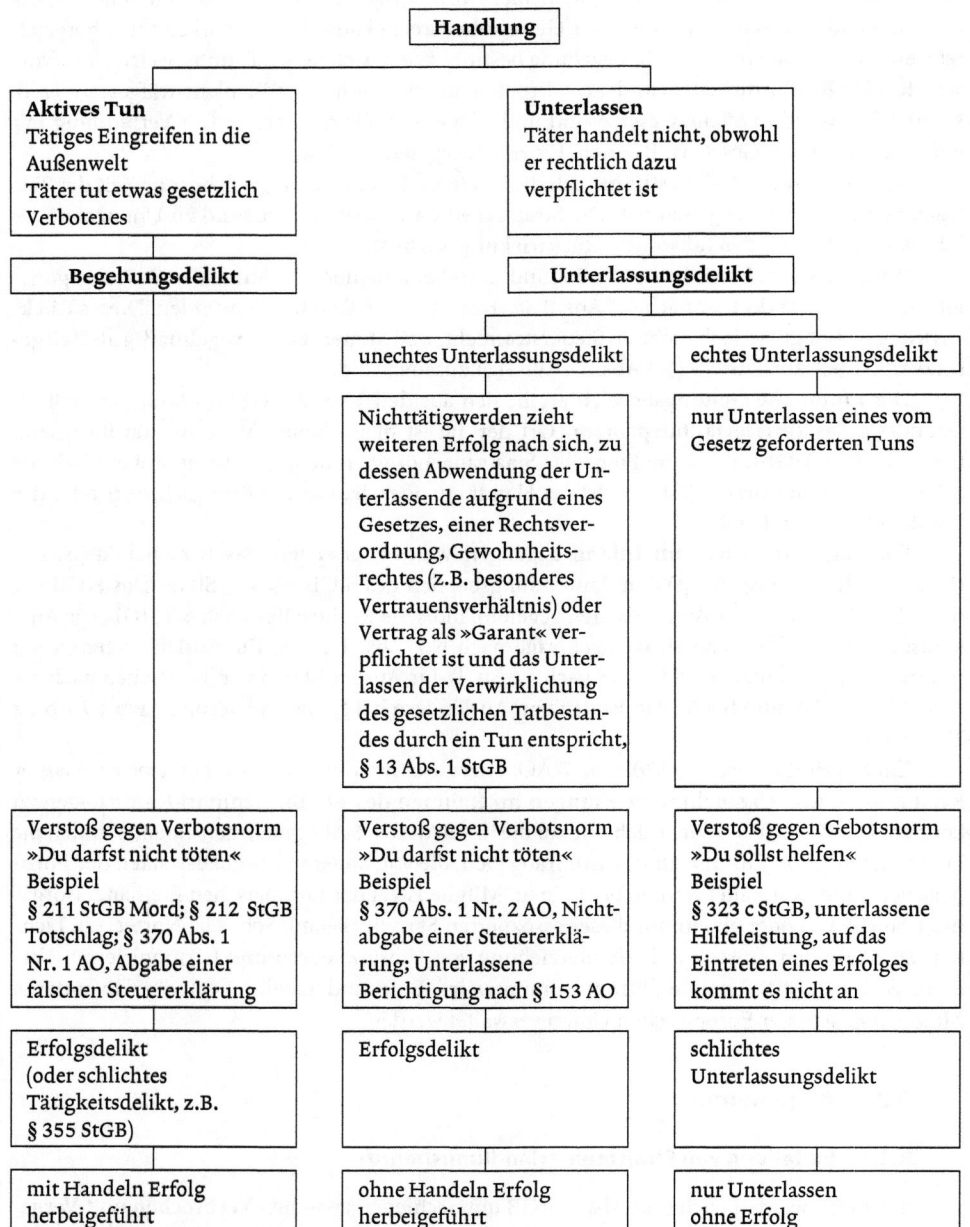

Handlung		

Aktives Tun Tätiges Eingreifen in die Außenwelt Täter tut etwas gesetzlich Verbotenes	**Unterlassen** Täter handelt nicht, obwohl er rechtlich dazu verpflichtet ist	
Begehungsdelikt	**Unterlassungsdelikt**	
	unechtes Unterlassungsdelikt	echtes Unterlassungsdelikt
	Nichttätigwerden zieht weiteren Erfolg nach sich, zu dessen Abwendung der Unterlassende aufgrund eines Gesetzes, einer Rechtsverordnung, Gewohnheitsrechtes (z.B. besonderes Vertrauensverhältnis) oder Vertrag als »Garant« verpflichtet ist und das Unterlassen der Verwirklichung des gesetzlichen Tatbestandes durch ein Tun entspricht, § 13 Abs. 1 StGB	nur Unterlassen eines vom Gesetz geforderten Tuns
Verstoß gegen Verbotsnorm »Du darfst nicht töten« Beispiel § 211 StGB Mord; § 212 StGB Totschlag; § 370 Abs. 1 Nr. 1 AO, Abgabe einer falschen Steuererklärung	Verstoß gegen Verbotsnorm »Du darfst nicht töten« Beispiel § 370 Abs. 1 Nr. 2 AO, Nichtabgabe einer Steuererklärung; Unterlassene Berichtigung nach § 153 AO	Verstoß gegen Gebotsnorm »Du sollst helfen« Beispiel § 323 c StGB, unterlassene Hilfeleistung, auf das Eintreten eines Erfolges kommt es nicht an
Erfolgsdelikt (oder schlichtes Tätigkeitsdelikt, z.B. § 355 StGB)	Erfolgsdelikt	schlichtes Unterlassungsdelikt
mit Handeln Erfolg herbeigeführt	ohne Handeln Erfolg herbeigeführt	nur Unterlassen ohne Erfolg

Straftaten werden unterschieden in:

- **Erfolgsdelikt:** Erforderlich ist eine Kausalzusammenhang zwischen dem Verhalten des Täters und dem Taterfolg, z. B. Verkürzung von Steuern nach § 370 Abs. 1 Nr. 1 AO. Bei aktivem Tun ist jede Handlung, die nicht hinweggedacht werden kann, ohne dass der konkret eingetretene Erfolg entfiele, für dessen Eintritt kausal (**Begehungsdelikt**). Bei der Unterlassungstat ist jede unterlassene Handlung, die nicht hinzugedacht werden kann, ohne dass der konkret eingetretene Erfolg entfiele, für dessen Eintritt kausal (**Unterlassungsdelikt**). Maßgeblich ist hierbei nur der tatsächliche Geschehensablauf. Unmaßgeblich sind hypothetische Ursachen, die auch zum gleichen Ergebnis geführt hätten. Eine Mitverursachung oder Beschleunigung des Tatherganges sind ausreichend. Ebenso ein atypischer Kausalverlauf, soweit die Handlung als Ursache bis zum Erfolgseintritt wirkt.
- **Tätigkeitsdelikt:** Das Tätigwerden als solches ist – ohne Rücksicht auf einen Erfolg – strafbar, z. B. § 355 StGB, Verletzung des Steuergeheimnisses.

3.2.2 Aufbau einer Straftat

Für eine **Handlung** als Straftat ansehen zu können, bedarf es der   **2969**

- **Tatbestandsmäßigkeit:** Erfüllung der gesetzlich vorgegebenen Tatbestandsmerkmale (**objektiver Tatbestand**, Rz. 2970–Rz. 2972; **subjektiver Tatbestand**, Rz. 2973 und 2974)
- **Rechtswidrigkeit:** Tatbestandsmäßigkeit indiziert die Rechtswidrigkeit (es sei denn, es liegen Rechtfertigungsgründe vor, Rz. 2975)
- **Schuld:** Vorwerfbare innere Einstellung des Täters zu seiner Tat (Rz. 2976 ff.).

3.2.2.1 Tatbestandsverwirklichung

3.2.2.1.1 Objektiver Tatbestand   **2970**

Der Tatbestand wird durch das Strafgesetz bestimmt, in welchem abstrakt generell für eine Vielzahl von Fällen das kriminelle Verhalten definiert wird. Regelmäßig besteht der Tatbestand eines Delikts aus einer Vielzahl von einzelnen Tatbestandsmerkmalen, die alternativ oder kumulativ erfüllt sein müssen, damit der Tatbestand insgesamt verwirklicht wird. Tatbestandswidrig handeln heißt, durch ein Verhalten einen bestehenden Straftatbestand (vgl. Rz. 2965) zu verwirklichen. Dabei ist das Analogieverbot zu beachten. Im Wege der Analogie darf es zu keiner Strafbegründung oder Strafverschärfung kommen. Ein konkretes Gesetz kann nicht zulasten des Täters ausgelegt oder analog angewendet werden (z. B. kein Hinterziehungstatbestand bei steuerlichen Nebenleistungen, vgl. Rz. 2964).

Festgemacht werden kann die Erfüllung des Tatbestandes an den sog. äußeren Unrechtsmerkmalen. Dies sind:

- **Täter:** Wer kann Täter sein? (vgl. Rz. 2983 f.). Bei Gemeindelikten kann jedermann Täter sein, z. B. § 370 Abs. 1 Nr. 1 AO. Es bedarf keiner besonderen Qualifizierung, um Täter zu sein. Bei Sonderdelikten kann nur der Täter sein, der eine Sondereigenschaft innehat, z. B. kann bei Amtsdelikten (§§ 331, 332 StGB) nur ein Amtsträger Täter sein.
- **Tathandlung:** Wie ist die Tat ausgeführt worden? Bei § 370 Abs. 1 Nr. 1 AO erfolgt dies z. B. durch unrichtige Angaben. Bei § 212 StGB (Totschlag) ist Tathandlung die Einwirkung auf einen Menschen. Bei § 303 StGB (Sachbeschädigung) ist die Manipulation der Sache die Tathandlung.

- **Handlungsobjekt:** Was ist das geschützte Rechtsgut? Bei § 212 StGB ist dies der Mensch, bei § 303 StGB die Sache. Bei § 370 Abs. 1 Nr. 1 AO ist das geschützte Rechtsgut das Steueraufkommen, der Anspruch des Steuergläubigers auf das vollständige und rechtzeitige Aufkommen der einzelnen Steuerarten.

2971 Bei Erfolgsdelikten muss zudem die Handlung **kausal für den Erfolg** der Tat sein (vgl. Rz. 2968).

2972 Es gibt verschiedene Arten von Tatbestandsmerkmalen. Zum einen, beschreibende, allgemein verständliche, sog. **deskriptive Tatbestandsmerkmale.** Dies sind Merkmale, die aus dem allgemeinen Begriffsfeld stammen und ohne Auslegung verständlich sind (z. B.: in § 211 StGB, Mord, die Begriffe Mensch und töten, oder in § 303 StGB, Sachbeschädigung, die Begriffe Sache und beschädigen). Des Weiteren gibt es ausfüllungsbedürftige Merkmale, sog. **normative Tatbestandsmerkmale** (z. B. in § 242 StGB, Diebstahl, der Begriff fremde Sache oder in § 267 StGB, Urkundenfälschung, der Begriff der Urkunde). Hierbei ist zur Bestimmung ob das Tatbestandsmerkmal erfüllt ist, auf andere Rechtsnormen zurückzugreifen. Der Täter muss dabei keine genaue juristische Subsumtion vornehmen, jedoch eine zutreffende **Parallelwertung in der Laiensphäre.**

3.2.2.1.2 Subjektiver Tatbestand

2973 Um den subjektiven Tatbestand eines Strafgesetzes zu erfüllen, muss **Vorsatz** in Bezug auf alle objektiven Tatbestandsmerkmale vorliegen. Vorsatz ist Wissen und Wollen aller zum gesetzlichen Tatbestand gehörenden Merkmale. **Abzugrenzen** ist der (bedingte) Vorsatz **von der Fahrlässigkeit,** denn nach § 15 StGB ist nur vorsätzliches Handeln strafbar, es sei denn, ausnahmsweise lässt das Gesetz auch fahrlässiges Handeln zur Tatbestandsverwirklichung ausreichen (z. B. Leichtfertigkeit in § 378 AO). Fahrlässig handelt, wer die Sorgfalt, zu der er nach den Umständen und seinen persönlichen Kenntnissen und Fähigkeiten verpflichtet und im Stande ist, außer Acht lässt.

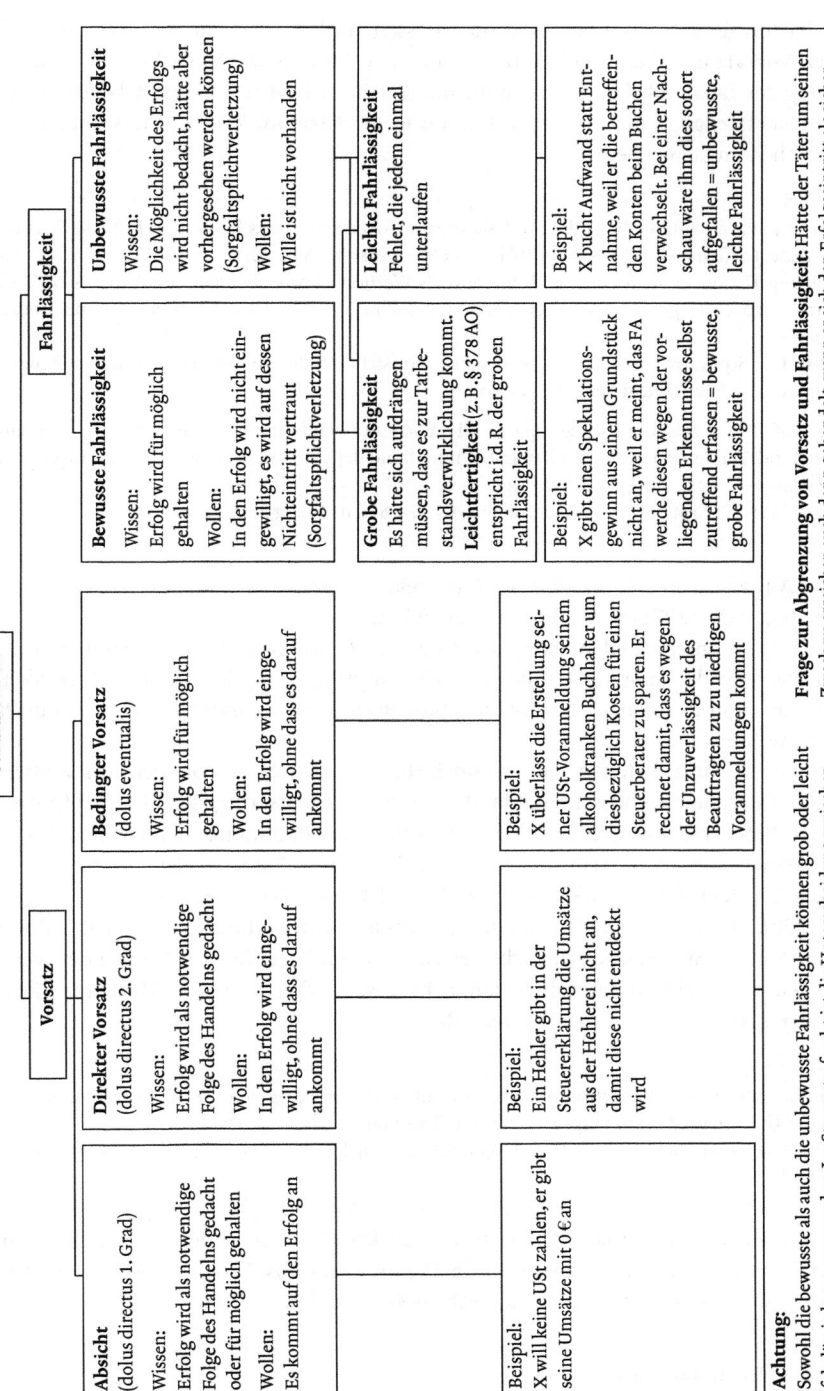

Achtung:
Sowohl die bewusste als auch die unbewusste Fahrlässigkeit können grob oder leicht fahrlässig begangen werden. Im Steuerstrafrecht ist die Unterscheidung zwischen grober und leichter Fahrlässigkeit wichtig. Die Unterscheidung zwischen bewusster und unbewusster Fahrlässigkeit wird zur Abgrenzung zum Vorsatz benötigt. Sie ist z. B. wichtig für die Art des Verfahrens (Straf- oder Ordnungswidrigkeitenverfahren).

Frage zur Abgrenzung von Vorsatz und Fahrlässigkeit: Hätte der Täter um seinen Zweck zu erreichen auch dann gehandelt, wenn er sich den Erfolgseintritt als sicher vorgestellt hätte? Wenn ja, ist bedingter Vorsatz gegeben, der Täter nimmt den Erfolg billigend in Kauf. Wenn nein, liegt bewußte Fahrlässigkeit vor, er vertraut auf den Nichteintritt.

2974   Jeder Irrtum über einen Tatbestand oder dessen Auslegung (siehe Rz. 2969 und 2970) **schließt den Vorsatz** und damit die Bestrafung **aus**, § 16 Abs. 1 Satz 1 StGB. In diesen Fällen ist eine Ahndung der Tat als fahrlässige Begehung möglich, falls diese strafbar ist, § 16 Abs. 1 Satz 2 StGB (z. B. Leichtfertigkeit in § 378 AO). Ein **Tatbestandsirrtum** kann auf tatsächlichem als auch auf rechtlichem Gebiet liegen.

> **BEISPIELE**
>
> a) Bei einem vermieteten Objekt des Stpfl. wurde im November 07 das Dach repariert. Die Rechnung der Dachdeckerfirma vom Dezember 07 hat der Stpfl. erst in 08 bezahlt. Bei der Erstellung der Steuererklärung 07 zieht er die Kosten der Reparatur als Werbungskosten bei den Einkünften aus Vermietung und Verpachtung i. S. d. § 21 EStG ab, weil er dachte, die Rechnung noch im Dezember bezahlt zu haben.
> **LÖSUNG** Der Stpfl. irrt auf tatsächlichem Gebiet. Hinsichtlich der objektiv eingetretenen Steuerverkürzung für das Jahr 07 liegt kein Vorsatz vor.
>
> b) Der Stpfl. hat in falscher Auslegung des § 12 EStG Aufwendungen, die dem Privatbereich zuzurechnen sind, als Betriebsausgaben behandelt und dementsprechend in seiner dem FA eingereichten Bilanz und G+V-Rechnung berücksichtigt.
> **LÖSUNG** Weil der Stpfl. über die Rechtslage des § 12 EStG irrt, liegt kein Vorsatz vor.

Für die Annahme eines Tatbestandsirrtums reicht es, wenn der Stpfl. die Parallelwertung in der Laiensphäre (Rz. 2972) vornimmt und dabei irrt.

Hiervon ist zu unterscheiden, wenn der Täter sich tatsächlich nicht im Irrtum befunden hat und nur nach Entdeckung der Tat die **Schutzbehauptung** aufstellt, er hätte sich geirrt. Die Fälle des Irrtums von den Fällen der bloßen Schutzbehauptung zu unterscheiden, ist ein Problem des Nachweises.

Um einen sog. **umgekehrten Tatbestandsirrtum** handelt es sich bei dem **untauglichen Versuch**. Der Täter glaubt, mit seinem Handeln (oder Unterlassen) gegen eine Strafnorm zu verstoßen. In Wirklichkeit verhält er sich aber rechtmäßig. Ein untauglicher Versuch liegt vor, wenn der Versuch von vornherein nicht gelingen kann, weil Tatbestandsmerkmale, die der Täter für gegeben hält, fehlen (BGH vom 09.07.1954 NJW 1954, 1576 und vom 17.10.1996 NJW 1997, 750). Die Gründe dafür, dass der (anders als beim Wahndelikt, vgl. Rz. 2980) tatsächlich vorhandene Straftatbestand nicht verwirklicht und die Tat nicht vollendet werden kann, sind dem Täter unbekannt. Die Untauglichkeit kann den Täter, das Mittel für die Tathandlung oder das Objekt (vgl. Rz. 2970) betreffen.

> **BEISPIEL**
>
> Der Stpfl. manipuliert Betriebsausgaben, obwohl auch ohnedies seine Einkommensteuerschuld bereits 0 € (unterhalb des Eingangsbereichs der Grundtabelle) betragen hat.
> **LÖSUNG** Die Untauglichkeit bezieht sich hier auf das Objekt, den irrig für gegeben gehaltenen Steueranspruch.

Der untaugliche Versuch ist strafbar. Er enthält kriminelle Energie, die eine Bestrafung opportun erscheinen lässt. Es kann aber nach §§ 23 Abs. 2 und Abs. 3 sowie 49 Abs. 1 und Abs. 2 StGB milder bestraft oder ganz von der Strafe abgesehen werden.

3.2.2.2   Rechtswidrigkeit

2975   Weil Straftatbestände nur rechtswidrige Vorgänge erfassen, braucht die Rechtswidrigkeit einer Tat grundsätzlich nicht mehr positiv ermittelt zu werden. Die Rechtswidrigkeit folgt generell aus der Normverletzung, § 11 Abs. 1 Nr. 5 StGB. Widerlegbar ist zu vermuten, dass rechtswidrig gehandelt wird, wenn die Tatbestandsmerkmale einer Strafnorm erfüllt werden. Die **Tatbestandserfüllung indiziert** demnach die **Rechtswidrigkeit**.

Rechtswidrig ist eine Tat jedoch dann nicht, wenn **Rechtfertigungsgründe** für sie vorliegen. Z. B. sind dies Notwehr (§ 32 StGB), rechtfertigender Notstand (§ 34 StGB) oder auch Einwilligung des Inhabers des geschützten Rechts. Die Bedeutung der Rechtfertigungsgründe im Steuerrecht ist zu vernachlässigen.

BEISPIEL

Ein Stpfl. gibt eine falsche Steuererklärung ab, in der er seine Umsätze zu niedrig angibt. Er gibt an, dies getan zu haben, um seinen Betrieb und die damit verbundenen Arbeitsplätze zu erhalten. Er befände sich in einer ausweglosen Situation, er verfüge über fast keine liquiden Mittel mehr und habe die Steuer daher nicht entrichten können. Liegt rechtfertigender Notstand i. S. des § 34 StGB vor?

LÖSUNG Der Steueranspruch ist gegenüber anderen Rechtsgütern nicht als geringwertiger anzusehen, er ist ein Anspruch der Allgemeinheit. Die Abgabe einer falschen Steuererklärung ist nicht das angemessene Mittel. Vielmehr hätte der Stpfl. Anträge z. B. auf Stundung, Erlass oder Vollstreckungsaufschub stellen können. Notfalls muss er die Zwangsvollstreckung dulden.

3.2.2.3 Schuld

Strafbarkeit setzt ein vorwerfbares Verhalten des Täters voraus, seine Schuld. Bei der Schuldprüfung wird ermittelt, ob die tatbestandsmäßige rechtswidrige Handlung ihrem Verursacher persönlich zugerechnet werden kann (normativer Schuldbegriff). Merkmale der Schuld sind   **2976**

- Schuldfähigkeit (Rz. 2977)
- Unrechtsbewusstsein (Rz. 2978 ff.) und
- Entschuldigungsgründe (Rz. 2981).

3.2.2.3.1 Schuldfähigkeit

Schuldfähigkeit ist die Fähigkeit des Täters, das Unerlaubte der Handlung einzusehen und   **2977**
nach dieser Einsicht zu handeln.

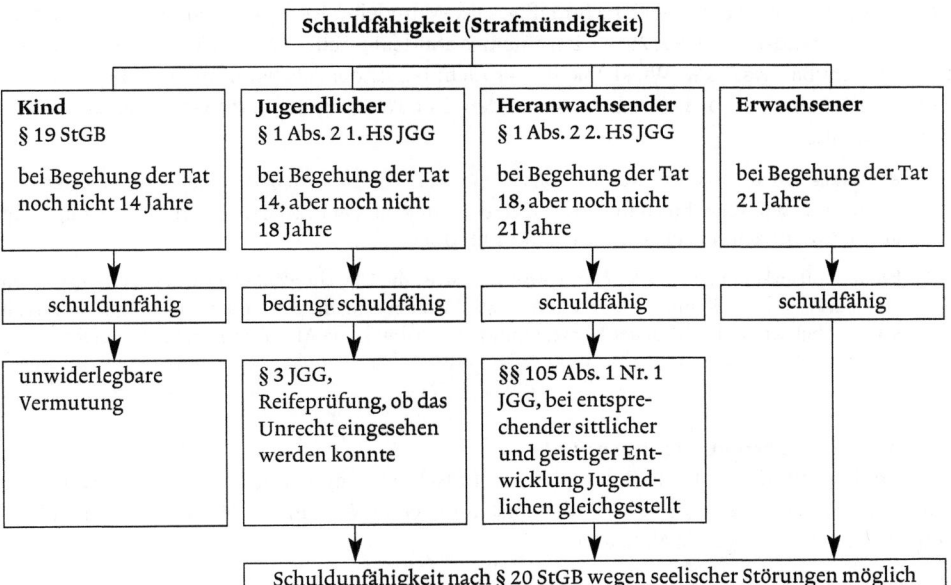

Die verminderte Schuldfähigkeit nach § 21 StGB berührt – anders als die Schuldunfähigkeit wegen seelischer Störungen nach § 20 StGB – nicht die Schuldfähigkeit, es wird nur die Schwere des Schuldvorwurfs berücksichtigt. Sie ist ein Schuldminderungsgrund, jedoch kein Schuldunfähigkeitsgrund und spielt nur eine Rolle bei der Strafzumessung (§ 49 Abs. 1 StGB).

3.2.2.3.2 Unrechtsbewusstsein

2978 Ein selbstständiges Element der Schuld ist das Unrechtsbewusstsein des Täters. Es genügt, wenn der Täter bei dem ihm zumutbaren Einsatz seiner Erkenntniskräfte und Wertvorstellungen die Einsicht in das Unrecht der Tat gewinnen konnte. Das Bewusstsein der Rechtswidrigkeit wird zum inneren Tatbestand (siehe § 17 StGB).

2979 Vom Tatbestandsirrtum, der den Vorsatz entfallen lässt (vgl. Rz. 2973), sind die Fälle zu unterscheiden, in denen der Täter die Tatumstände einschließlich ihrer Relevanz kennt, er jedoch davon ausgeht, seine Handlung sei nicht strafbar. Der Täter irrt über die Rechtswidrigkeit seiner Tat (dem zweiten Element einer Tat, siehe Rz. 2969 und 2974), ihm fehlt das Unrechtsbewusstsein für die Tat. Der Täter unterliegt einem sog. Verbotsirrtum, von dem § 17 Satz 1 StGB bestimmt: »Fehlt dem Täter bei Begehung der Tat die Einsicht, Unrecht zu tun, so handelt er ohne Schuld, wenn er diesen Irrtum nicht vermeiden konnte.« Demnach führt **nur** ein **unvermeidbarer Verbotsirrtum** zu fehlendem Unrechtsbewusstsein. Nach der Rechtsprechung des BGH treffen den Handelnden im Falle von bestehenden Zweifeln Erkundigungspflichten; im Steuerrecht gilt dies insbesondere für Selbstständige oder Geschäftsführer von Gesellschaften. Diese haben sich über einschlägige Vorschriften im weitesten Bereich, u. a. eben auch über steuerliche Vorschriften, zu informieren. Der Täter muss sein Gewissen anspannen und die ihm zur Verfügung stehenden Erkenntnismittel ausschöpfen. Das Maß der erforderlichen Gewissensanspannung richtet sich nach den Umständen des Falles und nach dem Lebens- und Berufskreis des Einzelnen. Relevante unvermeidbare Verbotsirrtümer spielen daher im Steuerstrafrecht kaum eine Rolle, vgl. Rz. 3009. War der **Irrtum vermeidbar**, kann die **Strafe** lediglich **gemildert** werden, §§ 17 Satz 2, 49 Abs. 1 StGB.

2980 Um einen sog. **umgekehrten Verbotsirrtum** handelt es sich bei dem **Wahndelikt**. Der Täter glaubt, mit seinem Handeln (oder Unterlassen) gegen eine Strafnorm zu verstoßen. In Wirklichkeit verhält er sich aber rechtmäßig. Das Wahndelikt ist straflos (anders als der umgekehrte Tatbestandsirrtum, Rz. 2974). Bei einem Wahndelikt stellt sich der Täter vor, sein Verhalten wäre strafbar, was es in Wirklichkeit aber nicht ist. Anders als beim untauglichen Versuch (Rz. 2974) ist eine Verbotsnorm nicht vorhanden. Der Täter geht irrigerweise von einer strafbaren Handlung aus.

BEISPIELE

a) Ein Stpfl. gibt Einnahmen in seiner Steuererklärung mit dem Ziel der Steuerhinterziehung nicht an. In Wirklichkeit sind diese jedoch nach § 3 EStG steuerfrei.

b) Ein Stpfl. erkennt nach Ablauf der Festsetzungsfrist die Unrichtigkeit einer von ihm abgegebenen Steuererklärung. In Kenntnis des § 153 AO entschließt er sich, das FA hierüber nicht in Kenntnis zu setzen, obgleich nach Ablauf der Festsetzungsfrist ohnehin keine Anzeigepflicht mehr besteht.

3.2.2.3.3 Entschuldigungsgründe

2981 Im Steuerstrafrecht keine Rolle spielende Entschuldigungsgründe sind beispielsweise der intensive Notwehrexzess (§ 33 StGB), der entschuldigende Notstand (§ 35 StGB) oder der übergesetzliche entschuldigende Notstand.

3.2.3 Entwicklungsstufen einer Straftat (Tatablauf)

Folgende Stadien einer Straftat werden unterschieden:

2982

- Tatentschluss,
- Vorbereitungshandlungen,
- Versuch/Ausführungshandlungen,
- Vollendung,
- Beendigung.

Tatentschluss ist das Vorhaben des Täters, sämtliche Tatbestandsmerkmale einschließlich des Erfolgs zu erfüllen. Tatgeneigtheit reicht nicht aus. Der Entschluss zu einer Tat ist nicht strafbar (Ausnahme: § 30 Abs. 2 StGB), als reine innere Handlung auch ohne Weiteres nicht verfolgbar.

Bei **Vorbereitungshandlungen** handelt es sich um Förderungshandlungen zur Deliktverwirklichung. In diesem Stadium ist die Tatbestandsverwirklichung regelmäßig noch ohne große Umstände abzubrechen. Strafbar ist eine Vorbereitungshandlung nur dann, wenn die Handlung selbst bereits vom Gesetz her zur Straftat oder Ordnungswidrigkeit ausgestaltet ist (z. B. die Vorbereitung der Fälschung von Geld- und Wertzeichen § 149 StGB oder die Steuergefährdung nach § 379 AO).

BEISPIELE

- Ausfüllen einer Steuererklärung mit falschen Angaben ist bis zur Abgabe beim FA nur Vorbereitungshandlung;
- Falschbuchungen;
- datenmäßige Erfassung und Verbuchung der Belege und Erstellung des – falschen – Zahlenwerks für die später abzugebende USt-Voranmeldung durch ein mit der selbstständigen Erstellung der gesamten Buchführung eines Unternehmens und der Einreichung der Steueranmeldungen beauftragtes Steuerbüro (BGH vom 06.02.2014, 1 StR 577/13, wistra 2015 S. 29);
- Absprache mit Kunden/Lieferanten über unrichtige Rechnungen;
- Besorgen von fingierten Belegen zum Vorspiegeln von Betriebsausgaben.

Mit **Beginn der Ausführungshandlungen** liegt ein unmittelbares Ansetzen zur Tat vor, die konkrete Verwirklichung der einzelnen Tatbestandsmerkmale beginnt, § 22 StGB. Die Tat tritt in das Versuchsstadium ein, der Täter verwirklicht bereits den subjektiven Tatbestand, der endgültige Tatentschluss liegt vor. Nur in diesem Stadium kann noch ein sog. strafbefreiender (freiwilliger) Rücktritt vom Versuch nach § 24 StGB erfolgen. Das Stadium des Versuchs ist solange nicht überschritten, wie nicht alle objektiven Tatbestandsmerkmale erfüllt sind. Tritt im Bereich des Steuerstrafrechts z. B. der Erfolg einer unrichtigen Steuererklärung nicht ein, weil das FA den Ansatz der Tat bemerkt hat, ist die Tat noch nicht vollendet, es liegt (nur) versuchte Steuerhinterziehung vor. Eine **versuchte Tat** ist nach § 23 Abs. 1 StGB bei Verbrechen immer strafbar und bei Vergehen nur, wenn dies im Gesetz ausdrücklich bestimmt ist (z. B. versuchte Steuerhinterziehung nach § 370 Abs. 2 AO).

BEISPIEL

Der Stpfl. übergibt seinem (gutgläubigen) Steuerberater zur Addition die Eingangs- und Ausgangsrechnungen. Sodann hat dieser die Summen in einer USt-Voranmeldung an das FA zu übermitteln.
LÖSUNG Hier kann der Stpfl. davon ausgehen, dass die Tathandlung der Einreichung unrichtiger USt-Voranmeldungen durch den Steuerberater ohne weitere Zwischenschritte nach Übergabe der Rechnungen an ihn erfolgen würde. Damit hat er unmittelbar zur Tatbestandsverwirklichung angesetzt (BGH vom 06.02.2014, 1 StR 577/13, wistra 2015 S. 29).

Vollendung ist dann gegeben, wenn alle Tatbestandsmerkmale verwirklicht sind und bei Erfolgsdelikten (z. B. bei Steuerhinterziehung nach § 370 AO) der Erfolg eingetreten ist. Beihilfehandlungen sind nach h. M. (mit Nachweisen, aber a. A. FGJ, StStrafR, 8. Auflage 2015, AO § 369 Rn. 80) auch noch nach Vollendung bis zur Beendigung eines Delikts möglich. Nach Vollendung ist Begünstigung möglich, mit dem ein Dritter dem Täter helfen will, die Früchte seiner rechtswidrigen Tat zu sichern, § 369 Abs. 1 Nr. 4 AO i. V. m. § 257 StGB. Bis zum Eintritt der Vollendung ist der Rücktritt, danach nur noch die Selbstanzeige (Rz. 3017 ff.) möglich.

Beendigung der Tat liegt vor, wenn sie ihren endgültigen tatsächlichen Abschluss gefunden hat. Die Tat ist vollständig abgewickelt, der letzte gewollte Teilerfolg ist eingetreten. An die Beendigung knüpft der Beginn der Strafverfolgungsverjährung an, § 78 a StGB. Im Steuerstrafrecht fallen Vollendung und Beendigung in aller Regel zusammen (vgl. Rz. 3011).

Tatablauf →			→	
Tatentschluss	**Vorbereitungshandlungen**	**Ausführungshandlungen**	**Vollendung**	**Beendigung**
Bildung des inneren Willens	Förderungshandlungen zur Deliktverwirklichung	unmittelbares Ansetzen zur Verwirklichung des Tatbestands	Tatbestandsmerkmale insgesamt erfüllt und Erfolgseintritt	tatsächlicher Abschluss, Endgültigkeit des Erfolgseintritts
straflos	generell straflos (Ausnahme versuchte Anstiftung nach § 30 StGB, vgl. Rz. 2984; ggf. auch Ordnungswidrigkeit, z. B. § 379 AO)	Beginn der Strafbarkeit als Versuch	strafbar	strafbar
Beispiel: Entschluss Steuern zu hinterziehen	Beispiel: falsches Ausfüllen der Steuererklärung	Beispiel: Abgabe der falsch ausgefüllten Steuererklärung	Beispiel: zu niedrige Steuerfestsetzung aufgrund der falschen Erklärung	Beispiel: zu niedrige Zahlung bzw. Erhalt zu hoher Erstattung
Beihilfehandlung möglich (strafbar aber erst, wenn Haupttat in Versuchsstadium eingetreten ist)				
			Begünstigung möglich (auch noch nach Beendigung)	

3.2.4 Beteiligungsformen – Täterschaft und Teilnahme

2983   Mögliche Beteiligungsformen an einer Straftat sind Täterschaft und Teilnahme.

Täter einer Straftat ist nach § 25 Abs. 1 StGB wer eine Straftat selbst (Allein- oder Nebentäter) oder durch einen anderen (mittelbare Täterschaft) begeht. Begehen mehrere gemeinschaftlich eine Straftat, werden sie als Mittäter bestraft (§ 25 Abs. 2 StGB).

Alleintäterschaft liegt vor, wenn die Tat selbst begangen wird, also ohne Mitwirkung Dritter. **Mittelbare Täterschaft** ist dadurch gekennzeichnet, dass jemand durch einen Anderen (Werkzeug oder Tatmittler) die Tat begeht. Der Täter muss sein Werkzeug kraft überlegenen Wissens oder Willens beherrschen. Dies ist z. B. dann der Fall, wenn das Werkzeug einzelne Tatumstände nicht kennt und daher selbst nicht vorsätzlich handelt.

Ein Stpfl. veranlasst seinen gutgläubigen Steuerberater, gefälschte Unterlagen im Rahmen der vom Steuerberater gefertigten Steuererklärung beim FA einzureichen.

LÖSUNG In diesem Fall wird der Steuerberater als Werkzeug benutzt, denn er hat kein Wissen um die Fälschung.

Mittäter begehen die Tat gemeinschaftlich, d. h. sie wirken bewusst und gewollt zusammen. Das bewusste und gewollte Zusammenwirken grenzt die Mittäterschaft von der mittelbaren Täterschaft ab. Die Mittäter müssen einen gemeinsamen Tatentschluss gefasst haben und den Tatbestand arbeitsteilig erfüllen (wollen). Bei Mittäterschaft muss sich jeder Mittäter den Tatbeitrag des anderen strafrechtlich zurechnen lassen.

Wie vorangegangenes Beispiel, jedoch sind sich der Stpfl. und sein Steuerberater einig, die gefälschten Unterlagen beim FA einzureichen.

LÖSUNG In diesem Fall haben beide in Mittäterschaft eine Steuerhinterziehung begangen.

Daneben ist noch der sehr seltene Fall der **Nebentäterschaft** denkbar. Hierbei verwirklichen zwei Täter nebeneinander und ohne voneinander zu wissen, dasselbe Delikt.

A und B sind Gesellschafter einer OHG. A und B fälschen zusammen Rechnungen, die der gemeinsamen OHG einen Vorsteuerabzug ermöglichen sollen. Wegen fehlender Absprache zwischen beiden, reichen beide ohne vom jeweiligen Tun des anderen zu wissen, die Rechnungen im Rahmen des Umsatzsteuer-Voranmeldungsverfahrens beim FA ein.

Teilnehmer an einer Straftat sind Anstifter (§ 26 StGB) und Gehilfen (§ 27 StGB). Die **2984** Teilnahme an einer Straftat durch Anstiftung oder Beihilfe setzt die Haupttat eines anderen voraus. Ein anderer muss strafrechtlich als Täter anzusehen sein. Diese fremde Tat fördert der Teilnehmer psychisch oder physisch.

Anstiftung als Teilnahme liegt vor, wenn jemand vorsätzlich einen Anderen zu dessen vorsätzlich begangener rechtswidriger Tat bestimmt hat (doppelter Anstiftervorsatz). Weil sowohl der Täter als auch der Anstifter vorsätzlich handeln müssen, ist eine vorsätzliche Anstiftung zu einer fahrlässigen Haupttat als auch eine fahrlässige Anstiftung zu einer vorsätzlichen Haupttat nicht denkbar. Der Anstifter erzeugt zunächst mit Vorsatz in dem Täter den Willen, das Delikt zu begehen. Der Täter führt dann den so erzeugten Vorsatz aus. Ein bereits entschlossener Täter kann nicht mehr angestiftet werden. Führt der Täter die Tat nicht aus, kann der Anstifter nicht bestraft werden. Der Anstifter wird nach § 26 StGB gleich dem Täter bestraft, eine Strafminderung ist nicht vorgesehen.

a) Ein Buchhalter legt seinem Chef eine unrichtige Umsatzsteuererklärung zur Unterschrift vor, um diesem zu gefallen. Der Chef ist erfreut über die Umsichtigkeit des Buchhalters und unterschreibt die Erklärung, nachdem er sich vergewissert hat, dass die Gefahr einer Strafverfolgung wegen Steuerhinterziehung sehr gering ist. Infolge der Abgabe der unrichtigen Umsatzsteuererklärung wird die Umsatzsteuer zu niedrig festgesetzt.

LÖSUNG Der Buchhalter ist in diesem Fall Anstifter für die Tat des B. Er erzeugt in diesem den Willen, eine Steuerhinterziehung zu begehen. Tatherrschaft hat er allerdings keine, denn die eigentliche Tat begeht der Chef.

b) Ein im Hauptberuf unterrichtender Arbeitnehmer erzählt einem Kollegen, dass er seine Nebeneinkünfte aus Nachhilfetätigkeit bislang stets versteuere. Weil er seiner Meinung nach bereits genügend (Lohn-) Steuer bezahle, würde er aber jedes Jahr aufs Neue überlegen, ob er die Nebeneinkünfte deklariert. Der Kollege rät ihm, die Nebeneinkünfte diesmal nicht zu erklären, denn dem FA fehlten geeignete Nachprüfungsmöglichkeiten, um dies zu erkennen. Der im Hauptberuf unterrichtende Arbeitnehmer unterlässt daraufhin die Angaben.

LÖSUNG Auch wenn der im Hauptberuf unterrichtende Arbeitnehmer stets tatgeneigt war und allgemeine Überlegungen schon anstellte, erzeugt erst der Kollege den konkreten Tatentschluss. Der Kollege erfüllt den Tatbestand der Anstiftung zur (versuchten) Steuerhinterziehung.

Wegen Anstiftung kann bestraft werden, wenn die Haupttat mindestens ins Versuchsstadium eingetreten ist.

BEISPIEL

Wie vorheriges Beispiel a), aber das FA bemerkt den Fehler in der unrichtigen Umsatzsteuererklärung. Es setzt die zutreffende Steuer fest.

LÖSUNG Nach § 370 Abs. 2 AO i. V. m. § 22 StGB liegt hinsichtlich des Chefs versuchte Steuerhinterziehung vor. Der Buchhalter wollte, dass der Chef die unrichtige Erklärung abgibt und damit eine vollendete Steuerhinterziehung begeht. Dass die Tat im Versuchsstadium steckengeblieben ist, hindert nicht die Strafbarkeit als Anstifter.

Versuchte Anstiftung ist nach § 30 StGB nur bei Verbrechen, jedoch nicht bei Vergehen strafbar. Damit ist die versuchte Anstiftung im Bereich des Steuerstrafrechts straflos.

BEISPIEL

Am Stammtisch erzählt Unternehmer A dem Unternehmer B, wie er (A) durch verschiedene Geldbewegungen ins Ausland an ihm gehörende Firmen Betriebsausgaben vortäuscht. A versucht B zu überreden, entsprechend zu verfahren. B lehnt ab.

LÖSUNG A versucht vorsätzlich den B zu einer Steuerhinterziehung zu motivieren. Weil B ablehnt, eine Haupttat damit auch nicht versuchsweise vorliegt, kann A nicht wegen Anstiftung bestraft werden. Versuchte Anstiftung zu einem Vergehen nach § 370 AO ist nicht strafbar.

Beihilfe leistet nach § 27 Abs. 1 StGB, wer vorsätzlich einem anderen zu dessen vorsätzlich begangener rechtswidriger Tat Hilfe geleistet hat (doppelter Beihilfevorsatz). Er wird als Gehilfe bestraft. Typische Gehilfen können (Steuer-)Berater sowie Angestellte sein, wenn sie die Tat nicht selbst ausführen und deshalb nicht Täter sind. Art und Weise der Förderung der Tat sind unerheblich. Tätigkeiten von untergeordneter Bedeutung sprechen für Beihilfe und gegen Täterschaft. Eine Hilfe kann erst dann angenommen werden, wenn sie objektiv die Haupttat fördert. Die Art der Mitwirkung ist nicht entscheidend, sie kann durch »Rat und Tat« erfolgen, wobei irgendeine Förderung genügt. Unmaßgeblich ist, ob die Haupttat der Förderung überhaupt bedurft hat oder ob der Haupttäter seine Tat auch ohne die Förderung verwirklicht hätte. Unterschieden wird psychische Beihilfe wie z. B. Ratschlag, bewusste Unterstützung, Tipps und physische Beihilfe, wie Fälschen von Belegen, Abgabe einer falschen Erklärung, oder auch Ausfüllen einer falschen Erklärung.

Beihilfe ist wie Anstiftung strafbar, wenn die Haupttat zumindest in das Versuchsstadium eingetreten ist. Versuchte Beihilfe ist wie versuchte Anstiftung im Bereich des Steuerstrafrechts straflos. Anders als bei Anstiftung ist die Strafe für den Gehilfen, die sich nach der Strafdrohung für den Täter richtet, nach § 27 StGB i. V. m. § 49 Abs. 1 StGB obligatorisch zu mildern.

a) Ein Notar beurkundet wissentlich einen zu niedrigen Kaufpreis für ein Grundstück.

b) Ein Angestellter erstellt für seinen Chef auf dessen Wunsch unrichtige Lohnsteueranmeldungen.

c) Ein im Hauptberuf unterrichtender Arbeitnehmer möchte auf jeden Fall in irgendeiner Weise allgemein bildende Bücher als Werbungskosten steuerlich geltend machen. Auf seinen Wunsch hin stellt die verkaufende Buchhandlung entsprechend modifizierte Rechnungen aus.

d) Ein Steuerberater erstellt eine unrichtige Buchführung und Bilanz für einen Mandanten, der diese seiner von ihm eigenständig vervollständigten Steuererklärung beifügt.

e) Nachdem die Prüfungsanordnung für eine Außenprüfung ergangen ist, hilft ein Angestellter seinem Chef, die »problematischen« Buchführungsunterlagen zu vernichten.
Hier liegt keine Beihilfe, sondern Begünstigung vor. Der Angestellte hilft seinem Chef, die Vorteile einer bereits beendeten Tat zu sichern (§ 369 Abs. 1 Nr. 4 AO i. V. m. § 257 StGB).

f) Ein Bankmitarbeiter hilft einem Bankkunden zur Vermeidung der Zinsabschlagsteuer (und letztlich der inländischen Besteuerung von Kapitaleinkünften) Kapitalvermögen anonym ins Ausland (z. B. Luxemburg) zu transferieren (BGH vom 01. 08. 2000 NJW 2000, 2010; BStBl II 2001, 79).

g) Bei Wareneinkäufen wird den Kunden ein Teil der Waren mit Rechnung und die restlichen Waren gegen Barzahlung und Barverkaufsrechnungen veräußert. Die Kunden konnten annehmen, in der Buchführung des Veräußerers nicht aufzutauchen. Ihnen wurde damit ermöglicht, in ihren eigenen Gewerbebetrieben, z. B. Gaststätten, hinsichtlich der mittels Barverkaufsrechnungen erworbenen Waren die entsprechenden Betriebseinnahmen und Betriebsausgaben nicht zu verbuchen (BFH vom 21. 01. 2004 BStBl II 2004, 919).

Die **Unterscheidung zwischen Täterschaft und Teilnahme** ist bedeutend, weil wegen einer Teilnahme an einer Straftat nur dann bestraft werden kann, wenn ein anderer Täter war. Die Abhängigkeit der Strafbarkeit des Teilnehmers davon, dass ein Haupttäter ermittelt werden kann, wird als **Grundsatz der Akzessorietät** bezeichnet.

Täterschaft und Teilnahme lassen sich
1. nach Tatherrschaft (objektive oder Tatherrschafts-Theorie) oder
2. nach Täterwille (subjektive oder Animus-Theorie) unterscheiden.

Bei der Unterscheidung nach der Tatherrschaft ist Täter derjenige, der objektiv das »Ob und Wie« der Tatbestandsverwirklichung (evtl. mit anderen Mittätern) bestimmt und subjektiv einen entsprechenden Willen besitzt. Danach ist Teilnehmer derjenige, der das »Ob und Wie« der Tat vom Willen eines anderen abhängig macht und damit ohne eigene Tatherrschaft die Tat veranlasst oder fördert. Bei der Unterscheidung nach dem Täterwillen ist Täter bereits derjenige, der einen Teilbeitrag mit Täterwillen leistet, also wer die Tat als eigene will. Teilnehmer ist danach derjenige, der die Tat als fremde will, unabhängig davon, ob sein Tatbeitrag den Erfolg tatsächlich herbeigeführt hat. Die höchstrichterliche Rechtsprechung folgt der **Animus-Theorie**. In der Strafrechtsliteratur wird überwiegend die Tatherrschaftstheorie für zutreffend erachtet.

Die Ehefrau unterschreibt die Einkommensteuererklärung für die Zusammenveranlagung zur Einkommensteuer mit ihrem Ehemann, obgleich sie weiß, dass dieser die beiden Ehegatten zuzurechnenden Einkünfte aus Vermietung und Verpachtung bewusst zu niedrig angibt.
LÖSUNG Weil die Ehefrau Kenntnis vom gesamten Sachverhalt hat und durch ihre Unterschrift die Angaben des Ehemannes zu ihren eigenen macht, sie die Tat daher selbst (mit-)begangen hat, liegt hinsichtlich ihres Verhaltens keine Beihilfe, sondern Mittäterschaft vor.

Hinweis: Keine Mittäterschaft (und auch keine Beihilfe) der Ehefrau läge vor, wenn die Einkünfte aus Vermietung und Verpachtung lediglich dem Ehemann zuzurechnen sind und die Ehefrau *ohne eigenen Tatbeitrag* lediglich die Zusammenveranlagung unterschreibt. Dies gilt auch, wenn die Ehefrau von der Unrichtigkeit der Angaben des Ehemanns weiß. Der Erklärungsgehalt der wahrheitsversichernden Unterschrift beschränkt sich nur auf die Tatsachen, die den jeweiligen Ehegatten betreffen. Mit der bloßen Unterschrift werden keine falschen Angaben zu Einkünften des Ehemanns gemacht und auch keine Hilfe geleistet (vgl. BFH vom 16. 04. 2002 BStBl II 2002, 501 m. w. N. sowie BGH vom 17. 04. 2008 wistra 2008 S. 310).

Beteiligte Personen	Beteiligungsformen					
	Täter				Teilnehmer	
Tatherrschaft	will die Tat als eigene, hat Tatherrschaft				will die Tat als fremde, hat keine Tatherrschaft	
Bezeichnung der Tat	Unmittelbare Alleintäterschaft	Mittelbare Täterschaft	Mittäterschaft	Nebentäterschaft	Anstiftung	Beihilfe
Art der Handlung	handelt allein	begeht die Tat durch einen anderen, ein »Werkzeug«	gemeinschaftliche Tatbegehung mehrerer Täter in bewusstem und gewolltem Zusammenwirken	unabhängiges Handeln mehrerer Täter mit derselben Zielrichtung	bei einem anderen den Vorsatz zu einer Tat hervorrufen	einem anderen bei dessen Tat Hilfe leisten
	§ 25 Abs. 1 1. Alt. StGB	§ 25 Abs. 1 2. Alt. StGB	§ 25 Abs. 2 StGB	§ 25 Abs. 1 1. Alt. StGB	§ 26 StGB	§ 27 StGB

3.2.5 Konkurrenzen

2985   Unterschieden wird zwischen **Tateinheit** (Idealkonkurrenz), **Tatmehrheit** (Realkonkurrenz) und **Gesetzeskonkurrenz**. Bedeutung hat die Unterscheidung z. B. für die Bildung der Strafe (§ 54 StGB), für den Strafklageverbrauch (Niemand darf für eine Tat zweimal bestraft werden, Art. 103 Abs. 3 GG) und für die Verjährungsunterbrechung (§ 78 c StGB, § 33 OWiG).

Zunächst ist festzustellen, ob der Täter eine oder mehrere Taten begangen hat. Eine **natürliche Handlungseinheit** (eine Tat) liegt vor, wenn zwischen einer Mehrheit gleichartiger strafrechtlich erheblicher Verhaltensweisen ein derart unmittelbar räumlicher und zeitlicher Zusammenhang besteht, dass das gesamte Handeln des Täters objektiv auch für einen Dritten als einheitliches zusammengehöriges Tun erscheint, und wenn die einzelnen Betätigungsakte durch ein gemeinsames subjektives Element miteinander verbunden sind (BGH vom 19. 12. 1997 HFR 1998, 855). So wird z. B. nur von einer Tat ausgegangen, wenn in einer Steuererklärung mehrere unrichtige Angaben gemacht werden.

2986   **Tateinheit** liegt vor, wenn jemand durch eine einzige (dieselbe) Handlung zugleich mehrere Strafgesetze (ungleichartige Idealkonkurrenz) oder dasselbe Strafgesetz mehrmals (gleichartige Idealkonkurrenz) verletzt. In diesem Fall wird nur auf eine Strafe erkannt. Bei Verletzung mehrerer Strafgesetze richtet sich die Strafe nach dem Gesetz, das die schwerste Strafe bestimmt. Die Strafe der mildesten Strafbestimmung ist Mindeststrafe (**Absorptionsprinzip**, § 52 StGB).

Tateinheit liegt etwa vor, wenn Hinterziehungen in **mehreren Steuererklärungen** (z. B. Einkommensteuer-, Gewerbesteuer- sowie Umsatzsteuererklärung für einen Veranlagungszeitraum) vorliegen und die Steuererklärungen durch eine körperliche Handlung gleichzeitig abgegeben werden. Entscheidend ist, dass die Abgabe der Steuererklärungen im äußeren Vorgang zusammenfällt und überdies in den Erklärungen übereinstimmende unrichtige Angaben über die Besteuerungsgrundlagen enthalten sind (vgl. BGH vom 27.10.2015, 1 StR 373/15, NJW 2016, 965).

Hingegen wird Tateinheit in Form der wiederholten fortgesetzten Tatbegehung (z. B. über Jahre hinweg Verschweigen bestimmter Einnahmebereiche) nicht (mehr) angenommen (generelle Aufgabe der Rechtsfigur des **Fortsetzungszusammenhangs**, BGH vom 03.05.1994, NJW 1994, 1663 und vom 20.06.1994 BStBl II 1994, 673). Jede Tat muss einzeln erfasst und beurteilt werden, ein Zusammenfassen mehrerer Handlungen zu einer Tat aus Gründen der Verfahrensökonomie kommt nicht in Betracht. In der Literatur wird aber weiterhin Tateinheit zwischen unrichtigen Umsatzsteuer-Voranmeldungen und der folgenden Umsatzsteuer-Jahreserklärung angenommen (FGJ, StStrafR, 8. Auflage 2015, AO § 370, Rn. 725)..

Tatmehrheit ist gegeben, wenn der Täter durch mehrere Handlungen mehrere Strafgesetze oder dasselbe Strafgesetz mehrmals verletzt (§ 53 StGB). Tatmehrheit liegt beispielsweise vor, wenn Hinterziehungen in **mehreren Steuererklärungen** vorliegen, die nicht zusammen abgegeben werden (ansonsten ausnahmsweise Tateinheit, siehe oben; z. B. Einkommensteuer 01 und Einkommensteuer 02) oder in denen jeweils nicht zusammenhängende Hinterziehungen vorliegen (z. B. überhöhte Betriebsausgaben bei der Einkommensteuer 01 und verkürzte Umsätze bei der zugleich abgegebenen Umsatzsteuer 01). Bei einer gemeinsamen Aburteilung der erfüllten Straftatbestände wird bei der Strafbemessung auf eine Gesamtstrafe erkannt, wobei diese durch Erhöhung der verwirkten schwersten Einzelstrafe gebildet wird (keine rechnerische Summenbildung der Einzelstrafen). Es gilt das **Asperationsprinzip** (Verschärfungsgrundsatz). Insgesamt darf die Gesamtstrafe die Summe der Einzelstrafen nach § 54 Abs. 2 StGB nicht erreichen. **2987**

Bei der sog. **Gesetzeskonkurrenz** ergibt sich aus dem Verhältnis der verwirklichten Straftatbestände zueinander die Anwendung nur eines Straftatbestands. So kann z. B. ein Strafgesetz ein anderes wegen Spezialität oder Subsidiarität ausschließen. **Spezialität** bedeutet, eine Strafnorm enthält alle Merkmale einer anderen und gestaltet ein oder mehrere Tatbestände besonders aus. Zum Beispiel verdrängt § 370 AO als spezielleres Gesetz den allgemeinen Betrug nach § 263 StGB. **Subsidiarität** bedeutet, ein Gesetz kommt erst dann zur Anwendung, wenn kein anderes Gesetz einschlägig ist (Auffangtatbestand). Enthält ein Gesetz eine Subsidiaritätsklausel, tritt diese Bestimmung zurück, z. B. für den Bereich des Steuerordnungswidrigkeitsrechts § 379 Abs. 4 AO gegenüber § 378 AO. Subsidiär ist auch die niedrigere gegenüber der höheren Verwirklichungsstufe einer Tat, z. B. der Versuch gegenüber der vollendeten Tat, die Beihilfe gegenüber der Anstiftung. Subsidiarität liegt auch im Verhältnis der Bußgeldtatbestände der §§ 378 bis 380 AO zur Steuerhinterziehung nach § 370 AO vor. Gesetzeskonkurrenz ist auch hinsichtlich einer **mitbestraften Vor- oder Nachtat** gegeben (**Konsumtion**). Als mitbestrafte Vortat einer Steuerhinterziehung werden Vorbereitungshandlungen (§ 379 Abs. 1 AO) oder – wie oben bereits ausgeführt – die versuchte Steuerhinterziehung (§ 370 Abs. 2 AO) angesehen. Die Vortat ist mit der Bestrafung der vollendeten Tat abgegolten. Gleiches gilt für eine Nachtat, die z. B. zur Sicherung des erlangten Vorteils aus der Haupttat begangen wurde. **2988**

BEISPIEL

Weil er in seiner ESt-Erklärung den Gewinn aus Gewerbebetrieb des Jahres wegen verschwiegener Einnahmen zu niedrig erklärt hat (Haupttat), täuscht der Stpfl. den dieses Jahr prüfenden Betriebsprüfer über die Höhe seiner Einnahmen (Nachtat).

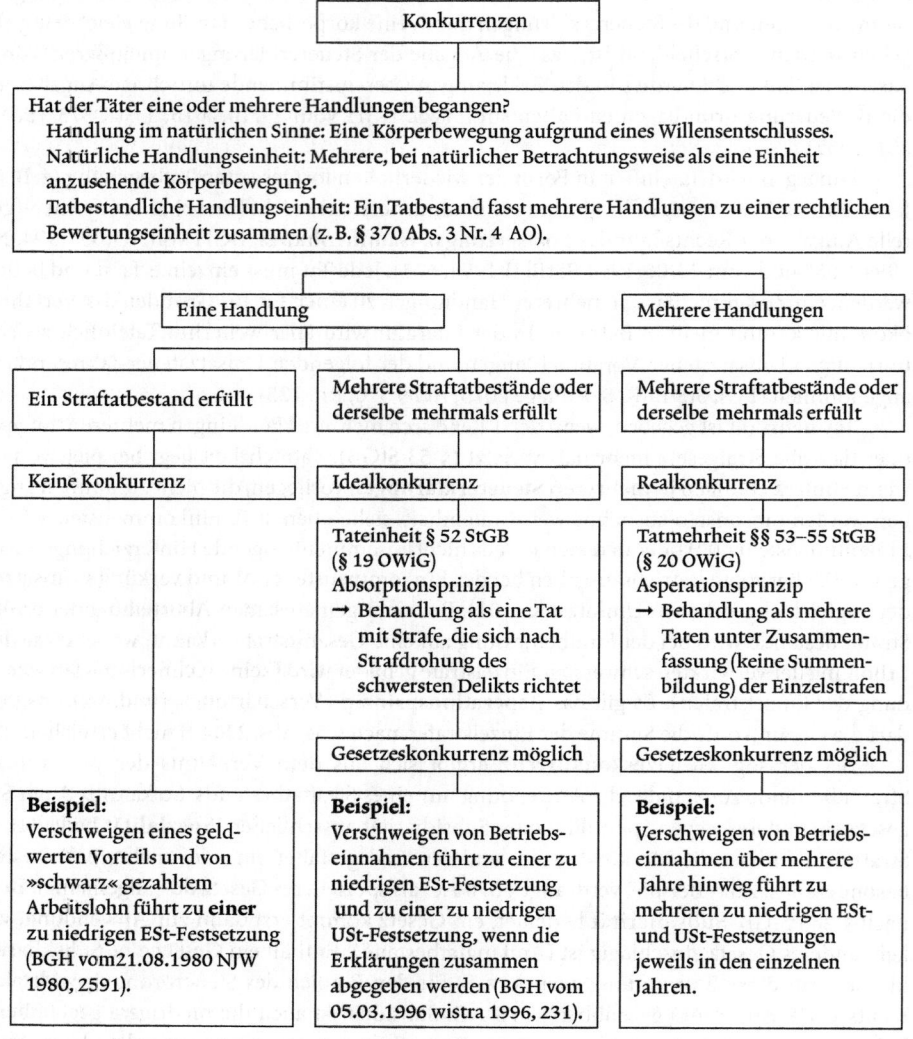

Konkurrenzen

Hat der Täter eine oder mehrere Handlungen begangen?
Handlung im natürlichen Sinne: Eine Körperbewegung aufgrund eines Willensentschlusses.
Natürliche Handlungseinheit: Mehrere, bei natürlicher Betrachtungsweise als eine Einheit anzusehende Körperbewegung.
Tatbestandliche Handlungseinheit: Ein Tatbestand fasst mehrere Handlungen zu einer rechtlichen Bewertungseinheit zusammen (z. B. § 370 Abs. 3 Nr. 4 AO).

Eine Handlung	Mehrere Handlungen

Ein Straftatbestand erfüllt	Mehrere Straftatbestände oder derselbe mehrmals erfüllt	Mehrere Straftatbestände oder derselbe mehrmals erfüllt
Keine Konkurrenz	Idealkonkurrenz	Realkonkurrenz
	Tateinheit § 52 StGB (§ 19 OWiG) Absorptionsprinzip → Behandlung als eine Tat mit Strafe, die sich nach Strafdrohung des schwersten Delikts richtet	Tatmehrheit §§ 53–55 StGB (§ 20 OWiG) Asperationsprinzip → Behandlung als mehrere Taten unter Zusammenfassung (keine Summenbildung) der Einzelstrafen
	Gesetzeskonkurrenz möglich	Gesetzeskonkurrenz möglich
Beispiel: Verschweigen eines geldwerten Vorteils und von »schwarz« gezahltem Arbeitslohn führt zu **einer** zu niedrigen ESt-Festsetzung (BGH vom 21.08.1980 NJW 1980, 2591).	**Beispiel:** Verschweigen von Betriebseinnahmen führt zu einer zu niedrigen ESt-Festsetzung und zu einer zu niedrigen USt-Festsetzung, wenn die Erklärungen zusammen abgegeben werden (BGH vom 05.03.1996 wistra 1996, 231).	**Beispiel:** Verschweigen von Betriebseinnahmen über mehrere Jahre hinweg führt zu mehreren zu niedrigen ESt- und USt-Festsetzungen jeweils in den einzelnen Jahren.

3.2.6 Strafen, strafrechtliche Nebenfolgen und außerstrafrechtliche Folgen

3.2.6.1 Allgemeines

2989   Strafe sieht das deutsche Strafrecht für schuldhaft begangenes Unrecht in Form einer **Freiheitsstrafe** oder **Geldstrafe** vor. Auch wenn § 38 Abs. 2 StGB als Mindestmaß der zeitigen Freiheitsstrafe einen Monat vorsieht, so wird eine Freiheitsstrafe nach § 47 Abs. 1 StGB unter sechs

Monate nur verhängt, wenn besondere Umstände in der Tat oder der Persönlichkeit des Täters dies unerlässlich machen. **Freiheitsstrafen** bis zu einem Jahr, in besonderen Fällen bis zu zwei Jahren, können zur **Bewährung** ausgesetzt werden (§§ 56 ff. StGB).

Die **Festsetzung einer Geldstrafe** vollzieht sich nach § 40 StGB in zwei Schritten. Zunächst wird die Anzahl der Tagessätze bestimmt, mindestens fünf, maximal 360 (bzw. bis zu 720 bei Bildung einer Gesamtstrafe nach § 54 StGB). Bei einer Verurteilung zu mehr als 90 Tagessätze wird die Strafe bei Personen, die das 14. Lebensjahr vollendet haben, in das polizeiliche Führungszeugnis aufgenommen. Bei einer Verurteilung darunter nur, wenn im Register weitere Strafen eingetragen sind, § 32 Abs. 2 Nr. 5 Buchst. a BZRG. Ein Tagessatz entspricht nach § 43 StGB einem Tag Freiheitsstrafe. Bei der Bemessung der Anzahl der Tagessätze sind nach § 46 StGB sämtliche für die Strafzumessung erheblichen Umstände zu berücksichtigen. Dies sind die Beweggründe des Täters, das Maß der Pflichtwidrigkeit und das Verhalten nach der Tat. Im zweiten Schritt wird die Tagessatzhöhe unter Berücksichtigung des durchschnittlichen potenziellen täglichen Nettoeinkommens des Täters unter Berücksichtigung seiner persönlichen und wirtschaftlichen Verhältnisse bestimmt, § 40 Abs. 2 Satz 2 StGB. Das strafrechtliche Nettoeinkommen entspricht nicht stets dem steuerrechtlichen Nettoeinkommen oder dem einkommensteuerrechtlichen Begriff des Einkommens, auch wenn sich die Strafgerichte an diese Begriffe anlehnen. So sind von den Bruttoeinnahmen über die Betriebsausgaben, Werbungskosten und sonstigen steuerlich absetzbaren Beträgen (z. B. Sonderausgaben) hinaus, z. B. Unterhaltsverpflichtungen in angemessener Höhe, Steuern und Sozialabgaben oder steuerlich (z. B. wegen der Höchstbeträge) nicht berücksichtigungsfähige Ausgaben (z. B. Krankenversicherung, Sachversicherungen), oder auch ein Schuldendienst zu berücksichtigen. Abschreibungsverluste finden keine Berücksichtigung (OLG Zweibrücken vom 05.02.1993, wistra 1993, 271). Andererseits kann u. U. als Einnahme auch der Wert brachliegender Arbeitsleistung angesetzt werden. Ausgegangen wird häufig vom durchschnittlichen Tages-Nettoeinkommen der letzten drei Monate vor der Urteilsverkündung. Die Tagessatzhöhe muss mindestens ein und darf höchstens 30 000 € betragen, § 40 Abs. 2 Satz 3 StGB.

2989a

3.2.6.2   Einfache Steuerhinterziehung

Einfache Steuerhinterziehung ist nach § 370 Abs. 1 AO mit Freiheitsstrafe bis zu 5 Jahren oder mit Geldstrafe (bis 10,8 Mio. €, bei Bildung einer Gesamtstrafe von mindestens zwei Einzelgeldstrafen bis zu 21,6 Mio. €, §§ 40 und 54 StGB) bedroht.

2989b

3.2.6.3   Besonders schwere Steuerhinterziehung

Für **besonders schwere Fälle** wird der Strafrahmen nach § 370 Abs. 3 Satz 1 AO erweitert. Hier ist Freiheitsstrafe ist im Mindestmaß von sechs Monaten bis zu einer Obergrenze von zehn Jahren vorgesehen; Geldstrafe ist nicht vorgesehen.

2989c

Was als besonders schwerer Fall anzusehen ist, ist in § 370 Abs. 3 Satz 2 AO beispielhaft aufgelistet. Es handelt sich hierbei um widerlegbare **Regelbeispiele**. Auch außerhalb dieser Beispiele sind weitere schwere Fälle denkbar (sog. **unbenannte schwere Steuerhinterziehung**). So kann die Benutzung von **Scheinrechnungen** (schriftliche Lüge und damit kein Fall des § 370 Abs. 3 Satz 2 Nr. 4 AO, siehe unten) auch einen besonders schweren Fall von Steuerverkürzung darstellen (BGH vom 24.01.1989, wistra 1989, 190).

2989d

Nr. 1: Verkürzung in großem Ausmaß

2989e Was ein großes Ausmaß darstellt, ist durch das Gesetz **nicht zahlenmäßig konkretisiert**. Der **BGH** geht davon aus, dass das Merkmal »in großem Ausmaß« des § 370 Abs. 3 Satz 2 Nr. 1 AO wie bei Betrug nach objektiven Maßstäben zu bestimmen ist. Es liegt danach dann vor, wenn der Hinterziehungsbetrag **50 000 €** übersteigt (BGH v. 2. 12. 2008, 1 StR 416/08, NJW 2009 S. 528, BStBl II 2009, 934). Diese Betragsgrenze gilt zunächst, wenn der Täter ungerechtfertigte Zahlungen vom FA erlangt hat, etwa bei Steuererstattungen durch Umsatzsteuerkarusselle, Kettengeschäfte oder durch Einschaltung von sog. Serviceunternehmen. Diese Wertgrenze gilt aber auch dann, wenn sich das Verhalten des Täters darauf beschränkt, die Finanzbehörden pflichtwidrig über steuerlich erhebliche Tatsachen in Unkenntnis zu lassen (z. B. über Einkünfte und/oder Umsätze) und dies lediglich zu einer Gefährdung des Steueranspruchs führt. Es gilt damit sowohl für einen realisierten Steuerschaden als auch für eine Gefährdung des Steueranspruchs eine **einheitliche Wertgrenze** (BGH vom 27. 10. 2015, 1 StR 373/15, NJW 2016, 102 unter Aufgabe der vorherigen Wertgrenze für den Fall der Gefährdung von 100.000 €).

Ist die vorgenannte Wertgrenze überschritten, so hat dies nach Ansicht des BGH Indizwirkung für die Frage, ob eine besonders schwere Steuerhinterziehung vorliegt. Jedenfalls bei einem sechsstelligen Hinterziehungsbetrag (also ab ca. 100 000 €) wird die Verhängung »nur« einer Geldstrafe lediglich bei Vorliegen von gewichtigen Milderungsgründen noch schuldangemessen sein; Regelstrafe soll die Freiheitsstrafe (mit Bewährung) sein. Bei Hinterziehungsbeträgen in **Millionenhöhe** kommt eine aussetzungsfähige Freiheitsstrafe nur noch bei Vorliegen besonders gewichtiger Milderungsgründe in Betracht.

Milderungsgründe sind etwa:
- der Täter hat sich im Wesentlichen steuerehrlich verhalten; die hinterzogenen Steuern sind im Verhältnis zu den gezahlten verhältnismäßig gering,
- vor der Tat hat sich der Täter über einen längeren Zeitraum steuerehrlich verhalten,
- die Lebensleistung und das Verhalten des Täters nach der Tat, etwa ein (frühzeitige) Geständnis, verbunden mit der Nachzahlung verkürzter Steuern (ggf. nur ernsthaftes Bemühen hierzu).

Strafschärfende Gründe liegen etwa vor, wenn der Täter:
- Aktivitäten entfaltet, die von vornherein auf die Schädigung des Steueraufkommens in großem Umfang ausgelegt waren, etwa weil der Täter unter Vorspiegelung erfundener Sachverhalte das »FA als Bank« betrachtete und in erheblichem Umfang ungerechtfertigte Vorsteuererstattungen erlangt hat,
- die Steuerhinterziehung in sonstiger Weise gewerbsmäßig oder gar »als Gewerbe« betrieb,
- ein aufwändiges Täuschungssystem aufbaute,
- systematisch Sachverhalte verschleiert und die Erstellung oder Verwendung,
- unrichtige oder verfälschte Belege zu Täuschungszwecken erstellt oder verwendet,
- besondere Unternehmensstrukturen aufgebaut hat, die auch der Bereicherung durch Steuerhinterziehung dienen sollten, wenn der Täter das Ziel verfolgt hat, das Steueraufkommen durch wiederholte Tatbegehung über einen längeren Zeitraum nachhaltig zu schädigen,
- andere Personen verstrickt hat,
- systematisch Scheingeschäfte getätigt oder Scheinhandlungen vorgenommen hat (vgl. § 41 Abs. 2 Satz 1 AO),
- in größerem Umfang buchtechnische Manipulationen vorgenommen hat,
- gezielt durch Einschaltung von Domizilfirmen im Ausland oder Gewinnverlagerungen ins Ausland schwer aufklärbare Sachverhalte geschaffen hat. Solche Umstände sind bei anpas-

sungsfähigen Hinterziehungssystemen, wie etwa den sog. Umsatzsteuerkarussellgeschäften, bei Kettengeschäften unter Einschaltung sog. »Serviceunternehmen« und im Bereich der illegalen Arbeitnehmerüberlassungen regelmäßig gegeben.

Bei Hinterziehung durch verschiedene Tathandlungen (z. B. Verkürzung über mehrere Jahre) bzw. verschiedener Steuerarten wird keine Addition der hinterzogenen Beträge vorgenommen, sondern es ist auf die **einzelne Tat** abzustellen. Anders ist dies bei **Tateinheit** (siehe Rz. 2985 f.). Hier werden die einzelnen Steuerverkürzungen zu einer Summe addiert (BGH vom 27. 10. 2015, 1 StR 373/15, NJW 2016, 965).

> **BEISPIEL**
>
> Der Stpfl. verkürzt Betriebseinnahmen in seiner Einkommensteuererklärung 01 und die entsprechenden Umsätze in der Umsatzsteuererklärung 01. Beide Erklärungen gibt er gleichzeitig ab. Hierdurch kommt es zu einer Verkürzung von 40.000 € an Einkommensteuer und 20.000 € an Umsatzsteuer.
>
> **LÖSUNG** Durch die übereinstimmenden Angaben in den Erklärungen und deren gemeinsame Abgabe liegt Tateinheit und damit eine Steuerverkürzung in großem Ausmaß vor.

Nr. 2: Missbrauch der Befugnisse oder der Stellung als Amtsträger

Bei dem Amtsträger kann es sich um den **entscheidungsbefugten Amtsträger** handeln (vgl. FG Saarland vom 02. 07. 1991, wistra 1991, 353 für den Fall, dass die Erklärung des Steuerpflichtigen vom zuständigen Sachbearbeiter erstellt wurde). Denkbar ist auch, dass ein Amtsträger als Täter auf den entscheidenden Beamten einwirkt oder einzuwirken bereit ist (Franzen/Gast/Joecks, Steuerstrafrecht, AO § 370, Rz. 576). **2989f**

Ob die **Höhe der Hinterziehung** entscheidend ist, ist **unklar**. Nach AG Saarbrücken vom 20. 10. 1986, wistra 1988, 202 und FG Saarland vom 02. 07. 1991, wistra 1991 S. 353 liegt bei einer Verkürzung von 1700 DM (ca. 870 €) kein besonders schwerer Fall vor. Nach AG Lübeck vom 24. 10. 2003, wistra 2004, 77 ist unabhängig von der Höhe der hinterzogenen Steuern stets ein besonders schwerer Fall gegeben.

In aller Regel wird in solchen Fällen gem. § 52 StGB **Tateinheit mit Untreue** nach § 266 StGB vorliegen (vgl. BGH vom 6. 6. 2007, NJW 2007, 2864).

Nr. 3: Ausnutzung der Mithilfe eines Amtsträgers, der seine Befugnisse oder seine Stellung missbraucht

In diesem Fall nutzt der Täter einen **Amtsträger** aus. Unerheblich ist, ob der **Amtsträger Täter oder** »nur« **Teilnehmer** ist; jedenfalls muss ein bewusstes Zusammenwirken stattfinden. Ist der Amtsträger gutgläubig, ist § 370 Abs. 3 Satz 2 Nr. 3 AO nicht einschlägig. Wie bei § 370 Abs. 3 Satz 2 Nr. 2 AO ist auch hier unklar, ob die Höhe der hinterzogenen Steuern eine Rolle spielt. Nach LG Saarbrücken vom 14. 07. 1987, wistra 1988, 202 soll bei einer Verkürzung von 20 000 DM (ca. 10 200 €) kein besonders schwerer Fall vorliegen. **2989g**

Nr. 4: Fortgesetzte Verkürzung unter Verwendung nachgemachter oder verfälschter Belege

Fortgesetzt bedeutet **Wiederholen**. Der Täter muss mehrere, d. h. **mindestens zwei Steuerhinterziehungen** unter Vorlage unrichtiger Belege begangen haben, bevor ihn die schärfere Ahndung aus dem erweiterten Strafrahmen des § 370 Abs. 3 Satz 2 Nr. 4 AO trifft (BGH vom 21. 4. 1998, wistra 1998, 265). Nur das **Einführen in die Buchführung** ist noch keine Verwendung unechter Belege, selbst wenn deren unrichtiger Inhalt in die Steuererklärungen aufgenommen wird (BGH vom 05. 04. 1989, wistra 1989, 228). **2989h**

In tatsächlicher Hinsicht unrichtige Rechnungen (Scheinrechnungen), die lediglich eine »schriftliche Lüge« enthalten, sind keine nachgemachten oder verfälschten Belege (BGH vom 24. 01. 1989, wistra 1989, 190). Es muss sich um **unechte Urkunden** handeln. Die Begriffe des »Nachmachens« und »Verfälschens« in § 370 Abs. 3 Satz 2 Nr. 4 AO setzen eine **Täuschung über den erkennbaren Aussteller** der Belege voraus (BGH vom 16. 08. 1989, wistra 1990, 26).

Nr. 5: bandenmäßig fortgesetzte Umsatz- oder Verbrauchsteuerverkürzung

2989i   Eine **Bande** ist nach BGH vom 22. 03. 2001 wistra 2001, 298 ein Zusammenschluss von **mindestens drei Personen**, die sich ausdrücklich oder stillschweigend zusammengefunden haben, künftig für eine gewisse Dauer mehrere selbstständige, im Einzelnen noch ungewisse Straftaten des gesetzlichen Delikttyps (hier demnach mehrere Steuerhinterziehungen) zu verwirklichen. Bei den mindestens drei Personen muss es sich **nicht nur um Täter** (vgl. Rz. 2983 f.) handeln. Nach BGH vom 15. 01. 2002, wistra 2002, 183 kann auch derjenige Mitglied einer Bande sein, dem nach der Bandenabrede nur Aufgaben zufallen, die sich bei wertender Betrachtung als Gehilfentätigkeit (nach § 27 StGB) darstellen. Eine in irgendeiner Weise ausgestaltete Mitwirkung eines Bandenmitglieds bei der Tatbegehung reicht damit aus, um es als Bandenmitglied ansehen zu können. Der Annahme einer Bande steht auch nicht entgegen, dass die Beteiligten einander familiär oder in sonstiger Weise persönlich verbunden sind (BGH vom 12. 07. 2006, 2 StR 180/06, NStZ 2007, 339). Damit könnten grundsätzlich auch Eltern und ihr Kind oder der Stpfl. zusammen mit seinem Buchhalter und seinem Steuerberater eine Bande bilden. Allerdings müsste der Zweck des Zusammenschlusses die fortgesetzte Steuerhinterziehung von Umsatz- oder Verbrauchssteuern sein.

2989j   Zweck der Bande muss die **fortgesetzte Begehung** der Straftaten sein. Zum Begriff »fortgesetzt« vgl. zunächst oben zu § 370 Abs. 3 Satz 2 Nr. 4 AO. Anders als dort reicht hier bereits, dass die Bande mehrere noch unbestimmte Straftaten zum Ziel hat. Auch wenn es nur zur Verwirklichung einer Tat kommt, reicht die Vereinbarung der Täter auf die gemeinsame Begehung mehrerer Taten aus (BGH vom 04. 10. 1966, MDR 1967, 369). Nicht erforderlich ist, dass ein Bandenmitglied unter Mitwirkung eines anderen Bandenmitglieds tätig wird (vgl. dieses zusätzliche Tatbestandsmerkmal in § 244 Abs. 1 Nr. 2 StGB oder § 244 a StGB).

BEISPIEL

Zum Zwecke der Begehung fortdauernder Vorsteuererschleichung durch ein innergemeinschaftliches, grenzüberschreitendes Umsatzsteuerkarussell schließen sich die Täter A, B und C zusammen. A stellt unter »Runterrechnen« von Brutto auf Netto und Ausweis von Umsatzsteuer Scheinrechnungen für an B vorgetäuschte Lieferungen aus. B macht die darin ausgewiesene Vorsteuer geltend und täuscht den Export an C in einen EU-Staat vor. C täuscht umsatzsteuerfreie Lieferungen von einem EU-Staat ins Inland an A vor.

LÖSUNG Jeder der Täter nimmt für sich unterschiedliche Handlungen vor, die alle dem gemeinsamen Bandenzweck dienen, die Erschleichung der Vorsteuer durch B. Erfüllen alle drei Täter die Voraussetzungen des § 370 Abs. 1 AO, z. B. durch unrichtige oder unvollständige Erklärungsangaben, unterfällt jeder der drei dem verschärften Strafrahmen des § 370 Abs. 3 Satz 2 Nr. 5 AO.

3.2.6.4   Strafrechtliche Nebenfolgen und außerstrafrechtliche Folgen

2990   **Strafrechtliche Nebenfolgen** nennt § 375 AO, wenn der Täter zu einer Freiheitsstrafe von mindestens einem Jahr verurteilt wird. Dann kann z. B. das **passive Wahlrecht** und die **Amtsfähigkeit** für zwei bis fünf Jahre **beschränkt** werden. Weitere mögliche strafrechtliche Nebenfolgen einer Steuerhinterziehung sind nach § 375 Abs. 2 AO die **Einziehung von Tatmitteln** oder eine **Geldbuße gegen juristische Personen** oder gegen eine Personenvereinigung die als solche nicht bestraft werden können (§ 30 OWiG). Von letzteren ist das Bußgeld nach § 378 AO abzugrenzen.

Außerstrafrechtliche Folgen nach der Abgabenordnung sind insbesondere die **Durchbrechung der Änderungssperre** nach § 173 Abs. 2 AO, die auf zehn Jahre **verlängerte Festsetzungsfrist** nach § 169 Abs. 2 Satz 2 AO, die Festsetzung von **Hinterziehungszinsen** nach § 235 AO (gegenüber demjenigen, der den Vorteil der Tat hatte) und die **Haftung** nach § 71 AO. Daneben ist in § 73 StGB die Möglichkeit des **Verfalls** vorgesehen (soweit die Hinterziehungszinsen die gezogene Nutzung nicht abdecken).

3.2.7 Verjährung

Nach § 78 Abs. 3 StGB ist die Frist für die Verjährung der Strafverfolgung von dem Höchstmaß der angedrohten Strafe abhängig. Weil **einfache Steuerhinterziehung** nach § 370 AO höchstens mit einer Freiheitsstrafe von fünf Jahren geahndet werden kann (der nach § 370 Abs. 3 AO erhöhte Strafrahmen für besonders schwere Fälle bleibt nach § 78 Abs. 4 StGB außer Betracht), beträgt nach § 78 Abs. 3 Nr. 4 StGB die Strafverjährungsfrist **fünf Jahre**. Für die in § 370 Abs. 3 Satz 2 Nr. 1 – 5 AO genannten Regelbeispiele der **besonders schwere Steuerhinterziehung** (jedoch nicht für die sog. unbenannte schwere Steuerhinterziehung des § 370 Abs. 3 Satz 1 AO, vgl. Rz. 2989 d) beträgt gem. § 376 Abs. 1 AO die Verjährungsfrist hiervon abweichend **zehn Jahre**. Die Strafverjährungsfrist beginnt taggenau mit Beendigung der Tat (§ 78 a StGB). So beginnt sie z. B. bei Steuerbescheiden mit einer (zu geringen) Nachzahlung einen Tag nach tatsächlicher Bekanntgabe des Bescheids, die Zugangsvermutung des § 122 Abs. 2 oder Abs. 2 a AO gilt im Bereich des Steuerstrafrechts nicht (vgl. OLG Hamm vom 02. 08. 2001 wistra 2001, 474). Ergibt sich eine Erstattung und wird der Betrag nach der Bekanntgabe erstattet, ist auf den Zeitpunkt der Erstattung abzustellen (vgl. auch Rz. 2982 und 3011). Die Verjährung kann in bestimmten Fällen (z. B. wegen noch andauernder Immunität des Täters) nach § 78 b StGB ruhen. Durch das Ruhen wird das Weiterlaufen der Frist gehemmt. Ist das Ruhen beendet, läuft die begonnene Frist weiter, es beginnt keine neue Frist. Dagegen beginnt nach § 78 c StGB bei **Unterbrechung der Frist** durch verschiedene strafprozessuale Ermittlungsmaßnahmen, wie z. B. die Bekanntgabe der Einleitung des Ermittlungsverfahrens, bzw. gem. § 376 Abs. 2 AO wegen (Anordnung der) Bekanntgabe der Einleitung des *Bußgeld*verfahrens nach jeder Unterbrechung die Frist neu zu laufen, wobei die **absolute Verjährungsfrist das Doppelte** der gesetzlichen Verjährungsfrist beträgt (zehn bzw. zwanzig Jahre, § 78 c Abs. 3 StGB; Ausnahme vgl. § 78 b Abs. 3 StGB).

§ 396 AO enthält darüber hinaus für die Ermittlungsbehörde bzw. nach Erhebung der Klage für das Gericht die Möglichkeit, das **Strafverfahren** bis zum rechtskräftigen Abschluss des Besteuerungsverfahrens **auszusetzen**, wenn die Beurteilung der Tat als Steuerhinterziehung von der Frage abhängt, ob Steuern verkürzt oder ob nicht gerechtfertigte Steuervorteile erlangt sind. Es besteht weder eine Aussetzungspflicht, noch besteht ein Anspruch des Angeklagten auf Aussetzung des Verfahrens (BayObLG vom 03. 03. 2004, wistra 2004, 239). Während der Aussetzung ruht die Verjährung. Nach Beendigung des Ruhens läuft die begonnene Frist weiter.

2991

3.3 Materielles

3.3.1 Steuerhinterziehung nach § 370 AO

2992 Steuerhinterziehung ist die vorsätzliche Steuerverkürzung durch unrichtige bzw. unvollständige (§ 370 Abs. 1 Nr. 1 AO) oder unterlassene (§ 370 Abs. 1 Nr. 2 AO) Angaben (oder die pflichtwidrige Unterlassung der Verwendung von Steuerzeichen oder Steuerstemplern nach § 370 Abs. 1 Nr. 3 AO). § 370 AO ist als **Blankettnorm** (Rz. 2961) die zentrale Vorschrift des Steuerstrafrechts. Die Verkürzung von Steuern (nicht steuerlichen Nebenleistungen, Rz. 2964) oder die Erlangung nicht gerechtfertigter Steuervorteile steht unter Strafandrohung. Geschütztes Rechtsgut ist das Interesse des Steuergläubigers am vollständigen und rechtzeitigen Aufkommen der einzelnen Steuerarten. Die Steuerhinterziehung ist **abzugrenzen** von der **Steuervermeidung** und **Steuerumgehung** (vgl. Rz. 612 ff.) Die Vermeidung der Verwirklichung eines steuerlichen Tatbestandes ist straflos, z. B. führt selbstredend das Nichthalten eines Hundes zu keiner Hundesteuer. Auch die Steuerumgehung in Form des Gestaltungsmissbrauches nach § 42 AO ist für sich alleine noch nicht strafrechtlich relevant, wenn der Stpfl. den Finanzbehörden den gesamten Sachverhalt offen legt. Erst wenn er versucht, sein Verhalten zu verschleiern mit dem Ziel, dem FA die Möglichkeit der Überprüfung nach § 42 AO zu nehmen, tritt ein strafrechtliches Moment hinzu.

3.3.1.1 Täter einer Steuerhinterziehung

2993 § 370 Abs. 1 AO ist als Gemeindelikt (**Jedermanndelikt**) ausgestaltet (wird bestraft, **wer** …). Nicht nur der Steuerschuldner oder der Stpfl. können Täter oder Teilnehmer (vgl. Rz. 2983 f.) sein, sondern auch Dritte, demnach jeder, der auf die Höhe des Steueranspruchs im Festsetzungs-, Erhebungs- oder Vollstreckungsverfahren zum Nachteil des Steuergläubigers Einfluss nehmen kann. Jede Form der Täterschaft oder Teilnahme ist als Beteiligungsform an einer Steuerhinterziehung denkbar. Neben dem Stpfl. selbst kommen hauptsächlich in Betracht Berater des Stpfl., Angestellte des Pflichtigen, seine gesetzlichen Vertreter (z. B. Eltern), Ehegatten, andere Familienangehörige, Geschäftspartner, Freunde und Bekannte, aber auch Finanzbeamte (vgl. BFH vom 25.10.2005 BStBl II 2006, 356; stets besonders schwerer Fall i. S. d. § 370 Abs. 3 Nr. 2 AO, AG Lübeck vom 24.10.2003, wistra 2004, 77) oder Bankmitarbeiter. **Nur natürliche Personen** können sich strafbar machen. Körperschaften, wie z. B. Kapitalgesellschaften, können Steuern nicht hinterziehen, sondern nur z. B. deren Geschäftsführer zugunsten der Kapitalgesellschaft, vgl. Rz. 2968. Auch der sog. faktische Geschäftsführer hat dieselben Handlungspflichten wie ein bestellter (BGH vom 08.11.1989 wistra 1990, 97). Faktischer Geschäftsführer ist, wer, ohne förmlich dazu bestellt oder im Handelsregister eingetragen zu sein, im Einverständnis der Gesellschafter die Stellung eines Geschäftsführers tatsächlich wahrnimmt. Eine faktische Geschäftsführung besteht, wenn sie überragend ist und von den acht klassischen Merkmalen im Kernbereich der Geschäftsführung (Bestimmung der Unternehmenspolitik, Unternehmensorganisation, Einstellung von Mitarbeitern, Gestaltung der Geschäftsbeziehungen zu Vertragspartnern, Verhandlung mit Kreditgebern, Gehaltshöhe, Entscheidung der Steuerangelegenheiten, Steuerung der Buchhaltung) wenigstens sechs Merkmale erfüllt (BayObLG vom 20.02.1997, BB 1997, 850).

3.3.1.2 Objektiver Tatbestand der Steuerhinterziehung

3.3.1.2.1 Begehungsdelikt (§ 370 Abs. 1 Nr. 1 AO)

Nach § 370 Abs. 1 Nr. 1 AO begeht eine Steuerverkürzung, wer den Finanzbehörden oder anderen Behörden über steuerlich erhebliche Tatsachen **unrichtige oder unvollständige Angaben** macht. Um Angaben zu machen, ist **aktives Handeln** Voraussetzung. Die Angaben kann der Täter in jeder Form machen, schriftlich, mündlich oder auch konkludent. Bei den Angaben bzw. Nichtangaben muss es sich um Tatsachen handeln. Tatsachen sind Umstände der realen Welt (vgl. Rz. 2032 ff.). Eine Angabe ist unrichtig, wenn sie nicht dem entspricht, was sich in der Lebenswirklichkeit tatsächlich zugetragen hat. Unvollständig ist eine Angabe dann, wenn durch sie nicht alle Tatsachen angegeben werden.

2994

> **BEISPIEL**
>
> Der Stpfl. beantwortet in einem Vordruck die Frage nach Einnahmen mit einem Strich oder mit »0«, obwohl er tatsächlich Einnahmen hat, die sich steuerlich auswirken.
> **LÖSUNG** Diese Angabe ist unrichtig. Beantwortet er stattdessen die Frage überhaupt nicht, so ist die Steuererklärung insofern unvollständig. Beide Vorgehensweisen erfüllen den Tatbestand des § 370 Abs. 1 Nr. 1 AO.

Die **Tatsachen** müssen **steuerlich relevant** sein, sie müssen einen steuerlichen Tatbestand erfüllen. Die Steuererheblichkeit einer Tatsache ergibt sich aus formellen oder materiellen Normen des Steuerrechts. Es muss eine Tatsache sein, die aufgrund eines Steuergesetzes relevant ist für die Festsetzung, für die Erhebung, für die Beitreibung oder das Gewähren oder Belassen eines Steuervorteils.

Die Hauptfälle der Vorschrift sind falsche bzw. unrichtige Angaben in **Steuererklärungen**. Nach ständiger Rechtsprechung soll der Steuerpflichtige mit seiner eigenhändigen **Unterschrift** unter die Steuererklärung erkennbar die Verantwortung für die tatsächlichen Angaben in der Erklärung übernehmen. Sie soll sicherstellen, dass er sich über die Lückenlosigkeit und Richtigkeit der ggf. von einer dritten Person vorgenommenen Eintragungen und über den Umfang der im Vordruck vorgesehenen Angaben vergewissert (BFH vom 25.06.1997, VIII B 35/96, BFH/ NV 1998, 8). Jedoch darf der Steuerpflichtige im Regelfall darauf vertrauen, dass der Steuerberater die Steuererklärung richtig und vollständig vorbereitet, wenn er diesem die für die Erstellung der Steuererklärung erforderlichen Informationen vollständig verschafft hat (BFH vom 29.10.2013, VIII R 27/10, BStBl II 2014, 295). Entsprechendes gilt, wenn die Steuererklärung **elektronisch** übermittelt wird. Hierbei soll die Verantwortlichkeit durch das ELSTER-Authentifizierungsverfahren hergestellt werden.

2995

Bei **zusammenveranlagten Ehegatten/Lebenspartner** übernimmt jeder mit seiner Unterschrift die Verantwortung für seine Angaben (vgl. das Beispiel in Rz. 2984). Selbst wenn ein Ehegatte/Lebenspartner die Unrichtigkeit/Unvollständigkeit der Angaben des anderen erkennt, ist er nicht zur Richtigstellung oder gar Anzeige gegenüber dem Finanzamt verpflichtet; dies ergibt sich bereits aus § 101 AO (vgl. auch BFH vom 16.04.2002 BStBl II 2002, 501 sowie BGH vom 17.04.2008 wistra 2008, 310). Probleme ergeben sich u. E. zurzeit bei der elektronischen Übermittlung von gemeinsamen Einkommensteuererklärungen. Hier kann ein Ehegatte/Lebenspartner nur mit seinem Zertifikat die gemeinsame Erklärung übermitteln, ohne dass es der Authentifizierung durch den Ehegatten bedarf. Damit trifft den anderen Ehegatten/ Lebenspartner keine Verantwortung.

Praktische Beispiele für unrichtige oder unvollständige Angaben sind:

- Scheingeschäfte nach § 41 Abs. 2 AO, z. B. Scheinarbeitsverhältnis mit dem Ehegatten/ Lebenspartner.
- Steuerumgehung durch Missbrauch von Gestaltungsmöglichkeiten, wenn die Gestaltung dem FA gegenüber verschleiert wird.
- Unrichtige Gewinnermittlung: Aktiva werden zu niedrig, Passiva zu hoch angesetzt.
- Betriebseinnahmen werden nicht verbucht, z. B. Ohne-Rechnung-Geschäfte.
- Betriebsausgaben werden vorgetäuscht, z. B. durch Gefälligkeitsrechnungen.
- Sonstige Angaben wie z. B. Werbungskosten, Sonderausgaben, außergewöhnliche Belastungen werden zu hoch oder sonstige steuerpflichtige Einnahmen werden zu niedrig oder gar nicht erklärt.
- Von einem unselbstständigen »Strohmann« zu Unrecht ausgewiesene Umsatzsteuer (die dieser nicht an das FA abführt) wird als Vorsteuer geltend gemacht (BGH vom 22.05.2003 wistra 2003, 344).
- Für Scheinfirmen werden ohne Bezug auf reale Vorgänge fingierte Umsätze angemeldet und Vorsteuererstattungen begehrt (BGH vom 24.11.2004 HFR 2005, 362).
- Im Ermittlungsverfahren werden unrichtige zu unzutreffenden Steuerfestsetzungen führende Auskünfte gegeben.

Auch unrichtige oder unvollständige Angaben in **Steueranmeldungen** oder in **Anträgen** jeglicher Art (z. B. Anträge auf Stundung, Erlass von Steuern oder Vollsteckungsaufschub) können steuerstrafrechtliche Relevanz haben. Eine Ausnahme gilt bei geringfügigen Beschäftigungsverhältnissen in Privathaushalten, vgl. Rz. 3015 a.

2996   Die Angaben bzw. Nichtangaben müssen **gegenüber den Finanzbehörden** oder anderen Behörden gemacht werden. Der Begriff Finanzbehörden oder andere Behörden ergibt sich aus § 11 Abs. 1 Nr. 7 StGB, der dem Behördenbegriff des § 6 Abs. 1 AO vorgeht. Damit kann eine Steuerhinterziehung auch derjenige begehen, der in einem Finanzgerichtsprozess vor dem Finanzgericht unrichtige Angaben macht (OLG München vom 24.07.2012, 4 St RR 099/12). Bei einer Steuerfestsetzung durch das Finanzamt ist der Kenntnisstand des hierfür zuständigen Beamten maßgeblich. Dieser muss vor Veranlagungsschluss über die positive Kenntnis aller Tatsachen verfügen und ggf. auch alle hierfür notwendigen Beweismittel i. S. d. § 90 AO besitzen. Die (z. B.) bei einer Umsatzsteuer-Sonderprüfung gewonnenen Erkenntnisse spielen für sich allein gesehen keine Rolle (BGH vom 14.03.2002, wistra 2002, 393).

Nicht nur gegenüber dem FA bzw. dem Finanzgericht können unrichtige oder unvollständige Angaben gemacht werden, sondern z. B. auch gegenüber folgenden anderen Behörden:

- Amt für soziale Angelegenheiten zur Erlangung eines Freibetrages nach § 33 b EStG,
- zuständigen Gemeindebehörde zur Erlangung der erhöhten Absetzungen nach § 7 h EStG,
- zuständigen Landesbehörde zur Erlangung der Steuerfreiheit nach § 4 Nr. 21 UStG.

2997 Keine Steuerhinterziehung liegt vor, wenn alle tatsächlichen Umstände eines Sachverhalts dargelegt werden, aber (bewusst) eine **unzutreffende Rechtsauffassung** hierzu vertreten wird. Nach § 90 Abs. 1 Satz 2 AO haben die Beteiligten im Rahmen ihrer Mitwirkungspflichten im Besteuerungsverfahren die für die Besteuerung erheblichen Tatsachen vollständig und wahrheitsgemäß offen zu legen. Nach § 370 Abs. 1 Nr. 1 AO müssen die Angaben nicht nur richtig sein, sondern auch vollständig. Da sich hinter den mitgeteilten Zahlen die verschiedensten Sachverhalte verbergen können, die für das FA nicht erkennbar sind, besteht zumindest eine Offenbarungspflicht für diejenigen Sachverhaltselemente, deren rechtliche Relevanz objektiv zweifelhaft ist. Dies ist insbesondere dann der Fall, wenn die vom Stpfl. vertretene Auffassung über die Auslegung von Rechtsbegriffen oder die Subsumtion bestimmter Tatsachen von der Rechtsprechung, den Richtlinien der Finanzverwaltung oder der regelmäßigen Veranlagungspraxis abweicht. In einem solchen Fall kann es aber ausreichen, die abweichende Rechtsauffassung mitzuteilen, wenn deren Schilderung die erforderlichen Tatsachenmitteilung enthält (BGH vom 10.11.1999 wistra 2000, 137 sowie BGH vom 25.09.1985 wistra 1986, 27 und BGH vom 15.11.1994 wistra 1995, 69).

BEISPIEL

Der Stpfl. macht Kosten für Arbeitskleidung geltend. Aus den von ihm eingereichten Unterlagen lässt sich aber einwandfrei ersehen, dass es sich um Kleidung für den privaten Bereich und nicht um sog. typische Berufskleidung handelt. Der Stpfl. ist aber der Rechtsauffassung, die Kosten für die Kleidung als Werbungskosten absetzen zu können, weil er diese ausschließlich bei der Berufsausübung trage.

LÖSUNG Das FA folgt (entgegen der Rechtslage, siehe BFH vom 18.04.1991 BStBl II 1991, 751) dieser Rechtsansicht. Weil der Stpfl. alle steuerlich erheblichen Tatsachen offengelegt hat, liegt keine Steuerhinterziehung vor.

3.3.1.2.2 Unterlassungsdelikt (§ 370 Abs. 1 Nr. 2 AO)

Wer die **Finanzbehörden pflichtwidrig** über steuerlich erhebliche Tatsachen **in Unkenntnis lässt**, erfüllt den Tatbestand des § 370 Abs. 1 Nr. 2 AO. Die Begriffe Finanzbehörden und steuerlich erhebliche Tatsachen sind gleich denen in § 370 Abs. 1 Nr. 1 AO (siehe Rz. 2994 und 2996). Pflichtwidrig in Unkenntnis lassen heißt, dass jemand eine **Garantenpflicht** zur Angabe von Tatsachen innehat, also an sich eine Verpflichtung besteht, diese aber nicht erfüllt wird. Beispiele für solche zahlreichen verpflichtenden steuerrechtlichen Vorschriften sind die Pflicht zur Abgabe von Steuererklärungen oder von Steueranmeldungen (z. B.: § 41 a EStG, §§ 56 und 60 EStDV, § 18 UStG, § 31 KStG, § 14 a GewStG und § 25 GewStDV, §§ 30 und 31 ErbStG), aber auch die Pflicht zur Berichtigung einer nachträglich als solche erkannten unrichtigen oder unvollständigen Erklärung nach § 153 AO (Rz. 3000). Zur Begründung der Verpflichtung zur Abgabe von Steuererklärungen bedarf es nicht noch einer besonderen Aufforderung durch das FA, wenn auch das FA die Stpfl. in den Fällen, in denen es die gesetzliche Pflicht zur Abgabe der Steuererklärung vermutet, i. d. R. noch besonders zur Abgabe der Steuererklärung durch Zusendung der Vordrucke auffordert.

BEISPIELE

a) Ein Schwarzarbeiter gibt keine Steuererklärungen ab, obwohl er aufgrund der Steuergesetze hierzu verpflichtet ist (z. B. § 149 Abs. 1 Satz 1 AO i. V. m. § 25 Abs. 3 EStG, § 56 EStDV und § 18 UStG).

b) Ein ehemals als Arbeitnehmer im Baugewerbe beschäftigter Stpfl. macht sich selbstständig, ohne der nach § 138 Abs. 1 AO bestehenden Pflicht zur Anzeige des begonnenen Gewerbes nachzukommen.

LÖSUNG zu b) Nicht bereits durch die unterlassene Anmeldung gegenüber der Gemeinde handelt der Stpfl. pflichtwidrig. Erst wenn er umsatzsteuerpflichtige Umsätze ausführt oder zum Lohnsteuerabzug verpflichtende Lohnzahlungen an beschäftigte Arbeitnehmer vornimmt und keine entsprechenden (Vor-)Anmeldungen abgibt, liegt mit Ablauf des Fälligkeitstages eine Steuerverkürzung nach § 370 Abs. 1 Nr. 2 AO vor.

Eine **Schätzung** durch das FA nach § 162 AO beseitigt die Verpflichtung zur Abgabe einer Steuererklärung nicht, vgl. Rz. 1084 ff. Auch nach erfolgter Schätzung besteht eine Verpflichtung, die Steuererklärung abzugeben, § 149 Abs. 1 Satz 4 AO.

2998

2999

Ein Gewerbetreibender gibt seine Einkommensteuererklärung trotz mehrfacher Mahnungen des FA nicht ab. Schließlich wird die Einkommensteuer vom FA auf der Basis eines zu versteuernden Einkommens von 50 000 € geschätzt. Der Gewerbetreibende ist damit zufrieden, weil er bei überschlägiger Berechnung auf ein zu versteuerndes Einkommen von 150 000 € kommt.

LÖSUNG Der durch Nichtabgabe der Steuererklärung erfüllte Tatbestand des § 370 Abs. 1 Nr. 2 AO entfällt nach erfolgter Schätzung nicht.

3000   Eine Verpflichtung i. S. des § 370 Abs. 1 Nr. 2 AO ergibt sich auch aus § 153 AO (Rz. 1099), wenn ein Stpfl. **nachträglich** vor Ablauf der Festsetzungsfrist **erkennt**, dass eine von ihm oder für ihn **abgegebene Erklärung unrichtig oder unvollständig** ist und dass es dadurch zu einer Steuerverkürzung kommen kann oder bereits gekommen ist. Der Stpfl. ist verpflichtet, dies unverzüglich beim FA anzuzeigen und richtig zu stellen.

Durch einen Buchungsfehler erfasst ein Gewerbetreibender irrtümlicherweise Betriebseinnahmen nicht. Den zu niedrigen Gewinn legt er seiner Steuererklärung zugrunde, und wird entsprechend vom FA veranlagt. Im Laufe des nächsten Buchungsjahres bemerkt er den Fehler, zeigt diesen aber nicht beim FA an.

LÖSUNG Nach § 153 Abs. 1 Nr. 1 AO besteht eine Verpflichtung, den Fehler dem FA mitzuteilen. Wird dies unterlassen, liegt im Zeitpunkt des Erkennens des Fehlers ein pflichtwidriges Unterlassen von Angaben i. S. von § 370 Abs. 1 Nr. 2 AO vor.

Hat das FA die erforderlichen Informationen durch die Steuererklärung erhalten, und setzt es die Steuer zu niedrig fest, scheidet die Annahme einer Steuerhinterziehung durch Unterlassen aus, weil der Steuerpflichtige nicht verpflichtet ist, **Fehler des FA** richtig zu stellen (BFH vom 04. 12. 2012, VIII R 50/10, BStBl II 2014, 222). Denn hier besteht für den Stpfl. keine Garantenstellung.

3.3.1.2.3 Kausalität

3001   Kausalität bedeutet, dass das Verhalten des Täters ursächlich für den Erfolg ist, hier die Steuerverkürzung, vgl. Rz. 2968. Durch das Verhalten des Täters muss es für ihn zu einer Steuerverkürzung oder einen anderen nicht gerechtfertigten Steuervorteil kommen. Dies ergibt sich aus der Ausgestaltung des § 370 Abs. 1 AO als Erfolgsdelikt (»... und dadurch ...«). Kausal sind unrichtige unvollständige oder unterlassene Angaben auch dann, wenn diese vom FA ohne Weiteres hätten erkannt werden müssen (z. B. sehr nachlässiger Sachbearbeiter). Wird die Kausalkette ohne Zutun des Täters unterbrochen, z. B. weil das FA die Tat vor Vollendung entdeckt, kommt versuchte Steuerhinterziehung in Betracht.

3.3.1.2.4 Erfolg der Steuerverkürzung

3002   Durch das Handeln des Täters oder des Teilnehmers muss für ihn oder einen Dritten ein Erfolg in Form der **Steuerverkürzung** oder der **Erlangung nicht gerechtfertigter Steuervorteile** eintreten, § 370 Abs. 1 AO. In § 370 Abs. 4 AO wird dieses Tatbestandsmerkmal durch Aufzählen typischer Beispiele konkretisiert. Danach sind Steuern namentlich dann verkürzt, wenn:

- Steuern nicht festgesetzt werden, § 370 Abs. 4 Satz 1 1. HS (1. Alternative) AO,
- Steuern nicht in voller Höhe festgesetzt werden, § 370 Abs. 4 Satz 1 1. HS (2. Alternative) AO,

- Steuern nicht rechtzeitig festgesetzt werden, § 370 Abs. 4 Satz 1 1. HS (3. Alternative) AO, oder

- Steuervorteile, auch Steuervergütungen, zu Unrecht gewährt oder belassen werden, § 370 Abs. 4 Satz 2 AO.

Es spielt dabei nach § 370 Abs. 4 Satz 1 2. HS AO **keine Rolle**, ob die **Steuerfestsetzung** bzw. Steuervergütung nur **vorläufig** oder unter dem **Vorbehalt der Nachprüfung** ergeht oder aufgrund einer **Steueranmeldung**, die einer Steuerfestsetzung unter Vorbehalt der Nachprüfung gleichsteht.

Unter **Erlangen nicht gerechtfertigter Steuervorteile** sind etwa die Feststellung eines zu hohen **vortragsfähigen Verlustes** (BGH vom 02. 11. 2010, 1 StR 544/09, NStZ 2011, 294) oder die unrichtige **gesonderte Feststellung** von Besteuerungsgrundlagen (BGH vom 10. 12. 2008, 1 StR 322/08, NJW 2009, 381) zu verstehen. Auch die Erlangung einer nicht gerechtfertigten **Billigkeitsmaßnahme** fällt darunter. Dies sind z. B. der Erlass oder die Stundung von Steuern, die Herabsetzung von Vorauszahlungen, die Einstellung oder Beschränkung der Vollstreckung, die Niederschlagung von Steuern, die abweichende Steuerfestsetzung aus Billigkeitsgründen, die ungerechtfertigte Aussetzung der Vollziehung, die Vereitelung der Beitreibung (BGH vom 21. 08. 2012, 1 StR 26/12, wistra 2012, 482), die Beantragung zu hoher Freibeträge im Lohnsteuerabzugsverfahren oder auch die Fristverlängerung zur Abgabe von Steuererklärungen.

3003

> **BEISPIELE**
>
> a) Ein Vollstreckungsschuldner stellt dem vorsprechenden Vollziehungsbeamten wissentlich einen ungedeckten Scheck aus. Gegenüber dem Vollziehungsbeamten gibt er aber an, dass durch den Scheck die Steuerschulden getilgt würden. Der Vollziehungsbeamte akzeptiert den Scheck, besteht also nicht auf Barzahlung oder nimmt keine Pfändung vor.
>
> **LÖSUNG** Der Stpfl. macht unrichtige Angaben i. S. des § 370 Abs. 1 Nr. 1 AO. Hat er anderweitige Vollstreckungsmöglichkeiten durch diese Handlung vereitelt, erlangt er einen nicht gerechtfertigten Steuervorteil, nämlich eine zumindest zeitweise Einstellung oder Beschränkung der Vollstreckung nach § 258 AO.
>
> b) Ein Stpfl. erwirkt durch unrichtige Angaben den Erlass von Säumniszuschlägen.
>
> **LÖSUNG** Weil es sich bei den Säumniszuschlägen um steuerliche Nebenleistungen i. S. des § 3 Abs. 4 AO handelt, es sich demnach nicht um Steuern handelt, liegt keine Steuerhinterziehung vor (vgl. Rz. 2964, Anmerkung: Ggf. ist der Tatbestand des § 263 StGB, Betrug, erfüllt).

Die **Höhe der Steuerverkürzung** ergibt sich, wenn bisher keine Steuerfestsetzung vorgenommen wurde, in Höhe des Steuerbetrags lt. Steuerbescheid. Bei einer vorangegangenen zu niedrigen Steuerfestsetzung ergibt sich der Verkürzungsbetrag aus der Differenz zwischen der Steuer lt. Änderungsbescheid und der Steuer lt. ursprünglichem Bescheid. Treffen in einem (Änderungs-)Bescheid einer Steuer mit progressivem Tarifverlauf, wie z. B. der ESt, Tatbestände der Steuerverkürzung mit Änderungen aus anderem Grund (z. B. § 175 Abs. 1 Nr. 1 AO) zusammen, ist bei der Berechnung des vorsätzlich verkürzten Teilbetrags von denjenigen Besteuerungsgrundlagen auszugehen, die der Täter kannte und somit in seinen Vorsatz aufgenommen hatte. Die Verkürzung muss also von »unten nach oben«, nicht »von oben nach unten« berechnet werden (vgl. FGJ, StStrafR, 8. Auflage 2015, AO § 370, Rn. 87, § 370 Rz. 61 f. und für die Berechnung von Hinterziehungszinsen AEAO zu § 235, Nr. 2.2).

3004

Hinweis: Die nachfolgenden Einkommensteuerbeträge sind fiktive Zahlen.

Lediger Stpfl.,		
Einkommen lt. unrichtiger Erklärung für den VZ	25 000 €	
Einkommensteuer		4757 €
+ vorsätzlich nicht angegebene Einkünfte	5 000 €	
Summe	30 000 €	
Einkommensteuer		6 418 €
+ Änderung wegen Grundlagenbescheid, § 175 Abs. 1 Nr. 1 AO	10 000 €	
Summe	40 000 €	
Einkommensteuer		10 158 €
Nachzahlung		5 401 €

LÖSUNG Von den gesamten Mehrsteuern von 5 401 € (10 158 € ./. 4757 €) sind lediglich 1 661 € (6 418 € ./. 4757 €) verkürzt. Bei einer Berechnung von »oben nach unten« ergäbe sich ein Verkürzungsbetrag von 1 940 € (Steuer bei einem zu versteuernden Einkommen von 40 000 €: 10 158 € ./. Steuer bei einem zu versteuerndem Einkommen von 35 000 €: 8 218 €).

Bei einer **Steuerverkürzung auf Zeit** liegt ein tatbestandlicher Erfolg nicht nur i. H. der Hinterziehungszinsen, sondern i. H. des Nominalbetrags vor (BGH vom 17. 03. 2009 NJW 2009 S. 1979).

Ein Stpfl. gibt für 01 pflichtwidrig keine Umsatzsteuer-Voranmeldungen nicht. Aus den Erfahrungen der Vergangenheit kann er sich sicher sein, dass das FA ihn durch Erlass eines Umsatzsteuer-Bescheides für das KJ zutreffend oder zu hoch schätzen wird. Der entsprechende Bescheid ergeht am 15.08.02.

LÖSUNG Weil der Stpfl. mit der Schätzung rechnete, wollte er die Umsatzsteuer nicht auf Dauer, sondern nur auf Zeit verkürzen. Die Steuerverkürzung ist mit Ablauf des 31.05.02 (vgl. Rz. 3012) vollendet. Die Höhe der Steuerverkürzung bemisst sich i. H. des jeweiligen Nominalbetrags der jeweils zu niedrigen Umsatzsteuer-Voranmeldungen (Hinweis: Bei der Berechnung der Hinterziehungszinsen wird in diesen Fällen eine Vereinfachungsregelung angewendet, vgl. AEAO zu § 235, Tz. 4.1.2).

3005   Nach § 370 Abs. 4 Satz 3 AO liegt Steuerhinterziehung auch dann vor, wenn die Steuer, auf die sich die Tat bezieht, aus anderen Gründen hätte ermäßigt oder der Steuervorteil aus anderen Gründen hätte beansprucht werden können (**Kompensationsverbot**). § 370 Abs. 4 Satz 3 AO will verhindern, dass jemand, der falsche Angaben gemacht hat, mit Erfolg einwenden kann, er hätte auf anderem Wege ebenfalls den durch sein steuerunehrliches Verhalten gewonnen Vorteil erlangen können (BGH vom 08. 05. 1979 HFR 1979, 389). Im Falle des nur strafrechtlich wirkenden Kompensationsverbots sind **Hinterziehungszinsen** nicht festzusetzen, weil Steuer objektiv (insoweit) nicht geschuldet wird (vgl. AEAO zu § 235, Nr. 2.4).

BEISPIEL

Ein Stpfl. erklärt Einnahmen aus seinem Gewerbebetrieb in Höhe von 5 000 € nicht. Im Rahmen des Änderungsbescheides macht der Stpfl. noch Sonderausgaben und außergewöhnliche Belastungen in insgesamt gleicher Höhe geltend.

LÖSUNG Obgleich materiell-rechtlich keine Mehrsteuer entsteht, liegt eine Steuerverkürzung im Hinblick auf die nicht erklärten Betriebseinnahmen vor, § 370 Abs. 4 Satz 3 AO. Hinterziehungszinsen sind gleichwohl nicht festzusetzen, weil keine (Mehr-)Steuer geschuldet wird.

In folgenden Fällen hat der BGH ein **Kompensationsverbot bejaht**:

- Bei Umsatzsteuer zur damit im Zusammenhang stehenden Vorsteuer (BGH vom 02. 11. 1995 wistra 1996, 106 und BGH vom 24. 10. 1990 wistra 1991, 107).
- Bei Betriebseinnahmen im Verhältnis zu solchen Betriebsausgaben, für die der Empfänger nicht benannt werden kann und dem FA daher nach § 160 AO eine Ermessensentscheidung zusteht (BGH vom 08. 05. 1979 MDR, 772).
- Bei Betriebseinnahmen im Verhältnis zu einem von Amts wegen zu berücksichtigenden Verlustvortrag (BGH vom 26. 06. 1984 wistra 1984, 183).
- Bei der Verwendung nicht erklärter Einnahmen für Zahlungen an nicht benannte Dritte, deren Abzug nach § 160 AO zu versagen ist, weil bei richtigen Angaben über die Betriebseinnahmen und Betriebsausgaben die angeblichen Zahlungen ohne Empfängerbenennung als Betriebsausgaben auch nicht anerkannt worden wären (BFH vom 17. 02. 1999 BFH/NV 1999, 1188 mit Hinweis auf BGH vom 26. 01. 1990 HFR 1990, 520).
- Bei hinterzogenen Umsätzen, die erst im Nachhinein durch eine rückwirkende Bescheinigung einer anderen Behörde (hier gem. § 4 Nr. 21 UStG) als steuerfrei zu behandeln sind (BGH vom 05. 02. 2004 wistra 2004, 147).

Nach der Rechtsprechung des BGH gilt das **Kompensationsverbot nicht** für steuerlich absetzbare **Ausgaben** (Betriebsausgaben oder Werbungskosten), die mit den verschwiegenen **Einnahmen** in einem »**unmittelbaren wirtschaftlichen Zusammenhang**« stehen.

BEISPIEL

Ein Gewerbetreibender erklärt seine Betriebseinnahmen zu niedrig. Die dafür erforderlichen Materialaufwendungen und schwarz gezahlten Löhne werden ebenfalls nicht in der Buchführung erfasst.

LÖSUNG Weil der steuererhöhende Vorgang der Betriebseinnahmen nicht ohne die steuermindernden Vorgänge der Materialaufwendungen und Schwarzlöhne denkbar ist, können diese bei der Ermittlung der Höhe der Steuerhinterziehung von den festgestellten Mehreinnahmen abgesetzt werden (BGH vom 31. 01. 1978 GA 1978, 307).

Nach der Rechtsprechung gilt das **Kompensationsverbot** auch insoweit **nicht**,

- wie Kapitalertragsteuer und Lohnsteuer im Steuererhebungsverfahren nach § 36 Abs. 2 EStG angerechnet werden. Die von Amts wegen durchzuführende Anrechnung resultiert unmittelbar aus den bisher unbekannten Einnahmen und steht mit diesen in unmittelbarem Zusammenhang (BGH vom 07. 12. 1978 HFR 1979, 207). Steuern sind demnach z. B. nicht hinterzogen, wenn sich durch die anrechenbare Kapitalertragsteuer bei nachträglichem Bekanntwerden bisher verschwiegener Kapitaleinkünfte eine Steuererstattung ergibt,
- wie bei verkürzten Betriebseinnahmen Rückstellungen für die hinterzogenen Umsatz- und Gewerbesteuern zu bilden sind (BGH vom 07. 12. 1978 HFR 1979, 207),
- wie bei fingierten Wareneinkäufen es versehentlich unterlassen wurde, Aushilfslöhne und Schmiergelder geltend zu machen (BGH vom 15. 11. 1989 wistra 1990, 59).

3006   **Schätzt** das FA Besteuerungsgrundlagen nach § 162 AO, soll damit im Besteuerungsverfahren derjenige Betrag ermittelt werden, der die größte Wahrscheinlichkeit für sich hat (Rz. 1084 ff.). Schätzungen der Finanzbehörden darf der **Tatrichter** aber nur übernehmen, wenn er sie selbst überprüft hat und **von ihrer Richtigkeit** auch unter Berücksichtigung der vom Besteuerungsverfahren abweichenden strafrechtlichen Verfahrensgrundsätze (§ 261 StPO) **überzeugt** ist (BGH vom 04.02.1992 wistra 1992, 147). Er muss für jede Steuerart und jeden Besteuerungszeitraum unter Schuldgesichtspunkten so klare Feststellungen treffen, dass sowohl die dem Schuldspruch zugrunde liegenden steuerrechtlichen Gesichtspunkte als auch die Berechnung der verkürzten Steuern der Höhe nach erkennbar werden (BGH vom 15.03.2005, wistra 2005, 307). Grundsätzlich ist rechtsfehlerhaft, wenn der Tatrichter die Besteuerungsgrundlagen nicht selbst darlegt und sich stattdessen hinsichtlich der Richtigkeit der Berechnung auf die Angaben von als Zeugen vernommenen Ermittlungspersonen wie z. B. von Steuerfahndungsbeamten bezieht (BGH vom 25.10.2000 wistra 2001, 22). Es ist es für das Tatgericht möglich, sich Steuerberechnungen von Beamten der Finanzverwaltung anzuschließen, die auf den festgestellten Besteuerungsgrundlagen aufbauen. Es muss im Urteil zweifelsfrei erkennbar sein, dass das Tatgericht eine eigenständige Steuerberechnung durchgeführt und dabei gegebenenfalls erforderliche Schätzungen selbst vorgenommen hat (BGH vom 13.07.2011, 1 StR 154/11, BFH/NV 2011, 1823 und BGH vom 25.03.2010, 1 StR 52/10, wistra 2010, 228).

Selbst bei geständigen Angeklagten kann der Tatrichter Betriebsprüfungs- und Steuerfahndungsberichte nicht unbesehen auf das Steuerstrafverfahren übertragen (BGH vom 05.02.2004, wistra 2004, 185). Im Strafverfahren gilt der Grundsatz in dubio pro reo (im Zweifel für den Angeklagten). Der Tatrichter kann jedoch bei seiner Prüfung die vom FA errechneten Beträge nicht nur unterschreiten, sondern auch überschreiten (BGH vom 13.03.1984 BB 1984, 2180). Zur **Durchführung der Schätzung** kommen die auch im **Besteuerungsverfahren** anerkannten – und erforderlichenfalls kombiniert anzuwendenden – **Schätzungsmethoden** in Betracht (BGH v. 24.05.2007, wistra 2007 S. 345). Auch der private Verbrauch und der Vermögensvergleich sind für den Strafrichter geeignete Anhaltspunkte (BGH vom 20.12.1954 BStBl I 1955, 365). Ebenfalls kann auf die Richtwerte für Rohgewinnaufschlagsätze aus der Richtsatzsammlung des BMF zurückgegriffen werden (BGH vom 29.01.2014, 1 StR 561/13, wistra 2014, 276 und BGH vom 06.10.2014, 1 StR 214/14, BFH/NV 2015, 302).

3.3.1.3   Subjektiver Tatbestand der Steuerhinterziehung

3007   Strafbar ist nach § 15 StGB nur vorsätzliches Handeln, wenn nicht das Gesetz fahrlässiges Handeln ausdrücklich mit Strafe bedroht. § 370 AO ist daher nur vorsätzlich begehbar; bedingter Vorsatz ist ausreichend (vgl. Rz. 2973 ff.).

Der Vorsatz entfällt, es findet also keine Bestrafung nach § 370 AO statt, wenn der Täter einem Irrtum über einen Tatumstand unterliegt, einem sog. **Tatbestandsirrtum** (Rz. 2974). Ein Tatbestandsirrtum im Steuerstrafrecht kann z. B. in folgenden Fällen vorliegen:

- Versehentliche Nichterfassung von Bareinnahmen in der Buchhaltung.
- Ausbuchung einer Forderung aus der Bilanz, weil der Schuldner der Forderung irrigerweise für vermögenslos gehalten wird.
- Der Stpfl. hat sich bei der Ermittlung von Zahlen verrechnet.
- Der Stpfl. hat in der Steuererklärung verlangte Angaben übersehen.
- In falscher Auslegung der einkommensteuerrechtlichen Bewertungsvorschriften wird eine Teilwertabschreibung vorgenommen.
- Ein Unternehmer macht den Vorsteuerabzug aus einer Rechnung geltend, die aber die Formerfordernisse der §§ 14, 14 a UStG nicht erfüllt.

3.3.1.4   Rechtswidrigkeit

Die Rechtswidrigkeit ausschließende Rechtfertigungsgründe, wie Notwehr, rechtfertigen-   **3008**
der Notstand oder Einwilligung des Inhabers des geschützten Rechts (Steuergläubiger) spielen
im Steuerrecht keine Rolle, siehe Rz. 2975.

3.3.1.5   Schuld

Bei der Schuld eines Täters (vgl. Rz. 2976) ist im Bereich des Steuerstrafrechts vor allem zu   **3009**
prüfen, ob der Täter Unrechtsbewusstsein für die Tat hat, oder ob er einem unvermeidbaren
Verbotsirrtum unterliegt, vgl. Rz. 2979 f. Unvermeidbar sind solche Irrtümer im Bereich des
Steuerstrafrechts in den allerwenigsten Fällen. Stößt der Stpfl. als Handelnder bei der Fertigung
seiner Steuererklärung auf rechtliche Zweifel, trifft ihn eine weitgehende Erkundigungspflicht.
Ihr kann und muss er nachkommen, indem er sich selbst durch Studium der steuerrechtlichen
Bestimmungen kundig macht; anderenfalls muss er eine Auskunftsperson zu Rate ziehen, die
über die entsprechende Qualifikation verfügt. So wird z. B. ein Gewerbetreibender im Strafver-
fahren kaum mit der Behauptung durchdringen können, er habe von seinen steuerrechtlichen
Verpflichtungen nichts gewusst.

Der Verbotsirrtum ist **abzugrenzen von den Rechtfertigungsgründen**, die bei der Frage
der Rechtswidrigkeit der Tat eine Rolle spielen, siehe Rz. 2975. In den Fällen der Rechtfertigungsgründe ist der Täter rechtfertigend der Meinung, sein Handeln sei rechtmäßig, er z. B. der
Auffassung ist, sein Handeln sei rechtfertigender Notstand. Solche Argumentationen finden
sich in der Praxis des Öfteren.

BEISPIEL

Ein Gewerbetreibender hinterzieht Steuern, um zur Zahlung von Arbeitslöhnen in der Lage zu sein.
Er trägt vor, er habe die »Gefahr« der Insolvenz für sein Unternehmen hierdurch zumindest zeitweise
abwenden können. Er meint, hierzu gegenüber seinen Arbeitnehmern verpflichtet zu sein, dies sei
ein rechtfertigender Notstand i. S. des § 34 StGB.

LÖSUNG Nach § 17 StGB handelt es sich bei diesem Irrtum um einen Verbotsirrtum. Er dürfte allerdings vermeidbar gewesen sein, so dass er für die Bestrafung irrelevant ist. Der Gewerbetreibende
hätte durch einen einfachen Anruf beim FA erfahren können, dass eine geringere Steuerzahlung
zugunsten von Lohnzahlungen nicht möglich ist. Im Gegenteil, er hätte die auszuzahlenden Löhne
um die abzuführende Lohnsteuer kürzen müssen. Allerdings kann (ggf.) die Strafe nach § 49 Abs. 1
StGB in diesem Fall gemildert werden.

3.3.1.6   Entwicklungsstufen und Zeitpunkt einer Steuerstraftat

Von **strafrechtlicher Bedeutung** ist erst der **Versuch**, vgl. Rz. 2982. Dieser zeichnet sich   **3010**
dadurch aus, dass mit der insgesamt vom Vorsatz umfassten und gewollten Straftat begonnen
wird, diese aber nicht zur Vollendung gelangt. In der Regel ist das Versuchsstadium dann
erreicht, wenn die unrichtige Steuererklärung **abgeben** wird. Das bloße Ausfüllen einer Erklärung ist noch kein Versuch, lediglich (straflose, ggf. bußgeldbewehrte) Vorbereitungshandlung.
Gleiches gilt, wenn falsche Urkunden eingereicht werden, um eine Steuernummer für eine
geplante Steuerhinterziehung zu erlangen, vgl. BGH vom 26. 09. 2002 wistra 2003, 20. Im Fall
des § 370 Abs. 1 Nr. 2 AO (**Nichtabgabe**) liegt ein Versuch frühestens dann vor, wenn die jeweilige Steuererklärungsfrist abgelaufen ist. Wird später doch eine Erklärung abgegeben, kann der
Stpfl. ggf. Strafbefreiung erlangen, sei es durch Rücktritt vom Versuch (vor vollendeter Tat, § 24

Abs. 1 StGB) oder durch strafbefreiende Selbstanzeige (nach vollendeter Tat, § 371 Abs. 1 AO). Das Stadium des Versuchs ist solange nicht überschritten, wie nicht alle objektiven Tatbestandsmerkmale erfüllt sind. Tritt z. B. der Erfolg nicht ein, weil das FA den Ansatz der Tat bemerkt hat, ist die Tat noch nicht vollendet, und es liegt versuchte Steuerhinterziehung vor. Versuchte Steuerhinterziehung kann milder bestraft werden als die vollendete Tat (§ 23 Abs. 2 StGB).

3011   Bei Abgabe unrichtiger oder unvollständiger Steuererklärungen bei **Veranlagungssteuern** wird **Vollendung** der Steuerhinterziehung in dem Zeitpunkt angenommen, in dem aufgrund der Steuererklärung ein unrichtiger Steuerbescheid erlassen und bekannt gegeben wird. Dies gilt auch dann, wenn die Steuerfestsetzung vorläufig oder unter Vorbehalt der Nachprüfung erfolgt ist. Ergibt sich eine (zu niedrige) Abschlusszahlung, ist die Tat mit der Bekanntgabe des Bescheids zugleich beendet. Im Falle einer (zu hohen) Erstattung ist auf den Zeitpunkt der Erstattung (bzw. auf den Zeitpunkt einer Verrechnung) abzustellen (vgl. FGJ, StStrafR, 8, Auflage 2015, AO § 376, Rn. 29). Wird von der Festsetzung abgesehen, weil das FA irrig der Meinung ist, eine Veranlagung ergäbe keine Steuer (**NV–Verfügung**, vgl. Rz. 1453) liegt in dem Zeitpunkt, in dem das FA von der Festsetzung absieht, vollendete Steuerhinterziehung vor.

Bei **Fälligkeitssteuern** (z. B. Lohnsteuer, Umsatzsteuer-Voranmeldung, Umsatzsteuer-Jahreserklärung,) ist die Tat mit Einreichung einer fristgerechten unrichtigen oder unvollständigen Anmeldung vollendet (und beendigt), wenn die Anmeldung zu einer Nachzahlung führt. Versuch und Vollendung fallen dann zusammen. Kommt es zu einer Erstattung oder einer Steuervergütung, so ist auf den Zeitpunkt der Zustimmung der Finanzbehörde nach § 168 Satz 2 AO (vgl. Rz. 1515) abzustellen (BGH vom 23. 07. 2014, 1 StR 240/14, wistra 2014, 486).

> **BEISPIEL**
>
> Ein Stpfl. gibt die Umsatzsteuer-Voranmeldung Juli 01 beim FA ab. In dieser hat er als Vorsteuern bewusst anstelle eines Betrages von 13 000 € den Betrag von 31 000 € eingetragen und demnach die sich dennoch ergebende Zahllast um 18 000 € zu niedrig erklärt.
>
> **LÖSUNG** Der Stpfl. hat gegenüber dem FA falsche Angaben gemacht. Die Voranmeldung hat nach § 168 AO mit Eingang beim FA die Wirkung einer Steuerfestsetzung unter Vorbehalt der Nachprüfung. Es ist somit infolge der falschen Angabe eine Steuerverkürzung eingetreten, § 370 Abs. 4 Satz 1 AO.

3012   Bei Nichtabgabe einer Einkommensteuererklärung tritt Vollendung ein mit Bekanntgabe eines zu niedrigen **Schätzungsbescheids** des FA. Sind in diesem Zeitpunkt die Veranlagungsarbeiten des betreffenden Veranlagungsteilbezirks im Wesentlichen (ca. 95 %) bereits abgeschlossen, ist im Zeitpunkt des Abschlusses der Veranlagungsarbeiten bereits Vollendung anzunehmen (BGH vom 27. 03. 1991 wistra 1991, 222 und BGH vom 07. 11. 2001, wistra 2002, 64 bzw. BStBl II 2002, 259 m. w. N.). In diesem Zeitpunkt wäre (i. d. R.) bei rechtzeitiger Abgabe der Steuererklärung die Steuer spätestens festgesetzt worden. In der Praxis wird dies wegen des Statistikwesens der Finanzverwaltung oftmals (aber nicht immer) der 30.09. des übernächsten auf den Veranlagungszeitraum folgenden KJ sein.

> **BEISPIEL**
>
> Ein Arbeitnehmer hat ab dem Jahr 01 dauernd nebenberufliche steuerpflichtige Einkünfte aus selbstständiger Tätigkeit. Er weiß um die Verpflichtung nach § 46 Abs. 2 Nr. 1 EStG, Steuererklärungen abzugeben. Er unterlässt dies jedoch, weil er die hieraus resultierende Steuer nicht bezahlen will. Im Januar 05 wird der Sachverhalt aufgedeckt. Im zuständigen Veranlagungsbezirk wurden die Veranlagungsarbeiten 01 Ende Juli 03, die Veranlagungsarbeiten 02 Ende Juni 04 und die Veranlagungsarbeiten 03 Ende August 05 jeweils zu über 95 % abgeschlossen.

LÖSUNG Für die Jahre 01 bis 03 wurden pflichtwidrig keine Einkommensteuererklärungen abgegeben und damit das FA über steuerlich erhebliche Tatsachen in Unkenntnis gelassen, § 370 Abs. 1 Nr. 2 AO. Dadurch wurden Steuern verkürzt, die bei pflichtgemäßer Abgabe der Erklärungen durch das FA inzwischen festgesetzt worden wären. Im Januar 05 war die reguläre Veranlagung des Jahres 02 abgeschlossen, so dass die Einkommensteuer der Jahre 01 und 02 verkürzt wurden. Hinsichtlich des Jahres 03 liegt versuchte Steuerhinterziehung vor, weil die diesbezügliche Steuererklärung bereits hätte abgegeben werden müssen. Die Strafverfolgungsverjährung für 01 beginnt mit Ablauf des 30.09.03, die der folgenden Jahre entsprechend. Sie ist damit im Januar 05 noch nicht abgelaufen.

Bei **Nichtabgabe** oder verspäteter Abgabe einer **Steuer(vor-)anmeldung** (z. B. Lohnsteuer-Anmeldung, Umsatzsteuer-Voranmeldung), die zu einer (nicht entrichteten) Steuerzahllast führen würde, ist mit **Ablauf des Fälligkeitszeitpunkts** die Steuerhinterziehung vollendet (BGH vom 19.01.2011, 1 StR 640,10, PStR 2011, 82). Nach der Entscheidung des BGH vom 01.11.1995 wistra 1996, 106, wird bei der nachfolgenden (Nicht-)Abgabe einer (unrichtigen) Umsatzsteuer-Jahreserklärung keine mitbestrafte Nachtat mehr angenommen. Vielmehr liegen (pro Jahr bis zu 13) selbstständige Taten vor, die als Tatmehrheit (vgl. Rz. 3014) angesehen werden. Hinsichtlich einer nicht oder zu spät abgegebenen **Umsatzsteuer-Jahreserklärung** ist eine vollendete Steuerhinterziehung mit Ablauf des letzten Tages der **gesetzlichen Frist** nach § 149 Abs. 2 AO anzunehmen, wenn keine ausdrückliche Fristverlängerung gewährt wurde (BGH vom 31.05.2011, 1 StR 189/11, wistra 2011, 346 m. w. N.).

Wird Steuerhinterziehung durch unrichtige Angaben in einem **Feststellungsverfahren** begangen, tritt der **Erfolg** durch Erlangen eines Steuervorteils bereits mit **Erlass des Feststellungsbescheids** ein (BGH vom 10.12.2008 wistra 2009, 114. Die **Tatbeendigung** und damit der Beginn der Verjährung (siehe Rz. 2991) tritt demgegenüber erst dann ein, wenn der unrichtige Grundlagenbescheid durch Bekanntgabe des *letzten* **Folgebescheids** ausgewertet wurde (BGH vom 07.02.1984 wistra 1984, 142).

3.3.1.7 Konkurrenzen

Steuerhinterziehung kann mit verschiedenen anderen Delikten in **Tateinheit** (Rz. 2986) stehen, wenn dieselbe Handlung mehrere Strafgesetze oder dasselbe Strafgesetz mehrmals (§ 52 StGB) verletzt. Beispiele dieser sog. Idealkonkurrenz im Steuerstrafrecht sind: **3013**
- Fälschung von Rechnungen zur Erlangung eines höheren Betriebsausgabenabzugs stellt zugleich Urkundenfälschung i. S. d. § 267 StGB dar,
- falsche Angaben im Vermögensverzeichnis bei der Abgabe einer eidesstattlichen Versicherung ist zugleich eine falsche eidesstattliche Versicherung nach § 156 StGB,
- die zeitgleiche, inhaltlich aufeinander abgestimmte Abgabe verschiedener unrichtiger Steuererklärungen für einen Veranlagungszeitraum (z. B. Einkommensteuer, Gewerbesteuer und Umsatzsteuer, vgl. BGH vom 28.10.2004, wistra 2005, 30).

Auch bei der **Steuerhinterziehung durch Unterlassen** gem. § 370 Abs. 1 Nr. 2 AO ist grundsätzlich im Hinblick auf jede Steuerart, jeden Besteuerungszeitraum und jeden Steuerpflichtigen von selbstständigen Taten i. S. des § 53 StGB auszugehen. Allein ein einheitlicher Tatentschluss, seinen steuerlichen Pflichten für mehrere Steuerarten und mehrere Besteuerungszeiträume künftig nicht nachzukommen, begründet noch keine Tateinheit zwischen den einzelnen Steuerhinterziehungen durch Unterlassen. Tateinheit ist nur dann ausnahmsweise anzunehmen, wenn die erforderlichen Angaben, die der Täter pflichtwidrig unterlassen hat, durch ein und dieselbe Handlung zu erbringen gewesen wären (BGH vom 28.10.2004, wistra 2005, 30).

3014   **Tatmehrheit** (Rz. 2987) ist im Steuerstrafrecht im Allgemeinen dann anzunehmen, wenn verschiedenartige Steuern (eines Veranlagungszeitraums) hinterzogen werden und es sich nicht um übereinstimmende unrichtige Angaben von Besteuerungsgrundlagen handelt, die äußerlich durch einen Vorgang verbunden werden. Tatmehrheit ist in der Regel auch anzunehmen, wenn sich die Hinterziehung einer Steuerart auf mehrere Veranlagungszeiträume erstreckt (Wegfall der Rechtsfigur des Fortsetzungszusammenhangs nach der Entscheidung des BGH vom 20. 06. 1994 NJW 1994, 2368, der sich der BFH vom 22. 06. 1995 BStBl II 1995, 575 angeschlossen hat).

In seiner Entscheidung vom 24. 01. 1990 wistra 1990, 193 nimmt der BGH Tatmehrheit für den Fall an, dass ein Täter Betriebseinnahmen nicht vollständig erfasst und dadurch zunächst **Einkommensteuer und nach** der **Umwandlung** des Unternehmens in eine GmbH **Körperschaftsteuer** verkürzt hat. Tatmehrheit liegt ebenfalls vor, wenn **Lohnsteuer** hinterzogen wird **und zugleich Sozialversicherungsbeiträge** nach § 266 a StGB vorenthalten werden. Auch im Verhältnis zwischen **Umsatzsteuer-Voranmeldungen und** einer nachfolgenden gleichfalls unrichtigen **Umsatzsteuerjahreserklärung** wird Tatmehrheit angenommen. Werden mehrere Umsatzsteuervoranmeldungen bezüglich **mehrerer frei erfundener Scheinfirmen** zum Zwecke der Erschleichung von Vorsteuern zeitgleich in den Briefkasten geworfen und zur Versendung gebracht, führt dies nicht zur Annahme einer natürlichen Handlungseinheit, sondern es ist Tatmehrheit anzunehmen (BGH vom 24. 11. 2004 wistra 2005, 56).

Die **Zusammenfassung** mehrerer Handlungen **zur Tateinheit** wirkt sich für den Täter i. d. R. **günstiger** aus **als** die Zusammenfassung zur **Tatmehrheit**. Eine Tat im Rechtssinn kann nur mit der Höchststrafe der Einzeltat bestraft werden, während es bei der Bestrafung einer Tatmehrheit zu der Bildung einer Gesamtstrafe nach § 54 StGB kommt, die die verwirkte höchste Strafe erhöht.

3015   Wegen der Möglichkeiten der **Gesetzeskonkurrenz** vgl. Rz. 2988.

3.3.1.8   Besonderheit bei sog. »Mini-Jobs« in Privathaushalten

3016   Eine Besonderheit gilt für Steuerhinterziehung im Zusammenhang mit einer geringfügigen Beschäftigung in einem Privathaushalt. Nach § 50 e Abs. 2 EStG wird die **Nichtanmeldung** von geringfügigen Beschäftigungsverhältnissen nicht als Steuerhinterziehung sondern **lediglich** als **Ordnungswidrigkeit** gem. §§ 377–384 AO (Rz. 3046 ff.) verfolgt. Insbesondere eine Verfolgung nach § 378 AO als leichtfertige Steuerverkürzung (Rz. 3037 ff.) ist möglich, auch wenn der Täter mit Vorsatz gehandelt hat, vgl. § 50 e Abs. 2 Satz 3 EStG. Dem Gesetzgeber erscheint eine Bußgeldbewehrung angesichts der sehr geringen Höhe des staatlichen Steueranspruchs und des regelmäßig geringen Unrechts- und Schuldgehalts ausreichend; erst recht, weil der Arbeitgeber einen Teil seiner Aufwendungen nach § 35 a EStG von seiner Einkommensteuerschuld wieder abziehen kann. Die Freistellung von der Strafbefreiung gilt sowohl für den Arbeitgeber als auch für den Arbeitnehmer. Sie geht jedoch nur soweit, wie die nicht gemeldeten Einkünfte aus der geringfügigen Beschäftigung im Privathaushalt durch den Pauschsteuersatz gem. § 40 a Abs. 2 EStG hätte abgegolten werden können. Im Bereich der sog. **Midi-Jobs** oder bei Überschreiten der Mini-Job-Grenze, etwa wegen höherem Arbeitslohn oder dem Zusammenrechnen mehrerer geringfügiger Beschäftigungsverhältnisse, ist eine Ahndung als Steuerhinterziehung möglich. § 50 e Abs. 2 EStG ist nur bei Nichtanmeldung eines geringfügigen Beschäftigungsverhältnisses anzuwenden, **nicht** aber **bei unvollständigen oder unrichtigen Angaben** gegenüber den zuständigen Behörden. Ebenfalls findet die Vorschrift keine Anwendung, wenn der Arbeitgeber aus anderen Gründen eine Lohnsteueranmeldung abzugeben hat.

BEISPIEL

Fredi Fröhlich beschäftigt Susi Sauber als Reinigungskraft in seinem Privathaushalt. Mit Vorsatz zeigt Fröhlich das Beschäftigungsverhältnis gegenüber der Mini-Job-Zentrale nicht an. Auch Sauber bleibt untätig.

LÖSUNG Obgleich der Tatbestand des § 370 Abs. 1 Nr. 2 AO erfüllt ist, kann Fröhlich lediglich wegen leichtfertiger Steuerverkürzung gem. § 378 AO verfolgt werden, § 50 e Abs. 2 Satz 3 EStG.

3.3.2 Selbstanzeige

Die Möglichkeit durch Selbstanzeige Straffreiheit zu erlangen, ist eine Rechtswohltat. Die **3017** Regelung hat die rein fiskalische Zielsetzung, bisher verheimlichte Steuerquellen zu erschließen. Die Selbstanzeige beseitigt rückwirkend die Strafbarkeit der bereits vollendeten (damit auch der versuchten) Straftat und ist von Amtswegen zu berücksichtigen. Sie ist ein **persönlicher Strafaufhebungsgrund** und kommt nur demjenigen zugute, der von ihr Gebrauch macht.

Der **Anwendungsbereich** des § 371 AO ist die Steuerhinterziehung nach § 370 AO. In anderen Gesetzen wird § 371 AO für entsprechend anwendbar erklärt, z. B. § 8 Abs. 2 WoPG, § 14 Abs. 3 des 5. VermBG oder auch für Kommunalabgaben (z. B. § 15 KAG Rheinland-Pfalz). Für den Bereich der leichtfertigen Steuerverkürzung enthält § 378 Abs. 3 AO eine eigene Regelung (Rz. 3040). Keine Anwendung findet § 371 AO im Fall der Begünstigung nach § 369 Abs. 1 Nr. 4 AO i. V. m. § 257 StGB, weil kein Fall des § 370 AO vorliegt.

In der Praxis typische **Anlässe**, in denen Stpfl. **über eine Selbstanzeige nachdenken** (sollten), sind z. B.:

- bei Gefahr einer Denunziation, z. B. bei gescheiterten geschäftlichen oder privaten Verbindungen wie Ehescheidungen, Trennungen von Lebens- oder Geschäftsgemeinschaften,
- Prüfungsmaßnahmen bei Geschäftspartnern, z. B. dortige Steuerfahndungsprüfung,
- Durchsuchung des Kreditinstituts, bei dem ein steuerlich nicht deklariertes Konto, Depot oder ähnliches besteht.

Nach § 371 AO erlangt ein Tatbeteiligter (bezogen auf den Bereich der Steuerhinterziehung) Straffreiheit, wenn er

- zu allen unverjährten Steuerstraftaten einer Steuerart mindestens aber zu allen Steuerstraftaten einer Steuerart innerhalb der letzten zehn Kalenderjahre (vor Abgabe der Selbstanzeige) in vollem Umfang die unrichtigen Angaben berichtigt, ergänzt oder nachholt (§ 371 Abs. 1 AO),
- eine Sperrwirkung nicht eingetreten ist (§ 371 Abs. 2 AO) und
- er die hinterzogenen Steuern sowie die Hinterziehungszinsen einschl. anzurechnender Nachzahlungszinsen entrichtet (§ 371 Abs. 3 AO).

Straffreiheit durch Selbstanzeige können **Täter**, aber auch **Teilnehmer** erlangen. Sie setzt eine Handlung des einzelnen Beteiligten voraus. Bei Tatbeiträgen mehrerer kann nur eine sog. **koordinierte Selbstanzeige** allen Beteiligten die Rechtswohltat der Straffreiheit sichern (ansonsten für den/die Nichtanzeigenden Ausschließungsgrund nach § 371 Abs. 2 Satz 1 Nr. 2 AO, Rz. 3028). Die Selbstanzeige ist nicht höchstpersönlich zu erstatten, sie kann auch durch einen zuvor (nachträgliche Genehmigung ist nicht möglich) persönlich hierzu Bevollmächtigten erfolgen (BGH vom 05. 05. 2004 wistra 2004, 309).

3.3.2.1 Form und Adressat

3018   Eine **besondere Form** ist **nicht vorgeschrieben**. Die Selbstanzeige kann daher schriftlich, mündlich (zur Niederschrift) oder auch telefonisch erfolgen. In der Praxis werden Selbstanzeigen durchgehend auch aus Beweissicherungsgründen schriftlich und unterschrieben abgegeben. In der Selbstanzeige muss sich der Stpfl. nicht selbst der Steuerhinterziehung bezichtigen, das Wort Selbstanzeige braucht zudem nicht aufzutauchen.

In den folgenden Beispielsfällen liegt keine wirksame Selbstanzeige vor:

> **BEISPIELE**
>
> a) Der Täter erklärt lediglich, seine eingereichten Steuererklärungen seien falsch.
> b) Die reine Erklärung, »Selbstanzeige erstatten zu wollen«.
> c) Der Stpfl. erkennt die Ergebnisse einer Betriebsprüfung an.
> d) Die Nachzahlung einer Steuer, ohne gleichzeitig irgendwelche Angaben zu machen.
> e) Die Beantragung einer Betriebsprüfung.

Die Erklärung ist nach dem Gesetzeswortlaut »**gegenüber** der Finanzbehörde« (§ 6 Abs. 2 AO) abzugeben. Das ist in jedem Fall das sachlich und örtlich zuständige **FA**. Wirksam wird sie in dem Zeitpunkt, in dem sie dort eingeht. Der Zeitpunkt des Eingangs kann wegen einer möglichen Sperrwirkung nach § 371 Abs. 2 AO Bedeutung haben. Als zulässig wird auch die Einreichung einer Selbstanzeige bei der Staatsanwaltschaft, der Polizei oder den mit den Steuerstrafsachen befassten Gerichten gehalten (Franzen/Gast/Joecks, Steuerstrafrecht, AO § 371 Rn. 121).

3.3.2.2 Inhalt

3019   Es gilt der **Grundsatz der Materiallieferung**. Das FA muss durch die Angaben in der Selbstanzeige ohne Weiteres in die Lage versetzt werden, ohne komplizierte und langwierige Nachforschungen den wahren Sachverhalt zu erkennen und die Steuer richtig zu errechnen. Eine klare und vollständige Darstellung des Sachverhalts sowie Zahlenangaben sind bei Anzeigen regelmäßig erforderlich. Für eine strafbefreiende Selbstanzeige reicht es nicht aus, dass der Stpfl. lediglich das von einem Außenprüfer bereits erarbeitete Ergebnis anerkennt oder auf Vorhalt bestimmter auffälliger Sachverhalte die Unrichtigkeit seiner bisherigen Angaben einräumt (BGH vom 16.06.2005 NJW 2005, 2723).

Bei nur teilweiser Berichtigung, Ergänzung oder Nachholung tritt keine Straffreiheit ein. Es gilt das sog. »**Vollständigkeitsgebot**«. Danach wird Straffreiheit nur dann erlangt, wenn gegenüber dem Finanzamt
- für alle unverjährten Steuerstraftaten, mindestens aber für die letzten zehn Kalenderjahre vor Abgabe der Selbstanzeige
- einer Steuerart
- vollständige Angaben gemacht werden.

3.3.2.2.1 Berichtigungsverbund

3020   **Unverjährt** ist eine Steuerstraftat, wenn die **Strafverfolgungsverjährung** (Rz. 2991) noch nicht eingetreten ist. Die steuerliche Festsetzungsfrist ist hingegen nicht erheblich. Dabei gilt es zu beachten, dass die Verjährungsfrist erst einen Tag nach der tatsächlichen Bekanntgabe des Steuerbescheids beginnt. Generell gilt eine Strafverfolgungsverjährung gem. § 78 Abs. 3 StGB von fünf Jahren und für besonders schwere Fälle i. S. des § 370 Abs. 3 Nr. 1 – Nr. 5 AO nach § 376 Abs. 1 AO von zehn Jahren.

Die Selbstanzeige muss **mindestens** aber zu allen Steuerstraftaten einer Steuerart innerhalb der letzten **zehn Kalenderjahre** erfolgen. Anders als bei der steuerlichen Festsetzungsfrist bei Steuerhinterziehung von zehn Jahren durch An- und Ablaufhemmungstatbestände hat der Gesetzgeber hier aus Gründen der Rechtsklarheit einen festen Zeitraum für erforderlich gehalten (BT-Drucks. 18/3018 S. 10). Die Berichtigungspflicht besteht für alle Steuerstraftaten einer Steuerart für die zurückliegenden zehn Kalenderjahre (BT-Drucks. 18/3018 S. 11). Praktisch ist damit bei »einfacher« Steuerhinterziehung stets für die letzten zehn Kalenderjahre zu berichtigen. Lediglich in Fällen besonders schwerer Steuerhinterziehung sind Fälle denkbar, in denen die verlängerte Strafverfolgungsverjährung mehr Kalenderjahre als die verlängerte Festsetzungsfrist umfasst (ebenso Joecks, DStR 2014 S. 2261).

Ausgangspunkt für die zeitlich rückwärtsgerichtete Berechnung der Frist ist der Zeitpunkt der Abgabe der Selbstanzeige. Wie aber dann der Zehn-Jahres-Zeitraum zu berechnen ist, ist unklar. Es könnte auf die zurückliegenden zehn Besteuerungszeiträume abzustellen sein oder auf die Begehung der Steuerstraftaten innerhalb der letzten zehn Kalenderjahre. Bei letzterer Lösung wäre festzulegen, auf welches Stadium der Tat (Versuch, Vollendung oder Beendigung) abzustellen ist. Möglich wäre, in Fällen, in denen Steuererklärungen abgegeben werden, auf den Abgabezeitpunkt abzustellen und in Fällen der Nichtabgabe auf den Abschluss der wesentlichen Veranlagungsarbeiten (vgl. Rz. 3010 und 3012).

> **BEISPIEL**
>
> X möchte im Jahr 21 Selbstanzeige erstatten. Er hat seit der Gründung seines Unternehmens in 01 in jeder Einkommensteuererklärung vorsätzlich Betriebseinnahmen nicht vollständig erklärt. Hierdurch wurden je Veranlagungszeitraum Einkommensteuern i. H. v. 20 000 € hinterzogen. Die Einkommensteuerbescheide mit den jeweils zu geringen Nachzahlungen ergingen stets im folgenden Jahr, z. B. für den Veranlagungszeitraum 12 erging der Steuerbescheid in 13. Zur Abgabe der Steuererklärungen war X verpflichtet. Es liegt kein Fall einer besonders schweren Steuerhinterziehung gem. § 370 Abs. 3 AO vor.
>
> **LÖSUNG** Um Straffreiheit zu erlangen, muss die Selbstanzeige sämtliche strafrechtlich noch nicht verjährten Besteuerungszeiträume umfassen. Im Jahr 21 sind die Jahre ab 15 noch nicht verjährt. Um eine wirksame Selbstanzeige zu erreichen, müssen jedoch die Kalenderjahre ab 10 (Abgabe der Steuererklärung im Kalenderjahr 11) berichtigt werden. Das Jahr 10 wäre noch änderbar, denn es ist noch nicht festsetzungsverjährt (vgl. § 169 Abs. 2 Satz 2 AO i. V. mit § 170 Abs. 2 Satz 1 Nr. 1 AO).

Die Selbstanzeige muss alle Korrekturen für **eine Steuerart** ermöglichen. Werden verschiedene Steuern eines Veranlagungszeitraums hinterzogen, muss die Selbstanzeige sich nicht auf sämtliche Steuerarten erstrecken.

> **BEISPIEL**
>
> Ein Unternehmer verkürzt die Einkommensteuer 04–08 sowie die Umsatzsteuer 05–07.
> **LÖSUNG** Es bestehen folgende Möglichkeiten einer wirksamen Selbstanzeige:
> a) Einkommensteuer 04–08,
> b) Umsatzsteuer 05–07 oder
> c) Einkommensteuer 04–08 und Umsatzsteuer 05–07.
> Wird hingegen beispielsweise nur der Veranlagungszeitraum 07 hinsichtlich Einkommensteuer und Umsatzsteuer berichtigt, liegt keine wirksame Selbstanzeige vor.

Lohnsteuer und Kapitalertragsteuer sind zwar »nur« besondere Erhebungsformen der Einkommensteuer. Hier sind sie u. E. jedoch als eigene Steuerarten anzusehen (gl. A. Beckemper/Schmitz/Wegner/Wulf, wistra 2011, 281). Ob gesonderte und ggf. einheitliche Feststellungen eine eigene »Steuerart« i. S. des § 371 Abs. 1 AO bilden, ist aus dem Gesetz nicht erkennbar, nach u. A. aber nach Sinn und Zweck der Vorschrift zu bejahen.

3.3.2.2.2 Geringfügige Abweichungen

3021 Die Selbstanzeige muss bezüglich der jeweiligen Steuerart zwar vollständig sein. Geringfügige Abweichungen sind allerdings **unschädlich** (BT-Drucks. (neu) 17/5067 S. 19). Ausweislich der Gesetzesbegründung »müssen im praktischen Vollzug Unschärfen hingenommen werden«. Bagatellabweichungen führen nicht zur Unwirksamkeit der Selbstanzeige. Dies gilt jedenfalls dann, wenn die Selbstanzeige unbewusst unvollständig ist (BT-Drucks. 17/5067 (neu) S. 20), z. B., weil dem Tatbeteiligten beim Abfassen der Anzeige ein Versehen unterläuft, sog. »**undolose Teilselbstanzeige**«.

Es gibt **keine feste Grenze**, bis zu der noch nur von einer Unschärfe und damit immer noch von der Vollständigkeit der Anzeige auszugehen ist. In der Literatur wird eine Grenze von 10 % als Faustformel angeführt (Hunsmann, NJW 2011, 1482). Nach BGH-Beschluss v. 25. 07. 2011 – 1 StR 631/10, NJW 2011, 3249 liegt jedoch grundsätzlich nur bei einer Abweichung von **bis zu 5 % der hinterzogenen Steuer** (nicht der Besteuerungsgrundlagen) noch eine insgesamt vollständige Selbstanzeige vor, wenn eine Bewertung der Umstände im Einzelfall ergibt, dass die inhaltliche Abweichung im Vergleich zur Vollständigkeit noch als »geringfügig« einzustufen ist. Als schädlich anzusehen ist eine bewusst herbeigeführte geringere Abweichung, weil sie nicht vom Willen der Steuerehrlichkeit getragen werde. Ein bewusstes »Taktieren« dürfte damit u. E. schädlich sein, etwa wenn zwar Betriebseinnahmen nacherklärt aber ausländische Zinserträge weiterhin verschwiegen werden.

Allerdings ergibt sich bei einem relativ hohen hinterzogenen Betrag durch die prozentuale Betrachtung auch eine hohe Unschärfe, beispielsweise ergibt sich bei 1 Mio. € an verkürzter Steuer ein Betrag von 50 000 €. Ob dies dann noch als geringfügig einzustufen ist, muss eben einzelfallbezogen geprüft werden. Weil die Selbstanzeige alle Zeiträume einer Steuerart umfasst, ist bei der Überlegung, ob noch von einer Geringfügigkeit ausgegangen werden kann, auf die gesamte Selbstanzeige abzustellen.

> **BEISPIEL**
>
> Ein Steuerpflichtiger verkürzt die Umsatzsteuer 04 i. H. v. 20 000 € und die Umsatzsteuer 05 i. H. v. 2 000 €. In seiner Selbstanzeige erklärt er die Umsatzsteuer 04 zutreffend nach, hinsichtlich der Umsatzsteuer 05 erklärt er versehentlich nur 1 000 €.
>
> **LÖSUNG** Nur bezogen auf die Umsatzsteuer 05 liegt eine Abweichung von 50 % vor. Bezogen auf die gesamten hinterzogenen Umsatzsteuern von 22 000 € beträgt die Abweichung nur 4,5 %. Es ist u. E. von einer nur geringfügigen Abweichung und damit einer wirksamen Selbstanzeige hinsichtlich der angezeigten Steuern auszugehen. Der Gesetzgeber hat die verschiedenen Taten zu einer Berichtigungseinheit verklammert. Hinweis: Der Beschluss des BGH vom 25. 07. 2011, 1 StR 631/10, NJW 2011, 3249 kann auch dahingehend interpretiert werden, dass die isolierte Betrachtungsweise anzustellen ist (siehe etwa Prowatke/Kelterborn, DStR 2012, 640, die zwischen absichtlicher und unbeabsichtigter Unvollständigkeit differenzieren wollen). Dann wäre keine wirksame Selbstanzeige anzunehmen.

Unklar ist auch die Berechnung der 5-%-Grenze beim progressiven Einkommensteuertarif. Hier stellt sich die Frage, ob die Unschärfe mit dem Grenzsteuersatz berechnet wird oder mit der »unteren« Progression, die sich ohne die ansonsten nachträglich erklärten Besteuerungsgrundlagen ergibt (wegen eines Beispiels siehe Prowatke/Kelterborn, DStR 2012, 640, Beispiel 1).

3.3.2.2.3 Gestufte Selbstanzeigen

Ist dem Steuerpflichtigen aufgrund unzureichender Buchhaltung oder wegen fehlender **3022** Belege eine genau bezifferte vollständige Selbstanzeige nicht möglich, ist er gehalten, von Anfang an – also bereits auf der ersten Stufe der Selbstanzeige – alle erforderlichen Angaben über die steuerlich erheblichen Tatsachen, notfalls auf der Basis einer Schätzung anhand der ihm bekannten Informationen, zu berichtigen, zu ergänzen oder nachzuholen (BGH, Urteil v. 20.05.2010 – 1 StR 577/09, DStR 2010 S. 1133, sog. **gestufte Selbstanzeige**). Es dürfen sich – abgesehen von unbewussten geringfügigen Abweichungen (siehe oben) – **keine Deckungslücken** zur späteren Präzision ergeben. Zudem müssen die Angaben in jedem Fall so geartet sein, dass die Finanzbehörde auf ihrer Grundlage in der Lage ist, ohne langwierige Nachforschungen den Sachverhalt vollends aufzuklären und die Steuer richtig festzusetzen. Genügen die Angaben – bei Anwendung eines strengen Maßstabes – diesen Anforderungen nicht, liegt eine wirksame Selbstanzeige nicht vor. Bei Ahndung der Tat wird eine zu kurz greifende Selbstanzeige jedoch strafmildernd berücksichtigt werden können (§ 46 Abs. 2 StGB).

Gibt ein Täter bewusst zunächst eine nicht vollständige Selbstanzeige ab, stellt sich die Frage, welche Folgen eine zweite – ergänzende – Selbstanzeige mit sich bringt. Fraglich ist, ob ein Täter nur eine Chance zur Selbstanzeige hat (siehe auch Rz. 3028).

> **BEISPIEL**
>
> X hat die Einkommensteuern der Jahre 10 – 15 hinterzogen, indem er seine in Deutschland steuerpflichtigen Einkünfte aus ausländischen Kapitaleinkünften in Staat 1 und Staat 2 gegenüber dem Finanzamt verschwiegen hat. Weitere unrichtige oder unvollständige Angaben hat er nicht gemacht. Im Jahr 16 erklärt er die Kapitaleinkünfte aus Staat 1 nach. Im Jahr 18 erklärt er die Einkünfte aus Staat 2 nach.
>
> **LÖSUNG** Die erste Selbstanzeige führt nicht zur Straffreiheit, weil sie nicht vollständig war. Die zweite führt ebenfalls nicht zur Straffreiheit, weil durch die erste Anzeige die Taten zum Teil bereits entdeckt waren (vgl. § 371 Abs. 2 Nr. 2 AO). Auch der BGH geht in seinem Urteil BGH vom 20.05.2010, 1 StR 577/09, DStR 2010, 1133 von der Notwendigkeit einer vollständigen Rückkehr zur Steuerehrlichkeit aus.

3.3.2.3 Ausschlussgründe

Solange eine **Selbstanzeige** – aus welchen Gründen auch immer – **freiwillig** erstattet wird, **3023** ergibt sich als **Folge die Straffreiheit**. Liegt ein Ausschlusstatbestand des § 371 Abs. 2 AO vor, kann von Freiwilligkeit nicht mehr ausgegangen werden. Daher gewährt der Gesetzgeber in diesen Fällen keine Straffreiheit.

Die Straffreiheit ist bereits dann ausgeschlossen, wenn in den Fällen des § 371 Abs. 2 Satz 1 Nr. 1 AO bei »**einer**« der zur Selbstanzeige gebrachten **Steuerstraftaten** ein **Sperrgrund** vorliegt. Dann ist für alle zu berichtigenden Steuerstraftaten einer Steuerart (siehe § 371 Abs. 1 AO) eine wirksame Selbstanzeige ausgeschlossen.

> **BEISPIEL**
>
> X hat sowohl Einkommensteuer als auch Umsatzsteuer der Jahre 04 bis 06 hinterzogen. Für das Jahr 06 wurde eine Umsatzsteuersonderprüfung angeordnet.
>
> **LÖSUNG** Erstattet X für die Umsatzsteuer Selbstanzeige, wäre sie nicht wirksam, weil für eine unverjährte Steuerstraftat, nämlich die hinterzogene Umsatzsteuer 06, eine Prüfungsanordnung bekannt gegeben wurde und damit der Sperrgrund nach § 371 Abs. 2 Nr. 1 Buchst. a AO vorliegt (Rz. 3025a). Hinsichtlich der Einkommensteuer kann X hingegen noch wirksam Selbstanzeige erstatten.

3.3.2.3.1   Bekanntgabe einer Prüfungsanordnung

3024   Nach § 371 Abs. 2 Satz 1 Nr. 1 Buchst. a AO ist eine strafbefreiende Selbstanzeige ausgeschlossen, wenn bei einer der zur Selbstanzeige gebrachten unverjährten Steuerstraftaten einer Steuerart vor der Berichtigung, Ergänzung oder Nachholung der Angaben dem an der Tat Beteiligten, seinem Vertreter, dem Begünstigten i. S. des § 370 Abs. 1 AO oder dessen Vertreter eine Prüfungsanordnung gem. § 196 AO (Rz. 2309) bekannt gegeben wurde. Ein an der Tat Beteiligter ist gem. § 28 StGB der Täter oder ein Teilnehmer (Anstifter und Gehilfen). Als Beispiel für die Bekanntgabe einer Prüfungsanordnung gegenüber einem »Begünstigten i. S. des § 370 Abs. 1 AO« nennt die Gesetzesbegründung einen ausgeschiedenen Mitarbeiter, der zugunsten des Unternehmens eine Steuerhinterziehung begeht (BT-Drucks. 18/3018 S. 11). Dieser sei ein an der Tat Beteiligter. Dies ist er bei einem Zusammenwirken an der Steuerhinterziehung mit dem Unternehmer als auch, wenn er alleine Steuern zu dessen Gunsten hinterzieht. Dann ist der Mitarbeiter als an der Tat Beteiligter (Mittäter bzw. Täter) vom Sperrgrund erfasst, wenn gegenüber dem »Begünstigten«, dem Unternehmer, eine Prüfungsanordnung erlassen wird.

Umstritten ist, ob die im Besteuerungsverfahren geltende **Bekanntgabefiktion** des § 122 Abs. 2 AO (Drei-Tage-Fiktion) auch hier Anwendung findet (Schauf in: Kohlmann, Steuerstrafrecht, 54. Lieferung 04.2016, § 371 AO, Rz. 424). Ist sie anzuwenden, verbleibt einem Täter bei tatsächlich früherer Bekanntgabe noch ein kleiner Zeitraum, wirksam Selbstanzeige zu erstatten. Ist auf den Zeitpunkt des **tatsächlichen Zugangs** der Prüfungsanordnung abzustellen, ist dies nicht möglich. Bestreitet der Täter den Zugang der Prüfungsanordnung oder behauptet er einen späteren Zugang und erstattet er Selbstanzeige, muss strafrechtlich dem Täter der Zugang der Anordnung als solcher und der (frühere) Bekanntgabezeitpunkt bewiesen werden.

Auch eine **rechtswidrige Prüfungsanordnung** lässt die Sperrwirkung eintreten. Denn auch eine rechtswidrige Anordnung ist wirksam, solange sie nicht nichtig ist (§ 124 Abs. 1 AO; BGH-Urteil v. 16.06.2005, 5 StR 118/05, wistra 2005 S. 381).

Die Sperrwirkung ist beschränkt auf den **sachlichen und zeitlichen Umfang** der angekündigten Außenprüfung. Dies bemisst sich nach der Prüfungsanordnung. Hierin wird festgelegt, welche Steuerarten, welche Besteuerungszeiträume oder welche Sachverhalte geprüft werden, vgl. § 194 Abs. 1 Satz 2 AO. Die Prüfungsanordnung für einen Zeitraum einer Steuerart bewirkt allerdings keine Sperrwirkung für sämtliche bezüglich dieser Steuerart begangenen, vom Berichtigungsverbund umfassten Steuerstraftaten. Denn ausdrücklich ist gem. § 371 Abs. 2 Satz 2 AO eine strafbefreiende Selbstanzeige für Steuerstraftaten einer Steuerart außerhalb der von der angekündigten Außenprüfung umfassten Zeiträume der (jeweiligen) Steuerart möglich. Diese Regelung durchbricht das Vollständigkeitsgebot des § 371 Abs. 1 AO. Die Selbstanzeige muss zu ihrer Wirksamkeit jedoch sämtliche unverjährten Steuerstraftaten (mindestens zehn Kalenderjahre) der nicht von der Prüfungsanordnung umfassten Zeiträume beinhalten.

BEISPIEL

Das Finanzamt gibt im Jahr 22 eine Prüfungsanordnung für den Zeitraum 19–21 bekannt. Der Steuerpflichtige hat Einkommensteuer seit Betriebsgründung in 01 von jährlich 10 000 € hinterzogen. Er befürchtet eine Tatentdeckung durch den Außenprüfer. Die Steuerbescheide wurden stets im darauffolgenden Jahr bekanntgegeben.

LÖSUNG Die Selbstanzeige muss den Zeitraum 12 – 18 umfassen.

Wurde die Steuerhinterziehung durch eine Außenprüfung nicht entdeckt, muss eine nach Abschluss der Außenprüfung abgegebene Selbstanzeige auch die (nicht entdeckten) Steuerstraftaten in den geprüften Zeiträumen erfassen. Eine nachträgliche Selbstanzeige ist nach dem Gesetzeswortlaut nicht ausgeschlossen.

3.3.2.3.2 Einleitung und Bekanntgabe eines Straf- bzw. Bußgeldverfahrens

Eine strafbefreiende Selbstanzeige ist nach § 371 Abs. 2 Satz 1 Nr. 1 Buchst. b AO ausge- **3025**
schlossen, wenn dem an der Tat Beteiligten oder seinem Vertreter vor der Berichtigung, Ergänzung oder Nachholung von Angaben die Einleitung eines Strafverfahrens oder auch eines Bußgeldverfahrens wegen einer der zur Selbstanzeige gebrachten unverjährten Steuerstraftaten
bekannt gegeben worden ist. Für die **Einleitung des Verfahrens** ist die reine aktenmäßige Einleitung (sog. Einleitungsvermerk nach § 397 Abs. 2 AO) des Strafverfahrens nach § 397
Abs. 1 AO oder des Bußgeldverfahrens nach § 410 Abs. 1 Nr. 6 AO noch nicht ausreichend; es
muss eine nach außen wirkende straf- und bußgeldrechtliche Verfahrenshandlung hinzutreten
(vgl. im Einzelnen Rz. 3033). Die Sperrwirkung tritt erst im Zeitpunkt der **Bekanntgabe der
Einleitung** des Verfahrens ein. Die Tat braucht dabei nicht schon in allen Einzelheiten umrissen
zu sein. Es genügt, wenn der an der Tat Beteiligte erkennen kann, wegen welchem Tatkomplex
das Verfahren eingeleitet worden ist.

Kommt bei einer **Außenprüfung** ein Tatverdacht auf, wird der Außenprüfer nach der Praxis der Finanzämter in aller Regel nicht die Einleitung des Strafverfahrens bekannt geben. Der
Außenprüfer unterbricht die Prüfung und setzt sich gem. § 10 BpO mit der zuständigen Straf-
und Bußgeldsachstelle ins Benehmen (vgl. Rz. 3033). Dadurch ist das Verfahren noch nicht
eingeleitet. Jjedoch läge bei einer Betriebsprüfung durch die bekanntgegebene Prüfungsanordnung – jedenfalls soweit diese sachlich und zeitlich reicht – der Sperrgrund gem. § 371 Abs. 1
Satz 1 Nr. 1 Buchst. a AO vor (siehe Rz. 3024).

Erscheint die **Steuerfahndung** beim Stpfl. und stellt Nachforschungen an, wird sie häufig
die **Einleitung des Strafverfahrens** bekannt geben. In diesen Fällen ist eine Selbstanzeige stets
schon wegen dem Erscheinen des Steuerfahnders gem. § 371 Abs. 2 Satz 1 Nr. 1 Buchst. d AO
ausgeschlossen (Rz. 3027). Ergeben sich bei der Vollstreckung eines Durchsuchungsbeschlusses
Anhaltspunkte für Steuerhinterziehungen in früheren Jahren, tritt bezüglich dieser Jahre
eine Sperrwirkung nach § 371 Abs. 2 Satz 1 Nr. 1 Buchst d AO ein, wenn sich die neuen Tatvor-
würfe lediglich auf weitere Besteuerungszeiträume hinsichtlich derselben Steuerarten bei identischen Einkunftsquellen erstrecken (BGH vom 20.05.2010, 1 StR 577/09, DStR 2010, 1133).

BEISPIEL
Wegen des Verdachts der Einkommensteuerhinterziehung der Jahre 03 – 05 durch Verschweigen von
Betriebseinnahmen aus seinem Kfz-Handel durchsuchen Steuerfahnder (mit richterlichem
Beschluss) die Wohn- und Geschäftsräume des Gewerbetreibenden A. Dabei ergeben sich Anhalts-
punkte, dass bereits ab 01 vorsätzlich Betriebseinnahmen verschwiegen wurden.
LÖSUNG Für die Jahre 03 – 05 ist die Sperrwirkung des § 371 Abs. 2 Satz 1 Nr. 2 AO als auch des § 371
Abs. 2 Satz 1 Nr. 1 Buchst. d AO eingetreten. Die Sperrwirkung des § 371 Abs. 2 Satz 1 Nr. 1 Buchst. d
AO erstreckt sich auch auf die Jahre 01 und 02, weil beim üblichen Gang des Ermittlungsverfahrens
zu erwarten ist, dass auch die Jahre 01 und 02 in die Überprüfung einbezogen würden.

3.3.2.3.3 Erscheinen eines Amtsträgers zur steuerlichen Prüfung

Nach § 371 Abs. 2 Satz 1 Nr. 1 Buchst. c AO ist eine strafbefreiende Selbstanzeige ausge- **3026**
schlossen, wenn vor Berichtigung, Ergänzung oder Nachholung von Angaben ein Amtsträger
(§ 7 AO und § 11 Abs. 1 Nr. 2 StGB) zur steuerlichen Prüfung (**Außenprüfer**) beim Stpfl. **erschienen** ist. Auch die in einigen Ländern (z.B. Rheinland-Pfalz) für spezielle Sachverhaltsaufklärungen eingesetzten **Ermittlungsbeamten** (z.B. zur Prüfung häuslicher Arbeitszimmer) oder die
sog. Liquiditätsprüfer (z.B. zur Prüfung der Voraussetzungen eines Erlasses oder einer Stundung)
sind Amtsträger in diesem Sinne. Als steuerliche Prüfung ist auch die in einigen Ländern praktizierte **betriebsnahe Veranlagung** (BayObLG vom 17.09.1986, NStZ 1987, 130) anzusehen.

Die Vorschrift hat eigenständige Bedeutung etwa für den Fall, dass eine Prüfungsanordnung nicht bekannt gegeben wird (z. B. Ermittlungsbeamter), die bekannt gegebene **Prüfungsanordnung** aufgrund eines Einspruchs wegen Rechtswidrigkeit **aufgehoben** werden muss oder eine Prüfungsanordnung wegen Nichtigkeit **unwirksam** ist. Denn ansonsten ist bereits durch die Anordnung nach § 371 Abs. 1 Nr. 1 Buchst. a AO eine Sperrwirkung eingetreten (Rz. 3024).

Erst das **tatsächliche Erscheinen** des Amtsträgers in Prüfungsabsicht löst die Sperrwirkung aus. Erscheint der Amtsträger vor der eigentlichen Prüfung beim Stpfl. etwa wegen einer allgemeinen Vorbesprechung (z. B. zur Terminabsprache), ist eine Selbstanzeige demnach noch möglich. Zu spät für eine wirksame Selbstanzeige ist es, wenn der Stpfl. wartet, bis der in Prüfungsabsicht erscheinende Amtsträger die Türklinke in der Hand hat und er eine schriftlich verfasste Selbstanzeige übergibt. Die Sperrwirkung tritt selbst dann ein, wenn ein Amtsträger mit Prüfungsabsicht beim Stpfl. erscheint, aber niemanden antrifft oder der Stpfl. sich verleugnen lässt oder den Zutritt verweigert. Gerade noch rechtzeitig dürfte sein, wenn der Stpfl. den Amtsträger vor seinem Grundstück abpasst und ihm dort eine vollständige Selbstanzeige übergibt. Solange der Amtsträger das Grundstück noch nicht betreten hat, ist er noch nicht »erschienen« (Hinweis: Das OLG Stuttgart vom 22. 05. 1989, 3 S s 21/89, NStZ 1989, 436 stellt auf den früheren Zeitpunkt der optischen Wahrnehmung ab).

Die Selbstanzeige ist **nach Erscheinen des Amtsträgers** noch möglich, **soweit** Steuern bzw. Veranlagungsjahre betroffen sind, die nicht Gegenstand der Außenprüfung sind (§ 370 Abs. 2 Satz 2 AO).

> **BEISPIEL**
>
> Der Steuerpflichtige A hat die ESt für die Jahre 01 bis 04 vorsätzlich verkürzt, indem er durchgehend die aus der Vermietung seines Mehrfamilienhauses stammenden Mieteinnahmen nicht vollständig erklärt hat. Zudem hat er in der Steuererklärung 04 Erhaltungsaufwendungen für sein privates Einfamilienhaus als Werbungskosten für sein Mietshaus geltend gemacht. Das FA setzte die ESt des A jeweils entsprechend den Erklärungen fest. Im Oktober 05 erscheint bei A der Ermittlungsbeamte des Finanzamts, mit dem Auftrag, den Bereich der Erhaltungsaufwendungen zu prüfen. A erklärt, er habe die Erhaltungsaufwendungen aus Versehen geltend gemacht. Zudem erklärt er, dies gelte auch für die bisher nicht deklarierten Mieteinnahmen für die Jahre 01 bis 04.
>
> **LÖSUNG** A hat die ESt für die Jahre 01 bis 04 nach § 370 AO hinterzogen. Die Erklärung gegenüber dem Ermittlungsbeamten erfüllt den Grundsatz der Materiallieferung und stellt somit eine vollständige Selbstanzeige i. S. d. § 371 Abs. 1 AO dar. Die Selbstanzeige ist jedoch nach § 371 Abs. 2 Satz 1 Nr. 1 Buchst. c AO insoweit ausgeschlossen, wie der Ermittlungsbeamte zur Prüfung erschienen ist. Damit ist die Selbstanzeige bezüglich des Bereichs der Erhaltungsaufwendungen nicht wirksam. Soweit er die bisher nicht erklärten Mieteinnahmen anzeigt, tritt Straffreiheit gem. § 371 Abs. 2 Satz 2 AO ein.

Erscheint die **Steuerfahndung** im Rahmen von sog. **Vorfeldermittlungen** gem. § 208 Abs. 1 Nr. 3 AO, ohne dass damit die Einleitung eines Steuerstrafverfahrens verbunden ist (vgl. hierzu Rz. 3025), bestimmt sich der Umfang der Sperrwirkung nach dem Prüfungsgegenstand (Steuerart). Hierbei soll der interne Prüfungsauftrag für die Reichweite der Sperrwirkung maßgeblich sein (OLG Celle vom 27. 03. 2000, wistra 2000, 277). Nur hinsichtlich einer nicht betroffenen Steuerart wäre dann noch eine wirksame Selbstanzeige möglich.

3.3.2.3.4 Erscheinen eines Amtsträgers zur Ermittlung einer Steuerstraftat oder Steuerordnungswidrigkeit

3027   Nach § 371 Abs. 2 Satz 1 Nr. 1 Buchst. d AO ist eine strafbefreiende Selbstanzeige ausgeschlossen, wenn ein Amtsträger beim Steuerpflichtigen zur Ermittlung einer Steuerstraftat oder einer Steuerordnungswidrigkeit erschienen ist. Hierbei dürfte es sich in aller Regel um Steuerfahnder handeln. Wegen des Begriffs »Erscheinen« vgl. Rz. 3026. Die Reichweite einer Steuerfahndungsprüfung wird nach dem Ermittlungswillen der erschienenen Fahndungsbeamten bestimmt, mithin davon, auf welchen Sachverhalt sich die Fahndungsprüfung erstreckt, welchem Verdachtsmoment die Steuerfahndung nachgeht (BFH vom 26.02.2013, VIII R 6/11, wistra 2014, 152).

Im Unterschied zu § 371 Abs. 2 Satz 1 Nr. 1 Buchst. c AO (Erscheinen eines Amtsträgers zur steuerlichen Prüfung, vgl. Rz. 3026) ist hier eine wirksame Selbstanzeige außerhalb des Gegenstands der Prüfung gem. § 371 Abs. 2 Satz 2 AO nicht möglich. Häufig wird in der Praxis zugleich die Einleitung eines Straf- oder Bußgeldverfahrens bekanntgegeben (vgl. daher auch das Beispiel in Rz. 3025).

3.3.2.3.5 Umsatzsteuer- und Lohnsteuernachschau

Ist ein Amtsträger zu einer Umsatzsteuer-Nachschau, einer Lohnsteuer-Nachschau oder zu einer sonstigen Nachschau erschienen, tritt die Sperrwirkung nach § 371 Abs. 2 Satz 1 Nr. 1 Buchst. e AO ein, wenn der Amtsträger sich ausweist. Solange er sich nicht ausweist, wäre (theoretisch) eine wirksame Selbstanzeige noch möglich. Damit ist eine Selbstanzeige während einer laufenden Nachschau ausgeschlossen. Die Sperrwirkung dürfte sich bei einer Umsatzsteuer-Nachschau auf die Umsatzsteuer und bei einer Lohnsteuer-Nachschau auf die Lohnsteuer beschränken. Für andere Steuerarten tritt keine Sperrwirkung ein.

3027a

3.3.2.3.6 Entdeckung der Tat

Nach § 371 Abs. 2 Satz 1 Nr. 2 AO ist eine strafbefreiende Selbstanzeige nicht mehr möglich, wenn eine der Steuerstraftaten ganz oder teilweise entdeckt ist (**Tatentdeckung als objektive Voraussetzung**) und der Täter dies weiß oder bei verständiger Würdigung der Sachlage damit rechnen musste (**Wissen oder Rechnen-Müssen als subjektive Voraussetzung**). Der Täter kann demnach auch dann noch strafbefreiende Selbstanzeige erstatten, wenn einer der Taten zwar bereits entdeckt war, er dies aber nicht wusste und bei verständiger Würdigung der Sachlage auch nicht damit rechnen musste.

3028

Die **Kenntniserlangung von einer Steuerquelle** stellt daher für sich allein noch keine Tatentdeckung dar. Welche Umstände hinzukommen müssen, damit die Tat (wenigstens zum Teil) entdeckt ist, lässt sich nur im Einzelfall und nicht schematisch beantworten. **In der Regel** ist eine Tatentdeckung bereits dann anzunehmen, wenn unter Berücksichtigung der zur Steuerquelle oder zum Auffinden der Steuerquelle bekannten weiteren Umstände **nach allgemeiner kriminalistischer Erfahrung** eine **Steuerstraftat** oder -ordnungswidrigkeit nahe liegt. Stets ist die Tat entdeckt, wenn der Abgleich mit den Steuererklärungen des Stpfl. ergibt, dass die Steuerquelle nicht oder unvollständig angegeben wurde. **Nicht erforderlich** ist, dass aufgrund der Tatsachen bereits ein **Schluss auf vorsätzliches Handeln** gezogen werden kann (vgl. BGH vom 20.5.2010, 1 StR 577/07, DStR 2010 S. 1133). Ein hinreichender Tatverdacht (bei vorläufiger Beurteilung der Beweissituation ist eine spätere Verurteilung wahrscheinlich) ist für den BGH nicht erforderlich. Nach seiner Auffassung genügt, dass konkrete Anhaltspunkte für die Tat als solche bekannt sind. Ebenfalls ist nicht erforderlich, dass der Täter der Steuerhinterziehung bereits ermittelt ist.

Kennen der Tatentdeckung heißt, dass der Täter nach den ihm vorliegenden Informationen nachweislich den Schluss gezogen hat, dass einer der Taten bereits entdeckt ist. Für den Eintritt der Sperre reicht als **subjektive Voraussetzung** aber bereits das »**Kennenmüssen**« der Tatentdeckung. Der Täter hätte nach den ihm vorliegenden Informationen den Schluss ziehen müssen, dass eine der Taten bereits entdeckt wurde. Der BGH stellt im oben genannten Beschluss keine hohen Anforderungen an das Vorliegen dieser Mindestvoraussetzung. Der

Sperrgrund des § 371 Abs. 2 Satz 1 Nr. 2 AO wird für ihn **maßgeblich** durch die **objektive Voraussetzung** der Tatentdeckung und **weniger** durch die **subjektive Komponente** bestimmt.

Bei einer **Kontrollmitteilung** ist eine Tat dann entdeckt, wenn sich aus ihr bereits die Hinterziehung konkretisieren lässt. Ist dies nicht möglich, so liegt Tatentdeckung erst vor, wenn durch eine Nachprüfung des FA feststeht, dass die in der Kontrollmitteilung enthaltenen Geschäftsvorgänge tatsächlich vom Stpfl. nicht erklärt wurden. Entdeckt ein **Außenprüfer** während einer Außenprüfung eine Tat und handelt es sich um einen Steuertatbestand, dessen Überprüfung **nicht vom Prüfungsauftrag abgedeckt** ist (ansonsten Sperrwirkung nach § 371 Abs. 2 Satz 1 Nr. 1 Buchst. a und Buchst. c AO), kann der Stpfl., den der Prüfer wegen dieser Angelegenheit befragt, davon ausgehen, dass die Tat in subjektiver Hinsicht (Vorsatz) noch nicht entdeckt ist. Wäre die Tat nämlich in subjektiver Hinsicht schon entdeckt gewesen, hätte der Prüfer vor der Befragung dem Stpfl. gem. § 397 Abs. 3 AO die Einleitung des Strafverfahrens bekannt geben müssen.

Bei einer bewusst unvollständigen ersten Selbstanzeige liegt eine (teilweise) Tatentdeckung vor. Kehrt der Täter durch eine **zweite Selbstanzeige** vollständig zur Ehrlichkeit zurück, ist die Tat durch die erste Selbstanzeige bereits zum Teil entdeckt. Damit kann keine wirksame Selbstanzeige mehr erstattet werden.

> **BEISPIEL**
>
> Der Gewerbetreibende X hat die Einkommensteuer 04 dadurch hinterzogen, dass er Betriebseinnahmen nicht vollständig erklärte und die durch im Ausland angelegtes Vermögen erzielten Kapitaleinkünfte insgesamt nicht angab. In 07 gibt X eine Selbstanzeige hinsichtlich der Betriebseinnahmen ab. In 08, kurz vor Einleitung eines Strafverfahrens, gibt X eine weitere Selbstanzeige bezüglich der Kapitaleinkünfte ab.
>
> **LÖSUNG** Die erste Selbstanzeige in 07 ist nicht wirksam. Mangels umfassender Kenntnisse wird das Finanzamt zunächst von deren Wirksamkeit ausgehen. Erst durch die zweite Selbstanzeige wird die gesamte Tat aufgedeckt. Selbst wenn man wohlwollend von nur einer nunmehr vollständigen Selbstanzeige ausgeht (Gesamtbetrachtung der beiden Selbstanzeigen zu einer vollständigen i. S. des § 371 Abs. 1 AO) steht deren Wirksamkeit der Sperrgrund des § 371 Abs. 2 Satz 1 Nr. 2 AO entgegen. Denn durch die erste Selbstanzeige war die Tat bereits zum Teil entdeckt.

Nach **Beendigung einer Außenprüfung** lebt die Möglichkeit der Selbstanzeige wieder auf, wenn der Prüfer die Tat nicht entdeckt hat und die Bescheide aufgrund der Außenprüfung bekannt gegeben sind bzw. die Mitteilung nach § 202 Abs. 1 Satz 3 AO ergangen ist, dass die Außenprüfung zu keiner Änderung der Besteuerungsgrundlagen geführt hat. Diese Möglichkeit hat z. B. in den Fällen praktische Bedeutung, in denen der Täter noch mit einer Denunziation rechnen muss.

3.3.2.3.7 Betragsgrenze

3028a Nach § 371 Abs. 2 Satz 1 Nr. 3 AO tritt Straffreiheit bei einer Selbstanzeige nicht ein, wenn die verkürzte Steuer bzw. der erlangte Steuervorteil je einzelner von der Selbstanzeige erfassten Tat einen Betrag von **25 000 € je Tat** übersteigt. Weil auf die einzelne Tat abgestellt wird, kann das Gesamtvolumen der Hinterziehung über diesem Betrag liegen. Dies ist bei zeitraumbezogenen Steuern wie Einkommensteuer oder Umsatzsteuer von Bedeutung.

> **BEISPIEL**
>
> X hat die Einkommensteuer der Jahre 01 – 04 um jeweils 20 000 € hinterzogen.
>
> **LÖSUNG** X kann eine wirksame Selbstanzeige abgeben. Es liegen durch die Abgabe verschiedener Steuererklärungen insgesamt vier Taten vor. Je Tat ist der Höchstbetrag nicht überschritten.

Ob der Solidaritätszuschlag bei der Einkommen- bzw. Körperschaftsteuer einbezogen wird oder isoliert zu betrachten ist, ist fraglich (FGJ, StStrafR, 8. Auflage 2015, AO § 371, Rz. 346).

Die Vorschrift steht im Zusammenhang mit § 398a AO (vgl. Rz. 3028c). Danach wird von der Strafverfolgung abgesehen, wenn der Täter innerhalb einer bestimmten angemessenen Frist einen **Zuschlag** zahlt.

3.3.2.3.8 Besonders schwerer Fall von Steuerhinterziehung

Nach § 371 Abs. 2 Satz 1 Nr. 4 AO tritt Straffreiheit nicht ein, wenn es sich um einen beson- **3028b** ders schweren Fall i. S. des § 370 Abs. 3 Satz 2 Nr. 2 – 5 AO vorliegt, insbesondere bandenmäßige fortgesetzte Umsatz- oder Verbrauchsteuerverkürzung (Rz. 2989c ff.). Die Vorschrift steht im Zusammenhang mit § 398a AO (Rz. 3028c). Nach Zahlung eines **Zuschlags** wird von der Strafverfolgung abgesehen.

3.3.2.3.9 Zahlung eines Zuschlags

In den Fällen, in denen die Betragsgrenze von 25.000 € überschritten wird (Rz. 3028a) **3028c** oder bei einem besonders schweren Fall i. S. § 370 Abs. 3 Satz 2 Nr. 2 – 5 AO (Rz. 3028b) wird gem. § 398a AO von der Strafverfolgung abgesehen, wenn der an der Tat Beteiligte innerhalb einer ihm bestimmten angemessenen Frist

- die aus der Tat zu seinen Gunsten hinterzogenen **Steuern** und die **Hinterziehungszinsen** einschließlich anzurechnender Nachzahlungszinsen entrichtet **und**
- einen **Zuschlag** auf die hinterzogenen Steuern zugunsten der Staatskasse zahlt, und zwar in Höhe von:
  - 10 %, wenn der Hinterziehungsbetrag 100.000 € nicht übersteigt,
  - 15 % wenn der Hinterziehungsbetrag 100.000 €, aber nicht 1.000.000 € übersteigt
  - 20 %, wenn der Hinterziehungsbetrag 1.000.000 € übersteigt.

Damit kann auch bei einer Steuerverkürzung über der Betragsgrenze oder bei einem besonders schweren Fall durch »freiwillige« Zahlung eines Zuschlags eine Strafe vermieden werden. Die Zahlung stellt ein **Strafverfolgungshindernis** dar. Der Geldbetrag bezieht sich nach der Gesetzesbegründung (BT-Drucks. 18/3018 S. 14) auf die jeweilige noch nicht strafverjährte einzelne Straftat (Steuerart und Besteuerungszeitraum).

Sind **mehrere Täter und/oder Teilnehmer** nebeneinander vorhanden, muss ein jeder von ihnen den Zuschlag auf Grundlage des insgesamt hinterzogenen Betrags zahlen, damit von der Strafverfolgung abgesehen wird (LG Aachen vom 27.08.2014, 86 Qs 11/14, wistra 2014, 493). Denn die Rechtsfolge des Absehens von Strafverfolgung ist täter- und nicht tatbezogen zu betrachten. Dies entspricht zudem der Vorgehensweise bei Einstellung eines Strafverfahrens gegen Auflagen und Weisungen gem. § 153a StPO. Auch der Wortlaut des Gesetzes, welches auf die hinterzogene und nicht auf die auf den einzelnen Täter entfallende hinterzogene Steuer abstellt, spricht für diese Rechtsauffassung (»… Prozent der hinterzogenen Steuer, …«).

BEISPIELE

a) X hat Erbschaftsteuer i. H. von 60 000 € hinterzogen.
LÖSUNG Gibt X eine Selbstanzeige ab, erlangt er gem. § 371 Abs. 2 Satz 1 Nr. 3 AO keine Straffreiheit. Jedoch wird von der Strafverfolgung abgesehen, wenn er neben den 60 000 € zusätzlich einen Zuschlag von 6 000 € an die Staatskasse zahlt. Zudem muss X die vom Finanzamt gem. § 235 AO festzusetzenden Hinterziehungszinsen entrichten.

b) Die Eheleute EM und EF haben gemeinschaftlich Einkommensteuer i. H. von 60 000 € hinterzogen.
LÖSUNG Geben die Eheleute eine Selbstanzeige ab, stellt sich die Frage, ob jeder der beiden den Zuschlag zu leisten hat. Nach täterbezogener Sichtweise des § 398a AO (»… der an der Tat Beteiligte …«) ist dies anzunehmen.

Gem. § 398a Abs. 2 AO bemisst sich der **Hinterziehungsbetrag** nach den Grundsätzen in § 370 Abs. 4 AO. Damit ist insbesondere das Kompensationsverbot (Rz. 3005) anzuwenden. Allerdings kann dies zusammen mit den »Sprüngen« für die Höhe des Zuschlags (10 %, 15 % und 20 %) zu bemerkenswerten Ergebnissen führen.

BEISPIEL

X hat Umsatzsteuer 01 i. H. von 100.001 € hinterzogen. Der Umsatzsteuerbescheid erging im Juni 01. Vorsteuern sollen i. H. von 80.000 € zu berücksichtigen sein. Die Selbstanzeige wird im Dezember 05 erstattet. Der Zinslauf für die Hinterziehungszinsen soll drei Jahre dauern (mithin 18 % Hinterziehungszinsen).

LÖSUNG Steuerlich ergibt sich eine Nachzahlung von 20.001 €. Dies ist auch die Bemessungsgrundlage zur Berechnung der Hinterziehungszinsen, weil das strafrechtliche Kompensationsverbot keine Anwendung findet (vgl. AEAO zu § 25 AO, Tz. 2.4). Die Zinsen betragen 3 600 €.

Bei der Bemessung des Zuschlags ist das Kompensationsverbot gem. § 398 a Abs. 2 AO anzuwenden. Hierbei sind die Vorsteuern nicht zu berücksichtigen (BGH vom 02.11.1995, 5 StR 414/95, wistra 1996, 106 und BGH vom 24.10.1990, 3 StR 16/90, wistra 1991, 107). Damit ist – neben der Nachzahlung und den Zinsen – ein Zuschlag i. H. von 15 000,15 € zu entrichten.

Anders als in § 153a StPO ist in § 398a AO **kein Strafklageverbrauch** verankert. Das Verfahren kann wieder aufgenommen werden, wenn sich eine Selbstanzeige im Nachhinein als unwirksam herausstellt, insbesondere, weil sie unvollständig war (vgl. § 398a Abs. 3 AO). Wird das Verfahren nicht eingestellt (z. B. weil die hinterzogenen Steuern, Zinsen und Zuschläge nicht vollständig gezahlt wurden) oder wird das Verfahren wiederaufgenommen, wird der gezahlte Zuschlag nicht erstattet. Gem. § 398a Abs. 4 AO kann das Gericht den Betrag jedoch auf eine wegen Steuerhinterziehung zu verhängende Geldstrafe anrechnen.

3.3.2.4 Umsatzsteuervoranmeldungen und Lohnsteueranmeldungen

3028d

Bei Umsatzsteuer-Voranmeldungen und Lohnsteuer-Anmeldungen wird durch § 371 Abs. 2a AO das Vollständigkeitsgebot durchbrochen. Es können insoweit wirksam **Teilselbstanzeigen** erstattet werden. Es entfällt dadurch die Abgrenzung, ob es sich um eine Berichtigung gem. § 153 AO oder um eine (wirksame) Selbstanzeige handelt. Selbst wenn die korrigierte (Vor-)Anmeldung oder (bei der Umsatzsteuer) die die Voranmeldungen berichtigende Jahresanmeldung nur teilweise Angaben berichtigt, ergänzt oder nachholt, tritt insoweit Straffreiheit ein. In der Praxis geschieht dies häufig (vgl. Zugmaier/Kaiser DStR 2013, 17). Für andere Anmeldesteuern, wie etwa die Kapitalertragsteuer, gilt die Regelung allerdings nicht.

Zielgruppe der Regelung sind Unternehmer, die aus tatsächlichen Gründen ihre Besteuerungsgrundlagen innerhalb der (Vor-)Anmeldefristen nicht umfassend erklären und die Steuerhinterziehung (auf Zeit) billigend in Kauf nehmen (bedingter Vorsatz). Allerdings werden auch die Unternehmer begünstigt, die mit direktem Vorsatz bzw. absichtlich Steuern in den (Vor-)Anmeldungen verkürzen. Eine Unterscheidung wäre allerdings nicht praktikabel.

Im Verhältnis zu den vorangegangenen Umsatzsteuer-Voranmeldungen ist die **Umsatzsteuerjahreserklärung** eine materiell-rechtlich selbstständige Tat mit eigenem (Un-)Rechtsgehalt. Nach deren Abgabe ist die Aufgliederung der erklärten Umsätze nach Monaten oder Quartalen bei einer Selbstanzeige entbehrlich; dies wäre eine unnötige Förmelei (BGH vom 13. 10. 1998 wistra 1999, 27).

Ein Unternehmer reicht unvollständige Umsatzsteuervoranmeldungen ein, die das FA übernimmt. Nach Ablauf des Jahres gibt er eine zutreffende Jahressteuererklärung ab und bezahlt die anfallende Nachzahlung umgehend.

LÖSUNG Mit Ablauf jedes 10. des jeweiligen Folgemonats wird hinsichtlich der Umsatzsteuervoranmeldungen eine Steuerhinterziehung vollendet. Auch ohne die Zuordnung der vorher nicht angegebenen Umsätze auf die einzelnen Voranmeldungszeiträume stellt die richtige Jahressteuererklärung eine Selbstanzeige dar, die bei Entrichtung der Steuern auch strafbefreiende Wirkung entfaltet.

Gem. § 371 Abs. 2a Satz 3 AO greift die Regelung nicht bei **Steueranmeldungen**, die sich auf das **Kalenderjahr** beziehen. Die Jahreserklärung ist folglich von der Privilegierung ausgenommen. Werden in einer Umsatzsteuerjahreserklärung Steuern verkürzt, bedarf es zur Wirksamkeit der Selbstanzeige der Beachtung des Vollständigkeitsgebots gem. § 371 Abs. 1 AO.

In den Jahren 01 bis 04 wurden in jeder Voranmeldung und dem folgend in den Umsatzsteuererklärungen 01 – 04 Umsätze verkürzt. Im Mai 05 möchte der Unternehmer »reinen Tisch« machen.

LÖSUNG Um Straffreiheit zu erlangen, müssen die Umsatzsteuererklärungen 01 – 04 korrigiert werden.

Für die Vollständigkeit der Selbstanzeige hinsichtlich einer auf das Kalenderjahr bezogenen Steueranmeldung müssen **nachfolgende Voranmeldungen** nicht korrigiert werden, § 371 Abs. 2a Satz 4 AO.

Wie zuvor, jedoch wurden (aus anderen Gründen) in den Voranmeldungen Januar – April 05 Umsätze nicht vollständig erfasst.

LÖSUNG Um Straffreiheit zu erlangen, müssen die Umsatzsteuererklärungen 01 – 04 korrigiert werden. Damit ist die Selbstanzeige wirksam. Eine Richtigstellung der ebenfalls unrichtigen Voranmeldungen 05 ist nicht erforderlich.

3.3.2.5 Nachentrichtung

Sind Steuerverkürzungen bereits eingetreten oder Steuervorteile erlangt, so tritt für einen **3029** an der Tat Beteiligten **Straffreiheit** nur ein, wenn er die zu seinen Gunsten hinterzogenen **Steuern** sowie die **Hinterziehungszinsen** einschließlich der hierauf anzurechnenden Nachzahlungszinsen innerhalb einer ihm bestimmten angemessenen Frist **entrichtet**. Straffreiheit tritt jedoch nur ein, wenn die zugunsten des Täters hinterzogenen Steuern und Zinsen **vollständig entrichtet** werden.

Werden durch die Selbstanzeige mehrere Taten zugleich aufgedeckt, tritt nur insoweit Straffreiheit ein, wie die durch eine Tat hinterzogene Steuer nachentrichtet wird.

S erstattet hinsichtlich der Einkommensteuer für 01 und 02 Selbstanzeige. Die nachzuentrichtende Steuer einschließlich der Zinsen für 01 beträgt 10 000 €, die für 02 15 000 €.

Variante a: S entrichtet fristgerecht nur die Nachzahlung für 01.

Variante b: S entrichtet fristgerecht die Nachzahlung für 01 und die Hälfte der Nachzahlung für 02.

LÖSUNG Variante a: Hinsichtlich der Hinterziehung 01 tritt Straffreiheit ein. Weil auf die einzelne Tat abgestellt wird, gilt dies auch, obwohl bezüglich der Hinterziehung 02 durch die Nichtentrichtung keine Straffreiheit ein.

Variante b: Wie bei Variante a tritt auch hier hinsichtlich der Hinterziehung 01 Straffreiheit ein. Für 02 führt die Teilzahlung zu keiner anderen Lösung. Denn eine teilweise Straffreiheit ist nicht vorgesehen.

Hat jemand als Täter **Steuern zum Vorteil eines anderen** verkürzt **oder** als **Teilnehmer** die Tat eines anderen gefördert, bleibt dieser Tatbeteiligte bereits dann straffrei, wenn er die unrichtigen oder unvollständigen Angaben berichtigt oder ergänzt oder unterlassene Angaben nachholt. Eine Entrichtung von Steuern durch diesen Tatbeteiligten ist nicht Voraussetzung für seine Straffreiheit, weil zu seinen Gunsten keine Steuern hinterzogen wurden. Hier ist zu beachten, dass die Selbstanzeige des Geschäftsführers einer **Ein-Mann-GmbH** nur dann als wirksam angesehen wird, wenn eine Nachzahlung erfolgt. Der Gesellschafter-Geschäftsführer ist wirtschaftlich als identisch mit der GmbH anzusehen, mit der Folge, dass er zu seinen Gunsten Steuern verkürzt hat (vgl. FGJ, StStrafR, 8. Auflage 2015, AO § 371, Rz. 145).

Wie bezüglich der Vollständigkeit der Angaben in der Selbstanzeige (siehe Rz. 3021) muss auch bei der Nachentrichtung eine **Bagatellgrenze** von bis zu 5 % der zu entrichtenden Steuer anzunehmen sein, bis zu der trotz nicht vollständiger Entrichtung Straffreiheit eintritt.

Eine Besonderheit gilt für Selbstanzeigen, die sich auf **Umsatzsteuervoranmeldungen** oder **Lohnsteueranmeldungen** beziehen (Rz. 3028d). Hier sind die Steuern zu bezahlen. Die Straffreiheit hängt jedoch nicht von der Entrichtung der Zinsen ab, vgl. § 371 Abs. 3 Satz 2 AO.

Zuständig für die Festsetzung der angemessenen Frist ist (in den Fällen des § 386 Abs. 2 AO) die Bußgeld- und Strafsachenstelle des FA. Bei Bestimmung der Frist sind die persönlichen und wirtschaftlichen Verhältnisse des Stpfl. zu ermitteln und zu berücksichtigen. In der Praxis wird als äußerster Rahmen im Allgemeinen eine **Fristdauer** von sechs Monaten angenommen (AG Saarbrücken vom 21.06.1983 wistra 1983, 268). Die Frist nach § 371 Abs. 3 AO ist nicht identisch mit der Fälligkeit der Steuer, weil sie nicht dem Erhebungsverfahren sondern dem Steuerstrafverfahren zuzuordnen ist (OLG Karlsruhe v. 22.12.2006 – 3 Ss 129/06, wistra 2007 S. 159). Auch nach bereits eingetretener Fälligkeit muss eine Frist gesetzt werden (falls die Steuern nicht entrichtet wurden). Erst nach Fristablauf ist endgültig geklärt, ob Straffreiheit eintritt. Bei der Frist handelt es sich um eine behördliche, die gem. § 109 Abs. 1 Satz 1 AO verlängerbar ist. Ein Fristverlängerungsantrag muss vor Ablauf der Frist gestellt werden, weil ansonsten die Straffreiheit verfällt. Wiedereinsetzung nach § 110 AO scheidet aus, weil es sich nicht um eine gesetzliche, sondern um eine behördliche Frist handelt.

Die Zahlung der Steuern innerhalb der bestimmten Frist ist **objektive Voraussetzung** für die Straffreiheit. Vorher besteht lediglich ein **Anwartschaftsrecht**. Straffreiheit kommt auch dann nicht in Betracht, wenn den Täter an der Versäumnis der vom FA zu bestimmenden Frist keine Schuld trifft.

3.3.2.6 Folgen einer Selbstanzeige

3030 Infolge der Selbstanzeige tritt **Straffreiheit** wegen der Steuerhinterziehung ein. Die anderen Folgen der objektiv vorliegenden Steuerhinterziehung bleiben dagegen bestehen:
- Es werden Hinterziehungszinsen festgesetzt, deren Entrichtung gem. § 371 Abs. 3 AO Voraussetzung für die Wirksamkeit einer Selbstanzeige ist,

- für die Steuerfestsetzungsverjährung gilt die zehnjährige Festsetzungsfrist nach § 169 Abs. 2 Satz 2 AO,
- Hinterzieher, die nicht selbst Steuerschuldner sind, können gem. § 71 AO in Haftung genommen werden.

Strafmildernd kann sich eine sog. **verunglückte Selbstanzeige** auswirken (§ 46 Abs. 2 StGB).

3.3.2.7   Strafbefreiende Fremdanzeige

Holt jemand ordnungsgemäß und rechtzeitig nach § 153 AO eine Erklärung nach oder berichtigt eine solche, wird **ein anderer,** der die Erklärung nicht, unrichtig oder unvollständig abgegeben hat, nach § 371 Abs. 4 AO strafrechtlich nicht verfolgt. Voraussetzung ist, dass gegen den Dritten oder dessen Vertreter wegen dieser Tat nicht vorher die Einleitung eines Straf- oder Bußgeldverfahren bekannt gegeben wurde. Ohne die Regelung könnte ein nicht lösbarer Interessenskonflikt auftreten zwischen der Verpflichtung des einen nach § 153 AO und der Strafverfolgung des Dritten.

3030a

> **BEISPIEL**
>
> Der Buchhalter B erfasst vorsätzlich Betriebseinnahmen seines Arbeitgebers A nicht, weil dieser in einer finanziellen Krise steckt. A weiß davon nichts. Das FA setzt darauf hin die Einkommensteuer des A zu niedrig fest.
> **LÖSUNG** B begeht als mittelbarer Täter Steuerhinterziehung nach § 370 Abs. 1 Nr. 1 AO, indem er A als Werkzeug benutzt (vgl. Rz. 2983). A ist nach Erkennen gem. § 153 AO zur Berichtigung verpflichtet. Nach § 371 Abs. 4 AO wirkt für B als Dritter diese Fremdanzeige strafbefreiend. Weil B die Steuer nicht zu seinen Gunsten hinterzogen hat, ist seine Straffreiheit nicht von der Entrichtung der Steuer abhängig (vgl. § 371 Abs. 4 Satz 2 AO).

§ 371 Abs. 4 AO ist **nicht einschlägig,** wenn einer von mehreren **gemeinsamen Steuerhinterziehern** Selbstanzeige übt. Die Selbstanzeige wirkt nicht zugunsten aller anderen Täter. Die Verpflichtung nach § 153 AO trifft nicht den Steuerhinterzieher, ansonsten würde er sich – entgegen rechtstaatlichen Grundsätzen – selbst belasten. Auch ein **steuerlicher Berater** kann sich nicht (zugunsten seines Mandanten) auf diese Regelung berufen, da ihn als Steuerberater die Verpflichtung nach § 153 AO nicht trifft (BGH vom 20. 12. 1995, wistra 1996, 184). Erfährt etwa ein Steuerberater von einer Steuerhinterziehung seines Mandanten (ohne selbst in die Tat verwickelt zu sein), bleibt ihm wegen seiner Berufsverschwiegenheitspflicht nur, seinem Mandanten zur Selbstanzeige zu raten.

3.3.3   Andere Steuerstraftaten

Als eine Steuerstraftat ist nach § 369 Abs. 1 Nr. 4 AO i. V. m. § 257 StGB auch die **Begünstigung** einer Person anzusehen, die eine Steuerstraftat begangen hat. Damit ist die selbstständige Ermittlungsbefugnis der Finanzbehörden gegeben, § 386 AO. Während Beihilfe zur Steuerhinterziehung (nur) bis zur Beendigung der Tat möglich ist, kommt Begünstigung auch noch zu einem späteren Zeitpunkt in Betracht, vgl. Beispiel e) in Rz. 2984. Die Begünstigung stellt Hilfe zur Sicherung des aus der sog. Vortat erlangten Vorteils dar. Der Folgetäter leistet vorsätzlich Hilfe für eine vorsätzlich begangene (Vor-)Tat.

3031

Weitere Steuerstraftatbestände sind der Bannbruch (§ 372 AO), der gewerbsmäßige, gewaltsame und bandenmäßige Schmuggel (§ 373 AO), die Steuerhehlerei (§ 374 AO), die Fälschung oder Wiederverwendung von Steuerzeichen (§ 148 StGB) und die Vorbereitung der Fälschung von Steuerzeichen (§ 149 StGB).

Weiterhin listet Nr. 19 AStBV (St) beispielhaft weitere den Steuerstraftaten **durch Gesetz gleichgestellte Tatbestände** auf.

Gleichgestellte Straftaten sind z. B.:

- Ungerechtfertigte Erlangung von Altersvorsorgezulagen, Wohnungsbau- und von Arbeitnehmer-Sparzulagen durch Taten i. S. des § 370 AO sowie der Versuch dazu (§ 96 Abs. 7 EStG, § 8 Abs. 2 WoPG, § 5 a Abs. 2 BergPG, § 14 Abs. 3 VermBG).
- Betrug bzw. Subventionsbetrug in Bezug auf die Investitionszulage nach dem InvZulG (§ 15 InvZulG 2010).

3.4   Verfahrensrecht

3.4.1 Zuständigkeit

3032   Die **Abgrenzung der Zuständigkeit** zwischen **Finanzbehörde** und **Staatsanwaltschaft** ergibt sich aus § 386 Abs. 2–4 AO. Soweit die **Finanzbehörde** zuständig ist, ist in den Ländern aufgrund § 387 Abs. 2 AO bzw. § 17 Abs. 2 Sätze 3 und 4 FVG i. V. m. § 387 Abs. 1 AO in aller Regel die **Zuständigkeit** für den Bereich mehrerer FA auf ein **zentrales Amt** übertragen, bei dem eine Bußgeld- und Strafsachenstelle eingerichtet ist.

Die **FA sind** selbstständig als Ermittlungsbehörde für das Ermittlungsverfahren **zuständig**, wenn die Verfolgung **ausschließlich eine Steuerstraftat** (§ 386 Abs. 2 Nr. 1 AO i . V. m. § 369 AO) oder eine **gleichgestellte Tat** (Rz. 3031) betrifft. Der Begriff der Tat ist nicht im Sinne der Tateinheit nach § 52 StGB (vgl. Rz. 2986), sondern im prozessualen Sinne des § 264 Abs. 1 StPO zu verstehen (Nr. 17 Abs. 2 AStBV (St) 2014). Auch soweit der gesamte steuerliche Sachverhalt erfunden wurde, ist die Tat als Steuerhinterziehung und nicht als Betrug zu beurteilen (BGH vom 23.03.1994 HFR 1994, 736), so dass die Finanzbehörde zuständig ist. Ebenfalls zuständig sind die FA bei Tateinheit zwischen einer Steuerstraftat und bestimmten in § 386 Abs. 2 Nr. 2 AO genannten Fällen von Nichtsteuerdelikten (z. B. Verkürzung von Kirchensteuer oder Beiträgen an IHK oder Landwirtschaftskammern).

Die **Staatsanwaltschaft ist** auf jeden Fall als Ermittlungsbehörde **zuständig** bei Erlass eines **Haftbefehls** oder eines Unterbringungsbefehls (§ 386 Abs. 3 AO), bei Tateinheit mit einem Nichtsteuerdelikt (wenn kein Sonderfall des § 386 Abs. 1 Nr. 2 AO vorliegt) und bei Zusammentreffen einer Steuerstraftat mit Nichtsteuerdelikten.

> **BEISPIEL**
> Gefälschte Ausgabenbelege zur Erlangung ungerechtfertigter Betriebsausgaben oder Vorsteuer.
> **LÖSUNG** Zuständig ist die Staatsanwaltschaft.

Die **Staatsanwaltschaft wird** auch **zuständig**, wenn das **FA** die Sache an sie **abgibt** oder sie die Sache an sich zieht (**Evokationsrecht** der Staatsanwaltschaft, § 386 Abs. 4 AO). Die Abgabe durch das FA wird insbesondere bei den in Nr. 22 AStBV (St) 2014 genannten besonderen Umständen in Betracht kommen, z. B. wenn die Anordnung der Untersuchungshaft geboten erscheint, besondere verfahrensrechtliche Schwierigkeiten vorliegen, Freiheitsstrafe zu erwarten ist oder ein Amtsträger der Finanzverwaltung der Beteiligung verdächtigt wird. Führt die Staatsanwaltschaft das Ermittlungsverfahren, hat die **Bußgeld- und Strafsachenstelle** des FA dieselben **Rechte wie die Behörden des Polizeidienstes** nach der StPO **und** die sich aus § 399

Abs. 2 Satz 2 AO ergebenden **Rechte** (z. B. Anordnung von Beschlagnahmen, Notveräußerungen, Durchsuchungen und weiteren Untersuchungen), vgl. § 402 Abs. 1 AO. Bei Ermittlungen der Staatsanwaltschaft in Bezug auf Steuerstraftaten kann die Finanzbehörde gem. § 403 AO teilnehmen, Fragen an Beschuldigte, Zeugen und Sachverständige stellen und an richterlichen Verhandlungen teilnehmen. Bevor die Staatsanwaltschaft das von ihr geleitete Ermittlungsverfahren von Steuerstraftaten einstellen kann, ist die sonst zuständige Finanzbehörde zu hören, vgl. § 403 Abs. 4 AO.

3.4.2 Einleitung des Steuerstrafverfahrens

Nach § 397 Abs. 1 AO ist ein Strafverfahren gegen einen Beschuldigten eingeleitet, wenn die Finanzbehörde, die Polizei, die Staatsanwaltschaft, einer ihrer Ermittlungspersonen oder der Strafrichter **eine Maßnahme** trifft, die **objektiv erkennbar** darauf abzielt, gegen jemanden wegen einer Steuerstraftat strafrechtlich vorzugehen. Behördeninterne Maßnahmen können ausreichen; die **förmliche Einleitung** des Strafverfahrens ist der Regelfall einer einleitenden Maßnahme. Im **Finanzamt** sind alle mit der Sache betrauten und zur Vertretung nach außen berechtigten Amtsträger befugt, das Strafverfahren einzuleiten. In der Praxis leiten jedoch in aller Regel die dafür bestimmten Bußgeld- und Strafsachenstellen der FA das Verfahren ein. Dem FA vorgesetzte Behörden (OFD, LfSt, Ministerium) sind nicht zur Einleitung befugt.

3033

Ergeben sich während einer Außenprüfung, z. B. **Betriebsprüfung**, zureichende tatsächliche Anhaltspunkte (Verdacht) einer Steuerstraftat (oder Steuerordnungswidrigkeit), kann auch der Außenprüfer die Einleitung des Strafverfahrens bekanntgeben. Allerdings sieht § 10 BpO vor, dass der Prüfer unverzüglich der zuständigen Bußgeld- und Strafsachenstelle oder der Steuerfahndung Mitteilung machen muss, wenn sich zureichende tatsächliche Anhaltspunkte ergeben. Soweit der Verdacht reicht, darf der Prüfer Ermittlungen erst fortsetzen, wenn dem Stpfl. die Einleitung des Strafverfahrens bekannt gegeben wurde (vgl. Rz. 2316).

Zur Einleitung eines Steuerstrafverfahrens bedarf es eines (konkreten) **einfachen Verdachts**, Vermutungen oder Gerüchte reichen nicht aus. Bei zureichenden tatsächlichen Anhaltspunkten muss ein Steuerstrafverfahren eingeleitet werden (**Legalitätsprinzip**, § 397 AO i. V. m. § 152 Abs. 2 StPO). Es müssen konkret bekannte Tatsachen es nach kriminalistischen Erfahrungen als möglich erscheinen lassen, dass eine verfolgbare Tat begangen wurde, die noch aburteilbar ist. So reichen steuerliche Mehrergebnisse durch eine Außenprüfung für sich allein nicht aus, wenn sie aus anderer rechtlicher Würdigung eines richtig und vollständig erklärten Sachverhalts resultieren. Ein konkreter Verdacht besteht aber z. B. bei verschwiegenen Einnahmen, nicht erfassten Betriebsausgaben wie Materialeinkauf, nicht geklärten Vermögenszuwächsen, verschwiegenen (Auslands-)Vermögen, Ohne-Rechnung-Geschäften oder Gefälligkeitsrechnungen. Auch nach Eingang einer **Selbstanzeige** sind die Strafverfolgungsbehörden berechtigt und verpflichtet, ein Strafverfahren zum Zwecke der Prüfung der Straffreiheit gem. § 371 Abs. 1 und 3 AO einzuleiten (BFH vom 29. 04. 2008 BStBl II 2008, 844).

Die **Einleitung** eines Verfahrens **und** dessen **Bekanntgabe** sind **nicht identisch**. Die Einleitung ist ein Vorgang tatsächlicher Art, es bedarf nicht des besonderen Willens, das Strafverfahren einzuleiten. Vielmehr bedeutet eine Maßnahme mit strafrechtlicher Zielsetzung an sich bereits die Einleitung. Die Maßnahme ist unter Angabe des Zeitpunkts unverzüglich in den Akten zu vermerken (§ 397 Abs. 2 AO, sog. Einleitungsvermerk). Das Verfahren ist i. d. R. bereits vor der Bekanntgabe der Einleitung eingeleitet. Die Bekanntgabe ist nach § 397 Abs. 3 AO spätestens dann durchzuführen, wenn der Stpfl. aufgefordert wird, Tatsachen darzulegen oder Unterlagen vorzulegen, die im Zusammenhang mit der Straftat stehen, derer er verdächtigt wird.

Ein Steuerfahnder hat aufgrund einer Anzeige den eigentlich zur Einleitung eines Steuerstrafverfahrens ausreichenden begründeten Verdacht, dass T im Zusammenhang mit dem Betrieb seiner Diskothek in erheblichem Umfang Steuerhinterziehung begangen hat. Gleichwohl fragt er bei der Zulieferfirma Z an, in welchem Umfang T in der Vergangenheit von Z Getränke bezogen hat und bittet um Einblick in die Durchschriften der dem T erteilten Rechnungen.
LÖSUNG Der Steuerfahnder trifft mit der Anfrage bei Z Maßnahmen, die erkennbar darauf abzielen, gegen T wegen einer Steuerhinterziehung strafrechtlich vorzugehen. Das Vorgehen kann nicht lediglich als Maßnahme zur Steuererhebung angesehen werden. Der Steuerfahnder hat damit nach § 397 Abs. 1 AO das Steuerstrafverfahren gegen T eingeleitet.

Der Zeitpunkt der **Bekanntgabe** der Einleitung des Strafverfahrens ist von **Bedeutung** für die Frage, ob ein **strafrechtliches Verwertungsverbot** zu beachten ist. Hat z. B. ein Betriebsprüfer den Stpfl. wegen Steuerhinterziehung in Verdacht und ermittelt er weiter auch in Bezug auf die Steuerhinterziehung, wobei er den Beschuldigten auch auffordert, diesbezüglich Tatsachen darzulegen, darf dieser Verstoß wegen § 397 Abs. 3 AO dem Stpfl. nicht zum Nachteil gereichen. Der Verstoß führt zu einem strafrechtlichen Verwertungsverbot bezüglich der so erlangten Kenntnisse. Der Stpfl., gegen den strafrechtlich ermittelt wird, hat ein Aussageverweigerungsrecht (§ 136 StPO, vgl. auch Rz. 3034). Dieses soll ihm nicht dadurch abgeschnitten werden können, dass man ihm die strafrechtlichen Ermittlungen (zunächst) verheimlicht. Dies gilt im Steuerstrafverfahren umso mehr, als der Stpfl. aufgrund seiner steuerrechtlichen Mitwirkungspflichten in erheblichem Umfang zur Erteilung von Auskünften verpflichtet ist, denn seine Mitwirkung kann im Strafverfahren – anders als im Besteuerungsverfahren – stets nicht mit Zwangsmitteln erzwungen werden (§ 393 Abs. 1 Satz 3 AO, z. B. Zwangsgeld).

Die Bekanntgabe der Einleitung des Strafverfahrens bewirkt weiterhin nach § 371 Abs. 2 Nr. 1 Buchst. b AO einen Ausschluss der strafbefreienden Selbstanzeige, nach § 171 Abs. 5 Satz 2 AO eine Ablaufhemmung der Festsetzungsfrist und nach § 376 AO bzw. § 78 c Abs. 1 Nr. 1 StGB eine Unterbrechung der Strafverfolgungsverjährung.

3.4.3 Verteidigung

3033a
In jeder Lage des Verfahrens besteht für einen Beschuldigten die Möglichkeit, sich des Beistands eines Verteidigers zu bedienen (§ 137 StPO). Zu Verteidigern können neben den bei einem deutschen Gericht zugelassenen **Rechtsanwälten** und den **Rechtslehrern** an deutschen Hochschulen gem. § 392 AO (in bestimmten Umfang) u. a. auch **Steuerberater** gewählt werden. Der Verteidiger hat gem. § 147 StPO das **Recht auf Akteneinsicht**. Dem Beschuldigten selbst steht dieses Recht nicht zu. Einem Beschuldigten, der keinen Verteidiger hat, können gem. § 147 Abs. 7 StPO Abschriften oder Ablichtungen der Akten ausgehändigt werden. Das Akteneinsichtsrecht umfasst belastende als auch entlastende Akten, die Steuerakten und die Spurenakten, in denen fallbezogene Untersuchungen und deren Ergebnisse festgehalten werden. Die Handakten des Staatsanwalts sind nicht vom Akteneinsichtsrecht umfasst (RiStBV Nr. 186 Abs. 3).

3.4.4 Verhältnis von Steuerstrafverfahren und Besteuerungsverfahren

3034
Nach Eröffnung des Strafverfahrens läuft das Besteuerungsverfahren weiter. **Rechte und Pflichten** des Stpfl. richten sich nach dem für das jeweilige Verfahren geltenden Vorschriften, § 393 Abs. 1 AO. Die beiden Verfahren sind **grundverschieden**. Während im Besteuerungsver-

fahren eine Anzahl von Erklärungs-, Mitwirkungs-, Auskunfts-, Aufbewahrungs- und Vorlage-pflichten bestehen, hat ein Beschuldigter **im Strafverfahren** die Möglichkeit, sich nicht zu äußern, § 136 StPO (Aussageverweigerungsrecht). Zudem ist er im Rahmen des Strafverfahrens nicht zur Vorlage von Beweismitteln verpflichtet, diese muss sich die Ermittlungsbehörde ver-schaffen. Der Beschuldigte hat aber die dazu erforderlichen und durch Einsatz von Zwangsmit-teln auch durchsetzbaren Ermittlungsmaßnahmen, etwa Durchsuchung oder Beschlagnahme, zu dulden. Zu den strafprozessualen Möglichkeiten der Steuerfahndung vgl. Rz. 2330.

Im Besteuerungsverfahren sind **Zwangsmittel** zur Durchsetzung der verschiedenen Erklärungs-, Mitwirkungs-, Auskunfts-, Aufbewahrungs- und Vorlagepflichten jedoch **nicht mehr zulässig, wenn** der Stpfl. dadurch gezwungen würde, sich **selbst** wegen einer von ihm begangenen Steuerstraftat (oder Steuerordnungswidrigkeit) zu **belasten**, § 393 Abs. 1 Satz 2 AO.

Für **nachfolgende Besteuerungszeiträume** rechtfertigt das Zwangsmittelverbot jedoch weder die Nichtabgabe zutreffender noch die Abgabe unrichtiger Steuererklärungen, vgl. Nr. 16 Abs. 2 AStBV (St) 2014. Mit anderen Worten: Die Abgabe von (den Steuerpflichtigen belasten-den) Steuererklärungen nachfolgender Besteuerungszeiträume kann mit Zwangsmitteln gem. § 393 Abs. 1 Satz 2 AO nicht erzwungen werden; unterlassene oder unrichtige Erklärungen kön-nen jedoch strafrechtlich geahndet werden. Zu beachten ist aber: Soweit die zutreffenden Anga-ben zu einer mittelbaren Selbstbelastung für die strafbefangenen zurückliegenden Besteue-rungszeiträume führen, besteht ein strafrechtliches Verwertungsverbot (BGH vom 12.01.2005 wistra 2005, 148).

> **BEISPIEL**
>
> Ein Steuerpflichtiger erklärt seine gewerblichen Einkünfte nicht in voller Höhe. Gegen ihn wurde daher ein Strafverfahren wegen Hinterziehung der Einkommensteuer 01–05 eingeleitet.
> **LÖSUNG** Erklärt der Steuerpflichtige in den nachfolgenden Jahren 06 ff. die gewerblichen Einkünfte in zutreffender Höhe, ergeben sich (möglicherweise) hinsichtlich der Vorjahre von ihm zu erklä-rende Unplausibilitäten. Soweit diese zu einer mittelbaren Selbstbelastung für diese strafbefangenen Besteuerungszeiträume führen, besteht ein strafrechtliches Verwertungsverbot. Erklärt der Steuer-pflichtige trotz des eingeleiteten Strafverfahrens weiterhin die Einkünfte zu niedrig, kann er auch wegen (ggf. nur versuchter) Steuerhinterziehung bezüglich der nachfolgenden Jahre belangt werden.

Hat ein Steuerpflichtiger **unrichtige Umsatzsteuer-Voranmeldungen** abgegeben und wurde deswegen gegen ihn ein Strafverfahren eingeleitet, kann er gem. § 393 Abs. 1 Satz 2 AO nicht zur **Abgabe der Umsatzsteuer-Jahreserklärung** gezwungen werden, weil er bei wahr-heitsgemäßer Darstellung vorangegangene Hinterziehungen aufdecken und sich damit selbst belasten würde. Während der Dauer des Strafverfahrens entfällt daher die Strafbarkeit hinsicht-lich der Nichtabgabe der Umsatzsteuer-Jahreserklärung (BGH vom 26.04.2001 NJW 2001, 3638). Dies gilt aber nicht, wenn der Steuerpflichtige eine den unrichtigen Voranmeldungen entsprechende Umsatzsteuer-Jahreserklärung abgibt, weil es der sogenannte »nemo-tenetur-Grundsatz« dem Stpfl. nur erlaubt passiv zu bleiben, nicht dagegen die Vornahme neuerlicher verbotener Handlungen (OLG Frankfurt vom 11.07.2005, wistra 2006 S. 198).

Nach dem Gesetzeswortlaut könnte ein Zwangsgeld festgesetzt werden, wenn (nur) ein **Angehöriger** belastet würde. U.E. ist in einem solchen Fall die Festsetzung eines Zwangsmittels im Hinblick auf das Zeugnisverweigerungsrecht nach § 52 StPO aber nicht ermessensfehlerfrei.

Über die Rechtslage des § 393 AO ist der **Stpfl. zu belehren**, soweit dazu Anlass besteht, § 393 Abs. 1 Satz 4 AO. Eine besondere Form ist für die Belehrung nicht vorgeschrieben, sie kann daher mündlich oder auch schriftlich erfolgen. Für den Bereich der **Steuerfahndung** gibt es ein **Merkblatt**, mit dem über die Rechtslage informiert werden kann (BMF vom 13.11.2013

BStBl I 2013, 1458). Auch in § 5 Abs. 2 BpO ist vorgesehen, der Prüfungsanordnung einer **Außenprüfung** Hinweise auf die wesentlichen Rechte und Pflichten des Steuerpflichtigen bei der Außenprüfung beizufügen, welche Ausführungen über § 393 AO enthalten (vgl. Rz. 2317).

Aus einer zulässigerweise unterbliebenen Mitwirkung können im Besteuerungsverfahren alle Konsequenzen gezogen werden, z. B. können notwendige Schätzungen nach § 162 AO auch zum Nachteil des Stpfl. gereichen. Denn ein solcher Stpfl. soll nicht besser gestellt werden als ein ehrlicher Steuerbürger. Zu beachten ist, dass eine **Verletzung der Belehrungspflicht** nach § 393 Abs. 1 Satz 4 AO **im Besteuerungsverfahren** zu **keinem Verwertungsverbot** führt (AEAO zu § 193, Nr. 2 mit Hinweis auf BFH vom 23. 01. 2002 BStBl II 2002, 328; ebenso BFH vom 30. 05. 2008, V B 76/07, BFH/NV 2008, 1441 und BFH vom 08. 01. 2014, X B 112, BFH/NV 2014, 487). Ein Verwertungsverbot von rechtswidrig ermittelten Tatsachen durch eine Außenprüfung kann nur angenommen werden, wenn der verfassungsrechtlich geschützte Bereich des Steuerpflichtigen berührt wird, z. B. durch grundgesetzwidrige Aufklärungsmethoden, sogenanntes **materiell-rechtliches Verwertungsverbot** (BFH vom 04. 10. 2006, BStBl II 2007, 227 grenzt dieses ab zum »einfachen« Verwertungsverbot durch formelle Verstöße gegen Verfahrensvorschriften).

Für das Strafrecht geht der BGH davon aus, dass ein **Verstoß gegen Belehrungspflichten** über die Aussagefreiheit des Beschuldigten **grundsätzlich** zu einem **Verwertungsverbot** der unmittelbar hierdurch erlangten Informationen führt (BGH vom 27. 02. 1992, wistra 1992, 187 und BGH vom 16. 06. 2005, NJW 2005, 2723). Ausnahmen bestehen, wenn der nicht Belehrte zu Beginn der Vernehmung sein Schweigerecht kannte und trotzdem freiwillig aussagt (BGH vom 27. 02. 1992, 5 StR 190/91, wistra 1992, 187) oder wenn er in Unkenntnis seines Schweigerechts aussagt und der Verwertung ein später beauftragter sachkundiger Verteidiger nicht widerspricht (BGH vom 21. 07. 1998 wistra 1998, 310).

3034a   Das Landgericht Bochum hat in zwei Beschlüssen (LG Bochum vom 22. 4. 2008, 2 QS 10/08 und vom 7. 8. 2009, 2 Qs 2/09, NStZ 2010 S. 351) ein Beweisverwertungsverbot im Strafverfahren von Erkenntnissen aus dem »**Datendiebstahl**« in der sog. »Lichtenstein-Affäre« verneint. Der Anfangsverdacht für die Durchsuchung einer Wohnung gem. § 102 StPO kann ohne Verfassungsverstoß auf Daten gestützt werden, die ein Informant aus Liechtenstein auf einem Datenträger an Deutschland verkauft hat (BVerfG vom 09. 11. 2010, 2 BvR 2101/09, DStR 2010, 2512), Das BVerfG lässt dahingestellt, ob ein Amtsträger bei der Beschaffung der Daten rechtswidrig oder gar strafbar gehandelt hat. Nach dem Gericht »ist ein Beweisverwertungsverbot … zumindest bei schwerwiegenden, bewussten oder willkürlichen Verfahrensverstößen, bei denen die grundrechtlichen Sicherungen planmäßig oder systematisch außer Acht gelassen worden sind, geboten. … Ein absolutes Beweisverwertungsverbot unmittelbar aus den Grundrechten hat das Bundesverfassungsgericht nur in den Fällen anerkannt, in denen der absolute Kernbereich privater Lebensgestaltung berührt ist«. Ob dies der Fall ist, kann nur unter »Berücksichtigung der Besonderheiten des einzelnen Falls beantwortet werden.« Dies wurde verneint, weil sich »vielmehr um Daten über geschäftliche Kontakte der Beschwerdeführer mit Kreditinstituten« handelt.

Für den VerfGH Rheinland-Pfalz vom 24. 02. 2014, VGH B 26/13, NJW 2014, 1434 ist es denkbar, dass zukünftig gleichsam mosaikartig eine Situation entstehen könne, die es als gerechtfertigt erscheinen lasse, das Handeln eines privaten Informanten der staatlichen Sphäre zuzurechnen. Denn die Behörden dürften nicht jedes auf Eigeninitiative beruhende unrechtmäßige Einwirken Dritter auf private Schutzgüter bewusst ausnutzen. Sollte es daher etwa zu einer verstärkten Involvierung staatlicher Behörden in das Procedere bezüglich der Datenbeschaffung oder zu einer planmäßigen Intensivierung der Zusammenarbeit zwischen staatlichen

Behörden und privaten Informanten kommen, würde die Frage der Zurechnung des privaten Handelns zum Staat und damit die Frage eines möglichen Verwertungsverbots solcher Daten neu aufgeworfen. Für die Frage der Zurechnung könnten auch ein gegebenenfalls erheblicher Anstieg von Ankäufen ausländischer Bankdaten und eine damit verbundene Anreizwirkung zur Beschaffung dieser Daten von Bedeutung sein. Zusammengefasst ist danach eine Zurechnung des rechtswidrigen privaten Handelns eines »Datenverkäufers« und damit ein strafrechtliches Verwertungsverbot dann möglich, wenn der Staat in der Zukunft bewusst, planmäßig oder auch nur konkludent die Zusammenarbeit mit privaten Informanten intensiviert.

Das Verhältnis des Steuerstrafverfahrens zum **Steuergeheimnis** ist in § 393 Abs. 2 AO geregelt. Nach § 30 Abs. 4 Nr. 4 Buchst. a AO dürfen Kenntnisse über nichtsteuerliche Straftaten an die Strafverfolgungsbehörden dann nicht weitergegeben werden, wenn **3034b**

- sie vor Einleitung des Strafverfahrens (oder des Bußgeldverfahrens) im Besteuerungsverfahren bekannt werden oder
- wenn sie in Unkenntnis des eingeleiteten Strafverfahrens vom Stpfl. offenbart werden.

Weil im Rahmen des Steuerstrafverfahrens (oder Bußgeldverfahrens) die auf vorgenannte Weise den Finanzbehörden bekannt gewordenen Verhältnisse auch durch die Staatsanwaltschaft und das Gericht wahrgenommen werden, sieht § 393 Abs. 2 Satz 1 AO vor, dass diese Kenntnisse gegen den Stpfl. nicht für die Verfolgung einer Tat verwendet werden dürfen, die keine Steuerstraftat ist. Ohne eine solche Regelung würde Sinn und Zweck des Steuergeheimnisses unterlaufen, das auch die gewünschte Offenlegung gesetz- oder sittenwidrigen Verhaltens nach § 40 AO (vgl. Rz. 608) schützt. Eine Ausnahme sieht § 393 Abs. 2 Satz 2 AO für die Fälle des zwingenden öffentlichen Interesses nach § 30 Abs. 4 Nr. 5 AO (Rz. 557) vor.

Nach der Entscheidung des BayOBLG vom 18.02.1998 wistra 1998, 197 erstreckt sich das Verwertungsverbot des § 393 Abs. 2 Satz 1 AO nicht auf solche Unterlagen des Stpfl., die dieser seiner Steuererklärung ohne gesetzliche Verpflichtung beigelegt hat. Im entschiedenen Fall wurden unaufgefordert der ESt-Erklärung gefälschte Belege beigefügt. Etwas anderes soll gelten, wenn gefälschte Belege auf Aufforderung der Finanzverwaltung vorgelegt werden, denn dann seien diese in Erfüllung steuerlicher Pflichten i. S. d. § 393 Abs. 2 Satz 1 AO vorgelegt worden (BayOBLG vom 06.08.1996 wistra 1996, 353 und BayOBLG vom 18.11.1997 wistra 1998, 117). Diese beiden Entscheidungen werden in der Literatur u. E. zu Recht insgesamt abgelehnt (vgl. Joecks, wistra 1998, 86 ff.; FGJ, StStrafR, 8. Auflage 2015, AO § 393 Rn. 74), denn nur wer Wahres erklärt, unterfällt dem § 393 Abs. 2 AO.

Offenbart ein Stpfl. im Rahmen einer **Selbstanzeige** eine zugleich mit der Steuerhinterziehung begangene allgemeine Straftat, z. B. eine **Urkundenfälschung** zur Erlangung einer ungerechtfertigten Vorsteuererstattung, besteht kein Verwendungsverbot, weil der Steuerpflichtige nicht zur Abgabe einer Selbstanzeige gezwungen ist (vgl. BGH vom 05.05.2004 wistra 2004, 309; bestätigt durch BVerfG vom 15.10.2004 wistra 2005, 175).

Erkenntnisse, die die Finanzbehörde oder die Staatsanwaltschaft rechtmäßig im Rahmen **strafrechtlicher Ermittlungen** gewonnen hat, dürfen gem. § 393 Abs. 3 Satz 1 AO im **Besteuerungsverfahren** verwendet werden. Dies gilt gem. § 393 Abs. 3 Satz 2 AO auch für Erkenntnisse, die dem Brief-, Post- und Fernmeldegeheimnis unterliegen, soweit die Finanzbehörde diese rechtmäßig im Rahmen eigener strafrechtlicher Ermittlungen gewonnen hat oder soweit nach den Vorschriften der Strafprozessordnung Auskunft an die Finanzbehörden erteilt werden darf. Damit wird Art. 10 Abs. 1 GG (zulässigerweise, vgl. Art. 10 Abs. 2 GG) eingeschränkt. So können etwa gelegentlich einer Telefonüberwachung (§ 100 a StPO) sich ergebende Erkenntnisse im Besteuerungsverfahren verwendet werden. **3034c**

3.4.5 Abschluss des Ermittlungsverfahrens

3035   Zuständig für abschließende Entscheidungen ist die Staatsanwaltschaft. Ist die Finanzbehörde nach § 386 Abs. 2 AO für das Ermittlungsverfahren zuständig, entscheidet die Bußgeld- und Strafsachenstelle. Beauftragt sie mit der Aufklärung des Sachverhalts anderen Stellen, etwa die Steuerfahndung, leitet sie die Ermittlungen und bestimmt mindestens deren Richtung und Umfang, ggf. durch Einzelweisungen zur Art und Weise der Durchführung einzelner Ermittlungshandlungen, vgl. Nr. 17 Abs. 4 AStBV (St) 2014.

Das **Verfahren** wird **eingestellt,** wenn sich der Verdacht als unbegründet oder nicht nachweisbar herausgestellt hat oder die Tat verjährt ist (§ 170 Abs. 2 StPO). Gleiches gilt, wenn dem Beschuldigten nur eine Steuerordnungswidrigkeit angelastet werden kann. Nach § 398 AO (entspricht weitgehend § 153 Abs. 1 StPO, der aber keine Straftat von geringem Gewicht voraussetzt) kann das Verfahren auch dann eingestellt werden, wenn es sich um **Straftaten von geringem Gewicht** handelt, die Schuld des Täters als gering anzusehen ist und kein öffentliches Interesse an der Verfolgung der Tat besteht. Weiterhin besteht die Möglichkeit, im Bereich der kleineren und mittleren Kriminalität nach § 153 a StPO das Verfahren vorläufig gegen **Auflagen** und Weisungen einzustellen, z. B. gegen Zahlung an gemeinnützige Einrichtungen oder an die Staatskasse. Werden die Auflagen und Weisungen erfüllt, wird das Verfahren endgültig eingestellt.

Ansonsten stellt die Ermittlungsbehörde (die Finanzbehörde nach § 400 1. HS AO, die Staatsanwaltschaft nach § 407 Abs. 1 StPO) beim zuständigen Amtsgericht **Antrag auf Erlass eines Strafbefehls.** Da Steuerstraftaten nur Vergehen nach § 12 StGB sind, kann durch Strafbefehl gem. § 407 Abs. 2 StPO eine Geldstrafe, aber auch Freiheitsstrafe bis zu einem Jahr auf Bewährung verhängt werden. Der Erlass eines Strafbefehls ist vor allem in der Praxis dann eine geeignete Maßnahme, wenn aufgrund der klaren Beweislage eine gewisse Aussicht besteht, dass der Beschuldigte den zur Last gelegten Vorwurf nicht bestreitet und den Strafbefehl akzeptiert. Der Strafbefehl wird durch das Gericht zugestellt; der Beschuldigte kann nach § 410 Abs. 1 StPO innerhalb von zwei Wochen hiergegen Einspruch einlegen. Legt er keinen Einspruch ein, erlangt der Strafbefehl die Wirkung eines rechtskräftigen Urteils. Ein zulässiger Einspruch führt zur Anberaumung der Hauptverhandlung, § 411 Abs. 1 Satz 2 StPO.

Eignet sich die Strafsache nicht für das Strafbefehlsverfahren, wird **Klage** erhoben. War für das Ermittlungsverfahren die Finanzbehörde zuständig, gibt sie zur Erhebung der öffentlichen Klage den Fall an die Staatsanwaltschaft ab, § 400 2. HS AO.

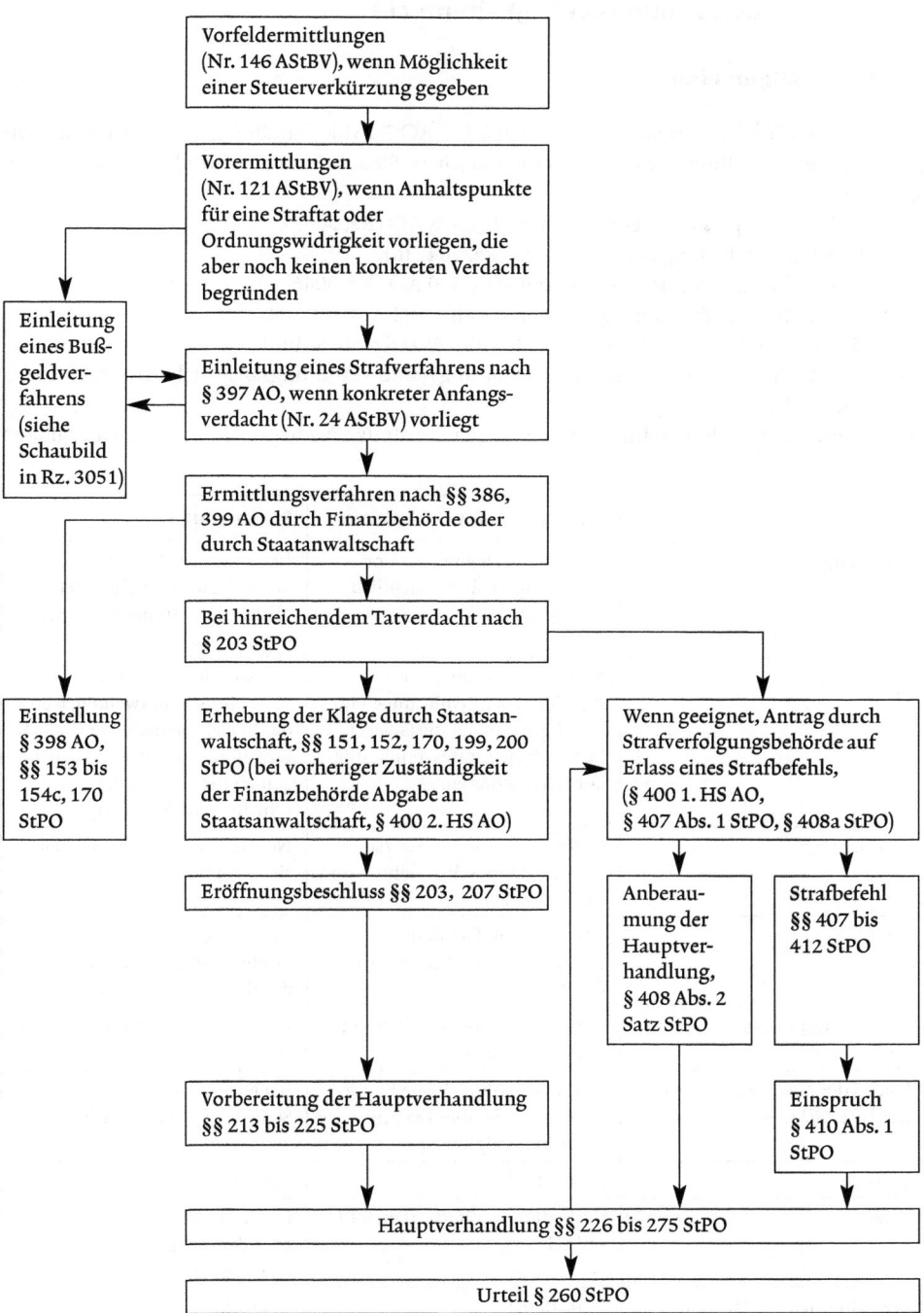

4 Steuerordnungswidrigkeitenrecht

4.1 Allgemeines

3036   Steuerordnungswidrigkeiten sind nach § 377 AO Zuwiderhandlungen, die nach den Steuergesetzen mit **Geldbuße** geahndet werden können. Steuerordnungswidrigkeiten sind insbesondere:

- Die leichtfertige Steuerverkürzung nach § 378 AO (Rz. 3037),
- Die Steuergefährdung nach § 379 AO (Rz. 3042 ff.),
- Die Gefährdung der Abzugsteuern nach § 380 AO (Rz. 3046),
- Die Gefährdung der Eingangsabgaben nach § 382 AO (Rz. 3047),
- Die Verbrauchsteuergefährdung nach § 381 AO (Rz. 3048) und
- Der unzulässige Erwerb von Steuererstattungs- und Vergütungsansprüchen nach § 383 AO (Rz. 3049).

Die **wesentlichsten Unterschiede** zwischen Steuerordnungswidrigkeiten und Steuerstraftaten sind:

	Steuerordnungswidrigkeiten	Steuerstraftaten
Zuständigkeit	Das FA entscheidet, die Entscheidung ist aber gerichtlich nachprüfbar.	Verfahren wird vor einem ordentlichen Gericht durchgeführt; beim Strafbefehl wird das Gericht beteiligt.
Vernehmung	Keine Vernehmung vor Abschluss der Ermittlungen notwendig; es genügt die Gelegenheit, sich zu der Beschuldigung äußern zu können.	Vernehmung vor Abschluss der Ermittlungen notwendig, wenn das Verfahren nicht zur Einstellung führt; in einfachen Fällen genügt die Gelegenheit zur schriftlichen Äußerung.
Maßnahmen	Verhaftung, vorläufige Festnahme, Postbeschlagnahme sind nicht möglich.	Nebenstehende Maßnahmen sind möglich.
Sanktion	Ahndung mit Geldbuße als Ordnungsruf, keine Eintragung in das Zentralregister.	Bestrafung durch Geld- oder Freiheitsstrafe, Eintragung in das Bundeszentralregister.
Verfolgungsprinzip	Opportunitätsprinzip (kein Verfolgungszwang).	Legalitätsprinzip (Verfolgungszwang).
Folgen der Nichtzahlung einer Geldstrafe/-buße	Bei Nichtzahlung keine Ersatzfreiheitsstrafe, aber Erzwingungshaft möglich.	Bei Nichtzahlung tritt an deren Stelle Ersatzfreiheitsstrafe.
Versuch	Nicht strafbar.	Nach § 370 Abs. 2 AO strafbar.
Täter	Einheitlicher Täterbegriff, § 14 OWiG.	Unterscheidung zwischen verschiedenen Täter- und Teilnehmerformen.
Bezeichnung des Täters im Ermittlungsverfahren	Betroffener.	Beschuldigter.

Ist eine **Handlung gleichzeitig Straftat und Ordnungswidrigkeit**, so wird nach § 21 Abs. 1 OWiG nur das Strafgesetz angewendet. Wird aber in einem solchen Fall keine Strafe verhängt, so kann die Tat als Ordnungswidrigkeit geahndet werden (§ 21 Abs. 2 OWiG). Praktische Bedeutung hat dies vor allem im Bereich der leichtfertigen Steuerverkürzung nach § 378 AO, die sich von der Steuerhinterziehung nach § 370 AO hauptsächlich durch den subjektiven Tatbestand, dem Vorliegen von Vorsatz oder Leichtfertigkeit, unterscheidet. Kann der Vorsatz bei Verwirklichung des objektiven Tatbestands des § 370 Abs. 1 AO nicht nachgewiesen werden, kommt § 378 AO als Auffangtatbestand zum Tragen.

4.2 Materielles

4.2.1 Leichtfertige Steuerverkürzung

4.2.1.1 Allgemeines

Unter den Vorschriften über die Steuerordnungswidrigkeiten ist § 378 AO in der Praxis die bedeutendste. Sie dient gegenüber § 370 AO (Steuerhinterziehung) als **Auffangtatbestand**. § 370 AO und § 378 AO unterscheiden sich (fast nur) im subjektiven Teil. Beide setzen die objektiven Tatbestandsmerkmale des § 370 AO, nämlich die Tathandlung und den Eintritt des Erfolgs, voraus. Während aber bei § 370 AO die Tat vorsätzlich begangen werden muss, reicht für § 378 AO die leichtfertige Begehung aus. Auch bei § 378 AO gilt das Kompensationsverbot (§ 378 Abs. 1 Satz 2 AO) und es ist ebenfalls eine Selbstanzeige möglich (§ 378 Abs. 3 AO).

3037

> **BEISPIEL**
>
> Der Buchhalter B des Unternehmens U führt die Inventurlisten so schlampig, dass Warenbestände zu niedrig erfasst werden und dadurch der Gewinn zu niedrig erklärt wird. Die Steuer wird demzufolge zu niedrig festgesetzt.
>
> **LÖSUNG** B nimmt als Buchhalter mit der Führung der Inventurlisten steuerlich relevante Angelegenheiten des Unternehmens U wahr. Sein Verhalten führt dabei zu einer falschen Erklärung. Diese wiederum hat eine zu niedrige Steuerfestsetzung zur Folge. Weil B bei der Führung der Inventurlisten leichtfertig handelt, macht er sich einer leichtfertigen Steuerverkürzung nach § 378 AO schuldig.

4.2.1.2 Leichtfertigkeit

Der Begriff der Leichtfertigkeit entspricht in etwa dem zivilrechtlichen Begriff der groben Fahrlässigkeit, vgl. Schaubild in Rz. 2977 und BFH vom 04.02.1987 BStBl II 1988, 215. Während aber die grobe Fahrlässigkeit ein objektiver Begriff ist, enthält die Leichtfertigkeit ein **subjektives Moment**. Wenn bereits grobe Fahrlässigkeit dann vorliegt, wenn ein Stpfl. die bei der Abgabe einer Erklärung erforderliche Sorgfalt in außergewöhnlich großem Maße missachtet, liegt Leichtfertigkeit erst dann vor, wenn er die bei der Abgabe seiner Erklärung erforderliche und ihm nach seinen Verhältnissen und Fähigkeiten auch zumutbare Sorgfalt in außergewöhnlich großem Maße missachtet hat, sich z. B. besonders leichtsinnig oder gleichgültig verhält.

3038

Der BGH definiert den Begriff wie folgt: »Leichtfertig handelt, wer die Sorgfalt außer Acht lässt, zu der er nach den besonderen Umständen des Einzelfalls und seinen persönlichen Fähigkeiten und Kenntnissen verpflichtet und imstande ist, obwohl sich ihm aufdrängen musste, dass dadurch eine Steuerverkürzung eintreten wird« (BGH vom 16.12.2009, 1 StR 491/09, PStR 2010, 57).

So ist einem Steuerberater beim gleichen Fehlverhalten eher Leichtfertigkeit vorzuwerfen als dem »normalen«, steuerlich nicht vorgebildeten Stpfl. Indessen liegt bei steuerlich nicht vorgebildeten Personen die Leichtfertigkeit häufig darin, dass sie eine z. B. gewerbliche Betätigung aufnehmen und damit auch steuerliche Pflichten übernehmen, ohne der Erfüllung dieser Pflichten gewachsen zu sein und ohne sich dann wenigstens der Hilfe eines steuerlichen Beraters zu bedienen. Leichtfertig handelt ein Steuerpflichtiger auch, wenn er eine im Steuererklärungsformular ausdrücklich gestellte, auf einen ganz bestimmten Vorgang bezogene Frage, z. B. die nach den Zinsen aus sonstigen Kapitalforderungen, nicht beachtet (BFH vom 31.10.1989 BStBl II 1990, 518).

Lediglich der Verweis auf die **schwierige gesetzliche Materie** reicht nicht, um den Vorwurf der Leichtfertigkeit zu entkräften, denn z. B. hat die korrekte Verbuchung von betrieblichen Vorgängen nichts mit der Komplexität des Steuerrechts zu tun und kann folglich damit nicht entschuldigt werden. Gleiches gilt, wenn der Stpfl. vorher vom FA auf Fehler hingewiesen oder ihm die richtige Rechtslage erläutert wurde. Setzt der Stpfl. sich über solche Hinweise hinweg, kann wohl zumindest Leichtfertigkeit, wenn nicht sogar Vorsatz (dann Steuerhinterziehung), angenommen werden.

4.2.1.3 Täter

3039   Täter einer leichtfertigen Steuerverkürzung kann nur sein, wer **Stpfl.** ist oder als **Dritter** steuerliche Angelegenheiten eines solchen gegenüber dem Finanzamt wahrnimmt, während nach § 370 AO »Jedermann« als Täter in Betracht kommt. Der Begriff des Stpfl. ist in § 33 AO definiert, insbesondere ist dies der Steuerschuldner. Nach § 33 Abs. 2 AO ist Stpfl. nicht, wer Auskunft in fremden Angelegenheiten gibt. Stpfl. sind nach den §§ 34, 35 AO z. B. gesetzliche Vertreter wie Eltern oder Geschäftsführer von Kapitalgesellschaften.

Die Angelegenheiten eines Stpfl. nimmt jemand wahr, wenn sie zu seiner vertraglichen Hauptpflicht gehören. Dies ist z. B. bei Steuerberatern (vgl. BFH vom 19.12.2002 BStBl II 2003, 385) aber auch bei Angestellten des Stpfl., wie Prokuristen oder Buchhaltern, der Fall, nicht hingegen z. B. bei einer zur Inventur eingesetzten Verkäuferin. Bei dieser gehört die Erstellung der Inventur nicht zu deren vertraglichen Hauptpflichten. Bereitet ein Steuerberater hingegen eine Steuererklärung nur vor und ermittelt er dabei z. B. den Gewinn seines Mandanten leichtfertig unzutreffend, und wird die Erklärung vom Steuerpflichtigen unterzeichnet und eingereicht, begeht der Steuerberater keine leichtfertige Steuerhinterziehung, weil es an eigenen Angaben des Steuerberaters gegenüber dem Finanzamt fehlt (BFH vom 29.10.2013, VIII R 27/10, DStR 2013, 2694). Eine mittelbare Täterschaft des Steuerberaters kommt (anders als im Strafrecht) wegen des Einheitstäterbegriffs nach § 14 OWiG nicht in Betracht. Auch kann dem Steuerpflichtigen das leichtfertige Handeln weder nach straf- oder bußgeldrechtlichen noch nach steuerrechtlichen Grundsätzen zugerechnet werden. Dies sieht das Gesetz nicht vor.

4.2.1.4 Selbstanzeige

3040   Nach § 378 Abs. 3 AO ist für den Bereich der leichtfertigen Steuerverkürzung eine sog. **bußgeldbefreiende Selbstanzeige** möglich. Für die übrigen Steuerordnungswidrigkeiten gibt es eine solche Möglichkeit nicht. Soweit der Täter unrichtige oder unvollständige Angaben (Rz. 2994 ff.) bei der Finanzbehörde (Rz. 3018) berichtigt oder ergänzt oder unterlassene Angaben nachholt, bevor ihm oder seinem Vertreter die Einleitung eines Straf- oder Bußgeldverfahrens wegen der Tat bekannt gegeben worden ist (Rz. 3025), wird eine Geldbuße nicht festgesetzt, § 378 Abs. 3

Satz 1 AO. Die **Zahlung** der zugunsten des Täters leichtfertig verkürzten Steuer ist objektive Voraussetzung für die Bußgeldfreiheit, § 378 Abs. 3 Satz 2 AO i. V. m. § 371 Abs. 3 AO (Rz. 3029).

Im Gegensatz zur Selbstanzeige nach § 371 AO kann eine bußgeldbefreiende Selbstanzeige auch dann noch wirksam angebracht werden, wenn eine Prüfungsanordnung nach § 196 AO ergangen ist, ein Außenprüfer zur Prüfung erschienen ist, der hinterzogene Betrag 25 000 € übersteigt oder die Tat bereits entdeckt ist. Diese in § 371 Abs. 2 Satz 1 Nr. 1 Buchst. a und c AO sowie § 371 Abs. 2 Satz 1 Nr. 2 AO (Rz. 3024 ff.) zu findenden Sperrgründe gibt es hier nicht. Daher hindert etwa die **bereitwillige Materiallieferung** an einen Außenprüfer regelmäßig die Verfolgung wegen leichtfertiger Steuerverkürzung, es sei denn, dem Steuerpflichtigen wäre zuvor die Einleitung eines Bußgeldverfahrens bekannt gegeben worden. Dies geschieht jedoch in der Praxis meist nicht.

Ein weiterer wichtiger Unterschied zu § 371 Abs. 1 AO besteht darin, dass bei leichtfertiger Steuerverkürzung auch eine **teilweise Selbstanzeige** möglich ist. Das Vollständigkeitsgebot gilt hier nicht. Auch ist hier »nur« die Entrichtung der Steuern, aber nicht der Hinterziehungszinsen gefordert (§ 378 Abs. 3 Satz 2 AO).

4.2.1.5 Sanktion und Konkurrenzen

Die leichtfertige Steuerverkürzung kann nach § 378 Abs. 2 AO i. V. m. § 17 Abs. 1 OWiG mit einer **Geldbuße** von mindestens 5 € **bis zu 50 000 €** geahndet werden. Nach § 17 Abs. 4 OWiG kann in Sonderfällen der Höchstbetrag sogar überschritten werden, nämlich dann, wenn der wirtschaftliche Vorteil, nach Abzug der nach § 4 Abs. 5 Nr. 8 EStG unvermeidbaren Ertragsteuern, über den Höchstbetrag hinausgeht. Grundlage für die Zumessung der Geldbuße ist nach § 17 Abs. 3 OWiG die Bedeutung der Ordnungswidrigkeit und der Grad des Vorwurfs gegen den Täter. · **3041**

Konkurrenzen können wie bei der Steuerhinterziehung durch Tateinheit, Tatmehrheit oder Gesetzeskonkurrenz auftreten (vgl. Rz. 2985 ff). Bei Tateinheit wird nach § 19 OWiG eine einzige Geldbuße verhängt, nämlich die höchste. Bei Tatmehrheit werden nach § 20 OWiG die Geldbußen einzeln festgesetzt, es gilt nicht das Asperationsprinzip wie bei Straftaten, vgl. § 53 StGB und Rz. 2987. Gesetzliche Konkurrenz tritt wegen des Charakters als Auffangtatbestand insbesondere im Verhältnis zur Steuerhinterziehung auf. Wird durch eine Handlung sowohl eine leichtfertige als auch eine vorsätzliche Steuerhinterziehung begangen, geht § 370 AO nach § 21 Abs. 1 OWiG vor, mit der Folge, dass ein Bußgeld nicht verhängt werden kann. § 378 AO ist zu § 370 AO subsidiär.

4.2.2 Steuergefährdung

4.2.2.1 Allgemeines

Die Steuergefährdung ist nach § 379 AO i. V. m. § 17 Abs. 1 OWiG als Steuerordnungswidrigkeit mit einer **Geldbuße** von mindestens 5 € **bis zu 5 000 €** bedroht. Bei leichtfertiger Begehung beträgt das Höchstmaß i. V. m. § 17 Abs. 2 OWiG 2 500 €. Die Steuergefährdung stellt einen Sammeltatbestand für vorsätzliche oder leichtfertig begangene Handlungen dar, die sich im Vorfeld von Steuerhinterziehung und leichtfertiger Steuerverkürzung bewegen. Im Verhältnis zur Steuerhinterziehung handelt es sich i. d. R. um straflose **Vorbereitungshandlungen**. **3042**

Im Folgenden werden nur die Tatbestände dargestellt, die für den **Bereich der Finanzbehörden** von Bedeutung sind.

4.2.2.2 Ausstellen unrichtiger Belege, Verkaufen von Belegen und Falschbuchungen

3043

Nach § 379 Abs. 1 AO handelt ordnungswidrig, wer

a) Belege ausstellt, die in tatsächlicher Hinsicht unrichtig sind, oder Belege gegen Entgelt in den Verkehr bringt, oder nach Gesetz buchungs- oder aufzeichnungspflichtige Geschäftsvorfälle oder Betriebsvorgänge nicht oder in tatsächlicher Hinsicht unrichtig verbucht oder verbuchen lässt und

b) dadurch ermöglicht, Steuern zu verkürzen oder nicht gerechtfertigte Steuervorteile zu erlangen und

c) bezüglich a) und b) vorsätzlich oder leichtfertig handelt.

Belege sind alle Schriftstücke, die geeignet und bestimmt sind, steuerrechtlich bedeutsame Tatsachen zu beweisen, z. B. Rechnungen, ärztliche Bescheinigungen, Lieferscheine, Quittungen, aber auch Eigenbelege als Buchungsunterlagen i. S. d. § 147 Abs. 1 Nr. 5 AO wie z. B. ein Fahrtenbuch.

Ein Beleg ist dann unrichtig, wenn sein Inhalt in irgendeiner Beziehung falsch ist. § 379 AO erfasst nur die **inhaltliche Unrichtigkeit**, die schriftliche Lüge, also die Unrichtigkeit selbst erstellter Belege. Abzugrenzen ist dies von der Urkundenfälschung nach § 267 StGB, wenn die Unrichtigkeit sich nicht nur auf den Inhalt sondern auch auf den Aussteller bezieht. In diesem Fall ist die Steuerordnungswidrigkeit des § 379 AO subsidiär, es sei denn, eine Strafe wird wegen der Straftat nicht verhängt (§ 21 OWiG). Ausgestellt ist ein Beleg erst dann, wenn er dem Empfänger zugänglich gemacht wird. Die reine Herstellung eines Belegs reicht nicht aus.

Auch das **Verkaufen von Belegen** wird als Ordnungswidrigkeit geahndet. Damit stellt beispielsweise das Verkaufen von Tankbelegen, um dem Käufer die ungerechtfertigte Geltendmachung von Betriebsausgaben oder Werbungskosten zu ermöglichen, eine Ordnungswidrigkeit dar.

Das Tatbestandsmerkmal b) ist bereits dann erfüllt, wenn die abstrakte Möglichkeit besteht, dass der unrichtige Beleg bzw. die unrichtige Verbuchung zu einer Steuerverkürzung oder einem nicht gerechtfertigten Steuervorteil beitragen kann. Es muss also dem Täter nicht konkret nachgewiesen werden, dass eine Steuerverkürzung oder ein Steuervorteil herbeigeführt werden sollte.

Täter nach § 379 Abs. 1 AO ist, wer sich oder einem anderen einen tatsächlich unrichtigen Beleg ausstellt oder eine Falschbuchung vornimmt.

Hinsichtlich des Tatbestandsmerkmals Vorsatz vgl. Rz. 2973 und wegen des Tatbestandsmerkmals Leichtfertigkeit vgl. Rz. 3038.

BEISPIEL

Der Gast G lässt sich anlässlich einer Familienfeier in einem Restaurant von dessen Besitzer H eine Rechnung ausstellen, in welcher auf Veranlassung des G ein falsches Datum eingesetzt wird. G ist buchführungspflichtiger Gewerbetreibender. Er verbucht als Betriebsausgaben anschließend die Rechnung unter dem falschen Datum als Bewirtung von Geschäftsfreunden.

LÖSUNG H hat einen in tatsächlicher Hinsicht unrichtigen Beleg ausgestellt. Durch diesen Beleg wurde die abstrakte Möglichkeit geschaffen, Steuern zu verkürzen. H handelt auch vorsätzlich. Somit hat sich H einer Ordnungswidrigkeit nach § 379 Abs. 1 Nr. 1 AO schuldig gemacht.

G ist als buchführungspflichtiger Gewerbetreibender nach Gesetz verpflichtet, die Bewirtung von Geschäftsfreunden zutreffend aufzuzeichnen (vgl. § 4 Abs. 5 Nr. 2 EStG i. V. m. § 4 Abs. 7 EStG). Indem er die Rechnung für die private Familienfeier als Bewirtung von Geschäftsfreunden verbucht hat, hat er aufzeichnungspflichtige Geschäftsvorfälle unrichtig verbucht. G hat damit die abstrakte Möglichkeit geschaffen, Steuern zu verkürzen. Eine Steuerverkürzung braucht tatsächlich noch nicht eingetreten zu sein. G handelt auch vorsätzlich. Somit hat sich G einer Ordnungswidrigkeit nach § 379 Abs. 1 Nr. 3 AO schuldig gemacht. Diese Ordnungswidrigkeit kann aber in einer (versuchten) Steuerhinterziehung oder leichtfertigen Steuerverkürzung aufgehen.

Überlagert werden können § 379 Abs. 1 Nr. 1 und Nr. 3 AO durch die **Insolvenzstraftaten** der §§ 283 ff. StGB. Danach kann derjenige bestraft werden, der (u. a.) Handelsbücher entgegen einer bestehenden Verpflichtung nicht führt oder Bilanzen nicht aufstellt, wenn z. B. Überschuldung vorliegt, Zahlungsunfähigkeit droht oder eingetreten ist oder über das Vermögen ein Insolvenzverfahren eröffnet oder der Eröffnungsantrag mangels Masse abgewiesen wurde, vgl. § 283 Abs. 1 Nr. 5 StGB oder § 283 b Abs. 1 StGB.

4.2.2.3 Mitteilungspflicht über Auslandsbeziehungen, Aufzeichnung des Warenausgangs und Kontenwahrheit

Wird gegen die Mitteilungspflicht bei **Auslandsbeziehungen** nach § 138 Abs. 2 AO (Rz. 1032), gegen die sich aus § 144 AO ergebende Verpflichtung zur Aufzeichnung des **Warenausgangs** (Rz. 1044) oder gegen die Pflicht zur **Kontenwahrheit** nach § 154 Abs. 1 AO (Rz. 1052) verstoßen, stellen diese Verstöße nach § 379 Abs. 2 AO Ordnungswidrigkeiten dar. Anders als bei § 379 Abs. 1 AO ist hier das Merkmal »Ermöglichen einer Steuerverkürzung etc.« nicht vorhanden, denn eine Steuerhinterziehung ist bei Verletzung dieser Handlungspflichten generell möglich und bedarf daher keiner gesetzlichen Erwähnung. **3044**

Täter kann jeder sein, der einer Verpflichtung vorsätzlich oder leichtfertig nicht nachkommt, vgl. Rz. 3043.

§ 379 Abs. 2 Nr. 1a AO betrifft in erster Linie die Fälle, in denen ein **Großhändler** den Liefervorgang zwar buchhalterisch im **Warenausgang** erfasst (und daher nicht von § 379 Abs. 1 Nr. 3 AO erfasst wird), darüber hinaus aber die nach § 144 Abs. 3 Nr. 2 AO erforderliche Aufzeichnung des Namens und der Anschrift des Abnehmers unterlässt. Auch die nicht vollständige Führung des Warenausgangsbuches durch das sog. Rechnungssplitting erfüllt den Tatbestand. Hierbei wird der Verkauf gesplittet teils auf (verbuchter und zutreffend erfasster) Rechnung, teils als (nicht erfasster) Barverkauf. Wird durch das Verhalten des Händlers der Tatentschluss des Abnehmers zur Steuerhinterziehung konkret gefördert, kann Beihilfe (vgl. Rz. 2984) zur Steuerhinterziehung vorliegen. § 379 Abs. 2 Nr. 1a AO ist dann gegenüber § 370 AO nachrangig (vgl. Rz. 3045).

4.2.2.4 Verhältnis der Steuergefährdung zur leichtfertigen Steuerverkürzung und zur Steuerhinterziehung

Kommt es durch das Erfüllen der in § 379 AO aufgeführten Tatbestände zu einer Steuerhinterziehung oder leichtfertigen Steuerverkürzung, so wird wegen der Steuerhinterziehung bestraft bzw. wegen der leichtfertigen Steuerverkürzung ein Bußgeld verhängt. § 379 AO ist subsidiär. **3045**

Wird die Steuerhinterziehung bzw. leichtfertige Steuerverkürzung aufgrund einer wirksamen **Selbstanzeige** nicht verfolgt, so könnte an und für sich ein Bußgeld aufgrund der Steuergefährdung verhängt werden, da § 379 AO eine bußgeldbefreiende Selbstanzeige nicht vorsieht. Indessen wird in derartigen Fällen von dem Verwaltungsermessen in der Weise Gebrauch gemacht, dass auch kein Bußgeld nach § 379 AO verhängt wird (Opportunitätsprinzip).

4.2.3 Gefährdung der Abzugsteuern

Nach § 380 AO stellt die Gefährdung von Abzugsteuern eine Steuerordnungswidrigkeit dar, die mit einer **Geldbuße** von mindestens 5 € **bis zu 25 000 €,** bei leichtfertiger Begehung bis zu 12 500 € (§ 17 Abs. 2 OWiG), geahndet werden kann. **3046**

Eine Gefährdung von Abzugsteuern liegt nach § 380 Abs. 1 AO vor, wenn jemand

a) verpflichtet ist, Steuerabzugsbeträge einzubehalten und abzuführen,
b) dieser Verpflichtung entweder überhaupt nicht oder nicht vollständig oder nicht rechtzeitig nachgekommen ist und
c) die Pflichtverletzung vorsätzlich oder leichtfertig begangen hat.

Die Verpflichtung zur Einbehaltung und Abführung von Abzugsteuern besteht etwa für den Arbeitgeber bei der **Lohnsteuer**, weiterhin bei der **Kapitalertragsteuer** und beim **Steuerabzug** von bestimmten Einkünften beschränkt Stpfl. nach § **50 a EStG**. Eine Gefährdung von Abzugsteuern liegt auch dann vor, wenn die Beträge zwar einbehalten, aber nicht abgeführt werden. **Pauschale Lohnsteuer** gem. §§ 40, 40 und 40 b EStG fällt **nicht** unter § 380 AO, weil insofern der Arbeitgeber selbst Steuerschuldner ist.

Täter nach § 380 AO kann jeder sein, der nach den Einzelsteuergesetzen unmittelbar zum Einbehalt und zur Abführung der Steuerabzugsbeträge verpflichtet ist. Dies ist z. B. der Arbeitgeber, der Schuldner des Kapitalertrags bzw. die auszahlende Stelle (Bank) und bei § 50 a EStG der Schuldner der Vergütung. Daneben trifft die Verpflichtung auch gesetzliche (§ 34 AO) oder gewillkürte Vertreter oder Verfügungsberechtigte (§ 35 AO) z. B. Eltern, Geschäftsführer, Vereinsvorstände, aber auch Steuerberater; im Einzelnen vgl. § 9 Abs. 1 OWiG. § 9 Abs. 2 OWiG erweitert den Personenkreis auf Hilfspersonen, wie z. B. Arbeitnehmer, auf die die Verpflichtung delegiert wurde.

Vorsätzlich i. S. d. § 380 AO handelt jemand, wenn er Netto-Beträge auszahlt, obwohl er weiß, dass er das Geld für die an das FA abzuführende Steuer nicht hat. In diesem Fall muss er (im Fall der Lohnsteuer nach § 38 Abs. 4 EStG) den auszuzahlenden Betrag um den an das FA abzuführenden Betrag kürzen.

BEISPIEL

Die vom Stpfl. S auszuzahlenden Nettolöhne belaufen sich auf 10 000 €. S bringt gerade noch die 10 000 € auf. Er weiß, dass er in absehbarer Zeit nicht zu Geld kommt. Er ist somit objektiv nicht in der Lage, die an das FA abzuführende Lohnsteuer rechtzeitig zu entrichten. Dennoch meldet er die Lohnsteuer ordnungsgemäß beim FA an.

LÖSUNG S begeht keine LSt-Hinterziehung, weil er die Lohnsteuer ordnungsgemäß beim FA angemeldet hat. Er macht sich jedoch einer Ordnungswidrigkeit nach § 380 Abs. 1 AO schuldig. Er handelt bezüglich der Nichtabführung der Lohnsteuer vorsätzlich und kann sich nicht damit entschuldigen, dass es ihm unmöglich war, die Lohnsteuer abzuführen. Er hätte in der vorliegenden Situation die ihm zur Verfügung stehenden 10 000 € als Bruttolöhne behandeln und davon die Lohnsteuer einbehalten müssen.

Nach § 380 Abs. 2 AO ist die Gefährdung **subsidiär gegenüber** der **leichtfertigen Steuerverkürzung und** damit auch gegenüber der **Steuerhinterziehung**. Jemand der eine Abzugsteuer grob fahrlässig zu niedrig anmeldet und abführt, wird wegen leichtfertiger Steuerverkürzung und nicht wegen Gefährdung von Abzugsteuern bußgeldrechtlich belangt.

Ist jemand nicht in der Lage, anzumeldende Lohnsteuer zu zahlen, und verstößt er daher gegen § 380 AO, sollte er wenigstens ordnungsgemäß seine Steuererklärungen oder Anmeldungen abgeben.

BEISPIEL

Die vom Stpfl. S auszuzahlenden Nettolöhne belaufen sich auf 10 000 €. S bringt gerade noch die 10 000 € auf. Er weiß, dass er in absehbarer Zeit nicht zu Geld kommt. Somit ist er nicht in der Lage, die an das FA abzuführende Lohnsteuer rechtzeitig zu entrichten. Er meldet deshalb bei Fälligkeit die angefallene Lohnsteuer weder an noch führt er sie ab.

LÖSUNG S begeht mit der Nichtanmeldung der angefallenen Lohnsteuer eine Steuerhinterziehung nach § 370 AO. Die Gefährdung der Abzugsteuern kommt hier aufgrund der Subsidiarität nach § 380 Abs. 2 AO nicht zum Tragen.

Bezüglich der vom Unternehmer abzuführenden **Umsatzsteuer** greift § 380 AO nicht, weil es sich nicht um eine Abzugssteuer handelt. Jedoch könnten hier § 26 b UStG oder § 26 c UStG Anwendung finden.

Die Möglichkeit einer bußgeldbefreienden **Selbstanzeige** ist in § 380 AO **nicht vorgesehen** (vgl. aber die auch hier geltenden Ausführungen in Rz. 3045).

4.2.4 Gefährdung der Eingangsabgaben

Eine Ordnungswidrigkeit nach § 382 AO begeht, wer als Pflichtiger oder bei der Wahrnehmung der Angelegenheiten eines Pflichtigen vorsätzlich oder fahrlässig Zollvorschriften verletzt. Die Tat kann mit einer **Geldbuße bis zu 5 000 €** geahndet werden. **3047**

Die Ordnungswidrigkeit ist gegenüber der leichtfertigen Steuerverkürzung und der Steuerhinterziehung subsidiär, d. h. sie tritt zurück (bleibt unbeachtet), wenn die zugrunde liegende Tat zugleich als leichtfertige Steuerverkürzung bzw. Steuerhinterziehung verfolgt werden kann. Die Möglichkeit einer bußgeldbefreienden **Selbstanzeige** ist in § 382 AO **nicht vorgesehen** (vgl. aber die auch hier geltenden Ausführungen in Rz. 3045).

4.2.5 Verbrauchsteuergefährdung

Die Verbrauchsteuergefährdung nach § 381 AO stellt eine Steuerordnungswidrigkeit dar, die mit einer **Geldbuße bis zu 5 000 €** geahndet werden kann. **3048**

Derjenige handelt ordnungswidrig, der vorsätzlich oder leichtfertig bestimmte Vorschriften der Verbrauchsteuergesetze oder den dazu erlassenen Rechtsverordnungen zuwiderhandelt, soweit diese Vorschriften für einen bestimmten Tatbestand auf § 381 AO verweisen.

Als Verbrauchsteuergefährdung werden z. B. Verstöße nach § 36 TabStG oder § 30 BierStG geahndet. Sie ist subsidiär gegenüber der leichtfertigen Steuerverkürzung und der Steuerhinterziehung.

4.2.6 Unzulässiger Erwerb von Steuererstattungs- und -vergütungsansprüchen

Nach § 46 Abs. 4 AO ist der geschäftsmäßige Erwerb von Erstattungs- und Vergütungsansprüchen nur bei Sicherungsabtretungen und nur Banken gestattet. Abtretungen zur Erfüllung von Ansprüchen sind ebenso wenig zulässig wie der geschäftsmäßige Erwerb, der dann angenommen werden kann, wenn organisatorische Vorkehrungen getroffen werden, wie z. B. vorbereitete Formulare oder besondere Karten. Verstöße hiergegen können als Ordnungswidrigkeit nach § 383 AO mit **Geldbuße bis zu 50 000 €** geahndet werden. Diese müssen vorsätzlich begangen werden, da das Gesetz Fahrlässigkeit nicht nennt (§ 10 OWiG). **3049**

4.2.7 Sonstige Bußgeldtatbestände

Weitere Bußgeldtatbestände sind z. B. die zweckwidrige Verwendung des Identifikationsmerkmals nach § 139 a AO, die Verletzung umsatzsteuerlicher Aufbewahrungs- und Meldepflichten (§ 26 a UStG), die Schädigung des Umsatzsteueraufkommens (§ 26 b UStG und § 26 c **3050**

UStG, siehe Rz. 3046), die Verletzung von Mitteilungspflichten an das Bundeszentralamt für Steuern (§ 50 e Abs. 1 EStG), die Verletzung der Anzeigepflicht im Todesfall (§ 33 Abs. 4 ErbStG) oder die unbefugte Hilfeleistung in Steuersachen (§ 160 StBerG).

Abschließend sei auf § 130 OWiG hingewiesen, nach dem die **Verletzung der Aufsichtspflicht** in Betrieben und Unternehmen eine Geldbuße von bis zu einer Mio. auslösen kann, etwa, wenn ein Unternehmer Aufsichtsmaßnahmen gegenüber seinem Buchhalter vorsätzlich oder fahrlässig unterlässt.

4.3 Verfahrensrecht

3051   Nach § 65 OWiG i. V. m. § 410 Abs. 1 AO werden Steuerordnungswidrigkeiten grundsätzlich durch **Bußgeldbescheid** geahndet. Zuständig für den Erlass des Bußgeldbescheides ist das FA und dort die Bußgeld- und Strafsachenstelle.

Örtlich **zuständig** sind gem. § 410 Abs. 1 Nr. 1 AO i. V. m. §§ 388 bis 390 AO folgende FA:

- Das FA, in dessen Bezirk die Steuerordnungswidrigkeit begangen worden ist,
- das FA, welches zur Zeit der Einleitung des Verfahrens im betroffenen Besteuerungsverfahren zuständig war und
- das FA, in dessen Bezirk der Täter zur Zeit der Einleitung des Bußgeldverfahrens seinen Wohnsitz hat.

Allerdings befasst sich nicht jedes FA mit der Verfolgung von Steuerordnungswidrigkeiten. Meist wird die Zuständigkeit zur Verfolgung von Steuerordnungswidrigkeiten nach § 17 Abs. 2 Satz 3 FVG für den Bereich mehrerer FA übertragen. Bei mehrfacher Zuständigkeit ist das FA zuständig, welches zuerst ein Verfahren eingeleitet hat.

Im Gegensatz zum Strafverfahren besteht kein Verfolgungszwang. Vielmehr gilt bei der Verfolgung einer Steuerordnungswidrigkeit der sog. **Opportunitätsgrundsatz** nach § 47 OWiG. Demnach liegt die Verfolgung im pflichtgemäßen Ermessen der Finanzbehörde. Bei der Ausübung des Ermessens hat die Finanzbehörde unter Berücksichtigung aller Umstände des Einzelfalles sachlich zu entscheiden und dabei vor allem den Gleichheitsgrundsatz, den Grundsatz der Verhältnismäßigkeit, das Übermaßverbot, die Bedeutung der Tat, den Grad der Vorwerfbarkeit und das öffentliche Interesse an der Verfolgung, welches z. B. von der Häufigkeit derartiger Verstöße und der Wiederholungsgefahr abhängen kann, zu beachten.

Kommt das FA aufgrund seiner Ermittlungen zum Ergebnis, dass dem Beschuldigten eine Steuerordnungswidrigkeit nicht nachgewiesen werden kann, so stellt es das Ordnungswidrigkeitsverfahren ein (§ 46 Abs. 1 OWiG i. V. m. § 170 Abs. 2 StPO). Ebenso stellt es das Verfahren ein, wenn es die Verfolgung nicht für zweckmäßig hält. Hiervon geht die Finanzbehörde aus, wenn der verkürzte Betrag oder der gefährdete Betrag insgesamt weniger als 5 000 € beträgt, sofern nicht ein besonderes vorwerfbares Verhalten für die Durchführung eines Bußgeldverfahrens spricht. Das Gleiche gilt, wenn in diesen Fällen der insgesamt gefährdete Abzugsbetrag unter 10 000 € liegt und der gefährdete Zeitraum 3 Monate nicht übersteigt, vgl. Nr. 104 Abs. 3 AStBV (St) 2014.

Andernfalls setzt es im Bußgeldbescheid gegen denjenigen, der eine Steuerordnungswidrigkeit begangen hat, eine Geldbuße fest. Der Bußgeldbescheid wird gemäß § 412 Abs. 1 AO abweichend von § 51 Abs. 1 Satz 1 OWiG auch dann nach den Vorschriften des Verwaltungszustellungsgesetzes zugestellt, wenn eine Landesfinanzbehörde den Bußgeldbescheid erlassen hat.

Gegen den Bußgeldbescheid ist nach § 67 OWiG als Rechtsbehelf der **Einspruch** gegeben. Dieser muss innerhalb von zwei Wochen nach Zustellung des Bescheids eingelegt werden. Ist der Einspruch unzulässig, verwirft ihn das FA nach § 69 Abs. 1 OWiG. Ist er zulässig, hat die

Finanzbehörde den Bußgeldbescheid zu überprüfen. Sie kann ihn zurücknehmen und ggf. einen neuen auch verbösernden Bescheid erlassen oder die Akten an die Staatsanwaltschaft weiterleiten (§ 69 Abs. 3 OWiG). Mit der Übersendung der Akten gehen die Aufgaben des FA betreffend die Verfolgung der Steuerordnungswidrigkeit auf die Staatsanwaltschaft über. Stellt diese das Verfahren nicht ein, legt sie die Akten dem Richter beim Amtsgericht vor. Das Amtsgericht entscheidet über den Einspruch in der Regel aufgrund einer Hauptverhandlung. Wenn das Gericht eine Hauptverhandlung nicht für erforderlich hält, kann es auch ohne Hauptverhandlung durch Beschluss entscheiden, sofern der Betroffene oder die Staatsanwaltschaft nicht widersprechen.

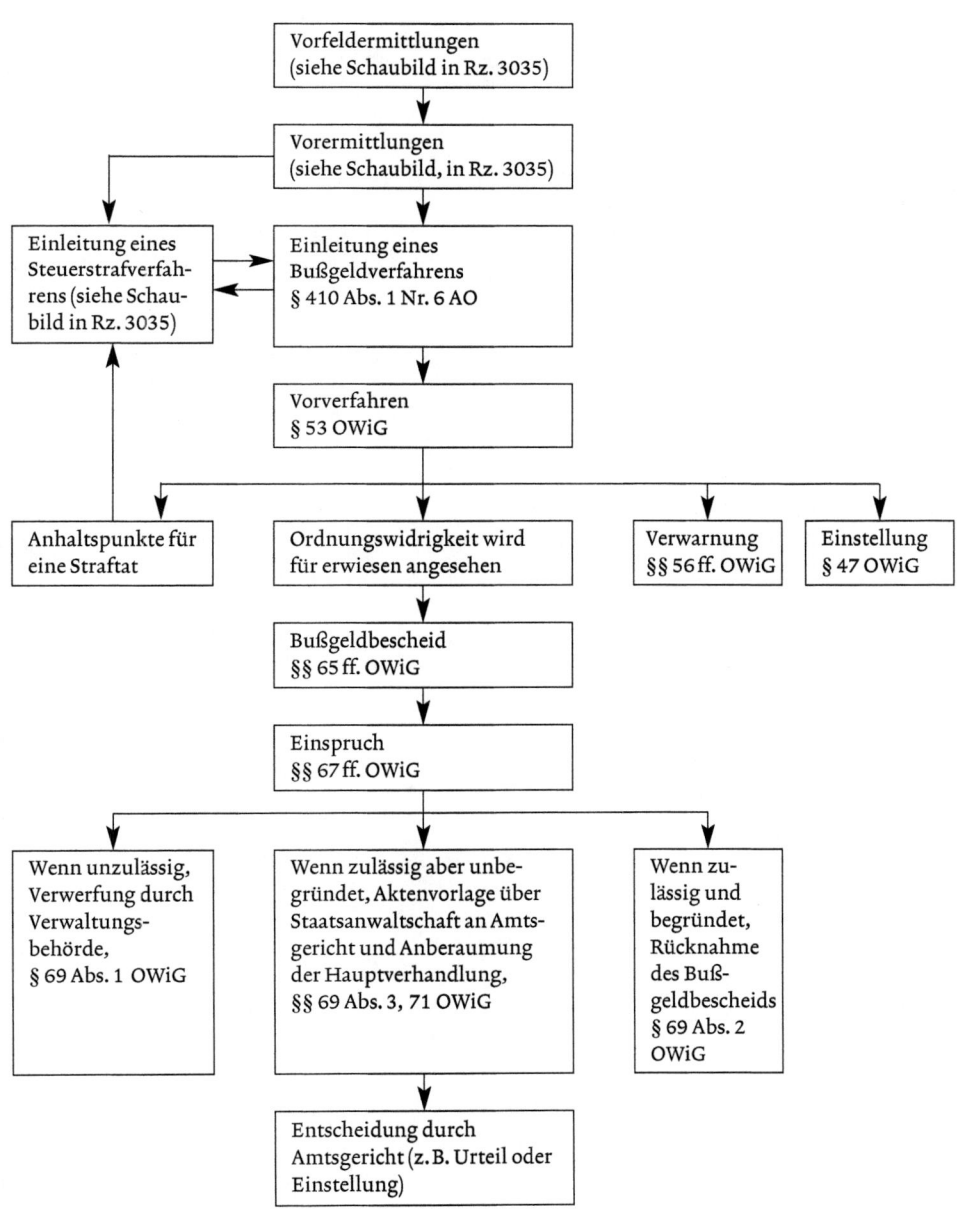

Kommt es zur Hauptverhandlung, darf das Gericht bei der Urteilsfällung von der im Bußgeldbescheid getroffenen Entscheidung auch zum Nachteil des Betroffenen abweichen.

Steuerordnungswidrigkeiten nach den §§ 378 bis 380 AO (leichtfertige Steuerverkürzung, Steuergefährdung und Gefährdung von Abzugsteuern) **verjähren** nach § 384 AO in fünf Jahren, die Gefährdung der Eingangsabgaben (§ 382 AO) und die Verbrauchsteuergefährdung (§ 381 AO) nach § 31 Abs. 2 Nr. 2 OWiG in zwei Jahren, die Ordnungswidrigkeit wegen unzulässigem Erwerb von Steuererstattungsansprüchen (§ 383 AO) nach § 31 Abs. 2 Nr. 1 OWiG in drei Jahren.

**3052–3140
frei**

Kapitel 2
Die Finanzgerichtsordnung

Teil A Die Finanzgerichtsbarkeit

1   Das Wesen der Finanzgerichtsbarkeit

Der Staat hat kraft seiner Finanzhoheit das Recht, in seinem Hoheitsbereich Abgaben zu   **3141**
erheben. Er bestimmt im Rahmen seiner Gesetzgebungshoheit, in welchem Umfang Abgaben
erhoben werden sollen, und vollzieht die zu diesem Zwecke erlassenen Gesetze in Ausübung
seiner Verwaltungshoheit durch die Finanzverwaltungsbehörden. Indes gehört es zu den
wesentlichen **Grundlagen eines Rechtsstaates, dass niemand** den staatlichen Vollzugsorganen
schutzlos ausgeliefert ist, vielmehr jedermann das Recht hat, die gegen ihn gerichteten Akte der
Finanzbehörden **durch unabhängige Gerichte nachprüfen** zu lassen. Für den Geltungsbereich
des Grundgesetzes ist dieses Recht verfassungsmäßig gewährleistet. Nach Art. 19 Abs. 4 GG
steht jedem, der durch die öffentliche Gewalt in seinen Rechten verletzt wird, der Rechtsweg
offen.

Aufgabe der Finanzgerichtsbarkeit ist es, in einem bestimmten Rechtsbereich, insbesondere in Abgabenangelegenheiten, **gerichtlichen Rechtsschutz** zu gewähren. Die Gerichte der
Finanzgerichtsbarkeit, **die Finanzgerichte und der Bundesfinanzhof** (BFH), sind besondere,
aus der allgemeinen Verwaltungsgerichtsbarkeit herausgelöste Verwaltungsgerichte (§ 1 FGO).

Eine Sonderrolle hat zudem das **Bundesverfassungsgericht** (BVerfG, Sitz in Karlsruhe).
Es kontrolliert mit seiner Rechtsprechung das verfassungsmäßige Verhalten aller staatlichen
Gewalten: den Gesetzgeber, die Verwaltung, die Gerichte. Verfassungswidrige Entscheidungen
der Finanzgerichte und des BFH kann es also aufheben. Die bedeutsamsten Verfahren in diesem Zusammenhang sind die Normenkontrolle und die Verfassungsbeschwerde.

Jeder Richter hat das Recht, ein Gesetz, das er konkret anwendet, auf seine Verfassungsmäßigkeit hin zu überprüfen. Hält er es für verfassungswidrig, so ist das Verfahren auszusetzen
und die Entscheidung des Bundesverfassungsgerichts einzuholen (Art. 93, 100 GG, sog. **konkrete Normenkontrolle;** im Gegensatz zur abstrakten Normenkontrolle eines Verfassungsor-
gans).

Das für den Stpfl. bedeutsamste Verfahren vor dem Bundesverfassungsgericht ist die **Verfassungsbeschwerde** (Art. 93 Abs. 1 Nr. 4 Buchst. a GG). Sie kann von jedermann mit der
Behauptung erhoben werden, durch die öffentliche Gewalt (Gesetzgebung, Verwaltung, Rechtsprechung) in seinen Grundrechten etc. verletzt zu sein. Die Beschwerde ist allerdings subsidiär,
der Betroffene muss sich in der Regel zunächst an die allgemeinen Gerichte wenden, also den
Rechtsweg ausschöpfen (§ 90 BVerfGG).

Eine weitere Sonderstellung nimmt der **Europäische Gerichtshof** ein (EuGH, Sitz in
Luxemburg). Er ist gesetzlicher Richter i. S. v. Art. 101 Abs. 1 Satz 2 GG. Seine Aufgabe ist insbesondere, die einheitliche Auslegung des Rechts der EU zu gewährleisten. Der EuGH kann keinem der typischen deutschen Gerichtsarten zugeordnet werden. Er ist Verfassungsgericht, Ver-
waltungsgericht und Zivilgericht in einem, also auch zuständig für das Steuerrecht. Jedes nationale Gericht (also auch das Finanzgericht) kann den EuGH anrufen, sofern es ein nationales
Gesetz für mit dem Gemeinschaftsrecht unvereinbar hält. Ein letztinstanzliches Gericht (u. a.
der BFH) muss diese Rechtsfrage dem EuGH vorlegen (sog. Vorabentscheidung; Art. 267
AEUV; vergleichbar Art. 100 GG). Der Stpfl. kann die Vorlage jedoch nicht erzwingen (evtl.
Verfassungsbeschwerde, weil bei Nichtvorlage der gesetzliche Richter verletzt ist; zum Verhältnis BVerfG, BFH und EuGH vgl. Offerhaus in DStZ 1997, 501).

Eine natürliche oder juristische Person kann den EuGH nur anrufen, soweit sie durch Entscheidungen oder Untätigkeit von Organen der EU (z. B. Europaparlament, Rat der EU oder Kommission) betroffen ist (sog. Nichtigkeitsklage gem. Art. 263 f. AEUV und Untätigkeitsklage gem. Art. 265 AEUV). Daneben kann sie auf Schadensersatz klagen, sofern sie durch einen Rechtsakt oder Untätigkeit eines EU-Organs geschädigt wurde (sog. Amtshaftungsklage, Art. 268, 340 AEUV). Eine Klage beim EuGH gegen Entscheidungen des Finanzamts oder der Finanzgerichte ist dagegen nicht zulässig.

2   Die geschichtliche Entwicklung der Finanzgerichtsbarkeit

3142   Rechtsmittelorgane im Besteuerungsverfahren waren ursprünglich die **Steuerausschüsse** bei den Finanzämtern, die **Finanzgerichte** bei den Landesfinanzämtern und der **Reichsfinanzhof**. Eine volle Unabhängigkeit hatten nur die Richter des Reichsfinanzhofes.

Das **Grundgesetz** für die Bundesrepublik Deutschland vom 23. 05. 1949 brachte eine **grundlegende Neuregelung** der Finanzgerichtsbarkeit. Nach Art. 108 Abs. 6 GG ist die Finanzgerichtsbarkeit durch Bundesgesetz einheitlich zu regeln. So wurde durch Gesetz vom 29. 06. 1950 (BGBl I 1950, 257) der **Bundesfinanzhof** mit dem Sitz in München als oberes Bundesgericht für das Gebiet der Finanzgerichtsbarkeit errichtet. Ferner erging das Gesetz über Maßnahmen auf dem Gebiet der Finanzgerichtsbarkeit vom 22. 10. 1957 (BGBl I 1957, 1746), das einheitlich für das gesamte Bundesgebiet die organisatorische **Unabhängigkeit der Finanzgerichte** und die persönliche **Unabhängigkeit der Finanzrichter sicherstellte**. Dadurch wurden die Finanzgerichte und Finanzrichter aus ihrem gliederungsmäßigen Zusammenhang mit der Finanzverwaltung herausgelöst. Der **Bundesfinanzhof ist** heute ein »**Oberster Gerichtshof**« des Bundes i. S. d. Art. 95 Abs. 1 GG, ebenso wie der Bundesgerichtshof in Karlsruhe (BGH), das Bundesverwaltungsgericht in Leipzig (BVerwG), das Bundesarbeitsgericht in Erfurt (BAG) und das Bundessozialgericht in Kassel (BSG).

3   Die Rechtsgrundlagen für den Finanzprozess

3143   Grundlage für den Finanzprozess ist die **Finanzgerichtsordnung** (FGO). Während die AO den außergerichtlichen Rechtsschutz regelt (§§ 347 ff. AO), garantiert die FGO den gerichtlichen Rechtsschutz vor dem Finanzgericht und dem Bundesfinanzhof (als Revisionsinstanz). Wenn auch viele Vorschriften sich ähneln (z. B. Zulässigkeitsvorschriften wie Form, Frist, Beschwer), so unterscheiden sich beide Gesetze durch ihre Zielrichtung. Das Einspruchsverfahren ist ein verlängertes Veranlagungsverfahren. Im Klageverfahren dagegen haben unabhängige Finanzgerichte dem Steuerbürger Rechtsschutz vor Entscheidungen der Finanzbehörden zu gewähren. Deutlich wird der Unterschied durch das Recht der Finanzbehörde, im Einspruchsverfahren eine verbösernde Entscheidung zu treffen (§ 367 Abs. 2 AO), was ein Gericht naturgemäß nicht darf. Das Finanzgericht darf in der Regel nur angerufen werden, nachdem das außergerichtliche Rechtsbehelfsverfahren erfolglos geblieben ist (§§ 44, 45 FGO), der Bundesfinanzhof dagegen nur, wenn das Finanzgericht die Revision zugelassen (§ 115 FGO) oder der Kläger diese mit einer Nichtzulassungsbeschwerde erstritten hat (§ 116 FGO).

Die gedankliche Nähe zur Abgabenordnung war auch ein Grund, warum der Gesetzgeber den Rechtsschutz in Steuersachen nicht in der für das allgemeine Verwaltungsrecht geltenden VwGO geregelt hat, sondern in der FGO als Spezialnorm. Allerdings erklärt die FGO einige

Vorschriften anderer Gesetze für anwendbar wie das Gerichtsverfassungsgesetz (GVG), die Zivilprozessordnung (ZPO), das Gerichtskostengesetz (GKG) und das Deutsche Richtergesetz (DRiG).

Darüber hinaus haben die Länder in Gesetzen zur Ausführung der Finanzgerichtsordnung (AG FGO) landesrechtliche Bestimmungen getroffen, z. B. über den Sitz der Finanzgerichte und deren örtliche Zuständigkeit.

4 Der Finanzrechtsweg

4.1 Der Rechtsweg im Allgemeinen

Nach Art. 19 Abs. 4 GG steht jemandem, der durch die öffentliche Gewalt in seinen Rechten verletzt wird, der **Rechtsweg** offen. Das bedeutet, dass der Betroffene die Gerichte anrufen darf. Soweit eine andere Zuständigkeit nicht begründet ist, ist der ordentliche Rechtsweg, d. h. der Weg zu den ordentlichen Gerichten – Amtsgerichten, Landgerichten, Oberlandesgerichten und dem Bundesgerichtshof – gegeben (Art. 19 Abs. 4 Satz 2 GG). Für bestimmte Streitigkeiten sind jedoch besondere Rechtswege vorgesehen. Diese führen je nachdem zu den Arbeitsgerichten, den allgemeinen Verwaltungsgerichten, den Finanzgerichten, den Sozialgerichten (Art. 95 Abs. 1 GG) oder den Gerichten der Dienststraf- und Dienstgerichtsbarkeit (Art. 96a Abs. 4 GG). Schließlich sind bestimmte Entscheidungen dem Bundesverfassungsgericht vorbehalten (Art. 93 GG).

Die Anrufung eines deutschen Gerichts setzt voraus, dass es sich um eine der **deutschen Gerichtsbarkeit** unterliegende Sache handelt. Dies ist dann zu verneinen, wenn kein inländischer Gerichtsstand im Sinne der §§ 38, 39 FGO besteht. Ferner unterliegen die sog. Exterritorialen (§§ 18 ff. GVG) nicht der deutschen Gerichtsbarkeit.

3144

4.2 Der ordentliche Rechtsweg und der Verwaltungsrechtsweg

Dem ordentlichen Rechtsweg sind durch Generalklausel alle **bürgerlich-rechtlichen Rechtsstreitigkeiten und Strafsachen** zugewiesen, für die nicht entweder die Zuständigkeit von Verwaltungsbehörden oder Verwaltungsgerichten begründet ist oder aufgrund von Vorschriften des Bundesrechts besondere Gerichte bestellt oder zugelassen sind (§ 13 GVG). Demgegenüber ist der Weg zu den Gerichten der allgemeinen Verwaltungsgerichtsbarkeit (Verwaltungsgerichten, Oberverwaltungsgerichten, Bundesverwaltungsgericht) in allen **öffentlich-rechtlichen Streitigkeiten** nichtverfassungsrechtlicher Art gegeben, soweit diese Streitigkeiten nicht durch Bundesgesetz einem anderen Gericht ausdrücklich zugewiesen sind (§ 40 Abs. 1 Satz 1 VwGO). Eine derartige Vorschrift ist § 33 FGO, der Streitigkeiten auf dem Gebiet der Abgabenordnung den Gerichten der Finanzgerichtsbarkeit zuweist (vgl. § 347 AO).

3145

4.3 Zulässigkeit des Finanzrechtsweges

§ 33 Abs. 1 FGO regelt, für welche öffentlich- rechtlichen Streitigkeiten der **Finanzrechtsweg** eröffnet ist. Öffentlich-rechtlich ist eine Streitigkeit, wenn sie sich auf Rechtsnormen bezieht, die ausschließlich einen Träger hoheitlicher Gewalt berechtigen oder verpflichten (zum Theorienstreit vgl. Tipke/Kruse, § 33 FGO, Rz. 5). So ist z. B. der Streit über einen Antrag der Finanzbehörde an das Insolvenzgericht, das Insolvenzverfahren über das Vermögen eines Voll-

3145a

streckungsschuldners zu eröffnen, als öffentlich-rechtlich zu beurteilen, da sich die Behörde auf §§ 249 f., 251 Abs. 2 AO stützt; hierfür ist der Finanzrechtsweg gegeben (FG Münster vom 15. 03. 2000 EFG 2000, 634).

3145b   § 33 Abs. 2 FGO enthält eine **Legaldefinition** des Begriffs Abgabenangelegenheiten. Sie erfasst im Wesentlichen die Steuern sowie die Steuervergütungen (§ 155 Abs. 4 AO, z. B. Kindergeld gem. §§ 62 ff EStG oder Investitionszulage nach dem InvZulG) und die Ein-/Ausfuhrabgaben nach dem ZK. Beiträge, Gebühren und Sonderabgaben gehören dazu, sofern sie von den Finanzbehörden verwaltet werden.

Nach **§ 33 Abs. 1 Nr. 1 FGO** ist der Finanzrechtsweg nur für diejenigen Abgaben gegeben, die der **Gesetzgebungskompetenz des Bundes** (Art. 105 GG, vgl. Rz. 29) unterliegen, auf die Ertragshoheit kommt es nicht an. Die landesgesetzlich geregelten Steuern (Art. 105 Abs. 2 a GG, z. B. Hundesteuer) fallen daher nicht unter § 33 FGO. Zu beachten ist jedoch, dass die Länder den Finanzrechtsweg eröffnen können (falls nicht, gilt der allgemeine Verwaltungsrechtsweg gem. § 40 Abs. 1 VwGO). Ferner muss die Abgabe durch Bundes- oder Landesfinanzbehörden verwaltet werden (Art. 108 GG, Rz. 35). Aus diesem Grunde ergeben sich bei Klagen gegen die Gewerbesteuer (auch Grundsteuer) unterschiedliche Rechtswege.

3145c   Den Gewerbesteuermessbescheid erteilt die Finanzbehörde (§ 184 FGO), für die Klagen dagegen ist also der Finanzrechtsweg gegeben. Den Gewerbesteuerbescheid erlässt die Gemeinde, Klagen sind also auf dem allgemeinen Verwaltungsrechtsweg zu erheben. Die Familienkassen zählen zu den Bundesfinanzbehörden (§ 5 Nr. 11 FVG), soweit sie den Familienlastenausgleich durchführen (§§ 31, 62 ff. EStG).

3145d   **§ 33 Abs. 1 Nr. 2 FGO** regelt die Vollziehung von Verwaltungsakten in anderen als den von Nummer 1 bezeichneten Angelegenheiten. Es handelt sich um Fälle, in denen die Finanzbehörde anderen Behörden **Vollziehungshilfe** aufgrund anderer Gesetze oder **Vollstreckungshilfe** gewährt. Voraussetzung ist, dass ein Verwaltungsakt nach den Vorschriften der AO (§§ 249 ff. AO) vollzogen werden soll. Zu denken ist an die Vollziehung von Gemeindeabgaben, von Beiträgen der berufsständischen Körperschaften (z. B. Handwerkskammer), die Vollstreckung von Geldforderungen des Bundes sowie der bundesunmittelbaren Körperschaften (§§ 1 Abs. 1, 5 Abs. 1 VwVG) oder die Vollstreckung ausländischer Steuern im Wege der Amtshilfe (§ 117 Abs. 2 AO). Zu beachten ist, dass der Finanzrechtsweg nur für die Vollziehungsmaßnahmen als solche eröffnet ist, nicht bei Einwendungen gegen die Rechtmäßigkeit des zu vollziehenden Verwaltungsaktes. Hier gilt der jeweils dafür vorgesehene Rechtsweg.

3145e   Nach **§ 33 Abs. 1 Nr. 3 FGO** ist der Finanzrechtsweg für abschließend aufgezählte berufsrechtliche Streitigkeiten der **steuerberatenden Berufe** gegeben, die Finanzgerichte sind also nicht in allen berufsrechtlichen Fällen zuständig. Das Finanzgericht kann z. B. angerufen werden in Streitigkeiten über die Hilfeleistung in Steuersachen, über die Voraussetzungen der Berufsausübung wie die Zulassung zur Steuerberaterprüfung, deren Bestehen oder die Zulassung zum Steuerberater.

Streitigkeiten wegen Honorar- oder Schadensersatzforderungen gehören zum Privatrecht (i. d. R. entgeltlicher Geschäftsbesorgungsvertrag gem. § 675 BGB) und sind daher von den Zivilgerichten zu verfolgen, Streitigkeiten zwischen Steuerberater und Steuerberaterkammer sind öffentlich-rechtlicher Natur und vor den allgemeinen Verwaltungsgerichten auszutragen, für disziplinarische Ahndungen von Berufspflichten ist ein Berufsgericht (Kammer für Steuerberater beim Landgericht, § 95 StBerG) zuständig.

3145f   **§ 33 Abs. 1 Nr. 4 FGO** trägt dem Umstand Rechnung, dass auch durch **andere gesetzliche Bestimmungen** der Finanzrechtsweg eröffnet sein kann. So ist z. B. nach § 11 ZerlG (**Bundesgesetz**) der Finanzrechtsweg für Streitigkeiten über die Zerlegung von KSt, LSt und Zinsabschlag gegeben. Durch **Landesgesetze** wird häufig (vgl. AG FGO der Länder) der Finanzrechtsweg eröffnet für Steuern, die der Landesgesetzgebung unterliegen (Art. 105 Abs. 2 a GG) und durch die Landesfinanzbehörden verwaltet werden. Für die Abgaben, die von den Kreisen oder Gemeinden verwaltet werden (kommunale Abgaben), wie z. B. die Hundesteuer oder Getränkesteuer, gilt in der Regel der allgemeine Verwaltungsrechtsweg, da die Länder in ihren **Kommunalabgabegesetzen** (KAG) einen Verweis auf den Finanzrechtsweg nicht vorgesehen haben, mit Ausnahme der Stadtstaaten Berlin, Bremen, Hamburg. Die **Kirchensteuer** ist auch eine Landessteuer (Gesetzgebungskompetenz der Länder, vgl. Rz. 29), für sie gilt also der allgemeine Verwaltungsrechtsweg. In einigen Ländern (vgl. Aufstellung in Tipke/Kruse, § 33 FGO, Rz. 87) weisen die Kirchensteuergesetze jedoch Streitigkeiten über die Kirchensteuer dem Finanzrechtsweg zu.

Nach **§ 33 Abs. 3 FGO** gilt der Finanzrechtsweg nicht für das **Straf- und Bußgeldverfahren**; der Gesetzgeber hat damit die Strafkompetenz den ordentlichen Gerichten zugewiesen. Dies gilt für alle strafprozessualen Maßnahmen nach der AO und StPO. Bei Maßnahmen der Steuerfahndung kommt es darauf an, ob sie im Strafverfahren (§ 208 Abs. 1 Satz 1 Nr. 1 AO) oder im Besteuerungsverfahren (§ 208 Abs. 1 Satz 1 Nr. 3 AO) tätig geworden ist (dann doch der Finanzrechtsweg). Ist nicht eindeutig erkennbar, in welcher Funktion und in welchem Verfahren die Steuerfahndung agiert hat (§ 208 Abs. 1 Satz 1 Nr. 2 AO), spricht eine Vermutung dafür, dass die Steuerfahndung als Strafverfolgungsbehörde gehandelt hat, wenn das Strafverfahren gem. § 397 AO eingeleitet worden ist (BFH vom 26. 02. 2004 BStBl II 2004, 458). **3145g**

Nach Abschluss der Straf- oder Ordnungswidrigkeitsverfahrens ist wieder die Zuständigkeit des Finanzrechtswegs eröffnet, wenn erneut oder erst jetzt eine abgabenrechtliche Streitigkeit aufgeworfen wird, z. B. für Ermittlungen der Besteuerungsgrundlagen durch die Steuerfahndung im Zusammenhang mit der Erforschung von Steuerstraftaten nach Eintritt der Strafverfolgungsverjährung (BFH vom 26. 02. 2004, a. a. O.).

4.4   Verfahren bei der Entscheidung über den Rechtsweg

Es liegt in der Natur der Sache, dass die Auffassungen darüber, welcher Rechtsweg im einzelnen Fall gegeben ist, auseinandergehen können. Um zwischen den Gerichten der verschiedenen Rechtswege **Kompetenzkonflikte** zu vermeiden, ordnet das Gesetz in § 17a GVG i. V. m. § 155 FGO eine **Bindung** an die rechtskräftige Entscheidung desjenigen Gerichts an, das über die Zulässigkeit des zu ihm beschrittenen Rechtsweges befunden hat. **3146**

> **BEISPIEL**
>
> Ein Stpfl. klagt vor dem Verwaltungsgericht.
> **LÖSUNG** Hält das Gericht den zu ihm beschrittenen Rechtsweg für zulässig, wird es in der Sache entscheiden. Diese Rechtshängigkeit löst eine Sperrwirkung aus. Eine erneute Klage in derselben Sache vor dem Finanzgericht wäre unzulässig (vgl. § 155 FGO i. V. m. § 17 Abs. 1 Satz 2 GVG Rz. 3206).
> Hält das Verwaltungsgericht dagegen den beschrittenen Rechtsweg für unzulässig und verweist den Rechtsstreit an das Finanzgericht, ist dieses an die Verweisung gebunden. Die Bindung erstreckt sich jedoch nicht auf andere Zulässigkeitsvoraussetzungen.

5   Die Gerichte

5.1   Aufbau der Gerichte

3147   Die Gerichte der Finanzgerichtsbarkeit sind in den Ländern die Finanzgerichte als obere Landesgerichte und im Bund der Bundesfinanzhof mit dem Sitz in München (§ 2 FGO). Die Finanzgerichtsbarkeit ist mithin zweistufig aufgebaut.

a) Aufbau der Finanzgerichte

Die Finanzgerichte sind durch ihre Gestaltung als obere Landesgerichte mit Senatsverfassung den Oberlandesgerichten, Oberverwaltungsgerichten, Landesarbeitsgerichten und Landessozialgerichten gleichgestellt. Sie bestehen aus dem Präsidenten, den Vorsitzenden Richtern und weiteren Richtern in erforderlicher Anzahl (§ 5 Abs. 1 FGO).

b) Aufbau des Bundesfinanzhofes

3148   Der Bundesfinanzhof ist ein **Oberster Gerichtshof des Bundes** (Art. 95 Abs. 1 GG). Er besteht aus dem Präsidenten, den Vorsitzenden Richtern und weiteren Richtern (Bundesrichtern; vgl. Art. 98 GG) in erforderlicher Anzahl (§ 10 Abs. 1 FGO).

Über die Berufung der Bundesrichter entscheidet der Bundesjustizminister gemeinsam mit einem Richterwahlausschuss, der aus den Länder-Fachministern und einer Anzahl von Mitgliedern besteht, die vom Bundestag gewählt wurden.

5.2   Die Besetzung der Spruchkörper

3149   Die Gerichte der Finanzgerichtsbarkeit sind in der Regel Kollegialgerichte. Ihre Spruchkörper sind Senate. In einfach gelagerten Fällen kann jedoch der Senat die Entscheidung einem seiner Mitglieder als Einzelrichter übertragen (§ 6 FGO).

a) Senate der Finanzgerichte

Die Senate der Finanzgerichte entscheiden, wenn sie ein Urteil oder einen Beschluss aufgrund mündlicher Verhandlung erlassen, in der Besetzung mit drei Richtern und zwei ehrenamtlichen Finanzrichtern (§ 5 Abs. 3 FGO). Hingegen wirken bei Beschlüssen außerhalb der mündlichen Verhandlung und bei Gerichtsbescheiden (§ 90 a FGO) die ehrenamtlichen Finanzrichter nicht mit.

Für das Verfahren bei der Beratung und Abstimmung gelten die §§ 192 bis 197 GVG sinngemäß (§ 52 Abs. 1 FGO). Das Gericht entscheidet mit der absoluten Mehrheit der Stimmen (§ 196 Abs. 1 GVG). Die Reihenfolge der Stimmabgabe ist in § 197 GVG im Einzelnen geregelt.

b) Der Einzelrichter beim Finanzgericht (§ 6 FGO)

3150   Der Senat kann einen Rechtsstreit einem seiner Mitglieder als Einzelrichter übertragen, wenn die Sache keine besonderen Schwierigkeiten tatsächlicher oder rechtlicher Art aufweist und die Rechtssache keine grundsätzliche Bedeutung hat (§ 6 Abs. 1 FGO). Die Voraussetzungen für die Übertragung müssen kumulativ (»und«) vorliegen. Gedacht ist vornehmlich an Rechtsstreitigkeiten, die im Tatsächlichen leicht zu erfassen sind, deren rechtliche Würdigung keine nennenswerte Schwierigkeit bereitet (d. h. es ist zu erwarten, dass alle Berufsrichter zum selben Ergebnis kommen) und die Entscheidung keine Breitenwirkung entfaltet, weil sie entweder einen Sonderfall betrifft oder aber Rechtsfragen, die bereits geklärt sind (z. B. Anzug des Bankangestellten als Werbungskosten).

Die Entscheidung der Einzelrichterübertragung liegt im Ermessen (»kann«) des Senats, sie wird durch Beschluss (der drei Berufsrichter) getroffen. Der Übertragungsbeschluss braucht nicht begründet zu sein, er ist unanfechtbar (§ 6 Abs. 4 FGO). Dies gilt auch dann, wenn einer der Beteiligten sich zuvor gegen eine Übertragung auf den Einzelrichter ausgesprochen hat (BFH vom 20. 02. 2001 BStBl II 2001, 415). Der Beschluss ist den Beteiligten nicht zuzustellen (§ 53 FGO), jedoch formlos mitzuteilen (§ 155 FGO i. V. m. § 329 Abs. 2 Satz 1 ZPO), damit er wirksam wird. Die Übertragung darf dann nicht erfolgen, wenn der Senat bereits mündlich verhandelt hat (§ 6 Abs. 2 FGO). Mit der Übertragung tritt der Einzelrichter an die Stelle des Senats, er ist gesetzlicher Richter und damit erkennendes Gericht. Sein Urteil ist mit denselben Rechtsmitteln anfechtbar wie die Urteile des Senats. Entscheidet er durch Gerichtsbescheid (§ 90 a FGO, Rz. 3282), sind die nach § 90 a Abs. 2 FGO statthaften Rechtsbehelfe gegeben. Wird Antrag auf mündliche Verhandlung gestellt, bleibt er auch dafür zuständig.

Nach Anhörung der Beteiligten kann jedoch der Einzelrichter den Rechtsstreit auf den Senat zurückübertragen, wenn er feststellt, dass sich die Prozesslage geändert hat und die Voraussetzungen für die Übertragung nicht mehr vorliegen, z. B. bei einer Klageänderung oder einem gänzlich neuen Sach- oder Rechtsvortrag. Auch der Rückübertragungsbeschluss ist unanfechtbar (§ 6 Abs. 4 FGO). Allein die Erkenntnis, dass die Übertragung fehlerhaft gewesen ist, erlaubt nicht die Rückübertragung. Überträgt der Einzelrichter den Rechtsstreit auf den Senat zurück, bleiben die zwischenzeitlich durch ihn getroffenen Entscheidungen unberührt. Bei bereits durchgeführten Beweisaufnahmen können sich indes Schwierigkeiten ergeben, weil der Grundsatz der Unmittelbarkeit der Beweisaufnahme (§ 81 FGO) verletzt sein könnte (vgl. K/vW, § 6 FGO, Rz. 12).

Von der Einzelrichterübertragung machen die Senate der Finanzgerichte sehr unterschiedlich Gebrauch. Dies hängt auch damit zusammen, dass es noch weitere Möglichkeiten gibt, nur einen Richter (Vorsitzender oder Berichterstatter, § 79 a Abs. 4 FGO) entscheiden zu lassen, wie **3151**

- die Entscheidung im vorbereitenden Verfahren (z. B. über die Aussetzung und das Ruhen des Verfahrens) gem. § 79 a Abs. 1 FGO – sogenannter vorbereitender Einzelrichter;
- die Entscheidung ohne mündliche Verhandlung durch Gerichtsbescheid gem. § 79 a Abs. 2 FGO – sogenannter nicht mündlicher Einzelrichter. Gedacht ist an einfach gelagerte Fälle, insbesondere im verfahrensrechtlichen Bereich, z. B. Vollmacht liegt nicht vor, Ausschlussfrist wurde versäumt etc. Gegen den Gerichtsbescheid ist ausschließlich der Antrag auf mündliche Verhandlung gegeben (BFH vom 29. 01. 1999 BStBl II 1999, 302);
- die Entscheidung mit Einverständnis der Beteiligten gem. § 79 a Abs. 3 FGO – sogenannter erwünschter Einzelrichter. Es kann dann durch Urteil (§ 95 FGO) oder Gerichtsbescheid (§ 90 a FGO) entschieden werden. Es ist aber denkbar, dass die Beteiligten ihr Einverständnis nur geben, wenn der Einzelrichter mit Gerichtsbescheid entscheidet.

Die Regelungen in § 79 a Abs. 2 und 3 FGO sind ebenfalls Ermessensvorschriften für das Gericht.

Die Vielfalt der Möglichkeiten des Gerichts erschwert naturgemäß den Beteiligten den Überblick, in welcher Eigenschaft nunmehr der Einzelrichter tätig wird. Die Rechtsklarheit wird dadurch sicherlich nicht gefördert. Schließlich ist zu bedenken, dass es noch weitere Fälle gibt, in denen nur ein Richter tätig wird, der allerdings keine Entscheidung in der Sache treffen darf. Hier sind zu nennen **3152**

- der Richter, der die mündliche Verhandlung vorzubereiten hat (§ 79 FGO). Er kann vorbereitende Anordnungen treffen (z. B. die Beteiligten laden), die nicht anfechtbar sind (§ 128 Abs. 2 FGO);
- der Richter, der vom Senat beauftragt wurde (§ 81 FGO), schon vor der mündlichen Verhandlung Beweis zu erheben. Gegen die Entscheidung des beauftragten Richters ist die Erinnerung an das Gericht gegeben (§ 133 FGO);
- der ersuchte Richter, der von einem anderen Gericht als dem, dessen Spruchkörper er angehört, um die Durchführung der Beweisaufnahme ersucht wird, was insbesondere wegen seiner Nähe zum Beweisgegenstand in Betracht kommt (§ 81 FGO). Gegen die Entscheidung des ersuchten Richters kann das ersuchende Gericht angerufen werden (§ 133 FGO).

c) Senate des Bundesfinanzhofes

3153   Die Senate des Bundesfinanzhofes entscheiden in der Besetzung von fünf, bei Beschlüssen außerhalb der mündlichen Verhandlung in der Besetzung von drei Richtern (§ 10 Abs. 3 FGO).

Beim Bundesfinanzhof wird neben den einzelnen Senaten ein **großer Senat** gebildet (§ 11 FGO). Seine Aufgabe ist es, die Einheitlichkeit der höchstrichterlichen Rechtsprechung zu gewährleisten. Der große Senat besteht aus dem Präsidenten und je einem Richter der Senate.

Der große Senat entscheidet einmal dann, wenn ein Senat des Bundesfinanzhofes von der Entscheidung eines anderen Senates oder des großen Senates abweichen will (§ 11 Abs. 3 FGO; Divergenzanrufung). In diesem Fall ist die Anrufung des großen Senates zwingend. Der große Senat braucht jedoch nicht angerufen zu werden, wenn der Senat, von dessen Entscheidung abgewichen werden soll, der Abweichung zustimmt.

3154   Zum anderen ist der große Senat auch ganz allgemein zur Entscheidung grundsätzlicher Rechtsfragen berufen. In einer grundsätzlichen Rechtsfrage kann jeder Senat die Entscheidung des großen Senates herbeiführen, wenn nach seiner Auffassung die Fortbildung des Rechts oder die Sicherung einer einheitlichen Rechtsprechung es erfordern (§ 11 Abs. 4 FGO; Grundsatzanrufung). Ob eine Rechtsfrage grundsätzlich und ob sie entscheidungserheblich ist, ist weitgehend vom anrufenden Senat selbst zu bestimmen.

Der große Senat entscheidet nur über Rechtsfragen. Die abschließende Entscheidung des Streitfalles bleibt dagegen dem anrufenden Senat vorbehalten, der jedoch an die Rechtsfragenentscheidung des großen Senates gebunden ist.

3155   Zur Wahrung der Einheitlichkeit der Rechtsprechung entscheidet bei Divergenz zwischen den obersten Gerichtshöfen des Bundes ein **gemeinsamer Senat** dieser Gerichte (vgl. Art. 95 Abs. 3 GG).

5.3   Geschäftsverteilung

3156   Bei jedem Gericht bedarf es einer Regelung, wer den Vorsitz in den Spruchkörpern führt, **welche Aufgaben** den Spruchkörpern zuzuweisen sind und welche Richter im Regel- und im Verhinderungsfall bei der Entscheidung mitwirken. Diese Regelung ist Sache der **Geschäftsverteilung** (§ 21 a–i GVG).

Über die wesentlichen Fragen der Geschäftsverteilung entscheidet ein **Präsidium**, welches bei jedem Gericht aus den Richtern gebildet wird. Das Präsidium des Finanzgerichts hat außerdem die Aufgabe, vor Beginn des Geschäftsjahres durch Aufstellung einer Liste die Reihenfolge zu bestimmen, in der die ehrenamtlichen Finanzrichter heranzuziehen sind (§ 27 FGO). Innerhalb der Senate werden die Geschäfte durch Beschluss aller dem Spruchkörper angehörenden Berufsrichter auf die Mitglieder verteilt (§ 21 g Abs. 1 GVG).

Der Geschäftsverteilung des Gerichts kommt im Hinblick auf Art. 101 Abs. 1 Satz 2 GG besondere Bedeutung zu. Nach dieser Vorschrift darf **niemand seinem gesetzlichen Richter entzogen** werden. Das Bundesverfassungsgericht schließt hieraus, dass sich der gesetzliche Richter im Einzelfall eindeutig und im Voraus aus einer allgemeinen Norm ergeben muss. Durch Art. 101 Abs. 1 Satz 2 GG soll der Gefahr vorgebeugt werden, dass die Justiz durch eine Manipulation der rechtsprechenden Organe sachfremden Einflüssen ausgesetzt wird, insbesondere dass im Einzelfall durch die Auswahl der zur Entscheidung berufenen Richter das Ergebnis der Entscheidung beeinflusst wird – gleichgültig, von welcher Seite die Manipulation ausgeht. Hieraus folgt, dass die Regelungen, die der Bestimmung des gesetzlichen Richters dienen, **von vornherein so eindeutig** wie möglich **festlegen** müssen, welches Gericht, welcher Spruchkörper und welche Richter zur Entscheidung im Einzelfall berufen sind.

5.4 Richter

a) Der Berufsrichter

Die Rechtsstellung der beim Bundesfinanzhof und bei den Finanzgerichten tätigen Berufs-   **3157**
richter ergibt sich im Wesentlichen aus dem deutschen Richtergesetz. Die Berufsrichter müssen die **Befähigung zum Richteramt** haben (§ 9 Ziff. 3 DRiG), die durch das Bestehen zweier Prüfungen erworben wird (§ 5 DRiG). Ein Mindestalter ist innerhalb der Finanzgerichtsbarkeit nur für die Richter des Bundesfinanzhofs vorgeschrieben. Sie müssen das 35. Lebensjahr vollendet haben. Die Berufsrichter sind **unabhängig und nur dem Gesetz unterworfen** (§ 25 DRiG).

Die **Rechtsstellung** der Berufsrichter ist je nachdem verschieden, ob sie auf Lebenszeit, auf Probe oder kraft Auftrags bestellt sind. Grundsätzlich werden die Richter der Finanzgerichtsbarkeit auf Lebenszeit ernannt (§ 14 Abs. 1 FGO). Bei den Finanzgerichten – nicht dagegen beim Bundesfinanzhof – können jedoch auch Richter auf Probe und kraft Auftrags Verwendung finden (§ 15 FGO).

Richter auf Lebenszeit kann nur werden, wer nach Erwerb der Befähigung zum Richter-   **3158**
amt mindestens 3 Jahre im richterlichen Dienst tätig gewesen ist, wobei jedoch bestimmte Tätigkeiten – etwa in der Verwaltung oder als Hochschullehrer oder Notar – angerechnet werden können (§ 10 DRiG). Die auf Lebenszeit angestellten Richter sind grundsätzlich unabsetzbar. Sie können gegen ihren Willen nur kraft richterlicher Entscheidung und nur aus Gründen und unter Formen, die die Gesetze bestimmen, vor Ablauf ihrer Amtszeit entlassen, dauernd oder zeitweise ihres Amtes enthoben, in ein anderes Amt oder in den Ruhestand versetzt werden (Art. 97 Abs. 2 Satz 1 GG, §§ 30 ff. DRiG). **Richter auf Probe** ist, wer ohne Beamter zu sein, später als Richter auf Lebenszeit verwendet werden soll (§ 12 Abs. 1 DRiG). **Richter kraft Auftrags** sind richterlich tätige Beamte (z. B. Regierungsräte), die später zu Richtern auf Lebenszeit ernannt werden sollen (§ 14 Abs. 1 DRiG).

Richter auf Probe und kraft Auftrags haben im Wesentlichen dieselben **Befugnisse** wie die Richter auf Lebenszeit. Sie dürfen indes in Kollegialgerichten nicht den Vorsitz führen (§ 28 Abs. 2 Satz 2 DRiG). Bei einer gerichtlichen Entscheidung darf nicht mehr als ein Richter kraft Auftrags oder auf Probe mitwirken (§ 29 DRiG).

Der **Vorsitzende** des Senats hat neben der Aufteilung der Geschäfte auf die einzelnen   **3159**
Richter noch eine **Reihe anderer Aufgaben**. Er hat z. B.
a) erforderlichenfalls Termin zur mündlichen Verhandlung zu bestimmen (§ 155 FGO i. V. m. § 216 ZPO),
b) darauf hinzuweisen, dass Formfehler beseitigt, sachdienliche Anträge gestellt, unklare Anträge erläutert, ungenügende tatsächliche Angaben ergänzt und alle für die Feststellung

und Beurteilung des Sachverhalts wesentlichen Erklärungen abgegeben werden (§ 76 Abs. 2 FGO),

c)   vor der mündlichen Verhandlung alle Anordnungen zu treffen, die notwendig sind, um den Rechtsstreit möglichst in einer Verhandlung zu erledigen (§ 79 FGO),

d)   die mündliche Verhandlung zu eröffnen und zu leiten (§ 92 Abs. 1 FGO),

e)   die Streitsache mit den Beteiligten tatsächlich und rechtlich zu erörtern (§ 93 Abs. 2 FGO).

3160   **Dem Einfluss** des **Vorsitzenden auf die Rechtsprechung** des von ihm geleiteten Spruchkörpers kommt besonderes Gewicht zu, auch wenn seine Stimme bei der Abstimmung nicht mehr zählt als die der übrigen Senatsmitglieder (vgl. § 52 FGO i. V. m. § 197 GVG). Der Vorsitzende muss stets einen ausreichenden Überblick über die anhängig werdenden Sachen behalten und nach seiner allgemeinen Arbeitsbelastung in der Lage sein, den Vorsitz in einem Umfang zu führen, der ihm einen richtungsgebenden Einfluss auf die Rechtsprechung des Senats sichert.

b) Der ehrenamtliche Finanzrichter

3161   In den Senaten der Finanzgerichte wirken neben den Berufsrichtern auch ehrenamtliche Finanzrichter mit (§ 5 Abs. 3 FGO). Sie sind in gleichem Maße wie Berufsrichter **unabhängig** (§ 45 Abs. 1 Satz 1 DRiG) und haben bei der mündlichen Verhandlung und der Urteilsfindung die gleichen Rechte wie die Berufsrichter (§ 16 FGO). Die ehrenamtlichen Finanzrichter sind an das Beratungsgeheimnis gebunden (§ 45 Abs. 3 FGO i. V. m. § 43 DRiG). Das Verfahren ihrer Mitwirkung bei der Abstimmung ergibt sich aus § 52 FGO i. V. m. § 197 GVG.

Die FGO regelt im Einzelnen die **Voraussetzungen** für die Berufung zum ehrenamtlichen Finanzrichter (§ 17 FGO), die Ausschlussgründe (§§ 18, 19 FGO), das Ablehnungsrecht (§ 20 FGO) und die Entbindung vom Amt (§ 21 FGO). Angehörige rechts- und steuerberatender Berufe dürfen ebenso wenig ehrenamtliche Finanzrichter sein wie Beamte und Angestellte der Steuerverwaltung (§ 19 FGO).

Die ehrenamtlichen Finanzrichter werden auf vier Jahre durch einen **Wahlausschuss** nach einer Vorschlagsliste gewählt (§ 22 FGO). Sie haben Anspruch auf Entschädigung (§ 29 FGO).

3162 frei

5.5   Urkundsbeamte der Geschäftsstelle

3163   Bei jedem Gericht wird eine Geschäftsstelle eingerichtet, die mit der erforderlichen Zahl von Urkundsbeamten zu besetzen ist (§ 12 FGO). Aufgabe des Urkundsbeamten ist die **Erledigung der nichtrichterlichen Geschäfte.** Der Urkundsbeamte ist Urkundsperson, Bürobeamter und Kostenbeamter. Als Urkundsperson obliegt ihm die **Beurkundung von Erklärungen** der Beteiligten, ferner hat er das Protokoll zu führen. Als Bürobeamter besorgt der Urkundsbeamte die **Führung der Akten** und Register und die Vornahme von **Zustellungen und Ladungen.** Als Kostenbeamter setzt der Urkundsbeamte die Gebühren und Auslagen des Gerichts und – auf Antrag – die den Beteiligten zu erstattenden Aufwendungen (§ 149 Satz 1 FGO) fest, des gleichen die Entschädigung für Zeugen und Sachverständige.

Urkundsbeamte der Geschäftsstelle sind in der Regel **Beamte des mittleren Dienstes, teilweise auch ein Justiz- oder Verwaltungsfachangestellter.** Der Urkundsbeamte erledigt die ihm übertragenen Aufgaben **selbstständig und in eigener Verantwortung.** Auf ihn finden die Vorschriften über die Ausschließung und Ablehnung von Gerichtspersonen (§ 51 FGO i. V. m. §§ 41 bis 49 ZPO) entsprechende Anwendung. Soweit der Urkundsbeamte eine selbstständige Entscheidung trifft, kann dagegen binnen zwei Wochen nach der Bekanntgabe die **Entscheidung des Gerichts** beantragt werden (§§ 133, 148 FGO).

5.6   Ausschließung und Ablehnung von Gerichtspersonen

Wer eine richterliche oder richterähnliche Entscheidung trifft (Berufsrichter, ehrenamtli- **3164**
che Finanzrichter und Urkundsbeamte), soll dies unbefangen, unbeeinflusst von persönlichen
Interessen und **ausschließlich nach objektiven Erwägungen** tun. Um dies für den Finanzprozess zu gewährleisten, ist in § 51 FGO bestimmt, nach welchen Voraussetzungen »Gerichtspersonen« von ihrer Tätigkeit kraft Gesetzes ausgeschlossen sind oder von den Beteiligten abgelehnt werden dürfen (ähnlich §§ 82 ff. AO, Rz. 985). § 51 FGO hat verfassungsrechtliche Dimen-
sionen. Das Recht auf den gesetzlichen Richter (Art. 101 GG) verpflichtet den Gesetzgeber und
die Gerichte dafür zu sorgen, dass parteiliche Richter ihr Amt nicht ausüben dürfen und befan-
gene Richter abgelehnt werden dürfen (BVerfG vom 23. 09. 1997 NJW 1998, 369). Ein solcher
Richter ist nicht unabhängig i. S. von Art. 97 Abs. 1 GG. Nach § 51 Abs. 1 FGO sind die §§ 41 bis
49 ZPO sinngemäß anzuwenden; daneben enthält § 51 Abs. 2 und 3 FGO noch besondere Vorschriften. Daraus ergibt sich:

a) Ausschluss von Amts wegen
Ein Richter, ehrenamtlicher Finanzrichter oder Urkundsbeamter der Geschäftsstelle ist **3165**
kraft Gesetzes von seiner Tätigkeit ausgeschlossen z. B.
- in Sachen, in denen er selbst **Beteiligter** ist,
- in Sachen seines **Ehegatten,** auch wenn die Ehe nicht mehr besteht,
- in Sachen einer Person, mit der er **in gerader Linie verwandt**, verschwägert oder durch
  Adoption verbunden ist (vgl. ferner § 41 ZPO, § 51 Abs. 1 und 2 FGO). Liegt einer dieser
  Fälle vor, so muss der kraft Gesetzes Ausgeschlossene sich **jeder Amtshandlung enthalten.** Ein Richter darf also z. B. in einer seine Ehefrau betreffenden Streitsache in keiner
  Hinsicht tätig werden.

b) Ablehnung wegen Befangenheit
Eine »Gerichtsperson« **kann abgelehnt** werden **3166**
- wenn sie von der Ausübung ihres Amtes kraft Gesetzes **ausgeschlossen** ist,
- wenn eine **Besorgnis der Befangenheit** besteht (§ 51 Abs. 1 FGO i. V. m. § 42 ZPO).
Befangenheit ist zu besorgen, wenn ein Grund vorliegt, der geeignet ist, Misstrauen gegen die
Unparteilichkeit der »Gerichtsperson« zu rechtfertigen (§ 42 Abs. 2 ZPO). Ein Richter erweist
sich nicht dadurch als befangen, dass er Rechtsmeinungen äußert (vgl. BFH vom 04. 07. 1985
BStBl II 1985, 555), es sei denn, er bietet Anlass zur Befürchtung, er werde Gegengründen nicht
mehr aufgeschlossen gegenüberstehen, oder es liegen Anhaltspunkte für unsachliche Erwägun-
gen vor (BFH vom 10. 06. 2003 BFH/NV 2003, 1342). Auch aus der Anfrage eines Richters, ob
der Kläger die Klage zurücknehmen wolle, kann nicht ohne Weiteres auf eine Befangenheit des
Richters geschlossen werden (BFH vom 28. 05. 2003 BFH/NV 2003, 1218). Die Mitwirkung des
Richters an einem vorherigen Verfahren (z. B. Aussetzungsbeschluss, vgl. BFH vom 15. 04. 1987
BStBl II 1987, 577, oder Einholung einer Vorabentscheidung durch den EuGH gem. Art. 234
EGV) begründet in der Regel ebenso wenig die Besorgnis der Befangenheit wie Verfahrensverstöße oder Rechtsfehler. Auch gilt der Grundsatz der **Individualablehnung** (BFH vom
29. 03. 2000 BFH/NV 2000, 1221), sodass die Ablehnung des ganzen Gerichts generell unzulässig ist (BFH vom 10. 06. 2003 BFH/NV 2003, 1342).

Die Ablehnung des Richters muss substanziiert vorgetragen werden, pauschale Behauptungen reichen nicht aus. Nach Würdigung aller Umstände muss Anlass für die Befürchtung
bestehen, der Richter werde nicht objektiv entscheiden. Ob sich der Richter tatsächlich befangen fühlt, ist nicht entscheidend.

c) Entscheidung über Ablehnungsgesuch

3167   Über das Gesuch entscheidet das Gericht, dem der Abgelehnte angehört. Wenn dieses Gericht durch Ausscheiden des abgelehnten Mitglieds beschlussunfähig wird, das nächst höhere Gericht (§ 51 FGO i. V. m. § 45 ZPO). Ein Beteiligter kann eine »Gerichtsperson« **nicht mehr** wegen Befangenheit **ablehnen**, wenn er sich bei ihr, ohne den ihm bekannten Ablehnungsgrund geltend zu machen, **in eine Verhandlung eingelassen** oder Anträge gestellt hat. (Näheres über den **Inhalt des Ablehnungsgesuches** §§ 43 bis 46 ZPO).

d) Rechtsbehelfe

3168   Beschlüsse, durch die ein Ablehnungsgesuch für begründet oder unbegründet erklärt wird, sind **nicht anfechtbar** (§ 128 Abs. 2 FGO). Hat bei einer Entscheidung ein Richter mitgewirkt, der von der Ausübung des Richteramts kraft Gesetzes ausgeschlossen oder wegen Besorgnis der Befangenheit mit Erfolg abgelehnt worden war, so liegt ein **absoluter Revisionsgrund** vor (§ 119 Nr. 2 FGO). Unter bestimmten Voraussetzungen kann die unzulässige Mitwirkung auch zur Erhebung der **Nichtigkeitsklage** berechtigen (§ 134 FGO i. V. m. § 579 Nr. 2 und 3 ZPO).

e) Selbstablehnung

3169   Das Gesetz sieht auch die Möglichkeit einer Selbstablehnung vor (§ 48 ZPO). Danach kann eine »Gerichtsperson«, auch wenn sie nicht von einem Beteiligten abgelehnt wird, selbst von einem Verhältnis Anzeige machen, das ihre Ablehnung rechtfertigen könnte.

6   Das Verfahren

3170   Der Rechtsschutz gegen Verwaltungsakte der Finanzbehörden ist in zwei Verfahren aufgeteilt, die in verschiedenen Gesetzen nach abweichenden Grundsätzen geregelt sind. Das außergerichtliche Rechtsbehelfsverfahren – Vorverfahren (Einspruch) ist in der AO (§§ 347 ff. AO) nach Grundsätzen gestaltet, die teils den Vorschriften des Besteuerungsverfahrens (§ 365 AO), teils den Bestimmungen der FGO entsprechen.

Das gerichtliche Verfahren richtet sich nach der FGO und folgt im Wesentlichen den Regeln, wie sie im Verwaltungs- und Zivilprozess gelten. Dieses Verfahren ist, wie die bei der Erhebung der Klage und der Revision sowie bei der Durchführung der Beweisaufnahme zu beachtenden Vorschriften erkennen lassen, wesentlich förmlicher gestaltet als das außergerichtliche Rechtsbehelfsverfahren.

6.1   Untersuchungsgrundsatz

3171   Die **Zivilprozessordnung** ist, wenn auch nicht durchweg, so doch in ihren wesentlichen Teilen vom sogenannten Verhandlungsgrundsatz beherrscht. Nach diesem Grundsatz, der dem Wesen der Privatrechtsordnung mit ihrer den Beteiligten grundsätzlich zustehenden Gestaltungsfreiheit entspricht, liegt es in der Hand der Parteien zu bestimmen, welchen Sachverhalt sie dem Gericht zur Entscheidung unterbreiten.

Eine solche Dispositionsfreiheit widerspricht der Natur des öffentlichen Rechts, das in der Hauptsache auf zwingenden, im Interesse der Allgemeinheit erlassenen Rechtsnormen beruht und aus diesem Grunde den wirklichen Sachverhalt erfassen will. Daher gilt im Finanzprozess ebenso wie im Verwaltungsprozess der **Untersuchungsgrundsatz**. Er bedeutet, dass das Gericht im Rahmen des Streitgegenstandes den **Sachverhalt von Amts wegen erforscht**, ohne an das Vorbringen und die Beweisanträge der Beteiligten gebunden zu sein (§ 76 Abs. 1 FGO). Daraus ergibt sich insbesondere:

1. Das Gericht kann die Beteiligten zur **Mitwirkung** heranziehen. Die Beteiligten sind verpflichtet, ihre Erklärungen über tatsächliche Umstände **vollständig und der Wahrheit gemäß** abzugeben (§ 76 Abs. 1 Satz 2 FGO). Für Inhalt und Ausmaß der von den Beteiligten im Finanzprozess zu erfüllenden Pflichten ergeben sich aus der Gestaltung des Besteuerungsverfahrens in der Abgabenordnung bestimmte Besonderheiten. So hat das Finanzamt im allgemeinen Interesse einer richtigen Besteuerung die Pflicht zur Sachaufklärung (§ 88 AO) und der Stpfl. eine umfassende Mitwirkungspflicht (§ 90 AO). Diese Pflichten wirken auch im finanzgerichtlichen Verfahren weiter (§ 76 Abs. 1 Satz 3 FGO, § 76 Abs. 3 FGO). Ein Kläger, der sich seiner Mitwirkung trotz Aufforderung beharrlich entzieht, muss mit den Folgen des § 79 b FGO rechnen (s. Rz. 3176).

2. Soweit die Mitwirkung der Beteiligten nicht zur Erforschung des Sachverhalts ausreicht, hat das Gericht selbstständig Ermittlungen anzustellen, deren Umfang es nach pflichtgemäßem Ermessen bestimmt.

3. Erklärungen und Beweismittel, die erst nach Ablauf der gesetzten Frist vorgebracht werden, kann das Gericht zurückweisen (vgl. § 79 b Abs. 3 FGO sowie § 76 Abs. 3 FGO; Rz 3178).

6.2 Amtsbetrieb

Wie oben dargelegt, bedeutet der Untersuchungsgrundsatz, dass das Gericht die für die Urteilsfindung notwendigen Tatsachen von Amts wegen zu ermitteln hat. Von der Frage, wer den Sachverhalt aufzuklären hat, ist die andere Frage zu unterscheiden, bei wem die **Abwicklung des äußeren Prozessbetriebs** liegt: ob in den Händen der Beteiligten (Parteibetrieb) oder in den Händen des Gerichts (Amtsbetrieb). Im Finanzprozess gilt – wie auch im Verwaltungsprozess – der Amtsbetrieb. Dies bedeutet, dass Anordnungen und Entscheidungen, durch die eine Frist in Lauf gesetzt wird, sowie Terminbestimmungen und Ladungen den Beteiligten von Amts wegen zuzustellen sind (§ 53 Abs. 1 FGO). **3172**

6.3 Beschleunigung des Verfahrens

Besagt der Grundsatz des Amtsbetriebs, dass der äußere Ablauf des Prozesses (Zustellungen, Ladungen und Terminbestimmungen) Sache des Gerichts ist, so ergibt sich aus dem Grundsatz der Beschleunigung des Verfahrens (auch **Konzentrationsmaxime** genannt), dass das Gericht das Verfahren auch **in sachlicher Hinsicht zu fördern** hat. Dies wird in folgendem deutlich: **3173**

1. Das Gericht kann durch Beschluss **mehrere** bei ihm anhängige Verfahren zur gemeinsamen Verhandlung und Entscheidung **verbinden** und wieder trennen. Ferner kann es anordnen, dass mehrere in einem Verfahren zusammengefasste Klagegegenstände in **getrennten Verfahren** verhandelt und entschieden werden (§ 73 Abs. 1 FGO). **3174**
Bei der Entscheidung über diese Maßnahmen sind die Interessen der Beteiligten an der Geheimhaltung bestimmter steuerlicher Verhältnisse zu beachten. Das wird zumeist eine vorherige Abstimmung mit den Beteiligten erforderlich machen.

3175 2. Fehlt der notwendige Inhalt einer Klage (§ 65 Abs. 1 FGO), hat der Vorsitzende oder der Berichterstatter den Kläger zu der erforderlichen Ergänzung innerhalb einer bestimmten Frist aufzufordern.

Sofern ein sog. »Musserfordernis« einer Klage (z. B. Gegenstand des Klagebegehrens, vgl. auch Rz. 3224) fehlt, kann die Aufforderung mit einer Ausschlussfrist verbunden werden (§ 65 Abs. 2 Satz 2 FGO). Kommt der Kläger dieser Aufforderung nicht innerhalb der Ausschlussfrist nach, ist die Klage als unzulässig abzuweisen, es sei denn, es kommen Wiedereinsetzungsgründe nach § 56 Abs. 2 FGO in Betracht.

3176 3. Daneben kann dem Kläger eine Frist gesetzt werden zur Angabe der Tatsachen, durch deren Berücksichtigung oder Nichtberücksichtigung im Verwaltungsverfahren er sich beschwert fühlt – »Sollerfordernis« einer Klage – (§ 79 b Abs. 1 FGO, vgl. auch Rz. 3228). Der Aufforderung wird dabei nicht schon durch eine pauschale Benennung von Streitkomplexen entsprochen; vielmehr sind Tatsachen zur Beschwer erst angegeben, wenn sachverhaltsmäßig abgegrenzte Streitkomplexe (bestimmte Vorgänge) erläutert werden (vgl. BFH vom 08. 03. 1999 BStBl II 1995, 417).

3177 Schließlich kann dem Kläger sodann unter Fristsetzung aufgegeben werden, zu bestimmten Vorgängen, die für das Gericht aus den gem. § 79 b Abs. 1 FGO geforderten Angaben erkennbar geworden sind, Tatsachen anzugeben oder Beweismittel zu bezeichnen sowie Urkunden oder andere bewegliche Sachen vorzulegen (§ 79 b Abs. 2 FGO); auch hier können verspätete Erklärungen und Beweismittel zurückgewiesen werden (§ 79 b Abs. 3 FGO). Die Fristsetzung ist eine prozessleitende Verfügung, die nicht angefochten werden kann (§ 128 Abs. 2 FGO). Eine Überprüfung ist nur durch Anfechtung der Hauptsache möglich.

3178 4. Sofern das Finanzamt dem Kläger im Einspruchsverfahren eine Frist für nachträgliche Erklärungen und Beweismittel (vgl. **§ 364 b** AO, s. Rz. 2652) gesetzt hatte, kann das Gericht Erklärungen und Beweismittel, die erst nach Ablauf der vom Finanzamt gesetzten Frist vorgebracht werden, zurückweisen und ohne weitere Ermittlungen entscheiden (§ 76 Abs. 3 FGO). Ob das Gericht davon Gebrauch macht, richtet sich nach § 79 b Abs. 3 FGO.

Verspätet vorgetragene Tatsachen oder Beweismittel sind im Finanzprozess also nicht automatisch ausgeschlossen, sondern nur dann, wenn das Gericht sie aufgrund pflichtgemäßen Ermessens (Verfahrensermessen) zurückweist (vgl. BFH vom 17. 12. 1997 BStBl II 1998, 269). Dabei hat es insbesondere zu berücksichtigen, ob die Fristsetzung durch das Finanzamt rechtmäßig war und ob nach Maßgabe des § 79 b Abs. 3 FGO die Zurückweisung berechtigt ist, z. B. weil sonst der Rechtsstreit verzögert würde und den Kläger daran ein Verschulden trifft. Das Finanzgericht kann also die im Einspruchsverfahren wegen des verspäteten Vorbringens nicht mehr zu berücksichtigenden Tatsachen im finanzgerichtlichen Verfahren zulassen. Es muss sie zulassen, wenn es mit geringem Aufwand möglich ist, den Sachverhalt auch ohne Mitwirkung der Beteiligten zu ermitteln (BFH vom 09. 09. 1998 BStBl II 1999, 26). Dies kommt häufig vor, wenn der Stpfl. nach Ergehen eines Schätzungsbescheides und Ablauf der Ausschlussfrist eine nicht zu beanstandende Steuererklärung einreicht.

Die Ausschlussfrist des § 364b AO läuft dann im finanzgerichtlichen Verfahren ins Leere, was der BFH [a. a. O.] für zulässig erachtet, denn Verwaltungsverfahren einerseits und Gerichtsverfahren andererseits seien zu trennen, und die Zulassung des verspäteten Vorbringens durch das Gericht bezwecke die Wahrheitsfindung (vgl. § 76 Abs. 1 FGO). Die gerichtliche Ermessensentscheidung verspätetes Vorbringen zurückzuweisen (§ 76 Abs. 3 FGO) diene der Effizienz des gerichtlichen Verfahrens und nicht den Interessen der Finanzbehörden.

5. Ferner hat der Vorsitzende oder der Berichterstatter schon vor der mündlichen Verhand- **3179**
lung alle Anordnungen zu treffen, die notwendig sind, um den Rechtsstreit möglichst in
einer mündlichen Verhandlung zu erledigen (§ 79 FGO, vgl. dortige Aufzählung, die nicht
abschließend ist, Rz. 3249).
Diese Vorschrift bezweckt, dass Vorbereitungen getroffen werden, um den Rechtsstreit
entweder in einem Erörterungstermin (§ 79 Abs. 1 Satz 2 Nr. 1 FGO), im vorbereiteten
Verfahren (§ 79 a FGO) oder möglichst einer mündlichen Verhandlung (§ 90 FGO) zu
erledigen (Konzentrationsmaxime).
Insbesondere Erörterungstermine erweisen sich als prozessökonomisch. Die mündliche
Erörterung des Rechtstreites zwischen den Beteiligten und dem Vorsitzenden oder dem
Berichterstatter führt häufig zur einvernehmlichen Erledigung des Rechtsstreites oder zur
Klärung darüber, was noch beweisbedürftig ist.

6. Zur Vorbereitung der mündlichen Verhandlung gehört auch die Einreichung von Schrift- **3180**
sätzen mit Abschriften für die übrigen Beteiligten (§ 77 FGO). Der Vorsitzende oder der
Berichterstatter kann eine Frist setzen. Reichen die Beteiligten keine Schriftsätze ein, können sie gleichwohl in der mündlichen Verhandlung vortragen. Auch ein verspätet einge-
reichter Schriftsatz ist (bis zur Entscheidung) zu berücksichtigen.

7. Der Vorsitzende muss darauf hinwirken, dass Formfehler beseitigt, **sachdienliche Anträge** **3181**
gestellt, unklare Anträge erläutert, ungenügende tatsächliche Angaben ergänzt und alle für
die Feststellung und Beurteilung des Sachverhalts wesentlichen Erklärungen abgegeben
werden (§ 76 Abs. 2 FGO).

8. Schließlich ist dafür Sorge getragen, dass der mündlichen Verhandlung das **Urteil so rasch** **3182**
wie möglich folgt (vgl. §§ 104, 105 Abs. 4 FGO).

9. Der generellen Beschleunigung finanzgerichtlicher Verfahren dienen die über die Verwei- **3182a**
sung in § 155 Satz 2 FGO anwendbaren §§ 198 ff. GVG. Nach diesen wird angemessen ent-
schädigt, wer infolge unangemessener Dauer eines Gerichtsverfahrens als Verfahrensbeteiligter einen Nachteil erleidet (§ 198 Abs. 1 Satz 1 GVG). Voraussetzung hierfür ist allerdings u. a., dass der Verfahrensbeteiligte zuvor bei dem mit der Sache befassten Gericht die
Dauer des Verfahrens gerügt, d. h. eine sog. **Verzögerungsrüge** erhoben hat (§ 198 Abs. 3
GVG). Außerdem kann eine Entschädigung nur beansprucht werden, soweit nicht nach
den Umständen des Einzelfalles Wiedergutmachung auf andere Weise möglich ist, insbesondere durch die bloße Feststellung des Entschädigungsgerichts, dass die Verfahrensdauer unangemessen war (§ 198 Abs. 2 Satz 2, Abs. 4 GVG). Liegen die Voraussetzungen
vor, wird ein entschädigungspflichtiger Nachteil vermutet, für welchen der Verfahrensbeteiligte regelmäßig eine **Entschädigung** in Höhe von 1 200 € für jedes Jahr der Verzögerung erhält (§ 198 Abs. 2 GVG).
Ob die Verfahrensdauer noch angemessen ist, richtet sich nach den Umständen des Einzelfalles, insbesondere nach der Schwierigkeit und Bedeutung des Verfahrens und nach
dem Verhalten der Verfahrensbeteiligten und Dritter (§ 198 Abs. 1 Satz 2 GVG). Der BFH
folgt dabei dem Grundsatz, dass zu einem Klageverfahren, das im Vergleich zu dem typischen in der Finanzgerichtsbarkeit zu bearbeitenden Verfahren keine wesentlichen Besonderheiten aufweist, die Vermutung aufgestellt werden kann, dass die Dauer des Verfahrens
angemessen ist, wenn das Gericht gut zwei Jahre nach dem Eingang der Klage mit Maßnahmen beginnt, die das Verfahren einer Entscheidung zuführen sollen, und die damit
begonnene Phase des Verfahrensablaufs nicht durch nennenswerte Zeiträume unterbrochen wird, in denen das Gericht die Akte unbearbeitet lässt (vgl. BFH vom 06. 04. 2016
BFH/NV 2016, 1226).

6.4 Verfügungsgrundsatz

3183   Dass nach dem Untersuchungsgrundsatz das Gericht den Sachverhalt von Amts wegen zu erforschen hat, bedeutet nicht, dass das Gericht den Prozess auch von sich aus **in Gang bringen, den Umfang des Streitgegenstandes bestimmen** und das Verfahren anders als durch die erbetene Entscheidung beenden darf. In dieser Hinsicht gilt auch im Finanzprozess – mit gewissen Einschränkungen – der Verfügungsgrundsatz: Die Entscheidung über die Einleitung, den Umfang und die Beendigung des Verfahrens liegt weitgehend bei den Beteiligten. Das Gericht wird nur auf Antrag eines Beteiligten – nicht von Amts wegen – tätig (§§ 40, 41, 114 FGO) und darf nicht über das Klagebegehren hinausgehen (§ 96 Abs. 1 Satz 2 FGO). Die Klage kann im Rahmen des § 67 FGO geändert und unter den Voraussetzungen des § 72 FGO zurückgenommen werden. Auch können die Beteiligten den Rechtsstreit für in der Hauptsache erledigt erklären (§ 138 Abs. 1 FGO). Rechtsmittel (Revision und Beschwerde) können nur durch die Beteiligten eingelegt und zurückgenommen werden.

Allerdings ist der Verfügungsgrundsatz im Finanzprozess **eingeschränkt.** So ist ein **Vergleich** in der FGO nicht vorgesehen und wegen der zwingenden Natur der abgabenrechtlichen Normen theoretisch auch nicht möglich. Jedoch ist als Ausfluss von Treu und Glauben eine **tatsächliche Verständigung** zwischen den Beteiligten über die einvernehmliche Festlegung eines Sachverhalts zulässig, die auch im Klageverfahren gilt (vgl. BFH vom 06.02.1991 BStBl II 1991, 673). Auch ist weder ein Anerkenntnis noch ein Verzicht in dem Sinne zulässig, dass das Gericht nunmehr ohne sachliche Prüfung dem Anerkenntnis oder Verzicht gemäß zu entscheiden hätte.

6.5 Der Grundsatz der Mündlichkeit

3184   Im Finanzprozess wird grundsätzlich aufgrund mündlicher Verhandlung entschieden (§ 90 Abs. 1 Satz 1 FGO). Das ist nicht nur für das Verfahren vor dem **Finanzgericht,** sondern auch für das Verfahren vor dem **Bundesfinanzhof** zu beachten (§ 121 FGO).

Soweit das Gericht aufgrund mündlicher Verhandlung entscheidet, darf es nur Tatsachen verwerten, die **Gegenstand der mündlichen Verhandlung** waren und zu denen sich die Beteiligten äußern konnten. Bleibt ein Beteiligter aus, so kann – worauf in der Ladung zur mündlichen Verhandlung hinzuweisen ist – auch ohne ihn verhandelt werden (§ 91 Abs. 2 FGO). In diesem Falle kann das Gericht nach Lage der Akten entscheiden. Ist die mündliche Verhandlung geschlossen (§ 93 Abs. 3 FGO), so kann das Gericht etwaige nach diesem Zeitpunkt eingereichte Schriftsätze nur berücksichtigen, wenn das Einverständnis der Beteiligten zur Entscheidung ohne mündliche Verhandlung vorliegt (§ 90 Abs. 2 FGO). Es ist zur Wiedereröffnung der mündlichen Verhandlung verpflichtet, wenn es einen Beteiligten mit einem Hinweis überrascht hat, zu dem dieser in der mündlichen Verhandlung nicht sofort Stellung nehmen konnte und ihm das Gericht keine Möglichkeit zur Stellungnahme mehr gegeben hat (BFH vom 04.04.2001 BStBl II 2001, 726).

Eine mündliche Verhandlung ist **ausnahmsweise nicht erforderlich:**

1. wenn die Entscheidung des Gerichts **nicht als Urteil** ergeht (§ 90 Abs. 1 Satz 2 FGO);
2. wenn das **Einverständnis** der Beteiligten zur Entscheidung ohne mündliche Verhandlung erteilt ist (§ 90 Abs. 2 FGO). Die Einverständniserklärung ist eine einseitige, gestaltende Prozesshandlung, die grundsätzlich nicht frei widerrufen werden kann (BFH vom 07.11.2000 BStBl II 2001, 200).
3. wenn das Gericht durch Gerichtsbescheid entscheidet (§ 90 a FGO);

4. wenn der BFH eine **Revision einstimmig für unbegründet** und eine mündliche Verhandlung nicht für erforderlich hält.

6.6 Grundsatz der Öffentlichkeit

Die mündliche Verhandlung vor dem erkennenden Gericht ist öffentlich (§ 52 FGO i. V. m. § 169 GVG). Zur Verhandlung haben also auch Personen Zutritt, die nicht am Verfahren beteiligt sind. **3185**

Der Grundsatz der Öffentlichkeit gilt **für den gesamten Ablauf** der mündlichen Verhandlung, soweit sie vor dem erkennenden Gericht stattfindet, einschließlich der Verkündung der Urteile und Beschlüsse (§ 169 GVG). Die Beratung und Abstimmung sind geheim. **Beweistermine** vor dem beauftragten oder ersuchten Richter sind nicht öffentlich; wohl aber dürfen, wie sich aus § 83 FGO ergibt, die Beteiligten der Beweisaufnahme beiwohnen (sogenannte Parteiöffentlichkeit).

Für den **Ausschluss der Öffentlichkeit** gelten die Vorschriften des Gerichtsverfassungsgesetzes sinngemäß (§ 52 FGO i. V. m. §§ 172–175 GVG). Außer den dort genannten Ausschlussgründen (Gefährdung der öffentlichen Ordnung, der Sittlichkeit oder der Gefährdung eines Geschäfts- oder Betriebsgeheimnisses) ist gemäß § 52 Abs. 2 FGO die Öffentlichkeit auch auszuschließen, wenn ein Beteiligter, der nicht Finanzbehörde ist, es **beantragt**. Dadurch wird dem Interesse des Stpfl. an der Wahrung des Steuergeheimnisses Rechnung getragen.

Die **Urteilsformel** wird jedoch, soweit das Urteil im Finanzprozess überhaupt verkündet und nicht etwa stattdessen zugestellt wird (§ 104 Abs. 2 FGO), in jedem Falle öffentlich verkündet (§ 173 Abs. 1 GVG). Dagegen kann für die Verkündung der **Urteilsgründe** oder eines Teiles davon die Öffentlichkeit durch besonderen Beschluss ausgeschlossen werden. (§ 173 Abs. 2 GVG).

6.7 Grundsatz der Unmittelbarkeit

Der Grundsatz der Unmittelbarkeit besagt, dass die **Beweisaufnahme** in der mündlichen Verhandlung vor dem erkennenden Gericht in seiner vollen Besetzung stattfindet (§ 81 Abs. 1 Satz 1 FGO). Dies beruht auf dem Gedanken, dass sich das erkennende Gericht möglichst aufgrund eigener Wahrnehmung ein Bild vom Ablauf und Ergebnis der Beweisaufnahme machen soll. **3186**

Nach § 81 Abs. 2 FGO hat das Gericht nur ausnahmsweise die Befugnis, **in geeigneten Fällen** schon vor der mündlichen Verhandlung durch eines seiner Mitglieder als **beauftragten Richter** Beweis erheben zu lassen oder durch Bezeichnung der einzelnen Beweisfragen ein **anderes Gericht** um die Beweisaufnahme zu ersuchen. Ein »geeigneter Fall« zur Einschaltung eines beauftragten oder ersuchten Richters liegt z. B. nicht vor, wenn es wesentlich auf den persönlichen Eindruck ankommt, den eine Beweisperson macht.

Weitere Ausnahmen vom Grundsatz der Unmittelbarkeit ergeben sich aus § 82 FGO i. V. m. § 377 Abs. 3 und 4 FGO und § 411 ZPO, wonach unter bestimmten Voraussetzungen eine **schriftliche Zeugenaussage** oder ein **schriftliches Sachverständigengutachten** zulässig ist.

6.8 Grundsatz des rechtlichen Gehörs

Der Grundsatz, dass vor Gericht jedermann Anspruch auf rechtliches Gehör hat, gehört zu den verfassungsmäßig garantierten Rechten (vgl. Art. 103 Abs. 1 GG). Er bedeutet, dass jedem Beteiligten in ausreichendem Maße Gelegenheit gegeben werden muss, seine Angriffs- und **3187**

Verteidigungsmittel vorzubringen, insbesondere sich zum Vorbringen seiner Gegner und zum Ergebnis der Beweisaufnahme zu äußern. Diese Rechte sind auch durch die FGO ausdrücklich sichergestellt:

1. Die Beteiligten werden von allen Beweisterminen benachrichtigt und können der **Beweisaufnahme beiwohnen.** Sie können an Zeugen und Sachverständige sachdienliche Fragen richten (§ 83 Abs. 1 Satz 1 FGO).

2. Die Beteiligten sind zur **mündlichen Verhandlung** zu laden (§ 91 Abs. 1 FGO) und erhalten das Wort, um ihre Anträge zu stellen und zu begründen (§ 92 Abs. 3 FGO). Dabei kann das Gericht den Beteiligten sowie ihren Bevollmächtigten auf Antrag oder von Amts wegen gestatten, an der Verhandlung per »Videokonferenz« teilzunehmen (§ 91 a FGO).

3. Soweit nicht bereits im Verwaltungsvorverfahren geschehen, sind den Beteiligten die **Unterlagen** der Besteuerung auf Antrag oder gegebenenfalls von Amts wegen mitzuteilen (§ 75 FGO).

4. Das Urteil darf nur auf **Tatsachen** und Beweisergebnisse gestützt werden, zu denen sich die Beteiligten äußern konnten (§ 96 Abs. 2 FGO).

5. Der Vorsitzende hat die Beteiligten auf die Abgabe sachdienlicher Anträge und aller für die Beurteilung des Sachverhalts wesentlichen Erklärungen hinzuweisen (§ 76 Abs. 2 FGO).

Der Kläger soll vor Überraschungsentscheidungen geschützt werden. Die Versagung des rechtlichen Gehörs ist ein absoluter Revisionsgrund (§ 119 Nr. 3 FGO), der regelmäßig zur Aufhebung der Vorentscheidung und zur Zurückverweisung an das Finanzgericht führt.

Die Ursächlichkeit dieses Verfahrensmangels für die Entscheidung wird unwiderlegbar vermutet (vgl. List in DStR 2002, 1381 mit Hinweis auf GrS vom 03.09.2001; vgl. Rz 3337). Sofern die Revision nicht statthaft ist (z. B. gegen Entscheidungen des BFH), kann der Beteiligte mit der Anhörungsrüge (§ 133 a FGO) die Verletzung rechtlichen Gehörs geltend machen (Rz. 3357 a).

Der Anspruch auf Gewährung rechtlichen Gehörs verlangt von dem Gericht vornehmlich, dass es die Beteiligten über den Verfahrensstoff informiert, ihnen Gelegenheit zur Äußerung gibt, ihre Ausführungen sowie Anträge zur Kenntnis nimmt und bei seiner Entscheidung in Erwägung zieht (BFH vom 30.09.2005 BStBl II 2006, 75).

Das rechtliche Gehör ist z. B. verletzt, wenn das Gericht einen entscheidungserheblichen Schriftsatz nicht mit Äußerungsmöglichkeit der anderen Partei mitteilt (BFH vom 27.03.2001 HFR 2001, 883), wenn es die mündliche Verhandlung ohne den Stpfl., der einen Gerichtstermin in einer anderen Sache wahrnimmt, durchführt (BFH vom 08.04.1998 BStBl II 1998, 676), es trotz Antrags ohne mündliche Verhandlung entscheidet (BFH vom 22.09.1999 BStBl II 2000, 32), die Entscheidung auf einen bisher nicht erörterten rechtlichen Gesichtspunkt (BFH vom 23.01.2001 BStBl II 2001, 379; vom 07.08.2002 HFR 2003, 261) oder eine soeben bekannt gewordene BFH Rechtsprechung (BFH vom 08.11.1989 BStBl II 1990, 386) stützt, es ohne ersichtlichen Grund vom Sachvortrag des Klägers abweicht (BFH vom 10.12.2002 BFH/NV 2003, 494).

Teil B Die Klage

1 Das Klagesystem der Finanzgerichtsordnung

Für die Anrufung des Gerichts sind nach der FGO, je nachdem worauf sich das Begehren   **3188**
des Klägers richtet, drei Arten von Klagen zu unterscheiden:

1. die **Gestaltungsklage**, die darauf gerichtet ist, eine Rechtsänderung herbeizuführen;
2. die **Leistungsklage**, bei der sich das Klageziel auf die Verurteilung des Beklagten zu einem bestimmten Tun oder Unterlassen richtet;
3. die **Feststellungsklage, bei der begehrt** wird, das Bestehen oder Nichtbestehen eines Rechtsverhältnisses festzustellen.

Diese Klagearten entstammen dem Zivilprozess, gelangten von dort unter Berücksichtigung der Besonderheiten des Verwaltungsprozesses in die Verwaltungsgerichtsordnung (§ 43 Abs. 2 VwGO) und wurden nach deren Vorbild in die Finanzgerichtsordnung (§ 41 FGO) übernommen. Neben den in § 41 FGO verwendeten Begriffen Feststellungs-, Gestaltungs- und Leistungsklage nennt § 40 Abs. 1 FGO – dem Verwaltungsprozess folgend – noch die **Anfechtungsklage** und die **Verpflichtungsklage**. Das Verhältnis der Anfechtungs- und Verpflichtungsklage zu den in § 41 FGO genannten Klagearten lässt sich wie folgt bestimmen:

1. Die Anfechtungsklage ist die den Besonderheiten des Verwaltungs- und Finanzprozesses entsprechende **Hauptform der Gestaltungsklage**. Neben der Anfechtungsklage gibt es als weitere Gestaltungsklagen die Nichtigkeits- und die Restitutionsklage (§ 134 FGO i. V. m. §§ 579, 580 ZPO).
2. Die Verpflichtungsklage ist ein besonders geregelter **Fall der Leistungsklage**. Neben der Verpflichtungsklage gibt es noch die sonstige Leistungsklage, die auch als Leistungsklage im engeren Sinn bezeichnet werden kann, so dass sich folgendes Klageschema ergibt:

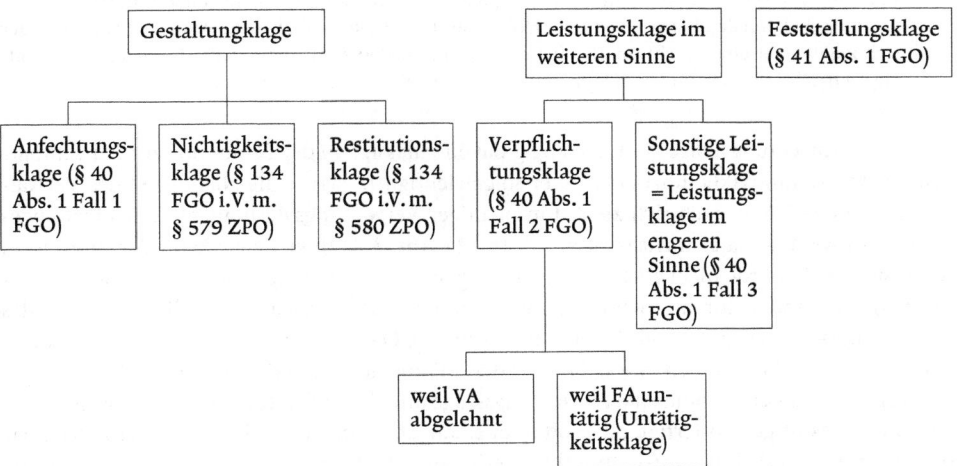

2   Die einzelnen Klagen

2.1   Anfechtungsklage

3189

Die Finanzverwaltung ist in der Hauptsache Eingriffsverwaltung. Die Form, in die sie ihre Eingriffsbefehle kleidet, ist der Verwaltungsakt (§ 118 AO). In den weitaus meisten Fällen wird das Rechtsschutzbegehren des Klägers darauf gerichtet sein, einen behördlichen Verwaltungsakt **ganz oder teilweise zu beseitigen.** Hierzu steht ihm die Anfechtungsklage, die häufigste und somit wichtigste Klageart, zur Verfügung (§ 40 Abs. 1 Fall 1 FGO). Sie ist eine Gestaltungsklage, weil sie auf eine Änderung des mit dem Erlass des Verwaltungsakts geschaffenen Rechtszustandes gerichtet ist.

Gegenstand der Anfechtungsklage nach einem Vorverfahren ist der ursprüngliche Verwaltungsakt in der Gestalt, die er durch die Entscheidung über den außergerichtlichen Rechtsbehelf gefunden hat (§ 44 Abs. 2 FGO). Die Klage ist daher grundsätzlich nicht gegen die Einspruchsentscheidung als solche, sondern gegen den vorausgegangenen Verwaltungsakt zu richten. Ein auf die Aufhebung der Einspruchsentscheidung beschränkter Klageantrag ist im Einzelfall nur dann zulässig, wenn ein besonderes rechtliches Interesse des Klägers an der Wiederholung des Vorverfahrens besteht, z. B. wenn der Kläger allein durch die Einspruchsentscheidung beeinträchtigt wird und sein Recht auf Aufklärung des Sachverhalts in zwei Tatsacheninstanzen verloren ginge.

Mit der Anfechtungsklage kann eine **Aufhebung** des Verwaltungsaktes verlangt werden, z. B. eines Steuerbescheides, einer Prüfungsanordnung oder der Festsetzung eines Verspätungszuschlages. Sofern der Verwaltungsakt einen Geldbetrag festsetzt oder eine darauf bezogene Feststellung trifft (§ 100 Abs. 2 FGO), kann der Kläger auch eine **Änderung** des Verwaltungsaktes fordern.

> **BEISPIEL**
>
> Ein Stpfl. hat eine Einkommensteuerfestsetzung von 10 000 € mit dem Einspruch angegriffen, weil er eine Steuerfestsetzung von 9 000 € für richtig hielt. Der Einspruch blieb ohne Erfolg.
> **LÖSUNG** Der Stpfl. kann Anfechtungsklage mit dem Ziel erheben, die Steuer auf 9 000 € festzusetzen. Das Gericht kann den Betrag in anderer Höhe festsetzen. Es kann aber auch, wenn die Ermittlung der richtigen Steuer einen nicht unerheblichen Aufwand bedeutet, die fehlerhafte Besteuerungsgrundlage genau bestimmen und dem Finanzamt aufgeben, die Steuer zu errechnen.

Eine Anfechtungsklage ist unabhängig davon zulässig, ob der Fehler nur zur Anfechtbarkeit des Verwaltungsakts führt oder ob er so gewichtig ist, dass er die Nichtigkeit des Verwaltungsakts (§ 125 AO) nach sich zieht. Ein nichtiger Verwaltungsakt braucht zwar nicht angefochten zu werden, da er nicht wirksam ist (§ 124 Abs. 3 AO); vielmehr kann der Betroffene, wenn sich die Behörde nicht zu der jederzeit möglichen »Aufhebung« (Beseitigung des Rechtsscheins) bereitfindet, durch Erhebung der Feststellungsklage[1] erreichen, dass die Nichtigkeit des Verwaltungsaktes festgestellt wird (§ 41 Abs. 1 Fall 2 FGO – vgl. auch § 125 Abs. 5 AO). Aus § 41 Abs. 2 Satz 2 FGO ergibt sich indes, dass zur Beseitigung des durch den nichtigen Verwaltungsakt ausgelösten **Rechtsscheins** die Feststellungsklage und die Anfechtungsklage wahlweise gegeben sind. Dies ist gerechtfertigt, da es oft zweifelhaft ist, ob der Verwaltungsakt nur anfechtbar oder nichtig ist. Wird die Anfechtungsklage erhoben, so ist sie allerdings an die Klagefrist des § 47 FGO gebunden. Nach Ablauf der Frist ist nur noch die Feststellungsklage gegeben.[2]

---

1   Vgl. Rz. 3193.
2   Zur Fortsetzungsfeststellungsklage als Unterfall der Anfechtungsklage siehe 2.4.

Ist der Kläger unsicher, ob das Gericht den Verwaltungsakt ebenfalls als nichtig beurteilt, **3189a** empfiehlt es sich, neben dem Hauptantrag, die Nichtigkeit des Verwaltungsaktes festzustellen, den Hilfsantrag zu stellen, den Verwaltungsakt als rechtwidrig aufzuheben (vgl. Tipke/Kruse § 40 FGO, Rz. 8). Damit vermeidet der Kläger, dass er bei Unterliegen in der »Nichtigkeitsklage« für eine Anfechtungsklage die Klagefrist versäumt hat.

Der Rechtsschein eines wirksamen Verwaltungsaktes kann auch durch eine fehlerhafte **3189b** Bekanntgabe erzeugt werden. Auch in diesem Falle ist die Anfechtungsklage neben der Feststellungsklage zulässig (vgl. K/vW, § 40 FGO, Rz. 3).

Die isolierte Anfechtung einer Nebenbestimmung i. S. von § 120 AO kommt nur in Betracht, sofern es sich dabei um einen selbstständigen Verwaltungsakt handelt, also nur in Fällen des § 120 Abs. 2 Nr. 4 und 5 AO (Auflage und Auflagenvorbehalt).

Begehrt der Kläger die Herabsetzung der Steuer oder die Gewährung einer Zulage (z. B. InvZul) und folgt das Finanzamt in seiner Entscheidung dem Antrag nur teilweise, ist Anfechtungsklage in Form der Abänderungsklage, die gegenüber der Verpflichtungsklage vorrangig ist, die statthafte Klageart (BFH vom 21. 03. 2002 BStBl II 2002, 548).

2.2 Verpflichtungsklage

Die Verpflichtungsklage (§ 40 Abs. 1 Fall 2 FGO) ist im Unterschied zur Anfechtungsklage **3190** nicht auf die gerichtliche Aufhebung oder Änderung eines Verwaltungsaktes gerichtet; mit ihr wird vielmehr ein bestimmtes Verhalten der Finanzbehörde begehrt, nämlich der **Erlass eines Verwaltungsaktes**. Während also bei einer Anfechtungsklage die Rechtmäßigkeit eines bereits erlassenen Verwaltungsaktes zu überprüfen ist, ist hier zu entscheiden, ob der Kläger einen Anspruch auf einen zu erlassenden Verwaltungsakt hat. Maßgebend ist die Sach- und Rechtslage im Zeitpunkt der Entscheidung des Finanzgerichts (BFH vom 11. 05. 1977 BStBl II 1977, 706). Mit der Verpflichtungsklage kann der Erlass eines abgelehnten Verwaltungsaktes begehrt werden.

BEISPIELE

a) Ein Stpfl. hat einen Freistellungsbescheid (§ 155 AO) begehrt. Das FA hat dessen Erteilung abgelehnt. Der Einspruch wurde als unbegründet zurückgewiesen.
LÖSUNG Der Stpfl. kann Verpflichtungsklage einlegen, um den Erlass des Freistellungsbescheides zu erzwingen.

b) Ein Stpfl. beantragt, den Steuerbescheid gem. § 173 Abs. 1 Nr. 2 AO zu ändern. Der Antrag wird abgelehnt, der dagegen eingelegte Einspruch als unbegründet zurückgewiesen.
LÖSUNG Der Stpfl. muss Verpflichtungsklage einlegen, denn er begehrt die Änderung eines bestandskräftigen Steuerbescheides. Hat die Klage Erfolg, ist neben der Aufhebung der ablehnenden Entscheidung gem. § 101 FGO die Verpflichtung des FA zum Erlass des Änderungsbescheides auszusprechen, wenn die Sache spruchreif ist (BFH vom 03. 02. 1983 BStBl II 1983, 324).

Will sich der Stpfl. gegen die Ablehnung eines von ihm beantragten Verwaltungsakts zur Wehr setzen (die Ablehnung ist selbst Verwaltungsakt) und erhebt er mit diesem Ziel eine Anfechtungsklage (str., ob Anfechtungsklage zulässig, vgl. Seer in Tipke/Kruse, § 40 FGO Rz. 13), so wird zwar die Finanzbehörde in der Regel, wenn er mit seiner Klage durchdringt, den zunächst abgelehnten Verwaltungsakt von sich aus vornehmen. Der Stpfl. kann dies indes mit einem seiner Anfechtungsklage stattgebenden Urteil nicht zwangsweise durchsetzen. Die Verpflichtungsklage ist hier ein Mittel, die Finanzbehörde zur Vornahme des begehrten Verwaltungsakts zu zwingen. Mit der Verpflichtungsklage ist gleichzeitig das Begehren verbunden, dass der ablehnende Verwaltungsakt aufgehoben wird. Erforderlichenfalls kann im Vollstreckungswege ein Zwangsgeld gegen die Behörde festgesetzt werden (§ 154 FGO).

Beantragt der Kläger nur die Aufhebung des ablehnenden Aktes, so obliegt es dem Gericht, im Rahmen seiner Aufklärungspflicht zu ermitteln, welche Klage gewollt ist. Erforderlichenfalls ist nach § 76 Abs. 2 FGO auf die richtige Antragstellung hinzuwirken. (Zum Verhältnis der Anfechtungs- zur Verpflichtungsklage s. BFH vom 26. 10. 1976 BStBl II 1977, 36).

Die Verpflichtungsklage ist auch dann gegeben, wenn eine **Ermessensentscheidung der Verwaltung begehrt** wird. Wird in diesem Falle der Klage stattgegeben, so spricht das Gericht in der Regel die Verpflichtung der Behörde aus, den Kläger unter Beachtung der Rechtsauffassung des Gerichts zu bescheiden (§ 101 Satz 2 FGO).

3191   Ferner kann mit der Verpflichtungsklage der Erlass eines unterlassenen Verwaltungsaktes begehrt werden. Diese Klage, auch bezeichnet als Untätigkeitsklage – nicht zu verwechseln mit der Untätigkeitsklage gem. § 46 FGO –, kann grundsätzlich erst erhoben werden, wenn ein Untätigkeitseinspruch (§ 347 Abs. 1 Satz 2 AO) erfolglos geblieben ist. Sie ist unmittelbar nur möglich gegen Verwaltungsakte der obersten Finanzbehörden des Bundes und der Länder, weil hier ein Untätigkeitseinspruch nicht gegeben ist (§ 348 Nr. 3 AO).

2.3   Sonstige Leistungsklage (Leistungsklage im engeren Sinne)

3192   Die Verpflichtungsklage ist zwar die wichtigste, aber nicht die einzige Art der Leistungsklage, die das Gesetz vorsieht. Vielmehr können vom Kläger neben Verwaltungsakten auch **behördliche Leistungen anderer Art begehrt** werden (§ 40 Abs. 1 Fall 3 FGO, z. B. ein sonstiges Tun, Dulden oder Unterlassen). Man kann hier an den Fall denken, dass eine bestimmte Auskunft oder ein Unterlassen – etwa der Offenbarung steuerlicher Verhältnisse (BFH vom 13. 09. 1972 BStBl II 1973, 119) – begehrt wird. In der Regel wird die vom Stpfl. begehrte Leistung der Finanzbehörde aber durch einen Verwaltungsakt zu gewähren sein und die Verurteilung der Behörde zum Erlass dieses Aktes mit der Verpflichtungsklage erstritten werden müssen. Begehrt der Kläger die Erstattung eines Geldbetrages, muss er mit der Verpflichtungsklage den Erlass des Verwaltungsaktes begehren, der Rechtsgrundlage für die Erstattung ist (§ 218 Abs. 1 AO). Die sonstige Leistungsklage kommt nicht in Betracht. Liegt der Verwaltungsakt vor, aus dem sich der Erstattungsanspruch ergibt (dazu gehört auch der Abrechnungsbescheid gem. § 218 Abs. 2 AO), kann nunmehr die Zahlung durch die sonstige Leistungsklage erstritten werden (vgl. BFH vom 12. 06. 1986 BStBl II 1986, 702).

2.4   Feststellungsklage

3193   Durch die Feststellungsklage kann die Feststellung des Bestehens oder Nichtbestehens eines **Rechtsverhältnisses oder der Nichtigkeit eines Verwaltungsaktes** begehrt werden; Voraussetzung ist in beiden Fällen, dass der Kläger ein **berechtigtes Interesse** an der alsbaldigen Feststellung hat (§ 41 Abs. 1 FGO). Sie erfordert kein außergerichtliches Rechtsbehelfsverfahren (§ 44 FGO) und ist nicht fristgebunden (§ 47 FGO).

Es muss das Bestehen oder Nichtbestehen eines **konkreten Rechtsverhältnisses** im Streit sein. Ein Rechtsverhältnis liegt nur dann vor, wenn sich aus der Anwendung von Rechtssätzen auf einen Sachverhalt bestimmte rechtliche Beziehungen zwischen den Beteiligten ergeben. Es muss sich um einen konkreten, also nicht bloß angenommenen Sachverhalt handeln und es ist auch nicht möglich, nur einzelne Elemente oder Vorfragen des Rechtsverhältnisses herauszugreifen. Die Voraussetzungen einer Feststellungsklage sind danach beispielsweise gegeben, wenn es dem Kläger darum geht, dass er entgegen der Auskunft des Finanzamts hinsichtlich der Bezüge eines bestimmten Mitarbeiters nicht zur Einbehaltung von Lohnsteuer verpflichtet sei oder dass er keine USt-Voranmeldungen abzugeben habe. Die Entscheidung über rein **abstrakte Rechtsfragen** kann mit der Feststellungsklage **nicht erreicht** werden. Daher kann mit einer Feststellungsklage nicht die abstrakte Entscheidung darüber begehrt werden, ob das Finanzamt eine Rechtsfrage bei einer späteren Veranlagung in einem bestimmten Sinne entscheiden muss. Vielmehr muss das Feststellungsbegehren ein gegenwärtiges Rechtsverhältnis betreffen. Aus diesem Grunde hat der BFH (BFH vom 08.04.1981 BStBl II 1981, 581) die Klage auf Feststellung, dass die zukünftige Erhebung der Erbschaftsteuer vom Vermögen einer Familienstiftung rechtswidrig sei, als unzulässig zurückgewiesen.

Die Feststellungsklage kann nur erhoben werden, wenn der Kläger ein **berechtigtes Interesse** an der alsbaldigen Feststellung hat (§ 41 Abs. 2 FGO). Ein berechtigtes Interesse wird z. B. schon durch ein wirtschaftliches Interesse begründet (BFH vom 11.04.1991 BStBl II 1991, 729). Erforderlich ist jedoch in jedem Falle, dass das Rechtsverhältnis umstritten ist. Ein Interesse an alsbaldiger Feststellung ist nur dann zu bejahen, wenn der Kläger ohne gerichtliche Feststellung eine Gefährdung seiner Rechte befürchten muss oder seine Rechtsposition, auch ideeller Art, nicht verbessern kann. Aus diesem Grunde hat der BFH (vom 29.07.2003 BStBl II 2003, 829) die Klage auf Feststellung einer Verletzung des Steuergeheimnisses (§ 30 AO) aufgrund des Genugtuungsinteresses des Klägers für zulässig erachtet. **3194**

Die Feststellungsklage ist gegenüber den anderen Klagen **subsidiär**; eine Feststellung kann nicht begehrt werden, soweit der Kläger seine Rechte durch eine Gestaltungsklage (Anfechtungsklage) oder eine Leistungsklage (Verpflichtungs- oder sonstige Leistungsklage) verfolgen kann oder hätte verfolgen können (§ 41 Abs. 2 Satz 1 FGO).[3] Daher kann z. B. zur Klärung der Frage, ob eine Zahlungsverpflichtung erloschen ist, keine Feststellungsklage erhoben werden, da der Kläger die Möglichkeit hat, einen Abrechnungsbescheid (§ 218 Abs. 2 AO) zu beantragen, den er mit dem Einspruch und der Anfechtungsklage angreifen kann. Auch wenn alsbald mit dem Ergehen eines Verwaltungsakts gerechnet wird, der das fragliche Rechtsverhältnis zum Gegenstand haben soll, muss der Betroffene diesen abwarten, um zu gegebener Zeit Anfechtungsklage zu erheben. Er kann dem zu erwartenden Verwaltungsakt nicht mit einer Feststellungsklage begegnen. **3195**

Eine besondere Art der Feststellungsklage ist die **Fortsetzungsfeststellungsklage** gemäß § 100 Abs. 1 Satz 4 FGO – in der Sache ein Unterfall der Anfechtungsklage. Diese ist gegeben, wenn sich der Rechtsstreit wegen der Rechtswidrigkeit eines Verwaltungsaktes durch Rücknahme oder auf andere Weise erledigt hat, der Kläger aber ein **berechtigtes Interesse** daran hat, dass die **Rechtswidrigkeit eines Verwaltungsaktes** festgestellt wird.[4] Der Unterschied zur Feststellungsklage ist folgender: Feststellungsklage gemäß § 41 Abs. 1 FGO bei Streit über das Bestehen eines Rechtsverhältnisses; Fortsetzungsfeststellungsklage gemäß § 100 Abs. 1 Satz 4 FGO bei Streit über die Rechtswidrigkeit eines Verwaltungsaktes, denn ein Verwaltungsakt ist kein Rechtsverhältnis, sondern begründet, verändert oder beendet ein solches. **3196**

Ein berechtigtes Interesse ist insbesondere anzunehmen, wenn der Kläger befürchten muss, dass der Beklagte in künftigen Fällen erneut den bekämpften Rechtsstandpunkt einnehmen wird. Diese Besorgnis kann vor allem bei laufend veranlagten Steuern begründet sein, bei denen eine bestimmte Rechtsfrage in mehreren Steuerabschnitten auftreten kann. **3197**

Die Fortsetzungsfeststellungsklage setzt nicht voraus, dass vorher eine Anfechtungs- oder Verpflichtungsklage erhoben worden ist, deren Verfahren sich inzwischen erledigt hat. Der

---

3 Ausnahme nur, wenn der Kläger die Feststellung der Nichtigkeit eines Verwaltungsaktes begehrt.
4 Vgl. Beispiel Rz. 3262.

Antrag auf Feststellung der Rechtswidrigkeit eines Verwaltungsaktes ist auch dann zulässig, wenn sich der beschwerende Verwaltungsakt schon vor Erhebung der Klage erledigt hat (BFH vom 24.06.1982 BStBl II 1982, 659). Ein wesentlicher Anwendungsbereich der Fortsetzungsfeststellungsklage liegt im Vorgehen gegen Prüfungsanordnungen.

BEISPIEL

(Vgl. BFH vom 20.02.1990 BStBl II 1990, 789):
Das Finanzamt ordnet eine Außenprüfung an. Der vom Stpfl. gegen die Prüfungsanordnung eingelegte Einspruch (§ 347 AO) wurde zurückgewiesen. Die Außenprüfung wurde durchgeführt, die Steuerbescheide sollen entsprechend geändert werden. Der Stpfl. hält nach wie vor die Außenprüfung für rechtswidrig und möchte das Ergehen der Änderungsbescheide verhindern.

LÖSUNG Allein eine Anfechtungsklage gegen die zukünftigen Änderungsbescheide wäre erfolglos. Eine Anfechtungsklage gegen die Prüfungsanordnung als Verwaltungsakt wäre unzulässig, weil sich die Anordnung nach Durchführung der Prüfung erledigt hat und daher das Rechtsschutzinteresse fehlt. Eine Feststellungsklage gemäß § 41 Abs. 1 FGO wäre unzulässig, weil die Rechtswidrigkeit eines Verwaltungsaktes behauptet wird. Zulässig wäre daher die Fortsetzungsfeststellungsklage gemäß § 100 Abs. 1 Satz 4 FGO, soweit die Einspruchsentscheidung noch nicht bestandskräftig ist. Der Stpfl. hat an der begehrten Feststellung ein berechtigtes Interesse. Wird nämlich rechtskräftig festgestellt, dass die Prüfungsanordnung wegen gravierender Verfahrensverstöße rechtswidrig gewesen ist, dann darf das Finanzamt bei einer Änderungsveranlagung keine Sachverhalte verwerten, die es bei der Außenprüfung festgestellt hat (vgl. jedoch BFH vom 22.02.2006 BStBl II 2006, 400 und Rz. 2061).
Abwandlung: Dehnt das Finanzamt eine Außenprüfung über den ursprünglichen Prüfungszeitraum aus, ohne eine entsprechende Prüfungsanordnung zu erlassen, so kann der Stpfl. die Rechtswidrigkeit nur mit der Anfechtungsklage geltend machen, die sich gegen die aufgrund der Außenprüfung zu erlassenden Änderungsbescheide richtet. In diesem Falle wäre die Anfechtungsklage gegen die Prüfungserweiterung unzulässig, da diese mangels Anordnung kein Verwaltungsakt ist. Aus diesem Grunde scheidet auch eine Fortsetzungsfeststellungsklage aus. Eine Feststellungsklage im Sinne des § 41 Abs. 1 FGO wäre unzulässig mangels berechtigtem Interesse, denn der Stpfl. kann Rechtsschutz durch die Anfechtungsklage gegen den Änderungsbescheid erlangen.

Ein Feststellungsinteresse liegt dagegen nicht vor, wenn durch eine verfahrensfehlerhafte Prüfungsanordnung Tatsachen für eine erstmalige Steuerfestsetzung ermittelt werden, denn für die Ermittlung des Sachverhalts für eine erstmalige Steuerfestsetzung bedarf es keiner förmlichen Prüfungsanordnung (DStR 1991, 1312).

2.5 Untätigkeitsklage (§ 46 FGO)

3198   Die Untätigkeitsklage nach § 46 FGO ist keine eigene Klageart,[5] **vielmehr eine besondere Form der Anfechtungs- oder Verpflichtungsklage**, bei der das Vorverfahren übergangen werden kann. Ist über einen außergerichtlichen Rechtsbehelf ohne Mitteilung eines zureichenden Grundes in angemessener Frist sachlich nicht entschieden worden, so kann der Stpfl. Untätigkeitsklage erheben.

BEISPIEL

Ein Stpfl. hat eine ESt-Festsetzung von 10 000 € mit dem Begehren angefochten, die Steuer auf 9 000 € herabzusetzen. Das FA hat über den Einspruch ohne Mitteilung eines zureichenden Grundes innerhalb angemessener Frist nicht entschieden. Der Stpfl. erhebt Untätigkeitsklage.

LÖSUNG Erlässt nunmehr das FA die begehrte ESt-Festsetzung hat sich die Klage erledigt. Die Kosten sind dem FA aufzuerlegen (§ 138 Abs. 2 FGO).

---

5 Als Untätigkeitsklage im eigentlichen Sinne wird der Fall der Verpflichtungsklage angesehen, wenn die Finanzbehörde die Erteilung des ursprünglichen Verwaltungsakts unterlassen hat (§ 40 Abs. 1 FGO, vgl. Rz. 3191).

Lehnt das FA die Herabsetzung der Steuer auf 9 000 € ab, wird die Untätigkeitsklage auf Antrag des Klägers als Anfechtungsklage fortgesetzt.

Bleibt das FA weiterhin untätig, muss das Finanzgericht ebenfalls in der Sache entscheiden, als Anfechtungsklage. Hat dagegen der Stpfl. mit dem Rechtsbehelf den Erlass eines abgelehnten Verwaltungsaktes begehrt, ist die **Untätigkeitsklage im Grunde eine Verpflichtungsklage.**

BEISPIEL

Einen Antrag auf Erteilung eines Freistellungsbescheides hat das FA abgelehnt. Der Stpfl. hat Einspruch eingelegt, über den ohne Mitteilung eines zureichenden Grundes in angemessener Frist nicht entschieden worden ist. Die Untätigkeitsklage geht, falls das FA innerhalb der bestimmten Frist den begehrten Verwaltungsakt nicht erteilt, in eine Verpflichtungsklage über.

Die Untätigkeitsklage ist nur zulässig, wenn über einen außergerichtlichen Rechtsbehelf **ohne Mitteilung eines zureichenden Grundes in angemessener Frist sachlich nicht entschieden worden ist.** Die Klage kann in der Regel erst nach Ablauf von sechs Monaten seit Einlegung des Rechtsbehelfs erhoben werden (§ 46 Abs. 1 FGO). Eine vorher erhobene Klage ist jedoch nicht unheilbar unzulässig. Da die Klagevoraussetzungen erst im Zeitpunkt der letzten mündlichen Verhandlung erfüllt sein müssen (Sachentscheidungsvoraussetzungen), kann die Untätigkeitsklage in die Zulässigkeit hineinwachsen (BFH vom 07. 03. 2006 BStBl II 2006, 430).

Wird die Untätigkeitsklage nach Ablauf von sechs Monaten erhoben, ist sie damit jedoch nicht zwangsläufig zulässig. Vielmehr folgt aus dem Tatbestandsmerkmal »in angemessener Frist«, dass nach den gesamten Umständen des Falles zu beurteilen ist, ob eine Bearbeitungszeit, die über sechs Monate hinausreicht, noch angemessen ist.   **3198a**

Nach § 46 Abs. 1 Satz 3 FGO kann das Gericht das Verfahren bis zum Ablauf einer bestimmten Frist, die verlängert werden kann, aussetzen. Diese Aussetzung kommt nicht nur bei einer zulässigen Untätigkeitsklage, sondern auch bei einer (verfrüht erhobenen) Untätigkeitsklage in Betracht, die in die Zulässigkeit hineinwachsen kann (BFH vom 07. 03. 2006, a. a. O.). Die Klage ist unzulässig, wenn das FA dem Stpfl. einen zureichenden Grund für die Verzögerung mitgeteilt hat. Ein solcher Grund kann z. B. das Abwarten einer Außenprüfung oder einer Verfügung einer Oberbehörde sein.   **3198b**

Auch die Aussetzung des Verfahrens nach § 363 AO bildet einen zureichenden Grund (BFH vom 11. 08. 1992 BFH/NV 1993, 311), deren Voraussetzungen jedoch voll überprüfbar sind, weil die Aussetzungsverfügung kein Verwaltungsakt ist.   **3198c**

Fällt der Grund weg, beginnt nicht die Sechsmonatsfrist von neuem zu laufen, sondern die Finanzbehörde hat innerhalb einer angemessenen Frist zu entscheiden (Seer in Tipke/Kruse, § 46 FGO, Rz. 15). Die Untätigkeitsklage ist nur möglich, wenn über einen außergerichtlichen Rechtsbehelf nicht entschieden worden ist. Bei Unterbleiben einer gerichtlichen Entscheidung gilt § 46 FGO nicht.

Eine Untätigkeitsklage ist wegen Rechtsmissbrauchs unzulässig, wenn die Behörde (und damit auch das Gericht) nicht entscheiden kann, z. B. weil das BVerfG eine Norm für verfassungswidrig erklärt und der Gesetzgeber die erforderliche Neuregelung noch nicht getroffen hat (BFH vom 30. 06. 1995 BFH/NV 1996, 412).   **3198d**

Die Untätigkeitsklage zielt lediglich auf die Herbeiführung einer alsbaldigen behördlichen **Entscheidung über** einen **Einspruch** ab. Sie ist nicht darauf gerichtet, eine Entscheidung der Behörde über einen Antrag auf Erlass eines Verwaltungsaktes zu erzwingen. Dazu bedarf es eines sog. Untätigkeitseinspruchs (§ 347 Abs. 1 Satz 2 AO). Der Stpfl. hat also, will er die Finanzbehörde zum Erlass des begehrten Verwaltungsaktes bewegen, erst Untätigkeitseinspruch einzulegen und kann erst dann, wenn das Vorverfahren erfolglos war, weil in angemessener Zeit immer noch nicht entschieden wurde, Untätigkeitsklage erheben (vgl. BFH vom 03. 08. 2005 HFR 2006, 347).

2.6   Klageverbindung

3199   Mehrere Klagebegehren können vom Kläger in einer Klage zusammen verfolgt werden, wenn sie sich gegen denselben Beklagten richten, in Zusammenhang stehen und dasselbe Gericht zuständig ist (§ 43 FGO – vgl. BFH vom 24. 10. 1973 BStBl II 1974, 137). Für jedes Klagebegehren müssen die Zulässigkeitsvoraussetzungen vorliegen. Man spricht in diesem Falle von **objektiver Klagehäufung** im Gegensatz zur Streitgenossenschaft, die auch als subjektive Klagehäufung bezeichnet wird. Die objektive Klagehäufung lässt den Streitgegenstand bei einzelnen zusammengefassten Klagen unberührt (BFH vom 14. 01. 1975 BStBl II 1975, 385). Eine Saldierung der einzelnen Streitgegenstände miteinander ist nicht möglich. Verneint das Gericht einen Zusammenhang der Klagen, so hat es durch Beschluss eine Trennung der Verfahren anzuordnen (§ 73 Abs. 1 FGO).

3   Die Sachurteilsvoraussetzungen (Zulässigkeitsvoraussetzungen)

3200   Die Entscheidung des Gerichts über die Klage braucht nicht notwendig eine Entscheidung in der Sache selbst zu sein. Eine Sachentscheidung darf vielmehr nur ergehen, wenn bestimmte verfahrensrechtliche Voraussetzungen – die sogenannten Sachurteilsvoraussetzungen oder Prozessvoraussetzungen – gegeben sind. Ob sie vorliegen, ist vom Gericht in der Reihenfolge, wie sie sich aus ihrem – in Schrifttum und Rechtsprechung freilich nicht einheitlich beurteilten – logischen Verhältnis zueinander ergibt, von Amts wegen zu prüfen. Dabei hat das Gericht – übrigens auch der Bundesfinanzhof – erforderlichenfalls tatsächliche Ermittlungen anzustellen. Zu den Sachurteilsvoraussetzungen gehören:
1. Zulässigkeit des Finanzrechtswegs,
2. Zuständigkeit,
3. Beteiligtenfähigkeit,
4. Prozessfähigkeit,
5. Zulässigkeit der Klageart,
6. Klagebefugnis,
7. Ordnungsmäßigkeit der Klage,
8. Durchführung des außergerichtlichen Vorverfahrens, soweit gesetzlich vorgeschrieben,
9. Einhaltung der Klagefrist,
10. Fehlen anderweitiger Rechtshängigkeit,
11. Fehlen der Rechtskraft,
12. Rechtsschutzbedürfnis.

Fehlt eine Sachurteilsvoraussetzung, so hat dies in der Regel zur Folge, dass die Klage durch **Prozessurteil als unzulässig abgewiesen** wird, ohne dass auf das sachliche Anliegen des Klägers eingegangen werden darf (BFH vom 07. 08. 2001 BStBl II 2002, 13).

Fehlt eine Sachurteilsvoraussetzung, ist aber offensichtlich, dass die Klage unbegründet ist, wird teilweise vertreten, dass aus prozessökonomischen Gründen ein Urteil in der Sache ergehen kann. Diese Auffassung ist bedenklich, weil ein Prozessurteil eine andere Rechtskraft entfaltet als ein Sachurteil (vgl. Seer in Tipke/Kruse, § 358 AO Rz. 22, Rz. 3337).

Fehlt indessen eine der Voraussetzungen der Ziffern 1 und 2, so kann eine Verweisung an ein anderes Gericht in Betracht kommen.

3.1 Zulässigkeit des Finanzrechtswegs (§ 33 FGO)

Der Finanzrechtsweg ist insbesondere gegenüber dem ordentlichen Rechtsweg zu den Zivilgerichten und dem Verwaltungsrechtsweg zu den Verwaltungsgerichten abzugrenzen. § 33 FGO bestimmt die Rechtsstreitigkeiten, die dem Finanzrechtsweg zugewiesen sind. Die Vorschrift entspricht § 347 AO (vgl. Rz. 2482 sowie Rz. 3145a).   **3201**

3.2 Zuständigkeit

Die Vorschriften über den Rechtsweg regeln, welcher von mehreren Zweigen der Gerichtsbarkeit zur Entscheidung eines Falles berufen ist. Geht es dagegen darum, welches Gericht **innerhalb eines** bestimmten Zweiges der Gerichtsbarkeit zu befinden hat, so handelt es sich um die Frage der Zuständigkeit. Man unterscheidet die **sachliche und örtliche** Zuständigkeit. Die Zuständigkeit im Finanzprozess ist stets eine **ausschließliche**, d. h. sie kann nicht durch Vereinbarung der Beteiligten geändert werden. In der Regel ergibt sich die Zuständigkeit aus dem Gesetz (§§ 35 ff. FGO). In besonderen Fällen (§ 39 FGO) bestimmt jedoch der Bundesfinanzhof, welches Finanzgericht zuständig ist.   **3202**

a) Sachliche Zuständigkeit

Die sachliche Zuständigkeit bestimmt, welches Gericht nach der **Art** des ihm zugewiesenen Aufgabenkreises im Einzelfall zu entscheiden hat. Innerhalb der Finanzgerichtsbarkeit entscheidet im **ersten Rechtszug** grundsätzlich das Finanzgericht über alle Streitigkeiten, für die der Finanzrechtsweg gegeben ist (**§ 35 FGO**).   **3203**

Im Verhältnis **mehrerer Finanzgerichte** zueinander erlangt die sachliche Zuständigkeit nur dann Bedeutung, wenn für mehrere Gerichtsbezirke ein Gericht für einen bestimmten sachlichen Aufgabenkreis ausschließlich zuständig ist. Sind z. B. die Zoll- und Verbrauchsteuersachen für den Bezirk mehrerer Finanzgerichte einem einzigen Finanzgericht übertragen, so ist dieses im Verhältnis zu dem von diesem Aufgabenkreis entlasteten Finanzgericht sachlich zuständig.

Der **BFH** ist nach **§ 36 FGO** ausschließlich Revisionsgericht, soweit Urteile oder Gerichtsbescheide (§ 90 a FGO) der Finanzgerichte betroffen sind, und Beschwerdegericht hinsichtlich der Entscheidungen der Finanzgerichte, die keine Urteile oder Gerichtsbescheide sind (§ 128 FGO). Ist der BFH zuständig, ist er auch für die mit der Hauptsache zusammenhängenden Nebenverfahren zuständig, wie z. B. das Verfahren über die Aussetzung der Vollziehung (§ 69 Abs. 3 FGO, vgl. BFH vom 07. 12. 1999 BFH/NV 2000, 481) oder die Gewährung von Prozesskostenhilfe. Insoweit kann er erst- und letztinstanzlich tätig werden.   **3204**

b) Örtliche Zuständigkeit

Die örtliche Zuständigkeit **regelt, welches unter mehreren sachlich zuständigen Gerichten** für einen bestimmten räumlichen Bezirk zur Entscheidung berufen ist. Nach dieser Regelung beantwortet sich also z. B. die Frage, ob über eine Klage, die einen vom Finanzamt X erlassenen Verwaltungsakt zum Gegenstand hat, das Finanzgericht Y oder das Finanzgericht Z zu   **3205** entscheiden hat. Innerhalb der Finanzgerichtsbarkeit hat die örtliche Zuständigkeit (auch Gerichtsstand genannt) nur im Verhältnis zwischen den **Finanzgerichten** Bedeutung. Nach der FGO ist zwischen dem allgemeinen Gerichtsstand und den besonderen Gerichtsständen zu unterscheiden.

Allgemein örtlich zuständig ist das Finanzgericht, in dessen Bezirk die Behörde ihren Sitz hat, die den ursprünglichen Verwaltungsakt erlassen hat oder von der ein Verwaltungsakt begehrt wird (§ 38 Abs. 1 FGO). Einen besonderen Gerichtsstand sieht § 38 Abs. 2 FGO vor. Richtet sich die Klage gegen eine oberste Finanzbehörde, ist das Finanzgericht zuständig, in dessen Bezirk der Kläger seinen Wohnsitz, seine Geschäftsleitung oder seinen gewöhnlichen Aufenthalt hat. Bei Zöllen, Verbrauchsteuern und Monopolabgaben ist das Finanzgericht zuständig, in dessen Bezirk ein Tatbestand verwirklicht wird, an den das Gesetz die Abgabe knüpft. Eine weitere besondere Zuständigkeitsregelung findet sich in § 38 Abs. 2a FGO. Weil die für die Verwaltung u. a. von **Kindergeld** zuständigen 102 Familienkassen im Zuge einer Reform zum 01.05.2013 an bundesweit 14 Standorte konzentriert wurden, richtet sich die Zuständigkeit in Angelegenheiten des Familienlastenausgleichs regelmäßig nach dem Wohnsitz bzw. gewöhnlichen Aufenthalt des Klägers. Dadurch wird gewährleistet, dass auch Finanzgerichte, in deren Zuständigkeitsbereich sich keine Familienkasse (mehr) befindet, für Kindergeldsachen zuständig bleiben und dadurch Rechtssuchende im Sinne eines bürgernahen Rechtsschutzes nicht deutlich längere Anfahrtswege zum zuständigen Gericht auf sich nehmen müssen.

Die örtliche Zuständigkeit ergibt sich somit in der Regel aus dem Gesetz. In Ausnahmefällen wird die örtliche Zuständigkeit indes durch den Bundesfinanzhof bestimmt (§ 39 FGO).

c) Folgen der Unzuständigkeit

3206 Hält sich ein Gericht für örtlich oder sachlich unzuständig, so sind die Entscheidungsmöglichkeiten ähnlich denen beim Fehlen des Rechtsweges (vgl. Rz. 3146). Hat ein Gericht sich für zuständig erklärt, sind andere Gerichte (auch der BFH) an diese Entscheidung gebunden (§ 70 FGO i. V. m. § 17a Abs. 1 GVG). Rügt ein Beteiligter die Zuständigkeit, hat das Gericht durch Beschluss zu entscheiden. Hält das angerufene Gericht sich für unzuständig, so spricht es dies nach Anhörung der Parteien von Amts wegen aus und verweist den Rechtsstreit zugleich an das zuständige Gericht. Der Beschluss ist für das Gericht, an das der Rechtsstreit verwiesen worden ist, hinsichtlich der Zuständigkeit bindend (§ 70 FGO i. V. m. § 17a Abs. 2 GVG). Die Beschlüsse können ohne mündliche Verhandlung ergehen. Sie sind unanfechtbar (§ 70 Satz 2 FGO). Wurde die Entscheidung jedoch willkürlich getroffen, d. h. offensichtlich ohne jede haltbare Rechtsgrundlage, kann nach h. M. (vgl. Brandis in Tipke/Kruse, § 70 FGO, Rz. 8) mit Verfassungsbeschwerde gerügt werden, dass der gesetzliche Richter (Art. 101 GG) entzogen worden sei (vgl. auch BFH vom 26.02.2004 BStBl II 2004, 458).

Die **Wirkungen der Rechtshängigkeit** (vgl. Rz. 3200 Nr. 10) werden durch die Verweisung nicht berührt. Der Streitfall, der schon mit der Einreichung der Klage beim unzuständigen Gericht rechtshängig geworden ist, bleibt es also auch nach der Verweisung. Dies ist insbesondere von Bedeutung für die Frage, ob die Klagefrist eingehalten ist (§ 47 FGO). Die Behandlung der Kosten bei der Verweisung regelt § 17b GVG.

Die **Unzuständigkeit** des Gerichts kann mit der Revision an den Bundesfinanzhof gerügt werden. Der Bundesfinanzhof muss die Zuständigkeit aber auch von sich aus prüfen.

3.3 Beteiligtenfähigkeit (§ 57 FGO)

Zu jedem gerichtlichen Verfahren gehören außer dem Gericht, das zu entscheiden hat, diejenigen Personen, die sich über einen bestimmten Gegenstand streiten. Die Zivilprozessordnung nennt diese Personen – entsprechend der Eigenart ihres Verfahrens – Parteien (vgl. §§ 50 ff. ZPO). Stattdessen spricht die FGO ebenso wie die Verwaltungsgerichtsordnung von **Beteiligten** (§§ 57 ff. FGO). Der Beteiligtenbegriff der FGO ist ein anderer als der des § 78 AO.

Hauptbeteiligte sind der **Kläger** und der **Beklagte**. Nebenbeteiligte sind der Beigeladene und die Behörde, die dem Verfahren beigetreten ist. Der Kreis der Beteiligten ist in § 57 FGO abschließend geregelt.[6]

3207

a) Kläger (§ 57 Nr. 1 FGO)

Kläger ist, wer das Gericht als solcher angerufen hat. Als Kläger kommt jeder in Betracht, der **Träger steuerlicher Rechte und Pflichten** sein kann oder als Träger von Pflichten in Anspruch genommen ist. Dabei sind die Abweichungen der steuerlichen Rechtsfähigkeit von der bürgerlich-rechtlichen zu beachten. So ist z. B. der nach bürgerlichem Recht nicht rechtsfähige Verein körperschaftsteuerrechtlich rechtsfähig (§ 3 KStG).

In der Regel ist der Kläger der **Abgabenpflichtige**. Es kann aber auch eine **andere Person** sein, die von einem Verwaltungsakt der Finanzbehörde betroffen ist, so etwa der Auskunftspflichtige, die Gemeinde im Zerlegungs- und Zuteilungsverfahren oder der von einem belastenden Verwaltungsakt nach dem Steuerberatungsgesetz Betroffene.

Bei Gewinnfeststellungsbescheiden ist zu beachten und ggfs. durch Auslegung zu ermitteln, ob die Personengesellschaft Klägerin ist oder ein oder mehrere Gesellschafter im eigenen Namen klagen. Erheben sämtliche Gesellschafter Klage, klagen sie sowohl im Namen der Gesellschaft als auch im eigenen Namen, soweit sie persönlich klagebefugt (§ 48 FGO, vgl. Rz. 3217) sind (BFH vom 19.08.1999 BStBl II 2000, 85).

3208

b) Beklagter (§ 57 Nr. 2 FGO)

Wie sich aus § 63 FGO ergibt, ist die Klage gegen die **Behörde** zu richten, die den ursprünglichen Verwaltungsakt erlassen oder den beantragten Verwaltungsakt oder eine andere Leistung unterlassen oder abgelehnt hat. Andernfalls ist die Klage als unzulässig abzuweisen (BFH vom 26.02.1980 BStBl II 1980, 331). Beklagter kann demnach je nachdem das Finanzamt, soweit vorhanden die Mittelbehörde oder das Ministerium sein.

Im Regelfall wird also das Finanzamt die beklagte Behörde sein. Dies gilt auch dann, wenn eine übergeordnete Behörde (z. B. OFD) das Finanzamt angewiesen hat, einen bestimmten Verwaltungsakt zu erlassen. Die übergeordneten Behörden sind nur dann zu verklagen, wenn sie entweder (sachlich unzuständig) erkennbar selbst einen Verwaltungsakt erteilen oder ausnahmsweise sachlich zuständig sind.

Tritt nach Erlass des Verwaltungsaktes ein Wechsel in der örtlichen Zuständigkeit des Finanzamts ein (z. B. durch Wohnsitzwechsel), ist die Klage gegen das Finanzamt zu richten, welches die Einspruchsentscheidung getroffen hat (vgl. § 63 Abs. 2 FGO; welches Finanzamt entscheidet richtet sich nach § 367 Abs. 1 Satz 2 AO). Erfolgt der Wechsel der örtlichen Zuständigkeit nach Erhebung der Klage, so bleibt das beklagte Finanzamt Verfahrensbeteiligter (§ 70 FGO i. V. m. § 17 GVG, sog. perpetuatio fori – vgl. Rz. 3236).

3209

---

6 Als Sachurteilsvoraussetzung ist nur die Beteiligtenfähigkeit des Klägers zu prüfen. Die anderen Beteiligten werden aus Gründen der Vollständigkeit des § 57 FGO an dieser Stelle ebenfalls angesprochen.

c) Beiladung (§ 57 Nr. 3 FGO)

3210   Die Beiladung (§ 60 FGO) gleicht der Hinzuziehung zum außergerichtlichen Rechtsbehelfsverfahren (§ 360 AO, vgl. Rz. 2634). Die einfache (§ 60 Abs. 1 und Abs. 2 FGO) und die notwendige (§ 60 Abs. 3 FGO) Beiladung entsprechen den Regelungen des § 360 Abs. 1 bis Abs. 3 AO. § 60 Abs. 4 und Abs. 5 FGO enthalten Formvorschriften. Notwendig beizuladen ist jeder Dritte, der selbst klagebefugt ist und nicht selbst Klage erhoben hat. Die notwendige Beiladung kann ausnahmsweise unterbleiben, wenn der Dritte unter keinem denkbaren Gesichtspunkt rechtlich betroffen ist. Ist sie zu Unrecht unterblieben, liegt ein Revisionsgrund vor (§ 115 Abs. 2 Nr. 3 FGO), im Revisionsverfahren kann die Beiladung nachgeholt werden (§ 123 Abs. 1 Satz 2 FGO).

Gem. § 60 Abs. 6 FGO kann der Beigeladene selbstständig **Angriffs- und Verteidigungsmittel** geltend machen und Verfahrenshandlungen vornehmen. Der nicht notwendig Beigeladene darf dies aber nur innerhalb der Anträge des Klägers oder Beklagten. Abweichende Sachanträge kann nur der notwendig Beigeladene stellen. Einige Prozesshandlungen wie die Klageänderung (§ 67 FGO) und die Klagerücknahme (§ 72 FGO) sind dem Kläger vorbehalten.

Der Beigeladene kann gegen die Entscheidung des Gerichts **Rechtsmittel** einlegen (vgl. BFH vom 22.07.1980 BStBl II 1981, 101) oder sich dem Rechtsmittel eines Hauptbeteiligten anschließen. Er kann auch selbst das Wiederaufnahmeverfahren betreiben. Die Rechtskraft des Urteils erstreckt sich auch auf den Beigeladenen (§ 110 Abs. 1 Satz 1 FGO), so dass dieser das Urteil, das er miterstritten hat, gegen sich gelten lassen muss (vgl. § 166 AO). Eine vom Finanzgericht zu Unrecht beschlossene notwendige Beiladung, die nicht angefochten worden ist, kann im Revisionsverfahren nicht aufgehoben werden (BFH vom 27.05.1981 BStBl II 1982, 192). Finanzbehörden können nicht beigeladen werden; sie können allenfalls dem Verfahren beitreten.

d) Beitritt (§ 57 Nr. 4 FGO)

3211   Im finanzgerichtlichen Verfahren ist Beklagter stets die Behörde, die den ursprünglichen Verwaltungsakt erlassen oder den beantragten Verwaltungsakt oder eine andere Leistung unterlassen oder abgelehnt hat (§ 63 Abs. 1 FGO). Es können aber auch andere Behörden ein berechtigtes Interesse daran haben, das Verfahren durch ihr Mitwirken zu beeinflussen. Dies soll durch den **Beitritt** der interessierten Behörde ermöglicht werden, durch den die beitretende Behörde die Stellung eines Beteiligten erlangt (§ 57 Nr. 4 FGO).

Betrifft das Verfahren eine auf Bundesrecht beruhende Abgabe oder eine Rechtsstreitigkeit über Bundesrecht, so kann der **Bundesminister der Finanzen** dem Verfahren beitreten. Betrifft das Verfahren eine von den Landesfinanzbehörden verwaltete Abgabe oder eine Rechtsstreitigkeit über Landesrecht, so steht das Recht des Beitritts auch der zuständigen **obersten Landesbehörde** zu (§ 122 Abs. 2 FGO). Der Beitritt des Bundesministers der Finanzen oder der zuständigen obersten Landesbehörde ist aber **nur im Revisionsverfahren** zulässig. Der Beitritt ist ein Ersatz dafür, dass es beim Bundesfinanzhof keine Bundesanwaltschaft gibt. Der zur Entscheidung berufene Senat des Bundesfinanzhofs kann die zuständigen Stellen zum Beitritt auffordern (§ 122 Abs. 2 Satz 3 FGO). Die Revisionsbeteiligten können den Beitritt nicht verhindern.

e) Streitgenossenschaft

3212   Wie im Verwaltungsprozess (§ 64 VwGO) sind auch im Finanzgerichtlichen Verfahren die Vorschriften der Zivilprozessordnung über die Streitgenossenschaft (§§ 59 bis 63 ZPO) sinngemäß anzuwenden (§ 59 FGO). Eine Streitgenossenschaft (auch subjektive Klagenhäufung genannt) liegt vor, wenn **mehrere Personen** klagen (aktive Streitgenossenschaft) oder verklagt werden (passive Streitgenossenschaft). Eine aktive Streitgenossenschaft ist z. B. gegeben, wenn die zusammen veranlagten Ehegatten oder mehrere Miteigentümer gemeinschaftlich Klage erheben. Eine passive Streitgenossenschaft wird im Finanzprozess selten sein.

Die **Streitgenossenschaft** kann durch gemeinsame Klageerhebung oder durch Verbindung von getrennt erhobenen Klagen entstehen. Sie ähnelt der Beiladung. Dort klagt ein Stpfl., ein anderer wird dem Verfahren beigeladen. Bei der Streitgenossenschaft klagen beide Stpfl.

BEISPIEL

Das FA erteilt den beiden Miteigentümern A und B eines Mehrfamilienhauses einen einheitlichen und gesonderten Feststellungsbescheid über die Einkünfte aus Vermietung und Verpachtung.
LÖSUNG Erhebt nur A Klage, ist B gem. § 60 Abs. 3 FGO beizuladen. Erheben A und B Klage, sind sie aktive Streitgenossen.

Man unterscheidet auch hier zwischen einfacher und notwendiger Streitgenossenschaft. Die **einfache Streitgenossenschaft** ist gegeben, wenn das Gericht aus Zweckmäßigkeitsgründen mehrere an sich selbstständige Verfahren zur gemeinsamen Verhandlung zusammenfasst. Dies ist z. B. möglich, wenn sich der Steuerschuldner gegen den Steuerbescheid, der Haftungsschuldner gegen den Haftungsbescheid zur Wehr setzt. Jeder »einfache« Streitgenosse führt seinen eigenen Prozess, ohne dass sich daraus Auswirkungen auf den Prozess des anderen ergeben. Die Verfahrenshandlungen des einen Streitgenossen gereichen dem anderen weder zum Vorteil noch zum Nachteil (§ 61 ZPO). Das Urteil kann für und gegen die einzelnen Streitgenossen verschieden ausfallen. Eine **notwendige Streitgenossenschaft** liegt vor, wenn das streitige Rechtsverhältnis allen Streitgenossen gegenüber nur einheitlich festgestellt werden kann (vgl. § 60 Abs. 3 FGO, § 360 Abs. 3 AO). Die Entscheidung kann gegenüber den »notwendigen« Streitgenossen nur einheitlich ausfallen.

3.4 Prozessfähigkeit (§ 58 FGO)

Die Fähigkeit, Beteiligter zu sein, ist rein passiver Natur. Sie besagt nichts über die Befugnis, im Prozess tätig zu werden, d. h. Prozesshandlungen wirksam vornehmen zu dürfen. Hierzu ist als zusätzliche Eigenschaft die **Prozessfähigkeit** erforderlich, i. d. R. also die bürgerlichrechtliche Geschäftsfähigkeit. So kann z. B. ein unmündiges Kind Beteiligter sein, weil der Verwaltungsakt ihm gegenüber ergangen ist. Es ist aber nicht prozessfähig. § 58 FGO gleicht § 79 AO.

3213

Von der Prozessfähigkeit ist die **Postulationsfähigkeit** zu unterscheiden. Sie fehlt dem Prozessfähigen dann, wenn das Gesetz oder das Gericht auf Grund des Gesetzes anordnet, dass bestimmte Verfahrenshandlungen nur durch einen Bevollmächtigten vorgenommen werden dürfen.

Im Finanzprozess besteht für die Beteiligten **nur für das Verfahren vor dem BFH** ein **Vertretungszwang** (§ 62a FGO). Beteiligte, die selbst Rechtsanwalt, Steuerberater oder Wirtschaftsprüfer sind, unterliegen nicht dem Vertretungszwang. Ist ein Beteiligter nicht in der Lage, einen zur Vertretung Befugten zu bevollmächtigen, so hat das Gericht dem Beteiligten auf dessen Antrag einen Bevollmächtigten beizuordnen.

Nach § 62 Abs. 1 Satz 2 FGO kann durch Beschluss des Gerichts **angeordnet** werden, dass ein Bevollmächtigter bestellt werden muss. Ergeht diese Anordnung gegen den Kläger und wird sie nicht befolgt, so wird die Klage oder das Rechtsmittel dadurch allerdings nicht unzulässig. Es treten dann lediglich die Wirkungen des § 91 Abs. 2 FGO ein, d. h. der Kläger wird als nicht anwesend angesehen mit der Folge, dass ohne ihn verhandelt werden kann. Das Gericht entscheidet in diesem Fall nach dem Stand der Verhandlung.

Wenn auch grundsätzlich kein Vertretungszwang besteht, so steht es den Beteiligten doch frei, sich durch **Bevollmächtigte** vertreten zu lassen und sich eines **Beistandes zu bedienen** (**§ 62 Abs. 1 Satz 1 FGO**). Das Gericht kann diese jedoch zurückweisen, wenn ihnen die Fähigkeit zum geeigneten Vortrag fehlt (gilt nicht für steuerberatende Berufe). Personen, die geschäftsmäßige Hilfe in Steuersachen leisten, ohne dazu befugt zu sein, sind zurückzuweisen.

Der Bevollmächtigte vertritt den Beteiligten im Prozess. Er tritt **an seiner Stelle** auf. An ihn sind in dem anhängigen Verfahren die Zustellungen oder Mitteilungen zu bewirken (§ 62 Abs. 3 Satz 3 FGO). Er bedarf einer schriftlichen Vollmacht (§ 62 Abs. 3 Satz 1 FGO). Diese kann nachgereicht werden; hierfür kann das Gericht eine Frist mit ausschließender Wirkung bestimmen (§ 62 Abs. 3 Satz 3 FGO). Wird die Vollmacht nicht nachgereicht, so ist die Klage unzulässig. Der vollmachtlose Vertreter hat die durch ihn veranlassten Kosten zu tragen (BFH vom 22.05.1979 BStBl II 1979, 564). Gehört der Bevollmächtigte einem Berufsstand der steuerberatenden Berufe an, kann das Gericht das Vorliegen einer Vollmacht unterstellen (§ 62 Abs. 3 Satz 6 FGO).

Für die Vollmacht gelten die Vorschriften der Zivilprozessordnung entsprechend (§ 155 FGO i. V. m. §§ 81 ff. ZPO). Dort sind insbesondere der Umfang, die Beschränkung und das Erlöschen der Vollmacht geregelt.

Der **Beistand** vertritt den Beteiligten nicht, sondern steht ihm nur in der mündlichen Verhandlung **unterstützend zur Seite**. Das von ihm Vorgetragene gilt aber als vom Beteiligten selbst vorgebracht, soweit es von diesem nicht sofort widerrufen oder berichtigt wird (§ 90 Abs. 2 ZPO).

3.5 Zulässigkeit der Klageart

3214   Der Kläger muss eine der **in der FGO** genannten Klagen einlegen. Im Zweifel hat das Gericht darauf hinzuwirken, dass der Kläger einen sachdienlichen Antrag stellt, also die richtige Klageart vorträgt (§ 76 Abs. 2 FGO). War der Klageantrag falsch (Anfechtungsklage statt Verpflichtungsklage), so stellt die Richtigstellung eine Klageänderung dar (§ 67 FGO). Das Gericht wird diese grundsätzlich für sachdienlich erachten, an Formfehlern soll eine Klage nicht scheitern. Wählt der Kläger trotzdem eine Klageart, die nicht zum Erfolg führen kann, ist die Klage als unzulässig zu verwerfen.

3.6 Die Klagebefugnis

a) Allgemeine Grundsätze

3215   Die Gerichte können **nicht ohne besonderen Grund** in Anspruch genommen werden. Es besteht kein ernsthaftes Bedürfnis dafür, den Weg zu den Gerichten einem jeden zu eröffnen, der nur einfach rügen will, dass eine Verwaltungsbehörde die objektive Rechtsordnung nicht beachtet habe. Eine solche weite Ausdehnung der Klagebefugnis wäre dem Rechtsfrieden abträglich, ganz abgesehen davon, dass die Gerichte überlastet und ihren eigentlichen Aufgaben entzogen würden. Die Befugnis, eine Klage zu erheben, ist daher an bestimmte Erfordernisse gebunden. Sie setzt eine **gewisse Beziehung des Klägers zu** dem Gegenstand, um den gestritten wird, voraus, die es gerechtfertigt erscheinen lässt, dass gerade dieser Kläger das Gericht anruft.

Für die Anfechtungsklage, die Verpflichtungsklage und die **sonstige Leistungsklage** ist die Klagebefugnis in **§ 40 Abs. 2 FGO** besonders geregelt. Sie ist – soweit gesetzlich nichts anderes bestimmt ist – gegeben, wenn der Kläger **geltend macht,** durch einen Verwaltungsakt oder durch die Ablehnung oder die Unterlassung eines Verwaltungsakts oder einer anderen Leistung in seinen Rechten verletzt zu sein. Er muss eine Beschwer vortragen (vgl. § 350 AO), die sich in eine persönliche und eine sachliche untergliedert (vgl. Rz. 2510). Die **persönliche Beschwer** erfordert, dass der Kläger selbst in seinen Rechten betroffen ist, d. h., der angefochtene Verwaltungsakt ihm gegenüber ergangen ist. Sogenannte Popularklagen zur Wahrung der Rechte Dritter oder des Allgemeininteresses sind unzulässig.

Die **sachliche Beschwer** ist gegeben, wenn der Kläger vorträgt, durch die Rechtswidrigkeit eines Verwaltungsaktes belastet zu sein. Die Rechtsverletzung muss durch den Ausspruch (z. B. Steuer 10 000 €) erfolgt sein, nicht durch die Begründung. Daher fehlt die sachliche Beschwer, wenn zwar Besteuerungsgrundlagen fehlerhaft angesetzt wurden, das Ergebnis der Steuerfestsetzung aber zutreffend oder die Steuer null € ist (BFH vom 07. 11. 2000 BStBl II 2001, 338). In diesen Fällen kann eine Beschwer allenfalls vorliegen, wenn die fehlerhaften Besteuerungsgrundlagen sich auf andere Rechtsgebiete (z. B. Sozialleistungen) auswirken (BFH vom 12. 01. 2001 BStBl II 2001, 443) oder das Bestehen einer Steuerpflicht bestritten wird. Ehegatten sind auch im Falle der Zusammenveranlagung jeder für sich klagebefugt.

Für die Bejahung der Klagebefugnis als Prozessvoraussetzung genügt es, dass der Kläger eine Rechtsverletzung schlüssig behauptet, d. h., dass der von ihm vorgetragene Sachverhalt, seine Richtigkeit unterstellt, den Schluss auf eine Rechtsverletzung zulässt. Fehlt es an dieser schlüssigen Behauptung, so ist die Klage als unzulässig abzuweisen. Ist das Vorbringen hingegen schlüssig, erweist es sich aber bei weiterer Nachprüfung als unrichtig, so ist die Klage durch Sachurteil, d. h. als unbegründet, abzuweisen.

Bei der Feststellungsklage (§ 41 FGO) fehlt eine solche gesetzliche Regelung. Der Kläger muss ein berechtigtes Interesse an baldiger Feststellung dartun. Andernfalls ist die Klage als unzulässig abzuweisen.

b) Erweiterung der Klagebefugnis

Ertragsberechtigte und verwaltungsberechtigte Körperschaft sind nicht in allen Fällen identisch (vgl. Art. 106, 108 GG). So ist z. B. die Gemeinde Ertragsberechtigte der Grund- und Gewerbesteuer, das Land ist zum Teil verwaltungsberechtigt. Erteilt die Landesfinanzbehörde einen Grundsteuermessbescheid, ist die Gemeinde als ertragsberechtigte Körperschaft nicht klagebefugt. Von einer Rechtsverletzung i. S. d. § 40 Abs. 2 FGO kann in diesen Fällen in der Regel deshalb keine Rede sein, weil der von der verwaltungsberechtigten Behörde erlassene Verwaltungsakt grundsätzlich nicht die Rechte, sondern nur die Interessen der ertragsberechtigten Körperschaft berührt.

Hiervon macht § 40 Abs. 3 FGO eine Ausnahme. Betrifft z. B. der Grundsteuermessbescheid ein Grundstück des Landes (oder ein Gewerbesteuermessbescheid einen gewerblichen Betrieb des Landes), so kann die Gemeinde als Ertragsberechtigter gegen den zu niedrigen Bescheid klagen. Der Gesetzgeber verhindert damit, dass sich das Land als Steuerschuldner letztlich seine eigene Steuer allein bestimmt.

c) Einschränkung der Klagebefugnis

Die persönliche Beschwer ist in Angelegenheiten, die eine einheitliche und gesonderte Feststellung von Besteuerungsgrundlagen betreffen, eingeschränkt, die Klagebefugnis ist nach § 48 Abs. 1 FGO beschnitten. Die Regelung deckt sich mit der des § 352 AO (vgl. Rz. 2517). So ist die Personengesellschaft klagebefugt, die Gesellschafter nur, soweit sie das Verfahren persönlich betrifft (vgl. BFH vom 06. 12. 2000 BStBl II 2003, 194). Die sachliche Beschwer wird durch

3216

3217

§ 42 FGO eingeschränkt. Danach können aufgrund der AO erlassene Änderungs- und Folgebescheide nur insoweit angefochten werden, als sie im außergerichtlichen Rechtsbehelfsverfahren gem. § 351 AO angefochten werden können (vgl. Rz. 2541). Die Einschränkungen der persönlichen und sachlichen Beschwer im Einspruchsverfahren gelten also ebenso im Klageverfahren.

d) Klageverzicht

3218 Die Klagebefugnis besteht nicht mehr, wenn der Kläger nach § 50 FGO rechtswirksam auf die Klage verzichtet hat. Die Klage wäre als unzulässig abzuweisen. § 50 FGO stimmt mit § 354 AO überein (vgl. Rz. 2474).

3.7 Ordnungsmäßigkeit der Klage

3219 Das Gericht wird nicht von sich aus tätig. Um das gerichtliche Verfahren in Gang zu bringen, bedarf es vielmehr der Klage. Kein Prozess ohne Klage. Die Klage ist eine Prozesshandlung, die eindeutig sein muss, d. h. die Klage darf nicht von einer Bedingung abhängig gemacht werden.

a) Form der Klageerhebung (§ 64 FGO)

3220 Die Klage ist bei dem sachlich und örtlich zuständigen Gericht der Finanzgerichtsbarkeit einzureichen. Sie kann auch bei der Finanzbehörde angebracht werden, gegen deren Entscheidung sich der Kläger wendet (§ 47 Abs. 2 FGO). Die Klage ist schriftlich zu erheben, d. h. sie ist so eigenhändig zu unterzeichnen, dass die Identität des Unterschreibenden ausreichend gekennzeichnet ist (BFH vom 25.03.1983 BStBl II 1983, 479), oder zur Niederschrift des Urkundsbeamten der Geschäftsstelle. Das Fehlen der erforderlichen eigenhändigen Unterschrift kann noch innerhalb der Klagefrist geheilt werden. Abschriften für die übrigen Beteiligten sollen beigefügt werden. Das Schriftformerfordernis ist auch erfüllt bei der Einlegung einer Klage mittels Telefax (BFH vom 04.07.2002 BStBl II 2003, 45) oder mittels Computerfax, bei dem die Unterschrift nur eingescannt worden ist (GmS-OBG vom 05.04.2000 NJW 2000, 2340).

Nach Maßgabe von § 52 a FGO können bereits bis zum 01.01.2018 dem Gericht elektronische Dokumente übermittelt werden. Dies muss durch Rechtsverordnung der Bundes- oder Landesregierung für den jeweiligen Zuständigkeitsbereich zugelassen sein (§ 52 a Abs. 1 Satz 1 FGO). Für elektronische Dokumente, die einem schriftlich zu unterzeichnenden Schriftstück, wie insbesondere die Klageschrift eines ist, gleichstehen, ist dabei eine sogenannte qualifizierte elektronische Signatur oder ein vergleichbares Verfahren vorzuschreiben (§ 52 a Abs. 1 Sätze 3 und 4 FGO). Ab dem 01.01.2018 erhält § 52 a FGO durch das »Gesetz zur Förderung des elektronischen Rechtsverkehrs mit den Gerichten« vom 10.10.2013 (BGBl I 2013, 3786) einen neuen Wortlaut. Nach diesem wird die Einreichung elektronischer Dokumente bei Gericht allgemein zugelassen sein, wobei die für die Übermittlung und Verarbeitung geeigneten technischen Rahmenbedingungen durch Rechtsverordnung zu bestimmen sind. Für Prozessbevollmächtigte und Behörden wird nach § 52 d FGO sogar die Verpflichtung bestehen, ausschließlich elektronische Dokumente zu übermitteln.

b) Inhalt der Klage (§ 65 FGO)

3221 Für den Inhalt der Klage sind eine Reihe von Vorschriften zu beachten, die teils **zwingenden Charakter haben, teils aber auch nur beachtet werden sollen.** Die Klage **muss** enthalten (§ 65 Abs. 1 Satz 1 FGO):

1. Den Kläger

Der Kläger wird bei natürlichen Personen durch Angabe des Namens (bei Kaufleuten der **3222** Firma) und der ladungsfähigen Anschrift, bei juristischen Personen durch Angabe des Namens und des Sitzes bezeichnet. Wird ein Beteiligter durch einen gesetzlichen Vertreter (z. B. Vorstand der Gesellschaft, Vormund, Pfleger) vertreten, so muss auch dessen Name und Anschrift in der Klageschrift angegeben werden (§ 155 FGO i. V. m. § 130 Nr. 1 ZPO).

2. Den Beklagten

Nach § 63 FGO ist diejenige Behörde als Beklagte zu bezeichnen, die den ursprünglichen **3223** Verwaltungsakt erlassen oder den beantragten Verwaltungsakt oder eine andere Leistung unterlassen oder abgelehnt hat oder der gegenüber die Feststellung des Bestehens oder Nichtbestehens eines Rechtsverhältnisses oder der Nichtigkeit eines Verwaltungsakts begehrt wird (§ 63 Abs. 1 FGO). Für den Fall des Wechsels der ursprünglich zuständigen Behörde während des außergerichtlichen Rechtsbehelfsverfahrens enthält § 63 Abs. 2 FGO Sonderregelungen.

Hat eine Behörde, die aufgrund gesetzlicher Vorschrift berechtigt ist, für die zuständige Behörde zu handeln, den ursprünglichen Verwaltungsakt erlassen oder den beantragten Verwaltungsakt oder die andere Leistung unterlassen oder abgelehnt, so ist die Klage gegen die zuständige Behörde zu richten (§ 63 Abs. 3 FGO; vgl. § 18 FVG).

3. Gegenstand des Klagebegehrens

Im Hinblick darauf, dass das Gericht über das Klagebegehren nicht hinausgehen darf (§ 96 **3224** Abs. 1 Satz 2 FGO), obliegt es dem Kläger, den Umfang des begehrten Rechtsschutzes zu bestimmen. Es ist daher erforderlich, dass der Kläger das Ziel der Klage durch eine ausreichende Bezeichnung des Gegenstandes des Klagebegehrens erkennbar macht. Das Gericht hat im Zweifelsfall die Klageschrift als prozessuale Willenserklärung auszulegen und dabei die ihm vorliegenden Akten zu berücksichtigen. Für das Klagebegehren sind je nach Verschiedenheit der Klageart unterschiedliche Angaben erforderlich.

Bei der **Anfechtungsklage** ist neben dem Klagebegehren der **Gegenstand der Klage** so genau zu bezeichnen, dass das Gericht mit Sicherheit feststellen kann, welcher Verwaltungsakt gemeint ist. Dazu gehören bei einem Steuerbescheid die Bezeichnung der angefochtenen Entscheidung nach Steuerart und Steuerjahr (z. B. ESt des Jahres 01).

Beim Gegenstand des Klagebegehrens ist anzugeben, um welchen bestimmten, genau bezeichneten Betrag die Herabsetzung der Steuer begehrt wird. Es genügt auch die Bezeichnung der steuerlichen Bemessungsgrundlage, z. B. Einkünfte aus Gewerbebetrieb um 5 000 € zu mindern. Bei einer Anfechtungsklage gegen Schätzungsbescheide genügt, wenn der Kläger sein mit der Klage verfolgtes Begehren durch Angabe von Umsatz, Vorsteuer und Gewinn präzisiert. Notfalls ist das Klagebegehren als prozessuale Willenserklärung auszulegen. Dabei ist auf die dem Gericht vorliegenden Akten zurückzugreifen (BFH vom 23. 01. 1997 BStBl II 1997, 462). Wegen des Rechts des Bürgers auf gerichtlichen Rechtsschutz (Art. 19 Abs. 4 GG) darf nicht zu kleinlich verfahren werden (vgl. auch BFH vom 17. 01. 2002 BStBl II 2002, 306).

Andererseits reichen die bloße Ankündigung eines Sachvortrages oder der Abgabe einer Steuererklärung ebenso wenig aus wie der allgemeine Hinweis, die Besteuerungsgrundlagen seien zu hoch geschätzt worden. Der Umfang der begehrten Änderung ist nämlich unklar, solange der Kläger weder die ausstehende Steuererklärung abgibt noch auf andere Weise die von ihm angestrebte Steuerfestsetzung präzisiert. Damit ist das Finanzgericht nicht in der Lage, die Grenzen seiner Entscheidungsbefugnis (§ 96 Abs. 1 Satz 2 FGO) zu bestimmen. Aus diesem Grunde reicht auch die bloße Bezugnahme auf eine Einspruchsentscheidung generell nicht aus, es sei denn, es ist offensichtlich nur eine Rechtsfrage strittig (BFH vom 27.07.1999 BFH/NV 2000, 196) oder der Kläger macht deutlich, dass er bei einer Klage gegen einen zu seinem Nachteil geänderten Steuerbescheid die Aufhebung der gesamten Einspruchsentscheidung begehrt. Schließlich dürfen die Sollvoraussetzungen des § 65 Abs. 1 Sätze 2 und 3 FGO (wie bestimmter Antrag und Begründung) nicht über die Ausweitung des Klagebegehrens als Mussvoraussetzung des § 65 Abs. 1 Satz 1 FGO verstanden werden.

Bei der **Verpflichtungsklage** ist der begehrte Verwaltungsakt (z. B. Verlustfeststellungsbescheid 01 über 100 000 € oder Erlass der ESt 01 i. H. v. 50 000 € aus Billigkeitsgründen) anzugeben. Bei der sonstigen Leistungsklage muss der Sachverhalt vorgetragen werden, aus dem sich der Leistungsanspruch herleitet. Bei der Feststellungsklage ist das Rechtsverhältnis, dessen Bestehen oder Nichtbestehen festgestellt werden soll, darzulegen.

Fehlt eine Mussvoraussetzung, so hat der Vorsitzende zur Ergänzung aufzufordern und dazu eine bestimmte Frist zu setzen (§ 65 Abs. 2 Satz 2 FGO). Wird die Frist nicht eingehalten, ist die Klage als unzulässig abzuweisen (BFH vom 08.07.1998 BStBl II 1998, 628). Zur Erweiterung des Klagebegehrens vgl. Rz. 3245.

Die Klage **soll** enthalten (§ 65 Abs. 1 Sätze 2 bis 4 FGO):

1. Einen bestimmten Antrag

3225   Der Antrag lautet bei den einzelnen Klagearten verschieden. Bei der Anfechtungsklage geht er auf Aufhebung oder – was aber nur in den Fällen des § 100 Abs. 2 FGO zulässig ist – auf Änderung des angefochtenen Verwaltungsakts, bei der Verpflichtungsklage auf Verurteilung des Beklagten zum Erlass des abgelehnten oder unterlassenen Verwaltungsakts, bei der sonstigen Leistungsklage auf Verurteilung des Beklagten zu einer Leistung (§ 40 Abs. 1 FGO) und bei der Feststellungsklage auf Feststellung des Bestehens oder Nichtbestehens eines bestimmten Rechtsverhältnisses oder der Nichtigkeit eines Verwaltungsaktes (§ 41 Abs. 1 FGO). Dem Erfordernis eines bestimmten Antrags ist genügt, wenn sich erkennen lässt, welches Ziel der Kläger mit der Klage verfolgt. Der Klageantrag kann erweitert werden.

2. Die zur Begründung dienenden Tatsachen und Beweismittel

3226   Die Angabe der zur Begründung dienenden Tatsachen ist zwar nicht notwendig, in jedem Falle aber im Interesse einer ordnungsgemäßen Klagebehandlung zweckmäßig, weil aus ihnen in der Regel erst hervorgehen wird, was der Kläger im Einzelnen begehrt und worauf er sein Begehren stützt. Dasselbe gilt für die Angabe der Beweismittel, die der Pflicht des Gerichts zur Sachverhaltsermittlung unter Heranziehung der Beteiligten (§ 76 Abs. 1 Sätze 1 und 2 FGO) entgegenkommt.

3. Eine Abschrift des angefochtenen Verwaltungsaktes und der Einspruchsentscheidung

3227   Diese Regelung dient der Klarheit und der Verfahrensbeschleunigung.

3228   Fehlt eine Sollvorschrift, so ist die Klage nicht deswegen unzulässig. Das Gericht kann dem Kläger eine Frist setzen, innerhalb derer er darzulegen hat, inwieweit er sich beschwert fühlt (§ 79 b Abs. 1 FGO), oder Tatsachen oder Beweismittel anzugeben und Urkunden vorzulegen hat (§ 79 b Abs. 2 FGO). Erklärungen und Beweismittel, die erst nach Ablauf der gesetzten Frist vorgebracht werden, kann (pflichtgemäßes Ermessen) das Gericht zurückweisen und ohne weitere Ermittlungen entscheiden, wenn ansonsten das Verfahren verzögert würde und den Kläger daran ein Verschulden trifft (§ 79 b Abs. 3 FGO, vgl. Rz. 3178). Außerdem kann man Erklärun-

gen und Beweismittel zurückweisen, die erst nach Ablauf der vom Finanzamt im Einspruchsverfahren gesetzten Frist vorgebracht werden (§ 76 Abs. 3 FGO).

3.8 Durchführung des außergerichtlichen Vorverfahrens

Dem Finanzprozess ist in den **Fällen der Anfechtungs- und Verpflichtungsklage** ein   **3229**
außergerichtliches Rechtsbehelfsverfahren vorgeschaltet. Ist ein außergerichtlicher Rechtsbehelf gegeben (§§ 347, 348 AO), ist die Klage grundsätzlich nur zulässig, wenn das Vorverfahren über den außergerichtlichen Rechtsbehelf **ganz oder zum Teil erfolglos** geblieben ist (§ 44
Abs. 1 FGO), wobei es gleichgültig ist, ob der Rechtsbehelf als unbegründet zurückgewiesen
oder als unzulässig verworfen wurde (vgl. BFH vom 24. 07. 1984 BStBl II 1984, 791). Ist der Verwaltungsakt im Vorverfahren abgeändert worden, so ist Gegenstand der Anfechtungsklage der
ursprüngliche Verwaltungsakt in der Gestalt, die er durch die Entscheidung über den außergerichtlichen Rechtsbehelf erhalten hat (§ 44 Abs. 2 FGO). Eine Klage ohne Vorverfahren ist
selbstverständlich dann zulässig, wenn ein außergerichtlicher Rechtsbehelf gegen den angegriffenen Verwaltungsakt nicht möglich war, wie z. B. in den Fällen des § 348 AO (Verwaltungsakte
der Ministerien usw.). Wird vor Abschluss des Einspruchsverfahrens Klage gegen einen Steuerbescheid erhoben, so wird die Klage mit der Entscheidung über den Einspruch zulässig (BFH
vom 29. 03. 2001 BStBl II 2001, 432), sie wächst also in die Zulässigkeit hinein. Wird ein Stpfl.
durch eine Einspruchsentscheidung erstmals beschwert, ist eine Anfechtungsklage auch ohne
erfolgreiche Durchführung eines Vorverfahrens zulässig (BFH vom 04. 11. 1987 BStBl II 1988,
377).

BEISPIEL

Die Ehefrau betreibt ein Einzelunternehmen. Das FA setzt gegen sie 5 000 € Umsatzsteuer fest. Sie
legt Einspruch ein. Die Einspruchsentscheidung ergeht gegen den Ehemann, die Umsatzsteuer wird
darin auf 6 000 € erhöht.

LÖSUNG Der Ehemann kann klagen, obgleich er keinen Umsatzsteuerbescheid erhalten hatte und
daher am Vorverfahren nicht beteiligt war.

Ein außergerichtliches Vorverfahren braucht, obwohl es zulässig wäre, in folgenden Fällen   **3230**
nicht eingeleitet zu werden:

a) Die Behörde, die den Verwaltungsakt erlassen hat, stimmt innerhalb eines Monats nach
   Zustellung der Klageschrift zu (§ 45 Abs. 1 Satz 1 FGO). Man spricht hier von **Sprungklage.** Eine Sprungrevision kennt der Finanzgerichtsprozess nicht. Eine unmittelbar gegen
   die Einspruchsentscheidung eines FA eingelegte Revision ist unzulässig.
   Die Zustimmung der Finanzbehörde zur Sprungklage hat rein prozessualen Charakter
   und bedeutet nicht das Einverständnis mit dem sachlichen Inhalt der Klageschrift.
   Die Zustimmung ist, als Prozesshandlung, dem Gericht gegenüber zu erklären. Es muss
   die Behörde zustimmen, die über den außergerichtlichen Rechtsbehelf zu entscheiden hat;
   in Fällen, in denen ein Einspruch statthaft wäre (§ 348 AO) also das Finanzamt. Stimmt die
   Finanzbehörde nicht zu, so ist die Klage als außergerichtlicher Rechtsbehelf zu behandeln
   (§ 45 Abs. 3 FGO).

b) Die Rechtswidrigkeit der Anordnung eines **Sicherungsverfahrens** wird geltend gemacht
   (§ 45 Abs. 4 FGO). Damit ist der Eilbedürftigkeit der begehrten Entscheidung Rechnung
   getragen.

c) Es wird Untätigkeitsklage erhoben (§ 46 FGO), weil über das Vorverfahren nicht entschieden worden ist.

3231 Ist die Klage ohne Durchführung des außergerichtlichen Vorverfahrens erhoben worden, so ist die Klage **grundsätzlich unzulässig**. Hat von mehreren Berechtigten einer einen außergerichtlichen Rechtsbehelf eingelegt, ein anderer unmittelbar Klage erhoben, so ist zunächst über den außergerichtlichen Rechtsbehelf zu entscheiden (§ 45 Abs. 1 Satz 3 FGO). Soweit unmittelbar Klage erhoben worden ist, bleibt das Verfahren anhängig; die Entscheidung über die Klage kann aber nicht eher ergehen, als über den Rechtsbehelf des anderen Berechtigten entschieden ist.

3232 – 3233
frei

3.9 Klagefrist

3234 Wenn sich die Klage, wie es bei der **Anfechtungs- und Verpflichtungsklage** der Fall ist, gegen ein bestimmtes Tun oder Unterlassen der Verwaltungsbehörde richtet, so ist die Einhaltung bestimmter Fristen zu beachten. Die Frist beträgt für die Anfechtungs- oder Verpflichtungsklage grundsätzlich einen Monat. Nach § 47 Abs. 1 FGO beginnt die Frist

a) bei vorausgegangenem außergerichtlichem Vorverfahren: mit der Bekanntgabe der Entscheidung über den außergerichtlichen Rechtsbehelf,

b) wenn ein außergerichtliches Vorverfahren nicht gegeben ist oder wegen Zustimmung zur Sprungklage nach § 45 FGO entfällt: mit der Bekanntgabe des Verwaltungsakts.

Die Frist ist wegen § 54 Abs. 2 FGO i. V. m. § 222 ZPO nach den allgemeinen Grundsätzen zu berechnen. Da der Kläger die Frist bis zur letzten Minute ausschöpfen darf, müssen die Gerichte oder Behörden geeignete Maßnahmen treffen, um dies zu ermöglichen (z. B. auffindbarer Nachtbriefkasten). Die Feststellungslast für Unregelmäßigkeiten bei der Leerung des Nachtbriefkastens trägt der Kläger (BFH vom 08. 07. 2003 BFH/NV 2003, 1441).

Im Falle der Anfechtungsklage gilt die Monatsfrist aber nur, wenn die Einspruchsentscheidung oder der schriftlich erteilte Verwaltungsakt eine **Belehrung über das Klagerecht** enthält (§ 55 Abs. 1 FGO, entsprechend der Rechtsbehelfsbelehrung gem. § 356 AO). Andernfalls kann die Klage innerhalb eines Jahres seit Bekanntgabe des Verwaltungsaktes oder der Entscheidung erhoben werden (§ 55 Abs. 2 FGO), es sei denn, die Einlegung war vor Ablauf der Jahresfrist infolge höherer Gewalt unmöglich oder das Gericht oder das rechts- und treuewidrige Verhalten des Finanzamtes haben den Kläger von der Einhaltung der Frist abgehalten (BFH vom 08. 02. 2001 BStBl II 2001, 506). Die Klage ist trotz Überschreitung der Frist zulässig, wenn der Kläger nach **§ 56 FGO Wiedereinsetzung** in den vorigen Stand erlangt (vgl. § 110 AO Rz. 130). § 56 FGO unterscheidet sich von § 110 AO im Grunde nur dadurch, dass der Antrag auf Wiedereinsetzung hier innerhalb von zwei Wochen (dort innerhalb eines Monats) nach Wegfall des Hindernisses zu stellen ist. Wenngleich die Klage grundsätzlich beim Gericht einzureichen ist, so gilt die Frist als gewahrt, wenn die Klage bei der zuständigen Behörde innerhalb der Frist angebracht oder zur Niederschrift erklärt wird. Die Behörde hat die Klageschrift in diesem Falle unverzüglich dem Gericht zu übersenden (§ 47 Abs. 2 FGO).

3.10 Fehlen anderweitiger Rechtshängigkeit

a) Eintritt der Rechtshängigkeit

3235 Durch die Erhebung der Klage wird die **Streitsache rechtshängig** (§ 66 Abs. 1 FGO). Die Rechtshängigkeit tritt unabhängig von der Zulässigkeit der Klage mit deren **Eingang bei Gericht** ein. Auf die Zustellung der Klage an den Beklagten kommt es nicht an.

b) Wirkungen der Rechtshängigkeit

Die Rechtshängigkeit hat prozessual in mehrfacher Hinsicht Bedeutung. Im Einzelnen gilt Folgendes: **3236**

aa)   Ein **weiterer Prozess über dieselbe Sache** ist **unzulässig** (§ 70 FGO i. V. m. § 17 GVG). Ist ein Rechtsstreit bereits bei einem anderen Gericht (desselben oder eines anderen Rechtszweiges) anhängig, so muss die erneut erhobene Klage als unzulässig abgewiesen werden. Der Rechtsstreit ist aber nur dann als anderweitig anhängig anzusehen, wenn die Beteiligten und der Streitgegenstand in beiden Prozessen dieselben sind.

bb)   Die **Zuständigkeit des Gerichts** und die **Zulässigkeit des Rechtswegs** bleiben, wenn sie bei Eintritt der Rechtshängigkeit gegeben sind, auch dann bestehen, wenn sich die Umstände ändern, auf denen sie beruhen. Diese »**perpetuatio fori**« folgt aus § 70 FGO i. V. m. § 17 GVG. Ist z. B. nach § 38 Abs. 2 FGO für die Entscheidung über die Klage das Finanzgericht örtlich zuständig, in dem der Kläger seinen Wohnsitz hatte, so entfällt die Zuständigkeit nicht deshalb, weil der Kläger während des Prozesses in den Bezirk eines anderen Finanzgerichts verzieht. Grundsätzlich bleibt es auch ohne Einfluss auf den schwebenden Prozess, wenn die Zuständigkeit des Gerichts oder die Zulässigkeit des Rechtsweges nach Eintritt der Rechtshängigkeit durch Gesetz geändert wird.

cc)   Eine **Änderung der Klage** ist nur unter bestimmten Voraussetzungen zulässig. Dagegen wird die Finanzbehörde durch die Rechtshängigkeit nicht gehindert, den angefochtenen Verwaltungsakt zu ändern oder durch einen anderen zu ersetzen (§ 68 FGO, § 132 AO), soweit gesetzliche Vorschriften dies zulassen. Die Änderungsmöglichkeit besteht auch noch im Revisionsverfahren (§ 123 Satz 2 FGO).

c) Ende der Rechtshängigkeit

Die Rechtshängigkeit endet mit dem Eintritt der Rechtskraft des Urteils, mit der Einstellung des Verfahrens nach Rücknahme der Klage oder mit der Erledigung des Rechtsstreits in der Hauptsache. Inwieweit über den nicht mehr rechtshängigen Streitgegenstand ein neuer Prozess geführt werden kann, hängt von den Rechtserfolgen ab, die die genannten Änderungsgründe im Einzelnen auslösen. Endet die Rechtshängigkeit durch Rechtskraft oder Erledigung der Hauptsache, so ist eine neue Klage unzulässig. Etwas anderes ergibt sich für den Fall der Klagerücknahme (vgl. Rz. 3248).   **3237**

3.11   Fehlen der Rechtskraft

(Vgl. Rz. 3309) Eine Klage ist unzulässig, wenn der Klageantrag einen Streitgegenstand erfasst, über den ein Gericht insoweit **bereits rechtskräftig entschieden** hat. Ein Stpfl. darf nicht wegen ein- und derselben Sache das Gericht zweimal anrufen.   **3238**

Zu berücksichtigen ist dabei, dass beispielsweise bei der Anfechtung eines Einkommensteuerbescheides Streitgegenstand die Rechtmäßigkeit des Bescheides und nicht allein die zutreffende Berücksichtigung einzelner Besteuerungsgrundlagen ist. Rechtskraft tritt aber nur ein, »soweit« über den Streitgegenstand entschieden wurde (vgl. § 110 Abs. 1 Satz 1 FGO). Hat das FG die Behandlung einer Besteuerungsgrundlage in seiner Entscheidung also gewürdigt, so ist diesbezüglich nach Eintritt der Rechtskraft eine erneute Klageerhebung ausgeschlossen. Dagegen kann der Stpfl. mit der Begründung, eine andere Besteuerungsgrundlage, über die das Gericht noch nicht entschieden hat, sei fehlerhaft angesetzt, zulässig Klage erheben.

3.12 Rechtsschutzbedürfnis

3239 Ist eine Person klagebefugt, so bedeutet dies noch nicht, dass auch ein Bedürfnis besteht, ihr Rechtsschutz zu gewähren. Fehlt dieses Bedürfnis, so besteht für das Gericht kein Anlass zu einer sachlichen Überprüfung. Die Klage ist daher als unzulässig abzuweisen.

Bei der Anfechtungs- und bei der Leistungsklage (Verpflichtungsklage und sonstige Leistungsklage) wird das **Rechtsschutzbedürfnis** allerdings in aller Regel schon **mit der Klagebefugnis** gegeben sein und deshalb nicht besonders dargetan werden müssen. **In besonderen Fällen** kann aber auch hier das **Rechtsschutzbedürfnis** fehlen. Ein solcher Fall kann vorliegen, wenn der Kläger im Zeitpunkt der Klageerhebung durch den angerechneten Verwaltungsakt oder durch die Ablehnung oder Unterlassung der beantragten Amtshandlung nicht mehr beschwert ist, z. B. weil ihm die zunächst abgelehnte Stundung inzwischen bewilligt worden ist. Zweifelhaft ist das Rechtsschutzbedürfnis, wenn der Kläger den Bescheid nicht anzugreifen braucht, um sein Ziel zu erreichen.

BEISPIELE

a) Ein Stpfl. wehrt sich gegen die Höhe seines gewerblichen Gewinns und klagt zu diesem Zwecke nicht nur gegen den Einkommensteuerbescheid, sondern auch gegen den Gewerbesteuermessbescheid.

LÖSUNG Die Klage gegen den Messbescheid ist insofern überflüssig, weil, sobald der Stpfl. mit der Klage gegen den Einkommensteuerbescheid Erfolg hat, der Gewerbesteuermessbescheid gem. § 35b GewStG automatisch anzupassen ist.

Trotzdem ist das Rechtsschutzbedürfnis für eine Anfechtung des Gewerbesteuermessbescheides zu bejahen. § 35b GewStG ist eine Vereinfachungsvorschrift, die nur Bedeutung hat, wenn der Gewerbesteuermessbescheid nicht gesondert angefochten wird. Sie lässt die Befugnis des Stpfl., den Gewerbesteuermessbescheid selbstständig nachprüfen zu lassen, unberührt. Außerdem bietet es sich an, die Klagen gegen den Einkommensteuer- und den Gewerbesteuermessbescheid zu verbinden (§ 43 FGO).

3240 b) Ein Stpfl. erklärt für 02 einen einkommensteuerlichen Verlust i. H. v. 50 000 €. Das FA erkennt den Verlust nicht an und setzt die Steuer auf 0 € fest. Nach erfolglosem Einspruch klagt der Stpfl. Die sachliche Beschwer begründet er mit seinem Ansinnen, den Verlust gem. § 10d EStG in das Jahr 01 zurückzutragen.

LÖSUNG Die Klage ist u. a. wegen des fehlenden Rechtsschutzbedürfnisses unzulässig. Den Verlustrücktrag erreicht der Stpfl., indem er den Antrag beim FA stellt, den ESt-Bescheid 01 gem. § 10d Abs. 1 EStG entsprechend zu ändern. Sollte der Antrag abgelehnt werden, kann der Stpfl. nunmehr sein Recht über den Einspruch und anschließender Verpflichtungsklage suchen.

4 Gang des finanzgerichtlichen Verfahrens

4.1 Der Streitgegenstand

3241 Der Begriff Streitgegenstand ist in den §§ 110, 114 FGO genannt, jedoch nicht definiert. Seine wesentliche Bedeutung erlangt der Begriff durch § 110 FGO. Formell bestandskräftige Urteile lösen die materielle Rechtskraft gegenüber den in § 110 FGO genannten Personen aus (z. B. den Beteiligten), d. h. diese sind daran gebunden, soweit über den Streitgegenstand entschieden worden ist. Daraus folgt die Bedeutung des Umfangs des Streitgegenstandes für die Rechtshängigkeit einer Klage (§ 66 FGO, Rz. 3235 ff.), die Zulässigkeit einer Klageänderung (§ 67 FGO, Rz. 3243), die Begründung einer Revision (§ 120 Abs. 2 FGO, Rz. 3341), sofern das finanzgerichtliche Urteil mehrere selbstständige Streitgegenstände (z. B. Kalenderjahre) erfasste, sowie die Frage, inwieweit Steuerbescheide nach Rechtskraft eines Urteils korrigiert werden können (Rz. 3310).

Streitgegenstand im steuergerichtlichen Verfahren ist nicht das einzelne Besteuerungs- **3242** merkmal, sondern die **Rechtmäßigkeit des die Steuer festsetzenden Steuerbescheids** (vgl. BFH vom 26.11.1979 BStBl II 1980, 99, 102, großer Senat).[7] Daran knüpft die **Saldierungstheorie** an. Innerhalb des durch den Antrag des Klägers eröffneten Änderungsrahmens hat das Gericht die richtige Steuer festzusetzen. Anders ist die Individualisierungstheorie, wonach das Gericht seine Prüfung nur auf den vom Kläger zur Prüfung gestellten Sachverhaltskomplex beschränken darf.

> **BEISPIEL**
>
> Ein Stpfl. klagt gegen einen durch Einspruchsentscheidung bestätigten ESt-Bescheid, der die Steuer auf 10 000 € festgesetzt hat. Er behauptet Werbungskosten, die die Steuer um 500 € mindern würden. Das Gericht will die Werbungskosten gewähren, entdeckt aber, dass bei dem Stpfl. zu Unrecht Sonderausgaben mit einer steuerlichen Auswirkung von 300 € berücksichtigt worden sind.
> **LÖSUNG** Nach der Saldierungstheorie ist vom Gericht die richtige Steuer auf 9 800 € festzusetzen. Nach der Individualisierungstheorie ist die Steuer auf 9 500 € festzusetzen, weil nur über den vom Kläger zur Prüfung gestellten Sachverhaltskomplex, die Werbungskosten, zu entscheiden war.

Die Verf. folgen der Saldierungstheorie, die den Wortlaut des § 100 Abs. 1 FGO – Rechtswidrigkeit ist zu überprüfen – und die Einheitlichkeit mit dem außergerichtlichen Rechtsbehelfsverfahren für sich hat.

Bei Feststellungsbescheiden ist zu beachten, dass die einzelnen Besteuerungsgrundlagen selbstständig anfechtbar sind (§ 157 Abs. 2 AO). Soweit es sich hierbei um eigenständige Verwaltungsakte handelt, wie z. B. bei Einheitswertbescheiden (§ 180 Abs. 1 Nr. 1 AO) über die Grundstücksart, den Grundstückswert und die Zurechnung ist Streitgegenstand die einzelne Feststellung, ebenso die Feststellung der Einkünfte und die Feststellung der verrechenbaren Verluste der Gesellschafter (BFH vom 23.02.1999 BStBl II 1999, 592). Bei den einheitlichen Feststellungen der Einkünfte (§ 180 Abs. 1 Nr. 2 Buchst. a AO) liegt dagegen nur ein Verwaltungsakt vor, der jedoch mehrere einzelne Feststellungen von Besteuerungsgrundlagen erfasst, die eine rechtlich selbstständige Würdigung enthalten, wie z. B. Art, Höhe, Verteilung des Gewinns auf die Gesellschafter. Sie können eigenständig Gegenstand eines Klagebegehrens i. S. von § 65 FGO sein, damit werden sie auch Streitgegenstand.

Während im Einspruchsverfahren bei Anfechtung eines Gewinnfeststellungsbescheides das Finanzamt den Bescheid ohne Bindung an den Antrag des Stpfl. in vollem Umfang auf seine Rechtmäßigkeit zu überprüfen hat (BFH vom 10.09.1979 BFH/NV 1998, 282), muss der Kläger bei Anfechtung eines Gewinnfeststellungsbescheides genau angeben, welche Feststellung er angreift. Eine spätere Ausdehnung, nach Ablauf der Klagefrist, wäre eine unzulässige Klageänderung (vgl. BFH vom 21.01.1999 BStBl II 1999, 563).

4.2 Die Klageänderung (§ 67 FGO)

Ist eine Sache rechtshängig, so ist eine Klageänderung nicht mehr ohne weiteres zulässig. **3243** Was eine Klageänderung ist, wird in der FGO nicht ausdrücklich geregelt, sondern in § 67 FGO vorausgesetzt. Die Frage ist daher nach allgemeinen prozessrechtlichen Grundsätzen zu beur-

---

7 Zur Streitfrage, inwieweit das FG bei einer Vorbehaltsfestsetzung den genannten Steuerbescheid zu überprüfen hat, vgl. BFH vom 12.02.1985 HFR 1985, 468.

teilen. Danach liegt eine Klageänderung vor, wenn der **Streitgegenstand** eine Änderung erfährt. Diese kann durch eine Änderung des Klagegrundes, des Klageantrags oder durch eine Änderung der Beteiligten eintreten. Da die Klageänderung eine Änderung des Streitgegenstandes voraussetzt, spielt es eine wesentliche Rolle, nach welchen Grundsätzen der Streitgegenstand abgegrenzt wird. Nach der hier vertretenen Saldierungstheorie ergibt sich:

4.2.1 Änderung des Klagegrundes

3244   Diese Fälle der Klageänderung sind selten. In Betracht kommen der Wechsel von einer Klageart zur anderen (von Anfechtungs- zur Verpflichtungs- oder Feststellungsklage). Indes ist eine Klageänderung zu verneinen, wenn sich der neue Klageantrag bei gleichbleibendem Klagegrund lediglich als eine sachliche Richtigstellung des bisherigen Antrags (§ 76 Abs. 2 FGO) darstellt oder lediglich der veränderten Prozessentwicklung Rechnung trägt (Gedanke des § 268 Nr. 3 ZPO).

So ist der »Übergang« von der Anfechtungs- zur Verpflichtungsklage dann keine Klageänderung, wenn sich bereits aus dem bisherigen Vorbringen des Klägers ergibt, dass er die Verurteilung der Finanzbehörde zum Erlass eines Verwaltungsakts anstrebt, dieses Begehren aber zunächst in die Form eines Antrags auf Aufhebung des ablehnenden Verwaltungsakts gekleidet hatte.

4.2.2 Änderung des Klageantrags

3245   Eine Klageänderung durch Änderung des Klageantrags ist insbesondere anzunehmen, wenn der Kläger nunmehr mit der Anfechtungsklage statt des bisher angefochtenen Verwaltungsaktes einen **anderen Verwaltungsakt** angreift, z. B. statt des Folgebescheides den Grundlagenbescheid. Eine Klageänderung liegt ferner vor, wenn mit der Verpflichtungsklage ein gegenüber dem bisher begehrten Verwaltungsakt **anders gearteter Verwaltungsakt begehrt wird** oder mit der sonstigen Leistungsklage eine andersartige Leistung oder mit der Feststellungsklage die Feststellung des Bestehens oder Nichtbestehens eines anders gearteten Rechtsverhältnisses oder die Nichtigkeit eines anderen Verwaltungsakts begehrt wird.

3246   Eine **Klageerweiterung** und keine Klageänderung ist anzunehmen, wenn ohne Änderung des Klagegrundes der Klageantrag erweitert oder beschränkt wird. Die Klageerweiterung ist statthaft (§ 155 FGO i. V. m. § 264 Nr. 2 ZPO).

BEISPIEL

Ein Stpfl. klagt wegen Anerkennung von Werbungskosten i. H. v. 1 000 €. Nach Erhebung der Klage begehrt er erstmals die Berücksichtigung von Sonderausgaben i. H. v. 2 000 €.
LÖSUNG Die Klageerweiterung ist zulässig.

Uneinigkeit besteht jedoch darüber, ob die Klageerweiterung auch dann zulässig ist, wenn sie nach Ablauf der Klagefrist erfolgt. Durch die teilweise Anfechtung innerhalb der Klagefrist tritt eine Teilbestandskraft ein, die zur teilweisen Unzulässigkeit der Klage führt, wenn die Klage nach Ablauf der Frist erweitert wird. Wird z. B. ein Gewinnfeststellungsbescheid nur wegen der Gewinnverteilung angefochten, kann nach Ablauf der Klagefrist nicht mehr die Höhe des Gesamtgewinns angegriffen werden. Bei einem Einkommensteuerbescheid hat jedoch der BFH (BFH vom 23. 11. 1989 BStBl II 1990, 327) entschieden, dass hier wegen dessen Komplexität eine Teilbestandskraft regelmäßig nicht anzunehmen sei. Demzufolge ist die Anfechtungsklage gegen einen Einkommensteuerbescheid auch insoweit zulässig, als sie nach Ablauf der Klagefrist (oder der Ausschlussfrist des § 65 Abs. 2 FGO, vgl. BFH vom 12.09.1995 BStBl II 1996, 16) betragsmäßig erweitert wird. Folglich kann der Stpfl. im obigen Beispiel die Anerkennung von Sonderausgaben auch nach Ablauf der Klagefrist erstmals begehren. Etwas anderes gilt lt. BFH nur, wenn der Stpfl. zuvor eindeutig zu erkennen gegeben hat, dass er von einem weiteren Klagebegehren absieht. Inwieweit sich die Entscheidung des BFH auf andere Steuerbescheide (z. B. USt-Bescheid) übertragen lässt, bleibt offen. Keinesfalls gilt diese Entscheidung für die Revisionsinstanz, weil es insoweit an einem Gegenstand der revisionsrechtlichen Nachprüfung fehlt (vgl. § 123 FGO).

4.2.3 Änderung der Beteiligten

Es liegt eine Klageänderung vor, wenn ein Wechsel in der Person des Klägers eintritt, oder **3247** wenn aufgrund einer Erklärung des Klägers an die Stelle des bisherigen Beklagten ein anderer tritt. Nach BFH vom 22.01.2004 (BFH/NV 2004, 792) liegt jedoch kein Wechsel des Beklagten vor, wenn der Kläger, der sich gegen Feststellungen der Steuerfahndung wehrt, zunächst das für die Steuerfahndung zuständige Finanzamt verklagt und dann die Klageschrift berichtigt und gegen das Finanzamt klagt, das den Steuerbescheid erlassen hat. Aus der Klageschrift ergebe sich, welches Finanzamt tatsächlich als Beklagter in Betracht komme. Insofern liege nur eine Rubrumsberichtigung vor, die auch nach Ablauf der Klagefrist möglich sei. Bei fristgebundenen Klagen ist eine einen Beteiligten wechselnde Klageänderung nur innerhalb der Frist statthaft. Durch eine Klageänderung darf eine Klage der sachlichen Überprüfung durch das Gericht nicht zugänglich gemacht werden, die sonst mangels Einhaltung der Klagefrist als unzulässig abgewiesen werden müsste (BFH vom 26.02.1980 BStBl II 1980, 331). Ändert sich die Person eines Beteiligten kraft Gesetzes, so liegt keine Klageänderung vor. Hier können vor allem Gesamtrechtsnachfolge oder Partei kraft Amtes in Betracht kommen.

4.2.4 Zulässigkeit der Klageänderung

Die Klageänderung ist im Verfahren des ersten Rechtszugs zulässig, wenn die übrigen **3247a** Beteiligten einwilligen oder das Gericht die Änderung für sachdienlich hält (§ 67 Abs. 1). Die Einwilligung ist schriftlich zu erklären. Sie ist anzunehmen, wenn sich die Beteiligten, ohne der Änderung zu widersprechen, in einem Schriftsatz oder in einer mündlichen Verhandlung auf die geänderte Klage eingelassen haben (§ 67 Abs. 2 FGO).

Der Gesetzeswortlaut spricht nur von der **Einwilligung des Beklagten.** Es ist indes allgemein anerkannt, dass sie auch für die Einwilligung der übrigen Beteiligten entsprechend gilt z. B. auch für Beigeladene (§ 60 FGO). Widerspricht nur einer der Beteiligten, ist die Klageänderung unzulässig. Die Einwilligung der Beteiligten ist allerdings unbeachtlich, wenn das Gericht die Klageänderung für sachdienlich erklärt und somit die Klageänderung zulässt. Die Klageänderung findet ihre Rechtfertigung in Gründen der Prozessökonomie. Sie ist sachdienlich, wenn sie der **endgültigen Auseinandersetzung** der Beteiligten **förderlich** ist. Dabei wird das Gericht im Finanzprozess, wo dem Stpfl. Rechtsschutz gegenüber dem »Staatsapparat« gewährt werden soll, nicht kleinlich verfahren dürfen. Im **Revisionsverfahren** ist eine Klageänderung **nicht** mehr zulässig (§ 123 FGO), vgl. auch BFH vom 12.09.1995 BStBl II 1996, 16.

4.3   Die Klagerücknahme (§ 72 FGO)

3248   Die Rücknahme der Klage ist die Erklärung des Klägers, den mit der Klage eingeleiteten Rechtsstreit beenden zu wollen. Sie ist zu unterscheiden von der Erklärung, die Hauptsache sei erledigt. Bei der Klagerücknahme **verzichtet** der Kläger **ohne Einschränkung** auf eine gerichtliche **Entscheidung,** bei der Erklärung, die Hauptsache sei erledigt, verzichtet er nur – und zwar lediglich aus einem bestimmten Grunde – auf die Entscheidung in der Hauptsache, während der Rechtsstreit hinsichtlich der Kosten anhängig bleibt. Nur der Kläger kann die Klage zurücknehmen. Sonstige Beteiligte, wie z. B. der Beigeladene, können nicht die Klage zurücknehmen.

Die Rücknahme der Klage ist **bis zur Rechtskraft** des Urteils, also auch noch im Revisionsverfahren, zulässig. Im Revisionsverfahren macht eine wirksame Klagerücknahme das angefochtene Urteil unwirksam und die Revision gegenstandslos. Die Erklärung ist eine prozessuale Willenserklärung, d. h. sie muss einen eindeutigen Inhalt haben, ist bedingungsfeindlich und unwiderruflich. Eine Teilrücknahme ist grundsätzlich unzulässig. Wird die Klagerücknahme nach Schluss der mündlichen Verhandlung oder nach Ergehen des Vorbescheids erklärt, so bedarf sie der **Einwilligung** des Beklagten. Die Einwilligung anderer Beteiligter ist nicht notwendig (BFH vom 16.01.1970 BStBl II 1970, 327). Dasselbe gilt, wenn auf die mündliche Verhandlung verzichtet wurde (§ 72 Abs. 1 FGO). Die Rücknahme wird dem Gericht gegenüber schriftlich erklärt. In der mündlichen Verhandlung kann sie allerdings auch zu Protokoll erklärt werden. Wird die Rücknahme gegenüber dem FA erklärt, so wird sie erst wirksam, wenn dieses den Rücknahme-Schriftsatz dem Gericht zugeleitet hat. Die Klagerücknahme ist Prozesshandlung. Es gelten daher dieselben Grundsätze wie zu § 362 AO.

Die Rücknahme der Klage **beendet den Rechtsstreit,** die Rechtshängigkeit wird von Anfang an beseitigt. Die Rücknahme schließt eine Klage in derselben Sache zwar grundsätzlich nicht aus, hat aber den Verlust einer weiteren Klage dann zur Folge, wenn die Erhebung der Klage an eine Frist gebunden ist (§ 72 Abs. 2 Satz 1 FGO).

Nach Rücknahme der Klage ist das **Verfahren** durch Beschluss **einzustellen** (§ 72 Abs. 2 Satz 2 FGO). Der Beschluss ist mit der Beschwerde anfechtbar (§ 128). Ein bereits ergangenes, noch nicht rechtskräftiges Urteil wird durch die Klagerücknahme unwirksam (§ 155 FGO i. V. m. § 271 Abs. 3 Satz 1 ZPO). Beantragt ein Beteiligter **Kostenerstattung,** so ist über die Kosten des Verfahrens zu entscheiden (§ 144 FGO). Nach § 136 Abs. 2 FGO hat der Kläger die Kosten zu tragen.

Besteht **Streit über die Klagerücknahme,** so entscheidet das Gericht durch Urteil. Bejaht es die Klagerücknahme, so spricht es dies in der Urteilsformel aus (»Die Klage ist zurückgenommen«). Verneint das Gericht eine Klagerücknahme, so spricht es dies entweder im Tenor des Zwischenurteils oder in den Gründen des über die Klage entscheidenden Endurteils aus (vgl. BFH vom 30.01.1980 BStBl II 1980, 300). Als allgemeiner prozessualer Grundsatz gilt sie auch für Anträge im einstweiligen Rechtsschutz (§§ 69, 114 FGO) entsprechend.

§ 72 Abs. 1a FGO entspricht § 362 Abs. 1 a AO. Ausnahmsweise ist eine Teilrücknahme der Klage zulässig; damit werden die Besteuerungsgrundlagen, auf die sich die Teilrücknahme erstreckt, teilweise bestandskräftig. Gemeint sind Fälle, in denen die Besteuerungsgrundlagen aufgrund von Verständigungsverfahren (vgl. Art. 25 OECD-MA) oder Schiedsgerichtsverfahren einvernehmlich zwischen zwei Vertragsstaaten aufgeteilt werden und daher nicht mehr einer gerichtlichen Kontrolle unterliegen, wenn der Betroffene eine Aufteilung zwischen den beiden Mitgliedstaaten beantragt hat.

4.4   Mündliche Verhandlung[8]

4.4.1   Vorbereitung der mündlichen Verhandlung

Sofern eine mündliche Verhandlung im Finanzprozess stattfindet (über die Ausnahmen vom Grundsatz der Mündlichkeit siehe § 90 FGO und § 90 a FGO), soll der Rechtsstreit **möglichst in einer mündlichen Verhandlung** erledigt werden (§ 79 Abs. 1 Satz 1 FGO). Die zur Vorbereitung der mündlichen Verhandlung erforderlichen gerichtlichen Maßnahmen sind von dem **Vorsitzenden** oder einem von ihm zu bestimmenden Richter zu treffen.   **3249**

Der Vorsitzende und ebenso der von ihm bestimmte Richter sind berechtigt, die Beteiligten zur Erörterung des Sach- und Rechtsstandes zu laden (§ 79 Abs. 1 Satz 2 FGO). Sie können den Beteiligten die Erläuterung oder Ergänzung ihrer vorbereitenden Schriftsätze oder die Vorlage von Urkunden aufgeben (vgl. auch § 79 b FGO), Behörden oder Beamte um Mitteilung von Urkunden bitten oder um Erteilung einer Auskunft ersuchen, das persönliche Erscheinen der Beteiligten anordnen, Zeugen laden, die Einnahme eines Augenscheins und die Begutachtung bestimmter Vorgänge durch Sachverständige anordnen u. a. m.

Die Befugnisse beschränken sich darauf, **Beweiserhebungen anzuordnen,** berechtigen dagegen **nicht** dazu, die Beweise auch **zu erheben.** Aus dem Grundsatz der Unmittelbarkeit folgt vielmehr, dass Beweise grundsätzlich in der mündlichen Verhandlung aufzunehmen sind (§ 81 Abs. 1 FGO). In geeigneten Fällen kann das Gericht indessen schon vor der mündlichen Verhandlung durch den beauftragten oder ersuchten Richter Beweis erheben lassen (§ 81 Abs. 2 FGO).

Den **Termin** zur mündlichen Verhandlung bestimmt der Vorsitzende. Ist der Termin bestimmt, so sind die Beteiligten mit einer Ladungsfrist von mindestens zwei Wochen, beim Bundesfinanzhof von mindestens vier Wochen, zu laden. In dringenden Fällen kann der Vorsitzende die Ladungsfrist abkürzen (§ 91 Abs. 1 FGO). Die Ladung ist den Beteiligten zuzustellen (§ 53 Abs. 1 FGO). Bei der Ladung ist darauf hinzuweisen, dass beim Ausbleiben eines Beteiligten auch ohne ihn verhandelt und entschieden werden kann (§ 91 Abs. 2 FGO). Das Gericht kann aber das **persönliche Erscheinen** eines Beteiligten anordnen und für den Fall des Ausbleibens die gleichen Strafen wie gegen einen im Vernehmungstermin nicht erschienenen Zeugen – allerdings keine Haftstrafen, sondern nur Ordnungsstrafen in Geld – androhen. Die Androhung der Strafe kann wiederholt werden (§ 80 Abs. 1 FGO, § 155 FGO i. V. m. § 380 ZPO). Die Beteiligten sollen zur Vorbereitung der mündlichen Verhandlung Schriftsätze einreichen. Hierzu kann der Vorsitzende unter Fristsetzung auffordern (§ 77 Abs. 1 FGO).   **3250**

4.4.2   Ort und Verlauf der mündlichen Verhandlung

In der Regel findet die mündliche Verhandlung an **Gerichtsstelle** statt. Jedoch kann das Gericht Sitzungen auch außerhalb des Gerichtssitzes abhalten, wenn dies zur sachdienlichen Erledigung notwendig ist (§ 91 Abs. 3 FGO) oder eine Videokonferenz (§ 91a FGO) zulassen. Die mündliche Verhandlung wird vom Vorsitzenden **eröffnet** und geleitet (§ 92 Abs. 1 FGO). Ihm obliegt auch die Aufrechterhaltung der Ordnung in der Sitzung (§ 52 FGO i. V. m. § 176 GVG).   **3251**

Zu Beginn der mündlichen Verhandlung wird die Sache aufgerufen. Danach trägt der Vorsitzende oder der Berichterstatter den **wesentlichen Inhalt der Akten** vor (§ 92 Abs. 2 FGO).

---

8   Bilsdorfer, NJW 2001, 331.

Dieser Vortrag dient der Unterrichtung der übrigen Mitglieder des Gerichts. Er findet daher auch statt, wenn die Beteiligten im Termin zur mündlichen Verhandlung ausgeblieben sind.

Nach dem Sachvortrag erhalten die Beteiligten das Wort, um ihre **Anträge** zu stellen und zu begründen (§ 92 Abs. 3 FGO). Hierauf erörtert der Vorsitzende die Streitsache mit den Beteiligten in tatsächlicher und rechtlicher Hinsicht (§ 93 Abs. 1 FGO). Der Vorsitzende hat jedem Mitglied des Gerichts auf Verlangen zu gestatten, Fragen zu stellen. Wird eine Frage beanstandet, so entscheidet das Gericht über ihre Zulässigkeit (§ 93 Abs. 2 FGO). Bei der Erörterung des Streitfalles ist insbesondere darauf zu achten, dass den Beteiligten zu allen tatsächlichen und rechtlichen Umständen in ausreichendem Maße **rechtliches Gehör** zuteilwird.

Erweist sich eine Vertagung der mündlichen Verhandlung als nicht erforderlich, ist das Gericht vielmehr der Ansicht, dass die Streitsache hinreichend erörtert ist, so erklärt der Vorsitzende die mündliche Verhandlung für **geschlossen** (§ 93 Abs. 3 Satz 1 FGO). Nach Schluss der mündlichen Verhandlung eingereichte Schriftsätze und beigezogene Akten können grundsätzlich nicht mehr berücksichtigt werden. Das Gericht kann aber die **Wiedereröffnung** beschließen (§ 93 Abs. 3 Satz 2 FGO), die vor allem in Betracht kommt, wenn das Gericht in der Beratung zu dem Ergebnis gelangt, dass der Sachverhalt noch nicht hinreichend geklärt ist, oder wenn später – etwa durch nachgereichte Schriftsätze oder beigezogene Akten – bisher nicht bekannte, entscheidungserhebliche Tatsachen festgestellt werden, die das Gericht noch berücksichtigen möchte.

4.5 Prozessverhalten des Beklagten

a) Das Schweigen des Beklagten

3252 Dem Beklagten steht es **frei**, ob er auf das Vorbringen des Klägers etwas **erwidern** will oder nicht. Auch wenn er auf eine Erwiderung verzichtet, hat das Gericht doch die Berechtigung des Klagebegehrens von Amts wegen zu prüfen. Bleibt der Beklagte im Termin zur mündlichen Verhandlung aus, so kann zwar ohne ihn verhandelt und entschieden werden, falls in der Ladung ordnungsgemäß auf diese Folgen hingewiesen wurde (§ 91 Abs. 2 FGO). Das Gericht kann aber das Vorbringen des Klägers **nicht** ohne weiteres **als zugestanden** ansehen. Das Gericht kann unter Androhung einer Ordnungsstrafe das persönliche Erscheinen des Beklagten anordnen (§ 80 Abs. 1 und 3 FGO).

b) Das Anerkenntnis im Finanzprozess

3253 Erkennt im **Zivilprozess** eine Partei den gegen sie geltend gemachten Anspruch bei der mündlichen Verhandlung ganz oder zum Teil an, so ist sie, ohne dass das Gericht in eine sachliche Überprüfung eintritt, auf Antrag dem Anerkenntnis gemäß zu verurteilen (§ 307 ZPO). Für den **Verwaltungsprozess** wird die Zulässigkeit eines Anerkenntnisses überwiegend bejaht, wobei zur Begründung auf die Kostenregelung bei sofortigem Anerkenntnis (§ 156 VwGO) hingewiesen und die Auffassung vertreten wird, dass das Anerkenntnis aus dem Verfügungsgrundsatz folge.

Die FGO enthält keine Vorschrift darüber, ob ein Anerkenntnis auch im Finanzprozess zulässig ist. Die Zulässigkeit dürfte aber zu verneinen sein. Der Verfügungsgrundsatz gilt hier nicht uneingeschränkt. Verfügungshandlungen der Beteiligten, die nicht – wie etwa die Klage, die Antragstellung und die Klagerücknahme – lediglich prozessualen Charakter haben, sondern unmittelbar auf die sachliche Entscheidung des Gerichts einwirken, wären mit dem Wesen des Abgabenrechts nicht vereinbar. Für diese Auffassung spricht auch, dass die FGO eine dem § 156 VwGO entsprechende Kostenregelung für den Fall des sofortigen Anerkenntnisses nicht enthält.

c) Die Einlassung des Beklagten

In der Regel wird sich der Beklagte »streitig stellen«, d. h. dem **Klagevorbringen entge-** **3254**
gentreten. Er wird dann im Allgemeinen beantragen, die Klage als unzulässig oder als unbegründet abzuweisen und wird diesen Antrag durch entsprechendes Gegenvorbringen zu stützen suchen.

Der Beklagte kann das klägerische Vorbringen **bestreiten, nicht bestreiten oder zugeste-**
hen. Nach dem Untersuchungsgrundsatz unterliegt dieses Verhalten der freien Beweiswürdigung des Gerichts. Die Regelung des § 138 Abs. 2 FGO und des § 288 ZPO, die an das Nichtbe-
streiten oder Zugestehen bestimmte prozessuale Rechtsfolgen anknüpfen, können im Finanzprozess nicht angewandt werden, weil sie von der Verhandlungsmaxime bestimmt sind. **Eine**
Widerklage, wie sie § 89 VwGO für den Verwaltungsprozess ausdrücklich zulässt, ist im
Finanzprozess nicht vorgesehen.

4.6 Der Beweis

4.6.1 Bedeutung des Beweises

Das Gericht hat den ihm unterbreiteten Sachverhalt rechtlich zu würdigen. Es kann aber **3255**
nur von einem Sachverhalt ausgehen, von dem es **überzeugt** ist, dass er **mit der Wirklichkeit**
übereinstimmt. Um dem Gericht die Überzeugung zu verschaffen, dass ein von den Beteiligten
behaupteter Sachverhalt den tatsächlichen Gegebenheiten entspricht, ist es – wenn Zweifel
bestehen – notwendig, den Sachverhalt zu **beweisen.**

Des Beweises bedürfen grundsätzlich nur **Tatsachen.** Es kann sich um äußere, in der
objektiven Welt wahrnehmbare, oder um innere (subjektive) Tatsachen handeln. Auch **Erfah-**
rungssätze können beweisbedürftig sein und erforderlichenfalls die Heranziehung eines Sachverständigen notwendig machen. Dies gilt auch für die Ermittlung der **Verkehrsanschauung,**
die insbesondere in Bewertungs- und Umsatzsteuersachen eine Rolle spielt. **Rechtsfragen** können grundsätzlich nicht Gegenstand des Beweises sein. Lediglich ausländisches Recht, Gewohn-
heits- und Satzungsrecht müssen insoweit bewiesen werden, als sie dem Gericht unbekannt
sind (§ 155 FGO i. V. m. § 293 ZPO).

Eine Tatsache ist dann **beweisbedürftig,** wenn sie nicht zur Überzeugung des Gerichts
feststeht. Im Finanzprozess, der vom Untersuchungsgrundsatz beherrscht ist, wird die Beweis-
bedürftigkeit nicht schon dadurch ausgeschlossen, dass eine Tatsache zwischen den Beteiligten
unstreitig ist. Indessen wird das Gericht in der Regel keinen Anlass haben, an Tatsachen, die von
den Beteiligten übereinstimmend zugrunde gelegt werden, zu zweifeln. **Offenkundige Tatsa-**
chen, d. h. Tatsachen, die allgemein bekannt oder wenigstens gerichtsbekannt sind, bedürfen
keines Beweises (§ 155 FGO i. V. m. § 291 ZPO). Das private Wissen der Richter begründet aber
noch keine Offenkundigkeit.

Der Beweis ist nur dann **geführt,** wenn dem Gericht die volle Überzeugung vermittelt ist,
dass die beweisbedürftige Tatsache der Wirklichkeit entspricht. Volle Überzeugung bedeutet
aber nicht, dass mathematische Gewissheit vorliegen muss. Es genügt eine so hohe Wahrscheinlichkeit, dass die Annahme des Gegenteils ausgeschlossen erscheint. In der Bildung seiner
Überzeugung ist das Gericht frei, d. h. an irgendwelche Beweisregeln grundsätzlich nicht
gebunden (§ 96 Abs. 1 Satz 1 FGO).[9] Es müssen aber alle aus dem Vorbringen der Beteiligten,
aus der Verhandlung und aus der Beweisaufnahme gewonnenen Umstände berücksichtigt sein.

---

9 Vgl. BFH vom 19.03.1982 BStBl II 1982, 442.

Welche Gründe für die Überzeugung maßgebend gewesen sind, ist im Urteil anzugeben (§ 96 Abs. 1 Satz 3 FGO).

Durch den höheren Grad der Überzeugungskraft unterscheidet sich der **Beweis** von der bloßen **Glaubhaftmachung**,[10] bei der es genügt, dass das Gericht zur Annahme einer gewissen Wahrscheinlichkeit gelangt. Der Beteiligte, der eine Tatsache glaubhaft machen will, kann sich hierzu jedes Mittels bedienen, das eine sofortige Überprüfung ermöglicht (§ 155 FGO i. V. m. § 294 Abs. 2 ZPO); insbesondere kann er eine von ihm selbst oder einem Dritten abgegebene eidesstattliche Erklärung vorlegen (§ 155 FGO i. V. m. § 294 ZPO).

4.6.2 Beweislast

3256   Wenn im Verfahrensrecht von **Beweislast gesprochen** wird, so kann dies **in doppeltem Sinne** verstanden werden. Es kann damit die formelle Beweislast **(Beweisführungslast)** oder die materielle Beweislast **(Feststellungslast)** gemeint sein. Bei der Beweisführungslast geht es darum, welcher der Prozessbeteiligten den Beweis zu führen hat. Diese Frage spielt nur im Zivilprozess eine Rolle, der in der Hauptsache vom Verhandlungsgrundsatz bestimmt ist; aus diesem folgt, dass nur diejenigen Tatsachen vom Gericht verwendet werden dürfen, die von den Parteien vorgetragen und von ihnen erforderlichenfalls auch bewiesen werden. Da demgegenüber das Gericht im Verwaltungs- und Finanzprozess den Sachverhalt **von Amts wegen** zu erforschen hat (§ 76 Abs. 1 Satz 1 FGO) und die Beteiligten zum Beweisantritt nicht verpflichtet sind (§ 65 Abs. 1 Satz 2 FGO), ist die formelle Beweislast hier ohne Bedeutung.

Hingegen stellt sich auch im Verwaltungs- und Finanzprozess die Frage der **Feststellungslast,** d. h. die Frage, welcher der Prozessbeteiligten die Folgen davon zu tragen hat, dass eine bestimmte beweisbedürftige Tatsache nicht bewiesen werden kann. Soweit das Gesetz nicht ausnahmsweise für die **Feststellungslast** besondere Beweisregeln aufstellt, ist von folgenden Grundsätzen auszugehen:

- Das Finanzamt trägt die Feststellungslast für Tatsachen, die vorliegen müssen, um einen Steueranspruch geltend machen zu können, z. B. das Vorliegen von Betriebseinnahmen.
- Der Stpfl. trägt die Feststellungslast für Tatsachen, die Steuerbefreiungen und -ermäßigungen begründen oder einen Steueranspruch aufheben oder einschränken, z. B. das Vorliegen von Betriebsausgaben.
- Eine Ausnahme gilt, wenn Vorgänge in der Verantwortungssphäre eines Beteiligten liegen und nur diesem die Beweisführung zur Klärung des Sachverhalts möglich und auch zumutbar ist (vgl. BFH vom 07. 07. 1983 BStBl II 1983, 760).

BEISPIEL

Ein Stpfl., der den Gewinn nach § 4 Abs. 3 EStG ermittelt, hat im März Waren für 10 000 € gekauft und den Betrag als Betriebsausgabe berücksichtigt. Zum Jahresende ist die Ware nicht mehr vorhanden, der Stpfl. hat jedoch weder einen Warenverkauf noch eine Entnahmehandlung erklärt. Das FA möchte eine Betriebseinnahme in Höhe des marktüblichen Preises ansetzen.

LÖSUNG Der Vorgang liegt in der Verantwortungssphäre des Stpfl. Er trägt die Last einer etwaigen Unerweislichkeit der Behauptung, z. B. eines Diebstahls.

Greift der Kläger einen Verwaltungsakt an, der auf einer Ermessensentscheidung der Verwaltungsbehörde beruht, so dürfte ihn in der Regel für solche Tatsachen, aus denen sich ergeben würde, dass der Akt ermessensfehlerhaft war, die materielle Beweislast treffen. Andererseits darf

---

10 In einigen Fällen genügt die Glaubhaftmachung, z. B. bei der Ablehnung von Gerichtspersonen (§ 51 FGO), der Wiedereinsetzung in den vorigen Stand (§ 56 Abs. 2 FGO) oder im Kostenwesen (§ 155 FGO i. V. m. § 104 Abs. 2 ZPO).

aber nicht übersehen werden, dass die Behörde darzulegen hat, welche Gründe sie zu dieser oder jener Entscheidung bewogen haben. Erhebt der Kläger Verpflichtungsklage, so geht es zu seinen Lasten, wenn die tatsächlichen Voraussetzungen des von ihm geltend gemachten Anspruchs nicht erwiesen werden.

4.6.3 Beweis des ersten Anscheins

Demjenigen, den nach den dargelegten Grundsätzen die Feststellungslast trifft, kann der Beweis des ersten Anscheins (**Prima-facie-Beweis**) zugutekommen. Dieser ist dann geführt, wenn für das Vorliegen der zu beweisenden Tatsache nach der Erfahrung des Lebens ein **typischer Geschehensablauf** spricht. Dies ist z. B. der Fall, wenn die berufliche Veranlassung einer Krankheit in Frage steht und die Krankheit zu denjenigen gehört, für die der Beruf des Klägers eine besondere Gefährdung mit sich bringt. Der Beweis des ersten Anscheins ist aber entkräftet, wenn der Beklagte darlegt (nicht beweist), dass ein anderer als der typische Geschehensablauf im Einzelfall ernsthaft in Betracht zu ziehen ist. In diesem Falle bleibt es bei den allgemeinen Regeln über die Feststellungslast. Der Beweis des ersten Anscheins führt nicht zur Umkehr der Feststellungslast.

3257

4.6.4 Beweismittel (§ 81 FGO)[11]

Im Finanzprozess stehen dieselben Beweismittel zur Verfügung wie im Zivilprozess, nämlich

3258

1. die **Einnahme des Augenscheins:**
   Augenschein (vgl. §§ 371, 372 ZPO) ist eine unmittelbare Sinneswahrnehmung des Gerichts zur Beweisaufnahme, also eine Kenntnisnahme (nicht nur durch die Augen) von der äußeren Beschaffenheit einer Sache, eines Menschen oder eines Vorgangs. Im Gegensatz zum Urkundsbeweis vermittelt der Augenschein im Schwerpunkt nicht einen gedanklichen Inhalt.

2. die **Vernehmung von Zeugen:**
   Zeuge (vgl. §§ 373 ff. ZPO) ist eine natürliche Person, die ihre Wahrnehmung über bestimmte Tatsachen oder Zustände bekundet. Wer Beteiligter oder dessen gesetzlicher Vertreter ist, kann nicht Zeuge sein. Ein Unterfall der Zeugen ist der sog. sachverständige Zeuge. Er bekundet seine Wahrnehmung, die er aufgrund seiner besonderen Sachkunde gemacht hat (im Übrigen vgl. §§ 84 ff. FGO).

3. die **Vernehmung von Sachverständigen:**
   Der Sachverständige (vgl. §§ 402 ff. ZPO) wird aufgrund eines gerichtlichen Auftrags tätig (im Gegensatz zum sachverständigen Zeugen). Er vermittelt dem Gericht allgemeine Erfahrungsgrundsätze aus seinem Fachgebiet, aufgrund derer das Gericht die nötigen Schlüsse zieht. Die Beteiligten können einen Sachverständigen ablehnen, wenn zu befürchten ist, dass durch dessen Heranziehung ein Geschäfts- oder Betriebsgeheimnis verletzt wird oder Schaden für die geschäftliche Tätigkeit der Beteiligten entsteht (§ 88 FGO).

4. die **Vernehmung der Beteiligten:**
   Für die Vernehmung der Beteiligten gelten die §§ 450 bis 455 ZPO sinngemäß (§ 82 FGO). Der Wert dieses Beweismittels darf nicht überschätzt werden. Er wird durch das Interesse der Beteiligten am Prozessausgang beeinträchtigt. Daher ist von der Vernehmung der

---

11 Vgl. auch § 92 AO (Rz. 1015 ff.).

Beteiligten nur mit Vorsicht und grundsätzlich nur dann Gebrauch zu machen, wenn andere Beweismittel nicht zur Verfügung stehen (vgl. § 450 Abs. 2 ZPO). Das wird insbesondere bei Auslandsbeziehungen oder dort in Betracht kommen, wo es sich um allein dem Stpfl. bekannte Tatsachen handelt.

5. die **Heranziehung von Urkunden:**

Urkunde ist im Zivilprozess die schriftliche Verkörperung eines Gedankens (vgl. §§ 415 ff. ZPO), der Begriff gilt auch im Finanzprozess (h. M.). Jedoch ist hier der Urkundsbegriff weiter. Da § 76 Abs. 1 Satz 4 FGO auf § 97 AO verweist, gehören auch die dort aufgezählten Beispiele wie Geschäftsbücher, Aufzeichnungen und Geschäftspapiere zu Urkunden i. S. d. § 81 FGO, ebenso wie Sparbücher, Depotauszüge und Vorgänge, die auf Bild- und Datenträgern festgehalten sind (vgl. Rz. 1021).

Die festen Beweisregeln von Urkunden, die im Zivilprozess gelten, sind indes nicht auf den Finanzprozess anzuwenden. Hier unterliegt es der freien Beweiswürdigung des Gerichts zu beurteilen, welche Schlüsse aus einer Urkunde gezogen werden sollen; daher verweist § 82 FGO auch nicht auf §§ 415 ff. ZPO.

Diese Aufzählung ist indessen, wie das Gesetz in § 81 Abs. 1 FGO durch das Wort »insbesondere« hervorhebt, nicht abschließend. So ergibt sich aus § 79 Satz 3 FGO i. V. m. § 272b Abs. 2 Nr. 2 ZPO, dass auch Behörden oder Beamte um Erteilung einer Auskunft ersucht werden dürfen. Darüber hinaus kann sich das Gericht jedes anderen geeigneten Beweismittels bedienen.

Eine besondere Regelung trifft § 86 FGO für die Vorlage von Akten und Urkunden und für die Auskunftspflicht durch **Behörden.** Danach sind Behörden grundsätzlich zur Vorlage von Akten und Urkunden und zur Auskunft verpflichtet.

Zeugen und Sachverständige müssen nicht anwesend sein. § 93a FGO schafft die Möglichkeit, sie per Videokonferenz zu vernehmen, wenn das Gericht nach Einverständnis aller Beteiligten dies anordnet.

4.6.5 Beweisaufnahme

3259   Nach dem Untersuchungsgrundsatz sind Beweise **von Amts wegen zu erheben.** In welchem Umfang dies geschieht, liegt im pflichtgemäßen Ermessen des Gerichts. In erster Linie sind die Beteiligten im Rahmen des § 76 Abs. 1 Satz 4 FGO i. V. m. § 97 AO zur Mitwirkung heranzuziehen.

Soll ein **Beweis sofort erhoben werden,** sollen z. B. die anwesenden Beteiligten, Zeugen oder Sachverständigen sofort vernommen werden, so braucht ein besonderer Beweisbeschluss nicht zu ergehen. Dagegen ist ein **Beweisbeschluss** dann notwendig, wenn die Beweisaufnahme ein besonderes Verfahren erfordert (§ 82 FGO i. V. m. § 358 ZPO), insbesondere wenn die Beweisaufnahme in einem gesondert anzusetzenden Termin oder durch den beauftragten oder ersuchten Richter durchgeführt werden soll.

Das Gericht erhebt grundsätzlich Beweis in der mündlichen Verhandlung (§ 81 Abs. 1 Satz 1 FGO), d. h. es erhebt die Beweise selbst **in seiner vollen Besetzung** (Grundsatz der Unmittelbarkeit). Die Befugnis, die Beweisaufnahme in geeigneten Fällen dem beauftragten oder ersuchten Richter zu übertragen, ergibt sich aus § 81 Abs. 2 FGO. Nach § 82 FGO i. V. m. §§ 377 Abs. 3, 411 ZPO ist unter bestimmten Voraussetzungen eine schriftliche Zeugenaussage oder ein schriftliches Sachverständigengutachten zulässig. Die Vernehmung von Zeugen und Sachverständigen kann auch in einer Videokonferenz erfolgen (§ 91 Abs. 2 FGO).

Der Beweisaufnahme dürfen die **Beteiligten** beiwohnen (sogenannte Parteiöffentlichkeit). Zu diesem Zweck werden sie von allen Beweisterminen benachrichtigt (§ 83 Satz 1 FGO). Nehmen sie an der Beweisaufnahme teil – was ihnen freisteht, falls nicht ihr persönliches Erscheinen angeordnet ist – so können sie an Sachverständige und Zeugen sachdienliche Fragen stellen (§ 83 Satz 2 FGO). Im Streitfall entscheidet das Gericht, ob eine Frage zuzulassen ist (§ 83 Satz 3 FGO).

4.7 Erledigung der Hauptsache durch Erlass eines stattgebenden Verwaltungsaktes

Der Beklagte kann auf die Klage auch in der Weise reagieren, dass er dem Anliegen des Klägers Rechnung trägt. Er kann ihn »klaglos« stellen, indem er z. B. den angefochtenen Verwaltungsakt in dem vom Kläger erstrebten Sinne ändert (z. B. schlichte Änderung gem. § 172 Abs. 1 Nr. 2 Buchst. a AO), durch einen anderen ersetzt oder im Ganzen zurücknimmt, den abgelehnten oder unterlassenen Verwaltungsakt erlässt oder die sonstige Leistung gewährt. Rechtsgrundlage hierfür ist § 132 AO i. V. m. den verschiedenen **Korrekturvorschriften** (§§ 129–131, 164 Abs. 2, 165 Abs. 2, 172 ff. AO). Da das FA als Beklagter keine Klageänderungen beantragen kann, hat es über § 132 AO die Möglichkeit, Herr des Besteuerungsverfahrens zu bleiben. § 68 FGO regelt die Rechtsfolgen im Falle der Änderung des angefochtenen Verwaltungsaktes. Geschieht die Erledigung vor Klageerhebung, so ist die Klage von vornherein unzulässig. **3260**

Stellt der Beklagte durch entsprechende Maßnahmen den Kläger nach Klageerhebung klaglos, so können Kläger und Beklagter **übereinstimmend** erklären, dass der Rechtsstreit in der Hauptsache erledigt ist. Geschieht dieses, so gilt die **Hauptsache unwiderruflich als erledigt** (BFH vom 24. 02. 1982 BStBl II 1982, 405) und das Gericht hat – ohne zu prüfen, ob der Rechtsstreit wirklich erledigt ist – lediglich nach den Grundsätzen des § 138 FGO über die Kosten zu entscheiden. **Streiten** die Beteiligten darüber, ob der Rechtsstreit in der Hauptsache erledigt ist, so hat das **Gericht diese Frage von Amts wegen zu prüfen**. Dabei ergeben sich für die Entscheidung folgende Möglichkeiten: **3261**

1. Kommt das Gericht zu dem Ergebnis, dass der Rechtsstreit in der Hauptsache erledigt ist, so ist, wenn
  – der Beklagte die Erledigung erklärt und der Kläger diese bestritten und seinen Sachantrag aufrechterhalten hat, die Klage mangels Rechtsschutzinteresse als unzulässig abzuweisen (BFH vom 05. 03. 1979 BStBl II 1979, 375; BFH vom 22. 09. 1999 BFH/NV 2000, 335) und die Kosten gem. § 135 FGO dem Kläger aufzuerlegen,
  – der Kläger die Erledigung erklärt hat und der Beklagte der Erledigung entgegengetreten ist (oder schweigt), die Erledigung festzustellen, ohne auf die Sache einzugehen und die Kosten nach § 135 FGO dem unterliegenden Beklagten aufzuerlegen (BFH vom 07. 08. 1979 BStBl II 1979, 709; vom 22. 05. 2001 BStBl II 2001, 683).
2. Kommt das Gericht zu dem Ergebnis, dass der Rechtsstreit in der Hauptsache nicht erledigt ist und
  – tritt es damit der Auffassung des Klägers, dass der Rechtsstreit in der Hauptsache erledigt sei, nicht bei, so hat es den Antrag des Klägers, die Erledigung der Hauptsache festzustellen, abzulehnen und entweder, nämlich dann, wenn der Kläger seine Anträge in der Sache hilfsweise aufrechterhalten hat, zur Sache zu entscheiden oder aber, falls kein Sachantrag gestellt wird, die Klage als unzulässig abzuweisen (BFH vom 27. 09. 1979 BStBl II 1979, 779);
  – kann es damit der Auffassung des Beklagten, die Hauptsache sei erledigt, nicht folgen, so hat es über den Sachantrag des Klägers nach allgemeinen Grundsätzen zu entscheiden.

3262　Hat sich der Rechtsstreit durch Zurücknahme des Verwaltungsakts oder **auf andere Weise erledigt,** so kann der Kläger ein berechtigtes Interesse daran haben, dass die Rechtswidrigkeit des Verwaltungsakts festgestellt wird (§ 100 Abs. 1 Satz 4 FGO).

> **BEISPIEL**
>
> (Vgl. BFH vom 29. 11. 1984 BStBl II 1985, 370 und vom 10.02.2010 BFH/NV 2010, 1450):
> Ein Stpfl. hat einen Umsatzsteuervorauszahlungsbescheid (z. B. Voranmeldungszeitraum Mai 01) mit der Anfechtungsklage angegriffen. Nunmehr erteilt das beklagte FA den Umsatzsteuerjahresbescheid 01, den der Stpfl. mit dem Einspruch angreift.
>
> **LÖSUNG** Der Rechtsstreit über die Anfechtungsklage hat sich erledigt. Der Vorauszahlungsbescheid ist wirkungslos geworden, weil die Steuer für den Voranmeldungszeitraum (§ 18 Abs. 2 Satz 1 UStG) in der Steuer für den Besteuerungszeitraum des Kalenderjahres (§ 16 UStG) aufgeht. Vollstreckungsmaßnahmen, die auf dem Vorauszahlungsbescheid beruhten, werden dadurch jedoch nicht unwirksam, denn es lag damals ein wirksamer Vorauszahlungsbescheid vor, Schuldgrund ist jetzt der Jahressteuerbescheid. Eine auf dem Vorauszahlungsbescheid beruhende Pfändung wäre jedoch aufzuheben, wenn die Rechtswidrigkeit des Vorauszahlungsbescheides festgestellt wäre (§§ 256, 257 Abs. 2 FGO). Bei berechtigtem Interesse kann daher der Stpfl. nach Erledigung der Hauptsache die Feststellung beantragen, dass der angefochtene Vorauszahlungsbescheid rechtswidrig gewesen sei (Fortsetzungsfeststellungsklage gem. § 100 Abs. 1 Satz 4 FGO, vgl. Rz. 3196).

3262a　Sagt das Finanzamt in der mündlichen Verhandlung zu, den angefochtenen Bescheid ganz oder teilweise zugunsten des Klägers zu ändern und wird daraufhin übereinstimmend der Rechtsstreit in der Hauptsache für erledigt erklärt, kann der geänderte Bescheid vom Finanzamt nur korrigiert oder vom Stpfl. angefochten werden, soweit nunmehr ein Sachverhalt zu beurteilen ist, der nicht Streitgegenstand des gerichtlichen Verfahrens war (Rz. 3310). Die Möglichkeit der Ausübung unbefristeter Wahlrechte, die in der mündlichen Verhandlung hätten geltend gemacht werden können, ist nach Abgabe der Erledigungserklärung verbraucht (a. M. zum Veranlagungswahlrecht BFH vom 24. 01. 2002 FR 2002, 629 und Anm. Kanzler).

4.8　Erlass eines anderen Verwaltungsaktes während des Verfahrens (§ 68 FGO)

3263　Aus § 132 AO folgt, dass auch während eines Finanzprozesses der streitbefangene Verwaltungsakt korrigiert werden kann. Für Steuerbescheide stellt § 172 Abs. 1 Satz 2 AO dies nochmals klar.

Will das Finanzamt dem Klagebegehren teilweise stattgeben, kann es bei Gericht den entsprechenden Antrag stellen oder selbst einen Änderungsbescheid erteilen (sog. Teilabhilfebescheid gem. § 172 Abs. 1 Nr. 2 a AO, vgl. Rz. 2020). Sind wegen eines anderen Sachverhaltskomplexes die Voraussetzungen für eine eigenständige Korrekturvorschrift eingetreten (z. B. § 173 AO), darf das Finanzamt auch diese Korrektur vornehmen. Hier indes ist zu beachten, dass eine entsprechende Änderung der Festsetzung zum Nachteil des Klägers nicht bei Gericht beantragt werden darf, denn ein Gericht darf nur Rechtsschutz gewähren und keine Steuerfestsetzung zum Nachteil des Klägers als Rechtssuchenden ändern (Verböserungsverbot). Das Finanzamt hat vielmehr selbst den Änderungsbescheid mit der höheren Steuerfestsetzung zu erteilen.

3264　Nach § 68 FGO wird der Änderungsbescheid, der nach Bekanntgabe der Einspruchsentscheidung ergeht, automatisch **Gegenstand des Klageverfahrens.** Voraussetzung ist natürlich ein identischer Regelungsbereich, d. h. dieselben Beteiligten und derselbe Besteuerungsgegenstand (vgl. BFH vom 08. 02. 2001 BStBl II 2001, 506). Es liegt ein Fall der gesetzlichen Klageänderung vor. § 68 FGO ist § 365 Abs. 3 AO nachgebildet, der die Fälle regelt, in denen während eines Einspruchsverfahrens ein Änderungsbescheid erteilt wird. Wurde der Steuerbescheid nach Ergehen der Einspruchsentscheidung und innerhalb der Klagefrist, aber vor Klageerhebung geändert, gilt § 68 FGO nicht. Der Stpfl. kann in diesem Fall die Einspruchsentscheidung bestandskräftig werden lassen und den Änderungsbescheid unter Beachtung des § 351 Abs. 1 AO mit dem Einspruch anfechten. Er kann aber auch gegen die Einspruchsentscheidung Klage erheben, die sich dann gegen den geänderten Steuerbescheid richten muss.

§ 68 FGO erreicht, dass der Kläger nicht dadurch aus dem Klageverfahren gedrängt werden kann, dass der ursprünglich angefochtene Bescheid durch den Änderungsbescheid gegenstandslos geworden ist. Andererseits hat der Kläger nicht das Recht während des Klageverfahrens, den Änderungsbescheid mit dem Einspruch anzufechten, um eine nochmalige Überprüfung durch das Finanzamt zu erreichen. § 68 Satz 2 FGO ordnet insoweit den zwingenden Vorrang des Klageverfahrens vor einem parallelen Einspruchsverfahren an.

Das Finanzamt hat dem Gericht eine Abschrift des neuen Verwaltungsaktes zu übersenden (§ 68 Satz 3 FGO). Da nunmehr der Änderungsbescheid Gegenstand des Klageverfahrens wird, sollte der Kläger dem Gericht mitteilen, ob sich sein Klagebegehren (§ 65 FGO) auch auf die Änderung erstreckt.

BEISPIEL

Ein Stpfl. klagt gegen einen Einkommensteuerbescheid mit dem Begehren, die Steuerfestsetzung über 50 000 € wegen Anerkennung von streitigen Sonderausgaben um 2 000 € zu mindern. Während des Klageverfahrens erhält er wegen nicht erklärter Einkünfte einen auf § 173 Abs. 1 Nr. 1 AO gestützten Änderungsbescheid, der die Steuer auf 53 000 € erhöht.

LÖSUNG Der Änderungsbescheid über 53 000 € wird automatisch Gegenstand des Klageverfahrens. Der Stpfl. sollte nun dem Gericht mitteilen, ob er nur die Minderung der Steuer wegen der Sonderausgaben begehrt (Steuer also 51 000 €), oder sich auch gegen die Erhöhung der Steuer wegen der bisher nicht erklärten Einkünfte wendet (Steuer also 48 000 €).

§ 68 FGO ist auch anwendbar, wenn der angefochtene Verwaltungsakt gem. § 129 AO berichtigt wird (§ 68 Satz 4 FGO) oder ein Verwaltungsakt an die Stelle des angefochtenen unwirksamen Verwaltungsaktes tritt. Eine solche Ersetzung liegt z. B. vor, wenn sich die Klage gegen einen USt-Vorauszahlungsbescheid gerichtet hat, der durch Ergehen eines USt-Jahresbescheides seine Wirkung verliert (vgl. BFH vom 22.10.2003 BFH/NV 2004, 502 und vom 27.04.2004 BFH/NV 2004, 1287).

§ 68 FGO ist nur anwendbar, wenn die Klage **zulässig** ist (h. M., vgl. BFH vom 13.03.2003 BFH/NV 2003, 1065). Eine ursprünglich unzulässige Klage kann nicht über § 68 FGO zu einer zulässigen Klage werden. Demzufolge wird bei unzulässiger Klage ein Änderungsbescheid nicht Klagegegenstand, mit der Folge, dass neben der Klage ein isoliertes Einspruchsverfahren zulässig ist.

Entscheidet das Gericht in Unkenntnis des Änderungsbescheides über die gegen den ursprünglichen Verwaltungsakt erhobene Klage, ist zu differenzieren. Wird durch den Änderungsbescheid kein neuer Streitpunkt in das Verfahren eingeführt, ist das Urteil gem. § 109 FGO zu ergänzen (vgl. BFH vom 29.08.2003 BStBl II 2003, 944; Spindler, DB 2001, 61). Andernfalls liegt ein Verfahrensfehler i. S. von § 115 Abs. 2 Nr. 3 FGO vor, der, sofern die Revision nicht sowieso zugelassen wurde, zur Nichtzulassungsbeschwerde (§ 116 FGO) berechtigt. **3265**

§ 68 FGO gilt ebenso im **Revisionsverfahren**, egal wer Revision eingelegt hat. Der Bundesfinanzhof müsste jedoch nunmehr als Revisionsinstanz möglicherweise über einen Sachverhalt entscheiden, den das Finanzgericht hinsichtlich der Tatsachen und Gründe noch nicht untersucht hat. Da ein Revisionsgericht auf sachliche Streitfragen i. d. R. nicht einzugehen hat, **3266**

wäre die Sache nicht spruchreif. Daher kann der Bundesfinanzhof in diesen Fällen das angefochtene Urteil aufheben und die Sache zur anderweitigen Verhandlung und Entscheidung an
das Finanzgericht zurückverweisen (§ 127 FGO). Dies gilt jedoch nicht, wenn die Revision
offensichtlich unzulässig ist oder wenn die tatsächlichen Grundlagen des Streitstoffs durch den
Änderungsbescheid unberührt geblieben sind (BFH vom 23.01.2003 BStBl II 2004, 43; vom
29.01.2004 BFH/NV 2004, 1408).

§ 68 FGO gilt auch im Verfahren der **Nichtzulassungsbeschwerde**. Der BFH wird, sofern
die Beschwerde nicht unzulässig ist oder durch den Änderungsbescheid die Grundlagen des
Streitstoffs sich nicht ändern, in entsprechender Anwendung des § 127 FGO die Sache an das
Finanzgericht zurückverweisen (BFH vom 18.12.2003 BStBl II 2004, 237). Wird die Nichtzulassungsbeschwerde dagegen abgewiesen, bleibt dem Stpfl. nur der außergerichtliche Rechtsbehelf, um Rechtsschutz gegen den geänderten Verwaltungsakt zu erlangen. Vorsorglich sollte er
fristgerecht Einspruch einlegen und Aussetzung des Verfahrens beantragen (§ 363 Abs. 1 AO),
bis über die Nichtzulassungsbeschwerde entschieden ist.

3267   Obgleich der Anwendungsbereich von § 68 FGO auf die Anfechtungsklage zugeschnitten
ist, gilt er auch für Verpflichtungsklagen und für Feststellungsklagen, mit denen sich der Kläger
gegen den Rechtsschein eines unwirksamen Verwaltungsaktes wendet (BFH vom 25.02.1999
BFH/NV 1999, 1117). Ebenso ist § 68 FGO im Aussetzungsverfahren entsprechend anwendbar
(BFH vom 05.03.2001 BStBl II 2001, 405).

4.9 Gütliche Streitbeilegung

3268   Über die ausdrückliche Verweisung in § 155 Satz 1 a. E. FGO gelten die §§ 278 Abs. 5 und
278 a ZPO auch im finanzgerichtlichen Verfahren. Damit ist die Möglichkeit eröffnet, die Beteiligten zur gütlichen Beilegung ihres Rechtsstreits vor einen **Güterichter** zu verweisen oder das
Verfahren zur außergerichtlichen Konfliktbeilegung – insbesondere durch Mediation –
ruhen zu lassen. Während die Möglichkeit der außergerichtlichen Mediation im Finanzprozess
praktisch bedeutungslos ist, ist die Verweisung vor den Güterichter zwischenzeitlich ein etab-
liertes Instrument zur Beilegung eines Rechtsstreits.

Bei dem Güterichter handelt es sich um einen Berufsrichter, dem durch den Geschäftsver-
teilungsplan des Gerichtes diese Aufgabe zugewiesen ist. Seine Funktion als **Schlichter ohne
Entscheidungszuständigkeit** setzt voraus, dass er nicht Mitglied des für den Rechtsstreit
zuständigen Senates ist. Das Güterichterverfahren stellt ein Angebot an die Beteiligten dar, eine
einvernehmliche Regelung mit Hilfe aller Methoden der Konfliktbeilegung einschließlich der
Mediation zu erarbeiten; insbesondere dann, wenn der Rechtsstreit durch Konflikte zwischen
den Beteiligten begründet ist, die über das eigentliche Rechtsproblem hinausgehen. Die Anregung zur Durchführung eines Güterichterverfahrens kann sowohl von den Beteiligten als auch
vom Gericht ausgehen. Abgeschlossen wird das erfolgreiche Güterichterverfahren mit einer tatsächlichen Verständigung der Beteiligten, in welcher der Rechtsstreit durch übereinstimmende
Erledigungserklärungen beendet wird (s. Rz. 3183). Anderenfalls wird der Rechtsstreit vom
entscheidungsbefugten Gericht (Senat oder Einzelrichter) weitergeführt.

Teil C Die gerichtliche Entscheidung

1 Gegenstand und Umfang des Rechtsschutzes

1.1 Bei der Anfechtungsklage

Gegenstand und Umfang des vom Gericht zu gewährenden Rechtsschutzes hängen von **3269** dem Begriff des Streitgegenstandes ab. Nach der herrschenden Saldierungstheorie (vgl. Rz. 3242) ist für die Anfechtungsklage, als die häufigste Klageart, Streitgegenstand die Rechtmäßigkeit des angefochtenen Verwaltungsaktes. Dies bedeutet, dass das Gericht **den Verwaltungsakt in vollem Umfang auf seine Rechtmäßigkeit hin zu untersuchen hat** und nicht an den vom Kläger vorgetragenen Sachverhaltskomplex gebunden ist. Es kann vielmehr auch Punkte aufgreifen, die bisher nicht im Streit waren. Insoweit gelten die Regeln des außergerichtlichen Rechtsbehelfsverfahrens (§ 367 Abs. 2 Satz 1 AO). Maßgebend für die Frage der Rechtmäßigkeit ist der Zeitpunkt der letzten mündlichen Verhandlung. Das Finanzgericht ist jedoch, anders als das Finanzamt im Vorverfahren, **in seiner Entscheidung limitiert.** Ein Gericht soll Rechtsschutz gewähren, nicht die Aufgaben der Verwaltung übernehmen. Die Bindung des Gerichts ergibt sich aus dem streitigen Betrag. Auch hat das Gericht gegebenenfalls die Bestandskraft einer Teil-Einspruchsentscheidung (§ 367 Abs. 2a AO) zu beachten.

> **BEISPIEL**
> Der Stpfl. wendet sich gegen einen Einkommensteuerbescheid, der über eine Steuer von 5 000 € lautet. Er begehrt Herabsetzung um 500 € und macht geltend, das Finanzamt habe ihm Bewirtungsspesen zu Unrecht nicht als Betriebsausgaben zum Abzug zugelassen.
> **LÖSUNG** Der streitige Betrag, im Beispielsfalle 500 €, ist in mehrfacher Hinsicht von Bedeutung. Es fragt sich, ob das Gericht dem Stpfl. mehr als den beantragten Betrag zugestehen oder ob es die im angegriffenen Steuerbescheid festgesetzte Steuer erhöhen darf.

Hierzu sind zwei Grundsätze zu beachten.

a) Das Gericht darf keinen geringeren als den vom Kläger begehrten Betrag (im Beispielsfall **3270** 4 500 €) festsetzen. Es ist an das **Klagebegehren gebunden** (§ 96 Abs. 1 Nr. 2 FGO). Ist das Gericht der Auffassung, dass nach den Vorschriften des materiellen Steuerrechts über das bisherige Klagebegehren hinaus eine Herabsetzung des festgesetzten oder festgestellten Betrags angezeigt ist, so wird es gemäß § 76 Abs. 2 FGO den Kläger auf die Stellung eines sachgemäßen Antrags hinzuweisen haben (keine Klageänderung).

b) Das Gericht darf keinen höheren als den bisherigen Betrag (im Beispielsfall 5 000 €) fest- **3271** setzen. Insoweit folgt aus der Bindung an das Klagebegehren das **Verbot der Verböserung** des Verwaltungsakts (Verbot der reformatio in peius), das auch allgemein aus der Rechtsschutzfunktion der Finanzgerichte hergeleitet werden kann (vgl. Seer in Tipke/Kruse, § 96 FGO, Rz. 101). Im Grunde besteht für die Entscheidung des Gerichts eine obere Grenze (der bisherige Steuerbescheid) und eine untere Grenze (der Klageantrag). In diesem Rahmen kann das Finanzgericht die richtige Steuer ermitteln und festsetzen.

> **BEISPIELE**
> a) Wie Beispiel in Rz. 3269, die Betriebsausgaben stehen dem Stpfl. zu. Das Gericht erkennt ferner, dass dem Stpfl. noch Sonderausgaben mit einer steuerlichen Auswirkung von 200 € zu gewähren sind.

LÖSUNG Das Gericht ist in seiner Entscheidung durch den Klageantrag begrenzt. Es hat die Steuer auf 4 500 € festzusetzen. Der Vorsitzende sollte jedoch den Stpfl. darauf hinweisen, den Klageantrag auf Herabsetzung der Steuer um 700 € zu erweitern (§ 76 Abs. 2 FGO). Ist dies geschehen, kann das Gericht die Steuer auf 4 300 € festsetzen.

b) Wie Beispiel in Rz. 3269, die Betriebsausgaben stehen dem Stpfl. zu. Das Gericht erkennt, dass dem Stpfl. Sonderausgaben mit einer steuerlichen Auswirkung von 200 € zu Unrecht gewährt worden sind.
LÖSUNG Es hat die richtige Steuer von 4 700 € festzusetzen.

c) Wie b), nur ist die steuerliche Auswirkung 700 €.
LÖSUNG Wegen des Verbotes der Verböserung darf das Gericht nicht die richtige Steuer von 5 200 € festsetzen. Das Gericht muss also die Klage abweisen, es bleibt damit bei der ursprünglichen Festsetzung von 5 000 €.

d) Wie Beispiel in Rz. 3269, nur die Betriebsausgaben stehen dem Stpfl. nicht zu. Das Gericht erkennt ferner, dass dem Stpfl. Sonderausgaben zustehen, die die Steuer um 200 € mindern.
LÖSUNG Es muss die richtige Steuer von 4 800 € festsetzen.

3272   Eine weitere Bindung des Gerichts folgt aus § 42 FGO. Verwaltungsakte, die unanfechtbare Verwaltungsakte ändern, können nur insoweit angegriffen werden, als die Änderung reicht (vgl. § 351 Abs. 1 AO). Entscheidungen in einem Grundlagenbescheid (§ 171 Abs. 10 AO) können nur durch Anfechtung dieses Bescheides, nicht auch durch Anfechtung des Folgebescheides angegriffen werden (vgl. § 351 Abs. 2 AO). § 42 FGO bestimmt, dass in finanzgerichtlichen Verfahren dieselben Grundsätze wie im außergerichtlichen Rechtsbehelfsverfahren zu gelten haben.

1.2   Bei Ermessensentscheidungen (§ 102 FGO)

3273   Bei Klagen gegen Ermessensentscheidungen ist der Umfang des **gerichtlichen Rechtsschutzes eingeschränkt.** Vom Ermessen spricht man, wenn es in die Wahl der Finanzbehörde gestellt ist, welche von mehreren möglichen Maßnahmen sie treffen will (sog. Handlungsermessen, vgl. § 5 AO). Die Finanzbehörde hat hier einen gewissen Spielraum. Im Abgabenrecht, das seiner Natur nach eine möglichst klare und berechnende Regelung des gesetzlichen Eingriffs erfordert, sind, soweit es um die steuerliche Erfassung bestimmter Sachverhalte geht, Fälle des Ermessens weitaus seltener als in anderen Rechtsgebieten.

Ist ein im Ermessen stehender Verwaltungsakt oder dessen Ablehnung oder Unterlassung angefochten, so prüft das Gericht **nach § 102 FGO nur,** ob der Verwaltungsakt oder die Ablehnung oder Unterlassung des Verwaltungsakts deshalb rechtswidrig ist, weil die gesetzlichen Grenzen des Ermessens überschritten sind **(Ermessensüberschreitung),** das zustehende Ermessen nicht ausgeübt wurde **(Ermessensunterschreitung)** oder von dem Ermessen in einer dem Zweck der Ermächtigung nicht entsprechenden Weise Gebrauch gemacht worden ist **(Ermessensfehlgebrauch).** Vgl. Rz. 59.

3274   Kommt das Gericht zu dem Ergebnis, dass der angefochtene Verwaltungsakt ermessensfehlerfrei erlassen wurde, so **muss die Klage als unbegründet abgewiesen werden,** selbst wenn das Gericht, hätte es an der Stelle der Behörde gestanden, vielleicht anders gehandelt hätte. Es ist gerade der Sinn der Regelung des § 102 FGO, dass das Gericht nicht sein Ermessen an die Stelle des Ermessens der Behörde setzen darf, soweit im Rahmen des Ermessens mehrere Entscheidungen möglich sind.

3275   Aber auch wenn das Gericht den Ermessensakt der Behörde für fehlerhaft hält, darf es nicht etwa selbst die Ermessensentscheidung treffen. Vielmehr darf es nur, wenn der Kläger eine

Anfechtungsklage gegen einen Ermessensakt der Verwaltungsbehörde erhoben hat, den Verwaltungsakt aufheben (§ 100 Abs. 1 FGO) oder aber, wenn über eine Klage auf Verurteilung zum Erlass eines Ermessensaktes zu entscheiden ist, die Verpflichtung aussprechen, den Kläger unter Beachtung der Rechtsauffassung des Gerichts zu bescheiden (§ 101 Satz 2 FGO). Das Gericht darf jedoch ausnahmsweise sein Ermessen an die Stelle des Ermessens der Finanzbehörde setzen, wenn durch die Sachlage des Einzelfalles die Ermessensgrenzen so eingeengt sind, dass **nur eine bestimmte Entscheidung möglich** ist, während jede andere notwendig zu einem Ermessensfehler führen müsste. Nur in diesem Ausnahmefall darf das Gericht die Ermessensentscheidung selbst treffen (sog. Ermessensreduzierung auf null).

Das Gericht hat bei einer Ermessensentscheidung der Verwaltung die Sach- und Rechtslage im Zeitpunkt der letzten Verwaltungsentscheidung zu überprüfen. Dies gilt auch dann, wenn der angefochtene Verwaltungsakt im Zeitpunkt der gerichtlichen Entscheidung noch nicht vollzogen ist (BFH vom 26.03.1991 BStBl II 1991, 545). Der Grundsatz, dass das Finanzamt eine erforderliche Begründung bis zum Abschluss der Tatsacheninstanz eines finanzgerichtlichen Verfahrens nachholen kann (§ 126 Abs. 2 AO), erfährt für Ermessensentscheidungen indes eine Einschränkung. Nach § 102 Satz 2 FGO darf das Finanzamt seine Ermessenserwägungen bis zum Abschluss der Tatsacheninstanz eines finanzgerichtlichen Verfahrens lediglich vertiefen, verbreitern oder verdeutlichen, dagegen nicht vollständig nachholen oder gar auswechseln (vgl. BFH vom 11.03.2004 BStBl II 2004, 579, Lange DB 2001, 2680). Eine Ergänzung setzt voraus, dass sich das Finanzamt bei Erlass des Verwaltungsaktes einer Ermessensentscheidung bewusst war, Ermessenserwägungen angestellt und in der Entscheidung zum Ausdruck gebracht hat, soweit letzteres erforderlich war (nicht erforderlich z. B. bei Aufnahme eines Vorbehaltsvermerks im Steuerbescheid). Diese Einschränkung gilt allerdings nur für den ursprünglich angefochtenen Verwaltungsakt. Ersetzt das Finanzamt einen Haftungsbescheid während des gegen diesen gerichteten Klageverfahrens durch einen anderen, so wird der neue Bescheid gem. § 68 Satz 1 FGO zum Gegenstand des gerichtlichen Verfahrens (vgl. Rz. 3263 ff.). In dessen weiterem Verlauf sind die nunmehr angestellten Ermessenserwägungen auch dann vollumfänglich zu berücksichtigen, wenn solche im Erstbescheid gänzlich fehlten (BFH vom 16.12.2008 BStBl II 2009, 539).

2   Die Entscheidungen

Gerichtliche Entscheidungen im Finanzprozess werden in Form von Urteilen, Beschlüssen, Gerichtsbescheiden, Anordnungen und Verfügungen getroffen. Während Urteile, Beschlüsse und Gerichtsbescheide vom **Spruchkörper des Gerichts** erlassen werden, sind Anordnungen und Verfügungen Maßnahmen des Vorsitzenden oder eines einzelnen Richters (des beauftragten, ersuchten oder zur Prozessvorbereitung bestimmten Richters). **3276**

2.1   Urteile (§ 95 FGO)

Das Urteil ist diejenige Entscheidung des Gerichts, durch die – soweit nicht eine andere Form vorgeschrieben ist – **über die Klage** aufgrund streitiger Verhandlung befunden wird (§ 95 FGO). Das Urteil ergeht in der Regel aufgrund einer mündlichen Verhandlung. Stets entscheidet das Gericht in seiner vollen Besetzung, bei den Finanzgerichten also der Senat (einschließlich der ehrenamtlichen Finanzrichter) oder der Einzelrichter (§ 6 FGO). Hat eine mündliche Verhandlung stattgefunden, so kann das Urteil nur von denjenigen Richtern und ehrenamtli- **3277** chen Finanzrichtern gefällt werden, die an der dem Urteil zugrunde liegenden **mündlichen Verhandlung teilgenommen** haben (§ 103 FGO). Mit Einverständnis der Beteiligten kann das Gericht ohne mündliche Verhandlung durch Urteil entscheiden (§ 90 Abs. 2 FGO). Dies bietet sich an, wenn der Sachverhalt eindeutig ist und nur über Rechtsfragen gestritten wird. Bei den Urteilen lassen sich verschiedene Arten unterscheiden.

2.1.1 Prozess- und Sachurteile

3278 Ein **Prozessurteil** liegt vor, wenn die Klage, ohne dass das Gericht zur Sache entscheidet, wegen Fehlens bestimmter Sachurteilsvoraussetzungen **als unzulässig abgewiesen** wird. Demgegenüber enthält das **Sachurteil** eine Entscheidung **über das sachliche Klagebegehren.** Die Unterscheidung beider Urteilsarten ist insbesondere für den sachlichen Umfang der Rechtskraft von Bedeutung.

Ein Sachurteil darf nur ergehen, wenn die Zulässigkeit der Klage bejaht wird. Eine Ausnahme hält der Bundesfinanzhof nur dann für zulässig, wenn die Prüfung der Zulässigkeit unverhältnismäßig große Schwierigkeiten bereitet und die Klage eindeutig und offensichtlich sachlich unbegründet ist (BFH vom 13. 11. 1964 BStBl III 1965, 68). Der Bundesfinanzhof stützt sich dabei auf Zweckmäßigkeitserwägungen.

2.1.2 End- und Zwischenurteile

3279 Das Urteil wird in der Regel ein **Endurteil** sein, d. h. den Streit für diese Instanz beenden. Es kann aber auch ein **Zwischenurteil** erlassen werden, wenn nur einzelne Streitpunkte erledigt werden. Sinn des Zwischenurteils ist es, zu ermöglichen, dass bestimmte Streitpunkte, losgelöst von den übrigen im Rechtsmittelverfahren, vorab geklärt werden. Zwischenurteile **binden** das erkennende Gericht. Das Gesetz sieht mehrere Fälle vor, in denen Zwischenurteile ergehen können, z. B.:

a) Über die **Zulässigkeit der Klage,** d. h. über das Vorliegen von Sachurteilsvoraussetzungen, kann durch Zwischenurteil vorab entschieden werden (§ 97 FGO). Dies kann sinngemäß nur von Bedeutung sein, wenn das Gericht eine streitige Sachurteilsvoraussetzung bejaht. Wird diese verneint, so ergeht ein prozessabweisendes Endurteil, falls nicht eine Verweisung an ein anderes Gericht (§ 34 Abs. 3 Satz 1 FGO, § 70 Abs. 1 FGO) in Frage kommt. Entsprechendes gilt für die Zulässigkeit der Revision.

b) Ferner kann, wenn bei einer Verpflichtungs- oder einer Anfechtungsklage gegen einen Verwaltungsakt ein Anspruch nach Grund und Höhe streitig ist, durch Zwischenurteil **über den Grund** vorab entschieden werden (§ 99 Abs. 1 FGO), wenn das Bestehen des Steueranspruchs dem Grunde nach bejaht wird und die Frage, wie hoch der Besteuerungsmaßstab ist, noch nicht entscheidungsreif ist (vgl. BFH vom 14. 07. 1982 BStBl II 1983, 25). Dieses Zwischenurteil wird oft auch als Grundurteil bezeichnet. Ist der Anspruch **nur dem Grunde** oder **nur der Höhe** nach streitig, so muss ein Endurteil ergehen. Zu den Streitigkeiten über den Grund gehört z. B. auch die Frage, ob die Finanzbehörde verfahrensrechtlich (z. B. im Hinblick auf die Festsetzungsfrist) befugt war, einen Verwaltungsakt dieser Art zu erlassen.

Das Grundurteil kann nur dahin lauten, dass der Klageanspruch mindestens zum Teil dem Grunde nach gerechtfertigt ist. Hält ihn das Gericht in vollem Umfang für ungerechtfertigt, so muss es die Klage durch Endurteil abweisen.

An das Grundurteil schließt sich stets ein Nachverfahren an, das durch ein Endurteil abgeschlossen wird. Im Nachverfahren ist das Gericht insoweit **gebunden,** als **über den Grund entschieden** ist.

c) Entscheidungserhebliche Sach- oder Rechtsfragen können vorab entschieden werden, wenn dies sachdienlich ist und die Beteiligten nicht widersprechen (§ 99 Abs. 2 FGO). Sachdienlich dürfte ein solches Zwischenurteil sein, wenn zu erwarten ist, dass sich die Beteiligten im Anschluss an diese Entscheidung einigen.

2.1.3 Voll- und Teilurteile

Die Unterscheidung zwischen Voll- und Teilurteilen hat nur bei den **Endurteilen** Bedeu- **3280** tung. **Vollurteile** erledigen den gesamten, **Teilurteile** hingegen nur einen Teil des Streitgegenstands. Der Erlass eines Teilurteils setzt voraus, dass ein abgrenzbarer Teil des Streitgegenstandes zur Endentscheidung reif ist (§ 98 FGO). Ein Teilurteil kann bei der Verpflichtungsklage Bedeutung erlangen, wenn z. B. der Kläger aufgrund mehrerer Erstattungsansprüche die Erstattung von Steuern begehrt. Bei der Anfechtung von Steuerbescheiden mehrerer Jahre kann ein Teilurteil ergehen, wenn nur der ein Jahr betreffende Streitgegenstand zur Entscheidung reif ist. Greift z. B. der Kläger die ESt-Bescheide 01 bis 03 an (Klagehäufung gem. § 43 FGO), kann das Gericht, wenn das Kj 01 zur Entscheidung reif ist, über den Streitgegenstand des Kj 01 ein Teilurteil fällen; es kann aber auch dieses Verfahren abtrennen (§ 73 Abs. 1 Satz 2 FGO) und über den Klagegegenstand Kj 01 mit Vollurteil entscheiden. In beiden Fällen ist über das Kj 01 rechtskräftig zu entscheiden, die Kj 02 und 03 sind noch rechtshängig. Ferner ist ein Teilurteil möglich bei Haupt- und Hilfsantrag, wenn Ersterer abgewiesen werden muss. Teilurteile sind, da nichts Abweichendes bestimmt ist, auch im Revisionsverfahren zulässig (§ 121 FGO i. V. m. § 98 FGO).

2.1.4 Gestaltungs-, Leistungs- und Feststellungsurteile

Entsprechend der Einteilung der Klagen (vgl. Rz. 3188) in Gestaltungs-, Leistungs- und **3281** Feststellungsklagen werden Urteile, die diesen Klagen stattgeben, als Gestaltungs-, Leistungs- und Feststellungsurteile bezeichnet.

2.2 Gerichtsbescheide (§ 90 a FGO)

Anstelle eines Urteils (auch Zwischen- oder Teilurteil) kann auch ein Gerichtsbescheid **3282** ergehen, und zwar stets **ohne mündliche Verhandlung.** Bei Gerichtsbescheiden durch den Senat wirken die ehrenamtlichen Richter nicht mit. Häufig wird der Gerichtsbescheid bei Entscheidungen durch den Einzelrichter (§ 6 FGO), den Vorsitzenden oder den Berichterstatter als sog. nicht mündlicher Einzelrichter (§ 79 a Abs. 2 FGO) und des erwünschten Einzelrichters (§ 79 a Abs. 3 FGO) gewählt werden. § 90 a FGO gilt auch im Revisionsverfahren (§ 121 FGO). Das Gericht muss nicht begründen, warum es durch Gerichtsbescheid entscheidet (K/vW, § 90 a FGO, Rz. 2).

Ein Gerichtsbescheid kann in »geeigneter Form« ergehen, d. h., wenn das Gericht einen solchen für sachdienlich hält, weil die Streitigkeit keine besonderen Schwierigkeiten tatsächlicher oder rechtlicher Art aufweist. Es ist aber auch denkbar, dass ein Gerichtsbescheid ergeht, wenn die Streitigkeit zwar keine tatsächliche, aber eine rechtlich schwierige Frage enthält, eine mündliche Verhandlung entbehrlich erscheint und wegen grundsätzlicher Bedeutung die Revision an den BFH zuzulassen ist (nicht möglich in Fällen des § 79 a Abs. 2 FGO). Der Gerichtsbescheid wirkt grundsätzlich als Urteil, sofern nicht rechtzeitig mündliche Verhandlung beantragt wird (§ 90 a Abs. 3 FGO). Hat das Gericht im Gerichtsbescheid die Revision zugelassen, so hat der Beteiligte die Wahl, ob er mündliche Verhandlung beantragen oder Revision einlegen will (§ 90 a Abs. 2 FGO). Will der Unterlegene den Tatsachenvortrag ergänzen, sollte er mündliche Verhandlung beantragen. Wurde die Revision nicht zugelassen, bleibt nur der Antrag auf mündliche Verhandlung, eine Nichtzulassungsbeschwerde wäre nicht statthaft.

Im letzteren Falle gilt der Gerichtsbescheid als nicht ergangen, es wird dann in der Regel der Senat in voller Besetzung durch Urteil entscheiden. Der Antrag auf mündliche Verhandlung bedarf keiner Begründung; der Antragsteller muss natürlich durch den Gerichtsbescheid beschwert sein. Wendet sich der Kläger sowohl mit dem Antrag auf mündliche Verhandlung gegen einen Gerichtsbescheid, als auch mit der Revision, hat im Zweifel der Antrag auf mündliche Verhandlung Vorrang. Ein Antrag auf mündliche Verhandlung kann auch dann gestellt werden, wenn sich der Kläger nicht gegen die sachliche Richtigkeit des Gerichtsbescheides wehrt, sondern die Entscheidung tatsächlich annimmt. Deshalb darf ein Kläger nach Ergehen eines Gerichtsbescheides mündliche Verhandlung beantragen und die Klage zurücknehmen. Ebenso darf eine Finanzbehörde einen Antrag auf mündliche Verhandlung stellen, um der Klage abzuhelfen (BFH vom 30.03.2006 BStBl II 2006, 542).

2.3 Beschlüsse (§ 113 FGO)

3283   Beschlüsse sind in der Regel Maßnahmen **innerhalb des Verfahrens** (Beweisbeschluss, Beschluss über die Aussetzung der Vollziehung). Als solche können sie nicht zu einer völligen oder teilweisen Erledigung des Streitgegenstandes führen. Ausnahmsweise kann aber auch ein Beschluss am Ende des Verfahrens stehen oder sogar selbst das Verfahren beenden. Das gilt für den Einstellungsbeschluss bei der Klagerücknahme (§ 72 Abs. 2 Satz 2 FGO) und den Beschluss, durch den die Revision als unzulässig verworfen wird (§ 126 Abs. 1 FGO).

Soweit nichts anderes bestimmt ist, ergehen Beschlüsse **ohne mündliche Verhandlung** (§ 90 Abs. 1 Satz 2 FGO). Ergehen die Beschlüsse außerhalb der mündlichen Verhandlung, so wirken bei den Finanzgerichten die ehrenamtlichen Finanzrichter nicht mit (§ 4 Abs. 3 Satz 2 FGO). Beim Bundesfinanzhof entscheiden in diesem Falle i. d. R. nur drei Richter (§ 10 Abs. 3 FGO). Beschlüsse, die **aufgrund** einer mündlichen Verhandlung ergehen, werden vom Gericht in voller Besetzung gefasst.

Für das **Beschlussverfahren** sind zum Teil die Vorschriften über das Urteilsverfahren sinngemäß anwendbar, zum Teil gelten abweichende Grundsätze (vgl. § 113 Abs. 1 FGO). Beschlüsse sind in der Regel zu begründen (§ 113 Abs. 2 FGO). Ist ein Rechtsmittel gegeben, so müssen die Beschlüsse eine Rechtsmittelbelehrung enthalten (§ 113 Abs. 1 FGO i. V. m. § 105 Abs. 2 Nr. 6 FGO). Sie müssen verkündet werden oder – wo sie nicht verkündet werden, aber eine Frist in Lauf gesetzt wird – zugestellt werden (§ 53 Abs. 1 FGO). In Rechtskraft erwachsen sie nicht (vgl. § 110 Abs. 1 Satz 1 FGO).

2.4 Anordnungen und Verfügungen

3284   Anordnungen und Verfügungen des Vorsitzenden oder des beauftragten, ersuchten oder zur Prozessvorbereitung bestimmten Richters sind prozessleitende Maßnahmen und als solche **nicht selbstständig anfechtbar** (§ 128 Abs. 2 FGO). Sie bedürfen keiner Begründung. Anordnungen und Verfügungen ergehen durch Verkündung oder formlose Mitteilung. Soweit sie nicht verkündet werden, bedürfen sie der Zustellung nur dann, wenn durch sie eine Frist in Lauf gesetzt wird oder wenn sie eine Terminbestimmung oder Ladung zum Gegenstand haben (§ 53 Abs. 1 FGO).

3 Das Urteil

3.1 Bekanntgabe des Urteils

Das Urteil wird durch seine Bekanntgabe wirksam. Die Bekanntgabe geschieht durch **Verkündung** oder **Zustellung** (§ 104 FGO). Bevor das Urteil vollständig verkündet oder zugestellt ist, kann das Gericht die **Entscheidung ändern**; gebunden ist es erst nach der Bekanntgabe.

3285

a) Die Verkündung (§ 104 FGO)

Urteile, die **aufgrund mündlicher Verhandlung** ergehen, sollen in der Regel in dem Termin, in dem die mündliche Verhandlung geschlossen wird, verkündet werden. Kann dies ausnahmsweise nicht geschehen, so soll die Verkündung in einem sofort anzuberaumenden Termin, der nicht über zwei Wochen hinaus angesetzt werden soll, stattfinden (§ 104 Abs. 1 Satz 1 FGO). Das Urteil wird dadurch verkündet, dass der Vorsitzende in öffentlicher Sitzung die **Urteilsformel** verliest (§ 155 FGO i. V. m. § 136 Abs. 4 ZPO und § 173 Abs. 1 GVG). Die Mitteilung der **Urteilsgründe** ist nicht zwingend vorgeschrieben, jedoch zulässig, wenn dies für angemessen erachtet wird (§ 155 FGO i. V. m. § 311 Abs. 3 ZPO).

3285a

b) Die Zustellung (§ 104 FGO)

Entscheidet das Gericht **ohne mündliche Verhandlung**, so wird die Verkündung durch die Zustellung des Urteils an die Beteiligten ersetzt (§ 104 Abs. 3 FGO). Aber auch wenn eine mündliche Verhandlung stattgefunden hat, ist **statt der Verkündung** die Zustellung des Urteils an die Beteiligten zulässig (§ 104 Abs. 2 FGO); dann ist der Tenor des Urteils binnen zwei Wochen nach der mündlichen Verhandlung der Geschäftsstelle zu übergeben (vgl. BFH vom 07. 10. 1998 BFH/NV 1999, 935).

3286

Wenn das Gesetz außerdem anordnet, dass **auch verkündete Urteile,** obwohl sie bereits mit der Verkündung wirksam geworden sind, den Beteiligten zuzustellen sind (§ 104 Abs. 1 Satz 2 2. HS FGO), so geschieht dies deshalb, weil die Zustellung noch die weitere Wirkung hat, bestimmte **Fristen in Lauf zu setzen.** Es handelt sich um die Fristen für den Antrag auf Tatbestandsberichtigung und Urteilsergänzung (§ 108 Abs. 1 FGO, § 109 Abs. 2 FGO) und – bei den finanzgerichtlichen Urteilen – um die Frist für die Einlegung der Nichtzulassungsbeschwerde (§ 115 Abs. 3 FGO) sowie die Revisions- und die Revisionsbegründungsfrist (§ 120 Abs. 1 Satz 1 FGO). Der Urkundsbeamte der Geschäftsstelle hat auf dem Urteil den **Tag der Zustellung** zu vermerken und diesen Vermerk zu unterschreiben (§ 105 Abs. 6 FGO).

3287 frei

3.2 Form des Urteils (§ 105 FGO)

Das Urteil ergeht **im Namen des Volkes.** Es ist **schriftlich** abzufassen und von den Richtern, die bei der Entscheidung mitgewirkt haben, zu unterzeichnen. Die Unterschrift der ehrenamtlichen Finanzrichter ist nicht erforderlich. Ist ein Urteil **noch nicht** von sämtlichen zur Unterschrift verpflichteten Richtern **unterzeichnet,** so liegt erst ein Urteilsentwurf, noch kein Urteil vor; aber auch ein vollständig unterzeichnetes Urteil ist vor seiner Verkündung oder Zustellung noch nicht wirksam und kann jederzeit geändert werden.

3288

3.3 Inhalt des Urteils

Welchen Inhalt ein Urteil haben muss, ist in bestimmtem Umfange vom Gesetz vorgeschrieben (§ 105 FGO). Es gelten hierfür folgende Grundsätze:

3.3.1 Rubrum

3289 Der Überschrift »Im Namen des Volkes« folgt das Rubrum. In ihm sind die Beteiligten, ihre gesetzlichen Vertreter (z. B. bei juristischen Personen der Vorstand) und die Bevollmächtigten nach Namen, Beruf, Wohnort und ihrer Stellung im Verfahren zu bezeichnen. Ferner sind das Gericht und die Namen seiner Mitglieder, die bei der Entscheidung mitgewirkt haben, anzugeben (§ 105 Abs. 2 Nr. 1 und 2 FGO).

3.3.2 Urteilsformel

3290 Die Urteilsformel (der Tenor) gibt die **eigentliche Entscheidung** des Gerichts wieder. Sie ist der wichtigste Teil des Urteils, weil sich aus ihr ergibt, wieweit die Rechtskraft reicht und welche Vollstreckungsmöglichkeiten das Urteil bietet. Daher ist die Urteilsformel so **vollständig und klar** wie möglich zu fassen. Die Urteilsformel muss auch eine Entscheidung über die Kosten enthalten (§ 143 Abs. 1 FGO), und zwar als Nebenentscheidung, sowie eine etwaige Revisionszulassung. Die Nichtzulassung der Revision muss nicht im Tenor ausgesprochen werden.

a) Urteilsformel bei der Klageabweisung

3291 Gibt das Gericht dem Klagebegehren nicht statt, so lautet der Tenor »Die Klage wird abgewiesen«. Ob die Klage abgewiesen wird, weil sie unzulässig oder weil sie unbegründet ist, kann noch zusätzlich durch die Worte »als unzulässig abgewiesen« oder »als unbegründet abgewiesen« ausgedrückt werden. Notwendig ist das jedoch nicht.

b) Urteilsformel bei begründeter Anfechtungsklage
aa) Kassation des Verwaltungsakts (§ 100 Abs. 1 FGO)

3292 Soweit ein angefochtener Verwaltungsakt rechtswidrig und der Kläger durch ihn in seinen Rechten verletzt ist, hebt das Gericht den Verwaltungsakt und gegebenenfalls die Entscheidung über den außergerichtlichen Rechtsbehelf auf (§ 100 Abs. 1 Satz 1 FGO). Sind der angefochtene Verwaltungsakt und die Entscheidung über den außergerichtlichen Rechtsbehelf **in vollem Umfang** rechtswidrig, so lautet der Tenor z. B.:

a)   »Der Einkommensteuerbescheid für das Jahr 01 und die Einspruchsentscheidung des Finanzamts werden aufgehoben.«

Wie das Wort »soweit« erkennen lässt, geht das Gesetz davon aus, dass auch eine **Teilaufhebung** des Verwaltungsakts oder der Entscheidung über den außergerichtlichen Rechtsbehelf zulässig ist. Dies setzt indes die Teilbarkeit der von der Finanzbehörde getroffenen Regelung voraus. Ein Fall dieser Art liegt vor, wenn in einer Einspruchsentscheidung über mehrere Steueransprüche (z. B. ESt 01 bis 03) entschieden wird. Teilbarkeit ist aber nicht gegeben, wenn ein Verwaltungsakt zwar auf verschiedenen, für sich beurteilbaren Grundlagen beruht, diese aber in einem notwendigen, sich aus der Natur der Sache ergebenden Zusammenhang stehen. So ist eine Aufteilung des Steuerbescheids in seine einzelnen Bestandteile nicht möglich, weil alle rechnerischen Grundlagen dieses Bescheids in einen Schlussbetrag, den festgesetzten Steuerbetrag, einmünden und nur dieser in Rechtskraft erwächst.

Die Finanzbehörde ist an die **rechtliche Beurteilung** gebunden, die der Aufhebung zugrunde liegt, an die tatsächliche Beurteilung aber nur insoweit, als nicht neu bekannt werdende Tatsachen und Beweismittel eine andere Beurteilung rechtfertigen (§ 100 Abs. 1 Satz 1 2. HS FGO).

bb) Die Folgenbeseitigung

Ist ein Verwaltungsakt **schon vollzogen,** z. B. der mit dem Steuerbescheid festgesetzte Betrag ganz oder zum Teil bereits beigetrieben, so ergibt sich aus der Aufhebung des Verwaltungsakts, dass die Finanzbehörde die Folgen der Vollziehung wieder zu beseitigen hat (vgl. z. B. § 37 Abs. 2 AO). Diese Pflicht besteht auch dann, wenn das Gericht sie nicht ausdrücklich im Urteil ausspricht. **Auf Antrag** kann das Gericht indessen zusätzlich zur Aufhebung aussprechen, dass und wie die Finanzbehörde die **Vollziehung rückgängig** zu machen hat (§ 100 Abs. 1 Satz 2 FGO). Dieser Ausspruch ist nur zulässig, wenn die Behörde zur Folgenbeseitigung in der Lage und die Sache spruchreif ist (§ 100 Abs. 1 Satz 3 FGO). Spricht das Gericht die Verpflichtung zur Folgenbeseitigung aus, so ist in der Urteilsformel außer der Aufhebung des Verwaltungsakts – und gegebenenfalls der Entscheidung über den außergerichtlichen Rechtsbehelf – z. B. auszusprechen: »Das Finanzamt hat den aufgrund des aufgehobenen Steuerbescheids beigetriebenen Betrag von … € an den Kläger zurückzuzahlen.«

3293

cc) Feststellung der Rechtswidrigkeit nach Erledigung der Hauptsache

Hat sich der Rechtsstreit im Laufe des Finanzprozesses durch Zurücknahme des Verwaltungsakts oder auf andere Weise erledigt, so hat das Gericht, wenn der Kläger dies beantragt, durch Urteil auszusprechen, dass der **Verwaltungsakt rechtswidrig gewesen** ist (§ 100 Abs. 1 Satz 4 FGO). Dies setzt jedoch voraus, dass der Kläger ein berechtigtes Interesse an dieser Feststellung hat. Die Urteilsformel lautet dann z. B.: »Der Gewerbesteuermessbescheid des Finanzamts für das Jahr 01 war rechtswidrig.«

3294

dd) Neuberechnung der Steuer (§ 100 Abs. 2)

Begehrt der Kläger die Änderung eines Verwaltungsaktes, der einen Geldbetrag festsetzt oder eine darauf bezogene Feststellung trifft, kann das Gericht den Betrag in anderer Höhe festsetzen oder die Feststellung durch eine andere ersetzen. Das Gericht kann also den angefochtenen Verwaltungsakt selbst ändern. Die Vorschrift gilt vornehmlich für Steuerbescheide und Feststellungsbescheide. Sie erfasst aber auch steuerliche Nebenleistungen, wie z. B. das Zwangsgeld, den Verspätungszuschlag oder den Säumniszuschlag. Hier ist allerdings zu bedenken, dass solche Verwaltungsakte Ermessensentscheidungen sind, die vom Gericht nur eingeschränkt überprüfbar sind (§ 102 FGO). Die Herabsetzung eines Verspätungszuschlags durch das Gericht wird also selten sein, denn das Gericht darf das dem Finanzamt eingeräumte Ermessen nicht selbst ausüben (allenfalls bei einer Ermessensreduzierung auf null).

3295

Das Gericht kann aber auch die Steuerberechnung dem Finanzamt überlassen (§ 100 Abs. 2 Satz 2 FGO). Diese Regelung soll die Gerichte von aufwendigen Steuerberechnungen entlasten, die das Finanzamt mit den ihm zur Verfügung stehenden technischen Hilfsmitteln schnell bewältigen kann. Gedacht ist insbesondere an die Einkommen-, Körperschaft- und Gewerbesteuer, bei der die Veränderung einer steuerlichen Bemessungsgrundlage Folgeänderungen nach sich zieht (z. B. wirkt sich die Höhe der Einkünfte aus nichtselbstständiger Tätigkeit auf die Berechnung der zu berücksichtigenden Vorsorgeaufwendungen, § 10 Abs. 3 EStG, und die zumutbare Eigenbelastung bei außergewöhnlichen Belastungen, § 33 EStG, aus).

Das Gericht muss in seinem Tenor jedoch alle Rechtsfragen klären, es darf nur noch die rechnerische Ermittlung des Betrags offenbleiben. So kann es z. B. die Einkünfte aus nichtselbstständiger Tätigkeit von 80 000 € auf 77 000 € herabsetzen, die Berechnung der Steuer jedoch dem Finanzamt überlassen. Dieses hat dann das Ergebnis der Neuberechnung zunächst den Beteiligten formlos (aber schriftlich) mitzuteilen und nach Rechtskraft des Urteils den Verwaltungsakt mit der Neuberechnung der Steuer bekannt zu geben.

ee) Zurückverweisung an das Finanzamt (§ 100 Abs. 3 FGO)

3296   Hält das Gericht eine weitere Sachaufklärung für erforderlich, kann es, ohne in der Sache selbst zu entscheiden, den angefochtenen Verwaltungsakt aufheben, soweit noch erhebliche Sachverhaltsermittlungen erforderlich sind und die Aufhebung auch unter Berücksichtigung der Belange der Beteiligten **sachdienlich** ist. Auch mit dieser Regelung soll das Gericht entlastet werden, das die Ermittlungen des Finanzamts überprüfen, nicht aber selbst vornehmen darf. Bei Erlass des neuen Verwaltungsaktes ist das Finanzamt an die Rechtsauffassung des Gerichts gebunden.

> **BEISPIEL**
>
> Das Gericht hebt auf die Klage einen Einkommensteuerbescheid auf, weil der Kläger nicht beschränkt (§ 49 EStG), sondern unbeschränkt einkommensteuerpflichtig sei.
>
> **LÖSUNG** Das Finanzamt hat nun die Besteuerungsmerkmale für einen unbeschränkt Stpfl. zu ermitteln und die Steuer entsprechend festzusetzen. Der neue Verwaltungsakt kann wiederum angefochten werden, z. B. weil die Sonderausgaben fehlerhaft angesetzt worden sind. Auf Antrag kann das Gericht bis zum Erlass des neuen Verwaltungsaktes durch Beschluss einstweilige Regelungen treffen, insbesondere bestimmen, dass Sicherheiten zu leisten sind oder auf den aufgehobenen Steuerbescheid geleistete Zahlungen nicht zurückgewährt werden müssen.

§ 100 Abs. 3 FGO gilt nicht, wenn das Finanzamt Besteuerungsgrundlagen deshalb geschätzt hat, weil der Kläger seiner Erklärungspflicht nicht nachgekommen ist. Hier sollte das Gericht unter Festsetzung einer Frist dem Kläger aufgeben, die Steuererklärung vorzulegen (§ 79 b FGO).

c) Urteilsformel bei begründeter Verpflichtungsklage

3297   Hält das Gericht eine Verpflichtungsklage für begründet, so ergeben sich für die Fassung der Urteilsformel nach § 101 FGO folgende Möglichkeiten: Ist die Sache **spruchreif,** weil weitere Ermittlungen nicht mehr erforderlich sind, so spricht das Gericht die Verpflichtung der Finanzbehörde aus, den begehrten Verwaltungsakt zu erlassen. Richtet sich die Klage gegen die Ablehnung eines begehrten Verwaltungsakts, so ist es mindestens zweckmäßig, wenn das Gericht den ablehnenden Verwaltungsakt und gegebenenfalls die Entscheidung über den außergerichtlichen Rechtsbehelf ebenfalls ausdrücklich aufhebt. Hat sich der Kläger mit der Klage z. B. gegen die Ablehnung der Freistellung von der Gewerbesteuer gewandt, so lautet die Urteilsformel etwa:

a)   »Der Bescheid über die Ablehnung der Freistellung von der Gewerbesteuer für das Jahr 01 und die Einspruchsentscheidung des Finanzamts werden aufgehoben. Das Finanzamt hat den Kläger von der Gewerbesteuer für das Jahr 01 freizustellen.«

Ist die Sache **nicht spruchreif,** so kann die endgültige Leistung, die die Finanzbehörde dem Kläger gegenüber zu erbringen hat, in der Urteilsformel noch nicht angegeben werden. Die Spruchreife ist insbesondere zu verneinen, wenn der Kläger einen Verwaltungsakt begehrt, der in das Ermessen der Finanzbehörde gestellt ist. Ist die Sache nicht spruchreif, so lautet die Urteilsformel: »Die beklagte Finanzbehörde hat den Kläger unter Beachtung der Rechtsauffassung des Gerichts zu bescheiden.«

3.3.3 Tatbestand

An die Urteilsformel ist der Tatbestand anzuschließen (§ 105 Abs. 2 Nr. 4 FGO). Der Tatbestand hat den **Sach- und Streitstand** zu dem für die Urteilsfindung maßgebenden Zeitpunkt in gedrängter Form zu enthalten. Zum Sach- und Streitstand gehören der unbestrittene Sachverhalt, die Angabe des Klagebegehrens, das streitige Vorbringen, die Angabe der erhobenen Beweise und das Ergebnis der Beweisaufnahme nach ihrem für die Entscheidung wesentlichen Inhalt. Gibt der Sachverhalt den Sach- und Streitgegenstand nicht hinreichend wieder oder ist er widersprüchlich, so ist das Urteil im Revisionsverfahren aufzuheben, weil es keine Grundlage für eine sachliche Nachprüfung bildet, und die Sache an das Finanzgericht zurückzuverweisen (BFH vom 23.04.1998 BStBl II 1998, 626). Die Darstellung des Tatbestandes kann durch eine Bezugnahme auf den Inhalt der vorbereitenden Schriftsätze und auf die im Sitzungsprotokoll getroffenen Feststellungen ersetzt werden, soweit sich aus ihnen der Sach- und Streitstand richtig und vollständig ergibt (§ 105 Abs. 3). Die Bezugnahme darf jedoch nicht zu Unklarheiten und Zweifeln darüber führen, auf welchen tatsächlichen Grundlagen die Entscheidung beruht. Eine allgemeine Bezugnahme auf den Inhalt bestimmter Akten ist unwirksam. Die in Bezug genommenen Teile von Akten müssen genau bezeichnet und abgegrenzt sein (ständige Rechtsprechung; vgl. u. a. BFH vom 21.05.1992 BFH/NV 1993, 282).

Der BFH ist grundsätzlich an den festgestellten Tatbestand gebunden (§ 118 Abs. 2 FGO).

3298

3.3.4 Entscheidungsgründe

Dem Tatbestand folgen die Entscheidungsgründe (§ 105 Abs. 2 Nr. 5 FGO), auf die jedoch verzichtet werden kann, wenn das Gericht der Begründung des außergerichtlichen Rechtsbehelfs folgt (§ 105 Abs. 5 FGO). Im Interesse der Klarheit empfiehlt es sich, **Tatbestand** und **Entscheidungsgründe** im logischen Aufbau des Urteils zu **trennen** und nicht miteinander zu vermengen. Die Entscheidungsgründe haben sich streng auf den Gegenstand der Entscheidung zu beschränken und darzulegen, welchen Sachverhalt das Gericht für erwiesen hält, welchen Rechtsstandpunkt es einnimmt und gegebenenfalls aus welchen Gründen es von der Auffassung eines Beteiligten abweicht.

3299

3.3.5 Rechtsmittelbelehrung

Schließlich muss das finanzgerichtliche Urteil eine Belehrung über das zulässige Rechtsmittel enthalten (§ 105 Abs. 2 Nr. 6 FGO). Die Belehrung muss sich auf das zulässige Rechtsmittel, das Gericht, bei dem es anzubringen ist, dessen Sitz und die einzuhaltende Frist erstrecken (§ 55 Abs. 1 Satz 2 FGO). Ist die »vorgeschriebene« Belehrung unterblieben oder unrichtig erteilt, so beginnt die Rechtsmittelfrist nicht zu laufen; gleichwohl ist nach Ablauf eines Jahres seit der Bekanntgabe eine Anfechtung nicht mehr möglich (vgl. § 55 Abs. 2 FGO).

3300

3.3.6 Weitere Entscheidungen

Gegebenenfalls hat das Gericht noch weitere Entscheidungen zu treffen.

a) Kostenentscheidung

Ergeht ein Endurteil über den gesamten Streitgegenstand, so hat das Gericht eine Entscheidung über die Kosten zu treffen (§ 143 Abs. 1 FGO). Diese Entscheidung ist in die Urteils-

3301

formel aufzunehmen. Der Inhalt dieser Entscheidung richtet sich nach den §§ 135 ff. FGO. Fehlt die Kostenentscheidung, so ist eine Ergänzung der Urteilsformel zulässig (§ 109 Abs. 1 FGO).

b) Entscheidung über den Streitwert

3302   Das Gericht wird nicht in allen Fällen über den Streitwert entscheiden (§ 63 Abs. 2 GKG).

Soweit das Urteil keine Entscheidung über den Wert des Streitgegenstandes enthält, ist es Sache des Urkundsbeamten der Geschäftsstelle, bei der Festsetzung der Gerichtskosten und der den Beteiligten zu ersetzenden Aufwendungen einen Streitwert zu errechnen (vgl. § 149 FGO). Gegen die Entscheidung des Urkundsbeamten der Geschäftsstelle ist die **Erinnerung** an das Gericht gegeben (§ 66 GKG).

c) Entscheidung über die vorläufige Vollstreckbarkeit

Nach § 155 FGO i. V. m. §§ 708 bis 710 ZPO und nach § 151 Abs. 3 FGO sind Urteile unter bestimmten Voraussetzungen und in gewissem Umfang für vorläufig vollstreckbar zu erklären.

3.4   Die Berichtigung des Urteils durch das Gericht

3303   Ist ein Urteil wirksam geworden, so ist das **Gericht** grundsätzlich an das Urteil **gebunden.** Das Urteil kann also nicht mehr geändert werden. Von diesem Grundsatz gibt es indessen eine Reihe von Ausnahmen:

3.4.1   Berichtigung wegen offenbarer Unrichtigkeit (§ 107 FGO)

3304   Schreibfehler, Rechenfehler und ähnliche offenbare Unrichtigkeiten im Urteil sind jederzeit vom Gericht zu berichtigen (§ 107 Abs. 1 FGO). Die Vorschrift stimmt inhaltlich nicht mit der in der AO enthaltenen Regelung (§ 129 AO) überein. Nach § 107 FGO muss es sich um »Unrichtigkeiten **im Urteil**« handeln, während § 129 AO »Unrichtigkeiten, die beim Erlass des Verwaltungsakts unterlaufen sind« anspricht. Trotzdem wendet der BFH § 107 FGO auch dann an, wenn die offenbare Unrichtigkeit nicht unmittelbar aus dem Urteil erkennbar ist (BFH vom 04. 09. 1984 BStBl II 1984, 834); im Ergebnis also ähnlich dem § 129 AO. Die Berichtigung ist nicht fristgebunden. Die allgemeinen Regeln der Festsetzungsverjährung (z. B. § 171 Abs. 2 AO) sollten gelten, wenn sich der Fehler auf die Höhe der Steuer bzw. Feststellung der Besteuerungsgrundlagen ausgewirkt hat (so K/vW, § 107 FGO, Rz. 2, a. M. Brandis in Tipke/Kruse, § 107 FGO, Rz. 5).

Über die Berichtigung kann **ohne mündliche Verhandlung** entschieden werden. Dabei können auch andere Richter mitwirken als diejenigen, die an dem Urteil beteiligt waren. Der Berichtigungsbeschluss wird auf dem Urteil und den Ausfertigungen vermerkt (§ 107 Abs. 2 Satz 2 FGO). Gegen den Beschluss (auch denjenigen, der die Berichtigung ablehnt) ist die Beschwerde (§ 128 FGO) zulässig. Der BFH kann im Revisionsverfahren eine offenbare Unrichtigkeit im angefochtenen Urteil berichtigen (BFH vom 23. 01. 1969 BStBl II 1969, 340).

3.4.2   Berichtigung des Tatbestandes (§ 108 FGO)

3305   Enthält der **Tatbestand** des Urteils (§ 105 Abs. 2 Nr. 4 FGO) nicht unter § 107 FGO fallende Unrichtigkeiten oder Unklarheiten, so können diese nach den Grundsätzen des § 108 FGO berichtigt werden. Dies gilt jedoch nur, soweit der Tatbestand keine rechtlichen Wertungen enthält (BFH vom 18. 09. 1974 BStBl II 1974, 751).

Das Berichtigungsverfahren ist hier an strengere Voraussetzungen gebunden als im Falle der Berichtigung wegen offenbarer Unrichtigkeiten nach § 107 FGO. Die Berichtigung kann nur **innerhalb von zwei Wochen** nach der Zustellung des Urteils beantragt werden (§ 108 Abs. 1 FGO). Die Frage, ob das Gericht auch von Amts wegen ohne Antrag berichtigen darf, muss angesichts des klaren Gesetzeswortlauts verneint werden. Das Gericht entscheidet ohne Beweisaufnahme durch Beschluss, der unanfechtbar ist (§ 108 Abs. 2 Sätze 1 und 2 FGO). Im Gegensatz zur Berichtigung nach § 107 FGO dürfen hier nur diejenigen Richter an der Entscheidung mitwirken, die das Urteil erlassen haben (§ 108 Abs. 2 Satz 3 FGO).

3.4.3 Ergänzung der Urteilsformel (§ 109 FGO)

Wenn ein nach dem Tatbestand von den Beteiligten gestellter Antrag oder die Kostenfolge bei der Entscheidung ganz oder zum Teil übergangen wurde, so ist auf Antrag das Urteil durch **nachträgliche Entscheidung** zu ergänzen (§ 109 Abs. 1 FGO).   **3306**

Die Entscheidung setzt einen Antrag voraus, der **innerhalb von zwei Wochen** nach Zustellung des Urteils gestellt werden muss (§ 109 Abs. 2 Satz 1 FGO). Über den Antrag ist aufgrund mündlicher Verhandlung zu entscheiden, die nur den nicht erledigten Teil des Rechtsstreits zum Gegenstand hat (§ 109 Abs. 2 Satz 2 FGO). Hieraus folgt, dass beim Finanzgericht auch ehrenamtliche Finanzrichter mitwirken müssen. Das Urteil ist nach den Grundsätzen der §§ 115 ff. FGO mit der Revision anfechtbar.

3.4.4 Änderung der Entscheidung über den Wert des Streitgegenstandes

Hat das Gericht im Urteil über den Wert des Streitgegenstandes entschieden, so kann das Gericht, das die Entscheidung getroffen hat, diese auch wieder ändern (von Amts wegen oder auf Antrag). Dem BFH steht die Befugnis zu, wenn das Verfahren dort schwebt (vgl. § 63 Abs. 3 GKG).   **3307**

3.5 Rechtskraft des Urteils

Ein Urteil erlangt erst mit Eintritt der Rechtskraft seinen endgültigen, nur noch im Wege der Wiederaufnahme des Verfahrens wieder aufhebbaren Bestand. Unter der Rechtskraft des Urteils kann entweder die formelle oder die materielle Rechtskraft verstanden werden.

3.5.1 Formelle Rechtskraft

Die formelle Rechtskraft tritt ein, wenn ein Urteil unanfechtbar wird. Unanfechtbarkeit und formelle Rechtskraft bedeuten mithin dasselbe. Die formelle Rechtskraft tritt ein: **3308**

a) bei Urteilen, gegen die ein Rechtsmittel nicht gegeben ist, mit der Bekanntgabe des Urteils an die Beteiligten;

b) bei Urteilen, gegen die ein Rechtsmittel eingelegt werden kann:

aa) mit der Erklärung eines Rechtsmittelverzichts;

bb) mit Ablauf der Rechtsmittelfrist oder mit Ablauf der für die Erhebung der Nichtzulassungsbeschwerde vorgeschriebenen Frist (§ 116 Abs. 2 Satz 1 FGO), oder

cc) mit der Rücknahme des Rechtsmittels oder der Nichtzulassungsbeschwerde.

3.5.2 Materielle Rechtskraft

3309   Die materielle Rechtskraft regelt, inwieweit einem neuen Verfahren die **Bindung** an ein in einem anderen Verfahren ergangenes Urteil entgegensteht. In materielle Rechtskraft erwachsen nur (formell rechtskräftige) **Endurteile** und Gerichtsbescheide, wenn sie gemäß § 90 a Abs. 3 FGO als Urteile wirken.

Die materielle Rechtskraft hat eine subjektive und eine objektive Wirkung. Die **subjektive Wirkung** beinhaltet, dass das rechtskräftige Urteil die Beteiligten und ihre Rechtsnachfolger (Einzel- oder Gesamtrechtsnachfolger) bindet. Der **objektive Umfang** der Rechtskraft wird durch den Streitgegenstand (vgl. dort Rz. 3241), über den das Gericht eine Entscheidung getroffen hat, bestimmt. Er ist der Urteilsformel zu entnehmen. Die Urteilsgründe nehmen an der Rechtskraft nicht teil, sind aber für die Bestimmung der Tragweite des Urteils von Bedeutung. So ergibt sich häufig erst aus den Gründen, ob eine Klage aus prozessualen oder aus sachlichen Erwägungen abgewiesen wurde und welche Sachverhaltskomplexe (wegen § 110 Abs. 2 FGO) der Entscheidung zugrunde lagen. Letztlich kommt es für den Umfang der Bindungswirkung allein darauf an, worüber das Gericht tatsächlich entschieden hat (BFH vom 14. 03. 2006 BFH/NV 2006, 1448).

3.5.3 Korrektur des Verwaltungsaktes nach Eintritt der Rechtskraft

3310   Die mit der Rechtskraft eingetretene Bindungswirkung hat nicht nur für ein späteres Gerichtsverfahren zwischen den Beteiligten über denselben Streitgegenstand Bedeutung. Vielmehr darf auch die Verwaltungsbehörde den Verwaltungsakt nicht mehr korrigieren (ändern, zurücknehmen), soweit die Rechtskraft des Urteils entgegensteht (§ 110 Abs. 1 FGO). Wird z. B. ein Steuerbescheid vom Gericht aus formellen Gründen aufgehoben (Verstoß gegen § 157 Abs. 1 AO), war Streitgegenstand, ob der Steuerbescheid in formeller Hinsicht den Anforderungen entsprach. § 110 Abs. 1 FGO hindert dann nicht die Erteilung eines neuen Steuerbescheides (BFH vom 11. 03. 1982 BStBl II 1982, 524).

§ 110 Abs. 2 FGO gestattet, auch durch Urteil festgesetzte Steuern noch zu korrigieren, soweit eine **Korrekturvorschrift** eingreift, die **erst nach Schluss der letzten mündlichen Verhandlung vorlag,** die also nicht Gegenstand der finanzgerichtlichen Entscheidung sein konnte (zur Korrektur nach § 174 AO vgl. BFH vom 18. 03. 2004 BStBl II 2004, 763). Dieser Regelung liegt der Gedanke zugrunde, dass das Finanzgericht zwar den gesamten Sachverhalt erforschen darf (§§ 76 Abs. 1 und 100 Abs. 1 FGO), hierzu aber nicht verpflichtet ist, wenn die Beteiligten nichts vortragen und auch sonst kein Anlass dazu besteht (BFH vom 20. 03. 1980 BStBl II 1980, 450). Es ist nicht Aufgabe des Finanzgerichts, den Steuerfall restlos aufzuklären, dies bleibt Aufgabe der Finanzbehörde (§ 76 Abs. 4 FGO, vgl. auch § 68 FGO und § 132 AO).

BEISPIELE

a) Das Gericht setzt die Einkommensteuer von 10 000 € auf 9 500 € herab, weil dem Kläger noch Werbungskosten anzurechnen waren. Nach Rechtskraft des Urteils wird dem FA bekannt, dass der Stpfl. Einkünfte aus Kapitalvermögen, die die Steuer um 300 € erhöhen, nicht erklärt hatte.

LÖSUNG Die Steuerfestsetzung ist gem. § 173 Abs. 1 Nr. 1 AO auf 9 800 € zu erhöhen, weil dem FA nachträglich steuererhöhende Tatsachen bekannt wurden. Dem steht nicht entgegen, dass Streitgegenstand des Prozesses die Rechtmäßigkeit des Steuerbescheides war und das Finanzgericht befugt war, zwischen den Beträgen 9 500 € und 10 000 € die richtige Steuer festzusetzen. Das Gericht ist nicht zur Sachverhaltsermittlung verpflichtet, wenn von den Parteien nichts vorgetragen wurde. Es lässt sich nur aus den Urteilsgründen erkennen, inwieweit das Gericht über den Steuerfall entschieden hat.

b) Wie a), nur erfährt das FA während des Prozesses von den Einkünften aus Kapitalvermögen.
LÖSUNG Eine spätere Korrektur der durch gerichtliches Urteil festgesetzten Steuer von 9 500 € ist nicht zulässig. Die Tatsache ist nicht neu i. S. d. § 173 Abs. 1 AO, bzw. es steht der Rechtsgedanke des § 100 Abs. 1 Satz 1 2. HS FGO einer Korrektur entgegen (Seer in Tipke/Kruse, § 110 FGO, Rz. 23a). Das FA hätte vielmehr den Änderungsbescheid während des Prozesses erlassen (§ 173 Abs. 1 Nr. 1 AO, § 68 FGO) oder aber die Kapitaleinkünfte in den Prozess einführen müssen. Im zweiten Falle wäre eine spätere Änderung nach § 173 Abs. 1 Nr. 1 AO nur möglich, wenn die Klage abgewiesen würde. Eine über 10 000 € hinausgehende Steuerfestsetzung war nicht Streitgegenstand (Verböserungsverbot).

c) Wie b), nur erfährt das FA während des Prozesses statt der Kapitaleinkünfte von Sonderausgaben des Stpfl., die die Steuer nochmals um 200 € mindern würden.
LÖSUNG Die rechtskräftige Steuerfestsetzung von 9 500 € ist gem. § 173 Abs. 1 Nr. 2 AO (soweit nicht grobes Verschulden entgegensteht) auf 9 300 € zu mindern. Zwar ist auch diese Tatsache nicht mehr neu. Gründe des Vertrauensschutzes gebieten aber eine Änderung, zumal ein 9 500 € unterschreitender Betrag wegen der Bindung des Gerichts an den Klageantrag (§ 96 FGO) nicht mehr Streitgegenstand war.

d) Ein Stpfl. erreicht mit einer Klage, dass eine Steuerfestsetzung über 10 000 €, die unter dem Vorbehalt der Nachprüfung steht, wegen des Abzugs bestimmter Betriebsausgaben auf 9 000 € herabgesetzt wird. Nach einer Betriebsprüfung will das Finanzamt die Steuer gem. § 164 Abs. 2 AO auf 12 000 € festsetzen, weil Betriebseinnahmen steuerlich bisher nicht erfasst worden sind und die streitbefangenen Betriebsausgaben dem Stpfl. doch nicht zustehen.
LÖSUNG Das Finanzamt darf die Betriebseinnahmen als neuen Sachverhalt erfassen. Die Streichung der Betriebsausgaben ist ihm aufgrund des Urteils verwehrt, obgleich eine Korrekturvorschrift (§ 164 Abs. 2 AO) vorliegen würde (vgl. BFH vom 07. 02. 1990 BStBl II 1990, 1032). Beachte aber BFH vom 10. 05. 1994 BStBl II 1994, 902, wonach das Finanzgericht auch eine Steuerfestsetzung, die unter dem Vorbehalt der Nachprüfung (§ 164 AO) ergangen ist, in rechtlicher und tatsächlicher Hinsicht zu überprüfen hat.

Zweifelhaft ist, ob die Finanzbehörde einen Verwaltungsakt auch dann korrigieren darf, **3311** wenn sich nach Eintritt der Rechtskraft herausstellt, dass der gerichtlichen Entscheidung ein **Sachverhalt** zugrunde liegt, der schon zu dem für die Urteilsfindung maßgebenden Zeitpunkt streitig gewesen ist.

BEISPIEL
Der Kläger ist mit seiner Behauptung, er habe aus einem bestimmten Lieferungsvorgang nicht – wie das Finanzamt angenommen hatte – 5 000 €, sondern nur 3 000 € vereinnahmt, im Finanzprozess durchgedrungen. Anlässlich einer späteren Betriebsprüfung ergibt sich aus den Unterlagen des Stpfl. die Richtigkeit des ursprünglich angesetzten Betrages von 5 000 €.

Dass das nachträgliche Auffinden einer Urkunde nach § 580 Nr. 7 Buchst. b ZPO ein Wie- **3312** deraufnahmegrund ist, könnte daran denken lassen, dass der vom Gericht zugrunde gelegte Sachverhalt von der Rechtskraft mitumfasst wird, eine Änderungsveranlagung nach § 173 AO daher insoweit unzulässig wäre. Trotzdem wird aus der Rechtskraft eine Bindung der Finanzbehörde nur insoweit abzuleiten sein, als nicht neu bekannt werdende Tatsachen und Beweismittel eine andere Beurteilung rechtfertigen. Hierfür spricht einmal der Umstand, dass § 110 Abs. 2 FGO die Korrekturvorschriften der Abgabenordnung überhaupt erwähnt, vor allem aber die Fassung des § 100 Abs. 1 Satz 1 2. HS FGO, nach dem bei einem aufhebenden Urteil die Finanzbehörde an die tatsächliche Beurteilung nur soweit gebunden ist, »als nicht neu bekannt werdende Tatsachen und Beweismittel eine andere Beurteilung rechtfertigen«. Danach ist eine Änderungsveranlagung zulässig, wenn nach Eintritt der Rechtskraft neue Tatsachen oder

Beweismittel (wie hier) im Sinne des § 173 Abs. 1 Nr. 1 und 2 AO festgestellt werden. Bei der Änderung darf sich die Finanzbehörde aber nicht in Widerspruch zu der im Urteil niedergelegten Rechtsauffassung des Gerichts setzen.

4   Vorläufige Maßnahme des Gerichts

3313   Ob der Kläger einen von ihm geltend gemachten Klageanspruch durchsetzen kann, entscheidet sich im Regelfall erst mit dem Eintritt der Rechtskraft. Bis dahin kann erhebliche Zeit verstreichen. In dieser Zwischenzeit ist es für die Beteiligten von Bedeutung, was sie gegenseitig voneinander verlangen dürfen.

4.1   Aussetzung der Vollziehung (§ 69 FGO)

3314   § 69 FGO entspricht im Wesentlichen § 361 AO (vgl. dort Rz. 2612 ff.). Lediglich § 69 Abs. 3 FGO ergänzt die Vorschrift für das gerichtliche Verfahren. Danach steht die Aussetzung der Vollziehung nicht nur der Finanzbehörde, sondern auch dem Gericht der Hauptsache oder dem Vorsitzenden zu.

Der Antrag auf Aussetzung der Vollziehung kann schon vor Erhebung der Klage gestellt werden, der vollziehbare Verwaltungsakt muss jedoch mit einem Rechtsbehelf angefochten sein. Allerdings muss der Stpfl. erst den Antrag gem. § 361 AO beim Finanzamt stellen und darf sich erst an das Gericht wenden, wenn das Finanzamt den Antrag ganz oder zum Teil abgelehnt hat (§ 69 Abs. 4 Satz 1 FGO). Nur wenn das Finanzamt über den Antrag ohne Mitteilung eines zureichenden Grundes in angemessener Frist nicht entschieden hat oder eine Vollstreckung droht, kann sich der Stpfl. sofort an das Gericht wenden.

Gegen die Entscheidung über die Aussetzung der Vollziehung steht den Beteiligten die Möglichkeit zur Beschwerde nur offen, wenn diese zugelassen ist (§ 128 Abs. 3 FGO); dabei gelten die Zulassungsvoraussetzungen des § 115 Abs. 2 FGO (Rz. 3335 ff). Allerdings kann das Gericht der Hauptsache einen einmal ergangenen Beschluss jederzeit ändern oder aufheben (§ 69 Abs. 6 FGO). Die gerichtliche Entscheidung über die Aussetzung der Vollziehung erwächst also nicht in materielle Rechtskraft. Die Beteiligten können die Aufhebung oder Änderung auch beantragen, wenn sich die Umstände verändert haben oder diese im ursprünglichen Verfahren ohne Verschulden nicht geltend gemacht werden konnten. Ist die Hauptsache zwischenzeitlich beim Bundesfinanzhof anhängig, ist der Antrag dort zu stellen (BFH vom 13.10.1999 BStBl II 2000, 86). Gegen den Beschluss des BFH ist ein Rechtsmittel nicht statthaft.

Ein Sonderfall der Aussetzung der Vollziehung ist die **Aufhebung der Vollziehung**, vgl. § 361 Abs. 2 Satz 3 AO, wenn der Verwaltungsakt schon vollzogen ist. Die Voraussetzungen sind die gleichen wie die der Aussetzung der Vollziehung, d. h., der Verwaltungsakt muss angefochten sein und seine Rechtmäßigkeit muss ernstlich zweifelhaft sein (BFH vom 20.12.2000 BStBl II 2001, 479) oder die Aufrechterhaltung der Vollziehung stellt eine unbillige, nicht durch überwiegende öffentliche Interessen gebotene Härte dar. Während mit der Aussetzung die Fälligkeit hinausgeschoben wird, kann der Stpfl. mit der Aufhebung der Vollziehung erreichen, dass bereits erfolgte Vollziehungsmaßnahmen aufgehoben werden, sofern diese ihren Rechtsgrund im angefochtenen Bescheid haben. Dies bedeutet, dass dann freiwillig geleistete Zahlungen ebenso zu erstatten sind wie Zahlungen aufgrund von Vollstreckungsmaßnahmen. Ebenso kann die Rückgabe oder die Verwertung von gepfändeten Gegenständen erreicht werden, nicht jedoch die Erstattung von Vorauszahlungen (§ 69 Abs. 2 Satz 8 FGO).

4.2 Einstweilige Anordnung (§ 114 FGO)

Nach § 114 FGO besteht die Möglichkeit, dass durch Erlass einer einstweiligen Anordnung **3315** schon vor Beendigung des Rechtsstreits, ja sogar schon vor Erhebung der Klage, **bestimmte Streitfragen** zwischen den Beteiligten **vorläufig geregelt werden.** Die einstweilige Anordnung ergeht innerhalb weniger Tage, notfalls kann der Vorsitzende alleine entscheiden (§ 114 Abs. 2 Satz 3 FGO). Sie dient vornehmlich zur Regelung eines vorläufigen Zustandes in Bezug auf ein streitiges Rechtsverhältnis, wenn diese Regelung zur Abwendung wesentlicher Nachteile nötig erscheint. Die Regelung des § 114 FGO entspricht § 123 VwGO; sie ist nachgebildet den Bestimmungen der Zivilprozessordnung über den Erlass einstweiliger Verfügungen (§§ 935, 940 ZPO).

Mit der einstweiligen Anordnung kann nicht erreicht werden, dass die Vollziehung eines Verwaltungsaktes ausgesetzt wird. Im Verhältnis zur **Aussetzung der Vollziehung** nach § 69 FGO **greift § 114 FGO nicht** ein (§ 114 Abs. 5 FGO). Damit scheiden Streitigkeiten, die mit der Anfechtungsklage ausgetragen werden, von vornherein aus dem Anwendungsbereich des § 114 FGO aus (**Subsidiarität**).

> **BEISPIEL**
>
> Ein Stpfl. klagt gegen einen Feststellungsbescheid, der einen Verlust von 50 000 € feststellt, und begehrt die Feststellung eines Verlustes von 60 000 €. Gleichzeitig stellt er den Antrag nach § 114 FGO, die 10 000 € begehrten Verlust in der Einkommensteuerveranlagung zu berücksichtigen.
>
> **LÖSUNG** Der Antrag auf Erlass einer einstweiligen Anordnung ist abzulehnen. Das Gericht oder das Finanzamt (vgl. § 69 Abs. 4 FGO) kann die Vollziehung des Feststellungsbescheides aussetzen mit der Folge, dass die Vollziehung des Einkommensteuerbescheides als Folgebescheid insoweit auszusetzen ist (§ 69 Abs. 2 Satz 4 FGO). Die Aussetzung der Vollziehung geht § 114 FGO vor, das Gericht sollte die Stellung eines entsprechenden Antrages anregen (§ 76 Abs. 2 FGO).

Die Frage, welche Art des vorläufigen Rechtsschutzes – Aussetzung der Vollziehung oder **3316** einstweilige Anordnung – in Betracht kommt, ist entscheidend, denn beide Rechtsinstitute sind im Wesentlichen unterschiedlich geregelt (vgl. BFH vom 26. 01. 1983 BStBl II 1983, 233). Insbesondere ist zu erwähnen, dass für eine Aussetzung der Vollziehung ernstliche Zweifel an der Rechtmäßigkeit des Verwaltungsakts ausreichen, während der Erlass einer einstweiligen Anordnung es erfordert, dass der Anspruch auf eine abweichende Entscheidung und daneben noch ein besonderer Anordnungsgrund glaubhaft gemacht werden.

Ein solcher Anordnungsgrund ist nur dann gegeben, wenn durch die Ablehnung der **3317** begehrten Anordnung die wirtschaftliche oder persönliche Existenz des Antragstellers unmittelbar bedroht ist. Da ein solcher Grund selten besteht, geht der Antrag auf einstweilige Anordnung häufig ins Leere. Deshalb hat der BFH unter Bezugnahme auf den Grundsatz des effektiven Rechtsschutzes (Art. 19 Abs. 4 GG) wiederholt die Aussetzung der Vollziehung als statthaften Rechtsbehelf zur Erlangung vorläufigen Rechtsschutzes angesehen, obwohl in der Hauptsache eine Verpflichtungsklage zu erheben wäre, so bei einem **negativen Gewinnfeststellungsbescheid** (BFH vom 14. 04. 1987 GrS 2/85, BStBl II 1987, 637) und bei einem Einkommensteuerbescheid, bei dem eine Zusammenveranlagung begehrt wird (BFH vom 23. 04. 2012 III B 183/11, BFH/NV 2012, 1173).

> **BEISPIEL**
>
> Stpfl. begehren den Erlass eines Feststellungsbescheides, in dem ein Verlust von 60 000 € festgestellt werden soll und dessen Erteilung das FA wegen Liebhaberei abgelehnt hatte. Sie stellen den Antrag auf Aussetzung der Vollziehung.

LÖSUNG Da es sich hier um einen negativen Gewinnfeststellungsbescheid (Ablehnung eines Antrags auf Feststellung) handelt, kann dem Antrag stattgegeben werden, sofern die übrigen Voraussetzungen der Aussetzung vorliegen. Auch der Einzelunternehmer könnte gegen nicht anerkannte Verluste mit der Aussetzung der Vollziehung vorläufigen Rechtsschutz erlangen, da er den Einkommensteuerbescheid anfechten kann.

3318   Das Institut der einstweiligen Anordnung hat also seine Bedeutung verloren, sofern sich der Stpfl. gegen die Ablehnung eines Feststellungsbescheides wendet, denn die Argumente des BFH dürften auf alle negativen Feststellungsbescheide anwendbar sein. In anderen Fällen der Ablehnung einer Steuerfestsetzung bleibt es bei der einstweiligen Anordnung, denn hier wirkt sich die Ablehnung nicht in einem Folgebescheid aus.

BEISPIEL

A begehrt eine Umsatzsteuerfestsetzung, die zu einer Erstattung von 100 000 € führt. Das FA lehnt die Steuerfestsetzung ab, weil A kein Unternehmer sei. A begehrt vorläufigen Rechtsschutz.
LÖSUNG Die Aussetzung der Vollziehung ist nicht möglich, da es an einem vollziehbaren Verwaltungsakt fehlt. Möglich ist nur die einstweilige Anordnung, die jedoch mangels Anordnungsgrunds unbegründet ist, wenn die wirtschaftliche Existenz von A nicht gefährdet ist.

3319   Eine einstweilige Anordnung ist **nur zulässig,** soweit von einem Beteiligten eine **Leistung** (z. B. Verpflichtungsklage) **verlangt** oder vom Gericht die **Feststellung des Bestehens oder Nichtbestehens** eines **Rechtsverhältnisses begehrt wird** (Feststellungsklage), sowie im Falle der **sonstigen Leistungsklage** (§ 40 Abs. 1 FGO).

Indes ist zu beachten, dass die einstweilige Anordnung **nur** eine **vorläufige Regelung** treffen soll, **nicht** aber die mit der Klage **begehrte Leistung vorwegnehmen** darf. Daher kann die Finanzbehörde im Wege der einstweiligen Anordnung nicht verpflichtet werden, einen endgültigen Verwaltungsakt zu erlassen. Hingegen kann angeordnet werden, dass sie einen Steuerbescheid unter Vorbehalt der Nachprüfung (§ 164 AO) erlässt. Das Gericht kann auch eine vorläufige Zwischenlösung treffen, z. B. zeitlich begrenzte Stundung. Eine vorläufige Erteilung einer Freistellungsbescheinigung nach § 48 b EStG für den Steuerabzug bei Bauleistungen ist zwar grundsätzlich möglich. Der Antragsteller muss jedoch glaubhaft machen, dass ein zu sichernder Steueranspruch nicht besteht und sich eine fehlende Freistellungsbescheinigung negativ auf seine Auftragslage auswirkt. Auch muss er dartun, dass die Bescheinigung unerlässlich ist, um das Überleben des Unternehmens zu sichern (vgl. BFH vom 23. 10. 2002 BFH/NV 2003, 313).

Eine einstweilige Anordnung kommt nicht in Betracht, wenn der Erlass des beantragten Verwaltungsaktes im Ermessen der Finanzbehörde steht, es sei denn, dass das Ermessen nur durch den Erlass des Aktes fehlerfrei ausgeübt werden kann, die Ablehnung des Aktes jedoch ermessensfehlerhaft wäre (vgl. BFH vom 22. 01. 1982 BStBl II 1982, 307 betreffend eine einstweilige Anordnung in Stundungssachen). Die Grundsätze des Verfahrens sind in § 114 Abs. 2 bis 5 FGO geregelt.

a) Antrag

3320   Der Erlass der einstweiligen Anordnung setzt einen Antrag zwingend voraus. Dieser ist schon vor Klageerhebung zulässig und muss schriftlich oder zur Niederschrift des Urkundsbeamten der Geschäftsstelle gestellt werden (§ 114 Abs. 1 Satz 1 FGO, § 920 Abs. 3 ZPO). Der Antrag muss bestimmt sein und erkennen lassen, welchen Rechtsschutz der Antragsteller begehrt. Antragsgegner ist derjenige, gegen den im Hauptsacheverfahren die Klage zu erheben wäre. Der Anspruch und der Grund der einstweiligen Anordnung sind glaubhaft zu machen

(§ 920 Abs. 2 ZPO). Der **Anordnungsanspruch** ist das vom Antragsteller behauptete Recht auf Vornahme einer bestimmten Handlung oder Sicherung eines bestimmten Rechts. Ein **Anordnungsgrund** ist nur dann gegeben, wenn durch die Ablehnung der begehrten Feststellung die wirtschaftliche oder persönliche Existenz des oder der Betroffenen unmittelbar bedroht ist. Da der Stpfl. i. d. R. die Möglichkeit hat, Anträge auf Stundung oder Vollstreckungsaufschub zu stellen, oder es ihm zuzumuten ist, Vermögensgegenstände zu veräußern oder Kredite aufzunehmen, wird nur in Ausnahmefällen eine einstweilige Anordnung begründet sein. Zur **Glaubhaftmachung** muss der Antragsteller das Gericht davon überzeugen, dass die Tatsachen mit überwiegender Wahrscheinlichkeit vorliegen (BFH vom 29. 11. 1984 BStBl II 1985, 194). Er hat eine gesteigerte Mitwirkungspflicht.

b) Zuständigkeit und Verfahren

Zuständig für den Erlass der einstweiligen Anordnung ist das Gericht der Hauptsache. In dringenden Fällen kann auch der Vorsitzende entscheiden. Das Gericht prüft von Amts wegen die Sachurteilsvoraussetzungen. Die einstweilige Anordnung kann ohne mündliche Verhandlung ergehen (§ 921 Abs. 1 ZPO). Das Gericht entscheidet – auch wenn eine mündliche Verhandlung stattgefunden hat – durch Beschluss.

c) Inhalt der Entscheidung

Das Gericht bestimmt nach freiem Ermessen, welche Maßnahmen erforderlich sind, um den mit der einstweiligen Anordnung verfolgten Zweck zu erreichen (§ 938 ZPO). Ist die Hauptsache nicht anhängig, so hat das Gericht auf Antrag ohne mündliche Verhandlung anzuordnen, dass der Antragsteller binnen einer zu bestimmenden Frist Klage zu erheben hat. Wird dieser Anordnung nicht Folge geleistet, so ist auf Antrag die Aufhebung der einstweiligen Anordnung durch Endurteil auszusprechen (§ 926 ZPO).

d) Rechtsbehelf

Gegen die Entscheidung ist die Beschwerde gegeben, wenn sie in der Entscheidung zugelassen worden ist (§ 128 Abs. 3 FGO). Die Nichtzulassung der Beschwerde kann – anders als die Nichtzulassung der Revision – auch nicht selbstständig durch eine Beschwerde angefochten werden (BFH vom 12. 11. 1997 BFH/NV 1998, 606).

5   Der Stillstand des Verfahrens

Im Laufe eines anhängigen Verfahrens können Umstände eintreten, die zur Folge haben, dass ein Verfahren vorläufig nicht fortgesetzt werden kann (Stillstand des Verfahrens). In der FGO sind lediglich bestimmte Fälle der Aussetzung des Verfahrens geregelt (vgl. § 46 Abs. 1 Satz 3 FGO, § 74 FGO). Nach § 155 FGO sind indes die Vorschriften der Zivilprozessordnung über Unterbrechung, Aussetzung und Ruhen des Verfahrens sinngemäß anzuwenden. Danach sind im **Finanzprozess** folgende Fälle möglich: **3321**

5.1   Unterbrechung des Verfahrens

Eine Unterbrechung des Verfahrens kann in folgenden Fällen eintreten: **3322**
a) beim Tode eines Beteiligten (§ 239 ZPO);
b) bei Eröffnung des **Insolvenzverfahrens** über das Vermögen eines Beteiligten (§ 240 ZPO);

c) bei **Fehlen** eines **gesetzlichen Vertreters** eines Beteiligten oder bei Anordnung der Nachlassverwaltung (§ 241 ZPO);

d) bei Eintritt der **Nacherbfolge** (§ 242 ZPO) und

e) bei **Stillstand der Rechtspflege** wegen Kriegs- oder anderer Ereignisse (§ 245 ZPO).

5.2 Ruhen des Verfahrens

3323
Das Gericht hat das Ruhen des Verfahrens anzuordnen, wenn beide Parteien dies **beantragen** und anzunehmen ist, dass aus wichtigen Gründen diese Anordnung zweckmäßig ist (§ 155 FGO i. V. m. § 251 ZPO vgl. auch § 363 Abs. 2 AO). Ein **wichtiger Grund** kann z. B. angenommen werden, wenn die Beteiligten über eine außergerichtliche Erledigung verhandeln oder wenn ein für die Entscheidung des Verfahrens bedeutsamer Musterprozess in der höheren Instanz anhängig ist.

5.3 Aussetzung des Verfahrens

3324
Die Aussetzung des Verfahrens (§ 74 FGO) ist von der Aussetzung der Vollziehung (§ 69 FGO) zu unterscheiden. Bei der Aussetzung des Verfahrens tritt **im Fortgang des gerichtlichen Prozesses** ein **Stillstand** ein, während die Aussetzung der Vollziehung bewirkt, dass aus einem Verwaltungsakt der Finanzbehörde einstweilen nicht vollstreckt werden darf.

Die Entscheidung über die Aussetzung des Verfahrens stellt eine Ermessensentscheidung dar, die grundsätzlich mit der Beschwerde angegriffen werden kann (§ 128 Abs. 1 FGO). Dabei sind prozessökonomische Gesichtspunkte und die Interessen der Beteiligten gegeneinander abzuwägen (BFH vom 07. 11. 2002 BStBl II 2003, 145). Eine Aussetzung des Verfahrens kann – außer im Falle des § 246 ZPO – aus mehreren anderen Gründen in Betracht kommen:

a) Aussetzung der Verhandlung bei Abhängigkeit der Entscheidung von einem anderen Rechtsstreit (§ 74 FGO)

Das Gericht kann das Verfahren aussetzen, wenn die Entscheidung des Rechtsstreits ganz oder zum Teil von dem Bestehen oder Nichtbestehen eines Rechtsverhältnisses abhängt, das den Gegenstand eines anderen anhängigen Rechtsstreits oder Verwaltungsverfahrens bildet. Zu denken ist insbesondere an Revision und Nichtzulassungsbeschwerde sowie anhängige Verfahren bei dem EuGH. Diese Verfahren müssen **vorgreiflich** sein, was insbesondere auf beim BFH oder EuGH anhängige Musterverfahren zutrifft (vgl. BFH vom 23. 07. 2003 BStBl II 2003, 926). Die Vorschrift entspricht § 363 Abs. 1 AO (vgl. dort Rz. 2606 ff.).

b) Aussetzung im Verfahren über die »Untätigkeitsklage« (§ 46 FGO)

3325
Ist unter den Voraussetzungen des § 46 FGO wegen der Untätigkeit der Finanzbehörde Klage erhoben, so kann das Gericht das Verfahren **bis zum Ablauf** einer von ihm bestimmten **Frist,** die verlängert werden kann, aussetzen (§ 46 Abs. 1 Satz 3 FGO). Durch die Aussetzung ist – und darin liegt auch ihr Zweck – der **Verwaltungsbehörde** die Möglichkeit gegeben, über einen bisher unentschieden gebliebenen außergerichtlichen Rechtsbehelf oder Antrag auf Vornahme eines Verwaltungsaktes zu **entscheiden.** Es versteht sich von selbst, dass das Gericht von der Aussetzungsmöglichkeit nur dann Gebrauch machen wird, wenn die Untätigkeitsklage nicht schon von vornherein unzulässig oder unbegründet erscheint.

Entscheidet die Verwaltungsbehörde innerhalb der gesetzten Frist zugunsten des Stpfl., so ist der Rechtsstreit in der Hauptsache als erledigt anzusehen (§ 46 Abs. 1 letzter Satz FGO).

c) Aussetzung wegen verfassungsrechtlicher Bedenken (Art. 100 GG)

Das Verfahren ist ferner dann auszusetzen, wenn ein Gericht ein (nachkonstitutionelles) Gesetz, auf dessen Gültigkeit es bei der Entscheidung ankommt, für verfassungswidrig hält und deshalb die Entscheidung des Bundesverfassungsgerichts oder des Verfassungsgerichtshofes eines Landes einholt (Art. 100 Abs. 1 GG). Das Verfahren bei Vorlage an das Bundesverfassungsgericht regelt sich nach Art. 80 BVerfGG.

3326

d) Aussetzung des Verfahrens wegen Unerreichbarkeit eines Beteiligten (§ 247 ZPO)

Schließlich kann das Verfahren nach § 155 FGO i. V. m. § 247 ZPO auch dann ausgesetzt werden, wenn sich ein Beteiligter **an einem Ort** aufhält, der durch obrigkeitliche Anordnung, durch Krieg oder durch andere Zufälle vom Verkehr mit dem Prozessgericht abgeschnitten ist. Die Aussetzung kann – auch von Amts wegen – bis zur Beseitigung des Hindernisses angeordnet werden (über das Verfahren siehe § 248 ZPO).

3327

Teil D Rechtsmittel und Wiederaufnahme des Verfahrens

3328 Rechtsmittel sind gerichtliche Rechtsbehelfe besonderer Art. Sie haben die Eigenschaft, dass sie den Eintritt der **Rechtskraft hemmen** (Suspensiveffekt) und den Prozess in eine **höhere Instanz** zum Zwecke der Nachprüfung überleiten (Devolutiveffekt).

Einzige Rechtsmittel im Finanzprozess sind die **Revision** (§§ 115 ff. FGO) und die **Beschwerde** (§§ 128 ff. FGO). Eine Berufung gegen finanzgerichtliche Urteile, die zu einer Überprüfung auch in tatsächlicher Hinsicht führen würde, ist im Finanzprozess anders als bei der Verwaltungs- und Sozialgerichtsbarkeit nicht gegeben, da sich der Gesetzgeber nur für einen zweistufigen Instanzenaufbau entschieden hat. Revision und Beschwerde unterscheiden sich im Wesentlichen dadurch, dass die Revision gegen **Urteile** des Finanzgerichts gegeben ist, die Beschwerde dagegen gegen **Entscheidungen, die nicht Urteile sind.**

Sobald ein Urteil rechtskräftig geworden ist, kommt eine nochmalige Überprüfung des Streitgegenstandes nicht in Betracht, es sei denn, das Urteil leidet unter für die Rechtsordnung unerträglichen Fehlern; dann Wiederaufnahme des Verfahrens (Rz. 3358).

1 Die Revision (§ 115 FGO)

3329 Das Revisionsverfahren dient der **rechtlichen Überprüfung** des finanzgerichtlichen Urteils.

3330 Die Revision ist für die Beteiligten nicht ohne weiteres statthaft, sondern nur, wenn sie durch das Finanzgericht oder auf Beschwerde gegen ihre Nichtzulassung hin durch den Bundesfinanzhof zugelassen wurde (§ 115 Abs. 1 FGO). Die Gründe für die Zulassung der Revision sind in § 115 Abs. 2 FGO genannt, also, wenn über den Einzelfall hinaus ein Interesse an einer Entscheidung des Bundesfinanzhofs wegen einer (materiellen) steuerlichen Rechtsfrage besteht (Nr. 1 und 2) oder ein wesentlicher Verfahrensmangel vorliegt (Nr. 3). Die Revision kann auf mehrere Gründe gestützt werden.

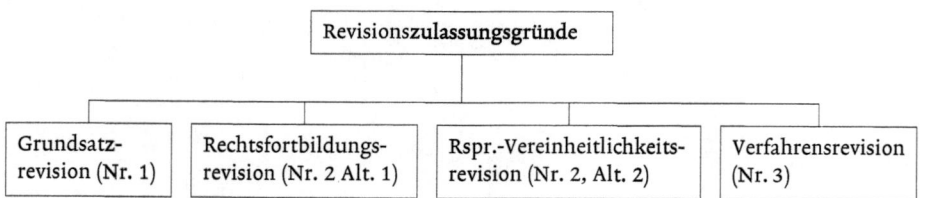

Die Revision dient einerseits dem öffentlichen allgemeinen Anliegen, das in der Wahrung der Rechtseinheit und der Fortbildung des Rechts besteht, zum anderen auch dem Interesse der Parteien an der Beseitigung von Fehlurteilen. Daher hat der Gesetzgeber das Interesse des Einzelnen an einer Überprüfung der gerichtlichen Entscheidung zurückgestellt (unter Beachtung der verfassungsrechtlichen Vorgabe der Art. 92, 97, 101, 103 GG) gegenüber dem Interesse der Allgemeinheit an der Klärung von grundsätzlichen Rechtsfragen.

3331 Über die Zulassung der Revision entscheidet das Finanzgericht, das in seinem Urteil auch darüber befindet, ob die Revision statthaft ist. Lässt das Finanzgericht die Revision nicht ausdrücklich zu, kann die Zulassung mit einer Beschwerde (sog. Nichtzulassungsbeschwerde, § 116 FGO) bei dem Bundesfinanzhof erstritten werden, der dadurch die Kontrolle über grundsätzliche Rechtsfragen behält.

Nur den vor dem Finanzgericht Beteiligten (ergibt sich aus dem Rubrum des Urteils) steht die Revision zu (§§ 57, 122 FGO), soweit sie ganz oder teilweise unterlegen sind. Sie müssen sich durch einen Rechtsanwalt, Wirtschaftsprüfer oder Steuerberater bzw. deren Gesellschaften vertreten lassen. Auch Rechtsanwaltsgesellschaften in der Rechtsform der AG kommen als vertretungsberechtigte Personen in Betracht (BFH vom 11.03.2004 BStBl II 2004, 566). Finanzbehörden können sich durch einen Bediensteten, der die Befähigung zum Richteramt besitzt (sog. Volljuristen) vertreten lassen, vgl. § 62a FGO.

Die Revision ist gegen Urteile des Finanzgerichts gegeben (§ 36 Nr. 1 FGO). Das sind Endurteile (§ 95 FGO), Zwischenurteile über die Zulässigkeit einer Klage (§ 97 FGO), Teilurteile (§ 98 FGO), Zwischenurteile über den Grund oder einzelne Sach- und Rechtsfragen (§ 99 FGO) sowie, weil einem Urteil gleichstehend, der Gerichtsbescheid, sofern die Revision zugelassen wurde (§ 90 a FGO). Natürlich gehört auch die Entscheidung des Einzelrichters (§§ 5 Abs. 3, 6 FGO) dazu. **3332**

Für das Revisionsverfahren gelten die Vorschriften im ersten Rechtszug und über Urteile und andere Entscheidungen entsprechend, soweit sich aus den Vorschriften über die Revision nichts anderes ergibt (§ 121 FGO). Hier ist insbesondere zu erwähnen, dass die Regelungen über Entscheidungen des vorbereitenden Richters (§ 79 a FGO) nicht gelten (Satz 2) und Klageänderung sowie einfache Beiladung unzulässig sind (§ 123 FGO). Die Frist und Form der Revisionseinlegung ist gesondert geregelt (§ 120 FGO, Rz. 3341).

1.1 Zulassung der Revision

Das Finanzgericht hat die Revision von Amts wegen zuzulassen, wenn ein Zulassungsgrund vorliegt. Der Bundesfinanzhof ist an die Zulassung durch das Finanzgericht gebunden (§ 115 Abs. 3 FGO). Die Bindung tritt selbst dann ein, wenn eine offensichtlich gesetzwidrige Zulassung der Revision vorliegt (BFH vom 26.10.2011 BFH/NV 2012, 605). **3333**

Die Gründe, aus denen die Revision zuzulassen ist, sind in § 115 Abs. 2 FGO **abschließend** aufgezählt. Sie erschöpfen sich in ihrer Bedeutung nicht in der Entscheidung der Finanzgerichte über die Zulassung der Revision; vielmehr muss in einer Nichtzulassungsbeschwerde die Voraussetzung für die Revisionszulassung begründet werden (§ 116 Abs. 3 FGO). **3334**

Die Zulassungsgründe stehen grundsätzlich selbstständig nebeneinander, d. h. es reicht aus, wenn ein Zulassungsgrund vorliegt. Die einzelnen Gründe überschneiden sich jedoch in weiten Bereichen, wodurch eine exakte Abgrenzung erschwert wird, was jedoch im Hinblick auf dieselbe Rechtsfolge hinnehmbar ist. Die Zulassung muss die Hauptsache oder den vorläufigen Rechtsschutz betreffen. Die Rechtsfrage kann sowohl materielles Recht als auch Verfahrensrecht betreffen. Kostenentscheidungen sind nicht revisibel (§ 145 FGO).

1.2 Zulassungsbedürftige Revision

a) Grundsatzrevision

Die Revision ist zuzulassen, wenn die Rechtssache grundsätzliche Bedeutung hat (§ 115 Abs. 2 Nr. 1 FGO). Die grundsätzliche Bedeutung wird in der Regel zu bejahen sein, wenn eine Rechtsfrage im Streit ist, die bisher höchstrichterlich noch nicht geklärt ist und die Entschei- **3335** dung durch den BFH aus Gründen der Rechtsklarheit, Rechtseinheitlichkeit oder der Rechtsentwicklung im allgemeinen Interesse liegt.

Die Rechtsfrage muss also **klärungsbedürftig** sein. Sie ist nicht klärungsbedürftig, wenn sie sich ohne Weiteres aus dem Gesetz beantworten lässt, offensichtlich so zu entscheiden ist, wie es das Finanzgericht getan hat (vgl. BFH vom 22.02.2000 BFH/NV 2000, 843) oder bereits Gegenstand einer Entscheidung des BFH gewesen ist. Werden jedoch dagegen gewichtige neue Gründe vorgebracht, kann die Frage klärungsbedürftig werden (BFH vom 12.06.1996 BStBl II 1997, 82). Die Klärung der Rechtsfrage liegt im **allgemeinen** (abstrakten) **Interesse**, wenn einen größeren Kreis von Stpfl. die einheitliche Entwicklung und Handhabung des Rechts berührt (BFH vom 08.01.2003 BFH/NV 2003, 504), sie also von tatsächlicher Bedeutung ist. Das finanzielle oder wirtschaftliche Interesse eines Einzelnen reicht ebenso wenig aus, wie die theoretische Verallgemeinerung der Rechtsfrage.

Ferner muss die Rechtsfrage im Streitfall **klärungsfähig** sein, d.h. sie muss im konkreten Fall entscheidungserheblich und es muss eine Klärung der grundsätzlichen Rechtsfrage von der Revision zu erwarten sein. Daran fehlt es zum Beispiel, wenn das Finanzgericht das Urteil auf mehrere Gründe stützt, von denen jeder für sich die Entscheidung trägt, und nur ein Grund von grundsätzlicher Natur ist oder bei einer falschen Tatsachenwürdigung durch das Gericht.

Grundsätzlichkeit ist z.B. gegeben, sofern sich die Frage nach der Auslegung europäischen Gemeinschaftsrechts stellt, insbesondere, wenn sich für den Bundesfinanzhof die Notwendigkeit ergibt, eine Vorabentscheidung des EuGH nach Art. 267 AEUV einzuholen oder sich eine verfassungsrechtliche Grundsatzfrage stellt, bei der der Bundesfinanzhof nach Art. 100 GG vorlegen muss. Geht der Rechtsstreit um eine Norm des ausgelaufenen Rechts, kann Grundsätzlichkeit angenommen werden, wenn die Rechtsfrage noch für eine Vielzahl zu entscheidender Fälle erheblich ist (BFH vom 19.10.1993 BFH/NV 1994, 835).

Ist eine Revision bereits zugelassen, wird diese nicht unzulässig, wenn die Rechtsfrage zwischenzeitlich höchstrichterlich geklärt ist oder sich das Gesetz geändert hat.

b) Fortbildung des Rechts und Sicherung einer einheitlichen Rechtsprechung

3336
Nach § 115 Abs. 2 Nr. 2 FGO ist die Revision zuzulassen, wenn die Fortbildung des Rechts oder Sicherung einer einheitlichen Rechtsprechung eine Entscheidung des Bundesfinanzhofs erfordert.

Alleine die Zulassung wegen grundsätzlicher Bedeutung hat der Gesetzgeber als zu eng befunden. § 115 Abs. 2 Nr. 2 FGO grenzt allerdings nicht deutlich von der Grundsatzrevision ab, sondern gestaltet diese weiter aus. Es liegt daher nahe, die Nr. 2 als Spezialfälle der Nr. 1 (Grundsatzrevision) anzusehen, so dass die Grundsatzrevision nur Bedeutung hat, wenn Nr. 2 nicht eingreift (vgl. BFH vom 30.08.2001 BStBl II 2001, 837).

Die sog. **Rechtsfortbildungsrevision** (§ 115 Abs. 2 Nr. 2 Alt. 1 FGO) dient dem Allgemeininteresse an der Weiterentwicklung des Rechts. Es muss sich um eine aus rechtssystematischen Gründen bedeutsame und auch für die einheitliche Rechtsanwendung wichtige Frage handeln. Gerade im Steuerrecht als Massenverfahren sind die sog. Musterprozesse, d.h. eine Vielzahl von Bürgern und die Finanzverwaltung warten auf eine höchstrichterliche Entscheidung, von erheblicher Bedeutung. Ebenso dient die Revision der Fortbildung des Rechts, wenn die Finanzverwaltung eine Entscheidung des Bundesfinanzhofs mit einem sog. Nichtanwendungserlass (BMF-Schreiben, veröffentlicht im Bundessteuerblatt) belegt hat.

Die **Revision zur Sicherung einer einheitlichen Rechtsprechung** (§ 115 Abs. 2 Nr. 2 Alt. 2 FGO) soll die Einheitlichkeit der Rechtsprechung (Rechtseinheit) wahren. Die Entscheidung des Bundesfinanzhofs muss dazu erforderlich sein. Klassische Anwendungsbereiche sind die

Fälle, in denen verschiedene Finanzgerichte dieselbe Rechtsfrage unterschiedlich entschieden haben oder die sog. Divergenzrevision. Eine solche liegt vor, wenn das Urteil des Finanzgerichts von einer Entscheidung des Bundesfinanzhofs oder anderer oberer Gerichte (z. B. BVerfG, BVerwG, EuGH) abweicht. Eine Divergenz ist gegeben, wenn das Finanzgericht in dem angefochtenen Urteil einen tragenden Rechtssatz aufgestellt hat, der von einem – ebenfalls tragenden – Rechtssatz in einer Entscheidung eines oberen Gerichtes abweicht (BFH vom 22. 11. 2005 BFH/NV 2005, 494). Die abweichenden Rechtssätze sind so genau zu bezeichnen, dass die Abweichung erkennbar wird.

Nach der Vorstellung des Gesetzgebers soll die Vorschrift auch der Einzelfallgerechtigkeit dienen, denn das Vertrauen in die Rechtsprechung ist beschädigt, wenn das Urteil auf »schwerwiegenden Rechtsfehlern« fußt (vgl. Beermann, DStZ 2006, 71). Obgleich der Gesetzgeber versäumt hat, dieses Vorhaben durch entsprechende Fassung des Wortlauts von § 115 Abs. 2 FGO klar erkennbar umzusetzen, folgt der BFH den Vorstellungen des Gesetzgebers. Ein schwerwiegender Fehler des Finanzgerichts bei Anwendung und Auslegung revisiblen Rechts ermöglicht die Zulassung der Revision. Ein solcher Fehler liegt jedenfalls dann vor, wenn die Entscheidung des Finanzgerichts als objektiv willkürlich oder unter keinem denkbaren Gesichtspunkt vertretbar erscheint (BFH vom 13. 10. 2003 BStBl II 2004, 25, es ging um die Schätzung von Besteuerungsgrundlagen, siehe List in JNF 2004, 615). Allerdings hat die Rechtsprechung eine allgemein gültige Definition eines derart schwerwiegenden Rechtsfehlers noch nicht entwickelt. Generell lässt sich sagen, dass Fehler gemeint sind, die nicht mehr verständlich sind und sich daher der Schluss aufdrängt, dass sie auf sachfremden Erwägungen beruhen. Überwiegende Zweifel an der Richtigkeit der angefochtenen Entscheidung reichen nicht aus.

Im Ergebnis liegt es in der Entscheidungsbefugnis des Bundesfinanzhofs, ob es die Revision zulassen und das Urteil des Finanzgerichts aufheben will. Die Anzahl der Nichtzulassungsbeschwerden kann dadurch erheblich zunehmen. Eine Entscheidung des Großen Senats wäre hilfreich.

c) Verfahrensrevision

Schließlich ist die Revision zuzulassen, wenn ein Verfahrensmangel geltend gemacht wird **3337** und vorliegt, auf dem die Entscheidung beruhen kann (§ 115 Abs. 2 Nr. 3 FGO). Es müssen also kumulativ drei Voraussetzungen vorliegen:
1. ein Verfahrensmangel muss geltend gemacht werden,
2. ein Verfahrensmangel muss tatsächlich vorliegen und
3. es muss möglich sein, dass die angefochtene Entscheidung auf dem Mangel beruht (Kausalität).

Die Verfahrensrevision dient der Einzelfallgerechtigkeit und steigert die Bedeutung der prozessualen Grundrechte. Dem Bundesfinanzhof wird zugleich die Prozessaufsicht über die Finanzgerichte als Instanzengerichte übertragen.

Ein Verfahrensmangel ist nur ein Fehler, der dem gerichtlichen Verfahren anhaftet, nicht etwa ein Fehler im außergerichtlichen Verfahren. Die **absoluten Revisionsgründe** des § 119 FGO stellen stets einen Verfahrensmangel dar. Hier wird fingiert, dass die Entscheidung auf dem Verfahrensfehler beruht. Solche absoluten Gründe sind z. B., wenn das Gericht nicht vorschriftsmäßig besetzt war (vgl. dazu BFH vom 20. 04. 2001 BStBl II 2001, 651; BFH vom 12. 06. 2001 BStBl II 2001, 764), wenn einem Beteiligten das rechtliche Gehör versagt (BFH vom 03. 09. 2001 BStBl II 2001, 802; Rz 3187) oder die Entscheidung nicht mit Gründen versehen war (BFH vom 12. 06. 2001 a. a. O.).

In anderen Fällen liegt begrifflich ein Verfahrensmangel vor, wenn das Finanzgericht gegen Vorschriften des Gerichtsverfahrens vom Anhängigwerden der Sache bis zur Zustellung des Urteils verstoßen hat (BFH vom 09.10.1991 BStBl II 1991, 930). Dazu gehören auch die Fälle, in denen das Gericht die Sachurteilsvoraussetzungen fehlerhaft beurteilt und anstelle eines Sachurteils ein Prozessurteil erlassen hat. Beachtliche Verfahrensmängel sind z. B. Sachaufklärungsmängel, § 76 FGO (ein entscheidungserheblicher Beweisantrag wird übersehen, ein Sachverständigengutachten nicht eingeholt), Verletzung der Gesamtwürdigung des Verfahrens, § 96 FGO (Gericht prüft nur eine Besteuerungsgrundlage, obgleich auch andere Grundlagen offensichtlich fehlerhaft sind), die fehlerhafte Nichtaussetzung des Verfahrens, § 74 FGO oder die Unterlassung einer notwendigen Beiladung, § 60 Abs. 3 FGO.

Die Abgrenzung des Verfahrensmangels vom materiell-rechtlichen Fehler ist nicht einfach. Sie kann von erheblicher Auswirkung sein, weil der bedeutende Verfahrensfehler stets zur Revision führt, im Gegensatz zum materiell-rechtlichen Fehler (strenge Voraussetzungen des § 115 Abs. 2 Nr. 1 u. Nr. 2 FGO). Schwierigkeiten bereitet insbesondere die Abgrenzung im Beweisrecht. Generell lässt sich sagen, dass eine unterlassene oder fehlerhafte Beweiserhebung zum Verfahrensmangel gehört, die fehlerhafte Beweiswürdigung, dazu zählt auch die Beweislast bzw. Feststellungslast, zum materiellen Recht.

Es ist auch denkbar, dass ein Fehler sowohl einen Verfahrensmangel darstellt als auch einen materiell-rechtlichen Fehler. Ein solcher Fall kann z. B. die Nichtbeachtung einer Entscheidung des Bundesverfassungsgerichts sein, in der eine im Streitfall anzuwendende Norm für verfassungswidrig erklärt und der Gesetzgeber zur Neuregelung verpflichtet wurde. Das Gericht hätte das Verfahren aussetzen müssen.

Unbedeutende, also nicht rügefähige Verfahrensmängel sind vornehmlich bloße Ordnungsvorschriften, geheilte Verfahrensfehler, offenbare Unrichtigkeiten (hier gilt § 107), Mängel in Nebenentscheidungen oder aufgrund Verzichts nicht mehr rügefähige Mängel. Die Verletzung der Ladungsfrist stellt ebenfalls einen unbedeutenden Verfahrensmangel dar. Wurde aber wegen zu kurzer Ladungsfrist ohne den Beteiligten verhandelt, kann er wegen Verletzung des rechtlichen Gehörs Nichtzulassungsbeschwerde einlegen und Anberaumung einer neuen mündlichen Verhandlung erreichen (BFH vom 30.07.2001 BStBl II 2001, 681). Der Verstoß gegen Vorlagepflichten nach Art. 100 Abs. 1 GG ist ebenfalls unbedeutend, weil ein Fall der Grundsatzrevision vorliegen und das Revisionsgericht selbst nach § 115 Abs. 2 Nr. 1 FGO die Vorlage an das Bundesverfassungsgericht vornehmen kann. Dasselbe gilt, wenn das Finanzgericht eine Vorabentscheidung des EuGH nicht eingeholt hat, denn es besteht nur eine Vorlagebefugnis, keine Vorlageverpflichtung.

1.3   Nichtzulassungsbeschwerde (§ 116 FGO)

3338   Hat das Finanzgericht die Revision nicht ausdrücklich zugelassen, kann der Beteiligte Beschwerde einlegen (§ 116 Abs. 1 FGO). Die Nichtzulassungsbeschwerde ist ein selbstständiges Verfahren, das weder das Klageverfahren vor dem Finanzgericht fortsetzt noch eine Revision ist. Es zielt darauf ab, die gesetzliche Revisionssperre im Einzelfall aufzuheben. Sie endet mit der Entscheidung über die Zulassung der Revision (vgl. Rz. 3339) durch Beschluss (§ 132 FGO), der kurz begründet werden soll.

Die Nichtzulassungsbeschwerde ist bei dem Bundesfinanzhof schriftlich einzulegen. Damit entfällt zugleich die Möglichkeit des Finanzgerichts, der Beschwerde abzuhelfen. Die Beschwerde muss das angefochtene Urteil genau bezeichnen und ihr soll, aus Gründen der Verfahrenserleichterung, eine Ausfertigung oder Abschrift des Urteils beigefügt sein. Die Frist zur

Einlegung der Beschwerde beträgt einen Monat nach Zustellung des vollständigen Urteils (§ 116 Abs. 2 FGO; Ausschlussfrist).

Die Frist zur Begründung der Beschwerde beträgt dagegen zwei Monate nach der Zustellung des vollständigen Urteils. Sie ist unabhängig von der Einlegungsfrist und beginnt damit auch zu laufen, wenn wegen Versäumung der Einlegungsfrist Wiedereinsetzung in den vorigen Stand gewährt wird (BFH vom 16.10.2003 BStBl II 2004, 26). Die längere Frist soll den Rechtsschutz der Beteiligten verbessern, denn die Begründung erfordert in der Regel eine ausführliche Prüfung von Rechtsfragen, in die sich Prozessvertreter häufig erstmals einarbeiten müssen. Die Frist kann vom Vorsitzenden einmal um einen Monat verlängert werden (BFH vom 16.03.2015 XI B 1/15, BFH/NV 2015, 860). Der Antrag ist unzulässig, wenn er erst nach Ablauf der zweimonatigen Beschwerdebegründungsfrist gestellt wurde (BFH vom 28.01.2003 BFH/NV 2003, 505). Die Begründung ist beim Bundesfinanzhof einzureichen, es ist das Vorliegen der Voraussetzungen des § 115 Abs. 2 FGO darzulegen (§ 116 Abs. 3 FGO).

Nach h. M. (vgl. List in DB 2003, 572; BFH vom 07.08.2002 BFH/NV 2003, 60) ist das Darlegungserfordernis eine Zulässigkeitsvoraussetzung. Da es im Allgemeinen schwerer ist, eine Nichtzulassungsbeschwerde zu begründen als eine Revision, sind ca. 50 v.H. aller Beschwerden unzulässig (vgl. Lange, DB 2001, 2312). Wurde die Revision vom Finanzgericht zugelassen, genügt es, in der Revisionsbegründung die Rechtsfehler der Entscheidung darzulegen; dabei können neue rechtliche Argumente nachgeschoben werden. In der Nichtzulassungsbeschwerde ist dagegen eigenständig zu begründen, warum eine Revision zuzulassen ist; der Hinweis auf die Fehlerhaftigkeit der Entscheidung reicht nicht aus. Aus diesem Grunde genügen Verweise auf Ausführungen im Vorverfahren oder im finanzgerichtlichen Verfahren regelmäßig nicht. Es ist auch nicht Sache des BFH, einen Zulassungsgrund anhand der Akten von Amts wegen zu ermitteln und zu prüfen, was zur Begründung der Nichtzulassungsbeschwerde geeignet sein könnte.

Welche Anforderungen an die Darlegung zu stellen sind, ist im Einzelfall zu beurteilen. Neue, bisher nicht festgestellte Tatsachen, dürfen nicht vorgebracht werden. Tragen mehrere Begründungen die Entscheidung des Finanzgerichts, ist die Nichtzulassungsbeschwerde nur zulässig, wenn zu jeder dieser Begründungen ein Zulassungsgrund form- und fristgerecht dargelegt wird (BFH vom 29.05.2006 BFH/NV 2006, 1613).

Beruft sich der Beschwerdeführer auf die grundsätzliche Bedeutung der Rechtssache (§ 115 Abs. 2 Nr. 1 FGO), muss er sorgfältig aufzeigen, dass die Rechtsfrage im allgemeinen Interesse klärungsbedürftig (erheblich) und klärungsfähig ist und die bisher vorliegende Rechtsprechung keine Klärung gebracht hat. Im Falle der Rechtsfortbildungsrevision (§ 115 Abs. 2 Nr. 2 Alt. 1 FGO) hat er darzustellen, dass die Entscheidung den Charakter einer Leitlinie haben wird und warum ein Interesse der Allgemeinheit an der Entscheidung im Einzelfall gegeben ist, sowie, warum die Rechtsfrage für die Entscheidung erheblich ist. Beruft sich der Beschwerdeführer auf die Sicherung einer einheitlichen Rechtsprechung (§ 115 Abs. 2 Nr. 2 Alt. 2 FGO), muss er begründen, dass das Finanzgericht einen von oberen Gerichten aufgestellten Rechtssatz im Ergebnis falsch ausgelegt oder angewandt hat oder das angefochtene Urteil im Widerspruch zu bestimmten Entscheidungen anderer Gerichte steht. Er hat darzulegen, dass die Vorentscheidung auf der Abweichung beruht, mithin entscheidungserheblich ist. Der Nachweis der Erforderlichkeit mag allenfalls entbehrlich sein, wenn der Beschwerdeführer eine bewusste Abweichung des Finanzgerichts von einer Entscheidung des BFH rügt. Macht er einen schwerwiegenden Rechtsfehler geltend, ist natürlich auf die Schwere des Fehlers besonders einzugehen. Am wenigsten Probleme dürfte die Rüge eines Verfahrensmangels (§ 115 Abs. 2 Nr. 3 FGO) verursachen. Die verletzte Rechtsnorm ist anzugeben und die Tatsachen, die den Fehler begründen, sind zu bezeichnen. Es reicht aus, wenn dieses Vorbringen erstmals in der Begründungsschrift erfolgt. Handelt es sich nicht um einen absoluten Revisionsgrund i. S. d. § 119 FGO, ist jedoch sorgfältig darzulegen, dass das angefochtene Urteil ohne den Verstoß gegen das Verfahrensrecht möglicherweise anders ausgefallen wäre. Soweit es sich um verzichtbare Verfahrensmängel handelt (z. B. Ladungsfrist), ist anzugeben, dass der Mangel bei nächster Gelegenheit gerügt worden ist.

3339   Die Einlegung der Beschwerde hemmt die Rechtskraft des Urteils (§ 116 Abs. 4 FGO), mit der Ablehnung der Beschwerde wird das Urteil rechtskräftig. Gibt der Bundesfinanzhof der Beschwerde statt, geht das Verfahren automatisch in das Revisionsverfahren über, wenn nicht der Bundesfinanzhof das angefochtene Urteil wegen des geprüften Verfahrensmangels aufhebt und an das Finanzgericht zurückverweist (§ 116 Abs. 7 FGO). Eine Einlegung der Revision bedarf es also nicht mehr. Mit Zustellung der Entscheidung über die Zulassung der Revision beginnt die einmonatige Revisionsbegründungsfrist (§ 120 Abs. 2 Satz 1 FGO). Hierbei ist zu beachten, dass die Begründung der Nichtzulassungsbeschwerde, hier geht es nur um die Revisionszulassungsgründe des § 115 Abs. 2 FGO, nicht identisch ist mit der Prüfung der Revision, die sich nach § 118 FGO richtet und nach dem Grundsatz der Vollrevision das gesamte Bundesrecht umfasst.

1.4 Anschlussrevision

3340   Im Zivil- und Verwaltungsprozess kann sich der Revisionsbeklagte der Revision des Revisionsklägers anschließen, selbst wenn die Revisionsfrist bereits verstrichen ist und der Revisionsbeklagte auf die Revision verzichtet hat. Die FGO enthält keine ausdrückliche Vorschrift darüber, ob eine Anschlussrevision auch im Finanzprozess zulässig ist.

Die Zulässigkeit der Anschlussrevision ist auch für den Finanzprozess zu bejahen (Tipke/Kruse, § 115 FGO, Rz. 134). Die FGO enthält in § 155 FGO eine allgemeine Verweisung auf die Zivilprozessordnung, die in § 556 ZPO die Anschlussrevision ausdrücklich regelt. Die Zulässigkeit der Anschlussrevision entspricht einem allgemeinen Rechtsgedanken.

Die **Bedeutung** der Anschlussrevision liegt darin, dass durch sie eine Verböserung des finanzgerichtlichen Urteils zuungunsten des Revisionsklägers – mag dieser der Stpfl. oder das Finanzamt sein – erreicht werden kann. Dagegen ist eine Verböserung gegenüber der im angegriffenen Verwaltungsakt getroffenen Entscheidung nicht mehr zulässig, da mit der Anschlussrevision nicht mehr erreicht werden kann als was das Finanzgericht nach § 96 Abs. 1 Satz 2 FGO (Bindung an das Klagebegehren) aussprechen durfte.

Eine selbstständige Anschlussrevision liegt vor, wenn der Einlegende selbst hätte Revision einlegen können, z. B. weil er teilweise unterlegen ist und Revisionsgründe geltend machen kann. Diese Anschlussrevision behält ihre volle Wirkung als selbstständiges Rechtsmittel selbst dann, wenn die (Haupt)Revision unzulässig war oder zurückgenommen wurde. Eine unselbstständige Anschlussrevision ist anzunehmen, wenn der Einlegende die Revision nicht (z. B. kein Revisionsgrund) oder nicht mehr (z. B. Ablauf der Revisionsfrist) einlegen konnte. Sie ist kein Rechtsmittel und verliert ihre Wirkung, wenn die Revision zurückgenommen oder als unzulässig verworfen wird (akzessorisch).

1.5 Frist und Form der Revisionseinlegung (§ 120 FGO)

3341   Die Revision ist beim Bundesfinanzhof **schriftlich,** d. h. eigenhändig unterschrieben, einzulegen. Sie enthält zwei Elemente, die Einlegung und die Begründung.

Die **Frist zur Einlegung** der Revision beträgt einen Monat nach Zustellung des vollständigen Urteils (§ 120 Abs. 1 FGO). Die Frist ist eine **Ausschlussfrist,** d. h. sie ist nicht verlängerbar.

Wird die Frist versäumt, ist die Revision unzulässig (§ 124 FGO), es sei denn, es ist Wiedereinsetzung (§ 56 FGO) zu gewähren. Das angefochtene Urteil muss genau bezeichnet und es soll eine Ausfertigung oder Abschrift des Urteils beigefügt sein. Damit ersparen sich die Beteiligten Unklarheiten, gegen welches Urteil sich die Revision richtet; denn sind Finanzgericht, Datum des Urteils, Streitgegenstand, Kläger und Beklagter nicht ersichtlich, ist die Revision unzulässig. Die Revision muss eindeutig eingelegt sein, sie darf nicht von Bedingungen abhängig gemacht werden (bedingungsfeindlich).

Die Frist zur schriftlichen **Begründung** der Revision beträgt zwei Monate nach Zustellung des vollständigen Urteils, das die Revision zugelassen hat. Die Frist schließt nicht an den Ablauf der Frist zur Einlegung der Revision an, sie ist selbstständig (BFH vom 05.02.2004 BStBl II 2004, 366). Wurde die Revision aufgrund einer Nichtzulassungsbeschwerde zugelassen, beträgt die Frist einen Monat nach Zustellung des Beschlusses. Die Fristen kann der Vorsitzende um einen Monat verlängern (§ 120 Abs. 2 FGO). Wird die Revisionsbegründungsfrist versäumt, kommt Wiedereinsetzung in den vorigen Stand in Betracht (§ 56 Abs. 2 FGO).

Die Revisionsbegründung besteht aus zwei Teilen (§ 120 Abs. 3 FGO):

- Es muss dargelegt werden, **inwieweit** das Urteil angefochten und dessen Aufhebung beantragt wird (**Revisionsanträge).** Schließlich muss (oder kann) sich der Revisionsantrag nicht mit dem Klagebegehren vor dem Finanzgericht decken. Entspricht der Revisionsantrag den dargelegten Anforderungen nicht, so darf der Revisionskläger nicht mit einer Aufforderung des Senatsvorsitzenden zur Ergänzung des Revisionsantrages rechnen.

  Durch den Revisionsantrag im Zusammenhang mit dem Revisionsbegehren wird der Streitgegenstand des Revisionsverfahrens bestimmt. Der Revisionsantrag darf nicht über das Klagebegehren hinausgehen, eine Erweiterung des Klagebegehrens ist im Revisionsverfahren unzulässig. Bleibt dagegen der Revisionsantrag hinter dem bisherigen Begehren zurück, so wird das Urteil der Vorinstanz hinsichtlich des nicht angegriffenen Teils seiner Entscheidung rechtskräftig. Der Revisionsantrag kann im Laufe des Revisionsverfahrens geändert werden, sofern darin nicht gleichzeitig eine Klageänderung liegt, die während des Revisionsverfahrens ausgeschlossen ist (§ 123 Abs. 1 FGO). Die bloße Erweiterung oder Einschränkung ist keine Klageänderung. Die Beschränkung des Revisionsantrags ist dagegen jederzeit ohne Weiteres zulässig.

- Die **Revisionsgründe** müssen angegeben werden. Dazu sind die Umstände genau zu bezeichnen, aus denen sich die Rechtsverletzung ergibt. Eine Wiederholung der Klagebegründung oder der Hinweis auf die Einspruchsentscheidung sind grundsätzlich nicht ausreichend, können aber ergänzend herangezogen werden. Wird die Revision auf einen Verfahrensmangel gestützt, sind natürlich die Tatsachen genau zu bezeichnen, die den Mangel ergeben. Die Rechtsprechung (vgl. BFH vom 11.03.2004 BStBl II 2004, 566) fordert, dass die erhobene Rüge eindeutig erkennen lässt, welche Norm der Kläger für verletzt hält, und dass der Revisionskläger ferner die Gründe tatsächlicher und rechtlicher Art angibt, die seiner Auffassung nach das angefochtene Urteil als unrichtig erscheinen lassen. Das folge aus dem Sinn und Zweck der Norm, nämlich das Revisionsgericht zu entlasten und den Revisionskläger zu zwingen, Inhalt, Umfang und Zweck des Revisionsangriffs von vornherein klarzustellen. Demgemäß müsse sich der Revisionskläger mit den tragenden Gründen des finanzgerichtlichen Urteils auseinandersetzen und darlegen, weshalb er diese für unrichtig hält.

1.6 Umfang der Revisionsprüfung

3342   **Bevor** er in die sachliche Würdigung der Revisionsgründe eintritt, prüft der Bundesfinanzhof, ob die Revision statthaft und ob sie in der gesetzlich vorgeschriebenen Form und innerhalb der gesetzlichen Frist eingelegt und begründet worden ist. Mangelt es an diesen Erfordernissen, so ist die Revision **unzulässig** (§ 124 FGO). Ist die Revision zulässig, so prüft der Bundesfinanzhof aufgrund der §§ 118 und 119 FGO, ob die Revision **begründet** ist.

a) Revisibles Recht

3343   Die Revision kann nur darauf gestützt werden, dass das angefochtene Urteil auf der Verletzung von **Bundesrecht** oder der Verletzung solchen **Landesrechts** beruht, für das nach § 33 Abs. 1 Nr. 4 FGO durch Landesgesetz die Revision an den Bundesfinanzhof zugelassen ist (§ 118 Abs. 1 FGO). Zum Bundesrecht gehören auch allgemeine Regeln des Völkerrechts (Art. 25 GG), die Doppelbesteuerungsabkommen (§ 2 AO) und das europäische Gemeinschaftsrecht, wobei jedoch die Auslegungskompetenz für das Gemeinschaftsrecht beim EuGH liegt. Der BFH hat aber zu prüfen, ob innerstaatliches Recht mit dem Gemeinschaftsrecht vereinbar ist oder ob eine Vorlage an den EuGH zu erfolgen hat (Art. 267 AEUV).

     Soweit Landesrecht nicht revisibel ist, ist der BFH an die Feststellungen des Finanzgerichts über die Regelungen des Landesrechts ebenso gebunden wie an tatsächliche Feststellungen (vgl. BFH vom 26.03.2002 BStBl II 2002, 827).

     Ein Urteil ist stets als auf der Verletzung von Bundesrecht beruhend anzusehen **(unwiderlegbare Vermutung),** wenn ein sogenannter **absoluter Revisionsgrund** vorliegt (§ 119 FGO). Absolute Revisionsgründe sind nur die folgenden: nicht ordnungsgemäße Besetzung des Gerichts, Mitwirkung eines ausgeschlossenen oder mit Erfolg wegen Besorgnis der Befangenheit abgelehnten Richters, Versagung des rechtlichen Gehörs, nicht vorschriftsmäßige Vertretung eines Beteiligten, Verletzung des Grundsatzes der Öffentlichkeit und Nichtbegründung einer Entscheidung. Auch das Vorliegen dieser absoluten Revisionsgründe wird vom BFH nicht von Amts wegen geprüft, sondern muss gerügt werden.

     Liegen absolute Revisionsgründe nicht vor, so muss im **Einzelfall** im Wege der Auslegung des angefochtenen Urteils festgestellt werden, ob zwischen der **Rechtsverletzung** und der **Entscheidung ein ursächlicher Zusammenhang** besteht. Ist die Verletzung formellen Rechts gerügt, so genügt die **Möglichkeit,** dass ohne die Rechtsverletzung anders entschieden worden wäre.

b) Materielles und formelles Recht

3344   Die Revision gegen das finanzgerichtliche Urteil kann auf die Verletzung von materiellem oder auf die Verletzung von formellem Recht gestützt werden. Ob der eine oder andere Grund angeführt wird, ist für den **Umfang** der Prüfung von Bedeutung.

     Was die Verletzung **materiellen Rechts anbelangt,** so ist der Bundesfinanzhof hinsichtlich des Umfanges seiner Prüfung durch die geltend gemachten Revisionsgründe nicht gebunden (sog. Vollrevision, § 118 Abs. 3 Satz 2 FGO), d. h. die Zulassung eröffnet das Rechtsmittel in vollem Umfang. Danach ist der Revisionszulassungsgrund (§ 115 Abs. 2 FGO) vom Revisionsgrund (§ 118 Abs. 1 FGO) zu unterscheiden. Er kann daher im Rahmen des Klagebegehrens (§ 121 FGO i. V. m. § 96 Abs. 1 Satz 2 FGO) der Revision auch aufgrund einer anderen als der zur Begründung angeführten Rechtsnorm stattgeben oder nicht stattgeben. Auch wenn die Revision aus den in § 115 Abs. 2 Nr. 1 und 2 FGO genannten Gründen, also wegen rechtsgrundsätzlicher oder rechtsfördernder Bedeutung zugelassen wurde, so ist die Prüfung nicht auf diese

Gründe beschränkt. Der Bundesfinanzhof ist jedoch an die im angefochtenen Urteil **getroffenen tatsächlichen Feststellungen gebunden** (§ 118 Abs. 2 FGO). Daraus folgt, dass ein neues tatsächliches Vorbringen der Beteiligten in der Revisionsinstanz nicht zulässig ist. Ferner darf das Revisionsgericht keine eigenen tatsächlichen Ermittlungen anstellen (Ausnahme: zur Feststellung der Prozessvoraussetzungen oder zur Überprüfung der Sachurteilsvoraussetzungen des Revisionsverfahrens).

Eine **Bindung** an die Tatsachenfeststellungen des Finanzgerichts, zu denen auch die Würdigung der Beweise gehört, besteht dann **nicht,** wenn das Finanzgericht gegen die Denkgesetze oder gegen Erfahrungssätze verstoßen, widersprüchliche Sachverhaltsfeststellungen getroffen (BFH vom 03.08.2000 BStBl II 2001, 447) oder die erhobenen Beweise völlig unzulänglich gewürdigt hat. Dass das Finanzgericht bei seiner Beweiswürdigung auch zu einem anderen Ergebnis hätte kommen **können,** hebt dagegen die Bindung nicht auf. Dies gilt auch für die Prüfung innerer Tatsachen, z. B. der Einkünfteerzielungsabsicht. Erscheint das Ergebnis des Finanzgerichts möglich zu sein, genügt dies, um einer revisionsgerichtlichen Prüfung standzuhalten.

Wird die Revision auf **Verfahrensmängel** gestützt, so ist grundsätzlich nur über den geltend gemachten Verfahrensmangel zu entscheiden (§ 118 Abs. 3 FGO), soweit nicht zugleich ein Revisionsgrund des § 115 Abs. 2 Nr. 1 und 2 FGO vorliegt. Die Revisionsprüfung darf sich grundsätzlich auch nur auf Mängel des finanzgerichtlichen Verfahrens erstrecken. Ein neues tatsächliches Vorbringen der Beteiligten ist hier insoweit zulässig, als dieses der Begründung einer Verfahrensrüge dient. **3345**

Die Beurteilung, ob ein Urteil auf falscher Anwendung des materiellen Rechts oder auf einem Verfahrensverstoß beruht, kann im Einzelfall Schwierigkeiten bereiten. Verletzt das Gericht seine Sachaufklärungspflicht, unterlässt es z. B. die Einvernahme eines Zeugen, so kann dies darauf beruhen, dass das Gericht infolge eines sachlichen Rechtsirrtums meint, auf die vom Zeugen zu bekundende Tatsache komme es für die Streitfrage nicht an, oder aber darauf, dass das Gericht infolge eines Verstoßes gegen die Grundsätze richtiger Beweiswürdigung unzulässigerweise das Ergebnis einer Beweisaufnahme vorwegnimmt. Entscheidend ist, welcher Fehler für das vom Gericht gewählte Vorgehen ursächlich war.

c) Bindung an die Revisionsanträge

Das Revisionsgericht ist an die Revisionsanträge gebunden (§ 121 FGO i. V. m. § 96 Abs. 1 Satz 2 FGO). Dem Revisionskläger darf daher nicht mehr gewährt werden als er begehrt hat; hingegen darf seine **Rechtsstellung** gegenüber dem Urteil des Finanzgerichts – falls der Prozessgegner nicht ebenfalls Revision oder Anschlussrevision eingelegt hat – **nicht verschlechtert** werden. Eine Verböserung der angegriffenen Verwaltungsentscheidung ist auch bei Einlegung einer Anschlussrevision nicht zulässig. **3346**

Die Revisionsanträge dürfen sich **nicht** als **Klageänderung** darstellen, da diese im Revisionsverfahren unzulässig ist (§ 123 Abs. 1 FGO). Mit Rücksicht darauf, dass der angefochtene Verwaltungsakt auch noch im Revisionsverfahren durch einen anderen Verwaltungsakt geändert oder ersetzt werden kann, ist jedoch vorgesehen, dass auf Antrag des Klägers der **neue Verwaltungsakt** Gegenstand des Verfahrens wird (§ 68 FGO). In diesem Fall kann der Bundesfinanzhof das angefochtene Urteil aufheben und die Sache zur anderweitigen Verhandlung und Entscheidung an das Finanzgericht zurückverweisen (§ 127 FGO). Auf diese Weise ist es möglich, dass doch noch **neue Tatsachen** in das Verfahren eingeführt werden.

1.7   Entscheidung über die Revision

a) Entscheidung über die unzulässige Revision

3347   Ist die Revision **unzulässig,** so verwirft sie der Bundesfinanzhof durch Beschluss (§ 126 Abs. 1 FGO), der zugleich auch über die Kosten entscheidet (§ 143 Abs. 1 FGO). Diese Entscheidung wird außerhalb der mündlichen Verhandlung in der Besetzung von drei Richtern getroffen (§ 10 Abs. 3 FGO). Bejaht der Bundesfinanzhof in dieser Besetzung die Zulässigkeit der Revision, so muss nunmehr in der Besetzung von fünf Richtern über die weitere Behandlung der Revision befunden werden.

b) Entscheidung über die unbegründete Revision

3348   Ist die Revision **unbegründet,** so weist sie der Bundesfinanzhof durch **Urteil** zurück (§ 126 Abs. 2 FGO). Dieser Fall liegt auch dann vor, wenn die Klage entgegen dem FG-Urteil nicht unzulässig, sondern unbegründet war oder wenn der gerügte Verfahrensmangel zwar vorliegt, das FG-Urteil aber nicht auf ihm beruht (BVerwGE 17, 16) oder wenn die Entscheidungsgründe zwar eine Verletzung des bestehenden Rechts ergeben, die Entscheidung selbst aber aus anderen Gründen richtig ist (§ 126 Abs. 4 FGO). Hält der Bundesfinanzhof die Revision **einstimmig** für unbegründet und eine mündliche Verhandlung nicht für erforderlich, so kann durch »Fünfer-Beschluss« ohne Begründung entschieden werden (§ 126a FGO), die Beteiligten sind vorher zu hören.

c) Entscheidung über die begründete Revision

3349   Ist die Revision begründet, so kann der Bundesfinanzhof in der **Sache selbst entscheiden** oder das angefochtene Urteil aufheben und die Sache zur anderweitigen Verhandlung und **Entscheidung zurückverweisen** (§ 126 Abs. 3 FGO).

Trotz dieser freieren Stellung des Revisionsgerichts im Finanzprozess ist aber § 118 Abs. 2 FGO zu beachten, wonach das Revisionsgericht an die **tatsächlichen Feststellungen** der Vorinstanz **gebunden** bleibt. Hieraus folgt, dass eine Entscheidung in der Sache nur dann zulässig ist, wenn der Rechtsstreit aufgrund der im angefochtenen Urteil getroffenen tatsächlichen Feststellungen **spruchreif** ist. Das Revisionsgericht darf **keine** eigenen tatsächlichen Ermittlungen anstellen, soweit es nicht zur Überprüfung geltend gemachter oder von Amts wegen berücksichtigter Verfahrensmängel des finanzgerichtlichen Urteils oder zur Überprüfung der Sachurteilsvoraussetzungen erforderlich ist. Offen bleibt allerdings die Frage, ob das Revisionsgericht nicht doch solche neuen Tatsachen berücksichtigen darf, über deren Vorliegen die Beteiligten einig sind und die das Finanzgericht nur deshalb nicht festgestellt hat, weil sie für die finanzgerichtliche Entscheidung keine Rolle spielten.

Eine Zurückverweisung des Rechtsstreits an das **Finanzamt,** damit dieses nochmals entscheidet, ist unzulässig (vgl. § 126 Abs. 5 FGO). Der Finanzprozess kann nur entweder vom Finanzgericht oder vom Bundesfinanzhof, nicht aber von dem am Prozess beteiligten Finanzamt entschieden werden. Auch kann der Bundesfinanzhof nicht etwa selbst entscheiden und die Änderung der Steuerfestsetzung nach § 100 Abs. 2 FGO dem Finanzamt übertragen. Wenn nach § 100 Abs. 2 FGO das Gericht in bestimmten Fällen »einen anderen Betrag selbst festsetzen« kann, so ist dem Gericht damit nur die Wahl gegeben, entweder nach § 100 Abs. 1 FGO den Verwaltungsakt aufzuheben **oder** den Betrag nach § 100 Abs. 2 FGO **selbst** festzusetzen.

3350   Ist der Rechtsstreit an das Finanzgericht zurückverwiesen, so hat dieses **erneut zu verhandeln** und zu **entscheiden.** Es hat den Streitstoff in tatsächlicher Hinsicht in seiner Gesamtheit nochmals zu überprüfen, mit der Folge, dass die tatsächlichen Feststellungen ergänzt oder auch bereits erhobene Beweise anders gewürdigt werden können. Das Finanzgericht ist aber bei seiner Entscheidung an die **rechtliche Beurteilung** des Bundesfinanzhofs **gebunden** (§ 126 Abs. 5 FGO), soweit sich nicht inzwischen die Rechtslage geändert hat oder das Ergebnis der neuen Tatsachenfeststellung eine abweichende rechtliche Beurteilung gebietet. Die Bindung entfällt, wenn der BFH selbst an der dem zurückverweisenden Urteil zugrundeliegenden Rechtsprechung nicht mehr festhält (GrS BFH vom 04. 10. 1973 BStBl II 1974, 12).

Das auf die erneute Verhandlung hin ergangene Urteil des Finanzgerichts ist nach allgemeinen Grundsätzen erneut mit der Revision anfechtbar. Der Bundesfinanzhof ist bei seiner Entscheidung im zweiten Rechtsgang an sein früheres Urteil insoweit gebunden als auch die Bindung des FG bestanden hat.

3251 frei

2 Beschwerde, Erinnerung, Anhörungsrüge (§§ 128–133 a FGO)

Das Beschwerdeverfahren dient der Überprüfung bestimmter, im finanzgerichtlichen Verfahren getroffener Entscheidungen durch den Bundesfinanzhof. Beschwerdeverfahren und Revisionsverfahren sind verschieden gestaltet. Ebenso wie die Revision setzt aber auch die Beschwerde eine **Beschwer** voraus.

3352

2.1 Statthaftigkeit der Beschwerde

Die Beschwerde ist gegen die **Entscheidungen des Finanzgerichts,** dazu gehört auch der Einzelrichter (§ 6 FGO), die **nicht Urteile** oder Gerichtsbescheide sind, und gegen Entscheidungen des Vorsitzenden des Gerichts oder des Berichterstatters gegeben (§ 128 Abs. 1 FGO). Die Beschwerde steht den Beteiligten und den sonst von den Entscheidungen Betroffenen zu.

3353

Die Beschwerde ist statthaft, soweit die FGO nichts anderes bestimmt. In einer Reihe von Fällen bestehen jedoch abweichende Regelungen (vgl. § 128 Abs. 2–4 FGO), wonach eine Beschwerde nicht statthaft ist. So steht z. B. den Beteiligten gegen die Entscheidung des Gerichts über die Aussetzung der Vollziehung (§ 69 FGO) die Beschwerde nur zu, wenn sie in der Entscheidung zugelassen worden ist (§ 128 Abs. 3 FGO). Gegen die Nichtzulassung der Beschwerde ist kein Rechtsmittel gegeben. Ausnahmsweise lässt jedoch der BFH eine außerordentliche Beschwerde (Gegenvorstellung) zu (vgl. Rz. 3357 d).

Eine Untätigkeitsbeschwerde, mit der das Finanzgericht zu einer Entscheidung veranlasst werden soll, ist nicht vorgesehen.

2.2 Frist und Form der Beschwerdeeinlegung

Die Beschwerde ist beim Finanzgericht **schriftlich** oder zur **Niederschrift** des Urkundsbeamten der Geschäftsstelle innerhalb von zwei Wochen nach Bekanntgabe der Entscheidung einzulegen. Die Frist ist auch gewahrt, wenn die Beschwerde innerhalb dieses Zeitraums beim Bundesfinanzhof eingeht (§ 129 FGO). Welchen Inhalt die Beschwerdeschrift haben muss, ist im Gesetz nicht geregelt. Damit über die Beschwerde sachgerecht entschieden werden kann, wird man aber mindestens fordern müssen, dass die Beschwerdeschrift die angefochtene Entscheidung des Finanzgerichts bezeichnet und klar erkennen lässt, was mit der Beschwerde begehrt wird. Es besteht Vertretungszwang (§ 62 a Abs. 1 Satz 2 FGO).

3354

2.3 Wirkungen der Beschwerde

3355   Die Beschwerde hat nur dann aufschiebende Wirkung, wenn sie die Festsetzung eines Ordnungs- oder Zwangsmittels zum Gegenstand hat (§ 131 Abs. 1 Satz 1 FGO). Ansonsten hat sie keine **aufschiebende Wirkung**; die mit der Beschwerde angefochtene Entscheidung des Finanzgerichts wird vielmehr grundsätzlich unabhängig davon vollzogen, ob Beschwerde eingelegt ist oder nicht. Jedoch kann das Gericht, dessen Entscheidung angefochten wird, bestimmen, dass die Vollziehung der angefochtenen Entscheidung **einstweilen ausgesetzt** wird (§ 131 Abs. 1 Satz 2 FGO). Das Finanzgericht, dessen Entscheidung angegriffen wird, hat zu prüfen, ob die Beschwerde begründet ist. Wird dies bejaht, so ist der Beschwerde **abzuhelfen,** andernfalls ist sie unverzüglich dem Bundesfinanzhof vorzulegen (§ 130 Abs. 1 FGO). Das Finanzgericht soll die Beteiligten von der Vorlage in Kenntnis setzen (§ 130 Abs. 2 FGO). Ergibt die Prüfung nach § 130 FGO (Abhilfe oder nicht), dass die Beschwerde begründet und demnach die angefochtene Entscheidung zu Unrecht ergangen ist, hält das FG nunmehr aber diese Entscheidung aus einem neuen Gesichtspunkt für richtig, so muss es dennoch die angefallene Entscheidung aufheben. Es darf den neuen Gesichtspunkt nur zum Anlass nehmen, eine Sachentscheidung mit neuer Begründung zu erlassen.

2.4 Entscheidung über die Beschwerde

3356   Über die Beschwerde entscheidet der Bundesfinanzhof nach Prüfung der Sache in **tatsächlicher und rechtlicher** Hinsicht durch Beschluss (§ 132 FGO). Dabei ist auch neues tatsächliches Vorbringen zu berücksichtigen. Die Entscheidung kann ohne mündliche Verhandlung ergehen (§ 90 Abs. 1 Satz 2 FGO). In diesem Falle entscheidet der Senat in der Besetzung mit drei, sonst in der Besetzung mit fünf Richtern (§ 10 Abs. 3 FGO). Je nach dem Ergebnis der Prüfung durch den Bundesfinanzhof kann

a)   die Beschwerde als unzulässig verworfen werden (insbesondere wenn sie nicht statthaft oder nicht fristgemäß eingelegt ist);

b)   die Beschwerde als unbegründet zurückgewiesen werden,

c)   die angegriffene Entscheidung aufgehoben werden oder

d)   die Sache an das FG zurückverwiesen werden.

Das Finanzgericht ist bei seiner erneuten Entscheidung an die Rechtsauffassung des Bundesfinanzhofs gebunden.

2.5 Die Erinnerung (§ 133 FGO)

3357   Entscheidungen des beauftragten oder ersuchten Richters und des Urkundsbeamten der Geschäftsstelle können nicht unmittelbar mit der Beschwerde angefochten werden. Vielmehr muss gegen sie zunächst die Entscheidung des Finanzgerichts beantragt werden. Dieser Antrag muss innerhalb von zwei Wochen nach Bekanntgabe der Entscheidung schriftlich oder zur Niederschrift des Urkundsbeamten der Geschäftsstelle des Gerichts gestellt werden. Hinsichtlich der Form, der Abhilfe und der aufschiebenden Wirkungen gelten die §§ 129 bis 131 FGO sinngemäß (§ 133 Abs. 1 FGO). Das Gericht entscheidet durch Beschluss. Gegen den Beschluss ist die Beschwerde (§ 128 FGO) gegeben (nicht gegen Entscheidungen des BFH).

2.6   Die Anhörungsrüge (§ 133 a FGO)

Die Anhörungsrüge ist, wie in anderen Prozessordnungen auch (vgl. § 178 a VwGO), ein   **3357a**
Rechtsbehelf bei Verletzung des Grundrechts auf Gewährung **rechtlichen Gehörs** (vgl. Rz. 3187;
Seer/Thulfaut in BB 2005, 1085). Sie ist als außerordentlicher, die Rechtskraft durchbrechender
Rechtsbehelf **subsidiär** gegenüber allen ordentlichen Rechtsbehelfen, die im finanzgerichtlichen Verfahren gegen eine Entscheidung zur Verfügung stehen. Die Anhörungsrüge ist also
nicht statthaft, wenn eine Revision, Nichtzulassungsbeschwerde, Beschwerde sowie der Antrag
auf Durchführung der mündlichen Verhandlung (§ 90 a Abs. 2 FGO) zulässig ist. Hierbei ist
insbesondere zu beachten, dass die Verletzung des rechtlichen Gehörs durch ein erstinstanzli-
ches Finanzgericht ein absoluter Revisionsgrund (§ 119 Nr. 3 FGO) ist, sodass hier für die
Anhörungsrüge kein Raum ist. Die Anhörungsrüge hat also nur Bedeutung bei **Endentscheidungen** (§ 133 a Abs. 1 Satz 2 FGO) des BFH und solchen Endentscheidungen der Finanzgerichte, die nicht mit ordentlichen Rechtsbehelfen angefochten werden können. Dazu gehören
vornehmlich Beschlüsse im vorläufigen Rechtsschutz (Aussetzung der Vollziehung und einstweilige Anordnung), wenn das Gericht die Beschwerde nicht zugelassen hat (§ 128 Abs. 3 FGO),
Beschlüsse zur Prozesskostenhilfe (§ 128 Abs. 2 FGO) und zu Kostenentscheidungen (§ 128
Abs. 4 FGO).

Mit der Anhörungsrüge (in Kraft seit 01.01.2005) gewährt der Gesetzgeber der Beteiligten
also umfassenden Rechtsschutz, wenn ein Gericht das grundgesetzlich geschützte Recht auf
rechtliches Gehör (Art. 103 Abs. 1 GG) verletzt (BFH vom 08.09.2005 BStBl II 2005, 838).

Jeder Beteiligte (§ 57 FGO) ist rügeberechtigt, also auch die Finanzbehörde. Vor dem BFH   **3357b**
gilt Vertretungszwang (§ 62 a FGO). Die Rüge ist schriftlich oder zur Niederschrift der
Geschäftsstelle bei dem Gericht einzureichen, dessen Verletzung gerügt wird. Die Anhörungsrüge ist zu begründen (§ 133 a Abs. 2 Satz 6 FGO). Der Antragsteller muss darlegen, dass eine
entscheidungserhebliche Verletzung seines Anspruchs auf rechtliches Gehör vorliegt. Das Vorbringen, die angefochtene Entscheidung sei materiell fehlerhaft, erfüllt diese Voraussetzung
nicht (BFH vom 30.09.2005 BStBl II 2006, 75). Als außerordentlicher Rechtsbehelf entfaltet die
Rüge **keinen Suspensiveffekt**. Allerdings hat das Gericht nach pflichtgemäßem Ermessen die
Aussetzung der Vollziehung der angefochtenen Entscheidung in Betracht zu ziehen (§§ 133 a
Abs. 6, 131 Abs. 1 Satz 2 FGO). Die Rügeschrift ist den übrigen Beteiligten zu übermitteln, um
ihnen Gelegenheit zur Stellungnahme zu geben (§ 133 a Abs. 3 FGO).

Über die Anhörungsrüge entscheidet das Gericht, dessen Verletzung des rechtlichen   **3357c**
Gehörs gerügt wird; der Richter entscheidet also in eigener Sache (**Selbstkontrollverfahren**);
dies gilt somit auch für erstinstanzliche Entscheidungen.

Ist die **Rüge begründet**, hilft ihr das Gericht ab, indem es das Verfahren fortführt, soweit
dies aufgrund der Rüge geboten ist (§ 133 a Abs. 5 FGO). In der Regel wird das Gericht eine
neue mündliche Verhandlung anberaumen. Je nach deren Ergebnis wird die vorherige Entscheidung aufrechterhalten oder aufgehoben. Das Gericht ist in der Entscheidung frei, ein Verböserungsverbot in Bezug auf die vorherige Entscheidung gibt es nicht (Seer in Tipke/Kruse,
§ 133 a FGO, Rz. 15).

Ist dagegen die **Rüge unzulässig** oder kommt das Gericht zu dem Ergebnis, dass rechtliches Gehör nicht verletzt worden oder die Gehörverletzung für die Sachentscheidung unerheblich ist, wird die Rüge durch Beschluss verworfen bzw. zurückgewiesen. Der Beschluss ist unanfechtbar (§ 133 a Abs. 4 FGO). Der erfolglose Rügeführer hat die Kosten des Verfahrens zu tragen (§ 135 Abs. 1 FGO).

Eine **Verfassungsbeschwerde** wegen Verletzung rechtlichen Gehörs kann erst erhoben werden, wenn der Rechtsweg zu den Fachgerichten erschöpft ist (§ 90 Abs. 2 BVerfGG). Die Anhörungsrüge ist also vorrangig und schließt damit die Verfassungsbeschwerde aus.

Etwas anderes mag gelten, wenn die Entscheidung des Gerichts über die Anhörungsrüge wiederum das Recht auf rechtliches Gehör verletzt oder willkürlich ist (vgl. Seer in Tipke/Kruse, § 133 a FGO, Rz. 19 ff.).

2.7 Die Gegenvorstellung

3357d
Sofern gegen Entscheidungen der Gerichte ein förmlicher Rechtsbehelf in der FGO nicht vorgesehen war (vgl. z. B. § 128 Abs. 2–4 FGO), auch eine Anhörungsrüge (§ 133 a FGO) nicht in Betracht kam, gewährte der BFH den Beteiligten auf der Grundlage von Art. 19 Abs. 4 GG trotzdem Rechtsschutz in Form einer Gegenvorstellung bzw. einer außerordentlichen Beschwerde, wenn schwerwiegende Grundrechtsverstöße geltend gemacht wurden (z. B. Verletzung des gesetzlichen Richters gem. Art. 101 GG) oder wenn die angegriffene Entscheidung jeder gesetzlichen Grundlage entbehrte (vgl. BFH vom 13. 10. 2005 BStBl II 2006, 76). Nachdem das BVerfG wiederholt entschieden hat, dass gesetzlich nicht vorgesehene Rechtsbehelfe wie die Gegenvorstellung und die außerordentliche Beschwerde grundsätzlich **unvereinbar mit dem verfassungsrechtlichen Gebot der Rechtsmittelklarheit** sind (grundlegend BVerfG vom 30. 04. 2003 NJW 2003, 1924 und vom 16. 01. 2007 HFR 2007, 697 zur außerordentlichen Beschwerde), hält auch der BFH diese außerordentlichen Rechtsbehelfe nicht mehr für statthaft (vgl. BFH vom 14. 03. 2007 BStBl II 2007, 468 m. w.Nw.). Etwas anderes soll in Übereinstimmung mit dem BVerfG (vgl. BVerfG vom 25. 11. 2008 NJW 2009, 829) nur dann gelten, wenn das Gericht zur Abänderung der angegriffenen Entscheidung befugt ist, diese also nicht in materielle Bestandskraft erwächst. Das ist beispielsweise der Fall, wenn das Gericht die Gewährung von Prozesskostenhilfe durch Beschluss versagt, wogegen der Rechtsbehelf der Gegenvorstellung unter den o. g. Voraussetzungen damit auch weiterhin statthaft ist (BFH vom 01. 07. 2009 BStBl II 2009, 824).

3 Die Wiederaufnahme des Verfahrens

3358
Ist ein Urteil **rechtskräftig** geworden, so kann der Streitstoff in aller Regel nicht mehr einer erneuten Prüfung unterzogen werden. Indes gibt es Fälle, in denen entweder das Verfahren mit so schwerwiegenden Mängeln behaftet ist oder sich die Urteilsgrundlagen nachträglich so eindeutig als falsch erweisen, dass eine Wiederaufnahme des Verfahrens geboten erscheint. Das gilt auch für solche Verfahren, die durch Beschluss beendet worden sind (BFH vom 07. 11. 1969 BStBl II 1970, 216), nicht jedoch für das Verfahren über die Aussetzung der Vollziehung, da dieses nur vorläufigen Charakter hat (BFH vom 29. 04. 1970 BStBl II 1970, 597).

§ 134 FGO bestimmt, dass ein rechtskräftig abgeschlossenes Verfahren nach den Vorschriften des 4. Buches der Zivilprozessordnung (§§ 578 ff. ZPO) **wiederaufgenommen** werden kann, und zwar

1. durch die Nichtigkeitsklage,
2. durch die Restitutionsklage.

Einzelheiten des Wiederaufnahmeverfahrens sind in §§ 584 ff. ZPO geregelt.

3.1 Nichtigkeitsklage

Die Nichtigkeitsklage ist gegeben, wenn das **Verfahren,** aufgrund dessen das Urteil erging, **3359** mit schwerwiegenden Mängeln behaftet ist. Nichtigkeitsgründe sind nach § 579 ZPO
  a) die nicht vorschriftsmäßige Besetzung des Gerichts;
  b) die Mitwirkung eines kraft Gesetzes ausgeschlossenen Richters, sofern nicht dieses Hindernis mittels eines Ablehnungsgesuchs oder eines Rechtsmittels ohne Erfolg geltend gemacht worden ist;
  c) die Mitwirkung eines wegen Besorgnis der Befangenheit abgelehnten Richters, wenn das Ablehnungsgesuch für begründet erklärt war;
  d) die nicht dem Gesetz entsprechende Vertretung eines Beteiligten, sofern dieser nicht die Prozessführung stillschweigend oder ausdrücklich genehmigt hat.

Die Nichtigkeitsklage ist allerdings **nicht zulässig,** wenn in den Fällen der nicht ordnungsgemäßen Besetzung des Gerichts (a) und der Mitwirkung eines wegen Besorgnis der Befangenheit abgelehnten Richters (c) die Nichtigkeit mittels eines Rechtsmittels **hätte geltend gemacht werden können** (§ 579 Abs. 2 ZPO).

3.2 Restitutionsklage

Die Restitutionsklage (§ 580 ZPO) dient der Beseitigung schwerer Mängel in den **tatsäch-** **3360** **lichen Urteilsgrundlagen.** Hierbei sind zwei Gruppen zu unterscheiden:

Die erste Gruppe von Restitutionsgründen (§ 580 Nr. 1 bis ZPO) umfasst diejenigen Fälle, in denen eine **strafbare Handlung** für den Inhalt des Urteils ursächlich war. Als strafbare Handlung kommen in Betracht:
  a) die vorsätzliche oder fahrlässige falsche eidliche Aussage eines Beteiligten;
  b) die fälschliche Anfertigung oder Verfälschung einer Urkunde;
  c) die strafbare Verletzung der Wahrheitspflicht durch einen Zeugen oder Sachverständigen;
  d) die Erwirkung eines Urteils durch strafbare Handlung des Gegners oder seines Vertreters oder des eigenen Vertreters des Beteiligten;
  e) die strafbare Amtspflichtverletzung eines mitwirkenden Richters.

In diesen Fällen findet die Restitutionsklage nur statt, wenn wegen der strafbaren Handlung eine **rechtskräftige Verurteilung** ergangen ist oder wenn die Einleitung oder Durchführung eines Strafverfahrens aus anderen Gründen als mangels Beweises nicht möglich ist (§ 581 ZPO).

Die zweite Gruppe von Restitutionsgründen (§ 580 Nr. 6 und 7 ZPO) umfasst bestimmte Fälle, in denen **Urteilsgrundlagen weggefallen** oder ergänzungsbedürftig geworden sind. Hierher rechnen:
  a) die Aufhebung eines Urteils, auf welches das angefochtene Urteil begründet ist;
  b) die Auffindung eines in derselben Sache erlassenen früher rechtskräftig gewordenen Urteils;
  c) die Auffindung oder Benutzbarkeit einer Urkunde, die eine für einen Beteiligten günstigere Entscheidung herbeigeführt hätte, wenn sie bereits im rechtskräftig abgeschlossenen Verfahren hätte verwertet werden können.

Urteile über Anfechtungsklagen brauchen in den Fällen des § 580 Nr. 6 und 7 ZPO häufig deshalb nicht mit der Restitutionsklage angegriffen zu werden, weil der Verwaltungsakt bereits nach §§ 172 ff. AO von der Finanzbehörde geändert werden kann. Die Restitutionsklage ist nur dann zulässig, wenn der Beteiligte **ohne sein Verschulden** außerstande war, den Grund im früheren Verfahren geltend zu machen (§ 582 ZPO).

Beteiligte der **Wiederaufnahmeklage** sind diejenigen, die am vorausgegangenen finanzgerichtlichen Verfahren beteiligt waren. Zuständig ist das Gericht, das über die Klage entschieden hat. Auch der Einzelrichter (§ 6 FGO) entscheidet, nicht der Senat.

Die Klage ist innerhalb eines Monats zu erheben, seitdem der Beteiligte von dem Wiederaufnahmegrund Kenntnis erlangt hat. Als Ausschlussfrist ist sie nicht verlängerbar, es kann jedoch Wiedereinsetzung in den vorigen Stand (§ 56 FGO) gewährt werden. Nach Ablauf von fünf Jahren nach Eintritt der Rechtskraft des Urteils ist eine Wiederaufnahmeklage nicht mehr statthaft (§ 586 Abs. 1, 2 ZPO). Ist die Klage zulässig und liegt ein Wiederaufnahmegrund vor, kann das Gericht die angefochtene Entscheidung aufheben und neu entscheiden (§ 590 ZPO). Das Verfahren richtet sich nach den maßgebenden Vorschriften der FGO.

Teil E Kosten (§§ 135 ff. FGO)

Aus einem Rechtsstreit entstehen sowohl dem **Gericht,** das den Rechtsschutz gewährt, als auch den **Beteiligten Aufwendungen** der verschiedensten Art. Die FGO bezeichnet die in Betracht kommenden Aufwendungen als Kosten und regelt hierzu folgende Fragen: 3361
1. In welchem Umfang fallen im Finanzprozess Kosten an?
2. Wer hat die Kosten zu tragen?
3. In welcher Form ist in Kostensachen zu entscheiden?

1 Umfang der Kosten

Kosten des Finanzprozesses sind nur **bestimmte Aufwendungen.** Als solche nennt die FGO einmal die Gerichtskosten (Gebühren und Auslagen) zum anderen die zur zweckentsprechenden Rechtsverfolgung oder Rechtsverteidigung einschließlich des Vorverfahrens notwendigen Aufwendungen der Beteiligten (§ 139 Abs. 1 FGO), z. B. die Kosten für den Prozessbevollmächtigten.   3362

1.1 Gerichtskosten

Aufgrund des § 1 Nr. 3 des Gerichtskostengesetzes (GKG) gilt das Gerichtskostengesetz unmittelbar für das Verfahren vor den Gerichten der Finanzgerichtsbarkeit. Danach ist zwischen Gebühren und Auslagen zu unterscheiden. Gebühren und Auslagen, die bei richtiger Behandlung der Sache nicht entstanden wären, werden nicht erhoben (§ 21 GKG). Die Kosten werden von den Gerichten erhoben, sobald der Bürger durch Erhebung einer Klage oder Stellung eines Antrags das Gericht in Anspruch nimmt.   3363

a) Gebühren
Die Gebühr bemisst sich nach der Höhe des **Streitwerts** (Anlage 2 zu § 34 Abs. 2 GKG) sowie nach den erfüllten Gebührentatbeständen, die sich aus dem **Kostenverzeichnis** ergeben (Anlage 1 zu § 3 Abs. 2 GKG). Das Gericht setzt den Streitwert durch Beschluss fest, wenn ein Beteiligter dies beantragt oder das Gericht dies für angemessen hält (§ 63 Abs. 2 GKG). Gegen die Streitwertfestsetzung ist die Beschwerde nicht gegeben (§ 68 Abs. 1 Satz 4 i. V. m. § 66 Abs. 3 GKG). Sie kann jedoch geändert werden (§ 63 Abs. 3 GKG). Die Höhe des Streitwerts ergibt sich grundsätzlich aus der sich aus dem Antrag des Klägers für diesen ergebenden Bedeutung der Sache und ist nach Ermessen zu bewerten (§ 52 Abs. 1 GKG). Bietet der bisherige Streitgegenstand keine genügenden Anhaltspunkte, so gilt ein Streitwert von 5 000 €. In wichtigen Einzelfällen hat die Rechtsprechung Streitwerte ermittelt (vgl. Aufstellung in K/vW, Vor § 135 FGO, Rz. 49 ff.).   3364

Im Finanzprozess – mit Ausnahme der Verfahren in Kindergeldangelegenheiten – gibt es einen Mindeststreitwert von 1 500 € (§ 52 Abs. 4 Nr. 1 GKG) für Prozessverfahren (Klage und Revision). Damit können die Gerichtskosten höher sein als der tatsächliche Streitwert. Für andere als Prozessverfahren gibt es keine Streitwertbegrenzung nach unten So beträgt der Streitwert für Verfahren wegen Aussetzung der Vollziehung 10 % des Streitwertes in der Hauptsache (BFH vom 17. 11. 2011 BStBl II 2012, 246).

Die Höhe der Gerichtskosten bestimmt sich dann nach der Anzahl der verwirklichten Gebühren (Gebührentatbestände nach dem Kostenverzeichnis). Die Verfahrensgebühr beträgt für das Prozessverfahren vor dem Finanzgericht das Vierfache. Bei einem Streitwert von 1 500 € ist demnach die Gebühr 4 × 71 € (Gebührentabelle Anlage 2 zu § 34 Abs. 1 Satz 3 GKG) = 284 €. Bei einer Revision vor dem BFH gilt das Fünffache der Tabellengebühr, im vorläufigen Rechtsschutz das Zweifache. Weitere Einzelheiten sind dem Kostenverzeichnis (Anlage 1 zu § 3 Abs. 2 GKG) zu entnehmen.

Bei **Klagerücknahme** tritt keine Kostenfreiheit ein, die Gebühr wird jedoch auf die Hälfte ermäßigt, sofern noch kein Urteil oder Gerichtsbescheid vorausgegangen ist. Dasselbe gilt für die Erledigungserklärung nach § 138 FGO.

Zu beachten ist, dass für Prozessverfahren eine **Vorschusspflicht** gilt (§ 6 Abs. 1 Nr. 5 GKG), wie in der ordentlichen Gerichtsbarkeit üblich.

Die **Finanzbehörden** sind von den Gerichtskosten **befreit** (§ 2 Abs. 1 GKG).

b) Auslagen

3365 Als Auslagen kommen insbesondere **Schreibgebühren** und **sonstige Auslagen,** wie Telegrafen- und Fernschreibgebühren, Postgebühren für förmliche Zustellungen, Auslagen für die Entschädigung von Zeugen und Sachverständigen, Rechnungsgebühren u. Ä. in Betracht. Das dem GKG als Anlage 1 zu § 3 Abs. 2 GKG beigegebene Kostenverzeichnis enthält hierüber Einzelregelungen.

1.2   Kosten der Beteiligten

3366 Die außergerichtlichen Kosten unterteilen sich ebenfalls nach Gebühren und Auslagen.

Eine **Gebühr** fällt für den Beteiligten an, der einen Prozessbevollmächtigten beauftragt (entgeltlicher Geschäftsbesorgungsvertrag gem. § 675 Abs. 1 BGB). Sie ermittelt sich nach dem Rechtsanwaltsvergütungsgesetz (**RVG**), das auch für Steuerberater etc. gilt (§§ 45, 46 StBVV). Die Höhe bestimmt sich nach dem Gegenstandswert (Streitwert), der mit einer Tabellengebühr (Anlage 2 zu § 13 Abs. 1 RVG) multipliziert wird. So gibt es z. B. eine Verfahrensgebühr (1,6fache) und eine Terminsgebühr (1,2fache der Tabellengebühr). Im Revisionsverfahren erhöht sich die Terminsgebühr auf 1,5. Die Erledigungsgebühr beträgt das 1,5fache der Tabellengebühr (Anlage 1 u § 2 Abs. 2 RVG).

Auch die Höhe der **Auslagen** folgt aus dem RVG. So sind z. B. Fahrtkosten für eine Geschäftsreise bei Benutzung eines eigenen Kraftfahrzeugs für jeden gefahrenen Kilometer mit 0,30 € und Tage- und Abwesenheitsgeld für eine Geschäftsreise von 4 bis 8 Stunden mit 40 € dem Prozessbevollmächtigten zu erstatten (Anlage 1 zu § 2 Abs. 2 RVG).

Naturgemäß gehören auch die eigenen Kosten der Beteiligten (z. B. Fahrtkosten) zu den Auslagen. Auch die auf den Aufwendungen lastende Umsatzsteuer kann geltend gemacht werden, es sei denn, der Kläger ist zum Vorsteuerabzug gem. § 15 UStG berechtigt. Der Finanzbehörde werden Aufwendungen nicht erstattet (§ 139 Abs. 2 FGO).

2 Kostenpflicht der Beteiligten

2.1 Allgemeine Grundsätze

Grundsätzlich hat die Kosten des Verfahrens derjenige zu tragen, der im Rechtsstreit **3367** **unterliegt** (§ 135 Abs. 1 FGO). Unterliegt der Kläger, hat er die Gerichtskosten und seine außergerichtlichen Kosten zu tragen.

Unterliegt die Finanzbehörde, hat sie dem Kläger seine außergerichtlichen Kosten zu erstatten. Maßgebend ist das **endgültige Ergebnis** des Rechtsstreits. Unterlegen ist daher auch, wer im Klageverfahren obsiegt, im Rechtsmittelverfahren aber verloren hat. Aus dem Gedanken, dass der Unterliegende die Kosten zu tragen hat, ergeben sich folgerichtig weitere Grundsätze:

a) Die Kosten eines **ohne Erfolg** eingelegten Rechtsmittels fallen demjenigen zur Last, der das Rechtsmittel eingelegt hat (§ 135 Abs. 2 FGO).

b) Wer einen Antrag, eine Klage, ein Rechtsmittel oder einen anderen Rechtsbehelf **zurücknimmt,** hat die Kosten zu tragen (§ 136 Abs. 2 FGO).

c) Wenn ein Beteiligter **teils obsiegt, teils unterliegt,** so sind die Kosten gegeneinander aufzuheben oder verhältnismäßig zu teilen (§ 136 Abs. 1 FGO).

Ein teilweises Unterliegen des Klägers ist auch dann anzunehmen, wenn der Kläger zwar bei der Anfechtungsklage die Aufhebung des Verwaltungsakts erreicht, der von ihm beanstandete Betrag aber nur zum Teil ungerechtfertigt ist. Hat der Stpfl. z. B. um die Anerkennung von Sonderausgaben in Höhe von 1 000 € gestritten, hält das Gericht aber nur einen Betrag von 500 € für gerechtfertigt, so hat der Kläger nur zum Teil obsiegt.

Werden die Kosten **gegeneinander aufgehoben,** so fallen die Gerichtskosten jedem Teil zur Hälfte zur Last. Die eigenen außergerichtlichen Kosten trägt jeder Beteiligte selbst. Dies ist jedoch nur gerechtfertigt bei annähernd gleichem Unterliegen der Beteiligten und bei geringen außergerichtlichen Kosten des Stpfl. Hat der Stpfl. dagegen hohe eigene Kosten (insbesondere Beraterkosten), ist es für ihn günstiger, wenn die Kosten **verhältnismäßig geteilt** werden. In diesem Falle muss die Finanzbehörde die anteiligen Beraterkosten tragen. Einem Beteiligten können die Kosten ganz auferlegt werden, wenn der andere nur zu einem geringen Teil unterlegen ist (§ 136 Abs. 1 FGO). Das ist dann der Fall, wenn der unterliegende Beteiligte weniger als 5 % der Kosten zu tragen hätte und kein ungewöhnlich hoher Streitwert vorliegt (BFH vom 24. 05. 1993 BFH/NV 1994, 133).

Der Grundsatz, dass der unterliegende Teil die Kosten trägt, wird in folgenden Ausnahmefällen durchbrochen:

a) Kosten, die durch einen Antrag **auf Wiedereinsetzung in** den vorigen Stand (§ 56 FGO) entstehen, fallen dem Antragsteller zur Last (§ 136 Abs. 3 FGO).

b) Einem Beteiligten können die Kosten ganz oder teilweise auch dann auferlegt werden, wenn er obsiegt hat, die Entscheidung aber auf **Tatsachen** beruht, die er **früher hätte geltend machen** oder beweisen können und sollen (§ 137 Satz 1 FGO).

c) Kosten, die durch Verschulden eines Beteiligten entstanden sind, können diesem auferlegt werden (§ 137 Satz 2 FGO).

d) Die Kosten eines **erfolgreichen Wiederaufnahmeverfahrens** können dem Staat nur insoweit auferlegt werden, als sie nicht durch das Verschulden eines Beteiligten entstanden sind (§ 135 Abs. 4 FGO).

e) Der unterlegene Beigeladene ist an den Kosten des Rechtsstreits zu beteiligen, wenn er ein eigenes Begehren geltend gemacht hat (BFH vom 08. 11. 2000 BStBl II 2001, 769).

2.2   Kosten in besonderen Fällen

3368   Ist der Rechtsstreit in der Hauptsache erledigt, so entscheidet das Gericht durch Beschluss **nach billigem Ermessen** über die Kosten des Verfahrens. Dabei ist der bisherige Sach- und Streitstand zu berücksichtigen (§ 138 FGO). Im Regelfall wird so zu entscheiden sein, wie zu entscheiden gewesen wäre, wenn sich der Rechtsstreit nicht in der Hauptsache erledigt hätte, sondern streitig zu entscheiden gewesen wäre. Da vom bisherigen Sach- und Streitstand auszugehen ist, können später vorgebrachte Tatsachen und angebotene Beweise grundsätzlich nicht berücksichtigt und neue Ermittlungen nicht mehr angestellt werden. Lassen sich die Prozessaussichten nicht mit hinreichender Sicherheit beurteilen, so wird es der Billigkeit entsprechen, die Kosten zu teilen. Im Rahmen der Billigkeit kann auch berücksichtigt werden, ob und inwieweit der Kläger im Hinblick auf das Verhalten des Beklagten zur Klage berechtigten Anlass hatte (Gedanke des § 137 FGO).

Soweit ein Rechtsstreit dadurch erledigt wird, dass dem Antrag des Klägers durch **Rücknahme oder Änderung des angefochtenen Verwaltungsakts** stattgegeben (vgl. § 68 FGO) oder dass nach Erhebung der »Untätigkeitsklage« nach § 46 FGO innerhalb der vom Gericht gesetzten Frist dem außergerichtlichen Rechtsbehelf stattgegeben oder der beantragte Verwaltungsakt erlassen wird, sind die Kosten der Behörde aufzuerlegen (§ 138 Abs. 2 Satz 1 FGO). Da indes § 137 FGO sinngemäß gilt (§ 138 Abs. 2 Satz 2 FGO), können dem Kläger die Kosten z. B. dann auferlegt werden, wenn die Finanzbehörde zwar im Laufe des Prozesses dem Antrag des Klägers entspricht, dies aber aufgrund von Tatsachen geschieht, die der Kläger früher hätte geltend machen können.

3   Entscheidungen in Kostensachen

3369   Wer die **Kosten** des Rechtsstreits **zu tragen hat,** wie hoch die Gerichtskosten sind und in welcher Höhe den Beteiligten Aufwendungen zu erstatten sind, bedarf einer besonderen **Entscheidung.** Diese wird **vom Gericht** getroffen (§ 143 FGO). Das Gericht hat im **Urteil** (nach Erledigung des Rechtsstreits in der Hauptsache in **einem Beschluss**) darüber zu entscheiden, **wer die Kosten** des Rechtsstreits **zu tragen** hat. Die Kostenentscheidung kann nur im Rahmen der Überprüfung der Entscheidung in der Hauptsache angefochten werden (§§ 145, 128 Abs. 4 FGO). Eine Kostenentscheidung ohne Entscheidung in der Hauptsache ist daher nicht angreifbar. Die Bestimmung der **Höhe der Kosten des Rechtsstreits** und deren Festsetzung obliegen dem Urkundsbeamten.

4   Prozesskostenhilfe (§ 142 FGO)

3370   Der gerichtliche Rechtsschutz muss billigerweise auch demjenigen gewährt werden, der nicht die finanziellen Mittel hat, die Kosten eines Rechtsstreits zu tragen. Daher räumt die FGO die Möglichkeit ein, den Beteiligten Prozesskostenhilfe zu bewilligen. Hierfür gelten die Vorschriften der ZPO (§§ 114 bis 127) sinngemäß. Prozesskostenhilfe kann dem Kläger oder dem Beigeladenen bewilligt werden. Die Prozesskostenhilfe berührt zunächst den Kostenanspruch des Staates auf Gerichtskosten (Gebühren und Auslagen). Wird dem bedürftigen Beteiligten ein Prozessbevollmächtigter beigeordnet, erhält dieser eine Entschädigung aus der Staatskasse

(§ 45 RVG, evtl. mit § 46 StBVV). Die Bewilligung der Prozesskostenhilfe kann zu einer Vollfreistellung, Teilfreistellung oder Gewährung von Ratenzahlungen führen.

Einem Insolvenzverwalter ist als Partei kraft Amtes Prozesskostenhilfe zu bewilligen (§ 116 Satz 1 Nr. 1 ZPO), wenn die Kosten aus der verwalteten Vermögensmasse nicht aufgebracht werden können und eine Rechtsverfolgung nicht mutwillig erscheint (BFH vom 11.04.2001 BStBl II 2001, 525).

Bei juristischen Personen müssen besondere Voraussetzungen vorliegen, damit ihnen Prozesskostenhilfe bewilligt werden kann. Es genügt nicht, dass sie selber die Kosten des Rechtsstreits nicht aufbringen können. Auch die an einer juristischen Person Beteiligten dürfen hierzu nicht in der Lage sein und die Unterlassung der Rechtsverfolgung oder Rechtsverteidigung müsste zudem allgemeinen Interessen zuwiderlaufen (§ 116 Satz 1 Nr. 2 ZPO). Letzteres ist nur anzunehmen, wenn außer den an der Führung des Prozesses wirtschaftliche Beteiligten ein erheblicher Kreis von Personen durch die Unterlassung der Rechtsverfolgung in Mitleidenschaft gezogen werden kann (BFH vom 12.11.1987 BStBl II 1988, 198), beispielsweise, wenn ohne die Durchführung des Rechtsstreites eine Vielzahl von Arbeitsplätzen bedroht (BFH vom 02.10.1990 BFH/NV 1990, 522) oder eine Vielzahl von (Klein-)Gläubigern betroffen wäre (BGH vom 24.10.1990 NJW 1991, 703).

Einem Kläger, der die Bewilligung von Prozesskostenhilfe beantragt, steht es frei, sofort Klage zu erheben oder zunächst abzuwarten, ob der von ihm gestellte Bewilligungsantrag Erfolg hat. Vorausgesetzt, er hat (zumindest) den Antrag auf Bewilligung von Prozesskostenhilfe vollständig innerhalb der Klagefrist gestellt, ist ihm unabhängig davon, ob dem Antrag stattgegeben oder er abgelehnt wird, Wiedereinsetzung in den vorigen Stand (§ 56 Abs. 1 FGO) zu gewähren, um trotz zwischenzeitlich abgelaufener Klagefrist noch eine zulässige Klageerhebung zu ermöglichen (BFH vom 09.04.2013 BFH/NV 2013, 1112).

Stichwortverzeichnis (Die Zahlen beziehen sich auf die Randziffern)